Mexiko

John Noble,
Kate Armstrong, Stuart Butler, John Hecht, Beth Kohn,
Tom Masters, Josephine Quintero, Adam Skolnick,
Iain Stewart, Phillip Tang, Lucas Vidgen

REISEPLANUNG

REISEZIELE IN MEXIKO

Inhalt

LAND'S END, CABO SAN LUCAS S. 793

REISEZIELE IN MEXIKO

ALAN TOBEY/GETTY IMAGES ©

KUNSTHANDWERK S. 893

Inhalt

Willkommen in Mexiko

Dschungel, Wüsten, pulsierende Städte und kleine Dörfer, Fiesta-Feuerwerk und Frida Kahlos Verzweiflung: Mexiko beschwört viele lebendige Bilder herauf. Und die Realität wird diesen Erwartungen mehr als gerecht.

Outdoor-Abenteuer

Von Tropenwäldern im Süden bis hin zu rauchenden, schneebedeckten Vulkanen, von Wüsten voller Kakteen im Norden bis hin zu der insgesamt 10000 km langen Küste mit Sandstränden und Lagunen – Mexiko ist ein Rausch für die Sinne. Das Klima reicht von gemäßigt bis heiß, das Leben findet weitgehend im Freien statt. Da liegt man vielleicht faul am Strand oder genehmigt sich eine Leckerei unter freiem Himmel. Oder man spaziert durch hübsche Straßen, schnorchelt an karibischen Riffen, wandert durch Bergnebelwälder oder hält Ausschau nach Delfinen oder Walen.

Für die Seele

Mexiko steckt voller Kultur und Geschichte. Alte Zivilisationen errichteten hier einige der weltgrößten archäologischen Monumente. Die spanische Kolonialzeit hinterließ wunderschöne Städte mit kunstvollen Kirchen und Herrenhäusern. Das moderne Mexiko hat so große Künstler wie Diego Rivera und Frida Kahlo hervorgebracht. Hervorragende Museen und Galerien dokumentieren die faszinierende Historie und endlose Kreativität des Landes. Die Kultur lebt in den Underground-Clubs von Mexico City genauso wie im herrlichen Kunsthandwerk der indigenen Bevölkerung.

Urlaub für jeden

In Mexiko ist nahezu alles möglich – je nachdem, was man erleben will. Ob Verwöhnprogramm im Luxus-Resort, Strandhüttenfeeling für wenig Geld oder ein Herrenhaus aus der Kolonialzeit – man hat die Qual der Wahl. So auch beim Essen: von Fusion-Küche in Gourmetrestaurants bis hin zu Großmutters Rezepten am *comedor* (Garküche) auf dem Markt. Von A nach B kommt man mit dem Bus, zudem gibt's ein umfangreiches Netz an Inlandsflügen. Man könnte auch ein Auto mieten: Mexiko hat einige ausgezeichnete Straßen, und außerhalb der Städte ist der Verkehr meist kein Problem.

Los Mexicanos

Das Spannendste an einem Mexikobesuch sind die Menschen. Ob Großstadt-Hipster oder Dorfbewohner – Mexikaner sind bekannt für ihre Liebe zu Farben und Festen, und dafür, ein philosophisch veranlagtes Völkchen zu sein, dem *simpatia* (Empathie) wichtiger ist als feste Pläne. Selten trifft man auf Unhöflichkeit: Die Menschen sprühen nur so vor Charme und Freundlichkeit. Jeder Mexikaner ist stolz auf sein Land: auf seine Heimat, die Familienbande, die Städte, die Traditionen, die Liköre aus Agaven und das Essen. Und man wird ziemlich schnell verstehen, warum.

Warum ich Mexiko liebe

Von John Noble, Lonely Planet Autor

Mexikos Faszination verspürte ich erstmals als Jugendlicher, als ich die schier unglaubliche Geschichte von Cortés und den Azteken las. Beim ersten Besuch reiste ich als Backpacker in drei Monaten von der US-amerikanischen zur guatemaltekischen Grenze. Unterwegs fand ich eine spirituelle Heimat im Hochland von Chiapas. Inzwischen habe ich Mexiko auf zwölf ausgedehnten Reisen erkundet. Dabei lernte ich die Wüsten, Küsten, Urwälder und Vulkane genauso lieben wie die Vielfalt an Köstlichkeiten, die Zeugnisse uralter Zivilisationen, die Kunst, das geniale Kunsthandwerk und vor allem die bezaubernden, gastfreundlichen Einheimischen.

Noch mehr über unsere Autoren steht auf S. 945

Hierve El Agua (S. 483)

Mexiko

Copper Canyon Railway
Mexikos spektakuläre, letzte große Eisenbahnstrecke (S. 821)
Isla Espíritu Santo
Super Schnorchel-, Kajak- und Campingmöglichkeiten (S. 783)
Puerto Vallarta
Eine schicke, lebenslustige pazifische Perle (S. 554)
Guadalajara
Mexikos pulsierende zweitgrößte Stadt (S. 619)
Guanajuato
Lebendige, pittoreske Universitätsstadt (S. 696)
San Miguel de Allende
Kopfsteinpflaster und schöne koloniale Anwesen (S. 712)
Höhenstufen
3000 m
2000 m
1500 m
1000 m
400 m
200 m
0
PAZIFIK
USA
Golf von Kalifornien
Nördlicher Wendekreis
Phoenix
San Diego
Tijuana
Mexicali
Ensenada
Parque Nacional Constitución de 1857
Tucson
El Paso
Nogales
Puerto Peñasco
Desierto Sonorense
Sierra San Pedro Mártir
Douglas
Agua Prieta
Ciudad Juárez
Río Bravo del Norte
Rio Grande
Isla Ángel de la Guarda
Paquimé
Nuevo Casas Grandes
Desierto Chihuahuense
Isla del Tiburón
Hermosillo
Presidio
Del Rio
Isla Cedros
Bahía de Kino
Ojinaga
Chihuahua
Ciudad Acuña
Guerrero Negro
Ferrocarril Chihuahua Pacífico
Cuauhtémoc
Desierto de Vizcaíno
Guaymas
Ciudad Obregón
Creel
Santa Rosalía
Divisadero
San Ignacio
Navojoa
Jiménez
Cuatro Ciénegas
Mulegé
Álamos
Sierra Madre Occidental
Hidalgo del Parral
Monclova
El Fuerte
Loreto
Sierra de la Giganta
Los Mochis
Topolobampo
Gómez Palacio
Saltillo
Torreón
Parras
Isla Espíritu Santo
Culiacán
La Paz
Real de Catorce
Durango
Todos Santos
Los Barriles
Cabo Pulmo
Cabo San Lucas
San José del Cabo
Mazatlán
Fresnillo
Zacatecas
La Quemada
San Luis Potosí
Mexcaltitán
San Blas
Aguascalientes
Islas Marías
Tepic
San Miguel de Allende
Chacala
León
Sayulita
Puerto Vallarta
Guanajuato
Irapuato
Guadalajara
Celaya
Volcán Nevado de Colima
Morelia
Colima
Pátzcuaro
Barra de Navidad
Volcán Paricutín
Uruapan
Reserva Mariposa Monarca
Manzanillo
Cuyutlán
Troncones
Lázaro Cárdenas
Ixtapa
Zihuatanejo
30°N
20°N
15°N
10°N
115°W
110°W
105°W

0
300 km
Fort Worth
Dallas
Jackson
Montgomery
Mississippi
Tallahassee
Baton Rouge
Austin
Houston
San Antonio
Piedras Negras
Laredo
Golf von Mexiko
Padre Island
McAllen
Brownsville
Reynosa
Matamoros
25°N
Teotihuacán
Atemberaubend: Die Sonnen- und die Mondpyramide (S. 155)
Chichén Itzá
Absolut spektakuläre alte Maya-Stätten (S. 345)
Mexico City
Gigantische, faszinierende Kultur-Metropole (S. 62)
Nördlicher Wendekreis
Tulum
Maya-Ruinen treffen auf karibische Strände (S. 307)
Sierra Madre Oriental
Ciudad Victoria
Reserva de la Biosfera El Cielo
Tampico
Reserva de la Biosfera Sierra Gorda
Mérida
Schöne, koloniale Stadt voller Kultur (S. 323)
Ek'Balam
Río Lagartos
Parque Nacional Isla Contoy
Isla Mujeres
Progreso
Izamal
Tizimín
Cancún
Puerto Morelos
Playa del Carmen
20°N
Valladolid
Isla Cozumel
Chichén Itzá
Tulum
Uxmal
Querétaro
Pachuca
Tuxpan
Poza Rica
Papantla
El Tajín
Teotihuacán
MEXICO CITY
Xalapa
Tlaxcala
Pico de Orizaba
Cardel
Veracruz
Campeche
Reserva de la Biosfera Calakmul
Felipe Carrillo Puerto
Reserva de la Biosfera Sian Ka'an
Toluca
Cuernavaca
Puebla
Córdoba
Tlacotalpan
Santiago Tuxtla
Ciudad del Carmen
Escárcega
Chetumal
Xpujil
Orizaba
Tehuacán
Coatzacoalcos
Río Usumacinta
Calakmul
Belize City
Taxco
Cuautla
Catemaco
BELIZE
Popocatépetl
Acayucan
Villahermosa
Palenque
Chilpancingo
Oaxaca
Istmo de Tehuantepec
Tuxtla Gutiérrez
Ocosingo
Yaxchilán
Palenque
Einzigartige Maya-Architektur mitten im Wald (S. 406)
Sierra Madre del Sur
Monte Albán
Juchitán
San Cristóbal de las Casas
Acapulco
Tonalá
Comitán
Pochutla
Tehuantepec
GUATEMALA
Pie de la Cuesta
Puerto Escondido
Puerto Ángel
Bahías de Huatulco
Volcán Tacaná (4110m)
GUATEMALA CITY
HONDURAS
Reserva de la Biosfera La Encrucijada
Tapachula
TEGUCIGALPA
SAN SALVADOR
Reserva Mariposa Monarca
Millionen von Monarchfaltern flattern hier umher (S. 667)
EL SALVADOR
NICARAGUA
Oaxaca
Wundervolles Kunsthandwerk und Spitzenküche (S. 449)
Oaxacas Küste
Glückseliges Nirwana für Strandverrückte (S. 488)
100°W
95°W
90°W

Mexikos Top 21

Mérida

1 Die kulturelle Hauptstadt der Halbinsel Yucatán ist groß, aber noch gut überschaubar (S. 323). Es gibt hier ein wunderschönes, gepflegtes koloniales Stadtzentrum, eine Fülle von Museen und Galerien und das beste Essen der Region. Direkt vor der Stadt warten Naturschutzgebiete, romantische Haziendas (Landgüter) und von Urwald umgebene Cenotes (Dolinen), in denen es sich herrlich schwimmen lässt. Etwas weiter entfernt liegen die weniger stark besuchten Maya-Stätten entlang der Ruta Puuc. Hier kann man ungestört in die Vergangenheit eintauchen, ohne Reisegruppen und Touristenmassen zu begegnen.

Tulum

2 Man nehme eine weltberühmte Maya-Ruine, einen strahlend weißen Sandstrand und schließlich das türkisblaue Wasser der Karibik – und fertig ist das zu Recht beliebte Tulum (S. 307). Neben einigen fantastischen Restaurants gibt's hier Unterkünfte für jeden Geldbeutel – von Hütten direkt am Strand bis hin zu Top-Resorts der Luxusklasse. Zudem werden in der näheren Umgebung zahlreiche Attraktionen angeboten, sodass es eigentlich kein Wunder ist, dass viele Menschen, die ursprünglich nur für ein paar Tage herkommen wollten, schließlich doch viel länger bleiben.

1

2

Die Pazifikküste

3 Mexikos Pazifikküste ist einfach atemberaubend in ihrer natürlichen Schönheit – von den Wüsteninseln von Baja California bis hin zu den grünen, von üppigen tropischen Wäldern umgebenen Buchten und von unberührten Sandstränden bis hin zu von Mangroven gesäumten Lagunen mit ihrer vielfältigen Vogelwelt. Diese ursprüngliche Pracht wird durchbrochen von einer Reihe belebter Badeorte: Mazatlan, Puerto Vallarta, Manzanillo, Ixtapa, Zihuatanejo und Acapulco. Weltklasse-Surfspots sind Barra de Nexpa, Boca de Pascuales, Troncones und Puerto Escondido. Unten: Palmenwald am Strand, Manzanillo

Die Strände Oaxacas

4 Nach ein paar Tagen an diesen insgesamt 550 km langen, feinsandigen Pazifikstränden (S. 489) ist man so entspannt, dass man möglicherweise gar nicht mehr weg möchte. Puerto Escondido ist ein Surf-Mekka mit Fischerhafen, die Bahías de Huatulco bieten günstige Resorts, und Zipolite, San Agustinillo oder Mazunte sind Treffpunkte für alle, die es ultralocker lieben. Man genießt die Sonne, gutes Essen und lässige Strandbars – wenn einem danach ist, greift man sich Schnorchel oder Surfbrett oder macht sich auf, um Schildkröten, Delfine, Wale, Krokodile oder die Vogelwelt zu bewundern. Unten: Playa Carrizalillo, Puerto Escondido

3

4

Chichén Itzá

5 Diese Sehenswürdigkeit ist fester Bestandteil eines jeden Ausflugsprogramms. Man wird sie niemals für sich allein haben, aber es gibt einen Grund, warum diese Maya-Stätte (S. 345) zu einem der neuen sieben Weltwunder erklärt wurde: Sie ist einfach spektakulär! Von der imposanten, monolithischen Pyramide El Castillo (wo der Schatten des gefiederten Schlangengotts Kukulcán während der Tag- und Nachtgleichen die Treppe hinunterzugleiten scheint) bis hin zu dem heiligen Cenote und dem faszinierenden El Caracol ... Man muss kein Archäologe sein, um hier auf seine Kosten zu kommen.

Mexico City

6 Die langjährige politische Haupstadt des Landes (S. 62) steht auch an der Spitze der mexikanischen Kulturszene. Darum sind hier auch die wichtigsten Werke der berühmtesten Maler zu sehen, beispielsweise die filmischen Malereien von Diego Rivera im Nationalpalast und der Sozialrealismus des José Clemente Orozco im Palast der Schönen Künste. Musik, Kunst und Theater sind allgegenwärtig – selbst eine Gondelfahrt durch die alten Kanäle in Xochimilco wäre ohne leidenschaftliche Mariachi-Ballade irgendwie unvollständig. Oben: Palacio de Bellas Artes

ANGUS OBORN/GETTY IMAGES ©

Millionen von Monarchen

7 Schwärme von goldorangefarbenen Schmetterlingen bedecken die Wälder und Hügel des Mariposa Monarca (Monarchfalter-Biospährenreservat, S. 667) – vermutlich Mexikos erstaunlichstes Naturphänomen. Es ist ein Höhepunkt des Jahres, und wer die Möglichkeit hat, sollte seinen Reiseplan unbedingt danach ausrichten. Zwischen November und März besetzen die Falter auf ihrer Flugroute jede Fläche und jeden Ast und lassen die gesamte Landschaft schimmern. Auf ihrer Flucht vor dem eisigen Winter im Norden unternehmen sie eine spektakuläre Wanderung.

Puerto Vallarta

8 Mexikos attraktivstes Resort am Pazifik liegt zwischen Urwald und Nordamerikas zweitgrößter Bucht (S. 554). Hier ist die schöne Lage mit einer fröhlichen Atmosphäre kombiniert, in der sich jeder willkommen fühlt: Feinschmecker, Shopping-Fanatiker, Outdoor-Freaks und die internationale Schwulen- und Lesbenszene. Kaum eine Stunde von der Stadt entfernt, kann man sich an einsamen Stränden sonnen, durch die Sierra Madre reiten, Ausschau nach Walen halten, tauchen und gigantische Fische fangen, sodass man bei der Happy Hour damit angeben kann. Zona Romántica, Puerto Vallarta

Kunsthandwerk

9 Mexikos fantastische, unglaublich vielfältige *artesaniás* (Kunsthandwerk) haben bis heute die aufwendigen Kostüme und die schöne Keramik des vorkolonialen Adels zum Vorbild, aber auch die bescheidenere, handgefertigte Kleidung sowie die Körbe und Töpfe der Untertanen. Überall, ob in Geschäften in der Stadt, auf Märkten auf dem Land oder bei Handwerkern in ihren Dorfwerkstätten, betören die Kunstfertigkeit, die Kreativität und das Farbgefühl der Töpfer, Weber, Metallschmiede, Schnitzer und Gerber die Sinne. Und verführen gnadenlos zum Geldausgeben …

Land's End, Baja California

10 Egal, ob man auf einem Zwischenstopp bei einer Kreuzfahrt oder am Ende einer 1700-km-Überlandreise schließlich vor der Felsformation El Arco steht – Land's End (S. 793) ist immer ein Erlebnis: Pelikane tauchen in die blaugrüne See, Strandgänger faulenzen am Lover's Beach, *pangas* (Jollen) dümpeln durch die Seelöwenkolonie, und wenn die Sonne hinter dem Bogen untergeht, liegt pure Magie in der Luft. Unter Wasser ist's genauso schön: Muränen und eine große Vielfalt an Fischarten erwarten diejenigen, die sich Flossen und Maske anziehen. Unten: El Arco

Isla Espíritu Santo

11 Die Insel Espíritu Santo (S. 783) ist in jeder Hinsicht spektakulär. Wind und Wellen haben den rosafarbenen Sandstein ausgespült, und die hervorstehenden Teile erinnern an Finger und beherbergen wunderschöne Höhlen. Und als wäre es an landschaftlicher Schönheit noch nicht genug, kann man hier mit sanften Walhaien schnorcheln, unvergleichliche Tauchgänge unternehmen, unter einem überwältigenden Sternenhimmel zelten und mit dem Kajak durch unzählige azurblaue Buchten fahren. Es gibt hier sogar eine Seelöwen-Kolonie.

Guanajuato

12 Das zum Weltkulturerbe zählende Guanajuato (S. 696) hat in sein enges Tal viel hineingepackt. Die ehemalige Bergbau-Stadt ist nun eine bunte Universitätsstadt voller Plätze, Museen und pastellfarbener Gebäude. Man schlendert durch die Gassen der Fußgängerzone, beobachtet das Treiben auf den Plätzen, mischt sich unter Mariachi-Gruppen oder feiert bei den *estudiantinas* (traditionellen Straßenfesten) und in den Studentenkneipen mit. Die Untergrundtunnel – die wichtigsten Transportrouten der Stadt – sind eine besonders skurrile Art, herumzukommen.

Die Pyramiden von Teotihuacán

13 Zu den großartigsten Stätten Mesoamerikas zählt Teotihuacán (S. 155). Die Pirámide del Sol (Sonnenpyramide) und die Pirámide de la Luna (Mondpyramide) dominieren die Ruinen der Metropole, die noch Jahrhunderte nach ihrem Niedergang im 8. Jh. ein Wallfahrtsort für den aztekischen Hochadel blieb. Heute zieht die Stadt, in der dem Glauben nach mythische Energien zusammenlaufen, die an, die gewillt sind, diese Energie in sich aufzunehmen. Unten: Sonnenpyramide

12

13

PETER VON FELBERT/GETTY IMAGES ©

DENNIS WALTON/GETTY IMAGES ©

Oaxaca de Juárez

14 Diese einzigartige Stadt (S. 452) im Süden sonnt sich im hellen Hochlandlicht und fesselt ihre Besucher mit toller Handwerkskunst, vielen Fiestas und stattlicher Kolonialarchitektur. In Restaurants und an Ständen wird herzhafte Küche geboten, und in den umliegenden Dörfern wird der beste Mezcal hergestellt. Die herrliche alte Hauptstadt der Zapotken ist einfach zu erreichen, genau wie Dutzende Kunsthandwerkerdörfer mit ihren belebten Wochenmärkten oder die kühlen, bewaldeten Hügel der Sierra Norte, die ideal für Wanderer, Mountainbiker und Reiter sind. Oben: Museo de las Culturas de Oaxaca

Mexikos letztes Eisenbahnabenteuer

15 Mexikos Passagierverkehr auf Schienen ist nahezu tot – doch die Strecke Ferrocarril Chihuahua Pacífico (Kupferschluchtbahn; S. 821) wird noch genutzt und gilt als eine der schönsten Bahnstrecken Lateinamerikas. Von Normallnull in Los Mochis geht's durch die sensationelle Berglandschaft hinauf zu den Hochebenen von Chihuahua, vorbei an alpinen Wäldern, subtropischen Tälern und einigen der tiefsten Schluchten der Welt. Perfekt für einen Foto-Halt – oder um einige Tage lang die Gegend zu erkunden.

San Miguel de Allende

16 Nach einem anstrengenden Vormittag in den Geschäften, Kirchen und Galerien entlang der kopfsteingepflasterten Kolonialstraßen von San Miguel de Allende (S. 712) gönnt man sich eine luxuriöse Pause in einem der Thermalbäder außerhalb der Stadt – eine sehr entspannende Erfahrung. Danach bietet sich ein Besuch im nahegelegenen Santuario de Atotonilco an, einem faszinierenden Anziehungspunkt für mexikanische Pilger. Dann geht es zurück in die Stadt – zum Abendessen in einem der vielen exzellenten Restaurants. Oben: Santuario de Atotonilco

BRUCE YUANYUE BI / GETTY IMAGES ©

Mexikanische Kunst

17 Wenn es eine Kunstform gibt, die die Gefühlswelt der Mexikaner am besten auszudrücken vermag, dann ist das die Malerei. Die künstlerische Kreativität reicht von den lebhaften Farben der vorkolonialen Wandmalereien über die Revolutionsgemälde von Diego Rivera bis hin zu den Werken Frida Kahlos und den ausgefallenen zeitgenössischen Installationen. Mexico City, Oaxaca und Monterrey bilden zwar die Zentren der Kunstwelt, doch hat jede Stadt, die etwas auf sich hält, sowohl Museen als auch kommerzielle Galerien. Oben: Detail einer Wandmalerei von Diego Rivera, Nationalpalast, Mexico City

Sich das Land auf der Zunge zergehen lassen

18 Die mexikanische Küche ist unvergleichlich, und jeder Landesteil hat eigene Spezialitäten – je nach lokalem Angebot und je nachdem, was es auf dem Markt gibt. Am besten ist es, wenn man in den Restaurants, auf den Märkten und an Ständen die örtlichen Spezialitäten probiert – auch wenn man irgendwann den Überblick über die kulinarischen Genüsse verliert. Wer abends schick ausgehen möchte, sollte einen der zahllosen kreativen Köche aufsuchen, die aus traditionellen und innovativen Zutaten erstaunliche Geschmackskompositionen kreieren.

Palenque

19 In Palenque (S. 406) heißt es mit allen Sinnen kopfüber in die Maya-Welt eintauchen, in der sich Pyramiden über die Baumkronen des Urwalds erheben und sich kreischende Affen durch das Blätterdach hangeln. Man schlendert durch den irrgartengleichen El Palacio (Palast) und blickt an dessen Turm hoch, erklimmt anschließend die Steinstufen des Templo de las Inscripciones (Tempel der Inschriften) und das großzügige Mausoleum des Pakal (bedeutendster Herrscher der Stadt) und genießt dann den Ausblick auf die riesigen Ruinen. Oben: Detail einer Schnitzerei, Templo de la Calavera, Palenque

Guadalajara

20 Die zweitgrößte Stadt Mexikos (S. 619) fasziniert auf eine ganz eigene Weise, obwohl sie eher eine Sammlung von Pueblos als eine typische Großstadt ist. Mit Gebäuden aus der Kolonialzeit, beeindruckenden Plazas und den hippen Vororten Tlaquepaque und Tonalá, in denen man tolles Kunsthandwerk bestaunen (und kaufen) kann, zieht diese charmante Stadt Besucher in ihren Bann. Die Jugend und die Mittelschicht feiern in Bars und smarten Clubs die Wochenenden durch, und es gibt keinen besseren Ort im ganzen Westen Mexikos, um essen zu gehen. Unten: Instituto Cultural de Cabañas

San Cristóbal de las Casas

21 Auf den kopfsteingepflasterten Straßen von San Cristóbal de las Casas (S. 382), der Kolonialstadt im Herzen des Hochlands von Chiapas, lässt es sich bestens flanieren. Der verwegene Mix aus Moderne und Maya, aus weltoffenen Cafés und traditioneller Kultur, ist auch ein Ausgangspunkt für die Naturschönheiten Chiapas und die faszinierenden Tzotzil- und Tzeltal-Dörfer. Tagsüber kann man die Kirchen und Märkte erkunden oder durch die Kiefernwälder reiten, und die kühlen Abende verbringt man am besten am Kamin einer gemütlichen Kneipe. Unten: Iglesia de Guadalupe

20

21

Gut zu wissen

Weitere Infos gibt's im Abschnitt „Praktische Informationen" (S. 911)

Währung
Peso (Mex$)

Sprache
Spanisch; außerdem ca. 70 Sprachen der Ureinwohner

Visa
Traveller erhalten bei der Ankunft eine Touristenkarte. Deutsche, Österreicher und Schweizer brauchen kein Visum.

Geld
Geldautomaten und Wechselstuben gibt es überall. In vielen Mittel- und Spitzenklassehotels werden Kreditkarten akzeptiert

Handys
Am besten fragt man den eigenen Anbieter. Hiesige SIM-Karten funktionieren nur in SIM-Lock-freien Geräten.

Zeit
Im größten Teil Mexikos richtet man sich nach Hora del Centro (MEZ −7 Std.). Sechs Bundesstaaten im Norden und Westen leben nach MEZ −8 oder −9 Std.

Reisezeit

Hauptsaison
(Dez.–April)

➡ In dieser Zeit, der trockensten im größten Teil Mexikos, kommen viele Menschen aus kühleren Gefilden.

➡ An Weihnachten und Ostern haben die Mexikaner Ferien, dann wird es in Verkehrsmitteln und Hotels an der Küste richtig voll.

Zwischensaison
(Juli & Aug.)

➡ Ferienzeit für viele Mexikaner und Ausländer. Heiß ist es fast überall, und an der Pazifikküste wird's auch sehr nass.

Nebensaison
(Mai, Juni, Sept.–Nov.)

➡ Im Mai und Juni sind die Temperaturen in vielen Gebieten am höchsten.

➡ Der September ist die Wirbelsturmsaison schlechthin – nicht immer gibt es auch Hurrikane, aber es regnet sehr viel an der Golf- und der Pazifikküste.

Infos im Internet

Mexico Cooks! (mexicocooks.typepad.com) Toller Blog über das Leben in Mexiko.

Lonely Planet (www.lonelyplanet.de) Infos, Forum und mehr.

México (www.visitmexico.com) Offizielle Tourismus-Website mit vielen nützlichen Tipps.

Planeta.com (www.planeta.com) Tolle Artikel, Listen, Links, Fotos und mehr.

The Mexico Report (www.themexicoreport.com) Blog mit Aktuellem zu Reisen und Tourismus.

Is Mexico Safe? (www.ismexicosafe.org) Die Antwort lautet „ja".

Wichtige Telefonnummern

Landesvorwahl	☎52
Notruf	☎066 ☎088
Vorwahl für internationale Gespräche	☎00
Nationale Hotline für Traveller	☎078

Wechselkurse

Eurozone	1 €	17,41 Mex$
	1 Mex$	0,06 €
Schweiz	1 SFr	14,37 Mex$
	1 Mex$	0,07 SFr

Aktuelle Wechselkurse sind unter www.xe.com abrufbar.

Tagesbudget

Günstig – weniger als 600 Mex$

- B im Hostel: 150 Mex$
- DZ in einem günstigen Hotel: 350–450 Mex$
- *Comida corrida* (Tagesessen zum Fixpreis) in einem günstigen Lokal: 50–70 Mex$
- Busfahrt (250 km): 200 Mex$

Mittelteuer – 600–1800 Mex$

- DZ im Mittelklassehotel: 500–1100 Mex$
- Gutes Abendessen & Getränke: 150–250 Mex$
- Museumseintritt: 20–60 Mex$
- Taxi in der Stadt: 25–50 Mex$
- Tagestour wandern/raften/mountainbiken: 700–1300 Mex$

Teuer – mehr als 1800 Mex$

- DZ im Spitzenklassehotel: 1200–5000 Mex$
- Dinner & Getränke: 200–500 Mex$
- Personalisierte Tagestour: 1000 Mex$
- Zweistündiger Ausritt: 600–1000 Mex$

Öffnungszeiten

Die in diesem Buch genannten Öffnungszeiten gelten für die Hauptsaison. In der Zwischen- und Nebensaison sind manche Institutionen kürzer geöffnet. Typische Öffnungszeiten:

Banken Mo–Fr 9–16, Sa 9–13 Uhr

Bars 13–0 Uhr

Cafés 8–22 Uhr

Läden Mo–Sa 9–20 Uhr (Supermärkte & Kaufhäuser tgl. 9–22 Uhr)

Restaurants 9–23 Uhr

Ankunft am ...

Flughafen Mexico City (S. 145) Lizenztaxis bis ins Zentrum kosten 205 Mex$ (Tickets gibt's im Flughafengebäude). Die Metro (3 Mex$) ist von 5 Uhr (Sa 6, So 7 Uhr) bis Mitternacht in Betrieb; die Haltestelle Terminal Aérea ist 200 m von Terminal 1 entfernt.

Flughafen Cancún (S. 306) Shuttles zur Innenstadt kosten 150 Mex$ pro Nase, Taxis zum Zentrum oder zu den Hotels 600 Mex$ (von außerhalb des Flughafens ca. 250 Mex$). Für Fahrten mit ADO-Bussen nach Cancún und Playa del Carmen zahlt man 52 bzw. 124 Mex$.

Unterwegs vor Ort

Bus Mexikos effizientes, komfortables und recht günstiges Fernbusnetz ist normalerweise die beste Möglichkeit, im Land herumzukommen: Durchschnittlich zahlt man etwa 1 Mex$ pro Kilometer in einem 1.-Klasse-Bus (pro Stunde schafft man etwa 75 km). Auf den Hauptstrecken fahren die Busse regelmäßig.

Auto Mit dieser bequemen Option ist man maximal unabhängig: Die Straßen sind in Ordnung; man kommt nicht ganz so schnell voran wie in Europa. Die Mietwagenpreise beginnen bei 500 bis 600 Mex$ pro Tag inklusive einfacher Versicherung.

Flugzeug Zu mehr als 60 Städten gibt es Inlandsflüge, die anstelle von Fernbustrips eine Überlegung wert sind. Die Preise sind sehr unterschiedlich und hängen von der Airline sowie davon ab, wie lange im Voraus man zahlt.

Mehr zu **Verkehrsmitteln & -wegen** gibt's auf S. 926

Mexiko für Einsteiger

Weitere Infos gibt's im Kapitel „Allgemeine Informationen“ (S. 912)

Checkliste

- Gültigkeit des Reisepasses überprüfen (mindestens bis Ende Ihres Aufenthaltes!)
- Gepäckangabe der Fluglinie kontrollieren
- Reiseversicherung
- Alle Buchungen vornehmen (Unterkunft, Reisen vor Ort, Sehenswürdigkeiten)
- Seine Kreditkartengesellschaft/Bank informieren
- Herausfinden, ob man das eigene Handy nutzen kann
- Rechtzeitig die notwendigen Impfungen vornehmen
- Reiseinformationen der Regierung zu Mexiko lesen

An alles gedacht?

- Stromadapter
- Schwimmausrüstung
- Taschenlampe
- Führerschein
- Sonnenhut, Sonnenbrille, Sonnencreme
- Während der Regensaison regenfeste Kleidung
- Warme Kleidung für höher gelegene Regionen

Top-Tipps für die Reise

- Am besten rechnet man mit dem Unerwarteten – was Essen, Sprache, Klima und Umgangsformen angeht. Wem die Fremdartigkeit im Ausland auf die Nerven geht, bleibt am besten da, wo er sich wohl fühlt. Internationale Küche ist in so gut wie jeder Stadt zu finden.
- Sehr zu empfehlen sind Ausflüge vor die Tore der Städte und weg von den Resorts entlang der Küste. Dann lernt man eine Seite Mexikos kennen, die viele Touristen nie zu sehen bekommen.
- In den Medien ist oft von Übergriffen durch Drogengangs die Rede. Die meisten Angriffe ereignen sich an einigen wenigen Orten, vor allem in Nordmexiko. Touristen sind davon nur selten betroffen. Touristengegenden wie die Halbinsel Yucatán bleiben meist unberührt.

Dresscode

Hauptsache zwanglos und bequem. In den Strandstädten trägt man Shorts oder Röcke, ärmellose Tops sind auch o.k. Um sich vor der Sonne und den Mücken zu schützen, packt man am besten langärmlige Shirts und lange Hosen ein – das gilt auch für die Abende oder die Städte fernab der Strände. In Kirchen konservativ kleiden! Für das kühlere Landesinnere und klimatisierte Busse oder Flugzeuge empfehlen sich Pullover oder leichte Jacken. Als Sonnenschutz braucht man auch einen Hut; in Mexiko werden gute, günstige verkauft.

Schlafen

Man sollte für die erste Nacht in Mexiko unbedingt im Voraus ein Zimmer buchen; Gleiches gilt, wenn man erst spätabends irgendwo ankommt oder zur Hauptreisezeit unterwegs ist. Mehr Informationen zu Unterkünften auf S. 922.

- **Hotels** Hier gibt's alles vom einfachen Zimmer bis hin zu Luxushotels und Fünf-Sterne-Resorts.
- **Hostels** Für Reisende mit kleinerem Geldbeutel. Viele Hostels haben gute Sanitäranlagen, oft gibt's Privat- und Mehrbettzimmer.
- **Cabañas** An den meisten Stränden gibt's Hütten, die sehr schlicht oder auch absolut luxuriös ausgestattet sind.
- **Zelt & Hängematte** An den Stränden kann man oft für nur wenige Pesos sein Zelt aufschlagen oder in einer Hängematte übernachten.

Geld

Bareinkäufe sollten mit Pesos bezahlt werden; nur wenige Geschäfte nehmen US-Dollar an. Pesos erhält man mit den Karten großer Kreditkartengesellschaften (Visa, MasterCard, American Express) an Geldautomaten. Für den Fall, dass diese nicht funktionieren: Etwas Bargeld (US-Dollar oder Euro) mitnehmen, das man in Banken oder *casas de cambio* (Wechselstuben) umtauschen kann. Viele Fluggesellschaften, Reisebüros, Mittelklasse- und Luxushotels, Restaurants und Geschäfte akzeptieren Kredit- oder Geldkarten.

Mehr auf S. 916.

Feilschen

Oft lohnt es sich, bei den Unterkünften nach Nachlässen zu fragen, besonders in der Nebensaison oder wenn man länger bleibt. Auf den Märkten wird sogar erwartet, dass man etwas feilscht. Auch in Taxis ohne Taxameter kann man sich oft ein paar Pesos sparen.

Trinkgeld

Einige Tourismusangestellte sind auf das Trinkgeld angewiesen.

- **Restaurants** 10 % bis 15 %, wenn die Servicegebühr nicht inklusive ist (siehe Bon).
- **Hotels** Es ist nett, dem Reinigungspersonal 5 % bis 10 % des Zimmerpreises zu hinterlassen.
- **Taxis** Die Fahrer erwarten nur bei Extraservice Trinkgeld.
- **Portiers** Flughafen- und Hotelportiers bekommen normalerweise 50 bis 100 Mex$.
- **Wärter** Parkplatz- und Tankwarte erwarten 5 oder 10 Mex$.

Sprache

Die Hauptsprache in Mexiko ist Spanisch. Viele Mexikaner, die in der Tourismusbranche arbeiten, sprechen auch Englisch. In Unterkünften, die internationale Traveller aufnehmen, kommt man mit Englisch zurecht. Dennoch ist es hilfreich und höflich, wenigstens ein paar spanische Wörter zu kennen. Die Mexikaner mögen es, mit *Buenos días* begrüßt zu werden, auch wenn sie danach in fließendes Englisch wechseln. Mehr Infos zur Sprache siehe S. 934.

1 Wo kann ich Kunsthandwerk kaufen?
¿Dónde se puede comprar artesanías?
don·de se pwe·de kom·prar ar·te·sa·nee·as

Tolle Einkäufe überall in Mexiko sind regionale kunsthandwerkliche Stücke, vor allem die von indigenen Menschen.

2 Welche *antojitos* haben Sie?
¿Qué antojitos tiene? *ke an·to·khee·tos tye·ne*

Die kleine Leckereien sind sehr vielseitig – man kann eine komplette Mahlzeit daraus machen, ein paar als Vorspeise essen, oder auf der Straße den kleinen Hunger damit stillen.

3 Bitte nicht zu scharf.
No muy picoso, por favor. *no mooy pee·ko·so por fa·vor*

Nicht jedes Essen in Mexiko ist scharf, trotzdem sollte man auf Nummer sicher gehen – damit man kein feuriges Erlebnis hat.

4 Wo gibt es eine *cantina* in der Nähe?
¿Dónde hay una cantina cerca de aquí?
don·de ai oo·na kan·tee·na ser·ka de a·kee

Am besten fragt man die Einheimischen nach dem nächstgelegenen klassisch-mexikanischen Ort für endlose Snacks.

5 Wie sagt man ... in Ihrer Sprache?
¿Cómo se dice ... en su lengua?
ko·mo se dee·se ... en su len·gwa

In Mexiko werden viele indigene Sprachen gesprochen, vor allem Maya-Sprachen und Náhuatl. Die Menschen freuen sich, wenn man versucht, ihre Sprache zu sprechen.

Etikette

Die Mexikaner achten nicht allzu sehr auf Etikette: Ihre natürliche Warmherzigkeit löst jedes Problem.

- **Grußformeln** *Mucho gusto* (etwa „Ein großes Vergnügen") ist eine höfliche Begrüßung, wenn man vorgestellt wird, begleitet von einem Handschlag. Wenn man eine Frau und einen Mann trifft, hält die Frau einem die Hand zuerst hin. Männliche Freunde grüßen sich oft mit einem *abrazo* (Umarmung mit Schulterklopfen).
- **Die Menschen erfreuen** Die Mexikaner hören gern, dass man ihr Land liebt. Man sollte nicht offen kritisieren, sondern Unverständnis eher nuanciert als durch offenen Widerspruch ausdrücken.
- **Besuche in mexikanischen Häusern** Eine Einladung in ein Haus ist für einen Außenstehenden eine Ehre. Wer kann, bringt ein kleines Geschenk mit, z. B. Blumen oder etwas für die Kinder.

Was gibt's Neues?

Yucatáns Maya-Museen
Das Museo Maya de Cancún (S. 279) und Mérida's Gran Museo del Mundo Maya (S. 325) zeigen hervorragende zeitgenössische Ausstellungen zur Maya-Kultur in den zwei meistbesuchten Städten der Halbinsel Yucatán.

Pico de Orizaba (Seilbahn)
Der Teleférico de Orizaba wurde 2014 eröffnet. Mit der Gondel gelangen Besucher von Orizaba auf eine Anhöhe mit ausgezeichnetem Blick auf den höchsten Berg Mexikos, den schlafenden Vulkan Pico de Orizaba. Von hier kommt man auch leicht zu den Wanderpfaden (S. 250).

Museo Jumex, Mexico City
Gute Nachricht für alle Kunstliebhaber: Die Colección Jumex, eine der wichtigsten zeitgenössischen Kunstsammlungen Lateinamerikas, ist jetzt im Jumex-Museum in Mexico City zu sehen. (S. 90)

San Francisco
San Francisco, oder San Pancho, ist das, was Sayulita einst war – ein bodenständiges pazifisches Pueblo mit entspannter Surferszene und etwas Gringo-Touch. Meer und Strand sind atemberaubend. (S. 550)

José Cuervo Express
Mit dieser Bahn kommt man entspannt von Guadalajara zu einer der berühmtesten Tequiladestillerien der Welt. (S. 647)

Centro de Textiles del Mundo Maya, San Cristóbal de las Casas
In diesem erst jüngst eröffneten Museum sind über 500 handgewebte Kleidungsstücke und andere Exponate aus ganz Mexiko und Zentralamerika zu sehen. (S. 385)

Maximo Bistrot Local
Der neue Stern am aufregenden kulinarischen Himmel Mexico Citys: Ständig wechselnde Karte mit europäischen und mexikanischen Gerichten aus frischen saisonalen Zutaten in angenehm unaufdringlicher Atmosphäre. (S. 121)

Atzompa, Oaxaca
Die neu freigelegte archäologische Stätte der Zapoteken ist ein malerischer und faszinierender Gegenpol zum nahegelegenen Monte Albán. Abgerundet wird der Besuch durch das Gemeindemuseum, in dem interessante antike Fundstücke der Ausgrabung präsentiert werden. (S. 481)

Casa de los Venados, Valladolid
Eine der beeindruckendsten Sammlungen mexikanischer Volkskunst des Landes – in einer preisgekrönten renovierten Kolonialvilla –, was den Besuch noch wertvoller macht. (S. 352)

Museo de Sitio, Cantona
Die gut erhaltene mesoamerikanische Stadt Cantona ist jetzt dank des modernen neuen Museums noch attraktiver. Zu sehen sind rund 600 vorspanische Exponate, mit besonderem Schwerpunkt auf das vulkanische Gesteinsglas Obsidian. (S. 184)

El Cielo, Valle de Guadalupe
El Cielo ist typisch für die erlesenen Weingüter in Baja California mit anspruchsvoller Verkostung, modernem Restaurant und kleinem Luxushotel. (S. 761)

Weitere Tipps und Kritiken finden sich unter **www.lonelyplanet.de/forum**

Wie wär's mit…

Pyramiden & Tempel

Teotihuacán Die größte alte Stadt Mexikos beeindruckt mit den riesigen Sonnen- und Mondpyramiden sowie von Wandgemälden bedeckten Palästen (S. 155).

Palenque Eindrucksvolle Maya-Tempel vor dunstigen, dschungelbewachsenen Hügeln (S. 406).

Chichén Itzá Monument für die Besessenheit von Zeit und Tod im alten Mexiko (S. 345).

Uxmal Weitläufige Maya-Stätte voller Steinornamente (S. 335).

Yaxchilán Eindrucksvolle Tempel vor wunderschöner Kulisse im Chiapas-Dschungel, der nur per Boot erreichbar ist (S. 424).

Monte Albán Die alte Hauptstadt der Zapoteken bei Oaxaca thront vor einer einzigartigen Bergkulisse (S. 476).

Tulum Die Tempel und Pyramiden der späten Maya-Kultur liegen an einem wunderschönen zerklüfteten Abschnitt der Karibikküste (S. 307).

Calakmul Hohe Pyramiden in einer riesigen Maya-Stadt, die zu großen Teilen im Regenwald liegen (S. 366).

Historische Kolonialstädte

Guanajuato Die prächtigen Villen und schmalen Straßen der lebendigen Universitätsstadt zwängen sich in ein malerisches, steiles Tal (S. 696).

San Miguel de Allende Charmante Künstlerstadt mit Kopfsteinpflaster und hübscher Steinarchitektur. Die ausländischen Bewohner (vorwiegend aus den USA) sorgen für internationales Flair (S. 712).

Oaxaca Herrliche Stadt im Süden mit indigenen Einflüssen sowie eindrucksvoller Kunst und Kunsthandwerk (S. 452).

Zacatecas Die prachtvolle Kathedrale der Stadt ist der ultimative Ausdruck kolonialen Barocks (S. 743).

Mérida Plazas und Paläste schmücken die Kulturhauptstadt Yucatáns (S. 323).

Álamos Abgelegene Silberstadt in den üppigen Ausläufern der Sierra Madre mit restaurierten Herrenhäusern, von denen einige jetzt als stimmungsvolle Unterkünfte dienen (S. 813).

Badeorte

Puerto Vallarta Schicker Badeort am Pazifik mit Traumstränden, hippen Restaurants und attraktivem Nachtleben; Mexikos Strandhauptstadt der Schwulenszene (S. 554).

Playa del Carmen Hippes Resort an der Karibikküste im europäischen Schick (S. 297).

Mazatlán Eine einzigartige Kombination aus einem attraktiven Kolonialzentrum, kulturellen Attraktionen und klassischem Badespaß (S. 529).

Zihuatanejo Entspannte Stadt am Pazifik mit schönen Stränden, guten Unterkünften und Fischerort-Charme (S. 589).

Cancún Die Mutter aller mexikanischen Badeorte ist die Partyhochburg für internationale Touristen mit einem 15 km langen Karibikstrand (S. 279).

Luxuriöse Spas & Hotels

Mar de Jade, Chacala Idyllisches Miniresort am Pazifik mit

WIE WÄR'S MIT… SCHWIMMEN & TAUCHEN

Eine Runde schwimmen, schnorcheln oder tauchen kann man in einigen der Cenoten (Kalkstein-Wasserlöchern) auf der Halbinsel Yucatán, etwa in der Cristalino Cenote oder Cenote Xlacah. (S. 300)

Yoga, Temazcal-Bädern (vorkoloniale Sauna), vegetarierfreundlicher Küche, Meditation und Wellness (S. 550).

La Casa Que Canta, Zihuatanejo Superdeluxe-Hotel auf einer Klippe mit prima Service und ohne TVs; Kinder unter 16 Jahren sind nicht erwünscht (S. 595).

Casa Oaxaca, Oaxaca City Urbanes Boutiquehotel mit Kunst und Kunsthandwerk, großen Zimmern und einem schönen Kolonialpatio (S. 466).

Casa Dulce Vida, Puerto Vallarta Sieben luxuriöse Suiten, grüne Gärten und paradiesische Ruhe (S. 562).

Present Moment Retreat, Troncones Dieser Badekurort am Pazifik organisiert in strohgedeckten Bungalows in wunderschönen Gärten Yoga, Meditation und Massagen (S. 586).

Posada La Poza, Todos Santos Wundervoller Zufluchtsort am Pazifik mit üppigen Gärten, Meerwasserpool und Jacuzzi, einem superben Restaurant und ohne TVs (S. 798).

Shoppen

Sehr begehrt sind Mexikos wundervolle, farbenprächtige und handgefertigte Kunstwerke – Textilien, Schmuck, Keramiken, Masken, Holzschnitzereien, Metallarbeiten und Lederwaren –, die überwiegend von den Ureinwohnern hergestellt werden.

Mexico City Ein Einkaufsparadies – von Handwerksläden über Boutiquen bis hin zu Floh-, Blumen- und Lebensmittelmärkten gibt's hier alles (S. 134).

Oaxaca Die Stadt bietet mit ihren Märkten und Geschäften eine Auswahl des kreativsten, farbenprächtigsten Kunsthandwerks (S. 472).

Oben: Cenote Ik Kil (S. 350) in der Nähe von Chichén Itzá
Unten: Maya-Masken

San Miguel de Allende Jede Menge Kunsthandwerksläden mit Volkskunst aus ganz Mexiko (S. 722).

Guadalajara In den Kunsthandwerksvororten Tlaquepaque (schick; S. 640) und Tonalá (bodenständig; S. 630) gibt es erstklassige Keramik, Möbel, Glaswaren und vieles mehr.

Indigene Dorfmärkte Auf den geschäftigen Wochenmärkten lässt sich wunderbar lokales Flair schnuppern; zu den faszinierendsten unter ihnen gehören diejenigen in den Dörfern rund um Oaxaca (S. 480) und San Cristóbal de las Casas (S. 399).

Urlaubsstrände

Oaxaca-Küste Budgetreisende aus aller Welt machen sich oftmals schnurstracks auf den Weg zu den glückverheißenden Strandorten Mazunte (S. 510), San Agustinillo (S. 508) oder Zipolite (S. 505).

Xcalak Keine Kreuzfahrtschiffe, keine Tankstelle, keine Bank, kein Lebensmittelladen, nur ein wunderbares Riff – hier erlebt man die karibische Küste, wie sie ursprünglich einmal war (S. 318).

Playa Maruata Ruhiges, günstiges Fischerdorf in Michoacán, besonders beliebt bei Strandfaulenzern und Meeresschildkröten (S. 581).

Barra de Potosí Von Palmen gesäumter weißer Sand, ruhiges Wasser, eine Lagune voller Vögel und Krokodile und außerdem eine Handvoll Gasthäuser (S. 600).

Isla Holbox Wer dem Trubel der Riviera Maya entkommen will, spaziert über die sandigen Straßen dieses palmenumsäumten Zufluchtsortes an der Golfküste (S. 293).

WIE WÄR'S MIT ... PANORAMAZUGFAHRTEN

Die Züge der Kupferschlucht-Bahn überwinden auf ihrem Weg durch das spektakuläre Canyon-Gebiet im Nordwesten mehr als 2400 Höhenmeter. (S. 821)

Mexikanische Küche

Mexico City Die Hauptstadt wartet mit einer unerreichten Auswahl an Gerichten aus allen Teilen Mexikos auf – mit teuren Fusion-Restaurants, die kreative *nueva cocina mexicana* (mexikanische Nouvelle Cuisine) servieren, mit der weltbesten Sammlung an Taco-Verkaufsständen und natürlich mit allem, was es dazwischen so gibt (S. 113).

Meeresfrüchte Mexikaner lieben Fisch und Meeresfrüchte und logischerweise sind die an den Küsten besonders köstlich – ob es nun die beliebten Fischtacos der Baja California sind oder die berühmten *huachinanago a la veracruzana* (Schnapper in Tomatensauce) in Veracruz (S. 785).

Oaxaca Berühmt für seine sieben Varianten der *mole* (eine Art Chilisauce), einen Höhepunkt mexikanischer Kochkunst (S. 467).

Kochkurse Unter kundiger Leitung kann man in Oaxaca, Zihuatanejo, Tepoztlán, Tlaxcala oder einem dutzend anderer Städte sein eigenes mexikanisches Festmahl zubereiten.

Rindfleisch Der Nordwesten Mexikos ist Weideland: Fleischesser werden das allgegenwärtige *carne asada* (mariniertes und gebratenes Rindfleisch) lieben, das in einem Taco oder auf einem Teller serviert wird.

Antojitos Eine grundlegende Esserfahrung in Mexiko sind die allgegenwärtigen *antojitos* („kleine Launen"), leichte Gerichte und Snacks aus *masa* (Maisteig), sowie Tacos, Quesadillas, Enchiladas, Tamales und andere mehr.

Museen & Galerien

Museo Nacional de Antropología, Mexico City Voller großartiger Relikte aus dem vorkolonialen Mexiko (S. 85).

Museo Frida Kahlo, Mexico City Das eindrucksvolle Wohnhaus der vom Pech verfolgten Künstlerin (S. 96).

Palacio Nacional, Mexico City Hier kann man Diego Riveras berühmte historische Wandmalereien besichtigen (S. 71).

Museo Rafael Coronel, Zacatecas Wunderbare Sammlung mexikanischer Volkskunst (S. 745).

Museo Nacional de la Muerte, Aguascalientes Alles zum Thema Tod – und zwar ohne makabre Untertöne (S. 728).

Museo de Antropología, Xalapa Ein hervorragend gestaltetes Museum mit einer hinreißenden archäologischen Sammlung (S. 233).

Museo Jumex, Mexico City Eine der führenden modernen lateinamerikanischen Sammlungen zeitgenössischer Kunst (S. 90).

Horno3, Monterrey Ein wirklich herausragendes Museum zur Geschichte der mexikanischen Stahlgewinnung in der riesigen Hülle eines ehemaligen Hochofens (S. 860).

Urique (S. 825), Barranca de Urique, im Gebiet des Kupfer-Canyon

Tauchen & Schnorcheln

Mexikos Karibikküste bietet das zweitgrößte Wallriff der Welt und ist für sein warmes kristallklares Meer voll wunderbarer Korallen und tropischer Fische bekannt.

Banco Chinchorro Abseits des südlichen Endes der Karibikküste liegt hier das größte Korallenriff der nördlichen Hemisphäre mit vielen Schiffswracks (S. 317).

Isla Cozumel Die von 65 Riffen mit eindrucksvollen Korallenformationen gesäumte Insel bietet schöne Tauch- und Schnorchelreviere sowohl für Anfänger als auch für Fortgeschrittene (S. 301).

Isla Mujeres Diese Insel vor Cancún bietet einige besonders hübsche Tauchstätten mit vielen wunderschönen Korallen und spektakulären Meerestieren (S. 288).

Bahías de Huatulco Eine Reihe wunderschöner Pazifikbuchten mit mehreren Plattenkorallen und über 100 Tauchstätten. (S. 517).

Xel-Há In diesem kommerziell betriebenen Öko-Park an der Riviera Maya kann man in einem wunderschönen natürlichen Aquarium schnorcheln gehen. (S. 296).

Surfen

Zahllose Spots an der Pazifikküste sind von April oder Mai bis Oktober beziehungsweise November mit vorzüglichen Wellen gesegnet. Anfänger können hier die Kunst des Surfens nahezu das ganze Jahr über erlernen.

Puerto Escondido Die Mexican Pipeline ist eine der schwersten und furchterregendsten Beach Breaks der Welt. Der Point Break von Punta Zicatela kommt fast täglich, und Wellen für Anfänger gibt es auch (S. 489).

Boca de Pascuales Legendär hohle, heftig brechende Tubes – grundsätzlich nur etwas für Könner (S. 579).

Troncones Ein langer, starker, linkslaufender Weltklasse-Point-Break und außerdem einige hervorragende Beach Breaks. (S. 584).

Sayulita Zuverlässige mittelgroße Wellen, die gut sind zum Üben oder Lernen, und eine nette Partystimmung gibt's obendrein (S. 551).

Barra de Nexpa Einer von mehreren Surfspots mit tollen Wellen an der nahezu unberührten Küste von Michoacán (S. 582).

Ensenada Bei San Miguel gibt es einen wirklich absolut wunderbaren Point Break (S. 765).

San Blas Gut für Anfänger und fortgeschrittene Anfänger, mit vielen Beach und Point Breaks sowie einige der längsten Wellen der Welt (S. 545).

Wandern, Mountainbiken & Reiten

Barranca del Cobre Die spektakuläre Schluchtenlandschaft im Nordwesten lässt sich wunderbar zu Fuß, auf dem Pferderücken oder aber auch per Rad erkunden, sei es ein paar Stunden oder sogar mehrere Wochen lang (S. 819).

Pueblos Mancomunados Die Bergdörfer Oaxacas sind durch ein Wegenetz miteinander verbunden, auf dem Pferde, Mountainbikes und gute ländliche Unterkünfte verfügbar sind (S. 486).

Oaxaca Wirklich wunderbare Ausritte über kurze und lange Distanzen organisiert Horseback Mexico (S. 459), für Radtouren wendet man sich hingegen an Bicicletas Pedro Martínez (S. 459).

Rancho El Charro Hier werden Ausflüge zu Pferd in die mit Dschungel bedeckten Berge hinter Puerto Vallarta geboten (S. 560).

Vulkane Zu den schlafenden Vulkanen, die man ohne technische Ausrüstung besteigen kann, gehören der Nevado de Toluca (S. 211), der **Paricutín** (S. 682), der Nevado de Colima (S. 655) und der Tacaná (S. 442).

Bici-Burro Tolle Ausflüge mit dem Mountainbike von San Miguel de Allende aus (S. 717).

Real de Catorce Von dieser magischen, zerfallenden alten Silberstadt in der Sierra Madre Oriental aus kann man sich zu Fuß, mit dem Rad oder auf dem Pferderücken in und durch die ausgebeuteten Hügel begeben. (S. 738).

Wilde Tiere

Wale Von Dezember oder Januar bis März kann man in den Lagunen der Baja California vor **Mazatlán,** Puerto Vallarta oder Puerto Escondido besonders gut Wale beobachten (S. 533).

Schmetterlinge Die Bäume im Reserva Mariposa Monarca in Michoacán (S. 667) verfärben sich jeden Winter leuchtend orange, wenn Millionen riesiger Monarch-Schmetterlinge einfallen und sich dort niederlassen.

Meeresschildkröten Mexikanische Strände sind wichtige Brutgebiete für die Meeresschildkröten – ganz nah dran an den Schildkröten ist man etwa in **Cuyutlán** (S. 580), **Playa Colola** (S. 581), **Playa Escobilla** (S. 504), **Tecolutla** (S. 260) oder Xcacel-Xcacelito (S. 306).

Walhaie Vor Isla Contoy oder **Espíritu Santo** kann man mit dem größten Fisch der Welt schwimmen (S. 783).

Brüllaffen Diese lärmenden Primaten kann man in den Blätterdächern des Dschungels von **Palenque** (S. 407), **Yaxchilán** (S. 424) oder Laguna Miramar beobachten (S. 427).

Vögel Mexikos Wälder und Küstenlagunen begeistern Vogelliebhaber; Ausflüge zum Vögel beobachten werden an Dutzenden Orten angeboten. Leuchtend rosafarbene Flamingoschwärme sind in **Río Lagartos** oder Celestún zu sehen (S. 356).

Kajakfahren & Rafting

Cortez-See (Golf von Kalifornien) Die Ausflüge um die Inseln, Strände und Meeresarme der Ostküste von Baja California, die in **Mulegé** (S. 775) oder **La Paz** (S. 784) beginnen, sind der Stoff, aus dem die Träume von Seekajakfahrern sind.

Pazifikküste Am Pazifik gibt's viele Kajakverleihe und Veranstalter, die Ausflüge zu den Lagunen und zu den Inseln organisieren. Zu den Topadressen gehören Puerto Vallarta (S. 560) und Troncones (S. 585).

Rafting in Veracruz Der Bundesstaat Veracruz ist mit den von der Sierra Madre Oriental herabstürzenden Flüssen Mexikos Rafting-Mekka. Wichtige Ausgangspunkte sind Jalcomulco (S. 239) und Tlapacoyan (S. 261).

Rafting in Oaxaca Die Flüsse nahe der Bahías de Huatulco eignen sich sowohl für Anfänger und Kinder als auch für Fortgeschrittene (S. 518).

Tequila & Mezcal

Los Amantes Im urigen Verkostungsraum in Oaxaca werden tolle Mezcals von den hiesigen Agavenfeldern serviert (S. 471).

Bósforo An diesem Zufluchtsort in Mexico City genießt man einige der besten Mezcals der Stadt (S. 125).

Atotonilco El Alto Die Stadt im Hochland von Jalisco produziert den wohl süffigsten, süßesten Tequila; die **Siete Leguas Destillerie** bietet Touren an (S. 646).

Tequila Die Stadt in Jalisco gab dem Getränk seinen Namen – wer mit dem Zug aus Guadalajara kommt, kann hier Destillerien besuchen (S. 646).

Monat für Monat

TOP-EVENTS

Día de Muertos, November

Carnaval, Februar

Día de la Independencia, September

Flug der Monarch-Schmetterlinge, Februar

Guelaguetza, Juli

Januar

In den Küstengebieten und im Tiefland ist es warm bis heiß, im Hochland kühl und trocken, was Scharen ausländischer Touristen anzieht. Die erste Woche sind auch in Mexiko Ferien – viel Verkehr und gut besuchte Küstenorte!

Día de los Santos Reyes

Mexikanische Kinder werden traditionell nicht an Weihnachten, sondern am 6. Januar (Heilige drei Könige oder Epiphanias) beschenkt. Der Brauch erinnert an die Geschenke der Heiligen Drei Könige für das Jesuskind. Mexikaner essen an diesem Tag *rosca de reyes*, einen großen ovalen Hefekranz, der mit kandierten Früchten verziert ist.

Saison der Zugvögel

Der Januar ist der Höhepunkt des Vogelzugs an der Pazifkküste Mexikos – und damit perfekt für alle, die gern Vögel beobachten. Die Lagunen und Flüsse wie die Laguna Manialtepec (S. 500) oder die Lagunas de Chacahua (S. 501) sind voller Vögel. San Blas feiert sogar ein Internationales Zugvogel-Festival. (S. 546)

Februar

Die Temperaturen sind etwas höher als im Januar, aber es bleibt trocken, was den Februar zu einem idealen Reisemonat für den Großteil Mexikos macht. Nur im Norden und in großen Höhen kann es noch kalt sein.

Wale beobachten

Von Mitte Dezember bis Mitte April bringen die großartigen Grauwale in den Buchten und Lagunen rund um die Baja California (S. 754) ihre Kälber zur Welt. Auch entlang der gesamten Pazifikküste können in dieser Zeit Wale gesichtet werden. Die besten Monate für Walbeobachtung in der Baja sind Februar und März.

Día de la Candelaria

Mariä Lichtmess (2. Feb.), das an die Einführung des Jesuskinds in den Tempel erinnert, wird fast überall gefeiert. In Tlacotalpan werden während mehrerer Festtage Stiere durch die Straßen getrieben, und eine Flottille aus Booten folgt dem Bildnis der Jungfrau den Río Papaloapan hinunter. (S. 264)

Carnaval

Als große Feier, die der 40-tägigen Buße der Fastenzeit vorausgeht, findet der Carnaval in den Tagen vor dem Aschermittwoch statt (2015 am 18. Februar, 2016 am 10. März). Am wildesten wird in Veracruz (S. 224), La Paz (S. 784) und Mazatlán (S. 534) gefeiert, mit Paraden und viel Musik, Trinken, Tanzen, Feuerwerk und Spaß.

Flug der Monarch-Schmetterlinge

Von Mitte November bis März erscheinen die Wälder des Reserva Mariposa Monarca in leuchtendem Orange, wenn Millionen der großen Monarch-Schmetterlinge hier überwintern. Die beste Zeit, sie zu beobachten, ist ein warmer sonniger Nachmittag im Februar. (S. 667)

Oben: Danza de los Voladores beim Feria de Corpus Christi in Paplanta (S. 257)
Unten: Guelaguetza Festival (S. 463)

März

In ganz Mexiko wird es wärmer, aber es ist immer noch trocken und für die ausländischen Touristen weiterhin Wintersaison.

☆ Festival de México

Im historischen Zentrum von Mexico City gibt's Musik-, Theater-, Tanz- und Literaturveranstaltungen, auf denen Künstler aus Mexiko und dem Ausland auftreten. Die größte Kulturfeier der Stadt. (S. 105)

Tagundnachtgleiche im Frühjahr

Besucher belagern Chichén Itzá zur Tagundnachtgleiche im Frühjahr (20.–21. März) und Herbst (21.–22. Sept.), wenn die Muster aus Licht und Schatten an eine Schlange erinnern, die sich an der Pyramide des Kukulcán hinauf- oder hinunterwindet. Eine Woche vor und nach jeder Tagundnachtgleiche tritt dieser Effekt täglich ein. (S. 345)

☆ Festival Internacional del Cine

Mexikos größtes Filmfestival zieht im März für zehn Tage internationale Topschauspieler und -regisseure nach Guadalajara. Über 100 000 Besucher können dort dann mehr als 250 Filme sehen. (S. 632)

Spring Break

Eine Woche Semesterferien Ende Februar oder im März nutzen viele US-Studenten für einen Kurztrip in Urlaubsorte wie Cancún, Puerto Vallarta, Cabo San Lucas oder Acapulco. Wer keine exzessiven Partys mag, sollte sich besser fernhalten!

April

Die Temperaturen steigen weiter, doch es bleibt trocken. Die Semana Santa (Osterwoche) im März oder April ist in Mexiko die wichtigste Urlaubswoche im Jahr. Die Unterkünfte sind so voll wie die Straßen.

Semana Santa

Die Semana Santa (Karwoche) ist die Woche zwischen Palmsonntag und Ostersonntag (2015: 5. April; 2016: 27. April). Der Karfreitag ist an vielen Orten von Prozessionen geprägt, und die Nachstellung der Kreuzigung in Iztapalapa, Mexiko-Stadt, zieht Menschenmassen an. (S. 105)

Feria de San Marcos

Millionen Menschen besuchen die Ausstellungen, Stier- und Hahnenkämpfe, Rodeos, Konzerte und andere Events auf Mexikos größtem Jahrmarkt in Aguascalientes. Er dauert etwa drei Wochen ab Mitte April; die größte Parade ist am 25. April. (S. 729)

Mai

Die Temperaturen erreichen in Städten wie Mérida (max. 35 °C), Guadalajara (31 °C), Oaxaca (30 °C) und Mexiko-Stadt (26 °C) ihr Jahreshoch. Für den Tourismus ist Nebensaison, was in vielen Unterkünften günstige Preise bedeutet.

Feria de Morelia

Der dreiwöchige Jahrmarkt bietet Tanzaufführungen, Stierkämpfe und kunsthandwerkliche Ausstellungen, Feuerwerk und viele Partys in der Hauptstadt von Michoacán. (S. 660)

Feria de Corpus Christi

Papantlas große Feier bietet spektakuläre *voladores* (Flugvorführungen) und Tänze der Urbevölkerung, zudem *charreadas* (mexikanische Rodeos), Paraden und Stierkämpfe. (S. 257)

Juni

Mit Beginn der Regenzeit kommt es im Südosten, in einigen Regionen an der Pazifikküste und im zentralen Hochland zu heftigen Niederschlägen. Dann sind kaum Touristen im Land und die Hotelpreise niedrig.

Festival del Mole Poblano

Puebla feiert Anfang Juni seinen berühmtesten Beitrag zur mexikanischen Küche, die schokoladige Sauce *mole poblano*. (S. 167)

Könige der Wellen

An vielen Spots an der Pazifikküste, z. B. Puerto Escondido mit seiner Mexican Pipeline (S. 490), kann man von April/Mai bis Oktober/November tolle Wellen genießen. Die größten treten in den Monaten Juni, Juli und August auf. Anfänger können fast das ganze Jahr über an zahlreichen Spots Surfen erlernen.

Juli

Im Südosten, dem zentralen Hochland und an der Pazifikküste ist es noch regnerisch, aber für Besucher aus dem Ausland wie für Einheimische ist der Juli ein Sommerferienmonat. Viele Ziele sind deshalb dennoch gut besucht, was einige Anbieter zu höheren Preisen animiert.

Guelaguetza

In Oaxaca herrscht an den ersten beiden Montagen nach dem 16. Juli wegen dieses farbenfrohen Festes des Folkloretanzes dichtes Gedränge. In seinem Gefolge finden noch viele weitere Events statt. (S. 463)

Schwimmen mit Walhaien

Die Walhaie versammeln sich zwischen Mitte Mai und Mitte September vor der Isla Contoy, um Plankton zu fressen. Die beste Zeit, um mit diesen sanften Riesen zu schwimmen, ist der Juli. (S. 293)

August

Es sind immer noch Sommerferien, und es regnet immer noch, wenn auch meist weniger heftig. Im Norden ist es von Juni bis August sehr heiß.

Feria de Huamantla

Huamantla, östlich von Mexiko-Stadt, legt während des Jahrmarkts Mitte August für ein paar Tage und Nächte richtig los. Am 14. August sind die Straßen mit Blumen und gefärbten Sägespänen bedeckt. Ein paar Tage später findet ein Stierrennen statt, das an Pamplona erinnert. (S. 183)

La Morisma

Zacatecas trägt, meist am letzten Wochenende im

August, einen Scheinkampf mit 10 000 Teilnehmern aus und erinnert damit an den Sieg der Christen über die Mauren in Spanien. (S. 748)

September

Der Sommer ist vorbei und die Hurrikan-Saison erreicht auf Yucatán und an den Küsten ihren Höhepunkt. Die Hurrikane sind unberechenbar, aber regnerischer ist es überall und in der Karibik ist die Sicht für Taucher schlechter.

Día de la Independencia

Am Unabhängigkeitstag (16. Sept.) wird des Tages gedacht, an dem Miguel Hidalgo 1810 zur Rebellion gegen Spanien aufrief, dem Grito de Dolores: Am 15. wird der Grito (Schrei) von jedem Rathaus wiederholt, gefolgt von Feuerwerk. Die größten Feiern gibt's in Mexico City. (S. 105)

Oktober

Nebensaison im Tourismus, die Hurrikan-Saison hält an, doch die Regenfälle haben – abgesehen von denen in Yucatán – aufgehört.

Fiestas de Octubre

Guadalajaras großes Fest füllt den ganzen Monat mit kostenloser Unterhaltung, Nutztier-Shows, Kunstausstellungen und Sportereignissen. Tausende Pilger folgen auf Knien einer Statue der Jungfrau Maria, die zur Basílica de Zapopan getragen wird. (S. 632)

Festival Internacional Cervantino

Guanajuatos zwei- bis dreiwöchiges Kunst-Festival ist dem spanischen Dichter Miguel de Cervantes gewidmet und eines der größten Kulturereignisse in Lateinamerika. Aus der ganzen Welt kommen Gruppen für Musik-, Tanz- und Theateraufführungen. (S. 702)

Barranca-del-Cobre-Saison

Der Oktober ist neben November und März der beste Monat, um das Canyon-Land im Nordwesten zu besuchen (S. 819), denn die Temperaturen sind am Grund der Canyons nicht zu heiß und an der Oberfläche nicht zu kalt.

November

Für den Tourismus ein ruhiger Monat. Das Wetter ist meist trocken und die Temperaturen gehen zurück. Die höchsten Gipfel des zentralen Vulkangürtels sind schneebedeckt.

Día de Muertos

(Tag der Toten; 2. Nov.) Die Friedhöfe erwachen zum Leben – wenn Familien die Gräber schmücken und mit ihren Toten Zwiesprache halten; manche halten auch die ganze Nacht Wache. In Häusern und öffentlichen Gebäuden werden besondere Altäre aufgestellt. An Marktständen gibt's Totenschädel aus Zucker und Spielzeug-Skelette. Entsprechende Veranstaltungen können auch schon Tage vorher beginnen, etwa um Pátzcuaro (S. 673) und Oaxaca (S. 462). Mehr dazu S. 883.

Festival Gourmet International

Küchenchefs aus Mexiko und dem Ausland kommen ins Pazifikresort von Puerto Vallarta: ein zehntägiges kulinarisches Fest. (S. 561)

Feria de la Plata

Ende November oder Anfang Dezember kann man auf der einwöchigen nationalen Silbermesse in Taxco einige der besten Silberarbeiten Mexikos bewundern. *Charreadas,* Konzerte, Tänze und Eselrennen runden den Spaß ab. (S. 205)

Dezember

Nahezu überall trocken, und kälter als jetzt wird's nicht. Der Wintertourismus kommt in Fahrt, und die Zeit um Weihnachten und Neujahr ist Ferienzeit in Mexiko, weshalb Unterkünfte rar und teuer sind.

Día de Nuestra Señora de Guadalupe

Mehrtägige Feiern in ganz Mexiko gipfeln am Tag der Schutzheiligen des Landes: Der Tag Unserer Lieben Frau von Guadalupe (12. Dez.). Millionen kommen zur Basílica de Guadalupe in Mexiko City. (S. 103)

Weihnachten

Weihnachten wird mit einem Festessen in den ersten Stunden des 25. Dezembers gefeiert, nach der Mitternachtsmesse. In einigen Städten gibt es *pastorelas* (Krippenspiele), etwa in Tepotzotlán (S. 149) und Pátzcuaro (S. 674) oder *posadas* (Prozessionen bei Kerzenlicht) z. B. in Taxco (S. 205).

DONALD M. JONES/GETTY IMAGES ©

Reiseplanung

Reiserouten

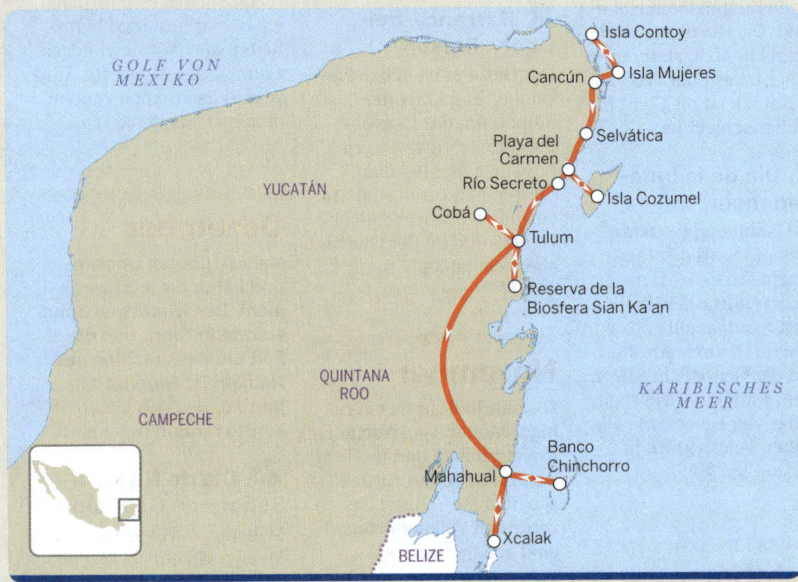

Ausflüge zur Riviera Maya & Costa Maya

Mit dem Flugzeug geht's nach **Cancún** und dann direkt auf die **Isla Mujeres** mit ihren Stränden und Schnorchel-Spots. Dann empfiehlt sich ein Ausflug zur **Isla Contoy**, deren Nationalpark sich gut zur Vogelbeobachtung eignet. Von Juni bis September kann man dort mit Walhaien schwimmen.

Alternativ kann man **Playa del Carmen** besuchen. Hier gibt's tolle Strände mit Tauch- und Schnorcheloptionen (samt Ausflügen zur **Isla Cozumel**) sowie ein quirliges Nachtleben. Mit Kindern bietet sich der Besuch der Öko-Parks an, etwa des **Selvática** mit seinen zwölf Zip-Lines oder des **Río Secreto**, in dem man durch eine 600 m lange Höhle wandert und schwimmt. Nächster Halt: **Tulum** mit einem der schönsten Strände Mexikos und eindrucksvollen Maya-Stätten. Unweit befinden sich die Pyramiden von **Cobá** sowie das artenreiche **Reserva de la Biosfera Sian Ka'an**. Südlich von Tulum ist die Costa Maya weniger touristisch als die Riviera Maya im Norden. Weitere Ziele: **Mahahual**, ein lässiges Dorf mit Schnorchel- und Tauchschule am Korallen-Atoll **Banco Chinchorro** oder das Fischerdorf **Xcalak**, ebenfalls bekannt für Wassersport. Nach drei entspannten Abenden stürzt man sich am letzten Abend ins Nachtleben von **Cancún**.

Schwarm von Prachtfregattvögeln, Reserva de la Biosfera Sian Ka'an (S. 316)

GOLF VON MEXIKO
Teotihuacán
MEXICO CITY
Veracruz
Monte Albán
Oaxaca
Puerto Escondido
Mazunte
Zipolite
PAZIFIK
San Cristóbal de las Casas
Palenque
Yaxchilán
Campeche
Mérida
Chichén Itzá
Uxmal
Ruta Puuc
Playa del Carmen
Cancún
Tulum
Isla Cozumel
BELIZE
KARIBISCHES MEER
GUATEMALA
HONDURAS

Strände & Tempel in Mexikos Süden

Die klassische Reiseroute führt nach Süden – vom Landesinneren zu den Traumstränden der Karibik – und bietet allerlei Kostproben von all jenem, was das Land so faszinierend macht.

Los geht's in der aufregenden Metropole **Mexico City**, die der Schlüssel zum Verständnis des Landes ist. Es folgt ein Abstecher zu den atemberaubenden Pyramiden bei **Teotihuacán**, der Hauptstadt des größten Reichs des alten Mexiko. Dann reist man ostwärts und besucht die lebenslustige Hafenstadt **Veracruz**. Anschließend fährt man über die Berge in Richtung Süden nach **Oaxaca**. Diese schöne Kolonialstadt mit dem feinsten Kunsthandwerk Mexikos und einer großen indigenen Population befindet sich im Herzen einer wunderschönen Region. Ebenfalls ein Muss: Ein Besuch der nahegelegenen alten Hauptstadt der Zapoteken, **Monte Albán**.

Weiter geht's nun an einen der entspannten Strände an Oaxacas Küste, etwa **Puerto Escondido**, **Mazunte** oder **Zipolite**. Nach ein paar Tagen Sonne, Sand und Surfen wartet östlich davon **San Cristóbal de las Casas**, ein hübsches Bergstädtchen inmitten faszinierender Dörfer. Anschließend empfiehlt sich ein Besuch von **Palenque**, der vielleicht schönsten Maya-Stadt inmitten des smaragdgrünen Dschungels, sowie von **Yaxchilán**, einer weiteren wunderbaren Maya-Stadt, die nur über einen Fluss erreichbar ist.

Nordöstlich davon liegt **Campeche**, eine attraktive Mischung aus Kolonialort und quirliger, moderner Stadt. Anschließend geht's ins koloniale **Mérida**, lebhaftes kulturelles Zentrum der Halbinsel Yucatán und Ausgangspunkt für Tagestouren zu den herrlichen Ruinen von **Uxmal** und **Ruta Puuc**. Nächster Halt ist **Chichén Itzá**, die berühmteste Maya-Stätte von Yucatán. Von hier aus fährt man weiter nach **Tulum** an der Karibikküste, das mit einer großartigen Maya-Stätte und einem herrlichen Strand in deren Nähe beeindruckt. Auf dem Weg nach Norden fährt man schließlich die Riviera Maya entlang, bis in die angesagte Küstenstadt **Playa del Carmen**, und macht einen Abstecher auf die **Isla Cozumel** – ein Schnorchel- und Tauchrevier von Weltklasse! Dann fährt man nach **Cancún**, dem beliebtesten und lebendigsten Küstenort Mexikos.

Oben: Mondpyramide (S. 156), Teotihuacán
Unten: Meeresschildkröte und Königin-Engelfisch, Isla Cozumel (S. 301)

3 WOCHEN Kolonialstädte im Landesinneren

Die Hauptstadt des Landes ist von vielen Kolonialstädten umgeben, die mit herrlicher Architektur, Steinmetzarbeiten und bunten Kacheln aufwarten, mit großzügigen Plazas, Springbrunnen und einer modernen Kunstszene. Wer allerdings versucht, alles zu sehen, ist hinterher urlaubsreif. Wenn man sich auf die folgenden acht Ziele beschränkt, wird man der Gegend aber durchaus gerecht.

Mexico City selbst hat einiges an großartiger Kolonialarchitektur zu bieten – etwa die zentrale Plaza der Stadt, der Zócalo, der von der Kathedrale und dem Nationalpalast flankiert wird. Das koloniale Stadtzentrum ist interessanterweise mit jeder Menge moderner, aber auch vorkolonialer Architektur und Kunst gespickt. Nach dem Kulturprogramm hat man hier fantastische Möglichkeiten, um zu essen oder auszugehen.

Richtung Osten geht's nach **Puebla**. Hier finden sich die meisten von Mexikos kolonialen Kirchen und Herrenhäusern – letztere beherbergen viele interessante Museen. Puebla ist eine der am stärksten spanisch geprägten Städte Mexikos. Mehr als 1000 Gebäude weisen die berühmten farbenprächtigen *azulejos* (Keramikfliesen) auf.

Im Westen liegt Michoacáns lebendige Hauptstadt **Morelia** mit ihrer imposanten Kathedrale, vielen Kolonialbauten sowie großartigen Cafés. Das kleine **Pátzcuaro** ist eine ansprechende Hochlandstadt, in der Purépecha ihre Waren auf einer der schönsten Plazas Mexikos verkaufen.

Nordwärts liegt die Silberstadt **Zacatecas** mit ihrer überwältigenden barocken Kathedrale und tollen Kunstmuseen. Man kann hier eine Tour durch die Gold- und Silbermine machen.

In Richtung Mexico City liegt El Bajío. Die Region wurde als Cuna de la Independencia (Wiege der Unabhängigkeit) berühmt, spielte sie doch eine wichtige Rolle in der Unabhängigkeitsbewegung des 19. Jhs., die der Kolonialzeit ein Ende setzte. Hier liegt das lebhafte **Guanajuato** mit den *callejones* (Gassen), einem pulsierenden Studentenleben und vielen historischen Zeugnissen. Das charmante **San Miguel de Allende**, Hauptstadt der in Mexiko lebenden Ausländer, ist voller Kolonialbauten. Bevor man wieder Mexico City erreicht, sollte man das hübsche **Querétaro** mit den Museen und dem historischen Zentrum erkunden.

Oben: Nationalpalast (S. 71), Mexico City
Unten: Kathedrale (S. 165), Puebla

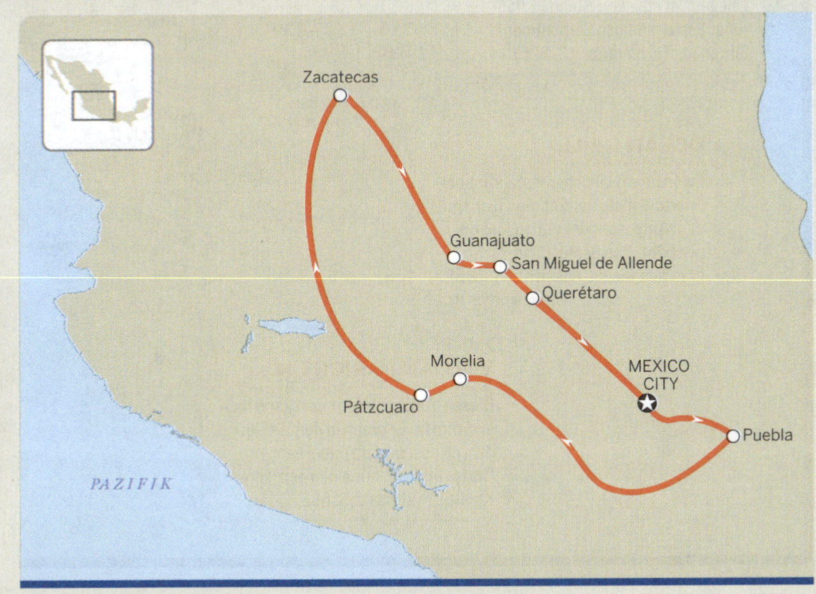
Zacatecas
Guanajuato
San Miguel de Allende
Querétaro
Morelia
Pátzcuaro
MEXICO CITY
Puebla
PAZIFIK

Abseits der üblichen Pfade

URIQUE

Der Trip in dieses idyllische Dorf am Fluss, tief in einer Kupfer-Schlucht gelegen, ist eine ergreifende Erfahrung. Schier endlose Serpentinen führen ins Tal hinunter. (S. 826)

OCEAN GRILL

Zu unserem Lieblingsrestaurant bei Puerto Vallata kommt man nicht mit dem Auto, sondern nur zu Fuß oder per Boot. Das Seafood hier ist so grandios wie die Aussicht. (S. 565)

VOLCÁN PARICUTÍN

Diesen Vulkan bei Uruapan kann man erklimmen. Er brach in den 1940er-Jahren aus, begrub dabei ganze Dörfer und ließ nur einen einzigen Kirchturm stehen. (S. 682)

0 500 km

SIERRA GORDA

Das Biosphärenreservat Querétaro umfasst Nebelwälder, Halbwüsten, tropische Wälder, historische Jesuiten-Missionen, abgelegene Dörfer, Wasserfälle, Höhlen und eine exotische Tierwelt. Am besten erkundet man das alles mit einem Guide von den Öko-Lodges. (S. 695)

MINERAL DEL CHICO

Auf der steilen, kurvigen Straße bergauf mag einem der Atem stocken, aber dieses charmante alte Bergarbeiter-Dorf mit seinen Bergaussichten, dem Nebel und den Wandermöglichkeiten ist es wert. (S. 162)

RUTA PUUC

Während die Massen weiter nördlich eine Maya-Stätte nach der anderen abklappern, sollte man diese faszinierenden Ruinen südlich von Mérida besuchen. Es gibt Chancen, sie ganz für sich alleine zu haben. (S. 339)

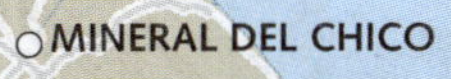

COCOLEOCO SURF CAMP

Nur 6 km von einem einsamen Strand in Oaxaca entfernt, sind Cocoleoco's *cabañas* (Hütten) ein wunderbar entspannter Stopp. Man kann an über einem Dutzend Spots surfen, reiten oder in der Lagune Kajak fahren. (S. 524)

LAGUNA MIRAMAR

Ob auf matschigen Straßen oder per Boot – ein Tagesausflug durch den Urwald der Selva Lacandona führt zu dem strahlend blauen See und den Petroglyphen. Im Hintergrund ertönt das Geschrei von Brüllaffen. (S. 427)

Maiskolben an einem Straßenstand

Reiseplanung

Essen & Trinken wie die Mexikaner

Die mexikanische Küche ist viel schmackhafter, frischer, variantenreicher, sorgfältiger zubereitet und kreativer als man es sich vielleicht vorgestellt haben mag, bevor man sie versucht hat. Wer sich an die mexikanischen Aromen heranwagt, sei es an einfachen Taco-Verkaufsständen oder in raffinierten Fusion-Restaurants, wird das Essen als ein Highlight der Reise erleben.

Der kulinarische Kalender

April

Mit Beginn der Regenzeit gibt es den ersten *huitlacoche,* von Pilz bewachsenen Mais, der als eine der Delikatessen Mexikos gilt.

Mai bis August

Die Feste um die Jahresmitte herum drehen sich um Käse und Wein (Tequisquiapan), die berühmte *mole poblano*, eine Sauce auf Schokoladenbasis (Puebla), Pilze (Cuajimoloyas, Oaxaca) und wieder den Wein (Ensenada und Parras).

September

Frische Walnüsse und Granatäpfel verleihen rund um den Unabhängigkeitstag (16. September) dem Nationalgericht *chiles en nogada* seinen besonderen Geschmack – grüne Chilischoten, roter Granatapfel und weiße Walnusssauce stehen für die Farben der mexikanischen Flagge.

November

Allerseelen (Día de Muertos, 2. November) wird mit Totenköpfen als bunter Süßigkeit sowie mit Schokoladensärgen begangen. Uruapans Guacamole-Produktion für den Avocado-Jahrmarkt ist weltrekordverdächtig.

Kulinarische Erlebnisse

Einmalige Mahlzeiten

- **Pujol** (S. 122), **Mexico City** Ein vielgängiges Menü, das die Extravaganzen der modernen mexikanischen Küche widerspiegelt. Am besten mehrere Wochen im Voraus reservieren.
- **Ocean Grill** (S. 565), **Puerto Vallarta** Himmlische Meeresfrüchte-Mittagsmahlzeiten in einem Bistro auf den Klippen, das nur mit dem Boot erreichbar ist.
- **La Providencia** (S. 508), **Zipolite** Ausgefeilte Fusionküche auf der hinteren Seite eines günstigen Strandlokals.
- **Kinich** (S. 345), **Izamal** Frische Yucatán-Küche vom Feinsten.
- **Restaurante Lu** (S. 664), **Morelia** Traditionelle Zutaten vereinen sich mit mexikanischer *alta cocina* (Haute Cuisine).
- **Finca de Vaqueros** (S. 502), **Pochutla** Ein Festessen mit gegrilltem Fleisch, das man so schnell nicht vergisst.
- **Las Mercedes** (S. 706), **Guanajuato** Gerichte nach Großmutters Art, aber mit aktueller Präsentation. Für die Vorbereitungen nimmt man sich hier stundenlang Zeit.

Preiswerte Leckereien

Mexikanische Straßensnacks gehören zu den besten der Welt. Im ganzen Land sorgen Straßenstände, Märkte und kleine Lokale für endlosen Nachschub an nahrhaften Snacks oder leichten Mahlzeiten – morgens, mittags und abends. Die besten Angebote gibt es meist an den Ständen mit den längsten Schlangen.

Tonangebend sind die vielen Formen von *antojito* („kleine Launen") – das sind leichte Gerichte aus *masa* (Maisteig). Der wichtigste *antojito* ist der Taco – Fleisch, Fisch oder Gemüse in einer Tortilla (Mexikos allgegenwärtiger Mais- oder Weizenfladen). Köstlich sind auch die Varianten *tacos al pastor* (mit geröstetem Schweinefleisch), *tacos de carne asada* (mit gegrilltem Rindfleisch) und *tacos de pescado* (Fischtacos, beliebt an der Pazifikküste). Es gibt aber noch viel mehr Arten und eine unendliche Vielfalt an Zutaten. Zu den beliebtesten Varianten gehören:

- *Quesadillas* – eine geklappte Tortilla, gefüllt mit Käse und/oder anderen Zutaten
- *Enchiladas* – leicht angebratene Tortillas mit Füllung und Chilisauce
- *Tamales* – *masa* mit Speck vermischt, in der Mitte geschmortes Fleisch, Fisch oder Gemüse, in Mais- oder Bananenblättern gedämpft

Andere beliebte Straßensnacks:

- *Tortas* – Sandwichs (heiß oder kalt)
- *Elotes* – frisch gedämpfte oder gebratene Maiskolben, normalerweise mit Mayonnaise bestrichen und häufig mit Chilipulver bestreut

Zum Ausprobieren

Heuschrecken *(chapulines)* Mit Chilipulver und Knoblauch geröstet sind sie ein überraschend leckerer Snack, vor allem in Verbindung mit einem Glas Mezcal. Sehr beliebt in Oaxaca.

Maispilz *(huitlacoche)* Der schwarze Schimmel, der auf manchen Maiskolben wächst, hat eine trüffelähnliche Konsistenz und gilt als Delikatesse. Man bekommt ihn während der Regenzeit zur Jahresmitte auf dem Mercado San Juan in Mexico City (S. 135) und als Sauce oder Füllung in Restaurants wie dem Axitla (S. 190) in Tepoztlán.

Kuhaugen-Tacos *(tacos de ojos)* Ja, genau: Kuhaugen werden zerkleinert, gedämpft und in Tacos gefüllt. Wirklich zart, aber nicht besonders aromatisch. Das Ganze kann etwas glitschig sein. Gibt's an Taco-Ständen im ganzen Land und im Restaurant Los Cocuyos (S. 113) in Mexico City.

Raupen und Würmer Ameisenlarven *(escamoles)* und Blaue Agavenwürmer *(gusanos de maguey)* gibt es von März bis Juni in der Region Puebla-Tlaxcala. Im Tirol in Tlaxcala (S. 181) gibt's einen Insekten-Probierteller für 450 M$.

Regionale Spezialitäten

Zentralmexiko

Guadalajara ist berühmt für *birria* (mit Chili gewürzter Ziegeneintopf, in Agavenblätter gewickelt) und *tortas ahogadas* („ertränkte“ *tortas*) – Sandwichs mit *carnitas* (geschmortes Schweinefleisch) und Bohnen, getränkt in würziger Sauce. Ganz in der Nähe liegt Tequila, die Stadt, der Mexiko sein berühmtestes Getränk verdankt. Man kann dort Destillerien besuchen oder gleich den Tequila-Express-Ausflugszug von Guadalajara aus nehmen. Die Stadt Puebla hat eine stolz präsentierte, unverwechselbare Küche, zu der auch

Birria, ein Ziegeneintopf

Mexikos vielleicht berühmteste Gericht gehört – *mole poblano*, eine sämige Sauce aus Chilis, Früchten, Nüssen, Gewürzen und Schokolade, die üblicherweise zu Hähnchen gereicht wird.

Mexico City

Die Hauptstadt ist der große Schmelztiegel für mexikanische Küche und eine boomende Snack-Kultur. *Antojitos* gibt es überall – an Straßenständen, auf Märkten

KOCHKURSE

- **Estela Silva's Mexican Home Cooking School** (S. 179) Die etablierte Schule in der Nähe von Tlaxcala konzentriert sich auf regionale Küche. Die Kurse dauern mehrere Tage. Die Preise beinhalten die Unterkunft.
- **La Casa de los Sabores** (S. 461) Kurse für Oaxaca- und andere mexikanische Gerichte in einer der besten Schulen Oaxacas.
- **La Villa Bonita** (S. 188) Mehrtägige Kurse inklusive Übernachtung, geleitet von der gefeierten Spitzenköchin Ana García.
- **Little Mexican Cooking School** (S. 295) Kurse an der Riviera Maya, bei denen man Menüs aus sieben verschiedenen Regionen Mexikos zubereitet.
- **Zihuatanejo Cooking School** (S. 596) Sehr empfehlenswerte Kurse zu regionalen und nationalen Lieblingsgerichten.

Frisch zubereitete Meeresfrüchte

und an tausenden Taco-Ständen. Am anderen Ende der kulinarischen Skala kreieren Spitzenköche fantastische Fusion-Gerichte in modernen Restaurants, wo sie Techniken der Haute Cuisine an traditionell mexikanischen Zutaten anwenden. Diese Restaurants finden sich vor allem in den Stadtvierteln Condesa, Roma und Polanco.

Oaxaca

Der Bundesstaat ist in Mexiko berühmt für seine einzigartigen Gerichte. Die größte Ehre gebührt den *moles* – reichhaltigen, sämigen Saucen mit Chilis, Gewürzen, Nüssen und oft Tomaten, die zu Fleisch gereicht werden. Oaxaca ist auch Welthauptstadt des Mezcal, eines starken süffigen Schnapses aus dem Fruchtfleisch von Agaven, der sich wachsender Beliebtheit erfreut.

Pazifikküste

Natürlich gibt es hier jede Menge frischen Fisch und Meeresfrüchte. *Pescado zarandeado* – Fisch, der in einem Holzgrill namens *zaranda* zubereitet wird – ist eher im Norden eine Spezialität. *Ceviches* (marinierte Mischung verschiedener roher Fischsorten) haben ihre Heimat in den heißeren südlichen Gegenden. Mazatlán, Sayulita, Puerto Vallarta und Zihuatanejo sind Oasen für Feinschmecker, und Vallarta hat eine große Zahl internationaler Spitzenköche dazu animiert, Gourmet-Fusion-Restaurants zu eröffnen, die beim Festival Gourmet International im November eine große Rolle spielen.

Der Norden

Rindfleisch von den ausgedehnten Farmen sowie in den Küstenregionen Meeresfrüchte sind hier die Spezialitäten. Das typische Gericht in Monterrey ist *cabrito asado* (am Spieß geröstetes Zicklein).

Die Halbinsel Yucatán

Karibische Aromen und Rezepte der Maya beeinflussen die Küche in Mexikos südöstlicher Ecke. Das berühmteste Gericht ist *cochinita pibil* – in Zitrussaft mariniertes Spanferkel mit *achiote* (ein Gewürz vom Annattostrauchs), das traditionell in einer Erdgrube geröstet wird. Ein Grundnahrungsmittel ist das feurig-scharfe *chile habanero* – *Habanero*-Sauce passt hervorra-

Oben: Traditionelles mexikanisches Gericht, das an einem Verkaufsstand zubereitet wird

Links: Auslage mit aufgehängten Zucker-Totenköpfen

gend zu *papadzules* (Tacos mit Eiern und Kürbiskernsauce). Nicht verpassen sollte man auch *sopa de lima,* eine Suppe mit Truthahn, Limette und Tortillastückchen.

Essen & Trinken

Essenszeiten

Desayuno (Frühstück) Gibt's meist zwischen 8.30 und 11 Uhr. Eiergerichte sind beliebt und manche Mexikaner verdrücken ganze Teller voll Fleisch.

Comida (Mittagessen) Die Hauptmahlzeit des Tages wird zwischen 14 und 16.30 Uhr serviert und besteht aus einer Suppe oder Vorspeise, dem Hauptgericht und einem kleinen Nachtisch. *Comida corrida,* auch bekannt als *menú del día,* ist ein günstiges Mittagsmenü zum Festpreis.

Cena (Abendessen) Mexikaner essen am Abend eher leicht und oft nicht vor 21 Uhr. Allerdings haben nahezu alle Restaurants, in denen es Abendessen gibt, schon ab 19 Uhr geöffnet und bieten auch vollständige Mahlzeiten an.

Snacks Zu fast jeder Tageszeit bekommt man in Cafés, an Straßen- oder Marktständen *antojito* oder *torta*. In manchen Cafés gibt es auch Sandwichs.

Wohin zum Essen?

In der Regel bieten *restaurantes* (Restaurants) große Menüs und die passende Auswahl an Getränken an, während Cafés und *cafeterías* kleinere Menüs mit leichteren Gerichten im Angebot haben. Weitere Arten von Lokalen:

- *comedor* – „Speiseraum"; gewöhnlich eine Art Kantine mit einfachen Gerichten
- *fonda* – kleines, oftmals familiengeführtes Lokal, in dem *comida corrida* serviert wird
- *mercado* (Markt) – viele mexikanische Märkte haben *comedor*-Bereiche, wo Gäste auf Bänken sitzen und günstige Gerichte nach Hausfrauenart an Ort und Stelle aufgewärmt werden
- *taquería* – auf Tacos spezialisiertes Lokal

Sprachführer Essen

Gerichte auf mexikanischen Speisekarten werden auf S. 943 erklärt, die Namen der Grundnahrungsmittel auf S. 934.

- **a la parrilla** vom Grill
- **a la plancha** gegrillt
- **al carbón** über Holzkohle gegart

Chiles en nogada

- **aves** Geflügel
- **bebidas** Getränke
- **carnes** Fleisch
- **empanizado** paniert
- **ensalada** Salat
- **entradas** Vorspeisen
- **filete** Filet
- **frito** gebraten
- **huevos** Eier
- **jugo** Saft
- **legumbres** Hülsenfrüchte
- **mariscos** Meeresfrüchte (kein Fisch)
- **menú de degustación** Probiermenü
- **mole** reiche, sämige Sauce aus Chilis, Gewürzen, Nüssen, oft Tomaten und manchmal Schokolade, wird häufig als Beilage zu Fleisch gereicht
- **pescado** Fisch
- **plato fuerte** Hauptgericht
- **postre** Dessert
- **salsa** Sauce
- **sopa** Suppe
- **verduras** Gemüse

Eingang zu Grab 105, Monte Albán (S. 476)

Reiseplanung

Mexikos alte Ruinen erkunden

Die alten Kulturen Mexikos waren die am höchsten entwickelten und bedeutendsten in Nord- und Mittelamerika. Pyramiden, Tempel und Opferplätze verblüffen Besucher schon seit die Spanier 1519 mexikanischen Boden betraten. Heute werden diese Stätten von Mexikanern und Reisenden aus aller Welt geschätzt: Sie zu besuchen, ist eine Erfahrung, die man nicht versäumen sollte.

Wo & Wann

Top-Stätten & Reisezeit

Die meisten der wichtigsten prähispanischen Stätten Mexikos liegen im Zentrum, im Süden und Südosten des Landes. Nachfolgend eine Übersicht der fünf Top-Stätten – und ein Hinweis, zu welcher Jahreszeit sich der Besuch besonders empfiehlt. Die meisten Stätten haben zwischen 9 und 17 Uhr geöffnet (manche sind am Mo geschl.). Wer früh da ist, kann mit weniger Touristen und weniger hohen Temperaturen rechnen.

Teotihuacán, Zentralmexiko August, Oktober bis April

Chichén Itzá, Halbinsel Yucatán November bis April

Uxmal, Halbinsel Yucatán November bis April

Palenque, Chiapas Oktober bis Mai

Monte Albán, Oaxaca Oktober bis März

Mexikos alte Kulturen

Seit dem 19. Jh. legen Archäologen die alten Stätten im ganzen Land frei. Viele imposante Anlagen wurden inzwischen restauriert und für Besucher zugänglich gemacht. Andere wurden nur teilweise freigelegt und Tausende ruhen noch immer unangetastet unter der Erde oder in dichten Wäldern. Die wichtigsten Kulturen waren:

- **Olmeken** Mexikos „Mutterkultur" konzentrierte sich von 1200 bis 400 v. Chr. an der Golfküste. Berühmt sind die gigantischen Steinskulpturen – die Olmeken-Köpfe.
- **Teotihuacán** Diese Zivilisation trägt den Namen der Stadt, die nur 50 km von Mexico City entfernt liegt. Hier gibt es riesige Pyramiden. Die Stadt florierte in den ersten sieben Jahrhunderten unserer Zeitrechnung und herrschte über das größte Imperium in Mexiko.
- **Maya** Die Maya im Südosten Mexikos, in Guatemala und Belize hatten ihre Blütezeit zwischen 250 und 900 n. Chr. in diversen Stadtstaaten. Berühmt sind ihre wunderschönen Tempel und Steinskulpturen. Die Kultur der Maya hat unter der indigenen Bevölkerung in diesen Regionen bis heute überlebt.
- **Tolteken** Ein Name für die Kultur mehrerer Stadtstaaten in Zentralmexiko (750–1150 n. Chr.). Die berühmtesten Monumente sind die Kriegerskulpturen von Tula.
- **Azteken** Von ihrer Hauptstadt Tenochtitlán (heute Mexico City) aus herrschten die Azteken von 1325 bis 1521 n. Chr. von der Golfküste bis zum Pazifik über den Großteil Zentralmexikos. Die berühmteste Azteken-Stätte ist der Templo Mayor in Mexico City.

Praktisch & Konkret

- Die berühmtesten Ausgrabungsstätten sind oft rappelvoll (früh aufstehen lohnt sich also!). Auf entfernten Hügeln oder in dichtem Urwald versteckt gelegene Anlagen sind für Abenteurer mehr als lohnend.
- Der Eintritt zu den archäologischen Stätten beträgt zwischen 0 und etwa 250 Mex$, abhängig von der jeweiligen Anlage (aber nur ganz wenige Stätten, alle in Yucatán gelegen, kosten mehr als 60 Mex$).
- Sonnenschutzmittel und im Urwald Insektenspray nicht vergessen!
- An beliebten Stätten gibt's Restaurants, Cafés, Buchläden, Souvenirshops, Audioguides in mehreren Sprachen und lizensierte Führer (Preise sind Verhandlungssache).
- An wenig besuchten Stätten gibt es weder Essbares noch Wasser.
- Viele Stätten kann man im Rahmen von geführten Touren besuchen; öffentliche Transportmittel sind meist ebenfalls vorhanden.
- Die Hauptsehenswürdigkeiten sind barrierefrei.
- Beschriftungen gibt es oft nur auf Spanisch, manchmal auf Englisch oder in indigener Sprache.

Informationsquellen

- **Colecciones Especiales Street View** (www.inah.gob.mx/especial-street-view) Virtuelle Touren für 30 Stätten in Google Street View.
- **Instituto Nacional de Antropología e Historia** (INAH; www.inah.gob.mx) Das Mexikanische Nationalinstitut für Anthropologie und Geschichte verwaltet 187 Ausgrabungsstätten und 129 Museen.
- **Mesoweb** (www.mesoweb.com) Eine breitgefächerte Informationsquelle über das antike Mexiko, insbesondere über die Maya.
- **An Archaeological Guide to Central and Southern Mexico** Das Buch von Joyce Kelly kam 2001 heraus und ist immer noch das beste seiner Art. Es behandelt 70 Stätten.

Top-Museen

Zu einigen Ausgrabungsstätten gehören Museen, es gibt aber auch ausgezeichnete städtische und regionale Museen, in denen man äußerst wertvolle vorkoloniale Artefakte bewundern kann und die einen faszinierenden Einblick ins alte Mexiko bieten.

- **Museo Nacional de Antropología, Mexico City** (S. 85) Das Anthropologische Nationalmuseum hat Abteilungen zu allen wichtigen alten Kulturen. Es zeigt den berühmten Sonnenstein der Azteken sowie eine Kopie des Königsgrabs von Palenque, das voller Schätze war.
- **Museo de Antropología, Xalapa** (S. 233) Das ausgezeichnete Museum widmet sich vor allem den Kulturen an der Golfküste. Die Sammlung umfasst 25 000 Stücke, darunter sieben Olmeken-Köpfe und andere Skulpturen.

Skulpturen von Quetzalcóatl, Chichén Itzá (S. 345)

- **Parque-Museo La Venta, Villahermosa** (S. 446) In dem Freilichtmuseum mit Zoo kann man Olmeken-Köpfe und weitere Skulpturen bewundern, die in den 1950er-Jahren hierher kamen, als La Venta wegen des Öls bedroht war.
- **Museo Maya de Cancún** (S. 279) Eine von Mexikos bedeutenste Sammlung von Maya-Artefakten, die alle von Stätten auf der Halbinsel Yucatán stammen.

DIE PRÄHISPANISCHE ZEIT IN ZAHLEN

Mexikaner lieben seit jeher Zahlen. Hier einige zusammengetragene Fakten:

- **25 Mio.** Geschätzte Zahl der mexikanischen Ureinwohner
- **8 km** Tunnel haben Forscher unter der Tepanapa-Pyramide (Cholula) gegraben
- **70 m** ragt die Sonnenpyramide in Teotihuacán in die Höhe
- **100 km** lang ist die *sacbé* (gepflasterte Allee) von Cobá nach Yaxuna
- **120 Wände mit Gemälden** befinden sich im Tetitla-Palast in Teotihuacán
- **300 Masken von Chaac**, dem Regengott, gibt es im Palast der Masken in Kabah
- **6500 Gebäude** stehen in Calakmul
- **15 000 rituelle Ballspielplätze** wurden (bis jetzt) in Mexico entdeckt
- **20 000 Menschenherzen** wurden 1487 für die Einweihung des Templo Mayor geopfert

Mexikos Ruinen

DIE WICHTIGSTEN PRÄHISPANISCHEN STÄTTEN

	STÄTTE	ZEIT	BESCHREIBUNG
ZENTRAL-MEXIKO	Teotihuacán (S. 155)	0–700	Mexikos größte altertümliche Stadt, Hauptstadt des Teotihuacán-Imperiums
	Templo Mayor (S. 70)	1375–1521	Zeremonienzentrum der Aztekenhauptstadt Tenochtitlán
	Cholula (S. 172)	0–1521	Stadtzentrum & religiöses Zentrum
	Tula (S. 152)	900–1150	Bedeutendste Stadt der Tolteken
	Cantona (S. 184)	600–1000	Riesige, gut erhaltene, wenig besuchte Stadt
	Tlatelolco (S. 101)	12. Jh.–1521	Stätte des Hauptmarkts der Azteken & Ort der Niederlage des letzten Azteken-Herrschers Cuauhtémoc
	Xochicalco (S. 198)	600–1200	Großes Religions- & Handelszentrum
CHIAPAS	Palenque (S. 406)	100 v. Chr.–740	Wichtigste, wunderschöne Maya-Stadt
	Yaxchilán (S. 424)	7.–9. Jh.	Maya-Stadt
	Toniná (S. 404)	ca. 600–900	Tempelkomplex der Maya
	Bonampak (S. 420)	8. Jh.	Maya-Stätte
NORD-MEXIKO	Paquimé (S. 842)	900–1340	Handelszentrum & Verbindungsglied zwischen Zentralmexiko und Wüstenkulturen im Norden
OAXACA	Monte Albán (S. 476)	500 v. Chr.– 900	Zeremonienzentrum der Zapoteken
	Mitla (S. 482)	ca. 1300–1520	Religiöses Zentrum der Zapoteken
	Yagul (S. 482)	900–1400	Zeremonienzentrum der Zapoteken & Mixteken
VERACRUZ	El Tajín (S. 258)	600–1200	Stadt & Zeremonienzentrum der klassischen Veracruz-Kultur
HALBINSEL YUCATÁN	Chichén Itzá (S. 345)	2.–14. Jh.	Große, gut restaurierte Maya-/Tolteken-Stadt
	Uxmal (S. 335)	600–900	Maya-Stadt
	Tulum (S. 307)	ca. 1200–1600	Späte Maya-Stätte & Zeremonienzentrum
	Calakmul (S. 366)	ca. 1.–9. Jh.	Riesige, einst mächtige Maya-Stadt, kaum restauriert
	Cobá (S. 313)	600–1100	Maya-Stadt
	Kabah (S. 338)	750–950 n. Chr.	Maya-Stadt
	Ruta Puuc (S. 339)	750–950 n. Chr.	Drei Stätten der Puuc-Maya (Sayil, Xlapak, Labná)
	Edzná (S. 364)	600 v. Chr.–1500	Maya-Stadt
	Becán (S. 367)	550 v. Chr.–1000	Große Maya-Stätte
	Xpuhil (S. 368)	Blütezeit im 8. Jh.	Maya-Siedlung
	Ek' Balam (S. 355)	ca. 600–800	Maya-Stadt
	Dzibanché (S. 370)	ca. 200 v. Chr.–1200	Maya-Stadt
	Kohunlich (S. 370)	100–600	Maya-Stadt

HIGHLIGHTS	LAGE/VERKEHRSMITTEL
Sonnen- und Mondpyramide, Calzada de los Muertos, Palast-Wandgemälde	50 km nordöstlich von Mexico City; zahlreiche Busse
Zeremonienpyramide	Zentrum von Mexico City
Voluminöseste Pyramide der Welt	8 km westlich von Puebla; zahlreiche Busse
Steinsäulen in Form von Kriegern	80 km nördlich von Mexico City; von der Bushaltestelle in Tula 1 km zu Fuß oder mit dem Taxi
24 Ballspielplätze, einzigartiges Straßensystem	90 km nordöstlich von Puebla; Taxi oder *colectivo* ab Oriental
Tempelpyramide der Azteken	Nördliches Mexico City; Trolleybus oder Metro
Pyramide von Quetzalcóatl	35 km südwestlich von Cuernavaca; Bus
Fantastische Tempel mit Urwaldkulisse	7 km westlich der Stadt Palenque; zahlreiche Combis
Tempel & andere Gebäude mitten im Urwald in der Nähe von Flüssen	Am Río Usumacinta, 15 km von Frontera Corozal; LKW Palenque–Frontera Corozal (170 km), danach mit dem Boot
Tempel & Pyramiden in Hanglage	14 km östlich von Ocosingo; Combis ab Ocosingo
Wunderschöne, wenn auch verwitterte Fresken	150 km südöstlich von Palenque; LKW oder Bus nach San Javier (140 km), von dort Taxi oder Kleintransporter
Lehmziegelbauten, Papageienkäfige aus Lehm, Tonwaren mit Geometriemustern	Casas Grandes; Busse von Nuevo Casas Grandes, 7 km Richtung Norden
Pyramiden, Observatorium, Aussicht	6 km westlich von Oaxaca; Bus
Einzigartige Steinmosaiken	46 km südöstlich von Oaxaca; Bus oder *colectivo*
Großer Ballspielplatz, Fels-„Festung"	35 km südöstlich von Oaxaca; Bus oder *colectivo*, dann 1,5 km zu Fuß
Nischenpyramiden, 17 Ballspielplätze, *voladores*- (Flieger-) Tänzer	6 km westlich von Papantla; Bus
Tempel El Castillo, größter Ballspielplatz, Sternwarte El Caracol, Schädel-Plattform	117 km östlich von Mérida, 2 km östlich vom Dorf Pisté; Busse ab Mérida, Pisté & Valladolid
Pyramiden, Paläste, Maskenskulpturen des Regengottes Chaac	80 km südlich von Mérida; Busse ab Mérida
Tempel & Türme in Traumlage	130 km von Cancún; von Tulum im Taxi, zu Fuß, per Fahrrad
Hohe Pyramiden mit Blick über den Regenwald	60 km südlich von der Escárcega-Chetumal-Straße; Auto, geführte Tour ab Campeche oder Chicanná, Taxi ab Xpujil
Große Pyramiden im Urwald	Dorf Cobá, 50 km von Tulum; Busse ab Tulum & Valladolid
Palast der Masken mit 300 Chaac-Masken	104 km südlich von Mérida; Busse ab Mérida & Uxmal
Paläste mit kunstvollen Säulen & Skulpturen, unter anderem Chaac-Masken	113–122 km südlich von Mérida; Auto, bis der Ausflugsbus von Mérida wieder im Dienst ist
Pyramidenpalast mit fünf Stockwerken, Tempel der Masken	53 km südöstlich von Campeche; Minibusse & Shuttlebusse ab Campeche
Tempel mit Türmen	8 km westlich von Xpujil; Taxi oder Auto
„Wolkenkratzer" mit drei Türmen	Dorf Xpujil, 123 km westlich von Chetumal; Busse ab Campeche, Busse & *colectivos* ab Chetumal
Gigantische Acrópolis & hohe Pyramide mit imposanten Schnitzereien	23 km nördlich von Valladolid; Taxi oder *colectivo*
Paläste & Pyramiden in halbwilder Natur	85 km westlich von Chetumal; Auto/geführte Tour ab Xpujil
Tempel der Masken	72 km westlich von Chetumal; Auto, geführte Tour ab Xpujil, Bus & 8,5 km zu Fuß/trampen

Reiseplanung

Mit Kindern reisen

Die besten Regionen für Kinder

Halbinsel Yucatán

Cancún, die Riviera Maya und die nahen Inseln sind für Familienurlaubsfreuden wie geschaffen. In der Gegend gibt's jede Menge tolle Strände mit allen nur denkbaren Aktivitäten rund ums Wasser sowie komfortable Hotels und Attraktionen von Zip-Lines (Seilrutschen) im Dschungel bis hin zum Schwimmen in unterirdischen Flüssen. Andere Teile der Halbinsel eignen sich hervorragend, wenn die Kinder Lust haben, Maya-Ruinen zu erforschen.

Zentrale Pazifikküste

An der Pazifikküste kann man auf alle erdenklichen Arten im Meer und in den Lagunen Spaß haben. Als Ausgangspunkt jeglicher Aktivitäten bieten sich viele Orte an – etwa das anspruchsvolle Puerto Vallarta, das entspannte Zihuatanejo oder zahllose kleinere Orte, in denen man alle Zeit der Welt für sich und seine Familie hat.

Mexico City

Die Hauptstadt hält Kinder mit einem Kindermuseum zum Anfassen bei Laune, mit einem erstklassigen Zoo, mit kindgerechter Unterhaltung und Parks und Plätzen mit viel Raum für Spiel und Spaß.

Die Sehenswürdigkeiten, Geräusche und Farben Mexikos wirken auf Kinder ebenso anregend wie auf Erwachsene. Mexikaner vergötterten die lieben Kleinen, es gibt viele kinderfreundliche Attraktionen sowie Aktivitäten und mit wenigen Ausnahmen sind Kids in allen Unterkünften und fast jedem Café oder Restaurant willkommen.

Mexiko für Kinder

Essen

Kinder sind vielleicht nicht so erpicht darauf, aufregende mexikanische Geschmacksrichtungen auszuprobieren wie ihre Eltern, aber zum Glück gibt's in Mexiko genug Restaurants, die international bekannte Gerichte servieren. Man findet jede Menge italienische Restaurants, Nahrungsmittel wie Eier, Steaks, Brot, Reis und Käse sind überall erhältlich und frisches Obst gibt's in rauen Mengen. Einfache mexikanische Snacks wie Quesadillas, Burritos und Tacos – oder Maiskolben direkt von einem Verkaufsstand an der Straße – sind eine gute Möglichkeit, die einheimische Küche zu probieren. Das Personal in Restaurants ist auf Kinder eingestellt. Viele bieten Hochstühle an oder bereiten auf Nachfrage auch gern ein Gericht zu, das nicht auf der Speisekarte steht.

Unterkunft

Mexiko hat diverse interessante Unterkünfte zu bieten, die den meisten Kindern gefallen werden – alles in Strandnähe ist ein guter Anfang, und rustikale *cabañas* (Hütten) vermitteln einen Hauch von Abenteuer (man sollte jedoch auf gute Moskitonetze achten!). Viele Hotels sind weitläufig angelegt und haben großzügige Außenanlagen wie Innenhöfe, Badelandschaften und Gärten. Die meisten Familienhotels gibt's an der Küste.

Familienzimmer werden fast überall angeboten, und die meisten Hotels stellen gegen eine kleine Extragebühr ein oder zwei Extrabetten ins Zimmer. Preiswerte Adressen verfügen nicht immer über Gitterbetten. Die Unterkünfte haben mittlerweile größtenteils WLAN-Zugang, in der mittleren und oberen Preisklasse gibt's zudem meist kinderfreundliche TV-Kanäle, falls die Kleinen mal vor der Glotze entspannen wollen.

In diesem Buch weist das Zeichen 👪 auf sehr familienfreundliche Adressen hin.

Unterwegs vor Ort

Reisen im Land sollten auf kleine Abschnitte von ein paar Stunden beschränkt werden. Die meisten mexikanischen Busse zeigen nonstop Filme, die meist familienfreundlich sind und Kids von der langweiligen Fahrt ablenken. Kinder unter 13 Jahren zahlen auf vielen Fernbusstrecken den halben Preis, wenn sie klein genug sind, um auf dem Schoß zu sitzen, häufig auch gar nichts. Wer mit einem Baby oder Kleinkind unterwegs ist, sollte wegen des größeren Raumangebots und Komforts erwägen, sich einen Luxusbus zu leisten. Alternativen zum Bus sind Leihwagen und – auf einigen Routen – Flüge. Wer ein Auto mit Kindersitz braucht, ist bei den großen internationalen Anbietern am besten aufgehoben.

Highlights für Kinder

Auf & im Wasser

➡ **Surfen lernen** Schon Fünfjährige können entlang der Pazifikküste an vielen Spots mit sanfteren Wellen Unterricht bekommen, etwa in Mazatlán, Sayulita, Ixtapa, Puerto Escondido und San Agustinillo.

➡ **Schildkröten, Delfine und Wale beobachten** Ausflüge mit dem Boot sind von vielen Orten der Pazifikküste aus möglich.

➡ **Schnorcheln in der Karibik** Viele Strände der Karibikküste und der Inseln locken mit ruhigem Wasser und farbenfroher Meeresflora und -fauna für Anfänger.

➡ **Gondelfahren** In Xochimilco, Mexico City (S. 90), kann man alte Atzekenkanäle befahren.

Abenteuer am Fließband

➡ **Parque de Aventuras Barrancas del Cobre** Im Kupfercanyon-Abenteuerpark führen sieben aufregende Zip-Lines vom Cayonrand in 2400 m Höhe bis halb hinunter zum Grund. Zudem gibt's eine Seilbahn und man kann sich abseilen und klettern. (S. 827)

➡ **Selvática** Der preisgekrönte Kurs mit zwölf Zip-Lines im Dschungel bei Cancún hat einen eigenen Cenoten (dolinenartiges Kalksteinloch), in dem man schwimmen kann. (S. 296)

➡ **Boca del Puma** Bei Puerto Morelos; es gibt Zip-Lines, man kann reiten, klettern und in einen Cenoten tauchen. (S. 295)

➡ **Hidden Worlds** 25 km südlich der Playa del Carmen; Zip-Lines, Sky-Fahrräder, Abseilrouten und Schnorcheltouren durch Cenoten. (S. 296)

➡ **Cuajimoloyas** Ausritte, Mountainbiking, Wandern und eine spektakuläre 900 m lange Zip-Line in den Bergen nahe Oaxaca. (S. 486)

Tiere

➡ **Walbeobachtung in der Baja** Vor der Küste von Baja California kann man von Januar bis März riesige Grauwale und ihre Kälber beobachten; da man meist mehrere Stunden im Boot verbringt, ist das aber eher etwas für ältere Kinder. (S.773)

➡ **Zoológico de Chapultepec** In dem großen Zoo in Mexico City leben Tiere aus aller Welt in großen Gehegen, darunter zwei Pandas. (S. 89)

➡ **La Ventanilla** Im Rahmen des Ökotourismusprojekts in Oaxaca kann man eine Bootstour durch eine Lagune voller Krokodile unternehmen oder Babyschildkröten im Meer freilassen. (S. 514)

➡ **El Refugio de Potosí** Hier können Besucher ein Stacheltier streicheln, Schlangen und Vogelspinnen anfassen sowie Papageien, Kolibris und Gürteltiere beobachten. (S. 600)

➡ **Zoomat** Im Zoo von Tuxtla Gutiérrez leben 180 Spezies aus dem Bundesstaat Chiapas, darunter verschiedene Großkatzenarten. (S. 374)

➡ **Playa Escobilla** An diesem Strand in Oaxaca krabbeln in einer Nacht Tausende Schild-

GESUNDHEIT & SICHERHEIT

Kinder werden mehr als Erwachsene von Hitze, unregelmäßigen Schlafrhythmen, Höhenunterschieden und fremder Kost beeinträchtigt. Sie sollten kein Leitungswasser trinken. Außerdem ist es wichtig, Sonnenbrand zu vermeiden, Insektenschutz aufzutragen und auf ausreichend Flüssigkeitszufuhr zu achten, wenn ein Kind an Durchfall leidet.

Eltern sollten nicht zögern, einen Arzt aufzusuchen, wenn sie es für notwendig erachten. Im allgemeinen verfügen privat geführte Hospitäler und Kliniken in Mexiko über die bessere Einrichtung und die bessere Pflege als die staatlichen. Die Auslandskrankenversicherung sollte deshalb die Kosten einer privaten medizinischen Versorgung abdecken.

kröten aus dem Meer, um ihre Eier abzulegen. (S. 504)

➡ **Acuario de Veracruz** In dem Aquarium in Veracruz können Besucher Haie, Rochen und Schildkröten bestaunen und die Haifütterung in einem durchsichtigen Käfig hautnah miterleben. (S. 223)

Museen & Minen

➡ **Papalote Museo del Niño** Es gibt zwei dieser unterhaltsamen, interaktiven Kindermuseen – eines in Mexico City (S. 89) und eines in Cuernavaca (S. 196); für Kinder bis etwa 11 Jahren geeignet.

➡ **Museo Interactivo de Xalapa** (www.mix.org.mx; Av Murillo Vidal 1735; Erw./Kind 70/50 Mex$; ⌚Mo–Fr 9–17, Sa & So 10–19 Uhr; 👪) Themenbereiche zu Wissenschaft, Ökologie und Kunst sowie ein IMAX-Kino.

➡ **Mina El Edén** Ein Minizug bringt Besucher in diese Silbermine aus der Kolonialzeit, in der man dann an alten Minenschächten vorbei und über unterirdische Becken wandern kann. (S. 746)

Spektakel

➡ **Voladores (Fliegende Tänzer)** Bei dem Ritual der indigenen Totonaken klettern Männer auf einen 30 m hohen Pfahl und seilen sich dann kopfüber ab. Regelmäßige Vorführungen finden in El Tajín statt (S. 258).

➡ **Piratenshow** Campeche erinnert mit einem Spektakel à la Walt Disney am alten Stadttor an seine Piratenvergangenheit. (S. 363)

➡ **Volkstanz** Äußerst farbenfrohe, unterhaltsame Vorstellungen werden regelmäßig vom Ballet Folklórico de México in Mexico City (S. 131) sowie von mehreren Guelaguetza-Gruppen in Oaxaca (S. 472) dargeboten.

Planung

➡ Wer seine Reiseroute plant, sollte bedenken, dass nur wenige Kinder es mögen, die ganze Zeit auf Achse zu sein; normalerweise sind sie glücklicher, wenn sie eine Weile am selben Ort bleiben und Freunde finden können, mit denen sie einige der Dinge tun, die sie auch zu Hause gern machen.

➡ Mindestens einen Monat – besser zwei – vor Reisebeginn sollte man zum Arzt gehen, um den Impfpass kontrollieren zu lassen.

➡ Es ist eine gute Idee, zumindest für die ersten paar Nächte Unterkünfte vorab zu buchen.

➡ Windeln und Sonnenschutz sind fast überall erhältlich, aber außerhalb der größeren Städte und Touristenorte kann es schwierig werden, Feuchttücher, andere Cremes, Babynahrung oder die gewohnten Arzneien zu finden.

➡ Der englischsprachige Lonely Planet Band *Travel with Children* bietet viele praktische Tipps zum Thema und Erfahrungen aus erster Hand.

Dokumente für Minderjährige

Nach mexikanischer Gesetzgebung müssen Minderjährige (unter 18 Jahren), die innerhalb Mexikos ohne Eltern oder ohne ein Elternteil reisen bzw. das Land verlassen, eine schriftliche notarielle Genehmigung des abwesenden Elternteils/der abwesenden Elternteile mit sich führen. Zum Zeitpunkt der Recherche wurde das Gesetz nur bei mexikanischen Minderjährigen angewandt, die das Land per Flugzeug oder Schiff verlassen – auch bei Inhabern zweier Nationalitäten, die mit mexikanischen Dokumenten (z. B. dem Reisepass) unterwegs sind. Die Situation kann sich jedoch ändern und man sollte sich am besten im Voraus bei einem mexikanischen Konsulat informieren.

Mexiko im Überblick

Mexico City

Museen
Architektur
Essen

Museen-Mekka
In Mexico City gibt's fast zu jedem Thema ein Museum, von innovativ-zeitgenössischer Kunst über vorkoloniale Artefakte bis hin zu altem Spielzeug. Ein echtes Muss sind das erstklassige Nationalmuseum für Anthropologie und Frida Kahlos berühmtes blaues Haus.

Architektur im Überfluss
Nur wenige Städte in der Welt bieten solch einen Mix aus glitzernden Hochhäusern, Kolonialpalästen und präkolumbischen Ruinen. Allein im Centro Histórico gelten über 1500 Gebäude als historische Monumente.

Kulinarisches Angebot
Die mexikanische Regionalküche zeigt sich in der Hauptstadt von ihrer besten Seite. Wie es sich für einen kulinarischen Schmelztiegel gehört, diskutiert jeder darüber, wo es die beste *pozole* nach Guerrero-Art (herzhafte Suppe aus Maismehl, Fleisch und Gemüse) oder das leckerste yukatanische *cochinita pibil* (geschmortes mariniertes Schweinefleisch) gibt.

S. 62

Rund um Mexico City

Essen
Ruinen
Kleine Ortschaften

Regionale Spezialitäten
Heimische Zutaten und importierte kulinarische Einflüsse formen vielseitige regionale Küchen. Viele Städte haben ihre eigenen Spezialitäten: die Minendörfer über Pachuca ihre Pasteten und Puebla die berühmte *mole poblano*.

Alte Architektur
Einige von Mexikos bedeutendsten Ruinen liegen nur wenige Stunden von der Hauptstadt entfernt; Teotihuacán ist mit Sonnen- und Mondpyramide die bekannteste. Weitere Stätten wie Cacaxtla, Xochitécatl, Xochicalco und Cantona können nahezu ungestört entdeckt werden.

Pueblos Mágicos
Mit schattigen Plazas, traditionellem Kunsthandwerk und schönen Kolonialbauten bieten die „magischen Städte", z. B. Cuetzalan, Real del Monte, Malinalco und Valle de Bravo, perfekte Erholung vom Smog und Lärm der Hauptstadt.

S. 148

Veracruz

Archäologische Stätten
Ökotourismus
Essen

Alte Kulturen

Diverse präkolumbische Kulturen lebten an Mexikos Golfküste und hinterließen ein bedeutendes Erbe. Bemerkenswert sind die klassischen Veracruz-Ruinen von El Tajín mit der kuriosen „Nischen"-Pyramide, das eindrucksvolle Totonac Zempoala und Xalapas Museo de Antropología mit den Meisterwerken alter Bildhauer der Region.

Grüne Welle

Die von Vulkanen und Regenwald geprägte Region Los Tuxtlas arbeitet mit rustikalen Unterkünften, stillen Wanderwegen und einer aufkeimenden touristischen Infrastruktur an der Umsetzung von Mexikos umweltpolitischen Zielen.

Grandioser Fisch

Dank der 690 km langen Küste des Bundesstaats dominiert Fisch die Speisekarten von Veracruz, vor allem die Kreation *huachinango a la veracruzana*. Zudem stehen die unverwechselbaren *moles* von Xico und der Gourmetkaffee von Coatepec zur Wahl.

S. 217

Halbinsel Yucatán

Tauchen & Schnorcheln
Maya-Ruinen
Strände

Unterwasserwelten

Mit einer Hunderte Kilometer langen Küste, die vom weltweit zweitgrößten Barriereriff gesäumt wird, zieht die Halbinsel Taucher und Schnorchler an. Am bekanntesten ist Banco Chinchorro; der Unterwasser-Skulpturengarten vor Cancún sorgt für einzigartige Momente.

Alte Schätze

Vom weltberühmten Chichén Itzá bis zu fast unbekannten Stätten wie Ek' Balam: Yucatán wartet mit spektakulären Pyramiden und Tempeln auf. Viele versprühen eine magische Atmosphäre, die selbst die lauteste Reisegruppe nicht zerstören kann.

Ein Tag am Strand

Der persönliche Traumstrand liegt oft nur eine Bus- oder Bootsfahrt entfernt. Vom ausschweifenden Cancún bis zu den einsamen Stränden der Costa Maya (z. B. Xcalak) lockt die Region mit strahlend weißem Sand und wunderbar warmem Wasser.

S. 275

Chiapas & Tabasco

Kultur
Aktivitäten
Natur

Tempel & Traditionen

Die Geschichte der Maya zeigt sich hier überall, sei es in den gut erhaltenen Steintempeln der klassischen Maya-Kultur, in den präkolumbischen religiösen Ritualen, die bis heute praktiziert werden, oder beim Anblick der kunstvollen handgewebten Textilien, die viele noch immer tragen.

Immer in Bewegung

Ob man sich in eine Doline im Urwald abseilt, im Schlauchboot über Flüsse raftet oder einen 4000 m hohen Vulkan besteigt – Chiapas bietet jede Menge adrenalingeladene Aktivitäten.

Tierwelt

Eierlegende Schildkröten, Brüllaffen und in Regenbogenfarben schillernde Federkleider gehören zum Standard in den Regenwäldern, nebelverhangenen Bergen und an den Sandstränden dieser artenreichen Region voller seltener und bedrohter Tierarten.

S. 371

Oaxaca

Kultur
Strände
Outdoor-Aktivitäten

Kulturelles Zentrum

Der Bundesstaat Oaxaca ist eine kulturelle Hochburg. Dafür sorgen die pulsierende Kunstszene und die wunderschönen Kolonialgebäude in Oaxaca de Juárez, die besondere Regionalküche und das kreative Kunsthandwerk der indigenen Bevölkerung, die zusammen die einzigartige, stolze Identität Oaxacas ausmachen.

Strandleben

Von Stränden und Lagunen hat Oaxacas Küste jede Menge zu bieten, von der quirligen Surferstadt Puerto Escondido über die relaxte Atmosphäre von Zipolite und Mazunte bis zu den Resort-Attraktionen der ursprünglichen Bahías de Huatulco.

Aktivitäten im Freien

Hier warten Wanderungen, Ausritte und Mountainbiketouren in den bewaldeten Bergen der Sierra Norte, die Surfwellen des Pazifik, Raftingfahrten vom Hochland bis zum Meer sowie Schnorchel- und Tauchausflüge zu den wunderschönen Buchten von Huatulco.

S. 449

Zentrale Pazifikküste

Strände
Essen
Outdoor-Aktivitäten

Surfen & Standvergnügen

Hier findet jeder seinen Traumstrand, egal, ob man sich mit einer Margarita in der Hand gemütlich im Sand räkeln oder vor einem endlosen Horizont perfekte Wellen jagen will.

Leckereien aus dem Meer

Bei Sonnenuntergang schnappt man sich am besten einen Tisch am Strand und genießt bei einem kalten Bier einen Teller *pescado zarandeado* (über Holzkohle gegrillter, mit Gemüse und Gewürzen gefüllter Fisch), *tiritas* (rohe, in Limettensaft und Chili marinierte Fischstückchen) oder diverse Varianten von Garnelen und Schnapper.

Wunder der Natur

Es locken Kajakfahrten bei Sonnenaufgang, Ausritte in die Sierra Madre, ein Bad inmitten umherflattender Schmetterlinge in einem von Felsen umgebenen Fluss, Pelikane, Wale und Eier ablegende Schildkröten bei Nacht.

S. 527

Westliches Zentralhochland

Essen
Landschaft
Kultur

Kulinarische Genüsse

Nirgendwo gibt es bessere Einblicke in Mexikos facettenreiche kulinarische Kultur. Von leckeren *sopitas* in Colima über die *alta cocina* (Haute Cuisine) in Morelia bis hin zu Guadalajaras verschiedenen modernen Restaurants mit mexikanischer Gourmetküche!

Dramatische Landschaft

Mit seinen Zwillingsvulkanen bietet der winzige Staat Colima eine der eindrucksvollsten Kulissen der Region. Auch der Volcán Paricutín in Michoacán wartet mit einer faszinierenden Landschaft auf.

Kulturangebot

Das westliche Zentralhochland ist stark von indigener Kultur geprägt, vor allem von den aufstrebenden Purépecha, deren Kunsthandwerk rund um Pátzcuaro verkauft wird. Kunstgalerien und Geschichtsmuseen gibt's in Guadalajara und Morelia, tolle Kunsthandwerksläden in Tlaquepaque.

S. 618

Nördliches Zentralhochland

Museen
Essen
Städte

Monumentale Museen

Die Region beherbergt faszinierende Kulturen und den Großteil des Silbers, das den Kolonialherren ihren opulenten Lebensstil ermöglichte. Außerdem ist sie die Wiege der mexikanischen Unabhängigkeit. Einige der besten Museen sind hier zu finden.

Einfache & gehobene Küche

In den Städten der Region kommen mexikanische Klassiker wie Tortillas und Tacos auf den Tisch. Spitzenköche servieren zudem innovative, moderne und internationale Küche, vor allem in San Miguel de Allende und San Luis Potosí.

Fußgängerparadiese

Kopfsteinpflasterstraßen aus der Kolonialzeit laden zu Spaziergängen ein. In den engen *callejones* (Gassen) mit steilen Treppen kann man sich leicht verlaufen, findet sich dann aber häufig auf einer hübschen Plaza voller Lorbeerbäume wieder.

S. 684

Baja California

Wassersport
Weinregionen
Landschaft

Surfen & Tauchen

Baja California ist ein Paradies für Surfer jedes Niveaus und bietet Beach, Point und Reef Breaks entlang der Pazifikküste. Nach einem Tauchausflug in den Pazifik schafft man mit genügend Luft auch noch einen abendlichen Tauchgang im Golf von Kalifornien, einer Art natürlichem Aquarium.

Ruta del Vino

Aus dem Valle de Guadalupe stammen die besten Weine Mexikos – das Anbaugebiet ist auch international bekannt. Die Weinroute lädt zu einem genussvollen ein- oder zweitägigen Ausflug ein.

Majestätische Berge & Tropenparadies

Wo sonst auf der Welt findet man eine Wüste, die nur einen Katzensprung von türkisfarbenen Lagunen entfernt liegt? An jeder Ecke warten Kulissen, die aussehen, als wären sie einem Urlaubsprospekt entnommen.

S. 754

Barranca del Cobre & Nördliches Mexiko

Outdoor-Abenteuer
Kulturen
Museen

Tolle Outdoor-Aktivitäten

Der Norden wartet mit wunderbaren Landschaften auf: Idyllische Küste, weite Wüsten, dramatische Schluchten und Klimazonen von alpin bis subtropisch sorgen für eine vielfältige Fauna und tolle Wander- und Radwege.

Einzigartige Kulturen

Die Tarahumara leben in der Barranca del Cobre, die Seri mit ihrem charakteristischen Kunsthandwerk an der Pazifikküste. Der Staat Chihuahua ist das Zentrum der größten Mennonitengemeinschaft Mexikos.

Museumsangebot

Monterreys spektakulärer Parque Fundidora ist von besonderem kulturellem Interesse, vor allem das Horno3 Museum über die Stahlherstellung. In Saltillo gibt's Museen über die Wüstenlandschaft, *sarape*-Textilien und Vögel, während Chihuahua u.a. mit der früheren Residenz von Pancho Villa aufwartet.

S. 800

Reiseziele in Mexiko

Mexico City

☎55 / 20,1 MIO. EW. / 2240 M

Inhalt ➡

Gut essen

- Pujol (S. 122)
- El Hidalguense (S. 119)
- Maximo Bistrot Local (S. 121)
- Los Cocuyos (S. 113)
- Hostería de Santo Domingo (S. 114)

Schön übernachten

- Red Tree House (S. 110)
- Casa San Ildefonso (S. 106)
- Villa Condesa (S. 110)
- Casa Comtesse (S. 110)
- Chalet del Carmen (S. 112)

Auf nach Mexico City!

Das viel geschmähte Mexiko City putzt sich derzeit mächtig heraus. Öffentliche Flächen werden verschönert, die Gastronomieszene boomt und eine kulturelle Wiedergeburt ist in vollem Gang. Und das Beste an der Sache: Indem sich die Stadt vom Drogenkrieg distanzieren konnte, ist sie bedeutend sicherer geworden.

Mexico City war schon immer und wird auch immer das Herz des Landes bleiben. Bei einem Bummel durch das belebte Zentrum entdeckt man die vielschichtige Vergangenheit der Hauptstadt von ihren präkolumbischen Ursprüngen und der Pracht der Kolonialzeit bis hin zur Moderne. Organisiertes Chaos herrscht in dieser leistungsfähigen Riesenstadt, die zugleich auch viele Rückzugsmöglichkeiten in Form altmodischer *cantinas*, interessanter Museen, beeindruckender Wandmalereien und Bootsausflügen auf alten Kanälen bereithält. Bei diesem Angebot sollte man seine Strandpläne noch einmal überdenken.

Reisezeit

Mexico City

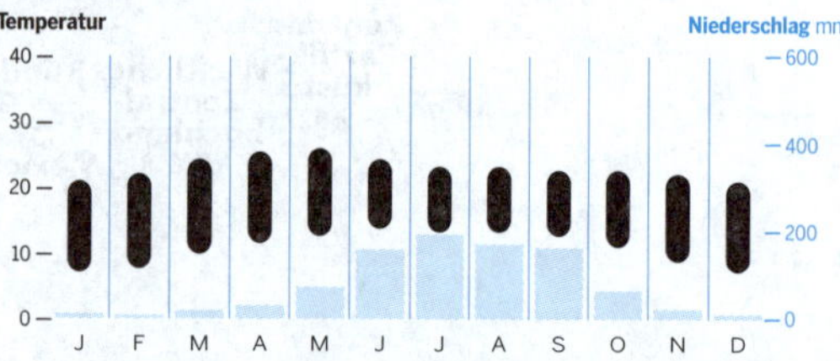

Ende März–April Die *chilangos* sind an Ostern weg und die Stadt ist bemerkenswert ruhig.

März Beim Festival de México werden die Straßen des Centro Schauplatz von Kulturveranstaltungen.

Nov. Die Regenzeit endet und der Monat beginnt mit den bunten Feierlichkeiten zum Día de los Muertos.

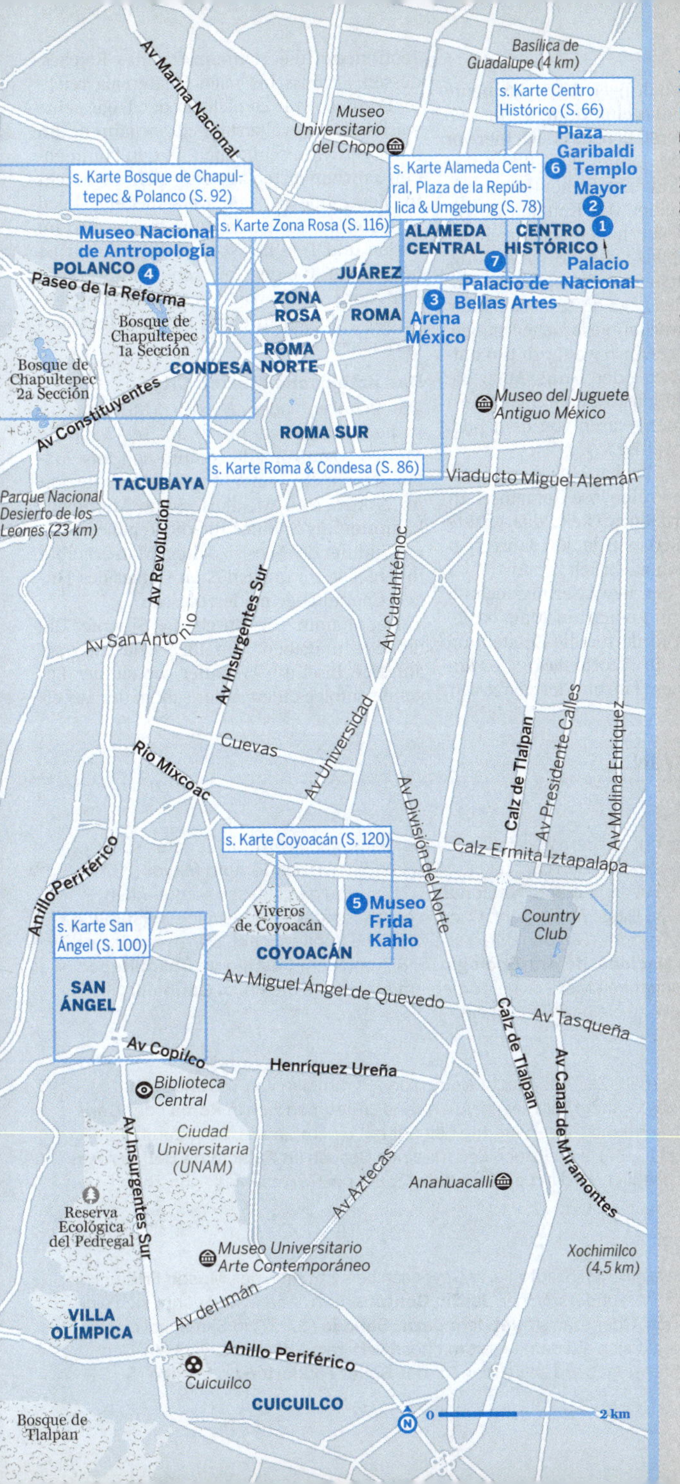

Highlights

1 Im **Palacio Nacional** (S. 71) Diego Riveras Visualisierung der mexikanischen Geschichte genauer unter die Lupe nehmen

2 Mitten im Herzen der Stadt die aztekischen Ruinen des **Templo Mayor** (S. 70) bestaunen

3 Bei einem *lucha-libre*-Wrestlingkampf in der **Arena México** (S. 133) die maskierten Helden anfeuern

4 Im **Museo Nacional de Antropología** (S. 85) einen Blick auf den aztekischen Sonnenstein und andere fantastische Artefakte aus präkolumbischer Zeit werfen

5 In der Casa Azul in Coyoacán die Schmerzen der Künstlerin Frida Kahlo nachempfinden und das in ihrem Geburtshaus untergebrachte **Museo Frida Kahlo** (S. 96) besuchen

6 Auf der beseelten **Plaza Garibaldi** (S. 75) Mariachi-Balladen lauschen und mitsingen

7 Sich an den farbenfrohen Wandmalereien und volkstümlichen Tanzaufführungen im **Palacio de Bellas Artes** (S. 77) erfreuen

Geschichte

Wer über das Asphaltmeer fährt, das heute diese Hochlandsenke einnimmt, kann sich nur sehr schwer vorstellen, dass sich hier vor gerade einmal 500 Jahren eine Reihe von Seen erstreckte. Und dass die heutige Innenstadt einmal auf einer von Kanälen durchzogenen Insel gelegen haben soll, erscheint fast unmöglich, ebenso wie die Vorstellung, dass die Gemeinschaften, die auf dieser Insel und am Ufer des Lago de Texcoco lebten, einen Mix aus Sprachen gesprochen haben, der mit Spanisch genauso wenig zu tun hatte wie mit Malaiisch oder Urdu. Auch die Spanier, die im frühen 16. Jh. an den Ufern dieses Sees ankamen, waren von dem Bild, das sich bot, überwältigt.

Wohl um 200 v. Chr. hatte sich rund um den Lago de Texcoco eine lose Gemeinschaft von Bauerndörfern entwickelt; das größte von ihnen, Cuicuilco, wurde 300 Jahre später bei einem Vulkanausbruch zerstört.

Fortschritte in der Bewässerungstechnik und die Entwicklung einer auf Mais basierenden Wirtschaft förderten die Entstehung einer Zivilisation in Teotihuacán, 40 km nordöstlich des Sees. Jahrhundertelang war Teotihuacán die Hauptstadt eines Reiches, dessen Einfluss bis nach Guatemala reichte. Dennoch war es nicht in der Lage, seine wachsende Bevölkerung zu ernähren. Im 8. Jh. zerfiel es schließlich. In den kommenden Jahrhunderten verteilte sich die Macht in Zentralmexiko auf verschiedene lokal bedeutende Städte, darunter Xochicalco im Süden und Tula im Norden. Ihre Kultur ist bekannt als die der Tolteken (Handwerker). Der Name wurde von den späteren Azteken geprägt, die ehrfürchtig auf die Toltekenherrscher zurückblickten.

Das aztekische Mexico City

Die Azteken oder Mexica (Me-*schie*-ka) kamen vermutlich im 13. Jh. ins Valle de México. Der Nomadenstamm soll aus Aztlán stammen, einer mythischen Region im Nordwesten Mexikos. Seine Mitglieder kämpften als Söldner für die Tepaneca, die am Südufer des Sees siedelten. Man erlaubte ihnen, sich im ungastlichen Gebiet des Hügels Chapultepec niederzulassen.

Der Stamm zog durch die Sümpfe, die den See umgaben. Um 1325 gelangten sie auf eine Insel am Westufer, wo sie der Legende zufolge einen Adler sahen, der auf ei-

MEXICO CITY IN …

… zwei Tagen

Der erste Tag beginnt auf dem Zócalo (S. 70), dem einstigen Zentrum des aztekischen Universums. Zunächst werden die präkolumbischen Ruinen des **Templo Mayor** (S. 70) erkundet, bevor es in den **Palacio Nacional** (S. 71) und zu den filmisch anmutenden Wandgemälden von Diego Rivera geht. Danach geht's Richtung Süden nach **Xochimilco**, wo man in einer *trajinera* (Gondel) durch altertümliche Kanäle gleitet. Der zweite Tag ist mit dem **Museo Nacional de Antropología** (S. 85) und dem **Castillo de Chapultepec** (S. 85) der Vergangenheit Mexikos gewidmet. Am Abend lädt die **Plaza Garibaldi** (S. 75) bei Mariachi-Musik zu ein paar Tequila ein.

… vier Tagen

Wer ein paar Tage mehr Zeit hat, macht sich zu den Pyramiden von **Teotihuacán** (S. 155) auf, die etwas außerhalb liegen. Am Abend stürzt man sich in **Roma** oder **Condesa** hinein ins Nachtleben. Der neue Tag beginnt mit einem Spaziergang durch die **Alameda Central** (S. 77), wobei auch Zeit für einen Besuch im **Palacio de Bellas Artes** (S. 77) bleibt. Schließlich wird in **La Ciudadela** (S. 81) nach *artesanías* (Kunsthandwerk) gestöbert.

… einer Woche

Jetzt geht's in die südlichen Stadtteile. In Coyoacán besucht man das **Museo Frida Kahlo** (S. 96), isst im wunderschönen **Jardín Centenario** zu Abend und gönnt sich eine Mezcal-Degustation. Oder man stattet dem **Bazar Sábado** (S. 137) in San Ángel einen Besuch ab und deckt sich auf dem Markt mit hochwertigem Kunsthandwerk ein. Den Mittwoch- oder Samstagabend sollte man für das **Ballet Folklórico de México** (S. 131) reservieren.

nem Kaktus sitzend eine Schlange fraß. Dies deuteten sie als Zeichen, an dieser Stelle eine neue Stadt zu errichten: Tenochtitlán.

Die Stadt wuchs schnell zu einem ausgeklügelten Stadtstaat, dessen Reich zu Beginn des 16. Jhs. den größten Teil des heutigen Zentralmexikos vom Pazifik zum Golf bis in den äußersten Süden umfasste. Die Azteken erbauten ihre von Dämmen geschützte Stadt nach einem Schachbrettmuster, Kanäle dienten als Hauptstraßen. In den Sumpfgebieten der Insel legten die Azteken Gärten an, indem sie Schlamm und Pflanzen aufschichteten und Weiden anpflanzten. Diese sogenannten *chinampas* – von ihnen gibt es im südmexikanischen Xochimilco bis heute noch einige – warfen jährlich drei bis vier Ernten ab.

Als die Spanier 1519 nach Tenochtitlán gelangten, lebten Schätzungen zufolge zwischen 200 000 und 300 000 Menschen in der Stadt. Das gesamte Valle de México war Heimat von rund 1,5 Mio. Menschen und somit bereits damals einer der am dichtesten besiedelten Ballungsräume der Welt.

Hauptstadt von Nueva España

Die Spanier radierten Tenochtitlán so gründlich aus, dass heute nur noch eine Handvoll Gebäudereste aus der aztekischen Epoche erhalten ist. Nachdem sie die Aztekenhauptstadt zerstört hatten, bauten sie sie als ihre eigene wieder auf. Der Konquistador Hernán Cortés hoffte, weiterhin davon profitieren zu können, dass Tenochtitlán von den Vasallenstaaten die Mittel zur Sicherung seiner Existenz abziehen konnte.

Von Krankheiten gebeutelt, schrumpfte die Bevölkerung im Valle de México innerhalb eines Jahrhunderts nach der Eroberung dramatisch – von 1,5 Mio. auf unter 100 000. Die Stadt selbst aber entwickelte sich zur blühenden, eleganten Hauptstadt von Nueva España (Vizekönigreich Neuspanien). Über die aztekischen Dämme und Kanäle wurden breite Straßen gelegt.

Der Bauboom dauerte bis zum Ende des 17. Jhs. an, wurde dann aber von Problemen nachhaltig ausgebremst: Die wuchtigen Gebäude der Kolonialzeit sanken langsam in das matschige Seebett ein. Außerdem hatte die Zerstörung von Teilen aztekischer Kanäle in den 1520er-Jahren die natürliche Entwässerung unterbunden, sodass die Stadt von Hochwasser heimgesucht wurde. Nach einem sintflutartigen Regen im Jahr 1629 war die Stadt ganze fünf Jahre lang überschwemmt!

Die Verhältnisse in der Stadt verbesserten sich Anfang des 18. Jhs., als neue Plazas und Avenidas angelegt und ein Abwasser- und Abfallentsorgungssystem eingerichtet wurden – Mexico Citys goldenes Zeitalter war angebrochen.

Unabhängigkeit

Am 30. Oktober 1810 überwältigten etwa 80 000 Unabhängigkeitskämpfer, gestärkt durch den Sieg bei Guanajuato, die spanientreuen Streitkräfte westlich der Hauptstadt. Sie waren aber zu schlecht ausgerüstet, um daraus vorerst Kapital zu schlagen. Ihr Anführer Miguel Hidalgo entschied sich daher, nicht weiter Richtung Stadt vorzurücken – vielleicht ein Entschluss, der Mexiko elf weitere Jahre Krieg bescherte, bevor die Unabhängigkeit endlich erreicht war.

Entsprechend der Reformgesetze, die Präsident Benito Juárez verabschiedete, nahm die Regierung 1859 die Klöster und Kirchen in Besitz, verkaufte sie oder teilte sie auf und gab ihnen andere Funktionen. Während seiner kurzen Herrschaft (1864–1867) legte Kaiser Maximilian die Calzada del Emperador (heute Paseo de la Reforma) an, um den Bosque de Chapultepec mit dem Zentrum zu verbinden.

Unter dem diktatorisch regierenden Porfirio Diáz trat Mexico City ins moderne Zeitalter ein. Díaz herrschte zwischen 1876 und 1911 fast ununterbrochen über Mexiko. Er trat einen Bauboom los und ließ Villen und Theater im Pariser Stil erbauen, während die wohlhabenderen Bewohner in die neuen Stadtviertel im Westen zogen. Elektrische Straßenbahnen verbanden auf insgesamt etwa 150 km Schienen die Straßen und Viertel miteinander, die Industrie wuchs unbeirrt, ebenso wie die Bevölkerung, die um 1910 die Marke von 500 000 Einwohnern erreicht hatte. Mithilfe eines Entwässerungskanals und -tunnels konnte schließlich ein großer Teil des Lago de Texcoco trockengelegt und so eine weitere Ausdehnung der Stadt ermöglicht werden.

Moderne Megalopolis

Nachdem Díaz 1911 entmachtet wurde, brachte die Mexikanische Revolution Krieg, Hunger und Krankheit in die Straßen von Mexico City. Nach der Weltwirtschaftskrise folgte die Industrialisierung, die neben Geld auch viele Menschen in die Stadt zog.

Mexico City breitete sich in den 1970er-Jahren weiter aus. Die verarmte Landbevölkerung strömte auf der Suche nach Arbeit in

Centro Histórico

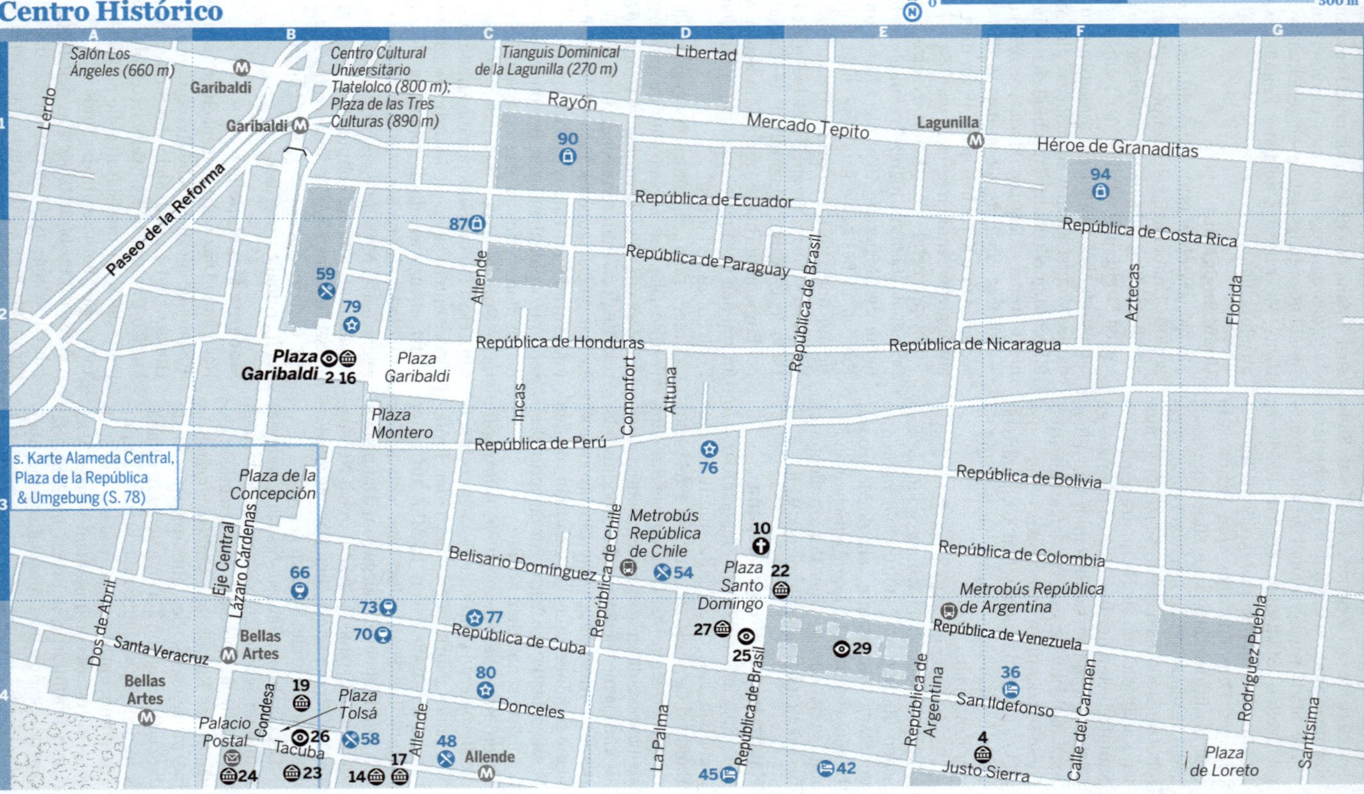

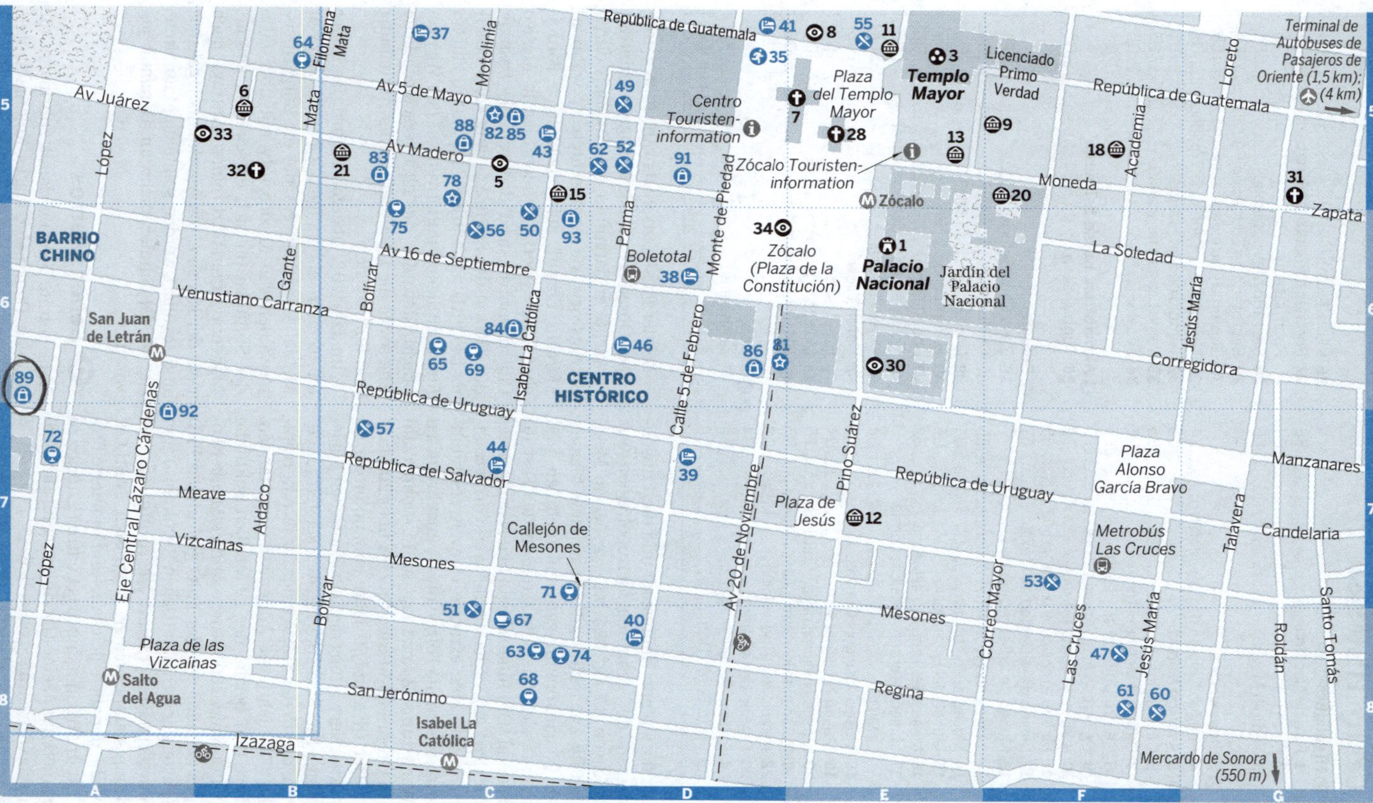

República de Guatemala
Terminal de Autobuses de Pasajeros de Oriente (1,5 km); (4 km)
Plaza del Templo Mayor
Templo Mayor
Licenciado Primo Verdad
Loreto
Av Juárez
Filomena Mata
Mata
Av 5 de Mayo
Motolinía
Centro Touristen-information
Av Madero
Zócalo Touristen-information
Moneda
Academia
Zapata
López
BARRIO CHINO
Zócalo
Zócalo (Plaza de la Constitución)
Palacio Nacional
Jardín del Palacio Nacional
La Soledad
Av 16 de Septiembre
Palma
Monte de Piedad
Boletotal
Gante
Bolívar
Venustiano Carranza
Isabel La Católica
Calle 5 de Febrero
Jesús María
San Juan de Letrán
CENTRO HISTÓRICO
Corregidora
República de Uruguay
Eje Central Lázaro Cárdenas
República del Salvador
Pino Suárez
Plaza Alonso García Bravo
Manzanares
Meave
Aldaco
Av 20 de Noviembre
Plaza de Jesús
Talavera
Candelaria
Vizcaínas
Callejón de Mesones
Mesones
Metrobús Las Cruces
Correo Mayor
Las Cruces
Roldán
Santo Tomás
Plaza de las Vizcaínas
Salto del Agua
San Jerónimo
Regina
Isabel La Católica
Izazaga
Mercado de Sonora (550 m)

Centro Histórico

Highlights

1 Palacio Nacional ... E6
2 Plaza Garibaldi ... B2
3 Templo Mayor ... E5

Sehenswertes

4 Antiguo Colegio de San Ildefonso ... E4
5 Avenida Madero ... C5
6 Casa de los Azulejos ... B5
7 Catedral Metropolitana ... E5
8 Centro Cultural de España ... E5
9 Ex Teresa Arte Actual ... F5
10 Iglesia de Santo Domingo ... D3
11 Museo Archivo de la Fotografía ... E5
12 Museo de la Ciudad de México ... E7
13 Museo de la Secretaría de Hacienda y Crédito Público ... E5
14 Museo de la Tortura ... B4
15 Museo del Estanquillo ... C5
16 Museo del Tequila y el Mezcal ... B2
17 Museo Interactivo de Economía (MIDE) ... C4
18 Museo José Luis Cuevas ... F5
19 Museo Nacional de Arte ... B4
20 Museo Nacional de las Culturas ... F5
21 Palacio de Iturbide ... B5
22 Palacio de la Inquisición ... D3
23 Palacio de Minería ... B4
24 Palacio Postal ... B4
25 Plaza Santo Domingo ... D4
26 Plaza Tolsá ... B4
27 Portales de Santo Domingo ... D4
Postmuseum ... (siehe 24)
28 Sagrario Metropolitano ... E5
29 Secretaría de Educación Pública ... E4
30 Suprema Corte de Justicia ... E6
31 Templo de la Santísima Trinidad ... G5
32 Templo de San Francisco ... B5
33 Torre Latinoamericana ... B5
34 Zócalo ... D6

Aktivitäten, Kurse & Touren

35 Turibús Stop ... D5

Schlafen

36 Casa San Ildefonso ... F4
37 Chillout Flat ... C5
38 Gran Hotel Ciudad de México ... D6
39 Hampton Inn & Suites ... D7
40 Hostal Regina ... D8
41 Hostel Mundo Joven Catedral ... D5
42 Hotel Catedral ... E4
43 Hotel Gillow ... C5
44 Hotel Isabel ... C7
45 Mexico City Hostel ... D4
46 NH Centro Histórico ... D6

Essen

47 Al Andalus ... F8
Azul Histórico ... (siehe 93)

die florierende Hauptstadt und die Einwohnerzahl der gesamten Metropolregion war bald von 8,7 auf 14,5 Mio. gestiegen. Mexico City war nicht in der Lage, diese Massen an Neuankömmlingen aufzunehmen und dehnte sich über die Grenzen des Distrito Federal (DF) hinaus bis in den Nachbarstaat México aus. Chaotische Verkehrsverhältnisse und eine extreme Umweltverschmutzung waren die Folgen dieses ungebremsten Wachstums. Zuletzt lag die Einwohnerzahl im Großraum Mexico City bei über 20 Mio.

Der DF stand 70 Jahre lang unter der direkten Verwaltung der mexikanischen Regierung: Die Staatspräsidenten setzten „Räte" ein, die an der Spitze einer für ihre Korruptheit berüchtigten Administration standen. Erst 1997 bekam der DF endlich politische Autonomie. 2000 wurde Andrés Manuel López Obrador von der links gerichteten PRD (Partei der Demokratischen Revolution) zum Bürgermeister ernannt. Die *capitalinos* (die Hauptstadtbewohner) begrüßten „AMLOs" Wahl, der auch gleich das ambitionierte Projekt in Angriff nahm, das Centro Histórico zu sanieren und eine Überführung für die städtische Ringstraße bauen ließ.

Bei der Präsidentschaftswahl 2006 wurde López Obrador knapp geschlagen – erbittert versuchte er daraufhin, das Ergebnis durch Betrugsvorwürfe anzufechten –, während Marcelo Ebrard, sein ehemaliger Polizeichef, einen überzeugenden Sieg in Mexico City davontrug und dadurch die Position der PRD in der Stadtregierung konsolidierte. Die PRD hat seitdem eine wahre Flut an fortschrittlichen Initiativen auf den Weg gebracht, darunter die gleichgeschlechtliche Ehe sowie die Legalisierung der Abtreibung und Euthanasie.

Im Jahr 2012 übergab Ebrard das Ruder an seinen ehemaligen Oberstaatsanwalt Miguel Ángel Mancera, der die Bürgermeisterwahlen von Mexico City mit über 60 % der Stimmen für sich entscheiden konnte. Mancera unterstützt einen Antrag, nach dem der Konsum von Marihuana legalisiert und reguliert werden soll; eine Maßnahme, die im DF immer mehr an Dynamik gewinnt.

Sehenswertes

Man könnte Monate damit zubringen, die Museen, Denkmäler, Plazas, Kolonialbauten,

48	Café de Tacuba	C4
49	Café El Popular	D5
50	Casino Español	C6
51	Coox Hanal	C8
52	El Cardenal	D5
53	Helus	F7
54	Hostería de Santo Domingo	D3
55	La Casa de las Sirenas	E5
56	La Casa del Pavo	C6
57	Los Cocuyos	B7
58	Los Girasoles	B4
59	Mercado San Camilito	B2
60	Restaurante Chon	F8
61	Taquería Los Paisas	F8
62	Vegetariano Madero	D5

Ausgehen & Nachtleben

63	Al Andar	C8
64	Bar La Ópera	B5
65	Bar Mancera	C6
66	Bar Oasis	B3
67	Café Jekemir	C8
	Downtown Mexico	(siehe 93)
68	Hostería La Bota	C8
69	La Faena	C6
70	La Purísima	B4
71	La Risa	C7
72	Las Duelistas	A7
73	Marrakech Salón	B4
74	Mexicano	C8
75	Salón Corona	C6

Unterhaltung

76	Arena Coliseo	D3
	Centro Cultural de España	(siehe 8)
77	La Perla	C4
78	Pasagüero + La Bipo	C5
79	Salón Tenampa	B2
80	Teatro de la Ciudad	C4
81	Ticketmaster Liverpool Centro	D6
	Ticketmaster Mixup Centro	(siehe 15)
82	Zinco Jazz Club	C5

Shoppen

83	American Bookstore	B5
84	Casasola Fotografía	C6
85	Dulcería de Celaya	C5
86	El Palacio de Hierro	D6
87	Galería Eugenio	C2
88	Gandhi	C5
89	La Europea	A6
90	La Lagunilla	C1
	Liverpool	(siehe 81)
91	Mumedi	D5
92	Plaza de la Computación y Electrónica	A7
93	Plaza Downtown Mexico	C6
94	Tepito	F1

Klöster, Wandmalereien, Galerien, archäologischen Fundstücke und Heiligtümer dieser Stadt anzusehen.

Der Distrito Federal (DF) besteht aus 16 *delegaciones* (Gemeinden), die wiederum in rund 1800 *colonias* (Viertel) gegliedert sind. Zwar wirkt der Großstadtdschungel gewaltig, doch die für Besucher sehenswerten Bezirke sind klar umrissen und problemlos zu erkunden.

Einige Hauptverkehrsadern, etwa die Avenida Insurgentes, haben über viele Kilometer hinweg denselben Namen, bei Nebenstraßen können die Namen (und die Nummerierung) aber alle 10 Häuserblöcke oder so wechseln.

Wer auf der Suche nach einer Adresse ist, erkundigt sich am besten nach der nächstgelegenen Metrohaltestelle. Kennt man den Namen der *colonia,* kann man die Straße auf der Guia Roji Webseite www.guiaroji.com.mx ausfindig machen.

Viele große Straßen werden häufig neben ihrem regulären Namen auch mit dem Begriff eje (Achse) bezeichnet. Das eje-System schafft ein Netz der wichtigsten Verkehrswege, das sich über das gesamte Stadtgebiet erstreckt.

Centro Histórico

Im 668 Häuserblöcke zählenden Centro Histórico stößt man auf prächtige Gebäude und interessante Museen. Hier sollte man seine Erkundungstour starten. Über 1500 der hier stehenden Gebäude sind auf der UNESCO-Liste der Welterbestätten als historische oder künstlerische Bauwerke aufgeführt. Das Viertel hat ein reges Straßen- sowie Nachtleben und eignet sich hervorragend, um Quartier zu beziehen.

Seit 2000 wurde viel Geld in die Verschönerung des Stadtbilds und die Verbesserung der Infrastruktur des Centro investiert. Straßen wurden neu gepflastert, Gebäude renoviert, Beleuchtung, Verkehrsfluss und Sicherheit verbessert. Neue Museen, Restaurants und Clubs sind in die renovierten Gebäude gezogen und Festivals und Kulturveranstaltungen auf den Plazas beleben die Innenstadt neu.

Mitten im Geschehen liegt der riesige Zócalo, die Hauptplaza des Zentrums, wo sich prähispanische Ruinen, beindruckende Gebäude aus der Kolonialzeit sowie große Wandmalereien finden, die die geschichtsträchtige Vergangenheit der Stadt erzählen.

Zócalo PLATZ

(Karte S. 66; Plaza de la Constitución, Colonia Centro; Ⓜ Zócalo) Die Plaza de la Constitución ist das pulsierende Herz Mexico Citys. Seit dem 19. Jh. wird sie von den Einwohnern der Stadt kurz nur Zócalo – „Sockel" oder „Fundament" – genannt. Der Hintergrund dafür sind die damaligen Pläne zum Bau eines großen Unabhängigkeitsdenkmals, die jedoch nie realisiert wurden – einzig der Sockel wurde aufgestellt. Die Plaza misst 220 auf 240 m und ist damit einer der größten städtischen Plätze der Welt.

Teocalli, das zeremonielle Zentrum des aztekischen Tenochtitlán, befand sich direkt nordöstlich des Zócalo. In den 1520er-Jahren ließ Cortés den Platz mit Steinen aus dem Ruinenkomplex pflastern. Im 18. Jh. befand sich hier ein Labyrinth aus Marktständen, bis Staatschef Antonio López de Santa Anna diese entfernen ließ, um stattdessen das unfertige Denkmal im Zentrum der Plaza zu postieren.

Heute säumen repräsentative Bauten den Zócalo, die von Macht und Reichtum zeugen: An der Ostseite steht der Palacio Nacional (Präsidentenpalast), im Norden ragt die Catedral Metropolitana auf und im Süden findet man die Büros der Stadtregierung. Die als Portal de Mercaderes bekannte Arkade an der Westseite des Platzes beherbergt Schmuckläden und extravagante Hotels.

Wenn man die Metrohaltestelle Zócalo verlässt und auf die riesige Plaza hinaustritt, wird man unweigerlich Trommelklänge hören, die von der Kathedrale herübertönen: Vor deren prächtiger Fassade führen aztekische Tänzer traditionelle Tänze auf. Sie tragen Lendenschürzen aus Schlangenhaut, aufwendig gearbeiteten Federkopfschmuck und Muschelketten an den Fußgelenken, stellen sich im Kreis auf und singen auf Náhuatl. In der Mitte spielen Trommler die Conga-ähliche *huehuetl* (indigene Trommel) und die wie ein Fass geformte und mit Schlitzen versehene *teponaztli*. Dabei sind die Gruppen in eine duftende Kopalwolke gehüllt.

Die Tänzer bzw. ihr Tanz sind als Danzantes Aztecas, Danza Chichimeca oder Concheros bekannt. Dem Ritual kann man täglich unweit der Plaza beiwohnen. Es symbolisiert die aztekische *mitote,* eine ekstatische Zeremonie, die in präkolumbischer Zeit in der Ernteperiode gefeiert wurde. Es gibt aber kaum Belege dafür, dass die Bewegungen der heutigen Tänzer in irgendeiner Form mit denen ihrer Ahnen übereinstimmen.

Auf dem Zócalo haben bereits Massendemonstrationen und kostenlose Konzerte stattgefunden, wurden Altäre zum Día de Muertos (Tag der Toten) oder ein „menschliches Schachbrett" aufgebaut und eine Eislaufbahn angelegt. Darüber hinaus hat er dem Fotografen Spencer Tunick als „Leinwand" gedient: Im Mai 2007 versammelte er hier 18 000 nackte Mexikaner. Zudem ist der Zócalo Schauplatz eines täglich wiederkehrenden Rituals: Um 8 Uhr wird die riesige mexikanische Flagge in der Mitte des Platzes von Armeesoldaten gehisst und um 18 Uhr wieder eingeholt.

★ **Templo Mayor** ARCHÄOLOGISCHE STÄTTE

(Karte S. 66; ☎ 55-4040-5600; www.templomayor.inah.gob.mx; Seminario 8; Eintritt 57 Mex$, Audioguide 80 Mex$; ⏲ Di–So 9–17 Uhr; Ⓜ Zócalo) Auf dem Gelände der heutigen Kathedrale sowie der im Norden und Osten angrenzenden Häuserblocks erstreckte sich einst der Teocalli von Tenochtitlán, der von den Spaniern zerstört wurde. Erst 1978, nachdem bei Arbeiten an Elektroleitungen zufällig eine 8 t schwere Steinscheibe mit einem Relief der Aztekengöttin Coyolxauhqui entdeckt wurde, fiel die Entscheidung, Kolonialbauten abzureißen, um den Templo Mayor freizulegen.

Er soll sich genau an der Stelle befinden, an der die Azteken ihren symbolischen Adler mit einer Schlange im Schnabel auf einem Kaktus sitzen sahen – heute bildet das Motiv das Wappen von Mexiko. Im Glauben der Azteken war dieser Ort das Zentrum des Universums.

Ähnlich wie andere heilige Stätten Tenochtitláns wurde auch dieser Tempel mehrfach vergrößert, wobei jeder Bauabschnitt von der Opferung gefangener Krieger begleitet wurde. Heute sieht man Teile des Tempels aus sieben verschiedenen Phasen. Im Zentrum liegt eine Plattform von ca. 1400. An der südlichen Hälfte ist ein Opferstein vor einem Schrein zu sehen, der dem aztekischen Kriegsgott Huizilopochtli geweiht ist. Auf der nördlichen Hälfte findet man eine *chac-mool* (eine liegende Maya-Figur), dahinter einen Schrein für den Wassergott Tláloc. Zur Zeit der Ankunft der Spanier erhob sich hier eine 40 m hohe Pyramide mit einer steilen Doppeltreppe, die zu den Schreinen der zwei Gottheiten hinaufführte.

Der Eingang zur Tempelstätte und zum Museum liegt östlich der Kathedrale auf der anderen Seite der hektischen **Plaza del Templo Mayor**. Autorisierte Führer (mit

MEXICO CITY MIT KINDERN

Wie überall in Mexiko, stehen die Kinder auch in der Hauptstadt überall im Mittelpunkt. In vielen Theatern, u.a. auch im Centro Cultural del Bosque (S. 131), werden am Wochenende und in den Schulferien Stücke für Kinder und Puppenspiele aufgeführt. Überall in der Stadt haben Kinos Zeichentrickfilme im Programm, die meisten Kinderfilme sind allerdings auf Spanisch synchronisiert.

Museen bieten häufig Mitmachaktivitäten für Kinder. Im Museo de la Secretaría de Hacienda y Crédito Público (S. 74) gibt es sonntags oft ein Puppentheater.

In den zahlreichen Parks und auf den Plazas der Stadt wimmelt es üblicherweise von Kindern. Die Anlaufstelle schlechthin ist natürlich der **Bosque de Chapultepec**, aber auch das Papalote Museo del Niño (S. 89), La Feria (S. 89) und der Zoológico de Chapultepec (S. 89) sind beliebt, ganz zu schweigen von den ganzen Seen mit Ruderbootsverleih. Eine gute Adresse ist aber auch der **Parque México** in Condesa, in dem Kinder Räder leihen können und es sonntags einen Familientag mit vielen Aktivitäten gibt. Die Plaza Hidalgo (S. 98) in Coyoacán bietet ebenfalls einen hohen Spaßfaktor. Hier gibt's Ballons, Straßenpantomime und Zuckerwatte.

Eine Gondelfahrt durch die Kanäle von **Xochimilco** ist für die Kleinen genauso aufregend wie ein Besuch in einem Themenpark. In diesem Teil der Stadt befindet sich auch das Museo Dolores Olmedo (S. 91), wo Pfauen und ein Rudel prähistorischer Hunde im Garten umherstreifen und jeden Samstag und Sonntag um 13 Uhr Kindervorführungen im Patio stattfinden. Das Museum bietet auch Kinder-Workshops an.

Eine weitere tolle Option ist das Museo del Juguete Antiguo México (S. 108), ein faszinierendes Spielzeugmuseum mit über 60 000 Ausstellungsstücken.

Noch mehr Infos zu Aktivitäten für Kinder finden sich auf der Website des Conaculta (www.mexicoescultura.com) unter der Rubrik „Infantiles".

Sectur-Ausweis) bieten am Eingang ihre Dienste an. Alternativ kann man sich einen englischsprachigen Audio-Guide ausleihen.

Im **Museo del Templo Mayor** (im Eintrittspreis zur Stätte inbegriffen), das sich vor Ort befindet, sind ein Modell von Tenochtitlán und Ausgrabungsfunde ausgestellt, die einen guten Überblick über die Zivilisation der Azteken, auch bekannt als Mexica, bieten. Das Schmuckstück der Ausstellung ist der große radähnliche Stein von Coyolxauhqui („mit den Glocken auf der Wange"), den man sich am besten vom obersten Stockwerk aus ansieht. Die Göttin ist enthauptet dargestellt – sie wurde von ihrem Bruder Huizilopochtli ermordet, der, um der höchste aller Götter zu werden, auch seine 400 Brüder umbrachte.

Bei den weiterhin andauernden Ausgrabungen kommen immer wieder spektakuläre Funde zu Tage. So wurde im Oktober 2006 westlich des Tempels ein Monolith mit dem in Stein gehauenen Relief von Tlaltecuhtli, der Göttin des Erdreichs, freigelegt, der nun im ersten Stock des Museums einen prominenten Platz einnimmt.

Ein weiterer bedeutsamer Fund wurde im Jahr 2011 gemacht: eine zeremonielle Plattform aus dem Jahr 1469. Basierend auf historischen Dokumenten gehen Archäologen davon aus, dass das 15 m große Bauwerk zur Einäscherung von Aztekenherrschern diente. Vor kurzem erst wurde bei Ausgrabungen an einer neu entdeckten Begräbnisstätte am Fuße des Tempels der Baumstamm eines vermutlich heiligen Baumes gefunden. Mehr denn je hoffen Forscher nun darauf, erstmalig das Grab eines aztekischen Herrschers zu entdecken.

★ Palacio Nacional — PALAST

(Nationalpalast; Karte S. 66; ☎55-3688-1255; www.historia.palacionacional.info; Plaza de la Constitución; ⏲10–15 Uhr; Ⓜ Zócalo) GRATIS Im Innern dieses grandiosen Palastes aus der Kolonialzeit sind fantastische Wandgemälde von Diego Rivera zu bestaunen (zwischen 1929 und 1951 gemalt), die die mexikanische Bevölkerung von der Ankunft Quetzalcóatls (des aztekischen gefiederten Schlangengotts) bis in die postrevolutionäre Zeit hinein abbilden. Die neun Wandmalereien, die die nördlichen und östlichen Wände im ersten Stock oberhalb des Innenhofs bedecken, zeigen das Leben der indigenen Bevölkerung vor der Eroberung durch die Spanier.

Im Palacio Nacional sind auch die Büroräume des mexikanischen Präsidenten sowie das Finanzministerium untergebracht.

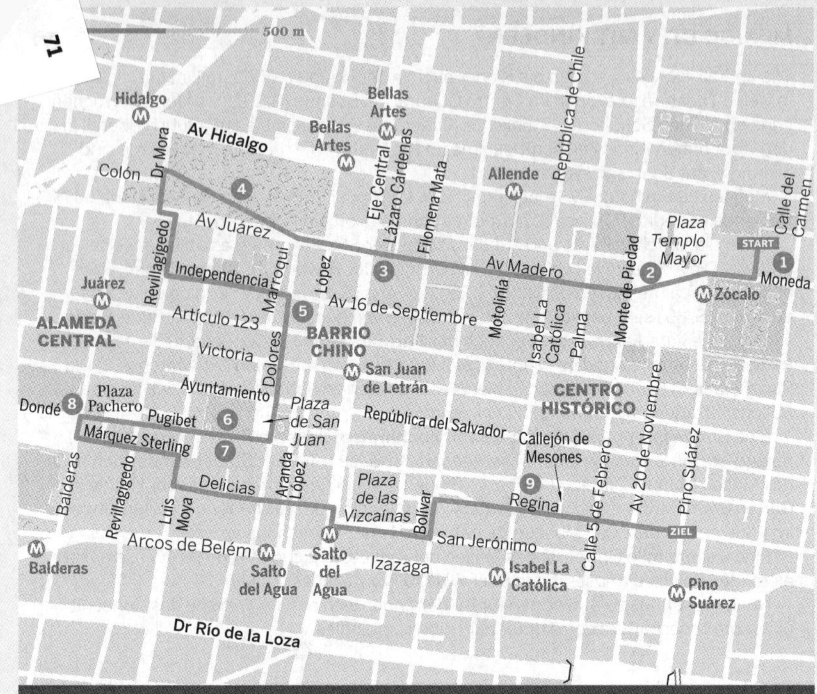

Stadtspaziergang
Im Zentrum unterwegs

START EX TERESA ARTE ACTUAL
ENDE REGINA CORRIDOR
LÄNGE/DAUER 5 KM, 3 STD.

Auf einem Stadtspaziergang lernt man das geschichtsträchtige *Centro* am besten kennen.

Start ist am **1 Ex Teresa Arte Actual** (S. 75). Kein anderer Ort vermittelt so einen guten Eindruck von der der „versinkenden Stadt" wie dieses Gebäude aus dem 17. Jh.

Auf dem Weg über den **2 Zócalo** (S. 70) lohnt es sich, die umliegenden Gebäude genauer anzusehen: Sie stehen auf den Grundmauern alter aztekischer Tempel. Einige der Kolonialbauten wurden gar aus Steinen prähispanischer Ruinen errichtet.

Auf der pulsierenden Avenida Madero geht's weiter nach Westen, bis der **3 Torre Latinoamericana** (S. 76) erreicht ist. Von seiner Aussichtsplattform bekommt man einen Eindruck davon, wie weit sich das Tal Mexiko Citys erstreckt.

Nun steht ein Spaziergang in der **4 Alameda Central** (S. 77) an, dem kürzlich modernisierten Park mit tollen Springbrunnen und einem Wandgemälde von Diego Rivera.

Auf der anderen Seite der Avenida Juárez geht die Calle Dolores ab, in der **5 El Tío Pepe**, eine der ältesten *cantinas* der Stadt lockt. Die Calle Dolores führt weiter nach Süden zum **6 Mercado San Juan** (S. 135), ein 60 Jahre alter Markt, auf dem sich Küchenchefs und andere Feinschmecker tummeln. Hier bereitet **7 Gastrónomico San Juan** tolle Gourmethäppchen zu und serviert dazu ein kostenloses Schlückchen Wein.

Vom Markt tritt man hinaus auf die Calle Ernesto Pugibet und geht nach Westen zur Calle Balderas, wo sich das **8 Centro de Artesanías la Ciudadela** (S. 135) befindet, ein riesiger Markt mit Kunsthandwerk.

Zurück ins Herz der Altstadt gelangt man, wenn man nach Osten bis zum **9 Regina Corridor** geht, einer Fußgängerzone. *Mezcalerías* am Straßenrand laden zu einer Pause ein. Wer Lust auf einen *pulque* hat, geht zur Ecke Mesones und Callejón de Mesones. Der kleine *pulque*-Laden schenkt das Getränk schon seit über 100 Jahren aus. ¡*Salud*!

Der erste Palast an dieser Stelle wurde unter dem Aztekenherrscher Moctezuma II. im frühen 16. Jh. errichtet und 1521 von Cortés zerstört, der ihn als Festung mit drei Innenhöfen wieder aufbaute. Das Bauwerk wurde 1562 durch die spanische Krone von Cortés Familie erworben und diente fortan bis zur mexikanischen Unabhängigkeit als Residenz der Vizekönige von Nueva España.

Steht man vor dem Palast, kann man hoch oben über dem mittleren Portal die **Campana de Dolores** erspähen, jene Glocke, mit der Padre Miguel Hidalgo im Jahre 1810 in der Stadt Dolores Hidalgo den Unabhängigkeitskrieg einläutete. Vom darunterliegenden Balkon ertönt am Abend des 15. September im Gedenken an die Unabhängigkeit der *grito* (Schrei) des amtierenden Staatspräsidenten: ¡Viva México!

Catedral Metropolitana KATHEDRALE

(Metropolitan Cathedral; Karte S. 66; Plaza de la Constitución; Glockenturm Eintritt 20 Mex$; ⌚Kathedrale 8–20 Uhr, Glockenturm 10.30–18 Uhr; Ⓜ Zócalo) GRATIS Die **Kathedrale** ist eines der bedeutendsten Wahrzeichen der Stadt. Das monumentale Gebäude misst 109 m in der Länge, 59 m in der Breite und 65 m in der Höhe. Der Bau begann 1573 und dauerte die gesamte Kolonialzeit über, weshalb das Ergebnis einen ganzen Katalog architektonischer Stile in sich vereint: Die aufeinanderfolgenden Generationen von Bauherren haben alle versucht, aktuelle Trends ihrer jeweiligen Zeit zu integrieren.

Den Anfang machte der Architekt Claudio Arciniega. Er hatte das Gebäude nach dem Vorbild der siebenschiffigen Kathedrale von Sevilla entworfen. Nachdem aber der schwammige Untergrund Probleme bereitete, verkleinerte er seinen Entwurf auf einen fünfschiffigen Grundriss, über dem mächtige Bogen Gewölbedecken tragen. Die barocken Portale, durch die die Gläubigen vom Zócalo aus das Gotteshaus betreten, wurden im 17. Jh. erbaut. Sie sind mit zwei übereinanderliegenden Säulenreihen und Flachreliefs aus Marmor verziert. Das Relief über dem Hauptportal zeigt die Himmelfahrt der Jungfrau Maria, der die Kathedrale geweiht ist. Die oberen Stockwerke der Türme mit ihren einzigartigen Hauben in Glockenform wurden Ende des 18. Jhs. hinzugefügt. Die Arbeiten an der Fassade waren 1813 beendet; zuletzt ließ der Architekt Manuel Tolsá den zentralen Uhrenturm, den Statuen der Tugenden Glaube, Hoffnung und Nächstenliebe krönen, und eine große, zentrale Kuppel errichten.

Wenn man die Kathedrale betritt, fällt zuerst der kunstvoll geschnitzte und vergoldete Altar de Perdón (Altar der Vergebung) auf. Rechts, am Fuß der düsteren Christusfigur Señor del Veneno (Herr des Gifts), steht immer eine Warteschlange von Gläubigen. Die Legende besagt, die Figur habe ihre Farbe erhalten, als sie auf wundersame Weise über die Füße eine Dosis Gift aufgesaugt habe, die sich auf den Lippen eines Priesters befunden hätte. Die tödliche Substanz sei dem Geistlichen zuvor von einem Feind verabreicht worden.

Der größte Kunstschatz der Kathedrale ist der aus dem 18. Jh. stammende, vergoldete **Altar de los Reyes** (Altar der Könige) hinter dem Hauptaltar. 14 reich geschmückte Kapellen säumen die beiden Seitenschiffe des Gebäudes, das Mittelschiff nimmt ein aufwendig verziertes hölzernes Chorgestühl ein, das im späten 17. Jh. von Juan de Rojas geschaffen wurde. Riesige kolonialzeitliche Gemälde, die von den Meistern Juan Correa und Cristóbal de Villalpando stammen, bedecken die Wände der Sakristei. Diese gehört zu dem Teil der Kathedrale, der zuerst errichtet wurde.

Besucher dürfen sich frei im Inneren der Kirche bewegen, werden aber gebeten, dies nicht während der Messe zu tun. Wer die **Sakristei** oder den **Chor** sehen möchte, wird um eine Spende gebeten; Führer bieten hier ihre Dienste an. Außerdem kann man den **Glockenturm** besteigen. An Sonntagen feiert der Erzbischof von Mexiko die heilige Messe.

An der Ostseite der Kathedrale schließt sich die **Sagrario Metropolitano** (Karte S. 66; ⌚8–18.30 Uhr) aus dem 18. Jh. an. Ursprünglich diente sie als Aufbewahrungsort für das Archiv und die Gewänder des Erzbischofs, heute ist sie die Hauptpfarrkirche der Stadt. Der Haupteingang und das Ostportal sind hervorragende Vertreter des überaus dekorativen churrigueresken Baustils.

Centro Cultural de España KULTURZENTRUM

(Spanisches Kulturzentrum; Karte S. 66; www.ccemx.org; República de Guatemala 18; ⌚Kulturzentrum Di–So 10–21 Uhr, Museum 11–19 Uhr; Ⓜ Zócalo) GRATIS Hier gibt's eine große Vielfalt an innovativen Ausstellungen. Im Erdgeschoss ist das **Museo de Sitio** untergebracht, ein interessantes Museum mit den Überresten von „El Calmécac“, einer Schule, in der die Kinder des aztekischen Adels zu Zeiten der Kaiser Ahuízotl und Moctezuma II. eine religiöse und militärische Ausbildung genossen. Sie wurde zwischen 1486 und 1502 erbaut.

Außerdem sind in dem Museum verschiedene Artefakte ausgestellt, die im Zuge der Erweiterung des Kulturzentrums zwischen 2006 und 2008 entdeckt wurden, darunter mehrere 2,4 m große prähispanische *almenas* (spiralförmige Dekoelemente), Keramik aus der Kolonialzeit sowie eine stark mitgenommene Handfeuerwaffe aus dem 20. Jh.

Der wunderschön restaurierte Kolonialbau, in dem das Kulturzentrum untergebracht ist, war einst ein Geschenk des Eroberers Hernán Cortés an seinen Butler. Es gibt eine kühle Terrassenbar, in der von Mittwoch bis Samstag ab 22 Uhr Livemusik gespielt wird und DJs auflegen.

Museo Archivo de la Fotografía MUSEUM
(Fotoarchiv-Museum; Karte S. 66; ☎55-2616-7057; www.cultura.df.gob.mx/index.php/recintos-menu/museos/maf; República de Guatemala 34; ⏲Di–So 10–18 Uhr; Ⓜ Zócalo) GRATIS In einem Kolonialbau aus dem 16. Jh. ist das Fotomuseum der Stadt untergebracht. Hier werden Wechselausstellungen gezeigt, die alle irgendwas mit der Hauptstadt zu tun haben. Außerdem gibt's ein riesiges Archiv mit bis zu 100 Jahre alten Bildern des urbanen Lebens.

Plaza Tolsá PLAZA
(Karte S. 66; Ⓜ Bellas Artes) Dieser hübsche Platz liegt ein paar Häuserblöcke westlich des Zócalo. Er ist nach dem illustren Bildhauer und Architekten des 18. Jhs. Manuel Tolsá benannt, der die Catedral Metropolitana fertigstellte. Er schuf auch das bronzene Reiterstandbild des spanischen Königs Karl IV. (reg. 1788–1808), das im Zentrum der Plaza steht und früher den Zócalo schmückte.

Unglücklicherweise wurde ein Teil der Oberfläche der Statue durch eine verpfuschte Restauration, bei der eine Lösung aus Salpetersäure verwendet wurde, schwer beschädigt. Hinter König Karl erhebt sich die Fassade des **Museo Nacional de Arte** (Nationales Kunstmuseum; Karte S. 66; ☎55-5130-3400; www.munal.gob.mx; Tacuba 8; Eintritt 37 Mex$, So frei; ⏲Di–So 10–17.30 Uhr; Ⓜ Bellas Artes). Das Gebäude wurde um 1900 im Stil eines italienischen Renaissancepalasts erbaut und beherbergt Werke aller mexikanischen Kunstströmungen bis ins frühe 20. Jh. Ein Highlight ist José María Velascos Darstellung des Valle de México im späten 19. Jh.

Gegenüber befindet sich der **Palacio de Minería** (Bergbaupalast; Karte S. 66; ☎55-5623-2982; www.palaciomineria.unam.mx; Tacuba 5; Führungen 30 Mex$; ⏲Führungen Sa & So 11 & 13 Uhr; Ⓜ Bellas Artes), in dem im 19. Jh. angehende Bergbauingenieure unterrichtet wurden. Inzwischen beherbergt er Teile der Ingenieursfakultät der Universität. Der Palast, ein neoklassizistisches Meisterwerk, wurde von Tolsá entworfen und zwischen 1797 und 1813 errichtet. Er kann nur im Rahmen einer geführten Tour besichtigt werden. Im Palast kann man vier Meteoriten bewundern, die im Norden Mexikos eingeschlagen sind; einer davon hat ein Gewicht von über 14 t. Es gibt auch ein Museum, das sich Tolsás Leben und seiner Arbeit widmet.

Palacio Postal HISTORISCHES GEBÄUDE
(Karte S. 66; www.palaciopostal.gob.mx; Tacuba 1; ⏲Mo–Fr 8–20, Sa & So 9–15 Uhr; Ⓜ Bellas Artes) GRATIS Die Hauptpost von Mexico City ist mehr als nur ein einfaches Postamt: Der im frühen 20. Jh. erbaute Palast ist ein italienisch beeinflusster Entwurf von Adamo Boari, dem Architekten des Palacio de Bellas Artes. Die beigefarbene Steinfassade hat barocke Säulen, die Fenster sind rundum mit filigranen Verzierungen geschmückt und die Bronzegeländer der gewaltigen Treppe im Innern wurden in Florenz gegossen.

Im kleinen **Postmuseum** (Karte S. 66; ⏲Di–Fr 9–18, Sa & So bis 15 Uhr; Ⓜ Bellas Artes) GRATIS im ersten Stock können Philatelisten die erste in Mexiko herausgegebene Briefmarke bestaunen.

Museo Interactivo de Economía (MIDE) MUSEUM
(Interaktives Wirschaftsmuseum; Karte S. 66; ☎55-5130-4600; www.mide.org.mx; Tacuba 17; Eintritt 60 Mex$; ⏲Di–So 9–18 Uhr; Ⓜ Allende) Seit 2006 ist in einem ehemaligen Krankenhaus des Bethlehemiter-Ordens dieses Museum untergebracht. Anhand einer Reihe interaktiver Ausstellungen sollen wirtschaftliche Konzepte leichter verständlich gemacht werden. Wer Münzen insteressant findet, wird die Sammlung der Banco de México lieben.

Museo de la Tortura MUSEUM
(Foltermuseum; Karte S. 66; Tacuba 15; Eintritt Erw./Kind 7–13 Jahre 60/45 Mex$; ⏲Mo–Fr 10–18, Sa & So bis 19 Uhr; Ⓜ Allende) Ausgestellt werden hier europäische Folterinstrumente aus dem 14. bis 19. Jh., etwa ein mit Metallstacheln gespickter Verhörstuhl oder ein furchteinflößender Schädelspalter. Todsicher eine der skurrilsten Attraktionen.

Museo de la Secretaría de Hacienda y Crédito Público MUSEUM
(Museum des Finanzsekretariats; Karte S. 66; ☎55-3668-1657; www.facebook.com/culturashcp;

Moneda 4; ⌚Di–So 10–17 Uhr; Ⓜ Zócalo) GRATIS Der Name klingt vielleicht nicht gerade aufregend (yeah, auf geht's ins Finanzsekretariatsmuseum), tatsächlich handelt es sich aber um eine sehr spannende Kunstgalerie mit einer Sammlung von über 30 000 Werken mexikanischer Kunst. Viele der Arbeiten wurden von Malern und Bildhauern gespendet, um keine Steuern bezahlen zu müssen.

Im ehemaligen kolonialen Palast des Erzbischofs aus dem 16. Jh. finden außerdem zahlreiche kulturelle Veranstaltungen statt (viele davon kostenlos), von Puppentheatern bis zu Kammermusikaufführungen. Das Gebäude steht auf den Grundmauern des Templo de Tezcatlipoca, der dem aztekischen Gott geweiht war, der für Tod und Wandel durch Konflikte stand. Gleich beim erst kürzlich renovierten Haupt-Innenhof sind noch die Stufen des Tempels zu sehen.

★ Plaza Garibaldi — PLAZA

(Karte S. 66; Ecke Eje Central Lázaro Cárdenas & República de Honduras; Mariachi-Lied 130–150 Mex$; Ⓟ; Ⓜ Garibaldi) Jeden Abend versammeln sich die Mariachi-Bands der Stadt auf diesem festlichen Platz, um herzzerreißende Balladen zu schmettern. Gekleidet in silberbestickten Anzügen wärmen sie lautstark ihre Trompeten und Gitarren auf, bis sie jemand anspricht, der bereit ist, für ein Lied zu bezahlen. Auch weiß gekleidete *son-jarocho*-Gruppen aus Veracruz und *norteño*-Combos, die Volksmusik aus dem Norden des Landes zum Besten geben, streifen auf dem Platz umher.

Die für ihre Zwielichtigkeit berüchtigte Plaza Garibaldi wurde kürzlich saniert. Im Zuge dessen wurde auch der Sicherheitsstandard erhöht, doch ein etwas raueres Pflaster ist sie immer noch. Im neuen, auch an der Plaza gelegenen **Museo del Tequila y el Mezcal** (Karte S. 66; www.mutemgaribaldi.mx; Plaza Garibaldi; Eintritt 50 Mex$; ⌚So–Mi 13–22, Do–Sa bis 23.30 Uhr; Ⓜ Garibaldi) bringen die Ausstellungsstücke dem Besucher die Ursprünge und den Herstellungsprozess der beiden beliebtesten Agavedestillate näher. Die Führung endet mit einer Verkostung in einer Dachterrassenbar mit Blick auf den Platz. Im dazugehörigen Laden kann man ganz guten, wenn auch hoffnungslos überteuerten Tequila und Mezcal erstehen.

Ex Teresa Arte Actual — MUSEUM

(Karte S. 66; www.exteresa.bellasartes.gob.mx; Licenciado Verdad 8; ⌚10–17 Uhr; Ⓜ Zócalo) GRATIS Mexico City wurde auf dem schlammigen Grund eine Sees erbaut und sinkt schnell ab, was man an den schiefen Mauern dieses ehemaligen Klosters erkennen kann. Das aus dem 17. Jh. stammende Gebäude dient heute als Museum für Performancekunst, es gibt aber auch Ausstellungen zeitgenössischer Kunst, Konzerte sowie manchmal auch Filmvorführungen.

Avenida Madero — STRASSE

Auf dieser stattlichen Avenida westlich des Zócalo sind zahlreiche verschiedene Architekturstile vertreten.

In einem traumhaften neoklassizistischen Gebäude zwei Blocks von der Plaza entfernt ist das **Museo del Estanquillo** (Karte S. 66; ☎55-5521-3052; www.museodelestanquillo.com; Isabel La Católica 26; ⌚Mi–Mo 10–18 Uhr; Ⓜ Allende) GRATIS untergebracht. Es nennt eine riesige Sammlung zur Popkultur sein Eigen, die der sammelwütige Essayist des DF, Carlos Monsivais, über Jahrzehnte zusammengetragen hat. Das Museum veranschaulicht mithilfe von zahlreichen Fotos, Gemälden und Filmplakaten die verschiedenen Entwicklungsphasen der Hauptstadt.

Einige Häuserblocks in Richtung Westen erhebt sich der **Palacio de Iturbide** (Palacio de Cultura Banamex; Karte S. 66; ☎55-1226-0091; www.fomentoculturalbanamex.org; Av Madero 17; ⌚10–19 Uhr; Ⓜ Allende) GRATIS mit seiner barocken Fassade aus dem späten 18. Jh. Er wurde 1821 für den Adel der Kolonialzeit gebaut und diente später General Agustín Iturbide als Residenz. Dieser war ein Held des mexikanischen Unabhängigkeitskriegs und wurde 1822 zum Kaiser ernannt – er dankte nicht ganz ein Jahr später ab, nachdem General Santa Anna die Geburt der Republik verkündet hatte. Das auch als Palacio Cultural Banamex bekannte Bauwerk beherbergt Ausstellungen aus der riesigen Sammlung mexikanischer Kunst der gleichnamigen Bank.

Einen halben Block hinter der Fußgängerzone Gante steht die beeindruckende **Casa de los Azulejos** (Haus der Fliesen; Karte S. 66; ☎55-5512-9820; Av Madero 4; ⌚7–13 Uhr; Ⓜ Allende). Sie stammt aus dem Jahr 1596 und ist für die Condes (Grafen) del Valle de Orizaba erbaut worden. Die meisten Fliesen an den Außenwänden wurden in China hergestellt und auf so genannten Manila-*naos* (spanischen Galeonen, die bis zum Anfang des 19. Jhs. eingesetzt wurden) nach Mexiko gebracht. In dem Gebäude befindet sich heute ein Sanborns-Restaurant in einem überdachten Innenhof rund um einen maurischen Brunnen. An der Treppe ist ein

Wandgemälde von Orozco aus dem Jahr 1925 zu sehen.

Auf der anderen Straßenseite steht der **Templo de San Francisco** (Karte S. 66; Av Madero 7; ⏲8–20 Uhr), das letzte Überbleibsel eines riesigen Franziskanerklosters, das im frühen 16. Jh. auf dem Gelände von Moctezumas Privatzoo errichtet wurde. Zu seiner Blütezeit erstreckte es sich zwei Blocks Richtung Süden und Osten, bis der Klosterkomplex aufgrund der Reformgesetze der jungen Republik aufgeteilt wurde. 1949 wurde es an die Franziskaner zurückgegeben. Es befand sich damals in einem desolaten Zustand und wurde daraufhin restauriert. Der kunstvoll gearbeitete Eingang ist ein glänzendes Beispiel für den Barockstil des 18. Jhs. Im angrenzenden Atrium sind oft Kunstausstellungen unter freiem Himmel zu sehen.

Neben dem Kloster erhebt sich der **Torre Latinoamericana** (lateinamerikanischer Turm; Karte S. 66; ☎55-5518-7423; www.torrelatino.com; Eje Central Lázaro Cárdenas 2; Eintritt Erw./Kind 70/60 Mex$; ⏲9–22 Uhr; Ⓜ Bellas Artes). Bei seiner Fertigstellung 1956 war er das höchste Gebäude Lateinamerikas. Dank der tief versenkten Pylonen, die das Gebäude verankern, hat er zahlreiche heftige Erdbeben überstanden. Wer mehr über die Konstruktion des Turms und die mehrere Jahrhunderte andauernde Entwicklungsgeschichte der Altstadt erfahren möchte, kann sich darüber im Museum im 38. Stock informieren, das eine Dauerausstellung mit Fotografien zeigt. Wenn es der Smog gerade zulässt, hat man von der Lounge-Bar im 41. Stock sowie von der Aussichtsplattform im 44. Stock einen traumhaften Ausblick. Wer nur in der Bar etwas trinken möchte, bezahlt keinen Eintritt.

Museo Nacional de las Culturas MUSEUM

(Nationalmuseum der Kulturen; Karte S. 66; ☎55-5512-7452; www.museodelasculturas.mx; Moneda 13; ⏲Di–So 10–17 Uhr; Ⓜ Zócalo) GRATIS Das 1567 erbaute, restaurierte Gebäude diente ursprünglich als koloniale Münzanstalt und beherbergt heute ein Museum, in dem Kunstwerke, Bekleidung und Kunsthandwerk unterschiedlicher Kulturen der Welt ausgestellt sind. Die Begleittexte sind nur auf Spanisch.

Templo de la Santísima Trinidad KIRCHE

(Karte S. 66; Ecke Santísima & Zapata; Ⓜ Zócalo) Der Hauptgrund, warum man dieser Kirche des Heiligen Sakraments, fünf Blocks östlich des Zócalo auf der Calle Moneda, einen Besuch abstatten sollte, ist die Fülle an dekorativen Skulpturen, die die Fassade des Gebäudes schmücken. Darunter sind gespenstische Büsten der 12 Apostel und eine Darstellung von Christus, wie er seinen Kopf in Gottes Schoß legt. Die meisten Reliefs wurden zwischen 1755 und 1783 von Lorenzo Rodríguez geschaffen.

Suprema Corte de Justicia WANDGEMÄLDE

(Oberster Gerichtshof; Karte S. 66; ☎55-4113-1000; Pino Suárez 2; ⏲Mo–Fr 9–17 Uhr; Ⓜ Zócalo) GRATIS Der Wandmaler José Clemente Orozco schuf 1940 im ersten Stock des Obersten Gerichtshofs rund um die Haupttreppe vier Bilder, von denen zwei das Thema Gerechtigkeit bzw. Justiz behandeln. *La historia de la justicia en México* (die Geschichte der Justiz in Mexiko) von Rafael Cauduro, eine etwas modernere Interpretation desselben Themas erstreckt sich über die Etagen der Südwesttreppe des Gebäudes.

Cauduros Bilder (auch bekannt als *Die sieben schändlichsten Verbrechen*), die in seinem typischen hyperrealistischen Stil gemalt sind, dokumentieren das Grauen der von staatlicher Seite begangenen Verbrechen gegen die Bevölkerung, darunter das oft behandelte Thema des Geständnisses unter Folter. Im südöstlichen Teil des Gebäudes widmet sich Ismael Ramos Huitróns Gemälde *La busqueda de la justicia* (Die Suche nach Gerechtigkeit) dem niemals endenden Kampf der Mexikaner für Gerechtigkeit. Dasselbe Motiv greift auch das sozialrealistische Werk *La justicia* (Gerechtigkeit) des japanisch-mexikanischen Künstlers Luis Nishizawa im nordwestlichen Treppenhaus auf. Auf der ersten Ebene der Haupttreppe hat der amerikanische Künstler George Biddle kurz nach Ende des Zweiten Weltkriegs das Gemälde *La guerra y la paz* (Krieg und Frieden) gemalt. Zutritt nur mit Lichtbildausweis.

Museo de la Ciudad de México MUSEUM

(Museum von Mexico City; Karte S. 66; ☎55-5542-0083; www.cultura.df.gob.mx/index.php/recintos-menu/museos/mcm; Pino Suárez 30; Eintritt 25 Mex$, Mi frei; ⏲Di–So 10–18 Uhr; Ⓜ Pino Suárez) Früher lebten die Grafen von Santiago de Calimaya in diesem Palast aus dem 18. Jh. Mittlerweile beherbergt das Barockgebäude ein Museum mit Ausstellungen zur Stadtgeschichte und -kultur. Oben kann das ehemalige Atelier von Joaquín Clausell besichtigt werden, der als Mexikos führender Impressionist gilt. Der Künstler nutzte die Wände während der drei Jahrzehnte, die er hier bis zu seinem Tod im Jahr 1935 arbeitete, als Skizzenbuch.

Plaza Santo Domingo PLATZ
(Karte S. 66; Ecke República de Venezuela & República de Brasil; República de Argentina) Kleiner und weniger hektisch als der nahe Zócalo, diente diese Plaza lange Schreibern und Druckern als Anlaufstelle. Die Nachfahren der Schreiber, die für die im Zollgebäude tätigen Händler arbeiteten (im Gebäude auf der anderen Seite des Platzes ist heute das Bildungsministerium ansässig) arbeiten an der Westseite unterhalb der **Portales de Santo Domingo** (Karte S. 66), auch bekannt als Portales de Evangelistas.

An der Nordseite erhebt sich die kastanienbraune steinerne **Iglesia de Santo Domingo** (Karte S. 66), eine wunderschöne Barockkirche von 1736. Es lohnt sich, die dreistöckige Fassade genauer unter die Lupe zu nehmen: Die Nischen neben dem Portal zieren Statuen des hl. Franz und des hl. Augustinus. Auf dem mittleren Panel sieht man den hl. Petrus und den hl. Paulus, die dem hl. Dominikus Stab und Episteln aushändigen. Das Basrelief ganz oben zeigt die Himmelfahrt der Jungfrau Maria.

Östlich der Kirche steht der **Palacio de la Inquisición** (Karte S. 66) aus dem 18. Jh. Er war Hauptsitz der Heiligen Inquisition in Mexiko, bis die Spanier 1812 seine Schließung verfügten. Das offizielle Wappen ist ganz oben an der Fassade.

Secretaría de Educación Pública WANDGEMÄLDE
(Bildungssekretariat; Karte S. 62; 55-3601-1000; República de Brasil 31; Mo–Fr 9-18 Uhr; M República de Argentina) GRATIS Die beiden vorderen Höfe (vom Eingang an der Plaza Santo Domingo aus betrachtet auf der anderen Seite des Gebäudes) säumen 120 Fresken von Diego Rivera aus den 1920er-Jahren. Gemeinsam ergeben sie ein Bild vom „wirklichen Alltag der Menschen", so der Künstler selbst.

Die beiden Höfe widmen sich unterschiedlichen Themen: Der an der Ostseite steht im Zeichen von Arbeit, Industrie und Landwirtschaft. In dem inneren Hof sind Traditionen und Festivals dargestellt; u. a. kann man oben – unter einem roten Banner, auf dem ein mexikanisches *corrido* (Volkslied) abgedruckt ist – einige Gemälde zur Proletarier- und Agrarrevolution sehen. Die erste Tafel ziert ein Bildnis von Frida Kahlo, die als Arbeiterin in einem Waffenlager gezeigt wird.

Antiguo Colegio de San Ildefonso MUSEUM
(Karte S. 66; 55-5702-2834; www.sanildefonso.org.mx; Justo Sierra 16; Eintritt 45 Mex$, Di frei; Di–So 10–18 Uhr; M Zócalo) Die Wandgemälde hier wurden in den 1920er-Jahren von Diego Rivera, José Clemente Orozco und David Siqueiros gemalt. Ein Großteil der Arbeiten im Haupthof stammt von Orozco; sehenswert sind z. B. seine Portraits von Hernán Cortés und seiner Geliebten La Malinche unterhalb der Treppe. Im Amphitheater (über die Lobby zu erreichen) befindet sich Riveras erstes Wandgemälde *La creación* (die Schöpfung), das er nach seiner Rückkehr aus Europa im Jahr 1923 malte.

Im ehemaligen Jesuitenkolleg San Ildefonso aus dem 16. Jh. finden heute herausragende Ausstellungen zeitgenössischer Kunst statt.

Museo José Luis Cuevas MUSEUM
(Karte S. 66; 55-5522-0156; www.museojoseluiscuevas.com.mx; Academia 13; Eintritt 20 Mex$, So frei; Di–So 10–18 Uhr; M Zócalo) Dieses Museum beherbergt Arbeiten des Künstlers Cuevas. Er war in den 1950er-Jahren einer der Anführer der Ruptura-Bewegung, die sich von der politisch motivierten Kunst des postrevolutionären Regimes lossagte. Seine **La Giganta**, eine 8 m hohe, weibliche Bronzefigur mit einigen männlichen Zügen, dominiert den zentralen Innenhof.

Alameda Central & Umgebung

Ein Sinnbild für die Wiederbelebung der Innenstadt ist der rechteckige Park gleich nordwestlich des Centro Histórico. Es nimmt im kulturellen Leben von Mexico City einen wichtigen Platz ein. Im letzten Jahrzehnt stand die von bedeutenden historischen Gebäuden umgebene Alameda Central im Fokus ambitionierter Renovierungsarbeiten. Vor allem die Türme der Hochhäuser an der Plaza Juárez haben die Zone südlich des Parks verwandelt. Bei dem Erdbeben von 1985 war hier vieles zerstört worden. Die Metrostationen Bellas Artes und Hidalgo befinden sich auf der Ost- bzw. Westseite der Alameda. Die Nord-Süd-Achse Central Lázaro Cárdenas führt östlich des Parks entlang.

★ **Palacio de Bellas Artes** KUNSTZENTRUM
(Palast der schönen Künste; Karte S. 78; 55-5512-2593; www.palacio.bellasartes.gob.mx, Av Juárez & Eje Central Lázaro Cárdenas; Museum Eintritt 43 Mex$; So frei; Di–So 10–18 Uhr; P; M Bellas

Alameda Central, Plaza de la República & Umgebung

Artes). Riesige Wandgemälde von weltbekannten Künstlern aus Mexiko beherrschen die oberen Stockwerke des aus prächtigem weißem Marmor errichtete Palasts, der von Präsident Porfirio Díaz in Auftrag gegeben wurde und als Konzert- und Kunsthaus dient. Der Bau des Wahrzeichens wurde 1905 unter dem italienischen Architekten Adamo Boari begonnen, einem Vertreter des Neoklassizismus und Jugendstils. Die ersten Probleme gab es, als der schwere Marmor im schwammigen Boden versank – schließlich funkte auch noch die Revolution dazwischen. Und so stellte erst der Architekt Federico Mariscal in den 1930er-Jahren die Innenräume im moderneren Art-déco-Stil fertig.

Im zweiten Stock sind zwei Arbeiten von Rufino Tamayo aus den frühen 1950er-Jahren zu sehen: *México de Hoy* (Mexiko heute) und *Nacimiento de la Nacionalidad* (Geburt der Nationalität), eine symbolische Darstellung der Schaffung einer *mestizo*-Identität (unterschiedliche Abstammung; zum Teil indianischen, zum Teil europäischen Ursprungs).

Am westlichen Ende des dritten Stocks befindet sich Diego Riveras berühmtes Werk *El Hombre En El Cruce de Caminos* (Mann an der Kreuzung), das ursprünglich vom

New Yorker Rockefeller Center in Auftrag gegeben wurde. Die Rockefellers ließen das Original dann aber wegen seiner antikapitalistischen Thematik zerstören, weshalb Rivera es 1934 ein zweites Mal schuf.

Auf der Nordseite befinden sich die dreiteilige *La Nueva Democracía* (Die neue Demokratie) von David Alfaro Siqueiros und der vierteilige *Carnaval de la Vida Mexicana* (Karneval des mexikanischen Lebens) von Rivera; östlich ist die auffällige *La Katharsis* von José Clemente Orozco zu sehen, die den Konflikt zwischen „gesellschaftlichen" und „natürlichen" Aspekten des Menschen zum Thema hat.

Im vierten Stock ist das **Museo Nacional de Arquitectura** (Karte S. 78; ☎55-5512-1410; www.museonacionaldearquitectura.bellasartes.gob.mx; Avenida Juarez s/n; Eintritt 25 Mex$, So frei; ⏲Di–So 10–18 Uhr; Ⓜ Bellas Artes) untergebracht, das sich in Wechselausstellungen der zeitgenössischen Architektur widmet.

Das kürzlich renovierte **Theater** im Palacio de Bellas Artes, das nur bei Aufführungen besichtigt werden kann, ist ein architektonisches Juwel. Der Glasmosaikvorhang stellt das Valle de México dar. Nach einer Vorlage des mexikanischen Malers Gerardo Murillo (Dr. Atl) wurde er vom New Yorker Juwelier Tiffany & Co. aus fast einer Million farbiger Glasstücke zusammengesetzt.

Ferner beherbergt der Palast herausragende Kunstausstellungen, saisonale Opern- und Symphonieaufführungen und das Ballett Folklórico de México (S. 131).

Alameda Central — PARK

(Karte S. 78; Ⓜ Bellas Artes) Die im späten 16. Jh. auf Befehl des damaligen Vizekönigs Luis de Velasco angelegte Alameda verdankt ihren Namen den *álamos* (Pappeln), die zur rechteckigen Begrenzung des Parks gepflanzt wurden. Ende des 19. Jhs. wurde der Park mit europäischen Statuen verschönert sowie mit Gaslaternen versehen und avancierte zum Treff der städtischen Elite.

Heute ist die Alameda ein beliebtes Ausflugsziel, besonders an Sonntagen, wenn Familien über die breiten Wege spazieren. Erst kürzlich wurde der Park aufgewertet: Es kamen Springbrunnen und hübsch angelegte Gärten voller duftender Lavendelpflanzen hinzu.

Museo Mural Diego Rivera — MUSEUM

(Wandbild-Museum Diego Rivera; Karte S. 78; ☎55-5512-0754; www.museomuraldiegorivera.bellasartes.gob.mx; Ecke Balderas & Colón; Eintritt 19 Mex$, So frei; ⏲Di–So 10–18 Uhr; Ⓜ Hidalgo) Hier ist eines der bekanntesten Bilder von Diego Rivera zu bestaunen: *Sueño de una tarde dominical en la Alameda Central* (Traum von einem Sonntagnachmittag im Alameda-Park). Auf dem 15 m langen Wandgemälde von 1947 sind verschiedene Persönlichkeiten zu sehen, die Mexico City seit der Kolonialzeit und danach prägten, darunter Hernán Cortés, Benito Juárez, Porfirio Díaz und Francisco Madero.

Sie sind alle um *Catrina*, ein Skelett in vorrevolutionärer Frauentracht, versammelt. Rivera selbst, dargestellt als mopsgesichtiges Kind, und Frida Kahlo stehen ne-

Alameda Central, Plaza de la República & Umgebung

Highlights
1 Monumento a la Revolución A2
2 Palacio de Bellas Artes F2

Sehenswertes
3 Alameda Central E2
4 Biblioteca de México José Vasconcelos C4
5 Centro de la Imagen C5
6 El Caballito C2
7 La Ciudadela C5
8 Laboratorio de Arte Alameda D2
Monumento a la Revolución (Aussichtsplattform) .... (siehe 1)
9 Museo de Arte Popular D3
10 Museo Franz Mayer E1
11 Museo Memoria y Tolerancia D3
12 Museo Mural Diego Rivera D2
Museo Nacional de Arquitectura. (siehe 2)
13 Museo Nacional de la Estampa E2
Museo Nacional de la Revolución . (siehe 1)
14 Museo Nacional de San Carlos B1
Paseo Cimentación .... (siehe 1)
15 Plaza de Santa Veracruz E2
16 Plaza Juárez E3

Schlafen
17 Boutique Hotel de Cortés D1
18 Casa de los Amigos A1
19 Hostel Suites DF B2
20 Hotel Edison A1
21 Hotel Marlowe E3
22 Palace Hotel A2
23 Plaza Revolución Hotel B2
24 Ramada Reforma C1

Essen
25 Churrería El Moro F4
26 El Cuadrilátero D4
27 El Huequito E4
28 Gotan Restaurante B2
29 Mi Fonda E4

Ausgehen & Nachtleben
30 Bósforo D3
31 Café La Habana B3
32 Crisanta A2

Unterhaltung
Ballet Folklórico de México .... (siehe 2)
33 Cinemex Real D2
Palacio de Bellas Artes .... (siehe 2)

Shoppen
34 Centro de Artesanías La Ciudadela C4
35 Gandhi F3
36 Mercado San Juan E4

ben dem Skelett. Schautafeln erläutern die verschiedenen Figuren. Das Museum wurde 1986 eigens für dieses Wandgemälde gebaut, nachdem der ursprüngliche Ort, das Hotel del Prado, beim Erdbeben 1985 zerstört worden war.

Laboratorio de Arte Alameda MUSEUM
(Kunstlabor Alameda; Karte S. 78; ☎55-5510-2793; www.artealameda.bellasartes.gob.mx; Dr Mora 7; Eintritt 19 Mex$, So frei; ⌚Di–So 9–17 Uhr; Ⓜ Hidalgo) Wie so oft im Centro Histórico gilt auch hier, dass das Gebäude, das das Laboratorio de Arte Alameda beherbergt – ein ehemaliger Konvent aus dem 17. Jh. –, mindestens genauso interessant ist wie sein Inhalt. Gezeigt werden Installationen führender experimenteller Künstler aus Mexico und aus dem Ausland. Schwerpunkt der Werke sind elektronische und interaktive Medien.

Plaza Juárez PLAZA
(Karte S. 78; Ⓜ Bellas Artes) Das erst kürzlich an der Plaza eröffnete **Museo Memoria y Tolerancia** (Museum der Erinnerung und Toleranz; Karte S. 78; www.myt.org.mx; Plaza Juárez 12; Eintritt 65 Mex$, Audioführer 70 Mex$; ⌚Di–Fr 9–18, Sa & So 10–19 Uhr; Ⓜ Bellas Artes) spiegelt das neue Gesicht dieses Viertels wider. Das labyrinthartige Museum mit 55 Ausstellungsräumen hat zum Ziel, die Erinnerung an die Opfer von Völkermorden aufrecht zu erhalten. Die Multimediaausstellung erinnert an Verbrechen gegen die Menschlichkeit in Kambodscha, Guatemala, im Sudan, in Ruanda, im ehemaligen Jugoslawien sowie an jene Verbrechen, die während des Holocausts verübt wurden.

Hinter dem vollständig restaurierten **Templo de Corpus Christi**, in dem inzwischen das Archiv des DF zu Hause ist, steht das auffälligste Bauwerk am Platz. Es wurde vom großen mexikanischen Architekten Ricardo Legorreta entworfen. Seine beiden tetrisähnlichen Türme beherbergen das 24-stöckige **Sekretariats für Auslandsbeziehungen** und das 23-stöckige Gerichtsgebäude (**Tribunales**). Außerdem befindet sich auf dem Platz ein breites Becken mit 1034 roten Pyramiden, eine Gemeinschaftsarbeit von Legorreta und dem spanischen Künstler Vicente Rojo.

Museo de Arte Popular MUSEUM
(Volkskunstmuseum; Karte S. 78; ☎55-5510-2201; www.map.df.gob.mx; Ecke Independencia & Revillagigedo; Eintritt Erw./Kind unter 13 Jahren 40 Mex$/

frei, So frei; ⌚ Di–So 10–18 Uhr; Ⓜ Juárez) Dieses Museum präsentiert alles rund um volkstümliche Kunstwerke. Zeitgenössisches Kunsthandwerk aus ganz Mexiko ist thematisch sortiert. Zu sehen sind u.a. Karnevalsmasken aus Chiapas, *alebrijes* (fantasievolle Tierfiguren) aus Oaxaca und Lebensbäume aus Puebla. Das Museum liegt in der ehemaligen Feuerwehrzentrale, einem tollen Jugendstilgebäude aus den 1920er-Jahren des Architekten Vicente Mendiola. Im Laden im Erdgeschoss gibt's qualitativ hochwertiges Kunsthandwerk.

Museo Franz Mayer MUSEUM

(Karte S. 78; ☎ 55-5518-2266; www.franzmayer.org.mx; Av Hidalgo 45; Eintritt 45 Mex$, Di frei; ⌚ Di–Fr 10–17, Sa & So 11–18 Uhr; Ⓜ Bellas Artes) Während der kurzen Herrschaftszeit Maximilians war dieses ehemalige Hospiz der Bruderschaft San Juan de Dios auf dem besten Weg, sich in ein Bordell zu verwandeln. Das heutige Museum ist die Errungenschaft seines Namensgebers. Der aus Deutschland stammende Franz Mayer war in seiner Wahlheimat Mexiko als Bankier sehr erfolgreich und sammelte mexikanischer Silberwaren, Keramiken und Möbel, welche heute hier ausgestellt sind. Die Ausstellungsräume gehen auf einen prächtigen Hof im Kolonialstil hinaus, in dem das hervorragende Cloister Café zu einem Snack einlädt.

Plaza de Santa Veracruz PLAZA

(Karte S. 78; Ⓜ Bellas Artes) Der abgesenkte Platz nördlich der Alameda, der auf der anderen Seite der Avenida Hidalgo liegt, ist nach dem schiefstehenden Bauwerk rechter Hand benannt: der **Iglesia de la Santa Veracruz**. Das Hauptportal der aus dem 18. Jh. stammenden Kirche wird von aufwendig verzierten Säulen flankiert.

Museo Nacional de la Estampa MUSEUM

(MUNAE; Karte S. 78; ☎ 55-5521-2244; www.museonacionaldelaestampa.bellasartes.gob.mx; Av Hidalgo 39; Eintritt 12 Mex$, So frei; ⌚ Di–So 10–18 Uhr; Ⓜ Bellas Artes) Das der bildenden Kunst gewidmete Museum hat eine Sammlung aus über 12 000 Drucken, die in verschiedenen thematischen Ausstellungen gezeigt werden. Es gibt auch interessante Wechselausstellungen, in denen Werke aus Mexiko und aus dem Ausland zu sehen sind.

La Ciudadela PLAZA

(Karte S. 78; Ⓜ Balderas) Die wunderschöne Anlage, die heute als „Zitadelle" bekannt ist, diente im späten 18. Jh. als Tabakfabrik. Sie erlangte jedoch vor allem als Schauplatz der Decena Trágica (die tragischen 10 Tage) Berühmtheit, jenem Putsch, der die Madero-Regierung 1913 in die Knie zwang. Heute befindet sich hier die **Biblioteca de México José Vasconcelos** (Nationalbibliothek; Karte S. 78; ☎ 55-4155-0836; www.bibliotecademexico.gob.mx; Plaza de la Ciudadela 4; ⌚ 8.30–19.30 Uhr; Ⓜ Balderas) GRATIS, die mehr als 500 000 Bücher und eine riesige Kartensammlung umfasst. In der Haupthalle des kürzlich renovierten Gebäudes finden Kunstausstellungen statt.

Das **Centro de la Imagen** (Karte S. 78; ☎ 55-4155-0850; http://centrodelaimagen.conaculta.gob.mx; Plaza de la Ciudadela 2; ⌚ Di–So 11–18 Uhr; Ⓜ Balderas) GRATIS, das städtische Fotografiemuseum, ist über seinen Eingang in der Calle Balderas zu erreichen. In einem innovativen Ambiente werden hier fesselnde Ausstellungen gezeigt, die oft das Leben in Mexiko dokumentieren.

Auf der anderen Seite der Plaza steht das Centro de Artesanías La Ciudadela (S. 135), in dem Händler unterschiedlichste Kunsthandwerkserzeugnisse aus ganz Mexiko verkaufen, etwa schwarze Tonwaren aus Oaxaca, Gitarren aus Michoacán und Silberschmuck aus Taxco. Selbst ohne Handeln sind die Preise im Allgemeinen recht fair.

Plaza de la República & Umgebung

Diese kürzlich aufpolierte Plaza westlich der Alameda Central wird vom Monumento a la Revolución mit seiner Kupferkuppel beherrscht. Das prächtige Art-déco-Gebäude an der Nordostseite des Platzes ist der Frontón de México, eine ehemalige Jai-Alai-Arena (ein dem Squash ähnelndes Spiel).

★ Monumento a la Revolución DENKMAL

(Karte S. 78; www.mrm.mx; Plaza de la República; Plaza de la República) Ursprünglich sollte das Monumento a la Revolución als Versammlungsstätte des Parlaments dienen. Mit Beginn der Revolution wurden die Arbeiten jedoch eingestellt und es gab sogar Pläne, das Bauwerk zu zerstören. Stattdessen wurde es umgebaut und fortan für andere Zwecke genutzt. Seit seiner Einweihung 1938 beherbergt das Denkmal die Gräber von Pancho Villa, Francisco Madero, Venustiano Carranza, Plutarco Elías Calles sowie Lázaro Cárdenas – allesamt Helden der Revolution und der folgenden Ära. Sowohl das Monumento als auch die Plaza de la República, auf der das Denkmal steht, wurden 2010 anlässlich des 100. Jahrestages der Mexikanischen Revolution umfassend renoviert. Die geysirartigen Springbrunnen der Plaza bereiten den Kleinen jede Menge Spaß, abends erstrahlen die restaurierten Elemente des Denkmals in farbenfrohem Licht.

Die Hauptattraktion des Denkmals ist die 65 m hohe **Aussichtsplattform** (Karte S. 78; www.mrm.mx; Plaza de la República; Eintritt 40 Mex$, Mi frei; ⌚Mo, Di & Do 12–20, Mi bis 18, Fr & Sa bis 22, So 10–20 Uhr; 🚇Plaza de la República) mit ihrem gläsernen Aufzug. Dieser hält vor einer schwindelerregenden Wendeltreppe, welche wiederum hinauf zu einer breiten Terrasse mit Panoramablick über die Stadt führt.

Das unter der Plaza und dem Denkmal gelegene **Museo Nacional de la Revolución** (Karte S. 78; Nationales Revolutionsmuseum; ☎55-5546-2115; www.facebook.com/museorevolucion; Plaza de la República; Eintritt 25 Mex$, So frei; ⌚Di–Fr 9–17, Sa & So bis 18.30 Uhr) dokumentiert eine Zeitspanne von 63 Jahren, beginnend mit dem Inkrafttreten der Verfassung 1857, die die Wahrung der Menschenrechte garantierte, bis zur Einsetzung der postrevolutionären Regierung 1920. Die Erläuterungen sind leider allesamt auf Spanisch.

Im unteren Stockwerk des Denkmals zeigt die neue Kunstgalerie **Paseo Cimentación** (Karte S. 78; Eintritt 20 Mex$; ⌚Mo, Di & Do 12–20, Mi bis 18, Fr & Sa bis 22, So 10–20 Uhr) wechselnde Kunstausstellungen inmitten eines Labyrinths aus Stahlträgern, die das Fundament des Bauwerks stützen.

Museo Universitario del Chopo MUSEUM
(☎55-5546-5484; www.chopo.unam.mx; Enrique González Martínez 10; Eintritt 30 Mex$, Di frei; ⌚Di–So 10–19 Uhr; 🚇Revolución) Die auffälligen Türme dieses von der Universität geleiteten Museums sind nicht zu übersehen. Teile des alten Gebäudes, aus Eisen aus Düsseldorf gefertigt, wurden an der Wende zum 20 Jh. nach Mexico City gebracht und dort zusammengesetzt. Das Chopo hat weite, offene Räume: Rampen werden als Ausstellungsflächen genutzt und dank hoher Decken können überlebensgroße Ausstellungsstücke zeitgenössischer Kunst gezeigt werden.

Im Museum finden außerdem moderne Tanzaufführungen und Vorführungen internationaler und mexikanischer Filme des Indie-Genres statt.

Museo Nacional de San Carlos MUSEUM
(Karte S. 78; ☎55-5566-8342; www.mnsancarlos.com; Puente de Alvarado 50; Eintritt 31 Mex$, So frei; ⌚Di–so 10–18 Uhr; Ⓜ Revolución) Das Museum wartet mit einer hervorragenden Sammlung europäischer Kunstwerke vom 14. bis zum frühen 20. Jh. auf. Zu den vertretenen Künstlern gehören u.a. Rubens und Goya. Die ungewöhnliche Rotunde wurde im späten 18. Jh. von Manuel Tolsá entworfen.

Paseo de la Reforma

Die größte Durchgangsstraße Mexico Citys, meist nur „Reforma" genannt, zieht sich als breite Schneise Richtung Südwesten und verläuft von Tlatelolco bis zum Bosque de Chapultepec. Sie umgeht die Alameda Central und die Zona Rosa, bevor sie exakt Richtung Westen den Bosque de Chapultepec durchquert. Kaiser Maximilian ließ diesen Boulevard anlegen, um sein Schloss auf dem Chapultepec mit dem alten Zentrum zu verbinden. Nach seiner Hinrichtung erhielt die Straße ihren heutigen Namen, um an die Reformgesetze zu erinnern, die Präsident Benito Juárez verabschiedet hatte. Unter der Regierung von López Obrador wurde sie hübsch neu hergerichtet. Der breite, mit Statuen übersäte Mittelstreifen dient als Standort für Bücherverkaufsstände und Kunstausstellungen. Momentan schießen neue Bürotürme und Hotels auf der gesamten Länge aus dem Boden.

Die Reforma verbindet eine Reihe von gigantischen *glorietas* (Kreisverkehren). Ein paar Blocks westlich der Alameda Central steht **El Caballito** (Karte S. 78), die futuristische gelbe Darstellung eines Pferdekopfs aus der Werkstatt des Bildhauers Sebastián. Sie erinnert an eine Reiterstatue, die hier 127 Jahre lang gestanden hat und sich heute vor dem Museo Nacional de Arte befindet. Einige Blocks weiter südwestlich erhebt sich das **Monumento a Cristóbal Colón** von 1877. Die Hand von Kolumbus weist zum Horizont.

Die Kreuzung der Reforma und der Av Insurgentes wird durch das **Monumento a Cuauhtémoc** (Karte S. 116) markiert, das an den letzten aztekischen Herrscher erinnert. Zwei Blocks Richtung Nordwesten liegt der **Jardín del Arte**, der sonntags Schauplatz eines Kunstmarkts ist.

Das **Centro Bursátil** (Karte S. 116) ist ein eckiger Turm mit einer überdimensionalen Discokugel, der die *bolsa* (Börse) beherbergt und die südliche Grenze des Colonia Cuauhtémoc markiert. Weiter westlich ist das Symbol Mexico Citys erreicht, das **Monumento a la Independencia** (Karte S. 116; Paseo de la Reforma; ⌚Aussichtsplattform Sa & So 10–13

Uhr; Ⓜ Insurgentes) GRATIS. Die vergoldete, geflügelte Siegesgöttin ist auch als „El Ángel" bekannt und steht auf einer 45 m hohen Säule. Sie wurde 1910 zur Hundertjahrfeier der Unabhängigkeit geschaffen. Im Innern des Monuments befinden sich die sterblichen Überreste von Miguel Hidalgo, José María Morelos, Ignacio Allende sowie neun weiterer Berühmtheiten. Ab und zu finden hier kostenlose Konzerte und, nach wichtigen Siegen der mexikanischen Fußballnationalmannschaft, auch Siegesfeiern statt, die jeweils von Tausenden Menschen besucht werden.

An der Kreuzung von Reforma und Sevilla steht ein Denkmal, das allgemein als **La Diana Cazadora** (die Jägerin Diana; Karte S. 116; Reforma & Sevilla) bekannt ist. Die 1942 geschaffene Bronzeskulptur sollte ursprünglich den Schützen des Nordsterns darstellen. Die Anstandswauwaus der Regierung von Ávila Camacho sorgten dafür, dass der Bildhauer dem vollbusigen Geschöpf einen Lendenschurz verpasste, der erst 1966 entfernt wurde.

Die Skyline von Mexico City bekam 2003 in Form des **Torre Mayor** (Karte S. 116; ☎ 55-5283-8000; www.torremayor.com.mx; Paseo de la Reforma 505; Ⓜ Chapultepec) Zuwachs. Er steht wie ein Wachtposten am Eingang zum Bosque de Chapultepec. Das 225 m hohe, erdbebensichere Gebäude ist mit 98 seismischen Stoßdämpfern verankert. Leider wurde die Aussichtsplattform auf der Spitze des Turms geschlossen.

Gegenüber dem Torre Mayor steht die 104 m hohe **Estela de Luz** (Lichtsäule; Karte S. 116; Paseo de la Reforma s/n), die 2010 anlässlich Mexikos 200. Jahrestag erbaut wurde. Aufgrund von Verzögerungen während der Bauzeit und haarsträubender Mehrkosten wurde der mit Quarztafeln versehene Lichtturm erst 2012 eröffnet. Nachdem 2013 acht ehemalige Regierungsmitarbeiter wegen Veruntreuung öffentlicher Gelder verhaftet wurden, erhielt die Säule den Beinamen „Turm der Korruption". Im Untergeschoss des Turmes ist das nur mäßig besuchte **Centro de Cultura Digital** (Karte S. 116; www.centroculturadigital.mx; ⌚ Di–So 11–19 Uhr; Ⓜ Chapultepec) untergebracht. Das Zentrum zeigt Ausstellungen zur Digitaltechnik.

Den besten Zugang zum Paseo de la Reforma bietet die Metrostation Hidalgo am Ende der Alameda. Der Zona Rosa nähert man sich hingegen am besten über die Stationen Insurgentes und Sevilla. Günstig gelegene Haltestellen der Metrobús Línea 1 sind nördlich bzw. südlich des Paseo die Stopps Reforma und Hamburgo. Auf dem Paseo de la Reforma selbst bringt einen jeder nach Westen fahrende „Auditorio"-Bus direkt zum Bosque de Chapultepec, während die „Chapultepec"-Busse am Ostende des Parks enden. In der Gegenrichtung fahren die „I Verdes"- und die „La Villa"-Busse entlang der Reforma zur Alameda Central und noch weiter. Die „Zócalo"-Busse fahren auch über die Reforma.

Zona Rosa

Das „rosa Viertel" liegt zwischen dem Paseo de la Reforma und der Avenida Chapultepec. Es wurde in den 1950er-Jahren als Tummelplatz und Einkaufsviertel angelegt und bestach mit kosmopolitischem Flair. Seither ist es mit ihm stetig bergab gegangen. Mittlerweile haben ihm angesagtere Viertel wie Condesa und Roma den Rang abgelaufen. Heute zeichnet sich die Zona Rosa vor allem durch Touristenläden, Stripclubs, Discos und Fast-Food-Ketten aus. Nirgendwo in der Stadt kann man besser Leute beobachten – einfach in einem der Straßencafés Platz nehmen und genießen! Die Zona Rosa ist außerdem eines der führenden Viertel der Schwulen- und Lesbenszene von Mexico City und beherbergt viele hier lebende Ausländer. Besonders der hohe Anteil an Koreanern fällt auf. Die Stadtverwaltung hat die Verbindungsstraße Génova unlängst sanieren lassen – auf dass die Zona Rosa bald wieder strahlen möge.

Condesa

Die beeindruckende Architektur, die von Palmen gesäumten Esplanaden und die freundlichen Parks deuten darauf hin, dass die Colonia Condesa im frühen 20. Jh. ein Zufluchtsort für die neuaufstrebende mexikanische Elite war. Heute denkt man beim Namen „La Condesa" an ein angesagtes Stadtviertel mit lässigen Restaurants, trendigen Boutiquen und einem pulsierendem Nachtleben. Glücklicherweise hat sich Condesa einen Großteil ihres alten nachbarschaftlichen Flairs bewahren können, das sich dem Besucher am besten bei einem Spaziergang abseits des ganzen Trubels offenbart. Auf den Fußgängerwegen entlang der Ámsterdam, der Avenida Tamaulipas und der Avenida Mazatlán kann man Gebäude im Art-déco- und im kalifornischen Kolonialstil bewundern. Ein echter Hingucker ist der friedliche **Parque México**, dessen ovale Form daran erinnert, dass hier früher Pferderennen stattfanden. Zwei Häuserblöcke weiter nordwestlich erstreckt sich der **Parque España** mit seinem großen Kinderspielplatz.

Roma

Nordöstlich von Condesa liegt die Künstler- und Schriftstellerenklave Roma. Hierher verschlug es die Vertreter der Beat Generation William S. Burroughs und Jack Kerouac auf ihrer Reise nach Mexico City in den 1950er-Jahren. Das Viertel entstand um 1900 und ist eine echte Fundgrube für von Paris beeinflusster Architektur, die hoch in der Gunst des Regimes von Porfirio Díaz stand. Die schönsten Bauwerke säumen die Colima und die Tabasco. Zu einem Aufenthalt in Roma gehören unbedingt zwei Dinge: Kaffee trinken sowie die Kunstgalerien und die Fachgeschäfte entlang der Colima besuchen. Folgt man der Orizaba, gelangt man zu zwei wunderschönen Plazas – Río de Janeiro (mit einer David-Statue) und Luis Cabrera (mit netten Springbrunnen). Am Wochenende findet auf der Hauptverkehrsstraße Álvaro Obregón ein **Antiquitätenmarkt** statt.

Überall in Roma haben sich kleine, unabhängige Kunstgalerien und Museen niedergelassen. Auf der Website Arte Mexico (www.artemexico.org) findet man Programmlisten für Roma und für andere Orte.

Museo del Objeto del Objeto MUSEUM

(Museum der Gegenstände; Karte S. 86; www.elmodo.mx/en; Colima 145; Eintritt Erw./Kind unter 12 Jahre 40 Mex$ /frei; ⌚Mi–So 10–18 Uhr; Durango) Das Designmuseum zeigt auf zwei Stockwerken eine Sammlung von fast 100 000 Ausstellungsstücken, die teilweise noch aus der Zeit des mexikanischen Unabhängigkeitskrieges (1810) stammen. Seine thematischen Ausstellungen eröffnen dem Besucher eine einzigartige Sicht auf die Geschichte Mexikos.

Centro de Cultura Casa Lamm KULTURZENTRUM

(Karte S. 86; ☎55-5511-0899; www.galeriacasalamm.com.mx; Álvaro Obregón 99; ⌚10–18 Uhr; Álvaro Obregón) GRATIS Zu dem Kulturzentrum gehören eine Galerie für zeitgenössische mexikanische Malerei und Fotografie sowie eine hervorragende Kunstbibliothek.

MUCA Roma MUSEUM

(Karte S. 86; ☎55-5511-0925; www.mucaroma.unam.mx; Tonalá 51; ⌚ Di–So 10–18 Uhr; Durango) GRATIS Das Museum wird von der Universidad Nacional Autónoma de México (UNAM) finanziell unterstützt. Hier werden zeitgenössische mexikanische und internationale Werke mit Bezug zur Wissenschaft und zu neuen Technologien gezeigt.

Bosque de Chapultepec

Der Chapultepec – das Náhuatl-Wort bedeutet „Heuschreckenhügel" – diente den umherstreifenden Azteken als Zufluchtsort, bevor es sich zum Sommersitz ihrer Adelsschicht mauserte. Er war zudem das Tenochtitlán am nächsten gelegene Süßwasserreservoir. Im 15. Jh. überwachte Nezahualcoyotl, der Herrscher des nahe gelegenen Texcoco, den Bau eines Aquädukts, um das Wasser über den Lago de Texcoco in die präkolumbische Hauptstadt zu leiten.

Heute ist der Bosque de Chapultepec mit einer Fläche von über 4 km² der größte Park Mexico Citys. Er umfasst Seen, einen Zoo sowie mehrere hervorragende Museen und dient noch heute als Wohnstätte der Mächtigen: Hier stehen die Präsidentenresidenz **Los Pinos** und der ehemalige Kaiserpalast, das Castillo de Chapultepec.

Sonntags ist im Park die Hölle los: Verkäufer stehen an den Hauptwegen Spalier und nehmen die herbeiströmenden Familien in Empfang, die picknicken, in Ruderbooten auf dem See umherpaddeln und die Museen besuchen. Ein Großteil der Hauptattraktionen befindet sich in oder nahe der östlichen **1a Sección** (erste Sektion; www.sma.df.gob.mx/bosquedechapultepec; Bosque de Chapultepec; ⌚Di–So 5–18 Uhr; Ⓜ Chapultepec). Die 2da Sección wird von einem großen Vergnügungspark und einem Kindermuseum dominiert.

Zwei Bronzelöwen bewachen das Haupttor an der Ecke Paseo de la Reforma und Lieja. Weitere Eingänge befinden sich gegenüber vom Museo Tamayo, Museo Nacional de Antropología und bei der Metrostation Chapultepec. Der Zaun am Paseo de la Reforma dient als Fotogalerie unter freiem Himmel: Die **Galería Abierta de las Rejas de Chapultepec** erstreckt sich vom Zooeingang bis zum Museo Tamayo.

Die Metrostation Chapultepec befindet sich am östlichen Ende des Bosque de Chapultepec, in der Nähe des Monumento a los Niños Héroes und des Castillo de Chapultepec, die Metrostation Auditorio an der Nordseite des Parks, 500 m westlich des Museo Nacional de Antropología. Entlang des Paseo de la Reforma fahren Auditorio-Busse.

Der zweite Abschnitt des Bosque de Chapultepec erstreckt sich westlich des Periférico. Um von der Metrostation Chapultepec zur 2da Sección und zum Vergnügungspark La Feria zu gelangen, den Ausgang „Paradero" nehmen und oben in einen Bus mit der Zielangabe „Feria" steigen. Sie fahren sehr oft und bringen Passagiere ohne Zwischenstopp zur 2da Sección; dort angekommen, kann man am Papalote Museo del Niño, Museo Tecnológico und La Feria aussteigen. Neben den diversen Attraktionen für Familien gibt's noch ein paar elegante Restaurants mit Seeblick am Lago Mayor und am Lago Menor.

★Museo Nacional de Antropología MUSEUM

(Anthropologisches Nationalmuseum; Karte S. 92; ☎55-5553-6381; www.mna.inah.gob.mx; Ecke Paseo de la Reforma & Calz Gandhi; Eintritt Erw./Kind unter 14 Jahre 57 Mex$/frei, Audioguides 75 Mex$,; ⏲Di–So 9–19 Uhr; P; M Auditorio) Das weltberühmte Museum befindet sich in einem Ausläufer des Bosque de Chapultepec. Dieses Museum von Weltklasse wurde in den 1960er-Jahren errichtet. Der lange, rechteckige Hof ist an drei Seiten von zweistöckigen Ausstellungsräumen umgeben. Die zwölf *salas* (Räume) im Erdgeschoss sind dem präkolumbischen Mexiko gewidmet, die in den oberen Stockwerken illustrieren dagegen die Lebensweise der Nachkommen der mexikanischen indigenen Bevölkerung in heutiger Zeit. Die zeitgenössischen Kulturen sind dabei immer direkt über der jeweiligen Zivilisation ihrer Vorfahren untergebracht.

Alle Exponate werden ausgezeichnet präsentiert und die erläuternden Texte sind zum großen Teil ins Englische übersetzt. Audioguides bekommt man am Eingang. Das riesige Museum bietet mehr, als die meisten bei einem einzigen Besuch aufnehmen können. Hier im Uhrzeigersinn um den Hof ein kurzer Rundgang durch die Räume im Erdgeschoss:

Culturas Indígenas de México Dient derzeit als Bereich für Wechselausstellungen.

Introducción a la Antropología Führt die Besucher in die Wissenschaft der Anthropologie ein.

Poblamiento de América Zeigt, wie die ersten Siedler auf diese Seite der Erdkugel kamen und wie sie in der neuen Umgebung überlebten und zu Wohlstand kamen.

Preclásico en el Altiplano Central Beschäftigt sich schwerpunktmäßig mit der vorklassischen Periode von ungefähr 2300 v. Chr. bis 100 n. Chr. und zeigt, wie die Jäger und Nomaden in Mexikos zentralem Hochland allmählich eine sesshaftere, Ackerbau betreibende Lebensweise annahmen.

Teotihuacán Zeigt Modelle und Exponate von Amerikas erstem großen und mächtigen Staat.

Los Toltecas y su Época Beschäftigt sich mit den Kulturen Zentralmexikos zwischen 650 und 1250 n. Chr. Hier ist auch eine der vier Kämpfersäulen aus Basalt aus dem Tula-Tempel von Tlahuizcalpantecuhtli ausgestellt.

Mexica Ist den Mexica gewidmet, besser bekannt als Azteken. Man sollte unbedingt den berühmten Stein der Fünften Sonne betrachten, der 1790 neben dem Zócalo ausgegraben wurde. Ebenfalls sehenswert sind die wunderbaren Skulpturen aus dem Pantheon der aztekischen Götter.

Culturas de Oaxaca Stellt das Erbe der Zapoteken Oaxacas und Siedlungen der Mixteken aus.

Culturas de la Costa del Golfo Beleuchtet die wichtigen Kulturen entlang des Golfs von Mexiko einschließlich der Olmeken, der Totonaken und der Huasteken. Unter den Steinmetzarbeiten befinden sich zwei Olmeken-Köpfe, die fast 20 t wiegen.

Maya Hier werden Fundstücke aus dem Südosten Mexikos sowie aus Guatemala, Belize und Honduras gezeigt. Der maßstabgetreue Nachbau des Grabes von König Pakal, das tief im Templo de las Inscripciones bei Palenque entdeckt wurde, ist schlichtweg atemberaubend.

Culturas del Occidente Widmet sich den Kulturen Westmexikos.

Culturas del Norte Deckt die Fundstellen von Casas Grandes (Paquimé) und anderen Kulturen Nordmexikos ab und schildert ihre Verbindungen nach Südwestamerika.

Auf einer Lichtung, etwa 100 m vor dem Museumseingang, führen einheimische Totonaken alle 30 Minuten ihr eindrucksvolles *voladores*-Ritual auf, bei dem sie von einem 20 m hohen Pfahl „herunterfliegen".

Castillo de Chapultepec BURG

(Karte S. 92; www.castillodechapultepec.inah.gob.mx; Bosque de Chapultepec; ⏲Di–So 9–17 Uhr; M Chapultepec) Als deutlich sichtbares Erbe der längst vergangenen Zeiten der mexikanischen Aristokratie thront das „Schloss" auf dem Chapultepec-Hügel. Mit dessen Bau wurde 1785 begonnen, fertiggestellt wurde es jedoch erst, nachdem Mexiko die Unabhängigkeit erlangt hatte. Fortan diente das

Roma & Condesa

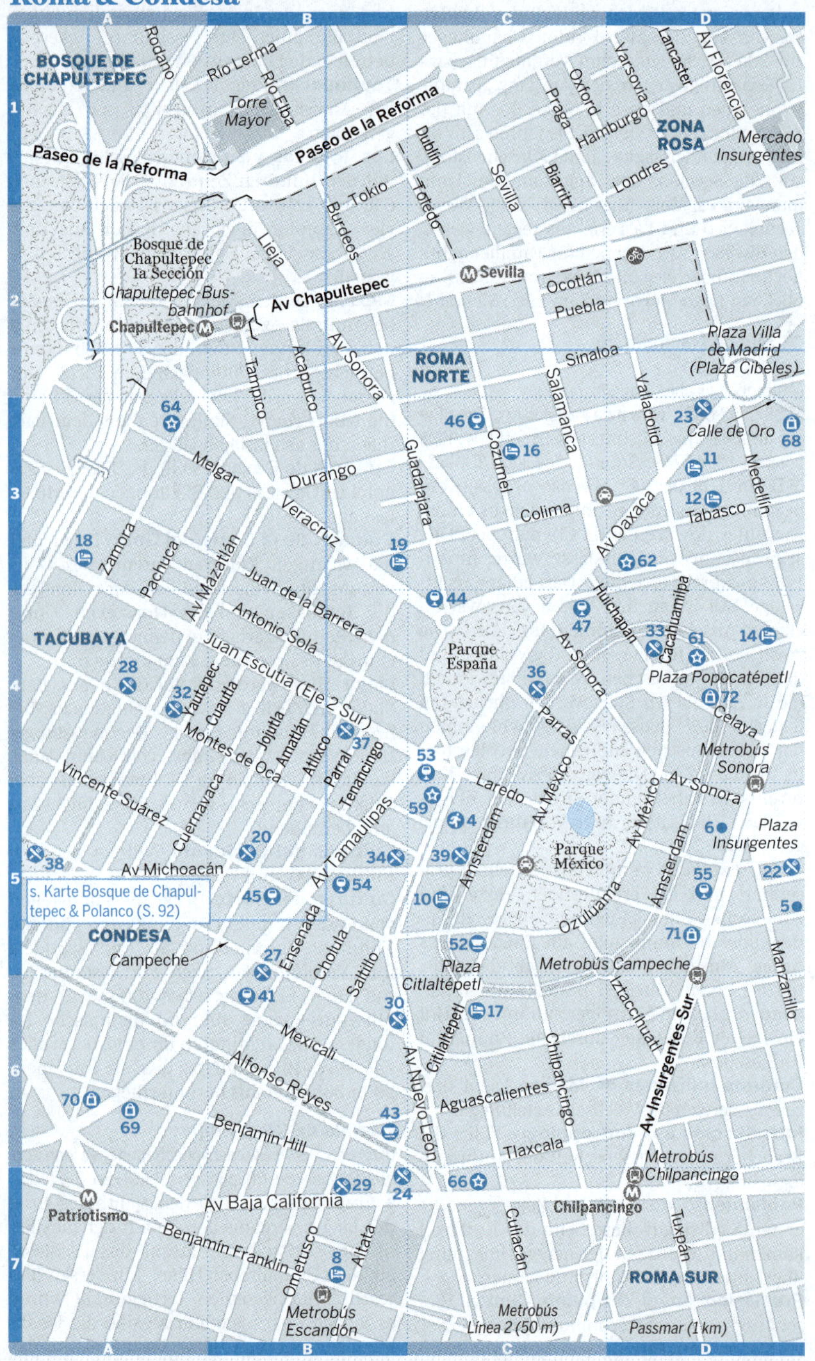

JUÁREZ
ROMA
Marsella
Av Chapultepec
Cuauhtémoc
Metrobús Cuauhtémoc
57
Dr Lavista
Génova
Amberes
Liverpool
Insurgentes
Metrobús Insurgentes
42
Flora
Puebla
Guaymas
Plaza Romita
Av Oaxaca
Av Insurgentes Sur
Pomona
Jalapa
Orizaba
Córdoba
Mérida
Frontera
Morelia
Dr Liceaga
Durango
65
67
73
Jardín Dr Chávez
Plaza Río de Janeiro
s. Karte Zona Rosa (S. 116)
Jardín Pushkin
Metrobús Jardín Pushkin
Dr Lucio
Metrobús Durango
3
35
56
Tabasco
15
Dr Velasco
63
49
Colima
7
2
40
50
1
Álvaro Obregón
48
13
58
Chihuahua
Parque Juan Rulfo
Guanajuato
Metrobús Álvaro Obregón
Boletotal
Zacatecas
Av Cuauhtémoc
Museo del Juguete Antiguo México (750 m)
Plaza Luis Cabrera
9
Tonalá
Monterrey
Querétaro
Dr Olvera
31
San Luis Potosí
Dr Balmis
Av Yucatán
26
51
Chiapas
Hospital General
San Luis Potosí
Chiapas
Tapachula
Coahuila
Mercado Medellín
21
25
Campeche
Jardín Ramón López Velarde
Aguascalientes
60
Tlaxcala
Centro Médico
Los Tolucos (1 km)
Centro Médico
Av Baja California
Monterrey
Tonalá
Viaducto Miguel Alemán
0
500 m
E
F
G
H
1
2
3
4
5
6
7

Roma & Condesa

Sehenswertes
1 Centro de Cultura Casa Lamm F3
2 MUCA Roma E3
3 Museo del Objeto del Objeto F2

Aktivitäten, Kurse & Touren
4 Ecobici C5
5 Escuela de Gastronomía Mexicana D5
6 Mexico Soul & Essence D5

Schlafen
7 Casa 180 .... F3
8 Casa Comtesse B7
9 Casa de la Condesa F3
10 Casa Stella C5
11 Hostal 333 .... D3
12 Hostel Home D3
13 Hotel Milán F3
14 Hotel Roosevelt D4
15 Hotel Stanza G3
16 La Casona C3
17 Red Tree House C6
18 Stayinn Barefoot Hostel A3
19 Villa Condesa B3

Essen
20 Café La Gloria B5
21 Ciénega E5
22 Con Sabor a Tixtla D5
23 Contramar D3
24 El Califa B7
25 El Hidalguense E5
26 El Parnita E4
27 El Tizoncito B5
28 Green Corner A4
La Capital .... (siehe 30)
29 La Rambla B7
30 Lampuga B6
31 Maximo Bistrot Local E4
32 Nevería Roxy A4
33 Orígenes Orgánicos D4
34 Pablo El Erizo B5
35 Panadería Rosetta F2
36 Rojo Bistrot C4
37 Tacos Don Juan B4
38 Taj Mahal A5
39 Taquería Hola C5
40 Yuban E3

Ausgehen & Nachtleben
41 Black Horse B6
42 Cantina Covadonga F1
43 Chiquitito B6
44 Condesa df C4
45 El Centenario B5
46 La Bodeguita del Medio C3
47 La Clandestina C4
48 Los Bisquets Obregón G3
49 Los Insurgentes E3
50 Maison Francaise de Thé Caravanserai F3
51 Mama Rumba E4
52 Pastelería Maque C5
53 Pata Negra C4
54 Salón Malafama B5
55 Tom's Leather Bar D5
56 Traspatio F2

Unterhaltung
57 Arena México H1
58 Cafebrería El Péndulo F3
59 Caradura C5
60 Cine Tonalá F6
61 El Bataclán D4
62 El Imperial Club D3
El Plaza Condesa .... (siehe 53)
63 El Under E3
64 Foro Shakespeare A3
65 Multiforo Alicia H2
66 Ruta 61 .... C7

Shoppen
67 Bazar de la Roma H2
68 Bazar del Oro D3
69 Centro Cultural Bella Época A6
70 El Hijo del Santo A6
71 La Naval D5
72 Under the Volcano Books D4
73 Vértigo G2

Bauwerk als nationale Militärakademie. Nach ihrer Ankunft 1864 ernannte das neue Kaiserpaar Maximilian und Charlotte das Castillo zu seinem Wohnsitz.

Danach residierten in der Burg die mexikanischen Präsidenten, bis Präsident Lázaro Cárdenas das Bauwerk 1939 zum **Museo Nacional de Historia** (Nationales Geschichtsmuseum; Karte S. 92; ☎55-40-40-5215; www.mnh.inah.gob.mx; Erw./Kind unter 13 Jahren 57 Mex$/frei, So frei; ⏲Di–So 9–17 Uhr) umfunktionierte.

Die Ausstellungsstücke dokumentieren die Zeitspanne von den Anfängen Nueva Españas bis zur mexikanischen Revolution. Einige der gezeigten Gegenstände besitzen einen enormen Symbolcharakter, so das Schwert, das José María Morelos bei der Belagerung von Cuautla schwang, oder der Banner mit der Jungfrau von Guadalupe, das Miguel Hidalgo bei seinem Unabhängigkeitsmarsch trug. Zudem können einige spektakuläre Wandgemälde zur mexikanischen Geschichte bestaunt werden, die führende Künstler schufen. Zu nennen ist etwa Juan O'Gormans *Retablo de la Independencia* (Wandbild der Unabhängigkeit).

Im östlichen Teil des Schlosses wohnten Maximilian und Charlotte. Er enthält prächtig ausgestattete Salons, die auf eine Terrasse mit einem tollen Blick auf die Stadt hinausführen. Im Obergeschoss liegen die Räumlichkeiten von Porfirio Díaz. Sie umgeben einen Hof mit einem Turm, der den höchsten Punkt des Chapultepec-Hügels markiert (45 m über den Straßen der Stadt).

Um zum Schloss zu gelangen, muss man der Straße folgen, die sich hinter dem Monumento a los Niños Héroes bergauf schlängelt. Alternativ kann man das einem Zug ähnliche Gefährt besteigen (hin & zurück 13 Mex$), das im 15-Minuten-Takt fährt, wenn das Schloss geöffnet ist.

Am Fuß des Hügels befindet sich auf der Südseite das außergewöhnliche **Tribuna Monumental de las Águilas**, das den Veteranen des Zweiten Weltkriegs gewidmet ist. Links vom Denkmal liegt das **Audiorama**, eine Gartenanlage mit bequemen Sitzbänken. Dort kann man Opern oder klassische Musikvorführungen genießen.

Museo de Arte Moderno — MUSEUM

(Museum für Moderne Kunst; Karte S. 92; ☎55-5211-8331; www.mam.org.mx; Ecke Paseo de la Reforma & Calz Gandhi; Eintritt 25 Mex$, So frei; ⌚Di–So 10.15–17.30 Uhr; P; M Chapultepec) Hier werden Arbeiten bedeutender mexikanischer Künstler des 20. Jhs. und der Gegenwart ausgestellt, darunter Gemälde von Dr. Atl, Rivera, Siqueiros, Orozco, Tamayo, O'Gorman sowie Frida Kahlos *Las dos Fridas,* das wohl berühmteste Bild der Künstlerin. Es gibt auch temporäre Ausstellungen.

Museo Tamayo — MUSEUM

(Karte S. 92; www.museotamayo.org; Paseo de la Reforma 51; Eintritt 19 Mex$, So frei; ⌚Di–So 10–18 Uhr; P; M Auditorio) Der mehrstöckige Komplex wurde erbaut, um die internationalen Werke moderner Kunst zu beherbergen, die der in Oaxaca geborenen Maler Rufino Tamayo dem Museum stiftete. Es werden die neuesten Kunstwerke aus aller Welt ausgestellt, die gemeinsam mit thematisch ausgewählten Werken aus der Tamayo-Sammlung präsentiert werden. Im Tamayo gibt's außerdem ein neues Restaurant in rustikalem Chic mit Blick über den Park, das sich perfekt für eine Frühstückspause eignet.

Zoológico de Chapultepec — ZOO

(Karte S. 92; www.chapultepec.df.gob.mx; Bosque de Chapultepec; ⌚Di–So 9–16.30 Uhr; 👪; M Auditorio) GRATIS Im Chapultepec-Zoo sind Vertreter der unterschiedlichsten Tierarten aus aller Welt zu Hause, die in großen Gehegen unter freiem Himmel leben. Der Zoo war der erste Ort außerhalb Chinas, in dem Pandabären in Gefangenschaft Nachwuchs auf die Welt brachten. Insgesamt leben zwei dieser seltenen Bären hier, Nachfahren des Pärchens, das die Volksrepublik dem Zoo 1975 geschenkt hatte. Ferner sind einige bedrohte endemische Arten vertreten, darunter der mexikanische Grauwolf und der haarlose *xoloitzcuintle*, die einzige Hunderasse, die seit der präkolumbischen Zeit bis heute überlebt hat.

Jardín Botánico — GÄRTEN

(Botanischer Garten; Karte S. 92; ☎55-5553-8114; Paseo de la Reforma s/n; ⌚Di–So 10–16 Uhr; M Chapultepec) GRATIS Das 4 ha große Gelände, auf dem die botanische Vielfalt Mexikos zu bewundern ist, ist in mehrere Abschnitte unterteilt, die die verschiedenen Klimazonen des Landes darstellen. Das Gewächshaus beherbergt Unmengen seltener Orchideen.

Monumento a Los Niños Héroes — DENKMAL

(Karte S. 92; Bosque de Chapultepec; M Chapultepec) Die sechs Marmorsäulen am Osteingang des Parks wurden im Gedenken an sechs jugendliche Helden aufgestellt, die als Kadetten in der Schlacht fielen. Am 13. September 1847 stürmten um die 8000 amerikanische Soldaten das Castillo de Chapultepec, in dem damals die Militärakademie untergebracht war. Der mexikanische General Santa Anna zog sich vor dem Angriff zurück und erlaubte den Kadetten, es ihm gleichzutun. Die jungen Männer im Alter von 13 bis 20 Jahren blieben jedoch zurück um, um das Schloss zu verteidigen. Der Legende zufolge hüllte sich einer von ihnen, Juan Escutia, in eine mexikanische Flagge und sprang in den Tod, statt sich zu ergeben.

Papalote Museo del Niño — MUSEUM

(Karte S. 92; ☎55-5237-1773; www.papalote.org.mx; Bosque de Chapultepec; Eintritt Museum 129 Mex$, Planetarium 99 Mex$, IMAX-Kino 99 Mex$; ⌚Di–Fr 9–18, Sa & So 10–19 Uhr; P 👪 M Constituyentes) Kinder lieben dieses innovative, interaktive Museum. Sie können hier ein Radioprogramm zusammenstellen, den verrückten Wissenschaftler in sich entdecken, an einer archäologischen Ausgrabung teilnehmen und alle möglichen technologischen Geräte und Spiele ausprobieren. Die Kleinen fahren auch voll auf das Planetarium und das IMAX-Kino ab.

La Feria — VERGNÜGUNGSPARK

(Karte S. 92; ☎55-5230-2121; www.feriachapultepec.com.mx; Bosque de Chapultepec; Eintritt für alle Attraktionen 190 Mex$; ⌚ Di–Fr 8–18, Sa & So 9.30–20 Uhr; P 🚸 M Constituyentes) Ein altmodischer Vergnügungspark mit einigen haarsträubenden Fahrgeschäften. Mit dem Platino-Pass hat man Zutritt zu allen Attraktionen - auch zu den tollen Achterbahnen.

Museo Jardín del Agua WANDGEMÄLDE

(Karte S. 92; Bosque de Chapultepec; Eintritt 22 Mex$; ⌚ Di–So 10–17 Uhr; M Constituyentes) Für die Einweihung des Cárcamo de Dolores, Chapultepecs in den 1940er-Jahren gebautem Wasserwerk, malte Diego Rivera eine Reihe von Wandgemälden, bei denen er mit wasserfester Farbe experimentierte. Er bemalte den Sammeltank, die Schleusentore sowie einen Teil der Rohrleitungen mit Bildern von Amphibien und der Arbeiter, die an dem Projekt beteiligt waren.

Vor dem Gebäude befindet sich ein weiteres außergewöhnliches Werk Riveras, das sofort ins Auge sticht. Die **Fuente de Tláloc** ist ein ovaler Pool, in dem eine von ihm geschaffene riesige Mosaikskulptur des aztekischen Gottes des Wasser, des Regens und der Fruchtbarkeit steht. Etwa 150 m weiter nördlich gelangt man zur wunderschönen, dem aztekischen „Blumenprinz" gewidmeten **Fuente de Xochipilli** mit Stufenbrunnen, die rund um eine Pyramide im für Teotihuacán typischen *talud-tablero*-Stil angeordnet sind.

Polanco

Das wohlhabende Viertel Polanco nördlich des Bosque de Chapultepec entwickelte sich in den 1940er-Jahren zu einem alternativen Wohnviertel für eine neue Mittelschicht, die darauf erpicht war, das überbevölkerte Centro zu verlassen. Die Metrostation Polanco liegt im Zentrum des Viertels, die Haltestelle Auditorio am Südrand.

Polanco ist als jüdische Enklave bekannt sowie für seine exklusiven Hotels, schicken Restaurants und Designerläden entlang der Avenida Presidente Masaryk. Einige der angesehensten Museen und Kunstgalerien liegen in diesem Viertel oder im nahegelegenen Bosque de Chapultepec.

Museo Jumex MUSEUM

(www.fundacionjumex.org; Blvd Miguel de Cervantes Saavedra 303, Colonia Ampliación Granada; Eintritt 50 Mex$, Fr frei; ⌚ Di–Sa 11–20, So bis 21 Uhr; P) Das Gebäude wurde vor kurzem eigens dafür errichtet, eine der führenden Sammlungen zeitgenössischer Kunst in Lateinamerika zu beherbergen. In Wechselausstellungen werden Werke aus der 2600 Arbeiten umfassenden Sammlung renommierter mexikanischer und internationaler Künstler wie Gabriel Orozco, Francis Alys und Andy Warhol gezeigt. „Ejército Defensa"-Busse fahren an der Metrostation Chapultepec ab. Die Haltestelle ist einen Block südlich vom Museum in der Ecke Avenida Ejército Nacional und Avenida Ferrocarril de Cuernavaca.

Die Außenstelle des Museums im Norden der Stadt in Ecatepec ist weiterhin geöffnet und legt seinen Schwerpunkt auf experimentellere Kunst. Vom Zentrum aus ist es nicht gerade ein Katzensprung, viele Kunstfreunde nehmen den langen Weg aber gern auf sich. Auf der Website gibt's eine Wegbeschreibung.

Museo Soumaya Plaza Carso MUSEUM

(www.museosoumaya.org; Blvd Miguel de Cervantes Saavedra 303, Colonia Ampliación Granada; ⌚ 10.30–18.30 Uhr) GRATIS Vielleicht sollte jemand dem mexikanischen Milliardär Carlos Slim mal sagen, dass größer nicht immer besser ist. Der sechsstöckige Koloss (mit 16 000 Sechsecken aus Aluminium versehen) ist nach seiner verstorbenen Frau benannt und beherbergt eine große Skulpturensammlung mit Werken des Franzosen Auguste Rodin und des katalanischen Surrealisten Salvador Dalí. Außerdem sind lohnenswerte Wandgemälde von Rivera und Siqueiros sowie Bilder französischer Impressionisten ausgestellt, es gibt aber auch sehr viel zweitklassige Kunst.

Um hinzukommen nimmt man den „Ejército Defensa"-Bus von der Metrostation Chapultepec bis zur Ecke Avenida Ejército Nacional und Avenida Ferrocarril de Cuernavaca. Von dort ist es zu Fuß noch einen Block nach Norden.

Galeria López Quiroga GALERIE

(Karte S. 92; www.lopezquiroga.com; Aristóteles 169; ⌚ Mo–Fr 10–19, Sa bis 14 Uhr; M Polanco) GRATIS Diese Galerie hat sich auf Skulpturen, Bilder und Fotografien zeitgenössischer lateinamerikanischer und mexikanischer Künstler wie Francisco Toledo, Rufino Tamayo und José Luis Cuevas spezialisiert.

Xochimilco & Umgebung

Ganz im Süden, fast an der Grenze des Distrito Federal, erinnert ein Netz aus Kanälen, die von Gartenanlagen gesäumt werden, an das präkolumbische Erbe der Stadt. Die nach wie vor genutzten „schwimmenden Gärten" sind Überbleibsel der *chinampas*, des fruchtbaren Landes, auf dem die indigene Bevölkerung ihre Nahrungsmittel anpflanzte. Eine Fahrt auf den Kanälen in einer der hübsch geschmückten *trajineras* (Gondeln) ist ein gleichermaßen entspannendes wie festliches Erlebnis. An den Wochenenden herrscht in der Gegend Partystimmung, wenn sich die Wasserwege mit Booten füllen, die mit Familien und Freundesgruppen beladen sind. Dann treiben sich Straßenverkäufer und Musiker aus der Gegend zwischen den Feierwütigen herum und versorgen sie mit Essen und Getränken. Unter der Woche ist die Stimmung viel entspannter.

Die Kanäle sind zweifellos die Hauptattraktion Xochimilcos, doch auch das Viertel selbst ist sehenswert. Östlich des **Jardín Juárez** (die Hauptplaza im Zentrum von Xochimilco) steht die aus dem 16. Jh. stammende **Parroquia de San Bernardino de Siena** mit ihren fein gearbeiteten und vergoldeten *retablos* (Altarbilder) und dem von Bäumen gesäumten Atrium. Südlich der Plaza nimmt der belebte **Mercado de Xochimilco** zwei weitläufige Gebäude ein. In dem Gebäude, das näher beim Jardín Juárez liegt, gibt's frische Lebensmittel und einen „Anbau", in dem man z. B. *tamales* oder anderes vor Ort erstandenes Essen verzehren kann. Im anderen Gebäude werden Blumen, *chapulines* (Grashüpfer), Süßigkeiten und hervorragendes *barbacoa* (pikantes Hammelfleisch vom Grill) verkauft.

Xochimilco hat auch mehrere *pulquerías* (*pulque*-Bars), in denen auch Besucher willkommen sind. Außerdem gibt's etwa 2 km östlich vom Jardín Juárez eines der besten Kunstmuseen der Stadt.

Xochimilco kann am besten mit der Metrolinie 2 erreicht werden. In Tasqueña folgt man noch innerhalb der Metrostation den Transferschildern zum *tren ligero,* einer Stadtbahn, die die Vororte bedient, die nicht an die Metro angeschlossen sind. Xochimilco ist die Endhaltestelle. Beim Verlassen des Bahnhofs führt die Avenida Morelos nach Norden (nach links) zum Markt, zum Jardín Juárez und zur Kirche. Wer keine Lust hat, zu Fuß zu gehen, kann sich für 30 Mex$ von einem Fahrradtaxi zu den *embarcaderos* (Bootsanleger) kutschieren lassen.

Kanäle HISTORISCHE STÄTTE

(Xochimilco; Boot 350 Mex$/Std., Bootstaxi einfache Strecke 20 Mex$/Pers.; P ; Xochimilco) Hunderte farbenfroher *trajineras* warten an den zehn *embarcaderos* des Ortes auf Passagiere. Dem Zentrum am nächsten liegen Belem, Salitre und San Cristóbal (400 m östlich der Plaza) und Fernando Celada (400 m westlich der Plaza) an der Avenida Guadalupe Ramírez. Samstags und sonntags verkehren *lanchas colectivas* (Taxiboote) für bis zu 60 Personen zwischen den *embarcaderos* Salitre und Nativitas.

In den normalen Booten finden 14 bis 20 Personen Platz, was eine Bootstour für große Gruppen recht günstig macht. Am Einstieg in die *trajineras* bieten Straßenverkäufer an den *embarcaderos* noch Bier, Softdrinks und Snacks an. Das Picknick an Bord ist also gesichert.

Xochimilco – Náhuatl für „der Platz, an dem Blumen wachsen" – war schon früh ein Ziel für die aztekische Dominanz, wahrscheinlich wegen des glücklichen Händchens der Bewohner für Landwirtschaft. Die Xochimilcas häuften in den seichten Gewässern des Xochimilco-Sees, einem südlichen Arm des Lago de Texcoco, Pflanzen und Schlamm an und erschufen so fruchtbare Gärten. Diese *chinampas* sollten sich später zur wirtschaftlichen Grundlage des Aztekenreichs entwickeln. Die Ausdehnung der *chinampas* formte große Teile des Sees zu einem Netz aus Kanälen um. Etwa 180 km dieser Wasserwege sind heute noch vorhanden. Die *chinampas* werden immer noch kultiviert, meist mit Gartenpflanzen und Blumen, z. B. Weihnachtssterne und Ringelblumen. Die UNESCO würdigte die kulturelle und historische Bedeutung Xochimilcos, indem sie das Gebiet 1987 zum Weltkulturerbe ernannte.

Museo Dolores Olmedo MUSEUM

(55-5555-1221; www.museodoloresolmedo.org.mx; Av México 5843; Eintritt 65 Mex$, Di frei; Di–So 10–18 Uhr; ; La Noria) Das Museum zeigt die wahrscheinlich bedeutendste Sammlung mit Werken Diego Riveras. Es befindet sich in einer friedlichen Hacienda aus dem 17. Jh. Dolores Olmedo, eine Dame der feinen Gesellschaft und Gönnerin Riveras, lebte hier bis zu ihrem Tode 2002. Neben 144 Arbeiten des berühmten Künstlers – u. a. Ölgemälde, Aquarelle und Lithographien aus verschiedenen Schaffensperioden – sind präkolumbische Figurinen und volkstümliche Kunst ausgestellt.

Ein extra Raum zeigt Bilder von Frida Kahlo. Auf dem weitläufigen Gelände wird man zudem zahlreiche Pfauen sowie *xoloitzcuintles* herumstreifen sehen, eine Nackthunderasse aus präkolumbischer Zeit.

Bosque de Chapultepec & Polanco

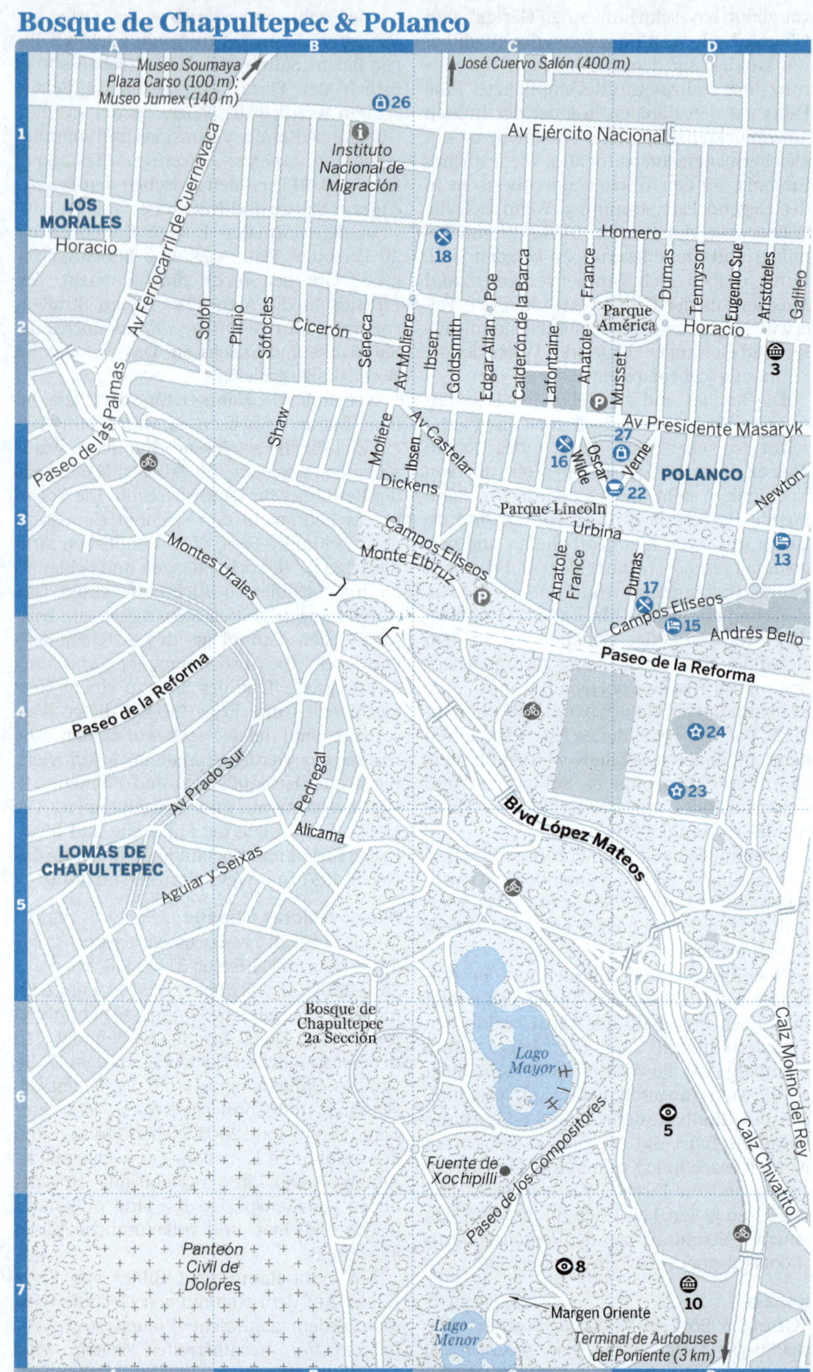

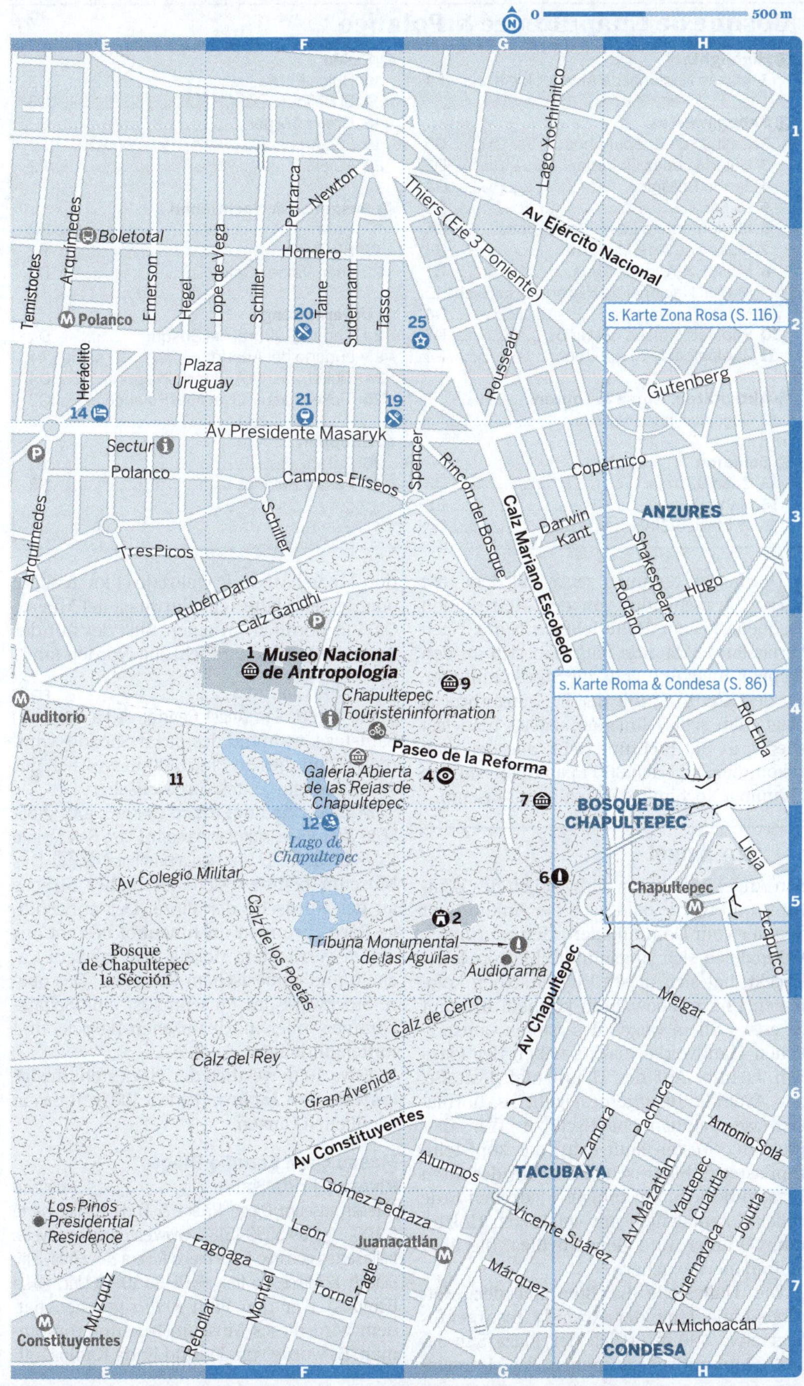

0
500 m
Av Ejército Nacional
Thiers (Eje 3 Poniente)
Lago Xochimilco
Newton
Homero
Petrarca
Boletotal
Arquímedes
Temistocles
Emerson
Hegel
Lope de Vega
Schiller
Taine
Sudermann
Tasso
Polanco
20
25
s. Karte Zona Rosa (S. 116)
Heráclito
Plaza Uruguay
14
21
19
Rousseau
Gutenberg
Av Presidente Masaryk
Sectur
Polanco
Campos Elíseos
Spencer
Rincón del Bosque
Copérnico
ANZURES
Calz Mariano Escobedo
Darwin
Kant
Shakespeare
Rodano
Hugo
Arquímedes
Tres Picos
Schiller
Rubén Darío
Calz Gandhi
1 Museo Nacional de Antropología
9
s. Karte Roma & Condesa (S. 86)
Chapultepec Touristeninformation
Auditorio
Río Elba
Paseo de la Reforma
11
Galería Abierta de las Rejas de Chapultepec
4
7
BOSQUE DE CHAPULTEPEC
12
Lago de Chapultepec
Lieja
Av Colegio Militar
6
Chapultepec
Acapulco
2
Calz de los Poetas
Tribuna Monumental de las Águilas
Bosque de Chapultepec 1a Sección
Audiorama
Av Chapultepec
Melgar
Calz de Cerro
Calz del Rey
Gran Avenida
Pachuca
Zamora
Antonio Solá
Av Constituyentes
Alumnos
TACUBAYA
Av Mazatlán
Yautepec
Cuautla
Jojutla
Gómez Pedraza
Los Pinos Presidential Residence
León
Vicente Suárez
Juanacatlán
Fagoaga
Cuernavaca
Tornel
Tagle
Márquez
Múzquiz
Montiel
Rebollar
Constituyentes
Av Michoacán
CONDESA

Bosque de Chapultepec & Polanco

Um her zu kommen geht's mit dem *tren ligero* (Straßenbahn) von der Metrostation Tasqueña bis zur Haltestelle La Noria. Nach Verlassen der Station hält man sich an den Treppen links und geht zur Straße hinunter. An der Kreuzung mit der Fußgängerbrücke biegt man scharf links ab, sodass man fast wieder in die Richtung geht, aus der man gekommen ist. Nach 300 m auf dem Antiguo Camino a Xochimilco ist man am Museum.

San Ángel

San Ángel liegt 12 km südwestlich des Zentrums und wurde bald nach der Ankunft der Spanier vom Dominikanerorden gegründet. Wenngleich sich ringsum die Metropole erstreckt, hat sich dieses Viertel seinen kolonialen Charme bewahren können. Bekannt ist es vor allem wegen des großen samstäglichen Handwerkermarkts neben der Plaza San Jacinto. Auf der Hauptzufahrtsstraße, der Avenida Insurgentes, geht es normalerweise ziemlich chaotisch zu. Wer aber Richtung Westen läuft, wird das kopfsteingepflasterte, historische Zentrum des alten Orts entdecken: ein ruhiges Fleckchen Erde voller Kolonialvillen mit wuchtigen Holztoren, Geranien und Bougainvillea, die über Steinmauern wuchern.

Die Haltestelle La Bombilla der Metrobús-Linie 1 an der Avenida Insurgentes liegt etwa 500 m östlich der Plaza San Jacinto. Alternativ steigt man an der Metrostation Miguel Ángel de Quevedo (1 km östlich) oder an der Haltestelle Barranca del Muerto (1,5 km nördlich) in einen Bus, der auf der Avenida Revolución Richtung Norden fährt.

Plaza San Jacinto — PLATZ

(Karte S. 100; San Ángel Centro; La Bombilla) Samstags, während des Bazar Sábado, wimmelt es auf diesem Platz 500 m westlich der Avenida Insurgentes von Menschen.

Museo Casa del Risco (Karte S. 100; 55-5616-2711; www.isidrofabela.com; Plaza San Jacinto 15; Di–So 10–17 Uhr; La Bombilla) GRATIS Das Museum befindet sich auf halber Strecke an der Nordseite der Plaza. Der aufwendige Springbrunnen im Innenhof besteht aus einem verrückten Mosaik aus Talavera-Kacheln und chinesischem Porzellan. Das obere Stockwerk des Museums ist eine Schatzkammer voller mexikanischen Barocks und mittelalterlicher Gemälde.

Etwa 50 m westlich der Plaza steht die **Iglesia de San Jacinto** (Karte S. 100) mit ihrem friedlichen Garten.

Museo Casa Estudio Diego Rivera y Frida Kahlo — MUSEUM

(Ateliermuseum Diego Rivera & Frida Kahlo; Karte S. 100; 55-5550-1518; www.estudiodiegorivera.bellasartes.gob.mx; Ecke Diego Rivera & Av Altavista; Eintritt 12 Mex$, So frei; Di–So 10–18 Uhr; La Bombilla) Wer den Film *Frida* gesehen hat, dem wird dieses Museum bekannt vorkommen. Es wurde vom Freund Frida Kahlos und

Diego Riveras, dem Architekten und Maler Juan O'Gorman entworfen. Hier lebte das Künstlerpaar von 1934 bis 1940, wobei alle drei, auch O'Gorman, ihr eigenes Haus hatten. In Riveras Domizil kann das Atelier oben besichtigt werden, in Fridas Blauem Haus finden Wechselausstellungen mit Exponaten aus dem Archiv statt. O'Gormans Haus ist leer und beherbergt Wechselausstellungen.

Auf der anderen Straßenseite befindet sich das San Ángel Inn. Die ehemalige *pulque*-Hacienda, heute ein edles Restaurant, ist ein Ort von historischer Bedeutung: Hier einigten sich Pancho Villa und Emiliano Zapata 1914 darauf, die Kontrolle über das Land unter sich aufzuteilen.

Von der Metrobús-Haltestelle La Bombilla sind es 2 km (zu Fuß oder mit dem Taxi).

Museo de El Carmen MUSEUM

(Karte S. 100; www.museodeelcarmen.org; Av Revolución 4; Eintritt Erw./Kind unter 13 Jahren 46 Mex$/frei, So kostenlos; Di–So 10–17 Uhr; La Bombilla) Eine Fundgrube für religiöse Kunst in einer früheren Schule des Karmeliterordens. Die Sammlung umfasst Ölgemälde des Mexikaners Cristóbal Villalpando. Das Highlight sind allerdings die Mumien in der Krypta. Sie wurden während der Revolution von Zapatisten freigelegt, die eigentlich auf der Suche nach vergrabenen Wertgegenständen waren. Man geht davon aus, dass es sich um die sterblichen Überreste von Gönnern des Ordens aus dem 17. Jh. handelt.

Museo de Arte Carrillo Gil MUSEUM

(Karte S. 100; 55-5550-6289 www.museodeartecarrillogil.com; Av Revolución 1608; Eintritt 19 Mex$, So frei; Di–So 10–18 Uhr; Altavista) Der Geschäftsmann Álvaro Carrillo Gil aus Yucatán gründete das Museum, das eines der ersten in Mexiko City für zeitgenössische Kunst war. Die große Sammlung an Exponaten hat er über viele Jahre hinweg selbst zusammengetragen. Lange Rampen führen zu den brandaktuellen Wechselausstellungen und ein paar weniger bekannten Werken von Diego Rivera, José Clemente Orozco und David Alfaro Siqueiros.

Jardín de la Bombilla PARK

(Karte S. 100; zwischen Av de la Paz & Josefina Prior; La Bombilla) In dem tropisch üppigen Garten östlich der Avenida Insurgentes führen Wege rund um das **Monumento a Álvaro Obregón**, einen riesigen Schrein zu Ehren des postrevolutionären mexikanischen Präsidenten. Hier sollte ein Arm des Generals begraben werden, den er 1915 in der Schlacht von Celaya verloren hatte, doch wurde dieser dann 1989 eingeäschert. „La Bombilla" war der Name des Restaurants, in dem Obregón 1928 ermordet wurde. Der Attentäter, José de León Toral, war Anhänger der Cristero-Rebellion gegen die kirchenfeindliche Politik der Regierung.

Im Juli ist der Park der wichtigste Schauplatz der **Feria de las Flores**, einer riesigen Blumenshow. Dann verwandelt er sich in ein herrliches Farbenmeer.

Ciudad Universitaria

2 km südlich von San Ángel liegt die **Ciudad Universitaria** (Universitätsstadt; www.unam.mx; Centro Cultural Universitario), der Hauptcampus der Universidad Nacional Autónoma de México (UNAM). Mit 330 000 Studenten und 38 000 Lehrkräften ist sie die größte Universität Lateinamerikas. Zu den Alumni gehören fünf Ex-Präsidenten und auch Carlos Slim Helú, den das Forbes Magazine 2013 als zweitreichsten Mann der Welt aufführte.

Die UNAM, 1551 als Königliche und Päpstliche Unversität Mexikos gegründet, ist die zweitälteste Universität auf amerikanischem Boden. Sie hat ihren Standort einige Male gewechselt, bis der Campus in den 1950er-Jahren an den heutigen Ort verlegt wurde. Zwar handelt es sich um eine öffentliche Universität, doch sie ist „autonom" – die Regierung darf sich folglich nicht in die Universitätspolitik einmischen. Die UNAM ist das führende Forschungsinstitut des Landes und seit jeher ein Zentrum politischen Dissens.

Der Gebäudekomplex ist ein architektonisches Meisterwerk, das die UNESCO 2007 zum Weltkulturerbe erklärte. Ein Großteil der Fakultäten befindet sich im nördlichen Teil. Schon vom Eingang an der Avenida Insurgentes aus erkennt man die **Biblioteca Central** (Zentralbibliothek). Das zehnstöckige Bauwerk zieren Mosaiken von Juan O'Gorman. Auf der Südwand sind zwei auffällige Zodiak-Kreise und Darstellungen zu sehen, die die Zeit der Kolonialherrschaft behandeln, die Nordwand ist der Kultur der Azteken gewidmet. **La Rectoría**, das Verwaltungsgebäude am westlichen Ende der ausgedehnten zentralen Rasenfläche, wartet an der Südwand mit einem lebendigen, dreidimensionalen Siqueiros-Mosaik auf. Es zeigt Studenten, die vom Volk angespornt werden.

Auf der anderen Seite der Avenida Insurgentes erhebt sich das **Estadio Olímpico**, das 1968 anlässlich der Olympischen Spiele aus Vulkangestein erbaut wurde. Es bietet über 72 000 Zuschauern Platz und ist Heimstätte der Pumas, des Fußballclubs der UNAM, der in der ersten Liga (Primera División) auf Torejagd geht. Über dem Haupteingang ist ein Wandgemälde von Diego Rivera zu sehen – Thema: der Sport in der mexikanischen Geschichte.

Östlich der Hauptesplanade der Universität steht die **Facultad de Medicina** (medizinische Fakultät) mit einem interessanten Mosaikwandbild von Francisco Eppens. Es behandelt das Thema der *mestizaje* in Mexiko (die Vermischung indigener und europäischer Rassen).

Ca. 2 km weiter südlich befindet sich in einem anderen Bereich des Campus das **Centro Cultural Universitario**, ein Kulturzentrum mit fünf Theatern, zwei Kinos, dem netten Restaurant Azul y Oro und zwei großartigen Museen. Um zur Ciudad Universitaria zu gelangen, nimmt man den Metrobús (Línea 1) bis zur Haltestelle Centro Cultural Universitario (CCU). Alternativ fährt man mit der Metro bis zur Haltestelle Universidad und steigt dann in den „Pumabús“, einen kostenlosen Shuttlebus auf dem Campus. An Wochenenden und Feiertagen fährt der Pumabús nur eingeschränkt.

Museo Universitario Arte Contemporáneo MUSEUM

(MUAC; ☎55-5622-6972; www.muac.unam.mx; Av Insurgentes Sur 3000, Centro Cultural Universitario; Eintritt Do–Sa 40 Mex$, Mi & So 20 Mex$; ⏲Mi, Fr & So 10–18, Do & Sa bis 20 Uhr; P; 🚌Centro Cultural Universitario) Die schräge Glasfassade im minimalistischen Design dieses Museums für zeitgenössische Kunst, gestaltet vom altehrwürdigen Architekten Teodoro González de León, steht in starkem Kontrast zu den umliegenden Gebäuden aus den 1970er-Jahren. Im Innern finden in neun weitläufigen Hallen mit beeindruckenden Lichtelementen und hohen Decken innovative zeitgenössische Wechselausstellungen statt. Unter den modernen Werken sind Bilder, Audio-Installationen, Skulpturen sowie Multimediakunst aus Mexiko und dem Ausland.

Museo Universitario de Ciencias MUSEUM

(Universum; ☎55-5424-0694; www.universum.unam.mx; Circuito Cultural de Ciudad Universitaria s/n; Erw./Kind 69/59 Mex$; ⏲Mo–Fr 9–17, Sa & So 10–17 Uhr; 🚌Centro Cultural Universitario) Ein riesiges Wissenschaftsmuseum mit tollen Aktivitäten für Kinder, etwa einem Planetarium und einer Dauerausstellung zur Biodiversität, dem menschlichen Gehirn und vielem mehr. Ganz in der Nähe liegt der Skulpturengarten der Universität mit einem kleinen Weg, der durch Vulkanfelder an etwa einem Dutzend innovativer Kunstwerke vorbeiführt. Besonders beeindruckend ist der riesige Kreis aus Betonblöcken des Bildhauers Mathias Goeritz.

Coyoacán

Coyoacán (Náhuatl für „Platz der Kojoten“), 10 km südlich des Zentrums, diente Hernán Cortés nach dem Untergang von Tenochtitlán als Basis. Das Dorf wurde erst in den vergangenen Jahrzehnten langsam von der sich immer weiter ausdehnenden Großstadt „geschluckt“. Dennoch ist Coyoacán ein unverändert friedlicher Ort mit schmalen Straßen aus der Kolonialzeit, Cafés und einer lebendigen Atmosphäre. Früher lebten hier Leon Trotzki und Frida Kahlo (ihre Wohnhäuser wurden zu faszinierenden Museen umfunktioniert). Da erscheint es nur zu passend, dass die Atmosphäre auch heute noch im Zeichen der Gegenkultur steht – ein Umstand, der sich vor allem an den Wochenenden bemerkbar macht. Dann versammeln sich Musiker und Kleinkünstler auf den Plätzen im Zentrum und große, aber relaxte Menschenmassen besuchen die dortigen Handwerkermärkte.

Die nächstgelegenen Metrostationen – sie sind jeweils 1,5 bis 2 km vom Zentrum Coyoacáns entfernt – sind Viveros, Coyoacán und General Anaya. Wer sich den Fußmarsch ersparen möchte, steigt an der Haltestelle Viveros aus, geht nach Süden zur Avenida Progreso und nimmt dort einen „Metro Gral Anaya“-*pesero* Richtung Osten bis zum Markt (*peseros* sind die *colectivos* von Mexico City). Vom Markt kommend, muss man auf der Malintzin nach einem *pesero* Richtung „Metro Viveros“ Ausschau halten, die gen Westen fahren. *Peseros* mit der Zielangabe „Metro Coyoacán“ und „Metro Gral Anaya“ findet man auf der Westseite der Plaza Hidalgo.

Wer auf dem Weg nach San Ángel ist, kann einen der *peseros* und Busse nehmen, die auf der Avenida Miguel Ángel de Quevedo, fünf Blocks südlich der Plaza Hidalgo, Richtung Westen fahren.

★ **Museo Frida Kahlo** MUSEUM

(Karte S. 120; ☎55-5554-5999; www.museofridakahlo.org.mx; Londres 247; Eintritt 80 Mex$; ⏲Di & Do–So 10–17.45 Uhr, Mi 11–17.45 Uhr; M Coyoacán)

FRIDA & DIEGO

Ein Jahrhundert nach der Geburt von Frida Kahlo und mehr als 50 Jahre nach dem Tod Diego Riveras sind der Ruhm und die Anerkennung dieses Paares größer denn je. Im Jahr 2007 zog eine Retrospektive mit den Werken Kahlos im Palacio de Bellas Artes mehr als 440 000 Besucher an. Wenngleich die Aufmerksamkeit bei der darauffolgenden Rivera-Ausstellung ein klein wenig abebbte, erinnerte diese Veranstaltung die Besucher doch daran, dass der erfolgreiche Wandmaler zu seinen Lebzeiten ein internationaler Star war. Die beiden Künstler sind in Gedenken untrennbar miteinander verbunden, nicht zuletzt, da jeder von ihnen häufig ein Motiv in den Arbeiten des anderen war.

Diego Rivera begegnete der 21 Jahre jüngeren Frida Kahlo erstmals, als er an der Escuela Nacional Preparatoria malte, wo Frida Anfang der 1920er-Jahre studierte. Rivera stand damals schon in der vordersten Reihe der mexikanischen Künstler. Sein Auftrag an der Schule war das erste der vielen halbpropagandistischen Wandgemälde in öffentlichen Gebäuden, die er im Lauf von mehr als drei Jahrzehnten anfertigte. Er hatte bereits mit zwei russischen Frauen in Europa Kinder. 1922 heiratete er „Lupe" Marín in Mexiko, von der er zwei weitere Kinder bekam, bevor die Ehe 1928 zerbrach.

Frida Kahlo wurde 1907 in Coyoacán als Tochter eines ungarisch-jüdischen Vaters und einer Mutter aus Oaxaca geboren. Im Alter von sechs Jahren erkrankte sie an Polio, weshalb ihr rechtes Bein ihr Leben lang dünner blieb als das linke. 1925 wurde sie bei einem Busunfall schwer verletzt: Sie brach sich das rechte Bein, das Schlüsselbein, das Becken und mehrere Rippen. Wundersamerweise erholte sie sich wieder, wurde aber später noch oft von Schmerzen geplagt. Während ihrer Rekonvaleszenz begann sie zu malen. Der Schmerz – sowohl der physische als auch der emotionale – sollte das dominierende Thema ihrer Kunst werden.

Kahlo und Rivera verkehrten beide in linksgerichteten Künstlerkreisen. 1928 trafen sie sich wieder und heirateten im folgenden Jahr. Die Liaison wurde als „Beziehung zwischen Elefant und Taube" beschrieben und war immer eine Art leidenschaftliche Hassliebe. Rivera schrieb: „Wann immer ich eine Frau liebte, wollte ich sie mehr verletzen, je mehr ich sie liebte. Frida war nur das offensichtlichste Opfer dieses scheußlichen Charakterzugs."

Nach einem kurzen Aufenthalt in den USA zog das Paar 1934 in sein neues Domizil in San Ángel, das heutige Museo Casa Estudio Diego Rivera y Frida Kahlo. Ihre beiden getrennten Häuser waren durch eine Fußgängerbrücke miteinander verbunden. Nachdem Kahlo entdeckt hatte, dass Rivera eine Affäre mit ihrer Schwester Cristina hatte, ließ sie sich 1939 von ihm scheiden – nur um ihn im folgenden Jahr erneut zu heiraten. Sie zog zurück in ihr Elternhaus, die Casa Azul (Blaues Haus) in Coyoacán, er blieb in San Ángel – und diesen Status behielten sie für den Rest ihres Lebens bei. Ihre Beziehung hatte fortan Bestand.

Auch wenn die erfolgreiche Filmbiografie *Frida* von 2002 eine weltweite „Fridamania" auslöste, wurde Kahlo zu ihren Lebzeiten in Mexiko nur eine einzige Ausstellung gewidmet, und zwar 1953. Auf einer Krankenliege wurde sie zur Eröffnung getragen. Rivera sagte über die Ausstellung: „Jeder, der sie gesehen hat, muss ihr großes Talent bewundern". Kahlo starb im folgenden Jahr in der Casa Azul. Kahlos Todestag war für Rivera „der schrecklichste Tag meines Lebens ... Zu spät habe ich erkannt, dass das Schönste in meinem Leben die Liebe zu Frida gewesen ist."

Die berühmte mexikanische Künstlerin Frida Kahlo wurde im Casa Azul (Blauen Haus) geboren, in dem sie auch lebte und starb. Heute ist es ein Museum. Beinahe jeder Besucher Mexico Citys pilgert hierher, um die Malerin besser verstehen zu lernen (und vielleicht um eine Frida-Handtasche zu ergattern). Um den Menschenmengen zu entgehen, sollte man früh kommen, vor allem am Wochenende.

Fridas Vater Guillermo erbaute das Haus drei Jahre vor ihrer Geburt. Es ist vollgestopft mit Erinnerungsstücken und persönlichen Gegenständen, die lebendig ihre lange und oft stürmische Beziehung zu ihrem Ehemann Diego Rivera und der linksgerichteten, intellektuellen Gesellschaft illustrieren, die oft zu Gast war. Küchengeräte, Schmuck, Kleider, Fotos und andere Dinge aus dem Alltag der Künstlerin werden kombiniert mit Kunst, etlichen präkolumbischen Exponaten und mexikanischem Kunsthandwerk. Nachdem man 2007 in einer Dachkammer ein Versteck mit bislang unentdeckten Dingen gefunden hatte, konnte die Sammlung erheblich erweitert werden.

Kahlos Kunst stellt neben ihren Existenzängsten auch ihre Flirts mit sozialistischen Ikonen dar: Porträts von Lenin und Mao hängen rund um ihr Bett. Das *Retrato de la Familia* (Familienporträt) thematisiert phantasievoll die ungarisch-oaxacanischen Wurzeln Kahlos.

Plaza Hidalgo & Jardín Centenario PLATZ

Vor allem am Wochenende ist die Hauptplaza der zentrale Treffpunkt in Coyoacán. Bei dieser handelt es sich genau genommen um zwei aneinandergrenzende Plazas: den **Jardín Centenario** – im Springbrunnen tummeln sich die für das Viertel typischen Kojoten – und die größere, kopfsteingepflasterte **Plaza Hidalgo**, auf der eine Statue des gleichnamigen Unabhängigkeitshelden steht.

In der **Casa de Cortés** (Karte S. 120; ☎ 55-5484-4500; Jardín Hidalgo 1; ⏲ 9–19 Uhr; Ⓜ Coyoacán), an der Nordseite der Plaza Hidalgo richtete der spanische Konquistador Cortés während der Belagerung von Tenochtitlán Mexikos ersten Gemeindesitz ein. Später ließ er den besiegten Cuauhtémoc foltern, um ihn zur Preisgabe des Verstecks der aztekischen Schätze zu zwingen (die Szene ist auf einem Wandgemälde in der Kapelle dargestellt). Entgegen der landläufigen Meinung hat Cortés jedoch nie hier gewohnt. Heute dient das Gebäude Coyoacáns Delegation als Sitz.

Die **Parroquia de San Juan Bautista** (Karte S. 120; Plaza Hidalgo) und das ehemalige Kloster nebenan dominieren die Südseite der Plaza Hidalgo. Die Franziskaner ließen die Kirche mit nur einem Schiff und einem prächtig geschmückten Innenraum 1592 errichten. Die gewölbte Decke wurde vollständig ausgemalt. Man sollte sich auch unbedingt den Kreuzgang ansehen, der mit toskanischen Säulen und geschnitzten Relieftafeln an der Decke aufwartet.

Einen halben Block östlich steht das **Museo Nacional de Culturas Populares** (Karte S. 120; ☎ 55-4155-0920; www.culturaspopularese indigenas.gob.mx; Av Hidalgo 289; Eintritt 12 Mex$, So frei; ⏲ Di–Do 10–18 Uhr, Fr–So bis 20 Uhr; Ⓜ Coyoacán). In dessen diversen Höfen und Galerien finden innovative Ausstellungen zu volkstümlichen Traditionen und indigenem Kunsthandwerk sowie indigene Feste statt.

★ **Museo Casa de León Trotsky** MUSEUM

(Karte S. 120; ☎ 55-5658-8732; www.museocasa deleontrotsky.blogspot.com; Av Río Churubusco 410; Eintritt 40 Mex$; ⏲ Di–So 10–17 Uhr; Ⓜ Coyoacán) Trotzkys Wohnhaus, heute ein Museum, hat sich seit jenem Tag, an dem ein Agent Stalins (der Katalane Ramón Mercader) den Revolutionär angriff und ihm einen Eispickel in den Schädel rammte, kaum verändert. In den Gebäuden rund um den Innenhof sind Erinnerungsstücke und biografische Notizen zu sehen; das Grab mit Hammer und Sichel enthält Trotzkis Asche.

Nachdem Trotzki beim Machtkampf um die Sowjetunion Stalin gegenüber den Kürzeren gezogen hatte, wurde er 1929 verbannt und in Abwesenheit zum Tode verurteilt. Im Jahr 1937 fand er Zuflucht in Mexiko. Zunächst wohnten Trotzky und seine Frau Natalia in Frida Kahlos Blauem Haus, nach einem Streit mit Kahlo und Rivera zogen sie aber ein paar Straßen weiter nach Nordosten.

Im Schlafzimmer sind immer noch Einschusslöcher zu sehen, die von einem gescheiterten Mordversuch zeugen.

Der Eingang liegt an der Av Río Churubusco an der hinteren Seite der früheren Residenz.

Anahuacalli MUSEUM

(Diego Rivera Anahuacalli Museum; ☎ 55-5617-4310; www.museoanahuacalli.org.mx; Calle Museo 150; Eintritt Erw./Kind unter 16 Jahre 35/15 Mex$; ⏲ Mi–So 11–17 Uhr; Ⓟ; 🚊 Xotepingo) Das Museum, eine tempelähnliche Konstruktion aus Vulkanstein, wurde von Diego Rivera als Aufbewahrungsort für seine Sammlung präkolumbischer Kunst entworfen. Darüber hinaus befinden sich in dem „Haus von Anáhuac" (aztekischer Name für das Valle de México) eines seiner Ateliers und ein paar Kunstwerke, u. a. eine Studie zu *Der Mensch am Scheideweg*, jenem Wandgemälde, das 1934 vom Rockefeller Center in Auftrag gegeben wurde.

Im November werden anlässlich des Día de los Muertos aufwendige Opfergaben zu Ehren des Malers bereitet. Von April bis Anfang Dezember finden sonntags um 13 Uhr kostenlose Konzerte – von Klassik bis zu regionaler Volksmusik – statt.

Anahuacalli liegt 3,5 km südlich von Coyoacán. Der Eintritt ins Frida Kahlo Museum und Anahuacalli kostet inklusive Transport von der Casa Azul und wieder zurück 100 Mex$.

Alternativ nimmt man an der Metrostation Tasqueña den *tren ligero* (Straßenbahn) bis zur Haltestelle Xotepingo. Dort verlässt man die Station über den Westausgang, geht 200 m bis zur División del Norte, überquert diese und folgt der Calle Museo weitere 600 m.

Ex-Convento de Churubusco HISTORISCHES GEBÄUDE
(☎ 55-5604-0699; 20 de Agosto s/n, Colonia San Diego Churubusco; Ⓜ General Anaya) Am 20. August 1847 war dieses ehemalige Kloster Schauplatz einer historischen militärischen Niederlage. Die mexikanische Armee verteidigte Churubusco gegen die US-Truppen, die aufgrund eines Streits über die US-Annexion von Texas von Veracruz aus vorrückten. Die Invasion der Amerikaner ist nur ein Beispiel aus einer langen Reihe ausländischer Einmischungen in Mexiko. Dies wird vom **Museo Nacional de las Intervenciones** (Nationales Interventionsmuseum; ☎ 55-5604-0699; www.museodelasintervenciones.com; 20 de Agosto s/n; Eintritt 46 Mex$, So frei; ⏲ Di–So 9–18 Uhr; Ⓜ General Anaya) in Churubusco eindrücklich veranschaulicht.

Die Mexikaner bekämpften die US-Truppen bis zur letzten Patrone und wurden erst im anschließenden Nahkampf geschlagen. Das Museum zeigt u.a. eine amerikanische Landkarte, auf der die Operationen von 1847 eingetragen sind, sowie Einzelheiten zum Komplott des US-Botschafter Henry Lane Wilson, der 1913 die Madero-Regierung stürzen wollte. Die Erklärungen sind auf Spanisch.

Rund um einen kleinen Kreuzgang sind die herrlich renovierten Ausstellungsräume mit zahlreichen Originalfresken angeordnet. Im Kreuzgang sieht man noch die nummerierten Stationen, die die Mönche beim Meditieren anleiteten. Nach dem Verlassen des Museums lohnt ein Spaziergang durch den alten Obstgarten des Klosters, der in eine schöne Gartenanlage umgewandelt wurde.

Das ehemalige Kloster aus dem 17. Jh. steht auf einem friedlichen, bewaldeten Gelände, 1,5 km östlich der Plaza Hidalgo. Churubusco erreicht man von Coyoacán aus am besten mit einem „Metro General Anaya"-Bus in Richtung Osten. Die Starthaltestelle liegt auf der Carrillo Puerto an der Plaza Hidalgo. Oder man geht von der Metrostation General Anaya einfach 500 m nach Westen.

Viveros de Coyoacán PARK
(Karte S. 120; ☎ 55-5484-3524; www.viveroscoyoacan.gob.mx; Av Progreso 1; ⏲ 6–18 Uhr; Ⓜ Viveros) Eine nette Einstimmung auf die zentralen Plazas von Coyoacán bieten die Viveros de Coyoacán. Hier werden die meisten Pflanzen für die Parks und Gärten Mexico Citys gezogen. Das 390 000 m² große Areal liegt 1 km westlich vom Zentrum Coyoacáns und ist beliebt bei Joggern und Spaziergängern. Man muss sich allerdings auf angriffslustige Eichhörnchen gefasst machen! Von der Metrostation Viveros geht's Richtung Süden (nach rechts, wenn man vor dem Zaun steht). Man folgt der Avenida Universidad und biegt bei der nächsten Gelegenheit nach links in die Avenida Progreso ein.

Plaza Santa Catarina PLAZA
(Karte S. 120; Ⓜ Viveros) Etwa einen Häuserblock südlich des Kindergartens von Coyoacán liegt die Plaza Santa Catarina mit der bescheidenen, senffarbenen Kirche, nach der der Platz benannt ist. Auf der anderen Straßenseite erhebt sich das koloniale Anwesen des **Centro Cultural Jesús Reyes Heroles** (Karte S. 120; ☎ 55-5554-5324; Francisco Sosa 202; ⏲ 9–20 Uhr; Ⓜ Viveros), zu dem ein Café und ein hübscher Garten mit Yuccapalmen und Jacarandas gehören.

Cuicuilco

Zu den ältesten nennenswerten Überresten einer präkolumbischen Siedlung innerhalb der Grenzen des DF gehört Cuicuilco. Der „Ort des Singens und Tanzens" ist Zeugnis einer Zivilisation, die bereits um 800 v. Chr. am Ufer des Lago de Xochimilco siedelte. In ihrer Blütezeit im 2. Jh. v. Chr. – damals begann gerade erst der Aufstieg der Teotihuacán-Zivilisation – zählte sie um die 40 000 Angehörige. Die Stätte wurde ein paar Jahrhunderte später allerdings aufgegeben, nachdem bei einem Ausbruch des nahegelegenen Vulkans Xitle ein Großteil der Gemeinschaft in den Lavamassen umgekommen war.

Zona Arqueológica Cuicuilco ARCHÄOLOGISCHE STÄTTE
(www.inah.gob.mx; Av Insurgentes Sur s/n; ⏲ 9–17 Uhr; Ⓟ; 🚌 Villa Olímpica) GRATIS Das wichtigste Bauwerk der Stätte diente vermutlich als zeremonielles Zentrum. Es handelt sich um eine riesige runde Plattform mit vier Ebenen aus Vulkangesteinsblöcken. Sie befindet sich in einem Park mit Kakteen, schattenspendenden Bäumen und einem tollen Ausblick über die Gegend und ist somit ein hübscher Ort für ein Picknick. Außerdem gibt's ein kleines Museum, das Schädel und Artefakte

San Ángel

ausstellt, die während der Ausgrabungsarbeiten zum Vorschein kamen.

Tlalpan

Tlalpan ist heute das, was Coyoacán früher mal war. Das fern vom Zentrum gelegene Dorf hat ein unkonventionelles Flair und besticht durch tolle Kolonialarchitektur. Es ist zudem Sitz der größten *delegación* Mexico Citys. Tlalpan liegt am Fuß des südlichen Ajusco-Höhenzugs. Das Klima ist entsprechend kühler und feuchter als im übrigen Stadtgebiet. In den Arkaden an der charismatischen Plaza gibt's ein paar schöne Restaurants. Nach Tlalpan gelangt man mit dem Metrobús der Línea 1. Von der Haltestelle Fuentes Brotantes geht's zu Fuß vier Häuserblöcke nach Osten in Richtung der Hauptplaza.

La Jalisciense HISTORISCHES GEBÄUDE
(Plaza de la Constitución 7; Mo–Sa 12–23.30 Uhr; Fuentes Brotantes) Dieses Gebäude öffnete bereits im Jahr 1870 seine Türen und ist somit unangefochten die älteste *cantina* in Mexico City. Ein guter Grund, hier vorbeizuschauen und sich einen Drink zu genehmigen.

Museo de Historia de Tlalpán MUSEUM
(55-5485-9048; Plaza de la Constitución 10; Di–So 10–18 Uhr; Fuentes Brotantes) GRATIS Hier werden in von Sonnenlicht durchfluteten Galerien rund um einen Hof beeindruckende Werke zeitgenössischer Kunst sowie historische Ausstellungsstücke gezeigt.

Casa Frisaac KULTURZENTRUM
(www.twitter.com/cfrissac; Plaza de la Constitución 1; 10–18 Uhr; Fuentes Brotantes) GRATIS Dieses Anwesen aus dem 19. Jh. befand sich einst im Besitz des Präsidenten Adolfo Lopez Mateos. Heute beherbergt es eine Kunstgalerie mit Wechselausstellungen und ein kleines Auditorium für Konzerte und Tanzaufführungen.

San Ángel

Sehenswertes
1 Iglesia de San Jacinto B3
2 Jardín de la Bombilla C2
3 Monumento a Álvaro Obregón C2
4 Museo Casa del Risco B3
5 Museo Casa Estudio Diego Rivera y Frida Kahlo A1
6 Museo de Arte Carrillo Gil B2
7 Museo de El Carmen B2
8 Plaza San Jacinto B3

Essen
9 Barbacoa de Santiago B3
10 Cluny B2
11 El Cardenal San Ángel C2
12 Fonda San Ángel B3
13 Montejo C2
14 Saks B3
15 San Ángel Inn A2
Taberna del León .... (siehe 20)

Ausgehen & Nachtleben
La Camelia .... (siehe 12)

Unterhaltung
16 Centro Cultural Helénico B1
17 El Breve Espacio Mezcalería B3

Shoppen
18 Bazar Sábado B3
19 Gandhi D2
20 Plaza Loreto B4

Capilla de las Capuchinas Sacramentarias KAPELLE
(☎55-5573-2395; Av Hidalgo 43; Eintritt 60 Mex$; Besuchszeiten Mo–Fr 9.30–11.30 Uhr; Fuentes Brotantes) Von der Kapelle, die sich in einem Kapuzinerinnenkloster befindet, geht eine bezaubernde Schlichtheit aus. Sie wurde 1952 vom modernistischen Architekten Luis Barragán gestaltet. Der nüchterne Altar ist frei vom üblichen Bildschmuck und besteht nur aus drei Goldtafeln. Morgens setzt das einfallende Licht das Buntglasfenster des deutsch-mexikanischen Künstlers Mathias Goeritz besonders schön in Szene. Besuch nur nach Anmeldung.

Tlatelolco & Guadalupe

Plaza de las Tres Culturas HISTORISCHE STÄTTE
(Platz der drei Kulturen; ☎55-5583-0295; www.tlatelolco-inah.gob.mx; Ecke Eje Central Lázaro Cárdenas & Flores Magón; 8–18 Uhr; P; M Tlatelolco) GRATIS Die Plaza symbolisiert die Verschmelzung prähispanischer und spanischer Wurzeln zu einer mexikanischen *mestizo*-Identität – daher der Name. Zu sehen sind architektonische Beispiele für die drei kulturelle Facetten: die Azteken-Pyramiden von Tlatelolco, der spanische Templo de Santiago aus dem 17. Jh. und der moderne Gebäudeturm, in dem das Centro Cultural Universitario untergebracht ist.

Unlängst haben archäologische Funde seit langem bestehende Theorien zur Geschichte Tlatelolcos auf den Kopf gestellt. Der alten Sichtweise zufolge wurde Tlatelolco von einer Gruppe Azteken im 14. Jh. auf einer separaten Insel im Lago de Texcoco gegründet und später von den Azteken aus Tenochtitlán erobert. Ende 2007 wurde jedoch eine Pyramide freigelegt, die 200 Jahre vor der Gründung Tenochtitláns entstand. Einigkeit herrscht darüber, dass Tlatelolco Schauplatz des größten öffentlichen Markts im Valle de México war und dass ein Damm von dort zum zeremoniellen Zentrum Tenochtitláns führte.

Während der Belagerung der aztekischen Hauptstadt, schlug Cortés die Verteidiger Tlatelolcos, deren Anführer Cuauhtémoc war. Auf der Plaza ist eine Inschrift über die Schlacht angebracht, die in etwa Folgendes besagt: „Es war weder Triumph noch Niederlage. Es war die schmerzhafte Geburt des heutigen Mexiko, eines Volkes von Mestizen."

Ein Fußweg führt rund um den wichtigsten Pyramidentempel von Tlatelolco und andere Bauwerke der Azteken. Der Haupttempel von Tlatelolco wurde in mehreren Etappen errichtet. Die Tempel (insgesamt sieben) wurden jeweils auf die älteren Strukturen aufgesetzt. Die Doppeltreppen der Pyramide, eines der ältesten Bauwerke, sollen angeblich zu Schreinen hinaufgeführt haben, die Tláloc und Huitzilopochtli geweiht waren. Die Außenwände zieren zahlreiche Kalenderglyphen.

Die Spanier erkannten die kultische Bedeutung dieser Stätte und errichteten daher 1609 ihren **Templo de Santiago**. Als Material dienten Steine aus aztekischen Bauwerken. Am Haupteingang der Kirche steht das **Taufbecken von Juan Diego**.

Tlatelolco ist übrigens auch ein Symbol für Konflikte in modernen Zeiten: Am 2. Oktober 1968 wurden mehrere Hundert demonstrierende Studenten kurz vor der Eröffnung der Olympischen Spiele von Regierungstruppen ermordet. In den Wochen zuvor war es verstärkt zu Protesten gegen politische Korruption und die autoritäre Regierung gekommen. Präsident Gustavo Díaz

ABSTECHER

PARQUE NACIONAL DESIERTO DE LOS LEONES

Der 20 km² große **Nationalpark** (6–17 Uhr) mit duftenden Kiefern- und Eichenwäldern erstreckt sich in den Hügeln rund um das Valle de México. Er liegt rund 23 km südwestlich von und 800 m höher als Mexico City und eignet sich hervorragend, um dem von Abgasen verpesteten Betondschungel zu entfliehen.

Der Name leitet sich vom ehemaligen Karmeliterkloster aus dem 17. Jh. **Ex-Convento del Santo Desierto de Nuestra Señora del Carmen** (55-5814-1172; Camino al Desierto de los Leones; Eintritt 11 Mex$; Di–So 10–17 Uhr) auf dem Parkgelände ab. Die Karmeliter nannten ihre entlegenen Klöster „Wüsten", um Elias zu gedenken, der als Einsiedler in der Wüste nahe dem Berg Karmel lebte. Der Begriff *leones* (Löwen) verweist eventuell auf einen Wildkatzenbestand in der Umgebung, wahrscheinlicher ist jedoch, dass damit auf José und Manuel de León Bezug genommen wird, die früher die Finanzen des Klosters verwalteten.

In dem restaurierten Kloster sind Ausstellungshallen und ein Restaurant untergebracht. Spanischsprachige Guides in Soutanen und Sandalen führen Besucher durch die weitläufigen Gärten rund um die Gebäude, über die Innenhöfe und durch ein paar unterirdische Gänge.

Im restlichen Park gibt es jede Menge Wanderwege (uns wurde von Diebstählen berichtet – man sollte also auf den Hauptwegen bleiben). In der Nähe des Restaurants El Leon Dorado, führen Treppen hinunter zu einem wunderschönen Picknickplatz mit einigen kleinen Wasserfällen und einem Ententeich.

Busse von der Metrohaltestelle Viveros (vor dem 7-Eleven) fahren montags bis freitags um 7.30 Uhr zum ehemaligen *convento* oder starten um 7.30, 12 und 15.30 Uhr (ebenso Mo–Fr) vom Paradero las Palmas in San Ángel. Samstags und sonntags fahren zwischen 8 und 15.30 Uhr stündlich Busse ab dem Paradero las Palmas und der Metrohaltestelle Viveros. Beim Fahrer erkundigen, ob der Bus bis zum *ex convento* fährt, denn manche fahren nur bis zum Bergdorf Santa Rosa.

Ordaz, der der Weltöffentlichkeit das Bild eines politisch stabilen Landes präsentieren wollte, stoppte die Unruhen daher mit brutalsten Mitteln.

An besagtem Tag im Oktober flogen Hubschrauber über der Plaza de las Tres Culturas, während ein riesiges Polizeiaufgebot den Platz abriegelte, als plötzlich Schüsse fielen – vermutlich auf dem Balkon, auf dem die Redner standen. Daraufhin eröffnete die Polizei das Feuer auf die Demonstranten, Chaos brach aus. Einem von der Regierung autorisierten Bericht zufolge starben 20 Menschen, tatsächlich belief sich die Zahl der Opfer laut Forschern und Medienberichten jedoch auf schätzungsweise 300 Tote!

Heute geht man davon aus, dass Spezialkräfte der Präsidentengarde den Auslöser des Massakers inszeniert haben. Bis heute findet zum Gedenken des tragischen Ereignisses an dessen Jahrestag ein Protestmarsch von Tlatelolco zum Zócalo statt.

Entlang der Eje Central Lázaro Cárdenas sind Trolleybusse in nördlicher Richtung unterwegs, die direkt an der Plaza de las Tres Culturas vorbeifahren.

Centro Cultural Universitario Tlatelolco — MUSEUM

(55-5517-2818; www.tlatelolco.unam.mx; Flores Magón 1; Eintritt 30 Mex$, So frei; Di–So 10–18 Uhr; M Tlatelolco) Die Geschehnisse, die sich vor, während und nach dem Massaker von 1968 auf der Plaza de las Tres Culturas abspielten, sind im Memorial del 68 dokumentiert, einer bewegenden Multimedia-Ausstellung im Centro Cultural Universitario Tlatelolco. Das Kulturzentrum hat zwei weitere herausragende Dauerausstellungen.

Das nagelneue Museo de Sitio beherbergt über 400 Objekte, die hier bei archäologischen Ausgrabungen gefunden wurden, darunter prähispanische Opfergaben und Keramiken. Das interaktive Museum erstreckt sich auch auf den zweiten Stock des turmartigen Gebäudes gegenüber. Dort erfährt man mehr über das Tlatelolco der Kolonialzeit sowie über die Flora und Fauna der Gegend. Im 3. Stock des Turms ist die Colección Stavenhagen untergebracht, eine außergewöhnliche Sammlung von über 500 prähispanischen Skulpturen aus Lehm und Stein, darunter auch witzige Tierfiguren und Phallussymbole.

Basílica de Guadalupe SCHREIN

(www.virgendeguadalupe.org.mx; Plaza de las Américas 1; ⏲6–21 Uhr; Ⓜ La Villa-Basílica) GRATIS Nachdem ein zum Christentum übergetretener *indio* namens Juan Diego im Dezember 1531 angab, die Jungfrau Maria sei ihm auf dem Cerro del Tepeyac (Tepeyac-Hügel) erschienen, wurde ein regelrechter Kult entfacht. Nachdem ihm die Jungfrau mehrmals erschienen war – so die Legende – schmückte ihr Bild plötzlich auf wundersame Weise seinen Umhang. Daraufhin schenkte der Bischof Diegos Geschichte Glauben und ließ ihr zu Ehren einen Schrein errichten.

Im Lauf der Jahrhunderte wurden der Nuestra Señora de Guadalupe alle möglichen Wunder zugesprochen – ein Umstand, der erheblich zur Verbreitung des katholischen Glaubens in Mexiko beitrug. Einige Kirchenmänner empörten sich jedoch. Sie meinten, einen Fall von Götzenverehrung zu erkennen (da es sich bei der Jungfrau um eine christliche Version der Aztekengöttin Tonantzin handele). Nichtsdestotrotz wurde die Jungfrau von Guadalupe 1737 zur offiziellen Patronin Mexikos erklärt, 200 Jahre später gar zur Schutzheiligen Lateinamerikas und „Kaiserin des amerikanischen Kontinents". 2002 sprach Papst Johannes Paul II. Juan Diego heilig. Heute gehören die religiösen Stätten rund um den Cerro del Tepeyac (früher eine heilige Stätte der Azteken) zu den wichtigsten in Mexiko. Jeden Tag strömen Tausende von Pilgern herbei, vor und an dem Jahrestag ihrer zweiten Erscheinung, dem 12. Dezember, werden gar Hunderttausende von Besuchern registriert. Manche Pilger legen die letzten Meter zum Schrein auf den Knien rutschend zurück.

Um 1700 wurde am Standort eines älteren Schreins die viertürmige Basílica de Guadalupe für die Gemeinde der Gläubigen errichtet. In den 1970er-Jahren platzte das Bauwerk mit der gelben Kuppel allerdings regelmäßig aus allen Nähten. Deshalb wurde die neue Basílica de Nuestra Señora de Guadalupe nebenan erbaut. Der Architekt Pedro Ramírez Vázquez schuf ein weitläufiges, rundes Gebäude, in dem mehr als 40 000 Personen Platz finden. Über und hinter dem Hauptaltar der Basilika hängt ein Bildnis der hl. Jungfrau – gehüllt in einen grünen Mantel, der mit Gold abgesetzt ist – an das die Besucher dicht herantreten können.

Im hinteren Teil der Antigua Basílica befindet sich mittlerweile das **Museo de la Basílica de Guadalupe** (☎55-5577-6022; Eintritt 5 Mex$; ⏲Di–So 10–17.30 Uhr) das eine tolle Sammlung kolonialzeitlicher Kunstwerke beherbergt, die die wunderbare Erscheinung der Jungfrau zum Gegenstand haben.

Hinter der Antigua Basílica führt eine Treppe zur **Capilla del Cerrito** (Hügelkapelle) hinauf – hier hatte Juan Diego seine Vision – und dann an der Ostseite des Hügels hinab zum Parque de la Ofrenda mit seinen Gärten und Wasserfällen. Im Zentrum ist eine Skulptur zu sehen, die die Vision darstellt. Weiter bergab steht der barocke **Templo del Pocito**, ein rundes Gebäude mit drei gekachelten Kuppeln. Er wurde 1787 gebaut, um an die wundersame Erscheinung einer Quelle zu erinnern, die sich da auftat, wo die Jungfrau gestanden hatte. Von dort führt der Weg vorbei an der **Antigua Parroquia de Indios** (indianische Kirchengemeinde) aus dem 17. Jh. zurück zur Hauptplaza.

Besonders leicht zu erreichen ist die Basílica de Guadalupe mit der Metro. Man fährt bis La Villa-Basílica und geht dann entlang der Calzada de Guadalupe zwei Blocks Richtung Norden. Wer mag, kann auch einen der Busse mit der Angabe „Metro Hidalgo-La Villa" nehmen, die auf dem Paseo de la Reforma Richtung Nordosten fahren. Um ins Zentrum zurückzugelangen, spaziert man zur Calzada de los Misterios, einen Block westlich der Calzada de Guadalupe, und steigt dort in einen „Auditorio"- oder „Zócalo"-Bus Richtung Süden.

Aktivitäten

Kajakfahren

Michmani KAJAKFAHREN

(www.xochimilco.df.gob.mx/turismo/michmani_precios.html; Embarcadero Cuemanco, Xochimilco, abseits Anillo Periférico Sur; 50 Mex$/Std.) Hier bekommt man die Möglichkeit, die ruhigeren Abschnitte der Kanäle von Xochimilco mit dem Kajak zu erkunden und dabei auch gleich noch Vögel zu beobachten. Zu sehen gibt's Enten und Reiher sowie weitere heimische Vögel und Zugvögel. Wer möchte, kann auch den vielen Aufzuchtstation am Ufer einen Besuch abstatten. Um hierzukommen nimmt man die Metro bis zur Haltestelle General Anaya und verlässt die Station an der Ostseite der Calzada de Tlalpan. Zu Fuß geht's 50 m nach Norden, wo man mit einem *pesero* in Richtung „Tláhuac Paradero" fährt. Am Eingang zum Embarcadero Cuemanco steigt man aus und geht etwa 1 km bis Michmani, das sich direkt hinter dem *embarcadero* befindet.

Lago de Chapultepec KAJAKFAHREN
(Chapultepec-See; Karte S. 92; www.chapultepec.com.mx/visita.asp?Lugar=114; Kajak/Paddelboot/Ruderboot pro Std. 40/50/60 Mex$; ⏲ Di–So 9–16.30 Uhr; Ⓜ Auditorio) Hier kann man mit dem Kajak, einem Paddel- oder Ruderboot eine Runde mit den Enten auf dem Chapultepec-See drehen.

Radfahren

Sonntagmorgens ist der Paseo de la Reforma vom Bosque de Chapultepec bis zur Alameda Central für den normalen Verkehr gesperrt. Dann kann man sich den *chilangos*-Horden anschließen, die fröhlich auf der Avenida skaten oder radeln.

Bicitekas RADFAHREN
(Karte S. 116; http://inigo.bicitekas.org; ⏲ Abfahrt Mi 21.30 Uhr) Ambitionierte Radfahrer können sich an diese städtische Radlergruppe wenden. Sie organisiert Touren, die mittwochabends am Monumento a la Independencia starten. Bis zu 200 Radler düsen dann zu Zielen wie Coyoacán oder in die Ciudad Satélit, den Vorort im Nordwesten. Interessenten müssen fit genug sein, um eine Strecke von bis 40 km zurückzulegen. Helme und Rücklichter sind empfehlenswert.

Schlittschuhlaufen

Als Teil eines Regierungsprogramms, nach dem auch der armen Stadtbevölkerung der Zugang zu Freizeitunternehmungen ermöglicht werden soll, wird jedes Jahr zur Weihnachtszeit auf dem Zócalo eine riesige Eislaufbahn eingerichtet. Schlittschuhe kann man gegen eine Kaution kostenlos leihen, die Wartezeiten betragen aber teilweise bis zu einer Stunde.

Kurse

Wer gern tanzt, der kann auf der **Plaza de Danzón**, nordwestlich von La Ciudadela und in der Nähe der Metrostation Balderas, ein paar tolle Schritte lernen. Jeden Samstagnachmittag wimmelt es auf der Plaza von Pärchen, die den *danzón* lernen möchten, einen eleganten und komplizierten kubanischen Tanz, der im 19. Jh. nach Mexiko gelangte. Von 10 bis 14.30 Uhr und von 16.30 bis 18 Uhr wird Tanzunterricht für den *danzón* und andere Tänze angeboten. Kostenpunkt: 30 Mex$.

Centro de Enseñanza Para Extranjeros SPRACHKURS
(Lehrzentrum für Ausländer; ☎ 55-5622-2470; www.cepe.unam.mx; Av Universidad 3002, Ciudad Universitaria; 6-wöchiger Kurs 477 US$; 🚇 Ciudad Universitaria) An der nationalen Universität finden sechswöchige Intensivkurse statt (Mo–Fr 3 Std. tgl.). Wer bereits Spanisch spricht, kann Seminare zur mexikanischen Kunst und Kultur belegen.

Escuela de Gastronomía Mexicana KOCHKURS
(Karte S. 92; ☎ 55-5264-2484; www.esgamex.com; Coahuila 207; 3-stündiger Kurs inkl. Zutaten 700–850 Mex$; 🚇 Campeche) Zweisprachige Küchenchefs bringen den Teilnehmern bei, wie man mexikanische Gerichte zaubert. Zu den beliebtesten Kursen gehören *pozole* (Maismehlsuppe), *mole poblano* (Hühnchen in Chili-Schokoladen-Sauce) und *tamales* (Snack aus Maismehl mit unterschiedlichen Füllungen).

Geführte Touren

Turibús Circuito Turístico BUSTOUR
(Karte S. 66; ☎ 55-5141-1360; www.turibus.com.mx; Erw./Kind 4–12 Jahre 140/70 Mex$, thematische Touren 165–225 Mex$; ⏲ 9–21 Uhr) Rote Doppeldeckerbusse folgen drei verschiedenen *circuitos* (Routen) quer durch die Stadt: Centro (Zentrum), Sur (Süden) und Basílica (Norden). Die Busse fahren ungefähr einmal stündlich und man kann an jeder gekennzeichneten Haltestelle ein- bzw. aussteigen. Alle Routen führen an der Westseite der Kathedrale vorbei. Am Wochenende ist der Fahrpreis etwas höher.

Turibús hat auch thematische Touren im Angebot, z. B. eine *cantina*-Exkursion. Infos zu den Abfahrtszeiten gibt's auf der Website.

Eat Mexico KULINARISCHES ERLEBNIS
(☎ US 917-930-7503, mobil 55-43632896; www.eatmexico.com; Führungen 85–145 US$) Die vier- bis fünfstündigen thematischen Spaziergänge werden von zweisprachigen Guides begleitet. Zur Wahl stehen Straßenessen, Marktprodukte, regionale Küche oder eine nächtliche Tacco- und Mezcal-Tour. Eat Mexico bietet auch maßgeschneiderte Touren an, wenn man besondere kulinarische Bedürfnisse hat.

Mexico Soul & Essence KULINARISCHES ERLEBNIS
(Karte S. 86; ☎ 55-5564-8457, mobil 55-29175408; www.mexicosoulandessence.com; Führungen 95–175 US$, Kochkurse 300 US$) Maßgeschneiderte kulinarische/kulturelle Exkursionen mit Ruth Alegría, einer der führenden Essensexpertinnen der Stadt. Sie organisiert

abendliche Ausflüge zum Dinner, Markttouren und spezielle Touren. Auch ein unterhaltsamer mexikanischer Kochkurs ist im Angebot.

Journeys Beyond the Surface GEFÜHRTE TOUR
(☎ mobil 55-17452380; www.travelmexicocity.com.mx; geführte Gruppentour 2275–2900 Mex$) Maßgeschneiderte Spaziergänge von acht Stunden Dauer, die verschiedene Aspekte der authentischen DF-Erfahrung beleuchten. Das Ganze fühlt sich völlig untouristisch an, so kann man z.B. auch eine Tour mit dem Schwerpunkt auf Wandgemälden, Graffitis und Straßenkunst buchen. Wer Stätten der prähispanischen und kolonialzeitlichen Ära besuchen möchte, findet hier Guides, die sich hervorragend in Geschichte und Anthropologie auskennen.

Wayak GEFÜHRTE TOUR
(☎ 55-5652-9331; www.wayak.mx; Tagesausflug 460–660 Mex$/Pers., Ballonfahrt inkl. Bodentransport 2400 Mex$) Ein bisschen frische Luft gefällig? Mit diesem Anbieter geht's in einem Tagesausflug hinaus zum Kolonialstädtchen Taxco, zu den Pyramiden von Teotihuacán und sogar Ballonfahrten über die Pyramiden hinweg können organisiert werden. Näheres dazu auf der Website.

Feste & Events

In Mexico City finden neben den ganz großen landesweiten Festen auch einzigartige lokale Veranstaltungen statt, die in der Hauptstadt oftmals einen ganz eigenen Charakter haben.

Festival de México KULTUR
(www.festival.org.mx; März) Bei Mexico Citys größtem kulturellen Event des Jahres finden im Centro Histórico Musik-, Theater- und Tanzveranstaltungen sowie kulinarische Events mit Talenten aus Mexiko und dem Ausland statt.

Semana Santa RELIGION
(März oder April) Die beeindruckendsten Feierlichkeiten anlässlich der Karwoche (Ende März oder Anfang April) finden im Bezirk Iztapalapa statt, 9 km südöstlich des Zócalo. Zu ihnen gehört ein schauerlich realistisches Passionsspiel am Karfreitag.

Gründung von Tenochtitlán TANZ
(Aug.; M Tlatelolco) 13. August. Dies ist ein wichtiges Datum für *concheros* (aztekische Tänzer): Auf der Plaza de las Tres Culturas in Tlatelolco feiern sie die Gründung der mexikanischen Hauptstadt.

Grito de la Independencia FEUERWERK
(Sept.; M Zócalo) Am 15. September, dem Vorabend des Unabhängigkeitstages, versammeln sich Tausende von Menschen auf dem Zócalo, um ihrem Präsidenten bei der Nachahmung des Grito de Dolores (Schrei von Dolores) um 23 Uhr auf dem mittleren Balkon des Palacio Nacional zu lauschen, Hidalgos berühmtem Aufruf zur Rebellion gegen die Spanier im Jahre 1810. Anschließend wird ein Feuerwerk gezündet.

Día de Muertos TRADITION
(Tag der Toten; Nov.) An den Tagen vor dem Día de Muertos (Tag der Toten; 1. & 2. Nov.) werden überall in der Stadt kunstvolle *ofrendas* (Altäre) aufgebaut. Besonders schön sind die in Anahuacalli (S. 98), im Museo Dolores Olmedo (S. 91), auf dem Zócalo (S. 70) und im Viertel **San Andrés Mixquic** (www.mixquic.com.mx) ganz im Südosten des Distrito Federal.

Fiesta de Santa Cecilia MUSIK
(Nov.; M Garibaldi) Die Schutzheilige der Musiker wird am 22. November auf der Plaza Garibaldi geehrt.

Día de Nuestra Señora de Guadalupe RELIGION
(Dez.; M La Villa-Basílica) In der Basílica de Guadalupe ist der Tag Unserer Lieben Frau von Guadalupe, der Schutzpatronin Mexikos, Anlass für zehntägige Feierlichkeiten. Bis zum 12. Dezember steigt die Zahl der Besucher in die Millionenhöhe; dann treten nonstop indigene Tänzer auf der breiten Plaza der Basilika auf.

Schlafen

Der DF ist ein beliebtes Reiseziel mexikanischer und ausländischer Reisender und bietet eine entsprechend große Auswahl an Unterkünften – von einfachen Pensionen bis hin zu schicken Edelhotels. Ein paar der preiswertesten Zimmer findet man im Centro Histórico, die luxuriöseren Bleiben, z.B. Filialen großer internationaler Ketten, haben sich vermehrt in Polanco und der Zona Rosa angesiedelt. In den angesagten Vierteln Roma und Condesa gibt es sowohl Hostels als auch schicke Boutiquehotels. In der Umgebung der Alameda Central und der Plaza de la República befinden sich jede Menge Mittelklassequartiere; dort steht jedoch normalerweise ein neutraler, moderner Komfort im Vordergrund, was auf Kosten der Atmosphäre geht. Hat man nur ein begrenztes Budget zur Verfügung, darf man aufatmen – vor allem im Zentrum öffnen immer mehr preiswerte Unterkünfte. Und noch etwas: Wer das Wort *garage* auf einem Schild entdeckt, sollte wissen, dass diese Hotels vornehmlich für Schäferstündchen genutzt werden.

Centro Histórico

Wenn man nicht geschäftlich unterwegs ist, bietet sich das historische Zentrum als Basis an. Es ist eines der günstigeren Stadtviertel und hat dank der alten, gepflegten Gebäude und der sanierten Infrastruktur noch dazu ein besonderes Flair.

★ Casa San Ildefonso HOSTEL $

(Karte S. 66; ☎ 55-5789-1999; www.casasanildefonso.com; San Ildefonso 38; B 220 Mex$, DZ 640 Mex$, ohne Bad 540 Mex$, alle inkl. Frühstück; ; M Zócalo) Abseits der belebten Fußgängerzone steht dieses Gebäude aus dem 18. Jh., das bis vor kurzem noch Straßenverkäufern als Lagerraum diente und heute ein freundliches Hostel ist. Im Gegensatz zu anderen Hostels der Innenstadt sind die Schlafsäle mit ihren hohen Decken, die Privatzimmer sowie die Gemeinschaftsräume wunderbar von Sonnenlicht durchflutet. Frühstück wird in einem friedlichen Hof mit Brunnen, zwitschernden Kanarienvögeln und dem gremlinähnlichen Haustier Delfina serviert.

Hostal Regina HOSTEL $

(Karte S. 66; ☎ 55-5709-4192; www.hostalcentrohistoricoregina.com; Calle 5 de Febrero 53; B 190 Mex$, Zi. ohne Bad 450 Mex$, Suite 900 Mex$, alle inkl. Frühstück; ; M Isabel La Católica) Abseits des belebten Regina-Korridors steht dieses historische Gebäude aus dem 18 Jh., das ein hervorragender Ausgangspunkt für die Erkundung der Innenstadt ist. Im Angebot sind Schlafsäle mit Holzböden und hohen Decken, Privatzimmer mit Gemeinschaftsbad sowie eine zweistöckige „Suite", die bequem vier Personen Platz bietet. Die Dachterrassenbar ist perfekt, um Kontakte zu knüpfen.

Mexico City Hostel HOSTEL $

(Karte S. 66; ☎ 55-5512-3666; www.mexicocityhostel.com; República de Brasil 8; B inkl. Frühstück ab 170 Mex$, DZ 500, ohne Bad 400 Mex$; ; M Zócalo) Nur wenige Schritte vom Zócalo entfernt. Das Kolonialgebäude wurde kunstvoll restauriert: Die ursprünglichen Holzbalken und Steinmauern blieben erhalten und bilden den Hintergrund für moderne, energiesparende Ergänzungen. In den geräumigen Mehrbettzimmern stehen vier oder sechs robuste Stockbetten auf Terrakottaböden. Die makellos sauberen Bäder mit *azulejo*-Dekor (bemalte Keramikkacheln) werden von rund 100 Gästen genutzt.

Hotel Isabel HOTEL $

(Karte S. 66; ☎ 55-5518-1213; www.hotel-isabel.com.mx; Isabel La Católica 63; EZ/DZ 330/450 Mex$, ohne Bad 250/350 Mex$; ; República del Salvador) Das Isabel ist schon seit Urzeiten eine beliebte Option für Budgetreisende und bietet große, saubere Zimmer mit alten, aber robusten Möbeln, hohen Decken, tollen Balkons und Hostel-Atmosphäre.

Hostel Mundo Joven Catedral HOSTEL $

(Karte S. 66; ☎ 55-5518-1726; www.mundojovenhostels.com/hcatedral.php; República de Guatemala 4; B/DZ ab 200/440 Mex$, inkl. Frühstück; ; M Zócalo) Diese gut frequentierte Backpackerunterkunft ist dem HI angeschlossen und zieht junge Traveller aus der ganzen Welt an. Die Schlafsäle sind sauber und die Dachterrassenbar erfreut sich großer Beliebtheit; wirklich ruhig ist's hier aber nicht.

Chillout Flat B&B $$

(Karte S. 66; ☎ 55-6310-6497; www.chilloutflat.com.mx; Apt 102, Bolívar 8; EZ/DZ inkl. Frühstück ab 850/950 Mex$; ; M Allende) Hier kann man mitten in der Innenstadt mit anderen Reisenden in einem der beiden Apartments abhängen, die in eine farbenfrohe Pension mit Holzfußböden umgewandelt wurden. Manche Zimmer in diesem liebenswerten Gebäude aus den 1940er-Jahren gehen zur Straße hin, haben zur Lärmverminderung jedoch kürzlich erst Doppelglasfenster bekommen. Ohne Reservierung geht hier gar nichts.

Hotel Catedral HOTEL $$

(Karte S. 66; ☎ 55-5518-5232; www.hotelcatedral.com; Donceles 95; EZ/DZ/Suite ab 690/925/1010 Mex$; P M Zócalo) Diese komfortable Unterkunft profitiert von ihrer einmaligen Location im Herzen des Centro Histórico. Die Zimmer wurden kürzlich renoviert und verfügen nun über dunkle Holzmöbel und feste Matratzen. Auf der Dachterrasse kann man sich einen Drink bestellen und dabei den tollen Blick über die Stadt genießen.

Hotel Gillow HOTEL $$
(Karte S. 66; ☎55-5510-0791; www.hotelgillow.com; Isabel La Católica 17; EZ/DZ/Suite 690/880/1100 Mex$; ; M Allende) Die Zimmer in diesem historischen Gebäude mit dem freundlichen, altmodischen Service wurden umgebaut und mit falschen Holzböden und Flachbild-TV aufgewertet. Am besten nach einem Doppelzimmer mit eigener Terrasse fragen.

Hampton Inn & Suites HOTEL $$$
(Karte S. 66; ☎55-8000-5000; www.hamptonmexicocity.com; Calle 5 de Febrero 24; Zi./Suite inkl. Frühstück ab 1228/1747 Mex$; ; Isabel La Católica) Dieses gut erhaltene historische Juwel wurde aufwendig renoviert, um die Fassade und die mit Talavera-Fliesen bedeckten Wände zu erhalten. Die gut ausgestatteten Zimmer mit der modernen Einrichtung liegen um ein sechsstöckiges Atrium mit Buntglasdecke verteilt. Ein gutes Fischrestaurant befindet sich ebenfalls auf dem Gelände.

Gran Hotel Ciudad de México HOTEL $$$
(Karte S. 66; ☎55-1083-7700; www.granhoteldelaciudaddemexico.com.mx; Av 16 de Septiembre 82; Zi./Suite inkl. Frühstück ab 3770/4420 Mex$; P; M Zócalo) Das Gran Hotel stellt den französischen Jugendstil der vorrevolutionären Phase stolz zur Schau. Das von einem von Tiffany im Jahr 1908 entworfenen Buntglasbaldachin gekrönte Atrium ist ein *fin-de-siècle*-Traum mit geschwungenen Balkonen, schmiedeeisernen Aufzügen und zwitschernden Vögeln in riesigen Käfigen. Die Zimmer können problemlos mit den geweckten Erwartungen mithalten. Auf einer Terrasse mit Blick über den Zócalo wird am Wochenende ein Brunch (250 Mex$) serviert.

NH Centro Histórico HOTEL $$$
(Karte S. 66; ☎55-5130-1850; www.nh-hotels.com; Palma 42; Zi./Suite ab 1890/2475 Mex$; P; M Zócalo) Als die Innenstadt herausgeputzt wurde, zog die spanische Kette NH mit und baute eine Filiale im Stadtzentrum. Die Lounges und Zimmer sind im minimalistisch-europäischen Stil gehalten, die geräumigen Suiten wurden in den Eckbereichen des „aerodynamisch" entworfenen Bauwerks aus den 1940er-Jahren untergebracht.

Alameda Central & Umgebung

Ähnlich wie im Centro Histórico tut sich auch hier jede Menge – und dennoch erinnert manche nicht verschönerte Ecke an das Erdbeben von 1985, das das Gebiet verwüstete. Tagsüber wimmelt es hier von Shoppenden, doch abends wird es sehr ruhig.

Hotel Marlowe HOTEL $$
(Karte S. 78; ☎55-5521-9540; www.hotelmarlowe.com.mx; Independencia 17; EZ/DZ/Suite 670/810/870 Mex$; P; M San Juan de Letrán) Das umgestaltete Marlowe befindet sich gegenüber dem Pagodentor, das den Eingang zu Chinatown markiert. Falls möglich, sollte man sich für eine Suite entscheiden – sie ist nicht viel teurer als ein normales Doppelzimmer, ist aber viel heller, geräumiger und hat kleine Balkons. Wer's gern sportlich mag, wird sich über den Fitnessraum mit Ausblick freuen.

Boutique Hotel de Cortés BOUTIQUEHOTEL $$$
(Karte S. 76; ☎55-5518-2181; www.boutiquehoteldecortes.com; Av Hidalgo 85; Zi./Suite inkl. Frühstück ab 2400/3480 Mex$; P; M Hidalgo) Dieses Boutiquehotel diente früher als Herberge für pilgernde Augustiner. Die geschmackvollen Zimmer sind um einen schönen Barock-Innenhof aus dem 17. Jh. angeordnet. Die künstlerisch angehauchten, modernen Zimmer warten mit Betten mit handgeschnitzten Kopfteilen und Möbeln mit Blumenmuster auf. Von der schicken Dachbar blickt man auf den Parque Alameda.

Plaza de la República & Umgebung

Das Gebiet um die Plaza de la República mit ihrem Monumento a la Revolución ist voller Hotels. Zwischen den Businesshotels findet man einige Billigunterkünfte. Es ist fast schon ein Wohngebiet, in dem man Einblicke in den Alltag im Viertel gewinnen kann.

Hostel Suites DF HOSTEL $
(Karte S. 78; ☎55-5535-8117; www.facebook.com/hostelsuitesdf; Terán 38; B/DZ inkl. Frühstück ab 180/400 Mex$; ; Plaza de la República) Nahe dem Monumento a la Revolución liegt dieses kleine, dem HI angeschlossene Hostel mit netten Gemeinschaftsbereichen, Schlafsälen mit eigenen Badezimmern und einer großartigen Location in fußläufiger Entfernung von der Innenstadt.

Casa de los Amigos PENSION $
(Karte S. 78; ☎55-5705-0521; www.casadelosamigos.org; Mariscal 132; B 100 Mex$, Zi. ohne Bad 200 Mex$; ; M Revolución) Die von Quäkern geführte Casa wird gern von NGO-

SCHRÄGES MEXICO CITY

Wer schon ein wenig Zeit in Mexiko verbracht hat, wird sicher nachvollziehen können, warum der französische Dichter André Breton die Nation als „surrealistisches Land par excellence" bezeichnet hat. Hinter der Alltagsfassade verbirgt sich etwas Kurioses.

Museo del Juguete Antiguo México (Museum für altes Spielzeug; www.museodeljuguete.mx; Dr Olvera 15, Ecke Eje Central Lázaro Cárdenas; Eintritt 50 Mex$; ⏲Mo–Fr 9–18, Sa bis 16, So 10–16 Uhr; P 🚼; M Obrera) Im Laufe seines Lebens hat der in Mexiko geborene japanische Sammler Roberto Shimizu über 1 Mio. Spielzeuge zusammengetragen. In diesem Museum sind rund 60 000 davon zu sehen, von lebensgroßen Robotern bis hin zu winzigen Actionfiguren. Viele der verrückten Schaukästen hat Shimizu selbst aus recycelten Objekten entworfen.

Einige Häuserblocks westlich des Museums, in der Dr. Garciadiego 157, betreiben dieselben Besitzer ein Kulturzentrum, in dem Dutzende Werke hier heimischer Graffitikünstler sowie des belgischen Straßenkünstlers ROA zu sehen sind. Die Angestellten des Museums führen einen gerne im Kulturzentrum herum, wenn das Museum gerade geschlossen ist.

Patrick Miller (Karte S. 116; ☎55-5511-5406; www.patrickmiller.com.mx; Mérida 17; ⏲Fr 22.30–4 Uhr; M Insurgentes) Nirgendwo kann man besser Leute beobachten als in dieser gut besuchten Disco, die von dem legendären DJ Patrick Miller aus Mexiko eröffnet wurde. In seinem Laden gehen sowohl in Schwarz gekleidete Eighties-Nostalgiker als auch Transvestiten ein und aus. Richtig witzig wird es, wenn sich die ersten Gruppen auf der Tanzfläche zusammenfinden und Stammgäste Bewegungen ausführen, die John Travolta stolz machen würden.

La Faena (Karte S. 66; ☎55-5510-4417; www.facebook.com/lafaenaoficial; Venustiano Carranza 49B; ⏲Mo–Do 11–23 Uhr, Fr & Sa bis 2 Uhr, So bis 20 Uhr; 🚇República del Salvador) Diese alteingesessene vergessene Bar fungiert zugleich auch als Stierkampfmuseum. Matadores in mit Pailletten besetzten Outfits mustern einen eindringlich aus den verstaubten Schaukästen, während auf Bildern bukolische Szenen mit grasenden Stieren zu sehen sind.

Isla de las Muñecas (Embarcadero Cuemanco, Xochimilco; Boot 350 Mex$/Std.) Lust auf ein wahrlich surreales Erlebnis? Dann auf nach Xochimilco. Von dort kann man eine Gondel zur Insel der Puppen chartern, wo Hunderte gruseliger, verrotteter Puppen von Bäumen baumeln. Ein auf der Insel ansässiger Fischer hat das Spielzeug aus den Kanälen gefischt, um den Geist eines Mädchens zu besänftigen, das in der Nähe ertrunken ist.

Bester Ausgangspunkt für die vierstündige Rundfahrt ist der Embarcadero Cuemanco. Um dorthin zu kommen nimmt man die Metro bis zur Haltestelle General Anaya und verlässt die Station an der Ostseite der Calzada de Tlalpan. Zu Fuß geht's 50 m nach Norden bis zum „Tláhuac Paradero"-Pesero, aus dem man am Eingang zum Embarcadero Cuemanco aussteigt.

Mercado de Sonora (Ecke Fray Servando & Rosales, Colonia Merced Balbuena; ⏲10–19 Uhr; M Merced) Hier findet man alles, was man für mexikanische Hexerei so braucht. An den Ständen erhält man Tränke, Amulette, Voodoo-Puppen usw. Der Markt ist auch die richtige Adresse, wenn es Zeit für eine *limpia* (spirituelle Reinigung) ist. Bei dem Ritual kommen Unmengen von Weihrauch und Kräuterpackungen zum Einsatz. Leider handeln einige Verkäufer illegalerweise mit bedrohten Tieren (bzw. aus ihnen hergestellten Produkten). Der Markt liegt zwei Häuserblocks südlich der Metrostation Merced.

Altar der Santa Muerte (Alfarería, nördlich von Mineros; M Tepito) Sie trägt ein mit Pailletten besetztes weißes Gewand, eine Perücke aus dunklen Locken und hält eine Sense in der knochigen Hand. Die Figur des „Heiligen Todes" weist eine beinahe verblüffende Ähnlichkeit mit Mrs. Bates aus dem Film *Psycho* auf und steht im Zentrum eines immer beliebter werdenden mexikanischen Kultes – vor allem im von einer hohen Verbrechensquote geplagten Tepito, wo viele Anhänger der Santa Muerte den Glauben an die katholische Kirche verloren haben. Das Betreten des gefährlichen Viertels Tepito erfolgt übrigens auf eigene Gefahr. Der Altar steht drei Häuserblocks nördlich der Metro-Haltestelle Tepito.

Mitarbeitern, Aktivisten und Forschern besucht, „normale" Reisende sind aber genauso willkommen. Es gibt vegetarisches Frühstück (30 Mex$) und die Gäste können einmal pro Woche an kostenlosen Spanisch- und Jogakursen teilnehmen. Alkohol sowie Rauchen ist im Haus nicht gestattet. Wer sich für Freiwilligenarbeit interessiert, findet auf der Website verschiedene Angebote dazu.

Hotel Edison HOTEL $
(Karte S. 78; ☎55-5566-0933; Edison 106; EZ/DZ 299/429 Mex$; P ⊖ @ ☮; M Revolución) Hinter der an einen Bunker erinnernden Fassade liegen Zimmer, die auf einen rechteckigen Garten inmitten prähispanischer Motive hinausgehen. Die Tapeten sind verblasst und die Einrichtung nicht mehr ganz neu, dafür sind einige Zimmer riesig und haben große Waschbecken und Marmortoiletten.

Plaza Revolución Hotel HOTEL $$
(Karte S. 78; ☎55-5234-1910; www.hotelplazarevolucion.com; Terán 35; EZ/DZ 810/870 Mex$; P ⊖ @ ☮; Plaza de la República) In einer ruhigen Straße, vier Häuserblocks östlich von der Plaza de la República, steht dieses schicke neue Hotel, das eine stilvolle Unterkunftsoption in einem Gebiet bietet, in der es eigentlich vor allem Budgetunterkünfte gibt. Die modernen Zimmer mit Holzfußböden sind in neutralen Farben gehalten und picobello sauber.

Ramada Reforma HOTEL $$
(Karte S. 78; ☎55-5097-0277; www.ramadareforma.com; Puente de Alvarado 22; EZ/DZ inkl. Frühstück ab 800/1150 Mex$; P ⊖ ❄ @ ☮ ≈; M Hidalgo) Man hat die Wahl zwischen renovierten „Standardzimmern" im älteren Teil des Hotels oder teureren „Superior"-Zimmern im neuen Flügel. Im obersten Stock wartet ein beheizter Pool. Nur eineinhalb Häuserblocks vom Paseo de la Reforma entfernt.

Palace Hotel HOTEL $$
(Karte S. 78; ☎55-5566-2400; www.palace-hotel.com.mx; Ramírez 7; EZ/DZ/Suite 500/729/1044 Mex$; P ⊖ @ ☮; Plaza de la República) Das von geselligen Spaniern geführte Palace hat geräumige, gepflegte Zimmer, einige davon mit großen Balkons und einem atemberaubenden Blick hinunter auf die von Palmen gesäumte Ramírez bis hin zur Kuppel des Monumento. Am besten fragt man nach einem Zimmer zur Straße hin; diese sind deutlich heller. Wer bar bezahlt, bekommt enorme Rabatte.

Zona Rosa & Umgebung

Internationale Geschäftsleute und Touristen nutzen die exklusiven Hotels in diesem internationalen Geschäfts- und Ausgehviertel als Basis. Günstigere Quartiere findet man in den ruhigen Straßen der Colonia Cuauhtémoc, nördlich der Reforma, und in Juárez, östlich der Insurgentes.

Casa González PENSION $$
(Karte S. 116; ☎55-5514-3302; www.hotelcasagonzalez.com; Río Sena 69; DZ/Suite 940/1200 Mex$; P ⊖ ❄ @ ☮; M Insurgentes) Seit fast einem Jahrhundert in Familienbesitz und unverändert beliebt bei Reisenden auf der Suche nach einer friedlichen Unterkunft. Die Casa hat mehrere mit Blumen überladene Innenhöfe und halbprivate Terrassen und ist ausgesprochen *ruhig*. Einige Zimmer werden von Porträts und Landschaftsmalereien (alles Originale) geziert – offenbar beglich ein insolventer Gast damit seine Schulden.

Hotel María Cristina HOTEL $$
(Karte S. 116; ☎55-5703-1212; www.hotelmariacristina.com.mx; Río Lerma 31; DZ/Suite ab 860/1230 Mex$; P ⊖ ❄ @ ☮; Reforma) Das an ein andalusisches Anwesen erinnernde Gebäude wurde in den 1930er-Jahren errichtet – ein herrlicher Rückzugsort! Besonders nett ist die angrenzende Bar mit Sitzgelegenheiten im Innenhof. Die Zimmer lassen den kolonialen Charme der Lobby vermissen, sind aber hell und komfortabel.

Hotel Bristol HOTEL $$
(Karte S. 116; ☎55-5533-6060; www.hotelbristol.com.mx; Plaza Necaxa 17; DZ 930/1066 Mex$; P ⊖ ❄ @ ☮; M Insurgentes) Eine preiswerte Unterkunft im Viertel Cuauhtémoc. Das Bristol wird vor allem von Geschäftsreisenden frequentiert. Die Zimmer sind mit Teppichboden ausgelegt, die Farben stimmig und das Restaurant liegt auch über dem Durchschnitt.

Hotel Suites Amberes SUITES $$$
(Karte S. 116; ☎55-5533-1306; www.suitesamberes.com.mx; Amberes 64; DZ/3BZ/4BZ 2000/2500/2900 Mex$; P ⊖ ☮; M Insurgentes) Die geräumigen Suiten dieser Unterkunft sind bei Familien und Kleingruppen sehr beliebt. Im Endeffekt handelt es sich dabei um große Apartments mit ein bzw. zwei Schlafzimmern mit komplett ausgestatteter Küche, Esszimmer sowie einem Schlafsofa. Die Zimmer zur Straße hin haben als kleines Extra noch einen Balkon. Im oberen Stockwerk

gibt's ein Sonnendeck, einen Fitnessraum und eine Sauna.

Hotel Geneve HOTEL $$$
(Karte S. 116; ☎55-5080-0800; www.hotelgeneve.com.mx; Londres 130; Zi. inkl. Frühstück 2370 Mex$, Suite ab 3800 Mex$; Ⓟ; Ⓜ Insurgentes) Diese Institution in der Zona Rosa legt Wert darauf, sein Belle-Époque-Flair gegenüber dem modernen Chaos der globalisierten Welt ringsum zu bewahren. In der stilvollen Lobby herrschen dunkle Holzvertäfelungen, Ölgemälde und hohe Bücherregale vor. Die Zimmer im hinteren, älteren Teil des Hotels, besonders die „Vintage Suites", versprühen ein noch kolonialeres Flair.

Hotel Cityexpress BUSINESSHOTEL $$$
(Karte S. 116; ☎55-1102-0280; www.cityexpress.com.mx; Havre 21; EZ/DZ inkl. Frühstück 1109/1192 Mex$; Ⓟ; Hamburgo) Das Cityexpress, der Favorit in dieser Preisklasse, legt sehr viel Wert auf Komfort und Funktionalität. Der neutral-moderne Look wird vom stilvollen Dekor aufgepeppt.

St. Regis Mexico City LUXUSHOTEL $$$
(Karte S. 116; ☎55-5228-1818; www.stregis.com/mexicocity; Paseo de la Reforma 439; Zi./Suite 720/815 US$; Ⓟ; Ⓜ Sevilla) Das elegante St. Regis nimmt die unteren 16 Stockwerke eines 31-stöckigen Wohnhochhauses ein. Die Zimmer weisen alle Annehmlichkeiten auf und die ganz oben gelegenen Suiten bieten einen traumhaften, weitläufigen Blick über die Stadt – ebenso wie der Fitnessraum und der überdachte Infinity Pool im 15. Stock. Wer am Wochenende hier wohnt, darf sich über Preisnachlässe von über 50 % freuen.

Condesa

Dank einiger ansprechender Unterkünfte, die sich unlängst hier angesiedelt haben, eignet sich auch dieses Viertel südlich des Bosque de Chapultepec als gute Basis mit einem tollen Angebot an After-Hour-Restaurants, Bars und Cafés.

★ **Casa Comtesse** B&B $$
(Karte S. 86; ☎55-5277-5418; www.casacomtesse.com; Benjamín Franklin 197; Zi. inkl. Frühstück ab 950 Mex$; Ⓟ; Escandón) Dieses B&B ist in einem Gebäude aus den 1940er-Jahren untergebracht und wird von einem liebenswerten Franzosen geführt. Die acht Zimmer sind mit geschmackvollen Kunstwerken und Möbeln ausgestattet und der Speisebereich ist mit Parkettboden ausgelegt. Das Casa hat auch eine Galerie mit grafischer Kunst, in der interessante Werke von mexikanischen Künstlern hängen. Außerdem können erschwingliche Touren zu den Ruinen von Teotihuacán organisiert werden.

Stayinn Barefoot Hostel HOSTEL $$
(Karte S. 86; ☎55-6286-3000; www.stayinnbarefoot.com; Juan Escutia 125; B/DZ inkl. Frühstück ab 180/650 Mex$; Ⓜ Chapultepec) Am Rand von Condesa liegt dieses kunstvoll gestaltete Hostel und bringt frischen Wind in ein Viertel, das sonst nur sehr wenige Mittelklasseoptionen bietet. Die einladende Lobby ist mit ihrem farbenfrohen Fliesenboden und den alten Möbeln ein sympathisches Durcheinander. Auf dem Dach gibt's eine Terrasse, die auch von den Gästen genutzt werden kann. Die freundliche Mezcal-Bar des Barefoot rundet das Ganze schließlich ab.

Hotel Roosevelt HOTEL $$
(Karte S. 86; ☎55-5208-6813; www.hotelroosevelt.com.mx; Av Insurgentes Sur 287, Ecke Av Yucatán; DZ ab 620 Mex$, Suite 1000 Mex$; Ⓟ; Álvaro Obregón) Am östlichen Ende von Condesa und ganz in der Nähe des Bezirks der kubanischen Clubs liegt dieses nette, wenn auch recht funktionale Hotel, das vor allem für Nachtschwärmer interessant sein dürfte. Die meisten Suiten sind mit Whirlpool und Klimaanlage ausgestattet.

★ **Red Tree House** B&B $$$
(Karte S. 86; ☎55-5584-3829; www.theredtreehouse.com; Culiacán 6; EZ/DZ/Suite inkl. Frühstück ab 113/137/274 US$; Campeche) Das älteste B&B in der Umgebung bietet einen Komfort, wie man ihn von zu Hause gewohnt ist, sofern man sein Zuhause überhaupt so exquisit eingerichtet hat. Die 17 Zimmer und Suiten sind individuell gestaltet und das geräumige Penthouse wartet sogar mit einem eigenen Innenhof auf. Unten können die Gäste das gemütliche Wohnzimmer sowie den wunderschönen Garten hinterm Haus nutzen – das Revier des gutmütigen Hündchens Abril.

Vor kurzem hat das Red Tree Zuwachs bekommen: Einen halben Block entfernt auf der Citlaltépetl sind in einem Haus fünf neue, herrliche Zimmer untergebracht.

★ **Villa Condesa** BOUTIQUEHOTEL $$$
(Karte S. 86; ☎55-5211-4892; www.villacondesa.com.mx; Colima 428; Zi. inkl. Frühstück ab 143 US$; Ⓜ Chapultepec) Sobald man einen Fuß in die grüne Lobby des Villa Condesa gesetzt

hat, kann man zum hektischen Mexico City *adiós* sagen. Die 14 Zimmer des auffälligen historischen Gebäudes verbinden klassische Elemente (in jedem steht ein altes Möbelstück) mit den modernen Annehmlichkeiten eines Spitzenklassehotels. Eine Reservierung ist erforderlich und Kinder unter 12 Jahren sind hier nicht gestattet. Gäste können die Fahrräder kostenlos nutzen.

Casa Stella B&B **$$$**
(Karte S. 86; ☎55-6237-0102; www.casastella.com.mx; Ámsterdam 141; DZ inkl. Frühstück ab 112 US$; @📶; 🚌Campeche) 🌿 Hier wurde ein Art-déco-Gebäude aus den 1930er-Jahren – entworfen vom berühmten Architekten Francisco Serrano – in ein neues B&B mit sieben unterschiedlich großen Zimmern verwandelt, die jedoch alle auf ihre Weise begeistern. Das umweltbewusste Stella hat eine eigene Wasseraufbereitung, setzt Solarenergie ein und sammelt Regenwasser.

Roma

Von den meisten der hier genannten Unterkünfte aus erreicht man unzählige Galerien, Straßencafés und Bars zu Fuß. Auch die Partyhochburg Colonia Condesa ist nahe, sodass man sich über einen Mangel an Ausgehmöglichkeiten nicht beschweren kann.

Hostel Home HOSTEL **$**
(Karte S. 86; ☎55-5511-1683; www.hostelhome.com.mx; Tabasco 303; B inkl. Frühstück 150 Mex$, Zi. ohne Bad 450 Mex$; 🚭@📶; 🚌Durango) Das Home hat 20 Betten und ist in einem schönen Gebäude aus der Porfirio-Zeit untergebracht. Es liegt an der schmalen, von Bäumen gesäumten Calle Tabasco, von der aus man sofort im Viertel Roma ist. Das Management ist nett und locker.

Hostal 333 HOSTEL **$**
(Karte S. 86; ☎55-5533-3609; www.hostal333.com; Colima 333; B/DZ inkl. Frühstück 180/450 Mex$; @📶; 🚌Durango) Die Gäste des Hostal 333 dürfen sich auf Fiestas, BBQ und gelegentliche Livekonzerte auf der hübschen, von Topfpflanzen umringten Dachterrasse freuen. Zur Wahl stehen die üblichen Schlafsäle oder private Zimmer mit eigenem Bad.

Casa 180 PENSION **$$**
(Karte S. 86; ☎55-5533-9246, 55-55057777; www.180grados.mx; Colima 180; DZ 1100 Mex$; 📶; 🚌Durango) Diese Pension in Roma bietet große Zimmer mit alten Möbeln und eine unschlagbare Lage: Die Calle Colima ist gesäumt von Restaurants, Bars, interessanten Läden und Kunstgalerien. Der Besitzer spricht Englisch und betreibt außerdem den Klamottenladen im Erdgeschoss. Er versorgt seine Gäste gern mit allen möglichen hilfreichen Infos.

Hotel Milán HOTEL **$$**
(Karte S. 86; ☎55-5584-0222; www.hotelmilan.com.mx; Álvaro Obregón 94; EZ/DZ 510/635 Mex$; P🚭❄@📶; 🚌Álvaro Obregón) Diese Unterkunft liegt an der Hauptverkehrsader des unkonventionellen Roma und präsentiert sich als moderne Unterkunft mit minimalistischem Dekor und zeitgenössischer Kunst in der umgestalteten Lobby. Auch die Zimmer wurden aufgewertet und haben frisch renovierte Bäder.

Hotel Stanza HOTEL **$$**
(Karte S. 86; ☎55-5208-0052; www.stanzahotel.com; Álvaro Obregón 13; Zi./Suite 820/1300 Mex$; P🚭❄@📶; 🚌Jardín Pushkin) Das Hotel für Geschäftsreisende am östlichen Ende der Álvaro Obregón bietet Komfort und ist dabei vergleichsweise günstig. Es liegt im Herzen des geschäftigen Roma-Viertels.

Casa de la Condesa SUITEN **$$$**
(Karte S. 86; ☎55-5574-3186; www.extendedstaymexico.com; Plaza Luis Cabrera 16; Suite inkl. Frühstück ab 1209 Mex$; 🚭❄📶; 🚌Álvaro Obregón) Direkt an der schönen Plaza Luis Cabrera liegt die Casa de la Condesa, eine ruhige Unterkunft für Besucher, die ein paar Tage länger bleiben möchten: Die „Suiten" sind wohl eher Studio-Apartments mit Küche. Preise für einwöchige Aufenthalte stehen auf der Webseite.

La Casona BOUTIQUEHOTEL **$$$**
(Karte S. 86; ☎55-5286-3001; www.hotellacasona.com.mx; Durango 280; Zi. inkl. Frühstück 2200 Mex$; 🚭❄📶; MSevilla) Seit der Renovierung erstrahlt die stattliche Villa aus dem frühen 20. Jh. wieder in ihrem alten Glanz. Sie hat sich zu einem der schönsten Boutiquehotels der Hauptstadt gemausert. Die 29 Zimmer sind individuell gestaltet, um den besonderen Charme der Originalvilla zu untersteichen.

Polanco

In Polanco, nördlich des Bosque de Chapultepec, gibt's hervorragende Business- und Boutiquehotels. Budgetoptionen sucht man hier allerdings vergebens.

Casa Castelar SUITES $$$

(Karte S. 92; ☎55-5281-4990; www.casacastelar.com; Av Castelar 34; Suite inkl. Frühstück ab 137 US$; ; M Auditorio) Die großen, komfortablen Suiten sind für Poplanco-Verhältnisse erschwinglich und bieten viel fürs Geld. Es gibt keine Gemeinschaftsbereiche, das Frühstück wird aber aufs Zimmer gebracht. Die wichtigsten Sehenswürdigkeiten des Chapultepec Park sind bequem zu Fuß zu erreichen.

Hábita Hotel BOUTIQUEHOTEL $$$

(Karte S. 92; ☎55-5282-3100; www.hotelhabita.com; Av Presidente Masaryk 201; DZ inkl. Frühstück ab 3406 Mex$; P; M Polanco) Der Architekt Enrique Norten hat hier ein zweckmäßiges Apartmentgebäude in ein schickes Boutiquehotel verwandelt. Das Dekor der 36 Zimmer ist fast schon unverfroren minimalistisch und die günstigste Option ist gerade einmal 20 m² groß (ob das nun gemütlich oder einfach nur winzig ist, liegt im Auge des Betrachters). Die Bar auf dem Dach, das Área, ist ein angesagtes Nachtlokal.

W Mexico City HOTEL $$$

(Karte S. 92; ☎55-9138-1800; www.whotels.com; Campos Elíseos 252; Zi. Fr & Sa ab 189 US$, So–Do 389 US$; P; M Auditorio) Eines der vier großen Gebäude gegenüber dem Auditorio Nacional ist dieses 25-stöckige Businesshotel, das sich von der Plumpheit seiner Nachbarn abheben will. In den in den Farben Kirsch und Ebenholz gehaltenen Zimmern hängen seidene Hängematten im Duschbereich. Am Wochenende sinken die Preise beträchtlich.

Xochimilco

Die natürliche Schönheit von Xochimilcos Kanälen kann man am besten genießen, wenn man mittendrin wohnt.

Michmani CAMPING $

(☎55-5489-7773; www.xochimilco.df.gob.mx/turismo/michmani_precios.html; Embarcadero Cuemanco, abseits der Anillo Periférico Sur; Stellplatz pro Pers. inkl. Zelt 150 Mex$, Hütte 650 Mex$; P) Das Ökotourismuszentrum Michmani organisiert Übernachtungen auf dem Campingplatz **La Llorona Cihuacoatl** (☎55-9147-4775, 55-5489-7773; lallorona_chillona@hotmail.com), der sich auf einer friedlichen *chinampa* (Garten) erstreckt. Im Zentrum können Zelte geliehen werden, Schlafsäcke muss man allerdings mitbringen. Alternativ kann man in einer winzigen rustikalen Hütte mit zwei Betten übernachten. Man kann auch die Grillstellen und die Temascal (Dampfbäder 250 Mex$) benutzen.

Um hierher zu kommen, fährt man bis zur Metrostation General Anaya und nimmt dort den Ausgang an der Ostseite der Calzada de Tlalpan. 50 m weiter nördlich steigt man in einen *pesero* Richtung „Tláhuac Paradero“. Aussteigen muss man am Eingang zum Embarcadero Cuemanco. Von dort ist es noch 1 km bis Michmani (liegt gleich hinter dem *embarcadero*). Mit einem Boot setzt man schließlich nach La Llorona über.

Coyoacán & Ciudad Universitaria

In dieser südlichen Gemeinde gibt's nur wenige Budgetoptionen und eine Handvoll ansprechender Pensionen. Beim Tourismusbüro von Coyoacán kann man sich über Übernachtungsmöglichkeiten bei Einheimischen erkundigen.

Hostal Cuija Coyoacán HOSTEL $

(Karte S. 120; ☎55-5659-9310; www.hostalcuijacoyoacan.com; Berlín 268; B ab 210 Mex$, Zi. 650 Mex$; ; M Coyoacán) Das HI-Hostel im Eidechsen-Dekor ist eine saubere und erschwingliche Bleibe zum Erkunden der Sehenswürdigkeiten von Coyoacán. Zwar hat es schöne Gemeinschaftsbereiche, die kleinen Schlafsäle und Privatzimmer werden einen aber nicht vom Hocker reißen.

El Cenote Azul HOSTEL $

(☎55-5554-8730; www.elcenoteazul.com; Alfonso Pruneda 24, Colonia Copilco el Alto; B 150 Mex$; ; M Copilco) Hostel mit entspannter Atmosphäre unweit des UNAM-Campus mit sechs gepflegten Vier- oder Zweibettzimmern. Die drei Gemeinschaftsbäder sind mit Talavera-Kacheln ausgekleidet. Die Bar unten ist ein beliebter Studententreffpunkt. Auf der Webseite steht, wie man hierher kommt.

★ **Chalet del Carmen** PENSION $$

(Karte S. 120; ☎55-5554-9572; www.chaletdelcarmen.com; Guerrero 94; EZ/DZ/Suite ab 677/977/1477 Mex$; ; M Coyoacán) Ein freundlicher Einheimischer aus Coyoacán und seine Schweizer Frau betreiben diese umweltfreundliche Pension, die mit einer gemütlichen Kombination aus mexikanischer und europäischer Ästhetik besticht. Die fünf Zimmer und zwei Suiten sind mit alten Möbeln ausgestattet und schön hell. Die Nutzung von Küche und Fahrrädern ist für Gäste kostenlos. Ohne Reservierung läuft hier nichts.

Hostal Frida PENSION $$

(Karte S. 120; ☎55-5659-7005; www.hostalfridabyb.com; Mina 54; Zi. 750 Mex$; ; Ⓜ Coyoacán) Von der Bezeichnung Hostal sollte man sich nicht in die Irre führen lassen. Dieser Familienbetrieb bietet gepflegte Zimmer, die eher der Kategorie Pension zuzuordnen sind. Alle sechs Doppelzimmer liegen jeweils auf einer eigenen Etage in aneinandergrenzenden Gebäuden, drei von ihnen haben eine Küche.

Flughafen

Hotel Aeropuerto HOTEL $$

(☎55-5785-5318; www.hotelaeropuerto.com.mx; Blvd Puerto Aéreo 380; EZ/DZ 590/750 Mex$; P; Ⓜ Terminal Aérea) Zwar gibt es direkt bei den Terminals einige gehobene Hotels, doch das preiswerte Hotel Aeropuerto auf der anderen Straßenseite ist für erschöpfte Reisende völlig ausreichend. Es ist das einzige Hotel in der Gegend, das nicht zu einer Kette gehört. Das Personal an der Rezeption ist hilfsbereit. Einige der neutral-modernen Zimmer bieten einen Blick auf die Landebahn des Flughafens (die Fenster sind schalldicht). Vor dem Inlandsterminal geht man nach links und noch über die Metro hinaus. Dann biegt man erneut links auf den Blvd Puerto Aéreo ein und passiert die Fußgängerbrücke.

Essen

Von der Taco-Bude bis zum Gourmetrestaurant – kulinarisch ist in der Hauptstadt für jeden Geschmack und Geldbeutel etwas geboten. In den letzten Jahren hat sich Mexico City zu einer wichtigen Destination für Gourmets gemausert – mittlerweile werden mexikanische Köche mit dem Lob überhäuft, das früher ihren Kollegen in New York und Paris vorbehalten war. Die meisten der angesagtesten Adressen für moderne Küche findet man in Roma, Condesa und Polanco.

Reisende mit knappen Budget dürfen sich auf Tausende von Restaurants und Imbissbuden freuen, in denen *comidas corridas* (Mittagsmenüs) für teilweise gerade einmal 50 Mex$ serviert werden. Eine gute Anlaufstelle sind z.B. Marktgebäude. Auch *tianguis* (Straßenmärkte) haben meist Essbereiche, in denen es Tacos und Quesadillas gibt.

Bestimmte Spezialitäten findet man überall in der Stadt. Abends werden heiße *tamales* mit dem Fahrrad ausgefahren. Die Verkäufer verkünden ihre Ankunft über billige Lautsprecher. Ertönt der schrille Ton einer Dampfpfeife, weiß man, dass der Mann mit den *camote* (Süßkartoffeln) kommt. Das Pfeifen hört man ganze Häuserblöcke weit.

Centro Histórico

Das historische Zentrum ist ein toller Ort, um sich in eleganter Umgebung traditionelle mexikanische Küche schmecken zu lassen.

★ **Los Cocuyos** TAQUERÍA $

(Karte S. 66; Bolívar 54; Tacos 8–15 Mex$; ⏲10–6 Uhr; Ⓜ San Juan de Letrán) Tacos mit *suadero* (Rindfleisch) gibt's überall in der Stadt, hier schmecken sie allerdings besonders gut. In einem blubbernden Trog werden verschiedene Fleischsorten zubereitet. Empfehlenswert ist der *campechano,* ein gemischter, arterienverstopfender Taco mit Rindfleisch und Würstchen. Wer auf abenteuerlichere Küche steht, darf gern die Tacos mit *ojo* (Auge) oder *lengua* (Zunge) probieren.

Taquería Los Paisas TAQUERÍA $

(Karte S. 66; ☎55-5542-8139; Jesús María 131; Tacos 16–18 Mex$; ⏲9–24 Uhr; Ⓜ Pino Suárez) Der Tacostand südöstlich vom Zócalo bietet prall gefüllte Taco mit Steak, Würstchen, *pastor* (Schwein vom Spieß) sowie *campechano* (mit mehreren Fleischsorten). An den Beilagen darf man sich nach Herzenslust bedienen.

La Casa del Pavo SANDWICHES $

(Karte S. 66; ☎55-5518-4282; Motolinía 40; *tortas* 30 Mex$; ⏲9–21 Uhr; Ⓜ Allende) In diesem traditionellen Schnellrestaurant werden leckere *tortas de pavo* (Truthahn-Sandwiches) mit Avocado direkt vom Grill serviert.

Helus NAHÖSTLICH $

(Karte S. 66; ☎55-5522-2130; www.productoshelus.com.mx; República del Salvador 157; Empanadas 23 Mex$, Schawarma 40 Mex$, Gebäck 20–34 Mex$; ⏲Mo–Fr 9–19, Sa bis 17 Uhr; ; Las Cruces) Ein weitläufiger Verwandter des mexikanischen Milliardärs Carlos Slim bereitet hier Köstlichkeiten wie libanesisches Gebäck, Empanadas, Schawarma und auch verschiedene vegetarische Gerichte zu.

Café El Popular CAFÉ $

(Karte S. 66; ☎55-5518-6081; www.cafeelpopular.com.mx; Av 5 de Mayo 52; Frühstück 49–60 Mex$; ⏲24 Std.; Ⓜ Allende) Dieses winzige, rund um die Uhr geöffnete Café war derart beliebt, dass nebenan eine größere Niederlassung eröffnet werden musste. Frisches Gebäck,

KULINARISCHE RUNDREISE DURCH MEXIKO IN EINEM TAG

Seit jeher strömen Mexikaner aus allen Teilen des Landes in die pulsierende Hauptstadt, um dort ihr Glück zu suchen. Sie kommen aus Mérida, Chiapas, Jalisco und Guerrero und sind – glücklicherweise – darum bemüht, besonders ihre kulinarischen Traditionen aufrecht zu erhalten.

Con Sabor a Tixtla (Karte S. 86; www.consaboratixtla.com; Chiapas 206, Colonia Roma; Tacos 21–25 Mex$, Hauptgerichte 80–125 Mex$; Mo & Di 13–18, Mi–So 10–18 Uhr; ; Sonora) Die hausgemachten Köstlichkeiten der pensionierten Lehrerin Enedina Bello González gehen auf Familienrezepte aus zwei Generationen aus Tixtla, Guerrero, zurück. Zu den Spezialitäten in diesem bunten Lokal in Roma gehören *pozole* (Maismehlsuppe) sowie *chiles rellenos tradicionales de Tixtla* (gefüllte Chilis nach Tixtla-Art).

La Polar (55-5546-5066; www.lapolar.mx; Guillermo Prieto 129, Colonia San Rafael; *birria* 112 Mex$; 7–2 Uhr; P; M Normal) Die laute Bierhalle wird von einer Familie aus Ocotlán, Jalisco, betrieben. Auf der Speisekarte steht genaugenommen nur ein Gericht: *birria*, ein würziger Ziegenfleischeintopf. Die Stimmung wird außerdem von Mariachis und *norteño*-Combos angeheizt, die in den sechs Speisesälen spielen.

Coox Hanal (Karte S. 66; 55-5709-3613; www.facebook.com/coox.hanal; 2. Stock, Isabel La Católica 83, Colonia Centro; Hauptgerichte 48–120 Mex$; 10.30–18.30 Uhr; P; M Isabel La Católica) Das 1953 von dem Boxer Raúl Salazar aus Mérida gegründete Lokal bereitet qualitativ hochwertige Gerichte aus Yucatán zu, wie etwa *poc chuc* (in Orangensaft mariniertes, gegrilltes Schwein) oder *cochinita pibil* (im Backofen gegartes Schwein). Und dann wäre da noch die *habanero salsa*, bei der man am besten gleich den Feueralarm auslöst.

Los Tolucos (Hernández y Dávalos 40, Ecke Bolívar, Colonia Algarín; *pozoles* 64–70 Mex$; 10–21 Uhr; P; M Lázaro Cárdenas) Seit über 40 Jahren übt die grüne *pozole* nach Guerrero-Art, die von einem Radiosender der Stadt zur besten *pozole* Mexico Citys gewählt wurde, auf Menschen von nah und fern eine besondere Anziehungskraft aus. Das Restaurant liegt drei Häuserblöcke östlich der Metrostation Lázaro Cárdenas.

Tamales Chiapanecos María Geraldine (Karte S. 66; 55-5608-8993; Plaza Hidalgo, Coyoacán; *tamales* 30–35 Mex$; Sa & So 10–22 Uhr; M Coyoacán) Am Durchgang neben dem bogenförmigen Flügel der Kirche San Juan Bautista bereitet die in Chiapas geborene Doña María Geraldine fantastische *tamales* zu. Sie werden in Bananenblätter gewickelt und mit Zutaten wie Oliven, Pflaumen und Mandeln gefüllt. Dazu gibt's köstliche Saucen.

café con leche (Milchkaffee) und tolle Frühstückskombis sind die Highlights hier.

Vegetariano Madero VEGETARISCH $

(Karte S. 66; 55-5521-6880; Av Madero 56; Mittagsmenü 75 Mex$; 8–20 Uhr; ; M Zócalo) Jenseits des nüchternen Eingangs befindet sich im Obergeschoss ein geschäftiges Restaurant, in dem ein Pianist alte Gassenhauer zum Besten gibt. Auf der vegetarischen Speisekarte gibt's eine Reihe leckerer Varianten mexikanischer Klassiker; auch Veganer kommen nicht zu kurz.

Mercado San Camilito MARKT $

(Karte S. 66; Plaza Garibaldi; pozoles 65–70 Mex$; 24 Std.; P; M Garibaldi) In dem Gebäude, das sich über einen ganzen Häuserblock erstreckt, sind über 70 Küchen untergebracht. Serviert wird u.a. *pozole* nach Jalisco-Art, eine Brühe mit Maiskörnern und Schweinefleisch, zu der Beilagen wie Radieschen und Oregano gehören. Wenn man nicht gerade auf Schweinenasen und -ohren steht, sollte man bei der Bestellung unbedingt hinzufügen, dass man *maciza* (Fleisch) wünscht.

★ Hostería de Santo Domingo MEXIKANISCH $$

(Karte S. 66; 55-5526-5276; www.hosteriadesantodomingo.mx; Belisario Domínguez 72; *chile en nogada* 205 Mex$, Hauptgerichte 60–210 Mex$; Mo–Sa 9–22.30, So bis 21 Uhr; ; República de Chile) Seit 1860 werden hier, im ältesten Restaurant der Stadt, klassische mexikanische Gerichte zubereitet. Klaviermusik (live) trägt zur geselligen Atmosphäre bei. Auf der Speisekarte finden sich jede Menge Gerichte, berühmt ist die *hostería* jedoch vor allem für seine *chile en nogada* (eine riesige Paprikaschote gefüllt mit Hackfleisch und getrockneten Früchten, übergossen mit einer Sahne-Walnuss-Sauce). Achtung: Es heißt, im Gebäude spuke es.

Al Andalus NAHÖSTLICH $$
(Karte S. 66; ☎55-5522-2528; m_andalus171@yahoo.com.mx; Mesones 171; Schawarma 70 Mex$, Hauptgerichte 125–220 Mex$; ⏰9–18 Uhr; Ⓜ Pino Suárez) In einer schönen Kolonialvilla im Textilbezirk Merced angesiedelt, versorgt das Al Andalus die beträchtliche libanesische Gemeinde von Mexico City mit Klassikern wie Schawarma, Kebab und Falafel.

Café de Tacuba MEXIKANISCH $$
(Karte S. 66; ☎55-5518-4950; www.cafedetacuba.com.mx; Tacuba 28; Hauptgerichte 69–215 Mex$, 4-Gänge-Mittagsmenü 220 Mex$; ⏰8–23.30 Uhr; 📶; Ⓜ Allende) Das Restaurant gab's schon lang bevor die Band gegründet wurde. Es ist ein Traum aus bunten Kacheln, Bronzelampen und Ölgemälden, in dem seit 1912 *antojitos* (Snacks wie Tacos und *sopes* – Maistortillas mit Bohnen, Käse und weiteren Zutaten) zubereitet werden. Energiegeladene *estudiantinas* (studentische Musikgruppen) sorgen von Mittwoch bis Sonntag während des Abendessens für Stimmung.

Restaurante Chon MEXIKANISCH $$
(Karte S. 66; ☎55-5542-0873; Regina 160; Vorspeisen 25–260 Mex$, Hauptgerichte 65–230 Mex$; ⏰Mo–Sa 13–18.30 Uhr; 📶; Ⓜ Pino Suárez) Die Küche der prähispanischen Ära ist die Spezialität dieses Restaurants im *cantina*-Stil. Serviert werden beispielsweise *maguey*-(Agaven-)Würmer, *chapulines* (Grashüpfer) und *escamoles* (Ameisenlarven). Zum Hinunterspülen gibt's aromatisierten *pulque* (ein fermentierter Agavendrink, der auch als „Götterblut" bekannt ist). Tiere wie etwa Krokodil oder Hornhecht kommen von Zuchtfarmen.

Casino Español SPANISCH $$
(Karte S. 66; ☎55-5510-2967; www.casinoespanoldemexico.com; Isabel La Católica 29; 4-Gänge-Mittagsmenü 130 Mex$; ⏰Mo–Fr 7–12 & 13–18 Uhr; 📶; Ⓜ Zócalo) Dieses alte spanische Gemeinschaftszentrum mit einer beliebten *cantina* unten und einem eleganten Restaurant oben ist in einem wunderbaren Gebäude aus dem Porfiriato untergebracht. Serviert werden klassische spanische Gerichte wie *paella valenciana* (Paella nach Valencia-Art).

El Cardenal MEXIKANISCH $$$
(Karte S. 66; ☎55-5521-8815; www.restauranteelcardenal.com; Palma 23; Frühstück 62–82 Mex$, Mittag- & Abendessen 130–230 Mex$; ⏰Mo–Sa 8–18.30, So 9–18.30 Uhr; Ⓟ📶; Ⓜ Zócalo) Diese wahrscheinlich beste Adresse für eine traditionelle Mahlzeit erstreckt sich über drei Stockwerke in einer Villa im Pariser Stil. Gespeist wird zu sanfter, live gespielter Klaviermusik. Das Frühstück ist ein absolutes Muss – es umfasst eine Portion frisch gebackenen, süßen Gebäcks und einen Krug heißer Zartbitterschokolade mit Schaumkrone. Die Mittagsspezialität des Hauses ist *pecho de ternera* (im Ofen gebackene Kalbsbrust).

Die neue Filiale heißt **El Cardenal San Ángel** (Karte S. 100; Av de la Paz 32; ⏰8–18.30 Uhr; Ⓟ📶; 🚌 La Bombilla) und liegt im Süden der Stadt.

La Casa de las Sirenas MEXIKANISCH $$$
(Karte S. 66; www.lacasadelassirenas.com.mx; República de Guatemala 32; Hauptgerichte 210–240 Mex$; ⏰Mo–Sa 11–23, So bis 18 Uhr; 📶; Ⓜ Zócalo) Das in einem Relikt aus dem 17. Jh. untergebrachte Sirenas bietet eine Terrasse im Obergeschoss mit Blick zum Zólaco über die Plaza del Templo Mayor. Hier kann man toll modern zubereitete regionale Gerichte mit Pfiff probieren, so z. B. Hähnchen in Kürbiskern-*mole* (einer Chilisauce).

Los Girasoles MEXIKANISCH $$$
(Karte S. 66; ☎55-5510-0630; www.restaurantelosgirasoles.com; Plaza Tolsá; Hauptgerichte 140–194 Mex$; ⏰Di–Sa 13–23.30, So & Mo bis 21 Uhr; Ⓟ📶; Ⓜ Allende) In diesem guten Restaurant mit Blick auf die prächtige Plaza Tolsá ist die Auswahl an mexikanischen Gerichten nahezu unerschöpflich und reicht von prähispanischen Spezialitäten wie Ameisenlarven und Grashüpfern bis hin zu modernen Gerichten wie rotem Schnapper mit einer Kruste aus *huanzontle*-Blüten.

Alameda Central & Umgebung

Die Restaurants nahe der Alameda sind auf Touristen ausgerichtet, doch wenn man die Luis Moya hinuntergeht oder der Ayuntamiento südlich der Alameda folgt, wird man die rustikale Seite des Viertels in Form von *torta*- (Sandwich-)Ständen und Hühnersuppenverkäufern kennenlernen. Die bescheidene Barrio Chino (Chinatown) von Mexico City erstreckt sich über nur einen Häuserblock an der Calle Dolores, einen Block südlich des Parks. Um die mittelmäßigen Restaurants hier macht man besser einen Bogen.

El Huequito TAQUERÍA $
(Karte S. 78; www.elhuequito.com.mx; Ayuntamiento 21; *tacos al pastor* 13 Mex$; ⏰Mo–Sa 9.30–22, So 10.30–20.30 Uhr; 🚌 Plaza San Juan) Die *taquería* gehört zu den alten Hasen im Geschäft. Seit

Zona Rosa

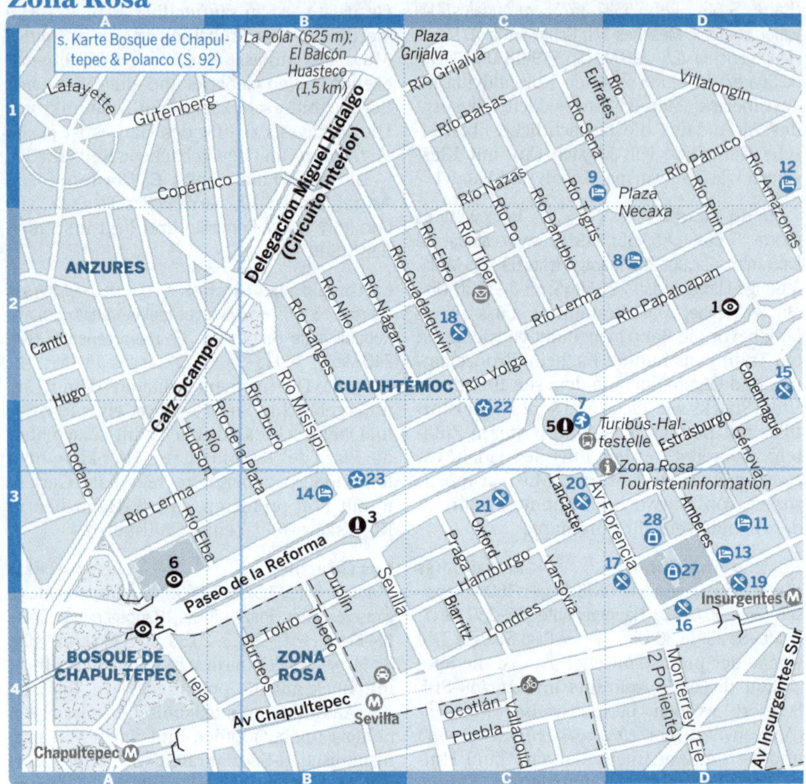

1959 werden hier köstliche *tacos al pastor* (mariniertes, gegrilltes Schwein vom Spieß) zubereitet. Im Zentrum gibt's einige Filialen mit Sitzgelegenheiten, aus irgendeinem Grund (vielleicht wegen des wunderbar grimmigen Snackbuden-Flairs?) sind die Tacos hier in der Originallocation aber besser.

Churrería El Moro SÜSSES $
(Karte S. 78; ☎ 55-5512-0896; www.elmoro.com.mx/Home/El_Moro.html; Eje Central Lázaro Cárdenas 42; heiße Schokolade mit 4 Churros 60 Mex$; ⏲ 24 Std.; Ⓜ San Juan de Letrán) Netter Zufluchtsort, wenn es einem auf der Eje Central zu turbulent wird. Im El Moro werden lange, frittierte *churros* (Donut-ähnliche Teigfinger) zubereitet, die man zum Verzehr in dickflüssige heiße Schokolade tunkt.

Mi Fonda SPANISCH $
(Karte S. 78; ☎ 55-5521-0002; López 101; Paella 70 Mex$; ⏲ Di–So 11.30–17 Uhr; 🚌 Plaza San Juan) *Chilangos* der Arbeiterklasse stehen Schlange für die *paella valenciana*, die täglich frisch zubereitet und von Damen mit weißen Hauben geduldig serviert wird. Jesús aus Kantabrien wacht über das Ganze.

El Cuadrilátero SANDWICHES $
(Karte S. 78; ☎ 55-5521-3060; Luis Moya 73; *tortas* 53–85 Mex$; ⏲ Mo–Sa 7–20 Uhr; 🚌 Plaza San Juan) Wrestler Super Astro ist der Besitzer dieses *torta*-Imbisses mit einem Schrein aus Masken der *lucha libre* (mexikanisches Wrestling). Wer es schafft, die Torta Gladiador – eine Cholesterinbombe mit Eiern, Würstchen, Bacon, Rind, Hühnchen und Hotdog – in 15 Minuten zu verdrücken, für den ist diese „Mutter aller *tortas*" kostenlos.

Plaza de la República & Umgebung

Gotan Restaurante ARGENTINISCH $$
(Karte S. 78; Baranda 17, Colonia Tabacalera; Hauptgerichte 59–199 Mex$; ⏲ Mo–Fr 10–20.30 Uhr;

; Plaza de la República) Eines der besten und authentischsten argentinischen Restaurants der Stadt. Die Besitzerin (in Buenos Aires geboren) und ihr mexikanischer Mann legen sehr viel Wert aufs Detail: Jeden Tag gibt's frisch gebackenes Brot und das Fleisch sowie sonstige Lebensmittel werden aus Argentinien importiert. Unbedingt die köstliche Karamellcreme *postre de la nonna* probieren.

Zona Rosa & Umgebung

In der Zona Rosa gibt es unzählige Möglichkeiten, seinen Hunger oder Durst zu stillen, die Optionen sind jedoch, mit wenigen Ausnahmen, eher unspektakulär. Es gibt vorwiegend „internationale" Durchschnittskost und Fast-Food-Ketten. Nördlich des Paseo de la Reforma haben sich viele neue Restaurants angesiedelt und in der Colonia Cuauhtémoc schießen die Bars wie Pilze aus dem Boden.

Zona Rosa

Sehenswertes
1 Centro Bursátil (Bolsa) D2
2 Centro de Cultura Digital A4
Estela de Luz .... (siehe 2)
3 La Diana Cazadora B3
4 Monumento a Cuauhtémoc F1
5 Monumento a la Independencia C3
6 Torre Mayor A3

Aktivitäten, Kurse & Touren
7 Bicitekas C3

Schlafen
8 Casa González D2
9 Hotel Bristol C1
10 Hotel Cityexpress E2
11 Hotel Geneve D3
12 Hotel María Cristina D1
13 Hotel Suites Amberes D3
14 St. Regis Mexico City B3

Essen
15 De Mar a Mar D2
16 Fonda El Refugio D4
17 King Falafel D3
18 Rokai C2
19 Tezka D3
20 Young Bin Kwan C3
21 Yug Vegetariano C3

Ausgehen & Nachtleben
Nicho Bears & Bar .... (siehe 17)

Unterhaltung
22 Cinemex Casa de Arte C3
23 Cinépolis Diana B3
24 Patrick Miller F3

Shoppen
25 Fonart F1
26 Jardín del Arte E1
27 Mercado Insurgentes D3
28 Plaza del Ángel D3
29 Reforma 222 .... E2

King Falafel NAHÖSTLICH $
(Karte S. 116; 55-5514-9030; Londres 178; Falafel 55 Mex$, Salat 55–62 Mex$; Mo–Sa 10–19 Uhr; ; Insurgentes) Dieser kleine Imbiss wird von einem Englisch sprechenden syrischen Juden betrieben und hat jede Menge vegetarische Optionen im Programm, u.a. Falafel in Pitabrot, gemischte Salate, Taboulé und frischen Hummus.

Yug Vegetariano VEGETARISCH $$
(Karte S. 116; 55-5333-3296; www.lovevegetariano.com; Varsovia 3; Mittagsbuffet 85–95 Mex$, Hauptgerichte 54–98 Mex$; Mo–Fr 7–21, Sa & So 8.30–20 Uhr; ; Sevilla) Die Speisekarte verspricht Vegetariern das Paradies

auf Erden und ist so lang, dass auch die meisten Fleischfans etwas finden, was ihnen schmeckt. Man bestellt entweder eine Spezialität wie Crêpes mit Kürbisblüten oder bedient sich am Buffet.

Rokai JAPANISCH $$$

(Karte S. 116; ☎ 55-5207-7543; www.facebook.com/rokaimexico?ref=stream; Río Ebro 87, Colonia Cuauhtémoc; Degustationsmenü mittags/abends 290/420 Mex$; ⊙ Mo–Sa 14.30–17 & 19–23 Uhr; 📶; Ⓜ Insurgentes) Mit dem Rokai bekommt japanisches Essen in Mexico City eine ganz neue Dimension. Der in Tokio geborene und in Los Angeles aufgewachsene Küchenchef Hiroshi Kawahito empfiehlt das *omakase*, ein wechselndes Degustationsmenü, das aus sorgfältig zubereiteten Gerichten wie Sushi und Sashimi zusammengestellt ist. Nach jedem Gang – abends gibt es gleich neun davon – wartet man sehnsüchtig auf den nächsten. Generell gilt, dass Kawahito nur frischen Fisch und frische Meeresfrüchte verarbeitet. Reservierung empfohlen.

De Mar a Mar MEERESFRÜCHTE $$$

(Karte S. 116; ☎ 55-5207-5730; www.demaramar.mx; Niza 13; Hauptgerichte 170–210 Mex$; ⊙ Mo–Sa 13–22, So bis 18 Uhr; 📶; 🚇 Hamburgo) Eines der besten neuen Restaurants in der Zona Rosa. Die Speisekarte wurde vom Chefkoch Eduardo Garcia, ein aufgehender Stern an Mexico Citys Gourmethimmel, höchstpersönlich zusammengestellt. Alle Gerichte, besonders die Ceviches und *tostadas* (gebackene oder frittierte Tortillas), bestechen durch ihre frischen Zutaten. Die Desserts sind ein wahrer Traum.

Fonda El Refugio MEXIKANISCH $$$

(Karte S. 116; ☎ 55-5525-8128; www.fondaelrefugio.com; Liverpool 166; Gerichte 150–220 Mex$; ⊙ 13–23 Uhr; 📶🍷; Ⓜ Insurgentes) In der familienbetriebenen *fonda* (Gasthaus) werden inmitten bunter Töpfe und seltsamer Keramikornamente seit 1954 mexikanische Spezialitäten wie *mole poblano* (Hähnchen in einer schokoladigen Sauce) und *chiles rellenos* (Paprika mit Rinderhackfüllung) serviert.

Tezka INTERNATIONAL $$$

(Karte S. 116; ☎ 55-9149-3000; www.tezka.com.mx; Amberes 78; Hauptgerichte 190–380 Mex$, Degustationsmenü 520 Mex$; ⊙ Mo–Fr 13–17 & 20–23, Sa & So 13–18 Uhr; Ⓟ 📶; Ⓜ Insurgentes) Das Tezka ist auf moderne baskische Küche spezialisiert und gehört zu den besten Restaurants der Stadt. Die regelmäßig wechselnde Speisekarte wartet mit aufwendig zubereiteten Gerichten wie Lammrücken auf, alternativ kann man das Vier-Gänge-Degustationsmenü probieren (2 Vorspeisen, 1 Hauptgericht und 1 Dessert).

Young Bin Kwan ASIATISCH $$$

(Karte S. 116; ☎ 55-5208-9399; Av Florencia 15; *bulgogi* 180 Mex$; ⊙ 11–22 Uhr; 📶; Ⓜ Insurgentes) Zu den gewaltigen Portionen *bulgogi* (mariniertes Rindfleisch, das direkt am Tisch gegrillt wird) gibt's in diesem riesigen koreanischen Speiserestaurant eine tolle Auswahl an Beilagen (Sesamblätter, Bohnensprossen und Kimchi).

Condesa

In La Condesa gibt's Dutzende unkonventioneller Bistros und Cafés, von denen viele auch Sitzgelegenheiten draußen auf dem Bürgersteig haben. Der Wettbewerb entlang der beliebtesten Straßen ist besonders groß. Die Restaurantszene des Viertels ist eine Mischung aus Michoacán, Vicente Suárez und Tamaulipas. Sehr gute Anlaufstellen sind die Restaurants rund um den Parque México.

Tacos Don Juan TAQUERÍA $

(Karte S. 86; Ecke Atlixco & Juan Escutia; Tacos 16–21 Mex$; ⊙ Mo–Do 10–16, Fr bis 15.30, Sa & So bis 14 Uhr; 🚇 Campeche) Ein wirklich sehr guter Taco-Laden, der eigentlich immer von Einheimischen belagert wird. Die Angebote wechseln täglich. Freitags und samstags gibt's *carnitas* (frittiertes Schweinefleisch), sonntags ist der Klassiker dran: *bistec con longaniza* (Rind mit Würstchen) mit ganzen Bohnen. Nur morgens und mittags geöffnet.

El Tizoncito TAQUERÍA $

(Karte S. 86; ☎ 55-5286-7321; www.eltizoncito.com.mx; Av Tamaulipas 122; Tacos ab 12,50 Mex$; ⊙ So–Do 12–3.30, Fr & Sa bis 5.30 Uhr; 📶; Ⓜ Patriotismo) Diese *taquería* rühmt sich damit, die *tacos al pastor* erfunden zu haben. Deshalb gehört es zum Essenserlebnis dazu, den „Erfindern" beim flinken Arrangieren der Tacos zuzusehen. Wer hier keinen Sitzplatz findet, der hat vielleicht in der größeren Filiale zwei Blöcke weiter östlich an der Campeche mehr Glück.

Taquería Hola TAQUERÍA $

(Karte S. 86; ☎ 55-5286-4495; Ámsterdam 135, Ecke Av Michoacán; Tacos 16 Mex$; ⊙ Mo–Fr 9–17, Sa & So bis 14 Uhr; 🚇 Campeche) Am Vormittag versammeln sich die Einheimischen in diesem netten kleinen Laden für einen Imbiss im Stehen. Die Auswahl an Taco-Füllungen ist bemerkenswert; sie alle sind zur Ansicht appetitlich auf Tontellern arrangiert.

El Califa TAQUERÍA $

(Karte S. 86; 55-5271-7666; www.elcalifa.com.mx; Altata 22; Tacos 26–67 Mex$; 13–4 Uhr; ; M Chilpancingo) Dieser beliebte Taco-Imbiss gibt dem Klassiker eine ganz eigene Note. Zu den hausgemachten Tortillas mit gegrillten Rindfleischstücken passen die verschiedenen würzigen Saucen, die auf den Tischen stehen.

Nevería Roxy EISCREME $

(Karte S. 86; 55-5286-1258; www.neveriaroxy.com.mx; Ecke Mazatlán & Montes de Oca; Kugel 15–30 Mex$; 11–20 Uhr; M Juanacatlán) Im altmodischen Roxy gibt's hausgemachtes Eis und Sorbet, darunter tropische Geschmacksrichtungen wie *zapote* (Breiapfel) und Guave. Eine weitere Niederlassung ist in der Avenida Tamaulipas 161 in Alfonso Reyes.

Orígenes Orgánicos BIO $$

(Karte S. 86; 55-5208-6678; www.origenesorganicos.com; Plaza Popocatépetl 41A; Hauptgerichte 70–150 Mex$; Mo–Fr 8.30–21.30, Sa & So 9–18.30 Uhr; ; Sonora) Mehr als nur ein Laden, in dem man Sojamilch und Produkte aus garantiertem Bio-Anbau kaufen kann. Das Geschäft/Café liegt an einem der schönsten Plätze in Condesa und zu essen gibt's leckere Gerichte mit Bio-Zutaten der Saison.

Taj Mahal INDISCH $$

(Karte S. 86; Francisco Márquez 134; Hauptgerichte 120–199 Mex$; So–Mi 13–22, Do–Sa bis 23 Uhr; ; M Juancatlán) Ein hart arbeitender Mann aus Bangladesch, der durch Condesa streifte und Kleidung aus einem Koffer verkaufte, hat heute sein eigenes Restaurant mit indischer Küche. Vegetariern bietet sich eine große Auswahl, darunter Knoblauch-Naan, Gemüse-Biryani und Joghurtgetränke in verschiedenen Geschmacksrichtungen.

Café La Gloria FRANZÖSISCH $$

(Karte S. 86; 55-5211-4185; Vicente Suárez 41; Hauptgerichte 95–180 Mex$; Mo–Mi 13–24, Do & Fr bis 1, Sa & So 10–24 Uhr; P; M Campeche) Angesagtes Bistro im Herzen von Condesa. Dank seiner verlässlich guten Salate, der sagenhaften Pasta sowie der ausgefallenen Kunst an den Wänden ist es ein beliebter Treffpunkt.

La Rambla STEAK $$

(Karte S. 86; Ometusco s/n, zw. Av Baja California & Benjamín Hill; Hauptgerichte 65–150 Mex$; Mo–Do 13.30–21.30, Fr & Sa bis 23.30, So 13–18 Uhr; ; Escandón) Der aus Montevideo stammende Besitzer bietet in diesem uruguayischen Steakhaus mit persönlicher Atmosphäre zartes Fleisch wie *milanesa de res* (paniertes Steak) sowie vegetarische Pizzas zu vernünftigen Preisen an.

Lampuga MEERESFRÜCHTE $$$

(Karte S. 86; 55-5286-1525; www.lampuga.com.mx; Ometusco 1, Ecke Av Nuevo León; Hauptgerichte 146–245 Mex$; Mo–Sa 13.30–23, So bis 18 Uhr; ; M Chilpancingo) Die Spezialität dieses ansprechenden Bistros sind Gerichte mit Meeresfrüchten. Tolle Vorspeisen sind die Thunfisch-*tostadas* und das geräucherte Marlin-Carpaccio. Als Hauptgang empfiehlt sich der fangfrische Fisch vom Kohlegrill.

Pablo El Erizo MEERESFRÜCHTE $$$

(Karte S. 86; www.pabloelerizo.com; Montes de Oca 6; Hauptgerichte 150–210 Mex$, Tacos & Vorspeisen 65–145 Mex$; Mo & Di 13–21, Mi–Sa bis 23, So bis 18 Uhr; ; Campeche) Das von der Küche der Baja California inspirierte Bistro ist bei der ausgefallenen Zubereitung von Meeresfrüchten kaum zu schlagen. Serviert werden gebratene Thunfisch-*tostadas* mit knackigem Lauch sowie Shrimps-Tacos à la Ensenada.

La Capital MEXIKANISCH $$$

(Karte S. 86; 55-5256-5159; www.restaurantelacapital.com; Av Nuevo León 137; Hauptgerichte 105–195 Mex$; Mo–Mi 13–1, Do–Sa bis 2, So bis 19 Uhr; P; M Chilpancingo) Cantina-Schick pur (ein Widerspruch in sich?). Im Capital werden traditionelle Gerichte mit einer exquisiten Note zubereitet. Empfehlenswert sind der Thunfisch in Chilikruste und die Enten-Enchiladas.

Rojo Bistrot FRANZÖSISCH $$$

(Karte S. 86; 55-5211-3705; www.rojobistrot.com; Ámsterdam 71; Hauptgerichte 175–225 Mex$; Mo–Do 14–23, Fr & Sa bis 24, So bis 17 Uhr; ; Sonora) An einer wunderbar grünen Ecke unweit des Parque México liegt dieses Bistro, das dank der lebendigen Atmosphäre, aber auch wegen der französisch inspirierten Küche sehr beliebt ist. Stammgäste schwören auf die Entengerichte: *confit de pato bistrot* und *magret de pato* in Kirschsauce.

Roma

★ **El Hidalguense** MEXIKANISCH $

(Karte S. 86; 55-5564-0538; Campeche 155; 3 Tacos 75 Mex$; Fr–So 7–18 Uhr; ; Campeche) In dem familienbetriebenen Laden gibt's

Coyoacán

barbacoa (Grillfleisch) nach Hidalgo-Art. Es wird schonend über altem Eichenholz in einer Grube gegart und ist unverschämt lecker! Am besten genießt man vorweg eine köstliche Consommé oder *queso asado* (Grillkäse mit Kräutern), dann geht's weiter mit Tacos. Auch ein paar *pulques* sollten nicht fehlen.

El Parnita MEXIKANISCH **$**
(Karte S. 86; ☎ 55-5264-7551; paulino@elparnita.com; Av Yucatán 84; Tacos 22–28 Mex$, *tortas* 39–59 Mex$; ⏲ Di–So 13.30–18 Uhr; 📶; 🚌 Sonora) Was als kleiner Straßenstand begonnen hat, ist mittlerweile ein Restaurant in dem es darum geht, zu sehen und gesehen zu werden. Es ist nur zum Mittagessen geöffnet und bleibt seinen einfachen Anfängen treu: die Speisekarte ist kurz, beinhaltet aber auf Herz und Nieren geprüfte Familienrezepte wie etwa *carmelita* (Shrimps-Tacos mit hausgemachten Tortillas) oder den Taco-*viajero* (langsam gegartes Schwein). Samstags und sonntags muss vorab reserviert werden.

Panadería Rosetta BÄCKEREI **$**
(Karte S. 86; Colima 179; Brot 16–40 Mex$, Baguette 35–105 Mex$; ⏲ Mo–Sa 8–20, So bis 17 Uhr; 📶; 🚌 Durango) Traumhaftes süßes Gebäck und Baguettes kommen in dieser kleinen Bäckerei täglich frisch aus dem Backofen. Hier backt die Meisterin noch selbst. Elena Reygadas ist die Schwester des preisgekrönten mexikanischen Filmemachers Carlos Reygadas.

Ciénega KOLUMBIANISCH **$$**
(Karte S. 86; Coahuila 200; Gerichte 100–130 Mex$; ⏲ 10–19 Uhr; 📶; 🚌 Campeche) *Vallenato*, kolumbianische Volksmusik mit Akkordeon, läuft in diesem beliebten kolumbianischen Restaurant mit einfacher Hausmannskost im Hintergrund. Ausgewanderte Kolumbianer bestellen *sancocho* und *ajiaco*, zwei herzhafte traditionelle Eintöpfe (wie bei *mamá*).

Coyoacán

Highlights
1 Museo Casa de León Trotsky D1
2 Museo Frida Kahlo C2

Sehenswertes
3 Casa de Cortés C4
4 Centro Cultural Jesús Reyes Heroles A4
5 Museo Nacional de Culturas Populares C4
6 Parroquia de San Juan Bautista C4
7 Plaza Hidalgo & Jardín Centenario C4
8 Plaza Santa Catarina A4
9 Viveros de Coyoacán A3

Schlafen
10 Chalet del Carmen B2
11 Hostal Cuija Coyoacán B2
12 Hostal Frida B2

Essen
13 Churrería de Coyoacán C3
Corazón de Maguey .... (siehe 27)
14 El Caracol de Oro D4
15 El Jardín del Pulpo C3
16 El Kiosko de Coyoacán C4
17 El Mesón de los Leones C2
18 La Casa del Pan Papalotl B3
19 Los Danzantes C4
20 Mercado de Antojitos C4
21 Super Tacos Chupacabras A1
22 Tamales Chiapanecos María Geraldine C4
23 Tostadas Coyoacán C3

Ausgehen & Nachtleben
24 Café El Jarocho C3
25 Café El Jarocho B3
26 Cantina La Coyoacana C4
27 El Hijo del Cuervo C4
28 La Bipo C3

Unterhaltung
29 Cineteca Nacional C1
30 Teatro Bar El Vicio C1

Shoppen
31 Bazar Artesanal Mexicano C4

★ Maximo Bistrot Local FUSION $$$
(Karte S. 86; ☎55-5264-4291; www.maximobistrot.com.mx; Tonalá 133; Hauptgerichte 150–280 Mex$; ⌚Di–Sa 13–23, So bis 17 Uhr) Wenn es einen Ort gibt, der die aufregende neue Gourmetszene Mexico Citys am besten repräsentiert, so ist es das Maximo Bistrot. Das ständig wechselnde Speiseangebot, das sowohl auf europäischen als auch auf mexikanischen Rezepten beruht, wird mit frischen, saisonalen Zutaten zubereitet. Das Allerbeste an der Sache ist aber, dass hier keine Spur von Überheblichkeit zu finden ist. Der Besitzer/Küchenchef Eduardo Garcia hat seine Kochkünste in Pujol unter der Aufsicht des berühmten Chefkochs Enrique Olvera perfektioniert. Ohne Reservierung geht gar nichts.

Contramar MEERESFRÜCHTE $$$
(Karte S. 86; ☎55-5514-9217; www.contramar.com.mx; Durango 200; Vorspeisen 105–225 Mex$, Hauptgerichte 195–295 Mex$; ⌚So–Do 12.30–18.30, Fr & Sa bis 20 Uhr; P 📶; 🚌Durango) In diesem schicken Restaurant mit Strandfeeling dreht sich alles um frische Meeresfrüchte. Die Spezialität des Hauses ist Thunfischfilet: Der Fisch wird geteilt, mit roter Chili- und Petersiliensauce eingerieben und bis zur Perfektion gegrillt. Ebenfalls hervorragend ist die Thunfisch-*tostada* mit knusprigen Zwiebeln. Reservierung empfohlen.

Yuban MEXIKANISCH $$$
(Karte S. 86; www.yuban.mx; Colima 268; Vorspeisen 90–110 Mex$, Hauptgerichte 110–250 Mex$; ⌚Di–Do 13.30–23, Fr & Sa bis 23.30, So bis 18 Uhr; 📶; 🚌Durango) So schmeckt Oaxaca. Unbedingt probieren sollte man die exquisiten *moles y tlayudas* (große, um *chorizo* und Käse gewickelte Tortillas) sowie die verdammt leckeren Mezcals. Im angrenzenden Gebäude werden Theaterstücke aufgeführt und mexikanische Indie-Filme gezeigt.

Bosque de Chapultepec & Polanco

In Polanco sind einige der Vorzeigerestaurants verschiedener international renommierter Köche aus Mexico City angesiedelt. Die übrigen hier aufgeführten Restaurants überzeugen mit hervorragenden mexikanischen Fisch- und Meeresfrüchtegerichten.

Green Corner SUPERMARKT $
(Karte S. 86; ☎55-3093-8290; www.thegreencorner.org) Eine echte Seltenheit im DF: Das Green Corner ist ein Bio-Laden, der seine Ware von kleinen Bauern aus ganz Mexiko bezieht. Sowohl hier als auch in der **Polanco-Filiale** (Karte S. 92; Homero 1210; ⌚8–22 Uhr; ✎; Ⓜ Polanco) werden Bio-Obst, -Gemüse und -Käse verkauft. Im Geschäft in Condesa gibt's ein vegetarierfreundliches Restaurant.

El Bajío MEXIKANISCH $$

(Karte S. 92; 55-5281-8246; www.restauranteelbajio.com.mx; Dumas 7; Hauptgerichte 54–186 Mex$, Tacos 28–35 Mex$; Mo–Sa 8–23, So 9–22 Uhr; ; Auditorio) Besitzerin Carmen „Titita" Ramírez hat sich mit bodenständigen Gerichten nach Veracruz-Art im ganzen Land einen Namen gemacht. Fleischlastige Gerichte oder Tacos wie *barbacoa* oder *carnitas* sind ihre Spezialität.

★ **Pujol** MEXIKANISCH $$$

(Karte S. 92; 55-5545-4111; www.pujol.com.mx; Petrarca 254; Degustationsmenü 695–995 Mex$; Mo–Sa 14–16 & 18.30–23.30 Uhr; Polanco) Das wohl beste Gourmet-Restaurant Mexikos. Der berühmte Koch Enrique Olvera Pujol überzeugt mit seinen modernen Interpretationen klassischer mexikanischer Gerichte, die in einem schicken minimalistischen Ambiente serviert werden. Die Speisekarte wechselt regelmäßig und diese Vielfalt spiegelt sich im *menú degustación* wieder, ein Probiermenü der Extraklasse. Es kann bis zu mehreren Wochen dauern, bis man hier einen Tisch bekommt. Deshalb frühzeitig reservieren.

Dulce Patria MEXIKANISCH $$$

(Karte S. 92; 55-3300-3999; www.dulcepatriamexico.com; Anatole France 100; Hauptgerichte 275–405 Mex$; Mo–Sa 13.30–23, So bis 17 Uhr; ; Polanco) Vor einigen Jahren eröffnete Kochbuchautorin Martha Ortiz nach einer kurzen Auszeit dieses Gourmetrestaurant und erfüllte damit – abgesehen von dem etwas unglücklichen Händchen bei der Auswahl der Inneneinrichtung – alle an sie gerichteten Erwartungen. In ihrer Küche werden traditionelle mexikanische Gerichte neu erfunden und auf köstliche und raffinierte Weise auf den Tellern platziert, etwa die mit Kochbanane gefüllten *mole*-Enchiladas.

Los Arcos SEAFOOD $$$

(Karte S. 92; 55-5531-9696; www.restaurantlosarcos.com; Tasso 330; Hauptgerichte 128–268 Mex$; Mo–Mi 11–22, Do–Sa bis 23, So bis 20 Uhr; ; Polanco) Diese mexikanische Restaurantkette ist auf Leckereien von der Pazifikküste spezialisiert und sehr empfehlenswert. Toll sind der *pescado a las brasas* (gegrillter Fisch, der nach Kilopreis berechnet wird). Eine köstliche Beilage ist Bohnenmus.

San Ángel

Barbacoa de Santiago MEXIKANISCH $

(Karte S. 100; Plaza San Jacinto 23; Tacos & *flautas* 18–26 Mex$; So–Fr 9–19, Sa 8.30–19.30 Uhr; La Bombilla) Eine schnelle und erschwingliche *taquería* gleich abseits der Plaza, die für ihr *barbacoa* und ihre *flautas ahogadas* (eingerollte, frittierte Tacos, die in *chile pasilla* und *pulque*-Sauce getunkt werden) bekannt ist.

Fonda San Ángel MEXIKANISCH $$

(Karte S. 100; 55-5550-1641; www.fondasanangel.com.mx; Plaza San Jacinto 3; Hauptgerichte 115–240 Mex$, Frühstücksbuffet 160 Mex$; Mo–Do 8–24, Fr & Sa bis 1, So 9–19 Uhr; ; La Bombilla) Samstags und sonntags gibt's in diesem hübschen Restaurant an der Plaza ein üppiges Frühstücksbüffet mit unterschiedlichsten Eier-Variationen, Gebäck, frisch gepressten Säften sowie leckeren Quesadillas.

Cluny FRANZÖSISCH $$

(Karte S. 100; 55-5550-7350; www.cluny.com.mx; Av de la Paz 57; Salate 75–115 Mex$, Hauptgerichte 98–220 Mex$; Mo–Sa 12.30–24, So bis 23 Uhr; ; La Bombilla) Wer auf der Suche nach schlichter französischer Küche ist, wird in diesem Bistro fündig. Es befindet sich in einer Einkaufsarkade und bietet u. a. Quiches, Salate, Crêpes und dekadent köstliche Desserts an. Die Portionen sind allesamt sehr großzügig.

Montejo YUCATÁN $$

(Karte S. 100; 55-5550-1366; www.restaurantebarmontejo.com; Av de la Paz 16; Hauptgerichte 115–190 Mex$; Mo–Sa 13–22.30, So bis 19 Uhr; ; La Bombilla) An einer von Restaurants gesäumten Kopfsteinpflasterstraße tischt das Montejo regionale Klassiker von der Halbinsel Yucatán auf, darunter Leckereien wie *sopa de lima* (Limettensuppe), *cochinita pibil* (mariniertes Schweinefleisch) und *papadzules* (Tortillas mit gewürfelten hartgekochten Eiern in Kürbiskernsauce).

Saks MEXIKANISCH $$

(Karte S. 100; 55-5616-1601; www.restaurantesaks.com.mx; Plaza San Jacinto 9; Gerichte 125–202 Mex$; Mo 7.30–18, Di–Fr bis 23, Sa 8–23, So bis 20 Uhr; ; La Bombilla) Auf der sonnenverwöhnten Terrasse des Saks' kann man es sich bei Livemusik gutgehen lassen und dabei aus dem fleischlosen Speiseangebot wählen, darunter verschiedene Crêpes oder *chile poblano envuelto en hojaldre* (mit trüffelartigem Mais mit Maisbeulenbrand und Ziegenkäse gefüllte Paprika).

Taberna del León MEXIKANISCH $$$

(Karte S. 100; 55-5616-2110; Plaza Loreto 173; Gerichte 195–395 Mex$; Mo–Do 13.30–23, Fr &

Sa bis 24, So bis 18 Uhr; P 📶; 🚌 Doctor Gálvez) Küchenchefin Monica Patiño gehört zu der neuen Generation von Starköchinnen, die mit ihren Innovationen frischen Wind in die traditionelle Küche bringen. Meeresfrüchte wie *robalo a los tres chiles* (Seebarsch in feuriger Drei-Pfeffer-Sauce) und Maisblini mit norwegischem Lachs sind die Spezialität des Hauses.

San Ángel Inn MEXIKANISCH $$$

(Karte S. 100; ☎ 55-5616-1402; www.sanangelinn.com; Diego Rivera 50; Frühstück 70–120 Mex$, Mittag- & Abendessen 170–395 Mex$; ⏱ Mo–Fr 7–13, Sa 8.30–13, So bis 22 Uhr; P 📶 👪; 🚌 Altavista) Im Garten und in verschiedenen eleganten Speisesälen werden in diesem historischen Anwesen neben dem Museo Casa Estudio Diego Rivera y Frida Kahlo klassische mexikanische Speisen serviert. Samstag- und sonntagmorgens werden im Garten hinter dem Haus Aktivitäten für Kinder angeboten. Da können sich die Eltern auch mal eine Margarita gönnen.

Coyoacán

La Casa del Pan Papalotl VEGETARISCH $

(Karte S. 120; www.casadelpan.com; Av México 25; Frühstück 59–90 Mex$, Mittag- & Abendessen 43–78 Mex$; ⏱ Mo–Fr 8–22, Sa & So 9–22 Uhr; 🥗; Ⓜ Coyoacán) Sehr beliebtes vegetarisches Restaurant, das sich vor allem durch sein Frühstücksangebot eine Fangemeinde geschaffen hat. Dann werden Gerichte mit Bio-Eiern, *chilaquiles* (mit Salsa vollgesogene Tortillastreifen) und frisches *pan* (Brot) aufgetischt. Mittags sind die Lasagne mit Kürbisblüten, Pilzen und *poblano*-Paprika ein Riesenhit.

Super Tacos Chupacabras TAQUERÍA $

(Karte S. 120; www.tacoschupacabras.com; Ecke Av Río Churubusco & Av México; Tacos 10 Mex$; ⏱ 24 Std.; Ⓜ Coyoacán) Benannt ist die berühmte *taquería* unter einer Autobahnüberführung nach der mythischen, vampirähnlichen Kreatur des „Ziegensaugers". Auf der Speisekarte stehen traumhafte Rinder- und Würstchentacos. Spezialität des Hauses ist die „Chupa", ein Taco mit verschiedenen Fleischsorten und einer geheimen Mischung aus angeblich 127 Gewürzen. An den gegrillten Zwiebeln, *nopales* (Kaktusblätter), ganzen Bohnen und anderen leckeren Beilagen kann man sich nach Herzenslust bedienen.

Mercado de Antojitos MARKT $

(Karte S. 120; Higuera 6; *pozoles* 60 Mex$; ⏱ 8–23 Uhr; Ⓜ Coyoacán) Unweit der Hauptplaza von Coyoacán werden auf diesem geschäftigen Markt alle möglichen Snacks verkauft, darunter frittierte Quesadillas, *pozole* und *esquites* (gekochte Maiskörner, die mit einem Klecks Mayo gereicht werden). Nach dem „Pozole Estilo Michoacán"-Stand suchen.

Tostadas Coyoacán MEXIKANISCH $

(Karte S. 120; ☎ 55-5659-8774; Allende 59; *tostadas* 20–30 Mex$; ⏱ 11–18 Uhr; Ⓜ Coyoacán) In diesem riesigen Lokal im Hauptmarkt von Coyoacán, zwischen Malintzin und Xicoténcatl, werden die *tostadas* bis obenhin mit Zutaten wie Ceviche, mariniertem Tintenfisch und zerkleinertem Hähnchenfleisch beladen.

Churrería de Coyoacán DESSERTS $

(Karte S. 120; Allende 38; Tüte mit 4 *churros* 20 Mex$; ⏱ So–Do 8–24, Fr & Sa 9–1 Uhr; Ⓜ Coyoacán) Für die besten frittierten Leckerbissen von Coyoacán – mit Schokolade gefüllt oder ohne alles – muss man nicht selten Schlange stehen. Anschließend schlendert man nebenan ins Café El Jarocho und gönnt sich dort noch eine Tasse Kaffee. Um all das wieder abzutrainieren, sind wohl um die drei Stunden im Fitnessstudio nötig.

El Mesón de los Leones MEXIKANISCH $

(Karte S. 120; ☎ 55-5554-5916; Allende 161; Hauptgerichte 55–90 Mex$; ⏱ So–Fr 11–18 Uhr; Ⓜ Coyoacán) Ein alteingesessenes Restaurant in Familienbesitz, das mit einer unverändert authentischen Speisekarte und toller Atmosphäre überzeugt. Zu den Leckerbissen gehören *carne asada estilo de León* – gegrilltes Rind mit Bohnen und Tortillas in einer dunklen *mole*-Sauce.

El Kiosko de Coyoacán EISCREME $

(Karte S. 120; Plaza Hidalgo 6; Kugel 25 Mex$; ⏱ Mo–Fr 9–23, Sa & So bis 12.30 Uhr; Ⓜ Coyoacán) Ein absolutes Muss am Wochenende. Hier gibt's hausgemachte Eiscreme und Eis am Stiel in Geschmacksrichtungen von Mango mit Chili oder Maracuja.

El Caracol de Oro INTERNATIONAL $$

(Karte S. 120; ☎ 55-5658-9489; Higuera 22B; Gerichte 65–120 Mex$; ⏱ 10–23 Uhr; Ⓜ Coyoacán) An den bunt bemalten Tischen hier versammelt sich die alternative Szene von Coyoacán und schwelgt in neuartiger Naturkost wie Hähnchen mit Apfelcurry und Ziegenkäse oder mit Käse gefüllte Paprika mit Mangosauce.

Corazón de Maguey MEXIKANISCH $$$

(Karte S. 120; ☎ 55-5659-3165; www.corazondemaguey.com; Jardín Centenario 9A; Hauptgerichte

149–289 Mex$; ⌚13–1 Uhr; 📶; Ⓜ Coyoacán) Das hübsche Restaurant ist mit alten Glasbehältern dekoriert, die früher zum Transport alkoholischer Getränke dienten. Zu essen gibt's traditionelle mexikanische Gerichte aus den Mezcal-Regionen, wie etwa gefüllte *chile anchos* (Paprika) aus Querétaro, Oaxacan-*tlayudas* (riesige gerollte Tortillas) oder Rinderzunge in roter *mole* aus Puebla. Auch eine der besten Adressen für eine Degustation der edelsten Mezcals des Landes.

Los Danzantes MEXIKANISCH **$$$**
(Karte S. 120; ☎55-5554-1213; www.losdanzantes.com; Jardín Centenario 12; Hauptgerichte 170–360 Mex$; ⌚Mo–Fr 13.30–24, Sa 9–2, So bis 22.30 Uhr; 📶; Ⓜ Coyoacán) Hier werden traditionelle mexikanische Gerichte mit einem zeitgenössischen Touch versehen, wie etwa die *huitlacoche*-Ravioli (Ravioli mit Mais mit trüffelartigem Maisbeulenbrand) in *poblana*-Sauce, Bio-Hühnchen in schwarzer *mole* oder *hoja santa* (mexikanischer Blattpfeffer) mit Käse und *chipotle*-Chili gefüllt. In der hauseigenen Destillerie wird leckerer Mezcal gebrannt.

El Jardín del Pulpo MEERESFRÜCHTE **$$$**
(Karte S. 120; Ecke Allende & Malintzin; Gerichte 170–220 Mex$; ⌚11–18 Uhr; Ⓜ Coyoacán) Besucher genießen an den Gemeinschaftstischen dieses Lokals in der Ecke des Marktes Krabben-Tacos, gebratenen Fisch am Stück, Austerncocktails und den namensgebenden *pulpo* (Tintenfisch in eigener Tinte oder in Tequila gekocht).

Ciudad Universitaria

Azul y Oro MEXIKANISCH **$$**
(☎55-5622-7135; www.azulrestaurantes.com; Centro Cultural Universitario; Hauptgerichte 115–260 Mex$; ⌚Mo & Di 10–18, Mi–Sa bis 20, So 9–19 Uhr; Ⓟ📶; 🚌 Centro Cultural Universitario) Küchenchef Ricardo Muñoz durchforstet ganz Mexiko nach traditionellen Rezepten, die er anschließend „neu erfindet" und perfektioniert. Früchte seiner „Forschungsarbeit" sind z. B. *buñuelos rellenos de pato* (mit Ente gefüllte, frittierte Teigtaschen mit einem Klecks *mole negro*) oder *pescado tikin xic* (ein raffiniertes Zackenbarschgericht mit Kochbanane und Tortillastreifen). Das **Azul Histórico** (Karte S. 66; ☎55-5510-1316; www.azulhistorico.com; Isabel La Católica 30; 115–260 Mex$; ⌚Mo–Do 9–23, Fr & Sa bis 23.30, So bis 22 Uhr; Ⓟ📶; Ⓜ Zócalo) ist eine neue Zweigstelle in der Innenstadt.

Tlalpan

La Voragine ITALIENISCH **$$**
(Madero 107, Colonia Tlalpan; Hauptgerichte 80–120 Mex$, Pizza 125–230 Mex$; ⌚Di–Sa 13–2, So bis 24 Uhr; 📶🍷; 🚌 Fuentes Brotantes) Ein fröhliches Pärchen aus New York und dem DF betreibt diese mit zahlreichen Wandgemälden verschönerte Pizzeria mit Bar. Auf der Karte stehen herzhafte Pizzas, exquisite Manicotti und *fungi trifolati* (flambierte Pilze in Weißweinsauce). Der sonnige Innenhof im Obergeschoss lädt zu einem Bier aus einer mexikanischen Kleinbrauerei ein. Das La Voragine liegt einen halben Block nördlich der Hauptplaza von Tlalpan.

Colonia del Valle & Umgebung

Fonda Margarita MEXIKANISCH **$**
(☎55-5559-6358; www.fondamargarita.com; Adolfo Prieto 1354, Colonia Tlacoquemécatl del Valle; Hauptgerichte 42–65 Mex$; ⌚Di–So 5.30–11.30 Uhr; 📶; 🚌 Parque Hundido) Der wahrscheinlich beliebteste Ort in der Hauptstadt, um seinen Kater auszukurieren. In dem schlichten Restaurant werden unter einem Blechdach Gaumenschmäuse wie *longaniza en salsa verde* (Würstchen in grüner Salsa) und *frijoles con huevo* (Bohnen mit Ei) serviert. Die *fonda* liegt neben der Plaza Tlacoquemécatl, sechs Häuserblöcke östlich der Avenida Insurgentes. Nicht selten bildet sich am Eingang eine Schlange; es geht aber schnell voran.

Ausgehen & Nachtleben

Die Cafés, Bars und *cantinas* sind wichtige Treffpunkte in der Hauptstadt. Die traditionellen Kneipen sind natürlich die *cantinas*, schnörkellose Läden mit einfachen Tischen, langen polierten Tresen und Kellnern der alten Schule. Eine bescheidenere Variante für ein Gläschen, die *pulquería*, hat ihre Wurzeln in alten mexikanischen Traditionen: Hier wird *pulque* serviert, ein alkoholisches prähispanisches Getränk. Da die jungen *chilangos* gerade ihre Freude daran wiederentdecken, sich einen Krug mit dem milchigen Gebräu zu teilen, erleben diese Locations einen zweiten Frühling. Ein anderer Drink, der gerade von der mexikanischen Jugend neu entdeckt wird, ist Mezcal, die ländliche Version des Tequila.

In Mexico Citys Kneipen darf nicht mehr geraucht werden. Viele Locations bieten aber Raucherbereiche unter freiem Himmel an.

Die mexikanische Hauptstadt hat eine sehr aktive Clubszene und wird regelmäßig von internationalen DJs angesteuert. Flyer zu aktuellen Veranstaltungen findet man im Billardzentrum Malafama in Condesa.

Liebhaber lateinamerikanischer Musik haben in Mexico City die Qual der Wahl zwischen diversen Clubs und *salones de baile* (Tanzsälen). In vielen Clubs ist es üblich, sich in einer größeren Gruppe eine Flasche Rum oder Tequila (ab ca. 600 Mex$ inklusive Getränken zum Mischen) zu teilen.

Centro Histórico

Hostería La Bota BAR

(Karte S. 66; ☎55-5709-1117; San Jerónimo 40; ⊙So–Mi 13–24, Do–Sa bis 3 Uhr; ; Ⓜ Isabel La Católica) Inmitten einer Unmenge an schrägem Schnickschnack zum Thema Stierkampf und recycelten Objekten werden hier *cerveza* (Bier), Mezcal und Tapas serviert. Ein Teil der Einnahmen geht an lokale Kunstprojekte.

Salón Corona BAR

(Karte S. 66; ☎55-5512-5725; www.saloncorona.com.mx; Bolívar 24; ⊙10.30–14 Uhr; Ⓜ Allende) In dieser lauten Bierhalle serviert freundliches Personal *tarros* (Krüge) mit hellem oder dunklen *cerveza de barril* (Fassbier). Ein toller Ort, um einen Einblick ins fußballverrückte Mexiko zu erhaschen, denn auf den Bildschirmen läuft fast immer ein Fußballspiel.

Las Duelistas PULQUERÍA

(Karte S. 66; www.facebook.com/PulqueriaLasDuelistas; Aranda 28; ⊙Mo–Sa 10–21 Uhr; Plaza San Juan) Die klassische *pulquería* wurde inzwischen mit psychedelischen, prähistorischen Graffitis verziert und von jungen Künstlern und Musikern wiederentdeckt. Der Look

DIE RENAISSANCE DES MEZCAL

Erst in den letzten Jahren hat sich der mexikanische Agavenbrand Mezcal, der lange Zeit nur als mittelmäßige, zweitklassige Alternative zum Tequila galt, endlich den Respekt verschafft, der ihm gebührt. Viele Bars in Mexico City schenken ihn mittlerweile an eine neue Generation anspruchsvoller Fans aus.

La Clandestina (Karte S. 86; Álvaro Obregón 298, Colonia Roma; ⊙Di–Sa 18–2 Uhr; Álvaro Obregón) Im Stil eines ländlichen Krämerladens aufgemacht, verfügt La Clandestina über eine ausführliche Karte, in der die Herstellung des Mezcal, der hier in Krügen auf hohen Regalen steht, ausführlich beschrieben wird. In echter „klandestiner" Manier weist draußen kein Schild auf dieses Lokal hin. Deshalb hält man sich am besten an das Schild mit der Aufschrift „Casa Rey". Es gehörte zur Rahmenwerkstatt, die früher in diesen Räumlichkeiten untergebracht war.

Bósforo (Karte S. 78; http://es-la.facebook.com/bosfor0; Luis Moya 31, Ecke Independencia, Colonia Centro; ⊙Di–Sa 18–2 Uhr; Ⓜ Juárez) Augen auf, sonst ist man im Nu an einer der freundlichsten *mezcalerías* der Stadt vorbeigelaufen, ohne es zu merken. Hinter dem unscheinbaren Vorhang werden qualitativ hochwertige Mezcals ausgeschenkt, es gibt aber auch überraschend gutes Kneipenessen sowie abwechslungsreiche Musik.

Al Andar (Karte S. 66; Regina 27, Colonia Centro; ⊙12–1 Uhr; ; Ⓜ Isabel La Católica) Spätabends ist in diesem winzigen Lokal im Zentrum so viel los, dass die Leute noch die viel frequentierte Fußgängerstraße davor bevölkern. Man hat die Wahl zwischen 25 verschiedenen erstklassigen Mezcals und kann sich dazu *chapulines* (Grashüpfer) und Orangenschnitze schmecken lassen.

Alipús (Guadalupe Victoria 15, Colonia Tlalpan; ⊙Mo & Di 13.30–22, Mi bis 23, Do bis 24, Fr & Sa bis 1, So 12–20 Uhr; Fuentes Brotantes) Diese urige Bar in Tlalpan gehört den Machern der beliebten, aus Oaxaca stammenden Mezcal-Marken Alipús und Los Danzantes. Hier werden einige der besten Mezcals in ganz Mexiko (z. B. Danzantes Pechuga Roja) sowie regionale und extrem leckere *antojitos* (Snacks) angeboten.

Mexicano (Karte S. 66; Regina 27, Colonia Centro; ⊙Mo–Do 11–23, Fr–Sa bis 1.30 Uhr; Ⓜ Isabel La Católica) Bei einem Besuch in dieser rustikalen Mezcal-Bar ist der Kater am nächsten Tag vorprogrammiert. Neben verschiedenen Mezcals gibt's hier auch noch *pulque* und eine gute Auswahl an Bieren aus Kleinbrauereien. Der *puntas de madrecuixe*-Mezcal aus Oaxaca sorgt mit seinen 78,8 % Alkohol dafür, dass im Magen keine Bakterie überlebt.

mag zwar neu sein, aber der *pulque* kommt in verschiedenen Geschmacksrichtungen noch immer direkt aus dem Fass.

Bar La Ópera BAR

(Karte S. 66; 55-5512-8959; www.barlaopera.com; Av 5 de Mayo 10; Mo–Sa 13–11.30, So bis 18 Uhr; Allende) Eine traditionsreiche Bar aus dem späten 19. Jh. mit Nischen aus dunklem Walnussholz und einer verzierten Decke aus Blech (angeblich durchschoss sie Pancho Villa mit einer Kugel).

La Risa PULQUERÍA

(Karte S. 66; 55-5709-4963; www.facebook.com/pulquerialarisaoficial; Mesones 71; Mo–Sa 12–22, So bis 19 Uhr; Isabel La Católica) Studenten drängen sich in dieser Minikneipe, in der der *pulque* schon seit 1900 ausgeschenkt wird. Warum nicht einfach mal einen Studi, der knapp bei Kasse ist, auf ein Gläschen einladen?

Downtown Mexico BAR

(Karte S. 66; www.downtownmexico.com; Isabel La Católica 30; So–Do 10–23, Fr & Sa bis 2 Uhr; Zócalo) Die Loungebar auf der Dachterrasse des Boutiquehotels Downtown Mexico hat sich zu einem beliebten Treffpunkt für einen gemütlichen Drink entwickelt und ist für seine sporadisch stattfindenden Poolpartys mit Freigetränken und DJs bekannt.

Bar Mancera BAR

(Karte S. 66; 55-5521-9755; www.facebook.com/barmancera; Venustiano Carranza 49; Mo–Do 14–22, Fr & Sa bis 2 Uhr; República del Salvador) Diesen stimmungsvollen, bernsteinfarbenen Herrensalon mit seiner reich verzierten Wandtäfelung und den abgenutzten Dominotischen gibt es schon seit mehr als 100 Jahren.

Café Jekemir CAFÉ

(Karte S. 66; 55-5709-7086; www.cafejekemir.com; Isabel La Católica 88; Mo–Sa 8–21 Uhr; Isabel La Católica) Wird von einer Familie von Kaffeehändlern aus Orizaba betrieben. Das ehemalige Vertriebslager ist heute ein beliebtes Café, das guten Kaffee aus Veracruz und libanesische Snacks anbietet.

Zona Rosa & Umgebung

Die „rosafarbene Zone" ist das internationale Partyviertel der Hauptstadt und wartet dementsprechend mit einer großen Konzentration an Bars und Clubs auf. Die Preise lassen darauf schließen, dass hier vor allem Touristen verkehren. Amberes ist das Epizentrum der Schwulen- und Lesbenszene in der Zona Rosa.

Crisanta BAR

(Karte S. 78; www.crisanta.mx; Av Plaza de la República 51; Mo–Mi 9–23, Do–Sa bis 2, So bis 22 Uhr; Plaza de la República) Eine willkommene Abwechslung in einem Land, in dem 98 % des Markts von zwei Brauereien kontrolliert werden. Das Crisanta braut sein eigenes Porter-Bier und schenkt mexikanisches und ausländisches Bier von Mikrobrauereien aus. Alle zwei Monate treten freitags und samstags Jazzbands auf und im Hinterzimmer gibt's eine kleine Kunstausstellung. Die alten Möbel und die langen Holztische verleihen der Bierhallen-Atmosphäre einen besonderen Charakter.

Café La Habana CAFÉ

(Karte S. 78; 55-5535-2620; www.cafelahabana.blogspot.com; Av Morelos 62; Mo–Sa 7–1, So 18–23 Uhr; Expo Reforma) Prächtiges Kaffeehaus, das traditionell bei Schriftstellern und Journalisten hoch im Kurs steht. Sie verbringen Stunden mit ihrem *café americano*. Gerüchte behaupten, dass Fidel und Che hier vor der kubanischen Revolution ihre Strategie ausgeheckt haben.

Condesa

Die Barszene von Condesa boomt. Ständig eröffnen neue Locations, während andere schon wieder dichtmachen. Die hier genannten sind recht gut etabliert und platzen von Donnerstag bis Samstag abends aus allen Nähten. Das Herz des Barviertels ist die Kreuzung der Avenida Tamaulipas und der Avenida Nuevo León. Dieses Gebiet gilt als Spielwiese der *fresas* (wörtlich: Erdbeeren), einer eher abschätzigen Bezeichnung für Jugendliche aus gutem Haus.

Pata Negra BAR

(Karte S. 86; 55-5211-5563; www.patanegra.com.mx; Av Tamaulipas 30; 13.30–2 Uhr; Campeche) Diese langgezogene Kneipe versteht sich selbst als Tapasbar und wird von einer freundlichen Mischung aus *chilangos* und Expats Anfang 20 besucht. Samstags treten Livebands auf, die den aus Veracruz stammenden *son jarocho* spielen. Unter der Woche gibt's meist Jazz, Salsa oder Funk.

Black Horse PUB

(Karte S. 86; 55-5211-8740; www.caballonegro.com; Mexicali 85; Di–Sa 18–2 Uhr; Patriotismo) Dieser britische Pub ist nicht nur wegen seiner Fußballübertragungen beliebt, sondern zieht auch ein internationales Publikum an. Im Hinterzimmer spielen hervorragende Bands Funk, Jazz und Indie-Rock.

El Centenario CANTINA
(Karte S. 86; 55-5553-5451; Vicente Suárez 42; Mo–Mi 12–1, Do–Sa bis 1.45 Uhr; ; M Campeche) Die mit Stierkampfutensilien überladene *cantina* ist ein Bollwerk der Tradition inmitten der stylishen Restaurantzone.

Chiquitito CAFÉ
(Karte S. 86; www.chiquititocafe.com; Alfonso Reyes 232; Mo–Sa 7.30–19.30 Uhr; ; M Chilpancingo) Das winzige Chiquitito ist im Hinblick auf Veracruz-Aromen ganz groß. Cafés sind in Condesa an jeder Ecke zu finden, aber nur wenige haben das Know-how, das Beste aus ihren Bohnen zu holen. Die *baristas* hier aber können es.

Salón Malafama BAR
(Karte S. 86; www.salonmalafama.com.mx; Av Michoacán 78; Tisch 100 Mex$/Std.; Mo–Do 10–1, Fr & Sa 11–2.30, So 12–24 Uhr; ; Campeche) Die elegante Billardhalle ist gleichzeitig auch Bar und Fotogalerie. An den gepflegten Tischen tummeln sich sowohl echte Könner als auch blutige Anfänger.

Condesa df BAR
(Karte S. 86; 55-5241-2600; www.condesadf.com; Veracruz 102; So–Mi 14.30–23.30, So bis 24, Fr & Sa bis 1 Uhr; ; M Chapultepec) Um die Bar des schicken Hotels Condesa df kommt man auf einer Tour durch das Nachtleben des Viertels nicht herum. Auf dem Dach machen es sich die Gäste in riesigen Korbsofas bequem und genießen den Blick auf den Parque España gleich gegenüber.

Pastelería Maque CAFÉ
(Karte S. 86; 55-2454-4662; www.maque.com.mx; Ozuluama 4; 11–22 Uhr; Campeche) Morgens und abends versammeln sich Condesas Insider in dieser Café-Bäckerei im Pariser Stil nahe des Parque México. Kellner versorgen sie mit frischen Croissants und *conchas* (rundes, mit Zucker bestreutes Gebäck).

Roma

Kubanische Tanzclubs findet man in Roma zuhauf, vor allem in der Nähe der Kreuzung der Avenida Insurgentes und Medellín.

★ **Traspatio** BAR
(Karte S. 86; Ecke Córdoba & Colima; Di & Mi 13–24, Do–Sa bis 2, So bis 22 Uhr; ; Durango) Ein Biergarten mit authentischer urbaner Hinterhofatmosphäre und Barbecue. Hier kann man sich bei *cerveza* oder Mezcal und einem *choripán* (Grillwurst im Brötchen) oder einem Burger mit Portobello-Pilzen wunderbar auf ein Schwätzchen treffen.

Los Insurgentes PULQUERÍA
(Karte S. 86; www.facebook.com/pulqueriainsurgentes; Av Insurgentes Sur 226; Mo–Mi 14–1, Do–Sa 13–3 Uhr; Durango) Puristen mag diese *pulquería* vielleicht nicht gefallen, im Gegensatz zu ihren traditionellen Gegenstücken gibt's hier aber Livemusik, DJs und außer des *pulque* auch noch andere alkoholische Getränke. Diese Location in einem dreistöckigen Haus aus der Porfiriato-Ära zeugt vom blühenden Revival des mexikanischen Nationalgetränks.

Mama Rumba TANZ
(Karte S. 86; 55-5564-6920; www.mamarumba.com.mx; Querétaro 230; Mi & Do 21–3, Fr & Sa 20–4 Uhr; Sonora) Das Mama Rumba wird von einer Kubanerin aus Havanna geführt. Hier spielt die hauseigene Big Band moderne Salsamusik und mittwochs und donnerstags um 21 Uhr bzw. freitags und samstags um 20 Uhr wird Salsaunterricht angeboten. Eine größere Zweigstelle des Mama Rumba findet sich in San Ángel an der Plaza Loreto.

Cantina Covadonga CANTINA
(Karte S. 86; www.banquetescovadonga.com.mx; Puebla 121; Mo–Mi 13–2, Do & Fr bis 3 Uhr; M Insurgentes) Der Klang klackernder Dominosteine erfüllt die alte asturische *cantina*, die traditionell ein Treffpunkt nur für Männer war. Mittlerweile trauen sich aber zunehmend Hipster beider Geschlechter in die heiligen Hallen.

La Bodeguita del Medio BAR
(Karte S. 86; 55-5553-0246; www.labodeguitadelmedio.com.mx; Cozumel 37; Mo–Sa 13.30–2, So bis 0.30 Uhr; M Sevilla) Die Wände der belebten Filiale des berühmten Havana-Lokals sind mit Sprüchen und Nachrichten übersät. Bei einem Mojito kann man den hervorragenden *son cubano*-Combos lauschen, die hier regelmäßig auftreten.

Los Bisquets Obregón CAFÉ
(Karte S. 86; 55-5584-2802; www.lbbo.com.mx; Álvaro Obregón 60; 7–24 Uhr; ; Álvaro Obregón) Die *chilangos* lieben das *pan dulce* (süßes Gebäck) und den *café con leche*, der hier in bester Veracruz-Manier aus zwei Krügen eingeschenkt wird.

SCHWULEN- & LESBENSZENE IN MEXICO CITY

Seitdem das Parlament des Distrito Federal (DF) gleichgeschlechtliche Ehen zugelassen hat, gilt Mexico City auch als Hauptstadt der Toleranz in einem ansonsten sehr konservativen Land. Seit eh und je ist die Zona Rosa das Herz der Schwulen- und Lesbenszene, vor allem die Calle Amberes. Mittlerweile bevorzugen viele Nachtschwärmer allerdings die Szene im Zentrum entlang der República de Cuba. Viele praktische Infos zu schwulen- und lesbenfreundlichen Hotels, Bars und Clubs finden sich auf der Website **GayCities** (www.mexicocity.gaycities.com).

Marrakech Salón (Karte S. 66; www.twitter.com/marrakechsalon; República de Cuba 18, Colonia Centro; Do–Sa 19–2.30 Uhr; M Allende) In dieser Retro-Bar „shakern" die Barkeeper mit freiem Oberkörper, es wird auf der Bar getanzt und die Musik schwankt zwischen fetzigem 1980er-Jahre-Pop und rhythmusgeladenen *cumbias* (aus Kolumbien stammende Tanzmusik). Es ist meist proppenvoll und stickig, das scheint aber keinen zu stören.

Nicho Bears & Bar (Karte S. 116; www.bearmex.com; Londres 182, Zona Rosa; Do–Sa 20–2.30 Uhr; M Insurgentes) In der beliebten Kneipe in der Zona Rosa tummeln sich vor allem Mittdreißiger. Die Atmosphäre ist etwas gehobener als in den meisten anderen Bars, die diese lärmende Schwulen- und Lesbenmeile nahe Amberes säumen.

La Purísima (Karte S. 66; www.twitter.com/la_purisima; República de Cuba 17, Colonia Centro; Do–Sa 19–2.30 Uhr; M Allende) Hierbei handelt es sich eigentlich um zwei Bars: In der lauten und schrillen Disco im Untergeschoss kann man die Nacht zum Tage machen oder sich aber im oberen Stock einen Mezcal oder *pulque* (milchiges Gebräu mit wenig Alkoholgehalt, das aus der *maguey*-Pflanze hergestellt wird) schmecken lassen und dabei je nach Lust und Laune vielleicht sogar eine Runde Karaoke singen.

Bar Oasis (Karte S. 66; 55-5521-9740; República de Cuba 2G, Colonia Centro; 17–2 Uhr; M Allende) In der beliebten Disco mischen sich Cowboys und Geschäftsleute und tanzen gemeinsam vor einer Stadtkulisse aus Schwarzlicht. Freitags und samstags treten nach Mitternacht Drag Queens in Play-back-Shows auf.

Tom's Leather Bar (Karte S. 86; 55-5564-0728; www.toms-mexico.com; Av Insurgentes Sur 357, Colonia Condesa; Di–So 21–3 Uhr; ; Campeche) Für alle, die es gerne mittelalterlich mögen, kommt hier das entsprechende Dekor: Wappenschilde, gekreuzte Schwerter und Kandelaber, in deren Licht die absolut opulente Einrichtung zur Geltung kommt. Wenn die „dicke Dame" zu singen beginnt, geht jeden Moment die Show los.

Maison Francaise de Thé Caravanserai TEEHAUS
(Karte S. 86; 55-5511-2877; Orizaba 101; Mo–Sa 10–22, So 12–22 Uhr; ; Álvaro Obregón) In dieser Teestube im französischen Stil hat man die Wahl aus über 170 Sorten, die nach ihrem jeweiligen Anwendungsbereich oder ihrer Wirkung kategorisiert sind. Die Gäste entspannen auf gemütlichen Sofas und lassen sich ihren Tee schmecken, der feierlich auf Silbertabletts serviert wird.

Colonia del Valle

Für Koffeinjunkies lohnt sich ein Ausflug hierher schon wegen des hervorragenden Kaffees.

Passmar CAFÉ
(www.cafepassmar.com.mx; Ecke Adolfo Prieto & Av Coyoacián, Mercado Lázaro Cárdenas; Mo–Fr 7.30–20.30, Sa 8–20 Uhr; ; La Piedad) Es gibt wohl kaum einen Ort, an dem Kaffee ein solch hoher Stellenwert eingeräumt wird, wie im Passmar. Der Beweis dafür ist die kunstvolle Darreichung des Cappuccinos. Der preisgekrönte Kaffee wird im Mercado Lázaro Cárdenas serviert, sechs Häuserblocks östlich der Metrobús Línea 1-Haltestelle „La Piedad".

Polanco

Polanco ist nicht ganz so angesagt wie Roma und Condesa, doch auch in diesem betuchten Viertel wird abends einiges geboten.

Área COCKTAILBAR
(Karte S. 92; 55-5282-3100; www.hotelhabita.com; Av Presidente Masaryk 201; Mo–Sa 19–2 Uhr; ; M Polanco) Die Open-Air-Bar auf dem Dach des Hábita Hotel trumpft mit exoti-

schen Martinis und einer fantastischen Aussicht auf die Stadt auf. Außerdem werden Videos auf die Wand eines nahegelegenen Gebäudes projiziert.

Juan Valdez Café CAFÉ

(Karte S. 92; www.facebook.com/cafe.juanvaldez.mexico; Oscar Wilde 9F; Mo–Sa 8–23, So bis 21 Uhr; ; Auditorio) Die beliebte Kette mit dem kolumbianischen Kaffee hat nun auch eine Filiale in Polanco eröffnet und ist damit sehr erfolgreich. Ein hübsches Plätzchen, um es sich bei bestem kolumbianischem Premiumkaffee gemütlich zu machen.

Big Red BAR

(Karte S. 92; 55-5255-5277; Av Presidente Masaryk 101; Mo 12–18, Di bis 20, Mi–Sa bis 2 Uhr; ; Polanco) Hier kommt's auf die Menge an: Die Alkoholpreise sind vernünftig und werden per Unze berechnet; ein Mischgetränk nach Wahl wird hinzuaddiert. Entsprechend wird das Big Red von einem gemischteren Publikum frequentiert als andere *antros* (Bars) in Polanco.

Xochimilco

Pulquería El Templo de Diana PULQUERÍA

(55-5653-4657; Madero 17, Ecke Calle 5 de Mayo; 10–21 Uhr; Xochimilco) Diese klassische *pulquería* liegt einen Block östlich des Hauptmarkts und hat eine fröhliche Atmosphäre. Gäste jeden Alters genießen große Krüge des *maguey*-Getränks. Manchmal werden sogar ein paar Frauen gesichtet. Der *pulque* wird jeden Tag aus dem Bundesstaat Hidalgo geliefert und fachkundig mit Aromen wie Nescafé, *pistache* (Pistazie) und *piñon* (Pinienkernen) aufgepeppt.

Pulquería La Botijona PULQUERÍA

(Av Morelos 109; 10–22 Uhr; Xochimilco) Der wahrscheinlich sauberste *pulque*-Laden der Stadt. Der alteingesessene Familienbetrieb, grün gestrichen und nahe dem Bahnhof gelegen, bietet eine nette Atmosphäre. Riesige Plastikeimer voll des traditionellen Getränks reihen sich auf den Regalen aneinander.

San Ángel

La Camelia BAR

(Karte S. 100; 55-5615-5643; www.facebook.com/lacameliasanangel; Madero 3; So–Do 12–21, Fr & Sa bis 3 Uhr; La Bombilla) Die Restaurant-*cantina* wird schon seit 1931 von mexikanischen Berühmtheiten frequentiert, wie die Fotos an den Wänden belegen. Freitags und samstags ist Karaoke angesagt. Wer sich vorher noch Mut antrinken muss, kann sich einen Tequila oder eine *cerveza mexicana* genehmigen.

Coyoacán

★ La Bipo BAR

(Karte S. 120; 55-5484-8230; www.facebook.com/labipo.coyoacan; Malintzin 155; Mo–Mi 13–0.30, Do–Sa bis 2, So bis 23 Uhr; ; Coyoacán) Gehört anteilig dem mexikanischen Frauenschwarm Diego Luna, der mit dem Film *...mit deiner Mutter auch!* berühmt wurde. Die beliebte *cantina* repräsentiert die kitschigere Seite der mexikanischen Popkultur mit Wandplatten aus Plastikkisten und aufgeschnittenen Blecheimern als Lampenschirme. Bei den mexikanischen Snacks kann man Glück und Pech haben. Mittwochs bis samstags legen DJs verschiedene Beats auf.

Cantina La Coyoacana CANTINA

(Karte S. 120; Higuera 14; 13–2 Uhr; ; Coyoacán) Diese traditionelle Kneipe mit Saloontüren hat eine hübsche offene Veranda, wo wehklagende Mariachis ihre Lieder zum Besten geben.

Café El Jarocho CAFÉ

(Karte S. 120; 55-5658-5029; www.cafeeljarocho.com.mx; Cuauhtémoc 134; So–Do 6–1, Fr & Sa bis 2 Uhr; Coyoacán) In diesem unglaublich beliebten Café bilden sich lange Schlangen aus Kaffeeliebhabern. Da es drinnen keine Sitzplätze gibt, genießt man seine Koffeinration im Stehen an der Straße oder nimmt auf einer der Bänke auf dem Bürgersteig Platz. Eine weitere **Filiale** (Av México 25C) mit Sitzgelegenheiten liegt einige Häuserblocks nordwestlich des Jardín Centenario.

El Hijo del Cuervo BAR

(Karte S. 120; 55-5658-7824; www.elhijodelcuervo.com.mx; Jardín Centenario 17; Mo–Mi 16–24, Do 13–1.30, Fr & Sa bis 2, So bis 23.30 Uhr; Coyoacán) Die Bar mit ihren Steinwänden ist eine feste Institution in Coyoacán und liegt am Jardín Centenario. Sie ist seit langem eine beliebte Anlaufstelle der hiesigen Kulturszene. Dienstag bis Donnerstag treten abends Jazz- und Rockbands auf.

Tlatelolco & Umgebung

Salón Los Ángeles TANZ

(55-5597-5181; www.salonlosangeles.mx; Lerdo 206, Colonia Guerrero; Di 18–23 & So 17–23 Uhr;

Ⓜ Tlatelolco) Wer kubanische Musik liebt, darf sich die herausragenden Orchester und anmutigen Tänzer nicht entgehen lassen, die auf der großen Bühne dieses stimmungsvollen Ballsaals auftreten. Die Livemusik zieht vor allem eine gesetztere Klientel an: Sonntags werden Salsa und *cumbia* (aus Kolumbien stammende Tanzmusik), dienstags Swing und *danzón* gespielt. Zu finden im etwas rauen Viertel Colonia Guerrero, also lieber ein Taxi nehmen.

Es werden auch Tanzkurse von zwei Stunden Dauer angeboten (Mo 18 Uhr, Di 16 Uhr).

☆ Unterhaltung

In Mexico City ist jeden Abend so viel los, dass man leicht den Überblick verliert. Hilfreich ist **Tiempo Libre** (www.tiempolibre.com.mx), das Stadtmagazin mit einem umfassenden Veranstaltungsprogramm. Darin finden sich Infos zu Livemusik, Theater, Filmen, Tanz, Kunst und Nachtleben. Weitere nützliche Publikationen mit guten Websites sind **La Semana de Frente** (www.frente.com.mx), **Donde Ir** (www.dondeir.com), **Chilango** (www.chilango.com) und Time Out Mexico (S. 138).

Bei Ticketmaster gibt's online Tickets für alle großen Veranstaltungen, es gibt aber auch Filialen: Auditorio Nacional (S. 132); **Liverpool Centro** (Karte S. 66; Venustiano Carranza 92; ⏲ 11–19 Uhr; Ⓜ Zócalo); **Liverpool Polanco** (Karte S. 92; Mariano Escobedo 425; ⏲ 11–20 Uhr; Ⓜ Polanco); **Mixup Centro** (Karte S. 66; Av Madero 51; ⏲ Mo–Sa 10–21, So 11–20 Uhr; Ⓜ Zócalo); **Mixup Zona Rosa** (Génova 76; Ⓜ Insurgentes).

Kinos

In kommerziellen Kinos kostet der Eintritt um die 60 Mex$, wobei es mittwochs oft Vergünstigungen gibt. Die meisten Filme werden in der Originalversion mit spanischen Untertiteln gezeigt, Kinderfilme sind auf Spanisch synchronisiert. Das tagesaktuelle Kinoprogramm findet man in *El Universal* und *La Jornada*.

Cineteca Nacional KINO
(Karte S. 120; ☎ 55-4155-1200; www.cinetecanacional.net; Av México-Coyoacán 389, Colonia Xoco; 📶; Ⓜ Coyoacán) Auf zehn Leinwänden werden in der kürzlich erst renovierten Cineteca mexikanische und ausländische Independent-Filme gezeigt. Im November findet hier das internationale Filmfestival Muestra Internacional de Cine statt. Zwischen Oktober und März gibt's bei Einbruch der Dämmerung kostenloses Open-Air-Kino im Garten. Zum Zeitpunkt der Recherche wurde gerade ein Filmmuseum gebaut.

Cine Tonalá KINO
(Karte S. 86; www.cinetonala.com; Tonalá 261; 📶; 🚌 Campeche) Eine nette Mehrzwecklocation, in der Independent-Filme gezeigt werden und Theateraufführungen und Konzerte stattfinden.

Cinépolis Diana KINO
(Karte S. 116; ☎ 55-5511-3236; www.cinepolis.com.mx; Paseo de la Reforma 423; Ⓜ Sevilla) Kommerzielle Filme und Beiträge von internationalen Filmfestivals.

Cinemex Real KINO
(Karte S. 78; ☎ 55-5257-6969; www.cinemex.com; Colón 17; Ⓜ Hidalgo) Zeigt vor allem Hollywoodstreifen und hin und wieder erfolgreiche mexikanische Produktionen.

Cinemex Casa de Arte KINO
(Cinemex Reforma; Karte S. 116; ☎ 55-5257-6969; www.cinemex.com; Río Guadalquivir 104; Ⓜ Insurgentes) Vorwiegend Programmkino.

Filmoteca de la UNAM KINO
(☎ 55-5704-6338; www.filmoteca.unam.mx; Av Insurgentes Sur 3000; 🚌 Centro Cultural Universitario) In zwei Kinos werden im Centro Cultural Universitario Filme aus einer Sammlung mit mehr als 43 000 Titeln gezeigt.

Tanz, klassische Musik & Theater

In den zahlreichen Theatern der Stadt werden Orchestermusik, Opern, Ballett, moderner Tanz und Theaterstücke en masse geboten. Auch in Museen finden (oft kostenlose) Veranstaltungen statt, u. a. im Museo de la Secretaría de Hacienda y Crédito Público (S. 74) und im Museo de la Ciudad de México (S. 76). Der nationale Kunstrat (Conaculta) veröffentlicht auf seiner Website (www.mexicoescultura.com) und in der Freitagsausgabe von *La Jornada* eine Übersicht aktueller Veranstaltungen.

Wer ausreichend Spanisch versteht, kann sich an Mexico Citys rege Theaterszene heranwagen. Auf **MejorTeatro** (www.mejorteatro.com.mx) sind alle großen Theater aufgeführt.

Palacio de Bellas Artes DARSTELLENDE KÜNSTE
(Karte S. 78; www.bellasartes.gob.mx; Av Hidalgo 1; ⏲ Ticketschalter 11–19 Uhr; Ⓜ Bellas Artes) Das Orquesta Sinfónica Nacional und renommierte Opernensembles treten im prächti-

gen Palacio de Bellas Artes auf, Kammermusiker nutzen die Vortragshallen. Am bekanntesten ist allerdings das **Ballet Folklórico de México** (Karte S. 78; www.balletamalia.com; ⌚Aufführungen Mi 20.30, So 9.30 & 20.30 Uhr; Ⓜ Bellas Artes). Es bietet ein zweistündiges festliches Spektakel mit Kostümen, Musik und Tänzen aus ganz Mexiko. Tickets bekommt man in der Regel am Tag der Aufführung oder über Ticketmaster.

Centro Cultural Universitario DARSTELLENDE KÜNSTE
(☎55-5622-7003; www.cultura.unam.mx; Av Insurgentes Sur 3000; 🚌Centro Cultural Universitario) Im bewaldeten südlichen Abschnitt des Campus der nationalen Universität wartet das Centro Cultural Universitario mit fünf Theatern auf, darunter die Sala Nezahualcóyotl, Sitz der UNAM-Philharmonie, das Teatro Alarcón, in dem Dramen aufgeführt werden, und die Sala Miguel Covarrubias für modernen Tanz.

Centro Nacional de las Artes DARSTELLENDE KÜNSTE
(CNA; ☎55-4155-0000; www.cenart.gob.mx; Av Río Churubusco 79, Colonia Country Club; 📶; Ⓜ General Anaya) Weitläufiges Kulturinstitut in der Nähe von Coyoacán. Hier finden viele kostenlose Veranstaltungen unterschiedlichster Art statt, darunter moderner Tanz, Theater, Kunstshows und klassische Konzerte. Um zum CNA zu kommen, verlässt man die Metrohaltestelle General Anaya (Línea 2) an der Ostseite der Calzada de Tlalpan, geht dann Richtung Norden bis zur Ecke und biegt dort rechts ab.

Centro Cultural del Bosque DARSTELLENDE KÜNSTE
(Karte S. 92; ☎55-5283-4600, Durchwahl 4408; www.ccb.bellasartes.gob.mx; Ecke Paseo de la Reforma & Campo Marte, Colonia Chapultepec Polanco; ⌚Ticketschalter Mo–Fr 12–15 & 17–19 Uhr & vor Veranstaltungen; Ⓜ Auditorio) Hinter dem Auditorio Nacional liegt das Centro Cultural del Bosque mit sechs Theatern, u. a. dem Teatro de la Danza für modernen Tanz. An Wochenenden gibt's nachmittags oft Kindertheater und Puppenspiele.

Foro Shakespeare THEATER
(Karte S. 86; ☎55-5553-4642; www.foroshakespeare.com; Zamora 7, Colonia Condesa; Ⓜ Chapultepec) Ein kleines, unabhängiges Theater mit vielseitigem Programm. Donnerstagabends spielen Jazzbands in der Theaterbar (mit angeschlossenem Restaurant).

Centro Cultural Helénico THEATER
(Karte S. 100; ☎55-4155-0919; www.helenico.gob.mx; Av Revolución 1500, Colonia Guadalupe Inn; ⌚Kasse Mo–Fr 12.30–20.45, Sa 11.30–20.45, So 11.30–18.15 Uhr; 🚌Altavista) Zum Komplex gehören das Theater mit 440 Sitzplätzen, in dem große Produktionen gezeigt werden, und eine kleinere Location im Kabarettstil für experimentelle Stücke.

Livemusik

Die Vielfalt des musikalischen Angebots der Hauptstadt ist schier unglaublich. Wirklich jeden Abend werden in Konzertsälen, Bars, Museen, ja sogar in öffentlichen Verkehrsmitteln traditionelle mexikanische und kubanische Musik, Jazz, Electronica, Garagenpunk usw. zum Besten gegeben. Auf dem Zócalo und am Monumento a la Revolución finden oft kostenlose Konzerte statt. Auf **Tiempo Libre** (www.tiempolibre.com.mx) und **Ticketmaster** (www.ticketmaster.com.mx) findet man Konzerttipps.

Die florierende Mariachi-Musikszene an der Plaza Garibaldi kommt gegen 20 Uhr so richtig in Fahrt und beruhigt sich erst wieder gegen 3 Uhr morgens.

Der Straßenmarkt Tianguis Cultural del Chopo (S. 137) hat an seinem nördlichen Ende eine Bühne, auf der jeden Samstagnachmittag junge, hungrige Metall- und Punkbands auftreten.

★ **Centro Cultural de España** LIVEMUSIK
(Karte S. 66; ☎55-5521-1925; www.ccemx.org; República de Guatemala 18; ⌚Mi–Sa 22–2 Uhr; Ⓜ Zócalo) GRATIS Jedes Wochenende tummelt sich eine junge Hipster-Gemeinde auf der Dachterrasse dieses Kulturzentrums, wenn geniale DJs auflegen oder Livemusik gespielt wird. Das wiederaufgebaute Gebäude aus der Kolonialzeit liegt gleich hinter der Kathedrale und platzt um Mitternacht normalerweise schon aus allen Nähten.

El Plaza Condesa VERANSTALTUNGSORT
(Karte S. 86; ☎55-5256-5381; www.elplaza.mx; Juan Escutia 4; 🚌Campeche) Im Herzen von Condesas Nachtleben steht dieses ehemalige Theater, in dem heute Pop- und Rockbands aus Mexiko und dem Ausland auftreten.

Teatro de la Ciudad VERANSTALTUNGSORT
(Karte S. 66; ☎55-5130-5740, ext 2006; www.cultura.df.gob.mx/index.php/recintos-menu/teatros/tcm; Donceles 36; ⌚Kasse 10–15 & 16–19 Uhr; Ⓜ Allende) Das aufwendig im Stil des italienischen Opernhauses La Scala restaurierte Teatro aus dem Jahre 1918 hat 1300 Sitzplät-

ze. Hier gastieren recht interessante Musik-, Tanz- und Theatergruppen.

José Cuervo Salón VERANSTALTUNGSORT
(☎55-5255-5322; www.ticketmaster.com.mx/jose-cuervo-salon-boletos-mexico/venue/163961; Lago Andrómaco 17, Ecke Moliere, Colonia Ampliación Granada; ⊙Kasse 10–18 Uhr) Ein Veranstaltungsort von der Größe eines Lagerhauses und eine der besten Konzerthallen der Hauptstadt. Hier treten tourende Stars des Rocks, der Weltmusik und des Salsa auf. Der Sound ist hervorragend, die Bar erstreckt sich über die gesamte Länge der Wand und die Tanzfläche bietet Tausenden von Tanzhungrigen Platz. Am besten mit dem Taxi kommen.

Cafebrería El Péndulo LIVEMUSIK
(Karte S. 86; www.forodeltejedor.com; Álvaro Obregón 86; ; Álvaro Obregón) Auf der Dachterrasse dieses Café-Buchladens kann man mexikanische Künstler unterschiedlicher Musikgenres live erleben. In der dazugehörigen Freiluftbar kann man nach der Show in entspannter Atmosphäre relaxen.

Ticketmaster Auditorio Nacional VERANSTALTUNGSORT
(Karte S. 92; ☎55-9138-1350; Paseo de la Reforma 50, Bosque de Chapultepec; ⊙Kasse Mo–Sa 10–19, So 11–18 Uhr; M Auditorio) Große Auftritte mexikanischer und internationaler Rock- und Popmusiker werden im Auditorio Nacional mit seinen 10 000 Sitzplätzen ausgerichtet. Das angrenzende **Lunario del Auditorio** (Karte S. 92; www.lunario.com.mx; M Auditorio) ist ein riesiger Club, in dem vor allem Jazz- und Folklorekünstler auftreten.

★ **Salón Tenampa** MARIACHIS
(Karte S. 66; ☎55-5526-6176; www.salontenampa.com; Plaza Garibaldi 12; ⊙So–Do 13–2, Fr & Sa bis 4 Uhr; ; M Garibaldi) Das Tenampa am Nordende der Plaza ist eine geschäftige *cantina*, deren Wände mit Gemälden der ganz Großen der mexikanischen Musikszene geschmückt sind und deren Atmosphäre von den eigenen Musikern mit Leben erfüllt wird. Ein Besuch hier ist ein Muss.

Multiforo Alicia VERANSTALTUNGSORT
(Karte S. 86; ☎55-5511-2100; www.facebook.com/pages/Multiforo-Alicia/244833642369; Av Cuauhtémoc 91A; Jardín Pushkin) Hinter der mit Graffiti verzierten Fassade verbirgt sich der beste Indie-Rockschuppen Mexico Citys. Das Alicia ist dunkel, hat keine Sitzplätze und dient aufstrebenden Punk-, Surf- und Skabands als Plattform. Ihre Platten kann man im Laden unten erstehen. Konzerttermine findet man auf Alicias Facebook-Seite.

El Imperial Club VERANSTALTUNGSORT
(Karte S. 86; ☎55-5525-1115; www.elimperial.tv; Álvaro Obregón 293, Colonia Roma; ⊙Di & Mi 22–2.30, Do–Sa bis 4 Uhr; M Sevilla) Hier spielen mexikanische Alternative-Rockbands und ab und an auch ausländische Acts. Das zweistöckige, prunkvolle Gebäude ist über und über mit alten Möbeln und anderen altmodischen Details übersät.

Caradura VERANSTALTUNRGSORT
(Karte S. 86; www.caradura.mx; 2. Stock, Nuevo León 73; ⊙Di–Sa 21–2.30 Uhr; Campeche) Eine der besten Adressen der Stadt, um die eigenen Dämonen auszutreiben und dabei zu Garage, Rockabilly und Postpunk abzudancen.

Pasagüero + La Bipo VERANSTALTUNGSORT
(Karte S. 66; ☎55-5512-6624; www.facebook.com/pasaguero; Motolinía 33; ⊙Do–Sa 22–3.30 Uhr; ; M Allende) Ein paar weitsichtige Bauherren nahmen sich des historischen Gebäudes an und verwandelten das von einer Steinmauer umgebene Gelände in ein Restaurant mit Bar, das als Veranstaltungsort für verschiedene kulturelle Events, vor allem für Rock- und Electronica-Konzerte dient.

El Under MUSIK
(Karte S. 86; ☎55-5511-5475; www.facebook.com/realunder; Monterrey 80; ⊙Fr & Sa 21–5 Uhr; Durango) Ein Liebling der Underground-Szene. Im Untergeschoss des alten Hauses tanzen schwarz gekleidete Jugendliche zu Morrissey und Bauhaus, während oben lokale Bands alles Mögliche von Garage-Punk und Rockabilly bis zu Death Metal spielen.

Zinco Jazz Club JAZZ
(Karte S. 66; ☎55-5512-3369; www.zincojazz.com; Motolinía 20; ⊙Mi–Sa 21–2 Uhr; ; M Allende) Das Zinco ist ein wichtiger Bestandteil der Renaissance des Centro. Der unterirdische Club dient lokalen Jazz- und Funkbands sowie tourenden Künstlern als Bühne. Der kleine Raum ist schnell ausgebucht, wenn bekannte Künstler auftreten.

Ruta 61 BLUES
(Karte S. 86; ☎55-5211-7602; www.ruta61.com.mx; Av Baja California 281; ⊙Mi–Sa 7–1 Uhr; M Chilpancingo) Im zweistöckigen Ruta 61 treten Künstler des Electric Blues wie Buddy Guy oder Howlin' Wolf auf. Etwa einmal im Monat steht ein Act direkt aus Chicago auf der Bühne, meistens sieht man jedoch eher eine lokale Coverband.

El Balcón Huasteco LIVEMUSIK
(☎55-5341-6762; www.elbalconhuasteco.com; Sor Juana Inés de la Cruz 248, Colonia Agricultura; ⏰Fr & Sa ab 18.30 Uhr; Ⓜ Normal) Dieses Zentrum hat sich der Bewahrung der Huastec-Kultur von Hidalgo und Veracruz verschrieben. Hier treten energiegeladene Trios auf und in der Küche werden Snacks aus der Huastec-Region zubereitet. Auf den Geschmack gekommen? Musik- und Tanzunterricht werden ebenfalls angeboten. El Balcón Huasteco liegt zwei Häuserblocks nördlich der Metrohaltestelle Normal.

El Breve Espacio Mezcalería LIVEMUSIK
(Karte S. 100; www.elbreveespacio.mx; Frontera 4; ⏰Mo–Mi 10–17.30, Do–Sa bis 2 Uhr; 📶; 🚌 La Bombilla) Folksänger wie Silvio Rodríguez stehen in dieser *trova* (troubadourähnliche Volksmusik)-Hochburg nahe der Plaza San Jacinto in San Ángel auf der Bühne.

Kabarett

La Perla KABARETT
(Karte S. 66; ☎55-1997-7695; www.facebook.com/cabaret.laperla; República de Cuba 44; ⏰Shows Fr & Sa 23 & 1 Uhr; 🚌 República de Chile) Ehemalige Rotlichtlokalität, die im Zeitalter der Ironie als wahrhaftiger Kitsch-Schrein wiedergeboren wurde. Die Drag-Shows mit den traditionellen mexikanischen Sängerinnen sind einfach urkomisch, die Tickets heiß begehrt.

El Bataclán KABARETT
(Karte S. 86; ☎55-5511-7390; www.labodega.com.mx; Popocatépetl 25; ⏰Di–Sa 21–1 Uhr; 🚌 Álvaro Obregón) Eine Kabarettbühne mitten im Club La Bodega, auf der ein paar der unkonventionelleren mexikanischen Künstler zu sehen sind. Anschließend kann man bei einem Mojito hervorragenden kubanischen *son*-Combos lauschen.

Teatro Bar El Vicio KABARETT
(Karte S. 120; ☎55-5659-1139; www.lasreinaschulas.com; Madrid 13, Colonia del Carmen; ⏰Do–So 21.30–2 Uhr; Ⓜ Coyoacán) Das alternative Kabaretttheater liegt passenderweise in dem Viertel, in dem Frida Kahlo früher lebte. Es bietet ein liberales, politisch und sexuell nicht ganz korrektes Comedy-Programm sowie ein genreübergreifendes Musikrepertoire.

Sport

Die meisten Tageszeitungen haben einen umfangreichen Sportteil mit aktuellen Infos zu allen möglichen Wettkämpfen und Spielen. Wahre Fans sollten sich die täglich erscheinende Sportzeitung **La Afición** (www.laaficion.com) holen.

Sonntags gegen 16 Uhr (genaue Zeiten finden sich auf der Website) finden in der **Plaza México** (☎55-5133-1939; www.lamexico.com; Augusto Rodin 241, Colonia Noche Buena; 🚌 Ciudad de los Deportes) *corridas de toros* (Stierkämpfe) statt. Die Plaza ist eine der größten Stierkampfarenen der Welt und liegt ein paar Häuserblocks westlich der Avenida Insurgentes. Die Saison für Stiefkämpfe variiert, meist geht sie aber von Mai bis September und von Oktober bis Februar.

Nahezu jedes Wochenende finden in der Hauptstadt *fútbol*-Spiele (Fußball) der Primera División statt. In Mexico City selbst gibt es drei Mannschaften: América, genannt Las Águilas (die Adler), Las Pumas von der UNAM und Cruz Azul. Anders als in Europa werden jährlich zwei Meisterschaften durchgeführt: Eine Saison dauert von Januar bis Juni, die zweite von Juli bis Dezember. Beide Meisterschaften werden in Play-offs der acht besten Teams in einer KO-Runde mit Hin- und Rückspiel entschieden.

Das wichtigste Spiel von allen ist „El Clásico“ (der Klassiker) zwischen América und Guadalajara; bei diesen Begegnungen füllt sich das Estadio Azteca mit 100 000 Flaggen schwenkenden Fans (Tickets im Vorverkauf besorgen).

Karten für die Fußballspiele (90–650 Mex$ für normale Saisonspiele) sind normalerweise an der Stadionkasse erhältlich oder können über Ticketmaster im Vorverkauf erworben werden. Es gibt einige Stadien, in denen gespielt wird.

Arena México MEXIKANISCHES WRESTLING
(Karte S. 86; ☎55-5588-0266; www.arenamexico.com.mx; Dr Lavista 197, Colonia Doctores; ⏰Di 19.30 & Fr 20.30 Uhr; 🚌 Cuauhtémoc) Die Arena mit ihren 17 000 Sitzplätzen ist eine von zwei Wrestling-Locations in Mexico City. Jede Woche, wenn extravagante *luchadores* (Wrestler) wie Místico oder Super Porky in Teams oder einzeln gegeneinander antreten, herrscht hier Zirkusstimmung. Es finden jeweils drei oder vier Kämpfe statt, die auf ein fulminantes Showdown-Match hinführen. Auch nicht schlecht ist die kleinere **Arena Coliseo** (Karte S. 66; ☎55-5526-1687; www.cmll.com/arena_coliseo.htm; República de Perú 77; ⏰So 17 Uhr, außer 3. So im Monat; 🚌 República de Chile).

Estadio Azteca STADION
(☎55-5487-3309; www.esmas.com/estadioazteca; Calz de Tlalpan 3665; 🚊 Estadio Azteca) Das größ-

te Stadion Mexikos (105 000 Zuschauer) ist Sitz des Fußballvereins América. Die Spiele finden am Samstag- oder Sonntagnachmittag statt (die genauen Termine können auf der Website nachgelesen werden). Anfahrt: Mit dem *tren ligero* (Stadtbahn) von der Metrostation Tasqueña zum Estadio Azteca.

Estadio Olímpico STADION
(55-5325-9000; www.clubpumasunam.com; Av Insurgentes Sur 3000, Ciudad Universitaria; CU) Das Heimatstadion des Fußballvereins Pumas. Verlässt man die Metrobús-Station, geht man nach rechts und hält Ausschau nach der Bushaltestelle für den kostenlosen Universitätsbus namens Pumabús. Busse auf der „Ruta 6" fahren zum Olympiastadion.

Estadio Azul STADION
(55-5563-9040; www.cruz-azul.com.mx; Indiana 255, Colonia Nápoles; Ciudad de los Deportes) Dieses Fußballstadion liegt neben der Stierkampfarena Plaza México.

Diablos Rojos BASEBALL
(www.diablos.com.mx) Mexico City ist mit seiner Mannschaft, den Diablos Rojos, in der Liga Mexicana de Béisbol vertreten. Während der Saison (April–Juli) spielen sie alle zwei Wochen im **Foro Sol** (http://www.diablos.com.mx/forosol.php; Ecke Av Río Churubusco & Av Viaducto Río de la Piedad, Colonia Granjas México; M Ciudad Deportiva). Von der Metrostation sind es zu Fuß fünf Minuten bis zum Stadion. Die Spieltage sind auf der Website der Diablos aufgelistet.

Shoppen

Shoppen kann in Mexico City so richtig viel Spaß machen. Bei *artesanías*-(Kunsthandwerks-)Händlern, in schrägen Läden und auf Straßenmärkten bieten sich mehr als genug gute Gelegenheiten, sein Geld loszuwerden.

Die Bewohner der Hauptstadt selbst kaufen mehr und mehr in modernen Einkaufszentren mit Designerläden und Starbucks-Cafés ein, und diese Konsumtempel schießen mittlerweile überall wie Pilze aus dem Boden. Zu den schöneren dieser Art gehören **Plaza Loreto** (Karte S. 100: www.facebook.com/plazaloreto; Ecke Av Revolución & Río de la Magdalena; 11–20 Uhr; ; Dr Gálvez) in San Ángel, das Freiluft-Einkaufszentrum **Antara** (Karte S. 92; www.antara.com.mx; Av Ejército Nacional 843B; 11–20 Uhr; M Polanco) in Polanco sowie **Reforma 222** (Karte S. 116; www.codigoreforma222.com.mx; Paseo de la Reforma 222; 11–21 Uhr; M Insurgentes) am östlichen Ende der Zona Rosa.

Wer auf seltene Bücher steht, kann in den Second-Hand-Buchläden entlang der Donceles im *centro* einige Juwelen ausgraben. Bücher in anderen Sprachen als Spanisch finden sich in Spitzenklassehotels, großen Museen und einigen Buchläden.

Mexico Citys Märkte sind allemal einen Besuch wert, nicht nur wegen der großen Vielfalt an feilgebotenen Waren, sondern auch wegen der Möglichkeit, einen Einblick in ihre frenetische Geschäftigkeit zu erhaschen. In fast allen Vierteln findet mindestens einmal pro Woche ein *tianguis* (Straßenmarkt) statt, auf dem alles verkauft wird, von frischen Lebensmitteln bis hin zu Kleidung und Antiquitäten. Solch ein *tianguis* beginnt meist gegen 10 Uhr und dauert bis 17 Uhr.

Centro Histórico & Umgebung

Die elegantesten Kaufhausketten von Mexico City, **El Palacio de Hierro** (Karte S. 66; 55-5728-9905; www.palaciodehierro.com.mx; Av 20 de Noviembre 3; 11–21 Uhr; M Zócalo) und **Liverpool** (Karte S. 66; 55-5262-9999; www.liverpool.com.mx; Venustiano Carranza 92; 11–21 Uhr; M Zócalo) sind unverändert im Zentrum in ihren Originalgebäuden aus den 1930er-Jahren untergebracht.

Die Straßen rund um den Zócalo sind von Geschäften gesäumt, die auf Waren des täglichen Gebrauchs spezialisiert sind. Nicht selten haben Läden in ein und derselben Straße ein mehr oder weniger identisches Sortiment. Im Westen findet man auf der Donceles Second-Hand-Bücher; Schmuck und Goldgeschäfte sowie Münzläden liegen an der Palma, während Optiker östlich der Plaza an der Avenida Madero angesiedelt sind. Die Avenida 20 de Noviembre ist im Süden voller Schuhläden, während auf der Bolívar Dutzende von Läden Musikinstrumente zum Verkauf anbieten. Auf den Straßen im Norden, der República de Colombia und der República de Venezuela, reihen sich Läden mit Modeschmuck aneinander.

Hunderte Computerläden liegen an der **Plaza de la Computación y Electrónica** (Karte S. 66; www.plazadelatecnologia.com/mexico; Eje Central Lázaro Cárdenas 38; 10–18 Uhr; M San Juan de Letrán), südlich der Uruguay.

Centro de Artesanías La Ciudadela KUNSTHANDWERK
(Karte S. 78; www.facebook.com/mercadodeartesaniaslaciudadela; Ecke Balderas & Dondé; ⌚ Mo–Sa 10–19, So bis 18 Uhr; Ⓜ Balderas) Eine beliebte Anlaufstelle für gutes Kunsthandwerk aus Mexiko. Toll sind die Oaxaca-*alebrijes* (skurrile, bemalte Tiere), Gitarren aus Paracho und Huichol-Perlenstickereien. Die Preise sind meistens auch ohne Feilschen fair.

Mumedi GESCHENKE
(Museum für mexikanisches Design; Karte S. 66; ☎ 55-5510-8609; www.mumedi.org; Av Madero 74; ⌚ Mo 11–21, Di–So 8–21 Uhr; 📶; Ⓜ Zócalo) Im Geschenkeladen des Designmuseums findet man interessanten Popkultur-Schnickschnack, Handtaschen und kunsthandwerklichen Schmuck von Künstlern der Region.

Mercado San Juan MARKT
(Karte S. 78; www.mercadosanjuan.galeon.com; Pugibet 21; ⌚ Mo–Sa 8–17, So bis 16 Uhr; 🚌 Plaza San Juan) Auf Feinschmeckerkost wie *huitlacoche* (trüffelartiger Mais mit Maisbeulenbrand) und seltenes Obst spezialisiert. Die Küchenchefs und Gourmets der Stadt erledigen hier den Einkauf von Zutaten, die es sonst nirgendwo in der Stadt gibt.

Plaza Downtown Mexico EINKAUFSSTRASSE
(Karte S. 66; www.facebook.com/downtownmexico; Isabel La Católica 30; ⌚ Mo–Sa 11–20, So bis 18 Uhr; Ⓜ Zócalo) In den Läden rund um den zentralen Innenhof des wunderschön restaurierten Kolonialgebäudes aus dem 18. Jh. werden Kunsthandwerk, Keramiken, Schokolade und Klamotten verkauft.

Casasola Fotografía SOUVENIRS
(Karte S. 66; www.casasolafoto.com; Office 201, 2. Stock, Isabel La Católica 45; ⌚ Mo–Fr 10–19, Sa bis 15 Uhr; 🚌 República del Salvador) Die Wahrscheinlichkeit ist groß, dass man diese weltberühmten Sepiafotos aus der Zeit der Revolution schon irgendwo einmal gesehen hat. Zum Verkauf stehen u. a. eingerahmte Bilder, Kalender, T-Shirts und Postkarten. Eintritt nur mit Lichtbildausweis.

La Europea GETRÄNKE
(Karte S. 66; ☎ 55-5512-6005; www.laeuropea.com.mx; Ayuntamiento 21; ⌚ Mo–Sa 9–20, So 11–16 Uhr; 🚌 Plaza San Juan) Der gut sortierte Spirituosenladen verkauft Tequila, Mezcal und Weißwein zu vernünftigen Preisen.

Dulcería de Celaya ESSEN
(Karte S. 66; ☎ 55-5521-1787; www.dulceriadecelaya.com; Av 5 de Mayo 39; ⌚ 10.30–19.30 Uhr; Ⓜ Allende) Seit 1874 gibt es diesen Süßwarenladen, in dem man karamellisierte Früchte und Zitronen mit Kokosfüllung kaufen kann. Allein das schön verzierte Gebäude ist einen Besuch wert.

Galería Eugenio KUNSTHANDWERK
(Karte S. 66; ☎ 55-5529-2849; Allende 84; ⌚ Mo–Sa 11–17.30 Uhr; Ⓜ Garibaldi) Verkauft über 4000 Masken aus dem ganzen Land; zu finden in der Gegend des Lagunilla-Markts.

American Bookstore BÜCHER
(Karte S. 66; ☎ 55-5512-0306; Bolívar 23; ⌚ Mo–Fr 10–18.30, Sa bis 17.30 Uhr; Ⓜ Allende) Englischsprachige Romane und Bücher über Mexiko sowie Lonely Planet Reiseführer.

Gandhi BÜCHER
(www.gandhi.com.mx) In der ganzen Stadt vertretene Kette mit einem riesigen Angebot an Büchern zu Mexiko und Mexico City. Filialen findet man in der **Av Madero** (Karte S. 66; Av Madero 32; ⌚ Mo–Sa 10–21, So 11–20 Uhr; Ⓜ Zócalo), in **Bellas Artes** (Karte S. 78; Juárez 4; ⌚ Mo–Sa 10–21, So 11–21 Uhr; Ⓜ Bellas Artes) und in **San Ángel** (Karte S. 100; ☎ 55-2625-0606; Av Miguel Ángel de Quevedo 121; ⌚ 10–22 Uhr; Ⓜ Miguel Ángel de Quevedo). In einem Häuserblock in San Ángel gibt es gleich zwei Verkaufsstellen.

Tianguis Dominical de la Lagunilla MARKT
(Ecke Gónzalez Bocanegra & Paseo de la Reforma, Colonia Centro; ⌚ So 10–18 Uhr; Ⓜ Garibaldi) In diesem Paradies für Sammler findet man Antiquitäten, alte Souvenirs und Krimskrams. Bücher und Zeitschriften gibt's am Gebäude La Lagunilla.

La Lagunilla MARKT
(Karte S. 66; Ecke Rayón & Allende, Colonia Centro; ⌚ Mo–Sa 9–20, So 10–19 Uhr; Ⓜ Garibaldi) Dieser riesige Komplex besteht aus drei Gebäuden: In Gebäude Nr. 1 gibt's Kleidung und Stoffe, in Nr. 2 bekommt man Essen und in Nr. 3 Möbel.

Tepito MARKT
(Karte S. 66; Héroe de Granaditas, Colonia Tepito; ⌚ Mi–Mo 10–18 Uhr; Ⓜ Lagunilla) Die Mutter aller Straßenmärkte. Nördlich und östlich von La Lagunilla erstreckt sich ein Labyrinth aus mehr oder weniger permanenten Ständen, an denen Kleidung, raubkopierte CDs und DVDs sowie Elektrowaren verkauft werden. Tepito ist bekannt dafür, dass hier Schmugglerware und die Beute von Taschendiebstählen verkauft werden. Betreten auf eigene Gefahr!

Zona Rosa & Umgebung

★ Fonart KUNSTHANDWERK
(www.fonart.gob.mx) Dieser vom Staat betriebene Kunsthandwerksladen bietet hochwertige Waren, darunter lackierte Schatullen aus Olinalá und schwarze Keramik aus Oaxaca. Die Filialen befinden sich in **Reforma** (Karte S. 116; Paseo de la Reforma 116; Mo–Fr 10–19, Sa & So bis 16 Uhr; Reforma) und **Mixcoac** (Patriotismo 691; Mo–Fr 10–20, Sa bis 19, So 11–17 Uhr; Mixcoac). Die Preise sind fix.

Mercado Insurgentes KUNST & KUNSTHANDWERK
(Karte S. 116; Londres 154; Mo–Sa 10.30–19.30, So bis 16 Uhr; Insurgentes) Hier gibt's Kunsthandwerk – Silber, Tonwaren, Leder, geschnitzte Holzfiguren – in Hülle und Fülle. Um einen vernünftigen Preis zu bezahlen, muss man sich allerdings im Feilschen üben.

Plaza del Ángel ANTIQUITÄTEN
(Karte S. 116; www.antiguedadesmexico.com; Londres 161, zw. Amberes & Av Florencia; Sa & So 9–16 Uhr; Insurgentes) Flohmarkt in einer Einkaufsstraße mit hochwertigen Antiquitätenläden, die Silberschmuck, Gemälde, Dekoartikel und Möbel verkaufen.

Jardín del Arte KUNST & KUNSTHANDWERK
(Karte S. 116; zw. Sullivan & Villalongín, Colonia San Rafael; So 9–17 Uhr; Reforma) An einem kleinen Weg im Park verkaufen einheimische Künstler ihre Gemälde, während Straßenverkäufer Künstlerbedarf anbieten.

Condesa & Roma

Condesa wartet mit einem verführerischen Sortiment an angesagten Boutiquen, ausgefallenen Läden und Lebensmittelgeschäften für Feinschmecker auf. Die wichtigsten Verkaufsstraßen in Roma sind Álvaro Obregón und Colima.

Vértigo KUNST & KUNSTHANDWERK
(Karte S. 86; www.vertigogaleria.com; Colima 23; Mo–Fr 12–20, Sa bis 19, So bis 18 Uhr; Jardín Pushkin) Im Laden dieser abgefahrenen Kunstgalerie bekommt man Siebdrucke, T-Shirts mit Grafiken sowie Radierungen des beliebten argentinischen Illustrators Jorge Alderete. Neben nicht sonderlich spektakulären Kunstausstellungen finden im Vértigo gelegentlich auch Akustik-Konzerte statt.

La Naval GETRÄNKE
(Karte S. 86; 55-5584-3500; www.lanaval.com.mx; Av Insurgentes Sur 373; Mo–Sa 9–21, So 11–19 Uhr; Campeche) In diesem Feinschmeckergeschäft gibt's eine verlockende Auswahl an Mezcals und Tequilas sowie kubanische Zigarren.

Centro Cultural Bella Época BÜCHER
(Karte S. 86; 55-5276-7110; www.facebook.com/centroculturalbellaepoca; Av Tamaulipas 202, Ecke Benjamín Hill, Colonia Condesa; ; Patriotismo) Einer der größten Buchläden in Lateinamerika. Hier werden im Innern eines beeindruckenden Art-déco-Kulturzentrums Bücher, CDs und DVDs verkauft.

Under the Volcano Books BÜCHER
(Karte S. 86; www.underthevolcanobooks.com; Celaya 25; Mo–Fr 11–19, Sa & So bis 17 Uhr; Sonora) Kauft und verkauft gebrauchte englischsprachige Bücher. Hervorragende Auswahl zu sehr guten Preisen.

Bazar de la Roma ANTIQUITÄTEN
(Karte S. 86; Jardín Dr Chávez, Colonia Doctores; Sa & So 10–17 Uhr; Jardín Pushkin) Östlich der Avenida Cuauhtémoc werden auf diesem Markt Second-Hand-Ware und Antiquitäten jeder Couleur verkauft: Bücher, Biertabletts, Poster und Möbel. Auf der Álvaro Obregón findet ebenfalls am Wochenende ein ähnlicher Kunst- und Antiquitätenmarkt statt.

Bazar del Oro MARKT
(Karte S. 86; www.twitter.com/bazardeloro; Calle de Oro, Colonia Roma; Sa & So 11–19 Uhr; Durango) Ein Straßenmarkt der etwas edleren Sorte zwischen der Avenida Insurgentes und der Plaza Villa de Madrid. Hier gibt's Klamotten, Geschenke und einen hervorragenden Essensbereich.

El Hijo del Santo GESCHENKE
(Karte S. 86; 55-5512-2186; www.elhijodelsanto.com.mx/coffeeshop; Av Tamaulipas 219; Mo–Sa 10–21 Uhr; Patriotismo) Dieses kleine Fachgeschäft, das dem Wrestler El Hijo del Santo gehört, verkauft Fanartikel rund um (wer hätte es gedacht) Santo, z. B. kitschige Porträts, Hipster-Handtaschen und die Santo-Maske – ein echter Dauerbrenner.

Polanco

Die Avenida Presidente Masaryk, auch bekannt als „Rodeo Drive Mexikos", ist von Designerläden und anderen edlen Geschäften gesäumt.

Pasaje Polanco EINKAUFSZENTRUM
(Karte S. 92; 55-5280-7976; Av Presidente Masaryk 360; Mo–Sa 11–20, So bis 19 Uhr; Polanco)

Eleganter Komplex mit gehobenen Boutiquen, Fachgeschäften und einem großen Kunsthandwerksladen, in dem Handtaschen, Wrestling-Masken und Volkskunst zum Tag der Toten verkauft werden.

Coyoacán

Bazar Artesanal Mexicano KUNSTHANDWERK
(Karte S. 120; www.facebook.com/bazarartesanalmexicanocoyoacan; Carrillo Puerto 25; ⌚Mo–Do 11–21, Fr–So 10–23 Uhr; Ⓜ Coyoacán) Handgefertigter Schmuck, Kunsthandwerk und jede Menge Kitsch für Touristen.

San Ángel

Bazar Sábado KUNST & KUNSTHANDWERK
(Karte S. 100; ☎55-5616-0082; www.elbazaarsabado.com; Plaza San Jacinto 11; ⌚Sa 10–17.30 Uhr; 🚌La Bombilla) Auf dem Samstagsbazar werden handgefertigter Schmuck, Holzarbeiten, Keramiken und Textilien verkauft. Kaum irgendwo in Mexiko findet man solch hochwertige Waren. Künstler und Kunsthandwerker zeigen ihre Arbeiten darüber hinaus auf der Plaza San Jacinto sowie auf der angrenzenden Plaza Tenanitla.

Weitere Viertel

★ **Tianguis Cultural del Chopo** MUSIK
(www.tianguisculturaldelchopo.freeiz.com; Calle Aldama s/n, Colonia Guerrero; ⌚Sa 10–17 Uhr; Ⓜ Buenavista) Ein Treffpunkt für die verschiedenen Subkulturen der Jugend Mexico Citys. Die meisten Händler sind auf den Verkauf von Klamotten, DVDs und CDs spezialisiert. Ganz am Ende des Marktgeländes ist eine Konzertbühne für junge, aufstrebende Bands. Der Haupteingang befindet sich einen Häuserblock östlich der Metrostation Buenavista.

Mercado de Jamaica MARKT
(Ecke Guillermo Prieto & Congreso de la Unión, Colonia Jamaica; ⌚24 Std.; Ⓜ Jamaica) Riesiger, farbenfroher Blumenmarkt mit üppig barocken Blumengestecken und exotischen Pflanzen. Einen Block südlich der Metrostation Jamaica.

ℹ Praktische Informationen

EINREISEBEHÖRDE

Instituto Nacional de Migración (Nationales Institut für Einwanderungsfragen; ☎55-2581-0100; www.inm.gob.mx; Av Ejército Nacional 862; ⌚Mo–Fr 9–13 Uhr) Die richtige Adresse, wenn man sein Touristenvisum verlängern bzw. ein verlorenes ersetzen möchte oder andere untypische Visafragen zu klären hat. An der Metrostation Sevilla in den „Ejercito"-Bus einsteigen. Die Bushaltestelle liegt zwei Häuserblocks östlich der Behörde.

GEFAHREN & ÄRGERNISSE

Mexico City hat den Ruf, ein extrem gefährliches Pflaster zu sein. Besucher sind daher oft überrascht, wie sicher sie sich hier fühlen. Die Verbrechensrate ist zwar hoch – 2012 ereigneten sich 38 Überfälle, 2 Morde, und mehr als 3 Schießereien pro Tag – ein paar Vorsichtsmaßnahmen reduzieren aber das Gefahrenrisiko bereits in hohem Maß.

Diebe treiben vor allem in den von Touristen frequentierten Zonen ihr Unwesen, z. B. an der Plaza Garibaldi und in der Zona Rosa. Aufpassen sollte man auch am Flughafen und an den Busbahnhöfen. Taschendiebe tummeln sich gern in überfüllten Metro-Waggons oder Bussen – dort sollte man wachsam sein und gut auf seine Wertsachen achten. Die Kreditkarte sowie größere Bargeldbeträge trägt man besser nicht mit sich herum. Wer überfallen wird, sollte keinen Widerstand leisten – das Risiko, verletzt oder sogar getötet zu werden, ist einfach zu hoch.

Statistiken zufolge fordert der Straßenverkehr in der Hauptstadt mehr Opfer als die Straßenkriminalität. Nach links und rechts schauen, wenn man die Straße überquert! In manchen Einbahnstraßen verlaufen Busspuren entgegen der Fahrtrichtung des übrigen Verkehrs, und auf manchen voneinander abgegrenzten, mehrspurigen Straßen rollen die Blechlawinen nur in eine Richtung. Und nie darf man sich angesichts einer grünen Fußgängerampel in Sicherheit wiegen, da jeden Moment Wagen angeschossen kommen können; nach Möglichkeit die Straßen gemeinsam mit anderen Fußgängern überqueren.

Auch wenn nicht mehr so häufig wie in den 1990er-Jahren, kommt es dennoch immer wieder zu Überfällen auf Taxis. Viele Opfer haben ein Taxi auf der Straße angehalten, um dann von bewaffneten Komplizen des Fahrers ausgeraubt zu werden. Um Taxis, die spätabends vor Clubs oder Restaurants warten, sollte man einen Bogen machen, sofern sie nicht vom Management genehmigt sind. Statt ein Taxi auf der Straße anzuhalten, sucht man lieber einen *sitio* (Taxistand) oder ruft sich ein Funktaxi.

GELD

In den meisten Banken und *casas de cambio* (Wechselstuben) können Bargeld und Reiseschecks getauscht werden. Manche nehmen allerdings ausschließlich Euros, US-Dollar und kanadische Dollar an. Die Wechselkurse sind unterschiedlich, also im Vorfeld ein paar vergleichen. Die meisten Geldautomaten, Banken und *casas de cambio* liegen auf dem Paseo de la

Reforma zwischen dem Monumento a Cristóbal Colón und dem Monumento a la Independencia.

CCSole (www.ccsole.com.mx; Niza 11, Zona Rosa; ⏲Mo–Fr 9.30–17.30 Uhr; Ⓜ Insurgentes) Handelt mit einem breiten Angebot an Währungen.

Centro de Cambios y Divisas (☎55-5705-5656; www.ccd.com.mx; Paseo de la Reforma 87F; ⏲Mo–Fr 8.30–19.30, Sa 9–17, So 9.30–14.30 Uhr; 🚌 Reforma)

INFOS IM INTERNET

Auf den folgenden Websites findet man Unmengen an Informationen rund um die Hauptstadt:

Consejo Nacional Para la Cultura y las Artes (www.conaculta.gob.mx/cultura) Onlinemagazin für Kunst und Kultur mit Infos zu aktuellen Veranstaltungen.

Secretaría de Cultura del Distrito Federal (www.cultura.df.gob.mx) Hat eine Liste mit Festivals, Museen und Kulturveranstaltungen.

Secretaría de Turismo (www.mexicocity.gob.mx) Städtische Tourismusbehörde mit praktischen Infos und Veranstaltungskalender.

Sistema de Transporte Colectivo (www.metro.df.gob.mx) Alles über die Metro von Mexico City.

INTERNETZUGANG

Internetdienste werden so gut wie überall angeboten. Für eine Stunde werden zwischen 10 und 30 Mex$ fällig.

Am Kreisverkehr der Insurgentes befinden sich zahlreiche Internetcafés.

Centenario 4 (2. Stock, Jardín Centenario 4, Coyoacán; ⏲Mo–Fr 8–18 Uhr; Ⓜ Viveros)

Conecte Café (2. Stock, Génova 71, Ecke Londres, Zona Rosa; ⏲So–Do 9.30–3, Fr & Sa bis 6 Uhr; Ⓜ Insurgentes)

Copy Land (Gante 12, Colonia Centro; ⏲Mo–Fr 9–19, Sa 10–14 Uhr; Ⓜ Allende)

Esperanto (☎55-5512-4123; Independencia 66, Colonia Centro; ⏲Mo–Sa 8–22 Uhr; Ⓜ Juárez)

Tecno Informática (☎55-5211-6784; Vicente Suárez 25, Colonia Condesa; ⏲Mo–Sa 10–22 Uhr; Ⓜ Patriotismo)

KARTEN

Die Touristeninformationen von Mexico City haben farbige Stadtpläne mit vergrößerten Ausschnitten des Centro Histórico, von Coyoacán und San Ángel. Wer eine detaillierte Karte benötigt, besorgt sich eine Guía-Roji (www.guiaroji.com.mx) oder eine *Ciudad de México* Karte (260 Mex$). Beide Stadtpläne bekommt man in den Sanborns-Läden und an größeren Zeitungskiosken.

Inegi (www.inegi.gob.mx) Centro (☎55-5130-7900; Balderas 71; ⏲Mo–Fr 9–16 Uhr; Ⓜ Juárez), Colonia Mixcoac (Patriotismo 711, Colonia Mixcoac; ⏲Mo–Fr 9–16 Uhr; Ⓜ Mixcoac) Mexikos staatliches geografisches Institut gibt topografische Karten des ganzen Landes heraus (nicht immer alle erhältlich). Der Hauptsitz befindet sich in der Colonia Mixcoac.

MEDIEN

Englischsprachige Zeitungen und Zeitschriften werden in Sanborns-Geschäften und bei **La Torre de Papel** (☎55-5512-9703; www.latorredepapel.com; Filomena Mata 6A, Colonia Centro; ⏲Mo–Fr 8–18, Sa 9–15 Uhr; Ⓜ Allende) verkauft. Die meisten der folgenden Veröffentlichungen gibt's an jedem Zeitungskiosk und alle haben hilfreiche Websites.

El Universal (www.eluniversal.com.mx) Eine der ältesten und größten Zeitungen Mexikos.

La Jornada (www.jornada.unam.mx) Für seine hervorragende kulturelle Berichterstattung und linksorientierte Reportagen bekannt.

The News (www.thenews.com.mx) Englischsprachige Tageszeitung mit nationalen und internationalen Nachrichten.

Tiempo Libre (www.tiempolibre.com.mx) Der wöchentlich erscheinende spanischsprachige Eventkalender der Stadt. Ist an jedem Kiosk zu bekommen.

Time Out Mexico (www.timeoutmexico.mx) Tolle Infos zu Restaurants, Kulturveranstaltungen und Unterhaltungsprogramm. Kostenlose Exemplare liegen in Hotels, Cafés, Bars und Nachtclubs aus.

MEDIZINISCHE VERSORGUNG

Auf der Suche nach einem empfehlenswerten Arzt, Zahnarzt oder Krankenhaus sollte man sich an seine Botschaft oder an Sectur, das Ministerium für Tourismus, wenden. Auf der **Website der US-amerikanischen Botschaft** (mexico.usembassy.gov) findet man eine Liste mit Krankenhäusern und englischsprachigen Ärzten (mit Zulassungsnachweis).

Eine Sprechstunde in einer Arztpraxis kostet zwischen 500 und 1200 Mex$.

Zu den verlässlichsten Apotheken zählen jene in den **Sanborns-Geschäften** (www.sanborns.com.mx) sowie die hier aufgelisteten:

Farmacia París (☎55-5709-3211; www.farmaciaparis.com; República de El Salvador 97, Colonia Centro; ⏲Mo–Sa 8–23, So 9–21 Uhr; 🚌 Isabel La Católica)

Farmacia San Pablo (☎55-5354-9000; www.farmaciasanpablo.com.mx; Ecke Av Insurgentes Sur & Chihuahua, Colonia Roma; ⏲24 Std.; 🚌 Álavaro Obregón) Lieferdienst rund um die Uhr.

Hospital ABC (American British Cowdray Hospital; ☎55-5230-8000, Notfall 55-5230-8161; www.abchospital.com; Sur 136 No 116, Colonia

Las Américas; Ⓜ Observatorio) Englisch sprechendes Personal und sehr gute Versorgung.

Hospital Ángeles Clínica Londres (☎ 55-5229-8400, Notfall 55-5229-8445; www.hospitalangelesclinicalondres.com; Durango 50, Colonia Roma; Ⓜ Cuauhtémoc) Krankenhaus und medizinische Klinik.

Médicor (☎ 55-5512-0431; www.medicor.com.mx; Independencia 66, Colonia Centro; ⌚ Mo–Sa 9–21, So bis 19 Uhr; Ⓜ Juárez) Homöopathische Mittel.

NOTFALL

Die Agencia del Ministerio Público (städt. Generalanwaltsbüro) in der Zona Rosa hat englischsprachige Angestellte, die Opfern von Verbrechen zur Seite stehen.

Agencia del Ministerio Público (☎ 55-5345-5382; Amberes 54; ⌚ 24 Std.; Ⓜ Insurgentes) Hier kann man Übergriffe melden und Rechtsbeistand erhalten.

Cruz Roja (Rotes Kreuz; ☎ 065)

Feuerwehr (☎ 068)

Polizei (☎ 066)

POST

Auf der Website der mexikanischen Post (www.correosdemexico.com.mx) sind alle Filialen im Stadtgebiet aufgelistet. Hier eine Auswahl:

Palacio Postal (www.palaciopostal.gob.mx; Tacuba 1; ⌚ Mo–Fr 8–20, Sa & So bis 16 Uhr; Ⓜ Bellas Artes) Der Briefmarkenschalter (mit dem Schild *estampillas*) in der Hauptpost ist länger geöffnet als die übrigen Schalter. Auch wer keine Briefmarken kaufen möchte, sollte einen Blick ins prächtige Innere werfen.

Postfiliale Cuauhtémoc (☎ 55-5207-7666; Río Tiber 87; ⌚ Mo–Fr 8–19, Sa 9–15 Uhr; Ⓜ Insurgentes)

Postfiliale Plaza de la República (Arriaga 11; ⌚ Mo–Fr 8–16, Sa 9–13 Uhr; 🚌 Plaza de la República)

REISEBÜROS

Einige Hostels und Hotels haben vor Ort eine eigene *agencia de viajes* oder können eine in der Nähe empfehlen.

Mundo Joven (☎ 55-5482-8282; www.mundojoven.com) Flughafen (Sala E1, Internationale Ankunft, Flughafenterminal 1; ⌚ Mo–Fr 9–20, Sa 10–17, So bis 14 Uhr; Ⓜ Terminal Aérea); Polanco (Eugenio Sue 342, Ecke Homero; ⌚ Mo–Fr 10–19, Sa bis 14 Uhr; Ⓜ Polanco); Zócalo (República de Guatemala 4, Zócalo; ⌚ Mo–Fr 9–19, Sa 10–14 Uhr; Ⓜ Zócalo) Spezialisiert auf Schülergruppen und Studienausflüge. Bietet Flüge zu vernünftigen Preisen ab Mexico City an und stellt ISIC-, ITIC-, IYTC- und HI-Ausweise aus.

Turismo Zócalo (☎ 55-8596-9649; www.turismozocalo.com; 2. Stock, Palma 34, Colonia Centro; ⌚ Mo–Fr 10–19, Sa bis 13 Uhr; Ⓜ Zócalo) Im Einkaufszentrum Gran Plaza Ciudad de México; fungiert zugleich als Boletotal-Verkaufsstelle für Bustickets.

TELEFON

In der Stadt stehen Tausende von Telmex-Kartentelefonen. Karten gibt's in Läden oder Kiosken mit dem blau-gelben „Ladatel"-Emblem.

TOILETTEN

In einigen Sanborns-Filialen darf die Toilette umsonst benutzt werden. Öffentliche WCs findet man auch in den meisten Marktgebäuden; der hygienische Standard ist dort jedoch sehr unterschiedlich und normalerweise muss man 3 bis 5 Mex$ zahlen. Auf Nachfrage gibt's auch Toilettenpapier.

TOURISTENINFORMATION

Das nationale Tourismusministerium **Sectur** (☎ 078, 55-5250-0151, US 800-482-9832; www.sectur.gob.mx) hält Broschüren zum ganzen Land bereit. In den kleineren Büros erhält man allerdings oft aktuellere Infos zur Hauptstadt.

Die Touristeninformationen der **Tourismusbehörde von Mexico City** (☎ 800-008-90-90; www.mexicocity.gob.mx) sind an den wichtigsten Orten vertreten, so etwa am Flughafen und an den Busbahnhöfen. Die Angestellten – viele von ihnen sprechen Englisch – beantworten gern Fragen und geben Stadtpläne und praktisches Infomaterial aus. Die meisten Büros haben täglich von 9 bis 18 Uhr geöffnet.

Alameda (Ecke Av Juárez & Dr Mora, Colonia Centro; Ⓜ Hidalgo)

Basilica (☎ 55-5748-2085; Plaza de las Américas 1, Basílica de Guadalupe; ⌚ Mo & Di 9–15, Mi–So bis 18 Uhr; Ⓜ La Villa-Basilica) An der südlichen Seite der Plaza.

Centro (☎ 55-5518-1003; Catedral; Ⓜ Zócalo) Westlich der Catedral Metropolitana.

Chapultepec (Paseo de la Reforma; Ⓜ Auditorio) In der Nähe des Museo Nacional de Antropología.

Coyoacán (☎ 55-5658-0221; Jardín Hidalgo 1, Coyoacán; ⌚ 10–20 Uhr; Ⓜ Coyoacán) In der Casa de Cortés.

Nativitas (☎ 55-5653-5209; Xochimilco; ⌚ Mo–Fr 9–16, Sa & So bis 17 Uhr; 🚆 Xochimilco) Am Nativitas-Bootsanleger.

Xochimilco (☎ 55-5676-0810; www.xochimilco.df.gob.mx/turismo; Pino 36; ⌚ Mo–Fr 8–19, Sa & So 9–18 Uhr; Ⓜ Xochimilco) Am Jardín Juárez.

Zócalo (Templo Mayor; Ⓜ Zócalo) Östlich der Catedral Metropolitana.

Zona Rosa (☎ 55-5208-1030; Ecke Paseo de la Reforma & Av Florencia; Ⓜ Insurgentes) Am Monumento a la Independencia in der Zona Rosa.

An- & Weiterreise

AUTO & MOTORRAD

Mietwagen

Autovermietungen haben Büros am Flughafen, an den Busbahnhöfen und in der Zona Rosa. Ein Mietwagen kostet am Tag normalerweise rund 600 Mex$, wer online bucht, bekommt aber oft bessere Konditionen. Eine Übersicht der Autovermietungen bietet die Website der Tourismusbehörde des DF (www.mexicocity.gob.mx).

Avis (☎800-500-28-47, 55-5511-2228; www.avis.mx; Paseo de la Reforma 308; ⏲Mo–Fr 7–22.30, Sa & So 8–16 Uhr; Ⓜ Insurgentes)

Thrifty (☎55-5514-3404; www.thrifty.com; Paseo de la Reforma 322; Ⓜ Insurgentes)

Pannenhilfe

Wer die Stadt verlässt, bekommt im Falle einer Panne zwischen 8 und 18 Uhr Hilfe von den *Ángeles Verdes* (Grüne Engel). Einfach ☎078 wählen und den eigenen Standort durchgeben.

Strecken in die & aus der Stadt

Egal, aus welcher Richtung man in die Stadt kommt, nach der letzten *caseta* (Mautstelle) kommt man in ein Niemandsland mit dürftiger Straßenmarkierung und chaotischem Verkehr. Hinter den *casetas* treten auch die „Hoy No Circula"-Regeln in Kraft (S. 144).

- Wenn man von Puebla (Osten) aus kommt, mündet die Autobahn irgendwann links in die Calzada Zaragoza. Man fährt etwa 10 km auf dieser Straße, ordnet sich dann links ein, folgt den Schildern nach Río de la Piedad (oder Viaducto Miguel Alemán) und fährt nach der Metroüberführung links von der Autobahn ab. Alle wichtigen Gegenden sind vom Viaducto aus zu erreichen. Die Ausfahrt Viaducto Tlalpan führt zum Zócalo. Die Av Monterrey führt zur Colonia Roma und zur Zona Rosa.
- Vom Flughafen aus hält man sich links auf dem Blvd Puerto Aéreo nach Süden. Nachdem man die Zaragoza überquert hat, folgt man den Schildern nach Río de la Piedad und Viaducto Alemán.
- Nach Puebla, Oaxaca oder Veracruz fährt man auf dem Viaducto Alemán in Richtung Osten. Ihn erreicht man am besten über die Avenida Cuauhtémoc (Eje 1 Poniente). Unmittelbar nachdem man den Viaducto überquert hat – vor dem Kaufhaus Liverpool –, links in die Auffahrt einbiegen. Dem Viaducto bis zur Calzada Zaragoza, dann den Schildern nach Oaxaca folgen, bis man auf die Autobahn nach Puebla gelangt.
- Die letzte Mautstation, auf die man von Querétaro (nördlich von DF) aus trifft, liegt bei Tepotzotlán. Man fährt in Richtung Süden weiter, den Schildern nach Ciudad Satélite und Toreo folgend. Nach den ersten Schildern, die die Ausfahrt „Río San Joaquín" ankündigen, ordnet man sich auf der Parallelstraße ein; die Schilder tauchen nördlich des riesigen Dachs der Toreo-Arena auf. Diese Ausfahrt nehmen. In der Linkskurve über den Periférico hält man sich rechts und folgt den Schildern zum „Circuito Interior". Hinter der Corona-Fabrik nimmt man die Ausfahrt Thiers. Links halten, den Schildern zur Reforma folgen, und man kommt an der Río Misisipi heraus, die am Kreisverkehr La Diana die Reforma kreuzt. Wenn man nach links in die Reforma einbiegt, kommt man zum Centro Histórico, geradeaus nach Roma.
- Aus der Stadt heraus nimmt man am besten die Reforma bis zum westlichen Ende des Bosque de Chapultepec und biegt dann rechts ab in die Periférico Richtung Norden.
- Von Pachuca, Hidalgo und dem Norden des Bundesstaates Veracruz aus kommend, mündet die Autobahn in die Avenida Insurgentes; den Schildern zum Centro Histórico und zur Zona Rosa folgen. Aus der Stadt heraus fährt man die Insurgentes in Richtung Norden (das ist auch die Strecke nach Teotihuacán).
- Wenn man von Cuernavaca (Süden) kommt, nach der letzten Mautstation auf der Autobahn von Cuernavaca fährt man geradeaus und nimmt die Ausfahrt Calzada Tlalpan nach rechts (einige Schilder sind hinter Bäumen versteckt). Die Calzada Tlalpan mündet irgendwann in die Avenida 20 de Noviembre, die am Zócalo endet. Aus der Stadt heraus biegt man am Zócalo nach rechts (Süden) in die Pino Suárez ein, die später zur Calzada Tlalpan wird. Der Tlalpan etwa 20 km in Richtung Süden folgen, dann weisen Schilder auf eine Ausfahrt nach links zur *cuota* (mautpflichtig) nach Cuernavaca hin.
- Wenn man von Toluca (Westen) aus kommt, hält man sich etwa 4 km nach den Hochhäusern des Geschäftsdistrikts von Santa Fe links und folgt dann den Schildern zum Paseo de la Reforma. Ins Zentrum geht's auf der Reforma, vorbei an der Fuente de Petróleos und dem Bosque de Chapultepec. Stadtauswärts Richtung Westen bringt einen der Paseo de la Reforma, der direkt in die *cuota* nach Toluca mündet.

BUS

Mexico City hat vier Busbahnhöfe für Überlandbusse, von denen Busse in alle vier Himmelsrichtungen ausschwärmen: Das Terminal Norte (nach Norden), Terminal Oriente (genannt TAPO, nach Osten), Terminal Poniente (Observatorio, nach Westen) und Terminal Sur (nach Süden). In allen Terminals gibt's eine Gepäckaufbewahrung oder Schließfächer, Touristeninformationsschalter, Zeitungsstände, Kartentelefone, Internet, Bankautomaten und Snackbars.

Auch vom Flughafen aus fahren Busse in die nahe gelegenen Städte.

Für Fahrten bis zu fünf Stunden reicht es in der Regel, die Karte direkt vor der Abfahrt am

Busbahnhof zu kaufen. Zu längeren Fahrten brechen allerdings viele Busse am Abend auf, die schnell ausgebucht sind – also besser Tickets im Voraus kaufen.

Prepaid-Tickets gibt's in den **Oxxo**-Märkten überall in der Stadt sowie bei **Boletotal** (☎ 55-5133-5133, 800-009-90-90; www.boletotal.mx), einer Buchungsagentur für über ein Dutzend Buslinien ab allen vier Busbahnhöfen. (Zum Ticketpreis kommt eine Gebühr von 10 %, maximal jedoch 50 Mex$ hinzu.) Boletotal nimmt Buchungen auch telefonisch entgegen; bezahlt wird dann mit Visa oder MasterCard. Boletotal-Filialen sind hier zu finden:

Buenavista (Ticketbus; Buenavista 9, Ecke Orozco & Berra; ⌚ Mo–Fr 9–14.30 & 15.30–18.30, Sa bis 14.30 Uhr; Ⓜ Revolución)

Polanco (Ticketbus; Ecke Homero & Arquímedes; ⌚ Mo–Fr 9–15 & 16–18.30, Sa 9–12.30 Uhr; Ⓜ Polanco)

Roma Norte (Ticketbus; Mérida 156, Ecke Zacatecas; ⌚ Mo–Fr 9–14.30 & 15.30–18.45, Sa bis 14.45 Uhr; Ⓜ Hospital General)

Zócalo (Turismo Zócalo; 2. Stock, Palma 34, Colonia Centro, in der Gran Plaza Ciudad de México; ⌚ Mo–Fr 10–19, Sa bis 13 Uhr; Ⓜ Zócalo)

Buslinien

Detaillierte Infos zu den unterschiedlichen Bussen stehen in der Tabelle auf S. 142. Genaue Fahrpläne finden sich auf den Websites der jeweiligen Busunternehmen.

ADO Group (☎ 800-702-80-00, 55-5133-2424; www.ado.com.mx) ADO Platino (Luxusklasse), ADO GL (Businessklasse), OCC (1. Klasse), ADO (1. Klasse) und AU (2. Klasse).

Autobuses Teotihuacán (☎ 55-5587-0501) 2. Klasse; keine Website.

Autovías (☎ 800-622-22-22; www.autovias.com.mx) 1. Klasse.

Estrella Blanca Group (☎ 800-507-55-00, 55-5729-0807; www.estrellablanca.com.mx) Vereint die Anbieter Futura, Costa Line und Elite (1. Klasse).

Estrella de Oro (☎ 800-900-01-05, 55-5549-8520; www.estrelladeoro.com.mx) Business- und 1. Klasse.

Estrella Roja (☎ 800-712-22-84, 55-5130-1800; www.estrellaroja.com.mx) 1. Klasse.

ETN (☎ 800-800-03-86, 55-5089-9200; www.etn.com.mx) ETN (Luxusklasse) und Turistar (Business- und Luxusklasse).

Ómnibus de México (☎ 800-765-66-36, 55-5141-4300; www.odm.com.mx) 1. Klasse.

Primera Plus (☎ 800-375-75-87; www.primeraplus.com.mx) Luxus- und 1. Klasse.

Pullman de Morelos (☎ 800-624-03-60, 55-5549-3505; www.pullman.mx) Business-, Luxus- und 1. Klasse.

Busbahnhöfe

Terminal de Autobuses del Norte (☎ 55-5587-1552; www.centraldelnorte.com.mx; Eje Central Lázaro Cárdenas 4907, Colonia Magdalena de las Salinas; Ⓜ Autobuses del Norte) Der größte der vier Busbahnhöfe. Von hier können Ziele im Norden erreicht werden, darunter auch Städte an der Grenze zu den USA, ein paar Orte im Westen (Guadalajara, Puerto Vallarta), im Osten (Puebla) und im Süden (Acapulco, Oaxaca). Schalter für Luxus- und 1.-Klasse-Busse findet man vornehmlich im südlichen Abschnitt des Busbahnhofs, Gepäckaufbewahrungen befinden sich ganz am südlichen Ende und im zentralen Durchgang.

Terminal de Autobuses de Pasajeros de Oriente (TAPO; ☎ 55-5522-9381; Calz Zaragoza 200, Colonia Diez de Mayo; Ⓜ San Lázaro) Für Ziele im Osten und Südosten, z. B. Puebla, Veracruz, Yucatán, Oaxaca und Chiapas. Fahrkarten bekommt man an den Schaltern, die im Zentrum um eine Rotunde mit Food-Court, Internetterminals und Geldautomaten angeordnet sind. Eine Gepäckaufbewahrung gibt's im Túnel 1.

Terminal de Autobuses del Poniente (Observatorio; ☎ 55-5271-0149; Av Sur 122, Colonia Real del Monte; Ⓜ Observatorio) Auch unter der Bezeichnung „Observatorio" bekannt. Hier starten Busse in Richtung Michoacán sowie Shuttlebusse ins nahe gelegene Toluca. Darüber hinaus bietet ETN Verbindungen nach Guadalajara an.

Terminal de Autobuses del Sur (Tasqueña; ☎ 55-5689-9745; Av Tasqueña 1320, Colonia Campestre Churubusco; Ⓜ Tasqueña) Bedient Tepoztlán, Cuernavaca, Taxco, Acapulco und andere Ziele im Süden, darunter auch Oaxaca, Huatulco und Ixtapa-Zihuatanejo. Die Schalter von Estrella de Oro (Acapulco, Taxco) und Pullman de Morelos (Cuernavaca) befinden sich auf der rechten Seite des Busbahnhofs, während die Schalter von OCC, Estrella Roja (Tepoztlán), ETN und Futura links zu finden sind. In der *Sala 3* ist die Gepäckaufbewahrung untergebracht und es gibt Geldautomaten.

FLUGZEUG

Der **Aeropuerto Internacional Benito Juárez** (☎ 55-2482-2424; www.aicm.com.mx; Capitán Carlos León s/n, Colonia Peñón de los Baños; 📶; Ⓜ Terminal Aérea) ist Mexico Citys einziger Passagierflughafen und gleichzeitig der größte Lateinamerikas mit einer jährlichen Kapazität von 32 Mio. Fluggästen. Es gibt zwei Terminals: Terminal 1 ist das Hauptterminal, Terminal 2 liegt 3 km vom Hauptterminal entfernt. Vom Terminal 2 aus fliegen u. a. folgende Fluglinien: Aeromar, Aeroméxico, Copa Airlines, Delta und Lan. Alle anderen Airlines starten vom Terminal 1. Zwischen den beiden Terminals verkehren Rote Busse (12,50 Mex$), die am Terminal 1 an

BUSSE AB MEXICO CITY

REISEZIEL	TERMINAL IN MEXICO CITY	BUSUNTERNEHMEN	PREIS (MEX$)	DAUER (STD)	HÄUFIGKEIT (TÄGL.)
Acapulco	Sur	Estrella de Oro	449–599	5	16-mal
	Norte	Futura, Costa Line	455	5½–6	9-mal
Bahías de Huatulco	Sur	OCC, Turistar	794–1020	15–15½	3-mal
	Norte	OCC	794	16	16.45 Uhr
Campeche	Oriente (TAPO)	ADO, ADO GL	1160–1396	16–18	6-mal
	Norte	ADO	1174	17–18	2-mal
Cancún	Oriente (TAPO)	ADO, ADO GL	1518–1788	24–27	5-mal
Chetumal	Oriente (TAPO)	ADO	1252	19½–20	2-mal
Chihuahua	Norte	Ómnibus de México	1355–1465	18–19	7-mal
Cuernavaca	Sur	Pullman de Morelos	90–100	1¼	regelm.
Guadalajara	Norte	ETN, Primera Plus	634–820	6–7	regelm.
	Poniente	ETN	760–820	6¼	4-mal
Guanajuato	Norte	ETN, Primera Plus	449–540	5–5½	14-mal
Matamoros	Norte	ETN, Futura	1010–1310	12½–13½	3-mal
Mazatlán	Norte	Elite	986	13–16	13-mal
Mérida	Oriente (TAPO)	ADO, ADO GL	1310–1558	19–20½	6-mal
Monterrey	Norte	ETN, Futura	931–1205	11–13	18-mal
Morelia	Norte	Primera Plus	360	5	8-mal
	Poniente	ETN	430	4–4¼	regelm.
Nuevo Laredo	Norte	ETN, Futura, Turistar	1131–1465	15–15½	8-mal
Oaxaca	Oriente (TAPO)	ADO, ADO GL, ADO Platino	474–808	6–6½	regelm.
	Sur	ADO GL, OCC	500–582	6½	5-mal
Palenque	Oriente (TAPO)	ADO	922	12¾	18.10 Uhr
Papantla	Norte	ADO	286	5–6	7-mal
Pátzcuaro	Norte	Autovías, Primera Plus	393–437	5	7-mal
	Poniente	Autovías	437	5	11-mal
Puebla	Flughafen	Estrella Roja	220	2	12-mal
	Oriente (TAPO)	ADO, ADO GL, AU, Pullman de Morelos	120–162	2–2¼	regelm.

ZIEL	TERMINAL IN MEXICO CITY	BUSUNTERNEHMEN	PREIS (MEX$)	DAUER (STD)	HÄUFIGKEIT (TÄGL.)
Puerto Escondido	Sur	OCC, Turistar	804–1025	12–17½	2-mal
Puerto Vallarta	Norte	ETN, Futura	948–1230	12–13½	5-mal
Querétaro	Norte	ETN, Primera Plus	233–280	2¾–3	regelm.
	Flughafen	Primera Plus	312	3	regelm.
	Poniente	Primera Plus	233	3½–4	17-mal
San Cristóbal de las Casas	Oriente (TAPO)	ADO GL, OCC	514–1052	13–14	7-mal
	Norte	OCC	528	14–14½	4-mal
San Luis Potosí	Norte	ETN, Primera Plus, Turistar	449–540	4½–5½	regelm.
San Miguel de Allende	Norte	ETN, Primera Plus	337–405	3¼–4	7-mal
Tapachula	Oriente (TAPO)	ADO GL, ADO Platino, OCC	1084–1570	16½–19½	11-mal
Taxco	Sur	Estrella de Oro	175	2½	4-mal
Teotihuacán	Norte	Autobuses Teotihuacán	40	1	stündl. 6–21 Uhr
Tepoztlán	Sur	OCC	104	1	regelm.
Tijuana	Norte	Elite	1900	41	12-mal
Toluca	Flughafen	TMT Caminante	145	1¾	stündl.
	Poniente	ETN	65	1	regelm.
Tuxtla Gutiérrez	Oriente (TAPO)	ADO, ADO GL, ADO Platino, OCC	960–1430	11¾–12½	14-mal
Uruapan	Poniente	Autovías, ETN	508–610	5¼–6	17-mal
Veracruz	Oriente (TAPO)	ADO, ADO GL, ADO Platino, AU	334–494	5½–7¼	regelm.
	Sur	ADO, ADO GL	414–494	5½–6¼	6-mal
Villahermosa	Oriente (TAPO)	ADO, ADO GL, ADO Platino, AU	680–1370	10–12¼	24-mal
Xalapa	Oriente (TAPO)	ADO, ADO GL, ADO Platino, AU	250–514	4½–5	regelm.
Zacatecas	Norte	Ómnibus de México	645–695	8	14-mal
Zihuatanejo	Sur	Costa Line, Futura	665	9	4-mal
	Poniente	Autovías	661	9	3-mal

Gate 7 und am Terminal 2 an Gate 3 anhalten. Auch der *aerotrén*, ein Monorailservice, der nur von Passagieren mit Flugticket genutzt werden kann, verbindet die beiden Terminals miteinander.

In beiden Terminals gibt es *casas de cambio* (Wechselstuben) und Geldautomaten. Autovermietungen und Gepäckaufbewahrungen findet man in den Salas A und E2 des Terminal 1.

Direktbusse nach Cuernavaca, Querétaro, Toluca, Puebla und Córdoba fahren an den Bussteigen neben der Sala E in Terminal 1 und der Sala D in Terminal 2 ab. Die Fahrkartenschalter in Terminal 1 befinden sich in der oberen Etage neben dem Restaurantbereich. Eine Fußgängerbrücke nahe der Sala B führt zu einem ADO-Busterminal, von dem aus Busse nach Acapulco und Veracruz starten.

Mehr als 20 verschiedene internationale Fluglinien fliegen Mexiko City an: Es gibt u. a. Direktverbindungen aus über 30 Städten der USA und aus Kanada und jeweils ein halbes Dutzend aus Europa, Südamerika und Mittelamerika und der Karibik sowie aus Tokio. Sieben Fluglinien verkehren zwischen der Hauptstadt und rund 50 Städten in ganz Mexiko.

Unterwegs vor Ort

Mexico City hat ein preiswertes, unkompliziertes Metrosystem. Auch die öffentlichen Busse sind günstig und praktisch. Sie verkehren auf allen Hauptrouten. Darüber hinaus sind jede Menge Taxis im Stadtgebiet unterwegs, wobei Taxifahrten ein gewisses Risiko bergen.

AUTO & MOTORRAD

Es ist keine gute Idee, sich in Mexico City mit dem Auto fortzubewegen – es sei denn, man hat gute Nerven und jede Menge Geduld. Mehr als in anderen Teilen des Landes werden Verkehrsregeln in der Hauptstadt eher als Empfehlungen verstanden. Da werden nach Belieben rote Ampeln überquert und auch wo es laut Schild nicht erlaubt ist, wird trotzdem fröhlich abgebogen. Geblinkt wird sowieso nur sporadisch. Hin und wieder muss man auch noch ein dubioses Bußgeld entrichten. Wer einen Wagen zur Erkundungen des Umlands von Mexico City mieten möchte, der sollte darauf achten, möglichst nie auf der Straße zu parken. Die meisten Mittel- und Spitzenklassehotels haben eine eigene Garage für Gäste. Parkt man dennoch auf der Straße, muss man wissen, dass einige Viertel wie Cuauhtémoc, Roma und Polanco *parquímetros* (grüne Parkuhren, die in der Mitte eines Häuserblocks stehen) haben. Wer diese ignoriert, wird abgeschleppt.

Im Kampf gegen die Umweltverschmutzung hat sich die Stadtverwaltung von Mexico City das Programm „Hoy No Circula" (Heute nicht fahren) ausgedacht. Es sieht vor, dass an jeweils einem Tag pro Woche zwischen 5 und 22 Uhr bestimmte Fahrzeuge nicht bewegt werden dürfen. Autos, die neun Jahre oder älter sind, müssen zudem an einem Samstag im Monat stehen gelassen werden. Ausgenommen von dieser Regelung sind Mietwagen und Fahrzeuge mit einer *calcomanía de verificación* (Abgasprüfplakette), die nach dem städtischen Abgasbewertungssystem ausgegeben wird. Bei Autos ohne diesen Aufkleber (auch für solche mit ausländischem Kennzeichen) bestimmt die letzte Ziffer auf dem Nummernschild den Tag, an dem nicht gefahren werden darf. Weitere Infos zu diesem Thema finden sich auf der Locatel-Website (www.locatel.df.gob.mx, spanisch).

TAG	VERBOTENE LETZTE ZIFFERN
Montag	5, 6
Dienstag	7, 8
Mittwoch	3, 4
Donnerstag	1, 2
Freitag	9, 0

VON DEN/ZU DEN BUSTERMINALS

Mit der Metro kommt man am schnellsten und günstigsten von und zu den Busterminals, doch es kann ziemlich nervenaufreibend sein, sich durch die Menschenmengen an den Bahnhöfen und durch die Autoschlangen zu manövrieren. Mit dem Taxi hat man es leichter: In allen Terminals gibt es Ticketschalter für die sicheren *taxis autorizados*, deren Fahrpreis pro Zone berechnet wird (20 Mex$ Aufpreis 21–6 Uhr). Ein Angestellter weist einem am Ausgang ein Taxi zu.

Terminal Norte Die Metro Línea 5 (gelb) hält direkt vor dem Terminal des Busbahnhofs Autobuses del Norte. Zum Zentrum folgt man den Schildern „Dirección Pantitlán" und steigt an der Station La Raza in Línea 3 (grün) mit der Aufschrift „Dirección Universidad" um. Beim Umsteigen läuft man sechs Minuten lang durch den „Tunnel der Wissenschaft". Der Taxischalter befindet sich im Mittelgang; ein Taxi für bis zu vier Personen zum Zócalo, zur Roma oder Condesa kostet ca. 120 Mex$.

Der Busbahnhof **Terminal Oriente (TAPO)** liegt neben der Metrostation San Lázaro. Zum Zentrum oder zur Zona Rosa die Línea 1 (rosa) Richtung „Observatorio" nehmen. Der Schalter für autorisierte Taxis befindet sich am oberen Ende (zur Metro) des Hauptgangs von der Rotunde. Zum Zócalo zahlt man 85 Mex$, zur Zona Rosa, Roma und Condesa ca. 102 Mex$.

Terminal Poniente Die Metrostation Observatorio, die westliche Endhaltestelle der Línea 1 (rosa), erreicht man in ein paar Minuten zu Fuß, wobei eine stark befahrene Straße zu überqueren ist. Ein Taxiticket zur Colonia Roma kostet 102 Mex$, zur Colonia Condesa 73 Mex$ und zum Zócalo 135 Mex$.

Terminal Sur Er ist zwei Gehminuten von der Metrostation Tasqueña entfernt, der südlichen Endstation der Línea 2, die auch am Zócalo hält. In Richtung Zona Rosa muss man an der Station Pino Suárez in die Línea 1 (Dirección Observatorio) umsteigen und bis zur Insurgentes fahren. Zum Busbahnhof nimmt man den Ausgang „Autobuses del Sur", der auf eine Fußgängerbrücke hinaufführt. Die letzte Treppe auf der linken Seite hinunter und über einen Straßenmarkt gehen, dann ist man am Busbahnhof. Autorisierte Taxis vom Terminal Sur aus kosten 140 Mex$ zum Centro Histórico und 152 Mex$ zur Condesa und Roma. Ticketschalter befinden sich in Sala 3.

FAHRRAD

Mit Fahrrädern kann man die Stadt recht gut erkunden. Sie sind oft ein angenehmeres Fortbewegungsmittel als die überfüllten Busse, die von ruppigen Fahrern gesteuert werden. Zwar können rücksichtslose Autofahrer und Schlaglöcher das Radeln im DF zu einem Extremsport machen, doch wer die Augen offenhält und sich von den Hauptverkehrsstraßen fernhält, sollte keine Probleme haben. Die Stadtregierung rührt die Werbetrommel für das Fahrrad und es zeigen sich definitiv Erfolge.

Fahrräder können an einer Fahrradstation an der Westseite der Catedral Metropolitana kostenlos gemietet werden. Weitere Stationen finden sich an der Plaza Villa de Madrid in Roma, an der Kreuzung von Mazatlán und Michoacán in Condesa sowie an mehreren Stellen entlang des Paseo de la Reforma nahe des Monumento a la Independencia und des Auditorio Nacional. Für eine Fahrt von drei Stunden muss ein Pfand in Form eines Reisepasses oder eines Führerscheins hinterlassen werden. Die Stationen sind Montag bis Samstag von 10.30 bis 18 Uhr und sonntags von 9.30 bis 16.30 Uhr in Betrieb.

Die Stadtverwaltung von Mexico City verleiht mittels **Ecobici** (Karte S. 86; ☎ 55-5005-2424; www.ecobici.df.gob.mx; Av Nuevo León 78; Verleih 1/3/7 Tage 90/180/300 Mex$; ⏲ Mo–Fr 9–18, Sa 10–14 Uhr; 🚌 Campeche) Fahrräder an Besucher. Sie können tageweise oder wochenweise gemietet werden. Dafür braucht man eine Visa oder Mastercard (für die Kaution) sowie einen Reisepass oder Führerschein (als Ausweisdokument). Das Rad-Sharing funktioniert mit Chipkarte und man darf bis zu 45 Minuten fahren, bis die Fahrräder wieder an einer der Stationen abgestellt werden müssen. Wer bei längerer Nutzung keine Strafe für die Zeitüberschreitung zahlen möchte, wechselt das Fahrrad einfach an der ersten Station. Ecobici ist eine großartige Möglichkeit, die Innenstadt, Roma und Condesa (die Viertel mit der höchsten Konzentration an Ecobici-Stationen) zu erkunden.

Die *ciclovía* ist ein langer Fahrradweg, der der alten Eisenbahnstrecke nach Cuernavaca folgt. Er führt von der Avenida Ejército Nacional in Polanco durch den Bosque de Chapultepec und vorbei an der Periférico-Schnellstraße von La Feria bis zur Avenida San Antonio. Unterwegs müssen ein paar steile Überführungen gemeistert werden.

Ein weiterer Weg folgt der Avenida Chapultepec. Auf einem geschützten Mittelstreifen geht's vom Bosque de Chapultepec bis ins Centro Histórico. Der Abschnitt, der durch Colonia Roma führt, wird allerdings – trotz Umfahrung – auch von motorisierten Fahrzeugen genutzt. Eine dritte Route führt über den Paseo de la Reforma vom Auditorio Nacional in die Innenstadt.

Jeden Sonntag werden der Paseo de la Reforma und andere wichtige Durchgangsstraßen der Innenstadt zwischen 8 und 14 Uhr für den Verkehr gesperrt. Dann können Radler die 26 km lange Strecke (den *ciclotón*) zwischen dem Auditorio Nacional und der Basílica de Guadalupe nach Lust und Laune nutzen.

VOM/ZUM FLUGHAFEN

Mit der Metro zum Flughafen zu kommen ist zwar eine günstige Möglichkeit, doch kann es ziemlich nervenaufreibend sein, das Gepäck während der Rush Hour durch die Menschenmassen zu manövrieren. Offizielle Taxis stellen eine relativ preiswerte Alternative dar, wie auch der Metrobús.

Metro

- Die Metrostation Terminal Aérea liegt an der gelben Línea 5. Sie ist 200 m vom Flughafenterminal 1 entfernt – den Ausgang am Ende der Sala A (Ankunftshalle Inlandsflüge) nehmen und am Taxistand vorbeigehen.
- Will man ins Zentrum, muss man den Schildern mit der Aufschrift „Dirección Politécnico" folgen; an der Haltestelle La Raza (7 Stationen) muss man in die grüne Línea 3 umsteigen („Dirección Universidad"). Die Station Hidalgo an der Westseite der Alameda Central liegt drei Haltestellen weiter südlich; dort kann man in die blaue Línea 2 zum Zócalo wechseln.
- Um vom Flughafen zur Zona Rosa zu gelangen, nimmt man die Línea 5 nach „Pantitlán" (Endstation). Von dort geht's mit der (rosafarbenen) Línea 1 bis Insurgentes.
- Das Terminal 2 ist nicht direkt an das Metronetz angebunden; die roten Busse, die gleich am Eingang zum Terminal abfahren, bringen einen für 5 Mex$ zur Metrostation Hangares (Línea 5).

Metrobús

- Metrobús Línea 4 hat Gepäckablagen und Überwachungskameras an Bord, was die Fahrt komfortabler macht als eine Fahrt mit der Metro.
- Die Haltestellen befinden sich am Gate 7 des Terminal 1 sowie an Gate 3 im Terminal 2. Eine

Fahrt kostet 30 Mex$, es muss aber zusätzlich eine Chipkarte an den Maschinen innerhalb der Terminals zum Preis von 10 Mex$ gekauft werden. Die Fahrt vom Terminal 1 bis zum Zócalo dauert etwa 45 Minuten.

➔ Die Route verläuft fünf Häuserblocks nördlich des Zócalo entlang der República de Venezuela und der Belisario Domínguez, dann biegt der Bus nach Westen ab und passiert auf der Avenida Hidalgo die Metrostation Hidalgo. Busse zum Flughafen nimmt man am besten auf der Ayuntamiento oder República del Salvador. Mehr Infos finden sich auf www.metrobus.df.gob.mx.

Taxi

➔ Die taxis *autorizados* (autorisierte Taxis) sind die sicherste und zuverlässigste Option. Die Preise sind fix und werden mithilfe eines Ticketsystems überwacht.

➔ Die Taxitickets können an den Ständen gleich hinter der Zollkontrolle der Sala E1 (Internationale Ankunft) und am Ausgang der Sala A (Ankunft Inlandsflüge) gekauft werden.

➔ Die Fahrpreise sind nach Zonen aufgeteilt. Eine Fahrt zum Zócalo, nach Roma oder in die Zona Rosa kostet 205 Mex$, nach Condesa werden 235 Mex$ fällig. Ein Ticket gilt für bis zu vier Fahrgäste. Der beste Anbieter ist „Sitio 300".

➔ Gepäckträger bieten manchmal an, das Gepäck mitsamt dem Ticket die paar Schritte zum Taxi zu tragen. Das Ticket sollte man aber nicht aus der Hand geben und nur dem Fahrer direkt aushändigen. Dieser erwartet kein Trinkgeld, freut sich aber, wenn er welches bekommt.

METRO

Die Metro (www.metro.df.gob.mx) ist das schnellste Verkehrsmittel in Mexico City. An einem durchschnittlichen Wochentag wird sie von 4,4 Mio. Menschen genutzt, hat 195 Stationen und ein Streckennetz von über 226 km aufgeteilt auf zwölf Linien. Im Berufsverkehr fährt alle zwei bis drei Minuten ein Zug. Mit 5 Mex$ pro Fahrt ist sie eine der weltweit günstigsten Metros.

Alle Linien verkehren an Wochentagen von 5 bis 24 Uhr, samstags von 6 bis 24 und sonntags und an Feiertagen von 7 bis 24 Uhr. Zur Hauptverkehrszeit (etwa 7.30–10 und 15–20 Uhr) werden die Bahnsteige und Züge bedenklich voll. Zu diesen Zeiten sind die vorderen Wagen Frauen und Kindern vorbehalten; die Männer dürfen die Einsteigestelle mit der Aufschrift „Sólo Mujeres y Niños" nicht benutzen.

Es verwundert nicht, dass dieses Gedränge Taschendiebe anzieht. Deshalb sollte man auf seine Wertsachen achten.

Die Benutzung der Metro ist kinderleicht. Jede Linie hat eine spezielle Farbe, jede Station ihr eigenes Symbol. Schilder mit der Aufschrift „Dirección Pantitlán", „Dirección Universidad" usw. geben die Endstation der Linie an. Aus einem Stadtplan kann man entnehmen, in welche Richtung man fahren muss. Für 10 Mex$ können an jeder Station wieder aufladbare Chipkarten gekauft werden, die dann mit Guthaben aufgeladen werden müssen (die Karte gilt auch für Fahrten mit dem Metrobús). Zudem werden an *taquillas* (Fahrkartenschalter) *boletos* (Fahrkarten) verkauft. Die Karte wird am Drehkreuz einfach in den Schlitz gesteckt. Beim Umsteigen dem Schild „Correspondencia" (Anschluss) folgen. An den Ausgängen jeder Station sind Umgebungspläne angebracht.

METROBÚS, PESERO & TROLLEYBÚS

Jeden Tag sind in Mexico City Tausende von Bussen und *peseros* von etwa 5 bis 22 Uhr (je nach Route) im Einsatz. Nur wenige Linien fahren die ganze Nacht durch – dazu gehören vor allem jene entlang des Paseo de la Reforma. Dies bedeutet, dass man tagsüber mit Bus und/oder Metro überall hinkommt, man spätabends und nachts aber sehr wahrscheinlich auf Taxis zurückgreifen muss.

Metrobús

Der Metrobús ist ein rollstuhlgerechter Volvo-Personenbus, der alle drei bis vier Häuserblöcke an Haltestellen (ähnlich denen einer Metro) mitten auf der Straße anhält. Um Zutritt zu erlangen, muss man eine Prepaid-Chipkarte besitzen, die an Maschinen am Eingang zu den Plattformen für 10 Mex$ erworben werden kann; eine Fahrt kostet 6 Mex$. Die wieder aufladbaren Karten können auch für Fahrten mit der Metro verwendet werden und werden am Eingang an einen Sensor gehalten. Die meisten Metrobús-Linien verkehren von 5 bis 24 Uhr. Die Línea 1 – die einzige Route, die rund um die Uhr fährt – hat auf der Avenida Insurgentes zwischen der Metrostation Indios Verdes im nördlichen DF bis zum südlichen Ende von Tlalpan eine eigene Fahrbahn. Die Línea 2, die an der Station Nuevo León Umsteigemöglichkeiten zur Línea 1 bietet, verläuft von Ost nach West entlang der Eje 4 Sur von der Metrostation Tacubaya zur Station Tepalcates. Línea 3 bedient die Nord-Süd-Route von der Metrostation Tenayuca bis nach Ethiopia, wo man in die Línea 2 umsteigen kann. Línea 4 startet an der Metrostation Buenavista und fährt mitten durchs Centro Histórico bis zur Metrostation San Lázaro. Diese Linie hat auch einen „Aeropuerto"-Bus, der für 30 Mex$ zwischen dem Flughafen und der Stadt verkehrt.

Pesero

Peseros (auch *microbúses* oder *combis* genannt) sind grün-graue Minibusse, die von privaten Unternehmen angeboten werden. Sie fahren entlang definierter Strecken und starten bzw. enden oft an Metrostationen. Ein- und aussteigen kann man buchstäblich an jeder Ecke. Die Routen sind auf Schilder geschrieben, die hinter der Windschutzscheiben kleben. Eine Fahrt von bis zu 5 km kostet 4 Mex$, für 5 bis 12 km werden 4,50 Mex$ fällig. Zwischen 23 und 6 Uhr kommen nochmal 20 % obendrauf. Städtisch betriebene Trolleybusse und die großen, creme- und orangefarbenen Busse mit der Aufschrift „RTP“ halten nur an Bushaltestellen. Der Fahrpreis beträgt 2 Mex$ (4 Mex$ für den Express-Bus), egal, wie weit man fährt. In den privat betriebenen grün-gelben Bussen bezahlt man zwischen 5,50 und 6 Mex$.

Trolleybús

Im restlichen Stadtgebiet fahren die Trolleybusse entlang einiger Schlüsselstrecken (Hauptstraßen).

Linien

Hier ein paar nützliche Linien:

Autobuses del Sur & Autobuses del Norte (Trolleybús) Eje Central Lázaro Cárdenas zwischen dem nördlichen und südlichen Busbahnhof (hält an der Plaza de las Tres Culturas, Plaza Garibaldi, Bellas Artes/Alameda und der Metrostation Hidalgo).

Auditorio–La Villa (Bus) Paseo de la Reforma zwischen Auditorio Nacional und Basílica de Guadalupe (hält in der Zona Rosa, Avenida Insurgentes, Alameda/ Metrostation Hidalgo, Plaza Garibaldi, Plaza de las Tres Culturas).

Metro Sevilla–P Masaryk (Pesero) Zwischen Colonia Roma und Polanco via Álvaro Obregón und Avenida Presidente Masaryk (hält an der Metrostation Niños Héroes, Avenida Insurgentes, Metrostation Sevilla, Leibnitz).

Metro Tacubaya–Balderas–Escandón (Pesero) Zwischen *centro histórico* und Condesa, in Richtung Westen via Puebla, in Richtung Osten via Durango (hält an der Plaza San Juan, Metrostation Balderas, Metrostation Insurgentes, Parque España, Avenida Michoacán).

TAXI

In Mexico City gibt es verschiedene Arten von Taxis. Am günstigsten sind die rot-goldenen Taxis, von deren Benutzung aber abzuraten ist (das Risiko, überfallen zu werden, ist zu groß). Wer gezwungen ist, eines dieser Taxis auf der Straße anzuhalten, muss darauf achten, dass die Kennzeichen echt sind (sie beginnen mit den Buchstaben A oder B) und mit dem Code auf der Karosserie übereinstimmen. Weiterhin muss eine postkartengroße *carta de identificación* (auch *tarjetón* genannt) mit dem Foto des Fahrers deutlich sichtbar im Taxi angebracht sein. Besteht das angehaltene Taxi diese „Tests“ nicht, sollte man sich ein anderes suchen.

In *libre*-Taxis (Straßentaxis) gibt's ein *taxímetro* (Taxameter); der Grundpreis sollte etwa 9 Mex$ betragen. Wer 3 km (z. B. vom Zócalo zur Zona Rosa) bei gemäßigtem Verkehr zurücklegt, wird 30 bis 40 Mex$ zahlen. Zwischen 23 und 6 Uhr wird ein Nachtzuschlag von 20 % fällig.

Funktaxis gibt es in vielen verschiedenen Farben. Sie kosten etwa dreimal so viel wie die anderen, sind dafür aber auch sehr viel sicherer. Wenn man die Zentrale anruft, werden einem Taxinummer und Fahrzeugtyp genannt. Wenn man ein Smartphone oder Tablet hat, kann man auch über die App Yaxi (www.yaxi.mx) ein Taxi bestellen.

Im Folgenden sind eine Handvoll verlässlicher Funktaxiunternehmen aufgeführt (Service rund um die Uhr). Auf den Karten in diesem Kapitel sind ein paar wichtige *sitios* (Taxistände) für Funktaxis verzeichnet.

Radio Maxi Seguridad (☎ 55-5768-8557, 55-5552-1376)

Sitio Parque México (☎ 55-5286-7164, 55-5286-7129)

Taxi-Mex (☎ 55-9171-8888; www.taximex.com.mx)

Taxis Radio Unión (☎ 55-5514-8074, 55-5514-7861; www.taxisradiounion.com.mx)

Rund um Mexico City

Inhalt ➡

Gut essen

- ➡ Las Ranas (S. 169)
- ➡ Restaurante y Cabañas San Diego (S. 163)
- ➡ La Sibarita (S. 190)

Schön übernachten

- ➡ Pueblo Lindo (S. 206)
- ➡ Hotel Hacienda de Cortés (S. 197)
- ➡ Posada del Tepozteco (S. 189)

Auf in die Umgebung von Mexico City!

Es scheint vielleicht fast unmöglich, der ausufernden Megastadt Mexico City zu entfliehen, doch selbst wer nur eine einzige Woche Zeit für die Hauptstadt hat, sollte sich die alten Ruinen, die *pueblos mágicos* (magische Dörfer) und die atemberaubenden Berglandschaften der Umgebung nicht entgehen lassen. Wie viele andere Hauptstädte auch hat Mexico City selbst mit seinen nächsten Nachbarn wenig gemein.

Viele Besucher beschränken sich auf eine Tagestour zum ehrfurchterregenden Teotihuacán, doch die Gegend hat viel mehr zu bieten – von den faszinierenden Kolonialstädten Taxco, Puebla und Cuernavaca bis hin zu den exzentrischen Kleinstädten Valle de Bravo und Tepoztlán. Wer frische Bergluft atmen möchte, auf den warten *pueblitos* (kleine Städte) wie Cuetzalan und Real del Monte, die Vulkangiganten Popocatépetl und Iztaccíhuatl sowie die weniger bekannten Ruinen von Xochicalco und Cantona.

Reisezeit

Puebla City

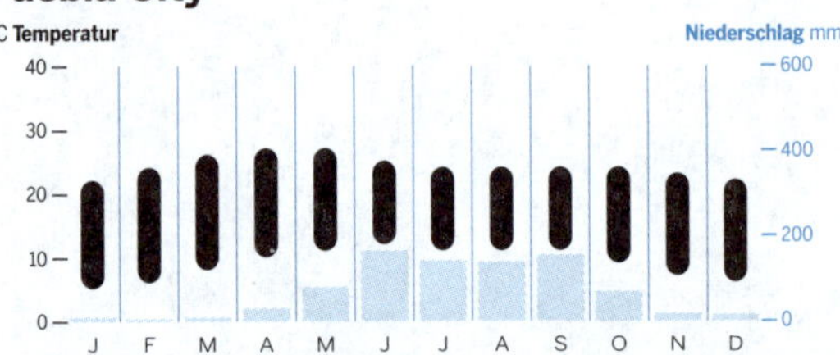

Mai–Okt. Die Schauer der Regenzeit lassen die Wildpilze in den Wäldern sprießen.

Sept. Kurz vor dem Unabhängigkeitstag kann man die Spezialität *chiles en nogada* probieren.

Nov.–April Die trockeneren, kühleren Monate sind prima für ganztägige Stadttouren und Wanderungen

Geschichte

Die Region rund um das heutige Mexico City war lange ein kultureller und wirtschaftlicher Knotenpunkt und Heimat einiger wichtiger aufeinanderfolgender indigener Kulturen (besonders der Teotihuacán-, der Tolteken- und der Azteken Kultur). Gegen Ende des 15. Jhs. beherrschten die Azteken (bis auf einen) alle zentralmexikanischen Staaten. Viele archäologischen Stätten und Museen bewahren das Erbe der vorkolonialen Geschichte; einen hervorragenden Überblick über die Geschichte und Kulturen der Region bietet das Museo Amparo in Puebla.

Nach der Eroberung gestalteten die Spanier Zentralmexiko um und gründeten die Keramikindustrie in Puebla, die Minen in Taxco und Pachuca sowie Haziendas für den Weizen- und Zuckeranbau und die Rinderzucht in der ganzen Region. Die katholische Kirche nutzte das Gebiet als Ausgangsbasis für ihre missionarischen Aktivitäten und hinterließ einige imposante Kirchen und befestigte Klöster. Noch heute gibt es in den meisten Städten eine zentrale Plaza oder *zócalo*, die von Kolonialgebäuden gesäumt ist.

Anreise & Unterwegs vor Ort

Die Städte, Orte und (in geringerem Ausmaß) auch die Dörfer rund um Mexico City sind durch Buslinien (oft 1. Klasse) hervorragend mit der Hauptstadt und miteinander verbunden. Selbst in den abgelegensten Dörfern gibt's täglich bequeme Busverbindungen nach Mexico City und zum nächsten Verkehrsknotenpunkt. Nach Puebla, Toluca, Cuernavaca und Pachuca kommt man auch mit dem Flugzeug, doch fast immer ist es preiswerter und einfacher, nach Mexico City zu fliegen und von dort aus weiterzureisen. Praktisch alle Sehenswürdigkeiten erreicht man am leichtesten und günstigsten mit dem Bus.

NÖRDLICH VON MEXICO CITY

Die Hauptattraktion nördlich von Mexiko City ist der außergewöhnliche Komplex von Teotihuacán, der einst größten Stadt Amerikas, der heute eine der spektakulärsten vorkolonialen Sehenswürdigkeiten Mexikos ist. Auch die gut erhaltenen Steinstatuen im weiter nördlich gelegenen Tula ziehen Besucher magnetisch an.

Genauso beeindruckend, wenn auch viel seltener besucht, sind der Parque Nacional El Chico und das Bergarbeiterdorf Mineral del Chico – die großartigen Aussichten, die weite, offene Landschaft und die freundlichen Einwohner sorgen für eine herrliche Erholung vom Großstadttrubel.

Pachuca, die schnell wachsende Hauptstadt des dynamischen Bundesstaats Hidalgo, glänzt mit leuchtend bunt gestrichenen Häusern, einem hübschen kolonialen Zentrum und einer großen Auswahl an Cornish Pasties. Von Pachuca aus schlängeln sich gut befestigte Straßen in Richtung Osten und Norden zur Golfküste und durchqueren dabei so spektakuläre Landschaften wie die Hänge der Sierra Madre Oriental und die Küstenebenen.

Tepotzotlán

☎55 / 38 000 EW. / 2300 M

Dieses *pueblo mágico* lässt sich leicht im Rahmen einer Tagestour von Mexico City aus besuchen und hat wenig mit den chaotischen Straßen der Hauptstadt gemein, die jedes Jahr ein Stückchen näher an Tepotzotláns koloniales Stadtzentrum heranwächst.

Sehenswertes

Museo Nacional del Virreinato MUSEUM

(Nationalmuseum der Periode des Vizekönigreichs; ☎55-5876-0245; www.virreinato.inah.gob.mx; Plaza Hidalgo 99; Eintritt 55 Mex$; ⌚Di–So 9–18 Uhr) Es gibt einen einfachen Grund, dieses wunderbare Museum zu besuchen, das die restaurierte Jesuitenkirche **Iglesia de San Francisco Javier** und ein angrenzendes **Kloster** umfasst: Viele Exponate der Volks- und der bildenden Kunst, z. B. Silberkelche, Bilder aus Holzintarsien, Porzellan, Möbel sowie religiöse Gemälde und Statuen, stammen aus der großen Sammlung der Kathedrale von Mexico City, und das Niveau des Museums ist ausgesprochen hoch.

Der Komplex aus dem Jahr 1606 war ursprünglich ein Jesuitenkolleg für indianische Sprachen. In den folgenden 150 Jahren wurden immer wieder Anbauten hinzugefügt, sodass ein Musterbeispiel für die sich entwickelnden Architekturstile Neuspaniens entstand.

Unbedingt besuchen sollte man die **Capilla Doméstica** mit einem Hauptaltar im Stil des Churriguerismus, der mit mehr Spiegeln geschmückt ist als ein Spiegelkabinett auf dem Jahrmarkt. Die Fassade ist mit einer fantastischen Sammlung geschnitzter Heiliger, Engel, Pflanzen und Figuren dekoriert und die Wände im Inneren sowie das

Highlights

1 Inmitten der dramatischen Sierra Madre Oriental einen Sundowner auf dem winzigen *zócalo* von **Cuetzalan** (S. 185) genießen

2 Sich von den spektakulären Pyramiden in **Teotihuacán** (S. 155) überwältigen lassen oder in **Xochicalco** (S. 198) und **Cantona** (S. 184) ein paar von Mexikos herrlichsten, aber unbekannteren archäologischen Stätten entdecken

3 Durch die Kopfsteinpflasterstraßen von **Taxco** (S. 202) schlendern und sich in den berühmten Silbergeschäften der Stadt umschauen

4 In **Tepoztlán** (S. 187) und **Malinalco** (S. 213) hautnah Mexikos New-Age-Kultur erleben

5 Im winzigen **Mineral del Chico** (S. 162) den Bergnebel über sich hinwegwabern lassen

6 In **Puebla** (S. 163) die Kathedrale und viele andere hübsche alte Kirchen bewundern

7 Vulkane wie **La Malinche** (S. 183), den **Nevado de Toluca** (S. 211) oder den **Iztaccíhuatl** (S. 176) erklimmen

Huejutla de Reyes (50 km)
Tampico (144 km)
Tuxpan
Golf von Mexiko
MEX 105
Molango
MEX 130
Poza Rica
Papantla
Tecolutla
Gutiérrez Zamora
Metzquititlán
Sierra Madre Oriental
Huehuetla
Tlacuilotepec
Xicotepec
Parque Nacional El Chico
Atotonilco El Grande
Mineral del Chico
5
Veracruz
PACHUCA
Tulancingo
San Miguel Tzinacapan
Yohualichán
MEX 129
Martínez de la Torre
1
Las Brisas
Cuetzalan
Sierra Norte de Puebla
Parque Nacional Eloxochitlan
Zacatlán
MEX 132D
MEX 30D
Teziutlán
Zaragoza
Altotonga
Teotihuacán
2
MEX 119
MEX 131
Apan
Acolman
Tlaxco
Parque Nacional Cofre de Perote
Perote
XALAPA
MEX 140
Cofre de Perote (4250 m)
Coatepec
Xico
Texcoco
Parque Nacional Molino de Flores Nezahualcóyotl
MEX 136
Tlaxcala
Apizaco
2 Cantona
Parque Nacional Zoquiapan y Anexas
San Martín Texmelucan
TLAXCALA
Oriental
Huamantla
MEX 190
MEX 50D
San Rafael
Iztaccíhuatl
7
Cacaxtla & Xochitécatl
7 La Malinche
Zacatelco
Parque Nacional Iztaccíhuatl-Popocatépetl
Parque Nacional La Malintzi
El Seco
Tlachichuca
Huatusco
Parque Nacional Pico de Orizaba
Pico de Orizaba (5610 m)
Parque Nacional Sacromonte
Cholula
6 PUEBLA
Amozoc
MEX 150D
Acatzingo
MEX 28
Popocatépetl (5452 m)
Acatepec
Tepeaca
Córdoba
Sierra Nevada
Atlixco
Tecali
Orizaba
Tetela del Volcán
Presa Valsequillo
Cuautla
MEX 150
MEX 123
Zongolica
Puebla
MEX 160
Izúcar de Matamoros
Parque Nacional Cañón del Río Blanco
Morelos
Tehuacán
Zapotitlán Salinas
MEX 135
Reserva de la Biosfera Tehuacán-Cuicatlán
MEX 125
Acatlán
Río Atoyac
MEX 93
Teotitlán
Huautla de Jiménez
MEX 135D
Oaxaca
Oaxaca (150 km)
Oaxaca (110 km)
Cuicatlán

Camarín del Virgen, das an den Altar grenzt, sind mit vergoldeten Ornamenten bedeckt.

Feste & Events

Pastorelas (Krippenspiele) RELIGION
Tepotzotláns hoch angesehene *pastorelas* (Krippenspiele) werden in der Woche vor Weihnachten im früheren Kloster aufgeführt. Die Karten beinhalten ein Weihnachtsessen und eine umwerfende Piñata und werden ab dem 1. November in der La Hostería del Convento de Tepotzotlán oder über Ticketmaster (☎55-5325-9000; www.ticketmaster.com.mx) verkauft.

Schlafen

Tepotzotlán ist auf Tagesausflügler ausgerichtet. Dennoch gibt's hier ein paar Hotels mit gutem Preis-Leistungs-Verhältnis.

Hotel Posada San José HOTEL $
(☎55-5876-0835; Plaza Virreinal 13; Zi. ab 300–450 Mex$) Dieses zentral gelegene Budgethotel befindet sich in einem schmucken kolonialzeitlichen Bau am Südrand des *zócalo* (Hauptplatz). Die zwölf kleinen Zimmer warten mit Plazablick auf. Nahe der hauseigenen Wasserpumpe ist es lauter, dafür aber auch günstiger.

Hotel Posada del Virrey HOTEL $
(☎55-5876-1864; Av Insurgentes 13; Zi. mit/ohne Whirlpool 600/400 Mex$; P 📶) Die moderne Posada (Gasthaus) im Motelstil, die ein kurzes Stück vom *zócalo* entfernt liegt, ist bei Wochendausflüglern beliebt. Manche Zimmer sind etwas dunkel, doch sie sind sauber, ruhig und haben TVs.

Essen & Ausgehen

Die vielen gleichartigen, auf Touristen abzielenden Restaurants am *zócalo* mit mittelmäßigem Essen und hohen Preisen sollte man links liegen lassen. Eine bessere Alternative sind die unten genannten Restaurants und der örtliche Markt, der hinter dem Palacio Municipal beginnt. Dort preisen Essensstände den ganzen Tag über reichhaltige *pozole* (Eintopf aus Maismehl, Schwein oder Huhn), *gorditas* (runde Maisteigkuchen) und frisch gepresste Säfte an.

Comedor Vegetariano VEGETARISCH $
(☎55-5876-232; Plaza Tepotzotlán, Local A; comida corrida 45 Mex$; ⏲Mo–Fr 14–19 Uhr; 🌶) Ganz in Weiß sorgt die Inhaberin und Küchenchefin (nebenbei auch noch Yogalehrerin) souverän für die ruhige Atmosphäre ihres vegetarischen Restaurants. In einem Innenhof serviert sie Festpreismenüs (z. B. einfacher Salat, Maismehlsuppe, zuckerfreier Guavensaft und Naturjoghurt mit Sonnenblumenkernen) sowie leckere Hauptgerichte. Zu letzteren zählen z. B. beliebte Fleischimitate wie „Pilzfisch“ à la Veracruz oder *milanesa* (mexikanisches Schnitzel) aus Getreideprotein.

La Hostería del Convento de Tepotzotlán MEXIKANISCH $$
(☎55-5876-0243; www.hosteriadelconvento.com.mx; Plaza Virreinal 1; Hauptgerichte 110–180 Mex$; ⏲10–17 Uhr) La Hostería liegt in den von Bougainvillea umrankten Mauern des Klosters und serviert seiner meist auserlesenen Kundschaft traditionelle Gerichte zum Brunch und Mittagessen: herzhafte Suppen, junges Hähnchen mit *manzano*-Chilis sowie *cecina adobada* (mit Chili mariniertes Schweinefleisch nach Art von Oaxa).

Los Molcajetes KNEIPE
(Los Molca; Pensador Mexicano s/n; ⏲Di–So 18 Uhr–open end) Gelbe Terrassenwände, wilde Pflanzen, herzhaftes mexikanisches Essen und kunterbunte Malereien bescheren Los Molca (so nennen Einheimische den Laden) ein gemütliches Ambiente. Am Wochenende lassen sich hier viele Studenten und ältere Paare mitsummend von Pophits oder mexikanischen Klassikern mitreißen (bzw. mitunter spontan zum Tanzen animieren). Am besten beginnt man den Abend mit einer starken *cucaracha* („Küchenschabe“) aus Tequila und Kahlua.

Anreise & Unterwegs vor Ort

Tepotzotlán liegt am Highway Mexico City–Querétaro. Vom Terminal Norte in Mexico City fahren 2.-Klasse-Busse (36 Mex$, 40 Min.) des Unternehmens Autotransportes Valle del Mezquital (AVM) alle 20 Minuten auf dem Weg nach Tula zum neuen Busbahnhof von Tepotzotlán. 1.-Klasse-Busse *(directo)* halten hier alle 40 Minuten. Vom Busbahnhof in Tepotzotlán aus geht's mit einem Combi (7,50 Mex$) oder siche-ren Taxi (35 Mex$) zum *zócalo* (Plaza Virreinal).

Tula

☎773 / 27 000 EW. / 2060 M

Tula, eine bedeutende Stadt der alten zentralmexikanischen Kultur, die weithin auch Toltec genannt wird, ist vor allem für ihre furchteinflößenden steinernen Krieger berühmt, die 4,5 m in die Höhe aufragen. Die Stadt ist zwar weniger spektakulär und viel kleiner als Teotihuacán, trotzdem ist Tula faszinierend. Für Reisende, die sich für die Geschichte des alten Mexiko interessieren, lohnt sich der Tagesausflug oder eine Übernachtung unbedingt.

Geschichte

Tula war von 900 bis 1150 n. Chr. eine bedeutende Stadt mit bis zu 35 000 Einwohnern. Die aztekischen Annalen erzählen von einem König namens Topiltzin mit heller Haut, schwarzem Bart und langem Haar, der im 10. Jh. eine toltekische Hauptstadt gegründet haben soll – es wird allerdings darüber diskutiert, ob Tula diese Hauptstadt ist.

Die Tolteken schufen ein ausgedehntes Reich und wurden von den Azteken hoch geschätzt; diese betrachteten sie sogar als ihre königlichen Vorfahren. Topiltzin war angeblich ein Priesterkönig, der den gefiederten Schlangengott Quetzalcóatl friedlich verehrte (die Tolteken verehrten nur Tiere). Tula ist außerdem bekannt dafür, dass hier Anhänger des deutlich weniger sympathischen Tezcatlipoca (Rauchender Spiegel) wohnten, des Gottes der Krieger, der Zauberei, des Lebens und des Todes. Um Tezcatlipoca zu huldigen, brauchte man Menschenopfer, und es hieß, dass er in verschiedenen Verkleidungen auftrat, um Topiltzin zu provozieren. Als nackter Chili-Verkäufer erregte er die Lust der Tochter Topiltzins – er heiratete sie schließlich – und als alter Mann verführte er den enthaltsamen Topiltzin dazu, sich zu betrinken.

Der gedemütigte Anführer verließ daraufhin die Stadt und fuhr zur Golfküste, von wo aus er auf einem Floß aus Schlangen in Richtung Osten segelte – mit dem Versprechen, eines Tages wiederzukehren und den Thron zurückzugewinnen. Als Hernán Cortés 1519 an der Golfküste auftauchte, war der aztekische Herrscher Moctezuma aufgrund dieses Mythos sehr beunruhigt.

Zu Tulas Blütezeit wuchs Kakao im fruchtbaren Umland, während die örtlichen Kunsthandwerker berühmt für die Verarbeitung von Obsidian (vulkanischem Glas) waren. Nach ihrer Plünderung (1170) erlebte die Stadt einen Niedergang. Dann wurde sie von Nachbarstämmen eingenommen und schließlich von den Azteken zerstört.

Sehenswertes

Zona Arqueológica ARCHÄOLOGISCHE STÄTTE
(Eintritt 46 Mex$, Video 46 Mex$; ⌚9–17 Uhr) Die Ruinen der alten zeremoniellen Hauptstätte von Tula liegen 2 km Kilometer nördlich von der Innenstadt auf einem Hügel, von dem aus der Blick über die wellige Landschaft (und die Industrieanlagen in der Nähe) schweift.

Infotafeln auf Englisch, Spanisch und Náhuatl sind in der ganzen Stätte zu finden. In der Nähe des Hauptmuseums und des Eingangs zur Stätte werden am Wochenende Souvenirmärkte aufgebaut. Im Eintrittspreis sind beide Museen der Anlage enthalten.

Das größte **Museum** der Stätte zeigt Keramik, Metallarbeiten, Schmuck und große Skulpturen. Es liegt in der Nähe des Haupteingangs, vom Zentrum aus auf der gegenüberliegenden Seite der *zona*.

➡ ***Ballspielplatz***

Vom Museum kommend ist das erste große Bauwerk der **Juego de Pelota No 1** (Ballspielplatz Nr. 1). Archäologen glauben, dass seine Wände mit Reliefs geschmückt waren, die unter der Herrschaft der Azteken entfernt wurden.

➡ **Pirámide B**

Oben auf der **Pirámide B**, die auch als Tempel des Quetzalcóatl oder Tlahuizcalpantecuhtli (Morgenstern) bekannt ist, stehen die Reste dreier Säulen, die ursprünglich das Dach stützten. Einst stellten sie gefiederte Schlangen mit dem Kopf auf dem Boden und dem Schwanz in der Luft dar. Die vier Krieger-Atlanten aus Basalt und die vier Säulen dahinter hielten das Dach des Tempels. Die Krieger tragen Kopfschmuck, Brustpanzer in der Form von Schmetterlingen und kurze Röcke, die von Sonnenscheiben zusammengehalten werden, und halten Speerschleudern in der rechten Hand und Messer und Weihrauchbeutel in der linken. Der Atlant auf der linken Seite ist eine Kopie des Originals, das sich heute im Museo Nacional de Antropología befindet. Die Säulen hinter den Atlanten sind mit Krokodilköpfen (die die Erde symbolisieren), Symbolen von Kriegerorden, Waffen und dem Kopf von Quetzalcóatl versehen.

Auf der Nordwand der Pyramide sind noch einige der Reliefs zu sehen, die früher das ganze Bauwerk umgaben. Sie zeigen die Symbolde der Kriegerorden: Jaguare, Kojoten, Adler, die Herzen essen und Quetzalcóatl, der etwas im Mund hat, das ein Menschenkopf sein könnte.

➡ **Gran Vestíbulo**

Das heute dachlose **Gran Vestíbulo** (Großes Vestibül) erstreckt sich vor der Vorderseite der Pyramide gegenüber der Plaza. Die Steinbänke mit Reliefs von Kriegern waren ursprünglich so lang wie die ganze Halle und dienten wahrscheinlich bei Zeremonien in der Plaza als Zuschauerplätze für Priester und Adlige.

➡ **Coatepantli**

In der Nähe der Nordseite der Pirámide B steht die 40 m lange und 2,25 m hohe **Coatepantli** (Schlangenwand), die mit Reliefs mit geometrischen Musten und einer Reihe von Schlangen, die menschliche Skelette verschlingen, geschmückt ist.

➡ **Palacio Quemado**

Gleich westlich der Pirámide B liegt der **Palacio Quemado** (Verbrannter Palast). Er besteht aus einer Reihe von Hallen und Höfen mit niedrigen Bänken sowie Reliefs, von denen eines eine Prozession von Adligen zeigt. Er wurde wahrscheinlich für Zeremonien oder Wiedersehenstreffen genutzt.

➡ **Sala de Orientación Guadalupe Mastache**

Auf der gegenüberliegenden Seite der Plaza führt ein Weg zur **Sala de Orientación Guadalupe Mastache**, einem kleinen Museum. Es wurde nach einer Archäologin benannt, die hier mit ihren Kollegen die ersten Ausgrabungen durchführte. Im Museum befinden sich große Objekte, die aus der Stätte stammen, darunter einige riesige Füße von Karyatiden (Frauenfiguren, die als stützende Säulen dienen) und eine visuelle Präsentation, die zeigt, wie die Stätte zu ihrer Blütezeit wahrscheinlich ausgesehen hat.

Tulas an eine Festung erinnernde **Kathedrale** liegt hinter dem *zócalo* und war Teil des im 16. Jh. gebauten Klosters von San José. Die Gewölbe innen sind mit Gold verziert.

Schlafen

Hotel Casablanca HOTEL $

(☎773-732-11-86; www.casablancatula.com; Pasaje Hidalgo 11; EZ/DZ/3BZ 350/400/450 Mex$; P WLAN) Das komfortable, zweckmäßige Businesshotel im Herzen Tulas liegt am Ende einer schmalen Fußgängerzone (auf das „Milano"-Schild achten). Alle 36 Zimmer punkten mit Kabel-TV, eigenen Bädern und Gratis-WLAN (in Lobbynähe ist der Empfang am besten). Zu den Parkplätzen hinter dem Haus geht's über die Av Zaragoza.

Hotel Real Catedral HOTEL $$

(☎773-732-08-13; www.tulaonline.com/hotelcatedral; Av Zaragoza 106; Zi. 822 Mex$, Suite 1183–1420 Mex$; P ❄ WLAN) Eine Straße hinter der Plaza werden hier einige luxuriöse Extras geboten (kleiner Fitnessraum sowie Kaffeemaschinen, Tresore und Haartrockner in den Zimmern). Vielen der nach innen ausgerichteten Quartiere mangelt es an Tageslicht; die Suiten haben jedoch Balkone mit Straßenblick. Tolle Schwarzweißfotos von Tula zieren die Lobby. Die Preise beinhalten auch das amerikanische Frühstück.

Essen

Cocina Económica Las Cazuelas MEXIKANISCH $

(Pasaje Hidalgo 129; menú del día 40 Mex$; ⏲ Mo–Sa 7–19, So 7–18 Uhr) Das hervorragende *menú del día* (Tagesmenü) umfasst eine Suppe eigener Wahl, *agua* (Wasser mit Frischobstzusatz) und ein Hauptgericht wie *chiles rellenos* (Chilis mit Käsefüllung) oder *milanesa* (dünnes, paniertes Schnitzel). Der Abstand zur Küche macht den Balkon im Obergeschoss kühler als den dampfigen Hauptspeiseraum.

Mana VEGETARISCH $

(☎773-100-31-33; Pasaje Hidalgo 13; menu del día 45 Mex$; ⏲ So–Fr 9–17 Uhr; 🖉) Das schlichte vegetarische Restaurant serviert ein großzügiges *menu del día* inklusive Vollkornbrot, Gemüsesuppe und einem Krug echtem Fruchtsaft. Außerdem sind verschiedene Gemüseburger, Taquitos, Quesadillas, Suppen und Salate im Angebot. Alles ist frisch, herzhaft und hausgemacht.

An- & Weiterreise

Zum **Busbahnhof** (Xicoténcatl 14) ist es vom Zentrum aus nur ein kurzer Fußweg. 1.-Klasse-Busse von Ovnibus (☎773-732-96-00; www.gvm.com.mx) fahren vom/zum Terminal Norte in Mexico City (71 Mex$, 1¾ Std., alle 40 Min.) und direkt von/nach Pachuca (92 Mex$, 1¼ Std., stündl.). AVM betreibt alle 15 Minuten 2.-Klasse-Busse zu denselben Zielen.

Unterwegs vor Ort

Nach der Ankunft mit dem Bus lässt sich Tula am einfachsten zu Fuß bewältigen. Um vom Busbahnhof zum *zócalo* zu gelangen, biegt man rechts in die Xicoténcatl, dann sofort wieder links in die Rojo del Río, läuft zwei Blocks und biegt dann rechts in die Hidalgo. Diese Sackgasse endet direkt an der Plaza de la Constitución, dem Hauptplatz der Stadt.

Zur Zona Arqueológica überquert man die Plaza und kommt so auf die Quetzalcóatl, eine hübsche Fußgängerstraße, die zu einer Fußgängerbrücke über den Fluss Tula führt. Dort nimmt man rechts die Treppen den Hügel hinauf und folgt dann der Toltan-Del Tesoro zum zweiten Eingang der Stätte.

Leider gibt es am Busbahnhof kein *empaque* (Gepäckaufbewahrung), was für Tagesbesucher mit Gepäck ein Problem darstellt.

Teotihuacán

☎594 / 2300 M

Dieses Ensemble aus Ehrfurcht einflößenden Pyramiden, der mitten in der einst größten Stadt Mesoamerikas liegt, gehört zu den meistbesuchten Sehenswürdigkeiten der Region. Die Bedeutung dieser riesigen Anlage ist mit der der Ruinen von Yucatán und Chiapas vergleichbar. Wer das Glück hat, sie zu besuchen, wird von den verblüffenden technologischen Errungenschaften der Kultur von Teotihuacán (sprich: teh-oh-ti-wah-*kahn*) fasziniert sein.

50 km nordöstlich von Mexico City befindet sich Teotihuacán – der Komplex mit der riesigen Pirámide del Sol (Sonnenpyramide) und der Pirámide de la Luna (Mondpyramide), die aus den Ruinen der ehemaligen Metropole herausragen, liegt in einem von Bergen eingerahmten Nebental des Valle de México. Teotihuacán ist Mexikos größte altertümliche Stadt und war die Hauptstadt des wahrscheinlich größten präkolumbischen Imperiums im Land. Die Erkundung dieser Stätte ist faszinierend, aber aufgepasst: Die

Teotihuacán

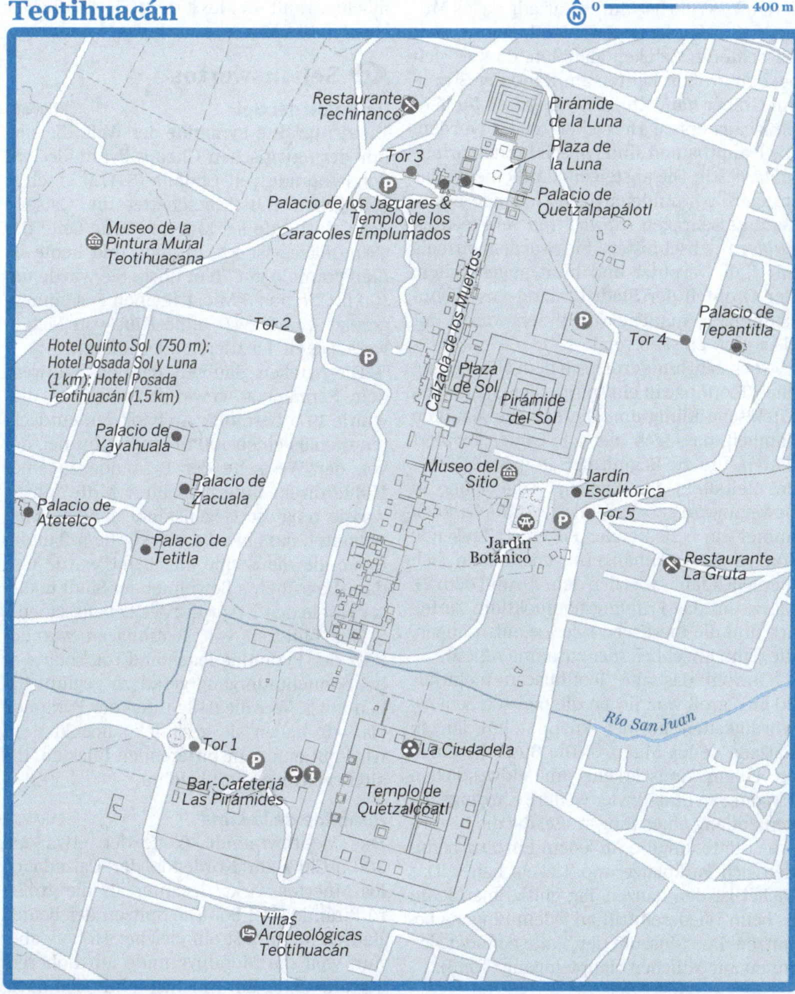

unermüdlichen Händler vermiesen einem schon mal die Laune, außerdem kann es um die Mittagszeit hier extrem voll sein.

Das Schachbrettmuster der Stadt hat man im 1. Jh. n. Chr. angelegt, die Pirámide del Sol wurde (über einem früheren Heiligtum) 150 n. Chr. fertiggestellt. Die restliche Stadt entstand zwischen 250 und 600 n. Chr. Soziale, ökonomische und ökologische Faktoren beschleunigten den Niedergang und den letztendlichen Zusammenbruch im 8. Jh. n. Chr.

Zwei große Alleen unterteilten die Stadt in vier Viertel, die in der Nähe von La Ciudadela (Zitadelle) zusammentrafen. Eine der Alleen, die grob von Norden nach Süden verläuft, ist die berühmte Calzada de los Muertos (Straße der Toten) – so benannt, weil die späteren Azteken glaubten, dass es sich bei den großen Bauten am Rand der Straße um Gräber handelte, die von Riesen für Teotihuacáns ersten Herrscher gebaut wurden. Die Hauptbauten sind typisch für den *talud-tablero*-Stil: Die ansteigenden Elemente der stufigen, pyramidenartigen Gebäude bestehen aus schrägen (*talud*) und senkrechten (*tablero*) Abschnitten. Sie wurden oftmals mit Kalk verputzt und bunt angestrichen. Der Großteil der Stadt bestand aus Wohnsiedlungen, manche von ihnen waren mit eleganten Fresken verziert.

Noch Jahrhunderte nach dem Niedergang blieb Teotihuacán ein spiritueller Ort für das aztekische Königtum. Die Azteken glaubten nämlich, dass sich hier alle Götter geopfert hätten, um zu Beginn der „fünften Welt" – des Zeitalters der Azteken – die Sonne in Bewegung zu setzen. Und die Stätte ist noch immer ein bedeutender Pilgerort: Tausende von New-Age-Anhängern versammeln sich hier jedes Jahr zwischen dem 19. und dem 21. März, um das Frühlingsäquinoktium zu feiern und die mystische Energie aufzusaugen, die dann angeblich hier zusammenfließt.

Obwohl das alte Teotihuacán mehr als 20 km² groß war, liegen die meisten Sehenswürdigkeiten an der knapp 2 km langen Calzada de los Muertos. Die Busse kommen an einem Kreisverkehr am südwestlichen Eingang an (Tor 1); vier weitere Eingänge liegen entlang einer Ringstraße, die die historische Stätte umgibt. An jedem Eingang befinden sich Parkplätze und Ticketschalter. Das Ticket ist den ganzen Tag gültig, man kann es beim Wiedereintritt an jedem Eingang benutzen. Das Museum der Stätte befindet sich innen am östlichen Haupteingang (Tor 5).

An den **Ruinen** (Eintritt 51 Mex$; Di–So 7–17 Uhr) drängen sich zwischen 10 und 14 Uhr die meisten Menschen, und an Sonn- und Feiertagen sowie rund um das Frühlingsäquinoktium ist hier am meisten los. Angesichts der Hitze und der Höhe sollte man die Erkundung der weitläufigen Anlage ruhig angehen lassen. Eine Kopfbedeckung und Wasser sind unverzichtbar: Die meisten Besucher legen mehrere Kilometer zu Fuß zurück, und die Mittagssonne kann brutal sein. Zwischen Juni und September gibt's nachmittags oft Schauer. Große Rucksäcke sind auf der Pirámide del Sol erlaubt, und Kinder müssen in Begleitung von Erwachsenen sein. Wer eine Videokamera mitnehmen möchte, zahlt 45 Mex$ extra, Parken kostet ebenfalls 45 Mex$.

Sehenswertes

Pirámide del Sol PYRAMIDE

Die drittgrößte Pyramide der Welt, die sich nur der ägyptischen Cheops-Pyramide und der Pyramide von Cholula (S. 172) geschlagen geben muss, beschattet die Ostseite der Calzada de los Muertos. Jede Seite der Grundfläche ist 220 m lang, und heute ist die Pyramide gut 70 m hoch. Sie wurde um 100 n. Chr. aus 3 Mio. t Steinen zusammengesetzt – und zwar ohne Hilfe von Metallwerkzeugen, Lasttieren oder Rädern!

Die Azteken glaubten, dass das Bauwerk dem Sonnengott gewidmet war, und dies wurde 1971 bestätigt: Archäologen entdeckten damals einen 100 m langen Tunnel, der von der Westseite der Pyramide zu einer Höhle direkt unterhalb ihrer Mitte führte, wo sie religiöse Gegenstände fanden. Man vermutet, dass hier bereits vor dem Bau der Pyramide die Sonne angebetet wurde und dass die früheren Bewohner der Stadt in dieser Höhle den Ursprung des Lebens sahen.

Zur Blütezeit von Teotihuacán war der Putz der Pyramide leuchtend rot, sodass er bei Sonnenuntergang geradezu geglüht haben muss. Wer die 248 Stufen der Pyramide (ja, wir haben sie gezählt…) hochklettert, wird mit einem inspirierenden Blick auf die altehrwürdige Stadt belohnt.

Pirámide de la Luna PYRAMIDE

Die Mondpyramide (vollendet etwa um 300 n. Chr.) am Nordende der Calzada de los Muertos wirkt eleganter als die größere Pirámide del Sol. Die Spitzen der beiden Bauten liegen fast auf gleicher Höhe – aber nur, weil die Mondpyramide auf höherem Terrain steht. Ein Aufstieg lohnt sich auch, um die Dominanz der größeren Pyramide voll erfassen zu können.

Die schmucke **Plaza de la Luna** direkt vor der Mondpyramide besteht aus insgesamt zwölf Tempelplattformen. Manche Experten schreiben der Gesamtzahl 13 (Plattformen plus Pyramide) eine astrologische Symbolik zu: Im Zählsystem des mesoamerikanischen Ritualkalenders spielt diese Zahl eine Schlüsselrolle. Außerdem wird vermutet, dass einst religiöse Tänze am Altar in der Platzmitte stattfanden.

Calzada de los Muertos — RUINE

Vor Jahrhunderten muss die Calzada de los Muertos ihren Einwohnern absolut unvergleichlich erschienen sein, schließlich erlebten sie die Gebäude in bestem Zustand. Vom Tor 1 gelangt man zur Allee vor La Ciudadela. 2 km weiter nördlich wird die Allee von den früheren Palästen der Elite Teotihuacáns und von anderen bedeutenden Bauwerken wie der Pirámide del Sol flankiert. Am nördlichen Ende der Allee zeichnet sich die Pirámide de la Luna ab.

Palacio de Quetzalpapálotl — PALAST

Der Palast des Quetzal-Schmetterlings hinter der Südwestecke der Plaza de la Luna gilt als Wohnsitz eines Hohepriesters. Darin wurden die Überreste von Bären, Gürteltieren und anderen Exoten gefunden. Dies zeigt, dass die gesellschaftliche Oberschicht hier kochte und Rituale abhielt – denn das normale Volk hätte solcherlei Tiere wohl kaum gegessen.

Hinter dem Palacio de Quetzalpapálotl liegen der **Palacio de los Jaguares** (Jaguarpalast) und der **Templo de los Caracoles Emplumados** (Tempel der gefiederten Muschelhörner). Der Innenhof des Jaguarpalasts grenzt an mehrere Kammern, deren untere Wände von teilweise erhaltenen Wandbildern geziert werden. Darauf bläst der Jaguargott in Muschelhörner und betet zum Regengott Tláloc. Vollständigere Wandbilder gibt's im Museo del Sitio zu sehen.

Vom Innenof des Palacio de los Jaguares geht's zudem in den heute unterirdischen Templo de los Caracoles Emplumados, der aus dem 2. oder 3. Jh. stammt. Die Reliefs an dessen früherer Fassade zeigen große Muschelschalen, die eventuell als Musikinstrumente dienten.

La Ciudadela — RUINE

Der weitläufige, quadratische Komplex (heute Zitadelle genannt) war vermutlich die Residenz des obersten Stadtherrschers. Die vier breiten Mauern werden von 15 Pyramiden gekrönt und umschließen einen großen offenen Platz. Die mächtige Pyramide auf der Ostseite heißt **Templo de Quetzalcóatl** (erb. um 250 n. Chr.) und könnte als Verwaltungszentrum gedient haben. Unter dem Tempel und drum herum fand man die Skelette von insgesamt 137 Menschen. Diese wurden offenbar aus verschiedenen Teilen Mesoamerikas hierhergebracht und geopfert.

Die vier erhaltenen Fassadenstufen des Templo de Quetzalcóatl (ursprünglich gab es sieben davon) werden von atemberaubenden Reliefs geziert. Auf den *tablero*-Tafeln wechselt sich die gefiederte Schlange mit einem zweizahnigen Wesen ab: der Feuerschlange, die die Sonne bei ihrer täglichen Reise über den Himmel trägt. Die heute leeren Augenhöhlen der Kreaturen waren einst mit funkelndem Obsidian gefüllt, während die ganze Pyramide einen blauen Anstrich hatte. Die Tafeln auf den *talud* (Schrägen der Pyramide) zeigen die gefiederte Schlange von der Seite. Manche Experten halten die Reliefs für Kriegsdarstellungen, während andere dadurch die Erschaffung der Zeit repräsentiert sehen.

Museo del Sitio — MUSEUM

(Museo de Teotihuacán; ☎594-958-20-81; ⌚9–16.30 Uhr) Gen Norden führt die Calzada de los Muertos in Richtung Pyramiden und dann über den Fluss. Dort zweigt nach rechts der Pfad zum Museum der Stätte (Zugang im Eintritt enthalten) ab. Direkt südlich der Pirámide del Sol bietet sich dort ein erholsamer Zwischenstopp an: In der Nähe findet man Picknicktische, eine Snackbar, öffentliche Toiletten, einen botanischen Garten, einen Buchladen mit Designer-Souvenirs und den **Jardín Escultórica**, einen reizenden Skulpturengarten mit Artefakten aus Teotihuacán.

Das thematisch gegliederte Museum bietet Erklärungen auf Spanisch und Englisch, und die hervorragende Ausstellung zeigt u. a. Artefakte und Freskotafeln. Zudem sieht man sich mit einer Begräbnisstätte im Boden konfrontiert, deren echte Skelette vom uralten Lokalglauben in Sachen Tod und Jenseits zeugen.

Palacio de Tepantitla — PALAST

Rund 500 m nordöstlich der Pirámide del Sol beherbergt diese frühere Priesterresidenz das berühmteste Fresko Teotihuacáns: Das verwitterte **Paradies von Tláloc** zeigt den Regengott umgeben von Priestern, anderen Menschen, Tieren und Fischen. Darüber befindet sich das finstere Portrait der **Großen Göttin von Teotihuacán**. Diese gilt als Göttin des Krieges und der Finsternis, da sie oft zusammen mit Unterwelttieren (Jaguaren, Eulen, Spinnen) abgebildet ist. Besonders beachtenswert sind ihre bezahnte Mundpartie und ihre Schutzschilde voller Spinnweben.

Museo de la Pintura Mural Teotihuacana MUSEUM
(☎594-958-20-81; ⏲9–16.30 Uhr) Dieses eindrucksvolle Museum zeigt Wandbilder aus Teotihuacán sowie Rekonstuktionen von Wandbildern, die in den Ruinen zu sehen sind. Der Eintritt ist im Ticket zur Stätte enthalten.

Palacio de Tetitla & Palacio de Atetelco PALAST
Eine Gruppe von Palästen liegt westlich von Teotihuacáns Hauptbereich und einige Hundert Meter westlich von Tor 1. Viele der in den 1940er-Jahren entdeckten Wandbilder sind gut erhalten oder restauriert und sind daher leicht verständlich. Im Inneren des weitläufigen **Palacio de Tetitla** sind 120 Wände mit Wandbildern (Tláloc, Jaguare, Schlangen und Adler) verziert. 400 m weiter westlich liegt der **Palacio de Atetelco**, in dessen Patio Blanco (weißem Innenhof) in der nordwestlichen Ecke lebendige Wandmalereien mit Jaguaren oder Kojoten – eine Mischung aus originalen und restaurierten Bildern – zu sehen sind.

Etwa 100 m weiter nordöstlich liegen **Zacuala** und **Yayahuala**, zwei riesige, von Mauern umgebene Anlagen, die wahrscheinlich als gemeinschaftliche Wohnstätten dienten. Die beiden durch die ursprünglichen Gassen getrennten Komplexe bestehen aus zahlreichen Räumen und Innenhöfen, haben aber nur wenige Eingänge.

Schlafen

In der Stadt San Juan Teotihuacán, die 2 km vom archäologischen Bereich entfernt ist, gibt es einige gute Übernachtungsmöglichkeiten. Sie bieten sich an, um früh an der Stätte zu sein, ehe es voll wird.

Hotel Posada Teotihuacán HOTEL $
(☎594-956-04-60; Canteroco 5, San Juan Teotihuacán; EZ/DZ/3BZ 180/250/330 Mex$; P) Die zentral gelegene, familiengeführte Budget-Posada vermietet recht kleine, aber saubere Quartiere mit TV und eigenen Bädern. Es gibt jeweils nur ein Einzel- und ein Dreibettzimmer – wer darin wohnen will, sollte rechtzeitig reservieren.

Hotel Posada Sol y Luna HOTEL $$
(☎594-956-23-68, 594-956-23-71; www.posadasolyluna.com; Cantú 13, San Juan Teotihuacán; Zi. 450–596 Mex$, Suite 730–785 Mex$; P) Dieses gut geführte Hotel mit 16 ordentlichen, aber nicht sehr aufregenden Zimmern liegt am Ostende der Stadt auf dem Weg zu den Pyramiden. Alle sind mit TVs und Bädern ausgestattet. In den Juniorsuiten befinden sich ziemlich alte Whirlpools, die die Extraausgabe nicht lohnen.

Hotel Quinto Sol HOTEL $$$
(☎594-956-18-81; www.hotelquintosol.com.mx; Av Hidalgo 26, San Juan Teotihuacán; EZ/DZ/3BZ/4BZ 970/1200/1400/1550 Mex$; P@) Es hat Gründe, dass die meisten Touristengruppen, die die Ruinen von Teotihuacán besuchen, im Quinto Sol nächtigen: Mit seinem Pool und den gut eingerichteten Zimmern inklusive Safes und Zimmerservice ist es eins der am besten ausgestatteten Hotels der Stadt.

Villas Arqueológicas Teotihuacán HOTEL $$$
(☎55-5836-9020; www.villasarqueologicas.com.mx; Periférico Sur s/n, Zona Arqueológica; Zi. 1132–1554 Mex$; P@) Dieses elegante Hotel, das gleich südlich der Zona Arqueológica liegt, bietet ein kleines Fitnessstudio, einen beheizten Pool im Freien, einen Tennisplatz und ein Spa mit *temascal* (mexikanisches Dampfbad). Zum Hotel gehört ein gehobenes mexikanisches Restaurant. WLAN-Empfang gibt es nur in der Lobby.

Essen

In der Nähe der Ruinen ist das Essen zumeist teuer und enttäuschend. Eventuell bieten Schlepper einen Restaurantshuttle mit Abholung an. Doch Vorsicht: Oft sind solche Lokale schlechter als versprochen und liegen zudem weitab jeglicher Alternative. Da ist es besser, ein Picknick mitzubringen. Dennoch gibt's vor Ort auch ein paar anständige, besuchenswerte Restaurants. Am günstigsten liegt die geschäftige **Bar-Cafetería Las Pirámides.** Im 3. Stock des alten Museumsgebäudes nahe Tor 1 hat man dort einen Panoramablick auf La Ciudadela.

★ **Restaurante Techinanco** MEXIKANISCH $$
(☎594-958-23-06; Zona Arqueológica, Ringstraße; Hauptgerichte 75–120 Mex$; ⏲9–18 Uhr) Einen kurzen Fußmarsch von Tor 3 entfernt

liegt dieses gemütliche Lokal hinter der Mondpyramide. Seine hervorragende Hausmannskost ist vergleichsweise günstig. Die heimischen Klassiker auf der kleinen Karte reichen von Enchiladas bis hin zu authentischen, selbstgemachten *moles* (Gerichte mit Chili-Sauce). Im Angebot sind auch Heilmassagen (ab 600 Mex$) und Relaxen im Temascal (nach telefonischer Reservierung).

Restaurante La Gruta MEXIKANISCH **$$$**
(☎594-956-01-27; www.lagruta.com.mx; Zona Arqueológica, Ringstraße; Hauptgerichte 182–269 Mex$; ⏲10–18 Uhr) In einer großen, kühlen Höhle nahe Tor 5 befindet sich dieses auf Touristen ausgerichtete Restaurant, das ganz unverhohlen Effekthascherei betreibt. Das Essen ist zwar teuer, aber überraschend gut, und samstags um 15.30 Uhr sowie sonntags um 15.30 und 17.30 Uhr findet eine 40-minütige Folkloretanzshow statt. Man sollte reservieren.

ℹ Praktische Informationen

In der Nähe des Südwesteingangs (Tor 1) befindet sich ein **Informationsschalter** (☎594-956-02-76; www.inah.gob.mx; ⏲7–18 Uhr) Kostenlose Führungen in der Stätte mit autorisierten Guides (nur auf Spanisch) sind nach **Reservierung** (☎594-958-20-81) möglich.

Ratschläge zur Planung, Empfehlungen der Autoren, Berichte von Travellern und Insidertipps gibt's bei **Lonely Planet** (www.lonelyplanet.com/mexico/north-of-mexico-city/teotihuacan).

ℹ An- & Weiterreise

Zwischen 7 und 18 Uhr fahren stündlich Busse von Autobuses México-San Juan Teotihuacán zwischen dem Terminal Norte (außerhalb der Metrostation Autobuses del Norte) in Mexico City und den Ruinen (40 Mex$, 1 Std.). Nach Betreten des Terminal Norte wendet man sich nach links und geht zum vorletzten Schalter in der Halle. Man sollte aufpassen, dass man einen Bus mit Ziel „Los Pirámides" nimmt, und nicht einen in die Stadt San Juan Teotihuacán (es sei denn, man will dort übernachten). Leser haben von bewaffneten Raubüberfällen auf diese Busse berichtet; beim US State Department (www.travel.state.gov) aktuelle Reisewarnungen einholen.

Bei den Ruinen halten die Busse in der Nähe von Tor 1, wo sie auch wieder abfahren, außerdem stoppen sie bei den Toren 2 und 3. Am häufigsten fahren die Busse nach 13 Uhr zurück. Der letzte Bus nach Mexico City startet um 18 Uhr; einige Busse bringen einen nur bis zur Metrostation Indios Verdes, die meisten fahren aber weiter bis zum Terminal Norte.

ℹ Unterwegs vor Ort

Von San Juan Teotihuacán aus erreicht man die Pyramiden mit dem Taxi (35 Mex$) oder mit jedem Combi (12 Mex$) mit der Zielangabe „San Martín". Die Combis fahren von der Avenida Hidalgo neben der zentralen Plaza ab und halten auf der Rückfahrt an der Hauptstraße abseits der Tore 1, 2 und 3.

Pachuca

☎771 / 267 000 EW. / 2425 M

Die wenig aufregende Hauptstadt des Bundesstaats Hidalgo erstreckt sich über steile, weitläufige Hügel und wird von einer riesigen mexikanischen Fahne und einer hoch aufragenden Christusstatue gekrönt. Das reizende, bunt gestrichene Zentrum ist noch meilenweit zu sehen, allerdings hat der Aufschwung zu einer ziemlich unansehnlichen Zersiedelung rings um die Altstadt mit ihren hübschen Häusern geführt.

Dennoch wird diese Provinzhauptstadt unterschätzt: Pachuca ist ein hervorragender Ausgangspunkt für Touren in Richtung Norden und Osten (in die spektakuläre Sierra Madre Oriental) oder einfach nur zu der nahegelegenen Mineral del Chico, und ein angenehmer Ort, um ein paar Tage abseits des Touristenrummels zu verbringen.

Bereits 1534 wurde in der Nähe Silber gefördert, und die Minen von Real de Monte bringen noch immer eine beachtliche Menge Erz hervor. Pachuca war übrigens auch die Stadt, über die der *fútbol* (Fußball) nach Mexiko kam: Bergarbeiter aus dem englischen Cornwall brachten ihn in der Mitte des 19. Jhs. mit. Die Einwanderer aus Cornwall führten zudem das berühmteste Gericht der Stadt ein, die *pastes* (Fleischpasteten, die jeder Brite sofort als Cornish Pasties identifizieren würde, auch wenn manche typisch mexikanische Füllungen haben).

Sehenswertes

Der 40 m hohe **Reloj Monumental** (Uhrenturm), der zwischen 1904 und 1910 zum Gedenken an den 100. Jahrestag der Unabhängigkeit erbaut wurde, überragt das nördliche Ende des *zócalo*, der Plaza de la Independencia. Im Osten der Plaza verläuft die Avenida Matamoros, im Westen die Avenida Allende. Die Guerrero verläuft 100 m weiter westlich parallel zur Avenida Allende. Ca. 700 m weiter südlich treffen sich die Guerrero und die Avenida Matamoros an der modernen Plaza Juárez.

Cuartel del Arte KULTURZENTRUM

(Ecke Hidalgo & Arista; ⌚Di–So 10–18 Uhr) GRATIS Das prächtige, weitläufige Kulturzentrum ist eine Oase der Ruhe in der geschäftigen Innenstadt. Zum Komplex des früheren Convento de San Francisco gehören drei tolle Museen, eine Kunstgalerie, ein Theater, eine Bibliothek und mehrere hübsche Plazas. Auch ein Besuch der eindrucksvollen (und noch genutzten) Parroquia de San Francisco lohnt sich. Von der Plaza de la Independencia läuft man zwei Blocks nach Osten zur Hidalgo und dann 650 m Richtung Süden zur Ecke Hidalgo/Arista.

Eines der Highlights ist das hervorragende **Museo Nacional de la Fotografía**, das Fototechnik aus den Anfangszeiten und eine überwältigende Auswahl aus den 1,5 Mio. Fotos der Archive des Nationalen Instituts für Anthropologie und Geschichte (INAH) zeigt. Die Bilder – einige stammen von Europäern und Amerikanern, sehr viel mehr aber von bahnbrechenden mexikanischen Fotojournalisten wie Nacho López und Agustín Victor Casasola – bieten einen faszinierenden Einblick in die Geschichte Mexikos von 1873 bis heute.

Museo de Minería MUSEUM

(☎771-715-09-76; www.distritominero.com.mx; Mina 110; Erw./Student 25/20 Mex$; ⌚Di–So 10–18 Uhr) Das Bergbaumuseum der Stadt, das zwei Blocks südlich und einen halben Block östlich vom *zócalo* liegt, bietet einen guten Überblick über jenen Industriezweig, der die Region prägte. Zu sehen sind Stirnlampen, Heiligenschreine der Bergmänner und alte Grubenkarten. Fotos dokumentieren die Arbeitsbedingungen in den Schächten von den Anfangsjahren bis zur Gegenwart. Fürs Fotografieren werden 20 Mex$ fällig, für die Benutzung einer Videokamera 30 Mex$. Das Museum koordiniert auch eine *ruta de turismo cultural minero* (Bergbau-Kultur-Tourismus-Tour auf Englisch, Spanisch oder Französisch), die zu Bergbaustätten in der Region führt.

Geführte Touren

Tranvía Turístico TRAM

(☎771-718-71-20; www.tranviaturisticopachuca.com; Erw./Kind 60/50 Mex$; ⌚Mi–Fr 11–18, Sa & So 10.30–18.30 Uhr) Touren in elektrischen Trams starten stündlich an der Westseite der Plaza und fahren zu 24 Stätten rund um die Stadt, darunter auch zur auf einem Hügel gelegenen Christus-Statue. Die gesamte Tour dauert eine gute Stunde.

Schlafen

Hotel Noriega HOTEL $

(☎771-715-01-50; Av Matamoros 305; EZ 300 Mex$, DZ 320–350 Mex$; 📶) Das Noriega wirkt wie ein Gewächshaus: Hier stehen Hunderte Pflanzen in reich verzierten Töpfen, während Bäume bis hinauf zum Glasdach wuchern. Die Zimmerqualität ist jedoch durchwachsen: Manche Quartiere sind beängstigend klein, andere dagegen groß und luftig. Somit empfiehlt sich vor dem Einchecken eine Besichtigung. Mit wachsender Entfernung zur Lobby setzt der WLAN-Empfang z.T. aus. TV im Zimmer kostet extra. Wer will, kann sich in der Lobby zusammen mit dem Personal *lucha libre* (mexikanisches Ringen) anschauen.

Hotel de los Baños HOTEL $$

(☎771-713-07-00; Av Matamoros 205; EZ/DZ/3BZ/4BZ 380/480/550/600 Mex$; P @ 📶) Eine wunderschön geflieste Lobby alten Stils macht das Baños zu einem von Pachucas charmantesten Mittelklassehotels. Einen Block südlich vom Uhrenturm gibt's hier insgesamt 56 Zimmer – manche davon renoviert, andere jedoch mit alter Einrichtung und zu wenig Tageslicht. Bei Vorliebe für einen bestimmten Stil sollte man vorher ein paar Varianten besichtigen. Parken kostet 40 Mex$ extra.

Hotel Emily BUSINESSHOTEL $$$

(☎771-715-08-28, 800-501-63-39; www.hotelemily.com.mx; Plaza Independencia; Zi. 1300 Mex$, Suite 1600 Mex$; P ⊜ @ 📶) Das Emily liegt an der Südseite des *zócalo* – von den Balkons schaut man auf den Reloj Monumental. In den modernen, stilvollen Zimmern gibt's Flachbild-TVs. Das Hotel bietet Wäscheservice und Zugang zu einem Fitnessstudio, und das Restaurant bringt in sterilem Ambiente typisches, aber leckeres Essen auf den Tisch.

Essen & Ausgehen

Pachucas berühmte regionale Spezialität, *pastes* (Pasteten), gibt's überall in der Stadt. Sie werden im Pizzaofen gebacken und enthalten viele verschiedene Füllungen, z.B. Bohnen, Ananas und Reispudding, die sich die Bergarbeiter aus Cornwall, die diesen traditionellen englischen Snack nach Mexiko brachten, nicht hätten träumen lassen.

Mina La Blanca Restaurant Bar MEXIKANISCH $$

(☎771-715-18-96; www.restaurantlablanca.com.mx; Av Matamoros 201; Hauptgerichte 56–145 Mex$;

NICHT VERSÄUMEN

REAL DEL MONTE

Diese wunderbare Bergstadt ist ein Gewirr aus Häusern, Restaurants und Pastetenläden auf einem von Wald bedeckten Hügel. Die Luft ist hier so dünn, dass es sogar zu leichten Symptomen der Höhenkrankheit kommen kann, und sie ist so sauber und klar, dass es hier oft kälter zu sein scheint, als es wirklich ist – besser also einen Pullover oder eine Jacke mitnehmen.

In Real del Monte (offiziell: Mineral del Monte), das 2 km hinter der Abzweigung des Hwy 105 zum Parque Nacional El Chico liegt, fand 1776 ein Bergarbeiterstreik statt, der als der erste Streik in ganz Amerika gilt. Der größte Teil der Stadt wurde im 19. Jh. erbaut, nachdem eine britische Gesellschaft die Minen beschlagnahmt hatte. Viele der steilen Kopfsteinpflasterstraßen werden von Hütten im Stil Cornwalls gesäumt.

Im ★ **Hotel Paraíso Real Hospedaje-Cafetería** (☎771-797-02-20; www.hotelparaisoreal.com; EZ/DZ So–Do 500/600 Mex$, Fr & Sa 800/1000 Mex$; P @) herrscht eine freundliche, familiäre Atmosphäre, und die sauberen, modernen Zimmer haben Kachelböden, Kabel-TV und Zimmerservice. Die Zimmer sind äußerst unterschiedlich: In einigen sind die Decken sehr niedrig, andere bieten Whirlpools (Aufschlag von 100 Mex$), Balkons und Aussicht auf die Stadt. Eine andere gute Unterkunft gleich nebenan ist das **Hotel Real del Monte** (☎771-715-56-54; www.hotelesecoturisticos.com.mx; Zi. So–Do 600 Mex$, Fr & Sa 700 Mex$; @) mit 15 Zimmern. Es wird vom selben anspruchsvollen Unternehmen geführt wie die beiden größten Hotels im nahen Mineral del Chico.

Vom Busbahnhof in Pachuca fahren 2.-Klasse-Busse nach Real del Monte (39 Mex$, 30 Min., stündl.); Combis (8 Mex$, 30 Min., alle 30 Min.) starten von der nordwestlichen Ecke der Plaza de la Constitutión, nördlich vom *zócalo*.

⏲8–22 Uhr) Pachucas berühmtestes Lokal, La Blanca, serviert seit 1953 traditionelles *hidalguense*-Essen, darunter *pastes* und eine tolle *caldo de hongo* (Pilzsuppe). Die Wände sind mit alten Schwarz-Weiß-Fotos und Buntglasfenstern mit Bergbau-Szenen verziert und erzählen von der Geschichte der Stadt. Das Restaurant ist auch ein toller Ort für einen Drink am Abend.

Euro Bistro INTERNATIONAL **$$$**
(fb.com/eurobistro.mx; Av Revolución 805; Hauptgerichte 100–215 Mex$; ⏲Mo–Sa 14–23, So 14–20 Uhr; 📶) In diesem gehobenen Bistro im europäischen Stil geht es international zu: Hier gibt's Gerichte wie gebratener Tintenfisch und Cobb-Salat zu Fisch & Chips oder *medallón de res* (Rindermedaillons) in Senfsauce. Die Weinkarte ist gut (aber nur zwei Sorten gibt's glasweise), im Hintergrund läuft Jazzmusik, und die Dessertkarte mit Leckereien wie einem umwerfenden Zitronen-Baiserparfait ist sehr verlockend.

Espresso Central LOUNGE
(Av Revolución 1008; Snacks 33–55 Mex$; ⏲Mo–Sa 8–24 Uhr; 📶) Diese Lounge befindet sich in einem stilvollen zweistöckigen Gebäude, das aus umgebauten Schiffscontainern konstruiert wurde. Auf den Tisch kommen guter Espresso, mexikanische Regionalbiere, anständiger Wein, Chai, Crêpes und Bagels. An den meisten Abenden ist der Laden angesagter Treff von Pachucas coolen jungen Leuten und Anzugträgern.

Shoppen

Artesanos de Pachuca KUNSTHANDWERK
(Jardín de los Niños Héroes, Ecke Allende & Matamoros; ⏲Sa, So & Feiertag 11–18 Uhr) Der reizende Markt ist ein ausgefallener Mix aus Krimskrams und Kunsthandwerk, den es ansonsten wohl nirgendwo gibt. Schatzjäger aufgepasst: Hier warten Bleisoldaten, Siebdruck-T-Shirts, mexikanische Süßigkeiten, Malereien, Schmuck, aufwendige Bilderrahmen und anderes Handgemachtes, das von der örtlichen Künstlerkollektive hergestellt wird.

Praktische Informationen

Rund um die Plaza de la Independencia findet man viele Geldautomaten.

Internet (Technopolis; Allende 502; 5 Mex$/Std.; ⏲Mo–Fr 9–21, Sa & So 10–21 Uhr)

Touristeninformation (☎771-715-14-11; www.pachuca.gob.mx; Plaza de la Independencia; ⏲8.30–16.30 Uhr) Hinter dem Uhrenturm gibt's Tipps und Prospekte zu nahen Städten.

An- & Weiterreise

Pachuchas **Busbahnhof** (☎771-713-34-47; Cam Cueso) liegt 20 Minuten vom Zentrum entfernt.

1.-Klasse-Busse von ADO fahren vom/zum TAPO-Terminal in Mexico City (78 Mex$, 1 Std. 40 Min. halbstündl. oder stündl.) und Terminal Norte in Mexico City (78 Mex$, 1½ Std., alle 10 Min.) sowie von/nach Poza Rica (184 Mex$, 4½ Std., 2-mal tgl.) und Puebla (164 Mex$, 2 Std., 3-mal tgl.). Auf einigen Routen fahren GL-Luxusbusse mit WLAN. Zudem gibt's oft Busverbindungen nach Tula und Querétaro.

Drei landschaftlich reizvolle Straßen (Hwy 85, Hwy 105 und Hwy 130/132D) führen in die bewaldete, oft neblige Sierra Madre Oriental hinauf.

Unterwegs vor Ort

Vom Busbahnhof aus fahren grün-weiße *colectivos* mit der Kennzeichnung „Centro" zur Plaza de la Constitución (6,50 Mex$), die einen kurzen Spaziergang vom *zócalo* liegt. In der entgegengesetzten Richtung kann man entlang der Avenida Allende zusteigen. Mit dem Taxi kostet die Fahrt 35 Mex$.

Rund um Pachuca

Mineral del Chico

☎ 771

Von Pachuca aus kann man leicht einen sehr netten Tagesausflug zu dem fast 3000 ha umfassenden, 1898 ausgewiesenen **El-Chico-Nationalpark** (www.parqueelchico.gob.mx) unternehmen. Idealerweise ist dies verbunden mit einem Abstecher zum charmanten alten Bergmannsdorf **Mineral del Chico**, das zu den neuesten *pueblos mágicos* zählt und das deutlich größere Pachuca locker aussticht. In frischer Luft genießen Parkbesucher eine herrliche Aussicht. Die Berge bieten zudem ein paar tolle Wandermöglichkeiten zwischen spektakulären Felsformationen und wunderschönen Wasserfällen. Die meisten mexikanischen Wochenendausflügler verlassen El Chicos reizende Hauptstraße kaum. Kein Wunder bei so freundlichen Einheimischen, die ihrem Motto *pueblo chico, gente grande* (kleiner Ort, großartige Leute) voll gerecht werden.

Sehenswertes & Aktivitäten

Colectivos mit Kennzeichnung „Carboneras" (6 Mex$) setzen Passagiere am Anfang des Weges ab, der zum *mirador* (Aussichtspunkt) an der **Peña del Cuervo** führt. Von dort aus sind es etwa 25 Minuten zu Fuß.

Das **Besucherzentrum** (Centro de Visitantes; Carretera Pachuca–Mineral del Chico bei Km 7,5) des Parks liegt zehn Fahrtminuten vom Dorf entfernt. Wie die örtlichen Hotels liefert es Details zu möglichen geführten Outdoor-Aktivitäten.

Auf eigene Faust gelangt man unkompliziert zum kleinen **Río del Milagro** (1,5 km), dessen Ufer von Bäumen und verlassenen Minen gesäumt werden. Dazu links von der Kirche bergab bis zum Fuß des Hügels laufen und dort den Pfad zur Linken nehmen, bis die Straße und die Wegweiser gen Fluss in Sicht kommen. Jetzt der Straße folgen und die Augen aufhalten: Irgendwann führt rechts ein Pfad mit Talblick hinunter zum Fluss. Unbedingt warme Klamotten mitbringen, da die Temperaturen nachmittags schlagartig fallen können!

Eine Straße hinter der Hauptstraße schaut man von der Corona del Rosal aus in fast alle Richtungen über das Tal. Prima für Fans schöner Panoramen ist z. B. das Wegegewirr hinter der rustikalen Kapelle **Capilla del Calvario** aus dem 19. Jh., die oberhalb der Kirche an der Calvario steht.

Schlafen & Essen

Mineral del Chico ist ein traditionelles Ziel für Wochenendausflüge, doch unter der Woche wirkt es oft wie eine Geisterstadt. Dann kann es für Besucher schwer sein, nach Einbruch der Dunkelheit etwas zu essen zu bekommen – einige Hotels schließen sogar ihre Pforten. Doch die geöffneten Hotels sind dann oftmals billiger, und die Wege und Gipfel hat man fast ganz für sich.

An der Carretera Pachuca auf dem Weg nach Mineral del Chico liegen zwischen Km 7 und Km 10 mehrere einfache **Campingplätze** (Stellplatz 150 Mex$, Hütten 400 Mex$).

Hospedaje El Chico PENSION **$**

(☎ 771-715-47-41; Corona del Rosal 1; Zi. 350–550 Mex$; WLAN) Die zehn Zimmer der kleinen anständigen Budgetpension sind nicht sonderlich aufregend, aber sauber. Potenzielle Gäste müssen klingeln, um hineinzukommen. Fals das El Chico unter der Woche geschlossen haben sollte, einfach nebenan bei der Casa Biseña nachfragen: Beide Unterkünfte werden von derselben Familie betrieben.

Hotel El Paraíso LODGE **$$**

(☎ 771-715-56-54; www.hotelesecoturisticos.com.mx; Carretera Pachuca s/n; Zi. So–Do 850 Mex$, Fr & Sa ab 950 Mex$; P WLAN) Buchstäblich paradiesisch: In der Nähe eines munteren Bachs liegt diese Lodge auf einem weitläufigen, gepflegten Gelände am Fuß des Bergs. Die großen, modernen Zimmer sind nicht sonderlich individuell oder charmant, aber sehr komfortabel. Vollpension wird auch angeboten.

Fonda el Fresno MEXIKANISCH $
(☎ 771-715-32-57; Corona del Rosal 10; Festpreismenü 45 Mex$; ⊙ 9–21 Uhr) Die kleine Bäckerei ist mehr als eine Quelle für einen Kaffee: Hinten bereiten die Großeltern *sopa de papa* (Kartoffelsuppe) mit viel frischer Petersilie und vegetarische Enchiladas (auf Anfrage) mit dicken Avocadoscheiben zu. Frisches *agua de melón* (Getränk mit Zuckermelonensaft) ist ebenfalls zu haben. Zahlreiche Gäste kommen extra, um sich ein leckeres *cocol* (3,5 Mex$; rhombusförmiges Brot mit braunem Zucker und Kümmel) zu holen.

★ **Restaurante y Cabañas San Diego** MEXIKANISCH, HÜTTEN $$
(☎ 771-125-6173; Carretera Pachuca s/n; Hauptgerichte 80–120 Mex$) In Richtung Dorf (Schilder an der Abzweigung zum El Paraíso beachten) liegt dieses echte Bergrefugium abseits vom Highway an einem rauschenden Bach. Unten in der hölzernen Fischbude kann man zuschauen, wie Forellen gefangen und zubereitet werden. Besonders gut schmeckt die Variante *a la mexicana,* die mit Tomaten, Chilis, dicken Knoblauchstücken und Käse aus Oaxaca gefüllt ist.

Das Restaurant vermietet auch zwei rustikale, aber komfortable Hütten (max. 4/10 Pers. 700/1800 Mex$).

Hotel Posada del Amanecer HOTEL $$
(☎ 771-715-56-54; www.hotelesecoturisticos.com.mx; Morelos 3; Zi. So–Do ab 700 Mex$, Fr & Sa 950 Mex$; P 📶) Die elf geräumigen, modernen Zimmer in einem Lehmziegelbau haben einen kolonialzeitlichen Touch. Neben einer reizenden Veranda verteilen sie sich auf insgesamt zwei Stockwerke. Dank fehlenden Telefons und TVs ist das Ganze ein angenehm ruhiges Refugium. Kinder unter zwölf Jahren übernachten gratis. Gegen Aufpreis gibt's Massagen, Wellnessbehandlungen und Abenteuer-Aktivitäten wie Sportklettern.

ℹ An- & Weiterreise

Ab dem Mercado Juárez (Ecke Calle Hidalgo & Av de la Raza) in Pachuca folgen blau-weiße *colectivos* den Serpentinen nach Mineral del Chico (12 Mex$, 40 Min., 8–18 Uhr alle 20 Min.; letzte Rückfahrt nach Pachuca um 19 Uhr).

Ab Real del Monte besteht keine direkte Linienverbindung. Wer nicht extra zum *colectivo*-Wechsel zurück nach Pachuca fahren möchte, kann sich auch ein Taxi für ca. 150 Mex$ mieten.

ÖSTLICH VON MEXICO CITY

Wenn man von der Hauptstadt aus Richtung Osten fährt, wird die Aussicht richtig dramatisch. Die Landschaft ist von den schneebedeckten Gipfeln der Vulkane Popocatépetl, Iztaccíhuatl, La Malinche und Pico Orizaba – des höchsten Gipfels des Landes – beherrscht. Die schroffe Cordillera Neovolcánica bietet für jeden etwas, von erfrischenden Hochgebirgsspaziergängen bis hin zu technisch anspruchsvollen Klettertouren. Der unvorhersehbare Popocatépetl ist allerdings wegen vulkanischer Aktivitäten gesperrt.

Die wunderbare Kolonialstadt Puebla, die fünftgrößte Stadt Mexikos, ist das dominierende Zentrum der Region, ein regionaler Verkehrsknotenpunkt und ein großer Magnet für Touristen, die von der Kathedrale, der großartigen kulinarischen Tradition, der faszinierenden Geschichte und den hervorragenden Museen angezogen werden. Der Bundesstaat Puebla, der die Stadt umgibt, ist überwiegend ländlich geprägt und stellt die Heimat etwa einer halben Million Menschen indigener Abstammung dar. Ihrer fortdauernden Anwesenheit verdankt Puebla ein reiches kunsthandwerkliches Erbe, das sich in Erzeugnissen wie Töpferwaren, Onyxschnitzereien und schönen handgewebten und bestickten Textilien zeigt.

Tlaxcala, die Hauptstadt des winzigen gleichnamigen Bundesstaates, ist mit einem spannenden Angebot an neuen Restaurants, Museen und Boutiquehotels zu einem eigenen Reiseziel geworden. Das abgelegene Cuetzalan liegt dagegen inmitten einer üppigen und dramatischen Landschaft und gehört zu jenen Dörfern Mexikos, in denen scheinbar die Zeit stehen geblieben ist.

Puebla

☎ 222 / 1,5 MIO. / 2160 M

Puebla war einst eine Bastion des Konservatismus, Katholizismus und der Tradition, ist jetzt aber aus dem Schneckenhaus der Kolonialzeit herausgekommen. Geblieben sind das wunderbar erhaltene Zentrum, eine beeindruckende Kathedrale und zahlreiche Kirchen. Zugleich stürzen sich die jüngeren *poblanas* (Bewohner von Puebla) in die aufblühende Kunstszene und ins Nachtleben.

Die Stadt ist auf jeden Fall einen Besuch wert: Allein in der historischen Innenstadt

Puebla

gibt es 70 Kirchen, hinzu kommen mehr als tausend Kolonialgebäude, die mit den *azulejos* (bemalten Keramikkacheln), für die Puebla berühmt ist, verziert sind, und eine lange kulinarische Tradition, die man in jedem Restaurant oder Straßenstand entdecken kann. Für eine Stadt dieser Größe ist Puebla viel entspannter und weniger festgefahren, als man vielleicht denken würde.

Geschichte

Die Stadt wurde 1531 von spanischen Siedlern als Ciudad de los Ángeles gegründet, die das nahe vorkoloniale religiöse Zentrum Cholula übertrumpfen wollten. Acht Jahre später wurde sie unter dem Namen Puebla de los Ángeles („La Angelópolis") bekannt und wuchs schnell zu einem wichtigen katholischen Zentrum heran. Schon lange waren aus dem hier vorhandenen Lehm gute Töpferwaren hergestellt worden, und nachdem die Kolonisten neue Materialien und Techniken einführten, entwickelte sich die Keramik in Puebla sowohl als Kunst als auch als Industriezweig. Gegen Ende des 18. Jhs. war die Stadt ein bedeutender Produzent von Glas und Textilien geworden. 1811 war Puebla mit 50 000 Einwohnern die zweitgrößte Stadt Mexikos, bis sie im späten 19. Jh. von Guadalajara überholt wurde.

Im Jahr 1862 verschanzte sich General Ignacio de Zaragoza im Kampf gegen die französischen Angreifer am Cerro de Guadalupe, und am 5. Mai 1862 wehrte er mit seinen 2000 Männern einen Frontalangriff von 6000 Franzosen ab, von denen viele von Durchfallerkrankungen geschwächt waren.

Dieser seltene militärische Erfolg der Mexikaner ist der Anlass für die jährlichen (zunehmend von Firmen gesponserten und feucht-fröhlichen) Feierlichkeiten in den USA, wo der Feiertag viel wichtiger ist als in Mexiko, und für Hunderte von Straßen, die den Namen Cinco de Mayo tragen. Kaum jemand scheint sich daran zu erinnern, dass die Franzosen, die Verstärkung erhalten hat-

Puebla

Sehenswertes

	Biblioteca Palafoxiana	(siehe 1)
1	Casa de la Cultura	C3
2	Catedral	C3
3	Edificio Carolino	D3
4	Iglesia de la Compañía	D3
5	Museo Amparo	C4
6	Museo Bello	C3
7	Museo Casa del Alfeñique	E3
8	Museo de la Revolución	D2
9	Templo de San Francisco	F3
10	Templo de Santo Domingo	C2
11	Zócalo	C3

Aktivitäten, Kurse & Touren

12	Turibus	C3

Schlafen

13	Casona de la China Poblana	D3
14	El Sueño Hotel & Spa	C4
15	Gran Hotel San Agustín	B2
16	Hotel Casa de la Palma Travel	D3
17	Hotel Colonial	D3
18	Hotel Mesón de San Sebastián	C4
19	Hotel Provincia Express	C3
20	Mesón Sacristía de la Compañía	D4
21	NH Puebla	B2

Essen

22	Amalfi Pizzeria	D3
23	El Mural de los Poblanos	C3
24	El Patio de las Ranas	C2
25	La Purificadora	F3
26	La Zanahoria	D4
27	Las Ranas	C2
28	Mercado de Sabores Poblanos	A1
	Restaurante Sacristía	(siehe 20)

Ausgehen & Nachtleben

29	A Go Go	E4
30	All Day Café	D4
31	Café Milagros	D4

Unterhaltung

32	Celia's Cafe	D4

Shoppen

33	Kunsthandwerksmarkt El Parián	E3
34	Talavera Uriarte	A1

ten, im folgenden Jahr Puebla einnahmen und bis 1867 besetzt hielten.

Das Zentrum des modernen Puebla ist noch immer die Altstadt, deren Kernstücke der große, grüne *zócalo* und die höchste Kathedrale Mexikos sind. Die meisten Sehenswürdigkeiten, Hotels und Restaurants, die für internationale Besucher interessant sind, befinden sich im *centro histórico*, viele davon im Umkreis von einigen Blocks um die zentrale Plaza.

Die Zona Esmeralda, die 2 km westlich des *zócalo* liegt, ist ein Abschnitt der Avenida Juárez mit schicken Geschäften, gehobenen Restaurants und angesagten Nachtclubs.

Sehenswertes

Zócalo — PLATZ

Pueblas zentrale Plaza war ursprünglich ein Marktplatz, auf dem Stierkämpfe, Theateraufführungen und Hinrichtungen durch Erhängen stattfanden. Erst 1854 erhielt sie ihr an eine Baumschule erinnerndes heutiges Aussehen. Die Arkaden ringsum stammen aus dem 16. Jh. An den Wochenenden füllt sich die Plaza abends mit einer unterhaltsamen Mischung aus Clowns, Luftballonverkäufern, Snackständen und Leuten, die sich am kostenlosen WLAN erfreuen.

Catedral — KATHEDRALE

(Ecke Av 3 Oriente & Av 16 de Septiembre) Pueblas eindrucksvolle Kathedrale, die auf dem

500-Mex$-Schein abgebildet ist, nimmt einen ganzen Block südlich vom *zócalo ein.* Architektonisch ist sie eine Mischung aus dem strengen Herrera-Stil der Renaissance und frühen Barockstilen. Mit dem Bau wurde 1550 begonnen, doch der größte Teil der Bauarbeiten fand unter Bischof Juan de Palafox in den 1640er-Jahren statt. Die 69 m hohen Türme sind die höchsten in Mexiko. Das prächtige Innere, die Fresken und die kunstvoll dekorierten Seitenkapellen sind ehrfurchterregend und meistens mit zweisprachigen Schildern versehen, die ihre Geschichte und Bedeutung erklären.

Museo Amparo MUSEUM
(☎222-229-38-50; www.museoamparo.com; Calle 2 Sur 708; Erw./Student 35/25 Mex$, Mo Eintritt frei; ⏲Mi–Mo 10–18 Uhr) Dieses großartige private Museum befindet sich in zwei miteinander verbundenen Kolonialgebäuden aus dem 16. und 17. Jh. Die überwältigende Sammlung zeigt vorkoloniale Exponate, die auf Informationsblättern in Englisch und Spanisch erklärt werden.

Auffällig ist die thematische Kontinuität der mexikanischen Motive – die selben Motive tauchen auf Dutzenden von Ausstellungsstücken wieder und wieder auf. Ein gutes Beispiel ist die Sammlung von Kult-Totenköpfen, die auf gespenstische Weise denen ähneln, die am Día de los Muertos als Süßigkeiten verkauft werden.

Templo de Santo Domingo KIRCHE
(Ecke Av 5 de Mayo & Av 4 Poniente) Der Hauptgrund für den Besuch dieser schönen dominikanischen Kirche ist die **Capilla del Rosario** (Rosenkranzkapelle) südlich vom Hauptaltar. Sie wurde zwischen 1650 und 1690 erbaut und ist prachtvoll mit vergoldetem Stuck und steinernen Reliefs verziert – hinter jedem Blatt scheinen Engel und Cherubinen zu sitzen. Aufmerksame Betrachter finden vielleicht auch das himmlische Orchester. Außerhalb des Eingangbereichs der **Zona de Monumentos** finden oft Skulpturenausstellungen statt.

Casa de la Cultura KULTURZENTRUM
(☎222-232-12-27; Av 5 Oriente 5; ⏲10–20 Uhr) Der frühere Bischofspalast nimmt einen ganzen Block gegenüber der Südseite der Kathedrale ein und ist ein klassischer Bau aus Ziegeln und Kacheln. Heute beherbergt er Regierungsbüros, die Casa de la Cultura und die staatliche Touristeninformation. Im Inneren sind Kunstgalerien, ein Buchladen und ein Kino, und hinten im Hof ist ein tolles Café.

Im oberen Stockwerk befindet sich die **Biblioteca Palafoxiana** (☎222-777-25-81; Eintritt 25 Mex$, So Eintritt frei; ⏲Di–So 10–17 Uhr) von 1646, die älteste Bibliothek Amerikas. In den wunderbaren Regalen aus geschnitzter Zeder und Weymouthskiefer stehen Tausende alter Bücher, darunter eine *Schedel'sche Weltchronik* von 1493 und eines der ältesten Wörterbücher Amerikas.

Iglesia de la Compañía KIRCHE
(Ecke Av Palafox y Mendoza & Calle 4 Sur) Diese Jesuitenkirche mit einer Fassade im Stil des Churriguerismus aus dem Jahr 1767 wird auch Espíritu Santo genannt. Hinter dem Altar befindet sich ein Grab, das die letzte Ruhestätte einer asiatischen Prinzessin sein soll, die nach Mexiko in die Sklaverei verkauft worden war und später befreit wurde. Ihr soll die farbenfrohe *china-poblanca*-Tracht zu verdanken sein, die aus einem Schal, einer Rüschenbluse, einem bestickten Rock sowie Gold- und Silberverzierungen besteht. Im 19. Jh. wurde diese Tracht eine Art „bäuerlicher Chic". Doch *china* (*tschi*-nah) bedeutet auch „weibliche Dienerin", und der Stil könnte sich auch aus spanischen Bauerntrachten entwickelt haben.

Das benachbarte **Edificio Carolino** (Ecke Av Palafox y Mendoza & Calle 4 Sur) aus dem 16. Jh. dient heute als Hauptgebäude der Universidad Autónoma de Puebla.

Museo del Ferrocarril MUSEUM
(www.museoferrocarriles.org.mx; Calle 11 Norte 1005; Eintritt 12 Mex$, So Eintritt frei; ⏲Di–So 9–17 Uhr; 👪) Dieses großartige Eisenbahnmuseum befindet sich im früheren Bahnhof der Stadt und auf dem großen umliegenden Gelände. Es gibt hier auch Attraktionen für Kinder: Sie reichen von uralten dampfbetriebenen Monstern bis hin zu relativ neuen Personenwaggons, und viele der Fahrzeuge kann man betreten. In einem Wagen befindet sich eine Fotosammlung von verschiedenen Entgleisungen und anderen Unglücken, die sich in den 1920er- und 1930er-Jahren ereigneten.

Templo de San Francisco KIRCHE
(Av 14 Oriente; ⏲8–20 Uhr) Der Nordeingang dieser Kirche ist ein gutes Beispiel für den plateresken Stil des 16. Jhs., während der Turm und die schöne Fassade im 18. Jh. aus Ziegeln und Kacheln ergänzt wurden. In der Nordkapelle befindet sich der mumifizierte Körper von San Sebastián de Aparicio, einem Spanier, der 1533 nach Mexiko einwanderte und dort viele Straßen des Landes plante, ehe er Mönch wurde. Da er heute

der Schutzheilige der Fahrer, Händler und Landarbeiter ist, zieht sein heiliggesprochener Körper einen Strom von Gläubigern an.

Museo de la Revolución MUSEUM

(☎222-242-10-76; Av 6 Oriente 206; Erw./Student 25/20 Mex$, So Eintritt frei; ⏰Di–So 10–17 Uhr) Dieses pockennarbige Haus aus dem 19. Jh. war der Schauplatz des ersten Kampfes der Revolution von 1910. Nur zwei Tage vor einem geplanten Aufstand gegen die Diktatur von Porfirio Díaz waren die Familie Serdán (Aquiles, Máximo, Carmen und Natalia) und 17 weitere Aufständische verraten worden und kämpften gegen 500 Soldaten, bis nur noch ihr Anführer Aquiles und Carmen am Leben waren. Aquiles versteckte sich unter den Dielen und hätte vielleicht überlebt, wenn die Feuchtigkeit nicht einen Husten ausgelöst hätte, der ihn verriet. Danach wurden beide ermordet. Im Haus sind noch die Einschusslöcher und einige Erinnerungsstücke an die Revolution zu sehen. Ein Raum ist den weiblichen Rebellen gewidmet.

Museo Casa del Alfeñique MUSEUM

(☎222-232-42-96; Av 4 Oriente 416; Erw./Student 25/20 Mex$, So Eintritt frei; ⏰Di–So 10–17 Uhr) Das renovierte Kolonialgebäude ist ein gutes Beispiel für den dekorativen Stil *alfeñique* des 18. Jhs., der sich durch kunstvolle Stuckelemente auszeichnet und seinen Namen nach einer Süßigkeit aus Zucker und Eiweiß erhielt. Die erste Etage beschäftigt sich mit der spanischen Eroberung, dabei zeigen Zeichnungen und Wandbilder auch die Erfahrungen der indigen Bevölkerung. In der 2. Etage befindet sich eine Sammlung historischer und religiöser Gemälde, regionaler Möbel und Haushaltsgegenstände – hier ist aber alles nur auf Spanisch beschriftet.

Museo Bello MUSEUM

(☎222-232-94-75; www.museobello.org; Av 3 Poniente 302; Erw./Stud. 25/20 Mex$, So Eintritt frei; ⏰Di–So 10–16 Uhr) Dieses Haus beherbergt die Kunsthandwerkssammlung der Industriellenfamilie Bello aus dem 19. Jh. Die Eintrittsgebühr lohnt sich: Zu sehen gibt's neben einer großen Anzahl von Puebla Talavera auch exquisites Porzellan aus Frankreich, England, Japan und China. Im Januar hat das Museum zwecks Instandhaltung geschlossen.

Geführte Touren

Turibus BUSTOUR

(☎771-226-72-89; www.turibus.com.mx; Erw./Kind 160/90 Mex$; ⏰Abfahrt 11.45 Uhr) Die vierstündige Tour von ADO in einem Doppeldeckerbus gibt einen Überblick über das *centro histórico* und die nahe Stadt Cholula. Der Bus fährt von der Westseite des *zócalo* ab.

Feste & Events

Feria de Puebla MUSIK

Dieses Fest, das Ende April beginnt und bis Ende Mai dauert, würdigt die Errungenschaften des Staates mit kulturellen und musikalischen Veranstaltungen.

Cinco de Mayo PARADE

Anlass der Feierlichkeiten zum 5. Mai ist jener 150 Jahre zurückliegende Tag, an dem die mexikanische Armee die Franzosen besiegte. In der Regel findet eine Parade statt.

Festival del Mole Poblano ESSEN

Anfang Juni feiert die Stadt ihren berühmtesten Beitrag zur Kochkunst: *mole poblano*, eine dicke Sauce aus Chilis, Früchten, Nüssen, Gewürzen und Schokolade.

Festival del Chile en Nogada ESSEN

Die geschäftstüchtigen Restaurantbesitzer der Stadt lassen nichts unversucht und werben im August für das „patriotischste Rezept" des Landes: eine mit *picadillo* gefüllte Chili, die in eine köstliche Walnusscremesauce getaucht wird.

Día de Muertos BRAUCHTUM

Puebla ist auf den fahrenden Zug aufgesprungen und veranstaltet Ende Oktober anlässlich des Tages der Toten ein viertägiges stadtweites Kulturprogramm.

Schlafen

Die Hotelszene der Stadt ist hart umkämpft. Neueröffnungen wirbeln das riesige Unterkunftsangebot ständig durcheinander. Einige Boutiquehotels mit drei oder vier Sternen halten den Standard hoch, auch indem sie es gezielt auf anspruchsvolle Touristen abgesehen haben.

Viele örtliche Hotels sind schon aus einer gewissen Entfernung am „H"-Leuchtschild über dem Eingang zu erkennen. Ein paar Vertreter der neueren Generation werben aber nicht mehr ganz so direkt. Es lohnt sich, online nach Sonder-, Last-Minute- und Saisonangeboten oder Wochenendpauschalen zu suchen. Die städtische Touristeninformation am *zócalo* verteilt Flyer von Budget-Bleiben (mit aktuellen Preise).

Die meisten kolonialzeitlichen Gebäude haben zwei Arten von Quartieren: Außen- und Innenzimmer. Letztere sind häufig fensterlos, während Fenster und Balkone auf der Außenseite oft an lärmigen Straßen liegen. Hotels ohne eigene Parkplätze kooperieren oft mit nahegelegenen Parkhäusern.

Gran Hotel San Agustín HOTEL **$**
(☎222-232-50-89; Av 3 Poniente 531; EZ/DZ/3BZ/4BZ inkl. Frühstück 260/350/400/460 Mex$; P) Dieses schnörkellose Budgethotel nahe dem *centro histórico* ist das wohl beste Schnäppchen der Stadt. Hier warten saubere Zimmer und ein kostenloses Frühstück (Weißbrotscheiben, Marmelade, Filterkaffee). Ein kleiner Springbrunnen ziert den Innenhof mit vielen Pflanzen. Dennoch ist das Ganze nicht unbedingt ein Ort, an dem man den ganzen Tag verbringen möchte (die Quartiere wirken düster und langweilig) – dafür aber eine einwandfreie Ausgangsbasis für Stadterkunder mit kleinem Geldbeutel.

Hotel Casa de la Palma Travel BOUTIQUEHOTEL **$$**
(☎222-232-23-42; http://casadelapalmapuebla.com/travel/; Av 3 Oriente 213; Zi. 650–900 Mex$; WLAN) Das neue Hotel im historischen Zentrum liegt direkt neben tollen Restaurants und Bars. Die sauberen Riesenzimmer sind minimalistisch mit kolonialzeitlichen Möbeln und Talavera eingerichtet. Hinzu kommen Kingsize-Betten (nur im Obergeschoss) und moderne Bäder mit Marmorböden in erdigen Farbtönen. All dies verleiht dem Palma Travel ein äußerst gutes Preis-Leistungs-Verhältnis. Das hilfsbereite Personal spricht Englisch und Französisch.

Hotel Provincia Express BUSINESSHOTEL **$$**
(☎222-246-35-57; Av Reforma 141; EZ inkl. Frühstück außer Mo 400 Mex$, DZ inkl. Frühstück außer Mo 500–600 Mex$; P @ WLAN) Das Innere dieser wunderbaren Option ziert eins der herrlichsten Fliesendesigns in ganz Puebla. Die spottbilligen Zimmer (2007 renoviert) sind einfach, aber modern und blitzblank. Fassade und Flure machen einen optisch attraktiven Eindruck. Zusammen mit der Beliebtheit des Hotels sorgen die dünnen Türen abends z.T. jedoch für einen recht hohen Lärmpegel. Montags ist das Frühstück nicht im Preis enthalten.

Hotel Colonial HOTEL **$$**
(☎800-013-00-00, 222-246-46-12; www.colonial.com.mx; Calle 4 Sur 105; EZ/DZ/3BZ 710/810/910 Mex$; @ WLAN) Dieser einstige Bestandteil eines Jesuitenklosters aus dem 17. Jh. wird seit Mitte des 19. Jhs. auf verschiedene Art als Hotel genutzt. Die vielen Zimmer mit toller Einrichtung (halb kolonial, halb modern) strotzen vor Geschichte. Hinzu kommen ein gutes Restaurant, WLAN in der Lobby und ein großartiger Aufzug mit vergoldeten Elementen. Atmosphäre und Lage sind unschlagbar. Auch gelegentlicher Straßen- bzw. Livemusik-Lärm ändert daran nichts.

NH Puebla BUSINESSHOTEL **$$**
(☎222-309-19-19, 800-726-0528; www.nh-hotels.com; Calle 5 Sur 105; Zi. 87–111 US$; P ❄ WLAN Pool) Das modern renovierte NH zieht Geschäftsreisende und Urlauber gleichermaßen an. Der gute Service wirkt nicht allzu formell. Die großen, modernen Zimmer punkten mit prima Aussicht und extrem bequemen Betten. Gäste haben Zugang zu einer Dachbar, einem Fitnessraum und einem kleinen Pool.

Hotel Mesón de San Sebastián BOUTIQUEHOTEL **$$$**
(☎222-242-65-23; www.mesonsansebastian.com; Av 9 Oriente 6; Zi. inkl. Frühstück 1300–1700 Mex$; WLAN) Das elegante Boutiquehotel überzeugt mit einem farbenprächtigen Innenhof und entgegenkommendem Personal (spricht Englisch). Zudem erntet es viel Lob für seine Familienfreundlichkeit. Die 17 individuell eingerichteten Zimmer sind jeweils nach einem anderen Heiligen benannt. Sie verfügen allesamt über TV, Telefon, Minibar und Antikmobiliar. Bei wenig Betrieb gibt's bis zu 40% Rabatt.

El Sueño Hotel & Spa BOUTIQUEHOTEL **$$$**
(☎800-690-84-66, 222-232-64-89, 222-232-64-23; www.elsueno-hotel.com; Av 9 Oriente 12; Suite inkl. Frühstück 1550–2900 Mex$; P ❄ WLAN) Diese Oase des minimalistischen Chics liegt mitten in Pueblas kolonialzeitlichem Altstadttrubel. Das Themendekor der elf eleganten Zimmer mit hohen Decken und Plasma-TVs orientiert sich jeweils an einer anderen mexikanischen Künstlerin. Vorhanden sind auch eine Sauna mit Whirlpool und eine Martinibar in der Lobby. Sonntags gibt's Ermäßigung.

Mesón Sacristía de la Compañía BOUTIQUEHOTEL **$$$**
(☎222-242-45-13; www.mexicoboutiquhotels.com/mesonsacristia; Calle 6 Sur 304; Suite inkl. Frühstück 1600–2000 Mex$; P WLAN) Die kleine Pension mit acht Zimmern, die um einen in grellem Rosa gestrichenen, fast schon kitschigen Hof liegen, wirkt wie das Haus einer exzentrischen Großmutter. Die Juniorsuiten sind einfache Standardzimmer, die beiden Mastersuiten hingegen sind größer und ha-

ben ihren Namen verdient. Das Restaurant im Erdgeschoss, das köstliches amerikanisches Frühstück und tolle *poblana*-Küche serviert, erntet begeisterte Kritiken.

Casona de la China Poblana LUXUSHOTEL **$$$**
(222-242-56-21; www.casonadelachinapoblana.com; Ecke Calle 4 Norte & Av Palafox y Mendoza; Suite 2242–3776 Mex$; P) Das elegante Boutiquehotel scheint zu wissen, wie beeindruckend es ist und bezeichnet sich schamlos als „exklusivstes Hotel Pueblas". Die großen, wunderbaren Suiten sind in einem Stilmix eingerichtet, außerdem gibt's einen reizenden Innenhof und das Restaurant La Cocina de la China Poblana.

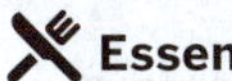

Essen

Pueblas kulinarisches Erbe, auf das die *poblanos* zu Recht stolz sind, kann man in der ganzen Stadt in den unterschiedlichsten Lokalitäten probieren – von bescheidenen Straßenständen bis hin zu eleganten Restaurants im Kolonialstil. Angesichts des Rufs als kulinarisches Zentrum, den die Stadt genießt, gibt es allerdings erstaunlich wenige wirklich erstklassige Restaurants.

Mercado de Sabores Poblanos MARKT **$**
(Av 4 Poniente zw. Calle 11 & 13 Norte) Der 6570 m² große Markt ergänzt Pueblas Restaurantszene auf spannende Weise: Die etwa 130 Stände des belebten Gastrobereichs servieren Lokalspezialitäten wie *cemitas* (eine Art von Burgern bzw. Sandwichs; nur in Puebla zu haben), *pipián verde* (Sauce mit grünen Kürbissamen) oder *tacos árabes* (Tacos auf arabische Art).

★ **Las Ranas** TAQUERÍA **$**
(222-242-47-34; Av 2 Poniente 102; Tacos & Tortas 8–20 Mex$; 12–21.15 Uhr) Das Las Ranas ist eine Institution in Puebla und der richtige Ort, um eins der berühmtesten Gerichte der Stadt zu probieren, den *taco árabe*. Im Las Ranas gibt's das unglaublich saftige Schweinefleisch *al pastor* (nach Schäferart). Diese Tacos sind so einfach wie unvergesslich: Das marinierte, am Spieß gegrillte Fleisch wird in frisches, leicht angebranntes flaches Brot im arabischen Stil gewickelt. Das Hauptrestaurant und der Ableger **El Patio de Las Ranas** (Av 2 Poniente 205) auf der anderen Straßenseite sind immer voll, doch das Essen, zumal zu diesem Preis, lohnt das Warten.

La Zanahoria VEGETARISCH **$**
(222-232-48-13; Av 5 Oriente 206; Hauptgerichte 20–60 Mex$, Festpreismenüs 60 Mex$; 7–21 Uhr;) Dieses komplett fleischfreie Vegetarierparadies ist eine super Mittagsadresse in nächster Nähe zum *zócalo*. Beliebte Hauptattraktion ist das tägliche Buffet (Erw./Kind Mo–Do 73/40 Mex$, Fr–So 94/49 Mex$, 13–18 Uhr) im großen kolonialzeitlichen Innenhof. Auf den Tisch kommen dabei mehr als 20 verschiedene Gerichte und Salate (z. B. Maiskroketten, *chilaquiles* oder nahöstliches Taboulé).

Die lange Speisekarte reicht von vegetarischen *hamburguesas* bis hin zu *nopales rellenos* (gefüllten Kaktussprossen). Der Schnellservice-Bereich im vorderen Restaurantteil beherbergt u. a. eine Saftbar und einen gesundheitsbewussten Snackshop.

El Mural de los Poblanos MEXIKANISCH **$$**
(222-242-05-03; www.elmuraldelospoblanos.com; Av 16 de Septiembre 506; Hauptgerichte 75–195 Mex$; So–Mi 13–22, Do–Sa 12–23 Uhr) Im eleganten Ambiente eines großartigen, kolonialzeitlichen und etwas abseits der Straße gelegenen Innenhofs mit vielen Pflanzen gibt's hier hervorragende *poblano*-Traditionsküche. Spezialität des Hauses ist *mole* in fünf verschiedenen Varianten. Beliebt sind auch das *chile ancho relleno* (getrocknete *poblano*-Chilis mit rauchig schmeckender Ziegenkäsefüllung) und die *cemitas* auf dreierlei Art. An Feiertagen und geschäftigen Freitag- bzw. Samstagabenden empfiehlt sich eine Reservierung.

Amalfi Pizzeria PIZZERIA **$$**
(222-403-77-97; Av 3 Oriente 207B; Pizzen 100–160 Mex$) Es ist leicht nachzuvollziehen, warum dieses Schummerlichtlokal mit Terrakotta-Wandfliesen und Balkendecken bei Anbandelwilligen hoch im Kurs steht. Die große Auswahl an tollen, dünnkrustigen Holzofenpizzen wird durch prima Wein und italienische Traditionsbeilagen (z. B. Caprese-Salate) ergänzt. Der kleine Speiseraum macht Reservierungen ratsam.

Restaurante Sacristía MEXIKANISCH **$$**
(222-242-45-13; Calle 6 Sur 304; Hauptgerichte 95–142 Mex$; Mo–Sa 8–23.30, So 8–19 Uhr) Dieses schicke Restaurant befindet sich im schmucken kolonialzeitlichen Innenhof des Boutiquehotels Mesón Sacristía de la Compañía. Hier kann man etwa authentische *mole* oder reichhaltige *poblano*-Küche in einfallsreichen Varianten probieren. Parallel empfiehlt sich die vertrauliche Bar Confesionario für einen Cocktail oder Kaffee. Blütenblätter (auf Anfrage) und Liveklänge von Solopianisten oder -geigern sorgen an den

PUEBLAS SAISONALE KÖSTLICHKEITEN

Puebla ist zu Recht für seine großartige Küche bekannt – und es bietet auch zahlreiche saisonale und regionale Delikatessen, die sich abenteuerlustige Esser nicht entgehen lassen sollten:

Escamoles (März–Juni) – Ameisenlarven, die wie Reis aussehen und meistens in Butter sautiert werden.

Gusanos de maguey (April–Mai) – Würmer, die in Agaven leben und meist in einer Sauce aus mit Alkohol zubereiten Chilis und *pulque* (ein Getränk mit geringem Alkoholgehalt auf der Grundlage von Agavensaft) gebraten werden.

Huitlacoche (Juni–Okt.) – Tiefschwarzer Maispilz mit wunderbarem, erdigem Geschmack; wird manchmal auch *cuitlacoche* geschrieben.

Chiles en nogada (Juli–Sept.) – Grüne Chilis, die mit *picadillo* (eine Mischung aus Hackfleisch und getrockneten Früchten) gefüllt und mit einer cremigen Walnusssauce serviert werden, garniert mit den Samen von roten Granatäpfeln.

Chapulines (Okt.–Nov.) – Heuschrecken, die von Verdauungsresten befreit und dann getrocknet und geräuchert oder in Zitronensaft und Chilipulver gebraten werden.

meisten Abenden ab 21 Uhr für eine romantische Atmosphäre.

Bei Gefallen am Verkosteten sollte man nach Kochkursen für Kleingruppen fragen.

La Purificadora INTERNATIONAL $$$
(www.lapurificadora.com; Callejón de la 10 Norte 802, Paseo San Francisco, Barrio El Alto; Hauptgerichte 115–235 Mex$; P) Das Restaurant im La Purificadora, einem der neuesten und schicksten Boutiquehotels der Stadt, befindet sich in einem spartanischen, loftähnlichen Raum mit Rohbauwänden und langen, schmalen Holztischen. Die Speisekarte ist dagegen eher üppig und aufwendig und bietet Gerichte wie Jumbo-Garnelen mit *chipotle*-Sauce Hollandaise und ein Cassoulet aus mennonitischem *asadero*-Käse, getrockneten Tomaten und Zwiebelkonfit.

Ausgehen & Nachtleben

Tagsüber sind die Straßencafés im Fußgängerbereich der Avenida 3 Oriente in der Nähe der Universität mit Studenten gefüllt. Abends versammeln sich Mariachis rund um die Callejón de los Sapos und die Calle 6 Sur zwischen den Avenidas 3 und 7 Oriente, doch in den Bars an der nahegelegenen Plazuela de los Sapos finden sie keinen Platz. In diesen wüsten Kneipen ist es an den Wochenenden abends rammelvoll, oft gibt es dann auch Livemusik.

All Day Café CAFÉ
(☎222-242-44-54; Ave 7 Oriente; Sandwichs 40–55 Mex$, Sushi 60 Mex$) Diese bei Studenten beliebte Café-Bar in der Nähe der Plazuela de los Sapos lieg in einem hellen Innenhof und verwandelt sich abends in einen Club. Sie serviert den ganzen Tag – wie der Name schon andeutet – eine Auswahl an Sandwichs, Sushi, Pasteten, Kaffee und Cocktails.

A Go Go LOUNGE
(Av 3 Oriente 603; WLAN) In der künstlerisch angehauchten Lounge treffen sich junge Leute vor Wänden mit Graffitis und Tapeten im Stil der 1950er-Jahre. DJs und Livebands beschallen den geräumigen Barbereich. Der sommerliche Trubel im weitläufigen Innenhof wird bis spätabends von üppigen Barsnacks und günstigen, kreativen Cocktails angeheizt.

Café Milagros CAFÉ
(Ecke 3 Av Oriente & Calle 6 Sur; Café frappé 35 Mex$, Pizzen 90 Mex$; ⏲Mo–Fr 10–21, Sa & So 11–21 Uhr) So würde ein mexikanisches Café in einem Cartoon aussehen: Man denke an Schreine für Frida Kahlo, Tag-der-Toten-Nippes, *lucha libre* (mexikanisches Ringen) in Gemäldeform, Teufelsmasken und bunte Holztische. Vor dieser Kulisse teilen sich Gäste gern eine anständige Pizza mit Freunden oder nippen an ihrem Café frappé, während sie auf ihr elektronisches Unterhaltungsspielzeug starren.

Celia's Cafe LIVEMUSIK
(5 Oriente 608; Hauptgerichte 60–145 Mex$; ⏲Mi–Sa 20–24 Uhr) In der weitläufigen Restaurantbar mit poblano-Dekor heißt's erst probieren und dann kaufen: Kaffee, Tequila und *mole poblano* (Mexikos berühmtestes Gericht) werden hier allesamt in (käuflich zu erste-

henden) Talavera-Tonwaren serviert, die aus dem Atelier von Inhaberin Celia stammen. Ab 20 Uhr sorgen Livemusiker mit Klavierklängen, *trova* (eine Art Bänkelsänger-Folklore) oder *bohemia* (noch liebeslastigeres Liedgut) für altmodische Romantik.

Shoppen

Viele örtliche Läden verkaufen bunte, handbemalte Talavera-Tonwaren mit asiatischen, spanisch-arabischen und mexikanisch-indigenen Einflüssen. Mehrere gute Geschäfte findet man an der Plazuela de los Sapos und den umliegenden Straßen. Doch Vorsicht: Größere Stücke sind teuer, empfindlich und schwierig zu transportieren!

Bei diversen Händlern an der Av 6 Oriente (östlich der Avenida 5 de Mayo) gibt's traditionelle, handgemachte Puebla-Süßigkeiten wie *camotes* (kandierte Süßkartoffelstäbchen) und *jamoncillos* (Riegel aus Kürbiskernpaste).

Schräge Antiquitätenläden (zumeist geöffnet von 10 bis 19 Uhr) säumen die Callejón de los Sapos hinter der Ecke Av 5 Oriente und Calle 6 Sur. Sonntags findet hier und auf der Plazuela de los Sapos ein belebter Antiquitätenmarkt unter freiem Himmel statt.

Talavera Uriarte TÖPFERWAREN
(☎222-232-15-98; www.uriartetalavera.com.mx; Av 4 Poniente 911; ⊙Mo–Fr 9–19, Sa 10–17, So 10–16 Uhr) Im Gegensatz zu den meisten anderen Talavera-Läden in Puebla stellt diese Firma (gegr. 1824) ihre Töpferwaren immer noch vor Ort her. Sie gehört nun einem kanadischen Auswanderer und bietet auch Führungen an (Mo–Fr 10–13 Uhr). Der Ausstellungsraum präsentiert eine tolle Auswahl an hochwertigen, aufwendig bemalten Stücken.

Kunsthandwerksmarkt El Parián KUNSTHANDWERK
(Plaza Parián) Hier kann man sich in Ruhe zwischen Talavera aus Puebla, Onyx und Lebensbäumen umschauen, es gibt zudem Lederwaren, Schmucksachen und Textilien, die man auch in anderen Städten findet. Manches ist schlampig gearbeitet, doch einige Handarbeitserzeugnisse sind von sehr guter Qualität und die Preise sind okay.

Praktische Informationen

GELD

In der ganzen Stadt gibt's ziemlich viele Geldautomaten. Die Banken am *zócalo* und in der Avenida Reforma wechseln Geld und lösen Reiseschecks ein.

INTERNETZUGANG

In der Calle 2 Sur gibt's etliche Einrichtungen, die Internetzugang bieten, die meisten verlangen 5 bis 10 Mex$ pro Stunde.

MEDIZINISCHE VERSORGUNG

Hospital UPAEP (☎222-229-81-34; Av 5 Poniente 715)

NOTFALL

Cruz Roja (Rotes Kreuz; ☎222-235-86-31)
Touristenpolizei (☎800-903-92-00)

POST

Hauptpost (☎222-232-64-48; Av 16 de Septiembre s/n)

TOURISTENINFORMATION

Städtische Touristeninformation (☎222-404-50-08, 222-404-50-47; Portal Hidalgo 14; ⊙Mo–Fr 9–20, So 9–15 Uhr) Das Personal (spricht Englisch und Französisch) offeriert neben Gratisstadtplänen auch tolle aktuelle Infos.

Staatliche Touristeninformation (☎222-246-20-44; Av 5 Oriente 3; ⊙Mo–Sa 8–20, So 9–14 Uhr) In der Casa de Cultura gegenüber vom Kathedralenhof gibt's hier Infos zu Zielen außerhalb der Stadt.

An- & Weiterreise

AUTO & MOTORRAD

Puebla liegt 123 km östlich von Mexico City am Hwy 150D. Der 150D führt weiter Richtung Osten nach Orizaba (und bewältigt unterwegs eine 22 km lange, wolkenverhangene, kurvenreiche Abfahrt vom 2385 m hohen Cumbres de Maltrata), Córdoba und Veracruz.

BUS

Pueblas gut ausgestatteter **Central de Autobuses de Puebla** (CAPU; ☎222-249-72-11; www.capu.com.mx; Blvd Norte 4222) liegt 4 km nördlich vom *zócalo* und 1,5 km von der Autobahn entfernt.

Die meisten Busse nach Mexico City nutzen das dortige TAPO-Terminal, zusätzlich verkehren halbstündlich Busse zum/vom Terminal Norte. Die Fahrt dauert etwa zwei Stunden.

ADO (www.ado.com.mx) und **Estrella Roja** (ER; ☎800-712-22-84; www.estrellaroja.com.mx) bieten häufig Verbindungen zwischen beiden Städten, sowohl mit 1.-Klasse-Bussen als auch mit Luxusbussen, die auch über WLAN verfügen.

Vom CAPU fährt täglich mindestens ein Bus in so ziemlich jeden Ort im Süden und Osten.

Die häufig fahrenden „Cholula"-*colectivos* (7,50 Mex$, 30 Min.) starten vom 6 Poniente in der Nähe der Ecke Calle 13 Norte.

BUSSE AB PUEBLA

ZIEL	PREIS (MEX$)	DAUER (STD.)	HÄUFIGKEIT (TÄGL.)
Cuetzalan	161	3½	4-mal
Mexico City (TAPO or Tasqueña)	120-154	2-2½	50-mal
Oaxaca	358-422	4-4½	6-mal
Veracruz	288	3½	28-mal

FLUGZEUG

Pueblas internationaler Flughafen namens **Aeropuerto Hermanos Serdán** (☎222-232-00-32; www.aeropuerto-puebla.es.tl) liegt 22 km westlich der Stadt in der Nähe des Hwy 190. Allerdings bietet er nur sehr lückenhafte Verbindungen. Bis sich das Management verbessert hat und die Fluglinien zusätzliche Routen einführen, ist der Flughafen Toluca wohl die bessere Alternative. Nichtsdestotrotz starten diverse Inlandsflüge von Volaris in Puebla.

ℹ Unterwegs vor Ort

Die meisten Hotels und Orte von Interesse kann man vom *zócalo* aus zu Fuß erreichen. Am CAPU-Busbahnhof gibt es Tickets für **autorisierte Taxis** (www.taxisautorizadoscapu.com; 55 Mex$) zum Zentrum. Alternativ folgt man den Schildern zum „Autobuses Urbanos" und fährt mit dem Combi 40 (6 Mex$) in 15 bis 20 Minuten zur Avenida 16 de Septiembre, die vier Blocks südlich vom *zócalo* liegt.

Vom Zentrum zum Busbahnhof kann man jedes „CAPU"-*colectivo* nehmen, das nach Norden fährt. Abfahrt ist am Blvd 5 de Mayo/Ecke Avenida Palafox y Mendoza, drei Blocks östlich vom *zócalo* und an der Ecke Calle 9 Sur und Avenida Reforma. Alle Stadtbusse und *colectivos* kosten 6 Mex$.

Ein sicheres Taxi im Stadtgebiet kann man telefonisch bei **Radio Taxi** (☎222-243-70-59) bestellen; eine gute Idee, wenn man allein ist oder nachts ausgeht.

Cholula

☎222 / 120 000 EW. / 2170 M

Cholula ist heute zwar fast ein Vorort von Puebla, doch die Stadt hat ihre ganz eigene Geschichte und tagsüber eine entspannte Atmosphäre. Wegen der vielen Studenten, die hier wohnen, gibt es ein erstaunlich pulsierendes Nachtleben und einige angenehme Restaurants und Übernachtungsmöglichkeiten, die alle in der Nähe des riesigen *zócalo* liegen.

In Cholula steht auch die größte jemals gebaute Pyramide, die Pirámide Tepanapa. Trotz dieses Anspruchs auf Weltruhm sind die Ruinen der Stadt ziemlich in Vergessenheit geraten, denn im Gegensatz zu denen in Teotihuacán oder Tula wurden sie im Lauf der Jahrhunderte so sehr vernachlässigt, dass es mittlerweile praktisch unmöglich ist, sie noch als von Menschenhand erschaffene Bauwerke zu erkennen.

Geschichte

Cholula entwickelte sich zwischen 1 und 600 n. Chr. zu einem bedeutenden religiösen Zentrum, und 100 km westlich davon blühte das mächtige Teotihuacán auf. Um das Jahr 600 n. Chr. fiel Cholula an die Olmeca-Xicallanca, die das nahe gelegene Cacaxtla erbauten. Irgendwann zwischen 900 und 1300 n. Chr. übernahmen wohl die Tolteken oder die Chichimeken die Stadt, später fiel sie dann unter die Herrschaft der Azteken. Auch die Mixteken aus dem Süden hinterließen künstlerische Einflüsse.

1519 war Cholulas Bevölkerung auf 100 000 angewachsen und die Große Pyramide wurde nicht mehr genutzt und war überwuchert. Auf Wunsch des Aztekenherrschers Moctezuma reiste Cortés, der sich mit den benachbarten Tlaxcalteken angefreundet hatte, nach Cholula. Das Ganze war eine Falle, denn Aztekenkrieger hatten einen Hinterhalt errichtet. Cortés wurde jedoch von den Tlaxcalteken gewarnt und die Spanier griffen zuerst an. Innerhalb eines Tages kamen 6000 Einwohner von Cholula ums Leben, danach plünderten Tlaxcalteken die Stadt. Cortés legte einen Schwur ab, hier für jeden Tag des Jahres eine Kirche zu bauen oder eine Kirche auf dem Dach jedes heidnischen Tempels zu errichten, je nachdem, welcher Legende man Glauben schenkt. Heute gibt's hier 39 Kirchen – das sind nun zwar weit weniger als 365, aber für eine so kleine Stadt doch eine beachtliche Menge.

Die Spanier erweiterten das nahe Puebla, um das alte heidnische Zentrum in den Schatten zu stellen, und Cholula errang nie wieder seine frühere Bedeutung, zumal der Großteil der indigenen Bevölkerung in den

1540er-Jahren einer schweren Pestepidemie zum Opfer fiel.

Sehenswertes

Zona Arqueológica PYRAMIDE

(☎ 222-235-97-20; Eintritt 41 Mex$; ⏲ Di–So 9–18 Uhr) Die **Pirámide Tepanapa**, die zwei Blocks südlich von der zentralen Plaza Cholulas liegt, erinnert mehr an einen Hügel als an eine Pyramide. Ganz oben steht eine Kirche mit Kuppel, übersehen kann man sie also nicht. Eine Enttäuschung ist der große Besuchermagnet der Stadt aber keineswegs, denn durch das Innere des Bauwerks ziehen sich kilometerlange Tunnel. Die Zona Arqueológica umfasst die ausgegrabenen Bereiche rund um die Pyramide und die Tunnel darunter.

Besucher treten durch den Tunnel an der Nordseite ein und folgen dann einer gespenstischen Tour durch das Zentrum der Pyramide. Im Zuge verschiedener Umbauten wurden mehrere Pyramiden übereinander gebaut. Um die unterschiedlichen Stadien zu erforschen, mussten Archäologen mehr als 8 km Tunnel unter der Pyramide graben, davon sind 800 m für Besucher zugänglich. Vom Eingangstunnel aus, der ein paar Hundert Meter lang ist, sind frühere Schichten des Bauwerks zu erkennen.

Der Eingangstunnel kommt an der Ostseite der Pyramide wieder heraus. Von dort führt ein Weg zum **Patio de los Altares** an der Südseite. Die von Plattformen und einzigartigen diagonalen Treppen umgebene Plaza war der Hauptzugang zur Pyramide. Drei große Steinplatten an der Ost-, Nord- und Westseite sind mit ineinander übergehenden Elementen im Veracruz-Stil verziert. Am Südende steht in einer Grube ein Aztekenaltar, der aus der Zeit kurz nach der spanischen Eroberung stammt. An der Westseite des Hügels sind der rekonstruierte Teil der jüngsten Pyramide und zwei freigelegte ältere Schichten zu sehen.

Auf der Pirámide Tepanapa thront die prächtig geschmückte **Santuario de Nuestra Señora de los Remedios**, ein klassisches Eroberungssymbol – obwohl es hier möglicherweise unbeabsichtigt errichtet wurde, da die Kirche vielleicht schon gebaut worden war, bevor die Spanier entdeckten, dass der Hügel ein heidnischer Tempel ist. Die Besichtigung der Kirche ist übrigens kostenlos. Hin gelangt man über einen Weg, der an der Nordwestecke der Pyramide beginnt.

Das kleine **Museo de Sitio de Cholula** (Calz San Andrés) – gegenüber vom Ticketschalter und dort ein paar Stufen nach unten – bietet die beste Einführung zur Stätte. Ein Modell der Pyramide im Querschnitt zeigt die verschiedenen übereinander liegenden Strukturen. Der Eintritt ist im Ticket für die Zona enthalten.

Zócalo PLATZ

Der **Ex-Convento de San Gabriel** (Plaza de la Concordia) steht an der Ostseite des riesigen *zócalo* von Cholula (auch als Plaza de la Concordia bekannt) und beherbergt eine winzige, aber interessante **Franziskanerbibliothek** und drei schöne Kirchen. Ein Besuch lohnt sich vor allem für Traveller, die sich für alte Bücher, frühe Religionsgeschichte und die Geschichte des Franziskanerordens interessieren. Links vom ehemaligen Kloster (vom *zócalo* aus gesehen) liegt die **Capilla Real** im arabischen Stil, die 1540 errichtet wurde und 49 Kuppeln hat. In der Mitte steht die **Capilla de la Tercera Orden** aus dem 19. Jh. und rechts der **Templo de San Gabriel**, der 1530 genau an der Stelle einer Pyramide gebaut wurde.

Museo de la Ciudad de Cholula MUSEUM

(Casa del Caballero Águila; ☎ 222-261-90-53; Ecke Av 5 de Mayo & Calle 4 Oriente; Eintritt 20 Mex$, So frei; ⏲ Do–Di 9–15 Uhr) Dieses hervorragende Museum befindet sich in einem großartig restaurierten Kolonialgebäude am *zócalo*. Die kleine, aber feine Sammlung zeigt Keramiken und Schmuck aus der Pirámide Tepanapa – ebenso jüngere Malereien und Skulpturen aus der Kolonialzeit. Am interessantesten: Durch eine Glaswand können Besucher beobachten, wie Museumsangestellte zerbrochene Keramiken und beschädigten Schmuck akribisch wieder instand setzen.

Feste & Events

Festival de la Virgen de los Remedios TANZ

Das wohl wichtigste jährliche Festival der Stadt wird in der Woche um den 1. September gefeiert. Dann werden oben auf der Großen Pyramide täglich traditionelle Tänze aufgeführt. In den darauffolgenden Wochen findet Cholulas regionale Feria statt.

Quetzalcóatl-Ritual KULTUR

Zum Frühlings- (Ende März) und Herbstanfang (Ende Sept.) wird an den Pyramiden dieses vorkoloniale Ritual mit Gedichten, Opfertänzen, Feuerwerk und Konzerten mit traditionellen Instrumenten nachgestellt.

Cholula

Faschingsdienstag GESCHICHTE
Maskierte Karnevalstänzer spielen die Schlacht zwischen den französischen und mexikanischen Truppen in Huejotzingo nach, das 14 km nordwestlich von Cholulas unweit vom Hwy 190 liegt.

Schlafen

In Cholula gibt's mehrere Hotels mit gutem Preis-Leistungs-Verhältnis sowie ein paar empfehlenswerte Boutiquehotels. Damit ist es für Traveller, die es gern etwas entspannter mögen, eine gute Alternative zu Puebla.

Hotel Real de Naturales BUSINESSHOTEL $$
(☎222-247-60-70; www.hotelrealdenaturales.com; Calle 6 Oriente 7; EZ/3BZ/4BZ 550/650/750 Mex$, Suite 950–1000 Mex$; P ⓦ ❄) Dieses neue Hotel mit 45 Zimmern wurde im Kolonialstil gebaut, damit es sich architektonisch in die Umgebung einfügt. Das ist gut gelungen, wie auch die schattigen Innenhöfe, gekachelten Bäder, geschmackvollen Schwarz-Weiß-Fotos und die eleganten Bogengänge beweisen. Die zentrale Lage und die vielen durchdachten Details machen es für diese Preise zum Schnäppchen.

Casa Calli BOUTIQUEHOTEL $$
(☎222-261-56-07; www.hotelcasacalli.com; Portal Guerrero 11; Zi. ab 490 Mex$; P ⓦ ❄) Direkt am *zócalo* liegt dieses Hotel mit 40 stilvoll-minimalistischen Zimmern, einem schönen Pool und einem italienischen Restaurant in der Lobby. Kürzlich wurde das Casa Calli von dem Unternehmen gekauft, das einige der trendigsten Hotels in der Region betreibt – darunter das La Purificadora in Puebla und das Condesa df in der Hauptstadt –, und umfassend renoviert. Die Preise sind aber nach wie vor akzeptabel. Es gibt auch Wochenend-Wellnesspakete (ab 1980 Mex$).

★ **Estrella de Belem** LUXUSHOTEL $$$
(☎222-261-19-25; www.estrelladebelem.com.mx; Calle 2 Oriente 410; Zi. inkl. Frühstück

Cholula

Sehenswertes

1 Capilla de la Tercera Orden C2
2 Capilla Real C2
3 Ex-Convento de San Gabriel C2
4 Museo de la Ciudad de Cholula B2
5 Museo de Sitio de Cholula D3
6 Patio de los Altares C4
7 Santuario de Nuestra Señora de los Remedios C4
8 Templo de San Gabriel B2
9 Zona Arqueológica C4

Schlafen

10 Casa Calli B2
11 Estrella de Belem C3
12 Hotel La Quinta Luna A3
13 Hotel Real de Naturales B2

Essen

14 Güero's B2

Ausgehen & Nachtleben

15 Bar Reforma C3
16 La Lunita C3
17 Maaema C3

1888–2478 Mex$; P ❄ ☎ ≋) Dieses schöne Hotel hat nur sechs Zimmer, die alle mit tollen, durchdachten Details wie Fußbodenheizung, Lärmschutzfenstern, Badewanne und LCD-TV ausgestattet sind. Die Mastersuiten mit Kamin und Whirlpool sind besonders luxuriös. Zu den Gemeinschaftsbereichen gehören u.a. ein hübscher Innenhof mit Rasen und ein kleiner Dachpool mit Blick auf die Stadt. Kinder unter 12 Jahren sind nicht erwünscht.

Hotel La Quinta Luna LUXUSHOTEL $$$
(☎222-247-89-15; www.laquintaluna.com; Av 3 Sur 702; Zi. inkl. Frühstück 1650 Mex$, Suite 1942–3965 Mex$; P ☎) Dieses exklusive Hotel in dicken Herrenhausmauern aus dem 17. Jh. ist bei älteren Wochenendausflüglern sehr beliebt. Die sechs stilvollen Zimmer rund um einen zauberhaften Garten sind ein Ensemble aus kolonialzeitlichen Antiquitäten, nobler Bettwäsche und Flachbild-TVs. Hinzu kommt moderne Kunst, deren Erschaffer man bei arrangierten Zusammenkünften treffen kann. Zum Haus gehören auch eine tolle Bibliothek und ein Spitzenrestaurant, das Speisegäste auf Reservierung akzeptiert.

Essen & Ausgehen

Güero's MEXIKANISCH $$
(☎222-247-11-04; Av Hidalgo 101; Hauptgerichte 42–106 Mex$; ⏲9–23 Uhr; 👪) Das lebhafte, familienfreundliche Restaurant, das mit alten Fotos von Cholula geschmückt ist, ist seit 1955 eine Institution in der Stadt. Neben Pizza, Pasta und Burgern gibt es auch herzhafte mexikanische Gerichte wie *pozole, cemitas* und Quesadillas, die mit einer köstlichen *salsa roja* (rote Sauce) serviert werden.

Maaema NACHTCLUB
(maaema.mx; Av 6 Norte 1; ⏲So–Do 14–24, Fr & Sa 14–3 Uhr) Mit den jungen, lässigen Gästen des neuen Restaurantclubs kommt man leicht ins Gespräch – z. B. über die Möbel aus Recyclingmaterialien (Stühle aus Fahrradteilen, umfunktionierte Nähmaschinentische, Sofas aus halbierten Badewannen). Zum Elektro-Soundtrack heißt's danach vom Dachgarten aus die Kirche bewundern, die auf der Pirámide Tepanapa wie ein goldenes Leuchtfeuer wirkt. Die vegetarischen Burger und die Barsnacks sind auch nicht übel.

Container City BAR
(www.containercity.com.mx; Ecke Calle 12 Oriente & Av 2 Sur) Diese Ansammlung trendiger Bars, Restaurants, Clubs und Läden ist abends gut besucht. Das Ganze besteht aus früheren Schiffscontainern (umgebaut, aufgehübscht und aufeinandergestapelt). Cholulas Modefreaks und Hipster hängen bevorzugt hier ab.

Bar Reforma CANTINA
(Ecke Av 4 Norte & Morelos; ⏲Mo–Sa 18–0.30 Uhr) Cholulas älteste Schänke ist im Hotel Reforma und eine klassische Eckkneipe mit Schwingtüren und Plastikblumen. Frisch gemixte Sangria und Margaritas ohne Eis sind die Spezialitäten des Hauses. Ab 21 Uhr treffen sich hier Studenten vor dem Clubbing.

La Lunita CANTINA
(☎222-247-00-11; www.lalunita.com; Ecke Av Morelos & 6 Norte 419; Hauptgerichte 52–162 Mex$) Die urige, familiengeführte Bar im Schatten der Pyramide ist seit 1939 im Geschäft. Mit fröhlichen Farben, diversen alten Werbeplakaten und anderem Nippes kommt sie dem Filmklischee einer mexikanischen Cantina sehr nahe. Viele Einheimische schätzen den Laden für die vielfältige Speisekarte, die Livemusik, die große Getränkeauswahl und den Fußball im Fernsehen.

An- & Weiterreise

Ab der Ecke Calle 5 Poniente und 3 Sur fahren *colectivos* regelmäßig nach Puebla (7,50 Mex$, alle 20 Min.). Größere *directos* bzw. Busse (8 Mex$, alle 30 Min.) starten an der Ecke Calle 2 Norte und 12 Oriente. Busse und *colectivos* halten auch zwei oder drei Blocks nördlich vom *zócalo*.

Popocatépetl & Iztaccíhuatl

Die Vulkane Popocatépetl (Po-po-ka-*teh*-pet-l; 5452 m) und Iztaccíhuatl (Is-ta-*sih*-wat-l; 5220 m) sind Mexikos zweit- bzw. dritthöchster Berg. Rund 40 km westlich von Puebla und 70 km südöstlich von Mexico City bilden sie den Ostrand des Valle de México. Während der kraterlose Iztaccíhuatl schläft, ist der Popocatépetl (Náhuatl für „rauchender Berg"; auch „Don Goyo" oder „Popo" genannt) sehr aktiv – aus diesem Grund ist sein Gipfel seit etwa zehn Jahren gesperrt. Der Legende nach ähnelt der Iztaccíhuatl einer ruhenden Frau, die sich hinlegte und aus Sorge um Popocatépetl starb. Der kehrte aus dem Krieg zurück, fand sie tot auf und ist immer noch äußerst erzürnt über seinen Verlust. Wegen erhöhter Aktivität des Popo mussten zwischen 1994 und 2001 insgesamt 16 Dörfer evakuiert werden. Parallel gingen Warnungen an die 30 Mio. Menschen, die in der unmittelbaren Umgebung des Kraters leben. 2013 wurde Asche 3 km hoch in den Himmel geschleudert. Dies zwang sechs US-Airlines, Flüge nach bzw. ab Mexico City und Toluca zu streichen.

Das mexikanische **Centro Nacional de Prevención de Desastres** (Nationales Katastrophenschutzzentrum; ☎ Hotline 24 Std., 55-5205-1036; www.cenapred.gob.mx) überwacht den Vulkanismus anhand von Schwankungen bei Gasemissionen und seismischen Aktivitäten. Die Website (fast ausschließlich spanisch) veröffentlicht täglich Webcamfotos und Infos zur aktuellen Lage.

Historisch gesehen ist der Popo gerade relativ ruhig. Die meisten Aktivitäten treten in den kühleren Wintermonaten auf, wenn sich das Kratereis ausdehnt und die erstarrte Lava rund um den Rand sprengt. Der letzte richtig große Ausbruch fand vor mehr als 1000 Jahren statt. Vulkanologen schätzen die Wahrscheinlichkeit eines derartigen Ereignisses in naher Zukunft auf 10 %. In den letzten Jahren war die Luftqualität die einzige Gefahr für Besucher: Bei vulkanischer Aktivität kann die Luft stark verschmutzt sein. Asthmatiker und Menschen mit Atemproblemen sollten dann viel Wasser trinken und vor dem Gang ins Freie die aktuellen Luftverschmutzungswerte checken. Und nun noch eine gute Nachricht: Der attraktive Iztaccíhuatl (Weiße Frau), dessen Gipfel in 20 km nördlicher Luftlinie zu dem des Popo liegt, ist weiterhin für Kletterer geöffnet.

Wandern & Klettern

Der höchste Gipfel des Iztas ist der **El Pecho** (5220 m). Alle Routen erfordern eine Übernachtung auf dem Berg. Zwischen dem Ausgangspunkt der wichtigsten Südroute, La Joya, und Las Rodillas, einem der kleineren Gipfel des Iztas, liegt eine Schutzhütte, die man beim Aufstieg zum El Pecho benutzen kann. Von La Joya bis zur Hütte dauert es durchschnittlich mindestens fünf Stunden, von der Hütte zum El Pecho noch einmal sechs Stunden und sechs Stunden zurück zum Ausgangspunkt.

Kletterer müssen sich vor dem Aufstieg beim **Parque Nacional Iztaccíhuatl-Popocatépetl** (☎ 597-978-38-29; http://iztapopo.conanp.gob.mx; Plaza de la Constitución 9B, Amecameca; ⏲ Mo–Fr 9–18, Sa bis 15 Uhr) registrieren lassen. Es befindet sich in Amecameca an der Südostseite des *zócalo*. Alle Besucher müssen eine Eintrittsgebühr von 27 Mex$ pro Tag bezahlen. Auf der Homepage des Parks gibt es auch hervorragende Karten und einen praktischen Kletterführer in englischer Sprache zum Download.

Tiefer liegende Wanderwege, die durch Kiefernwälder und Wiesen führen, gibt's etwa 24 km von Amecameca entfernt in der Nähe des Paso de Cortés. Sie bieten atemberaubende Blicke auf die nahen Gipfel. La Joya liegt weitere 4 km von dort. Von der Plaza in Amecameca fahren *colectivos* für 40 Mex$ zum Paso de Cortés. Taxis bringen Gruppen vom Nationalparkbüro für 350 Mex$ – der Preis ist aber verhandelbar – nach La Joya (40 Min.).

Eine einfache Unterkunft bietet die **Altzomoni Lodge** (Betten 27 Mex$/Pers.), die etwa auf halbem Weg zwischen Paso de Cortés und La Joya liegt. Sie muss im Parkbüro im Voraus reserviert werden; Schlafsack, warme Kleidung und Trinkwasser sind mitzubringen.

Klima & Bedingungen

In den höheren Lagen des Izta kann es zu jeder Jahreszeit windig sein und Temperaturen deutlich unter 0 °C geben. In Gipfelnähe herrscht fast immer Nachtfrost. Eis und Schnee sind hier völlig normal, die Schneegrenze liegt bei durchschnittlich 4200 m. Die besten Monate für den Aufstieg sind November bis Februar, wenn der Schnee hart genug für Steigeisen ist. In der Regenzeit (April–Okt.) besteht die Gefahr von Whiteout, Gewittern und Lawinen.

Von Problemen infolge der Höhe kann jeder betroffen sein, auch von der lebensbedrohlichen Höhenkrankheit. Auch der Paso de Cortés liegt schon so hoch, dass man die Symptome kennen sollte.

Führer

Der Iztaccíhuatl sollte wirklich nur von erfahrenen Kletterern in Angriff genommen werden. Wegen der versteckten Spalten auf den eisbedeckten oberen Hängen ist es ratsam, mit einem Führer unterwegs zu sein. Neben den folgenden Leserempfehlungen kann vielleicht auch das Nationalparkbüro Vorschläge machen.

Livingston Monteverde (www.tierradentro.com), der in Tlaxcala ansässig ist, ist ein Gründungsmitglied der Mexican Mountain Guide Association und hat 25 Jahre Klettererfahrung. Er spricht fließend Englisch, ganz gut Französisch und etwas Hebräisch und Italienisch.

Mario Andrade (☎55-1826-2146; mountainup@hotmail.com) ist ein autorisierter, englisch sprechender Führer, der in Mexico City lebt. Er hat schon viele Besteigungen des Izta geleitet. Für eine Person nimmt er 350 US$, bei Gruppen wird es pro Person billiger. Im Preis sind die Fahrt von und nach Mexico City, Übernachtungskosten, Mahlzeiten auf dem Berg und die Nutzung der Seile enthalten.

Tlaxcala

☎246 / 90 000 EW. / 2250 M

Die Hauptstadt des kleinsten Bundesstaates Mexikos ist geruhsam und unbeschwert und hat ein kompaktes Zentrum aus der Kolonialzeit, das von prächtigen Regierungsgebäuden, imposanten Kirchen und einer der beindruckendsten zentralen Plazas des Landes geprägt wird. Auch wenn Tlaxcala nicht besonders groß ist, so ist es doch weder kleinkariert noch provinziell. Die vielen Studenten, die guten Restaurants und Bars und ein paar tolle Museen sorgen für eine erstaunlich lebhafte Kulturszene. Weil es keine herausragenden Sehenswürdigkeiten gibt, ist Tlaxcala noch ziemlich unentdeckt, obwohl es nicht einmal zwei Stunden von Mexico City entfernt liegt.

An der Ecke der Avenidas Independencia und Muñoz treffen sich zwei große Plazas. Die nördliche, von Kolonialgebäuden umgebene Plaza ist der *zócalo* und wird Plaza de la Constitución genannt. Der südliche Platz ist die Plaza Xicohténcatl. Von dem auf einem Hügel gelegenen Busbahnhof der Stadt läuft man zehn Minuten bis zum *zócalo*.

Geschichte

In den Jahrhunderten vor der Eroberung durch die Spanier entstanden in und um Tlaxcala zahlreiche kleine Kriegerreiche (*señoríos*). Einige davon bildeten ein lockeres Bündnis, das seine Unabhängigkeit vom Aztekenreich bewahrte, als dieses sich im 15. Jh. vom Valle de México her ausbreitete. Das wichtigste Königreich scheint Tizatlán gewesen zu sein, dessen Ruinen sich am nordöstlichen Rand von Tlaxcala befinden.

Als die Spanier 1519 eintrafen, kämpften die Tlaxcalaner zunächst erbittert, schließlich wurden sie jedoch die loyalsten Verbündeten von Cortés gegen die Azteken (mit Ausnahme eines Häuptlings, Xicohténcatl der Jüngere, der versuchte, sein Volk gegen die Spanier aufzuwiegeln und heute ein mexikanischer Held ist). 1527 wurde Tlaxcala das erste Bistum in Neuspanien. Doch 1540 raffte die Pest den Großteil der Bevölkerung hin, und seitdem hat die Stadt nur noch eine Nebenrolle gespielt.

Sehenswertes

Museo de Arte de Tlaxcala MUSEUM

(☎246-462-15-10; Plaza de la Constitución 21; Erw./Student 20/10 Mex$, Kind unter 12 Jahren frei, So Eintritt frei; ⏲Di–So 10–18 Uhr) In diesem fantastischen Museum für moderne Kunst befindet sich eine hervorragende Sammlung von frühen Gemälden Frida Kahlos, die an das Museum zurückgegeben wurden, nachdem sie jahrelang als Leihgabe in anderen Museen in der ganzen Welt waren. Sowohl das Hauptgebäude des Museums am *zócalo* als auch die kleinere **Zweigstelle** (Guerrero 15) GRATIS zeigen interessante Sonderausstellungen sowie eine gute Dauerausstellung mit moderner mexikanischer Kunst.

Plaza de la Constitución PLATZ

Ein Nachmittag auf dem schattigen, weitläufigen *zócalo* vergeht schnell, wenn man liest oder einfach nur die Leute beobachtet, zumal die Plaza inzwischen kostenlosen WLAN-Zugang bietet.

Der **Palacio Municipal** aus dem 16. Jh., ein ehemaliger Kornspeicher, und der **Palacio de Gobierno** nehmen den größten Teil der Nordseite ein. Im Inneren des Palacio de Gobierno befinden sich lebendige Wandbilder zur Geschichte Tlaxacalas von Desiderio Hernández Xochitiotzin. An der Nordwestseite der Plaza erhebt sich der **Palacio de Justicia**, der ebenfalls aus dem 16. Jh. stammt. Früher beherbergte das Gebäude

Tlaxcala

die Capilla Real de Indios, die für indigene Adlige gebaut worden war. Die schönen, steinernen Flachreliefs rund um den Eingang zeigen u.a. das Siegel von Castilla y León und einen zweiköpfigen Adler, das Symbol der Habsburger Monarchie, die Spanien im 16. und 17. Jh. regierte.

An der nordwestlichen Ecke des *zócalo* steht die **Parroquia de San José** mit orangefarbenem Stuck und blauen Fliesen. Wie überall im *centro histórico* erklären zweisprachige Schilder die Bedeutung der Kirche und ihrer vielen Fontänen.

Museo Vivo de Artes y Tradiciones Populares MUSEUM

(☎246-462-23-37; Blvd Sánchez 1; Erw./Student 15/8 Mex$; ⏲Di–So 10–18 Uhr) Dieses Kunsthandwerksmuseum zeigt Ausstellungen zum Dorfleben in Tlaxcala, zur Weberei und zur *pulque*-Herstellung, manchmal mit praktischen Demonstrationen. Kunsthandwerker führen durch das Museum mit über 3000 Ausstellungsstücken. Auch das Café und das Kunsthandwerksgeschäft in der benachbarten **Casa de Artesanías** lohnen einen Besuch.

Museo de la Memoria MUSEUM

(☎246-466-07-92; Av Independencia 3; Erw./Student 15 Mex$/frei; ⏲10–17 Uhr) Das moderne Geschichtsmuseum betrachtet Folklore durch den Blickwinkel moderner Medien und zeigt gut erhaltene Exponate zu indigener Politil, Landwirtschaft und zeitgenössischen Festen. Erklärungen gibt es allerdingsnur auf Spanisch.

Santuario de la Virgen de Ocotlán KIRCHE

(6 Mex$) Die Kirche ist eine der spektakulärsten Mexikos und eine wichtige Wallfahrtsstätte für Pilger, die glauben, dass die Jungfrau hier 1541 erschienen ist – ihr Bild schmückt zum Gedenken an die Erscheinung den Altar. Die klassische Churriguerismus-Fassade ist mit weißem Stuck im Zuckerbäckerstil dekoriert, der einen schönen

Tlaxcala

Sehenswertes

1	Capilla Abierta	C4
	Casa de Artesanías	(siehe 6)
2	Ex-Convento Franciscano de la Asunción	C4
3	Museo de Arte de Tlaxcala	B2
4	Museo de Arte de Tlaxcala Museum	B4
5	Museo de la Memoria	C3
	Museo Regional de Tlaxcala	(siehe 2)
6	Museo Vivo de Artes y Tradiciones Populares	A1
7	Palacio de Gobierno	C2
8	Palacio de Justicia	B2
9	Palacio Municipal	C2
10	Parroquia de San José	B2

Aktivitäten, Kurse & Touren

11	Tranvía El Tlaxcalteca	C3

Schlafen

12	Hostería de Xicohténcatl	C3
13	Hotel Alifer	C4
14	Hotel Posada San Francisco	B3
15	Posada La Casona de Cortés	D3

Essen

16	Antiokía	C2
17	Fonda del Convento	C4
18	La Zana-Hora	D2
19	Tirol	B3

Ausgehen & Nachtleben

20	Pulquería Tía Yola	C3
21	Vinos y Piedra	B3

Kontrast zu den schlichten roten Kacheln bildet. Im 18. Jh. verbrachte der indigene Mexikaner Francisco Miguel ganze 25 Jahre damit, die Altarbilder und die Kapelle neben dem Hauptaltar zu dekorieren.

Die fast von der ganzen Stadt aus sichtbare Kirche steht 1 km nordöstlich vom *zócalo* auf einem Hügel. Vom *zócalo* aus folgt man der Avenida Juárez drei Blocks Richtung Norden und biegt dann rechts in die Zitlalpopocatl ein. Man kann auch ein auf derselben Route fahrendes „Ocotlán"-*colectivo* nehmen.

Ex-Convento Franciscano de la Asunción HISTORISCHES GEBÄUDE

Ein schattiger Pfad von der Südostecke der Plaza Xicohténcatl führt zu diesem ehemaligen Kloster. Es wurde zwischen 1537 und 1540 gebaut und ist eines der ältesten Klöster Mexikos. Die Kirche – sie ist die Kathedrale der Stadt – hat eine schöne hölzerne Decke im maurischen Stil.

Gleich unterhalb des Klosters, neben der Plaza de Toro (Stierkampfarena) aus dem 19. Jh., befindet sich eine **Capilla Abierta** (offene Kapelle) mit drei wirklich einzigartigen Bögen im maurischen Stil. Einer der Eingänge ist verschlossen, man kommt aber von mehreren anderen Eingängen in die *capilla* hinein.

Das **Museo Regional de Tlaxcala** (☎246-462-02-62; Erw. 41 Mex$, Kind unter 12 Jahren & Erw. über 60 Jahre Eintritt frei; ⏰10–18 Uhr) ist im Kloster untergebracht und zeigt eine große Sammlung religiöser Gemälde und Skulpturen sowie einige vorkoloniale Exponate aus archäologischen Stätten der Umgebung.

Kurse

Estela Silva's Mexican Home Cooking School KOCHKURS

(☎246-468-09-78; www.mexicanhomecooking.com) Bei Señora Estela Silva und ihrem Ehemann und stellvertretenden Küchenchef John Jarvis können die Teilnehmer lernen, wie die *poblano*-Küche zubereitet wird. Gekocht wird in der mit Talavera gefliesten Küche des Paares in Tlacochcalco, 10 km südlich von Tlaxcala. Der Kurs wird zweisprachig auf Englisch und Spanisch abgehalten und beinhaltet alle Mahlzeiten sowie die Unterkunft in Privatzimmern mit Kamin (die An- & Abfahrt zur bzw. von der Schule kann arrangiert werden). Es gibt sechstägige All-inclusive-Kurs mit fünf Übernachtungen für 1798 US$, aber auch kürzere Aufenthalte sind möglich.

Geführte Touren

Tranvía El Tlaxcalteca BUSTOUR

(☎246-458-53-24; Plaza de la Constitución, Portal Hidalgo 6; Erw./Kind 50/35 Mex$; ⏰10–19 Uhr alle 2 Std.) Die Straßenbahn mit spanischem Bordkommentar klappert 33 Sehenswürdigkeiten im Stadtzentrum ab. Keine Reservierung erforderlich.

Feste & Events

Virgen de Ocotlán RELIGION

Am dritten Montag im Mai wird die Figur der Virgen de Ocotlán von ihrem Platz im Santuario de La Virgen de Ocotlán zu Kirchen in der Umgebung getragen. Dies zieht Zuschauer und Gläubige gleichermaßen an. Während des ganzen Monats finden Prozessionen zum

Gedenken an das Wunder statt, zu denen Pilger aus dem ganzen Land kommen.

Nacional de Danza Folklórica TANZ
Tänzer aus ganz Mexiko kommen während dieses lebhaften Festivals in der letzten Septemberwoche in das Teatro Xicohténcatl.

Fiesta de Todos los Santos BRAUCHTUM
Tlaxcalas Fiesta de Todos los Santos zieht zwischen Ende Oktober und Mitte November Menschen aus dem ganzen Bundesstaat an. Im Mittelpunkt stehen *charrería* (Reitkunst), Stierkämpfe und andere vom Rodeo inspirierte Veranstaltungen. Das Festival beginnt mit einer *pamplonada* (Stierrennen) und umfasst allerhand Aktivitäten zum Día de Muertos.

Schlafen

★ Posada La Casona de Cortés BOUTIQUEHOTEL $$
(☎246-462-20-42; lacasonadecortes.com.mx; Av Lardizábal 6; Zi. ab 795 Mex$, Suite 1015 Mex$; P 📶) Fast zu schön, um wahr zu sein: Das erschwingliche Boutiquehotel umgibt einen üppigen Hofgarten mit Obstbäumen und einem Springbrunnen. Mexikanische *artesanías* (Kunsthandwerksgegenstände) zieren die Zimmer mit festen Betten, Fliesenböden und tollen Duschen. Die Bar mit funktionierender Jukebox aus den 1950er-Jahren hat eine Dachterrasse, von der aus man Kirchtürme und Vulkangipfel im Blick hat.

Hotel Alifer BUSINESSHOTEL $$
(☎246-462-30-62; www.hotelalifer.com.mx; Av Morelos No 11; Zi. 450–650 Mex$; P 📶) Das motelähnliche Alifer steht oberhalb vom *zócalo* auf einem kleinen Hügel. Die Zimmer sind z.T. etwas schäbig und düster – vor allem die im Erdgeschoss, wo man – ohne Außenfenster – direkt an widerhallenden Fluren wohnt (Finger weg!). Oben warten dagegen saubere, geräumige Quartiere mit TV und Telefon. In der Lobby gibt's Gratis-WLAN.

Hostería de Xicohténcatl PENSION $$
(☎246-466-33-22; Portal Hidalgo 10; EZ/DZ/3BZ 400/450/600 Mex$, Suite 650–1200 Mex$; P 📶) Die Hälfte der 16 Zimmer dieser schnörkellosen Budget-*hostería* sind große Suiten mit mehreren Räumen und Küche – ein Schnäppchen für Familien, Gruppen und Besucher, die länger bleiben. Die *hostería* ist sauber, vielleicht sogar etwas zu steril, und die Lage direkt an der Plaza Xicohténcatl ist super. WLAN gibt's nur in den Zimmern, die der Lobby am nächsten liegen.

Hotel Posada San Francisco LUXUSHOTEL $$$
(☎246-462-60-22; www.posadasanfrancisco.com; Plaza de la Constitución 17; Zi. 1400 Mex$, Suite 1900–2800 Mex$; P ❄ 📶 🏊) In der Hotelbar mit Stierkampfthema glaubt man, jeden Moment einen berühmten Schriftsteller auf einen erlesenen Tequila treffen zu können. Attraktiv sind auch der Pool, das luftige Innenhofrestaurant und das Buntglas in der Lobby. Während das Gebäude die Pracht des 17. Jhs. verbreitet, sind die klimatisierten Zimmer modern und verfügen über Badewannen (in mexikanischen Hotels eine Seltenheit).

Essen & Ausgehen

Für eine kleine Stadt weist Tlaxcala eine beeindruckende Anzahl und Vielfalt an guten Restaurants auf. Die zahllosen Straßencafés am Ostrand des *zócalo* sind aber nicht gerade überwältigend. Bessere Optionen findet man weiter südlich und an der nahegelegenen Plaza Xicohténcatl. Tlaxcalas Markt zählt zu den nettesten der Region.

La Zana-Hora VEGETARISCH $
(☎246-462-27-03; Calle Xicohténcatl #21B; comida corrida 48 Mex$; ⏲Mo–Fr 13–17.30 Uhr, Sa & So geschl.; 🌱) Hier blättert man seine Pesos für das leckere vegetarische Essen und nicht für ein aufwendiges Dekor hin. Das Angebot umfasst z.B. eine Salatbar. Die Burger mit Kartoffeln und *nopal* (Kaktus) werden per *mole verde* (einer Art von Chilisauce) verfeinert. Deren Nussigkeit erreicht schon fast Satay-Niveau.

Antiokía CAFÉ $
(☎246-144-13-32; Av Lardizábal 35C; ⏲Mo–Sa 18–22.30 Uhr) Das romantische Minicafé mit angeschlossenem Süßwarenladen ist an keinem Schild zu erkennen. Dafür aber am Duft: einem unwiderstehlichen Mix aus Kakao, frisch gemahlenem Kaffee und exotischem Tee. Auf den Tisch kommen auch leckere Fondues und Paninis.

Pulquería Tía Yola PULQUEBAR
(☎246-462-73-09; Plaza Xicohténcatl 7; ⏲10–21 Uhr) Inmitten von Tag-der-Toten-Figürchen und Aztekengöttern in Mosaikform werden hier ca. zwölf verschiedene *pulque*-Sorten in einem steinernen Innenhof genossen. Die Straßentische an der Plaza eignen sich super zum Leutebeobachten am Wochenende.

Vinos y Piedra WEINBAR
(☎246 466-21-57; Plaza de la Constitución 19; Tapas 35–160 Mex$; ⏲Mo–Sa 9–24, So 9–21 Uhr) Diese Weinbar wartet mit heimischem und

importiertem *vino* sowie einem Weinkeller auf. In letzteren kann man durch ein Bodenfenster hineinspähen. Tlaxcalas Oberschicht labt sich hier an eleganten kleinen Portionen im Tapas-Stil, bei denen der Schwerpunkt auf Noblesse liegt. So werden etwa Blauschimmelkäse-Traubenröllchen serviert. Die Straßentische sind prima für abendliche Drinks.

Fonda del Convento REGIONAL **$$**
(☎ 246-462-07-65; Paseo de San Francisco 1; Hauptgerichte 79–141 Mex$; ⏰ 8–20 Uhr) Bei Einheimischen steht das unscheinbare, heimelige Lokal seit 40 Jahren hoch im Kurs. Der Menüschwerpunkt liegt auf Tlaxcalteco-Traditionsgerichten wie *gusanos* (Agavenwürmer), *escamoles* (Ameisenlarven), *mole poblano*, Kaninchen in *pulque* und *pipián* (Sauce aus grünen Kürbiskernen) nach einem Familienrezept.

Tirol MEXIKANISCH **$$**
(☎ 246-462-37-54; Av Independencia 7A; Hauptgerichte 50–250 Mex$, Sa & So Buffet mittags/abends 110/180 Mex$; ⏰ Di–So 8–21 Uhr) Das ausgezeichnete Nobelrestaurant punktet mit aufmerksamem Service und nüchtern-modernem Dekor in Weiß. Gäste schätzen es für sein Wochenendbuffet und seine mondäne Abendatmosphäre. Der „Platón Moctezuma" (450 Mex$; Insekten-Probierteller) ist mächtig genug für einen Aztekenkaiser: Darauf stapeln sich *escamoles* (Ameisenlarven), *chinocuiles* (rote Agavenwürmer) und *gusanos* (normale weiße Agavenwürmer).

ℹ Praktische Informationen

Nahe der Touristeninformation findet man an der Av Juárez mehrere Bankfilialen mit Geldautomaten und Umtauschservice für US-Dollar. Die zahlreichen Internetcafés werden durch Gratis-WLAN im Bereich des *zócalo ergänzt.*

Farmacia Cristo Rey (Av Lardizábal 15; ⏰ 24 Std.) Rund um die Uhr geöffnete Apotheke.

Hospital General (☎ 246-462-35-55; Corregidora s/n)

Polizei (☎ 246-464-52-57)

Post (Ecke Av Muñoz & Díaz)

SECTURE – Staatliche Touristeninformation (☎ 246-465-09-60; www.tlaxcala.gob.mx/turismo; Ecke Av Juárez & Lardizábal; ⏰ Mo–Fr 9–18, Sa 10–18 Uhr) Das Personal (spricht Englisch) lobt eifrig Tlaxcalas Vorzüge und versorgt Touristen mit guten Stadtplänen sowie einer Handvoll Broschüren. Der zusätzliche Infostand am Ostrand des *zócalo* befindet sich neben einer nützlichen Wandkarte, die die Stadt aus der Vogelperspektive zeigt.

ℹ An- & Weiterreise

Rund 1 km westlich der zentralen Plaza liegt Tlaxcalas Busbahnhof auf einem Hügel. **ATAH** (☎ 246-466-00-87) schickt 1.-Klasse-Busse zum TAPO-Terminal in Mexico City (134 Mex$, 2 Std., alle 15 Min.). 2.-Klasse-Busse von Verde fahren regelmäßig nach Puebla (20 Mex$). Taxitrips zwischen Busbahnhof und Innenstadt kosten 35 Mex$.

ℹ Unterwegs vor Ort

Auf dem Weg in die Stadt halten die meisten *colectivos* (5 Mex$) am Busbahnhof. Alternativ ist die Strecke in zehn Minuten per pedes zu bewältigen: Nach dem Verlassen des Terminals bergab nach rechts laufen, bis die Av Guerrero in Sicht kommt; dort wieder rechts abbiegen und die mächtigen Stufen der **Escalinata de Héroes** passieren. Um vom Zentrum aus zum Busbahnhof zu kommen, nimmt man am besten eins der blau-weißen *colectivos*, die auf der Ostseite des Blvd Sánchez starten. Taxitrips zwischen Terminal und *zócalo* kosten 35 Mex$.

Cacaxtla & Xochitécatl

Diese benachbarten **Stätten**, die etwa 20 km südwestlich von Tlaxcala und 32 km nordwestlich von Puebla liegen, zählen zu den faszinierendsten des Landes.

Cacaxtla (ka-*kasht*-la) ist mit seinen großartigen und lebendigen Bildern des täglichen Lebens eine der beeindruckendsten antiken Ruinen Mexikos. Die Wandmalereien, u.a. Fresken von einem fast lebensgroßen Jaguar und von Adlerkriegern, wurden nicht in ein Museum verfrachtet, sondern sind in der Stätte selbst zu bewundern. Man entdeckte die Ruinen, die auf dem Gipfel eines mit Buschwerk bewachsenen Hügels liegen, im Jahre 1975, als Männer aus dem nahen San Miguel del Milagro auf der Suche nach einem angeblich kostbaren vergrabenen Schatz einen Tunnel gruben und ein Wandbild fanden.

Die viel älteren Ruinen bei Xochitécatl (so-tschi-*te*-katl), zu denen eine ungewöhnlich breite und eine runde Pyramide gehören, liegen 2 km von Caxatla entfernt und sind von dort aus zu Fuß gut erreichbar. Die erste systematische Ausgrabung der Stätte fand 1969 unter Leitung eines deutschen Archäologen statt, doch erst 1994 wurde sie der Öffentlichkeit zugänglich gemacht.

Geschichte

Cacaxtla war die Hauptstadt einer Gruppe von Olmeca-Xicallancas, die auch Putún-

Maya genannt wurden und schon 450 n. Chr. nach Zentralmexiko kamen. Nach dem Niedergang von Cholula (zu dem sie wahrscheinlich beitrugen) um 600 n. Chr. wurden sie die wichtigste Macht im südlichen Tlaxcala und im Tal von Puebla. Seine Blütezeit erlebte Cacaxtla zwischen 650 und 950 n. Chr. Im Jahr 1000 war die Stadt bereits verlassen worden, möglicherweise wegen einwandernden Chichimeken.

2 km westlich von Cacaxtla liegen auf dem Gipfel eines höheren Hügels die Ruinen von Xochitécatl, das bereits 1000 v. Chr. errichtet wurde. Es ist zwar umstritten, wer zuerst hier wohnte, doch die Experten sind sich einig, dass Xochitécatl vor allem für blutige Quecholli-Zeremonien zu Ehren von Mixcoatl, dem Gott der Jagd, genutzt wurde, während Cacaxtla vorwiegend als Wohnstätte der herrschenden Klasse diente. Das heißt aber nicht, dass es in Cacaxtla keine solchen Zeremonien gab: Skelettüberreste von Hunderten verstümmelter Kinder zeugen von Cacaxtlas blutiger Vergangenheit.

Sehenswertes

Cacaxtla
ARCHÄOLOGISCHE STÄTTE

Vom Parkplatz gegenüber dem Eingang zur Stätte erreicht man nach 200 m den Ticketschalter, das Museum und das Restaurant.

Vom Ticketschalter sind es noch einmal 600 m bergab bis zur größten Sehenswürdigkeit, einer 200 m langen und 25 m hohen natürlichen Plattform, die **Gran Basamento** (Großes Fundament) genannt wird. Sie wird von einem riesigen Metalldach geschützt. Hier standen einst die wichtigsten bürgerlichen und religiösen Gebäude von Cacaxtla sowie die Wohnstätten der herrschenden Priesterklassen. Am oberen Ende der Eingangstreppe liegt die **Plaza Norte**. Von hier aus führt der Pfad im Uhrzeigersinn um die Ruinen herum zu den **Wandmalereien**; viele von ihnen weisen neben Symbolen aus dem mexikanischen Hochland auch deutliche Einflüsse der Maya auf. Eine solche Kombination verschiedener Stile in einem Wandbild findet man nur in Cacaxtla.

Bevor man zu den Wandmalereien gelangt, kommt man aber noch an einem kleinen Innenhof vorbei. Hier steht ein **Altar** mit einer kleinen, quadratischen Grube davor, in der viele menschliche Überreste gefunden wurden. Neben dem Altar erhebt sich der **Templo de Venus**, in dem zwei anthropomorphe Skulpturen zu sehen sind: ein Mann und eine Frau in Blau, bekleidet mit Röcken aus Jaguarfell. Der Name des Tempels leitet sich von den vielen halben Sternen ab, die auf der weiblichen Figur abgebildet sind und mit dem Schwesterplaneten der Erde, der Venus, in Verbindung gebracht wurden.

Auf der gegenüberliegenden Seite des Weges, abseits der Plaza Norte, steht der **Templo Rojo**, der vier Wandgemälde enthält, von denen aber nur eines zu sehen ist. Auf den lebendigen Bildern ist vor allem eine Reihe Mais- und Kakaofrüchte zu sehen, in deren Hülsen Menschenköpfe stecken.

Das **Mural de la Batalla** (Wandgemälde einer Schlacht) aus dem Jahr 700 n. Chr. befindet sich an der Nordseite der Plaza Norte. Es zeigt zwei Gruppen von Kriegern bei einer Schlacht, wobei die eine Gruppe Jaguarfelle trägt und die andere Vogelfedern. Die Olmeca-Xicallanca (die Jaguarkrieger mit dem runden Schild) schlagen die eindringenden Huaxteken (die Vogelkrieger mit den Jadeornamenten und den deformierten Schädeln) eindeutig in die Flucht.

Hinter dem Mural de la Batalla sollte man nach links abbiegen und die Stufen bis zur zweiten **Gruppe von Wandmalereien** emporsteigen, die rechts hinter einem Zaun zu sehen sind. Die beiden wichtigsten Wandgemälde (sie entstanden ca. 750 n. Chr.) zeigen eine Figur im Jaguarkostüm und eine schwarz gemalte Figur in einem Vogelkostüm (das vermutlich den Olmeca-Xicallanca-Priesterkönig darstellt), die auf einer gefiederten Schlange steht.

Xochitécatl
ARCHÄOLOGISCHE STÄTTE

Wegen des Grundrisses und der benutzten Materialien nehmen die Archäologen an, dass die runde **Pirámide de la Espiral** zwischen 1000 und 800 v. Chr. gebaut wurde. Ihre Form und ihre Lage auf einem Berg lassen vermuten, dass es sich um einen astronomischen Beobachtungsposten gehandelt hat oder um einen Tempel zu Ehren Ehecatls, des Windgottes. Von hier aus führt der Weg zu drei weiteren Pyramiden.

Das **Basamento de los Volcanes** ist alles, was von der ersten Pyramide, der Pirámide de los Volcanoes, übrig geblieben ist: es sind ihre Basis und Materialreste aus zwei Perioden. Geschliffene, rechteckige Steine wurden über die originalen Steine gelegt und dann mit Stuck verkleidet. An manchen Stellen kann man das sehen. Interessant ist, dass die farbigen Steine, die zum Bau von Tlaxcalas Stadtpalast verwendet wurden, von hier zu stammen scheinen.

Die **Pirámide de la Serpiente** hat ihren Namen von einem großen Stein mit eingemeißeltem Schlangenkopf. Das Beeindruckendste hier ist ein riesiges, aus einem einzigen Felsbrocken gemeißeltes Gefäß, das in der Pyramide gefunden wurde. Der ganze Felsbrocken wurde aus einer anderen Gegend hierhergeschleppt; Forscher glauben, dass das Gefäß als Wasserbehälter diente.

Weil mehrere Skulpturen und Überreste von 30 geopferten Kindern hier gefunden wurden, vermuten Experten, dass in der **Pirámide de las Flores** Rituale zu Ehren des Fruchtbarkeitsgottes abgehalten wurden. In der Nähe der Basis der Pyramide, die die viertbreiteste Lateinamerikas ist, befindet sich ein Becken. Es ist in den massiven Fels geschlagen, und man nimmt an, dass hier die Kinder gebadet wurden, bevor man sie umbrachte.

Geführte Touren

México Viejo TOUR
(☎246-466-85-83; mexicoviejotours.com; Interior 2, Guridi y Alcocer 50, Tlaxcala; Erw./Kind 570/390 Mex$; ⊙Abfahrt 10 Uhr, Rückkehr 14.30 Uhr) Die geführte Tour zur Geschichte der Stätte bietet sich für Traveller an, die mehr auf die Zeit als aufs Geld achten müssen.

An- & Weiterreise

Angesichts der geringen Entfernung der archäologischen Stätte zu Mexico City, Tlaxcala und Puebla – es liegt ungefähr in der Mitte der drei Städte –, ist die Fahrt von und nach Cacaxtla-Xochitécatl mit öffentlichen Verkehrsmitteln unerwartet unbequem und zeitaufwendig.

Cacaxtla liegt 1,5 km oberhalb einer Nebenstraße von San Martín Texmelucan (nahe des Hwy 150D) zum Hwy 119, dem Schleichweg zwischen Tlaxcala und Puebla. In Tlaxcala nimmt man an der Ecke Escalona und Sánchez Piedras ein *colectivo* mit der Aufschrift „San Miguel del Milagro", das einen etwa 500 m von Cacaxtla absetzt.

Vom CAPU-Bahnhof in Puebla fahren Direktbusse von Flecha Azul nach Nativitas, das ca. 3 km östlich von Cacaxtla liegt. Von hier aus fahren *colectivos* mit der Aufschrift „Zona Arqueológica" zur Stätte.

Zwischen Cacaxtla und Xochitécatl sind am Wochenende Taxis (50 Mex$) unterwegs, zu Fuß braucht man für die 2 km ca. 25 Minuten.

La Malinche

Nordöstlich von Puebla dominieren die langen, sanft geschwungenen Hänge dieses 4460 m hohen schlafenden Vulkans den Horizont. Er ist nach der indigenen Dolmetscherin und Geliebten von Cortés benannt.

Die Hauptroute zum Vulkan führt über den Hwy 136; beim Schild „Centro Vacacional Malintzi" biegt man nach Südwesten ab. Bevor man zum Zentrum fährt, muss man sich am Eingang des **Parque Nacional La Malintzi** anmelden. La Malinche, der fünfthöchste Gipfel Mexikos, ist nur ein paar Wochen im Jahr schneebedeckt, meist im Mai.

Das **Centro Vacacional IMSS Malintzi** (☎55-5238-2701; centrosvacacionales.imss.gob.mx; Stellplatz 50 Mex$, Hütten für bis zu 6 Pers. 790–1170 Mex$, für bis zu 9 Pers. 1240 Mex$; Ⓟ) wird vom Mexikanischen Institut für Soziale Sicherheit betrieben und vermietet in der frostigen Höhe von 3333 m 50 Hütten, darunter sehr rustikale, aber auch „Luxus"-Hütten. Das familienorientierte Resort liegt in einem waldigen Gelände mit schöner Aussicht zum Gipfel. Die renovierten Hütten sind haben TV, Kamin, heißes Wasser und eine Küche mit Kühlschrank. Von Freitag bis Sonntag wird es hier voll, doch in der Wochenmitte ist es ruhig. Wer nicht übernachten will, kann für 35 Mex$ hier parken. An den Wochenenden und an Feiertagen steigen die Preise um etwa 100 Mex$.

Hinter dem Ferienzentrum wird die Straße für Autos unpassierbar. Ein etwa 1 km langer Fußweg führt zu einem Kamm, und von dort braucht man für den anstrengenden Rundweg zum Gipfel fünf Stunden. Wanderer sollten Vorsichtsmaßnahmen gegen die Höhenkrankheit ergreifen.

Huamantla

☎247 / 52 000 EW. / 2500 M

Huamantla hat viel in seine Innenstadt investiert, das Zentrum aufgepeppt und den charmanten *zócalo* renoviert. Wenn man die ausufernden Vororte erst mal hinter sich gelassen hat, ist die Stadt, über die La Malinche aufragt, ein angenehmer Ausgangspunkt, um die Landschaft ringsum zu erkunden.

Im August erlebt Huamantla während der **feria** ein paar schlaflose Nächte. Am Tag vor Mariä Himmelfahrt (15. August) schmücken die Einwohner die Straßen der Stadt mit kunstvollen Teppichen aus Blumen und gefärbtem Sägemehl. Am darauffolgenden Sonntag findet ein Stierrennen statt, ähnlich dem im spanischen Pamplona – allerdings gefährlicher, denn hier kommen die unkastrierten Stiere aus zwei Richtungen. Während der *feria* verdoppeln sich die Preise und die Unterkünfte sind lange im Voraus ausgebucht. Wenn alles voll ist, kann man sich auch ein Zimmer in Puebla oder Tlaxcala suchen.

Sehenswertes

Museo de Títere MUSEUM
(☎247-472-10-33; Parque Juárez 15; Erw./Student & Senioren/Kind 20/10/5 Mex$, So Eintritt frei; ⌚Di–Sa 10–17, So 10–15 Uhr) Das Nationale Marionettenmuseum zeigt in einem fantastischen Neubau am *zócalo* Puppen und Marionetten aus aller Welt. Für kleine und jung gebliebene Besucher ist es gleichermaßen vergnüglich.

Schlafen & Essen

★**Hacienda Soltepec** HISTORISCHES HOTEL $$
(☎247-472-14-66; Carretera Huamantla–Puebla bei Km 3; Zi./Suite ab 670/790 Mex$; P 📶 🏊) Die toll renovierte Hacienda gleich außerhalb der Stadt war ein Filmset: Mit Aussicht auf La Malinche wohnte María Félix hier monatelang, während einer ihrer Klassiker gedreht wurde. Vorhanden sind auch Pferdeställe, Tennisplätze und ein super Hausrestaurant. Der Eigentümer veranstaltet eine unterhaltsame *pulque*-Tour (400 Mex$, max. 4 Pers.).

Hotel Centenario HOTEL $$
(☎247-472-05-87; Juárez Norte 209; Zi. 300-600 Mex$, Suite 700 Mex$; P 📶 @) Nur ein kurzes Stück vom *zócalo* liegt das Centenario mit 33 geräumigen, strahlend rosafarbenen Zimmern, die neue Bäder und WLAN haben. Das Personal ist zuvorkommend und in der Lobby gibt's ein gutes Café.

La Casa de los Magueyes MEXIKANISCH $$
(Reforma Sur 202; Hauptgerichte 90–154 Mex$) Tolles Restaurant für Hausmannskost, das für regionale Gerichte saisonale Zutaten wie *maguey*-Knospen und Wildpilze benutzt.

An- & Weiterreise

Oro und Suriano bieten regelmäßige Busverbindungen von und nach Puebla. Vom Hauptbusbahnhof in Tlaxcala fahren alle 7 Minuten TAH-Busse. Die Busse halten nicht immer an jeder Haltestelle, man sollte dem Fahrer daher sagen, dass man nach Huamantla Centro will, um nicht versehentlich ganz an der Stadt vorbeizufahren.

Cantona

Wegen ihrer isolierten Lage in ziemlicher Entfernung von jeder irgendwie bedeutsamen Stadt ist die riesige, unglaublich gut erhaltene mesoamerikanische Stadt **Cantona** (Eintritt 41 Mex$; ⌚9–18 Uhr) bei Reisenden praktisch unbekannt. Mit der stolzen Zahl von 24 entdeckten Ballspielplätzen gilt sie heute als das größte einzelne städtische Zentrum Mesoamerikas. Auf einem ätherischen Lavafeld, das mit Kakteen und Yuccapalmen gesprenkelt ist und herrliche Aussichten auf den Pico de Orizaba im Süden bietet, erstrecken sich die Ruinen auf einer Fläche von 12 km².

Die Stätte war von 600 bis 1000 n. Chr. bewohnt und ist hauptsächlich aus zwei Gründen interessant: Im Gegensatz zu den meisten anderen mesoamerikanischen Städten wurde hier kein Baumörtel verwendet – alle Steine halten also rein durch ihr Gewicht zusammen. Einzigartig ist auch der komplexe Grundriss – die Stadtteile mit ihren insgesamt ca. 3000 Gebäuden sind durch ein weitläufiges Netz von Hochstraßen miteinander verbunden. Im Zentrum befindet sich eine reichverzierte **Akropolis**; hinzu kommen mehrere Kleinpyramiden. Mit guten Informationstafeln (englischsprachig) und einer Zufahrtstraße wird Cantona inzwischen aber auch als Touristenattraktion beworben. Das moderne, gut gestaltete **Museo de Sitio de Cantona** (☎276-596-53-07; Erw./Stud. 45 Mex$/frei, So Eintritt frei; ⌚9–18 Uhr) zeigt 598 Gebrauchsgegenstände aus Cantonas vorkolonialer Zeit. Darunter ist auch eine große Sammlung von Stücken aus vulkanischem Obsidian (u. a. ein 2000 Jahre alter Dolch, der für Menschenopfer benutzt wurde). Der Schwerpunkt liegt auf dem einstigen regionalen Alltag, der mit Kochgeräten und dem Nachbau einer strohgedeckten Hütte sehr anschaulich zum Leben erweckt wird. Leider sind die Informationstafeln des Museums bislang nur auf Spanisch beschriftet.

Von Oriental, der nächstgelegenen Stadt, fahren alle 20 Minuten überdachte Pick-up-*colectivos* der Grupo Salazar nach Cantona, Abfahrt ist an der Ecke Carretera Federal Puebla-Teziutlan und 8 Poniente. Auf der Windschutzscheibe der Pick-ups steht „Tepeyahualco" (35 Mex$, 45 Min.). Beim Einsteigen sagt man dem Fahrer, wohin man möchte.

Taxis zur Stätte kosten für die Hin- & Rückfahrt mindestens 150 Mex$. Wenn man ein eigenes Fahrzeug hat, bietet sich auf dem Weg nach Cuetzalan ein Abstecher nach Cantona an.

Cuetzalan

☎ 233 / 6000 EW. / 980 M

Eine der aufregendsten Touren in der Region, die großartige Fahrt nach Cuetzalan, ist ein Abenteuer für sich. Hinter der Abzweigung nach Zaragoza wird die Straße richtig dramatisch: Sie schlängelt sich in Haarnadelkurven die Hügel hinauf und bietet atemberaubende Ausblicke. Am Ende des Ganzen liegt die abgeschiedene, schwülwarme Stadt Cuetzalan (Ort der Quetzals). Das markante Dorf wurde auf einem steilen Hang gebaut und ist für seine lebhaften Festivals und den sonntäglichen *tianguis* (wöchentlicher Straßenmarkt) bekannt, zu dem Scharen indigener Einwohner in ihren traditionellen Trachten kommen. An den klarsten Tagen sieht man von den Hügeln bis zur Golfküste – das sind 70 km Luftlinie.

Drei Türme prägen die Skyline Cuetzalans: der frei stehende **Uhrenturm** auf der Plaza, der gotische Turm der **Parroquia de San Francisco** und im Westen der französisch-gotische Turm des **Santuario de Guadalupe** mit seinen äußerst ungewöhnlichen dekorativen Reihen von *jarritos* (Lehmvasen).

Sehenswertes

Las Brisas & Cascada del Salto WASSERFALL

Etwa 5 km nordöstlich der Stadt liegen zwei hübsche Wasserfälle. Die natürlichen Schwimmbecken unterhalb der Wasserfälle sind wirklich verlockend, also Badesachen einpacken! Motorisierte Rikscha-Taxis setzen einen am Weg zu den Wasserfällen ab und warten, bis man zurückkommt.

Feste & Events

Feria del Café y del Huipil BRAUCHTUM

Rund um den 4. Oktober feiert Cuetzalan beim Festival des Kaffees und der *huipiles* mehrere Tage lang sowohl seinen Schutzheiligen, den hl. Franz von Assisi, als auch den Beginn der Kaffeeernte. Dabei wird kräftig getrunken; dazu gibt es traditionellen Quetzal-Tanz und *voladores* (wörtlich „Flieger") – ein totonakisches Ritual, bei dem an den Fußknöcheln hängende Männer um einen hohen Pfahl wirbeln.

Die *voladores*, deren Tradition 2009 von der UNESCO als immaterielles Kulturerbe anerkannt wurde, treten an den Wochenenden mehrmals täglich für die Touristen (und für Trinkgeld) auf – eine bemerkenswerte Vorstellung, die man nicht verpassen darf!

Schlafen

Posada Jaqueline PENSION $

(☎ 233-331-03-54; Calle 2 de Abril 2; EZ/DZ 100/150 Mex$) Die 20 einfachen, aber sauberen Zimmer der Posada Jaqueline blicken auf die höher gelegene Seite des *zócalo* und bieten mit das beste Preis-Leistungs-Verhältnis in Cuetzalan.

Taselotzin LODGE $

(☎ 233-331-04-80; www.taselotzin.mex.tl; Yoloxóchitl, Barrio Zacatipan; B/EZ/DZ/3BZ/4BZ 150/340/565/748/943 Mex$, Hütte für 4 Pers. 1100 Mex$; P 🛜) Dieses Hotel mit zehn Zimmern liegt gleich außerhalb von Cuetzalan. Betreiber ist eine Gruppe von Nahua-Kunsthandwerkerrinnen, die sich für fairen Handel einsetzt. Vor Ort werden auch traditionelle Massagen angeboten; das Restaurant serviert heimische Gerichte. Anfahrt: Hinter der Abzweigung zur Straße nach Puebla der rechten Straßengabelung bergab folgen, dabei nach ca. 300 m auf ein unscheinbares Schild zur Rechten achten.

Tosepan Kali LODGE $$

(☎ 233-331-09-25; www.tosepankali.com; Carretera Cuetzalan bei Km 1,5, San Miguel Tzinacapan; EZ/DZ/3BZ/4BZ inkl. Frühstück 350/700/1050/1400 Mex$; 🏊) 🌿 Auf halber Strecke zwischen Cuetzalan und dem benachbarten San Miguel Tzinacapan liegt dieses wunderschöne Ökohotel (der Name bedeutet „unser Haus" auf Náhuatl), das größtenteils aus Bambus und Stein gebaut ist. Hoch droben auf einem Hügel wirkt es wie ein Baumhaus, das sich im dichten Laub versteckt. Betreiber ist eine ortsansässige Kooperative von indigenen Mexikanern. Vom großen Pool aus schaut man auf das Tal.

Hotel Posada Cuetzalan HOTEL $$

(☎ 233-331-01-54; www.posadacuetzalan.com; Zaragoza 12; EZ/DZ/3BZ/4BZ 655/913/1085/1220 Mex$; P @ 🏊) Das hübsche Hotel, das 100 m bergauf vom *zócalo* liegt, hat drei große Innenhöfe voller zwitschernder Vögel, einen Pool und ein gutes Restaurant, in dem es regional hergestellte Fruchtliköre gibt. Die 36 in tropischen Farben dekorierten Zimmer sind mit gefliesten Böden, leicht gebeiztem Holz und Kabel-TV ausgestattet. In den vorderen Zimmern in der Nähe des Büros gibt's WLAN.

Hotel La Casa de la Piedra BOUTIQUEHOTEL $$$

(☎ 233-331-00-30; www.lacasadepiedra.com; García 11; Zi. 810–1200 Mex$, Suite 1530–1970 Mex$;

(P ❄) Alle 16 Zimmer in diesem renovierten, aber rustikalen ehemaligen Kaffeeverarbeitungslager haben Panoramafenster und aufgearbeitete Holzböden. Die beiden Suiten oben (für bis zu 4 Pers.) gehen über zwei Etagen und bieten weite Ausblicke auf das Tal. Die Zimmer unten haben geflieste Bäder, Steinwände und ein oder zwei Betten.

Essen & Ausgehen

Viele Straßenstände bieten regionale Spezialitäten an, darunter Obstweine, Räucherfleisch und Kräuterliköre.

Restaurante Yoloxóchitl MEXIKANISCH $

(☎233-331-03-35; Calle 2 de Abril 1; Hauptgerichte 35–60 Mex$; @) Das Yoloxóchitl ist schön mit Pflanzen, Antiquitäten und uralten Jukeboxes dekoriert und bietet neben dem Blick auf die Kathedrale verschiedene Salate, *antojitos* (Tortilla-Snacks) und Fleischgerichte sowie in *chipotle*-Chilis eingelegte Wildpilze an.

La Terraza SEAFOOD $$

(☎233-331-02-62; Hidalgo 33; Hauptgerichte 80–150 Mex$; ⏲9–21 Uhr) Das familiengeführte Restaurant ist mit Fotos von den jährlichen Stadtfesten geschmückt. Bei den Einwohnern ist es wegen seiner großen Auswahl beim Frühstück, bei den *mariscos* (Meeresfrüchte), Quesadillas, *platillos de la región* und Kronenhummern (zur Saison) überaus beliebt.

Bar El Calate BAR

(☎233-331-05-66; Morelos 9B; Schnaps ab 8 Mex$) Diese Bar an der Westseite des *zócalo* ist *der* Ort, um hausgemachten Schnaps zu trinken. Es gibt ihn in 36 Geschmacksrichtungen, darunter Kaffee-, Limetten- und Beerengeschmack. Unbedingt mal probieren: das Allheilmittel *yolixpán*, ein lokaler Kräuterlikör mit Anisgeschmack.

Shoppen

Centro de Desarrollo Artesanal Matachiuj KUNST & KUNSTHANDWERK

(Hidalgo 917; ⏲Mo–Mi 9–19 Uhr) Dieser neue Fair-Trade-Markt bietet hochwertige Webwaren und andere Kunsthandwerkserzeugnisse, die den Vorteil haben, dass man den Herstellern selbst begegnet: Viele Waren werden vor Ort von einheimischen Kunsthandwerkern hergestellt.

Praktische Informationen

In der mäßig hilfreichen **Touristeninformation** (☎233-331-00-15; ⏲8–16 Uhr) an der Ostseite des *zócalo* gibt es unverzichtbare, wenn auch etwas verwirrende Stadtpläne. Die benachbarte Santander-Bank hat einen Geldautomaten.

An- & Weiterreise

Zwischen Puebla und Cuetzalan fahren täglich zwischen 6 und 18 Uhr vier Busse von Vía (161 Mex$, 3½ Std.). In der Regenzeit sollte man sich über die Straßenverhältnisse informieren und die Rückfahrkarten im Voraus kaufen. Zwischen Cuetzalan und dem TAPO-Busbahnhof in Mexico City fahren täglich sechs Busse von Primera Plus (350 Mex$, 6 Std.). Letzte Abfahrt vom TAPO-Terminal ist um 15.30 Uhr. Sonntags fahren zusätzliche Busse.

Unterwegs vor Ort

Die Fahrt mit einem der dreirädrigen Motortaxis (ab 25 Mex $ oder ca. 100 Mex$/Std.) durch die steilen Straßen der Stadt verspricht ein kleines Abenteuer. Überdachte Pick-ups (7 Mex$) fahren in nahe *pueblitos*.

Yohualichán

Etwa 8 km nordöstlich von Cuetzalan (die letzten 2 km sind eine steile Kopfsteinpflasterstraße) liegt diese zeremonielle **vorkoloniale Stätte** (Eintritt 35 Mex$; ⏲Di–So 9–17.30 Uhr) mit Nischenpyramiden ähnlich denen in El Tajín. Der Besuch der beeindruckenden Stätte lohnt sich auf jeden Fall, nicht zuletzt wegen der tollen Ausblicke von dieser Talseite aus. Der Eingang liegt gegenüber der Kirche und der Plaza der Stadt. Um herzukommen, fragt man in der Touristeninformation nach einem *camión* (LKW), der an den Pyramiden vorbeifährt.

SÜDLICH VON MEXICO CITY

Südlich der mexikanischen Hauptstadt liegen Unmengen fantastischer Ziele, u. a. das geheimnisvolle Städtchen Tepoztlán, das atemberaubende Taxco und die grandiosen Höhlen von Grutas de Cacahuamilpa. Die Hauptstraße südlich von Mexico City, der Hwy 95, führt aus dem in Abgasen erstickenden Valle de México hinauf in die in über 3000 m Höhe liegenden kühlen Kiefernwälder. Dann geht's wieder hinunter nach Cuernavaca, in „die Stadt des ewigen Frühlings", die seit Langem ein beliebtes Naherholungsziel der Bewohner Mexico Citys und ein zweites Zuhause für viele Nordamerikaner und Chilangos ist, die hier ein Ferienhaus haben.

Der Bundesstaat Morelos mit den Städten Cuernavaca und Tepoztlán ist einer der kleinsten und am dichtesten besiedelten in Mexiko. Die unterschiedlich hoch gelegenen Täler sind klimatisch sehr unterschiedlich. Seit vorkolonialer Zeit werden hier Obst, Getreide und Gemüse angebaut. In den archäologischen Stätten in Tepoztlán und Xochicalco hat man Spuren der Ackerbau betreibenden Tlahuica und der Azteken gefunden, die erstere unterjocht hatten. In der Kolonialzeit wurde der größte Teil der Region von einigen wenigen Familien beherrscht, z. B. von den Nachfahren von Cortés. Die Paläste und Haziendas sowie die Kirchen und Klöster aus dem 16. Jh. können besichtigt werden. Es überrascht nicht, dass die *campesinos* von Morelos eifrige Verfechter der mexikanischen Revolution waren und dass der hier geborene Emiliano Zapata ein Staatsheld ist. Wer mehr über Zapata (Revolutionsführer der besitzlosen Landarbeiter) erfahren möchte, sollte Cuautla einen Besuch abstatten. Sie war die erste Statd, die von Zapata erobert wurde und 6 km südlich von seinem Geburtsort Anenecuilco liegt.

Der bergige Bundesstaat Guerrero bietet so großartige Highlights wie die Silberstadt Taxco, eine der am besten erhaltenen Kolonialstädte Mexikos und außerdem ein echtes Touristenmekka.

Tepoztlán

☎739 / 14 000 EW. / 1700 M

Ein Wochenendausflug ins nur 80 km südlich der Hauptstadt liegende Tepoztlán wird einen nicht enttäuschen. Die schön gelegene Stadt hat ein gut erhaltenes historisches Zentrum, das von hoch aufragenden, zerklüfteten Gipfeln umgeben ist. Vor 1200 Jahren soll hier Quetzalcóatl, der mächtige Schlangengott der Azteken, geboren worden sein (glaubt man einer mesoamerikanischen Legende), daher ist Tepoztlán ein bedeutendes Náhuatl-Zentrum und darüber hinaus ein Mekka von New-Age-Anhängern, die glauben, dass diese Gegend eine kreative Energie besitzt.

In diesem *pueblo mágico* gibt es eine beeindruckende Pyramide, einen tollen Kunsthandwerksmarkt und viele Restaurants und Hotels. Es hat sich auch indigene Traditionen bewahrt; einige der Älteren sprechen noch Náhuatl, und die jüngere Generation lernt es sogar in der Schule, was in den Städten rings um die mexikanische Hauptstadt eine Seltenheit ist.

In Tepoztlán kann man alles leicht zu Fuß erreichen, nur zur oben auf einem Felsen gelegenen Pirámide de Tepozteco kommt man nur zu Fuß – hinauf führt ein 2,5 km langer, anstrengender Wanderweg. Die Straßennamen ändern sich im Stadtzentrum, so wird z. B. aus der Avenida 5 de Mayo nördlich vom *zócalo* die Avenida Tepozteco.

Sehenswertes

Pirámide Tepozteco PYRAMIDE

(Eintritt 42 Mex$, So frei; 9–17 Uhr) Unbestrittenes Ortshighlight ist diese 10 m hohe Pyramide, die 400 m *oberhalb* der Stadt steht – genauer gesagt auf einem nackten Steilfelsen, auf den ein sehr steiler Pfad ab dem Ende der Av Tepozteco hinaufführt. Errichtet wurde die Pyramide einst zu Ehren von Tepoztécatl (Aztekengott der Fruchtbarkeit, der Ernte und des *pulque*). Allerdings beeindruckt der Bau eher durch seine Lage als durch seine Dimensionen. Achtung: Der sehr anstrengende Anmarsch (2 km) ist nur für körperlich gut Trainierte zu empfehlen! Sehr wichtig sind zudem ausreichend Trinkwasser, geeignetes Schuhwerk und ein früher Aufbruch, um der Hitze zu entgehen. Doch wer erstmal oben steht, wird (je nach aktuellen Sichtverhältnissen) mit einem idyllischen Talpanorama für seine Mühen belohnt. Eventuell lässt sich vor Ort sogar ein vereinzelter Nasenbär (Coati) blicken. Ein Laden auf der Hügelspitze verkauft Erfrischungen. Die eigentliche Wanderung ist gratis. Wenn man sich dann jedoch der Pyramide nähern oder eine Videokamera benutzen will (zzgl. 45 Mex$), wird der Eintritt fällig.

Ex-Convento Domínico de la Natividad KIRCHE

Dominikanerpriester bauten zwischen 1560 und 1588 dieses Kloster (östlich vom *zócalo*) und die angrenzende Kirche. Die platereske Kirchenfassade ist mit Siegeln der Dominikaner geschmückt, die mit indigenen Symbolen, Blumenmustern und verschiedenen Figuren, darunter Sonne, Mond und Sterne, Tiere, Engel und die Jungfrau Maria, durchsetzt sind. Oben befinden sich in verschiedenen Zellen ein Buchladen, Galerien und ein **regionales Geschichtsmuseum**.

Der gewölbte Eingang zum Kloster ist mit einem aufwendigen **Wandbild aus Samen** geschmückt, das Themen und Symbole der

Tepoztlán

vorkolonialen Geschichte darstellt. Jedes Jahr in der ersten Septemberwoche „säen" deshalb auch ortsansässige Künstler aus 60 verschiedenen Samensorten ein neues Wandbild.

Museo de Arte Prehispánico Carlos Pellicer MUSEUM
(☎739-395-10-98; Pablo González 2; Eintritt 10 Mex$; ⏲Di–So 10–18 Uhr) Dieses archäologische Museum hinter der Dominikanerkirche zeigt eine kleine, aber sehr interessante Ausstellung von Exponaten aus dem ganzen Land, die allesamt eine Spende des Dichters Carlos Pellicer Cámara aus Tabasco sind. Die ausgestellten Figuren von Menschen und Tieren sind äußerst lebendig und kraftvoll. Die Steinfragmente, auf denen ein Kaninchenpaar dargestellt ist – ein Symbol für Ometochtli, den Anführer von 400 Kaninchengöttern der Trunkenheit –, wurden an der Pyramidenstätte von Tepozteco entdeckt.

Tepoztlán

Sehenswertes
1 Ex-Convento Domínico de la Natividad B3
2 Museo de Arte Prehispánico Carlos Pellicer B3

Schlafen
3 Hotel Posada Ali B1
4 Posada del Tepozteco A3
5 Posada Nican Mo Calli B1

Essen
6 El Brujo A2
7 El Ciruelo B2
8 El-Mango-Biergarten-Restaurante B3
La Sibarita .... (siehe 4)
9 Los Buenos Tiempos A3
10 Los Colorines A2
11 Tepoznieves A3

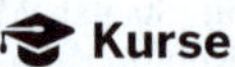

Kurse

La Villa Bonita KOCHKURS
(☎777-169-72-32; www.lavillabonita.com; Aniceto Villamar 150, Colonia Tierra Blanca; 3- bis 4-tägige Kurse inkl. 7 Übern. 950–1950 US$) Diese Kochschule an einem Hang oberhalb der Stadt ist ein Projekt von Ana García, die zu Mexikos gefeiertsten Küchenchefinnen gehört. Die Kurse ernten begeisterte Kritiken von Teilnehmern. Die Fenstertüren der sechs Gästezimmer grenzen an eine tolle Terrasse mit Blick auf das Tal von Tepoztlán. Der Pool ist direkt ins Vulkangestein hineingeschlagen. Die Website informiert über diverse Pauschalangebote.

Feste & Events

In Tepoztlán wird viel gefeiert, und etliche christliche Feste beruhen auf heidnischen. Und bei acht *barrios* (Stadtviertel) und ebenso vielen Schutzheiligen scheint es eigentlich immer einen Grund für ein Feuerwerk zu geben.

Karneval TANZ
In den fünf Tagen vor Aschermittwoch (46 Tage vor Ostersonntag) findet der Karneval statt. Dann werden die bunten Tänze der Huehuenches und Chinelos aufgeführt, die Federkopfschmuck und wunderschön bestickte Kostüme tragen.

Fiesta del Templo RELIGION
Am 7. September wird auf dem Berg von Tepozteco in der Nähe der Pyramide die ganze Nacht gefeiert. Zu Ehren Tepozté-

catls fließt reichlich *pulque*. Am folgenden Tag findet die **Fiesta del Templo** statt, ein katholisches Fest mit Theateraufführungen in Náhuatl. Der Feiertag sollte ursprünglich mit dem heidnischen Fest zusammenfallen und dieses vielleicht sogar verdrängen – doch die *pulque*-Trinker sichern sich einen Vorsprung, indem sie mit ihrem Fest einfach schon in der Nacht davor beginnen.

Schlafen

Tepoztlán hat eine gute Auswahl an Unterkünften zu bieten, doch in die kleine Stadt kommen viele Besucher, und zu Festzeiten und an Wochenenden kann es deshalb manchmal trotzdem schwierig werden, ein Zimmer zu bekommen. Wer keines findet, sollte nach Privathäusern schauen, die am Wochenende Zimmer vermieten und an den Schildern *hospedaje económico* zu erkennen sind.

Posada Nican Mo Calli HOTEL $$

(739-395-31-52; www.hotelnican.com; Netzahualcóyotl 4A; Zi. 1150 Mex$, Suite 1250–2100 Mex$; P) Dieses Hotel zählt zu den besten örtlichen Bleiben. Gemeinschaftsbereiche in fröhlichen Farben, ein beheizter Pool, viele Tiere und stilvolle Zimmer (manche mit super Bergblick vom Balkon aus) machen es zur richtigen Wahl für ein romantisches Wochenende. Unter der Woche sind die Preise übrigens niedriger.

Hotel Posada Ali PENSION $$

(739-395-19-71; posadaali.com; Netzahualcóyotl 2C; Zi. 550–900 Mex$; P) Die 20 Zimmer des freundlichen Hotels sind unterschiedlich komfortabel – in den unteren Etagen sind sie kleiner, dunkler und günstiger, oben vergleichsweise geräumig. Vorhanden sind auch ein kleiner Pool, ein *frontón* (Spielfeld für Jai Alai bzw. Pelota) und ein Dachgarten, der mit Liegestühlen und friedvollem Bergblick punktet. Gäste mit leichtem Schlaf könnten sich nachts durch die nahen Kirchenglocken gestört fühlen.

Posada del Valle RESORT $$

(739-395-05-21; www.posadadelvalle.com.mx; Camino a Mextitla 5; Zi. So–Do 950 Mex$, Fr & Sa 1450 Mex$, Spa-Paket 3240 Mex$; P) Dieses Hotel-Spa östlich der Stadt hat ruhige, romantische Zimmer (Kinder unter 16 Jahren sind nicht erwünscht) und ein gutes argentinisches Restaurant. Die Spa-Pakete kosten extra und beinhalten zwei Übernachtungen, Frühstück und einen Besuch im *temascal* (Dampfbad der indigenen Mexikaner). Es liegt 2 km stadtauswärts an der Avenida Revolucion 1910, die letzten 100 m sind ausgeschildert.

★ **Posada del Tepozteco** LUXUSHOTEL $$$

(739-395-00-10; www.posadadeltepozteco.com; Paraíso 3; Zi. 208–245 US$, Suite 290–430 US$; P@) Dieses kultivierte Hotel wurde in den 1930er-Jahren als Villa auf einem Hügel erbaut. Die 20 luftigen, individuell eingerichteten Zimmer warten größtenteils mit herrlichem Stadtblick auf und teilen sich einen großartigen Garten mit Pool. Im Gästebuch stehen Promis wie Angelina Jolie, die bei einem Kurzbesuch in Zimmer 5 wohnte. Unter der Woche sind die Preise bis zu 30 % niedriger.

Essen & Ausgehen

Am Wochenende, wenn sich die Cafés und Bars mit begeisterten Besuchern füllen, ist in der kleinen Stadt richtig was los. Unter der Woche ist es allerdings nicht so lebhaft, denn viele der besten Lokalitäten öffnen nur von Freitag bis Sonntag.

El Brujo BÄCKEREI $

(Av 5 de Mayo; Frühstück 65–75 Mex$; 9–21 Uhr;) Diese wunderbare Bäckerei mit Restaurant an der Hauptstraße ist der beste Ort für ein ordentliches Frühstück, denn hier gibt es z. B. hervorragende Omeletts und typisch Mexikanisches wie *chilaquiles* – in Sauce getauchte Streifen gebratener Maistortillas. Sie serviert auch tollen Kaffee und fantastische Desserts. Schon allein beim Anblick der Kuchentheke läuft einem das Wasser im Mund zusammen!

Los Buenos Tiempos BÄCKEREI $

(739-395-05-19; Av Revolución 1910 No 14B; Gebäck 7–35 Mex$) Hier gibt's das beste Gebäck weit und breit – schon der Duft, der über den *zócalo* hinweg zieht, hat magische Anziehungskraft. Außerdem gibt's guten Kaffee und eine gesellige Atmosphäre. Man kann hier auch wunderbar Gebäck für den Weg zur Pyramide einkaufen.

Tepoznieves EISKREM $

(Av Revolución 1910 s/n; Eiskugel 10–25 Mex$) Regionale Eisdielenkette mit mehreren Filialen; unter den ca. 100 himmlischen Sorten ist Exotisches wie Kaktus oder Ananas-Chili.

La Sombra del Sabino CAFÉ $$

(739-395-03-69; www.lasombradelsabino.com.mx; Av Revolución 1910 No 45; Hauptgerichte

95–105 Mex$; ⌚ Mi–So 10–19 Uhr; @) In diesem „Literaturcafé" mit Buchladen gibt's Kaffee, Tee, Wein und Bier sowie so einfache Gerichte wie Pasteten, Sandwichs und Salate. Aller wird in einem friedlichen Garten serviert. Hier finden auch Lesungen und andere Veranstaltungen statt, und der Buchladen hat eine kleine Auswahl an englischsprachigen Büchern.

El-Mango-Biergarten-Restaurante DEUTSCH **$$**
(☎ 739-395-22-53; www.elmango.org; Campesinos 7; Hauptgerichte 60–145 Mex$; ⌚ Fr–Sa 14–21 Uhr) Mal wieder Appetit auf Gulasch, Spätzle, Bratwurst und herzhaftes, frisch gebackenes Brot? In dem von Deutschen geführten Biergarten, der ein kleines Stück bergab vom *zócalo* liegt, wird deutsche Küche serviert. Runterspülen kann man das Essen mit diversen Biersorten, darunter europäische Importbiere und heimisches *cerveza*. An den Wochenenden spielen Jazz- und Bluesmusiker. Veranstaltungstermine stehen auf der Website.

Axitla MEXIKANISCH **$$**
(☎ 739-395-05-19; Av Tepozteco; Frühstück 40–110 Mex$, Hauptgerichte 80–150 Mex$; ⌚ Mi–Fr 10–19, Sa & So 9–19 Uhr) Dieses weitläufige Baumhaus à la Schweizer Familie Robinson liegt ganz nah am Weg zur archäologischen Stätte inmitten eines dichten Waldes. Es bietet eine große Frühstücksauswahl (40–100 Mex$) und eine internationale Speisekarte, u.a. mit Hühnchenbrust gefüllt mit *huitlacoche* in *chipotle*-Sauce, Rippchen süß-sauer und Wachteln.

Los Colorines MEXIKANISCH **$$**
(☎ 739-395-01-98; Av Tepozteco 13; Gerichte 52–146 Mex$; ⌚ 9–21 Uhr; ✍ 👪) In dem brummenden Lokal mit der rosafarbenen Einrichtung köchelt herzhafte, frisch zubereitete Traditionsküche à la Mexiko in *cazuelas* (Tontöpfen) vor sich hin. Empfehlenswert sind beispielsweise die *chiles rellenos* (gefüllte Chilis) und das *huauzontle* (broccoliartige Blütenknospen mit Schmelzkäse) nach regionalen Rezepten. Toll sind auch die *piñatas*, die großen Räumlichkeiten und das Gefühl, eine Fiesta auf Großmutters farbenfroher Ranch zu besuchen. Hier ist nur Barzahlung möglich.

★ **La Sibarita** MEXIKANISCH **$$$**
(☎ 739-395-00-10; www.posadadeltepozteco.com; Posada del Tepozteco; Hauptgerichte 200–300 Mex$; ⌚ So–Do 8–22, Fr & Sa 8–23 Uhr) Hoch droben auf einem Hügel über der Stadt punktet das Hausrestaurant der Posada del Tepozteco mit einem tollen Talblick. Surreale Felsen und die darüber aufragende Pyramide bescheren ihm eine atemberaubende Lage. Auf der Karte stehen z.B. Hühnerbrust mit Ziegenkäsefüllung, Carpaccio vom *róbalo* (Snook) in Vinaigrette oder *nieve* (ein Eisdessert) mit Rosenblüten. Dazu gibt's passende Importweine.

El Ciruelo INTERNATIONAL **$$$**
(☎ 739 395-12-03; www.elciruelo.com.mx; Zaragoza 17; Hauptgerichte 145–235 Mex$; ⌚ Mo–Do & So 13–19, Fr & Sa 13–23 Uhr; 👪) Diese alteingesessene Institution befindet sich in einem Innenhof mit Blick auf die Felsen und die Pyramide. Die eindrucksvolle Nobelkarte reicht von *camarones al curry* (Currygarnelen) über *salmón chileno a la mantequilla* (chilenischer Lachs in Buttersauce) bis hin zu guter Pizza, Salaten und internationalen Gerichten. Die Preise wirken allerdings leicht übertrieben. Samstags und sonntags öffnet ein besonderer Spielbereich für Kinder.

Shoppen

In Tepoz findet jeden Tag ein stimmungsvoller **Markt** auf dem *zócalo* statt. Mittwochs und sonntags ist am meisten los. Neben frischem Obst und Gemüse, Kleidung und Handwerkserzeugnissen bekommt man hier auch verschiedenes Kunsthandwerk.

Praktische Informationen

Bancomer und HSBC liegen an der Westseite der Plaza und haben Geldautomaten. In der Stadt verstreut gibt's mehrere Internetcafés.

Anreise & Unterwegs vor Ort

Tepoztlán bitte nicht mit Tepotzotlán nördlich von Mexico City verwechseln!

1.-Klasse-Busse von **Pullman de Morelos/OCC** (www.pullman.com.mx; Av 5 de Mayo 35) verbinden die Stadt mit dem Terminal Sur (104 Mex$, 1 Std., 5–20 Uhr stündl.) und dem Flughafen in Mexico City (Direktverbindung; 145 Mex$, 1½ Std., 3-mal tgl.).

Ometochtli fährt direkt nach Cuernavaca (20 Mex$, 45 Min. 6–21 Uhr alle 20 Min.). Die Busse brechen am firmeneigenen Terminal auf, das an der stadtauswärts führenden Straße Cuernavaca–Tepotzlán auf einem Hügel liegt (Westende der Av 5 de Mayo). Achtung: Seit Kurzem ist diese Route leider für bewaffnete und brutale Raubüberfalle auf Busse berüchtigt. Da ist es besser, ein sicheres Taxi (100–150 Mex$)

zu nehmen oder einen Umweg über das Terminal Sur in Mexico City zu machen.

Gleich außerhalb der Stadt starten ADO-Busse nach Cuautla (20 Mex$, 45 Min., regelm.) an der Mautstation am Hwy 115D.

Cuautla

☎735 / 154 000 EW. / 1300 M

Cuautla (*kwaut*-la) kann es weder mit der landschaftlichen Schönheit Tepoztláns noch mit den architektonischen Highlights Cuernavacas aufnehmen, doch seine Schwefelquellen ziehen seit Jahrhunderten Besucher an, und auch bei der Revolution spielte der Ort eine Rolle.

Cuautla war der Stützpunkt von José María Morelos y Pavón, einem der ersten mexikanischen Anführer im Kampf um die Unabhängigkeit. Erst als 1812 die königliche Armee die Stadt belagerte, musste er Cuautla verlassen. 100 Jahre später wurde Cuautla ein Zentrum der Unterstützung für Emiliano Zapatas Revolutionsarmee.

Wer sich allerdingsnicht für moderne mexikanische Geschichte oder die *balnearios* (Thermalbadeplätze) interessiert, verpasst in dieser Stadt nicht viel. Das moderne Cuautla ist ein netter Ort, doch viel zu sehen und zu tun gibt es nicht – abgesehen von den oben erwähnten Dingen.

Die beiden wichtigsten Plazas sind die Plaza Fuerte de Galeana, besser bekannt als Alameda (am Wochenende ein beliebter Treffpunkt von Mariachis, die auf Kundschaft warten) und der *zócalo*.

Sehenswertes

Ex-Convento de San Diego HISTORISCHES GEBÄUDE

Am **alten Bahnhof** von Cuautla (im Ex-Convento de San Diego) umarmte der Präsidentschaftskandidat Francisco Madero 1911 Emiliano Zapata. Dampflok-Fans sollten samstags kommen, denn dann wird die einzige Dampflok Mexikos zwischen 16 und 21 Uhr für ein paar kurze Fahrten angeheizt. Im Ex-Convento befindet sich heute die **Touristeninformation** der Stadt (☎352-52-21; ⏲9–20 Uhr).

Museo Histórico del Oriente MUSEUM

(☎735-352-83-31; Callejón del Castigo 3; Eintritt 31 Mex$, So frei; ⏲Di–So 9–17 Uhr) Im früheren Wohnhaus von José María Morelos beleuchtet jeder einzelne Raum eine andere Geschichtsperiode. Zu sehen sind z. B. vorkoloniale Tonwaren, gute Karten oder frühe Fotos von Cuautla und Emiliano Zapata. Der Rebellenführer des mexikanischen Unabhängigkeitskrieges liegt übrigens unter dem imposanten **Zapata-Monument** im Zentrum der Plazuela Revolución del Sur begraben.

Aktivitäten

Balnearios (Thermalbäder)

Cuautlas bekanntestes *balneario* (Thermalbad) ist das **Agua Hedionda** (Stinkendes Wasser; ☎735-352-00-44; www.aguahedionda.mx; am Ende der Av Progreso; Mo–Fr Erw./Kind 50/30 Mex$, Sa, So & Feiertag Erw./Kind 75/40 Mex$; ⏲6.30–17.30 Uhr) am Flussufer. Wasserfälle speisen die beiden seengroßen Schwimmbecken mit lauwarmem, schwefelig riechendem Nass. Donnerstags gilt der Eintritt jeweils für zwei Personen. Ab der Plazuela Revolución del Sur fahren Busse mit Kennzeichnung „Agua Hedionda" hierher (6 Mex$).

Zu den anderen besuchenswerten *balnearios* zählen **El Almeal** (Hernández; Erw./Kind 50/30 Mex$, Stellplatz 60 Mex$/Pers.; ⏲9–18 Uhr) und das nettere **Los Limones** (Gabriel Teppa 14; Erw./Kind 65/45 Mex$; ⏲8.30–18 Uhr). Beide werden von derselben Quelle (schwefelfrei) gespeist und haben auch weitläufige, schattige Picknickgelände. Von Montag bis Freitag ist der Eintritt um 10 Mex$ günstiger. Kinder unter drei Jahren kosten nichts.

Schlafen & Essen

Hotel Defensa del Agua HOTEL $

(☎735-352-16-79; Defensa del Agua 34; EZ/3BZ/4BZ 200/370/450 Mex$, DZ 300 Mex$; P) Das moderne, saubere Hotel im Motelstil hat einen kleinen Pool und geräumige Zimmer mit TV, Telefon und Ventilator. Fürs Frühstück bietet sich die praktische Filiale der Italian Coffee Company im Gebäude an. Die Zimmer mit Fenstern zur lauten Straße hin sollte man besser meiden.

Hotel & Spa Villasor RESORT $$

(☎735-303-55-03; www.hotelvillasor.com.mx; Av Progreso; EZ/DZ 472/614 Mex$, Suite 1050 Mex$; P) Gegenüber von den Agua-Hedionda-Bädern außerhalb der Stadt liegt dieses moderne Hotel mit einem großen Pool. Die komfortablen Zimmer sind mit Telefon, Ventilator und Kabel-TV eingerichtet. Es ist die beste Wahl, wenn man relaxen will, ist aber ohne eigenes Fahrzeug ziemlich schwierig zu erreichen.

¡QUE VIVA ZAPATA!

Ein Bauernführer aus dem Bundesstaat Morelos, Emiliano Zapata (1879–1919), war einer der radikalsten Revolutionäre Mexikos. Er kämpfte mit dem Ruf „*¡Tierra y libertad!*" (Land und Freiheit!) für die Rückgabe von Haziendaland an die Bauern. Die zapatistische Bewegung war jedoch sowohl mit den konservativen Unterstützern des alten Regimes als auch mit deren liberalen Widersachern uneins. Im November 1911 verbreitete Zapata seinen Plan de Ayala, der die Rückgabe des ganzen Landes an die Bauern forderte. Nachdem er viele Kämpfe gegen die Regierungstruppen in Zentralmexiko gewonnen hatte (einige gemeinsam mit Pancho Villa), geriet er 1919 in einen Hinterhalt und wurde ermordet. Die folgende Route führt zu einigen Schauplätzen seines Lebens.

Ruta de Zapata

In Anenecuilco, 6 km südlich von Cuautla, stehen die Überreste der Lehmziegelhütte, in der Zapata am 8. August 1879 geboren wurde. Heute befindet sich hier das **Museo de la Lucha para la Tierra** (Casa Museo Emiliano Zapata; Av Zapata; Eintritt 35 Mex$; ⏲10–17 Uhr).

Etwa 20 km südlich davon liegt die **Ex-Hacienda de San Juan Chinameca** (Cárdenas; ⏲9.30–17 Uhr) in Chinameca. Hier wurde Zapata 1919 von Colonel Jesús Guajardo in eine tödliche Falle gelockt. Dieser folgte Befehlen des Präsidenten Venustiano Carranza, der den Rebellenführer unbedingt loswerden und die nachrevolutionäre Regierung konsolidieren wollte. Guajardo arrangierte ein Treffen mit Zapata, der von einer Guerilla-Eskorte begleitet in Chinameca eintraf. Gajardos Männer erschossen den General, noch ehe dieser über die Schwelle der verlassenen Hazienda getreten war. Sein Leichnam wurde nach Cuautla gebracht, um das Kopfgeld zu kassieren.

In der Hazienda gibt es ein kleines, leider schrecklich vernachlässigtes **Museum** mit einer dürftigen Sammlung von Fotos und Zeitungsausschnitten. Doch am Eingang steht eine Statue Zapatas auf einem sich aufbäumenden Pferd. Hier, wo der Revolutionär starb und wo sich die alten Männer treffen, um ihren gestürzten Helden zu feiern, kann man noch Einschusslöcher von damals sehen.

Von Chinameca geht es 20 km Richtung Nordwesten nach Tlaltizapán, wo sich das großartige **Cuartel General de Zapata** (Guerrero 2; ⏲Di–So 10–18 Uhr) befindet, die Hauptkasernen der revolutionären Kräfte. Hier kann man Zapatas Gewehr (auf dem Abzug sind immer noch seine Fingerabdrücke), sein Bett und die (von Kugeln durchlöcherte und blutbefleckte) Kleidung sehen, die er bei seiner Ermordung trug.

Diese Tour ist zwar mit *colectivos* machbar – von Cuautla fahren alle 10 Minuten gelbe „Chinameca"-Combis von der Ecke Garduño und Matamoros nach Anenecuilco und Chinameca – , das kann allerdings eine ganztägige Strapaze werden. Die staatliche Touristeninformation Morelos in Cuernavaca arrangiert weniger beschwerliche Touren auf dieser Route.

Alameda SANDWICHES **$**
(Los Bravos & Ferrara; Frühstück 50–85 Mex$; ⏲7.30–19.30 Uhr; 🖉) Der strahlende Fast-Food-Diner in tropischen Farbtönen serviert hervorragende Frühstücksvariationen, darunter große, leckere Omeletts und eine verwirrende Auswahl an frisch gepressten Säften. Mittags gibt es ein großes Angebot an Hamburgern, *tortas* und Sandwichs, einschließlich einiger leckerer vegetarischer Varianten.

Las Golondrinas MEXIKANISCH **$$**
(☎735-354-13-50; www.lasgolondrinas.com.mx; Catalán 19A; Hauptgerichte 75–125 Mex$; ⏲8–23.30 Uhr) Das Las Golondrinas befindet sich in einem Gebäude aus dem 17. Jh. mit vielen Pflanzen und Koi-Teichen und bietet eine schöne Atmosphäre und hervorragenden Service. Zu den Spezialitäten des Hauses gehören verschiedene *molcajetes* (im Steintopf gekochter, scharf gewürzter Eintopf).

ℹ An- & Weiterreise

OCC (☎800-702-80-00; www.ado.com.mx) betreibt 1.-Klasse-Busse zum Terminal Sur in Mexico City (116 Mex$, 2 Std., alle 15 Min.). Auf der anderen Straßenseite liegt **Pullman de Morelos** (☎735-352-73-71; www.pullman.com.mx) mit Busverbindungen nach Tepoztlán (20 Mex$, 45 Min., alle 20 Min.).

Cuernavaca

777 / 339 000 / 1480 M

Als Hauptstadt des Bundesstaates Morelos hatte Cuernavaca (kwer-na-*wah*-ka) schon immer eine großartige, glamouröse Aura: Die attraktive Architektur (u.a. weitläufige, umzäunte Haziendas bzw. Anwesen), die Wärme und die saubere Luft lockten die High Society seit jeher in die Stadt.

Obwohl die ausufernde Urbanisierung der sauberen Luft den Garaus gemacht hat, setzt sich diese Tradition bis heute fort. Und auch, obwohl man hier statt internationaler Blaublüter und berühmter Künstler nun wohl mehr US-Urlauber auf der Straße sieht – oder Studenten, die einmonatige Spanischkurse belegen.

Geschichte

Die ersten Siedler ließen sich wahrscheinlich um 1500 v.Chr. in den Tälern des heutigen Morelos nieder. Zwischen 200 und 900 n.Chr. entwickelten sie sich zu einer sehr produktiven landwirtschaftlichen Gesellschaft und schufen Xochicalco und andere große Bauwerke in der Region. Später nannten die herrschenden Mexica (Azteken) diese Siedler „Tlahuica", was „Menschen, die den Boden bearbeiten" bedeutet. 1379 eroberte ein Mexica-Fürst Cuauhnáhuac, unterwarf die Tlahuica und erlegte ihnen eine jährliche Tributzahlung auf, die 16 000 Stücke papal *amate* (Borkenpapier) und 20 000 Scheffel Mais umfasste. Der Tribut, den unterworfene Völker zu entrichten hatten, wurde in einem Register verzeichnet, das die Spanier später als Códice Mendocino bezeichneten. Im Register wurde Cuauhnáhuac als Baum mit drei Ästen dargestellt – und dieses Symbol schmückt heute das Wappen von Cuernavaca.

Der Nachfolger des Mexica-Fürsten heiratete die Tochter des früheren Herrschers von Cuauhnáhuac. Aus der Ehe ging Moctezuma I. Ilhuicamina hervor, der im 15. Jh. König der Azteken und ein Vorgänger von Moctezuma II. Xocoyotzin war. Auf den wiederum traf später Cortés. Unter den Azteken entfalteten die Tlahuica eine rege Handelstätigkeit und kamen zu Wohlstand. Ihre Stadt war ein Bildungs- und Religionszentrum. Archäologische Funde beweisen auch, dass die Volksgruppe über bedeutende astronomische Kenntnisse verfügte.

Als die Spanier ins Land kamen, waren die Tlahuica den Azteken treu ergeben. Im April 1521 wurden sie schließlich besiegt, und Cortés brannte die Stadt nieder. Und bald setzte sich eine andere Version des Stadtnamens durch, den die Spanier leichter ausprechen konnten: Cuernavaca.

1529 erhielt Cortés (relativ spät) seine Belohnung von der spanischen Krone: Er wurde zum Marqués del Valle de Oaxaca ernannt. Ihm unterstanden 22 Städte, u.a. Cuernavaca, und 23 000 indigene Mexikaner. Nachdem er das Zuckerrohr und neue landwirtschaftliche Methoden eingeführt hatte, wurde Cuernavaca – wie einst unter den Azteken – zu einem Zentrum des Ackerbaus. Cortés' Nachkommen herrschten fast 300 Jahre über die Region.

Mit seinem angenehmen Klima, der ländlichen Umgebung und der kolonialen Elite zog Cuernavaca die Reichen und Mächtigen im 18. und 19. Jh. an, z.B. José de la Borda, den Silbermagnaten von Taxco. Bordas prächtiges Haus diente später Kaiser Maximilian und Kaiserin Charlotte als Unterkunft. Viele Künstler zogen nach Cuernavaca, das 1947 als Schauplatz von Malcom Lowrys Roman *Unter dem Vulkan* literarischen Ruhm erlangte.

Sehenswertes & Aktivitäten

Jardín Juárez GARTEN

(Guerrero am nordwestlichen Rand der Plaza de Armas) Den nordwestlichen Rand der Plaza de Armas säumt der Jardín Juárez, dessen zentraler Pavillon (entworfen von Turmspezialist Gustave Eiffel) mehrere Saft- und Sandwichstände beherbergt. Hier spielen außerdem Livebands (Do & So abends ab 18 Uhr), während fliegende Händler u.a. Luftballons, Eis und Maiskolben unter den Bäumen verkaufen. Aus letzteren erschallt abends ein vielstimmiges Vogelkonzert.

Noch unterhaltsamer sind die Gitarristentrios, die nach dem Warmspielen bzw. -singen an den gegenüberliegenden Cafés vorbeiziehen, um geneigten Gästen ein Ständchen zu bringen. Für eine oder auch zwei Balladen verlangen sie dabei etwa 75 Mex$.

Plaza de Armas PLATZ

(Zócalo; Gutenberg) Cuernavacas *zócalo* ist landesweit der einzige, an dem keinerlei Kirche, Kapelle, Kathedrale oder Konvent steht. Der Platz wird im Osten vom Palacio de Cortés und im Westen vom **Palacio de Gobierno** flankiert. Mariachi-Bands kommen an den Restaurants auf der nordöstlichen und südlichen Seite vorbei.

Cuernavaca

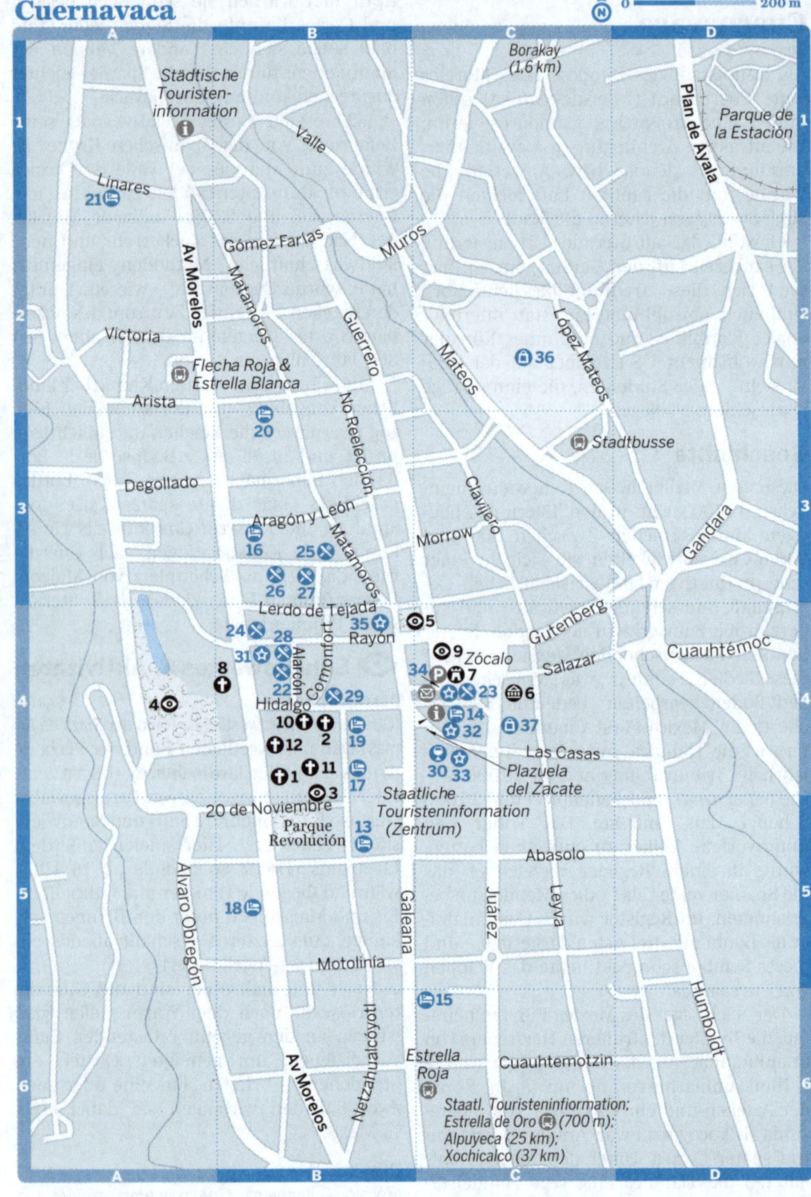

Der Palacio de Gobierno darf nicht betreten werden. Dennoch ist er ein netter Ort, um Architektur und Musik zu genießen.

Palacio de Cortés HISTORISCHES GEBÄUDE
Gegenüber dem Südostende der Plaza de Armas steht der imposante Palast von Cortés im Stile einer mittelalterlichen Burg. Der zweistöckige steinerne Palast, der an eine Festung erinnert, wurde zwischen 1522 und 1532 auf dem Fundament der Pyramide erbaut, die Cortés nach der Eroberung von Cuauhnáhuac zerstört hatte. An mehreren Stellen im Erdgeschoss ist das Fundament

Cuernavaca

noch zu sehen. Cortés residierte hier, bis er 1541 die Flucht nach Spanien ergriff. Der Palast blieb für den größten Teil des nächsten Jahrhunderts in Familienbesitz, wurde aber im 18. Jh. zum Gefängnis umfunktioniert. Während der Ära Porfirio Díaz dienten die Räume als Regierungsbüros.

Seit 1974 befindet sich im Palast das großartige **Museo Regional Cuauhnáhuac** (Eintritt 41 Mex$; Di–So 9–18 Uhr), das auf zwei Etagen eine Ausstellung zur mexikanischen Kultur und Geschichte zeigt. Letzter Einlass ist um 17.30 Uhr. Im Erdgeschoss liegt der Schwerpunkt auf den vorkolonialen Kulturen, einschließlich der örtlichen Tlahuica und deren Beziehungen zum Aztekenreich. Die Beschriftungen sind – bis auf ein paar gelungene Übersetzungen – allerdings nur in spanischer Sprache gehalten.

Im Obergeschoss geht es um Ereignisse von der spanischen Eroberung bis zur Gegenwart. Auf dem Balkon ist ein faszinierendes Wandbild von Diego Rivera zu sehen, das Mitte der 1920er-Jahre von Dwight Morrow, dem US-amerikanischen Botschafter in Mexiko, in Auftrag gegeben wurde. Das Bild stellt von rechts nach links Szenen von der Eroberung bis zur Revolution von 1910 dar und betont die Grausamkeit, Unterdrückung und Gewalt, die die mexikanische Geschichte geprägt haben.

Recinto de la Catedral — KIRCHE

Die Kathedrale von Cuernavaca steht in einem *recinto* (Komplex) mit hohen Mauern, dessen Eingang sich an der Hidalgo befindet. Wie der Palacio de Cortés wurde die Kathedrale im Stil einer Festung erbaut, um die indigene Bevölkerung zu beeindrucken, einzuschüchtern und fernzuhalten. 1526 nahmen Franziskaner hier ihre Tätigkeit auf – damit war der Komplex, zu dessen Bau einheimische Arbeitskräfte und Steine aus den Trümmern von Cuauhnáhuac benutzt wurden, eine der ersten christlichen Missionen Mexikos. Das erste Bauwerk war die **Capilla Abierta de San José**, eine offene Kapelle westlich der Kathedrale.

Die Kathedrale selbst, der **Templo de la Asunción de María**, ist einfach und solide und hat eine schmucklose Fassade. Der Seiteneingang an der Nordseite gegenüber dem Eingang zum Komplex weist europäische und indigene Elemente auf – der Schädel mit gekreuzten Knochen ist ein Symbol des Franziskanerordens. Innen sind Fresken zu sehen, die erst im 20. Jh. entdeckt wurden. Cuernavaca war eine Basis der Franziskaner für die Missionierung Asiens, und die Fresken – die angeblich die Verfolgung christlicher Missionare in Japan darstellen – sollen im 17. Jh. von einem zum Christentum bekehrten Japaner gemalt worden sein.

Auf dem Gelände der Kathedrale stehen auch zwei kleinere Kirchen. Vom Eingang aus rechts ist der **Templo de la Tercera Orden de San Francisco**; sein Äußeres wurde von indigenen Kunsthandwerkern im Barockstil des 18. Jhs. gestaltet, der Innenraum ist reich vergoldet. Links steht die **Capilla del Carmen** aus dem 19. Jh., in der Gläubige Heilung für ihre Beschwerden suchen.

Museo Robert Brady MUSEUM

(☎777-316-85-54; www.bradymuseum.org; Netzahualcóyotl 4; Eintritt 35 Mex$; ⊙Di–So 10–18 Uhr) Mal ehrlich: Wer wäre nicht gern unabhängig und reich und würde seine Zeit damit verbringen, um die Welt zu reisen und wundervolle Kunst für seine verschwenderisch eingerichtete mexikanische Villa zu sammeln? Wer sich das nicht leisten kann, kann zumindest dieses Museum besuchen, das sicher eines der besten in Cuernavaca ist. Es befindet sich in der **Casa de la Torre**, dem einstigen Wohnhaus des US-amerikanischen Künstlers und Sammlers Robert Brady (1928–1986) und ist ein wunderbarer Ort, um ohne Hast den exquisiten Geschmack dieses Mannes zu bewundern. Nach einem kurzen Aufenthalt in Venedig lebte Brady 24 Jahre in Cuernavaca, doch die Themen der Sammlung reichen von Papua-Neuguinea und Indien bis hin zu Haiti und Südamerika.

Das Haus war ursprünglich Teil des Klosters im Recinto de la Catedral und ist ein beeindruckendes Zeugnis des Lebens eines Mannes, der wusste, was er will. Alle Zimmer, auch die beiden fantastischen Bäder und die Küche, sind mit Gemälden, Schnitzereien, Textilien, Antiquitäten und Kunsthandwerk aus allen Ecken der Welt geschmückt. Zu den Highlights gehören Werke bekannter mexikanischer Künstler, darunter Rivera, Tamayo, Kahlo und Covarrubias, sowie Bradys eigene Gemälde (besonders schön ist das lebensechte Portrait seiner Freundin Peggy Guggenheim). Auch die Gärten sind hinreißend, in einem gibt's einen verlockenden (aber nicht zugänglichen) Pool, im anderen ein kleines Café.

Im Hof des Museums werden jeden Donnerstag um 17 Uhr Filmklassiker und zeitgenössische Filme in Originalsprache mit spanischen Untertiteln gezeigt, für den Eintritt wird eine Spende von 25 Mex$ fällig.

Jardín Borda GARTEN

(☎777-318-82-50; Av Morelos 271; Erw./Kind 30/15 Mex$, So Eintritt frei; ⊙Di–So 10–17.30 Uhr) Dieses extravagante Anwesen neben der 1784 erbauten **Parroquia de Guadalupe** ist von Versailles inspiriert und wurde 1783 von Manuel de la Borda als Ergänzung zu der stattlichen Residenz entworfen, die sein Vater José de la Borda gebaut hatte. Ab 1866 unterhielten hier Kaiser Maximilian und Kaiserin Carlota die Mitglieder ihres Hofes und nutzen das Haus als Sommerresidenz.

Die formellen Gärten sind auf einer Reihe von Terrassen mit Wegen, Stufen und Fontänen angelegt und enthielten ursprünglich eine botanische Sammlung mit Hunderten Arten von Zierpflanzen und Obstbäumen. Die Fontänen im barocken Stil werden wegen der Wasserknappheit nur an den Wochenenden angestellt.

Im Haus erhalten Besucher eine Vorstellung vom Leben der Aristokraten Mexikos im 19. Jh. Die Gebäude liegen im typischen Kolonialstil um Höfe herum. In einem Flügel befindet sich das **Museo de Sitio** mit Ausstellungen zum Alltagsleben während der Kaiserzeit und mit Originaldokumenten samt Unterschriften von Morelos, Juárez und Maximilian.

In der **Sala Manuel M. Ponce**, einem Konzertsaal nahe dem Hauseingang, stellen mehrere romantische Gemälde den Garten zur Zeit Maximilians dar. Eines der berühmtesten Bilder zeigt Maximilian im Garten mit La India Bonita, der „hübschen Indianerin“, die später seine Geliebte wurde.

Papalote Museo del Niño MUSEUM

(Av Vicente Guerrero 205; Eintritt 120 Mex$; ⊙Fr–Mi 10–20, Do bis 23 Uhr) Im Zuge eines Grundstücksgeschäfts mit der Stadt wurde dieses tolle Kindermuseum gebaut. Zwar befindet es sich merkwürdigerweise in einem Einkaufszentrum neben einem Costco, etwa 4 km nördlich vom Zentrum, doch für Reisende mit Kindern lohnt sich der Besuch. Der Schwerpunkt liegt auf Bildung, Technologie und Spiel, und im Museum gibt's eine große Lego-Ausstellung, musikalische Elemente und viele bunte Farben. Im selben Komplex ist auch ein IMAX-Kino untergebracht. Für Familien und Gruppen gibt es Ermäßigungen.

Kurse

Cuernavaca ist ein etabliertes Zentrum für Spanischkurse aller Stufen und hat Dutzende Sprachschulen. Der Standard ist insgesamt hoch, der Unterricht ist meist sehr gründlich und die Preise sind relativ niedrig (in der Regel 2500–5000 Mex$/Woche, plus Gebühren & Unterkunft). Die besten Schulen bieten Unterricht in Kleingruppen oder Einzelunterricht für alle Niveaus an, das bedeutet vier bis fünf Stunden intensiven Unterricht und ein paar Stunden Konversationspraxis am Tag. Die Kurse beginnen jeden Montag und die meisten Schulen empfehlen eine Kursdauer von mindestens vier Wochen.

Angesichts der vielen Unterrichtsmethoden und Angebote sollten sich Interessenten ausführlich informieren. Bei den Touristeninformationen bekommt man eine umfangreiche Liste der Schulen.

Feste & Events

Carnaval KARNEVAL

In den fünf Tagen vor Aschermittwoch (Ende Feb. oder Anfang März) feiert Cuernavaca seinen farbenfrohen **Karneval** mit Paraden, Kunstausstellungen und Straßentheater der Chinelo-Tänzer aus Tepoztlán.

Feria de la Primavera KULTUR

Beim Frühlingsfest der Stadt von Ende März bis Anfang April findet neben Kultur- und Kunstveranstaltungen sowie Konzerten auch eine wunderschöne Frühlingsblumenausstellung statt.

Schlafen

Hier gibt's einige der besten Boutiquehotels des Landes. Sie sind ausgelegt für Wochenendbesucher aus der Hauptstadt. Budgethotels sind dünn gesät und in der Regel sehr einfach, und Mittelklassehotels gibt es kaum. An den Wochenenden und an Feiertagen füllt sich die Stadt mit Besuchern aus Mexico City, dann steigen die Preise in vielen Hotels beträchtlich.

Hotel Colonial HOTEL $

(☎777-318-64-14; Aragón y León 19; EZ/DZ/3BZ/4BZ 285/350/450/500 Mex$; 📶) Das ruhige Budgethotel ist zwar einfach, hat aber ein super Preis-Leistungs-Verhältnis. Dafür sorgen Kabel-TV, Gratis-Trinkwasser (gekühlt), hübsche Fußböden und ein Garten. Die Obergeschosszimmer mit Balkonen und hohen Decken sind am besten.

Hotel Juárez HOTEL $

(☎777-314-02-19; Netzahualcóyotl 19; Zi. 350 Mex$; P 📶 🏊) Die Zimmer des einfachen, prima gelegenen Hotels sind groß und luftig, leiden aber unter Tageslichtmangel. Hierfür entschädigt eine angenehme Terrasse mit Blick auf einen großen, attraktiven Innenhof, auf Cuernavacas Tonziegeldächer und auf einen attraktiven Pool mit sauberem Wasser. Vor allem letzterer macht das allgemein eher schlichte Juárez zu einer guten Budgetoption.

Hotel Las Hortensas HOTEL $

(☎777-318-52-65; www.hotelhortensias.com; Hidalgo 13; EZ 300 Mex$, DZ 350–400 Mex$) Das günstige Hotel in zentraler Lage wartet mit einem üppigen Garten und kleinen, spärlich eingerichteten Zimmern auf. Das Personal scheint ständig mit Putzen beschäftigt zu sein. Die Quartiere auf der Straßenseite bekommen viel Lärm ab. Daher entweder Ohrstöpsel verwenden oder eins der dunkleren Zimmer auf der Innenseite nehmen.

Hostería del Sol PENSION $$

(☎777-318-32-41; Callejón de la Bolsa del Diablo; Zi. 450–750 Mex$; 🏊) Die charmante Pension überzeugt vor allem mit ihrer prima Lage und tadelloser Sauberkeit. Ihre sechs anständigen Zimmer (drei davon mit Gemeinschaftsbad) sind allesamt wunderschön mit traditionellen Blau- und Gelbtönen dekoriert. Die Varianten mit Fenstern an der Plazuela del Zacate leiden am Wochenende aber mitunter ziemlich unter Lärm. Am besten vorher anrufen – doch dabei bedenken: Das Personal spricht kein Englisch.

Hotel Antigua Posada HOTEL $$

(☎777-310-21-79; www.hotelantiguaposada.com.mx; Galeana 69; Zi. inkl. Frühstück 935–1100 Mex$, Suite inkl. Frühstück 1100–1200 Mex$; P 📶 🏊) Dieses exklusive kleine Refugium mit reizendem Innenhof und großartigem Service liegt in kurzer Laufentfernung zum Stadtzentrum. Holzbalken und rustikale Elemente zieren die elf tollen Zimmer hinter der unscheinbaren Fassade.

Hotel Laam BUSINESSHOTEL $$

(☎777-314-44-11; www.laamhotel.com.mx; Av Morelos 239; Suite 850–1520 Mex$; P @ 🏊) Dieses neue Hotel bietet mit seinem polierten Motelambiente und den komfortablen, wenn auch sterilen Zimmern (einige haben eine große Terrasse) ein gutes Preis-Leistungs-Verhältnis. Es liegt ein gutes Stück von der Straße und damit vom Lärm zurückgesetzt und hat einen Pool und sehr gepflegte Anlagen.

★ **Hotel Hacienda de Cortés** HISTORISCHES HOTEL $$$

(☎800-220-76-97, 777-315-88-44; www.hotelhaciendadecortes.com.mx; Plaza Kennedy 90; Zi. ab 2350 Mex$, Suite 2937–6000 Mex$; P 🏊) Die

ABSTECHER

XOCHICALCO

Auf einer kahlen Hochebene, von der aus man kilometerweit über das Land blicken kann, liegt **Xochicalco** (☎777-379-74-16; Eintritt 59 Mex$; ⌚9–18 Uhr, letzter Eintritt 17 Uhr). Xochicalco ist ein Muss und kann von Cuernavaca aus leicht in einem Tagesausflug besucht werden. Die außergewöhnliche Stätte, die groß genug ist, dass sich die Fahrt lohnt, aber nicht so bekannt, um überlaufen zu sein, ist eine der eindrucksvollsten der Region.

Xochicalco (so-tschi-*kal*-ko), eine UNESCO-Welterbestätte und eine der wichtigsten archäologischen Stätten Zentralmexikos, ist der Náhuatl-Begriff für „Ort des Blumenhauses". Die verschiedenen weißen Steinruinen, von denen viele noch nicht ausgegraben sind, erstrecken sich über etwa 10 km². Sie repräsentieren verschiedene Kulturen – Tlahuica, Tolteken, Olmeken, Zapoteken, Mixteken und Azteken –, für die Xochicalco ein wirtschaftliches, kulturelles und religiöses Zentrum war. Als Teotihuacán zwischen 650 und 700 n. Chr. schwächer wurde, wuchs die Bedeutung von Xochicalco, dessen Blütezeit zwischen 650 und 900 n. Chr. lag und das weitreichende kulturelle und kommerzielle Beziehungen pflegte. Etwa um 650 n. Chr. trafen sich hier die geistigen Führer der Zapoteken, Maya und der an der Golfküste lebenden Völker, um ihre Kalender aufeinander abzustimmen. Xochicalco blieb bis ca. 1200 ein bedeutendes Zentrum, doch sein übermäßig schnelles Wachstum war ähnlich wie in Teotihuacán Vorbote seines Niedergangs.

Das berühmteste Bauwerk der Stätte ist die **Pirámide de Quetzalcóatl**. Wegen der gut erhaltenen Flachreliefs vermuten Archäologen, dass sich Astronomen und Priester hier zu Beginn und am Ende eines jeden 52-Jahre-Zyklus des vorkolonialen Kalenders getroffen haben. Die Schilder auf dem Gelände sind auf Englisch und Spanisch, doch im großartigen, umweltfreundlichen **Museum**, 200 m von den Ruinen entfernt, gibt es Erklärungen leider nur auf Spanisch.

Von Oktober bis Ende Mai kann man manchmal Freitag- und Samstagabend eine spektakuläre **Lightshow** (☎Reservierung 737-374-30-90; xochicalco.mor@inah.gob.mx; 7 Mex$) bewundern. Man sollte vorher anrufen, da die Shows nicht regelmäßig stattfinden.

Vom Markt in Cuernavaca fahren alle 30 Minuten Busse mit der Beschriftung „Xochi" an der Windschutzscheibe (14 Mex$) zum Eingang der Stätte. Nach der Ankunft muss man zunächst zum Museum gehen, um Eintrittskarten zu kaufen. Der letzte Bus fährt gegen 18 Uhr zurück. Man kann auch ein Taxi (25 Mex$) in die nahe gelegene Stadt Alpuyeca nehmen, und von dort fahren viele Busse zurück nach Cuernavaca.

frühere Zuckermühle mit hervorragendem Hausrestaurant liegt ca. 4 km südöstlich vom Stadtzentrum. Sie wurde im 16. Jh. von Martín Cortés (Hernán Cortés' Nachfolger als Marqués del Valle de Oaxaca) erbaut und 1980 renoviert. Die 23 Zimmer mit Privatgärten und -terrassen bieten unterschiedliche Arten von Luxus. Der Pool erstreckt sich rund um alte Steinsäulen.

La Casa Azul BOUTIQUEHOTEL **$$$**
(☎777-314-21-41, 777-314-36-34; www.hotelcasaazul.com.mx; Arista 17; Zi. 1550 Mex$, Suite 2050–2550 Mex$; P 📶 🏊) Dieses äußerst reizende Boutiquehotel (ursprünglich Teil des Guadalupe-Klosters) mit 24 Zimmern steht in kurzer Laufentfernung zum Stadtzentrum. Es empfängt Gäste mit friedvoll wirkenden Springbrunnen, zwei Pools und tollem einheimischem Kunsthandwerk im ganzen Haus. Am Wochenende steigen die Preise.

Las Mañanitas LUXUSHOTEL **$$$**
(☎777-362-00-00; www.lasmananitas.com.mx; Linares 107; Suite inkl. Frühstück So–Do 2351–4828 Mex$; P ❄ 📶 🏊) Wer jemanden wirklich beeindrucken will, sollte ein Zimmer in diesem atemberaubenden Hotel buchen, das ein echtes Ziel für sich ist. Man will eventuell das ganze Wochenende ausschließlich hier verbringen – somit ist die Lage außerhalb vom Stadtzentrum nicht allzu wichtig. Die großen Zimmer punkten mit attraktivem Understatement und zumeist auch mit Privatterrassen. Von diesen fällt der Blick auf Gärten mit vielen Pfauen und einen beheizten Pool. Am Wochenende sind die Preise höher.

Casa Colonial BOUTIQUEHOTEL **$$$**
(☎777-312-70-33, 800-623-08-43; www.casacolonial.com; Netzahualcóyotl 37; Zi. 1365 Mex$, Suite 1705–2050 Mex$; P 📶 🏊) Dieses Herrenhaus

aus dem 19. Jh. wurde attraktiv restauriert und intelligent modernisiert. Es hat 16 wunderschön eingerichtete Zimmer und steht in einem reizenden Garten mit großem Pool. Das Personal spricht gut Englisch.

Essen

Mit ein paar hervorragenden Nobelrestaurants und vielen guten Cafés ist Cuernavaca ein prima Pflaster zum Essengehen. Allerdings gibt's hier erstaunlich wenige Optionen im mittleren Preisbereich.

La Comuna CAFÉ $

(☎777 318-27-57; Morrow 6; Hauptgerichte 30–55 Mex$, comida corrida 40 Mex$; ⏲Mo–Sa 9–21 Uhr; 📶) Hier trifft sich die politische Linke der Stadt bei „Slowfood"-Festpreismenüs, klasse Biokaffee und billigem Bier. Das Dekor besteht aus Fair-Trade-Kunsthandwerk und Kunstwerken an den Wänden. Geboten werden außerdem eine Büchertauschbörse und regelmäßige Vorträge.

Iguana Green's MEXIKANISCH $

(Rayón 24; Hauptgerichte 33–80 Mex$; ⏲7–23 Uhr) Mit dermaßen gutem und günstigem Essen würde das freundliche kleine Lokal auch als weiterer gesichtsloser *pozole*-Laden noch Scharen von Gästen anlocken. Doch die Betreiberfamilie ist offensichtlich stolz darauf, mit farbenfrohen Stühlen und einem Wandbild über die ganze Mauer eine festlich-gesellige Atmosphäre zu schaffen.

Café del Gringo CAFÉ $

(Juan Ruiz de Alarcón 9; Kaffee 35–50 Mex$, Burger 50–77 Mex$; ⏲8–23 Uhr; 📶🖉) Hinter den Kaffeesäcken und dem Mahlwerk am Eingang verbirgt sich ein grüner Innenhof mit Springbrunnen. Darin schlürfen Paare ihren Cappuccino, während sich Studenten an Hähnchen-Fajitas laben. Unter den vielen vegetarischen Optionen sind ein pikanter Rastaburger und Spaghetti Bolognese. Und ja, der Laden gehört einem Gringo, der seine eigenen Bohnen mahlt.

La India Bonita MEXIKANISCH $$

(☎777-318-69-67; www.laindiabonita.com; Morrow 115; Hauptgerichte 75–190 Mex$; ⏲8–21.30 Uhr) Das älteste Restaurant der Stadt, das in einem begrünten Hof liegt, hat mit das beste mexikanische Essen, von *brocheta al mezcal* (in *mezcal* mariniertes Fleisch am Spieß) bis zu *chile en nogada* (*poblano*-Paprika in Walnuss-Sauce), gelegentlich mit überraschenden Geschmacksnoten. Nebenan betreibt La India Bonita eine gute Bäckerei.

L'arrosoir d'Arthur FRANZÖSISCH $$

(http://larrosoir.com.mx; Calle Juan Ruiz de Alarcón 13; menú del día 85–135 Mex$; ⏲9–24 Uhr) Dieses Restaurant unter französischer Leitung ist zugleich Chill-out-Treff und Nightlife-Adresse. In einem innenstädtischen Loft gibt's hier neben hervorragender, erschwinglicher Küche à la Gallien (Crêpes, Cassolette, Huhn in Senfsauce) auch gute Cocktails und Weine. Am Wochenende machen Livemusik, Theater, Tanz und Poesie die entspannte europäische Atmosphäre etwas lebhafter.

La Maga Café MEXIKANISCH $$

(Morrow 9; Buffet 91 Mex$; ⏲Mo–Sa 13–17 Uhr; 📶🖉) Die zahllosen Töpfe des Buffets sind mit Salaten, Nudelgerichten, Obst und Gemüse gefüllt – ergänzt von Tagesspecials wie glänzendem *pollo en adob* o (in Kräutern und Chili mariniertes Huhn) oder *tortas de elote* (Käse-Mais-Kroketten). Hinzu kommen tolle vegetarische Optionen und eine gesellige Atmosphäre mit Musik. Wer einen Fensterplatz will, sollte sich früh einfinden.

Trattoria Marco Polo PIZZERIA $$

(☎777-318-40-32; Hidalgo 30; Pizzen 66–142 Mex$; ⏲Mo–Do 13–22.30, Sa 13–24, So 13–22 Uhr; 🅿) In attraktiver Lage gleich gegenüber der Kathedrale findet man dieses anständige Lokal, das Italienisches und Internationales zu vernünftigen Preisen serviert (auch prima Pizza mit dünner Kruste).

★ Restaurante Hacienda de Cortés INTERNATIONAL $$$

(☎777-315-88-44, 800-220-76-97; www.hotelhaciendadecortes.com.mx; Plaza Kennedy 90; Hauptgerichte 95–320 Mex$; ⏲7–12.30, 13.30–17 & 19–23 Uhr) Das elegante, aber schlichte Hausrestaurant des Hotel Hacienda de Cortés serviert eine hervorragende Auswahl an Salaten und leckeren internationalen Gerichten. Darunter sind eine sensationelle vegetarische Lasagne, sehr gut zubereitete Steaks vom Angusrind und Risotto mit Thunfisch in Mandelsauce. Im spektakulären Speiseraum winden sich gewaltige Weinreben unter schmiedeeisernen Kronleuchtern an den Wänden entlang.

Restaurant Las Mañanitas FRANZÖSISCH $$$

(www.lasmananitas.com.mx; Linares 107; Frühstück 105–285 Mex$, Hauptgerichte 265–500 Mex$; ⏲8–12 & 13–23 Uhr) Die luxuriöse, teure Restaurantbar von Cuernavacas berühmtestem Hotel akzeptiert auch Speisegäste. Auf der langen Karte mit stark französischem Touch stehen z.B. Entrecôte Bourguignon und opulente Desserts. Die Tische im Inneren des Herrenhauses werden durch Terrassenplätze ergänzt, von denen man auf Wildtiere und moderne Gartenskulpturen schaut. Reservierung ist ratsam.

Casa Hidalgo MEXIKANISCH $$$
(☎777-312-27-49; Jardín de los Héroes 6; Hauptgerichte 155–225 Mex$) Das beliebte Restaurant direkt gegenüber vom Palacio de Cortés hat eine tolle Terrasse und einen Balkon im Obergeschoss. Das gut betuchte Publikum besteht aus örtlichen Gesellschaftsgrößen und reichen Touristen. Von der vielfältigen Karte empfehlen sich etwa die kalte Mango-Agaven-Suppe mit jicama oder die käsegefüllte Hähnchenbrust auf *tlaxcalteca*-Art, die mit gerösteten *poblano*-Paprika und drei Salsa-Sorten (Kürbisblüte, Spinat, *chipotle*) serviert wird.

Ausgehen & Nachtleben

Studenten sorgen hier das ganze Jahr über allabendlich für ein brummendes Nachtleben. An der Plazuela del Zacate sowie in der Nachbargasse Las Casas findet man einen guten Mix aus feierwütigen und ruhigen Bars. Alle öffnen etwa zu Sonnenuntergang und schließen erst, wenn der letzte Gast geht. Eintritt wird nirgendwo fällig. Zudem bieten fast alle Innenstadtbars an den meisten Abenden zwei Drinks zum Preis von einem an.

Die nobleren Clubs verlangen einen recht niedrigen Grundpreis, lassen Frauen aber normalerweise umsonst hinein. Mancherorts gilt ein Dresscode; trendigere Läden platzieren sogar „Stilpolizisten" an ihren Eingängen. Ab 23 Uhr kommt der Betrieb richtig in Schwung.

El Romántico BAR
(Plazuela del Zacate) Die kleine Bar mit zweckmäßigen Edelstahltischen ist eigentlich alles andere als romantisch. Ihre Hauptattraktionen sind günstige Getränke und fröhliche Gäste.

Borakay NACHTCLUB
(☎777-316-49-02; Av Teopanzolco 503; ⌚Mi–Sa 22 Uhr–open end) In dem Nobelclub mit Innen- und Außenbereichen trifft sich Cuernas hippe Oberschicht. Für einen Besuch hier möglichst schick anziehen!

Face to Face SCHWULENCLUB
(Plazuela del Zacate) In diesem Schwulenclub tummelt sich ein Mix aus Studenten und älteren Einheimischen. Unter der Woche ist der Laden relativ ruhig. Dies ändert sich jedoch zwischen Donnerstag und Sonntag, wenn hier Travestieshows (z. B. mit Frida Ciccone) im wild zuckenden Licht zahlreicher Laserstrahler stattfinden. Der unscheinbare Eingang gegenüber der Nachbarbar El Romántico ist leicht zu übersehen und nur am davorsitzenden Türsteher zu erkennen.

La Plazuela DISCO
(Las Casas) Unter die pulsierenden House- und Techno-Beats mischen sich typisch mexikanische *norteño*-Akkordeonklänge.

☆ Unterhaltung

Abhängen auf den Plätzen ist hier ein beliebter Zeitvertreib – vor allem am Samstagabend, wenn eins der Freiluftkonzerte stattfindet. Oft kommen noch Live-Klänge im Jardín Borda hinzu (S. 196; Do abends).

Wer des *español* mächtig ist, kann auch in Cuernavacas Theaterszene eintauchen.

Cine Teatro Morelos KINO
(☎777-318-10-50; Av Morelos 188; Tickets ab 25 Mex$; 👪) Das Staatstheater von Morelos zeigt anspruchsvolle Filmreihen, Theaterstücke und Tanzaufführungen. Draußen hängt das Gesamtprogramm aus, drinnen gibt's auch einen Buchladen und ein Café.

Teatro Ocampo THEATER
(☎777-318-63-85; Jardín Juárez 2) Dieses Theater nahe dem Jardín Juárez (S. 193) inszeniert zeitgenössische Stücke. Am Eingang hängt ein Veranstaltungskalender aus.

Los Arcos SALSACLUB
(Jardín de los Héroes 4; Mindestverzehr 60 Mex$; ⌚Salsatanzen Di, Do, Fr & So 21–23.30 Uhr) Hier wird Salsa vor vielen begeisterten Zuschauern getanzt – nicht auf einer Bühne, sondern rund um Familien, die an Terrassentischen ihr Abendessen genießen. Die fröhlichen Klänge der Liveband schallen bis auf die andere Platzseite hinüber und bringen automatisch Schwung in die Hüften.

Shoppen

Auf dem Platz gegenüber der Kathedrale sowie entlang der Verlängerungsstraße gibt's hochwertige *guayaberas* (Männerhemden mit Applikationen), *huipiles* (lange, ärmellose Tuniken) und Souvenirs gehobener Art.

Mercado de Artesanías y Plata KUNSTHANDWERK
(Kunsthandwerks- & Silbermarkt; ⌚tgl. 10–20 Uhr) Auf diesem ruhigen, schattigen Markt

mit vernünftigen Preisen findet man Kunsthandwerk, das auch im übrigen Mexiko erhältlich ist (z.B. Kokosfaserlampen und handbemalte Tonwaren). Die handgemachten *chinelo*-Puppen mit nach oben gerichteten Bärten sind jedoch eine Besonderheit des Bundesstaats Morelos. Dessen namensgebender Unabhängigkeitsheld markiert den Markteingang als Riesenstatue.

Mercado Adolfo López Mateos MARKT
(Adolfo López Mateos; ⌚tgl. 8–18 Uhr) Auf dem weitläufigen, halb überdachten Markt werden auch frische Landwirtschaftprodukte verkauft. Hier duftet es intensiv nach Obst, Fleisch, Blumen und geräucherten Chilis.

Praktische Informationen

INTERNETZUGANG

Internetzugang gibt's auch am gemeinsamen Busbahnhof von Futura und Estrella Blanca.

Cyber Gasso (Miguel Hidalgo 22; 7 Mex$/Std.; ⌚Mo–Sa 7.30–21.30, So 9.30–21.30 Uhr) Hidalgo (Hidalgo 40); Gutenberg (Gutenberg 198)

MEDIZINISCHE VERSORGUNG

Hospital Inovamed (☎777-311-24-82; Cuauhtémoc 305) In der Colonia Lomas de la Selva (1 km nördlich der Stadt).

NOTFALL

Rettungsdienst (☎777-311-85-02)
Cruz Roja (Rotes Kreuz; ☎777-315-35-05)
Touristenpolizei (☎800-903-92-00)

POST

Hauptpost (Plaza de Armas; ⌚Mo–Fr 8–18 Uhr)

TOURISTENINFORMATION

Infostände bzw. -schalter gibt's in der Kathedrale, am Nordrand des *zócalo* (tgl. 9–18 Uhr) und an den meisten Busbahnhöfen. Weitere Kioske verteilen sich über die ganze Stadt. Nach kostenlosen Stadtplänen fragen!

Städtische Touristeninformation (☎777-329-44-04; www.cuernavaca.gob.mx/turismo; Av Morelos 278; ⌚9–18 Uhr) Diese Niderlassung der Städtischen Touristeninformation beherbergt auch ein Büro der Touristenpolizei.

Staatliche Touristeninformation (☎800-987-82-24, 777-314-38-72, 777-314-38-81; www.morelosturistico.com; Av Morelos Sur 187) Hervorragendes Büro mit zahllosen Boschüren, Karten und Infos; betreibt auch einen Ableger im Stadtzentrum (☎777-314-39-20; www.morelosturistico.com; Hidalgo 5).

WÄSCHEREI

Nueva Tintorería Francesa (Juárez 2; 15 Mex$/kg; ⌚Mo–Fr 9–19, Sa 9–14.30 Uhr)

An- & Weiterreise

Der mautpflichtige Hwy 95D (Mexico City–Acapulco) säumt den Ostrand der Stadt. Bei Anreise aus Richtung Norden nimmt man die Ausfahrt Cuernavaca und fährt am Reiterstandbild Zapatas auf den Hwy 95. Weiter gen Süden bzw. Stadt wird letzterer zum Blvd Zapata und dann zur Av Morelos. Diese verwandelt sich noch weiter südlich (ab der Av Matamoros) in eine Einbahnstraße, die nur nordwärts befahrbar ist. Wer hier abbiegt und der Av Matamoros folgt, erreicht das Stadtzentrum.

AUTO & MOTORRAD

Cuernavaca liegt 89 km südlich von MexicoCity und ist von dort aus entweder über den Hwy 95 (2 Std.) oder über den Hwy 95D (1 Std.) erreichbar. Beide Straßen führen südwärts weiter nach Acapulco – der Hwy 95 passiert Taxco, der Hwy 95D verläuft dagegen direkter und die Fahrt geht deutlich schneller.

BUS

Fast alle täglich verkehrenden 1.-Klasse- und Deluxe-Fernverbindungen (s. Tabelle unten) starten am Terminal von Estrella Roja. Nur zum Flughafen von Mexico City startet man ab dem Depot von Pullman de Morelos. Vom Estrella-Blanca-Terminal aus fährt zudem ein Bus pro Tag nach Toluca (185 Mex$, 18.45 Uhr, 3 Std.). Die wichtigsten örtlichen Fernbusbahnhöfe sind folgende:

Estrella de Oro (EDO; ☎777-312-30-55; www.estrelladeoro.com.mx; Av Morelos Sur 812)

BUSSE AB CUERNAVACA

ZIEL	PREIS (MEX$)	DAUER (STD.)	HÄUFIGKEIT (TÄGL.)
Cuautla	50	1½	28 -mal
Mexico City	82–110	1½	40-mal
Mexico City International Airport	150	2	24 -mal
Taxco	75	1½	14-mal
Tepoztlán	18	½	28-mal

Estrella Roja (ER; ☎777-318-59-34; www.estrellaroja.com.mx; Ecke Galeana & Cuauhtemotzin)

Flecha Roja & Estrella Blanca (FR & EB; ☎777-312-26-26; www.estrellablanca.com.mx; Av Morelos 503 zw. Arista & Victoria) Wird auch von Futura und ETN benutzt.

Pullman de Morelos (PDM; ☎777-318-09-07; www.pullman.com.mx; Ecke Abasolo & Netzahualcóyotl)

Unterwegs vor Ort

Die meisten Attraktionen in Cuernavacas Zentrum sind zu Fuß erreichbar. Bei Lokalbussen (6 Mex$) ist das jeweilige Ziel hinter der Fronscheibe angegeben. Viele Busse zu lokalen und nahegelegenen regionalen Zielen starten an der Südecke des labyrinthartigen Markts (Mercado Adolfo López Mateos). Die meisten Stadtfahrten mit Taxis kosten 35 Mex$. Achtung: Berichten zufolge kam es schon zu Raubüberfällen in Cuernavacas Lokalbussen – daher bei deren (eventuell nötiger) Benutzung entsprechend vorsichtig sein!

Die Busbahnhöfe liegen in Laufentfernung zum *zócalo*. Eine Ausnahme ist das Terminal von Estrella de Oro, das man 1 km südlich bzw. bergab vom Zentrum findet. Dorthin geht's mit Buslinie (Ruta) 20 entlang der Galeana; in Gegenrichtung eignen sich alle Busse, die der Av Morelos folgen. Die Busse der Ruta 17 fahren die Av Morelos hinauf und halten in ca. einem Block Entfernung zum Terminal von Pullman de Morelos am Casino de la Selva.

Taxco

☎762 / 53 000 EW. / 1800 M

Von Norden kommend, ist bereits der erste Anblick von Taxco (*tass*-ko) auf der anderen Seite des tiefen Tals atemberaubend. Die auf einem steilen Hang liegende, von dramatischen Bergen und Felsen umgebene Stadt mit ihrer perfekt erhaltenen Kolonialarchitektur und den Zwillingsglockentürmen des Templo de Santa Prisca, einem barocken Meisterwerk, bietet eines der faszinierendsten Panoramen im zentralen Hochland.

Das 160 km südwestlich von Mexico City liegende Taxco hat im Zusammenhang mit den unglaublich reichen Silbervorkommen viele Perioden des Aufschwungs und des Niedergangs erlebt; jene wurden erstmals im 16. Jh. entdeckt, und danach fand man bis ins frühe 20. Jh. hinein neue. Im Gegensatz zu vielen anderen Städten aus der Kolonialzeit ist Taxco nicht von Industriegebieten umgeben, und sein Status als nationales historisches Monument bedingt, dass neue Gebäude in der Größe, im Baustil und im Material an die bestehenden angepasst werden müssen.

Der Haken an diesem rückhaltlosen Bekenntnis zur Vergangenheit ist, dass die Stadt manchmal wie ein Museumsstück wirkt, das sich den Besuchern ergeben hat, die es an den Wochenenden und während der Festivals überfluten. Dennoch ist Taxco eine sehr beeindruckende Stadt, und ein Besuch hier gehört zu den schönsten Wochenendausflügen von der Hauptstadt aus.

Geschichte

Die Azteken, die die Region von 1440 bis zur Ankunft der Spanier beherrschten, nannten Taxco „Tlachco" (Ballspielplatz). Die koloniale Stadt gründete Rodrigo de Castañeda 1529 mit einer Vollmacht von Hernán Cortés. Unter den ersten spanischen Einwohnern befanden sich drei Bergleute – Juan de Cabra, Juan Salcedo, Diego de Nava – sowie der Zimmermann Pedro Muriel. 1531 eröffneten sie die erste spanische Mine in Nordamerika.

Die Spanier suchten Zinn und fanden auch kleine Mengen davon, vor allem aber stießen sie 1534 auf riesige Silbervorkommen. Im selben Jahr wurde die Hazienda El Chorrillo errichtet – mit Mühlrad, Schmelzer und Aquädukt; die Überreste des Letzteren bilden die alten Bögen (Los Arcos) über den Hwy 95 nördlich der Stadt.

Schnell leerten die Schürfer die ersten Silberadern der Hazienda und verließen Taxco. Weitere Erzvorkommen wurden erst 1743 entdeckt. Don José de la Borda, der 1716 im Alter von 16 Jahren aus Frankreich gekommen war, um mit seinem Bruder als Bergmann zu arbeiten, stieß zufällig auf eine der reichsten Adern der Region. Der Legende zufolge war Borda gerade in der Nähe des heutigen Templo de Santa Prisca unterwegs, als sein Pferd stolperte, einen Stein wegstieß und auf diese Weise das Edelmetall zum Vorschein brachte.

Borda führte neue Entwässerungs- und Reparaturtechniken ein, und angeblich behandelte er seine indigenen Arbeiter besser, als es zu dieser Zeit üblich war. Und der Templo de Santa Prisca war ein Geschenk des gläubigen de la Borda an die Stadt Taxco. Sein Erfolg zog bald weitere Schürfer an, die wiederum neue Silberadern entdeckten und sie ausbeuteten. Nachdem das Silber größtenteils weg war, wurde Taxco zu einem

Taxco

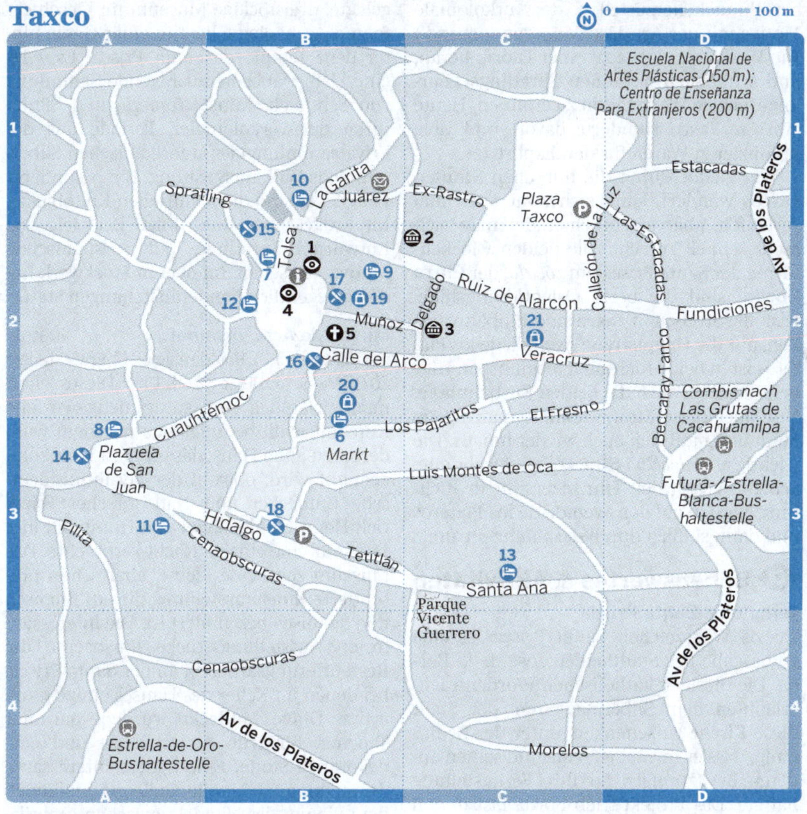

Taxco

Sehenswertes

1 Casa Borda B2
2 Museo de Arte Virreinal C2
3 Museo Guillermo Spratling C2
4 Plaza Borda (Zócalo) B2
5 Templo de Santa Prisca B2

Schlafen

6 Casa de Huespedes Arellano B3
7 Hotel Agua Escondida B2
8 Hotel Casa Grande A3
9 Hotel Emilia B2
10 Hotel Mi Casita B1
11 Hotel Santa Prisca A3
12 Posada Los Balcones B2
13 Pueblo Lindo C3

Essen

14 Hostería Bar El Adobe A3
15 La Hacienda de Taxco B2
La Sushería .... (siehe 9)
16 Pizza Pazza B2
17 Pozolería Tía Calla B2
18 Restaurante Santa Fe B3

Shoppen

19 EBA Elena Ballesteros B2
20 Mercado de Artesanías Plata B2
21 Nuestro México Artesanias C2
Patio de las Artesanías .... (siehe 17)

ruhigen Ort mit schwindender Einwohnerzahl und Wirtschaftskraft.

1929 kam der US-amerikanische Architekt und Professor William (Guillermo) Spratling in die Stadt und gründete auf Vorschlag des amerikanischen Botschafters Dwight Morrow eine Silberschmiede, um den Ort wieder zum Leben zu erwecken. (Einer anderen Version zufolge arbeitete Spratling an einem Buch – und wandte sich dem Silbergeschäft zu, weil sein Verleger pleite ging. Und nach einer dritten Version träumte er davon, Silberschmuck herzustellen, der vorkoloniale Motive mit der Art-déco-Moderne verband.) Die Werkstatt wuchs zu einer Fabrik heran, und schließlich begannen Spratlings Lehrlinge, eigene Werkstätten zu eröffnen. Heute gibt's in Taxco Hunderte davon, und viele produzieren Waren für den Export.

Wer ziellos durch die hübschen Straßen Taxcos wandert, kann sich zwar auch mal verlaufen, aber eigentlich findet man sich recht schnell zurecht. Die beiden Glockentürme der Santa Prisca am *zócalo*, der **Plaza Borda**, sind die beste Orientierungshilfe. Fast alle Straßen in Taxco sind Einbahnstraßen, nur die Hauptstraße Avenida de los Plateros ist in beide Richtungen befahrbar. Hier befinden sich auch die beiden Busbahnhöfe. Nur über diese Straße kommt man in die Stadt und natürlich auch wieder hinaus. Die wichtigste *colectivo*-Strecke beschreibt eine Schleife gegen den Uhrzeigersinn in Richtung Norden auf der Avenida de los Plateros und dann südlich durch das Stadtzentrum.

Sehenswertes & Aktivitäten

Templo de Santa Prisca — KIRCHE

Taxcos Wahrzeichen Santa Prisca ist eine Liebesgabe des Stadthelden José de la Borda. Die hiesigen katholischen Würdenträger erlaubten dem Silbermagnaten, der Stadt diese Kirche zu schenken, unter der Bedingung, dass er mit seiner Villa und seinen anderen Besitztümern für ihre Fertigstellung haftete. Das Projekt trieb Borda fast in den Ruin, aber das war es wert: Dies ist eines der schönsten und eindrucksvollsten barocken Gebäude Mexikos. Die Kirche, von den spanischen Architekten Juan Caballero und Diego Durán entworfen, wurde zwischen 1751 und 1758 erbaut.

Das Beeindruckendste an der Santa Prisca ist vielleicht der Kontrast zwischen den Glockentürmen mit der sorgfältig gearbeiteten churrigueresken Fassade und dem sehr viel einfacheren, schmalen, eleganten Kirchenschiff (das Ganze ist am besten von der Seite aus zu sehen). Die rosafarbenen Steine, die für die Fassade benutzt wurden, sind besonders hübsch, wenn sie von der Sonne angestrahlt werden. Das Relief über dem Eingang zeigt die Taufe Christi. Die großartig verzierten, goldbedeckten Altarbilder im Innenraum sind weitere prächtige Beispiele für den churrigueresken Stil.

Museo Guillermo Spratling — MUSEUM

(☎762-622-16-60; Delgado 1; Eintritt 31 Mex$; ⏲Di–Sa 9–17, So bis 15 Uhr) Das sehr schön angelegte, dreistöckige Museum für Geschichte und Archäologie liegt in einer Gasse hinter dem Templo de Santa Prisca. Es zeigt eine kleine, aber herausragende Sammlung von Schmuck, Kunst, Töpferei und Skulpturen der vorkolonialen Periode aus der Privatsammlung des amerikanischen Silberschmieds William Spratling. Ein besonderer Hingucker sind die phallischen Kultobjekte. Im Erdgeschoss sind einige Beispiele von Entwürfen Spratlings mit vorspanischen Motiven zu sehen. Im oberen Stockwerk finden gelegentlich Sonderaustellungen statt.

Museo de Arte Virreinal — MUSEUM

(☎762-622-55-01; Ruiz de Alarcón 12; Erw./Student 20/15 Mex$; ⏲Di–So 10–18 Uhr) Dieses charmante, ziemlich bunt zusammengewürfelte Kunstmuseum befindet sich in einem wunderbaren alten Haus, das oft Casa Humboldt genannt wird, obwohl der berühmte deutsche Entdecker und Naturforscher Friedrich Heinrich Alexander von Humboldt hier 1803 nur eine einzige Nacht verbrachte. Das Museum zeigt eine kleine, aber schön präsentierte Kunstausstellung, die auf Englisch und Spanisch beschildert ist. Die interessantesten Ausstellungsstücke illustrieren die Restaurierungsarbeiten an der Santa Prisca, bei denen im Keller des Hauses einige großartige Dinge entdeckt wurden, darunter Tapeten, hölzerne Altaraufsätze und edle dekorative Stoffe. Eine andere interessante Ausstellung ist Manila Galleons gewidmet, dem Pionier des Handels zwischen Amerika und dem Fernen Osten.

Casa Borda — KULTURZENTRUM

(☎762-622-66-34; Centro Cultural Taxco, Plaza Borda; ⏲Di–So 10–18 Uhr) GRATIS Die Casa Borda wurde 1759 von José de la Borda gebaut und ist heute ein Kulturzentrum, das experimentelle Theateraufführungen und Ausstellungen zeitgenössischer Skulpturen, Malerei und Fotografie von Künstlern aus Guerrero zeigt. Die eigentliche Sehenswürdigkeit ist aber das Gebäude selbst: Wegen des unebenen Geländes schaut man vom Fenster an der Rückseite vier Stockwerke in die Tiefe, obwohl sich der Eingang im Erdgeschoss befindet.

Teleférico — SEILBAHN

(einfache/Hin- & Rückfahrt 65/85 Mex$, Kind 50/65 Mex$; ⏲8–19 Uhr) Am Nordende von Taxco, in der Nähe von Los Arcos, liegt die Talstation der in der Schweiz gebauten Seilbahn. Sie führt 173 m hinauf zum Resort Hotel Monte Taxco, von wo sich fantastische Aussichten auf Taxco und die Berge ringsum bieten. Zur Seilbahn gelangt man, indem man von der Südseite der Los Arcos bergauf läuft und rechts durch das Tor der Escuela Nacional de Artes Plásticas geht.

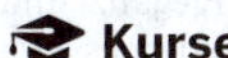

Kurse

Eine relative gute Sicherheitslage in beschaulicher Bergatmosphäre macht Taxco zum beliebten Ziel für Ausländer – vor allem für US-Amerikaner, die hier Silberschmiede- und Spanischkurse belegen.

Centro de Enseñanza Para Extranjeros SPRACHKURSE
(CEPE; ☎762-622-34-10; www.cepe.unam.mx; Ex-Hacienda El Chorrillo s/n; Kurse ab 2942 Mex$/ Monat) Dieser Ableger der Universidad Nacional Autónoma de México in Mexico City veranstaltet Spanisch-Intensivkurse auf der stimmungsvollen Ex-Hacienda El Chorrillo. Die benachbarte Kunstschule bietet Kurse in Malerei und Schmuckherstellung an (ab 1200 US$; Details unter enap.unam.mx).

Feste & Events

Wer Taxco während eines der jährlichen Feste besuchen will, sollte sein Hotelzimmer unbedingt rechtzeitig reservieren. Die Touristeninformation liefert genaue Termindetails zu Feierlichkeiten mit beweglichem Datum.

Fiestas de Santa Prisca & San Sebastián RELIGION
Taxcos Schutzheilige werden am 18. Januar (Santa Prisca) und 20. Januar (San Sebastián) gefeiert. Dann ziehen die Einwohner mit ihren Haus- und Nutztieren im Schlepptau am Templo de Santa Prisca vorbei, um die jährliche Segnung zu empfangen.

Jornadas Alarconianas KULTUR
Das sommerliche Kulturfestival zu Ehren des in Taxco geborenen Dramatikers Juan Ruiz de Alarcón präsentiert Konzerte und Tanzaufführungen international renommierter Künstler.

Día del Jumil ESSEN
Am Montag nach dem Tag der Toten (2. Nov.) feiern die Einheimischen den *jumil* – den essbaren Käfer, der dafür steht, den Bewohnern von Taxco für ein weiteres Jahr Leben und Energie zu spenden. Viele Familien kampieren am Wochenende davor auf dem Cerro de Huixteco oberhalb der Stadt, und die Einwohner steigen auf den Hügel, um *jumiles* zu sammeln, gemeinsam zu essen und den Gemeinschaftsgeist zu erleben.

Feria de la Plata KUNSTHANDWERK
Ende November oder Anfang Dezember findet diese einwöchige nationale Silbermesse statt. Es gibt Wettbewerbe und Ausstellungen mit einigen der besten Arbeiten mexikanischer Silberschmiede. Außerdem werden Rodeos, Konzerte, Tänze und *burro*- Rennen (Eselrennen) veranstaltet.

Las Posadas KULTUR
Vom 16. bis 24. Dezember ziehen jeden Abend von Kerzen umlichterte Prozessionen singend von Tür zu Tür. Die Kinder verkleiden sich als biblische Figuren. Am Ende des Abends stürzen sich alle auf die *piñatas*.

Schlafen

In Taxco gibt's eine Fülle an Hotels, von großen Vier- und Fünfsternehotels bis hin zu charmanten familiengeführten Posadas. An Feiertagswochenenden kommen Menschenmassen aus Mexico City her, dann reserviert man am besten im Voraus.

Auch Ohrstöpsel sind eine gute Idee. Die zahllosen VW-Taxis, die in der steilsten Bergstadt des Landes als Verkehrsmittel fungieren, verursachen nämlich fast überall Straßenlärm.

Hotel Casa Grande HOTEL $
(☎762-622-09-69; www.hotelcasagrande.com.mx; Plazuela de San Juan 7; mit/ohne Bad EZ 250/170 Mex$, DZ 390/250 Mex$, 3BZ 450/300 Mex$;) Die super Lage und der herrliche Terrassenblick auf die Plazuela machen das Casa Grande zur attraktivsten örtlichen Budget-Bleibe. Aber bloß die Ohrstöpsel nicht vergessen: Vor allem am Wochenende dröhnt bis spätnachts Musik aus der Restaurantbar La Concha Nostra.

Casa de Huespedes Arellano PENSION $
(☎762-622-02-15; Los Pajaritos 23; B 120 Mex$, mit/ohne Bad EZ 220/180 Mex$, DZ 340/280 Mex$) Taxcos backpackerfreundliche Pension vermietet einfache, saubere Zimmer für bis zu fünf Personen (720 Mex$). Hinzu kommen drei gut gepflegte Balkone mit Blumen und Käfigvögeln, wobei auch diverse Aufenthaltsräume und große Terrassen zum Relaxen einladen.

Hotel Agua Escondida BUSINESSHOTEL $$
(☎762-622-07-36, 800-504-03-11; www.aguaescondida.com; Plaza Borda 4; EZ/DZ/Suite 570/850/1500 Mex$; P@) Dieses Hotel gegenüber vom *zócalo* punktet mit zwei Pools und einer hochgelegenen Caféterrasse, die mit unschlagbarer Aussicht auf Santa

Prisca aufwartet. Die 60 komfortablen Zimmer im Kolonialstil sind bei Silberimporteuren auf Geschäftsreise sehr beliebt und je nach Laune des mürrischen Personals unter der Woche manchmal auch billiger. Die Varianten mit Balkonen auf der Straßenseite sind inklusive Verkehrslärm.

★ Hotel Mi Casita HOTEL **$$**

(☎762-627-17-77; www.hotelmicasita.com; Altos de Redondo 1; EZ/3BZ/Suite ab 550/750/850 Mex$, DZ inkl. Frühstück 650–750 Mex$;) Nur einen Katzensprung vom *zócalo* entfernt wird dieses elegante Wohnhaus im Kolonialstil von einer Schmuckdesigner-Familie geleitet. Die umlaufenden Balkone bieten Aussicht auf die Kathedrale. Die zwölf komfortablen Zimmer mit Ventilatoren haben z.T. auch Privatterrassen; drei besitzen Talavera-Badewannen. Das wunderschöne Individualdekor umfasst auch original von Hand bemalte Badezimmerfliesen.

Posada Los Balcones HOTEL **$$**

(☎762-622-02-50; Plazuela de los Gallos 5; EZ/DZ 500/650 Mex$;) Einen Steinwurf von Santa Prisca entfernt liegt dieses schnörkellose Hotel sehr zentral. Sein Name ist Programm: Die 15 geräumigen Zimmer besitzen neben TV und eigenem Bad oft auch Balkone mit Blick auf die schmale, belebte Straße darunter.

Hotel Santa Prisca HOTEL **$$**

(☎762-622-00-80; Cenaobscuras 1; EZ 430 Mex$, DZ 550–650 Mex$, 3BZ 600–700 Mex$, Suite 750–870 Mex$;) In toller Lage mitten im Trubel empfängt dieses Hotel seine Gäste mit mexikanischem Traditionsdekor und einem einladenden Hofgarten. Die 31 Zimmer mit jeweils zwei Betten sind recht klein, haben aber zumeist luftige Privatbalkone. Die neueren, sonnigeren Varianten kosten etwas mehr. Vom bergauf gelegenen Ende des Geländes führt ein Fußgängertunnel zum Parkplatz.

Hotel Emilia HOTEL **$$**

(☎762-622-67-17; www.hotelemiliacastillo.com; Ruiz de Alarcón 7; EZ/DZ/3BZ 600/650/750 Mex$) Alle 14 Zimmer sind blitzsauber und haben schön geflieste Bäder. Das anheimelnde Hotel gehört einer berühmten Familie von Silberschmieden und hat Charme und vernünftige Preise. Leider ist es besonders lärmgeplagt, darum sollte man nach einem Zimmer nach hinten hinaus fragen. Auf keinen Fall die Aussicht von der Dachterrasse verpassen!

Pueblo Lindo HOTEL **$$$**

(☎762-622-34-81; www.pueblolindo.com.mx; Hidalgo 30; Zi. & Suite inkl. Frühstück ab 1150–1450 Mex$;) Dieses Luxushotel schafft den Spagat zwischen Eleganz und Substanz, indem es auf ein modernes mexikanisches Design mit fröhlichen Farben und Holzmöbeln setzt. Weitere Pluspunkte sind die Loungebar und der hervorragende Service. Wie die meisten Zimmer bietet der Dachpool eine sensationelle Aussicht auf Taxco. Wer mindestens 30 Tage im Voraus bucht, bekommt Rabatt.

Essen

Viele der besten örtlichen Restaurants eignen sich auch gut für einen Drink.

Pozolería Tía Calla MEXIKANISCH **$**

(☎762-622-56-02; Plaza Borda 1; Hauptgerichte 44–64 Mex$; ⏲Mi–Mo) Tante Callas Keller bietet weder tolle Aussicht noch luftige *terrazas* (Terrassen) – dafür aber authentische *pozole* mit Hühner- oder Schweinefleisch. Letztere Variante wird mit viel *chicharrón* (frittierter Schweineschwarte), Avocado und allen anderen bekannten Beilagen serviert. In beiden Fällen basiert die Brühe aber immer auf Schweinefleisch. Dazu gibt's kaltes Bier in Krügen und *fútbol* im *tele*. Was will man mehr?

La Sushería JAPANISCH **$**

(Ruiz de Alarcón 7; Sushi 50–85 Mex$, Cocktails 30–60 Mex$; ⏲13–23 Uhr;) Das neue Sushi-Restaurant in der Lobby des Hotels Emilia bereichert Taxco auf tolle Weise mit Designermöbeln und zwangloser Atmosphäre. Nach dem frischen Sushi ist das Grüntee-Eis ein prima Nachtisch – der Himmel in einem Cocktailglas. Die schicken Separees eignen sich perfekt, um Dates am Abend oder Geschäftspartner am Mittag zu beeindrucken.

Restaurante Santa Fe MEXIKANISCH **$**

(☎762-622-11-70; Hidalgo 2; Hauptgerichte 60–95 Mex$; ⏲8–21 Uhr) Einheimische lieben dieses Lokal seit über 50 Jahren für seine erschwingliche Traditionskost. Auf den Tisch kommt z.B. *conejo en chile ajo* (Kaninchen mit Knoblauch und Chili) oder ein spottbilliges *menú del día* mit drei Gängen (75 Mex$). An den Wänden hängen viele Gästefotos und ein paar tolle Schwarzweißaufnahmen vom guten alten Taxco.

Pizza Pazza PIZZERIA **$$**

(Calle del Arco 1; Pizzen 95–110 Mex$; ⏲12–1 Uhr) Perfekt, um das Stadtbild zu bewundern:

Von der Dachterrasse aus liegen der *zócalo,* Santa Prisca, die örtliche Christusstatue und die schimmernden weißen Berghäuser im Hintergrund allesamt im Blickfeld. Diese Kulisse macht die dünnkrustigen Pizzen wahrscheinlich leckerer, als sie eigentlich sind. Das stört uns aber nicht.

La Hacienda de Taxco MEXIKANISCH **$$**
(☎762-622-11-66; Plaza Borda 4; Hauptgerichte 55–130 Mex$; ⏰7.30–22.30 Uhr; 👪) Elemente der langen Karte mit mexikanischen Traditionsgerichten sind z.B. selbstgemachte Marmelade (morgens) und hauseigene *mole* aus 20 Zutaten (nachmittags). Hinzu kommen Pluspunkte wie Kinderportionen, vegetarisches Essen und auf Wunsch ein Frühstück ohne Eigelb (also nur mit Eiweiß).

Hostería Bar El Adobe MEXIKANISCH **$$**
(☎762-622-14-16; Plazuela de San Juan 13; Hauptgerichte 55–150 Mex$) Hier schauen Gäste nicht auf den *zócalo,* sondern auf Wände mit allerlei netten Schwarzweißfotos (von Pancho Villa bis Elvis). Die niedlichen Balkontische bieten etwas mehr Privatsphäre. Am Wochenende gibt's *pozole* (65 Mex$), *trova*-Livemusik (Sa abends) und ein Sonntagsbuffet (115 Mex$).

 Shoppen

Patio de las Artesanías SCHMUCK
(Plaza Borda) Einige Silbergeschäfte laden hier zum Stöbern ein.

EBA Elena Ballesteros SCHMUCK
(☎762-622-37-67; www.ebaplata.com; Muñoz 4) Punktet mit kreativen, sauber umgesetzten Silberdesigns.

Mercado de Artesanías Plata SCHMUCK
(⏰11–20 Uhr) Wirklich einzigartige Stücke muss man hier lange suchen: Die chaotisch präsentierten Riesenmassen von Ringen, Ketten und Anhängern stehen eher für Quantität statt für Qualität. Allerdings lassen sich gute Preise aushandeln.

Nuestro México Artesanias KUNSTHANDWERK
(☎762-622-09-76; Veracruz 8; ⏰10–18 Uhr) Schatzjäger werden dieses Lagerhaus voller Kunsthandwerk aus ganz Mexiko gern durchstöbern. Hier gibt's die meisten klassischen Souvenirs: Kokosnussmasken, Teufel aus Pappmaché, fliegende Cherubim, fischförmige Windspiele und auch Silber. Die Preise sind jeweils ausgeschrieben und liegen nahe an denen draußen auf der Straße.

ℹ Praktische Informationen

Viele Banken rund um die großen Plazas und Busbahnhöfe haben Geldautomaten. Kartentelefone gibt's in der Nähe der Plaza Borga sowie in den Lobbys der besseren Hotels.

Cruz Roja (Rotes Kreuz; ☎065)

Hospital General (☎762-622-93-00)

Polizei (☎762-622-10-17)

Post (Palacio Municipal, Juárez 10)

Touristeninformation (Plaza Borda) Der Touristenkiosk auf der zentralen Plaza verteilt vor allem Broschüren und versucht, Touren zu verkaufen.

ℹ An- & Weiterreise

Im gemeinsamen Busbahnhof von Futura und Estrella Blanca an der Avenida de los Plateros gibt's eine Gepäckaufbewahrung. Der Busbahnhof von Estrella de Oro (EDO) befindet sich am südlichen Stadtrand.

Von der nahegelegenen Stadt Iguala fahren häufiger Busse zur Küste, man erreicht sie in etwa 30 Minuten mit Sammeltaxis (24 Mex$), die vor dem Busbahnhof abfahren.

ℹ Unterwegs vor Ort

Am besten bewegt man sich in den steilen und engen Kopfsteinpflasterstraßen Taxcos zu Fuß oder mit Combis (weiße VW-Minibusse) und Taxis fort.

Combis (4,50 Mex$) fahren zwischen 7 und 20 Uhr in dichten Abständen. „Zócalo"-Combis fahren von der Plaza Borda die Cuauhtémoc hinunter bis zur Plazuela de San Juan und dann auf der Hidalgo bergauf. Sie biegen rechts in

BUSSE AB TAXCO

ZIEL	PREIS (MEX$)	DAUER (STD.)	HÄUFIGKEIT (TÄGL.)
Acapulco	230	4–5	7-mal (EDO)
Cuernavaca	75	1½	5-mal (EDO)
	71	1½	4-mal (Bahnhof Futura)
Mexico City (Terminal Sur)	175	3	4-mal (EDO)
	173	3	5-mal (Bahnhof Futura)

die Morelos ein, fahren an der Avenida de los Plateros wieder nach links und weiter Richtung Norden bis La Garita, wo sie links abbiegen und zum *zócalo* zurückfahren. Combis mit der Zielangabe „Arcos/Zócalo" folgen derselben Route, fahren aber an La Garita vorbei weiter bis Los Arcos, wo sie wenden und nach La Garita zurückfahren. Combis mit der Zielangabe „PM" (für Pedro Martín) fahren von der Plaza Borda am Busbahnhof von Estrella de Oro vorbei zum südlichen Stadtrand. Eine Taxifahrt in der Stadt kostet 20 bis 35 Mex$.

Parque Nacional Grutas de Cacahuamilpa

Die **Höhlen von Cacahuamilpa** (http://cacahuamilpa.conanp.gob.mx; Eintritt inkl. Führer Erw./Kind 70/46 Mex$; ⌚10–19 Uhr, letzte Ticketausgabe 17 Uhr) zählen zu Zentralmexikos eindrucksvollsten Naturattraktionen und sind Pflicht für jeden, der Taxco oder Cuernavaca besucht. Ihre Dimensionen kann man sich kaum vorstellen: Die riesigen Kammern liegen 1,2 km tief im Berginneren und sind bis zu 82 m hoch. Im Inneren befinden sich atemberaubende Stalaktiten und Stalagmiten.

Leider darf man dem sicheren Höhlenpfad nicht auf eigene Faust folgen. Bei den einstündigen Touren (Start immer zur vollen Stunde) wird jeweils eine große Besuchergruppe einem kostenlosen Guide zugeordnet, der bei häufigen Zwischenstopps auf Felsformationen hinweist (u.a. auf Santa Claus, ein kniendes Kind oder einen Gorilla). Am Ende geht's dann in eigenem Tempo bei ausgeschalteter Beleuchtung zurück zum Eingang. Die meisten Guides sprechen kein Englisch.

Vom Höhleneingang aus führt ein steiler Pfad (15 Min.) zum schnellfließenden **Río Dos Bocas**. Dort warten eine herrliche Aussicht (ganzjährig) und ruhig gelegene Schwimmlöcher (Trockenzeit). Insektenspray nicht vergessen!

An vielen Wochenenden sorgen große Gruppen für starken Betrieb mit langen Warteschlangen. Unter der Woche sind Höhlenbesuche daher angenehmer. In Eingangsnähe gibt's Restaurants, Souvenirshops und Snacks. Die 150 m bis zu den eigentlichen Höhlen kann man direkt zurücklegen oder noch eine kurze Seilrutschenfahrt (70 Mex$) durch die Baumwipfel unternehmen.

ℹ An- & Weiterreise

Von Taxco zu den Höhlen geht's entweder per Taxi (180 Mex$) oder mit Estrella-Blanca-Bussen (Ziel „Grutas"; 28 Mex$, 40 Min., alle 30 Min.), die am Hauptbusbahnhof an der Av de los Plateros aufbrechen. Die Busse setzen ihre Passagiere an der Kreuzung ab, an der die Straße nach Cuernavaca abzweigt. Von dort aus sind's noch 350 m bergab bis zum Besucherzentrum des Parks. In Gegenrichtung starten die Busse an derselben Kreuzung (alle 30 Min., letzte Fahrt 20 Uhr).

WESTLICH VON MEXICO CITY

Das Gebiet westlich von Mexico City wird von der großen Industrie- und Verwaltungsstadt Toluca beherrscht, der Hauptstadt des Bundesstaats Mexico. Toluca ist zwar eine angenehme Stadt, hat Besuchern aber wenig Interessantes zu bieten. Die meisten passieren es darum nur auf ihrem Weg zu zwei Perlen der Kolonialzeit, den zauberhaften Kleinstädten Malinalco und Valle de Bravo. Hoch über dem verschlafenen, abgelegenen Malinalco thronen einige faszinierende vorkoloniale Ruinen, und der bei der Oberschicht aus Mexico City beliebte kosmopolitische Erholungsort Valle de Bravo liegt am Ufer eines künstlichen Stausees, der von Toluca in einer eindrucksvollen zweistündigen Fahrt Richtung Westen zu erreichen ist. Die Umgebung Tolucas machen Kiefernwälder, Flüsse und ein riesiger erloschener Vulkan, der Nevado de Toluca, zu einer malerischen Landschaft.

Toluca

☎722 / 490 000 EW. / 2660 M

Wie in vielen anderen mexikanischen Kolonialstädten hat die Entwicklung in Toluca zu einer Zersiedelung rund um das noch immer sehr hübsche Stadtzentrum geführt. Nur der Verkehr schmälert den Reiz der Stadt etwas. Wer sich aber ein wenig Zeit nimmt, wird entdecken, dass Toluca eine freundliche, geschäftige Stadt ist, in der man einen netten Tage mit der Erkundung der schönen Plazas, der belebten Einkaufsarkaden und der Kunstgalerien und Museen verbringen kann.

Toluca war ursprünglich einmal eine indigine Siedlung, die mindestens seit dem 13. Jh. existiert. Im 16. Jh. gründeten die Spanier die moderne Stadt, nachdem sie die hier lebenden Azteken und Matlazinca besiegt hatten. Toluca wurde Teil des großen Besitzes von Hernán Cortés, dem Marquesado del Valle de Oaxaca. Seit 1830 fungiert die Stadt als Hauptstadt des Bundesstaats México, der den Distrito Federal wie ein auf dem Kopf stehendes U von drei Seiten umgibt.

Die von Mexico City kommende Hauptstraße wird am östlichen Stadtrand zum Paseo Tollocan; dieser biegt dann Richtung Südwesten ab und führt als Ringstraße um den südlichen Rand des Zentrums. Der Busbahnhof und der riesige Mercado Juárez liegen 2 km südöstlich von der Innenstadt in der Nähe des Paseo Tollocan.

Die Plaza de los Mártires mit der Kathedrale und dem Palacio de Gobierno bildet das Stadtzentrum. Am belebtesten ist allerdings die Fußgängerzone einen Block weiter südlich. Der schattige Parque Alameda befindet sich drei Blocks weiter westlich an der Hidalgo.

Sehenswertes

Das 250 m lange **Portal Madero** aus dem 19. Jh. erstreckt sich entlang der Avenida Hidalgo und ist ziemlich belebt, genau wie die Einkaufsarkade an der Fußgängerstraße östlich davon, an der sich nach 21 Uhr Mariachis einfinden. Einen Block weiter nördlich liegt die große, offene **Plaza de los Mártires**. Sie ist von schönen alten Regierungsgebäuden umgeben. Die **Kathedrale** aus dem 19. Jh. und der **Templo de la Santa Veracruz** aus dem 18. Jh. befinden sich an der Südseite.

An der Nordseite der Plaza Garibay steht der **Templo del Carmen** aus dem 18. Jh.

★ Cosmovitral Jardín Botánico — GARTEN

(Botanischer Garten Cosmo; ☎722-214-67-85; Ecke Juárez & Lerdo de Tejada; Erw./Kind 10/5 Mex$; ⏲Di–So 9–16 Uhr) Der einzigartige und erstaunliche Cosmovitral Jardín Botánico am nordöstlichen Ende der Plaza Garibay wurde 1909 als Markt gebaut. Heute beherbergt das Gebäude auf einer Fläche von 3500 m² wunderschöne Gärten, die durch 48 Buntglasfenster des Künstlers Leopoldo Flores aus Toluca beleuchtet werden.

Centro Cultural Mexiquense — MUSEUM

(Kulturzentrum des Staates Mexiko; ☎722-274-12-00; Blvd Reyes Heroles 302; Eintritt 10 Mex$, So Eintritt frei; ⏲Di–Fr 10–15, Sa 10–16, So 10–15 Uhr) In diesem großen Kulturzentrum, das 4,5 km westlich vom Stadtzentrum liegt, befinden sich drei große Museen (mit identischen Öffnungszeiten). Man muss es nicht unbedingt gesehen haben, doch wer sich für Kunst und Kunsthandwerk, örtliche Archäologie und moderne Kunst interessiert, für den lohnt sich aber der Besuch.

Am besten erreicht man das Kulturzentrum mit einem der zahlreichen *colectivos*, die vor dem Mercado Juárez abfahren – als Fahrtziel ist „Centro Cultural" angegeben. Die umständliche Fahrt dauert 20 Minuten. An dem großen, grasbewachsenen Kreisverkehr in der Nähe des Campus Toluca der Universität Monterrey steigt man aus, überquert die Straße und geht durch das Tor die Straße hinunter bis zum Museumskomplex. Vom Zentrum aus kann man ein Taxi (40 Mex$) nehmen.

Museo de Antropología e História — MUSEUM

(☎722-274-12-00; Blvd Reyes Heroles 302; Eintritt 10 Mex$, So frei; ⏲Di–Fr 10–15, Sa 10–18, So 10–15 Uhr) Das überragende Museum beleuchtet die Geschichte des Bundesstaats von der Urgeschichte an bis heute (u.a. mit einer guten Sammlung vorspanischer Artefakte). Zudem zeichnet es nach, wie vorkoloniale Einflüsse immer noch Werkzeuge, Bekleidung, Textilien und Glaubensaspekte prägen. Fast alle Infotafeln sind nur auf Spanisch beschriftet.

Museo de Culturas Populares — MUSEUM

(☎722-274-12-00; Blvd Reyes Heroles 302; Eintritt 10 Mex$, So frei; ⏲Di–Fr 10–15, Sa 10–18, So 10–15 Uhr) Die wunderbar vielfältige Sammlung von traditionellem Kunsthandwerk aus Mexiko zeigt z.B. erstaunliche „Lebensbäume" aus Metepec, tolle *charro-* bzw. Cowboyausrüstung und sonderbare Figuren für den Tag der Toten. Hinzu kommen Mosaike, traditionelle Teppiche, ein Loft und ein Souvenirladen.

Museo de Arte Moderno — MUSEUM

(☎722-274-12-00; Blvd Reyes Heroles 302; Eintritt 10 Mex$, So frei; ⏲Di–Fr 10–15, Sa 10–18, So 10–15 Uhr) Dieses Museum portraitiert die mexikanische Kunstgeschichte von der Academia de San Carlos (spätes 19. Jh.) bis hin zur Nueva Plástica. Ausgestellt sind Gemälde von Tamayo, Orozco und vielen anderen Meistern. Zu sehen gibt's auch gewagte moderne Stücke und ein eindrucksvolles Wandbild in Kugelform, das den Kampf der Menschen gegen die Sklaverei darstellt und das Teil des eigentlichen Gebäudes ist.

Museo Modelo de Ciencias e Industria — MUSEUM

(MUMCI; www.mumci.org; Av Hidalgo Oriente No 201; Eintritt 50 Mex$; ⏲Di–Fr 10–18, Sa & So 10–20 Uhr) Das Museo Modelo de Ciencias e Industria gehört zu Mexikos seltsameren Museen: Es ist der Firmengeschichte des berühmten Brauereikonzerns Modelo gewidmet und preist dessen Vorzüge in den allerhöchsten Tönen. Auf gewisse Weise ist das aber ziemlich unterhaltsam. Zweites Highlight neben der schmucken Gebäudefassade ist das unglaublich günstige **IMAX-Kino** (Eintritt 70 Mex$, Kombiticket inkl. Museum 110 Mex$; ⏱letzte Vorstellung 16.30 Uhr), das zumeist englischsprachige Filme mit spanischen Untertiteln zeigt.

Museo de Bellas Artes MUSEUM
(☎722-215-53-29; Degollado 102; Erw./Kind 10/5 Mex$; ⏱Di–Sa 10–18 Uhr, So 10–15 Uhr) Dieses Museum befindet sich in den früheren Klostergebäuden, die neben dem Templo del Carmen am Nordrand der Plaza Garibay stehen. Ausgestellt sind Gemälde von der Kolonialzeit bis zum frühen 20. Jahrhundert.

Geführte Touren

Tranvía TOURISTENBAHN
(☎722-330-50-54; www.tranviatoluca.com; Erw./Kind 40/30 Mex$; ⏱11–17 Uhr alle 60 Min.) Diese motorisierte Besucherbahn startet an der Kathedrale und passiert zwei Dutzend Sehenswürdigkeiten innerhalb von etwa 50 Minuten.

Schlafen

Hotel Colonial HOTEL $
(☎722-215-97-00; Hidalgo Oriente 103; EZ/DZ/3BZ 350/400/500 Mex$; P 📶) Für das gut geführte Hotel mit super Preis-Leistungs-Verhältnis sprechen beispielsweise die eindrucksvolle Lobby und das freundliche Personal. Die Zimmer an der belebten Hauptstraße sind am besten, aber auch am lautesten. Der Preis beinhaltet die Benutzung eines nahegelegenen Parkplatzes an der Juárez.

Hotel Don Simon BUSINESSHOTEL $$
(☎722-213-26-96; Matamoros 202; Zi. 700 Mex$; P @ 📶) Das Don Simon bietet für Tolucas Zentrum ein sehr gutes Preis-Leistungs-Verhältnis: Das Personal ist freundlich, die Straße ruhig; zudem liegt der Cosmovitral in kurzer Laufentfernung. Die hellen Zimmer sind tadellos sauber, aber ziemlich stark vom braunen Mobiliar vergangener Tage geprägt (gilt auch für das Hausrestaurant).

Fiesta Inn Toluca Centro BUSINESSHOTEL $$$
(☎722-167-89-00; www.fiestainn.com; Allende Sur 124; Zi./Suite 2370/2850Mex$; P 📶 @) Das moderne, gepflegte Fiesta Inn Toluca Centro (das frühere Gran Hotel) bietet 85 luftige und komfortable Zimmer, einen kleinen Fitnessraum sowie eine Café-Bar in der Lobby. Ein weiteres Fiesta Inn liegt in der Nähe des Flughafens.

Essen & Ausgehen

Die *toluqueños* legen großen Wert auf Snacks und Süßigkeiten und in den Arkaden rund um die Plaza Fray Andrés de Castro kann man dieser Vorliebe frönen. Diverse Stände verkaufen kandierte Früchte und *jamoncillos* (Kürbissamenpaste) sowie *mostachones* (Süßigkeiten auf der Grundlage von angebrannter Milch). Die meisten Lokale im Zentrum sind etwa von 8 bis 21 Uhr geöffnet.

★ **La Gloria Chocolatería y Pan 1876** CAFÉ $
(Quintana Roo; Snacks 10–35 Mex$; ⏱11–23 Uhr) Hier fühlt man sich einfach wie ein Glückspilz – und ist mit ziemlicher Sicherheit der einzige Ausländer. Das wunderbar freundliche, familiengeführte Café bietet ein verführerisches Menü mit lokalen Gerichten, von *tacos al pastor* (würzige Schweinefleischtacos) und köstlichen *sermones* (Sandwichs), die mit Schweinebraten gefüllt sind, bis hin zu Gehacktem vom Huhn in *mole poblano*.

Arte Café Libros ETC CAFÉ $
(☎722-213-87-32; fb.com/arte.cafe.libros.etc; Independencia #101, Obergeschoss; Kaffee 15–30 Mex$, Baguettes 35–80 Mex$; ⏱Mo–Fr 9–18 Uhr; 📶) Der Name fasst alles nett zusammen: heimische Kunst, frischer Kaffee, Baguettes auf der Terrasse und viele Bücher zum Durchblättern oder Kaufen. Das „ETC" steht außerdem für Livemusik, Filmfestivals und käuflich erwerbbaren Krimskrams (z.B. T-Shirts, Schmuck, Heilkräuter). Falls keine Veranstaltung ansteht, ist der Laden am Wochenende geschlossen.

Hostería Las Ramblas MEXIKANISCH $$
(☎722-215-54-88; Calle 20 de Noviembre 107D; Hauptgerichte 90–150 Mex$; ⏱9–20 Uhr) Das stimmungsvolle Restaurant liegt in einer kleinen Fußgängerzone und erinnert mit seinen weißen Tischtüchern und der Retro-Dekoration an die 1950er-Jahre. Die aufmerksamen Kellner servieren komplette Frühstücksmenüs, darunter ein paar tolle vegetarische Varianten, z.B. das *omelette campesino* mit Panela-Käse, *rajas* (*poblano*-Chili) und Zucchini, sowie zahlreiche Gerichte zum Mittag und Abendessen, etwa

mole verde und *conejo al ajillo* (großzügig mit Knoblauch gewürztes Kaninchen).

Shoppen

Casart KUNST & KUNSTHANDWERK
(Casa de Artesanía; Aldama 102; ⌚Di–So 10–18 Uhr) Der neue Standort von Casart, der staatlichen Organisation zur Förderung des lokalen Kunsthandwerks, ist sowohl wegen seines schönen Gebäudes, das einen Innenhof umschließt, als auch wegen der Auswahl an hochwertigen Kunst- und Kunsthandwerkserzeugnissen fantastisch. Die Preise sind Festpreise und etwas höher als die, die man auf dem Markt nach einigem Handeln für Waren schlechterer Qualität erzielen kann. Die günstigsten Preise gibt's ohnehin direkt beim Hersteller.

Praktische Informationen

Nahe dem Portal Madero gibt's Banken mit Geldautomaten.

Cruz Roja (Rotes Kreuz; ☎722-217-33-33)

Städtische Touristeninformation (☎722-384-11-00, Durchwahl 104; www.toluca.gob.mx/turismo; Plaza Fray Andrés de Castro, Edificio B, Local 6, Planta Baja)

Staatliche Touristeninformation (☎722-212-59-98; www.edomexico.gob.mx; Ecke Urawa & Paseo Tollocan) Liegt zwar ziemlich ungünstig (2 km südöstlich vom Zentrum), hat aber englischsprachiges Personal und verteilt gute Karten.

Touristen-Informationskiosk (Palacio Municipal) Hilfreicher Kiosk mit Gratisstadtplänen,

An- & Weiterreise

Der moderne, leistungsfähige und recht ruhige **Aeropuerto Internacional de Toluca** (☎722-279-28-00; www.vuelatoluca.com) ist eine super Alternative zu Mexico Citys einschüchterndem Riesenflughafen. Rund 10 km außerhalb vom Stadtzentrum liegt er gut erreichbar in der Nähe des Hwy 15. Direkt nebenan befinden sich ein Industriegebiet und mehrere Business-Kettenhotels.

Toluca ist die Drehscheibe der Billigfluglinie **Interjet** (www.interjet.com.mx), die Las Vegas und Ziele in ganz Mexiko bedient.

Spirit Airlines (☎800-772-7117; www.spirit.com) und **Volaris** (☎800-122-80-00; www.volaris.com.mx) offerieren ebenfalls Auslandsflüge: Sie verbinden Toluca mit diversen US-Großstädten (u. a. Los Angeles, Chicago, Las Vegas, Houston, San Francisco, Seattle, Newark, Miami, New York und Atlanta).

Am Toluca International Airport sind außerdem die Autovermieter **Europcar** (www.europcar.com), **Dollar** (www.dollar.com) und **Alamo** (www.alamo.com) vertreten.

Vom Flughafen fahren Busse regelmäßig nach Mexico City (90 Mex$; Interjet-Shuttlebusse nach Polanco, Reforma oder WTC) und zum dortigen Aeropuerto Internacional (130 Mex$, Caminante-Shuttlebusse, je nach Verkehr 1–2 Std.). Ein lizenziertes Taxi vom Flughafen zu Tolucas Zentrum kostet etwa 20 Mex$ (20–30 Min.).

Tolucas **Busbahnhof** (Berriozábal 101) liegt 2 km östlich der Innenstadt. Die Ticketbüros für viele Fahrtziele befinden sich direkt an den Bussteigen oder deren Eingängen. Alles in allem fällt die Orientierung hier mitunter ziemlich schwer.

Unterwegs vor Ort

Vor Tolucas Busbahnhof starten große „Centro"-Busse, die entlang der Lerdo de Tejada zum Stadtzentrum fahren (8 Mex$, 20 Min.). In Gegenrichtung brechen „Terminal"-Busse an der Juárez auf. Taxitrips vom Busbahnhof in die Innenstadt kosten ca. 40 Mex$.

Nevado de Toluca

Der schon lange erloschene Vulkan Nevado de Toluca (auch als Xinantécatl bekannt) zählt zu den höchsten Erhebungen der Region und ist Mexikos vierthöchster Berg. Am Kraterrand erheben sich zwei Gipfel: Als niedrigerer davon liegt der Pico del Águila (4620 m) näher am Parkplatz und ist auch häufiger das Ziel von Tageswanderungen.

BUSSE AB TOLUCA

ZIEL	PREIS (MEX$)	DAUER (STD)	HÄUFIGKEIT (TÄGL.)
Cuernavaca	67	2	24-mal
Mexico City (Poniente)	42–65	1	40-mal
Morelia	245	2	14-mal
Taxco	91	3	7-mal
Valle de Bravo	67	2¼	10-mal
Zihuatanejo	486	9	3-mal

Der höhere Hauptgipfel namens Pico del Fraile (4704 m) erfordert dagegen mehr Wanderzeit (3–4 Std.).

Je früher man den Gipfel erreicht, desto besser stehen die Chancen auf klare Sicht. Der Krater beherbergt zwei Seen (El Sol und La Luna). Von November bis März liegt hier oben mitunter Schnee und bietet dann mitunter recht gute Bedingungen für Skilangläufer. Bei sehr starkem Schneefall ist der **Parque Nacional Nevado de Toluca** jedoch ganz gesperrt. Am 1. Oktober 2013 stufte Mexikos Regierung das Areal offiziell zur *zona protegida* (Schutzgebiet) zurück. Dadurch wurde der illegale Bergbau vor Ort legalisiert und legitimiert. Die meisten Einheimischen sprechen aber weiterhin von einem Nationalpark.

Vom Parkeingang führt eine kurvenreiche Straße 3,5 km hinauf zum **Haupttor** (Eintritt 20 Mex$/Fahrzeug, 40 Mex$/Pickup; ⏲10–17 Uhr); letzter Einlass ist um 15 Uhr. Von hier aus geht es auf einer unbefestigten Straße 17 km hinauf zum Krater. Man sollte sich warm anziehen, denn oben ist es ziemlich kalt.

Die **Posada Familiar** (Stellplatz/B 75/150 Mex$) gleich hinter dem Eingangstor bietet einfache Unterkünfte in einer häufig genutzten Hütte mit gemeinschaftlichen, warmen Duschen, einer Küche (ohne Ausstattung) und einem Gemeinschaftsbereich mit Kamin. Eine zusätzliche warme Decke sollte man mitbringen. Samstags und sonntags verkaufen Stände rund um den Parque de los Venados und am Tor in der Nähe des Gipfels Essen. Unter der Woche muss man Verpflegung und Wasser selbst mitbringen.

Taxis in Toluca verlangen mindestens 250 Mex$ für die Fahrt zum Ausgangspunkt des Aufstiegs oder verhandelbare 500 Mex$ für die Hin- und Rückfahrt (inklusive kurzer Wartezeit, um sich etwas umsehen zu können). Unbedingt ein neueres Taxi nehmen, denn die Straße ist schlecht und staubig! Auch die meisten internationalen Autovermietungen haben Büros in Toluca.

Mario Andrade leitet eintägige **Klettertouren** (✆55-1826-2146; mountainup@hotmail.com; 200 US$ inkl. Transport, 1 Mahlzeit & Parkeintritt) und führt auch Kletterer, die auf den Izta aufsteigen.

Valle de Bravo

✆726 / 28 000 EW. / 1800 M

Das *pueblo mágico* Valle de Bravo, einer der hübschesten Kolonialorte Zentralmexikos, ist eine zauberhafte Stadt, die sich prima für einen Kurztrip von Mexico City aus eignet. Über die 85 km lange, kurvige, stellenweise atemberaubend schöne Bergstraße westlich von Toluca erreicht man das Ufer des künstlich angelegten Sees Avandaro, der beim Bau eines Wasserkraftwerks entstand.

Die Gegend erinnert mit ihren dichten Wäldern, nebelverhangenen Hügeln und roten Terrakottadächern in der ganzen Stadt ein klein wenig an die Region der norditalienischen Seen. Valle, wie der Ort auch genannt wird, ist ein beliebtes Wochenendziel der Oberschicht von Mexico City. Der Blick über den See ist fantastisch, doch der größte Magnet ist das reizvolle, überwiegend intakte koloniale Stadtzentrum. Auch Bootfahren auf dem See sowie Wandern und Campen in den Hügeln rings um die Stadt sind sehr beliebt. Valle ist gut auf Besucher eingestellt. Am Kai gibt's einen Touristeninformationskiosk, und alles Wichtige wie Geldautomaten und Internet findet man rings um die zentrale Plaza, die zu Fuß zehn Minuten vom Seeufer bergauf liegt.

Zum einwöchigen **Festival de las Almas**, das Ende Oktober oder Anfang November stattfindet, kommen Musiker und Tanzgruppen aus ganz Europa und Lateinamerika in die Stadt.

Aktivitäten

Kosawi YOGA

(✆726-262-07-63; fb.com/espacio.kosawi; Vergel 2; Yogakurse 100 Mex$; 👪) Jedes Wochenende fliehen zahllose Familien aus dem geschäftigen Mexico City ins freizeitlich geprägte Valle de Bravo. So verwundert es nicht, dass hier Kurse ohne Voranmeldung angeboten werden – z. B. Yoga für Schwangere, Akrobatik für Kinder oder „Danzayoga", das modernen Tanz mit Yoga kombiniert. Der umgebaute Innenhof ist sauber und minimalistisch gestaltet. Obwohl er nur einen Block nördlich der Kathedrale liegt, wirkt er wie aus einer anderen Welt.

Schlafen

Für eine Kleinstadt hat dieses Wochenendrefugium von Stadtflüchtlingen eine gute Auswahl an Budget-Posadas und Mittelklassehotels. Die günstigsten Optionen liegen maximal zwei Blocks vom Busbahnhof.

Posada Familiar Los Girasoles PENSION $

(✆726-262-29-67; Plaza Independencia 1; EZ & DZ 400 Mex$, 3BZ 500 Mex$, 4BZ 600–750 Mex$)

Diese familiengeführte, freundliche Pension erfreut sich einer beneidenswerten Lage am *zócalo*. Die neun geräumigen Zimmer sind rustikal eingerichtet und blitzsauber. Gäste werden oft nach ihrer Herkunft gefragt und bekommen Fotos ihrer Vorgänger (alles „Freunde") gezeigt.

Hotel Casanueva BOUTIQUEHOTEL **$$$**
(☎726-262-17-66; Villagrán 100; EZ/DZ/Suite 780/980/1200 Mex$) Die individuell gestalteten Zimmer am Westrand des *zócalo* werden von geschmackvollem Kunsthandwerk geziert und haben z.T. Privatbalkone mit Blick auf den Platz. Die besonders reizende Suite für vier Personen ist das wohl stilvollste Quartier im ganzen Stadtzentrum.

Rodavento RESORT **$$$**
(☎726-251-41-82; www.rodavento.com; Carretera Valle de Bravo–Los Saucos bei Km 3,5; Suite ab 2500 Mex$; P ❄ ≋) Dieses Luxusresort auf einem weitläufigen Gelände außerhalb von Valle zeichnet sich durch naturnahes Design aus – Erdtöne, traditionelle Holzöfen und Schiebetüren aus Glas herrschen vor, durch welche man auf den Wald, den Garten und den Privatsee schaut.

El Santuario RESORT **$$$**
(☎726-262-91-00; www.elsantuario.com; Carretera Colorines, San Gaspar; Zi. ab 4095 Mex$; P ❄ ≋) Dieses großartige Hotel liegt 20 Minuten außerhalb der Stadt an einem Hang. Die Zimmer überzeugen mit herrlichem Seeblick. Hinzu kommen Springbrunnen, ein Horizontpool, ein Spa, ein Golfplatz, Pferdeställe und ein Jachthafen mit Leih-Segelbooten.

Essen

Rund um Bootsanleger und *zócalo* findet man zahlreiche Restaurants bzw. Cafés (oft nur von Freitag bis Sonntag geöffnet). Zudem ist dies das optimale Pflaster, um *esquites* (Mais mit Limette und Chili in einer Tasse) an Straßenständen zu probieren. Sehr saubere Imbissbuden säumen die Villagrán am Westrand des *zócalo*.

★ **Ciento Once** INTERNATIONAL **$$**
(http://cientooncevalle.blogspot.com; Calzada de Santa María 111; Tapas 35–100 Mex$) Pflanzen zieren die Terrasse des modernen Restaurants, das selbstgebackenes Brot und authentische Tapas serviert. Hinzu kommen Qualitätsweine und wenige, aber hervorragende Hauptgerichte wie Thunfisch-Steaks oder *arrachera* (Rindfleisch vom Grill). Inhaber und Küchenchef ist ein Anthropologe aus Mexico City.

Restaurante Paraíso SEAFOOD **$$**
(☎726-262-47-31; Fray Gregorio Jiménez de la Cuenca s/n; Hauptgerichte 75–160 Mex$; ⏱8–23 Uhr) Wer sich hier früh genug am Abend einfindet, schaut von der Dachterrasse aus auf den See und den Sonnenuntergang. Die vielen Seafood-Spezialitäten auf der Karte werden durch nach herrlich einfallsreichen Rezepten zubereitete Forelle ergänzt.

Los Churros y Las Alcachofas de Valle FUSIONKÜCHE **$$**
(Ecke 16 de Septiembre & El Vergel; Hauptgerichte 85–124 Mex$; ⏱13–23 Uhr; 🖉 👪) Einen Block nördlich der Kathedrale gieren Kinder hier bis spätabends nach frischen, heißen *churros* (Bratlinge in Donut-Stil). Die zwanglose, familienfreundliche Atmosphäre spricht jedoch auch andere Gäste an: Viele Paare kommen beispielsweise wegen der *alcachofas* (Artischocken) in pikanter Vinaigrette, die prima zum zarten Lachs passen.

Praktische Informationen

Touristen-Informationsstand (am Ostrand des zócalo; ⏱9–17 Uhr) Das Personal (spricht etwas Englisch) gibt Wegbeschreibungen und verteilt neben Gratisstadtplänen auch kostenlose Tourprospekte.

An- & Weiterreise

Trotz der Touristeninvasion an jedem Wochenende sind die Verkehrsverbindungen relativ spärlich. Bei den meisten Valle-Besuchern handelt es sich eben um wohlhabende Mexikaner, die mit dem eigenen Auto anreisen.

Vom frühen Morgen bis zum späten Nachmittag pendeln 2.-Klasse-directos der Busfirma México-Toluca-Zinacantepec y Ramales zwischen dem Terminal Poniente in Mexico City und Valles kleinem Busbahnhof an der Calle 16 de Septiembre (113 Mex$, 3 Std., stündl.). Landschaftsfans wählen die Route „Los Saucos", die dem Hwy 134 südwärts folgt und einen Nationalpark durchquert. Für Selbstfahrer empfiehlt sich dieselbe Strecke.

Mangels direkter Busverbindung zwischen Malinalco und Valle de Bravo muss die Anreise in diesem Fall über Toluca oder Mexico City erfolgen.

Malinalco

☎714 / 7000 EW. / 1740 M

Dieses *pueblo mágico*, das in einem Tal voller dramatischer Felsen und alter Ruinen liegt, entwickelt sich rasant zum neuen Tepoztlán. An den Wochenenden ist hier mittlerweile richtig viel los, aber trotzdem kommen hierher noch immer deutlich weniger Wochenendbesucher als in die leichter zu erreichenden Orte. Die Fahrt nach Malinalco gehört zu den malerischsten in der ganzen Gegend; zu beiden Seiten der Straße südlich von Toluca erstreckt sich eine dramatische Landschaft.

Es gibt bereits ein paar Hippie-Läden, einige internationale Restaurants und eine erstaunliche Zahl von Boutiquehotels. Doch die Stadt ist von einer kompletten touristischen Erschließung noch weit entfernt, und an den Wochentagen ist es fast beängstigend ruhig – dann kann es auch ein echtes Problem sein, außer auf dem *zócalo* noch irgendwo etwas zu essen zu bekommen.

Das Dorf selbst hat ein charmantes Zentrum aus der Kolonialzeit, das um ein gut erhaltenes Kloster und zwei benachbarte zentrale Plazas liegt. Die **Touristeninformation** (www.malinalco.net; 9–18 Uhr) auf der größten Plaza ist begrenzt nützlich, und an der Nordseite des Klosters in der Hidalgo gibt's einen Geldautomaten. **Cyber Malinalco** (Hidalgo 104; 10 Mex$1/Std.) bietet relativ günstigen Internetzugang.

Sehenswertes

Aztekentempel ARCHÄOLOGISCHE STÄTTE
(Eintritt 46 Mex$; Di–So 9–18 Uhr) Eine anstrengende Wanderung über 358 Stufen hinauf in die Berge oberhalb von Malinalco führt zu einem der wenigen relativ gut erhaltenen **Aztekentempel** des Landes. Von dort bietet sich ein atemberaubender Blick auf das Tal und in die Ferne. Vom Hauptplatz Malinalcos folgt man den Schildern zur *zona arqueológica* und gelangt auf einem guten Fußweg mit englischer und spanischer Beschilderung den Berg hinauf. Die letzten Eintrittskarten werden um 17 Uhr verkauft. Die Stätte selbst ist faszinierend und enthält u.a. das Wandbild *El Paraíso de los Guerreros*, das einst eine ganze Wand bedeckte und gefallene Krieger darstellt, die zu Göttern werden und im Paradies leben.

1476 eroberten die Azteken die Region. Sie waren gerade dabei, ein rituelles Zentrum zu bauen, als sie von den Spaniern unterworfen wurden. Der **El Cuauhcalli** (der Tempel der Adler- und Jaguarkrieger, in dem die Initiation der Söhne von adligen Azteken für Kriegerorden stattfand) überdauerte, weil er direkt aus dem Berg geschlagen worden war. Sein Eingang ist von einer Schlange mit Fangzähnen geschmückt.

Der **Tempel IV** (am hinteren Ende der Stätte) gibt den Archäologen bis heute Rätsel auf. Der Raum liegt so, dass bei Sonnenaufgang die ersten Sonnenstrahlen hineinfallen, deshalb gibt es Theorien, dass er Teil eines mexikanischen Sonnenkults bzw. eines Sonnenkalenders gewesen sein könnte, oder ein Ort, an dem die Adligen zusammenkamen – oder aber eine Kombination davon.

Das **Museo Universitario Dr. Luis Mario Schneider** (714-147-12-88; Eintritt 10 Mex$; Di–So 10–16 Uhr), ein schönes modernes Museumsgebäude in der Nähe des Eingangs, beschäftigt sich mit der Geschichte und Archäologie der Region.

Augustinerkloster KLOSTER
GRATIS Das schön restaurierte **Kloster** aus dem 16. Jh. steht gegenüber der zentralen Plaza. Davor erstreckt sich ein ruhiger Garten voller Bäume, während eindrucksvolle Freskenmalereien aus Kräuter- bzw. Pflanzenfarben den Kreuzgang zieren.

Kurse

ReciclArte Malinalco KUNSTHANDWERK
(fb.com/reciclarte.mallinalco; Ecke Juárez & Galeana; anmeldungsfreie Kurse 15 Mex$; & So 10–14 Uhr;) Gleich unterhalb vom Markt lernen Kinder in dieser Werkstatt, wie man Recyclingmaterial (z.B. alte Zeitungen oder Fahrradschläuche) in Bilderrahmen, Ohrringe und andere Souvenirs mit mexikanischem Kunsthandwerks-Touch verwandelt. Die Leiter der Gruppenkurse (keine Voranmeldung erforderlich) sprechen größtenteils nur Spanisch. Das Gezeigte muss aber zumeist lediglich nachgemacht werden und eignet sich daher auch für spontane Neugierige.

Geführte Touren

Tour Gastronómico Prehispánico ESSEN
(55-5509-1411; aplegaspi@prodigy.net.mx) Diese Gastro-Tour beinhaltet einen Marktbesuch und einen Kochkurs mit traditionellen Utensilien bzw. Methoden, der mit einem Dreigängemenü endet.

Schlafen

Obwohl diese Kleinstadt überdurchschnittlich viele Unterkünfte hat, empfiehlt sich eine rechtzeitige Reservierung. Da Malinalco vor allem auf Wochenendbesucher abzielt, lassen sich freie Zimmer von Sonntag bis Donnerstag problemlos auftreiben. Allerdings haben einige bessere Hotels unter der Woche gar nicht oder nur für Gäste mit Reservierung geöffnet.

Hotel Santa Mónica PENSION $

(714-147-00-31; Hidalgo 109; Zi. 350 Mex$;) Diese Pension zählt zu den besseren örtlichen Budgetoptionen. Ein paar Schritte vom *zócalo* entfernt liegt sie in Richtung archäologischer Stätte. Die etwas heruntergekommenen, aber sauberen Zimmer mit eigenem Bad und TV verteilen sich rund um einen schlichten Innenhof. Unter der Woche sind die Preise noch niedriger.

El Asoleadero HOTEL $$

(714-147-01-84; Ecke Aldama & Comercio; Zi. 450–500 Mex$, mit Küche 600–650 Mex$;) Von den geräumigen, modernen und luftigen Zimmern gleich oberhalb der örtlichen Hauptstraße schaut man wunderbar auf das *pueblito* (Dorf) und die umliegenden Felsen. Die unschlagbare Aussicht lässt sich auch vom kleinen Innenhofpool aus genießen – am besten mit einem kalten Bier aus der Lobby in der Hand.

Casa Mora BOUTIQUEHOTEL $$$

(714-147-05-72; www.casamora.net; Calle de la Cruz 18; Suite inkl. Frühstück 2500–2700 Mex$;) In diesem schön eingerichteten Refugium fühlen sich Besucher mehr wie Hausgäste und weniger wie Touristen. Das Hotel ist das Lieblingsprojekt eines einheimischen Künstlers, der fünf schöne Zimmer unterhält, die alle eine intime, romantische Atmosphäre haben. Leider liegt es ziemlich ungünstig, wenn man kein eigenes Fahrzeug hat. Unter der Woche sind die Preise durchaus niedriger.

Casa Navacoyan BOUTIQUEHOTEL $$$

(714-147-04-11; www.casanavacoyan.com; Prolongación Calle Pirul 62; Suite inkl. Frühstück 1800–2000 Mex$;) Dieses wunderbare neue Hotel am Stadtrand hat nur sechs Zimmer, die alle in einem gehobenen, aber gemütlichen Stil eingerichtet sind, ganz so, als wäre man bei der reichen Tante auf dem Land zu Besuch. Die eigentliche Attraktion ist aber der tadellos gepflegte Garten mit Palmen, einem tollen Pool und dem Blick auf die berühmten Hügel und Felsen des Ortes.

Essen

Für einen so kleinen Ort hat Malinalco ein paar sehr gute Restaurants. Einige von ihnen haben aber nur am *fin de semana* (Fr–So) geöffnet – Pech für Besucher, die unter der Woche kommen.

★ **Los Placeres** INTERNATIONAL $$

(714-147-03-90; Principal s/n; Hauptgerichte 75–190 Mex$; Fr 14–22, Sa 9–23, So 9–18 Uhr;) Das Restaurant am *zócalo* hat einen künstlerischen Touch und serviert sowohl internationale Gerichte (Salat Niçoise oder Hühnercurry) als auch traditionelle mexikanische Küche wie Omeletts mit *poblano*-Sauce, Forelle mit *ancho*-Chilis oder Fondue *al tequila*. Die Wände bedecken aufwendige Wandbilder, die Tische sind mit Mosaiken verziert und aus den Boxen erklingt Blues.

El Puente de Má-Li INTERNATIONAL $$

(714-147-17-43; Hidalgo 22; Hauptgerichte 80–130 Mex$; Di–Do 13–18, Fr & Sa bis 13–23, So 9–18 Uhr) Dieses stimmungsvolle Restaurant gleich hinter der winzigen Brücke auf dem Weg vom *zócalo* zu den Ruinen hat einen Speisesaal im Kolonialstil und einen tollen Garten nach hinten hinaus. Hier kann man sich verschiedene *antojitos*, Pasta, Suppen und Steaks schmecken lassen.

Koi ASIATISCH $$

(714-147-16-21; Morelos 18; Hauptgerichte 55–150 Mex$; Fr & Sa 14–24, So & Mo bis 20 Uhr) Das Koi ist mit seinem künstlerischen, von Asien inspirierten Flair und der kreativen Speisekarte eine angenehme Überraschung. Im Angebot sind u.a. Pad Thai, Fisch-Tempura und Teriyaki-Spargel – und alles schmeckt lecker, hat allerdings kaum Ähnlichkeit mit den asiatischen Originalen.

An- & Weiterreise

Die meisten öffentlichen Verkehrsmittel fahren über Tenancingo nach Malinalco. Allerdings schickt **Águila** (800-224-84-52; www.autobusesaguila.com.mx) jeden Nachmittag zwei Direktbusse ab dem Terminal Poniente in Mexico City hierher (85 Mex$, 2 Std., 16.20 & 18.20 Uhr). Ungeduldige gelangen mit Águila auch vom Terminal Poniente nach Tenancingo (75 Mex$, 2 Std., 2-mal stündl.).

Colectivos (12 Mex$, 30 Min.) und Taxis (65 Mex$) verbinden Tenancingo mit Malinalco. Direktbusse von Malinalco zum Terminal Poniente starten vor der Santander-Bankfiliale an der Hidalgo aus (15.50 & 17.10 Uhr, nur Wochenende). Ein Hinweis: Águila-Busse haben keine Bordtoiletten!

Von Toluca nimmt man einen Águila-Bus nach Tenancingo (19 Mex$, 1 Std., alle 10–20 Min.) und sagt dem Fahrer, dass man am *colectivo*-Stand Richtung Malinalco (12 Mex$, 30 Min.) aussteigen will.

Die Entfernungen sind zwar kurz, doch die Reise von Malinalco nach Cuernavaca kann Stunden dauern. Man kann aber ein Taxi (165 Mex$, ca. 1 Std.) mieten und zwischen den beiden Städten die atemberaubend schöne Route über Puente Caporal-Palpan-Miacatlán bis zur Stadt Alpuyeca in der Nähe der Ruinen von Xochicalco nehmen. Dort kann man problemlos einen der vielen Busse auf dem Hwy 95 heranwinken und weiter Richtung Norden (nach Cuernavaca und Mexico City) oder Süden (nach Taxco und an die Küste) reisen.

Ixtapan de la Sal

☎721 / 18 000 EW. / 1880 M

Ixtapan ist in ganz Mexiko wegen seiner Heilquellen bekannt. Schon seit der Gründung der Stadt vor vielen Jahrhunderten durch indigene Reisende von der Pazifikküste, die überrascht waren, im Inland Salzwasser zu finden, zog es Besucher an. Doch trotz der langen Geschichte der Stadt gibt es hier nicht viel zu sehen und der einzige Grund für einen Besuch ist der **Ixtapan Parque Acuático** (☎800-493-27-26; www.parqueixtapan.com; Erw. 180 Mex$, Kind Eintritt frei; ⌚Spa 8–19 Uhr, Wasserpark 9–18 Uhr), ein großer Wasserpark, in dem gesundheitsfördernde Thermalwasserpools mit Wasserfällen, Wasserrutschen, einem Wellenbad und einer Miniatureisenbahn kombiniert sind.

Águila-Busse fahren von Toluca (41 Mex$, 1 Std., alle 20 Min.) und Taxco (51 Mex$, 1¼ Std., alle 45 Min.) hierher.

Veracruz

Inhalt ➡

Gut essen

- El Brou (S. 237)
- Las Delicias Marinas (S. 232)
- Restaurante Mesón Xiqueño (S. 243)
- Los Canarios (S. 226)
- Ulúa Fish (S. 226)

Schön übernachten

- Posada del Emperador (S. 249)
- Mesón del Alférez Xalapa (S. 236)
- Hotel Azúcar (S. 261)
- Hotel Posada Doña Lala (S. 265)

Auf nach Veracruz!

Der lange und vielseitige Bundesstaat Veracruz nimmt einen großen Teil der mexikanischen Karibikküste ein und ist die Region, wo die spanische Eroberung der Azteken begann. Er ist auch die Wiege der gleichnamigen mesoamerikanischen Veracruz-Kultur mit Zentrum in El Tajín sowie Standort des höchsten Berges Mexikos, des schneebedeckten Orizaba.

Der Bundesstaat wird von Travellern eher selten angesteuert, obwohl er sehr viel zu bieten hat: Seine Strände sind schöner als die von Yucatán und seine Kolonialstädte beeindruckender als die der zentralen und westlichen mexikanischen Hochlandgebiete. Hier befinden sich auch die Unesco-Welterbestätte des kolonialen Tlacotalpan, das beeindruckende Biosphärenreservat Los Tuxtlas und einige zauberhafte *pueblos mágicos* (magische Dörfer) wie Papantla, Coscomatepec und Xico, ein Zentrum des Kaffeeanbaus.

Die größte Attraktion von Veracruz ist jedoch seine Ruhe, egal wo man hinkommt. Der Bundesstaat hält für seine Besucher viele spannende Entdeckungen bereit.

Reisezeit

Veracruz (Stadt)

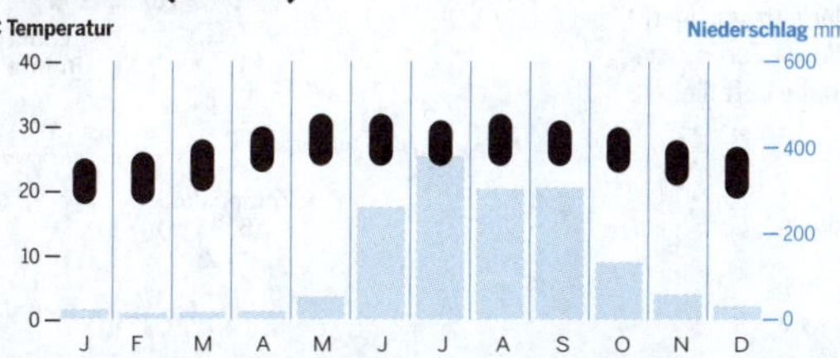

Okt. Die Preise sind niedrig, die Temperaturen erträglich und andere Touristen nirgends in Sicht.

Feb.–März Der Karneval in Veracruz ist die größte Party an Mexikos Ostküste.

Nov.–Feb. Bei den milden Temperaturen mit weniger Regen kommen die meisten Traveller.

Highlights

1. In Xalapa im architektonisch gelungenen **Museo de Antropología** (S. 233) das Triumvirat der mesoamerikanischen Kulturen erkunden
2. Die Farben des kolonialen **Tlacotalpan** (S. 263) bewundern, der vielleicht am wenigsten bekannten UNESCO-Welterbestätte Mexikos
3. Angesichts der gigantischen Ruinenanlagen von **El Tajín** (S. 258) über die glorreiche Vergangenheit nachdenken
4. Mit einem Boot über die Laguna de Sontecomapan fahren und am Strand von **La Barra** (S. 274) frischen Fisch genießen
5. In den von Nebelwäldern umgebenen Städten **Coatepec** (S. 240) und **Xico** (S. 242) Gourmetkaffee trinken
6. Auf den höchsten Berg Mexikos, den beeindruckenden **Pico de Orizaba** (S. 252), klettern oder zumindest die Seilbahn nehmen
7. In **Papantla** (S. 255) erleben, wie erwachsene Männer bei der einzigartigen *voladores*-Zeremonie durch die Luft fliegen

Geschichte

Die Olmeken sind die älteste bekannte Kultur Mesoamerikas. Sie errichteten ihr erstes großes Zentrum um 1200 v. Chr. bei San Lorenzo im südlichen Teil des Bundesstaats Veracruz. Wenngleich die Stadt 900 v. Chr. gewaltsam zerstört wurde, florierte die Olmekenkultur noch mehrere Jahrhunderte lang in Tres Zapotes. Während der Klassischen Periode (250–900 n. Chr.) entwickelte sich an der Golfküste eine weitere bedeutende Kultur: die klassische Veracruz-Kultur. Ihr wichtigstes Zentrum war El Tajín, das seine Blütezeit zwischen 600 und 900 n. Chr. erlebte. In der postklassischen Periode siedelten sich die Totonaken in der Region südlich von Tuxpan an. Nördlich von Tuxpan erlebte die Kultur der Huaxteken zwischen 800 und 1200 n. Chr. ihre Blütezeit. Gleichzeitig hielten auch die kriegerischen Tolteken an der Golfküste Einzug. In der Mitte des 15. Jhs. eroberten die Azteken die meisten totonakischen und huaxtekischen Gebiete. Ihre Tributforderungen von Gütern und Menschenopfern führten immer wieder zu Aufständen.

Als Hernán Cortés im April 1519 eintraf, machte er die Totonaken von Zempoala zu seinen ersten Verbündeten gegen die Azteken, indem er ihnen Schutz vor deren Repressalien versprach. Cortés gründete mit Villa Rica de la Vera Cruz (Reiche Stadt des Wahren Kreuzes) seine erste Siedlung, und 1523 war die gesamte Golfküste in spanischer Hand. Die indigene Bevölkerung wurde durch Sklaverei, eingeschleppte Krankheiten und Krieg stark dezimiert.

Der Hafen von Veracruz entwickelte sich zu einem bedeutenden Knotenpunkt für den Handel und den Informationsaustausch mit Spanien – das war wichtig für die Herrschaft über Mexiko. Aber Klima, Tropenkrankheiten und Piratenüberfälle hemmten das Wachstum der spanischen Siedlungen.

Der Diktator Porfirio Díaz kurbelte die industrielle Entwicklung an, indem er 1872 zwischen Veracruz und Mexico City die erste mexikanische Eisenbahnstrecke bauen ließ. 1901 wurde bei Tampico Öl entdeckt, und in den 1920er-Jahren lieferte die Region ein Viertel des weltweit geförderten Öls. In den 1980er-Jahren barg die Golfküste noch immer mehr als die Hälfte der landesweiten Reserven und Raffineriekapazitäten. Obwohl mittlerweile nicht mehr ganz so groß im Geschäft, ist die Region bis heute ein wichtiges Standbein der mexikanischen Ölindustrie.

ℹ Gefahren & Ärgernisse

Anfang 2011 hielt der berüchtigte mexikanische Drogenkrieg auch in Veracruz Einzug, als es in Veracruz, Boca del Río und Xalapa zu bewaffneten Auseinandersetzungen zwischen Drogenbanden kam. Auf seinem Höhepunkt fielen 35 Menschen auf den Straßen von Veracruz (Stadt) der Drogengewalt zum Opfer. Dies hatte zur Folge, dass die Zentralregierung die gesamte Stadtpolizei entließ, da diese so tief vom Zetas-Drogenkartell unterwandert war, dass sie ihren Zweck nicht mehr erfüllen konnte. Seitdem haben sich die Dinge etwas beruhigt, und trotz schlechter Presse ist Veracruz für Traveller immer noch relativ sicher. Zur Zeit unserer Recherchen waren noch kein ausländischer Tourist und nur wenige unbeteiligte mexikanische Passanten unmittelbar Opfer dieser Gewalt geworden.

Reisende sollten sich vor allem vor Zimmerdiebstählen und Taschendieben auf belebten Märkten in Acht nehmen, besonders in den Großstädten.

Zwischen Juni und November sind Wirbelstürme keine Seltenheit. Aktuelle Infos finden sich auf der Webseite des **US National Hurricane Center** (www.nhc.noaa.gov). In Küstenregionen, vor allem im zentralen und südöstlichen Veracruz, kann das Dengue-Fieber durch Moskitos übertragen werden.

Veracruz (Stadt)

☎229 / 552 000 EW.

Wie alle großen Hafenstädte stellt Veracruz eine sündige Mischung aus Schmutz, Romantik und miteinander verschmolzenen Kulturen dar. Die Stadt datiert auf das Jahr 1519 und ist somit die älteste von Europäern gegründete Siedlung Mexikos. Im Lauf der Zeit wurde sie aber von den Städten im Landesinneren verdrängt und hat heute weder besonders historische noch optisch umwerfende Dinge zu bieten. Bei ihren zahlreichen Plünderungen haben die Franzosen, Spanier und US-Amerikaner die schönsten Gebäude buchstäblich ausgeräumt und nur ein buntes Sammelsurium aus Kai-Anlagen sowie einen fragwürdigen architektonischen Stilmix – hin und wieder unterbrochen von kolonialen Meisterwerken – zurückgelassen.

Aber die Schönheit Veracruz' liegt auch eher in der Atmosphäre und der Charakterstärke der Stadt verborgen. An den meisten Abenden herrscht auf dem *zócalo* (Hauptplatz) eine unbekümmerte, fröhliche Stimmung, denn die Leute denken meist in erster Linie darüber nach, wen sie als nächstes zum *danzón* (traditionellen Paartanz) auffordern sollen.

Veracruz

Geschichte

Mit der Ankunft von Hernán Cortés in Veracruz am Karfreitag am 21. April 1519 begann sein Eroberungsfeldzug in Mexiko. Schon im Jahr 1521 hatte er das Aztekenreich vernichtet.

Veracruz war 400 Jahre lang Mexikos wichtigstes Tor zur restlichen Welt. Invasoren und Piraten, angehende und abgesetzte Herrscher, Siedler, Silberhändler und Sklaven – alle kamen und gingen und machten Veracruz zum Brennpunkt der mexikanischen Geschichte.

Der englische Seefahrer Francis Drake überlebte hier 1569 den Angriff eines großen spanischen Flottenverbands. 1683 eroberten der Franzose Laurent de Gaff und seine 600 Männer Veracruz. Sie hielten die 5000 Einwohner der Stadt gefangen, erschossen alle, die flüchten wollten, plünderten, soffen, vergewaltigten und zogen dann mit ihrer Beute weiter.

Im Kuchenkrieg 1838 floh General Antonio López de Santa Anna in Unterwäsche aus Veracruz, während dieses von einer französischen Flotte bombardiert wurde. Später gelang es dem General aber, die Invasoren durch einen heroischen Gegenschlag zu vertreiben. Im Mexikanisch-Amerikanischen Krieg wurde Veracruz von Winfield Scotts Soldaten angegriffen. Mehr als 1000 Mexikaner starben, bevor die Stadt kapitulierte.

1861 verkündete Benito Juárez, dass Mexiko seine Auslandsschulden an Spanien, Frankreich und Großbritannien nicht zurückzahlen könne. Daraufhin planten die Briten und Spanier, nur das Zollhaus von Veracruz zu besetzen, zogen sich aber zurück, da Napoleon III. sich anschickte, das ganze Land zu erobern. Nach Ende der fünfjährigen Intervention Napoleons III. blühte Veracruz wieder auf. Es wurde 1872 über Mexikos erste Eisenbahn mit Mexico City verbunden; gleichzeitig flossen ausländische Investitionen in die Stadt.

Veracruz

Highlights
1 Zócalo ... B3

Sehenswertes
2 Altar a la Patria ... D3
3 Baluarte de Santiago ... D4
4 Kathedrale ... B3
5 Faro Carranza ... D2
6 Fototeca ... C3
7 Museo de la Ciudad de Veracruz ... C4
8 Museo Histórico Naval ... D3
9 Palacio Municipal ... C3
10 Pemex Building ... E2
11 Statue von Alexander von Humboldt ... E2
12 Statue des spanischen Emigranten ... D2
13 Statue von Venustiano Carranza ... D2

Aktivitäten, Kurse & Touren
Amphibian ... (siehe 21)
14 Harbor Tours ... D2
15 Scubaver ... F4
16 Tranvías Bus ... D2

Schlafen
17 El Faro ... D3
18 Gran Hotel Diligencias ... B3
19 Hawaii Hotel ... C3
20 Hotel Casa Blanca ... C3
21 Hotel Colonial ... B2
22 Hotel Emporio ... D2
23 Hotel Imperial ... B3
24 Mesón del Mar ... C3
25 Ruíz Milán Hotel ... C2

Essen
26 Gran Café de la Parroquia ... D2
27 Gran Café del Portal ... B3
Los Canarios ... (siehe 22)
28 Mariscos Tano ... C3
29 Nieves de Malecón ... C3

Ausgehen & Nachtleben
Bar El Estribo ... (siehe 18)
30 Bar Prendes ... B3

Unterhaltung
31 Las Barricas ... B2
32 Teatro Principal Francisco Javier Clavijero ... B2

Shoppen
Libros y Arte Fototeca ... (siehe 6)
33 Mercado de Artesanías ... C2

1914 besetzten US-Truppen Veracruz, um eine deutsche Waffenlieferung an den Diktator Victoriano Huerta abzufangen. Im weiteren Fortgang der Revolution war Veracruz kurzzeitig das Zentrum der reformistischen Konstitutionalisten-Fraktion unter Venustiano Carranza.

Heute ist Veracruz ein wichtiger Tiefseehafen, über den Exporte in alle Welt abgewickelt werden. Auch für die Fertigungsindustrie und die Petrochemie ist die Stadt von Bedeutung. Ein weiteres wirtschaftliches Standbein ist der Tourismus, vor allem der aus dem Inland.

Sehenswertes

★ Zócalo — PLATZ

Eine Erkundungstour durch Veracruz sollte immer auf dem *zócalo* (auch Plaza de Armas oder Plaza Lerdo) beginnen. Der Platz ist die inoffizielle Freilichtbühne der Stadt, wo sich außergewöhnliche Events mit bunten Szenen aus dem mexikanischen Alltag vermischen. Der schön angelegte öffentliche Platz ist von drei Seiten mit *portales* (Arkaden), dem **Palacio Municipal** aus dem 17. Jh. und

DIE GRÜNDUNG VON VERACRUZ – DIE SIEDLUNGEN I, II & III

Die Geschichte der ersten spanischen Siedlung auf dem amerikanischen Festland nördlich von Panama ist in spannendes Dunkel gehüllt.

Nach allgemeiner Vorstellung war Hernán Cortés der erste Europäer, der das Gebiet von Veracruz betrat, tatsächlich aber war ihm sein spanischer Landsmann Juan de Grijalva um rund sechs Monate zuvorgekommen. Grijalva ankerte Ende 1518 zehn Tage vor der Isla de los Sacrificios, wo er eindeutige Hinweise auf Menschenopfer entdeckte und mit den dortigen Einheimischen Handel trieb.

Cortés' berühmtere Flotte erreichte, von der yukatekischen Küste her kommend, die Gegend im Jahr 1519. Der Konquistador schlug sein Lager am Strand gegenüber der Insel San Juan de Ulúa auf dem Gelände der heutigen Stadt Veracruz auf. Bis hier aber eine richtige Stadt entstand, sollten noch 80 Jahre vergehen. Cortés und seine Mannen gaben ihr von Malaria heimgesuchtes Lager schnell auf und zogen 40 km weiter nach Norden in die Totonaken-Siedlung Cempoala, wo sie von Xicomecoatl, dem „dicken Kaziken", freundlich aufgenommen wurden und mit ihm ein Zweckbündnis gegen die Azteken schlossen. Xicomecoatl schickte Cortés' Gefolge 30 km weiter nach Norden in die Stadt Quiahuiztlán; für den Marsch wurden in Cempoala 400 Träger angeheuert. In Quiahuiztlán wurden sie von den 15 000 neugierigen Einwohnern erwartet. Da seine Schiffe bereits vor der Küste ankerten und Cortés entschlossen war, mit seinem Oberherrn, Diego Velázquez, dem Gouverneur von Kuba, zu brechen, gründete er eine neue Stadt in der Nähe von Quiahuiztlán und erklärte sich zu deren gesetzmäßigem *adelantado* (Gouverneur). Die neue Stadt wurde Villa Rica de la Vera Cruz (Veracruz I) genannt und bestand aus wenig mehr als einer Befestigungsanlage, einer Kapelle und ein paar Baracken. So klein sie auch war, so ist sie doch die erste belegte europäische Ansiedlung in Nordamerika. Da die Stadt als Hafenstadt schlecht geeignet war, wurde sie gegen 1524 südwärts nach La Antigua verlegt (Veracruz II). Der neue Standort befand sich mehrere Kilometer im Binnenland am Ufer des Río Antigua, auf dem kleine Schiffe ankern konnten. Mit dem weiteren Machtzuwachs des spanischen Imperiums erwies sich die Lage von Antigua aber erneut als unzureichend, da größere Schiffe den Fluss nicht befahren konnten und Versorgungsgüter für sie über Land nach San Juan de Ulúa geschafft werden mussten, wobei sie oft Schmugglern in die Hände fielen. Deswegen wurde gegen 1599 Veracruz ein drittes Mal verlegt – zurück an die Stätte des ursprünglichen Lagers an der Küste gegenüber von San Juan de Ulúa.

einer **Kathedrale** aus dem 18. Jh. gesäumt. Gegen Abend wird's hier immer lebendiger; dann tummeln sich auf dem *zócalo* Musikanten, Straßenkünstler, Partywütige und Schaulustige.

Museo de la Ciudad de Veracruz MUSEUM
(Stadtmuseum Veracruz; ☎229-931-63-55; Av Zaragoza 39; ⌚Mo–Sa 10–18, So 10–15 Uhr) GRATIS Das Museum ist in einem charmanten Gebäude aus der Kolonialzeit untergebracht, das allein schon wegen seiner beeindruckenden Architektur einen Besuch wert ist. Die gelungenen Ausstellungen zeichnen die Geschichte der Stadt von der vorspanischen Zeit bis heute nach. Über Musik, die verschiedenen ethnischen Wurzeln der Stadt und die Politik wird Besuchern ein Eindruck von der Seele der stolzen, lebhaften Metropole vermittelt. Es gibt auch einige Ausschilderungen in Englisch sowie Modelle und Dioramen zu sehen.

Museo Histórico Naval MUSEUM
(☎229-931-40-78; Arista 418; ⌚Di–So 9–17 Uhr) GRATIS Das Museo Histórico Naval ist in einer ehemaligen Marineakademie untergebracht. Es bietet einen kostenlosen Einblick in die Geschichte der mexikanischen Seefahrt und zeigt Waffen und Modellschiffe sowie Exponate zu den US-Angriffen von 1847 und 1914 auf Veracruz. Zur Zeit der Recherchen wurde es gerade renoviert, soll aber 2014 wiedereröffnen.

San Juan de Ulúa FESTUNG, MUSEUM
(☎229-938-51-51; www.sanjuandeulua.com.mx; Eintritt 57 Mex$; ⌚Di–So 9–16.30 Uhr) Die koloniale Festung wurde fast vollständig von dem modernen Hafen geschluckt, sodass man zwischen den Containerschiffen und Krananlagen hindurch über den ganzen Hafen spähen muss, um sie zu sehen. Im Zentrum der Festung befand sich ein Gefängnis, das unter dem Regime von Porfirio

Díaz für die unmenschliche Behandlung der Insassen berüchtigt war. Heute ist San Juan de Ulúa eine verlassene Ruine aus Gängen, Mauern, Zinnen, Brücken und Treppen, die langwierig renoviert wird. Führungen gibt's auf Spanisch und manchmal auch auf Englisch. Zur Festung fahren entweder Taxis (50 Mex$) oder – wenn das Wetter es erlaubt – *lanchas* (Wassertaxis, 30 Mex$) ab dem *malecón (Strandpromenade)*.

Das Fort stand ursprünglich auf einer Insel, die inzwischen über einen Damm mit dem Festland verbunden ist. Die frühesten Befestigungsanlagen stammen von 1565. Dort wurde 1569 der junge Francis Drake in einer stürmischen Schlacht zurückgeschlagen. In der Kolonialzeit war das Fort auf der Insel der wichtigste Landungshafen für spanische Neuankömmlinge in Mexiko.

Baluarte de Santiago FESTUNG, MUSEUM
(☎ 229-931-10-59; Canal s/n; Eintritt 46 Mex$; ⌚ Di–So 10–16.30 Uhr) Bis 1880 war Veracruz von gewaltigen mittelalterlichen Festungsmauern umgeben. Der 1526 am damaligen Ufer errichtete Baluarte de Santiago ist als einzige der ursprünglich neun Bastionen erhalten geblieben. Die langsam vor sich hin bröckelnde Festung steht ganz allein in den Nebenstraßen der Altstadt und wirkt dort etwas fehl am Platz. Sie beherbergt eine kleine Ausstellung von vorspanischem Goldschmuck, die den Eintritt kaum wert ist. Auf den äußeren Wehrgängen kann man kostenlos umherschlendern.

Acuario de Veracruz AQUARIUM
(☎ 229-931-10-20; www.acuariodeveracruz.com; Blvd Camacho s/n; Erw./Kind 100/55 Mex$, Tiburonería 400/200 MEX$; ⌚ Mo–Do 10–19, Fr–So 10–19.30 Uhr) Veracruz' Aquarium ist das angeblich beste seiner Art in Lateinamerika, auch wenn es an vergleichbare Einrichtungen in den USA und Europa nicht heranreicht. Es befindet sich 2 km südlich vom Zentrum in einer kleinen, typischen Mall am Ufer und beherbergt ein großes ringförmiges Becken, in dem Haie, Rochen und Schildkröten die Besucher umkreisen. Wer ein echtes Abenteuer erleben möchte, sollte in die *tiburonería* klettern: Die transparente Sicherheitskabine wird während der Fütterung ins Haibecken hinabgelassen.

Fototeca KUNSTZENTRUM
(☎ 229-932-87-67; Callejón El Portal de Miranda 9; ⌚ Di–So 9–13 & 14–19 Uhr) GRATIS Das kleine Kulturzentrum an der Südostseite des *zócalo* zeigt Wechselausstellungen zu Fotografie- und Videokunst. Es umfasst drei Etagen in einem restaurierten kolonialen Gebäude; manchmal ist aber nur das Erdgeschoss geöffnet.

Faro Carranza LEUCHTTURM
(Paseo del Malecón) Der Faro Carranza steht direkt am Wasser neben dem *malecón* und beherbergt neben der Signalanlage Büros der mexikanischen Marine, bewacht von einer großen Statue von Venustiano Carranza. 1917 wurde hier die mexikanische Verfassung entworfen. An der Vorderseite des Gebäudes halten Marinesoldaten montagmorgens eine prachtvolle Parade ab.

Museo Agustín Lara MUSEUM
(☎ 229-937-02-09; Ruíz Cortines s/n, Boca del Río; Erw./Student 20/10 Mex$; ⌚ Di–Fr 10–14.30 & 16–18, Sa & So 10–14.30 Uhr) Das Museum widmet sich einer der berühmtesten Musikikonen von Veracruz. Es zeigt persönliche Gegenstände, Möbel und Erinnerungsstücke von Agustín Lara und befindet sich in der alten Stadtwohnung des Musikers, 4 km vom Zentrum entfernt, gleich abseits des Blvd Camacho.

Aktivitäten

Tauchen & Schnorcheln

Im Umkreis einer dermaßen von der Ölindustrie geprägten Stadt würde man kaum gute Tauchgebiete erwarten, aber Veracruz hat an den Riffen vor den Inseln ein paar gute Stellen mit immerhin einem zugänglichen Schiffswrack zu bieten. Im Mai ist die Sichtweite am besten.

Scubaver TAUCHEN
(☎ 229-932-39-94; www.scubaver.net; Hernández y Hernández 563; 2 Tauchgänge 880 Mex$) Das freundliche und zentral gelegene Unternehmen ist an den Umgang mit Travellern gewöhnt.

Veracruz Adventures TAUCHEN, SCHNORCHELN
(☎ 229-931-53-58; www.veracruzadventures.com; Blvd Camacho 681A; 1/2 Tauchgänge 550/750 Mex$) Die Tauchschule bietet hochwertiges Equipment sowie Tauch- und Schnorchelexkursionen von Veracruz aus an. Die Guides sprechen Englisch.

Mundosubmarino TAUCHEN
(☎ 229-980-63-74; www.mundosubmarino.com.mx; Blvd Camacho 3549) Ein empfehlenswerter Anbieter, der Tauchgänge bei Tag und Nacht sowie eine Auswahl an Kursen und Exkursionen im Programm hat.

Kurse

Language Immersion School SPRACHE

(☎229-931-47-16; www.veracruzspanish.com; Alacio Pérez 61; 1. Woche inkl. Wohnen bei Gastfamilien, Kurs & Essen 675 US$/Person, ab 2. Woche 600 US$) Die entspannte Schule gehört Amerikanern und bietet Spanischkurse an, bei denen man Wissenswertes über Stadt und Kultur erfährt. Die Klassengrößen sind auf zwei Personen begrenzt, daher erfährt man ein hohes Maß an persönlicher Aufmerksamkeit. In den wöchentlichen Preisen sind viel mehr Leistungen als üblich inbegriffen, z.B. Ausflüge in die Stadt, Ökotourismus-Aktivitäten und Sporttauchen.

Geführte Touren

Amphibian ABENTEUER

(☎229-931-09-97; www.amphibianveracruz.com; Lobby des Hotel Colonial, Lerdo 117; ab 450 Mex$/Person) Veranstaltet Tauch- und Schnorchelkurse, Raftingtrips zu nahegelegenen Flüssen, Touren zum Abseilen sowie Sightseeing-Trips u.v.m.

Aventura Extrema ABENTEUER

(☎229-202-65-57; www.aventuraextrema.com) Im Angebot sind Abseilen, Reiten, Rafting und Wandern in der Region.

Harbor Tours BOOTSTOUR

(☎229-935-94-17; www.asdic.com.mx; Erw./Kind ab 90/50 Mex$; ⏲8–21 Uhr) Am *malecón* legen Boote zu 45-minütigen Hafenrundfahrten ab. Darüber hinaus stehen noch zahlreiche weitere Exkursionen auf dem Programm.

Tranvías Bus BUS

(Touren 30–45 Mex$) Der offene Bus mit Holzsitzen, ähnlich wie in einer Straßenbahn, macht einstündige Stadtrundfahrten mit exotischer Musikuntermalung. Abends, wenn der Bus festlich bunt beleuchtet ist, sind die Touren noch schöner. Abfahrt ist am Paseo del Malecón.

Feste & Events

Karneval KARNEVAL

In Veracruz steigt zum Karneval (Feb. oder März) eine neuntägige Party, die bis zum Aschermittwoch dauert. Dabei werden jeden Tag prächtige Umzüge durch die Stadt veranstaltet: Den Anfang macht der Umzug zur „Verbrennung der schlechten Stimmung", den Schluss bildet das „Begräbnis des Juan Carnaval". Feuerwerke, Tänze, Salsa- und Sambamusik, Kunsthandwerk, Folkloreshows und Kinderumzüge machen das Fest zu einer der größten Fiestas Mexikos. Das Veranstaltungsprogramm ist in der Touristeninformation erhältlich.

Schlafen

Die Hotelpreise variieren je nach Auslastung stark. In Spitzenzeiten (Mitte Juli bis Mitte Sept., Karneval, Semana Santa, Weihnachten und Neujahr) können sie von jetzt auf gleich rapide ansteigen. Dann sollte man vorab gebucht haben und darauf gefasst sein, dass die Preise um 10 bis 40% höher sind. Außerhalb der Saison kann man dagegen große Rabatte erhalten. Bei der Auswahl der Unterkunft sollte man beachten, dass es zwar unterhaltsam, aber mitunter auch ziemlich laut zugehen kann, wenn man sein Quartier in der Nähe des *zócalo* wählt.

Hotel Casa Blanca HOTEL $

(☎229-200-46-25/24; Trigueros 49; Zi. 300–470 Mex$; ❄📶) Die beste Budgetunterkunft von Veracruz tut nicht so, als sei sie schick: Auf den Balkonen im 1. Stock hängen alte Bettlaken zum Trocknen, und manchmal ist es hier sehr trubelig. Aber hinter der alten Kolonialfassade befinden sich geräumige und charmante Gemeinschaftsbereiche und schlichte Zimmer mit großen Betten und Schreibtischen. Wir empfehlen die Zimmer im Obergeschoss, die heller sind.

Counter Culture Party Hostel HOSTEL $

(☎229-260-25-73, 299-242-60-31; www.counterculture-partyhostels.com; Xicoténcatl 1835 zw. Enríquez & Pérez; B/Zi. 175/330 Mex$; ❄📶) Das Party-Hostel ist der richtige Ort für Leute, die so richtig abfeiern wollen. Es gibt keine Sperrstunde, und man darf eigene Getränke mitbringen. An der Bar wird billiges Bier ausgeschenkt, und das Motto lautet: Fun, Fun, Fun. Donnerstags, freitags und samstags werden Bustouren durchs Nachtleben angeboten, während die gemeinschaftlichen Abendessen dafür sorgen, dass man schnell Anschluss findet.

El Faro HOTEL $

(☎229-931-65-38; www.hotelelfaro.com.mx; Av 16 de Septiembre 223; Zi. 350–400 Mex$, 4BZ 550 Mex$; ❄📶) Ein schnörkelloses, zentral gelegenes Budgethotel nur ein paar Gehminuten vom Meer. Die Zimmerpreise steigen je nach Größe und Anzahl der Betten, und die billigeren Zimmer sind teilweise recht dunkel und ohne natürliches Tageslicht. Trotzdem eine saubere und sichere Unterkunft im Herzen der Stadt.

★ Mesón del Mar BOUTIQUEHOTEL **$$**
(☎229-932-50-43; www.mesondelmar.com.mx; Morales 543; EZ/DZ/3BZ 500/750/900 Mex$; ❄📶) Das bezaubernde Kolonialgebäude hat freundliche Angestellte und verfügt über gepflegte Zimmer mit hohen Decken (viele haben Zwischenetagen mit zusätzlichen Schlafbereichen) und viel Lokalflair. Weitere Highlights sind die Balkone, die schön gefliesten Bäder, Deckenventilatoren und Holzmöbel, und obwohl der Begriff „Boutiquehotel" etwas übertrieben ist, ist das Mesón del Mar sicherlich das beste Mittelklassehotel der Stadt.

Hotel Imperial HISTORISCHES HOTEL **$$**
(☎229-931-34-70, 229-932-12-04; www.hotelimperialveracruz.com; Lerdo 153; Zi./Suite ab 850/950 Mex$; ⊖❄📶≋) Imperial behauptet von sich selbst, das älteste Hotel auf dem amerikanischen Kontinent zu sein. Das geschichtsträchtige Haus ist seit 1793 ohne Unterbrechung in Betrieb. Seine Hauptattraktionen sind die luxuriösen öffentlichen Bereiche (den Fahrstuhl ansehen!) und die hervorragende Lage. Viele der Zimmer sind jedoch enttäuschend modern und daher eher charakterlos. Die stimmungsvolleren Räume im vorderen Bereich sind da schon empfehlenswerter.

Hawaii Hotel HOTEL **$$**
(☎229-989-88-88; hawaii@infosel.net.mx; Paseo del Malecón 458; EZ/DZ/3BZ 700/800/1000 Mex$; P❄📶≋) Ein Rätsel, warum das Hotel Hawaii heißt... Es ist wie ein Schiffsbug geformt, verfügt über eine weiße Inneneinrichtung aus Marmor und bietet 30 Zimmer mit dem besten Preis-Leistungs-Verhältnis auf dem *malecón;* einige der größeren Räume haben einen tollen Ausblick darauf. Annehmlichkeiten wie Föhne und Kühlschränke sorgen für einen komfortablen Aufenthalt.

Hotel Colonial HOTEL **$$**
(☎229-932-01-93; www.hcolonial.com.mx; Lerdo 117; Zi. 595–960 Mex$; P❄@📶≋) Das verwirrend weitläufige Colonial verlässt sich ganz und gar auf seinen Haupttrumpf – die zentrale Lage am *zócalo.* Trotz ihrer kuriosen Mischung aus Kolonial- und 70er-Jahre-Stil wirken die mit Artex-Tapeten geschmückten Zimmer etwas muffig, bieten dafür aber alle Annehmlichkeiten, die man braucht; einige Räume haben auch wunderschöne Ausblicke.

Angesichts der Lage kann es etwas laut in den Zimmern sein, aber das Hotel hat so viele Ecken und Schlupfwinkel, dass man sich problemlos ein ruhiges Plätzchen auf der Rückseite sichern kann.

Ruíz Milán Hotel HOTEL **$$**
(☎229-932-37-77; www.ruizmilan.com; Ecke Paseo del Malecón & Gómez Farías; Zi./Suite ab 580/850 Mex$; P❄📶) Eine frisch renovierte Anlage auf dem *malecón* mit gutem Preis-Leistungs-Verhältnis, komfortablen Zimmern und freundlichen Angestellten, die hart arbeiten, um ihren Gästen einen schönen Aufenthalt zu ermöglichen. Die Zimmer sind geräumig und werden von der Hotelleitung regelmäßig renoviert. In der Nebensaison kann man hier ein tolles Schnäppchen machen (nur 500 Mex$ pro Nacht).

Nu Hotel HOTEL **$$**
(☎229-937-09-17; www.nuhotel.com.mx; Av La Fragua 1066; EZ/DZ 450/500 Mex$; P⊖❄📶) Das Nu wirkt wie ein Diamant inmitten der schmuddeligen Bruchbuden am Busbahnhof und hat ihnen den Krieg erklärt. Es ist aber nicht wirklich ein Wettbewerb – schon allein wegen der Preise. Auf jeden Fall bietet das Hotel saubere, minimalistisch-schicke Zimmer, junge, lässige Angestellte und ein cooles Café im Erdgeschoss. Der einzige Nachteil ist die Lage 3 km südlich vom *zócalo* – das ist in keinerlei Hinsicht praktisch, außer, wenn man den Bus nimmt.

Gran Hotel Diligencias LUXUSHOTEL **$$$**
(☎229-923-02-80, 800-505-55-95; www.granhoteldiligencias.com; Av Independencia 1115; Zi. 2000 Mex$, Suite 2500–3500 Mex$; P⊖❄@📶≋) Das schickste Hotel am *zócalo* hat eine elegante Lobby voller frischer Blumen und Pagen in Livree. Die riesigen Zimmer im Obergeschoss strahlen Eleganz und Persönlichkeit aus, und Highlights wie Kaffeemaschinen und frisch umgestaltete Bäder machen den Aufenthalt noch angenehmer. Mehr Atmosphäre findet man unten in der angrenzenden El Estribo Bar und im Restaurant Villa Rica.

★ Hotel Emporio LUXUSHOTEL **$$$**
(☎229-932-00-20; www.hotelesemporio.com/veracruz; Paseo del Malecón 244; Zi. inkl. Frühstück ab 2366 Mex$, Suite ab 3000 Mex$; P⊖❄📶≋) Das beste Hotel von Veracruz ist den Aufenthalt wirklich wert, besonders, wenn es Spezialpreise anbietet (nur 990 Mex$ in der Nebensaison). Neben der üppigen Einrichtung (drei Pools, Fitnesscenter, Cocktailbar und große, helle Zimmer) verfügt das Hotel über eine exklusive Lage am lebendigsten

Abschnitt des *malecón* und das historische Gran Café de la Parroquia direkt nebenan.

Das gesamte Gebäude ist mit Kunstwerken geschmückt, und die geräumigen Zimmer haben ihre eigenen großen Balkone und wunderschön gestaltete Bäder.

Essen

Zwei Faktoren beeinflussen die Küche von Veracruz: seine Lage am Meer und seine Rolle als Hafen. Dank der Lage gibt es hier Meeresfrüchte in Hülle und Fülle, und der Hafen macht aus der Stadt einen Schmelztiegel verschiedener Kulturen und Küchen.

Die hiesige Küche nutzt Meeresfrüchte und die präkolumbischen Grundnahrungsmittel Bohnen, Mais und Kürbis und hat im Lauf der letzten 500 Jahre spanische und afrokaribische Einflüsse aufgenommen. Daraus ergeben sich Mischungen wie *huachinango a la veracruzana* (roter Schnapper in würziger Tomatensauce), *arroz a la tumbada* (eine Art Paellasuppe) und *pollo encacahuatado* (Hühnchen in Erdnusssauce). Gute Meeresfrüchte gibt es überall, vor allem aber bei den nebeneinanderstehenden *palapas* (strohgedeckten Hütten) am *malecón*, gleich südlich vom Aquarium.

Die Cafés am *zócalo* unter den immer lebendigen, musikerfüllten *portales* sind beliebte Ausgehziele. Ihr gastronomisches Angebot ist überall ähnlich lecker wie teuer. Billigere und bessere Alternativen in der Umgebung sind die bis spätabends geöffneten Restaurants mit Freiluftbereichen auf der Molina und der Av Zaragoza (Hauptgerichte 40 bis 60 Mex$) – wir empfehlen La Marina Dorada, La Gaviota oder die Bar El Girasol, die jeweils eigene Variationen der *comida veracruzana* kredenzen. Man kann sich aber auch im Labyrinth des Mercado Hidalgo unter die *jarochos* (Bewohner von Veracruz) mischen. Hier gibt's überall Ecken, wo man günstig regionale Spezialitäten wie *cocteles de mariscos* (Meeresfrüchtecocktails), *mondongo* (Kuhmagen) und köstliche *moles* bekommt.

Mariscos Tano MEERESFRÜCHTE **$**
(Molina 20; Gerichte 35–100 Mex$; ⏲8–22 Uhr) Wie ein Probenraum für ein *jarocho*-Musikantentrio kommt das unfreiwillig im Retrolook erscheinende Tano daher. Das Seafoodlokal ist mit vergilbten Fotos des Inhabers tapeziert, auf denen er mit Vegasgirls und schnauzbärtigen *hombres* mit bunten Krawatten, die um 1975 in waren, posiert. Das Essen ist preiswert und lecker, und die Atmosphäre hafenmäßig. Im Hintergrund läuft *son* (Folkmusik).

Nieves de Malecón EISCREME **$**
(☎229-931-70-99; Av Zaragoza 286; Kugel ab 20 Mex$; ⏲8–24 Uhr) Die *jarochos* ziehen Sorbets *(nieves)* der Eiscreme vor, und dieser Sorbettempel zwischen dem *malecón* und dem *zócalo* ist einer der beliebtesten. Draußen stehen „Reinwinker", die lautstark die Werbetrommel für ihr Café rühren – genauso wie beim Konkurrenzgeschäft direkt gegenüber. Wir empfehlen das leckere Mammiapfel-Eis oder Vanille, die Lieblingssorte der Einheimischen.

★ **Los Canarios** SPANISCH, MEXIKANISCH **$$**
(Paseo del Malecón 224; Gerichte 75–270 Mex$; ⏲13–23 Uhr; 👪) Bei den großen Fenstern mit Blick auf den *malecón* kann man nur schwer an dem Restaurant im superschicken Hotel Emporio vorbeilaufen und dem Drang widerstehen, sich drinnen mit modernen spanischen Gerichten verwöhnen zu lassen, die natürlich auch ein paar mexikanische Einflüsse aufweisen. Die Paella ist exzellent, und das panierte Hähnchenschnitzel herrlich saftig. Der Service lässt nichts zu wünschen übrig.

Wir empfehlen auch den wunderbaren Meeresfrüchte-Brunch (230 Mex$), der von freitags bis sonntags ganztägig serviert wird.

Gran Café del Portal CAFÉ, INTERNATIONAL **$$**
(☎229-931-27-59; Av Independencia 1187; Hauptgerichte 60–245 Mex$; ⏲7–24 Uhr; 📶) Trotz seines förmlichen Erscheinungsbildes geht es in dem schicken und eindrucksvoll dekorierten Café unweit des *zócalo* ziemlich relaxt zu. Auch die Bedienung ist entspannt, aber die Kellner sind ebenso flink und geschickt beim Servieren des Kaffees/der Milch wie in anderen Cafés der Stadt. Neben Kaffee und Gebäck werden auch vollständige Mahlzeiten angeboten.

Ulúa Fish MEERESFRÜCHTE **$$$**
(☎229-922-76-64; Ruíz Cortines 2; Hauptgerichte 100–300 Mex$; ⏲Di–So 7–12 & 14–23 Uhr) Das noble Café wurde von dem berühmten Chefkoch José Burela Picazzo eröffnet, der auch eine Kochschule in der Stadt gegründet und ein Kochbuch über die Spezialitäten des Bundesstaats Veracruz geschrieben hat. Wer in der Stimmung ist, für exzellente Meeresfrüchte seine Kreditkarte zu belasten, ist hier genau richtig.

Vom Stadtzentrum auf dem Blvd Camacho 4 km gen Süden fahren und an der gro-

GRAN CAFÉ DE LA PARROQUIA

Es klingt wie eine Beleidigung der Reputation der altehrwürdigen Hafenstadt, wenn man behauptet, die größte „Sehenswürdigkeit" von Veracruz sei ein Café. Aber kaum betritt man das 200 Jahre alte **Gran Café de la Parroquia** (☎229 932-25-84; www.laparroquia.com; Gómez Farías 34; Hauptgerichte 40–180 Mex$; ⏲6–24 Uhr), versteht man, warum. Das Café lockt Tag für Tag 2000 bis 4000 Kunden an, sodass man in dem riesigen, aber ganz und gar nicht protzigen Innenraum Veracruz in all seinen Facetten erleben kann. Da wird Hof gehalten, Lärm gemacht und mit Löffeln an den Kaffeetassen geklimpert. Das Löffelklappern ist seit den 1890er-Jahren Tradition im Parroquia und heißt so viel wie „Nachschenken bitte!" Und sogleich schlängeln sich die ultraprofessionellen Kellner mit ihren beiden dampfenden Kannen (die eine ist mit Kaffee, die andere mit warmer Milch gefüllt) wie Balletttänzer zwischen den Tischen hindurch. Ein absolutes Muss im Parroquia ist *lechero* (Milchkaffee). Zuerst wird einem ein Glas gebracht, das zu einem Viertel mit Espresso gefüllt ist. Mit dem Löffel am Glas klimpern, und schon kommt ein anderer Kellner im weißen Jackett herbeigeeilt, hebt die Kanne in die Höhe und füllt mit wissenschaftlicher Präzision das zu drei Vierteln leere Glas mit aufgeschäumter Milch auf!

In den letzten Jahren hat das Parroquia einige Ableger bekommen, aber keine dieser Filialen reicht in Bezug auf Atmosphäre und Stimmung an das Original am Paseo del Malecón in Veracruz heran. Auf der Karte steht viel Empfehlenswertes, darunter beispielsweise Quesadillas, Obstteller, scharfe Suppen und der wohl beste *tres-leches*-Kuchen, den man je gegessen haben wird.

ßen Kreuzung rechts in die Ruíz Cortines abbiegen! Das Restaurant liegt 300 m weiter auf der linken Seite.

Villa Rica Mocambo MEERESFRÜCHTE $$$
(www.villaricamocambo.com.mx; Calz Mocambo 527, Boca del Río; Hauptgerichte 160–350 Mex$; ⏲So–Mi 12–22, Do–Sa 12–24 Uhr) Wenn man nur wenig Zeit hat, gibt es kaum einen Grund, nach Boca del Río zu fahren. Aber das Essen – und ganz besonders dieses Restaurant – sind schon ein guter Grund! Hier dreht sich alles um Fisch: angefangen beim Tintenfisch vom Kohlegrill bis hin zu gefülltem Seebarsch – und alles unglaublich lecker! Hinzu kommen aufmerksamer Service und die tolle Lage am Strand.

Mardel ARGENTINISCH $$$
(☎229-937-56-42; www.mardel.com.mx; Blvd Camacho 2632; Hauptgerichte 75–250 Mex$; ⏲Mo–Sa 7–23, So bis 19 Uhr; 📶) Das Luxusrestaurant gehört einem argentinischen Ex-Fußballer und hat eine wundervolle Lage direkt am Meer. Es ist auf Rib-Eye-Steaks spezialisiert und bietet auf seiner ausführlichen Speisekarte auch Gerichte mit mexikanischen und spanischen Einflüssen. Die Stammgäste des Mardel empfehlen jedoch, bei der Spezialität des Hauses zu bleiben: einem perfekt zubereiteten Rindersteak. Der Fernseher, in dem Sportsendungen laufen, kann je nach Laune als angenehm oder störend empfunden werden.

Palapa Perea MEERESFRÜCHTE $$$
(Ecke Av 16 de Septiembre & Azueta; Hauptgerichte 100–250 Mex$; ⏲9–20 Uhr) Das Lokal macht nicht viel her, hat aber den hervorragenden Ruf, die besten Meeresfrüchte von Veracruz zu servieren (ein echtes Lob!). Es liegt ein paar Straßen vom Meer entfernt, daher wird es eher von Einheimischen als von Touristen besucht. Obwohl die Jukebox ziemlich laut ist, stört das nicht weiter, denn das Essen schmeckt einzigartig.

Ausgehen & Nachtleben

Die Cafés unter den *portales* sind beliebte Ausgehadressen. Weiter südlich, am *malecón,* findet man die meisten Locations des lebendigen und abwechslungsreichen Nachtlebens von Veracruz.

Bar El Estribo BAR
(☎229-923-02-80; Av Independencia 1115; ⏲9 Uhr–open end) Die Bar des Gran Hotel Diligencia ist die einzige am *zócalo*, in der man in Ruhe etwas essen und trinken kann, ohne dass man pausenlos von Händlern belästigt wird. Sie liegt nämlich erhöht und ist zudem umzäunt. Das Sandwich Pepito ist gut, die Getränke- und Weinauswahl ebenso.

Bar Prendes BAR
(Lerdo; ⏲9 Uhr–Open End) Wer einen Platz in der ersten Reihe mit Blick auf das abendliche Geschehen auf dem *zócalo* haben will, ist im Prendes richtig, denn die Bar mit ih-

STRÄNDE & LAGUNEN

Der Strand ist untrennbar mit der Identität der *jarocho* (Veracruz) verbunden. Bis runter nach Boca del Río säumen hübsche Sandstreifen die Küste. Faustregel: Je weiter weg von den Fördertürmen, desto besser! Aber bei den Einheimischen stehen alle hoch im Kurs.

Alternativ kann man sich beim Aquarium von *lanchas* (Taxiboot 120 Mex$) nach **Cancuncito** schippern lassen. Mit ihrem hellen Sand und dem klaren Wasser gilt die Sandbank vor der Küste als bester Strand in Veracruz. Auch die **Isla de Sacrificios** wird von *lanchas* angesteuert. Die Insel wurde früher von den Totonaken für Menschenopfer genutzt und war später eine Leprakolonie. Heute gehört sie zum Natur- und Meeresschutzgebiet **Parque Marino Nacional Sistema Arrecifal Veracruzano**. In der Nebensaison sind manchmal keine *lanchas* aufzutreiben; die Hafenrundfahrtsschiffe halten aber bei manchen Touren hier.

Rund 11 km vom Zentrum entfernt liegt etwas ab vom Schuss der Ort **Boca del Río**. Am dortigen Blvd Camacho gibt's ein paar gute Meeresfrüchterestaurants mit Blick auf die Flussmündung. Auch von hier aus machen *lanchas* **Bootstouren** zu den Mangrovenwäldern. Jenseits der Brücke führt die Küstenstraße von Boca del Río zum 8 km entfernten **Mandinga**, das für Meeresfrüchte (vor allem *langostinos bicolores*, zweifarbige Garnelen) bekannt ist. Von der *zona de restaurantes* befördern Charterboote Besucher zu den von einer vielfältigen Fauna geprägten Mangrovenlagunen.

rer trendigen Einrichtung nimmt einen erstklassigen Platz unter den *portales* ein. Für größere Gruppen wird das Bier aus langen Schläuchen mit Zapfhähnen ausgeschenkt.

La Cava BAR
(Blvd Camacho zw. Uribe & Barragán; ⌚17 Uhr–Open End) Die winzige Bar ist in der Nachbarschaft äußerst beliebt. Schwarzlicht und Cocktails sorgen für gute Stimmung und Gemütlichkeit.

Velitas BAR
(Ecke Blvd Camacho & Militar; ⌚17 Uhr–Open End) In der beliebten, kleinen *palapa* schaffen Tiki-Fackeln ein romantisches Ambiente. Man kann bei einem Cocktail entspannt übers Meer schauen, während Spaziergänger auf der Uferpromenade vorschlendern. An den Wochenenden gibt's Livemusik.

☆ Unterhaltung

Klar, auf dem *zócalo* dürfen die unvermeidlichen Marimba- und Mariachi-Bands nicht fehlen. Und der Boulevard wird *la barra más grande del mundo* (die größte Bar der Welt) genannt, wobei *barra* gleichzeitig „Sandbank" und „Tresen" bedeutet. In den Ferien steigt dort eine große Open-Air-Party mit Livemusik und Tanz. Diverse Veranstaltungsspots säumen den Blvd Camacho.

Teatro Principal Francisco Javier Clavijero THEATER
(Emparán 166) Das Theater blickt auf eine lange und wechselhafte Geschichte zurück. 1819 zog es hier ein, 1902 erhielt es seinen derzeitigen Architekturstil (französischer Neoklassizismus mit einigen tollen Mosaiken). Die letzte Renovierung wurde 2011 durchgeführt. Hier werden Theater, Musicals und Klassikkonzerte geboten.

Las Barricas LIVEMUSIK, CLUB
(☎229-100-37-76; www.lasbarricascentro.com; Constitución 72; Grundpreis Fr & Sa & für die Livemusik 50–120 Mex$; ⌚Mo–Sa 18–2 Uhr) In dem bei *jarochos* beliebten Club wird Livemusik (u. a. Reggaeton, Salsa, Pop, Rock) gespielt. Da er eher klein ist, wird es vor allem am Wochenende ziemlich eng, laut und feuchtfröhlich.

La Casona de la Condesa CLUB
(☎229-130-12-82; www.casonadelacondesa.com; Blvd Camacho 1520; Grundpreis Fr & Sa 30–60 Mex$; ⌚Di–So 22–5 Uhr) Der Club lockt ein Publikum jenseits des Teeniealters an und lässt abends solide Livebands auftreten. Er liegt 5 km vom Stadtzentrum entfernt am Blvd Camacho in der Nähe vom Strand.

Shoppen

Die Av Independencia ist die größte Einkaufsmeile der Stadt. Wer es auf Souvenirs abgesehen hat, geht am besten zum Mercado de Artesanías am *malecón*. Hier bekommt man preiswert Vanille und qualitativ hochwertigen Kaffee. Schmuck – vor allem aus Silber – ist auch günstig und manchmal mit interessanten eingravierten Azteken- oder Maya-Motiven versehen.

Mercado de Artesanías MARKT, SOUVENIRS
(Paseo del Malecón) Die „Souvenirstadt" besteht aus mehr als 30 winzigen, nebeneinanderliegenden Buden in einem Abschnitt am *malecón* ganz in der Nähe des *zócalo*. Hier gibt's alles, von T-Shirts bis Vanille.

Libros y Arte Fototeca BÜCHER
(☎229-934-22-33; Callejón El Portal de Miranda 9; ⏲Di–So 10–13 & 14–19 Uhr) Im Fototeca-Gebäude an der Ecke des *zócalo*. Der Laden bietet eine gute Auswahl regionaler und internationaler Titel.

ℹ Praktische Informationen

GELD

Einen Block nördlich des *zócalo* gibt es eine Reihe Banken mit Geldautomaten; auch im Rest der Stadt sind weithin Geldautomaten verfügbar. Die meisten Banken wechseln US-Dollar, einige auch Euros.

GEPÄCKAUFBEWAHRUNG

Im Busbahnhof befindet sich eine rund um die Uhr zugängliche Gepäckaufbewahrung im 2.-Klasse-Terminal.

MEDIZINISCHE VERSORGUNG

Beneficencia Española (☎229-262-23-00; www.benever.com.mx; Av 16 de Septiembre 955) Das Krankenhaus bietet für Mexikobesucher eine gute allgemeinmedizinische Versorgung.

Hospital Regional (☎229-931-31-20; Av 20 de Noviembre 1074)

NOTFALL

Ambulanz, Feuerwehr & Polizei (☎066)

POST

Post (Plaza de la República 213) Fünf Gehminuten nördlich vom *zócalo*.

TELEFON

Rund um den *zócalo* gibt's zahlreiche Kartentelefone.

TOURISTENINFORMATION

Touristeninformation (☎229-922-95-33; www.veratur.gob.mx; Palacio Municipal; ⏲8–15 Uhr) Hat hilfreiche Angestellte sowie viele Karten und Broschüren. Am Westende des Mercado de Artesanías gibt's einen weiteren kleinen Kiosk (Ecke Paseo del Malecón & Arista; ⏲9–21 Uhr).

ℹ An- & Weiterreise

AUTO & MOTORRAD

Am Flughafen von Veracruz gibt es viele lokale und internationale Autovermietungen. Weitere Anbieter sind überall in der Stadt zu finden. Die Preise liegen bei mindestens 300 Mex$/Tag.

BUS

Veracruz ist ein wichtiger Verkehrsknotenpunkt. Es gibt gute Busverbindungen die Küste herauf und herunter sowie ins Inland entlang der Strecke Córdoba– Puebla–Mexico City. In Ferienzeiten sind Busse von/nach Mexico City schnell ausgebucht.

Busbahnhof (Av Díaz Mirón btwn Tuero Molina & Orizaba) Der Busbahnhof befindet sich 3 km südlich vom *zócalo*. Hier gibt es auch Geldautomaten. Der Bereich für die 1.-Klasse- und Deluxe-Busse befindet sich an der Calle Orizaba. Zu den häufiger verkehrenden, etwas billigeren, aber auch langsameren Bussen der

PASEO DEL MALECÓN & BOULEVARD

Zwar säumen zahlreiche Bohrtürme die Küste von Veracruz' geschäftigem Ölhafen, doch irgendwie passt das zu der herben Romantik, die ein **Spaziergangs** entlang des *malecón* (Uferpromenade) vermittelt. Der Bummel beginnt an den Souvenirständen auf dem Mercado de Artesanías und führt am **Pemex-Hochhaus** vorbei, das mit seinen Wandmalereien ein frühes Beispiel der modernen mexikanischen Architektur ist.

Weiter südlich wird der *malecón* zu einem breiten Fußweg, der als *bulevar* (ausgesprochen 'boo-ley-bar') bezeichnet wird. Er führt etwa 8 km die Küste hinunter, vorbei an Molen mit Leuchttürmen, an Statuen berühmter Politiker und an Denkmälern für ertrunkene Seeleute und Verteidiger der Stadt. Seit Kurzem gibt es zwei bemerkenswerte Neuzugänge: die **Statue des spanischen Emigranten**, die an die Rolle von Veracruz als Ausschiffungshafen für Immigranten erinnert, und die **Statue des Alexander von Humboldt** zum Gedenken an den deutschen Naturforscher und Entdecker, der von 1803 bis 1804 dieses Gegend besuchte und viele bedeutende Informationen über die Flora und die indigenen Kulturen zusammentrug.

Zwei Blocks landeinwärts vom *malecón* erhebt sich der 1998 aufgestellte **Altar a la Patria**. Unter dem Obelisken liegen die begraben, die Veracruz während der zahllosen Konflikte verteidigten.

2. Klasse kommt man von der Av Lafragua auf der anderen Seite. Hier gibt es auch eine rund um die Uhr zugängliche Gepäckaufbewahrung.

FLUGZEUG

Der Veracruz International Airport (VER; www.asur.com.mx) befindet sich 18 km südwestlich des Stadtzentrums unweit des Highway 140. **Aeroméxico** (www.aeromexico. com), **Aeromar** (www.aeromar.com.mx), **MAYair** (www.mayair.com.mx) und andere nationale Linien fliegen häufig nach Monterrey, Villahermosa, Mérida, Cancún und Mexico City. **United Airlines** (www.united.com) bietet Direktflüge u. a. von/nach Houston.

Unterwegs vor Ort

Der Flughafen von Veracruz ist klein, modern und gut organisiert. Es gibt ein Café und mehrere Geschäfte. Zwischen Stadt und Flughafen verkehren keine Busse; Fahrten mit offiziellen Taxis zum *zócalo* kosten 220 Mex$. Man braucht eine Fahrkarte, die man am Schalter in den Ankunftshallen bekommt, sodass keine Gefahr besteht, abgezockt zu werden. Fahrten in die andere Richtung kosten 100 Mex$, aber man sollte vor dem Einsteigen einen Preis aushandeln.

Vom 1.-Klasse-Busbahnhof nimmt man in die Innenstadt den Bus mit der Aufschrift „Díaz Mirón y Madero" (8 Mex$). Er fährt zum Parque Zamora und dann die Av Madero hinauf. Um zum *zócalo* zu gelangen, steigt man an der Ecke Av Madero und Lerdo aus und biegt dann nach rechts ab. Zurück zum Busbahnhof gelangt man mit dem gleichen Bus von der Av 5 de Mayo Richtung Süden. Die Ticketschalter an den Busbahnhöfen der 1. und 2. Klasse verkaufen Taxifahrkarten zum Zentrum bzw. zum *zócalo* (35 Mex$). In der Touristeninformation ist eine Liste mit offiziellen Taxipreisen erhältlich, eine Maßnahme, mit der man Touristen vor Abzocke schützen will.

Busse mit der Aufschrift „Mocambo-Boca del Río" (8 Mex$ nach Boca del Río) fahren regelmäßig an der Ecke Av Zaragoza und Serdán in der Nähe des *zócalo* ab. Sie fahren am Parque Zamora vorbei, über den Blvd Camacho zur Playa Mocambo (20 Min.) und dann weiter nach Boca del Río (30 Min.). Hierher fahren auch AU-Busse ab dem 2.-Klasse-Busbahnhof.

ZENTRALES VERACRUZ

Der kurvenreiche Hwy 180 führt an dunklen Sandstränden vorbei die Küste entlang. In Cardel zweigt der Hwy 140 westwärts nach Xalapa, der Hauptstadt des Bundesstaats, ab. Hübsche Gebirgsorte liegen verstreut in den von dramatischen Schluchten durchzogenen Vulkanketten im Landesinneren. Von Veracruz führt der Hwy 150D Richtung Südwesten nach Córdoba, Fortín de las Flores und Orizaba am Rand der Sierra Madre.

Zentrale Küste

Die Strände nördlich der Stadt Veracruz sind bei mexikanischen Urlaubern sehr beliebt. In dieser Gegend liegen auch die eindrucksvollen Ruinen von Zempoala.

BUSSE AB VERACRUZ

ZIEL	PREIS (MEX$)	DAUER	HÄUFIGKEIT (TGL.)
Catemaco	144	3½ Std.	stündl.
Córdoba	122	1½ Std.	2-mal
Mexico City (TAPO)	414	5½ Std.	regelm.
Oaxaca	466	7½ Std.	4-mal
Orizaba	140	2½ Std.	häufig
Papantla	210	4 Std.	6-mal
Puebla	288	3½ Std.	12-mal
San Andrés Tuxtla	138	3 Std.	12-mal
Santiago Tuxtla	130	2½ Std.	12-mal
Tampico	488	9½ Std.	5-mal
Tuxpan	276	6 Std.	regelm.
Villahermosa	450	7½ Std.	regelm.
Xalapa	104	2 Std.	regelm.

Eine Auswahl der täglichen 1.-Klasse-Busse von ADO, die in Veracruz abfahren. Es verkehren auch Busse nach Campeche, Cancún, Chetumal, Matamoros, Mérida, Nuevo Laredo und Salina Cruz.

DANZÓN

Es ist so gut wie unmöglich, in Veracruz nicht über einen Platz zu stolpern, auf dem sich romantische *jarochos* der Lieblingsbeschäftigung der Stadt hingeben: dem *danzón*. Der elegante tropische Tanz kombiniert den französischen Contredanse mit den Rhythmen afrikanischer Sklaven.

Wie die meisten lateinamerikanischen Tänze hat der *danzón* seine Wurzeln in Kuba. Angeblich wurde er 1879 von dem populären Kapellmeister Miguel Failde „erfunden", der in der Hafenstadt Matanzas seine prägnante Tanzkomposition *Las Alturas de Simpson* zeigte. Bei dem anfangs nur von Instrumentalmusik begleiteten eleganten *danźon* bewegen sich die Tänzer im Kreis – aber nicht in Gruppen, sondern paarweise, was in der damaligen Zeit für die feine weiße Gesellschaft ein Skandal war. Als der Tanz in den 1890er-Jahren mit kubanischen Einwanderern nach Mexiko kam, wurde er noch komplexer: Der eigentümliche synkopierte Rhythmus wurde ausgebaut, und es kamen noch weitere Instrumente wie Congas hinzu, um ein *orquesta típica* zu bilden.

Mit dem Aufkommen des *mambo* und des *chachachá* flaute in den 1940er- und 1950er-Jahren in Kuba die Popularität des *danzón* ab, aber nicht in Mexiko. Tatsächlich erlebt der *danzón* seit den 1990ern ein riesiges Revival in Veracruz, besonders unter den Erwachsenen. Freitag- und samstagabends wird der *zócalo* zur Bühne.

Zempoala

☎296 / 9200 EW.

Die präkolumbische Totonaken-Stadt Zempoala (oder Cempoala) liegt in der gleichnamigen modernen Ortschaft, 42 km nördlich von Veracruz und 4 km westlich des Hwy 180. Die Ausfahrt vom Hwy liegt 7 km nördlich von Cardel an einer Pemex-Tankstelle. Hier steht eine *voladores*-Stange, und sporadisch – normalerweise während der Semana Santa und in den Ferien – finden hier *voladores*-Vorführungen statt. Zempoala ist am einfachsten über Cardel zu erreichen. Neben dem Hotel Cardel in den Bus „Zempoala" (12 Mex$) einsteigen oder ein Taxi (70 Mex$) nehmen!

Geschichte

Um 1200 entwickelte sich Zempoala zu einem großen Zentrum der Totonaken, das Mitte des 15. Jhs. von den Azteken eingenommen wurde. Innerhalb starker Verteidigungsmauern lebten hier einst 30 000 Menschen, denen schon unterirdische Wasser- und Abwasserleitungen zur Verfügung standen. Als Hernán Cortés die Stadt erreichte, berichtete ihm einer seiner Späher von Gebäuden aus Silber – allerdings glänzte in Wirklichkeit nur weiße Farbe in der Sonne.

Zempoalas Häuptling – ein korpulenter Zeitgenosse, der von den Spaniern *el cacique gordo* (der dicke Kazike) genannt wurde – schloss mit Cortés ein Schutzbündnis gegen die Azteken. Seine Gastfreundschaft hielt die Spanier aber nicht davon ab, die Götterstatuen zu zerstören und dem Volk christliche Tugenden zu predigen. 1520 besiegte Cortés bei Zempoala eine Expedition, die vom spanischen Gouverneur auf Kuba entsandt war, um ihn festzunehmen.

Eine Pockenepidemie dezimierte zwischen 1575 und 1577 die Einwohnerzahl Zempoalas drastisch; die meisten Überlebenden zogen nach Xalapa. Im 17. Jh. wurde die Stadt dann endgültig aufgegeben. Die heutige Kleinstadt stammt von 1832. Die Einwohner mussten fliehen, als 1955 der Wirbelsturm Janet der Kategorie 5 die Stadt traf und den Ruinen weiteren Schaden zufügte.

Sehenswertes

Archäologische Stätte Zempoala ARCHÄOLOGISCHE STÄTTE
(Eintritt 42 Mex$; 9–18 Uhr) Die archäologische Stätte vor der hübschen Bergkulisse ist zwar nicht so gewaltig wie El Tajín, aber dennoch eindrucksvoll. Es gibt vier Guides, die kostenlose Führungen auf Spanisch anbieten (Trinkgeld empfohlen). Roberto del Moral Moreno ist der einzige, der auch etwas Englisch kann. Er nimmt ungefähr 100 Mex$. Das kleine Museum vor Ort zeigt einige interessante Tonfiguren, mehrfarbige Platten und Pfeilspitzen aus Obsidian. Am besten beginnt man eine Erkundungstour mit der Besichtigung des Museums.

Glatte, runde Flusssteine zieren die Fassaden der meisten Gebäude. Viele von ihnen waren einst noch verputzt und getüncht. Die Mauern sind von charakteristischen *almenas (zahnförmige Zinnen)* gekrönt. Der

1972 freigelegte **Templo Mayor** (Haupttempel) ist eine 11 m hohe Pyramide mit einer breiten Treppe, die zu den Überresten eines Schreins führt. Als Cortés und seine Männer in Zempoala eintrafen, wohnten sie in **Las Chimeneas.** Die hohlen Säulen hielt man einst für Schornsteine – daher der Name.

Der Steinkreis in der Mitte der Anlage ist der **Circulo de los Guerreros,** in dem einzelne gefangene Soldaten gegen eine Gruppe von Kriegern kämpfen mussten. Nur wenige haben den Kampf gewonnen.

Auf der Westseite stehen zwei große Bauten: Der eine ist der **Templo del Sol** mit zwei Treppen im typisch toltekisch-aztekischen Stil auf der Vorderseite. Auf der **Piedra de Sacrificios** wurden dem Sonnengott Tonatiun Opfer dargebracht. Der „dicke Anführer", der offiziell Xicomecoatl hieß, schaute dem makabren Spektakel von dem großen **Altar** aus zu.

Nördlich davon steht das zweite große Bauwerk, der **Templo de la Luna**. Seine Bauweise ähnelt den Aztekentempeln, die dem Windgott Ehecatl geweiht sind.

Östlich der Las Chimeneas stößt man auf die **Las Caritas** (Kleine Köpfe), benannt nach den kleinen Tonköpfen, die früher in den Mauernischen standen.

Ein weiterer Windgotttempel, der **Templo Dios del Aire**, ist im Ort selbst angesiedelt. Der Weg dorthin ist leicht zu finden: nach Süden zurück zur Zufahrtsstraße gehen, die Hauptstraße im Ort überqueren und rechts abbiegen! Der alte Tempel befindet sich an der Straßenkreuzung und ist an seiner charakteristischen runden Form zu erkennen.

An- & Weiterreise

Der Bus ab Cardel (12 MEX$) setzt Besucher direkt vor dem Eingang zur archäologischen Stätte ab.

La Antigua

296 / 990 EW.

Die zweite Inkarnation der Stadt Veracruz (1525–1599) gibt in ihrem eintönigen Netz aus verschlafenen, kopfsteingepflasterten Straßen und moosbedeckten Ruinen nur wenig von ihrer einstigen Identität preis. Hier leben noch immer Menschen, aber heute ist das Gebiet tiefste Provinz. Der hübsche Ort lohnt aber trotzdem einen Abstecher – schon allein wegen seiner historischen Bedeutung und auch wegen des bekannten Fischrestaurants Las Delicias Marinas.

1525 wurde hier eine spanische Siedlung gegründet. Es heißt, an diesem Ort habe Cortés seine Schiffe an einem **Ceiba-Baum** festgemacht. Der knorrige, gigantische Baum steht noch immer dort. Bei dem auffälligen Gebäude, das teilweise von Baumwurzeln und Weinranken bedeckt ist, handelt es sich um die Ruine eines **Zollhauses** aus dem 16. Jh. – fälschlicherweise manchmal „Casa de Cortés" genannt. Die ummauerte, winzige **Kirche Ermita del Rosario** stammt vermutlich von 1523 und gilt als die älteste auf dem amerikanischem Festland.

Auf dem hübschen Río Antigua kann man Ausflüge mit *lanchas* unternehmen (je nach Teilnehmerzahl 50–100 Mex$).

Am Flussufer gibt es mehrere Meeresfrüchterestaurants. Das letzte in der Reihe, neben einer Hängebrücke für Fußgänger, ist das gefeierte **Las Delicias Marinas** (am Ufer des Río Huitzilapan; Hauptgerichte 90–200 Mex$). Die ausgezeichneten Süß- und Salzwasserfischgerichte können es mit allem in Veracruz aufnehmen. Am Wochenende sorgen Musik und Tanz für Unterhaltung.

Sammeltaxis (*colectivo*, 6–10 Mex$) fahren vom Dorf zum 1 km entfernten Highway, wo etwa jede Viertelstunde Busse nach Veracruz und Cardel vorbeifahren; den Bus nördlich der Mautstelle heranwinken.

Xalapa

228 / 458 000 EW. / HÖHE 1427 M

Xalapa (auch „Jalapa" geschrieben, aber immer Ha-*la*-pa ausgesprochen) ist international vor allem wegen seinen superscharfen grünen Chilis bekannt, nach denen es benannt wurde. Die Stadt unterscheidet sich jedoch stark von der feurigen Jalapeñoschote – anders als das schwüle Veracruz an der Küste hat Xalapa aufgrund seiner Lage im Hochland ein gemäßigtes, häufig auch wolkiges Klima. Auch der Rest der Stadt ist „cool": Dank der vielen Studenten erlebt man hier Mexiko in afghanischem Gewand mit tief reichenden literarischen Wurzeln. In Xalapa ist nachts viel los, und die Stadt hat eine blühende Kulturszene (hier findet z. B. auch ein eigenes Hay Festival of Literature & the Arts statt).

Als Hauptstadt des Bundesstaates Veracruz ist Xalapa eine verkehrsreiche Metropole mit hässlichen Randgebieten, dafür aber mit einem verlockend schönen Zentrum, das mit gepflegten Parks, belebten Fußgängerpromenaden und Kolonialarchitektur aufwartet. Das hervorragende anthropologische Museum ist der Hauptanziehungspunkt für Besucher, und neben den gewaltigen präkolumbischen Relikten gibt es hippe Bars, hochkarätige Buchläden und eine tolle Auswahl an guten Kaffeehäusern, die Xalapa zu einer der attraktivsten Landeshauptstädte Mexikos machen.

Geschichte

Das im frühen 13. Jh. von den Totonaken gegründete Xalapa gehörte zum Aztekenreich, als Hernán Cortés und seine Männer 1519 hier durchkamen. Wegen des angenehmen Klimas und der günstigen Lage platzierten die Spanier hier strategisch ein Kloster, um die indigene Bevölkerung zu missionieren. Bis zum 17. Jh. entwickelte sich Xalapa zu einem wirtschaftlichen und gesellschaftlichen Zentrum. Bis heute spielt der Handel mit Kaffee, Tabak und Blumen eine große Rolle.

Sehenswertes

★ Museo de Antropología — MUSEUM

(☎ 228-815-09-20; Av Xalapa s/n; Erw./Stud. 50/25 Mex$, Audioguide 23 Mex$; ⌚ Di–So 9–17 Uhr) Das bemerkenswerte Museum mit der zweitbesten archäologischen Sammlung Mexikos liegt in einer weitläufigen Gartenanlage auf der Westseite der Av Xalapa, 4 km nordwestlich des Zentrums. Das Gebäude an sich ist schon allein ein Kunstwerk – es besteht aus mehreren ineinander übergehenden Galerien, die sich wie ein Treppenaufgang majestätisch einen üppig bewachsenen Hügel hinunter erstrecken. Archäologische Schätze wurden nie schöner präsentiert. Da es viel zu sehen gibt, sollte man genügend Zeit mitbringen.

Die Ausstellungen selbst konkurrieren in Umfang und Größe mit der kunstvollen Anlage des Museums. Sie widmen sich drei wichtigen präkolumbianischen Kulturen der Golfküste – den Olmeken, Totonaken und Huaxteken – und sind jeweils chronologisch mit deutlichen spanischen Beschriftungen angeordnet. In jedem Raum findet man an der Wand neben dem Eingang auch Infotafeln mit englischer Beschriftung, doch ein Audioguide in Englisch (Personalausweis als Pfand mitbringen) erklärt die wichtigsten Exponate noch einmal detailliert. Mehrere Ausstellungsbereiche beschäftigen sich mit der Olmekenkultur aus dem südlichen Veracruz. Das berühmteste Stück der Sammlung ist die Skulptur **El Señor de Las Limas**. Man sieht auch einige schöne Stücke, die mit dem präkolumbianischen Ballspiel in Verbindung gebracht werden.

Es gibt ein kleines Café im Obergeschoss sowie einen exzellenten Buchladen, und der Spaziergang zurück auf den Hügel durch die wunderschön gepflegten Gärten ist ein wahres Vergnügen.

Um hierher zu gelangen, nimmt man den Bus „Camacho-Tesorería" (8 Mex$) von der Ecke Enríquez und Parque Juárez. Zurück geht's mit dem Bus „Centro". Ein Taxi kostet 30 Mex$.

Parque Juárez — PLATZ

Der zentral gelegene Hauptplatz gleicht einer riesigen Terrasse. Von der Südseite bietet sich ein Blick auf das Tal darunter bis zum schneebedeckten Vulkankegel des Pico de Orizaba in der Ferne. Der Platz ist grüner und gepflegter als die meisten Plätze in Mexiko, und zwischen den Araukarien und den getrimmten Hecken tummeln sich Schuhputzer, Ballonverkäufer und Musikanten.

An der Nordseite der Plaza steht der klassizistische **Palacio Municipal** (1855), auf der Ostseite der **Palacio de Gobierno,** in dem die Regierung von Veracruz ihren Sitz hat. In seinem Inneren stellt ein schönes Wandgemälde von Mario Orozco Rivera die Geschichte der Justiz dar – gleich über der Treppe in der Nähe des Osteingangs an der Enríquez.

Catedral Metropolitana — KATHEDRALE

(Ecke Enríquez & Revolución) Xalapas Kathedrale ist ein unvollendetes Meisterwerk – ihr fehlt der zweite Turm, aber auch so beeindruckt sie mit Größe und Grandiosität. Die Architektur kompensiert die steile Lage am Hügel nicht, sondern nutzt sie voll aus und inspiriert einen schon beim Eintreten, wenn man gezwungen ist, seinen Kopf zu heben, um den Altar und das riesige Kruzifix zu sehen. Das Bauwerk, eine Mischung aus neogotischem und barockem Stil, beherbergt die sterblichen Überreste des Hl. Rafael Guízar y Valencia, der 1995 von Papst Johannes Paul II. seliggesprochen wurde.

Parque Paseo de los Lagos — PARK

(Zona Universitaria) Wenn die Einwohner Xalapas dem furchtbaren Verkehr entfliehen wollen, kommen sie in diesen gleich südlich des Parque Juárez gelegenen ruhigen Park, den ein insgesamt 3 km langes Wegenetz durchzieht, das hauptsächlich am Seeufer entlangführt und vor allem von Joggern und Spaziergängern genutzt wird. Am Nordende befindet sich das nette **Centro**

Xalapa

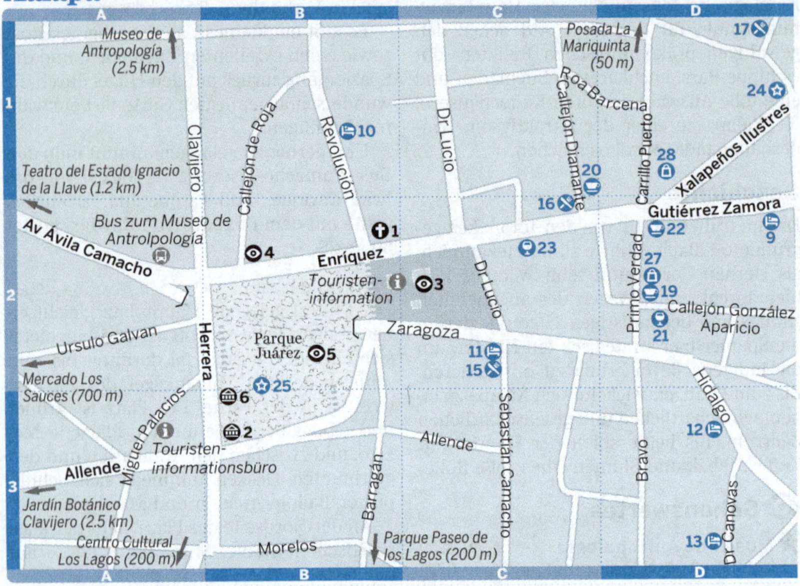

Cultural Los Lagos (☎228-812-12-99; Paseo los Lagos s/n). Das Schwarze Brett des Kulturzentrums gibt Auskunft über verschiedene Kulturveranstaltungen sowie Informationen über diverse Tanz- und Yogakurse, die man auch spontan besuchen kann.

Pinacoteca Diego Rivera GALERIE
(☎228-818-18-19; Herrera 5; ⌚Di–Sa 10–19 Uhr) GRATIS Die kleine Galerie liegt versteckt unterhalb der Westseite der Plaza und beherbergt eine bescheidene Sammlung mit Werken Riveras sowie anderer mexikanischer Künstler. Im Café vor der Galerie gibt's exzellenten Kaffee.

Parque Ecológico Macuiltépetl PARK
(⌚5–19 Uhr) Der 40 ha große Park auf einem Hügel nördlich der Stadt ist eigentlich die stark bewaldete Kuppe des erloschenen Vulkans Nevado de Toluca. Durch den Park führen gewundene Wege hinauf zum Gipfel, die sich hervorragend zum Joggen eignen und eine tolle Aussicht auf Xalapa und Umgebung bieten.

Museo Casa de Xalapa MUSEUM
(Herrera 7; ⌚9–19 Uhr) GRATIS Das in einem Kolonialgebäude untergebrachte Museum nahe dem Parque Juárez gibt einen kurzweiligen und informativen Überblick über die Geschichte Xalapas. Die Sammlung mag klein sein, ist aber liebevoll zusammengestellt.

Galería de Arte Contemporáneo GALERIE
(☎info 228-818-04-12; Xalapeños Ilustres 135; ⌚Di–So 10–19 Uhr) GRATIS Die Galerie für zeitgenössische Kunst befindet sich 1 km östlich vom Zentrum in einem renovierten kolonialzeitlichen Gebäude und zeigt lohnende, manchmal ausgefallene zeitgenössische Ausstellungen sowie diverse Keramiken. Es gibt auch ein kleines Filmtheater, das künstlerisch anspruchsvolle Filme zeigt (Eintritt meist frei).

Parroquia de San José KIRCHE
(Ecke Xalapeños Ilustres & Arieta) Diese Kirche von 1770 befindet sich in dem Gelehrtenviertel San José und bekräftigt Xalapas Vorliebe für Gotteshäuser mit nur einem Turm. Architektonisch weist das Gebäude die übliche Mischung aus Barock- und Mudéjarstil mit einigen Hufeisenbögen auf. Hinter der Kirche befindet sich der **Mercado Alcalde y García**. Der überdachte Markt wurde kürzlich mit ein paar coolen neuen Café-Restaurants aufgepeppt.

Jardín Botánico Clavijero PARK
(☎228-842-18-27; Antigua Carretera a Coatepec, Km 2,5; ⌚9–17 Uhr) In dem attraktiven Park südwestlich vom Zentrum gibt es viele sub-

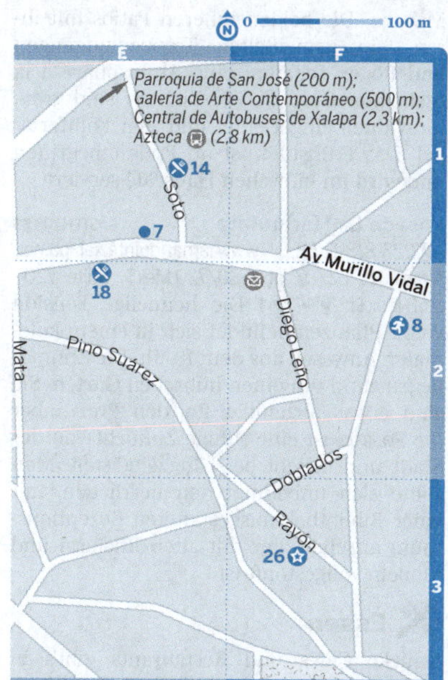

tropische Gewächse und Nebelwaldpflanzen zu sehen. Vor allem Pinienbäume sind hier weit verbreitet.

Aktivitäten

Lokale Tourveranstalter bieten Kulturtrips zu abgelegenen Orten und archäologischen Stätten an; für sportlich orientierte Besucher gibt's ein breites Angebot an Aktivitäten wie Wandern, Raften und Abseilen.

Vogelbeobachtung VOGELBEOBACHTUNG
(☎228-818-18-94; straub_robert@yahoo.com; 25–100 US$) Der ortsansässige Vogelkenner Robert Straub ist Mitglied bei COAX (einem Verein umweltbewusster Vogelbeobachter) und veranstaltet Touren in der Umgebung. Wenn er keine Zeit hat, kann er Vogelliebhabern auch erfahrene Guides aus der Region vermitteln. Sein Buch *Guía de Sitios* ist ein Führer durch die Vogelwelt von Veracruz; der Erlös aus dem Verkauf geht an Pronatura, eine gemeinnützige Naturschutzorganisation.

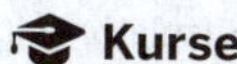

Kurse

Escuela para Estudiantes Extranjeros SPRACHE
(Schule für Ausländische Studenten; ☎228-817-86-87; www.uv.mx/eee; Gutiérrez Zamora 25; Kurse ab 20 US$/Std., 2 Wochen 250 US$ plus Anmeldegebühr von 100 US$) Die Sprachschule der Universidad Veracruzana bietet zertifizierte Schnellkurse in Spanisch und Náhuatl sowie interessante Kurse zur mexikanischen Kultur (Kochen, Tanzen, Gitarrenspiel) an. Es werden auch Unterkünfte bei Gastfamilien vermittelt (2 Wochen 420 US$, 1 Monat 795 US$).

Geführte Touren

Veraventuras ABENTEUER
(☎228-818-95-79; www.veraventuras.com.mx) Der Veranstalter hat Raftingtouren, Campingtrips und viele weitere Aktivitäten, darunter auch Ausflüge zu nahegelegenen heißen Quellen auf seinem Programm.

Xalapa

Sehenswertes
1 Catedral Metropolitana ... B2
2 Museo Casa de Xalapa ... B3
3 Palacio de Gobierno ... C2
4 Palacio Municipal ... B2
5 Parque Juárez ... B2
6 Pinacoteca Diego Rivera ... B3

Aktivitäten, Kurse & Touren
7 Escuela para Estudiantes Extranjeros ... E1
8 Veraventuras ... F2

Schlafen
9 Hostal de la Niebla ... D2
10 Hotel Limón ... B1
11 Mesón del Alférez Xalapa ... C2
12 Posada Casa Regia ... D3
13 Posada del Cafeto ... D3

Essen
14 El Brou ... E1
15 La Candela ... C2
16 La Fonda ... C2
17 Piacevole Bistro ... D1
18 Plazoleta ... E2

Ausgehen
19 Angelo Casa de Té ... D2
20 Café Cali ... C1
21 Cubanías ... D2
22 Espresso 58 ... D2
23 Jugos California ... C2

Unterhaltung
24 Centro Recreativo Xalapeño ... D1
25 El Ágora ... B2
26 Tierra Luna ... F3

Shoppen
27 Café Colón ... D2
28 Popularte ... D1

Schlafen

Hostal de la Niebla HOSTEL $
(☎228-817-21-74; www.delaniebla.com; Gutiérrez Zamora 24; B/EZ/DZ/3BZ/4BZ inkl. Frühstück 160/360/360/520/680 Mex$; P) Das moderne Hostel im skandinavischen Stil wirkt in dieser sonnigen Region wie eine Fata Morgana, ist aber eine gut durchdachte Backpackerbleibe. Es bietet makellose, gut organisierte und gemeinschaftlich orientierte Unterkünfte mit luftigen Zimmern, die über Terrassen verfügen. Außerdem gibt's Schließfächer und eine Küche.

Posada Casa Regia HOTEL $
(☎228-812-05-91; www.posadacasaregia.com; Hidalgo 12; EZ/DZ 380/430 Mex$; P) Das kleine Hotel ist eine angenehme und lebhafte Unterkunft, die mit ihrer schicken, mit Pflanzen und Fliesen geschmückten Lobby bezaubert, obwohl die Zimmer weit weniger aufregend sind. Ein Parkplatz kostet 90 Mex$/Nacht, und es gibt kein Frühstück.

Hotel Limón HOTEL $
(☎228-817-22-04; Revolución 8; EZ/DZ/3BZ 180/240/330 Mex$;) Der Begriff „verstaubtes Juwel" passt genau: „Verstaubt" bezieht sich auf die Zimmer, die zwar völlig in Ordnung sind, aber unbedingt renoviert werden müssten. Das „Juwel" ist der hübsche, blau gekachelte Hof, der wie ein Erbstück aus vergangenen, wohlhabenden Zeiten wirkt. Kurz: Eine gute, preisgünstige Unterkunft für alle, die es schlicht mögen. Außerdem liegt das Hotel sehr zentral (nur ein paar Schritte von der Kathedrale entfernt).

★ Mesón del Alférez Xalapa HISTORISCHES HOTEL $$
(☎228-818-01-13; www.pradodelrio.com; Sebastián Camacho 2; Zi. inkl. Frühstück 750 Mex$, Suite inkl. Frühstück ab 930 Mex$;) Ein zauberhaftes Hotel im Zentrum, das einfach alles richtig macht. Es ist eine ruhige Zuflucht vor dem Verkehrschaos und verfügt über wunderschöne, zweistöckige Zimmer (Bett oben, Wohnbereich unten) und einen prächtig angelegten Garten. Im noblen Restaurant La Candela gibt's angeblich das beste Frühstück der Stadt. Ein unvergleichliches Schnäppchen!

Posada del Cafeto HISTORISCHES HOTEL $$
(☎228-817-00-23; www.pradodelrio.com; Dr Canovas 8; Zi. inkl. Frühstück ab 540 Mex$; @) Cafeto liegt mitten in Xalapas Verkehrschaos, versteckt hinter dicken kolonialzeitlichen Mauern. Die beiden inneren Patios mit ihren fein gemeißelten Treppenaufgängen und Bögen schaffen eine Atmosphäre à la „geheimer Garten". Die Zimmer sind groß, individuell eingerichtet und sehr komfortabel. Das Frühstück ist im Preis inbegriffen und wird im hübschen Hauscafé serviert.

Posada La Mariquinta GÄSTEHAUS $$
(☎228-818-11-58; www.lamariquinta.xalapa.net; Alfaro 12; EZ/DZ ab 580/720 Mex$, Suite 720–1150 Mex$; P) Die heimelige Pension voller Pflanzen befindet sich in einem kolonialen Anwesen aus dem 18. Jh. Die Zimmer liegen rund um einen hübschen Garten. Sie sind etwas abgenutzt für den Preis, aber die Posada ist eine ruhige Zuflucht von der Stadt und beliebt bei Langzeitgästen. Man sollte sich unbedingt den herrlichen, mit einer Bibliothek ausgestatteten Rezeptionsraum ansehen, der mit alten Büchern und Möbeln vollgestopft ist.

Essen

Schicke Cafés und Restaurants gibt's in Xalapa im Überfluss – viele haben auch regionale Gerichte und/oder vegetarische Alternativen im Angebot. Auf dem Callejón González Aparicio, zwischen Primo Verdad und Mata, finden sich zahlreiche internationale Lokale mit hipper Klientel. Eine köstliche lokale Spezialität sind *chiles rellenos* (gefüllte Chilischoten).

La Fonda MEXIKANISCH $
(☎228-818-72-82; Callejón Diamante 1; Gerichte 50–100 Mex$; ⊙8–17.30 Uhr) La Fonda ist ein echtes Xalapa-Erlebnis. Man quetscht sich an der Tortillas zubereitenden Frau an der Tür vorbei und geht nach oben, wo man in dem mit einem Wandgemälde verzierten Speiseraum oder auf dem mit vielen Pflanzen bestückten schmalen Balkon mit Blick auf die Hauptstraße Platz nehmen kann. Auf der Karte stehen gute *mole* mit *chileatole de pollo* (Hühnersuppe mit Mini-Maiskolben).

Das tägliche All-you-can-Eat-Büfett (8 bis 13 Uhr) kostet gerade mal 70 Mex$/Person.

Plazoleta MEXIKANISCH $
(☎228-165-56-00; Gutiérrez Zamora 46; Gerichte 40–110 Mex$; ⊙Mo–Sa 8–22, So 8–18 Uhr;) Die beliebte Cafeteria bietet Sitzplätze mit Blick auf die Straße und Tische im Innenhof inmitten von Bäumen und Weinranken. Auf der Rückseite gibt's ein Klettergerüst für die Kids, und das All-you-can-Eat-Büfett (48 Mex$/Pers.) ist ausgezeichnet. Neben

MESOAMERIKANISCHE KULTUREN IN VERACRUZ

An Mexikos zentraler Golfküste gab es mehrere präkolumbianische Kulturen. Hier ein Überblick:

➡ **Olmeken** Oft als „Mutterkultur" für alle folgenden Kulturen bezeichnet, haben die Olmeken viele kulturelle Wahrzeichen Mesoamerikas geprägt, darunter die gewaltigen Kolossalköpfe aus Basaltblöcken, das legendäre mesoamerikanische Ballspiel und die makabre Praxis der Menschenopfer. Als frühe Ackerbauer tauchten sie im südlichen Veracruz und Tabasco in den regionalen Zentren San Lorenzo (35 km südöstlich von Acayucan), La Venta (im heutigen Tabasco) und später Tres Zapotes auf. Die Blütezeit ihrer Kultur war zwischen 1200 und 900 v. Chr. in San Lorenzo und zwischen 800 und 400 v. Chr. in La Venta.

➡ **Klassische Veracruz-Kultur** In der klassischen Periode (250–900 n. Chr.) gab es eine Reihe von Kleinstaaten mit gleicher Kultur, die unter dem Begriff „klassische Veracruz-Kultur" zusammengefasst werden. Typisches Merkmal der Klassischen Veracruz-Kultur sind die abstrakten Reliefs aus gewellten und ineinander verwobenen Parallellinien. Eine besondere Leidenschaft hegte diese fürs Ballspiel: Das wichtigste Zentrum mit 17 Ballspielplätzen war El Tajín, das zwischen 600 und 900 blühte.

➡ **Totonaken** Die bunteste Kultur der Golfküste erlebte ihre Blüte zwischen 800 und 1200 n. Chr. an dem Küstenabschnitt zwischen Zempoala und Papantla. Die Totonaken nannten ihr Land Totonacapan und errichteten Städte wie Zempoala und Quiahuiztlán, wo sie webten und stickten sowie Mais, Kürbis, Baumwolle und Vanille anbauten. Sie waren leidenschaftliche Anhänger des mesoamerikanischen Ballspiels. Aber von den Totonaken stammen auch andere Dinge wie das bis heute überlieferte *voladores*-Ritual. Die Totonaken halfen den Spaniern dabei, die Azteken zu besiegen, fielen dann aber nach den 1520ern in großer Zahl den Pocken und der spanischen Heimtücke zum Opfer. Heute leben noch etwa 244 000 totonakische Muttersprachler, überwiegend im nördlichen Veracruz und in der Sierra Norte de Puebla.

➡ **Huaxteken** Die alten Huaxteken bewohnten den äußersten Norden von Veracruz und hatten eine Sprache, die mit den Maya-Sprachen verwandt war. Funden zufolge zogen sie um 1000 v. Chr. von Yucatán nach Norden. Die Huaxteken waren emsige Baumwollbauern und sind für ihre kunstvoll bemalten Tonwaren bekannt, aber auch für ihr musikalisches Talent: Der *huapango* wird von einem Trio, bestehend aus zwei Gitarren und einer Violine, gespielt und hat den Mariachi stark beeinflusst. Die Huaxtekenkultur erreichte ihren Höhepunkt zwischen 800 und 1200 n. Chr. Ihre Sprache hat bis heute überdauert und wird noch etwa von 145 000 Menschen gesprochen.

traditionellen mexikanischen Gerichten gibt's auch eine ausführliche Karte mit Kaffeegetränken und frischen Säften.

Mercado de la Rotonda MARKT $

(Revolución s/n; ⏲7–18 Uhr) Der untouristische Markt liegt am Nordende der Revolución und verfügt über zahlreiche gute Lokale, die köstliche regionale Speisen zu günstigen Preisen anbieten.

★**El Brou** MEDITERRAN $$

(Soto 13; Hauptgerichte 60–150 Mex$; ⏲9–18 Uhr; 📶🍷) *El brou* bedeutet auf Katalanisch „Kochkessel", und dieser Begriff spiegelt den mediterranen Hintergrund der Besitzer dieses genialen Restaurants sehr gut wider. Es befindet sich in einer schönen Lounge im Kolonialstil mit hohen Decken und ist in jeder Hinsicht ein Treffer. Die modernen Elemente der traditionellen Einrichtung wirken schick, und die vielseitige Speisekarte bietet köstliche Gerichte der mediterranen Küche.

★**La Candela** MEXIKANISCH $$

(Sebastián Camacho 2; Hauptgerichte 70–160 Mex$; ⏲8–15.30 Uhr; 📶) Man muss dieses Lokal kennen, um es zu finden (es liegt versteckt unten im Mesón del Alférez Xalapa), aber wer es entdeckt hat, wird froh sein, denn hier kann man sich wunderbar unter die treue Gästeschar aus Einheimischen mengen. Die innovative mexikanische Küche, eine Auswahl an Steaks (wir empfehlen besonders das Tampiqueña) und zahlreiche weitere lokale Spezialitäten machen das Restaurant zu einem echten Highlight.

Die meisten Einheimischen sind der festen Überzeugung, dass hier das beste Frühstück der Stadt serviert wird.

Piacevole Bistro PIZZERIA **$$**

(☎228-186-59-23; Insurgentes 3; Hauptgerichte 70–150 Mex$; ⌚14–23 Uhr; 📶) In dieser exzellenten Pizzeria und Weinbar muss man sich einen Platz erkämpfen (es gibt nur vier Tische), aber die Mühe lohnt sich. Das Motto des Lokals ist einfach und gut: hausgemachte Pizza und Pasta, wunderbare mexikanische Weine, eine coole Einrichtung und ein nette Gäste. Die Besitzer wollen bald expandieren, und es gibt auch einen Lieferservice.

Ausgehen

In Xalapa gibt es zwei Filialen des Gran Café de la Parroquia (S. 227), das seinen Stammsitz in Veracruz hat: Die eine Filiale befindet sich an der Enríquez gegenüber des Parque Juárez, die andere auf der Zaragoza. Keines von beiden kann aber an Größe und Atmosphäre mit dem Original mithalten. Ansonsten gibt's in der Stadt noch jede Menge eigenständiger Cafés.

★Café Cali CAFÉ

(Callejón Diamante 23A; ⌚9–23 Uhr) Ein weiterer Diamant in der Diamantengasse. Das Café Cali befindet sich direkt neben der gleichnamigen Röststube, sodass es im ganzen Viertel köstlich nach Kaffee duftet. Die Inneneinrichtung ist von klassischem Bohème-Stil geprägt, aber die Hauptattraktion sind die hervorragenden Kuchen (leicht, locker und absolut empfehlenswert).

Espresso 58 CAFÉ

(Primo Verdad 7; Kaffee 13–25 Mex$; ⌚8–23 Uhr; 📶) Schicker, moderner Studententreff, der gern von WLAN- und Debattierfreaks besucht wird. Die hauseigene Kaffeemarke Café Mahal (natürlich aus lokalem Anbau) ist *muy rico*, und die Baristas sind charmant.

Jugos California SAFTBAR

(☎228-817-22-71; Enríquez 26; Säfte 20–40 Mex$; ⌚7–21.30 Uhr) Neben *antojitos* (mexikanischen Snacks) serviert das Lokal fantastische, kunstvoll angerichtete Obstsalate, köstliche Säfte, Smoothies und sogar Schoko-Soja-Shakes.

Angelo Casa de Té CAFÉ

(☎228-841-08-39; Primo Verdad 21A; ⌚8–21 Uhr) Hier kann man bei einer Tasse Rosentee – nur eine von vielen Sorten – und köstlichen hausgemachten Cookies entspannen.

Cubanías BAR

(Callejón González Aparicio; ⌚17–1.30 Uhr; 📶) In dieser quirligen Bar macht sich bei Mojitos, Bier und großen Sandwiches der kubanische Einfluss bemerkbar. Das Cubanías liegt am Anfang der Callejón González Aparicio und bietet abends Livemusik.

☆ Unterhaltung

Als Universitätsstadt hat Xalapa natürlich ein lebendiges Nachtleben. Das lauteste Getümmel findet man in der Callejón González Aparicio. Die überdachte Seitengasse der Primo Verdad ist voller trendiger Bars.

★Tierra Luna DARSTELLENDE KUNST

(☎228-812-13-01; Rayón 18; ⌚Mo–Do 9–22, Fr & Sa 9–14 Uhr; 📶) Untergebracht in einer historischen Theaterhalle mit meterhohen Decken, einer wahren Freistatt für Künstler, bietet das Tierra Luna regelmäßige Dichterlesungen und Musikkonzerte. Es serviert auch köstliche Café-Gerichte (Hauptgerichte 50 bis 90 Mex$), darunter ein Frühstücksmenü und eine Auswahl alkoholischer Getränke. Den gleichnamigen Kuchen *tierra y luna* (halb Schoko-, halb Käsekuchen) sollte man unbedingt probieren. Außerdem gibt's einen kleinen Buchladen sowie ein Kunsthandwerksgeschäft.

Centro Recreativo Xalapeño KUNSTZENTRUM

(Xalapeños Ilustres 31; ⌚9–20 Uhr) Dieses Kulturzentrum auf der Intellektuellenenmeile Xalapeños Ilustres ist in einem schönen Kolonialgebäude aus dem 19. Jh. untergebracht und bietet ein abwechslungsreiches Programm zu fast allen Kunstrichtungen, die es in Xalapa gibt: Jamsessions, Tangokurse, Kunstausstellungen, Skulpturenwettbewerbe und Cine Francés. Auf die Aushänge achten! Das Kulturzentrum hat auch einen Hof und ein kleines Café (Luna Negra).

El Ágora KUNSTZENTRUM

(☎228-818-57-30; Parque Juárez; ⌚Di–So 10–22, Mo 9–18 Uhr; 📶) Geschäftiges, modernes Kulturzentrum mit Kino, Theater, Galerie, Buchladen und Café.

Teatro del Estado Ignacio de la Llave THEATER

(☎228-818-08-34; Ecke Llave & Av Ávila Camacho; ⌚ab 20 Uhr) In dem eindrucksvollen Staatstheater geben das Orquesta Sinfónica de Xalapa und das Ballet Folklórico der Universidad Veracruzana Vorstellungen. Es liegt 1,5 km nordwestlich des Parque Juárez an der Av Ávila Camacho.

Shoppen

Die Callejón Diamante ist das Zentrum der alternativen Kulturszene Xalapas. Die lebendige Gasse ist angefüllt mit unzähligen Boutiquen und Straßenhändlern, die günstigen Schmuck, Räucherstäbchen und anderen Krimskrams feilbieten. Einige gut sortierte Buchläden befinden sich an der Xalapeños Ilustres. Hier ist man auch an der richtigen Adresse, um seine Haare flechten oder seinen Rücken tätowieren zu lassen.

Popularte KUNSTHANDWERK
(☎228-841-12-02; Xalapeños Ilustres 3; ⏲Mo–Sa 9–18 Uhr) Das hochwertige, lokale Kunsthandwerk, welches hier zu erwerben ist, wird von indigenen Gemeinden des Bundesstaats hergestellt und sichert deren Einkommen.

Café Colón KAFFEE
(Primo Verdad 15) Im herrlich aromatisch duftenden Café Colon mahlen altmodische Röstmaschinen vor den Augen der Kunden den besten Kaffee von Coatepec. Ein Kilo kostet hier etwa 140 Mex$.

Praktische Informationen

GELD

Auf der Enríquez und der Gutiérrez Zamora befinden sich Banken mit rund um die Uhr zugänglichen Geldautomaten.

INFOS IM INTERNET

Xalapa Mio (www.xalapamio.com)
Xalapa Tourist Network (www.xalapa.net)

MEDIZINISCHE VERSORGUNG

Centro de Especialidades Médicas (☎228-814-45-00; www.cemev.gob.mx; Ruíz Cortines 2903; ⏲8–18 Uhr) Bietet eine exzellente medizinische Versorgung.

POST

Post (Ecke Gutiérrez Zamora & Diego Leño)

TOURISTENINFORMATION

Der **Infostand** (www.xalapa.gob.mx; Palacio Municipal; ⏲Mo–Fr 9–15 & 16–19 Uhr) im Palacio Municipal hält für Besucher hilfreiche Infos und Stadtpläne/Karten bereit. In der Nähe befindet sich noch ein weiteres **Büro** (Palacios 9; ⏲Mo–Fr 9–15 & 16–19 Uhr).

An- & Weiterreise

Xalapa ist ein Verkehrsknotenpunkt mit hervorragenden Verbindungen in den gesamten Bundesstaat und darüber hinaus.

AUTO & MOTORRAD

Xalapa ist berühmt-berüchtigt für seine verkehrsreichen Straßen, und das Fahren hier kann für Ortsunkundige eine Herausforderung sein; allein schon durch die weitläufigen Vororte ins Zentrum zu finden, ist schwierig, denn es gibt kaum Ausschilderungen.

Bis Perote ist der Highway 140 schmal und kurvenreich. Auf dem Highway Xalapa–Veracruz hingegen geht's sehr flott voran. Wer auf dem schnellsten Weg an die nördliche Golfküste will, fährt am besten bis nach Cardel und dann auf dem Highway 180 nach Norden.

BUS

Xalapas moderner und gut organisierter Busbahnhof, der **Central de Autobuses de Xalapa** (CAXA; Av 20 de Noviembre), befindet sich 2 km östlich des Stadtzentrums und verfügt über einen Geldautomaten, Cafés und Telefone. Vom Mercado Los Sauces, 1 km westlich des Zentrums am Circuito Presidentes, fahren regelmäßig 2.-Klasse-Busse nach Xico und Coatepec ab. 1.-Klasse-Busse werden von ADO und gute 2.-Klasse-Busse von AU betrieben.

Die Busse nach Jalcomulco starten am **Azteca-Busbahnhof** (Niños Heroes 85).

RAFTINGABENTEUER IN JALCOMULCO

Nur 30 km südöstlich von Xalapa liegt das malerische, von grünen Schluchten umgebene Jalcomulco am Río Antigua (auch Río Pescados genannt). In der Gegend gibt's viele Höhlen und tolle Badestellen. Bekannt ist sie aber für ihre Stromschnellen, in denen Raftingfans – Anfänger wie Fortgeschrittene – voll auf ihre Kosten kommen.

Mehrere Touranbieter organisieren Aktivitäten in der Region. Die empfehlenswertesten sind **Aventuras Sin Límites** (☎800-837-43-30; www.raftingsinlimite.com; Zaragoza 58), **Huitzilapan Expediciones** (☎279-832-36-10; www.huitzilapanexpediciones.com.mx; Juárez 52) und **México Verde** (☎800-362-88-00; www.mexicoverde.com; Carretera Tuzamapan-Jalcomulco Km 4; Trips ab 660 MEX$). Letzteres betreibt ein eigenes Resort an der Straße, die aus nordwestlicher Richtung kommend in den Ort führt.

Nach Jalcomulco fahren Busse (30 Mex$) vom Azteca-Busbahnhof in Xalapa sowie aus Cardel.

Unterwegs vor Ort

Wer mit dem Bus vom CAXA zum Zentrum fahren will, folgt den Schildern zum Taxistand und läuft dann bergab zur Hauptstraße, der Av 20 de Noviembre. Die Bushaltestelle ist gleich rechts. Alle Busse mit der Angabe „Centro" setzen einen dann einen oder zwei Blocks vom Parque Juárez (8 Mex$) entfernt ab. Wer mit dem Taxi zum Zentrum fahren will, muss sich vorher am Busbahnhof eine Fahrkarte kaufen (35 Mex$). Der Bus zurück zum Busbahnhof hat die Aufschrift „Camacho-CAXA-SEC" und fährt von der Av Ávila Camacho oder Hidalgo.

Rund um Xalapa

Xalapa ist von einer spektakulären Landschaft umgeben. Dazwischen verstecken sich charmante Bergorte und weitere hübsche Plätzchen.

Hacienda El Lencero

Fast so alt wie Neuspanien ist diese ehemalige *posada* (Pension). Sie wurde 1525 von Juan Lencero, einem Soldaten von Hernán Cortés gegründet, und diente als Raststätte für Reisende zwischen dem neu europäisierten Mexico City und der Küste. Heute beherbergt sie das **Museo Ex-Hacienda El Lencero** (Carretera Xalapa-Veracruz, Km 10; Erw./Kind 40/30 Mex$; ⌚10–17 Uhr) und umfasst ein toll restauriertes, mit Antiquitäten möbliertes Haus und schöne Gartenanlagen mit einem See und einem 500 Jahre alten Feigenbaum.

Um zu dem Anwesen zu gelangen, fährt man von Xalapa auf dem Veracruz-Highway 12 km nach Südosten, nimmt dann die ausgeschilderte Ausfahrt nach rechts und folgt der Straße einige Kilometer. Wer mit dem Bus fährt, steigt in Xalapa am Einkaufszentrum Plaza Cristal in einen der regelmäßig verkehrenden Busse mit der Aufschrift „Miradores" (11 Mex$).

Coatepec

☎228 / 53 600 EW. / 1200 M

Es hat etwas von einer Offenbarung, schon beim Aufwachen den Duft von Kaffee in der Nase zu haben. Die Kaffeeproduktion ist schon lange Sinn und Zweck der zu Füßen der Sierra Madre gelegenen Stadt Coatepec – und das wird bereits beim Aussteigen aus dem Bus deutlich. Coatepec wurde 1701 gegründet, und fast genauso lange wird in den umliegenden Nebelwäldern Kaffee angebaut. Die Kaffeebohne brachte der Stadt Wohlstand. Coatepec liegt gerade mal 15 km südlich von Xalapa und schmückt sich mit vielen kolonialen Gebäuden. 2006 wurde der Stadt wegen ihrer Bedeutung für Kultur, Geschichte und Natur von der mexikanischen Regierung die Auszeichnung *pueblo mágico* verliehen. Ende September ist der perfekte Zeitpunkt für einen Besuch, wenn Coatepec den heiligen Hieronymus mit einem großen Fest ehrt.

Sehenswertes

Parque Miguel Hidalgo PLATZ

Der Hauptplatz von Coatepec ist grün und bleibt vom schlimmsten Verkehr in der Stadt verschont. In der Mitte befindet sich ein prächtiger *glorieta* (Kreisverkehr), auf dem sich auch ein Café befindet.

An der Ostseite, abseits der Straße, liegt die nach dem Schutzheiligen der Stadt benannte, unglaublich barocke **Parroquia de San Jerónimo**.

BUSES AB XALAPA

ZIEL	PREIS (MEX$)	DAUER	HÄUFIGKEIT (TGL.)
Cardel	64	1 Std.	18-mal
Mexico City (TAPO)	278	4½ Std.	6-mal
Papantla	218	4 Std.	14-mal
Puebla	172	2½ Std.	15-mal
Tampico	470	9½ Std.	2-mal
Veracruz	98	2 Std.	regelm.
Veracruz Flughafen	268	1½ Std.	5-mal
Villahermosa	492	8½ Std.	7-mal

In der Tabelle sind die täglichen ADO-Verbindungen ab dem CAXA aufgelistet. Weitere ADO-Busverbindungen gibt's nach Acayucan, Campeche, Cancún, Catemaco, Córdoba, Mérida, Orizaba und Poza Rica.

Cerro de las Culebras AUSSICHTSPUNKT
Der Cerro de las Culebras (Schlangenhügel; auf Náhuatl Coatepec) ist vom Ortszentrum aus leicht zu erreichen. Der Spaziergang führt über Kopfsteinstufen hinauf zu einem Aussichtsturm mit einer weißen Christusstatue auf der Spitze. Von hier aus hat man einen tollen Blick auf die Stadt und die Berge. Um zu dem Hügel zu gelangen, läuft man einfach vom Hauptplatz über die Lerdo drei Blocks nach Westen und dann die Independencia hinauf nach Norden.

Museo y Jardin de Orquideas MUSEUM, GARTEN
(Aldama 20; Mi–So 10–17 Uhr) GRATIS Dank der feuchten Nebelwälder gedeihen in Coatepec viele Orchideenarten. Eine liebenswerte *señora* hat es sich zur Aufgabe gemacht, Orchideen zu sammeln und zahlreiche davon in diesem Gartenmuseum, ein paar Blocks vom Hauptplatz entfernt, auszustellen. Hier erfährt man auch viel über Kultivierungs- und Konservierungstechniken. Man sollte sich mindestens eine halbe Stunde Zeit nehmen, um diese Pracht zu genießen. Eine geführte Tour kostet 30 Mex$ pro Person.

Museo El Cafétal Apan MUSEUM
(www.elcafe-tal.com; Carretera Coatepec-Las Trancas Km 4; Eintritt 40 Mex$; 9–17 Uhr) Wer mehr über die Geschichte des Kaffeeanbaus in der Region erfahren will, kann sich in diesem Museum antike Geräte der Kaffeezubereitung ansehen. Es gibt auch interaktive Vorführungen und Kaffeekostproben. Das Museum liegt etwas außerhalb der Stadt; ein Taxi hierher kostet 40 Mex$.

Cascada Bola de Oro WASSERFALL
Der dem Ort am nächsten gelegene Wasserfall befindet sich in der Umgebung der in Coatepec gut bekannten Kaffeefinca. Hier gibt's verschiedene Spazierwege und einen natürlichen Pool. Um herzukommen, folgt man der Calle 5 de Mayo nach Norden bis zu einer Brücke, geht dann weiter gen Norden auf der Calle Prieto und biegt links in die Calle Altamirano ein. Nach dem letzten Geschäft geht's nach rechts, über eine Brücke und dann links auf einen kleinen Weg. Die Touristeninformation hält Karten bereit.

Schlafen

Ashram Coatepec HOSTEL $
(228-816-10-55; www.ashramdecoatepec.org; Mina 100; B/Campingplatz 100 Mex$; P) In diesem Ashram am Stadtrand können die Gäste Yoga, Meditation und die Spazierwege über das üppig grüne Gelände genießen. Die Schlafsäle sind nicht ganz so gut wie die tollen Yoga- und Meditationsräume, trotzdem lässt es sich hier gut entspannen, und das Preis-Leistungs-Verhältnis ist hervorragend. Es kommt ausschließlich Vegetarisches auf den Tisch.

★ **Casa Real del Café** HISTORISCHES HOTEL $$
(228-816-63-17; www.casarealdelcafe.com.mx; Gutiérrez Zamora 58; DZ/Suite inkl. Frühstück 900/1000 Mex$; P) Das im Kolonialstil erbaute Hotel gehört ortsansässigen Kaffeebauern, deren aromatische Produkte auch im hauseigenen Café Antiguo Beneficio angeboten werden. Die auf zwei Ebenen aufgeteilten Zimmer bieten historischen Luxus mit dunklem Holz und prachtvoll gefliesten Bädern. Es gibt einen Gemeinschaftshof mit Liegestühlen, ein Spa und einen Leseraum, in dem sogar eine vollständige Encyclopedia Britannica zu finden ist.

Posada de Coatepec HISTORISCHES HOTEL $$$
(228-816-05-44; www.posadacoatepec.com.mx; Hidalgo 9; Zi./Suite inkl. Frühstück ab 1300/2000 Mex$; P) Ein Wahrzeichen von Coatepec ist dieses Hotel in einem prächtigen Gebäude aus der Kolonialzeit. Der zentrale Hof ist üppig bepflanzt und verfügt über einen sprudelnden Springbrunnen. Es gibt einen Pool, Werke lokaler Künstler, eine ruhige Gartenanlage und eine echte alte Kutsche in der Lobby. Die Zimmer sind groß, aber – wie meist in Kolonialbauwerken – eher dunkel und muffig.

Leider ist die Posada etwas überteuert, aber die beeindruckenden öffentlichen Bereiche haben eine wunderbare Atmosphäre.

Essen

Casa Coffino CAFÉ, INTERNATIONAL $
(www.coffino.com.mx; Jiménez del Campillo 17; Snacks 50–110 Mex$; 8–22 Uhr) Interessantes Café in einem atemberaubenden Jugendstilgebäude, einen Block von der Plaza entfernt. Die Spezialität ist der hauseigene aromatische Kaffee (*Café de Altura*). Serviert werden aber auch Snacks, Kuchen und Smoothies in dem wunderschönen Hof voller Blumen.

El Caporal MEERESFRÜCHTE, INTERNATIONAL $$
(Luís de San José 3B; Hauptgerichte 60–200 Mex$; 8–24 Uhr) Das El Caporal in einem Kolonialgebäude am Hauptplatz kredenzt Paella, große Garnelen und Fischfilets. Es gibt auch

eine lange Weinkarte, auf der chilenische und spanische Vintage-Weine dominieren. Nebenan befindet sich im selben blauen Haus die **La Vereda Cafeteria**, die leichtere Gerichte serviert.

Ausgehen & Unterhaltung

★El Café de Avelino CAFÉ

(Aldama 6; ⌚12–17 Uhr) Den besten Kaffee Coatepecs (das will schon was heißen!) gibt es in einem Café, das nur einen Tisch und zwei Stühle hat und in der Lobby des prächtigen Mansión de los Azulejos (Haus der Fliesen) untergebracht ist. Der Eigentümer Avelino Hernández heißt hier bei allen nur *Poeta del Café* (Kaffeepoet) und braut echte Zaubergetränke aus Kaffeemischungen aus Coatepec, Cosailton, Xico und Teocelo zusammen. Man kann hier auch Kaffeebohnen für 200 Mex$ pro Kilo kaufen.

Casú CAFÉ

(La Casa del Café; 5 de Mayo; ⌚9–19 Uhr) Das charmante Café wird von einem freundlichen Team von Kaffeeröstern geführt, die ihre köstlichen Waren (fantastischen Kaffee und herrliche Kuchen) in einem zauberhaften Garten auf der Rückseite servieren. Casú liegt ganz in der Nähe des Hauptplatzes.

El Kiosko CAFÉ

(Parque Hidalgo; ⌚8–19 Uhr) Kleines Freiluftcafé, das Java-Kaffee anbietet. Es liegt an der alten *glorieta* (Kreisverkehr) in der Mitte der Plaza.

Shoppen

La Misión SOUVENIRS, ACCESSOIRES

(☎228-816-41-32; Aldama 6; ⌚9–19 Uhr) In dem Laden findet man sorgfältig ausgewählte lokale Produkte, z. B. Biokaffee, ätherische Öle, *maguey*-Honig und Sojamilch.

ℹ Praktische Informationen

Im Palacio Municipal am Parque Hidalgo befindet sich eine hilfreiche **Touristeninformation** (⌚Mo–Fr 9–14 & 16–19 Uhr, Sa & So 9.30–18.30 Uhr). Auf der exzellenten Webseite www.somoscoatepec.com gibt's viele Infos in Englisch.

ℹ An- & Weiterreise

Regelmäßig fahren Busse (9,50 Mex$) von den Busbahnhöfen CAXA und Los Sauces in Xalapa hierher. Eine Taxifahrt kostet 80 Mex$. Die Busse nach Xico (8 Mex$) fahren von der Constitución zwischen Aldama und Juárez ab. Der ADO-**Busbahnhof** (5 de Mayo s/n) bedient Puebla und Mexico City.

Xico

☎228 / 18 600 EW. / HÖHE 1300 M

Xico ist ruhiger, hügeliger und, wie viele finden, auch weitaus betörender als Coatepec und gerade dabei, aus dessen Schatten zu treten. 2011 wurde es in die Liste der von der mexikanischen Regierung registrierten *pueblos mágicos* (magischen Städte) aufgenommen. Xico liegt nur 8 km von Coatepec entfernt und zieht eher Liebhaber von *mole* und Kunsthandwerk statt Kaffeefreaks an. Seine Kopfsteinpflasterstraßen und die vielfältige Kolonialarchitektur machen es zu einem immer beliebter werdenden Wochenendziel. In Mexiko ist die Stadt vor allem für ihre Fiesta de Santa Magdalena bekannt, die jedes Jahr im Juli gefeiert wird, und bei der Stierrennen wie im spanischen Pamplona veranstaltet werden.

Sehenswertes

Café Gourmet Pepe KAFFEEPLANTAGE

(☎228-846-74-71; Carretera Xico-Coatepec, Km 1; Führung 60 Mex$) Diese Plantage ist für nahezu vollkommen biologisch und im Schatten angebauten Kaffee bekannt und bietet interessante Führungen, köstlichen Kaffee sowie Liköre. An der ersten Bushaltestelle in Xico aussteigen und 150 m zurücklaufen, bis rechts das Schild in Sicht ist!

Cascada de Texolo WASSERFALL

Ein hübscher, 3 km langer (ausgeschilderter) Weg führt von Xico an einer früheren Hazienda vorbei zur 80 m hohen **Cascada de Texolo** und zur **Cascada de la Monja** (Wasserfall der Nonne) – ein herrlicher Ort für einen Sprung ins kühle Nass. Filmfans aufgepasst: Der erste Wasserfall spielte in dem Film *Auf der Jagd nach dem grünen Diamanten* (1984) eine Rolle; besagter Diamant war hinter dem Wasserfall versteckt.

Museo del Vestido MUSEUM

(Parroquia, Ecke Av Hidalgo & Juárez; Eintritt 10 Mex$; ⌚Di–So 15–19.30 Uhr) Das esoterische Nischenmuseum zeigt im Wechsel die Gewänder, die der Marienstatue seit 1910 bei der berühmten Fiesta de Santa Magdalena angelegt wurden.

Casa-Museo Totomoxtle MUSEUM

(Ecke Aldama & Juárez; ⌚10–16 Uhr) GRATIS In dem kleinen Museum sieht man die Produkte des künstlerischen Hobbys in der Stadt: aufwendig und detailgetreu gearbeitete Figuren aus *hojas de maiz* (Maisblättern). Das gibt's nur in Xico!

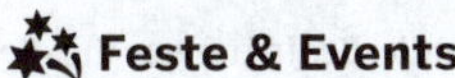

Feste & Events

Fiesta de Santa Magdalena RELIGIÖSES FEST
Die Mutter aller Feste findet zwischen dem 15. und dem 24. Juli in Xico statt. Vor der eigentlichen Prozession werden riesige Blumenbögen aufgestellt und die Straßen kunstvoll mit Sägespänen bestreut. Die Magdalenenstatue in der Parroquia de Santa María Magdalena (steht am Ende der Av Hidalgo), wird anlässlich der Feierlichkeiten 30 Tage lang täglich in ein anderes Gewand gehüllt. Am 22. Juli findet dann ein Stierrennen durch die Straßen im Ort statt.

Schlafen & Essen

Posada los Naranjos HOTEL $
(☎ 228-153-54-54; Av Hidalgo 193; Zi. ab 350 Mex$; P) Das schnörkellose Hotel im Herzen der Stadt hat nur neun Zimmer im Angebot und ist eine gute Budgetoption – mehr aber nicht. Die Zimmer sind einfach und sauber, und es gibt auch ein nettes Café. Die Posada liegt in der Nähe der Kirche und ist über einen kurzen Spaziergang die Hauptstraße hinunter zu erreichen.

Hotel Paraje Coyopolan HOTEL $$
(☎ 228-813-12-66; www.coyopolan.com; Venustiano Carranza Sur s/n; EZ/DZ inkl. Frühstück 450/585 Mex$; P 📶) In dieser tollen Anlage gleich außerhalb von Xico dreht sich alles um fröhliche Farben und lebhaftes mexikanisches Design. Das Hotel organisiert abwechslungsreiche Wandertouren, Canyonsport und Abseilen in den umliegenden Bergen und Schluchten und ist damit ein toller Ausgangsort für Outdooraktivitäten. Im Hotelrestaurant werden hervorragende regionale Gerichte serviert.

★ **Las Magdalenas** BOUTIQUEHOTEL $$$
(☎ 228-813-03-14; www.lasmagdalenas.com.mx; Hidalgo 123; Zi. 1280–1590 Mex$) Das Hotel wurde 2013 eröffnet und lässt bereits Xicos zunehmende Berühmtheit erkennen. Es ist in einem wunderschönen Kolonialgebäude untergebracht, das auf eindrucksvolle Weise in ein Boutiquehotel umgewandelt wurde. Las Magdalenas verfügt über einen zauberhaften Garten voller Blumen sowie vier zweistöckige Zimmer (drei weitere kommen bald hinzu). Unter der Woche gibt's großzügige Sonderangebote. Die Zimmer sind überraschend modern für die Anlage, die vorrangig im alten Stil gehalten ist, aber insgesamt gesehen ist das Hotel ein echter Volltreffer und sehr zu empfehlen.

Los Portales Texolo MEXIKANISCH $
(Hidalgo 109; Hauptgerichte 50–100 Mex$; ⏲ Di–So 8–20 Uhr) Wer von der Kirche ein Stück die Av Hidalgo heruntergeht, kommt zu einem kleinen Platz, der bei Sonnenuntergang voller singender Vögel ist. Hier befindet sich ein freundliches Freiluftlokal, das inmitten von Xicos Kolonialpracht köstliche lokale Spezialitäten wie *chiles en nogada* und *mole* serviert.

★ **Restaurante Mesón Xiqueño** MEXIKANISCH $$
(Av Hidalgo 148; Gerichte 50–150 Mex$; ⏲ 9–21 Uhr) Unweit der Ecke Av Hidalgo/Calle Carranza liegt das Mesón Xiqueño, das bekannteste Restaurant Xicos. Hier kann man in einem schönen Hof speisen und die berühmte lokale *mole* probieren, die in verschiedenen Varianten erhältlich ist.

Shoppen

Derivados Acamalin Productos Xiquenial Artesanías ESSEN
(Av Hidalgo 150; ⏲ 9–19 Uhr) Hier gibt's die für Xico typische *mole* (eine komplexe Mischung aus Schokolade, Banane, Apfel, Chili, Rohrzucker und anderen geheimen Zutaten). Verkauft wird auch Biokaffee für 100 Mex$/Kilo.

Praktische Informationen

Touristeninformation (☎ 228-813-16-18; Av Hidalgo 76; ⏲ 9–18 Uhr) Die kleine Touristeninformation ist in der Casa de la Cultura untergebracht. Die freundlichen Angestellten haben gute Infos zu Stadt und Umgebung auf Lager.

An- & Weiterreise

Von Xalapa fahren vom Busbahnhof Los Sauces Busse nach Xico (18 Mex$). In Coatepec starten die Busse nach Xico (8 Mex$) von der Constitución, einen Block südöstlich vom Hauptplatz.

Córdoba

☎ 271 / 140 000 EW. / HÖHE 924 M

Es kann vorkommen, dass Küstenbewohner sarkastisch mit den Augen rollen, wenn man ihnen verrät, dass man auf dem Weg nach Córdoba ist. Die *cordobeses* gelten als hochmütiger und temperamentvoller als ihre bodenständigeren *jarocho*-Landsleute, wobei „großstädtischer" eine nettere Umschreibung wäre.

Córdoba in Veracruz ist nicht mit seinen berühmteren Namensvettern in Spanien und Argentinien zu verwechseln, aber ebenfalls von glanzvoller Vergangenheit und berechtigtem Bürgerstolz geprägt. Hier wurde 1821 der Vertrag zur Unabhängigkeit Mexikos unterzeichnet. Gegründet wurde die Stadt bereits 1618 als Zwischenposten zwischen Mexico City und der Küste, um die Interessen der spanischen Krone vor den lokalen Sklavenrebellionen zu schützen, die von Gaspar Yanga angeführt wurden und in dieser Region sehr stark waren.

Anders als in anderen Städten im zentralen Veracruz wie Orizaba und Fortín de las Flores hat Córdoba eine rund um die Uhr belebte Hauptplaza zu bieten. Hier findet man 24 Stunden am Tag eine Art „Liveshow" vor: Da eilen Damen in High Heels auf dem Weg ins Theater über den Platz und weichen den hungrigen Tauben aus, und ältere Herren verdingen sich als Marimba-Spieler. Und über all dem thront eine prächtige Barockkathedrale, die zu den schönsten im ganzen Bundesstaat gehört.

Die Straßen Córdobas haben ein kompliziertes Nummerierungssystem – ein Stadtplan vom Hotel oder der Touristeninformation kann hier eine große Hilfe sein.

Sehenswertes

Die meisten Sehenswürdigkeiten Córdobas finden sich rund um die Hauptplaza, dem Parque de 21 de Mayo, der selbst auch absolut sehenswert ist.

★ Parque de 21 de Mayo — PLATZ

Der Hauptplatz von Córdoba ist zwar nicht gerade mit Sehenswürdigkeiten übersät, könnte der Plaza in der Stadt Veracruz aber den Rang als unterhaltsamster Ort in der Region streitig machen. Er ist zwar viel größer als die Plaza in der Hafenstadt, aber wegen der scheinbar unzähligen Musikanten fehlt es ihm dennoch nicht an einer gemütlichen Atmosphäre.

Gegenüber der Kathedrale an der Westseite des Platzes steht der prächtige **Palacio Municipal** mit einem Wandgemälde im Inneren, das selbst Diego Rivera als Herausforderung angesehen haben könnte.

Ex-Hotel Zevallos — HISTORISCHES BAUWERK

(Parque de 21 de Mayo) Im 1687 erbauten Ex-Hotel Zevallos residierten einst die *condes* (Grafen) von Zevallos. Es steht an der Nordostseite des Parque de 21 de Mayo hinter den *portales* (Arkaden). Die Tafeln im Hof erinnern daran, dass sich am 24. August 1821 Juan O'Donojú und Agustín de Iturbide hier trafen, um die Bedingungen für die Unabhängigkeit Mexikos auszuhandeln. Sie einigten sich auch darauf, dass kein Europäer, sondern ein Mexikaner Staatsoberhaupt warden sollte.

Heute ist das Gebäude in erster Linie wegen seiner Cafés und Restaurants interessant.

Catedral de la Inmaculada Concepción — KATHEDRALE

(Parque de 21 de Mayo) Die blaue Barockkathedrale von 1688, hat eine aufwändig gestaltete Fassade und zwei Glockentürme an den Seiten. Blattgoldelemente und Marmorböden zieren den für Mexiko überraschend prächtigen Innenraum. Von den Altaren neben der Kapelle fällt Kerzenlicht auf verschiedene Statuen, z.B. einen leidenden Christus am Kreuz und eine verzweifelte Virgen de la Soledad. Die Mischung aus Glanz und Schrecken ist eine visuelle Metapher für eine grausame historische Ungerechtigkeit: Während die Eroberer nach Reichtum gierten, lebte die indigene Bevölkerung in schrecklichem Elend.

Museo de Antropología — MUSEUM

(Calle 3 zw. Av 3 & 5; ⏲10–18 Uhr) GRATIS Das Museum zeigt eine bescheidene, aber interessante Sammlung von Artefakten, z.B. eine schöne aztekische Ballspielmarkierung, einige Olmeken-Figuren und eine Replik der wunderschönen Statue El Señor de Las Limas (das Original steht im Museo de Antropología in Xalapa). Das Museum liegt gleich abseits des Hauptplatzes, gegenüber des Centro Cultural Municipal.

Parque Ecológico Paso Coyol — PARK

(☎271-714-20-84; Ecke Calle 6 & Av 19, Bella Vista; Eintritt 2 Mex$) Dieser Park stellt ein echtes Juwel mitten im Großstadtdschungel dar. Der ehemals von Kriminellen frequentierte, 4 ha große stillgelegte Parkplatz wurde mit staatlicher Unterstützung in einen Park umgewandelt. Heute tummeln sich in dieser nach ökologischen Gesichtspunkten konzipierten Grünanlage die *cordobeses*. Für Jogger und Spaziergänger gibt's gewundene Wege, die an bunten Gärten und Übungsplätzen vorbeiführen. Mit der geringen Eintrittsgebühr werden *campesinos* (Landbewohner) und Biologen finanziert, die sich um die Pflege der Anlagen kümmern.

Anfahrt: Von der Plaza 1,5 km nach Süden der Calle 3 folgen. Die Straße ändert unterwegs ihren Namen und führt durch einen Vorort hinunter zum Park.

Feste & Events

Karfreitag RELIGIÖSES FEST

Am Abend des Karfreitags gedenkt Córdoba des Martyriums Jesu mit einer Schweigeprozession. Tausende von Einwohnern schreiten mit Kerzen in den Händen hinter einem Marienaltar durch die Straßen. Dabei herrscht absolute Stille – selbst die Kirchenglocken geben keinen Laut von sich.

Schlafen

Hotel Palacio HOTEL $

(☎ 271-712-21-88; www.hotelpalaciocordoba.com.mx; Ecke Calle 2 & Av 3; Zi. 440 Mex$; P ❄ 📶) Die herausragende Budgetoption in Córdoba ist dieses große Hotel mit einer schicken, hellen Lobby, dafür aber eher charakterlosen Zimmern, die auch nur teilweise mit einer Klimaanlage ausgestattet sind. Es liegt nur einen Block von der Plaza entfernt und verfügt über eine eigene Tiefgarage, daher eignet es sich gut für einen Übernachtungsaufenthalt.

Hotel Mansur HOTEL $$

(☎ 271-712-60-00; www.hotelmansur.com.mx; Av 1 No 301, Ecke Calle 3; EZ/DZ 520/535 Mex$, Suite 735–1000 Mex$; P ❄ 📶) Mit seinen fünf Stockwerken bietet das Mansur den besten Blick auf die Hauptplaza von Córdoba. Auf den großen, mit schweren Holzstühlen bestückten Balkonen fühlt man sich fast mittendrin im quirligen Treiben darunter.

Die Lobby im Stil der „alten Welt" ist mit viel dunklem Holz und großen silbergerahmten Spiegeln ausgestattet; die zweifellos guten Zimmer sind dagegen eher schlicht gehalten. Die Räume auf der Vorderseite sind wesentlich günstiger – wer also nicht unbedingt auf absolute Stille aus ist, kann sich einen Raum nach vorne raus geben lassen.

Hotel Layfer HOTEL $$

(☎ 271-714-05-05; www.hoteleslayfer.com; Av 5 No 908, zw. Calle 9 & 11; EZ/DZ/3BZ 735/895/1055 Mex$; P ❄ 📶 🏊) Das Layfer ist definitiv das schickste Hotel in Córdoba (wenn auch nicht das beste): Es bietet gepflegte, moderne Zimmer, die um einen Swimmingpool herum angeordnet sind. Das Bambusdekor verleiht dem Hotel eine raffinierte Atmosphäre, obwohl die Zimmer an sich nichts Herausragendes bieten. Hinzu kommen jede Menge Extras für die Gäste, darunter kostenlose Körperpflegeprodukte, eine Bar, ein Fitnesszentrum, ein Restaurant und ein Spielzimmer.

Hotel Bello HOTEL $$

(☎ 271-712-81-22; www.hotelbello.com/cordoba; Ecke Av 2 & Calle 5; EZ/DZ/3BZ 550/650/690 Mex$; P ❄ @ 📶) Das moderne, gelb gestrichene Hotel ist kaum zu übersehen. Es liegt nur ein paar Schritte vom Hauptplatz entfernt und bietet makellose Unterkünfte. Die Zimmer sind frisch und haben teilweise tolle Ausblicke auf den Pico de Orizaba, und auch die Angestellten sind sehr freundlich. Wir empfehlen die Balkonzimmer im oberen Stock.

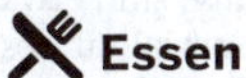

Essen

Córdoba hat eine lebhafte Gastronomieszene mit einer großen Auswahl an Restaurants. Für eine günstige Mahlzeit geht man in die kleinen Speiselokale an der Av 5 zwischen der Calle 1 und 2.

★ Calufe Café CAFÉ, SANDWICHS $

(Calle 3 No 212 zw. Av 4 & 2; ⏲ So–Mi 8–20, Do–Sa bis 24 Uhr; 📶) Wenn nur alle Cafés so wären! Das Calufe befindet sich in einem hübsch verfallenen Herrenhaus aus der Kolonialzeit mit vielen Ecken und Winkeln rund um einen gedämpft beleuchteten Hof voller Pflanzen. Abends tragen Duos mit Sängern und Gitarrenspielern zur musikalischen Unterhaltung bei. Das Calufe verkauft seinen eigenen Markenkaffee; dazu gibt's Kaffeekuchen, der förmlich auf der Zunge zergeht, und andere interessante Snacks aus Bioprodukten.

Crepas y Carnes Los 30s MEXIKANISCH $$

(Av 9 zwischen Calle 20 & 22; Crepes 100 Mex$, Hauptgerichte 90–250 Mex$; ⏲ So–Mi 12.30–24, Do–Sa 12.30–1 Uhr; 📶) Ein weitläufiges und extrem beliebtes Lokal mitten in dem langen Streifen von Restaurants an der Av 9. Es bezeichnet sich selbst als *cocina del barrio* (Kochkunst des Viertels) und hat eine koloniale Atmosphäre. Seine Wände sind mit Kunstwerken und alten Fotografien geschmückt. Die Crepes sind hervorragend und in verschiedenen Geschmacksrichtungen von herzhaft bis supersüß erhältlich. Auf der langen Speisekarte stehen auch Pizza, Fisch, Pasta und verschiedene Grillgerichte.

Mulata INTERNATIONAL $$

(Av 1 No 721, zw. Calle 7 & 9; Gerichte 50–150 Mex$; ⏲ 8–24 Uhr; 📶) Das Lokal ist nach einer schönen afrikanischen Sklavin benannt, die der Legende nach aus dem Gefängnis entfloh – und zwar durch ein Bild, das sie zuvor an die Wand ihrer Zelle gemalt hatte. Passenderweise findet man hier ein tolles Wandgemälde; außerdem gibt's einfallsreiche, international geprägte Speisen und Backwaren. Das Frühstück ist gut, ebenso wie die Salate, Suppen und Steaks.

Tabachín MEXIKANISCH **$$**
(Av 1 No 101, Ecke Calle 1; Hauptgerichte 55–160 Mex$; ⌚8–1 Uhr) Im Erdgeschoss des Zevallos kann man sich mitten ins Getümmel aus Marimbaspielern und Straßenhändlern stürzen. Die Preise auf der Straße sind etwa 20 % günstiger als oben. Die Spezialität des Tabachín ist der riesige *Plato Cordobés*, eine große Portion Fleischstücke, die auch für zwei reicht, wenn man nicht gerade einen Bärenhunger hat.

El Balcón del Zevallos PARRILLA, MEXIKANISCH **$$$**
(Av 1 No 101, Ecke Calle 1; Hauptgerichte 100–200 Mex$; Mo–Do 17–24, Fr–So ab 13 Uhr) Das Restaurant mit elegantem Innenraum und einer Terrasse mit Blick auf die Plaza ist im Obergeschoss des unheimlich schönen Ex-Hotel Zevallos untergebracht und gilt als das beste in Córdoba. Es bietet eine umfangreiche Weinkarte (mit den üblichen spanischen und chilenischen Tropfen) und gute Fleischgerichte *a la parrilla* (vom Grill). Der Service ist fix, aber nicht sonderlich beflissen.

Praktische Informationen

Die Banken rund um die Plaza de Armas haben rund um die Uhr zugängliche Geldautomaten.

Hospital Covadonga (☎271-714-55-20; www.corporativodehospitales.com.mx; Av 7 No 1610; ⌚24 Std.) Notfallversorgung rund um die Uhr.

Touristeninformation (☎271-712-43-44; Centro Cultural Municipal, Av 3 Ecke Calle 3; ⌚Mo–Fr 8.30–16 & 18–19.30, Sa & So 10–14 Uhr) Das hilfsbereite Personal hält Stadtpläne und nützliche Infos bereit. Hin und wieder bieten Freiwillige Stadtführungen an.

Anreise & Unterwegs vor Ort

AUTO & MOTORRAD

Nach Córdoba, Fortín de las Flores und Orizaba kommt man über den mautpflichtigen Hwy 150D, den auch die meisten Busse nutzen, sowie über den Hwy 150, was aber länger dauert. Eine malerische Landstraße führt von Fortín durch die Hügel über Huatusco nach Xalapa.

BUS

Córdobas **Busbahnhof** (Av Privada 4) befindet sich 2,5 km südöstlich der Plaza und wird von Bussen der Deluxe-, der 1. und der 2. Klasse bedient. Zum Stadtzentrum gelangt man mit einem Ortsbus mit der Aufschrift „Centro" oder einem Taxi (Taxiticket 30 Mex$). Nach Fortín de las Flores und Orizaba nimmt man besser den Nahverkehrsbus von der Ecke Av 11 und Calle 3, statt bis zum Busbahnhof Córdoba zu fahren.

Fortín de las Flores

☎271 / 21 000 EW. / 970 M

Fortín de las Flores liegt in der Mitte zwischen Córdoba und Orizaba und ist ein beschauliches Zentrum des Schnittblumenanbaus mit vielen Blumenfeldern und privaten Gärten. Die Mittelschicht aus Mexico City verbringt hier gerne ein gediegenes Wochenende. Ansonsten ist Fortín ein ideales Ziel für Tagesausflüge ab Córdoba oder Orizaba. Ende April bzw. Anfang Mai findet hier jedes Jahr eine Woche lang das **Blumenfest** statt.

Aktivitäten

Barranca de Metlac WANDERN
Am meisten beeindruckt in Fortín die vom Río Metlac tief in den Fels gegrabene Schlucht mit einer bunten Artenvielfalt. Darüber führt die höchste Eisenbahnbrücke

BUSSE AB CÓRDOBA

ZIEL	PREIS (MEX$)	DAUER	HÄUFIGKEIT (TGL.)
Fortín	10	25 Min	stündl.
Mexico City (TAPO)	318	5 Std.	regelm.
Oaxaca	360	6½ Std.	7-mal
Orizaba	30	40 Min	regelm.
Puebla	194	3 Std.	regelm.
Veracruz	122	1½ Std.	regelm.
Xalapa	182	3 Std.	stündl.

Eine Auswahl der Deluxe- und 1.-Klasse-Busse, die von Córdoba abfahren.

Nordamerikas, der 131 m hohe und 90 m lange **Puente de Metlac**. Daneben gibt es eine etwas ältere und fast ebenso hohe Straßenbrücke. Die alte Eisenbahnbrücke von 1873, der **Puente de San Miguel**, führt einige Kilometer nördlich in einer ungewöhnlichen Kurve über die Schlucht.

In der Barranca verstecken sich ein paar ausgezeichnete Wanderwege. Der schnellste Zugang: Vom Zentrum Fortíns westwärts die Av 1 hinunterfahren, die dann zur Straße Fortín Viejo wird. Diese ruhige, kurvenreiche Straße führt steil bergab und trifft nach etwa 2 km auf eine stärker befahrene Straße. Hier überquert man den Fluss, biegt unmittelbar danach rechts ab und folgt einem Waldweg nach Norden am Fluss entlang bis zum **El Corazón** (Eintritt 15 Mex$), einer einfachen Anlage mit einem in die Jahre gekommenen Schwimmbad und einer Imbissbude. Nach dem Schwimmbad und links vorbei an einem Kraftwerk, führt ein Pfad zu einer großen Treppe (mit 440 Stufen), die hinauf zur Metlac-Straßenbrücke führt. Dort bietet sich eine schwindelerregende Aussicht. Zurück nach Fortín geht es über die Brücke und an der Weggabelung an der Ostseite nach rechts.

Eine 6 km lange Eisenbahnstrecke nordwärts zum Puente de Metlac wurde in eine **Vía Verde** (Wander- & Radweg) umgebaut. Auf dieser Strecke gibt's Natur und Ingenieurskunst des 19. Jhs. zu bewundern, darunter sieben Tunnel, zwei Bahnhöfe, die Ruine eines Brückenhauses und die alte Brücke von 1873.

Cecila Rábago KULTURTOUR
(Handy 271-120-20-30; cecirabago@hotmail.com; 1000–1200 Mex$ für 1–4 Pers./Tag) Die etablierte, zweisprachige Cecila ist Expertin in Bezug auf Geschichte und sehenswerte Stätten im Gebiet Fortín-Córdoba-Orizaba. Die temperamentvolle Reiseführerin bietet Stadtrundgänge und Ausflüge zu Kaffeeplantagen an. Außerdem veranstaltet sie ganztägige Wanderungen abseits der ausgetretenen Touristenpfade und viele weitere interessante Touren.

Schlafen

★ Hotel Posada Loma HOTEL $$
(271-713-06-58; www.posadaloma.com; Carretera Córdoba-Fortín Km 333; EZ/DZ inkl. Frühstück 750/885 Mex$, Bungalows für 4 Pers. inkl. Frühstück 1770 Mex$; P) Die Lage des Hotels (an der belebten Hauptstraße nach Córdoba, 1 km außerhalb des Zentrums von Fortín) deutet nicht auf eine Gartenoase hin, aber wer den Hügel hinauffährt und den Verkehr hinter sich lässt, wird ein Paradies vorfinden! Die Zimmer sind geräumig und verfügen über private Terrassen, geschmackvolle Holzmöbel und große Kamine für die Wintermonate.

Aber der wahre Grund, hierherzukommen, ist die Gartenanlage: Hier gibt's unzählige Gewächshäuser, Orchideensammlungen, Gärten voller Blumen, Terrassen und einen Pool. Das berühmte Frühstück im Hotelrestaurant – mit exotischen frischen Säften und einem spektakulären Ausblick auf den Pico de Orizaba – ist unschlagbar, ebenso wie die Botanikführungen des freundlichen und kenntnisreichen Besitzers Lolis Álvarez.

Hotel Fortín de las Flores HOTEL $$
(271-713-00-55; Av 2 zw. Calle 5 & 7; EZ/DZ 450/595 Mex$; P) Die charmanten Gärten und der gute Pool gleichen die sonstige Nüchternheit des alteingesessenen zentralen Hotels wieder aus. Die klimatisierten Zimmer sind schön gefliest und verfügen über ein antikes Mobiliar und gute Bäder. Vom Pool hat man einen tollen Blick auf den Pico de Orizaba. Es herrscht eine angenehme Atmosphäre wie auf einer alten Hazienda aus glorreicher Vergangenheit. Das Frühstück lohnt sich weniger.

Essen

Die Hauptplaza ist von Cafés und Restaurants umgeben.

Kiosko Café MEXIKANISCH $
(Av 3 zw. Calle 1 & 3; Hauptgerichte 45–80 Mex$; 7.30–23.30 Uhr;) Das Café überzeugt mit seiner Toplage mitten auf der Hauptplaza. In der früheren Bibliothek werden Kaffee, frische Säfte und einfache Mahlzeiten serviert. Die *sopa azteca* (scharfe Tortilla-Suppe) ist hervorragend.

El Parián MEXIKANISCH $
(271-713-11-67; Av 1 zw. Calle Norte 1 & Norte 2; Hauptgerichte 35–100 Mex$; 8–22 Uhr) Gleich außerhalb des Zentrums bietet das El Parián herzhaftes Essen, guten Service und eine angenehme Atmosphäre, auch wenn es drinnen ein wenig dunkel ist. Das Mittagsmenü für 49 Mex$ ist ein unschlagbares Schnäppchen, und es gibt eine gute Auswahl an weiteren Gerichten, die von Frühstück über *antojitos* (mexikanische Snacks) bis hin zu Steak reicht.

BUSSE AB FORTÍN DE LAS FLORES

ZIEL	PREIS (MEX$)	DAUER	HÄUFIGKEIT (TGL.)
Córdoba	10	25 Min.	8-mal
Mexico City (TAPO)	283	4½ Std.	3-mal
Orizaba	28	25 Min.	10-mal
Veracruz	114	2 Std.	6-mal
Xalapa	172	3½ Std.	4-mal

1.-Klasse-Busse vom ADO-Busbahnhof

Praktische Informationen

Touristeninformation (☎271-713-01-02; Palacio Municipal; ⌚Mo–Fr 8–16 Uhr) Die kleine, aber hilfreiche Touristeninformation befindet sich oben rechts im Palacio Municipal. Hier gibt's auch Stadtpläne.

An- & Weiterreise

Regionalbusse halten bzw. starten in Fortín an der Calle 1 Oriente an der Nordostecke der Plaza. Die 2.-Klasse-Busse nach Córdoba und Coscomatepec verkehren häufig. Am **ADO-Busbahnhof** (Ecke Av 2 & Calle 6) starten 1.-Klasse-Busse. Die 2.-Klasse-Busse nach Orizaba fahren durch die herrliche Landschaft, sind aber voller und langsamer.

Coscomatepec

☎272 / 15 000 EW. / HÖHE 1588 M

Coscomatepec hat zwar einen schwer auszusprechenden Namen (die Einwohner nennen es einfach Cosco), ist aber eine der schönsten Städte von Veracruz, die einen sofort und unwiderruflich in ihren Bann zieht. Der Ort liegt in den Gebirgsausläufern des Pico de Orizaba, der, wenn die Wolken aufziehen, majestätisch in der Ferne thront. Seine steilen Kopfsteinpflasterstraßen und der hübsche Hauptplatz wirken wie Filmkulissen des alten Mexiko. Hier locken viele Geschäfte, die kunstvolle handgefertigte Sättel, Lederwaren, hochwertige Zigarren und köstliches Brot verkaufen, und es gibt ein paar hervorragende Hotels, die dem Ruf der Stadt als Wochenendzuflucht vor Veracruz, Xalapa und Mexico City wirklich gerecht werden.

Sehenswertes & Aktivitäten

Man kann an geführten Touren zur berühmten Bäckerei sowie zur Zigarrenfabrik und den Sattelgeschäften teilnehmen. Die Trips werden von der **Touristeninformation** (☎272 737-04-80; Ecke Amez & Argüelles s/n; ⌚Mo–Fr 9–16 Uhr) organisiert, die sich auf der **Plaza Municipal** befindet. Hier gibt's auch Infos zu weiteren Aktivitäten, wie Wandern, Abseilen, Reiten, Zip-Lining und Klettern in der Region, die reich an Höhlen, Flüssen, alten Brücken und Wasserfällen ist.

Kletterer (mit eigener Ausrüstung) und Wanderer, die einen Guide suchen, können sich von dem erfahrenen, zweisprachigen Kletter- und Wanderführer **Edson Escamilla** (☎273-105-13-43, Handy 273-737-04-81; x_on56@hotmail.com; 300–600 Mex$ pro Pers./Tag plus Trinkgeld) ein paar gute Plätze zeigen lassen. Er ist supernett, zeigt Leuten gern die Region und leitet Klettertouren zum Pico de Orizaba.

Vor Ort gibt's ein fabelhaftes, bekanntes **Reitfachgeschäft** (☎272 737-00-68; Victoria 8), in dem unglaublich schöne, von Hand gefertigte und verzierte Sättel und Zaumzeug erhältlich sind. Weitere Lederwaren kann man im **Proyecciones Artesanales** (Av Guadalupe Victoria 8) bestaunen. Coscos berühmtes Brot bekommt man bei **La Fama** (Guerrero 6), wo seit 1924 Brot gebacken wird.

Schlafen & Essen

Plaza Real HOTEL $

(☎273-737-00-96; Av Bravo Ecke López Rayón; DZ/2BZ/3BZ 390/$490/690 Mex$; 📶) Einen Block östlich des Hauptplatzes liegt dieses neue und zurzeit sehr schlecht ausgeschilderte Hotel, das viel Skurriles bietet: Eines der Zimmer ist als Zahnarztlabor eingerichtet, und der Besitzer parkt seinen Geländewagen nachts in der Lobby. Aber das Plaza Real ist eine solide Option mit gutem Preis-Leistungs-Verhältnis und geräumigen, hübsch gestrichenen Zimmern sowie Bädern mit Sonnenblumenfliesen.

Abends kann es hier etwas laut werden, da die Räume sich um ein nicht schalldichtes Atrium reihen. Wir empfehlen eines der Zimmer auf der Vorderseite, denn nur diese haben Tageslicht.

Hotel Virrey HOTEL $
(☎271-711-14-94; Jimenez (Calle 4) Ecke Juárez; Zi. ab 400 Mex$; 📶) Das beeindruckende 17-Zimmer-Hotel mitten im Stadtzentrum ist ein willkommener Neuzugang in der Hotelszene Coscos. Es bietet saubere, bunt gestrichene Zimmer mit Fliesenböden, und die Besitzer haben uns bei der Eröffnung versprochen, dass es WLAN gibt.

Hotel San Antonio HOTEL $
(☎272-737-03-20; Bravo (Av 1) 35; Zi. 250–370 Mex$) Coscos günstigste Budgetunterkunft hat eine prima Lage direkt an der Plaza, aber die Zimmer sind eher muffig und langweilig. Im Erdgeschoss ist ein beliebtes Restaurant untergebracht.

★ **Posada del Emperador** HISTORISCHES HOTEL, HOSTEL $$
(☎272-737-15-20; www.laposadadelemperador.com; Ecke Av Juárez (Calle 2) & Domínguez (Av 3); B 150 Mex$, Zi. ab 588 Mex$, Suite 1056 Mex$; ❄📶🏊) Das Emperador konkurriert nur mit einer Handvoll anderer Häuser um den Titel des „besten Hotels im Bundesstaat" und weiß mit der wunderschönen historischen Einrichtung, den Antiquitäten, Himmelbetten, dem herrlichen Ausblick und den vielen Pflanzen im Haus zu überzeugen. Zusätzlich zu den Privatzimmern gibt's vor Ort auch ein Hostel mit zwei makellosen Schlafsälen und je 12 Betten (man wohnt nach Geschlechtern getrennt) sowie einer Gemeinschaftsküche und -bädern.

In den 1860er Jahren soll der unglückselige Habsburger Kaiser Maximilian (daher der Name des Hotels) hier übernachtet haben, bevor er seinem Schicksal in Form des Erschießungskommandos begegnete. Das Hotel verfügt auch über ein weitläufiges Spa mit Massagen, Whirlpools, Pool und *temascal*-Dampfbad. Vom Restaurant und von der Terrasse aus genießt man wundervolle Ausblicke auf die Umgebung. Es gibt sogar eine kleine Kapelle!

La Carreta MEXIKANISCH $$
(Ecke Av Juárez & Domínguez; Gerichte 60–110 Mex$; ⏲8–20 Uhr) Das allein schon wegen der Aussicht wohl beste Restaurant der Stadt ist das stilvolle La Carreta, das in der ebenso exquisiten Posada del Emperador untergebracht ist. Obwohl seine schöne Lage anderes vermuten lässt, ist das Essen erschwinglich, und es gibt sogar ein *menú del día* für 50 Mex$. Wir empfehlen das ausgezeichnete *bistec de res a la mexicana.*

ℹ An- & Weiterreise

Coscomatepec liegt eine einstündige Busfahrt (17 Mex$) von Fortín entfernt; eine Taxifahrt kostet 60 bis 70 Mex$. Regelmäßig fahren Busse auch nach Córdoba. Der **Busbahnhof** (Miguel Lerdo de Tejada zw. Reforma & Gutiérrez Zamora) befindet sich fünf Gehminuten nordöstlich der Hauptplaza.

Orizaba

☎272 / 121 000 EW. / HÖHE 1219 M

Orizaba schafft es immer wieder, seine Besucher zu überraschen. Auf den ersten Blick ist es eine alltägliche, mittelgroße und typisch mexikanische Stadt, die aber bei näherem Hinschauen einige beeindruckende Attraktionen, ein schönes altes Kolonialzentrum, tolle Parks und einen herrlichen Spazierweg am Fluss zu bieten hat. Die Stadt befindet sich auch ganz in der Nähe des höchsten Berges Mexikos, des prachtvollen Pico de Orizaba, und eine neue Seilbahn (Eröffnung 2014) wird den Zugang zu dem schlafenden Vulkan leichter als je zuvor machen. Die auffälligste Sehenswürdigkeit Orizabas ist Gustave Eiffels einzigartiger, im Jugendstil erbauter Palacio de Hierro (Eisenpalast), am tiefgründigsten ist das hervorragende Kunstmuseum mit der zweitgrößten Diego-Rivera-Sammlung in Mexiko.

Die Spanier gründeten Orizaba zum Schutz der Straße zwischen Veracruz und Mexico City. Ende des 19. Jhs. war die Stadt ein Industriezentrum; in den hiesigen Fabriken brachen die ersten Unruhen aus, die schließlich im Jahr 1911 zum Sturz des Diktators Porfirio Díaz führten.

1898 gründete ein Schotte, der hier eine Stahlfabrik betrieb, Mexikos ersten Fußballverein, den Orizaba Athletic Club. Heute gibt es hier eine große Brauerei sowie Beton-, Textil- und Chemiewerke.

👁 Sehenswertes

★ **Palacio de Hierro** MUSEUM, WAHRZEICHEN
(Parque Castillo; Museen Eintritt frei; ⏲9–19 Uhr) Der sogenannte „Eisenpalast" ist das Wahrzeichen von Orizaba. Der fantasievolle Jugendstilbau besteht komplett aus Eisen und Stahl. Der Palast wurde vor kurzem umgebaut und beherbergt jetzt ein halbes Dutzend kleiner **Museen**. Am interessantesten sind das **Museo de la Cerveza,** das die Geschichte berühmter regionaler Bierbrauereien erläutert, das **Museo de Fútbol** (Fußball), das **Museo de Presidentes** mit

Bildern und Infos zu *jedem* mexikanischen Präsidenten, sowie das **Museo Interactivo** mit einem kleinen Planetarium und einigen Wissenschaftsexponaten, z.B. einem Nagelbrett, das man auch ausprobieren kann – sofern man das möchte.

Vor Ort befinden sich auch das **Museo de Banderas** (Flaggen) und das **Museo de las Raíces de Orizaba** (archäologische Artefakte).

Der in Paris erbaute Pavillon basiert auf einem Entwurf von Alexandre Gustave Eiffel, der auch den Eiffelturm und das Tragwerk der Freiheitsstatue entwarf. Orizabas Bürgermeister, der unbedingt einen eindrucksvollen Palacio Municipal im europäischen Stil haben wollte, kaufte den Pavillon im Jahr 1892. So wurde das Bauwerk Stück für Stück nach Orizaba verschifft und dort wieder zusammengebaut.

★ Museo de Arte del Estado MUSEUM

(Staatliches Kunstmuseum; ☎272-724-32-00; Ecke Av Oriente 4 & Sur 25; Eintritt 15 Mex$; ⏲Di–So 10–17 Uhr) Das tolle Museum ist in einem prächtig restaurierten Kolonialgebäude von 1776 untergebracht. In einem der verschiedenen Ausstellungsräume ist Mexikos zweitwichtigste Diego-Rivera-Sammlung mit 33 Originalwerken zu sehen. Zudem sind hier zeitgenössische Werke regionaler Künstler ausgestellt. Museumsführer bieten kostenlose Führungen auf Spanisch an. Einziger Wehrmutstropfen: Das Museum liegt gut 2 km in östliche Richtung vom Parque Castillo entfernt.

Teleférico de Orizaba SEILBAHN

(Sur 4 zw. Calle Poniente 3 & Poniente 5) Die bei Redaktionsschluss noch im Bau befindliche Seilbahn soll 2014 eröffnet werden. Das ehrgeizige Projekt direkt am Fluss gegenüber des Palacio Municipal wird Besucher auf den Pico de Orizaba bringen, wo man herrliche Ausblicke genießt und einen guten Zugang zu Wanderrouten hat.

Parque Castillo PLATZ

Der Parque Castillo ist kleiner als die Plazas der meisten mexikanischen Städte. Und anders als in anderen Orten steht hier auch nicht der Palacio Municipal (Rathaus), denn der befindet sich mehrere Blocks entfernt an der Av Colón Poniente. Dafür erheben sich hier der vielschichtige Palacio de Hierro und eine aus dem 17. Jh. stammende Pfarrkirche, die **Catedral de San Miguel Arcángel**. Auf der Südseite ist das neoklassizistische **Teatro Ignacio de la Llave** (1875) zu finden, in dem Opern- und Balletaufführungen sowie klassische Konzerte veranstaltet werden.

Parque Alameda PARK

(Av Poniente 2 & Sur 10, 🚸) Den rund 1 km westlich vom Zentrum gelegenen Parque Alameda könnte man entweder als sehr große Plaza oder als sehr kleinen Park betrachten. Auf jeden Fall fehlt es hier nicht an Aktivitäten: Neben den obligatorischen Statuen gefallener Helden findet man einen Fitnessbereich im Freien, eine Bühne, Imbissstände, Schuhputzer und einen Kinderspielplatz, mit Schaukelburgen und luftgefüllten Rutschen. Nach der Sonntagsmesse rollt hier praktisch die ganze Stadt an.

Aktivitäten

Río Orizaba WANDERN, OUTDOORAKTIVITÄTEN

Es ist ungewöhnlich für eine mexikanische Stadt, aber in Orizaba führt ein hübscher Uferweg ohne Unterbrechung an dem sauberen gleichnamigen Fluss entlang. Es gibt 13 Brücken, darunter eine Hängebrücke und der gewölbte Puente La Borda von 1776. Ein guter Startpunkt ist an der Poniente 8, etwa 600 m nordwestlich vom Palacio de Hierro. Von hier aus kann man nach Norden zum Puente Tlachichilico oder nach Süden zum Puente La Borda gehen.

Abenteuertouren ABENTEUERTOUR

In Orizaba gibt es eine ganze Reihe von Abenteuertourveranstaltern. Sie organisieren verschiedene Outdooraktivitäten in den umliegenden Hügeln, Bergen und Schluchten, darunter auch Ausflüge auf den Pico de Orizaba. Zu den Highlights in der Gegend zählen der eindrucksvolle Cañón de la Carbonera nahe Nogales und die Cascada de Popócatl bei Tequila. Renommierte Anbieter wie **Alberto Gochicoa** (☎Handy 272-103-73-44) und **Erick Carrera** (☎Handy 272-134-55-71) bieten solche Touren an.

Schlafen

Teurere Unterkünfte säumen die Av Oriente 6, die Hauptverkehrsstraße. Günstigere Optionen findet man in der Nähe des Zentrums.

Gran Hotel de France HISTORISCHES HOTEL $

(☎272-725-23-11; Av Oriente 6 No 186 zw. Calle Sur 5 & Sur 6; EZ/DZ 345/445 Mex$; P ⊜ ❄ 📶) Das historische Gebäude aus dem späten 19. Jh. hat ein prachtvolles Atrium mit hoher Decke, *azulejo*-Fliesen, Hängepflanzen und einem Springbrunnen, obwohl das Kolonialflair etwas unter den *telenovelas* leidet, die auf mehreren Fernsehern in der Lobby gezeigt werden. Die Zimmer sind angenehm schlicht, aber ein wenig dunkel.

Hotel del Río HOTEL **$**
(☎ 272-726-66-25; Av Poniente 8 No 315 zw. Calle Norte 5 & Norte 7; Zi. ab 450 Mex$; P ❄) Ein angenehmes Hotel in attraktiver Lage direkt am Río Orizaba. Es bietet einfache, moderne Zimmer in einem alten Gebäude und hat einen sympathischen, zweisprachigen Besitzer.

Hotel Plaza Palacio HOTEL **$**
(☎ 272-725-99-23; Poniente 2 2-Bis; EZ/DZ/3BZ 335/400/460 Mex$;) Noch zentraler als hier kann man nicht übernachten; die Fenster blicken direkt auf den Palacio de Hierro. Architektonisch ist das Gebäude nichts Besonderes, aber die Zimmer sind sauber, wenn auch etwas charakterlos. Sie verfügen jedoch über Kabelfernseher und Ventilatoren, und man wohnt mitten in der Stadt.

Hotel Posada del Viajero HOTEL **$**
(☎ 272-726-33-20; Madero Norte 242; EZ/DZ 180/260 Mex$; P) Das schmale, zentral gelegene Hotel wirkt von außen zwar nicht besonders ansprechend, aber es ist sauber, sicher, günstig und wird von einer außergewöhnlich hilfsbereiten und freundlichen Familie geführt.

Casa Real Hotel HOTEL **$$$**
(www.casarealorizaba.com; Oriente 6, 64 zw. Calle Sur 9 & Sur 11; Zi./Suite ab 1132/1450 Mex$; P ❄) Das Casa Real ist eines der schönsten Hotels in Orizaba. Es kombiniert modernen Luxus (Fernseher mit Flachbildschirmen und hoher Wasserdruck) mit traditionellen mexikanischen Elementen (geflieste Böden, um die Räume kühl zu halten, und schicke dunkle Holzmöbel). Die Angestellten sind zuvorkommend und hilfsbereit, und es gibt ein gutes Restaurant. Außerdem ist die Lage sehr zentral – das Busterminal für die 1.-Klasse-Busse befindet sich gleich gegenüber.

Essen & Ausgehen

In dem verschlafenen Orizaba schließen viele Restaurants bereits am frühen Abend. An der Plaza gibt es bemerkenswerte, für Orizaba typische Snacks wie *garnachas* (offene Tortillas mit Hühnchen, Zwiebeln und Tomatensalsa) und gefüllte *pambazos* (weiche Brötchen in Pfeffersaucendip).

El Interior CAFÉ **$**
(Av 4 Ecke Calle Sur 9; Snacks 30–70 Mex$) Kleines literarisches Café mit angeschlossenem Laden für Bücher und Kunsthandwerk. Es liegt praktischerweise zwischen dem Parque Castillo und dem Museo de Arte del Estado.

La Pergola MEXIKANISCH **$**
(Ecke Av Oriente 8 & Sur 7; Hauptgerichte 40–100 Mex$; ⏲7–22 Uhr) Es gibt zwei Pergolas – beide in der Nähe der Hauptstraße Av Oriente 6. Welches man wählt, ist eigentlich egal, denn beide bieten bodenständiges mexikanisches Essen und sind bei den Einheimischen sehr beliebt.

Mariscos Boca del Río MEERESFRÜCHTE **$$**
(☎ 272-726-52-99; Av Poniente 7 zw. Calle Sur 10 & Sur 8; Meeresfrüchte 80–170 Mex$; ⏲Di–So 9–20 Uhr;) Das extrem beliebte Lokal gilt als bestes Meeresfrüchterestaurant der Stadt. Da es große Portionen serviert, ist es beliebt bei Familien, und es gibt einen Spielbereich für Kinder sowie einen Parkservice.

★ **Gran Café de Orizaba** CAFÉ, INTERNATIONAL
(☎ 272-724-44-75; Palacio de Hierro, Ecke Av Poniente 2 & Madero; Snacks 35–70 Mex$; ⏲8–20 Uhr;) Wie oft kann man sich in Mexiko hinsetzen, einen Kaffee genießen und Kuchen auf dem Balkon eines königlichen Cafés genießen, das sich in einem von Gustave Eiffel entworfenen Eisenpalast befindet? Eben – und hier hat man diese Möglichkeit. Das schicke Dekor, die stilvollen Angestellten und die Auswahl an Sandwiches, Crepes und Kuchen machen diesen Ort zu einem lohnenswerten Ziel, um eine Pause vom Sightseeing einzulegen.

Praktische Informationen

Banken mit Geldautomaten findet man an der Av Oriente 2, einen Block südlich der Plaza.

Hospital Orizaba (☎ 272-725-50-19; www.corporativodehospitales.com.mx; Sur 5 No 398)

Touristeninformation (☎ 272-728-91-36; www.orizaba.travel; Palacio de Hierro; ⏲9–19 Uhr) Hat eifrige Angestellte und viele Broschüren. Stadtpläne kosten 10 Mex$.

Anreise & Unterwegs vor Ort

AUTO & MOTORRAD

Der mautpflichtige Hwy 150D führt an der Innenstadt Orizabas vorbei in Richtung Osten nach Córdoba und in Richtung Westen über einen spektakulären Anstieg nach Puebla (160 km). Der mautfreie Hwy 150 führt ostwärts nach Córdoba und Veracruz (150 km) und südwest-

BUSSE AB ORIZABA

ZIEL	PREIS (MEX$)	DAUER	HÄUFIGKEIT (TGL.)
Córdoba	30	40 Min	alle 30 Min
Fortín de las Flores	28	25 Min	stündl.
Mexico City (TAPO)	279	4 Std.	regelm.
Mexico City (Terminal Norte)	288	4 Std.	8-mal
Oaxaca	338	5 Std.	3-mal
Puebla	180	2 Std.	regelm.
Veracruz	140	2½ Std.	regelm.
Xalapa	194	4 Std.	stündl.

Tägliche Abfahrten der 1.-Klasse-Busse.

wärts über die haarsträubenden Cumbres de Acultzingo ins 65 km entfernte Tehuacán.

BUS

Regionalbusse aus Fortín und Córdoba halten vier Blocks nördlich und sechs Blocks östlich der Innenstadt, nahe der Av Oriente 9 und Norte 14. Der 2.-Klasse-Busbahnhof von AU liegt nordwestlich vom Zentrum an der Zaragoza Poniente 425.

Am modernen 1.-Klasse-**Busbahnhof** (Ecke Av Oriente 6 & Sur 13) fahren die Busse von ADO, ADO GL sowie die Deluxe-Busse von UNO ab.

Pico de Orizaba

Mexikos höchster Berg (5611 m) heißt auf Náhuatl „Citlaltépetl" – Sternenberg. Er liegt 25 km nordwestlich von Orizaba. Vom Gipfel des schlafenden Vulkans kann man den Popocatépetl, den Iztaccíhuatl und den La Malinche im Westen sowie den Golf von Mexiko im Osten erspähen. Nördlich des Panamakanals sind auf amerikanischem Boden nur noch der Mt. McKinley in Alaska und der Mt. Logan in Kanada höher.

Wer kein erfahrener Bergsteiger ist und nicht über die entsprechende Ausrüstung verfügt, benötigt einen Bergführer und natürlich ausreichend Kondition. Es gibt mehrere renommierte Anbieter aus den USA, der einzige in der Gegend ansässige Veranstalter von Bergtouren ist **Servimont** (☎ 245-451-50-19; www.servimont.com.mx; Ortega 1A, Tlachichuca; Pauschalangebote ab 5000 Mex$). Das Unternehmen gehört seit Generationen der Familie Reyes und ist das älteste seiner Art in der Region. Es fungiert auch als Rettungsstation des Roten Kreuzes und hat seinen Sitz in der Kleinstadt Tlachichuca (2600 m). Dort beginnen auch die meisten Touren. Trips mit Servimont sollten möglichst zwei bis vier Monate im Voraus gebucht werden. Für Akklimatisierung, Auf- und Abstieg sollte man insgesamt vier bis sieben Tage einplanen.

R.J. Secor gibt in seinem Buch *Mexico's Volcanoes* nützliche Informationen. Topografische Karten können im Voraus per Post angefordert oder direkt bei den Büros von **Inegi** (www.inegi.gob.mx) in Veracruz oder Xalapa erworben werden. Die Monate Oktober bis März sind der beste Zeitraum für die Bergtour, wobei Dezember und Januar am beliebtesten sind.

Das Basislager von Servimont ist in einer ehemaligen Seifenfabrik untergebracht; die kreative Deko besteht aus alter Bergsteigerausrüstung. Im Preis für ein Pauschalpaket ist die Unterkunft in Hostels inbegriffen. Wer nicht mit Servimont reist, kann im freundlichen, familiengeführten **Hotel Citlatepetl** (☎ 245-451-51-69; makina_tropikal@hotmail.com; Morelos 102; EZ/DZ/3BZ 150/280/390 Mex$) in Tlachichuca übernachten.

Ab Orizaba fährt man ab dem 1.-Klasse-Busbahnhof nach Ciudad Serdán (48 Mex$, 2 Std.) und steigt dann in einen Bus nach Tlachichuca (16 Mex$, 1 Std.) um.

NÖRDLICHES VERACRUZ

Der Norden des Bundesstaats Veracruz erstreckt sich von der Küste bis zu den südlichen Ausläufern der Sierra Madre Oriental. Die Landschaft ist zu weiten Teilen von saftigem, hügeligem Weideland geprägt. Die Laguna de Tamiahua ist das größte Feuchtgebiet der Region, und am Golf gibt es ein paar hübsche, einsame (manchmal allerdings leider auch ziemlich verschmutzte) Strände. Die größte archäologische Attraktion ist El Tajín.

An der Küste gibt es in regelmäßigen Abständen Kontrollpunkte. Die Soldaten verhalten sich Touristen gegenüber in der Regel sehr respektvoll.

Tuxpan

783 / 85 000 EW.

Tuxpan (manchmal auch Túxpam geschrieben) liegt 300 km nördlich von Veracruz und 190 km südlich von Tampico. Der meist in Dunst eingehüllte Fischerort ist zugleich auch ein kleiner Ölhafen. Wer etwas Zeit hat, kann hier tolle Meeresfrüchte genießen und über den breiten Río Tuxpan fahren, um das kleine Museum der mexikanisch-kubanischen Freundschaft zu besuchen oder sich einfach unter die mexikanischen Urlauber am 12 km östlich gelegenen Strand Playa Norte mischen. Die Stadt selbst ist keine Schönheit, hat aber eine überaus praktische Lage für Übernachtungsbesucher auf der Durchreise.

Sehenswertes & Aktivitäten

Museo de la Amistad México-Cuba MUSEUM (Museum der Mexikanisch-Kubanischen Freundschaft; Obregón s/n; 9–19 Uhr) GRATIS Ein Raum des Museums ist mit interessanten Exponaten zu José Martí sowie Bildern von Che Guevara und Castro und vielen anderen Erinnerungsstücken gefüllt.

Hin kommt man so: Vom Kai nahe dem ADO-Busbahnhof ein Boot (4 Mex$) über den Fluss nehmen, mehrere Blocks in südliche Richtung bis zur Obregón laufen und dann rechts abbiegen. Das Museum liegt am Westende der Obregón unmittelbar am

LAS POZAS

Man nehme eine gute Portion englische Exzentrik, üppig von idyllischem mexikanischem Urwald und genügend lebhafte Fantasie – und scheitert trotzdem daran, sich das kühne, bizarre und richtig verrückte Experiment vorzustellen, das sich **Las Pozas** (Die Brunnen; www.xilitla.org; Erw./Kind 50/25 Mex$; 9–18 Uhr) nennt.

Las Pozas an den beeindruckenden Hängen der Sierra Madre Oriental nahe dem Gebirgsort Xilitla (sprich: Chi-liet-la) gelegen, ist ein monumentaler Skulpturengarten mitten im dichten Urwald. Hier gibt es Tempel, Pagoden, Brücken, Pavillons, Wendeltreppen und eine ganze Reihe natürlicher Wasserfälle. Die surreale Anlage ist eine Art Gedenkstätte für die Fantasie und den exzessiven Reichtum von Edward James (1907–1984). Der Aussteiger war ein britischer Aristokrat und Poet, der in den späten 1930er-Jahren zum Förderer von Salvador Dalí wurde und danach die weltweit größte Privatsammlung surrealistischer Kunst anhäufte.

1945 kam der Abenteurer James nach Xilitla, wo er gemeinsam mit Plutarco Gastelum Las Pozas aufbaute. Alles begann damit, dass 40 einheimische Arbeiter gigantische, bunte Betonblumen an einem idyllischen Waldbach formten. Innerhalb von 17 Jahren schufen James und Gastelum für insgesamt etwa 5 Mio. US$ immer größere und merkwürdigere Gebilde, von denen viele nie ganz fertig wurden.

James starb 1984 und hinterließ keine Bestimmungen, wie mit seinem Werk umgegangen werden soll. Seit 2008 steht der Skulpturenpark unter der Leitung einer mexikanischen gemeinnützigen Stiftung. Das extravagante Labyrinth aus surrealen Skulpturen und Gebäuden mit Treppen ins Nichts (gen Himmel?) umfasst 36 ha. Der Abstecher hierher ist ganz schön lang, lohnt sich aber, wenn man einen gewissen Sinn fürs Kreative hat. Wer fit genug ist, kann den ganzen Tag hier verbringen und in den schönen Teichen baden und die Wege des Labyrinths erkunden.

Im Las Pozas gibt es ein gutes **Restaurant** (10–18 Uhr) und mehrere kleine Campingplätze und Posadas in der Nähe. Für das echte Las-Pozas-Erlebnis, sollte man in der **Posada El Castillo** (365-00-38; www.junglegossip.com; Ocampo 105; Zi. 800–1500 Mex$;), dem ehemaligen, im surrealistischen Stil gehaltenen Haus von Gastelum (in dem auch James wohnte) absteigen, das im Herzen von Xilitla liegt und von Gastelums Familie in ein grünes, zur Anlage passendes Gästehaus umgebaut hat.

Um hinzukommen, fährt man über Tuxpan nach Tampico. Von dort gehen Busse nach Xilitla. Es fahren auch Busse von Xilitla nach San Luis Potosí (360 Mex$). Ein Taxi von Xilitla nach Las Pozas kostet 65 Mex$, die Alternative ist ein leichter, 2 km langer Fußmarsch. Es gibt auch Führungen (spanisch/englisch ab 200/250 Mex$).

Flussufer. Freitags finden hier kubanische Themenabende statt.

Am 25. November 1956 stach am Río Tuxpan der zum Revolutionär gewordene Rechtsanwalt Fidel Castro zusammen mit 82 mehr schlecht als recht bewaffneten Soldaten in See, um in Kuba einen Umsturz anzuzetteln. Ermöglicht hatte diese Fahrt Antonio del Conde Pontones (auch „El Cuate“ genannt), den Castro in Mexico City kennengelernt hatte. Der Waffenhändler Pontones war sogleich von der starken Persönlichkeit des Kubaners überwältigt und willigte ein, ihm bei der Beschaffung von Waffen und einem Schiff zu helfen. Um für einen reibungslosen Ablauf zu sorgen, kaufte er ein Haus an der Südseite des Río Tuxpan, wo er das Boot vertäute und sich insgeheim mit Castro traf.

Heute ist in diesem geschichtsträchtigen Haus das Museo de la Amistad México-Cuba untergebracht.

Playa Norte STRAND

Die Playa Norte liegt 12 km östlich der Stadt. Der breite Strand von Tuxpan erstreckt sich von der Mündung des Río Tuxpan 20 km in Richtung Norden. Die *palapa*-Restaurants mit einem günstigen Angebot an Meeresfrüchten aller Art sorgen für ein entspanntes Flair, in dem man sich vom Großstadttrubel erholen kann.

Einfach einen der Ortsbusse mit der Aufschrift „Playa“ (14 Mex$, 25 Min.) heranwinken; sie fahren an der Südseite des Blvd Reyes Heroles am Kai los und setzen einen am Südende des Strandes ab.

Paseos Turísticos Negretti BOOTSTOUREN, TAUCHEN

(783-835-45-64; www.turismonegretti.mx; Recrea s/n) Der örtliche Tourveranstalter organisiert diverse Ausflüge: Tauchen (2000 Mex$/Gruppe mit 8 Pers., Ausrüstung nicht inkl.), Angeln (400 Mex$ pro Boot/Std.), Bootstrips zu nahegelegenen Mangrovenwäldern (550 Mex$/2 Std.), Kajaktouren (100 Mex$/Pers.) und Wasserski fahren (300 Mex$/30 Min.). Das Büro befindet sich am Südufer des Río Tuxpan, wo die Fähre anlegt.

Aqua Sports TAUCHEN, ANGELN

(783-837-02-59; Carretera Tuxpan-La Barra, Km 8,5; 2 Tauchgänge 1200 Mex$) Organisiert Tauch- und Angeltrips zu den nahe gelegenen Riffen sowie zur Isla de Lobos. Taucher haben zwischen Mai und August die beste Sicht, und von Januar bis März kann man riesige Tarpune angeln. Das Büro liegt etwa 8 km vom Zentrum entfernt Richtung Strand.

Schlafen

Als beliebtes Ferienziel der Mexikaner hat Tuxpan eine große Auswahl an Hotels zu bieten, die während der Urlaubszeiten allerdings schnell ausgebucht sind.

Hotel Florida HOTEL $$

(783-834-02-22; www.hotel-florida.com.mx; Av Juárez 23 zw. Morelos & Garizurieta; EZ/DZ inkl. Frühstück 600/775 Mex$;) Das zentral gelegene Florida gegenüber des Palacio Municipal hat freundliche Angestellte, große Zimmer mit riesigen Fenstern und Gemeinschaftsbereiche mit Blick auf die belebte (also auch laute) Av Juárez. Ein kontinentales Frühstück ist im Preis inbegriffen. Man sollte sich die Zimmer vor dem Einchecken ansehen: Die innen gelegenen Räume haben keine Fenster ins Freie. Die teureren Zimmer mit ein paar Extras sind ihren Preis nicht wirklich wert.

Hotel Reforma HOTEL $$

(783-834-11-46; hotelreforma@prodigy.net; Av Juárez 25 zw. Garizurieta & Ortega; EZ/DZ 620/700 Mex$;) Ähnlich wie das Florida nebenan verfügt das Reforma über eine stilvolle Atrium-Lobby mit einem kleinen Wasserfall sowie über 99 komfortable, wenn auch eher funktional ausgestattete Zimmer. Sie sind alle durchweg mit Flachbildschirmfernsehern und braunen Teppichen versehen. Im Erdgeschoss befindet sich ein schickes Restaurant.

Essen

Der Parque Reforma (der Hauptplatz der Stadt) liegt einen Block hinter dem *malecón* an der Av Juárez und ist von Restaurants und billigen Speiselokalen gesäumt. Wer die Einheimischen fragt, wo es die besten Meeresfrüchte gibt, wird zu den *palapas* in der Fischergemeinde La Mata verwiesen; sie befindet sich 6 km östlich des Zentrums an der Mündung zur Laguna de Tampamachoco. Weitere *palapas* findet man an der Playa Norte.

El Mejicano MEXIKANISCH $

(Parque Reforma, Ecke Morelos & Corregidora; Hauptgerichte 45–100 Mex$; 7–24 Uhr;) Das freundliche und bei Einheimischen äußerst beliebte Lokal hat die Atmosphäre einer Cafeteria. Tagsüber sieht man hier viele Bü-

BUSSE AB TUXPAN

ZIEL	PREIS (MEX$)	DAUER	HÄUFIGKEIT (TGL.)
Matamoros	672	11 Std.	2-mal
Mexico City (Terminal Norte)	282	6 Std.	stündl.
Papantla	64	2 Std.	stündl.
Poza Rica	37	1 Std.	stündl.
Tampico	209	4 Std.	stündl.
Veracruz	276	6 Std.	stündl.
Villahermosa	598	14 Std.	4-mal
Xalapa	283	6 Std.	8-mal

1.-Klasse-Busse vom ADO-Busbahnhof

roangestellte, die ein günstiges und leckeres Mittagessen zu sich nehmen.

Wir empfehlen die exzellenten Hühnchentacos und dazu ein kühles *agua de jamaica* (Eistee mit Hibiskus). Die Angestellten geben sich Mühe, sind aber teilweise sehr langsam.

Los Quijotes CAFÉ **$$**
(Av Juárez 23; Hauptgerichte 60–150 Mex$; ⏲ 6–24 Uhr) Das dem Hotel Florida zugehörige Restaurant serviert die üblichen mexikanischen Gerichte wie Steaks und Enchiladas. Darüber hinaus bietet es aber auch ein wunderbares *crepa con cajeta* (Pfannkuchen mit *dulce de leche*).

Praktische Informationen

Die Angestellten an Tuxpans einfachem **Touristenschalter** (www.forotuxpan.com; Palacio Municipal; ⏲ Mo–Fr 9–19, Sa 10–14 Uhr) sprechen zwar kein Englisch, sind aber sehr enthusiastisch bei der Arbeit: Man verlässt den Stand mit unzähligen Stadtplänen, Karten und Broschüren. Geldautomaten gibt's auf der Av Juárez.

Anreise & Unterwegs vor Ort

Die meisten 1.-Klasse-Busse nehmen Tuxpan *de paso* (auf der Durchfahrt) mit. Deshalb ist es ratsam, Plätze im Voraus zu reservieren! Es gibt mehrere Busbahnhöfe, aber der **1.-Klasse-Busbahnhof** (Ecke Rodríguez & Av Juárez) von ADO ist vom Zentrum aus am besten zu erreichen.

Die Fähre (4 Mex$) über den Fluss legt an verschiedenen Stellen zwischen Guerrero und Parque Reforma ab.

Papantla

(☎784 / 53 500 EW. / 196 M

Steigt man in Papantla aus dem Bus, könnte man sich im Andenhochland wähnen. Die indigene Stadt erstreckt sich über mehrere bewaldete Hügel und ähnelt topografisch dem Umland von La Paz, aber Geschichte, Aussehen und Atmosphäre sind eindeutig präkolumbisch, genauer gesagt totonakisch geprägt.

Gegründet wurde Papantla um 1230, also noch vor der Eroberung durch die Spanier. In erster Linie dient die Stadt als Ausgangspunkt für Ausflüge zu den nahe gelegenen Ruinen von El Tajín. In den letzten Jahren hat Papantla aber – aufbauend auf seinem indigenen Erbe und seiner zentralen Bedeutung als beste Vanilleanbauregion der Welt – seine eigene Nische gefunden. Nicht selten trifft man hier auf Totonaken in traditioneller Kleidung: Die Männer tragen weite, weiße Hemden und Hosen, die Frauen bestickte Blusen und *quechquémitls* (traditionelle Umhänge).

Auf dem attraktiven Hauptplatz zeigen die *voladores* ihren ('fliegenden') Tanz, und viele einheimische Künstler bieten ihre wunderschönen Arbeiten an.

Sehenswertes

Zócalo PLAZA
Papantlas unterhalb der Iglesia de la Asunción an einem Hang terrassiert angelegter *zócalo* heißt offiziell Parque Téllez. Unterhalb der Kathedrale ist von dem Platz aus ein 50 m langes, symbolhaftes **Wandgemälde** zu sehen, das die Geschichte der Totonaken und des Bundesstaats Veracruz darstellt. Das Relief wurde 1979 von dem aus Papantla stammenden Künstler Teodoro Cano angefertigt. Entlang der dargestellten Szenen windet sich eine Schlange – sie fungiert als bizarres geschichtliches Bindeglied zwischen einem präkolumbischen Steinmetz, der Pirámide de los Nichos in El Tajín und einem Ölförderturm.

Iglesia de Nuestra Señora de la Asunción
KIRCHE

Auf ihrer erhöhten Plattform thront die Kirche oberhalb des *zócalo*. Sie ist vor allem bemerkenswert wegen ihrer großen Zedernholztore und der vier Gemälde eines aus Jalisco stammenden Künstlers. Der Bau wurde 1570 von den Franziskanern begonnen und in den folgenden Jahrhunderten etappenweise fortgesetzt; der Glockenturm wurde erst 1875 fertiggestellt.

Vor den Toren steht eine 30 m hohe *voladores*-Stange. Rituelle Vorführungen finden hier in der Regel montags bis sonntags zwischen 11 und 19 Uhr statt. In der Nebensaison (Oktober bis April) dagegen freitags bis sonntags 9, 12, 16 und 19 Uhr.

Museo de la Ciudad Teodoro Cano
MUSEUM

(Curti s/n; Eintritt 40 Mex$; ⏲ Di–So 10–19 Uhr) Papantlas legendärer Künstler Teodoro Cano (geb. 1932), der noch immer in Papantla lebt, war einst Schüler des berühmten mexikanischen Meisters Diego Rivera. Das kleine, aber sehr sehenswerte Museum zeigt einige seiner schönsten Arbeiten – eine faszinierende Mischung aus düsteren und überschwänglichen Szenen, die fast alle das Leben der Totonaken in sämtlichen Facetten thematisieren.

Der Totonakenkultur widmen sich auch andere Exponate in dem Museum, darunter Fotos und traditionelle Kleidung. In dem modernen Auditorium finden regelmäßig Kulturveranstaltungen statt.

Volador-Denkmal
DENKMAL

(Callejón Centenario s/n) Auf dem Hügel thront Papantlas *volador*-Denkmal, eine Statue, die 1988 von Teodoro Cano geschaffen wurde. Sie stellt einen Flötenspieler dar, der den bevorstehenden Absprung der vier Flieger ankündigt. Der Weg hierher ist nicht schwer zu finden: Von der südwestlichen Ecke des Kirchhofs die Calle Centenario bergauf gehen, dann links in die steile Callejón Centenario einbiegen.

Casa de la Cultura
KUNSTZENTRUM

(Pino Suárez s/n; ⏲ Mo–Sa 10–14 Uhr) In der Casa de la Cultura werden Kunstkurse angeboten; im oberen Stock werden Werke regionaler Künstler gezeigt.

Geführte Touren

Gaudencio Simbrón
WANDERN

(☎ 783-842-01-21; 400 Mex$/Tag) Der Guide Gaudencio Simbrón ist in der Stadt als *el de la ropa típica* (das heißt so viel wie: der Typ in traditioneller Kluft) bekannt, weil er meist in totonakischer Tracht unterwegs ist. Er arbeitet vom Hotel Tajín aus und führt Touristen durch El Tajín, Papantla und Umgebung.

VOLADORES VON PAPANTLA: DIE ERSTEN BUNGEESPRINGER

Fast alle denken, dass die Idee, sich aus großer Höhe nur mit einem Seil um die Knöchel kopfüber in die Tiefe zu stürzen, in den 1980er-Jahren von den Bungeespringern in Neuseeland erfunden wurde. In Wahrheit springen die totonakischen *voladores* (Flieger) in Papantla schon seit Jahrhunderten ohne jede Sicherheitsausrüstung von 30 m hohen Holzpfählen in die Tiefe. Tatsächlich ist diese bizarre und doch mystische Tradition so alt, dass keiner so richtig weiß, wann oder wie sie zustande gekommen ist.

Das Ritual beginnt damit, dass fünf Männer in kunstvollen Trachten auf den Pfahl klettern. Vier von ihnen setzen sich auf den Rand eines kleinen Rahmens auf der Spitze und drehen diesen dann, wobei sich Seile um den Pfahl wickeln. Der fünfte Mann tanzt auf einer Plattform über ihnen und spielt auf einer *chirimía*, einer kleinen Trommel mit angehängter Flöte. Sobald er zu spielen aufhört, lassen sich die anderen, an den Seilen befestigt, nach hinten fallen. Mit ausgestreckten Armen kreisen sie anmutig um den Pfahl und gleiten kopfüber zu Boden, während sich die Seile wieder abwickeln.

Die uralte Zeremonie könnte eine Art Fruchtbarkeitsritual sein, mit dem die Flieger die vier Ecken des Universums beschwören. Wichtig ist dabei auch, dass jeder der vier Flieger den Pfahl 13-mal umrundet, sie insgesamt also 52 Umkreisungen vollführen. Die Zahl 52 entspricht nicht nur der Anzahl der Wochen des modernen Kalenders, sondern war auch im präkolumbischen Mexiko bedeutsam: Hier gab es zwei Kalender – einen, der mit 365 Tagen dem Sonnenjahr entsprach, und einen Ritualkalender mit 260 Tagen. Alle 52 Sonnenjahre stimmten beide Kalender überein.

Voladores-Zeremonien lassen sich am besten in El Tajín, vor der Kirche in Papantla und manchmal in Zempoala beobachten.

Feste & Events

Feria de Corpus Christi KULTURELL
Die großartige Feria de Corpus Christi Ende Mai und Anfang Juni ist das größte Event im Jahr. Neben den in Mexiko üblichen Stierkämpfen, Umzügen und *charreadas* (mexikanischen Rodeos) gibt es in Papantla zur Feier des totonakischen Kulturerbes spektakuläre indigene Tänze zu sehen. Die Hauptprozession findet am ersten Sonntag statt; dann gehen die *voladores* zwei- oder dreimal am Tag in die Luft.

Festival de Vainilla ESSEN
Das Vanillefest am 18. Juni ist ein weiteres großes Event in Papantla. Dabei treten indigene Tänzer auf, an Straßenständen werden gastronomische Köstlichkeiten verkauft, und es sind alle möglichen Vanilleprodukte im Angebot.

Schlafen

Hotel Familiar La Pasadita HOTEL $
(784-842-43-53; Obispo de las Casas 102; Zi. 350–650 Mex$;) Es lohnt sich, für die Zimmer mit Fenstern den höheren Preis zu bezahlen: Sie sind weniger dunkel und geräumiger als die unschönen Billigunterkünfte. Aber die Lage, nur wenige Blöcke unterhalb des *zócalo*, ist sehr praktisch – man folgt dem Verkehr über den Hauptplatz, geht bergab und biegt dann am Super Che Supermarket rechts ein.

Hotel Tajín HOTEL $$
(784-842-01-21; www.hoteltajin.com.mx; Ecke Núñez & Domínguez 104; EZ/DZ/3BZ 449/597/697 Mex$, Suite 839–1139 Mex$;) Auch wenn die Inneneinrichtung etwas altmodisch ist – das Tajín gehört einfach zu Papantla. Es hat eine erstklassige Randlage am *zócalo*, einen Pool im italienischen Stil sowie ein Parroquia-Café. Das gesamte Hotel strahlt Charakter aus, obwohl die 62 Zimmer teils gemütlich, teils aber auch sehr langweilig daherkommen.

Es liegt gleich abseits des *zócalo;* in Richtung Kirche blicken und der Straße darunter nach links folgen.

Hotel Provincia Express HOTEL $$
(784-842-16-45; provinciaexpress_papantla@hotmail.com; Enríquez 103; Zi. inkl. Frühstück ab 580 Mex$;) Der willkommene Neuzugang in der Hotelszene von Papantla ist leider nicht ausgeschildert, aber einfach zu finden, denn er liegt unmittelbar am *zócalo* und blickt direkt auf die Kirche gegenüber. Das Hotel bietet 20 Zimmer in zwei Kategorien – die geräumigen, hellen und angenehmen Zimmer blicken auf den Hauptplatz hinaus (und kosten 70 Mex$ extra), die zellenartigen, dunklen Räume mit stinkenden Toiletten auf die andere Seite.

Natürlich lohnt es sich, die 70 Mex$ extra für die Zimmer mit Blick zum Hauptplatz zu zahlen – wir empfehlen Nr. 1 bis 6. Das Frühstück kann man getrost weglassen.

Essen

Auf dem *zócalo* gibt's eine gute Auswahl an lokalen Restaurants und Cafés. Der **Mercado Juárez** an der Südwestecke der Plaza, gegenüber der Kathedrale, verkauft günstige und frische regionale Lebensmittel.

Café Catedral BÄCKEREI, CAFÉ $
(Ecke Domínguez & Curato; 8–22 Uhr) Das beste Kaffeehaus der Stadt (da sind sich die Einheimischen einig) ist zugleich auch eine Bäckerei. Man nimmt sich einfach Kuchen, Muffins oder *pan dulce* (ein süßes Brötchen) aus der Theke, setzt sich an einen der Tische und wartet auf die *señora*, die mit einer altmodischen Blechkanne die Runde macht und die Kaffeebecher wieder auffüllt. In dem Café scheint jeder jeden zu kennen; daher wird hier mächtig getratscht.

Caffe Gourmet Voladorini CAFÉ, DESSERTS $
(Calle Centenario; 9–22 Uhr;) Das Voladorini ist neu, cool und minimalistisch, und die Kaffeegetränke und Kuchen äußerst verlockend. Es liegt oberhalb des *zócalo* mit gutem Blick auf das laute Getümmel, direkt neben La Hacienda.

★ **Plaza Pardo** MEXIKANISCH $$
(784-842-00-59; 1. OG, Enríquez 105; Hauptgerichte 75–130 Mex$; 7.30–23.30 Uhr;) Nirgendwo kann man die Atmosphäre Papantlas besser genießen als auf dem schönen Balkon des Plaza Pardo, von dem man einen tollen Blick auf den *zócalo* hat – Besucher sollten sich unbedingt einen Tisch dort sichern. Die Inneneinrichtung ist sehr angenehm, hat aber kein so romantisches Flair und weniger tolle Ausblicke zu bieten. Im Angebot sind eine große Auswahl an *antojitos*, Fisch- und Fleischgerichten, die alle sehr kreativ zubereitet werden.

Restaurante La Hacienda MEXIKANISCH $$
(Calle Centenario; Hauptgerichte 70–120 Mex$; 7.30–22.30 Uhr) Obwohl La Hacienda den schönsten Balkon der Stadt hat, ist der Ausblick nicht so gut wie von anderswo auf dem

BUSSE AB PAPANTLA

ZIEL	PREIS (MEX$)	DAUER	HÄUFIGKEIT (TGL.)
Mexico City (Terminal Norte)	200	5 Std.	6-mal
Poza Rica	30	40 Min.	stündl.
Tampico	304	5½ Std.	3-mal
Tuxpan	64	2 Std.	stündl.
Veracruz	210	4 Std.	10-mal
Xalapa	230	4 Std.	8-mal

1.-Klasse-Busse vom ADO-Busbahnhof.

zócalo. Abgesehen davon bietet das Lokal jedoch einen prima Service, großartige Steaks und vollständige Frühstücksmenüs (40 bis 65 Mex$). Auf der Speisekarte stehen auch Fischgerichte, Meeresfrüchte, Burger und *antojitos mexicanos*.

Restaurante Totonaco INTERNATIONAL **$$**
(Hotel Tajín, Núñez 104; Hauptgerichte 75–140 Mex$; ⌚8–22 Uhr; 📶) Das klimatisierte Hotelrestaurant mit Bar hat eine reichhaltige internationale Speisekarte. Es gibt auch eine kleine Weinkarte (80 bis 140 Mex$) sowie Cocktails mit lokal produziertem Vanilleextrakt. Außerdem bietet das Totonaco auch Frühstücksgerichte an (30 bis 95 Mex$). Für besseren Kaffee sollte man allerdings am Hotelpool vorbei ins nebenan gelegene Parroquia-Café gehen.

Shoppen

Hier, im mexikanischen Zentrum des Vanilleanbaus, bekommt man natürlich hochwertiges Vanilleextrakt, Vanilleprodukte und hübsche *figuras* (Behälter in Form von Blumen, Insekten oder Kruzifixen). An der südwestlichen Ecke des *zócalo* gibt's einen guten Kunsthandwerksladen. Zudem sind traditionelle Totonakentrachten und handgeflochtene Körbe erhältlich.

Praktische Informationen

Die hilfreiche **Touristeninformation** (☎784-842-38-37; ⌚Mo–Fr 8–18 Uhr) befindet sich im Palacio Municipal auf dem *zócalo*. Sie ist etwas versteckt – am besten bei den Sicherheitsleuten am Haupteingang nachfragen! Außerhalb des Palacio Municipal steht auch ein kleiner Kiosk, der nur an den Wochenenden geöffnet ist – hier gibt's ausführliche Stadtpläne und Landkarten der Region.

Zwei Banken mit Geldautomaten findet man auf der Enríquez gleich östlich des *zócalo*. Die Post befindet sich vier Blöcke nordwestlich von der Plaza entfernt.

An- & Weiterreise

Papantlas reizender ADO-**Busbahnhof** (Ecke Juárez & Venustiano Carranza) liegt einen kurzen, steilen Fußweg vom Zentrum entfernt. Von hier verkehren einige Fernbusse. Ein Taxi vom ADO-Busbahnhof zum Zentrum kostet 15 bis 20 Mex$. Busfahrkarten kann man online oder am Kartenschalter gleich östlich der Plaza kaufen. Vom 2.-Klasse-**Busbahnhof** (Ecke 20 de Noviembre & Olivo), gleich abseits der Plaza am Pemex-Bahnhof, betreibt Transportes Papantla (TP) Busverbindungen zu den Küstenortschaften im Süden und etwas preisgünstigere Busverbindungen nach Poza Rica und Tuxpan.

El Tajín

Für eine uralte Stadt, die 1785 zufällig von einem spanischen Beamten, der eigentlich nach illegalen Tabakplantagen suchte, „wiederentdeckt" wurde, spielt El Tajín heute eine erstaunlich große Rolle. Die Ruinen von El Tajín, die eindrucksvollen Überreste der klassischen Veracruzkultur, stehen auf einer von flachen, grünen Hügeln umgebenen Ebene 6 km westlich von Papantla und sind die größte Attraktion im Bundesstaat.

Das vermutlich 100 n. Chr. gegründete El Tajín (der totonakische Name bedeutet „Donner", „Blitz" oder „Wirbelsturm") erlebte zwischen 600 und 900 n. Chr. seine Blütezeit als Stadt und zeremonielles Zentrum. Um 1230 wurde der Ort dann aufgegeben – wahrscheinlich nach einem Brand und Angriffen der Chichimeken. Schnell eroberte der Urwald das Gelände zurück, sodass die Spanier bis 1785 nichts von der Stätte wussten.

Zu den Besonderheiten von El Tajín zählen Reihen rechteckiger Nischen an den Seiten der Gebäude, zahlreiche Ballspielplätze und Skulpturen, die Menschenopfer in Verbindung mit dem Ballspiel zeigen. Der Archäologe José García Payón deutete die Nischen und Steinmosaiken in El Tajín als Symbole für Tag und Nacht, Licht und Dunkelheit, Leben und Tod in einem dualistischen Weltbild. Viele andere Forscher stehen dieser Interpretation allerdings skeptisch gegenüber.

Sehenswertes

Die **archäologische Stätte von El Tajín** (Eintritt 57 Mex$; 9–17 Uhr) umfasst ein Gebiet von rund 10 km². Man muss also einige Kilometer zurücklegen und ein paar Stunden investieren, um alles zu sehen. Außerdem sollte man auf wenig Schatten und Bullenhitze vorbereitet sein – also besser früh auf den Weg machen! Die meisten Gebäude und Reliefs sind auf Englisch und Spanisch ausgeschildert, aber viele Infotafeln sind verwittert und kaum noch lesbar. Wer also detaillierte Informationen zur Stätte haben will, sollte an einer geführten Tour teilnehmen. Es gibt Angebote für mehrsprachige Führungen, die 250 Mex$/Stunde für ein bis sechs Personen kosten. Man sollte auch das Museum am Eingang besuchen, das im Preis inbegriffen ist und ein exzellentes Modell der Stätte sowie einige beeindruckende Relikte und Kunstgegenstände zeigt, die vor Ort entdeckt wurden.

Am Parkplatz gibt es etliche Stände, die Essen und Kunsthandwerk anbieten. Im Besucherzentrum befinden sich ein Restaurant, eine Gepäckaufbewahrung, ein Infoschalter und mehrere Souvenirläden. Wer noch mehr über El Tajín erfahren will, sollte nach dem Buch *Tajín: Mystery and Beauty* von Leonardo Zaleta suchen, das manchmal in mehreren Sprachen in den Souvenirshops erhältlich ist.

Plaza Menor — PLAZA

Pyramiden flankieren die Plaza del Arroyo auf allen vier Seiten. Südlich dahinter befindet sich die Plaza Menor (Kleinere Plaza) mit einem niedrigen Podest in der Mitte. Der Platz gehörte zum wichtigsten Zeremonienzentrum von El Tajín und war vermutlich auch der Marktplatz. Alle umliegenden Gebäude waren früher wahrscheinlich von kleinen Tempeln gekrönt. An manchen Stellen zeugen Farbreste von einem roten oder blauen Anstrich.

Juego de Pelota Sur — BALLSPIELPLATZ

In El Tajín wurden bislang rund 17 Ballspielplätze entdeckt. Der Juego de Pelota Sur (Südlicher Ballspielplatz) stammt vermutlich aus dem Jahr 1150 und ist aufgrund der sechs Wandreliefs, welche die unterschiedlichen Aspekte des rituellen Ballspiels beleuchten, der berühmteste seiner Art.

Das Relief in der nordöstlichen Ecke ist am besten zu erkennen: In der Mitte vollziehen drei Ballspieler nach dem Spiel ein Opferritual, wobei einer der Spieler dem anderen ein Messer in die Brust sticht, während der Dritte die Arme des Opfers festhält. Totengötter und eine vorsitzende Figur sind Zeugen dieses Schauspiels. Die anderen Reliefs zeigen diverse Szenen des zeremoniellen Konsums von *pulque* (einem milchigen, leicht alkoholischen Gebräu aus *maguey*-Pflanzen).

Der Juego de Pelota de las Pinturas (Ballspielplatz der Gemälde) liegt an einer Seite der Pirámide de los Nichos und wurde so benannt, weil sich an seiner Nordseite zwei sehr gut erhaltene, rot-blaue geometrische Friese befinden.

Pirámide de los Nichos — PYRAMIDE

Die wunderschön proportionierte Nischenpyramide, die sich gleich gegenüber der Plaza Menor befindet, ist das auffälligste Gebäude in El Tajín. Die insgesamt 18 m hohen, sechs unteren Ebenen sind umrundet von Reihen aus kleinen, quadratischen Nischen. Archäologen vermuten, dass der Bau ursprünglich 365 Nischen besaß und als eine Art Kalender diente.

El Tajín Chico — BAUWERKE

Folgt man dem Weg nach Norden zur Plaza El Tajín Chico, kommt man am **Juego de Pelota Norte** (Nördlicher Ballspielplatz) vorbei. Er ist kleiner und älter als sein Pendant im Süden, und die Seitenreliefs sind weniger gut erhalten.

El Tajín Chico war einst das Regierungsviertel der alten Stadt und wurde von der herrschenden Klasse bewohnt. Viele der Gebäude hier sind mit Steinmosaiken versehen, deren geometrische Muster als „Greco" bezeichnet werden.

Ein paar tolle Reliefs zieren das **Edificio I**, das wohl einmal als Palast diente. Die dreistöckige **Estructura C** an der Ostseite mit einem Treppenaufgang an der Plaza war ursprünglich blau angemalt. Die **Estructura A** an der Nordseite der Plaza ist eine Kragbogenkonstruktion: Die Mauerlagen werden immer enger zueinander geführt und oben mit einer durchgehenden Steinplatte abgeschlossen – ein typisches Merkmal der Maya-Architektur. Diese Tatsache ist ein weiteres Fragezeichen in dem Rätsel um die präkolumbischen Kulturen.

El Tajín

Die bislang nicht rekonstruierte **Plaza de las Columnas** (Plaza der Säulen) nordwestlich der Plaza El Tajín Chico ist eine der bedeutendsten Anlagen der Stätte. Sie bestand ursprünglich aus einem großen, offenen Hof mit angrenzenden Gebäuden, die sich über den Hügelhang erstrecken. Einige wundervolle Reliefsäulen wurden wieder zusammengesetzt und sind im örtlichen Museum ausgestellt.

★ **Voladores-Vorführungen** INDIGENE KULTUR
Vor dem Eingang zu den Ruinen steht ein 30 m hoher *voladores*-Pfahl. Traditionell wurde das *voladores*-Ritual nur einmal im Jahr vollzogen, aber hier zeigen die Totonaken dreimal am Tag Vorführungen neben der Touristeninformation. Vor Beginn bittet einer der Darsteller in Totonaken-Tracht die Zuschauer um eine Spende (20 Mex$).

An- & Weiterreise

Die Busse ab Poza Rica verkehren häufig. In Papantla starten die Busse (15 Mex$) mit der Zielangabge „Pirámides Tajín" etwa alle 20 Min. von der Calle 16 de Septiembre direkt hinter dem Hotel Tajín. Die Stätte ist 300 m vom Highway entfernt. Die Busse setzen einen in der Nähe des Marktes vor dem Eingang von Tajín ab. Ein Taxi von/nach Papantla kostet 50 Mex$ – in der Regel warten immer ein bis zwei vor den Ruinen.

Südlich von Papantla

Den größten Teil der 230 km langen Strecke zwischen Papantla und Veracruz verläuft der Hwy 180 in der Nähe der Küste. Highlights in der Gegend sind ein Schutzprojekt für Schildkröten, die schillernde Costa Esmeralda und Quiahuiztlán, eine faszinierende, abgelegene Totonaken-Stätte. Außerhalb der Hauptsaison trifft man in der Region kaum auf Touristen.

Tecolutla

☎766 / 4600 EW.

Die schläfrige Stadt ist mit ihrem hübschen Sandstrand einer der schönsten Ferienorte von Veracruz. In Strandnähe befinden sich auch einige Meeresfrüchterestaurants und günstige Hotels. Das hier ist ganz sicher nicht Cancún, und in der Wochenmitte sowie außerhalb der Ferien ist hier alles wie tot. Im Hochsommer und während der Semana Santa sieht die Sache jedoch wieder anders aus. Banken und Geldautomaten findet man auf der Plaza.

Aktivitäten

★ **Grupo Ecologista Vida Milenaria** FREIWILLIGENARBEIT
(☎766-846-04-67; www.vidamilenaria.org.mx; Niños Heros 1; Spende erbeten) Das kleine Schildkrötenschutzzentrum befindet sich nur einen kurzen Fußmarsch vom Zentrum entfernt (dort, wo die Niños Héroes auf den Ozean trifft). Es wird von Fernando Manzano Cervantes alias „Papá Tortuga" geleitet. Seit über 35 Jahren klärt er die Öffentlichkeit auf und päppelt Suppen- und Atlantik-Bastardschildkröten auf, um sie dann wieder in die Freiheit zu entlassen. Besucher können sich die Jungtiere aus nächster Nähe anschauen.

Das Zentrum wird privat betrieben – wer es unterstützen möchte, tut dies am besten mit dem Kauf eines kleinen Souvenirs. Besonders im April und Mai werden etliche Freiwillige benötigt, die die Strände (von insgesamt etwa 35 km Länge) überwachen und die Schildkröteneier einsammeln. Das geschieht vor allem nachts zwischen 22 und 6 Uhr. Freiwillige Helfer dürfen umsonst ihr Zelt aufschlagen sowie Küche und Bad nutzen.

Im Juni werden die meisten Tiere in die Freiheit entlassen, aber Ende Oktober kann man sich beim Festival de Las Tortugas unter die Hunderte von Einheimischen mischen, die die Auswilderung der Schildkrötenbabys mit Begeisterung feiern.

Bootstouren BOOTSTOUREN

(350–450 Mex$/Gruppe) Läuft man den Río Tecolutla auf der Emilio Carranza entlang, kommt man zum *embarcadero* (Pier), wo Boote zu Angeltouren oder Trips durch die dichten Mangrovenwälder starten, in denen viele Wildtiere (z. B. Pelikane) leben.

Schlafen

In der vom Tourismus geprägten Stadt gibt es jede Menge Hotels. Die schickeren Optionen befinden sich außerhalb der Stadt oder direkt am Meer, aber in der Nähe der Plaza gibt's viele Billigunterkünfte.

Real del Mar HOTEL **$$**

(☎766-846-03-80; www.hotelrealdelmar.com; Ecke Aldama & Galeana; Zi. ab 950 Mex$; P ❄ ☎ ≋) Das aufstrebende Resort ist so schick, wie es in Tecolutla nur sein kann: Es bietet bunte Zimmer, die teilweise über Balkone mit Meerblick verfügen. Die Zimmer reihen sich um einen Innenpool und ein dreistöckiges Wandgemälde mit Meeresmotiven. Das Hotel ist komfortabel, wenn auch ein wenig langweilig, aber man wird freundlich empfangen, und außerhalb der Hochsaison gehen die Preise stark nach unten.

Aqua Inn Hotel HOTEL **$$**

(☎766-846-03-58; www.tecolutla.com.mx/aquainn; Ecke Aldama & Av Obregón; Zi. ab 1000 Mex$; P ❄ ☎ ≋) Das moderne Hotel liegt mitten in der Stadt und doch nur wenige Schritte vom Meer entfernt. Es bietet saubere, funktionale Zimmer mit Kabelfernsehen und verfügt über einen kleinen Dachpool sowie ein cooles Café und ein Restaurant. Außerhalb der Hauptsaison gibt's große Rabatte und man kann hier ein echtes Schnäppchen machen.

★ Hotel Azúcar BOUTIQUEHOTEL **$$$**

(☎232-321-06-78; www.hotelazucar.com; Carretera Federal Nautla-Poza Rica Km 83.5; Zi. ab 3700 Mex$; P ❄ ☎ ≋) Das beeindruckende, neu designte Hotel liegt außerhalb der Stadt und hat die Messlatte für die lokalen Hoteliers um einiges höhergelegt. Es bietet luxuriöse Unterkünfte direkt am Strand mit rustikalem Chic sowie hübsche weiß gestrichene Gemeinschaftsbereiche mit Strohdächern. Außerdem gibt's einen schönen Pool, ein beeindruckendes Spa und ein Restaurant mit wunderbar relaxter Atmosphäre.

Essen

Wenn man frische, preiswerte Meeresfrüchte nicht gerade hasst, wird man von den hochwertigen Seafood-Gerichten in Tecolutla begeistert sein. Am Strand wird an allen *palapas* kaltes Bier ausgeschenkt, während Straßenhändler ihre Meeresfrüchtecocktails anpreisen. Auf dem Weg von der Plaza über die Av Obregón kommt man an zahlreichen Speiselokalen vorbei.

El Cotarro MEERESFRÜCHTE **$**

(☎766-845-16-71; Av Obregón s/n; Hauptgerichte 40–90 Mex$) In Bezug auf das kitschig-maritime Dekor kann das El Cotarro nicht mit seinen Nachbarn mithalten, aber das Essen ist köstlich, frisch und preisgünstig. Das *mojarra al ajo* ist frisch gefangener Buntbarsch mit jeder Menge Knoblauch.

Porteño Café CAFÉ, SANDWICHES **$**

(Ecke Aldama & Av Obregón; ⌚8–20 Uhr) Das Café im Erdgeschoss des Aqua Inn serviert *antojitos*, Panini und guten Kaffee.

An- & Weiterreise

Tecolutla liegt 41 km östlich von Papantla. Regelmäßig verkehren 2.-Klasse-Busse von Transportes Papantla zwischen Tecolutla und Papantla (35 Mex$), die einen Block westlich der Hauptplaza vor der Kirche an der Av Obregón ankommen und abfahren. Es gibt auch einen kleinen, aber eleganten 1.-Klasse-**Busbahnhof** von ADO (Ecke Abasolo & Ahumada) einige Blocks von der Hauptplaza entfernt. Traveller auf dem Weg von/nach Tecolutla müssen oft in Gutiérrez Zamora umsteigen. ADO betreibt Busse zu einigen Großstädten, darunter zum Terminal Norte in Mexico City (258 Mex$), sowie häufige Verbindungen nach Poza Rica (52 Mex$) und Papantla (52 Mex$).

Costa Esmeralda & Umgebung

Die Smaragdküste erstreckt sich zwischen La Guadalupe und Nautla. Das Meer hat tatsächlich die Farbe von Edelsteinen und ist von hellen Stränden gesäumt, die viele mexikanische Touristen anziehen. Die Region ist wahrscheinlich weniger interessant für Traveller, die auch weiter nach Cancún reisen können, nicht zuletzt weil die Hauptküstenstraße fast ohne Unterbrechung direkt hinter den Stränden verläuft und die Bebauung – wie in Mexiko üblich – völlig planlos erfolgt.

Doch im Sommer, wenn sich die Wellen an den insgesamt 20 km langen Stränden brechen, herrscht hier jede Menge Betrieb.

Vor allem mexikanische Familien kommen in Massen hierher, um frischen Fisch, kühles Bier und das Meer zu genießen. Das restliche Jahr über, besonders unter der Woche, ist die Smaragdküste sehr ruhig und ein gutes Ziel für Strandliebhaber und Leute, die Ruhe suchen. Man kann viel Geld für Luxushotels ausgeben oder günstig übernachten. Es gibt zahlreiche ausgeschilderte und nicht ausgeschilderte Campingplätze.

Folgt man dem Hwy 131 südwestlich von Nautla, gelangt man an der Mündung des Río Filobobos (oder Río Bobos; bekannt für seine Stromschnellen) nach **Tlapacoyan**. Dort sind ein paar Raftingveranstalter ansässig, und am Wasserfall Cascada de Encanto kann man toll baden. **Aventura Extrema** (☎229-202-65-57; www.aventuraextrema.com.mx; Rafting-Pauschalangebote ab 750 Mex$) findet man in der Nähe von Tlapacoyan. Zum Angebot gehören diverse Abenteuertrips und ein- bis dreitägige Pauschaltouren inklusive Verpflegung und Unterkunft (Hotel oder Camping). Ein Highlight der Raftingtouren auf dem Bobos sind die zwei am Ufer gelegenen archäologischen Stätten **Caujilote** und **Vega de la Peña**, an denen die meisten Veranstalter einen Zwischenstopp einlegen.

Resort oder Ökohotel? Das **Hotel Istirinchá** (☎235-317-42-01; www.istirincha.com.mx; Hwy 180, Km 102; Zi. ab 1200 Mex$, Suite 1800 Mex$; P ❄ 📶 🏊) liegt 5 km südlich von Nautla und ist schwer einzuordnen, obwohl es mit einigen Umweltzertifikaten ausgestattet ist. Die 70 ha große Anlage war früher ein abgeholztes Stück Weideland, das 1999 an einen Privatinvestor verkauft wurde, der es Stück für Stück wieder in ein dschungelähnliches Habitat umwandelt. Es gibt eine Lagune zum Kajakfahren, einen abgelegenen Strand, der mit Treibholz überlagert ist, Wege durch das hübsche, mit Kiefern und Palmen bewachsene Gebiet und eine Reihe von Wildtieren, die in Freigehegen gehalten werden, wie Tukane und Krokodile.

Die angebotenen Aktivitäten – z. B. Reiten oder Radfahren – sind etwas unspektakulär, aber man kann hier hervorragend wandern. Die Zimmer sind hell und komfortabel, aber auch ein bisschen überteuert. Restaurant und Pool sind ebenfalls vorhanden. Von Juni bis August nisten Schildkröten am Strand. Ein Schild am Highway markiert die Abzweigung zum Hotel. Nachdem der Busfahrer einen hier abgesetzt hat, läuft man noch etwa 20 Minuten zu Fuß.

Sämtliche Küstenorte an der Costa Esmeralda sind über den Hwy 180 zu erreichen – einfach einen Regionalbus nehmen und dem Fahrer sagen, wo man aussteigen will!

Punta Villa Rica & Umgebung

Trotz ihrer historischen Bedeutung ist die Küste zwischen Nautla und Veracruz auffallend rau und unerschlossen. Der einzige Schandfleck ist das Atomkraftwerk an der **Laguna Verde**, rund 80 km nördlich vom Hafen von Veracruz am Hwy 180, das 1989 in Betrieb genommen wurde.

Sehenswertes & Aktivitäten

Villa Rica DORF

In dem winzigen, verstaubten Fischerdorf, 69 km nördlich des heutigen Veracruz, kann man kaum glauben, dass man auf dem Boden der ersten von Europäern gegründeten Siedlung nördlich von Panama auf dem amerikanischen Festland steht. Die historische Stätte ist heute nicht einmal bei Google Maps ausgewiesen. Hier findet man ein paar Häuser, ein kleines Hotel, einige rustikale Restaurants und die überwucherten Fundamente einiger Gebäude, die von Cortés und seinen Männern kurz nach deren Ankunft errichtet worden sind.

Das „erste Veracruz", das sich nie richtig festigen konnte, wurde 1519 als Villa Rica de la Vera Cruz gegründet und bestand nur bis 1524, als es ins heutige La Antigua verlegt wurde. Ein Bummel am kleinen, attraktiven kurvigen Strand führt vorbei an Dünen und über eine Landenge bis zum **Cerro de la Cantera**. Die felsige Landzunge ist berühmt für ihre steil abfallenden *quebraditas* (Schluchten).

Villa Rica liegt rund 1 km östlich der Hauptverkehrsstraße, des Hwy 180. Um hinzukommen, einen Bus mit der Route Cardel–Nautla nehmen und den Busfahrer bitten, einen an der Zufahrtsstraße zu den Quiahuiztlán-Ruinen abzusetzen! Von dort ist es noch ein kurzer Fußweg zum Dorf.

★**Quiahuiztlán** ARCHÄOLOGISCHE STÄTTE

(Eintritt 35 Mex$, So Eintritt frei; ⏲9–17 Uhr) Quiahuiztlán (Ort des Regens) ist eine präkolumbische Totonaken-Stadt und eine Totenstadt, die wie ein kleines Machu Picchu auf einer Ebene unterhalb eines hornförmigen Berges (des Cerro de Metates) liegt. Bei Cortés' Ankunft im Jahr 1519 lebten hier 15 000 Menschen. Über die Zeit davor weiß man nichts Genaues, allerdings gab es hier wohl schon 800 n. Chr. eine Siedlung. Die heute verlassene Stätte mit atemberaubendem Blick auf die Golfküste umfasst zwei Pyramiden, mehr als 50 Gräber (jedes ähnelt einem kleinen Tempel) und ein paar mit Reliefs verzierte Monumente.

Kletterer versuchen sich an dem steil abfallenden Cerro de Metates (Schwierigkeitsstufen 5,6 bis 5,8), der sich dahinter erhebt. Ein hübscher, 3 km langer kopfsteingepflasterter Weg windet sich hinauf zu der Seite, von der aus man auf den Ozean blickt. Von hier kann man – anders als bei bekannteren, viel besuchten Ruinen – in aller Ruhe die heilige Totonaken-Stätte inmitten der Natur erkunden.

Die erste Frage, die sich die wenigen Besucher beim Anblick der unglaublichen totonakischen Ruinen stellen, lautet: Warum ist angesichts der historischen Bedeutung und der atemberaubenden Lage niemand anderes hier? Nun, eine logische Antwort gibt es nicht. Am besten genießt man die Ruhe und behält das Geheimnis für sich. Wer plant, mit dem Bus über den Hwy 80 anzureisen, lässt sich am besten an der Ausfahrt nach Quiahuiztlán absetzen.

★ **EcoGuías La Mancha** ÖKOTOUR
(☎ 296-100-11-63; www.ecoturismolamancha.com; La Mancha-Actopan, Carretera Federal Cardel-Nautla Km 31; Stellplatz eigenes/geliehenes Zelt 60/100 Mex$, Cabaña pro Pers./ganz 150/1200 Mex$) Alle sind begeistert von diesem Umweltinformationszentrum, das engagierte Einheimische hier in Eigeninitiative auf die Beine gestellt haben. Es liegt 1 km vom Strand entfernt und bietet geführte Wanderungen, Ausflüge zur Vogelbeobachtung, Imkertouren, Reitausflüge und Kajaktrips an, auf denen man die Tier- und Pflanzenwelt der umliegenden Mangrovenwälder kennenlernen kann. Die Unterkünfte sind recht rustikal (Hütten für 8 Pers. od. Mietzelte), dafür bekommt man aber authentische Ursprünglichkeit geboten und unterstützt die örtliche Gemeinde.

Von La Mancha kommend auf dem Hwy 180 die Ausfahrt nach Osten nehmen und der Straße 1 km folgen! Insektenschutzmittel nicht vergessen!

Schlafen & Essen

Rustikale Unterkünfte gibt's bei EcoGuías La Mancha. Alle Speiselokale befinden sich an der kompakten Hauptstraße von Villa Rica, die von der Küstenhauptstraße zum Strand führt.

Villas Arcon HOTEL $$
(☎ 229-272-70-30; www.villasarcon.com; Villa Rica; EZ/DZ 700/850 Mex$; P ❄ 📶 🏊) Das attraktiv gelegene Resorthotel vor den Toren zu Villa Rica ist vielleicht etwas überteuert, bietet aber immerhin den Komfort, den man braucht, wenn man Mexiko so wie in dieser Region ganz ungeschminkt erlebt. Die schönen Zimmer reihen sich um einen Pool, und vom Hotel läuft man nur wenige Minuten durch das Dorf zum Strand.

Restaurante Totonacapan MEERESFRÜCHTE $
(Villa Rica; Hauptgerichte 60–120 Mex$; ⏲ 12–20 Uhr) Der joviale Besitzer spricht oft unschuldige Passanten an, die an seinem strohgedeckten Freiluftlokal vorbeigehen. Das Restaurant ist im letzten Gebäude an der Hauptstraße des Ortes untergebracht, direkt dort, wo der Strand beginnt. Hier gibt's fangfrischen Fisch und Shrimps.

Restaurant Miriam MEERESFRÜCHTE $
(Villa Rica; Hauptgerichte 50–120 Mex$; ⏲ 10–19 Uhr) Die freundliche Miriam und ihre große Familie servieren köstliche Seafood-Gerichte in einem Raum, der eigentlich nur eine Verlängerung ihres Wohnzimmers ist. Wenn sie einem ihr *picantísimo* (schärfstes) Gericht anbietet, sollte man gewarnt sein: Sie macht keine Witze!

SÜDÖSTLICHES VERACRUZ

Das südöstliche Veracruz ist wahrscheinlich die schönste Region des Bundesstaates, und dennoch ist der Tourismus in dieser Gegend kaum verbreitet. Hier findet man verträumte Sumpfgebiete, vulkangekrönte Regenwälder, atemberaubende Seen und das herausragende **Reserva de la Biosfera Los Tuxtlas**, ein gut geführtes Biosphärenreservat, das viele Traveller anzieht, die gern abseits ausgetretener Pfade reisen. Als Teil des früheren Kernlandes der antiken Olmekenkultur ist der Südosten voller archäologischer Stätten, ganz zu schweigen vom Geheimtipp der Region: der UNESCO-Welterbestätte Tlacotalpan, die einfach jeden, der hierherkommt, bezaubern wird.

Tlacotalpan

☎ 288 / 7600 EW.

Tlacotalpan kennt zwar so gut wie niemand, es ist aber die wohl schönste Welterbestätte der UNESCO. Sie ist perfektes Abbild einer Stadt des frühen 19. Jhs., die von kolonialer Architektur geprägt und von modernen Interferenzen komplett verschont wurde – abgesehen von dem (für mexikanische Verhältnisse nicht allzu starken) Verkehr. Außerordentliche Farben bestimmen die Szenerie: Strahlende Sonnenuntergänge über dem angrenzenden Río Papaloapan tauchen die kolonialzeitlichen Häuser in zarte Gelb- und Orangetöne und lassen einen an ein Havanna denken, dessen Gebäude noch nicht vom Verfall gezeichnet sind.

Tlacotalpan war früher ein bedeutender Flusshafen und hat sich seit den 1820er-Jahren kaum verändert. Die 1998 auf die UNESCO-Liste gesetzte Stadt wurde im September 2010 von einer verheerenden Flut heimgesucht, bei der 500 historische Gebäude überschwemmt wurden und 8500 Menschen evakuiert werden mussten. Der Wiederaufbau erfolgte bemerkenswert schnell, und heute weist nur noch eine Wassermarkierung an einer Mauer der Calle Alegre darauf hin, wie zerstörerisch die Überflutung einst war.

Sehenswertes & Aktivitäten

Tlacotalpan hat zwei Plazas, die direkt nebeneinander liegen: Hidalgo und Zaragoza. Sie grenzen an zwei eindrucksvolle Kirchen: die hellblaue **Capilla o Santuario de la Candelaria** von 1779, die mit lokalen Korallensteinen verziert ist, und die neoklassizistische **Iglesia San Cristobal,** mit deren Bau 1812 begonnen wurde, und die ganz zauberhaft in blauen und weißen Farbtönen erstrahlt.

Man sollte unbedingt einen Spaziergang am Fluss entlang unternehmen und den Cházaro herunterlaufen, der am Palacio Municipal beginnt und von eng aneinander stehenden, bunten Häusern im Kolonialstil sowie von Bauwerken mit Säulen, Fliesen und hohen Torbögen gesäumt ist.

Museo Salvador Ferrando MUSEUM

(Alegre 6; Eintritt 20 Mex$; ⌚Di–Sa 11–18, So 12.30–19 Uhr) Das nach einem ortsansässigen Künstler benannte, winzige Museum ist eines von wenigen, die es in der Stadt gibt. Es ist in einer charmanten alten Kolonialvilla untergebracht und zeigt diverse Artefakte, Möbel, Gemälde und Schnickschnack.

Casa Museo Agustín Lara MUSEUM

(Beltrán 6; Eintritt 20 Mex$; ⌚Mo–Sa 10–18 Uhr) Das Museum zeigt eine Ausstellung über den legendären *tlacotalpeño* Agustín Lara (1900–70), der Musiker, Komponist und ein wahrer Lebemann war.

Villin Montalio KUNSTHANDWERK

(5 de Mayo 53; ⌚Mo–Sa 9–18 Uhr) Die Stadt ist bekannt für ihre lokal angefertigten Zedernholzmöbel, und solche Fertigkeiten waren nach der Überschwemmung von 2010 äußerst gefragt. Im Büro mit Werkstatt kann man den Künstlern bei der Arbeit zuschauen und sich einige der fertigen Produkte ansehen.

Mini-Zoológico Museo MUSEUM

(Av Carranza 25; Spende 15 Mex$; ⌚Mo–Sa 10–17 Uhr) Liebhaber des Bizarren sollten sich auf jeden Fall das Haus von Don Pío Barrán ansehen. Er hält mehrere riesengroße Krokodile und besitzt verschiedene Artefakte, darunter den Zahn eines Mastodons, der ganz in der Nähe ausgegraben wurde, sowie ein Schwert, das einst Porfirio Díaz gehört haben soll.

Bootstouren BOOTSTOUR

(einstündige Fahrt 300 Mex$) In der Nähe der Restaurants am *malecón* legen *lancheros* ab, die einstündige Bootsausflüge zu einer nahegelegenen Lagune anbieten. Auch wenn das hier nicht der Amazonas ist, so ist es doch eine nette Option für einen schönen Spätnachmittag.

Feste & Events

Día de la Candelaria RELIGIÖS

Von Ende Januar bis Anfang Februar findet in Tlacotalpan das riesige Candelaria-Fest statt, bei dem Stiere durch die Straßen getrieben werden und ein Marienbild, gefolgt von einer Flotte aus kleinen Booten, den Fluss hinuntertreibt.

Schlafen

Während des Candelaria-Festes steigen die Zimmerpreise um das Drei- oder Vierfache an, und man sollte unbedingt einige Wochen im Voraus buchen.

Hotel Reforma HOTEL $

(☎288-884-20-22; tlacoreforma@hotmail.com; Av Carranza 2; Zi. mit Ventilator/Klimaanlage 250/400 Mex$; ❄) Das schlichte, aber angenehme Hotel liegt direkt am Hauptplatz und bietet die günstigsten Betten der Stadt. Obwohl es an den Wochenenden hier laut werden kann, ist es trotzdem ein guter Deal. Die Zimmer sind sauber, aber die Matratzen ziemlich abgenutzt.

★ Hotel Posada Doña Lala HISTORISCHES HOTEL $$
(☎ 288-884-25-80; www.hoteldonalala.com; Av Carranza 11; EZ/DZ 850/950 Mex$; P ⊜ ❄ 📶 ≋) Mit seiner schicken pinkfarbenen Fassade und dem schönen Blick auf den Fluss sticht einem das Doña Lala im Zentrum der Stadt gleich ins Auge. Es ist ein freundliches und komfortables Hotel mit geräumigen und makellosen Zimmern, hohen Decken und tollen Aussichten – wenn man das Glück hat, einen Raum zum Platz hinaus zu bekommen. Im Erdgeschoss befindet sich ein exzellentes Restaurant, und es gibt sogar ein Hallenbad.

Casa de la Luz GÄSTEHAUS $$
(☎ 288-884-23-31; www.casadelaluz-mexico.com; Aguirre 15; Zi./Suite 550/800 Mex$; ❄ 📶) In diesem hübschen alten Haus, das von seinem ausländischen Besitzer Bill wunderschön renoviert wurde, lebte einst die Hebamme der Stadt. Der freundliche Hotelier bemüht sich sehr, seine Gäste zufrieden zu stellen, und kümmert sich hingebungsvoll um ihr Wohl. Im Angebot sind zwei Zimmer: ein Standard-Doppelzimmer und eine Suite mit zwei Doppelbetten.

Es gibt auch ein Apartment, das bei längeren Aufenthalten dauerhaft gemietet werden kann.

Hotel Casa del Río HOTEL $$
(☎ 288-884-29-47; www.casadelrio.com.mx; Cházaro 39; Zi./Suite 750/1100 Mex$; ⊜ ❄ 📶) In einer Kolonialvilla moderne Räume im minimalistischen Stil einzurichten, ist definitiv eine Herausforderung, aber im Casa del Río mit seinen neun Zimmern wurde das genau richtig gemacht. Das Highlight ist jedoch die Terrasse mit Flussblick.

Essen

Der Fluss ist von Fischrestaurants gesäumt, die von mittags bis Sonnenuntergang geöffnet haben und die Fänge des Tages servieren. Wir empfehlen das **Restaurant Tlacotalpan** oder das **La Ribera del Papaloapan,** die beide gegenüber dem Hotel Posada Doña Lala liegen.

El K-Fecito CAFÉ $
(Plaza Zaragoza; Snacks 30–70 Mex$; ⏲ 17–1 Uhr) In dem Café am Treffpunkt der beiden Hauptplazas scheint es alles zu geben: großartigen Kaffee, Kuchen und verschiedene leichte Snacks. Abends kann es hier sehr voll werden! Die Angestellten stellen den Gästen manchmal Moskitospiralen zur Verfügung, aber wer draußen sitzen will, sollte Insektenschutzmittel mitbringen.

★ Rokala MEXIKANISCH $$
(Plaza Zaragoza; Hauptgerichte 80–155 Mex$; ⏲ 18–1 Uhr; 📶) Aufgrund seiner unschlagbaren Lage unter den Kolonialbögen der Plaza Zaragoza ist dieses Restaurant mit Freiluftbereich das ganze Jahr über sehr beliebt. Die Gerichte reichen von frischem Fisch und Garnelen aus dem Fluss bis hin zu Grillfleisch und regionstypischen *antojitos*. Allein schon die Atmosphäre ist ein Grund, hierherzukommen, denn bei Sonnenuntergang wird das Lokal zum Treffpunkt der Stadtbewohner.

Wenn nur nicht diese verdammten Moskitos wären!

Restaurant Doña Lala MEXIKANISCH $$
(Av Carranza 11; Hauptgerichte 75–160 Mex$; ⏲ 7–19 Uhr; 📶) Das schickste Restaurant der Stadt ist im gleichnamigen Hotel untergebracht und hat freundliche Angestellte. Hier verkehrt eine Gruppe einheimischer Exzentriker, die immer versuchen, die besten Plätze auf der Terrasse zu besetzen. Auf der vielseitigen Speisekarte stehen mexikanische Gerichte, die nicht enttäuschen werden; leider hat das Lokal abends geschlossen.

☆ Unterhaltung

Für seine Größe hat Tlacotalpan ein überraschend angebotsreiches Nachtleben. An den Wochenenden kann man manchmal nur mit Ohrstöpseln schlafen. Die Bars an der Plaza Zaragoza und entlang der Av Carranza haben auch Sitzbereiche im Freien, die Musik ist laut, und es wird bis in die frühen Morgenstunden gefeiert. Zu gediegeneren Zusammenkünften kommt es in dem schönen, im französischen Stil erbauten **Teatro Netzahualcoyotl** (Av Carranza).

ℹ Praktische Informationen

Einen Geldautomaten gibt es am Hotel Posada Doña Lala unweit der Plaza.

Touristeninformation (Alegre & Lerdo de Tejada; ⏲ Mo–Fr 9–15 Uhr) Gleich abseits der Plaza Hidalgo. Versorgt Traveller mit hilfreichen Karten.

ℹ Anreise & Unterwegs vor Ort

Der Hwy 175 führt von Tlacotalpan das Papaloapan-Tal hinauf nach Tuxtepec und schlängelt sich dann durch die Berge nach Oaxaca (320 km). ADO hat einen Busbahnhof am

Flussufer, drei Blocks östlich vom Zentrum vor dem Mercado Municipal und bietet Busse nach Mexico City (506 Mex$), Puebla (386 Mex$), Xalapa (196 Mex$), San Andrés Tuxtla (70 Mex$) und Veracruz (99 Mex$). Die häufig verkehrenden 2.-Klasse-Busse von und nach Veracruz halten am Flussufer.

Die herrlich flache Umgebung von Tlacotalpan eignet sich perfekt zum Fahrrad fahren. Fahrräder kann man bei **Bici Cletando** (☎ 288-100-46-86; 30 Mex$/Std.) mieten, das einen Kiosk vor der Iglesia La Candelaria auf der Plaza Zaragoza betreibt. Wer vorher anruft, bekommt das Rad ins Hotel geliefert.

Santiago Tuxtla

☎ 294 / 15 000 EW. / HÖHE 180 M

Das Zentrum Santiagos bildet eine hübsche, üppig begrünte Hauptplaza, die zu den schönsten im ganzen Bundesstaat gehört. Die Stadt ist umgeben von den hügeligen grünen Ausläufern der vulkanischen Sierra de los Tuxtlas. Im Vergleich zu seinem aufgemotzten Nachbarn San Andrés ist Santiago Tuxtla deutlich entspannter und charmanter. Auf seiner Plaza sieht man Arm in Arm flanierende Damen, turtelnde Pärchen und engagierte Schuhputzer. Wenn auch kein klassisches Touristenziel, ist Santiago mit seinem kleinen interessanten Museum, der Nähe zu Tres Zapotes (23 km) und der idyllischen Unterkunft Mesón de Santiago allemal einen Besuch wert.

An- und Abfahrt aller Busse ist in der Nähe der Kreuzung der Morelos mit der Schnellstraße. Um zum Zentrum zu gelangen, folgt man der Morelos und biegt dann rechts in die Ayuntamiento, die nach ein paar Blocks zur Hauptplaza führt.

Sehenswertes

Olmekenkopf DENKMAL

(Plaza Olmeca) Der steinerne Monolith mitten auf der Hauptplaza wird auch „Cobata-Kopf" genannt – nach dem Anwesen, auf dem er entdeckt wurde. Mit seinen 40 t ist er der größte bekannte Olmekenkopf und wahrscheinlich erst am Ende der olmekischen Periode entstanden. Einzigartig machen ihn auch die geschlossenen Augen.

Museo Tuxteco MUSEUM

(☎ 294-947-10-76; Ayuntamiento; Eintritt 42 Mex$; ⌚ Di–So 9–17 Uhr) Das Museum an der Hauptplaza zeigt Artefakte wie olmekische Steinskulpturen, einen kolossalen Steinkopf, eine *hacha* (Axt) mit Affengesicht und Augen aus Obsidian sowie die Nachbildung eines Altars aus Tres Zapotes. Es gibt auch ein interessantes spanisches Kolonialzimmer mit eindrucksvollen Waffenrüstungen und einer Büste des letzten Aztekenherrschers Cuauhtémoc. Leider gibt es keine englischsprachigen Ausschilderungen.

Feste & Events

Santiago feiert **San Juan** (St. Johannes, 24. Juni) und **Santiago Apóstol** (25. Juli) mit Prozessionen und Tänzen wie dem Liseres, bei dem die Tänzer Jaguarkostüme tragen.

Auch in der Woche vor Weihnachten gibt es große Feierlichkeiten.

Schlafen & Essen

★ **Mesón de Santiago** HOTEL $$

(☎ 294-947-16-70; www.mesonsantiago.com.mx; 5 de Mayo 202; EZ/DZ 550/600 Mex$; P ❄ 📶 🏊) Das fantastische Hotel direkt an der Hauptplaza ist mit seinen frisch renovierten Innenbereichen und der gut erhaltenen kolonialen Außenfassade in einer so ruhigen und selten besuchten Stadt ein unerwartetes Schmuckstück. In dem makellosen, friedlichen Hof befindet sich ein kleiner Pool. Das geschmackvoll eingerichtete Hotel überzeugt mit auf Hochglanz polierten Holzmöbeln, schön gefliesten Bädern und überkuppelten Treppenhäusern.

Restaurant Colonial MEXIKANISCH $

(Hwy 180; Hauptgerichte 50–120 Mex$; ⌚ 8–20 Uhr) Das schickste Restaurant der Stadt (das hat nichts weiter zu bedeuten, denn es gibt nicht so viele) serviert *cocina típica* mit Fokus auf Meeresfrüchten und Grillfleisch. Es liegt ein Stück oberhalb des ADO-Busbahnhofs (in Richtung Veracruz) an der Hauptstraße, die durch die Stadt führt.

La Joya MEXIKANISCH $

(☎ 294-947-01-77; Ecke Juárez & 2 de Abril; Hauptgerichte 30–60 Mex$; ⌚ 7–23 Uhr) Die schäbigen Plastiktischdecken, die Stühle im Freien und die rustikale, einsehbare Küche lassen vielleicht „Montezumas Rache" befürchten, aber keine Angst – das La Joya hat, worauf es ankommt: gutes, leckeres mexikanisches Essen. Es liegt an einer Ecke der Hauptplaza beim Olmekenkopf.

Anreise & Unterwegs vor Ort

Alle lokalen und regionalen Busse und *colectivo*-Taxis nach San Andrés Tuxtla verkehren häufig

BUSSE AB SANTIAGO TUXTLA

ZIEL	PREIS (MEX$)	DAUER	HÄUFIGKEIT (TGL.)
Catemaco	32	50 Min.	stündl.
Córdoba	232	3½ Std.	1-mal Fr-Mo
Mexico City	514-540	8 Std.	3-mal
Puebla	422	5½ Std.	2-mal
San Andrés Tuxtla	26	20 Min.	regelm.
Tlacotalpan	56	1 Std.	5-mal
Veracruz	130	2½ Std.	regelm.
Villahermosa	288	4 Std.	1-mal Fr, So, Mo
Xalapa	218	4 Std.	4-mal

Abfahrten von 1.-Klasse-Bussen.

und halten an der Kreuzung der Morales mit dem Hwy 180. Ein Privattaxi zwischen den beiden Städten kostet 60 Mex$. Auch nach Catemaco, Veracruz, Acayucan und Tlacotalpan fahren häufig 2.-Klasse-Busse.

Die Haltestellen von TLT und AU befinden sich ein Stück die Morelos hinunter; der ADO-Busbahnhof liegt direkt am Highway/Ecke Morelos.

Tres Zapotes

☎294 / 3500 EW.

Das wichtige post-olmekische Zentrum Tres Zapotes besteht heute nur noch aus ein paar Erdhügeln inmitten von Maisfeldern. Interessante archäologische Fundstücke sind jedoch im Museum der kleinen Ortschaft Tres Zapotes 23 km westlich von Santiago Tuxtla ausgestellt. Der winzige Ort ist schwer zu erreichen, aber für echte Archäologiefans lohnt sich die Anreise.

Tres Zapotes war mehr als 2000 Jahre, von ca. 1200 v. Chr. bis gegen 1000 n. Chr., bewohnt. Die erste Besiedlung erfolgte wahrscheinlich zu einer Zeit, als das große olmekische Kultzentrum La Venta (Tabasco) noch existierte. Nach der Zerstörung von La Venta (ca. 400 v. Chr.) trat Tres Zapotes in seine (wie Archäologen sie bezeichnen) post-olmekische Phase – das ist der Zeitraum, in der die olmekische Kultur langsam erlosch und von anderen (vor allem der Izapa- und der Maya-Kultur) abgelöst wurde. Die meisten Funde stammen aus dieser späteren Epoche.

Die Hauptattraktion im kleinen **Museo de Tres Zapotes** (Eintritt 30 Mex$; ⏲9–17 Uhr) ist der 1,5 m hohe Tres-Zapotes-Kopf, eine Skulptur, die um 100 v. Chr. entstand. Das größte Fundstück, die Stele A, zeigt drei menschliche Figuren im Rachen eines Jaguars. Eine andere Figur könnte einen Gefangenen mit hinter dem Rücken gefesselten Händen darstellen. In einen Thron oder Altar ist das nach oben gewandte Antlitz einer Frau eingemeißelt. Der Museumswärter (spricht nur spanisch) beantwortet gerne Fragen und führt Besucher durch die Sammlung (Trinkgeld willkommen).

Von Santiago Tuxtla führt die Straße in südwestlicher Richtung nach Tres Zapotes; vom Hwy 180 dem Schild „Zona Arqueológica" folgen! Nach 8 km auf dieser Straße folgt eine Gabelung, an der man sich rechts hält. Nun sind es noch 15 km auf einer befestigten Straße bis Tres Zapotes. An der T-Kreuzung biegt man links und dann noch einmal links ab, um das Museum zu erreichen. Von Santiago Tuxtla fahren 2.-Klasse-Busse (26 Mex$) sowie Sammeltaxis (*colectivos*, 26 Mex$) und Taxis (90 Mex$). Die Taxis halten am Sitio Puente Real, jenseits der Fußgängerbrücke am unteren Ende der Zaragoza, die neben dem Museum den Hügel hinunterführt.

San Andrés Tuxtla

☎294 / 62 000 EW. / HÖHE 300 M

Wie viele modern Kleinstädte ist auch San Andrés eher zweckmäßig als schön. Das geschäftige Dienstleistungszentrum der Region Los Tuxtlas ist für Traveller vor allem wegen seiner Busverbindungen wichtig und als Ausgangspunkt zu den peripher gelegenen Attraktionen der Region, zu denen ein Vulkan sowie ein gigantischer Wasserfall zählen. Nur Zigarrenfreunde dürfte San Andrés als Mexikos Zigarrenhauptstadt länger verweilen lassen. Das Stadtzentrum ist gut geordnet und sehenswert – auf der Hauptplaza steht eine leuchtend orange-gelb geflieste Kirche.

Sehenswertes & Aktivitäten

★ Salto de Eyipantla WASSERFALL

(Eintritt 10 Mex$) 12 km südöstlich von San Andrés führen 244 Stufen hinunter zum eindrucksvollen Salto de Eyipantla, einem 50 m hohen und 40 m breiten Wasserfall. Wer keine Lust hat, die Stufen hinunterzulaufen – und dabei ziemlich nass zu werden –, schaut sich den Wasserfall einfach vom *mirador* (Aussichtspunkt) aus an. Teile von Mel Gibsons Film *Apocalypto* wurden hier gedreht.

Einfach dem Hwy 180 4 km ostwärts bis Sihuapan folgen, dann rechts nach Eyipantla abbiegen! Von der Kreuzung Cabada und 5 de Mayo in San Andrés (in der Nähe des Marktes) fahren häufig TLT-Busse (12 Mex$) hierher.

Zigarrenfabrik Santa Clara ZIGARRENFABRIK

(☎ 294-947-99-00; Blvd 5 de Febrero 10; ⏲ Mo–Sa 9–21, So 8–21 Uhr) GRATIS Hier kann man zuschauen und schnuppern, wie die *puros* fix von Hand gerollt werden. Die Zigarrenfabrik befindet sich am Highway, ungefähr einen Block entfernt vom Busbahnhof. Man kann auch Zigarren aller Formen und Größen, darunter die monströse Magnum, zu Fabrikpreisen kaufen. Die 50 hier beschäftigten *torcedores* (die insgesamt 10 000 *puros* pro Tag produzieren) demonstrieren gern ihr Können.

Laguna Encantada SEE

Die „verzauberte Lagune" ist ein See in einem kleinen Vulkankrater, der sich auf einem dschungelartigen Gelände 3,5 km nordöstlich von San Andrés befindet. Es gibt eine unbefestigte Straße dorthin, eine Busverbindung gibt es jedoch nicht. Einige Einheimische warnen davor, den See allein aufzusuchen; es empfiehlt sich also, die Führer auf dem nahe gelegenen Campingplatz Yambigapan nach der aktuellen Sicherheitslage zu fragen.

Cerro de Venado NATURSCHUTZGEBIET

(Eintritt 5 Mex$) Das neue, 23 ha große Schutzgebiet wurde 2009 im Zuge einer Pflanzung von Tausenden von Bäumen angelegt. Es befindet sich etwa 2,5 km von der Laguna Encantada entfernt an der Straße nach Ruíz Cortines. 500 Stufen führen hinauf auf einen 650 m hohen Hügel, von dem aus man einen wunderbaren Blick auf die Stadt, den See und die umliegenden Berge genießt. Auch ein paar Tiere werden hier in Käfigen gehalten.

Ruíz Cortines WANDERN

(☎ Handy 294-1005035; Ejido Ruíz Cortines; Campingplätze/Cabañas 50/400 Mex$) Das kleine Dorf am Fuße eines Vulkans liegt eine Stunde nördlich von San Andrés Tuxtla und bietet rustikale *cabañas* sowie Reitausflüge und Wanderungen zu Höhlen in der Umgebung an. Das Highlight ist eine atemberaubende, ganztägige Wanderung auf den Volcán San Martín (1748 m). Ein Taxi von San Andrés Tuxtla kostet 100 Mex$, eine Fahrt mit dem *pirata* (Pickup) ist für 25 Mex$ zu haben.

Schlafen

San Andrés hat nicht viele, dafür aber gute Unterkünfte.

Yambigapan HÜTTEN, CAMPING $

(☎ 294-104-46-39, (Englisch) 294-103-84-10; www.yambigapan.com; Campingplatz/EZ/DZ 25/300/400 Mex$; P) Etwa drei Kilometer von San Andrés entfernt bietet diese familiengeführte ländliche Privatunterkunft zwei sehr rustikale *cabañas* mit spektakulären Ausblicken. Die **Kochkurse** der Dame des Hauses, Amelia, sollte man nicht verpassen: In ihrer gemütlichen Küche bringt sie einem (auf Spanisch) die mexikanische Küche und deren Geschichte näher. Ein Kurs kostet 200 Mex$.

Man kann in dem nahegelegenen Fluss, dem Arroyo Seco, baden und an geführten Wanderungen teilnehmen – darunter auch Ganztagestouren wie die Wanderung hinauf zum Gipfel des Volcán San Martín. Die Anlage ist am leichtesten mit dem Taxi (35 bis 40 Mex$) zu erreichen. Alternativ nimmt man eine *pirata* Richtung Ruíz Cortines und bittet den Fahrer, einen an der Abzweigung abzusetzen (ca. 10 Mex$). Von dort folgt man den Schildern zum Yambigapan und gelangt schließlich auf die lange, unbefestigte Zufahrtsstraße.

Hotel Posada San Martín HOTEL $$

(☎ 294-942-10-36; www.hotelposada-sanmartin.com; Av Juárez 304; EZ/DZ/3BZ 488/575/660 Mex$; P ❄ 📶 🏊) Diese Posada im Stil einer Hazienda ist ein unerwarteter Glückstreffer! Sie liegt auf halbem Weg zwischen der Hauptstraße und der Hauptplaza und bietet ein prima Preis-Leistungs-Verhältnis. Es gibt einen idyllischen Garten mit Pool, und in den Gemeinschaftsbereichen stehen viele hübsche Antiquitäten. Die Zimmer sind groß, sauber und haben schön geflieste Waschbecken.

BUSSE AB SAN ANDRÉS TUXTLA

ZIEL	PREIS (MEX$)	DAUER	HÄUFIGKEIT (TGL.)
Catemaco	26	25 Min.	stündl.
Córdoba	260	3½ Std.	1-mal
Mexico City	582	8 Std.	3-mal
Puebla	438	6½ Std.	2-mal
Santiago Tuxtla	28	20 Min.	stündl.
Tlactotalpan	76	1½ Std.	5-mal
Veracruz	148	3 Std.	stündl.
Villahermosa	298	5 Std.	4-mal
Xalapa	248	5 Std.	7-mal

1.-Klasse-Busse vom ADO-Busbahnhof.

Hotel del Parque HOTEL **$$**
(☎294-942-01-98; reservaciones@hoteldelparque.com; Madero 5; EZ/DZ 472/597 Mex$; P ❄ 📶) Das wichtigste zentral gelegene Hotel von San Andrés ist sauber und modern. Im Erdgeschoss befindet sich ein gut besuchtes Café, in dem sich die Einheimischen gern treffen, um Kaffee zu trinken und den neusten Klatsch und Tratsch auszutauschen. Einige der Zimmer bieten tolle Ausblicke auf die Kathedrale, und obwohl die Bäder recht klein sind, ist das Hotel im Hinblick auf alles andere eine sehr gute Wahl.

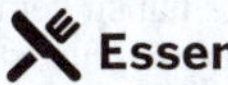

Essen

Yambigapan MEXIKANISCH **$**
(Hotel Posada San Martín, Av Juárez 304; Hauptgerichte 30–50 Mex$; ⌚7.30–20 Uhr; 📶) Das kleine, gemütliche Restaurant befindet sich im schönsten Hotel der Stadt, dem Posada San Martín, und wird von den Besitzern der Privatunterkunft Yambigapan (3 km außerhalb der Stadt) geführt. Hier stehen viele landestypische Gerichte auf der Karte, zubereitet nach *doña* Amelias Rezepten, die in einem schönen Speisebereich am Hotelpool serviert werden.

Restaurante Winni's BÄCKEREI, INTERNATIONAL **$**
(☎294-942-01-10; Madero 10; Hauptgerichte 30–100 Mex$; ⌚7–1 Uhr; 📶) Ganz San Andrés findet sich hier an der Ecke der Hauptplaza ein, um Espresso zu schlürfen und dazu Gebäck oder eines der preisgünstigen Menüs zu genießen. Mittags ist es meistens so voll, dass man darum kämpfen muss, bedient zu werden.

ℹ Praktische Informationen

Die winzige **Touristeninformation** (Madero 1; ⌚8.30–15.30 Uhr) ist im Palacio Municipal an der Westseite der Hauptplaza untergebracht. Eine Banamex-Filiale (mit Geldautomat) befindet sich an der Südseite; der Markt liegt drei Blocks westlich.

ℹ Anreise & Unterwegs vor Ort

San Andrés ist der Verkehrsknoten von Los Tuxtlas und bietet recht gute Busverbindungen in alle Richtungen. ADO-Busse der 1. Klasse und AU-Busse der 2. Klasse fahren von ihren jeweiligen Busbahnhöfen an der Juárez unweit der Fernstraße Santiago Tuxtla–Catemaco bzw. rund zehn Gehminuten vom Zentrum. Die etwas klapprigen, aber regelmäßig fahrenden 2.-Klasse-Busse von TLT sind häufig die schnellste Verbindung zu den Zielen in der näheren Umgebung. Sie starten einen Block nördlich des Markts und umrunden die Nordseite der Stadt auf der 5 de Febrero (Hwy 180).

Am Markt fahren auch häufig *colectivos* (Sammeltaxis) nach Catemaco und Santiago – sie sind schneller als die Busse, die Fahrten kosten aber etwas mehr.

Catemaco

☎294 / 28 000 EW. / HÖHE 340 M

Das verschlafene Catemaco wirkt auf den ersten Blick ganz und gar nicht wie ein Traveller-Mekka und ist dennoch der optimale Ausgangspunkt für die Erkundung des Reserva de la Biosfera Los Tuxtlas. Die kleine, etwas schmuddelige Stadt erinnert an ein staubiges Backpackerreiseziel der 1980er Jahre – aber ohne die unglaublich hohe Zahl an Backpackern.

Mit seiner langen Tradition von Schamanen, die einem die bösen Geister austreiben, der herrlichen Lage am See und seinen vielseitigen Naturattraktionen ist Catemaco ein Ort, den jeder gern besucht, der sich für die Region interessiert.

ZAUBERSTUNDE

Jedes Jahr kommen am ersten Freitag im März Hunderte von *brujos* (Schamanen), Hexen und Heilern aus ganz Mexiko nach Catemaco, um gemeinsam ein großes Reinigungsritual durchzuführen, mit dem sich die Teilnehmer von den negativen Energien des vergangenen Jahres befreien wollen. Seit ein paar Jahren ist das Ereignis allerdings mehr von Kommerz als von Übersinnlichem geprägt. Zu dieser Zeit strömen auch scharenweise Mexikaner in die Stadt, um Schamanen zu konsultieren oder *limpias* (Reinigungszeremonien) durchführen zu lassen. In einer bizarren Mischung aus Hedonismus und leidenschaftlicher Glaubensbereitschaft wird dabei viel gegessen und getrunken und ausgelassen gefeiert.

In diesem Teil von Veracruz hat die Hexerei eine jahrhundertealte Tradition, in der sich uralte indigene Riten, spanische Bräuche aus dem Mittelalter und westafrikanische Voodoo-Praktiken vermischt haben. Viele der *brujos* (beiderlei Geschlechts) betätigen sich als Heiler (wobei sie traditionelle Heilkräuter und moderne Medikamente einsetzen), Psychotherapeuten und Schwarzmagier, die die Feinde ihrer Kunden mit bösen Flüchen belegen. Wer eine Sitzung buchen möchte, setzt sich am besten mit einem Touranbieter in Verbindung oder fragt sich am *malecón* durch.

Sehenswertes & Aktivitäten

Laguna Catemaco SEE

Catemaco liegt am Ufer der 16 km langen Laguna Catemaco, die von Hügeln vulkanischen Ursprungs umgeben und eigentlich keine Lagune, sondern ein See ist. Östlich der Stadt befinden sich ein paar unspektakuläre, graue Sandstrände, an denen man einen Sprung in das eher trübe Wasser wagen kann.

Basílica del Carmen KIRCHE

Wegen ihres prunkvollen Innenbereichs und der schönen Buntglasfenster können viele Besucher kaum glauben, wie neu die Hauptkirche von Catemaco wirklich ist: Man würde sie vielleicht auf die Mitte des 19. Jhs. datieren, tatsächlich aber stammt sie aus dem Jahr 1953.

Der kirchliche Ehrentitel einer Basilika wurde ihr 1961 hauptsächlich aufgrund ihrer Funktion als Wallfahrtskirche verliehen, zu der Gläubige wegen der Virgen del Carmen pilgern, die einem Fischer in einer Höhle an der Laguna Catemaco 1664 während eines Vulkanausbruchs erschienen sein soll. Eine Statue der Jungfrau ist im Innern der Kirche aufgestellt und erfährt an ihrem Festtag, dem 16. Juli, besondere Verehrung.

Geführte Touren

Catemacoturs ABENTEUER

(294-941-58-49; Paseo del Malecón s/n) Die Anbieter verkaufen in einer *palapa*-Hütte am *malecón* Ausrüstung für Abenteuertouren und veranstalten Ausflüge rund um den See und zur Küste.

Schlafen

Hotel Acuario HOTEL $

(294-943-04-18; www.hotelacuariocatemaco.com; Ecke Boettinger & Carranza; Zi. 350–650 Mex$; P) Die freundliche Budgetunterkunft abseits des *zócalo* bietet 25 saubere Zimmer, die einfach, aber gepflegt und mit Ventilatoren ausgestattet sind. Man sollte einen der Räume mit Balkon und Ausblick nehmen – die auf der Rückseite haben kein natürliches Tageslicht. Ein weiteres Plus ist das Kabelfernsehen.

Hotel Los Arcos HOTEL $$

(294-943-00-03; www.arcoshotel.com.mx; Madero 7; Zi. ab 750 Mex$; P) Das schickste Hotel der Stadt ist zentral gelegen, freundlich und gepflegt. Es bietet geräumige Zimmer mit halb privaten Außen- und Sitzbereichen. Es gibt Kabelfernsehen und sogar einen Pool.

Hotel La Finca RESORT $$$

(294-947-97-00; www.lafinca.mx; Hwy 180 Km 47; Zi. ab 1500 Mex$; P) Das freundliche Resort am Seeufer liegt 2 km westlich der Stadt. Es ist zwar etwas teurer, aber auch die komfortabelste Unterkunft in Catemaco. Die Zimmer haben große Balkone mit Blick auf den See, und es gibt einen Pool mit Rutschen und Whirlpool. Außerhalb der Hauptsaison sinken die Preise stark. Das Hotel bietet einen *lancha*- und Spa-Service.

Essen

Die hiesigen Spezialitäten stammen aus dem See: Straßenhändler verkaufen *tegogolo* (eine Schnecke, zubereitet mit Chili, Tomate, Zwiebel und Zitronensaft) sowie köstliche *chipalchole* (Suppe mit Garnelen oder Krebsscheren). Der *malecón* ist von vielen Restaurants gesäumt, die frischen Fisch servieren und alle einen ähnlichen Standard bieten.

Il Fiorentino ITALIENISCH **$$**
(Paseo del Malecón 11; Hauptgerichte 85–120 Mex$; ⌚ Di–Fr 6.30–22.30, Sa 15–23.30, So 13.30–23 Uhr; 📶) Das Restaurant ist schicker als ein durchschnittliches italienisches Restaurant im Ausland und serviert hausgemachte Pasta, erlesene Weine aus dem Piemont, leckeren Cappuccino und wunderbaren Kuchen. Es befindet sich am *malecón* und wird – das versteht sich von selbst – von einem Italiener geführt.

La Ola MEERESFRÜCHTE, MEXIKANISCH **$$**
(Paseo del Malecón s/n; Gerichte 65–140 Mex$; ⌚ 11–21 Uhr; 📶) Ein schönes, weitläufiges Uferrestaurant am *malecón*, das köstliche Meeresfrüchte serviert, darunter z. B. *pargo* (Roter Schnapper) *a la veracruzana* (mit scharfer Sauce) oder *empanizado* (in Brotkrumen).

Ausgehen

La Panga BAR
(Paseo del Malecón s/n; Hauptgerichte 85–160 Mex$; ⌚ 9–2 Uhr, Restaurant bis 19 Uhr) Das gemütliche Bar-Restaurant mit eigenem Steg schwimmt auf dem Wasser und ist ein idyllisches Plätzchen, um auszuspannen, *cerveza* zu trinken und den einen oder anderen Happen zu essen, während die Sonne hinter dem See und den sanft geschwungenen Hügeln untergeht.

Shoppen

Fractal Naturaleza KUNSTHANDWERK
(☎ 294-103-16-84; Paseo del Malecón s/n; ⌚ Mo–Fr 10–21, Sa & So 9–22 Uhr) Ein exzellenter Ort, um Souvenirs zu kaufen, die von lokalen Künstlern angefertigt wurden. Das Geschäft tut alles, um örtliche Kunsthandwerker und Schneider zu unterstützen. Man kann hier auch Kaffee trinken.

Praktische Informationen

Catemaco fällt sanft zum See hin ab. Die Mitarbeiter der **Touristeninformation** (☎ 434-943-00-16; Municipalidad; ⌚ Mo–Fr 9–15 & 16–21 Uhr) an der Nordseite des *zócalo* sind sehr hilfsbereit, obwohl sie kein oder nur kaum Englisch sprechen. Hier bekommt man hochwertige Landkarten für die umliegende Region.

Catemaco

Sehenswertes
1 Basílica del Carmen C2

Aktivitäten, Kurse & Touren
2 Catemacoturs C2

Schlafen
3 Hotel Acuario B1
4 Hotel Los Arcos B2

Essen
5 Il Fiorentino C2
6 La Ola B2

Ausgehen
7 La Panga A2

Shoppen
8 Fractal Naturaleza A2

Catemaco

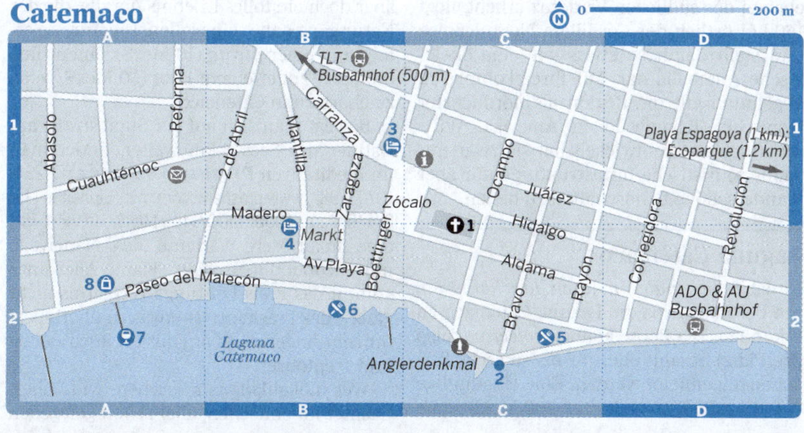

BUSSE AB CATEMACO

ZIEL	PREIS (MEX$)	DAUER	HÄUFIGKEIT (TGL.)
Mexico City	460	9½ Std.	3-mal
Puebla	394	7 Std.	3-mal
San Andrés Tuxtla	26	30 Min.	stündl.
Santiago Tuxtla	32	50 Min.	4-mal
Veracruz	144	3½ Std.	5-mal
Xalapa	240	5½ Std.	1-mal

1.-Klasse-Busse vom ADO-Busbahnhof.

Die **Post** (Cuauhtémoc s/n) befindet sich vier Blocks westlich der Zentralplaza.

ℹ An- & Weiterreise

Die ADO- und AU-Busse nutzen einen **Busbahnhof** (Ecke Paseo del Malecón & Revolución) am See. Die TLT-Nahverkehrsbusse 2. Klasse fahren von dem Busbahnhof 700 m westlich der Plaza an der Kreuzung mit der Schnellstraße ab; die Fahrten sind etwas billiger und häufiger als die, die mit 1.-Klasse-Bussen möglich wären. Die *colectivos* halten am Cerrito, einem kleinen Hügel rund 400 m westlich der Paza an der Carranza.

Zu den Gemeinden rund um den See und an der Küste fährt man günstig mit *piratas*. Sie starten an einer Straßenecke fünf Blocks nördlich vom Busbahnhof.

Reserva de la Biosfera Los Tuxtlas

Die verschiedenen Naturschutzgebiete rund um Catemaco wurden 2006 zu einem UNESCO-Biosphärenreservat zusammengefasst. Diese einzigartige vulkanische Region, die sich bis auf 1680 m Höhe über die Küstenebenen des südlichen Veracruz erhebt, liegt 160 km östlich der Cordillera Neovolcánica und stellt damit so etwas wie eine ökologische Anomalie dar. Mit ihrer komplexen Vegetation gilt die Region als nördlichster tropischer Regenwald in Amerika. Wirtschaftlich unterentwickelt hat sie zwar nur wenig touristische Infrastruktur, dafür aber wunderschöne Landschaften zu bieten.

Laguna Catemaco

Entlang des *malecón* legen *lancheros* ab, um bei Bootstrips die Laguna Catemaco zu erkunden. Die Boote können *colectivo* (also pro Platz) bezahlt oder für bis zu sechs Personen angemietet werden. Eine einstündige *colectivo*-Bootstour kostet 100 Mex$, eine private *lancha* 500 Mex$/Std. Bei einer Tour kann man verschiedene Inseln im See besuchen; auf der größten, der **Isla Tenaspi,** wurden Olmeken-Skulpturen entdeckt. Auf der **Isla de los Changos** (Affeninsel) leben Makaken, die ursprünglich aus Thailand stammen. Sie gehören der Universidad Veracruzana, welche die Tiere für Forschungszwecke erwarb.

Das **Reserva Ecológica de Nanciyaga** (☎294-943-01-99; www.nanciyaga.com; Carretera Catemaco-Coyame; ⏲9–14 & 16–18 Uhr; P) am Nordostufer des Sees ist gewissermaßen ein Reservat im Reservat, das in einem kleinen Regenwaldgebiet indigene Akzente setzen will. Auf dem Gelände gibt es ein Temazcal, ein altes Planetarium, dekorative Elemente im Olmeken-Stil und nachgebildete Exponate. Tagesgäste sind willkommen. Bei der Übernachtung in den rustikalen Hütten mit Solarstrom (1654 Mex$ für 2 Pers.) sind ein Bad in Mineralschlamm, eine Massage, eine geführte Wanderung sowie das Ausleihen eines Kajaks im Preis inbegriffen. Zu den Badezimmern muss man ein Stück laufen – Taschenlampen werden gestellt. Das Ganze ist sicher nicht nach jedermanns Geschmack, aber doch ein tolles Erlebnis für alle, die der Natur ganz nahe sein wollen. Die Anreise erfolgt mit einer *pirata* (10 Mex$), einem Taxi (80 Mex$) oder einem Boot (50 Mex$/Pers.; zu chartern in Catemaco).

Bewegt man sich auf der Staubstraße am Ostufer des Sees 8 km weiter, findet man im meditativen **Prashanti Tebanca** (☎294-107-79-98; www.prashanti.com.mx; Einheiten für 2/4/6 Pers. 1000/1200/1400 Mex$; P ❄ 📶 🏊) eine luxuriösere Variante des Nanciyaga mit neobuddhistischem Flair. Allerdings stimmt das Preis-Leistungs-Verhältnis nicht ganz – das Prashanti ist etwas zu überteuert für sein Angebot. Es organisiert auch Boots- und Jeeptouren.

Wer Lokalflair pur erleben will, übernachtet im einfachen, aber schön gelegenen

Las Margaritas (☎294-945-52-51, 294-945-52-71; B 150 Mex$, Cabaña für 2 Pers. 750 Mex$). Das kleine Dorf verfügt über ein Gästehaus am Südufer des Sees. Hierher fahren keine *colectivo*-Boote, daher muss man auf holpriger Strecke mit einem *pirata* (20 Mex$) anreisen oder eine der privaten *lanchas* (400 Mex$) nehmen, die am *malecón* in Catemaco ablegen. Die ländliche Lage am See ist wunderschön, und man ist mitten drin im Dorfleben. Die Schlafsäle für sechs Personen sind jedoch extrem einfach – daher sollte man hier nur übernachten, wenn man es spartanisch mag. Im Unterkunftspreis von 700 Mex$ pro Person/Nacht sind Vollpension, ein Bett in einem Schlafsaal sowie geführte Touren zur archäologischen Stätte El Chininal sowie zu Wasserfällen inbegriffen.

Regenwald

Wer Lust auf entlegene Wasserfälle, Kajaktouren, Wanderungen, Vogelbeobachtungstouren oder schöne Strände hat, ist bei **Ecobiosfera** (☎Handy 229-161-44-91; www.ecobiosferacatemaco.blogspot.de; Carretera Catemaco-Sontecomapan, Km 10; Stellplatz 100 Mex$, Cabaña 400–800 Mex$) genau richtig. Die Touren variieren im Preis (ca. 400–800 Mex$/Pers.). Felix, der Eigentümer der Anlage, ist Biologe und kennt die Gegend sehr gut. Er kann einen zu der tiefgrünen **Poza Reina** (Eintritt 25 Mex$) führen, einem von Wasserfällen umgebenen Teich, in dem man baden kann. Die *cabañas* im Basislager Dos Amantes haben Gemeinschaftsbäder und wirken auf charmante Weise einsiedlerisch.

Laguna de Sontecomapan

In der Ortschaft Sontecomapan 15 km nördlich von Catemaco gibt's ein paar Lagunenrestaurants und den idyllischen **Pozo de los Enanos** (Zwergenteich), eine Badestelle, an der sich jugendliche Einheimische in Tarzanmanier an Seilen ins Wasser schwingen. Mit einer *lancha* kann man von Sontecomapan zu allen Unterkünften/Sehenswürdigkeiten am See gelangen. Ein Taxi von Catemaco kostet 50 Mex$, eine *pirata* 15 Mex$. Das neue **Hotel Imperial** (☎294-947-42-03; Zi. 550 Mex$; ❄ ≋) im Zentrum der Ortschaft bietet saubere, geräumige Zimmer und einen Gemeinschaftsbalkon mit Schaukelstühlen.

Los Amigos (☎294-943-01-01; www.losamigos.com.mx; B inkl. Frühstück 210 Mex$, Cabañas für 2 Pers. 590 Mex$, für 6 Pers. 1690 Mex$) ist ein gut geführter, idyllischer Rückzugsort unweit der Stelle, wo die Lagune in den Ozean übergeht. Die fantastischen *cabañas* schmiegen sich in die grüne Hügelland-

Los Tuxtlas

schaft und haben schöne Balkone mit Hängematten und spektakulären Ausblicken auf die Bucht. Es gibt Naturpfade zu einem herrlichen Aussichtspunkt, einen Kajakverleih und ein Restaurant. Eine Bootsfahrt von Sontecomapan hierher dauert ca. 15 bis 30 Minuten.

Die Küste

Das kleine Fischerdorf **La Barra** mit seinen hübschen Stränden und guten Meeresfrüchterestaurants ist mit einer *lancha* aus Sontecomapan (450 Mex$ inkl. Tour durch die Mangroven auf dem Weg) oder über eine Nebenstraße zu erreichen, die von La Palma, 8 km nördlich von Sontecomapan, in östliche Richtung führt. Hier kann man sich zu Mittag am (meist einsamen) Meeresstrand einen *sierra*-Fisch schmecken lassen, der ganz traditionell mit Sojasauce, Knoblauch, Salz und Butter zubereitet wird. Im **Estrella del Mar** (Hauptgerichte 100–160 Mex$) bekommt man ein opulentes Essen direkt am Strand serviert.

Nordwestlich von La Barra liegt der winzige Strandort **Jicacal**, zu erreichen über eine raue Piste, die nach Osten von der Hauptstraße abgeht. Dort gibt es ein von einer Familie geführtes Restaurant, in dem leckere, frische Meeresfrüchte serviert werden. Die unbefestigte Straße, die direkt vor dem Ortseingang von Jicacal nach links abgeht, bringt einen nach zehn Minuten auf einer wirklich holprigen Fahrbahn hinunter zu den zerfallenen Überresten eines Hotels. Von dort führt ein Pfad zu einer langen, zerbröckelnden Stufenfolge hinunter zur **Playa Escondida**, dem „Verborgenen Strand", der seinen Namen wirklich verdient. An Werktagen während der Nebensaison hat man den prachtvollen hellen Sand und das türkisblaue Wasser wahrscheinlich ganz für sich allein.

Halbinsel Yucatán

Inhalt ➡

Gut essen

- Kinich (S. 345)
- El Camello (S. 312)
- Olivia (S. 291)
- La Chaya Maya (S. 331)
- Eladio's (S. 344)
- A lo Natural (S. 322)

Tolle Badestellen

- Playa Norte (S. 288)
- Banco Chinchorro (S. 317)
- Laguna Bacalar (S. 319)
- Cenote Xlacah (S. 343)

Auf zur Halbinsel Yucatán!

Mit charmanten Kolonialstädten (teils touristisch, teils kaum bekannt), berühmten Maya-Ruinen, pulsierenden Nightlife-Zentren, verschlafenen Dörfern, puderweichen Sandstränden mit türkisblauem Wasser und mehr Tauchstellen, als man während eines Urlaubs schaffen könnte, ist Yucatán ein einfach betörendes Reiseziel.

Trotz mancherorts überambitionierter Bauprojekte ist die natürliche Schönheit Yucatáns doch noch erkennbar. Am Himmel gurren die Motmots (Sägeracken), und unten am Boden kreucht es überall. Und noch weiter unten tosen Süßwasserflüsse durch gewaltige Kalksteinhöhlen.

Auf Yucatán sind Vergangenheit und Gegenwart eng verflochten. Deutlich wird das angesichts der hoch aufragenden Tempel der Maya, Tolteken und Itzá, in den kopfsteingepflasterten Straßen kolonialzeitlicher Stadtzentren und anhand der Kultur der Maya, die unbeeindruckt vom Lauf der Jahrhunderte an ihren Traditionen festhalten.

Reisezeit

Playa del Carmen

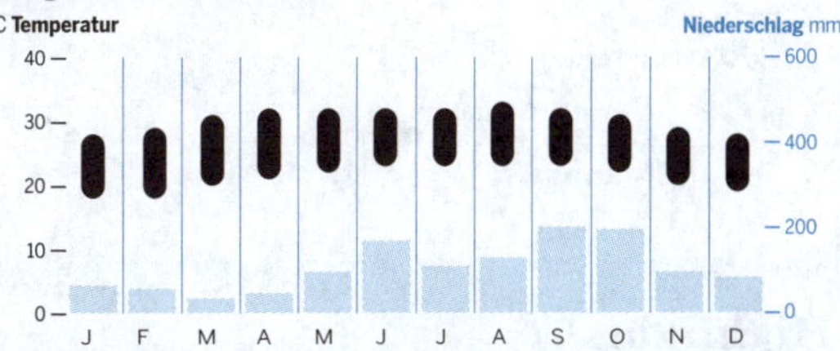

Juni–Aug. Der Sommer ist heiß, das Meer erwärmt sich, die wenigen Schauer am Nachmittag tun gut.

Sept. & Okt. Die Zeit der Stürme bringt häufigen Regen; es bleibt aber noch warm.

Nov.–Mai Es ist kühler, und der Regen lässt nach. Ab Februar wird das Meer wärmer und klarer.

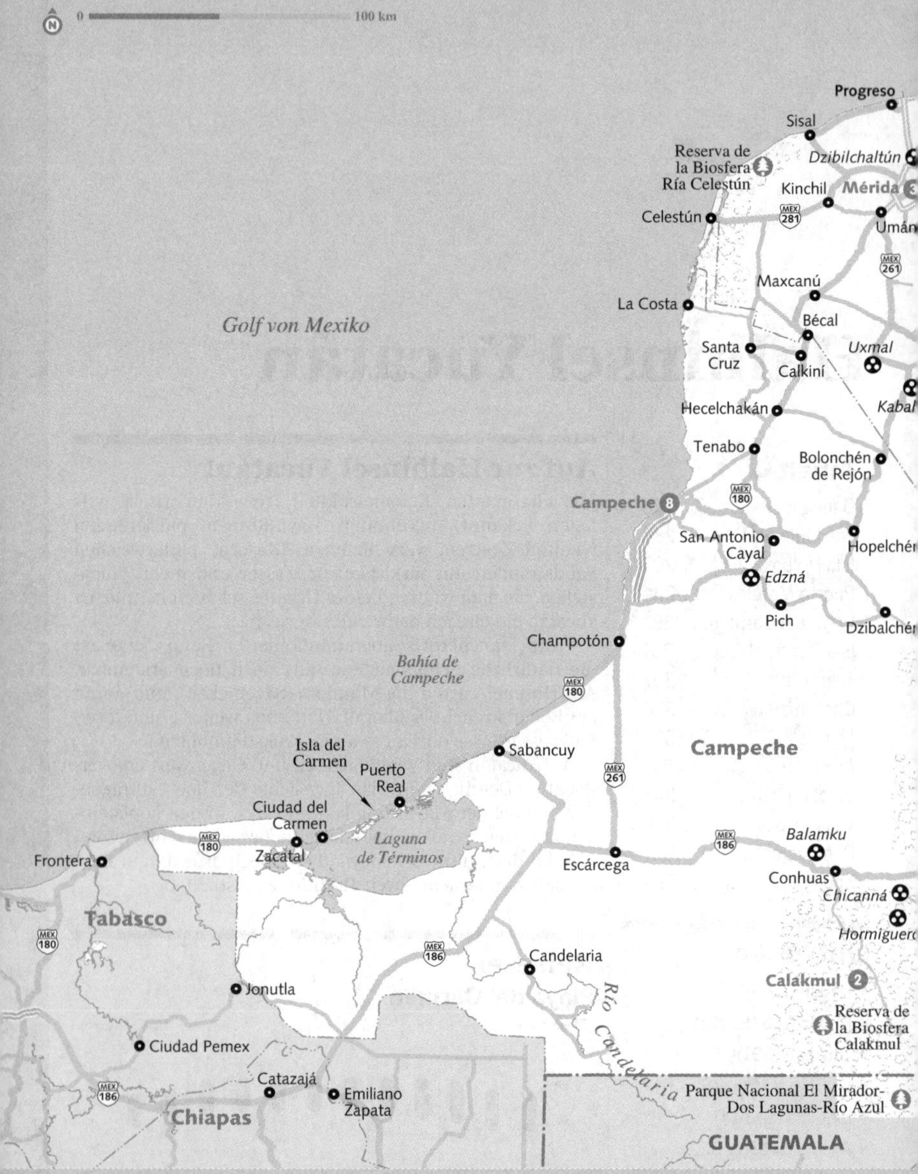

0 100 km

Golf von Mexiko

Progreso
Sisal
Reserva de la Biosfera Ría Celestún
Dzibilchaltún
Kinchil
Mérida 3
Celestún
MEX 281
Umán
MEX 261
Maxcanú
La Costa
Bécal
Santa Cruz
Calkiní
Uxmal
Kabah
Hecelchakán
Tenabo
Bolonchén de Rejón
Campeche 8
MEX 180
San Antonio Cayal
Hopelchén
Edzná
Pich
Dzibalchén
Champotón
Bahía de Campeche
MEX 180
Isla del Carmen
Sabancuy
Campeche
Puerto Real
MEX 261
Ciudad del Carmen
MEX 180
Laguna de Términos
MEX 186
Balamku
Frontera
Zacatal
Escárcega
Conhuas
Chicanná
Tabasco
Hormiguero
MEX 180
MEX 186
Candelaria
Calakmul 2
Jonutla
Río Candelaria
Reserva de la Biosfera Calakmul
Ciudad Pemex
Catazajá
MEX 186
Emiliano Zapata
Parque Nacional El Mirador-Dos Lagunas-Río Azul
Chiapas
GUATEMALA

Highlights

1 In **Xcalak** (S. 318) morgens Vögel beobachten, danach am **Banco Chinchorro** (S. 317) tauchen

2 Sich auf die gewaltige Pyramide von **Calakmul** (S. 366) hinaufquälen und beobachten, wie die Tukane in die Baumwipfel fliegen

3 In **Mérida** (S. 323) die koloniale Architektur bestaunen oder ein Konzert besuchen

4 Herausfinden, warum **Chichén Itzá** (S. 345) zu den sieben modernen Weltwundern gehört und ob nicht eher **Ek' Balam** (S. 355) die Ehre gebührte

5 In **Tulum** (S. 307) mit den Maya-Ruinen oberhalb eines perfekten Karibikstrands gleich zwei der größten Attraktionen der Halbinsel Yucatán kennenlernen

6 In einem Strandclub in **Playa del Carmen** (S. 297) die Nacht durchmachen und tagsüber zum Schnorcheln und Baden mit der Fähre zur **Isla Cozumel** (S. 301) fahren

7 Sich vor der **Isla Mujeres** (S. 288) Walhaien nähern

8 Fern den Massen die kolonialzeitlichen Städte **Campeche** (S. 357) und **Valladolid** (S. 352) entdecken

Geschichte

Die Maya waren ausgezeichnete Astronomen und Mathematiker; ihre Architekten errichteten Bauwerke, die zu den großartigsten der Menschheit gehören. Die ersten Maya-Siedlungen entstanden gegen 2400 v.Chr. im heutigen Guatemala. Von dort breitete sich die Maya-Kultur stetig nach Norden aus. Gegen 550 n.Chr. gab es große Stadtstaaten im südlichen Yucatán. Im späten 10. Jh. wurden die großen Städte im Süden Yucatáns nach und nach aufgegeben, und der kulturelle Schwerpunkt verlagerte sich nordwärts in neue Machtzentren wie Chichén Itzá.

Mayapán, die letzte der großen Maya-Hauptstädte, wurde gegen 1440 zerstört, als die Clans der Xiu und der Cocom einen langen, blutigen Machtkampf ausfochten. Diese Spannungen machte sich noch 1540 der spanische Konquistador Francisco de Montejo d.J. (der Sohn des legendären Konquistadors Francisco de Montejo d.Ä.) für die Eroberung der Region zunutze: Die Spanier verbündeten sich mit den Xiu gegen die Cocom, diese wurden schließlich geschlagen, und die Xiu bekannten sich widerwillig zum Christentum.

Francisco de Montejo d.J. gründete 1542, gemeinsam mit seinem Vater und einem Neffen (der auch Francisco de Montejo hieß), die Stadt Mérida und brachte innerhalb von vier Jahren den größten Teil Yucatáns unter spanische Herrschaft. Die Spanier teilten das Gebiet der Maya in große Ländereien, auf denen die Ureinwohner Sklavenarbeit verrichten mussten.

Als Mexiko 1821 die Unabhängigkeit von Spanien erlangte, schuf die neue mexikanische Regierung in Yucatán große Plantagen für den Anbau von Tabak, Zuckerrohr und *henequén* (Agaven, aus denen Fasern für Seile gewonnen wurden). Die Maya waren zwar rechtlich gesehen frei, gerieten aber bei den reichen Großgrundbesitzern in Schuldknechtschaft.

1847 unternahmen die Maya einen groß angelegten Aufstand gegen die spanischstämmigen Großgrundbesitzer. Das war der Beginn des Kastenkriegs. Erst 1901, nach mehr als 50 Jahren sporadischer, oft aber auch intensiver Kämpfe, wurde ein Friedensabkommen erzielt, aber es sollte noch weitere 30 Jahre dauern, bis Quintana Roo unter offizielle staatliche Kontrolle kam. Bis heute erkennen nicht alle Maya die mexikanische Herrschaft an.

Der wirtschaftliche Erfolg Cancúns in den frühen 1970er-Jahren führte dazu, dass Hunderte Kilometer Strand an Bauunternehmer verkauft und viele kleine Fischerdörfer verdrängt wurden. Auch wenn einige indigene Einwohner ihren Lebensunterhalt immer noch mit Subsistenzlandwirtschaft und Fischfang bestreiten, arbeiten heute sehr viele in der Baubranche oder im Dienstleistungssektor. Einige Gemeinden und Einzelpersonen haben sich auch – oft mit Unterstützung von außen – auf den Ökotourismus verlegt und zeigen ihr Land den Travellern und/oder verdingen sich als Führer.

QUINTANA ROO

Man könnte glauben, dass es in Quintana Roo (sprich: kin-ta-na-*ro)* kaum ein einsames Plätzchen gibt, schließlich ist es einer der meistbesuchten Bundesstaaten Mexikos. Aber außerhalb der Strandbar-Zone Cancúns und der zweifelhaften „Ökoparks" an der Riviera Maya kann man hier durchaus sein eigenes Stück vom Paradies finden.

Blendend weiße Strände erstrecken sich von Cancún bis zur Grenze von Belize; ein Barriereriff schützt friedliche karibische Inseln, und überall im Land gibt's eindrucksvolle Maya-Stätten.

Die Hauptsaison im Bundesstaat reicht ungefähr von Dezember bis April. Am höchsten sind die Preise (und der Andrang) von Mitte Dezember bis Mitte Januar, von Ende Februar bis Anfang März (während des Spring Break in den USA) sowie eine Woche vor und nach Ostern.

Cancún

☎998 / 630 000 EW.

Wie Las Vegas, Ibiza oder Rio de Janeiro ist Cancún eine Stadt, in der die Party nie endet. Und da es zusätzlich einen tollen Strand gibt, ist sie eine der großen Touristenattraktionen Zentralamerikas mit jährlich 4 Mio. Besuchern (hauptsächlich aus den USA).

2005 suchten die Hurrikane Wilma und Emily die Stadt heim, zerstörten Hotels und trugen tonnenweise kostbaren Sand von Cancúns Stränden davon. Die Hotels wurden wieder aufgebaut, und der Staat investierte an die 100 Mio. US$ in die Wiederherstellung der Strände – die allerdings umwelttechnisch auf fragwürdige Art erfolgt, denn der Sand wird vom Grund des

Meeres per Bagger abgetragen und an den Strand gepumpt.

Sehenswertes & Aktivitäten

Museo Maya de Cancún MUSEUM
(Maya-Museum; Karte S. 280; www.inah.gob.mx; Blvd Kukulcán, Km 17,5; Eintritt inkl. San Miguelito 57 Mex$; Di–So 9–18 Uhr; R-1) Das moderne, neue Museum beherbergt eine der wichtigsten Sammlungen von Maya-Artefakten in ganz Mexiko und bietet auf diese Weise einen erfrischend anderen Einblick in eine Stadt, die eher für ihre Partys als für Kulturattraktionen bekannt ist. Zu sehen sind etwa 350 Fundstücke von wichtigen Stätten der Halbinsel, von Schmuck bis hin zu Keramik und Skulpturen.

Das Museum befindet sich am Nordende der archäologischen Stätte San Miguelito. Angeblich soll sie durch eine Reihe von Niedrigbauten, die in den 1970er-Jahren während der Errichtung der Zona Hotelera zerstört wurden, mit dem weiter südlich gelegenen El Rey verbunden gewesen sein. In San Miguelito gibt es rund 40 Gebäude, darunter eine 8 m große Pyramide. Das üppige, dschungelartige Anwesen ist für einen hübschen Spaziergang wie geschaffen – sogar während der Mittagshitze.

Museo Subacuático de Arte TAUCHEN
(MUSA Unterwassermuseum; 998-848-83-12; www.musacancun.com) Die Arbeiten an Cancúns Unterwassermuseum begannen Ende 2009. Nach Fertigstellung wird es rund 400 Skulpturen von Jason de Caires Taylor umfassen, die in verschiedener Tiefe in den flachen Gewässern zwischen Cancún und der Isla Mujeres versenkt wurden. Tour- und Tauchveranstalter haben Tauch-, Schnorchel- und U-Boot-Touren durch das Gebiet im Angebot.

Zona Arqueológica El Rey ARCHÄOLOGISCHE STÄTTE
(Karte S. 280; Blvd Kukulcán, Km 17,5; Eintritt 42 Mex$; 8–17 Uhr; R-1) In der Zona Arqueológica El Rey, westlich des Blvd Kukulcán zwischen Km 17 und 18, gibt es einen kleinen Tempel und mehrere Zeremonialplattformen. Die Stätte erhielt ihren Namen von der hier ausgegrabenen Skulptur eines Würdenträgers, möglicherweise Königs *(rey)* mit aufwendigem Kopfschmuck.

Strände

Nach mexikanischem Recht darf man jeden Strand des Landes betreten und dort baden, sofern er sich nicht in einem militärischen Sperrgebiet befindet. Praktisch kommt man an die meisten Strandabschnitte jedoch nur durch die Lobby eines Hotels heran, insbesondere in der Zona Hotelera. Wer aber nicht gerade verdächtig wirkt oder wie ein Einheimischer aussieht (die Hotels diskriminieren Einheimische oft, ganz besonders die Maya), wird in aller Regel durch die Lobby ohne Probleme zum Strand gehen können.

Von Ciudad Cancún im Nordwesten aus gesehen liegen alle Strände der Zona Hotelera auf der linken Seite des Blvd Kukulcán (die Lagune befindet sich rechts). Im folgenden sind die Strände von Nord nach Süd aufgelistet (mit Kilometermarkierungen am Blvd Kukulcán):

Playa Las Perlas STRAND
(Karte S. 280; Km 2,5) Kleiner Strand mit tollem Kinderspielplatz, Toiletten und kostenlosen Tischen unter Palmstrohdächern. Parken ist gratis. Zugang über die Nordseite des Holiday Inn.

Playa Langosta STRAND
(Karte S. 280; Km 5) Die Playa Langosta in der Mitte des nördlichen Endes der Zona Hotelera ist einer der schönsten Badestrände. Der Strand an der Bahía de Mujeres ist mit dem für Cancún typischen weichen Korallensand bedeckt, und in dem recht flachen Wasser kann man prima schnorcheln. Wer genug vom Wasser hat, findet hier auch jede Menge Strandrestaurants und Bars.

Playa Pez Volador STRAND
(Karte S. 280; Km 5,5) Wegen des ruhigen, flachen Ufervorlands bei Familien beliebt. Es gibt kostenlose Parkplätze (aber den Leuten, die auf die Autos „aufpassen", unbedingt ein Trinkgeld geben!). Der Zugang befindet sich an dem riesigen Fahnenmast mit der mexikanischen Flagge.

Playa Tortugas STRAND
(Karte S. 280; Km 6,3) Einer der belebtesten Strände in der Gegend, mit lauter Musik, billigen Restaurants, Sonnenschirm- und Liegestuhlvermietung und einer Bungee-Anlage (35 US$). Der Zugang befindet sich an der Fähranlegestelle, wo es auch kostenlose Parkplätze gibt (sofern einer frei ist).

Playa Caracol STRAND
(Karte S. 280; Km 8,7) Der winzige Strand neben der Anlegestellen der Boote zur Isla Mujeres ist vielleicht der am wenigsten einladende. Man kann aber direkt am Wasser

Cancún

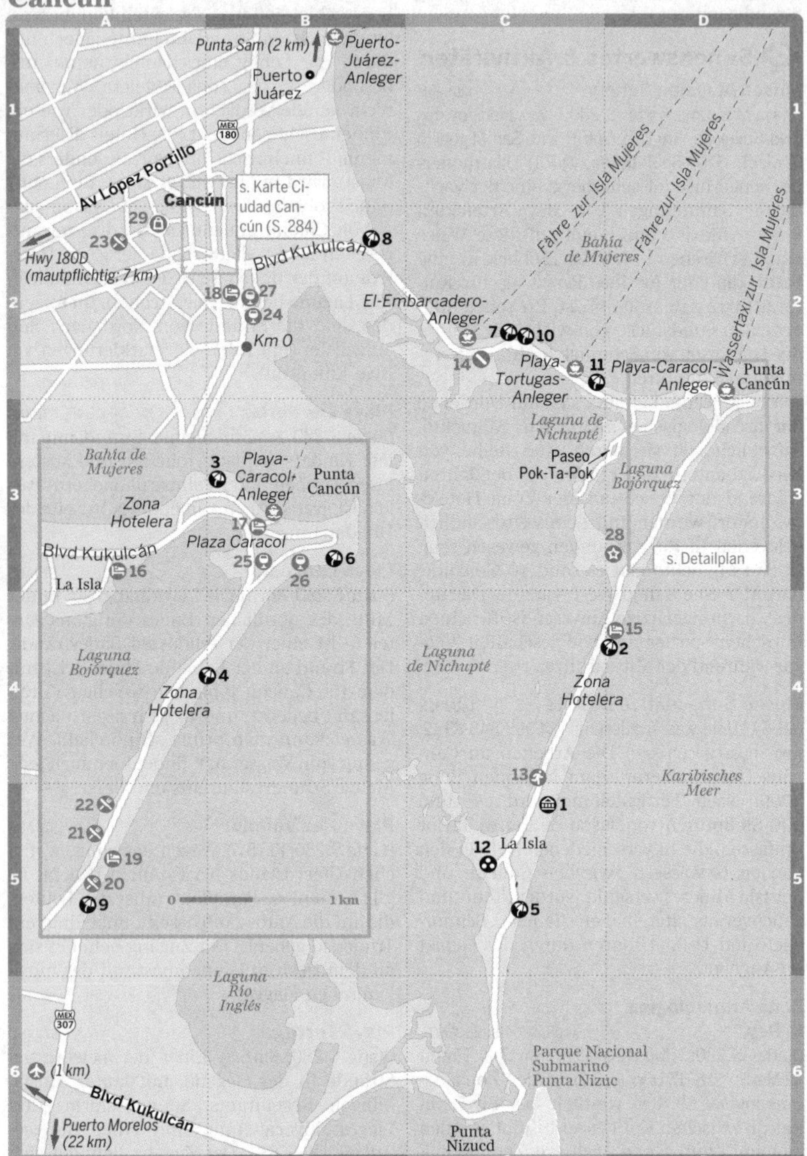

nach links zu dem hübschen Strand gelangen, der zu dem Hotel Riu „gehört". Keine Parkplätze.

Playa Gaviota Azul STRAND
(Karte S. 280; Km 8,8) Eine schöne, kleine Kurve am Ende der Bucht, an der sich viele Strandclubs befinden. Der Zugang ist an der Nordseite des Coco Bongo, wo es nur sehr wenige, aber kostenlose Parkplätze gibt.

Playa Chac-Mool STRAND
(Karte S. 280; Km 9,5) Einer der ruhigeren Strände, weil es hier keine Parkplätze gibt.

Cancún

Sehenswertes

Rettungsschwimmer sind im Einsatz, und Parasailing ist hier möglich. Es gibt am Strand keinerlei Speisen, aber Läden und Restaurants nahe beim Eingang, gegenüber der Señor Frogs Bar.

Playa Marlin STRAND

(Karte S. 280; Km 12,5) Ein schöner, langer, von Rettungsschwimmern überwachter Sandstrand, an dem man Liegestühle, Sonnenschirme und Tische mieten kann. Am Strand gibt's kein Essen, dafür aber eine Oxxo-Filiale am nahen Blvd Kukulcán, nördlich vom Strandeingang an der Kukulcán Plaza.

Playa Ballenas STRAND

(Karte S. 280; Km 14,2) Ein langer, ruhiger Strandabschnitt, der eingezwängt zwischen Luxushotels liegt. Man kann Wassermotorräder (70 Mex$, 30 Min.) und Bodyboards mieten sowie Parasailing (700 Mex$, 12 Min.) ausprobieren. Es gibt kostenlose Parkplätze. Hin kommt man über eine unbefestigte Straße südlich vom Hotel Golden Parnassus.

Playa Delfines STRAND

(Karte S. 280; Km 17,5) Dies ist der einzige Strand mit öffentlichem Parkplatz, aber leider ist der Sand hier gröber und dunkler als der feine Sand an den nördlicheren Stränden. Das Gute ist aber, dass der Strand einen tollen Blick hat und es in der Nähe ein paar Maya-Ruinen zu bewundern gibt. Da er zudem der letzte Strand an dem Boulevard ist, tummeln sich hier selten viele Menschen.

Wassersport

Spezialisierte Anbieter und Hotels bieten nahezu alle Wassersportaktivitäten an, darunter PADI-Zertifikate fürs Tauchen in offenen Gewässern (5521 Mex$), Parasailing (656 Mex$), Schnorcheltrips (512 Mex$), U-Boot-Fahrten (532 Mex$), Speedboattouren (864 Mex$) und Schwimmen mit Delfinen (ab 1310 Mex$); auch Wassermotorräder werden vermietet (1178 Mex$/Std.).

Aqua World WASSERSPORT

(Karte S. 280; ☎998-848-83-00; www.aquaworld.com.mx; Blvd Kukulcán, Km 15,2) Im Aqua World gibt es von allem ein bisschen, um Kinder stundenlang bei Laune zu halten. Vermietet auch Bodyboards und bietet U-Boot-Touren und Bootsausflüge sowie alle möglichen Wassersportarten an.

Scuba Cancún TAUCHEN

(Karte S. 280; ☎998-849-75-08; www.scubacancun.com.mx; Blvd Kukulcán, Km 5,2; Tauchen mit 1/2 Flaschen 656/788 Mex$, zzgl. Ausrüstungsverleih) Der PADI-zertifizierte Familienbetrieb mit langjähriger Erfahrung war der erste Tauchveranstalter in Cancún. Angeboten werden diverse Schnorchel-, Angel- und Tauchausflüge (darunter auch Cenote-Tauchgänge und nächtliche Tauchtouren). Veranstaltet auch Schnorchel- und Tauchtrips zum Unterwasser-Skulpturenmuseum MUSA.

Koko Dog'z WASSERSPORT

(Karte S. 284; ☎998-887-36-35; www.kokodogz.com; Av Náder 42-1; ⏲ Mo–Fr 12–20, Sa bis 18 Uhr;

R-1) Verkauft Bretter aller Art – zum Surfen, Kiten, Bodyboarden, Skimboarden, Skaten und Paddeln.

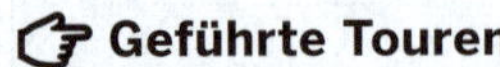

Geführte Touren

Die meisten Hotels und Reisebüros arbeiten mit Unternehmen zusammen, die Touren zu umliegenden Attraktionen veranstalten.

Turimex BOOTSTOUREN, ARCHÄOLOGISCHE TOUREN
(Karte S. 284; 998-887-40-90; www.turimexcun.com; Av Cobá 5) Veranstaltet zu vernünftigen Preisen eine Reihe von Pauschaltouren zu beliebten Zielen wie Tulum, Chichén Itzá und den Riviera-Maya-Vergnügungsparks. Neben Bootsausflügen und archäologischen Touren stehen auch Ökotrips und Wassersport auf dem Programm.

Schlafen

Cancún besteht aus zwei sehr unterschiedlichen Arealen: der auf dem Festland liegenden eigentlichen Innenstadt (Ciudad Cancún) und der Isla Cancún, einer Insel mit einer sandigen Spitze, die normalerweise als Zona Hotelera (Hotelzone) bezeichnet wird.

Innenstadt

In der Innenstadt gibt es zahlreiche Hostels, Budget-Absteigen (hauptsächlich rund um den Parque Las Palapas) und auch ein paar charmante, kleine Hotels. Die wichtigste Nord-Süd-Achse ist die Avenida Tulum, ein 1 km langer, von Bäumen gesäumter Boulevard voller Banken, Einkaufszentren und Restaurants. Die Hotels liegen zwar nicht nahe am Wasser, aber der Strand ist nur eine Taxi- oder Busfahrt entfernt.

Hostel Ka'beh HOSTEL $
(Karte S. 284; 988-892-79-02; www.cancunhostel.hostel.com; Alcatraces 45; B inkl. Frühstück ab 190 Mex$, Zi. 550 Mex$; ; R-1) Ein sehr gut aufgemachtes kleines Hostel mit guten Entspannungsbereichen drinnen und draußen, einer großen Küche, Schlafsälen von vernünftiger Größe und dem wohl fantastischstem Bad, das man in einem Hostel erwarten kann.

★ **Hotel El Rey del Caribe** HOTEL $$
(Karte S. 284; 998-884-20-28; www.elreydelcaribe.com; Ecke Av Uxmal & Náder; EZ/DZ 852/983 Mex$; ; R-1) Das El Rey ist ein richtiges Öko-Hotel, in dem recycelt wird, Sonnenkollektoren und Wassertanks zum Einsatz kommen, das Abwasser zur Bewässerung des Gartens genutzt wird und in einigen Zimmern sogar Komposttoiletten vorhanden sind. Die schöne Anlage hat auch einen Swimmingpool und einen Whirlpool in dem dschungelartigen Hof, in dem sich eine kleine Familie von *tlacuaches* (Beutelratten) angesiedelt hat. Alle Zimmer verfügen über eine voll ausgestattete Kochnische, bequeme Betten und Kühlschränke.

Hotel Bonampak HOTEL $$
(Karte S. 280; 998-884-02-80; www.hotelbonampak.com; Av Bonampak 225; Zi. 850 Mex$; ; R-27) Das für Cancúner Verhältnisse preiswerte Hotel im Business-Stil verfügt über Zimmer mit bequemen, neuen Matratzen, dunklen Möbeln und LCD-TVs. Nach einem Zimmer mit Blick auf den sonnenbeschienenen Pool fragen!

Colonial Cancún HOTEL $$
(Karte S. 284; 998-884-15-35; www.economyclasshotels.com; Tulipanes 22; DZ inkl. Frühstück 850 Mex$; ; R-1) Die Zimmer sind alles andere als kolonial, aber trotzdem gemütlich, und blicken auf den grünen Innenhof mit plätscherndem Brunnen. Ein Zimmer nach hinten raus nehmen, denn der Straßenlärm an dieser Partymeile kann nerven!

Hotel Plaza Caribe HOTEL $$
(Karte S. 284; 998-884-13-77; www.hotelplazacaribe.com; Pino; Zi./Suite 1000/1400 Mex$; ; R-1) Das Business-Hotel liegt direkt gegenüber vom Busbahnhof zwischen Av Tulum und Av Uxmal und bietet 140 komfortable Zimmer und alle möglichen Annehmlichkeiten, u.a. einen Pool, ein Restaurant und einen Garten mit Pfauen. Die Zimmer verfügen über weiß geflieste Böden, gute Betten und saubere Badezimmer.

Zona Hotelera

Der Blvd Kukulcán, eine vierspurige Hauptstraße mit Mittelstreifen, führt aus Ciudad Cancún nach Osten auf die schmale Insel,

ORIENTIERUNG IN CANCÚN

Die Adressen auf dem Blvd Kukulcán, der von Ciudad Cancún südostwärts durch die Zona Hotelera führt, werden nach Entfernung vom nördlichen Ende des Boulevards in Kilometern angegeben. Dieser Punkt ist mit Km 0 am Straßenrand gekennzeichnet; jeder nachfolgende Kilometer ist ähnlich markiert.

die allgemein nur als Zona Hotelera bezeichnet wird. Hier finden sich viele Restaurants, Bars und Hotels. Große Kettenhotels dominieren diesen Abschnitt, aber es gibt auch ein paar hübsche Boutique-Unterkünfte.

Die Hotels hier haben selten Hausnummern. Da die meisten von ihnen am Blvd Kukulcán liegen, wird als Adresse ihre Entfernung zu Km 0 am Nordende des Blvd Kukulcán angegeben.

Hostal Mayapan HOSTEL **$**
(Karte S. 280; ☎998-883-32-27; www.hostalmayapan.com; Blvd Kukulcán, Km 8,5; B inkl. Frühstück ab 260 Mex$, Zi. ab 390 Mex$; ❄@📶; 🚌R-1) Die einzige Budgetunterkunft in der Zona Hotelera befindet sich in einem ehemaligen Einkaufszentrum. Dank der Lage nur 30 m vom Strand entfernt ist es eines unserer Lieblingshostels in der Stadt. Die Zimmer sind supersauber, und es gibt im Atrium einen netten, kleinen Treff zum Abhängen (vermutlich der alte Food Court).

Grand Royal Lagoon HOTEL **$$**
(Karte S. 280; ☎998-883-12-70; www.grandroyallagoon.jimdo.com; Quetzal 8A; Zi./Suite 1000/1100 Mex$; P❄📶🏊; 🚌R-1) Das für die Hotelzone relativ erschwingliche Grand Royal ist ein luftiges Hotel mit Kabel-TV, Safes und kleinem Pool. Die meisten Zimmer haben Doppelbetten, einige auch extra große Betten, Blick auf die Lagune und Balkon. Das Hotel befindet sich 100 m abseits des Blvd Kukulcán in der Nähe von Km 7,7.

Casa Turquesa BOUTIQUEHOTEL **$$$**
(Karte S. 280; ☎Mobil 998-1932260; www.casaturquesa.com; Blvd Kukulcán, Km 13,5; Zi. 2867–33 387 Mex$; 🚭❄@📶🏊🚌R-1) Mit mehr als 600 Kunstwerken in den Lobbys, Korridoren und 35 Zimmern ist dieses Hotel fast schon eine Galerie (aber eine solche mit noch mehr Kunst ist zusätzlich an das Hotel angeschlossen). Hier gibt's alle Annehmlichkeiten, u.a. einen Infinity-Pool (einen Pool quasi ohne Rand, dessen Wasser scheinbar bis zum Horizont reicht) mit Blick auf den Ozean, einen Tennisplatz, ein Gourmetrestaurant, eine ruhige, trauliche Atmosphäre und luxuriöse Zimmer.

Me by Melia LUXUSHOTEL **$$$**
(Karte S. 280; ☎998-881-25-00; www.mebymelia.com; Blvd Kukulcán, Km 12; EZ/DZ alles inkl. 4500/6800 Mex$; P🚭❄@📶🏊; 🚌R-1) Das Me distanziert sich so weit wie möglich vom alltäglichen Pauschaltourismus in Cancún und setzt mit einer guten Prise Schwung ganz auf schicke, moderne Linien und zeitgenössische Kunst. Alle Zimmer bieten „grundlegenden Luxus", z.B. Regenduschen, Designermöbel, riesige Betten und große TVs. Die Zimmer mit Meerblick sind für den Preis recht günstig, die ohne weniger.

Essen

Viele Leute essen in ihren Hotels, aber im Mercado 23 und 28 gibt es eine Reihe kleiner Lokale und im Parque Las Palapas Imbissstände. Die meisten und besten Budgetrestaurants finden sich in der Innenstadt.

Lebensmittel gibt's nahe am Busbahnhof im zentral gelegenen Supermarkt **Comercial Mexicana** (Karte S. 284; Ecke Av Tulum & Uxmal; ⏲7–23 Uhr).

Tacos Rigo TAQUERÍA **$**
(Karte S. 280; Av Playa 50; Tacos ab 15 Mex$; ⏲11–23.30 Uhr) Tacobuden finden sich in Cancún fast in jedem Block, aber die Einheimischen fahren den ganzen Weg durch die Stadt, um hierher zu kommen. Nach einem Bissen versteht man, warum.

Fish Fritanga SEAFOOD **$$**
(Karte S. 280; Blvd Kukulcán, Km 12,5; Hauptgerichte 120–300 Mex$; ⏲11–23 Uhr; 📶; 🚌R-1) Mit seinen Plastiktischen unter kleinen *palapas* (Palmdächern) auf dem sandigen Boden ist dieses Lokal eines der schlichteren in der Zona Hotelera. Hier bekommt man erstklassige, preiswerte Meeresfrüchte und hammermäßige 1-l-Mojitos. Ein prima Ort für einen Drink bei Sonnenuntergang mit Blick auf die Lagune! Wer's noch schlichter mag, findet davor einen Billig-Tacostand.

Pescaditos SEAFOOD **$$**
(Karte S. 284; Av Yaxchilán 69; Snacks 40 Mex$, Hauptgerichte 80–250 Mex$; ⏲11.30–24 Uhr; 📶) Die namensgebenden *pescaditos* (frittierte Fischstäbchen mit Mayo und Chipotle-Sauce) sind hier die Hauptattraktion, aber auch die anderen frischen Fisch- und Meeresfrüchtegerichte verdienen Beachtung.

Perico's MEXIKANISCH **$$$**
(Karte S. 284; Av Yaxchilán 61; Hauptgerichte 100–250 Mex$; ⏲12–1 Uhr; 📶) Das Restaurant mit munterer Atmosphäre und aufmerksamer Bedienung ist wahrscheinlich eines der am längsten bestehenden in der Stadt. Die Belegschaft hält sich an Familienrezepte und tischt einige der leckersten Meeresfrüchte, Steaks und Yucatán-Gerichte vor Ort auf. Zum Abendessen gibt es eine Show – z.B. Marimba, Comedy oder Conga. Beim Mit-

Ciudad Cancún

Ciudad Cancún

Aktivitäten, Kurse & Touren

1 Koko Dog'z D2
2 Turimex B6

Schlafen

3 Colonial Cancún B4
4 Hostel Ka'beh B5
5 Hotel El Rey del Caribe D3
6 Hotel Plaza Caribe B2

Essen

7 Comercial Mexicana C3
Perico's .... (siehe 8)
8 Pescaditos A4

Unterhaltung

9 Roots B4

Shoppen

10 Chedraui Supermarket C6
11 Mercado 23 .... B1
12 Mercado Municipal Ki-Huic C6

tagessen geht es ruhiger zu; am besten entsprechend planen!

La Destilería MEXIKANISCH $$$
(Karte S. 280; Blvd Kukulcán, Km 12,75; Hauptgerichte 180–250 Mex$; 13–24 Uhr; ; gR-1) Authentisch mexikanische Küche ist in der Zona Hotelera nicht leicht zu finden, aber dieses Restaurant wird von Einheimischen wie Besuchern gleichermaßen geschätzt. Alle Speisen sind gut, aber die Spezialität sind die Hühnchengerichte – z. B. mit einer Ziegenkäsesauce oder als *mole poblano* (in einer Sauce aus Chili, Früchten, Nüssen, Gewürzen und Schokolade).

La Habichuela Sunset FUSION $$$
(Karte S. 280; 998-840-62-80; Blvd Kukulcán, Km 12,6; Hauptgerichte 250–400 Mex$; 12–24 Uhr; ; gR-1) Typisch mexikanische Gerichte, zubereitet mit karibischen und ein paar italienischen Anklängen – da scheint eine kulinarische Katastrophe programmiert. Aber dieses Restaurant, das regelmäßig empfohlen wird, geht die Aufgabe stilvoll an. Deckenhohe Fenster mit Ausblick auf die Lagune und die Deko mit einigen tollen Maya-Kunstwerken sorgen für ein perfektes Ambiente.

Lorenzillo's SEAFOOD $$$
(Karte S. 280; 998-883-12-54; www.lorenzillos.com.mx; Blvd Kukulcán, Km 10,5; Hauptgerichte 295–460 Mex$, Hummer 620–780 Mex$; 13–0.30 Uhr; P; R-1) Das von den Einheimischen als bestes Meeresfrüchterestaurant von Cancún gepriesene Lorenzillo's serviert den Hummer auf 20 verschiedene Arten, u. a. mit feurigem Chipotle, Pflaumen und Tamarindensauce. Das Restaurant an der Lagune ist ein wundervoller Sonnenuntergangstreff.

Ausgehen & Nachtleben

Für einen Kneipenbummel in der Innenstadt bieten sich die Bars rund um die **Plaza de Toros** (Karte S. 280; Bullring, Ecke Av Bonampak & Sayil) an. Die Namen der Lokale und das Angebot ändern sich schnell. Am besten schaut man sich selbst um und findet heraus, wo gerade die beste Stimmung herrscht. Man braucht sich auch nicht darum zu sorgen, dass man später nichts mehr bekommt, denn die hiesigen *taquerías* (Taco-Buden) sind die ganze Nacht geöffnet und gehören zu den besten in der Stadt.

Die Tanzclubs der Zona Hotelera konzentrieren sich rund um Km 9, gleich südlich von Punta Cancún. Viel unterscheiden sich die einzelnen Locations nicht: Es gibt überall kreischend laute Tanzmusik, schreiende DJs und Leute, die sich aufführen, wie sie es zu Hause wohl nicht tun würden. Der Grundpreis beträgt rund 180 Mex$; man hat aber auch für 780 Mex$ ein Armband kaufen, mit dem dann alle Getränke frei sind. Die meisten Leute entscheiden sich für das Armband. Einige der Schuppen öffnen nicht vor 22 Uhr, und die meisten schließen erst in der Morgendämmerung.

La Chopería BAR
(Karte S. 280; Bullring, Ecke Av Bonampak & Sayil; 16–3 Uhr) Die raubeinige Bar an der Plaza de Toros lockt mit Bier vom Fass und eiskalt gestellter Klimaanlage viele Leute an.

Black Pub KNEIPE
(Karte S. 280; Ecke Av Bonampak & Sayil; Mo–Sa 13–4 Uhr) Wem die Plaza de Toros etwas zu rau ist, der überquert einfach die Av Sayil und geht zum Malecón Las Américas. Im Black Pub gibt's mittwochs und samstags Livemusik. Auf der Dachterrasse findet man noch ein paar andere schicke, kleine Bars.

Dady'O CLUB
(Karte S. 280; 998-883-33-33; Blvd Kukulcán, Km 9,5; 22–4 Uhr; R-1) Ein Klassiker unter den Tanzclubs von Cancún. Es ist eine Art Höhle auf fünf Ebenen mit schwarzen Wänden, einer zweistöckigen Tanzfläche und scheinbar zig Milliarden Laserstrahlen. Gespielt wird überwiegend Latin Music,

House, Techno und Pop, und das Publikum ist so um die 20.

Mandala TANZEN

(Karte S. 280; ☎998-848-83-80; Blvd Kukulcán, Km 9; ⊙22–4.30 Uhr; 🚌R-1) Versucht, mit halbwegs interessanter Deko und nicht ganz so marktgängiger Musik ein wenig stilvoller zu sein.

☆ Unterhaltung

Cinemark KINO

(Karte S. 280; ☎998-883-56-04; www.cinemark.com.mx; La Isla Shopping Village, Blvd Kukulcán, Km 12,5; Ticket ab 90 Mex$; 🚌R-1) Hier laufen Hollywood-Streifen auf Englisch mit spanischen Untertiteln.

Roots JAZZ

(Karte S. 284; ☎998-884-24-37; www.rootsjazzclub.com; Tulipanes 26; Grundpreis 60 Mex$; ⊙Do–Sa 19–2 Uhr; 🚌R-1) In dem wohl coolsten Schuppen in Ciudad Cancún treten meistens Jazzbands und manchmal auch ausländische Musiker auf. Es gibt hier auch ein recht ordentliches Restaurant, das Pasta, Salate, Meeresfrüchte- und Fleischgerichte (Hauptgerichte 120–190 Mex$) serviert.

Shoppen

Die Einheimischen decken sich auf dem **Mercado 28** (Mercado Veintiocho; Karte S. 280; Ecke Xel-Há & Sunyaxchén; ⊙6–19 Uhr) oder dem **Mercado 23** (Karte S. 284; Av Tulum s/n; ⊙6–19 Uhr; 🚌R-1) mit Kleidung, Schuhen, Snacks, Haushaltswaren und Artikeln aller Art ein. Der Mercado 23 wird weniger von Touristen besucht – wer also einen Markt ohne blöde T-Shirts sucht, sollte dorthin gehen.

Mercado Municipal Ki-Huic MARKT

(Karte S. 284; Av Tulum; ⊙6–22 Uhr; 🚌R-1) In diesem Gewirr aus Ständen und Läden wird eine große Bandbreite von Souvenirs und Kunsthandwerk feilgeboten.

Chedraui Supermarket KAUFHAUS

(Karte S. 284; Ecke Av Tulum & Cobá; ⊙7–23 Uhr) In der Bekleidungsabteilung im Obergeschoss bekommt man manchmal souvenirtaugliche Stücke zu sehr günstigen Preisen.

ℹ Praktische Informationen

EINREISE

Instituto Nacional de Migración (INM, Einreisebehörde; ☎998-881-35-60; www.inm.gob.mx; Ecke Av Náder & Uxmal; ⊙Mo–Fr 9–13 Uhr)

GELD

Es gibt mehrere Banken mit Geldautomaten an der Av Tulum zwischen Av Cobá und Av Uxmal.

MEDIZINISCHE VERSORGUNG

Hospital Americano (☎998-884-61-33; Viento 15) Das Krankenhaus abseits der Av Tulum hat eine rund um die Uhr geöffnete Notaufnahme und Englisch sprechendes Personal. Gut zu wissen, wenn die Dinge mal nicht nach Plan laufen!

NOTFALL

Cruz Roja (Rotes Kreuz; ☎998-884-16-16) Ambulanz.

Feuerwehr (☎998-884-12-02)

Polizei (☎998-884-19-13; Blvd Kukulcán, Km 13,5; 🚌R-1)

Touristenpolizei (☎998-885-22-77)

POST

Hauptpost (Ecke Av Xel-Há & Sunyaxchén; ⊙Mo–Fr 8–16, Sa 9–12.30 Uhr) In der Innenstadt am Rand des Mercado 28. Überall in der Stadt gibt es auch rote Briefkästen, in die man die Post einwerfen kann.

TELEFON

In den meisten Internetcafés kann man per Voice Over IP wie Skype telefonieren.

Call Center (Av Cobá 5) Im Soberanis Hostal. Bietet gute Preise für Auslandsgespräche und Ferngespräche in andere Teile Mexikos.

TOURISTENINFORMATION

Cancún Visitors Bureau (www.cancun.travel) Hat eine informative Website, aber keine öffentliche Touristeninformation.

Städtische Touristeninformation (Karte S. 284; ☎998-887-33-79; www.cancun.gob.mx; Ecke Av Cobá & Náder; ⊙Mo–Fr 8–16, Sa 9–12.30 Uhr) Das einzige Büro der Touristeninformation in der Stadt hat tonnenweise gedrucktes Material.

ℹ An- & Weiterreise

AUTO

Die Autovermieter **Avis** (☎800-288-88-88, 998-176-80-39; www.avis.com.mx; Blvd Kukulkán Km 12,5, Centro Comercial La Isla) und **Hertz** (☎800-709-50-00; www.hertz.com) haben Büros am Flughafen und im La Isla Shopping Village in der Zona Hotelera. Es lohnt sich, nach Sonderangeboten und Zusatzkosten zu fragen – die Preisunterschiede zwischen den Anbietern können bis zu 400 Mex$ pro Tag betragen. Der Hwy 180D ist eine 238 km lange Mautstraße *(cuota)*, die fast die gesamte Strecke von Cancún nach Mérida abdeckt. Für die Fahrt über die gesamte Entfernung zahlt man 398 Mex$. Unterwegs gibt es nur zwei Ausfahrten – die erste bei Valladolid (ab Cancún 251 Mex$) und die zweite bei Pisté (zusätzl. 61 Mex$) auf dem Weg nach Chichén Itzá.

BUS & TAXI

Öffentliche Busse und Luxusbusse fahren vom **Busbahnhof** (Karte S. 284; Ecke Av Uxmal & Tulum) in Ciudad Cancún. *Colectivos* (Kleinbusse mit fester Route) nach Playa del Carmen (34 Mex$) fahren alle halbe Stunde (oder wenn sie voll sind) vom Parkplatz nördlich der Comercial Mexicana (vom Busbahnhof aus auf der anderen Seite der Av Tulum).

Boletotal (www.boletotal.mx) ist eine exzellente Infoquelle im Internet mit aktuellen Busfahrplänen.

FLUGZEUG

Der rund 8 km südlich vom Stadtzentrum gelegene **Aeropuerto Internacional de Cancún** (☎ 998-848-72-00; www.asur.com.mx; Carretera Cancún-Chetumal, Km 22) ist der verkehrsreichste Flughafen im Südosten Mexikos.

Es gibt viele internationale Direktflüge nach Cancún und Anschlussflüge aus Mexico City. Eine Liste mit entsprechenden Fluglinien ist auf der Website zu finden. Die Billigfluglinien **Viva Aerobus** (☎ Mexico City 55-4777-5050, US 888-935-9848; www.vivaaerobus.com), **Interjet** (☎ 800-011-23-45; www.interjet.com) und **Volaris** (☎ 800-122-80-00; www.volaris.com) haben Flugverbindungen ab Mexico City. **MayAir** (www.mayair.com.mx) fliegt Besucher zur Isla Cozumel.

SCHIFF/FÄHRE

Es gibt rund um Cancún (S. 292) mehrere Anlegestellen für Fähren zur Isla Mujeres.

ℹ Unterwegs vor Ort

BUS

Für die Fahrt aus der Innenstadt zur Zona Hotelera kann man jeden Bus mit der Zielangabe „R1", „Hoteles" oder „Zona Hotelera" nehmen; die Busse fahren auf der Avenida Tulum zur Avenida Cobá und dann auf der Avenida Cobá weiter Richtung Osten. Der Fahrschein für die einfache Strecke kostet 8,50 Mex$, da aber oft kein Wechselgeld verfügbar ist, zahlt man tatsächlich 8 oder 9 Mex$.

Um Puerto Juárez und die Fähren zur Isla Mujeres zu erreichen, nimmt man einen Bus der Ruta 13 („Pto Juárez" oder „Punta Sam"; 8,50 Mex$), der nordwärts auf der Avenida Tulum fährt. Auch einige R1-Busse bedienen diese Strecke (9,50 Mex$).

VOM/ZUM FLUGHAFEN

ADO-Busse (52 Mex$ zur Innenstadt, 124 Mex$ nach Playa del Carmen), Flughafenshuttles (150 Mex$/Pers. zur Innenstadt) warten vor den Abflugbereichen der Terminals 2 und 3.

Taxifahrten in die Innenstadt oder zur Zona Hotelera kosten rund 600 Mex$ (für bis zu 4 Pers.), wenn man direkt vor dem Flughafen einsteigt. Folgt man der Zufahrtsstraße zum Flughafen und passiert die Kabine zur Verkehrsüberwachung (eine Strecke von rund 300 m), kann man oft ein leeres Taxi heranwinken, das

BUSSE AB CANCÚN

ZIEL	PREIS (MEX$)	DAUER	HÄUFIGKEIT (TGL.)
Chetumal	205–305	5½–6½ Std.	regelm.
Chichén Itzá	122	3–4 Std.	7–13 Uhr stündl.
Chiquilá (zur Isla Holbox)	95	3½–4 Std.	6-mal
Felipe Carrillo Puerto	140–190	3½–4 Std.	regelm.
Mérida	88–354	4–6 Std.	ADO 15-mal, Oriente stündl.
Mexico City (Terminal Norte)	1536–1788	24 Std.	3-mal
Mexico City (TAPO)	1518–1788	22–24 Std.	2-mal
Palenque	490–816	12–13 Std.	4-mal
Playa del Carmen	32–48	1–1¼ Std.	alle 15 Min.
Puerto Morelos	22–26	40 Min.	Busse nach Playa del Carmen benutzen
Ticul	237–324	6 Std.	11-mal
Tizimín	92	3–4 Std.	Noreste & Mayab 5-mal
Tulum	80–104	2¼–3 Std.	ADO & Mayab regelm.
Valladolid	95–150	2–3 Std.	regelm.
Villahermosa	748–1260	12 Std.	regelm.

COSTA GEGEN RIVIERA

Wer durch die Küstenregion von Quintana Roo reist, stößt im Werbematerial der Tourismusbranche immer wieder auf zwei Namen: Costa Maya und Riviera Maya. Gelegentlich werden die beiden so verwendet, als wären sie austauschbar, tatsächlich handelt es sich aber um zwei verschiedene Regionen. Die Costa Maya bezeichnet den 100 km langen Strandabschnitt von Xcalak im Süden bis zur Reserva de la Biosfera Sian Ka'an im Norden. Die Riviera Maya schließt sich am nördlichen Ende der Costa Maya an und erstreckt sich nordwärts bis nach Cancún (oder auch noch darüber hinaus, je nachdem, von welchem Unternehmen die jeweilige Werbebroschüre stammt).

gerade den Flughafen verlässt und einen für weit weniger (man kann versuchen, dem Fahrer 200 Mex$ vorzuschlagen) in die Stadt bringt.

Colectivos fahren von einem Stand vor dem Hotel Cancún Handall in der Avenida Tulum, rund einen Block südlich der Avenida Cobá, zum Flughafen, sobald sie voll sind (30 Mex$/Pers.). Der offizielle Preis für die Taxifahrt aus der Stadt zum Flughafen beträgt 185 Mex$.

TAXI

Cancúns Taxis haben keine Taxameter. Die Fahrpreise sind festgelegt, man sollte sich aber vor dem Einsteigen immer erst über den Preis verständigen. Für die Fahrt aus der Innenstadt zahlt man um die 150 Mex$, nach Punta Cancún und Puerto Juárez kostet sie 80 Mex$. Die Preise pro Stunde oder Tag sollten nicht mehr als 240 Mex$ bzw. 2400 Mex$ betragen.

Isla Mujeres

☎998 / 16 000 EW.

Wer nur eine einzige Insel in Quintana Roo besuchen kann, sollte sich für die Isla Mujeres (Fraueninsel) entscheiden. Sie ist nicht so überlaufen wie Cozumel, und man kann hier mehr unternehmen als auf der entspannten Isla Holbox. Sicherlich gibt es ein paar Touristenläden, aber die Leute fahren hier immer noch in Golfwagen herum, und die Strände aus Korallenstaub sind besser als die auf Cozumel oder der Isla Holbox. Viel gibt's hier nicht, aber das ist gerade reizvoll: Man kommt, um sich im seichten Wasser zu aalen, sich auf dem Sand auszustrecken, um zu tauchen oder zu schnorcheln oder auch nur, um die Sonnenbrille aufzusetzen und zu entspannen.

Sehenswertes & Aktivitäten

Museo Capitán Dulché MUSEUM

(www.capitandulche.com; Carretera a Garrafón, Km 4,5; Eintritt 65 Mex$; ⏲10–18 Uhr) Wer dachte, dass es auf Isla Mujeres keine Kultur gibt, liegt falsch! Dies ist nicht nur ein Schifffahrtsmuseum, das detailliert über die nautische Vergangenheit der Insel informiert, sondern auch ein Skulpturengarten mit Dutzenden Mahlsteinen. Hier befindet sich auch einer der besten Strandclubs – und das nicht nur wegen der coolen Bootsbar.

Außerdem gibt es ein ordentliches kleines Restaurant (Hauptgerichte 140–200 Mex$), Massagen und Möglichkeiten zum Tauchen und Schnorcheln.

Isla Mujeres Turtle Farm FARM

(Isla Mujeres Tortugranja; ☎998-888-07-05; Carretera Sac Bajo, km 5; Eintritt 30 Mex$; ⏲9–17 Uhr; 👪) 🍃 In den 1980er-Jahren führten die Bemühungen eines einheimischen Fischers zur Gründung der 5 km südlich der Stadt gelegenen Isla-Mujeres-Schildkrötenfarm zum Schutz der Nistplätze der Schildkröten. Während der Brutzeit kann man hier Meeresschildkröten in verschiedenen Stadien ihres Wachstums sowie andere Meerestiere sehen.

Strände

Playa Norte STRAND

(Karte S. 290) GRATIS Wer einmal am Playa Norte, dem Hauptstrand der Insel, angekommen ist, will so schnell nicht wieder weg. Das warme, flache Wasser leuchtet knallig blau, und der Sand des Strandes besteht aus zermahlenen Korallen. Anders als die offenen Strände an der Ostküste ist die Playa Norte sicher und das Wasser nur brusttief.

Playa Garrafón Reef Park STRAND, PARK

(☎Handy 998-1933360; www.garrafon.com; Camino Sac Bajo Km 6; Eintritt 745 Mex$; ⏲10–17 Uhr) Im Süden der Insel liegt der Playa Garrafón Reef Park. Der saftige Eintritt garantiert den Zugang zum Strand mit freiem Buffet und offener Bar und die Möglichkeit zum Schnorcheln und Kajakfahren. Die Hauptattraktion ist aber die über das Wasser führende Seilrutsche, die zusätzlich 250 Mex$ kostet. Einen weiteren Sandstrand findet man 1,5 km nördlich an der Playa Lancheros.

Punta Sur AUSSICHTSPUNKT, GARTEN

(Ruinen Eintritt 30 Mex$) An der Südspitze der Insel findet man einen Leuchtturm, einen Skulpturengarten und die stark verwitterten Überreste eines der Göttin Ixchel, der Maya-Göttin des Mondes und der Fruchtbarkeit, geweihten Tempels. Diverse Stürme haben die Ruinen im Lauf der Zeit geschliffen, sodass heute kaum mehr als der Skulpturengarten, das Meer und Cancún in der Ferne zu sehen sind. Ein Taxi vom Ort hierher kostet rund 88 Mex$.

Tauchen, Schnorcheln & Vogelbeobachtung

Nur eine kurze Bootsfahrt von der Insel entfernt findet sich eine Reihe schöner Tauchstellen wie **Barracuda**, **La Bandera**, **El Jigueo**, **Ultrafreeze** und **Arrecife Manchones**. Im Meer sieht man Meeresschildkröten, Rochen und Barrakudas sowie viele Stein- und Weichkorallen. Bei allen seriösen Tauchveranstaltern muss man seinen Tauchschein vorlegen.

Der neueste Schrei ist das Schnorcheln mit Walhaien (rund 1620 Mex$) vor der Isla Contoy. Die Saison dauert von Juli bis September. Die örtlichen Tauchveranstalter können solche Ausflüge organisieren. Zum Schutz und zur Erhaltung der Riffe wird für Tauchen und Schwimmen eine Gebühr von 38 Mex$ erhoben. Beliebt sind auch Vogelbeobachtungstouren zur Isla Contoy (S. 292).

Stand der Fischergenossenschaft TOUR

(Karte S. 290; ☎998-134-61-03; Av Rueda Medina, Ecke Madero; Schnorcheln inkl. Mittagessen 285–430 Mex$, Isla-Contoy-Tour 900 Mex$; ⊙8–20 Uhr) Die hiesigen Fischer haben eine Genossenschaft gebildet, die Schnorcheltouren zu verschiedenen Stellen anbietet, z.B. zum Riff vor der Playa Garrafón, Walhaitouren und Tagesausflüge zur Isla Contoy. Buchen kann man in dem kleinen Büro am Zugang zum Anleger.

Aqua Adventures TAUCHEN & SCHNORCHELN

(Karte S. 290; ☎998-236-43-16; www.diveislamujeres.com; Juárez, Ecke Morelos; Tauchgang mit 2 Flaschen 882–1025 Mex$, Walhaitour 1620 Mex$; ⊙9–19 Uhr) Toller Anbieter von Schnorcheltrips mit Walhaien und Rifftauchgängen.

Sea Hawk Divers TAUCHEN & SCHNORCHELN

(Karte S. 290; ☎998-877-12-33; seahawkdivers@hotmail.com; Carlos Lazo; Tauchgang mit 1/2 Flaschen 908/1100 Mex$, Rettungskurs 1230 Mex$, PADI 4540 Mex$; 👪) Bietet Rettungs- und PADI-Kurse fürs Tauchen in offenen Gewässern an und hat auch ein paar sehr komfortable Zimmer (EZ/DZ 400/600 Mex$).

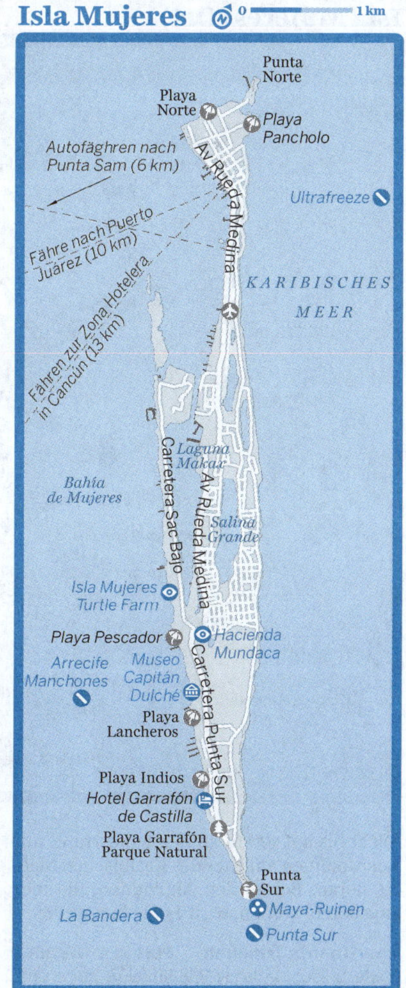

Schlafen

★ **Poc-Na Hostel** HOSTEL $

(Karte S. 290; ☎998-877-00-90; www.pocna.com; Matamoros 15; B 115–175 Mex$, Zi. 300/400 Mex$; ❄📶) Das Hostel liegt ganz in der Nähe der hübschen Playa Pancholo und ist geschmackvoll mit Muscheln und Hibiskusblüten geschmückt. In dem mit *palapa* gedeckten Gemeinschaftsbereich mit Picknickbänken, Hängematten und guter Stimmung kann man prima chillen. Die Anlage

Isla Mujeres (Ort)

reicht bis auf 100 m an den Sandstrand mit Kokospalmen am Ufer des Karibischen Meeres heran. Bei all den Aktivitäten, die hier angeboten werden, wird es nie langweilig.

Apartments Trinchan PENSION, APARTMENTS **$**
(Karte S. 290; ☎Handy 998-1666967; atrinchan@prodigy.net.mx; Carlos Lazo 46; Zi. mit Ventilator/Klimaanlage 350/400 Mex$, Apt. 450–500 Mex$; ❄📶) Keine Website – unser Wort muss ausreichen: Dies ist eine der besten Budgetunterkünfte im Ort. Zudem ist der Strand gleich um die Ecke. Wenn verfügbar, sollte man eines der geräumigen Apartments wählen.

Cabañas María del Mar HOTEL **$$**
(Karte S. 290; ☎998-877-01-79; www.cabanasdelmar.com; Carlos Lazo 1; Zi. 750–950 Mex$; ❄📶🏊) Eine der besseren Optionen in dieser Preisklasse. Die Zimmer sind nichts Besonderes, aber das dschungelartige Anwesen, der recht große Pool und die tolle Lage (nur ein paar Schritte von der Playa Norte entfernt) machen alles wieder wett.

Hotel Belmar HOTEL **$$**
(Karte S. 290; ☎998-877-04-30; www.hotelbelmarisla.com; Hidalgo 110; EZ/DZ 576/800 Mex$; ❄📶) Das Hotel liegt über der Pizzeria Rolandi und wird auch von derselben freundlichen Familie betrieben. Alle Zimmer sind gemütlich und gepflegt und haben gefflieste Böden, teilweise auch Balkon. Die Preise ändern sich je nach Saison.

Hotel Sueño Maya HOTEL **$$**
(Karte S. 290; ☎998-877-16-95; www.hotelsuenomaya.com; Av Madero; Zi. ohne/mit Kochnische 500/600 Mex$; ❄📶) Große, moderne Zimmer ein paar Schritte vom Strand entfernt. Die Fenster gehen alle zum Innenflur hinaus, was sie etwas muffig macht, aber ansonsten ist das ein gutes Angebot.

Hotel Na Balam HOTEL **$$$**
(Karte S. 290; ☎998-881-47-70; www.nabalam.com; Calle Zazil-Ha 118; Zi./Suite inkl. Frühstück 1978/3124 Mex$; ❄📶🏊) Schmetterlinge flattern durch den wunderschönen Hibiskus-

Isla Mujeres (Ort)

Sehenswertes
1 Playa Norte A2

Aktivitäten, Kurse & Touren
2 Aqua Adventures C4
3 Stand der Fischergenossenschaft C4
4 Sea Hawk Divers B2

Schlafen
5 Apartments Trinchan C2
6 Cabañas María del Mar B2
7 Hotel Belmar C3
8 Hotel Na Balam B1
9 Hotel Playa la Media Luna C2
10 Hotel Sueño Maya C3
11 Poc-Na Hostel C2

Essen
12 Café del Mar A3
13 Mañana C3
14 Mercado Municipal B3
15 Olivia B3
16 Rooster B3

Ausgehen & Nachtleben
17 Buho's A2
Poc-Na Hostel .... (siehe 11)

und Palmengarten, und viele Zimmer blicken auf die Playa Norte. Alle Zimmer sind mit schlichter Eleganz dekoriert und verfügen über Safe, Hängematte, eigenen Balkon oder Veranda – aber keinen Fernseher. Das Hotel bietet Yoga- und Meditationskurse sowie Massagen an. Es gibt auch einen Pool und ein Restaurant.

Hotel Playa la Media Luna HOTEL $$$
(Karte S. 290; ☎998-887-07-59; www.playamedialuna.com; Sección Rocas, Lotes 9 & 10, Punta Norte; Zi. ab 1250 Mex$;) Das Hotel am Strand wirkt dank des cleveren Designs, der Deko aus Treibholz und Holzstegen, die die Zimmer verbinden, trotz seiner Größe traulich. Die Standardzimmer sind gut. Wer den Aufpreis für die Präsidentensuite zahlt, blickt vom Whirlpool auf dem eigenen Balkon auf den Ozean.

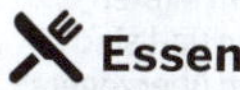

Essen

Günstiges Essen bekommt man tagsüber im **Mercado Municipal** (Karte S. 290; Guerrero; Hauptgerichte 35–80 Mex$; ⌚6–16 Uhr) und abends an den Imbissständen an der Plaza vor der Iglesia de la Inmaculada Concepción.

★Mañana CAFÉ $
(Karte S. 290; ☎998-877-05-55; Ecke Matamoros & Guerrero; Gerichte 45–90 Mex$; ⌚8–16 Uhr;) In dem Lokal mit von Hand bemalten Tischen, superfreundlichem Service und ein paar exzellenten vegetarischen Angeboten herrscht eine super Stimmung. Die Baguettes mit Hummus und vegetarischem Belag sind die Spezialität des Hauses. Die wohl beste Adresse für ein Mittagessen auf der Insel! Es gibt auch Kaffee, *licuados* (Mix aus Obst oder Saft mit Wasser oder Milch und Zucker) und ein paar nahöstliche Gerichte. Betreibt auch einen Büchertausch.

Rooster CAFÉ $
(Karte S. 290; Hidalgo s/n; Frühstück 50–80 Mex$; ⌚7–15 Uhr;) Das kleine Café mit ein paar Tischen draußen und einer voll aufgedrehten Klimaanlage drinnen ist unbestreitbar *das* Lokal für Frühstück auf der Insel. Auf der Karte stehen Klassiker und einfallsreiche Gerichte, die mit super Kaffee von den aufmerksamen Angestellten serviert werden.

★Olivia MEDITERRAN $$
(Karte S. 290; ☎998-877-17-65; www.olivia-isla-mujeres.com; Matamoros; Hauptgerichte 88–180 Mex$; ⌚Di–Sa 17–21.30 Uhr) Das reizende, von einem Israeli geführte Restaurant macht alles selbst – vom Fisch nach marokkanischer Art (serviert auf Couscous) bis zum Hühnchen-Schawarma (eingerollt in eine frisch gebackene Pita). Wer früh kommt, erwischt vielleicht einen von Kerzen beleuchteten Tisch im Garten hinten.

Café del Mar INTERNATIONAL $$$
(Karte S. 290; Av Rueda Medina; Hauptgerichte 150–300 Mex$; ⌚10–24 Uhr) Von allen Restaurants vor Ort erinnert dieses am meisten an eine Lounge oder einen Strandclub. Das Essen, eine kleine, aber einfallsreiche Auswahl von Fusion-Gerichten, gehört zum Besten, das auf der Insel erhältlich ist. Der Schwerpunkt liegt auf Salaten, Meeresfrüchten und Pasta. Die Liegestühle und Strandliegen sind ideal, um gemütlich seinen Daiquiri zu genießen (und vielleicht noch einen weiteren zu bestellen).

Ausgehen & Unterhaltung

Das Nachtleben auf der Isla Mujeres konzentriert sich hauptsächlich entlang der Hidalgo. Angesagte Läden am Strand und in dessen Nähe formen einen Bogen um den nördlichen Ortsrand.

Buho's BAR
(Karte S. 290; Playa Norte; ⌚10–24 Uhr) Eine Swing-Bar, wie sie im Buche steht. Direkt am Strand.

Poc-Na Hostel BAR
(Karte S. 290; www.pocna.com; Matamoros 15; ⌚Mo–Sa 23–3 Uhr;) Eine Bar am Strand mit Lagerfeuer und mehr Hippies, als in alle VW-Busse dieser Welt passen. Szenetreff und Unterhaltung in einem!

Praktische Informationen

Hospital Integral Isla Mujeres (☎998-877-17-92; Guerrero, zw. Madero & Morelos) Hier stehen rund um die Uhr Ärzte zur Verfügung.
HSBC (Av Rueda Medina)
Polizei (☎998-877-04-58)
Post (Karte S. 290; Ecke Guerrero & López Mateos; ⌚Mo–Fr 9–16 Uhr)
Touristeninformation (Karte S. 290; ☎998-877-03-07; Av Rueda Medina; ⌚Mo–Fr 9–16 Uhr) Zwischen Madero und Morelos. Hat eine Reihe von Broschüren, und einige Angestellte sprechen Englisch.

An- & Weiterreise

Es gibt mehrere Anlegestellen für Fähren zur Isla Mujeres. **Ultramar** (www.granpuerto.com.mx) betreibt Personenfähren zur Isla Mujeres von den Anlegestellen Playa Tortugas, El Embarcadero und Playa Caracol in der Zona Hotelera von Cancún. Es gibt auch Fähren ab Puerto Juárez (4 km nördl. von Cancún).

Wer ein Auto hat, fährt nach Punta Sam, rund 8 km nördlich vom Zentrum Cancúns. Fußgänger und Beifahrer im Auto zahlen für die Überfahrt 38 Mex$; der Preis für den Fahrzeugführer ist im Preis für die Überführung des Autos (256 Mex$), Motorrads (87 Mex$) oder Fahrrads (82 Mex$) inbegriffen. Die Überfahrt dauert etwa eine Stunde.

Punta Sam oder Puerto Juárez erreicht man von Cancún mit jedem Bus (8,50 Mex$) an der Av Tulum Richtung Norden, der mit diesen Zielen oder mit „Ruta 13" gekennzeichnet ist. Einige R1-Busse (Zona Hotelera; 9,50 Mex$) fahren ebenfalls dorthin – vor dem Einsteigen den Fahrer fragen!

Unterwegs vor Ort

BUS & TAXI

Nahverkehrsbusse fahren alle 25 Minuten (darauf verlassen sollte man sich aber nicht) von der Bushaltestelle neben dem Centro de Convenciones (hinter dem Markt) oder vom Fähranleger die Av Rueda Medina entlang. Sie bringen einen bis zum Eingang der Hacienda Mundaca (300 m von der Isla Mujeres Turtle Farm entfernt; nach der *tortugranja* fragen!) und südwärts bis zur Playa Lancheros (1,5 km nördl. der Playa Garrafón). Ein Taxi bekommt man am Taxistand nahe der Fähranlegestelle Puerto Juárez, in der Nähe der Kreuzung Av Rueda Medina und Morelos, oder man winkt eines heran. Die Taxipreise sind von der Gemeindeverwaltung festgelegt und ausgehängt. Wie immer sollte man sich vor dem Einsteigen über den Preis verständigen.

FAHRRAD

Mit dem Rad lässt sich die Insel prima erkunden. Einige Läden vermieten Räder (30/150 Mex$ pro Std./Tag); manchmal wird eine Kaution von rund 100 Mex$ verlangt. **David** (☎Handy 998-2231365; Ecke Matamoros & Guerrero) hat eine ordentliche Auswahl.

MOTORROLLER & GOLFCART

Viele Leute finden ein Golfcart zur Erkundung der Insel praktisch; es zuckeln ganze Karawanen die Straßen entlang. Carts kosten etwa 180 Mex$ pro Stunde und 600 Mex$ pro Tag (9–17 Uhr). **Gomar** (☎998-877-16-86; Av Rueda Medina, Ecke Bravo; Golfcart 180/600 Mex$ pro Std./Tag, Motorroller 250 Mex$/Tag) hat eine gute Auswahl in verschiedenen Größen.

Motorroller sind ebenfalls erhältlich, aber man sollte sich das Gefährt vor dem Mieten gut anschauen. Die Preise variieren und sind in der Hauptsaison manchmal extrem überzogen; normalerweise beginnen sie ab 100 Mex$ pro Stunde (min. 2 Std.) bzw. 400 Mex$ pro Tag (9–17 Uhr).

Parque Nacional Isla Contoy

Die spektakuläre Isla Contoy ist ein Paradies für Vogelfreunde, ein Nationalpark und

PERSONENFÄHREN VON CANCÚN ZUR ISLA MUJERES

ABFAHRT	PREIS (MEX$)	DAUER (MIN.)	TGL.
El Embarcadero	145	25	9–16.30 Uhr 6-mal
Zona-Hotelera-Anleger	145	25	10.10–16.50 Uhr 4-mal
Playa Tortugas	145	25	9–17 Uhr stündl.
Puerto Juárez	70	25	5–20.30 Uhr alle 30 Min., danach bis 23.30 Uhr stündl.

DOMINO MAL ANDERS – SCHWIMMEN MIT WALHAIEN

Zwischen Mitte Mai und Mitte September versammeln sich riesige Walhaie vor der Isla Contoy, um Plankton zu fressen. Die Einheimischen bezeichnen die Tiere wegen ihrer gefleckten Haut als Dominos.

Die beste Zeit, um mit diesen sanften Riesen zu schwimmen, ist der Juli. Eine Tour kostet je nach Veranstalter 900 bis 1200 Mex$. Beim Schwimmen mit Walhaien ist das Berühren der Fische verboten, und die Schwimmer müssen entweder Schwimmweste oder Neoprenanzug tragen, um sicherzustellen, dass niemand unter die Haie abtaucht.

Auf der Isla Mujeres kann jeder, der auch nur im Entferntesten etwas mit Tourismus zu tun hat, einen solchen Trip organisieren; trotzdem sollte man sich aber an einen der Tauchveranstalter wenden, zumal sie sich gut auskennen, die beste Ausrüstung und feststehende Abfahrtszeiten haben. Die meisten Veranstalter bauen noch einen kleinen Schnorcheltrip und die Möglichkeit zum Angeln mit ein. Außerdem gibt's Mittagessen, Getränke und Snacks.

Schutzgebiet, das im Rahmen eines Tagesausflugs von der Isla Mujeres leicht zu erreichen ist. Die Insel ist mehr als 7 km lang und an der breitesten Stelle rund 800 m breit; sie ist von dichter Vegetation bedeckt, die mehr als 100 Vogelarten, darunter Braunpelikanen, olivgrünen Kormoranen, Truthühnern, Weißbauchtölpeln und Fregattvögeln einen idealen Lebensraum bietet. Auch Kuba-Flamingos, Schmuck- und Silberreiher lassen sich auf der Insel gut beobachten.

Bei den meisten Trips zur Isla Contoy wird sowohl auf dem Hin- als auch auf dem Rückweg eine Pause zum Schnorcheln eingelegt – pro Monat kommen rund 1500 Besucher auf die Insel. Mitbringen sollte man ein Fernglas, Insektenschutzmittel und Sonnencreme.

Für 140 Mex$ pro Nase veranstaltet ein Biologe des Parks Führungen zur Laguna Puerto Viejo, einem erstklassigen Nistgelände; die Einnahmen fließen in den Unterhalt des Parks und in Forschungsprojekte. **Amigos de Isla Contoy** (☎ 998-884-74-83; www.islacontoy.org; Plaza Bonita Mall) betreiben ein Büro in der Innenstadt von Cancún (Mercado 28) ; auf deren Website finden sich sehr interessante Informationen über die Ökologie der Insel.

An- & Weiterreise

Tagesausflüge zur Isla Contoy können am **Stand der Fischergenossenschaft** (S. 289) auf der Isla Mujeres arrangiert werden. Die Tour (900 Mex$/Pers.) dauert von 9 bis 17 Uhr und beinhaltet ein kleines Frühstück, ein Mittagessen (aus unterwegs gefangenem Fisch), eine Schnorchelpartie (Ausrüstung wird gestellt), den Parkeintritt, wissenschaftliche Informationen über die Insel sowie, je nach Wunsch, gereinigtes Wasser, Limonade oder Bier.

Isla Holbox

☎ 984 / 1500 EW.

Ist das Leben nicht toll ohne Hochspannungsleitungen und Hochhäuser? Das ist die Einstellung der Einheimischen auf der freundlichen Isla Holbox (sprich: hol-bosch) mit ihren Sandstraßen, farbenfrohen karibischen Häusern und in der Sonne dösenden Hunden. Das Wasser ist nicht ganz so leuchtend türkis wie anderswo an den Stränden von Quintana Roo, weil das Karibische Meer hier auf den etwas dunkleren Golf von Mexiko stößt.

Die Insel ist ungefähr 30 km lang und zwischen 500 m und 2 km breit. Sie besitzt scheinbar endlose Strände, ruhige Gewässer und eine große Palette von Muscheln in diversen Formen und Farben. Sie befindet sich in dem 1541 km² großen Schutzgebiet Yum Balam und beherbergt mehr als 150 Vogelarten, z. B. Rosalöffler, Pelikane, Reiher, Ibisse und Flamingos.

Die Isla Holbox ist dafür berühmt geworden, dass sich hier häufig Walhaie versammeln. Inzwischen finden diese sich aber näher an der Isla Mujeres ein, sodass bei den geführten Touren ab Holbox mehr Zeit für die Fahrt mit dem Boot hin und zurück drauf geht. Die Hotels auf der Insel können solche Touren und Schnorcheltrips organisieren.

Schlafen

Mehrere Budgethotels versammeln sich rund um die Plaza in der Ortschaft Holbox. Gehobene Unterkünfte liegen verstreut am Strand in einem Gebiet am Nordufer der Insel, das die Einheimischen Zona Hotelera nennen.

Hostel Tribu HOSTEL $
(☎984-875-25-07; www.tribuhostel.com; Av Pedro Joaquín Coldwell; B/Zi. ab 125/450 Mex$; ❄📶) Bei so vielen Aktivitätsangeboten (von Salsa über Yoga bis Kajakfahren) braucht man nicht lange, um sich heimisch zu fühlen. Die Schlafsäle für sechs Personen und die privaten Zimmer sind sauber, farbenfroh und heiter. Es gibt auch einen Büchertausch und eine Bar mit Jam-Sessions am Sonntag. Von der Plaza einen Block nach Norden und dann zwei Blocks nach Westen laufen!

Casa Lupita HOTEL $$
(☎984-875-20-17; www.casalupitaholbox.com; Calle Palomino; Zi. 500–1100 Mex$, Suite 900–1400 Mex$; ❄📶) Tolle Mittelklasseoption an der Ostseite der Plaza. Die geräumigen Zimmer bekommen eine frische Meeresbrise ab, und die Suiten haben eigene Balkone mit Blick auf die ganze Action auf dem Ortsplatz.

★ **Casa Takywara** HOTEL $$$
(☎984-875-22-55; www.takywara.com; Zi. inkl. Frühstück ab 1590 Mex$; ❄📶) Draußen am ruhigen westlichen Ortsrand steht dieses wunderschöne Hotel direkt am Strand. Es weist eine umwerfende Architektur und schick dekorierte Zimmer mit Kochnische und zum Meer ausgerichteten Balkon auf. Das Anwesen befindet sich neben einem kleinen geschützten Sumpfgebiet, in dem das „Hauskrokodil" lebt. In der Nebensaison fallen die Preise erheblich.

Essen

Ky Waa BÄCKEREI $$
(Tiburón Ballena, Plaza El Pueblito; Sandwiches 90–130 Mex$; ⏰8–22 Uhr) Das von Brasilianern geführte Café mit Bäckerei hat eine gute Frühstücksauswahl, frische Backwaren und leckere Sandwiches, die man draußen auf der luftigen Terrasse genießen kann.

Raices SEAFOOD $$
(Strandpromenade; Hauptgerichte 100–280 Mex$; ⏰13–21 Uhr) Das unscheinbare Ambiente dieses Strandlokals sollte einen nicht abschrecken, denn hier gibt es einige der besten Meeresfrüchtegerichte im Ort. Der Hummer mit Kokos ist eine Überlegung wert, aber das eigentliche Highlight auf der Karte ist der Tikinm-Xic-Fisch (auf traditionelle Maya-Art).

Edelyn Pizzería & Restaurant PIZZERIA $$
(Plaza Principal; Pizza 80–280 Mex$, Hauptgerichte 90–190 Mex$; ⏰12–23 Uhr) Es gibt auch andere Lokale auf der Insel, die in den Hype um die Hummerpizza eingestiegen sind, aber diese Jungs hier haben sie angeblich erfunden. Auf der Karte stehen auch viele andere Speisen, wenn man lieber auf cholesterinreichen Käse mit Muscheln verzichtet. Am Ostende der Plaza.

Praktische Informationen

Bancomer hat einen Geldautomaten im 2. Stock der Alcaldía an der Plaza. Einen weiteren gibt es im Hotel Palapa. Beiden Automaten geht allerdings (vor allem an Wochenenden) gerne einmal das Geld aus, daher empfiehlt es sich, genug Bargeld mitzubringen, um flüssig zu bleiben.

Notfall (☎066), Polizei, Feuerwehr od. Rettungsdienst.

Anreise & Unterwegs vor Ort

Vom Hafen des nordwestlich von Cancún gelegenen Dorfs Chiquilá fährt werktags elfmal (am Wochenende öfter) ein *barco* (Fähre) zur Isla Holbox (80 Mex$, 25 Min.). Die letzte Fähre ab Chiquilá startet um 20 Uhr. Kleinere, schnellere *lanchas* (Motorboote) machen jederzeit die etwas nassere Überfahrt, wenn man bereit ist, 350 bis 400 Mex$ fürs ganze Boot (bis zu 6 Pers. inkl. Gepäck; nach Einbruch der Dunkelheit höhere Preise) zu zahlen.

Von Chiquilá fahren Busse (alle 2. Klasse) nach Cancún (90 Mex$, 3½ Std., 5.30 & 13.30 Uhr), Tizimín (80 Mex$, 2½–4 Std., 5.30 & 7.30 Uhr) und Valladolid (90 Mex$, 2½ Std., 5.30 Uhr). Die Fahrer warten meist bis zur Ankunft der Fähre, bevor sie abfahren. Autofahrer können ihr Fahrzeug für 50 Mex$ pro Tag (8–max. 18 Uhr) auf dem Parkplatz in Chiquilá abstellen oder ihr Glück am Pier versuchen (in der Hauptsaison überfüllt).

Rentadora El Brother (☎984-875-20-18; Av Tiburón Ballena, nördl. der Plaza; Cart 120/700 Mex$ pro Std./Tag) Golfcarts.

Puerto Morelos

☎998 / 9200 EW.

Das auf halbem Weg zwischen Cancún und Playa del Carmen gelegene Puerto Morelos hat sich trotz des Bau-Booms nördlich und südlich des Städtchens sein ruhiges Kleinstadtflair bewahrt. Der Ort besitzt genügend Restaurants und Bars, um Traveller auch abends bei Laune zu halten, vor allem aber kommen die Besucher wegen der flachen karibischen Gewässer und des Kunsthandwerksmarkts einen Block südlich von der Westecke der Plaza hierher.

Um Geld für die Einkäufe zu bekommen, gibt es an der Plaza einen HSBC-Geldautomaten.

Sehenswertes & Aktivitäten

Jardín Botánico Yaax Che GARTEN
(998-206-99-23; www.ecosur.mx/jb/YaaxChe; Carretera Chetumal-Cancún, km 320; Erw./Kind 120/60 Mex$; Mo–Sa 8–16 Uhr;) Das 60 ha große Naturschutzgebiet mit einem Wegenetz von fast 3 km liegt 2 km südlich der Abzweigung nach Puerto Morelos. In dem botanischen Garten wurden Abschnitte mit Epiphyten (Orchideen, Bromelien), Palmen, Farnen, Sukkulenten (Kakteen) und Pflanzen der traditionellen Maya-Heilkunst angelegt.

Zur Anlage gehören auch ein kleiner Maya-Altar, ein Ethnologie-Museum und viele Tiere, darunter die einzigen in der Region noch verbliebenen Klammeraffen.

Boca del Puma SCHWIMMEN
(998-241-28-55; www.bocadelpuma.com; Ruta de los Cenotes, Km 16; Erw./Kind 5–14 Jahre ab 1588/795 Mex$; 9–17 Uhr;) Im 16 km westlich von Puerto Morelos gelegenen Cenote Boca del Puma kann man ein erfrischendes Bad nehmen oder reiten, Fahrrad fahren oder eine Seilrutsche hinabdüsen.

Dive In Puerto Morelos TAUCHEN
(998-206-90-84, USA 801-443-4879; www.diveinpuertomorelos.com; Av Rojo Gómez; 1/2 Flaschen/Cenote 795/992/1985 Mex$; Mo–Sa 7.30–18 Uhr) Bietet Tauchgänge im Riff und im Cenote sowie PADI-Scheine zum Tauchen in offenen Gewässern (5290 Mex$) an. Gleich hinter dem Nordwestende der Plaza.

Kurse

Little Mexican Cooking School KOCHKURS
(998-251-80-60; www.thelittlemexicancookingschool.com; Av Rojo Gómez 768, Ecke Lázaro Cárdenas; Kurs 1613 Mex$; Di–Fr 10–15.30 Uhr) Wer die leckeren Gerichte der regionalen mexikanischen Küche einmal selbst zubereiten will, hat hier die Chance dazu. Bei dem sechsstündigen Kochkurs lernt man Zutaten der mexikanischen Küche kennen sowie die Zubereitung von mindestens sieben Gerichten. Termine gibt's auf der Website.

Puerto Morelos Language Center SPRACHKURS
(998-871-01-62; www.puertomorelosspanishcenter.com; Av Niños Héroes 46) Bietet Spanischkurse für Gruppen und Einzelunterricht.

Schlafen

Posada Amor HOTEL $$
(998-871-00-33; www.posada-amor.wix.com/puertom; Av Rojo Gómez; EZ mit Ventilator/Klimaanlage 492/550 Mex$, DZ mit Klimaanlage 660 Mex$;) Das Posada Amor, rund 100 m südwestlich der Plaza, existiert schon seit vielen Jahren. Die schlichten Zimmer mit weißen Wänden sind mit ein paar kreativen Details geschmückt. Es gibt einen schattigen Bereich hinten mit Tischen und viel Grün. Das Restaurant bietet gutes Essen, und eine freundliche Bar für Ausländer findet sich hier ebenfalls. Die Preise sinken zwischen Mai und Oktober um 15%.

Posada El Moro HOTEL $$
(998-206-90-05; www.posadaelmoro.com; Av Rojo Gómez; Zi. inkl. kontinentalem Frühstück & Ventilator/Klimaanlage 760/875 Mex$;) Das Anwesen ist mit Geranien in den Fluren und im Hof geschmückt, die weißen Wände tragen rote Applikationen. Ein paar Zimmer verfügen über Kochnischen, aber in allen steht ein Sofa, das sich zum Bett ausziehen lässt. Außerdem gibt's noch einen kleinen Pool. Die Preise sinken erheblich in der Nebensaison. Nordwestlich der Plaza.

Casa Caribe HOTEL $$$
(998-251-80-60; www.casacaribepuertomorelos.com; Av Rojo Goméz Lt 8; Zi. 1610 Mex$;) Die schlicht und elegant dekorierten geräumigen Zimmer bieten von ihren Balkonen einen tollen Blick auf den Strand. Das Hotel steht auf einem hübschen, grünen Anwesen mit vielen Sitzgelegenheiten im Schatten. Zwar hat nur eines der Zimmer eine Klimaanlage, aber die luftige Meeresbrise kühlt auch die anderen. Mindestaufenthalt drei Übernachtungen.

Essen

Am Strand gibt es eine Reihe reizender kleiner Lokale – einfach den hübschen *malecón* (Promenade) entlangschlendern und schauen, wonach einem der Sinn steht!

SICHER BADEN

Wimpel in verschiedenen Farben informieren die Strandbesucher über potenzielle Gefahren:

- **Blau** Normale Bedingungen, Baden ist sicher.
- **Gelb** Vorsicht ist geboten, die Bedingungen sind wechselhaft.
- **Rot** Unsicher – statt dem Meer sollte der Swimmingpool auf dem Programm stehen.

Le Café d'Amancia CAFÉ $

(Av Rojo Goméz; Sandwich 40–60 Mex$; ⏲7–14 & 17–22 Uhr;) In dem makellos sauberen Lokal mit angenehmem Ambiente kommen Bagels, Sandwiches, Pies, guter, starker Kaffee sowie Obst- und Gemüse-*licuados* auf den Tisch. An der Südwestecke der Plaza.

Al Chile CAFÉ $

(Av Rojo Goméz; Mittagsmenü 60 Mex$; ⏲Do–Di 9–22 Uhr;) Ein paar Blocks südlich der Plaza bietet diese kleine Café-Bar preiswerte Mittagsgerichte und eine große Auswahl frisch gepresster Säfte.

Pangea INTERNATIONAL $$

(Strand; Hauptgerichte 80–150 Mex$; ⏲Mo–Do 10–18, Fr & Sa bis 24 Uhr;) Das entspannte Pangea mit aufmerksamem Personal ist das wohl beste Strandrestaurant. Auf der Karte stehen gesunde Speisen, Meeresfrüchte und mexikanische Klassiker, und es gibt eine ordentliche Cocktail-Karte.

Shoppen

Alma Libre BÜCHER

(www.almalibrebooks.com; Av Tulum; ⏲10.30–13.30 & 15–20 Uhr, Juni–Mitte Nov. geschl.) Hat mehr als 20000 neue und antiquarische

DIE VERGNÜGUNGSPARKS AN DER RIVIERA MAYA

In einem Gebiet mit so vielen Naturattraktionen scheint es verwunderlich, dass sich mit „Ökoparks" ein so großes Geschäft machen lässt. Doch angesichts des starken Tourismus in der Gegend ist es so erstaunlich dann doch nicht: Das Gebiet an der Straße von Cancún nach Tulum ist mit solchen Einrichtungen übersät. Für manche wirken die Parks disneymäßig, aber dank der Mischung aus Abenteuer, Aktivitäten und ein paar risikolosen Naturerlebnissen eignen sie sich gut für einen Tagesausflug, vor allem wenn man mit Kindern unterwegs ist. Diese Parks gehören zu den besten:

Selvática (998-898-43-12; www.selvatica.com.mx; Ruta de los Cenotes, Km 19; Canopy Tours inkl. Transfer vom Puerto Morelos und Cancún Hotels Erw./Kind 5–12 Jahre 1283/635 Mex$; ⏲Touren Mo–Sa 9–13.30 Uhr) Der preisgekrönte Seilrutschenpark rund 16 km westlich von Puerto Morelos bietet einen Urwaldparcours mit zwölf Seilrutschen, von denen die längste 350 m lang ist. Die größte Höhe der Rutschen beträgt 20 m. Wer will, kann sich in einem privaten Cenote abkühlen.

Hidden Worlds (984-877-85-35; www.hiddenworlds.com; Carretera 307, Km 116; Basic-Eintritt Erw./Kind 5–11 Jahre 777/388 Mex$; ⏲9–17 Uhr) Seilrutschen, Räder auf Hochbahnen, Abseilen, Schnorcheltrips und weitere innovative Abenteuer rund um Cenotes. Der Park eignet sich gut für ältere Kinder. Er befindet sich 25 km südlich von Playa del Carmen.

Xplor (998-251-65-60; www.xplor.travel; All-Inklusive Erw./Kind 5–11 Jahre 1412/712 Mex$; ⏲9–17 Uhr;) Auf sieben Parcours kann man in diesem Park 6 km südlich von Playa del Carmen Seilrutschen, Rafting, Fahrten mit Amphibienfahrzeugen und Schwimmen in einem unterirdischen Fluss ausprobieren.

Río Secreto (984-877-23-77; www.riosecreto.com; Carretera 307, Km 283,5; Basic-Eintritt Erw./Kind 6–11 Jahre 895/453 Mex$; ⏲9–18 Uhr) In dem Park 5 km südlich von Playa del Carmen wandert und schwimmt man durch eine 600 m lange unterirdische Höhle.

Aktun Chen (998-881-94-00; www.indiana-joes.com; Hwy 307, Km 107; komplette Tour inkl. Abholung vom Hotel Erw./Kind 1257/751 Mex$; ⏲Mo–Sa 9–17 Uhr) Dieser kleine Park 40 km südlich von Playa del Carmen hat eine 600 m lange Höhle, einen 12 m tiefen Cenote, zehn Seilrutschen und einen kleinen Zoo zu bieten.

Xcaret (984-147-65-60; www.xcaret.com; Hwy Chetumal-Puerto Juárez, Km 282; Erw./Kind 5–12 Jahre 1157/578 Mex$; ⏲8.30–21:30 Uhr,) Einer der ersten Parks der Region mit Unmengen naturbezogener Aktivitäten und Angeboten für Erwachsene, z. B. im mexikanischen Weinkeller oder im Tages-Spa. Der Park befindet sich 6 km südlich von Playa del Carmen.

Xel-Há (998-251-65-60; www.xelha.com; Hwy Chetumal-Puerto Juárez 307, Km 240; Erw./Kind 5–11 Jahre 1027/514 Mex$; ⏲8.30–18 Uhr;) Der Park wurde rund um einen natürlichen Meeresarm 13 km nördlich von Tulum erbaut und wirbt damit, das größte Freiluftaquarium der Welt zu sein. Viele wasserbezogene Aktivitäten sind hier im Angebot.

Bücher. Die freundlichen Inhaber sind eine gute Quelle für Infos über die Gegend. Gleiches gilt für die Website mit Adressen von Ferienwohnungen, einem Newsletter und anderen interessanten Infos. Der Laden verkauft auch Souvenirs und Feinkost.

An- & Weiterreise

Die meisten Busse von Playa Express und Riviera zwischen Cancún und Playa del Carmen setzen einen am Highway ab. Von dort sind es noch etwa 2 km bis zum zentralen Platz im Ort. Der Riviera-Bus vom Flughafen Cancún nach Playa del Carmen fährt manchmal auf Nachfrage in den Ort hinein, und auch einige Mayab-Busse tuckern in den Ort. Die Fahrt in einem Bus 2. Klasse ab Cancún kostet 22 Mex$.

Taxis warten gewöhnlich an der Highway-Ausfahrt, um die Busfahrgäste in den Ort zu kutschieren (25 Mex$). Man kann aber auch warten, bis ein *colectivo* (5 Mex$) vorbeifährt. Im Ort warten die Taxis und *colectivos* an der Westseite der Plaza.

Playa del Carmen

☎984 / 150 000 EW.

Playa del Carmen ist die hippste Stadt der gesamten Halbinsel. Sie liegt im Windschatten von Cozumel, und urlaubende Europäer und US-Amerikaner bevölkern ihre Strände, um zu sehen und gesehen zu werden. Das Wasser ist nicht so klar wie in Cancún oder Cozumel, und der Sandstrand ist nicht so fein wie weiter nördlich, dennoch wächst Playa (wie die Einheimischen die Stadt nennen) unaufhörlich weiter.

Durch die vielen Tagesausflügler von den Kreuzfahrtschiffen wirkt Playa zwar mehr und mehr wie ein Ziel des Massentourismus, aber es hat sich bislang seinen europäischen Schick bewahrt. Schon zwei Blocks westlich der prächtigen Fußgängerzone Quinta Avenida lässt sich die nicht-touristische Seite der Stadt entdecken.

Sehenswertes & Aktivitäten

Strände

Strandfans werden zustimmen, dass es hier verdammt nett ist. **Mamita's Beach**, nördlich der Calle 28, gilt als bester Strand. Wem Menschenmassen nicht zusagen, der ist nördlich der Calle 38 richtig, wo ein paar dürftige Palmen Schatten spenden. Viele zeigen sich in Playa oben ohne, was in den meisten Teilen Mexikos verpönt und von den meisten Einheimischen – abgesehen natürlich von den jungen Burschen – nicht gern gesehen ist. Wer eine Pause vom Strand braucht, kann sich beim **Tag der offenen Tür** immer donnerstags von 18 bis 23 Uhr die Galerien auf der Quinta Avenida anschauen.

Tauchen & Schnorcheln

Die Preise sind bei den meisten Anbietern gleich: Tauchen in der Ferienanlage kostet 1110 Mex$, Tauchgänge mit einer Flasche 800 Mex$, mit zwei Flaschen 932 Mex$, Tauchen im Cenote 1460 Mex$, Schnorcheln 400 Mex$, Walhaitouren 2200 Mex$ und der Tauchschein für offene Gewässer 3730 Mex$.

Dive Mike TAUCHEN & SCHNORCHELN
(☎984-803-12-28; www.divemike.com; Calle 8) Dive Mike, zwischen der Quinta Avenida und dem Strand, veranstaltet Schnorcheltrips, bei denen man mit dem Boot zu Riffen und zu einem abgeschiedenen Strand fährt. Erfrischungen und die Ausrüstung sind inklusive. Man spricht Englisch, Deutsch, Französisch, Italienisch und Spanisch.

Phantom Divers TAUCHEN & SCHNORCHELN
(☎984-879-39-88; Ecke 1 Av & Calle 14) Angesehener, oft empfohlener Anbieter von allen üblichen Tauchtrips. Von November bis März kann man auch mit Bullenhaien tauchen (je nach Erfahrung und Entfernung zu den Haien 930–1860 Mex$).

Kurse

International House SPRACHKURS
(☎984-803-33-88; www.ihrivieramaya.com; Calle 14; 1 Woche 2930 Mex$) Bietet Spanischkurse (20 Std./Woche), die Unterbringung bei Gastfamilien und ein kleines Wohnheim. Der angegebene Preis bezieht sich auf einen Gruppenkurs. Eine Privatstunde kostet 400 Mex$.

Playa Lingua del Caribe SPRACHKURS
(☎984-873-38-76; www.playalingua.com; Calle 20; 1 Woche ohne/mit Unterkunft bei einer Gastfamilie 3000/6330 Mex$) Bietet Spanischkurse (20 Std./Woche) und die Unterbringung bei Gastfamilien. Hat manchmal auch Kurse in Mayathan, Koch- und sogar Salsa-Kurse. Bei Neuanmeldungen wird eine Registrierungsgebühr von zusätzlich 1200 Mex$ fällig.

Geführte Touren

Alltournative ABENTEUERTOUR
(☎984-803-99-99; www.alltournative.com; Hwy Chetumal-Puerto Juárez, Km 287; ⌚9–19 Uhr)

Playa del Carmen

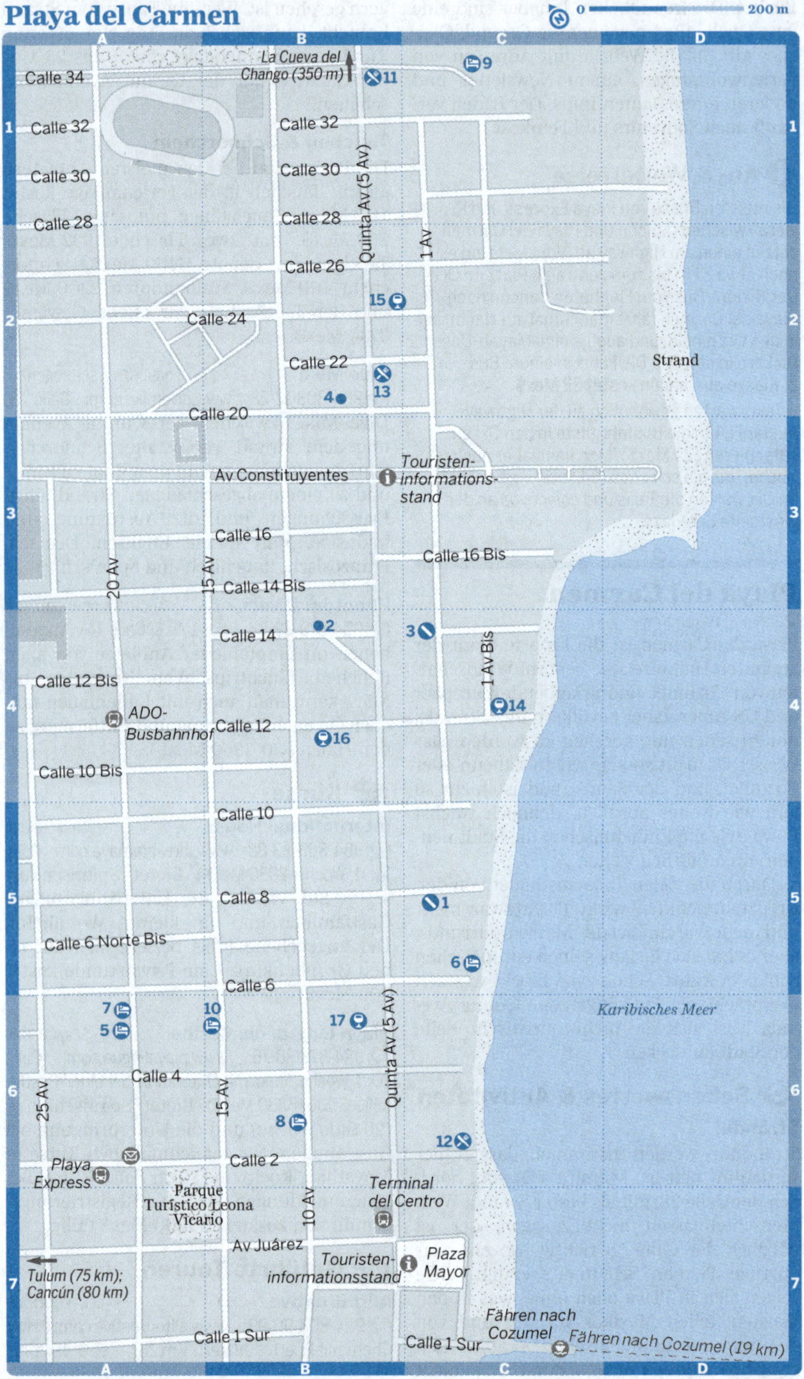

0 200 m

A B C D

1 2 3 4 5 6 7

La Cueva del Chango (350 m)
Calle 34
Calle 32
Calle 30
Calle 28
Calle 26
Calle 24
Calle 22
Calle 20
Av Constituyentes
Touristen-informationsstand
Calle 16
Calle 16 Bis
Calle 14 Bis
Calle 14
Calle 12 Bis
ADO-Busbahnhof
Calle 12
Calle 10 Bis
Calle 10
Calle 8
Calle 6 Norte Bis
Calle 6
Calle 4
Calle 2
Playa Express
Parque Turístico Leona Vicario
Terminal del Centro
Av Juárez
Touristen-informationsstand
Plaza Mayor
Tulum (75 km); Cancún (80 km)
Calle 1 Sur
Fähren nach Cozumel
Fähren nach Cozumel (19 km)
Quinta Av (5 Av)
1 Av
1 Av Bis
20 Av
15 Av
25 Av
10 Av
Strand
Karibisches Meer

1 2 3 4 5 6 7 8 9 10 11 12 13 14 15 16 17

Playa del Carmen

Aktivitäten, Kurse & Touren

1 Dive Mike ... C5
2 International House ... B4
3 Phantom Divers ... C4
4 Playa Lingua del Caribe ... B2

Schlafen

5 Casa de las Flores ... A6
6 Fusion ... C5
7 Grand Hostel ... A6
8 Hotel Villa del Mar ... B6
9 Las Palapas ... C1
10 Posada Papagayo ... B6

Essen

11 Chez Céline ... B1
12 Club Náutico Tarraya ... C6
13 Yaxché ... B2

Ausgehen & Nachtleben

14 Blue Parrot Bar ... C4
15 Caiman ... B2
16 La Santanera ... B4
17 Playa 69 ... B6

Bietet Pauschaltouren inklusive Seilrutschen, Abseilen und Kajakfahren sowie auf Kundenwünsche zugeschnittene Trips. Im Angebot sind auch Ausflüge zu nahe gelegenen Maya-Dörfern – eine „authentische" Erfahrung, die man auch gut alleine machen kann. Das Büro ist etwas abgelegen; man reserviert besser telefonisch oder online.

Schlafen

Neben den unten aufgeführten Unterkünften gibt es noch ein paar eher altmodische Budgethotels an der Av Juárez, im Block westlich des Busbahnhofs Terminal del Centro.

Grand Hostel HOSTEL $
(Handy 984-1470363; 20 Av, zw. Calle 4 & 6; B 130–160 Mex$, DZ 450 Mex$;) Ein makelloses, neues Hostel mit ziemlich beengten Schlafsälen, einer guten Küche und einem grasbewachsenen Hinterhof mit kleinem Swimmingpool.

Casa de las Flores HOTEL $$
(984-873-28-98; www.hotelcasadelasflores.com; 20 Av, zw. Calle 4 & 6; Zi. ab 1065 Mex$;) Eine gute Mischung aus kolonialem Charme und modernem Komfort: Dieses ziemlich große und dennoch trauliche, von einer Familie betriebene Hotel hat geräumige, frische Zimmer rund um einen schön bepflanzten Innenhof. Wenn man einfach vorbeikommt, gibt's fast immer 20 % Ermäßigung.

Hotel Villa del Mar HOTEL $$
(984-873-08-63; www.hotelvilladelmar.net; 10 Av, zw. Av 2 & 4; Zi. 700–850 Mex$; P) In dem umgebauten Familienhaus wurden viele elegante Details wie Marmorböden und große Zimmer erhalten. In dem kleinen Garten neben dem Haus stehen Gästen schöne Sitzgelegenheiten zur Verfügung.

Posada Papagayo HOTEL $$
(984-873-24-97; posadapapagayo@hotmail.com; 15 Av, zw. Calle 4 & 6; EZ/DZ 400/500 Mex$;) Moderne, große Zimmer mit Ventilator in ruhiger Lage, ein paar Blocks vom Strand.

Fusion HOTEL $$$
(984-873-03-74; www.fusionhotelmexico.com; Calle 6 am Strand; Zi. mit Garten-/Meerblick 1460/2300 Mex$) Eines der besseren Hotels am Strand. Die Zimmer liegen rund um einen grünen Garten, und die nach vorne hinaus bieten einen herrlichen Meerblick. Es gibt auch ein gutes Restaurant und einen Strandclub mit allabendlicher Livemusik.

Las Palapas RESORT $$$
(984-873-42-60; www.laspalapas.com; Ecke Calle 34 & 5 Av; Zi. ab 2330 Mex$; P@) Das Resort hat den längsten Zufahrtsweg der Stadt – er beginnt an der 5 Avenida und endet unmittelbar vor dem Strand. Dazwischen liegt ein gepflegtes Resort mit schlichten, stilvollen Hütten, die sich auf der landschaftlich hübsch gestalteten Anlage mit Blick auf den schönsten und saubersten Strandbereich in der Gegend verteilen.

Essen

In der Quinta Avenida (5 Avenida) gibt es die meisten Restaurants, insbesondere in der Fußgängerzone (Touristenzone). Außerhalb der Touristenzone findet man billige, qualitativ gute Lokale an der Ecke Calle 2 und 20 Avenida, wo auch die *colectivos* nach Tulum abfahren. Haufenweise Imbissbuden stehen auch an der 10 Avenida zwischen Calle 8 und 10 nahe dem Zentrum.

Club Náutico Tarraya SEAFOOD $
(Calle 2; Hauptgerichte 50–130 Mex$; 12–21 Uhr) Gemütliches Lokal am Strand mit schönem Blick, eines der wenigen Restaurants in Playa del Carmen, die schon vor dem Tourismus-Boom existierten. Und nach wie vor gibt's hier gute Meeresfrüchte zu vernünftigen Preisen.

La Cueva del Chango MEXIKANISCH $$

(Calle 38, zw. Quinta Av & Strand; Hauptgerichte 90–150 Mex$; ⌚Mo–Sa 8–23, So bis 14 Uhr) In der „Affenhöhle" kann man sich richtig verwöhnen. Entweder schnappt man sich einen Tisch in dem stilvollen, rustikalen Speiseraum oder lässt sich in dem grünen Garten hinten nieder. Das Restaurant nutzt frische, natürliche Zutaten, und das Essen ist erstaunlich erschwinglich. Probieren sollte man die *chilaquiles* (frittierte Tortillas) mit Chili zum Frühstück; abends empfiehlt sich der Thunfisch mit Sesamkruste.

Yaxché YUKATEKISCH $$

(☎984-803-29-36; Ecke Av 5 & Calle 22; Hauptgerichte 130–280 Mex$; ⌚12–23 Uhr) Mit dem Schwerpunkt auf der Bewahrung der kulinarischen Kultur der Maya ist dieses große, aber stimmungsvolle Restaurant wahrscheinlich das originellste in der Stadt. Das Essen ist gar nicht so exotisch, aber es kommen einige überraschende Zusammenstellungen und wenig bekannte Zutaten auf die Tische.

Chez Céline FRÜHSTÜCK $$

(Ecke 5 Av & Calle 34; Frühstück ab 80 Mex$; ⌚7–23 Uhr; ❄📶) Gutes, gesundes Frühstück und eine Reihe leckerer Backwaren halten die von einem Franzosen betriebene Bäckerei mit Café am Laufen.

Ausgehen & Nachtleben

Die Party beginnt normalerweise an der Quinta Avenida (5 Avenida) und geht dann unten in den Strandclubs weiter. Einfach zwischen Calle 6 und 16 den Strand ablaufen, um zu sehen, wo etwas los ist!

La Santanera CLUB

(Calle 12, zw. 5 & 10 Av; Eintritt rund 100 Mex$; ⌚10 Uhr–open end) Der vermutlich beste Tanzclub in der Innenstadt mit internationalen DJs unten und einer stimmungsvollen Lounge zum Abhängen oben.

Caiman BAR

(24 Calle, zw. 1 & 5 Av; ⌚11–14 Uhr) Schwer zu finden in Playa: Das Caiman ist eine Bar mit cooler Musik, in die man entspannt auf ein paar Drinks reinschauen kann. Es gibt keine Grundgebühr, keine Tanzfläche, kein großes Trara – einfach nur eine nette, kleine Bar.

Playa 69 SCHWULE

(www.rivieramayagay.com; Callejón, abseits der Quinta Av zw. Calle 4 & 6; ⌚Di 20–2, Mi–So bis 6 Uhr) Der Schwulen-Tanzclub ist stolz auf seine Stripper, die man sogar aus Australien und Brasilien einfliegen lässt.

Blue Parrot Bar BAR

(☎984-873-00-83; www.blueparrot.com/beachclub; Calle 12; ⌚10–4 Uhr) Dies ist die äußerst beliebte, halboffene *palapa*-Strandbar der Blue Parrot Suites. Es gibt hier Schaukelstühle, eine riesige Tanzfläche im Freien und viel Sand. Jeden Abend zeigen auch „Feuertänzer" ihr Können am Strand.

Praktische Informationen

Banamex (Ecke Calle 12 & 10 Av)

Post (Ecke 20 Av & Calle 2; ⌚Mo–Fr 9–15, Sa bis 12.45 Uhr)

Touristeninformation (Ecke Constituyentes & 5 Av) An dem Stand bekommt man haufenweise Broschüren und manchmal auch eine nützliche Auskunft. Ein weiterer Stand (Plaza Major) befindet sich am Hauptplatz.

An- & Weiterreise

BUS

Playa hat zwei Busbahnhöfe. An beiden kann man Fahrkarten und Infos über zumindest einige Verbindungen vom jeweils anderen bekommen. Die meisten Busse der 1. Klasse nutzen den neueren **ADO-Busbahnhof** (Ecke 20 Av & Calle 12). Ein Taxi vom „Terminal ADO" zum Hauptplatz kostet rund 25 Mex$.

Alle Busse der 2. Klasse (auch Mayab) nutzen den alten Busbahnhof, **Terminal del Centro**

ABSTECHER

CRISTALINO CENOTE

Rund 38 km südlich von Playa del Carmen liegt westlich des Highways eine Reihe wunderbarer Cenotes, u. a. der **Cristalino Cenote** (Eintritt 40 Mex$; ⌚6–17.30 Uhr) gleich südlich vom Barceló Maya Resort. Dieser Cenote ist leicht zugänglich: Er befindet sich nur ca. 70 m hinter dem gleich an der Autobahn liegenden Eingangstor. Zwei weitere Wasserlöcher, der Cenote Azul und Cenote El Jardín del Edén, folgen gleich südlich des Cristalino am Highway. Der Cristalino ist aber der beste dieser drei, denn man kann in ihm tauchen oder sich auch nur von den Felsen ins eiskalte Wasser gleiten lassen. Weitere Infos zu Cenotes auf S. 904.

BUSSE AB PLAYA DEL CARMEN

ZIEL	PREIS (MEX$)	DAUER (STD.)	HÄUFIGKEIT (TGL.)
Cancún	48–72	1	regelm.
Cancún (Flughafen)	120	1	ADO regelm.
Chetumal	250–302	5–5½	ADO & Mayab regelm.
Chichén Itzá	270	3–4	ADO 8 Uhr
Cobá	66–92	1–1¾	ADO 2-mal
Mérida	220–550	5	ADO & ADO GL regelm.
Palenque	626–756	12–13	ADO & ADO GL 3-mal
San Cristóbal de las Casas	792–948	16–18	ADO & ADO GL 3-mal
Tulum	66	1	Riviera & Mayab regelm.
Valladolid	100–155	2½–3½	ADO & Mayab regelm.

(Ecke Av Juárez & Quinta Av), ebenso wie die Busse von Riviera (die ohnehin die Bezeichnung „1. Klasse" nicht wirklich verdienen). Die Riviera-Busse nach Cancún und zu dessen Flughafen haben einen separaten Fahrkartenschalter an der der Avenida Juárez zugewandten Seite des Terminals. **Playa Express** (Calle 2 Norte) betreibt Schnellbusse zur Innenstadt von Cancún (30 Mex$, 1 Std.).

SCHIFF/FÄHRE

México Waterjets (www.mexicowaterjets.com) betreibt Fähren nach Cozumel (einfache Strecke 155 Mex$, 6–23 Uhr stündl.) von der Anlegestelle am Ende der Calle 1 Sur. Fahrkarten kauft man am Schalter. Der klimatisierte Katamaran braucht je nach Wetterlage eine halbe Stunde. Ein offenes Boot (gleicher Preis, aber weniger Fahrten) fährt hauptsächlich im Sommer und braucht etwas länger.

Auf der Strecke verkehren auch Autofähren (S. 305).

COLECTIVO

Colectivos sind eine prima Option, um billig gen Süden nach Tulum (40 Mex$, 45 Min.) zu kommen. Sie fahren zwischen 5 und 22 Uhr von der Calle 2 nahe der 20 Avenida ab, sobald sie voll sind (ungefähr alle 10–15 Min.), und halten unterwegs überall zwischen Playa und Tulum (min. 20 Mex$). Der Platz für Gepäck ist begrenzt, aber für Tagestouren sind die Fahrzeuge ideal. Von der gleichen Stelle fahren auch *colectivos* nach Cancún (30 Mex$, 1 Std.) und Akumal (30 Mex$, 30 Min.).

Isla Cozumel

☎987 / 79 000 EW.

Seit Jacques Cousteau, von einheimischen Führern begleitet, 1961 der Welt die spektakulären Riffe präsentierte, ist die rund 71 km südlich von Cancún gelegene Isla Cozumel ein beliebter Ort zum Tauchen. Heute ist die von ihren ersten Bewohnern Ah-Cuzamil-Peten (Schwalbeninsel) genannte Insel eines der beliebtesten Ziele von Kreuzfahrtschiffen und Tauchern in Mexiko. Mit einer Länge von 53 km und einer Breite von 14 km ist sie die drittgrößte Insel Mexikos, aber das einzige bebaute Gebiet ist San Miguel an der Nordwestküste. Tauchen und Schnorcheln sind zwar die hiesigen Hauptattraktionen, aber es gibt auch ordentliche Strände. Außerdem bietet San Miguel jede Menge (oft nicht gerade günstige) Gelegenheiten zum Shoppen und eine hübsche Plaza, auf der man gemütlich einen Nachmittag verbringen kann. Auch einige kleine Maya-Ruinen und ein paar Ökoparks sind zu finden.

Fast alles, was man über Cozumel wissen muss, erfährt man unter www.everything cozumel.com.

Geschichte

Die hiesige Maya-Siedlung stammt aus dem Jahr 300 n. Chr. In der postklassischen Periode war Cozumel ein Handelszentrum und, wichtiger noch, eine Zeremonialstätte. Von jeder Maya-Frau, die in und um Yucatán lebte, wurde erwartet, dass sie zumindest einmal eine Pilgerreise hierher unternahm, um Ixchel (der Göttin der Fruchtbarkeit und des Mondes) in dem zu ihren Ehren errichteten Tempel zu huldigen. Archäologen glauben, dass sich der Tempel in San Gervasio, etwas nördlich der Mitte der Insel, befand.

Sehenswertes

Nach dem Besuch des Museo de la Isla de Cozumel in San Miguel mietet man ein Auto

Isla Cozumel

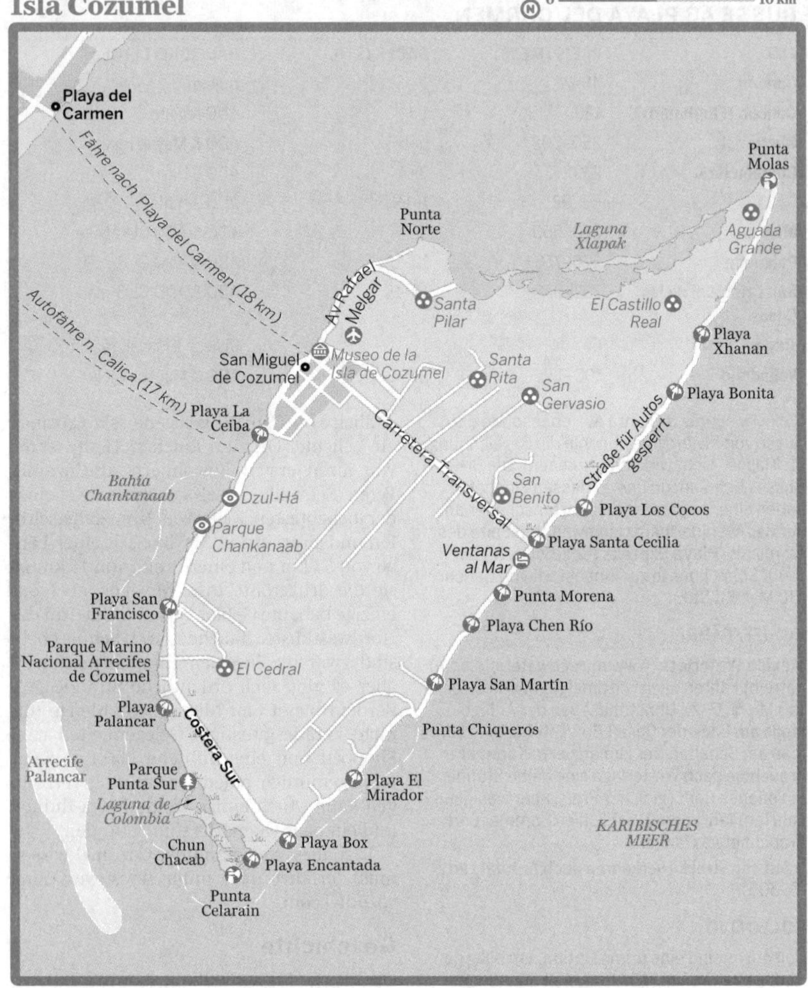

oder nimmt sich ein Taxi, um sich den Rest der Insel anzuschauen. Radfahrer haben dabei mit den beständig starken Winden auf der Insel zu kämpfen. Wer Geld sparen will, kann vom Kreisverkehr **El Caracol** an der Ecke Benito Juárez und Avenida 65 in San Miguel mit einem Ortsbus zur Ostseite der Insel fahren (sie fahren bis zur Playa Chen Río und dann zurück).

Museo de la Isla de Cozumel MUSEUM
(☎987-872-14-34; www.cozumelparks.gob.mx; Av Melgar; Eintritt 52 Mex$; ⏲Mo–Sa 9–16 Uhr) Das Museum zeichnet ein klares und detailliertes Bild von der Flora, Fauna, Geografie und Geologie der Insel sowie ihrer Geschichte unter der Maya-Herrschaft. Die Exponate sind mit durchdachten und detaillierten Erläuterungen auf Englisch und Spanisch versehen. Hier kann man eine Menge über Korallen lernen, bevor man sich ins Wasser stürzt. Keinesfalls die Insel verlassen, ohne hier gewesen zu sein!

Parque Chankanaab VERGNÜGUNGSPARK
(☎987-872-40-14; www.cozumelparks.gob.mx; Carretera Costera Sur, km 9; Erw./Kind 3–11 Jahre 273/182 Mex$; ⏲Mo–Sa 8–16 Uhr; P ♿) Im Eintrittspreis inbegriffen ist der Zugang zu einer Seelöwenshow, zum hübschen Strand

mit Pool, zum botanischen Garten mit 400 tropischen Pflanzenarten, zu einer von Schildkröten bevölkerten Kalksteinlagune, zu einer Krokodil-Ausstellung und zu einer prähispanischen Tour. Die anderen Aktivitäten, z.B. Schnorcheln, Tauchen, Snuba (Luftschlauchtauchen) oder das Temazcal-Dampfbad, kosten extra.

Im Park gibt's ein Restaurant und Imbissbuden. Ein Taxi von der Stadt hierher kostet 130 Mex$.

El Cedral ARCHÄOLOGISCHE STÄTTE

(24 Std.) GRATIS Diese Maya-Ruine rund 15 km südlich von San Miguel ist die älteste auf der Insel. Sie hat die Größe eines kleinen Hauses und keinerlei Verzierungen. El Cedral soll eine bedeutende Zeremonialstätte gewesen sein. Die kleine Kirche, die neben der winzigen Ruine steht, zeigt, dass die Stätte auch heute noch für die Einheimischen religiöse Bedeutung hat.

Parque Punta Sur NATURSCHUTZGEBIET

(987-872-40-14; www.cozumelparks.gob.mx; Carretera Costera Sur, km 27; Erw./Kind 3–11 Jahre 156/104 Mex$; Mo–Sa 9–16 Uhr) In dem Ökotourismuspark kann man einen Leuchtturm und ein kleines Marinemuseum besichtigen. Rund zehn Fahrminuten entfernt befindet sich ein Aussichtsturm, von dem aus man Zugvögel und Krokodile beobachten kann. Auf dem Parkgelände gibt's auch einen Strand und ein Restaurant. Mittags finden drei Bootstouren auf der **Laguna Colombia** statt. Zum Park gelangt man nur mit eigenem Auto oder einem Taxi (einfache Strecke 300 Mex$).

San Gervasio ARCHÄOLOGISCHE STÄTTE

(www.cozumelparks.com; Carretera Traversal, Km 7,5; Eintritt 98 Mex$; 8–16 Uhr) Der überteuerte Maya-Komplex umfasst die einzigen in Cozumel noch erhaltenen Ruinen, aber die wenigen Überreste, die man von der Anlage noch sieht, rechtfertigen schwerlich den Eintrittspreis. San Gervasio soll ein Heiligtum der Fruchtbarkeitsgöttin Ixchel und damit eine bedeutende Stätte gewesen sein, zu der Maya-Frauen, insbesondere werdende Mütter, pilgerten.

Strände

Die besten Strände liegen an der Südwestküste an der Lagune. Die meisten wurden aber in große Resorts umgewandelt und sind schwer zugänglich.

Die Ostküste ist der wildeste Teil der Insel mit wunderschönen Meereslandschaften und vielen kleinen Blowholes (an der Küste rund um Km 30,5). Das Schwimmen ist an den meisten Stellen der Ostküste wegen der Strömungen und Strudel gefährlich. Mit etwas Vorsicht ist Baden aber manchmal bei **Punta Chiqueros**, **Playa Chen Río** und **Punta Morena** möglich. An allen drei Stränden kann man Bodyboards (rund 120 Mex$/Tag) und bei Punta Chiqueros Surfbretter (440 Mex$/Tag) mieten. Ein paar Strandrestaurants verkaufen Snacks, Essen und kalte Getränke.

Playa Palancar STRAND

GRATIS Palancar, rund 17 km südlich von San Miguel, ist einer der besten Strände. Es gibt hier einen Strandclub, der Tretboote, Kajaks, Schnorchelausrüstung und Segelboote verleiht, sowie ein Restaurant und einen Tauchveranstalter. In der Nähe vom Strand lässt es sich am **Arrecife Palancar** (Palancar-Riff) sehr gut tauchen (Palancar Gardens) und schnorcheln (Palancar Shallows).

Punta Molas RUINEN

GRATIS Weiter nordöstlich finden Traveller den einsamen Leuchtturm von Punta Molas. Weil die Anfahrt nicht gerade einfach ist, braucht man einen Geländewagen (Vorsicht wegen der Versicherung des Leihwagens!). Man muss das Auto volltanken und gut vorbereitet sein, denn hier kommen nicht viele Autos vorbei, die man zum Helfen heranwinken könnte. Rund um Punta Molas findet man einige einsame Strände und unbedeutende Maya-Ruinen. Am besten campen kann man an der hübschen **Playa Bonita**.

Aktivitäten

Tauchen

Trotz der massiven Schäden durch den Hurrikan Wilma von 2005 gehört Cozumel mit den umliegenden 65 Riffen immer noch zu den beliebtesten Tauchzielen weltweit und ist berühmt für seine Strömungstauchstellen und unberührten Korallenbänke.

Zu den besten Tauchgebieten in der Gegend zählen die **Santa Rosa Wall**, das **Punta Sur Reef**, die **Colombia Shallows** und die **Palancar Gardens**. Die Preisen variieren; in der Regel zahlt man rund 1271 Mex$ für einen Tauchgang mit zwei Druckflaschen und 5619 Mex$ für den PADI-Schein in offenen Gewässern.

Deep Blue TAUCHEN

(987-872-56-53; www.deepbluecozumel.com; Calle Salas 200) Hat sehr gute Ausrüstung, schnelle

San Miguel de Cozumel

Boote und Nitrox-Flaschen (zzgl. 130 Mex$) und bietet auch die praktische Komponente der e-learning-PADI-Zertifizierung.

Schnorcheln

Gut schnorcheln kann man im **Casitas Beach Club**, gleich nördlich von San Miguel de Cozumel und in **Dzul-Há** weiter südlich. Schnorchler müssen 20 Mex$ Parkeintritt zahlen. Die besten Schnorchelstellen erreicht man per Boot. Eine halbtägige Bootstour kostet 650 bis 780 Mex$.

Schlafen

Hostelito HOSTEL $
(987-869-81-57; www.hostelcozumel.com; Av 10 Norte, zw. Av Benito Juárez & Calle 2 Norte; B 150 Mex$, DZ/4BZ mit Klimaanlage ab 450/650 Mex$;) Der Slogan des Hostels sagt alles: erschwinglich *und* sauber. Unten gibt's einen Schlafsaal für Männer wie Frauen, große Schließfächer und blitzblanke Duschen, oben eine tolle Terrasse, Küche und Gemeinschaftsbereich sowie private Doppelzimmer bzw. große Zimmer für vier bis neun Personen.

Tamarindos B&B $$
(987-872-61-90; www.tamarindobedandbreakfast.com; Calle 4, zw. Av 20 & 25; Zi. 467–787 Mex$, Apt. 934–1067 Mex$;) Die Zimmer rund um einen grünen Garten, ein paar Blocks vom Hauptplatz entfernt, wurden von ihrem französischen Besitzer geschmackvoll und individuell dekoriert. Die Inhaber vermieten auch sehr komfortable Apartments mit voll ausgestatteter Küche in einem separaten Komplex mit großem Swimmingpool.

Guido's Boutique Hotel BOUTIQUEHOTEL $$$
(987-872-09-46; www.guidosboutiquehotel.com; Av Melgar 23, zw. Calle 6 & 8 Norte; Suite 1468–1735 Mex$;) Das Guido's direkt an der Hauptstraße mit Meerblick hat vier schicke Suiten, in denen vier bis acht Gäste unterkommen. Die geräumigen Suiten mit voll ausgestatteter Küche, Gemeinschaftsbereich

San Miguel de Cozumel

Sehenswertes
1 Museo de la Isla de Cozumel C2

Aktivitäten, Kurse & Touren
2 Deep Blue C3

Schlafen
3 Guido's Boutique Hotel C1
4 Hostelito C2
5 Tamarindos D3

Essen
6 El Coffee Cozumel B3
7 El Foco B3
8 Kinta C2
9 Los Dorados de Villa C3
10 Mercado Municipal C4

und eigenem Balkon sind ideal für Familien und Gruppen. Die Inhaber betreiben auch das italienische Restaurant unten.

Ventanas al Mar HOTEL $$$
(www.ventanasalmarcozumel.com; Carretera Costera Oriente, Km 43,5; Zi./Suite inkl. Frühstück 1430/2400 Mex$; P, WLAN) Wer dem Trubel entfliehen will, ist im einzigen Hotel im Osten der Insel genau richtig. Die Zimmer sind groß, schlicht und frisch – auch ohne Klimaanlage, denn die kräftige Meeresbrise reicht aus. Wer abends nicht im Hotelrestaurant essen will, muss in die Stadt fahren, denn die Restaurants hier im Osten der Insel sind abends geschlossen. Es gibt kein Telefon.

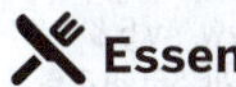

Essen

Das billigste Essen bekommt man an den kleinen *loncherías* (Imbissbuden) neben dem **Mercado Municipal** (Calle Salas, zw. Av 20 & 25 Sur; 7–16 Uhr).

El Coffee Cozumel CAFÉ $
(Ecke Calle 3 Sur & Av Melgar; Sandwiches & Frühstück ab 55 Mex$; 7–23 Uhr;) Dank der verführerischen Auswahl von Backwaren, guten Mittagsmenüs und dem besten Kaffee auf der Insel ist dieses Café bei Einheimischen und Besuchern beliebt.

El Foco TAQUERÍA $
(Av 5 Sur, zw. Salas & 3 Sur; Hauptgerichte 50–100 Mex$; 17–1 Uhr) Wer spätabends plötzlich Lust auf Tacos verspürt, wird hier sehr zufrieden sein.

Kinta MEXIKANISCH $$
(987-869-05-44; www.kintacozumel.com; Av 5 Norte; Hauptgerichte 120–195 Mex$; Di–So 17.30–23 Uhr) Die Gourmetversionen typisch mexikanischer Gerichte machen dieses schicke Bistro zu einem der besten Restaurants der Insel. Die gegrillten Muscheln und Shrimps mit Tomaten-Mais-Salsa und Pesto aus Mexikanischem Koriander sind lecker – umso mehr, wenn man sie im Garten isst.

Los Dorados de Villa MEXIKANISCH $$
(987-872-01-96; Calle 1 Sur; Hauptgerichte 80–150 Mex$; 8–23 Uhr;) Das Restaurant fast am Rand der Plaza hat sich auf die Küche des Distrito Federal (Mexico City und Umgebung) spezialisiert, bietet aber auch eine große Auswahl mexikanischer Gerichte, darunter Meeresfrüchte, Fleischspeisen und Vegetarisches. Die Spinat-Crêpes sind großartig, ebenso wie die Gratis-Pommes.

Praktische Informationen

Geldautomaten, Banken und Internetcafés gibt's an der Plaza.

Clínica Médica Hiperbárica (Überdruckkammer; 987-872-14-30; Calle 5 Sur, zw. Av Melgar & 5 Sur)

Post (Ecke Calle 7 Sur & Av Melgar Sur; Mo–Sa 9–16.30 Uhr)

Touristeninformation (987-869-02-11; Plaza del Sol, 2. Stock; Mo–Fr 8–15 Uhr) Hier bekommt man Karten und Reisebroschüren.

An- & Weiterreise

FLUGZEUG

Der Flughafen liegt 2 km nordöstlich von San Miguel – von der Av Melgar den Schildern folgen! Einige Fluglinien haben Direktflüge aus den USA; Flüge ab Europa gehen in der Regel über die USA oder Mexico City. Interjet (S. 287) fliegt nach Mexico City und MayAir (S. 287) nach Cancún, Mérida, Villahermosa und Veracruz.

SCHIFF/FÄHRE

Personenfähren von México Waterjets (S. 301) und **Ultramar** (www.granpuerto.com.mx) verkehren zwischen Cozumel und dem Zentrum von Playa del Carmen (einfache Strecke 155 Mex$). Normalerweise fahren Personenfähren je nach Saison zwischen 6 und 24 Uhr stündlich von und nach Cozumel.

Transbordadores del Caribe (987-872-76-88; www.transcaribe.net) Betreibt Autofähren vom Hafen in Calica (offiziell als Terminal Marítima Punta Venado bezeichnet), gleich südlich von Playa del Carmen, nach Cozumel. Die Fahrpläne sind nicht gerade in Stein gemeißelt, aber derzeit verkehren zwischen Cozumel und Calica montags bis samstags von 6 bis 20.30 Uhr vier Autofähren und sonntags zwei (Auto/Van inkl. Fahrer 781/1245 Mex$).

SÜDLICH VON PLAYA DEL CARMEN

Südlich von Playa del Carmen gibt es mehrere Küstendörfer, die einen Besuch wert sind. Sie sind alle eher edel und bieten spektakuläre Tauch- und Schnorchelstellen sowie einige sagenhafte Strände. Eine Auswahl:

Rancho Punta Venado (☎998-887-11-91; www.puntavenado.com; Reiten ab 1200 Mex$; ⏰8–17 Uhr) Eine ideale Anlaufstelle für Reitbegeisterte 5 km südlich von Xcaret.

Paamul Der versteckte Strand 17 km südlich von Playa del Carmen ist bei Travellern mit Wohnmobilen, Meeresschildkröten und Tauchern gleichermaßen beliebt. Das **Paamul Hotel** (☎984-875-10-50; www.paamul.com; Carretera Cancún-Tulum, Km 85; Stellplatz/Cabaña 600/1300 Mex$, Zi. ab 1600 Mex$; P ❄ 🏊) bietet Unterkunft und Tauchtouren.

Xpu-Há Ein netter Strand 38 km südlich von Playa del Carmen.

Tankah Ein paar Kilometer südlich der Ausfahrt Punta Solimán vom Hwy 307 liegt diese idyllische Strandgemeinde. Weitere Infos gibt's unter www.tankah.com.

Xcacel-Xcacelito Nur 3 km nördlich von Xel-Há liegt der wichtigste Niststrand für Schildkröten im ganzen Bundesstaat. Hier kann man Freiwilligenarbeit bei **Fauna y Cultura de México** (☎984-871-52-44; www.florafaunaycultura.org) leisten oder einfach nur schnorcheln und die schönen Cenotes genießen.

Bahías de Punta Solimán Die traumhaften Buchten gehören zu schicken Privathäusern, die man mieten kann – gute Angebote gibt's unter www.locogringo.com.

Man muss sich mindestens eine Stunde vor Abfahrt (je früher, desto besser) anstellen.

ℹ Unterwegs vor Ort

AUTO & MOTORRAD

Es gibt viele Autovermieter rund um den Hauptplatz von San Miguel. Bis um die Hälfte günstiger ist es aber bei Anbietern zwischen dem Anleger und den Rändern der Touristenzone. Die Preise beginnen bei rund 500 Mex$ inklusive allem; von Ende Dezember bis Januar zahlt man allerdings mehr. Alle Mietverträge sollten automatisch eine Haftpflichtverpflichtung *(daños a terceros)* enthalten, die etwa 150 Mex$ pro Tag kostet. Für eine Unfallversicherung zahlt man normalerweise für die billigsten Fahrzeuge rund 150 Mex$ bei einer Selbstbeteiligung von 5000 Mex$.

Motorräder scheint derzeit niemand zu vermieten, aber **Shark Rider** (Av 5 Norte, zw. Av Benito Juárez & Calle 2 Norte; Mountainbike/Rennrad/Motorroller pro Tag 130/195/250 Mex$; ⏰8–19 Uhr) und viele andere Anbieter haben Motorroller. Es besteht Helmpflicht, und die wird auch durchgesetzt.

Rentadora Isis (☎987-872-33-67; rentadora isis@prodigy.net.mx; Av 5 Norte, zw. Calle 2 Norte & 4 Norte; ⏰8–18.30 Uhr) Ein ziemlich fairer Laden mit Autos in gutem Zustand. Einen VW-Käfer gibt es für rund 400 Mex$ pro Tag, mit kleinen saisonalen Schwankungen.

VOM/ZUM FLUGHAFEN

Der Flughafen liegt ungefähr 2 km nordöstlich vom Ort. Vom Flughafen in den Ort kann man ein *colectivo* (ca. 95 Mex$, zu den Hotels südlich vom Ort etwas teurer) nehmen, für die Rückfahrt zum Flughafen bleibt aber nur das Taxi (vom Ort 180 Mex$, von den Hotels im Süden bis zu 300 Mex$).

FAHRRAD

Die Leihgebühr für ein Fahrrad beträgt normalerweise rund 120 Mex$ pro Tag (abhängig von der Saison). Mit dem Rad lassen sich prima die nördlichen und südlichen Strände im Westen der flachen Insel Cozumel erkunden. **Sol y Mar** (☎987-869-05-45; 2 Calle Norte zw. Av 5 & 10) hat eine anständige Auswahl. Die separate Fahrrad-/Mofaspur der Carretera a Chankanaab wird häufig von Autos befahren – gesteuert teils von verwirrten Touristen, teils von ungeduldigen Taxifahrern. Vorsicht ist also geboten.

TAXI

Ein Taxi in und rund um den Ort kostet 45 Mex$ pro Fahrt, zum Hotelgebiet 90 Mex$ und Tagestouren über die Insel 800 bis 1200 Mex$. Gepäck wird manchmal extra berechnet.

Akumal

☎984

Akumal (der Ort der Schildkröten) ist berühmt für seinen schönen Strand und die große, zum Baden geeignete Lagune. Einige Meeresschildkröten kommen jeden Sommer tatsächlich, um am Strand ihre Eier abzulegen, wegen der sich ausbreitenden Feriensiedlungen werden es aber von Jahr zu Jahr weniger. Akumal ist eines der ältesten Urlaubsgebiete auf der Halbinsel Yucatán und besteht hauptsächlich aus teuren Hotels, Eigentumswohnungen und (überwiegend von US-Amerikanern und Kanadiern bewohnten) Ferienhaussiedlungen an vier aufeinander folgenden Buchten mit breiten Stränden und einer Gesamtlänge von ca. 5 km. Alle Sehenswürdigkeiten und Einrichtungen erreicht man, wenn man vom Highway Richtung Süden die erste Ausfahrt, Playa Akumal, nimmt.

Sehenswertes & Aktivitäten

Obwohl sich das Wachsen der Bevölkerung negativ auf die Riffe auswirkt, die sich vor Akumal erstrecken, bleibt Tauchen die Hauptattraktion in dem Gebiet.

Centro Ecológico Akumal MUSEUM
(984-875-90-95; www.ceakumal.org; Mo–Fr 9–13 & 14–18 Uhr; P) GRATIS Mehr über die Ökologie der Gegend erfährt man hier. Das Zentrum an der Ostseite der Straße am Ortseingang zeigt einige Exponate zum Riff und zu den Schildkröten. Wer über 21 Jahre alt ist, kann an sechs- bis zwölfwöchigen Freiwilligenprogrammen (3000–20 500 Mex$/Monat inkl. Unterkunft) teilnehmen.

Laguna Yal-Kú SCHWIMMEN
(Erw./Kind 4–12 Jahre 153/115 Mex$; 9–17 Uhr;) Die schöne, felsige Lagune 2 km nördlich vom Zugang zur Playa Akumal erstreckt sich über rund 500 m bis ans Meer und ist zweifellos eines der Highlights in der Gegend. In ihr leben große Schwärme bunter Fische, und gelegentlich verirrt sich auch eine Schildkröte hinein. Am Ufer befindet sich ein geschmackvoller Skulpturengarten.

Inklusive ist die Nutzung der Duschen, Parkplätze und Toiletten; Schließfächer kosten extra (39 Mex$). Schnorchelausrüstung und Schwimmwesten kann man mieten (je 64 Mex$). Ein Taxi vom Playa-Akumal-Eingang bis zur Lagune kostet rund 90 Mex$.

Akumal Dive Shop TAUCHEN
(984-875-90-32; www.akumaldiveshop.com; Tauchgang mit 1/2 Flaschen 700/1160 Mex$, Angeln 2000–2670 Mex$/Boot) Am Ortseingang; Ausflüge zum Tauchen und Hochseefischen, Schnorcheltrips zum Riff und zu Stränden, die per Auto nicht erreichbar sind (534 Mex$).

Schlafen & Essen

Eine Menge zur Vermietung stehender Ferienhäuser findet man unter www.akumal vacations.com.

Direkt vor dem Zugang zur Playa Akumal gibt es zwei Minimärkte mit einer guten Auswahl preiswerter Lebensmittel. Im **Turtle Bay Café** (8–23.30 Uhr), gleich nördlich vom Eingang, gibt's diverse ausländische Speisen. Auf der anderen Straßenseite bietet die **Lonchería Akumalito** (Sandwiches & Hauptgerichte 50–110 Mex$; 7–21 Uhr) gutes und billiges mexikanisches Essen.

Hotel Maria José HOTEL $
(984-802-72-02; Zi. mit Ventilator/Klimaanlage 250/400 Mex$;) Budgettraveller haben in Akumal keine große Auswahl. Dieses familienbetriebene Hotel gegenüber vom Highway in Akumal Pueblo (vom Strand rund 10 Min. zu Fuß bzw. mit dem Taxi 35 Mex$) hat karge, aber saubere Zimmer.

Vista del Mar HOTEL $$$
(984-875-90-60; www.akumalinfo.com; Zi. ab 1376 Mex$, Apt. 2900 Mex$; P) Die Unterkünfte in Akumal sind meist recht teuer, doch dieses Hotel bietet kompakte, nette Zimmer mit Balkon, Strandblick und Patio zu vernünftigen Preisen. Die geräumigeren Apartments mit zwei Schlafzimmern eignen sich gut für Familien und Kleingruppen. Verleiht auch Fahrräder (20 Mex$/Std.).

An- & Weiterreise

Die meisten Busse der 2. Klasse (20 Mex$) und *colectivos* (25 Mex$) zwischen Tulum und Playa del Carmen setzen die Leute am Highway ab, von wo aus es etwa 800 m bis zum Ortseingang sind.

Tulum

984 / 28 000 EW.

Mit weichem Sand, jadegrünem Wasser, milder Brise und strahlender Sonne ist Tulum einer der besten Strände in Mexiko. Wo sonst gibt es all dies und dazu noch eine spektakuläre Maya-Ruine? Hinzu kommen noch Cenotes, exzellente Tauch- und Schnorchelstellen sowie eine Vielfalt an Unterkünften und Restaurants für jeden Geldbeutel.

Der einzige große Nachteil: Das Ortszentrum, in dem sich die wirklich billigen Lokale und Unterkünfte befinden, liegt direkt am Highway und wirkt daher eher wie eine Autobahnraststätte als wie ein tropisches Paradies. Die Zona Hotelera am Wasser ist da viel reizender. Aber egal, wo man absteigt, Cobá im Westen und die große Reserva de la Biosfera Sian Ka'an im Süden lassen sich leicht im Rahmen von Tagesausflügen besuchen.

Geschichte

Die meisten Archäologen glauben, dass Tulum erst während der späten postklassischen Periode (1200–1521) besiedelt und in seiner Blütezeit eine wichtige Hafenstadt war, von der aus die Maya die Küstengewässer bis hinunter nach Belize Handelsfahrten unternahmen. Als Juan de Grijalva 1518 an der Stadt vorbeisegelte, war er von ihren Mauern, den leuchtend rot, blau und gelb getünchten Häusern und dem Zeremonialfeuer beeindruckt, das auf dem Wachturm am Meer brannte.

Die Schutzmauern, die Tulum von drei Seiten umgeben (die vierte grenzt ans Meer) belegen die strategische Bedeutung der Stadt als Festung. Die Mauern sind meterdick und 3 bis 5 m hoch; sie schützten die Stadt in einer Zeit, die von bewaffneten Auseinandersetzungen zwischen den Maya-Stadtstaaten geprägt war. Die Mauern umgaben aber nicht die gesamte Stadt: Die meisten Einwohner lebten vor ihren Toren, während die herrschende Klasse wohl in den Zeremonialgebäuden und Palästen im Zentrum hauste.

Die Stadt wurde ungefähr 75 Jahre nach der spanischen Eroberung verlassen und war damit eine der letzten antiken Städte, die aufgegeben wurden – die meisten anderen waren schon lange vor Ankunft der Spanier der Natur überlassen worden. Aber auch später noch kamen Maya-Pilger hierher, und während des Kastenkriegs versteckten sich indigene Flüchtlinge in den Ruinen.

„Tulum" ist das Maya-Wort für „Mauer"; die Einwohner nannten die Stadt Zama („Morgendämmerung"). Der Name Tulum scheint auf die Forscher des frühen 20. Jhs. zurückzugehen.

Sehenswertes

Ruinen von Tulum RUINEN

(Eintritt 57 Mex$; 8–17 Uhr; P) Die Ruinen von Tulum thronen über der zerklüfteten Küste mit tollem Strand und türkisem Wasser – das ist so schön, dass man sich kaum losreißen kann. Zugegeben, die Ruinen sind von bescheidener Größe und können sich mit ihrer Gestaltung im späten postklassischen Stil kaum mit den früheren, grandioseren Projekten messen – dennoch dürften die Maya hier bei jedem Sonnenaufgang den Atem angehalten haben. Das Tulum von heute wächst rasant: Seit 2006 hat sich Einwohnerzahl mehr als verdoppelt, und nichts deutet darauf hin, dass das Wachstum nachlässt.

Tulum ist ein wichtiges Ziel größerer Reisegruppen. Um die Ruinen richtig genießen zu können, ohne sich als Teil der Herde zu fühlen, kommt man am besten frühmorgens oder am späten Nachmittag. Parkplätze kosten 60 Mex$ für Autos und 120 Mex$ für Kleinbusse und Pick-ups. Für 20 Mex$ bringt einen ein Zug vom Eingang zum Kartenschalter; man kann die 300 m aber auch laufen. Die Taxifahrt aus der Stadt kostet 50 Mex$; man wird an der alten Zufahrtsstraße abgesetzt, von wo aus es zu Fuß noch etwa 800 m bis zum Kartenschalter sind. Es gibt noch einen zweiten, weniger benutzten Fußgängereingang im Süden, der von der Strandstraße aus zu erreichen ist.

Erkundung der Ruinen

Besucher müssen sich an die vorgegebene Route rund um die Ruinen halten. Vom Kartenschalter läuft man Richtung Norden die gewaltige **Stadtmauer** von Tulum entlang, die von Nord bis Süd ungefähr 380 m und an beiden Seiten 170 m lang ist. Der **Turm** an der Ecke, etwa bei der Hälfte der Mauer, galt früher als Wachturm; heute glauben manche, er sei ein Schrein gewesen. Hinter der Ecke betritt man durch eine Bresche in der Nordmauer die Stätte.

Nach Betreten der Anlage läuft man Richtung Osten zur **Casa del Cenote**, die nach dem kleinen Teich an ihrem südlichen Sockel benannt ist. Manchmal sieht man

Ruinen v. Tulum

kleine, silbrige Fische in dem trüben Wasser glitzern. In der Casa wurde ein kleines Grabmal gefunden. Weiter südlich kommt man zur Klippe mit dem **Templo del Dios del Viento** (Tempel des Windgotts), der zur Zeit unserer Recherchen gesperrt war. Von hier hat man die beste Sicht auf El Castillo mit dem darunter liegenden Meer.

Unter dem Windgott-Tempel befindet sich ein hübscher, kleiner **Strand** (bei unserem letzten Besuch ebenfalls gesperrt). Weiter geht's westwärts zur **Estructura 25**, auf deren erhöhter Plattform ein paar interessante Säulen stehen. Über dem Hauptportal (an der Südseite) befindet sich ein schöner Stuckfries des Herabsteigenden (oder Tauchenden) Gottes. Die mit dem Kopf nach unten schwebende, halbmenschliche Gestalt findet man auch anderswo in Tulum, in Cobá und in mehreren Stätten an der Ostküste. Sie mag der Verehrung der Maya für Bienen (und Honig) geschuldet sein und stellt vielleicht eine Biene dar, die Nektar aus einem Blütenkelch saugt.

Südlich von Estructura 25 steht **El Palacio**, der wegen seiner Verzierung mit x-förmigen Figuren über den Traufen bemerkenswert ist. Von hier geht's ostwärts zum Wasser zurück und um die äußere Einfassung des zentralen Tempelbezirks herum (links halten!). Auf der Rückseite bietet sich ein schöner Blick aufs Meer. Wenn man sich an der Südseite wieder landeinwärts wendet, kann man den Komplex durch einen Kragbogen hinter dem restaurierten **Templo de la Estela** (Stelentempel) betreten. Dieser Tempel wird auch als „Tempel der Anfangsreihe" bezeichnet, da die heute im Britischen Museum aufbewahrte Stele 1 hier gefunden wurde. Auf ihr findet sich ein Maya-Datum, welches dem Jahr 564 n. Chr. entspricht (die „Anfangsreihe" von Hieroglypheninschriften der Maya gibt das Datum an). Archäologen waren zunächst verblüfft, denn das Datum liegt mehrere Jahrhunderte vor dem Zeitpunkt der mutmaßlichen Besiedlung von Tulum. Man erklärt sich den Fund so, dass Stele 1 aus Tankah, einer 4 km nördlich gelegenen Siedlung aus der Zeit der Klassik, nach Tulum gebracht wurde.

Im Zentrum des Komplexes kann man Tulums höchstes Gebäude bewundern, einen Wachturm, den die Spanier passend als **El Castillo** (die Burg) bezeichneten. Bemerkenswert sind der Herabsteigende Gott in der Mitte der Fassade und die Kukulkan-Darstellungen (gefiederte Schlangen) an den Ecken, deren toltekischer Stil an den von Chichén Itzá erinnert. Nördlich vom Castillo steht der kleine, schiefe **Templo del Dios Descendente**, der nach dem Relief über der Tür benannt ist. Südlich vom Castillo führen Stufen hinab zu einem (meistens stark bevölkerten) Badestrand.

Nach dem Bad geht es weiter nach Westen in Richtung Ausgang zum zweistöckigen **Templo de las Pinturas**, der in mehreren Etappen zwischen 1400 und 1450 erbaut wurde. Von den Tempeln Tulums war er mit Reliefmasken und bunten Wandmalereien an den Innenwänden besonders aufwendig dekoriert. Die Wandmalereien wurden zwar teilweise restauriert, sind aber dennoch kaum zu erkennen. Dieses Bauwerk war vielleicht das letzte, welches die Maya vor der spanischen Eroberung errichteten, und mit seinen Säulen, Reliefs und dem zweistöckigen Aufbau ist es wohl das interessanteste der hiesigen Ruinenstätte.

Aktivitäten

Direkt vom Strand aus zu schnorcheln oder zu schwimmen, ist möglich und macht Spaß. Man muss aber auf den Bootsverkehr achten (das Setzen einer Tauchflagge ist angebracht), weil der Abschnitt zwischen dem Strand und dem Riff vor der Küste von Taucher- und Fischerbooten befahren wird.

Dive Tulum TAUCHEN
(☎984-876-23-67; www.divetulum.com; Carretera Tulum-Boca Paila, km 8,5) Bietet Cenote- und Rifftauchen sowie regelmäßige Schnorcheltrips (325 Mex$).

Kurse

Yoga Shala Tulum YOGA
(☎Handy 984-1418116; www.yogashalatulum.com; Carretera Tulum–Punta Allen, Km 8,4) Rund 8 km südlich der T-Kreuzung in der Zona Hotelera bietet Shala Tulum täglich Yogakurse (200 Mex$). Die Wochenkarte (670 Mex$) ist ein gutes Angebot für ganz Eifrige – man kann damit an jedem beliebigen oder an allen der 17 Kurse pro Woche teilnehmen.

Geführte Touren

Community Tours Sian Ka'an ÖKOTOUR
(Karte S. 310; ☎984-871-22-02; www.siankaantours.org; Ecke Osiris & Sol; ⏲Büro 7–20 Uhr) Die Touren in die wunderbare Reserva de la Biosfera Sian Ka'an führen zu verschiedenen antiken Maya-Stätten, darunter auch zur südlich von Tulum gelegenen archäolo-

Tulum

0 500 m
N
Gran Cenote (3 km); Cobá (44 km)
Ruinen von Tulum (300 m)
Ruinen von Tulum (700 m)
TULUM
Av Tulum
Av Cobá
Alfa
Orión
Beta
Osiris
Afa
Jupiter
Polar
Acuario
Haupt-Plaza
Calle Andromeda
Oriente
Sol
Centauro
Satelite
Zona Hotelera
KARIBISCHES MEER
1
2
3
4
5
6
7
A B C D E F G

Tulum

Aktivitäten, Kurse & Touren

Schlafen

Essen

gischen Stätte Muyil. Das nachhaltige Tourismusprojekt wird von Einheimischen aus Maya-Gemeinden betrieben.

Schlafen

Tulum Pueblo

Das manchmal als Tulum Pueblo bezeichnete Zentrum erstreckt sich südwestlich der Cobá-Kreuzung beiderseits der Fernstraße (im Ort Avenida Tulum). Von hier sind es mindestens 3 km bis zum Strand, aber es existieren genügend Transportmöglichkeiten. Wer Sand und Wellen lieber direkt vor der Haustür hat, wohnt besser in der Zona Hotelera.

Weary Traveler HOSTEL $
(Karte S. 310; ☎ 984-871-23-90; www.wearytravelerhostel.com; Av Tulum, Tulum Pueblo; B/Zi. inkl. Frühstück ab 150/350 Mex$;) Das für sein großes Frühstück und den herrlichen Innenhof mit Hängematten und Picknicktischen bekannte Weary Traveler ist spitze, um Freunde zu treffen. Das Hostel hat sogar eine eigene Bar und betreibt ein Shuttle zum Strand (15 Mex$). Keine Angst vor dem elektronischen Check-in – normalerweise ist immer jemand da, der einem helfen kann.

Secret Garden HOTEL $$
(Karte S. 310; ☎ Handy 984-1578001; www.secretgardentulum.com; Ecke Acuario & Sagitario; Zi. 670–936 Mex$;) Das Hotel abseits der Hauptstraße in einem Wohngebiet bietet rustikale Zimmer mit Ventilator und stilvollen strohgedeckten Dächern sowie etwas komfortablere klimatisierte Wohneinheiten. Der schattige, üppig grüne und von Gezwitscher erfüllte Garten ist herrlich und ruhiger, als man es im Zentrum vermuten würde.

Hotel Posada 06 BOUTIQUEHOTEL $$$
(Karte S. 310; ☎ Handy 984-1166757; www.posada06tulum.com; Calle Andromeda Oriente 17; Zi./Suite 1471/1740 Mex$;) Polierter Beton und Designermöbel bestimmen das Bild im wohl schicksten Hotel im Pueblo. Die Zimmer liegen um einen charmanten, kleinen Hof mit einem ungewöhnlichen Pool, der sich um einen großen Baum herumwindet.

Zona Hotelera

Biegt man vom Highway an der Cobá-Kreuzung ab, gelangt man nach etwa 3 km zur Küstenstraße, die die Zona Hotelera erschließt. Der Abschnitt mit Unterkünften am Ufer erstreckt sich südlich der Ruinen über mehr als 10 km. Die Straße führt schließlich in die Reserva de la Biosfera Sian Ka'an und setzt sich rund 50 km über Boca Paila hinaus bis nach Punta Allen fort. Die besten Unterkünfte liegen alle an der Strandseite der Küstenstraße.

Chavez Camping CABAÑAS $
(Carretera Tulum-Boca Paila, Km 9; Stellplatz/Zelt pro Pers. 90/130 Mex$, Hütte 300–400 Mex$) Das schlichte, etwas abgedrehte Camp ist so etwas wie die letzte Bastion der Hippies am Strand von Tulum. Es gibt eine Gemeinschaftsküche, Zugang zum Strand, viel Traveller-Stimmung (z. B. Trommelkreise) und zwei knarrende alte Holzhütten, die davon zeugen, wie es hier vor nicht gar zu langer Zeit zuging.

Diamante K CABAÑAS $$
(Karte S. 310; ☎ 984-876-21-15; www.diamantek.com; Carretera Tulum-Boca Paila, Km 2,5; Hütte mit/ohne Bad ab 1100/400 Mex$;) Tolle Mittelklasse-Option am Strand. Die Hütten reichen von billig-rustikal bis zu rustikal-schick. Die Hütten mit Bad unterscheiden sich sehr in Größe und Gestaltung – wenn möglich, erst ein paar anschauen!

Ahau Tulum CABAÑAS $$
(☎ 984-144-33-48; www.ahautulum.com; Carretera Tulum-Boca Paila, Km 7,5; EZ/DZ ohne Bad 521/909 Mex$, Suite 3344–5485 Mex$;) Hier gibt's eine Top-Zimmerauswahl. Die Einzelzimmer sind nichts Besonderes, aber alles darüber bietet eine sanfte, rustikale Atmosphäre. Die mit Gespür fürs Detail (z. B. mit Ventilatoren *innerhalb* des Moskitonetzes) gestalteten Suiten haben eine tolle Lage am Strand und niedliche Balkone direkt über dem Sand. Die Hütten mit Gemeinschaftsbad befinden sich hinter dem Strand.

Zulum HOTEL $$$
(☎ Handy 984-1576633; www.zulumhotels.com; Carretera Tulum-Boca Paila, Km 6,5; Zi.

1690–2860 Mex$; 📶) Eine Mischung aus entspanntrustikalem Charme und hippem Styling – darauf versteht man sich in Tulum am besten. Die Zimmer am Strand sind die schönsten, aber auch alle anderen sind gut. Obendrein gibt's noch ein Restaurant mit Bar direkt am Strand.

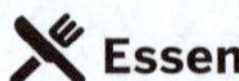

Essen

Die meisten Restaurants befinden sich in Tulum Pueblo. Wer in der Zona Hotelera gut essen will, geht in eines der Hotels.

★El Camello SEAFOOD **$$**
(Karte S. 310; Av Tulum, Ecke Av Kukulcán; Hauptgerichte 90–150 Mex$; ⏲Mo, Di & Do–Sa 10.30–21, So bis 18 Uhr) Das von einer örtlichen Fischergenossenschaft gegründete El Camello ist eine ungemein beliebte Raststätte mit garantiert frischen Fisch- und Meeresfrüchtegerichten. Die Einheimischen schauen nicht mal mehr auf die Karte – hier dreht sich alles um Fisch und Ceviche mit diversen Meeresfrüchten (in Zitrone oder Zitronensaft, Knoblauch und Gewürzen mariniert).

Le Bistro FRANZÖSISCH **$$**
(Karte S. 310; Centauro, zw. Av Tulum & Calle Andromeda Oriente; Hauptgerichte 90–140 Mex$; ⏲So–Fr 8–23.30 Uhr) Einfache, elegant zubereitete französische Speisen zu exzellenten Preisen. Meeresfrüchte sind stark vertreten auf der Karte, aber es gibt auch Steaks, Hühnchen und leckere Baguettes.

Hartwood FUSION **$$$**
(www.hartwoodtulum.com; Carretera Tulum-Boca Paila, Km 7,6; Hauptgerichte 280 Mex$; ⏲Mi–So 18–22 Uhr) Das nette, schlichte Nouveau-Cuisine-Restaurant befindet sich 3,5 km südlich der T-Kreuzung direkt an der Strandstraße. Die Zutaten sind frisch und kommen aus der Region, die Rezepte und Zubereitung sind international. Die Auswahl ist klein und ändert sich täglich. Dank der offenen Küche und des schlichten Dekors ist man hier voll aufs Kulinarische konzentriert.

ℹ Praktische Informationen

In Tulum Pueblo gibt's öffentliche Telefone der Telmex, Internetcafés, zahlreiche Wechselstuben, ein paar Geldautomaten, zwei **HSBC-Bankfilialen** (Av Tulum btwn Afa & Osiris; ⏲Mo–Sa 8–17 Uhr) und eine **Post** (Karte S. 310; Ecke Orión & Venus; ⏲Mo–Fr 9–15.30 Uhr).

ℹ An- & Weiterreise

Der Busbahnhof (Karte S. 310; Av Tulum) befindet sich am südlichen Ende von Tulum Pueblo. Bei der Abreise kann man auch an der Crucero Ruinas (an der nördlichen Zufahrt nach Tulum am Hwy 307) auf die Intercity-Busse und die *colectivos* nach Playa del Carmen warten.

Wer nach Valladolid will, sollte darauf achten, dass der Bus die kurze Strecke über Chemax und nicht die über Cancún fährt. *Colectivos* verkehren von der Avenida Tulum nach Playa del Carmen (35 Mex$, 45 Min.) und Punta Allen (220 Mex$, 4 Std., 14 Uhr). *Colectivos* nach Felipe Carrillo Puerto (50 Mex$, 1 Std.) starten unmittelbar südlich vom Hostel Weary Traveler.

ℹ Unterwegs vor Ort

Abgesehen von den Shuttles der Hostels gibt's keine *colectivos* zum Strand. Man muss trampen, ein Taxi nehmen, radeln oder laufen – und das kann bei der Hitze sehr anstrengend sein.

Mit dem Fahrrad kommt man gut herum; manche Hotels verleihen kostenlos Räder an ihre Gäste. **Cabañas Punta Piedra** (Carretera Tulum–Punta Allen, Km 5,2) vermietet Fahrräder (120 Mex$/Tag) und Mofas (450 Mex$/Tag).

BUSSE AB TULUM

ZIEL	PREIS (MEX$)	DAUER	HÄUFIGKEIT (TÄGL)
Cancún	88–104	2 Std.	ADO regelm.
Chetumal	204-248	3½–4 Std.	ADO & Mayab regelm.
Chichén Itzá	148-158	3½ Std.	ADO 2-mal, 2.Klasse 15.30 Uhr
Cobá	48-60	45 Min.	ADO 2-mal & Mayab 2-mal
Felipe Carrillo Puerto	62-90	1½ Std.	ADO & Mayab regelm.
Mérida	182-290	4 Std. (2.Klasse dauert viel länger)	ADO & Mayab regelm.
Playa del Carmen	35-72	1 Std.	ADO & Mayab regelm.
Valladolid	83-90	2 Std.	ADO & Mayab regelm.

Es existieren zwei Taxistände in Tulum Pueblo, der eine befindet sich südlich vom Busbahnhof und hat eine ausgehängte Preisliste, der andere ist vier Blocks weiter nördlich auf der anderen Straßenseite. Die Taxipreise sind festgelegt und sehr niedrig (Fahrt zu den Ruinen 45 Mex$). Um zu den meisten genannten *cabañas* zu kommen, zahlt man jeweils zwischen 60 und 80 Mex$.

Rund um Tulum

Gran Cenote

Etwas mehr als 3 km hinter Tulum auf dem Weg nach Cobá liegt der **Gran Cenote** (Hwy 109; Tauchen 120 Mex$; ⌚8–18 Uhr), ein lohnender Zwischenstopp auf dem Weg zu den Ruinen von Cobá, besonders an einem heißen Tag. Man kann inmitten von kleinen Fischen schnorcheln und in den Höhlen Unterwasserformationen erkunden, wenn man seine eigene Ausrüstung mitbringt. Ein Taxi ab dem Zentrum von Tulum kostet rund 50 Mex$ (einfache Strecke), man kann aber auch leicht mit dem Rad hinfahren.

Cobá

☎984 / 1300 EW.

Cobá wirkt ein wenig wie die Kreuzung eines Amsterdamer Fahrradwegs mit der Kulisse von *Jäger des verlorenen Schatzes*. Die verlassene Stadt liegt tief im Urwald, und viele der Ruinen müssen noch ausgegraben werden. Man wandert (oder radelt) über uralte *sacbeob* (mit Steinen gepflasterte Zeremonialstraßen – *sacbeob* ist der Plural des Maya-Worts *sacbé*), erklimmt von Weinranken überwucherte Erdhügel und genießt von der Spitze des Nohoch Mul die spektakuläre Aussicht auf den umliegenden Urwald. Westlich der Ruinen hat sich rund um den See eine kleine Ortschaft entwickelt.

Geschichte

Cobá wurde viel früher besiedelt als Chichén Itzá und Tulum; die Bautätigkeit erreichte ihren Höhepunkt zwischen 800 und 1100 n. Chr. Archäologen glauben, dass die Stadt einst ein Gebiet von 50 km² umfasste, in dem 40 000 Menschen lebten.

Cobás Architektur ist rätselhaft: Die Pyramiden und Stelen erinnern an das Hunderte Kilometer entfernte Tikal und nicht an die viel näheren Städte wie Chichén Itzá.

Einige Archäologen glauben, dass durch Ehen eine Allianz mit Tikal gestiftet wurde, um den Handelsaustausch zwischen den guatemaltekischen und yukatekischen Maya zu erleichtern. Auf den Stelen sind offenbar Herrscherinnen aus Tikal dargestellt, die Zeremonialstäbe in Händen halten und ihre Macht demonstrieren, indem sie auf Gefangenen stehen. Bei ihrer Eheschließung mit den Herrschern Cobás könnten diese adligen Frauen ihre eigenen Architekten und Kunsthandwerker mitgebracht haben.

Verblüfft sind die Archäologen auch über das große Netz von *sacbeob* in der Region um Cobá. Der längste *sacbé* erstreckt sich über fast 100 km vom Fuß der großen Pyramide Nohoch Mul in Cobá bis zu der Maya-Siedlung Yaxuna. Insgesamt führten rund 40 *sacbeob* durch Cobá; sie waren Teil der großen astronomischen „Zeitmaschine", die es in jeder Maya-Stadt gab.

Sehenswertes

Ruinen von Cobá ARCHÄOLOGISCHE STÄTTE

(www.inah.gob.mx; Eintritt 57 Mex$, Führer 500–750 Mex$; ⌚8–17 Uhr; P) Diese Stätte findet man am Ende der Straße an der südwestlichen Ecke der Laguna Cobá. Auf dem Parkplatz kann man sein Auto für 40 Mex$ abstellen. Man muss darauf eingestellt sein, auf den Wegen mehrere Kilometer zu Fuß unterwegs zu sein – je nachdem, wie viel man sehen will. Wer nach 11 Uhr kommt, dürfte sich wie in einer Herde vorkommen.

Ein kurzes Stück hinter dem Eingang, an der Grupo Cobá, werden Fahrräder vermietet (35 Mex$/Tag). Diese dürfen nur innerhalb der Anlage benutzt werden. Sie sind praktisch, wenn man auch in die entfernteren Ecken und Winkel vordringen will. Außerdem kann man sich beim Radeln zur Abkühlung den Wind um die Nase wehen lassen. Wenn allerdings viele Menschen hier unterwegs sind, ist es vermutlich besser, zu Fuß zu gehen. Fahrradrikschas (2 Pers. & Fahrer für 2 Std. 170 Mex$) sind eine weitere beliebte Alternative für müde oder bewegungseingeschränkte Traveller.

Insektenschutzmittel und Wasser mitbringen! Der Laden neben dem Ticketschalter verkauft beides zu vernünftigen Preisen. Es gibt noch einen Getränkestand in der Nähe der Pyramide Nohoch Mul.

Grupo Cobá ARCHÄOLOGISCHE STÄTTE

Wenn man vom Eingang knapp 100 m auf dem Hauptweg entlangläuft und dann rechts abbiegt, gelangt man zur **La Iglesia** (die Kirche), dem auffälligsten Bauwerk in der Grupo Cobá. Es handelt sich um eine riesige Pyramide. Wenn man die Treppen hinaufsteigen dürfte, könnte man von oben die umliegenden Seen (die an klaren Tagen wirklich hübsch aussehen) und die Pyramide Nohoch Mul sehen.

Bei der Erkundung der Grupo Cobá sollte man sich Zeit lassen. Es gibt ein paar Kraggewölbe-Durchgänge, durch die man gehen kann. Auf dem Weg zurück zum Hauptweg und zum Fahrradverleih passiert man nahe dem Nordrand einen sehr gut restaurierten **juego de pelota** (Ballspielplatz).

Grupo de las Pinturas ARCHÄOLOGISCHE STÄTTE

Die Grupo de las Pinturas (Gruppe der Malereien) befindet sich östlich der Grupo Cobá. Wer sich ein Rad gemietet hat, muss es hier abstellen und später wieder abholen (das ist auch an einigen anderen Stellen so). Der Tempel hier zeigt über der Tür Spuren von Schriftzeichen und Fresken, innen sind Reste von bunt bemaltem Stuck erkennbar.

Man nähert sich dem Tempel von Südosten. Verlässt man ihn auf dem Weg im Nordwesten (gegenüber den Tempelstufen), kann man zwei Stelen bewundern. Die erste ist 20 m lang und wird von einer *palapa* geschützt. Dargestellt ist ein Herrscher, der über zwei anderen Figuren steht, von denen eine mit auf dem Rücken gefesselten Händen auf dem Boden kniet. Auf dem Sockel sieht man mehrere geopferte Gefangene unter den Füßen eines Herrschers liegen. Man braucht ein wenig Vorstellungskraft, da diese Stele wie die meisten anderen recht verwittert ist. Der Weg führt dann weiter zu einer anderen stark verwitterten Stele und einem kleinen Tempel und schließlich zurück auf den Weg zum Nohoch Mul, wo man rechts abbiegt (Wer sein Rad holen muss, kehrt einfach um oder wendet sich nach links.).

Grupo Macanxoc ARCHÄOLOGISCHE STÄTTE

Rund 200 m hinter dem *juego de pelota* gabelt sich der Weg. Geradeaus gelangt man zur Grupo Macanxoc, einer Gruppe von kürzlich restaurierten Stelen, deren Reliefs adlige, vermutlich aus Tikal stammende Frauen zeigen. Bis hierhin muss man 1 km laufen, kann sich aber unterwegs die interessante Flora anschauen.

Nohoch Mul ARCHÄOLOGISCHE STÄTTE

Nordöstlich der Grupo Macanxoc passiert man einen weiteren **juego de pelota** rechts am Weg. Auf dem Boden in der Mitte des Ballspielplatzes sieht man einen in Stein gehauenen Schädel (vielleicht der Gewinner oder Verlierer des Ballspiels) und das Relief eines Jaguars. Weitere verwitterte Stelen liegen am Nordende. Der Weg schlängelt sich dann durch Steinhaufen (eine Tempelruine) zu einer Art Kreuzung. Biegt man nach rechts (Osten) ab, gelangt man zum **Xaibé**. Es handelt sich um ein gut erkennbares halbkreisförmiges Bauwerk mit Stufen, das fast völlig restauriert ist. Der Name bedeutet „Kreuzung", weil es die Stelle markiert, wo vier einzelne *sacbeob* aufeinandertreffen.

Weiter nördlich kommt man am **Templo 10** und der **Stela 20** vorbei. Die fein gearbeitete Stele, die nicht ganz so verwittert ist wie die anderen, trägt die Jahreszahl 730 und zeigt wieder einen Herrscher, der über zwei Gefangenen steht. Davor befindet sich eine moderne Strichzeichnung, in der die originalen Details sichtbar gemacht wurden.

Inzwischen ist auch der **Nohoch Mul** (Große Hügel) unmittelbar nördlich zu sehen. Er wird auch als Große Pyramide bezeichnet – das klingt viel besser klingt. Mit einer Höhe von 42 m ist der Nohoch Mul (nach der 45 m hohen Estructura II in Calakmul) das zweithöchste Maya-Bauwerk auf der Halbinsel. Das Erklimmen der alten Stufen ist nichts für Ängstliche.

Über dem Tor des Tempels (aus postklassischer Zeit, 1100–1450) auf der Spitze sind ähnlich wie bei den Skulpturen in Tulum zwei Herabsteigende Götter abgebildet. Der Blick von oben über ein viele Quadratkilometer großes Gebiet mit niedrigem, buschigem Wald, einigen Seen und dem Xaibé als einzig sichtbarem Maya-Bauwerk ist toll.

Nach dem Hinabsteigen läuft man am Templo 10 vorbei, hält sicht rechts und macht eine Runde zurück zur Tempelruinen-Kreuzung. Insgesamt ist es ein 1,4 km (30 Min.) langer Fußweg zurück zum Eingang.

Aktivitäten

Eine 40 m hohe und 500 m lange **Seilrutsche** (130 Mex$) über die Lagune beginnt an einem Turm auf dem Parkplatz.

Rund 6 km südlich von Cobá kommt man an der Straße nach Chan Chen an drei von der Gemeinde verwalteten **Cenotes** vorbei, in denen es sich gut schwimmen lässt: Choo-Ha, Tamcach-Ha und Multún-Ha (1/2/3 Cenotes 45/70/100 Mex$).

Schlafen & Essen

Einen Campingplatz mit Verwaltung gibt es nicht, aber man kann versuchen, ein Plätzchen am Seeufer zu finden. Im See leben

ABSEITS DER ÜBLICHEN PFADE

DAS SPRECHENDE KREUZ

In dem kleinen Ort Felipe Carrillo Puerto findet man eine der wohl merkwürdigsten Touristenattraktionen der Region: den Schrein des Sprechenden Kreuzes. Die Geschichte geht so: Als der Kastenkrieg 1849 für die Maya im Norden der Halbinsel Yucatán einen ungünstigen Verlauf nahm, zogen sie sich in Richtung Carrillo Puerto zurück. Sie formierten sich neu und wollten 1850 gerade wieder aufbrechen, als ein „Wunder" geschah. Ein an einem Cenote am Westrand der Stadt errichtetes Holzkreuz begann zu „sprechen" und ermahnte die Maya, den Kampf gegen die Spanier fortzusetzen – der Sieg sei ihnen gewiss. Tatsächlich war die Ansprache das Werk eines Bauchredners, aber die Leute betrachteten sie als eine authentische Stimme, die ihre Hoffnungen und Wünsche ausdrückte.

Mehr als acht Jahre lang führte das Orakel die Maya in die Schlacht, bis sie mit der Eroberung der Festung Bacalar einen großen Sieg errangen. Carrillo Puerto ist auch heute noch ein Zentrum des Maya-Stolzes. Das Sprechende Kreuz wurde in seinen Schrein, den **Santuario de la Cruz Parlante** (⌚4–20 Uhr), zurückgebracht, und auch heute noch besuchen es die Maya in der Region, vor allem weil es für den Kampf der Maya gegen Ungleichheit und Unrecht steht, und nicht wegen seiner angeblichen Wunderkräfte. Besonders viele Leute strömen am 3. Mai, dem Tag des Heiligen Kreuzes, hierher.

Felipe Carrillo Puerto liegt gleich abseits des Haupt-Highway. Es gibt häufige Busverbindungen nach Cancún (57–94 Mex$, 3–4 Std.), Tulum (57–90 Mex$, 1½ Std.) und Chetumal (74–128 Mex$, 2–3 Std.). Wer hier übernachten will, findet rund um die Plaza gute Hotels und Restaurants.

Krokodile, sicher baden kann man aber in den hiesigen Cenotes.

Hotel Sac-bé HOTEL $
(☎984-144-30-06; Zi. mit Ventilator/Klimaanlage 350/450 Mex$; ❄) Die beste Unterkunft im Ort. Das saubere, freundliche Sac-bé befindet sich an der Hauptstraße nach Cobá hinein. Die Hühner machen morgens Lärm, aber es gibt hier ein Restaurant, schöne Warmwasserduschen und annehmbare Betten.

Hostel Cob-ja CABAÑAS $
(☎984-876-57-82; Hütte ohne Bad 130 Mex$) Pfennigfuchser werden mit diesen etwas engen klapprigen Holzhütten am Ortseingang zufrieden sein. Es existieren eine Küche für die Gäste und ein Fahrradverleih.

Restaurant Ki-Jamal MEXIKANISCH $$
(Hauptgerichte 70–160 Mex$; ⌚8–17 Uhr; Ⓟ) Das von der hiesigen Maya-Gemeinde betriebene Ki-Jamal („leckeres Essen") bietet in der Tat ein paar leckere traditionelle Gerichte. Oben hat man einen Blick auf den See und höchstwahrscheinlich auch Ruhe beim Essen, weil keine Reisegruppen reinplatzen. Das Restaurant befindet sich gleich neben dem Parkplatz zu den Ruinen.

ℹ An- & Weiterreise

Die meisten Busse, die Cobá anfahren, verkehren fast bis zum See hinunter, ehe sie die Passagiere aussteigen lassen und kehrtmachen, aber eigentlich fungiert das El Bocadito als Busbahnhof. Busse pendeln sechs- bis achtmal täglich zwischen Tulum und Cobá (36–48 Mex$; 45 Min.); vier davon fahren auch Playa del Carmen an (72–94 Mex$, 1–1¾ Std.). Außerdem gibt es Busse nach Valladolid (33–66 Mex$, 45 Min.) und Chichén Itzá (62–102 Mex$, 1½ Std.).

Für Tagesausflügler, die mit dem Taxi von Tulum nach Cobá fahren wollen, bietet es sich an, eine Gruppe zu bilden und so die Kosten zu teilen (hin & zurück ca. 750 Mex$ inkl. 2 Std. Wartezeit).

Die Straße von Cobá nach Chemax ist gerade und gut; wer mit dem Auto fährt, kommt über sie am besten nach Valladolid oder Chichén Itzá.

Von Tulum nach Punta Allen

Punta Allen befindet sich am Ende einer schmalen Landzunge, die sich von ihrem Beginn südlich von Tulum über fast 40 km erstreckt. Es gibt ein paar hübsche, sehr einsame Strände an dieser Küste. Ein großer Teil der Landzunge liegt innerhalb der artenreichen Reserva de la Biosfera Sian Ka'an. Der Hurrikan Dean fegte 2007 über die Region hinweg, aber der Mangrovenwald wurde dabei nicht schlimm geschädigt.

Zum Zeitpunkt unserer Recherche fuhr ein *colectivo* täglich die dreistündige Strecke zwischen Tulum und Punta Allen (Abfahrt im Stadtzentrum von Tulum 14 Uhr, Ankunft in Punta Allen ca. 17 Uhr) und knöpfte Ausländern dafür den ziemlich unverschämten

RESERVA DE LA BIOSFERA SIAN KA'AN

Mehr als 5000 km² tropischen Urwalds, Sümpfe, Mangroven und Inseln an der Küste von Quintana Roo wurden von der mexikanischen Regierung zu einem großen Biosphärenreservat erklärt. 1987 verlieh die UNESCO diesem Naturschatz den Status einer Welterbestätte. Im Sian Ka'an („Wo der Himmel beginnt") leben Brüllaffen, Ameisenbären, Füchse, Ozelots, Pumas, Adler, Waschbären, Tapire, Pekaris, Westatlantische Landkrabben, Jaguare und Hunderte Vogelarten, darunter *chocolateras* (Rosalöffler) und einige Flamingos.

Der Eingang zum Schutzgebiet (Eintritt 23 Mex$) befindet sich rund 10 km südlich von Tulum. Vom Tor führt ein kurzer Naturpfad zu dem recht unscheinbaren Cenote **Ben Ha**. Da der Weg kurz ist, lohnt sich ein Abstecher. Tiefer im Reservat gibt es keine Wanderwege, sodass man es am besten mit einem professionellen Führer erkundet. Community Tours Sian Ka'an (S. 309) veranstaltet Touren zum Reservat ab Tulum inklusive Abholung von der Zona Hotelera in Tulum. In Punta Allen bieten die dortigen Tourismusgenossenschaften eine Reihe von Touren durch das Reservat an.

Boca Paila Camps (Cesiak; ☎984-871-24-99; www.cesiak.org; Carretera Tulum-Boca Paila; Zi. ab 934 Mex$; P) Bei der Anfahrt zum Reservat über die Straße nach Punta Allen kommt man an diesem Camp vorbei. Hier kann man die Nacht in den hoteleigenen herausgeputzten Steilwandzelten verbringen, sich die Schildkrötenrettungsstation (350 Mex$) anschauen oder ein Kajak mieten (450 Mex$). Geführte Touren sind ebenfalls im Angebot: Kajakfahren (650 Mex$), Bootfahren (1050 Mex$), Vogelbeobachtung (1050 Mex$) und Fliegenfischen.

Sol Caribe (☎Handy 984-1393839; www.solcaribe-mexico.com; Carretera Tulum-Punta Allen, Km 50; Zi. ab 2200 Mex$; 📶) Tief im Reservat vermietet Sol Caribe fast schon lächerlich große Zimmer mit Fenstern zum Meer und einer tollen Meeresbrise (daher ist keine Klimaanlage nötig). Die Unterkünfte sind mit polierten Betonböden und *palapa*-Dächern rustikal-schick gestaltet. Die Anlage befindet sich an einer privaten sichelförmigen Bucht.

Preis von 240 Mex$ ab. Am nächsten Morgen um 5 Uhr ging es in Punta Allen wieder los zurück nach Tulum. Man kommt auch mit dem Boot hin: Infos gibt's bei Community Tours Sian Ka'an in Tulum (S. 309).

Punta Allen

☎984 / 470 EW.

Die Ortschaft Javier Rojo Gómez wird häufiger mit dem Namen des 2 km weiter südlich gelegenen Punta Allen bezeichnet. Hier ist man wahrlich am Ende der Welt. Die etwa 400 Einwohner arbeiten hauptsächlich als Fischer, einige auch in den bei Tagesausflüglern beliebten Restaurants. Ein intaktes Riff 400 m vor dem Strand ermöglicht Schnorchlern und Tauchern tolle Einblicke.

Das Gebiet ist hauptsächlich bekannt bei Sportfischern (mit Freilassung der Fische); auch die Jagd auf Tarpune und Snooks (eine Barschart) ist beliebt. Die örtlichen Tourismusgenossenschaften (Infos gibt's in den Restaurants Galletanes, Xo-ken oder Vigía Grande) veranstalten Angeltouren (halber/ganzer Tag ca. 3200/4500 Mex$).

Eine dreistündige Tour durch die Lagune, bei der man Schildkröten und Vögel beobachtet und kurz schnorcheln kann, kostet 1700 Mex$ pro Boot. Solche Touren werden von allen drei Genossenschaften angeboten. Wer mitfährt, sollte den Bootsführer auffordern, nicht zu nah an die Vögel heranzufahren, damit diese nicht verscheucht werden. Selten lassen sich hier auch Manatis blicken.

Im Ort sind weder Geldautomaten noch Internetcafés vorhanden. Strom gibt's in der Regel zwischen 11 und 14 und zwischen 18.30 und 23.30 Uhr.

Schlafen & Essen

Das beste Essen bekommt man in den Strandrestaurants.

Casa de la Sirena HOTEL $$

(☎Handy 984-1391241; www.casasirena.com; Zi. 508–1010 Mex$) Die witzigsten Zimmer im Ort bietet ein ausgewanderter US-Amerikaner an (der viele Schiffbruchgeschichten auf Lager hat). Die Zimmer sind charmant, geräumig und irgendwie schräg.

Hotel Costa del Sol BUNGALOWS $$

(☎Handy 984-1132639; www.bungaloscostadelsol.com; Stellplatz 200 Mex$, Zi. 600–700 Mex$) Die Anlage am Ortseingang ist am Strand gelegen und besteht aus schlichten Bungalows mit Ventilator und entspannter Atmosphäre. Das Restaurant ist ganz ordentlich, und an den Wochenenden gibt's Karaoke. Große Preisnachlässe in der Nebensaison.

An- & Weiterreise

Das beste öffentliche Verkehrsmittel nach Punta Allen ist ein *colectivo* (240 Mex$) ab Tulum. Eines startet täglich um 14 Uhr im Zentrum von Tulum und erreicht etwa drei Stunden später sein Ziel. Rückfahrt von Punta Allen nach Tulum ist um 5 Uhr. Man kann sich auch ein Auto mieten, kommt aber auf der mit Schlaglöchern übersäten Straße nur mit 5 bis 10 km/h voran.

Mahahual

983

Die Ankunft der Kreuzfahrtschiffe hat den Alltag in Mahahual nicht so sehr verändert, wie viele fürchteten – der Ort hat sich viel von seinem kleinstädtischen Charme erhalten. Hinter dem netten *malecón* (Strandpromenade) mit all den Dienstleistungseinrichtungen für Touris liegt noch immer ein sehr entspanntes karibisches Dorf. Im Centro Comercial Maj-Ah-Ual in der Mitte des *malecón* gibt es einen Geldautomaten.

Sehenswertes & Aktivitäten

Strand von Mahahual STRAND

GRATIS Der Strand direkt an Mahahuals schönem *malecón* hat herrlichen Sand und so seicht abfallendes Wasser, dass man gut 100 m ins Meer hineinlaufen kann.

Banco Chinchorro TAUCHEN & SCHNORCHELN

Taucher werden sich die Riffe und die fantastische Unterwasserwelt des Banco Chinchorro nicht entgehen lassen wollen. Das größte Korallenatoll der nördlichen Hemisphäre ist rund 45 km lang und bis zu 14 km breit. Sein westlicher Rand liegt rund 30 km vor der Küste. Dutzende Schiffe sind schon dem dicht unter Wasser liegenden Ring aus Korallen zum Opfer gefallen. Deshalb gibt es hier viele Schiffwracks, die zur Erkundung einladen. Im Wasser sieht man auch Korallenbänke und Schluchten, Rochen, Schildkröten, riesige Schwämme, Zackenbarsche, Doktorfische, Aale und an einigen Stellen sogar Riff-, Tiger- und Hammerhaie.

Es finden sich hier auch gute Schnorchelstellen, z. B. am **40 Cannons**, dem Wrack eines in 5 bis 6 m Tiefe liegenden Holzschiffs. Bis auf 25 Kanonen haben Plünderer alles mitgenommen, was es hier mal zu sehen gab. Das Wrack kann nur bei idealen Bedingungen besucht werden. Das Atoll und die umliegenden Gewässer wurden zum Schutz vor Zerstörung zum Biosphärenreservat (Reserva de la Biosfera Banco Chinchorro) erklärt. Es fehlt allerdings an Personal und an der Ausstattung, um so ein großes Gebiet zu überwachen, und so bleiben viele Umweltsünden ungeahndet.

Die örtlichen Tourveranstalter organisieren Angelausflüge (max. 4 Pers. 800 Mex$/Std.) und zweieinhalbstündige Schnorcheltrips (267 Mex$/Pers.). Zu finden sind die Anbieter an der Strandseite des *malecón*.

Gypsea Divers TAUCHEN & SCHNORCHELN

(Handy 983-1303714; www.gypseadivers.com) Bietet Tauch- (2 Flaschen 1070 Mex$), Schnorchel- und Angeltrips. Zu finden am *malecón*.

Schlafen & Essen

Die folgenden Adressen sind mitsamt der Entfernung von dem militärischen Kontrollpunkt am Nordeingang der Stadt angegeben. Am *malecón* bieten rund ein Dutzend Restaurants die Standardauswahl von Meeresfrüchten, typisch mexikanischen Gerichten und Kneipenkost an.

Ruhigere, gehobenere Unterkünfte finden sich 2 km südlich vom Ortszentrum – detaillierte Infos gibt's unter www.mahahual-southbeach.com.

Hotel Jardin HOTEL $

(983-700-59-46; hostal.jardin.mahahual@gmail.com; B/DZ 130/400 Mex$;) Für den Preis ein erstaunlich schickes kleines Hotel abseits des Strandes im Ortszentrum. Es gibt drei geräumige und saubere Zimmer und die bei Weitem besten Schlafsaalbetten im Ort.

Hotel Maya Luna CABAÑAS $$

(983-836-09-05; www.hotelmayaluna.com; Km 5,2; Cabaña ab 1100 Mex$;) Vier hübsche kleine Bungalows an einem schönen Strand südlich vom Ort. Zur Verfügung stehen auch ein Kajakverleih und ein gutes Restaurant (empfehlenswert ist die gefüllte Ananas, eine mexikanisch-europäisch-indonesische Schöpfung, 150 Mex$).

Hotel Matan Ka'an HOTEL $$

(983-834-56-79; www.matankaan.com; Calle Huachinango; Zi./Suite ab 960/1440 Mex$;) Das große, weiß getünchte Hotel auf der Südseite des Fußballfelds verfügt über eine entspannte Resort-Atmosphäre, viele

Gemeinschaftsbereiche und große, saubere Zimmer. Dem „Geschenk des Himmels“ (denn das bedeutet Matan Ka'an auf Mayathan) fehlt einzig der direkte Zugang zum Strand – aber was soll's, der Ozean ist ohnehin nur 100 m entfernt.

100 % Agave MEXIKANISCH $
(Hauptgerichte 60–100 Mex$; ⌚11 Uhr–open end) Gutes, günstiges mexikanisches Essen, das man in improvisiert-schäbigem Ambiente genießt. La Bodeguita auf der anderen Straßenseite ist eine lustige, authentische Einheimischenkneipe.

Anreise & Unterwegs vor Ort

Mahahual liegt 127 km südlich von Felipe Carrillo Puerto und ungefähr 100 km östlich von Bacalar. Busse fahren nach Chetumal (115 Mex$, 2½ Std., 18.30 Uhr), Cancún (260 Mex$, 5 Std., 17.30 Uhr) und Laguna Bacalar (80 Mex$, 2 Std., 18.30 Uhr).

Xcalak

Windschiefe Holzhäuser, Fischerbarkassen und träge dahingleitende Pelikane machen den winzigen Ort im Nirgendwo zu einem perfekten Refugium. Dank seiner Abgeschiedenheit und des Chinchorro-Atolls (welches den Bau eines Hafens für Kreuzfahrtschiffe verhindert), könnte Xcalak dem Erschließungswahn entgehen.

Derzeit gibt es keinerlei Hinweise darauf, dass Xcalak in absehbarer Zeit eine Bankfiliale, einen Lebensmittelladen oder eine Tankstelle bekommen könnte – also mit ausreichend Vorräten anreisen!

Sehenswertes & Aktivitäten

Die Mangrovensümpfe, die sich von der Küstenstraße aus landeinwärts erstrecken, verbergen einige große Lagunen und bilden Tunnel, die zu Erkundungsfahrten mit dem Kajak einladen. An der Westseite des Sees gibt es eine abgelegene Maya-Ruine; das Personal der Hotels kann Auskunft geben, wie man dort hinkommt.

XTC Dive Center TAUCHEN & SCHNORCHELN
(www.xtcdivecenter.com; Küstenstraße, Km 0,3; Tauchgang mit 2 Flaschen zum Banco Chinchorro 2580 Mex$, Schnorcheln 325 Mex$) Das rund 300 m nördlich vom Ort an der Küstenstraße gelegene Zentrum veranstaltet Tauch- und Schnorcheltrips (ab 300 Mex$) zum wundervollen Barriereriff gleich vor der Küste und Tauchgänge mit zwei Druckluftflaschen am Banco Chinchorro. Im Angebot sind auch PADI-Zertifizierungen für offene Gewässer (5655 Mex$), Angel- und Vogelbeobachtungstouren und geführte Kajaktrips im Ozean oder in den Mangrovengewässern hinter der Stadt. Das Armband (50 Mex$), das einem das Betreten des Biosphärenreservats Chinchorro gestattet, bekommt man hier oder in der Parkverwaltung im Ort.

Dies ist der einzige Tauchveranstalter, der eine Lizenz für Bootsfahrten zum Banco Chinchorro hat.

Schlafen

Mit Ausnahme des Caracol Caribe in der Innenstadt befinden sich die meisten Hotels an der alten Küstenstraße, die vom Ort nach Norden führt. Die Adressen sind Entfernungsangaben, die besagen, wie viele Kilometer nördlich vom Ort die Anlage liegt.

Caracol Caribe HOTEL $
(☎983-839-83-81; Centro; Zi. 350 Mex$) Einfache, recht komfortable Zimmer einen Block vom Strand entfernt. Und das ist auch schon alles, was es hier an Unterkünften im Budget-Sektor gibt …

Costa de Cocos RESORT $$
(www.costadecocos.com; Küstenstraße, Km 1; Zi. inkl. Frühstück 900 Mex$; P 📶) Die meisten Gäste hier kommen wegen der Tourangebote zum Fliegenfischen und Tauchen. Das Resort hat zwar keinen sehr guten Badestrand, aber die *palapa*-Zimmer sind ein gutes Angebot. Kein Telefon.

Hotel Tierra Maya HOTEL $$$
(☎983-839-80-12; www.tierramaya.net; Küstenstraße, Km 2; Zi. 1368–2280 Mex$) Das moderne Hotel am Strand hat sechs hübsche Zimmer (drei davon recht groß), die geschmackvoll eingerichtet und architektonisch schön gestaltet sind. Jedes ist mit Mahagonimöbeln ausgestattet und besitzt einen Balkon mit Meerblick; in den größeren stehen sogar kleine Kühlschränke.

Essen

Die verlässlichsten Lokale (in Bezug auf die Öffnungszeiten) findet man beim Coral Bar & Grill, das ans XTC Dive Center angeschlossen ist.

Toby's SEAFOOD $
(Leona Vicario s/n; Hauptgerichte 70–160 Mex$; ⌚11–20 Uhr) Bei Expats ist dieses freundliche Lokal an der Hauptstraße mit gut zubereiteten Fisch- und Meeresfrüchtegerichten der

bevorzugte Treff. Wer die Kokos-Shrimps probiert, weiß warum.

Leaky Palapa INTERNATIONAL $$

(www.leakypalaparestaurant.com; Hauptgerichte 95–210 Mex$; ⌚Nov.–Mai Do–So 17–22 Uhr, Juni–Okt. nur Fr & Sa) Marla und Linda, die Chefköchin und die Eigentümerin, haben das altbewährte Restaurant zu einer neuen Sensation gemacht und servieren hier Leckereien wie Hummer in Karamell-Ingwer-Sauce. Das Lokal ist unumstritten das beste Fleckchen für alle, die ihre Geschmacksknospen verwöhnen möchten. Vom Leuchtturm zwei Blocks nach Norden und dann einen Block landeinwärts gehen; Online-Reservierung erforderlich!

Anreise & Unterwegs vor Ort

Ein Taxi ab Limones am Hwy 307 kostet ca. 650 Mex$ (auch zu den Hotels nördlich des Orts). Busse nach Chetumal (und Limones) fahren um 5 und 14 Uhr am Leuchtturm ab (75 Mex$).

Von Limones kommend, biegt man nach 55 km rechts (gen Süden) ab und folgt der Ausschilderung nach Xcalak (weitere 60 km). Man sollte auf die vielen Tiere im Wald und in den Mangroven achten, denn diese laufen gern mal auf die Straße. Die Küstenstraße zwischen Mahahual und Xcalak ist gesperrt.

Beim XTC Dive Center kann man für 600 Mex$ pro Person (min. 5 Pers.) ein Boot zur Fahrt nach San Pedro in Belize chartern.

Laguna Bacalar

☎983

Die Laguna Bacalar ist ein großer, klarer, türkisfarbener Süßwassersee mit einem Grund aus weißem Sand – eine echte Überraschung in dieser von verwittertem Kalkstein und rauem Urwald geprägten Region.

Das kleine, verschlafene Bacalar gleich östlich der Fernstraße und 125 km südlich von Felipe Carrillo Puerto ist die einzige Siedlung am See. Bemerkenswert sind die alte spanische Festung und die beliebten *balnearios* (Badestellen).

Es gibt eine kleine **Touristeninformation** (Central Plaza; ⌚Mo–Fr 9–20 Uhr, Sa 10–18 Uhr) im Liegenschaftsamt an der Plaza.

Sehenswertes & Aktivitäten

Fort FESTUNG

(Eintritt 62 Mex$; ⌚Di–Do & So 9–19, Fr & Sa bis 20 Uhr) Das Fort über der Lagune wurde zum Schutz der Einwohner vor Überfällen durch Piraten und örtliche indigene Gruppen errichtet. Es war auch ein wichtiger Vorposten der Spanier im Kastenkrieg. 1859 fiel es in die Hände von Maya-Rebellen, die es bis zur endgültigen Eroberung Quintana Roos durch mexikanische Truppen im Jahr 1901 besetzt hielten.

Mit seinen Kanonen bietet das Fort auch heute noch einen imposanten Anblick. Das Museum innen zeigt koloniale Rüstungen und Uniformen aus dem 17. und 18. Jh.

Balneario SCHWIMMEN

(Eintritt 10 Mex$; ⌚7–19 Uhr) Diese Badestelle liegt ein paar Hundert Meter nördlich an der *costera* (Uferstraße) unterhalb des Forts. An der Straße und in der Nähe des *balneario*, der an den Wochenenden gut besucht ist, gibt es ein paar kleine Restaurants.

Cenote Azul SCHWIMMEN

(Hwy 307; Schwimmweste 35 Mex$; ⌚8–18 Uhr) GRATIS Direkt am Südende der *costera* liegt dieser 90 m tiefe Teich. Es gibt eine Bar und ein Restaurant (Hauptgerichte 80–250 Mex$). Der Cenote befindet sich nur 200 m östlich des Hwy 307; es gibt viele Busse, die einen an der Straße absetzen können.

Schlafen & Essen

Yaxche Centro HOSTEL $

(☎983-834-20-81; www.ecoaventurabacalar.com.mx; 9 Av, zw. Calle 22 & 24; B 170 Mex$; P 📶) Mit dem Yaxche Centro ist die Hostelszene von Bacalar voll und ganz abgedeckt. Die Schlafsäle sind recht groß, der urwaldähnliche Garten ist riesig, und das Haus hat eine zentrale Lage ein paar Blocks westlich der Plaza, zehn Gehminuten vom Wasser entfernt.

Amigos B&B Laguna Bacalar B&B $$

(☎983-834-20-93; www.bacalar.net; DZ 800 Mex$; P ❄ @ 📶) Das Anwesen direkt am See, rund 500 m südlich des Forts, bietet fünf geräumige Zimmer mit Hängematten, Terrassen und einem gemütlichen Gemeinschaftsbereich. Frühstück kostet zusätzlich 100 Mex$.

Casita Carolina PENSION $$

(☎983-834-23-34; www.casitacarolina.com; DZ ab 600 Mex$, Stellplatz 200 Mex$; P 📶) Die nette Unterkunft liegt etwa eineinhalb Blocks südlich des Forts. Der große Rasen reicht runter zum See. Es gibt fünf Zimmer mit Ventilator und eine Luxus-*palapa* für bis zu vier Personen. Gäste können den See mit den hauseigenen Kajaks erkunden.

Orizaba MEXIKANISCH $

(Av 7, zw. Calle 24 & 26; Hauptgerichte 60–100 Mex$; ⌚8–16.30 Uhr) Das von Einheimischen und ortsansässigen Ausländern gleichermaßen sehr empfohlene Lokal serviert typische mexikanische Hausmannskost in zwanglosem Ambiente.

An- & Weiterreise

Busse der 2. Klasse gen Süden fahren auf der Calle 7 durch den Ort, einen Block oberhalb des zentralen Platzes *(el parque)*, der seinerseits gleich oberhalb des Forts liegt. Hier gibt es auch einen Taxistand. Die 2.-Klasse-Busse gen Norden fahren über die Calle 5, einen Block unterhalb der Calle 7. Die meisten 1.-Klasse-Busse fahren nicht in den Ort hinein, viele setzen ihre Passagiere aber am Hwy 307 an den Ausfahrten zum Hotel Laguna und zum Cenote Azul ab; vor dem Kauf der Fahrkarte nachfragen!

Wer mit dem Auto aus Richtung Norden kommt und den Ort bzw. die Festung zum Ziel hat, nimmt die erste Ausfahrt nach Bacalar und fährt mehrere Blocks geradeaus. Anschließend links (nach Osten) abbiegen und den Hügel hinunterfahren! Von Chetumal geht es westwärts bis zum Hwy 307 und dann 25 km nordwärts auf dem Hwy bis zur ausgeschilderten Abzweigung nach rechts zum Cenote Azul und zur *costera*.

Chetumal

☎983 / 150 000 EW.

In Chetumal, der Hauptstadt von Quintana Roo, leben modebewusste, freundliche Menschen. In der Stadt gibt es einige ordentliche Restaurants und eine muntere Musikszene.

Auf der Promenade an der Bucht finden Volksfeste und Events (Karneval Ende Feb.–Anfang März) statt. Das moderne Maya-Museum ist eindrucksvoll, wenn auch die Zahl der Exponate zu wünschen übrig lässt. In der Nähe der Stadt finden sich weitläufige Maya-Ruinen und ein beeindruckender Urwald. Ganz in der Nähe liegt die Grenze zum Nachbarland Belize.

Geschichte

Vor der Eroberung durch die Spanier war Chetumal eine Hafenstadt der Maya. Offiziell „besiedelt" wurde die Stadt aber erst 1898, als die spanischen Truppen einrückten, um den Schmuggel mit Waffen und Bauholz zu unterbinden, den die Nachkommen der Rebellen des Kastenkriegs betrieben. 1936 wurde der Name der Stadt von Payo Obispo in Chetumal geändert. Im Jahr 1955 fegte Hurrikan Janet praktisch die ganze Innenstadt weg. Die Stadt wurde anschließend prachtvoll wieder aufgebaut, mit einem Raster aus weitläufigen Boulevards. Die breiten Straßen verleiten zum schnellen Fahren, darum Vorsicht an den Stoppschildern!

Sehenswertes

Museo de la Cultura Maya MUSEUM

(☎983-832-68-38; Av de los Héroes 68, Ecke Av Gandhi; Eintritt 62 Mex$; ⏱Di–So 9–19 Uhr) Das Maya-Museum ist ein gut konzipiertes Vorzeigeobjekt und hat der Stadt zu kulturellem Ansehen verholfen. Auf drei Etagen wird die Kosmologie der Maya dargelegt. Das Erdgeschoss widmet sich dem Diesseits, die obere Etage dem Himmel und das Untergeschoss der Unterwelt Xibalbá. Die Exponate decken das gesamte Mayab (Land der Maya) ab.

Man sieht maßstabgetreue Modelle großer Maya-Bauten, wie sie ausgesehen haben könnten, u.a. einen Tempelkomplex unter Plexiglas, über das man laufen kann. Es gibt zwar nicht viele Artefakte, dafür aber Repliken von Stelen und einer Grabkammer aus Copán in Honduras, Reproduktionen von Wandgemälden, die in Bonampak in Raum 1 gefunden wurden etc. Raffinierte technik- und computergestützte Exponate illustrieren das komplexe Zahlensystem der Maya, ihren Kalender und ihre Schrift.

Museo de la Ciudad MUSEUM

(Lokalgeschichtliches Museum; Héroes de Chapultepec, Ecke Av de los Héroes; Eintritt 15 Mex$; ⏱Di–Sa 9–19, So bis 14 Uhr) Das kleine, aber schön zusammengestellte Museum zeigt historische Fotos, militärische Artefakte und alte Haushaltsgegenstände (sogar ein paar Uralt-Telefone und -Fernseher). Alle Erläuterungen zu den Exponaten sind auf Spanisch, aber auch wenn man die Sprache nicht versteht, lohnt sich ein kurzer Besuch.

Schlafen

Hotel Ucum HOTEL $

(☎983-832-07-11, 983-832-61-86; www.hotelucumchetumal.com; Av Gandhi 167, zw. Av de los Héroes & 16 de Septiembre; DZ mit Ventilator/Klimaanlage 220/380 Mex$; P❄📶🏊) Trotz des komischen Namens (Ucum ist ein Ort in Campeche) findet man hier solide Zimmer, soweit das in spottbilligen Unterkünften möglich ist, einen (trüben) Swimmingpool und ein Restaurant mit gutem, preiswertem Essen.

Hotel Platas HOTEL $$

(☎983-832-03-54; http://hotelplatas.com; Elías Calles 205; Zi. 500 Mex$; ❄📶) Das Hotel in relativ ruhiger Lage abseits der Hauptstraße verdient großes Lob für seine großen Zimmer mit je zwei bequemen, riesigen Betten.

Chetumal

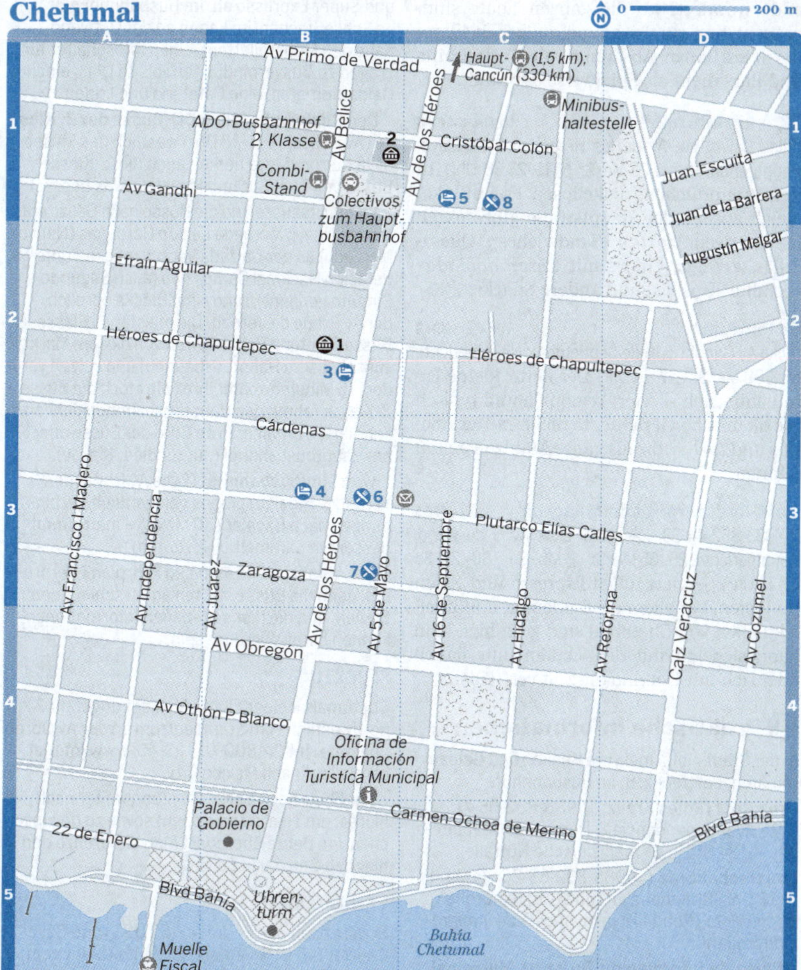

Chetumal

Sehenswertes

1 Museo de la Ciudad B2
2 Museo de la Cultura Maya B1

Schlafen

3 Hotel Los Cocos B2
4 Hotel Platas B3
5 Hotel Ucum C1

Essen

6 A lo Natural B3
7 Café-Restaurant Los Milagros B3
8 La Pantoja C1

Hotel Los Cocos HOTEL **$$**

(☎ 983-835-04-30; www.hotelloscocos.com.mx; Av de los Héroes 134, Ecke Héroes de Chapultepec; DZ/Suite mit Klimaanlage ab 912/1824 Mex$; P ❄ @ ☎ ≋) Das Hotel hat eine tolle Lage und eine gänzlich verspiegelte Lobby, in der man sich wie in einer Disko fühlt. Es gibt auch einen hübschen Pool, einen Whirlpool, einen Fitnessraum und ein Lokal an der Straße.

Essen & Ausgehen

Nahe dem Busbahnhof für ADO-Busse der 2. Klasse findet man im **Mercado Ignacio Manuel Altamirano** kleine, schlichte Imbisse mit billigem Essen. Wer sich am Wochenende wundert, wo die ganzen Leute sind, braucht nur zum *malecón* zu gehen, denn der 3 km lange Abschnitt mit Restaurants und Bars dient als Spielwiese der Stadt.

★ A lo Natural MEXIKANISCH **$**
(Elias Calles, zw. Av de los Héroes & 5 de Mayo; Hauptgerichte rund 25 Mex$; ⌚11–23.30 Uhr) In dem freundlichen, makellosen Freiluftlokal gleich abseits der Hauptstraße gibt's exzellente, frische *tortas* (Sandwiches), Quesadillas, *gringas* (Tacos mit Käse), *dobladas* (gefüllte Tortillas) und andere Snacks.

La Pantoja YUKATEKISCH **$**
(Ecke Av Gandhi & 16 de Septiembre; Hauptgerichte 50–100 Mex$; ⌚7–19 Uhr) Der nette, kleine Familienbetrieb serviert regionale und typisch mexikanische Gerichte, tägliche Mittagsmenüs und *tortas*, die als ganze Mahlzeit gelten können.

Café-Restaurant Los Milagros CAFÉ **$**
(☎983-832-44-33; Zaragoza, Ecke Av 5 de Mayo; Hauptgerichte 25–65 Mex$; ⌚Mo–Sa 7.30–21, So bis 13 Uhr) Serviert tollen Espresso und Essen im Freien. Vor allem die Studenten und Intellektuellen von Chetumal sind gern hier. Man kann sich gut mit den Leuten unterhalten oder sich mit Domino die Zeit vertreiben.

ℹ Praktische Informationen

In der Stadt gibt's mehrere Banken und Geldautomaten, Letztere z. B. im Busbahnhof.

Cruz Roja (Rotes Kreuz; ☎983-832-05-71; Ecke Av Independencia & Héroes de Chapultepec; ⌚24 Std.) Für medizinische Notfälle.

Einreisebehörde (☎983-832-63-26; ⌚Mo–Fr 9–13 Uhr) Befindet sich rund 800 m nördlich der *glorieta* (Rondell); nach *oficina de inmigración* fragen!

Oficina de Información Turistíca Municipal (Städtische Touristeninformation; ☎983-833-24-65; Ecke Carmen Ochoa de Merino & Av 5 de Mayo; ⌚Mo–Fr 8–16 Uhr) Hat Broschüren und hilfsbereite Angestellte. Es gibt auch einen Infokiosk im Hauptbusbahnhof.

Polizei, Feuerwehr, Krankenwagen (☎066)

Post (Ecke Plutarco Elías Calles & Av 5 de Mayo; ⌚Mo–Fr 9–16 Uhr)

ℹ An- & Weiterreise

BUS

Der Hauptbusbahnhof liegt ungefähr 2 km nördlich vom Zentrum nahe der Kreuzung der Avenidas Insurgentes und Belice. Hier fahren Luxusbusse von Omnitur del Caribe und Maya de Oro, die Busse der 1. Klasse von ADO und OCC sowie die Busse der 2. Klasse von Mayab und Super Expresso ab. Im Busbahnhof gibt es Schließfächer (im Laden an der Ostwand, nahe den Münztoiletten), einen Infoschalter für Fragen zu Busverbindungen (bis 15 Uhr), einen Geldautomaten, eine Cafeteria und Läden.

Den **Busbahnhof für ADO-Busse der 2. Klasse** (Av Belice; ⌚6–22 Uhr) westlich des Museo de la Cultura Maya nutzen auch die 2.-Klasse-Busse von TRT, Sur und Mayab (etwas besser).

Viele Ortsbusse und die Busse nach Belize starten am Nuevo Mercado Lázaro Cárdenas (Neuvo Mercado) an der Calzada Veracruz Ecke Confederación Nacional Campesina (auch Segundo Circuito genannt), rund zehn Blocks nördlich der Av Primo de Verdad. Die meisten 1.-Klasse-Busse Richtung Belize fahren von diesem Markt zunächst zum Hauptbusbahnhof und setzen von dort 15 Minuten später ihre Fahrt fort; die Busse 2. Klasse fahren den Hauptbusbahnhof nicht an. Fahrkarten erhält man an Bord der Busse oder am Hauptbusbahnhof (nur für die 1. Klasse).

Vom **Minibusbahnhof** (Ecke Av Primo de Verdad & Hidalgo) gibt es gelegentlich Verbindungen nach Bacalar (30 Mex$) – man nimmt besser ein Sammeltaxi (s. unten).

Vor Abfahrt sollte man den Fahrplan überprüfen, denn die Busse starten an verschiedenen Stellen, und die hier gegebenen Informationen können bereits veraltet sein.

FLUGZEUG

Chetumals kleiner Flughafen liegt ungefähr 2 km nordwestlich vom Stadtzentrum an der Av Obregón. **Interjet** (☎800-011-23-45; www.interjet.com) fliegt nach Mexico City.

Für Flüge nach Belize City (und weiter nach Flores, um Tikal zu erreichen) sowie zu den Inselchen von Belize überquert man die Grenze und fliegt ab Corozal in Belize.

SCHIFF/FÄHRE

Schiffe nach San Pedro (42,50 US$) und Caye Caulker (45 US$) legen täglich um 15 Uhr vom **Muelle Fiscal** (Blvd Bahai) in Belize ab. Vor der Abfahrt die Ausreiseformalitäten bei der Einreisebehörde in Chetumal erledigen!

TAXI

Gibson's Tours & Transfers (☎in Belize 501-623-86-28; www.gibsonstoursandtransfers.com; Grenze zw. Santa Elena & Corozal) Die Fahrt zur Grenze kostet 380 Mex$ und nach Corozal 760 Mex$.

Wer mit dem Taxi nach Bacalar fahren will, sollte sich nach einem Taxi mit der Aufschrift „Bacalar" an der Tür umschauen (sie stehen rund ums Cruz Roja an der Independencía). Diese Taxis kommen aus Balacar, und die Fahrer suchen nach Fahrgästen für die Rückfahrt, sodass man günstiger (manchmal für 35 Mex$) wegkommt als mit einem Taxi aus Chetumal.

BUSSE AB CHETUMAL

ZIEL	PREIS (MEX$)	DAUER	HÄUFIGKEIT (TGL.)
Bacalar	28–35	45 Min.	Mayab ab ADO Busbahnhof regelm.
Belize City, Belize	180	3–4 Std.	7 Uhr ab Hauptbusbahnhof, regelm. von Nuevo Mercado
Campeche	344	6 Std.	12 Uhr
Cancún	302–360	5½–6½ Std.	ADO regelm.
Corozal, Belize	30	1 Std.	2. Klasse ab Nuevo Mercado regelm.
Escárcega	222	4–6 Std.	ADO regelm.
Felipe Carrillo Puerto	78–128	2–3 Std.	ADO & Mayab regelm.
Flores, Guatemala (Richtung Tikal)	430	8 Std.	7 Uhr ab Hauptbusbahnhof
Mahahual	100	4 Std.	ADO 2-mal
Mérida	246–366	6–8 Std.	1. & 2. Klasse regelm.
Orange Walk, Belize	35–50	2¼ Std.	1. & 2. Klasse Novelos & Northern ab Nuevo Mercado regelm.
Palenque	394–468	7–8 Std.	3-mal tgl.
Tulum	150–204	3½–4 Std.	regelm.
Valladolid	182	6 Std.	Mayab 2-mal ab Hauptbusbahnhof
Villahermosa	458	7–9 Std.	ADO 5-mal
Xcalak	95	5 Std.	Mayab ab ADO Busbahnhof 2-mal
Xpujil	106	2–3 Std.	ADO 10-mal

Unterwegs vor Ort

Für Taxifahrten in der Stadt zahlt man 25 Mex$. Vom Kreisverkehr an der Av de los Héroes kann man mit einem Sammel-Combi (Kleinbus; 3 Mex$) der Linie Santa María oder Calderitas ins Zentrum fahren. Um vom Zentrum zum Hauptbusbahnhof zu gelangen, nimmt man von der Av Belice hinter dem Museo de la Cultura Maya ein *colectivo* und bittet den Fahrer, einen an der *glorieta* an der Av Insurgentes abzusetzen. Von dort geht's Richtung Westen zum Hauptbusbahnhof.

YUCATÁN (BUNDESSTAAT)

Ein riesiges, wenig unerschlossenes Stück Golfküste, fantastische Naturschutzgebiete, ein paar kosmopolitische Städte und weltberühmte archäologische Stätten – dank dieser Highlights ist der Bundesstaat Yucatán seit Jahrzehnten ein beliebtes Ziel von Travellern.

Man kann hier viel erleben: Mérida z. B. ist eine große, geschäftige und herrlich historische Stadt mit prächtigen Gebäuden an jeder Ecke der Innenstadt. In kleineren Städten wie Valladolid geht es erheblich geruhsamer zu, und in Orten wie Izamal herrscht eine verträumt-friedliche Atmosphäre.

Auch Archäologiefans kommen hier auf ihre Kosten, im weltberühmten Chichén Itzá nicht weniger als im weniger bekannten, aber ebenso lohnenden Uxmal. Wenn man den Transport gut organisiert, kann man bei einer Fahrt auf der Ruta Puuc an nur einem Tag vier oder fünf Ruinenstätten sehen.

Vogelbeobachter freuen sich: Die Naturschutzgebiete in den Mündungsregionen rund um Celestún und Río Lagartos bilden den Lebensraum unglaublich vieler Wasservögel; vor allem Flamingos gibt's hier viele.

Mérida

☎999 / 22 M / 830 000 EW.

Seit der Eroberung durch die Spanier ist Mérida das kulturelle Zentrum der gesamten Halbinsel. Mal provinziell, mal *muy cosmopolitano* – die Stadt mit ihren engen Straßen, großen, zentralen Plazas und den besten Museen der Region hat ihre Wurzeln eindeutig in der Kolonialzeit. Sie ist der ideale Ausgangspunkt, um auf Erkundungstour durch den Rest des Bundesstaats zu gehen. Es gibt hier billige Lokale, gute Hostels und Hotels, muntere Märkte und Trubel an fast allen Abenden irgendwo in der Innenstadt.

Mérida ist schon lange ein beliebtes Ziel europäischer Traveller, die dem Gewimmel in den Ferienorten von Quintana Roo aus dem Weg gehen wollen, und keineswegs ein „unentdecktes mexikanisches Juwel", wie manche Werbebroschüre behauptet. Kurz gesagt: Die Stadt mag touristisch sein, ist aber doch so groß, dass sie nicht wie eine Touristenfalle anmutet. Und als Hauptstadt des Bundesstaats Yucatán ist sie auch der Ort, wo sich die Kulturen der Region begegnen. Die ungeraden Hausnummern verlaufen von Osten nach Westen, die geraden Hausnummern von Norden nach Süden. Kreuzungen sind bessere Orientierungspunkte als Hausnummern. In Mérida werden Adressen für gewöhnlich so angegeben: „Calle 57 No 481 x 56 y 58" (zwischen den Straßen 56 und 58).

Geschichte

Francisco de Montejo d. J. gründete 1540 eine spanische Kolonie im rund 160 km südwestlich gelegenen Campeche. Von diesem Vorposten aus machte er sich die politische Uneinigkeit der Maya zunutze und eroberte 1542 T'ho (das heutige Mérida). Bis zum Ende des Jahrzehnts befand sich der größte Teil Yucatáns unter spanischer Herrschaft.

Als die Konquistadoren Ti'ho betraten, erblickten sie eine größere Maya-Stadt, deren Kalkmörtelbauten sie an die römische Architektur im spanischen Mérida erinnerten. Sie benannten die Stadt um und bauten sie zur Hauptstadt der Region aus. Die Gebäude der Maya wurden abgerissen und das Material zur Errichtung einer Kathedrale und weiterer Prachtbauten genutzt. Mérida wurde in der Kolonialzeit direkt von Spanien aus und nicht über Mexico City regiert. Deswegen hat Yucatán eine eigene kulturelle und politische Identität.

Während des Kastenkriegs konnten sich nur Mérida und Campeche gegen die aufständischen Maya behaupten. Als die Republik Yucatán kurz vor dem Zusammenbruch stand, bequemte sich die herrschende Klasse in Mérida, die Oberherrschaft Mexikos anzuerkennen, woraufhin Truppen aus Zentralmexiko zur Unterstützung einrückten.

Heute ist Mérida das Wirtschaftszentrum der Halbinsel. Die Stadt profitierte stark von den *maquiladoras* (Montagewerken), die in den 1980er- und 1990er-Jahren entstanden, und auch von der in jenen Jahrzehnten einsetzenden Tourismusindustrie.

Sehenswertes

Sonntags werden für die extrem beliebte Biciruta die Calle 60 und Teile der Paseo de Montejo für den Verkehr gesperrt, denn dann bevölkern Radler, Skater und Fußgänger (mit Hunden) die Straßen. Fahrräder (20 Mex$/Std.) bekommt man an der Plaza Grande und am Südende des Paseo Montejo.

Plaza Grande — PLAZA

GRATIS Eine der hübschesten Plazas in Mexiko: Große Lorbeerbäume beschatten die Parkbänke und breiten Wege auf dem Platz. Hier befand sich das religiöse und gesellschaftliche Zentrum des alten T'ho; unter spanischer Herrschaft wurde daraus die Plaza de Armas, der von Francisco de Montejo (dem Jüngeren) angelegte Paradeplatz. Sonntags gibt's hier einen Kunsthandwerksmarkt und fast jeden Abend Tanz oder Musik.

Casa de Montejo — MUSEUM

(Museo Casa Montejo; www.casasdeculturabanamex.com/museocasamontejo; Calle 63 No 506, Palacio de Montejo; ⌚Di–Sa 10–19, So bis 14 Uhr) GRATIS An der Südseite der Plaza Grande erhebt sich die 1549 erbaute Casa de Montejo. Ursprünglich waren hier Soldaten untergebracht, doch bald wurde das Gebäude zu einem Palast umgebaut, in dem bis 1970 Angehörige der Familie Montejo wohnten. Heute residieren hier eine Bank und ein Museum mit dem renovierten viktorianischen, Neo-Rokoko- und Neo-Renaissance-Mobiliar aus dem historischen Gebäude.

Von außen lohnt ein genauer Blick auf die Fassade, wo mit Hellebarden bewaffnete triumphierende Konquistadoren ihren Fuß auf die Nacken typisch dargestellter Barbaren setzen (diese sind zwar nicht als Maya gekennzeichnet, aber dass diese gemeint sind, versteht sich von selbst). Wie für die Symbolik kolonialzeitlicher Bildwerke typisch sind die Besiegten viel kleiner dargestellt als die Sieger – überall in den Kirchen der Region thronen große Priester über oder vor kleinen „Indios". Von der Fassade blicken ebenfalls Büsten von Montejo dem Älteren, seiner Frau und seiner Tochter über die Plaza.

Gran Museo del Mundo Maya MUSEUM
(www.granmuseodelmundomaya.com; Calle 60 Nte No 299E; Erw./Kind bis 12 Jahre 150/50 Mex$; ⌚Mi–Mo 8–17 Uhr) Das neue Maya-Museum gilt als wichtiger Neuzugang zu Méridas reicher Kulturtradition. Die Dauerausstellung umfasst 500 Artefakte von Steinskulpturen und Schmuck bis hin zu Keramik und Radierungen. Das 2012 eröffnete Museum ist in sechs Abteilungen unterteilt: die alten Maya, die modernen Maya, Kultur und Natur, Kunst und Wissenschaft, Gesellschaft und Weltanschauung.

Das Museum befindet sich rund 12 km nördlich der Innenstadt an der Straße nach Progreso. Öffentliche Verkehrsmittel fahren von der Calle 58, zwischen Calle 57 und 59, zur Gran Plaza Mall, die nur einen kurzen Fußweg vom Museum entfernt ist.

Catedral de San Ildefonso KATHEDRALE
(Calle 60 s/n; ⌚6–13 & 16–19 Uhr) An der Ostseite der Plaza erhebt sich auf dem Gelände eines früheren Maya-Tempels Méridas massige, Ehrfurcht gebietende Kathedrale, die von 1561 bis 1598 errichtet wurde. Dazu wurden Steine aus dem Maya-Tempel verwendet. Der große Kruzifixus hinter dem Altar ist der **Cristo de la Unidad** (Christus der Einheit), ein Symbol der Versöhnung zwischen den Menschen spanischer und indigener Abstammung. Das Gemälde rechts über dem Südportal zeigt **Tutul Xiu**, den *cacique* (Fürsten) der Stadt Maní, der seinem Verbündeten Francisco de Montejo in Ti'ho seine Aufwartung macht. (De Montejo und Xiu schlugen gemeinsam die Cocomes; Xiu trat zum Christentum über, seine Nachkommen leben noch heute in der Stadt.)

In der kleinen Kapelle links vom Altar befindet sich Méridas berühmtestes religiöses Artefakt, eine Statue, die **Cristo de las Ampollas** (Christus mit den Brandblasen) genannt wird. Nach einer örtlichen Legende wurde das Bildwerk aus dem Holz eines Baumes geschnitzt, der von einem Blitz getroffen wurde und eine ganze Nacht brannte, ohne zu verkohlen. Es heißt ferner, dass die Plastik als einziges den Brand der Kirche von Ichmul überstanden haben soll (wenn auch vom Feuer geschwärzt und mit Blasen bedeckt). 1645 wurde die Statue in die Kathedrale von Mérida überführt.

Abgesehen von diesen Highlights ist das Innere der Kathedrale ziemlich schlicht, weil ihr prunkvoller Schmuck dem antiklerikalen Eifer wütender Bauern zur Zeit der Mexikanischen Revolution zum Opfer fiel.

Museo de Arte Contemporáneo MUSEUM
(Macay; ☎999-928-32-36; www.macay.org; Pasaje de la Revolución, zw. Calle 58 & 60; ⌚10–18 Uhr) GRATIS Das attraktive Museum ist in dem früheren Palast des Erzbischofs untergebracht und beherbergt eine Dauerausstellung von Werken der berühmtesten Maler und Bildhauer Yucatáns sowie Wechselausstellungen hiesiger Kunsthandwerker.

Palacio Municipal HISTORISCHES GEBÄUDE
(Rathaus; Calle 62) GRATIS Der 1542 erbaute Palacio Municipal von Mérida wurde zweimal umgebaut: in den 1730er- und in den 1850er-Jahren. Es lohnt sich, sich drinnen umzusehen. Es gibt eine Sammlung von Barockmöbeln, beeindruckende Wandgemälde und hinten einen erhöhten Patio, der auf dem Fundament einer Maya-Pyramide errichtet wurde, die in präkolonialer Zeit hier stand.

Palacio de Gobierno ÖFFENTLICHE KUNST
(Calle 61; ⌚8–21.30 Uhr) GRATIS Der 1892 erbaute Palacio de Gobierno beherbergt die Büros der Staatsregierung Yucatáns (und eine Touristeninformation). Man sollte innen unbedingt einen Blick auf die Wandmalereien des hiesigen Künstlers Fernando Castro Pacheco werfen. Die nach 25 Jahren 1978 fertiggestellten Malereien stellen symbolisch die Geschichte der Maya und ihre Auseinandersetzung mit den Spaniern dar.

Museo de Arte Popular de Yucatán MUSEUM
(Museum der yukatekischen Volkskunst; Calle 50A No 487; ⌚Di–Sa 10–17, So bis 15 Uhr) GRATIS Das Museum in einem Gebäude von 1906 zeigt im Erdgeschoss eine kleine Wechselausstellung mit Volkskunst aus ganz Mexiko. Die Ausstellungen oben vermitteln einen Einblick, wie die Einheimischen *huipiles* (lange, ärmellose gewebte weiße Kittel mit aufwendigen bunten Stickereien) besticken, Zeremonialmasken schnitzen und Hängematten weben.

Calle 60

Calle 60 ist eine der historischten Straßen Méridas. Die aus dem 17. Jh. stammende **Iglesia de Jesús** (Calle 60), auch Iglesia de la Tercera Orden genannt, erhebt sich einen Block nördlich der Plaza Grande jenseits des schattigen Parque Hidalgo. Die 1618 von den Jesuiten errichtete Kirche ist der einzige erhaltene Teil eines Gebäudekomplexes, der einst den gesamten Block ausfüllte.

Nördlich der Kirche ragt das massige **Teatro Peón Contreras** (Ecke Calle 60 & 57; ⌚Di–Sa

Mérida

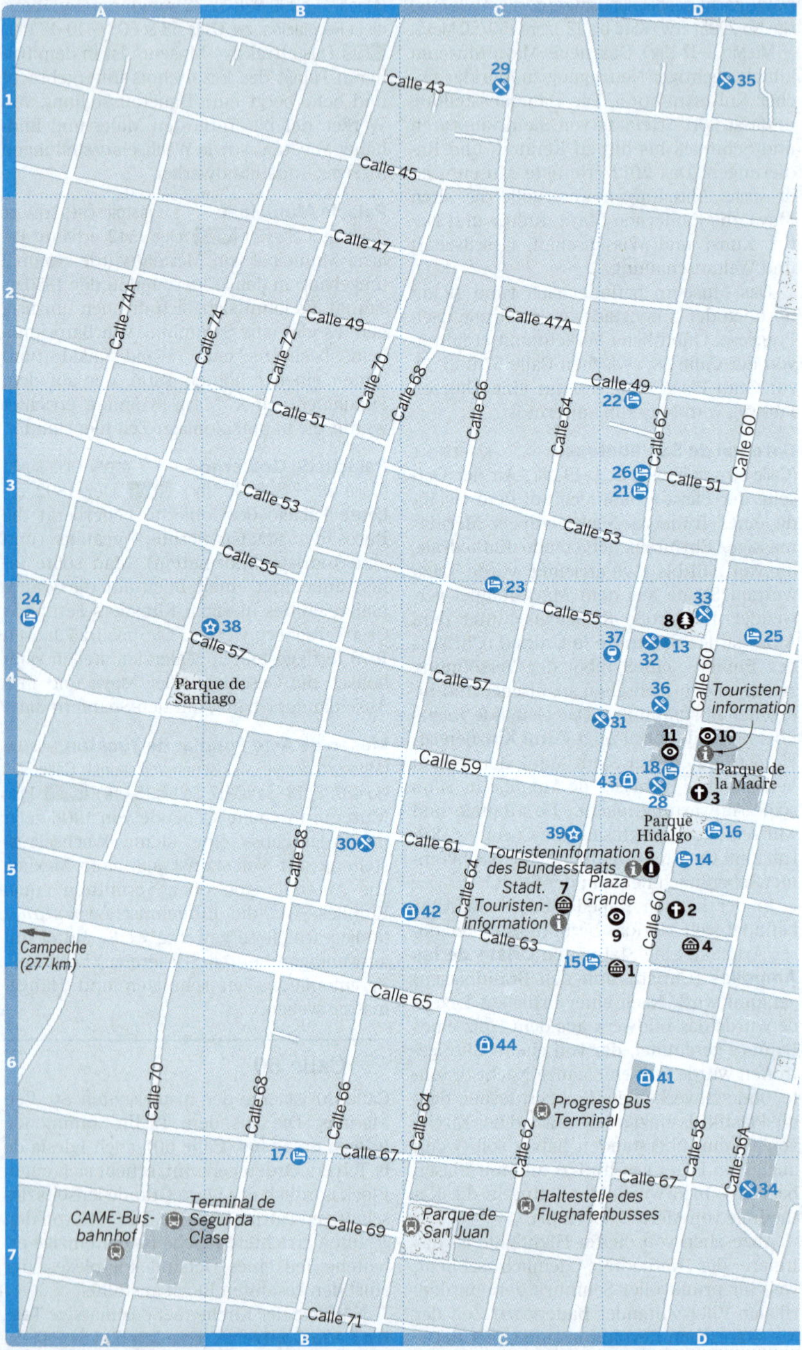
A
B
C
D
1
2
3
4
5
6
7
Calle 43
Calle 45
Calle 47
Calle 47A
Calle 49
Calle 51
Calle 53
Calle 55
Calle 57
Calle 59
Calle 61
Calle 63
Calle 65
Calle 67
Calle 69
Calle 71
Calle 74A
Calle 74
Calle 72
Calle 70
Calle 68
Calle 66
Calle 64
Calle 62
Calle 60
Calle 58
Calle 56A
Parque de Santiago
Parque de la Madre
Parque Hidalgo
Plaza Grande
Parque de San Juan
Touristen-information
Touristeninformation des Bundesstaats
Städt. Touristen-information
Campeche (277 km)
Progreso Bus Terminal
Haltestelle des Flughafenbusses
CAME-Bus-bahnhof
Terminal de Segunda Clase
1
2
3
4
6
7
8
9
10
11
13
14
15
16
17
18
21
22
23
24
25
26
28
29
30
31
32
33
34
35
36
37
38
39
41
42
43
44

9–18 Uhr) auf. Das Theater wurde in der Blützeit des *henequén*-Handels (die Fasern der Agave Pflanze) zwischen 1900 und 1908 errichtet. Es prunkt mit einem Hauptaufgang aus Carrara-Marmor, einer Kuppel mit verblassten Fresken italienischer Künstler und vielen Tafelgemälden und Wandmalereien.

Auf der anderen Seite der Calle 60 steht dem Theater gegenüber die **Universidad Autónoma de Yucatán** (Calle 60). Die moderne Universität wurde im frühen 20. Jh. von dem Gouverneur Felipe Carrillo Puerto geschaffen, eine Vorgängerinstitution bereits 1867 von dem Freiheitshelden General Manuel Cepeda Peraza.

Einen Block nördlich der Universität befindet sich der hübsche, kleine **Parque Santa Lucía** (Ecke Calle 60 & 55), der an der Nord- und Westseite von Arkaden eingefasst ist. Als Mérida noch viel kleiner war, hielten hier die Kutschen, die die Menschen aus den Städten und Dörfern in die Provinzhauptstadt brachten. Sonntags um 10 Uhr findet hier der **Bazar de Artesanías**, der örtliche Kunsthandwerksmarkt, statt.

Der Abschnitt der Calle 60 im Stadtzentrum ist von Donnerstag- bis Sonntagabend für den Autoverkehr gesperrt, sodass man hier gut spazieren gehen kann.

Kurse

Private Sprachlehrer lassen sich oft über das eigene Hostel finden. Eine Alternative sind die Spanischkurse der **Benjamin Franklin Academy** (☎999-928-00-97; www.benjaminfranklin.com.mx; Ecke Calle 57 & 54) und der **Calle 55 Spanish School** (☎999-274-31-30; www.calle-55.com; Calle 55 zw. Calle 56 & 58).

Geführte Touren

Viele Hotels buchen auch Touren, ebenso das Nómadas Hostel, das auch eine Vielzahl anderer Touren arrangiert.

Rundgang durchs historische Zentrum STADTSPAZIERGANG
(☎999-942-00-00, Anschluss 80119; www.merida.gob.mx/turismo; Calle 62, Plaza Grande; ⏰8–20 Uhr) GRATIS Die städtische Touristeninformation veranstaltet täglich um 9.30 Uhr kostenlose Spaziergänge durch das historische Zentrum mit Start am Palacio Municipal. Wer lieber alleine losziehen will, kann hier auch einen Audioguide (80 Mex$) mieten.

Turibus STADTRUNDFAHRT
(☎999-946-24-24; www.turibus.com.mx; Erw./Kind 120/50 Mex$) Die Stadtrundfahrten

Mérida

Sehenswertes
1 Casa de Montejo D6
2 Catedral de San Ildefonso D5
3 Iglesia de Jesús D5
4 Museo de Arte Contemporáneo D5
5 Museo de Arte Popular de Yucatán F5
6 Palacio de Gobierno D5
7 Palacio Municipal C5
8 Parque Santa Lucía D4
9 Plaza Grande D5
10 Teatro Peón Contreras D4
11 Universidad Autónoma de Yucatán D4

Aktivitäten, Kurse & Touren
12 Calle 55 Spanish School E4
Historic Centre Tours .... (siehe 7)
13 Turitransmérida D4

Schlafen
14 Gran Hotel D5
15 Hostel Zocalo C5
16 Hotel Caribe D5
17 Hotel Casa Becil B6
18 Hotel del Parque D4
19 Hotel del Peregrino E3
20 Hotel Dolores Alba E6
21 Hotel Hacienda Mérida D3
22 Hotel Marionetas D3
23 Hotel Medio Mundo C4
24 Hotel Mérida Santiago A4
Hotel Piedra de Agua .... (siehe 14)
25 Luz en Yucatán D4
26 Nómadas Hostel D3
27 Rosas y Xocolate E1

Essen
28 Amaro D5
29 Bistro Cultural C1
30 La Casa de Frida B5
31 La Chaya Maya C4
32 La Chaya Maya D4
33 La Tratto Santa Lucía D4
34 Mercado Municipal Lucas de Gálvez D7
35 Rescoldo's D1
36 Restaurante Pórtico del Peregrino D4

Ausgehen & Nachtleben
37 Mayan Pub D4

Unterhaltung
38 MM Cinemas B4
39 Teatro Mérida C5

Shoppen
40 Alma Mexicana E4
41 Artesanías Bazar García Rejón D6
42 Casa de las Artesanías C5
43 Guayaberas Jack D5
44 Hamacas Mérida C6

durch Mérida mit dem Doppeldeckerbus Circuito Turístico führen u.a. zur Plaza Grande, zum Paseo de Montejo und zum Parque de las Américas. Die Kommentare gibt's auf Englisch und Spanisch; Fahrkarten kauft man im Bus (man kann beliebig oft ein- und aussteigen).

Turitransmérida TOUR
(☎999-924-11-99; www.turitransmerida.com.mx; Calle 55, zw. Calle 60 & 62) Eines der vielen Reisebüros, die für Reisegruppen Ausflüge rund um Mérida anbieten, u.a. nach Celestún, Chichén Itzá, zur Ruta Puuc und nach Izamal.

Feste & Events

Jahrestag der Universidad de Yucatán KULTUR
Den größten Teil des Februars feiert die Universidad de Yucatán ihren Jahrestag mit kostenlosen Vorstellungen des Ballet Folklórico, Konzerten afrokubanischer Musikgruppen sowie *son* (mexikanische Volksmusik, die indigene, spanische und afrikanische Musikstile verbindet) und weiteren Zeugnissen der kulturellen Wurzeln Yucatáns.

Karneval RELIGION
Mit farbenfrohen Kostümen und Festivitäten ohne Ende wird im Februar oder März vor der Fastenzeit Karneval gefeiert. In Mérida hat der Karneval noch mehr Pep als im restlichen Bundesstaat.

Festival de Trova Yucateca MUSIK
Im März werden *trova yucateca* (traditionelle Balladen) dargeboten.

Semana Santa RELIGION
(Karwoche) Die Osterwoche ist in Mérida eine wichtige Feierlichkeit mit Prozessionen und Passionsspielen.

Cristo de las Ampollas Processions Religious PROZESSION
Zwischen dem 22. September und dem 14. Oktober ehren die *gremios* (Gilden od. Vereine) die Statue des Cristo de las Ampollas in der Catedral de San Ildefonso mit Prozessionen.

Exposición de Altares de los Muertos RELIGION
Am 31. Oktober bereiten die Familien Schreine vor, um am Tag der Toten die Geister der Verstorbenen zu empfangen, und viele Maya richten vor ihren Wohnungen ein großes Abendessen aus. Mérida begeht das Fest mit Feierlichkeiten und Ausstellungen im Stadtzentrum vom 1. November 11 Uhr bis 11 Uhr des Folgetags.

Schlafen

Nómadas Hostel HOSTEL $
(999-924-52-23; www.nomadastravel.com; Calle 62 No 433; B ab 140 Mex$, DZ mit/ohne Bad 440/340 Mex$;) Dies ist zweifellos das beste Hostel in Mérida. Es gibt hier „gemischte“ Schlafsäle und solche nur für Frauen, aber auch Privatzimmer. Den Gästen stehen eine voll ausgestattete Küche mit Kühlschrank, eine Waschküche und ein herrlicher Pool hinter dem Haus zur Verfügung.

Hostel Zocalo HOSTEL $
(999-930-95-62; www.hostalzocalo.com; Calle 63 No 508; B 140 Mex$, Zi. mit/ohne Bad ab 450/300 Mex$;) Die tolle Lage in einem wunderschönen alten Kolonialgebäude macht dieses Hostel einzigartig. Es hat gute Betten und ein großes Frühstücksbuffet. Manchmal sind die Angestellten allerdings etwas ruppig, und nicht immer gibt es warmes Wasser.

Hotel Casa Becil HOTEL $
(999-924-67-64; hotelcasabecil@yahoo.com.mx; Calle 67 No 550C, zw. Calle 66 & 68; EZ/DZ mit Ventilator 290–340 Mex$, DZ mit Klimaanlage 400 Mex$;) Das Casa Becil ist fast ein Hostel, aber eben nicht ganz. Sein freundlicher Inhaber nennt es „BBC“ – das steht für „Breakfast, Bed und Coffee“. Es verfügt über sehr preiswerte, saubere Zimmer mit voll ausgestatteter Küche im Erdgeschoss, einen Hof, eine Sonnenterrasse, schön geflieste Böden, eine Gepäckaufbewahrung, einen Büchertausch, Touren u. v. m. Die Zimmer sind luftig, ohne den Hauch von Langeweile, und der Inhaber spricht ausgezeichnet Englisch.

★ **Luz en Yucatán** BOUTIQUEHOTEL $$
(999-924-00-35; www.luzenyucatan.com; Calle 55 No 499; Zi. 736–1004 Mex$, Apt. 790–1190 Mex$;) Während sich viele langweiligere Hotels protzig als „Boutiquehotel“ ausgeben, erfüllt dieses Haus in aller Stille sämtliche Kriterien: Es bietet individuell eingerichtete Zimmer, herrliche Gemeinschaftsbereiche und einen wundervollen Patio mit Pool hinter dem Haus. Mindestens genauso gut, wenn nicht sogar besser ist auch das zur Vermietung stehende Haus auf der anderen Straßenseite: Es bietet Platz für bis zu sieben Personen und hat eine Badewanne.

Hotel Marionetas HOTEL $$
(999-928-33-77; www.hotelmarionetas.com; Calle 49 No 516, zw. Calle 62 & 64; Zi. ab 850 Mex$;) Ein weiteres wunderschönes koloniales Hotel rund um einen einladenden Hof. Der rustikal-schicke Frühstücksbereich mit Blick auf den Pool ist wirklich schön. Die gesamte Anlage ist mit geschmackvoll ausgewählten Möbeln und Kunsthandwerk dekoriert. Die Zimmer sind, wie sie sein sollen, doch sollte man wegen der besseren Durchlüftung eines im Obergeschoss nehmen.

Hotel Caribe HOTEL $$
(999-924-90-22; www.hotelcaribe.com.mx; Calle 59 No 500, zw. Calle 58 & 60; EZ/DZ ab 740/820 Mex$;) Angesichts des Ambientes – umgeben von Kirchtürmen, einem charmant plätschernden Springbrunnen im Hof und einem tollen Pool auf dem Dach – fällt kaum ins Gewicht, dass die Zimmer hier schlicht sind. Immerhin sind sie geräumig und recht sauber, und wenn sie schicker wären, müsste man sicher auch mehr für sie bezahlen.

Hotel del Peregrino HOTEL $$
(999-924-30-07; www.hoteldelperegrino.com; Calle 51 No 488, zw. Calle 54 & 56; Zi. 790–890 Mex$;) Das ruhige, kleine Hotel verfügt über mittelgroße, sonderbar geschnittene Zimmer rund um einen kleinen, aber hübschen Hof. Der Whirlpool unter freiem Himmel auf der Dachterrasse ist ein hübsches Extra.

Hotel Medio Mundo HOTEL $$
(999-924-54-72; www.hotelmediomundo.com; Calle 55 No 533; DZ inkl. Frühstück 910–1105 Mex$;

PASEO DE MONTEJO

Der Paseo de Montejo verläuft parallel zu den Calles 56 und 58; mit dieser Straße versuchten die Stadtplaner des 19. Jhs., in Mérida einen breiten Boulevard nach dem Vorbild des Paseo de la Reforma in Mexico City oder der Pariser Champs-Élysées zu schaffen.

Die schönen Herrenhäuser, die reiche Familien Ende des 19. Jhs. am *Paseo* errichteten, zeigen den architektonischen und gesellschaftlichen Einfluss Europas.

❄📶☒) Das ehemalige private Wohnhaus wurde komplett umgebaut und in hübschen Farben gestrichen. Die vielen schlicht möblierten Zimmer sind mit superbequemen Betten und schön gefliesten Waschbecken ausgestattet und lassen viel Sonnenlicht rein. In einem der beiden Höfe befindet sich ein kleiner Swimmingpool, in dem anderen steht ein Springbrunnen. Die charmanten Gastgeber, die selbst gern reisen, sorgen dafür, dass sich ihre Gäste sich wie zu Hause fühlen.

Gran Hotel HOTEL **$$**
(☎999-923-69-63; www.granhoteldemerida.com; Calle 60 No 496; EZ/DZ 800/900 Mex$; P❄📶) Nach seiner Erbauung 1901 war dies tatsächlich ein prachtvolles Hotel. Einige Zimmer des Oldtimers wurden modern renoviert, andere haben noch die alten Möbel und verblichenen Teppiche von damals. Trotz des Verschleißes weisen sie viele elegante und dekorative Elemente auf.

Hotel Dolores Alba HOTEL **$$**
(☎999-928-56-50; www.doloresalba.com; Calle 63, zw. Calle 52 & 54; EZ 550–650 Mex$, DZ 650–750 Mex$; P❄📶☒) Die Zimmer verteilen sich auf drei Etagen (mit Aufzug) um zwei große Höfe. Die in dem teureren, modernen Flügel haben glänzende neue Fliesenböden, Flachbild-TVs und Fenster zum hübschen Pool. Das Hotel hat auch einen sicheren Parkplatz und ist ruhig, gut geführt und freundlich.

Hotel del Parque HOTEL **$$**
(☎999-924-78-44; www.hoteldelparque.com.mx; Calle 60, zw. Calle 57 & 59; EZ/DZ 450/550 Mex$; P❄📶) Die Zimmer hier sind zwar sehr groß, aber nichts Besonderes. Dennoch ist dies im Zentrum das wohl günstigste Angebot in dieser Preisklasse.

Hotel Mérida Santiago HOTEL **$$$**
(☎Handy 999-2854447; www.hotelmeridasantiago.com; Calle 74a No 499, zw. Calle 57 & 59a; Zi. 1200–1500 Mex$; P❄@📶☒) Da es hier nur sechs Zimmer gibt, sollte man vorab buchen. Die geräumigen Zimmer mit großem Bad sind stilvoll mit handverlesenen Stücken aus lokaler Herstellung dekoriert. Die Betreiber, ein holländisch-mexikanisches Pärchen, sind eine tolle Infoquelle.

Hotel Piedra de Agua BOUTIQUEHOTEL **$$$**
(☎999-924-23-00; www.piedradeagua.com; Calle 60 No 498, zw. Calle 59 & 61; Zi. ab 1600–2400 Mex$; P❄@📶☒) Das prachtvolle alte Wohnhaus ist heute ein prachtvolles neues Hotel mit stilvoller Möblierung, guten Betten, aufmerksamem Service und der passenden Mischung aus kolonialem und modernem Flair. Als Extras gibt es noch die Bar im Hinterhof und einen kleinen Fitnessraum. In der Nebensaison und für „Laufkundschaft" gibt's bis zu 40% Rabatt.

Rosas y Xocolate BOUTIQUEHOTEL **$$$**
(☎999-924-29-92; www.rosasandxocolate.com; Paseo de Montejo No 480; Zi. 2880–3550 Mex$, Suite 4690–8700 Mex$; P❄@📶☒) Das mittelgroße Boutiquehotel wurde aus den Resten zweier Stadtvillen erbaut, wobei viele der originalen Materialien wiederverwendet wurden. Die eigens angefertigten Möbel, die Bose-Stereoanlagen in jedem Zimmer und die Bäder unter freiem Himmel verraten, dass hier an nichts gespart wurde. Vor Ort gibt's einen klimatisierten Fitnessraum, ein ganztägig geöffnetes Spa und ein Gourmetrestaurant.

Hotel Hacienda Mérida BOUTIQUEHOTEL **$$$**
(☎999-924-43-63; www.hotelhaciendamerida.com; Calle 62, zw. Calle 51 & 53; Zi./Suite ab 2062/2852 Mex$; P❄📶☒) Das Hacienda ebnet den Weg in die gehobene Boutiqueklasse. Besonders hübsch ist es abends, wenn man durch den angestrahlten Säulengang am Pool vorbei zu den klassisch gestalteten Zimmern wandelt. Wer richtig auf Luxus steht, sollte ein „VIP"-Zimmer nehmen – das kostet allerdings ein hübsches Sümmchen.

Essen & Ausgehen

Das beste Plätzchen, um etwas zu essen und dabei Leute zu beobachten, sind die Tische in den Restaurants an der Calle 60 vor dem Parque Hidalgo. Snacks und substantiellere Mahlzeiten bekommt man zu vernünftigen Preisen.

Bistro Cultural FRANZÖSISCH **$**
(Ecke Calle 43 & 66; Tagesgerichte 60 Mex$; ⏲Mo–Fr 9–17 Uhr) In dem von einem Franzosen betriebenen netten, kleinen Café stehen immer zwei ständig wechselnde Tagesgerichte zur Wahl. Die Speisen sind ausgezeichnet und die Preise sehr vernünftig.

Mercado Municipal Lucas de Gálvez MARKT **$**
(Ecke Calle 56a & 67; Hauptgerichte & Ceviche 60 Mex$; ⏲6–17 Uhr) Die preisgünstigsten Lokale Méridas findet man in diesem Markt. Die Lokale im Obergeschoss haben Tische und Stühle und ein abwechslungsreicheres Sortiment von Hauptgerichten mit Rind-

fleisch, Fisch oder Geflügel. Ausschau halten nach *recados* (Gewürzmischungen)! Im Erdgeschoss gibt's am Nordende ein paar billige *taquerías* (Taco-Buden) und nahe dem Südende einige *cocteleríass*, Seafood-Stände, die sich auf Meeresfrüchte-Cocktails und Ceviche spezialisiert haben.

★ La Chaya Maya MEXIKANISCH $$
(Calle 55 No 510; Hauptgerichte 57–175 Mex$; ⏲ 7–23 Uhr) Das bei Einheimischen und Touristen gleichermaßen beliebte Restaurant befindet sich in einem hübschen Kolonialgebäude in der Innenstadt. Es bietet in gewisser Hinsicht eine Einführung in die klassische yukatekische Küche mit Gerichten wie *relleno negro* (schwarzer Truthahn-Eintopf) oder *cochinita pibil* (langsam gegartes Schweinefleisch). Die Original-Filiale ist an der Ecke Calle 62 und 57 zu finden.

La Tratto Santa Lucía ITALIENISCH $$
(Calle 60, zw. Calle 53 & 55; Hauptgerichte 100–200 Mex$; ⏲ 11–24 Uhr) Angesichts von fünf beliebten, quer über die Stadt verteilten Restaurants müssen diese Jungs etwas richtig machen – und das ist die gute italienische Küche zu vernünftigen Preisen. Diese Filiale hat eine tolle Lage in der Innenstadt mit Tischen am hübschen Parque Santa Lucía.

Rescoldo's MEDITERRAN $$
(Calle 62 No 366 zw. Calle 41 & 43; Hauptgerichte 90–160 Mex$; ⏲ Di–Do 18–22, Fr & Sa bis 23 Uhr) Das sehr empfehlenswerte mediterrane Restaurant verspricht mit Holzofenpizza und Calzone, leckeren Pastagerichten und hausgemachtem Eis etwas Abwechslung auf dem Speiseplan.

La Casa de Frida MEXIKANISCH $$
(www.lacasadefrida.com.mx; Calle 61 No 526; Hauptgerichte 120–175 Mex$; ⏲ Mo–Sa 18–22 Uhr) Hier gibt's köstliche Ente in *mole*-Sauce und andere gut zubereitete mexikanische Klassiker wie *chile en nogada* (gefüllte Poblano-Paprika). Nicht wundern, wenn Coco, das Kaninchen der Besitzer, zur Begrüßung in den Speiseraum hoppelt – auf der Karte steht auf jeden Fall kein Kaninchen!

Slavia FUSION $$
(Ecke Paseo de Montejo & Calle 29; Hauptgerichte 120–250 Mex$; ⏲ 19–2 Uhr) Das merkwürdige kleine Lokal vor dem *Monumento a la Patria* (Vaterlandsdenkmal) ist vollgestopft mit asiatischem Schnickschnack und serviert ein paar gute Gerichte der Fusion-Küche mit Schwerpunkt auf Carpaccios und Fondues. Vor allem ist der Laden aber eine beliebte Bar – das Publikum ist etwas älter und die Stimmung entspannter als in vielen anderen Bars im Stadtzentrum.

Cubaro CAFÉ $$
(Ecke Paseo de Montejo & Calle 29; Hauptgerichte 115–240 Mex$; ⏲ 17–2 Uhr) Das Schwesterrestaurant des beliebten Slavia ist auch entspannt und hat ein paar tolle Außenbereiche, darunter eine Terrasse mit direktem Blick aufs *Monumento a la Patria* (Vaterlandsdenkmal). Die Karte ist recht konventionell, aber alle Speisen sind sorgsam zubereitet, und man wird flott bedient.

Amaro INTERNATIONAL $$
(☎ 999-928-24-51; www.restauranteamaro.com; Calle 59 No 507; Hauptgerichte 80–220 Mex$; ⏲ 11–2 Uhr; 🌱) Ein romantisches Restaurant im Hof des Hauses, in dem 1787 Andrés Quintana Roo – der Dichter, Staatsmann und Verfasser der mexikanischen Unabhängigkeitserklärung – geboren wurde. Auf der Karte stehen yukatekische, diverse vegetarische und ein paar europäische Gerichte. Am besten kommt man abends, wenn Sänger *trova*-Balladen zum Besten geben.

Restaurante Pórtico del Peregrino MEXIKANISCH $$
(☎ 999-928-61-63; Calle 57, zw. Calle 60 & 62; Hauptgerichte 80–150 Mex$; ⏲ 12–24 Uhr) In angenehm traditionell gehaltenen Räumen rund um einen kleinen, hübschen Hof serviert dieses elegante Restaurant klassisch-yukatekische Gerichte wie *pollo pibil* (mit *achiote* – Annatto – gewürztes und in Bananenblätter eingewickeltes Hühnchen), aber auch viele internationale Speisen, Meeresfrüchte und Steaks. Die Spezialität des Hauses ist *mole poblano*, Sauce aus Schokolade und Chili.

Mayan Pub BAR
(www.mayanpub.com; Calle 62, zw. Calle 55 & 57; ⏲ Mi–So 19–3 Uhr) Das bei Backpackern und *meridiano* (einheimischen) Möchtegern-Backpackern beliebte Lokal hält die Leute mit einem Billardtisch, seinem Biergarten hinterm Haus und Livemusik bei Laune.

✩ Unterhaltung

In Mérida gibt es viele Kultur- und Musikveranstaltungen in Parks und historischen Gebäuden, bei denen talentierte einheimische Künstler auftreten. In der Regel ist der Eintritt frei. Infos zu anstehenden Events gibt's in den Touristeninformationen. Auf der Website www.yucatantoday.com findet man monatlich aktualisierte News und häufig Hinweise auf saisonale Events.

In Mérida gibt's mehrere Kinos, die überwiegend aktuelle Hollywood-Streifen auf Englisch mit spanischen Untertiteln *(¿inglés?)* sowie andere ausländische und mexikanische Filme laufen. Eine Kinokarte kostet rund 45 Mex$ für Abend- und 25 Mex$ für Nachmittagsvorstellungen. Empfehlenswert sind **MM Cinemas** (www.cinemex.com; Calle 57, zw. Calle 70 & 72) und **Teatro Mérida** (Calle 62, zw. Calle 59 & 61).

Shoppen

Mérida ist ein guter Ort, um yukatekisches Kunsthandwerk zu erstehen. Kaufen kann man beispielsweise Hängematten und traditionelle Maya-Kleidung wie die farbenfrohen, bestickten *huipiles* (ärmellose Hemden indigener Frauen), Panamahüte und natürlich die wunderbar bequemen *guayaberas* (Männerhemden aus dünnem Stoff mit aufgenähten Mustern).

In den letzten Februar- oder ersten Märztagen (Termin variiert) findet der Kihuic auf der Plaza Grande statt. Zu diesem Markt strömen Kunsthandwerker aus ganz Mexiko nach Mérida.

Casa de las Artesanías KUNSTHANDWERK
(999-928-66-76; Calle 63, zw. Calle 64 & 66; Mo–Sa 9.30–22 Uhr) Ein guter Ort, um mit der Suche nach Kunsthandwerk zu beginnen, ist dieser staatlich subventionierte Markt für Produkte einheimischer Künstler. Hier gibt's so ziemlich alles. Die Preise sind nicht verhandelbar.

Artesanías Bazar García Rejón KUNSTHANDWERK
(Ecke Calle 60 & 65) Bietet in einer Ladenzeile eine große Produktpalette.

Guayaberas Jack BEKLEIDUNG
(www.guayaberasjack.com.mx; Calle 59 No 507A; Mo–Sa 10–20.30, So bis 14.30 Uhr) Das *guayabera* ist das klassische Hemd aus Mérida – wer allerdings falsch wählt, könnte damit wie ein Kellner aussehen. In diesem berühmten Geschäft ist man vor solchen Missgeschicken gefeit.

Hamacas Mérida KUNSTHANDWERK
(999-924-04-40; www.hamacasmerida.com.mx; Calle 65, zw. Calle 62 & 64; Mo–Fr 9–19, Sa bis 14 Uhr) Bietet eine große Auswahl von Hängematten in allen Größen, Formen und Farben und versendet sie weltweit.

Alma Mexicana KUNST & KUNSTHANDWERK
(www.casaesperanza.com; Calle 54, zw. Calle 55 & 57; Mo–Sa 9.30–18, So 11–15 Uhr) Verkauft mexikanische Volkskunst und Kunsthandwerk sowie andere interessante Souvenirartikel.

Praktische Informationen

GELD

Überall gibt es Banken und Geldautomaten.

MEDIZINISCHE VERSORGUNG

Clínica Mérida (999-924-18-00; Av de los Itzáes 242)

NOTFALL

Cruz Roja (Rotes Kreuz; 999-924-98-13)
Notfall (066)
Polizei (999-942-00-70)

POST

Post (999-928-54-04; Calle 53 No 469, zw. Calle 52 & 54; Mo–Fr 9–16 Uhr, nur Briefmarkenverkauf Sa 9–13 Uhr)

TOURISTENINFORMATION

In der kostenlosen spanisch-englischen Zeitschrift *Yucatán Today* (www.yucatantoday.com) gibt es exzellente Tipps, was man in Mérida und Yucatán so alles tun kann.

Städtische Touristeninformation (999-942-00-00; Calle 62, Plaza Grande; Mo–Sa 8–20, So bis 14 Uhr) Das Büro südlich vom Eingang des Palacio Municipal hat englischsprachige Angestellte. Es bietet kostenlose Spaziergänge um 9.30 Uhr und Audioguides (80 Mex$).

Staatliche Touristeninformation (999-930-31-01; Calle 61, Plaza Grande; Mo–Sa 8–21, So bis 20 Uhr) Im Eingangsbereich des Palacio de Gobierno. In der Regel gibt's hier jemanden, der auch Englisch spricht.

Touristeninformationszentrum (999-924-92-90; Ecke Calle 60 & 57a; Mo–Sa 8–21, So bis 20 Uhr) In dem Büro am Südwestrand des Teatro Peón Contreras gibt es immer jemanden, der Englisch spricht.

An- & Weiterreise

AUTO

Am flexibelsten ist man, wenn man die vielen archäologischen Stätten rund um Mérida mit einem Mietwagen abklappert, vor allem wenn man die Kosten unter mehreren Personen aufteilen kann. Für das kurzzeitige Mieten eines billigen Autos müssen pro Tag 600 bis 650 Mex$ (inkl. Steuern, Versicherung & Benzin) einkalkuliert werden – wenn man sich umschaut und Glück hat, kann man aber vielleicht schon für die Hälfte fündig werden. Im Labyrinth der Einbahnstraßen und rasenden Busse bewegt man sich in Mérida besser zu Fuß oder mit einem der Busse fort.

BUSSE AB MÉRIDA

ZIEL	PREIS (MEX$)	DAUER (STD.)	HÄUFIGKEIT (TGL.)
Campeche (kurze Route)	128–202	2½–3½	ADO stündl., ADO GL (ab CAME, Terminal de Segunda Clase) 3-mal
Cancún	185–490	4–6	Oriente 2-mal, ADO, OCC & ADO GL (ab CAME, Terminal de Segunda Clase, Noreste-Busbahnhof) regelm.
Celestún	52	2	Oriente ab Noreste-Busbahnhof 6-mal
Chetumal	246–392	6–8	ADO 4-mal, Mayab ab CAME 5-mal
Chichén Itzá	72	1¾–2½	ADO ab CAME, Terminal de Segunda Clase, regelm.
Escárcega	105–284	5–5½	Sur 5-mal, ADO (ab CAME, Terminal de Segunda Clase) 3-mal
Izamal	26	1½	Oriente ab Noreste-Busbahnhof regelm.
Mayapán Ruinas	22	1½	Sur ab Noreste-Busbahnhof stündl., weiter nach Oxkutzcab
Mexico City (Terminal Norte)	1404	21	14 Uhr
Palenque	448	8–9	ADO, OCC (ab CAME, Terminal de Segunda Clase) 4-mal
Playa del Carmen	200–556	4½–8	Mayab, OCC & ADO (ab CAME, Terminal de Segunda Clase) regelm.
Río Lagartos	130–170	3–4	1. Klasse Noreste 17.30 Uhr ab Noreste-Busbahnhof
Ticul	45	1¾	Mayab ab Terminal de Segunda Clase 3-mal; regelm. Combis ab Parque de San Juan
Tizimín	93–128	2½–4	regelm. ab Noreste-Busbahnhof
Tulum	159–240	4	Mayab & ADO (ab CAME, Terminal de Segunda Clase) regelm.
Uxmal	55	1–1½	Oriente ab Terminal de Segunda Clase 5-mal

Mehrere Autovermieter haben Filialen am Flughafen sowie in der Calle 60 zwischen Calle 55 und 57, darunter **National** (☎999-923-24-93; www.nationalcar.com; Calle 60 No 486F; ⏰7–22 Uhr), **Veloz** (☎999-928-03-73; Calle 60 No.486) und **Payless** (☎999-924-14-78; Calle 60 No 486). Alle vermieten Autos für 350 bis 500 Mex$ pro Tag. Am günstigsten ist es, wenn man vorab übers Internet bucht.

BUS

Mérida ist der Knotenpunkt des Busverkehrs auf der Halbinsel Yucatán. In Nachtbussen und zu jeder Tageszeit in Bussen zu beliebten Touristenzielen (vor allem in 2.-Klasse-Bussen) gut aufs Gepäck aufpassen!

Es gibt mehrere Busbahnhöfe, und manche Unternehmen nutzen mehr als einen. Fahrkarten zur Abfahrt von einem Busbahnhof können häufig auch an einem anderen gekauft werden, und bei den angefahrenen Zielen gibt's unter den Busunternehmen viele Überschneidungen. Einige Unternehmen bieten Rundreisetickets zu nahe gelegenen Zielen an, durch die der Fahrpreis deutlich sinkt. Infos findet man unter www.ticketbus.com.mx.

CAME-Busbahnhof (☎999-920-44-44; Calle 70, zw. Calle 69 & 71) Méridas Hauptbusbahnhof wird manchmal auch als „Terminal de Primera Clase" bezeichnet, weil von hier hauptsächlich Busse 1. Klasse – darunter ADO, Platino und ADO GL – zu Zielen überall auf der Halbinsel Yucatán, aber auch weiter bis nach Mexico City fahren.

Fiesta-Americana-Busbahnhof (☎ 999-924-83-91; Ecke Calle 60 & Av Colón) Ein kleiner Busbahnhof für 1.-Klasse-Busse an der Westseite des Hotelkomplexes für Gäste der Luxushotels an der Av Colón, nördlich des Stadtzentrums. Von hier fahren Busse nach Cancún, Villahermosa und Playa del Carmen.

Noreste-Busbahnhof (Ecke Calle 67 & 50) Diesen Busbahnhof nutzen die Unternehmen Noreste, Sur und Oriente. Die Busse fahren von hier zu vielen kleinen Ortschaften im Nordosten der Halbinsel, darunter nach Tizimín und Río Lagartos sowie nach Cancún und zu Orten an dieser Strecke und zu kleineren Ortschaften südlich und westlich von Mérida wie Celestún (wird von Occidente bedient), Ticul, Ruinas de Mayapán und Oxkutzcab.

Einige Oriente-Busse starten am Terminal de Segunda Clase und machen hier einen Zwischenstopp, andere starten hier (z. B. die Busse nach Izamal und Tizimín).

Parque de San Juan (Calle 69, zw. Calle 62 & 64) Von Punkten rund um den Parque de San Juan fahren Kleinbusse und Kombis nach Dzibilchaltún, Muna, Oxkutzcab, Tekax, Ticul und zu anderen Zielen.

Progreso-Busbahnhof (☎ 999-928-39-65; Calle 62 No 524) Von hier fahren Busse nach Progreso und Dzibilchaltún.

Terminal de Segunda Clase (Calle 69) Der auch Terminal 69 (Sesenta y Nueve) oder schlicht Terminal de Autobuses genannte Busbahnhof befindet sich um die Ecke vom CAME-Busbahnhof. ADO, Mayab, Oriente und Sur betreiben ab hier überwiegend Busse 2. Klasse zu Zielen überall im Bundesstaat und auf der Halbinsel.

FLUGZEUG

Méridas winziger, aber moderner Flughafen liegt 10 km bzw. eine 20-minütige Fahrt südwestlich der Plaza Grande abseits des Hwy 180 (Av de los Itzáes). Am Flughafen findet man verschiedene Autovermieter, einen Geldautomaten und eine Wechselstube.

Die meisten Auslandsflüge nach Mérida gehen über Mexico City oder Cancún. Direktflüge ins Ausland bietet **United Airlines** (☎ 999-926-31-00, in den USA 800-900-5000; www.united.com; Paseo Montejo No 437, an der Calle 29) mehrmals die Woche ab Houston. Flugzeuge der Billigfluglinien Interjet (S. 287), Volaris (S. 287) und VivaAerobus (S. 287) fliegen nach Mexico City. MayAir (S. 287) hat Propellermaschinen nach Cancún und zur Isla Cozumel.

ℹ Unterwegs vor Ort

Autofahrer müssen beachten, dass die Calles 60 und 62 zwischen Plaza Grande und Calle 55 von Samstag 20 Uhr bis Sonntag 23 Uhr für den motorisierten Verkehr gesperrt sind.

BUS

Die meisten Teile von Mérida, die einen Besuch wert sind, liegen im Umkreis von fünf oder sechs Blocks um die Plaza Grande und sind gut zu Fuß erreichbar. Da der Straßenverkehr in der Stadt, vor allem in den Marktarealen, sehr zäh läuft, kommt man zu Fuß auch am schnellsten voran.

Fahrten mit den städtischen Bussen sind billig (10 Mex$), aber die Streckenführung ist häufig verwirrend. Die meisten Linien beginnen in irgendeinem Vorstadtviertel, umkreisen das Stadtzentrum und enden in einem anderen fernen Vorstadtviertel. Um über den Paseo de Montejo von der Plaza Grande in die gehobenen Viertel im Norden zu kommen, nimmt man die Ruta 164 an der Ecke der Calles 59 und 58, nördlich vom Parque Hidalgo. Zur Rückfahrt ins Stadtzentrum kann man auf dem Paseo de Montejo jeden Bus Richtung Süden mit der gleichen Aufschrift und/oder der Zielangabe „Centro" nehmen.

VOM/ZUM FLUGHAFEN

Der Bus 69 (Aviación) fährt bis 21 Uhr alle 15 bis 30 Minuten zwischen dem Flughafen und dem Stadtzentrum, danach noch gelegentlich bis 23 Uhr. Die halbstündige Fahrt (10 Mex$) erfolgt auf einer komplizierten Route, am besten steigt man in Calle 62 zwischen den Calles 67 und 69 ein.

Eine Taxifahrt vom Stadtzentrum zum Flughafen sollte rund 90 Mex$ kosten – in umgekehrter Richtung muss man sich darauf einstellen, 200 Mex$ zu bezahlen, wenn man nicht bis zur Hauptstraße läuft und eines heranwinkt.

TAXI

In der Stadt fahren immer mehr *taxímetros* (Taxis mit Taxameter). Bei regulären Taxis sollten die Preise fix sein; der Mindestpreis beträgt 30 Mex$. Dafür kommt man von den Busbahnhöfen zu allen Hotels in der Innenstadt. Trotzdem sollte man sich, wenn das Taxi kein Taxameter hat, vorab über den Preis verständigen. Die meisten Fahrten innerhalb der Stadt kosten nicht mehr als 60 Mex$. Taxistände befinden sich an den meisten Stadtteilparks; unter ☎ 999-928-31-00 oder ☎ 999-923-40-96 kann man rund um die Uhr Taxis bestellen (für die Anfahrt zzgl. 10–20 Mex$).

Südlich von Mérida

Südlich von Mérida gibt's viel zu sehen und zu tun. Die größten Highlights sind die alten *henequén*-Plantagen, von denen einige

Südlich von Mérida

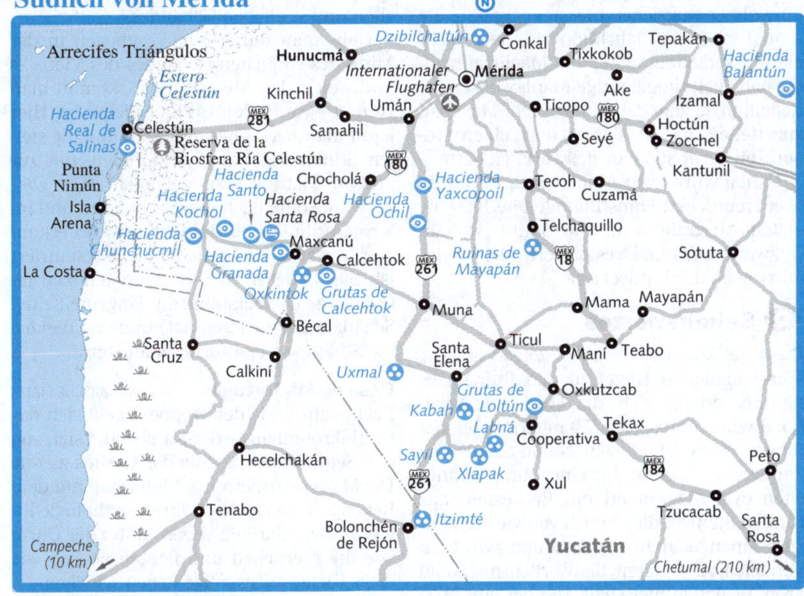

immer noch bewirtschaftet werden, und die gut erhaltenen Maya-Ruinen, z.B. von Uxmal und weniger bekannten Stätten entlang der Ruta Puuc.

Uxmal

Uxmal (Hwy 261, Km 78; Eintritt 234 Mex$, Parken 22 Mex$, Führer 550 Mex$; ⏲8–17 Uhr; 🚻), „Usch-mahl" ausgesprochen, ist ein eindrucksvolles Ruinen-Ensemble, das zu den wichtigsten archäologischen Stätten der Maya-Kultur zählt. Die Ruinen erstrecken sich über ein riesiges Gebiet. Viele Bauten sind in gutem Zustand und aufwendig verziert. Uxmals Reiz wird durch seine Lage in der hügeligen Region Puuc noch verstärkt, nach der auch der hiesige Architekturstil benannt ist. *Puuc* bedeutet „Hügel", und die bis zu 100 m hohen Erhebungen bilden die erste Abwechslung zum Tiefland in den nördlichen und westlichen Teilen der Halbinsel.

Wer die 45-minütige **Sound-&-Light-Show** (72 Mex$; ⏲Sommer 20 Uhr, Winter 19 Uhr) sehen will, zahlt extra. Sie ist zwar auf Spanisch kommentiert, aber es gibt Aufnahmen mit Übersetzungen (45 Mex$).

Geschichte

Uxmal war eine wichtige Stadt, deren Einfluss sich bis auf die nahe gelegenen Städte Sayil, Kabah, Xlapak und Labná erstreckte. Uxmal bedeutet „dreimal gebaut", wobei sich hier sogar fünf Bauschichten finden.

Dass in diesem trockenen Gebiet eine relativ große Bevölkerung leben konnte, zeugt einmal mehr von den technischen Fähigkeiten der Maya: Sie legten eine Reihe von Wasserbecken und mit Kalkmörtel verputzten *chultunes* (Zisternen) an und hatten so auch in der Trockenzeit Wasser. Uxmal wurde erstmals gegen 600 n. Chr. besiedelt und verrät in seiner Architektur Einflüsse aus dem mexikanischen Hochland, die höchstwahrscheinlich über Handelsbeziehungen vermittelt wurden. Der Einfluss zeigt sich u.a. in den Schlangenfiguren, den phallischen Symbolen und Säulen. Die gut proportionierten Bauten der Puuc-Architektur, die auch stark von den etwas früheren Río-Bec- und Chenes-Stilen beeinflusst wurde, zeichnen sich durch feine, geometrische Mosaiken aus, die die oberen Teile der langgestreckten Fassaden bedeckten.

Wegen des Wassermangels in der Region kam Chaac, dem Regengott oder der Himmelsschlange, höchste Bedeutung zu. Sein Bild ist in Form von Stuckmasken an den Fassaden und Simsen überall in der Stadt präsent. Warum Uxmal gegen 900 weitgehend verlassen wurde, ist Gegenstand vieler Spekulationen; vielleicht hatte die Trockenheit ein solches Ausmaß erreicht, dass die Einwohner wegziehen mussten. Die Xiu, die Uxmal mehrere Jahrhunderte beherrscht hatten, verlegten später ihr Machtzentrum ins nahe gelegene heutige Maní, wo sie eine Rebellion gegen das Königreich Mayapán anzettelten, das die Macht über einen großen Teil der Region an sich gerissen hatte.

Uxmal wurde von Archäologen im 19. Jh. wiederentdeckt; Frans Blom leitete 1929 die ersten Ausgrabungen. Die Stätte ist heute zwar umfassend restauriert, aber vieles harrt noch der Entdeckung.

Sehenswertes

Casa del Adivino — ARCHÄOLOGISCHE STÄTTE

Wenn man den Hügel zu den Ruinen erklimmt, erhebt sich die Casa del Adivino direkt voraus. Der 39 m hohe Tempel (übersetzt bedeutet sein Name „Haus des Zauberers") wurde in einer ungewöhnlichen ovalen Form erbaut. Er besteht aus runden Steinen, die einfach von viel Zement zusammengehalten werden, und wirkt im Vergleich zu anderen Bauwerken in Uxmal grob. Was man hier sieht, ist aber eine Restauration des fünften Tempels an dieser Stelle. Die vier früheren Tempel wurden von den Maya komplett überbaut, abgesehen von dem hohen Portalaufbau auf der Westseite, der noch vom vierten Tempel stammt. Das im Chenes-Stil (der weiter aus dem Süden stammt) aufwendig verzierte Portal bildet das Maul einer gigantischen Chaac-Maske.

Cuadrángulo de las Monjas — ARCHÄOLOGISCHE STÄTTE

Das 74 Innenräume umfassende, weitläufige Nonnenviereck befindet sich unmittelbar westlich der Casa del Adivino. Die Archäologen vermuten, dass es sich bei dem Komplex um eine Militärakademie, eine königliche Schule oder einen Palast gehandelt haben könnte. Überall an den Fassaden der vier separaten Tempel, die das Viereck bilden, erblickt man das langnasige Gesicht des Chaac. Der nördliche, größte Tempel wurde als erster errichtet, dann der südliche, gefolgt vom östlichen und westlichen.

Diverse dekorative Elemente an den überbordenden Fassaden verraten den Einfluss der Mexikaner, möglicherweise der Totonaken. Zu diesen gehört das Motiv der gefiederten Schlange (Quetzalcóatl bzw. auf Mayathan Kukulcán) oben an der Fassade des westlichen Tempels. Bemerkenswert sind auch die stilisierten Darstellungen von *na* (den traditionellen strohgedeckten Hütten der Maya) über einigen Portalen des nördlichen und südlichen Gebäudes.

Geht man durch den Kragbogen in der Mitte des südlichen Gebäudes des Vierecks und weiter den Abhang hinab, kommt man zum **Juego de Pelota** (Ballspielplatz). Hier kann man nach links abbiegen und die steilen Stufen des Hangs erklimmen, um zur großen Plattform zu gelangen. Wer aber Zeit hat, sollte nach rechts abbiegen und im Westen die **Grupo del Cementerio** erkunden (die zwar größtenteils nicht restauriert ist, aber in der Mitte ihrer Plaza ein paar interessante Quadersteine mit eingemeißelten Schädeln aufzuweisen hat) und erst danach die Stufen zur Plattform hinaufsteigen.

Casa de las Tortugas — ARCHÄOLOGISCHE STÄTTE

Rechts am Ende der Treppe erhebt sich das Schildkrötenhaus – der Name leitet sich von den Schildkröten ab, die das Gesims zieren. Die Maya assoziierten Schildkröten mit dem Regengott Chaac. Nach ihrer Mythologie litten die Schildkröten ebenso unter der Dürre wie die Menschen und flehten ebenso wie diese Chaac an, er möge Regen schicken.

Der Fries der kurzen Säulen oder Rollmatten, der unter dem Schildkrötensims rund um das Gebäude läuft, ist ein typisches Merkmal des Puuc-Stils. An der Westseite des Gebäudes ist ein Gewölbe eingestürzt, sodass man einen guten Blick auf den Kragbogen hat, der es einst trug.

Palacio del Gobernador — ARCHÄOLOGISCHE STÄTTE

Der Gouverneurspalast besitzt eine prächtige, fast 100 m lange Fassade, die der Maya-Forscher Michael D. Coe als das „schönste Gebäude in Uxmal und den Höhepunkt des Puuc-Stils" bezeichnete. Die Mauern wurden mit Schutt verfüllt, mit Beton verputzt und dann mit einer dünnen Schicht aus Kalksteinplatten verblendet. Der untere Teil der Fassade blieb unverziert, der obere Teil wurde mit stilisierten Chaac-Masken und geometrischen, oft gitterförmigen oder durchbrochenen Mustern dekoriert.

Weitere Elemente des Puuc-Stils sind Ziergesimse, Reihen von Halbsäulen (wie beim Schildkrötenhaus) und Rundsäulen in Toröffnungen (wie im Palast von Sayil).

Gran Pirámide — ARCHÄOLOGISCHE STÄTTE

Die 32 m hohe Pyramide ist nur an der Nordseite restauriert. Archäologen vermuten, dass der viereckige Raum auf der Spitze weitgehend zerstört wurde, um eine zweite Pyramide darüber zu errichten. Warum die

Uxmal

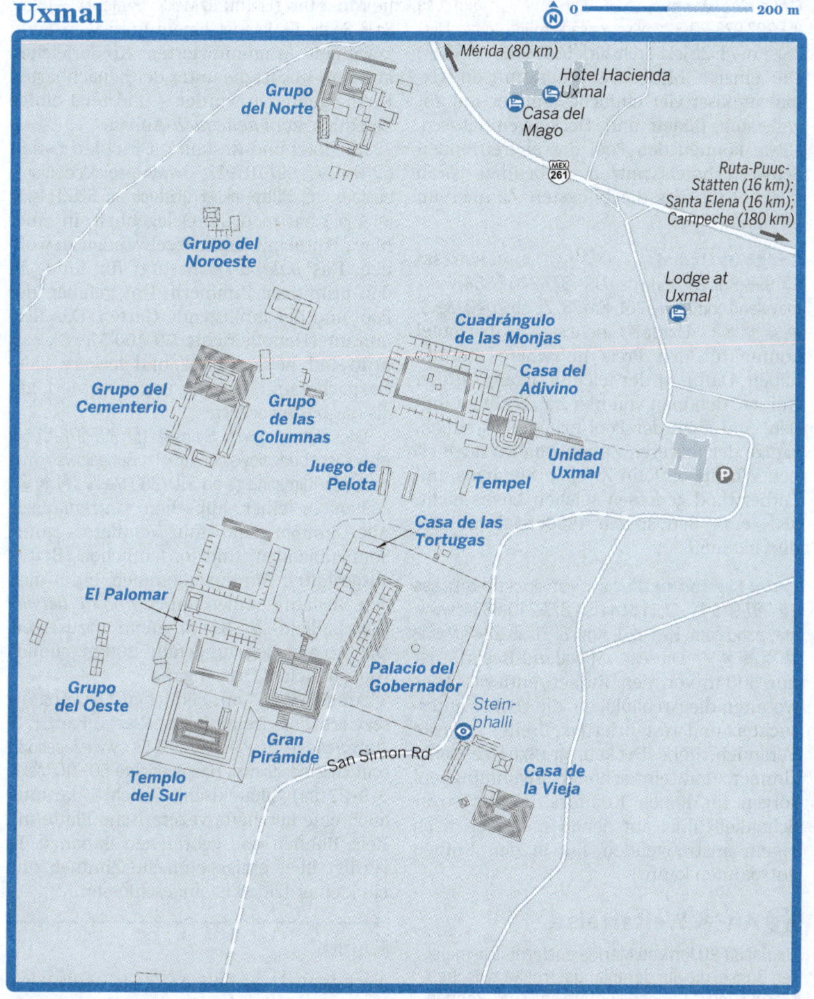

Arbeiten nie fertiggestellt wurden, ist unbekannt. Auf der Spitze sieht man einige Stuckreliefs mit Chaac-Masken, Vögeln und Blumen.

El Palomar ARCHÄOLOGISCHE STÄTTE

Westlich der Großen Pyramide steht ein Gebäude, dessen mit Schlitzen durchbrochener Dachkamm an in Mauern eingelassene maurische Taubenschläge in Spanien oder Nordafrika erinnert – daher der Name „Taubenhaus" bzw. „Taubenschlag". Die neun dreieckigen, wabenförmigen „Türme" sitzen auf einem Gebäude, das einst zu einem viereckigen Komplex gehörte.

Casa de la Vieja ARCHÄOLOGISCHE STÄTTE

Vor der südöstlichen Ecke des Gouverneurspalasts befindet sich ein kleiner, weitgehend verfallener Komplex, der als Casa de la Vieja (Haus der Alten Frau) bezeichnet wird. In der kleinen *palapa* (strohgedeckter Unterstand) vor dem Gebäude sind mehrere große Steinphalli aufgestellt.

Schlafen & Essen

Eine Siedlung gibt's heute in Uxmal nicht, nur ein paar Hotels. Weitere touristenrelevante Dienstleistungen findet man im 16 km entfernten Santa Elena oder in Ticul, 30 km östlich.

Casa del Mago HOTEL $$
(997-976-20-32; www.casadelmago.com; Hwy 261, Km 78; Zi. inkl. Frühstück 555 Mex$; P) Die einzige Mitteklasseunterkunft in Uxmal umfasst vier einfache Zimmer mit rot gefliesten Böden und Deckenventilatoren. Gäste können den Pool des angrenzenden Schwesterhotels nutzen. Unbedingt vorab buchen, da dies die billigsten Zimmer im Ort sind.

Lodge at Uxmal LUXUSHOTEL $$$
(998-887-24-95, in den USA 877-240-5864; www.mayaland.com; Hwy 261, Km 78; Zi. ab 2040 Mex$; P) Uxmals neuestes Luxushotel könnte für den Preis hübschere Zimmer haben. Dafür ist der leichte Zugang zu den Ruinen, den man von hier hat, nicht zu toppen, und auch der Pool bringt Pluspunkte. Einige der teureren Zimmer haben auch einen Whirlpool. Kein Zweifel: Stephens und Catherwood genossen solchen Luxus nicht, als sie in den späten 1830er-Jahren hier durchkamen.

Hotel Hacienda Uxmal HISTORISCHES HOTEL $$$
(997-976-20-12, in den USA 877-240-5864; www.mayaland.com; Hwy 261, Km 78; Zi. ab 2348 Mex$; P) Dieses Mayaland-Resort ist nur 500 m von den Ruinen entfernt. Hier wohnten die Archäologen, die Uxmal untersuchten und restaurierten. Breite, geflieste Veranden, hohe Decken, großzügige Badezimmer und ein schöner Swimmingpool sorgen für hohen Komfort. Es gibt sogar Schaukelstühle, auf denen man sich nach einem anstrengenden Tag in den Ruinen entspannen kann.

An- & Weiterreise

Uxmal ist 80 km von Mérida entfernt. Die meisten Busse, die auf der Inlandsstrecke zwischen Mérida und Campeche unterwegs sind, können einen in Uxmal, Santa Elena, Kabah oder an der Abzweigung zur Ruta Puuc absetzen. Wer von Uxmal weiterfahren will, kann das Pech haben, dass die vorbeifahrenden Busse voll sind (vor allem Sa & Mo). Manche Leute sparen sich den Ärger und nehmen in Mérida einen Leihwagen oder buchen dort eine Tour. Wer in Uxmal hängenbleibt, kann mit einem Taxi ins nahe gelegene Santa Elena fahren (180 Mex$).

Santa Elena

Die Uxmal am nächsten gelegene Ortschaft ist Santa Elena, 16 km östlich von Uxmal und 8 km nördlich von Kabah auf der Inlandbusstrecke Mérida-Campeche. Das kleine **Museum** (Eintritt 10 Mex$; Mo–Fr 9–18.30, Sa & So bis 19 Uhr) ist einem grausigen Fund gewidmet – mumifizierten Kinderleichen aus dem 18. Jh., die unter der benachbarten Kirche gefunden wurden – und zeigt einige Zeugnisse zum *henequén*-Anbau.

Im Hotel und Restaurant **Pickled Onion** (Handy 997-1117922; www.thepickledonionyucatan.com; Hütte inkl. Frühstück ab 5280 Mex$; P) hat man die Gelegenheit, in einer Maya-Hütte mit Lehmziegelwänden zu wohnen. Das *palapa*-Dach sorgt für Kühle in den primitiven Zimmern. Uns gefallen der Pool und der umliegende Garten. Das Restaurant (Hauptgerichte 70–100 Mex$), das brutzelnd heiße Fajitas und leckere kalte Gazpacho- und Avocadosuppen serviert, gilt als das beste vor Ort.

Die **Bungalows Sacbé** (997-978-51-58; www.sacbebungalows.com.mx; Bungalows mit Ventilaor/Klimaanlage ab 310/350 Mex$, P) stehen in einer hübschen Gartenanlage. Alle Zimmer sind mit Ventilator, guten Sonnenblenden und ordentlichen Betten ausgestattet. Um hinzukommen, bittet man den Busfahrer, einen am *campo de béisbol* (Baseballfeld) *de Santa Elena* abzusetzen. Die Anlage liegt ungefähr 200 m südlich vom südlichen Ortseingang.

Am Hwy 261 am südlichen Ortseingang serviert das freundliche **Restaurante El Chac-Mool** (997-978-51-17; www.facebook.com/chacmooluxmal; Hauptgerichte 60–110 Mex$; 9–22 Uhr) yukatekische Gerichte, darunter auch eine herzhafte vegetarische Platte mit Reis, Bohnen und gebratenen Bananen. Es verfügt über einige einfache Zimmer, und ein kleiner Laden ist angeschlossen.

Kabah

Nach Uxmal war Kabah (750–950) die wichtigste Stadt in der Region. Ihre **Ruinen** (Eintritt 42 Mex$; 8–17 Uhr) liegen zu beiden Seiten des Hwy 261. Das Wachhäuschen, das gleichzeitig als Souvenirladen fungiert und Snacks und kalte Getränke verkauft, sowie die Mehrzahl der restaurierten Ruinen finden sich östlich des Highways.

Die Fassade des **Codz Poop** (Palacio de los Mascarones; Palast der Masken) ist mit fast 300 Masken des Regengottes bzw. der Himmelsschlange Chaac geschmückt und bietet einen wundersamen Anblick. Die meisten der großen, geringelten Nasen sind abgebrochen; die am besten erhaltene Maske findet sich am südlichen Ende des Gebäudes. Diese aufgerollten Nasen mögen auch für den modernen Namen verantwortlich sein, denn Codz Poop ist Mayathan für „gerollte Matte".

Wer von den Nasen die Nase voll hat, sollte zur Rückseite des Gebäudes marschieren und sich die beiden restaurierten **Königsfiguren** anschauen. Diese sind besonders interessant, weil vollplastische Menschenfiguren an Gebäuden der Maya nur ganz selten anzutreffen sind. Die eine Figur hat keinen Kopf mehr, die andere trägt auf dem Kopf eine Jaguarmaske.

Von hier aus geht's weiter zum **Palacio** (Palast, Segunda Casa) mit der Gruppe dekorativer *columnillas* (Säulchen) auf dem oberen Teil der Fassade, die typische Merkmale des Puuc-Stils sind. Geht man ein paar Hundert Meter weiter durch den Urwald, kommt man zum **Templo de las Columnas** mit weiteren eindrucksvollen, dekorativen Säulenreihen.

Vom Palacio aus führt ein Weg über den Highway zur **Gran Pirámide** und endet schließlich an dem eindrucksvollen, restaurierten **Arco** (Torbogen). Der von hier ausgehende *sacbé* soll durch den Wald bis nach Uxmal führen und dort an einem kleineren Bogen geendet haben; in der anderen Richtung führt er nach Labná. Einst war ein großer Teil der Halbinsel Yucatán durch diese merkwürdigen, erhöhten „weißen Straßen" aus Kalkstein verbunden.

Kabah ist 104 km von Mérida entfernt, eine Fahrt von ca. zwei Stunden. Busse, die die Stätte verlassen, werden normalerweise anhalten, wenn man sie am Eingang zu den Ruinen heranwinkt.

Ruta Puuc

Nur 5 km südlich von Kabah zweigt eine Straße vom Hwy 261 nach Osten ab und schlängelt sich an den Ruinen von Sayil, Xlapak und Labná vorbei bis zu den Grutas de Loltún. Das ist die Ruta Puuc. In den Ruinenstätten gibt's wunderbare Bauten zu bewundern, und man erhält einen tieferen Einblick in die Maya-Kultur des Puuc, die zwischen 750 und 950 blühte.

Solange der Ruta-Puuc-Rundreisebus ab Mérida seinen Betrieb nicht wieder aufnimmt, befährt man die Ruta Puuc am bequemsten mit dem Auto.

Sehenswertes

Sayil ARCHÄOLOGISCHE STÄTTE

(Eintritt 42 Mex$; 8–17 Uhr) Das bekannteste Gebäude von Sayil ist El Palacio, ein gewaltiges, dreistöckiges Gebäude mit einer 85 m langen Fassade, das an den minoischen Palast von Knossos auf Kreta erinnert. Hier gibt es jede Menge der für den Puuc-Stil üblichen Säulen – als Stützen der Stürze, als Verzierung zwischen den Toren, als Friese darüber. Sie wechseln sich mit stilisierten Chaac-Masken und „herabsteigenden Göttern" ab.

Folgt man dem vom Palast ausgehenden Weg rund 400 m nach Süden und hält sich dann links, gelangt man zum Tempel **El Mirador**, dessen hahnenkammartiger Dachaufsatz einst rot angemalt war. Rund 100 m hinter dem Mirador findet sich unter einer schützenden *palapa* eine ziemlich stark verwitterte Stele mit dem Relief eines Fruchtbarkeitsgottes mit riesigem Phallus.

Ein Stück weiter gelangt man zur Grupo Sur mit schönen, vom Urwald bedeckten Ruinen, durch deren Wände sich Baumwurzeln ihren Weg gebahnt haben.

Die Ruinen von Sayil befinden sich 4,5 km von der Kreuzung Ruta Puuc und Hwy 261 entfernt.

Xlapak ARCHÄOLOGISCHE STÄTTE

(8–17 Uhr) GRATIS Der prächtig verzierte *palacio* in Xlapak („schla-pak") ist mit nur rund 20 m Länge wesentlich kleiner als die Paläste von Kabah und Sayil. Das interessante, leicht schiefe Gebäude ist mit Chaac-Masken, Säulen, Kolonnaden und verwobenem, geometrischem Gitterwerk dekoriert, wie es für den Puuc-Stil typisch ist.

In den umliegenden Wäldern sorgen viele umherfliegende Motmots (Sägeracken) für bunte Farbtupfer. Vom Eingangstor in Sayil sind es 6 km in östlicher Richtung bis zum Eingangstor von Xlapak. Der Mayathan-Name bedeutet „Alte Mauern" und war die allgemeine Bezeichnung der Einheimischen für alte Ruinen.

Museo de Cacao MUSEUM

(www.ecomuseodelcacao.com; Erw./Kind 90/60 Mex$; 9–18 Uhr) Gleich neben dem Highway von Xlapak nach Labná widmet sich dieses faszinierende neue Museum der Geschichte und der Nutzung des Kakaos, des für die Maya heiligen Getränks. In fünf thematisch gegliederten Hütten werden verschiedene Aspekte des Anbaus und der Zubereitung von Kakao und außerdem die traditionelle Maya-Architektur, Begräbnisriten und Maya-Kostüme präsentiert. Es gibt ein Café, das sich für einen Zwischenstopp zum Mittagessen anbietet.

Labná ARCHÄOLOGISCHE STÄTTE
(Eintritt 42 Mex$; ⌚8–17 Uhr) An der Ruta Puuc muss man Labná unbedingt gesehen haben. Archäologen glauben, dass im 9. Jh. rund 3000 Maya hier lebten. Um in dieser trockenen Berggegend so viele Menschen zu versorgen, wurde das Wasser in *chultunes* (Zisternen) gesammelt. In Labnás Blütezeit gab es in der Stadt und Umgebung an die 60 *chultunes*; einige sind zwischen den Tempeln noch immer erkennbar.

Das erste Gebäude, das man in Labná zu Gesicht bekommt, ist **El Palacio**. Der Palast ist einer der längsten in der Puuc-Region, und große Teile seiner interessanten Dekoration sind dank der umfangreichen Renovierung im Jahr 2006 in gutem Zustand. An der westlichen Ecke der Fassade des Hauptgebäudes, direkt vor dem großen Baum in der Mitte der Anlage, blickt ein menschliches Antlitz aus dem Maul eines Schlangenkopfs, dem Symbol des Planeten Venus. Weiter in Richtung Hügel sieht man eine eindrucksvolle Chaac-Maske und ganz in der Nähe davon die untere Hälfte einer menschlichen Figur in Lendenschurz und enger Hose (vielleicht ein Ballspieler).

Auf der unteren Ebene gibt es mehrere gut erhaltene Chaac-Masken und auf der oberen einen immer noch mit Wasser gefüllten großen *chultún*. Von dort hat man einen atemberaubenden Blick auf die Stätte und die Hügel dahinter.

Labná ist vor allem wegen **El Arco** bekannt. Der prächtige Torbogen gehörte einst zu einem Gebäude, das zwischen zwei viereckigen Höfen stand. Heute wirkt es, als verbinde er zwei kleine Plätze miteinander. Die 3 m breite und 6 m hohe Kraggewölbekonstruktion ist gut erhalten; die Reliefs, die den oberen Teil der Fassade schmücken, sind prächtige Zeugnisse des Puuc-Stils.

Neben der Westseite des Torbogens befinden sich Reliefs von *na* (strohgedeckten Maya-Hütten) mit mehrstufigen Dächern. Auf diesen Wänden – den Überresten des Gebäudes, das einst an den Torbogen angrenzte – sind auch Gitterformen über einem Schlangenmuster zu sehen. Archäologen glauben, dass sich über dem schönen Bogen und den angrenzenden Räumen einst ein hoher Dachkamm befand.

Gegenüber dem Torbogen und von diesem durch den *sacbé* getrennt, erhebt sich die Pyramide **El Mirador**, die von einem Tempel gekrönt ist. Die Pyramide selbst ist größtenteils zu einem Geröllhaufen zerfallen, aber der Tempel mit seinem 5 m hohen Dachkamm gewährt eine weite Aussicht – daher auch der Name.

Vom Eingangstor in Xlapak sind es 3,5 km in östlicher Richtung bis zum Eingangstor von Labná.

Grutas de Loltún

15 km nordöstlich von Labná weist ein Schild nach links zu den **Grutas de Loltún** (Loltùn Caverns; Erw./Kind unter 13 Jahren 105/6 Mex$; ⌚9–14 Uhr; 👪), die 5 km weiter im Nordosten liegen. Die Straße führt durch üppige Obstplantagen und vorbei an einigen Bananen- und Palmenhainen, die in dieser trockenen Region einen erfrischenden Anblick bieten.

Die **Grutas** bilden das größte, interessanteste Höhlensystem auf der Halbinsel Yucatán und eine Fundgrube für archäologische Datierungen. Radiokarbondatierungen gefundener Artefakte belegen, dass Menschen diese Höhlen schon vor 2200 Jahren nutzten. In Brusthöhe angebrachte Handabdrücke, Darstellungen von Gesichtern, Tieren und geometrische Malereien waren noch vor 20 Jahren deutlich zu erkennen, aber inzwischen haben sie so viele Leute angefasst, dass kaum Spuren geblieben sind. Die Besucher sehen heute in den beleuchteten Höhlen hauptsächlich natürliche Kalksteinformationen, von denen einige schön sind.

Um das Labyrinth zu erkunden, muss man an einer Führung teilnehmen (9.30, 11, 12.30, 14, 15 & 16 Uhr). Diese ist im Eintrittspreis enthalten, da die Führer aber schlecht entlohnt werden, ist ein zusätzliches Trinkgeld (20–50 Mex$/Pers.) willkommen.

ℹ An- & Weiterreise

Die Grutas erreicht man am besten mit einem Mietwagen. Sobald man aus Mérida heraus ist, kommt man auf den recht guten Straßen leicht voran.

Um 8.30 und 16 Uhr fährt ein Bus vom Noreste-Busbahnhof in Mérida nach Oxkutzcab („osch-kutz-kab"; 43 Mex$, 1½ Std.). Loltún liegt 7 km südwestlich von Oxkutzcab, und für gewöhnlich ergibt sich eine Transportmöglichkeit dorthin. Fahrer von *Camionetas* (Pick-ups) nehmen für die Strecke 15 Mex$; ein Taxifahrer rund 140 Mex$ (einfache Strecke).

Ruinas de Mayapán

Diese **Ruinen** (Eintritt 35 Mex$; ⌚8–17 Uhr) liegen rund 50 km südöstlich von Mérida am Hwy 18. Mayapán ist zwar weit weniger eindrucksvoll als viele Maya-Stätten, aber historisch bedeutsam als eines der letzten großen Machtzentren in der Region. Die Hauptattraktionen liegen kompakt beieinander, und meist haben Besucher die Stätte ganz für sich.

Zu den restaurierten Gebäuden gehört der **Castillo de Kukulcán**, eine begehbare Pyramide mit Freskenfragmenten am Sockel und (hinten) Friesen, die geköpfte Krieger darstellen. Die Reste der einst rötlichen Bemalung sind immer noch schwach zu erkennen. Der **Templo Redondo** (Rundtempel) erinnert vage an den Caracol von Chichén Itzá. Ebenfalls sehenswert sind die **Sala de los Mascarones** mit gut erhaltenen Verzierungen, die Chaac-Masken und an der Südseite Quetzal-Vögel darstellen, sowie der **Templo del Cenote**, der gefährlich nahe an dem (abgesperrten) Eingang zu einer Höhle unter dem Gelände erbaut wurde.

An- & Weiterreise

Die Ruinen von Mayapán liegen gleich abseits des Hwy 18, ein paar Kilometer südwestlich der Ortschaft Telchaquillo. Vom Noreste-Busbahnhof in Mérida fahren zwischen 5.30 und 20 Uhr stündlich Sur-Busse der 2. Klasse nach Oxkutzcab, die Traveller nahe dem Eingang zu den Ruinen (19 Mex$, 1½ Std.) absetzen und sie auf dem Rückweg wieder auflesen. Für die Fahrt nach Mayapán bietet sich ein Mietwagen durchaus an.

Celestún

988 / 6800 EW.

Westlich von Mérida liegt Celestún, ein verschlafenes, sonnengebleichtes Fischerdorf, in dem sich das Leben im Schneckentempo abspielt – und genauso wollen es die Einheimischen. Es gibt einen hübschen kleinen Platz im Ortszentrum und ein paar nette Strände (das Wasser hier ist allerdings etwas trübe), doch das eigentliche Highlight ist die Reserva de la Biosfera Ría Celestún, ein Naturschutzgebiet, in dem viele Wasservögel leben, vor allem Flamingos.

Sehenswertes & Aktivitäten

Reserva de la Biosfera Ría Celestún NATURSCHUTZGEBIET

Das 591 km² große Naturschutzgebiet lässt sich am besten im Rahmen einer Bootstour ab Celestún besuchen. Hier lebt eine reiche Vielfalt von Tieren und Vögeln, darunter eine große Flamingokolonie. Am besten lassen sich Flamingos von März oder April bis September, außerhalb der Saison der *nortes* (Nordwinde), beobachten. Die beste Tageszeit dafür ist morgens. Allerdings sammeln sich die Vögel nach 16 Uhr, nachdem sie genug gefressen haben, meistens an einer Stelle, sodass man sie dann besonders gut beobachten kann.

Vogelbeobachtung

Flamingos, Nashornpelikane, Kormorane, Schlangenhalsvögel und viele andere Arten bevölkern die Ufer und Gewässer der *ría* (Ästuare). Hinter diesen Uferabschnitten nördlich vom Ort erstreckt sich landeinwärts ein großes Buschgebiet ostwärts bis zur Flussmündung, wo man gut **Vögel beobachten** kann. Auch das Gelände der aufgelassenen Hacienda Real de Salinas südlich und östlich vom Ort eignet sich gut für Naturbeobachtungen.

Geführte Touren

In Celestún können Vogelbeobachter entweder an der Brücke am Highway in den Ort (rund 1,5 km landeinwärts) oder direkt am Strand (die Boote legen vor dem Restaurant Celestún am Ende der Calle 11 ab) ein Motorboot mieten. Die Touren ab der Brücke sind hauptsächlich auf Reisegruppen zugeschnitten, aber wenn man zu viert (oder mehr) ankommt, dürfte es keine Probleme geben. Bei den Touren (pro Boot 1/2 Std. 1200/1500 Mex$) sieht man Flamingos, Mangroventunnel und eine Quelle; bei der längeren Fahrt stehen auch ein „versteinerter Wald“ und die Stelle, wo das Meer und die Mangroven aufeinandertreffen, auf dem Programm. Pro Person wird noch eine Parkeintrittsgebühr (27 Mex$) fällig. Am Strand kommt man deutlich günstiger weg; hier gibt's die „lange“ Tour schon für 200 Mex$ pro Person oder 1600 Mex$ pro Boot (verhandelbar).

Touren kann man im Ort auch bei **Manglares de Dzinitún** (999-232-59-15; www.manglaresdedzinitun.com.mx; Tour 300 Mex$) buchen. Der Ökotourveranstalter hat auch Kajak-, Kanu- und Mountainbike-Trips im Programm. Bei der Kanutour fährt man durch einen Mangroventunnel zu guten Vogelbeobachtungsstellen – und das ohne jedes Motorengeräusch. Um hierher zu gelangen, geht man vom Strand bis zum zweiten Strommast, biegt rechts in die Straße ein und ist nach etwa 300 m da.

AUF EIGENE FAUST: NEBENSTRASSEN SÜDLICH VON MÉRIDA

Bei einer Fahrt durch die Gegend südlich von Mérida gibt's viel Sehenswertes zu entdecken. Hier eine Auswahl:

Hacienda Yaxcopoil (999-900-11-93; www.yaxcopoil.com; Hwy 261, Km 186; Eintritt 75 Mex$, Zi. 1040 Mex$; Mo–Sa 8–18, So 9–17 Uhr; P) Auf dem großen Landgut wurde *henequén* angebaut und verarbeitet. Viele der zahlreichen Gebäude im Stil der französischen Renaissance sind malerisch restauriert.

Hacienda Ochil (999-924-74-65; www.haciendaochil.com; Hwy 261, Km 176; Eintritt 30 Mex$, Hauptgerichte 92–125 Mex$; 10–18 Uhr; P) Gewährt einen faszinierenden, wenn auch vereinfachten Einblick in den Anbau und die Verarbeitung von *henequén*.

Grutas de Calcehtok (999-276-81-22; Hwy 184; Führung 1 Std. 200 Mex$/4 Pers.; Mo–Fr 9.30–15.30, Sa & So 8–17 Uhr) Manche glauben, dies sei das größte System trockener Höhlen auf der gesamten Halbinsel Yucatán.

Oxkintok (Erw./Kind bis 13 Jahre 42 Mex$/frei, Führer 400 Mex$; 8–17 Uhr; P) Inschriften, die in dieser Ruinenstadt gefunden wurden, weisen einige der frühsten Datierungen in ganz Yucatán auf und lassen erkennen, dass die Stadt von der Präklassik bis in die späte Postklassik (300 v. Chr.–1500) bewohnt war. Die größte Bedeutung hatte sie zwischen 475 und 860.

Straße der verfallenen Haziendas Bei der Rückfahrt bietet sich hinter Celestún eine faszinierende Alternative, wenn man dort, wo ein Schild nach Chunchucmil weist, südwärts vom Hwy 281 abfährt. Unterwegs kommt man an alten Haziendas vorbei.

Ruta de los Conventos (Straße der Klöster) Der Abschnitt des Hwy 18 zwischen der Mérida-Ringstraße und Oxkutzcab führt vorbei an winzigen Dörfern, die alle eine historische Kathedrale oder Kirche haben. Manche davon sind märchenhaft verfallen.

Cuzamá 3 km östlich der Ortschaft Cuzamá, zu erreichen über das kleine Dorf Chunkanan, liegen die Cenotes de Cuzamá, drei wunderbare Kalksteinbecken, auf einer alten *henequén*-Hazienda. Ein von Pferden gezogener Schienenwagen bringt einen hin.

Alternativ kann man in Mérida bei Turitransmérida (S. 328) Flamingotouren buchen.

Schlafen

Die Hotels liegen alle an der Strandstraße. Gehobenere Unterkünfte gibt's nördlich außerhalb des Ortes.

Hotel María del Carmen HOTEL $
(988-916-21-70; hotelmariadelcarmen@hotmail.com; Ecke Calle 12 & 15; DZ mit Ventilator/Klimaanlage 300/450 Mex$; P) Das Hotel am Strand hat 14 recht kahle Zimmer; die in den oberen Etagen haben Balkone mit Blick aufs Meer. Wenn gerade nicht viel los ist, sinken die Preise.

★ **Hotel Celeste Vida** HOTEL $$
(988-916-25-36; www.hotelcelestevida.com; Calle 12; Zi./Apt. 1100/1500 Mex$; P) Das freundliche, von einem Kanadier geführte kleine Hotel hat komfortabel eingerichtete Zimmer mit voll ausgestatteter Küche und ein Apartment für vier Personen. Alle Zimmer bieten Ausblick aufs Wasser, und der Strand ist gleich vor der Haustür. Für Gäste stehen Kajaks und Fahrräder kostenlos zur Verfügung. Für zusätzliche 120 Mex$ kann man sich jeden Morgen einen Frühstückskorb aufs Zimmer bringen lassen. Das Hotel liegt 1,5 km nördlich der Calle 11.

Ecoparaíso Xixim RESORT $$$
(988-916-21-00; Suite 3863–4615 Mex$; P) Die luxuriösen Strandhütten mit Blick auf die Vordüne haben eine schön ruhige Lage. „Öko" bedeutet Verzicht auf Klimaanlagen, aber keine Angst: Die Gestaltung der Hütten sorgt für eine gute Durchlüftung. Die Hütten liegen an einem beschilderten Naturlehrpfad, an dem mehr als 40 einheimische Pflanzen vorgestellt werden.

Im Restaurant gibt's Mahlzeiten zu vernünftigen Preisen (was wichtig ist, weil Celestún 11 km entfernt ist). Die Freiluftbar oben ist ein guter Ort, um abzuhängen.

Essen

Die Restaurants am Strand schließen werktags gegen 18 Uhr (oder früher). Wer hungrig ist, findet an der Plaza Imbissbuden und ein ordentliches Fast-Food-Lokal.

Restaurant Los Pampanos SEAFOOD $$
(Calle 12; Hauptgerichte 60–140 Mex$; ⌚11–19 Uhr) Das beschauliche Lokal am Strand, nördlich der Calle 11, ist ideal für einen Nachmittagsdrink am Wasser. Probieren sollte man das Tintenfisch-*ceviche* oder ein mit vielen Muscheln gefülltes Fischfilet.

La Palapa SEAFOOD $$
(Calle 12; Hauptgerichte 80–150 Mex$; ⌚11–19 Uhr) Im Vergleich zu den anderen Strandlokalen ist dieses etwas besser. Es bietet einen großen Speiseraum mit Blick aufs Meer, aufmerksames Personal und herzhafte Meeresfrüchte, darunter Shrimps im Kokosmantel, die in einer Kokosschale serviert werden.

Praktische Informationen

Mit Highspeed-Internet darf man hier gar nicht erst rechnen. Es gibt einen Geldautomaten im Supermarkt Super Willy's an der Plaza – man sollte aber besser Bargeld mitbringen, denn dem Automaten geht schon mal das Geld aus.

An- & Weiterreise

Vom Noreste-Busbahnhof in Mérida fahren Busse nach Celestún (52 Mex$, 2 Std., 5.15–12 Uhr 6-mal). Die Fahrt endet in Celestún an der Plaza, einen Block landeinwärts von der Calle 12. Die Busse zurück nach Mérida verkehren zwischen 5 und 20 Uhr.

Mit dem Auto von Mérida nach Celestún nimmt man am besten die neue Straße von Umán aus.

Dzibilchaltún

Das ungefähr 17 km direkt nordöstlich der Innenstadt von Mérida gelegene **Dzibilchaltún** (Ort der beschriebenen flachen Steine; Erw./Kind unter 13 Jahren 107/56 Mex$, Parkplatz 22 Mex$; ⌚Di–So 9–18 Uhr; P) war das von den Maya am längsten genutzte Verwaltungs- und Zeremonialzentrum – die Siedlung war von ca. 1500 v. Chr. bis zur Eroberung durch die Europäer in den 1540er-Jahren bewohnt. In seiner Blütezeit umfasste Dzibilchaltún eine Fläche von 15 km². Archäologen kartierten in den 1960er-Jahren rund 8400 Gebäude, aber nur wenige wurden freigelegt und restauriert.

Der **Templo de las Siete Muñecas** (Tempel der sieben Puppen), der nach sieben grotesken Puppen benannt wurde, die hier während Ausgrabungen entdeckt wurden, liegt 1 km vom Hauptplatz entfernt. Der Tempel ist sonst einzig wegen seiner präzisen astronomischen Orientierung bemerkenswert: Während der Tagundnachtgleiche beleuchtet die auf- und untergehende Sonne genau die Fenster und Türen des Tempels, die dann wie Leuchtfeuer strahlen und die wichtigen Wendepunkte im Jahr verkünden.

Der **Cenote Xlacah** ist mehr als 40 m tief und heute eine verlockende öffentliche Badestelle (Badeanzug nicht vergessen!). Das Wasser ist sauber und sehr klar und bietet eine willkommene Abkühlung von der Mittagshitze. 1958 barg eine Tauchexpedition der National Geographic Society mehr als 30 000 Maya-Artefakte, darunter viele Ritualgegenstände, aus dem Cenote. Die interessantesten sind heute hier im Museum ausgestellt. Südlich des Cenote steht **Estructura 44**, mit 130 m eines der längsten Gebäude der Maya, die bislang bekannt sind.

Vom Parque de San Juan in Mérida fahren häufig Minibusse und *colectivos* zur Siedlung Dzibilchaltún Ruinas (14 Mex$, 30 Min.), die etwas mehr als 1 km von den Ruinen entfernt ist. Die Taxifahrt kostet hin und zurück ca. 250 Mex$.

Progreso

☎969 / 54 000 EW.

Wenn man Méridas Hitze durch einen kurzen Abstecher zum Strand entkommen will, heißt das Ziel Progreso (auch Puerto Progreso). Der Sand hier ist leuchtend weiß, das Wasser aber trüb – selbst an ruhigen Tagen beträgt die Sichtweite im Wasser kaum mehr als 5 m. Der Wind vom Golf kann nachmittags und bis in die Nacht heftig blasen und sorgt für ideale Bedingungen zum Kiteboarden und Windsurfen (unter www.marinasilcer.com gibt's Infos zu Verleihern).

Von der Plaza an der Calle 80 sind es sechs kurze Blocks bis zum Ufer-*malecón* (Calle 19) und dem *muelle* (Kai). An der Strecke liegen zwei Filialen der Banamex-Bank, eine davon mit einem Geldautomaten. Die Straßen mit gerader Nummer verlaufen in Ost-West-Richtung, die mit ungerader Nummer in Nord-Süd-Richtung.

Gleich östlich von Progreso kann man an der **Laguna Rosada** prima Flamingos beobachten. Ein Stück weiter liegt **Telchac Puerto**, wo viele wohlhabende Einwohner Méridas Sommerhäuser haben. Unterwegs sind der Aussichtsturm in **Uaymitún** und die Maya-Ruinen von **Xcambó** einen Abstecher wert.

Schlafen & Essen

El Boarding House HOSTEL $

(Handy 969-1030294; www.hostelprogreso.com; Ecke Calle 21 & 54; B/DZ 120/320 Mex$;) Progresos einziges Hostel befindet sich in einer fantastischen Villa einen Block hinter dem Strand. Nach Abschluss der derzeitigen Renovierung wird man hier richtig gut und preiswert wohnen können.

Playa Linda Hotel HOTEL $$

(985-858-05-19, 999-220-83-18; Calle 76, zw. Calle 19 & 21; Zi./Suite ab 500/800 Mex$;) Das beste Angebot am Strand ist dieses Hotel mit einer Reihe von Zimmern (die teureren mit Kochnische und Balkon mit Blick aufs Meer). Die Suiten eignen sich gut für Familien oder Gruppen. Der einzige Nachteil: Es gibt keinen Pool.

★ **Eladio's** SEAFOOD $$

(www.eladios.com.mx; Ecke Calle 19 & 80; Hauptgerichte 75–155 Mex$; 10–21 Uhr;) Die Einheimischen sitzen besonders gern unter dem *palapa*-Dach dieses zwanglosen Strandlokals. Vor dem Hauptgericht gibt's kostenlos fünf Probierteller mit Meeresfrüchten und Salat – also großen Hunger mitbringen!

An- & Weiterreise

Progreso liegt 33 km nördlich von Mérida an der vierspurigen Schnellstraße, welche eigentlich die Verlängerung des Paseo de Montejo ist. Vom **Busbahnhof** (Calle 29, zw. Calle 80 & 82) fahren zwischen 5.20 und 22 Uhr zahlreiche Busse nach Mérida.

Izamal

988 / 26 000 EW.

Das weniger als 70 km östlich von Mérida gelegene Izamal ist ein ruhiges und schmuckes kolonialzeitliches Städtchen, das wegen des gelben Anstrichs fast aller seiner Gebäude auch La Ciudad Amarilla (Die gelbe Stadt) genannt wird. Man kann den Ort, der sich zu einem schönen Tagesausflug von Mérida aus anbietet, gut zu Fuß erkunden.

In alter Zeit war Izamal ein Zentrum der Verehrung Itzamnás, des obersten Maya-Gotts, und des örtlichen Sonnengotts Kinich-Kakmó. Ein Dutzend Tempelpyramiden waren diesen beiden und weiteren Gottheiten geweiht. Die so auffällige Präsenz der Maya-Religion an diesem Ort dürfte die Spanier einst veranlasst haben, jenes riesige Franziskanerkloster zu bauen, das heute den Mittelpunkt der Stadt bildet.

Sehenswertes

Convento de San Antonio de Padua KLOSTER

(Calle 31; Eintritt frei, Sound-&-Light-Show 90 Mex$, Museum 5 Mex$; 6–20 Uhr, Sound-&-Light-Show Di, Do & Sa 20.30 Uhr, Museum Mo–Sa 10–13 & 15–18, So 9–17 Uhr) Als die Spanier Izamal eroberten, zerstörten sie den größten Maya-Tempel, die P'ap'hol-chaak-Pyramide, und begannen 1533 aus ihren Steinen eines der ersten Klöster in der Neuen Welt zu errichten. Die Arbeiten am Convento de San Antonio de Padua wurden 1561 abgeschlossen. Unter den Arkaden des Klosters erkennt man noch Steine mit dem unverkennbaren Labyrinthmuster, die aus dem früheren Maya-Tempel stammen.

Die Hauptkirche des Klosters ist das **Santuario de la Virgen de Izamal**, das man vom Hauptplatz über eine Rampe erreicht. Die Rampe führt zum **Atrium**, einem von Arkaden gesäumten großen Hof, in dem stets am 15. August das **Fest der hl. Jungfrau von Izamal** stattfindet. An drei Abenden in der Woche gibt's hier auch eine **Sound-&-Light-Show**.

Irgendwann wurden die aus dem 16. Jh. stammenden **Fresken** neben dem Eingang zur Kirche vollständig übermalt. Sie lagen jahrelang unter einer dünnen Putzschicht, bis ein Arbeiter sie beim Reinigen der Wände entdeckte.

Der originale Altar der Kirche wurde bei einem Brand zerstört, dessen Ursache vermutlich eine umgefallene Kerze war. Der eindrucksvoll vergoldete neue Altar stammt aus den 1940er-Jahren. In den Nischen der Kreuzwegstationen finden sich einige filigrane kleine Figuren.

Blickt man in dem kleinen Hof links von der Kirche Richtung Atrium nach oben, erspäht man die alte Sonnenuhr auf dem Rand des Daches. Ein kleines **Museum** auf der Hinterseite erinnert an den Besuch von Papst Johannes Paul II. (1993). Als Geschenk brachte er eine Silberkrone für die Statue der Schutzheiligen von Yucatán, die hl. Jungfrau von Izamal, mit.

Der Vordereingang des Klosters liegt im Westen. Die beste Zeit für einen Besuch ist morgens, zumal die Kirche manchmal während der Siesta am Nachmittag geschlossen wird.

Kinich-Kakmó ARCHÄOLOGISCHE STÄTTE

(8–17 Uhr) GRATIS Drei der ursprünglich zwölf Maya-Pyramiden der Stadt wurden teilweise restauriert. Die größte (und drittgrößte in Yucatán) ist der gewaltige Kinich-Kakmó, drei Blocks nördlich des Klosters. Besucher können das Bauwerk kostenlos erklimmen.

Schlafen & Essen

Auf dem Markt an der Südwestseite des Klosters gibt es mehrere *loncherías* (Snackbars).

Posada Zamná HOTEL $
(Calle 30 zw. Calle 31 & 31a; Zi. mit Ventilator/Klimaanlage 280/350 Mex$;) Die schlichte Herberge bietet die wohl besten Budgetzimmer in der Stadt in toller Lage, direkt am Parque Zamná und nur ein paar Schritte vom Kloster entfernt. Es gibt kein Telefon.

Hotel Macan ché HOTEL $$
(988-954-02-87; www.macanche.com; Calle 22 No 305; Zi. mit Ventilator/Klimaanlage & Frühstück ab 600/720 Mex$, Casita 1750 Mex$; @) Mit Kies bestreute Wege winden sich durch die schöne, üppige Gartenanlage zu den Bungalows mit Ventilator und weiter zu dem Gebäude im neokolonialen Stil, in dem die Zimmer mit Klimaanlage untergebracht sind. Die Casita (in sich abgeschlossenes Haus) für sechs Personen hat eine voll ausgestattete Küche und einen Balkon mit Blick auf den hübschen Pool.

★ **Kinich** MEXIKANISCH $$
(www.kinichizamal.com; Calle 27 No 299, zw. Calle 28 & 30; Hauptgerichte 100–150 Mex$; 12–21 Uhr) Hier gibt's frische, hausgemachte yukatekische Küche vom Feinsten. Die Spezialität des Hauses sind leckere *papadzules kinich* – eingerollte Tortillas mit gewürfeltem Ei in Kürbiskernsauce mit geräucherter Wurst.

An- & Weiterreise

Izamals Busbahnhof befindet sich zwei kurze Blocks westlich des Klosters. Von Méridas Noreste-Busbahnhof fahren Busse nach Izamal (22 Mex$, 1½ Std.) und weiter nach Valladolid (48 Mex$, 2 Std.). Wer mit dem Bus aus Chichén Itzá kommt, muss in Hoctún umsteigen.

Chichén Itzá

985

Chichén Itzá (Mund der Quelle der Itzá; http://chichenitza.inah.gob.mx/; abseits des Hwy 180, Pisté; Eintritt 234 Mex$, Sound-&-Light-Show 72 Mex$; Di–So 8–17 Uhr) ist die berühmteste und am besten restaurierte Maya-Stätte in Yucatán. Sie ist aber auch mächtig überlaufen – offenbar müssen alle mit ihren Omas die Sieben Weltwunder der Neuzeit abklappern. Trotzdem beeindruckt Chichén Itzá selbst die abgebrühtesten Besucher. Viele Rätsel des astronomischen Maya-Kalenders klären sich, wenn man die Anlage der hiesigen „Zeittempel" verstanden hat.

Zur Tagundnachtgleiche im Frühjahr und Herbst (20.–21. März & 21.–22. Sept.) erzeugt das Licht- und Schattenspiel der Sonne morgens und abends die Illusion einer Schlange, welche die Treppe an der Seite des Castillo hinauf- oder hinunterkriecht. An diesen Tagen ist Chichén allerdings so überfüllt, dass es schwierig wird, nah genug heranzukommen, um das Phänomen zu beobachten. Die Illusion ist in den Wochen vor und nach der Tagundnachtgleiche aber fast genauso groß und wird außerdem das ganze Jahr hindurch allabendlich in der Sound-&-Light-Show nachgestellt.

Am Westeingang gibt's einen großen Parkplatz (22 Mex$) und ein großes Besucherzentrum. Wie bei den meisten Stätten kostet es extra, wenn man mit der Videokamera filmen will (45 Mex$); für Stative braucht man eine Sondergenehmigung aus Mexico City. Die Erklärungstafeln auf dem Gelände sind auf Spanisch, Englisch und Mayathan. Man kann auch einen Führer engagieren (600 Mex$).

Allabendlich wird eine 45-minütige Sound-&-Light-Show auf Spanisch (Som-

DER ANDERE BIG BANG

In der kleinen Ortschaft Chicxulub, gleich außerhalb von Progreso, verweist eine sehr kleine Gedenktafel auf das wohl folgenreichste Ereignis in der Geschichte des Planeten Erde: Man glaubt weithin, dass hier in der Gegend vor rund 65 Mio. Jahren der Chicxulub-Meteor auf der Erde einschlug. Viele Wissenschaftler meinen, dass dieses Ereignis einen katastrophalen Klimawandel auslöste, der zum Aussterben der Dinosaurier führte und damit den Lauf der Evolution des Lebens auf der Erde drastisch veränderte.

Abgesehen von der Gedenktafel ist hier nicht viel zu sehen, aber wer sich für historisch bedeutsame Stätten interessiert, dürfte wohl kaum irgendwo eine bedeutendere finden.

Chichén Itzá

Man begreift schnell, warum die Maya-Stätte Chichén Itzá einer der größten Touristenmagnete Mexikos ist. Nähert man sich der Anlage durch den Haupteingang, erhebt sich die beeindruckende Stufenpyramide **El Castillo** 1 in aller Pracht vor einem – man kommt aus dem Staunen gar nicht mehr heraus.

Chichén Itzá kann man leicht an einem Tag abklappern. Nur einen Steinwurf von der Pyramide entfernt findet man den größten **Ballspielplatz** 2 der Maya neben gruseligen Reliefs von Schädeln und menschliche Herzen verschlingenden Adlern am Tempel der Jaguare und der Plattform der Schädel. Auf der anderen (östlichen) Seite stehen die kunstvoll verzierte **Gruppe der 1000 Säulen** 3 und der **Tempel der Krieger** 4. Ein kleiner Spaziergang von der Pyramide nach Norden führt zum weit aufklaffenden **Heiligen Cenote** 5, einer bedeutenden Pilgerstätte. Auf der anderen Seite von El Castillo findet man riesige steinerne Schlangen, die über die Grabstätte des Hohepriesters, auch El Osario genannt, wachen. Weiter südlich kann man das **Observatorium** 6 mit seiner Spiralkuppel, das imposante Nonnenkloster und das Akab-Dzib, eine der ältesten Ruinen, bewundern.

Beim Bummel über die 47 ha große Anlage sollte man bedenken, dass Chichén Itzá zu seiner Blütezeit etwa 90 000 Einwohner und eine Größe von ungefähr 30 km² hatte. Insofern sieht man heute nur noch einen Bruchteil von der einstmals so großen Stadt.

DIE FAKTEN

» Wer schon morgens um 8 Uhr hier aufschlägt, hat etwa drei Stunden, bevor die Reisebusse eintreffen und Hektik ausbricht. Außerdem entgeht man so auch den Straßenhändlern.

» Chichén Itzá ist eigentlich der Name der Anlage; die Stadt, in der die Stätte zu finden ist, heißt Pisté.

ADINA TOVY/GETTY IMAGES ©

El Caracol
Observatorium
Heute würden sie vermutlich eine Website betreiben, aber früher standen die Priester auf der Kuppel des runden Observatoriums und verkündeten die Termine der anstehenden Rituale und Feste.

Grupo de las Mil Columnas
Gruppe der 1000 Säulen
Mit ihren Reliefs von Göttern, Würdenträgern und gefeierten Kriegern wirken die Pfeiler rund um die Tempel fast wie eine Ruhmeshalle.

ROSS BARNETT/GETTY IMAGES ©

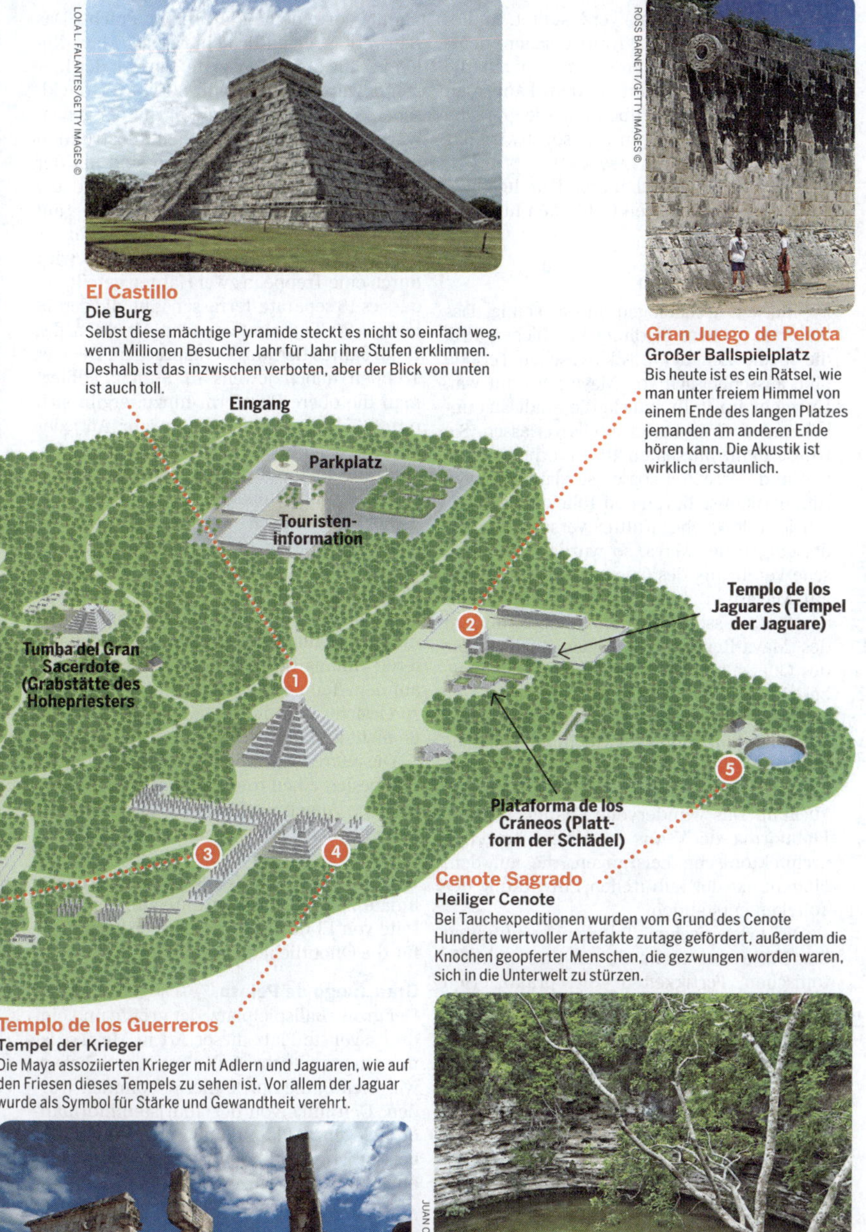

LOLA L. FALANTES/GETTY IMAGES ©

ROSS BARNETT/GETTY IMAGES ©

El Castillo

Die Burg

Selbst diese mächtige Pyramide steckt es nicht so einfach weg, wenn Millionen Besucher Jahr für Jahr ihre Stufen erklimmen. Deshalb ist das inzwischen verboten, aber der Blick von unten ist auch toll.

Gran Juego de Pelota

Großer Ballspielplatz

Bis heute ist es ein Rätsel, wie man unter freiem Himmel von einem Ende des langen Platzes jemanden am anderen Ende hören kann. Die Akustik ist wirklich erstaunlich.

Cenote Sagrado

Heiliger Cenote

Bei Tauchexpeditionen wurden vom Grund des Cenote Hunderte wertvoller Artefakte zutage gefördert, außerdem die Knochen geopferter Menschen, die gezwungen worden waren, sich in die Unterwelt zu stürzen.

Templo de los Guerreros

Tempel der Krieger

Die Maya assoziierten Krieger mit Adlern und Jaguaren, wie auf den Friesen dieses Tempels zu sehen ist. Vor allem der Jaguar wurde als Symbol für Stärke und Gewandtheit verehrt.

JUAN CARLOS MUNOZ/GETTY IMAGES ©

mer/Winter 20/19 Uhr) veranstaltet. Audiogeräte mit englischen, französischen, deutschen oder italienischen Übersetzungen (die per Infrarot übertragen werden) kann man mieten (45 Mex$). Unbedingt die Sprache angeben, die man hören will, sonst wird das Signal vielleicht nicht gesendet!

Außer an einigen kleineren Durchgängen ist das Klettern auf den Gebäuden nicht gestattet.

Geschichte

Die meisten Archäologen sind sich einig, dass die erste größere Siedlung in Chichén Itzá, die in die Zeit der postklassischen Periode fällt, ausschließlich von Maya bewohnt war. Ungefähr im 9. Jh. wurde die Stadt aus unbekannten Gründen großteils verlassen. Sie wurde dann im späten 10. Jh. erneut besiedelt und kurze Zeit später, so glauben einige Altamerikanisten, von den Tolteken besetzt.

Die toltekische Kultur verschmolz mit derjenigen der Maya, so wurde die toltekische Verehrung des Quetzalcóatl (Kukulcán auf Mayathan) hier eingeführt. Überall in der Stadt lassen sich daher neben Bildern des Maya-Regengottes Chaac auch Bilder des Quetzalcóatl, der gefiederten Schlange, besichtigen.

Durch die Verbindung der Architekturstile aus dem zentralen Hochland Mexikos und aus der Puuc-Region ist Chichén einmalig unter den Ruinenstädten der Halbinsel Yucatán. Das wundervolle Castillo und die Plataforma de Venus sind herausragende architektonische Leistungen, die auf dem Höhepunkt der kulturellen Einwirkung der Tolteken entstanden.

Die kriegerischen Tolteken vermittelten den Maya aber mehr als nur ihre architektonischen Fertigkeiten. Sie praktizierten nahezu obsessiv Menschenopfer, wie zahlreiche Darstellungen des blutigen Rituals in Chichén bezeugen. Nachdem ein Maya-Herrscher die politische Hauptstadt nach Mayapán verlegt hatte, während Chichén Itzá weiterhin das religiöse Zentrum blieb, begann der Niedergang der Stadt. Warum sie schließlich im 14. Jh. vollständig aufgegeben wurde, ist nach wie vor ein Rätsel, aber noch viele Jahre danach war die einst große Stadt ein bedeutendes Pilgerziel der Maya.

Sehenswertes

El Castillo — ARCHÄOLOGISCHE STÄTTE

Beim Betreten der Anlage erhebt sich El Castillo (auch Pyramide des Kukulcán genannt) vor einem in all seiner Pracht. Das Bauwerk ist eigentlich ein riesiger Maya-Kalender aus Stein. Der erste Tempel, der hier stand, wurde um das Jahr 800 in vortoltekischer Zeit erbaut, aber später mit der gegenwärtig sichtbaren, 25 m hohen Konstruktion überbaut. Die Treppenanlagen sind mit der gefiederten Schlange geschmückt, und die Reliefs in den Türöffnungen des Tempels auf der Spitze stellen toltekische Krieger dar.

Jede der neun Ebenen des Castillo wird durch eine Treppe in zwei Hälften geteilt, sodass es 18 separate Terrassen gibt, die den 18 jeweils 20 Tage umfassenden Monaten des Haab-Jahres der Maya entsprechen. Die vier Treppen haben jeweils 91 Stufen; addiert man die obere Plattform hinzu, ergibt sich mit 365 die Zahl der Tage im Jahr. An jeder Fassade der Pyramide befinden sich 52 flache Paneele, die für die 52 Jahre der Maya-Kalenderrunde stehen.

Noch zusätzlich erzeugen Licht und Schatten während der Tagundnachtgleiche im Frühjahr und Herbst an der Seite der Nordtreppe eine Reihe von Dreiecken, die an eine kriechende Schlange erinnern (gemeißelte Schlangenköpfe flankieren den unteren Anfang der Treppe). Die Reliefs oben auf dem Tempel bekommt man leider nicht zu Gesicht, weil die Besteigung der Pyramide nicht gestattet ist.

Die ältere Pyramide innerhalb von El Castillo besitzt einen roten Jaguarthron mit eingelegten Augen und Flecken aus Jade. Hinter der Scheibe ist auch eine Chak-Mo'ol-Statue (Opfersteinstatue der Maya) zu sehen. Der Eingang zum **El Túnel**, dem Durchgang hinauf zum Thron, liegt unten an der Nordseite von El Castillo – er ist allerdings nicht für die Öffentlichkeit zugänglich.

Gran Juego de Pelota — ARCHÄOLOGISCHE STÄTTE

Der große Ballspielplatz, der größte und eindrucksvollste Platz dieser Art in Mexiko, ist nur einer von acht in der Stadt, was belegt, wie wichtig die Spiele hier genommen wurden. Den links von der Touristeninformation gelegenen Platz flankieren Tempel. Eingefasst ist er von hohen Mauern, auf denen oben Steinringe einzementiert wurden.

An den Mauern des Ballspielplatzes gibt es noch in Stein gemeißelte Reliefs, die u.a. zeigen, wie Spieler geköpft werden. Die Akustik des Platzes ist wirklich erstaunlich: Eine Unterhaltung, die an einem Ende geführt wird, kann man 135 m entfernt am anderen noch hören, und ein Klatschen ruft mehrere laute Echos hervor.

Templo del Barbado & Templo de los Jaguares y Escudos TEMPEL

Das Gebäude am Nordende des Ballspielplatzes wird nach einem Relief im Inneren als Tempel des Bärtigen bezeichnet. Es ist mit fein gearbeiteten Pfeilern und Reliefs geschmückt, die Blumen, Vögel und Bäume darstellen.

Der Tempel der Jaguare und Schilde wurde über der südöstlichen Ecke der Mauer des Ballspielplatzes errichtet. Einige seiner Säulen weisen die Form von Klapperschlangen auf, und oben gibt es einen mit Jaguaren und Schilden versehenen Fries. Die verblassten Fragmente von Wandmalereien im Inneren zeigen Szenen aus einer Schlacht.

Plataforma de los Cráneos ARCHÄOLOGISCHE STÄTTE

Die Plattform der Schädel (Tzompantli auf Náhuatl) befindet sich zwischen dem Templo de los Jaguares und El Castillo. Die T-förmige Plattform ist nicht zu übersehen, weil sie mit Reliefs von Schädeln und von Adlern, die Männern die Brust aufreißen und deren Herzen fressen, verziert ist. In alter Zeit wurden auf dieser Plattform die Schädel geopferter Feinde ausgestellt.

Plataforma de las Águilas y los Jaguares TEMPEL

Neben dem Tzompantli befindet sich die Plattform der Adler und Jaguare mit Reliefs beider Tierarten, die auf grausige Weise menschliche Herzen in ihren Klauen halten. Es wird angenommen, dass diese Plattform einst zu einem Tempel gehörte, der den Kriegerlegionen geweiht war, die Feinde für Menschenopfer gefangen nahmen.

Cenote Sagrado ARCHÄOLOGISCHE STÄTTE

Vom Tzompantli führt ein 300 m langer (5 Min.) gekiester *sacbé* nordwärts zu dem großen, abgesenkten Wasserbecken, das der Stadt den Namen gab – *chi chen* bedeutet „Mund der Quelle“. Die Heilige Cenote ist ein eindrucksvolles natürliches Becken mit einem Durchmesser von etwa 60 m und einer Tiefe von 35 m. Die Wände zwischen dem oberen Rand des Cenote und der Wasseroberfläche sind mit Weinranken und anderer Vegetation bedeckt. Neben dem Cenote finden sich die Ruinen eines kleinen Dampfbads sowie ein Toilettenhäuschen.

Plaza de las Mil Columnas RUINE

Die aus dem Templo de los Guerreros (Kriegertempel), dem Templo de Chac-Mo'ol (Tempel des Chac-Mo'ol) und dem Baño de Vapor (Schwitzbad) bestehende Gebäudegruppe hinter dem El Castillo verdankt ihren Namen (Gruppe der 1000 Säulen) dem Pfeilerwald, der sich im Süden und Osten ausbreitet.

El Osario ARCHÄOLOGISCHE STÄTTE

Das Beinhaus oder die **Tumba del Gran Sacerdote** (Grabmal des Hohepriesters) ist eine Pyramidenruine südwestlich vom El Castillo. Wie die meisten Gebäude im südlichen Teil der Stätte ist auch sie stilistisch eher der Puuc-Architektur als der toltekischen zuzuordnen. Bemerkenswert sind die schönen Schlangenköpfe am Fuß der Treppen.

Ein viereckiger Schacht auf der Spitze des Bauwerks führt in eine Höhle darunter, die als Grabstätte diente. Hier wurden sieben Gräber mit menschlichen Überresten gefunden. In der Nähe des Beinhauses gibt's eine Snackbar mit Telefon und Toiletten.

El Caracol ARCHÄOLOGISCHE STÄTTE

Das wegen seiner Wendeltreppe im Inneren von den Spaniern als El Caracol (die Schnecke) bezeichnete **Observatorium** südlich des Beinhauses ist eines der faszinierendsten und bedeutendsten Gebäude in ganz Chichén Itzá (auch wenn man nicht hineingehen darf). Der kreisrunde Entwurf erinnert an manche Bauten aus dem zentralen Hochland, aber erstaunlicherweise eben nicht an die des toltekischen Tula.

Die Architekturstile und die religiöse Bildwelt sind hier bunt gemischt: Es gibt typische Maya-Masken des Regengotts Chaac über den vier in alle Himmelsrichtungen weisenden Außentüren. Die Fenster in der Kuppel des Observatoriums sind auf die Punkte ausgerichtet, die bestimmte Sterne zu bestimmten Terminen am Firmament einnehmen. Von der Kuppel verkündeten die Priester dann einst die Termine für bestimmte Rituale, Feierlichkeiten, die Mais-Aussaat und die Ernte.

Edificio de las Monjas & La Iglesia PALAST

Archäologen vermuten, dass der sogenannte Edificio de las Monjas (Nonnenkloster) ein Palast der Maya-Könige war. Mit seinen unzähligen Räumen erinnerte es die Konquistadoren an ein europäisches Kloster – daher der Name. Die Dimensionen des Bauwerks sind imposant: Es ist 60 m lang, 30 m breit und 20 m hoch.

Dem Stil nach gehört es der Maya-Architektur an, nicht der toltekischen, obwohl ein toltekischer Opferstein davor steht. Im Osten grenzt ein kleineres Gebäude an, das

Chichén Itzá

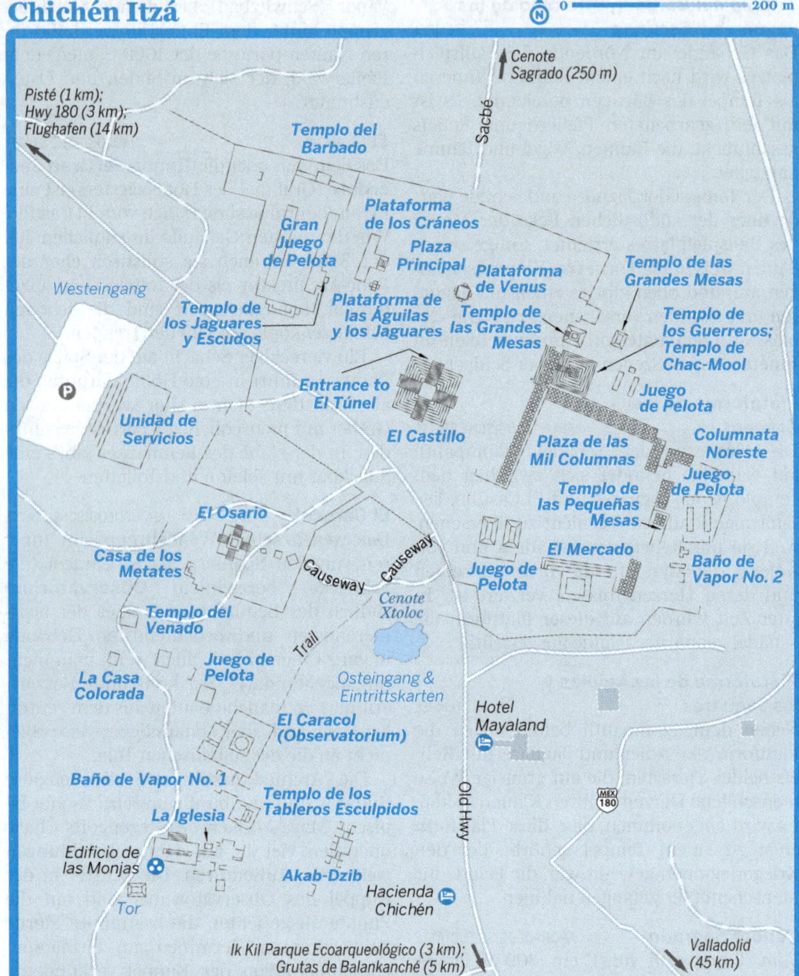

als La Iglesia (die Kirche) bezeichnet wird und fast vollständig mit Reliefs überzogen ist. Auf der Rückseite gibt es einige noch begehbare Durchgänge, die ein Stück in das Labyrinth im Inneren führen. Sie sind aber feucht und glitschig, riechen nach Fledermausexkrementen, und man kann sich leicht den Fuß verstauchen – aber jeder Möchtegern-Indiana-Jones wird das Erlebnis vermutlich cool finden.

Akab-Dzib ARCHÄOLOGISCHE STÄTTE

Östlich des Nonnenklosters befindet sich der Akab-Dzib im Puuc-Stil. Manche Archäologen halten es für das älteste bisher freigelegte Gebäude hier. Die zentralen Räume stammen aus dem 2. Jh. Der Mayathan-Name bedeutet „dunkle Schrift" und bezieht sich auf einen Türsturz des südlichen Nebengebäudes, auf dem ein Priester mit einem Gefäß zu sehen ist, in das bisher nicht identifizierte Hieroglyphen eingeritzt sind.

Ik Kil Parque Ecoarqueológico SCHWIMMEN

(Erw./Kind 70/35 Mex$; ⏲8–18 Uhr) Etwas mehr als 3 km südöstlich vom Osteingang zu den Ruinen befindet sich ein spektakulärer natürlicher Cenote, der in eine herrliche Badestelle umgewandelt wurde. Kleine Wasserfälle stürzen von dem hohen, mit

Grünpflanzen eingefassten Kalksteindach in die Tiefe. Auf dem Gelände gibt es ein gutes Buffet und hübsche *cabañas* (1250 Mex$). Wer nicht scharf darauf ist, sich das Wasser mit Reisegruppen zu teilen, kommt besser vor 13 Uhr.

Grutas de Balankanché HÖHLEN

(Hwy 180; Erw./Kind 7–12 Jahre 105/6 Mex$; ⏲ 9–16 Uhr) 1959 erkundete ein Chichén-Führer an seinem freien Tag eine Höhle und stieß dabei auf einen schmalen Gang. Er folgte diesem 300 m weit und kam dabei durch eine Abfolge von Höhlenräumen. In jedem fanden sich inmitten von glitzernden Stalaktiten diverse Erdhügelchen mit Hunderten Zeremonialgaben, welche die Maya hier vor 800 Jahren niedergelegt hatten.

Unter den entdeckten Objekten waren rituelle *metates* und *manos* (Mahlsteine), Weihrauchbrenner und Töpfe. In den Jahren nach der Entdeckung wurden die uralten Ritualobjekte aus den Höhlen entnommen und wissenschaftlich untersucht. Inzwischen sind die meisten wieder exakt an den Stellen, wo sie gefunden wurden.

Vor den Höhlen wurden ein guter **botanischer Garten** (mit endemischer Flora und Infos zur Nutzung von Bäumen und Pflanzen in der Heilkunde und in anderen Bereichen) und ein kleines **Museum** eingerichtet. Das Museum zeigt Fotos, die während der Erforschung der Höhlen gemacht wurden, und Beschreibungen (auf Englisch, Spanisch und Französisch) der Maya-Religion und der in den Höhlen gefundenen Opfergaben. Zu sehen sind auch Fotos von Maya-Zeremonien (Ch'a Chaac genannt), wie sie heute noch in Dürrezeiten in den Dörfern der Halbinsel Yucatán mit Gebeten und Opfergaben in Form von Lebensmitteln an Chaac durchgeführt werden.

Die Besichtigung ist nur im Rahmen einer 45-minütigen Führung (min. 6, max. 30 Pers.) möglich. Dazu gibt's schlecht aufgezeichnete, nicht sehr informative Bandaufnahmen auf Englisch (11, 13 & 15 Uhr), Spanisch (9, 12, 14 & 16 Uhr) und Französisch (10 Uhr).

Achtung: In den Höhlen ist es ungewöhnlich heiß, und die Belüftung reicht kaum bis in die entfernteren Ecken. Der Sauerstoffmangel (besonders wenn schon ein paar Reisegruppen durchmarschiert sind) macht einem das Atmen schwer.

Die Abfahrt zu den Höhlen befindet sich 6 km östlich von Chichén Itzá an der Schnellstraße nach Valladolid (Hwy 180). Busse der 2. Klasse fahren von Pisté nach Osten Richtung Valladolid und können einen an der Straße nach Balankanché absetzen. Der Eingang zu den Höhlen befindet sich 350 m nördlich der Highway-Kreuzung.

Schlafen

Die meisten Unterkünfte, Restaurants und Dienstleistungseinrichtungen von Chichén Itzá reihen sich entlang eines 1 km langen Highwayabschnitts im westlich der Ruinen gelegenen Dorf Pisté aneinander. Die Entfernung vom Haupteingang der Ruinenstätte zum ersten Hotel in Pisté beträgt 1,5 km. In Pisté ist der Hwy 180 als Calle 15a bekannt.

Posada Olalde HOTEL $

(☎ 985-851-00-86; Ecke Calle 6 & 17; EZ/DZ 250/300 Mex$; 📶) Die beste von mehreren Posadas in Pisté liegt zwei Blocks südlich des Highways bei Artesanías Guayacán. Es gibt hier saubere, ruhige Zimmer, ein paar zahme Sittiche und vier recht große Bungalows. Bei einigen Toiletten fehlen die Sitze. Alle Zimmer haben Ventilatoren. Der freundliche Manager spricht Spanisch und Englisch sowie ein wenig Mayathan.

Hotel Chichén Itzá HOTEL $$

(Best Western; ☎ 985-851-00-22, in den USA 800-235-4079; www.mayaland.com; Calle 15 No 45; Zi./Suite 940/1445 Mex$; P ❄ 📶 🏊) Das Hotel im Westen von Pisté hat 42 hübsche Zimmer mit gefliesten Böden und altmodischen Ziegeldecken. Die Zimmer im oberen Bereich blicken auf den Pool und das hübsche Anwesen, und alle verfügen über gute Betten und Minibars. Eltern können zwei Kinder unter 13 Jahren gratis mit im Zimmer wohnen lassen.

Hacienda Chichén RESORT $$$

(☎ 999-920-84-07, in den USA 877-631-4005; www.haciendachichen.com; Zona Hotelera, Km 120; DZ ab 2630 Mex$; P ❄ 📶 🏊) Das auf einem Anwesen aus dem 16. Jh. untergebrachte Resort liegt rund 300 m vom Eingang zu den Ruinen entfernt. Das elegante Haupthaus der Hazienda und die Mauerruinen bilden eine tolle Kulisse, und riesige Ceiba-Bäume spenden höchst willkommenen Schatten. In den Bungalows wohnten in den 1920er-Jahren die bei Ausgrabungen in Chichén beteiligten Archäologen. Inzwischen wurden die Bungalows renoviert und durch einige neuere ergänzt.

Hotel Mayaland HOTEL $$$

(☎ 985-851-01-00, in den USA 800-235-4079; www.mayaland.com; DZ/Suite 3029/4485 Mex$;

(P ❄ 📶 ≋) Das Mayaland liegt weniger als 100 m vom Osteingang der Stätte entfernt. Von der Lobby und den vorderen Zimmern blickt man direkt auf El Caracol. Die Quartiere, Pools und Gartenbungalows sind sehr hübsch. Am El Caracol wünscht man sich jedoch, das Hotel hätte diese hässliche Schneise durch den Urwald, um seinen Gästen eine bessere Sicht zu gewähren, nicht geschlagen.

Essen

Der Highway durch Pisté ist gesäumt von mehr als 20 großen und kleinen Lokalen.

Lonchería Fabiola's MEXIKANISCH **$**
(Calle 15a s/n; Hauptgerichte 50–100 Mex$; ⌚7–19 Uhr) Wer gutes, ehrliches und günstiges Essen sucht, kommt an diesem kleinen, bescheidenen Lokal am Ende der Restaurantzeile gegenüber der Kirche nicht vorbei. Sehr zu empfehlen ist *pollo yucateco* (Hühnchen auf yukatekische Art).

Las Mestizas MEXIKANISCH **$$**
(Calle 15 s/n; Hauptgerichte 40–100 Mex$; ⌚8–22 Uhr) Hier wird das Verlangen nach ordentlicher yukatekischer Kost gestillt. Es gibt Sitzbereiche drinnen und draußen – an den Tischen draußen könnte man allerdings zum *cochito* (Schweinebraten) auch eine Ladung Abgase der Reisebusse abbekommen.

ℹ An- & Weiterreise

Oriente hat Ticketbüros am östlichen und westlichen Ortseingang von Pisté, und 2.-Klasse-Busse auf der Durchreise halten fast überall an der Schnellstraße. Viele Busse der 1. Klasse stoppen nur an den Ruinen sowie westlich und östlich vom Ort, nahe der Maut-Autobahn.

Busse der 1. Klasse fahren nach Mérida (120 Mex$, 1¾ Std., 17.15 Uhr), Cancún (202 Mex$, 2½ Std., 16.30 Uhr) und Tulum (148 Mex$, 2½ Std., 2-mal tgl.).

Orientes 2.-Klasse-Busse Richtung Mérida (72 Mex$, 2½ Std.) verkehren zwischen 8.15 und 16.15 Uhr stündlich. Die stündlichen Oriente-Busse nach Valladolid (24 Mex$, 50 Min.) und Cancún (122 Mex$, 4½ Std.) fahren zwischen 7 und 17.30 Uhr. Es gibt auch 2.-Klasse-Busse nach Tulum (90 Mex$, 3 Std.) und Playa del Carmen (130 Mex$, 4 Std.).

Regelmäßig passieren Sammeltaxis auf dem Weg nach Valladolid (25 Mex$, 40 Min.) den Ort.

ℹ Unterwegs vor Ort

Während der Öffnungszeiten von Chichén Itzá fahren viele 1.- und 2.-Klasse-Busse zu den Ruinen (den Fahrer fragen!), und wenn noch Platz ist, nehmen sie einen für 10 Mex$ aus dem Ort mit. Für etwas mehr bringen einen die 2.-Klasse-Busse auch bis zum Cenote Ik Kil und zu den Grutas de Balankanché (beim Kauf der Fahrkarten unbedingt angeben, wohin man will!). Wer die Ruinen besichtigen und dann mit einem 1.-Klasse-Bus gleich zu einer anderen Stadt fahren will, hat bessere Chancen auf einen Sitzplatz, wenn er sich vor der Erkundung der Ruinen an der Touristeninformation eine Busfahrkarte kauft.

In der Nähe des westlichen Ortseingangs gibt's einen Taxistand. Die Fahrt zu den Ruinen kostet ungefähr 30 Mex$. Am Parkplatz von Chichén warten in der Regel Taxis.

Valladolid

☎985 / 74 000 EW.

Yucatáns drittgrößte Stadt ist mit ihren ruhigen Straßen und pastellfarbenen Mauern im Sonnenschein die „Sultanin des Ostens". Es lohnt sich, hier ein paar Tage oder sogar eine Woche zu verbringen, zumal die Kleinstadt der ideale Ausgangspunkt für Ausflüge zum Río Lagartos, nach Chichén Itzá, Ek' Balam und zu einer Reihe nahe gelegener Cenotes ist. Valladolid schafft den Balanceakt zwischen jeder Menge Unterhaltung und dem Gefühl, dies alles sei überschaubar, machbar und bezahlbar.

Im Rathaus an der Plaza gibt's eine hilfreiche **Touristeninformation** (Ecke Calle 40 & 41; ⌚Mo–Sa 9–21, So 9–14 Uhr).

Geschichte

Valladolid hat über die Jahre seinen Teil Unruhen und Revolten abbekommen. Die erste spanische Siedling war 1543 zunächst in der Nähe der Chouac-Ha-Lagune gegründet worden, etwa 50 km von der Küste entfernt. Dort war es aber viel zu heiß, und für den Geschmack Francisco de Montejos, des Neffen von Montejo d.Ä., und seiner Bande von Eroberern gab es viel zu viele Moskitos. Also brachen sie auf und verlegten die Stadt in das Zeremonienzentrum der Maya, nach Zací (sprich: Sah-*sie*), wo sie sich dem heftigen Widerstand der einheimischen Maya ausgesetzt sahen. Am Ende eroberte der Sohn des Älteren, Montejo d.J., die Stadt. Wie es ihre Art war, rissen die spanischen Eroberer die Stadt nieder und bauten gemäß der klassischen, kolonialen Stadtplanung eine neue.

In der kolonialen Ära sorgte die räumliche Isolation Valladolids von Mérida lange Zeit dafür, dass es von der königlichen

Valladolid

Valladolid

Highlights
1 Casa de los Venados C2

Sehenswertes
2 Ayuntamiento C2
3 Cenote Zací D1
4 Templo de San Bernardino & Convento de Sisal A3

Aktivitäten, Kurse & Touren
5 Mexigo C2

Schlafen
6 Hostel La Candelaria C1
7 Hotel Tunich-Beh B2

Essen
8 Hostería del Marqués C2
9 Squimz B2

Herrschaft relativ unbeeinflusst blieb. Die Maya der Region hingegen wurden brutal ausgebeutet, was sich auch nach der mexikanischen Unabhängigkeit fortsetzte. Für sie waren z. B. viele Teile der Stadt tabu. Aus diesem Grund wurde Valladolid einer der ersten Angriffspunkte der Maya nach dem Ausbruch des Kastenkriegs 1847 in Tepich, nur ein Stück Richtung Süden an der Grenze nach Quintana Roo. Nach zweimonatiger Belagerung wurden die Verteidiger der Stadt schließlich überwältigt.

Sehenswertes

★ Casa de los Venados — GALERIE

(☎985-856-22-89; www.casadelosvenados.com; Calle 40, zw. Calle 41 & 43; Eintritt gegen Spende; ⏲Führung tgl. 10 Uhr od. nach Vereinbarung) Mit mehr als 3000 Werken mexikanischer Volkskunst in Museumsqualität ist diese Privatsammlung einmalig, weil die Objekte in dem Kontext gezeigt werden, für den sie ursprünglich bestimmt waren, und nicht hinter Glas. Die Führung (auf Englisch & Spanisch) dauert etwa eine Stunde und beleuchtet die Ursprünge einiger der bedeutenderen Stücke und die Geschichte des preisgekrönten restaurierten kolonialzeitlichen Gebäudes.

Templo de San Bernardino & Convento de Sisal — KIRCHE

(Ecke Calle 49 & 51; Kloster Eintritt 30 Mex$; ⏲Mo–Fr 9–18, Sa bis 15 Uhr) Der Templo de San Bernardino und der Convento de Sisal befinden sich rund 700 m südwestlich der Plaza. Sie wurden zwischen 1552 und 1560 erbaut und dienten gleichzeitig als Festung und als Kirche. Die zauberhafte Dekoration der Kirche besteht u.a. aus wunderschönen rosaroten Wänden, Bögen, einigen kürzlich freigelegten Fresken aus dem 16. Jh. und einem kleinen Marienbild auf dem Altar.

Dies sind die einzigen original erhaltenen Teile. Der prächtige Holz-*retablo* (Altar) stammt aus dem 19. Jh. Auf dem Gelände des angrenzenden, von Mauern umgebenen Klosters gibt es einen mit einer Kuppel überbauten Cenote und ein Kanalsystem, mithilfe dessen früher der große Garten bewässert wurde.

Ayuntamiento GEBÄUDE

(Rathaus; Calle 40, zw. Calle 39 & 41; ⌚Mo–Sa 8–20 Uhr) Im Obergeschoss des Ayuntamiento sieht man eine Reihe Wandgemälde des yukatekischen Künstlers Manuel Salazar, die die Ankunft der Spanier, den Widerstand der Maya und die folgende Kolonisierung von Valladolid und Yucatán zeigen.

Aktivitäten

Rund um Valladolid gibt es mehrere unterirdische Cenotes, darunter den in einem Park liegenden **Cenote Zací** (www.cenotezaci.com.mx; Calle 36; Eintritt 15 Mex$; ⌚7–18 Uhr), in dem sich auch traditionelle strohgedeckte Steinhütten und ein kleiner Zoo befinden. Die Leute baden im Zací, obwohl dieser weitgehend offen liegt und sich auf dem Wasser Staub, Algen und weitere Verunreinigungen ansammeln. Der Eingang befindet sich an der Calle 39.

Etwas angenehmer, dafür aber schlechter zugänglich sind die Cenotes von **Dzitnup**, 7 km westlich der Plaza. Hier findet man den künstlich beleuchteten **Cenote Xkekén** (Eintritt 56 Mex$; ⌚8–17 Uhr), in dem man gut schwimmen kann. Von der Decke hängt eine große Kalksteinformation aus lauter Stalaktiten. Auf der anderen Straßenseite, etwa 100 m näher an der Stadt, liegt der **Cenote Samulá** (Eintritt 56 Mex$; ⌚8–17 Uhr), ein hübscher Höhlentümpel mit *álamo*-Wurzeln (Pappel), die sich ihren Weg durch die Höhlendecke hindurch mehrere Meter tief bis zur Wasserfläche gebahnt haben, um Flüssigkeit aufzusaugen.

Colectivos fahren gleich östlich vom ADO-Busbahnhof nach Dzitnup. Die Fahrt mit einem Mietfahrrad zu den Cenotes dauert etwa 20 Minuten. Vom Stadtzentrum fährt man die Calle 41a (Calzada de los Frailes) entlang, die auf ihrer gesamten Länge von kolonialzeitlichen Bauten gesäumt ist und am Templo de San Bernardino und dem Kloster vorbeiführt. Rechts vom Park bleiben und dann rechts in die Calle 49 einbiegen! Diese führt auf die von Bäumen gesäumte Av de los Frailes, die schließlich auf die alte Fernstraße trifft. Dann links auf die *ciclopista* (Radweg) fahren, die parallel zur Straße nach Mérida verläuft! Am Schild Richtung Dzitnup biegt man wieder links ein und fährt knapp 2 km geradeaus weiter. Samulá liegt abseits dieser Straße auf der rechten und Dzitnup ein Stück weiter auf der linken Seite.

Schlafen

Hostel La Candelaria HOSTEL $

(☎985-856-22-67; www.hostelvalladolidyucatan.com; Calle 35 No 201F; B/Zi. inkl. Frühstück 120/280 Mex$; @ 📶) In dem freundlichen Hostel direkt an einem ruhigen kleinen Platz kann's etwas eng und heiß werden. Aber die zwei Küchen, der gemütliche Garten mit Hängematten, der Schlafsaal für Frauen und viel Platz zum Abhängen machen es zur besten Budgetunterkunft im Ort. Es gibt auch einen Fahrradverleih (15 Mex$/Std.).

Hotel Tunich-Beh HOTEL $$

(☎985-856-22-22; www.tunichbeh.com; Calle 41a, zw. Calle 46 & 48; DZ 700 Mex$; P ❄ 📶 🏊) Das liebevoll zu einem Hotel umgebaute, hübsche alte Haus verfügt über Zimmer mit extragroßen Betten, einen Swimmingpool und ein paar hübsche Bereiche zum Entspannen unter Schatten spendenden *palapas*.

Casa Quetzal BOUTIQUEHOTEL $$

(☎985-856-47-96; www.casa-quetzal.com; Calle 51 No 218; Zi. 895–950 Mex$; P ❄ 📶 🏊) Die geräumigen Zimmer hier weisen einen guten Mix aus modernem Komfort und kolonialem Stil auf. Sie liegen rund um einen grünen Patio mit einem recht großen Pool. Die Zimmer oben sind besser durchlüftet und haben eigene Balkone. Das Hotel liegt rund 200 m westlich vom Convento de Sisal.

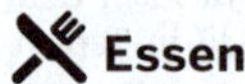

Essen

Squimz CAFÉ $

(Calle 39 No 219; Hauptgerichte 30–80 Mex$; ⌚Mo–Sa 7–22, So bis 15 Uhr) Der nette, kleine Laden ein paar Hausnummern östlich vom ADO-Busbahnhof hat Kuchen, Gebäck, gutes Frühstück und starken Kaffee.

Hostería del Marqués MEXIKANISCH $$

(☎985-856-20-73; www.mesondelmarques.com; El Mesón del Marqués, Calle 39 No 203; Hauptgerichte 70–220 Mex$; ⏲7–23 Uhr; P ❄) Die Gäste können hier auf dem ruhigen, kolonialzeitlichen Hof mit plätscherndem Springbrunnen oder im klimatisierten Salon mit Blick auf den Hof speisen. Das Restaurant hat sich auf yukatekische Küche spezialisiert, z.B. *longaniza* Valladolid (Würstchen nach Valladolid-Art) und *cochinita pibil* (mariniertes Schweinefleisch). Es gibt aber auch internationale Gerichte wie Steaks von Angusrindern.

An- & Weiterreise

BUS

Valladolids Hauptbusbahnhof ist der praktisch gelegene **ADO-Busbahnhof** (Ecke Calle 39 & 46). Die wichtigsten Busunternehmen sind Oriente, Mayab und Expresso (2. Klasse) sowie ADO und Super Expresso (1. Klasse).

COLECTIVO

Colectivos sind schneller, verlässlicher und komfortabler als 2.-Klasse-Busse. Sie fahren von verschiedenen Punkten in der Stadt ab, sobald sie voll besetzt sind. Die meisten verkehren zwischen 7 oder 8 bis etwa 19 Uhr. Vom ADO-Busbahnhof gibt es Direktverbindungen nach Mérida (105 Mex$, 2½ Std.). Die Direkt-*colectivos* nach Cancún (140 Mex$, 2½ Std.) fahren von der Calle 38 zwischen Calle 39 und 41 ab. Vor dem Einsteigen sollte man sich unbedingt immer vergewissern, ob sie wirklich nonstop durchfahren.

Colectivos nach Pisté und Chichén Itzá (25 Mex$, 40 Min.) starten von einem Platz gleich östlich vom ADO-Busbahnhof, die Fahrzeuge nach Tizimín (35 Mex$, 40 Min.) von einem Platz nördlich der Plaza an der Calle 40 zwischen Calle 35 und 37. Nach Ek' Balam (40 Mex$, 30 Min.) nimmt man an der Ecke Calle 44 und 37 eines der *colectivos* Richtung Santa Rita.

Unterwegs vor Ort

Fahrräder sind prima, um sich die Stadt anzusehen und zu den Cenotes zu kommen. Eines leihen kann man sich im Hostel La Candelaria oder bei **Mexigo** (www.mexigotours.com; Calle 43 zw. Calle 40 & 42; Fahrradverleih 1 Std./Tag 15/90 Mex$; ⏲8–20 Uhr), das auch eine Reihe von Radtouren durch die Gegend veranstaltet.

Ek' Balam

Die faszinierende Ruinenstadt **Ek' Balam** (Eintritt 130 Mex$, Führer 500–600 Mex$; ⏲8–17 Uhr) erlebte ihre Blütezeit im 8. Jh., bevor sie plötzlich verlassen wurde. Vegetation bedeckt immer noch einen großen Teil der archäologischen Stätte, aber durch Ausgrabungen und Restaurierungen kommen immer mehr Sehenswürdigkeiten zu den bereits vorhandenen hinzu. Zu Letzteren zählen ein interessantes, an eine Zikkurat erinnerndes Gebäude beim Eingang, ein schöner Bogen und ein Ballspielplatz.

Am eindrucksvollsten ist die gewaltige **Acrópolis**, deren gut restaurierter 160 m langer Sockel eine „Galerie“ – eigentlich eine Reihe separater Räume – beherbergt. Auf dem Sockel erhebt sich Ek' Balams mächtige, 32 m hohe Hauptpyramide, die ein riesiges Jaguarmaul ziert, das rundum mit Zähnen besetzt ist. Unter diesem Maul befinden sich Totenköpfe aus Stuck, und rechts darüber sitzt eine erstaunlich eindrucksvolle Figur. Auf der rechten Seite stehen ungewöhnliche geflügelte Menschenfiguren (manche nennen sie Maya-Engel, obwohl es sich wahrscheinlich um Schamanen oder Medizinmänner handelt).

Die Abzweigung zur archäologischen Stätte befindet sich 17 km nördlich von Val-

BUSSE AB VALLADOLID

ZIEL	PREIS (MEX$)	DAUER	HÄUFIGKEIT (TGL)
Cancún	95–150	2–3 Std.	regelm.
Chichén Itzá (Pisté)	24–62	45 Min.	Oriente & ADO regelm.
Chiquilá (Richtung Isla Holbox)	90	2½ Std.	Oriente 2.45 Uhr
Cobá	35–38	45 Min.	Mayab regelm.
Izamal	53	2 Std.	Oriente 2-mal
Mérida	95–180	2½–3½ Std.	ADO & 2. Klasse Oriente stündl.
Playa del Carmen	106–150	2½–3½ Std.	ADO & Oriente regelm.
Tizimín	25	1 Std.	Mayab & Oriente 20-mal
Tulum	72–90	2 Std.	ADO 10-mal, Mayab 7 Uhr

ladolid; von dort sind es noch 6 km ostwärts bis zu den Ruinen. In der Nähe ist auch der **X-Canché Cenote** (☎Handy 985-1009915; www.ekbalam.com.mx/cenote-xcanche; Eintritt 30 Mex$; ⏲8–17 Uhr) mit Bademöglichkeiten, Abenteueraktivitäten, Campingplätzen (70 Mex$) und komfortablen Hütten (450 Mex$) zu finden. Von Ek' Balams Parkplatz sind es 1,5 km zu Fuß bis hierher. Man kann aber auch ein Fahrradtaxi (hin & zurück 60 Mex$) nehmen.

Schlafen & Essen

★ **Genesis Eco-Retreat** PENSION $$
(☎Handy 985-1004805; www.genesisretreat.com; Ek' Balam Pueblo; DZ ohne/mit Bad ab 570/705 Mex$; @) Das umweltfreundliche Genesis bietet die Intimität eines B&B und eine ruhige Lage. Es ist ein echtes Öko-Hotel: Das Abwasser wird für den Landschaftsbau genutzt, und in einigen Zimmern gibt's natürliche Kühlung. Das bilderbuchmäßige Anwesen hat auch einen kühlenden Pool und ein Temazcal (Dampfbad), und die Inhaber bieten leckere vegetarische Mahlzeiten. Zwischen September und Anfang Oktober hat das Hotel manchmal geschlossen.

An- & Weiterreise

Von Valladolid fahren *colectivos* von der Calle 44 zwischen Calle 35 und 37 nach Ek' Balam (40 Mex$, 30 Min.). Man kann ab Valladolid auch ein Taxi nehmen (hin & zurück inkl. 1 Std. Aufenthalt ca. 450 Mex$).

Río Lagartos

☎986 / 3400 EW.

Die größte und spektakulärste Flamingokolonie Mexikos ist der Grund, einen Abstecher in dieses Fischerdorf zu machen. Río Lagartos liegt 103 km nördlich von Valladolid und 52 km nördlich von Tizimín innerhalb der **Reserva de la Biosfera Ría Lagartos**. An dem von Mangroven gesäumten Meeresarm leben auch Schmuckreiher, Rötelreiher, Tigerreiher, Schneesichler, Hunderte weiterer Vogelarten und eine kleine Anzahl Krokodile, denen der Ort seinen Namen, übersetzt „Alligatorfluss", zu verdanken hat.

Die spanischen Entdecker hielten den Meeresarm für einen Fluss und die Krokodile für Alligatoren – der Rest ist Geschichte. Die Maya kannten den Ort als Holkobén und nutzten ihn als Rastplatz auf dem Weg zu den nahe gelegenen Lagunen (Las Coloradas), wo sie Salz abbauten (Salz wird dort heute immer noch gewonnen, allerdings in viel größeren Mengen).

Unermüdliche Traveller können ostwärts aus dem Ort über Las Coloradas hinaus auf der unbefestigten Küstenstraße bis zu der kleinen Ortschaft El Cuyo fahren.

Die meisten Einwohner des Städtchens kennen die Straßennamen nicht gut, und Straßenschilder sind spärlich gesät. Die Straße in den Ort ist die von Norden nach Süden verlaufende Calle 10, die am Ufer an der Calle 13 endet. Im Ort gibt es weder eine Bank noch einen Geldautomaten, man muss also genügend Bargeld mitbringen.

Geführte Touren

Flamingo Tours VOGELBEOBACHTUNG
Die leuchtend orangeroten Flamingos lassen beim Auffliegen den Himmel feurig leuchten. Man sieht Hunderte oder auch Tausende von ihnen. Die besten Monate für die Beobachtung von Flamingos sind Juni bis August. Die vier wichtigsten Gebiete sind (in zunehmender Entfernung von der Stadt) Punta Garza, Yoluk, Necopal und Nahochín – all diese Flamingo-Weidegründe sind nach nahen Mangrovenwäldern benannt.

Um die Flamingos zu sehen, muss man ein Boot mit Fahrer mieten. Die Preise variieren je nach Boot, Teilnehmerzahl (max. 6 Pers.) und Ziel, liegen aber bei rund 900 Mex$ pro Boot. Bricht man bei Sonnenaufgang oder gegen 16 Uhr auf, sieht man die meisten Vögel. Am Abend zuvor sollte man sich etwas zu essen einpacken, weil die meisten Restaurants erst öffnen, wenn man schon lange aufgebrochen ist. Angeboten werden auch Trips zum Beobachten von Krokodilen, zum Angeln und zum Fotografieren.

Man kann mit einem der eifrigen Vermittler an den Kiosken am Ufer nahe dem Ortseingang einen Deal aushandeln; es ist so gut wie unmöglich, durch die Stadt zu gehen, ohne von einem angesprochen zu werden. Sie sprechen Englisch und können einem einen Skipper vermitteln (der allerdings in der Regel kein Englisch spricht). Die besten Führer finden sich im **Restaurante-Bar Isla Contoy** (☎986-862-00-00; www.riolagartosecotours.net16.net; Calle 19 No 134) und im Restaurante La Torreja.

Schlafen & Essen

Posada Las Gaviotas HOTEL $
(☎986-862-05-07; Ecke Calle 12 & Flussufer; DZ 350 Mex$) Die schlichte Budgetunterkunft direkt am Ufer bietet saubere Zimmer in

Dunkelgrün mit Ventilator. Auf manchen kleinen Luxus, z. B. Toilettensitze, sollte man nicht unbedingt zählen.

Hotel Villas de Pescadores HOTEL **$$**
(☎986-862-00-20; www.hotelriolagartos.com.mx; Ecke Calle 14 & 9; DZ 500–800 Mex$; P ☎) Das attraktive Hotel nahe am Ufer bietet neun sehr saubere Zimmer mit guter Durchlüftung (alle mit Blick auf den Ästuar), zwei Betten und Ventilator. Die oberen Zimmer haben Balkone, und auf dem Dach gibt es einen Aussichtsturm, wo Gäste den Sonnenuntergang und ein entspanntes Bier genießen können.

Restaurante La Torreja SEAFOOD **$**
(Calle 9 zw. Calle 12 & 14; Hauptgerichte 60–150 Mex$; ⌚8–21 Uhr) Unten am Ufer nahe beim Leuchtturm bietet dieses Restaurant gutes Essen. Das Lokal ist ein guter Ort, um andere Traveller zu treffen und Gruppen für Bootstouren zu bilden.

ℹ An- & Weiterreise

Mehrere Busse von Noreste fahren täglich aus Tizimín (30 Mex$, 1 Std.) und Mérida (130–176 Mex$, 3–4 Std.) nach Río Lagartos. Dreimal täglich bieten Noreste und Mayab auch eine Verbindung von/nach Cancún (160 Mex$, 3–4 Std.).

CAMPECHE (BUNDESSTAAT)

Der Bundesstaat Campeche umfasst riesige Flächen ungezähmten Urwalds, einige der am wenigsten besuchten, aber beeindruckendsten Maya-Ruinen, halb vergessene kleine Dörfer, Küstenlagunen voller Vögel und eine inspirierende koloniale Hauptstadt. Von allen Bundesstaaten auf Yucatán hat der Tourismus Campeche am wenigsten beeinflusst, und genau das macht seinen provinziellen, entspannten Charme aus. Die gewaltige restaurierte archäologische Stätte Edzná ist die wohl bekannteste Sehenswürdigkeit hier. Zugleich ist dies hier die wildeste Ecke der Halbinsel, und die Reserva de la Biosfera Calakmul ist das größte Naturschutzgebiet Mexikos. Hinter den kakofonisch kreischenden Brüllaffen und quakenden Fröschen erheben sich noch größere Ruinenstädte der Maya wie Calakmul und Becán. An der Küste ist die Laguna de Términos ein wichtiges Ziel für Vogelbeobachtungsexpeditionen.

Campeche (Stadt)

☎981 / 820 000 EW.

Campeche wirkt wie ein koloniales Märchenland. Das ummauerte Zentrum ist eine Enklave mit perfekt restaurierten pastellfarbenen Gebäuden, schmalen, kopfsteingepflasterten Straßen, befestigten Wällen und Villen aus dem 18. und 19. Jh. Nach der Ernennung der Hauptstadt zum UNESCO-Weltkulturerbe im Jahr 1999 wurde sie so sorgfältig restauriert, dass man es kaum glaubt. Fast 2000 historische Gebäude wurden renoviert. Aber hinter den Stadtmauern liegt eine typische mexikanische Provinzhauptstadt mit einem lebhaften Markt, einem ruhigen *malecón* und alten Fischerdocks.

Neben den vielen Villen, die zu Campeches Glanzzeiten von wohlhabenden spanischen Familien erbaut wurden, sind auch zwei Abschnitte der berühmten Stadtmauer sowie sieben ihrer *baluartes* (Bastionen) erhalten.

Geschichte

Als die Spanier Campeche 1517 das erste Mal anvisierten, war dies ein Maya-Dorf, das vom Handel lebte und Ah Kim Pech (Herr Sonnen-Schildzecke) hieß. Aber der Widerstand der Maya verhinderte fast ein Vierteljahrhundert lang, dass die Spanier die Region vollständig eroberten. Zwar errichteten Letztere 1531 hier einen Außenposten, gaben ihn aber wegen der Feindseligkeiten der Maya schnell wieder auf. Trotzdem erlangten die Konquistadoren 1540 schließlich genug Kontrolle über das Gebiet, sodass unter der Führung von Francisco de Montejo d. J. eine dauerhafte Siedlung entstand, die den Namen Villa de San Francisco de Campeche erhielt.

Die Siedlung war schon bald der blühende Haupthafen der Halbinsel Yucatán, was sie aber auch zum Opfer von Piratenangriffen machte. Nach einem verheerenden Angriff im Jahr 1663 lag Campeche in Trümmern, und der spanische König ordnete den Bau der berühmten Wälle an. Das beendete die Überfälle. Heute lebt der Ort vor allem von der Fischerei und zunehmend vom Tourismus, der in gewisser Weise die Renovierung der Innenstadt finanziert hat.

◉ Sehenswertes & Aktivitäten

Plaza Principal PLATZ
Beschattet von ausladenden Johannisbrotbäumen, umringt von gefliesten Bänken und mit einem Pavillon aus der Belle Époque, von dem breite Fußwege wegführen, präsentiert

Campeche

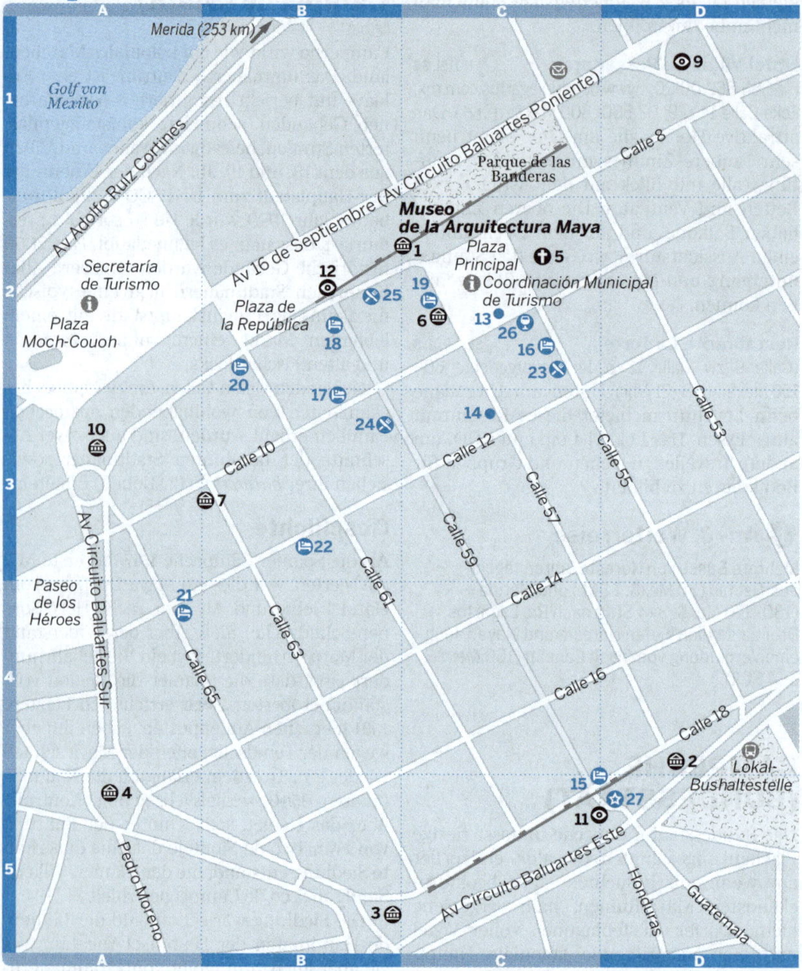

sich Campeches zentrale Plaza ansprechend und schlicht. Der Platz wurde 1531 als Feldlager der Konquistadoren angelegt und entwickelte sich im Lauf der Zeit zum Zentrum des bürgerlichen, politischen und religiösen Lebens in der Stadt, und auch heute noch ist er der Mittelpunkt des öffentlichen Lebens. Am schönsten wirkt die Plaza abends an den Wochenenden, wenn sie für den Autoverkehr gesperrt ist und hier Konzerte stattfinden.

Catedral de Nuestra Señora de la Purísima Concepción KATHEDRALE

(Calle 55; ⏲ 6.30–21 Uhr) GRATIS Die Ostseite der Plaza Principal wird von der zweitürmigen Kathedrale dominiert. Das an den meisten Sonntagen völlig überfüllte Kalksteingebäude steht schon seit mehr als 300 Jahren an dieser Stelle. In den Nischen an der barocken Fassade befinden sich Statuen der Apostel Petrus und Paulus; Gemälde aus der Kolonialzeit schmücken den nüchternen, einschiffigen Innenraum.

Centro Cultural Casa Número 6 HISTORISCHES GEBÄUDE

(Calle 57 No 6; Eintritt 10 Mex$, Audioguide 15 Mex$; ⏲ 9–21 Uhr) In der Zeit vor der Revolution, als diese Stadtvilla von einer *campechano*-Familie der Oberschicht bewohnt wurde,

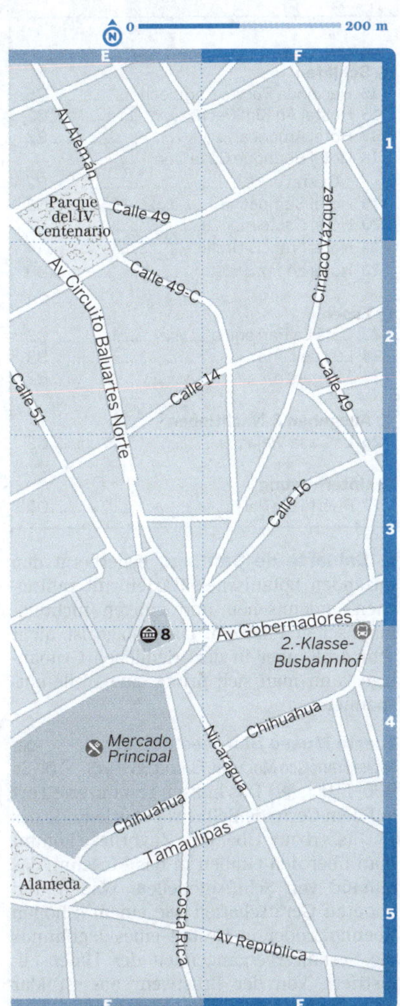

war die „Nr. 6" eine prestigeträchtige Adresse an der Plaza. Beim Schlendern über das Gelände bekommt man eine Vorstellung von der Lebensweise der damaligen Führungsschicht. Das vordere Wohnzimmer ist mit kubanischen Möbeln eingerichtet. Es gibt Ausstellungsräume, einen hübschen Patio hinter dem Haus und einen Souvenirladen.

Forts & Bastionen

Nach einem besonders verheerenden Piratenüberfall im Jahr 1663 machten sich die überlebenden Einwohner Campeches daran, Schutzmauern rund um ihre Stadt zu errichten. Vorwiegend indigene Arbeiter schichteten in mehr als 50 Jahren die Mauer mit Kalkstein aus nahe gelegenen Höhlen auf. Die mit acht Bastionen bewehrte sechseckige Festungsmauer zieht sich mehr als 2 km weit um das Stadtzentrum und erreicht eine Höhe von 8 m. Die sieben noch erhaltenen Bastionen sind eine Fundgrube historischer Zeugnisse. Man kann sie besteigen, ein Stück auf der Mauerkrone spazieren und dabei die weite Aussicht auf den Hafen genießen.

Puerta del Mar TOR
(Tor zum Meer; Ecke Calle 8 & 59) GRATIS Das Tor zum Meer gewährt Zugang von der Meeresseite und führt auf eine kleine Mole, an der früher kleine Boote ihre Ladung löschten, die sie von den weiter draußen ankernden Schiffen heranschafften. Die seichten Gewässer wurden im Lauf der Zeit aufgeschüttet, sodass das Tor heute mehrere Blocks vom Ufer entfernt ist.

★ **Museo de la Arquitectura Maya** MUSEUM
(Calle 8; Eintritt 35 Mex$; ⌚ Di–So 9–17.30 Uhr) Im zum Schutz der Puerta del Mar errichteten **Baluarte de Nuestra Señora de la Soledad** residiert das sehenswerteste Museum von Campeche. Es vermittelt einen ausgezeichneten Überblick über die vielen Maya-Stätten im ganzen Bundesstaat Campeche und die dort jeweils vertretenen Architekturstile.

Museo de la Ciudad MUSEUM
(Calle 8; Eintritt 15 Mex$; ⌚ 9–20 Uhr) Der nach dem spanischen König Karl II. benannte **Baluarte de San Carlos** beherbergt ein kleines, aber recht sehenswertes Museum, das in chronologischer Folge die stürmische Geschichte der Stadt anhand gut aufgestellter Ausstellungsstücke illustriert. Man sieht hier z.B. Objekte aus Brasilholz, Musketen, die Gallionsfigur eines Schiffes etc. Das Kellerverlies zeugt von der einstigen Nutzung der Bastion als Festungsgefängnis während des 18. Jhs.

Baluarte de Santa Rosa HISTORISCHES GEBÄUDE
(Ecke Calle 14 & Av Circuito Baluartes Sur; ⌚ 9–15 Uhr) GRATIS Diese Bastion präsentiert ein paar Holzschnitte zum Thema Piraten und Infos über die Forts der Stadt.

Baluarte de San Juan HISTORISCHES GEBÄUDE
(Calle 18; ⌚ Di–So 8–19.30 Uhr) GRATIS Die kleinste der sieben Befestigungsanlagen ist zugleich die einzige, die noch immer in die originale Stadtmauer integriert ist.

Campeche

Highlights
1 Museo de la Arquitectura Maya C2

Sehenswertes
2 Baluarte de San Francisco D4
3 Baluarte de San Juan B5
4 Baluarte de Santa Rosa A5
5 Catedral de Nuestra Señora de la Purísima Concepción C2
6 Centro Cultural Casa Número 6 .... C2
7 Ex-Templo de San José B3
8 Galería y Museo de Arte Popular E4
9 Jardín Botánico Xmuch Haltún D1
10 Museo de la Ciudad A3
11 Puerta de Tierra C5
12 Puerta del Mar B2

Aktivitäten, Kurse & Touren
13 Tranvía de la Ciudad C2
14 Xtampak Tours C3

Schlafen
15 Hacienda Puerta Campeche C5
16 Hostel Ah Kim Pech C2
17 Hotel América B3
18 Hotel Boutique Casa Don Gustavo B2
19 Hotel Campeche C2
20 Hotel Castelmar B2
21 Hotel Francis Drake A4
22 Hotel López B3

Essen
23 Café La Parroquia C2
24 Luz de Luna B3
25 Marganzo B2

Ausgehen & Nachtleben
26 La Casa Vieja C2

Unterhaltung
27 Puerta de Tierra D5

Puerta de Tierra TOR
(Landtor; Calle 18; Eintritt 10 Mex$; 9–18 Uhr) Das Landtor an der Ostseite der Stadtmauer wurde 1732 als Hauptzugang aus Richtung der Vororte gebaut. Heute ist es der Schauplatz einer Sound-&-Light-Show (50 Mex$; Do–So 20 Uhr).

Baluarte de San Francisco HISTORISCHES GEBÄUDE
(Calle 18) GRATIS Die Franziskusbastion war einst die wichtigste Verteidigungsanlage zum Schutz der angrenzenden Puerta de Tierra und beherbergt heute ein kleines Waffenmuseum.

Galería y Museo de Arte Popular MUSEUM
(Museum & Galerie für Volkskunst; Ecke Av Circuito Baluartes Este & Circuito Baluartes Norte; 9–21 Uhr) GRATIS Der **Baluarte de San Pedro** direkt hinter der Iglesia de San Juan de Dios erfüllte auch nach dem Zeitalter der Piraten seine Verteidigungsaufgabe, als hier 1824 ein Vergeltungsangriff aus Mérida zurückgeschlagen wurde. Über dem Eingangsportal erblickt man in Stein gehauen das Wappen des hl. Petrus: zwei himmelwärts weisende Schlüssel und die päpstliche Tiara. Drinnen befindet sich ein Museum mit wunderschönem indigenen Kunsthandwerk. Wer die steile Rampe zum Dach erklimmt, blickt durch die Zinnen auf die Kuppel von San Juan.

Jardín Botánico Xmuch Haltún GARTEN
(Ecke Calle 8 & 49; Erw./Kind 3–12 Jahre 10/5 Mex$; 8–21 Uhr) Der als letzter 1704 fertiggestellte **Baluarte de Santiago** beherbergt den reizenden botanischen Garten mit zahlreichen endemischen und einigen nichteinheimischen Pflanzen. Die Anlage ist nicht sehr groß, aber in der friedlichen Grünanlage kann man sich prima eine Weile entspannen.

Fuerte Museo San José del Alto FORT
(Calle Francisco Morazán; Eintritt 35 Mex$; Di–So 9.30–17 Uhr; P) Das hübsch restaurierte Fort auf dem Cerro de Bellavista wurde Ende des 18. Jhs. erbaut. Über eine Zugbrücke kommt man über den Graben in das Museum, das anhand von Schiffsmodellen, Waffen und anderen Gerätschaften wie einem schönen Ebenholzruder in Gestalt eines Jagdhunds die Seefahrervergangenheit des Hafens illustriert. Von der Brustwehr aus ist klar erkennbar, wo die Stadt endet und die Mangroven beginnen.

Hierher gelangt man vom Markt mit einem Bus mit der Aufschrift „Bellavista Josefa", „Morelos" oder „San Jose del Alto". Nach dem Aussteigen muss man vielleicht ein paar Hundert Meter laufen. Ein Taxi kostet rund 50 Mex$.

Museo Arqueológico de Campeche & Fuerte de San Miguel MUSEUM, FORT
(Av Escénica s/n; Eintritt 42 Mex$; 8.30–17 Uhr; P) Campeches größtes Fort aus der Kolonialzeit liegt am Golf von Mexiko rund 4 km südwestlich vom Stadtzentrum. Drinnen befindet sich das exzellente Archäologische Museum von Campeche, wo man Funde von

den Maya-Stätten Calakmul und Edzná und von der Isla de Jaina, einer Insel nördlich der Stadt, die einst als Begräbnisstätte für Angehörige der Maya-Aristokratie diente, bewundern kann.

Atemberaubender Jade-Schmuck und exquisite Gefäße, Masken und Teller sind hier thematisch arrangiert in zehn Ausstellungssälen zu sehen. Die Hauptattraktion sind aus Calakmul stammende Grabmasken aus Jade. Ausgestellt sind auch Stelen, Muschel-Halsketten und Tonfiguren. Aber auch das Fort selbst mit seinem trockengelegten Graben und der funktionierenden Zugbrücke ist eine sehenswerte Attraktion. Von der mit 20 Kanonen bewehrten Dachterrasse bietet sich ein toller Blick auf den Hafen.

Hierher gelangt man mit einem Bus oder Sammeltaxi (mit der Aufschrift „Lerma") vom Markt. Man kann den Fahrer bitten, einen an der Zufahrtsstraße abzusetzen (einfach „Fuerte de San Miguel" sagen!) und dann 300 m den Hügel hinauf laufen. Ein Taxi vom Zentrum kostet 50 Mex$.

Noch mehr Sehenswertes

Sehr beliebt bei Joggern, Radfahrern, spazierenden Freunden und turtelnden Pärchen ist der *malecón*, Campeches Uferpromenade, die zu einem luftigen Bummel bei Sonnenaufgang oder zu einer Radfahrt bei Sonnenuntergang einlädt.

Ex-Templo de San José HISTORISCHES GEBÄUDE
(ehemalige Josefskirche; Ecke Calle 10 & 63) Die mit blauen und gelben Fliesen verkleidete Fassade der ehemaligen Josefskirche ist ein wunderbarer Anblick. Auf der rechten Kirchturmspitze wurden ein Leuchtfeuer und eine Wetterfahne angebracht. Die Kirche wurde im frühen 18. Jh. von den Jesuiten erbaut, die darin ein Kolleg betrieben, bis sie 1767 aus den spanischen Besitzungen ausgewiesen wurden. Heute dient das Gebäude als Ausstellungsraum.

Geführte Touren

Tranvía de la Ciudad TOUR
(Tour Erw./Kind bis 11 Jahre 100/20 Mex$; ⌚9–12 & 17–20 Uhr stündl.) Veranstaltet täglich zweisprachige 45-minütige Touren mit motorisierten *tranvías* (Trolleys) von der Plaza Principal. Sie decken Campeches historisches Zentrum, einige traditionelle Viertel und Teile des *malecón* ab. Manchmal fährt auch ein weiterer Trolley, *El Guapo* genannt, zum Fuerte de San Miguel und zum Fuerte de San José (allerdings bleibt bei diesen Touren keine Zeit, sich die Museen in den Forts anzuschauen).

Fahrplanauskünfte gibt's am Kartenschalter an der Plaza Principal.

Xtampak Tours TOUR
(☎981-811-64-73; www.toursencampeche.com; Calle 57 No 14; ⌚Mo–Sa 8–20, So bis 14 Uhr) Veranstaltet umfassende Stadtrundfahrten (300 Mex$/Pers., 4 Std., tgl. 9 & 14 Uhr) sowie archäologische Touren nach Edzná (250 Mex$), zu den Chenes-Stätten (950 Mex$) und ins östliche Campeche. Trips mit Übernachtung führen nach Calakmul und Río Bec.

Schlafen

Die Straßen im historischen Zentrum (dort werden die meisten Traveller übernachten wollen) sind durchnummeriert: Die Straßen, die ins Binnenland führen, haben ungerade Nummern, die Querstraßen dagegen gerade.

Hotel Campeche HOTEL **$**
(☎981-816-51-83; hotelcampeche@hotmail.com; Calle 57 zw. Calle 8 & 10; EZ/DZ mit Ventilator 250/290 Mex$, mit Klimaanlage 330/390 Mex$; ❄📶) Besonders interessant ist das Haus nicht, aber die Lage an der Seite der Plaza und die großen Zimmer in diesem klassisch-verfallenen Gebäude machen es zur besten Budget-Unterkunft in der Stadt. Ein paar Zimmer besitzen kleine Balkone mit Blick über die Plaza.

Hostel Ah Kim Pech HOSTEL **$**
(☎981-816-25-30; Calle 55, zw. Calle 10 & 12; B 100 Mex$; 📶🏊) Die Unterkunft wurde zum Zeitpunkt unserer Recherchen gerade umfangreich renoviert, verspricht aber mit guten Schlafsälen, der tollen Lage, einem Swimmingpool und einem Spielezimmer das beste Hostel in der Stadt zu werden.

★**Hotel López** HOTEL **$$**
(☎981-816-33-44; www.hotellopezcampeche.com.mx; Calle 12 No 189; DZ/3BZ/4BZ/Suite 620/670/720/900 Mex$; ❄📶🏊) Das elegante Hotel ist eine der besten Mittelklasseoptionen in Campeche. Die kleinen, aber modern und komfortabel eingerichteten Zimmer öffnen sich auf kurvenreiche Art-déco-Balkone rund um ovale, angenehm grüne Höfe. Für den hübschen Pool hinter dem Haus Badesachen mitbringen!

Hotel América HOTEL **$$**
(☎981-816-45-76; www.hotelamericacampeche.com; Calle 10 No 252; EZ/DZ 500/620 Mex$;

(P ❄ @ ≋) Das große, zentral gelegene Hotel ist eine gute Mittelklasseunterkunft. Das Highlight hier ist ein hübsches Restaurant im Hof mit Tischen und Sonnenschirmen – keine Angst: Nachts verstummt die Musik. Die fast 50 großen, sauberen Zimmer verteilen sich auf die umliegenden Säulengänge. Die Zimmer unterscheiden sich, also sollte man sich erst ein paar anschauen.

Hotel Francis Drake HOTEL **$$**
(☎ 981-811-56-26; www.hotelfrancisdrake.com; Calle 12 No 207; EZ/DZ/Suite 820/900/1060 Mex$; ❄ ≋) Die etwas barock wirkende Lobby führt zu kühlen, frischen, geschmackvoll dekorierten Zimmern. Die Badezimmer und Balkone sind winzig, die Zimmer sind aber groß und haben extrabreite Betten und separate Sitzbereiche.

Hotel Castelmar HOTEL **$$**
(☎ 981-811-12-04; www.castelmarhotel.com; Calle 61 No 2; EZ/DZ 800/1000 Mex$; ❄ ≋ ≈) Die ehemalige Kaserne ist schon seit 100 Jahren ein Hotel. Zum Flair tragen riesige Kruzifixe und weitere kolonialzeitlich inspirierte Dekorationen bei. Und dank der erstaunlich dicken Wände kann man ruhig unter der Dusche singen – hier hört einen keiner.

Hotel Boutique Casa Don Gustavo BOUTIQUEHOTEL **$$$**
(☎ 981-816-80-90; www.casadongustavo.com; Calle 59 No 4; Zi./Suite ab 3000/3500 Mex$; P ❄ ≋ ≈) In dem schönen Boutiquehotel warten zehn Zimmer, die mit Antikmöbeln dekoriert sind, auf Gäste – aber irgendwie wirkt alles, als befände man sich in einem Museum, sodass es sich hier schwerlich entspannen lässt. Dafür befinden sich gleich in der Nähe ein kleiner Pool mit Hängematten und ein Whirlpool auf dem Dach. Es gibt Zimmer mit riesigen modernen Badezimmern, bunt geflieste Gänge um einen Hof und ein Restaurant. Auf der Website findet man manchmal Sonderangebote.

Hacienda Puerta Campeche BOUTIQUEHOTEL **$$$**
(☎ 981-816-75-08; www.luxurycollection.com; Calle 59 No 71; Zi. 7039–9331 Mex$; P ❄ @ ≋ ≈) Das schöne Boutiquehotel verfügt über 15 Suiten mit hohen Decken und separaten Lounges – ideal für eine Massage am Nachmittag. Der perfekt gepflegte Garten und der saftige Rasen verheißen viel Erholung, und am teilweise überdachten Pool mit Hängematten gleich daneben fühlt man sich wie ein Maya-König.

Die Inhaber betreiben auch eine restaurierte Luxus-Hazienda 26 km außerhalb der Stadt auf dem Weg zu den Ruinen von Edzná.

Essen & Ausgehen

Das typische Gericht in Campeche ist *pan de cazón*, ein Tortillasandwich, gefüllt mit Haihackfleisch, Bohnen und Tomatensauce. Spült man das mit einer *horchata de coco* (Reis-Kokos-Drink) runter, fühlt man sich wie ein Einheimischer.

Ein Teil der Calle 59 ist für den Verkehr gesperrt, und so hat sich hier ein kleines Restaurantviertel mit Sitzbereichen im Freien und umherziehenden Musikanten entwickelt – ein hübsches Fleckchen, um etwas zu essen oder nach Sonnenuntergang ein paar Drinks zu genießen.

Café La Parroquia MEXIKANISCH **$**
(☎ 981-816-25-30; Calle 55 No 8; Hauptgerichte 45–150 Mex$, Mittagsmenüs 70–80 Mex$; ⏲ 24 Std.) Das gemütliche, rund um die Uhr geöffnete Restaurant erfreut mit seiner umfangreichen Karte und aufmerksamem Personal Einheimische und Ausländer gleichermaßen. Es gibt alles Mögliche von Brathähnchen bis Schweinebraten und Truthahnsuppe sowie regionale Spezialitäten und Meeresfrüchtegerichte wie Ceviche. Tonnenweise Drinks lockern das Ganze auf. Auf jeden Fall sollte man den sahnigen Flan als Nachtisch probieren.

★ **Luz de Luna** INTERNATIONAL **$$**
(☎ 981-811-06-24; Calle 59 No 6; Hauptgerichte 90–150 Mex$; ⏲ Mo–Sa 8–22 Uhr) Beschnitzte, bemalte Tische und volkstümliches Dekor tragen zur Atmosphäre dieses beliebten Restaurants in einer Fußgängerzone bei. Die Auswahl auf der Karte ist ebenso interessant – empfehlenswert sind der Shrimpssalat, die Hühnchen-Fajitas, Steaks und die vegetarischen Burritos. Es gibt auch viele Frühstücksgerichte, vor allem Omeletts.

Marganzo MEXIKANISCH **$$**
(☎ 981-811-38-98; Calle 8 No 267; Hauptgerichte 100–180 Mex$; ⏲ 7–23 Uhr) Das Marganzo ist bei Travellern sehr beliebt – und das aus gutem Grund: Das Essen ist klasse, die Portionen sind groß, und es gibt viele kostenlose Vorspeisen. Auf der umfangreichen Karte steht alles von internationalen Gerichten bis zu regionalen Spezialitäten wie *cochinita pibil* (Spanferkel in Bananenblättern). Das Personal ist aufmerksam, und die von Tisch

zu Tisch ziehenden Musikanten sorgen für Unterhaltung.

La Casa Vieja BAR, RESTAURANT
(Calle 10 No 319A; ⌚8.30–0.30 Uhr) Für einen abendlichen Cocktail könnte es kein besseres Plätzchen geben als den Säulenbalkon des La Casa Vieja mit Blick auf die Plaza Principal.

☆ Unterhaltung

Samstags und sonntags tritt ab etwa 18.30 Uhr immer irgendwer auf der Plaza Principal auf. Campeches heißeste Tanzbars und Clubs findet man 1 km südlich vom Stadtzentrum am *malecón* hinter dem Wolkenkratzer Torres del Cristal.

Vorfälle aus der Piratenzeit Campeches werden an mehreren Abenden in der Woche in der **Puerta de Tierra** (Erw./Kind 4–10 Jahre 50/25 Mex$; ⌚Do–So 20 Uhr) in einer disneymäßigen Inszenierung mit viel Kanonendonner und blitzenden Lichtern nachgespielt.

ℹ Praktische Informationen

GELD

In Campeche gibt es zahlreiche Banken (Mo–Fr 8–16, Sa 9–14 Uhr) mit Geldautomaten.

MEDIZINISCHE VERSORGUNG

Cruz Roja (Rotes Kreuz; ☎981-815-24-11; Ecke Av Las Palmas & Ah Kim Pech) Medizinische Versorgung; rund 3 km nordöstlich der Innenstadt.

Hospital Dr. Manuel Campos (☎981-811-17-09; Av Circuito Baluartes Norte, zw. Calle 14 & 16)

POST

Hauptpost (Ecke Av 16 de Septiembre & Calle 53; ⌚Mo–Fr 8.30–16, Sa 8–11.30 Uhr)

TOURISTENINFORMATION

Coordinación Municipal de Turismo (☎981-811-39-89; Plaza Principal; ⌚9–21 Uhr) Hat einen Schalter im Kiosk mitten auf der Hauptplaza.

Secretaría de Turismo (☎981-127-33-00; www.campeche.travel; Plaza Moch-Couoh; ⌚Mo–Fr 8–21, Sa & So bis 20 Uhr) Gibt gute Infos über die Stadt und den Bundesstaat Campeche aus.

ℹ An- & Weiterreise

AUTO

Wer nach Edzná fahren, die lange Strecke nach Mérida oder die schnelle Mautstraße Richtung Süden nehmen will, fährt auf der Calle 61 zur Av Central und folgt der Ausschilderung zum Flughafen und dann der nach Edzná oder zur *cuota* (Mautstraße). Wer die mautfreie Straße nach Süden nehmen will, fährt einfach den *malecón* hinunter. Und wer die kurze Route nach Mérida fahren will, wendet sich auf dem *malecón* nach Norden.

Wenn man aus Richtung Süden über die *cuota* nach Campeche kommt, biegt man am Kreisverkehr links bei der Ausschilderung *universidad* ab und hält sich dann bis zur Küste auf dieser Straße. Von dort sollte man keine Orientierungsschwierigkeiten haben.

Abgesehen von einigen Filialen am Flughafen gibt es auch mehrere Autovermietungen in der Innenstadt. Die Preise sind generell höher als in Mérida oder Cancún.

Pirata Rent a Car (☎Handy 981-1271457; Calle 8 No 2, Hotel Castelmar)

BUS

Campeches **Hauptbusbahnhof** (☎981-811-99-10; Av Patricio Trueba 237), normalerweise ADO- oder 1.-Klasse-Busbahnhof genannt, befindet sich 2,5 km südlich der Plaza Principal, zu erreichen über die Av Central. Von hier fahren Busse der 1. Klasse und Deluxe-Busse zu großen Städten sowie Busse der 2. Klasse nach Sabancuy (102 Mex$), Hecelchakán (58 Mex$), Candelaria (168 Mex$) und zu Orten in Tabasco. Zu diesem neuen Busbahnhof gelangt man von der Post mit irgendeinem Bus mit der Aufschrift „Las Flores", „Solidaridad" oder „Casa de Justicia".

Der **2.-Klasse-Busbahnhof** (☎981-811-99-10; Av Gobernadores 289), oft auch „alter ADO-Busbahnhof" genannt, liegt östlich vom Mercado Principal. Von hier fahren Busse der 2. Klasse nach Hopelchén (58 Mex$), Bolonchén, Xpujil und Bécal (53 Mex$). Hierher gelangt man von der Post mit einem Bus mit der Aufschrift „Terminal Sur" oder „Ex-ADO".

Nach Edzná (35 Mex$, 1 Std.) betreibt Valle Edzná zwischen 7 und 19 Uhr alle halbe Stunde ein *colectivo* von der Calle Chihuahua nahe der Kreuzung mit der Calle Nicaragua am Mercado Principal.

Die in der Tabelle auf S. 364 angegebenen Busse fahren, sofern nicht anders vermerkt, vom 1.-Klasse-Busbahnhof ab.

FLUGZEUG

Der Flughafen liegt 6 km südöstlich vom Zentrum. **Aeroméxico** (☎800-021-40-00; www.aeromexico.com) fliegt mindestens zweimal pro Tag nach Mexico City. Es gibt auch regelmäßige Flüge der Billigfluglinien VivaAerobus (S. 287) und Interjet (S. 287).

ℹ Unterwegs vor Ort

Die Ortsbusse starten entweder am Mercado Principal oder gegenüber vom Markt auf der an-

BUSSE AB CAMPECHE

ZIEL	PREIS (MEX$)	DAUER (STD.)	HÄUFIGKEIT (TGL.)
Bolonchén de Rejón	76	3	ab 2.-Klasse-Busbahnhof 6-mal
Cancún	460–548	7	7-mal
Chetumal	240–344	6	ADO 12 Uhr, ab 2.-Klasse-Busbahnhof 2-mal
Hopelchén	58	1½	ab 2.-Klasse-Busbahnhof stündl.
Mérida (via Bécal)	172–202	2½	ADO & ADO GL halbstündl.
Mérida (via Uxmal)	102	4½	ab 2.-Klasse-Busbahnhof halbstündl.
Mexico City	1176–1394	17	4-mal
Palenque	300	6	4-mal
San Cristóbal de Las Casas	434	9	ADO 21.45 Uhr
Villahermosa	336–444	6	regelm.
Xpujil	168–244	5	ADO 14 Uhr, Sur ab 2.-Klasse-Busbahnhof 3-mal

Die Ziele werden vom 1.-Klasse-Busbahnhof angefahren, sofern nicht anders vermerkt.

deren Seite der Av Circuito Baluartes. Die meisten fahren zumindest ein Stück auf dem Circuito, ehe sie zu ihrem eigentlichen Ziel abbiegen. Der Fahrpreis beträgt 5,50 Mex$.

Taxis nehmen für Fahrten innerhalb der Stadt 25 bis 45 Mex$, nachts mehr. Tickets für lizensierte Taxis vom Flughafen ins Stadtzentrum (120 Mex$) werden an einem Schalter im Terminal verkauft.

Für eine Fahrt auf dem *malecón* oder durch die Straßen des Centro Histórico kann man auch ein Fahrrad mieten. **Buenaventura** (☎ 981-144-33-88; www.viajesbuenaventura.com.mx; Av 16 de Septiembre 122 Local 3; ⏲ Mo–Sa 9–15 & 17–20 Uhr) hat eine gute Auswahl von Fahrrädern (1 Std. 30 Mex$, danach 20 Mex$/Std. od. 150 Mex$/Tag inkl. Helm & Fahrradschloss).

Autofahrer müssen wissen, dass im Centro Histórico Autos auf den Straßen mit gerader Nummer Vorfahrt haben, worauf die roten (Stopp) oder schwarzen (Go) Pfeile an jeder Kreuzung hinweisen.

Rund um Campeche

Edzná

Die nächsten bedeutenden Ruinen findet man von Campeche aus 53 km in südöstlicher Richtung: **Edzná** (Eintritt 46 Mex$; ☎ 8–17 Uhr) war mehr als 17 km² groß und etwa von 600 v. Chr. bis ins 15. Jh. hinein bewohnt. Die meisten der heute sichtbaren Steinmetzarbeiten stammen aus der Zeit zwischen 550 und 810 n. Chr. Auch wenn es von den Puuc-Stätten Uxmal und Kabah weit entfernt liegt, weist die Architektur hier durchaus Elemente des Puuc-Stils auf. Man weiß nicht genau, warum Edzná an Bedeutung verlor und schließlich aufgegeben wurde.

Hinter dem Eingang schützt eine *palapa* Reliefs und Stelen. Von hier führt ein rund 400 m langer Fußweg durch die Vegetation zur Hauptattraktion: der **Plaza Principal** (den Schildern zur Gran Acrópolis folgen!). Sie ist 160 m lang und 100 m breit, an den Seiten stehen Tempel. Wenn man von Norden kommt, befindet sich rechts das **Nohochná** (Großes Haus), ein massiger, länglicher Bau, der einmal aus vier Hallen bestanden hat. Vermutlich war das Gebäude für Verwaltungsaufgaben da – etwa um Tribute einzutreiben und Rechtsfragen zu klären. In den Bau sind zur Plaza hin Bänke eingelassen, von denen aus Zuschauer Theatervorstellungen und Riten beiwohnen konnten.

Auf der anderen Seite der Plaza steht die **Gran Acrópolis**, eine erhöhte Plattform, auf der sich mehrere Gebäude befinden. Dazu gehört auch der wichtigste Tempel von Edzná, das 31 m hohe **Edificio de los Cinco Pisos** (Gebäude mit den fünf Stockwerken). Auf dem riesigen Fundament erheben sich fünf Ebenen, und das Dach besteht aus zahlreichen Gewölben. Eine großartige Zentraltreppe mit 65 Stufen führt direkt bis zur obersten Ebene. Einige der verwitterten Masken-, Schlangen- und Jaguarkopfskulpturen, die früher die verschiedenen Ebenen zierten, sind jetzt unter der *palapa* beim Kartenhäuschen untergebracht.

Das Gebäude wurde viermal umgebaut. Es ist größtenteils im Puuc-Stil gehalten, und die Forscher sind sich einig, dass der Tempel eine Mischung aus Pyramide und Palast ist. Das beeindruckende Dach erinnert stark an die Sakralbauten von Tikal in Guatemala.

Zur Pequeña Acrópolis im Süden der Plaza gehört der durch eine *palapa* geschützte **Templo de Mascarones** (Tempel der Masken) mit Steinmetzarbeiten, die den Sonnengott Kinich-Ahau darstellen. Das zentrale Bild ist der Kopf eines Maya, den man so verändert hat, dass er aussieht wie der eines Jaguars.

ℹ An- & Weiterreise

Von der Calle Chihuahua in Campeche aus fahren Kleinbusse (35 Mex$, 1 Std., halbstündl. 7–19 Uhr) hierher.

Xtampak Tours (s. S. 361) in Campeche bietet einen Shuttle-Dienst von Campeche nach Edzná (300 Mex$, Min. 2 Pers.) sowie Führungen über die Stätte (zzgl. 800 Mex$).

Verlässt man die Ruinenstätte per Auto, kann man auf dem Hwy 120 nach Norden fahren, um dann auf den Hwy 261 ostwärts nach Hopelchén zu wechseln, oder sich alternativ auf den Weg Richtung Dzibalchén und zur Chenes-Stätte Hochob machen. Dazu fährt man südwärts nach Pich, dann ostwärts nach Chencoh, das 54 km von Edzná entfernt liegt und über eine recht ordentliche, wenig befahrene Straße zu erreichen ist.

Bolonchén de Rejón & Xtacumbilxunaan

Fährt man von Campeche nach Osten, erreicht man San Antonio Cayal und dann Hopelchén (mit einer Pemex-Tankstelle), wo der Hwy 261 nach Norden abschwenkt. Nach 34 km erhebt sich die Ortschaft Bolonchén de Rejón aus der üppig-grünen Landschaft. Das kleine Örtchen ist für sein jährliches Festival de Santa Cruz am 3. Mai berühmt.

Bolonchén de Rejón liegt in der Nähe der **Grutas de Xtacumbilxunaan** (Eintritt 50 Mex$; ⌚Di–So 10–17 Uhr; 👪), die sich „*Schta*-kum-biel-schu-*nahn*" aussprechen und rund 3 km südlich vom Ort befinden. Beleuchtete Stufen führen hinunter zu einem kaum sichtbaren Cenote, hinter dem ein Weg noch 100 m tiefer in den mit Stalaktiten und Stalagmiten übersäten Felsen führt. Achtung: Die Holzleiter soll nur demonstrieren, wie die Maya einst in die Höhle hinuntergestiegen sind! Das auszuprobieren, wäre wirklich dumm! Die zwischen Hopelchén und Mérida verkehrenden Sur-Busse setzen einen am Eingang der Höhle ab. Außerdem fahren von der Nordseite der Plaza in Hopelchén *colectivos* nach Bolonchén, die nahe bei den Höhlen vorbeikommen. Wegen der Rückfahrzeiten beim Fahrer nachfragen!

Der Hwy 261 führt weiter nach Norden in den Bundesstaat Yucatán bis Uxmal, während eine Nebenstraße zu den Ruinen an der Ruta Puuc verläuft.

AUF EIGENE FAUST: NOCH MEHR CAMPECHE

Man kann die klassischen Routen auch einfach mal verlassen und sich in die weniger bekannten Ecken Campeches aufmachen. Hier ein paar Anregungen:

Chenes-Stätten Im Nordosten des Bundesstaats Campeche gibt es mehr als 30 Ruinenstätten im unverkennbaren Chenes-Stil. Das Hauptmerkmal sind lange, niedrige, in drei Abschnitte unterteilte Gebäude mit Monsterdarstellungen um die Türen sowie Tempel auf einem Pyramidensockel.

Laguna de Términos Die größte Lagune im Gebiet des Golfes von Mexiko besteht aus einem Netz von Flussmündungen, Dünen, Sümpfen und Teichen, die zusammen ein einzigartiges, bedeutendes Küstenhabitat bilden.

Bécal Bécal mag oberflächlich gesehen wie ein verschlafenes *campechano*-Städtchen wirken, doch viele fleißige Hände beschäftigen sich hier mit dem traditionellen Hutmacherhandwerk.

Südlich von Campeche

Der südliche Teil Yucatáns – mit der Grenze zum heutigen Guatemala – war die erste, am längsten bestehende und am dichtesten besiedelte Region des Maya-Reichs. Hier finden sich die ältesten und architektonisch ausgereiftesten archäologischen Stätten der gesamten Halbinsel. Südlich von Campeche erreicht man Escárcega, wo der Hwy 186 sich nach Osten quer durch das südliche Zentrum des Bundesstaats Campeche erstreckt, und schließlich Chetumal in Quintana Roo – eine 273 km lange Tour. Man passiert einige faszinierende Maya-Stätten und kommt durch die ökologisch vielfältige **Reserva de la Biosfera Calakmul**. Die größte Ansiedlung zwischen Escárcega und Chetumal ist Xpujil. Am Hwy 186, knapp 2 km westlich von Campeche und Quintana Roo, bietet sich Xpujil als hervorragender Ausgangspunkt für alle möglichen Expeditionen in die Region an. Die einzige Tankstelle der Gegend findet man etwa 5 km östlich von Xpujil.

Die vorherrschenden architektonischen Stile der Maya-Stätten der Region sind Río Bec und Chenes. Ersterer ist gekennzeichnet durch lange, niedrige Gebäude, die aussehen, als wären sie in Abschnitte aufgeteilt, jeder mit einem großen Schlangenmauleingang. Die Fassaden schmücken kleinere Masken, geometrische Formen (oft x-förmig) und Säulen. An den Ecken der Gebäude stehen hohe, starke Türme mit extrem schmalen, steilen, nicht begehbaren Treppen und kleinen Pseudotempeln auf den Spitzen; viele dieser Türme haben Dachkämme. Die Chenes-Architektur weist größtenteils die gleichen Besonderheiten auf, allerdings ohne die Türme.

Balamkú

Entdeckt wurde **Balamkú** (Tempel des Jaguars; Eintritt 35 Mex$; ⌚8–17 Uhr), 60 km westlich von Xpujil (80 km östl. von Escárcega), im Jahr 1990. Die Attraktionen dieser kleinen Grabungsstätte sind die Fresken und das tolle, prächtige Stuckfries. Erstaunlicherweise ist sowohl auf den Fresken als auch auf dem Fries noch viel von den Originalfarben zu sehen. Es ist nicht zu übersehen: In Balamkú beherrschen Kröten die Muster. Da diese Tiere im Wasser und an Land zu Hause sind, glaubte man, sie könnten sich ebenso leicht zwischen dieser und der nächsten Welt bewegen. Die Kröte wurde daher als geistlicher Führer verehrt, der Menschen dabei half, sich zwischen Welt und Unterwelt zurechtzufinden.

Die Fresken kann man jederzeit besichtigen, aber der Fries wird in einem abgeschlossenen Gebäude aufbewahrt. Der Hausmeister kann Traveller reinlassen – ein Trinkgeld wird dann gern genommen.

Eine Taxifahrt von Xpujil nach Balamkú kostet 900 Mex$ (hin & zurück inkl. 2 Std. Wartezeit).

Calakmul

Calakmul (Eintritt 38 Mex$; ⌚8–17 Uhr) wurde 1931 vom amerikanischen Botaniker Cyrus Lundell „entdeckt". Der Name bedeutet „nebeneinander liegende Erdhügel". Maya-Experten glauben, dass Calakmul eine Stätte von herausragender archäologischer Bedeutung ist. Sie ist ähnlich groß und wichtig wie die von Tikal in Guatemala, welches in der klassischen Zeit der Hauptrivale um die Vorherrschaft in den südlichen Tiefebenen war.

Von ungefähr 250 bis 695 n. Chr. war Calakmul die führende Stadt in der riesigen Region, die als „Königreich des Schlangenkopfes" bekannt ist. Ihr Niedergang begann mit den Machtkämpfen und den internen Auseinandersetzungen, welche die Niederlagen von Calakmuls König Garra de Jaguar („Jaguartatze") gegen den ständigen Rivalen Tikal zur Folge hatten.

Wie auch in Tikal gibt es Hinweise, dass der Bau hier mehr als ein Jahrtausend dauerte. Unter Edificio VII entdeckten Archäologen eine Grabkammer mit etwa 2000 Jadeobjekten, und in den Gräbern finden sich immer wieder spektakuläre Begräbnismasken aus Jade. Viele Funde sind im

CALAKMUL BESUCHEN

Calakmul ist wirklich weitläufig – man kann leicht ein paar Stunden damit zubringen, zwischen den Ruinen umherzuwandern. Und wenn man Halt macht, um sich einzelne Dinge genau anzuschauen, um zu fotografieren oder auf Tempel zu klettern, können es sehr schnell noch einige Stunden mehr werden. Daher empfiehlt es sich dringend, etwas Proviant und Wasser mitzubringen, denn die nächsten Essgelegenheiten sind 40 km entfernt.

Museo Arqueológico (S. 360) in Campeche zu sehen. Um die Stätte verteilt stehen mindestens 120 mit Reliefs bedeckte Stelen, von denen jedoch viele erodiert sind.

Bislang wurde nur ein Bruchteil des 100 km² großen Geländes von Calakmul freigelegt, und erst ein paar der 6500 Gebäude wurden befestigt (von Restaurierung ganz zu schweigen), aber die Forschungsarbeiten dauern an.

Calakmul liegt im Herzen der riesigen Reserva de la Biosfera Calakmul. Die Ruinen sind von Regenwald umgeben, den man am besten von der Spitze einer der vielen Pyramiden betrachten kann. Im Schutzgebiet leben mehr als 250 Vogelarten, unter ihnen viele Pfauentruthühner, Papageien und Tukane. Zu den übrigen vom Reservat geschützten wilden Tieren zählen Jaguare, Klammeraffen, Pumas, Ozelote und Weißbartpekaris.

20 km die Zufahrtsstraße hinunter erreicht man das sehr moderne **Museo del Centro de Comunicación y Cultura** (⌚7–15 Uhr), das Fossilienfunde aus der Region sowie einige Keramiken aus Calakmul zeigt. Es gibt auch einen kleinen botanischen Garten mit Pflanzen, welche die Maya traditionell als Nahrung oder als Heilmittel nutzten.

Schlafen & Essen

Campamento Yaax'che CAMPEN $

(☎Handy 983-1011921; www.ecoturismocalakmul.com; Stellplatz 70 Mex$/Pers., mit Zelt ab 200 Mex$) Der Platz, der 7 km hinter der Kreuzung mit dem Hwy 186 an der Zufahrtsstraße nach Calakmul liegt, ist mehr als ein gewöhnlicher Campingplatz: Er ist der Ausgangspunkt für die Touren von Servidores Turísticos Calakmul, einem Ausbildungszentrum für örtliche Führer und ein Experiment in Sachen nachhaltiger Ökotourismus. Man kann ein bereits aufgestelltes Zelt mieten oder sein eigenes unter einem strohgedeckten Schutzdach aufschlagen. Es gibt hier keinen Strom, und alles ist sehr primitiv – zum Duschen muss man sich selbst mit Wasser begießen, und es gibt Komposttoiletten. Die mehr oder weniger gelungenen regionalen Gerichte (65–75 Mex$) werden über Holzfeuer zubereitet.

Hotel Puerta Calakmul HOTEL $$$

(☎998-892-26-24; www.puertacalakmul.com.mx; Hwy 186, Km 98; Cabaña ab 2100 Mex$; P, WLAN, Pool) Die etwas schickere Dschungellodge befindet sich 700 m von der Highway-Ausfahrt entfernt. Die 15 geräumigen Bungalows sind recht hübsch, wenn auch nicht luxuriös; alle sind aber mit Moskitonetzen und Deckenventilatoren ausgestattet. Es gibt hier auch ein ordentliches, abgeschirmtes Restaurant (Hauptgerichte 100–270 Mex$, 7–21.30 Uhr) und einen kleinen Pool.

An- & Weiterreise

Xtampak Tours (S. 361) in Campeche und Río Bec Dreams (S. 367) in der Nähe von Chicanná veranstalten Touren nach Calakmul.

Wer mit dem Auto kommt, trifft 56 km westlich von Xpujil auf die Abzweigung nach Calakmul; die Stätte liegt 60 km südlich vom Highway am Ende einer ordentlich gepflasterten Straße. Der *municipio* (die Gemeinde) von Calakmul erhebt an der Ausfahrt vom Hwy 186 eine Maut von 56 Mex$ pro Auto (mehr für schwerere Fahrzeuge) und 28 Mex$ pro Person. Ein Taxi von Xpujil nach Calakmul kostet 900 Mex$ (inkl. ein paar Stunden Wartezeit).

Chicanná

Die passend als „Haus des Schlangemauls" bezeichnete **archäologische Stätte** (Eintritt 42 Mex$; ⌚8–17 Uhr) ist vor allem für das bemerkenswert gut erhaltene Portal von Estructura II bekannt, das als scheußliches Schlangenmaul gestaltet wurde. Die Stätte liegt 11 km westlich von Xpujil und 400 m südlich des Hwy 186 mitten im Urwald und zeigt architektonisch eine Mischung des Chenes- und des Río-Bec-Stils. Der Ort erlebte seine Blüte als elitäre Vorstadt von Becán in der spätklassischen Periode zwischen 550 und 700 n. Chr.

★**Río Bec Dreams** (www.riobecdreams.com; Hwy 186, Km 142; Cabañas f. 2 Pers. 550–1150 Mex$; zusätzliche Pers. 150 Mex$; P, WLAN) bietet unzweifelhaft die besten Unterkünfte in der Gegend. Diese von Kanadiern geführte Urwald-Lodge besteht aus strohgedeckten „Dschungalows", deren Bewohner sich ein Badehaus teilen, und *cabañas* mit eigenen Bädern in den Wäldern. Aus Umweltschutzgründen kommen Komposttoiletten, Vorrichtungen zum Auffangen von Regenwasser und Solarstrom zum Einsatz.

Ein Taxi von Xpujil nach Chicanná kostet rund 350 Mex$ (hin & zurück inkl. 1 Std. Wartezeit).

Becán

Diese archäologische Stätte (Eintritt 30 Mex$; ⌚8–17 Uhr) thront 8 km westlich von Xpujil auf einem Felsen. Ein 2 km langer schützender Graben schlängelt sich um die gesamte

Stadt. Becán – wörtlich „Schlangenpfad" – ist auch das Wort, das die Maya für „Kanone" und „Graben" benutzt haben. Über den Graben führten sieben Brücken in die Stadt. Becán war von 550 v. Chr. bis 1000 n. Chr. bewohnt.

Becán zählt zu den größten, komplexesten Stätten in der Gegend. Hinter seinem Eingang betritt man zuerst die Plaza. Rechts von ihr passiert man einen Gang mit Felswänden und einem Kragbogen, dann stößt man auf einen Tempel mit Zwillingstürmen und Zylindersäulen am Ende einer Treppenflucht. Das ist die **Estructura VIII**, die auf 600 bis 730 n. Chr. datiert wurde. Der Blick von der Spitze wird teilweise durch Bäume beeinträchtigt, aber an klaren Tagen sieht man die Gebäude von Xpuhil im Osten.

Nordwestlich der Estructura VIII liegt die Plaza Central. Hier stehen die 30 m lange **Estructura IX** (das größte Gebäude der Stätte) und die interessantere **Estructura X**. Anfang 2001 wurde an der Südseite der Estructura X eine Gipsmaske entdeckt, die noch Reste roter Farbe aufwies; heute befindet sich diese Maske in einem Holzkasten mit Sichtfenster.

Im Urwald Richtung Westen gibt's noch mehr Ruinen, darunter die Plaza Oeste, die von niedrigen Gebäuden und einem Ballspielplatz umrahmt wird. Da in der Gegend weiterhin Grabungs- und Restaurierungsarbeiten stattfinden, ist sie für die Öffentlichkeit nur zeitweise zugänglich.

Von hier geht's zurück nach Osten durch den Gang auf die Plaza, die man diagonal nach rechts überquert. Dann erklimmt man die Steintreppe zur Plaza Sureste. An der Plaza erheben sich die Estructuras I bis IV sowie ein runder Altar (Estructura IIIA) an der Ostseite. Estructura I verfügt über die zwei für den Río-Bec-Stil typischen Türme. Schließlich geht man gegen den Uhrzeigersinn um die Plaza herum und steigt an der Südostecke die Steintreppe hinab (oder man geht im Südwesten hinunter und dann nach links zum Ausgang).

Eine Taxifahrt von Xpujil nach Becán kostet um die 350 Mex$ (hin & zurück inkl. 1 Std. Wartezeit).

Xpujil

☎983 / 4000 EW.

Das Dorf Xpujil (sprich: Schpu-*hiel*) liegt an der Kreuzung des Hwy 186 (der ostwärts nach Chetumal und westwärts nach Chiapas führt) mit dem Hwy 269, der im Norden bei Hopelchén, ein kurzes Stück von Campeche entfernt, auf den Hwy 261 trifft. Als guter Ausgangspunkt für Erkundungstouren zu den Stätten in der Region wächst Xpujil in Erwartung eines Tourismus-Booms schnell. Einstweilen aber gibt es weder eine Bank noch einen Waschsalon, und die nächste Tankstelle liegt 5 km östlich vom Ort. Mehrere Restaurants, ein paar Hotels und ein Taxistand gruppieren sich um die Bushaltestelle.

Von der Kreuzung liegen die Ruinen von Xpuhil knapp 1 km westlich, Becán befindet sich 8 km westlich, Chicanná 11,5 km westlich, Balamkú 60 km westlich und Calakmul 120 km südwestlich.

Sehenswertes

Xpuhil ARCHÄOLOGISCHE STÄTTE

(Eintritt 42 Mex$; ⏲8–17 Uhr) Diese Ruinen, rund 1 km westlich der Hauptkreuzung in Xpujil, sind ein herausragendes Beispiel für den Río-Bec-Stil. Die drei (statt der üblichen zwei) Türme der **Estructura I** erheben sich über einem Dutzend mit Kraggewölben versehenen Räumen. Der mittlere, am besten erhaltene Turm ragt 53 m in die Höhe. Die mit Bändern abgesetzten Schichten und die unpraktisch steilen Stufen, die zu einem Tempel hinaufführen, an dem Spuren einer Tiermaske sichtbar sind, vermitteln eine gute Vorstellung davon, wie die anderen beiden Türme in der Blütezeit Xpujils im 8. Jh. ausgesehen haben könnten.

Auf der Rückseite erblickt man an der Wand unterhalb des Tempels eine grimmige Jaguarmaske.

Geführte Touren

Servidores Turísticos Calakmul ÖKOTOUR

(☎983-871-60-64; www.ecoturismocalakmul.com; Carretera Escárcega-Chetumal, Km 153; ⏲Mo–Sa 9–14 & 15–19 Uhr) Der rund 200 m östlich von der Xpujil-Kreuzung zu findende Tourveranstalter hat interessante naturverbundene Ökotrips mit ausgebildeten Führern aus den Gemeinden in der Nähe im Programm.

Schlafen

Im Ort gibt es rustikale Hotels; weitere Unterkünfte finden sich in Zoh-Laguna, 10 km nördlich von Xpujil.

Hotel Calakmul HOTEL $

(☎983-871-60-29; www.hotelcalakmul.com.mx; Av Calakmul No 70; Cabaña 350 Mex$, Zi. ab 590 Mex$;

(P ❄ 📶 ≋) Am Westende der Ortschaft, rund 350 m westlich der Ampel, wartet dieses große Hotel mit den komfortabelsten Zimmern im Ort. Die sechs sogenannten *cabañas* in der Nähe vom Parkplatz sind eigentlich eng aneinander stehende winzige Hütten, die sich draußen ein Bad teilen – eine sehr merkwürdige Kombination mit dem moderneren Hotel.

Hotel Victoria HOTEL $
(☎983-871-60-27; Hwy 186; Zi. mit Ventilator/Klimaanlage 200/300 Mex$; P ❄ @) Das beste von mehreren recht unscheinbaren Hotels rund um die Hauptkreuzung mit großen, sauberen Zimmern und einem vernünftigen Restaurant auf dem Gelände.

Cabañas Mercedes HÜTTEN $
(☎Handy 983-1149769; Calle Zapote s/n; Cabaña EZ/DZ 200/250 Mex$) Die rustikale Anlage hat 15 sehr schlichte Bungalows mit Moskitonetzen, Deckenventilatoren und Badezimmern mit offener Dusche. Die ordentlichen Gerichte werden in dem strohgedeckten Restaurant (Hauptgerichte 70–80 Mex$) serviert. Don Antonio, der gut informierte Gastgeber, kennt sich gut mit den Ruinen in der Gegend aus.

Essen

Abgesehen von den Hotelrestaurants gibt es diverse Billigimbisse um die Bushaltestelle und *taquerías* an der Straße zu den Ruinen von Xpuhil.

Concha del Caribe MEXIKANISCH $
(Hwy 186; Hauptgerichte 60–120 Mex$; ⏲7–22 Uhr) Gegenüber der Bushaltestelle findet man hier eine gute Auswahl von Meeresfrüchten, Fleischgerichten und Snacks, die man mit einem eiskalten *agua de jamaica* (Hibiskustee) hinunterspülen kann.

Anreise & Unterwegs vor Ort

In Xpujil starten keine Busse; man muss also hoffen, dass in einem der durchfahrenden Busse ein Platz frei ist. Die **Bushaltestelle** (☎983-871-60-27; Hwy 186) liegt gleich östlich der Kreuzung von Xpujil an der Nordseite der Schnellstraße. Im Ort kann man ein Taxi für die Fahrt nach Zoh-Laguna mieten (rund 60 Mex$).

Es fahren auch Sammeltaxis nach Chetumal (100 Mex$/Pers., 1½ Std.).

Um nach Becán, Hormiguero, Calakmul oder zu weiteren Stätten zu gelangen, muss man entweder eine Tour buchen oder ein Taxi nehmen. Der Taxistand befindet sich an der Nordseite der Kreuzung.

Südlich von Xpujil

Río Bec

Südöstlich von Xpujil kann man in Río Bec eine Reihe abgelegener Maya-Stätten erkunden. Am besten heuert man dafür einen Führer mit einem Geländewagen an. Das lässt sich in Xpujil oder beim Ejido 20 de Noviembre (einer Genossenschaftsfarm rund 28 km südwestlich von Xpujil) vereinbaren; der übliche Preis liegt bei 650 bis 800 Mex$. Ein Taxi ab Xpujil ist eine andere Option, aber je nach Straßenzuständen sind die Fahrer manchmal eher abgeneigt. Alternativ kann man sich bei Río Bec Dreams (S. 367) nahe Chicanná nach Touren erkundigen.

Hormiguero

Hormiguero (⏲8–17 Uhr) GRATIS – das Wort ist der spanische Ausdruck für „Ameisenhügel" – ist eine historische Stätte; einige Gebäude gehen auf das Jahr 50 n. Chr. zurück. Ihre Blüte erlebte sie allerdings in der spätklassischen Zeit. Vor Ort finden sich einige der eindrucksvollsten Bauten in der Region. Beim Betreten der Stätte erblickt man die 50 m lange **Estructura II** mit einem riesigen Schlangemaultor im Chenes-Stil, dessen Dekoration noch weitgehend erhalten ist. Sehenswert ist auch die **Estructura V**, 60 m weiter nördlich.

Hormiguero erreicht man, indem man von der Kreuzung in Xpujil 14 km in Richtung Süden fährt, dann rechts auf eine schlecht geteerte Straße abbiegt und auf dieser noch weitere 8 km entlangtuckert. Eine Taxifahrt von Xpujil nach Hormiguero kostet rund 250 Mex$.

Östlich von Xpujil

Fährt man von Xpujil weiter nach Osten, gelangt man zu den archäologischen Stätten Dzibanché, Kinichná und Kohunlich. Wachsendes Interesse besteht auch für die aus präklassischer Zeit stammende Stätte Ichkabal, die 20 km nordöstlich von Dzibanché liegt, aber die Ruinen sind derzeit noch nicht für die Öffentlichkeit zugänglich. Am besten erkundigt man sich vor Ort über den aktuellen Stand. Die folgenden Sehenswürdigkeiten liegen in Quintana Roo und sind auch von Chetumal aus zu erreichen.

Sehenswertes

Dzibanché & Kinichná ARCHÄOLOGISCHE STÄTTE
(Kombi-Eintritt 46 Mex$; 8–17 Uhr) Die Anreise ist zwar strapaziös, doch diese zwei nahezu in der Wildnis gelegenen Stätten lohnen gerade wegen ihrer Abgeschiedenheit einen Besuch. Dzibanché (bedeutet: „Schrift auf Holz") war eine größere Stadt, die sich über mehr als 40 km² erstreckte. Mehrere Gebäude wurden schon ausgegraben, und auf der Zufahrtsstraße kommt man an mehreren, mit Bäumen bedeckten großen Erdhügeln vorbei, die weitere Paläste und Pyramiden verstecken.

Ein Stück weiter die Straße entlang folgt Kinichná, eine Hügelstätte mit einer teilweise freigelegten Akropolis, von der man einen Panoramablick ins Land hat. Die Straße zwischen beiden Stätten ist schlecht ausgeschildert. Wenn man mit dem Auto unterwegs ist, hält man sich links. Sobald man den Hügel sieht, einfach auf ihn zufahren!

Kohunlich ARCHÄOLOGISCHE STÄTTE
(Eintritt 55 Mex$, Führer 250 Mex$; 8–17 Uhr) Die archäologische Stätte befindet sich mitten auf einem grünen Grasteppich. Unter den Ruinen, die aus der späten präklassischen (100–200 n. Chr.) und der frühen klassischen Periode (300–600 n. Chr.) stammen, ist vor allem der wunderbare **Templo de los Mascarones** (Maskentempel) berühmt, ein pyramidenartiger Bau mit einer zentralen Treppe, die von gewaltigen, 3 m hohen Stuckmasken des Sonnengotts flankiert wird.

Ein paar Hundert Meter südwestlich der Plaza Merwin befinden sich die **27 Escalones** (27 Stufen), Überreste eines ausgedehnten Wohnviertels.

Die Wasserbautechnik, die in Kohunlich zum Einsatz kam, war eine große Leistung: Die meisten Plattformen, Plazas und Pyramiden waren mit Gräben durchzogen, die das Regenwasser in das einst riesige Speicherbecken von Kohunlich einleiteten.

Schlafen

Explorean LUXUSHOTEL $$$
(800-504-50-00; www.explorean.com; Km 5,65; EZ/DZ alles inkl. ab 6883/8259 Mex$;) An der Zufahrtsstraße nach Kohunlich befindet sich dieses super-luxuriöse Hotel, das alle Wünsche erfüllt: Infinity-Pool, gedämpftes, elegantes Ambiente, in weiße Uniformen gekleidete Angestellte usw. Die Hütten (eher schon kleine Häuser) sind schick und komfortabel eingerichtet. Im Preis inbegriffen sind Aktivitäten wie Touren zu den Ruinen und nächtliche Kajakfahrten.

Auf der Website gibt's saisonale Preisnachlässe und Sonderangebote.

An- & Weiterreise

Dzibanché und Kohunlich liegen gleich abseits des Hwy 186, aber es gibt keine öffentlichen Verkehrsmittel dorthin. Am besten fährt man mit dem Auto oder bucht in Xpujil eine Tour – die lokalen Tourveranstalter organisieren Trips zu beiden Stätten (rund 850 Mex$).

Für Autofahrer: Die Abzweigung nach Dzibanché liegt rund 44 km westlich von Chetumal und 63 km östlich von Xpujil (nach dem Schild „Zona Arqueológica" Ausschau halten!). Von dort geht es über eine gut asphaltierte Straße noch 24 km nach Norden und Osten (nach der Ortschaft Morocoy rechts abbiegen!).

Die Abzweigung nach Kohunlich liegt 3 km westlich von der Ausfahrt nach Dzibanché vom Hwy 186. Von der Kreuzung führt eine gepflasterte Straße nach 8,5 km zu den Ruinen.

Um nach Kohunlich zu gelangen, wäre auch denkbar, dass man frühmorgens einen Bus zu dem in der Nähe der Abzweigung befindlichen Dorf Francisco Villa nimmt und von dort die restlichen 8,5 km bis zur Stätte zu Fuß geht. Um zurück nach Chetumal oder Xpujil zu gelangen, winkt man am Haupthighway einen Bus heran.

Chiapas & Tabasco

Inhalt ➡

Beste versteckte Wasserfälle

- Las Nubes (S. 427)
- Cascada de las Golondrinas (S. 419)
- El Aguacero (S. 380)
- Tapijulapa (S. 445)
- El Chiflón (S. 431)

Schön übernachten

- Casa Mexicana (S. 440)
- Boutique Hotel Quinta Chanabnal (S. 415)
- Madre Sal (S. 436)
- La Joya Hotel (S. 392)
- Hotel Casa Delina (S. 430)

Auf nach Chiapas & Tabasco!

Kühles Hochland mit Pinienwäldern, schwüle, regenwaldähnliche Urwälder und reizende Kolonialstädte liegen in Mexikos südlichsten Bundesstaaten dicht beieinander. Hier wimmelt es nur so von Überresten der spanischen Herrschaft und Ruinen der alten Maya-Kultur. Palenque und Yaxchilán sind Zeugnisse des mächtigen Maya-Reichs, und die Allgegenwart der modernen Maya-Kultur erinnert an die lange, beständige Geschichte der Region. Neben den kolonialen Zentren San Cristóbal de las Casas und Chiapa de Corzo gewinnen auch die Sandstrände immer mehr an Bedeutung, genauso wie Soconusco mit seinen florierenden Kaffee- und Kakaoplantagen. Für Outdoor-Freaks sind Ausflüge zur Laguna Miramar und zum Cañón del Sumidero ein Muss.

Naturfans, die das Abenteuer suchen, werden von den wilden Wasserfällen und exotischen Tieren im Lacandón-Urwald und im Naturschutzgebiet El Triunfo schwärmen.

Reisezeit

San Cristóbal de las Casas

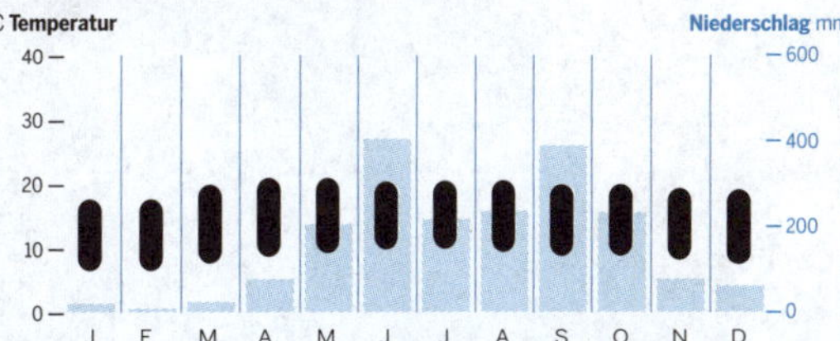

Jan. Fiesta Grande de Enero in Chiapa de Corzo.

Juni–Nov. Eiablagezeit für die Meeresschildkröten an den Stränden des Pazifiks.

Nov.–April Am trockensten; von November bis Februar kann es abends in San Cristóbal kühl sein.

Highlights

1 In **Palenque** (S. 406) vom Urwald überwucherte Hügel und hohe Maya-Tempel erklettern

2 Durch die Kopfsteinpflasterstraßen der Hochlandstadt **San Cristóbal de las Casas** (S. 382) schlendern

3 An den schroffen Felsklippen des spektakulären **Cañón del Sumidero** (S. 378) vorbeischippern

4 Zu der von Bergen umgebenen **Laguna Miramar** (S. 427) wandern und ein paar Tage traumhaft faulenzen

5 Die hoch aufragenden Mangroven erkunden und in **Madre Sal** (S. 436) nach Schildkröten bei der Eiablage Ausschau halten

6 Zwischen den saphirblauen und smaragdgrünen Seen der **Lagos de Montebello** (S. 433) umherwandern

7 Die Maya-Ruinen von **Yaxchilán** (S. 424) bewundern und dabei dem Gezeter der Brüllaffen lauschen

8 Sich in der Gischt des **El Aguacero** (S. 380) abkühlen und in dem Fluss tief im Canyon ein kühles Bad nehmen

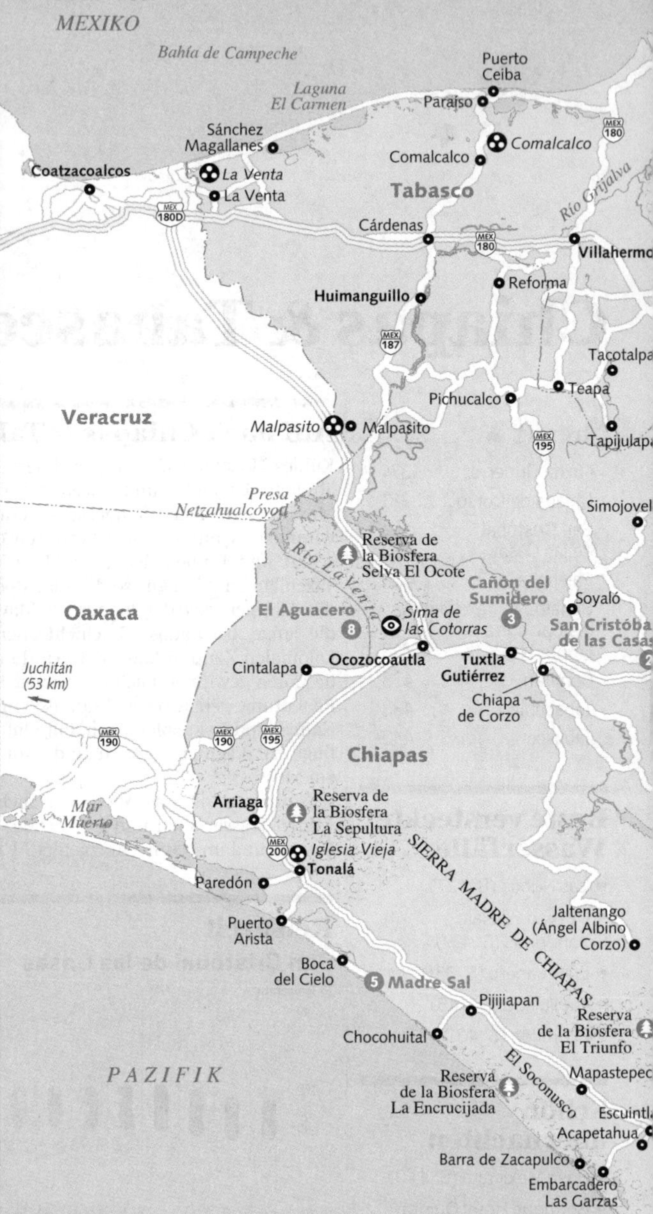

Ciudad del Carmen
Laguna de Términos
Frontera
Reserva de la Biosfera Pantanos de Centla
Escárcega
Campeche
Río Usumacinta
Jonuta
Candelaria
Río Candelaria
Ciudad Pemex
Catazajá
Emiliano Zapata
Palenque
Palenque 1
Cascada Wejlib-Já
Tenosique
La Palma
Misol-Ha
Chancalá
Agua Azul
Tila
El Ceibo
El Naranjo
Río San Pedro
Carretera Fronteriza
Piedras Negras
Parque Nacional de la Sierra del Lacandón
Metzabok
Toniná
Nahá
Ocosingo
Yaxchilán 7
La Técnica
La Libertad
Flores
Nueva Palestina
Frontera Corozal
San Javier
Lacanjá Chansayab
Bethel
Bonampak
Crucero Corozal
El Subín
Altamirano
Reserva de la Biosfera Montes Azules
Lacandón Jungle
Reserva de la Biosfera Lacan-tun
Benemérito de las Américas
Amatenango del Valle
Pipiles
San Quintín
4 Laguna Miramar
Venustiano Carranza
Las Margaritas
La Realidad
Pico de Oro
Comitán
Parque Nacional Lagunas de Montebello
Reforma Agraria
El Chiflón
Las Nubes
Tenam Puente
La Trinitaria
6 Lagos de Montebello
Ixcán
Chajul
Presa La Angostura
GUATEMALA
Ciudad Cuauhtémoc
La Mesilla
Cobán
Motozintla
Sacapulas
Volcán Tacaná (4100m)
Huehuetenango
Huixtla
Unión Juárez
Santo Domingo
San José El Hueyate
Izapa
Talismán
El Carmen
Mazatán
Tapachula
Quetzaltenango
Puerto Chiapas
Ciudad Hidalgo
Ciudad Tecún Umán
Lago de Atitlán
GUATEMALA CITY

Geschichte

Im tief liegenden, von Urwald bedeckten östlichen Chiapas konnte sich einer der herrlichsten und stärksten Stadtstaaten der Maya-Zivilisation entwickeln. Während der klassischen Periode (etwa 250–900 n. Chr.) waren Orte wie Palenque, Yaxchilán und Toniná die Machtzentren. Dutzende kleinerer Maya-Mächte – u.a. Bonampak, Comalcalco und Chinkultic – blühten in dieser Zeit im östlichen Chiapas und in Tabasco. Damals erreichte die Maya-Kultur ihren Höhepunkt, was die künstlerischen und intellektuellen Errungenschaften betraf. Die Vorfahren von vielen der typischen indigenen Gruppen aus dem Hochland von Chiapas sind wohl nach dem Untergang der klassischen Maya um 900 n. Chr. aus dem Tiefland in diese Region eingewandert.

Das zentrale Chiapas wurde 1528 durch eine Expedition von Diego de Mazariegos unter spanische Kontrolle gebracht. Entlegenere Gebiete wurden dann in den 1530er- und 1540er-Jahren unterworfen, obwohl die Eroberer nie die komplette Kontrolle über den Urwald von Lacandón erreichten. Mit den Spaniern kamen neue Krankheiten: 1544 tötete eine Epidemie etwa die Hälfte der indigenen Bevölkerung von Chiapas. Die längste Zeit der Kolonialherrschaft wurde Chiapas erfolglos von Guatemala aus verwaltet, und dabei ging man kaum gegen die Übergriffe der Kolonisten auf die indigene Bevölkerung vor. Nur ein paar Kirchenmänner, insbesondere der erste Bischof von Chiapas, Bartolomé de las Casas (1474–1566), kämpften für die Rechte der Einheimischen.

1822 versuchte das gerade unabhängig gewordene Mexiko zunächst erfolglos, sich die früheren zentralamerikanischen Provinzen Spaniens (einschließlich Chiapas) einzuverleiben. Aber 1824 entschied sich Chiapas per Volksentscheid, lieber Mexiko als den Vereinigten Provinzen von Zentralamerika beizutreten. Seither hat eine Reihe von in Mexico City ernannten Gouverneuren gemeinsam mit den Landbesitzern in der Region eine fast schon feudale Kontrolle über Chiapas ausgeübt.

Gelegentliche Aufstände zeugen davon, wie schlecht die Regierung arbeitete. Aber die Welt nahm davon bis zum 1. Januar 1994 wenig Notiz. Doch dann besetzten die Zapatisten-Rebellen plötzlich und schnell mit militärischer Gewalt San Cristóbal de las Casas und Städte in der Nähe. Die Rebellenbewegung hatte eine feste und engagierte Basis unter den ernüchterten einheimischen Siedlern im östlichen Chiapas. Mit ihrer Hilfe zog sie sich zügig in entlegene Stützpunkte im Urwald zurück, um von dort eine Kampagne für demokratische Veränderungen und die Rechte der Einheimischen zu führen. Die Zapatisten schafften es aber nicht, auf nationaler Ebene irgendwelche bedeutenden Zugeständnisse zu erreichen – inzwischen bekommt Chiapas mehr finanzielle Unterstützung von der Regierung, und die Infrastruktur des Staates konnte erkennbar verbessert werden. Auch die Entwicklung der touristischen Einrichtungen hat sich beschleunigt, und die städtische Mittelschicht ist ebenfalls gewachsen.

Anreise & Unterwegs vor Ort

Die Busverbindungen innerhalb der Region und in andere Bundesstaaten sind sehr gut. Für kürzere Strecken sind Minibusse, Combis und *colectivo*-Taxis die schnellere (wenn auch etwas beengtere) Alternative.

In Chiapas gibt es nicht sehr viele Autovermietungen. In Tuxtla Gutiérrez hat man am Flughafen und in der Stadt eine relativ große Auswahl, anderswo sieht es aber schlecht aus. In San Cristóbal gibt's einen Autovermieter und in Tapachula nur ein paar. Eine gute Adresse, um an einen Mietwagen zu kommen, ist Villahermosa in Tabasco.

Tuxtla Gutiérrez

961 / 540 000 EW. / 530 M

Tuxtla Gutiérrez in Chiapas ist das, was man von einer Großstadt erwartet – eine geschäftige, moderne Metropole und ein Verkehrsknotenpunkt. Die Hauptstadt des Bundesstaates Chiapas hat zwar in puncto Stil nicht allzu viel zu bieten, dennoch gibt's einige Annehmlichkeiten und ein recht gutes Nachtleben. Die meisten Traveller bekommen nur den neuen, funkelnden Flughafen oder den Busbahnhof zu Gesicht, aber es lohnt sich, ein oder zwei Tage in dem gemütlichen, netten Städtchen zu verweilen.

Ein paar Blocks westlich des Jardín de la Marimba wird die Avenida Central zum Blvd Belisario Domínguez. Viele der besten Hotels und Restaurants von Tuxtla befinden sich hier, wie auch die riesigen Kaufhäuser.

Sehenswertes

Zoológico Miguel Álvarez del Toro (Zoomat) ZOO

(www.semahn.chiapas.gob.mx; Calz Cerro Hueco s/n; Erw./Kind 60/20 Mex$, Mi–So Erw. vor 10 Uhr

30 Mex$, Di frei; ⌚Di–So 8.30–16.30 Uhr) Die Natur in der Umgebung von Chiapas ist unheimlich vielfältig. Hier leben die meisten verschiedenen Tierarten in ganz Nordamerika auf einem Fleck, z.B. mehrere Arten von Großkatzen, 1200 Schmetterlings- und über 600 Vogelarten. Etwa 180 dieser Spezies sind in den relativ großen Gehegen von Tuxtlas sagenhaftem Zoo zu finden. Viele der Arten sind vom Aussterben bedroht. An Tieren sieht man u.a. Ozelots, Jaguare, Pumas, Tapire, rote Aras, Tukane, Schlangen, Klammeraffen und drei Krokodilarten. Die meisten Erklärungen sind auf Englisch und Spanisch. Um zum Zoo zu kommen, nimmt man an der Ecke 1a Calle Oriente Sur und 7a Avenida Sur Oriente ein „Zoológico"-*colectivo* (6 Mex$, 20 Min.) der Ruta 60. Ein Taxi vom Zentrum kostet 40 Mex$.

Museo de la Marimba MUSEUM
(9a Calle Poniente Norte; Eintritt 30 Mex$; ⌚Di–So 9–22 Uhr) In diesem kleinen Museum am Jardín de la Marimba erfährt man alles über dieses 100 Jahre alte, aus Mexiko nicht wegzudenkende Musikinstrument und kann alte und moderne Ausführungen bewundern. Und natürlich fehlt auch eine Ausstellung mit Fotos der beliebtesten Marimbafonspieler nicht.

Plaza Cívica PLATZ
Tuxtlas großer, von Leuten wimmelnder Hauptplatz nimmt zwei Blocks ein und wird von unschönen Verwaltungs- und Geschäftsgebäuden aus Beton gesäumt. Am südlichen Ende, hinter der Avenida Central, hat man vor der weiß getünchten, modernen **Catedral de San Marcos** einen hübschen Blick in die Hügel. Das Glockenspiel im Uhrenturm der Kathedrale spielt zu jeder vollen Stunde eine Melodie, zu der sich ein kitschiges Karussell mit Apostelfiguren dreht, die in den oberen Etagen sichtbar werden.

Museo del Café MUSEUM
(www.museodelcafe.chiapas.gob.mx; 2a Calle Oriente Norte 236; Eintritt 10 Mex$; ⌚Mo–Sa 9–17 Uhr) Das vom Bundesstaat betriebene kleine Museum zeigt (nur auf Spanisch erläuterte) Exponate zum Anbau und der Verarbeitung der beliebten braunen Bohnen. Die Säle sind angenehm klimatisiert, und für erschöpfte Besucher gibt's auch eine Tasse Kaffee, die man im hübschen Hof genießen kann.

Parque Madero PARK
Das **Museo Regional de Chiapas** (☎961-613-43-75; Calz de los Hombres Ilustres; Eintritt 46 Mex$; ⌚Di–So 9–18 Uhr) befindet sich in einem beeindruckenden, modernen Gebäude auf dem Parkgelände. Zu sehen ist eine Sammlung wenig bedeutender archäologischer Funde der vielen Ausgrabungsstätten in Chiapas. In der etwas interessanteren Geschichtsabteilung dreht sich alles um die Zeit von der spanischen Eroberung bis zur Revolution. Leider ist alles nur auf Spanisch beschildert.

Zum Parque Madero gehört auch der **Jardín Botánico** (Eintritt frei), eine üppig bewachsene Oase, und ein netter, kleiner Themenpark für Kinder.

Hin kommt man mit einem *colectivo* (Ruta 3 oder 20) ab 6a Av Norte Poniente.

NICHT VERSÄUMEN

JARDÍN DE LA MARIMBA

Am besten tut man es den Einheimischen gleich und spaziert abends zu dieser grünen Plaza. Der Jardín de la Marimba befindet sich acht Blocks westlich der Plaza Cívica. Die ganze Stadt scheint sich hier allabendlich und besonders an den Wochenenden zu versammeln, um den kostenlosen Marimbafon-Konzerten (18–21 Uhr) zu lauschen. Pärchen jedes Alters tanzen um den Musikpavillon in der Mitte, und in den vielen Cafés, die bis 22 oder 23 Uhr und länger geöffnet sind, wird der wohl beste Kaffee der Stadt serviert.

Geführte Touren

Transporte Panorámico Cañón del Sumidero TOUR
(☎Handy 961-1663740) Täglich starten um 9.30 Uhr und 13 Uhr (min. 5 Pers.) Ausflugsbusse an Tuxtlas Jardín de la Marimba. Drei Touren stehen zur Wahl: eine mit Blick von fünf *miradores* (Aussichtspunkten; 150 Mex$, 2½ Std.) hinunter in die Schlucht, eine *lancha*-(Motorboot-)Tour inklusive Rücktransport (350 Mex$, 4½ Std.) und eine ganztägige Tour, die beides kombiniert (400 Mex$, nur ab 9.30 Uhr). Einen Tag vorab telefonisch reservieren und sich die Abfahrtzeit bestätigen lassen!

Private Touren in die Region werden ebenfalls angeboten.

Schlafen

Gute Budgethotels drängen sich im Stadtzentrum, während die meisten Mittelklasse- und die überwiegend zu großen internationalen Ketten gehörenden Luxushotels an der Ave-

Tuxtla Gutiérrez

Tuxtla Gutiérrez

Sehenswertes

1 Catedral de San Marcos ... C3
2 Jardín Botánico ... F1
3 Jardín de la Marimba ... A2
4 Museo de la Marimba ... A2
5 Museo del Café ... D2
6 Museo Regional de Chiapas ... F1
7 Parque Madero ... F1
8 Plaza Cívica ... C2

Schlafen

9 Hostal Tres Central ... C2
10 Hotel Casablanca ... C2
11 Hotel Catedral ... D2
12 Hotel María Eugenia ... D3
13 Hotel Santa María ... A2

Essen

14 Horno Mágico ... D3
15 La Macarena ... B2
16 Las Pichanchas ... E3
17 Restaurante La Casona ... C3

nida Central Poniente sowie am Blvd Belisario Domínguez westlich vom Zentrum liegen. Die meisten Hotels geben bei Buchungen online oder fürs Wochenende Rabatte.

★ **Hostal Tres Central** HOSTEL $

(☎961-611-36-74; www.facebook.com/TresCentral; Calle Central Norte 393; B 150 Mex$, Zi. mit/ohne Bad 500/350 Mex$; P ⊜ ❄ @ 🛜) Das brandneue Hostel – Tuxtlas einziges – ist eine modisch ikeaartig eingerichtete, erholsame Unterkunft mit bequemen Betten in Schlafsälen für vier Personen und in geräumigen Zweibettzimmern (in den Zimmern mit Gemeinschaftsbad gibt es eine Dusche und ein Waschbecken im Zimmer). Von der Dachterrasse hat man einen tollen Blick in die umliegenden Hügel. Küchen gibt es keine, aber eine Café-Bar soll noch eingerichtet werden.

Hotel Casablanca HOTEL $

(☎961-611-03-05, 800-560-44-22; hotelcasablank@hotmail.com; 2a Av Norte Oriente 251; EZ

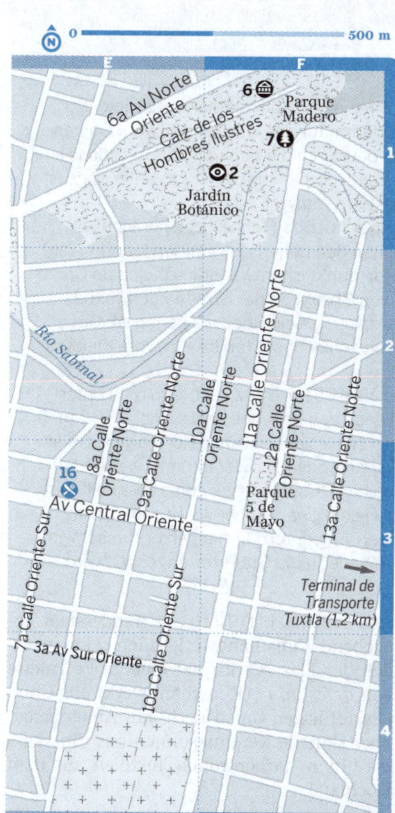

179 Mex$, DZ 248–300 Mex$, DZ/3BZ/4BZ mit Klimaanlage 466/542/638 Mex$;) Ein ruhiger offener Hof voller Palmen und abgefahrene abstrakte Wandmalereien in leuchtendem Lindgrün, Pink und Stahlblau geben den Zimmern unerwarteten Pfiff. Die Zimmer im Obergeschoss haben eine Klimaanlage und bekommen mehr Sonnenlicht ab.

Hotel Catedral HOTEL **$**

(961-613-08-24; www.hotel-catedral.net; 1a Av Norte Oriente 367; EZ/DZ/3BZ 350/400/ 450 Mex$, mit Klimaanlage 450/500/550 Mex$;) Diese tolle, freundliche Budgetunterkunft in Familienhand hat gepflegte Zimmer mit dunklen Holzmöbeln und Deckenventilatoren. In der Eingangshalle stehen bequeme Sofas. Die Zimmer unten nahe der Lobby bekommen viel Lärm ab – besser meiden! Trinkwasser und Kaffee gibt's gratis.

Hotel Santa María HOTEL **$$**

(961-614-65-77; hotelsantamariatuxtla@hotmail.com; 8a Calle Poniente Norte 160; Zi. 450–600 Mex$, 3BZ 700 Mex$;) Folkloristisch dekorierte Zimmer und nette Bäder mit Fliesenmosaiken bietet das kleine Hotel am hübschen Jardín de la Marimba in der Nähe einiger guter Cafés.

Hotel María Eugenia HOTEL **$$**

(800-716-01-49, 961-613-37-67; www.mariaeugenia.com.mx; Av Central Oriente 507; EZ/DZ 900/1000 Mex$, DZ Fr & Sa 650 Mex$;) Ein gute Option im Zentrum mit vollem Service ist dieses Hotel mit 83 luftigen, hellen und geräumigen Zimmern, in denen ein großes Bett oder zwei Doppelbetten stehen. Aus vielen Zimmern hat man einen tollen Ausblick.

Hilton Garden Inn HOTEL **$$$**

(961-617-18-00; www.tuxtlagutierrez.hgi.com; Ecke Blvd Belisario Domínguez & Blvd Los Castillos; Zi. So–Do 1770 Mex$, Fr & Sa 1300 Mex$, Suite 2360 Mex$;) Das luxuriöse Hilton mit seinen 167 Zimmern befindet sich in einem Gewerbegebiet 2,5 km westlich des Jardín de la Marimba. Fans technischer Spielereien werden sich für den mp3-Player mit Wecker, die Matratzen mit verstellbaren Kopfteilen und die internettauglichen Fernseher, Stilbewusste für die Regenduschköpfe und die Herman-Miller-Stühle begeistern.

Essen

Viele teurere und internationale Restaurantketten haben Filialen westlich vom Zentrum am Blvd Belisario Domínguez. Eine Reihe netter Cafés findet sich im Zentrum rund um den Jardín de la Marimba.

Horno Mágico BÄCKEREI, CAFÉ **$**

(2a Calle Oriente Norte 116; Gebäck 25 Mex$; Mo–Fr 8–22, Sa 14–22 Uhr) Der neue Vorposten des beliebten Cafés in San Cristóbal lockt mit frischen, schmackhaften Croissants und anderem Gebäck sowie mit einem klimatisierten Raum im Obergeschoss, in dem man einen Espresso schlürfen kann. Am Mittwochabend gibt's Livejazz.

Restaurante La Casona MEXIKANISCH **$**

(1a Av Sur Poniente 134; Frühstück 33–60 Mex$, Hauptgerichte 50–82 Mex$; 7–23 Uhr;) Hinter den schön mit Schnitzereien verzierten Holztüren des 100 Jahre alten Gebäudes erwartet die Gäste ein fein eingedeckter Speisesaal mit hoher Decke und Gewölbebögen. Auf den Tisch kommen regionale Gerichte wie *pollo juchi* (gebratenes Huhn mit eingelegtem Gemüse und Kartoffeln) oder *tasajo en salsa de chirmol* (in Scheiben geschnit-

NICHT VERSÄUMEN

CAÑÓN DEL SUMIDERO

Der Sumidero-Canyon nördlich von Tuxtla Gutiérrez ist ein spektakulärer Riss in der Erde. 1981 wurde an seinem Nordende der Staudamm für das Wasserkraftwerk Chicoasén fertiggestellt. Dieser staute den Río Grijalva, der durch die Schlucht fließt, sodass ein 25 km langer Stausee entstand. Wer zwischen Tuxtla und Chiapa de Corzo unterwegs ist, passiert den Grijalva direkt südlich des Eingangs zum Canyon.

Am beeindruckensten ist es, den Canyon in einer **lancha** (Schnellboot; hin & zurück 160 Mex$; ⌚8.30–16 Uhr) zu erkunden, die zwischen den hohen Felswänden hindurchjagt. Hin- und Rückfahrt dauern ca. zwei Stunden. Startpunkt ist entweder in Chiapa de Corzo oder am Embarcadero Cahuaré, 5 km nördlich von Chiapa an der Straße nach Tuxtla. Man muss selten länger als eine halbe Stunde warten, bis ein Boot voll genug ist. Getränke, Sonnenschutz und – falls das Wetter doch schlecht sein sollte – warme Kleidung oder eine Regenjacke einpacken!

Von Chiapa de Corzo zum Staudamm sind es etwa 35 km. Kurz nachdem man unter dem Hwy 190 hindurchgefahren ist, ragen die Wände des Canyons unglaubliche 800 m in die Höhe. Unterwegs bekommt man viele Vögel zu Gesicht – Reiher, Kormorane, Geier, Eisvögel – und wahrscheinlich auch ein oder zwei Krokodile. Die Bootsführer weisen auf ein paar seltsame Fels- und Pflanzenformationen hin. Beispielsweise gibt's da eine Klippe, die mit herabhängendem Moos bedeckt ist und wie ein gigantischer Weihnachtsbaum aussieht. Manchmal müssen sich die *lanchas* ihren Weg durch Unmengen herumschwimmenden Plastikmülls bahnen, der in der Regenzeit aus Tuxtla Gutiérrez angespült wird.

tenes Rindfleisch in Tomatensauce). Von 14 bis 18 Uhr gibt's zur Untermalung live Marimba-Musik.

La Macarena SPANISCH **$$**
(2a Av Norte Poniente 369; Hauptgerichte 70–190 Mex$; ⌚Di–Sa 14–24, So 14–18 Uhr) Ein Osborne-Stier wacht über dem spektakulär ausgeleuchteten Hinterhof – eine tolle Kulisse für Tapas, *bocadillos* (Sandwiches), Paella und *fidegua* (Paella aus Nudeln).

Las Pichanchas CHIAPAS **$$**
(www.laspichanchas.com.mx; Av Central Oriente 837; Hauptgerichte 100–155 Mex$; ⌚12–23 Uhr; 👪) Dieses Restaurant mit Innenhof ist auf Gerichte aus Chiapas spezialisiert. Für Stimmung sorgen Marimba-Musik und abends eine farbenfrohe Vorstellung mit traditionellen Tänzen aus Chiapas (tgl. 20.30–22 Uhr). Die leckeren *tamales* oder *pechuga jacuané* (mit Bohnen gefüllte Hühnerbrust in *hoja-santa*-Sauce) sollte man unbedingt probieren – aber Platz lassen für *chimbos,* eine Nachspeise aus Eigelb und Zimt!

Wer einen Pumpo-Drink, das Markenzeichen des Lokals, bestellen will, braucht nur die Klingel über dem Tisch zu betätigen.

Shoppen

Casa Chiapas KUNSTHANDWERK
(www.casachiapas.gob.mx; Blvd Belisario Domínguez 2035 an der Calle 22a Poniente Sur; ⌚Mo–Fr 9–20, Sa & So 10–20 Uhr) Der vom Bundesstaat betriebene Kunsthandwerksladen 2 km westlich der Plaza Cívica hat eine große Palette von *artesanías* (Kunsthandwerk) aus Chiapas auf Lager, von „Tigern" aus Amatenango über skurrile Keramiksonnen aus Cintalapa bis hin zu farbenfrohen Textilien aus dem Hochland.

ℹ Praktische Informationen

GELD

In der Abflughalle des Flughafens gibt's einen Geldautomaten.

Banorte (Av Central Oriente, zw. 2a & 3a Calle Oriente Sur; ⌚Mo–Fr 9–17, Sa bis 14 Uhr) Wechselt US-Dollars.

Scotiabank (Ecke Ave Central Oriente & 4a Calle Oriente; ⌚Mo–Fr 8.30–16 Uhr)

INTERNETZUGANG

Conect@-2 (Av Central Oriente 214; 5 Mex$/Std.; ⌚8–21.30 Uhr)

Quality Shop (Av Central Poniente 853; 5 Mex$/Std; ⌚8.30–21.40 Uhr)

POST

Post (1a Av Norte Poniente) Im Palacio Federal.

TOURISTENINFORMATION

Informationskiosk (⌚9–14 & 16–20 Uhr) An der Plaza Cívica.

Secretaría de Turismo (☎800-280-35-00, 961-617-05-50; www.turismochiapas.gob.

mx; ⏲Mo–Fr 8–16 Uhr) Die bundesstaatliche Tourismusorganisation hat eine gebührenfreie Telefonnummer, unter der man Infos über Chiapas erhält. Allerdings sprechen die meisten Angestellten nur Spanisch.

Städtische Touristeninformation (9a Calle Poniente Norte; ⏲9–14 & 16–20 Uhr) Im Museo de la Marimba.

An- & Weiterreise

AUTO & MOTORRAD

Neben den Autovermietern am Flughafen gibt's in der Stadt eine Filiale von **Alamo** (www.alamo.com; 5a Av Norte Poniente 2260) nahe dem OCC-Busbahnhof und eine von **Europcar** (www.europcar.com; Blvd Belisario Domínguez 2075).

BUS, COLECTIVO & COMBI

Kostenloses WLAN und ein benachbarter riesiger Supermarkt sind Pluspunkte des modernen **OCC-Busbahnhofs** (☎961-125-15-80 App. 2433; 5a Av Norte Poniente 318) rund 2,5 km nordwestlich des Jardín de la Marimba. Hier starten alle 1.-Klasse- und Deluxe-Busse sowie die 2.-Klasse-Busse von Rápidos del Sur. Tickets für OCC und ADO erhält man auch bei **Boletotal** (1a Av Norte Poniente 944; ⏲Mo–Fr 8–22, Sa & So 10–18 Uhr) neben dem Jardín de la Marimba. Weitere Busse 2. Klasse sowie Kleinbusse nutzen den **Terminal de Transporte Tuxtla** (Ecke 9a Av Sur Oriente & 13a Calle Oriente Sur); sie fahren häufig u. a. nach San Cristóbal, Ocosingo und Ocozocoautla.

Von der 1a Avenida Sur Oriente fahren zwischen 5 und 22.30 Uhr alle paar Minuten Combis nach Chiapa de Corzo (11 Mex$, 45 Min.).

Nach San Cristóbal

Nach San Cristóbal de las Casas (45 Mex$, 1 Std.) fahren Minibusse und Combis häufiger (alle 10 Min.) als die langsameren Busse.

Corazón de María (13a Calle Oriente Sur) Zwischen 4 und 21 Uhr starten Combis vor einer Ladenfront nahe der Av Central Oriente.

Ómnibus de Chiapas (Ecke 15a Calle Oriente Sur & 4a Av Sur Oriente) Komfortable Minibusse (sogenannte „Sprinter"); 5–22 Uhr.

FLUGZEUG

Tuxtlas kleiner, aber feiner **Aeropuerto Ángel Albino Corzo** (☎961-153-60-68) liegt 35 km südöstlich vom Stadtzentrum und 18 km südlich von Chiapa de Corzo. **Aeroméxico** (www.aeromexico.com), **Interjet** (www.interjet.com.mx) und **Volaris** (www.volaris.mx) fliegen nonstop nach Mexico City.

Aerotucán (www.aerotucan.com.mx) Direktflüge nach Oaxaca.

United (www.united.com) Zweimal wöchentlich Nonstopflüge nach Houston, Texas.

VivaAerobus (www.vivaaerobus.com.mx) Flüge nach Cancún, Guadalajara und Monterrey.

Unterwegs vor Ort

Der mit Biodiesel betankte **ConejoBus** (6 Mex$; ⏲5–23 Uhr) fährt vom Blvd Belisario Domínguez zur Avenida Central. In anderen Gegenden verkehren Combis, der Streckenplan lässt sich unter www.tuxmapa.com.mx einsehen. Taxifahrten innerhalb der Stadt kosten 30 bis 35 Mex$.

VOM/ZUM FLUGHAFEN

Bei allen ankommenden Flügen warten Taxis (für 1–3 Fahrgäste), die vor Fahrtantritt bezahlt werden müssen. Sie tuckern ins Zentrum von Tuxtla (210 Mex$, 40 Min.), nach Chiapa de Corzo (240 Mex$, 30 Min.) und San Cristóbal (600 Mex$, 1 Std., Sammeltaxi 200 Mex$). OCC-Minibusse fahren um 9, 13, 16 und 20.30

BUSES AB TUXTLA GUTIÉRREZ

ZIEL	PREIS (MEX$)	DAUER (STD.)	HÄUFIGKEIT (TGL.)
Cancún	900-1558	17–20	6-mal
Comitán	76-90	3	17-mal
Mérida	680-1178	13–14	5-mal
Mexico City (TAPO & Norte)	480-1470	11½–12	25-mal
Oaxaca	424-510	10	4-mal
Palenque	210-272	6–6½	5-mal
Puerto Escondido	454	11–12	2-mal
San Cristóbal de las Casas	40-50	1¼	27-mal
Tapachula	316-572	4½–6	18-mal
Tonalá	122-170	2–2½	21-mal
Villahermosa	286-346	4–5	16-mal

Uhr vom Terminal direkt nach San Cristóbal (M$160), allerdings sind die Abfahrtszeiten nicht verlässlich.

Monarca Viajes (☎ Handy 961-1328191; monarcaviajes@hotmail.com) Das Unternehmen bietet einen Tür-zur-Tür-Service zwischen Stadt und Flughafen (250 Mex$, 1–3 Passagiere); vorab reservieren!

Westlich von Tuxtla Gutiérrez

Um die Sima de las Cotorras und El Aguacero zu besuchen, kann man in Tuxtla ein Auto mieten, Tagesausflüge dorthin organisieren aber auch Tourveranstalter in Tuxtla und San Cristóbal. Um auf eigene Faust hinzukommen, muss man über Ocozocoautla (auch Coita genannt) fahren: von Tuxtlas Terminal de Transporte Tuxtla den Minibus mit der Ananas an der Seite nehmen (15 Mex$, 30 Min.)! Eine Reihe Tourveranstalter in San Cristóbal bietet Rafting-, Kletter- und Wanderausflüge in die unglaubliche **Río-La-Venta-Schlucht** an, eine der größten, aber wenig besuchten Naturattraktionen in Chiapas.

Sima de las Cotorras

Die **Sima de las Cotorras** (Papageienschlucht; Erw./Kind über 9 Jahre 20/10 Mex$) ist eine spektakuläre, 160 m breite Doline, die 140 m tief in den Boden reicht. Bei Sonnenaufgang wirbelt eine grüne Wolke kreischender Papageien aus der Tiefe empor, die vor Einbruch der Dämmerung nach und nach wieder zurückkehren. Mit dem Feldstecher kann man eine Reihe roter präkolumbischer Wandmalereien entdecken, die eine Seite der Felswand schmücken. Wer will, kann auch in die faszinierende Senke hinunterklettern oder sich abseilen.

Unterkünfte (☎ Handy 968-1178081; www.simaecoturismo.com; Stellplatz 100 Mex$, Mietzelt & Schlafsack 250–300 Mex$, DZ/4BZ/Cabaña f. 6 Pers. 400/600/700 Mex$; Ⓟ) sind vorhanden – die zusätzliche Ausgabe für die geräumigen *cabañas* mit zwei Zimmern, in denen sechs Personen unterkommen, lohnt sich! Außerdem gibt's ein gutes **Restaurant** (Hauptgerichte 60–70 Mex$; ⌚ 8–18 Uhr), das *tamales* und hausgemachte Tortillas anbietet.

Von der letzten Bushaltestelle in Ocozocoautla (Coita) – sie befindet sich am Hwy 190 direkt an der ausgeschilderten Abzweigung zur Sima – nimmt man ein Taxi (200–250 Mex$, 50 Min.) oder ruft die angegebene Telefonnummer der Unterkunft an, um eine Abholung zu vereinbaren (250 Mex$/Kleinbus). An dieser Haltestelle fahren auch täglich drei Piedra-Parada-*colectivos* (10 Mex$), die einen aber 4 km vor der Sima absetzen.

Wer mit dem eigenen Auto aus Tuxtla kommt, hat kaum Probleme, weil die gesamte Strecke gut ausgeschildert ist. Man fährt durch Ocozocoautla und biegt am Kleinbusbahnhof rechts ab (das blaue Hinweisschild ist aus dieser Fahrtrichtung nicht zu sehen). Nun fährt man weiter 3,5 km Richtung Norden und dann weitere 12 km auf einer unbefestigten, aber guten Straße.

El Aguacero

Den Frühsport kann man getrost vergessen: Die 724 gut ausgebauten Stufen zum El Aguacero (☎ Handy, nicht besetzt während der Geschäftszeit 968-1069019; www.facebook.com/ElAguaceroOficial; Eintritt 27 Mex$; ⌚ 7–17 Uhr) reichen als Tagestraining aus. Der Wasserfall El Aguacero stürzt schäumend und spritzend über mehrere Stufen hinunter in die Schlucht des Río La Venta. In den trockeneren Monaten (in der Regel Dez.–Mai) kann man über den Sand am Rand des Flussbettes bis zum Wasserfall spazieren. Bei hohem Wasserstand marschiert man von der Treppe über einen schattigen Dschungelpfad bis zum Wasserfall (30 Min.).

Falls die Brücke an der Dschungelroute zwischenzeitlich nicht repariert worden sein sollte, muss man einen Felsvorsprung passieren – die Stelle ist sehr schmal und für Kinder nicht zu empfehlen. Von Dezember bis Ende Mai kann man auch die 200 m lange Höhle **El Encanto** erkunden, durch die ein unterirdischer Wasserlauf fließt. Die einstündige Führung kostet 150 Mex$, Ausrüstung (Helm, Stirnlampe usw.) wird gestellt.

Man kann hier **campen** (Stellplatz 50 Mex$/Pers., Stellplatz & Ausrüstung f. 4 Pers. 250 Mex$) oder in einer Hängematte übernachten; Duschen sind vorhanden. Meist hat auch der kleine *comedor* geöffnet, der Quesadillas (15 Mex$) verkauft.

Die *colectivos,* die von Ocozocoautla (Coita) nach El Gavilán/Las Cruces (10 Mex$) fahren, können einen auf Wunsch an der Highway-Ausfahrt absetzen. Von dort sind es dann noch 3 km zu Fuß bis zum Eingang. Wem die Treppe vom Fluss hinauf zu anstrengend ist, der kann sich auch nach oben zurückbringen lassen (60 Mex$/Fahrzeug). Auch ein Transport von/nach Ocozocoautla ist möglich (150 Mex$). Wer mit dem eigenen

Auto kommt, folgt der ausgeschilderten Ausfahrt rund 15 km westlich von Ocozocoautla.

Chiapa de Corzo

☎961 / 45 000 EW. / 450 M

Chiapa de Corzo ist ein wenig beachtetes Juwel, 12 km östlich von Tuxtla Gutiérrez an der Straße nach San Cristóbal. In der kleinen, netten Stadt aus der Kolonialzeit herrscht ein unbeschwertes, provinzielles Flair. Sie liegt am Nordufer des breiten Río Grijalva und ist der ideale Ausgangspunkt für einen Trip in den Cañón del Sumidero.

Chiapa de Corzo ist seit 1200 v. Chr. fast ständig bewohnt. Vor der Ankunft der Spanier befand sich Nandalumí, die Hauptstadt der kriegerischen Chiapa, ein paar Kilometer flussabwärts am anderen Ufer des Grijalva. Als Diego de Mazariegos 1528 in die Gegend kam, stürzte sich der Stamm der Chiapa lieber in den Canyon, als sich zu ergeben.

Mazariegos gründete hier eine Siedlung namens Chiapa de Los Indios, verlegte seine Basis aber schon bald nach San Cristóbal de Las Casas, wo ihm das Klima besser und die Einheimischen umgänglicher schienen.

Sehenswertes

Der *embarcadero* (Kai) für Bootsausflüge zum Cañón del Sumidero befindet sich zwei Blocks südlich der Plaza an der 5 de Febrero. Einfach nach der von Verkaufsständen gesäumten Straße Ausschau halten!

Plaza PLATZ

Beeindruckende Arkaden umrahmen die Plaza auf drei Seiten, und ein monströser Baum namens **La Pochota** lässt seine jahrhundertealten Wurzeln über den Bürgersteig sprießen. Er wurde schon von den indigenen Gründern der Stadt verehrt und ist heute der älteste Kapokbaum am Río Grijalva. Die Hauptattraktion auf der Plaza ist aber **La Pila** (auch Fuente Colonial genannt). Der stattliche Ziegelbrunnen wurde 1562 im gotischen Mudejar-Stil errichtet und soll der spanischen Krone ähneln.

Templo de Santo Domingo de Guzmán KIRCHE

(Mexicanidad Chiapaneca 10) Der große Templo de Santo Domingo de Guzmán einen Block südlich der Hauptplaza wurde Ende des 16. Jhs. vom Dominikanerorden gebaut. Das dazugehörige Kloster ist heute das **Centro Cultural** (☎997-616-00-55; ⌚Di–So 10–17 Uhr) GRATIS, das eine Ausstellung von Holz- und Linoldrucken des talentierten in Chiapa geborenen Franco Lázaro Gómez (1922–1949) beherbergt. Außerdem ist hier das **Museo de la Laca**, das sich einem regionalen Kunsthandwerk widmet: lackierten Flaschenkürbissen. Es gibt sogar welche von 1606.

Chiapa de Corzo ARCHÄOLOGISCHE STÄTTE

(Av Hidalgo, Barrio Benito Juárez; ⌚8–16.30 Uhr) GRATIS Die große Siedlung Chiapa de Corzo lag an der Handelsroute zwischen dem Pazifik und dem Golf und unterhielt enge Verbindungen zu den benachbarten Kulturen der Maya und Olmeken. In ihrer Blütezeit zählte die Stadt rund 200 Gebäude, wurde aber gegen 500 n. Chr. verlassen. Nach jahrelangen Ausgrabungen kann man jetzt hier, 1,5 km östlich der Hauptplaza, die Reste von drei Pyramiden der Zoque bewundern. Sie wurden vor 1600 bis 1800 Jahren errichtet, stehen aber auf Aufschüttungen, die bis in die Zeit um 750 v. Chr. zurückreichen.

Nur wenige Besucher verirren sich zu den bewachten Ruinen, aber es lohnt sich, eine Stunde zwischen den Tempeln herumzuklettern und den weiten Ausblick aufs Land zu genießen. Bei der Ausgrabung eines nahe gelegenen (nicht öffentlich zugänglichen) Erdhügels wurden kürzlich die älteste bekannte Grabpyramide Mesoamerikas und neue Beweise für die Verbindung zu Zentren der olmekischen Kultur wie La Venta gefunden.

Der Eingang zur Stätte befindet sich in der Nähe der Nestlé-Fabrik und des alten Highways (an der Straße nach La Topada de la Flor); aber die Stätte ist an der Straße nicht ausgeschildert. Taxis nehmen für die Fahrt von der Plaza hin und zurück rund 100 Mex$ inklusive eine Stunde Aufenthalt.

Feste & Events

Fiesta Grande de Enero BRAUCHTUM

Das einwöchige, Mitte Januar stattfindende Fest gehört zu Mexikos außergewöhnlichsten Events. Bei den abendlichen Tänzen verkleiden sich die Tänzer (Las Chuntá) als Frauen. Frauen tragen bunte, bestickte *chiapaneca*-Kleider. *Parachicos* mit blonden Perücken und Masken stellen die Konquistadoren dar und ziehen an mehreren Tagen durch die Stadt. Eine Kanuschlacht und ein Feuerwerk krönen den letzten Abend.

Schlafen

Hotel Los Ángeles HOTEL $

(☎961-616-00-48; www.hotel-chiapas.com; Grajales 2; Zi. 410–450 Mex$, 3BZ/4BZ 500/550 Mex$;

(P, Klimaanlage, WLAN) Das Hotel an der Südostecke der Hauptplaza hat blitzsaubere Zimmer mit Ventilator, Kabel-TV und Bädern mit Warmwasser. Es gibt auch noch ältere Wohneinheiten mit Klimaanlage. Die Zimmer im Obergeschoss sind größer und luftiger.

Hotel La Ceiba HOTEL **$$**
(961-616-03-89; www.laceibahotel.com; Av Domingo Ruíz 300; Zi./3BZ/4BZ 780/850/1020 Mex$; P, Klimaanlage, WLAN, Pool) Das eleganteste Hotel vor Ort verfügt über ein komplett ausgestattetes Spa, ein Restaurant, einen einladenden Pool, einen üppigen Garten und 87 zwar recht schlichte, aber gepflegte Zimmer mit Klimaanlage und Kabelfernsehen. Es liegt zwei Blocks westlich der Hauptplaza.

Essen

Die Restaurants am *embarcadero* bieten nahezu identische und einheitlich überteuerte Gerichte. Der Blick auf den Fluss ist schön, aber die Marimbafonspieler treiben den Lautstärkepegel ganz schön in die Höhe. Die beste Adresse für eine günstige Mahlzeit ist der Markt (südöstlich der Plaza). *Tascalate* (s. Kasten S. 433) steht auf fast allen Karten, und viele Läden verkaufen das Pulver.

Restaurant Los Corredores CHIAPAS-KÜCHE **$**
(Madero 35; Hauptgerichte 70–130 Mex$; 8–18.30 Uhr) Das Los Corredores liegt gegenüber der Südwestecke der Hauptplaza und bietet von allem etwas: gutes Frühstück, Fischteller zu vernünftigen Preisen und ein paar Spezialitäten aus der Region, z. B. *pepita con tasajo* (Rindfleisch mit würziger Kürbiskernsauce). Auch eine faszinierende Sammlung historischer Fotos der Stadt ist zu bewundern.

Restaurant Jardines de Chiapa CHIAPAS-KÜCHE **$$**
(www.restaurantesjardines.com.mx; Madero 395; Hauptgerichte 89–155 Mex$; April–Okt. 9–19 Uhr, Nov.–März 8–18 Uhr) Das große Restaurant unweit der Hauptplaza ist um einen stimmungsvollen, mit Backsteinsäulen geschmückten begrünten Hof angelegt. Auf der ausführlichen Speisekarte steht u.a. schmackhaftes *cochinito al horno* (im Ofen gebackenes Schweinefleisch).

Praktische Informationen

Die **staatliche Touristeninformation** (961-616-10-13; Calz Grajales 1947; Mo–Fr 8–16 Uhr) befindet sich an der Straße vom Highway zur Hauptplaza gegenüber dem Supermarkt Súper Che. Es gibt außerdem noch einen **Touristeninformationsstand** (Mo–Fr 8–20, Sa & So bis 16 Uhr) an der Plaza, wo sich auch Geldautomaten befinden.

An- & Weiterreise

Combis starten zwischen 5 und 22.30 Uhr alle paar Minuten in Tuxtla Gutiérrez (11 Mex$, 45 Min.) an der 1a Avenida Sur Oriente (zw. Calle 5a & Calle 7a Oriente Sur). Sie kommen an der Nordseite der Hauptplaza an (und fahren dort auch wieder ab).

Es gibt keine direkte Verbindung zwischen San Cristóbal und dem Zentrum von Chiapa de Corzo. In San Cristóbal muss man ein Combi in Richtung Tuxtla nehmen und den Fahrer bitten, an der Chiapa-de-Corzo-Haltestelle auf dem Highway kurz anzuhalten (35 Mex$, 30 Min.). Auf der anderen Straßenseite kann man dann ein Combi herbeiwinken, das einen zur Plaza bringt (6 Mex$). Um von Chiapa de Corzo nach San Cristóbal zu kommen, steigt man an der Plaza in ein Combi zum Highway und hält dort ein anderes Combi nach San Cristóbal an. Combis in beide Richtungen lassen meist höchstens ein paar Minuten auf sich warten.

San Cristóbal de las Casas

967 / 160 000 EW. / 1940 M

Die Kolonialstadt San Cristóbal (sprich: cris-*toh*-bal) liegt inmitten eines grandiosen Hochlandtals und ist von Pinienwäldern umgeben. Seit Jahrzehnten ist diese Stadt eines der beliebtesten Ziele von Travellern. Es macht viel Spaß, die Kopfsteinpflasterstraßen und Märkte zu erforschen und die einzigartige Atmosphäre und das herrlich klare Licht des Hochlands in sich aufzunehmen. Die mittelgroße Stadt besticht außerdem mit restaurierten jahrhundertealten Häusern, grasendem Vieh und Getreidefeldern.

San Cristóbal ist das Zentrum einer Gegend, in der das indigene Mexiko ganz besonders tief verwurzelt ist. Dutzende Dörfer der traditionellen Tzotzil und Tzeltal umgeben die Stadt, und man kann von hier aus eine Menge entdecken, denn neben modernem Luxus existieren noch uralte Bräuche.

Die Stadt ist sowohl ein Sammelbecken für Sympathisanten der Zapatistenrebellen (und ein paar ihrer Gegner) als auch für Organisationen, die mit der indigenen Bevölkerung Chiapas' zusammenarbeiten. Neben einer guten touristischen Infrastruktur und einer Gesellschaft aus tatkräftigen, künstlerisch und politisch fortschrittlichen Ausländern und Mexikanern hat San Cristóbal

SAN CRISTÓBAL IN …

… zwei Tagen

Los geht's mit einem duftenden, frisch gerösteten **Kaffee** aus Chiapas. Danach macht man sich in einem **Yogakurs** fit. In wandertauglichen Schuhen werden dann zuerst die kolonialen Kirchen des **Templo de Santo Domingo** und die **Kathedrale** erkundet, bevor man die beiden Hügel **Cerro de San Cristóbal** und **Cerro de Guadalupe** erklimmt, um den Blick über die Stadt zu genießen.

Am zweiten Tag steht ein Ausflug auf dem Rücken eines Pferdes oder auf einem Drahtesel zu den traditionellen indigenen Dörfern **San Lorenzo Zinacantán** und **San Juan Chamula** auf dem Programm. Abends kann man sich dann im **Kino** einen Film über die lokale Geschichte oder einen aktuellen Streifen ansehen.

… vier Tagen

Wer mehr Zeit hat, sollte nach dem Zweitagesprogramm in einer der **Sprachschulen** seine Spanischkenntnisse etwas auffrischen. Einen tieferen Einblick in die einheimische Kultur bekommt man im **Museo de la Medicina Maya** und im volksgeschichtlichen **Na Bolom**.

Die besten *artesanías* erhält man in den **Kooperativen der Weberinnen** und in den Papier- und Buchwerkstätten **Taller Leñateros**. Auch die urigen Höhlenformationen der **Grutas de San Cristóbal** sind sehenswert. Zu guter Letzt gönnt man sich noch ein paar Cocktails und Snacks in einer geselligen Bar und groovt schließlich zur Musik in der **Café Bar Revolution.**

auch noch viele Unterkünfte und eine große Auswahl von Cafés, Bars und Restaurants zu bieten.

Geschichte

Diego de Mazariegos gründete San Cristóbal 1528 als spanischen Stützpunkt in der Region. Die spanischen Einwohner machten ein Vermögen mit Weizen; die indigenen Völker hingegen verloren ihr Land und litten unter Krankheiten, Steuern und Zwangsarbeit. Nur die Kirche bot etwas Schutz vor den Übergriffen der Kolonialherren. 1545 kamen Dominikanermönche in Chiapas an und machten San Cristóbal zu ihrer Basis. Heute ist die Stadt nach einem dieser Mönche benannt: Bartolomé de las Casas. Man bestimmte ihn zum Bischof von Chiapas und er wurde einer der berühmtesten spanischen Verteidiger der indigenen Völker in der Kolonialzeit. In letzter Zeit war Bischof Samuel Ruiz in seine Fußstapfen getretem. Er verteidigte die unterdrückten indigenen Völker und handelte sich damit die Feindschaft der Führungsschicht von Chiapas ein. 2011 ist der beliebte Bischof verstorben.

Von 1824 bis 1892 war San Cristóbal die Hauptstadt von Chiapas, blieb aber bis in die 1970er-Jahre relativ isoliert. Danach begann der Tourismus, die Wirtschaft zu beeinflussen. In den letzten Jahrzehnten gab es einen Zustrom indigener Dorfbewohner in den „Cinturón de Miseria" (Gürtel des Elends) – er besteht aus einer Reihe verarmter, von Gewalt geplagter, behelfsmäßiger Kolonien rund um San Cristóbals *periférico* (Ringstraße). Manche der Bewohner sind hier, weil sie aus Chamula und anderen Gemeinden vertrieben wurden – oft als Ergebnis interner politisch-religiöser Konflikte. Die meisten der Menschen, die Kunsthandwerk rund um den Templo de Santo Domingo verkaufen, ebenso wie die minderjährigen Straßenverkäufer in der ganzen Stadt kommen aus dem Cinturón de Miseria.

Am 1. Januar 1994 wurde San Cristóbal ins internationale Rampenlicht katapultiert. Damals wählten die Zapatistenrebellen San Cristóbal zu einer von vier Städten, in denen sie ihre Revolution beginnen wollten. Sie eroberten und plünderten Regierungsbüros in der Stadt, bevor sie in nur wenigen Tagen von der mexikanischen Armee wieder vertrieben wurden. Politische und soziale Spannungen bleiben, aber San Cristóbal ist noch immer ein Travellermagnet und hat einen boomenden Immobilienmarkt sowie eine wachsende Mittelklasse.

In San Cristóbal de las Casas und Los Altos de Chiapas, den zentralen Hochländern des Bundesstaates mit einer Höhe von 2000 bis 3000 m, herrscht ein gemäßigtes Klima. Tagsüber ist es meist sehr warm. Zwischen

November und Februar kann es abends aber kalt werden, sodass eine dicke Jacke nötig ist.

Sehenswertes

San Cristóbal ist sehr gut zu Fuß zu erkunden, die geraden Straßen der Stadt ziehen sich über mehrere sanfte Hügel. Östlich der Plaza 31 de Marzo findet sich in der Real de Guadalupe eine Fußgängerzone mit vielen Unterkünften und Restaurants. Eine weitere Fußgängerzone, der Andador Turístico, befindet sich an der Hidalgo und der Avenida 20 de Noviembre.

Plaza 31 de Marzo PLATZ

Die baumbewachsene Hauptplaza ist ein guter Ort, um die ruhige Hochlandatmosphäre von San Cristóbal in sich aufzunehmen. Schuhputzer, Zeitungsverkäufer und *ambulantes* (Straßenhändler) versammeln sich um den kunstvollen eisernen Musikpavillon.

Das **Hotel Santa Clara** an der Südostecke der Plaza wurde von Diego de Mazariegos, dem spanischen Eroberer von Chiapas, erbaut. Sein Wappen ist über dem Hauptportal eingraviert. Das Gebäude ist ein seltenes weltliches Beispiel für plateresken Stil in Mexiko.

Kathedrale KATHEDRALE

(Plaza 31 de Marzo) Mit dem Bau der Kathedrale an der Nordseite der Plaza wurde zwar schon 1528 begonnen, aber wegen mehrerer Naturkatastrophen konnte sie erst 1815 beendet werden. Kaum war die Kirche fertig, verursachten im Jahr 1816 und 1847 weitere Erdbeben erhebliche Schäden. Von 1920 bis 1922 wurde die Kathedrale restauriert. Im von Blattgold nur so funkelnden Inneren sind fünf golden gerahmte Altargemälde von Miguel Cabrera aus dem 18. Jh. zu bewundern.

Museo de los Altos de Chiapas MUSEUM

(Calz Lázaro Cárdenas s/n; Eintritt 46 Mex$; ⌚ Di–So 9–18 Uhr) Das Museum ist eines der beiden im Ex-Convento de Santo Domingo direkt westlich des Templo de Santo Domingo. Es zeigt mehrere eindrucksvolle archäologische Relikte, darunter Stelen aus Chincultik, sowie Exponate zur spanischen Eroberung und der Christianisierung der Region.

Templo & Ex-Convento de Santo Domingo de Guzmán KIRCHE

(Utrilla; ⌚ 6.30–14 & 16–20 Uhr) GRATIS Der gleich nördlich vom Stadtzentrum gelegene, im 16. Jh. erbaute Templo de Santo Domingo ist San Cristóbals schönste Kirche und besonders eindrucksvoll, wenn die Fassade im Licht der Spätnachmittagssonne leuchtet. Die barocke Fassade mit ihren filigranen Stuckarbeiten wurde im 17. Jh. hinzugefügt. An ihr ist der doppelköpfige Adler zu sehen, das Symbol der damaligen spanischen Herrscherdynastie der Habsburger. Innen ist die Kirche reich vergoldet, besonders die kunstvoll verzierte Kanzel.

In dem sich westlich anschließenden ehemaligen Klostergebäude sind ein Regionalmuseum und das ausgezeichnete Maya-Textilmuseum untergebracht. Rund um Santo Domingo und den benachbarten, 1712 erbauten **Templo de la Caridad** veranstalten Frauen aus Chamula und Bohemetypen aus ganz Mexiko täglich einen farbenfrohen Kunsthandwerksmarkt. Der Verkaufsraum der Weberinnen von Sna Jolobil (S. 397) befindet sich jetzt in einem separaten, lichtdurchfluteten Gebäude im nordwestlichen Abschnitt des Geländes.

Na Bolom HISTORISCHES GEBÄUDE

(www.nabolom.org; Guerrero 33; Eintritt 40 Mex$, mit Führung 50 Mex$; ⌚ 7–19 Uhr) Das vor Atmosphäre nur so strotzende Museums-/Forschungszentrum Na Bolom war viele Jahre das Heim der Schweizer Anthropologin und Fotografin Gertrude Duby-Blom (Trudy Blom, 1901–1993) und ihres dänischen Ehemannes, des Archäologen Frans Blom (1893–1963). Na Bolom bedeutet in der Tzozil-Sprache „Haus des Jaguars" und spielt gleichzeitig mit dem Namen der früheren Besitzer. Das Haus ist voller Fotografien, archäologischer und anthropologischer Relikte und Bücher.

Die Tour durchs Haus liefert einen enthüllenden Einblick in das Leben der Bloms und das Leben in Chiapas vor einem halben Jahrhundert und früher – das dargestellte Bild der Lacandonen gibt deshalb eher Aufschluss über ihre Vergangenheit als über ihre Gegenwart. Die Bloms kauften dieses Haus aus dem 19. Jh. im Jahr 1950, und während Frans die antiken Maya-Stätten in Chiapas (z. B. Palenque, Toniná und Chinkultic) erforschte und vermaß, studierte und fotografierte Trudy das verstreut lebende Volk der Lacandonen im Osten von Chiapas. Sie kämpfte um seinen Erhalt und um die Bewahrung des Urwalds.

Nach Trudys Tod hat Na Bolom die Arbeit der Bloms weitergeführt. Dabei dient das Haus als Museum und Forschungszentrum, um Chiapas' indigene Kulturen und deren Umwelt zu studieren und zu unterstützen.

Außerdem werden hier soziale und Umweltprogramme für die hiesigen Regionen organisiert. Die Bibliothek mit mehr als 9000 Büchern und Dokumenten ist eine gute Quelle über die Maya. In Na Bolom gibt's auch Gästezimmer. Die angebotenen Mahlzeiten werden mit Biogemüse zubereitet, das aus dem dazugehörigen Garten stammt.

Museo de la Medicina Maya MUSEUM
(Av Salomón González Blanco 10; Eintritt 20 Mex$; ⌚Mo–Fr 9–17, Sa & So bis 16 Uhr) Das preisgekrönte Museum am Nordrand der Stadt stellt die traditionelle Medizin vor, die viele indigene Menschen im Hochland von Chiapas heute noch praktizieren. Zu sehen sind eine rituelle Szene in einer Kirche, eine Hebamme bei der Geburtshilfe, ein betagtes Video über die Arbeit traditioneller Geburtshelferinnen und eine neue Ausstellung über einheimische Heilpflanzen und die Biopiraterie der Konzerne.

Das Museum wird von der Organización de Médicos Indígenas del Estado de Chiapas (Omiech) geführt, der 600 indigene Heiler, Hebammen, Kräutermediziner und Gebetskundige angehören. Die traditionelle Medizin der Maya besteht aus Gebeten an den Geist der Erde, aus dem Vernehmen der Stimme des Bluts und der Vertreibung böser Geister mithilfe von Kerzen, Knochen, Kiefernnadeln und Kräutern sowie dem gelegentlichen Opfern von Hühnern. Infomaterial gibt's auf Englisch, Spanisch, Französisch und Deutsch. Vor Ort befinden sich auch ein Heilpflanzengarten, eine Kräuterapotheke und eine *casa de curación,* wo Behandlungen durchgeführt werden. Die Einrichtung liegt 20 Gehminuten nördlich der Real de Guadalupe; die Fahrt mit dem Taxi kostet 25 Mex$.

Museo del Ámbar de Chiapas MUSEUM
(www.museodelambar.com.mx; Plazuela de la Merced; Eintritt 20 Mex$; ⌚Di–So 10–14 & 16–20 Uhr) Bernstein ist versteinertes Kiefernharz und um die 30 Mio. Jahre alt. Der Bernstein aus Chiapas ist für seine Klarheit und die Vielfalt seiner Farben bekannt. Der meiste wird um Simojovel, nördlich von San Cristóbal, gewonnen. Das Museum erklärt alles rund um Bernstein (mit Infoblättern auf Englisch, Französisch, Deutsch, Japanisch und Italienisch) und zeigt und verkauft schöne Bernsteinschnitzereien und Bernstein mit eingeschlossenen Insekten. Achtung: Einige Schmuckläden haben sich missbräuchlich den Namen des Museums zugelegt!

NICHT VERSÄUMEN

CENTRO DE TEXTILES DEL MUNDO MAYA

Oben im Ex-Convento de Santo Domingo zeigt das ausgezeichnete neue **Centro de Textiles del Mundo Maya** (Calz Lázaro Cárdenas; 46 Mex$; ⌚Di–So 9–18 Uhr) mehr als 500 Beispiele handgewebter Textilien aus ganz Mexiko und Mittelamerika. In zwei Sälen der Dauerausstellung sind *huipiles* (lange, ärmellose Hemden) zu sehen, darunter Fragmente eines 1000 Jahre alten Exemplars aus Baumrinde. Videos erläutern, wie die Materialien und Stoffe verarbeitet werden. Einige Erläuterungen sind auch auf Englisch. Der Eintritt gilt auch für das Museo de los Altos de Chiapas.

Arco del Carmen TOR
Der Arco del Carmen am südlichen Ende des Andador Turístico an der Hidalgo stammt aus dem späten 17. Jh. und war einst das Tor der Stadt.

Centro Cultural El Carmen KULTURZENTRUM
(Hermanos Domínguez s/n; ⌚Di–So 9–18 Uhr) GRATIS Das ehemalige Kloster gleich östlich vom Arco del Carmen ist ein wunderschönes Gebäude aus der Kolonialzeit mit einem großen, friedlichen Garten. Heute zeigt das Centro Cultural El Carmen Kunst- und Fotoausstellungen und veranstaltet gelegentlich Konzerte.

Café Museo Café MUSEUM
(MA Flores 10; Eintritt 30 Mex$; ⌚7–22.30 Uhr) Diese Kombination aus Café und Kaffeemuseum ist ein Coopcafé-Unternehmen. Dabei handelt es sich um einen Zusammenschluss von mehr als 17000 kleinen, meist indigenen Kaffeeanbauern aus Chiapas. Das Museum beleuchtet die Geschichte des Kaffees und seines Anbaus in Chiapas, von den Anfängen – die von extremer Ausbeutung geprägt waren – bis zur einheimischen Kaffeeproduktion auf Gemeinschaftsbasis, einem Modell, dessen Marketing heute immer besser funktioniert. Die Informationen sind auch ins Englische übersetzt. Im Café kann man den aromatischen Biokaffee probieren.

Museo Bichos e Insectos MUSEUM
(16 de Septiembre 23; Eintritt 25 Mex$; ⌚Mo–Sa 10–14 & 16–20, So 11–18 Uhr; 👪) Das Museum ist klein, beherbergt aber mehr als 2000 In-

San Cristóbal de las Casas

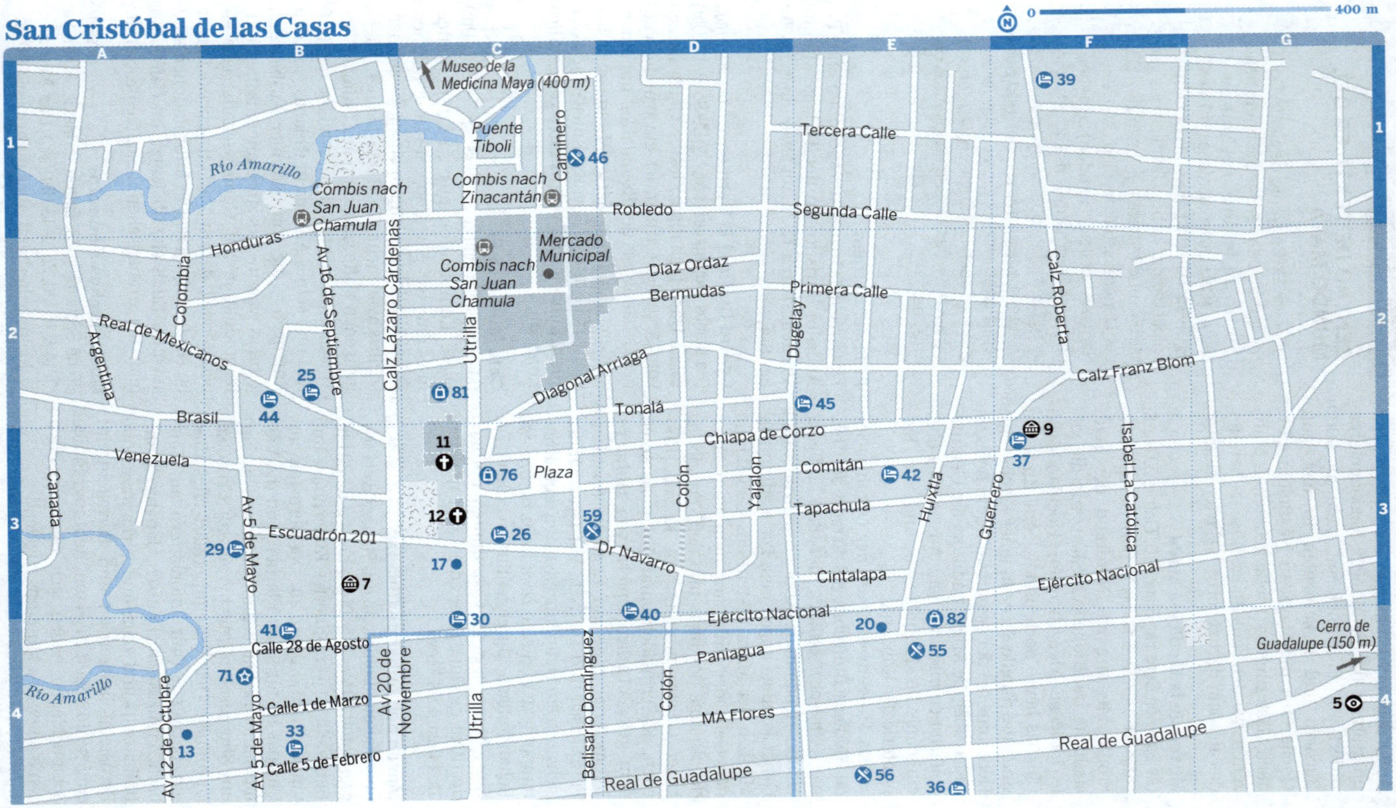

0 400 m

A B C D E F G

1 2 3 4

Museo de la Medicina Maya (400 m)
Puente Tiboli
Caminero
46
Combis nach Zinacantán
Combis nach San Juan Chamula
Río Amarillo
Robledo
Segunda Calle
Tercera Calle
39
Honduras
Mercado Municipal
Combis nach San Juan Chamula
Díaz Ordaz
Bermudas
Primera Calle
Calz Roberta
Colombia
Av 16 de Septiembre
Calz Lázaro Cárdenas
Utrilla
Dugelay
Real de Mexicanos
Argentina
25
44
81
Diagonal Arriaga
Calz Franz Blom
Brasil
Tonalá
45
9
Chiapa de Corzo
37
11
Venezuela
76
Plaza
Comitán
42
Isabel La Católica
Canada
Colón
Yajalon
Huixtla
Guerrero
12
59
Tapachula
29
Av 5 de Mayo
Escuadrón 201
26
Dr Navarro
17
Cintalapa
7
Ejército Nacional
40
30
Ejército Nacional
20
82
41
Calle 28 de Agosto
Cerro de Guadalupe (150 m)
Paniagua
55
71
Av 20 de Noviembre
Río Amarillo
Calle 1 de Marzo
Utrilla
Belisario Domínguez
Colón
MA Flores
5
Av 12 de Octubre
13
33
Av 5 de Mayo
Calle 5 de Febrero
Real de Guadalupe
Real de Guadalupe
56
36

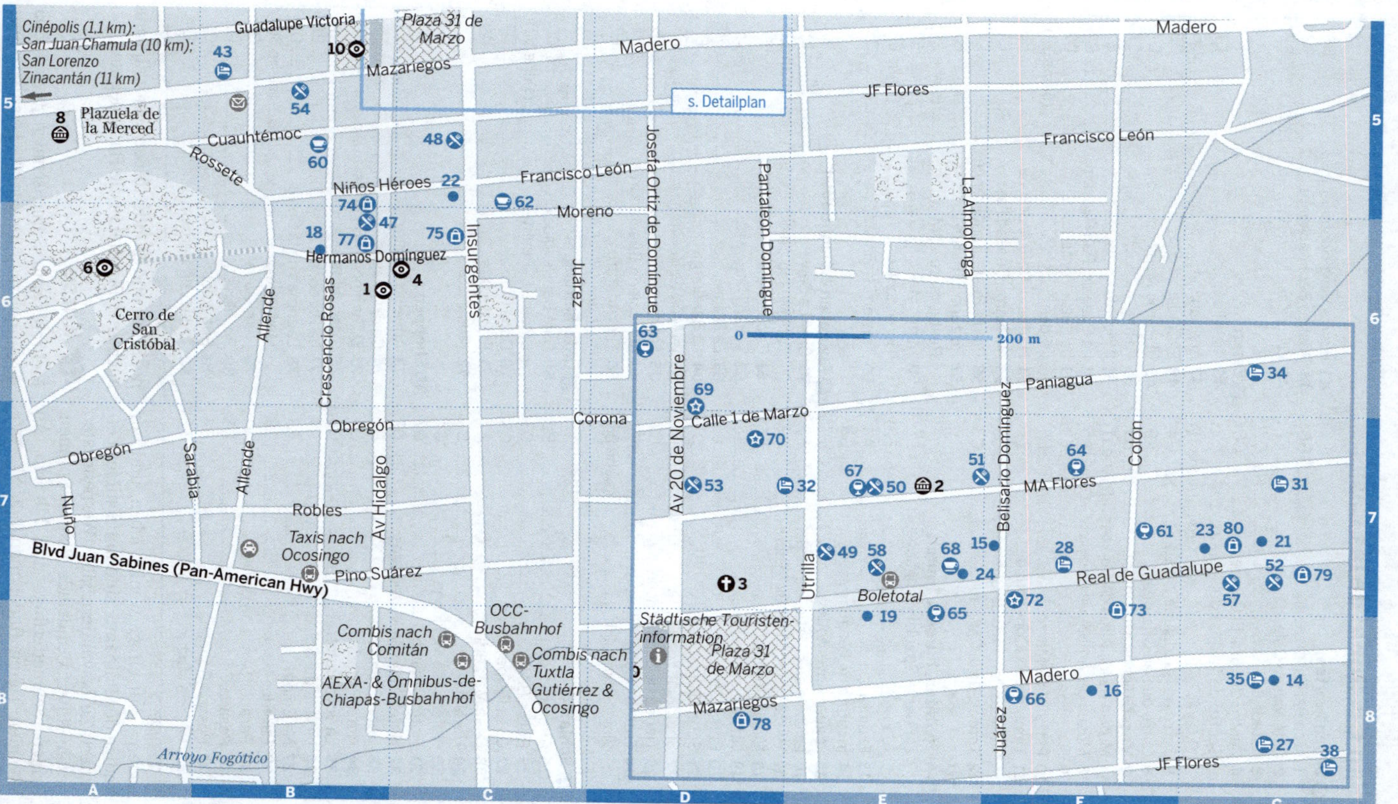
Cinépolis (1,1 km); San Juan Chamula (10 km); San Lorenzo Zinacantán (11 km)
Guadalupe Victoria
Plaza 31 de Marzo
Mazariegos
Madero
s. Detailplan
JF Flores
Francisco León
Plazuela de la Merced
Cuauhtémoc
Rossete
Niños Héroes
Francisco León
Moreno
Hermanos Domínguez
Insurgentes
Juárez
Josefa Ortiz de Domíngue
Pantaleón Domíngue
La Almolonga
Cerro de San Cristóbal
Allende
Crescencio Rosas
Obregón
Corona
Obregón
Sarabia
Allende
Nuño
Robles
Av Hidalgo
Taxis nach Ocosingo
Pino Suárez
Blvd Juan Sabines (Pan-American Hwy)
OCC-Busbahnhof
Combis nach Comitán
Combis nach Tuxtla Gutiérrez & Ocosingo
AEXA- & Ómnibus-de-Chiapas-Busbahnhof
Arroyo Fogótico
0
200 m
Av 20 de Noviembre
Calle 1 de Marzo
Paniagua
Belisario Domínguez
Colón
MA Flores
Utrilla
Boletotal
Real de Guadalupe
Städtische Touristen-information
Plaza 31 de Marzo
Mazariegos
Madero
Juárez
JF Flores
A
B
C
D
E
F
G
5
6
7
8

San Cristóbal de las Casas

Sehenswertes

1 Arco del Carmen ... B6
2 Café Museo Café ... E7
3 Katedrale ... D7
4 Centro Cultural El Carmen ... C6
Centro de Textiles del Mundo Maya ... (siehe 11)
5 Cerro de Guadalupe ... G4
6 Cerro de San Cristóbal ... A6
7 Museo Bichos e Insectos ... B3
Museo de los Altos de Chiapas ... (siehe 11)
8 Museo del Ámbar de Chiapas ... A5
9 Na Bolom ... F3
10 Plaza 31 de Marzo ... B5
11 Templo & Ex-Convento de Santo Domingo de Guzmán ... C3
12 Templo de la Caridad ... C3

Aktivitäten, Kurse & Touren

El Puente Spanish Language School ... (siehe 52)
13 Explora ... A4
14 Instituto de Lenguas Jovel ... G8
15 Jaguar Adventours ... F7
16 La Casa en el Árbol ... F8
17 Marcosapata o En Bici Tours ... C3
18 Nichim Tours ... B6
19 Otisa ... E8
20 Petra Vertical ... E4
21 SendaSur ... G7
22 Shaktipat Yoga ... C5
23 Tienda de Experiencias ... G7
24 Trotamundos ... E7
Viajes Chincultik ... (siehe 28)

Schlafen

25 Anthara Hotel ... B2
26 Bela's B&B ... C3
27 Casa Felipe Flores ... G8
28 Casa Margarita ... F7
29 Hotel b¨o ... B3
30 Hotel Casa Mexicana ... C4
31 Hotel Casavieja ... G7
32 Hotel Diego de Mazariegos ... D7
33 Hotel El Paraíso ... B4
34 Hotel Posada Jovel ... G6
35 La Joya Hotel ... G8
36 Le Gite del Sol ... E4
37 Na Bolom ... F3
38 Parador Margarita ... G8
39 Parador San Juan de Dios ... F1
40 Posada Corto Maltese ... D3
41 Posada Ganesha ... B4
42 Posada Moguel ... E3
43 Puerta Vieja Hostel ... B5
44 Rossco Backpackers ... B2
45 Villas Casa Morada ... E2

Essen

46 Alebrije ... C1
47 Anabanana ... B6
48 El Caldero ... C5
49 El Horno Mágico ... E7
50 Falafel ... E7
51 Il Piccolo ... E7
52 La Casa del Pan Papalotl ... G7
53 La Salsa Verde ... D7
L'Eden ... (siehe 33)
54 Namandí Café & Crepas ... B5
55 No Name Quesadillas ... E4
56 Pierre Restaurant Francés ... E4
57 Pizzería El Punto ... G7
Restaurante LUM ... (siehe 29)
58 Super Más ... E7
TierrAdentro ... (siehe 68)
59 Trattoria Italiana ... C3

Ausgehen & Nachtleben

60 Café La Selva ... B5
Café Museo Café ... (siehe 2)
61 Cocoliche ... F7
62 Kakao Natura ... C5
63 La Ruina ... D6
64 La Sandunga ... F7
65 La Viña de Bacco ... E8
66 Latino's ... F8
67 Mezcalería Gusana Grela ... E7
68 TierrAdentro ... E7

Unterhaltung

69 Cafe Bar Revolución ... D6
Cinema El Puente ... (siehe 52)
70 Dada Club ... D7
71 El Paliacate ... B4
72 Kinoki ... F7

Shoppen

73 Abuelita Books ... F7
74 Casa Chiapas ... B5
75 El Camino de los Altos ... C6
76 J'pas Joloviletik ... C3
77 La Pared ... B6
78 Lágrimas de la Selva ... D8
Meltzanel ... (siehe 30)
79 Nemi Zapata ... G7
80 Poshería ... G7
81 Sna Jolobil ... C2
82 Taller Leñateros ... E4

sekten – nur einige wenige leben, und nur wenige der Präparate sind mit Schildern erläutert. Zu bewundern gibt's Wespennester, riesige Käfer, Wandelnde Blätter, Spinnen, Grillen, Schmetterlinge und Libellen. An lebenden Tieren findet man u.a. Skorpione, Käfer und Hundertfüßer; wer will, kann auch eine Tarantel in die Hand nehmen.

Kurse

Mehrere gute Sprachschulen bieten Spanischunterricht für fast alle Leistungsstufen mit Flexibilität in der Gestaltung des Stundenplans an. Die im Folgenden genannten Wochenpreise beziehen sich auf je drei Unterrichtsstunden an fünf Tagen in der Woche, es gibt aber viele andere Möglichkeiten (nur Unterricht, stundenweise Unterricht, Unterbringung bei Gastfamilien etc.).

La Casa en el Árbol SPRACHKURS
(☎967-674-52-72; www.lacasaenelarbol.org; Madero 29; Einzel-/Gruppenunterricht pro Woche 195/120 US$, mit Unterbringung bei einer Gastfamilie & Mahlzeiten pro Woche 135 US$) Das „Baumhaus" ist eine enthusiastische, sozial engagierte Schule, in der man neben Spanisch auch Tzeltal und Tzotzil lernen kann. Es werden auch viele außerschulische Aktivitäten angeboten und Freiwilligenarbeit vermittelt. Darüber hinaus gibt es mexikanische Kochkurse und Spanischunterricht mit Schwerpunkt Medizin.

Instituto de Lenguas Jovel SPRACHKURS
(☎967-678-40-69; www.institutojovel.com; Madero 45; Einzel-/Gruppenunterricht pro Woche 195/120 US$, mit Unterbringung bei einer Gastfamilie & Mahlzeiten pro Woche 140–161 US$) Das schön gelegene Instituto Jovel ist professionell und freundlich und hat einen erstklassigen Ruf unter seinen Schülern. Einzelunterricht steht im Vordergrund. Mexikanische Koch- und Salsakurse werden außerdem angeboten.

El Puente Spanish Language School SPRACHKURS
(☎967-678-37-23; www.elpuenteweb.com; Real de Guadalupe 55; Einzel-/Gruppenunterricht pro Woche 160/140 US$, mit Unterbringung bei einer Gastfamilie & Mahlzeiten 250/230 US$) Die Schule befindet sich im Centro Cultural El Puente, in dem außerdem noch ein vegetarisches Café, ein Kino und eine Galerie untergebracht sind. Kurse werden in jeder beliebigen Länge ab einem Tag angeboten.

Shaktipat Yoga YOGA
(☎Handy 967-1303366; shaktipat.yoga@gmail.com; Niños Héroes 2; Unterricht 50 Mex$) Das Studio im Heilkunstkomplex Casa Luz veranstaltet in mehreren Sprachen Kurse in Vinyasa-, Ashtanga- und Hatha-Yoga. Wer mehrere Stunden bucht, erhält einen Rabatt.

Geführte Touren

Die Anbieter in San Cristóbal (Öffnungszeiten meist 8–21 Uhr) veranstalten diverse Touren, oft auch mit Führern, die Englisch, Französisch oder Italienisch sprechen. Viele beschränken sich aber auch nur auf den Transport. Im Folgenden typische Preise für Tagesausflüge pro Person (in der Regel min. 4 Teilnehmer):

- Chiapa de Corzo & Cañón del Sumidero (250–300 Mex$, 6–7 Std.)
- Lagos de Montebello & Wasserfall El Chiflón (300 Mex$, 9–10 Std.)
- Palenque, Agua Azul & Misol-Ha (400 Mex$, 14 Std.)

Nichim Tours ABENTEUERTOUR
(☎967-678-35-20; www.chiapastoursyexpediciones.com; Hermanos Domínguez 5A) Die Agentur mit vollem Service und mehrsprachigen Führern veranstaltet Abenteuertouren in die Selva El Ocote sowie Ausflüge zu Bernsteinminen und -werkstätten sowie zu indigenen Märkten in der Region.

SendaSur ÖKOTOUR
(☎967-678-39-09; infosendasur@prodigy.net.mx; Real de Guadalupe 46B; Mo–Fr 9–14 & 16–19, Sa 9–12 Uhr) SendaSur ist ein partnerschaftlich organisiertes Ökotourismus-Netzwerk in Chiapas, das bei unabhängigen Reisen und der Unterkunftssuche in den Urwaldgebieten der Selva Lacandona und der Selva El Ocote helfen kann.

Petra Vertical ABENTEUERTOUR
(☎967-631-53-76; www.petravertical.com; Paniagua 48A) Kletter-, Abseil- und Rafting-Ausflüge in die Region, u.a. zur Sima de las Cotorras, nach El Aguacero, zum Cañon de la Venta sowie zum Wasserfall Chorreadero und seinem Höhlensystem in der Nähe von Chiapa de Corzo. Ebenfalls angeboten

ZWEI AUSSICHTSPUNKTE

Wer den besten Blick auf die Stadt genießen will, muss dafür arbeiten, denn in dieser Höhenlage können die Treppen, die auf die Hügel führen, zu einer Strafe werden. Der **Cerro de San Cristóbal** (abseits der Hermanos Dominguez) und der **Cerro de Guadalupe** (abseits der Real de Guadalupe) thronen, von Kirchen bekrönt, im Osten bzw. Westen über der Stadt und bieten eine wundervolle Aussicht. Rund um den Día de la Virgen de Guadalupe strömen die Gläubigen in Heerscharen zur Iglesia de Guadalupe. Achtung: Beide Gebiete gelten bei Nacht als gefährlich!

DIE ZAPATISTEN

Am 1. Januar 1994, dem Tag der Einführung des Nordamerikanischen Freihandelsabkommens (NAFTA), tauchte aus den Wäldern eine bis dato unbekannte, linksgerichtete Guerrillaarmee auf und besetzte San Cristóbal de las Casas und andere Städte in Chiapas. Die Ejército Zapatista de Liberación Nacional (EZLN, Zapatistische Armee der Nationalen Befreiung) verband die Rhetorik der Globalisierungsgegner mit den Slogans der mexikanischen Revolution. Ihr erklärtes Ziel war es, die seit Jahrhunderten bestehende Oligarchie zu stürzen, die Land, Ressourcen und Macht in den Händen hielt, und den dürftigen Lebensstandard der indigenen Bevölkerung von Mexiko zu verbessern.

Die mexikanische Armee vertrieb die Zapatisten in nur wenigen Tagen. Die Rebellen zogen sich an den Rand des Lacandón-Urwalds zurück, um – hauptsächlich per Internet – einen Propagandakrieg zu führen. Der Pfeife rauchende, mit einer Wollmaske vermummte Zapatist Subcomandante Marcos (der ehemalige Universitätsprofessor Rafael Guillén) wurde schnell zur Kultfigur. Es wurden hochkarätige Versammlungen gegen Neoliberalismus abgehalten, und internationale Anhänger strömten ins Hauptquartier der Zapatisten bei La Realidad. Bauern, die der Zapatistenbewegung angehörten, nahmen Hunderte von Farmen und Ranches in Chiapas ein.

Eine Reihe von Vereinbarungen über Autonomie und die Rechte der indigenen Bevölkerung wurden zwischen den Zapatisten und der mexikanischen Regierung ausgehandelt, aber nie ratifiziert, sodass die Spannungen und Gewalttaten in Chiapas während der gesamten 1990er-Jahre anhielten. Laut Amnesty International wurden die paramilitärischen Gruppen, die 1997 in Acteal ein Massaker verübten, von den staatlichen Behörden mit Waffen versorgt. Bis 1999 flohen infolge einer Einschüchterungskampagne schätzungsweise 21 000 Einwohner aus ihren Dörfern.

Nach einer groß angelegten zapatistischen Medienkampagne, La Otra Campaña („die andere Kampagne"), während des mexikanischen Präsidentschaftswahlkampfs von 2006 wurde es um die EZLN abgesehen von gelegentlichen Konferenzen und Mobilisierungsaktionen recht still, und ihr politischer Einfluss blieb außerhalb der von ihr gehaltenen Enklaven gering. Die Bewegung verfügt immer noch über fünf regionale „Juntas de Buen Gobierno" (Komitees der guten Regierungsführung) und viele autonome Gemeinden, auch wenn manche frühere Anhänger inzwischen desillusioniert sind und sich von der Bewegung abgewandt haben.

Hintergrundinformationen findet man in *The Zapatista Reader*, einer Anthologie von Schriftstellern wie Octavio Paz und Gabriel García Márquez sowie von Subcomandante Marcos persönlich, sowie in Bill Weinbergs *Homage to Chiapas: The New Indigenous Struggles in Mexico*.

werden Wanderungen von San Cristóbal zur Arcotete-Flusshöhle und ins Huitepec-Reservat.

Explora ABENTEUERTOUR
(☎ 967-631-74-98; www.ecochiapas.com; Calle 1 de Marzo 30; ⏲ Mo–Fr 9.30–14 & 16–20, Sa 9.30–14 Uhr) Abenteuertouren in die Selva Lacandona, darunter mehrtägige Kajak- und Raftingtouren.

Viajes Chincultik TOUR
(☎ 967-678-09-57; www.tourshotel.com.mx; Casa Margarita, Real de Guadalupe 34) Ausflüge in der Region und günstige Transportangebote.

Tienda de Experiencias TOUR, BUSTOUR
(☎ 967-631-57-32; www.experienceshop.mx; Real de Guadalupe 40A) Die neue Agentur bietet Kleingruppenausflüge zu Künstlerkooperativen, Tauchgänge (mit Flaschen oder Sauerstoffversorgung vom Boot aus) in Cenotes und diverse andere „Erlebnisse". Der „Jungle Connection"-Bus mit beliebiger Aus- und Zusteigemöglichkeit klappert die Selva Lacandona ab.

Jaguar Adventours RADFAHREN
(☎ 967-631-50-62; www.adventours.mx; Belisario Domínguez 8A; Fahrradvermietung pro Std./Tag 40/200 Mex$; ⏲ Mo–Sa 9–14.30 & 15.30–20, So 9–14.30 Uhr) Veranstaltet Radtouren nach Chamula und Zincantán (600 Mex$) sowie längere Expeditionen. Die Preise beginnen bei 400 Mex$ pro Person. Außerdem werden hier auch hochwertige Mountainbikes mitsamt Helm und Sicherheitsschloss vermietet.

Marcosapata o En Bici Tours RADFAHREN, WANDERN
(☎967-104-73-09; tonodmar@hotmail.com) Bietet nach Kundenwunsch zugeschnittene Wanderungen (220 Mex$) und Fahrradtouren nach San Lorenzo Zinacantán, San Juan Chamula und Rancho Nuevo (340–380 Mex$) oder zum Cañon del Sumidero (570 Mex$). Im Klamottenladen an der Utrilla 18 nach Marco Antonio Morales fragen, der auch Englisch und Französisch spricht!

Otisa TOUR
(☎967-678-19-33; www.otisatravel.com; Real de Guadalupe 3C) Der größere Veranstalter bietet alle üblichen Touren.

Trotamundos TOUR
(☎967-678-70-21; www.turismotrotamundos.com; Real de Guadalupe 26C) Transporte in der Region und zum Flughafen Tuxtla sowie Ausflüge zur Laguna Miramar.

Feste & Events

Semana Santa RELIGION
Die Kreuzigung wird am Karfreitag im Barrio de Mexicanos im Nordwesten der Stadt nachgestellt.

Feria de la Primavera y de la Paz KULTUR
(Frühlings- & Friedensfest) Am Ostersonntag beginnt das einwöchige Stadtfest mit Paraden, Musik-Events und Stierkämpfen.

Festival Internacional Cervantino Barroco KUNST
Das einwöchige Kulturprogramm mit Weltklassemusik, Tanz und Theater findet Ende Oktober statt (Eintritt frei). Mehr Infos unter www.conecultachiapas.gob.mx.

Schlafen

In San Cristóbal gibt's richtig viele Budgetunterkünfte, aber auch eine ganze Reihe ansprechender und stimmungsvoller Mittelklassehotels, die oft in Villen aus der Kolonialzeit oder dem 19. Jh. untergebracht sind. Spitzenklassehäuser gibt's natürlich auch. Hauptsaison ist während der Semana Santa und der darauffolgenden Woche, im Juli und August, am Día de Muertos sowie in den Ferien von Weihnachten bis Neujahr. Die meisten Preise sind außerhalb der Hauptsaison mindestens 20 % niedriger.

Posada Corto Maltese PENSION $
(☎967-674-08-48; www.posadacortomaltese.com; Ejército Nacional 12; B 120 Mex$, Zi./3BZ ohne Bad 300/350 Mex$;) Zu der schlichten Unterkunft gehören ein riesiger Obstgarten mit herumschwirrenden Kolibris und freilaufenden Hühnern (deren Eier man kaufen und in der Gästeküche zubereiten kann), ein Baumhaus für Kinder und ein Ziegelofen – das Ganze ist ein Refugium für Leute, die etwas Grün in der Stadt zu schätzen wissen.

Le Gite del Sol HOTEL $
(☎967-631-60-12; www.legitedelsol.com; Madero 82; EZ/DZ/3BZ/4BZ mit Gemeinschaftsbad 180/220/330/340 Mex$, EZ/DZ/3BZ/4BZ 250/320/420/520 Mex$; @) Ein üppiges Frühstück bekommen die Gäste in den schlichten Zimmern mit Fußböden in sattem Gelb und Badezimmern, die wie übergroße Duschkabinen wirken. In einer neueren Anlage auf der anderen Straßenseite finden sich nette Zimmer mit Gemeinschaftsbad. Die Betreiber sprechen Französisch und Englisch, auch Gästeküchen sind vorhanden.

Puerta Vieja Hostel HOSTEL $
(☎967-631-43-35; www.puertaviejahostel.com; Mazariegos 23; B 120 Mex$, Zi./3BZ/4BZ ohne Bad 370/540/680 Mex$, Zi./3BZ/4BZ 500/660/800 Mex$, jeweils inkl. Frühstück;) Das geräumige neue Hostel befindet sich in einem kolonialzeitlichen Gebäude mit hohen Decken, einem großen Garten, Küche, Temazcal (Dampfbad) und abgeschirmtem Innenhof. Die Schlafsäle (einer ausschließlich für Frauen) haben eine ordentliche Größe und jene im Dachgeschoss eine fabelhafte Aussicht. In den Privatzimmern stehen ein großes und ein Stockbett. Für freiwillige Helfer, die sich für einen mindestens einen Monat verpflichten, gibt's Zimmer und Verpflegung.

Rossco Backpackers HOSTEL $
(☎967-674-05-25; www.backpackershostel.com.mx; Real de Mexicanos 16; B 140–165 Mex$, DZ/3BZ/4BZ 500/700/800 Mex$, jeweils inkl. Frühstück; P@) Das freundliche, gesellige und gut geführte Hostel hat gute Schlafsäle (darunter einen nur für Frauen), eine Gästeküche, ein Dachgeschoss, wo Filme vorgeführt werden, und einen grasbewachsenen Garten. Die Privatzimmer im obersten Stock haben hübsche Oberlichter. Wer mit Fahrrad oder Motorrad anreist, bekommt eine Übernachtung gratis.

Posada Ganesha PENSION $
(☎967-678-02-12; Calle 28 de Agosto 23; B/EZ/DZ/3BZ ohne Bad inkl. Frühstück 120/180/280/400 Mex$;) Die weihraucherfüllte, mit indischen Stoffen dekorierte Posada ist eine freundliche, muntere Unterkunft mit

einfacher Gästeküche und einem hübschen Lounge-Bereich. Besonders nett ist die freistehende *cabaña*. Montags bis freitags werden zweimal täglich Yogakurse (35 Mex$) angeboten.

Bela's B&B B&B $$

(☎ 967-678-92-92; www.belasbandb.com; Dr. Navarro 2; EZ inkl. Frühstück ohne Bad 50 US$, EZ/DZ inkl. Frühstück 80/95 US$; P) Das ruhige, hundefreundliche B&B ist eine traumhafte Oase mit üppigem Garten mitten im Stadtzentrum. Die Gäste werden mit Heizdecken, Handtuchtrocknern und Massagen verwöhnt. Die fünf komfortablen Zimmer sind mit traditionellen Stoffen aus der Region dekoriert, und manche bieten eine schöne Aussicht in die Berge. Wer länger bleibt, erhält einen Rabatt.

Hotel Posada Jovel HOTEL $$

(☎ 967-678-17-34; www.hoteljovel.com; Paniagua 28; Posada Zi. ohne Bad 100 Mex$/Pers., Posada DZ/3BZ/4BZ 500/550/650 Mex$, Hotel DZ/3BZ/4BZ 800/1000/1200 Mex$; P) Die meisten Zimmer in der billigen Posada sind einfach, aber ganz in Ordnung, die unten gelegenen können aber muffig sein, und einige teilen sich das Bad. Mehr Komfort bietet das Hotel auf der anderen Straßenseite. Dessen Zimmer liegen rund um einen hübschen Garten; sie sind größer und netter eingerichtet, haben Kabelfernsehen und Zugang zu einer wundervollen Aussichtsterrasse. Vor Ort gibt's auch ein Restaurant.

Casa Margarita HOTEL $$

(☎ 967-678-09-57; www.tourshotel.com.mx; Real de Guadalupe 34; EZ/DZ/3BZ/4BZ inkl. großem Frühstück 600/700/850/950 Mex$; P) Der beliebte, gut geführte Travellertreff punktet mit geschmackvoll aufgemachten, makellos sauberen Zimmern, die mit Leselampen ausgestattet sind.

Anthara Hotel HOTEL $$

(☎ 967-674-77-32; www.antharahotel.com; Real de Mexicanos 7; DZ 700–900 Mex$;) Solarbeheiztes Warmwasser und eine Fußbodenheizung zeichnen das dreistöckige, um einen kleinen Hof mit Garten angelegte Hotel aus. Die Zimmer haben dunkle Holzmöbel und große Schränke, die Badezimmer sind allerdings recht klein. Von Zimmer 301 hat man einen tollen Blick in die Berge.

Na Bolom HOTEL $$

(☎ 967-678-14-18; www.nabolom.org; Guerrero 33; EZ/DZ/3BZ/Suite inkl. Frühstück 830/1110/1320/1520 Mex$; P) Das berühmte Museum und Forschungsinstitut, das rund 1 km von der Plaza 31 de Marzo entfernt ist, bietet 16 stil- und stimmungsvolle (wenn auch nicht unbedingt luxuriöse) Gästezimmer, die bis auf zwei alle mit Holzkaminen ausgestattet sind. Die Mahlzeiten werden im herrschaftlichen Speisesaal des Hauses serviert. Im Preis ist eine Führung durch das Haus eingeschlossen.

★ **La Joya Hotel** B&B $$$

(☎ 967-631-48-32; www.lajoyahotelsancristobal.com; Madero 43A; Zi. inkl. Frühstück 145–175 US$; P@) San Cristóbals neues Boutiquehotel ist etwas fürs Auge – die fünf Zimmer könnten mit ihren exquisiten Möbeln, den riesigen Bädern und den Antiquitäten, die die Eigentümer von ihren Weltreisen mitgebracht haben, einem Hochglanzmagazin entstiegen sein. Es stehen Sitzplätze am Kamin zur Verfügung und Heizgeräte in jedem Zimmer, und von der Dachterrasse bietet sich ein schöner Blick in die Hügel. Der Service ist aufmerksam: Nachmittags gibt's Snacks, zur Schlafenszeit Tee und für Gäste, die spät aus dem Ausland ankommen, ein speziell zubereitetes leichtes Abendessen.

★ **Villas Casa Morada** APARTMENTS $$$

(☎ 967-678-44-40; www.casamorada.com.mx; Dugelay 45; Zi. & Apt. 1600 Mex$, Villa mit 2 Schlafzi. 2250 Mex$; P@) Schöne Wandmalereien und Fliesen schmücken die geschmackvollen, modernen Apartments, die mit Küche, Telefon, Kabel-TV, Heizung und Kamin ausgestattet sind und täglich gesäubert werden. Die Zimmer liegen zu einem ruhigen Garten voller Obstbäume hin, und vor Ort gibt es ein kleines Restaurant mit Bar. Achtung: Die beiden „Deluxe superior"-Wohneinheiten sind einfach nur Standardzimmer ohne Küchen – kein guter Deal!

Casa Felipe Flores B&B $$$

(☎ 967-678-39-96; www.felipeflores.com; JF Flores 36; Zi. inkl. Frühstück 99–145 US$;) Die traumhafte Pension bietet in einem 200 Jahre alten Gebäude, das mit erstklassigem Kunsthandwerk und Mobiliar aus Mexiko und Guatemala ausstaffiert ist, fünf Zimmer mit Kamin an zwei mit Blumen bepflanzten Höfen. Die Lounge ist ein wunderbarer Ort, um bei einem Glas Wein in Büchern aus der Bibliothek zu blättern. Das Zimmer auf dem Dach verfügt über eine private Terrasse mit Ausblick auf die gefliesten Dächer und die Bougainvilleenbüsche.

Hotel Bo BOUTIQUEHOTEL $$$
(☎967-678-15-15; www.hotelbo.mx; Av 5 de Mayo 38; Zi. 246–315 US$, Suite 472–577 US$; P ⊖ @ ᯤ) In diesem Boutiquehotel, das mit supermodernem trendigem Schick und einmaligem künstlerischem Flair das übliche Schema traditioneller kolonialer Architektur durchbricht, trifft San Crístobal auf Miami Beach. Die großen Zimmer und Suiten sind sehr elegant und haben Bäder mit Glasbausteinen und Regenduschen. Hinzu kommt ein Garten voller Blumen und schönen Wasserspielen.

Hotel Diego de Mazariegos HOTEL $$$
(☎967-678-08-33; www.diegodemazariegos.com; Calle 5 de Febrero 1; Zi. 1200 Mex$, Suite 1600–1800 Mex$; P ᯤ) Dieses erstklassige, alteingesessene Hotel besteht aus zwei Herrenhäusern aus dem 18. Jh., die schöne, große Innenhöfe umgeben. Die 76 geräumigen Zimmer sind mit traditionellen Stoffen und Zubehör herausgeputzt. Sie bieten jeden modernen Komfort einschließlich Kabel-TV. Einige haben einen Kamin und die Suiten sogar eine Blubberbadewanne.

Hotel El Paraíso HOTEL $$$
(☎967-678-00-85; www.hotelposadaparaiso.com; Calle 5 de Febrero 19; EZ/DZ/3BZ 950/1210/1470 Mex$; ⊖ ᯤ) Das El Paraíso mischt kolonialen Stil mit Boutiquehotelambiente. Es hat eine helle Terrasse mit Holzsäulen sowie einen traumhaften Garten mit Sitzbereich und sprüht nur so vor Charme. Die hohen Zimmer sind nicht riesig, aber alle bekommen Tageslicht ab. Einige erstrecken sich über zwei Etagen und haben oben ein Extrabett. Das dazugehörige Restaurant L'Eden ist hervorragend.

Parador Margarita HOTEL $$$
(☎967-116-01-64; www.tourshotel.com.mx; JF Flores 39; EZ/DZ/3BZ/4BZ inkl. Frühstück 980/1300/1500/1700 Mex$; P ᯤ) Die Zimmer liegen an einem hübschen Hof und sind mit einem großen Doppelbett oder zwei französischen Betten ausgestattet. Einige haben auch einen Kamin, Buntglasfenster und Oberlichter im Bad. Weitere Pluspunkte sind die Heizgeräte im Zimmer und die schöne Hinterterrasse mit Blick auf eine große Rasenfläche.

Hotel Casavieja HOTEL $$$
(☎967-678-68-68; www.casavieja.com.mx; MA Flores 27; Zi./3BZ/Suite 1400/1550/2000 Mex$; P ⊖ @ ᯤ) Das Casavieja ist in einem wunderschön renovierten Haus aus dem 18. Jh. untergebracht und weist jede Menge Holzsäulen, Balustraden und die Atmosphäre alter Zeiten auf. Die großen, gemütlichen Zimmer mit modernem Komfort sind rund um einen Innenhof voller Blumen angeordnet.

Parador San Juan de Dios BOUTIQUEHOTEL $$$
(☎967-678-11-67; www.sanjuandios.com; Calz Roberta 16; Zi. 1800 Mex$, Suite 3400–6000 Mex$; P ⊖ ᯤ) Ein atemberaubendes Boutiquehotel am Nordrand der Stadt mit riesigen Luxussuiten und alter und moderner Kunst.

Hotel Casa Mexicana HOTEL $$$
(☎967-678-06-98; www.hotelcasamexicana.com; Calle 28 de Agosto 1; DZ/3BZ 1500/1600 Mex$, Suite 1800–2200 Mex$; P ⊖ @ ᯤ) Die Casa Mexicana ist sowohl eine Galerie als auch ein Hotel mit dem Charme der Kolonialzeit. Das stilvolle, einladende Hotel vereint moderne Kunst mit traditionellen Stoffen, Holzsäulen und -möbeln. Den Haupthof nimmt ein prächtiger tropischer Garten ein. Die 54 schönen Zimmer haben Kabel-TV. Außerdem gibt's ein Lokal, eine Bar und eine Sauna.

Posada Moguel APARTMENTS $$$
(☎967-116-09-57; posadamoguel@hotmail.com; Comitán 41B; Apt. 1200–2000 Mex$; P ⊖ @ ᯤ) Die von einer Familie geführte Anlage rund um einen gefliesten Hof voller Topfpflanzen umfasst sieben recht nüchterne Apartments für zwei bis sechs Personen. Alle verfügen über Küche, Kamin, Wohn- und Esszimmer, einige haben sogar drei Schlafzimmer und erstrecken sich über zwei Stockwerke. Für Gäste, die eine Woche oder einen Monat bleiben, gibt es Rabatte.

Essen

Essenstechnisch hat man in San Cristóbal das große Los gezogen. Hier gibt's mehr verführerische Spezialitäten als anderswo in Chiapas. Wer also Appetit auf eine kulinarische Besonderheit hat, wird fündig. Auch Vegetarier werden versorgt. *¡Provecho!*

Rund um die Real de Guadalupe

Selbstversorger können sich im zentralen **Super Más** (Real de Guadalupe 22; ⏲8–22 Uhr) mit Vorräten eindecken. Hinzu kommen einige Obst- und Gemüseläden an der Dugelay, wo der verkehrsberuhigte Abschnitt der Real de Guadalupe endet.

★**TierrAdentro** MEXIKANISCH $
(Real de Guadalupe 24; Menü 45–110 Mex$; ⏲7.30–23 Uhr; ᯤ) Das große Restaurant

mit abgeschlossenem Innenhof ist Café und Pizzeria in einem und ein beliebter Treff für politisch links eingestellte sowie kaffeeschlürfende und auf ihre Laptops einhackende Einheimische (ohne dass sich beide Gruppen ausschließen). Hier kann man gut ein paar Stunden vertrödeln. Geführt wird der Laden von Sympathisanten der Zapatisten, die häufig Kultur-Events oder Diskussionen über regionale Themen veranstalten.

El Horno Mágico BÄCKEREI $
(Utrilla 7; Brot & Gebäck 15–30 Mex$; ⌚8.30–21 Uhr) Hier kann man sich für ein Picknick oder einen leckeren Snack mit knusprigem französischen Brot (das mit Pekannüssen ist himmlisch), Schokoladencroissants oder schmackhaftem Gebäck eindecken.

La Casa del Pan Papalotl VEGETARISCH $
(Real de Guadalupe 55; Hauptgerichte 50–107 Mex$; ⌚Mo–Sa 8–22.30, So 9–16.30 Uhr;) Das vegetarische Restaurant in einem Hof bietet von 13 bis 17 Uhr ein sehr reichhaltiges Mittagsbüffet (80–110 Mex$). Hier kommen immer frisches Brot und Biozutaten aus der Region auf den Tisch. Der zugehörige Laden verkauft leckeren hausgemachten Tofu.

Pizzería El Punto PIZZERIA $$
(Real de Guadalupe 47; Pizzas 85–135 Mex$; ⌚12–22 Uhr;) Labberige, zähe Pizzas gibt's hier nicht – sondern die knusprigste Pizza der Stadt. Der Hauptableger dieser ausgezeichneten Pizzeria hat eine Bar, elegantes schwarz-rotes Design und einen tollen Balkon mit Blick auf die Real de Guadalupe.

Pierre Restaurant Francés FRANZÖSISCH $$
(Real de Guadalupe 73; Hauptgerichte 85–350 Mex$; ⌚13.30–22 Uhr;) Alles, auch Pasta, Butter, Käse und Brot, wird in diesem französischen Restaurant, das leckere saisonale Gerichte serviert, frisch zubereitet. Sehr zu empfehlen sind die Entenravioli mit Waldpilzen, *verduras salteadas en hojaldra* (Gemüseauflauf) und die Tartes zum Dessert. Vegetarische Hauptgerichte stehen auch auf der Karte.

Westlich der Plaza 31 de Marzo

Namandí Café & Crepas CRÊPERIE, CAFÉ $
(Mazariegos 16C; Crêpes 71–99 Mex$; ⌚8.30–22.30 Uhr;) In dem großen, modernen Café-Restaurant servieren die adrett gekleideten Bedienungen Baguette-Sandwiches, Pasta und guten Kaffee. Der Renner sind aber die frischen Crêpes. Unbedingt die köstliche *crepa azteca* mit Hühnchenfleisch, Mais, Paprika und *salsa poblana* probieren! Kids werden die moderne verglaste Spielecke und genervte Eltern die *kostenlose* Kinderbetreuung lieben (gegen einen Aufpreis wird auch Babysitting angeboten).

L'Eden MEXIKANISCH, EUROPÄISCH $$
(Hotel El Paraíso, Calle 5 de Febrero 19; Hauptgerichte 64–168 Mex$; ⌚7–23 Uhr;) Die Speisekarte dieses Qualitätsrestaurants lockt mit europäischen und mexikanischen Speisen wie *fondue suiza, sopa azteca* und saftigem Fleisch. Auf der langen Weinkarte stehen gute französische und spanische Tropfen.

Restaurante LUM MEXIKANISCH $$
(Hotel Bo, Av 5 de Mayo 38; Hauptgerichte 95–170 Mex$; ⌚7–23 Uhr) Das schicke Restaurant mit Plätzen drinnen und draußen gehört zu San Cristóbals erstem Designerhotel und serviert regionale Gerichte aus Chiapas, Veracruz und Yucatán. Eigens entworfene Lampen, spiegelnde Teiche und Wände aus geometrisch gestapeltem Feuerholz sorgen für ein abgefahrenes, modernes Ambiente.

Südlich der Plaza 31 de Marzo

Anabanana MEXIKANISCH, FRÜHSTÜCK $
(Hidalgo 9; Hauptgerichte 25–77 Mex$; ⌚Mo–Sa 10–18 Uhr) Das alteingesessene, niedliche Lokal in einer Fußgängerzone ist mit seinen *tortas* (Sandwiches) und Säften eine gute und preisgünstige Option für typisch mexikanisches und schlichtes internationales Essen. Man kann hier prima Leute beobachten und dabei gut frühstücken.

El Caldero MEXIKANISCH $
(Insurgentes 5; Suppen 59 Mex$; ⌚9–22 Uhr) Das schlichte, freundliche, kleine El Caldero ist auf leckere, sättigende mexikanische Suppen – *pozole* (Schweinegeschnetzeltes in Brühe), *mondongo* (Kutteln) und *caldo* (Brühe) – mit Avocados, Tortillas und verschiedenen Salsas spezialisiert. Es gibt auch ein vegetarisches Angebot.

Nördlich der Plaza 31 de Marzo

★ **Quesadillas** MEXIKANISCH $
(Paniagua 49B; Quesadilla 30 Mex$; ⌚Do–Di 8–22.30 Uhr;) In diesem Laden ohne Schild verkauft ein nettes Paar Gourmet-Quesadillas und aromatisierte *atoles* (ein süßes Heißgetränk aus Mais). Man sitzt romantisch im

Hof. Die Karte wechselt täglich: Von Sonntag bis Dienstag gibt es vegetarische Gerichte, donnerstags Meeresfrüchte, freitags Fleisch (recht frech in diesem überwiegend katholischen Land) und samstags eine bunte Mischung.

Am besten schaut man sich die Zutaten an, zu denen Waldpilze, knusprige Ameisen (nur saisonal), Kürbisblüten und würzige Chorizo zählen, und kommt früh, um nicht leer auszugehen.

Alebrije MEXIKANISCH $
(Caminero 4; Hauptgerichte 25–50 Mex$; ⌚Mo–Sa 8.30–18 Uhr) Witzige, preiswerte und wuselige *cocina popular* gegenüber dem Mercado Municipal. *Enfrijoladas con pollo* (Tortillas mit Bohnensauce, Käse und Hühnchen), *chilaquiles* und *pollo con verduras* (Hühnchen mit Gemüse) werden für die einheimische Kundschaft frisch zubereitet.

Falafel FALAFEL $
(MA Flores 4; Hauptgerichte 45–90 Mex$; ⌚Mo–Sa 13–21 Uhr; 🅥) In dem kleinen Laden mit einer schnauzbärtigen Sonne als Wandschmuck wird das sättigende Gericht in frisch gebackener Pita serviert. Wer Ivrit lesen kann, sollte die Bücherbörse durchforsten.

La Salsa Verde TAQUERÍA $
(Av 20 de Noviembre 7; 5 Tacos 50–95 Mex$; ⌚8–24 Uhr; 📶) In dieser Taco-Institution, die es schon mehr als 30 Jahre gibt, brutzelt Fleisch auf dem Grill unter freiem Himmel. Die beiden großen Speisesäle, in denen Fernseher plärren, sind immer voller Familien und junger Partygänger.

Il Piccolo ITALIENISCH $$
(MA Flores 12; Hauptgerichte 120–180 Mex$, Pizzas 80–160 Mex$; ⌚Di–So 13–23 Uhr; 👪) Im großen Garten (mit sagenhafter Aussicht) hinter seinem neuen Standort bietet das Piccolo einen Holzofen und ein Trampolin für Kinder. Auf der Karte stehen Steaks, Pizzas und leckere, frische Pastagerichte. Die Frage nach der Damentoilette führt ins Leere und sorgt für Heiterkeit.

Trattoria Italiana ITALIENISCH $$
(Dr. Navarro 10; Hauptgerichte 120–145 Mex$; ⌚Mo & Do–Sa 14–22, So 12–17.30 Uhr) Das von einem Mutter-Tochter-Gespann geführte italienische Lokal ist auf täglich frisch zubereitete Ravioli spezialisiert. Je nach Saison besteht die Füllung aus Barsch mit Aubergine, vier Käsesorten mit Walnuss und Rucola oder auch aus Kaninchen mit Rosmarin und grünen Oliven. Toll sind die Saucen, u.a. die mit Mango, Chipotle oder Gorgonzola.

Ausgehen & Nachtleben

Das Aroma von geröstetem Hochlandkaffees zieht durch die Straßen von San Cristóbal – ein starker Muntermacher ist nie fern. Köstlichen Biokaffee aus der Region bekommt man z.B. im Café Museo Café (S. 385), im **Café La Selva** (Crescencio Rosas 9; ⌚8.30–23 Uhr; 📶) und im **TierrAdentro** (Real de Guadalupe 24; ⌚7.30–1 Uhr; 📶).

La Sandunga COCKTAILBAR
(MA Flores 16; ⌚Do–Sa 19–3, Hauptsaison auch Di & Mi) Pop-Art ziert die Wände des kleinen, stilvollen La Sandunga. Die frischen Fruchtcocktails sind himmlisch, dazu gibt's leckere *botanas* (Gratis-Häppchen). Freitags und samstags spielen Rockbands (ab 23.30 Uhr).

Cocoliche COCKTAILBAR
(Colón 3; ⌚12–24 Uhr; 📶) Tagsüber ein unkonventionelles internationales Restaurant (Hauptgerichte 50–95 Mex$), ist das Cocoliche mit den unpassenden chinesischen Lampions und den abgefahrenen Postern an der Wand abends der richtige Ort, um mit Freunden bei starken *licuados* (alkoholischen Milchshakes) abzuhängen. In kühlen Nächten besetzt man am besten ein Plätzchen auf einem Sofa am Kamin. Abends gibt's Latin Jazz und Salsa, sowie gelegentlich Theatervorstellungen (21 Uhr).

La Viña de Bacco WEINBAR
(☎967-119-19-85; Real de Guadalupe 7; ⌚Mo–Sa 14–24 Uhr) Die mitteilsamen Betreiber von San Cristóbals erster Weinbar servieren jetzt auch an der Straße. Die gesellige Bar in einer Fußgängerpassage in der Haupttouristengegend kredenzt zahlreiche mexikanische Weine ab annehmbaren 20 Mex$ pro Glas. Zu Jedem Glas Wein gibt's kostenlose Tapas.

Mezcalería Gusana Grela MEZCALERÍA
(MA Flores 2; ⌚Mo–Sa 19–3Uhr) Man quetscht sich an einen der wenigen Tische und probiert ein paar aus dem Dutzend verschiedener Mezcals (30–40 Mex$) aus Oaxaca, von denen viele mit Früchten verfeinert sind.

Kakao Natura CAFÉ
(Moreno 2A; ⌚8–22 Uhr) Zur Abwechslung kann man sich in dieser *chocolatería* eine heiße Schoki gönnen. Die rund ein Dutzend kunstvollen Pralinen (7 Mex$/Stück) sind ein feines Mitbringsel – wenn man sich beherrschen kann, und sie nicht selbst aufisst.

La Ruina CLUB
(Calle 28 de Agosto 13; ⌚ Mi–Sa 22 Uhr–open end) In dem kleinen Holzgebäude mit gut ausgestatteter Bar (und billigem Bier) trifft sich alle Welt, um bei einem lustigen Mix aus *cumbia*, Hip-Hop, Dub Step, Reggae und Salsa die Nacht zu durchtanzen.

Latino's CLUB
(☎ 967-678-99-27; Madero 23; Eintritt Fr & Sa 40 Mex$; ⌚ Mo–Sa 20–3 Uhr) In dem Tanzschuppen mit hell erleuchtetem Restaurant treffen sich die *salseros* der Stadt. Donnerstags bis samstags ab 23 Uhr spielt eine Band Salsa, Merengue, Cumbia und Bachata.

☆ Unterhaltung

Die meisten Livemusiktreffs nehmen keinen Eintritt. Generell ist in den Clubs das Rauchen verboten.

★ **Cafe Bar Revolución** LIVEMUSIK
(www.elrevo.com; Calle 1 de Marzo 11; ⌚ 13–1 Uhr) Im Revolución ist immer etwas los: Abends treten zwei Livebands auf (20.30 & 22.30 Uhr), und die Musik ist ein bunter Mix aus Salsa, Rock, Blues, Jazz und Reggae. Unten wird getanzt, im ruhigeren *tapanco* (Dachgeschoss) kann man sich bei einem Mojito oder Caipirinha unterhalten.

El Paliacate KULTURZENTRUM
(Av 5 de Mayo 20; ⌚ Di–Sa 18–23 Uhr) Auf der Hauptbühne des alternativen Kulturzentrums mit kleinem Restaurant und einer Bar, an der Wein, Bier und Mezcal ausgeschenkt werden, gibt's Musikevents, z. B. Rock auf Tzotzil, *son jarocho* (Folk) oder experimentelle Bands, sowie gelegentlich einen Dokumentarfilm oder eine Theatervorstellung. Drinnen befinden sich auch ein Fahrradkeller und oben Räume zum Chillen.

Dada Club JAZZ
(☎ 967-631-75-61; www.dadaclubjazz.net; Calle 1 de Marzo 6A; ⌚ Di–So 9–1 Uhr; 📶) Dunkelrote Wände und flackernder Kerzenschein bilden die Kulisse für den besten Jazz und Blues in der Stadt. Ein netter Balkon befindet sich seitlich der Bühne, auf der von 21.30 bis 24 Uhr Livemusik gespielt wird. Hinzu kommt ein Gartenbereich, in dem Frühstücksgerichte aus Biozutaten serviert werden.

Kino

San Cristóbal ist ein prima Ort, um sich mexikanische und lateinamerikanische Filme, politische Dokumentationen und Filme mit künstlerischem Anspruch anzuschauen. Im Multiplexkino **Cinépolis** (www.cinepolis.com; neben dem Chedraui) westlich vom Zentrum laufen die neuesten Streifen; dort kostet der Eintritt 54 Mex$, in den unten aufgelisteten Kinos 30 Mex$.

Kinoki KINO
(☎ 967-678-50-46; www.facebook.com/KinokiForoCulturalIndependiente; Belisario Domínguez 5A; ⌚ 12–24 Uhr; 📶) Die Kunstgalerie mit Teestube und einem schönen Raum sowie Terrasse im Obergeschoss zeigt jeden Abend zwei Filme (18.30 & 20.30 Uhr). Zudem gibt's Säle für Privatvorführungen aus dem Depot mit mehr als 3500 Filmen.

Cinema El Puente KINO
(☎ 967-678-37-23; Centro Cultural El Puente, Real de Guadalupe 55; ⌚ Mo–Sa) Vorstellungen um 18 und 20 Uhr.

Shoppen

In der Real de Guadalupe und der Andador Turístico befinden sich einige exklusive Kunsthandwerksgeschäfte. Auch die täglichen geschäftigen Kunsthandwerksmärkte um die Kirchen Santo Domingo und La Caridad sind einen Besuch wert. Neben Textilien ist Bernstein eine Spezialität von Chiapas; man bekommt ihn in zahlreichen Schmuckläden. Vorsicht vor Plastikimitationen: Echter Bernstein ist weder kalt noch schwer, und wenn man daran reibt, lädt er sich statisch auf. Außerdem riecht er harzig.

Taller Leñateros KUNST & KUNSTHANDWERK
(www.tallerlenateros.com; Paniagua 54; ⌚ Mo–Fr 8.30–17, Sa bis 12 Uhr) Die „Werkstatt der Waldländer", ein Zusammenschluss von Maya-Künstlern, fertigt exquisite Bücher, Poster und Kunstdrucke aus Recyclingpapier an. Die Motive sind von der traditionellen Volkskunst inspiriert. Im Atelier können Besucher Künstlern über die Schulter schauen.

Poshería GETRÄNKE
(Real de Guadalupe 46A; ⌚ 10–21 Uhr) Hier erhält man selbst hergestellten *pox* (ein alkoholisches Getränk der Maya), aromatisiert mit Honig, Schokolade oder Früchten wie *nanche*. Das ist definitiv kein Getränk für die breite Masse, denn die Flasche kostet zwischen 50 und 200 Mex$; der Alkoholgehalt beträgt nur etwa 14%.

Meltzanel KLEINDUNG
(Calle 28 de Agosto 3; ⌚ Mo–Fr 9–14 & 16–20, Sa 10–20 Uhr) Moderne Mode aus traditionellen Maya-Textilien.

Abelita Books BÜCHER
(Colón 2; ⌚12–18 Uhr, Mi & So geschl.; 📶) Ein wunderbarer Ort, um bei hausgemachten Brownies, heißem Kaffee oder einem dampfenden Tee herumzustöbern und die eigene Bibliothek um neue und antiquarische Bücher auf Englisch und in anderen Sprachen zu ergänzen. Am Donnerstag werden kostenlos englischsprachige Filme gezeigt.

Nemi Zapata KUNSTHANDWERK, KAFFEE
(Real de Guadalupe 57A; ⌚Mo–Sa 9.30–18 Uhr) Der Fair-Trade-Laden verkauft Produkte aus zapatistischen Gemeinden, z. B. Webarbeiten, Stickereien, Kaffee und Honig sowie Karten, Plakate und Bücher des EZLN.

Lágrimas de la Selva SCHMUCK
(Plaza 31 de Marzo; ⌚10–21 Uhr) In dem hübschen Schmuckladen kann man zuschauen, wie Bernstein bearbeitet wird.

Casa Chiapas KUNSTHANDWERK
(www.casachiapas.gob.mx; Ecke Niños Héroes & Hidalgo; ⌚Mo–Fr 9–21, Sa 9–20, So 10–14 Uhr) Gute Auswahl von Kunsthandwerk aus Chiapas.

La Pared BÜCHER
(Hidalgo 13B; ⌚Di–So 10.30–20.30 Uhr) Neue und gebrauchte Bücher auf Englisch und in anderen Sprachen.

Praktische Informationen

EINREISEBEHÖRDE

Instituto Nacional de Migración (☎967-678-02-92; Diagonal Hermanos Paniagua; ⌚Mo–Fr 9–13 Uhr) An der Kreuzung mit dem Pan-American Hwy, 1,2 km westlich des OCC-Busbahnhofs.

GELD

Bei den meisten Banken muss man seinen Reisepass vorzeigen, wenn man Geld wechseln will, was außerdem nur montags bis freitags möglich ist. Praktische Geldautomaten finden sich am OCC-Busbahnhof und an der Südseite der Plaza 31 de Marzo.

Banamex (Insurgentes zw. Niños Héroes & Cuauhtémoc; ⌚Mo–Sa 9–16 Uhr) Hat einen Geldautomaten und tauscht US-Dollars.

Banco Azteca (Plaza 31 de Marzo; ⌚9–20 Uhr) Liegt versteckt hinten im Möbelladen Elektra; tauscht US-Dollars und Euros (US-Dollars beschränkt auf 300 US$/Tag & Pers.).

Lacantún Money Exchange (Real de Guadalupe 12A; ⌚Mo–Sa 9–21, So 9–14 & 16–19 Uhr) Die Wechselstube ist zwar auch außerhalb der Öffnungszeiten der Banken geöffnet, wechselt aber zu schlechten Kursen.

INTERNETZUGANG

San Cristóbal de las Casas hat Dutzende günstiger Internetcafés. Kostenloses WLAN gibt's an der Plaza 31 de Marzo und in den meisten Cafés.

Fast-Net Cyber Café (Real de Guadalupe 15D; 10 Mex$/Std.)

Los Faroles (Real de Guadalupe 33; 8 Mex$/Std.)

MEDIZINISCHE VERSORGUNG

Dr. Luis José Sevilla (☎967-678-16-26, Handy 967-1061028; Calle del Sol 12; ⌚6–22 Uhr) Der Arzt spricht Englisch und Italienisch und macht

KOOPERATIVEN INDIGENER WEBERINNEN

Zu den herausragenden kunsthandwerklichen Erzeugnissen aus dem Hochland von Chiapas zählen Textilien wie *huipiles* (ärmellose Kittel), Blusen und Decken; die Weberinnen der Tzotzil gehören zu den besten und kreativsten in ganz Mexiko.

J'pas Joloviletik (Utrilla 43; ⌚Mo–Fr 9–14 & 16–19 Uhr, zusätzl. einige Sa & So) Die 30 Jahre bestehende Kooperative, deren Namen „die Weberinnen" bedeutet, umfasst 184 Frauen aus zwölf Gemeinden. Sie betreiben auch den großen Laden an der Ostseite des Templo de Santo Domingo.

Sna Jolobil (snajolobil@prodigy.net.mx; Calz Lázaro Cárdenas s/n; ⌚Mo–Sa 9–14 & 16–19 Uhr) Neben dem Templo de Santo Domingo zeigt und verkauft das Sna Jolobil – was auf Tzotzil „Haus der Weberinnen" bedeutet – sehr schöne *huipiles*, Blusen, Röcke und andere Webereien. Der Preis liegt zwischen ein paar Pesos für kleine Stücke und mehreren Tausend für die schönsten *huipiles* (deren Herstellung mehrere Monate dauert).

Die Kooperative von 800 Weberinnen aus dem Hochland von Chiapas wurde in den 1970er-Jahren gegründet, um die wichtige indigene Kunst des Webens am Gurtwebstuhl zu fördern; sie hat viele halb vergessene Techniken und Entwürfe wiederbelebt.

El Camino de los Altos (Insurgentes 19; ⌚Mo–Sa 10–15 & 16–20 Uhr) Das Unternehmen hat die exquisite Ausstattung im Hotel Bo geschaffen. Hier arbeiten französische Textildesigner mit 130 Maya-Weberinnen zusammen.

auch Hausbesuche. Die Praxis liegt westlich vom Zentrum nahe der Periférico.

Hospital de la Mujer (☎967-678-07-70; Insurgentes 24) Allgemeines Krankenhaus mit Notfallversorgung.

POST

Hauptpost (Allende 3; ⊙Mo–Fr 8–16, Sa 8–14 Uhr)

TELEFON

Lada Ahorro (Av 20 de Noviembre zw. Calle 28 de Agosto & Escuadrón 201; ⊙9–21 Uhr) Kostengünstige Auslandsgespräche.

TOURISTENINFORMATION

Städtische Touristeninformation (☎967-678-06-65; Palacio Municipal, Plaza 31 de Marzo; ⊙9–21 Uhr) Das Personal weiß so ziemlich alles über die Region um San Cristóbal und spricht auch Englisch.

An- & Weiterreise

Eine schnell befahrbare, mautpflichtige *autopista* (45 Mex$/Auto) verbindet San Cristóbal mit Chiapa de Corzo. Der Autobahnausschilderung folgen, auf der *cuota* (Maut) steht! Am besten legt man die Strecke zwischen San Cristóbal und Palenque bei Tageslicht zurück, da es hier gelegentlich, wenn auch nicht häufig, zu Überfällen kommt. Wer auf der Strecke mit dem Bus unterwegs ist, sollte seine Wertsachen bei der Gepäckaufbewahrung abgeben.

AUTO & MOTORRAD

Optima (☎967-674-54-09; optimacar1@hotmail.com; Mazariegos 39) Bei San Cristóbals einziger Autovermietung gibt's Autos mit Schaltgetriebe für 600 Mex$ pro Tag und 3600 Mex$ pro Woche inklusive unbegrenzter Kilometerzahl, Versicherung und Steuern. Bei Barzahlung gibt es beträchtlichen Rabatt. Die Fahrer müssen mindestens 25 Jahre alt sein und eine Kreditkarte vorlegen.

BUS & COLECTIVO

Fast alle Busbahnhöfe liegen am Pan-American Hwy (Hwy 190, Blvd Juan Sabines, „El Bulevar"), der durch den Südteil der Stadt verläuft, oder in dessen Nähe. Vom OCC-Busbahnhof sind es sechs Blocks die Insurgentes entlang Richtung Norden bis zur zentralen Plaza 31 de Marzo.

Vom **OCC-Busbahnhof** (☎967-678-02-91; Ecke Pan-American Hwy & Insurgentes) fahren nicht nur die 1.-Klasse-Busse von OCC, sondern auch die von ADO und UNO sowie Deluxe-Busse und einige Busse 2. Klasse. Tickets bekommt man auch bei **Boletotal** (☎967-678-85-03; www.boletotal.mx; Real de Guadalupe 16;

BUSSE AB SAN CRISTÓBAL DE LAS CASAS

ZIEL	PREIS (MEX$)	DAUER (STD.)	HÄUFIGKEIT (TGL.)
Campeche	434	10	1-mal
Cancún	350–994	18–19	OCC 3-mal, AEXA 1-mal
Ciudad Cuauhtémoc (Guatemalan border)	100	3¼	3-mal
Comitán	45–56	1¾	OCC & *colectivos* regelm.
Mérida	618	12¾	1-mal
Mexico City (TAPO & Norte)	514–1232	13–14	12-mal
Oaxaca	474–762	11–12	4-mal
Ocosingo	40–68	2	OCC 7-mal, AEXA 4-mal, *colectivos* regelm.
Palenque	110–196	5	OCC 6-mal, AEXA 4-mal
Pochutla	462	11–12	2-mal
Puerto Escondido	518	12½–13	2-mal
Tuxtla Gutiérrez	35–50	1–1¼	OCC regelm.; AEXA 4-mal; Sprinter von Ómnibus de Chiapas regelm.; *colectivos* regelm.; Sammeltaxis von Taxis Jovel 24 Std.
Tuxtla Gutiérrez airport (Ángel Albino Corzo)	178	1½	5-mal
Villahermosa	274–326	5½–7	2-mal

⌚7.30–22 Uhr) im Stadtzentrum. Die Busse von AEXA und die Minibusse von Ómnibus de Chiapas teilen sich einen Busbahnhof auf der anderen Straßenseite gegenüber dem OCC-Busbahnhof.

Alle *colectivo*- (Kombi-) und Taxiunternehmen haben Depots am Pan-American Hwy, die ein, zwei Blocks vom OCC-Busbahnhof entfernt sind. Die Fahrzeuge sind im Allgemeinen zwischen 5 und 21 Uhr unterwegs und fahren ab, wenn sie voll besetzt sind. Die *colectivos* (Sammeltaxis) nach Tuxtla, Comitán und Ocosingo sind rund um die Uhr im Einsatz; wer nicht warten mag, bis das Fahrzeug voll besetzt ist, zahlt zusätzlich den Preis für die unbelegten Plätze.

Die beste Option nach Tuxtla Gutiérrez sind die komfortablen Sprinter-Minibusse von Ómnibus de Chiapas (45 Mex$), die alle zehn Minuten verkehren.

Die meisten Agenturen bieten täglich einen Van-Service nach Guatemala, und zwar nach Quetzaltenango (350 Mex$, 8 Std.), Panajachel (350 Mex$, 10 Std.) und Antigua (450 Mex$, 12 Std.); etwas billiger geht das mit Viajes Chincultik, dessen Vans auch Guatemala-Stadt und Chichicastenango ansteuern. Alternativ fährt man nach Ciudad Cuauhtémoc und steigt auf der guatemaltekischen Seite in ein Fahrzeug zur Weiterreise um.

FLUGZEUG

Von San Cristóbals Flughafen gibt es keine regelmäßigen Passagierflüge; der Hauptflughafen der Gegend ist jener in Tuxtla Gutiérrez („Ángel Albino Corzo Aeropuerto"). Fünfmal täglich fahren OCC-Minibusse (178 Mex$) von San Cristóbals Hauptbusbahnhof zum Flughafen Tuxtla (in der Gegenrichtung 4-mal); Die Fahrt zum Flughafen sollte man im Voraus buchen und sich über den Flugplan unter www.ado.com.mx informieren.

Eine Reihe von Reiseveranstaltern bietet Shuttle-Dienste zum Flughafen Tuxtla (ca. 250 Mex$/Pers.).

Taxis Jovel (☎967-678-23-53; Pan-American Hwy Höhe Allende) Taxis Jovel holt Passagiere vom Flughafen ab (ganzes Fahrzeug 450 Mex$, *colectivo* 53 Mex$) – einen Tag im Voraus reservieren!

ℹ Unterwegs vor Ort

Combis (6 Mex$) fahren vom Pan-American Hwy über die Crescencio Rosas ins Stadtzentrum. Eine Taxifahrt in der Stadt kostet 25 Mex$, nachts 30 Mex$.

Jaguar Adventours (S. 390) vermietet Mountainbikes guter Qualität.

Croozy Scooters (☎Handy 967-6832223; Belisario Domínguez 7; Motorroller 3 Std./Tag 250/400 Mex$, Motorrad 3 Std./Tag 350/500 Mex$; ⌚10–18 Uhr) Croozy Scooters vermietet gut gewartete Italika CS-125-cm³-Motorroller und 150-cm³-Motorräder. Im Preis enthalten sind eine Tankladung Benzin, Straßenkarten, Schloss und Helm. Erforderlich sind der Reisepass und eine Kaution von 500 Mex$.

AMATENANGO DEL VALLE

Die Frauen aus diesem Tzeltal-Dorf an der Panamericana 37 km südöstlich von San Cristóbal sind berühmte Töpferinnen. Die Töpferstücke werden hier immer noch auf vorkoloniale Art gebrannt: Um die Stücke wird ein Holzfeuer aufgeschichtet, ein Brennofen wird nicht benutzt. Es gibt einen hübschen Tourismarkt, auf dem die Kinder von Amatenango *animalitos* verkaufen – kleine Tierfiguren aus Ton, nicht teuer, aber zerbrechlich. Wer das Dorf besucht, sollte darauf vorbereitet sein, dass man innerhalb von Minuten von jungen *animalito*-Verkäufern umringt ist. Von San Cristóbal nimmt man einen Bus oder ein Combi Richtung Comitán.

Rund um San Cristóbal

Die Einwohner des wunderschönen Hochlands von Chiapas stammen von Maya ab und haben sich ein paar einzigartige Bräuche bewahrt – von traditioneller Kleidung bis hin zum Glauben.

Märkte und Feste bieten häufig den interessantesten Einblick in das Leben der indigenen Bevölkerung – und davon gibt's jede Menge. Die wöchentlichen Märkte in den Dörfern finden fast immer sonntags statt. Schon bei Sonnenaufgang wird Handel getrieben, um die Mittagszeit lässt die Geschäftigkeit dann nach. Der **Karneval** (Ende Feb./Anfang März), für den Chamula besonders berühmt ist, die **Semana Santa** und der **Día de Muertos** (2. Nov.) werden fast überall gefeiert.

Wandern, Reiten oder Radfahren ist tagsüber auf den Hauptstraßen nach San Juan Chamula und San Lorenzo Zinacantán nicht riskant, in weniger belebten Gegenden oder auf abgelegenen Wegen sollte man aber nicht herumlaufen.

☞ Geführte Touren

Ein guter Führer kann Gold wert sein und einen Einblick in das Leben und die Bräuche der indigenen Bevölkerung ermöglichen, wie man ihn allein nie bekäme. Alle

Agenturen in San Cristóbal bieten für ca. 200 Mex$ vier- oder fünfstündige Touren in die Dörfer an, in der Regel nach San Juan Chamula und San Lorenzo Zinacantán. Für den gleichen Preis gibt's auch vier- oder fünfstündige geführte Reitausflüge nach San Juan Chamula. Wertvolles sollte man nicht mitnehmen, denn in der Vergangenheit wurde schon so einiges gestohlen.

Alex & Raúl Tours KULTUREXKURSION

(☎ 967-678-91-41; www.alexyraultours.wordpress.com; 200 Mex$/Pers.) Nette und informative Minibus-Touren auf Englisch, Französisch oder Spanisch. Raúl und/oder ein Kollege warten täglich von 8.45 bis 9.30 Uhr am Holzkreuz vor der Kathedrale von San Cristóbal. Die Touren führen nach San Juan Chamula und Zinacantán. Es können auch Ausflüge nach Tenejapa, San Andrés Larraínzar oder Amatenango del Valle (225 Mex$) organisiert werden (min. 4 Teilnehmer).

ℹ An- & Weiterreise

Transportmöglichkeiten zu den meisten Dörfern gibt's rund um den Mercado Municipal in San Cristóbal. Combis nach San Juan Chamula (12 Mex$) fahren oft von der Calle Honduras und Utrilla ab. Nach Zinacantán fahren Combis (14 Mex$) und *colectivos* (16 Mex$) mindestens stündlich. Sie starten von einem Hof an der Robledo. Die ersten Verkehrsmittel fahren schon vor Sonnenaufgang, die letzten bis nach Sonnenuntergang.

San Juan Chamula

3300 EW. / 2200 M

Die Einwohner Chamulas sind eine hartnäckig unabhängige Gruppe der Tzotzil. Ihr Wohnort, San Juan Chamula, liegt 10 km nordwestlich von San Cristóbal. Er ist das Zentrum einiger einzigartiger religiöser Praktiken. Allerdings haben Konflikte zwischen den Anhängern des traditionellen Katholizismus der Chamulas und den zu evangelischen, pfingstgemeindlichen oder anderen Zweigen

Rund um San Cristóbal de las Casas

des Christentums Übergetretenen dazu geführt, dass in den vergangenen Jahrzehnten mehrere Tausend Chamulas aus ihren Dörfern vertrieben wurden. Hier – wie auch in anderen Teilen Mexikos und Zentralamerikas – hat man den Katholizismus auch deswegen abgelehnt, weil man gegen die lange andauernde Übermacht der katholischen *mestizos* war. In San Juan Chamula hat sich der Evangelismus mit der Zapatistenbewegung vermischt. Die meisten der Vertriebenen evangelischen Glaubens bewohnen heute die Barackendörfer rund um San Cristóbal.

Die Männer der Chamulas tragen lockere, in Heimarbeit gefertigte Tuniken aus weißer Wolle (wenn es kalt ist, auch aus dickerer schwarzer Wolle). Die *cargo*-Inhaber mit wichtigen religiösen und zeremoniellen Pflichten tragen ärmellose schwarze Tuniken und einen weißen Schal um den Kopf. Die Frauen der Chamulas kleiden sich in eher einfache weiße oder blaue Blusen und/oder Stolen und Röcke aus Wolle.

Fremde können San Juan Chamula besuchen, aber das Fotografieren in der Dorfkirche oder bei Ritualen ist strikt verboten, wie das Schild am Ortseingang besagt. Dieses Verbot muss *unbedingt* beachtet werden, denn die Gemeinschaft ist in dieser Hinsicht unerbittlich. Der **Friedhof** des Dorfes liegt ganz in der Nähe rund um eine ältere Kirche. Ein schwarzes Kreuz bedeutet, dass der Mensch in hohem Alter gestorben ist, ein weißes, dass er noch jung war. Alle anderen haben blaue Kreuze. Dieser Brauch wird aber heute nicht mehr praktiziert.

Zum **Wochenmarkt** am Sonntag kommen die Menschen aus den Hügeln ins Dorf, wo sie ein- und verkaufen sowie die Kirche besuchen. Der Markt zieht auch Busladungen von Touristen an, sodass es vielleicht besser ist, sich einen anderen Tag für den Besuch auszusuchen (wegen eines Aberglaubens sind mittwochs noch mehr Leute dort).

Feste & Events

Karneval KARNEVAL

Während des Karnevals ziehen Musikanten mit hohen, spitzen Hüten und langen, farbigen Troddeln Gitarre spielend und singend durch die Straßen. Es wird viel *pox* („posch") getrunken, ein alkoholisches Getränk aus Zuckerrohr. Die Feiern markieren die fünf „verlorenen" Tage des alten Kalenders der Langen Zählung, der die Zeit in Abschnitte von 20 Tagen unterteilte (18 Abschnitte ergeben 360 Tage, also fehlen fünf zum ganzen Jahr).

NICHT VERSÄUMEN

TEMPLO DE SAN JUAN

Chamulas Hauptkirche neben der Hauptplaza ist schneeweiß und hat einen leuchtend grün und blau bemalten Torbogen. Der dunkle Altarbereich, die Hunderte flackernder Kerzen, die Weihrauchwolken und die knienden Anhänger, die ihr Gesicht auf den mit Kiefernnadeln bedeckten Boden senken, sind sehr beeindruckend.

Vor dem Betreten muss man sich bei der **Touristeninformation** (⏲7–18 Uhr) neben der Plaza eine Eintrittskarte (20 Mex$) besorgen.

Vielleicht kann man sehen, wie singende *curanderos* (wörtlich „Heiler", d.h. Medizinmänner oder -frauen) gerade die Körper ihrer Patienten mit Eiern oder Knochen einreiben. Gläubige trinken oft Erfrischungsgetränke (Rülpsen soll böse Geister vertreiben) oder Unmengen *pox*. Heiligenfiguren sind von Spiegeln umgeben und in heilige Gewänder gekleidet. Die Chamulas verehren San Juan Bautista (Johannes den Täufer) mehr als Jesus, und sein Abbild nimmt in der Kirche daher auch einen bedeutenderen Platz ein.

Fiesta de San Juan Bautista RELIGION

Am 24. Juni versammeln sich bis zu 20 000 Menschen, um zu tanzen und trinken.

Wechsel der Cargo-Inhaber TRADITION

Der jährliche Wechsel der ehrwürdigen (aber kostspieligen) Stellung als Oberhaupt der Gemeinschaft *(cargo)* findet zwischen dem 30. Dezember und 1. Januar statt.

San Lorenzo Zinacantán

3900 EW. / 2558 M

Das ordentliche Dorf San Lorenzo Zinacantán liegt 11 km nordwestlich von San Cristóbal. Es ist der Hauptort der Zinacantán-Gemeinde (36 000 Mitglieder). Die Zinacantán gehören wie die Chamulas zu den Tzotzil. Die Männer tragen charakteristische rosafarbene Tuniken, bestickt mit Blumenmotiven. Teilweise tragen sie stolz flache, runde und mit Bändern versehene Hüte aus Palmblättern. Die Frauen schmücken sich mit rosa- oder purpurfarbenen Stolen über kunstvoll bestickten Blusen.

Sonntags und an Festtagen wird bis 12 Uhr ein kleiner **Markt** abgehalten. Die

FOTOGRAFIEREN

Die Bräuche der Menschen in diesem Teil Mexikos sind zu respektieren. In den Dörfern besteht oft ein starker Zusammenhalt, und die indigenen Dorfbewohner sind Fremden gegenüber manchmal misstrauisch. Sie mögen es überhaupt nicht, wenn sie fotografiert werden. In einigen – aber längst nicht in allen – Dörfern werden Kameras bestenfalls toleriert. Wer unerlaubt Fotos macht, bringt sich selbst in Gefahr. Am besten bittet man immer vorher um Erlaubnis.

wichtigsten Feierlichkeiten werden für **La Virgen de La Candelaria** (⌚7.–11. Aug.) und **San Sebastián** (⌚19.–22. Jan.) abgehalten.

Die Bewohner von Zinacantán sind passionierte Blumenzüchter mit einer Vorliebe für Geranien: Mit Kiefernzweigen werden diese Blumen bei vielen Ritualen geopfert.

Die große, zentral gelegene **Iglesia de San Lorenzo** (Eintritt 15 Mex$) wurde nach einem Brand im Jahr 1975 wieder aufgebaut. In der Kirche und auf dem Friedhof ist Fotografieren verboten.

Grutas de San Cristóbal

Um hinzukommen, nimmt man am Pan-American Hwy rund 150 m südöstlich vom OCC-Busbahnhof in San Cristóbal ein Combi gen Teopisca (20 Mex$) und bittet den Fahrer, einen bei „Las Grutas" abzusetzen.

Grutas de San Cristóbal HÖHLE
(Eintritt 20 Mex$, Parkplatz 10 Mex$; ⌚8–16.30 Uhr) Der Eingang zu dieser langen Höhle liegt in einem Kiefernwald 9 km südöstlich von San Cristóbal und fünf Gehminuten südlich des Pan-American Hwy. Die ersten rund 350 m der Höhle sind beleuchtet und können besichtigt werden – ein betonierter Weg schlängelt sich durch die Spalte mit den eindrucksvollen Stalagmiten und Stalaktiten. Direkt an die Höhlen grenzt ein großer Armeestützpunkt, aber Besucher sind willkommen. Am Parkplatz warten Pferde auf Reiter. Dort findet man auch *comedores*.

Ocosingo

☎919 / 42 000 EW. / 900 M

Zwischen dem dunstigen, tiefliegenden Urwald und dem kühlen Hochland liegt Ocosingo. Der geschäftige Marktflecken mit seinen gemäßigten Temperaturen breitet sich auf halber Strecke zwischen San Cristóbal und Palenque in einem schönen, weiten Tal aus. Die beeindruckenden Maya-Ruinen von Toniná sind nur einige Kilometer entfernt.

Der belebteste Teil der Stadt ist die Marktgegend, die sich entlang der Avenida 2 Sur Oriente, drei bis fünf Blocks östlich (bergab) der Hauptplaza erstreckt. Auf dem **Tianguis Campesino** (Bauernmarkt; Ecke Av 2 Sur Oriente & Calle 5 Sur Oriente; ⌚6–17 Uhr) verkaufen kleinere Lebensmittelproduzenten ihre Waren. Der Verkauf ist den Frauen vorbehalten, die meist traditionelle Kleidung tragen – ein farbenfrohes Bild.

Die als Las Cañadas de Ocosingo bekannten Täler zwischen Ocosingo und der Reserva de la Biosfera Montes Azules im Südosten sind eine der stärksten Bastionen der Zapatisten. 1994 fanden in Ocosingo die blutigsten Kämpfe statt, bei denen 50 Rebellen von der mexikanischen Armee getötet wurden.

Ocosingo erstreckt sich vom Hwy 199 (bergab) gen Osten. Die Avenida Central führt vom Highway hinunter zur großen, zentralen Plaza, an deren Ostende der Templo de San Jacinto über allem wacht. Einige Hotels, Restaurants und andere Dienstleister finden sich entlang der Calle Central Norte, die von der Nordseite der Plaza abgeht.

Schlafen

Hotel Central HOTEL $
(☎919-673-00-24; Ecke Av Central & Calle Central; EZ/DZ/3BZ/4BZ 300/350/450/550 Mex$, mit Klimaanlage zugzl. 100 Mex$; P ⊜ ❄ ☎) Direkt an der Plaza bietet das komfortable Hotel Central geräumige Zimmer mit Kabel-TV und Ventilator sowie eine große Terrasse. Am besten eines der Zimmer im Obergeschoss nehmen, das Eckzimmer Nr. 12 ist besonders hell und luftig!

Hospedaje Esmeralda PENSION $
(☎919-673-00-14; rosi_esmeralda@hotmail.com; Calle Central Norte 14; EZ/DZ/3BZ/4BZ ohne Bad 180/200/300/400 Mex$; P ☎) Die kleine Pension hat fünf ordentliche Zimmer, die alle mit Ventilator und bunten Indio-Bettdecken ausgestattet sind. Es gibt ein Restaurant (Hauptgerichte 62–85 Mex$), und die Betreiber, die die Gegend wie ihre Westentasche kennen, geben bereitwillig auch Nichtgästen Tipps, wenn man etwas zu essen oder trinken bestellt. Angeboten werden auch Ausritte (300 Mex$/2 Std.) ins Umland von Ocosingo.

DIE INDIGENE BEVÖLKERUNG VON CHIAPAS

Von den 4,8 Mio. Menschen, die in Chiapas leben, gehört etwa ein Viertel der indigenen Bevölkerung an. Zu erkennen sind diese Menschen hauptsächlich an der Sprache. Jede der acht Hauptgruppen hat ihre eigene Sprache, ihren eigenen Glauben und ihre eigenen Bräuche. Dieser kulturellen Vielfalt ist es zu verdanken, dass Chiapas einer der faszinierendsten Bundesstaaten Mexikos ist.

Traveller, die in der Gegend um San Cristóbal umherreisen, kommen mit den Tzotzil und den Tzeltal in Berührung. Eigentlich sind diese katholisch, aber ihr traditionelles religiöses Leben weist auch vorkoloniale Elemente auf. Die meisten wohnen in den Hügeln außerhalb der Dörfer. In Letzteren werden vor allem Zeremonien und Märkte abgehalten.

Die Kleidung der Tzotzil und Tzeltal gehört zu den abwechslungsreichsten, buntesten und kunstvollsten in Mexiko. Sie identifiziert ihre Träger nicht nur als Bewohner verschiedener Dörfer, sondern führt die alten Maya-Traditionen fort. Viele der Muster sind nur scheinbar abstrakt: Sie stellen Schlangen, Frösche, Schmetterlinge, Vögel, Heilige und andere Wesen dar. Einige Motive haben religiös-magische Funktionen – Skorpione können z. B. eine symbolische Bitte um Regen sein, denn man glaubt, sie zögen Blitze an.

Die Lacandonen lebten tief im Lacandón-Urwald und mieden bis in die 1950er-Jahre jeden Kontakt mit der Außenwelt. Heute sind es weniger als 1000 Menschen, die in drei Hauptsiedlungen in dieser Region (Lacanjá Chansayab, Metzabok & Nahá) hauptsächlich von zurückhaltendem Tourismus leben. Lacandonen sind leicht an ihren weißen Tuniken und ihren langen schwarzen Haaren mit Pony zu erkennen. Die meisten Lacandonen haben ihre traditionelle animistische Religion heute gegen presbyterianische oder evangelische Formen des Christentums eingetauscht.

Die Mitglieder der indigenen Bevölkerungsgruppen werden traditionell als Bürger zweiter Klasse behandelt und leben oft in den unfruchtbarsten Regionen, die nur sehr wenige Regierungsleistungen und sehr schlechte Infrastruktur bieten. Viele indigene Gemeinden versorgen sich durch Bedarfswirtschaft; es gibt weder fließendes Wasser noch Strom. Die Frustration über die mangelnde politische Macht und die seit eh und je schlechte Behandlung haben den Aufstand der Zapatisten geschürt. So kam die offensichtliche Ungerechtigkeit in dieser Region ans Tageslicht.

Heutzutage werden die uralten indigenen Lebensweisen sowohl vom evangelischen Christentum – das viele traditionell animistisch-katholische Praktiken und Alkoholmissbrauch bei religiösen Ritualen untersagt – als auch von der Zapatista-Bewegung bedroht, die traditionelle Führungshierarchien ablehnt und die Rechte und das Ansehen der Frauen stärken will. Der Großteil der indigenen Bevölkerung des Hochlands hat sich in den Lacandón-Urwald zurückgezogen, um dort neues Land zu roden, andere sind auf der Suche nach Arbeit in die Städte gegangen, teilweise sogar bis in die USA.

Trotz aller Hindernisse haben Identität und Selbstachtung der indigenen Völker überlebt. Fremden gegenüber sind sie misstrauisch, Einmischungen in ihre religiösen Bräuche oder andere Lebensbereiche lehnen sie ab. Begegnet man ihnen aber mit dem nötigen Respekt, reagieren sie meist freundlich.

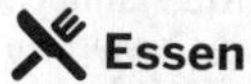

Essen

Restaurant Los Rosales MEXIKANISCH, FRÜHSTÜCK $

(Hotel Margarita, Calle Central Norte 19; Frühstück 40–70 Mex$, Hauptgerichte 70–110 Mex$; 7–23 Uhr;) Mit der Fensterwand und dem Blick über die Dächer in die Weite der grünen Berge ist dieses Restaurant im Obergeschoss ein netter Ort, um seinen Tag zu planen.

Las Delicias MEXIKANISCH, FRÜHSTÜCK $$

(Av Central 5; Hauptgerichte 78–120 Mex$; 7–23 Uhr;) Auf der zur Plaza ausgerichteten Veranda des Hotel Central genießt man große Portionen und gutes Frühstück (41–82 Mex$).

Shoppen

Fábrica de Quesos Santa Rosa ESSEN

(919-673-00-09; 1a Calle Oriente Norte 11; Käse 80 Mex$/kg; Mo–Sa 8–14 & 16–20 Uhr, So 8–14 Uhr) Ocosingo ist für seinen *queso amarillo* (gelben Käse) bekannt. In dieser Käserei kann man neun verschiedene Hauptsorten kaufen, u. a. den *de bola*, der in Kugeln à 1 kg angeboten wird. Er hat außen eine essbare

BUSSE AB OCOSINGO

ZIEL	PREIS (MEX$)	DAUER (STD.)	HÄUFIGKEIT (TGL.)
Palenque	50–128	2½	OCC 6-mal, AEXA 3-mal; *colectivos* sehr oft
San Cristóbal de las Casas	40–68	2¼	OCC 4-mal, AEXA 4-mal; *colectivos* sehr oft
Tuxtla Gutiérrez	95–168	3½	OCC 4-mal, AEXA 4-mal

Wachsschicht und ist innen krümelig und sehr fett. Während der Geschäftszeiten ist eine kostenlose Werksbesichtigung möglich.

Praktische Informationen

Santander (Ecke Calle Central Norte & Av 1a Norte; Mo–Fr 9–16, Sa 10–14 Uhr) sowie **Banamex** (Av Central; Mo–Fr 9–16 Uhr) an der Plaza tauschen US-Dollars und haben Geldautomaten. Santander tauscht auch Euros. An der Plaza gibt's kostenloses WLAN, die Internetcafés nehmen 8 Mex$ pro Stunde.

Die **Städtische Touristeninformation** (Mo–Fr 8–16 Uhr) hat einen Kiosk auf der Plaza und ein Büro im Erdgeschoss des an der Plaza gelegenen Palacio Municipal. Sie bietet Karten der Region und Stadtpläne, aktuelle Infos holt man sich aber besser in der Hospedaje Esmeralda.

An- & Weiterreise

Ocosingos **OCC-Busbahnhof** (919-673-04-31) liegt am Hwy 199, 600 m westlich der Plaza, und der **AEXA-Busbahnhof** (Handy 919-1140679; www.autobusesaexa.com.mx) für Busse 1. Klasse auf der anderen Straßenseite. Vom OCC-Busbahnhof fahren Busse nicht nur nach San Cristóbal, Tuxtla Gutiérrez und Palenque, sondern auch nach Campeche, Cancún, Mérida und Villahermosa. Die wichtigste *colectivo*-Haltestelle befindet sich gegenüber dem AEXA-Busbahnhof.

Die Trucks nach Nahá (50 Mex$, 2½ Std., 11 & 12 Uhr) und Laguna Miramar halten auf einem ummauerten Gelände hinter dem Markt.

Toniná

Der zeremonielle Mittelpunkt von **Toniná** (919-108-22-39; Eintritt 46 Mex$; 8–17 Uhr), die Ruinen und Stufen der Maya-Stadt, erheben sich über einem idyllischen Tal 14 km östlich von Ocosingo. In dieser Stadt befindet sich eine der beeindruckendsten Maya-Tempelanlagen der Welt. Toniná hat das mächtige Palenque in die Knie gezwungen.

Im Jahr 688 n. Chr. wurde die „Schlangenschädel-Jaguarklauen-Dynastie" eingesetzt, deren Herrschende wild entschlossen waren, die Region unter ihre Kontrolle zu bringen. Ihr Gegner war die Maya-Stadt Palenque. 711 wurde Palenques Führer K'an Joy Chitam II. von Toninás Truppen gefangen genommen, und man vermutet, dass er von ihnen auch einen Kopf kürzer gemacht wurde.

Toniná machte sich einen Namen als „Ort der Himmlischen Gefangenen", denn in seinen Kammern wurden die Herrscher von Palenque und anderen Maya-Städten gefangen gehalten. Ihr Schicksal war es, geköpft oder für hohe Summen wieder freigekauft zu werden. Ein stetig wiederkehrendes Motiv der Skulpturen von Toniná sind an den Händen gefesselte Gefangene, die zu Boden geworfen werden, bevor man sie köpft.

Im **Museum** (Mo geschl.) am Eingang des Geländes kann man sich (auf Spanisch) über die Geschichte Toninás informieren und einige der schönsten Artefakte besichtigen. Dann läuft man von hier aus die Straße entlang bis zu einem Weg, der über einen Fluss führt und zur weiten, flachen Gran Plaza ansteigt. Am Südende der Gran Plaza steht der **Templo de la Guerra Cósmica** (Tempel des Kosmischen Krieges) mit fünf Altären davor. Auf einer Seite der Plaza befindet sich ein **Ballspielplatz**, der ca. 780 n. Chr. von der Herrscherin Rauchender Spiegel eingeweiht wurde. Daneben steht ein Köpfungsaltar. 2011 entdeckten Archäologen zwei lebensgroße Skulpturen von gefangenen Kriegern. Laut ihrer Inschrift stammen sie aus Copán (in Honduras), was bestätigen würde, dass das Maya-Reich mit Palenque ein Kriegsbündnis geschlossen hatte.

Im Norden erhebt sich der zeremonielle Kern Toninás: Am Hang steigen terrassenförmig Plattformen hinauf bis in eine Höhe von 80 m über der Gran Plaza. Am Ende der Treppe von der ersten zur zweiten Plattform befindet sich auf der rechten Seite der Eingang zum **rituellen Labyrinth**.

Weiter oben, ebenfalls auf der rechten Seite, kommt man zum **Palacio de las Grecas y de la Guerra** (Palast der Grecas und des Krieges). Die *grecas* sind eine Reihe von geometrischen Verzierungen. Diese Verzierungen formen im Zickzack ein X und stellen möglicherweise Quetzalcóatl dar. Rechts davon befindet sich eine verschachtelte Reihe von Kammern, Gängen und Treppen. Man vermutet, dass es sich um das Verwaltungszentrum von Toniná gehandelt hat.

Noch weiter oben steht die bemerkenswerteste Skulptur von Toniná: die **Mural de las Cuatro Eras** (Mauer der vier Ären). Das Stuckrelief wurde zwischen 790 und 840 n. Chr. geschaffen. Es hatte vier Felder, aber das erste auf der linken Seite ist verschwunden. Die Felder repräsentieren die vier Sonnen oder Ären der Menschheitsgeschichte. Die Bewohner Toninás glaubten, selbst in der vierten Sonne zu leben, der des Winters. Sie spiegelt die Nordrichtung und das Ende des Lebens wider. In der Mitte eines jeden Feldes ist der Kopf eines geköpften Gefangenen dargestellt, aber verkehrt herum. Aus dem Hals sprudelt Blut und formt einen Ring aus Federn und gleichzeitig eine Sonne. Auf einer Tafel hält ein tanzendes Skelett einen Kopf in der Hand. Links davon ist der Herr der Unterwelt dargestellt, der einem riesigen Nagetier ähnelt.

Über die nächste Treppe erreicht man die siebte Ebene mit den Resten von vier Tempeln. Hinter dem zweiten Tempel von links führen Treppen in die enge **Tumba de Treinta Metros** (Dreißigmetergrab) hinunter. Der schmale Gang ist definitiv nichts für Menschen, die unter Klaustrophobie leiden.

Darüber liegt die Akropolis, der Wohnsitz der Herrschenden von Toniná. Die acht wichtigsten Tempel befinden sich dort, vier auf jeder der zwei Ebenen. Der Tempel rechts auf der tieferen Ebene heißt **Templo del Monstruo de la Tierra** (Tempel des Erdmonsters) und besitzt den am besten erhaltenen Dachgiebel von Toniná. Er wurde 713 n. Chr. erbaut.

Auf der höchsten Ebene steht der größte Tempel, der **Templo del Espejo Humeante** (Tempel des Rauchenden Spiegels). Er wurde von Zots-Choj gebaut, der 842 n. Chr. den Thron bestieg. In der Ära der vierten Sonne und der Nordrichtung war es Zots-Chojs Aufgabe, diesen nördlichsten und höchsten Tempel Toninás zu errichten – dafür wurde der Hügel nach Nordosten hin erweitert.

An- & Weiterreise

Combis nach Toniná (12 Mex$) fahren alle 30 Minuten von dem überdachten Depot direkt hinter dem Tianguis Campesino in Ocosingo ab. Das letzte kommt gegen 17.30 Uhr zurück. Ein Taxi kostet 100 Mex$.

Agua Azul & Misol-Ha

Die beiden spektakulären Wasserfälle – den donnernden, stufenförmigen Agua Azul und den 35 m hohen Misol-Ha mitten im Urwald – erreicht man über kurze Schlenker von der Straße zwischen Ocosingo und Palenque aus. In der Regenzeit büßen die Fälle allerdings etwas an Schönheit ein, denn dann ist das Wasser trübe – dafür stürzen größere Wassermengen in die Tiefe.

Beide Wasserfälle kann man gut im Rahmen einer organisierten Tagestour von Palenque aus besuchen. Auch auf eigene Faust ist es kein Problem hinzukommen, aber preiswerter ist es nicht unbedingt. Wer etwas länger beim Misol-Ha bleiben will, sollte allein dorthin fahren, denn die Touranbieter legen dort nur einen relativ kurzen Stopp ein. Der Agua Azul ist touristischer; es wimmelt hier nur so von Händlern.

Agua Azul WASSERFALL

(Eintritt 38 Mex$) Der Agua Azul bietet einen atemberaubenden Anblick: Gewaltige, blendend weiße Wasserfälle donnern in (außerhalb der Regenzeit) türkisfarbene Becken hinunter, alles umgeben von grünem Urwald. Feiertags und an den Wochenenden ist es hier rappelvoll, aber an anderen Tagen ist man ziemlich allein. Die Versuchung, ein kühles Bad zu nehmen, ist groß. Man sollte jedoch sehr vorsichtig sein, denn es sind hier schon Menschen ertrunken. Die Strömung ist unerwartet stark und die Gewalt der Fälle offensichtlich, zudem lauern unter Wasser Gefahren wie Felsen und tote Bäume.

Die Abzweigung zum Agua Azul befindet sich auf halber Strecke zwischen Ocosingo und Palenque, je etwa 60 km entfernt. Vom Hwy 199 geht eine befestigte Straße 4,5 km hinunter zum Agua Azul. Vom Parkplatz führt neben den Wasserfällen ein guter, befestigter Weg mit Treppen 700 m nach oben. Er ist von Imbiss- und Souvenirbuden gesäumt. Einfache Unterkünfte gibt's ebenfalls.

Diebstähle sind leider noch immer an der Tagesordnung, also alles Wertvolle zu Hause und die eigenen Sachen nie aus den Augen lassen! Auch sollte man immer auf dem befestigten Hauptweg bleiben.

Misol-Ha WASSERFALL

(Eintritt insgesamt 30 Mex$) Gerade einmal 20 km südlich von Palenque stürzt der spektakuläre Misol-Ha rund 35 m tief in einen breiten, von üppiger tropischer Vegetation umgebenen Teich. Das ist ein wunderbarer Ort zum Baden, wenn der Wasserfall nicht wegen Niederschlägen in der Regenzeit unmäßig viel Wasser führt. Ein Weg hinter dem Hauptfall führt in eine Höhle, wo man die Gewalt des Wassers aus der Nähe erleben kann. Misol-Ha liegt 1,5 km abseits des Hwy 199; die Ausfahrt ist beschildert. Man durchquert zwei *ejidos* (Gemeindeländereien), wo man jeweils Eintritt bezahlen muss.

Schlafen & Essen

Centro Turístico Ejidal Cascada de Misol-Ha HÜTTEN $
(in Mexico-Stadt 55-5551-3377; www.misol-ha.com; DZ/3BZ 290/400 Mex$, FZ mit Küche 520–630 Mex$, Restaurant Hauptgerichte 70–130 Mex$; Restaurant 7–19, Hauptsaison bis 22 Uhr;) Unter den Bäumen nahe dem Wasserfall umfasst diese Anlage wundervolle Holzhütten mit Ventilator, Moskitonetzen und Bädern mit Warmwasser sowie ein gutes Freiluftrestaurant. Ein nächtliches Bad ist himmlisch.

An- & Weiterreise

Die meisten Reiseveranstalter in Palenque bieten Tagesausflüge zum Misol-Ha und Agua Azul. Die Ausflüge kosten rund 300 Mex$ inklusive Eintritt und dauern sechs bis sieben Stunden, wobei man 30 bis 60 Minuten am Misol-Ha und zwei bis drei Stunden am Agua Azul verbringt. Gegen einen Aufpreis von 100 Mex$ kann man sich nach dem Ausflug auch in San Cristóbal absetzen lassen.

Um die Fälle auf eigene Faust von Palenque aus zu besuchen, heuert man ein Taxi an oder fährt von der 5a Poniente Sur mit einem Combi in Richtung Ocosingo bis zu den *cruceros* (Kreuzungen). Von der Agua-Azul-Abzweigung (35 Mex$) fahren *camionetas* hinunter zum Eingang. Von der Autobahnausfahrt zum Misol-Ha (25 Mex$) gibt es keine regelmäßige Verkehrsverbindung, aber der 1,5 km lange Anmarsch führt durch hübsches, ländliches Gelände.

Palenque

916 / 43 000 EW. / 80 M

Die sich aus dem dichten Urwald erhebenden Tempel von Palenque, die wichtigste Sehenswürdigkeit von Chiapas, gehören mit Recht zu den Perlen Mexikos und sind einige der besten Beispiele für die Maya-Architektur. Die moderne Stadt Palenque liegt ein paar Kilometer weiter im Osten und ist ein heißer, langweiliger Ort mit nur wenig Sehenswertem. In erster Linie ist sie der Ausgangspunkt zu den Ruinen. Wer ins Internet will, wird hier keine Probleme haben. Viele Traveller übernachten aber lieber in einer der im Wald versteckten Unterkünfte an der Straße von der Stadt zu den Ruinen. Das freakige El Panchán ist relativ beliebt.

Geschichte

Der Name Palenque („Palisade") ist Spanisch und hat mit dem alten Namen der Stadt nichts zu tun, der Lakamha („Großes Wasser") gelautet haben könnte. Palenque wurde erstmals um 100 v. Chr. besiedelt und hatte seine Blütezeit zwischen 630 und 740 n. Chr. Unter Pakal, der von 615 bis 683 regierte, erlangte die Stadt Berühmtheit. Archäologen haben festgestellt, dass Pakal in den Hieroglyphen durch die Sonne und den Schild repräsentiert wird. Er wird deshalb auch Escuo Solar (Sonnenschild) genannt. Pakal erreichte das damals unglaubliche Alter von 80 Jahren.

Während der Regierungszeit von Pakal wurden viele Plazas und Gebäude errichtet, z. B. der großartige Templo de las Inscripciones (Pakals Mausoleum). Charakteristisch für diese Bauten sind die Mansardendächer und die feinen Basreliefs aus Stuck.

Pakals Sohn Kan B'alam II. (684–702) wird in den Hieroglyphen durch einen Jaguar und eine Schlange dargestellt und auch Jaguarschlange II. genannt. Er führte die Ausweitung und die künstlerische Entwicklung von Palenque fort. Zu seiner Zeit wurden die Grupo-de-las-Cruces-Tempel erbaut. In jedem wurden große Steinstelen aufgestellt, auf denen Bilder Geschichten erzählen.

Unter der Herrschaft von Kan B'alam II. dehnte Palenque sein Einflussgebiet bis zum Río Usumacinta aus. Dann wurde es von der rivalisierenden Maya-Stadt Toniná, 65 km südlich, herausgefordert. Der Bruder und Nachfolger von Kan B'alam, K'an Joy Chitam II. („Wertvoller Pekari") wurde von Truppen aus Toniná 711 gefangengenommen und wahrscheinlich hingerichtet. Zwischen 722 und 736 erlebte Palenque noch einmal einen Aufschwung, als Ahkal Mo' Nahb' III. („Schildkröte-Ara-See") einige bedeutsame Bauten errichten ließ.

Nach 900 war Palenque im Großen und Ganzen verlassen. In dieser Region, die Mexikos stärkste Regenfälle verzeichnet, wurden die Ruinen schnell vom Dschungel überwuchert, und der westlichen Welt war die Stadt bis 1746 unbekannt. Damals erzählten Maya-Jäger dem spanischen Priester Antonio de Solís von der Existenz eines Palasts im Urwald. Spätere Forscher glaubten, dass Palenque die Hauptstadt einer Zivilisation à la Atlantis gewesen sei. Der exzentrische Graf von Waldeck lebte in seinen 60ern für zwei Jahre (1831–1833) in der Spitze einer Pyramide. Er veröffentlichte sogar ein Buch mit fantasievollen, neoklassizistischen Zeichnungen: Palenque sieht darin aus wie eine große Stadt im Mittelmeerraum.

Erst 1837 wurde Palenque durch John L. Stephens, einen Amateurarchäologen aus New York, und den Künstler Frederick Catherwood vernünftig untersucht. Es musste ein weiteres Jahrhundert vergehen, bevor der unermüdliche mexikanische Archäologe Alberto Ruz Lhuillier 1952 die versteckte Krypta des Pakal freilegte. Und noch heute hält Palenque faszinierende und schöne Geheimnisse parat. Erst vor Kurzem wurde auf dem Gebiet der Acrópolis del Sur eine Reihe von Skulpturen und Fresken entdeckt – durch sie konnte das Wissen über die Geschichte von Palenque erweitert werden.

Der Forscher Frans Blom bemerkte Mitte des 20. Jhs.: „Das erste Mal nach Palenque zu kommen, ist unglaublich beeindruckend. Aber wenn man dann eine Zeitlang hier gelebt hat, ist man von der Stadt besessen." Es fällt sicher nicht weiter schwer, das zu verstehen.

Sehenswertes

Der Hwy 199 kreuzt sich mit Palenques Hauptstraße, der Avenida Juárez, am westlichen Ende der Stadt an der **Glorieta de la Cabeza Maya** (Maya-Kopfstatue; Karte S. 408), einem Verkehrsrondell mit einer großen, den Kopf eines Maya-Herrschers darstellenden Statue. Hier befindet sich der neue ADO-Hauptbusbahnhof. Die Juárez führt von dieser Kreuzung 1 km nach Osten zur Hauptplaza der Stadt, **El Parque** (Karte S. 408).

Ein paar Hundert Meter südlich vom Maya-Kopf zweigt die gepflasterte Straße zu den 7,5 km entfernten Ruinen von Palenque nach Westen vom Hwy 199 ab. Diese Straße passiert nach etwa 6,5 km das Museum der Stätte und schlängelt sich dann noch ungefähr 1 km bergauf bis zum **Haupteingang zu den Ruinen**.

Ruinen von Palenque ARCHÄOLOGISCHE STÄTTE
(Eintritt 57 Mex$; ⏲8–17 Uhr, letzter Einlass 16.30 Uhr) Das alte Palenque befindet sich genau dort, wo sich die ersten Hügel aus der Ebene der Golfküste erheben. Der dichte Urwald auf diesen Hügeln bildet einen tollen Hintergrund für die sagenhafte Maya-Architektur von Palenque. Hunderte zerfallener Gebäude stehen hier auf einem 15 km² großen Gelände, aber nur das recht kompakte zentrale Areal ist ausgegraben worden. Alles, was hier zu sehen ist, wurde ohne die Verwendung von Metallwerkzeugen, Packtieren oder Rädern erbaut.

Bei der Erkundung der Ruinen sollte man versuchen, sich die grauen Steinbauten so vorzustellen, wie sie ausgesehen haben, als Palenque den Höhepunkt seiner Macht erreicht hatte: blutrot bemalt mit kunstvollen blauen und gelben Stuckdetails. Im Wald rund um die Tempel leben immer noch Brüllaffen, Tukane und Ozelots. Die Ruinen und der Wald ringsum bilden einen Nationalpark, den **Parque National Palenque**. Bei Km 4,5 an der Straße zu den Ruinen wird dafür eine zusätzliche Eintrittsgebühr von 27 Mex$ fällig.

Durchschnittlich besuchen 1000 Personen pro Tag Palenque, und während der Saison in den Sommerferien ist diese Zahl noch höher. Am besten kommt man gleich frühmorgens her, wenn geöffnet wird – dann ist es kühler und nicht so überfüllt. Außerdem hüllt der Morgennebel die Ruinen dann vielleicht noch in einen märchenhaften Dunstschleier. Vor dem Haupteingang gibt's Erfrischungen, Hüte und Souvenirs zu kaufen. Auf vielen Wegen durch die Ruinen begegnet man Verkäufern.

Die offiziellen **Führer** für das Gelände kann man am Eingang anheuern. Zwei Unternehmen der Maya bieten informative zweistündige Besichtigungstouren für bis zu sieben Personen auf Spanisch 800 Mex$ oder Englisch, Französisch, Deutsch oder Italienisch 980 Mex$ an. Wer einen französisch, deutsch oder italienisch sprechenden Führer wünscht, muss allerdings meist etwas warten, denn es gibt nicht allzu viele, die diese Sprachen beherrschen.

Die meisten Besucher nehmen ein Combi oder Taxi zum (oberen) Haupteingang der Ruinen, sehen sich die wichtigsten Gebäude an und gehen dann den Hügel hinunter ins Museum. Auf dem Weg gibt's noch ein paar weniger bedeutende Ruinen zu besichtigen.

Combis fahren tagsüber, solange es hell ist, alle zehn Minuten zu den Ruinen (20 Mex$/Strecke). In der Stadt, schaut man am besten nach *Ruinas*-Combis, die man überall in Juárez westlich von Allende fin-

Palenque

det. Sie sammeln ihre Fahrgäste an jedem beliebigen Punkt an der Straße von der Stadt zu den Ruinen ein und setzen sie auch je nach Wunsch überall wieder ab.

Achtung: Die Pilze, die von den Einheimischen zwischen Mai und November an der Straße zu den Ruinen verkauft werden, sind halluzinogene Varianten!

➡ **Templo-de-las-Inscripciones-Gruppe** (Karte S. 410) Wenn man vom Eingang aus nach Süden läuft, am überwucherten **Templo XI** (Karte S. 410) vorbei, lichtet sich auf einmal die Vegetation und die meisten der schönsten Gebäude von Palenque rücken ins Blickfeld. Auf der rechten Seite erheben sich die Tempel vor dem Urwald, sie gipfeln im Templo de las Inscripciones, der über 100 m weiter oben steht. El Palacio mit seinem unverwechselbaren Turm steht links vom Templo de las Inscripciones, und die Grupo de las Cruces ist vor einem dichten Urwaldhintergrund in der Ferne zu erkennen.

Der erste Tempel zur Rechten ist der Templo XII. Er wird **Templo de la Calavera** (Tempel des Totenkopfs; Karte S. 410) genannt – wegen der Reliefskulptur eines Hasen- oder Wildtotenkopfs am Fuß einer der Säulen. Der zweite Tempel ist nicht so interessant. Der dritte ist der **Templo XIII** (Karte S. 410). Er enthält das Grab einer Würdenträgerin. Ihre Überreste wurden 1994 geborgen – der Leichnam war rot eingefärbt, man hatte ihn nämlich mit Zinnober behandelt. Man kann einen Blick in die Tumba de la Reina Roja (Grab der Roten Königin) und auf den Sarkophag werfen. Zusammen mit den Gebeinen wurden eine Maske aus Malachit gefunden und ca. 1000 Stücke aus Jade. Basierend auf DNA-Tests und weil das Grab der Gruft Pakals nebenan ganz ähnlich ist, spekulieren manche, die hier begrabene „Königin" sei Pakals Frau Tz'ak-b'u Ajaw. Das **Grab von Alberto Ruz Lhuillier** (Karte S. 410), der 1952 Pakals Grab entdeckte, befindet sich unter den Bäumen vor dem Templo XIII.

Der **Templo de las Inscripciones** (Tempel der Inschriften; Karte S. 410) ist vielleicht das berühmteste Grabmonument des amerikanischen Kontinents. Auf jeden Fall ist es das höchste und größte Gebäude von Palenque, erbaut auf acht Ebenen. Der Templo de las Inscripciones hat an der Vorderfront einen zentralen Treppenaufgang, der 25 m zu einer Reihe von kleinen Räumen hinaufführt. Der hohe Dachgiebel, der ihn früher krönte, ist schon lange verschwunden. Aber zwischen den vorderen Eingangstüren befinden sich Stucktafeln mit Reliefs von edlen Figuren. An der Innenwand im hinteren Teil sind drei Tafeln mit einer langen Maya-Inschrift angebracht, die die Geschichte von

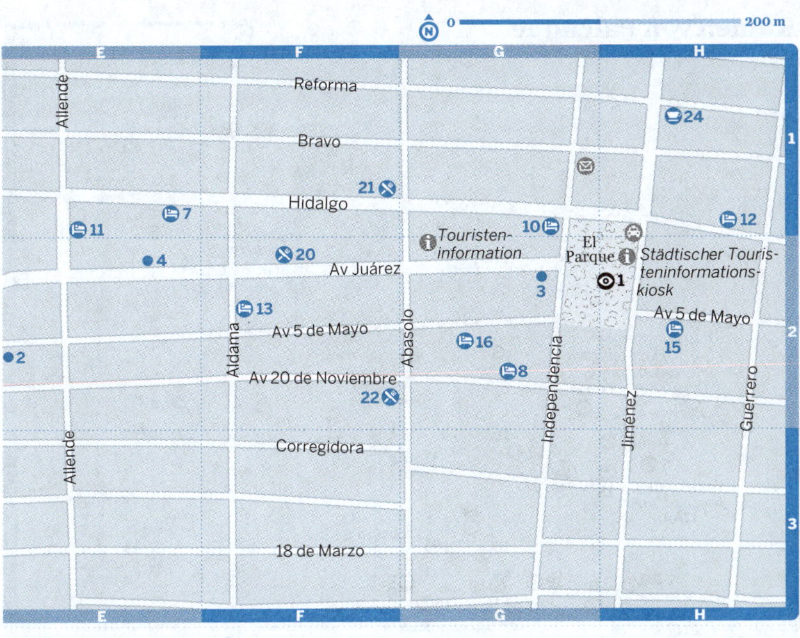

Palenque

Sehenswertes
1 El Parque H2

Aktivitäten, Kurse & Touren
2 Servicios Turísticos de Palenque E2
3 Transportador Turística Scherrer & Barb G2
4 Turística Maya Chiapas E2
5 Viajes Kukulcán C3
6 Viajes Misol-Ha D2

Schlafen
7 Hostal San Miguel E1
8 Hotel Canek G2
9 Hotel Chablis B1
10 Hotel Chan-Kah Centro G1
11 Hotel Lacandonia E1
12 Hotel Lacroix H1
13 Hotel Maya Rue F2
14 Hotel Maya Tulipanes B1
15 Hotel Palenque H2
16 Hotel Posada Tucán G2
17 Hotel Xibalba B2
18 Yaxkin B1

Essen
19 Abarrotes Monterrey D2
20 Aluxes F2
21 Café de Yara F1
Café Jade (siehe 18)
22 Restaurant Las Tinajas F2
23 Restaurant Maya Cañada B1

Ausgehen & Nachtleben
24 Italian Coffee Company H1

Palenque und von diesem Gebäude erzählt – nach ihr hat der mexikanische Archäologe Alberto Ruz Lhuillier den Tempel benannt. Von der Spitze führen Treppen im Innern hinunter zum Grab des Pakal. Es ist für Besucher nicht zugänglich – so will man weitere Schäden an den Wandgemälden verhindern, die durch die Feuchtigkeit entstehen, die die Besucher ausdünsten. Das mit Juwelen bedeckte Skelett und die Totenmaske aus Jademosaik wurden aus dem Grab entfernt und nach Mexico City gebracht. Im Museo Nacional de Antropología wurde das Grab nachgebaut. Die unbezahlbare Totenmaske wurde 1985 gestohlen (ein paar Jahre später wiedergefunden), aber der Deckel des mit Reliefs versehenen Steinsarkophags ist hier geblieben. Man kann eine Nachbildung davon im Museum des Geländes besichtigen.

➡ El Palacio

(Karte S. 410) Schräg gegenüber vom Templo de las Inscripciones steht **El Palacio**. Das

Ruinen von Palenque

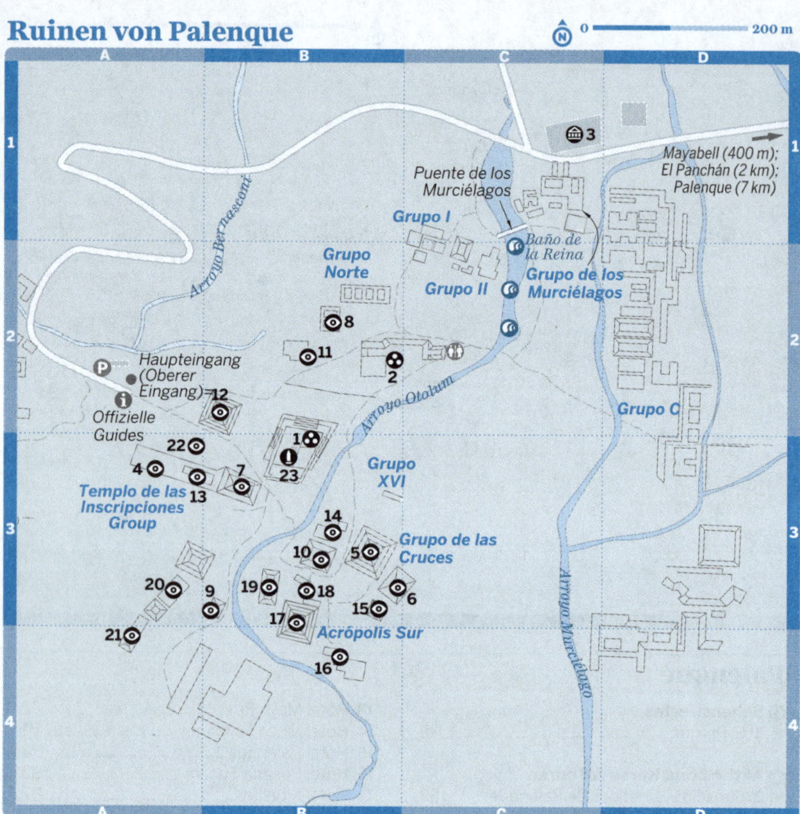

große Gebäude ist in vier Haupthöfe mit einem Irrgarten aus Korridoren und Zimmern unterteilt. Seit dem 5. Jh. wurde es in über 400 Jahren stückweise erbaut und verändert. Es war möglicherweise die Residenz der Herrscher von Palenque.

Sein **Turm** (Karte S. 410) wurde im 8. Jh. von Ahkal Mo' Nahb' III. errichtet und 1955 restauriert. An den Wänden sieht man Überreste schöner Stuckreliefs. Im Inneren hinaufzuklettern ist aber verboten. Die Archäologen glauben, dass der Turm von den Königen und Priestern der Maya gebaut wurde, um die Sonne zu beobachten: Ihre Strahlen fallen zur Wintersonnenwende nämlich direkt in den Templo de las Inscripciones.

Der nordöstliche Hof ist der **Patio de los Cautivos** (Hof der Gefangenen). Er enthält eine Sammlung von Reliefskulpturen, die für ihre Umgebung zu groß wirken. Man vermutet, dass sie gefangene Herrscher darstellen sollen, die hierher gebracht worden waren.

Zu den großen unterirdischen Bädern im Südteil des Komplexes gehörten auch noch sechs Toiletten und ein paar Schwitzbäder.

➡ Grupo de las Cruces

Pakals Sohn Kan B'alam II. war ein begeisterter Bauherr. Er begann schon kurze Zeit nach dem Tod seines Vaters mit dem Entwurf der Tempel der Grupo de las Cruces (Gruppe der Kreuze). Die drei Hauptgebäude in Pyramidenform umgeben eine Plaza südöstlich des Templo de las Inscripciones. Sie wurden alle im Jahr 692 als spirituelle Bezugspunkte den drei Hauptgottheiten von Palenque gewidmet. Die Kreuzreliefs in einigen der hiesigen Bauten symbolisieren den Ceiba- bzw. Kapok-Baum – er wiederum symbolisiert nach dem Glauben der Maya das Universum und verbindet seine Teile miteinander.

Der **Templo del Sol** (Tempel der Sonne; Karte S. 410) befindet sich an der Westseite der Plaza. Er hat den am besten erhaltenen

Ruinen von Palenque

Sehenswertes

- **1** El Palacio ... B3
- **2** Juego de Pelota ... B2
- **3** Museo de Sitio ... C1
- **4** Templo de la Calavera ... A3
- **5** Templo de la Cruz ... B3
- **6** Templo de la Cruz Foliada ... B3
- **7** Templo de las Inscripciones ... B3
- **8** Templo del Conde ... B2
- **9** Templo del Jaguar ... B3
- **10** Templo del Sol ... B3
- **11** Templo X ... B2
- **12** Templo XI ... B2
- **13** Templo XIII ... A3
- **14** Templo XIV ... B3
- **15** Templo XIX ... B4
- **16** Templo XVII ... B3
- **17** Templo XX ... B3
- **18** Templo XXI ... B3
- **19** Templo XXII ... B3
- **20** Templo XXIV ... A3
- **21** Templo XXV ... A4
- **22** Grab von Alberto Ruz Lhuillier ... A3
- **23** Turm ... B3

Dachgiebel in Palenque. Die Reliefs im Innern erinnern an die Geburt von Kan B'alam 635 n. Chr. und seine Thronbesteigung 684 und zeigen ihn vor seinem Vater. Einige sehen diese schönen Gebäude als sicheren Beweis dafür an, dass die Architekten von Palenque von den halluzinogenen Pilzen der Region inspiriert wurden. Wer weiß?

Steile Stufen führen zum **Templo de la Cruz** (Tempel des Kreuzes; Karte S. 410) hinauf. Er ist der größte Tempel der Gruppe und der mit den elegantesten Proportionen. Die Steintafel im zentralen Heiligtum zeigt rechts den Herrn der Unterwelt beim Tabakrauchen. Links ist Kan B'alam in vollem königlichem Ornat dargestellt. Dahinter zeigt eine Tafel eine Reproduktion von Kan B'alams Thronbesteigung.

Am **Templo de la Cruz Foliada** (Tempel des Blätterkreuzes; Karte S. 410) sind die Kragbogen völlig freigelegt. Hier kann man erkennen, wie die Architekten von Palenque diese Gebäude entworfen haben. Eine gut erhaltene Tafel mit Inschrift zeigt einen König (vielleicht Pakal). Seine Brust ist mit einem Sonnenschild geschmückt, Mais wächst aus seinen Schulterblättern, und auf seinem Kopf sitzt der heilige Vogel Quetzal.

➡ Acrópolis Sur

Im Urwald südlich der Grupo de las Cruces steht die **Südliche Akropolis**. Hier haben Archäologen bei den letzten Ausgrabungen einige sagenhafte Funde gemacht. Ein Teil des Geländes ist sicher abgegrenzt. Die Acrópolis Sur scheint als Erweiterung der Grupo de las Cruces konstruiert worden zu sein. Beide gruppieren sich um ein Areal herum, das vielleicht einmal ein einziger langer und offener Raum gewesen ist.

Im **Templo XVII** (Karte S. 410) zwischen der Kreuzgruppe und der Acrópolis Sur befindet sich die Nachbildung einer gemeißelten Tafel, auf der Kan B'alam dargestellt ist. Er hält einen Speer und steht vor einem knienden, gefesselten Gefangenen. Das Original ist im Museum untergebracht.

1999 machten Archäologen im **Templo XIX** (Karte S. 410) den seit Jahrzehnten wichtigsten Fund in Palenque: Eine Platte aus dem 8. Jh. trägt atemberaubende Reliefs von sitzenden Figuren und dazu längere Hieroglyphentexte. Diese erzählen im Detail von den Ursprüngen von Palenque. Im Templo XIX wurde eine Kopie dieser unschätzbar wertvollen Platte aufgestellt. Die zentrale Figur auf der langen Südseite der Tafel ist der Herrscher Ahkal Mo' Nahb' III. Er ist für viele der Gebäude auf der Acrópolis Sur verantwortlich, so wie Kan B'alam II. für die Grupo de las Cruces. Außerdem ist eine wunderbare Reproduktion einer hohen Stuckreliefskulptur von U Pakal, dem Sohn Ahkal Mo' Nahbs, zu sehen.

Der ebenfalls 1999 entdeckte **Templo XX** (Karte S. 410) enthält ein mit roten Fresken verziertes Grabmal, das 540 erbaut wurde und gegenwärtig die wichtigste Grabungsstätte in Palenque ist. Die Archäologen begannen 2012 mit der Restaurierung des Grabmals und glauben inzwischen, es handele sich um die letzte Ruhestätte von K'uk Bahlam I., einem Vorfahren Pakals.

2002 entdeckten Archäologen in **Templo XXI** (Karte S. 410) einen Thron mit sehr schönen Reliefs, die Ahkal Mo' Nahb III., dessen Großvater Pakal den Großen und seinen Nachfolger Pakal II. zeigen, der Ahkals Sohn oder Bruder war.

➡ Grupo Norte

Nördlich vom El Palacio befinden sich ein **Juego de Pelota** (Ballspielplatz; Karte S. 410) und die schönen Gebäude der Nördlichen Gruppe. Jean-Frédéric Waldeck, der sich den Titel eines Grafen gab, hauste einst in dem 647 erbauten **Templo del Conde** (Tempel des Grafen; Karte S. 410).

➡ Nordöstliche Gruppen von Palenque

Östlich von der Grupo Norte überquert der Hauptpfad den Arroyo Otolum. Etwa 70 m

WEITERFÜHRENDE INFORMATIONEN

Maya Exploration Center (www.mayaexploration.org) Eine Gruppe, die aus Archäologen, Akademikern und Künstlern besteht, die sich mit Maya-Wissenschaften wie Astronomie und Mathematik beschäftigen, bietet auf spezielle Themen spezialisierte Touren an.

Group of the Cross Project (www.mesoweb.com/palenque) Website der Palenque-Archäologen mit detaillierten Beschreibungen der Funde, die bei den Ausgrabungen zwischen 1997 und 2002 zutage traten.

INAH (www.inah.gob.mx) Die mexikanische Behörde für Anthropologie und Geschichte postet Aktuelles und neueste Entdeckungen, manchmal auf Englisch.

hinter dem Fluss führt die rechte Gabelung zur **Grupo C**, einer Anlage von Gebäuden und Plazas. Sie ist von Urwald überwachsen. Forscher glauben, dass sie zwischen 750 und 800 bewohnt war.

Wenn man auf dem Hauptweg bleibt, steigt man einige steile Stufen zu einigen flachen, länglichen Gebäuden hinunter. Sie wurden zwischen 770 und 850 n. Chr. vielleicht von den Adligen benutzt. Der Pfad führt am Arroyo Otolum entlang. Der Fluss bildet hier eine Reihe kleinere Wasserfälle, die natürliche Becken formen. Man nennt sie **Baño de la Reina** (Bad der Königin). Leider darf man hier aber nicht mehr baden.

Der Weg führt zu einem weiteren vornehmen Viertel, der **Grupo de los Murciélagos** (Fledermausgruppe) und überquert dann die **Puente de los Murciélagos**, eine Fußgängerbrücke über den Arroyo Otolum.

Jenseits der Brücke und etwas weiter den Fluss hinunter führt ein Pfad ein kurzes Stück den Hügel hinauf nach Westen zu den **Grupo 1** und **Grupo 2**. Die Ruinen sind nur zum Teil freigelegt, liegen aber wunderschön im Urwald. Der Hauptweg geht weiter den Fluss hinab zur Straße. Dort kommt auf der rechten Seite das Museum in Sicht.

Museo de Sitio MUSEUM

(Karte S. 410; Carretera Palenque-Ruinas Km 7; Eintritt mit Ruinen-Ticket frei; ⌚ Di–So 9–16.30 Uhr) Das Museum der Grabungsstätten von Palenque lohnt einen Rundgang. Gezeigt werden Funde aus den Ruinen, die die Geschichte Palenques erläutern. Infos gibt's auf Spanisch und Englisch. Zu den Höhepunkten zählen Funde aus Templo XXI und der erfreulicherweise klimatisierte Saal mit einer Nachbildung des Deckels vom Sarkophag Pakals. Die Reliefs zeigen den Herrscher in seiner Wiedergeburt als Maisgott, umgeben von Schlangen, mythischen Ungeheuern und Glyphen, die von seiner Herrschaft berichten. Einlass in den Sarkophagsaal ist alle 30 Minuten.

El Panchán AREAL

(www.elpanchan.com; Carretera Palenque-Ruinas Km 4,5) Gleich abseits der Straße zu den Ruinen liegt El Panchán, ein legendärer Traveller-Treff im Regenwald. Das Zentrum der Alternativszene Palenques ist von mexikanischen und ausländischen Bohemiens sowie Wanderern bevölkert. Das Gebiet gehörte einst zu einer Ranch, wurde aber von der Familie Morales wieder aufgeforstet – einige der Familienmitglieder zählen zu den führenden Experten zur Archäologie Palenques. In El Panchán gibt es mehrere (meist rustikale) Unterkünfte, ein paar Restaurants, sich schlängelnde Bäche, die durch alle Teile der Anlage plätschern, ein abendliches Unterhaltungsprogramm (und am Tag Trommel-Sessions), ferner einen Meditationstempel, ein Temazcal (präkolumbisches Dampfbad) und einen unaufhörlichen Strom interessierter Besucher aus aller Welt.

Geführte Touren

Zahlreiche Reiseveranstalter in Palenque, die meist täglich von 8 bis 21 Uhr geöffnet haben, bieten Tourpakete zum Agua Azul und Misol-Ha, nach Bonampak, Yaxchilán und Lacanjá Chansayab sowie nach Flores in Guatemala. Zu ihnen gehören: **Servicios Turísticos de Palenque** (Karte S. 408; ☎916-345-13-40; www.stpalenque.com; Av 5 de Mayo), **Turística Maya Chiapas** (Karte S. 408; ☎916-345-07-98; Av Juárez 123), **Viajes Kukulcán** (Karte S. 408; ☎916-345-15-06; www.kukulcantravel.com; Av Juárez) und **Viajes Misol-Ha** (Karte S. 408; ☎916-345-22-71; Av Juárez 148).

★ **Transportador Turística Scherrer & Barb** TOUR

(Karte S. 408; ☎Handy 916-1033649; fermerida_69@hotmail.com; Av Juárez 1) Das Unternehmen hat das vielseitigste Tourangebot vor Ort, darunter auch Touren zu den abgelegenen Lacandón-Gemeinden Metzabok und Nahá (1300 Mex$/Tag, 2300 Mex$/2 Tage), zur archäologischen Stätte Piedras Negras in Guatemala (2300 Mex$). Außerdem gibt's erfrischende Tagesausflüge abseits der Carretera Fronteriza z. B. zur Cascada de las Golondrinas oder Cascada Welib-já und diverse Vogelbeobachtungs- und Kajaktouren. Für alle Touren müssen mindestens vier Interessenten zusammenkommen; die Guides sprechen auch Englisch und Italienisch.

Schlafen

Zunächst muss man sich entscheiden, ob man in oder außerhalb der Stadt übernachten möchte. Die meisten Unterkünfte außerhalb der Stadt, auch El Panchán, liegen an der Straße zu den Ruinen. Abgesehen von dem grünen Viertel La Cañada im Westen ist die Stadt Palenque nicht besonders attraktiv, doch dafür hat man viele Restaurants und Dienstleistungen in der Nähe.

Die Preise beziehen sich auf die Hauptsaison (Mitte Juli–Mitte Aug., Mitte Dez.–Anfang Jan. & Semana Santa). Außerhalb dieser Zeit fallen die Preise um bis zu 35 %.

In der Stadt

Yaxkin HOSTEL $

(Karte S. 408; 916-345-01-02; www.hostalyaxkin.com; Prolongación Hidalgo 1; B 150 Mex$, DZ ohne/mit Bad 250/350 Mex$, Zi. mit Klimaanlage & Bad 500 Mex$;) Die entspannte, an El Panchán erinnernde Unterkunft, eine ehemalige Disko im hübschen La Cañada, wurde zu einem modernen Hostel mit Gästeküche, Tischtennisplatte, mehreren Lounges und einem schicken Bar-Restaurant mit Café umgebaut. Die Zimmer ohne Klimaanlage sind zwar klösterlich karg, aber trotzdem abgefahren. Die Schlafsäle (einer ist Frauen vorbehalten) mit Ventilator und die Privatzimmer mit Klimaanlage sind netter und komfortabler.

Hotel Posada Tucán HOTEL $

(Karte S. 408; 916-345-18-59; ismahpt@hotmail.com; Av 5 de Mayo 3; Zi. 200 Mex$, Zi./3BZ/4BZ mit Klimaanlage 300/350/450 Mex$;) In wilden Farbkombinationen (pink und lila, nachtblau und rot) gestrichene Rauputzwände geben den geräumigen, schlichten, aber blitzsauberen Zimmern mit Fernseher und gut gefliesten Bädern einen gewissen Pfiff. Das Personal ist superfreundlich.

Hostal San Miguel HOTEL $

(Karte S. 408; 916-345-01-52; hostalmiguel1@hotmail.com; Hidalgo 43; B 120 Mex$, Zi./3BZ mit Ventilator 400/450 Mex$, Zi./3BZ mit Klimaanlage 500/550 Mex$;) Wer liebt es nicht, wenn ihn im Hotel zu Tierfiguren gefaltete Handtücher begrüßen? Dieses Haus ist eine ruhige, saubere und günstige Bleibe; die Zimmer sind recht hell, von denen oben hat man eine gute Aussicht. Die düsteren Schlafsäle mit zwei oder vier Betten haben weder Warmwasser noch Klimaanlage, in den Zimmern mit Klimaanlage stehen zwei große Betten.

Hotel Lacandonia HOTEL $$

(Karte S. 408; 916-345-00-57; Allende 77; EZ/DZ/3BZ/4BZ 500/600/700/750 Mex$;) Das moderne Hotel präsentiert sich mit Stil. In den geschmackvollen, luftigen Zimmern gibt es schmiedeeiserne Bettgestelle, Leselampen und Kabel-TV. Im Haus findet sich ein gutes Restaurant. Die Zimmer, die im Obergeschoss zur Straße liegen, haben niedliche Balkone und sind am hellsten.

Hotel Chan-Kah Centro HOTEL $$

(Karte S. 408; 916-345-03-18; Av Juárez 2; EZ/DZ/3BZ/4BZ 450/600/750/800 Mex$;) Im Zentrum direkt am Park bietet dieses Hotel mit Klasse 17 Zimmer mit Klimaanlage, Steinböden und Terrassen und ein Lokal mit Blick auf den Park. Die Eckzimmer sind die besten. WLAN gibt's nur im Restaurant.

Hotel Lacroix HOTEL $$

(Karte S. 408; 916-345-15-35; www.lacroixhotel.wordpress.com; Hidalgo 10; Zi. 700–800 Mex$;) Das gepflegte Hotel nahe El Parque verfügt über 16 geschmackvoll pfirsichfarben gestrichene Zimmer – die oben mit kleinen Balkonen – und attraktive Wandmalereien. Es gibt einen großen Pool mit getöntem, lichtdurchlässigem Dach und ein zwangloses Restaurant. Der Service ist ausnehmend freundlich.

Hotel Maya Rue HOTEL $$

(Karte S. 408; 916-345-07-43; maya_rue@hotmail.com; Aldama; Zi./3BZ 700/800 Mex$;) Baumstammbalken und dramatische Beleuchtung geben den zwölf Zimmern durch die Verbindung von traditionellen Baumaterialien und Gewerberaum-Schick überraschenden Stil. Einige Zimmer haben eigene schattige Balkone, und alle sind geräumig und mit Kabel-TVs ausgestattet. Auf dem Gelände befindet sich ein Café.

Hotel Xibalba HOTEL $$

(Karte S. 408; 916-345-04-11; www.hotelxibalba.com; Merle Green 9, La Cañada; DZ/3BZ/4BZ 750/850/950 Mex$;) Das Mittelklassehotel im ruhigen La Cañada bietet 35 nette, saubere und geflieste Zimmer mit Kabel-TV. Die Deko ist mit architektonischen Elementen aus Stein, Pastellfarben und einer Replik des Deckels von Pakals Sarkophag ganz auf das Thema Maya ausgelegt. Auf dem Gelände befindet sich ein Restaurant.

Hotel Palenque HOTEL **$$**
(Karte S. 408; ☎916-345-01-03; www.hotelpalenque.com.mx; Av 5 de Mayo 15; DZ/4BZ inkl. Frühstück 850/950 Mex$; P ❄ ☰ ≋) Die 28 Quartiere sind schlicht, aber sauber, und in den meisten stehen zwei französische Betten. In den Zimmern im Obergeschoss, die von einem breiten, luftigen Laubengang abgehen, hat man einen wunderbaren Ausblick in die Hügel. In dem Garten voller Obstbäume und auf der hübschen Terrasse mit Bar, Pool und Restaurant kann man gut entspannen.

Hotel Canek HOTEL **$$**
(Karte S. 408; ☎916-345-01-50; www.hotelcanek.com; Av 20 de Noviembre 43; Zi./3BZ/FZ 550/650/1500 Mex$; P ❄ ☰) Das Hotel ist eine gute, gepflegte Option mit schlichten, recht großen Zimmern, von denen einige etwas dunkel sind – daher sollte man möglichst eines im Obergeschoss mit Blick zur Straße nehmen. Es gibt eine fabelhafte Dachterrasse mit *palapa* und Hängematten.

Hotel Chablis HOTEL **$$$**
(Karte S. 408; ☎916-345-08-70; www.hotelchablis.com; Merle Green 7, La Cañada; Zi./3BZ/4BZ 1250/1340/1490 Mex$; P ⊖ ❄ @ ☰ ≋) Ein neuer Flügel und ein elegantes Restaurant haben das Angebot des schön eingerichteten Hotels weiter verbessert und die Preise gehoben. In jeden der geräumigen Zimmer mit Balkon stehen ein Doppelbett oder zwei französische Betten.

Hotel Maya Tulipanes HOTEL **$$$**
(Karte S. 408; ☎800-714-47-10, 916-345-02-01; www.mayatulipanes.com.mx; Cañada 6, La Cañada; Zi./3BZ 1450/1600 Mex$; P ⊖ ❄ @ ☰ ≋) Dieses Hotel in La Cañada hat ein mit Wandmalereien verziertes Foyer und große, komfortable, minimalistische Zimmer mit Klimaanlage und zwei Doppelbetten mit eisernem Gestell. Die Anlage liegt um einen hübschen Garten mit einem kleinen Pool und einem Restaurant. Nach Rabatt fragen!

Ausserhalb der Stadt

Während in Palenque selbst Verkehr und Kommerz regieren, gibt's in der Umgebung und besonders in der Gegend zwischen Stadt und Ruinen einige wirklich magische Orte. Brüllaffen tummeln sich in den Baumkronen, und überall rascheln nach Einbruch der Dunkelheit unsichtbare Tiere. El Panchán ist mit den preiswerten *cabañas* mitten im Urwald und dem kleinen Bach, der sich durch das Gelände schlängelt, der beliebteste Treffpunkt der Traveller. Zwischen der Stadt und den Ruinen verkehrende Combis setzen tagsüber ihre Fahrgäste an jedem beliebigen Ort an der Straße ab und gabeln sie dort auch wieder auf.

Margarita & Ed Cabañas PENSION **$**
(☎Handy 916-3486990; Carreterra Palenque-Ruinas Km 4,5, El Panchán; Cabaña 260 Mex$, Zi. mit Ventilator 270–370 Mex$, DZ/3BZ/4BZ mit Klimaanlage 450/550/650 Mex$; P ❄) In ihrer sehr gemütlichen Anlage, die die saubersten Zimmer im Urwald bietet, empfängt Margarita schon seit Jahrzehnten Traveller. Die hellen, freundlichen und sauberen Zimmer haben Moskitonetze, und auch die rustikaleren *cabañas* mit Fliegengittern sind gut in Schuss und verfügen über Leselampen und eigene Bäder. Außerdem gibt es kostenloses Trinkwasser, einen Büchertausch und ein schönes, neueres Gebäude mit riesigen Zimmern.

El Jaguar CABAÑAS **$**
(☎Handy 916-1192829; www.elpanchan.com; El Panchán; Stellplatz 30 Mex$/Pers., B/EZ/DZ/3BZ 80/150/250/300 Mex$; P) Die einfache Anlage, die früher als Rakshita's bekannt war, ist mit ihren bunten Wandmalereien und den selbst zusammengezimmerten Gebäuden eine echte psychedelische Fantasie. Die Moskitonetze in den Schlafsälen sind fragwürdig, und auch um die Einbruchssicherheit der Zimmer im Erdgeschoss ist es nicht gut bestellt, aber die doppelstöckigen Einheiten sind ziemlich abgefahren. Alle Zimmer haben Warmwasser und einen Ventilator.

Jungle Palace CABAÑAS **$**
(☎Handy 916-1147420; www.elpanchan.com; El Panchán; EZ/DZ/3BZ 200/250/300 Mex$, ohne Bad 100/150/200 Mex$) Die schlichte Option in El Panchán hat einfache, aber sichere und gut durch Fliegengitter geschützte Hütten mit Ventilator und Warmwasser; einige stehen an einem Bach. Am besten sind die freistehenden Hütten; die nur durch Trennwände separierten bieten weniger Privatsphäre.

Chato's Cabañas CABAÑAS **$**
(☎Handy 916-1092829; www.elpanchan.com; El Panchán; EZ/DZ/3BZ/4BZ 220/300/400/

450 Mex$; P) Die getünchten Holz- und Betonhütten stehen verstreut im Dschungel von El Panchán. Sie weisen dekorative Fenstersprossen, gute Fliegengitter und Ventilatoren auf, manche auch eine kleine Veranda.

Jardines La Aldea HOTEL $$
(☎916-345-16-93; www.hotellaaldea.net; Carretera Palenque-Ruinas Km 2,8; Zi. 1100–1200 Mex$; P ❄ ≈ ☒) In dem stilvollen Vier-Sterne-Hotel stehen Gästen 33 große, schöne und helle, mit *palapa*-Dächern versehene Zimmer zur Verfügung, die sich über ein hübsches Gelände verteilen. Jedes hat eine eigene Terrasse mit Hängematte. Auf dem Hügel steht ein friedliches Restaurant, und es gibt einen tollen Poolbereich, aber keine Fernseher, sodass man hier wirklich abschalten kann.

Mayabell HOTEL, CAMPING $$
(☎Handy 916-3416977; www.mayabell.com.mx; Carretera Palenque-Ruinas Km 6; Stellplatz 60 Mex$/Pers., Fahrzeugstellplatz mit Strom 180 Mex$, Cabaña ohne Bad 300 Mex$, Zi. mit Ventilator/Klimaanlage 750/950 Mex$; P ❄ ≈ ☒) An einem großen Teich im Urwald, wo sich Affen tummeln, bietet dieser weitläufige, grasbewachsene Campingplatz jede Menge sauberer und komfortabler Übernachtungsoptionen sowie ein nettes Restaurant. Die Zimmer mit Klimaanlage sind heimelig, jene mit Ventilator schlichter; schlicht sind auch die Gemeinschaftsbäder. Die Anlage ist gerade einmal 400 m von Palenques Museum entfernt.

Cabañas Safari CABAÑAS $$
(☎916-345-00-26; www.cabanasafari.com.mx; Carretera Palenque-Ruinas Km 1; Stellplatz ohne/mit Strom 100/150 Mex$ pro Pers., DZ Bungalow ohne Bad 250 Mex$, Zi./3BZ 950/1070 Mex$; P ❄ ≈ ☒) Komfort und Anschluss an die Außenwelt kommen in diesen im Urwald stehenden *cabañas* mit *palapa*-Dächern, Klimaanlage, Veranden, Flachbild-TV und WLAN im Zimmer nicht zu kurz. Steine, Äste und Wandmalereien geben den geräumigen, klimatisierten Zimmern, von denen einige doppelstöckig sind, persönliche Noten. Die drei runden Bungalows mit Ventilator sind klitzeklein. Es gibt ein Tauchbecken, ein Temazcal und ein Restaurant; eine Paintball-Anlage wird gerade gebaut.

★ **Boutique Hotel Quinta Chanabnal** BOUTIQUEHOTEL $$$
(☎916-345-53-20; www.quintachanabnal.com; Carretera Palenque-Ruinas Km 2,2; Zi. 177 US$, Suite 295–413 US$; P ❄ ≈ ☒) Mit seiner von den Maya inspirierten Architektur und dem makellosen Service versetzt einen das luxuriöse Boutiquehotel in Verzückung. Durch schwere Holztüren, die von einheimischen Kunsthandwerkern mit Schnitzereien geschmückt wurden, gelangt man in die geräumigen Suiten mit Steinfußböden, majestätischen Himmelbetten und großen Bädern. Auf dem Gelände gibt es einen Bach, einen kleinen Teich und einen mehrteiligen Pool.

Vor Ort gibt es Massagen, ein Temazcal und ein gutes Restaurant. Der italienische Betreiber ist ein Maya-Experte und spricht auch Deutsch, Französisch, Englisch und Spanisch.

Piedra de Agua BOUTIQUEHOTEL $$$
(☎916-345-08-42; www.palenque.piedradeagua.com; Carretera Palenque-Ruinas km 2,5; Zi. 150 US$; P ⊖ ≈ ☒) Minimalistische Gestaltungselemente in Weiß und Holz kennzeichnen die neue *cabaña*-Anlage, die ihre Gäste mit jeder Menge Toilettenartikeln, flauschigen Bademänteln, Badewannen auf der privaten Terrasse und Hängematten draußen verwöhnt, aber auf eine Klimaanlage verzichtet. Vor Ort gibt es Frühstück, eine Bar und Massagen, besonders beliebt sind das Langschwimmbecken und der Whirlpool.

Chan-Kah Resort Village RESORT $$$
(☎916-345-11-00; www.chan-kah.com.mx; Carretera Palenque-Ruinas Km 3; Zi./3BZ/4BZ 1770/1890/2010 Mex$, Suite 2340–4330 Mex$; P ⊖ ❄ @ ≈ ☒) Wasserratten werden beim Anblick des umwerfenden, 70 m langen, von Steinen umrahmten Pools in den üppigen Urwaldgärten des Chan-Kah außer Rand und Band geraten. Das große Luxusresort liegt an der Straße zu den Ruinen. Die schönen, geräumigen Hütten aus Holz und Stein bieten große Bäder, Deckenventilatoren, Terrassen und Klimaanlagen. Eigentlich ist es selten überfüllt, außer wenn Reisegruppen kommen.

Essen

Palenque ist zweifellos nicht Mexikos kulinarisches Mekka. Es gibt ordentliche Restaurants, von denen manche aber lächerlich überteuert sind. Ein paar Imbisse und günstige Lokale findet man in der Nähe des AEXA-Busbahnhofs und an der Ostseite von El Parque vor der Kirche.

★ **Don Mucho's** MEXIKANISCH, INTERNATIONAL $
(Carretera Palenque-Ruinas Km 4,5, El Panchán; Hauptgerichte 40–130 Mex$; ⏲7–23 Uhr) Der beliebte Treff in El Panchán bietet preiswerte Gerichte, die man vor der Waldkulisse und

abends bei Kerzenschein genießt. Emsige Kellner servieren Pasta, Fisch, Fleisch, viele *antojitos* und Pizzas, die zu den besten westlich von Neapel zählen und in einem eigens nach italienischem Entwurf gebauten Holzofen zubereitet werden.

Abends gibt's freitags bis sonntags ab 20, sonst ab 21.30 Uhr Livemusik – meist *andina, cumbia* oder kubanische Rhythmen – sowie an den meisten Abenden um 23 Uhr einen wilden Feuertanz.

Café de Yara CAFÉ $
(Karte S. 408; Hidalgo 66; Frühstück 45–85 Mex$, Hauptgerichte 65–125 Mex$; ⌚7–23 Uhr; 📶) Das schöne, moderne Eckcafé garantiert mit tollem Frühstück und ausgezeichnetem Biokaffee aus Chiapas einen sonnigen Start in den Tag. In der Hauptsaison wird am Freitag- und Samstagabend das Essen bei Stimmungsbeleuchtung von Musikern u. a. mit Salsa und *trova* begleitet.

Café Jade MEXIKANISCH, CHIAPANECO $
(Karte S. 408; Prolongación Hidalgo 1; Frühstück 38–57 Mex$, Hauptgerichte 45–79 Mex$; ⌚7–23 Uhr; 📶) Das entspannte Lokal mit Plätzen drinnen und draußen residiert im Erdgeschoss des Hostels Yaxkin. Man sitzt auf langen Sofas an Brettertischen. Ein guter Ort für Frühstücksgerichte, Spezialitäten aus Chiapas und Hühnchen.

Abarrotes Monterrey SUPERMARKT $
(Karte S. 408; Av 5 de Mayo; ⌚7–21 Uhr) Der größte Supermarkt im Stadtzentrum verkauft kein Obst und Gemüse.

Restaurant Las Tinajas MEXIKANISCH $$
(Karte S. 408; Ecke Av 20 de Noviembre & Abasolo; Hauptgerichte 80–110 Mex$; ⌚7–23 Uhr) Hier ist immer viel los, denn die leckeren, hausgemachten Gerichte werden in riesigen Portionen serviert, die fast für zwei reichen. Das *pollo a la veracruzana* (Hähnchen in Tomaten-Oliven-Zwiebel-Sauce) und die *camarones al guajillo* (Shrimps mit nicht allzu scharfem Chili) sind genauso köstlich wie die Salsa.

La Selva MEXIKANISCH $$
(☎916-345-03-63; Hwy 199; Hauptgerichte 70–195 Mex$; ⌚11.30–23.30 Uhr) In Palenques vornehmstem Restaurant werden unter einem riesigen *palapa*-Dach gut zubereitete Steaks, Seafood, Salate und *antojitos* serviert. Eine Wand ist mit bunten Glasscheiben mit Urwaldmotiven geschmückt. Wer im Herbst hier ist, sollte *pigua* (Süßwasserhummer) probieren. In der Hauptsaison unbedingt reservieren!

ⓘ PALENQUE: WARNUNG FÜR BUSREISENDE

Am besten legt man die kurvenreiche Strecke zwischen Palenque und San Cristóbal bei Tageslicht zurück, da es hier gelegentlich, wenn auch nicht häufig, zu Überfällen kommt. Kürzlich wurden auch Diebstähle im Nachtbus aus Mérida gemeldet. Wer auf diesen Strecken mit dem Bus unterwegs ist, sollte seine Wertsachen bei der Gepäckaufbewahrung abgeben.

Restaurant Maya Cañada MEXIKANISCH $$
(Karte S. 408; Merle Green s/n; Frühstück 75–105 Mex$, Hauptgerichte 70–188 Mex$; ⌚7–23 Uhr; 📶) Das elegante, professionell geführte Restaurant im schattigen La Cañada serviert feine Steaks, regionale Spezialitäten und tolles Meeresfrüchte-Kebab. Das Restaurant ist luftig und hat oben eine kühle Terrasse.

🍷 Ausgehen & Nachtleben

Viel Nachtleben hat Palenque nicht zu bieten. Traveller, die man abends trifft, sind eher zu einem Nachtbus als zu einer Party unterwegs. An der Straße zu den Ruinen gibt's Livemusik im Mayabell und abends Live-Ensembles und Feuertänzer im Don Mucho's. Im Ort bietet **Aluxes** (Karte S. 408; Av Juárez 49; Hauptgerichte 80–125 Mex$; ⌚15–24 Uhr) interessante Cocktails und freitags bis sonntags ab 21 Uhr live *trova*-Musik. Ein paar Optionen lassen sich auch in La Cañada finden. Die Bars im Stadtzentrum sind in der Regel zwielichtig.

Italian Coffee Company CAFÉ
(Karte S. 408; Ecke Jiménez & Reforma; ⌚8–23 Uhr; 📶) Wegemüde Wanderer flüchten sich in dieses klimatisierte Nirvana.

ⓘ Praktische Informationen

EINREISEBEHÖRDE

Instituto Nacional de Migración (⌚24 Std.) Rund 1,5 km nördlich der Stadt am Hwy 199; hin kommt man mit einem *colectivo* (7 Mex$), das in die Richtung fährt.

GELD

Beide Banken tauschen US-Dollars und Euro (Kopie vom Reisepass erforderlich).

Banco Azteca (Av Juárez, zw. Allende & Aldama; ⌚tgl. 9–21 Uhr)

Bancomer (Av Juárez 96; ⏲ Mo–Fr 8.30–16 Uhr) Hat auch einen Geldautomaten.

INTERNETZUGANG

Es gibt viele Internetcafés in der Stadt (aber keine in El Panchán); die Preise liegen zwischen 8 und 10 Mex$ pro Stunde. Kostenloses WLAN gibt's an der Hauptplaza, El Parque.

Ciber Encuentro (Hidalgo zw. Abasolo & Independencia; ⏲ 8–22 Uhr)

Ciber Vlos (Av Juárez 133; ⏲ 8–22 Uhr)

NOTFALL

Die **Fiscalía** (☎ 916-345-15-40; Ecke Corregidora & Jiménez; ⏲ Mo–Fr 9–15 & 18–21, Sa & So 10–14 & 18–21 Uhr, Notfallversorgung nebenan 24 Std.) ist die Stelle, um Verbrechen an Touristen zu melden. Dolmetscher verfügbar.

POST

Post (Karte S. 408; Independencia; ⏲ Mo–Fr 8–20.30, Sa bis 12 Uhr)

TELEFON

Es gibt viele *casetas*. Der Preis für ein Auslandsgespräch beträgt 2 Mex$ pro Minute in die USA und 5 Mex$ pro Minute in andere Länder.

TOURISTENINFORMATION

Büro der staatlichen Touristeninformation (Karte S. 408; Ecke Av Juárez & Abasolo; ⏲ Mo–Sa 9–21, So 9–13 Uhr) Das Büro der bundesstaatlichen Touristeninformation hat vor Ort (neben Karten) die verlässlichsten Infos zur Stadt, zur Region und zu Verkehrsverbindungen. Das regionale Büro (☎ 916-345-03-56; ⏲ Mo–Fr 8–16 Uhr) außerhalb des Stadtzentrums beantwortet Fragen telefonisch.

Kiosk der Städtischen Touristeninformation (Karte S. 408; El Parque; ⏲ Mo–Fr 9–14 & 18–21 Uhr)

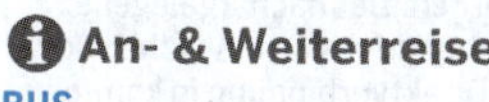

An- & Weiterreise

BUS

Auf einem neuen geräumigen Gelände hinter dem Maya-Kopf betreibt **ADO** (Karte S. 408; ☎ 916-345-13-44) den Hauptbusbahnhof mit Deluxe-Bussen und Bussen 1. Klasse. Hier gibt es einen Geldautomaten und eine Gepäckaufbewahrung. Auch die Busse 1. Klasse von OCC nutzen diesen Bahnhof. Das Ticket für die Weiterfahrt kauft man einen Tag im Voraus.

AEXA (Karte S. 408; ☎ 916-345-26-30; www.autobusesaexa.com.mx; Av Juárez 159) Die 1.-Klasse-Busse dieses Unternehmens starten rund 300 m weiter östlich an der Avenida Juárez, ebenso die Cardesa-Busse 2. Klasse.

COLECTIVO

Die Kleinbusse nach Ocosingo (50 Mex$) starten von der Calle 5a Poniente Sur, wenn sie voll besetzt sind.

Viele Combis zu Zielen an der Carretera Fronteriza (u. a. Lacanjá Chansayab, Bonampak, Yaxchilán & Benemérito de las Américas) sowie nach Zamora Pico de Oro starten von einem offenen *colectivo*-Halteplatz (Karte S. 408) gleich südlich vom neuen ADO-Busbahnhof. Weitere Infos finden sich unter „An- & Weiterreise" (S. 419) sowie in den Abschnitten zu den einzelnen Ortschaften.

FLUGZEUG

2014 wurde Palenques lang ersehnter Flughafen endlich für den kommerziellen Flugverkehr

BUSSE AB PALENQUE

ZIEL	PREIS (MEX$)	DAUER (STD.)	HÄUFIGKEIT (TGL.)
Campeche	300	5–5½	ADO 4-mal
Cancún	250–684	12–13½	ADO 4-mal, AEXA 2-mal
Mérida	448	8	ADO 4-mal
Mexico City (1-mal TAPO & 1-mal Norte)	922–934	13½	ADO 2-mal
Oaxaca	672	15	ADO 1-mal
Ocosingo	65–128	2½	ADO 4-mal, AEXA 5-mal, *colectivos* sehr häufig
San Cristóbal de las Casas	110–312	5	ADO5-mal, AEXA 5-mal
Tulum	584–694	10–11	ADO 4-mal
Tuxtla Gutiérrez	150–272	6½	ADO 5-mal, AEXA 5-mal
Villahermosa	65–134	2½	ADO 17-mal, AEXA 16-mal
Villahermosa (Flughafen)	236	2¼	ADO 12-mal

geöffnet. Interjet begann mit einem Flug nach Mexico City zweimal pro Woche. Bei ausreichender Nachfrage dürfte auch öfter und zu weiteren Zielen geflogen werden. Der nächstgelegene größere Flughafen befindet sich in Villahermosa; ADO betreibt eine Direktverbindung in komfortablen Minibussen.

Unterwegs vor Ort

Die Fahrt mit dem Taxi kostet 50 Mex$ (nachts bis zu 60 Mex$) nach El Panchán oder Mayabell und 60 Mex$ zu den Ruinen. Combis (20 Mex$) fahren bis Einbruch der Dunkelheit die Strecke zu den Ruinen. Bei **Radio Taxis Santo Domingo** (☎916-345-01-26) kann man ein Taxi bestellen.

Bonampak, Yaxchilán & Carretera Fronteriza

Die alten Maya-Städte Bonampak und Yaxchilán südöstlich von Palenque sind über die Carretera Fronteriza (Hwy 307) leicht zu erreichen. Die gut asphaltierte Straße verläuft von Palenque rund um die Ausläufer der Selva Lacandona bis zu den Lagos de Montebello und folgt dabei dem Verlauf der mexikanisch-guatemaltekischen Grenze. Die Nächte sind hier wunderbar ruhig, der Himmel ist mit Sternen übersät, und überall funkeln Glühwürmchen. Das für seine Fresken berühmte Bonampak ist über die Straße 152 km von Palenque entfernt, das größere und bedeutendere Yaxchilán 173 km über die Straße plus 22 km per Boot. Diese Stätte hat eine einzigartige Lage mitten im Urwald am Ufer des breiten, schnell fließenden Río Usumacinta.

Die Carretera Fronteriza ist die Hauptdurchgangsstraße und führt zu einer Reihe ausgezeichneter Ökotourismusprojekte, zu traumhaften Wasserfällen, Dörfern der Lacandonen und weniger bekannten Ruinenstätten. Sie ist zudem die Hauptroute von Chiapas über Frontera Corozal in das Petén, die nördlichste Region Guatemalas, in der mehrere wichtige Maya-Stätten liegen, u.a. das einst mächtige Tikal. Telefoniert werden kann in diesem Grenzgebiet nur über Satellit oder über das guatemaltekische Netz.

Geführte Touren

Wer nur wenig Zeit und kein Auto hat, für den können organisierte Touren in dieser Region durchaus hilfreich sein. Dabei stets abchecken, was in dem Paket enthalten bzw. nicht enthalten ist, damit man die Mahlzeiten und die Eintrittsgebühren berechnen kann! Hier die Preise der Standardtouren (pro Pers., inkl. Eintrittsgebühren und einige Mahlzeiten), die von den Reiseveranstaltern in Palenque angeboten werden:

- Tagesausflüge nach Bonampak und Yaxchilán (650–700 Mex$) beinhalten meist zwei Mahlzeiten und den Transport in einem klimatisierten Kleinbus. Sie sind ein günstiges Angebot, weil die unabhängige Anreise zu beiden Orten zeitaufwendig und in den Touren der Preis für die Einfahrt nach Bonampak enthalten ist; die zweitägigen Trips (1300–1400 Mex$) enthalten eine Übernachtung in Lacanjá Chansayab.
- Beim Transport nach Flores in Guatemala (350–450 Mex$, 10–11 Std.) geht es zunächst per Van nach Frontera Corozal, dann per Boot den Usumacinta hinauf nach Bethel in Guatemala und von dort mit einem öffentlichen Bus weiter nach Flores.
- Touren nach Flores über Bonampak und Yaxchilán (1200–1400 Mex$, 2 Tage) mit Übernachtung in Lacanjá Chansayab.

In Palenque organisiert Transportador Turística Scherrer & Barb (S. 412) Touren abseits ausgetretener Pfade in die Region, z.B. zu den Lacandonen-Dörfern Nahá und Metzabok sowie zu Wasserfällen in der Gegend; SendaSur (S. 390) in San Cristóbal kann Travellern, die auf eigene Faust unterwegs sind, bei Reservierungen helfen.

Praktische Informationen

GEFAHREN & ÄRGERNISSE

Drogen- und Menschenschmuggel sind in dieser Grenzregion harte Realität, und zudem führt die Carretera Fronteriza fast genau um das Hauptgebiet der zapatistischen Rebellen und ihrer Unterstützer herum. Aus diesem Grund muss man auf dieser Straße und weiter Richtung Palenque und Comitán mit zahlreichen Kontrollpunkten des Militärs rechnen. Diese Kontrollpunkte verbessern generell die Sicherheit für Traveller, doch sollte man Dieben bei Stopps nicht dadurch ihr Handwerk erleichtern, dass man Geld und

HORA DE DIOS

In diesem Teil Mexikos wird die Sommerzeit gern ignoriert. Auch die *colectivo*-Gesellschaften, die aus Städten wie Comitán und Palenque hierher fahren, richten sich nicht danach. Von April bis Oktober sollte man die Fahrpläne also lieber dreimal studieren. Mit der „Zeit Gottes" geht's eine Stunde später los als mit der „Regierungszeit".

Wertsachen unbeaufsichtigt lässt. Zum eigenen Schutz sollte man nicht nach Einbruch der Dunkelheit auf der Carretera Fronteriza unterwegs zu sein. Auch alle Grenzübergänge nach Guatemala sollten früh am Tag passiert werden.

In den Regenzeitmonaten September und Oktober sind die Flüsse meist so angeschwollen, dass das Baden gefährlich ist.

Insektenschutzmittel nicht vergessen!

An- & Weiterreise

Aus Palenque fährt Autotransporte Chamoán mit Vans nach Frontera Corozal (100 Mex$, 2½–3 Std., 4–17 Uhr alle 40 Min.). Start ist am offenen *colectivo*-Halteplatz unweit des Maya-Kopfs und südlich vom Busbahnhof. Diese Kleinbusse bieten sich für Besuche in Bonampak und Lancanjá Chansayab an, denn die Fahrer setzen einen auf Wunsch an der den Ruinen am nächsten gelegenen Kreuzung, dem sogenannten Crucero Bonampak (80 Mex$, 2 Std.), statt an der Haltestelle San Javier am Highway ab.

Línea Comitán Lagos de Montebello (916-345-12-60; Velasco Suárez zw. Calles Calles 6a & 7a Poniente Norte) westlich vom Markt in Palenque fährt stündlich mit Vans nach Benemérito de las Américas (100 Mex$; 3.30–14.45 Uhr, tgl. 10-mal); die meisten fahren auf der Carretera Fronteriza weiter zu den Lagos de Montebello (260 Mex$, 7 Std. bis Tziscao) und nach Comitán (275 Mex$, 8 Std.).

Beide Unternehmen halten in San Javier (60 Mex$, 2 Std.), der 140 km von Palenque entfernten Abzweigung nach Lacanjá Chansayab und Bonampak, sowie am Crucero Corozal (90 Mex$, 2½ Std.), der Abzweigung nach Frontera Corozal. Um zur Cascada Wejlib-Já und nach Nueva Palestina zu gelangen, kann man in Palenque jedes Combi nehmen, das über die Carretera Fronteriza fährt.

Auf der Carretera Fronteriza gibt es nur wenige Tankstellen. Auf der Fahrt von Palenque nach Comitán (via Abkürzung über Chajul) findet man nur welche in Chancalá und Benemérito, aber viele geschäftstüchtige Einheimische verkaufen relativ preisgünstiges Benzin aus großen Plastikkanistern. Einfach nach den selbst gemalten Schildern mit der Aufschrift *Se vende gasolina* Ausschau halten!

Von Palenque nach Bonampak

Cascada Wejlib-Já — WASSERFALL

(Eintritt 20 Mex$; 7.30–19 Uhr) Diese 25 m hohe Wasserwand 30 km außerhalb von Palenque mag nicht der spektakulärste Wasserfall in der Gegend sein, aber die türkisblauen Becken des Flusses sind ideal zum Baden. An Einrichtungen gibt es eine Seilrutsche über den Fluss (40 Mex$) und ein schlichtes Restaurant. Von Palenque fährt man mit dem Combi bis zum gut ausgeschilderten Eingang am Highway (30 Mex$, 30 Min.); von dort sind es noch 700 m.

Cascada de las Golondrinas — WASSERFALL

(Nueva Palestina; Eintritt 20 Mex$, Stellplatz 50 Mex$; Restaurant 9–16 Uhr) Zwei Flüsse stürzen hier, 10 km abseits der Autobahn, dramatisch in Stufen 35 m in die Tiefe. Während der Trockenzeit kann man hier baden. Ein Plankenweg überquert den Ausfluss. In der Dämmerung strömen Hunderte Schwalben herbei, um die Nacht in einer Höhle unter den Fällen zu verbringen, aus der sie dann morgens wieder ausschwärmen.

Von Palenque fahren Combis zur Abzweigung nach Nueva Palestina (50 Mex$, 2 Std.). Von dort bringen einen Taxis zu den Fällen (einfache Strecke 100 Mex$); unbedingt den Rücktransport vereinbaren! Wer mit dem eigenen Auto unterwegs ist, fährt 9 km in Richtung Nueva Palestina bis zur ausgeschilderten Ausfahrt. Von dort ist es noch 1 km bis zu den Fällen.

Plan de Ayutla — ARCHÄOLOGISCHE STÄTTE

(nahe Nueva Palestina) Die abgelegenen Maya-Ruinen von Plan de Ayutla erheben sich auf einem 24 ha großen, stimmungsvoll überwucherten Gelände und präsentieren sich in unterschiedlichen Stadien des Verfalls und der Freilegung. Von dem unbefestigten Parkplatz unter dem dichten Blätterdach führt ein gewundener Pfad hinauf zur **Nordakropolis**, einem von drei auf natürlichen Hügeln errichteten Gebäudekomplexen. Besucher können die verwinkelten Räume dieses ehemaligen Palasts erkunden, der sich über vier Stockwerke erstreckt.

Das bedeutendste Gebäude der Akropolis ist **Struktur 13**, eine dramatische Kragge-wölbekonstruktion, die an der Außenseite mit einmaligen treppenförmigen Friesen verziert ist. Drinnen entdeckten Archäologen kürzlich ein astronomisches Observatorium: Zwei oben gelegene Räume enthalten Fensteröffnungen, die so ausgerichtet sind, dass man die Wintersonnenwende und die Sonne im Zenit beobachten kann.

Plan de Ayutla wurde von 150 v. Chr. bis 1000 n. Chr. bewohnt und bildete, so glaubt man, zwischen 250 und 700 ein regionales Machtzentrum. Ausgehend von der Größe der Stätte und ihren Merkmalen – ihr Ballspielplatz ist mit 65 m Länge der größte in der Region am oberen Usumacinta – haben Archäologen zwei Theorien über

ABSEITS DER ÜBLICHEN PFADE

METZABOK & NAHÁ

Die kleinen, einsamen Dörfer Metzabok und Nahá befinden sich in der Selva Lacandona zwischen Ocosingo und der an der Carretera Fronteriza gelegenen Ortschaft Chancalá. Die Dörfer stehen auf einem Netz unterirdischer Ströme in einem geschützten Biosphärengebiet, in dem u. a. Jaguare, Tapire, Brüllaffen und Ozelots leben. Die Dorfbewohner halten sich hier immer noch an viele traditionelle Sitten und Gebräuche der Lacandonen.

In Nahá, der Hauptsiedlung der Lacandonen, stehen Gästen Unterkünfte beim **Centro Ecoturístico Nahá** (☎55-5150-5953; www.nahaecoturismo.com; Zi. ohne Bad 350 Mex$, Cabaña mit 1/2 Schlafzi. 750/950 Mex$) zur Verfügung, und zwar in Form gut durch Fliegengitter geschützter Zimmer und überraschend luxuriöser *cabañas* mit Bad und Warmwasser. Das **Restaurant** (Hauptgerichte morgens 55 Mex$, mittags & abends 90 Mex$) am Bach serviert mexikanische und traditionelle lacandonische Gerichte. Mit einem Führer (1/2 Std. 350/650 Mex$) kann man zu diversen Lagunen wandern oder paddeln und erfährt dabei viel über Flora und Fauna der Gegend.

In Metzabok veranstalten Dorfbewohner *lancha*-Ausflüge (bis zu 650 Mex$/Boot) auf der von Wald umrahmten Laguna Tzibana, bei denen man an einer bemoosten Kalksteinwand leuchtend rote prähistorische Piktogramme bewundert und zu einem Aussichtspunkt über dem Blätterdach wandert. Wenn man nicht zelten (50 Mex$/Pers.) will und über ein eigenes Transportmittel verfügt, besucht man Metzabok am besten im Rahmen eines Tagesausflugs, denn die dortigen *cabañas* sind recht ungepflegt, die öffentlichen Verkehrsverbindungen sporadisch, und selbst an Verpflegung kann es mangeln.

Von Palenque fahren Vans von **Transportes Pajchiltic** (Av 15 de Marzo) um 9, 11 (manchmal) und 14 Uhr nach Metzabok (40 Mex$, 3 Std.) und Nahá (50 Mex$, 4 Std.). Zurück fährt aber nur ein Van, der in Nahá um 1 Uhr und in Metzabok um 3 Uhr abfährt (autsch!). Bei den Abfahrtzeiten wird in beide Richtungen durchgängig die Normalzeit eingehalten. Achtung: Der Transport nach Metzabok ist in beide Richtungen nicht verlässlich: Wenn der Fahrer meint, dass nicht genügend Fahrgäste mitfahren, damit sich der Umweg lohnt, wird man einfach an der Kreuzung 6 km vor dem Ort abgesetzt.

Von einem ummauerten Gelände hinter dem Markt in Ocosingo fahren Trucks nach Nahá (50 Mex$, 2½ Std., 11 & 12 Uhr).

die Geschichte des Ortes. Nach der einen Hypothese handelt es sich um die Stadt Sak T'zi' („Weißer Hund"), die mit Toniná, Yaxchilán und Piedras Negras im Krieg lag und schließlich von Bonampak erobert wurde, worauf die berühmten Fresken in jener Stätte möglicherweise anspielen. Vielleicht handelt es sich aber auch um die alte Stadt Ak'e' („Schildkröte"), aus der die Herrscherdynastie von Bonampak stammte.

Mit dem Auto fährt man vom Highway 11 km nach Nueva Palestina hinein. Wo die asphaltierte Straße neben einer Reihe Hinweisschilder zu Unterkünften nach links abdreht, fährt man geradeaus auf die Schotterpiste. Nach ungefähr 4,5 km folgt man an der Kreuzung der Ausschilderung nach links (die rechte Abzweigung führt ins Dorf Plan de Ayutla, nicht zu den Ruinen) und fährt weitere 3 km, bis man die Ruinen deutlich vor sich sieht. Vertreter des *Ejido* fordern vielleicht eine kleine Gebühr, falls sie vor Ort sind. Wer mit dem Combi anreist, steigt an der Highway-Abzweigung nach Nueva Palestina aus und vereinbart mit einem Taxifahrer einen Preis für die Hin- und Rückfahrt inklusive Wartezeit.

Bonampak

Dank seiner Lage im dichten Urwald blieb Bonampak der Welt bis 1946 verborgen. Die Geschichten über seine Entdeckung sind voller Geheimnisse und Rätsel – aber Charles Frey und John Bourne waren wohl die ersten Außenstehenden, die das Gelände betraten. Charles Frey war ein junger, gewissenhafter Beobachter des Zweiten Weltkriegs für die USA und John Bourne der Erbe des Singer-Nähmaschinen-Vermögens. Chan Bor, ein Lacondón, führte die beiden im Februar 1946 hierher. Noch im gleichen Jahr brachte Chan Bor auch den amerikanischen Fotografen Giles Healey nach Bonampak. Healey entdeckte den Templo de las Pinturas mit seinen Wandgemälden.

Das Gelände von **Bonampak** (Eintritt 46 Mex$; ⏲8–16.30 Uhr) ist über 2,4 km² groß, aber die wichtigsten Ruinen stehen alle rund um die rechteckige Gran Plaza. Es zählte nie zu den wichtigsten Städten, und während der Klassischen Periode war Bonampak stark von Yaxchilán beeinflusst. Die eindrucksvollsten erhaltenen Monumente wurden unter Chan Muwan II. gebaut, dem Neffen von Itzamnaaj B'alam II. aus Yaxchilán. Chan Muwan II. bestieg 776 den Thron von Bonampak. Die 6 m hohe **Stele 1** auf der Gran Plaza stellt den Herrscher auf dem Höhepunkt seiner Macht dar: Er hält einen Zeremonienstab in der Hand. Auf den **Stelen 2** und **3** am Südende der Plaza auf der Akropolis ist er auch zu sehen.

Berühmt ist Bonampak jedoch wegen seiner lebendigen Fresken im eher bescheiden wirkenden **Templo de las Pinturas** (Edificio 1). Die Fresken gaben Bonampak auch den Namen: Er bedeutet in der Maya-Sprache Yucateco „Bemalte Wände". Einige Archäologen gehen davon aus, dass das Wandgemälde eine Schlacht zwischen Bonampak und der Stadt Sak T'zi' (wahrscheinlich Plan de Ayutla) darstellt.

Diagramme vor dem Tempeleingang helfen bei der Interpretation der Wandgemälde. Es sind die schönsten, die aus dem vorspanischen Amerika bekannt sind. Seit ihrer Entdeckung sind sie aber stark verwittert – früher wurde sogar versucht, die Farben besser zur Geltung zu bringen, indem man Kerosin über die Wände goss. Steht man vor dem Tempel, befindet sich Raum 1 gleich links. Hier ist die Weihe des Sohnes von Chan Muwan II. dargestellt; er ist als Säugling zu sehen. Am oberen rechten Ende des Bildes an der Südwand des Raumes (gegenüber dem Eingang) sieht man ihn in Waffen. Zeugen der Zeremonie sind 14 Jade tragende Adlige. Im Zentrum liegt Raum 2. Auf seinen südlichen und östlichen Wänden und am Deckengewölbe sind turbulente Schlachtszenen zu sehen. Auf der Nordwand überwacht Chan Muwan II. in Jaguarfellrüstung, wie Gefangene (durch Ausreißen der Fingernägel) gefoltert und geopfert werden. Unter ihm liegt ein abgeschlagener Kopf, daneben der Fuß eines ausgestreckt daliegenden Gefangenen. Der vor Kurzem restaurierte und jetzt in lebhaften Farben leuchtende Raum 3 zeigt einen feierlichen Tanz der Fürsten auf den Stufen der Akropolis. Sie tragen riesigen Kopfschmuck. Und auf der Ostwand durchstechen sich drei in Weiß gekleidete Frauen im Rahmen eines rituellen Aderlasses die Zungen. Die Opfer, der Aderlass und der Tanz waren wohl alle Teil der Zeremonien rund um den neuen Erben.

Allerdings hat der kleine Prinz wahrscheinlich nie über Bonampak geherrscht – die Stadt wurde verlassen, noch bevor die Wandgemälde vollendet waren. Das war zu einer Zeit, als sich die Maya-Zivilisation allgemein auflöste.

Beim Betreten der Edificios 1 und 6 sollte man sich unbedingt die aufwendig beschnitzten Türstürze anschauen.

Das Gelände von Bonampak grenzt an die Reserva de la Biosfera Montes Azules mit ihrer vielfältigen Wildnis. Getränke und Snacks werden am Eingang zur geschützten Zone des Monumento Natural Bonampak verkauft (8 km vor den Ruinen) und ebenso am Eingang zum archäologischen Grabungsgelände.

Bonampak

An- & Weiterreise

Bonampak ist 12 km von San Javier an der Carretera Fronteriza entfernt. Falls man in San Javier und nicht am Crucero Bonampak (8 km näher) abgesetzt wird, bringen einen Taxis für 20 Mex$ hin.

Vor Ort muss man ganz schön blechen: Für das Betreten der Ortschaft Lacanjá erhebt die Gemeinde eine Gebühr von 20 Mex$. Jenseits des Crucero Bonampak sind Privatfahrzeuge verboten. Für die Fahrt zu den Ruinen hin und zurück fordern die Fahrer astronomische 150 Mex$ pro Kleinbus.

Lacanjá Chansayab

380 EW. / 320 M

Lacanjá Chansayab, das größte Dorf der Lacandonen, ist 6 km von San Javier an der Carretera Fronteriza und 12 km von Bonampak entfernt. Die Familienverbände leben über ein großes Gebiet verstreut, oft auf Grundstücken, durch die Bäche oder sogar der Río Lacanjá fließen. Der Tourismus ist heute eine wichtige Einnahmequelle, und viele Familien betreiben sogenannte *campamentos* mit Übernachtungsmöglichkeit in Zimmern, Hängematten oder auf Stellplätzen. Bei der Anfahrt zum Dorf überquert man auf einer Brücke den Río Lacanjá. Von dort sind es ungefähr 700 m bis zu der zentralen Kreuzung, von der Straßen nach links (Süden), rechts (Norden) und geradeaus (Westen) weiterführen. Richtung Westen gibt es im Campamento Vicente Paniagua ein **Internetcafé** (15 Mex$; ⏲8–21 Uhr) mit Klimaanlage.

Alle *campamentos* veranstalten geführte Wanderungen durch die umliegenden Wälder zu der 8 m hohen und 30 m breiten **Cascada Ya Toch Kusam**, zu einigen teilweise freigelegten **Maya-Ruinen von Lacanjá** sowie zur 2,5 km langen **Laguna Lacanjá**. Den Wasserfall kann man auch auf eigene Faust über den 2,5 km langen **Sendero Ya Toch Kusam** (Eintritt 35 Mex$) erreichen. Dieser Weg beginnt 200 m westlich der zentralen Kreuzung. Um von dem Wasserfall zu den rund 2 km weiter entfernten Ruinen zu gelangen, braucht man aber einen Führer. Eine typische dreistündige geführte Wanderung zu dem Wasserfall und den Ruinen kostet 250 bis 500 Mex$ pro Gruppe, hinzu kommt die Eintrittsgebühr für den Weg.

Die Lacandonen sind liebenswerte, gastfreundliche Menschen, aber um Spuren ihrer einstigen Lebensweise zu entdecken, muss man sehr genau hinschauen: Die Dorfbewohner sind heute überwiegend presbyterianische Christen und auf die moderne Welt eingestellt; nur wenige tragen noch das traditionelle lange weiße Hemd der Lacandonen.

Schlafen & Essen

Außerhalb der Hauptsaison fallen die Preise um mindestens 10 %.

DER LACANDÓN-URWALD

In Chiapas gibt es wilde, grüne Gegenden, die seit Jahrhunderten dafür sorgen, dass niemand Hunger leiden muss. Aber dieser Reichtum an natürlichen Ressourcen ist auch der Grund für den hiesigen Kampf um Wasser, Holz und Öl- sowie Gasvorkommen.

Die Selva Lacandona (Lacandón-Urwald) im östlichen Chiapas macht nur 0,25 % der Fläche Mexikos aus – und dennoch gibt es hier mehr als 4300 Pflanzenarten (ca. 17 % der Pflanzenarten Mexikos), 450 Schmetterlingsarten (42 %), mindestens 340 Vogelarten (32 %) und 163 Säugetierarten (30 %). Unter ihnen finden sich auch so symbolträchtige Tiere wie der Jaguar, der Hellrote Ara, die Albino-Schildkröte, der Tapir und die Harpyie.

Dieser enorme Reichtum an natürlichen Ressourcen und die Artenvielfalt begegnen einem am südwestlichen Ende der Selva Maya. Hier erstreckt sich ein 30 000 km^2 umfassender Korridor mit tropischem Regenwald von Chiapas durch das nördliche Guatemala bis nach Belize und ins südliche Yucatán. Durch die Rancher, Holzfäller, Ölsuchenden und landlosen Bauern schrumpft der Lacandón-Urwald schnell: Von den etwa 15 000 km^2 in den 1950er-Jahren sind heute nur noch geschätzte 3000 bis 4500 km^2 Urwald übrig. Ganze Scharen landhungriger Siedler haben bis ca. 1960 das nördliche Drittel des Lacandón-Urwalds abgeholzt. In der weiter östlichen Region Marqués de Comillas, die in den 1970er-Jahren besiedelt wurde, sieht es ähnlich verheerend aus, und auch in Las Cañadas zwischen Ocosingo und Montes Azules bietet sich ein solches Bild. Was noch an Urwald vorhanden ist, befindet sich größtenteils in der Reserva de la Biosfera Montes Azules und in der benachbarten Reserva de la Biosfera Lacantun.

In den 1970er-Jahren hat die mexikanische Regierung einen großen Landstrich urkundlich an einige wenige Lacandonen-Familien übertragen. Dies führte zu Spannungen mit den anderen indigenen Gemeinden, deren Ansprüche zurückgestellt wurden. Das Land ist hier auch heute noch umkämpft. Die Lacandonen und ihre Anwälte stellen sich als sehr umweltbewusste indigene Gruppe dar, die ihr Eigentum gegen eindringende Siedler schützen will. Andere im Reservat lebende Gemeinden, die teilweise Zapatistenanhänger sind, werten das Ganze als verdeckte Landbesetzung und als Vertreibung unter dem Deckmantel des Umweltschutzes. Sie argumentieren, dass die Siedler die Wälder nachhaltig nutzen, und unterstellen der Regierung, die traditionellen Pflanzen in den Wäldern für biologische Forschungszwecke (und Patente) nutzen zu wollen.

Cabañas Los Tulipanes CABAÑAS $
(☎kommunales Telefon 55-5151-2253; DZ/4BZ 350/750 Mex$) Die neue Anlage direkt an der zentralen Kreuzung im Ort hat einen hübschen Garten, eine lange Veranda und drei sonnige Zimmer mit je zwei französischen Betten, grellbunten Moskitonetzen und Duschvorhängen statt Badezimmertüren.

Campamento Río Lacanjá CABAÑAS $$
(www.ecochiapas.com/lacanja; B 162 Mex$, Zi./3BZ/4BZ ohne Bad 550/650/750 Mex$, Ya'ax Can Zi./3BZ/4BZ 750/850/950 Mex$, Restaurant Hauptgerichte 60–75 Mex$; P) Die rustikalen, halboffenen Hütten mit Holzrahmen und Moskitonetzen stehen rund 2 km südlich der zentralen Kreuzung nahe dem von Urwald gesäumten Río Lacanjá. Von hier hat man einen guten Blick auf den Wald und den Fluss und kann den Geräuschen der Natur lauschen. Eine separate Gruppe bilden die sogenannten Cabañas Ya'ax Can: große Zimmer mit Ventilator, jeweils zwei stabilen Doppelbetten aus Holz, gefliesten Böden, Bad und Warmwasser.

Neben geführten Wanderungen werden für Gruppen von mindestens vier Personen auch **Rafting-Ausflüge** auf dem Río Lacanjá angeboten, der bis zu 2,5 m hohe Fälle, aber keine Stromschnellen hat. Ein halbtägiger Ausflug inklusive Besichtigung der Ruinen von Lacanjá und der Cascada Ya Toch Kusam (beide Ziele erreicht man vom Fluss aus zu Fuß) kostet 500 Mex$ pro Gruppe (max. 10 Pers.), eine Rafting- und Campingtour mit Übernachtung, bei der auch die Ruinen von Bonampak besucht werden, rund 1250 Mex$ pro Nase. Rafting-Trips und Touren des Campamento Río Lacanjá können über Explora (S. 390) in San Cristóbal gebucht werden.

Campamento Topche CABAÑAS $$
(campamento-topche@hotmail.com; Zi./3BZ ohne Bad 400/500 Mex$, Zi./3BZ 600/900 Mex$, Cabañas 1000 Mex$; P) Rund 550 m westlich der zentralen Kreuzung bietet dieses *campamento* mehrere Optionen: komfortable Zimmer mit Terrakottafliesen und einem moskitosicheren, gewölbten *palapa*-Dach; Zimmer in Holzhütten mit Gemeinschaftsbad, Moskitonetzen und Trennwänden, die nicht bis zur Decke reichen; sowie freistehende *cabañas* im Wald gleich am Fluss. Alle Zimmer haben Warmwasser, es gibt auch WLAN über Satellit (20 Mex$/Std.).

Die Anlage ist als „Campamento Enrique Paniagua" ausgeschildert. Dessen Tochter führt nebenan ein gutes **Gartenrestaurant** (Gerichte 80 Mex$; 7–21 Uhr).

An- & Weiterreise

Hinweise zu Verkehrsverbindungen ab Palenque stehen unter „An- & Weiterreise" (S. 419). Die Gemeinde erhebt am Ortseingang eine Gebühr von 20 Mex$ pro Person. Wer aus Yaxchilán kommt, nimmt zwischen Crucero Corozal und San Javier ein Combi (40 Mex$).

Frontera Corozal

5200 EW. / 200 M

Die Grenzstadt am Fluss hieß früher Frontera Echeverría. Sie ist das Sprungbrett zu den wunderschönen Ruinen von Yaxchilán und liegt an der Hauptroute zwischen Chiapas und der Petén-Region in Guatemala. Die Bewohner sind vor allem Chol-Maya, die sich in den 1970er-Jahren hier angesiedelt haben. Frontera Corozal ist 16 km von der Crucero Corozal an der Carretera Fronteriza entfernt, hin kommt man über eine befestigte Straße. Der breite Río Usumacinta fließt schnell zwischen den urwaldbewachsenen Ufern und bildet die Grenze zwischen Mexiko und Guatemala.

Lange, schnelle *lanchas* mit Außenbordmotoren fahren vom *embarcadero* aus den Fluss hoch und runter. Fast alles, was man so braucht, gibt's an der befestigten Straße, die hier vom Fluss wegführt. Dazu gehört auch das **Einwanderungsbüro** (8–18 Uhr), 400 m vom *embarcadero* entfernt. Hier muss man seine Touristengenehmigung einreichen bzw. holen, wenn man nach/aus Guatemala unterwegs ist.

Museo de la Cuenca del Usumacinta MUSEUM
(Museum des Usumacinta-Beckens; Eintritt 20 Mex$; 8–15 Uhr) Das Museo de la Cuenca del Usumacinta gegenüber dem Büro der Einreisebehörde zeigt gute Beispiele von Kostümen der Chol-Maya und bietet einige Informationen (auf Spanisch) über die koloniale und neuere Geschichte der Region. Das wirkliche Highlight sind jedoch die beiden schönen, mit feinen Reliefs versehenen Stelen, die in der nahe gelegenen Stätte Dos Caobas gefunden wurden. Wenn das Museum nicht geöffnet sein sollte, nebenan im Restaurante Imperio Maya nachfragen!

Schlafen & Essen

Escudo Jaguar CABAÑAS $$
(☎in Guatemala 502-5353-5637; www.escudojaguarhotel.com; Stellplatz 100 Mex$/Pers., DZ-Cabaña ohne Bad 280–345 Mex$, DZ-Cabaña 579–870 Mex$, 3BZ-Cabaña 1059 Mex$, Restaurant

Hauptgerichte 42–95 Mex$, Frühstück 31–64 Mex$; P) Das oft von Reisegruppen frequentierte Escudo Jaguar blickt 300 m vom *embarcadero* entfernt über den Fluss. Die solide gebauten, strohgedeckten *cabañas* sind pieksauber und mit Ventilator und Moskitonetzen ausgestattet. Die besten sind sehr geräumig und bieten Warmwasserduschen und Terrassen mit Hängematten. Das Restaurant serviert einfache, aber gut zubereitete mexikanische Gerichte.

Nueva Alianza CABAÑAS **$$**
(☎ in Guatemala 502-4638-2447; www.hotelnueva alianza.com; Stellplatz 50 Mex$/Pers., EZ/DZ ohne Bad 150/300 Mex$, Zi. 600–700 Mex$, FZ 800 Mex$; P 📶) Die freundliche Anlage steht unter Bäumen an einer Nebenstraße 150 m vom Museum entfernt und hat kleine, schlichte, aber nette Budgetzimmer mit Trennwänden aus Holz, die nicht bis zur Decke reichen, sowie neuere separate Zimmer mit Bad. Alle Quartiere verfügen über Ventilator, gute Holzmöbel und Warmwasser. In der Anlage gibt es ein gutes **Restaurant** (Hauptgerichte 80 Mex$, Frühstück 70 Mex$) und den einzigen Internetzugang in der Stadt (15 Mex$/Std. bzw. 50 Mex$/Tag).

ℹ An- & Weiterreise

Wenn man keinen Bus und kein Combi erwischt, der bzw. das direkt nach Frontera Corozal tuckert, fährt man bis zum Crucero Corozal 16 km südöstlich von San Javier an der Carretera Fronteriza; von hier steuern Taxis (*colectivo* 30 Mex$/Pers.) Frontera Corozal an. Der *ejido* erhebt bei Besuchern, die Frontera Corozal betreten oder verlassen, eine Gebühr von 15 Mex$ pro Nase – wer nicht nach Guatemala weiter will, muss die Quittung für die Ausreise aufbewahren.

Kleinbusse von Autotransporte Chamoán fahren stündlich vom *embarcadero* in Frontera Corozal nach Palenque (100 Mex$, 2½–3 Std.), die letzte Fahrt beginnt um 16 Uhr, oder wenn der Wagen voll besetzt ist.

Lancha-Anbieter haben Schalter in einem strohgedeckten Gebäude nahe dem *embarcadero*, und alle fordern ungefähr den gleichen Preis für die Fahrt zum 40 Minuten stromaufwärts gelegenen Bethel in Guatemala (Boot für 1–3/4/5–7/8–10 Pers. 400/500/600/750 Mex$). Von Bethel fahren von 8 bis 16 Uhr stündlich Busse nach Flores (4½ Std.). Darauf achten, dass der Fahrer an der Einreisestelle in Bethel anhält!

Yaxchilán

Yaxchilán (Eintritt 55 Mex$; ⏲ 8–16.30 Uhr, letzter Einlass 15.30 Uhr) liegt traumhaft mitten im Urwald an einem hufeisenförmigen Bogen des Río Usumacinta. Diese Lage hat Yaxchilán die Kontrolle über den Flusshandel eingebracht. Einige erfolgreiche Bündnisse und Eroberungen machten die Stadt in der klassischen Maya-Zeit zu einem der wichtigsten Orte in der Usumacinta-Region. Unter archäologischem Gesichtspunkt ist Yaxchilán berühmt für seine geschmückten Fassaden und Dachgiebel sowie die eindrucksvoll gearbeiteten Steinstürze mit Kampf- und Zeremonienszenen. Als Hilfsmittel zur Erkundung von einigen Teilen des Geländes ist eine Taschenlampe keine schlechte Idee.

Brüllaffen *(saraguates)* leben hier in den hohen Bäumen. Sie sind ein bewegendes Highlight – fast sicher hört man ihre tiefen Schreie, und die Chancen sie zu sehen, stehen auch ganz gut. Klammeraffen und Rote Aras sind auch schon gesichtet worden.

Den Höhepunkt seiner Macht und seines Glanzes erreichte Yaxchilán zwischen 681 und 800 n. Chr. unter den Herrschern Itzamnaaj B'alam II. (Schildjaguar II., 681–742), Pájaro Jaguar IV. (Vogeljaguar IV., 752–768) und Itzamnaaj B'alam III. (Schildjaguar III., 769–800). Um 810 n. Chr. wurde die Stadt aufgegeben. Die Inschriften erzählen hier mehr über die Jaguar-Dynastie, als über die meisten Herrscherclans der Maya überhaupt bekannt ist. Das Schild-und-Jaguar Symbol erscheint auf vielen Gebäuden und Stelen Yaxchiláns. Die Hieroglyphe von Pájaro Jaguar IV. ist eine kleine Urwaldkatze mit einer Feder auf dem Rücken und einem Vogel auf dem Kopf.

Auf dem Gelände werden in einer Hütte in der Nähe der Anlegestelle am Fluss Erfrischungen verkauft. Zu den meisten Monumenten gehören Infotafeln in drei Sprachen, eine davon ist Englisch.

Sehenswürdigkeiten

Auf dem Weg zu den Ruinen führt ein ausgeschilderter Weg nach rechts hinauf zur **Pequeña Acrópolis**, einer Ansammlung von Ruinen auf einem kleinen Hügel. Dort kann man aber auch später hin. Wer auf dem Hauptweg bleibt, erreicht die verworrenen Gänge des **El Laberinto** (Edificio 19). Es wurde von 742 bis 752 während des Interregnums zwischen Itzamnaaj B'alam II. und Pájaro Jaguar IV. gebaut. Heute finden Dutzende Fledermäuse unter dem Dach des Gebäudes Schutz. Aus dem komplizierten zweistöckigen Komplex kommt man am Nordwestende der weitläufigen **Gran Plaza** wieder heraus.

Yaxchilán

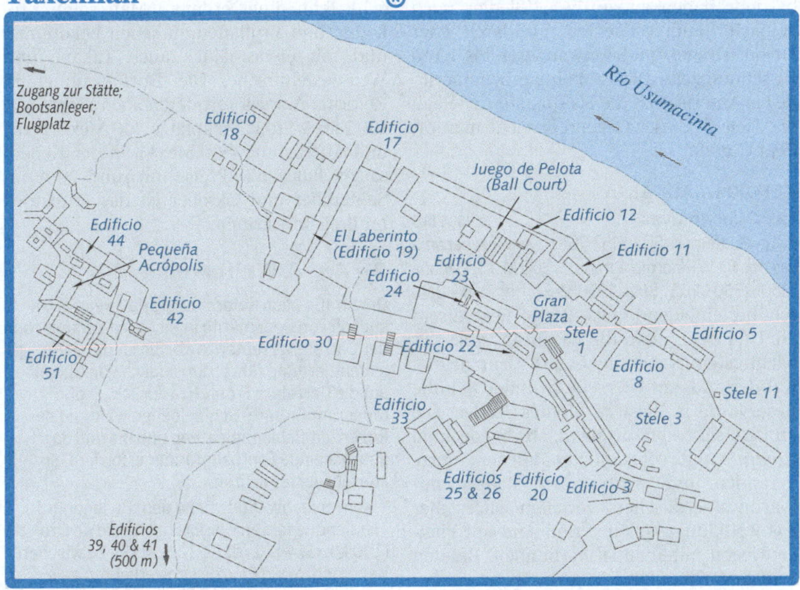

Es ist kaum vorstellbar: Irgendjemand wollte, dass ihm noch heißer wird, als es ihm ohnehin schon war, denn **Edificio 17** war offensichtlich ein Schwitzbad. Etwa auf der halben Strecke an der Plaza wird die **Stele 1** von verwitterten Skulpturen eines Krokodils und eines Jaguars flankiert. Die Stele zeigt Pájaro Jaguar IV. bei einer Zeremonie, die 761 n.Chr. stattgefunden hat. **Edificio 20** stammt aus der Zeit von Itzamnaaj B'alam III. Es ist das letzte bemerkenswerte Gebäude, das in Yaxchilán gebaut wurde. Seine Tür- und Fensterstürze befinden sich heute in Mexico City. Die **Stele 11** an der Nordostecke der Gran Plaza hat man vor der Front von Edificio 40 gefunden. Die größere der beiden dort abgebildeten Figuren ist Pájaro Jaguar IV.

Von der Stele 1 führt eine eindrucksvolle Treppe zum **Edificio 33** hinauf – dies ist der am besten erhaltene Tempel von Yaxchilán. Noch etwa die Hälfte des Dachgiebels ist intakt. Auf der letzten Stufe vor dem Gebäude sind Schnitzereien mit Ballspielszenen zu sehen. Reliefs schmücken die Unterseiten der Tür- und Fensterstürze. Im Innern steht eine Statue von Pájaro Jaguar IV. – ohne Kopf. Den musste er im 19. Jh. an räuberische Holzfäller abgeben.

Von der Lichtung hinter dem Edificio 33 führt ein Pfad in ein Waldgebiet hinein. Diesem etwa 20 m folgen, dann an der Gabelung links den Berg hinauf gehen! An einer weiteren Gabelung nach 80 m geht's wieder links. Nach etwa zehn Minuten größtenteils weiter bergauf erreicht man drei Gebäude auf dem Hügel: **Edificio 39**, **Edificio 40** und **Edificio 41**.

ℹ An- & Weiterreise

Lanchas brauchen von Frontera Corozal 40 Minuten den Fluss hinunter und eine Stunde wieder hinauf. Die Bootsbetreiber sind in einem strohgedeckten Gebäude in der Nähe des *embarcadero* von Frontera Corozal. Sie verlangen für die Touren (hin & zurück mit 2½ Std. Aufenthalt an den Ruinen f. 1–3/4/5–7/8–10 Pers. 800/950/1300/1600 Mex$) alle mehr oder weniger gleich viel. Die *lanchas* fahren bis gegen 13.30 Uhr häufig. Manchmal kann man sich an andere Traveller oder eine Tourgruppe ranhängen – dann kann man sich die Kosten teilen.

Von Benemérito de las Américas nach Las Nubes

Südlich von Frontera Corozal kommt man schnell in den äußersten Ostzipfel von Chiapas, der nach dem früheren spanischen Besitzer Marqués de Comillas benannt ist. Nachdem Ölsucher in den 1970er-Jahren Wege in diese Urwaldregion eröffnet haben, kamen Siedler aus ganz Mexiko hereingeströmt. Ranch- und Holzwirtschaftsbetriebe haben einige dieser Siedler reich gemacht, andere Siedler profitieren eher davon, Drogen und Einwanderer ins Land zu schmuggeln. Das raubeinige Benemérito de las Américas ist die Hauptstadt der Region. Ziele in dieser Gegend erreicht man oft über Comitán.

REFORMA AGRARIA

Las Guacamayas LODGE **$$$**

(☎in Guatemala 502-5157-9610; www.lasguacamayas.mx; Ejido Reforma Agraria; B 300 Mex$, Cabaña 1350–1650 Mex$, Suite 1950 Mex$; P ⊖ @) Die schöne, einladende Öko-Lodge liegt direkt am Ufer des breiten Río Lacantún, eines der wichtigsten Nebenflüsse des Usumacinta. Auf der anderen Uferseite befindet sich die Reserva de la Biosfera Montes Azules. Die großen, sehr komfortablen, strohgedeckten *cabañas* mit vollständigen Fliegengittern, Veranden und recht großen Bädern mit Warmwasserduschen verteilen sich über das weitläufige Gelände und sind mit Plankenwegen miteinander verbunden. Bei den Schlafsälen handelt es sich um Zweibettzimmer mit Gemeinschaftsbad.

Las Guacamayas bildet das Kernstück eines eindrucksvollen Gemeindeprogramms zum Schutz des Hellroten Aras (Arakangas). Dieses prächtige und gefährdete Mitglied der Papageienfamilie lebte früher noch weiter im Norden bis Veracruz, heute beschränkt sich sein Vorkommen in Mexiko aber auf den äußersten Osten von Chiapas. Die Bestandszahlen in Reforma Agraria sind seit 1991, als das 14,5 km² große Reservat gegründet wurde, auf mehr als 110 Paare angewachsen. Auf der Suche nach Nahrung verlassen die Vögel saisonal das Reservat und kehren später zurück. Die beste Zeit, sie zu beobachten, ist zwischen Dezember und Juni, wenn sie brüten. Man sollte sich die Jungvogel-Voliere vor Ort anschauen und fragen, ob man die Mitarbeiter begleiten kann, die die Nester überwachen.

Ein gutes Restaurant mit Blick auf den Fluss serviert mexikanische Gerichte (Frühstück 60–80 Mex$, Hauptgerichte 75–150 Mex$). Von März bis Mai fällt der Wasserstand des Flusses. Dann bildet sich ein Sandstrand, und man kann baden.

Zweistündige geführte Ara-Beobachtungstouren kosten 900 Mex$; die beste Chance zur Beobachtung hat man am frühen Morgen und in der Abenddämmerung. Bootsausflüge in das Montes-Azules-Reservat kosten 1750/1950 Mex$ für zwei/drei Stunden. (Bei allen Touren sind höchstens acht Teilnehmer erlaubt.) Man sollte Krokodile und Brüllaffen zu sehen bekommen und mit etwas Glück auch Tukane und Weißwedelhirsche. Die Dorfbewohner in Reforma Agraria vermieten auch Pferde (ca. 100 Mex$/Std.), Stellplätze (50 Mex$/Pers.) und Ausrüstung (100 Mex$). In der Nebensaison fallen alle Preise um rund 20 %, im September und Oktober ist das Frühstück im Preis inbegriffen.

An- & Weiterreise

Die Straße nach Reforma Agraria zweigt 8 km südlich von Benemérito in Richtung Westen von der Carretera Fronteriza ab. Sie ist durchgängig asphaltiert und führt 5 km südlich von Chajul auf die Carretera Fronteriza zurück. Große (aber umfahrbare) Schlaglöcher, während der Regenzeit Schlammlawinen und hie und da abbröckelnde Fahrbahnränder erfordern ein konzentriertes Fahren.

Vom *colectivo*-Platz nahe dem Busbahnhof in Palenque fahren Combis nach Pico de Oro (120 Mex$, 4 Std., 8, 10, 12 & 14 Uhr). Zwischen Benemérito und Pico de Oro verkehren gelegentlich *camionetas* (40 Mex$, 30 Min.), nach dem frühen Morgen ist man allerdings oft auf ein Taxi angewiesen (*colectivo* 40 Mex$/Pers., privates Taxi 150 Mex$). *Camionetas* fahren von 6 Uhr bis zum frühen Nachmittag ungefähr stündlich zwischen Pico de Oro und Reforma Agraria (25 Mex$, 30 Min.). Man kann Reforma Agraria auch mit einem Taxi von Frontera Corozal (600 Mex$), Benemérito (300 Mex$) und Pico de Oro (150 Mex$) aus erreichen; die Preise beziehen sich auf das ganze Fahrzeug.

Von Comitán fahren täglich 18 Vans nach Reforma Agraria (145–155 Mex$, 4½ Std.), die unterwegs die Lagos de Montebello passieren. Nur die Vans von Transportes Tzoyol setzen einen direkt vor dem Las Guacamayas ab. Ansonsten muss man von der Straße aus 1 km laufen.

LAS NUBES & UMGEBUNG

Las Nubes ist 12 km von der Carretera Fronteriza und 55 km von Tziscao entfernt. Fünfmal täglich fahren Combis von Transportes Tzoyol (S. 431) in Comitán nach Las Nubes und zurück (68 Mex$, 3½–4 Std., 7.30–16.30 Uhr).

Aktivitäten

Ecoturismo Xbulanjá RAFTING

(☎in Guatemala 502-3137-5691; www.xbulanja.com; Eintritt 15 Mex$, Stellplatz 30–50 Mex$, Cabañas 700 Mex$, Restaurant Hauptgerichte 50–100 Mex$) Vom Embarcadero Jerusalén, gleich östlich der Highway-Ausfahrt nach Las Nubes, veranstaltet diese Tzeltal-Kooperative Klasse-III-Raftingtouren nach Las Nubes (2200 Mex$, 2–6 Passagiere, 2½ Std.). Die Unterkunft und das Restaurant sind eine billigere Alternative zu Las Nubes. Im Preis der Raftingtouren ist der Rücktransport inbegriffen.

Schlafen

Las Nubes LODGE **$$**
(☎ in Guatemala 502-4972-0204; www.causasverdeslasnubes.com; Stellplatz 50 Mex$/Pers., Cabaña 950 Mex$) Der recht anstrengende Anmarsch lohnt sich, denn Las Nubes ist ein wundervolles Refugium unweit der unzähligen Wasserfälle und Stromschnellen des türkisblauen Río Santo Domingo. In einigen der Seen, die der Fluss bildet, kann man prima baden – wer hier nicht übernachtet, muss dafür 20 Mex$ hinblättern. Eine Hängebrücke führt an einer wilden Stelle über die vom Wasserlauf gegrabene Schlucht. Von ihr aus hat man eine hinreißende Sicht auf die prächtigsten Wasserfälle.

Der 15-minütige Aufstieg zu einem Aussichtspunkt wird mit einem guten Blick auf den Urwald belohnt. Für Abenteuerlustige gibt's eine Seilrutsche (100 Mex$), und von Februar bis Juni kann man sich abseilen und Höhlen erkunden.

Die 15 gut gebauten *cabañas* haben Warmwasseranschluss und nette Veranden, das Restaurant am Fluss serviert Mahlzeiten (morgens 60 Mex$, mittags & abends 85 Mex$), aber keinen Alkohol (den kann man selbst mitbringen). In der Nebensaison fallen die Preise um 25 %.

ABKÜRZUNG LAS NUBES–LAGUNA MIRAMAR

Wer beide Orte mit öffentlichen Verkehrsmitteln besucht, kann sich die lästige Ost-West-Rückfahrt zum Highway durch eine Wanderung von Las Nubes nach Loma Bonita ersparen. Diese Ortschaft liegt auf halber Strecke an der Straße zu den *lanchas* zur Laguna Miramar. In Las Nubes überquert man die Hängebrücke. Die Wanderung (5 km) dauert rund 40 Minuten und führt über einige Hügel. In Loma Bonita gibt's Combis zur Weiterfahrt.

Laguna Miramar

400 M

Die ursprüngliche Laguna Miramar liegt mitten in einem Regenwald in der **Reserva de la Biosfera Montes Azules** (Biosphärenreservat Montes Azules), 140 km südöstlich von Ocosingo. Die Laguna Miramar ist einer der abgelegensten und schönsten Seen Mexikos, an dem oft die Schreie von Brüllaffen zu hören sind. Der 16 km² große See ist warm wie eine Badewanne und absolut sauber. Zwischen den Felsvorsprüngen der kleinen Inseln kann man wunderbar herumwaten. Mit dem Kanu gelangt man zu Felsmalereien und zur Höhle von Schildkröten.

Dank eines erfolgreichen Ökotourismusprojekts in der kleinen Maya-Gemeinde **Emiliano Zapata** (☎ Gemeinde Telefon 200-124-88-80, 81, 82; www.lagunamiramar.com) nahe dem Westufer ist der See für Besucher zugänglich. Wer ohne Führer dort ankommt, muss sich an das Comité de Turismo wenden. Dort sind die benötigten Dienstleistungen zu organisieren und zu bezahlen. Ein Führer kostet 150 Mex$ pro Tag (max. 3 Pers.), der Eintritt beträgt 40 Mex$ und die Leihgebühr für ein *cayuco* (traditionelles Kanu) zum Erforschen des Sees 150 Mex$. Schlafsäcke, Hängematten und Zelte können gemietet werden (150 Mex$/Pers.). Für Gruppen besorgen einheimische Frauen Lebensmittel und bereiten sie am See zu. Man kann nur mit Bargeld bezahlen.

Der 7 km lange Fußmarsch von Emiliano Zapata zum See dauert etwa eineinhalb Stunden. Er führt durch *milpas* (Maisfelder) und Wälder mit *caoba* (Mahagonibäumen) und *matapalo* (Würgefeigen) und kann sehr matschig sein – darum unbedingt feste Schuhe tragen! Am See hört man die Schreie der Brüllaffen. Hier tummeln sich außerdem Klammeraffen, Tapire, Aras und Tukane, ganz zu schweigen von unzähligen Schmetterlingen. Die Einheimischen, die im See *mojarra* (Barsche) fischen, versichern, dass die Krokodile hier nicht gefährlich sind.

Schlafen & Essen

Am Seeufer kann man unter einem *palapa*-Schutzdach seine Hängematte aufhängen oder campen (40 Mex$/Pers.). Wer nach 12 Uhr ankommt, muss in Emiliano Zapata übernachten, weil die Guides vor Einbruch der Dunkelheit zu Hause sein wollen. Im Dorf gibt es ein paar schlichte **Cabañas** (120 Mex$/Pers.) mit Ausblick auf den Fluss, die alle mit einem französischen und einem Doppelbett, Ventilator und Gemeinschaftsbad ausgestattet sind. Eine Reihe von *comedores* bereitet Mahlzeiten für ungefähr 30 Mex$ zu. Man kann auch eine Hängematte und ein Moskitonetz mieten (50 Mex$) und sie unter einem Schutzdach neben den *cabañas* aufhängen.

An- & Weiterreise

Man sollte außerhalb der Regenzeit (Ende Aug.–Nov.) kommen, während der der Zugang sehr schwierig ist – das Marschieren auf den schlammigen Wegen fühlt sich an wie eine Aerobic-Stunde auf Treibsand. Wer dennoch kommen will, kann solide Gummistiefel (20 Mex$) oder ein Pferd (hin & zurück 300 Mex$) mieten. Einige Reiseveranstalter in San Cristóbal de las Casas bieten drei- bis viertägige Touren von San Cristóbal zur Laguna Miramar auf dem Flussweg (ab 4500 Mex$/Pers.).

BUS & COLECTIVO

In Comitán und Ocosingo gibt es Transportverbindungen nach San Quintín und Emiliano Zapata. Der Weg von Comitán ist etwas kürzer (die Straße ist bis Guadalupe Tepeyec, unmittelbar vor La Realidad, asphaltiert; die Straße aus Ocosingo ist bis La Garrucha asphaltiert). Hier werden Combis statt Trucks eingesetzt. Obwohl San Quintín offiziell die Endhaltestelle ist, setzen einen die Fahrer auf Wunsch auch fünf Minuten später in Emiliano Zapata ab. Die Leute vom Ökotourismusprojekt können in der Regel im Ort Pick-ups für die Rückfahrt organisieren. Die Fahrpläne sind nicht in Stein gemeißelt; Sommerzeit gilt hierbei nicht. Unbefestigte Straßenabschnitte können in der Regenzeit schwer passierbar sein.

Ab Comitán

Combis von **Transportes Las Margaritas** (6a Calle Sur Oriente 51, zw. 4a & 5a Av Oriente Sur) fahren häufig nach Las Margaritas (16 Mex$, 25 Min.). Von Las Margaritas fahren **Grupo Monteflor** (Ecke Av Central Sur & 1a Calle Sur Poniente, nahe der Plaza) und **Transportes Río Euseba** (3a Av Oriente Sur zw. Calle Central & 1a Calle Oriente Sur, nahe dem Markt) täglich nach San Quintín (85 Mex$, 4½–6 Std., 5–12 Uhr). Die Unternehmen fahren beide ungefähr alle zwei Stunden, aber die Fahrpläne sind so, dass fast jede Stunde ein Combi fährt. Die Rückfahrten aus San Quintín liegen zwischen 2 und 12 Uhr.

Ab Ocosingo

Die Trucks nach San Quintín (80 Mex$, Trockenzeit 5–6 Std., Abfahrt 9, 10.30, 12, 14 & 15.30 Uhr od. wenn voll) starten von einem großen, ummauerten Platz hinter dem Markt. Rückfahrten gibt's um 24, 2, 5, 8 und 12 Uhr.

FLUGZEUG

Servicios Aéreos San Cristóbal (S. 430) fliegt mit kleinen Charterflugzeugen (max. 4 Pers.) von Comitán nach San Quintín (einfache Strecke 4500 Mex$/Flugzeug).

Nach der Landung nimmt man die unbefestigte Straße, die gegenüber einem Militärkomplex neben San Quintíns Flugfeld entlangführt. Ein 15- bis 20-minütiger Marsch bringt einen nach Emiliano Zapata; das Ökotourismusprojekt findet sich am äußersten Ende des Dorfes.

SCHIFF/FÄHRE

Mit dem Combi geht's von Comitán nach La Democracia (gegenüber der Brücke in Amatitlán) oder Plan de Río Azul (Infos s. S. 430), wo man eine *lancha* anheuert (einfache Strecke 925 Mex$, max. 8 Pers., 2 Std.), die Emiliano Zapata auf dem Río Jatate ansteuert. In La Democracia (vorher vereinbaren!) ist **Hipólito Vásquez** (☎ Gemeindetelefon 55-1454-5788-89-90) der einzige *lanchero* weit und breit, der Schwimmwesten mitführt. Die meisten anderen Boote starten 4 km weiter in Plan de Río Azul, wo *lanchas* (1200–2000 Mex$/Boot) bis gegen 15 Uhr auf Nachfrage ablegen. La Democracia und Plan de Río Azul sind 16 bzw. 20 km über eine raue Straße von der Carretera Fronteriza entfernt; nur die erste Hälfte der Strecke ist asphaltiert.

Comitán

☎963 / 98 000 EW. / 1560 M

Mit einer hübschen **Plaza** voller moderner Skulpturen und großer, beschnittener Bäume, in denen abends Vögel zwitschern, hat die koloniale Stadt ein freundliches, künstlerisch angehauchtes Flair. Comitán liegt auf einer Hochebene 90 km südöstlich von San Cristóbal und bietet einige gute Unterkünfte und Restaurants sowie ein paar interessante Museen. Hinzu kommen mehrere Natur- und Archäologieattraktionen im grünen Umland, weniger als eine Stunde entfernt.

Sehenswertes

Iglesia de Santo Domingo KIRCHE

(⏲8–14 & 16.30–20 Uhr) Die Iglesia de Santo Domingo an der Plaza stammt aus dem 16. und 17. Jh. An ihrem Turm sind ungewöhnliche aber schöne Blendarkaden zu sehen. In dem ehemaligen Kloster nebenan mit dem hübschen Hof und den Holzsäulen ist heute das **Centro Cultural Rosario Castellanos** (1a Av Oriente; ⏲9–21 Uhr) GRATIS ansässig. Hier zeigt ein Wandgemälde Regionalgeschichte.

Casa Museo Dr. Belisario Domínguez MUSEUM

(Av Central Sur 35; Erw./Kind 5/2,50 Mex$; ⏲Di–Sa 10–18.45, So 9–12.45 Uhr) Direkt südlich der

Comitán

Hauptplaza steht die Casa Museo Dr. Belisario Domínguez, das Haus der Familie von Comitáns größtem Helden. Hier befand sich auch seine Arztpraxis. Das Museum (alles auf Spanisch) bietet einen faszinierenden Einblick in den Stand der Medizin und das Leben der Akademiker im frühen 20. Jh. in Chiapas. Auch eine Rekonstruktion der hiesigen Apotheke ist zu sehen. Außerdem wird die Heldengeschichte der politischen Karriere von Domínguez bis hin zu seiner Ermordung erzählt.

Museo Arqueológico de Comitán MUSEUM
(1a Calle Sur Oriente; Di–So 9–18 Uhr) GRATIS
Dieses Museum direkt östlich der Plaza zeigt Fundstücke von den vielen archäologischen Stätten der Umgebung (Erklärungen nur auf Spanisch). Die unförmigen vorkolonialen Schädel sollen durch in die Regale gequetschte Kinderköpfe „verschönert" werden.

Schlafen

Hotel del Virrey HOTEL $
(963-632-18-11; hotel_delvirrey@hotmail.com; Av Central Norte 13; DZ 380–480 Mex$, 3BZ 500–700 Mex$; P) Im Springbrunnen des in einem Haus aus dem 19. Jh. untergebrachten Virrey plantschen Schildkröten. Die unterschiedlich großen Zimmer haben Kabel-TV und liegen rund um einen Hof voller Blumen. Von den kleineren Zimmern im Obergeschoss hat man einen netten Blick auf die El-Calvario-Kirche in der Nähe.

Hotel Posada El Castellano HOTEL $$
(963-632-33-47; www.posadaelcastellano.com.mx; 3a Calle Norte Poniente 12; EZ/DZ/3BZ 490/530/570 Mex$; P@) Dieses tolle Hotel im Kolonialstil bietet alle modernen Annehmlichkeiten. Die gemütlichen Zimmer

---

Comitán

Sehenswertes
1 Casa Museo Dr. Belisario Domínguez ... D2
2 Centro Cultural Rosario Castellanos ... D2
3 Iglesia de Santo Domingo ... D2
4 Museo Arqueológico de Comitán ... D2

Schlafen
5 Hotel Casa Delina ... C2
6 Hotel del Virrey ... C1
7 Hotel Posada El Castellano ... C1

Essen
8 500 Noches ... C2
9 Yuli Moni Comedor ... D1

Ausgehen & Nachtleben
10 Shangri La ... C2

mit Ventilator, Kabel-TV, rustikalen Holzmöbeln und guten Matratzen verteilen sich auf zwei Stockwerke rund um Innenhöfe mit Holzsäulen. Das Personal ist freundlich. Ein nettes Restaurant gibt's auch.

★ **Hotel Casa Delina** BOUTIQUEHOTEL **$$$**
(963-101-47-93; www.hotelcasadelina.com; 1a Calle Sur Poniente 6; Zi. 1200–1300 Mex$;) Durch sorgsame Restaurierung und die Arbeit mexikanischer und ausländischer Künstler ist aus dem 250 Jahre alten Herrenhaus eines der stilvollsten Hotels in Chiapas geworden. Die acht luxuriösen Zimmer, die koloniale Pracht mit spielerischem Industrieschick verbinden, liegen um einen von Arkaden mit Holzpfeilern eingefassten, gefliesten und mit einer wundervollen Gartenanlage geschmückten Hof. Das Café vor Ort serviert ausgezeichneten Biokaffee aus Chiapas.

Essen & Ausgehen

Ein paar gute, typische Restaurants säumen die Westseite der Plaza.

Yuli Moni Comedor MEXIKANISCH **$**
(Mercado; Quesadillas 17–25 Mex$; 8–17 Uhr;) In diesem *mercado comedor* bekommt man schmackhafte, sättigende Quesadillas, Für die Vegetarier gibt's u.a. *nopales* (Kakteen) und Pilze.

500 Noches SPANISCH **$$**
(Calle Central, Plaza; Hauptgerichte 90–165 Mex$; 13–1 Uhr;) Die hohe Decke und romantische Nischen prägen das große Lokal, das auf Fondues, Tapas und mehr als 80 Weine spezialisiert ist. Die Hauptattraktion ist die Livemusik mit *trova* (tgl. ab 19 Uhr), es lohnt sich also, auf einen Drink oder ein Dessert reinzuschauen, auch wenn man nicht auf kleine Gerichte steht. Mit Sitzplätzen an der Plaza.

Shangri La BAR, CAFÉ
(Calle Central Poniente 6; Mo–Sa 17–1 Uhr) Bunte Flaschen schmücken den Eingang. Gedämpfte Beleuchtung und ein offener Kamin sorgen für eine einladende Atmosphäre, um einen Kaffee oder Cocktail und dazu gereichte kostenlose Snacks zu genießen. Man macht es sich auf einem Futon oder Sitzsack im angenehm warmen Dachgeschoss bequem oder studiert die Fotos von zufriedenen Stammgästen an den Wänden.

Praktische Informationen

BBVA Bancomer (Ecke 1a Av Oriente Sur & 1a Calle Sur Oriente; Mo–Fr 8.30–16, Sa 9.30–16 Uhr) Tauscht montags bis freitags Euro, aber keine US-Dollar um; Geldautomat vorhanden.

Ciber@dictos (Pasaje Morales; 8 Mex$/Std.; 9.15–21.15 Uhr) Internetzugang.

Instituto Nacional de Migración (963-632-22-00; Carretera Panamericana; Mo–Fr 9–13 Uhr) Das Büro der Einreisebehörde liegt am Pan-American Hwy gleich hinter der Abzweigung nach Tzimol, 5 km südlich vom Stadtzentrum.

Post (Av Central Sur 45; Mo–Fr 8.30–16.30, Sa 8.30–12 Uhr)

Städtische Touristeninformation (Av Central Norte; 8–20, Do & So bis 21 Uhr)

Anreise & Unterwegs vor Ort

Der Pan-American Hwy (Hwy 190), der hier offiziell Blvd Belisario Domínguez heißt, aber meist einfach nur „El Bulevar" genannt wird, verläuft durch den Westen der Stadt.

Comitáns **OCC-Busbahnhof** (963-632-09-80; Blvd Belisario Domínguez Sur 43) liegt am Pan-American Hwy. Außer zu den unten angegebenen Zielen fahren Busse auch nach Mexico City, Villahermosa, Playa del Carmen und Cancún. Gegenüber dem OCC-Busbahnhof starten auf der anderen Straßen „Centro"-Combis zur Hauptplaza (6 Mex$); die Fahrt im Taxi kostet 25 Mex$.

Zahlreiche *colectivos* haben Halteplätze rund 500 m nördlich vom OCC-Busbahnhof am Hwy 190 zwischen der Calle 1a und 2a Sur Poniente; die Sammelgefährte starten, sobald sie voll sind. Nach San Cristóbal fahren bis gegen 21 Uhr Vans (45 Mex$) und Sammeltaxis (50 Mex$). Es gibt auch Vans nach Ciudad Cuauhtémoc (40 Mex$, bis 20 Uhr, meist mit Zielangabe „Comalapa") und Tuxtla Gutiérrez (82 Mex$, bis 18 Uhr).

Línea Comitán Lagos de Montebello (2a Av Poniente Sur 23) Betreibt Vans zu den Lagos de Montebello und entlang der Carretera Fronteriza, z. B. nach Laguna Bosque Azul (40 Mex$, 1 Std., 3–17 Uhr alle 20 Min.) und Tziscao (45 Mex$, 1¼ Std.), nach Reforma Agraria (155 Mex$, 4½ Std., 3–14 Uhr 10-mal) und nach Palenque (275 Mex$, 8 Std., 3.30–11 Uhr 8-mal). Der Fahrplan richtet sich durchgehend nach der Normalzeit.

Servicios Aéreos San Cristóbal (963-632-46-62; www.chiapasdesdeelcielo.com; Carretera Panamericana Km 1262) Veranstaltet Tagesausflüge nach Bonampak und Yaxchilán mit Flügen über Las Nubes und die Laguna Miramar (hin & zurück 13 500 Mex$ inkl. Eintritt). Ein neues Angebot fügt einen Flug nach Palenque mit Übernachtung und bei der Rückkehr den Flug über Agua Azul hinzu (19 500 Mex$, Unterkunft & Eintrittsgebühr in Palenque nicht inkl.). Die Preise gelten nicht pro Person, sondern für das Flugzeug, in das vier Passagiere passen.

BUSSE AB COMITÁN

ZIEL	PREIS (MEX$)	DAUER (STD.)	HÄUFIGKEIT (TGL.)
Ciudad Cuauhtémoc	78	1½	3-mal
Oaxaca	558	14½	1-mal
Palenque	250	7	2-mal
San Cristóbal de las Casas	48–56	1¾	19-mal
Tapachula	206	6 (über Motozintla)	5-mal
Tuxtla Gutiérrez	76–90	3	18-mal

Transportes Tzoyol (☎963-632-77-39; 4a Av Poniente Sur 1039, bei 13a Calle Sur Poniente) Betreibt Vans nach Reforma Agraria (145 Mex$, 2.30–15 Uhr 8-mal) sowie nach Plan de Río Azul (80 Mex$, 3½ Std., 4.30–14 Uhr 4-mal), dem Umsteigeknotenpunkt für die Schiffe zur Laguna Miramar. Der Fahrplan richtet sich durchgehend nach der Normalzeit.

Rund um Comitán

El Chiflón

41 km südwestlich von Comitán stürzt der mächtige Wasserfall über eine Felswand in die Tiefe. An aus der Nähe zu erlebender atemberaubender Gewalt ist der El Chiflón kaum zu überbieten.

Das **Centro Ecoturístico Cadena de Cascadas El Chiflón** (☎963-596-97-09; www.chiflon.com.mx; Eintritt 20 Mex$, Cabañas DZ/4BZ 450/800 Mex$, Stellplatz 25 Mex$/Pers.; ⏲8–17 Uhr; ⊜) ist eines von zwei *ejido*-Projekten an den Ufern des Río San Vicente und hat eine Reihe hübscher Einrichtungen auf dem Weg zu den Fällen, darunter ein Dutzend solide gebauter, komfortabler *cabañas* mit Bad, guten Fliegengittern und Flussblick und ein nettes **Freiluftrestaurant** (Hauptgerichte 70–110 Mex$). In einem kleinen Infozentrum erfährt man (auf Spanisch) Wissenswertes über den Fluss und die Tierwelt in dem Gebiet.

Eine 1 km lange Zufahrtsstraße führt vom Hwy 226 zum Parkplatz, von wo ein guter, 1,3 km langer Fußweg am bewaldeten Flussufer (mit netten Badestellen) entlang zu einer Reihe zunehmend spektakulärer werdenden, malerischen Wasserfällen führt. Am 120 m hohen **Velo de Novia** muss man damit rechnen, von der Gischt durchnässt zu werden. Man kann auch an einer Seilrutsche über den Fluss sausen (150 Mex$).

In der Trockenzeit (ca. Feb.–Juli) bilden die Fälle eine schaumige Linie, und man kann in dem blauen Wasser des Flusses gefahrlos baden. Doch während der Regenzeit färben gewaltige Strömungen den Fluss erdbraun, die Fälle tosen mit hemmungsloser Gewalt, und es baden nur Lebensmüde.

Von Comitán fahren Vans und Busse von **Autotransportes Cuxtepeques** (Blvd Belisario Domínguez Sur zw. Calle 1a & 2a Norte Poniente) zur Abzweigung nach El Chiflón am Hwy 226 (25 Mex$, 45 Min., 4–20 Uhr stündl.). Dort warten **Mototaxis** (5 Mex$/Pers.), die einen weiterbefördern. Wer mit dem eigenen Fahrzeug kommt, nimmt vom Pan-American Hwy die Ausfahrt Tzimol, 5 km südlich des Stadtzentrums von Comitán.

Tenam Puente

Auf dem Gelände dieser **Maya-Ruinen** (Eintritt 35 Mex$; ⏲9–16 Uhr) gibt es drei Ballspielplätze, eine 20 m hohe Stufenpyramide und andere Gebäude. Sie erheben sich auf einem terrassenförmigen, bewaldeten Hügel. Wie Chinkultic war auch Tenam Puente eine von mehreren klassischen Randsiedlungen der Maya in diesem Teil von Chiapas, die (anders als die berühmteren Stätten im Flachland, Palenque und Yaxchilán) bis in die nachklassische Periode existiert haben – sie bestanden möglicherweise bis 1200 n. Chr. Tenam Puente liegt schön in ländlicher Umgebung und bietet einen tollen Panoramablick.

Eine 5 km lange befestigte Straße zweigt 9 km südlich von Comitán vom Hwy 190 ab und führt nach Westen zur Ausgrabungsstätte. **Transporte Ejidal Tenam Puente** (3a Av Poniente Sur 8) schickt zwischen 8 und 18 Uhr alle 45 Minuten Combis (15 Mex$) dorthin. Das letzte Combi von den Ruinen fährt um 16 Uhr zurück. Ein Taxi hin und zurück (inkl. 1 Std. Aufenthalt) kostet rund 250 Mex$.

Parador-Museo Santa María

Dieses wunderschöne, vergangene Zeiten heraufbeschwörende Hotel-Museum

Parador-Museo Santa María (☎/Fax 963-632-51-16; www.paradorsantamaria.com.mx; Carretera La Trinitaria-Lagos de Montebello Km 22; Zi. 1760 Mex$, Zelt f. 6–8 Pers. 6000 Mex$; P), 1,5 km abseits der Straße zu den Lagos de Montebello, ist die luxuriöseste und stimmungsvollste Unterkunft in der Gegend um Comitán. Die restaurierte Hazienda aus dem 19. Jh. ist komplett mit Möbeln und Kunstwerken aus dieser Zeit eingerichtet. Einige der acht Zimmer haben geflieste Badewannen und Kamine, von allen schweift der Blick weit über die grüne Landschaft.

Eine ausgefallene, aber edle Unterkunft ist das riesige neue Zelt im arabischen Stil. Es ist mit Orientteppichen, einem Bad mit Whirlpool und schön drapierten Vorhängen, die als Raumteiler dienen, ausgestattet. Von dem über eine Solaranlage beheizten Pool hat man einen tollen Blick über die Hügel.

In der Kapelle befindet sich ein **Museum für religiöse Kunst** (Eintritt 25 Mex$; ⌚9–18 Uhr) mit einer interessanten Sammlung von Arbeiten aus der Kolonialzeit, die aus Europa, von den Philippinen sowie aus Mexiko und Guatemala stammen. Das hervorragende **Restaurant Los Geranios** (Hauptgerichte 130–250 Mex$; ⌚8–21 Uhr) serviert Gerichte aus Chiapas und aller Welt, die aus selbst angebauten Biozutaten (inkl. Kaffee) zubereitet werden.

22 km hinter La Trinitaria auf der Montebello-Straße nach dem Schild Ausschau halten! In der Nebensaison fallen die Preise um 30 %, für die Hauptsaison sollte man im Voraus buchen.

Chinkultic

Chinkultic (Eintritt 42 Mex$; ⌚8–17 Uhr) war in der spätklassischen Epoche ein regionales Machtzentrum der Maya und könnte, wie Tenam Puente, noch bis in die Zeit der Postklassik überdauert haben. Von den mehr als 200 Aufschüttungen, die sich über ein großes Gebiet voller dramatisch gelegener Ruinen verteilen, sind nur ein paar freigeräumt, aber die Stätte lohnt dennoch einen Besuch. Dabei muss man jedoch beachten, dass sie von Zeit zu Zeit geschlossen ist. Deshalb sollte man, bevor man sich auf den Weg macht, unbedingt in der Touristeninformation in Comitán nachfragen.

Die Ruinen verteilen sich auf zwei Gruppen: Am Eingang folgt man zunächst dem nach links führenden Weg, der unterhalb von E23, einem der größten, von Pflanzen überwucherten Gebäude Chinkultics, eine Kurve nach rechts beschreibt. Der Pfad führt nun zu einer grasbewachsenen Plaza mit einigen verwitterten Stelen, von denen einige mit Reliefs menschlicher Figuren geschmückt sind, sowie einem Ballspielplatz zur Rechten.

Wieder am Eingang nimmt man den anderen Weg, der zur **Plaza Hundida** (Versunkenen Plaza) führt, einen Bach überquert und dann steil zur **Akropolis** hinaufklettert, einem teilweise restaurierten Tempel auf einer Felsböschung, von der man einen

VON/NACH GUATEMALA: CIUDAD CUAUHTÉMOC

Zwischen Ciudad Cuauhtémoc und Comitán (1½ Std.) verkehren sehr häufig *colectivos* (40 Mex$) und gelegentlich Busse (50 Mex$). Von Ciudad Cuauhtémoc fahren täglich zwischen 11 und 22 Uhr dreimal OCC-Busse nach San Cristóbal de las Casas (100 Mex$, 3½ Std.) und weiter, aber in der Regel ist man schneller, wenn man nach Comitán fährt und dort in ein anderes Verkehrsmittel umsteigt. Weitere sporadisch angefahrene Ziele sind u. a. Palenque, Cancún und Tapachula.

Die **mexikanische Einreisebehörde** (⌚8–22 Uhr) befindet sich gegenüber dem OCC-Busbahnhof auf der anderen Straßenseite; die Fahrer der *colectivos* gehen in der Regel davon aus, dass Traveller dort abgesetzt werden wollen. Der guatemaltekische Grenzposten liegt 4 km weiter südlich in La Mesilla; mit „Línea" bezeichnete Combis (8 Mex$) und Taxis (*colectivo* 10 Mex$, privates Taxi 40 Mex$) fahren zwischen beiden Seiten. Banken und Geldwechsler gibt es zu beiden Seiten der Grenze, die zwischen 21 und 6 Uhr für den Autoverkehr geschlossen ist.

Von La Mesilla bringen einen Mototaxis (5 Mex$/3 GTQ) zum 2.-Klasse-Busbahnhof. Von dort fahren Busse 2. Klasse zwischen 6 und 18 Uhr sehr häufig nach Huehuetenango (20 Q, 2 Std.) und Quetzaltenango (40 Q, 4 Std.), wo man Anschluss nach Guatemala City hat. Rund 1 km hinter der Grenze (gleich hinter der Einmündung in den Highway), fahren 1.-Klasse-Busse von **Línea Dorada** (www.lineadorada.info) täglich um 11 und 20 Uhr direkt nach Guatemala City (170 Q, 8 Std.).

DAS TRINKT MAN IN CHIAPAS

Comiteco Diese einzigartige Variante des *mezcal* besteht aus einer Mischung aus *maguey* (Agave) und *piloncillo* (gekochtem Zuckerrohr). Sie schmeckt weicher und sirupartiger als Tequila und ist farblos oder leicht grünlich. Das Getränk stammt aus Comitán.

Tascalate Das kalte, süße Gebräu aus gemahlenem Kakao, Pinienkernen, geröstetem Mais, Zimt und *achiote* (Annatto) schmeckt interessant und ist sehr lecker.

Pox Man spricht es *posch* aus (manchmal wird es auch *posh* geschrieben). Der preiswerte Branntwein aus Zuckerrohr ist genau das Richtige für alle, die sich um den Verstand saufen wollen. Mit viel Saft gemischt sind die Auswirkungen weniger verheerend.

Pozol Die dickflüssige Mischung aus *masa* (Maisgrütze) und Wasser wird oft mit Zucker und manchmal auch etwas Chili oder Schokolade aufgepeppt. Für die indigene Bevölkerung ist Pozol eine Art Energy-Drink, den sie in gebrauchten 1-l-Plastikflaschen mit sich herumtragen. Traveller kaufen sich oft eine *masa*-Kugel und bereiten sich den Drink selbst zu.

bemerkenswerten Ausblick über die umliegenden Seen und Wälder und hinunter in einen 50 m tiefen Cenote hat, in den die Maya Töpferwaren, Perlen, Knochen und Obsidianmesser als Opfergaben geworfen haben.

Chinkultic liegt ungefähr 48 km von Comitán entfernt an der Straße zu den Lagos de Montebello. Combis, die zu den Seen fahren, können einen an der Abzweigung absetzen (ab Comitán 40 Mex$); die Stätte befindet sich 2 km weiter nördlich, zu erreichen über eine asphaltierte Zufahrtsstraße.

Lagos de Montebello

Der gemäßigte Pinien- und Eichenwald an der Grenze zu Guatemala östlich von Chinkultic ist mit über 50 kleinen Seen von unterschiedlichster Farbe übersät. Sie werden Lagos (oder Lagunas) de Montebello genannt. Das Gebiet ist sehr malerisch und friedlich. Die befestigte Straße nach Montebello biegt nördlich von La Trinitaria und 16 km südlich von Comitán vom Hwy 190 nach Osten ab. Sie passiert nach 32 km Chinkultic und führt 5 km weiter in den Parque Nacional Lagunas de Montebello. Nach weiteren 800 m kommt ein Ticketschalter, dort werden 27 Mex$ für den Park fällig. Nun gabelt sich die Straße: Nach Norden fährt man weiter zu den Lagunas de Colores (2–3 km), gen Osten zum Dorf Tziscao (9 km). Nach diesem Dorf wird die Straße zur Carretera Fronteriza und verläuft weiter nach Osten bis Palenque.

Sehenswertes & Aktivitäten

Vom Ticketschalter des Parks führt eine Straße nach Norden zu den Lagunas de Colores, fünf Seen, deren lebhaftes Farbenspiel zwischen Türkis und Dunkelgrün changiert. Es handelt sich im Einzelnen um die **Laguna Agua Tinta**, die **Laguna Esmeralda**, die **Laguna Encantada**, die **Laguna Ensueño** und um die **Laguna Bosque Azul**; Letztere ist der größte See und befindet sich dort, wo die asphaltierte Straße endet, zur Linken.

Von dort führt ein schöner, 15-minütiger Spaziergang zu den **Grutas San Rafael del Arco**, einer Gruppe von Höhlen. Er ist nicht markiert, aber gegen eine kleine Gebühr kann man einen Führer anheuern. An einer Stelle rauscht ein Fluss durch einen natürlichen Felsbogen, unten am Wasser folgen eine kleine Höhle und eine weitere, die sich als der Grund einer Doline erweist.

Auf dem Parkplatz an der Laguna Ensueño (manchmal auch auf dem der Laguna Bosque Azul) warten *camiones* (Lastwagen), die drei- bis fünfstündige Touren um die Seen für rund 500 Mex$ pro Fahrzeug anbieten; an Werktagen kann es allerdings schwierig sein, eine Gruppe zusammenzubekommen. Einheimische Jungen bieten Reitausflüge zu mehreren Seen an, die auch zu den **Dos Cenotes** (150 Mex$, 2–3 Std.), zwei Dolinen im Wald, oder zur (rund 1 Std. entfernten) Laguna de Montebello führen.

Geht man vom Ticketschalter nach Osten, erreicht man nach 3 km einen Weg, der 200 m nach Norden zur **Laguna de Montebello** führt. Dies ist einer der größeren Seen der Gegend mit einem flachen, weiten Ufergelände. Hier bieten noch mehr Jungen Pferde zu den Dos Cenotes an. Der hiesige *ejido* verlangt für den Besuch der Gegend entlang der Tziscao-Straße 20 Mex$ Eintritt.

Lagos de Montebello

Die Quittung aufheben: Sie gilt auch für die anderen Seen. Etwa 3 km weiter auf der Straße nach Tziscao biegt ein Weg nach links zu den **Cinco Lagunas** (Fünf Seen) ab. Von der Straße aus sind allerdings nur vier zu sehen. Der zweite, **La Cañada**, ist einer der schönsten Seen von Montebello. Er kommt nach 1,5 km auf der rechten Seite in Sicht und wird von zwei Felsen fast zweigeteilt.

Etwa 1 km weiter Richtung Tziscao führt ein Weg 1 km nach Norden zu der kobaltblauen **Laguna Pojoj** mit einer Insel in der Mitte, zu der man leicht hinüberpaddeln kann. Die **Laguna Tziscao** an der Grenze zu Guatemala kommt 1 km hinter der Pojoj-Abzweigung in Sicht. Die Abzweigung nach Tziscao ist noch etwas weiter entfernt. Dieses nette Örtchen, in dem Chuj gesprochen wird, erstreckt sich bis zum Seeufer.

Schlafen & Essen

An den Parkplätzen der Laguna Ensueño und der Laguna Bosque Azul bekommt man bei einfachen *comedores* Getränke und einfache Gerichte; auch an den meisten anderen Seen kann man sich verpflegen.

Villa Tziscao CABAÑAS, CAMPING $

(☎in Guatemala 502-5780-2775; www.centroecoturisticotziscao.com.mx; Stellplatz 50 Mex$/Pers., 1-/2-/3-Bett-Zi. od. Cabaña 400/750/950 Mex$; P ⊖ @ ☰) Die mittelgroße Anlage am See in der Ortschaft Tziscao (2 km von der Highway-Ausfahrt) wird von einer *ejido*-Kooperative geführt. Zu dem weitläufigen, grasbewachsenen Gelände gehört ein Sandstrand mit einem herrlichen Blick über den See in die Ausläufer der Sierra de los Cuchumatanes in Guatemala. Die komfortablen Zimmer im Hauptgebäude des Hotels verfügen über neue Betten, geflieste Bäder und Flachbildfernseher.

Daneben gibt es noch rustikalere Holz-*cabañas,* doch sollte man von denen, die am Ufer stehen, die Finger lassen, weil sie während der Regenzeit wochenlang halb unter Wasser stehen. Alle Unterkünfte haben ein eigenes Bad mit Warmwasser, und Camper können die Küche benutzen. Zum Hotel gehört auch ein Restaurant (Frühstück 70 Mex$, Hauptgerichte 90 Mex$).

Für Erkundungstouren kann man Zweierkajaks (50 Mex$/Std.) und **Fahrräder** (150 Mex$/4 Std.) mieten.

La Esmeralda CHALETS $

(☎Handy 963-1094329; Hütte 400–500 Mex$) Die solide gebauten zweistöckigen Holz-Chalets mit Warmwasser und zwei Fernsehkanälen wirken wie ein niedliches kleines Sommerlager. Vor Ort gibt es auch ein **Restaurant** (Hauptgerichte 50–60 Mex$). Die Anlage steht 500 m östlich der Straße zwischen der Laguna Ensueño und der Laguna Encantada.

An- & Weiterreise

Die Anreise von Comitán mit öffentlichen Verkehrsmitteln ist einfach, sodass ein Tagesausflug möglich ist. Vans fahren bis zum Ende der Straße an der Laguna Bosque Azul sowie nach Tziscao und setzen einen auch an den Abzweigungen zum Parador Museo Santa María, nach Chinkultic und zu den anderen Seen ab. Die letzten Fahrzeuge fahren am frühen Abend von Tziscao und der Laguna Bosque Azul nach Comitán zurück.

In San Cristóbal bieten diverse Veranstalter Touren zu den Seen mit einem Besuch des El Chiflón an; bis zum Abendessen ist man wieder zurück.

El Soconusco & Strände

Die fruchtbare Küstenebene von Chiapas ist zwischen 15 und 35 km breit. Ihren Namen Soconusco verdankt sie der sehr abgelegenen Aztekenprovinz Xoconochco aus dem 15. Jh. Hier ist es das ganze Jahr über heiß und feucht mit starken Regenfällen von Mitte Mai bis Mitte Oktober. Die Sierra Madre de Chiapas mit ihrer üppigen Vegetation ragt steil aus der Ebene auf und ist die perfekte Umgebung für den Anbau von Kaffee, Bananen und anderen Früchten. Oliv-Bastardschildkröten, Grüne Meeresschildkröten und ab und zu auch Lederschildkröten nisten von Juni bis November hier an der Küste. In Puerto Arista, Boca del Cielo, La Encrucijada und Chocohuital/Costa Azul gibt's mehrere Projekte zum Schutz von Schildkröten.

Der endlose Strand und das warme Wasser sind traumhaft sauber. Aber Achtung: Manchmal ist die Brandung recht stark, und der Rückstrom *(canales)* kann einen schnell mit hinausziehen. Wer am Strand übernachten will, muss (!) Insektenschutzmittel mitbringen, denn die Sandfliegen können von Mai bis Oktober wirklich nerven.

Tonalá

☎966 / 35 000 EW.

Die schwüle, hektische Stadt am Hwy 200 ist der Ausgangspunkt zu den Stränden im Norden. An der Ecke gegenüber der Plaza kann man bei **Cyber Cristy** (Av Rayon; 10 Mex$/Std.; ⏲8–22 Uhr) seine E-Mails checken. Ein Geldautomat von **Banamex** (Hidalgo 137) befindet sich an der Hauptstraße einen Block östlich der Plaza. Dort sollte man Bargeld holen, wenn man sich zu den nahe gelegenen Stränden aufmacht, denn an Letzteren gibt's keine Geldautomaten.

Eine gute, zentral an der Ostseite der Plaza gelegene Wahl ist das **Hotel Galilea** (☎966-663-02-39; Hidalgo 138; EZ/DZ/3BZ 320/420/450 Mex$; P❄📶) mit einem ordentlichen Restaurant und sauberen, mittelgroßen Zimmern, deren dunkle Holzmöbel für ein gediegenes Ambiente sorgen. Das **Hotel Grajandra** (☎966-663-01-44; Hidalgo 204; EZ/DZ/3BZ 490/590/900 Mex$; P❄📶) ist ein freundliches Haus nahe dem OCC-Busbahnhof mit hellen, großen Zimmern im 1970er-Jahre-Dekor und einem luftigen Restaurant im Obergeschoss. Einen Block östlich der Plaza (hinter dem Hotel Galilea) serviert das **Restaurant Nora** (Independencia 10; Hauptgerichte 73–155 Mex$; ⏲Mo–Fr 8–18, Sa 8–16 Uhr) in seinem Speisesaal mit Holzbalken schon seit 1964 Gerichte in deftigen Portionen.

Die Sammeltaxis nach Puerto Arista (20 Mex$, 20 Min.), Boca del Cielo (30 Mex$, 35 Min.) und Madre Sal (40 Mex$) fahren von der Matamoros zwischen der 20 de Marzo und der Belisario Domínguez, vier Blocks östlich der Plaza und einen den Hügel hinunter. Combis nach Puerto Arista (17 Mex$) starten an der Juárez zwischen der 20 de Marzo und der 5 de Mayo, noch einen Block weiter den Hügel hinunter. Combis nach Madre Sal (30 Mex$) fahren an der 5 de Mayo zwischen der Juárez und der Allende in der Nähe des Markts; die Fahrt mit einem privaten Taxi kostet 200 Mex$. Sammeltaxis nach Pijijiapan (40 Mex$) gibt es an der Hidalgo zwischen der 5 de Mayo und der 20 de Mayo. Die Taxis und Combis fahren bis gegen 19 Uhr.

Der **OCC-Busbahnhof** (☎966-633-05-40; Hidalgo) liegt 600 m westlich und der 2.-Klasse-Busbahnhof von **Rápidos del Sur** (RS; Hidalgo zw. Belisario Domínguez & Iturbide) 250 m östlich der zentralen Plaza. Beide Unternehmen fahren häufig nach Tapachula (116–186 Mex$, 3–4 Std.), Pijijiapan (36–72 Mex$, 1 Std.) und Tuxtla Gutiérrez (94–144 Mex$, 2½–3 Std.).

Puerto Arista

☎994

Der am besten erschlossene Strandort im Bundesstaat liegt 18 km südwestlich von Tonalá, präsentiert sich aber als ein kleines, verschlafenes Fischerstädtchen, wenn man nicht gerade an den Wochenenden, im Sommer oder während der Ferien kommt, wenn die Hotelpreise steigen und sich Urlauber aus Chiapas im Ort und unter den *palapas* der Meeresfrüchterestaurants am Ufer drängen. Im Ort gibt's keine Geldautomaten.

Während der Eiablagezeit werden im Rahmen eines staatlichen **Schildkrötenschutzprojekts** (⏲10–17 Uhr) GRATIS auf 40 Strandkilometern Tausende frisch gelegte Eier der Oliv-Bastardschildkröten eingesammelt und ausgebrütet. Die Jungen werden wieder freigesetzt, wenn sie nach sieben Wochen schlüpfen. Man kann sich die Schildkrötenstation anschauen, die rund 3 km nordwestlich an der einzigen Straße vom Leuchtturm liegt (Taxifahrt 25 Mex$). Wer will, kann auch mit **Nataté** (www.natate.org) in San Cristóbal Kontakt aufnehmen und

ABSEITS DER ÜBLICHEN PFADE

IGLESIA VIEJA

Man glaubt, dass Iglesia Vieja während der klassischen Periode eine regionale Hauptstadt der Zoque war. Die jetzt neu zugänglich gemachten **Ruinen** (⌚8–17 Uhr) GRATIS wurden zwischen 250 und 400 n. Chr. bewohnt, und abenteuerlustige Besucher können zwei restaurierte Gebäudegruppen besichtigen. Das hervorstechendste Merkmal der Stätte ist die Megalithbauweise: Das eindrucksvollste Gebäude, die namensgebende „Alte Kirche", ist eine 95 x 65 m messende Pyramide aus Granitblöcken, die jeweils über 1 t wiegen. Die Spitze erreicht man nicht über Stufen, sondern über eine Rampe – an der Südseite des Sockels ist ein Kreuz eingraviert.

Die andere Besonderheit sind die vielen anthropomorphen oder zoomorphen Steinmonumente, die über die Stätte verstreut liegen. Am bekanntesten sind der **Sapodrilo** (scheinbar eine Kreuzung aus Kröte und Krokodil) und der **Altar de las Cuatras Caras** (Altar der vier Gesichter).

Der angesehene **Ricardo López Vassallo** (☎966-663-01-05, Handy 966-1042394; rilova36@hotmail.com) ist eine herausragende Autorität bezüglich der örtlichen Denkmäler. Er lebt in Tonalá, kann den Transport organisieren und selbst als Führer agieren (für englisch sprechende Besucher steht gelegentlich sein Sohn zur Verfügung). Vassallo wird vom Staat bezahlt, Besucher müssen deshalb nur die Transportkosten tragen. Wer auf eigene Faust mit dem Auto kommt, sollte ihn vorher anrufen und sich nach dem Straßenzustand erkundigen.

Von der ausgeschilderten Ausfahrt bei Km 10 am Highway Tonalá-Arriaga sind es rund 9 km (30 Min.) Richtung Osten bis zu der Stätte. Von Mitte Mai bis November braucht man einen Geländewagen, weil die letzten 2 km der Straße oft unterspült sind. Möglicherweise muss man auch ein Stück laufen.

freiwillig bei der Strandbeobachtung oder der Freisetzung der Jungtiere mithelfen.

Schlafen & Essen

José's Camping Cabañas CABAÑAS $
(☎994-600-90-48; Stellplatz 50 Mex$, Stellplatz f. Wohnmobil 150–170 Mex$, B 100 Mex$, EZ/DZ/3BZ 300/350/400 Mex$, ohne Bad 170/200/250 Mex$; P) Die entspannte Anlage voller Obstbäume wird von einem Kanadier geführt, der schon lange im Ort lebt. Sie besteht aus schlichten *cabañas* mit Moskitonetzen, Ventilator und Fliegengittern, schattigen Sitzbereichen und hat kräftige Duschen. Man bekommt auch Mahlzeiten (40–120 Mex$), und in der Saison ist ein kleiner Pool geöffnet. Vom Leuchtturm geht man 800 m nach Südosten und biegt dann nach links (landeinwärts) ab.

Garden Beach Hotel HOTEL $$
(☎994-600-90-42; www.gardenbeach.mx; Matamoros 800; Zi. 900–1100 Mex$, 3BZ 1400 Mex$; P) Jenseits der Straße vom Strand und 800 m südöstlich vom Leuchtturm warten in diesem Hotel komfortable, pastellfarbene Zimmer mit Klimaanlage, Flachbild-TV und bis zu drei Doppelbetten. Aus den Zimmern in den Obergeschossen hat man einen tollen Blick aufs Meer. Es gibt ein **Freiluftrestaurant** (Hauptgerichte 100–160 Mex$) am Strand und einen großen Doppel-Pool (Nicht-Gäste zahlen 50 Mex$, wenn sie nicht im Restaurant essen).

Madre Sal

Bei **Madre Sal** (☎Handy 966-1007296, Handy 966-6666147; www.elmadresal.com; Manuel Ávila Camacho; Hängemattenplatz 100 Mex$, Stellplatz f. 4 Pers. inkl. Ausrüstung 250 Mex$, Cabaña 600 Mex$; P), einem von einer Kooperative betriebenen und nach einer Mangrovenart benannten Ökotourismusprojekt 25 km südlich von Puerto Arista, kann man sich vom Rauschen der Wellen in den Schlaf wiegen lassen. Auf einem unberührten, schmalen Landstreifen zwischen einem See und dem Ozean, den man per *lancha* (hin & zurück 15 Mex$) durch dichte Mangrovenwälder erreicht, befinden sich ein **Restaurant** (Gerichte 60–120 Mex$) und fast 20 strohgedeckte *cabañas* mit Doppelbetten, angeschlossenem Bad und Moskitonetzen.

Um 23 Uhr wird der Strom abgestellt. Dann sitzt man im Kerzenschein, die Sterne funkeln am Himmel, und Krabben flitzen durch den Sand. In der entsprechenden Jahreszeit kommen die Meeresschildkröten an Land, um ihre Eier abzulegen. Der Nachtwächter kann einen wecken, wenn man zuschauen oder mithelfen will, wenn die Eier für die Schildkrötenstation Boca del Cielo eingesammelt werden.

Der Seegang kann zwar heftig werden, aber der Strand ist makellos, und in den Mangroven kann man gut Vögel beobachten, u.a. 13 Reiherarten. Es werden dreistündige *lancha*-Ausflüge angeboten (650 Mex$/Boot, max. 12 Pers.), darunter einer zur Beobachtung von Vögeln und Krokodilen.

Aus Tonalá nimmt man ein Taxi (200 Mex$, Sammeltaxi 40 Mex$) oder ein Combi (30 Mex$) nach Manuel Ávila Camacho; für die Fahrt bis zum *embarcadero* verlangen Combifahrer einen Aufpreis von 5 Mex$, man kann aber auch laufen (5 Min.).

Reserva de la Biosfera La Encrucijada

Das große Biosphärenreservat schützt einen 1448 km² großen Streifen mit Küstenlagunen, Sandbänken, Feuchtgebieten, tropischen und in manchen Jahreszeiten überfluteten Wäldern und mit den größten Mangroven (einige über 30 m) des Landes. Das Ökosystem ist für Zugvögel eines der wichtigsten Gebiete zum Überwintern und Nisten. Außerdem lebt hier eine der größten Jaguarpopulationen Mexikos. Hinzu kommen Klammeraffen, Schildkröten, Krokodile, Kaimane, Königsboas, Seeadler und jede Menge Wasservogelarten – einige davon sind vom Aussterben bedroht. Vögel beobachten kann man das ganze Jahr über; ideal ist aber die Brutzeit von November bis März. Das Reservat erreicht man über die Eingänge in Pijijiapan und Escuintla. *Lancha*-Fahrten führen durch Gebiete mit wahrhaft großen Mangroven.

RIBERA COSTA AZUL

Die wunderschöne schwarze Sandbank der Ribera Costa Azul (auch Playa Azul genannt) ist ein schmaler, von Palmen gesäumter Landstreifen zwischen dem Ozean und der Lagune, kurz: ein echtes Juwel an der Küste. Man erreicht den Ort vom *embarcadero* von Chocohuital, 20 km südwestlich von Pijijiapan. Campen kann man grundsätzlich kostenlos, aber die Restaurantbetreiber (Meeresfrüchte 110 Mex$) fordern, dass man bei ihnen isst, wenn man auf ihrem Gelände lagert. Außerhalb der geschäftigen Hauptsaison ist das **Palapa Sinai** gewöhnlich das einzige ganzjährig geöffnete Restaurant, das auch schlichte Zimmer anbietet. *Lanchas* (einfache Strecke 10 Mex$) bringen Passagiere auf die Sandbank, auch Vogelbeobachtungs- und Mangroventouren lassen sich vereinbaren (250 Mex$/Boot & Std.).

ABSEITS DER ÜBLICHEN PFADE

RESERVA DE LA BIOSFERA EL TRIUNFO

Die üppigen Nebelwälder hoch oben im entlegenen El-Triunfo-Biosphärenreservat in der Sierra Madre de Chiapas sind ein Paradies für Vogelfans. Sie bilden eine bemerkenswerte Welt aus Bäumen und Büschen, geschmückt mit Epiphyten, Farnen, Bromelien, Moosen und Kletterpflanzen.

Die Sierra Madre de Chiapas ist Lebensraum von fast 400 Vogelarten, von denen mehr als 30 in anderen Teilen Mexikos gar nicht oder nur sehr selten vorkommen. Hier stehen die Chancen gut, den glänzenden Quetzal zu sichten. Außerdem schweben Hunderte von Schmetterlingen durch die Luft, und oft sieht man Jaguar- und Tapirspuren.

Besuche sind reglementiert und werden überwacht. Die meisten Gäste kommen in den trockenen Monaten von Januar bis Mai; die Regenmonate September und Oktober sind ungünstig. Es ist sinnvoll, etwa sechs Monate vor dem Besuch mit **Claudia Virgen** (☎ 961-125-11-22; www.ecobiosfera.org.mx), der Koordinatorin des Besuchsprogramms, Kontakt aufzunehmen, um alles zu organisieren. Ein normaler fünftägiger Besuch (630–795 US$/Pers., min. 8, max. 12 Pers.) von Tuxtla aus beginnt mit einer Übernachtung in einem Hotel in der nächstgelegenen Stadt Jaltenango (auch Ángel Albino Corzo genannt). Es folgen drei Nächte in dem einfachen Campamento El Triunfo im Reservat auf 1850 m Höhe. Im Preis enthalten sind Mahlzeiten, zweisprachige Führer, die wahre Vogelexperten sind, der Transport zwischen Jaltenango und dem Kaffeeanbauort Finca Prusia sowie Maultiere, die auf dem 14 km langen Marsch von der Finca Prusia zum Campamento El Triunfo (hin 3–4 Std. bergauf) das Gepäck transportieren. Die **Mesoamerican Ecotourism Alliance** (www.travelwithmea.org) bietet auch Privat-Touren an.

Wer nicht campen will, geht von der Anlegestelle in Chocohuital 300 m nach Norden und macht es sich am Pool des Hotels **Refugio del Sol** (Handy 962-6252780; www.refugiodelsol.com.mx; Zi. Mo–Do/Fr–So 1200/1500 Mex$, Poolbenutzung Nicht-Gäste pro Tag Erw./Kind 350/250 Mex$;) für eine Weile bequem. Die geräumigen, modernen Zimmer haben Regenduschen, Plasmafernseher und große Betten mit Daunendecken. Man sollte ein Zimmer mit Patio oder Terrasse verlangen. Bei der Poolbenutzung gibt's 100 Mex$ Rabatt, wenn man im **Restaurant** (Hauptgerichte 165–190 Mex$, Snacks 50–120 Mex$) isst.

In Pijijiapan fahren von der 1a Av Norte Poniente 27 zwischen 2a und 3a Poniente Norte stündlich Combis nach Chocohuital (20 Mex$, 40 Min., 5–18 Uhr); die letzte Rückfahrt ist um 20 Uhr.

EMBARCADERO LAS GARZAS

Das **Red de Ecoturismo La Encrucijada** (www.ecoturismolaencrucijada.com), ein Netzwerk von Gemeindekooperativen, ist die Anlaufstelle für Infos zu Touren und Unterkünften. Private *lancha*-Touren (800–1500 Mex$, max. 10 Pers.) zu Stränden und Vogelbeobachtungspunkten in der Gegend lassen sich hier ebenfalls organisieren. *Lanchas* fahren auch zu einer Reihe kleiner Gemeinden, in denen man campen oder in schlichten *cabañas* übernachten kann. In der Siedlung **Barra de Zacapulco** – wo es auch eine Station für Meeresschildkröten gibt – kann man in der Regel kostenlos campen oder seine Hängematte aufhängen, wenn man in einem der einfachen **Comedores** (Meeresfrüchte 80 Mex$) isst. Eine Gemeindekooperative vermietet dort ein halbes Dutzend sehr einfacher, mit Solarstrom versorgter **Cabañas** (Handy 918-5962500; Zi. 450 Mex$) mit Ventilator, Fliegengitter und Bad (kein Warmwasser).

Um hinzukommen, nimmt man auf dem Hwy 200 einen Bus nach Escuintla und dann ein *colectivo* nach Acapetahua (6 Mex$, 10 Min.). Neben dem stillgelegten Bahnhof in Acapetahua fahren Combis zum 18 km entfernten Embarcadero Las Garzas (20 Mex$, 20 Min., bis 17 Uhr alle 30 Min.). Dort fahren Sammel-*lanchas* zu diversen Gemeinden, u.a. nach Barra de Zacapulco (45 Mex$, 25 Min.). Das letzte Boot von Barra de Zacapulco zurück legt vielleicht schon um 16 Uhr ab, und das letzte Combi fährt gegen 17 Uhr vom Embarcadero Las Garzas zurück nach Acapetahua.

Tapachula

962 / 200 000 EW. / 100 M

Das quirlige Tapachula ist nicht nur Mexikos südlichste Stadt, sondern gilt allgemein auch als „Perle von Soconusco". Sie wird ihrem Spitznamen zwar nicht ganz gerecht, bietet aber eine interessante Kombination aus städtischem Flair und tropischer Lebendigkeit. Die Stadt ist ein bedeutendes Geschäftszentrum, nicht nur für Soconusco, sondern auch für den Handel über die Grenze nach Guatemala.

In Tapachula ist es das ganze Jahr über warm und feucht und es herrscht ein geschäftiges Treiben. Das Herz der Stadt bildet der große, lebhafte **Parque Hidalgo**. Von hier aus kann man an klaren Tagen den 4100 m hohen Kegel des Volcán Tacaná im Norden sehen. Die meisten Traveller reisen hier auf dem Weg von oder nach Guatemala lediglich durch, obwohl die Stadt ein guter Ausgangspunkt für den Besuch einiger interessanter Sehenswürdigkeiten in der Nähe ist.

Sehenswertes

★ Museo Arqueológico del Soconusco — MUSEUM

(Av 8a Norte 20; Eintritt 35 Mex$; Di–So 9–18 Uhr) Das moderne, gut gestaltete Museo Arqueológico del Soconusco befindet sich gegenüber vom Parque Hidalgo. Die Stelen und Keramiken aus Izapa sind wirklich etwas Besonderes. Der oberste Rand dieser Stelen stellt den Himmel und die Götter dar. Die Mitte symbolisiert das Leben auf der Erde, und unten ist die Unterwelt ab-

Tapachula

Highlights
1 Museo Arqueológico del Soconusco ... B3

Sehenswertes
2 Parque Hidalgo ... B3

Schlafen
3 Casa Mexicana ... A4
4 Galerías Hotel y Arts ... B3
5 Hotel Diamante ... C3
6 Hotel Mo Sak ... D1

Essen
7 Gramlich Café Terraza ... B4
8 Long-Yin ... C3
9 Los Comales Grill ... B3
10 Mercado Sebastián Escobar ... B2

gebildet. Außerdem sind 5000 Jahre alte Steinköpfe und Statuetten aus den Sümpfen an der Küste zu sehen, eine Sammlung von vorkolonialen Musikinstrumenten (u.a. Klöppel aus Menschenknochen) und andere Dinge, die den Einfluss der Olmeken, der Bewohner von Teotihuacán, der Maya und der Azteken belegen. Gruftis werden von dem mit Türkisen übersähten Totenkopf begeistert sein.

Aktivitäten

Misión México FREIWILLIGENARBEIT
(www.lovelifehope.com) Diese kleine gemeinnützige Organisation wurde als Zufluchtsstätte für missbrauchte und verwaiste Straßenkinder von einem australischen Ehepaar gegründet, das dabei seine Liebe zum Surfen mit in seine Arbeit einbrachte. In familiärer Umgebung sind die Freiwilligen hier in alle Aspekte des Alltags der Kinder mit einbezogen. Eine einmalige Komponente ist die natürlich Surfschule, die den Kindern Selbstvertrauen vermitteln soll. Freiwillige, die surfen können, sind deshalb sehr willkommen. Die Interessenten sollten ein wenig Spanisch können. Sie müssen sich einem genauen Hintergrund-Check unterziehen und sich für mindestens einen Monat verpflichtend.

Tapachula

Schlafen

Hotel Diamante HOTEL $

(962-628-50-32; Calle 7a Poniente 43; Zi./4BZ 285/395 Mex$, mit Klimaanlage 500/600 Mex$;) Das Hotel hat ein gutes Preis-Leistungs-Verhältnis, eine moderne Klimaanlage und saubere Zimmer mit Kabelfernsehen. Aus den Zimmern 12 bis 16 hat man einen hinreißenden Blick auf den Volcán Tacaná.

★ **Casa Mexicana** BOUTIQUEHOTEL $$

(962-626-66-05; www.casamexicanachiapas.com; Av 8a Sur 19; Zi. 792–1089 Mex$, 3BZ/ 4BZ 1185/ 1285 Mex$, inkl. Frühstück;) Das exquisite Boutiquehotel huldigt bedeutenden Frauen aus der Geschichte Mexikos. Die Gäste können unter prächtigen Zimmern wählen, die nach Heldinnen benannt sind, z.B. nach der Menschenrechtlerin und Anwältin Digna Ochoa oder nach der zapatistischen Kommandantin Ramona. Antiquitäten, üppige Pflanzen und allerlei interessante Kunstgegenstände schaffen eine wohltuende, kreative Atmosphäre. Die zehn Zimmer sind über zwei Stockwerke verteilt und rund um einen tropischen Innenhof mit kleinem Pool angeordnet.

Außerdem gibt's eine kleine Bar und ein Restaurant, in dem hervorragende hausgemachte Speisen auf den Tisch kommen. Eine rundum wunderbare Unterkunft!

Galerías Hotel y Arts HOTEL $$

(962-642-75-90; www.galeriashotel.com.mx; Av 4a Norte 21; EZ 445–520 Mex$, DZ/3BZ 645/ 775 Mex$;) Das hervorragende Boutiquehotel mit den vielen tollen Kunstdrucken an den Wänden ist klein, aber schick, modern und obendrein noch preiswert. Die großen, behaglichen Zimmer sind klimatisiert. Die Doppelzimmer sind geräumig und die beiden Einzelzimmer ideal für Alleinreisende.

Hotel Mo Sak HOTEL $$

(962-626-67-87; www.hotelmosak.com; Av 4a Norte 97; DZ 490–550 Mex$;) Das moderne Hotel mit minimalistischer Einrichtung und kostenlosem Kaffee am Morgen hat sehr hilfsbereites, aufmerksames Personal. Die Zimmer mit Doppelbetten verfügen über Kochnischen.

Essen

Viele saubere und beliebte *comedores* verbergen sich im Obergeschoss des **Mercado Sebastián Escobar** (Av 10a Norte; Hauptgerichte 50–65 Mex$; 6–17 Uhr) und tischen dort nach Kundenwunsch zubereitete chinesische Gerichte in großen Portionen auf. Man setzt sich hungrig auf eine Sitzbank an den mit Plastiktüchern eingedeckten Picknicktischen und stürzt sich auf sein Essen.

Gramlich Café Terraza CAFÉ $

(Calle 1a Poniente 14; Kaffee & Snacks 12–35 Mex$, Hauptgerichte 50–70 Mex$; Mo–Sa 9–21.30, So 15–21.30 Uhr) Das Cafépersonal serviert köstlichen Kaffee und dazu eine große Auswahl von Frühstücksgerichten, Sandwiches und Thai-Salaten. Man sitzt im schattigen Patio am Gehweg oder drinnen, wo die Klimaanlage auf Hochtouren läuft.

Long-Yin CHINESISCH $

(962-626-24-67; Av 2a Norte 36; Hauptgerichte 65–120 Mex$; 9–20 Uhr;) In diesem tollen, mit roten Lampions geschmückten Lokal, das eine Einwanderfamilie in der vierten Generation betreibt, werden zwei hungrige Gäste leicht von einer Portion satt. Vegetarier freuen sich über die Tofugerichte. Es wird auch außer Haus geliefert, aber es lohnt sich, das Gebäude auf der anderen Straßenseite in Augenschein zu nehmen.

Los Comales Grill MEXIKANISCH $$

(Av 8a Norte 4; Hauptgerichte 70–150 Mex$; 24 Std.) Wer gern mitten im Trubel ist, wird sich in diesem Open-Air-Restaurant im Parque Hidalgo, das es schon länger als ein halbes Jahrhundert gibt, sicher wohlfühlen. Auf der Speisekarte stehen gute *caldo tlalpeño* (herzhaftes Huhn, Gemüse und Chilisuppe) und ordentliche Steaks. Donnerstags, samstags und sonntags gibt's von 20 bis 23 Uhr Marimbafonmusik.

Praktische Informationen

Banorte (Ecke Av 2a Norte & Calle Central Poniente; Mo–Fr 9–17, Sa 9–14 Uhr) Mit Geldautomat; tauscht auch US-Dollars (Mo–Fr).

Chiapas Divisas (Av 4a Norte 17; Mo–Fr 8.30–20.30, Sa 8.30–18.30, So 8.30–14.30 Uhr) Wechselstube.

Cyber Amigos (Av 4a Norte 44; Internetzugang 8 Mex$/Std.; 8–22 Uhr)

Instituto Nacional de Migración (962-625-05-59; Vialidad 435, Fracc Las Vegas; 9–13 Uhr) Büro der Einreisebehörde.

Sanatorio Soconusco (962-626-50-74; Av 4a Norte 68, bei Calle 11 Poniente) Klinik mit rund um die Uhr geöffneter Notfallstation.

Touristeninformation (www.turismochiapas.gob.mx/sectur/tapachula; Av 8a Norte; Mo–Fr 8–16 Uhr) Das hilfreiche Büro befindet sich im Antiguo Palacio Municipal.

An- & Weiterreise

BUS

Deluxe- und 1.-Klasse-Busse fahren vom **OCC-Busbahnhof** (☎962-626-28-81; Calle 17a Ote, zw. Av 3a & Av 5a Norte) 1 km nordöstlich des Parque Hidalgo. Die meisten Busse 2. Klasse gehören zu **Rápidos del Sur** (RS; Calle 9a Poniente 62). Infos zum Fahrplan stehen unten in der Tabelle (Abfahrt vom OCC-Busbahnhof, wenn nicht anders angegeben).

Vom OCC-Busbahnhof fahren auch Busse nach Palenque, Puerto Escondido und Villahermosa. Am Hauptschalter werden Tickets für die fünf Busse verkauft, die täglich nach Guatemala City (5–6 Std.) fahren, drei von **Trans Galgos Inter** (www.transgalgosinter.com.gt; 305 Mex$, 6, 12 & 23.45 Uhr) und je einer von **Línea Dorada** (www.lineadorada.com.gt; 220 Mex$, 15 Uhr) und **Tica Bus** (www.ticabus.com; 247 Mex$, 7 Uhr).

Galgos betreibt täglich um 6 Uhr einen Bus über Escuintla in Guatemala nach San Salvador in El Salvador (400 Mex$, 9 Std.). Tica Bus hat einen Fernbus nach Panama City (1720 Mex$), der mehrere Übernachtungspausen einlegt.

Zu Zielen in West-Guatemala wie Quetzaltenango fährt man am besten zur Grenze und nimmt dort einen Bus.

COLECTIVO

An der großen **Colectivo-Haltestelle** (Calle 5a Poniente) sind die meisten regionalen Taxi- und Combi-Unternehmen ansässig.

FLUGZEUG

Tapachulas moderner **Flughafen** (Carretera Tapachula-Puerto Madero Km 18,5; WLAN) befindet sich 20 km südwestlich der Stadt. Er ist ein öder Ort mit pro Tag gerade einmal drei Flügen von/nach Mexico City mit **Aeroméxico** (☎962-626-39-21; Calle Central Oriente 4).

Unterwegs vor Ort

AUTO & MOTORRAD

Tapachulas zwei Autovermietungen haben Fahrzeuge mit Automatik und mit Gangschaltung.

AVC Rente un Auto (☎962-626-23-16, Handy 962-6225444; ab 750 Mex$/Tag) Mit Abholservice in der Stadt.

Europcar (☎962-120-80-10; www.europcar.com; Flughafen) Die günstigsten Angebote gibt's online.

TAXI

Taxifahrten im Zentrum (auch zum OCC-Busbahnhof) kosten 25 Mex$.

Sociedades Transportes 149 (☎962-625-12-87) hat einen Schalter in der Ankunftshalle des Flughafens. Die Fahrt vom Flughafen ins Zentrum kostet mit einem *colectivo* 80 Mex$ pro Person, mit einem privaten Taxi 180 Mex$ (max. 3 Pers.). Der Preis gilt auch in umgekehrter Richtung.

Rund um Tapachula

Izapa

Die vorkolonialen Ruinen bei Izapa sind für Archäologen wichtig und für Archäologiefreaks wirklich interessant. Izapa hatte seine Glanzzeit von etwa 200 v.Chr. bis 200 n.Chr. Den Stil der Reliefs hier erkennt man am besten auf den großen Steinplatten, die als Stelen bezeichnet werden und hinter runden Altären stehen. Sie zeigen die Nachkommen der Olmeken-Gottheiten. Ihre Oberlippen sind unnatürlich in die Länge gezogen. Einige Maya-Monumente in Guatemala sind ganz ähnlich. Izapa wird als eine wichtige „Brücke" zwischen den Olmeken und den Maya angesehen. In Izapa sind 91 Stelen-und-Altar-Paare bekannt. Ein paar gut erhaltene Beispiele kann man im Museum von Tapachula besichtigen.

Izapa liegt rund 11 km östlich von Tapachula an der Straße nach Talismán. Es gibt drei Gruppen von **Ruinen** (Grupo A & B Eintritt gegen Spende, nördliche Gruppe frei; ⏲Mi–So 8–17

BUSSE AB TAPACHULA

ZIEL	PREIS (MEX$)	DAUER	HÄUFIGKEIT (TGL.)
Comitán	206	6 (über Motozintla)	6-mal
Escuintla	30–74	1½	OCC 7-mal, RS sehr oft
Mexico City	1084–1570	17–18	10-mal
Oaxaca	424–552	13	3-mal
Pijijiapan	80–144	2½	RS sehr oft
San Cristóbal de las Casas	278–358	7½–8 (über Motozintla)	7-mal
Tonalá	116–220	3–4	OCC & RS sehr oft
Tuxtla Gutiérrez	200–572	4½–6	OCC & RS sehr oft

Uhr). Die nördliche Gruppe – wenn man von Tapachula kommt, auf der linken Straßenseite – umfasst niedrige, pyramidenförmige Erdhügel, einen Ballspielplatz und mehrere mit Reliefs bedeckte Stelen und Altäre. Um die anderen Gruppen zu erreichen, fährt man wieder 700 m Richtung Tapachula zurück und folgt der ausgeschilderten, nach links abgehenden Straße. Nach 800 m erreicht man eine Gabelung mit der Ausschilderung zur Izapa Grupo A bzw. Izapa Grupo B. Diese befinden sich jeweils etwa 250 m weiter und werden von Verwalterfamilien betreut, die für die Besichtigung eine kleine Spende erwarten. Zu Grupo A gehören zehn sehr verwitterte Altäre und Stelen rund um ein Feld. Grupo B besteht aus ein paar grasbewachsenen Erdhügeln und weiteren Steinskulpturen, darunter merkwürdigen, oben mit Bällen abgeschlossenen Säulen.

Für die Hinfahrt aus Tapachula nimmt man ein Combi (12 Mex$) vom *colectivo*-Terminal oder einen beliebigen Bus in Richtung Talismán.

Santo Domingo, Unión Juárez & Volcán Tacaná

☎ 962

Der Kegel des schlafenden Volcán Tacaná (4100 m) überragt nördlich von Tapachula die Landschaft. Selbst wenn man nicht daran interessiert ist, seinen Gipfel zu besteigen, laden die beiden Dörfer an seinen traumhaft grünen unteren Hängen zu einem netten Tagesausflug ein. Das kühlere Klima dort ist eine willkommene Abwechslung zum Dampfbad Tapachula. Die Panoramastraße, die nach oben führt, ist kurvig, aber gut befestigt.

Santo Domingo liegt 34 km nordöstlich von Tapachula inmitten von Kaffeeplantagen. Die umwerfende dreistöckige hölzerne *casa grande* aus den 1920er-Jahren wurde restauriert und gehörte früher zusammen mit der Kaffeeplantage deutschen Einwanderern. Jetzt ist das **Centro Ecoturístico Santo Domingo** (☎ 962-627-00-60; www.centroecoturisticosantodomingo.com; ⏲ 8–20 Uhr) mit einem **Restaurant** (Hauptgerichte 50–90 Mex$), einem kleinen Kaffeemuseum mit knarrendem Fußboden (5 Mex$) und einem gepflegten tropischen Garten mit Pool (10 Mex$; wer hier isst, kann kostenlos ins kühle Nass springen) darin untergebracht.

Ca. 9 km hinter Santo Domingo, nachdem man an einigen herrlichen Wasserfällen vorbeigekommen ist, liegt Unión Juárez (2600 Ew., 1300 m), der Ausgangspunkt für die Besteigung des Tacaná und für andere, weniger anspruchsvolle Wanderungen. Die Einwohner von Tapachula lieben es, an den Wochenenden und in den Ferien hier heraufzukommen und sich abzukühlen. Dann baden sie geradezu in *parrillada* – Tellern voll gegrillten Fleischs und einer Portion Gemüse – eine echte Bedrohung für den Cholesterinspiegel.

Ein weiteres Ziel, das man in dieser Region ansteuern kann, ist der **Pico del Loro**.

DEN TACANÁ BESTEIGEN

Die beste Zeit für die Besteigung des Tacaná ist von Ende November bis März. Von Unión Juárez führen zwei Routen den Berg hinauf. Auf keiner braucht man Bergsteigerqualitäten, aber man sollte für beide zwei bis drei Tage einplanen, am besten auch noch Zeit zum Akklimatisieren. Achtung: Oben auf dem Berg ist es extrem kalt! Die weniger steile Strecke ist die über Chiquihuites, das 12 km von Unión Juárez entfernt und mit dem Auto zu erreichen ist. Von dort aus führt ein dreistündiger Marsch nach Papales, wo man gegen eine kleine Spende in Hütten übernachten kann. Der Aufstieg von Papales zum Gipfel dauert etwa fünf Stunden. Die andere Route verläuft über Talquián (zu Fuß etwa 2 Std. von Unión Juárez entfernt) und Trigales (5 Std. von Talquián entfernt). Von Trigales bis zur Spitze ist es eine Klettertour von sechs Stunden. Die beiden Routen treffen sich ein paar Stunden unterhalb des Gipfels. Von beiden hat man Zugang zu Campingplätzen.

Combis bringen Fahrgäste von Unión Juárez in die kleine Stadt Córdoba. Sie liegt etwa auf halber Strecke nach Talquián. Unterwegs kommt man an der Abzweigung nach Chiquihuites vorbei (von dort sind es noch ca. 1½ Std. zu Fuß). Es ist nicht schlecht, sich in Unión Juárez einen Führer zum Tacaná zu nehmen oder sich dort mit einem zu verabreden. Das **Hotel Colonial Campestre** (☎ 962-647-20-15; fernandao772@hotmail.com) vermittelt auch Führer (etwa 300 Mex$/Tag). Man muss sich aber drei Tage im Voraus melden.

Der wie ein Papageienschnabel überhängende Felsen bietet einen herrlichen Panoramablick. Wenn man die Straße von Santo Domingo nach Unión Juárez etwa auf halber Strecke verlässt, führt ein 5 km langer, befahrbarer Weg bis zum Felsen. Man kann auch nach dem Weg zu verschiedenen Aussichtspunkten mit Blick über das Tal des Río Suchiate (Landesgrenze) oder zu den **Cascadas Muxbal**, einem sich durch eine schmale Schlucht stürzenden Wasserfall, fragen. Letzterer ist einen etwa einstündigen Fußmarsch von Unión Juárez entfernt.

Schlafen & Essen

Rund um die Plaza in Unión Juárez gibt's viele *comedores* und Restaurants, die Unterkünfte sind aber nichts Besonderes.

Hotel Colonial Campestre HOTEL $
(☎962-647-20-15; Unión Juárez; Zi. 350–500 Mex$; P 📶) Das große, verwinkelte Hotel hat geräumige Zimmer mit Bad, Fernseher und gutem Ausblick (insbesondere aus Zimmer 26). Es gibt auch ein **Restaurant** (Hauptgerichte 60–100 Mex$; Parrillada f. 2 Pers. 200 Mex$). Einfach nach dem Bogen ein paar Blocks unterhalb der Plaza Ausschau halten und darum bitten, den Tunnel und das alte Kino besichtigen zu dürfen!

Hotel Aljoad HOTEL $
(☎962-647-21-06; Unión Juárez; DZ/3BZ 200/250 Mex$; P 🚭) Gleich nördlich der Plaza bietet diese sehr schlichte Unterkunft ordentliche Zimmer mit Bad und Warmwasser rund um einen zugestellten Innenhof.

An- & Weiterreise

In Tapachula nimmt man am *colectivo*-Terminal ein Combi nach Cacahoatán (15 Mex$, 30 Min.), das 20 km nördlich liegt. Von der Endhaltestelle in Cacahoatán fahren Combis von Transportes Tacaná nach Santo Domingo (14 Mex$, 30 Min.) und Unión Juárez (17 Mex$, 45 Min.).

Kaffee-Fincas

In den Hügeln nördlich von Tapachula gibt's zahlreiche Kaffee-*fincas*, von denen viele vor mehr als 100 Jahren von deutschen Einwanderern gegründet wurden. Zu denen, die Führungen, Restaurants und Übernachtungsmöglichkeiten anbieten, zählen die luxuriöse **Finca Argovia** (☎962-626-29-66 App. 105; www.argovia.com.mx; DZ 1600–1800 Mex$, FZ 2100–2300 Mex$, Suite 2500 Mex$; 🚭📶🏊) und die **Finca Hamburgo** (☎962-626-64-04; www.fincahamburgo.com; FZ/Suite ab 1350/2100 Mex$; P 🚭📶) sowie die rustikalere Öko-Farm der **Finca Irlanda** (☎962-625-92-03 App. 107; www.fincairlanda.grupopeters.com; Zi. 600 Mex$/Pers.; 🚭) 🌿.

Grenzstädte

Wenn man nicht vom OCC-Busbahnhof einen Direktbus nach Guatemala nimmt, kann man auch zur Grenze fahren und dort einen Anschlussbus nehmen. Von Tapachula sind's 20 km bis zur Landesgrenze in **Talismán**, das dem guatemaltekischen Grenzort El Carmen gegenüberliegt. Der Grenzübergang zwischen dem 37 km von Tapachula entfernten **Ciudad Hidalgo** und dem gegenüberliegenden Ciudad Tecún Umán in Guatemala ist stärker frequentiert und bietet mehr Anschlussverbindungen. Beide Grenzübergänge sind durchgehend geöffnet und haben Optionen zum Geldwechseln. Aus Sicherheitsgründen und um garantiert einen Anschlussbus zu bekommen, sollte man die Grenze aber bis zum frühen Nachmittag überquert haben. Achtung: An beiden Grenzübergängen drehen Geldwechsler einem gern Falschgeld an!

An- & Weiterreise

Von Tapachula fahren Combis von **Autotransportes Paulino Navarro** (☎962-626-11-52; Calle 7a Poniente 5) nach Ciudad Hidalgo (24 Mex$, 50 Min., 4.30–22 Uhr alle 10 Min.). Jenseits der Grenze in Ciudad Tecún Umán fahren bis gegen 18 Uhr häufig Busse auf der Pazifikroute über Retalhuleu und Escuintla nach Guatemala City (5 Std.). Busse nach Quetzaltenango (3 Std.) gibt's zwischen 5 und 18 Uhr stündlich.

Vom *colectivo*-Terminal in Tapachula fahren Combis nach Talismán (15 Mex$, 30 Min., 5–21 Uhr alle 10 Min.). Von El Carmen aus fahren die meisten Busse, u. a. ca. 20 am Tag nach Guatemala City (7 Std.), zunächst nach Ciudad Tecún Umán und dann weiter über die Strecke am Pazifik. Um nach Quetzaltenango zu kommen, kann man einen beliebigen dieser Busse nehmen und in Coatepeque oder Retalhuleu umsteigen, aber einfacher geht's mit einem Sammeltaxi nach Malacatán, das über San Marcos, also direkter, gen Quetzaltenango fährt. In Malacatán sucht man sich ein anderes Gefährt für die Weiterfahrt.

Zum Lago de Atitlán oder nach Chichicastenango kommt man nur über Quetzaltenango.

Tabasco

Es heißt, Tabasco umfasse mehr Wasser als Land. Wenn man sich all die Seen, Flüsse und Feuchtgebiete auf der Karte anschaut, glaubt man das sofort und in der Regenzeit sowieso. Es ist hier immer heiß und schwül – etwas weniger nur, wenn man am Golf von Mexiko eine Brise erhascht oder in die südlichen Hügel vorstößt. Traveller, die Villahermosa und die Küstengebiete von Tabasco aufsuchen, sollten beachten, dass es in der Region saisonal zu Überflutungen kommt. Allerdings bleiben ohnehin nur wenige Traveller länger in Tabasco, als nötig ist, um sich die olmekischen Steinskulpturen

HIGHLIGHTS IN TABASCO

In Tabasco gab es eine ebenso vielfältige Abfolge von Kulturen wie im Rest des Landes. Das vorkoloniale Tabasco war ein blühender Knotenpunkt in einem weiten Handelsnetz. Es dehnte sich rund um die Küste von Yucatán bis nach Honduras aus, erstreckte sich die Flüsse entlang in den Urwald und in das Gebirge von Guatemala hinauf und westlich bis ins Hochland von Zentralmexiko. Religion, Kunst, Astronomie und Architektur der Olmeken haben alle späteren Zivilisationen Mexikos stark beeinflusst.

La Venta

Auch wenn die meisten Fundstücke von La Venta im Parque-Museo La Venta in Villahermosa ausgestellt sind, fasziniert diese alte Zeremonien-**Stätte** der Olmeken (☎923-232-04-23; Eintritt 42 Mex$; ⏲10–16.30 Uhr) noch immer, denn sie war die größte und bedeutendste „Hauptstadt" der indigenen mexikanischen Kultur. La Venta hatte seine Blütezeit zwischen 800 und 400 v. Chr. Es liegt auf einem natürlichen Plateau in 20 m Höhe über einer fruchtbaren und zu manchen Jahreszeiten überfluteten Ebene. Man schreibt es Matthew Stirling zu, Anfang der 1940er-Jahre vier riesige Olmeken-Köpfe gefunden zu haben. Sie sind aus Basalt gefertigt, der größte Kopf ist mehr als 2 m hoch.

Das Museum am Eingang des Geländes beherbergt drei sehr verwitterte Olmeken-Köpfe und Nachbildungen von einigen der schönsten Skulpturen, die sich aber nicht mehr hier befinden. Das Herz der Stätte ist das 30 m hohe Edificio C-1, eine abgerundete Pyramide aus Ton und Sand. Zeremonienplätze und Gebäude erstrecken sich nördlich und südlich davon.

Comalcalco

Die eindrucksvollen Maya-Ruinen des alten **Comalcalco** (Eintritt 46 Mex$; ⏲8–16 Uhr), 50 km nordwestlich von Villahermosa, sind einzigartig, denn viele der Gebäude wurden aus Ziegeln und/oder Mörtel gebaut, den man aus Austernschalen herstellte. Seine beste Zeit hatte Comalcalco zwischen 600 und 1000 n. Chr., als es von den Chontals regiert wurde. Für einige weitere Jahrhunderte blieb es ein wichtiges Wirtschaftszentrum und trieb Handel mit einem wahren Füllhorn vorkolonialer Luxusgüter.

Das **Museum** am Eingang beherbergt eine Reihe von Skulpturen und Schnitzereien von Menschenköpfen, Gottheiten, Glyphen und Tieren wie Krokodilen und Pelikanen.

Das erste Gebäude, das man erreicht, ist die große, mehrstufige Ziegelpyramide **Templo 1**. An ihrem Sockel sind Reste von Stuckskulpturen zu sehen, z. B. die Füße einer Riesenkröte mit Flügeln. Weitere Tempel säumen die Plaza Norte vor dem Templo I. In der gegenüberliegenden Südostecke des Geländes erhebt sich die **Gran Acrópolis**. Von ihrer Spitze schweift der Blick über ein Dach von Palmen bis zum Golf von Mexiko. Gegenüber der Acrópolis steht der **Templo V**, eine Begräbnispyramide, die früher auf allen Seiten mit Stuckskulpturen von Menschen, Reptilien, Vögeln und Meereswesen verziert war. An der westlichen Ecke des Templo V steht der **Templo IX** mit einem Grab, das von neun Stuckskulpturen gesäumt ist, die einen Herrscher von Comalcalco mit seinen Priestern und Höflingen zeigen. Über Templo V erkennt man das zerfallene Profil des **El Palacio**. Er hat 80 m lange, parallel verlaufende, gebogene Galerien und war früher wohl die königliche Residenz von Comalcalco. Es gibt Infotafeln auf Spanisch und Englisch.

Hacienda La Luz (☎933-337-11-22; www.haciendalaluz.mx; Blvd Rovirosa 232; 1-stünd. Führung 80 Mex$/Pers.; ⏲Führungen Di–So 9, 11, 13 & 15 Uhr), eine von mehreren Plantagen, die vor Ort aus eigenem Kakao Schokolade produzieren, ist nur 300 m von Comalcalcos zentralem Platz, dem Parque Juárez, entfernt. Man läuft die Calle Bosade 250 m nach Westen bis zu ihrem Ende am Blvd Rovirosa, wendet sich nach rechts und erblickt auf der

in Villahermosas Parque-Museo La Venta anzuschauen. Tabasco liegt nördlich von Chiapas am Golf von Mexiko. Die staatliche mexikanische Ölgesellschaft Pemex unterhält an Land und im Meer umfangreiche Ölförderanlagen.

Villahermosa

☎993 / 640 000 EW.

Die große, flache, heiße, feuchte Stadt, in der über ein Viertel von Tabascos Bevölkerung lebt, war nie die „schöne Stadt", die

anderen Straßenseite schon die Torpfosten der Hacienda. Bei der Führung besichtigt man das schöne Haus, den Garten und die Kakaoplantage, sieht, wie aus Kakaobohnen auf traditionelle Art Schokolade gewonnen wird, und trinkt zum Abschluss eine Tasse Schokolade. Die Guides sprechen auch Englisch.

Tapijulapa

Das schönste Dorf Tabascos liegt am Fluss inmitten üppig bewaldeter Hügel im äußersten Süden des Bundesstaats, 36 km von Teapa entfernt. Es prunkt mit einer Kirche aus dem 17. Jh., die über den schönen weißen Häusern mit roten Ziegeldächern und Topfpflanzen thront. Das **Mesón de la Sierra** (☎932-322-40-27; mesondelasierra@hotmail.com; Zi. 500 Mex$; P ⊜ ❄ 📶), zwei Blocks nördlich der Plaza an den Stufen der Kirche, ist ein leicht mediterran anmutender Gasthof mit fünf komfortablen Zimmern und spektakulärem Blick auf die bewaldeten Hügeln jenseits des Städtchens. Über das städtische Netzwerk **Hotel Communitario** (☎932-322-41-50, Handy 932-1060684; La Casa de la Turista, Hauptplaza; Zi. 200–500 Mex$; ❄) vermieten Einheimische eine Reihe gut ausgestatteter Zimmer.

Der schöne Urwaldpark **Villa Luz** (⏲9–17 Uhr) ist vom *embarcadero* des Dorfes nur eine fünfminütige Bootsfahrt auf dem Río Oxolotán entfernt. Von der Anlegestelle wandert man 1 km durch den Park zur **Casa Museo**, dem ehemaligen Landhaus von Tomás Garrido Canabal, Tabascos rabiat antiklerikalem Gouverneur in den 1920er- und 1930er-Jahren, der Villahermosas aus dem 18. Jh. stammende barocke Kathedrale abreißen ließ, ein Alkoholverbot erließ und das Frauenwahlrecht einführte. Von hier führen Wege weiter zu den schönen, 600 m entfernten **cascadas** (Wasserfällen), die in einen Fluss mit Seen für ein erfrischendes Bad stürzen, und zur 900 m entfernten **Cueva de las Sardinas Ciegas** (Höhle der blinden Sardinen), die nach den augenlosen Fischen benannt ist, die in einem unterirdischen, schwefelhaltigen Fluss in der Höhle leben.

Von Villahermosa nimmt man einen CAT-Bus nach Tacotalpa und steigt dort nach Tapijulapa um.

Reserva de la Biosfera Pantanos de Centla

Das 3030 km² große Reservat schützt einen Teil der Feuchtgebiete rund um die unteren Ausläufer der beiden größten Flüsse Mexikos, des Usumacinta und des Grijalva. Die Seen, Sümpfe, Flüsse, Mangroven, Savannen und Wälder sind eine unersetzbare Zuflucht für viele Lebewesen, z. B. den Karibik-Manati und das Beulenkrokodil (beide gefährdet), sechs Schildkrötenarten, Tapire, Ozelots, Jaguare, Brüllaffen, 60 Fisch- und 255 Vogelarten.

Das Besucherzentrum **Centro de Interpretación Uyotot-Ja** (☎913-106-83-90; www.casadelagua.org.mx; Carretera Frontera-Jonuta Km 12,5; Eintritt 25 Mex$, Reservat 25 Mex$; ⏲Di–So 9–17 Uhr), auch „Casa de Agua" genannt, liegt von Frontera 13 km weiter die Straße hinunter in Richtung Jonuta am Río Grijalva. Vom 20 m hohen Aussichtsturm überblickt man den atemberaubenden Zusammenfluss des Grijalva, des Usumacinta und eines dritten großen Flusses, des San Pedrito. Diese Stelle wird Tres Brazos (Drei Arme) genannt. Es werden auch Bootsfahren in die Mangroven angeboten, im Rahmen derer man Krokodile, Leguane, Vögel und mit etwas Glück auch Brüllaffen zu sehen bekommt. Die Monate März bis Mai sind die beste Zeit, um Vögel zu beobachten.

Von Villahermosa fährt man mit ADO-, CAT- und Cardesa-Bussen nach Frontera (in der Nähe der Stelle, wo der Konquistador Hernán Cortés 1519 seinen ersten Kampf gegen indigene Mexikaner führte), von hier aus dauert die Fahrt mit den *colectivos* 15 Minuten bis zum Reservat.

der Name verspricht. Ihr Hauptanziehungspunkt ist der sich durch die Stadt windende Río Grijalva. Als er 2007 über seine Ufer trat und die Stadt unter Wasser setzte, wurde er zu Villahermosas ärgstem Feind.

Geld aus dem Ölgeschäft hat Modernität und Kommerz in einige der äußeren Stadtgebiete gepumpt. Dort findet man heute glitzernde Einkaufszentren, bombastische öffentliche Gebäude und Luxushotels.

Sehenswertes

Das Zentrum dieser weitläufigen Stadt, die Zona Luz, erstreckt sich von Norden nach Süden vom Parque Juárez bis zur Plaza de Armas und von Osten nach Westen vom Río Grijalva etwa bis zur Calle 5 de Mayo. Die wichtigsten Bushaltestellen liegen 750 m bis 1 km nördlich des Zentrums.

Parque-Museo La Venta PARK, MUSEUM
(Av Ruíz Cortines; Eintritt 40 Mex$; 8–16 Uhr; P) Dieser faszinierende Park mit Zoo und Museum wurde 1958 geschaffen. Damals bedrohte die Suche nach Öl die bedeutende antike Olmeken-Siedlung von La Venta im westlichen Tabasco und Archäologen brachten die wichtigsten Funde, u.a. drei riesige Steinköpfe, nach Villahermosa.

Für den Besuch sollte man zwei bis drei Stunden einplanen und auf jeden Fall Insektenschutzmittel mitnehmen. Der Park liegt nämlich mitten in einem feuchten, tropischen Waldgebiet. Das Parque-Museo La Venta befindet sich 2 km nordwestlich der Zona Luz etwas abseits der Avenida Ruíz Cortines, des Ost-West-Highways. Die Fahrt dorthin mit einem *colectivo* kostet 25 Mex$.

In dem Park stößt man zuerst auf den Zoo, in dem Tiere aus Tabasco und den umliegenden Regionen zu Hause sind: Katzen wie Jaguare, Ozelots und Jaguarundis, Weißwedelhirsche, Klammeraffen, Krokodile, Königsboas, Pekaris und jede Menge bunte Vögel, darunter Hellrote Aras und Regenbogentukane.

Der Pfad mit einer informativen auf Englisch und Spanisch beschrifteten Ausstellung über die Ausgrabungen an olmekischen Stätten beginnt bei einer gigantischen *ceiba* (dem heiligen Baum der Olmeken und Maya). Den 1 km langen Weg säumen Funde aus La Venta. Die eindrucksvollsten sind (in der Reihenfolge, in der man an ihnen vorbeikommt): **Stele 3**, ein bärtiger Mann mit Kopfschmuck; **Altar 5**, eine Figur, die ein Kind trägt; **Monument 77**, „El Gobernante", ein sehr mürrisch aussehender, sitzender Herrscher; **Monument 56**, ein Affengesicht; **Monument 1**, der riesige Kopf eines helmtragenden Kriegers; **Stele 1**, eine junge Göttin (was etwas Besonderes ist, da die Olmeken wohl nicht allzu oft irgendetwas Weibliches dargestellt haben). Harmlose Tiere wie Nasenbären, Eichhörnchen und Mohrenagutis laufen frei im Park herum.

Museo de Historia Natural MUSEUM
(Av Ruíz Cortines; Eintritt 20 Mex$; Di–So 8–17 Uhr, letzter Einlass 16 Uhr; P) Gleich vor dem Eingang zum Parque-Museo La Venta zeigt das kleine Museo de Historia Natural eine gute Ausstellung zu Dinosauriern, dem Weltraum, frühen Menschenformen und Ökosystemen in Tabasco (nur auf Spanisch erläutert).

Museo Regional de Antropología MUSEUM
(http://iec.tabasco.gob.mx; Periférico Carlos Pellicer; Eintritt 50 Mex$; Di–So 9–16.30 Uhr; P) Villahermosas glänzendes, kürzlich renoviertes regionales Anthropologiemuseum besitzt einige ausgezeichnete Exponate der Kulturen der Olmeken, Maya, Nahua und Zoque in Tabasco – darunter auch Tortuguero 6, die berühmte Inschriftentafel, aus der ganz allein die „Voraussage" für den Zeitenwechsel am 21. Dezember 2012 konstruiert wurde. Das Museum befindet sich im CICOM-Komplex, 15 Gehminuten von der Zona Luz entfernt gleich südlich der Paseo-Tabasco-Brücke.

Schlafen

Als Ölstadt ist Villahermosa gut mit komfortablen Kettenhotels der Mittel- und Spitzenklasse ausgestattet. Die meisten geben bei Online-Buchung und an den Wochenenden deutlichen Rabatt. Einladende Budgetoptionen sind seltener zu finden.

Hotel Oriente HOTEL $
(993-312-01-21; hotel-oriente@hotmail.com; Madero 425; DZ mit Ventilator 250–330 Mex$, DZ mit Klimaanlage 350–440 Mex$, 3BZ mit Ventilator/Klimaanlage 420/540 Mex$;) Das Oriente ist ein freundliches, gut geführtes Hotel in der Innenstadt mit schlichten Budgetzimmern, die alle mit einem Fernseher ausgestattet sind. Die Zimmer zur Hauptstraße sind hell, man sollte wegen des Straßenlärms aber Ohrenstöpsel mitbringen. Das Hotel ist klein, deswegen zwei Tage im Voraus reservieren!

Hotel Provincia Express HOTEL $$
(993-314-53-78; www.hotelesprovinciaexpress.infored.mx; Lerdo de Tejada 303; Zi. inkl. Frühstück

500–600 Mex$; P ⊖ ❄ @ ᯤ) Das Hotel in zentraler Lage hat ein ausgezeichnetes Preis-Leistungs-Verhältnis und kleine, aber ordentliche und nette Zimmer; überall herrschen anheimelnde Gelbtöne vor. Das Haus liegt an einer verkehrsberuhigten Straße. Man sollte ein Zimmer mit Fenster nehmen und die Räume ohne Fenster meiden. Im Foyer gibt's ein Café.

Hotel Olmeca Plaza HOTEL **$$$**
(☎800-201-09-09, 993-358-01-02; www.hotelolmecaplaza.com; Madero 418; Zi. Mo–Do 1573 Mex$, Fr–So 886 Mex$; P ⊖ ❄ @ ᯤ ≋) Das Hotel mit der meisten Klasse in der Innenstadt verfügt über einen Freiluft-Pool und einen gut ausgestatteten Fitnessraum. Die Zimmer sind modern und komfortabel. Sie sind mit ziemlich großen Schreibtischen und guten, großen Bädern ausgestattet. Im Haus gibt es zudem ein sehr gutes Restaurant.

Essen & Ausgehen

Als Großstadt hat Villahermosa eine breite Palette von Hotelrestaurants, Ketten und Lokalen, die sich auf Meeresfrüchte und internationale Küche spezialisiert haben.

Café Punta del Cielo CAFÉ **$**
(Plaza de Armas; Kaffee 23–39 Mex$; ⌚7–22 Uhr; ᯤ) Als Erholung von der Hitze und Schwüle ist die kleine, klimatisierte Glasbox neben der Fußgängerbrücke Torre del Caballero ein wahr gewordener Traum. Das Café serviert in erster Linie heiße und kalte Kaffeegetränke (auch aus Biokaffee), daneben aber auch *panini* und kleine Snacks. Ein Eiscafé sorgt für prima Abkühlung.

★ **La Dantesca** ITALIENISCH, PIZZERIA **$$**
(Hidalgo 406, nahe Parque Los Pajaritos; Hauptgerichte 60–97 Mex$, Pizza 145 Mex$; ⌚13–22 Uhr) Die Einheimischen strömen in diese muntere Trattoria, um sich mit sagenhafter Pizza aus dem Ziegelofen, hausgemachter Pasta und leckeren Desserts verwöhnen. Die meisten halten sich zwar an die Pizzas, aber die Ravioli verde mit *requesón* und *jamaica* (einer Art Ricotta sowie Hibiskusblüten) und die anderen Pastagerichte sind ebenfalls erstklassig.

Restaurante Madan MEXIKANISCH **$$**
(Madero 408; Hauptgerichte 50–140 Mex$; ⌚7–23 Uhr; ᯤ) Das Hotelrestaurant zwei Blocks westlich des Flusses ist zwar nicht glamourös, aber sehr verlässlich und beliebt dank seiner guten mexikanischen Gerichte und der freundlichen, effizienten Bedienung.

Rock & Roll Cocktelería SEAFOOD **$$**
(Reforma 307; Hauptgerichte 120–180 Mex$; ⌚10–22 Uhr) Ein Hexenkessel aus Hitze, schwirrenden Ventilatoren und plärrenden Fernsehern: Alle kommen wegen der Meeresfrüchtecocktails (obwohl das Ceviche und der Meeresfrüchteeintopf auch gut sind) und wegen des billigen Biers hierher. Das Lokal hat schon 60 Jahre auf dem Buckel und liegt an der verkehrsberuhigten Straße dem Miraflores Hotel gegenüber.

Praktische Informationen

Es gibt viele Internetcafés (10–12 Mex$/Std.). Die meisten Banken haben Geldautomaten und tauschen auch US-Dollar um.

Funny Zone (Mina; ⌚Mo–Sa 8–21 Uhr) Internetcafé gegenüber dem ADO-Busbahnhof.

HSBC (Ecke Juárez & Lerdo de Tejada; ⌚Mo–Fr 9–17 Uhr) Bank in der Fußgängerzone.

Oficina de Convenciones y Visitantes de Tabasco (OCV; ☎800-216-08-42; www.visitetabasco.com) Touristeninfos über den gesamten Bundesstaat.

Touristeninformation (⌚Mo–Sa 9–18 Uhr) Der Kiosk am ADO-Busbahnhof hat Karten und nimmt Hotelreservierungen vor.

An- & Weiterreise

BUS & COLECTIVO

Deluxe- und 1.-Klasse-Busse fahren vom **ADO-Busbahnhof** (ADO; ☎993-312-84-22; Mina 297), wo es WLAN und eine rund um die Uhr geöffnete Gepäckaufbewahrung gibt. Er befindet sich 750 m nördlich der Zona Luz.

Die öffentlichen Verkehrsmittel zu den meisten Zielen innerhalb von Tabasco fahren von anderen Terminals, die sich in Gehweite nördlich vom ADO-Busbahnhof befinden. Zu diesen gehören der **Cardesa-Busbahnhof** (Cardesa; Ecke Hermanos Bastar Zozaya & Castillo) mit Bussen 2. Klasse und der Hauptbusbahnhof für Busse 2. Klasse, der **Central de Autobuses de Tabasco** (CAT; ☎993-312-29-77; Ecke Av Ruíz

FLUGHAFENBUS NACH PALENQUE

Auf dem Flughafen von Villahermosa gibt's einen praktischen **ADO-Schalter** (www.ado.com.mx), von dem aus täglich zwischen 7.30 und 21.30 Uhr fast stündlich Minibusse nach Palenque (236 Mex$, 2¼ Std.) lostuckern. Den Fahrplan der Busse vom/zum „Aeropuerto Villahermosa" findet man auf der Website.

BUSSE AB VILLAHERMOSA

ZIEL	PREIS (MEX$)	DAUER	HÄUFIGKEIT (TGL.)
Campeche	280–554	5½–7 Std.	ADO 22-mal
Cancún	435–1260	12½–14½ Std.	ADO 20-mal
Comalcalco	20–24	1–1½ Std.	Cardesa sehr oft
Frontera	47–58	1–1½ Std.	ADO, CAT & Cardesa sehr oft
Mérida	430–960	8–9½ Std.	ADO 28-mal
Mexico City (TAPO)	680–1370	10–12 Std.	ADO 21-mal
Oaxaca	584	13½ Std.	ADO 4-mal
Palenque	65–134	2½ Std.	ADO 22-mal, Cardesa sehr oft
San Cristóbal de las Casas	326	7½ Std.	ADO 1-mal
Tacotalpa	38	1½ Std.	CAT sehr oft
Tenosique	110–174	3½ Std.	ADO 11-mal, CAT sehr oft
Tuxtla Gutiérrez	286–416	4–5 Std.	ADO 18-mal
Veracruz	450–690	6–8½ Std.	ADO 23-mal
Villahermosa (Flughafen)	174	30 Min.	ADO 16-mal

Cortines & Castillo) an der Nordseite der Avenida Ruíz Cortines (die Fußgängerüberführung benutzen!).

FLUGZEUG

Villahermosas **Aeropuerto Rovirosa** (☎ 993-356-01-57) liegt 13 km östlich vom Zentrum abseits des Hwy 186. Aeroméxico ist die größte vertretene Fluglinie. Von/nach Villahermosa gibt es u. a. folgende Direktflüge:

Aeroméxico (www.aeromexico.com) Flüge nach Mérida, Mexico City und Veracruz, sowie viele Auslandsflüge über Mexico City.

Interjet (www.interjet.com.mx) Nach Mexico City.

MAYAir (www.mayair.com.mx) Nach Mérida und Veracruz.

United (www.united.com) Nach Houston.

VivaAerobus (☎ 993-356-02-07; www.vivaaerobus.com.mx) nach Mexico City, Cancún, Monterrey und Guadalajara.

ℹ Unterwegs vor Ort

Komfortable ADO-Minibusse fahren von 6 bis 21 Uhr stündlich zwischen dem Flughafen und dem ADO-Busbahnhof (174 Mex$). Ein Taxi ins Zentrum kostet 200 Mex$. Alternativ läuft man 500 m über den Flughafenparkplatz und steigt in ein *colectivo* (20 Mex$) am Taxistand Dos Montes. Die Sammeltaxis fahren bis zum Markt an der Carranza, ca. 1 km nördlich der Zona Luz.

Sammeltaxis (20 Mex$) bilden das Rückgrat des öffentlichen Nahverkehrs im Stadtzentrum. Man kann eines heranwinken und sich erkundigen, ob es in die richtige Richtung fährt, oder man stellt sich in die Schlange an einem Stand vor einem großen Warenhaus oder Transportterminal, wo sachkundige Anweiser einen schnell den besten Weg zum Ziel weisen und einen in das richtige Sammeltaxi setzen. Der Service ist gratis und Feilschen überflüssig. Fahrten mit einem privaten Taxi durchs Stadtzentrum kosten 45 Mex$.

Oaxaca

Inhalt ➡

Abseits der Touristenpfade

- Concepción Bamba (S. 490)
- Lachatao (S. 487)
- Playa Escobilla (S. 504)
- Chacahua (S. 501)
- Santiago Apoala (S. 487)

Schön übernachten

- Casa Oaxaca (S. 466)
- Punta Placer (S. 509)
- Oceanomar (S. 512)
- Hotel Las Golondrinas (S. 464)
- El Diablo y la Sandía (S. 464)

Auf nach Oaxaca!

Die spezielle Magie des Bundesstaats Oaxaca spüren Mexikaner und Traveller gleichermaßen. Diese Bastion der indigenen Kultur beheimatet die lebendigste Kunsthandwerksszene Mexikos, und einige ausgelassene Feste gibt's auch. Hinzu kommen Naturschätze und eine einzigartige Küche.

Faszinierendes (Kultur-)Zentrum des Bundesstaats ist zweifellos das schmucke, kolonial geprägte Oaxaca de Juárez. In den Wäldern der nahen Sierra Norte können Besucher dank erfolgreicher kommunaler Tourismusprojekte prima wandern, radeln und reiten. Jenseits der Berge erstreckt sich im Süden Oaxacas großartige Küste mit Sandstränden, donnernder Brandung, Delfinen, Schildkröten und Fischen. Hinzu kommen Strandorte, die jeden begeistern dürften: das lebendige Puerto Escondido, die nach Plan bebauten (aber relaxten) Bahías de Huatulco sowie Zipolite, San Agustinillo und Mazunte, die Hochburgen der sanften Freuden.

Reisezeit

Oaxaca de Juárez

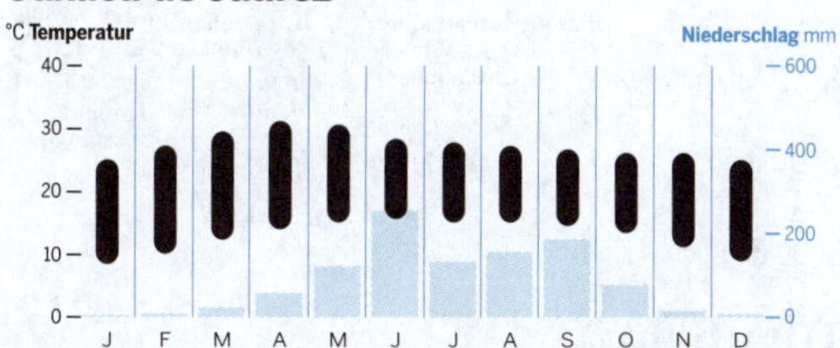

Jan.–März Am trockensten: Viel Betrieb an der Küste; Top-Wanderbedingungen in der Sierra Norte.

Juli & Aug. Guelaguetza-Festival in Oaxaca de Juárez und Sommerferienspaß an der Küste.

Ende Okt. & Nov. Feier des Día de los Muertos; Fiestas de Noviembre in Puerto Escondido.

Highlights

1 Die Kultur, die Farbenpracht, die Handwerkskunst und die Küche (auch den Mezcal) des fröhlichen, kolonialzeitlichen **Oaxaca de Juárez** (S. 452) genießen

2 Sich in den beliebten Traveller-Urlaubsorten **Zipolite** (S. 505), **San Agustinillo** (S. 508) und **Mazunte** (S. 510) ein wenig länger als geplant erholen

3 Auf den Wellen der Traumstrände von **Puerto Escondido** (S. 489) reiten

4 Zwischen den Dörfern der **Pueblos Mancomunados** (S. 486) durch unwirklich er-

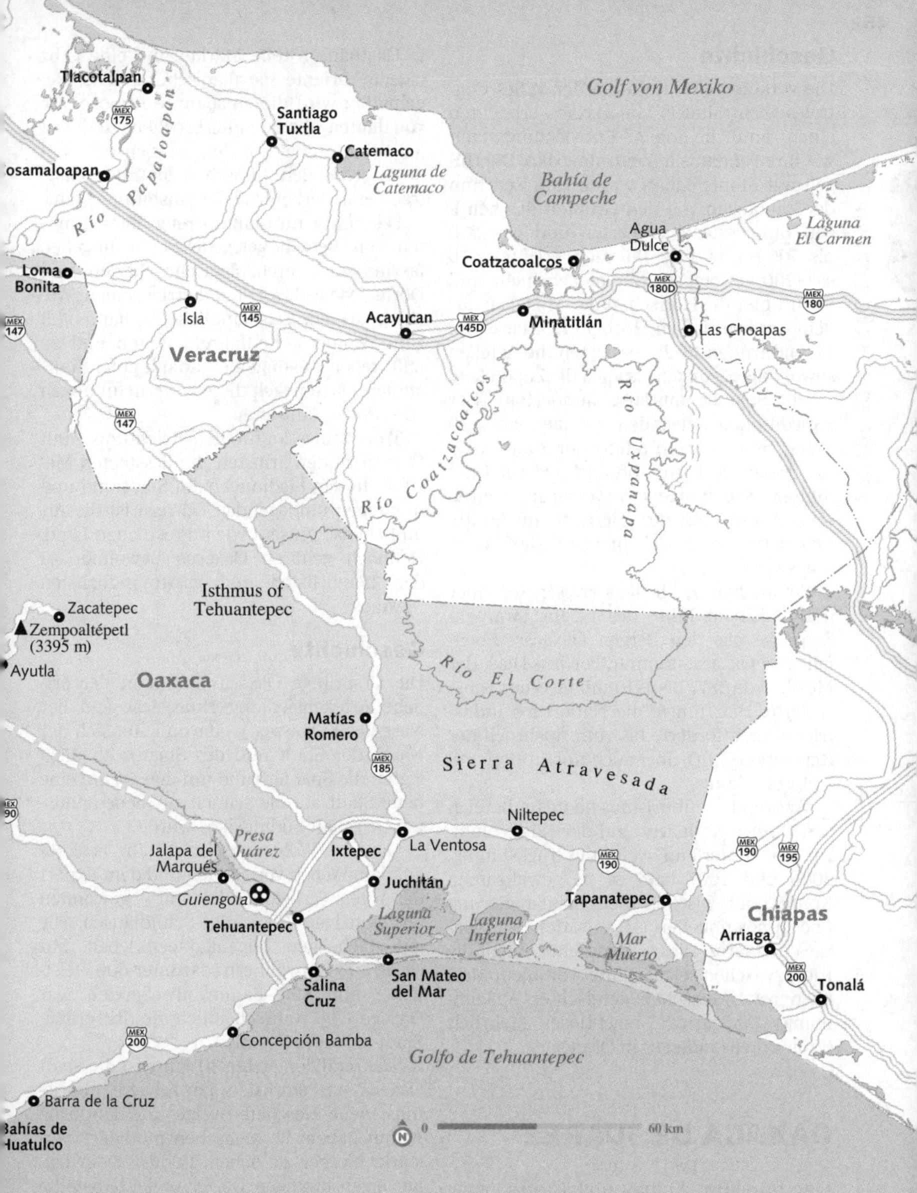

scheinende Nebelwälder wandern

5 Die majestätische Lage und die geheimnisvolle Architektur von **Monte Albán** (S. 476) bestaunen

6 Auf den Märkten und Festen in den **Valles Centrales** (S. 476) in das indigene Dorfleben eintauchen

Geschichte

Die vorkolonialen Kulturen der Valles Centrales (Zentraltäler) von Oaxaca erreichten einen ähnlich hohen Entwicklungsstand wie ihre Pendants in Zentralmexiko. Die Hügelstadt Monte Albán wurde zum Zentrum der Zapoteken, die den Großteil des heutigen Bundesstaats eroberten und von 350 bis 700 n.Chr. ihre Blütezeit erlebten. Ab ca. 1200 gerieten die Zapoteken mehr und mehr unter die Herrschaft der Mixteken aus dem nordwestlichen Hochland Oaxacas. Im 15. und frühen 16. Jh. besiegten die Azteken sowohl die Mixteken als auch die Zapoteken.

Die Spanier mussten mindestens vier Expeditionen entsenden, bis sie sich 1529 sicher genug zur Gründung der Stadt Oaxaca (Oaxaca de Juárez, oft auch Oaxaca City) fühlten. Die indigene Bevölkerung wurde schnell und stark dezimiert; bis ins 20. Jh. hinein lehnte sie sich mehrfach auf, allerdings erfolglos.

Benito Juárez, Mexikos großer Reformer und Präsident Mitte des 19. Jhs., war ein Zapoteke aus den Bergen Oaxacas. Ebenfalls aus Oaxaca stammte Porfirio Díaz, der Mexiko von 1877 bis 1910 mit eiserner Faust regierte. Díaz führte die Nation ins Industriezeitalter, förderte bis zum Ausbruch der Revolution (1910) aber auch Korruption und Unterdrückung.

Während der Tourismus heute im Bereich von Oaxaca de Juárez und der Küste blüht, ist das Hinterland weiterhin rückständig. 2006 und 2007 kam es zu gewaltsamen Konflikten zwischen der Staatsregierung und oppositionellen Organisationen in Oaxaca de Juárez. Dies verdeutlichte erneut die Kluft zwischen reicher Elite (vor allem Mestizen bzw. Menschen gemischter Abstammung) und armer, machtloser Mehrheit (größtenteils indigen) in Oaxaca.

OAXACA DE JUÁREZ

☎951 / 260 000 EW. / 1550 M

Eine attraktive Kultur- und Gastronomieszene, gepaart mit einem wunderschönen kolonialen Zentrum aus baumbestandenen Straßen, machen Oaxaca de Juárez zu einer der faszinierendsten Städte Mexikos. Künstler und Kunsthandwerker lassen sich gleichermaßen von der kreativen Atmosphäre, den indigenen Traditionen und dem hellen, klaren Licht der Gegend inspirieren. Die Stadt bietet erstklassige Museen, charmante Gasthäuser, tolle Märkte und eine ganz eigene Variante mexikanischer Küche. Regelmäßig wird die entspannte Atmosphäre von lauten Festen unterbrochen, und fast jeden Tag findet auf den Straßen oder auf dem *zócalo*, dem hübschen zentralen Platz, irgendeine farbenfrohe Veranstaltung statt.

Die am Schnittpunkt dreier Täler inmitten von Bergen gelegene Stadt umgeben faszinierende archäologische Stätten und Dörfer, viele davon mit betriebsamen Wochenmärkten. Das ländliche Umland lädt zum Wandern, Radfahren, Reiten und zu kulturellen Ausflügen ein; dank guter Touranbieter lassen sich diese Unternehmungen stressfrei organisieren.

Trotz seines kulturellen Reichtums zählt Oaxaca zu den ärmsten Bundesstaaten Mexikos. In den Siedlungen am Stadtrand und in einigen umliegenden Dörfern ist die Armut ebenso präsent wie im restlichen Land. Dennoch gehören Oaxacas Bewohner zu den herzlichsten und gastfreundlichsten Mexikos.

Geschichte

Die Ursprünge Oaxacas liegen in der örtliche Aztekensiedlung Huaxyácac („in der Nase des Kürbisses") – davon leitet sich der Name der Stadt und des Staates ab. 1529 legten die Spanier rund um den *zócalo* eine neue Stadt an, die schnell zur bedeutendsten Ortschaft Südmexikos wurde.

Oaxacas Wohlstand im 18. Jh. basierte auf dem Weben von Stoffen und dem Export des roten Farbstoffes Karmin – gewonnen aus winzigen Cochenille-Schildläusen, die auf stacheligen Feigenkakteen leben. Mit ca. 20 000 Einwohnern (darunter 600 Geistliche) und 800 Baumwollwebereien war Oaxaca 1796 wahrscheinlich die drittgrößte Stadt in Nueva España.

Während der letzten 30 Jahre ist die Stadt Oaxaca am stärksten gewachsen: Tourismus, neue Geschäftszweige und ländliche Armut haben die Menschen motiviert, verstärkt hierher zu ziehen. Inklusive der früher eigenständigen Dörfer und Kleinstädte hat der heutige Ballungsraum daher etwa 450 000 Einwohner.

Sehenswertes

★ Zócalo PLAZA

Der verkehrsfreie *zócalo* im Schatten großer Bäume wird von eleganten *portales* (Arkaden) gesäumt und ist der ideale Ausgangspunkt, um in die Atmosphäre der Stadt einzutauchen. Bei Tag und Nacht ist die Plaza mit Leben erfüllt: Marimba-Gruppen, Blaskapellen und umherziehende Straßenmusiker zeigen zahlreichen Zuschauern ihr Können, Händler bieten hübsche Teppiche und geschmacklose Ballons feil und Liebespärchen ziehen unter den Bäumen ihre gemächlichen Runden, während andere Leute sich in den Straßencafés treffen, etwas trinken und die Szenerie auf sich wirken lassen.

Der angrenzende **Alameda-Platz** ist ebenfalls verkehrsberuhigt. Hier gibt es keine Cafés, dafür bieten sich interessante Einblicke in das bunte Getümmel aus Kitschverkäufern, staunenden Touristen und einem inoffiziellen Kleidermarkt.

➡ **Palacio de Gobierno**

Der Gouverneurspalast der Staatsregierung aus dem 19. Jh. ist ein Wunderwerk aus Marmor und Wandgemälden am südlichen Rand des *zócalo*. Das große **Wandbild** (1980) im Treppenhaus von Arturo García Bustos zeigt berühmte Persönlichkeiten aus Oaxaca und Ereignisse der Stadtgeschichte, darunter Benito Juárez nebst Ehefrau Margarita Maza, José María Morelos, Porfirio Díaz, Vicente Guerrero (wurde bei Cuilapan erschossen) und die Nonne Juana Inés de la Cruz, die im 17. Jh. Liebesgedichte verfasste.

Das Gebäude beherbergt außerdem das interaktive **Museo del Palacio** (Eintritt 25 Mex$, So frei; ⌚9.30–18, Mo bis 17, So bis 16 Uhr) mit hohem Informationsgehalt. Die ausschließlich auf Spanisch beschrifteten Hauptausstellungen widmen sich u. a. der Evolution, dem vorkolonialen Ballspiel, der Geologie und dem Artenreichtum. Der Schwerpunkt liegt auf Oaxaca, es werden jedoch auch universelle Themen behandelt. Zu sehen ist zudem die wohl größte Tortilla der Welt in Form einer 300 kg schweren *tlayuda*, die Enrique Ramos mit Szenen aus Mexikos Geschichte schmückte.

➡ **Kathedrale**

Gleich nördlich vom *zócalo* steht Oaxacas Kathedrale, deren Bau 1553 begonnen und im 18. Jh. nach mehreren Erdbeben abgeschlossen wurde. Schöne Barockreliefs zieren die Hauptfassade an der Alameda.

Calle Alcalá STRASSE

Die ehrwürdige, größtenteils verkehrsberuhigte Straße zwischen Kathedrale und Templo de Santo Domingo säumen kolonialzeitliche Steingebäude, die heute ansprechende Läden, Galerien, Museen, Cafés und Bars beherbergen. Sie lädt zu einem interessanten Spaziergang ein und bietet ein lebendiges Nachtleben.

★ **Templo de Santo Domingo** KIRCHE

(Ecke Alcalá & Gurrión; ⌚7–13 & 16–20 Uhr außer während des Gottesdienstes) Die wunderschöne Kirche ist die prachtvollste der Stadt, dafür sorgen die kunstvoll geschnitzte Barockfassade und der Innenraum voller dreidimensionaler Reliefs mit aufwendig gefärbten und vergoldeten Motiven, die um verschiedene farbenfrohe Figuren angeordnet sind. Am eindrucksvollsten ist die **Capilla de la Virgen del Rosario** (Rosenkranzkapelle) aus dem 18. Jh. auf der Südseite des Hauptschiffs. Im Kerzenlicht der Abendmesse erstrahlt die gesamte Kirche magisch warm.

Die Kirche entstand größtenteils zwischen 1570 und 1608 als Teil des städtischen Dominikanerklosters. An ihrem Bau waren die besten Kunsthandwerker aus Puebla und anderen Regionen beteiligt. Wie andere große Gebäude in der von Erdbeben bedrohten Gegend hat Santo Domingo sehr dicke Steinmauern.

Mitten auf der Fassade halten zwei Figuren eine Kirche in ihren Händen. Die rechte davon stellt den spanischen Mönch Santo Domingo de Guzmán (1172–1221) dar, der den Dominikanerorden gründete. Direkt hinter dem Haupteingang ziert sein kunstvoller Familienstammbaum die Decke. Die Dominikaner hielten sich strikt an ihre Grundsätze der Armut, Keuschheit und Ergebenheit. In Mexiko schützten sie die indigene Bevölkerung vor Übergriffen durch andere Kolonisten.

★ **Museo de las Culturas de Oaxaca** MUSEUM

(☎951-516-29-91; Alcalá; Eintritt 57 Mex$, Video 45 Mex$; ⌚Di–So 10–18.15 Uhr) Das Museum der Kulturen Oaxacas in den hübschen Klostergebäuden neben dem Templo de Santo Domingo zählt zu Mexikos besten Regionalmuseen. Die umfangreichen Exponate nehmen Besucher mit auf eine Reise durch Geschichte und Kultur des Bundesstaats Oaxaca bis zur Gegenwart. Der Fokus liegt dabei auf der direkten Verbindung zwischen Oaxacas vorkolonialen und heutigen Kulturen in Bereichen wie Kunsthandwerk, Medizin und Essen.

Ein großartiger Säulengang dient als Vorhalle des eigentlichen Museums. Das wertvollste Stück ist der Mixteken-Schatz aus Grab 7 in Monte Albán im Raum III. Er stammt aus dem 14. Jh. Damals beer-

Oaxaca de Juárez

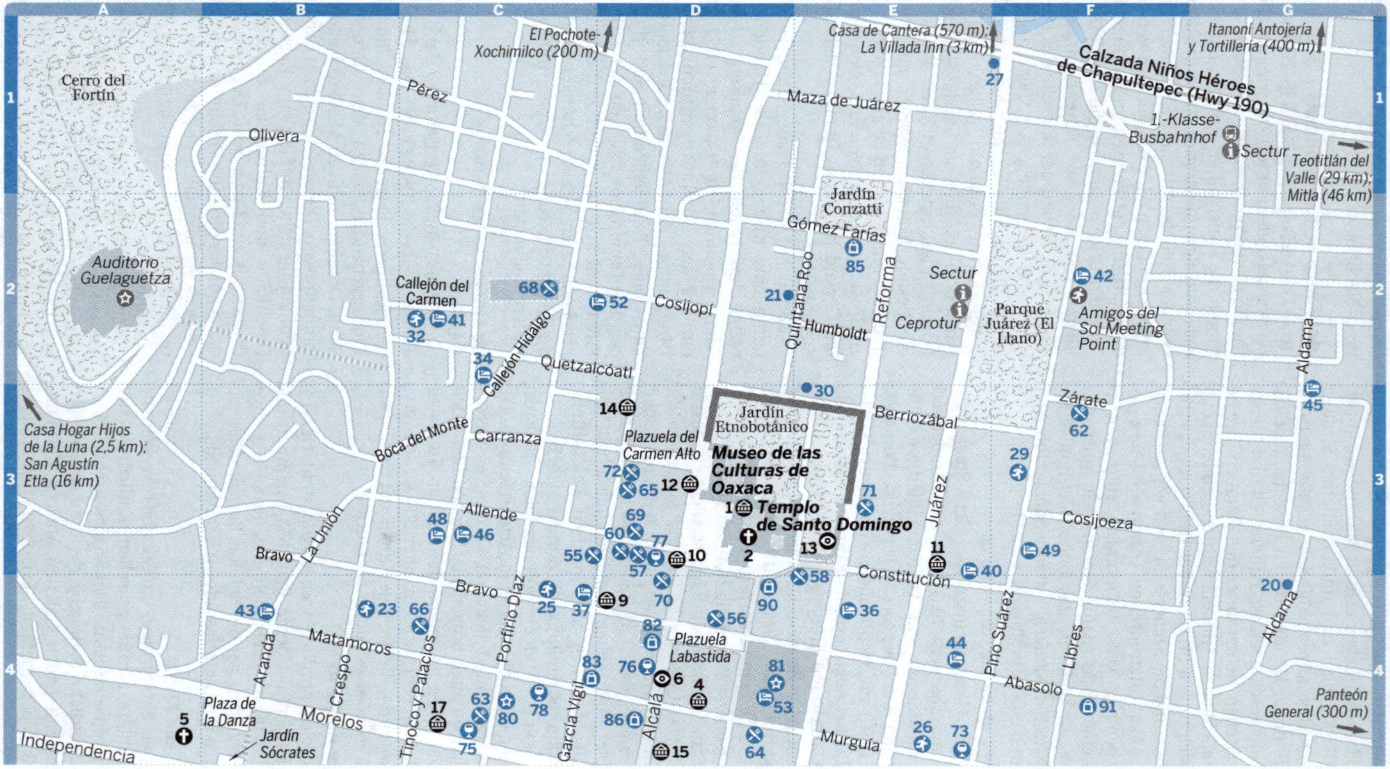

Cerro del Fortín
Auditorio Guelaguetza
El Pochote-Xochimilco (200 m)
Casa de Cantera (570 m); La Villada Inn (3 km)
Itanoní Antojería y Tortillería (400 m)
Calzada Niños Héroes de Chapultepec (Hwy 190)
1.-Klasse-Busbahnhof
Sectur
Teotitlán del Valle (29 km); Mitla (46 km)
Casa Hogar Hijos de la Luna (2,5 km); San Agustín Etla (16 km)
Callejón del Carmen
Jardín Conzatti
Sectur
Ceprotur
Parque Juárez (El Llano)
Amigos del Sol Meeting Point
Jardín Etnobotánico
Plazuela del Carmen Alto
Museo de las Culturas de Oaxaca
Templo de Santo Domingo
Plazuela Labastida
Plaza de la Danza
Jardín Sócrates
Panteón General (300 m)

Pérez, Olivera, Maza de Juárez, Gómez Farías, Cosijopí, Quintana Roo, Humboldt, Reforma, Callejón Hidalgo, Quetzalcóatl, Boca del Monte, Carranza, Berriozábal, Zárate, Aldama, Juárez, Allende, Cosijoeza, Bravo, La Unión, Constitución, Matamoros, Porfirio Díaz, Tinoco y Palacios, Crespo, Aranda, García Vigil, Alcalá, Pino Suárez, Libres, Abasolo, Morelos, Murguía, Independencia

Atzompa (6 km); Ruinen von Atzompa (8 km)
Templo de San Felipe Neri
Sectur
16
24
54
5 de Mayo
87
84
Reforma
28
Morelos
39
59
35
Murguía
50
Huatulco 2000
Taxi-Colectivos nach Atzompa, San José El Mogote & San Agustín Etla (300 m)
Mier y Terán
Hidalgo
51
Kiosk der städtischen Touristeninformation
7
Valdivieso
Sectur
8
Libres
Independencia
79
Alameda de León
Expressos Colombo Huatulco
Trujano
JP García
Portal de Flores
3
Zócalo
18
47
38
Central de Abastos (250 m); 2.-Klasse-Busbahnhof (450 m)
Transportadora Excelencia
61
Portal Benito Juárez
Victoria
Iglesia de La Compañía
19
Las Casas
Transportes Villa del Pacífico
Hidalgo
Guerrero
Flores Magón
89
22
Aldama
Colón
Ocampo
Xicoténcatl
Doblado
González Ortega
Santos Degollado
Galeana
Díaz Ordaz
JP García
20 de Noviembre
Bustamante
Armenta y López
Autobuses Turísticos (nach Monte Albán)
Mina
67
Rayón
Periférico
Fiallo
Prolongación Victoria
74
88
Zaragoza
Cabrera
Arteaga
Atlántida
33
La Noria
Arista
Express Service
31
Autobuses Halcón
Zaachila Yoo
Líneas Unidas
La Carbonera
Monte Albán (6 km)
Flughafen (6 km); Ocotlán (31 km)
Xochitl
A
B
C
D
E
F
G
5
6
7
8

Oaxaca de Juárez

digten die Mixteken einen ihrer Könige und dessen geopferte Diener in einem alten Zapoteken-Grab. Dazu legten sie Unmengen wunderschöner Arbeiten aus Silber, Türkis, Korallen, Jade, Bernstein und Perlen sowie fein geschnitzte Knochen, Kristallkelche, einen mit Türkis überzogenen Schädel und reichlich Gold. Der Schatz wurde 1932 von Alfonso Caso entdeckt.

Die Säle I bis IV widmen sich der vorkolonialen Periode, die Säle V bis VIII der Kolonialzeit. Die Säle IX bis XIII beschäftigen sich mit Oaxaca nach dem Unabhängigkeitskrieg, während der letzte Raum (XIV) über das eigentliche Kloster Santo Domingo informiert. Am Ende des langen Korridors hinter Halle IX blickt man durch Glastüren auf den prächtigen Chor des Templo de Santo Domingo.

Die Infotafeln des Museums sind ausschließlich auf Spanisch beschriftet, Besucher können sich jedoch für 50 Mex$ einen englischsprachigen Audioguide ausleihen. Vor Ort gibt's außerdem einen guten Buch- und Souvenirladen.

Jardín Etnobotánico GARTEN
(Ethnobotanischer Garten; ☎951-516-79-15; www.jardinoaxaca.org.mx; Ecke Constitución & Reforma; 2-stündige Führung auf Englisch od. Französisch 100 Mex$, 1-stündige Führung auf Spanisch 50 Mex$; ⌚Führungen auf Englisch Di, Do & Sa 11 Uhr, auf Spanisch Mo–Sa 10, 12 & 17 Uhr, auf Französisch Di 17 Uhr) Auf einem ehemaligen Klostergelände hinter dem Templo de Santo Domingo wachsen Pflanzen aus dem ganzen Bundesstaat, u. a. eine verblüffende Vielzahl von Kakteen. Obwohl der Garten erst Mitte der 1990er-Jahre angelegt wurde, zeigt er die ganze faszinierende Artenvielfalt Oaxacas. Er ist nur im Rahmen einer Führung zu besichtigen; Interessierte sollten sich fünf Minuten vor Beginn einfinden.

Museo Rufino Tamayo MUSEUM
(☎951-516-47-50; Morelos 503; Eintritt 40 Mex$; ⌚Mo & Mi–Sa 10–14 & 16–19, So 10–15 Uhr) Das erstklassige Museum für präkolumbische Kunst wurde von Oaxacas berühmtestem Künstler, Rufino Tamayo (1899–1991), gestiftet. Die Sammlung ist in einem hübschen

47 Hotel Dainzú E5
48 Hotel Las Golondrinas C3
49 La Casa de Mis Recuerdos F3
50 Learning Center G5
51 Parador San Andrés B5
52 Posada Don Mario D2
53 Quinta Real Oaxaca D4

Essen
54 Café Brújula D5
55 Café Brújula C3
Cafe El Ágora .... (siehe 45)
56 Café Los Cuiles D4
57 Casa Crespo D3
58 Casa Oaxaca E4
59 Cenaduría Tlayudas Libres F5
60 Comala D3
61 El Asador Vasco C6
62 El Típico F3
63 El Trompo C4
64 Jaguar Yuú D4
65 La Biznaga D3
La Olla .... (siehe 36)
66 Manantial Vegetariano C4
67 Mercado 20 de Noviembre C7
68 Mercado Sánchez Pascuas C2
69 Pitiona D3
70 Restaurante Los Danzantes D4
71 Vieja Lira E3
72 Zandunga D3

Ausgehen & Nachtleben
Café del Jardín .... (siehe 61)
73 Candela E4
74 Cuish B7
75 In Situ C4
76 La Cantinita D4
77 Los Amantes D3
78 Txalaparta C4

Unterhaltung
79 Hotel Monte Albán C5
80 La Nueva Babel C4
81 Quinta Real Oaxaca D4

Shoppen
82 Amate Books D4
83 Casa de las Artesanías de Oaxaca C4
84 La Casa del Rebozo D5
85 La Cava E2
86 La Mano Mágica D4
87 MARO D5
88 Mercado de Artesanías B7
89 Mercado Juárez C6
90 Shkáala D4
91 Unión de Palenqueros de Oaxaca F4

Gebäude aus dem 17. Jh. untergebracht und zeigt künstlerische Entwicklungen in der vorkolonialen Zeit auf. Zu den Exponaten zählen ein paar außerordentlich hübsche Stücke.

Museo Textil de Oaxaca MUSEUM

(Museum für Textilien aus Oaxaca; ☎951-501-11-04; www.museotextildeoaxaca.org.mx; Hildago 917; ⌚Mo–Sa 10–20, So bis 18 Uhr) GRATIS Das Museum ist mehr als nur eine Sammlung von Exponaten, vielmehr wird hier mit Ausstellungen, Workshops, Filmen, Vorführungen und einer Bibliothek für Oaxacas traditionelles Textilhandwerk geworben. Zu sehen sind thematisch sortierte Exponate aus der rund 5000 Stücke aus Oaxaca und der Welt umfassenden Sammlung; viele davon sind über 100 Jahre alt.

Mittwochs und freitags um 17 Uhr finden einstündige Führungen (10 Mex$) auf Englisch und Spanisch statt, wenn sich mindestens drei Interessierte einfinden.

Museo Casa de Juárez MUSEUM

(☎951-516-18-60; García Vigil 609; Eintritt 42 Mex$; ⌚Di–So 10–19 Uhr) Das einfache Haus des Buchbinders Antonio Salanueva, der den großen mexikanischen Anführer des 19. Jhs. Benito Juárez (S. 458) in jungen Jahren unterstützte, beherbergt heute dieses kleine, interessante Museum. Die Buchbinderei ist noch erhalten, ebenso wie einige Erinnerungsstücke an Benito und Gegenstände aus der damaligen Zeit.

Centro Académico y Cultural San Pablo KUNSTZENTRUM

(www.san-pablo.mx; Independencia 904; ⌚10–20 Uhr) GRATIS Das eindrucksvolle Zentrum eröffnete 2011 in dem frisch renovierten ehemaligen Dominikanerkloster von San Pablo aus dem 16. Jh. Es hat sich die Förderung und Bewahrung der Kultur Oaxacas auf die Fahnen geschrieben, vor allem deren indigene Elemente, und bietet mehrere Wechselausstellungen, Kurse, Seminare, Vorführungen und Konferenzen.

Vor Ort gibt es zudem eine herkömmliche Bibliothek mit wertvollen anthropologischen Archiven sowie eine Klangbibliothek mit Aufnahmen indigener Musik.

Basílica de la Soledad KIRCHE

(Independencia) Über dem Altar der Basílica de la Soledad aus dem 17. Jh. thront ein Bild-

BENITO JUÁREZ

Einer der wenigen mexikanischen Nationalhelden mit einem wirklich uneingeschränkt gutem Ruf, der große Reformer und Präsident Benito Juárez (1806–1872), wurde im bescheidenen Zapotekendorf Guelatao, 60 km nordöstlich von Oaxaca, geboren. Seine Eltern starben, als er drei Jahre alt war. Im Alter von zwölf kam Benito nach Oaxaca und fand Arbeit im Haus des Buchbinders Antonio Salanueva. Salanueva erkannte das Potenzial des Jungen und bezahlte dessen Ausbildung, die er sonst wohl nicht erhalten hätte.

Juárez begann später eine Priesterausbildung, brach sie aber zugunsten einer Tätigkeit als Anwalt armer Dorfbewohner ab. Er stieg auf und war von 1848 bis 1852 Gouverneur des Staates Oaxaca. Er gründete Schulen und reduzierte die Bürokratie. 1855 wurde er zum Justizminister in der neuen liberalen Regierung Mexikos ernannt. Sein Ley Juárez (Juárez-Gesetz), das die Fälle, in die Soldaten und Geistliche involviert waren, an normale Zivilgerichte übertrug, war das erste der Reformgesetze, die die Macht der katholischen Kirche beschränken sollten. Diese Gesetze riefen den Reformkrieg zwischen 1858 und 1861 hervor, in dem der Fortschritt letztlich das Konservative besiegte.

Juárez wurde im Jahr 1861 zum Präsidenten Mexikos gewählt. Nur wenige Monate nach seinem Amtsantritt marschierten die Franzosen in Mexiko ein und zwangen ihn ins Exil. 1866/1867 vertrieb Juárez die Besatzer und ihren Marionettenkaiser Maximilian mit amerikanischer Hilfe. Eine der wichtigsten politischen Leistungen von Juárez war die Einführung der kostenlosen Schulpflicht. Er starb 1872, ein Jahr nachdem er zum vierten Mal zum Präsidenten gewählt worden war. Die Einwohner sind sehr stolz auf ihn, und noch heute tragen zahllose Straßen, Statuen, Schulen, Dörfer und Städte in ganz Mexiko seinen Namen. Wenn die Welt sein berühmtes Motto *Entre los individuos, como entre las naciones, el respeto al derecho ajeno es la paz* („Zwischen Einzelpersonen wie auch Nationen bedeutet Respekt gegenüber anderen Frieden") befolgen würde, wäre sie ein viel besserer Ort.

nis von Oaxacas Schutzheiliger, der Virgen de la Soledad (Jungfrau der Einsamkeit). Die Kirche mit ihrer kunstvollen Barockfassade steht dort, wo die Statue 1543 wundersamerweise im Gepäckbündel auf einem Esel aufgetaucht sein soll.

Aktivitäten

Wer sich während seines Aufenthalts ehrenamtlich engagieren möchte, kann sich an Oaxacas Sprachschulen wenden, die Spanischkurse veranstalten. Der Großteil davon bietet Studenten und teils auch Nicht-Studenten entsprechende Möglichkeiten.

Tierraventura OUTDOOR-AKTIVITÄTEN

(☎ 951-516-46-44; www.tierraventura.com; Callejón del Carmen 108; ⌚ Mo–Fr 10–14 & 16–18 Uhr) Der gut organisierte Veranstalter unter Führung eines mehrsprachigen europäisch-mexikanischen Teams hat eine große Auswahl von Touren und Aktivitäten im Angebot. Die Schwerpunkte sind dabei wandern, Rad fahren, Natur, Zusammenkünfte mit Einheimischen und die Förderung lokaler Tourismusprojekte. Nach Möglichkeit werden Kunden immer von einheimischen Führern begleitet. Pro Person werden für Tagesausflüge 900 bis 1200 Mex$ fällig, für längere Touren 1200 bis 2000 Mex$ pro Tag.

Zum Angebot gehören eintägige Radtouren im Valle de Tlacolula und ein- bis sechstägige Wanderungen in den Pueblos Mancomunados. Tierraventura bietet zudem die seltene Möglichkeit, durch eine Kooperation mit CECIPROC, die sich für die Verbesserung der Gesundheit in indigenen Gemeinden einsetzt, etwas über traditionelle Medizin zu erfahren und diese zu erleben. Auf dem Gelände in Oaxaca de Juárez werden traditionelle Kräuterreinigungen und *temascal* (Dampfbad) angeboten, zudem kann man eine Bergwanderung mit Schwerpunkt auf Heilpflanzen buchen.

Expediciones Sierra Norte OUTDOOR-AKTIVITÄTEN

(☎ 951-514-82-71; www.sierranorte.org.mx; Bravo 210; ⌚ Mo–Fr 9.30–19, Sa bis 14 Uhr) Einige der besten Outdoor-Abenteuer Oaxacas warten in den Bergdörfern der Pueblos Mancomunados (S. 486). Dort unterhält die Gemeindekooperative Expediciones Sierra Norte an gutes Wegenetz und komfortable *cabañas* (Hütten) und bietet Ausritte und Leihfahrräder an. Das Büro in der Stadt hat jede Menge Informationen, darunter eine nützliche Orientierungskarte für 50 Mex$, und ein paar englischsprachige Mitarbeiter; zudem reserviert es *cabañas* und vermittelt andere Dienstleistungen.

Bicicletas Pedro Martínez RADFAHREN, WANDERN

(☎951-514-59-35; www.bicicletaspedromartinez.com; Aldama 418; ⏰Mo–Sa 9–20, So 10–15 Uhr) Das herzliche Team unter Leitung des mexikanischen Radfahrers und Olympiateilnehmers Pedro Martínez organisiert diverse aufregende Radtouren, größtenteils abseits befestigter Straßen, sowie ein paar tolle Tageswanderungen durch einige der schönsten Landschaften Oaxacas. Weniger interessante Routenabschnitte und die steilsten Anstiege werden dabei per Kleinbus überbrückt. Die kürzesten Touren dauern einen halben oder ganzen Tag und führen durch das Valle de Tlacolula; Ganztagesausflüge kosten 1350 Mex$ pro Person für zwei Personen bzw. 1150 Mex$ für vier.

Die Zweitagestour „Cascadas y Mangos" (2550–2900 Mex$/Pers.) führt von Nochixtlán ins spektakuläre Santiago Apoala (S. 487) und weiter durch das malerische Biosphärenreservat Tehuacán-Cuicatlán. Beim drei- bis viertägigen Ausflug entlang der Ruta Los Coatlanes geht's hinunter nach Puerto Escondido an der Pazifikküste und durch die Sierra Madre del Sur; pro Person werden 5610 bis 5900 Mex$ fällig.

Horseback Mexico REITEN

(☎Handy 951-1997026; www.horsebackmexico.com; Murguía 403; ⏰So–Fr 11–18 Uhr) Der erfahrene, passionierte Anbieter unter kanadisch-amerikanischer Leitung veranstaltet verschiedene Ausflüge hoch zu Ross in allen Schwierigkeitsgraden. Zweistündige Ausritte auf Arabern oder mexikanischen Criollo-Pferden in den örtlichen Tälern und Hügeln kosten pro Person 850 Mex$ inklusive Hin- und Rücktransport ab bzw. nach Oaxaca de Juárez.

Weitere Optionen sind die Halbtagestour „Ride, Cook & Eat", Ausritte mit Übernachtung, einwöchige Reitferien, z. B. in der hauseigenen Ranch Rojas de Cuauhtémoc 15 km östlich der Stadt mit komfortablen Gästezimmern, und Wanderritte durch die Dörfer der malerischen Sierra Norte.

Centro de Esperanza Infantil FREIWILLIGENARBEIT

(☎951-501-10-69; www.oaxacastreetchildrengrassroots.org; Crespo 308; ⏰Mo–Fr 9–17, Sa bis 14 Uhr) Das politisch neutrale, nicht religiöse Zentrum fördert und unterstützt rund 600 Kinder aus armen Familien, die ohne Hilfe keinen Zugang zu Bildung hätten. Spenden, Sponsoren und Besucher sind willkommen, zudem kann man ehrenamtlich beim Unterrichten (insbesondere Mathe, Spanisch und Englisch), in der Verwaltung oder bei Kinderprojekten helfen. Selbst halbtägige Engagements sind hilfreich.

Spanischkenntnisse sind für ehrenamtliche Helfer von Vorteil, jedoch keine Grundvoraussetzung. Dabei sind Workshops, z. B. in Kunst, Kunsthandwerk oder Fotografie besonders willkommen. Rund zehn Kinder, die hier gefördert wurden, machen später pro Jahr einen Universitätsabschluss.

Oaxaca Lending Library BIBLIOTHEK

(☎951-518-70-77; http://oaxlibrary.org; Pino Suárez 519; ⏰Mo–Fr 10–14 & 16–19, Sa 10–13 Uhr) Die Bibliothek ist Treffpunkt ausländischer Ortsansässiger und Sprachschüler und umfasst eine beträchtliche Sammlung von Büchern und Magazinen über Oaxaca und Mexiko auf Englisch und Spanisch. Mitglieder (1/2 Monate 180/250 Mex$) können Bücher und DVDs ausleihen. Englisch-spanische *intercambio*-(Sprachaustausch-)Treffen finden samstagmorgens statt, über ähnliche Veranstaltungen und Möglichkeiten der Freiwilligenarbeit informiert das voll behängte Schwarze Brett.

Kurse

In Oaxaca de Juárez nehmen viele Traveller sehr gern an Koch- oder auch Spanischkursen teil.

Sprachkurse

In Oaxaca bieten diverse renommierte Schulen Kurse für Kleingruppen verschiedener Leistungsstufen an und stellen größtenteils die aktive Kommunikation in den Mittelpunkt. Bei den meisten kann man immer montags einsteigen, bei manchen auch an jedem anderen Tag. Auf Wunsch gibt's fast überall auch Einzelunterricht, Freiwilligenjobs und Zusatzoptionen. Unter Letzteren sind Koch- oder Tanzkurse, Exkursionen und *intercambios*. Die folgenden Schulen zählen zu den renommiertesten und empfehlenswertesten. Achtung: Eventuell fallen Extrakosten für Anmeldung bzw. Einschreibung, Lehrbücher und Unterrichtsmaterialien an!

Die Schulen bringen einen bei einheimischen Familien (EZ inkl. 1/2/3 Mahlzeiten pro Tag ca. 18/23/26 US$), in Hotels, in

ZEITGENÖSSISCHE KUNST IN OAXACA

Von Mexikos Kunstzentren mag Mexico City die meisten und angesagtesten Galerien und Monterrey die eindrucksvollsten Inszenierungen bieten, doch nur in Oaxaca gibt es solch eine gut zugängliche Dichte von Talent, Innovation und Museen auf kleinem Raum.

Freude an Farbe und Licht, eine traumartige Atmosphäre und Bezüge zur indigenen Mythologie sind schon lange prägende Elemente hiesiger Kunst. Zwei Künstler legten den Grundstein für die heutige Schaffensblüte: der große Wandmaler Rufino Tamayo (1899–1991) und Francisco Gutiérrez (1906–45), der von Europa beeinflusst war.

Drei Künstler führten die nächste Generation an: Das farbenfrohe Werk von Rodolfo Morales (1925–2001) aus Ocotlán ist in der Mythologie verwurzelt und von Engelsgestalten geprägt. Rodolfo Nieto (1936–1985) versah seine Bilder mit Fantasiewesen. Francisco Toledo (geb. 1940) aus Juchitán arbeitet mit Medien und legt den Fokus auf Groteskes.

In den 1970er-Jahren organisierte Tamayo Workshops für junge Künstler, die Talente wie Abelardo López, Ariel Mendoza und Alejandro Santiago förderten. Deren Werke sind sehr unterschiedlich, lassen jedoch größtenteils indigene Wurzeln und eine traumartige Komponente erkennen. Mehr oder weniger zeitgenössisch gibt sich Sergio Hernández, dessen grenzenlose Vorstellungskraft das Gegenständliche mit Abstraktem und Fantastischem verschmelzen lässt. Künstler, die um die Jahrtausendwende auf der Bühne erschienen, wie Demián Flores und Soid Pastrana, wenden sich oft von den Darstellungsformen und folkloristischen Elementen früherer oaxacanischer Kunst ab und konzentrieren sich auf Postmodernismus, Videos und grafische Kompositionen voller Symbolik. Politische und gesellschaftliche Proteste in Oaxaca 2006 gingen mit einer florierenden Straßenkunstszene einher; die Werke sind z. T. noch immer zu bewundern.

Die besten Galerien & Museen

Museo de Arte Contemporáneo de Oaxaca (MACO; ☎951-514-22-28; www.museomaco.com; Alcalá 202; Eintritt 20 Mex$, So frei; ⏲Mi–Mo 10.30–20 Uhr) Erstklassige zeitgenössische Kunst aus Mexiko und aller Welt in einem wunderschön restaurierten Kolonialhaus.

Museo de los Pintores Oaxaqueños (Museum der Maler Oaxacas, MUPO; ☎951-516-56-45; http://museodelospintores.blogspot.co.uk; Independencia 607; Eintritt 20 Mex$, So frei; ⏲Di–Sa 10–20, So 10–18 Uhr) Wechselnde Ausstellungen von Künstlern aus Oaxaca und anderswo; oft handelt es sich um provokative zeitgenössische Kunst.

Cuarto Contemporáneo (cuartocontemporaneo.plaztika.com; Interior 3, Plaza Santo Domingo, Alcalá 407; ⏲Mo–Sa 12–20, So bis 19 Uhr) GRATIS Innovative Galerie mit Installationen, Performance-Kunst oder experimenteller Medienkunst von jungen Künstlern. Engagiert sich mit dem in Oaxacas Umland umherfahrenden „Kunstbus" für arme Gemeinden.

Galería Alejandro Santiago (Juárez 500; ⏲Mo–Sa 11–19.30 Uhr) GRATIS Die Galerie ist Alejandro Santiago (1965–2013) gewidmet, der das meistgefeierte Werk jüngster oaxacanischer Kunst erschuf: Seine Installation *2501 Migrantes* aus 2501 Lehmfiguren steht für all die Wirtschaftsmigranten seines Heimatdorfs Teococuilco im Hochland Oaxacas.

Arte de Oaxaca (☎951-514-15-32; www.artedeoaxaca.com; Murguía 105; ⏲Mo–Sa 11–15 & 17–20 Uhr) GRATIS Kommerzielle Galerie mit großem, hochwertigem Angebot; ein Raum ist Rodolfo Morales gewidmet.

Centro Fotográfico Álvarez Bravo (☎951-516-98-00; www.cfmab.blogspot.com; Bravo 116; ⏲Mi–Mo 9.30–20 Uhr) GRATIS Die zeitgenössische Galerie mit Hang zu provokanter Gesellschaftskritik stellt erstklassige Werke internationaler Fotografen aus.

Galería Quetzalli (☎951-514-26-06; Constitución 104; ⏲Mo–Sa 10–14 & 17–20 Uhr) GRATIS Die führende kommerzielle Galerie hat einige große Namen im Programm, darunter Francisco Toledo und Sergio Hernández.

Instituto de Artes Gráficas de Oaxaca (Institut für Grafische Kunst aus Oaxaca, IAGO; ☎951-516-69-80; www.institutodeartesgraficasdeoaxaca.blogspot.com; Alcalá 507; ⏲Mo–Sa 9.30–20 Uhr) GRATIS Bietet wechselnde Ausstellungen von Kunstgrafiken und eine hervorragende Kunstbibliothek.

Apartments und in einigen Fällen in eigenen Schülerherbergen unter.

Becari Language School SPRACHKURS

(15/20/30 Std. pro Woche 150/200/300 US$) Bravo (951-514-60-76; www.becari.com.mx; Bravo 210); Tonatzin (951-516-46-34; http://becariqr.com; Quintana Roo 209) Die sehr renommierte, mittelgroße Schule verfügt über zwei separate Filialen. Schüler können bei beiden oder nur bei einer Unterricht nehmen. Die Teilnehmerzahl ist auf fünf Personen begrenzt, zudem gibt's Extrakurse in Salsa, Webtechniken, Kochen, medizinischem Spanisch, der Zapoteken-Sprache sowie in Spanisch für freiwillige Helfer und Kinder. Die Schule in Tonatzin hat ein eigenes *temascal*.

Amigos del Sol SPRACHKURS

(951-133-60-52, Handy 951-1968039; www.oaxacanews.com/amigosdelsol.htm; Calzada San Felipe del Agua 322; 15/20/25 Std. pro Woche 158/200/238 US$) Urlauber schätzen diese professionelle Schule mit gutem Preis-Leistungs-Verhältnis, maximal dreiköpfigen Unterrichtsgruppen und flexiblem Stundenplan. Einsteigen kann man an jedem Werktag, in der Regel sofort. Die Schule ist per E-Mail oder telefonisch zwischen 8 und 9.30 sowie zwischen 12.30 und 13.30 sowie ab 20 Uhr zu erreichen. Eine Mindestkursdauer oder Anmeldegebühren gibt's nicht.

Die Schule liegt in einem Wohngebiet im Norden der Stadt. Teilnehmer werden gratis mit dem Auto abgeholt; Treffpunkt: Pino Suárez 802 gegenüber dem Parque Juárez (El Llano).

Instituto Cultural Oaxaca SPRACHKURS

(ICO; 951-515-34-04; www.icomexico.com; Juárez 909; 15/20/32 Std. pro Woche 140/157/178 US$) Die größere, alteingesessene Schule punktet mit Professionalität und einem großen Garten, in dem ein Teil des Unterrichts stattfindet. Das Programm von 32 Wochenstunden beinhaltet kulturelle Workshops (8 Std.; u.a. Tanz, Kochen, Kunst, Handwerk und mehr) und *intercambio* (4 Std.). Die Mindestkursdauer von einer Woche lässt sich beliebig erweitern; die meisten Schüler buchen vier Wochen.

Oaxaca International SPRACHKURS

(951-503-42-28; www.oaxacainternational.com; Morelos 1107; 10/15/20/30 Std. pro Woche 80/120/160/240 US$) Die Schule beschränkt die Gruppengröße auf vier Schüler und bietet auch Spezialprogramme für Berufstätige verschiedener Bereiche an. Die Kursgebühr beinhaltet jeweils zwei kulturelle Ausflüge pro Woche

Ollin Tlahtoalli SPRACHKURS

(951-514-55-62; www.ollinoaxaca.org.mx; Ocampo 710; 15/20 Std. pro Woche 120/140 US$) Die Schule zeichnet sich durch pragmatischen Sprachunterricht und gute Möglichkeiten zur Freiwilligenarbeit in Förderprogrammen für indigene Gemeinschaften wie Kunstworkshops, Filmprojekte und Englischkurse aus. Interessierte können per E-Mail ihre Wünsche äußern. Wer sich ehrenamtlich engagieren möchte, muss sich für mindestens drei Wochen verpflichten.

Oaxaca Spanish Magic SPRACHKURS

(951-516-73-16; www.oaxacaspanishmagic.com; Berriozábal 200; 15/20 Std. pro Woche 120/140 US$) Die kleine, günstige Schule punktet mit Freundlichkeit, Effektivität und jeder Menge Lernspaß.

Kochkurse

Oaxacas pikante Eigenvariante der mexikanischen Küche basiert auf den berühmten sieben *moles* (Saucen auf der Basis von Nüssen, Chilis und Gewürzen), vorkolonialen Küchentraditionen und unvergesslichen Aromakombinationen. Einige erfahrene Köche teilen ihre Geheimnisse regelmäßig mit Besuchern. Die folgenden empfehlenswerten Kurse werden (bei Bedarf) auf Englisch gehalten. Sie beinhalten normalerweise den Zutatenkauf auf dem Markt und einen guten Mezcal zum Essen.

La Casa de los Sabores KOCHKURS

(951-516-66-68; www.casadelossabores.com; La Olla, Reforma 402; 75 US$/Pers.) Pilar Cabrera, die Eigentümerin des La Olla (S. 468), bietet fast jeden Mittwoch- und Freitagmorgen Kurse. Die Teilnehmer (min. 4, max. 10 Pers.) kochen und essen eines von 16 mexikanischen oder oaxacanischen Mittagsmenüs. Für Anfragen und Reservierungen ist das La Olla zuständig; hier treffen sich zudem um 9.30 Uhr die Schüler und werden gegen 14.30 Uhr nach einem Marktbesuch, dem Unterricht und dem Mittagessen wieder zurückgebracht. Der Kurs findet in einem Haus in Colonia Reforma nördlich des Zentrums statt.

Alma de Mi Tierra KOCHKURS

(951-513-92-11; www.almademitierra.net; Aldama 205, Barrio Jalatlaco; 75 US$/Pers.) Nora Valencia entstammt einer Familie von berühmten Köchen aus Oaxaca. In ihrem Wohnhaus im idyllischen Barrio Jalatlaco hält sie fünfstündige Kurse für vier bis zehn Teilnehmer ab. Die Anmeldung muss spätestens 48 Stunden im Voraus erfolgen.

Seasons of My Heart KOCHKURS
(☎ Handy 951-5080469; www.seasonsofmyheart.com; Gruppentageskurs inkl. Shuttle 85 US$/Pers., längere Kurse & Touren ab 1500 US$) Die bekannte Kochschule auf einer Ranch nahe San Lorenzo Cacaotepec im Valle de Etla wird von Susana Trilling, Kochbuchautorin und Expertin für Oaxacas Küche, betrieben. Zur Auswahl stehen halb- und ganztägige Gruppenkurse (meist Mi), ganze Unterrichtswochen und kulinarische Touren durch den Bundesstaat Oaxaca und andere Regionen Mexikos.

Casa Crespo KOCHKURS
(☎ 951-516-09-18; www.casacrespo.com; Allende 107; 65 US$/Pers.) Der liebenswerte Óscar Carrizosa gibt täglich um 10 Uhr außer montags in seinem Restaurant nahe dem Templo de Santo Domingo vierstündige Kurse in oaxacanischer Küche. Eine Mindestteilnehmerzahl existiert nicht.

Geführte Touren

Geführte Touren können Travellern Stress ersparen, Spaß machen und den Wissenshorizont in besonderem Maß erweitern. Typische Tagesausflüge in kleinen Gruppen nach El Tule, Teotitlán del Valle, Mitla, Hierve El Agua und zu einer Mezcal-Fabrik kosten 180 bis 300 Mex$ pro Nase, Touren nach Monte Albán 140 bis 180 Mex$. Eintrittsgebühren und Verpflegung sind meist nicht inbegriffen. Touren können über viele Unterkünfte oder direkt über Agenturen wie den günstigeren Veranstalter **Descubre Oaxaca** (☎ 951-514-58-06; www.descubreoaxaca.com; Independencia 709; ⊙ 8.30–20.30 Uhr) oder den teureren Anbieter **Turismo El Convento** (☎ 951-516-18-06; www.oaxacatours.mx; Quinta Real, 5 de Mayo 300; ⊙ Mo–Sa 8.30–19, So 9–14 Uhr) gebucht werden.

Fundación En Vía DORFLEBEN
(☎ 951-515-24-24; www.envia.org; Instituto Cultural Oaxaca, Juárez 909; Tour 50 US$/Pers.; ⊙ Touren Do 13 & Sa 9 Uhr) Die gemeinnützige Organisation En Vía beschäftigt größtenteils ehrenamtlich Tätige und vergibt zinsfreie Kleinkredite an Gruppen von Frauen in mehreren Dörfern außerhalb von Oaxaca, um diese bei der Gründung von Kleinbetrieben zu unterstützen. Das Programm finanziert sich durch En Vías einzigartige sechsstündige Touren, bei denen Teilnehmer die Frauen in ihren Wohnhäusern besuchen, dort zu Mittag essen und etwas über lokales Kunsthandwerk und die Wirtschaftsstruktur des Dorfes erfahren.

Traditions Mexico KULTUR, KUNSTHANDWERK
(www.traditionsmexico.com) Eric Mindling bereist seit über 20 Jahren unermüdlich Südmexiko und veranstaltet Touren mit unvergleichlichen Einblicken in Oaxacas Handwerk, Feste, Geschichte und Kultur. Die Ausflüge führen weitab der Touristenpfade in wenig besuchte Ecken des Bundesstaats und legen den Schwerpunkt auf den Kontakt zu Kunsthandwerkern und Einblicke in das dörfliche Leben.

Individuelle Tagesausflüge für bis zu vier Teilnehmer gibt's ab 300 US$. Touren zu festen Terminen mit sechs bis acht Übernachtungen schlagen mit 1600 bis 1900 US$ pro Person zu Buche.

Feste & Events

In Oaxaca werden alle großen Nationalfeste gefeiert, parallel scheinen in der Stadt fast wöchentlich lokale Feierlichkeiten stattzufinden. Das größte und spektakulärste Fest des Bundestaats ist die Guelaguetza (s. Kasten, S. 463).

Día de los Muertos TRADITIONELL
Oaxacas Feierlichkeiten anlässlich des „Tages der Toten" gehören zu den dynamischsten des Landes. So gehen Konzerte, Ausstellungen und andere spezielle Veranstaltungen dem eigentlichen Fest voraus. Wohnhäuser, Friedhöfe und einige öffentliche Gebäude werden mit wunderschön gestalteten *altares de muertos* (Totenaltären) dekoriert, die Straßen und Plazas zieren *tapetes de arena* (bunte Sandmuster- und skulpturen), und *comparsas* (satirisch angehauchte Kostümgruppen) ziehen durch die Straßen.

Auf Oaxacas Hauptfriedhof, dem Panteón General 1 km östlich des Zentrums, finden an den Abenden des 31. Oktober und des 1. November Konzerte statt. Zudem organisieren viele Dörfer spezielle Veranstaltungen, die sich mithilfe mancher Unterkünfte und Agenturen auch als Außenstehender besuchen lassen. Besonders schön ist die Friedhofswache mit Kerzenlicht in der Nacht vom 31. Oktober auf den 1. November in Santa Cruz Xoxocotlán, ein paar Kilometer südlich der Stadt.

GROSSE & KLEINE GUELAGUETZAS

Guelaguetza ist Oaxacas prächtiges Folkloretanzfest, das an den ersten beiden Montagen nach dem 16. Juli im großen, halboffenen Auditorio Guelaguetza auf dem Cerro del Fortín stattfindet. Das Ganze wird nur auf den 25. Juli und 1. August verschoben, wenn der Todestag von Benito Juárez (18. Juli) auf einen Montag fällt. An beiden Veranstaltungstagen treten um 10 und 17 Uhr prachtvoll kostümierte Tänzer aus den sieben Regionen des Bundesstaats auf: Etwa drei Stunden lang geben sie eine Reihe von stolzen, lebhaften und komischen traditionellen Tänzen zum Besten und werfen am Ende Erzeugnisse aus ihrer Heimatregion ins Publikum. Die Highlights sind dabei der unglaublich farbenprächtige Ananastanz von Papaloapans Frauen und die erhabene Danza de las Plumas (zapotekischer Federtanz), die die spanische Eroberung symbolisch nachspielt. Das Amphitheater fasst rund 11 000 Zuschauer. Tickets für die vorderen Reihe (A und B, insgesamt ca. 3500) jeder Show verkaufen die staatliche Tourismusbehörde Sectur (S. 474) und www.ticketmaster.com.mx für 800 bis 1000 Mex$ etwa zwei Monate im Voraus. Alle übrigen Plätze (Kategorien C und D) sind kostenlos und können nicht reserviert werden.

Zur Guelaguetza-Zeit locken noch viele weitere bunte Feste die Besucher zu Tausenden nach Oaxaca de Juárez (jedoch auch Taschendiebe – also Vorsicht!), z. B. die ausgelassenen Umzüge auf der Calle Alcalá am Samstagnachmittag.

In umliegenden Städten und Dörfern wie Zaachila, Cuilapan, Tlacolula, Atzompa, Tlacochahuaya, Mitla und San Agustín Etla finden meist am selben Tag kleinere Guelaguetzas statt. Oftmals sind sie eine erfrischende Alternative zu dem stark kommerzialisierten Trubel in Oaxaca de Juárez.

Die Guelaguetza geht auf die Verschmelzung indigener Riten und christlicher Feierlichkeiten zu Ehren der Virgen del Carmen in der Kolonialzeit zurück. In ihrer heutigen Form gibt es die Tradition seit 1932.

Oaxaca FilmFest FILM
(http://oaxacafilmfest.mx) Das tolle Festival zeigt eine Woche lang Independent-Filme aus der ganzen Welt an verschiedenen Orten in der Stadt. Alle Vorführungen sind kostenlos und werden in der Originalsprache mit Untertiteln auf Spanisch, Englisch oder in beiden Sprachen gezeigt. Das Datum variiert – 2014 findet es Anfang Oktober statt.

Noche de los Rábanos TRADITIONELL
Am 23. Dezember („Nacht der Rettiche") sind auf dem *zócalo* Schnitzfiguren aus speziell gezüchteten Riesenrettichen zu bewundern.

Schlafen

Das hiesige Unterkunftsangebot reicht von spottbilligen Hostels bis hin zu Luxushotels in historischen Gebäuden aus der Kolonialzeit. Hinzu kommen viele charmante Mittelklassehotels und B&Bs. Vor allem Mittel- und Spitzenklasseoptionen erhöhen ihre Preise zu vier Spitzenzeiten: Semana Santa, Guelaguetza, Día de Muertos und Weihnachten bis Neujahr.

Azul Cielo HOSTEL $
(☎951-205-35-64; http://azulcielohostel.mex.tl; Arteaga 608; B/DZ inkl. Frühstück 130/460 Mex$; @ 📶) Das hübsche Hostel ist um einen sonnigen, grasbewachsenen Garten herumgebaut und versprüht die gemütliche Atmosphäre eines Wohnhauses. An einem Ende liegen ein halboffener Lounge-Bereich, zwei Schlafsäle und eine saubere, moderne Küche, am anderen sechs farbenfroh gestaltete Privatzimmer mit Wandmalereien, guten Ventilatoren und Holzmöbeln. Weitere Pluspunkte gibt's für den kostenlosen Radverleih (2 Std. am Tag) und das warme Frühstück.

Casa Ángel HOSTEL $
(☎951-514-22-24; www.casaangelhostel.com; Tinoco y Palacios 610; B 150–170 Mex$, EZ/DZ 500/600 Mex$, ohne Bad 300/400 Mex$, jeweils inkl. Frühstück; ❄@📶) Das exzellente, makellos saubere Hostel steht unter der Leitung eines freundlichen, hilfsbereiten, jungen Teams. Die Zimmer sind durchdacht gestaltet, und die hellen Gemeinschaftsbereiche umfassen eine gute Küche, einen Plasmafernseher mit Netflix und eine tolle Dachterrasse, auf der sonntags ein Barbecue stattfindet.

Vier der fünf attraktiven Privatzimmer mit eigenen Bädern haben eigene kleine Terrassen, und die Schlafsäle, von denen die meisten für drei oder vier Personen ausgelegt sind, verfügen über gute, solide Stockbetten mit Leselampen.

Hostal Casa del Sol HOSTEL $
(951-514-41-10; www.hostalcasadelsol.com.mx; Constitución 301; B/DZ/3BZ inkl. Frühstück 160/450/550 Mex$;) Das gut geführte, freundliche Budgethotel ist gleichzeitig ein Hostel und hat ein außergewöhnlich gutes Preis-Leistungs-Verhältnis. Der geräumige Schlafsaal für acht Personen liegt an einem grünen Innenhof. Dasselbe gilt für die fünf großen, sauberen und attraktiven Gästezimmer mit Kunsthandwerksdeko. Die (Stock-) Betten sind stabil und komfortabel, die Bäder sauber. Die Gästeküche steht von 8.30 bis 18 Uhr zur Verfügung.

Hostal Pochón HOSTEL $
(951-516-13-22; http://pochonhostal.wix.com/hostalpochonofficial; Callejón del Carmen 102; B 135–140 Mex$, DZ ohne Bad 325–370 Mex$, inkl. Frühstück; @) Das beliebte Pochón an einer ruhigen Straße verfügt über Schlafsäle für jeweils bis zu sechs Gäste (einer ist nur für Frauen) und vier Privatzimmer mit gemütlichen Betten. Es ist gepflegt, professionell geführt und bietet eine voll ausgestattete Küche, gute Gemeinschaftsbereiche und ein leckeres, im Preis inbegriffenes Frühstück. Zudem gehören hier kostenloses Trinkwasser, ein Fahrradverleih, Kochkurse und günstige Telefonate zum angebotenen Service.

Cielo Rojo Hostal HOSTEL $
(951-514-17-68; www.cielorojohostel.com; Xicoténcatl; B 140–160 Mex$, DZ 360 Mex$, inkl. Frühstück; @) Kostenlose zweistündige Stadtführungen, Themenausflüge zu untouristischen Zielen außerhalb der Stadt und gelegentliche Livemusik-Abende verleihen dem Cielo Rojo das gewisse Etwas. Drei der vier sauberen, recht geräumigen Schlafsäle verfügen über eigene Bäder, und es gibt einen ansprechenden, weiß gefliesten Patio im unteren Stockwerk. Das Hostel unterstützt soziale Projekte und wird auf umweltfreundliche Art geführt.

★ **Hotel Las Golondrinas** HOTEL $$
(951-514-32-98; www.hotellasgolondrinas.com.mx; Tinoco y Palacios 411; EZ 600 Mex$, DZ 650–730 Mex$; @) Das reizende Hotel unter der charmanten Leitung freundlicher Besitzer und Mitarbeiter verfügt über rund 30 Zimmer, die um drei schöne, schattige Patios herum angeordnet sind. Sie sind geschmackvoll eingerichtet und makellos sauber, zudem wird in einem der Innenhöfe leckeres Frühstück (Gerichte 35–70 Mex$) serviert. Das Las Golondrinas punktet mit sehr gutem Management und Preis-Leistungs-Verhältnis.

★ **El Diablo y la Sandía** B&B $$
(951-514-40-95; http://eldiabloylasandia.com; Libres 205; EZ 800–900 Mex$, DZ 900–1200 Mex$, inkl. Frühstück;) Das B&B mit einladender Atmosphäre ist genauso wunderlich-sympathisch, wie es der Name („Der Teufel und die Wassermelone") vermuten lässt. Jeden Morgen wird in der großen Küche ein leckeres Frühstück nach Oaxaca-Art zubereitet, und die fünf sehr sauberen Zimmer verfügen über bequeme Betten und hübsche, originelle oaxacanische *artesanías* (Kunsthandwerkarbeiten). Vier davon sind um einen lichtdurchfluteten Hof angeordnet, die fünfte liegt neben der Dachterrasse.

Im gemütlichen Aufenthaltsraum gibt's Getränke und Snacks, und Gäste können nach dem Frühstück die Küche benutzen.

Hotel Azucenas HOTEL $$
(951-514-79-18, 800-717-25-40, in den USA & Kanada 800-882-6089; www.hotelazucenas.com; Aranda 203; EZ/DZ 725/775 Mex$; @) Das kleine, freundliche, sehr gut geführte Hotel unter kanadischer Leitung ist in einem wunderschön restaurierten, 100 Jahre alten Haus untergebracht. Die zehn hübschen, kühlen, gefliesten Zimmer haben große Bäder, und auf der charmanten Dachterrasse wird ein kontinentales Frühstücksbuffet (50 Mex$) aufgefahren. In der Hauptsaison gilt manchmal eine Mindestaufenthaltsdauer von drei Nächten. Kinder unter sechs Jahren sind nicht willkommen.

Posada Don Mario PENSION $$
(951-514-20-12; www.posadadonmario.com; Cosijopí 219; EZ/DZ 450/550 Mex$, ohne Bad 320/450 Mex$, inkl. Frühstück; @) Niedlich, fröhlich und freundlich: Die Pension mit Innenhof und traulichem Flair bietet ein sehr gutes Preis-Leistungs-Verhältnis. Die charmanten, hell gestalteten Zimmer sind gepflegt, die fünf auf der Dachterrasse sind besonders ansprechend. Zum besucherfreundlichen Angebot gehört die Buchung von Kochkursen, Touren und Transportmitteln zur Küste.

Hostel Don Nino HOSTEL $$
(951-518-59-85; www.hosteldonnino.com; Pino Suárez 804; B 150–180 Mex$, EZ 500–700 Mex$, DZ 600–800 Mex$, jeweils inkl. Frühstück; @) Das freundliche Don Nino ist teils Hostel, teils Hotel, und bietet moderne, sehr saube-

re Anlagen (geräumige Aufenthaltsbereiche mit Ledersofas, Kabelfernsehen auf Plasmabildschirmen, hochwertige Matratzen und Bettlaken, eine ansprechende Küche, viele gute, saubere Bäder). Die kostenlosen Extras wie WLAN, gefiltertes Wasser, Internetterminals, Shampoo, Fön und Schließfächer machen es am Preis gemessen zu einer der besten Unterkünfte Oaxacas.

Es gibt nach Geschlechtern getrennte und „gemischte" Schlafsäle, die recht geräumig und mit soliden Holzstockbetten und Leselampen ausgestattet sind, zudem gehört zur Anlage eine hauseigene **Restaurant-Bar** (Hauptgerichte 50–100 Mex$; 8–18 Uhr).

Hotel Casa del Sótano HOTEL **$$**
(951-516-24-94; www.facebook.com/hotelcasadelsotano; Tinoco y Palacios 404; EZ/DZ/3BZ/4BZ/Suite 700/850/950/1050/1300 Mex$;) Das elegante Hotel mit exzellentem Preis-Leistungs-Verhältnis gewährt von seiner Terrasse eindrucksvolle Ausblicke auf die Dächer und Kirchtürme der Stadt. Die hübschen, sehr sauberen Zimmer verfügen über gute Betten, Möbel im traditionellen Stil und ein wenig alte Kunst.

Hotel Casa Arnel HOTEL **$$**
(951-515-28-56; www.casaarnel.com.mx; Aldama 404, Barrio Jalatlaco; EZ 40–65 US$, DZ 45–75 US$;) Das familiengeführte Budgethotel ist schon lange eine beliebte Adresse und liegt einen fünfminütigen Fußmarsch vom 1.-Klasse-Busbahnhof entfernt. Die sauberen, recht kleinen, gepflegten Zimmer in hübschen Farbtönen sind um einen großen, grünen Hof angeordnet, und von der Terrasse im oberen Stock hat man tolle Ausblicke.

Es gibt ein gutes Service-Angebot für Besucher, und das helle, kleine **Cafe El Ágora** (Gerichte 25–75 Mex$; 7–22 Uhr) nebenan unter derselben Leitung serviert eine leckere Auswahl von Frühstück, leichten Gerichten, Tee und Kaffee.

Hotel Dainzú HOTEL **$$**
(951-516-18-21; www.hoteldainzuoaxaca.com; Hidalgo 1013; EZ/DZ inkl. Frühstück 515/645 Mex$;) Charmantes, kleines Hotel in der Innenstadt mit sehr sauberen, mittelgroßen Zimmern samt schmiedeeisernen Betten und einem hübschem Innenhof mit Springbrunnen.

Casa de la Tía Tere HOTEL **$$**
(951-501-18-45; www.casadelatiatere.com; Murguía 612; EZ 770–890 Mex$, DZ 890–1670 Mex$, Bungalow 1300–2100 Mex$, jeweils inkl. Frühstück;) Eine der wenigen Mittelklasseoptionen mit Pool. Die 20 Zimmer sind groß, meist hell und mit guten Duschen ausgestattet. Die drei Bungalows rund um das gepflegte Schwimmbecken haben eigene Küchen, einer davon verfügt zudem über zwei Schlafzimmer sowie Wohn- und Essbereich. Zur Ausstattung gehören darüber hinaus eine große, saubere Küche, ein Essraum und kostenloser Kaffee.

Casa Adobe B&B **$$**
(951-517-72-68; www.casaadobe-bandb.com; Independencia 11, Tlalixtac de Cabrera; EZ/DZ inkl. Frühstück 49/59 US$, Apt. 50–55 US$;) 8 km östlich der Stadt an einer ruhigen Gasse im Dorf Tlalixtac de Cabrera liegt diese charmante, ländliche Unterkunft voller hübscher Kunst und Kunsthandwerk. Sie ist eine gute Basis für Ausflüge nach Oaxaca und ins Umland. Die drei Zimmer sind um einen grünen, kleinen Innenhof angeordnet, in dem Frühstück serviert wird, zudem gibt's eine hübsche Dachterrasse und einen gemütlichen Aufenthaltsraum.

Die Besitzer holen Gäste nach der Ankunft in Oaxaca ab, bieten am ersten Tag eine kostenlose Fahrt in die Stadt (mit dem Taxi kostet die Strecke 80, mit dem *taxi colectivo* 10 Mex$) und informieren gern über gute Restaurants in der Nähe der Unterkunft. Es gilt eine Mindestaufenthaltsdauer von zwei Tagen.

Parador San Andrés HOTEL **$$**
(051-514-10-11; www.hotelesdeoaxaca.com/hotelParadorSanAndres.html; Hidalgo 405; EZ/DZ 500/550 Mex$;) Das freundliche, kleine Hotel nur zweieinhalb Blocks vom *zócalo* entfernt beherbergt hübsche, saubere, recht geräumige Zimmer mit fröhlicher Bettwäsche. Alle sechs Unterkünfte sind mit zwei Doppelbetten ausgestattet, und es gibt einen charmanten, kleinen Patio auf dem Dach.

Learning Center B&B **$$**
(Centro de Aprendizaje; 951-515-01-22; www.tolc.org.mx; Murguía 703; EZ/DZ inkl. Frühstück 35/45 US$, Apt. 60 US$;) Das erfolgreiche, kostenlose gemeinnützige Förderzentrum hilft jungen Einheimischen und Dorfbewohnern, sich weiterzubilden oder einen Beruf zu finden. Die laufenden Kosten werden u.a. mit den Einnahmen aus den zwei charmanten Gästezimmern und dem attraktiven Apartment finanziert. Alle Quartiere weisen Ventilatoren, gute Bäder und WLAN auf. Bei Aufenthalten ab einem Monat gibt's beträchtliche Rabatte.

La Villada Inn HOSTEL $$

(☎951-518-62-17; www.lavillada.com; Felipe Ángeles 204, Ejido Guadalupe Victoria; B 13 US$, EZ/DZ/3BZ/4BZ 28/38/45/56 US$, EZ/3BZ ohne Bad 18/42 US$;) Das Hostel liegt zwar am äußeren nördlichen Stadtrand, punktet jedoch mit guter Ausstattung, hilfsbereitem, englischsprachigem Personal und geräumigen Anlagen. Die Zimmer sind mit guten Holzmöbeln ausgestattet und größtenteils aus Lehm gebaut, Ventilatoren oder Moskitonetze gibt es allerdings nicht. Die Besitzer schicken ein Taxi zum Busbahnhof, wenn man nach der Ankunft anruft, zudem informieren sie gern über Busverbindungen ins Zentrum.

Eine Gästeküche sucht man vergeblich, dafür gibt es ein **Restaurant** (35–65 Mex$; 8–19 Uhr), dessen Personal Frühstück und leichte Gerichte serviert, einen exzellenten Pool, eine Bar, einen hübschen Yogaraum und ein *temascal* (350 Mex$/Pers.) für Entspannungsbedürftige.

★ **Casa Oaxaca** BOUTIQUEHOTEL $$$

(☎951-514-41-73; www.casaoaxaca.com.mx; García Vigil 407; EZ 2150 Mex$, DZ 2850–3890 Mex$, inkl. Frühstück;) Die sieben großen Zimmer bzw. Suiten des umgebauten Hauses aus dem 18. Jh. sind mit Originalkunst und *artesanías* (Kunsthandwerk) wunderbar im zeitgenössischen Oaxaca-Stil dekoriert. Zudem gibt's hinten eine Terrasse mit reizvollem Pool und einen schmucken Haupthof voller Kunstausstellungen. Im kleinen Restaurant (Nicht-Gäste nur gegen Reservierung) veranstaltet der Küchenchef Mezcal-Verkostungen und Kochkurse. Kinder unter zwölf Jahren sind in der Casa Oaxaca nicht erwünscht.

Casa de las Bugambilias B&B $$$

(☎951-516-11-65, in den USA & Kanada 866-829-6778; http://lasbugambilias.com; Reforma 402; EZ 70–115 US$, DZ 80–125 US$, inkl. Frühstück;) Das reizende Bugambilias beherbergt neun Zimmer, die eine kreative Mischung aus Antiquitäten sowie folkloristischer und zeitgenössischer Kunst schmückt. Manche verfügen über Klimaanlage und/oder Balkon, alle haben Ventilatoren. Das Zwei-Gänge-Gourmetfrühstück nach Oaxaca-Art ist köstlich.

Die Familie betreibt außerdem zwei kleinere, ähnlich attraktive B&Bs in der Nähe sowie das angrenzende Restaurant La Olla (S. 468) und die Kochschule Casa de los Sabores (S. 461).

La Casa de Mis Recuerdos B&B $$$

(☎951-515-56-45, in den USA & Kanada 877-234-4706; www.misrecuerdos.net; Pino Suárez 508; EZ 60–80 US$, DZ 90–100 US$, inkl. Frühstück;) Das einladende Gästehaus genügt höchsten ästhetischen Ansprüchen: Altmodische Fliesen, Spiegel, Masken, verschiedenes anderes mexikanisches Kunsthandwerk sowie traditionelle und moderne Kunst schmücken die Zimmer und Flure, die gemütlichen Betten zieren schmiedeeiserne Kopfteile. Die besten Unterkünfte haben Fenster zum duftenden zentralen Patio, und das oaxacanische Frühstück, das in einem hübschen Speisesaal serviert wird, ist ein Highlight. Es gilt eine Mindestaufenthaltsdauer von drei Nächten.

Die Besitzer betreiben zudem ein B&B zu ähnlichen Preisen in zwei hübschen, kleineren Häusern, die nicht viel weiter vom Zentrum entfernt liegen. Familienmitglied Nora Valencia veranstaltet in ihrer Schule Alma de Mi Tierra Kochkurse.

Hotel Azul BOUTIQUE HOTEL $$$

(☎951-501-00-16; www.hotelazuloaxaca.com; Abasolo 313; Zi. inkl. Frühstück 167–212 US$, Suite inkl. Frühstück 238–643 US$;) Den von Kakteen gesäumten Patio im hinteren Bereich des edlen, modernen Azul ziert ein von Francisco Toledo entworfener Springbrunnen, zudem schmücken die Suiten Arbeiten weiterer bekannter Maler und Bildhauer aus Oaxaca. Die sehr komfortablen Standardzimmer sind in minimalistischem Schwarz, Weiß und Rot gehalten und mit hochwertigen Extras versehen.

Das im Hof gelegene **Restaurant** (Hauptgerichte 96–258 Mex$) serviert eine Mischung aus traditionellen Oaxaca-Gerichten und Fusion-Küche, zudem gibt es eine hauseigene Galerie und eine Dachterrasse mit Abendbar.

Quinta Real Oaxaca HISTORISCHES HOTEL $$$

(☎951-501-61-00; www.quintareal.com/oaxaca; 5 de Mayo 300; Zi. ab 4175 Mex$;) Das Kloster aus dem 16. Jh. wurde in den 1970er-Jahren in ein ausgesprochen edles Hotel verwandelt. Die alte Kapelle ist inzwischen ein Bankettsaal, und einer der fünf hübschen Innenhöfe verfügt über einen Swimmingpool. Wunderschöne, dicke Steinmauern sorgen für angenehme Kühle, und die 91 Zimmer sind im geschmackvollen Kolonialstil gestaltet. Telefonisch oder online gibt's manchmal erheblich günstigere Spezialtarife.

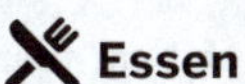

Essen

Oaxaca wartet mit einer der kreativsten und denkwürdigsten Gastroszenen Mexikos auf: Das Spektrum reicht von Nobelrestaurants mit französischer Fusion-Küche bis hin zu Straßenhändlern, die pikante *tamales* (gedämpfte gefüllte Maistaschen) verkaufen. Unbedingt probieren sollte man die *mole*-Saucen, die es in sieben Farben gibt und die zu allen möglichen Fleisch- und Gemüsegerichten gereicht werden. Sie machen allerdings nur einen kleinen Teil von Oaxacas Aromenspektrum aus. Zu den Spezialitäten gehören außerdem *tasajo* (weichgeklopfte Rindfleischscheiben), *tlayudas* (große, knusprige Tortillas mit verschiedenen Belägen und meist einem bisschen *asiento*, also Schweineschmalz – Vegetarier bestellen sie einfach ohne), *memelas* (dicke, kleinere Tortillas mit Käse, Bohnen, Chilisauce und mehr), *tostadas* (kleine, knusprige Mais-Tortillas mit verschiedenen Belägen), *quesillo* (faseriger Käse), *chapulines* (nicht erschrecken: Heuschrecken – meist mit Chilipulver und Knoblauch gebraten) und dampfend heiße Trinkschokolade, die oft mit Zimt verfeinert auf den Tisch kommt.

Café Los Cuiles CAFÉ $
(www.cuiles.com; Plazuela Labastida 115; Salate, Suppen & Snacks 35–75 Mex$; ⊙8–22 Uhr;) Die gute Frühstücksadresse überzeugt mit Mango-Lassis, Bio-Kaffee, leckeren leichten Mahlzeiten (u. a. Bio-Salate), einer praktischen zentralen Lage und geräumigen galerieähnlichen Räumlichkeiten mit Lounge-Flair.

Jaguar Yuú CAFÉ $
(Murguía 202; Frühstück & leichte Gerichte 40–65 Mex$; ⊙Mo–Sa 8–22, So 10–22 Uhr) Die Crêpes, Salate, Baguettes und verschiedenen Kaffee- und Teekreationen werden in einem loungeartigen Galeriebereich und an typischen Cafétischen serviert. Bei einer jungen, kunstinteressierten, hauptsächlich einheimischen Klientel beliebt.

Mercado Sánchez Pascuas OAXACANISCH $
(Ecke Porfirio Díaz & Callejón Hidalgo; Gerichte 13–22 Mex$; ⊙8–16 Uhr) Die großartige Markthalle versprüht tolles lokales Flair und hat *comedores* (Imbissstände) mit leckerem, bodenständigem Essen. Zu empfehlen sind die am westlichen Ende des Hauptgebäudes, wo Leckereien wie *tamales*, *memelas* oder *em-*

DIE HEILIGEN MOLES

Oaxacas bunte *moles* (Saucen auf Nuss-, Chili- und Gewürzbasis) sind *die* kulinarische Spezialität der Region schlechthin. Für Mexikaner ist das Fleisch, das dazu serviert wird, meist zweitrangig, entscheidend ist allein der Geschmack der *mole* selbst. Oaxacas berühmteste Variante namens *mole negro* zeichnet sich durch ein rauchig-pikantes Aroma mit einem Hauch von Schokolade aus. Ihre Zubereitung ist am kompliziertesten und verlangt die meisten Zutaten, aufgrund der großen Beliebtheit ist sie dennoch fast überall zu finden. Oaxaca-Besucher sollten aber auch die anderen Farbvarianten der *mole*-Familie kosten:

Mole amarillo Die pikante *mole* auf Basis von Tomatillos (kleine, tomatenartige Hülsenfrüchte) wird mit Kreuzkümmel, Nelken, Koriander sowie dem Kraut *hoja santa* gewürzt und oft zu Rindfleisch serviert.

Mole verde Die leckere Sauce wird mit Maismehl angedickt und meist zu Hühnchen gereicht; sie enthält Tomatillos, Kürbiskerne, die Kräuter *epazote* und *hoja santa* sowie verschiedene Nüsse wie Walnüsse und Mandeln.

Mole colorado Kräftige *mole* mit *ancho-*, *pasilla-* und *cascabel*-Chilis, schwarzem Pfeffer und Zimt.

Mole coloradito (auch: mole rojo) Sehr scharfe Tomatensauce, die auch der Mexikaner in der Heimat servieren könnte; wird in abgeschwächter Form als Enchilada-Sauce exportiert.

Mancha manteles Das intensive, leicht holzige Aroma des backsteinroten „Tischtuchbefleckers" passt besonders gut zu tropischen Früchten.

Chíchilo negro Zu den Hauptzutaten der seltenen *mole* zählen die Chilis *chilguacle negro*, *mulato* und *pasilla*, Avocadoblätter, die für einen leichten Anisgeschmack sorgen, Tomaten und Maismehl.

panadas an Theken direkt vor den Köchen serviert werden. Beim Bestellen kann man wunderbar die eigenen Spanischkenntnisse ausprobieren.

Cenaduría Tlayudas Libres OAXACANISCH $
(Libres 212; Tlayudas 30–50 Mex$; ⌚21–6 Uhr) Entlang des gesamten Blocks parken die Leute in zweiter Reihe, um abends an diesem legendären Straßenimbiss zu speisen. Die sättigenden, leckeren *tlayudas* sind groß, leicht und knusprig. Der halbe Spaß besteht darin, spätnachts den mütterlichen Köchinnen dabei zuzusehen, wie sie beim Anfeuern der Holzkohlegrills für kräftigen Funkenflug sorgen.

Mercado 20 de Noviembre MARKT $
(Ecke Flores Magón & Aldama; Gerichte 30–45 Mex$; ⌚7–22 Uhr) Auf diesem großen Markt verkaufen Dutzende *comedores* oaxacanische und mexikanische Spezialitäten wie *tlayudas, chiles rellenos* (gefüllte Chilis) und *moles*. Das Highlight ist allerdings die sehr beliebte Halle mit dem *carne asada* (Grillfleisch) an der Ostseite, die vom Duft von über Holzkohle geröstetem Fleisch erfüllt ist.

Ein halbes Kilo *tasajo* oder *cecina enchilada* (Schweinefleischscheiben im Chilimantel) für 35 Mex$ mit zwei Portionen gegrillten Zwiebeln für 12 Mex$ nebst Guacamole oder *nopal* (Streifen von der Kaktusfeige – natürlich ohne Stacheln) sollten für zwei Personen eigentlich mehr als ausreichen.

Itanoní Antojería y Tortillería OAXACANISCH $
(www.itanoni.com; Belisario Domínguez 513, Colonia Reforma; Hauptgerichte 45–70 Mex$; ⌚Mo–Sa 7–16, So 8–14 Uhr;) Das recht rustikale Lokal hat sich den einzigartigen Aromen mexikanischer Maissorten verschrieben und macht aus der Zubereitung von Tortillas und *antojitos* (leichte Gerichte auf Tortilla-Basis) eine echte Kunst. Zur Auswahl stehen viele Varianten vegetarischer *tetelas* (präkolumbische Tortilla-Wraps) und eine göttliche „spirituelle Eierspeise", für die ein Ei in *hoja santa*-Blätter gewickelt wird. Das Restaurant liegt rund 1 km nördlich des 1.-Klasse-Busbahnhofs.

Manantial Vegetariano VEGETARISCH $
(Tinoco y Palacios 303; Frühstück 45–50 Mex$, Hauptgerichte 40–75 Mex$; ⌚Mo–Sa 9–21 Uhr;) In einem farbenfroh dekorierten Innenhof kredenzt das Manantial gut zubereitete vegetarische Versionen mexikanischer Klassiker wie Enchiladas und *chiles rellenos* sowie frische Salate, Crêpes und ein paar Fleischgerichte. Täglich gibt's ein Mittagsmenü für 85 Mex$.

El Trompo TAQUERÍA $
(Porfirio Díaz 211; Snacks 8–26 Mex$; ⌚16–4 Uhr) Das bescheidene Lokal ist die perfekte Adresse bei nächtlichen Hungerattacken, dafür sorgen sättigende *antojitos* wie Tacos, Quesadillas, *sincronizadas* (Käse und Schinken zwischen zwei Tortillas) und *gringas* (Quesadillas mit Käse und Schweinefleisch).

★**La Biznaga** OAXACANISCH, FUSION $$
(951-516-18-00; www.labiznaga.com.mx; García Vigil 512; Hauptgerichte 90–220 Mex$; ⌚Mo–Do 13–22, Fr & Sa 13–23 Uhr) In dem atmosphärischen Innenhof lassen sich Einheimische und Besucher gleichermaßen köstliche, moderne Oaxaca-Fusion-Gerichte schmecken, deren Namen auf Kreidetafeln angeschrieben sind. Ein guter Anfang ist z.B. Truthahn-*tamal* in *mole negro*, gefolgt von einem Rinderfilet in Mezcal mit Trockenpflaumen und *pasilla*-Chilis sowie Guave mit Schokoladenmousse zum Abschluss.

Für den kleineren Hunger oder Geldbeutel eignen sich Quesadillas, Suppen und Quiches für unter 90 Mex$. An der tollen Bar wird u.a. Fassbier von Mikrobrauereien serviert.

★**La Olla** OAXACANISCH $$
(951-516-66-68; www.laolla.com.mx; Reforma 402; Frühstück 75–95 Mex$, Hauptgerichte 100–185 Mex$; ⌚Mo–Sa 8–22 Uhr;) Das großartige, kleine Restaurant und Café bietet eine Auswahl toller mexikanischer Spezialitäten (vor allem aus Oaxaca), darunter Kürbisblütensuppe, Fisch-Quesadillas und Rind in *mole chíchilo*, sowie leckeren Kuchen aus Roggenmehl, Säfte und Salate. Verarbeitet werden vor allem biologisch erzeugte und lokale Zutaten. Darüber hinaus gibt's großartiges Frühstück und ein leckeres Vier-Gänge-Mittagsmenü (115 Mex$).

Comala OAXACANISCH, INTERNATIONAL $$
(Allende 109; Gerichte 65–115 Mex$; ⌚Mo–Sa 9–24 Uhr;) In der niedlichen, künstlerisch angehauchten Café-Bar in Rot- und Schwarztönen mit geselligem Flair am Abend kommt ein beliebter Mix aus Spezialitäten aus Oaxaca, darunter gute *botana oaxaqueña* (Platte mit regionaltypischen Snacks wie Fleisch, Käse und natürlich Heuschrecken) und internationalere Küche – u.a. die wohl besten Burger der Stadt – auf den Tisch. Auch das Frühstück ist lecker.

El Típico OAXACANISCH $$
(Zárate 100; Hauptgerichte 75–90 Mex$; 8.30–18 Uhr) Das helle Mittagslokal verwöhnt seine hauptsächlich einheimische Klientel mit herzhafter regionaltypischer Hausmannskost. Zu den speziellen Tagesangeboten gehört in der Regel eine von vier verschiedenen oaxacanischen *moles* an Hühnchen oder Rind, außerdem empfehlenswert sind *guías con tasajo*, eine sämige Gemüsesuppe an einer großen *tlayuda* mit geschmolzenem Käse und einer Scheibe *tasajo*.

Freundlicher Service, fröhliche, karierte Tischdecken und frische Blumen tragen zu dem einladenden Ambiente bei.

Zandunga OAXACANISCH $$
(García Vigil 512E; Hauptgerichte 130–160 Mex$; Mo–Sa 14–23 Uhr;) Am Isthmus von Tehuantepec gibt es eine eigene Variante von Oaxacas Küche, die auf lokalen Produkten wie tropischen Früchten und Meeresfrüchten basiert, wobei viele Gerichte in Bananenblättern gekocht werden. Das gesellige Zandunga bringt diese Aromen nach Oaxaca, u.a. mit *botana* (eine Auswahl verschiedener Speisen, meist für zwei Personen) für 325 Mex$, den perfekten Begleiter für ein paar entspannten Stunden mit ein paar der vielen Mezcal-Sorten (35–160 Mex$/Glas).

★ **Casa Oaxaca** FUSION $$$
(951-516-85-31; www.casaoaxacaelrestaurante.com; Constitución 104-4; Hauptgerichte 170–320 Mex$; Mo–Sa 13–23, So 13–21 Uhr) Die Restaurantbetreiber kreieren aus Zutaten und Aromen aus Oaxaca und Europa magische Dinge – wie wär's mit knusprigen Entenfleisch-Tacos mit roter *mole* oder Wild in gelber *mole* nach Isthmus-Art? Die Präsentation ist großartig, zudem gibt es Essbereiche im Hof oder auf der Dachterrasse, eine Bar, die zu einem Drink vor dem Essen einlädt, und eine gute Weinkarte.

Restaurante Los Danzantes FUSION $$$
(951-501-11-84; www.losdanzantes.com; Alcalá 403; Hauptgerichte 135–245 Mex$; 13–23 Uhr) Exzellente mexikanische Fusion-Küche und ein spektakulärer Designer-Patio machen das Los Danzantes zu einem ganz besonderen Restaurants. Wie wär's mit von *hierba santa*-Blättern umwickeltem Käse an Tomatillo-Chili-Sauce, gefolgt von einem Rinderfilet mit Heuschreckensauce, gekrönt von einer Crème Brûlée und Walnuss-Crumble? Zudem wird hochwertiger hauseigener Mezcal ausgeschenkt.

Für den kleineren Geldbeutel eignet sich das Mittagsmenü für 115 Mex$, das mittwochs und freitags zwischen 13 und 16 Uhr zu haben ist.

Pitiona OAXACANISCH $$$
(951-514-06-90; www.pitiona.com; Allende 108; Hauptgerichte 180–320 Mex$, Probiermenüs ab 580 Mex$; 13–23 Uhr) Küchenchef José Manuel Baños stammt aus Oaxaca, arbeitete in dem renommierten Restaurant El Bulli in Spanien und verarbeitet im Pitiona die Zutaten und Aromen seiner Heimat zu neuen, wunderbar kreativen Kreationen. Die köstliche *sopa de fideos* (Nudelsuppe) ist mit flüssigem Käse verfeinert, die Rinderzunge wird in Chili mariniert und unter Kartoffelschaum serviert.

Manche Gerichte sind so kunstvoll angerichtet, dass sie zum Essen fast zu schade sind, dennoch ist das Ambiente angenehm entspannt. Es gibt auch leckere Mezcals.

El Asador Vasco OAXACANISCH, SPANISCH $$$
(951-514-47-55; www.asadorvasco.com; Portal de Flores 10A; Hauptgerichte 140–260 Mex$; 13.30–23.30 Uhr) Die Terrasse im Obergeschoss des Asador Vasco mit Blick auf den *zócalo* lädt zu einer Mahlzeit ein (weniger nur zu einem Drink oder Snack). Zur Auswahl stehen Leckereien aus Oaxaca, dem

OAXACAS LIEBSTES HEISSGETRÄNK

Schokolade ist eine uralte mexikanische Nascherei und in Oaxaca besonders gefragt. Wenn in 1500 m Höhe der Winter Einzug hält, spendet ein Becher dampfend heißer Trinkschokolade mit krümeligem, süßem Brot zum Tunken wunderbar Wärme. Der typische Mix aus Zimt, Mandeln, Zucker und gemahlenen Kakaobohnen wird mit heißer Milch oder heißem Wasser aufgegossen. Rund um den Mercado 20 de Noviembre in Oaxaca haben sich mehrere Läden auf die altehrwürdige Köstlichkeit spezialisiert. Neben Trinkschokolade verkaufen sie auch *moles* (Gerichte mit Chili-Saucen). In den Geschäften kann man viele verschiedene Sorten probieren und meist auch beim Zutatenmischen zusehen. Abenteuerlustig? Die traditionellen Getränke *champurrado* und *tejate* kombinieren Schokolade mit Mais.

Baskenland und der ganzen Welt, wobei der Fokus auf Fleisch, Meeresfrüchten und lokalen Spezialitäten liegt. Auch die internationale Weinkarte kann sich sehen lassen. Wer hier an einem lauen Abend mit Plazablick speisen möchte, sollte etwas früher einen Tisch reservieren.

Vieja Lira ITALIENISCH **$$$**
(www.viejalira.com; Reforma 502; Hauptgerichte 130–240 Mex$; ⌚12–23 Uhr) Leckeres Essen, eine atmosphärische Kulisse in einem Innenhof mit Steinbögen und guter Service machen das Vieja Lira zum besten italienischen Restaurant der Stadt. Zur Auswahl stehen elf verschiedene Pastasorten und 16 Saucen, zudem gibt's gute Lasagne und Pizza sowie eine internationale Weinkarte.

Casa Crespo OAXACANISCH **$$$**
(www.casacrespo.com; Allende 107; Hauptgerichte 140–190 Mex$; ⌚Di–So 13–23 Uhr; 📶) Die köstlichen Gerichte aus den sieben Regionen des Bundesstaats Oaxaca werden aus marktfrischen Zutaten zubereitet. Empfehlenswert ist *caldo de piedra*, eine Suppe mit Garnelen und Fisch, die direkt am Tisch wie in der vorkolonialen Zeit mit heißen Steinen in einer Schüssel gekocht wird. Zudem gibt's ein Probiermenü mit sieben Gängen (550 Mex$). Die Blicke von der Dachterrasse sind übrigens ebenfalls zauberhaft.

Ausgehen & Nachtleben

Oaxaca bietet viele Ausgehmöglichkeiten. Alcalá, García Vigil und deren Nachbarstraßen werden freitag- und samstagabends zu Partymeilen. Zudem laden mehrere oaxacanische Restaurants zu einem Drink ein, darunter das Comala (S. 468), in dem abends ein gemischtes Publikum für Stimmung sorgt, und das La Biznaga (S. 468), das zu seinen Snacks Bier vom Fass (von kleinen Brauereien) und guten Mezcal reicht.

★ **Los Amantes** MEZCALERÍA
(http://mezcalerialosamantes.blogspot.com; Allende 107; ⌚Di–So 16–22 Uhr) Für den perfekten Mezcal-Einstieg quetscht man sich in diese schräge, kleine Probierstube nahe der Kirche Santo Domingo. Das freundliche Barpersonal erläutert gern die drei verschiedenen hochwertigen Mezcal-Sorten von kleinen Produzenten, die für 150 Mex$ gekostet werden können.

In Situ MEZCALERÍA
(http://insitumezcaleria.wix.com/inicio; Morelos 511; ⌚Mo–Sa 15–23 Uhr; 📶) Der Pflichtstopp einer jeden Mezcal-Tour wird von Ulíses Torrentera betrieben, der mehrere Bücher über Mezcal geschrieben hat. Zur Auswahl stehen viele verschiedene hochwertige Mezcals – und die Verkostung von drei Sorten für 150 Mex$.

Café del Jardín CAFÉ
(☎951-514-76-16; Portal de Flores 10; ⌚8–23.30 Uhr) Das Jardín wartet mit einer unvergleichlichen Lage unter den Bogen am Südwestrand des *zócalo* auf. Abends werden Gäste oft von einer der originellsten Marimba-Bands des Landes beschallt.

Café Brújula CAFÉ
(www.cafebrujula.com; Backwaren, Sandwiches & Salate 18–68 Mex$; 📶) Alcalá (Alcalá 104; ⌚Mo–Sa 8–21, So 9–21 Uhr; 📶) García Vigil (García Vigil 409D; ⌚Mo–Sa 8–21 Uhr; 📶) In den beiden Brújula-Filialen können sich Gäste wunderbar entspannen und sich beim Surfen mit WLAN einen der besten Kaffees der Stadt (aus einer starken, aromatischen, biologisch angebauten Bohne von einer Kooperative nahe Oaxacas Küste), einen Obst-Smoothie oder hausgemachtes Bananenbrot schmecken lassen.

Cuish MEZCALERÍA, LIVEMUSIK
(http://mezcalcuish.blogspot.com; Díaz Ordaz 712; ⌚10–22 Uhr) Das Cuish ist eher ein *expendio* (Spirituosengeschäft) als eine Bar, es gibt hier jedoch einen urigen, schmalen Tresen, an dem Kunden vor dem Kauf ihrer Lieblingssorte gern einen Mezcal kosten können (150–320 Mex$/0,75-l-Flasche). Der Laden verkauft Erzeugnisse kleiner Bio-Produzenten, die beispielsweise Mezcal aus Wildagaven herstellen.

In der Galerie im oberen Stock wird an mehreren Abenden in der Woche ab etwa 21 Uhr Livemusik gespielt; besonders gute Stimmung herrscht bei der Jazznacht am Mittwoch.

Txalaparta TANZEN
(http://facebook.com/txalapartabar; Matamoros 206; Eintritt 30–50 Mex$; ⌚14–3 Uhr) Tagsüber ist das drei Räume umfassende Txalaparta eine bunte Shisha-Bar, gegen Mitternacht verwandelt es sich dann in einen Tanzclub mit einem gemischtem Programm aus Latino-Musik, Jazz, World Music, Trip-Hop, Reggae und mehr; manchmal sind auch Livebands oder Gast-DJs am Werk. Freitag- und samstagabends sorgt ein Publikum zwischen 20 und 35 Jahren für gute Partystimmung.

MEZCAL

Wenn Einheimische Mezcal als *bebida espirituosa* (Spirituose) bezeichnen, beziehen sie sich nicht auf destillierten Alkohol, sondern spielen auf die fast spirituelle Bedeutung des Agavenschnapses an. Wer Mezcal kostet, kommt in den Genuss der Essenz einer Pflanze, die mindestens sieben, manchmal sogar 70 Jahre gereift ist. Er wird zu besonderen Anlässen und gemeinsam mit Freunden getrunken. Mezcal kann einen Trance-Zustand auslösen und sollte mit Respekt genossen werden. *Para todo mal, mescal*, heißt es, *Para todo bien, también.* (Wenn es schlecht läuft, Mezcal; wenn es gut läuft, ebenfalls Mezcal.)

Der Schnaps ist mit einem Alkoholgehalt von 40 bis 50 % (manchmal über 60 %) stark, deswegen trinkt man ihn langsam und genussvoll. Ein anständiger Mezcal wird in einer Bar selten für unter 15 Mex$ ausgeschenkt, hochwertige Sorten kosten bis zu 100 Mex$.

Mezcalähnliche Getränke werden in vielen Teilen Mexikos produziert, die Bezeichnung „Mezcal" wird aber erst verliehen, wenn festgelegte Kriterien erfüllt sind. Rund 60 % werden in Oaxacas Zentraltälern und im Umland produziert, wo sehr gute Sorten herkommen.

Mezcal wird aus rund 20 Agavenarten, auch *maguey* genannt, gewonnen. Der Herstellungsprozess beginnt, wenn der *quiote*, der lange, blütentragende Stachel der reifen Agave, zum ersten und letzten Mal blüht. Die *piña* (Herz) der Pflanze wird von den Blättern befreit und mehrere Tage über Holzfeuer gekocht, meist in Öfen im Boden. Dabei erhält sie einen süßlichen Geschmack. Dann wird die *piña* zerkleinert und über Wochen mit Wasser fermentiert. Die Flüssigkeit wird dann durch Destillation zu Mezcal verarbeitet.

Dutzende Mezcal-Fabriken und *palenques* (kleinere Produzenten) in der Region Oaxaca, vor allem rund um Mitla und entlang der Zufahrtsstraße, bieten Besuchern die Möglichkeit, dem Herstellungsprozess beizuwohnen und das fertige Produkt zu kosten. Besonders viele gibt es in Santiago Matatlán, rund 7 km hinter der Abzweigung nach Mitla am Hwy 90, aus dem rund die Hälfte von Oaxacas Mezcal-Produktion stammt.

Mezcal-Kunde für Anfänger

Agave silvestre Wildwachsende Agave; Mezcals aus dieser Pflanze zeichnen sich durch ihre Ursprünglichkeit, den besonderen Geschmack und natürliche Produktion aus.

Añejo Über ein Jahr gereifter Mezcal; schmeckt oft besonders sanft.

Arroqueño Agavensorte, aus der ein süßer Mezcal hergestellt wird.

Espadín Aus der Agavenart entstehen fast alle nicht-*silvestre* Mezcal-Sorten. Hat einen hohen Zuckergehalt und reift schnell.

Joven Junger (ungereifter) Mezcal.

Minero Mezcal aus Santa Catarina Minas, 6 km östlich von Ocotlán, das für besonders hochwertige, in Lehmtöpfen destillierte Sorten bekannt ist. Wer sicher gehen möchte, das Original zu trinken, wählt die Topmarke Real Minero (www.realminero.com.mx).

Tobalá Die bekannteste zur Mezcalherstellung verwendete wilde Agave wächst vor allem im Bergland; viele hochwertige *tobalás* stammen aus dem Umland von Sola de Vega.

Pechuga Hier sorgen Hühner- oder Putenbrust *(pechuga)* bzw. Früchte oder Gewürze, die in das Destillationsbehältnis gehängt werden, für den besonderen Geschmack; manche Mezcals, die nach der Destillation mit einem Agavenblatt gesüßt werden, heißen ebenfalls *pechuga.* Echter *pechuga* erhält sein charakteristisches Aroma während der Destillation.

Reposado „Ausgeruhter" Mezcal, der zwischen zwei Monaten und einem Jahr gereift ist; Mischform zwischen *joven* und *añejo.*

Bei dem berühmten *gusano* (Wurm) handelt es sich um eine Mottenlarve, die sich von Agavenblättern ernährt. Zu finden ist sie meist in günstigeren Sorten. Ihr Verzehr ist nicht schädlich, aber auch keine Pflicht. Zum Mezcal wird oft ein kleiner Teller mit orangefarbenem Pulver serviert, einer Mischung aus Salz, Chili und gemahlenen *gusanos.* Mit Orangen- oder Zitronenscheiben bildet diese einen Gegenpol zum Mezcal-Geschmack.

Über die besten Mezcal-Sorten und darüber, wie und wann man sie trinkt, wird heiß diskutiert. Am besten verlässt man sich einfach auf den eigenen Geschmack!

Candela TANZEN

(☎ 951-514-20-10; Murguía 413; Eintritt 50 Mex$; ⏰ Do–Sa ab 22 Uhr) Die energetische Salsa-, Cumbia- (kolumbianische Tanzmusik) und Merengue-Band, die in dem hübschen Haus aus der Kolonialzeit auftritt, macht das Candela seit Jahren zum Star von Oaxacas Nachtleben. Die Musiker legen um 23 Uhr los; wer einen guten Tisch möchte, sollte früher erscheinen. Donnerstagabends finden Salsakurse statt.

La Cantinita BAR, TANZEN

(Alcalá 303; Eintritt frei; ⏰ 22–4 Uhr) In der fröhlichen, lauten Partybar mit Live-Pop/Rock ab 23 Uhr vergnügt sich eine junge, feierwütige Meute.

☆ Unterhaltung

Oaxaca hat eine dynamische Kulturszene. Über das aktuelle Programm (auch über Konzerte und jede Menge Arthouse-Vorführungen) informieren **Qué Pasa Oaxaca** (www.quepasaoaxaca.com), **El Jolgorio Cultural** (www.eljolgoriocultural.org.mx), das außerdem ein kostenloses Magazin herausgibt, und **Oaxaca Calendar** (www.oaxacacalendar.com).

Hörens- und sehenswert sind Auftritte der lokalen Bands La China Sonidera (Pop-Cumbia) und Los Molcajete (Son jarocho), die immer für gute Stimmung sorgen.

La Nueva Babel LIVEMUSIK

(Porfirio Díaz 224; Eintritt frei–30 Mex$; ⏰ 9–2 Uhr) In der engen, kleinen Bar gibt's fast jeden Abend ab 22 Uhr Livemusik, u. a. Son, *trova*, Jazz, Folk und Cumbia. Je nach Band ist die Atmosphäre lebhaft-gesellig bis totenstill. Bei Urlaubern beliebt.

Guelaguetza-Shows

Wer nicht während des Guelaguetza-Festivals in der Stadt ist, besucht am besten eine der regelmäßig stattfindenden Imitationen.

Quinta Real Oaxaca TANZ

(☎ 951-501-61-00; 5 de Mayo 300; inkl. Abendbuffet 393 Mex$; ⏰ Fr 19 Uhr) Die wunderbar farbenfrohe dreistündige Veranstaltung in einem der Top-Hotels Oaxacas ist die beste der regelmäßigen Guelaguetza-Shows.

Casa de Cantera TANZ

(☎ 951-514-75-85; www.casadecantera.com; Ortiz Armengol 104, Colonia Reforma; Eintritt 185 Mex$; ⏰ 20.30 Uhr) Hier findet jeden Abend eine dynamische Mini-Guelaguetza mit Livemusik statt, wenn bis zum selben Nachmittag mindestens 20 Gäste reserviert haben. Die Casa liegt etwas unpraktisch, rund 2 km nördlich des Zentrums. Während der Show gibt's Essen und Getränke.

Hotel Monte Albán TANZ

(☎ 951-516-27-77; Alameda de León 1; Eintritt 90 Mex$; ⏰ 20.30 Uhr) Das Hotel veranstaltet allabendlich eine eineinhalbstündige Guelaguetza-Show, wenn bis 18.30 Uhr genügend Gäste (manchmal reichen zehn) reservieren. Die Musik kommt meist aus der Dose, trotzdem lohnen sich die 90 Minuten, wenn man es nicht zur Konkurrenz schafft.

Shoppen

Im Bundesstaat Oaxaca gibt's die vielfältigste und kreativste Folklorekunst des Landes. Oaxaca de Juárez ist der wichtigste Umschlagplatz dafür. Schicke Shops verkaufen normalerweise das beste Kunsthandwerk; auf den Märkten sind die Preise aber niedriger. Manche Kunsthandwerker haben sich zusammengetan, um ihre Produkte in eigenen Läden zu vermarkten.

Oaxacas Handwerkstechniken (z. B. Gurt- oder Handwebstühle, handbetriebene Töpferscheiben) sind bis heute recht traditionell. Wegen großer Nachfrage tauchen aber öfter neue Produkte auf. Die allgegenwärtigen *alebrijes* (Fantasietiere aus Holz) wurden in den letzten paar Jahrzehnten nach dem Vorbild von Spielzeug entwickelt, das in Oaxaca seit Jahrhunderten geschnitzt wird.

Interessante Regionalprodukte sind u. a. auch die charakteristischen schwarzen Tonwaren aus San Bartolo Coyotepec, Decken, Gobelins und Vorleger aus Teotitlán del Valle, kreative Tonfiguren aus Ocotlán bzw. Atzompa, verschiedene Schmuckstücke oder *huipiles* (ärmellose Tuniken der indigenen Frauen) und andere farbenfrohe Textilien. Aus Oaxaca de Juárez selbst kommen gestanzte und bemalte Blechwaren. Viele Läden schicken einem den Einkauf auch nach Hause.

Das belebte Geschäftsviertel der Stadt, das sich südwestlich des *zócalo* über mehrere Straßen erstreckt, kann auf seine Art ebenso faszinierend sein wie die feschen Kunsthandwerksmärkte. Dort und auf dem riesigen Markt Central de Abastos decken die Einheimischen ihren täglichen Bedarf.

★ El Pochote-Xochimilco ESSEN, KUNSTHANDWERK

(Xochimilco Churchyard, Juárez, Barrio de Xochimilco; ⏰ Fr & Sa 8.30–15.30 Uhr) Der kleine, sehr entspannte Markt unter freiem Himmel bietet Naturprodukte, insbesondere Kunsthandwerk und Lebensmittel, die fast alle direkt von den jeweiligen Herstellern verkauft werden. Besonders eindrucksvoll sind Yukees Körbe aus Kiefernadeln, zudem lohnt sich für Hungrige ein Zwischenstopp an Guadalupes Imbissstand, wo Blaumais-Tortillas mit herrlichem Belag serviert werden.

Mercado Juárez MARKT

(Ecke Flores Magón & Las Casas; ⌚6–21 Uhr) In der täglich geöffneten Markthalle einen Block südlich des *zócalo* gibt's eine faszinierende Mischung aus Blumen, Hüten, Schuhen, Kleidung und Schmuck zu niedrigen Preisen, Körben, Gürteln und Taschen aus Leder, günstiger Kleidung, schicken Messern, Mezcal, Kräutern, Gewürzen, Fleisch, Obst, Gemüse und jeglichen anderen Lebensmitteln, die Einheimische gebrauchen könnten. Vor dem Eingang an der Flores Magón bieten Frauen bergeweise Heuschrecken an.

Mercado de Artesanías KUNSTHANDWERK

(Crafts Market; Ecke JP García & Zaragoza; ⌚9–21 Uhr) Der überdachte Kunsthandwerksmarkt ist fast ausschließlich auf Web- und Stickwaren spezialisiert. Zum Sortiment gehören u. a. Tischtücher, Taschen, Blusen *huipiles* und Schals.

Central de Abastos MARKT

(Periférico; ⌚6–20 Uhr) Auf dem riesigen Hauptmarkt fast 1 km westlich des *zócalo* ist die ganze Woche über etwas los, am meisten jedoch am Samstag. Hier gibt's so gut wie alles, und man verliert sich leicht zwischen den Haushaltswaren, *artesanías* und dem riesigen Angebot von Obst, Gemüse, Zuckerrohr, Mais und anderen Erzeugnissen, die zwischen dem Bergland und der Küste angebaut werden. Jedes Produkt hat einen eigenen Bereich.

La Mano Mágica KUNSTHANDWERK

(☎951-516-42-75; Alcalá 203; ⌚Mo–Sa 10.30–15 & 16–20 Uhr) Der Laden mit Galerie verkauft wunderbar authentisches und hochwertiges Kunsthandwerk, darunter außergewöhnlich schöne Arbeiten des Miteigentümers Arnulfo Mendoza aus Teotitlán del Valle. Dessen Werke kosten teilweise Zehntausende Dollar.

La Casa del Rebozo KUNSTHANDWERK

(5 de Mayo 114; ⌚Mo–Sa 9–21, So 10–18 Uhr) Hier sind hochwertige Keramik, Textilien, Körbe, Taschen, *alebrijes* und Blechgeschirr von einer Kooperative von 84 Kunsthandwerkern aus dem Bundesstaat Oaxaca erhältlich.

Shkáala KUNSTHANDWERK

(5 de Mayo 412-1; ⌚Mo–Sa 10–14 & 16–20 Uhr) Der Kunsthandwerkladen hat einige sehr

VOLKSGRUPPEN IN OAXACA

Die besondere Atmosphäre verdankt Oaxaca der indigenen Bevölkerung, die schätzungsweise fast die Hälfte der 3,8 Mio. Einwohner des Bundesstaats ausmacht; inoffiziellen Zahlen zufolge beläuft sich ihr Anteil sogar auf bis zu 80 %. Wie in ganz Mexiko stehen indigene Menschen auch hier am unteren Ende der wirtschaftlichen und sozialen Leiter. Dafür haben sie eine reiche Kultur und sind der Motor hinter Oaxacas tollen *artesanías* (Kunsthandwerksgegenständen) und einzigartigen Festen. Zudem fungieren sie als zentrale Inspirationsquelle für die blühende Kunstszene und die großartige Küche.

Jede der 15 indigenen Volksgruppen hat eine eigene Sprache, eigene Bräuche und eine eigene, farbenfrohe Tracht. Einige Mitglieder sprechen heute aber nur noch Spanisch und kleiden sich konventionell. Am häufigsten begegnet man wohl Vertretern der ca. 800 000 Zapoteken, die vor allem im Bereich der Valles Centrales und auf dem Isthmus von Tehuantepec leben. Auch viele Kunsthandwerker und Markthändler in bzw. rund um Oaxaca de Juárez gehören dieser Ethnie an. Rund 750 000 Mixteken verteilen sich auf die bergigen Randgebiete der Bundesstaaten Oaxaca, Guerrero und Puebla. Oaxaca beheimatet zudem noch andere große Volksgruppen: etwa 300 000 Mazateken und 200 000 Chinanteken im hohen Norden sowie ca. 170 000 Mixe in den Bergen nordöstlich der Valles Centrales.

In Oaxaca de Juárez sieht man wahrscheinlich auch Trique, deren Frauen lange, hellrote *huipiles* (ärmellose Umhänge) tragen. Die nur ca. 30 000 Trique bewohnen traditionell den entlegenen Westen Oaxacas, wo sie sich seit Langem mit Mestizen und Mixteken um Landbesitzrechte streiten.

originelle und hübsche Ohrringe, bestickte Blusen, Halsketten und Mini-*alebrijes* auf Lager. Viele Stücke stammen vom Besitzer persönlich.

Casa de las Artesanías de Oaxaca KUNSTHANDWERK
(951-516-50-62; Matamoros 105; Mo–Sa 9–21, So 10–18 Uhr) Das große Geschäft vertreibt Arbeiten von 80 familiengeführten Werkstätten und Handwerkskooperativen aus dem ganzen Bundesstaat.

MARO KUNSTHANDWERK
(951-516-06-70; 5 de Mayo 204; 9–20 Uhr) In dem verwinkelten Laden gibt es eine große Auswahl hübscher Arbeiten zu fairen Preisen. Fast alle stammen von den Mitgliedern der Kunsthandwerkerinnenkooperative MARO.

Amate Books BÜCHER
(Alcalá 307; Mo–Sa 10.30–19.30 Uhr) Mexikos wohl bester Buchladen mit englischsprachigem Sortiment führt fast alle erhältlichen Titel zu Mexiko.

La Cava GETRÄNKE
(951-515-23-35; Gómez Farías 212B; Mo–Sa 10–15 & 17–20 Uhr) Besonders hochwertiger Mezcal aus Santa Catarina Minas und von anderswo (die besten Flaschen kosten über 1200 Mex$) sowie mexikanische Spitzenweine.

Unión de Palenqueros de Oaxaca GETRÄNKE
(951-513-04-85; Abasolo 510; 9–21 Uhr) Der winzige Laden vertreibt die Erzeugnisse einer Gruppe kleiner Mezcal-Produzenten aus Santiago Matatlán. Zum Angebot gehören rauchiger *añejo* und Varianten mit Fruchtzusatz; allesamt sind sie lecker und günstig (60–400 Mex$/Liter).

Praktische Informationen

GELD

In der Innenstadt finden sich ausreichend Geldautomaten. Mehrere Bankfilialen und *casas de cambio* (Wechselstuben) tauschen US-Dollar um.

Banamex (Ecke Porfirio Díaz & Morelos; Mo–Fr 10–17 Uhr) Hat oft den besten Dollar-Wechselkurs.

CI Banco (Armenta y López 203; Mo–Fr 8.30–18, Sa 9–14 Uhr) Tauscht u. a. Euro, Schweizer Franken und Reiseschecks um.

INFOS IM INTERNET

Lonely Planet (www.lonelyplanet.com/mexico/oaxaca-state/oaxaca) Tipps zur Reiseplanung, Empfehlungen von Autoren, Artikel, Bilder und Videos.

Oaxaca Tu México (www.oaxaca.travel) Offizielle Seite der staatlichen Tourismusbehörde.

Oaxaca Wiki (oaxaca.wikispaces.com) Jede Menge Informationen und Fotos zu Veranstaltungen in und um Oaxaca. Einfach mal durchklicken!

Planeta.com (www.planeta.com) Ökotourismus-Seite mit zahllosen guten Infos zu Oaxaca.

INTERNETZUGANG

Internetcafés sind in Oaxaca de Juárez zahlreich vertreten; die meisten verlangen rund 10 Mex$ pro Stunde. In einigen öffentlichen Bereichen wie dem Parque Juárez ist kostenloses WLAN verfügbar.

MEDIZINISCHE VERSORGUNG

Hospital Reforma (951-516-09-89; www.hospitalreforma.com.mx; Reforma 613) Die Ärzte der zentral gelegenen Privatklinik gelten als die besten der Stadt.

NOTFALL

Ceprotur (Centro de Protección al Turista; 951-502-12-00 Durchwahl 1525; Juárez 703; 8–20 Uhr) Hilft Touristen bei rechtlichen Problemen, Beschwerden, verlorenen Dokumenten und Ähnlichem.

Krankenwagen, Feuerwehr & Polizei (066, 060)

POST

Hauptpost (Alameda de León; Mo–Fr 8–19, Sa 8–15 Uhr)

REISEBÜROS

Conav (Portal de Flores 1, Zócalo; Mo–Fr 8.30–20, Sa 8.30–19 Uhr) Nützliche Verkaufsstelle für Flugtickets im Zentrum.

TOURISTENINFORMATION

Kiosk der städtischen Touristeninformation (Alameda de León; 10–18 Uhr) Englischsprachiges hilfsbereites Personal.

Sectur (951- 502-12-00, 951-516-01-23; www.oaxaca.travel; Juárez 703; 9–20 Uhr) Oaxacas bundesstaatliche Touristeninformation betreibt einen nützlichen Infostand mit Englisch sprechendem Personal. An den Schaltern im Museo de los Pintores Oaxaqueños (Di–So 10–20 Uhr), am 1.-Klasse-Busbahnhof (8–20 Uhr) und im Teatro Macedonio Alcalá (Independencia 900; 9–20 Uhr) wird ebenfalls Englisch gesprochen.

An- & Weiterreise

AUTO & MOTORRAD

Nachdem er vom Hwy 150D (Mexico City–Veracruz) abgezweigt ist, führt der Hwy 135D durch die spektakulären nördlichen Berge des Bundesstaats in Richtung Oaxaca de Juárez. Die Mautgebühren für die fünf- bis sechsstündige Fahrt von Mexico City nach Oaxaca betragen insgesamt 430 Mex$. Die kostenlose Alternativroute entlang dem Hwy 190 über Huajuapan de León dauert ein paar Stunden länger.

Die Straßen des Bundesstaats sind größtenteils in einem schlechten Zustand, doch abseits des staugeplagten Oaxaca de Juárez ist das Verkehrsaufkommen gering und die Landschaft großartig. Mietwagen ohne Reservierung und Kilometerbegrenzung gibt's vor Ort ab ca. 600 Mex$ pro Tag.

Alamo (http://alamomexico.com.mx) Flughafen (951-511-62-20; 9–19 Uhr); Innenstadt (951-514-85-34; 5 de Mayo 203; 9–19 Uhr)

Europcar (www.europcar.com.mx) Flughafen (951-143-83-40; 6–23 Uhr); Innenstadt (951-516-93-05; Matamoros 101; Mo–Sa 8–14 & 15–20, So 8–17 Uhr)

Only Rent-A-Car (www.onlyrentacar.com; 5 de Mayo 215A; 8–20 Uhr)

BUS & MINIBUS

Der **1.-Klasse-Busbahnhof** (Terminal ADO; 951-515-12-14; Calz Niños Héroes de Chapultepec 1036) liegt 2 km nordöstlich des *zócalo*. Er wird von ADO Platino und ADO GL (Deluxe), ADO und OCC (1. Klasse) sowie Cuenca (2. Klasse) bedient. Entsprechende Tickets sind bei den Büros von **Boletotal** (www.bo letotal.mx), **Valdivieso** (Valdivieso 2; 7.30–21.30 Uhr) und **20 de Noviembre** (20 de Noviembre 103; Mo–Sa 8–22, So 8–21 Uhr) in der Innenstadt erhältlich.

Ab dem **2.-Klasse-Busbahnhof** (Central de Autobuses de Segunda Clase; Las Casas) 1 km westlich des *zócalo* werden in erster Linie die umliegenden Dörfer angesteuert. Bequemere Alternativen für diese Routen und die Fahrt zur archäologischen Stätte Monte Albán sind die Klein- und Minibusse sowie *taxis colectivos*, die an verschiedenen Punkten in der Stadt abfahren.

Zu Zielen an der Küste Oaxacas wie Puerto Escondido, Bahías de Huatulco und Pochutla fahren Busse ab dem 1.-Klasse-Terminal über die lange, teure Route über Salina Cruz. Wem es auf kurvigen Gebirgsstraßen nicht übel wird, der nimmt einen der sehr viel besseren, günstigeren und schnelleren Minibusse, die über den Hwy 131 (nach Puerto Escondido) oder den Hwy 175 (nach Pochutla und Huatulco) direkt zur Küste fahren:

Atlántida (951-514-13-46; Ecke Armenta y López & La Noria) Nach Pochutla.

Express Service (951-516-40-59; Arista 116) Nach Puerto Escondido.

Expressos Colombo Huatulco (Trujano 600) Nach Bahías de Huatulco.

Huatulco 2000 (Hidalgo 208) Nach Bahías de Huatulco.

Líneas Unidas (951-187-55-11; Bustamante 601) Nach Pochutla.

Transportes Villa del Pacífico (Galeana 322A) Nach Puerto Escondido.

FLUGZEUG

Flughafen Oaxaca (951-511-50-88; www.asur.com.mx) 6 km südlich der Stadt, 500 m westlich des Hwy 175.

Aeroméxico (951-516-10-66; www.aeromexico.com; Hidalgo 513; Mo–Fr 9–18, Sa 9–16 Uhr) Fliegt mehrmals täglich nach/ab Mexico City.

Aerotucán (951-502-08-40; www.aerotucan.com.mx; Emilio Carranza 303, Colonia Reforma; Mo–Fr 8–20, Sa 8–18 Uhr) Bietet täglich spektakuläre halbstündige Flüge mit

BUSSE & MINIBUSSE AB OAXACA DE JUÁREZ

ZIEL	PREIS (MEX$)	DAUER (STD.)	HÄUFIGKEIT (TGL.)
Bahías de Huatulco	180–358	7–8	Expressos Colombo 11-mal, Huatulco 2000 8-mal, ab 1.-Klasse-Busbahnhof 4-mal
Mexico City (TAPO)	474–808	6–6½	ab 1.-Klasse-Busbahnhof 23-mal
Pochutla	150–312	6–9	Atlántida 11-mal, Líneas Unidas 25-mal, ab 1.-Klasse-Busbahnhof 4-mal
Puebla	292–588	5	ab 1.-Klasse-Busbahnhof 10-mal
Puerto Escondido	170–318	7–10	Express Service 14-mal, Villa del Pacífico 18-mal, ab 1.-Klasse-Busbahnhof 4-mal
San Cristóbal de las Casas	474–762	10–11	ab 1.-Klasse-Busbahnhof 4-mal
Tapachula	422–552	11–12½	ab 1.-Klasse-Busbahnhof 2-mal
Tehuantepec	204	4½	ab 1.-Klasse-Busbahnhof 14-mal
Veracruz	466–560	6–7½	ab 1.-Klasse-Busbahnhof 3-mal

13-sitzigen Cessnas nach Puerto Escondido (1940 Mex$) und Bahías de Huatulco (1970 Mex$) an Oaxacas Küste; zudem geht's dreimal wöchentlich nach Tuxtla Gutiérrez.

Interjet (☎951-502-57-23; www.interjet.com.mx; Plaza Mazari, Calzada Porfirio Díaz 256, Colonia Reforma; ⌚Mo–Fr 9–19, Sa 9–17, So 10–14 Uhr) Fliegt ein- bis zweimal täglich nach Mexico City.

United (☎800-900-50-00; www.united.com) Mindestens fünf wöchentliche Flüge nach Houston, Texas.

Vivaaerobus (☎554-000-01-80; www.vivaaerobus.com) Der Billigflieger bietet zwei wöchentliche Verbindungen nach/ab Cancún und Monterrey.

Volaris (☎800-122-80-00; www.volaris.com) Flüge nach Tijuana.

Unterwegs vor Ort

BUS

Tickets für Stadtbusse kosten 5,50 oder 6 Mex$. Ab dem 1.-Klasse-Terminal fahren „Juárez"-Busse westwärts die Juárez und Ocampo, drei Blocks östlich des *zócalo*, entlang. Die Linien „Tinoco y Palacios" und „T Y Palacios" folgen der Tinoco y Palacios, zwei Blocks westlich des *zócalo*. Über die Pino Suárez oder Crespo verkehren „ADO"-Busse zurück zum Busbahnhof.

FAHRRAD

Bicicletas Pedro Martínez (www.bicicletaspedromartinez.com; Aldama 418; 4 Std./Tag 200/250 Mex$; ⌚Mo–Sa 9–20, So 10–15 Uhr) und **Zona Bici** (www.zonabici.com.mx; García Vigil 406; 4 Std./Tag 150/200 Mex$; ⌚Mo–Sa 10–20 Uhr) bieten Rundumservice, verleihen gute Mountainbikes und verkaufen Räder und Ausrüstung.

VOM/ZUM FLUGHAFEN

Das Personal am Transporte-Terrestre-Ticketschalter im Flughafenterminal verlangt für Minibusfahrten zu beliebigen Zielen in der Innenstadt 60 Mex$ pro Person; ein ganzes Taxi kostet 250 Mex$. Eine Taxifahrt vom Zentrum zum Flughafen schlägt in der Regel mit 140 Mex$ zu Buche.

TAXI

Taxifahrten zu beliebigen Zielen in der Innenstadt (inkl. Busbahnhöfe) kosten 40 Mex$.

VALLES CENTRALES

Die Landschaft und die Dörfer um Oaxaca de Juárez machen den Großteil des Reizes der Region aus. Die Stadt liegt am Treffpunkt dreier Täler, die schon in vorkolonialer Zeit Zivilisationszentren waren: Von hier aus erstrecken sich das Valle de Tlacolula über 50 km gen Osten, das Valle de Zimatlán über rund 100 km gen Süden und das Valle de Etla über etwa 40 km gen Norden. Diese Valles Centrales (Zentraltäler) werden größtenteils von den indigenen Zapoteken bewohnt. Hier gibt es jede Menge faszinierende archäologische Stätten und traditionelle Dörfer und Städte mit lebendigen Wochenmärkten, hochwertigen speziellen *artesanías* und eigenen farbenfrohen Festen. Allesamt sind problemlos im Rahmen eines Tagesausflugs ab Oaxaca de Juárez zu erreichen.

Monte Albán

Monte Albán (☎951-516-12-15; Eintritt 57 Mex$; ⌚8–17 Uhr; Ⓟ) thront wenige Kilometer westlich von Oaxaca de Juárez auf einer abgeflachten Bergkuppe 400 m über dem Talboden. Von der Stadt aus herrschten die alten Zapoteken über Oaxacas Valles Centrales, und sie zählt zu Mexikos spektakulärsten vorkolonialen Stätten. Ihre Tempel, Paläste, hohen abgestuften Plattformen, das Observatorium und der Ballspielplatz sind allesamt systematisch angeordnet und bieten einen traumhaften 360-Grad-Blick auf die Stadt, die umliegenden Täler und die fernen Gebirgsketten.

Am Eingang zur Stätte befinden sich ein gutes Museum (Schilder nur auf Spanisch), ein Café und ein Buchladen. Vor dem Ticketschalter bieten offizielle Guides geführte Touren auf Spanisch, Englisch, Französisch und Italienisch an (Kleingruppe ca. 250 Mex$). Rampen und ein Aufzug (beim Ticketschalter um Aktivierung bitten!) machen die Gran Plaza, das Herzstück des Komplexes, für Rollstuhlfahrer zugänglich. Die Infotafeln sind auf Spanisch, Englisch und Zapotekisch beschriftet.

Geschichte

Monte Albán wurde erstmals um 500 v. Chr. besiedelt, wahrscheinlich von Zapoteken aus ihrem früheren Hauptort in den Valles Centrales, dem schlecht zu verteidigenden San José El Mogote im Valle de Etla. Es bestanden frühe kulturelle Verbindungen zwischen Monte Albán und den Olmeken im Nordosten.

Etwa um 200 v. Chr. (als Phase Monte Albán I bekannt) wurde der Hügelgipfel planiert, und man errichtete darauf Tempel und wahrscheinlich auch Paläste. An den Bergflanken hatten sich bis dahin 10000 oder mehr Einwohner angesiedelt. Während dieser Periode wurden Hieroglyphen und Daten in einer Art Koordinatensystem eingeritzt – das könnte heißen, dass der Elite von Monte Albán die ersten Menschen angehörten, die in Mexiko Schrift und einen schriftlichen Kalender verwendet haben. Zwischen 200 v.Chr. und 350 n.Chr. (Phase Monte Albán II) dehnte die Stadt ihren Einfluss allmählich auf die ganze Region Oaxaca aus.

Zwischen 350 und 700 (Phase Monte Albán III) erlebte die Stadt ihre Blütezeit: Auf dem Haupthügel und den umliegenden Erhebungen entstanden Terrassen für Wohnhäuser, und die Einwohnerzahl stieg auf rund 25000. Monte Albán war das Zentrum einer gut organisierten Gesellschaft, in der Priester das Sagen hatten. Die Stadt herrschte über die bewässerten Valles Centrales mit ihren 200 weiteren Siedlungen und religiösen Stätten; viele davon sind für Besucher zugänglich, u.a. Atzompa in der Nähe. Die Gebäude hier waren meist mit Gips verputzt und rot gestrichen. Bis heute haben Archäologen fast 170 unterirdische Gräber aus dieser Zeit entdeckt, von denen manche aufwendige Fresken zieren. Leider sind sie für Besucher nicht zugänglich.

Nachdem die Stadt zwischen 700 und 950 (Phase Monte Albán IV) aufgegeben worden war, verwandelte sie sich in eine Ruinenlandschaft. In der Phase Monte Albán V (950–1521) tat sich nicht mehr viel, außer dass die Mixteken aus dem nordwestlichen Oaxaca manche alten Gräber erneut verwendeten, um darin ihre eigenen Würdenträger zu bestatten.

Sehenswertes

Gran Plaza PLATZ

Die Gran Plaza (Länge/Breite ca. 300/200 m) ist Monte Albáns Zentrum. Einige der Bauten dienten als Tempel, andere als Wohn-

Monte Albán

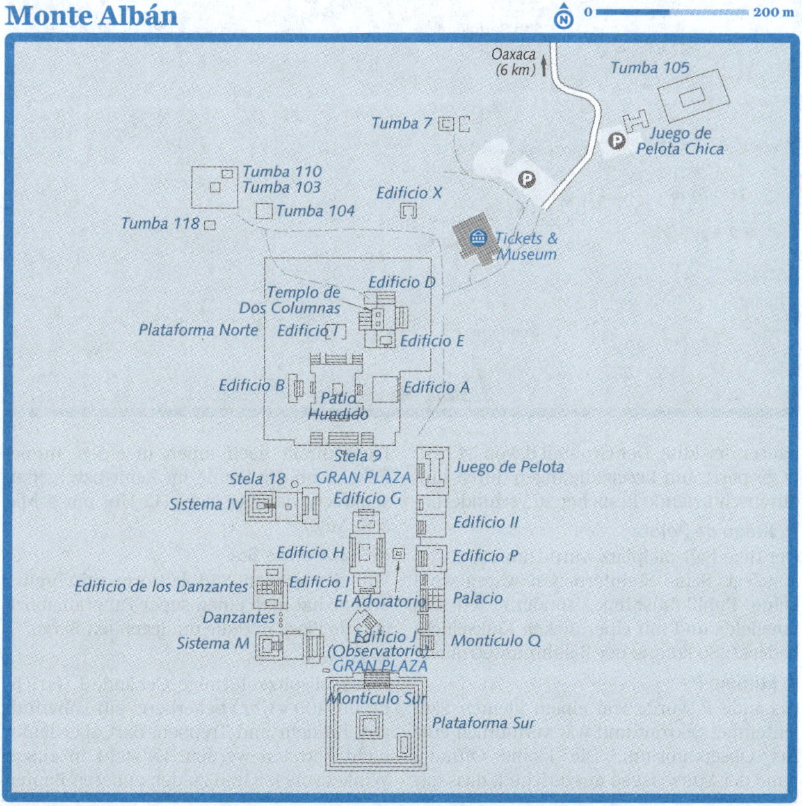

Valles Centrales

häuser der Elite. Der Großteil davon ist heute gesperrt, um Beschädigungen durch hindurchschlurfende Besucher zu verhindern.

➡ Juego de Pelota

Der tiefe Ballspielplatz wurde um 100 v. Chr. angelegt. Seine Steinterrassen waren wohl keine Publikumsränge, sondern Teil des Spielfelds und mit einer dicken Kalkschicht bedeckt: So konnte der Ball hinunterrollen.

➡ Edificio P

Gebäude P wurde von einem kleinen Säulentempel gekrönt und war vermutlich eine Art Observatorium: Die kleine Öffnung nahe der Spitze ist so ausgerichtet, dass das Licht direkt nach innen in einen Tunnel fällt, wenn die Sonne im Zenit bzw. genau senkrecht darüber steht (12 Uhr am 5. Mai & 8. Aug.).

➡ Plataforma Sur

Von der großen Südplattform mit breiter Treppe hat man einen super Panoramablick auf die Plaza und die umliegenden Berge.

➡ Edificio J

Das pfeilspitzenförmige Gebäude J (errichtet um 100 v. Chr.) beherbergt ein Labyrinth aus Tunneln und Treppen, darf aber leider nicht betreten werden. Es steht in einem Winkel von 45 Grad zu den anderen Bauten

an der Gran Plaza und war ein Observatorium. Die gemeißelten Figuren und Hieroglyphen an den Mauern dokumentieren Monte Albáns militärische Siege.

➡ **Edificio de los Danzantes**

Auf das ursprüngliche Gebäude aus der Phase Monte Albán I, das die Danzantes (Tänzer) beherbergte, wurde später ein weiterer Bau aufgesetzt. Repliken der berühmten Schnitzarbeiten sind teilweise im unteren Gebäudebereich zu sehen und zeigen nackte Männer, die geopferte Anführer besiegter Nachbarvölker darstellen sollen. Die zwischen 500 und 100 v. Chr. entstandenen Reliefs präsentieren diese größtenteils mit dicken Lippen und offenen Mündern (teils nach Olmeken-Art nach unten zeigend) und geschlossenen Augen. Bei einigen Figuren ersetzen blutende Kastrationswunden die Genitalien. Die begleitenden Hieroglyphen zählen zu Mexikos ältesten bekannten Beispielen einer echten Schrift.

Plataforma Norte PLATTFORM

Die Nordplattform auf einem Felsvorsprung ist fast so groß wie die Gran Plaza und wartet mit der besten Rundumsicht auf. Über die Jahrhunderte wurde sie mehrfach umgestaltet. Die zwölf Säulenfüße am oberen Ende der Stufen waren Teil einer überdachten Halle. Der Zeremonialkomplex ganz oben entstand zwischen 500 und 800 n. Chr.

Der Komplex umfasst den **Patio Hundido** (versunkenen Hof) mit einem Zentralaltar, die einst von Lehmziegeltempeln gekrönten **Edificios D, VGE** und **E** sowie den **Templo de Dos Columnas**.

ℹ An- & Weiterreise

Mehrere Busunternehmen lassen Busse von Oaxaca de Juárez nach Monte Albán fahren (hin & zurück 50 Mex$). Von 8.30 bis 15.30 Uhr steuert **Autobuses Turísticos** (Mina 501, Oaxaca) die Stätte stündlich bzw. halbstündlich (Sa & So) an; zwischen 12 und 17 Uhr geht's dann wieder zurück.

Valle de Tlacolula

Im Valle de Tlacolula östlich von Oaxaca sind die vorkolonialen Stätten Mitla und Yagul, den angeblich größte Baum der Welt und viele der besten Webarbeiten Oaxacas zu besichtigen.

ℹ An- & Weiterreise

Mit Ausnahme von Hierve El Agua sind die folgenden Ziele von der Straße zwischen Oaxaca und Mitla aus (Hwy 190) zu Fuß zu erreichen. Busse von Fletes y Pasajes (Fypsa) verkehren etwa alle halbe Stunde von Oaxacas 2.-Klasse-Terminal in Richtung Mitla (16 Mex$, 1¼ Std.) und lassen ihre Fahrgäste an jedem beliebigen Punkt auf der Fahrtroute aussteigen. Von der Ecke Hwy 190 und Derechos Humanos, 500 m östlich von Oaxacas 1.-Klasse-Busbahnhof unmittelbar hinter dem Baseballstadion, fahren *taxis colectivos* direkt nach El Tule (12 Mex$, 15 Min.), Teotitlán del Valle (16 Mex$, 30 Min.), Tlacolula (18 Mex$, 40 Min.) und Mitla (20 Mex$, 1 Std.). Nach Teotitlán gibt es außerdem Verbindungen von Valle del Norte (10 Mex$, 45 Min.,

MARKTTAGE

Auf den Märkten der Valles Centrales werden alle Arten von Lebensmitteln, landwirtschaftlichen Erzeugnissen, Kunsthandwerksartikeln und Haushaltswaren angeboten. So ein Markt ist unübersehbar: Käufer und Verkäufer strömen von nah und fern herbei, die Sinne werden mit Farben, Geräuschen, Gerüchen und dem Klang indigener Sprachen regelrecht bombardiert. Dieses Ritual existiert seit Hunderten oder gar Tausenden von Jahren. Morgens ist immer am meisten los, während am frühen Nachmittag in der Regel Ruhe einkehrt.

Sonntag Tlacolula

Dienstag Atzompa

Mittwoch Zimatlán, Villa de Etla

Donnerstag Zaachila, Ejutla

Freitag Ocotlán, San Bartolo Coyotepec, Santo Tomás Jalieza

ca. stündlich, 7–19 Uhr) ab dem 2.-Klasse-Busbahnhof.

El Tule

7600 EW. / 1550 M

Das Dorf El Tule liegt 10 km östlich von Oaxaca de Juárez am Hwy 190 und zieht aus gutem Grund jede Menge Besucher an: **El Árbol del Tule** (Baum von El Tule; Eintritt 10 Mex$; ⌚8–20 Uhr) soll der größte Baum der Welt sein. Tatsächlich wird er wohl vom General Sherman in Kalifornien getoppt, doch mit einem Durchmesser von 11 m ist der Árbol del Tule definitiv der breiteste der Welt. Die 42 m hohe *ahuehuete* (Montezumazypresse) thront im Hof einer hübschen Dorfkirche aus dem 17. Jh. und ist mindestens 1500 Jahre alt, was bedeutet, dass sie bereits zur Blütezeit der alten Stadt Monte Albán hier wuchs. Die Einwohner Oaxacas verehren den Árbol del Tule seit langer Zeit, jedoch ist der Baum durch das Stadtwachstum und die landwirtschaftliche Bewässerung bedroht, die seine Wasserversorgung anzapft. Lokalen Aktivisten zufolge kann er nur überleben, wenn seine Wasserquellen geschützt werden.

Das beliebte, familiengeführte **El Milenario** (Guerrero 4A; Hauptgerichte 60–80 Mex$; ⌚9–20 Uhr) einen Block südlich des Baumes hinter dem Mercado de Artesanías lädt mit seinem fröhlichem Flair zu einer Mittagspause ein und serviert Klassiker der Oaxaca-Küche wie *tlayudas, tasajo* und *moles* mit Hühnchen.

Teotitlán del Valle

☎951 / 4400 EW. / 1700 M

Rund 25 km von Oaxaca de Juárez entfernt liegt ein berühmtes Weberdorf, 4 km nördlich des Hwy 190. Seine Webereitradition reicht bis in vorkoloniale Tage zurück: Teotitlán musste seinen Tribut an die Azteken in Form von Stoffen bezahlen. Die Textilien sind heute sehr hochwertig und werden wieder mit traditionellen Farbstoffen aus natürlichen Rohstoffen wie Indigo, Cochenilleschildläusen oder Moos behandelt (einige Weber verwenden weiterhin die sehr viel günstigeren synthetischen Farbstoffe). Das riesige Musterspektrum reicht von Zapoteken-Göttern und Geometrischem im Mitla-Stil bis hin zu Imitationen von Werken Picassos oder Riveras.

Viele Tourgruppen werden lediglich zu den größeren Ausstellungsräumen an der Zufahrtsstraße zum Dorf gebracht. Diese dominieren das hiesige Gewerbe: Sie kaufen Webprodukte an oder beschäftigen Weber direkt. Die Großhändler bezahlen in der Regel 30 % Provision an Touranbieter oder Guides, deren Kunden etwas erwerben. Für direkteren Kontakt mit den Herstellern begibt man sich am besten ins eigentliche Dorf, wo Decken und Teppiche überall vor Häusern bzw. Werkstätten und in Ausstellungsräumen zu sehen sind. Schilder weisen den Weg zum zentralen **Mercado de Artesanías** mit noch größerer Auswahl. Viele der 150 einheimischen Weberfamilien führen einem gern ihre Methoden und Techniken zur Gewinnung natürlicher Färbemittel vor.

Sehenswertes

Museo Comunitario Balaa Xtee Guech Gulal MUSEUM
(☎951-524-44-63; Eintritt 10 Mex$; ⌚Di–So 10–18 Uhr) Das gute Gemeindemuseum gegenüber dem Mercado de Artesanías auf der zentralen Plaza zeigt lokale archäologische Funde sowie Exponate zu örtlichen (Handwerks-) Traditionen mit englischen, spanischen und zapotekischen Erklärungen. Bei Anmeldung am Vortag kann man an einer interessanten, zwei- bis dreistündigen geführten Wanderung auf den heiligen Hügel **Cerro**

de Picacho mit vorkolonialen Ruinen direkt außerhalb des Dorfes (2/4/10 Pers. 75/100/200 Mex$) teilnehmen.

Templo de la Virgen de la Natividad KIRCHE (⏲6–18 Uhr) Von der Plaza führen Stufen zu dieser hübschen Kirche aus dem 17. Jh. mit einem schönen, weitläufigen Hof und farbenfrohen Fresken aus dem 18. Jh. im Inneren. Dem Bau musste eine zapotekische Zeremonialstätte weichen. Deren Reliefsteine sind bis heute vielerorts an den Kirchenmauern und vor allem im Innenhof zu bestaunen.

Tlacolula

14 000 EW. / 1650 M

Rund 31 km von Oaxaca de Juárez entfernt findet in Tlacolula einer der größten **Märkte** der Valles Centrales statt: Jeden Sonntag herrscht hier rund um die Kirche ein dichtes Gedränge, das Freunde authentischer Marktatmosphäre u. a. mit Kunsthandwerk,

ABSTECHER

ATZOMPA

Die kürzlich eröffnete archäologische Stätte von Atzompa, 6 km nordwestlich vom Zentrum Oaxacas, ergänzt auf faszinierende Weise den größeren, berühmteren Komplex von Monte Albán. Gemeinsam mit dem Dorfmuseum und Kunsthandwerkermarkt von Atzompa ist sie ein eindrucksvolles Zeugnis für die kontinuierliche Töpfertradition der Gegend, von der vorkolonialen Zeit bis heute. Im hübschen Ortskern schaffen mehrere einfache *comedores* Abhilfe bei Hunger.

Die Ausgrabungen an den **Ruinen von Atzompa** (⏲8–17 Uhr; P) auf dem Hügel Cerro El Bonete 2 km über dem Dorf Atzompa sind noch nicht vollständig abgeschlossen. Die Anlage erlebte zwischen 650 und 850 n. Chr. ihre Blütezeit und gewährt spektakuläre Blicke auf ihre Altersgenossin (und eventuelle Mutterstadt) Monte Albán, 4 km weiter südlich, sowie auf Oaxaca und das Valle de Etla gen Norden. Drei Zeremonialplätze, ein Ballspielplatz und die Überreste zweier großer Wohngebäude wurden freigelegt und sind für Besucher zugänglich. Besonders bemerkenswert ist der rekonstruierte Töpferofen an der Nordseite, der den Brennöfen entspricht, die Atzompas Töpfer noch heute benutzen. Während der Recherche war der Zutritt zu den Ruinen kostenlos, in Zukunft könnte allerdings eine Gebühr erhoben werden, eventuell im Rahmen eines Kombitickets mit Monte Albán.

Folgt man der Straße von den Ruinen zum Dorf Atzompa hinunter, stößt man auf halbem Weg auf das **Museo Comunitario** (Gemeindemuseum; Eintritt 10 Mex$; ⏲10–17 Uhr). Es zeigt einige sehr hübsche Töpferarbeiten, die in den Ruinen gefunden wurden, darunter detaillierte Statuen von Adelsleuten und Gottheiten sowie riesige Töpfe, in denen Wasser, Getreide und Samen aufbewahrt wurden. Im Dorf verkauft der **Mercado de Artesanías** (Kunsthandwerksmarkt; Av Libertad 303; ⏲9–19 Uhr) Werke von über 100 Töpfern aus Atzompa. Die Auswahl reicht von Tierfiguren über Lampenschirme bis hin zu Töpfen, Tellern, Bechern und vielem mehr. Manche sind mit Atzompas typischer, aus der Kolonialzeit stammender grüner Glasur überzogen, andere dagegen mehrfarbig und fantasievoller verziert. Die Preise sind fair, der Großteil der besten Arbeiten geht allerdings an Geschäfte in Oaxaca und anderswo.

An- & Weiterreise

Zu den Ruinen führt eine asphaltierte Straße, 2 km oberhalb des Dorfs Atzompa bzw. 3 km oberhalb von La Cañada an der Straße von Oaxaca de Juárez nach San Pedro Ixtlahuaca. In Monte Albán kann man mit dem Auto direkt nach La Cañada und zu den Ruinen fahren, ohne nach Oaxaca de Juárez zurückzukehren. Der Abschnitt zwischen La Cañada und den Ruinen ist allerdings nur in eine Richtung befahrbar, man kann also auf dem Rückweg nicht hinunter nach La Cañada fahren. Es verkehren keine öffentlichen Verkehrsmittel zu dem Komplex; Ausnahme sind Taxis (Hin- & Rückfahrt ab Oaxaca 150 Mex$, ab Atzompa weniger).

Taxis colectivos verkehren von der Trujano auf der Nordseite des 2.-Klasse-Busbahnhofs von Oaxaca de Juárez nach Atzompa (6,50 Mex$, 20 Min.).

Lebensmitteln und allen möglichen Dingen für den täglichen Bedarf erfreut. Die Kirche **Capilla del Santo Cristo** aus dem 16. Jh. hat ein üppig vergoldetes Innendekor, dessen indigene Elemente mit denen der Capilla de la Virgen del Rosario (Templo de Santo Domingo, Oaxaca) vergleichbar sind. Die Gipsmärtyrer im Deckenschmuck halten ihre abgeschlagenen Köpfe in den eigenen Händen.

Yagul

1,5 km nördlich der Straße von Oaxaca nach Mitla liegen die **Ruinen von Yagul** (Eintritt 42 Mex$; ⌚8–17 Uhr; P) malerisch auf einem mit Kakteen bewachsenen Hügel. Die ausgeschilderte Zufahrt beginnt 34 km von Oaxaca de Juárez entfernt. Wer kein eigenes Auto hat, muss die einsamen 1,5 km zu Fuß zurücklegen, was nicht ganz ungefährlich ist.

Nach dem Niedergang Monte Albáns stieg Yagul zu einer der bedeutendsten Siedlungen der Valles Centrales auf. Die heutigen Überreste stammen größtenteils aus der Zeit zwischen 750 und 950 n. Chr. Wer den Hauptteil der Anlage betritt, findet den **Patio 4** links unterhalb vom Ticketschalter. Dieser Hof war einst von vier Tempeln umgeben und wird am Ostrand von einer Tierskulptur aus Stein (wohl ein Jaguar) geziert. Neben der zentralen Plattform geht's in eines von diversen **unterirdischen Mehrkammergräbern** hinein.

Der wunderschöne **Juego de Pelota** ist Mesoamerikas zweitgrößter Ballspielplatz; der größte liegt in Chichén Itzá auf der Halbinsel Yucatán. Der labyrinthartige **Palacio de los Seis Patios** (Palast der sechs Höfe) oberhalb des Ballspielplatzes war vermutlich die Herrscherresidenz. Seine cremefarbenen Wände waren ursprünglich verputzt und rot gestrichen.

Es lohnt sich, zur **Fortaleza** (Festung) oberhalb von Yagul aufzusteigen: Auf dem mächtigen Felsen warten Ruinen und eine traumhafte Aussicht.

An der Hauptstraße nach Yagul ist rechterhand auf einer Seite des Felsens **Caballito Blanco** eine große weiße Malerei zu sehen, die eine Person/Gottheit/einen Baum/die Sonne zeigt. Dabei handelt es sich um das bekannteste Merkmal der **prähistorischen Höhlen von Yagul und Mitla**, die kürzlich zum UNESCO-Weltkulturerbe erklärt wurden und sich rund 6 km gen Osten erstrecken. Die Höhlen zeugen von dem frühesten Anbau von Pflanzen in Nordamerika vor rund 10 000 Jahren und liefern weitere wertvolle Informationen über den Übergang von der Kultur des Jagens und Sammelns über Tausende Jahre hinweg zur Landwirtschaft. Leider wurde die Stätte für Besucher gesperrt, nachdem einige der uralten Zeichnungen mit Graffitis verschandelt worden waren.

Mitla

☎951 / 8200 EW. / 1700 M

Die einzigartigen Ruinen von Mitla liegen 46 km südöstlich von Oaxaca de Juárez inmitten einer modernen Zapoteken-Stadt. Die Anlage entstand während der letzten 200 oder 300 Jahre vor der spanischen Eroberung in den 1520er-Jahren und umfasste das wohl bedeutendste zapotekische Zeremonialzentrum jener Zeit. Über die Kultstätte herrschten Hohepriester, die grausame Riten mit menschlichen Opfern durchführten. Die geometrischen „Mosaiken" aus Stein des alten Mitla suchen in Mexiko ihresgleichen: Die 14 verschiedenen, kunstvoll gestalteten Muster symbolisieren angeblich Himmel, Erde, eine gefiederte Schlange und andere bedeutende Wesen. Jedes der kleinen Steinstücke wurde exakt passend zugeschnitten, dann mit Mörtel an den Mauern befestigt und bemalt. Auch viele andere Gebäude Mitlas sind mit bemalten Friesen verziert.

Sehenswertes

Altes Mitla ARCHÄOLOGISCHE STÄTTE

(Eintritt Grupo de las Columnas 42 Mex$, andere Komplexe Eintritt frei; ⌚8–17 Uhr; P) Mitlas alte Gebäude waren wahrscheinlich für bestimmte Bewohner vorgesehen, so lebten in einem Komplex Hohepriester, in einem anderen der König etc. Besucher schauen sich in der Regel nur die beiden Hauptkomplexe in der Stadt, die Grupo de las Columnas und die angrenzende Grupo del Norte, an. Die Überreste anderer Bauten verteilen sich jedoch rundherum über viele Kilometer.

Wer mit öffentlichen Verkehrsmitteln unterwegs ist, lässt sich an der Kreuzung La Cuchilla am Ortseingang von Mitla absetzen. Von dort führt ein 1,2 km langer Spaziergang nordwärts zum Ticketschalter der Ruinen: Zunächst geht's in Richtung Norden entlang der Av Morelos, dann über die Plaza in die Calle 5 de Febrero und Reforma, die zur Iglesia de San Pablo mit ihren drei Kuppeln führen. Der Ticketschalter liegt normalerweise hinter der Kirche, befand sich aber zum Recherchezeitpunkt vorübergehend davor. Ein dreirädriges Motorradtaxi ab La Cuchilla kostet 10 Mex$.

Schlafen & Essen

Hotel Don Cenobio HOTEL **$$**
(☎951-568-03-30; www.hoteldoncenobio.com; Av Juárez 3; Zi. 699–925 Mex$, Hauptgerichte 70–120 Mex$; P) Mitlas mit Abstand bestes Hotel steht an der zentralen Plaza. Die 23 komfortablen Zimmer sind mit farbenfrohen, kunstvoll geschnitzten Kopfbrettern an den Betten und Möbeln aus Guadalajara eingerichtet. Im und um den zentralen, grasbewachsenen Garten gibt es einen Pool, eine Bar und das Hotelrestaurant, das Oaxaca-Küche serviert.

Restaurante Doña Chica OAXACANISCH **$$**
(☎951-568-02-25; Av Morelos 41; Hauptgerichte 70–90 Mex$; ⏲11–20 Uhr) Weniger als 100 m von La Cuchilla entfernt werden im blitzsauberen, hellen Doña Chica in einer offenen Küche köstliche Oaxaca-Gerichte wie *moles,* Enchiladas und *tasajo* gezaubert. Gute Suppen, *antojitos* und Salate runden das sorgfältig zusammengestellte Menü ab.

Shoppen

In vielen Läden an Mitlas Straßen wird lokal hergestellter Mezcal verkauft; Kunden dürfen gern mehrere Sorten probieren. Dasselbe gilt in vielen kleinen Mezcal-Destillerien an der Straße nach Oaxaca de Juárez. In zahlreichen anderen Shops und auf dem großen **Mercado de Artesanías** gibt's regionale Textilien (u.a. bergeweise Hängematten und hübsche Tischtücher).

Hierve El Agua

In Hierve El Agua, 14 km südöstlich von Mitla, strömen sprudelnde **Mineralquellen** (Eintritt 20 Mex$; ⏲8–19 Uhr; P) in spektakulär gelegene Badebecken, die am Rand einer Steilwand liegend mit weitem Panoramablick aufwarten. Das Wasser fließt hier seit Jahrtausenden über eine Abbruchkante und hat dabei Mineralformationen geschaffen, die an riesige gefrorene Wasserfälle erinnern. Hierve El Agua bedeutet „kochendes Wasser", doch das mineralreiche Nass ist eigentlich recht kalt und gerade so zum Schwimmen geeignet. Alles in allem ein einzigartiges Badeerlebnis! Oberhalb der Becken befinden sich Umkleiden.

Hierve El Agua ist ein beliebtes Freizeitziel der Bewohner Oaxacas. Oberhalb der Becken und Felsen gibt's verschiedene **comedores** (Antojitos 20–35 Mex$; ⏲8–19 Uhr) und **cabañas** (100 Mex$/Pers.) mit einfachen Zimmern; auf zwei Unterkünfte entfällt jeweils ein Bad.

Hierve El Agua liegt an der Route mancher Tagesausflüge ab Oaxaca de Juárez. Die Anreise mit öffentlichen Verkehrsmitteln ist nur per *camionetas* (Pick-up-Trucks) von Transportes Zapotecos del Valle Oriente (einfache Strecke 40 Mex$) möglich, die von La Cuchilla in Mitla aus verkehren. Sie fahren los, wenn sich genügend Passagiere eingefunden haben. Wer einen eigenen fahrbaren Untersatz hat, nimmt die Highway-Ausfahrt „Hierve El Agua" südlich von Mitla. Diese führt über das Dorf Xaagá und eine unbefestigte, sehr malerische Straße (11 km) zum Ziel.

Valle de Zimatlán

Südlich von Oaxaca de Juárez passiert der Hwy 175 nacheinander San Bartolo Coyotepec (für seine schwarzen Töpferwaren berühmt) und Ocotlán, wo einer der belebtesten Wochenmärkte der Valles Centrales stattfindet. Der Hwy 147 führt nach Cuilapan und Zaachila.

San Bartolo Coyotepec

☎951 / 4000 EW. / 1550 M

Barro negro, die polierten, überraschend leichten schwarzen Tonwaren, die es in Hunderten Varianten in ganz Oaxaca gibt, stammen aus San Bartolo Coyotepec, 11 km südlich der Stadt. Schilder weisen den Weg zur Originalquelle der Töpferkunst: Die **Alfarería Doña Rosa** (☎951-551-00-11; Juárez 24; ⏲9–19 Uhr; P) findet man wenige Gehminuten östlich vom Highway. Rosa Real Mateo (1900–1980) erfand einst die Methode, dem *barro negro* durch Polieren mit Quarzsteinen seinen charakteristischen Glanz zu verleihen. Die *alfarería* (Töpferei) ihrer Familie ist heute die größte vor Ort. Interessierte Besucher können gern bei der Herstellung zusehen. Die Stücke werden mittels einer uralten Handarbeitstechnik geformt, bei der zwei Untertassen als primitive Töpferscheiben dienen. Beim anschließenden Brennen in Grubenöfen erhalten sie ihre schwarze Farbe durch den Rauch und das Eisenoxid im Ton.

Das **Museo Estatal de Arte Popular de Oaxaca** (☎951-551-00-36; www.facebook.com/meapo.oaxaca; Eintritt 20 Mex$; ⏲Di–So 10–18

Uhr) auf der Südseite der zentralen Plaza zeigt neben einer Sammlung schöner schwarzer Töpferwaren auch wechselnde Ausstellungen mit hochwertiger Volkskunst aus dem ganzen Bundesstaat.

Busse von **Autobuses Halcón** (Bustamante 606A, Oaxaca) verkehren alle paar Minuten von Oaxaca de Juárez nach San Bartolo (7 Mex$, 20 Min.).

San Martín Tilcajete

San Martín Tilcajete liegt 24 km südlich von Oaxaca de Juárez und 1 km westlich des Hwy 175. Von hier stammt der Großteil der bunten *alebrijes*, die man in Oaxaca sieht. Direkt verkauft werden diese farbenfrohen Fantasietiere aus Kopal-Baumharz von Werkstätten, die oft durch das Schild „Alebrijes“ oder „Artesanías de Madera“ (Kunsthandwerk aus Holz) gekennzeichnet sind. **Jacobo & María Ángeles Ojeda** (www.tilcajete.org; Olvido 9) stellen besonders schöne *alebrijes* her. Gute Varianten zeigt auch **Azucena Zapoteca** (Hauptgerichte 60–130 Mex$; ⌚8–18 Uhr) am Hwy 175, das gegenüber der Abzweigung nach Tilcajete Oaxaca-Spezialitäten serviert.

Zwischen Oaxaca de Juárez und Ocotlán können Buspassagiere an der Abzweigung nach San Martín (15 Mex$, 35 Min.) aussteigen. In Ocotlán selbst starten *taxis colectivos*.

Ocotlán

15 000 EW. / 1500 M

Das 31 km südlich von Oaxaca de Juárez gelegene Ocotlán war die Heimat des Künstlers Rodolfo Morales (1925–2001). Dieser beteiligte die Region an seinem internationalen Erfolg, indem er die **Fundación Cultural Rodolfo Morales** (www.fcrom.org.mx) gründete, die örtliche Kirchen wunderschön restaurierte und Kunst, Tradition, Umweltschutz und Soziales in der Gegend förderte. Zu den größeren Restaurierungsarbeiten zählt der hübsche **Templo de Santo Domingo** aus dem 16. Jh. gleich hinter Ocotláns Hauptplaza, den nun von innen und außen schmucke bunte Malereien zieren. Die Stiftung verwandelte zudem den angrenzenden **Ex-Convento de Santo Domingo** (Eintritt 15 Mex$; ⌚9–18 Uhr), zuvor ein baufälliges ehemaliges Gefängnis, in ein erstklassiges Kunstmuseum mit mehreren Gemälden von Morales und einem Raum voller Volkskunst, der von den Werken der Aguilar-Schwestern, der bekanntesten Kunsthandwerkerinnen Ocotláns, dominiert wird. Zudem ist hier auch die Asche von Morales untergebracht.

Die vier Aguilar-Schwestern und ihre Familien schmücken ihre skurrilen, bunten Frauenfiguren aus Ton mit originellen Motiven aller Art. Wenn man aus Richtung Norden kommt, stehen ihre Häuser dicht nebeneinander an der westlichen Seite der Hauptstraße – einfach gegenüber dem Hotel Real de Ocotlán nach den tönernen Frauenfiguren an der Mauer Ausschau halten! Am berühmtesten ist die Familie von **Guillermina Aguilar** (Morelos 430), die u. a. kleine 3D-Nachbildungen der Werke Frida Kahlos produziert.

Die meisten Besucher kommen freitags nach Ocotlán, wenn der große **Wochenmarkt** rund um die zentrale Plaza stattfindet. Der überdachte **Mercado Morelos** (⌚6.30–20 Uhr) auf deren Westseite ist jeden Tag einen Besuch wert, zudem verkaufen mehrere *comedores* günstiges Essen aus Oaxaca (Gerichte 20–35 Mex$). Einer davon heißt **La Cocina de Frida** und gehört einer Einheimischen, die Frida Kahlo ähnlich sieht und sich auch wie diese kleidet.

Busse von **Automorsa** (Bustamante 601, Oaxaca) verkehren zwischen 6 und 21 Uhr etwa alle zehn Minuten von Oaxaca de Juárez nach Ocotlán (15 Mex$, 45 Min.). *Taxis colectivos* fahren für 20 Mex$ von der Prolongación Victoria in Oaxaca de Juárez nach Ocotlán.

Cuilapan

12 000 EW. / 1560 M

Cuilapan (Cuilápam) liegt 9 km südwestlich von Oaxaca de Juárez und ist eine der wenigen Mixteken-Städte in den Valles Centrales. Mit dem schönen **Ex-Convento Dominicano** (Eintritt 35 Mex$; ⌚9–17 Uhr; Ⓟ) steht hier ein historisches Dominikanerkloster, dessen fahle Steinmauern gleichsam aus der Erde zu wachsen scheinen.

1831 wurde der mexikanische Unabhängigkeitsheld Vicente Guerrero vor Ort erschossen – und zwar von soldatischen Anhängern des aufständischen Konservativen Anastasio Bustamante, der den liberalen Guerrero gerade als Präsident abgelöst hatte. Guerrero war per Schiff aus Acapulco geflohen, aber vom Kapitän in Huatulco an die Rebellen ausgeliefert worden. Zur Hinrichtung brachte man ihn dann nach Cuilapan.

Die langgestreckte, niedrige und unvollendete **Kirche** vor dem Kloster hat wegen des Abbruchs der Bauarbeiten im Jahr 1560 kein Dach. Sie zeichnet sich durch prächtige Bogen und feine Steinmetzarbeiten aus. Die dahinter stehende Nachfolgekirche ist nur zur Messe geöffnet (meist 7–8 & 17–18 Uhr) und beherbergt das **Grabmal Juana Donajís** (Tochter von Cosijoeza, des letzten Zapotekenkönigs von Zaachila). Rechts dahinter befindet sich ein zweistöckiger **Klosterbau** im Renaissancestil: ein Gemälde Guerreros hängt in dem kleinen Zimmer, in dem er inhaftiert war. Draußen markiert ein **Denkmal** den Ort seiner Erschießung.

Ab der Prolongación Victoria in Oaxaca de Juárez fahren *taxis colectivos* nach Cuilapan (9,50 Mex$, 20 Min.).

Zaachila

☎951 / 14 000 EW. / 1520 M

Diese halb mixtekische, halb zapotekische Stadt mit großem, belebtem Donnerstagsmarkt liegt 6 km südöstlich von Cuilapan. Zwischen 1400 und der spanischen Eroberung war Zaachila eine Hauptstadt der Zapoteken. Hinter der Dorfkirche am Hauptplatz kennzeichnet ein Schild den Eingang zu Zaachilas **Zona Arqueológica** (Archäologisches Areal; Eintritt 35 Mex$; ⌚9–17 Uhr). Inmitten der kleinen Hügelgruppe kann man zwei kleine Grabstätten der alten Mixteken besichtigen: In der Tumba 1 warten Eulenskulpturen, ein Schildkrötenmann und mehrere schädelähnliche Masken mit langen Nasen auf Betrachter. In der schmucklosen Tumba 2 wurde einst ein Mixteken-Schatz entdeckt, der nun im Museo Nacional de Antropología in Mexico City ausgestellt ist. Als mexikanische Archäologen in den 1940er- und 1950er-Jahren erstmals mit Ausgrabungen beginnen wollten, wurden sie von aufgebrachten Einheimischen verjagt. So konnte man die Gräber erst 1962 unter dem Schutz bewaffneter Soldaten freilegen. Fotos zeigen einige der fortgeschafften Objekte.

Busse von Zaachila Yoo (S. 485) verkehren etwa alle 15 Minuten zwischen Oaxaca de Juárez und Zaachila (7 Mex$, 40 Min.). *Taxis colectivos* (12 Mex$, 20 Min.) starten an der Ecke Bustamante und Zaragoza in Oaxaca de Juárez.

San Agustín Etla

☎951 / 3700 EW. / 1800 M

18 km nordwestlich von Oaxaca de Juárez liegt das hübsche San Agustín an den Osthängen des Valle de Etla. Seine große Tuchfabrik aus dem frühen 20. Jh. wurde großartig restauriert und beherbergt nun das **Centro de las Artes de San Agustín** (☎951-521-30-42; www.casa.oaxaca.gob.mx; Independencia s/n, Barrio Vistahermosa; Eintritt frei; ⌚9–18 Uhr). In den beiden langgezogenen, großen Hallen des Kunstzentrums finden Konzerte, Konferenzen und meist tolle Handwerks- und Kunstausstellungen statt. Zudem gehören viele Kurse und Workshops zum Programm.

Wer mit Kindern nach Oaxaca reist, wird im **Balneario Vista Hermosa** (☎951-521-20-49; Hidalgo 16; Erw./Kind 80/70 Mex$; ⌚10–18 Uhr; 👪) einen Tag voller Spaß verleben. Von den sechs Pools in den Gärten am Hang sind zwei beheizt, einer ist groß und tief, andere haben Wasserrutschen. Zur Anlage gehören ein einfaches **Restaurant** (Gerichte 30–75 Mex$) und eine Bar.

Die Abzweigung nach San Agustín auf dem Hwy 190 befindet sich an der Ostseite der Straße, 13,5 km vom Zentrum Oaxacas entfernt; das winzige Schild „San Sebastián Etla" unter dem großen Instituto Euro-Americano weist den Weg. Bis zum Dorf sind es dann noch 4 km bergaufwärts. *Taxis colectivos* fahren von der Trujano an der nördlichen Seite des 2.-Klasse-Terminals in Oaxaca de Juárez nach San Agustín (12 Mex$, 30 Min.).

SIERRA NORTE

Der Gebirgszug, der die Valles Centrales von der Tiefebene im äußersten Norden von Oaxaca trennt, heißt Sierra Juárez, und der südliche Teil dieses Gebirges, der Oaxaca am nächsten liegt, wird Sierra Norte genannt. In dem schönen, bewaldeten Hochland haben sich erfolgreiche Ökotourismusunternehmen angesiedelt, die von den Gemeinden betrieben werden. Sie bieten gemütliche Unterkünfte und sind eine tolle Gelegenheit, eine der schönsten Landschaften Mexikos zu Fuß, mit dem Mountainbike oder hoch zu Ross zu erkunden. Über 400 Vogel- und 350 Schmetterlingsarten, alle sechs Wildkatzenarten Mexikos und fast 4000 Pflanzenarten wurden in der Sierra Norte gefunden. Besucher müssen sich auf kühlere Temperaturen einstellen – in den höher gelegenen Dörfern im Süden kann es auch mal schneien. Am meisten regnet es zwischen Ende Mai und September, zwischen Januar und April hingegen kaum.

Pueblos Mancomunados

Die Pueblos Mancomunados (Dörfergemeinschaft) sind acht entlegene Siedlungen (Amatlán, Benito Juárez, Cuajimoloyas, La Nevería, Lachatao, Latuvi, Llano Grande und Yavesía) im dicht bewaldeten Hochland nördlich des Valle de Tlacolula. Sie bieten wunderbare Naturerlebnisse und gewähren Einblicke in den Alltag eines Zapoteken-Dorfs. Zwischen den Dörfern und regionalen Attraktionen verläuft ein malerisches 100 km umfassendes Wegenetz, das zu mehrtägigen Erkundungstouren einlädt. Die Berglandschaft mit Erhebungen zwischen 2200 und über 3200 m Höhe, Schluchten, Höhlen, Wasserfällen und Panoramablicken ist spektakulär.

Seit Jahrhunderten nutzen die Dörfer gemeinsam die natürlichen Ressourcen ihres 290 km² großen Gebiets, indem sie sich Erträge aus Forstwirtschaft und anderen Geschäftszweigen teilen. In den letzten Jahren setzen sie zudem vermehrt auf Ökotourismus, um wirtschaftlichen Problemen und Bevölkerungsschwund entgegenzuwirken. In der gesamten Region warten herzliche Gastgeber, gemütliche *cabañas* mit gutem Preis-Leistungs-Verhältnis, die meist über Warmwasserbäder und Kamine verfügen, Verpflegung, Guides, Mountainbikes zum Ausleihen und Pferde für Ausritte.

Verschiedene Touranbieter in Oaxaca de Juárez organisieren Ausflüge zu den Pueblos Mancomunados, die Dörfer lassen sich jedoch auch problemlos auf eigene Faust besuchen. Bis auf Lachatao und Yavesía nehmen sechs davon am hervorragenden Ökotourismusprogramm Expediciones Sierra Norte (S. 458) teil, das eine nützliche Vertretung in Oaxaca de Juárez unterhält. Jedes der teilnehmenden Dörfer hat zudem ein Ökotourismusbüro, das täglich von etwa 9 bis 21 Uhr geöffnet ist. Besucher können jeweils spontan erscheinen und alles Nötige direkt vor Ort arrangieren. Zur Ferienzeit und am Wochenende empfiehlt es sich zu reservieren. Pferde sind spätestens am Vortag zu buchen.

Für Exkursionen stehen einheimische Guides bereit, die sich gut mit Fauna, Ökologie, Brauchtum und Geschichte der *sierras* auskennen. Für die Hauptrouten zwischen den Dörfern sind sie nicht unbedingt vonnöten, empfehlen sich jedoch für kleinere Pfade. Englisch sprechenden Führern muss man etwas mehr zahlen; sie sollten zwei bis drei Tage im Voraus angefragt werden.

In jedem Dorf serviert mindestens ein *comedor* von 8 bis 20 Uhr gute Regionalküche, vegetarische Optionen inklusive. In den Dörfern von Expediciones Sierra Norte gelten folgende Preise:

➡ Private *cabaña:* 540 Mex$/2 Pers. inkl. Feuerholz

➡ Gemeinschafts-*cabaña:* 180 Mex$/Pers.

➡ Mahlzeiten: je 60–65 Mex$

➡ Camping: 55 Mex$/Pers.

➡ Leihzelt: 60 Mex$/Nacht

➡ Leihfahrrad: 3 Std./Tag 120/175 Mex$

➡ Leihpferd: 3/4/5 Std. 235/350/465 Mex$

➡ Führer für max. 6 Pers.: je nach Route wandern 175–350 Mex$, Rad fahren 300–410 Mex$, reiten 410–700 Mex$

➡ Einmalige Zugangsgebühr: Erw./Kind 60/35 Mex$

Lachatao unterhält ein eigenes, besonders dynamisches Ökotourismusprogramm namens **Lachatao Expediciones** (☎951-514-00-55, Handy 951-1597194; www.lachataoexpediciones.com.mx) mit ähnlichen Optionen und Preisen. Es zählt zu den schönsten und interessantesten Dörfern und bietet außergewöhnlich gute *cabañas*. Lachatao liegt an den Routen zwischen den Dörfern von Expediciones Sierra Norte, dennoch muss man hier separat reservieren.

Sehenswertes & Aktivitäten

Cuajimoloyas, Llano Grande und **Benito Juárez** am höheren Südende der Sierra Norte sind am leichtesten erreichbar und liegen Oaxaca de Juárez am nächsten. Besucher können sich in einer der Ortschaften eine Bleibe suchen und dann Wanderungen oder Ausritte in der Umgebung unternehmen. Von den südlichen Dörfern aus gelangt man leicht zu tollen Aussichtspunkten. Dazu gehören **El Mirador**, 2,5 Wanderkilometer von Benito Juárez entfernt, und **Yaa-Cuetzi** in 3200 m Höhe am Rand von Cuajimoloyas. In Yaa-Cuetzi beginnt zudem die spektakuläre, 900 m lange **Zipline-Route** (235 Mex$), entlang derer Wagemutige mit bis zu 65 km/h über die Dächer von Cuajimoloyas sausen. An einem Wochenende im Juli, August oder September findet in Cuajimoloyas alljährlich die **Feria de Hongos Silvestres** (Wildpilzfest), ein kulinarisches Fest, statt.

Das winzige **La Nevería** wird weniger besucht, ist aber sehr hübsch und einladend.

ABSEITS DER ÜBLICHEN PFADE

SANTIAGO APOALA

Das kleine, abgeschiedene Dorf in einem grünen, idyllischen Tal mit Steilhängen ist ein wunderbarer Ausgangspunkt für Wander-, Rad- und Klettertouren. Die Mixteken halten diesen Ort für die Wiege der Menschheit, entsprechend spektakulär ist die Landschaft rund um Apoala mit dem 60 m hohen Wasserfall **Cascada Cola de la Serpiente**, der 400 m tiefen Schlucht **Cañón Morelos** und verschiedenen Höhlen als Highlights.

Per Agentur ist die Anreise ab Oaxaca de Juárez am einfachsten, günstiger sind jedoch direkt über die **Unidad Ecoturística** (Ökotourismuseinheit; ☎555-151-91-54; Ecke Pino Suárez & Independencia; ⏱8–20 Uhr) gebuchte Touren. Der Tourismusverband des Dorfes betreibt gemütliche **cabañas** (DZ/4BZ 400/600 Mex$, Mahlzeiten 40–50 Mex$) und hat einen Mountainbikeverleih (3 Std./Tag 30/150 Mex$) sowie Guides (je nach Route 10–30 Mex$/Pers.). In der Regel ist es nicht notwendig, im Voraus zu buchen (zumal das Telefon oft sowieso nicht funktioniert), da genügend Unterkünfte zur Verfügung stehen.

Santiago Apoala liegt 40 km nördlich der Stadt Nochixtlán an einer unbefestigten Straße (2 Std.). Ab dem 1.-Klasse-Terminal in Oaxaca de Juárez verkehren neunmal am Tag Busse nach Nochixtlán (98 Mex$, 1–1½ Std.). Für die Strecke zwischen Nochixtlán und Apoala findet man mit etwas Glück eine *camioneta* oder einen Bus, da diese jedoch nur sporadisch fahren, ist man meist auf ein Taxi angewiesen (einfache Strecke 250 Mex$).

Von hier aus führen weitere Routen durch die Wälder nach La Cumbre am Hwy 175 oder direkt hinunter nach Tlalixtac de Cabrera im Valle de Tlacolula.

Ein besonderes Highlight ist die schöne **Schluchtenwanderung von Latuvi nach Lachatao** entlang eines vorkolonialen Pfads zwischen den Valles Centrales und dem Golf von Mexiko. Sie führt durch Nebelwälder voller Bromelien und Spanischem Moos, an dem einen oder anderen Trogon vorbei.

Lachatao gehört zu den atmosphärischsten Dörfern. Vor Ort gibt es eine mächtige Kirche aus dem 17. Jh. mit wunderschönen Skulpturen, ein exzellentes Gemeindemuseum und die spektakuläre, auf einem Felsen thronende Stätte **Cerro del Rayo** (Xia-Yetza) aus vorkolonialer Zeit, 2 km weiter westlich. Ab Lachatao oder dem nahe gelegenen **Amatlán** kann man die Überreste einer kolonialzeitlichen Textil-Hazienda und alte Goldminen besuchen, in denen Abseiltouren angeboten werden. In Lachatao finden einige interessante Kunstfestivals statt, u.a. mit vorkolonialen Zeremonien auf dem Cerro del Rayo um die Frühlingstagundnachtgleiche (21.–23. März) herum.

ℹ An- & Weiterreise

Aktuelle Infos zu Verkehrsmitteln erfragt man am besten bei Expediciones Sierra Norte in Oaxaca de Juárez.

SÜDLICHE DÖRFER

Das beste öffentliche Verkehrsnetz bieten Cuajimoloyas und Llano Grande; hierher verkehren viermal täglich Busse von Flecha del Zempoaltépetl ab dem 2.-Klasse-Terminal in Oaxaca de Juárez (nach Cuajimoloyas 42 Mex$, 2 Std.; nach Llano Grande 45 Mex$, 2½ Std.). Expediciones Sierra Norte bietet Fahrten in einem Nissan-Pick-up mit Doppelkabine für bis zu fünf Personen zu einem beliebigen Dorf; Hin- und Rückfahrt kosten 1700 Mex$ und müssen mindestens einen Tag im Voraus reserviert werden. Wer nach Benito Juárez möchte, steigt an der entsprechenden Abzweigung („Desviación de Benito Juárez") 3 km vor Cuajimoloyas aus und läuft 3,5 km Richtung Westen entlang einer unbefestigten Straße bis zu dem Dorf. Von Benito Juárez führt eine 9 km lange Wanderung westwärts nach La Nevería, Latuvi wiederum liegt 10 km weiter nördlich.

AMATLÁN & LACHATAO

Zu den nördlichen Dörfern Amatlán und Lachatao geht's zunächst entlang dem Hwy 175 nach Ixtlán de Juárez (46–64 Mex$, 1½ Std., 14-mal tgl. ab dem 1.-Klasse-Busbahnhof in Oaxaca) und dann per *camioneta* nach Amatlán (30 Mex$, 45 Min.) oder Lachatao (30 Mex$, 1 Std.); diese fahren montags bis samstags um 7, 12 und 15 Uhr neben der *escuela primaria* (Grundschule) im Zentrum ab. Die Rückfahrt ab Lachatao erfolgt montags bis samstags um 6, 9 und 13 Uhr. In der Sommerzeit von April bis Oktober verkehren die *camionetas* in beide Richtungen eine Stunde später. Ein Taxi von Ixtlán nach Lachatao kostet rund 200 Mex$.

Montags, dienstags, freitags und samstags um 16 Uhr sowie sonntags um 19 Uhr verkehrt ein Bus nach Amatlán und Lachatao (jeweils 50 Mex$, 2½–3 Std.). Die Abfahrt erfolgt neben der *gasolinera* (Tankstelle) Ixcotel an der Calle Niño Perdido abseits des Hwy 190, 1,5 km östlich des 1.-Klasse-Busbahnhofs in Oaxaca de Juárez. Zurück nach Oaxaca geht's an denselben Tagen um 5.30 Uhr (So 15 Uhr). In der Sommerzeit verschieben sich sämtliche Abfahrten um eine Stunde nach hinten.

WESTLICHES OAXACA

Der dramatische und bergige Westen Oaxacas ist recht dünn besiedelt. Hier gibt es dichte Wälder und abgeholzte und durch Landwirtschaft ausgelaugte Flächen. Zusammen mit Teilen der benachbarten Bundesstaaten Puebla und Guerrero wird diese Region aufgrund ihrer indigenen Mixteken-Bevölkerung als Mixteca bezeichnet. Hier kann man sich prima abseits der Touristenpfade bewegen, in entlegenen Ecken wandern, radeln oder klettern und tolle kolonialzeitliche Architektur bewundern. Veranstalter wie Tierraventura (S. 458) und Bicicletas Pedro Martínez (S. 459) bieten geführte Trips ab Oaxaca de Juárez an.

Yanhuitlán, Coixtlahuaca & Teposcolula

Die wunderschönen **Dominikanerklöster** in den Dörfern Yanhuitlán, Coixtlahuaca und San Pedro Teposcolula stammen aus dem 16. Jh. und zählen zu Mexikos schönsten Architekturschätzen. Ihre Größe zeugt jeweils davon, wie riesig die Zahl der indigenen Einwohner bei Ankunft der Spanier war. Dies gilt vor allem für die großen *capillas abiertas* (offenen Kapellen), die für Massentaufen genutzt wurden. Die dezenten Steinmetzarbeiten der Klöster vereinen mittelalterliche, plateresque, indigene und Renaissancestilelemente. In allen drei Dörfern umfasst die prächtige Inneneinrichtung riesige *retablos* (Altarbilder) aus vergoldetem Holz. Dank kürzlich erfolgter Restaurierung haben die Klöster neben ihrer wiederhergestellten Originalpracht nun auch interessante **Museen**, die täglich außer montags von 10 bis 17 Uhr geöffnet sind; in Yanhuitlán und Teposcolula beträgt der Eintritt 35 Mex$, in Coixtlahuaca genügt eine Spende. Die Klosterkirchen sind meist von etwa 9 bis 14 Uhr und von 16 bis 18 Uhr geöffnet, aber man muss eventuell in den Museen nach dem Schlüsselwart fragen. Wer über Nacht bleiben möchte, findet in Coixtlahuaca und San Pedro Teposcolula akzeptable, einfache Hotels und Gästehäuser.

Der **Templo y Ex-Convento de San Juan Bautista** in Coixtlahuaca liegt 4 km östlich der gleichnamigen Mautstelle am Hwy 135D und ca. 30 km nördlich von Nochixtlán. Die weiße, steinerne Hauptfassade der Kirche ist im herrlichen Renaissancestil gestaltet. Die würdevollen Ruinen der *capilla abierta* zieren religiöse Symbole der Mixteken, vor allem Schlangen und Adler.

Der **Templo y Ex-Convento de Santo Domingo** in Yanhuitlán erhebt sich rund 14 km nordwestlich von Nochixtlán hoch über dem Hwy 190. Die Kirche wurde am früheren Standort einer bedeutenden Zeremonialstätte der alten Mixteken errichtet. Ihre Nord- und Westseite schmücken kunstvolle Steinmetzarbeiten und unterhalb der Chorempore mit eindrucksvoller Orgel befindet sich eine großartige Decke im Mudéjar-Stil.

Der **Templo y Ex-Convento de San Pedro y San Pablo** dominiert die Ortschaft San Pedro Teposcolula am Hwy 125 rund 30 km westlich von Yanhuitlán. Das Kloster hat eine besonders prächtige *capilla abierta* mit einem schön behauenen Bogenensemble. Das Museum im benachbarten Komplex zeigt eine große Sammlung von Kunst aus der frühen Kolonialzeit.

An- & Weiterreise

Alle drei Dörfer lassen sich in einem langen, aber nicht weiter schwierigen Auto-Tagestrip ab Oaxaca de Juárez besuchen. Alternativ gibt's öffentliche Verkehrsmittel: **Transportadora Excelencia** (Díaz Ordaz 314, Oaxaca) schickt alle halbe Stunde komfortable Minibusse nach Yanhuitlán (60 Mex$, 1 Std.) und Teposcolula (80 Mex$, 1¾ Std.). Ab dem 2.-Klasse-Busbahnhof in Oaxaca de Juárez verkehren 2.-Klasse-Busse von **Fletes y Pasajes** (Fypsa) zu der Mautstelle Caseta Coixtlahuaca am Hwy 135D (90 Mex$, 1½ Std., 12-mal tgl.); von dort führt ein 3 km langer Fußmarsch oder eine Fahrt per *taxi colectivo* gen Osten ins Dorf Coixtlahuaca.

OAXACAS KÜSTE

Oaxacas spektakuläre Pazifikküste bietet alles, was man für einen großartigen Urlaub am Meer benötigt. Bei all den verschiedenen entspannten Badeorten und einer fast menschenleeren Küste voller goldener Sandstrände und tierreicher Lagunen wird es hier sicherlich niemandem langweilig. Vor der Küste schwimmen Delfine, Schildkröten und Wale, zudem locken Tauch- und Schnorchelspots, Angelgründe und einige der besten Surfwellen Nordamerikas.

Im hiesigen Tropenklima ist das Leben der gastfreundlichen Einheimischen nie übermäßig hektisch. In der Mitte der Küste laden die entspannten Stranddörfer Zipolite, San Agustinillo und Mazunte zu erholsamen Aufenthalten ein. Weiter westlich liegt der größere Urlaubsort Puerto Escondido mit Markt, Fischereihafen und einer Reihe toller Strände wie der Playa Zicatela mit den wilden Surfwellen der „Mexican Pipeline". Am östlichen Küstenende säumt das moderne, durchgeplant angelegte Strandresort Bahías de Huatulco eine Reihe idyllischer Buchten mit angenehm bodenständiger Atmosphäre.

Der Küstenstreifen gehört zu den weltweit wichtigsten Nistplätzen von Meeresschildkröten. Die vielen Lagunen dahinter erfreuen Naturliebhaber, weil sie viele Vogelarten und Wasserlebewesen beherbergen. Am Rand der Küstenebene erheben sich überall spektakuläre bewaldete Berge. So ist schon die Anreise ab Oaxaca de Juárez ein großartiges Erlebnis – egal, ob per Bus, Auto oder Kleinflugzeug. Auf den Flughäfen von Huatulco und Puerto Escondido landen täglich Maschinen aus Oaxaca de Juárez und Mexico City. Für Besucher der Gegend zwischen Zipolite und Mazunte ist Huatulco praktischer, zudem gibt's dort ein paar Direktflüge in andere Länder.

Den meisten Niederschlag gibt es zwischen Juni und September, dann wird die ganze Region grün. Trotz teils anhaltend feucht-warmen Klimas trocknet sie ab Oktober aus. Am heißesten ist es im Mai.

Puerto Escondido

☎954 / 40 000 EW.

Einer der schönsten Orte an Mexikos Pazifikküste, der „versteckte Hafen", ist bei Surfern, Wassersportjunkies und dauergebräunten Weltenbummlern besonders beliebt. Tagsüber kann man hier surfen, schnorcheln, tauchen, schwimmen, angeln oder nach Schildkröten, Delfinen und Walen Ausschau halten. Abends sorgen eine lebendige Café-, Restaurant- und Barszene sowie Livemusik für ein entspanntes, unprätentiöses Nachtleben. Die touristische Entwicklung der Stadt wurde sanft über Jahrzehnte hinweg vollzogen und hält sich in angenehmen Grenzen. So beruht Puertos Charme auch darauf, dass dies nicht nur ein Urlaubsort, sondern weiterhin eine Marktstadt mit Fischereihafen ist.

Das Stadtzentrum liegt oberhalb der kleinen Bahía Principal. Die Carretera Costera (Hwy 200) auf dem darüber befindlichen Hügel trennt den unteren touristischeren Stadtteil vom oberen, wo Busse halten und die meisten Einheimischen leben und arbeiten. Herzstück des unteren Bereichs ist die verkehrsberuhigte Avenida Pérez Gasga alias El Adoquín (Der Pflasterstein). Haupttreffpunkt der Surfer- und Urlauberszene ist die Playa Zicatela, die sich vom Ostende der Bahía Principal 3 km in Richtung Südosten erstreckt. Im ruhigen Wohnviertel Rinconada oberhalb der Playa Carrizalillo westlich des Zentrums gibt es weitere Unterkünfte, Restaurants und Service-Einrichtungen.

Sehenswertes

★ Playa Zicatela STRAND

(Karte S. 495; P) Die lange, gerade Playa Zicatela ist Puerto Escondidos belebtester Strand: Hier findet man einladende Cafés, Restaurants und Unterkünfte sowie die Wellen der legendären **Mexican Pipeline**. Am nördlichen Strandende (liegt am nächsten zur Stadt) steigt die meiste Action (inkl. Pipeline). Nicht-Surfer aufgepasst: Die starke Unterströmung an dem Strand kann für Schwimmer zur tödlichen Gefahr werden – fast jeden Monat müssen Rettungsschwimmer mehrere Unvorsichtige vor dem Ertrinken bewahren. Der Bereich Punta Zicatela am Südende bietet ebenfalls anständige Surfwellen und ein ruhigeres Ambiente.

Bahía Principal STRAND

Der zentrale Strand ist lang genug für Restaurants am Westende, einen kleinen Fischereihafen (Playa Principal) in der Mitte und Sonnenanbeter plus junge Bodyboarder am Ostende (Playa Marinero), wo das Wasser etwas sauberer wirkt. Pelikane gleiten direkt über dem Wasser, Boote dümpeln in der Dünung, und ein paar Straßenhändler ziehen vorbei.

Playa Carrizalillo STRAND

(Karte S. 492) 157 Stufen führen hinunter zu dem kleinen Strand in einer Bucht westlich des Zentrums. Hier kommen Schwimmer, Bodyboarder und unerfahrene Surfer auf ihre Kosten, zudem gibt's ein paar Strandbars mit strohgedeckten *palapa*-Dächern.

Bahía Puerto Angelito STRAND

In der geschützten Bucht von Puerto Angelito liegen zwei kleinere Strände mit seichtem, meist ruhigem Wasser, die Playa Angelito im Westen und die Playa Manzanillo im Osten. Beide bieten jede Menge *comedores*, die Meeresfrüchte servieren, und erfreuen sich am Wochenende und in den Ferien bei mexikanischen Familien großer Beliebtheit. Am entspannteren Manzanillo gibt's die größeren *comedores*. Die Lokale verleihen für rund 40 Mex$ Schnorchel.

Aktivitäten

Surfen

In Puerto Escondido kann man fast das ganze Jahr über surfen. Die **Pipeline** an der Playa Zicatela, einer der heftigsten und eindrucksvollsten Beach Breaks der Welt, ist in der Regel am Morgen und späten Nachmittag am besten sowie zwischen Mai und Juli am höchsten. Selbst bei „flacher" Pipeline türmt sich der Point Break bei **Punta Zicatela** fast ununterbrochen auf. Die **Playa Carrizalillo** bietet gute Anfängerwellen. An der Playa Zicatela finden pro Jahr mehrere Surfwettbewerbe statt, meist im August, September und während der Fiestas im November. Zudem gibt's ein Festival für Surfer unter 18 Jahren an der Playa Carrizalillo (in der Regel im August).

Long- und Shortboards kann man für rund 100/30 Mex$ pro Tag/Stunde ausleihen, Bodyboards für 50/20 Mex$ plus 25 Mex$ für Schwimmflossen. Läden wie der Cricket's Surf Shop und der Seth Surf Shop in Zicatela verkaufen für etwa 1000 Mex$ gebrauchte Surfbretter.

Verschiedene Surfshops, Schulen und Lehrer in Zicatela, Punta Zicatela und Rinconada bieten Surfkurse an. In der Regel dauern diese eineinhalb bis zwei Stunden; die Tauchschulen fahren Teilnehmer zu den geeignetsten Wellen (oft Carrizalillo).

Oasis Surf Academy SURFEN
(Karte S. 492; ☎954-582-14-45; www.oasissurfpuerto.com; Blvd Juárez 6, Rinconada; Kurs mit kleiner Teilnehmerzahl 35 US$, 5 Kurse 150 US$; ⏲Mo–Sa 9–18 Uhr) Nahe der Playa Carrizalillo erteilen hier erfahrene, gut ausgebildete Lehrer, die mehrere Sprachen sprechen, Unterricht. Chef ist der einheimische Profisurfer und Bretthersteller Roger Ramírez, der auch Apartments vermietet.

Puerto Surf SURFEN
(☎Handy 954-1096406; www.puertosurf.com.mx; Nayarit s/n, Punta Zicatela; Surfkurs 5 Tage/6

OAXACA FÜR SURFER

Die riesigen Tubes der Mexican Pipeline vor der Playa Zicatela in Puerto Escondido zählen zu den besten Surfwellen überhaupt. Sie locken erfahrene Surfer aus der ganzen Welt an, die auf der Suche nach dem ultimativen Adrenalinkick sind.

Daneben bietet die Küste von Oaxaca noch Dutzende weitere tolle Surfspots. Die besten Wellen gibt's in der Regel zwischen März und November, wobei sie etwa zwischen Mai und Juli am höchsten sind. Bei vielen handelt es sich um Right-Hand Point Breaks, die sich teils über Hunderte Meter erstrecken.

In Chacahua (S. 501) am westlichen Ende der Küste gibt's einen guten, langen Point Break und verschiedene einfache *cabañas*. Puerto Escondido hat übrigens nicht nur die Pipeline zu bieten: Auf dem Left-Hand Point Break von Punta Zicatela (S. 489 kann man fast das ganze Jahr über surfen, während sich die ruhigere Brandung der Playa Carrizalillo (S. 489) wunderbar für Anfänger eignet. In dem Ort gibt es mehrere Surfschulen und -lehrer.

Weiter östlich lockt San Agustinillo (S. 508) mit seinen perfekten Bodyboard-Wellen und den Surfkursen. Die Right-Hander im Mündungsgebiet bei La Bocana (S. 517) machen Bahías de Huatulco zu einem lohnenden Ziel, während im Dorf Barra de la Cruz (S. 522), 20 km die Küste hinunter, ein sehr langer Point Break, ein überaus beliebter Klassiker, wartet.

Die Region Salina Cruz am Ostende der Küste ist das am wenigsten bekannte Surfgebiet Oaxacas. Der Tourismus hat hier bisher kaum Einzug gehalten, es gibt jedoch ein paar erstklassige Point, Beach und Jetty Breaks. Einige der „Surfcamps" in Salina Cruz sollen Surfer, die in Eigenregie losziehen, manchmal vor Wellen warnen, damit ihre Kunden diese für sich haben. Von diesem Phänomen sind bisher jedoch nur wenige Spots betroffen. Das Dorf Concepción Bamba (S. 524) 40 km östlich von Salina Cruz hat ein sehr viel günstigeres und entspannteres Surfcamp, das sich für Individualreisende am besten eignet.

Nächte & Unterkunft EZ/DZ 3600/6400 Mex$, nur Kurs 1900 Mex$, Einzelkurs 400 Mex$) Die Tauchschule unter Leitung des freundlichen David Salinas, des jüngsten von sechs bekannten Surfbrüdern aus Puerto, bietet gute fünftägige Surfkurse (2 Std./Tag plus zweistündiger einführender Theorieunterricht). Daneben gibt es kürzere und eintägige Kurse. An Übernachtungsmöglichkeiten stehen fünf Zimmer in einer hübschen, komfortablen Pension in La Punta zu Verfügung.

Central Surf SURFEN
(Karte S. 495; ☎954-582-22-85; www.puertoescondidosurfschool.com; Calle del Morro s/n, Zicatela; Einzel-/Gruppenkurs pro Pers. 550/350 Mex$; ⏰Shop 9–21 Uhr) Die Surferschule steht unter der Leitung von René Salinas aus einer bekannten einheimischen Surferfamilie. Zum Programm gehören auch Bodybord- und SUP-(Stehpaddel)Kurse, Ausrüstungsverleih, der Verkauf von Surfbrettern sowie tägliche Surfberichte und jede Menge Fotos und Videos auf der Partnerwebsite http://centralsurf.tv.

Puerto Surf Lessons SURFEN
(☎Handy 954-1010791; www.puertosurflessons.com; Guerrero 4, Punta Zicatela; 1/3/5 Kurse 400/1150/1800 Mex$) Die empfehlenswerte Schule wird von dem Rettungsschwimmer und sehr erfahrenen Surfer Celestino geleitet.

Tierbeobachtungen

Meeresschildkröten und Delfine lassen sich oft vor Puerto blicken. Von etwa November bis April hat man auch die Chance, Buckelwale, Mantarochen und sogar Walhaie zu sichten. Dreistündige Touren für kleine Gruppen kosten in der Regel 400 Mex$ pro Person; empfehlenswert sind Omar Ramírez von **Omar's Sportfishing** (Karte S. 492; ☎Handy 954-5594406; http://tomzap.com/omar.html; Playa Angelito) und der Tauchladen Deep Blue Dive. Einheimische Fischer nehmen Gruppen von bis zu vier Personen für rund 450 Mex$ in ihren *lanchas* (offenen, schnellen Außenborderbooten) mit hinaus. Entsprechende Infos gibt's bei der **Sociedad Cooperativa Turística Nueva Punta Escondida** (Karte S. 492; ☎Handy 954-1188070; Restaurante El Pescador, Marina Nacional) an der Bahía Principal.

Tauchen & Schnorcheln

Gewöhnlich beträgt die Unterwassersicht etwa 10 m, zwischen Mai und August, wenn das Meer am wärmsten ist, steigt sie auf bis zu 30 m. An den artenreichen Riffen aus Vulkangestein tummeln sich u.a. große Fischschwärme, Gefleckte Adler- und Stachelrochen und Schildkröten. Die meisten Tauchspots liegen eine 15-minütige Bootsfahrt von der Stadt entfernt. Beide Tauchanbieter vor Ort veranstalten Schnorchelausflüge, Tierbeobachtungstouren, Tauchgänge für zertifizierte Teilnehmer und verschiedene Tauchkurse.

Deep Blue Dive TAUCHEN, SCHNORCHELN
(Karte S. 495; ☎Handy 954-1003071; www.deepbluedivemexico.com; Beach Hotel Inés, Calle del Morro s/n, Zicatela; ⏰9–14 & 16.30–20 Uhr) Der professionelle Anbieter unter europäischer Leitung veranstaltet Ausflüge für zertifizierte Taucher mit 1/2 Flaschen (550/900 Mex$), einmalige Discover-Scuba-Kurse am Morgen (800 Mex$) und verschiedene PADI-Kurse.

Puerto Dive Center TAUCHEN, SCHNORCHELN
(Karte S. 492; ☎954-582-34-21; www.puertodivecenter.com; Andador Libertad s/n; ⏰9–18 Uhr) Das PDC bietet Tauchausflüge für zertifizierte Taucher und Anfänger, abendliche Tauchgänge und PADI-Kurse. Besitzerin Sofia Ponce hält den Damenweltrekord im Salzwasser-Tieftauchen: 2010 brachte sie es vor Puerto auf 190 m.

Angeln

Einheimische Fischer nehmen zwei bis vier Angler mit auf die Jagd nach Marlinen, Segel- und Thunfischen oder kleineren Arten im Küstenbereich; ein dreistündiger Ausflug kostet zwischen 1200 und 1500 Mex$. Entsprechende Informationen liefern die Sociedad Cooperativa Turística Nueva Punta Escondida (S. 491) oder Omar's Sportfishing (S. 491). Gefangene Fische werden möglichst wieder lebend zurückgesetzt. Nach Vermittlung durch die Bootsbesitzer kann man aber auf Wunsch einen Teil des Fangs bei Fischrestaurants zubereiten lassen.

Yoga & Massage

Temazcalli MASSAGE
(☎954-582-10-23; www.temazcalli.com; Calle Temazcalli, abseits der Av Infraganti, Colonia Lázaro Cárdenas; ⏰9–18 Uhr) Die Experten von Temazcalli sorgen bereits seit 20 Jahren in Puerto für das Wohlbefinden ihrer Kunden. Auf dem idyllischen, grünen Komplex am Stadtrand gibt's neben verschiedenen Massagen und Schönheitsbehandlungen (400–500 Mex$) auch *temascals* (traditionelle Dampfbäder; 350 Mex$). Gegen einen Aufpreis von 50 Mex$ kommen die Mitarbeiter zur jeweiligen Unterkunft.

Puerto Escondido

Mehrmals pro Woche werden aktive Meditationen veranstaltet.

Vida Yoga Center YOGA
(Karte S. 495; ☎ Handy 954-1147675; www.vidayogacenter.com; Casa Mandala, Vista Hermosa s/n, Colonia Santa María; Kurs 80 Mex$) Jeden Morgen außer sonntags und an ein paar Abenden veranstaltet Mariné Larripa auf dem luftigen Dach eineinhalbstündige Hatha-Yoga-Kurse.

Kurse

Experiencia SPRACHKURS
(Karte S. 492; ☎ 954-582-18-18; www.experienciapuerto.com; Andador Revolución 21; Programme pro Woche inkl. Aktivitäten 150–472 US$, Anmeldung 95 US$) Die Schule ist für ihre gute Atmosphäre und Organisation bekannt, und kombiniert Sprachunterricht mit Aktivitäten, optionalen Exkursionen und gemeinnützigen Projekten. Das Kursangebot reicht von zehn bis 40 Wochenstunden (am beliebtesten sind die mit 25 Wochenstunden für kleine Gruppen) und umfasst alle Levels. Viele Schüler bleiben entweder eine oder vier Wochen.

Es gibt spezielle Programme für Urlauber, Surfer, Rentner und Berufstätige sowie Rabatte bei spontaner Anmeldung. Der große, attraktive Schulkomplex in zentraler Lage verfügt über WLAN, eine Küche für Schüler und Unterkünfte (Gemeinschafts-/Privatzimmer pro Woche 89/170 US$).

Instituto de Lenguajes Puerto Escondido SPRACHKURS
(Karte S. 495; ☎ 954-582-20-55; www.puertoschool.com; Carretera Costera, Zicatela; Kleingruppen-/Einzelkurse pro Pers. & Std. 8/12 US$) Die kleine Schule legt Wert darauf, dass Teilnehmer Spanisch schreiben und sprechen lernen. Zum Programm gehören zudem verschiedene Exkursionen und zusätzliche Aktivitäten wie Surfen, Kochen, Salsa und Tai-Chi gegen einen Aufpreis. Das Institut liegt in einem hübschen, tropischen Garten mit Blick auf die Playa Zicatela und verfügt über WLAN und Bungalows für Schüler (pro Tag/Woche f. 1 od. 2 Pers. 30/180 US$). Starttag, Niveau und Dauer sind beliebig wählbar.

Geführte Touren

Viajes Dimar DIVERSE TOUREN
(www.viajesdimar.com) **Adoquín** (Karte S. 492; ☎ 954-582-15-51; Av Pérez Gasga 905; ⏰ 8–21.30 Uhr); **Zicatela** (Karte S. 495; ☎ 954-582-23-05; Calle del Morro s/n, Zicatela; ⏰ Mo–Fr 9–21, Sa 10–21, So 10–15 Uhr) Der alteingesessene, verlässliche Veranstalter bietet eine gute Auswahl ganz- und halbtägiger Ausflüge nach Manialtepec, Chacahua, zu Wasserfällen,

Themalquellen und anderen Attraktionen in der Gegend für 350 bis 650 Mex$ pro Person (min. 4 Pers.). Die Guides sprechen Englisch.

Gina Machorro KULTUR, GESCHICHTE

(Karte S. 492; ☎954-582-11-86, 954-582-02-76; ginainpuerto@yahoo.com; Touristeninformationskiosk, Av Pérez Gasga) Die engagierte, sachkundige Gina arbeitet für Puertos Touristeninformation und leitet persönlich verschiedene Touren wie die beliebten Besuche des Mercado Benito Juárez (S. 498) am Samstagmorgen mit einer Einführung in die hiesige Geschichte, Küche und Religion (300 Mex$/ Pers., 2 Std.).

Gina organisiert außerdem Kochkurse im Wohnhaus eines örtlichen Kochs (1500 Mex$ inkl. Abendessen f. 1 Teilnehmer plus Gast) und Ausflüge in das Dorf **Tututepec**, eine alte Mixteken-Hauptstadt rund 85 km weiter westlich mit Ruinen, mixtekischen *artesanías* und einem guten, kleinen archäologischen Museum. Letztere kosten 650 Mex$ pro Person (min. 5 Pers.), inklusive Transport, Mittagessen und einer 20-minütigen Tanz- und Musikdarbietung.

Feste & Events

Puerto Music MUSIK

Während dieses Festivals im Januar und Februar gibt es rund acht Konzerte erst-

Puerto Escondido

Sehenswertes
1 Playa Carrizalillo ... A2

Aktivitäten, Kurse & Touren
2 Experiencia ... F2
3 Gina Machorro ... F2
4 Oasis Surf Academy ... A2
5 Omar's Sportfishing ... C3
6 Puerto Dive Center ... F2
7 Sociedad Cooperativa Turística Nueva Punta Escondida ... F2
8 Viajes Dimar ... G2

Schlafen
9 Hotel Flor de María ... H2
10 Hotel Mayflower ... F2
11 Hotel Villa Mozart y Macondo ... A2
12 Villas Carrizalillo ... A3

Essen
13 El Cafecito ... A2
14 El Nene ... B2
15 Pascale ... F2
16 Restaurante Los Crotos ... F2

Ausgehen & Nachtleben
17 Congo ... G2

Unterhaltung
18 Cinemar ... B2

klassiger Bluesmusiker aus Kanada und den USA in der Split Coconut Bar an der Playa Marinero.

Fiestas de Noviembre KULTUR, ANGELN
(visitapuerto.com/fiestas-de-noviembre) Die Feierlichkeiten sorgen im November in der Stadt für Stimmung. Zu den verschiedenen Programmpunkten zählen das Festival Costeño de la Danza (Volkstanzfest), ein internationaler Speerfisch-Wettkampf (www.pescadeportivaenpuertoescondido.com), ein Surfwettbewerb, Motocross, Verköstigungen und mehr.

Schlafen

Die meisten Unterkünfte gibt es an der Playa Zicatela und der zentral gelegenen Gegend an der Adoquín (Av Pérez Gasga). Zicatela bietet die schönste Umgebung sowie tolle Restaurants und Übernachtungsmöglichkeiten. Einziger Nachteil: Hier kann man nicht schwimmen.

Die folgenden Standardtarife gelten für die touristische Hauptsaison (ca. Mitte Dez.–Ostern, Juli & Aug.). Während der Oster- und Weihnachtsferien können sich die Preise mehr als verdoppeln, in der Nebensaison sinken sie hingegen oftmals beträchtlich. Bei mehrtägigen bzw. längeren Aufenthalten gibt's oft Rabatt. Zu den Spitzenzeiten lohnt es sich, im Voraus zu buchen, denn dann sind die beliebtesten Unterkünfte oft ausgebucht.

Playa Zicatela

Bungalows Puerta del Sol HOTEL $
(Karte S. 495; ☎954-582-29-22; www.bungalowspuertadelsol.com; Calle del Morro s/n; Zi. 350 Mex$, mit Klimaanlage 650 Mex$;) Der kleine Pool und die Gemeinschaftsküche des freundlichen, extrem sauberen Hotels mit hilfsbereitem Personal säumen die Seiten eines netten, grünen Innenhofs. Die 16 geräumigen, soliden Zimmer bieten fröhliche Kunst sowie größtenteils Balkon und Hängematte.

Hotel Las Olas HOTEL $
(Karte S. 495; ☎954-582-09-19; www.hotel-lasolas.com; Calle del Morro s/n; Zi. 250–300 Mex$, mit Klimaanlage 450–500 Mex$;) Hier gibt's gute, saubere Zimmer mit exzellentem Preis-Leistungs-Verhältnis sowie teilweise mit Küchen. Die im 2. Stock verfügen über Hängematten mit Meerblick, zudem gibt's eine kleine Sonnenterrasse.

Hotel Buena Vista HOTEL $
(Karte S. 495; ☎954-582-14-74; buenavista_97@hotmail.com; Calle del Morro s/n; Zi. 200 Mex$, mit Klimaanlage 300 Mex$, mit Küche zzgl. 50 Mex$;) Die zehn einfachen, großen, sehr sauberen Zimmer verfügen über zwei Betten, Moskitonetz, ein Bad mit Warmwasseranschluss und einen luftigen Balkon. Das Preis-Leistungs-Verhältnis ist gut, ein paar Gemeinschaftsbereiche, in denen man mit anderen Gästen in Kontakt kommt, würden es allerdings noch besser machen.

Ananda PENSION $
(Karte S. 495; ☎Handy 954-1186070; www.anandahotelpuerto.com; Jacarandas 18, Colonia Santa María; Zi. 150–400 Mex$;) Die freundliche, preisgünstige Pension ist besonders bei Surfern beliebt. Die Bewohner von jeweils zwei Zimmern teilen sich eine Küche.

Hotel Casa de Dan HOTEL $$
(Karte S. 495; ☎954-582-27-60; www.facebook.com/hotelcasadan; Jacarandas 14, Colonia Santa María; Zi. 350–700 Mex$; P) Die Anlage erstreckt sich über grüne Innenhöfe und Gärten. Gäste kommen in den Genuss eines hübschen, langen Schwimmbeckens sowie einer Terrasse mit perfekter Aussicht auf die Surfszene von Zicatela. Die 15 unterschiedlich großen Wohneinheiten verfügen über voll ausgestattete Küchen, Terrassen und schön geflieste Bäder, zudem können Gäste direkt ins angrenzende exzellente Dan's Café Deluxe (S. 497) marschieren. Eine Reservierung ist empfehlenswert.

Beach Hotel Inés HOTEL $$
(Karte S. 495; ☎954-582-07-92; www.hotelines.com; Calle del Morro s/n; Zi. 350–1400 Mex$; P) Auf der Anlage unter deutscher Leitung wohnt man in einer der verschiedenen hellen, fröhlichen *cabañas,* in einem Zimmer, einem Apartment oder einer Suite, die sich um einen schattigen Pool-Bereich mit Café, das gute europäische und mexikanische Küche serviert, verteilen. Alle Unterkünfte verfügen über heißes Wasser, hochwertige Moskitonetze und Ventilatoren sowie teils über Küchen oder eine Klimaanlage. Gäste können Ausritte, Surfkurse, Tauchgänge und andere Ausflüge buchen, zudem sind die Sicherheitsstandards besonders hoch.

Aqua Luna HOTEL $$
(Karte S. 495; ☎954-582-15-05; www.hotelaqualuna.com; Vista Hermosa s/n; Zi. 350–900 Mex$; @) Das exzellente, kleine Hotel

Playa Zicatela

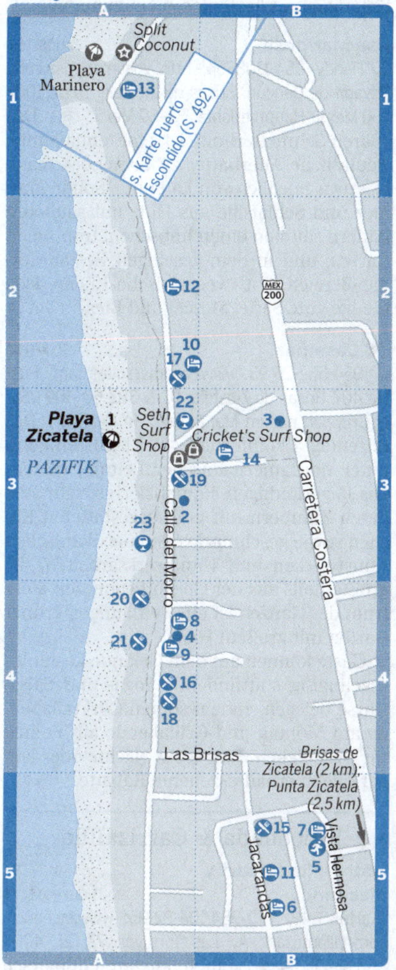

Playa Zicatela

Highlights

1 Playa Zicatela A3

Aktivitäten, Kurse & Touren

2 Central Surf A3
Deep Blue Dive ....(siehe 8)
3 Instituto de Lenguajes Puerto Escondido B3
4 Viajes Dimar A4
5 Vida Yoga Center B5

Schlafen

6 Ananda B5
7 Aqua Luna B5
8 Beach Hotel Inés A4
9 Bungalows Puerta del Sol A4
10 Hotel Buena Vista A2
11 Hotel Casa de Dan B5
12 Hotel Las Olas A2
13 Hotel Santa Fe A1
14 Hotelito Swiss Oasis B3

Essen

15 Dan's Café Deluxe B5
16 El Cafecito A4
17 Fish Taco & Beer A2
Hotel Santa Fe ....(siehe 13)
18 La Hostería Bananas A4
19 Mangos A3
20 Portus A4
21 Restaurante Los Tíos A4

Ausgehen & Nachtleben

Bar Fly ....(siehe 18)
22 Casa Babylon A3
23 Playa Kabbalah A3

ist bei Surfern beliebt und punktet mit einer Panoramaterrasse auf dem Dach samt Ausblick auf die Pipeline von Zicatela. Die Zimmer sind hell, sauber und modern sowie größtenteils im unteren Preissegment angesiedelt und nicht klimatisiert. In der Bar am Pool gibt's den ganzen Tag über Frühstück und andere leichte Gerichte (30–50 Mex$).

Bei Aufenthalten ab einem Monat Länge bekommt man beträchtliche Rabatte. Gäste unter 16 Jahren sind nicht willkommen.

Hotelito Swiss Oasis HOTEL **$$**

(Karte S. 495; ☎954-582-14-96; www.swissoasis.com; Andador Los Adobes; EZ/DZ/3BZ/4BZ 500/600/700/800 Mex$;) Das gute, kleine Hotel hat eine Gästeküche, in der kostenlos Kaffee, Tee und sauberes Wasser für Durstige bereitstehen, einen Swimmingpool in einem hübschen Garten sowie acht sehr saubere Zimmer mit guten Betten und attraktiver Farbgestaltung. Die vielgereisten Besitzer aus der Schweiz sprechen vier Sprachen und informieren gern über die Gegend.

Hotel Santa Fe HOTEL **$$$**

(Karte S. 495; ☎954-582-01-70; www.hotelsantafe.com.mx; Calle del Morro s/n; Zi. 1300 Mex$, Suite ab 1800 Mex$; P) Das professionell geführte Hotel im neukolonialen Stil steht neben zwei guten Pools im Schatten von Palmen. Die über 60 Zimmer haben hübsche Fliesen, Holzmöbel und teils Original-Wandbilder. Im luftigen Restaurant isst man vegetarische Gerichte und Fisch mit Blick auf den Strand von Zicatela.

El Adoquín & Umgebung

Hotel Mayflower HOSTEL, HOTEL $
(Karte S. 492; ☎954-582-03-67; minnemay7@hotmail.com; Andador Libertad s/n; B/EZ/DZ/3BZ/4BZ 100/250/350/450/550 Mex$;) Das saubere, beliebte Mayflower beherbergt neun Schlafsäle mit Ventilatoren und (Stock-)Betten für vier bis sieben Personen sowie 17 ziemlich hübsche Privatzimmer mit Bädern und kleinen Balkonen. Zur Ausstattung gehören zudem eine anständige Gästeküche, halboffene Sitzbereiche, Schließfächer und Möglichkeiten zur Gepäckaufbewahrung.

Hotel Flor de María HOTEL $$
(Karte S. 492; ☎954-582-05-36; www.mexonline.com/flordemaria.htm; 1a Entrada a Playa Marinero; Zi. 45–65 US$;) Das beliebte Hotel unter kanadischer Leitung verfügt über 24 geräumige Zimmer mit guten, großen Bädern, folkloristischem mexikanischem Dekor und hübsch bemalten Wänden und Türen. Ein Highlight ist die weitläufige Dachterrasse mit großartigen Ausblicken, Bar und kleinem Pool. Gäste unter zwölf Jahren sind nicht erwünscht.

Punta Zicatela

La Punta nennt sich das Südende der Playa Zicatela. Hier ist die Atmosphäre entspannter und urlauberfreundlicher als an der Playa Zicatela, rund 2 km den Strand hinauf, die von der Surferszene geprägt wird.

Cabañas Buena Onda HOSTEL $
(☎954-582-16-63; http://buenaonda.hostei.com; Cárdenas 777; Zeltstellplatz/Hängematte/B pro Pers. 60/60/110 Mex$, Hütte 270 Mex$;) Die beliebte Anlage in einem schattigen Palmenhain umfasst einen Strandbereich mit *palapa*-Dächern, wo Gäste zelten oder eine Hängematte aufspannen können. Die zehn sauberen, rustikalen *cabañas* sind mit Moskitonetzen, Ventilatoren und Hängematten ausgestattet, zudem gibt's ordentliche Bäder und eine Küche.

Frutas y Verduras CABAÑAS, GÄSTEZIMMER $
(☎Handy 954-1246297; http://frutasyverdurasmexico.com; Cárdenas s/n; EZ 150–300 Mex$, DZ 250–400 Mex$, Camping EZ/DZ 100/150 Mex$;) Hier erwarten Gäste verschiedene recht kleine, aber gepflegte Unterkünfte (einfache *cabañas* sowie farbenfrohe Zimmer, jeweils mit Moskitonetzen), gute Gemeinschaftsbäder, eine Küche, ein anständiges Restaurant, eine Dachterrasse, ein Surfbrettverleih und Fahrräder zur kostenlosen Nutzung.

Osa Mariposa HOSTEL $
(☎Handy 954-1108354; http://osamariposa.com; Privada de Cancún, Brisas de Zicatela; B/DZ 100/250 Mex$, Hauptgerichte 50–60 Mex$;) Das „Bären-Schmetterling" ist eine entspannte, freundliche Alternative zu Brisas de Zicatela, etwas nördlich von La Punta. Solide Zimmer und Schlafsäle aus Holz mit sauberen Bädern säumen einen hübschen, tropischen Garten, und in dem geselligen Restaurant-Bar-Bereich gibt's vegetarische Küche, jede Menge gute Säfte, Mezcal und Bier.

★ **Casamar** SUITEN $$
(☎954-582-25-93; www.casamarsuites.com; Puebla 407, Brisas de Zicatela; DZ & 3BZ 60–109 US$; ⏲Gruppen nur im Mai & Nov.;) Das reizende, komfortable Urlaubsrefugium unter nordamerikanischer Leitung besteht aus 15 geräumigen, klimatisierten, sehr sauberen Zimmern mit gut ausgestatteten Küchen sowie geschmackvollen mexikanischen Kunstwerken und Handwerksarbeiten, die größtenteils aus der Gegend stammen. Zentrum des Ganzen ist ein weitläufiger, grüner Garten mit großem Pool.

Gäste können auf dem Gelände kostenlos regelmäßig stattfindende Yoga- und Salsa-Kurse belegen, zudem sorgen Cocktailabende am Montag und Grillabende am Freitag für Geselligkeit. Wer sechs Nächte oder länger bliebt, erhält exzellente Rabatte.

Rinconada & Carrizalillo

Hotel Villa Mozart y Macondo BOUTIQUEHOTEL $$
(Karte S. 492; ☎954-104-22-95; www.facebook.com/villamozart; Av Las Tortugas 77; Zi. 400–800 Mex$;) Einen kurzen Fußmarsch von der Playa Carrizalillo entfernt sorgen die sieben individuell eingerichteten, sehr komfortablen Zimmer und Apartments (teils mit Küche) der Villa Mozart und die herzliche, aufmerksame Art der Besitzer für persönliche Atmosphäre. Dekortechnisch dominiert ein hübscher, modern-folkloristischer Mix mit einigen hochwertigen Originalkunstwerken. Frühstück wird im mit Skulpturen geschmückten Garten serviert, der für sich genommen ein Kunstwerk ist.

Villas Carrizalillo BOUTIQUEHOTEL $$$
(Karte S. 492; ☎954-582-17-35; www.villascarrizalillo.com; Av Carrizalillo 125; Apt. 184–244 US$;) Die geräumigen, stilvollen,

klimatisierten Apartments in herrlicher Klippenlage oberhalb der Playa Carrizalillo haben ein bis drei Schlafzimmer sowie größtenteils Küchen und eigene Terrassen. Ein Pfad führt direkt hinunter zum Strand, Gäste können Surfbretter, Schnorchelausrüstung und Kajaks ausleihen sowie Fahrräder kostenlos nutzen, und es gibt ein gutes, luftiges Restaurant. Bei Bargeldzahlung winken Rabatte.

Essen

Puertos große, facettenreiche kulinarische Bandbreite reicht von soliden, sättigenden, mexikanischen und internationalen Gerichten bis hin zu verlockender, moderner Fusion-Küche. Meeresfrüchte sind stark vertreten und meist frisch, zudem gibt es ein paar gute vegetarische Optionen.

Playa Zicatela

Dan's Café Deluxe INTERNATIONAL $

(Karte S. 495; www.facebook.com/danscafedeluxe; Jacarandas 14, Colonia Santa María; Frühstück 40–60 Mex$, leichte Gerichte 40–70 Mex$; ⌚ Mo–Sa 7–16, So 7–14 Uhr;) Hier gibt's herzhaftes, günstiges, bei Surfern beliebtes Frühstück und gesundes Mittagessen wie Salate, Vollkornsandwiches und vegetarische Pfannengerichte.

Restaurante Los Tíos SEAFOOD $

(Karte S. 495; 954-582-28-79; Calle del Morro; Hauptgerichte 50–100 Mex$; ⌚ Mi–Mo 8–22 Uhr) „Die Onkel" servieren gute *licuados* (Milchshakes) und frische Säfte zu leckeren, günstigen Eigerichten, *antojitos* und Meeresfrüchten. Beliebt bei Einheimischen und wunderbar entspannt.

Portus MEXIKANISCH, INTERNATIONAL $$

(Karte S. 495; Calle del Morro; Hauptgerichte 70–120 Mex$; ⌚ 10–22 Uhr) Direkt über dem Strand von Zicatela und mit Liegestühlen vor der Tür: Im Portus werden große Fischsteaks und großzügige Garnelen-, Gemüse- und Steak-Burritos aus marktfrischen Zutaten serviert.

La Hostería Bananas ITALIENISCH, MEXIKANISCH $$

(Karte S. 495; 954-582-00-05; Calle del Morro s/n; Hauptgerichte 80–185 Mex$; ⌚ 8.30–0.30 Uhr;) In der Hostería ist italienische Leidenschaft zu spüren, sei es in der funkelnden Küche mit computergesteuertem Pizzaholzofen oder in den Bädern mit Talavera-Fliesen. Neben einer großen Auswahl von leckeren Speisen, darunter viele vegetarische und hausgemachte Pastagerichte, gibt's eine tolle Getränkekarte, gute Frühstücksangebote und echten Kaffee.

El Cafecito MEXIKANISCH, INTERNATIONAL $$

(Frühstück 45–75 Mex$, Hauptgerichte 60–175 Mex$) Mitunter scheint die ganze Stadt im Cafecito an der Playa Zicatela zu frühstücken – aus gutem Grund: Die Auswahl (u. a. „Hungry Starving Surfer") ist lecker und sättigend, der Service gut und die Kaffeeportionen sind riesig. Es gibt weitere Filialen in Zicatela (Karte S. 495; Calle del Morro s/n; ⌚ 6–23.30 Uhr;) und Rinconada (Karte S. 492; Blvd Juárez; ⌚ 6–22 Uhr;).

Mangos MEXIKANISCH, VEGETARISCH $$

(Karte S. 495; Calle del Morro s/n; Frühstück 35–49 Mex$, Hauptgerichte 65–150 Mex$; ⌚ 7–23.30 Uhr;) Hier kommen die wohl besten Frühstückskombis der Stadt auf den Tisch, zudem helfen Säfte aus tropischen Früchten und Gemüse (25–30 Mex$) bestens gegen den Durst. Das Angebot ergänzen vegetarische Optionen wie Tofuburger und leckere, frische Salate sowie jede Menge Pasta und gut zubereitete Meeresfrüchte.

Hotel Santa Fe VEGETARISCH, SEAFOOD $$

(Karte S. 495; Calle del Morro s/n; Hauptgerichte 60–180 Mex$; ⌚ 8–22 Uhr;) Das luftige Hotelrestaurant mit Blick auf den Strand von Zicatela hat sich auf exzellente vegetarische Küche und Meeresfrüchte spezialisiert. Zu den fleischlosen Optionen zählen Tofugerichte, *antojitos* und ein mediterraner Teller mit Hummus, Taboulé, griechischem Salat und Pita.

Fish Taco & Beer MEXIKANISCH, INTERNATIONAL $$

(Karte S. 495; Calle del Morro s/n; Tacos 25–35 Mex$, Hauptgerichte 70–120 Mex$; ⌚ 14–24 Uhr) Die Tacos sind vor allem mit Salat belegt, und Gäste müssen 10 % Trinkgeld bezahlen, die Hütte mit langen Holztischen und Rockmusik in Zicatela punktet jedoch vor allem mit fröhlich-geselliger Stimmung.

El Adoquín & Umgebung

Pascale MEXIKANISCH, EUROPÄISCH $$

(Karte S. 492; 954-582-10-93; Playa Principal; Hauptgerichte 85–185 Mex$; ⌚ 18–23 Uhr, Sept. geschl.;) Direkt unter den Palmen der sandigen Playa Principal kredenzt das Pascale bei romantischem Kerzenschein originelle, leckere Meeresfrüchte, Fleischgerichte, hausgemachte Pasta und ungewöhnliche französische Desserts. Zu den Nudeln stehen verschiedene leckere Saucen zur Auswahl, und die Meeresfrüchte könnten nicht frischer sein. Das Service ist professionell. Freitags wird Livemusik gespielt.

Restaurante Los Crotos SEAFOOD $$
(Karte S. 492; Playa Principal; Hauptgerichte 115–180 Mex$; ⌚8–22.30 Uhr) Das beste Fischrestaurant an der Playa Principal kredenzt auf einer charmanten, gefliesten Terrasse Schnapper, Garnelen und Fischfilet. Gäste können zwischen Dutzenden Zubereitungsarten wählen, ob *a la plancha* (gegrillt) oder *al guajillo* (in einer würzigen Sauce aus getrockneter Chili).

Andere Gebiete

★Lychee THAI $
(Cárdenas, Punta Zicatela; Hauptgerichte 60–90 Mex$; ⌚17–23 Uhr;) Mitten in der großen, rechteckigen Holzbar werden großartige thailändische Gerichte – Tom-Yum-Suppe, rotes oder grünes Curry, Thunfisch-Sommerrollen, Hühnchen-Satay – zubereitet. Gegessen wird an einer Handvoll Holztische im Freien. Unbedingt Platz für die karamellisierte Banane in Filoteig mit Eis lassen!

Mercado Benito Juárez MARKT $
(Av 8 Norte, zw. Av 3 & Av 4 Poniente; Hauptgerichte 40–100 Mex$; ⌚8–19 Uhr) Der Hauptmarkt im oberen Teil der Stadt lockt mit leckeren heimischen Aromen und authentischem Flair. Einladende *comedores* servieren frische Fischgerichte und Garnelen, Suppen sowie *antojitos* zu guten Preisen. Besucher können an den Blumen-, Essens- und Kunsthandwerkständen vorbeischlendern und bei den Saftverkäufern ungewöhnliche Geschmacksrichtungen kosten. „Mercado"-Busse (5 Mex$) fahren die Avenida Oaxaca hinauf.

★El Nene MEXIKANISCH, FUSION $$
(Karte S. 492; Blvd Juárez, Rinconada; Hauptgerichte 120–150 Mex$; ⌚Mo–Sa 14–22 Uhr) Die exzellenten Tacos (3 Stück 40 Mex$) und mexikanischen sowie internationalen Fisch-, Garnelen- und Hühnchengerichte sind den Weg zur Rinconada wert. Der Fisch des Tages in Weißwein oder nach Cajun-Art ist eine gute Wahl, zuvor bietet sich aromatische Thai- oder *nopal*-Suppe an. Professioneller Service und der Sitzbereich im hübschen, von Pflanzen gesäumten Patio machen eines der besten kulinarischen Erlebnisse Puertos perfekt.

Ausgehen & Nachtleben

Wer immer schon davon geträumt hat, in Mexiko unter einem Palmdach bei Wellenrauschen ein eisgekühltes Bier zu genießen, ist in Puerto Escondido genau richtig, dafür sorgen verschiedene Bars am Strand. An der Playa Zicatela machen Besucher aus aller Welt mancherorts bis zum frühen Morgen Party, regelmäßige DJ- und Livebandauftritte inklusive. Die Musikszene umfasst einheimische und ausländische Talente, deren Bandbreite von Latino-Klängen über Jazz und Blues bis hin zu Rock reicht. Die meisten Konzerte finden etwa zwischen Weihnachten und März statt, dann gibt's fast jeden Abend irgendwo einen Auftritt.

★Playa Kabbalah BAR
(Karte S. 495; Calle del Morro s/n, Zicatela; ⌚8.30 Uhr–open end) Die hippe Strandbar an der Playa Zicatela lädt zu abendlichen Drinks ein, dafür sorgen eine gute Atmosphäre, die Bar, Liegestühle im Sand und elektronische Klänge zu zuckenden, fluoreszierenden Lichtern. Besonders beliebt sind die regelmäßigen DJ-Abende und die Ladies' Nights am Dienstag und Donnerstag (von 22 bis 24 Uhr gibt's dann für Frauen kostenlose Cocktails).

Casa Babylon BAR
(Karte S. 495; Calle del Morro s/n, Zicatela; ⌚10.30 Uhr–open end;) Im schrägen Babylon gibt's eine tolle Sammlung mexikanischer Masken, eine große Büchertauschbörse sowie Live- oder DJ-Musik an manchen Abenden. Die Besitzerin ist stolz auf ihre Mojitos.

Bar Fly BAR
(Karte S. 495; Calle del Morro s/n, Zicatela; ⌚21 Uhr–open end) In der offenen Dachbar mit Blick auf den nächtlichen Sternenhimmel sorgen DJs am Wochenende für besonders gute Stimmung.

Congo BAR, TANZEN
(Karte S. 492; Av Pérez Gasga; ⌚Di–Sa ab 20 Uhr) Veranstaltet jeden Mittwoch beliebte Salsa-Abende mit Livebands.

Unterhaltung

Cinemar KINO
(Karte S. 492; Blvd Juárez, Rinconada; Eintritt 25 Mex$; ⌚Filme 16, 18 & 20 Uhr) Das gemütliche Minikino zeigt die besten mexikanischen Filme und die neuesten Streifen auf Englisch. Von 9 bis 15 Uhr können die Gäste das Programm wählen.

Praktische Informationen

GEFAHREN & ÄRGERNISSE

Um das Risiko eines Diebstahls oder Überfalls zu minimieren, meidet man einsame oder leere Ecken und hält sich bei Dunkelheit an gut beleuchtete Gegenden oder fährt mit dem Taxi. Man sollte nach ein paar Drinks nicht auf die Idee kommen, am Strand seine Blase zu entleeren, da dies zu Problemen mit der Polizei führen kann.

GELD

Banken und *casas de cambio* tauschen in der Regel US-Dollar und Euro um. An der Playa Zicatela gibt's zwei Geldautomaten, die in der Stadt sind jedoch verlässlicher.

Banamex (Av Pérez Gasga 314; ⌚Mo–Sa 9–16 Uhr) Vom Westende der Fußgängerzone geht es die Pérez Gasga hinauf zu dieser Bank mit Wechselschalter und Geldautomat.

Centro Cambiario Joycy Adoquín (Av Pérez Gasga 905; ⌚Mo–Sa 10–21, So 15–21 Uhr) Zicatela (Calle del Morro s/n; ⌚Mo–Sa 10–21 Uhr) Die *casa de cambio* tauscht neben Euro auch kanadische und US-amerikanische Dollar.

HSBC (Av 1 Norte, zw. Av 2 Poniente & Carretera Costera) Verlässlicher Geldautomat.

INFOS IM INTERNET

Auf der englischen Website von **Lonely Planet** (www.lonelyplanet.com/mexico/oaxaca-state/puerto-escondido) gibt's u. a. Tipps zur Reiseplanung, Empfehlungen von Autoren und Artikel.

INTERNETZUGANG

An der El Adoquín und der Calle del Morro (Zicatela) finden sich ein paar Internetcafés. Verlangt werden 10 bis 15 Mex$ pro Stunde.

MEDIZINISCHE VERSORGUNG

Dr. Omar López Pérez (☎954-582-04-40; Av Oaxaca 603 Altos; ⌚Mo–Fr 9–13 & 16–19, Sa 9–13 Uhr) Empfehlenswerter, Englisch sprechender Allgemeinarzt.

REISEBÜROS

Flug- und Bustickets verkauft die solide, alteingesessene Agentur Viajes Dimar (S. 492).

TOURISTENINFORMATION

Touristeninformationskiosk (Karte S. 492; ☎954-582-11-86; ginainpuerto@yahoo.com; Av Pérez Gasga; ⌚Mo–Fr 10–14 & 16–18, Sa 10–13 Uhr) Die dynamische, engagierte Gina Machorro spricht mehrere Sprachen, beantwortet gern Fragen aller Art und veranstaltet eigene interessante Touren.

An- & Weiterreise

AUTO & MOTORRAD

Von Oaxaca de Juárez aus durchquert der Hwy 131 die schöne Landschaft der Sierra Madre del Sur. Mit dem Auto benötigt man für die 254 km lange Strecke rund neun Stunden, ein paar Pausen inklusive. Auf der kurvigen Route gibt es viele Schlaglöcher, und Tankstellen sind rar, deswegen unbedingt volltanken, bevor es losgeht!

Die 400 km zwischen Puerto Escondido und Acapulco (ca. 7 Std.) führen entlang des recht gut befestigten, aber mit vielen Bremsschwellen versehenen Hwy 200.

Los Tres Reyes (☎954-582-33-35; www.lostresreyes.com.mx; Ecke Carretera Costera & Belmares, Colonia Santa María; ⌚8–19 Uhr) Verleiht kleine Limousinen ab 650 Mex$ pro Tag. Das Büro liegt am Highway direkt über der Playa Zicatela, zudem gibt es eine Vertretung am Flughafen.

BUS & MINIBUS

OCC-Busbahnhof (Karte S. 492; ☎954-582-10-73; Carretera Costera 102) Wird von OCC (1. Klasse) und Sur (2. Klasse) genutzt.

Terminal Turística (Central Camionera; Ecke Avs Oaxaca & 4 Poniente) Im oberen Teil der Stadt; hier starten Busse von Altamar (1. & 2. Klasse) und Turistar (Deluxe).

Oaxaca de Juárez

Am einfachsten gelangt man mit komfortablen Minibussen über den Hwy 131 (7 Std.) nach Oaxaca de Juárez. Mindestens zwei Anbieter bedienen die Route. Die 1.-Klasse-Busse von OCC (318 Mex$, 11 Std., 3-mal tgl.) nehmen die sehr viel längere Route über Salina Cruz und den Hwy 190.

BUSSE AB PUERTO ESCONDIDO

ZIEL	PREIS (MEX$)	DAUER (STD.)	HÄUFIGKEIT (TGL.)
Acapulco	380	8–9	ab Terminal Turística 7-mal
Bahías de Huatulco	64–120	2½	ab OCC-Terminal 25-mal
Mexico City(verschiedene Busbahnhöfe)	794–1045	12–18	ab Terminal Turística 6-mal, OCC 2-mal
Pochutla	40–68	1¼	ab OCC-Terminal 25-mal
Salina Cruz	156–256	5	ab OCC-Terminal 12-mal
San Cristóbal de las Casas	520	13	OCC 3-mal (18.30–21.30 Uhr)

Express Service (Karte S. 492; ☎ 954-582-08-68; Hotel Luz del Ángel, Ecke Avs 1 Norte & Oaxaca) Minibusse starten von 4 bis 17 Uhr stündlich sowie um 20, 22, 23 und 23.30 Uhr nach Oaxaca de Juárez. Der Fahrpreis beträgt 180 Mex$.

Villa Escondida (Karte S. 492; Av Hidalgo s/n) Die Minibusse nach Oaxaca de Juárez verkehren von 3.30 bis 21.30 Uhr stündlich sowie um 23 Uhr. Kostenpunkt: 170 Mex$.

Weitere Ziele

Ab dem Terminal Turística fahren AltaMar und Turistar über Acapulcos Vororte nach Mexico City. OCC-Busse über Salina Cruz brauchen deutlich länger.

FLUGZEUG

Flughafen (☎ 954-582-04-91) 3 km westlich des Zentrums am Hwy 200.

Aeromar (www.aeromar.com.mx) Bis zu drei Flüge am Tag nach/ab Mexico City.

Aerotucán (☎ 954-582-34-61, Handy 954-5884704; www.aerotucan.com.mx; Flughafen; ⏲ Mo–Sa 7–14.30 Uhr) Tägliche Verbindung nach/ab Oaxaca de Juárez mit 13-sitzigen Cessnas (1940 Mex$).

VivaAerobus (www.vivaaerobus.com) Billiganbieter mit täglichen Flügen nach/ab Mexico City. Bei frühzeitiger Buchung bekommt man Tickets bereits ab 500 Mex$.

Unterwegs vor Ort

Prepaid-Taxis ab dem Flughafen fahren für 35 Mex$ pro Person zu beliebigen Zielen in der Stadt (70 Mex$ nach Punta Zicatela). Eventuell lässt sich an der Hauptstraße vor dem Flughafen ein eigenes Taxi zu einem ähnlichen Preis ergattern. Stadtfahrten schlagen mit 25 Mex$ zu Buche (30 Mex$ nach Punta Zicatela).

Taxis colectivos, Lokalbusse und *camionetas* mit der Aufschrift „Zicatela" oder „La Punta" (jeweils 5 Mex$) verkehren etwa alle 20 Minuten von Sonnenauf- bis Sonnenuntergang vom Mercado Benito Juárez im nördlichen Teil der Stadt nach Punta Zicatela. Sie fahren die 3 Poniente hinunter und nehmen anschließend die Carretera Costera in Richtung Osten. Wer nach Adoquín oder zur Playa Zicatela möchte, steigt einfach unterwegs aus und läuft hinunter (2 Min.).

Rund um Puerto Escondido

Laguna Manialtepec

Die Lagune erstreckt sich 14 km westlich von Puerto Escondido über 6 km entlang des Hwy 200 und fasziniert Vogel- und Naturliebhaber gleichermaßen. Je nach Jahreszeit leben hier Ibisse, Rosalöffler, Papageien, Pelikane, Falken, Fischadler, Habichte, Leguane sowie Silber- und Fischreiher. Am besten lassen sich die Tiere von Dezember bis März und jeweils kurz nach Sonnenaufgang beobachten. Die Lagune ist größtenteils von Mangroven umgeben, auf ihrer Seeseite sprießen jedoch auch viele Tropenblumen und Palmen. Der Kanal am westlichen Ende schlängelt sich zu einem unberührten Sandstrand.

Mehrere Veranstalter bieten dreistündige **Vogelbeobachtungstouren** in motorisierten *lanchas* und Kajakausflüge für ambitionierte Paddler. Ein magisches Manialtepec-Phänomen ist *fosforescencia*, phosphoreszierendes Plankton, das drei bis viermal jährlich ein paar Tage lang zu sehen ist. Besucher können dann bei nächtlichen Bootsfahrten schwimmen oder die Hand durchs Wasser gleiten lassen und damit den seltsamen Leuchteffekt auslösen. Das Phänomen tritt zwischen Juli und August auf und ist in mondlosen Nächten am eindrucksvollsten.

Geführte Touren

Hidden Voyages Ecotours VOGELBEOBACHTUNG
(www.hiddenvoyagesecotours.com; ⏲ Mitte Dez.–Ende März Mo–Mi, Fr & Sa) Der sachkundige kanadische Ornithologe Michael Maline veranstaltet *lancha*-Fahrten für 600 Mex$ pro Person inklusive Transport ab/zu der Unterkunft in Puerto Escondido (Abfahrt 7 Uhr) und einer 45-minütigen Fahrt am Strand. Ferngläser werden gestellt. Buchungen führt die Agentur Viajes Dimar (S. 492) durch, die ihrerseits das ganze Jahr über Touren (450 Mex$/Pers.) unter der Führung einheimischer Vogelkenner anbietet.

Lalo Ecotours VOGELBEOBACHTUNG
(☎ Handy 954-5889164, Handy 954-1280042; www.lalo-ecotours.com) Lalo Ectours wird von einem erfahrenen, Englisch sprechenden Vogelkenner aus der Gegend geleitet. *Lancha*-Fahrten kosten 500 Mex$ pro Person und umfassen den Transport ab/zu der Unterkunft in Puerto Escondido. Reservieren kann man telefonisch oder per E-Mail.

La Puesta del Sol VOGELBEOBACHTUNG
(☎ 954-588-90-55, Handy 954-1328294; ⏲ Restaurant 9–18 Uhr) Das hübsche Restaurant am See liegt direkt abseits des Hwy 200 rund 2,5 km vom östlichen Lagunenende entfernt und ist ein guter Ausgangspunkt für Ausflüge nach Manialtepec in Eigenre-

ABSTECHER

DIE HEISSEN QUELLEN VON ATOTONILCO

Von dem Dorf San José Manialtepec 23 km westlich von Puerto Escondido führt ein schöner Ausritt entlang dem Río Manialtepec inmitten grüner Natur zu diesen mineralreichen Quellen (einfache Strecke 1 Std.). Der Ausflug bietet sich zwischen Oktober und März an, wenn der Wasserstand nicht zu hoch ist, denn auf dem Weg muss man den Fluss mehrmals überqueren. Viajes Dimar (S. 492) und Lalo Ecotours (S. 500) bieten die Tour ab Puerto Escondido für rund 500 Mex$ pro Person an, alternativ organisiert man sie direkt über den Guide **Agileo „Chucho" Villavicencio** (☎954-488-18-82; Ecke Hidalgo & Porfirio Díaz, San José Manialtepec) in San José für 300 Mex$. Essen und Getränke müssen mitgebracht werden. *Taxis colectivos* fahren von der Avenida 4 Poniente in Puerto Escondido nach San José (15 Mex$, 20 Min.).

gie. Hier gibt's leckeres Essen (Frühstück 40–60 Mex$, Hauptgerichte 70–120 Mex$), Bootsfahrten für 800 Mex$ für bis zu fünf Personen und einen Verleih von Zweier-Kajaks (ca. 120 Mex$/Std.).

Wer eine Lagunenfahrt am frühen Morgen unternehmen möchte, ruft am besten am Vortag an. Die Mitarbeiter am Telefon und einige Vogel-Guides sprechen Englisch (kein Aufpreis).

An- & Weiterreise

Ab Puerto Escondido geht's per *taxi colectivo* von der Avenida 4 Poniente Richtung San José Manialtepec (15 Mex$, 15 Min.). Alternativ verkehren ab der Avenida Hidalgo 5 von 4 bis 20 Uhr alle 15 Minuten Minibusse Richtung Río Grande (20 Mex$).

Parque Nacional Lagunas de Chacahua

Auf dem westwärtigen Weg gen Acapulco windet sich der Hwy 200 durch ein äußerst artenreiches Küstengebiet mit vielen Lagunen und unberührten Stränden. Die zahlreichen Afro-Mexikaner der Region stammen von einstmals entflohenen Sklaven der Spanier ab.

Der wunderschöne Parque Nacional Lagunas de Chacahua rund um die Küstenlagunen von Chacahua und La Pastoría lockt im Winter viele Zugvögel aus Alaska oder Kanada an. Seine mangrovengesäumten Inseln beheimaten Rosalöffler, Ibisse, Kormorane, Waldstörche, (Silber-)Reiher, Mahagonibäume, Krokodile und Schildkröten. Mangroven flankieren auch den Wasserweg El Corral, der die beiden Lagunen miteinander verbindet und im Winter vor Vögeln nur so strotzt. Endziel einer herrlichen Bootsfahrt entlang der Lagunen ist das Dorf Chacahua an einem großartigen Strandbogen. Der erstreckt sich über mindestens 20 km in Richtung Osten und lädt überall zu Restaurantbesuchen oder Übernachtungen in rustikalen *cabañas* ein.

CHACAHUA

Durch das Dorf Chacahua führt der Kanal, der das Westende der gleichnamigen Lagune mit dem Meer verbindet. Der herrliche Strand auf der Seeseite des Dorfes ist ideal zum Entspannen. Die hiesige Brandung, ein sehr langer Right Hand Point Break, eignet sich mitunter auch gut für Surfanfänger. Vorsicht: Wegen starker Strömungen sollten sich Schwimmer nach sicheren Stellen erkundigen. Wer über Nacht bleibt, kann eine Bootsfahrt bei Sonnenaufgang auf der Laguna Salina westlich des Dorfes unternehmen (ca. 300 Mex$).

Am Strand gibt es mehrere einfache *comedores*, die für 35 bis 90 Mex$ Ei-, Pasta- und Meeresfrüchtegerichte servieren. Viele davon vermieten zudem simple *cabañas* mit Gemeinschaftsbädern und meist nur mit Sandboden für rund 150 Mex$ für zwei Personen. Gäste des jeweiligen Lokals können normalerweise gratis zelten oder in einer Hängematte übernachten. Das **Restaurante Siete Mares** (Cabaña 150–400 Mex$) am westlichen Strandende (dem Fluss am nächsten) bietet exzellente Meeresfrüchtegerichte und hat einige der besseren *cabañas*. Manche davon verfügen über zwei Doppelbetten, Ventilatoren, Moskitonetze, elektrisches Licht und saubere eigene Bäder. Die *señora* des Hauses schließt Wertsachen auf Wunsch ein.

An- & Weiterreise

Der Ausgangspunkt für Bootstouren ist das kleine Fischerdorf Zapotalito am Ostende der Laguna La Pastoría, 70 km von Puerto Escondido entfernt.

ABSEITS DER ÜBLICHEN PFADE

OCHO VENADO

Das kommunale Ökotourismus-Projekt **Ocho Venado** (954-543-82-84; http://ochovenado.wikispaces.com) gewährt die seltene Chance, in den Alltag in den Dörfern der bewaldeten Hügel hinter den Lagunas de Chacahua einzutauchen. Dabei kann man einen wenig besuchten Teil der Küstenregion erkunden, geführte Wanderungen oder Ausritte unternehmen, hausgemachtes Essen genießen und an allen aktuellen Aktivitäten der Dorfbewohner teilnehmen.

Zentrum des Programms ist das Dorf Jocotepec (700 m) mit soliden *cabañas* (300 Mex$/2 Pers.), Zuchtgehegen für Hirsche bzw. Wildschweine, Kaffeeplantagen, Wasserfällen und einem heiligen Hügel, auf dem Einheimische bis heute Regen- und Ernterituale abhalten. Der Touristeninformationskiosk in Puerto Escondido hilft bei Reservierungen.

In Puerto Escondido nimmt man an der Avenida Hidalgo 5 einen Minibus Richtung Pinotepa Nacional (4–20 Uhr ca. alle 15 Min.) und steigt an der Abzweigung nach Zapotalito (35 Mex$, 1¼ Std.), 58 km westlich von Puerto bzw. 8 km hinter der Stadt Río Grande am Hwy 200, aus. Dort fahren *taxis colectivos* für ein paar Pesos die restlichen 5 km nach Zapotalito.

Verschiedene Kooperativen bieten *lancha*-Fahrten von Zapotalito zum Dorf Chacahua für bis zu acht Personen (einfache Strecke/hin & zurück 700/1200 Mex$). Eine Rundtour dauert rund fünf Stunden mit etwa drei Stunden Aufenthalt am Strand von Chacahua. Ist die Nachfrage groß genug, bedienen *colectivos* die Strecke (einfache Strecke 100 Mex$/Pers.). Die Rückfahrzeiten sollte man im Voraus erörtern.

Mit dem Auto folgt man der unbefestigten Straße, die von San José del Progreso entlang dem Hwy 200 über 29 km Richtung Süden ins Dorf Chacahua führt. Von Mai bis November ist die Strecke allerdings oft überflutet.

Pochutla

958 / 14 000 EW.

Das belebte, feuchtwarme Pochutla ist Marktstadt und Verkehrsknotenpunkt von Oaxacas zentraler Küste. Letztere umfasst die benachbarten Strandorte Puerto Ángel, Zipolite, San Agustinillo und Mazunte.

Der Hwy 175 ab Oaxaca de Juárez durchquert Pochutla in Nord-Süd-Richtung als Av Lázaro Cárdenas. Die schmale, verkehrsreiche Hauptstraße trifft ca. 1,5 km südlich der Stadt auf den Hwy 200 an der Küste. Bus- und Minibusterminals findet man am südlichen (unteren) Ende der Cárdenas; der größte ist der Terminal San Pedro Pochutla an der Ecke der Constitución.

Schlafen & Essen

Eines der besten Restaurants an der gesamten Küste Oaxacas liegt direkt vor den Stadttoren. Wer vor Ort eine Nacht verbringen möchte, trifft mit dem **Hotel Izala** (958-584-01-15; Av Cárdenas 59; EZ/DZ 200/300 Mex$, mit Klimaanlage 300/450 Mex$; P) und dem **Hotel San Pedro** (958-584-11-23; Av Cárdenas s/n; EZ/DZ 400/500 Mex$; P) eine akzeptable Wahl.

★ **Finca de Vaqueros** PARRILLA **$$**
(958-100-43-31; El Colorado; Hauptgerichte 130–150 Mex$; 9–21 Uhr) Das Restaurant im Ranch-Stil mit langen Tischen in einer großen, halboffenen Scheune lohnt wegen seines großartigen Grillfleischs von jedem beliebigen Punkt an der Küste die Anreise. Ein guter Einstieg sind *frijoles charros* (Bohnensuppe mit Speckstückchen) und *queso fundido* (Schmelzkäse), gefolgt von zarter *arrachera* (Kronfleisch) und *chistorra*-Wurst – ein unvergessliches Mahl. El Colorado liegt an der Straße nach Puerto Ángel, 2 km von Pochutla entfernt (Taxi 40 Mex$).

Es gibt exzellenten Mezcal und Corona-Oscura-Bier vom Fass, zudem sind die *costillas ahumadas* (geräucherte Schweinerippchen) eine weitere leckere Option. Ist Gastgeber Pedro in der entsprechenden Stimmung, singt er gefühlvolle *ranchera*-Lieder.

Praktische Informationen

Banco Azteca (Av Cárdenas s/n; 9–21 Uhr) Tauscht US-Dollar und Euro; im Elektra-Geschäft 75 m südlich des zentralen Busbahnhofs.

Clínica Hospital San Carlos (958-584-06-03; Zaragoza 14, Sección 4a; 24 Std.) Die Privatklinik mit guter Ausstattung und kompetenten Fachärzten liegt auf dem Hügel hinter der Stadtverwaltung.

HSBC ATM (Av Cárdenas 48)

An- & Weiterreise

OAXACA DE JUÁREZ

Oaxaca de Juárez ist eine 245 km lange Fahrt entlang des kurvenreichen Hwy 175 entfernt. Praktische, recht komfortable, klimatisierte

BUSSE AB POCHUTLA

ZIEL	PREIS (MEX$)	DAUER (STD.)	HÄUFIGKEIT (TGL.)
Acapulco	448	9	Estrella Blanca 3-mal
Bahías de Huatulco	23–46	1	TRP 6.30–20 Uhr alle 20–30 Min., Sur 7.20–20.40 Uhr alle 40–60 Min., OCC 9-mal
Mexico City (Sur) über Acapulcos Vororte	900–1025	13½	Turistar 1-mal (17 Uhr), Estrella Blanca 1-mal (18.20 Uhr)
Mexico City (Sur od. TAPO) über Salina Cruz	782–796	16½	OCC 2-mal
Puerto Escondido	40–68	1¼	Sur 6.40–20 Uhr alle 40–60 Min., OCC 8-mal
Salina Cruz	160	4	OCC 8-mal
San Cristóbal de las Casas	462	11–12	OCC 2-mal
Tapachula	512	12	OCC 1-mal (18.50 Uhr)

Minibusse (150 Mex$) verschiedener Anbieter bewältigen die Strecke in sechs Stunden. Fahrer halten in der Regel an, wenn Passagiere eine Toilettenpause benötigen oder sich übergeben müssen, was auf der Route durchaus vorkommt. 1.-Klasse-Busse von OCC verkehren dreimal täglich vom Terminal San Pedro Pochutla über Salina Cruz nach Oaxaca de Juárez (312 Mex$, 10 Std.); die Route ist zwar weniger kurvig, dafür jedoch sehr viel länger und teurer.

Atlántida (☎ 958-584-92-39; Hotel Santa Cruz, Av Cárdenas 88) Schickt täglich zwölf Minibusse nach Oaxaca de Juárez und liegt 150 m nördlich des Hauptbusbahnhofs; telefonische Reservierung möglich.

Líneas Unidas (☎ Handy 958-5841322; Av Cárdenas 94) Direkt nördlich des Hauptbusbahnhofs auf der anderen Straßenseite; die Minibusse verkehren von 3.30 bis 24 Uhr alle 45 oder 60 Minuten nach Oaxaca de Juárez.

WEITERE ZIELE

Terminal San Pedro Pochutla (Ecke Av Cárdenas & Constitución) Zum Hauptbusbahnhof führt eine weiße Gittertür am Südende der Cárdenas. Hier starten Turistar (Deluxe), OCC und Estrella Blanca (je 1. Klasse) sowie Sur (2. Klasse). OCC- und Sur-Tickets werden auch in einem Büro ca. 50 m südlich verkauft. Tickets für weit entfernte, selten frequentierte Ziele wie San Cristóbal de las Casas und Mexico City besorgt man am besten ein paar Tage im Voraus.

Transportes Rápidos de Pochutla (TRP; Av Cárdenas) Etwa 30 m nördlich des Hauptbusbahnhofs; 2.-Klasse-Busse nach Huatulco.

Puerto Ángel

☎ 958 / 2600 EW.

Der kleine Fischerort und Marinestützpunkt Puerto Ángel liegt 13 km südlich von Pochutla an einer hübschen, kleinen Bucht zwischen zwei felsigen Landzungen inmitten dicht bewaldeter Hügel. Einst wählten die meisten Küstenurlauber die Stadt als Ausgangspunkt, mittlerweile ist sie jedoch recht trist und schäbig, weswegen die meisten Besucher heute lieber ein paar Kilometer weiter westlich in Zipolite, San Agustinillo oder Mazunte übernachten. Dennoch ist die Playa La Boquilla an der östlichen Küste mit einem exzellenten, kleinen Hotel ein tolles Ausflugsziel. Die Straße aus Pochutla schlängelt sich um den hinteren Teil der Bucht herum, passiert den Fischereihafen gegenüber der Calle Vasconcelos, überquert einen oft wasserlosen *arroyo* (Bach) und verläuft dann bergauf zu einer Gabelung: Rechts geht's in Richtung Zipolite, links hinunter zur Playa del Panteón, einem kleinen, seichten Strand mit ein paar recht überteuerten Restaurants. Bis zum *arroyo* heißt die Straße Blvd Uribe, danach Carretera a Zipolite.

Sehenswertes & Aktivitäten

Playa La Boquilla STRAND

(P) Die Ostküste von Puerto Ángel ist mit hübschen, kleinen, recht ruhigen Stränden nur so gespickt. Die Playa La Boquilla mit dem Hotel und Restaurant des Bahía de la Luna liegt an einer malerischen, rund 5 km entfernten Bucht und eignet sich ausgezeichnet zum Schnorcheln. Hierher werden erlebenswerte Bootsfahrten (einfache Strecke 2/4 Pers. 200/300 Mex$) angeboten – am besten einfach mal am Pier von Puerto Ángel oder an der Playa del Panteón nachfragen!

ABSTECHER

PLAYA ESCOBILLA

Der 15 km lange Strand beginnt rund 30 km östlich von Puerto Escondido und zählt zu den weltweit wichtigsten Brutplätzen der Oliv-Bastardschildkröte (in Mexiko *tortuga golfina* genannt). Bis zu 1 Mio. Weibchen der Spezies legen jährlich ihre Eier an der Playa Escobilla ab. Die meisten Tiere kommen vor oder nach Vollmond zwischen Mai und Februar für etwa eine Woche hierher; dieses Phänomen wird *arribada* genannt. Die Oliv-Bastardschildkröte zählt mit einer Körperlänge von etwa 70 cm zu den kleineren Meeresschildkröten, wirkt aber dennoch sehr eindrucksvoll, vor allem wenn Tausende davon während Escobillas größter *arribada* gleichzeitig aus der Brandung kriechen.

Zum Schutz der Schildkröten ist der Strand generell für die Öffentlichkeit gesperrt, was von der mexikanischen Armee streng überwacht wird. Über das kommunale Ökotourismusprogramm **Santuario La Escobilla** (958-596-44-08, Handy 958-5835320; www.ecoturismoenoaxaca.com/laescobilla.html; Hwy 200 km 180, Escobilla), das auch Kanufahrten auf der örtlichen Lagune (40 Mex$) anbietet, kann man die *arribadas* (100 Mex$/Pers.) jedoch ganz legal erleben. Bevor man nach Escobilla aufbricht, sollte man sich zunächst erkundigen, ob tatsächlich eine *arribada* ansteht. Ein paar Veranstalter in Puerto Escondido nehmen einem mit ihren organisierten Ausflügen die Logistik ab: Gina Machorro (S. 493), die bei der Touristeninformation arbeitet, bietet jeden Monat Touren unter der Führung eines vor Ort wohnenden Biologen (500 Mex$/Pers. inkl. Transport) an. Deep Blue Dive (S. 491) verlangt für seine Exkursionen mit mindestens drei Teilnehmern 300 Mex$ pro Nase.

Ein guter Ausgangspunkt an der Playa Escobilla sind die sauberen, gepflegten **cabañas** (3BZ/4BZ/FZ 250/300/500 Mex$) der Kooperative, die sich auf einen hübschen Garten verteilen und über Ventilatoren, Moskitonetze und Bäder mit Warmwasser verfügen. Im großen Gäste-*comedor* werden leckere Gerichte (60–90 Mex$) serviert.

Das Santuario La Escobilla befindet sich neben dem Hwy 200 an der Westseite des Dorfes Escobilla – auf der Seeseite der Straße weist das Schild „Centro Ecoturístico La Escobilla" den Weg. Busse zwischen Puerto Escondido und Pochutla lassen Passagiere hier aussteigen (24 Mex$, 45 Min.).

Alternativ führt eine 3,5 km lange unbefestigte Piste ab der Abzweigung 4 km vor Puerto Ángel an der Straße nach Pochutla hierher; eine Taxifahrt ab Puerto Ángel kostet pro Weg 150 Mex$, ab Pochutla 200 Mex$.

Azul Profundo WASSERSPORT

(958-584-30-21, Handy 958-1060420; www.hotelcordelias.com; Playa del Panteón) Die witzigen vierstündigen Schnorchelausflüge führen zu vier Stränden, kosten 180 Mex$ pro Person und beginnen täglich um 10 Uhr. Unterwegs sieht man meist Meerschildkröten und mit ein wenig Glück auch Delfine oder sogar Wale (Dez.–April). Der Veranstalter bietet einen Shuttle-Service zu/ab seinem Büro mit Internetcafé in Zipolite. Der freundliche Guide Chepe spricht Englisch und Deutsch, zudem gehören Angel- und Tauchausflüge zum Programm.

In den Angelgründen gibt's Marline, Schwertfische, Thunfische und *dorados* (Gemeine Goldmakrelen). Am besten macht man sich um 6 Uhr auf den Weg und schleppt bei der Jagd nach Thunfisch und *dorados* nach Art der Einheimischen mit Handleinen. Ein Boot für drei Personen mit zwei Handleinen kostet pro Stunde 350 Mex$ (min. 2 Std.). Tauchausflüge mit 1/2 Flaschen schlagen mit 750/1000 Mex$ inklusive Tauchguide zu Buche. Zwischen den Steilkanten und Gräben vor Puerto Ángel tummeln sich jede Menge Fische, zudem lockt ein Schiffswrack von 1870.

Schlafen & Essen

Casa de Huéspedes Gundi y Tomás PENSION $

(958-584-30-68; www.puertoangel-hotel.com; EZ 250 Mex$, DZ 300–350 Mex$, EZ/DZ ohne Bad 200/250 Mex$;) Die weitläufige Casa oberhalb des Blvd Uribe serviert gutes Essen mit vielen vegetarischen Optionen (Hauptgerichte 35–85 Mex$) und beherbergt fröhlich eingerichtete, einfache Zimmer mit Ventilatoren, Moskitonetzen und ein paar originellen, künstlerischen Details. Die Betreiberfamilie spricht Englisch, Deutsch und Spanisch und veranstaltet Surfkurse in

Zipolite oder San Agustinillo. Wertsachen können Gäste in einem Safe hinterlegen.

Bahía de la Luna HOTEL $$$
(☎958-589-50-20; www.bahiadelaluna.com; Playa La Boquilla; Zi. 1350–1500 Mex$, 4BZ 2100 Mex$, Haus mit Küche f. 4/7 Pers. 2900/3900 Mex$, jeweils inkl. Frühstück; P 📶) Die rustikal-schicke Anlage wartet mit einer traumhaft abgeschiedenen Lage an der wunderschönen Playa La Boquilla (S. 503) auf. Die hübschen, hellen Lehmziegelbungalows an einem bewaldeten Hang mit Strandblick verfügen über Terrakotta-Fliesenböden, Ventilatoren und schönes Kunsthandwerk. An Tischen im Sand werden zudem mexikanische, brasilianische und internationale Fusion-Küche (Mittagsgerichte 50–90 Mex$, Zwei-Gänge-Abendmenü 200–250 Mex$) sowie großzügig portionierte Margaritas und Mezcal vom Fass serviert.

Gäste können kostenlos Schnorchelausrüstung, Kajaks und Paddelbretter ausleihen sowie Wanderwege erkunden. In der Nebensaison im Mai, Juni, September und Oktober gibt's Rabatte.

ℹ Praktische Informationen

Banco Azteca (Blvd Uribe; ⏲8–20 Uhr) Tauscht US-Dollar und Euro.

Bancomer ATM (Ecke Blvd Uribe & Vasconcelos)

Zipolite

☎958 / 1100 EW.

Rund 2,5 km westlich von Puerto Ángel erstreckt sich Zipolite über einen 1,5 km langen hellen Sandstreifen. In dem von der Mittagshitze ausgedörrten Dorf verläuft das Leben in ruhigen Bahnen. Das Traumziel für Strandfans mit kleinem Geldbeutel zieht mit seinem herrlichen ursprünglichen Mix aus donnernder Brandung, sengender Sonne, felsigen Landzungen und hohen *palapa*-Dächern Sonnenanbeter, halbnackte Yoga-Gurus und Surfer aus aller Welt an. Vor Ort gibt es noch immer viele rustikale Budgetunterkünfte und eine unverkennbares Hippie-Atmosphäre. Am Westende des Dorfes sind allerdings mittlerweile einige komfortablere Bleiben und schickere Restaurants entstanden, die eine deutlich zahlungskräftigere Klientel ansprechen, die das Flair Zipolites ebenfalls zu schätzen weiß. Hier herrscht einfach eine ganz spezielle Energie, die manchen Besucher die Abreise das ein oder andere Mal nach hinten verschieben lässt.

Zipolites Ruf als FKK-Hochburg ist zweifellos völlig übertrieben. Totale Textilfreiheit herrscht eigentlich nur am westlichen Ende des Strandes und an der kleinen Bucht Playa del Amor im Osten. Doch auch dort stören sich manchmal die Einheimischen an den Nackten.

Zipolites Ostende (am nächsten zu Puerto Ángel gelegen) nennt sich Colonia Playa del Amor, der mittlere Teil Centro und das westliche Ende, das Haupturlauberviertel, Colonia Roca Blanca. Die einzige Straße mit offiziellem Namen ist die Avenida Roca Blanca, auch El Adoquín genannt. Sie verläuft einen Block hinter dem Strand in der Colonia Roca Blanca.

ℹ TRANSPORTMITTEL AN DER ZENTRALEN KÜSTE

Drei Arten von Transportmitteln verbinden den Verkehrsknotenpunkt Pochutla mit den Stranddörfern Puerto Ángel, Zipolite, San Agustinillo und Mazunte: *camionetas* (Pickups mit Sitzbänken auf der Ladefläche), *taxis colectivos* (Sammeltaxis) und Privattaxis. Eine Hauptroute führt von Pochutla nach Puerto Ángel, die andere westwärts von Pochutla nach San Antonio am Hwy 200 und dann in südöstlicher Richtung nach Mazunte, San Agustinillo und zum Westrand von Zipolite (Colonia Roca Blanca).

Camionetas und *taxis colectivos* starten an der Kapelle Capilla del Niño Jesús in Pochutla, (vom zentralen Busbahnhof aus folgt man der Avenida Cárdenas 250 m in nördliche Richtung und dann der Calle Jamaica 150 m gen Westen). Sie fahren nur tagsüber und verlangen für die Fahrt in ein beliebiges Dorf 10 bis 15 Mex$. Ein Privattaxi von Pochutla zu den Dörfern kostet 80 bis 120 Mex$, von Zipolite nach Puerto Ángel, San Agustinillo oder Mazunte 50 Mex$. Nach etwa 21 Uhr gilt ein Aufschlag von 20 bis 30 Mex$.

Aus Puerto Escondido kommend, kann man den Sur-Bus (2. Klasse) gen Pochutla nehmen und in San Antonio in eine *camioneta* (Mazunte, San Agustinillo od. Zipolite 10 Mex$) oder ein Taxi (Mazunte od. San Agustinillo 50 Mex$, Zipolite 100 Mex$) steigen.

Eine Taxifahrt von einem beliebigen Dorf zu den Flughäfen von Huatulco und Puerto Escondido kostet in der Regel 350 bis 450 Mex$.

ZIPOLITE: GEFAHREN & ÄRGERNISSE

Achtung: Starke Brandungsrück-, Wechsel- und Unterströmungen machen das Meer vor Zipolite lebensgefährlich! Wer sich weiter als bis zu den Knien hineinwagt, riskiert sein Leben. Ehrenamtliche Rettungsschwimmer haben schon viele Unvorsichtige gerettet, dennoch ertrinken jedes Jahr mehrere Menschen. Der Shore Break eignet sich nur für erfahrene Surfer.

Wegen des Diebstahlrisikos sucht man sich am besten eine Unterkunft mit einem Safe für Wertsachen und ist nach Einbruch der Dunkelheit besonders vorsichtig.

Aktivitäten

Zipolites großer Pluspunkt ist die Tatsache, dass es hier kaum organisierte Aktivitäten gibt und vor allem Erholung und Nichtstun angesagt sind.

Azul Profundo (S. 504) veranstaltet Schnorchel-, Tauch- und Angelausflüge ab Puerto Ángel; für Teilnehmer gibt's Gratis-Shuttles ab bzw. nach Zipolite. Reservieren kann man in dem Büro mit Internetcafé an der Avenida Roca Blanca.

Piña Palmera FREIWILLIGENARBEIT
(☎958-584-31-47; www.pinapalmera.org; Centro; ⏲Mo–Sa 9–15 Uhr) Das Rehabilitations- und Integrationszentrum für körperlich und geistig behinderte Menschen aus dem ländlichen Raum veranstaltet auf einem schönen Palmengelände Workshops und Therapien. Wer sich ehrenamtlich engagieren möchte, sollte gewillt sein, Spanisch zu lernen und sich in der Regel für sechs Monate verpflichten; die Website liefert weitere Details.

Schlafen

Der Großteil der Unterkünfte verteilt sich auf dem und um das Gebiet Roca Blanca am Westende von Zipolite. Hier und weiter östlich verleihen einige Strandrestaurants Hängematten für etwa 40 Mex$ oder lassen Gäste für rund 30 Mex$ in der eigenen Hängematte oder im eigenen Zelt übernachten. Auf diese Weise lässt sich wunderbar Geld sparen, gleichzeitig schläft man an der frischen Luft. Allerdings muss man sich vor Sandfliegen in Acht nehmen und seine Wertsachen sicher wegschließen.

Die hier angegebenen Preise gelten für die Hauptsaison von Januar bis Ostern. Von etwa September bis November sowie im Mai und Juni senken manche Unterkünfte ihre Preise um bis zu 50 %. In der Ferienzeit über Weihnachten, Neujahr und Ostern zahlt man hingegen teilweise das Doppelte.

Lo Cósmico CABAÑAS $
(www.locosmico.com; am Westende der Playa Zipolite; Hängematte 60 Mex$, EZ 180 Mex$, DZ 250–400 Mex$; ⏲Restaurant Di–So 8–16 Uhr; P 📶) Auf der entspannten Anlage verteilen sich *cabañas* mit kegelförmigen Dächern über eine hohe Felszunge. Sie sind sauber, recht gepflegt sowie unterschiedlich komfortabel und bieten mit das beste Preis-Leistungs-Verhältnis am Strand. Jede Hütte verfügt über eine Hängematte und ein Moskitonetz, die teureren haben zudem zwei Stockwerke, Ausblicke und ein Privatbad. Das **Restaurant** (Gerichte 28–60 Mex$) serviert unter freiem Himmel exzellente Crêpes und Salate, die in einer sehr sauberen Küche zubereitet werden.

In der Trockenzeit können Gäste kostengünstig auf der Hängemattenterrasse nächtigen. Für Wertsachen gibt's ein Safe.

Shambhala PENSION $
(Casa de Gloria; ☎Handy 958-1138033; www.facebook.com/shambhalavision; am Westende der Playa Zipolite; B 125–150 Mex$, Camping 50 Mex$/Pers., EZ 150–300 Mex$, DZ 200–600 Mex$; ⏲Restaurant 8–22 Uhr; P) Die alteingesessene Pension an einem Hang lässt die 1960er-Jahre aufleben und bietet einen tollen Ausblick auf den Strand. Sie dient auch als spirituelles Refugium und hat einen eigenen Meditationshügel. Alkohol und illegale Drogen sind verboten, und verschiedene rustikale Unterkünfte sorgen für einen ruhigen, preisgünstigen Aufenthalt. Im **Restaurant** (Hauptgerichte 50–90 Mex$) kommt es kein rotes Fleisch auf die Tische.

Das Shambhala richtet alljährlich ein großes, spirituelles Neujahrsfest aus, bei dem Angehörige aller Glaubensrichtungen willkommen sind. Über Weihnachten und Neujahr sind deswegen oft alle Zimmer ausgebucht.

Hostal El Carrizal HOSTEL $
(☎958-584-33-38; sylvianelemetais@hotmail.com; Av Roca Blanca; B/DZ 50/100 Mex$; 📶) Die klassische, einfache Backpackerunterkunft mit freundlicher Atmosphäre wird von einem Franzosen geleitet, der schon lange in Zipolite lebt. Zur Auswahl stehen fünf sehr einfa-

che Zimmer und Hütten sowie ein halboffener Schlafsaal mit fünf Betten. Allesamt sind mit Moskitonetzen ausgestattet, und es gibt eine Küche unter freiem Himmel.

El Alquimista BUNGALOWS **$$**
(☎958-587-89-61; www.el-alquimista.com; am Westende der Playa Zipolite; Bungalows 1000–2000 Mex$; P❄☰≋) Die Anlage bietet eine Auswahl exzellenter Unterkünfte, die von strohgedeckten Bungalows in direkter Strandnähe (größtenteils mit Doppelbett, Ventilator, Bad mit Warmwasser und Veranda mit Hängematte) bis zu großen, hellen, klimatisierten Zimmern mit weitläufigen Terrassen und breiten Doppelbetten vor hübscher Bergkulisse reicht. Das Dekor ist einfach und geschmackvoll.

Zu dem Komplex gehören eines der besten Restaurants Zipolites, ein guter Pool und ein schönes Spa. Täglich finden Hatha-Yoga-Kurse (1/4 Kurse 100/300 Mex$) sowie Pilates und Meditationssitzungen in einem hellen Yoga-Raum statt.

Posada México GÄSTEZIMMER **$$**
(☎958-584-31-94; www.posadamexicozipolite.com; Av Roca Blanca; Zi. 450–750 Mex$, ohne Bad 350 Mex$; ⏲Restaurant 8–13.30 & 17–23.30 Uhr; P⊖☰) Die freundliche Posada unter herzlicher italienischer Leitung strahlt den meisten Charakter aller Strandunterkünfte Roca Blancas aus. Die sehr sauberen Zimmer mit Holzwänden und Palmdächern verfügen über gute Betten mit Moskitozelten, Ventilatoren, Tresore, raffinierte Duschen mit Wassersparmodus und eigene kleine Hängemattenbereiche auf sandigem Untergrund. Am besten sind die zwei größeren und teureren Quartiere mit Strandblick.

Das gute **Café-Restaurant** (Hauptgerichte 70–140 Mex$) serviert leckere Meeresfrüchte, Holzofenpizzas und abends zwei Cocktails für 50 Mex$.

Las Casitas BUNGALOWS **$$**
(☎Handy 958-1009234; www.las-casitas.net; DZ 300–800 Mex$, 4BZ 600–1350 Mex$; P☰) Die idyllische, hübsche Anlage an einer Gasse hinter dem Westende der Playa Zipolite wartet aufgrund der erhöhten Lage mit schönen Ausblicken auf. Die sieben Zimmer mit geschmackvoller mexikanischer Farbgestaltung und einigen charmanten dekorativen Details wie farbenfrohen Kissen mit Guadalupe-Motiven befinden sich in halboffenen Bungalows in einem niedlichen Garten. Alle Quartiere haben Privatbäder, Küchen und geräumige Lounge-Bereiche.

Zur Auswahl steht zudem ein größeres Haus für bis zu vier Personen. Ein großer Pluspunkt ist das hauseigene Restaurant La Providencia.

Casa Sol GÄSTEZIMMER **$$**
(☎958-1000462; www.casasolzipolite.com; Arco Iris 6; Zi. 600–1000 Mex$; ❄☰≋) Die Casa Sol unter kanadischer Leitung überblickt die kleine Playa Camarón unmittelbar westlich von Zipolite. Die drei komfortablen, geräumigen, sehr sauberen Zimmer laden zu erholsamen Urlaubstagen ein. Essen wird nicht serviert, dafür gibt's Küchen in den Quartieren sowie eine weitere auf der großen Panoramaterrasse. Bei ruhigem Seegang lädt der Strand zum Schnorcheln ein; Gäste können kostenlos Ausrüstung ausleihen.

Die Playa Zipolite ist einen zehnminütigen Fußmarsch entfernt. Autofahrer gelangen über eine beschilderte 400 m lange Piste abseits der Hauptstraße, rund 1 km westlich von Zipolite, hierher.

Heven APARTMENTS **$$**
(☎Handy 958-1062018; www.hevenresidence.com; Arco Iris 5; Zi. 600–900 Mex$; ☰≋) Das kürzlich eröffnete Heven mit Blick auf die malerische Playa Camarón liegt einen zehnminütigen Spaziergang westlich der Playa Zipolite. Die acht individuell gestalteten Apartments und Suiten sowie die weitläufigen Gemeinschaftsbereiche zieren hübsche, handgemachte mexikanische Möbel und Kunsthandwerksgegenstände, u.a. wunderschöne Fliesen. Die meisten Unterkünfte haben breite Doppelbetten.

Die Autozufahrt zum Heven zweigt ungefähr 1 km westlich von Zipolite von der Hauptstraße ab.

Posada San Cristóbal HOTEL **$$**
(☎958-584-30-20; zipol_cristobalaz@hotmail.com; Av Roca Blanca; EZ 200–400 Mex$, DZ 250–500 Mex$; P☰) Am Westende des Strandes beherbergt das dreistöckige San Cristóbal 15 gute, große, luftige und helle Zimmer mit Meerblick, Balkon oder Terrasse und gefliestem Boden. Die acht günstigeren Quartiere auf der Rückseite sind weniger attraktiv.

Essen

Ein unvergleichliches Zipolite-Erlebnis besteht darin, Speis und Trank in nächster Nähe zur Brandung unter freiem Himmel zu genießen. Die meisten Lokale servieren einen maritim angehauchten Mix aus mexikanischer und internationaler Küche.

Piedra de Fuego SEAFOOD $

(Mangle, Colonia Roca Blanca; Hauptgerichte 65–90 Mex$; ⌚15–23 Uhr) Das wunderbar einfache, sehr saubere, familiengeführte, preisgünstige Lokal bereitet sehr großzügige Portionen von frischem Fischfilet oder Garnelen mit Reis, Salat und Kartoffeln zu. Auch die *aguas de frutas* sind einen Versuch wert.

Orale! Cafe FRÜHSTÜCK $

(abseits des Westendes der Av Roca Blanca; Frühstück 30–65 Mex$; ⌚Mitte Okt.–Mitte Mai 8–15 Uhr) Das Café in einem schattigen Tropengarten mit ruhiger Musik lädt zu einem entspannten, leckeren Frühstück ein.

★ **La Providencia** MEXIKANISCH, FUSION $$

(☎Handy 958-1009234; www.laprovidenciazipolite.com; Hauptgerichte 110–150 Mex$; ⌚Nov.–April, Juli & Aug. Mi–So 18–22.30 Uhr) Das herausragende Restaurant an einer Gasse hinter dem Westende des Strandes kombiniert köstliche Aromen mit kunstvoller Präsentation und entspanntem Ambiente. Beim Studieren der Speisekarte kann man sich in der Freiluft-Lounge einen Cocktail genehmigen. Auf den Tisch kommt moderne mexikanische Küche wie kalte Suppe mit Roter Bete und Ingwer, Rindermedaillons in Sauce aus geräucherten Chilis und Garnelen in Kokoskruste an Mangosauce. Unbedingt Platz für die Schokoladenmousse lassen!

Zu belebteren Zeiten ist eine Reservierung zu empfehlen.

El Alquimista INTERNATIONAL $$

(☎954-587-89-61; am Westende der Playa Zipolite; Hauptgerichte 100–200 Mex$; ⌚8–24 Uhr; 📶) Der elegante „Alchemist" in wunderschöner Lage an einer sandigen Bucht wird abends von stimmungsvollen Petroleumlampen und Kerzen erleuchtet. Das vielfältige Angebot auf der Speisekarte reicht von frischen Salaten über gute Fleisch- und Fischgerichte sowie Pizzas bis hin zu verführerischen Desserts. Eine sehr gut bestückte Bar und aufmerksamer Service runden das Gesamtpaket ab.

Pacha Mama ITALIENISCH, MEXIKANISCH $$

(Mangle, Colonia Roca Blanca; Hauptgerichte 70–130 Mex$; ⌚Fr–Mi 18–23 Uhr) Der Küchenchef gehört zu Zipolites großer italienischer Gemeinde und bereitet sehr fachmännisch Steaks, Meeresfrüchte und hausgemachte Pasta mit leckeren Saucen zu. Die Gartenkulisse macht die überdurchschnittlichen Preise wieder wett.

Ausgehen & Nachtleben

Zipolites Restaurant-Bars am Strand bilden eine unschlagbare Kulisse für Drinks bei und nach Sonnenuntergang, zudem gibt's informelle Partys rund um Lagerfeuer am Meer.

Babel Cafe BAR

(Principal, Colonia Roca Blanca; ⌚Mo–Sa 12–24 Uhr) Billard, Dart, ein Pizzaofen, ein weitläufiger Gartenbereich, eine gut bestückte Bar und Livemusik an ein bis zwei Abenden in der Woche (Rockabilly, Reggae, elektronischer *Cumbia*...) machen die Bar unter italienischer Leitung zu einem beliebten Treffpunkt.

Praktische Informationen

Der nächste Geldautomat steht in Puerto Ángel. Einige Unterkünfte nehmen eventuell den Umtausch von US-Dollar oder Euro vor bzw. akzeptieren die Bezahlung in diesen Währungen.

Azul Profundo (☎958-584-34-37; Av Roca Blanca; Internet 15 Mex$/Std., WLAN 10 Mex$; ⌚9–22 Uhr) Mit Skype und Telefonservice.

An- & Weiterreise

Nach Einbruch der Dunkelheit fahren nur noch Privattaxis nach Puerto Ángel, San Agustinillo und Mazunte (bis ca. 21 Uhr 40–50 Mex$, danach 70–80 Mex$).

San Agustinillo

☎958 / 290 EW.

Das winzige Dörfchen mit nur einer Straße 4 km westlich von Zipolite am Wegesrand liegt an einer kleinen, geschwungenen Bucht, deren Wellen wunderbar für Bodyboarder und Surfanfänger geeignet sich. Schwimmen kann man ebenfalls, sofern man sich von den Felsen fernhält. Sein Charme hat San Agustinillo inzwischen ein paar attraktive Unterkünfte, gute Restaurants und eine bunt gemischte Anhängerschaft beschert.

Aktivitäten

★ **Coco Loco Surf Club** SURFEN, SCHNORCHELN

(www.cocolocosurfclub.com; Calle Principal; 👪) Der gut ausgebildete französische Tauchlehrer David Chouard erteilt jedem Interessierten ab fünf Jahren exzellenten Surfunterricht (1 Std. 1/2/4 Pers. 350/650/1000 Mex$). Darüber hinaus kann man Surfbretter und Bodyboards (1 Std./halber Tag/ganzer Tag 50/150/200 Mex$) sowie Schnorchelausrüstung (30/80/120 Mex$) ausleihen und Surfausrüstung kaufen.

Zum Programm gehören außerdem Surfausflüge nach Chacahua und Barra de la Cruz (500 Mex$/Pers. & Tag) sowie eine unterhaltsame „Entdeckungstour" zu drei Ständen mit Schnorcheln, Bodyboarding und einem Besuch von La Ventanilla (S. 514) für 280 Mex$ pro Person (min. 4 Teilnehmer).

★ Bootsfahrten BOOTSFAHRTEN

Einheimische Fischer nehmen Besucher auf spannende Bootsfahrten mit, bei denen diese nach Schildkröten, Delfinen sowie – vor allem von November bis April – nach Mantarochen und Walen Ausschau halten können. Eine dreistündige Tour mit Schnorchelstopp kostet in der Regel 200 Mex$ pro Nase, wobei sich meist mindestens vier Passagiere einfinden müssen. Angelausflüge für bis zu drei Personen mit Ausrüstung schlagen mit rund 400 bis 500 Mex$ pro Stunde (min. 3 od. 4 Std.) zu Buche. Das Personal der eigenen Unterkunft weiß wahrscheinlich Näheres.

Solstice Yoga Center YOGA

(www.solstice-mexico.com) Im Solstice Yoga Center auf dem Gelände der Anlage Las 3 Marías am Hang von San Agustinillo veranstaltet Brigitte Longueville fast täglich um 9 und 17 Uhr eineinhalbstündige, regenerative Hatha-Yoga-Kurse (90 Mex$). Es gibt auch fünftägigen Yoga-Urlaub und Ausbildungskurse für Lehrer. Über Termine informiert die Website.

Schlafen & Essen

Die meisten Unterkünfte liegen direkt am Strand. Die Zimmer haben Fenster mit Insektengittern oder Moskitonetze.

Hostal Atrapasueños PENSION $

(Handy 958-1075050; B 170 Mex$, Zi. ohne Bad 220–320 Mex$;) Die Pension ist einfach und klapperig, dafür gibt's gute Preise, eine Gästeküche und ein paar skurrile Skulpturen des herzlichen Besitzers, die für etwas Ambiente sorgen.

Recinto del Viento PENSION $

(Handy 958-1180300; www.recintodelviento.wordpress.com; EZ/DZ ohne Bad 250/300 Mex$;) Die Budgetunterkunft unter Leitung einer herzlichen Familie liegt ein Stück den Hügel aufwärts und bietet von seiner Hängemattenterrasse Ausblicke auf den Strand. Die Gästeküche sorgt für geselliges Gemeinschaftsambiente, und die fünf Zimmer sind ziemlich klein, aber luftig. Zu der Pension führt eine Betontreppe mit einer Länge von etwa 100 m, die sich gegenüber der Anlage Un Sueño am Ostende der Hauptstraße befindet.

★ Punta Placer CABAÑAS $$

(Handy 958-1096401; www.puntaplacer.com; EZ/DZ 850/1000 Mex$;) Hübsche Terrassen und hölzerne Fensterläden verleihen den acht wunderschönen, runden Zimmern und dem großen Einzelapartment des Punta Placer luftig-frisches Ambiente. Aufgrund netter Details wie guter Leselampen und kraftvoller Warmwasserduschen mit Steinfliesen rangiert die Anlage eine Klasse über der örtlichen Konkurrenz.

Der Garten mit einheimischen Pflanzen und gepflasterten Wegen grenzt direkt an den Strand, und ein tolles, kleines **Restaurant** (Hauptgerichte 90–125 Mex$) kredenzt frische, rustikale, internationale Küche mit französischem Touch.

Un Sueño CABAÑAS $$

(Handy 958-1138749; www.unsueno.com; Zi./4BZ 850/1150 Mex$;) Das Sueño am Ostende des Strandes vermietet 16 hübsche, geräumige Zimmer mit ein wenig Kunst und Kunsthandwerk aus aller Welt. Fensterläden aus Bambus und Terrassen mit Hängematten sorgen für Urlaubsambiente. Ebenfalls am Strand liegen ein luftiger Hängemattenbereich und das exzellente Restaurant **Un Secreto**.

Das Restaurant öffnet von 8 bis 18 Uhr und bringt gutes Frühstück sowie mittags *sabores del Pacífico* (Aromen des Pazifiks) mit einem Hauch französischen Flairs auf die Tische. Das kleine, aber feine Meeresfrüchtemenü (Hauptgerichte 95–120 Mex$) reicht von leckerem Fisch mit Minze in Folie bis hin zu Garnelen im Thai-Stil. Besonders gut und ein leckerer Nachtisch ist außerdem der Zitronenkuchen.

México Lindo y qué Rico! GÄSTEZIMMER $$

(leylabastar8@gmail.com; EZ/DZ 400/500 Mex$, Restaurant Hauptgerichte 75–120 Mex$; Restaurant Dez.–Ostern, Juli & Aug. 8–23 Uhr, Mai, Juni & Sept.–Nov. 8–18 Uhr;) Nahe dem westlichen Strandende warten hier freundliche Eigentümer und Angestellte auf Gäste. Die fünf großen, gepflegten Zimmer verfügen über Klappfensterläden, Ventilatoren und fröhliches Dekor. Besonders empfehlenswert sind die zwei luftigen Unterkünfte im

Obergeschoss unter dem mächtigen *palapa*-Dach. Das schnörkellose Essen, das unter *palapa*-Schirmen im Sand serviert wird, gehört zum besten der Stadt.

Freundliches Personal bringt gut zubereitete Frühstücksteller, Garnelentacos und -quesadillas, Fischfilet, Hühnchen-Enchiladas und gefüllte Avocados an die Tische. Abends gibt's zudem Pizza.

Rancho Cerro Largo CABAÑAS **$$**
(rcerrolargo@yahoo.com; Playa Aragón; EZ 700–1150 Mex$, DZ 900–1250 Mex$, inkl. Frühstück & Abendessen; P) Das Cerro Largo in traumhafter, abgeschiedener Lage über der Playa Aragón, die sich östlich von der Playa San Agustinillo erstreckt, beherbergt komfortable Unterkünfte in Form von neun *cabañas* mit Meerblick. Die meisten Hütten bestehen aus lehmverkleidetem Flechtwerk und haben eigene Bäder; oftmals blickt man durch offene Wände direkt auf die donnernde Brandung hinab. Bei den gemeinschaftlichen Mahlzeiten kommen erstklassige vor allem vegetarische Gerichte auf den Tisch, zudem gibt's hausgemachtes Brot, Joghurt und Müsli.

Im hübschen Yoga-Raum finden jeden Morgen außer montags eineinhalbstündige Kurse für jedes Niveau statt (Teilnahme gegen Spende von 50 Mex$). Von der Straße Zipolite–San Agustinillo führt eine ausgeschilderte, befahrbare Piste hierher. In der Hauptsaison empfiehlt es sich, per E-Mail zu reservieren.

Bambú CABAÑAS **$$**
(www.bambuecocabanas.com; DZ 750–950 Mex$, 4BZ 950–1150 Mex$; P) Die sechs Zimmer am Ostende des Strandes sind groß, attraktiv, wunderbar luftig und werden von hohen *palapa*-Dächern beschirmt. Die clever gestalteten Hütten bestehen größtenteils aus Bambus und haben hübsche Fliesen, Ventilatoren und originelle Details wie Duschköpfe aus Muscheln sowie zum Teil in Zimmern wachsende Bäume.

Es gibt kein Café, dafür jedoch eine Gästeküche mit Grill.

Posada La Mora GÄSTEZIMMER **$$**
(958-584-64-22; www.lamoraposada.com; Zi. mit/ohne Küchenzeile 500/400 Mex$, Apt. 1000 Mex$;) Das freundliche, gepflegte La Mora macht das Beste aus seinem kleinen Grundstück in Richtung östlichem Ortsrand. Im Erdgeschoss serviert ein charmantes **Café** (ganzjährig 8–14.30 Uhr, Dez.–Mai 18.30–22 Uhr) u. a. Eigerichte, Vollkorn-Baguettes, biologisch erzeugten Fair-Trade-Kaffee sowie italienisches Abendessen in der Hauptsaison. Im oberen Stock warten drei fröhliche Zimmer in Blau-, Weiß- und Gelbtönen. Das helle, geräumige Apartment darüber eignet sich besonders gut für Familien.

Auf allen drei Etagen bieten Terrassen direkte Meerblicke.

Casa Aamori BOUTIQUEHOTEL **$$$**
(555-4362538; www.aamoriboutiquehotel.com; Zi. 1800–2200 Mex$;) San Agustinillos neueste Unterkunft spielt in einer eigenen Liga. Die wunderschön gestaltete Casa Aamori Richtung Ostende der Stadt schmückt hübsches Originalkunsthandwerk aus aller Welt, und die zehn großen, attraktiven, thematisch eingerichteten Zimmer (z. B. Copacabana, Goa oder Afrika) haben Fußböden mit Mosaiken und bieten größtenteils Ausblick aufs Meer.

Die Terrasse mit Restaurant und Pool geht in einen sandigen Entspannungsbereich mit Strandblick und Hängematten unter Palmen über. Weitere Pluspunkte gibt's für den luftigen Massageraum und die Lounge, in der Mezcal und Tapas serviert werden. Das Hotel ist ausschließlich für erwachsene Gäste gedacht, und es gilt ein Mindestaufenthalt von zwei Nächten.

La Termita GÄSTEZIMMER **$$$**
(958-589-30-46; www.posadalatermita.com; DZ 1000–1500 Mex$, 4BZ 1300–1800 Mex$; P) Die aromatischen Holzofenpizzas (85–135 Mex$) des quasi im Ortszentrum gelegenen La Termita sind die besten in der ganzen Gegend; als Beilage bieten sich leckere Salate an. Für Übernachtungsgäste gibt's vier attraktive, geräumige Zimmer mit hübschen Holzmöbeln, von denen zwei direkt oberhalb des Strandes liegen. Das Restaurant öffnet von 8.30 bis 12 sowie von 18.30 bis 23 Uhr.

Mazunte

958 / 870 EW.

Mazunte liegt 1 km westlich von San Agustinillo an einem schönen, geschwungenen Sandstrand in einer malerischen Bucht und bietet neben einem interessanten Schildkrötenschutzzentrum eine gute Auswahl schlichter und schickerer Unterkünfte und Restaurants. In dem bekannten Urlaubertreff ist eine beträchtliche Ausländergemeinde ansässig, die die schöne Landschaft und entspannte, hippieähnliche Atmosphä-

KEIN STRESS FÜR SCHILDKRÖTEN

Bootstouren, bei denen man nach Schildkröten, Delfinen und anderen Meeresbewohnern Ausschau hält, sind eine beliebte und spannende Aktivität, die vielerorts an Oaxacas Küste angeboten wird. Manche Guides springen ins Wasser und halten die Schildkröten fest, damit Teilnehmer eine bessere Sicht haben oder es ihnen sogar gleich tun können. Wer sich um die Gesundheit der Tiere sorgt, sollte sich beim jeweiligen Anbieter vor der Abfahrt nach den jeweiligen Richtlinien erkundigen.

re schätzt. Mazuntes Haupteinnahmequellen waren einst Schildkrötenfleisch und -eier. Nach dem Verbot der Schildkrötenindustrie 1990 verlegte sich das Dorf dann auf Ökotourismus.

Die mitten durch den Ort führende Hauptstraße nennt sich Paseo del Mazunte. Vier ca. 500 m lange Pisten verbinden sie mit dem Strand. Von Osten nach Westen sind dies Andador Golfina, Andador Carey, Andador La Barrita und Calle Rinconcito. Letztere endet am westlichen Strandende namens **El Rinconcito** mit den besten Bademöglichkeiten. Das Kap Punta Cometa liegt am westlichen Ende der Bucht. Von der Calle Rinconcito führt eine holprige Straße 750 m weiter westlich zur **Playa Mermejita**. An dem wunderschönen, langen, wilden Strand gibt es eine Handvoll hübscher Unterkünfte, die teilweise an urwaldbewachsenen Hängen liegen. Leider ist es wegen der tückischen Strömungen und starken Wellen nicht ratsam, zu schwimmen.

Sehenswertes

★ Punta Cometa AUSSICHTSPUNKT, SPAZIERGANG

Das felsige Kap an Mazuntes westlichem Strandende ist der südlichste Punkt des Bundesstaats Oaxaca. Mit den großartigen Ausblicken in die Ferne, die man hier hat, ist es ein wunderbarer Ort, um den Sonnenuntergang zu genießen.

Zur Punta führt ein hübscher Spaziergang entlang des Weges, der hinauf Richtung Playa Mermejita abseits der Calle Rinconcito verläuft. Folgt man dem Pfad nach links, vorbei am Eingang der Cabañas Balamjuyuc, gelangt man nach 250 m zum Eingang des kommunalen Naturreservats. Hier nimmt man den Weg (Sendero Corral de Piedra Poniente), der rechts bergab in 20 bis 30 Minuten über die malerische Westseite von Cometa zur Punta führt. Der Rückweg geht schneller, wenn man dem Sendero Principal zum Eingang des Reservats folgt. Für die gesamte Route ab der Calle Rinconcito benötigt man ohne Pausen rund eine Stunde.

Centro Mexicano de la Tortuga AQUARIUM

(☎958-584-33-76; www.centromexicanodelatortuga.org; Paseo del Mazunte; Eintritt 27 Mex$; ⌚Mi–Sa 10–16.30, So 10–14.30 Uhr; P 👪) Das stark besuchte Mexikanische Schildkrötenzentrum an Mazuntes Ostrand ist ein Forschungsinstitut mit Aquarium. Neben fünf von Mexikos sieben Meeresschildkrötenarten beheimatet es auch diverse Süßwasser- und Landschildkröten. Es ist faszinierend, die z.T. gigantischen Tiere in ihren ziemlich großen Becken aus nächster Nähe zu beobachten!

Cosméticos Naturales Mazunte KUNSTHANDWERK

(☎958-587-48-60; www.cosmeticosmazunte.com; Paseo del Mazunte; ⌚Mo–Sa 9–16, So 10–14 Uhr) Die kleine Kooperative nahe dem westlichen Dorfende produziert und verkauft Produkte aus natürlichen Inhaltsstoffen wie Mais, Kokosnuss und ätherischen Ölen. Zum Sortiment gehören Shampoo, Kosmetik, Insektenschutzmittel, Seife und Arnikasalbe sowie biologischer Kaffee und Tahina (Sesampaste). Besucher können außerdem einen Blick in die Werkstatt werfen.

Aktivitäten

★ Bootsfahrten BOOTSFAHRTEN

Einheimische Fischer bieten spannende dreistündige Bootsfahrten ab drei Teilnehmern an, bei denen man schnorcheln, nach Schildkröten, Delfinen und Walen Ausschau halten, einige Strände an der Küste erkunden und auf Wunsch auch angeln kann. Die Abfahrt erfolgt in der Regel um 8 Uhr, die Kosten belaufen sich inklusive Schnorchelausrüstung auf rund 200 Mex$ pro Person. Die Fahrten lassen sich über die jeweilige Unterkunft organisieren.

Ola Verde Expediciones RAFTING

(☎Handy 958-1096751; www.olaverdeexpediciones.com.mx; Calle Rinconcito; ⌚Büro 10–14 & 16–21 Uhr) Das professionelle Team von Abenteuersportliebhabern veranstaltet empfehlenswerte Raftingtouren auf dem Río San

Francisco ins Landesinnere (Kategorie II & III; Ende Juli–Anfang Okt.; halber Tag 500 Mex$) und auf dem Río Copalita nahe Huatulco (je nach Saison Kategorie II–IV; Ende Juli–Jan.; ganzer Tag 900–1000 Mex$).

Zum Programm gehört außerdem eine witzige halbtägige Flusswanderung am San Francisco (Okt.–Juli; Erw./Kind 450/300 Mex$), bei denen Teilnehmer baden, sich (mit Schwimmweste und Helm) in der Strömung treiben lassen und in Naturbecken hüpfen können. Alle Touren finden in wunderschöner tropischer Landschaft statt. Die Teilnehmer werden an einem beliebigen Punkt zwischen Puerto Ángel und Mazunte abgeholt. Die Mindestteilnehmerzahl beträgt jeweils zwischen zwei und vier Personen.

Hridaya Yoga Center YOGA, MEDITATION
(Handy 958-1008958; hridaya-yoga.com) In dem internationalen Zentrum für Hridaya-Yoga lassen sich Besucher aus der ganzen Welt von den Lehren des indischen Gurus Sri Ramana Maharshi inspirieren. Regelmäßig finden dreitägige Tantra-Workshops, zehntägige Schweigemeditationen und einmonatige Intensiv-Agama-Yoga-Kurse statt. Besucher können jederzeit am täglichen Hatha-Yoga-Unterricht (50 Mex$/Kurs) teilnehmen.

Das Zentrum in wunderschöner Lage auf einem Hang am äußersten Ostende Mazuntes verfügt über helle, weitläufige Räume, gute *cabañas* und Schlafsäle. Es gibt veganes Essen für Kursteilnehmer.

Feste & Events

Festival Internacional de Jazz MUSIK
(www.facebook.com/mazuntejazzbiosferamarina) Bei dem dreitägigen Festival Mitte November gehören erstklassige Jazzkonzerte, Workshops und Ausstellungen zum Programm.

Schlafen

Posada del Arquitecto CABAÑAS $
(www.posadadelarquitecto.com; El Rinconcito; B 70 Mex$, Estrella EZ/DZ 90/150 Mex$, Cabañas 300–750 Mex$;) Die beliebte Anlage mit verschiedenen luftigen Unterkünften unter italienischer Leitung erstreckt sich auf einen kleinen Hügel am Strand. Die Auswahl reicht von Freiluft-Hängebetten mit Moskitonetzen ganz oben (*estrellas* genannt) bis hin zu hübschen *cabañas* und *casitas* (Bungalows), die größtenteils aus Naturmaterialien bestehen. Weitere Pluspunkte gibt's für den Yoga-Bereich unter freiem Himmel und das gute Strandcafé.

Cabañas Balamjuyuc CABAÑAS $
(Handy 958-5837667; www.balamjuyuc.com.mx; Camino a Punta Cometa; Camping 60 Mex$/Pers., Leihgebühr Zelt & Bettzeug 100 Mex$, Cabañas EZ/DZ inkl. Frühstück 250/500 Mex$;) Das entspannte Balamjuyuc mit herrlicher Aussicht auf die Küste nimmt eine breite Hügelspitze abseits der Calle Rinconcito ein. Einige der sechs *cabaña*-Zimmer sind groß und luftig; alle verfügen über Moskitonetze, Ventilatoren und saubere Gemeinschaftsbäder. Im **Restaurant** (Hauptgerichte 70–100 Mex$) gibt es viele vegetarische Gerichte, zudem gehören tägliche Yoga-Stunden, therapeutische Massagen und eine *temascal*-Sauna (200 Mex$/Pers. inkl. Abendessen) zum hiesigen Angebot.

Der sympathische Besitzer Emiliano plant für die Zukunft ein wöchentliches Programm mit Aktivitäten, an denen jeder teilnehmen kann, darunter Tai Chi, Pilates sowie Bildhauer- und Akupunktur-Workshops in einem anderen Komplex namens Tierra Verde in der Nähe.

Hostal La Isla HOSTEL $
(www.facebook.com/laisla.mazunte; abseits der Calle Rinconcito; B/EZ/DZ inkl. Frühstück 110/180/220 Mex$;) Die freundliche, gesellige Budgetunterkunft mit günstigem Restaurant zieht ein internationales Publikum an und breitet sich auf einem kleinen Gartengrundstück mit Hängematten neben einem Bach hinter dem Strand aus. In den Schlafsälen nächtigen Gäste auf Matratzen auf dem Boden mit Moskitonetzen, die durch Vorhänge voneinander getrennt sind. Die Zimmer sind einfach, und ein Ventilator kostet 30 Mex$ extra.

★ **Oceanomar** CABAÑAS $$
(Handy 958-5890376; www.oceanomar.com; Camino a Playa Mermejita; EZ/DZ/3BZ 800/1000/1200 Mex$;) Das Oceanomar unter italienischer Leitung erstreckt sich über ein hübsches, clever aufgeteiltes Hügelgelände mit Blick auf die Playa Mermejita und ist ein toller Neuzugang in Mazuntes Unterkunftsszene. Geboten werden ein großartiger Pool und fünf geräumige, hochwertige Zimmer mit hübschem Kunsthandwerk, Terrassen samt Hängematten und guten Bädern mit Warmwasser. Auch das **Restaurant** (8–11 & 19.30–22 Uhr; Hauptgerichte 80–160 Mex$) hält

den hohen Standard und serviert von Donnerstag- bis Montagabend leckere Holzofenpizzas.

Hotel Arigalan HOTEL $$
(Handy 958-1086987; http://arigalan.com; Cerrada del Museo de la Tortuga; Cabañas 35 US$, Zi. 65–75 US$, Suite 85 US$;) Ein steiler Weg am Ostende des Dorfes führt zu diesem kleinen Hotel mit hübschem Ausblick auf die Küste, geräumigen, geschmackvoll eingerichteten Zimmern und Suiten mit Klimaanlage und Terrassen sowie ein paar ansprechenden *cabañas* mit Ventilatoren. Es gibt eine tolle Dachterrasse. Über einen Pfad gelangt man direkt zum Strand von San Agustinillo. Auf Wunsch wird Frühstück serviert. Gäste unter 18 Jahren sind nicht willkommen.

El Copal CABAÑAS $$
(Handy 555-4079699; www.elcopal.com.mx; Playa Mermejita; DZ 1050 Mex$;) Die vier *cabañas* aus Lehmziegeln, Holz und Palmendächern verteilen sich auf einen grünen Garten in Hanglage und verfügen jeweils über ein Doppelbett im Erdgeschoss und zwei bis drei Einzelbetten oben sowie hübsche, offene Bäder mit Ausblick. Im **Restaurant** (Do–Di 8.30–22.30, Mi bis 14.30 Uhr; Hauptgerichte 70–120 Mex$) bekommt man internationale Fusion-Küche vor der Kulisse hübscher Strandblicke vorgesetzt.

★ **Casa Pan de Miel** HOTEL $$$
(958-584-35-09; www.casapandemiel.com; Zi. 100–225 US$;) Das Hotel mit einladendem, großem Lounge-Bereich samt *palapa*-Dächern und großartigem Infinity-Pool sorgt für Entspannung pur. Die neun großen, sauberen, eleganten, klimatisierten Zimmer schmückt diverse mexikanische Kunst, zudem verfügen sie über Meerblick, Küche oder Küchenzeile und Terrassen mit Hängematten. Gute Frühstücksgerichte (110–170 Mex$) und Snacks werden in der *palapa*-Lounge serviert.

Zu der Anlage führt ein steiler Weg von der Hauptstraße am Ostende Mazuntes, entsprechend schön ist der Ausblick. Wegen der Lage mitten auf einer Klippe sind Kinder nicht zugelassen.

Celeste del Mar GÄSTEZIMMER $$$
(Handy 958-1075296; www.celestedelmar.com; Playa Mermejita; Zi. 1000–1500 Mex$) Ein paar Schritte von der Playa Mermejita entfernt beherbergt das Celeste del Mar acht ansprechend gestaltete Zimmer, die sich auf zweistöckige Hütten mit *palapa*-Dächern und hübschem, modernem Dekor verteilen. Die vier luftigen Quartiere im oberen Stock warten mit Loft-Bereichen samt Hängematten auf. Es gibt Frühstück und Snacks. Kinder sind nicht willkommen.

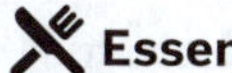

Essen

Chez L'Arquitecto CAFÉ $
(El Rinconcito; Gerichte 50–115 Mex$; 8–23 Uhr;) Das Café der Posada del Arquitecto (S. 512) punktet mit seiner tollen Lage direkt über dem Strand von Rinconcito und serviert eine leckere Auswahl aus Croissants, Kuchen, Tacos und Hauptgerichten mit Fisch, Hühnchen oder Pasta.

Fish Taco El Rey TAQUERÍA $
(Ecke Paseo del Mazunte & Calle Rinconcito; Tacos 20–25 Mex$, andere Gerichte 55–70 Mex$; Mi–Mo 17–24 Uhr) In dem einfachen Ecklokal kommen neben leckeren, großen Fisch-Tacos auch Variationen mit Garnelen, Gemüse und *arrachera* sowie eine sehr gute thailändische Kokosnuss-Shrimps-Suppe auf den Tisch.

Comedor los Traviesos MEXIKANISCH $
(Paseo del Mazunte; Hauptgerichte 40–110 Mex$; 8–23 Uhr) Wer Lust auf preisgünstige, traditionelle Küche aus Oaxaca und Mexiko hat, ist im Los Traviesos richtig. Hier gibt's die besten *tlayudas* vor Ort. Das Lokal liegt unmittelbar westlich der Brücke mitten in der Stadt.

La Empanada MEXIKANISCH, ASIATISCH $
(Paseo del Mazunte; Hauptgerichte 60–150 Mex$; 16–23 Uhr;) Im grünen La Empanada am Westende des Orts sorgen nach Einbruch der Dunkelheit Kerzen für hübsches Ambiente. Zu den sorgfältig zubereiteten Speisen zählen Currys, Sushi, Pizza und sehr gute Backkartoffeln mit verschiedenen Füllungen.

Siddhartha INTERNATIONAL $$
(El Rinconcito; Gerichte 60–140 Mex$; 8–23 Uhr;) In dem Lokal mit Strandblick werden serviert leckere nahöstliche Gerichte wie Couscous, Falafel und Hummus sowie Meeresfrüchte und starker Kaffee kredenzt. Zudem gibt's einen Billardtisch und eine exzellente Bar.

Ausgehen & Unterhaltung

Drinks bekommt man in Restaurants und Cafés, wenn sie geöffnet sind. Das einzige regelmäßige Unterhaltungsprogramm sind die Livebands, die im Siddhartha oder **Estrella Fugaz** nebenan Latino-Musik spielen; die Konzerte finden in der Regel mindestens zweimal wöchentlich statt, hauptsächlich freitags, samstags oder sonntags ab etwa 20 Uhr.

Praktische Informationen

Internet Dafne (Paseo del Mazunte; Internet 10 Mex$/Std.; 10–22 Uhr)

Touristeninformationskiosk (Paseo del Mazunte; Mi–So 14–18 Uhr) Neben der Straße am westlichen Ortsrand.

La Ventanilla

Nach rund 2,5 km auf der Straße westlich von Mazunte weist ein Schild den Weg zum winzigen Strandort La Ventanilla am Ende einer 1,2 km langen unbefestigten Piste. Hier können Besucher eine faszinierende Bootsfahrt auf einer Lagune voller Krokodile unternehmen, Vögel beobachten oder am Strand ausreiten.

Aktivitäten

Servicios Ecoturísticos La Ventanilla TIERBEOBACHTUNG
(Handy 958-1087288; www.facebook.com/laventanilla; 1½-stündige Lagunentour Erw./Kind 50/30 Mex$; Touren 8–17 Uhr) Am Straßenrand beim Ortseingang ist Ventanillas erfolgreiche Ökotourismuskooperative ansässig, die u.a. eine Brutstation für Krokodile betreibt, Mangrovenhaine renaturiert und Schildkröten schützt. Bei Bootsfahrten (max. 12 Pers.) in einer Mangrovenlagune sieht man vom Aussterben bedrohte Flusskrokodile, von denen mehrere Hundert im örtlichen Schutzgebiet leben. Zudem lassen sich normalerweise jede Menge Wasservögel (vor allem von April bis Juli) sowie ein paar in Gehegen lebende Hirsche, Affen und Nasenbären blicken.

Die Kooperative veranstaltet zudem dreistündige Ausritte (500 Mex$) und Vogelbeobachtungstouren (pro Std. & Pers. 100 Mex$; um 6 Uhr am besten), für die man sich jeweils am Vortag anmelden muss. An bestimmten Tagen dürfen Besucher auch Schildkrötenbabys ins Meer entlassen oder bei nächtlichen Patrouillen die Eiablage beobachten und dann selbst beim Einsammeln helfen. An Unterkünften stehen ein paar saubere, sehr robuste, neue **cabañas** (EZ/DZ 200/300 Mex$) mit Gemeinschaftsduschen und Komposttoiletten sowie **Zimmer** (EZ/DZ 300/400 Mex$) mit eigenem Bad zur Verfügung.

Lagarto Real TIERBEOBACHTUNG
(Handy 958-5898419; www.facebook.com/lagarto.real; 1½-stündige Lagunentour Erw./Kind 50/30 Mex$; Touren 8–18 Uhr) In dem winzigen Dorf gibt es tatsächlich zwei konkurrierende Kooperativen, die Bootsfahrten anbieten. Das Büro von Lagarto Real, dessen Mitarbeiter rote Hemden tragen, befindet sich am Straßenrand in Strandnähe. Zum Programm gehören Lagunenfahrten (ohne Stopp auf der Insel), Vogelbeobachtungstouren am frühen Morgen (100 Mex$/Pers. & Std.) und nächtliche Ausflüge zu den Eiablageplätzen der Schildkröten.

An- & Weiterreise

Camionetas und *taxis colectivos*, die die Route zwischen Pochutla und Mazunte bedienen, lassen Passagiere an der Abzweigung nach Ventanilla aussteigen; die restlichen 1,2 km kann man zu Fuß zurücklegen. Ein Taxi ab Mazunte kostet rund 50 Mex$.

Bahías de Huatulco

958 / 19 000 EW.

Mexikos jüngstes, von Anfang bis Ende durchkonzipiertes Küstenresort 50 km östlich von Pochutla säumt eine Reihe wunderschöner Sandbuchten *(bahías)*. Bis in die 1980er-Jahre gab es in der Gegend nur ein kleines Fischerdörfchen. Bei der Erschließung der Region ist man jedoch recht behutsam vorgegangen: Unberührte Küstenstreifen wechseln sich mit bebauten Flächen ab, die maximale Gebäudehöhe beträgt sechs Stockwerke, und es gelangt kein Abwasser ins Meer. Huatulco (sprich: wah- *tul*-koh) ist ein entspannter, nicht zu überlaufener Urlaubsort mit freundlicher Atmosphäre. Von Oktober bis Mai legen allerdings durchschnittlich fünf Kreuzfahrtschiffe pro Monat in Bahía de Santa Cruz an. Dies hat zu dem großen Angebot von Aktivitäten vor Ort beigetragen.

Vom Hafen in Santa Cruz Huatulco aus gesehen erstrecken sich die Buchten 15 km westwärts sowie 10 km in Richtung Osten entlang der Küste. 1 km nördlich von Santa Cruz liegt das „Zentrum" des Ganzen, La Crucecita, mit schachbrettartig angelegten Straßen, die auf die schattige Plaza Principal zulaufen. Ansonsten sind Chahué und Tangolunda im Osten die größten der Siedlungen.

Sehenswertes

Huatulcos Sandstrände erstrecken sich entlang des klaren Wassers. Wie in Mexiko üblich stehen sie unter staatlicher Kontrolle und dürfen von jedermann genutzt werden – auch wenn Hotels sie gern als Privateigentum betrachten. Manche Strände locken mit vorgelagerten Korallenriffen und ausgezeichneten Schnorchelbedingungen.

Ein Teil der Buchten im Westen sowie fast alle im Osten sind mit dem Auto zu erreichen. Vergnüglicher (wenn auch teurer) als Taxifahrten sind allerdings Bootstouren. Vom Strand von Santa Cruz fahren *lanchas* ab 8 Uhr den ganzen Tag über zu den meisten Stränden und holen ihre Fahrgäste zu Sonnenuntergang wieder ab. U.a. werden folgende Ziele bedient (jeweils hin & zurück, max. 10 Pers.): Playa La Entrega (300 Mex$), Bahía Maguey (1000 Mex$), Bahía Cacaluta (1200 Mex$), Playa La India (1700 Mex$) und Bahía San Agustín (2500 Mex$). Für den Besuch der Strände westlich von La Entrega im **Parque Nacional Huatulco** wird eine Eintrittsgebühr von 25 Mex$ fällig, die man am Hafen bezahlt. Innerhalb des Nationalparks sind nicht biologisch abbaubare Bräunungsbeschleuniger und Sonnenschutzmittel verboten.

Mehrere Anbieter veranstalten eine **Tagestour zu sieben Buchten** in größeren Booten für 200 bis 300 Mex$ pro Person. Entsprechende Tickets verkaufen Hotels, Agenturen und Tourkioske.

Playa Santa Cruz — STRAND

(P) Der kleine Strand von Santa Cruz Huatulco ist leicht zugänglich, jedoch oft überfüllt, zudem ist der Kreuzfahrtpier nicht gerade ein schöner Anblick. Vor Ort gibt es mehrere Restaurants.

Playa La Entrega — STRAND

(P 👪) La Entrega liegt am äußeren Rand der Bahía de Santa Cruz, eine fünfminütige *lancha*- bzw. eine 2,5 km lange Autofahrt von Santa Cruz entfernt. Der 300 m lange Strand wird von einer Reihe Meeresfrüchterestaurants mit *palapa*-Dächern gesäumt und ist oft ziemlich belebt. Er bietet anständige und entsprechend stark genutzte Schnorchelmöglichkeiten an einer Korallenbank an, die für Boote gesperrt ist. Ausrüstung verleiht **Renta de Snorkel Vicente** (Maske & Schnorchel 20 Mex$, Flossen 20 Mex$) am Nordende des Strandes.

La Entrega bedeutet „Die Auslieferung": 1831 wurde hier Vicente Guerrero von einem genuesischen Kapitän an seine politischen Feinde verraten. Diese brachten den mexikanischen Unabhängigkeitshelden nach Cuilapan bei Oaxaca de Juárez und erschossen ihn.

Bahía Maguey — STRAND

(P 👪) 2 km westlich von Santa Cruz umrundet der hübsche 400 m lange Strand von Maguey eine ruhige Bucht zwischen bewaldeten Landzungen. Eine Reihe großer, familienfreundlicher *palapas* serviert Fisch und Meeresfrüchte ab 100 Mex$, zudem laden die Felsen auf der Ostseite zum Schnorcheln ein. **Escualo** (Schnorchelset 70 Mex$) verleiht Ausrüstung.

Bahía El Órgano — STRAND

Der wunderschöne 250 m lange Strand gleich östlich der Bahía Maguey bietet sich wegen seines ruhigen Wassers zum Schnorcheln an. Hier ist es recht einsam, da es weder eine Zufahrtsstraße noch *comedores* gibt. Boote steuern die Bucht an; bei trockenem Wetter kann man zudem über einen 1 km langen, nicht beschilderten Weg durch den Wald zum Strand laufen.

Der Weg beginnt rund 1,3 km Richtung Santa Cruz am Parkplatz von Maguey, 150 m vor einem einzelnen großen Baum zwischen der Straße und dem Bürgersteig aus Beton.

Bahía Cacaluta — STRAND

Obwohl die 1 km lange Bahía Cacaluta im Schutz einer Insel liegt, herrschen hier gelegentlich Unterströmungen. Rund um das Eiland befinden sich die besten Schnorchelspots, und die Lagune hinter dem Strand beheimatet viele Vögel. Vor Ort gibt es keinerlei Service-Einrichtungen. Am besten gelangt man per *lancha* hierher.

Bahía Chachacual — STRAND

Die Bahía Chachacual mit zwei Stränden wird an beiden Enden von Landzungen begrenzt. Sie ist über Land nicht erreichbar und hat keine *comedores*. Die **Playa La India** im Osten zählt zu Huatulcos schönsten Stränden und zu den besten Schnorchelrevieren der Region.

Bahía Chahué — STRAND

(P) Der Strand 1 km östlich von Santa Cruz Huatulco ist gut, die Brandung kann allerdings überraschend stark sein. Am Ostende befindet sich ein Jachthafen.

Bahía Tangolunda — STRAND

In Tangolunda, 5 km östlich von Santa Cruz Huatulco, stehen die meisten großen Spit-

Bahías de Huatulco

zenklassehotels. Wegen der teils sehr rauen See unbedingt die farbigen Warnflaggen beachten!

Bahía Conejos STRAND

3 km östlich von Tangolunda unterteilt eine kleine Landzunge den langgezogenen Hauptstrand der Bahía Conejos in die **Playa Arenas** im Westen und die **Playa Punta Arenas** im Osten. Beide Strände sind einen kurzen Fußmarsch von der befestigten Straße entfernt. Die Brandung ist mitunter stark. Am Ostende der Bucht liegt die geschütztere **Playa Conejos**, Standort des großen Secrets Huatulco Resort. Zwei Gehminuten von der Playa Conejos entfernt erstreckt sich die hübsche, 300 m lange **Playa Magueyito** mit vorgelagerten Felsen gen Osten.

La Bocana STRAND

(P) Etwa 1,5 km östlich der Playa Conejos trifft die Straße bei La Bocana wieder auf die Küste. Hier, an der Mündung des Río Copalita, locken anständige Right-Hand Breaks und ein paar Restaurants. Gen Osten erstreckt sich ein weiterer langer Strand.

Parque Eco-Arqueológico Copalita ARCHÄOLOGISCHE STÄTTE

(☎958-587-15-91; Blvd Copalita-Tangolunda; Mexikaner/Ausländer 60/80 Mex$; ⌚Di–So 8–17 Uhr; P) Die vorkoloniale Stätte 600 m nördlich des Dorfes La Bocana ist seit 2010 für Besucher zugänglich, wobei noch immer Ausgrabungen im Gang sind. Wer sich für Architektur interessiert, muss sich aktuell mit einem Ballspielplatz und zwei recht einfachen Tempeln begnügen, dafür gibt es jedoch ein interessantes Museum, gute Spazierwege durch halbtropische Wälder und einen spektakulären Aussichtspunkt über der Mündung des Río Copalita.

Etwa zwischen 500 v. Chr. und 500 n. Chr. und erneut 100 n. Chr. lebten hier verschiedene Volksgruppen. Eine Besichtigung dauert 60 bis 90 Minuten.

Aktivitäten

Tauchen & Schnorcheln

Am Hafen von Santa Cruz kann Schnorchelausrüstung inklusive Schwimmweste und Flossen für 100 Mex$ am Tag ausgeliehen werden. An ein bis zwei anderen Stränden sind die Preise niedriger. Zu den besten Schnorchelspots zählen die Korallenbänke vor La Entrega und San Agustín sowie die Landseite der Insel Cacaluta. Dorthin gelangt man per *lancha* oder im Rahmen einer Tour mit einer von Huatulcos Tauchanbietern.

Von den über 100 **Tauchgründen** vor Huatulco sind 40 mit Bojen markiert. Neben vielen verschiedenen Fischen und Korallen lassen sich hier Delfine, Schildkröten und Buckelwale (ca. Dez.–März) beobachten. In dem warmem, fast ganzjährig ruhigem Meer mit facettenreicher Unterwasserwelt kann man wunderbar das Tauchen lernen. Die durchschnittliche Sichtweite beträgt 10 bis 20 m. Das örtliche Marinekrankenhaus verfügt über eine Dekompressionskammer.

Hurricane Divers TAUCHEN, SCHNORCHELN

(☎958-587-11-07; www.hurricanedivers.com; Playa Santa Cruz; ⌚Mo–Fr 9–18, Sa 9–16 Uhr) Hurricane Divers zählt zu einem der wenigen PADI-Tauchresorts mit fünf Sternen und beschäftigt ein sehr professionelles, internationales Team. Zum Angebot gehören Tauchgänge mit zwei Flaschen (95 US$), Nachttauchen (70 US$) für zertifizierte Teilnehmer (bei Bedarf jeweils 5 US$ für Tarierweste, Atemregler und Neoprenanzug) und PADI-Sporttauchkurse (2 halbtägige Kurse 150 US$) für Anfänger. Der beliebte ganztägige Schnorchelausflug (135 US$/Pers.; min. 2 Pers.) umfasst etwa vier Zwischenstopps und ein Mittagessen am Strand. Die Mitarbeiter sprechen Englisch, Französisch, Niederländisch und Deutsch.

Die Firmenwebsite ist eine exzellente Informationsquelle zum Tauchen und Schnorcheln in Huatulco.

Buceo Sotavento TAUCHEN, SCHNORCHELN

(☎958-587-21-66, Handy 958-1095950; www.tomzap.com/sotavento.html; Local 18, Plaza Oaxaca Mall, Plaza Principal, La Crucecita; ⌚9–21 Uhr) Das Angebot des freundlichen, einheimischen Veranstalters reicht von einer einstündigen Einführung (950 Mex$) bis hin zu Zertifikatskursen im offenen Meer (5 Tage, 4500 Mex$). Tauchausflüge mit 1/2 Flaschen für erfahrene Taucher kosten 700/950 Mex$. Sotavento bietet zudem vierstündige Schnorcheltouren für 375 Mex$ pro Person (2–7 Pers.) und hat ein Zertifikat der Federación Mexicana de Actividades Subacuáticas (Mexikanischer Verband für Unterwasseraktivitäten).

Obst- & Kaffeeplantagen

Hagia Sofia OBSTPLANTAGE, GARTEN

(www.hagiasofia.mx; Apanguito; Eintritt inkl. Shuttles & Fruchtdrinks 400 Mex$, inkl. 2 Mahlzeiten 500 Mex$;) Das „landwirtschaftliche Ökotourismusprojekt" zählt zu Huatulcos schönsten und interessantesten Tageszielen. Das Gelände umfasst eine große biologische Obstplantage und einen großartigen 500 m langen Flusspfad, an dem 60 tropische Blütenpflanzenarten farbenprächtige Vögel und Schmetterlinge anlocken. Besucher können unter einem Wasserfall ein erfrischendes Bad nehmen. Die Plantage liegt 9 km nordwestlich von Santa María Huatulco, 30 km von La Crucecita (45 Fahrminuten) entfernt.

Besichtigungen sind jeden Tag möglich, allerdings sollte man sich am Vortag über das **Büro** (☎958-587-08-71; Local 7, Mitla 402, Santa Cruz Huatulco; ⏲Mo–Sa 9–14 & 16–19 Uhr) anmelden. Führungen werden in Englisch und Spanisch angeboten. Für einen Besuch sollte man rund vier Stunden einplanen.

Finca La Gloria KAFFEEPLANTAGE

(Tagesausflug 350 Mex$/Tag) Ein weiterer vergnüglicher Ausflug in die Hügel führt zu dieser Kaffeeplantage bei Llano Grande. Hier können Besucher sich den Produktionsprozess ansehen, eine Schmetterlingsvoliere bestaunen, in Becken unter Wasserfällen im Regenwald baden und sich ein exzellentes Mittagessen schmecken lassen. Die Tour wird meist unter dem Namen Cascadas Mágicas y Fincas Cafeteleras (Magische Wasserfälle und Kaffeeplantagen) angeboten und ist bei Agenturen, Hotels oder Tourkiosken zu buchen.

Die eineinhalbstündige Anfahrt führt größtenteils über unbefestigte Straßen.

Rafting

Huatulco Expediciones RAFTING

(☎958-587-21-26; www.huatulcoexpediciones.com; Hwy 200 Km 256, Puente Tangolunda, Comunidad La Jabalina) Das breite Angebot des renommierten Veranstalters reicht von Ganztagesausflügen auf dem Alemania-Abschnitt des Copalita (Kategorie III–IV; 650–700 Mex$/Pers., min. 2 Pers., ca. Juli–Dez.) bis hin zu ruhigeren zweieinhalbstündigen Fahrten entlang der letzten 5 km des Copalita bis zur Meeresmündung bei La Bocana (300–350 Mex$/Pers., min. 2 Pers.; das ganze Jahr über verfügbar und für Kinder ab 12 Jahren geeignet).

Kunden werden von der jeweiligen Unterkunft abgeholt. Agenturen und Kioske in der Stadt verkaufen meist Touren von Huatulco Expedicones.

Schlafen

Sämtliche Budgetunterkünfte und viele Mittelklassehotels befinden sich in La Crucecita. Unterkünfte der mittleren Preisklasse gibt's zudem in Chahué und Santa Cruz. Spitzenklasseresorts findet man in Tangolunda und Umgebung. An Weihnachten, Neujahr und Ostern sowie von etwa Mitte Juli bis Mitte August heben die meisten Mittel- und Spitzenklassehotels ihre Preise für ein paar Wochen stark an.

Für einen möglichst preisgünstigen Spitzenklasseurlaub in Huatulco empfehlen sich Pauschalangebote mit Flug und Unterkunft.

Hotel Jaroje Centro HOTEL $

(☎958-583-48-01; www.hotelhuatulco.com.mx; Bugambilia 304, La Crucecita; DZ/4BZ 350/450 Mex$; ⊜❄📶) Das fröhliche Jaroje zwei Blocks südlich der Plaza Principal verfügt über 13 große, saubere, weiße Zimmer mit Moskitonetzen, Klimaanlage und hübschen Bädern. Mit sehr gutem Preis-Leistungs-Verhältnis!

Posada Leo PENSION $

(☎958-587-26-01; posadaleo_hux@hotmail.com; Bugambilia 302, La Crucecita; EZ/DZ 250/300 Mex$, mit Klimaanlage 300/350 Mex$; ⊜❄📶) Die freundliche, kleine Budgetunterkunft liegt zweieinhalb Blocks südlich der Plaza Principal. Die sechs recht übersichtlichen, aber charmanten und gepflegten Zimmer haben alle Bäder mit Warmwasseranschluss.

★ **Misión de los Arcos** HOTEL $$

(☎958-587-01-65; www.misiondelosarcos.com; Gardenia 902, La Crucecita; Zi. 655 Mex$, Suite 774–893 Mex$; ⊜❄📶) Das gut geführte, einladende Hotel einen halben Block von der Plaza Principal entfernt schmücken koloniale Details und Grünpflanzen im Inneren. Die großen, hellen Zimmer sind mit Klimaanlage, sehr gemütlichen Betten und größtenteils mit Balkon ausgestattet. Gäste haben direkten Zugang zum exzellenten hoteleigenen Restaurant Terra-Cotta.

Hotel Posada Edén Costa HOTEL $$

(☎958-587-24-80; www.edencosta.com; Zapoteco 26, Chahué; Zi/Suite inkl. Frühstück 600/900 Mex$; P⊜❄📶≋) Das Edén Costa unter schweizerisch-laotischer Leitung liegt 500 m von der Bahía Chahué gen Landesinnere entfernt. Es beherbergt attraktive Zimmer mit hübschen Details wie farbenfrohen Wandmalereien mit Vogelmotiven sowie zwei Doppelbetten; die meisten überblicken den kleinen, zentralen Pool. Die Suiten haben eigene Küchen. Ein großes Plus ist das angeschlossene Restaurant L'échalote.

Hotel María Mixteca HOTEL $$
(☎958-587-00-60; www.travelbymexico.com/oaxa/mariamixteca; Guamuchil 204, La Crucecita; EZ/DZ 500/550 Mex$; P ❄ 📶) Die 14 hübsch dekorierten Zimmer des María Mixteca in Gelb und Weiß mit sehr gemütlichen Betten, Klimaanlage, guten Bädern und Tresoren verteilen sich auf zwei Obergeschosse rund um einen offenen Patio. Das Hotel liegt einen Block östlich der Plaza Principal.

Hotel Villablanca HOTEL $$
(☎958-587-06-06; www.hotelesvillablanca.com; Ecke Blvd Juárez & Zapoteco, Chahué; Zi. ab 728 Mex$, inkl. Frühstück ab 905 Mex$; P ❄ 📶) Das kolonialzeitlich angehauchte Hotel 300 m von Chahués Strand entfernt punktet mit hilfsbereitem Personal und einem hübschen, großen Pool. Die 61 geräumigen, attraktiven Zimmer in Blau und Weiß haben alle Balkone, das Restaurant serviert exzellentes Frühstück, und Gäste können kostenlos das Spa, das Fitnessstudio und den Strandclub in der Nähe benutzen.

Las Palmas SUITEN $$$
(☎Handy 958-1084265; www.laspalmashuatulco.com; Camino a Playa La Entrega; Casita pro Nacht/Woche f. bis zu 4 Pers. 190/1200 US$, Villa für bis zu 10 Pers. 750/4800 US$; P ❄ 📶) Das Las Palmas in hübscher Lage mit Blick auf die kleine Playa Violín entlang der Straße zwischen Santa Cruz und Playa La Entrega ist eine exzellente Option für Pärchen, Familien oder größere Gruppen, die ein eigenes Fahrzeug haben und sich selbst versorgen möchten. Die drei hellen, geräumigen Villen mit vier Schlafzimmern warten mit großen Sitz- und Essbereichen auf, die an private Infinity-Pools grenzen.

Die fünf kleineren, aber dennoch attraktiven *casitas* teilen sich eine Küche, einen Pool und einen großen Essbereich mit *palapa*-Dach. Die Unterkünfte zieren schöne Fliesen und Kunsthandwerk, Gästen werden Kajaks und Mountainbikes gestellt, und die ganze Anlage versprüht natürlich-luftiges Flair.

Camino Real Zaashila LUXUSHOTEL $$$
(☎958-583-03-00; www.caminoreal.com; Blvd Juárez 5, Tangolunda; Zi. ab 1660 Mex$, inkl. Frühstück ab 1900 Mex$; P ❄ @ 📶) Das Hotel im Stil einer modernen Hazienda inmitten eines hübschen Landschaftsgartens mit direktem Strandzugang wartet mit einem wunderbaren 120 m langen Pool auf. Der Großteil der 151 Zimmer bietet Meerblick, vielen haben zudem einen eigenen kleinen Pool. Die Preise schwanken saisonbedingt sehr stark – entsprechende Infos gibt's online.

Secrets Huatulco Resort & Spa RESORT $$$
(☎958-583-05-00; www.secretsresorts.com; Blvd Juárez 8, Bahía Conejos; Suite inkl. Mahlzeiten & Getränke ab 267 US$; P ❄ 📶) Das riesige, 399 Suiten umfassende Resort eröffnete 2011 und beeindruckt gleichermaßen mit seiner Lage an einem 350 m langen Sandstrand und stilvollem, modernem Design. Der Komplex, dessen Gäste mindestens 18 Jahre alt sein müssen, bietet zwei riesige Pools in Gärten am Strand, sieben À-la-Carte-Restaurants und ein edles Spa.

Die Preise schwanken je nach Saison stark und beinhalten Essen, Getränke und Aktivitäten im Wasser. Sogar die Standardunterkünfte haben Extras wie Jacuzzis auf der Terrasse, Hydromassage-Bäder, Kaffeemaschinen sowie Bäder mit Vergrößerungsspiegel und jeder Menge Toilettenartikeln.

Essen

Antojitos Los Gallos MEXIKANISCH $
(Ecke Carrizal & Palma Real, La Crucecita; Gerichte 25–70 Mex$; ⏲Di–So 14–22.30 Uhr) Das sehr einfache, kleine Lokal serviert köstliche *antojitos*, Suppen und Fleischgerichte und ist die beste Adresse in Huatulco für unverfälschte mexikanische Hausmannskost. Wie wär's mit einem herzhaften *caldo tlalpeño* (Suppe mit Hühnchen, Gemüse, Chili und Kräutern), gefolgt von einer *tlayuda* mit *res deshebrada* (gezupftes Rinderfleisch) oder vielleicht ein paar Enchiladas? Im Grunde ist hier aber alles lecker!

Zum Angebot gehören auch innovative Fruchtgetränke wie *agua de pepino y limón* (Gurken-Limetten-Saft).

Casa Mayor CAFÉ $
(Bugambilia 601, La Crucecita; Gerichte 35–135 Mex$; ⏲Mo–Sa 9–24, So 16–24 Uhr) Die Casa Mayor ist die beste Adresse vor Ort für biologisch erzeugten oaxacanischen Kaffee (aus Pluma Hidalgo in den Bergen hinter Huatulco). Hier wird er auf erdenklichen Arten serviert, u.a. gibt es sieben verschieden Espresso-Varianten. Das Café überblickt die Plaza Principal und verkauft außerdem gutes Frühstück, Baguettes und *antojitos*.

Terra-Cotta MEXIKANISCH, INTERNATIONAL $$
(☎958-587-12-28; Gardenia 902, La Crucecita; Frühstück 40–80 Mex$, Hauptgerichte 50–150 Mex$; ⏲7.30–23.30 Uhr; ❄ 📶) Das sehr beliebte, angenehm klimatisierte Terra-

ABSTECHER

BAHÍA SAN AGUSTÍN

Der lange Sandstrand 14 km westlich von Santa Cruz Huatulco erstreckt sich vor der Kulisse eines Fischerdorfs. Resorts gibt es keine, dafür eine Reihe rustikaler *comedores*, die Meeresfrüchte und Fisch für 80 bis 130 Mex$ servieren. Meist ist das Wasser ruhig, und die Korallen rund um die Felsen der Bucht und vor der Playa Riscalillo im Osten eignen sich bestens zum Schnorcheln.

San Agustín steht in starkem Kontrast zu den anderen Siedlungen Huatulcos – am Wochenende und in den Ferien erfreut es sich bei Mexikanern großer Beliebtheit, ansonsten geht es ruhig zu. Ein paar *comedores* verleihen Schnorchelausrüstung, die meisten organisieren zudem Bootsfahrten nach Riscalillo oder zur Playa La India. Oftmals vermieten sie Hängematten über Nacht oder Zeltstellplätze; Essensgäste dürfen manchmal kostenlos übernachten. **El Tronco** (San Agustín; 2-Pers.-Zelt 150 Mex$, Hängematte 50 Mex$/Pers.) am nördlichen Ende wird von einer freundlichen Familie betrieben, die ein Zelt und Hängematten verleiht.

Nach San Agustín führt eine 13 km lange unbefestigte Straße ab der Kreuzung am Hwy 200, 1,7 km westlich des Flughafens, Richtung Süden. Busse ab Huatulco oder Pochutla lassen Fahrgäste an der Kreuzung aussteigen; von dort verkehren Taxis nach San Agustín (110 Mex$; *colectivo* 22 Mex$/Pers.).

Cotta einen halben Block nördlich der Plaza Principal hat alles: guten Service wie exzellentes Essen in Form von Frühstück, Garnelen, Steaks, *antojitos*, Baguettes und Eis.

Giordanas ITALIENISCH $$
(☎958-583-43-24; Ecke Gardenia & Palma Real, La Crucecita; Pasta 85–125 Mex$; ⏰Di–Sa 12–22 Uhr) Die talentierte italienische Küchenchefin macht alles selbst, auch die Pasta. Zur köstlichen Auswahl gehören Ravioli, Fettuccine sowie Fleisch- und Gemüselasagne. Daneben gibt's viele leckere Baguettes mit italienischen Käse- und Salamisorten.

L'échalote INTERNATIONAL $$
(☎958-587-24-80; www.edencosta.com; Hotel Posada Edén Costa, Zapoteco 26, Chahué; Hauptgerichte 95–220 Mex$; ⏰Di–So 14–23 Uhr) In der Küche unter französisch-schweizerischer Leitung werden sehr leckere französische, italienische und mexikanische sowie ein paar südostasiatische Speisen zubereitet. Der thailändische Salat mit Garnelen und Bohnensprossen ist köstlich, und zu den Hauptgerichten gehören guter Fisch, Steaks und die Spezialität des Hauses, Fondue. Die Desserts und französischen und italienischen Weine (ab 350 Mex$) können sich ebenfalls sehen lassen. Der perfekte Abschluss ist ein wunderbarer, weicher Armagnac.

Azul Profundo SEAFOOD, FUSION $$$
(☎958-583-03-00; Camino Real Zaashila, Blvd Juárez 5, Tangolunda; Hauptgerichte 210–290 Mex$; ⏰19–23 Uhr, ca. Mai, Juni & Sept.–Nov. Di, Do, Sa & So geschl.) Tangolundas große Hotels haben verschiedene teure Bars, Cafés und Restaurants. Für ein opulentes, romantisches Abendessen ist das Azul Profundo im Camino Real direkt über dem Strand die richtige Adresse. Auf den Tisch kommt europäisch-mexikanische Küche mit asiatischem Touch. Reservierung erforderlich.

Ausgehen & Nachtleben

La Crema BAR
(☎958-587-07-02; www.lacremahuatulco.com; Gardenia 311, La Crucecita; ⏰19–2 Uhr) In der schrägen, dunklen, geräumigen Rock- und Reggae-Bar mit Blick auf die Plaza Principal vergnügt sich ein lebhafter Mix aus Einheimischen und Besuchern. Neben lauter Musik gibt's hier die beste Cocktailkarte der Stadt und großartige Holzofenpizza (mittlere Größe 90–145 Mex$). Der Eingang befindet sich abseits der Plaza an der Gardenia.

Paletería Zamora SAFTBAR
(Plaza Principal, La Crucecita; Getränke 15–50 Mex$; ⏰9–23 Uhr) Im Zamora sorgt eine große Auswahl von durstlöschenden Säften aus frischen Früchten, *licuados*, Eiscreme und *paletas* (Eis am Stiel) für Erfrischung.

La BiblioT'K LOUNGE
(Ecke Gardenia & Palma Real, La Crucecita; ⏰18–2 Uhr) Die Shishabar mit indisch angehauchtem Dekor ist den ganzen Abend über ein beliebter, geselliger Treffpunkt. Gegen den Durst helfen Cocktails, Bier und andere Getränke.

Praktische Informationen

Rund um den Platz in La Crucecita gibt es viele Internetcafés, die größtenteils Ferngespräche anbieten. Ein paar findet man auch in Tangolunda.

Banorte (Guamuchil 604, La Crucecita; ⌚ Mo–Fr 9–17 Uhr) Devisentausch und Geldautomat.

Touristeninformationskiosk (Plaza Principal, La Crucecita; ⌚ unterschiedl.) Hilfsbereites Personal.

An- & Weiterreise

AUTO & MOTORRAD

Auto-Car Rental Oaxaca (http://oaxacacarrental.com.mx; Centro Comercial Las Conchas, Blvd Juárez, Tangolunda)

Europcar (www.europcar.com.mx) Flughafen (☎ 958-581-90-94; ⌚ 8.30–18.30 Uhr); La Crucecita (☎ 958-583-47-51; Plaza Carmelinas, Blvd Chahué 164; ⌚ 8–18 Uhr) Mietwagen zu fairen Preisen und effizienter Service.

BUS, MINIBUS & TAXI COLECTIVO

Trotz der Kennzeichnung „Santa Cruz Huatulco" enden manche Buslinien in Richtung Huatulco schon in La Crucecita. Man muss aufpassen, dass man nicht in Santa María Huatulco etwas weiter landeinwärts landet!

Von einer Haltebucht am Blvd Chahué gegenüber dem nördlichen Ende der Bugambilia, 450 m nördlich der Plaza Principal in La Crucecita, verkehren *taxis colectivos* nach Pochutla (25 Mex$, 1 Std.).

Estrella-Blanca-Busbahnhof (Central Camionera; Carpinteros s/n, Sector V) Rund 1,2 km nordwestlich von La Crucecitas Zentrum starten Turistar (Deluxe), AltaMar (1. Klasse) und Transportes Rápidos de Pochutla (TRP; 2. Klasse).

Expressos Colombo (Ecke Gardenia & Sabalí, La Crucecita) Von dem Terminal 400 m nördlich der Plaza Principal fahren Minibusse nach Oaxaca de Juárez.

Huatulco 2000 (Guamuchil, La Crucecita) Hier ist der Abfahrtspunkt von Minibussen nach Oaxaca de Juárez. Er liegt 150 m östlich der Plaza Principal.

OCC-Busbahnhof (Blvd Chahué, La Crucecita) 500 m nördlich der Plaza Principal; wird von ADO GL (Deluxe), OCC (1. Klasse) sowie Sur und AU (2. Klasse) angefahren.

FLUGZEUG

Flughafen Huatulco (☎ 958-581-90-04; www.asur.com.mx) Liegt 400 m nördlich des Hwy 200, 15 km westlich von La Crucecita.

Aeroméxico (☎ 958-581-91-26; www.aeromexico.com; Flughafen; ⌚ 9.30–18.30 Uhr) Bietet tägliche Flugverbindungen nach Mexico City.

Aerotucán (☎ 958-587-24-27; www.aerotucan.com.mx; Plaza Carmelinas, Blvd Chahué 164, La Crucecita; ⌚ Mo–Fr 9–20, Sa 9–18 Uhr) Tägliche Flüge nach/ab Oaxaca de Juárez in 13-sitzigen Cessnas (1972 Mex$).

Frontier Airlines (www.flyfrontier.com) Fliegt wöchentlich nach/ab Chicago (Nov.–Mai) und St. Louis (Jan.–März).

Interjet (☎ 958-105-13-36; www.interjet.com.mx; Plaza Chahué, Blvd Juárez, Chahué; ⌚ Mo–Fr 9–19, Sa–So 9–18 Uhr) Mindestens zwei tägliche Flüge nach Mexico City.

Magnicharters (☎ 800-201-14-04; www.magnicharters.com.mx) Magnicharters fliegt täglich außer dienstags täglich nach Mexico City.

United (www.united.com) Das Unternehmen lässt mindestens einmal pro Woche Fliger nach/ab Houston, Texas, starten.

BUSSE & MINIBUSSE AB BAHÍAS DE HUATULCO

ZIEL	PREIS (MEX$)	DAUER (STD.)	HÄUFIGKEIT (TGL.)
Mexico City (Sur) über Puerto Escondido	920–1070	14–15	Turistar 1-mal (16 Uhr), AltaMar 1-mal (17.30 Uhr)
Mexico City (TAPO) über Salina Cruz	724–942	15	ab OCC-Terminal 4-mal
Oaxaca über Pochutla	180	7	Expressos Colombo 13-mal, Huatulco 2000 8-mal
Oaxaca über Salina Cruz	302–358	8	ab OCC-Terminal 4-mal
Pochutla	23–27	1	ab OCC-Terminal 18-mal, TRP 6–19 Uhr alle 20–30 Min.
Puerto Escondido	64	2½	ab OCC-Terminal 18-mal
Salina Cruz	71–144	3	ab OCC-Terminal 17-mal
San Cristóbal de las Casas	430	10–11	OCC 2-mal
Tehuantepec	98–160	3½	ab OCC-Terminal 10-mal

Unterwegs vor Ort

BUS & TAXI

Die blau-weißen Lokalbusse verkehren tagsüber alle paar Minuten. Gen Santa Cruz Huatulco (4 Mex$, 5 Min.) starten sie vor dem Einkaufszentrum Plaza El Madero an der Guamuchil, zwei Blocks östlich der Plaza in La Crucecita. Zum Estrella-Blanca-Busbahnhof (4 Mex$, 5 Min.) geht's von der Guamuchil, einen Block von der Plaza entfernt.

Eine Taxifahrt von La Crucecitas Zentrum nach Santa Cruz oder zum Estrella-Blanca-Busbahnhof kostet 25 Mex$, nach Tangolunda 38 Mex$, zur Playa La Entrega 54 Mex$ und nach Bahía Maguey 66 Mex$.

VOM/ZUM FLUGHAFEN

Offizielle Minibusse von Transporte Terrestre fahren für 100 Mex$ pro Person vom Flughafen nach La Crucecita, Santa Cruz, Chahué und Tangolunda; Tickets gibt's jeweils am Flughafenschalter. Ein normales Taxi kostet 370 bis 570 Mex$ nach Bahías de Huatulco, 730 Mex$ nach Puerto Ángel und 940 Mex$ nach Mazunte. Wer jedoch 300 m den Hwy 200 hinab zu den Fahrern läuft, die an der Flughafenkreuzung warten, zahlt in der Regel die Hälfte oder noch weniger. Alternativ verkehren von derselben Kreuzung von etwa 6 bis 19 Uhr ca. alle 15 Minuten Busse nach/ab La Crucecita (7 Mex$) und Pochutla (16 Mex$).

Eine Taxifahrt von La Crucecita zum Flughafen schlägt mit 150 Mex$ zu Buche.

MOTORROLLER

Tu Moto (☎ 958-587-17-35; Guarumbo 306, La Crucecita; ⏰ Mo–Sa 9.30–14 & 16.30–19, So 10–13 Uhr) Per Motorroller lässt sich Huatulco auf unterhaltsame Weise erkunden. Tu Moto verleiht japanische Modelle inklusive zwei Helme pro Fahrzeug ab 450 Mex$ pro Tag bzw. 750 Mex$ für drei Tage. Versicherungsschutz besteht in der Regel nicht.

Barra de la Cruz

740 EW.

Das schmucke, urige Dorf wird von indigenen Chontal bewohnt und liegt ungefähr 20 km östlich von Huatulco. Surfer lieben die spitzenmäßigen Wellen hier – und alle anderen haben die Möglichkeit, mal so richtig abzuschalten und auszuspannen. Etwa 1,5 km vom Dorf entfernt türmt sich der lange, schnelle Right-Hand Point Break vor dem Strand mitunter zu doppelter Mannshöhe auf. Erfahrene Surfer finden hier von März bis Anfang Oktober eine recht konstante Brandung vor (zwischen Juni und Juli ist sie meist am besten). Von November bis Februar sind die Wellen für Anfänger am ehesten geeignet.

Außer Schwimmen und Surfen hat man in Barra nicht viel zu tun. Am wunderschönen, langen Strand gibt's Duschen, Toiletten und einen schattigen *comedor* mit Hängematten. Für die Zugangsstraße zum Strand gelten eine Sperrstunde (20 Uhr) und eine von der Kommune erhobene Benutzungsgebühr (20 Mex$/Pers.).

Die Unterkünfte El Chontal und Cabañas Pepe verleihen Surfbretter. El Chontals Englisch sprechender Besitzer **Pablo Narváez** (pablo_rafting@yahoo.com; Surfbretter 100–150 Mex$/Tag, 3–4-stündige Surfkurse. ca. 450 Mex$, 3–4-stündige Vogelbeobachtungstour 250 Mex$/Pers.) erteilt zudem **Surfunterricht** (3–4 Std. 1 od. 2 Pers. 450 Mex$) und führt auf sachkundige Weise **Vogelbeobachtungstouren** (3–4 Std. 250 Mex$/Pers.) in den sehr facettenreichen örtlichen Habitaten durch.

Schlafen & Essen

Am Beginn der Straße zum Strand gibt es eine Handvoll einfacher Unterkünfte.

Cabañas Pepe CABAÑAS $

(Camping/Cabaña pro Pers. 50/100 Mex$; Gerichte 40–60 Mex$; P) Die soliden Holzhütten mit Palmdächern verfügen über Gemeinschaftstoiletten und -duschen. Zudem gibt's einen großen *palapa comedor* mit Sofas, Tischtennisplatte und einer guten Speisenauswahl.

El Chontal GÄSTEZIMMER $

(☎ Handy 958-1177343; pablo_rafting@yahoo.com; Zi. ohne/mit Klimaanlage 250/350 Mex$; Hauptgerichte 65–75 Mex$; P ❄) Im Obergeschoss des El Chontal befinden sich zwei recht große, helle und luftige Zimmer mit Gemeinschaftsbädern, während unter einer großen *palapa* leckeres Hühnchen, Meeresfrüchte und andere Gerichte serviert werden. Das Barradise in der Nähe steht unter derselben Leitung und vermietet Zimmer mit Privatbädern für 80 bis 90 Mex$ pro Person.

Comedor MEXIKANISCH $

(Hauptgerichte 70–90 Mex$; ⏰ 9–18 Uhr) Der von der Gemeinde betriebene *comedor* am Strand verkauft gutes Frühstück und Mittagessen. Die *sopa de mariscos* (Meeresfrüchtesuppe) ist exzellent.

Anreise & Unterwegs vor Ort

Nach Barra de la Cruz führt eine 2,5 km lange Straße, die 2 km östlich der Puente-Zimatán-

Brücke vom Hwy 200 abzweigt. Vom Estrella-Blanca-Busbahnhof in Bahías de Huatulco fahren von 7 bis 17 Uhr etwa alle halbe Stunde (in der Mittagszeit und sonntags seltener) *taxis colectivos* nach Barra (25 Mex$, 40 Min.). Wer ein Surfbrett dabei hat, zahlt 15 Mex$ zusätzlich. Ein Privattaxi, mit oder ohne Surfbrett, ab La Crucecitas Zentrum kostet rund 150 Mex$, ab dem Flughafen von Huatulco 300 Mex$.

ISTHMUS VON TEHUANTEPEC

Der 200 km breite Isthmus von Tehuantepec (sprich: Teh-wahn-teh-*pek*) bildet die schmale Taille Mexikos. Seine Südhälfte ist das heiße, flache Ostende des Bundesstaats Oaxaca. Die indigene Zapoteken-Kultur ist hier stark ausgeprägt und weist regionale Besonderheiten auf. 1496 schlugen die Isthmus-Zapoteken die Azteken von ihrer Festung Guiengola bei Tehuantepec zurück. So wurde die Landenge nie Teil des Azteken-Reichs; ein gewisser Unabhängigkeitsgeist prägt die Region bis heute.

Hierher verirren sich nur wenige Besucher. Wer es dennoch tut, lernt lebhafte, freundliche Menschen kennen sowie eine Gesellschaft, in der offene, selbstbewusste Frauen Führungspositionen in Wirtschaft und Politik bekleiden. Ihre Liebe zu Musik, Tanz und Party zeigen Einheimische jedes Jahr während vieler mehrtägiger *velas* (Fiestas). Dabei tragen die Frauen wunderbar gearbeitete *huipiles* in bunten Farben, Gold- und Silberschmuck, mit fantastischen Seidenblumen bestickte Röcke und ungewöhnliche Kopfbedeckungen. Viele regionale Fiestas umfassen auch eine *tirada de frutas,* bei der die Frauen auf die Dächer steigen und Obst auf die Männer hinunterwerfen – sehenswert!

Was die drei größten Städte anbelangt, ist die Isthmuskultur in Tehuantepec und Juchitán stärker ausgeprägt als in Salina Cruz, wo eine Ölraffinerie den Ton angibt. Alle drei Städte wirken in der Tageshitze recht ungemütlich, werden aber mit Einsetzen der angenehmen Abendbrise deutlich einladender.

Salina Cruz

Die Hafenstadt mit 77000 Einwohnern ist sehr geschäftig, dabei jedoch wenig attraktiv. Von den Verkehrsverbindungen abgesehen, gibt es eigentlich kaum einen Grund für einen Besuch hier. Die Hauptbusbahnhöfe sind **Estrella Blanca** (Ecke Frontera & Tampico) 500 m nördlich der zentralen Plaza mit 1.-Klasse-Bussen von Altamar und **ADO** (Calle 1º de Mayo) 500 m weiter nördlich mit Verbindungen der Deluxe-Kategorie sowie der 1. und 2. Klasse.

Tehuantepec

☎971 / 42000 EW.

Das rund 245 km von Oaxaca de Juárez entfernte Tehuantepec ist zwar eine freundliche Stadt, dennoch dient es den meisten Besuchern lediglich als Durchgangsstation. Juni und August sind die Hauptmonate für Fiestas in den *barrios* (Stadtvierteln), von denen jeder seine eigene Kirche aus der Kolonialzeit hat. Neben dem Highway zwei

BUSSE AB SALINA CRUZ

ZIEL	PREIS (MEX$)	DAUER	HÄUFIGKEIT (TGL.)
Bahías de Huatulco	108–144	3 Std.	ADO 13-mal, Altamar 4-mal
Juchitán	42–58	1 Std.	ADO 33-mal
Oaxaca	218–260	5–5½ Std.	ADO 9-mal
Pochutla	138–165	4 Std.	ADO 8-mal, Altamar 4-mal
Puerto Escondido	188–254	4–5 Std.	ADO 9-mal, Altamar 4-mal
San Cristóbal de las Casas	316	7 Std.	ADO 2-mal
Tehuantepec	24–38	30 Min.	ADO 33-mal

ABSEITS DER ÜBLICHEN PFADE

CONCEPCIÓN BAMBA

Die Küste rund um Salina Cruz begeistert Surfer mit langgezogenenen Right-Hand Point Breaks auf sandigem Untergrund sowie verschiedenen Beach und Jetty Breaks. La Bamba nennt sich der 6 km lange Strand mit zwei mittigen Point Breaks, der sich vor allem durch die mit Abstand attraktivsten Unterkünfte der Gegend auszeichnet. Er liegt 40 km westlich der Stadt und zählt zu einer Reihe langer, eindrucksvoller Sandstrände an einem spektakulären Küstenabschnitt mit riesigen Dünen und bewaldeten Hügeln, die über dem Landesinneren thronen.

Entlang dieses Küstenabschnitts gibt es so gut wie keine touristische Infrastruktur. Ein paar „Surfercamps" in Salina Cruz richten sich an zahlungskräftige Surfer, die gewillt sind, für ein Pauschalpaket mit Vollpension und täglichem Transport zu den Surfspots 150 bis 300 US$ pro Nacht zu löhnen. In der Vergangenheit gab es Beschwerden über örtliche Surfguides, die Individualreisende von bestimmten Surfspots fernhalten wollten. Dieses Phänomen beschränkt sich jedoch mittlerweile auf einen sehr begrenzten Bereich. Die Surfsaison dauert etwa von März bis Oktober. Die Brandung ist nicht jeden Tag zum Wellenreiten geeignet, deswegen informiert man sich am besten über die jeweiligen Bedingungen.

Das ★ **Cocoleoco Surf Camp** (☎322-221-56-53; www.cabanabambasurfmx.com; Cabaña DZ 250–400 Mex$, Camping 50 Mex$/Pers.; ⏲Mitte März–Mitte Okt.; P) in La Bamba ist mit seinen hübschen, rustikalen *cabañas* samt Moskitonetzen und Ventilatoren sowie dem leckeren Essen die perfekte Bleibe für Surfer. Ein Dutzend guter Surfspots liegt nicht mehr als 30 Fahrtminuten in Richtung Westen oder Osten, und örtliche Guides fahren bis zu fünf Personen für 500 Mex$ am Tag zu den besten Stellen. Neben Surfkursen gibt es außerdem Ausritte, Kajakfahrten auf dem See und ein *temascal*. Alternative Unterkünfte in der Gegend sind lange nicht so gut wie dieses Camp, deswegen lohnt sich eine Reservierung.

Die beschilderte Abzweigung nach Concepción Bamba befindet sich bei Km 352 auf dem Hwy 200. Dort führt eine 2,5 km lange, unbefestigte Straße ins Dorf; Cocoleoco liegt dahinter, der Strand ist weitere 800 m entfernt. Busse zwischen Huatulco und Salina Cruz halten bei Bedarf an der Kreuzung – von dort aus muss man höchstwahrscheinlich laufen. Vielleicht erwischt man aber auch eines der *taxis colectivos*, die von Salina Cruz ins Dorf verkehren (40 Mex$, zzgl. 10 Mex$ für ein Surfbrett). Sie fahren von 7 bis 19 Uhr etwa stündlich von einer Haltebucht am Hwy 200 (La Costera), ein paar Meter westlich der Kreuzung mit dem Blvd Salina Cruz im Norden der Stadt, ab; von den Hauptbusbahnhöfen der Stadt werden für eine Taxifahrt 25 Mex$ fällig.

Blocks westlich der zentralen Plaza gibt es ein **Touristeninformationsbüro** (Hwy 185; ⏲Mo–Fr 8–20, Sa 9–18, So 9–14 Uhr) mit sachkundigem Personal.

Sehenswertes

Ex-Convento Rey Cosijopí KULTURZENTRUM
(☎971-715-01-14; Callejón Rey Cosijopí; ⏲Mo–Fr 8–20, Sa 9–14 Uhr) GRATIS Das frühere Dominikanerkloster beherbergt heute Tehuantepecs **Casa de la Cultura**, in der Kunst- und Kunsthandwerksworkshops sowie verschiedene Aktivitäten veranstaltet werden. Neben Überbleibseln alter Fresken sind einfache Ausstellungen von traditionellen Trachten, archäologischen Artefakten und historischen Fotos zu sehen. Diese Räume werden auf Wunsch für Besucher geöffnet. Der letzte Zapoteken-König Cosijopí finanzierte den Klosterbau im 16. Jh. Das Zentrum befindet sich an einer kurzen Gasse abseits der Guerrero, 400 m nordöstlich der zentralen Plaza.

Markthalle MARKT
Tehuantepecs düstere, fast schon mittelalterlich anmutende Markthalle befindet sich an der Westseite der Plaza und ist täglich geöffnet. Die Markt- und Verkaufsstände verteilen sich auch auf die umliegenden Straßen.

Schlafen & Essen

Abends säumen die Ostseite der Plaza die Tische und Stühle der Imbissstände, die günstige Tacos und andere Leckereien verkaufen.

Hostal Emilia PENSION $

(☎971-715-00-08; h.oasis@hotmail.com; Ocampo 8; Zi. ohne/mit Klimaanlage 300/420 Mex$;) Einen Block südlich der Plaza stehen Gästen im Hostal Emilia sechs ausreichend gemütliche Zimmer, größtenteils mit Gemeinschaftsbädern, und eine Gästeküche zur Verfügung.

Hotel Calli HOTEL $$

(☎971-715-00-85; www.hotelcalli.com; Carretera Cristóbal Colón Km 790; Zi. 1100 Mex$, Restaurant Hauptgerichte 75–190 Mex$;) Die 100 geräumigen, allerdings recht nichtssagenden, modernen Zimmer, ausgestattet mit Kabelfernsehern, Klimaanlagen und kleinen Balkonen, werden hauptsächlich für die Teilnehmer von Busreisen gebucht. Zu den weitläufigen Aufenthaltsbereichen gehören ein recht anständiges Restaurant und ein Swimmingpool in einer mit Gras bewachsenen Gartenanlage. Das Hotel befindet sich neben dem Hwy 185 am nordöstlichen Ortsrand.

Pueblo Mío MEXIKANISCH $

(Ocampo 8; Gerichte 50–100 Mex$; Mo–Sa 9–21, So 12–21 Uhr) Das gepflegte, farbenfrohe und freundliche Pueblo Mío serviert verschiedene sättigende Gerichte, darunter *antojitos*, diverse Meeresfrüchtecocktails, Fisch, Fleisch und Burger. Die ausgesprochen leckere Spezialität des Hauses ist *mole de guinado xhuba*, eine Suppe aus vorkolonialer Zeit, die aus Mais und Rindfleischstücken besteht.

Anreise & Unterwegs vor Ort

Tehuantepecs Hauptbusbahnhof, genannt La Terminal, liegt am Hwy 185, 1,5 km nordöstlich der zentralen Plaza. Hier fahren Busse der Deluxe-Kategorie sowie der 1. und 2. Klasse von ADO/OCC ab. Die 2.Klasse-Busse von Istmeños nach Juchitán (24 Mex$, 30 Min.) und Salina Cruz (18 Mex$, 30 Min.) tuckern tagsüber mindestens alle halbe Stunde gegenüber los. Für eine Taxifahrt zur Plaza müssen Traveller 15 Mex$ hinlegen.

Juchitán

☎971 / 75 000 EW.

Nur wenige ausländische Besucher verschlägt es in diese freundliche Stadt, die stark von der Isthmuskultur geprägt ist. Rund 30 verschiedene *velas* in den Stadtvierteln sorgen von Mitte April bis Anfang September (vor allem im Mai) mit Musik, Tanz, Trinken, Essen und Spaß für gute Stimmung. Juchitán ist außerdem berühmt für seine *muxes* – Männer, die sich offen zu ihrer Homosexualität bekennen und oft in Frauenkleidern herumlaufen. Sie werden von der örtlichen Gesellschaft voll akzeptiert und haben sogar ihre eigene *vela* im November.

Sehenswertes

Jardín Juárez PLAZA

Der Jardín Juárez ist der belebte zentrale Platz. Auf dem geschäftigen, zweistöckigen Markt an der Ostseite bekommt man Hängematten aus der Gegend sowie Frauentrachten im Isthmus-Stil. Und *comedores*, die Leguan servieren, gibt es ebenfalls.

Lidxi Guendabiaani KULTURZENTRUM

(Casa de la Cultura; ☎971-711-32-08; Belisario Domínguez; Mo–Fr 10–15 & 17–20, Sa 10–12 Uhr) GRATIS Das Kulturzentrum neben der Kirche San Vicente Ferrer, je einen Block südlich und westlich des Jardín Juárez, ist um einen großen Innenhof herumgebaut. Hier finden vornehmlich Kunstworkshops und -kurse statt, es gibt jedoch auch eine zeitgenössische Kunstgalerie und ein kleines archäologisches Museum.

Schlafen & Essen

Abends bieten viele *comedores* auf dem Jardín Juárez günstiges Essen unter freiem Himmel an.

Hotel Central HOTEL $

(☎971-712-20-19; www.hotelcentral.com.mx; Av Efraín Gómez 30; EZ 335–360 Mex$, DZ 390–

BUSSE AB DEM HAUPTBUSBAHNHOF VON TEHUANTEPEC

ZIEL	PREIS (MEX$)	DAUER (STD.)	HÄUFIGKEIT (TGL.)
Bahías de Huatulco	122–134	3½	6-mal
Mexico City (TAPO)	628–908	11–12	8-mal
Oaxaca	130–204	4½–5	17-mal
Pochutla	152–172	4½	4-mal
Puerto Escondido	200–226	4½–6	4-mal

BUSSE AB JUCHITÁN

ZIEL	PREIS (MEX$)	DAUER (STD.)	HÄUFIGKEIT (TGL.)
Bahías de Huatulco	140–194	3½–4	10-mal
Mexico City (TAPO)	610–1282	11–12	14-mal
Oaxaca	222–266	5–5½	16-mal
Pochutla	170–198	4½–5	7-mal
San Cristóbal de las Casas	286	5½–6	2-mal
Tapachula	294–398	6–8	5-mal

420 Mex$; ⊖❄@📶) Das Hotel eineinhalb Blocks östlich des zentralen Jardín Juárez punktet mit gutem Preis-Leistungs-Verhältnis. Die Gäste erwarten einfache, frisch gestrichene Zimmer mit gemütlichen Betten und geräumigen Badezimmern; manche sind leider ein bisschen düster.

Hotel López Lena Palace HOTEL **$$**
(☎971-711-13-88; www.hotellopezlenapalace.com.mx; Av 16 de Septiembre 70; EZ 389–497 Mex$, DZ 489–689 Mex$; P❄📶) Hinter der Fassade im arabischen Stil, 600 m nördlich des Jardín Juárez auf halbem Weg zum Busbahnhof, verbergen sich nette, saubere Zimmer mit Klimaanlage und Duschen. Die günstigen „Minis" sind fensterlos, aber gemütlich.

La Tossta ITALIENISCH, MEXIKANISCH **$$**
(Av 16 de Septiembre 37; Hauptgerichte 80–180 Mex$; ⏲7–24 Uhr; 📶) Das Lokal sorgt mit seinem fröhlich-modernen Ambiente und einigen einfallsreichen Eigenkreationen – beispielsweise Garnelen mit Knoblauch und Weißwein oder Rindermedaillons in Portweinsauce – für eine angenehme Überraschung.

ℹ Anreise & Unterwegs vor Ort

Der **Hauptbusbahnhof** (Prolongación 16 de Septiembre) liegt 100 m südlich des Hwy 190 am nördlichen Stadtrand. Busse von ADO/OCC (Deluxe, 1. & 2. Klasse) starten hier oft unpraktischerweise zwischen 23 und 7 Uhr. „Terminal-Centro"-Busse pendeln zwischen Busbahnhof und Hauptplatz (Taxi 25 Mex$).

Von der nächsten Straßenecke südlich des Hauptterminals schickt Istmeños seine 2.-Klasse-Busse nach Tehuantepec (24 Mex$, 30 Min., tagsüber min. alle 30 Min.) und Salina Cruz (36 Mex$, 1 Std.).

Zentrale Pazifikküste

Inhalt ➡

Gut essen

- Ocean Grill (S. 565)
- Café des Artistes (S. 565)
- El Faro de Bucerías (S. 581)
- Pedro & Lola (S. 538)
- Mariscos El Aliviane (S. 578)
- La Alberca (S. 543)

Schön übernachten

- Casa Dulce Vida (S. 562)
- Imanta (S. 554)
- Hacienda San Angel (S. 563)
- Mar de Jade (S. 550)
- Aura del Mar (S. 594)

Auf zur zentralen Pazifikküste!

Seit Urzeiten branden riesige, aquamarinblaue Wellen an Mexikos zentrale Pazifikküste. Jeder Besuch in diesem Land mit seinen Traumstränden und spektakulären Sonnenuntergängen ist von ihrem Rhythmus geprägt. Hier kann man am Strand entspannen, nach Buckelwalen am Horizont Ausschau halten, Pelikanformationen am Himmel beobachten und Delfine bewundern, die geschmeidig im Wasser auf- und abtauchen. Oder man surft auf Weltklassewellen, fährt mit dem Kajak durch mangrovengesäumte Lagunen, genießt in urigen Fischerdörfern Hummer und fährt mit Einheimischen auf der Ladefläche eines Pick-ups landeinwärts gen blauer Silhouette der Sierra Madre. Man kann natürlich auch ganz einfach mit einer Margarita in der Hand am Pool eines Luxushotels mit Weltniveau relaxen.

Ob man eine Woche am Luxusstrand die Seele baumeln lässt oder eine monatelange Budgetreise unternimmt – an der Pazifikküste findet jeder seinen eigenen Rhythmus.

Reisezeit

Puerto Vallarta

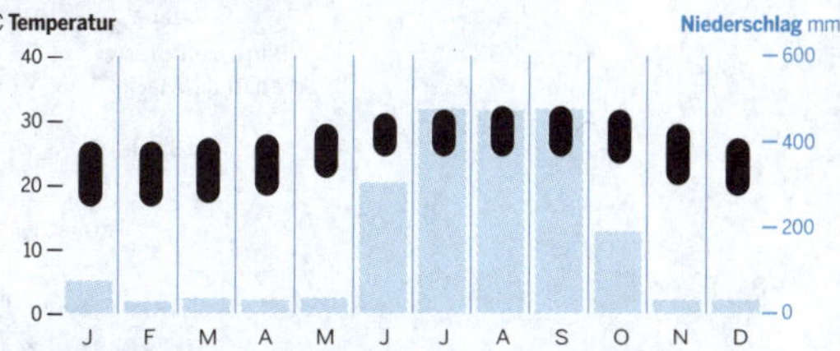

Feb. Perfektes Strandwetter. In Mazatlán herrscht Karnevalsstimmung.

Juni–Aug. Die Top-Surfspots an Mexikos Pazifikküste bieten tolle Breaks und günstige Preise.

Nov.–Dez. Puerto Vallarta feiert alles – von Homosexuellen bis zur Jungfrau von Guadalupe.

Highlights

1. Im restaurierten historischen Zentrum des neuen **Alt-Mazatlán** (S. 529) den Puls der Stadt erleben
2. In **Puerto Vallarta** (S. 554) über den wunderschönen *malecón* (Uferpromenade) flanieren und Leute beobachten
3. In **Boca de Pascuales** (S. 579) auf Riesenwellen surfen
4. Die furchtlose Gewandtheit der **La Quebrada Clavadistas** (S. 607 Klippentaucher) in Acapulco bewundern
5. Die Partystimmung an den Surfstränden und an der von Cafés gesäumten Plaza von **Sayulita** (S. 551) in sich aufnehmen
6. Im reizenden **Zihuatanejo** (S. 589) die Unbeschwertheit und Gastfreundschaft der Einheimischen genießen
7. In **Pie de la Cuesta** (S. 601) den Sonnenaufgang über der Lagune und den Sonnenuntergang über dem Pazifik bestaunen

Geschichte

Archäologen betrachten die vorkoloniale mexikanische Pazifikküste als einheitliche Region, die sich durch Schacht- und Kammergräber auszeichnet (unterirdische Grabkammern am Ende eines tiefen Schachtes). Die Zeremonienzentren rund um die Gräber sprechen für ein hoch entwickeltes spirituell-religiöses Leben.

Die Spanier landeten 1519 in Mexiko und machten sich bald auf nach Acapulco, Zihuatanejo, Puerto Vallarta und Manzanillo. 1564 segelte der Konquistador Miguel López de Legazpi zusammen mit Pater Andrés de Urdaneta von Barra de Navidad zu den Philippinen, kurz darauf nahmen sie das Gebiet für Spanien in Besitz. Acapulco wurde schnell zu einem wichtigen Zwischenhafen auf der Handelsroute zwischen Asien und Europa.

Mitte der 1950er-Jahre war an der Küste von Tourismus noch nicht viel zu sehen; er etablierte sich zuerst in Acapulco und Mazatlán, bald darauf auch in Puerto Vallarta. In den letzten Jahren kauften und erschlossen immer mehr Ausländer Land entlang der Küste, vor allem in dem Gebiet rund um Puerto Vallarta, ohne Zweifel den lebendigsten der Strandorte am Pazifik.

An- & Weiterreise

In den USA und in Kanada starten zahlreiche Nonstop-Flüge nach Puerto Vallarta, Mazatlán und Zihuatanejo; einige Flieger steuern auch Manzanillo und Acapulco an. Durch die mautpflichtigen Straßen zwischen der US-Grenze und Tepic ist die Anreise mit dem Auto einfach, wenn auch teuer. Wie überall in Mexiko können mautfreie Straßen entweder glatt asphaltiert oder mörderische Schlaglochpisten sein. Zuverlässige Busunternehmen verbinden die Ferienorte an der Küste mit dem Landesinnern.

Der Coastal Hwy 200 gilt mal als mehr, mal als weniger gefährlich. Die Region wird von ganzen Konvois von patrouillierenden Militär-Trucks bewacht, besonders in den Bundesstaaten Nayarit, Michoacán und Guerrero, die nachts immer noch als sehr unsicher gelten.

Unterwegs vor Ort

Busreisen in dieser Region gehen meist problemlos vonstatten und sind überraschend komfortabel. Unabhängig von ihrer Größe werden nahezu alle Gemeinden von 2.-Klasse-Bussen angesteuert. Bessere Busse, die u. a. mit Klimaanlage, komfortablen Sitzen, sauberen Bordtoiletten, TVs und weiteren noblen Extras ausgestattet sind, fahren größere Städte an.

Wichtiger Hinweis für Autofahrer: Fast alle Einrichtungen (z. B. Tankstellen, Lebensmittel- und Reifenläden) am Hwy 200 schließen bei Sonnenuntergang.

MAZATLÁN

☎669 / 473 000 EW.

Dank der 20 km langen Sandstrände wurde Mazatlán Mitte des 20. Jhs. zu einem der beliebtesten und einladendsten Strandorte Mexikos. Doch bald verlor er seinen Status als prächtiger Badeort, und es kamen immer mehr Mittelklasse- und Pauschaltouristen. Vor Kurzem wurde dann aber das historische Zentrum Mazatláns restauriert und wird jetzt von zahlreichen Kreativen bevölkert. Das Ergebnis ist eine historische Stadt voller Leben mit Traumstränden in nur wenigen Gehminuten vom Zentrum.

Um Mazatláns Puls richtig zu spüren, sollte man sich nicht allzu lange in der Zona Dorada (Goldene Zone), dem traditionellen Touristenrummelplatz, aufhalten. Stattdessen geht man besser direkt in den *pueblo viejo* (Altstadt) mit seinen Kopfsteinpflasterstraßen, schaut sich eine Vorführung im wunderschön renovierten Teatro Ángela Peralta an und genießt anschließend einen späten Imbiss auf der stimmungsvollen Plazuela Machado. Alternativ kann man Mazatláns ausgezeichnete kleine Museen besuchen oder die vielen neuen Miniboutiquen nach Schätzen durchstöbern. Eine großartige Attraktion ist für alle kostenlos: die spektakuläre Silhouette felsiger Inseln vor einem tropischen Sonnenuntergang. Wenn der glühende Ball allabendlich im Meer versinkt, beginnt eine weitere sternenklare Nacht.

Sehenswertes

Alt-Mazatlán STADTVIERTEL

Die Altstadt ist zwar historisch, aber dank der Universität und der sich hier tummelnden Kunststudenten ist sie auch progressiv. Auf der Plaza Principal im Zentrum ragen die gelben Zwillingstürme der innen wunderschön gestalteten **Kathedrale** (Karte S. 532; Ecke Juárez & 21 de Marzo) aus dem 19. Jh. in die Höhe. Die Plaza ist ein beliebter Treffpunkt für ältere Herrschaften, die hier die Tauben füttern, sowie für einheimische Familien, die zum Shoppen durch die umliegenden, meist verstopften Hauptverkehrsstraßen bummeln. Zwei Blocks weiter nördlich erreicht man an der Ecke Juárez und Valle den quirligen **Centro Mercado** (Zen-

Großraum Mazatlán

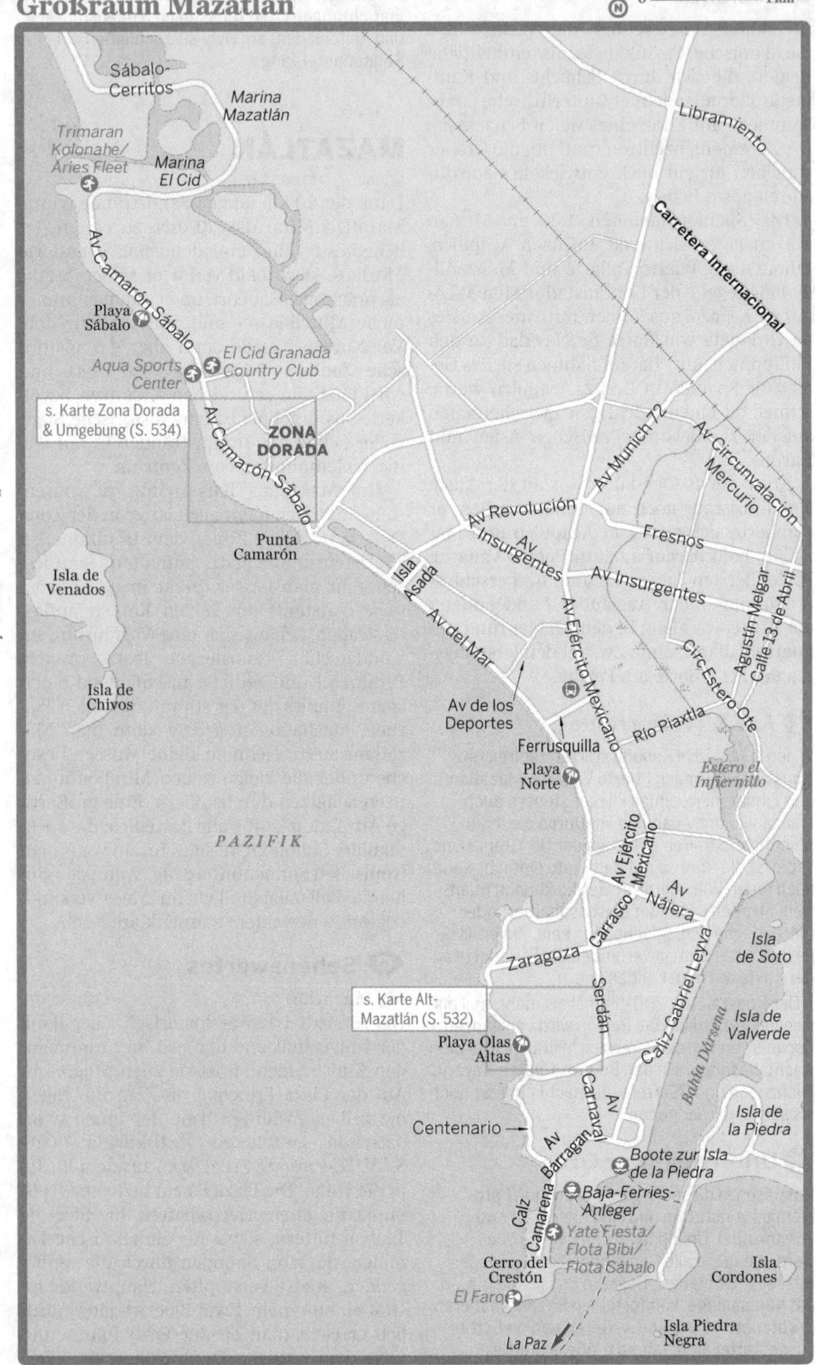

tralmarkt; Karte S. 532) mit Klamotten, Haushaltswaren, Obst und Gemüse, Saftständen und vielen Kaufwütigen.

Ein kurzer Spaziergang führt zur Kreuzung Avenida Carnaval und Calle Constitución mit der von Bäumen gesäumten **Plazuela Machado**. Die Plaza und die umliegenden Straßen sind von Kunstgalerien, Cafés und Restaurants geprägt.

Hauptattraktion ist das **Teatro Ángela Peralta** (Karte S. 532; www.cultramazatlan.com; Tour ohne Führer 15 Mex$), einen halben Block südlich der Plaza. Es wurde zwischen 1869 und 1874 erbaut und verfügt über 1366 Sitzplätze. Das Theater war über ein Jahrhundert lang ein beliebtes Zentrum des örtlichen Kulturlebens, erst als Opernhaus, dann als Kino. 1964 aufgegeben und 1975 durch den Hurrikan Olivia stark beschädigt, fiel es lange Zeit dem Verfall anheim. Die Stadtregierung wollte es schließlich abreißen lassen, doch Ende der 1980er-Jahre wurde das Gebäude von Lokalpatrioten gerettet. 1990 wurde das Theater dann zum Nationaldenkmal erklärt und 1992 wiedereröffnet. Seine drei Etagen wurden renoviert und erstrahlen wieder in altem Glanz. Inzwischen finden hier wieder alle möglichen Kulturevents statt, darunter auch das jährliche Festival Cultural Mazatlán (s. S. 535).

Westlich vom Zentrum erstreckt sich die kleine **Playa Olas Altas** entlang einer Bucht. Am Paseo Olas Altas weht immer eine frische Brise. Mit ein paar verblichenen, alten Hotels erinnert die Küstenstraße stark an das Mazatlán der 1950er-Jahre.

Von einer nahen Plattform stürzen sich zur Freude des Publikums todesmutige **clavadistas** (Klippenspringer; Karte S. 532; Paseo Olas Altas) in den tückischen Ozean – allerdings erst, wenn sich genügend Zuschauer versammelt haben. Die Springer kommen meist samstags und sonntags zur Mittagszeit. Ein angemessenes Trinkgeld ist eine nette Geste.

Am Südende der Halbinsel steht **El Faro** 135 m über dem Meer auf einem markanten Felsvorsprung. Nach dem von Gibraltar gilt dieser Leuchtturm als zweithöchster der Welt. Der Aufstieg wird mit einer herrlichen Aussicht auf Stadt und Küste belohnt.

Isla de la Piedra — STRAND

Wer die Einsamkeit mag, wird die **Isla de la Piedra** (Steininsel), die südöstlich von Alt-Mazatlán liegt, für ihren wunderschönen, langen Sandstrand lieben, der von Kokosnusshainen begrenzt ist. Die Surfer kommen wegen der Wellen her, und an Sonntagnachmittagen ziehen die einfachen *palapa*-Restaurants (strohgedeckter Unterstand) viele mexikanische Familien an. Ansonsten hat man den Strand meist ganz für sich allein.

Die Isla de Piedra ist problemlos auf eigene Faust zu erreichen. Man nimmt ein Wassertaxi (Hin- & Rückfahrt 30 Mex$, 7–18 Uhr alle 10 Min.) vom *embarcadero* (Bootsdock) an der Playa Sur, unweit vom Baja-Fährhafen. Ausstieg ist an einem Anlegesteg, der nicht weit vom Strand der Isla de la Piedra liegt. Zum *embarcadero* fahren Busse mit der Beschilderung „Playa Sur"; sie starten an der Ecke Serdán und Escobedo, zwei Blocks südöstlich der Plaza Principal in Alt-Mazatlán.

Museo Arqueológico — MUSEUM

(Karte S. 532; ☎669-981-14-55; Sixto Osuna 76; Eintritt 35 Mex$, So frei; ⌚Di–Fr 9–18, Sa & So 10–14 Uhr) Das kleine, aber fesselnde **Museo Arqueológico** zeigt vorkoloniale archäologische Funde, die mit spannenden Texten auf Spanisch und Englisch erläutert werden.

Museo de Arte — MUSEUM

(Karte S. 532; ☎669-985-35-02; Ecke Sixto Osuna & Carranza; ⌚Mo–Sa 10–14 & 16–18 Uhr) GRATIS Das kleine Museum ist in einem großen Kolonialkomplex untergebracht und präsentiert sehr überzeugend die Vitalität und Überzeugungskraft der zeitgenössischen mexikanischen Kunst. Gezeigt werden Wechselausstellungen mit digitalen Arbeiten, Skulpturen, Drucke und Gemälde.

Casa Machado — MUSEUM

(Karte S. 532; Constitución 77; Erw./Student 20/10 Mex$; ⌚10–18 Uhr) Das restaurierte Haus aus dem 16. Jh., das voller französischer und österreichischer Möbel, Karnevalskostüme, historischer Fotos und anderer Dinge ist, lohnt einen Besuch. Von der Terrasse im 2. Stock hat man einen tollen Panoramablick über die Plazuela Machado.

Strände

Bei den über 16 km langen Stränden dürfte es kein Problem sein, ein passendes Plätzchen zu finden. Die Strände sind im Folgenden von Süden nach Norden aufgelistet.

In Alt-Mazatlán befindet sich die sichelförmige **Playa Olas Altas**. Hier tummelten sich in den 1950er-Jahren die ersten Touristen, obwohl der steinige Strand zum Schwimmen nicht ideal ist.

Direkt nördlich von Alt-Mazatlán beginnt der goldfarbene Standstrand **Playa Norte**.

Alt-Mazatlán

Er wird von einem breiten *Malecón* begrenzt, der bei Joggern und Spaziergängern sehr beliebt ist. Der Strandbogen bei der **Punta Camarón**, einer felsigen Landspitze, wird von dem auffälligen, festungsartigen Nachclubkomplex Fiesta Land beherrscht.

Die luxuriösesten Hotels stehen an der schönen **Playa Las Gaviotas** und an der **Playa Sábalo**; Letztere erstreckt sich nördlich der Zona Dorada. Die Strände sind durch malerische Inseln geschützt. Das meist ruhige Wasser eignet sich perfekt zum Schwimmen und für Wassersport. Weiter nördlich, hinter der **Marina El Cid** und der immer größer werdenden **Marina Mazatlán**, liegen die **Playa Brujas** (Hexenstrand), ein früher wenig berührter Strand, der in den letzten Jahren mit Hochhäusern bebaut wurde, und die **Playa Cerritos**. An beiden gibt's ein paar Fischrestaurants und eine recht gute Brandung zum Surfen. Zu diesen Stränden im Norden kommt man mit einem „Cerritos-Juárez"-Bus, der in der Avenida Camarón Sábalo in der Zona Dorada abfährt.

Inseln

Die drei fotogenen Felsen, die sich vor der Zona Dorada aus dem Meer erheben und wie Wale aussehen, geben mit abgelegenen Stränden und klarem Wasser ein ideales Tagesausflugziel ab. Hier kann man auch wunderbar schnorcheln sowie zahlreiche Robben und Meeresvögel beobachten. Links liegt die **Isla de Chivos** (Ziegeninsel); rechts die **Isla de Pájaros** (Vogelinsel). In der Mitte befindet sich die meistbesuchte Insel, die **Isla de Venados** (Hirschinsel). Die Inseln gehören zu einem Wildschutzgebiet, das die Tier- und Vogelwelt schützen soll, die an der Küste der Inseln lebt.

Aktivitäten

Surfen

Dank einer Saison, die von Ende März bis November dauert, bietet Mazatlán beeindruckende Surfmöglichkeiten. Das **Mazatlán Surf Center** (Karte S. 534; ☎ 669-913-18-21; www.mazatlansurfcenter.com; Av Camarón Sábalo 204; Gaviotas 210; Taucheranzug/Bodyboard/Surfbrett pro Tag 10/15/25 US$, 2-stündiger Kurs inkl. Abholung vom Hotel 65 US$) verleiht Ausrüstung und gibt Kurse.

Andere Wassersportarten

Im **Aqua Sports Center** (☎ 669-913-04-51; www.aquasportscenter.com; El Cid Mega Resort, Av Camarón Sábalo s/n) kann man anderen Wassersportarten nachgehen, darunter Gerätetauchen (Tauchgang mit 1/2 Flaschen 70/100 US$), Fahrten mit dem Bananenboot (8 US$/Pers.), Wasserski (135 US$/2

Alt-Mazatlán

Highlights
1 Teatro Ángela Peralta D2

Sehenswertes
2 Casa Machado C2
3 Kathedrale D1
4 Centro Mercado D1
5 Clavadistas A1
6 Museo Arqueológico B3
7 Museo de Arte B3

Schlafen
8 Casa de Leyendas B3
9 Casa Lucila B2
10 Hotel La Siesta B2
11 Hotel Machado C2
12 Hotel Posada Freeman B3
13 Old Mazatlán Condos B1
14 The Jonathon C2

Essen
15 El Fish Market B2
16 Fish Tacos Machado C2
17 Fonda de Chalo B3
18 La Tramoya C2
19 Molika C2
20 Nieves de Garrafa de con Medrano C2
21 Pedro & Lola C2
22 Puerto Viejo B3
23 Topolo D2

Ausgehen & Nachtleben
24 Axesso C2
25 Hotel Belmar Bar B3
26 Looney Bean B3
27 Vitrolas Bar C1

Unterhaltung
Teatro Ángela Peralta .... (siehe 1)

Shoppen
28 Casa Etnika C3
29 Gandara Bazaar D2
30 Nidart D2

Pers.) und Parasailing (40 US$). Das Center vermietet auch Segelboote (50 US$/Std.), Kajaks (Einzel-/Doppelkajak 35/50 US$/Tag), Surfbretter (40 US$) und Schnorchelausrüstung (15 US$/Tag).

Sportangeln

Mazatlán liegt günstig am Übergang des Golfs von Kalifornien zum Pazifik und ist weltberühmt für seine Angelmöglichkeiten: Hier leben vor allem Marlins, Schwertfische, Fächerfische, Thunfische und *dorados* (Goldmakrelen). Sportangeln kann teuer sein (350–675 US$ pro Boot/Tag in einem 8–11 m langen Boot f. 4–9 Pers.). Kleine Angelausflüge in einem 7 m langen *super panga* (Fiberglasboot) sind günstiger (ca. 275 US$/Tag mit bis zu 4 Anglern).

Die schicksten Boote fahren von den Jachthäfen Marina El Cid und Marina Mazatlán ab; wer weniger zahlen will, sollte zu den Unternehmen gehen, die in El Faro an der Calzada Camarena liegen oder mit einem der unabhängigen Fischer verhandeln. Letztere bieten halbtägige *panga*-Touren entlang des Paseo Claussen unweit der Playa Norte an.

Die besten Veranstalter sind El Cid's **Aries Fleet** (☎669-916-34-68; www.elcid.com/sporting_activities/aries_fleet.cfm; Marina El Cid; ab 495 US$/Tag), das Catch-and-Release-Praktiken (fangen und wieder freilassen) unterstützt; **Flota Bibi** (☎9669-93-10-60; www.bibifleet.com; Calz Camarena s/n; Charter 399 US$/Tag), das vier Boote für je vier bis zehn Personen betreibt und in der Nebensaison große Rabatte gibt; und **Flota Sábalo** (☎669-994-99-14, 669-981-27-61; Calz Camarena s/n; Angelausflüge f. 4–6 Pers. ab 6000 Mex$), das eine tolle Auswahl günstiger Touren in Booten für vier bis sechs Personen anbietet.

Golf

Mazatlán hat zwei angesehene Golfplätze. Der beeindruckendere der beiden ist der **Estrella del Mar Golf Club** (☎800-727-46-53; www.estrelladelmar.com; Green Fee f. 9/18 Löcher 76/112 US$), der südlich des Flughafens an der Küste liegt. Eine anspruchsvolle Alternative dazu ist der **El Cid Granada Country Club** (☎669-989-69-69; www.elcid.com/granada; Av Camarón Sábalo; 9/18 Löcher 780/1040 Mex$), der sich nördlich der Zona Dorada befindet.

Geführte Touren

Onca Explorations ÖKOTOUR
(☎669-913-40-50; www.oncaexplorations.com) Diese Ökotouren, die vom Meeresbiologen Oscar Guzón geführt werden, konzentrieren sich auf Tierbeobachtung und Tierschutz. Am beliebtesten sind die Buckelwal- (Erw./Kind 87/55 US$, Dez.–März) und Delfintouren (Erw./Kind 70/46 US$/Pers., ganzjährig), die exzellente Möglichkeiten bieten, die Meeressäuger von Nahem zu beobachten. Im Angebot sind auch Exkursionen nach Las Labradas (Erw./Kind 70/35 US$), wo sich die einzigen Küstenfelsmalereien auf dem amerikanischen Kontinent befinden, und maßgeschneiderte Touren für Vogelbeobachter zur Santa María Bay sowie zum

Zona Dorada & Umgebung

Isla Isabel National Park und dem Chara Pinta Tufted Jay Preserve.

Trimaran Kolonahe BOOTSTOUR
(☎669-916-34-68; www.elcid.com/marinas/marina_tour_mazatlan.cfm; Marina El Cid) Der schnelle *Trimaran Kolonahe* segelt dienstags bis sonntags um 9.30 Uhr zur Isla de Venados. Die fünfstündige Tour kostet für Erwachsene/Kinder 55/30 US$ inklusive Kajakverleih, Schnorchelzubehör, Essen und Getränken.

King David BOOTSTOUR
(Karte S. 534; ☎669-914-14-44; www.kingdavid.com.mx; Camarón Sábalo 333) Bietet eine große Auswahl von Bootstouren, darunter eine fünfstündige Tour für Vogelbeobachter (Erw./Kind inkl. Mittagessen 50/35 US$) durch die mangrovengesäumten Wasserwege des Wildschutzgebietes der Isla de Piedra.

Yate Fiesta BOOTSTOUR
(☎669-982-31-30; www.yatefiesta.com; Calz Camarena 7) Offeriert zweieinhalbstündige Sightseeingtouren (250 Mex$), Sonnenuntergangsfahrten (inkl. Bar 300 Mex$) sowie zweistündige Fahrten zur Isla de la Piedra (inkl. Mittagessen & Bar 350 Mex$).

Vista Tours GEFÜHRTE TOUR
(Karte S. 534; ☎986-86-10; www.vistatours.com.mx; Av Camarón Sábalo 51) Bietet Ausflüge in und um Mazatlán – darunter eine Kolonialtour (60 US$) zu den Städten Concordia und Copala in den Gebirgsausläufern sowie Touren zu einer Tequilafabrik (45 US$).

Feste & Events

Karneval KARNEVAL
(www.carnavalmazatlan.net) Mazatlán feiert eine bunte Karnevalsparty. In der Woche vor Aschermittwoch ist in der Stadt rund um die Uhr der Bär los. Hotelzimmer reservieren!

CineSeptiembre FILM
(☎669-176-46-35; www.cineseptiembre.com; Carnaval Centro) Jährlich stattfindendes interna-

Zona Dorada & Umgebung

Aktivitäten, Kurse & Touren

1	King David	B3
2	Mazatlán Surf Center	C3
3	Vista Tours	D4

Schlafen

4	Las Flores	B3
5	Las Girasoles	C1
6	Motel Marley	A3
7	Playa Mazatlán	C4

Essen

8	Casa Loma	C1
9	La Cocina de Ana	B3
10	Pancho's Restaurant	B3
11	Pura Vida	C3
12	Tomates Verdes	B2

Ausgehen & Nachtleben

13	Joe's Oyster Bar	C4
14	Pepe Toro	B3

Unterhaltung

15	Cinemas Gaviotas	D4

tionales Filmfestival mit Schwerpunkt auf spanischsprachigen Kurzfilmen und Features. Es werden jedes Jahr über 80 Filme für den Wettbewerb ausgewählt. Gezeigt werden sie in dem wunderschönen Teatro Ángela Peralta (S. 722).

Festival Cultural Mazatlán KUNST
(www.culturamazatlan.com) Kunst- und Kulturfans sollten die Stadt im November und Dezember besuchen, wenn im und um das Teatro Ángela Peralta (S. 722) hervorragende Theateraufführungen und Musikveranstaltungen geboten werden.

First Friday Artwalk KUNST
(www.artwalkmazatlan.com; 16–20 Uhr, 1. Fr des Monats, Nov.–Mai) Bei diesem Kunstspaziergang, der von November bis Mai am ersten Freitag jedes Monats stattfindet, bekommt man einen Eindruck von Mazatláns Kunstszene.

Día de Nuestra Señora de Guadalupe RELIGION
Der Tag der Virgen de Guadalupe wird am 12. Dezember in der Kathedrale gefeiert. Mit von der Partie sind Kinder in farbenfrohen Kostümen.

Schlafen

Old Mazatlán Condos APARTMENT $$
(Karte S. 532; 669-912-29-09, 669-981-43-61; www.oldmazatlancondos.com; Pedregoso 18; Wohnstudio/1-/2-Zi.-Apt. ab 400–1500 Mex$;) Das mehrstöckige Ziegelgebäude auf einem Hügel in der Innenstadt ist genau das Richtige für Langzeiturlauber. Es gibt ein wahres Labyrinth von gemütlichen Wohnstudios sowie Ein- und Zweizimmerapartments mit WLAN, gut eingerichteten Kochecken, individuellen Wasserboilern und Blick auf den zentralen Pool- und Barbereich. Clubsessel, Spiritus- und Holzkohlengrills sowie eine „Party-Küche" fehlen natürlich auch nicht.

Von der Dachterrasse hat man einen tollen Blick auf die Stadt und die Strände. Unbedingt im Voraus buchen – von Dezember bis April kommen viele Ruheständler hierher! In der Nebensaison sinken die Preise um die Hälfte.

Las Girasoles APARTMENT $$
(Karte S. 534; 669-163-99-97, 669-913-52-88; mazatlanrental@hotmail.com; Av Las Gaviotas 709; Wohnstudio ab 500 Mex$;) Ein Komplex mit viel Grün und ordentlichen, wenn auch dunklen Apartments und Suiten in einer ruhigen Wohnstraße in der Zona Dorada. Es gibt rot geflieste Böden, getönte Fensterscheiben (die kein Tageslicht hineinlassen), eine Kochnische, ein kleines Wohnzimmer mit Futon und ein großes Schlafzimmer mit einem oder zwei Betten. Der Poolbereich ist grandios. Diese Unterkunft hat das beste Preis-Leistungs-Verhältnis in der Zona Dorada.

Hotel Machado HOTEL $$$
(Karte S. 532; 669-669-27-30; www.hotelmachado.com; Sixto Osuna 510A; DZ inkl. Frühstück ab 650 Mex$;) Das einzige Hotel auf der schönen Plazuela Machado ist eine bunte Mischung: Trotz des Charmes der Schachbrettgänge und verschnörkelten Eisenbetten halten die eher einfachen Zimmer nicht das, was die schöne Fassade verspricht. Das Beste am Hotel ist der *salón social* (Aufenthaltsraum) im 2. Stock. Er hat eine hohe Decke, bietet einen schönen Blick auf den Platz und ist ein wunderbarer Ort zum Lesen.

Hotel La Siesta HOTEL $$
(Karte S. 532; 669-981-26-40; www.lasiesta.com.mx; Paseo Olas Altas 11; Zi. ohne/mit Meerblick 700/800 Mex$;) Das La Siesta liegt sehr schön oberhalb der Playa Olas Altas – das Hotel ist eine gute Option, wenn man ein Zimmer mit großartigem Meerblick sucht. Die Zimmer ohne Meerblick sind zwar groß und sauber, aber weniger ansprechend. Der schöne zentrale Innenhof und das dazugehörige Restaurant sind gute Orte,

NICHT VERSÄUMEN

SECHS DINGE, DIE MAN IN MAZATLÁN ERLEBEN SOLLTE

Mazatlán hat eine gespaltene Persönlichkeit. Überall gibt's Möglichkeiten, am Strand und in der Sonne Spaß zu haben, aber das Zentrum beherbergt auch eine vielfältige Kunst- und Kulturszene. Am besten genießt man die Vielfalt – Ballett und *ballenas* (Wale), Sonnenbaden und Galeriebesuche ... Wer sagt, dass man nicht alles haben kann?

- Eine Abendvorstellung im wunderschön restaurierten **Teatro Ángela Peralta** besuchen (S. 722).
- Beim **First Friday Artwalk** in Alt-Mazatlán lokale Künstler treffen (S. 535).
- Auf der **Plazuela Machado**, Ecke Av Carnaval und Calle Constituciòn, dem schönsten Platz der Pazifikküste, über den Künstlermarkt bummeln oder im Freien dinieren.
- Meeresbiologen auf **Wal- oder Delfin-Exkursionen** begleiten (S. 533).
- Auf den malerischen **Inseln** vor Mazatláns Küste in einer Strandbar relaxen oder den fantastischen Sonnenuntergang genießen.
- Auf einer **Angeltour** versuchen, riesige Fische zu fangen, und erfahren, warum Mazatlán eine der berühmtesten Angelhauptstädte der Pazifikküste ist.

um andere Traveller kennenzulernen. Wer online bucht, erhält oft Rabatt.

Hotel Posada Freeman HOTEL $$
(Karte S. 532; ☎800-614-16-52; www.grupoposadadelrio.com; Paseo Olas Altas 79; Zi. ab 74 Mex$; P ❄ 📶 🏊) Historischer Hotelturm von 1944 im Innenstadtbereich. Das Hotel mit 120 Zimmern, tollem Meerblick, Terrakotta-Fliesen auf den Fußböden und Satelliten-TV könnte fast als Businesshotel durchgehen. Die vor Kurzem renovierten Zimmer sind nicht luxuriös, und einige sind etwas klein, aber alle sind gemütlich und bieten ein ordentliches Preis-Leistungs-Verhältnis. Ohne Vorabbuchung. Schöner Pool auf dem Dach.

Casa de Leyendas B&B $$
(Karte S. 532; ☎669-981-61-80; www.casadeleyendas.com; Carranza 4; Zi. inkl. Frühstück 89–125 US$; 🚭 ❄ @ 📶 🏊) Freundliche Auswanderer führen dieses B&B, das eines der gemütlichsten in Alt-Mazatlán ist. Die sechs komfortablen Zimmer verteilen sich auf zwei Etagen des großen, alten Hauses nahe der Plazuela Machado und der Playa Olas Altas und sind mit Kaffeemaschine, Kühlschrank, Fön, Safe und WLAN ausgestattet.

Zu den Gemeinschaftsbereichen gehören eine Bibliothek, eine beliebte, gut bestückte, preiswerte Bar, ein zentraler „Cocktail-Pool" mit Jaccuzi, eine voll eingerichtete Gästeküche und oben zwei geräumige Balkone. Von einem sieht man teilweise aufs Meer.

Oceano Palace Beach Hotel HOTEL $$
(☎669-913-06-66; www.oceanopalace.com; Av Camarón Sábalo 2601; Zi. ab 900 Mex$; P ❄ 📶 🏊) Das ansprechende Hotel mit einem Hauch von Art déco befindet sich in der Nähe des Jachthafens. Es gibt kaum hübschere Zimmer in Mazatlán. Flure und Zimmer haben Marmorfußböden, von den Terrassen hat man einen schönen Blick auf die Inseln, und einige Wände sind türkisfarben gestrichen. Safes fehlen natürlich auch nicht. Die bei mexikanischen Touristen beliebte Unterkunft verfügt außerdem über einen einladenden Poolbereich mit Blick aufs Meer.

Motel Marley MOTEL $$
(Karte S. 534; ☎669-913-55-33; travelbymexico.com/sina/marley; Playa Gaviotas 226; 1-/2-Zi.-Apt. 1080/1500 Mex$; P ❄ 📶 🏊) Die stimmungsvollste der vielen Budgetunterkünfte in der Zona Dorada bietet komfortable Apartments mit Meerblick. Sie sind in Blocks mit je vier Einheiten untergebracht, erstaunlich luftig und haben gut ausgestattete Küchen. Es gibt eine Wiese mit Blick aufs Meer, einen Pool und – was am allerbesten ist – einen privaten Strandzugang.

Playa Mazatlán HOTEL $$$
(Karte S. 534; ☎800-716-95-67, 669-89-05-55; www.hotelplayamazatlan.com; Av Playa Gaviotas 202; Zi. ab 81 US$, Suite ab 145 US$; P 🚭 ❄ @ 📶 🏊) Das große Resort gehört zu den ältesten in der Zona Dorada und hat einen einwandfreien Standard. Die meisten der 404 Zimmer bieten Meerblick und Satelliten-TV, eine private Terrasse und den geschmackvollen Stil, der ein klassisches Hotel auszeichnet. Die gepflegten, tropischen Gärten und das Strandrestaurant machen das Playa zum besten Großhotel in Mazatlán.

The Jonathon BOUTIQUEHOTEL **$$$**
(Karte S. 532; ☎ 669-915-63-60; www.jonathonhotel.com; Carnaval 1205; EZ/DZ 1100/1309 Mex$; P ❄ 📶 🏊) Boutiquehotel mit Säulenhof und moderner Wendeltreppe. Ziemlich große Zimmer, Bäder mit Regendusche, frei stehenden Betten, Einbauschränke und Regale aus Hartholz sowie Flachbildfernseher. Das Ganze ist vielleicht etwas überkandidelt, aber es sind die komfortabelsten Zimmer in der Altstadt. Weitere Pluspunkte sind die geniale Lage und der Pool auf dem Dach mit tollem Blick.

Casa Lucila BOUTIQUEHOTEL **$$$**
(Karte S. 532; ☎ 669-982-11-00; www.casalucila.com; Paseo Olas Altas 16; Zi. 125–295 US$; ❄ 📶 🏊) Dieses Boutiquehotel ist in einem schön restaurierten Strandhaus untergebracht und bezaubert seine Gäste mit riesigen Wandschränken und Duschen, ultrakomfortablen Memory-Schaum-Matratzen, CD-Playern von Bose, Flachbild-TVs, Bädern im europäischen Stil sowie hochmodernen italienischen Türen und Fenstern. Sechs der acht Zimmer haben private Whirlpools. Das Spa, der Infinity-Pool und das Hausrestaurant tragen zur luxuriösen Atmosphäre bei.

Las Flores RESORT **$$$**
(Karte S. 534; ☎ 800-699-69-00; www.lasflores.com.mx; Av Playa Gaviotas 212; EZ/DZ 1735/2101 Mex$; P ❄ 📶 🏊) Dieser Hotelturm an der Playa Gaviotas bietet auf elf Etagen frisch renovierte Zimmer, ein Restaurant, eine Bar mit Meerblick und einen in die Jahre gekommenen Pool-Bereich. Einige Zimmer haben ein neues minimalistisches Aussehen, andere unverputzte, weiß getünchte Steinwände, gewölbte Decken und Bäder mit türkisfarbenem Mosaik.

Wenn man ein Zimmer im 10. Stock mit Meerblick ergattert, wird man wahrscheinlich wahnsinnig viel Zeit auf dem Balkon verbringen und die traumhafte Aussicht genießen.

Essen

Bei all den Fischerbooten, die morgens in See stechen, ist es kein Wunder, dass Mazatlán für seine frischen Fische und Meeresfrüchte bekannt ist. *Pescado sarandeado* ist ein köstlicher, auf Holzkohle gegrillter Fisch, der mit Zwiebeln, Tomaten, Paprika und Gewürzen gefüllt ist und in Sinaloa genauso gern gegessen wird wie in Jalisco. Auch die Shrimps, die hier aus der Küche kommen, sind ein Hochgenuss.

Alt-Mazatlán

Die elegante Plazuela Machado ist vollständig von stimmungsvollen Lokalen umgeben. Abends ist es hier besonders schön, wenn Jazzmusiker spielen, Kinder herumtoben und der ganze Platz in sanftes Licht getaucht ist und für eine romantische Stimmung sorgt.

Nieves de Garrafa de con Medrano EIS **$**
(Karte S. 532; Ecke Flores & 5 de Mayo; Eis 20 Mex$; ⏲ 11–21 Uhr) Dieser bescheidene Eiswagen in Familienhand gegenüber von Mazatláns Plaza Principal ist seit 1938 eine hiesige Institution. Er versorgt seine Fans mit superleckerem, hausgemachtem Eis. Unbedingt die Sorten Vanille, Backpflaume, Banane oder Mandarine probieren!

Fonda de Chalo MEXIKANISCH **$**
(Karte S. 532; Paseo Olas Altas 166; Hauptgerichte 33–80 Mex$; ⏲ 7–23 Uhr) Das Straßencafé gegenüber vom *Malecón* serviert zwar auch Mittag- und Abendessen, aber die Einheimischen mittleren Alters kommen wegen des guten Frühstücks hierher. Auf den Tischen stehen Körbe mit *pan dulce* (Gebäck), *chilaquiles* (mit Salsa durchtränkte Tortilla-Streifen) mit *machaca* (scharfe, getrocknete Rindfleischstückchen) und *huevos con nopales* (Rührei mit Kaktusscheiben).

Fish Tacos Machado MEXIKANISCH **$**
(Karte S. 532; ☎ 669-981-13-75; Sixto Osuna 34; Hauptgerichte ab 70–120 Mex$; ⏲ 7–23 Uhr) Im Angebot sind Shrimps-Cocktails und abends Fischgerichte. Der Renner sind aber die Fisch-Taco-Platten. Sie stehen nicht auf der Speisekarte, aber man sollte sie dennoch bestellen. Sie bestehen aus drei Tacos, gefüllt mit paniertem Fisch, gebratenem Fisch und Shrimps. Dazu gibt's Krautsalat, *pico de gallo* (frisch zubereitete Salsa) und eine schmackhafte, scharfe Sauce aus gerösteten Chilis.

Puerto Viejo SEAFOOD **$$**
(Karte S. 532; ☎ 669-982-18-86; Paseo Olas Altas 25; Hauptgerichte 65–100 Mex$; ⏲ 10–23 Uhr) Klassische Eckbar, an der man einfach nicht vorbeikommt. Hier treffen sich Stammkunden und *ranchero*-Troubadoure, um einen Sundowner zu trinken und frisch gefangenes Seafood zu genießen. Einheimische und Touristen sind gleichermaßen begeistert von dieser Location. Zu den Tagesgerichten gehören Schwertfisch, Speerfischsuppe und Shrimps-Tacos.

★ **Pedro & Lola** FUSION $$
(Karte S. 532; ☎ 669-982-25-89; www.restaurantpedroylola.com; Av Carnaval 1303; Hauptgerichte 69–182 Mex$; ⏲ 18–1 Uhr) Dieses schicke Lokal auf der Plazuela Machado serviert hervorragende kleine Gerichte, u.a. köstliche Shrimps-Empanadas, Tacos mit Schweinefleisch und Hummer-Burritos. Der in Butter, Wein, Knoblauch, Olivenöl und *poblano*-Chili gedünstete Tintenfisch ist eine rauchigere Variante des spanischen Gerichts und sehr speziell.

Die Thunfisch-Tacos sind weder gebraten noch roh, sondern gegrillte, gewürzte Würfel vom Gelbschwanzthunfisch mit dem Geschmack und der Konsistenz von *carnitas* (gedünstetes Schweinefleisch). Auf der Speisekarte stehen auch Tortillas mit scharfer *tomatillo*-Sauce, gehackten Zwiebeln und Koriander. Meistens wird Live-Jazz geboten, und die Tische auf der Plaza eignen sich perfekt, um der Musik zu lauschen.

Molika BÄCKEREI, SANDWICHES $$
(Karte S. 532; Domínguez 1503; Hauptgerichte 95–135 Mex$; ⏲ Mo–Sa 9–23 Uhr) Exquisite Sandwiches, Salate, Pasta, Quiches und hausgemachte Brote machen das Molika zum angesagtesten Lokal in Alt-Mazatlán. Die Räumlichkeiten haben hohe Decken und sind in klaren, modernen Linien und Designerfarben gehalten. Auch morgens lohnt sich ein Besuch: Dann locken Gebäck und leckere Madeleines mit Orangengeschmack für 5 Mex$.

El Fish Market SEAFOOD $$
(Karte S. 532; www.elfishmarket.com.mx; Paseo Olas Altas 3; Hauptgerichte 100–150 Mex$; ⏲ 11–22 Uhr) O.k., der spanglische Name könnte Zweifel an der Authentizität hervorrufen, aber diese glänzende *cevechería*, in der man wunderbar den Sonnenuntergang genießen kann, ist bei anspruchsvollen Mexikanern sehr beliebt. Das hausgemachte *ceviche* (in Zitronen- oder Limettensaft, Knoblauch und Gewürzen marinierte Meeresfrüchte) besteht aus Shrimps, Jakobsmuscheln und Thunfisch und ist einfach nur lecker.

La Tramoya MEXIKANISCH $$$
(Karte S. 532; ☎ 669-985-50-33; Constitución 509; Hauptgerichte 80–180 Mex$; ⏲ 11–1 Uhr) Auf den Gehwegen des schönsten Platzes in Mazatlán, der Plazuela Machado, stehen große Tische, auf denen herzhafte mexikanische Fleisch- und Fischgerichte serviert werden. Zu den etwas ausgefallenen Speisen gehören *filete azteca* – ein Steak, das mit *huitlacoche* (Maisbrand) gefüllt ist. Im Angebot sind außerdem Fusion-Fajitas und Burger.

Topolo MEXIKANISCH $$$
(Karte S. 532; ☎ Handy 669-1360660; www.topolomaz.com; Constitución 629; Hauptgerichte 130–220 Mex$; ⏲ 15–23 Uhr) Das mexikanische Fusion-Restaurant ist in einem historischen Gebäude in der Nähe der Plazuela Machado untergebracht und hat einen sanft beleuchteten Innenhof sowie eine Weinbar. Perfekt für ein romantisches Dinner! Die Kellner bereiten die Salsa direkt am Tisch zu, und die Küchenchefs kochen Fischspezialitäten wie Tequila-Shrimps oder -Fisch in Limonen- und Koriandersoße.

Zona Dorada & Umgebung

Pura Vida SÄFTE, SALATE $
(Karte S. 534; ☎ 669-916-10-10; Bugambilias 18; Säfte 28–39 Mex$, Snacks, Salate & Sandwiches 33–65 Mex$; ⏲ 8–22.30 Uhr; ✎) Hier gibt's Salate, Sandwiches, mexikanische Snacks und Vegetarisches. Die meisten Leute kommen aber wegen der Säfte und Smoothies hierher. Im Angebot sind kreative Mischungen aus tropischen Früchten, Äpfeln, Datteln, Pflaumen, Weizengras, Spirulina und Erdbeeren.

La Cocina de Ana BUFFET $
(Karte S. 534; ☎ 669-916-31-19; Laguna 49; Gerichte ab 35 Mex$; ⏲ Mo–Sa 12–16 Uhr) Das freundliche Lokal bietet ein gut zubereitetes Mittagsbuffet mit u.a. Speerfisch, Suppe mit Hackfleischbällchen, *chiles rellenos* (mit Fleisch oder Käse gefüllte Chilis) und *pollo estofado* (Eintopf mit Hähnchenfleisch). Alle Speisen werden nach Gewicht verkauft, die Speisekarte wechselt täglich.

Tomates Verdes MEXIKANISCH $
(Karte S. 534; ☎ 669-913-21-36; Laguna 42; Gerichte 40 Mex$; ⏲ Mo–Sa 8–15 Uhr) In dem gemütlichen Frühstücks- und Mittagslokal werden Speisen wie *pechuga rellena* (gefüllte Hähnchenbrust) und schmackhafte Suppen wie *nopales con chipotle* (scharfer Kaktus) serviert. Das Menü besteht aus einer Suppe, einem Hauptgericht, Reis und Bohnen. Die Speisekarte wechselt täglich. Aber Achtung, der Name täuscht! Viel Vegetarisches gibt's hier nicht.

Carlos & Lucía's KUBANISCH, MEXIKANISCH $$
(%669-913-56-77; www.carlosandlucias.com: Av Camarón Sábalo 2000; Hauptgerichte 70–200 Mex$;

ABSTECHER

DIE SCHÖNSTEN KOLONIALSTÄDTE VON SINALOA

Von Mazatlán aus kann man wunderbare Tagesausflüge zu den kleinen, malerischen Kolonialstädten in den Gebirgsausläufern der Sierra Madre machen.

Concordia wurde 1565 gegründet und hat eine Kirche aus dem 18. Jh. mit einer schönen Barockfassade und kunstvoll geschmückten Säulen. Das Dorf ist für die Herstellung von hochwertigen Keramiken und mit Schnitzereien versehenen Möbeln bekannt. Es liegt östlich von Mazatlán und ist mit dem Auto in 45 Minuten zu erreichen; auf dem Hwy 15 fährt man 20 km nach Südosten bis nach Villa Unión, wechselt dann landeinwärts auf den Hwy 40 (den Hwy nach Durango) und fährt weitere 20 km.

Copala wurde ebenfalls 1565 gegründet und liegt 40 km hinter Concordia am Hwy 40. Der Ort war eine der ersten Bergbaustädte Mexikos. Er hat immer noch seine alte Kolonialkirche (1748), Kolonialhäuser und Straßen mit Kopfsteinpflaster. Von Mazatlán nach Copala fährt man ca. eineinhalb Stunden.

Rosario liegt 76 km südöstlich von Mazatlán am Hwy 15 und ist ebenfalls eine koloniale Bergbaustadt. Sie wurde im Jahr 1655 gegründet und ist vor allem für den gewaltigen blattgoldverzierten Altar bekannt, der die Stadtkirche Nuestra Señora del Rosario schmückt.

Man kann auch das Haus der beliebten Sängerin Lola Beltrán besuchen, die die *ranchera* (die mexikanische Country-Musik) Mitte des 20. Jhs. populär machte.

In den Bergen nördlich von Mazatlán liegt **Cosalá**, eine wunderschöne koloniale Bergbaustadt, die 1550 gegründet wurde. Sie hat eine Kirche aus dem 18. Jh., ein Bergbaumuseum, das sich in einer Kolonialvilla auf der Plaza befindet, und zwei einfache, saubere Hotels.

Um dort hin zu gelangen, folgt man dem Hwy 15 etwa 113 km bis zur Abzweigung (die gegenüber der Abzweigung zum Küstenort La Cruz de Alota liegt) und fährt dann etwa 45 km ins Gebirge hinein.

⌚Mo–Sa 8.30–22.30 Uhr) Was kommt heraus, wenn ein talentierter Mexikaner namens Carlos mit einem in Kuba geborenen Koch namens Lucía zusammenarbeitet? Ein lebhaftes, buntes kleines Restaurant, das Spezialitäten aus beiden Ländern serviert. Besonders empfehlenswert ist der *plato Carlos y Lucía:* In Brandy gekochte Shrimps oder Fisch mit Reis, Gemüse und Kochbananen.

Pancho's Restaurant MEXIKANISCH $$
(Karte S.534; 5669-914-09-11; Av Playa Gaviotas 408; Hauptgerichte 110–210 Mex$; ⌚7–23 Uhr) Das Restaurant mit Blick auf die Playa Las Gaviotas ist ein guter Ort, um den Sonnenuntergang zu beobachten und eine Riesen-Margarita zu schlürfen. Man kann auch eine wirklich große Meeresfrüchteplatte bestellen, die aus Hummer, Shrimps, Tintenfisch, einem ganzen Red Snapper und (als Zugabe) einem Paar Froschschenkel besteht.

Casa Loma INTERNATIONAL $$$
(Karte S. 534; ☎669-913-53-98; www.restaurantcasaloma.com; Av Las Gaviotas 104; Hauptgerichte 82–368 Mex$; ⌚13.30–22.30 Uhr) In diesem eleganten Restaurant kann man ein anspruchsvolles Abendessen genießen. Im schicken Speiseraum und im Außenbereich – der auch einen sprudelnden Brunnen hat – werden gebratene Ente *à l'orange* oder der beliebte gedünstete Fisch *blanca rosa* (mit Shrimps, Spargel und Pilzen) serviert.

Ausgehen & Nachtleben

Mazatlán hat wegen seiner großen Auswahl von quirligen Danceclubs, die von Studenten aus Guadalajara, Monterrey und Mexico City bevölkert werden, den Ruf, ein Nachtleben mit toller Urlaubsatmosphäre zu besitzen. Der Eintritt in die meisten Clubs kostet zwischen 100 und 200 Mex$ inklusive eines Freigetränks. Ab 22 Uhr kommen die ersten Leute, aber richtig los geht es erst nach Mitternacht. Einige Clubs schließen um 2 Uhr, andere sind bis 5 Uhr morgens geöffnet. Wer lieber nur ein Gläschen trinken und Leute beobachten möchte, wird im Paseo Olas Altas oder in Alt-Mazatlán bestimmt fündig.

★ **Axesso** BAR
(Karte S. 532; ☎669-9910-1717; www.facebook.com/axessosushibar; Ecke Domínguez & Escobedo; ⌚13–24 Uhr) Der witzige, pinkfarbene Laden sieht aus, als habe er sich schon in den 1980er-Jahren hierher verirrt. Das trifft aber nicht auf das täglich frisch zubereitete Sushi

zu. Richtig was los ist hier, wenn einheimische Bands auftreten. Diese Bar ist mit Sicherheit die beste Location, wenn man mitten in der Woche einen draufmachen will.

Hotel Belmar Bar BAR

(Karte S. 532; www.hotelbelmar.com.mx; Paseo Olas Altas 166; ⌚11–2 Uhr) Zum Zeitpunkt der Recherchen war diese Bar am Meer eine der beiden angesagtesten Locations für junge Leute. Die mit *azulejos* geschmückten Wände, der alte Fliesenboden und die Holztäfelung triefen vor Schweiß. Man sollte sich lieber einen Tisch auf dem Gehweg aussuchen und sich *ballenas* (1-l-Gläser mit Pacífico) oder ein großes Bier im Plastikbecher bestellen.

Fiesta Land CLUB

(☎669-989-16-00; Av del Mar s/n) Die pompöse weiße Burg auf der Punta Camarón am südlichen Ende der Zona Dorada ist eindeutig das Zentrum des Nachtlebens von Mazatlán. Hinter den Mauern befinden sich etwa sechs Clubs und einige der beliebtesten Diskos der Stadt: Das Valentino's zieht ein gemischtes Publikum an und hat drei Tanzflächen mit Hip-Hop und lateinamerikanischer Musik; das Bora Bora ist wegen seiner Open-Air-Tanzfläche und der lockeren Einstellung beliebt, denn hier tanzen die Leute sogar auf dem Bartresen; und der Sumbawa Beach Club ist der perfekte Ort, um nach Feierabend im Sand zu tanzen, auf einer riesigen Matratze abzuhängen oder sich im Pool abzukühlen.

Joe's Oyster Bar BAR

(Karte S. 534; ☎669-983-53-33; www.joesoysterbar.com; Av Playa Gaviotas 100; ⌚11–4 Uhr) Diese beliebte Bar am Strand gehört zum Ramada Resort und hat eine endlos scheinende Happy Hour, in der man zwei Drinks zum Preis von einem bekommt. Tagsüber ist es eine Sportsbar, die sich nach 23 Uhr in eine von DJs angeheizte, übervolle Disko verwandelt, in der Studenten auf Tischen und Stühlen tanzen.

Looney Bean CAFÉ

(Karte S. 532; ☎669-988-10-39; www.looneybeanmaz.jimdo.com; Paseo Olas Altas; Kaffee 25–35 Mex$, Gebäck 30 Mex$; ⌚7.30–22 Uhr) In dem tollen Coffeeshop an der Hauptuferstraße gibt es starken Kaffee, Espresso und Erdbeerküchlein, die so groß sind, dass man sie kaum auf einmal schafft. Man sollte es aber unbedingt probieren, denn sie sind einmalig gut.

Pepe Toro SCHWULENCLUB

(Karte S. 534; ☎669-914-41-76; www.pepetoro.com; Av de las Garzas 18; ⌚Do–So 23–5 Uhr) Ein bunter Club, der feierfreudige, meist schwule Gäste anzieht. Samstagnachts um 1 Uhr gibt's eine Transvestitenshow.

Vitrolas Bar SCHWULENCLUB

(Karte S. 532; ☎669-985-22-21; www.vitrolasbar.com; Frías 1608; ⌚Do–So 19–2 Uhr) Elegante Schwulenbar mit romantischer Beleuchtung in einem wunderschön restaurierten Gebäude. Die Gäste tragen eher Anzug als Muskelshirts. Dies ist auch ein beliebter Ort für Karaoke.

☆ Unterhaltung

Was gibt es Schöneres, als den Tag an einem warmen Strand und den Abend in einer Stadt zu verbringen, in der man weiß, wie man feiert? Als Vergnügungsstätten zur Auswahl stehen laute Diskos und ein heiß geliebtes Theater. Über das Unterhaltungsprogramm informiert die Broschüre **Pacific Pearl** (www.pacificpearl.com), die in Hotellobbys in der ganzen Stadt ausliegt und auch online zur Verfügung steht.

Cinemas Gaviotas KINO

(Karte S. 534; ☎669-984-28-48; www.cinemasgaviotas.com.mx; Av Camarón Sábalo 218; Eintritt Do–Di 25 Mex$, Mi 20–25 Mex$) In sechs Kinosälen werden die neuesten Filme gezeigt, teilweise auch auf Englisch.

Teatro Ángela Peralta THEATE

(Karte S. 532; ☎extern 103, 669-982-44-47; www.culturamazatlan.com; Av Carnaval 47) Wer den Pulsschlag der boomenden Kulturszene von Mazatlán fühlen will, muss ins Peralta gehen. Das Theater wurde im Jahr 1860 erbaut, Ende der 1980er-Jahre hat man es dann fünf Jahre lang liebevoll restauriert, und 1992 wurde es wieder eröffnet. Es hat ein lauschiges Auditorium mit drei schmalen Rängen. Hier steigen alle möglichen Events – Filme, Konzerte, Opern, Theaterstücke und mehr. Im Kiosk auf dem Bürgersteig vor dem Theater kann man sich über die aktuellen und zukünftigen Veranstaltungen informieren. Die meisten Aufführungen finden von November bis Dezember beim Festival Cultural Mazatlán statt.

Shoppen

Die zahllosen Läden der Zona Dorada verkaufen Bekleidung, Schmuck, Keramik und Kunsthandwerk.

Das Centro Mercado (Karte S. 532) in Alt-Mazatlán bietet ein klassisches mexikanisches Markterlebnis mit Gemüseständen, Gewürzhändlern, Imbissständen und Läden, die preiswertes Kunsthandwerk feilbieten.

Casa Etnika KUNST & KUNSTHANDWERK
(Karte S. 532;%669-136-01-39; www.facebook.com/CASAETNIKA; Sixto Osuna 50; ⏲Mo–Sa 9–19 Uhr) Die familiengeführte Casa Etnika bietet ein kleines, aber feines Sortiment einzigartiger Objekte aus Mexiko und der ganzen Welt.

Nidart KERAMIK, KUNSTHANDWERK
(Karte S. 532;%669-985-59-91; www.nidart.com; Libertad 45; ⏲Mo–Fr 10–18, Sa 10–14 Uhr) Das Nidart verkauft handgemachte Ledermasken und Keramikwaren. In seinem Studio präsentiert es zudem Werke einer Vielzahl einheimischer Künstler.

Gandara Bazaar GESCHENKE, KUNSTHANDWERK
(Karte S. 532; ☎669-136-06-65; Constitución 616; ⏲10–20 Uhr) Über einen mit *azulejos* geschmückten Weg erreicht man einen wunderschönen Hof mit einer Galerie voller Trommeln, Skulpturen, Masken, Kreuzen, aus Kalebassen hergestellter Puppen, Glasherzen… Es gibt viele Massenartikel, aber auch einige interessante chinesische Keramikartikel.

ℹ Praktische Informationen

Alle Hotels und Cafés in Mazatlán bieten kostenloses WLAN für jedermann an.

Banamex Alt-Mazatlán (Juárez s/n); Zona Dorada (Av Camarón Sábalo) Eine von vielen Banken in der Nähe der Plaza Principal und in der Zona Dorada.

Clínica Balboa (☎669-916-79-33; Av Camarón Sábalo 4480; ⏲24 Std.) Angesehene Klinik mit englischsprachigen Ärzten.

Notfall (☎060)

Feuerwehr (☎669-981-27-69)

Go Mazatlan (Karte S. 532; www.gomazatlan.com) Bietet Infos über Mazatlán und die Umgebung.

Hauptpost (Karte S. 532; Juárez s/n) An der Ostseite der Plaza Principal.

Touristenpolizei (☎669-914-84-44)

ℹ An- & Weiterreise

AUTO & MOTORRAD

Ein Mietauto kostet in der Hauptsaison rund 600 Mex$ pro Tag. Wer online bucht, bekommt das Fahrzeug oft billiger.

Alamo (www.alamo.com.mx) Flughafen (☎669-981-22-66; Flughafen); Zona Dorada (☎669-913-10-10; Av Camarón Sábalo 410)

Budget (budgetmazatlan,com) Flughafen (☎669-982-12-20, Flughafen); Zona Dorada (☎669-913-20-00; Av Camarón Sábalo 413)

Europcar (www.auropcar.com.mx) Flughafen (☎669-954-81-15, Flughafen); Zona Dorada (☎669-913-33-68; Av Camarón Sábalo 357)

Hertz (www.hertz.com) Flughafen (☎669-985-08-45, Flughafen); Zona Dorada (☎669-913-60-60; Av Camarón Sábalo 314)

BUS

Der **Central de Autobuses** (Hauptbusbahnhof; 5669-982-83-51; Ferrusquilla s/n) liegt unweit der Avenida Ejército Mexicano, drei Blocks vom Nordende der Playa Norte entfernt. Die Buslinien starten von separaten Hallen im Hauptbusbahnhof.

Die Regionalbusse zu kleinen, nahe gelegenen Städten (wie Concordia, Copala und Rosario)

BUSSE AB MAZATLÁN

ZIEL	PREIS (MEX$)	DAUER (STD.)	HÄUFIGKEIT (TGL.)
Culiacán	121	2½	sehr oft
Durango	390–548	7-8	7-mal
Guadalajara	355–380	7-8	sehr oft
Los Mochis	350–400	5–6½	stündl.
Manzanillo	683–758	12–13	22.20 Uhr
Mexicali	1045–1175	24–25	regelm.
Mexico City (Terminal Norte)	871–986	13–16	regelm.
Monterrey	1021–1100	14–16	2-mal
Puerto Vallarta	450	7–8	6-mal
Tepic	230–260	4–5	regelm.
Tijuana	1159–1310	26–28	regelm.

starten von einem kleineren Terminal, das hinter dem Hauptterminal liegt.

FLUGZEUG

Der **General Rafael Buelna International Airport** (☎669-982-23-99; www.oma.aero/es/aeropuertos/mazatlan; Carretera Internacional al Sur s/n) liegt 27 km südöstlich der Zona Dorada. Er wird u. a. von den folgenden Fluggesellschaften angeflogen:

Aeroméxico (www.aeromexico.com) Zona Dorada (☎669-914-11-11; Av Camarón Sábalo 310); Flughafen (☎669-982-34-44; Airport) Direktflüge nach Guadalajara und Mexico City.

VivaAerobus (☎Monterrey 81-8215-0150; www.vivaaerobus.com; Airport) Direktflüge nach La Paz (Baja California), Mexico City und Monterrey.

Volaris (☎800-122-80-00; www.volaris.mx; Airport) Direktflüge nach Tijuana.

SCHIFF/FÄHRE

Baja Ferries (5800-337-74-37; www.bajaferries.com; Sitzplatz pro Erw./Kind einfache Strecke 1078/539 Mex$; ⏲Ticketbüro Mo–Fr 8–16, Sa 8–15, So 9–15 Uhr) hat ein Terminal am südlichen Ende der Stadt und betreibt Fähren zwischen Mazatlán und La Paz in Baja California Sur (eigentlich zum Hafen von Pichilingue, 23 km von La Paz). Die Fähre nach Pichilingue ist 16 Stunden unterwegs und legt montags, mittwochs und freitags um 16 Uhr am Fährhafen ab (man sollte bereits um 14 Uhr am Hafen sein und sein Ticket dabei haben). Im Winter kann es aufgrund des starken Windes zu Verspätungen kommen.

ℹ Unterwegs vor Ort

Mazatlán kann man leicht mit dem Fahrrad erkunden. Der *malecón* führt von der Innenstadt den ganzen Weg bis zur Zona Dorada. Man kann sich bei **Baikas** (☎669-910-19-99; Fahrrad Std./halber/ganzer Tag 70/200/300 Mex$) neue Cruiser-Fahrräder mit Korb oder Kindersitzen ausleihen. Genau das Richtige für eine Tour auf dem *malecón*!

BUS

Die Lokalbusse fahren von 6 bis 22.30 Uhr. Die Fahrten mit den normalen weißen Bussen kosten 7 Mex$; die mit klimatisierten grünen Bussen 10 Mex$.

Um vom Busbahnhof ins Zentrum von Mazatlán zu gelangen, geht man zur Avenida Ejército Mexicano und nimmt einen der Busse nach Süden. Alternativ kann man vom Busbahnhof 300 m zum Strand laufen und dort den Bus „Sábalo-Centro" ins südlich gelegene Zentrum nehmen.

Hauptrouten:

Route Playa Sur Fährt von der Avenida Ejército Mexicano unweit des Busbahnhofs durch das Stadtzentrum am Markt vorbei und dann weiter zum Fährhafen und zum El Faro.

Route Sábalo-Centro Verläuft vom Centro Mercado zur Playa Norte via Juárez, dann nach Norden auf der Avenida del Mar zur Dorada und weiter nach Norden zur Avenida Camarón Sábalo.

ZUM/VOM FLUGHAFEN

Vom Flughafen verkehren Taxis und *colectivo*-Vans (die ihre Passagiere auf festgelegten Routen ein- und aussteigen lassen) in die Stadt (27 km). Tickets (*colectivo* 100–150 Mex$, Taxi 310–350 Mex$) kann man an einem Stand vor der Ankunftshalle kaufen. Zwischen Mazatlán und dem Flughafen fahren keine öffentlichen Busse.

TAXI

Mazatlán hat spezielle Taxis namens *pulmonía*, kleine, offene Fahrzeuge, die Golfwagen ähneln. Es gibt auch reguläre rot-weiße und grün-weiße Taxis. Eine Fahrt innerhalb der Stadt kostet je nach Verhandlungsgeschick und Tageszeit 50 bis 100 Mex$ – der Preis steigt, wenn Kreuzfahrtschiffe anlegen.

MEXCALTITÁN

☎323 / 818 EW.

Dieses uralte Inseldorf wurde erstmals um 500 n. Chr. besiedelt und soll nach Ansicht einiger Experten Aztlán, die Heimat der Azteken, sein, die diesen Ort etwa 1091 verließen, um ihre generationenübergreifende Auswanderung nach Tenochtitlán (das heutige Mexico City) zu beginnen. Die Anhänger dieser Theorie weisen darauf hin, dass zwischen dem kreuzförmigen Aufbau der Straßen von Mexcaltitán und der städtischen Struktur des frühen Tenochtitlán auffällige Ähnlichkeiten bestehen. Als weiterer Beweis wird ein vorspanisches Basrelief aus Stein gedeutet, das in der Region gefunden wurde – es stellt einen Fischreiher dar, der eine Schlange umklammert, und soll ein Hinweis auf das Zeichen sein, das die Azteken im gelobten Land zu finden hofften.

Heute ist Mexcaltitán ein Fischerdorf, das vor allem von der Shrimps-Produktion lebt. Am frühen Abend fahren die Männer mit kleinen Booten in die umliegenden Sumpfgebiete und kehren kurz vor Sonnenaufgang mit vollen Netzen zurück. Tagsüber werden die Shrimps auf jeder verfügbaren Fläche ausgebreitet, was einen Nachmittagsspaziergang zu einem geruchsstarken und malerischen Erlebnis macht.

Der Tourismus hat in Mexcaltitán kaum Spuren hinterlassen. Das Dorf hat ein Hotel, ein paar nette Uferrestaurants und ein kleines Museum, die durchaus einen Besuch mit Übernachtung wert sind.

Sehenswertes & Aktivitäten

Museo Aztlán del Origen MUSEUM

(Eintritt 5 Mex$; Mo–Sa 9–17, So 9–14 Uhr) Das kleine, aber interessante Museum an der Nordseite der Plaza präsentiert eine Sammlung von Korb- und Töpferwaren mit spanischen Erläuterungen und eine größere Ausstellung über einige der berühmtesten archäologischen Stätten der Azteken. Gezeigt wird auch die Reproduktion einer faszinierenden Buchrolle (das *Códice Ruturini*), die von den Reisen der Azteken berichtet und Randnotizen in Spanisch aufweist.

Bootstouren BOOTSTOUR

Wer will, kann eine Bootstour auf der Lagune machen, um Vögel zu beobachten, zu angeln und Sehenswürdigkeiten zu besuchen – jede Familie besitzt ein oder mehrere Boote.

Feste & Events

Semana Santa RELIGION

Die Karwoche wird groß gefeiert. Am Karfreitag wird in der Kirche eine Christusstatue ans Kreuz geschlagen, dann abgenommen und durch die Straßen getragen.

Fiesta de San Pedro Apóstol RELIGION

Das lärmige Fest Ende Juni ist dem Schutzpatron der Fischer gewidmet. Statuen des hl. Petrus und des hl. Paulus werden in geschmückten *lanchas* (schnelle, offene Motorboote) auf die Lagune hinausgebracht.

Schlafen & Essen

Man sollte die Stadt erst verlassen, wenn man die lokale Spezialität *albóndigas de camarón* (frittierte Shrimps-Bällchen in würziger Sauce) oder vielleicht einen reichhaltigen *jugo de camarón* (Shrimps-Saft) oder die *paté de camarón* probiert hat. Die Shrimps-*tamales*, die morgens auf den Straßen von Schubkarren aus verkauft werden, sind ein weiteres kulinarisches Highlight des Ortes. Gut gelaunte Schlepper am Stadtplatz locken Gäste in ihre Restaurants, die alle ein ähnliches Angebot haben.

Hotel Ruta Azteca HOTEL $

(323-235-60-20; Venecia s/n; Zi. 250–700 Mex$/Pers.) Das einzige Hotel der Stadt wird von einer liebenswerten Familie betrieben. Die Zimmer sind einfach und für eine Nacht auch sauber genug. Am besten fragt man nach einem Zimmer auf der Rückseite mit Lagunenblick.

Mariscos Kika SEAFOOD $

(323-235-60-54; Hauptgerichte 70–80 Mex$; 8–18 Uhr) Wer Appetit auf Fisch, Shrimps und Tintenfisch in Dutzenden Varianten hat, nimmt ein Boot und fährt zu diesem familiengeführten Lokal auf einer kleinen Insel gegenüber von Mexcaltitáns Hauptanleger.

★ **La Alberca** SEAFOOD $$

(323-235-60-27; Hauptgerichte 65–100 Mex$; 10–19 Uhr) La Alberca am Ostufer ist über einen klapprigen Holzsteg zu erreichen und bietet einen grandiosen Blick auf die Lagune. Die Speisekarte ist voller Shrimps. Für viele Inselbewohner ist dies das beste Restaurant überhaupt. Aus der Küche kommen Shrimps-Empanadas, Shrimps-*ceviche* und Shrimps-*albóndigas,* die trocken als Appetithäppchen oder in einer chililastigen Shrimps-Brühe daherkommen. Wunderbar, vor allem mit einem Klecks hausgemachter *tomatillo*-Sauce! Bier kostet nur 10 Mex$.

An- & Weiterreise

Man nimmt einen Bus von San Blas (50 Mex$, 1½ Std.) oder Tepic (46 Mex$, 1½ Std.) in die Stadt Santiago Ixcuintla, die 7 km westlich des Hwy 15 und etwa 70 km nordwestlich von Tepic liegt. Wenn man in Santiago angekommen ist, steigt man in ein *colectivo* (25 Mex$, 40 Min., 4-mal tgl.) oder ein Taxi (200 Mex$) nach La Batanga. Hier ist ein kleiner Anleger, von dem *lanchas* nach Mexcaltitán ablegen. Die Ankunfts- und Abfahrtszeiten der *lanchas* sind auf die Fahrpläne der *colectivos* abgestimmt. Die Bootsfahrt dauert 15 Minuten und kostet 20 Mex$ pro Person. Wer die *lancha* verpasst, kann ein Privatboot mieten (80 Mex$/Pers., 8–19 Uhr).

SAN BLAS

323 / 8700 EW.

Die Tourismusbehörde plant seit Jahrzehnten, aus dem ruhigen Fischerdorf San Blas, 70 km nordwestlich von Tepic, einen großen Ferienort zu machen – was aber nicht bedeutet, dass sich schon viel verändert hätte. Es ist noch immer ein friedliches, verschlafenes Kaff, und genau darin liegt der Charme des Ortes. Besucher erfreuen sich an einsamen Stränden, guten Surfspots, einer bunten Vogelwelt und Tropenwäldern, die nur mit Flussschiffen erreichbar sind.

San Blas

San Blas war vom späten 16. Jh. bis zum 19. Jh. ein wichtiger Hafen der Spanier. Sie errichteten hier eine Festung, um ihre Handelsgaleonen vor Überfällen britischer und französischer Piraten zu schützen. Auch Junípero Serra, der „Vater" der kalifornischen Missionsstationen, schipperte einst von hier gen Norden. Mit ihren Kopfsteinpflasterstraßen sieht San Blas aus wie jedes andere Dorf auch. Aber beim Anblick der Avenida Juárez mit ihren einheitlichen, weiß getünchten Fassaden gerät man schnell ins Schwärmen und träumt von alten Zeiten.

Sehenswertes & Aktivitäten

Hier dreht sich alles um das Leben auf dem Wasser – zur Wahl stehen Strände und Inseln vor der Küste sowie Bootstouren durch die Flussarme, wo zahlreiche Vögel und andere Tiere leben.

La Contaduría FESTUNG, RUINEN

(Eintritt 10 Mex$; 8–19 Uhr) Wer auf den Gipfel des Cerro de la Contaduría klettert, kann durch die Ruinen des spanischen **Forts La Contaduría** spazieren, wo einst die kolonialen Reichtümer angehäuft und gezählt wurden, bevor man sie nach Mexico City oder in die Philippinen verschiffte. Der Platz wird immer noch mittels ein paar verrosteten Kanonen bewacht. In der Nähe liegen die schönen Ruinen des **Templo de la Virgen del Rosario** (Eintritt 10 Mex$), der 1769 erbaut wurde. Die Straße zum Fort liegt westlich der Brücke, die über den Estuario San Cristóbal führt.

Strände

Am nächsten bei der Stadt liegt die **Playa El Borrego** am Ende der Azueta. Sie ist ein Streifen mit grauem Sand und einer recht ordentlichen Brandung. Schwimmen kann wegen des Brandungssogs gefährlich sein. Unbedingt die Warnungen der Einheimischen beachten! Ein paar ältere Gauchos bieten 15- bis 30-minütige **Ausritte** (50 Mex$) am Strand an.

Die besten Strände befinden sich südöstlich der Stadt rund um die Bahía de Matanchén. Der erste heißt **Playa Las Islitas** und ist 7 km von San Blas entfernt. Um hinzukommen, nimmt man zunächst die Hauptstraße in Richtung Tepic und biegt dann nach ca. 4 km rechts ab. Die befestigte Straße führt ostwärts am Dorf Matanchén vorbei, von wo eine Schotterstraße nach Süden zur Playa Las Islitas führt. Hier geht's herrliche 8 km an einem abgelegenen Strand entlang. Fährt man auf der befestigten Straße weiter, kommt man zur **Playa Los Cocos** und der **Playa Miramar** mit beliebten Surfspots. Hier stehen *palapas*, unter denen

San Blas

Highlights

1 La Contaduría Fort ... E1
2 Templo de la Virgen del Rosario ... E1

Aktivitäten, Kurse & Touren

3 Boote zur La Tovara & zum Cocodrilario ... F1
4 Fischer-Lanchas & Boote zu den Inseln ... A2

Schlafen

5 Casa Roxanna Bungalows ... B3
6 Estancia Las Flores ... B2
7 Hotel Hacienda Flamingos ... B2
8 Hotel Marina San Blas ... B3
9 Hotelito Casa de las Cocadas ... A2

Essen

10 Juan Bananas ... C3
11 Mercado ... B1
12 Ofro's ... B2
13 Wala Wala ... B2

Ausgehen & Nachtleben

14 Billy Bob's ... B2

man wunderbar relaxen und eine frische Kokosmilch genießen kann.

Surfen

Anfänger und Surfer mit Vorkenntnissen verbessern ihre Kenntnisse gern in San Blas, weil es hier viele Beach- und Pointbreaks gibt. Die Saison beginnt im Mai, aber die Wellen sind dank der südlichen Dünung mit der langen Brandung bis September und Oktober gut surfbar. Beliebte Spots sind u. a. El Borrego, Las Islitas, Second Jetty (neben dem Stoner's Surf Camp), La Puntilla (an der Flussmündung südlich der Playa El Borrego), Stoner's (weiter im Süden zwischen San Blas und Las Islitas) und El Mosco (westlich von San Blas auf der Isla del Rey).

An der Playa El Borrego befindet sich das **Stoner's Surf Camp** (www.stonerssurfcamp.com; Brett 200 Mex$/Tag, Unterricht 200 Mex$/Std.), das Zentrum der hiesigen Surfszene. Hier kann man die erforderliche Ausrüstung mieten und Unterricht nehmen. Die neue **Natural Surf School** (Playa El Borrego; Brett 50 Mex$/Std., Unterricht 200 Mex$; ⏲ nur Sa & So), ein winziger, dicht an der Mole gelegener Kiosk mit Palmendach, ist der Renner. Hier kann man Boards mieten und Surfen lernen. Der Unterricht besteht aus einer 20-minütigen Einweisung am Strand, dann gibt's eine Stunde Unterricht im Wasser, und danach kann man noch eine weitere Stunde allein üben.

Geführte Touren

Eine Bootstour durch den Urwald zur Süßwasserquelle **La Tovara** (☎ 324-285-07-21, 323-108-41-74; www.latovara.com) – einem staatlich geschützten Meeresarm – ist das Highlight eines Besuchs von San Blas. Die kleinen Boote legen vom *embarcadero,* an der östlichen Grenze der Stadt oder weitere 4,5 km Richtung Osten vom Hauptdock an der Straße nach Matanchén, ab. Während der dreistündigen Tour fährt man durch das Estuario San Cristóbal zur Quelle und passiert unterwegs dichten Urwald und Mangrovenwälder. In La Tovara gibt's ein Restaurant, in dem man zu Mittag essen kann; oder man kann weiter zum **Cocodrilario** (Aufzuchtstation für Krokodile) fahren, wo Krokodile in Gefangenschaft aufgezogen und später ausgewildert werden. Eine Gruppe von bis zu vier Personen zahlt 480 Mex$ für die Fahrt nach La Tovara (hin & zurück 2 Std.) und 600 Mex$ zum Cocodrilario (3 Std.). Jede zusätzliche Person zahlt abhängig vom Reiseziel 110 bis 140 Mex$.

Weitere Bootstouren beginnen am Anleger des Estuario El Pozo. Dazu gehören Ausflüge nach **Piedra Blanca** (400 Mex$, max. 6 Pers., 1 Std.), wo man die Statue der

Jungfrau besucht; Touren zur **Isla del Rey** (15 Mex$/Pers., 5 Min.), die direkt vor San Blas liegt, und zur **Playa del Rey**, einem 20 km langen Strand, der auf der anderen Seite der Halbinsel Isla del Rey liegt. Hier kann man auch Bootsleute anheuern, die Exkursionen zur Vogelbeobachtung anbieten (1. Std. 400 Mex$ f. max. 6 Pers., jede weitere Stunde 300 Mex$).

Die **Isla Isabel** ist für eine interessante Tour mit Übernachtung gut. Der Nationalpark und das geschützte Ökoreservat liegen nordwestlich von San Blas und sind in drei Stunden per Boot zu erreichen. Die Insel ist ein Paradies für Vogelliebhaber. Da es keinerlei Einrichtungen gibt, sollte man sich auf Campen und Selbstversorgung einstellen. Man kann sich sein Abendessen selbst angeln, aber die Tourveranstalter helfen auch gerne dabei, gute Preise mit den Fischern vor Ort auszuhandeln. Diese Touren mit Übernachtung kosten im Allgemeinen 8000 Mex$ für bis zu sechs Personen.

Feste & Events

Festival Internacional de Aves Migratorias VOGELBEOBACHTUNG
(www.avessanblas.uan.mx) Ende Januar oder Anfang Februar versammeln sich Vogelbeobachter in San Blas zum einwöchigen Internationalen Festival der Zugvögel. Zu den Highlights gehören Touren mit englischsprachigen Ornithologen und ein abendliches Unterhaltungsprogramm auf der Plaza.

Schlafen

San Blas bietet viele sehr preisgünstige Unterkünfte.

Estancia Las Flores PENSION $
(323-232-30-28; Av Juárez 49; Zi. 350 Mex$;) In dieser Budgetunterkunft in der Hauptstraße gibt es nur vier Zimmer mit Schlackenbetonwänden. Aber die gefliesten Fußböden sind sauber, es gibt Kabelfernsehen, kunstvoll gehäkelte Tagesdecken und schöne Bäder sowie Holzmöbel.

Stoner's Surf Camp CABAÑA, CAMPING $
(323-232-22-25; www.stonerssurfcamp.com; Playa El Borrego; Stellplatz 50 Mex$/Pers., Hütte 150–400 Mex$;) Die rustikalen *cabañas* (Hütten) in diesem freundlichen Traveller-Treff und Surfzentrum verfügen über Strom, Moskitonetze und Ventilatoren. Die beste Wahl sind die witzigen, wackeligen Hütten auf Stelzen direkt am Strand. Man kann zelten, es gibt eine Gemeinschaftsküche, viele Hängematten und ein Lokal, das gutes Essen serviert. Wer in einer der *cabañas* übernachtet, kann die Fahrräder kostenlos nutzen und bekommt Rabatt im Surfzentrum.

Casa Roxanna Bungalows BUNGALOWS $$
(323-285-05-73; www.casaroxanna.com; El Rey 1; DZ 600–700 Mex$, 4BZ 700–800 Mex$;) Diese elegante Oase bietet auf ihrer gepflegten Anlage acht unterschiedlich große Bungalows; die größeren Wohneinheiten im oberen Stock sind mit kompletten Küchen ausgestattet und bieten einen tollen Blick auf den Pool. Es wird Englisch gesprochen; wer länger bleibt, erhält Rabatt.

Hotelito Casa de las Cocadas HOTEL $$
(323-285-90-60; www.lascocadas.sanblasriviera nayarit.com/instalaciones; Av Juárez 145; DZ 555 Mex$;) Kleines Hotel am Bootsanleger mit sauberen, einfachen, hellen Zimmern, die um einen zentralen Pool angeordnet sind. In der Nebensaison fallen die Preise auf unter 500 Mex$.

Hotel Marina San Blas HOTEL $$
(323-285-08-12; www.facebook.com/marinasan blas; Cuauhtémoc 197; EZ/DZ 825/970 Mex$;) Das in der Nähe der Flussmündung in schöner Umgebung gelegene Resort mit Blick auf den Hafen ist eine einwandfrei geführte Drei-Sterne-Unterkunft. Die Gäste können sich für eine Stunde ein Kajak gratis ausleihen. Die kitschigen Zimmer mit maritimem Touch weisen Leuchtturmlampen und eine eigenartige Mischung aus Schlackenbetonwänden und Fliesen auf. Sie sind blitzblank und gemütlich, haben Kabel-TV und bieten einen tollen Blick auf den Fluss.

★ **Hotel Hacienda Flamingos** HOTEL $$
(323-285-09-30; www.sanblas.com.mx/flamin gos; Av Juárez 105; Zi. ab 825 Mex$, Suite ab 970 Mex$;) Das restaurierte koloniale Juwel hält die elegantesten Unterkünfte der Stadt bereit. Die geräumigen Zimmer und der Innenhof erinnern an das alte Mexiko, ohne kitschig zu sein. Es gibt eine Lounge, in der man gute Cocktails und *botanas* (Snacks) bekommt.

Essen

San Blas ist eine lässige Stadt mit lässigen Restaurants und Strand-*palapas,* die alle frische Meeresfrüchte servieren. Preiswerteres wie *tortas* (Sandwiches), *jugos* (Säfte) und *licuados* (Milchshakes) gibt's auf dem hiesigen **mercado** (Ecke Sinaloa & Batallón de San Blas).

Juan Bananas BÄCKEREI $
(Batallón de San Blas 219; Bananenbrot 45–50 Mex$; ⌚8–20 Uhr) Seit vier Jahrzehnten stellt diese kleine Bäckerei das weltbeste Bananenbrot her; mit etwas Glück bekommt man ein Stück frisch aus dem Ofen. Juan weiß so ziemlich alles über die Gegend und gibt sein Wissen gern weiter.

Ofro's MEXIKANISCH $$
(Av Juárez 64; Hauptgerichte 50–100 Mex$; ⌚7–22 Uhr) In dem charmanten Café mit hoher Decke und Betonfußboden bekommt man leckeres Frühstück, Shrimps-, Hühnchen- und Kartoffel-Tacos. Als *comidas* (Mittagsmenü) gibt's Fisch und Hühnchen *al gusto*.

Restaurant Alicia SEAFOOD $$
(Playa El Borrego; Hauptgerichte 70–110 Mex$, Hummer 220 Mex$; ⌚8–19 Uhr) Einer der bescheideneren, aber sehr beliebten Strand-*comedores* (Imbissstände) an der Playa El Borrego. Der *pescado sarandeado* ist köstlich, genauso wie gebratener Fisch, *ceviche* und *cocteles* (Seafood-Cocktails).

Wala Wala MEXIKANISCH $$
(☎323-285-08-63Av Juárez 183; Hauptgerichte 75–140 Mex$; ⌚Mo–Sa 7–22 Uhr; 📶) Das fröhlich dekorierte Restaurant serviert preiswerte, leckere Hausmannskost sowie Spezialitäten wie Hummer und *pollo con naranja* (Hühnchen mit Orange). In der Hauptsaison gibt's dreimal wöchentlich Livemusik.

Caballito del Mar SEAFOOD $$
(Playa El Borrego; Hauptgerichte 90–220 Mex$; ⌚12–18 Uhr) Das Caballito del Mar wird von den Besitzern des La Isla geführt und ist eine der besten Seafood-*enramadas* (strohgedecktes Lokal) an der Playa El Borrego.

Ausgehen & Nachtleben

Das Nachtleben von San Blas ist zwar nicht besonders aufregend, aber doch recht nett. Es gibt ein paar einfache Bars und Kneipen.

Cafe Del Mar LOUNGE
(☎323-285-10-81; Av Juárez 5; ⌚18–24 Uhr) Die bei Weitem coolste und eleganteste Location der Stadt. Sie befindet sich gegenüber der Plaza über einem Geschäft, hat weiß getünchte Wände, an denen viele echte indigene Masken hängen. Jazz, Salsa, Reggae und Rock dröhnen aus dem Soundsystem und vereinen sich mit der tropischen Brise.

Billy Bob's BAR
(Av Juárez s/n; ⌚11–24 Uhr) In dieser bei Einheimischen beliebten Bar gibt's Sport im TV, von morgens bis spätabends laute *ranchero*-Musik und in der Happy Hour zwei Margaritas zum Preis von einer.

Praktische Informationen

Das kostenlose WLAN der Stadt ist in einem Radius von 150 m um die zentrale Plaza verfügbar. Auch die meisten Hotels und Restaurants haben WLAN.

Banamex-Geldautomat (Av Juárez s/n)
Cybernet Web On (Canalizo 155B; 15 Mex$/Std.; ⌚Mo–Sa 9–21, So 17–21 Uhr) Eines von mehreren Internetcafés nördlich der Plaza.
Gesundheitsklinik (☎323-285-12-07; Ecke Azueta & Campeche; ⌚24 Std.)
Post (Ecke Sonora & Echeverría)
Touristeninformation (☎323-285-00-73; Av Juárez s/n; ⌚Mo–Fr 9–15 Uhr) In der einfachen Touristeninformation in der Casa de Cultura gibt es Karten und Broschüren über die Gegend und den Bundesstaat Nayarit.

Anreise & Unterwegs vor Ort

Der kleine **Busbahnhof** (Av Juárez) wird von den Busunternehmen Norte de Sonora und Estrella Blanca bedient, die Busse der 2. Klasse betreiben. Traveller, die nach Süden reisen, kommen schneller ans Ziel, wenn sie zuerst nach Tepic fahren. Wer nach Mazatlán will, steigt in Tepic um. Folgende Busse fahren täglich ab:

Puerto Vallarta (162 Mex$, 3½ Std., 7:30, 10, 13.30 und 16.30 Uhr)
Tepic (56 Mex$, 1½ Std., stündl. 6–20 Uhr)

Zwischen 7 und 15 Uhr starten am Busbahnhof stündlich Busse nach Playa Las Islitas (15 Mex$), Playa Los Cocos (20 Mex$) und Playa Miramar (27 Mex$). Auch an der Ecke Canalizo und Mercado fahren mehrmals täglich Busse der 2. Klasse ab; sie bedienen die Dörfer und Strände an der Bahía de Matanchén.

Innerhalb der Stadt und zu den Stränden fahren auch Taxis – eine gute Option für Gruppen von zwei oder mehr Personen. Fahrräder kann man bei Wala Wala (80 Mex$/Std.) ausleihen.

TEPIC

☎311 / 336 000 EW. / HÖHE 920 M

Tepic wurde 1524 vom Neffen Hernán Cortés' gegründet. Heute wird die Hauptstadt des Bundesstaates Nayarit vorwiegend von Mittelschicht bewohnt, und die schmalen Straßen brummen vor provinziellem, geschäftigem Treiben. Hier lassen sich oft indigene Huicholen in ihren farbenfrohen Trachten blicken, ihre Kunstgegenstände werden auf der Straße und in Läden verkauft.

Die prachtvolle **Kathedrale** wurde 1804 geweiht und wacht erhaben über die **Plaza Principal**. Gegenüber steht der **Palacio Municipal** (Rathaus), unter dessen Bögen man oft Huicholen sieht, die preiswertes Kunsthandwerk verkaufen. Das **Museo Regional de Nayarit** (☎311-212-19-00; Av México Norte 91; Eintritt 37 Mex$; ⏲Mo–Fr 9–18, Sa 9–15 Uhr) ist in einem prunkvollen, neoklassizistischen Gebäude aus dem 18. Jh. untergebracht. Zu sehen sind hauptsächlich vorkoloniale Objekte wie alte Töpferwaren und Grabbeigaben sowie Gemälde aus der Kolonialzeit und Gegenstände aus der Kultur der Huicholen.

Tepic ist ein nicht mehr allzu bedeutender Verkehrsknotenpunkt. Man kann gut durch die nicht sehr ansprechende Stadt schlendern und Mitbringsel ergattern. Es gibt aber keinen wirklichen Grund, hier zu übernachten. Wer in der Stadt bleiben will, kann im **Hotel Real de Don Juan** (☎311-216-18-88; www.realdedonjuan.com; Ecke Juárez & Av México Sur; Zi./Suite 1140/1740 Mex$; P❄@📶) einchecken. Es ist ein schön renoviertes altes Haus mit Blick auf die Plaza Constituyentes. Ausgezeichnetes *ceviche* und köstliche Shrimps bekommt man im **El Marlin de Tepic** (www.marlindetepic.com; Calzada del Panteon 45; Hauptgerichte 120–300 Mex$; ⏲11–22 Uhr). Bei den Einheimischen beliebte Jakobsmuscheln und *aguachiles* – saftige, gut gewürzte Shrimps-Cocktails mit vielen Zwiebeln und Tomaten, die in einem *molcajete* (Mörser und Stößel) serviert werden – kommen in der **Taquería Fabian** (Av Leon; Tostadas 50 Mex$, Aguachiles 120 Mex$; ⏲11–18 Uhr) aus der Küche.

Achtung: In den vergangenen Jahren hat Tepic traurige Berühmtheit als Schauplatz von Drogenmorden erlangt. Es ist unwahrscheinlich, dass Touristen Gewalt angetan wird, doch man sollte aufmerksam sein und bei Dunkelheit nicht mehr fahren.

ℹ Praktische Informationen

Banken, Internetcafés und *casas de cambio* (Wechselstuben) säumen die Avenida México zwischen den beiden Plazas.

Städtische Touristeninformation (☎311-215-30-01, 311-215-30-02, App. 2000 311-215-30-00; Plaza Principal; ⏲9–19 Uhr) An der Hauptplaza.

Post (Ecke Durango Norte & Morelos Poniente)

ℹ An- & Weiterreise

BUS

Der Busbahnhof liegt am südöstlichen Rand der Stadt; zwischen Busbahnhof und Zentrum fahren regelmäßig Stadtbusse mit der Aufschrift „Estación"; sie halten an der Ecke Amado Nervo/Durango.

TNS betreibt einen kleinen Busbahnhof, der nördlich der Kathedrale unweit des Río Mololoa liegt. Hier starten Busse der 2. Klasse nach San Blas (50 Mex$, 1½ Std., stündl. 5–19.15 Uhr).

ℹ Unterwegs vor Ort

Die Stadtbusse (6 Mex$) verkehren von etwa 6 bis 21 Uhr. Combis (56Mex$) fahren von 6 bis 24 Uhr entlang der Avenida México. Es gibt auch zahlreiche Taxis; gegenüber der Kathedrale befindet sich ein Taxistand.

RUND UM TEPIC

Laguna Santa María del Oro

Die idyllische Laguna Santa María del Oro ist von steilen, bewaldeten Bergen umgeben, füllt einen 2 km breiten Vulkankrater aus und soll über 100 m tief sein. Das klare Wasser changiert in Türkis- und Schiefertönen. Ein Spaziergang um den See und durch die umgebenden Berge ist wunderschön, und unterwegs kann man unzählige Vögel (rund 250 Spezies) und Schmetterlinge beobachten. Man kann auch in eine verlassene Goldmine klettern, Rad fahren, schwimmen, über den See rudern, Kajak fahren oder Schwarz- und Flussbarsche angeln. Eine wachsende Anzahl Restaurants serviert frischen Fisch und Meeresfrüchte.

BUSSE AB TEPIC

ZIEL	PREIS (MEX$)	DAUER (STD.)	HÄUFIGKEIT (TGL.)
Guadalajara	200–224	3½	regelm.
Mazatlán	230–260	4–5	stündl.
Mexico City (Terminal Norte)	820–870	10–11	stündl.
Puerto Vallarta	193–207	3½–4	stündl.

Koala Bungalows & RV Park (☎ Handy 311-1347178; www.koalabungalows.com; Stellplatz f. Zelt 6 US$/Pers., Stellplatz f. Wohnmobil 15 US$/ Paar, Zi./Bungalow ab 42/58 US$) ist ein friedlicher Park mit einem Restaurant, Stellplätzen für Camper und ein paar gepflegten Bungalows, in denen bis zu zehn Leute übernachten können. Am Ende der Straße, die zum See abzweigt, biegt man links ab.

Um hierher zu gelangen, folgt man der Straße nach Guadalajara von Tepic aus 40 km und biegt an der Abzweigung nach Santa María del Oro ab; von hier aus fährt man noch etwa 10 km bis zum See. Wer mit dem Bus anreist, nimmt eines der *colectivos* mit der Aufschrift „Santa María del Oro", die auf der Avenida México in Tepic abfahren, und steigt auf dem Stadtplatz in Santa María in ein „Laguna"-*colectivo*.

Volcán Ceboruco

Dieser aktive Vulkan besteht aus zwei Kratern und drei Aschekegeln und brach zuletzt 1870 aus; man kann die kurzen Wanderwege auf dem Gipfel also unbesorgt begehen. Die 15 km lange Pflasterstraße zum Vulkan passiert Lavafelder und Fumarolen (Dampföffnungen); die Hänge sind von üppiger Vegetation bedeckt. Die Straße beginnt im Dorf Jala, 7 km abseits des Highways von Tepic nach Guadalajara; die Abzweigung liegt 76 km von Tepic entfernt und 12 km vor Ixtlán del Río. Man kann den Vulkan auch im Rahmen einer geführten Tour besuchen; mehrere Veranstalter mit Sitz in Puerto Vallarta halten auf ihren „Tequila-Touren" am Vulkan.

CHACALA

☎ 327 / 320 EW.

Chacala, das bezaubernd schöne, kleine Fischerdorf, hat es irgendwie geschafft, seinen Ruf als heimliches Paradies zu wahren. Der Ort liegt 96 km nördlich von Puerto Vallarta und 10 km westlich von Las Varas am Hwy 200 in einer wunderhübschen kleinen Bucht, die von grünen Hängen umgeben und an jeder Seite von zerklüfteten schwarzen Felsformationen begrenzt ist. Mit nur einer sandigen Durchgangsstraße und ein paar Kopfsteinpflastergassen ist Chacala ein idealer Ort zum Relaxen und Nachdenken.

Es gibt keine Geldautomaten; Banken und Kommunikationsmöglichkeiten findet man in Las Varas. WLAN ist in den meisten Hotels und Cafés verfügbar.

Aktivitäten

Die meisten Aktivitäten finden im Meer statt. Wer einen **Ausflug in einem kleinen Boot** machen möchte, sollte sich an den kleinen Fischereihafen **Capitanía del Pueblo** am nördlichen Zipfel des Küstenstreifens wenden. **Walbeobachtungstrips** kosten 250 Mex$ pro Person (min. 4 Teilnehmer). Für einen einstündigen **Angelausflug** muss man ca. 500 Mex$ hinblättern, eine **Surfexpedition** zu der Top-Surf-Location La Caleta – wo ein wilder Left-Hand-Point-Break an den felsigen Strand rollt – kostet inklusive Hin- und Rückfahrt 500 Mex$ pro Nase. Man muss dem Schiffsführer sagen, wann man abgeholt werden möchte. Im Chacala Hostel & Surf Shop (S. 549) bekommt man Bretter (25 US$/Tag). In Chacalas herrlicher Bucht kann man jederzeit gefahrlos in aller Ruhe **schwimmen**. Oder man **wandert** nach La Caleta – das ist ein anspruchsvoller, aber lohnender Marsch, der pro Strecke zwei Stunden dauert.

Schlafen & Essen

Von einfachen bis zu luxuriösen Unterkünften ist hier alles vertreten. Wer länger bleiben und unabhängig sein will, übernachtet am besten in **Chacala Villas** (www.chacalavillas.com). Die Betreiber vermieten mehrere unterschiedliche Häuser mit voll eingerichteter Küche ab 60 US$ pro Nacht, u.a. auch die empfehlenswerte **Casa Magica** (2 Pers. 90 US$/Nacht).

Chacala Hostel & Surf Shop HOSTEL $
(☎ 322-191-27-78; www.nayarit4fun.com; B 170 Mex$, EZ/DZ 350/440 Mex$) In diesem Stadthaus aus Ziegelstein mit vielen Bougainvillea und einer Dachterrasse im *palapa*-Stil kann man Autos und Surfbretter mieten und natürlich auch übernachten. Das supersüße Hostel mit den schön gefliesten Fußböden und der Gewölbedecke ist im Erdgeschoss untergebracht. In den Schlafsälen stehen jeweils nur drei Betten. Außerdem gibt es ein Privatzimmer (mit eigenem Bad) und eine voll eingerichtete Gemeinschaftsküche.

Techos de México PRIVATUNTERKUNFT $
(www.techosdemexico.com; Zi. 250–750 Mex$) Reisende, die sich mit den Einheimischen anfreunden wollen, sollten sich bei dieser einzigartigen Organisation (die von Habitat for Humanity inspiriert ist) anmelden. Sie

hilft den Einwohnern von Chacala dabei, gute Häuser mit angeschlossenen Wohneinheiten für Gäste zu bauen. Sechs Familien aus dem Ort bieten über dieses Programm Unterkünfte an, dazu gehört auch die gut etablierte **Casa Aurora** (☎327-219-40-27; casaaurora2@hotmail.com; DZ mit Küchenecke 400–600 Mex$), die einen Block oberhalb des Strandes liegt. Wenn man durch die Stadt läuft, auf die charakteristischen „Techos"-Schilder achten!

Hotel las Brisas HOTEL **$$**
(☎327-219-40-15; www.lasbrisaschacala.com; Av Chacalilla 4; DZ/2BZ 500–850 Mex$; P ❄ 📶) Das zentral gelegene, familiengeführte Hotel teilt sich den Uferabschnitt mit dem besten Fischrestaurant (Hauptgerichte 75–160 Mex$) von Chacala. Im Obergeschoss gibt's neun saubere Zimmer mit TV und WLAN, unten bekommt man Shrimps und Bier. Sehr süß!

Hotel Mar de Coral HOTEL **$$**
(☎327-978-20-98, 327-219-41-09; www.hotelmardecoral.com; DZ 700 Mex$, Bungalows 1200 Mex$) Das neu errichtete Hotel im Stadtzentrum gegenüber der Straße zum Strand hat in der schattigen Hof-Lobby einen Pool und bietet geräumige, gefflieste Zimmer mit an den Wänden befestigten Flachbild-TVs, Holzbetten und -möbeln sowie in zwei Pastellfarben gehaltene Wände. Die Bungalows sind größere Zimmer mit Küche.

★ **Mar de Jade** RESORT **$$$**
(☎327-219-40-00, aus den USA 800-257-0532; www.mardejade.com; Zi. inkl. Yogakurs & 3 Mahlzeiten 105–150 US$/Pers.; P ❄ 📶 🏊) Das idyllische Resort am Südende von Chacalas Strandpromenade bietet zwar hauptsächlich Yogakurse, Zen-Meditation und Wellnessbehandlungen an, heißt aber auch Traveller herzlich willkommen. Überall in der Anlage hört man Wellen ans Ufer krachen, in den geräumigen Zimmern mit gefliesten Badewannen genauso wie in der Sauna, dem Jacuzzi- und Spa-Bereich sowie auf der großen Pool-Terrasse, auf der vegetarierische Gerichte (140–200 Mex$) serviert werden.

In der Hauptsaison gibt's Holzofenpizza und gegrillten Fisch sowie kostenlose Yogakurse in den Studios mit Harzholzböden und Blick auf Palmen und Meer. Jede Woche steigen Kultur-Events wie lateinamerikanischer Tanz und Reinigungszeremonien im *temascal* (Dampfbad). Die Preise sind ein Schnäppchen, denn hier ist alles inklusive.

Chac Mool Cafe CAFÉ **$$**
(☎327-291-40-37; www.chacmoolcafe.com; Calle Principal; Hauptgerichte 55–205 Mex$; ⌚Mo & Di 7–17, Mi–So 7–21 Uhr; 📶) Das ganzjährig geöffnete Café im Dorfzentrum ist ein einladender Ort für einen Kaffee, Frühstück, allabendliche Dinner-Specials und kostenloses WLAN. Den Meerblick gibt's gratis dazu. Kreditkarten werden akzeptiert.

ℹ An- & Weiterreise

Um nach Chacala zu gelangen, steigt man in Las Varas aus dem Bus, der zwischen Puerto Vallarta und Tepic verkehrt, und nimmt ein *colectivo* (25 Mex$). Wer mit dem Auto unterwegs ist, fährt an der Abzweigung vom Hwy 200 ab, die 1 km südlich von Las Varas liegt.

SAN FRANCISCO

San Francisco alias San Pancho ist das letzte Fischerdorf, das in einen Urlaubsort umgewandelt wurde. Hier sind die Strände schöner und weniger amerikanisch geprägt als in Sayulita. Auch Action gibt's hier kaum, es sei denn, dass echte Gauchos, die durch das Flussbett und an dem schönen, langen, wilden, mit Treibholz übersäten Strand reiten, unter den Begriff „Action" fallen. Der grüne Fluss mündet am Südende ins Meer, dort wo der Strand beginnt und palmenbestandene Hügel eine schöne Kulisse bilden. Rund 1 km weiter nördlich grenzt der Strand schließlich an eine Landspitze, auf der hier und da ein paar kleine Häuser stehen.

Die Av Tercer Mundo führt vom Hwy 200 in die Stadt und an den Strand, wo sich eine nicht besetzte Rettungsschwimmerstation und drei *palapa*-Restaurants befinden, die die üblichen Fisch- und *ceviche*-Gerichte sowie kaltes Bier servieren. Refugio del Sol (S. 550), ein Surfshop mit Pension, verleiht SUP-Bretter (Stehpaddeln; Std./Tag 100/300 Mex$). An der Plaza am Strand gibt's einen einsamen Geldautomaten. Wer nicht gewillt ist, die Wuchergebühren zu bezahlen, sollte genug Bargeld mitbringen. **Paseos a Caballo** (☎322-175-48-26) bietet Ausritte in die Berge und am herrlichen, windumtosten Strand an. Nach Rodolfo fragen!

🛏 Schlafen & Essen

★ **Refugio del Sol & Hostal San Pancho** HOSTEL, PENSION **$**
(☎311-258-41-61; www.hostalsanpancho.com; Av Tercer Mundo; B 190 Mex$, DZ mit Ventilator

500 Mex$, mit Klimaanlage 600–700 Mex$; ❄📶) Die winzige Pension und das Hostel unter argentinisch-mexikanischer Leitung befinden sich über und hinter dem dazugehörigen Surfshop gleich am Stadteingang. Angeboten werden blitzblanke, einfache, aber bezaubernde Zimmer und schicke Suiten. Letzteres sind größere Zimmer mit tolleren Bädern und einer Terrasse. Die schönen Schlafsäle mit Gemeinschaftsbad im Freien sind im Erdgeschoss untergebracht.

Im Obergeschoss gibt's einen coolen Gemeinschaftsbereich mit WLAN. Hier wird auch das kostenlose Frühstück serviert. Für die Gäste stehen Fahrräder gratis zu Verfügung, was ganz praktisch ist, denn der Strand ist etwa 1 km weit weg.

Hotel Cielo Rojo BOUTIQUEHOTEL **$$$**
(☎311-258-41-55; www.hotelcielorojo.com; Calle Asia 6; DZ 118 US$; ❄📶) Die edelste Unterkunft in San Pancho liegt nur einige Blocks vom Strand entfernt. Die einfachen, komfortablen, schicken Zimmer sind in Pastelltönen gehalten und haben Terrakottafußböden. Die Preise verstehen sich inkl. Frühstück und Zimmerservice. Das Restaurant Bistro Orgánico erhält gute Kritiken.

La Chalupa MEXIKANISCH **$**
(Calle México; Gerichte 50–90 Mex$) Von der Straße aus erweckt das niedliche, kleine Restaurant im *palapa*-Stil kein großes Aufsehen. Aber die von einem Fischer und seiner Familie zubereiteten Seafood-Gerichte sind nur halb so teuer wie die in den Strandrestaurants. Mittags kosten *comidas corridas* (Tagesspecials) nur 0,50 Mex$.

La Perla MEXIKANISCH **$$**
(☎311-258-43-34; Av Tercer Mundo 48; Hauptgerichte 20–250 Mex$; ⏲10–20 Uhr) Dieses reizende Lokal in der Hauptstraße war zum Zeitpunkt der Recherchen der Renner. Auf der Speisekarte stehen Burger und Fisch-Sandwiches, *tostadas* mit Unmengen *ceviche*, Tintenfisch und Shrimps. Abends gibt's Bratfisch und Hummer (250 Mex$). Die meisten Gerichte kosten zwischen 20 und 130 Mex$.

ℹ An- & Weiterreise

San Francisco liegt ca. 49 km nördlich von Puerto Vallarta, genau westlich vom Hwy 200. Am besten ist der Ort mit einem eigenen fahrbaren Untersatz zu erreichen, aber es gibt auch einen Bus von Puerto Vallarta, der ein- oder zweimal anhält. Die Fahrt dauert etwa 45 Minuten und kostet 60 Mex$.

SAYULITA

☎329 / 4000 EW.

Vor langer Zeit – o.k., es war Ende der 1990er-Jahre – *war* Sayulita wirklich noch ein verschlafenes Fischerdorf. So wird es von vielen hier ansässigen *norteamericanos* jedenfalls bis heute beschrieben. Aber in Wahrheit ist dieser Ort in der Hauptsaison von „Gringos" überlaufen, die sich von dem schönen Sandstrand, der freundlichen Surferszene, den großartigen Restaurants und geschmackvoll eingerichteten B&Bs angezogen fühlen. Dennoch: Wer einen Badeort sucht, in dem er sein Auto abstellen und wirklich chillen kann, für den ist Sayulita noch immer ein nettes Plätzchen.

Sehenswertes & Aktivitäten

Die Anbieter in der Hauptstraße verleihen Fahrräder, organisieren Bootstouren, Reitausflüge, Wanderungen und Kajaktrips. Ein beliebtes Ausflugsziel in der Nähe ist die **Playa Los Muertos**, wo Picknicken und Bodyboarden angesagt ist. Die Playa erreicht man nach einem 15-minütigen Spaziergang entlang der Küstenstraße gen Süden. Man kann sich in einem Boot zu den unbewohnten **Islas Marietas** – einem geschützten Nationalpark – schippern lassen und dort picknicken, schnorcheln und schwimmen. Der Trip kostet für bis zu fünf Personen 2450 Mex$ inklusive Halt auf zwei Inseln. Die Überfahrt dauert ca. 35 Minuten.

Surfen

Sayulita ist eine klassische Surferstadt. Die mittelgroßen Wellen strömen entweder von links oder rechts heran, sodass man problemlos die geübten Moves anwenden oder sich erstmals in dem Sport versuchen kann.

Mehrere Surferläden leihen Surfbretter aus und geben Kurse, u.a. das etablierte Unternehmen **Lunazul** (☎329-291-20-09; www.lunazulsurfing.com; Calle Marlín 4; SUP/Surfbrett/Bodyboard pro Tag 300/200/150 Mex$, Gruppen-/Privatkurse 40/55 US$ pro 90 Min.; ⏲8–17 Uhr).

Stand Up Sayulita STEHPADDELN
(☎329-291-35-75; www.standupmex.com; Calle Marlín; Std./halber/ganzer Tag 100/300/500 Mex$, Unterricht 500 Mex$) Hier ist der Ort, um zu lernen, wie man mit einem SUP-Board umgeht und auf den Wellen reitet. Nach der Einführungsstunde kann man dann noch 45 Minuten üben. Zu dem coolen Surfshop gehört auch die Bar Iguana Gardens, wo man in der Hauptsaison morgens Smoothies und nachmittags ein kaltes Bier genießen kann.

Schlafen

Eine gute Auswahl privater Villen findet man über die Website **Sayulita Life** (www.sayulitalife.com). Die folgenden Preise gelten für die Hauptsaison im Winter.

Amazing Hostel Sayulita HOSTEL $$
(329-291-36-88; www.theamazinghostelsayulita.com; Pelicanos 102; B 220 Mex$, DZ 800 Mex$;) Der unschöne Betonklotz mit dem Hostelkomplex steht zwischen der Plaza und der Haltestelle der Busse nach Puerto Vallarta (Tipp: von der Plaza die Schotterstraße flussaufwärts bis zur Brücke nehmen!). Es gibt drei Schlafsäle mit Bad und zwei Doppelzimmer mit Klimaanlage.

Der große Hinterhof unterhält die Gäste mit einer 6 m hohen Kletterwand, einem Pool und einem Grillplatz. Unter Mango-, Zitronen- und Mandarinenbäumen kann man wunderbar in Hängematten die Seele baumeln lassen. Fahrräder gibt's für 50 Mex$ pro Tag, Kajaks und Surfbretter für 200 Mex$. Die freundlichen, weit gereisten Inhaber geben ihr enormes Wissen über die Gegend gern weiter.

Hotel Sayulita Central HOTEL $$
(329-291-38-45, aus den USA 646-472-5072; www.hotelsayulitacentral.com; Delfín 7; Zi. ab 50 US$;) Die Krakeleien in der hostelartigen Lobby sollte man einfach ignorieren und schnell eines der schicken, gefliesten, sonnendurchfluteten, kreativ eingerichteten Zimmer aufsuchen, die alle nach Rockbands aus vergangenen Zeiten benannt sind. Die Zimmer sind supersauber und mehrfarbig gestrichen. Gäste teilen sich eine geräumige Lounge, in der man wunderbar relaxen kann.

Bungalows Jaqueline BUNGALOW $$
(329-291-30-27; www.bungalowsjaqueline.com; Revolucion 52; Wohnstudio ab 90 US$;) Ein schöner, weitläufiger Komplex mit 14 geräumigen, um einen kleinen Pool angeordneten Wohnstudios mit Kochecke, gefliestem Fußboden, dicken, lehmartigen, pastellfarbenen Wänden und Ziegelstein- oder Keramikdecken. Die hellen, einwandfreien Zimmer haben 365 Tage im Jahr ein verdammt gutes Preis-Leistungs-Verhältnis. Es gibt keine Klimaanlage.

Hotel Hafa BOUTIQUEHOTEL $$
(329-291-38-06; www.hotelhafasayulita.com; Revolución 55; Zi. 50–85 US$;) Wer es minimalistisch cool mag, wird sich in diesem süßen Hotel ganz in der Nähe der Plaza bestimmt wohl fühlen. Die Zimmer haben Betonfußböden, Ventilatoren an der Decke, Klimaanlage (gegen einen kleinen Aufpreis) und große Bäder mit halbkugelförmigen Waschbecken aus Messing. Der Service ist *tranquilo*, und in dem Geschäft im Erdgeschoss kann man wunderbar herumstöbern.

★ **Bungalows Aurinko** BUNGALOW $$$
(329-291-31-50; www.sayulita-vacations.com; Calle Marlín; s/n; 1-Zi.-Bungalow 1150–1530 Mex$, 2-Zi.-Bungalow 1920 Mex$;) Wow! Diese Bungalows mitten in einer Gegend mit Abrisshäusern haben halboffene Wohnzimmer. Die wunderschönen Schlafzimmer sind mit Flusssteinen ausgelegt und mit geschmackvollen, modernen Kunstgegenständen geschmückt. Die Unterkunft ist nicht weit von der Plaza und vom Strand entfernt.

Essen & Ausgehen

Sayulita gilt als Paradies für Gourmets. Die Stadt hat eine tolle Auswahl kleiner Cafés im Bistrostil, die einen schönen Kontrast zu den belebten, preiswerten *palapas* am Strand sowie den lebhaften Taco- und Hot-Dog-Ständen auf den Straßen rund um die Plaza bilden.

★ **Naty's Cocina** TAQUERÍA $
(329-291-38-18; Calle Marlín 13; Tacos 12 Mex$; Mo–Sa 10–15 Uhr) Nette, saubere Taco-Bude. Die Tortillas werden hier nach Kundenwunsch mit dünn geschnittenen *poblano*-Chilis, Kartoffeln, Bohnen und Pilzen, Rindfleisch, geräuchertem Speerfisch, Hähnchen mit *mole* (Chilisauce) oder mit Schweinefleisch und Kaktus gefüllt. Bestellt wird am Tresen, gegessen in einer kleinen Holzbar nebenan oder auf der Bank davor. Die Einheimischen kommen nicht ohne Grund hierher!

Chilly Willy SEAFOOD $
(Calle Manuel Navarrete; Gerichte 10–20 Mex$, Mahlzeiten 70 Mex$; 10–20.30 Uhr) Die irre, fast auseinanderfallende Eck-*taquería* in der Calle Manuel Navarrete auf der anderen Flussseite ist bei Einheimischen ziemlich beliebt. Man sollte sich auf dem Gehweg einen Palmenstumpf-Barhocker schnappen und eine leckere *tostada* mit Shrimps und Tintenfisch, einen Meeresfrüchtecocktail oder einen Fisch-Taco genießen. Samstags und sonntags gibt's Hühnchen mit *mole* und *carne asada* (marinierte und dann gegrillte Steaks) für je 70 Mex$.

Panino's BÄCKEREI $
(Delfínes 1; Backwaren, Salate & Sandwiches 18–79 Mex$; 7–17 Uhr;) Frisch gebackenes,

wunderbar knuspriges europäisches Brot, Salate, *panini* (auch vegetarische und vegane Varianten) und göttlicher Apfelstrudel.

Cafe El Espresso CAFÉ $$
(Revolución 51; Smoothies 39 Mex$, Hauptgerichte 60–80 Mex$; Mo–Do 6–10, Fr –So 6–14 Uhr;) Dieses Frühstückslokal an einer Ecke der Plaza hält, was der Name verspricht. Der Kaffee ist stark und einfach nur sensationell. Der Smoothie „Tropical Heaven" aus Ananas, Joghurt, Honig und Papaya oder Erdbeeren mit Basilikum und Kokoscreme sowie die mexikanischen Frühstücksangebote sind der pure Wahnsinn.

Restaurant El Costeno SEAFOOD $$
(Delfínes; Tostadas 20 Mex$, Hauptgerichte 70–120 Mex$; 13–21 Uhr) Typische Strandbar mit Tischen im Sand unter einem *palapa*-Dach und im Wind schaukelnden Strohlampen. Frisches *ceviche*, eiskaltes Bier und grandiose Sonnenuntergänge. Wer Appetit auf Guacamole, Tintenfisch- oder Shrimps-Cocktails oder Ceviche-*tostadas* und ein kaltes Getränk samt Ausblick hat, für den gibt es keinen besseren Ort.

Don Pedro's INTERNATIONAL $$
(329-291-30-90; www.donpedros.com; Marlin 2; Vorspeisen 100–175 Mex$, Hauptgerichte 185–275 Mex$; 11–22 Uhr) Die schickste Location am Strand bietet einen spektakulären Blick aufs Meer und internationale Speisen wie gut sautierten Ahi. Die Vorspeisen sind etwas anspruchsvoller als die Hauptgerichte, beispielsweise *ceviche* auf thailändische Art, Jakobsmuschel-Cocktail und Tintenfisch-Carpaccio. Ausgezeichneter Service und umwerfendes Tequila-Angebot!

Unterhaltung

Bar Don Pato's LIVEMUSIK
(Calle Marlín 10; 20–4 Uhr) In dem an der Gummiente erkennbaren peppigen Club auf der Hauptplaza gibt's sechsmal wöchentlich Livemusik. Dienstags steht das Mikro jedem zur Verfügung.

Shoppen

Geschäfte mit mexikanischem Kunsthandwerk in unterschiedlicher Qualität sind in Sayulita en masse vorhanden.

Revolucion del Sueño BOUTIQUE
(329-291-38-50; www.revoluciondelsueno.com; Navarrete 55; 10–18 Uhr) Diese Marke in französischer Hand hat sich auf Siebdruck-T-Shirts und hippe Strandtaschen spezialisiert – besonders toll ist die mit dem Mariachi mit Blumenstrauß. Es gibt auch Kissen, erlesenen Schmuck, witzige Sticker und dekorative Kunstartikel, u.a. tolle Totenköpfe aus Pappmaché.

DIE ANDERE ZEITZONE VON SAYULITA

Die Uhren von Sayulita sind auf Central Standard Time eingestellt – anders als im Großteil des Bundesstaates Nayarit, in dem die Mountain Time Zone verwendet wird. Sayulita stellte seine Zeit im März 2011 um, um seine Uhren mit dem benachbarten Puerto Vallarta sowie Jalisco zu synchronisieren. Warum? Der Grund dafür waren zahlreiche Gringos, die eine Stunde zu spät am Flughafen von Vallarta eintrafen und ihre Heimflüge verpassten, weil sie entweder nicht von der abweichenden Zeit wussten oder zu sehr im Strandleben geschwelgt hatten!

Praktische Informationen

In der Stadt gibt's mehrere Geldautomaten, darunter einen auf der Plaza und einen im Oxxo-Laden einen Block weiter. Alle kassieren Wuchergebühren, die die von bankeigenen Geldautomaten bei Weitem übersteigen. Man sollte sie also nur im äußersten Notfall in Anspruch nehmen. Die nächste Bank befindet sich in Bucerías, 12 km südlich am Hwy 200. Clevere Traveller decken sich hier mit Bargeld ein. WLAN ist in Hotels und Cafés weit verbreitet.

Lun@net (Mariscal 5; 20 Mex$/Std.; Mo–Sa 8–14 & 16–21 Uhr) Unweit der Plaza. Auch die Cafés auf der Plaza bieten kostenloses WLAN.

An- & Weiterreise

Sayulita liegt etwa 35 km nördlich von Puerto Vallarta, westlich des Hwy 200. Tagsüber fahren etwa alle 15 Minuten Busse (30 Mex$, 1 Std.) von der Haltestelle vor dem Wal-Mart in Puerto Vallarta hierher. Die Busse der 2. Klasse in Richtung Norden, die am Busbahnhof in Puerto Vallarta starten, lassen einen gegen ein paar Pesos extra an der Abzweigung nach Sayulita aussteigen. Von hier ist es noch ein 2 km langer Fußweg in die Stadt.

PUNTA MITA

Unmittelbar südlich von Sayulita ragt eine atemberaubende, urwaldartige, bergige

Halbinsel ins Meer. Dem Großteil der Fläche wurde die Wildheit genommen, hier stehen jetzt Vier- und Fünf-Sterne-Resorts, von denen einige glitzernder und steriler sind als andere, auch das Four Seasons ist vertreten. Es gibt außerdem einen Strandort mit zahlreichen (echt überteuerten) Seafood-Restaurants, die Ziel vieler Familien aus Vallarta sind. Von hier kann man sich in einem Boot zur Islas Marieta schippern lassen. Die **Riviera Nayarit**, die sich von hier bis nach Nuevo Vallarta erstreckt, bietet einige der schönsten Strände an der zentralen Pazifikküste. Hier ist man weit genug von den trüben Flüssen entfernt. Das Wasser ist also fast immer klar und aquamarinblau, der Strand weiß und die Brandung perfekt.

Schlafen & Essen

Imanta RESORT **$$$**

(☎329-298-42-42; www.imantaresorts.com; Montenahuac s/n; DZ ab 450 US$) Das Fünf-Sterne-Resort – ein Tummelplatz der Reichen, Schönen und Berühmten aus der ganzen Welt – ist das Beste an der zentralen Pazifikküste. Auf einem 100 ha großen grünen Gelände scheinen das Hotel und die Villen aus einem Felsen über dem Meer zu ragen.

Selbst die Standardzimmer sind 175 m² große Suiten, im Bad gibt's Regenduschen, Liegen und begehbare Schränke. Aber bei diesem Preis kann man sich eigentlich auch gleich eine *casa* im Urwald oder am Wasser nehmen, denn dann kann man einen Infinity-Pool sein eigen nennen.

Rocío SEAFOOD **$$**

(www.insideputamita.com; Hauptgerichte 120–280 Mex$; ⏲9–18 Uhr) Eines der besten Strandlokale. Hier ist das *ceviche* besonders lecker. Wenn gerade frisch gefangener Thunfisch oder *dorado* (Goldmakrele) im Angebot sind, sollte man unbedingt die gegrillte Variante bestellen.

An- & Weiterreise

Von Puerto Vallarta fährt man auf dem Hwy 200 gen Norden durch Bucerías, biegt dann nach links gen La Cruz de Huanacaxtle ab und folgt der Küste zur namensgleichen Halbinsel. Mit dem eigenen Auto ist die Anreise am bequemsten.

PUERTO VALLARTA

☎322 / 256 000 EW.

Puerto Vallarta wird von seinen vielen *aficionados* schlicht „Vallarta" genannt. Es ist einer von Mexikos lebendigsten und nobelsten Ferienorten und erstreckt sich rund um die strahlend blaue Bahía de Banderas (Flaggenbucht). Nicht zuletzt wegen der Hintergrundkulisse aus Bergen mit dichtem Palmenbewuchs gibt es keinen besseren Ort für einen kosmopolitischen Urlaub. Jedes Jahr aalen sich Millionen Besucher faul an den glitzernden Sandstränden oder stöbern in den schrillen Läden herum. Weitere Highlights sind die stylishen Restaurants und die Spaziergänge durch die malerischen Kopfsteinpflasterstraßen oder auf dem herrlichen *malecón*. Wem die Strände der Stadt nicht ausreichen, der kann auch an Bootstouren, Ausritten, Tauchtrips und Tagesausflügen teilnehmen. Rechtzeitig zu einem späten Abendessen ist man wieder vor Ort; zu weiter vorgerückter Stunde locken dann die vielen Nightlife-Locations. Purto Vallarta ist auch Mexikos Hauptstadt für Schwulenstrände.

Das „alte" Zentrum, die Zona Centro, liegt nördlich vom Río Cuale. Mitten im Fluss erhebt sich die kleine Isla Cuale. Die Morelos und die Juárez rund um die Plaza Principal sind die Hauptverkehrsadern. Viele tolle Häuser (nicht wenige davon in ausländischem Besitz) stehen weiter oben im Río-Cuale-Tal (auch „Gringo Gulch" genannt).

Die Zona Romántica südlich vom Fluss ist eine weitere Touristenmeile mit kleineren Hotels, Restaurants und Bars. Die Playa Olas Altas und die Playa de los Muertos sind die einzigen Strände im Herzen der Stadt.

Bei den folgenden Auflistungen wurden insbesondere die zentralen und gut zu Fuß erkundbaren Stadtviertel berücksichtigt, die das Herz und die Seele von Puerto Vallarta ausmachen.

Nördlich der Stadt bildet eine Reihe riesiger Luxushotels die Zona Hotelera. Im Norden liegen auch ein großer Jachthafen (Marina Vallarta; 9 km bis zum Zentrum), der Flughafen (10 km), der Busbahnhof (12 km) und Nuevo Vallarta (18 km), ein neues Viertel mit Hotels und Ferienwohnungen. Südlich der Stadt stößt man auf weitere riesige Resorts und auf ein paar der schönsten Strände der Umgebung.

Sehenswertes

Das Herz der Zona Centro ist die **Plaza Principal**, die auch Plaza de Armas genannt wird und nicht weit vom Meer zwischen den Straßen Morelos und Juárez liegt. Hier trifft die Moderne mit ihren Kettenläden auf alte

Pueblo-Zeiten. Öffentliche Veranstaltungen wie Gaucho-Paraden und Mariachi-Feste an der Seeseite der Plaza ganz in der Nähe des offenen Amphitheaters erfreuen sich großer Beliebtheit. **Los Arcos** (Plaza Morelos), eine Bogenreihe, wurde zum Wahrzeichen der Stadt. Der breite **malecón** erstreckt sich nördlich des Amphitheaters über etwa zehn Blocks und ist von Bars, Restaurants, Nachtclubs und vielen Skulpturen gesäumt. Oberhalb der Plaza befindet sich ein weiteres Wahrzeichen Vallartas: der mit einer Krone geschmückte Turm des **Templo de Guadalupe** (oberhalb der Plaza Morelos).

Auf der Reise nach Vallarta darf ein Besuch der **Isla Cuale** nicht fehlen. Hier erbauten die ersten Bewohner der Stadt ihre ärmlichen Häuser. Stromaufwärts sieht man zwei wackelige Hängebrücken, die die Insel mit der Zona Romántica verbinden. Wenn es nicht allzu heiß ist, lohnt sich ein Abstecher in die kurvenreiche Kopfsteinpflasterstraße **Calle Cuauhtémoc**, wobei man ihr bis nach oben folgt. Dort schweift der Blick über die ganze Bucht und üppig grüne Hügel mit wunderschönen Häusern auf beiden Seiten des Flusses.

Oder man geht an einen der Strände. Die an der Bahía de Banderas haben viele Gesichter. Manche beben vor fröhlicher Aktivität, andere locken mit Ruhe und Privatsphäre. Nur die **Playa Olas Altas** und die **Playa de los Muertos** (Strand der Toten) liegen nahe dem Zentrum. Beide sind südlich des Río Cuale. Das Südende der Playa de los Muertos heißt **Blue Chairs** und gehört zu den berühmtesten Schwulenstränden Mexikos.

Die Strände **Playa Camarones**, **Playa Las Glorias**, **Playa Los Tules**, **Playa Las Palmas** und **Playa de Oro** gehören zur Zona Hotelera nördlich der Stadt. Auch Nuevo Vallarta hat ein paar Strände zu bieten.

Ungefähr 3 km südlich des Stadtzentrums erstreckt sich die schöne Apartmenthaus-Enklave **Playa Conchas Chinas**. Wegen der flachen und geschützten Becken, die durch die stattliche, weiter draußen liegende Felsbank entstanden sind, ist die winzige Bucht bei Familien sehr beliebt. Das Felsriff ist ein Tummelplatz für Schnorchler und Speerfischer. Die Bucht ist zwar nur klein, aber der Strand hat hellen Sand und ist relativ breit. Da hinter dem Strand ein Apartmenthaus neben dem anderen steht, ist immer ein Rettungsschwimmer vor Ort.

Etwa 6 km südlich der Zona Centro ist die **Playa Palmeras**, die nicht nach den fehlenden Palmen benannt ist, sondern nach dem Apartmenthaus-Komplex mit eben diesem Namen. Die Playa Palmeras ist ein schmaler, aber weitläufiger weißer Strand, der an der Hochhausansammlung mit Eigentumswohnungen beginnt und an einer felsigen Bucht endet. In dem flachen, türkisfarbenen Wasser schwimmen gern die Einheimischen, denn hier ist man ausreichend weit von den Flüssen entfernt, sodass das Wasser das ganze Jahr über klar ist. An kostenlosen Parkplätzen besteht kein Mangel. Wer hin will, sollte Ausschau halten nach dem Strand gleich hinter der Punta Negra, wenn er aus der Stadt kommt.

Großraum Puerto Vallarta

Puerto Vallarta Zentrum

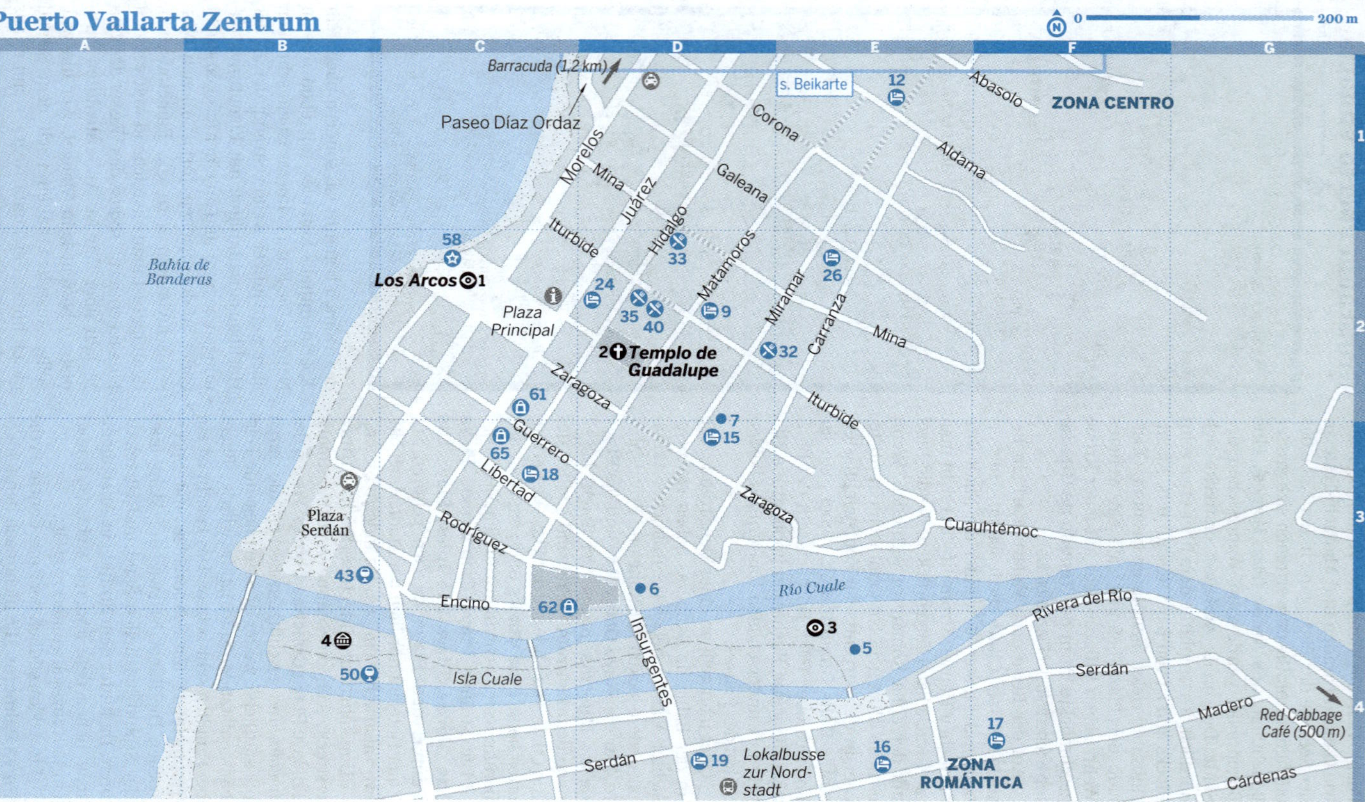

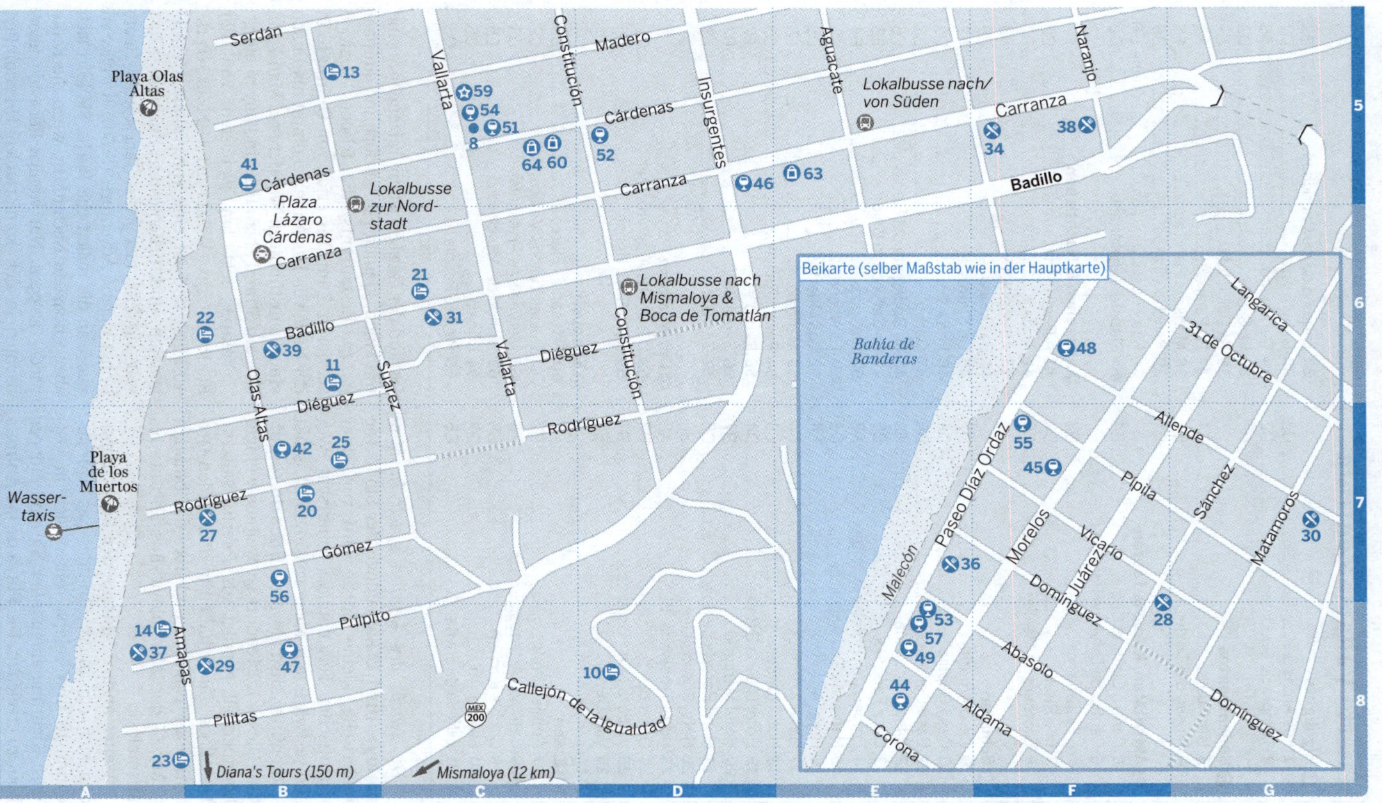
Serdán
Madero
Vallarta
Constitución
Insurgentes
Aguacate
Naranjo
Lokalbusse nach/von Süden
Carranza
Cárdenas
Badillo
Playa Olas Altas
Plaza Lázaro Cárdenas
Lokalbusse zur Nordstadt
Lokalbusse nach Mismaloya & Boca de Tomatlán
Diéguez
Suárez
Olas Altas
Rodríguez
Gómez
Púlpito
Amapas
Pilitas
Playa de los Muertos
Wassertaxis
Callejón de la Igualdad
MEX 200
Diana's Tours (150 m)
Mismaloya (12 km)
Beikarte (selber Maßstab wie in der Hauptkarte)
Bahía de Banderas
Langarica
31 de Octubre
Allende
Pípila
Sánchez
Matamoros
Paseo Díaz Ordaz
Malecón
Morelos
Vicario
Juárez
Domínguez
Abasolo
Aldama
Corona
A
B
C
D
E
F
G
5
6
7
8

Puerto Vallarta Zentrum

Highlights
1 Los Arcos ... C2
2 Templo de Guadalupe ... D2

Sehenswertes
3 Isla Cuale ... E4
4 Museo del Cuale ... B4

Aktivitäten, Kurse & Touren
5 Centro Cultural Cuale ... E4
6 Centro de Estudios Para Extranjeros ... D3
7 Eco Ride ... D2
8 Ecotours de México ... C5

Schlafen
9 Casa Amorita ... D2
10 Casa Cupula ... D8
11 Casa Dona Susana ... B6
12 Casa Dulce Vida ... E1
13 Casa Fantasia ... B5
14 Emperador Hotel and Suites ... A8
15 Hacienda San Angel ... D3
16 Hotel Ana Liz ... E4
17 Hotel Azteca ... F4
18 Hotel Catedral ... C3
19 Hotel Galería Belmar ... D4
20 Hotel Mercurio ... B7
21 Hotel Posada de Roger ... C6
22 Hotel Posada Lily ... B6
23 Hotel Tropicana ... A8
24 Oasis ... D2
25 Vallarta Sun Hostel ... B7
26 Villa David ... E2

Essen
27 Archie's Wok ... B7
28 Café des Artistes ... F8
29 Coco's Kitchen ... B8
30 El Arrayán ... G7
31 El Mole de Jovita ... C6
32 Esquina de los Caprichos ... D2
33 Gaby's ... D2
34 Garlapago ... F5
35 La Cigale ... D2
36 La Dolce Vita ... E7
37 La Palapa ... A8
38 Marisma Fish Taco ... F5
39 Pancho's Takos ... B6
Pita Loca ... (siehe 19)
40 Planeta Vegetariano ... D2

Ausgehen & Nachtleben
41 A Page in the Sun ... B5
42 Andale ... B7
43 Antropology ... B3
44 Bar Morelos ... E8
45 De Santos ... F7
46 Frida ... D5
47 Garbo ... B8
48 La Bodeguita del Medio ... F6
49 La Cerveceria Union ... E8
50 La Cuiza ... B4
51 La Noche ... C5
52 Los Muertos ... D5
53 Mandala ... E8
54 Paco's Ranch ... C5
55 Punto V ... F7
56 Sama Bar ... B7
57 Zoo Bar ... E8

Unterhaltung
58 Los Arcos Amphitheater ... C2
59 Roxy Rock House ... C5

Shoppen
60 Artesanías Flores ... C5
61 Dulces Tipicos Mexicanos ... C2
62 Mercado de Artesanías ... C3
63 Mundo de Azulejos ... E5
64 Olinalá ... C5
65 Peyote People ... C3

Die Nacht des Leguan spielt in **Mismaloya**, rund 12 km südlich der Stadt. Die malerische, kleine Bucht wird von einer gigantischen Ferienanlage beherrscht. Wer südwestwärts am Meer entlangfährt, stößt 4 km hinter Mismaloya auf **Boca de Tomatlán**. Dieses Küstendorf ist weitaus weniger kommerziell geprägt als Puerto Vallarta. Die „Boca"-Busse halten in den beiden Ortschaften Mismaloya und Boca de Tomatlán (7 Mex$); der „Mismaloya"-Bus fährt nur bis Mismaloya.

Weiter an der Südseite der Bucht befinden sich einsamere Strände. Las Ánimas, Quimixto und Yelapa reihen sich in Ost-West-Richtung aneinander. Sie sind nur per Boot zu erreichen. Die **Playa de las Ánimas** (Strand der Geister) ist ein reizender Strand mit einem kleinen Fischerdorf und ein paar *palapa*-Restaurants, die frisches Seafood servieren. Zum Wasserfall von **Quimixto** in der Nähe von Las Ánimas kommt man nach einer halbstündigen Wanderung. Man kann sich am Strand aber auch ein Pony mieten.

Yelapa liegt am weitesten von der Stadt entfernt (Wassertaxi 140 Mex$/Pers., 40 Min.) und ist eine von Vallartas entlegensten und beliebtesten Buchten. Einst war sie Ziel fast jedes Tagestörns. Heute bringt Vallarta Adventures (S. 561) Traveller en masse in die malerische Bucht. Sie leert sich aber am späten Nachmittag, wenn die Boote wieder ablegen. Nur wenige Reisende übernachten in den komfortablen Unterkünften vor Ort. Besonders empfehlenswert ist das relativ neue **Los Naranjos Retreat** (☎322-209-52-46; www.yelaparetreat.com; Calle Marlín 100; EZ 35–42 US$, DZ 50–62 US$), ein spirituelles Zentrum mit Pension und *palapa*-artigen Zimmern, die sich über ein 1,6 ha großes Gelände im Regenwald am Fluss verteilen.

Vallarta Botanical Gardens GARTEN

(☎322-223-61-82; www.vbgardens.org; Hwy 200 Km 24; Eintritt 60 Mex$; ⌚Dez.–März 10–18 Uhr, April–Nov. Di–So 10–17 Uhr) Orchideen, Bromelien, Agaven und Wildpalmen säumen die Wege in diesem wunderbaren Naturpark 30 km südlich von Puerto Vallarta. Wer will, folgt den Kolibris durch Farngrotten, schnappt sich einen Stuhl im Sand, aalt sich in der Sonne oder schwimmt im Fluss zwischen riesigen Felsbrocken.

Um hierher zu kommen, nimmt man den „El Tuito"-Bus (20 Mex$) von der Ecke Carranza und Aguacate in Puerto Vallarta oder schnappt sich ein Taxi (ca. 300 Mex$).

Museo del Cuale MUSEUM

(Paseo Isla Cuale s/n; ⌚Di–Sa 9–14 & 15–18 Uhr)  Das winzige Museum in der Nähe des Westzipfels der Isla Cuale zeigt eine kleine Sammlung wunderschöner Keramikarbeiten, Mahlsteine, Tonfiguren und andere altertümliche Gegenstände.

Aktivitäten

Rastlose Seelen müssen nicht lange suchen: Hier kann man mit Delfinen schwimmen, Bungee springen, mountainbiken und Wale beobachten. Schnorcheln, Gerätetauchen, Tiefseeangeln, Wasserskifahren, Windsurfen, Segeln und Parasailing sind vor den großen Hotels oder in der Touristeninformation buchbar.

Tauchen & Schnorcheln

Unterhalb des warmen, ruhigen Wassers der Bahía de Banderas leben Stachelrochen, tropische Fische und bunte Korallen. In Vallarta gibt's mehrere Tauchanbieter. Die meisten veranstalten auch Schnorchelausflüge, sodass die Schnorchler meist mit den Tauchern zusammen unterwegs sind. Bei den Tauchexkursionen sind Transport, Ausstattung und leichte Mahlzeiten oft inklusive.

Banderas Scuba Republic TAUCHEN

(☎322-135-78-84; www.bs-republic.com; Lazaro Cardenas 230; Tauchgang Küste/Boot 50/85 US$) Hochprofessionelles Unternehmen, das Exkursionen in kleinen Gruppen zu weniger bekannten Zielen anbietet. Im Angebot sind auch private Tauchtouren.

Tiefseeangeln

Tiefseeangeln ist das ganz Jahr über angesagt, und jedes Jahr findet Mitte November ein bedeutender internationaler Angelwettbewerb statt. Es beißen vor allem Fuchshaie, Speerfische, Thunfische, Rote Schnapper und Seebarsche an. Angeltrips kann man am Anleger in der Marina Vallarta oder über eine der Agenturen in der Stadt buchen.

Reiten

Die mit Urwald bedeckten Berge Vallartas lassen sich ganz wunderbar vom Rücken eines Pferdes aus erkunden.

PUERTO VALLARTA IN VIER TAGEN

Raus aus den Federn! Auf geht's zum Schwimmen an die glitzernde Bahía de Banderas, danach bietet sich ein Spaziergang an einem der vielen **Strände** von Vallarta an, z. B. an der **Playa Palmeras** am Ende der Bucht, wo man am Horizont nach **Walen** Ausschau halten kann. Empfehlenswert sind ein Zwischenstopp im Museo del Cuale oder ein Nickerchen im Schatten der Gummibäume auf der Isla Cuale (S. 555). Danach mischt man sich unter die Menge am **malecón** und begutachtet die zahlreichen Skulpturen. Nach dem Abendessen in einem der hervorragenden **Restaurants** von Vallarta geht's in einen der heißen **Tanzclubs**. Wer gern Salsa tanzt, kann das am Anfang oder Ende des Abends in der La Bodeguita del Medio (S. 566) tun.

Am zweiten Tag sollte man früh aufstehen (ja, das muss sein!) und den Tag mit **Shoppen** verbringen oder sich in ein **Outdoor-Abenteuer** stürzen: tauchen, angeln, reiten. Oder wie wär's mit einer der neuen **Baumwipfel-Touren**?

Am dritten Tag empfiehlt sich ein Besuch der wunderschönen **Vallarta Botanical Gardens** (S. 559) oder eine Bootsfahrt zu einem exquisiten Mittagessen im **Ocean Grill** (S. 565; unbedingt vorab einen Tisch reservieren!). Im Anschluss daran kann man an einem der Strände **Las Ánimas**, **Quimixto** oder **Yelapa** die Seele baumeln lassen.

Am vierten Tag fährt man mit dem Bus nach **Sayulita** und nimmt Surfunterricht.

Rancho El Charro REITEN

(☎322-294-16-89, 322-224-01-14; www.ranchoelcharro.com; Ausritte 62–120 US$) Die Ranch El Charro liegt 12 km nordöstlich des Zentrums von Puerto Vallarta. Sie ist für ihre gesunden Pferde und die malerischen, drei- bis achtstündigen Ausritte in die Sierra Madre bekannt. Manche Ausflüge sind auch für Kinder geeignet. Konkurrenzlos sind die mehrtägigen Reittouren, darunter auch ein verlockender Trip namens „Nachts allein im Urwald" (350 US$). Das Unternehmen holt seine Kunden von der Ecke Proa und Hwy 200 unweit des Jachthafens von Vallarta ab.

Golf

Vallartas Golfplätze liegen nördlich der Stadt. Am tollsten ist der von Jack Nicklaus entworfene **Pacífico Golf Course** (☎322-291-60-00; www.fourseasons.com/puntamita/golf; Four Seasons Resort, Punta Mita; Greenfee 9/18 Löcher 150/230 US$), wo Golfer sich gern von dem anspruchsvollen Gelände ablenken lassen und den wundervollen Blick aufs Meer genießen. Weitere Clubs sind der **Vista Vallarta Golf Club** (☎322-290-00-30; www.vistavallartagolf.com; Circuito Universidad 653; Greenfee Dämmerung/tagsüber 143/204 US$), 9 km östlich des Flughafens, mit einem von Nicklaus und einem von Weiskopf gestalteten Platz nebeneinander – der Club gehört zu den besten Golfresorts Mexikos –, der erschwinglichere **Los Flamingos Golf Club** (☎329-296-50-06; www.flamingosgolf.com.mx; Hwy 200 s/n; Greenfee Dämmerung/tagsüber 90/149 US$), 13 km nördlich der Stadt, und der **Marina Vallarta Golf Club** (☎322-221-00-73; www.marinavallartagolf.com; Paseo de la Marina 430; Greenfee Dämmerung/tagsüber 102/135 US$), ein exklusiver Club mit 18-Loch-Anlage (Par 71), gleich nördlich der Marina Vallarta.

Bootstouren

In Vallarta kann man tagsüber, bei Sonnenuntergang und abends Bootsausflüge machen. Am beliebtesten sind die Touren zu den Stränden Yelapa und Las Ánimas oder zu den entfernteren Islas Marietas. Die Preise sind verhandelbar; Fahrten bei Sonnenuntergang und Strandtouren kosten ab 400 Mex$; für vier- bis sechsstündige Touren mit Verpflegung und unendlich vielen Cocktails muss man 750 bis 1200 Mex$ zahlen. Überall in der Stadt erhält man Broschüren, in denen solche Touren angeboten werden.

Donnerstags bietet **Diana's Tours** (5322-222-15-10; www.dianastours.com; Bootstour 1050 Mex$) eine ganztägige Fahrt für Schwule und Lesben an, bei der reichhaltige Verpflegung, Getränke und Schnorcheln inklusive sind (1050 Mex$). Das Schiff fährt vor dem Blue Chairs Beach Resort ab.

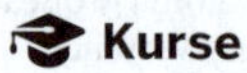

Kurse

Centro de Estudios Para Extranjeros SPRACHKURS

(CEPE; ☎322-223-20-82; www.cepe.udg.mx; Libertad 105-1) Die Sprachkurse dieser zur Universidad de Guadalajara gehörigen Schule kosten 180 US$ pro Woche für einfaches Touristenspanisch bis hin zu 600 US$ für 50-stündige Intensivkurse. Privatunterricht schlägt mit 35 US$ pro Stunde zu Buche.

Centro Cultural Cuale KUNSTKURS

(☎322-222-95-34; www.institutovallartensedecultura.blogspot.com; Kurs 100 Mex$/Pers.) Ein Kunstkomplex am äußersten Ostrand der Plaza auf der Isla Cuale. In dem einfachen Theater werden Theateraufführungen und Bandauftritte geboten, und in dem Gewirr von Räumen gibt's Musik-, Drucktechnik- und Zeichenkurse, die sowohl von Einheimischen als auch von Travellern gern besucht werden.

Geführte Touren

Zu den Highlights in Puerto Vallarta gehören Touren durch die Natur und Outdoor-Aktivitäten. Die folgenden Anbieter arbeiten umweltfreundlich und nehmen Rücksicht auf die Natur.

★ **Ecotours de México** ÖKOTOUREN

(☎322-209-21-95; www.ecotoursvallarta.com; Vallarta s/n, Marina Vallarta) Das von begeisterten Naturliebhabern geführte Unternehmen organisiert Walbeobachtungsexkursionen (Erw./Kind 80/65 US$), Seekajak- und Schnorcheltouren (85/65 US$), geführte Wander- und Schnorcheltouren (65/50 US$), Vogelbeobachtungsausflüge (ab 80/65 US$) und mehrtägige Touren auf dem Meer zur Beobachtung von Meeresschildkröten, Monarchfaltern, Walhaien usw.

Eco Ride FAHRRADTOUREN

(☎322-222-79-12; www.ecoridemex.com; Miramar 382; geführte Touren 600–1500 Mex$) Das von Bergen, Urwald und Meer umgebene Vallarta ist der perfekte Ort für anspruchsvolle Mountainbiketouren. Dieser Veranstalter bietet eintägige Radtouren für Anfänger und Profis an. Die anspruchsvollste Tour ist eine 50 km lange Expedition von El Tuito (einer kleinen, 1100 m hoch gelegenen Stadt) durch Chacala und hinunter zum Strand von Yelapa.

Im Angebot sind auch Wanderungen wie die unglaubliche Tour von Boca de Tomatlán nach Las Ánimas.

Vallarta Adventures ABENTEUERTOUREN
(☎322-297-12-12, aus den USA 888-526-2238; www.vallarta-adventures.com; Av Las Palmas 39, Nuevo Vallarta) Vallartas größter Anbieter von Abenteuertouren hat seinen Sitz in der Nähe der Marina Vallarta und bietet unzählige Touren an, u.a. Walbeobachtungstrips (Erw./Kind 85/60 US$), Schnorchel- und Kajakausflüge zu den Islas Marietas (69/45 US$), Ziplining durch Baumkronen (109/72 US$), Segeltörns (88 US$) und Trips zu der kolonialen Bergbaustadt San Sebastián (88/60 US$).

Canopy River SEILRUTSCHEN
(☎322-222-05-60; www.canopyriver.com; Ascencio 1989; Erw./Kind 64/43 US$) Atemberaubende, vierstündige Seilrutschtour an zwölf Ziplines in einer Höhe zwischen 4 und 216 m und einer Länge von 44 m bis zu umwerfenden 650 m. Um die Höchstgeschwindigkeit zu erreichen, muss man sich wie eine Kanonenkugel zusammenrollen.

Feste & Events

Marlin & Sailfish Tournament ANGELN
(www.fishvallarta.com) Großes internationales Angelturnier im November.

Festival Gourmet International ESSEN
(www.festivalgourmet.com) Seit 1995 ist Puerto Vallartas Gastroszene für dieses Festival Mitte November verantwortlich.

Día de Santa Cecilia MUSIK
Am frühen Abend des 22. November ziehen Vallartas Mariachis zu Ehren ihrer Schutzpatronin singend und musizierend zum Templo de Guadalupe.

Día de Nuestra Señora de Guadalupe RELIGION
Vom 30. November bis zum 12. Dezember gedenkt Puerto Vallarta seiner Schutzheiligen. Es wird rund um die Uhr gefeiert, jeden Tag gibt's Prozessionen zur Kathedrale.

Schlafen

Wenn es um Übernachtungen geht, hat man in Puerto Vallarta die Qual der Wahl. Die preiswertesten Unterkünfte sind südlich des Río Cuale. Näher am Meer, in der Zona Romántica, stehen mehrere gute Mittelklassehotels. Die genannten Preise gelten für die Hauptsaison von Dezember bis April, in der Nebensaison wird es 20 bis 50 % billiger. Wer eine Woche oder länger bleiben will, sollte Rabatt aushandeln. Für einen ganzen Monat bezahlt man oft nur den halben Preis.

FERIEN FÜR WALE

In den Wintermonaten treffen sich an der Bahía de Banderas unzählige Buckelwale. Sie verlassen ihre Futterplätze in Alaska und kommen von November bis Ende März nach Mexiko. Sobald sie angekommen sind, formieren sie sich zu Balzgruppen oder gebären die Kälber, die sie im Jahr zuvor gezeugt haben. Ende März machen sie sich dann wieder auf die lange Rückreise zu ihren Futterplätzen im Norden. Von Dezember bis März finden zahlreiche Ausflüge zur Walbeobachtung statt.

Oasis HOSTEL $
(☎322-222-26-36; www.oasishostel.com; Juárez 386; B 190 Mex$, DZ 500 Mex$;) Im Schatten des Templo de Guadalupe unweit der Plaza verstecken sich drei helle Schlafsäle sowie ein einfaches Doppelzimmer (500 Mex$) mit zwei Betten und eigenem Bad. Es gibt eine Dachterrasse mit Blick aufs Meer, kostenloses Frühstück und Schließfächer für Wertsachen. Großartiges Management.

Vallarta Sun Hostel HOSTEL $
(☎322-223-15-23; www.vallartasunhostel.com; Rodríguez 169; B/DZ 195/550 Mex$; @) Dieses Hostel ist zwei Blocks von der Playa de los Muertos entfernt. Es gibt vier saubere Schlafsäle mit je sechs Betten und jeweils einem Bad sowie geräumige Schließfächer. Wer etwas mehr Privatsphäre sucht, kann in dem Doppelzimmer mit Gemeinschaftsbad übernachten.

Hotel Ana Liz HOTEL $
(☎322-779-83-81; Madero 429; EZ/DZ 250/280 Mex$;) Pfennigfuchser sollten in den schlichten ventilatorgekühlten Zimmern des Hotels Ana Liz übernachten, die zu den preiswertesten in der ganzen Stadt gehören. Die besten Zimmer sind die im Obergeschoss mit kleinen Balkonen.

Hotel Azteca HOTEL $
(☎322-222-27-50; Madero 473; DZ ab 428 Mex$) Blitzblanke, fantastisch geführte Budgetun-

ABSTECHER

HACIENDA EL DIVISADERO

Lust auf Berge und Landleben? Dann ist die **Hacienda El Divisadero** (Handy 322-1453455; www.haciendaeldivisadero.com; Camino Tuito–Chacala Km 9, Las Guásimas) genau das Richtige. Die weitläufige Ranch liegt 90 Minuten südlich von Puerto Vallarta und bietet sich als Ziel für eine tolle Tagestour (95 US$/Pers.) mit zahlreichen Aktivitäten an. Um 8 Uhr wird man in Puerto Vallarta abgeholt und bekommt dann auf der Ranch erst mal ein kontinentales Frühstück. Danach reitet man zu Felszeichnungen, kühlt sich im Fluss ab und besichtigt die Brennerei der Hacienda, in der extrem starker *raicilla* (ein tequilaartiges Gebräu aus wilden Agaven) hergestellt wird. Das Mittagessen – *birria* (scharfe Suppe) und hervorragende *mole poblano* (*mole* aus dem Bundesstaat) – im dazugehörigen Restaurant ist im Preis enthalten. Gegen 17 Uhr wird man dann wieder am Hotel abgesetzt. In dem genannten Preis ist alles außer Bier und Trinkgeld für die Führer (ein Muss) enthalten.

Um zur Hacienda zu gelangen, fährt man von Puerto Vallarta auf dem Hwy 200 gen Süden nach El Tuito und folgt dann den Schildern nach Westen bis zur Ranch (10 km). Alternativ kann man die Hacienda auch im Rahmen einer von Vallarta Adventures organisierten Tour besuchen.

terkunft mit vielen Steinbogen. Die Zimmer zum Hinterhof sind weder riesig noch hell, haben geflieste Fußböden, Satelliten-TV und nette handgemalte Spielereien. In der Nebensaison fallen die Preise auf 250 Mex$.

Hotel Catedral HOTEL **$$**
(aus den USA 877-296-7031, aus Mexiko 322-222-90-33; www.hotelcatedralvallarta.com; 166 Hidalgo; DZ ab 46 US$;) Reizende Drei-Sterne-Unterkunft nicht weit vom Meer und vom Fluss. Die auf vier Stockwerke verteilten Zimmer sind um einen Hof angeordnet. Von den oberen Etagen hat man einen schönen Blick auf den Templo de Guadalupe. Gästen stehen saubere, aber nicht neue Zimmer mit Keramikfliesen auf dem Fußboden und Flachbildfernsehern zur Verfügung. Das Penthouse im obersten Stockwerk hat eine voll eingerichtete Küche.

Hotel Posada de Roger HOTEL **$$**
(322-222-08-36; www.posadaroger.com; Badillo 237; EZ/DZ 560/630 Mex$;) Das angenehme Travellerparadies drei Blocks vom Strand gehörte jahrelang zu den beliebtesten Mittelklassehotels von Vallarta.

Hotel Galería Belmar HOTEL **$$**
(322-223-18-72; www.belmarvallarta.com; Insurgentes 161; EZ/DZ 600/650 Mex$; @) Budgethotel im Herzen der Zona Romántica. An den hellen Wänden hängt Originalkunst, was die sauberen und komfortablen Zimmer noch schöner macht. Manche Zimmer haben Kochnischen (zzgl. 100 Mex$) und viele Balkone. Die schönsten Räume liegen im Obergeschoss.

Hotel Posada Lily HOTEL **$$**
(322-222-00-32; www.facebook.com/HotelPosadalily; Badillo 109; DZ/3BZ ab 700/800 Mex$;) Diese preisgünstige Unterkunft in Strandnähe bietet 18 saubere, hübsche Zimmer, die meisten mit viel Sonnenlicht. Die größeren Zimmer haben drei Betten und einen kleinen Balkon mit Blick auf die Straße. Strandliegen und Sonnenschirme stehen den Gästen gratis zur Verfügung. Der einzige potenzielle Nachteil ist der Lärm.

★ **Casa Dulce Vida** SUITE **$$$**
(322-222-10-08; www.dulcevida.com; Aldama 295; Suite 70–250 US$;) Diese Unterkunft mit dem Aussehen und Flair einer italienischen Villa bietet sieben geräumige Suiten mit edler Ausstattung und angenehmer Privatsphäre.

Es gibt einen grandiosen Pool mit rotem Mosaikboden, schattige Gärten und prächtige *casas* mit Keramikfliesen auf dem Fußboden, hohen Decken, sonnendurchfluteten Wohnbereichen, spektakulären schmiedeeisernen Türen und Fenstern, gut bestückten Küchen, surrenden Deckenventilatoren, einer Dachterrasse und traumhaften Sonnenuntergängen. Die meisten Zimmer haben eine eigene Terrasse und Extrabetten für größere Gruppen. Selbst wenn die Casa ausgebucht ist, vermittelt sie eine ruhige und trauliche Stimmung. In dieser Umgebung *muss* man sich einfach einen oder vielleicht auch mehrere Cocktails gönnen!

Casa Fantasia B&B **$$$**
(322-223-24-44; www.casafantasia.com; Suárez 203; Zi. 1200 Mex$) Das nette B&B ist nur ei-

nen Block vom Strand entfernt und bietet geräumige, mit Terrakotta geflieste Zimmer mit Holzbalken an den schrägen Decken und Satelliten-TV. Das Frühstück wird morgens in dem wunderschönen, mit Springbrunnen ausgestatteten Hof serviert. In der beliebten Bar und in dem Restaurant herrscht in der Hauptsaison Hochbetrieb.

Hotel Tropicana HOTEL **$$$**
(322-226-96-96; www.tropicanavallarta.com; Amapas 214; DZ Standard/Superior 1050/1200 Mex$, Suite 1300 Mex$;) Ein altehrwürdiges Strandhotel mit 160 ansprechenden Zimmern, das zwar schon in die Jahre gekommen ist, aber immer noch preiswerte Räume in hervorragender Strandlage anbietet. Die Superior-Zimmer sind weniger abgewohnt als die anderen; für ein Zimmer mit Meerblick muss man weit im Voraus buchen.

Casa Amorita B&B **$$$**
(322-222-49-26, aus den USA 908-955-0720; www.casaamorita.com; Iturbide 309; Zi. inkl. Frühstück 99–175 US$;) Das kleine B&B befindet sich in einer ruhigen Straße weit weg von dem Lärm des darunter gelegenen *malecón*. Es bietet vier einfache, aber hübsche Zimmer und gemütliche Gemeinschaftsbereiche sowie einen kleinen Pool, einen Massagebereich, eine Dachterrasse mit Blick auf den Templo de Guadalupe und einen Kamin, der von Sofas umgeben ist – hier kann man wunderbar lesen und relaxen.

Casa Doña Susana HOTEL **$$$**
(322-226-71-01; www.casadonasusana.com; Diéguez 171; DZ ab 149 US$;) Die Lobby verströmt Eleganz, es gibt zahlreiche Stein- und Ziegelbogen sowie einen reizenden, mit *azulejos* und vielen Pflanzen geschmückten Innenhof. Die Zimmer sind in zwei Farbtönen gehalten und mit Terrakottaböden und alten Holzmöbeln ausgestattet. Auf dem Dach befindet sich ein Pool mit Blick auf die Berge und das Meer sowie auf eine Kapelle, wo man sich für all das Schöne bedanken kann.

Hacienda San Angel BOUTIQUEHOTEL **$$$**
(322-222-26-92; www.haciendasanangel.com; Miramar 336; Zi. 295–325 US$;) Die 20 Zimmer verteilen sich auf fünf Häuser. Die exquisiten Zimmer mit schönen Terrakottaböden, altmodischen Himmelbetten, mit *azulejos* geschmückten Bogen und Waschbecken sind um einen Hof mit vielen Springbrunnen angeordnet. Es gibt zwei prächtige Pool-Terrassen mit tollem Blick auf die Stadt und den Ozean sowie ein Dachterrassenrestaurant, das man bestimmt mehr als nur einmal besucht.

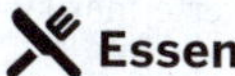

Essen

Gourmets werden in Puerto Vallarta verwöhnt. Für viele Besucher ist die kulinarische Szene hier eine der Hauptattraktionen.

Isla Cuale & Süden

Das leckerste und preiswerteste Essen gibt's am frühen Abend an den Taco-Ständen in der Madero und in den Straßen der nahe gelegenen Zona Romántica.

Pancho's Takos TAQUERÍA **$**
(Badillo 162; Tacos 10 Mex$; Mo–Sa 18–2 Uhr) Diese *taquería* (Taco-Stand) hat viele nächtliche Stammkunden und serviert köstliche *tacos al pastor* (am Spieß gegrilltes Schweinefleisch in dünnen Scheiben mit Zwiebelwürfeln, Koriander und einer Scheibe Ananas) bis in die frühen Morgenstunden.

Marisma Fish Taco TAQUERÍA **$**
(322-222-13-95; www.marismafishtaco.com; Naranjo 320; Tostadas/Tacos/Quesadillas 12/16/24 Mex$; 9–17 Uhr) In dieser Straßen-*taquería* werden Shrimps und geräucherter Speerfisch serviert. Man kann sich an den Tresen setzen und die Köchinnen dabei beobachten, wie sie frische Tortillas zubereiten und andere Köstlichkeiten grillen. Auf der einfachen Speisekarte stehen hauptsächlich Seafood-Tacos und Quesadillas.

Garlapago TAQUERÍA **$**
(Ecke Carranza & Jacaranda; Tacos 15–25 Mex$; Di–Sa 9–16.30 Uhr) Einheimische lieben die winzige *taquería* wegen der Tacos mit in Speck eingewickeltem Fisch und Shrimps – man bekommt sie aber auch ohne Speck. Im Angebot sind auch *ceviche*-Tostadas und Tintenfisch-Quesadillas.

Pita Loca NAHÖSTLICH **$$**
(322-888-30-28; www.facebook.com/pitaloca.puertovallarta; Insurgentes 161B; Hauptgerichte 65–100 Mex$; Mo–Do 10–21, Fr 10–17, So 10–19 Uhr, Sa geschl.;) Authentischer Imbiss in israelischer Hand. Hier wird das Fladenbrot selbst gebacken, es werden eigene Lämmer geschlachtet und tolle Falafeln und *shwarma* hergestellt. Alle Gewürze werden importiert. Eine gute Adresse auch für Vegetarier!

El Mole de Jovita MEXIKANISCH **$$**
(322-223-30-65; Badillo 220; Hauptgerichte 60–80 Mex$; Mo–Sa 9–23 Uhr) Die Speziali-

tät dieses familiengeführten Restaurants ist Hühnchen mit *mole*, aber es gibt auch gute Frühstücksgerichte und preiswerte mexikanische Standards.

Coco's Kitchen INTERNATIONAL **$$**

(☎ 322-223-03-73; www.cocoskitchen.net; Púlpito 122; Hauptgerichte 59–115 Mex$) Beliebter Treffpunkt zum Brunchen südlich des Flusses. Die Tische stehen auf einem mit Keramikfliesen geschmücktem Patio unter einem Terrakottadach auf Stelzen in einem schattigen Garten mit Bar. Die Gerichte reichen von *carnitas* und Burritos mit grünem Chili bis hin zu Quesadillas und Salaten. Außerdem gibt's einige verlockende Sandwiches mit beispielsweise Lamm und Aubergine.

Ebenfalls im Angebot sind drei Arten Gyros, drei Arten Eggs Benedict, Gebäck- und Maisbrotkörbe, Waffeln mit Pekannüssen, gefüllte Arme Ritter, *huevos rancheros* (Spiegeleier auf einer Maistortilla mit einer Sauce aus Tomaten, Chili, Zwiebeln und Bohnenmus) und *chilaquiles*.

Archie's Wok ASIATISCH **$$$**

(☎ 322-222-04-11; www.archieswok.com; Rodríguez 130; Hauptgerichte 125–225 Mex$; ⏲ Mo–Sa 14–23 Uhr; ☐) Die Speisekarte in diesem eleganten City-Restaurant mag ja regelmäßig wechseln, aber immer stehen asiatische Fusion-Gerichte darauf: kross gebratener Fisch in Bananenblättern und eine *poblano*-Chilisuppe mit Kokosmilch (eine nette thailändisch angehauchte Tortillasuppe) z. B. Die Nudelgerichte sind göttlich, die Weine und Margaritas süffig.

Red Cabbage Café MEXIKANISCH **$$$**

(☎ 322-223-04-11; www.redcabbagepv.com; Rivera del Río 204A; Hauptgerichte 120–240 Mex$; ⏲ 17–23 Uhr, Sept. geschl.) Obwohl die Atmosphäre eher lässig ist, zeichnet sich das Restaurant durch großartige Originalkunstwerke an den Wänden und hervorragendes Essen aus. Die Gerichte werden nach alten Rezepten und mit ungewöhnlichen, ortstypischen Saucen zubereitet. Von der Zona Romántica läuft man zehn Minuten; von der Cárdenas aus biegt man kurz vor der Río-Cuale-Brücke rechts in die Rivero del Río ab. Achtung: Kreditkarten werden nicht akzeptiert!

La Palapa SEAFOOD **$$$**

(☎ 322-222-52-25; www.lapalapapv.com; Púlpito 103; Hauptgerichte 140–340 Mex$; ⏲ 8–23 Uhr) Hier speist man nach dem Motto „Elegant am Strand": Die Tische sind so aufgestellt, dass man den wunderbaren Meerblick genießen kann. Daher ist das Restaurant der perfekte Ort zum Frühstücken oder für ein Dinner bei Sonnenuntergang. Der Gelbflossen-Thunfisch in Pfefferkruste und der in Sherry und Soja marinierte Rote Schnapper mit Spargel, Chorizo und Shrimps-Beignets sind besonders lecker.

Nördlich des Río Cuale

Planeta Vegetariano VEGETARISCH **$**

(☎ 322-22-30-73; www.planetavegetariano.com; Iturbide 270; Frühstücksbuffet/Mittag- od. Abendessen 60/85 Mex$; ⏲ Do–Di 8–22 Uhr; Mi. geschl.; ☐) Ein Lokal im Buffet-Stil mit nur zehn Tischen und frischen, laktosefreien Gerichten wie Soja-Enchiladas, Bananenlasagne (ja, die gibt es wirklich!) und einer breiten Auswahl kreativ zubereiteter Salate.

Gaby's MEXIKANISCH **$$**

(Mina 252; Hauptgerichte 46–190 Mex$; ⏲ Mo–Sa 8.30–22, So 10–22 Uhr) Seit 1989 serviert dieses fröhlich-helle, familiengeführte Lokal mit Plätzen im oberen Stock und einem baumbeschatteten Hinterhof köstliche mexikanische Klassiker. Am besten kommt man mittags, wenn das Tagesgericht *comida corrida* (Festpreismenü; inkl. Hauptspeise, Suppe und *agua fresca*) nur 59 Mex$ kostet.

Esquina de los Caprichos SPANISCH **$$**

(☎ 322-222-09-11; Miramar 402; Tapas 40–85 Mex$, Hauptgerichte 85–140 Mex$; ⏲ Mo–Sa 8.30–22 Uhr) Elegantes, kleines Lokal mit heimeligem vorderem Bereich und einem von Gaudí inspirierten Innenhof voller bunt bemalter Tische und Mosaiken aus zerbrochenen Fliesen. Die meisten Gerichte würde man eher in einer Tapasbar in Barcelona erwarten – auf hübschen, von Hand hergestellten Tellern werden leckere Gazpacho, frittierte Calamares, Knoblauch-Shrimps und Paella serviert.

Benitto's Paninoteca Bar FEINKOST **$$**

(☎ 322-209-02-87; www.benittos.com; Paseo de la Marina 21; Hauptgerichte 95–165 Mex$; ⏲ 9–2 Uhr; ☐) Ein fantastischer Feinkostladen in der Gegend des Jachthafens, der gern von besser gestellten Einheimischen wegen der kreativen *panini*, gemischten Carpaccios und ausländischen Biere und Weine besucht wird. Die *panini* kommen u. a. mit einem klassisch französischen Dip, mit italienischer Wurst und Dijon-Senf oder mit Pastrami und Ziegenkäse daher. Auch Salate, Suppen und Pasta stehen auf der Speisekarte. Die Küche ist bis Mitternacht geöffnet. Getränke bekommt man noch länger.

La Dolce Vita ITALIENISCH $$
(☎322-222-38-52; www.dolcevita.com.mx; Paseo Díaz Ordaz 674; Hauptgerichte 115–168 Mex$; ⏱Mo–Sa 12–2, So 18–24 Uhr) Ein fröhliches, oft überfülltes Restaurant, das gute Holzofenpizzas und Pasta auftischt und in dem man gut Leute gucken kann. Beliebter Treffpunkt der hier lebenden Ausländer. Am besten fragt man nach einem Tisch im Obergeschoss am Fenster, um den Ausblick genießen zu können.

Barracuda SEAFOOD $$
(☎322-222-40-34; www.elbarracuda.com; Paraguay 1290; Vorspeisen 89 Mex$, Hauptgerichte 148 Mex$) Das einzige Restaurant am Strand nördlich des Flusses ist für seine Tacos mit gegrillten Shrimps berühmt. Gut sind auch Thunfisch-Sashimi mit Oliven und Zitrone, *mariscos dinamita*, in Reis gekochte Shrimps, Tintenfisch und Fischstücke, ähnlich einer Paella.

Gratis dazu gibt's den Blick auf einen Strandabschnitt, an dem Schildkröten ihre Eier legen, und im Winter kann man draußen im Meer sogar Wale erspähen.

La Cigale FRANZÖSISCH $$$
(www.lacigalebistro.com; Hidalgo 398; Hauptgerichte 140–250 Mex$; ⏱17–23.30 Uhr) Im Schatten des Templo de Guadalupe serviert dieses lockere französische Bistro alles von Quiche Lorraine bis zu Steak-Tatar. Dazu gibt's französische, chilenische und argentinische Weine. Was es gibt, steht auf einer Tafel; der Boden ist im Schachbrettmuster gehalten.

El Arrayán Cocina Tradicional MEXIKANISCH $$$
(☎322-222-71-95; www.elarrayan.com.mx; Allende 344; Hauptgerichte 150–230 Mex$; ⏱Mi–Mo 17.30–23 Uhr) Der Besitzer Carmen Porras hat Freude daran, alte Rezepte vor dem Aussterben zu bewahren und legt viel Wert auf frische lokale Zutaten. Die Spezialitäten des Hauses sind knusprige Ente á la *carnitas* (geschmorte und marinierte Ente) mit Orangensauce und in mexikanischen Gewürzen und Tequila eingelegtes Rib-Eye-Steak. Das Restaurant dient mit seiner offenen Küche und dem romantischen Innenhof auch als Veranstaltungsort für zweimonatliche Kochkurse. Das Restaurant liegt zehn Blocks nordöstlich des Templo de Guadalupe.

★ **Café des Artistes** INTERNATIONAL $$$
(☎322-222-32-28; www.cafedesartistes.com; Sánchez 740; Hauptgerichte 215–430 Mex$; ⏱18–22.30 Uhr) Für viele das beste Restaurant der Stadt. Hier schwelgt man in romantischem Ambiente und einer Küche, die eine exquisite Mischung aus französischen und mexikanischen Einflüssen aufweist. Der Garten erstrahlt im Kerzenlicht, die Räume sind modern, und das Äußere erinnert an eine wundersame Festung. Hier dreht sich wirklich alles ums Essen.

Der Fang des Tages wird mit Mandeln und Rettich sautiert. In *chipotle* geköchelte Hochrippe wird mit Butterkrebsen in Tacos gewickelt, und auch das Enten-Confit *chilaquiles* sollte unbedingt probiert werden. Der Service ist formell, aber unaufdringlich. Vorher reservieren! Das Restaurant befindet sich acht Blocks nördlich des Templo de Guadalupe.

Ausgehen & Nachtleben

Es ist sehr einfach, sich in dieser Stadt einen anzutrinken, denn die Happy Hours

NICHT VERSÄUMEN

LECKERES MIT BLICK AUF DIE BUCHT

Wer gerne Boot fährt, schroffe tropische Küsten, mit Urwald bewachsene Berge, lässige Eleganz und vor allem göttliches Essen und ausgezeichnete Drinks mag, sollte mittags im **Ocean Grill** (☎322-223-73-15; www.oceangrillvallarta.com; Hauptgerichte 140–360 Mex$; ⏱11–17 Uhr; 📶) einkehren. In dieses Bistro auf einer Felsklippe kommt man nur mit Reservierung. Die Fahrt im Wassertaxi von Boca de Tomatlán dauert fünf Minuten. Die Hauptgerichte reichen von Tintenfisch mit einer Kruste aus Oliven-Tapenade und sensationellen Garnelen bis hin zu Hummer (natürlich nur in der Saison) und Rippchen. Aber auch Burger, Huhn und Steaks stehen auf der Speisekarte. Die mit Gewürzen eingeriebenen Speisen werden über dem offenen Feuer gegrillt und in einem mehrstöckigen Speisesaal serviert. Das *palapa*-Dach steht auf mit Weinranken bewachsenen Baumstämmen. Hier könnte man leicht den ganzen Tag verbringen. Wer Kalorien verbrennen will, kann von hier zur Playa de las Ánimas oder zurück nach Boca laufen. Man hat zum Essen ein Zeitfenster von zwei Stunden, das erste um 11 und das letzte um 15 Uhr. Der Preis für den Transfer (ab Boca & zurück) ist in der Reservierung enthalten.

SCHWULEN- & LESBENSZENE IN PUERTO VALLARTA

Hier kann man sein, wie man ist – in Puerto Vallarta weht fröhlich die Regenbogenflagge und es gibt eine gute Auswahl an Schwulenbars, Nachtclubs, Restaurants und Hotels für Schwule. Vallarta gilt als florierendes internationals Schwulenzentrum, und jedes Jahr kommen mehr Besucher hierher. Die Stadt hältt ein umfangreiches Veranstaltungsprogramm für Schwule und Lesben bereit, darunter die Events **Vallarta Fever** (www.vallartafever.com) Ende November und **Vallarta Girl** (www.vallartagirl.com) Mitte Februar. Die Broschüre und die Internetseite **Gay Guide Vallarta** (www.gayguidevallarta.com) bieten zahlreiche Infos und eine hilfreiche Karte, auf der die schwulenfreundlichen Einrichtungen verzeichnet sind.

Clubs & Nachtleben

Die meisten Discos öffnen von 22 Uhr bis mindestens 4 Uhr morgens, und in einigen tobt bis nach Sonnenaufgang das Leben. Eine unterhaltsame Einführung in das schwule Nachtleben Vallartas bietet das Event **Old Town Bar Hop** (www.dianastours.com/old_town_bar_hop.php; Bar-Hopping 75 US$; ⌚Fr–Sa 7.45–1 Uhr), das von Diana's Tours angeboten wird.

Paco's Ranch (☎322-222-18-99; www.pacosranch.com; Vallarta 237; ⌚10–18 Uhr) Die altehrwürdige Disko/Cantina veranstaltet von Freitag bis Samstag Travestie-Shows.

Antropology (www.antropologypv.com; Morelos 101) In diesem quirligen Tanzmekka und Schwulen-Striplokal mit seiner dunklen, traulichen Dachterrasse lautet das Motto *It's raining men*. Frauen wird der Zutritt strikt verweigert.

In der Zona Romántica gibt's zahlreiche stimmungsvolle Cocktailbars für eine schwule und lesbische Klientel: das **La Noche** (Cárdenas 257; ⌚16–2 Uhr) ist wegen seiner fröhlichen Atmosphäre und der muskulösen Barkeeper beliebt; die **Sama Bar** (☎322-223-31-82; Olas Altas 510; ⌚16.30–2 Uhr) ist eine angenehme kleine Bar, in der große Martinis serviert werden; und **Frida** (www.barfrida.com; Insurgentes 301A; ⌚13–2 Uhr) ist eine gemütliche und gesellige Cantina mit aufregenden Getränke-Specials. Angebot A: Margaritas kosten jeden Donnerstan nur 25 Mex$.

Resorts & Gasthäuser

Hotel Mercurio (☎322-222-47-93, aus den USA 866-388-2689; www.hotel-mercurio.com; Rodríguez 168; EZ/DZ inkl. Frühstück 98/128 US$; ❄@📶🏊) Weniger als zwei Blocks vom Muertos-Pier entfernt liegt dieses dreistöckige Hotel mit 28 Zimmern, die sich um einen

mit zwei Drinks zum Preis von einem gibt es hier so sicher wie den Sonnenuntergang, und die Margaritagläser sehen aus wie überdimensionale Kognakschwenker. Tagsüber zu trinken, ist fast schon ein Muss. Die Coffeeshops öffnen etwa um 7 Uhr und schließen gegen Mitternacht. Die meisten Bars pressen ihre Limetten auch noch lange nach Mitternacht aus. Wochentags wird zu früher Stunde normalerweise kein Eintritt genommen; Freitag- und samstagabends sind oft ein oder zwei Drinks im Preis enthalten.

Auf dem *malecón* gibt's viele Clubs, in denen sich Einheimische und Traveller um die 20 betrinken und auf den Tischen tanzen. Wenn viel los ist, sind die Clubs von 23 bis 5 Uhr geöffnet. Man sieht schon von der Straße aus, wo am meisten gefeiert wird. Folgende Clubs sind empfehlenswert: **Mandala** (www.mandaladisco.com; Paseo Díaz Ordaz 640), **Zoo Bar** (www.facebook.com/zoopuertovallarta; Morelos 630; Eintritt variiert; ⌚6–18 Uhr) und **Punto V** (www.puntovnightclub.com; Paseo Díaz Ordaz 78).

★La Bodeguita del Medio BAR

(☎322-223-15-85; labodeguitadelmedio.com.mx; Paseo Díaz Ordaz 858; ⌚11–4 Uhr) Die Wände sind in zahlreichen Sprachen vollgekritzelt mit Poesie und Albernheiten, die Bar ist gut bestückt mit Rum und Tequila, und der Barkeeper mixt einen mittelprächtigen Mojito und fragwürdige Mojito-Varianten. Aber die kubanischen Bands sind authentisch, toll und ausgelassen, und so ziemlich jeder, von jung bis alt, tanzt hier Salsa. Jeden Abend gibt's Livemusik, donnerstags auch Salsaunterricht.

De Santos BAR

(www.desantos.com.mx; Plaza Peninsula, Blvd Ascensio 2485; ⌚18–5 Uhr) Kerzen und Girlanden mit alten Glühbirnen sorgen für

schönen Innenhof mit stilvollem Pool und Bar reihen. Die Zimmer haben Kühlschränke, WLAN, Kabel-TV und Doppel- oder Kingsizebetten mit edler Bettwäsche. Weitere Extras sind u.a. das Gourmet-Frühstück, die Wellnesspackungen und die kostenlosen internationalen Telefongespräche. Das Hotel hat 2013 von der schwul-lesbischen Gemeinde den Pink Choice Award für ausgezeichneten Service bekommen.

Blue Chairs Beach Resort (☎322-222-50-40, aus den USA 888-302-3662; www.bluechairsresort.com; Almendro 4; Zi. 150–218 US$, Suite 219–265 US$;) Am Südende der Playa de los Muertos befindet sich einer der berühmtesten Schwulenstrände Mexikos. Der dazugehörige Strandclub ist Vallartas beliebteste Schwulen-Beach-Bar, in der immer zahlreiche Pärchen sitzen, die die Sonnenstrahlen und kühle Drinks genießen. Auf der Dachterrasse gibt's einen lauten Nachtclub mit Live-Entertainment. Die luftigen, schönen Zimmer haben Kabelfernsehen, die Suiten Kochecken.

Casa Cúpula (☎322-223-24-84, aus den USA 866-352-2511; www.casacupula.com; Callejón de la Igualdad 129; Zi. 185–279 US$, Suite 320–519 US$; @) Extrem beliebtes Resort mit edlem Design und luxuriösem Dekor. Jedes Zimmer ist einzigartig und geschmackvoll eingerichtet und bietet Annehmlichkeiten wie überdimensionale TVs und in einigen Suiten private Whirlpools. Der Strand befindet sich nur wenige Blocks den Hügel hinunter, obwohl die vier Pools, der Fitnessraum, das Restaurant und die Bar genügend Ablenkung bieten, um hier den ganzen Tag zu relaxen.

Villa David (☎322-223-03-15, aus den USA 877-832-3315; www.villadavidpv.com; Galeana 348; Zi. 119–139 Mex$; @) Ein elegantes Schwulenparadies nur für Männer, das in einem wunderschönen Gebäude im Hazienda-Stil untergebracht ist. Unbedingt im Voraus reservieren! Es ist das einzige B&B seiner Art im historischen Viertel von Vallarta. Die schön gestaltete Anlage und die geschmackvoll eingerichteten Zimmer sind die perfekte Wahl für einen romantischen Aufenthalt.

Emperador Hotel and Suites (☎322-222-51-43; www.hotelemperadorpv.com; Amapas 114; DZ/Suite 763/950 Mex$) Dieser Komplex in guter Lage am Strand hat einfache, aber gemütliche Zimmer mit neu gefliesten Fußböden, türkisfarbenen Wänden, französischen Betten und Flachbild-TVs an den Wänden. Die riesigen Suiten haben eine voll eingerichtete Küche auf der Terrasse.

romantische Stimmung in dieser Terrassenbar nördlich des Zentrums. Die Kneipe wurde von Alex González, dem Schlagzeuger der Band Maná, gegründet. Freitags und samstags gibt's Livejazz bis in den Morgen; außerdem hat der Laden eine tolle Getränkekarte, die von Mezcal, Martinis und der Hausspezialität *pata salada* – einem lokalen Bioschnaps aus Agaven – dominiert wird.

La Cuiza BAR

(☎322-223-47-76; www.facebook.com/lacuiza; Isla del Cuale 4; Eintritt unterschiedlich; ⌚Mo–Mi 11–19 Uhr, Do–Sa 11 Uhr–open end, So geschl.;) Diese interessante Kunstgalerie an der Westseite der Isla del Cuale in der Nähe des Museums zeigt farbenfrohe Gemälde auf Leinwand und faszinierende Originalskulpturen. Geboten werden außerdem eine Bar, ein Billardtisch und an den Wochenenden Theater-, Musik- und andere Aufführungen. Dies ist auch ein netter Ort für einen Nachmittagsdrink.

La Cervecería Union BIERGARTEN

(☎322-223-09-28; Aldama & Paseo Díaz Ordaz; ⌚11–24 Uhr;) Ein Ableger des Biergartens in Guadalajara. Es gibt eine Austernbar, ordentliche Tacos und an Spieltagen das Ambiente einer Sportsbar. Außer einer großen Bierauswahl, u.a. einem aus der eigenen Brauerei, sind viele Tequilas, leckere *micheladas* (Biercocktails) und profimäßig zubereitete *clamatos* – Cocktails aus Bier mit Clamatosaft (Tomaten- und Muschelsaft) – im Angebot.

Los Muertos KNEIPE

(☎322-222-03-08; www.losmuertosbrewing.com; Cárdenas 302; ⌚12–24 Uhr;) Nette Kneipe mit Mikrobrauerei und Stein-/Betonfußboden. Es gibt sechs Sorten Bier, u.a. ein IPA namens „Revenge" und ein Stout namens „Mc Sanchez".

A Page in the Sun CAFÉ
(Cárdenas 179; ⌚Sommer 7–23 Uhr, Winter 7–24 Uhr;) Das freundliche und sehr empfehlenswerte Café dient gleichzeitig als Buchladen und sozialer Treffpunkt. Den guten Espresso kann man auf bequemen Sofas genießen. Außerdem treffen sich hier regelmäßig Konversationsgruppen, und samstags gibt's eine Märchenstunde für Kids.

Andale's BAR
(☎322-222-10-54; Olas Altas 425; ⌚8–2 Uhr) In diesem dunklen Schuppen kann man mit vielen jungen Urlaubern bei lauter Rockmusik selbst tagsüber so richtig abfeiern. Es ist eine Kneipe, die aus alten Zeiten überlebt hat und mehr als nur einen Drink wert ist.

Garbo LOUNGE
(☎322-223-57-53; 142 Púlpito; ⌚17–2 Uhr) Wer Jazz und ausgezeichnete Martinis mag, wird sich in dieser Bar mit Betonboden bestimmt wohl fühlen. Mittelmäßiger bis guter Jazz und Gesang, manchmal gibt's auch Lieder zum Mitsingen.

Bar Morelos MEZCALERÍA
(☎322-111-39-40; www.facebook.com/BarMorelosPuertoVallarta; Morelos 589; ⌚19–6 Uhr) Zum Zeitpunkt der Recherchen brandneue *mezcalería* mit modernem, vornehmem Kneipen-Club-Ambiente, also keine – wie man denken könnte – heruntergekommene, schmutzige Mezcal-Bar. Angeboten wird ein guter, starker Mezcal im Glas und in einer Spritze (kein Witz) mit in Chili getauchten Orangenscheiben.

Lange Tequila-Karte, ordentliches Kneipenessen, ein DJ steht in den Startlöchern und es gibt viele kuschelige (wenn auch nicht ruhige) Sitzecken, in denen man es sich so richtig schön gemütlich machen kann.

☆ Unterhaltung

In Sachen Nachtleben von Vallarta geht es hauptsächlich um Tanzen, Trinken und Essen. Allabendlich bummeln die Leute über den *malecón* und suchen sich aus der fantastischen Auswahl von Restaurants, Bars und Nachtclubs ihre jeweiligen Lieblings-Locations aus. Auch im **Los Arcos Amphitheater** (Malecón) gegenüber der Plaza Principal am Meer gibt's oft Veranstaltungen. Die sanft beleuchtete Isla Cuale ist ein friedliches Paradies und genau der richtige Ort für einen romantischen Spaziergang am frühen Abend.

Roxy Rock House LIVEMUSIK
(www.roxyrockhouse.com.mx; Vallarta 217; ⌚20–6 Uhr) Im Herzen der Zona Romántica zieht dieser Club jeden Freitag und Samstag ein bunt gemischtes Publikum an. Coverbands spielen Rock und Blues. Der Eintritt ist frei.

Shoppen

Vallarta ist ein Paradies für Shoppingfans. In vielen Geschäften und Boutiquen werden modische Kleidung, Strandoutfits und Kunsthandwerk aus ganz Mexiko verkauft. Auch Tequila und kubanische Zigarren sind der Renner. **Artesanías Flores** (☎322-223-07-73; Cárdenas 282) und **Peyote People** (☎322-222-23-02; www.peyotepeople.com; Juárez 222) verkaufen Perlenarbeiten, Fadenbilder und Schmuck von Huicholen.

Mercado de Artesanías KUNSTHANDWERK
(☎322-223-09-25; Av Rodríguez 260) Auf dem Markt am Nordufer des Río Cuale wird alles nur Erdenkliche verkauft, von Taxco-Silber über *sarapes* (Decken mit einer Öffnung für den Kopf, die als Umhang getragen werden) und *huaraches* (Sandalen aus geflochtenem Leder) bis hin zu Wandbehängen aus Wolle und mundgeblasenem Glas. Am westlichen Ende der Isla Cuale gibt's einen kleineren Markt mit ähnlichem Angebot.

Olinalá KUNST & KUNSTHANDWERK
(☎322-121-35-76, 322-228-06-59; Cárdenas 274) Seit 1978 verkauft dieser hervorragende kleine Laden authentische mexikanische Tanzmasken, Volkskunst und ländliche Antiquitäten.

Mundo de Azulejos KERAMIK
(www.talavera-tile.com; Carranza 374; ⌚Mo–Sa 10–18 Uhr) Dieser Laden hat eine riesige Auswahl von hellen, farbigen Fliesen und Keramikwaren im Talavera-Stil.

Dulces Típicos Mexicanos ESSEN
(Juárez 1449; ⌚10–22 Uhr) Naschkatzen sollten in diesen niedlichen *tienda* (Laden) gehen, der vollgestopft ist mit süßen Verführungen: weichen Tamarindenbonbons, erlesenen Karamellbonbons, unterschiedlichem Backobst und Zucker-Nuss-Leckereien. Es ist absolut gefährlich, den Laden mit leerem Magen zu betreten.

ℹ Praktische Informationen

GELD

Obwohl die meisten Unternehmen in Vallarta neben Pesos auch US-Dollar akzeptieren, sind die

Wechselkurse meist miserabel. Mehrere Banken um die Plaza Principal haben Geldautomaten.

In Vallarta gibt es viele *casas de cambio;* ihre Kurse variieren und sind etwas schlechter als die der Banken. Sie befinden sich u. a. auf der Insurgentes, der Vallarta und dem *malecón.* Geldautomaten sind die günstigste Variante.

Banamex (Ecke Juárez & Zaragoza) An der Südostecke der Plaza Principal.

HSBC (Ecke Insurgentes & Miramar) Direkt nördlich der Río-Cuale-Brücke.

INTERNETZUGANG

WLAN ist in Restaurants, Bars und Cafés sowie in fast allen hier aufgeführten Resorts, Hotels und Pensionen weit verbreitet.

MEDIEN

Zwei englischsprachige Zeitungen – die wöchentlich erscheinende *Vallarta Tribune* (www.vallartatribune.com) und die zweimonatliche *Bay Vallarta* (www.bayvallarta.com) – bieten hilfreiche Infos zu Kultur- und Shoppingangeboten.

MEDIZINISCHE VERSORGUNG

San Javier Marina Hospital (☎ 322-226-10-10; Ascencio 2760) Das am besten ausgestattete Krankenhaus Vallartas.

NOTFALL

Ambulanz (☎ 322-222-15-33)

Feuerwehr (☎ 322-223-94-76)

Polizei (☎ 060, 322-223-25-00)

POST

Hauptpost (Colombia 1014)

TELEFON & FAX

In der Stadt gibt's zahlreiche Telefonzellen und *casetas de teléfono* (öffentliche Telefonstationen). Viele Internetcafés bieten Skype an.

TOURISTENINFORMATION

Städtische Touristeninformation (☎ Durchwahl 232, 322-226-80-80; Juárez s/n; ⏱ Mo–Sa 8–20, So 10–18 Uhr) Vallartas belebte, aber kompetente Touristeninformation im Rathaus an der Nordostecke der Plaza Principal hält kostenlose Stadtpläne und mehrsprachige Tourismusbroschüren bereit. Die Angestellten sind zweisprachig.

ℹ An- & Weiterreise

AUTO & MOTORRAD

Mietautos gibt's ab 600 Mex$ pro Tag, aber in der Hauptsaison sind nicht vorab reservierte Fahrzeuge recht teuer, sodass man am besten online bucht. In der Nebensaison werden hohe Rabatte angeboten.

In der Ankunftshalle des Flughafens reihen sich Schalter von rund einem Dutzend Autovermietern aneinander, u. a.:

Alamo (☎ 800-849-8001, 322-221-12-28; www.alamomexico.com.mx)

Avis (☎ 322-221-16-57; www.avis.mx)

Budget (☎ 322-221-17-30; www.budget.com.mx)

Europcar (☎ 322-209-09-21; www.europcar.com)

Hertz (☎ 999-911-80-40; www.hertz.com)

National (☎ 322-221-12-26; www.nationalcar.com.mx)

Sixt (☎ 322-209-06-85; www.sixt.com)

Thrifty (☎ 322-209-10-05; www.thrifty.com.mx)

BUS

Vallartas Fernbusbahnhof liegt am Hwy 200, ca. 10 km nördlich des Stadtzentrums und 2 km nordöstlich des Flughafens. Hier gibt's WLAN.

Die Busunternehmen **Primera Plus** (Carranza 393) und **ETN** (Cárdenas 268) haben beide Büros im Zentrum südlich des Río Cuale, in denen man Fahrkarten kaufen kann. Wer nach Barra de Navidad, Manzanillo oder zu anderen Zielen im Süden fahren will, kann sich die Fahrt zum Busbahnhof sparen und an der Ecke Carranza und Aguacate (einen halben Block vom Primera-Plus-Ticketbüro entfernt) in den Bus einsteigen.

BUSSE AB PUERTO VALLARTA

ZIEL	PREIS (MEX$)	DAUER (STD.)	HÄUFIGKEIT (TGL.)
Barra de Navidad	180–218	3½–4	regelm.
Guadalajara	354–430	5½	sehr oft
Manzanillo	230–327	5–5½	stündl.
Mazatlán	450	8	6-mal
Mexico City (Terminal Norte)	948–1025	12	7-mal
San Blas	196	3½	4-mal
San Patricio-Melaque	247	3½–4	regelm.
Tepic	193–207	3½–4	regelm.

FLUGZEUG

Der **Gustavo Díaz Ordaz International Airport** (322-221-12-98; wwwww.aeropuertosgap.com.mx/en/puerto-vallarta-3.html; Carretera Tepic Km 7,5;) befindet sich 10 km nördlich der Stadt und wird u. a. von den folgenden Fluggesellschaften angeflogen:

Aeroméxico (322-221-12-04; www.aeromexico.com; Flughafen) Direktflüge nach Los Angeles, Ciudad Juárez, Guadalajara und Mexico City.

Interjet (322-221-32-06; www.interjet.com.mx; Airport) Direktflüge nach Mexico City und Toluca.

VivaAerobus (55-4000-0180, 81-8215-0150; www.vivaaerobus.com; Airport) Direktflüge nach Monterrey.

Volaris (800-122-80-00; www.volaris.mx; Airport) Direktflüge nach Tijuana und Mexico City.

Unterwegs vor Ort

BUS

Von 5 bis 23 Uhr fahren auf den meisten Routen alle fünf Minuten blau-weiße Stadtbusse, in die man für 7 Mex$ pro Strecke einsteigen kann. Sie fahren meist an der Plaza Lázaro Cárdenas an der Playa Olas Altas ab. Die Busse nach Norden halten auch an der Insurgentes nahe der Ecke Madero.

Busse in Richtung Norden mit den Beschriftungen „Aeropuerto", „Ixtapa", „Mojoneras" und „Juntas" passieren auf dem Weg zum Flughafen und zum Jachthafen von Vallarta das Stadtzentrum; die Busse mit der Beschriftung „Mojoneras" halten auch am Fernbusbahnhof von Puerto Vallarta.

Die weiß-orangefarbenen Busse nach Süden mit der Aufschrift „Boca de Tomatlán" (7 Mex$) fahren in südlicher Richtung auf dem Küstenhighway durch Mismaloya (20 Min.) nach Boca de Tomatlán (30 Min.). Sie starten von 5.30 bis 23 Uhr alle 15 Minuten von der Ecke Badillo und Constitución.

VOM/ZUM FLUGHAFEN

Im billigsten kommt man mit einem der Stadtbusse vom Flughafen in die Stadt (7 Mex$). Die Busse mit der Aufschrift „Centro" und „Olas Altas" starten von einer Haltestelle direkt vor der Ankunftshalle. Von der Stadt zum Flughafen nimmt man einen Bus mit der Aufschrift „Aeropuerto", „Juntas" oder „Ixtapa", die direkt am Flughafeneingang halten.

Taxis nehmen für die Fahrt vom Flughafen in die Stadt je nach Ziel einen Festpreis von 180 bis 310 Mex$. Wer Geld sparen will, überquert den Hwy 200 über die Fußgängerbrücke vor der Ankunftshalle und nimmt auf der gegenüberliegenden Straße ein Taxi. Dort dürfen Fahrer niedrigere Preise nehmen (120–150 Mex$/Taxi). Eine Taxifahrt von der Innenstadt zum Flughafen kostet ca. 120 Mex$, vom Busbahnhof in die Stadt 100 Mex$.

SCHIFF/FÄHRE

Vallartas Wassertaxis bedienen die wunderschönen Strände an der Südseite der Bucht, die oft nur mit dem Boot erreichbar sind. Sie starten täglich am Pier der Playa de los Muertos, fahren in Richtung Süden um die Bucht herum und halten an der Playa Las Ánimas (25 Min.), in Quimixto (40 Min.) und Yelapa (55 Min.); der Preis für eine Hin- und Rückfahrt beträgt immer 300 Mex$. Die Boote legen von 10 bis 16.30 Uhr stündlich oder alle zwei Stunden in Puerto Vallarta ab und fahren im selben Rhythmus zwischen 7.30 und 15.45 täglich in Yelapa (der Endhaltestelle) ab und zurück in die Stadt.

Privatjachten und *lanchas* kann man an der Südseite des Piers der Playa de los Muertos mieten (ab 300 Mex$/Std.). Sie fahren ganz nach Wunsch einen der vielen einsamen Strände der Bucht an; die meisten haben Schnorchel- und Angelzubehör an Bord.

TAXI

Die Taxipreise sind nach Zonen aufgeteilt; die Summe wird nach der Zahl der Zonen festgelegt, die man auf der Fahrt durchquert. Eine übliche Fahrt vom Zentrum zur Zona Hotelera kostet 80 Mex$; zum Flughafen oder Fernbusbahnhof 120 Mex$; und nach Mismaloya 130 Mex$. Man sollte sich vor der Abfahrt immer auf einen Preis einigen. Im Zentrum entlang der Morelos ist es einfach, ein Taxi heranzuwinken. Es gibt mehrere Taxistände, darunter einen an der Morelos zwischen der Corona und der Galeana, einen an der Morelos nahe der Rodríguez und einen an der Carranza bei der Plaza Lázaro Cárdenas.

STRÄNDE AN DER COSTALEGRE

Südlich von Puerto Vallarta wartet Mexikos Pazifikküste von Chamela bis Barra de Navidad mit einem Streifen toller Strände auf. Tourismusindustrie und Bauunternehmer nennen den Küstenabschnitt „Costalegre" (Fröhliche Küste). Die im Folgenden genannten Strände sind von Norden nach Süden aufgelistet (die Kilometerangaben gelten dabei ab der Kreuzung der Hwys 80 und 200 direkt vor den Toren von San Patricio-Melaque).

Fans von Meeresschildkröten (und das ist wohl jeder) sollten einen Zwischenstopp an der **Biologischen Station Majahua** gleich nördlich von Punta Pérula einlegen. Dort kann man sein Zelt aufschlagen und zusammen mit einheimischen Guides die Schildkröten bei der Eiablage beobachten. Ein kleines Hotel gibt es hier auch. Die Station ist zu einer wichtigen Adresse für Studenten aus aller Welt geworden, die sich für Schildkröten und deren Lebensraum interessieren.

Die **Playa Pérula** (Km 73), ein geschützter Strand am Nordende der ruhigen, 11 km langen Bahía de Chamela, eignet sich perfekt zum Schwimmen und für lange Spaziergänge. Hier gibt's ein paar preiswerte Unterkünfte und auch einige *palapa*-Restaurants. Wer will, kann sich eine *panga* (Einer-Ruderboot) mieten und zu den **neun Inseln** paddeln.

Die **Playa La Negrita** (Km 64) an der Bahía de Chamela ist ein abgeschiedener, relaxter Strand mit einigen Restaurants. Hotels gibt's hier aber nicht. Die neun Inseln in der großen Bucht bilden bei Sonnenuntergang eine wunderschöne Silhouette.

An der von Palmen gesäumten Bahía Tenacatita lockt die **Playa Tenacatita** (Km 28) mit kristallklarem Wasser zum Schnorcheln, und in der großen Mangrovenlagune kann man wunderbar Vögel beobachten. Es gibt aber eine Gruppe von Bauunternehmern, die vor Gericht um das Grundeigentumsrecht kämpft und den bisher unberührten Strand bebauen will. Der Besuch ist noch möglich, campen aber nicht mehr erlaubt. Einfach Essen und Getränke mitbringen und den Tag genießen! An dieser Bucht befinden sich auch die **Playa Boca de Iguanas** (Km 19) und die **Playa La Manzanilla** (Km 13). Die Brandung an der Playa Boca de Iguanas kann steil und schnell sein, genau richtig zum Bodyboarden. Manzanilla mit dem ruhigen Wasser ist ideal zum Baden.

BAHÍA DE NAVIDAD

Die enge Sichel der Bahía de Navidad ist praktisch vollständig von tiefem, honigfarbenem Sand umgeben. Die beiden Ferienorte an ihren Enden winken einander quasi fröhlich zu. Barra de Navidad und San Patricio-Melaque liegen 5 km auseinander. Die Schwesterorte haben jeweils ein individuelles Erscheinungsbild: Barra besticht mit schönen Kopfsteinpflasterstraßen und ist mit einer Aura hoher Lebensqualität umgeben. San Patricio-Melaque dagegen ist größer und nicht so malerisch und zieht eher sparsame Reisende an, die das Strandleben genießen wollen.

San Patricio-Melaque

☎315 / 7600 EW.

Der entspannte Strandort wird meist nur „Melaque" (sprich: meh-*lah*-keh) genannt und hat sich seinen alt-mexikanischen Charme bewahrt. Er ist ein beliebtes Ferienziel mexikanischer Familien; vielen „Snowbirds" (vor allem Kanadiern) dient Melaque als schlichtes Winterquartier. Die Hauptaktivitäten sind schwimmen, am Strand faulenzen, Pelikane während des Sonnenauf- bzw. -untergangs bei der Fischjagd beobachten und auf den *mirador* (Aussichtspunkt) am westlichen Ende der Bucht klettern. Außerdem kann man wunderbar über die Plaza und den Markt spazieren oder am Strand entlang nach Barra de Navidad laufen.

Geführte Touren

The Only Tours GEFÜHRTE TOUREN
(☎315-355-67-77; www.theonlytours.com; Las Cabañas 26) Dieser Anbieter veranstaltet ganztägige Touren nach Tenacatita (450 Mex$) und Colima (850 Mex$) sowie Vogelbeobachtungs- und Jeepausflüge (850 Mex$) in abgelegene Gegenden. Hier kann man sich auch Fahrräder, Schnorchelausrüstung und Bodyboards leihen (jeweils 100 Mex$/Tag).

Feste & Events

Fiesta de San Patricio BRAUCHTUM
Melaque ehrt seinen Schutzheiligen mit einer lebhaften Woche voller Festlichkeiten: Bis zum St. Patrick's Day (17. März) steigen endlose Partys, und es gibt einen Karneval, Konzerte, Tanzvorstellungen sowie nächtliche Feuerwerke.

Schlafen

Die Preise variieren von Saison zu Saison stark; die folgenden Preise gelten für die Hauptsaison (Nov.–Mai). Besucher, die länger bleiben, erhalten normalerweise Rabatt.

Hotel Las Caracoles PENSION $
(☎315-355-73-08; www.loscaracoles.com.mx; Gómez Farías 26; EZ/DZ 300/400 Mex$; 📶) 13 einfache, sehr saubere, weiß geflieste Zimmer mit Ventilator, pfirsichfarbenen Wänden und Kabel-TV. In die Zimmer im Erdgeschoss kommt zwar nicht viel Licht, sie haben aber ein gutes Preis-Leistungs-Verhältnis.

★ **Posada Pablo de Tarso** HOTEL $$
(☎315-355-57-07; www.posadapablodetarso.com; Gómez Farías 408; Zi. ab 600–1000 Mex$; P ❄

) Dieses Hotel mit viel Grün im Backsteininnenhof und einem herrlichen Pool am Strand gehört zu den stimmungsvolleren Unterkünften im Ort. Die Zimmer haben Balken an den Decken, mit Schnitzereien verzierte Türen, kostbare Terrakottaböden, Betten mit Kopfbrettern aus Holz und Nachttische. Die größten Zimmer sind die mit Blick auf die Straße oder den Strand.

Las Arenas BUNGALOW **$$**
(315-355-50-97; www.lasarenas.net; Gómez Farías 11; DZ ab 650 Mex$, Bungalow 950 Mex$;) Die Anlage an einem schönen Strandabschnitt mit Sonnenschirmen und Stühlen hat zwar nicht viel Stil, ist aber pedantisch sauber und sehr gepflegt. Die Zimmer sind mit französischen Betten oder Schlafsofas, gefliesten Fußböden, Flachbild-TVs und WLAN ausgestattet. Die Bungalows sind einfache Wohnstudios mit Kochecke. Die sehr viel größeren und helleren Zimmer zum Meer kosten nur 100 Mex$ mehr.

Hotel Puesta del Sol HOTEL **$$**
(315-355-57-97; www.melaquepuestadelsol.com; Gómez Farías 31; DZ 750 Mex$; P) Gemütlicher Hotelkomplex an der Hauptstraße. Die kunstvoll gefliesten Wohnstudios mit hohen Decken haben Kochecken mit Arbeitsflächen aus Granit. Dieses Hotel direkt am Strand ist sein Geld wirklich wert.

★ **Villas El Rosario de San Andres** WOHNSTUDIO **$$**
(315-355-63-42; www.villaselrosariodesanandres.com; Hidalgo 10; Wohnstudio 650–1500 Mex$; P) Die sehr empfehlenswerte Unterkunft in Melaque bietet helle, mit Keramikfliesen geschmückte Wohnstudios mit schönen Kochecken, hohen Decken und Flachbildfernsehern. In einigen Studios können bis zu sechs Personen übernachten, z. B. in dem riesigen Zimmer mit Deckenbalken auf der Dachterrasse. Die Terrasse ist ein wunderschöner Gemeinschaftsbereich mit grandiosem Blick auf die Berge und das Meer. Leider haben nicht alle Zimmer eine Klimaanlage. Ein kleines Tauchbecken ist auch vorhanden.

La Paloma Oceanfront Retreat APARTMENT **$$$**
(315-355-53-45; www.lapalomamexico.com; Las Cabañas 13; Studios 100–175 US$; P) Das einzigartige Boutiqueresort ist mit zahlreichen Originalkunstwerken geschmückt. Die 14 außergewöhnlichen, komfortablen Studios haben Küchen und Terrassen mit tollem Meerblick. Die üppigen Gärten, der 25 m lange Swimmingpool am Strand, die gut ausgestattete Bibliothek, das kostenlose Frühstück und kostenfreies WLAN könnten einen zu einem Langzeiturlaub verführen. Von Oktober bis April werden die Studios pro Woche vermietet, und man muss im Voraus reservieren; im Sommer gibt's manchmal auch Tagespreise.

Essen & Ausgehen

Zwischen 18 und 24 Uhr findet man einen Block östlich der Plaza in der Juárez viele Imbissstände, die preiswerte mexikanische Gerichte verkaufen. Am Strand am westlichen Ende der Stadt gibt's eine Reihe netter *palapa*-Restaurants. Das beste Essen bekommt man aber noch immer im nahe gelegenen Barra de Navidad.

Lonchería La Central MEXIKANISCH **$**
(Av Carranza; Gerichte 35–40 Mex$; 8–16 Uhr) Der nette Diner gegenüber der Primera-Plus-Haltestelle und neben dem alten Busbahnhof wird von zwei freundlichen Damen betrieben, die *comidas* mit Rindfleisch, Huhn, Schweinefleisch und *chile relleno* anbieten. Letztere kommen mit Reis, Bohnen und Tortillas daher. Es stehen auch mexikanische Frühstücksgerichte und zahlreiche Säfte und *licuados* auf der Speisekarte.

Concha del Mar MEXIKANISCH, SEAFOOD **$**
(Las Palmas 27; Hauptgerichte 35–105 Mex$; 12–23 Uhr) Wenn man auf der „*palapa*-Straße" unterwegs ist, sollte man nach dem blauen Torbogen Ausschau halten, hinter dem sich dieses beliebte Strandlokal befindet. Die Preise stimmen, egal, ob man ein großes Frühstück, eine mexikanische Platte oder Shrimps- und Fisch-Fajitas bestellt. Auch die Lage ist einfach perfekt – der Blick auf den Sonnenuntergang über den Felsen vor der Küste ist wunderbar.

Mamitas LOUNGE
(López Mateos 49; 19–1 Uhr) Hier werden starke Getränke für Erwachsene kredenzt. Der Laden befindet sich oberhalb der Plaza und ist an dem falschen Bambusdach mit Mosaiklaternen und Glasornamenten zu erkennen. Aus der Stereoanlage kommt weniger Trance-Musik – dafür aber mehr Pop – als bei der Konkurrenz.

Praktische Informationen

In der Touristeninformation von Barra de Navidad sind die wichtigsten Infos und ein Stadtplan

BUSSE AB SAN PATRICIO-MELAQUE

ZIEL	PREIS (MEX$)	DAUER (STD.)	HÄUFIGKEIT (TGL.)
Guadalajara	290–359	5½–7	stündl.
Manzanillo	54–70	1–1½	halbstündl.
Mexico City (Terminal Norte)	1021	13	17.15 & 19.50
Puerto Vallarta	203–259	4–5	regelm.

von San Patricio-Melaque erhältlich. Internet ist in den meisten Hotels und Restaurants weit verbreitet.

Banamex (Gómez Farías s/n) In Melaques Hauptstraße. Hier kann man US- und kanadische Dollar wechseln, einen Geldautomaten gibt es auch.

Internet El Navegante (Gómez Farías 48; 10 Mex$/Std.; ⌚Mo–Sa 9–21, So 10–21 Uhr) Beliebtes Internetcafé ganz in der Nähe der Plaza.

Post (Orozco s/n) Drei Blocks südöstlich der Plaza.

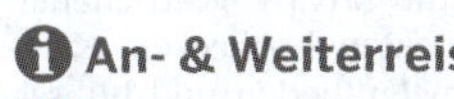

An- & Weiterreise

BUS

Melaque hat zwei Busbahnhöfe. Transportes Cihuatlán und Primera Plus/Servicios Coordinados liegen einander gegenüber in der Carranza an der Ecke Gómez Farías. Beide betreiben Busse der 1./2. Klasse und haben ähnliche Routen und Preise.

Stadtbusse nach Barra de Navidad (11 Mex$, 15 Min.) starten alle 15 Minuten von einer Haltestelle an der Ecke Juárez und López Mateos, gegenüber der südwestlichen Ecke der Plaza.

TAXI

Ein Taxi zwischen Melaque und Barra sollte zwischen 50 und 60 Mex$ kosten; die Taxis warten an der Plaza.

Barra de Navidad

☎315 / 6300 EW.

Barra de Navidad begrüßt seine Gäste mit Heiterkeit und Anmut. Die indianische Siedlung liegt sowohl an einer Lagune als auch am Strand und bietet einige saubere, preiswerte Unterkünfte. Es gibt ausgezeichnete Spots zum Sportangeln, man kann Vogel- und Krokodilbeobachtungstouren unternehmen und leckerees Seafood genießen. Barra liegt eingezwängt auf einer Sandbank zwischen Bahía de Navidad und der Laguna de Navidad. Der Ort erlangte erstmals 1564 Berühmtheit, als in den hiesigen Schiffswerften die Galeonen des Konquistadors Miguel López de Legazpi und des Augustinermönchs Andrés de Urdaneta gebaut wurden, die im Auftrag des spanischen Königs Felipe II. die Philippinen einnehmen sollten. Um 1600 wurden die meisten Eroberungen jedoch von Acapulco aus durchgeführt, Barra geriet in Vergessenheit und verwandelte sich in eine verschlafene Kleinstadt (wovon sie sich bis heute nicht erholt hat).

Im Oktober 2011 riss der Hurrikan Jova ein riesiges Stück Strand aus der Küste von Barra und beschädigte zahlreiche Gebäude, die zum Zeitpunkt der Recherchen aber bereits wieder hergerichtet waren. Die Stadt mag in der Nebensaison einen etwas toten Eindruck erwecken, aber im Winter ist Barra ein reizendes Paradies für Ruheständler.

Aktivitäten

Barras steiler, schmaler Strand ist hübsch anzusehen, aber kein perfekter Ort zum Schwimmen. Am besten sind die Bedingungen frühmorgens.

Ein Highlight in Barra sind Ausflüge in die Laguna de Navidad. Bei der Kooperative der Bootsleute, der **Sociedad Cooperativa de Servicios Turísticos** (Veracruz 40; ⌚7 Uhr–Sonnenuntergang), kann man viele unterschiedliche Bootstouren buchen, angefangen von halbstündigen Ausflügen um die Lagune (300 Mex$/Boot) bis hin zu ganztägigen Urwaldtouren nach Tenacatita (3000 Mex$/Boot). In den Gewässern bei Barra tummeln sich Speerfische, Schwertfische, Weiße Thunfische, *dorados,* Schnapper und andere seltene Fischarten. Die Kooperative kann auch Angeltrips auf *lanchas* organisieren (500 Mex$/Std. od. 3000 Mex$/Tag inkl. Ausrüstung). Bei vielen Touren werden zwischendurch Schnorchelstopps eingelegt. Die Preise hängen in dem Open-Air-Büro an der Lagune aus.

Golf

Grand Bay Golf Course GOLF
(☎314-331-05-00; Grand Bay Hotel Wyndham Resort, Isla Navidad; Greenfee 18 Löcher 2500 Mex$)

Der Grand Bay Golf Course ist ein berühmter Golfplatz mit 27 Löchern und Traumblick. Die Greens befinden sich auf den Dünen, im Hintergrund erheben sich die Berge. Es gibt Caddys und einen Golfzubehörverleih.

Kurse

Amigas SPRACHKURSE
(☎315-107-52-80; www.easyspanish.net; Michoacán 58; Kurse f. Privatpers./halbprivat/Gruppe 15/11,50/7,50 US$ pro Std.; ⊙Nov.–März) Die Lehrer der kleinen Schule erteilen unterhaltsamen, praxisnahen Unterricht. Neben den Grundregeln der Grammatik lernt man auch ein wenig mexikanischen Slang.

Geführte Touren

Experience Mex-ECO Tours ÖKOTOUREN
(☎315-355-70-27; www.mex-ecotours.com; Veracruz 204) Das in Melaque ansässige Ökotourismus-Unternehmen organisiert Angeltrips (ab 500–600 Mex$/Std.), Tagesausflüge nach Tenacatita (ab 700 Mex$/Pers.) mit Schnorchelstopps am Riff an der Playa Mora und Campingtouren mit Übernachtung zur Majahuas Biological Station, wo jedes Jahr mehr als 3000 Schildkröteneier eingesammelt und geschützt werden. Die Sea Turtle Experience (Erw./Kind 899/699 Mex$ inkl. Mahlzeiten) wird dreimal im Jahr angeboten, los geht's in Melaque.

Feste & Events

Torneo Internacional de Pesca ANGELN
(☎315-100-41-34) Dreitägiges Fest, das meist in der dritten Januarwoche stattfindet. Es ist ein bedeutendes, hochdotiertes internationales Angelturnier. Jagd gemacht wird auf Speerfische, Fächerfische, Thunfische und *dorados*.

Schlafen

In Barra gibt's weniger Strandquartiere als im benachbarten Melaque. Die nachstehend aufgeführten Preise beziehen sich auf die Hauptsaison (Nov.–Mai). Für diese Zeit bucht der clevere Traveller lange im Voraus.

Hotel Laguna Luna GASTHAUS $$
(☎315-355-01-91; www.hotellagunaluna.com; Veracruz 53; Zi. 550--650 Mex$; 📶) Unterkunft in Familienbesitz an der Lagune mit drei Stockwerken ohne Fahrstuhl. Die Zimmerfußböden sind gefliest, es gibt ein paar nette Mosaiken, Porzellanwaschbecken, hohe Decken und Kabel-TV. Die Wände sind purpurrot, gelb oder orange gestrichen. Der Aufpreis für ein Zimmer mit Blick auf die Lagune lohnt sich. Die nach innen liegenden Zimmer sind etwas dunkel.

★ **Hotel Delfín** HOTEL $$
(☎315-355-50-68; www.hoteldelfinmx.com; Morelos 23; DZ/3BZ/4BZ 595/695/795 Mex$; P 📶 🏊) Das gemütliche Delfín ist eines der besten Hotels in Barra. Es verfügt über 24 große, hübsche Zimmer mit Gemeinschaftsbalkonen, eine Rasenfläche mit Pool, einen Fitnessraum und eine Dachterrasse. Berücksichtigt man auch noch das ausgezeichnete Management, dann ist klar, dass man eigentlich nicht wieder weg will. Wer länger bleibt, bekommt einen Rabatt, aber Achtung: Im Winter sind viele Stammgäste hier!

Hotel Trivento HOTEL $$
(☎315-355-53-78; www.triventohotel.com; Jalisco 75; DZ 795 Mex$; ❄ 📶 🏊) Die Unterkunft in Familienbesitz bietet kleine, aber entzückende Zimmer mit kreativ gestrichenen Wänden, gut bestückten Kochecken, Keramikfliesen auf dem Fußboden und hübsch gefliesten Bädern. Der kleine Fernseher hat Kabelanschluss. In der Nebensaison fallen die Preise bis auf 495 Mex$.

Casa Chips HOTEL $$
(☎315-355-55-55; www.casachips.com; Legazpi 198; DZ 55–65 US$, Suite 75–110 US$; ❄ 📶) Das Chips ist eines der wenigen Strandhotels in Barra. Eine seiner Hauptattraktionen sind die zwei riesigen Suiten mit großartigem Ozeanblick, Terrassen, hübschen Fliesen und Mauerwerk sowie Kochnischen. Weniger ansprechend sind die Zimmer innen und die mit Blick auf die Straße, in denen man Platzangst bekommen kann.

Hotel Barra de Navidad HOTEL $$
(☎315-355-51-22; www.hotelbarradenavidad.com; Legazpi 250; DZ ab 850–1100 Mex$; ❄ 📶 🏊) Das weiße, moderne Strandhotel hat Barras besten Strandzugang. In dem netten, schattigen Hof befindet sich ein kleiner, aber einladender Pool. Die schönsten Zimmer wurden vor Kurzem renoviert und haben jetzt neue Fliesen, „schwebende" Betten, dunkle Holzschreibtische, Flachbild-TVs und hübsche Terrassen mit Seeblick.

Essen

Restaurant Ramon's MEXIKANISCH $$
(☎315-355-64-35; Legazpi 260; Hauptgerichte 96–138 Mex$; ⊙7–23 Uhr) Das lässige, freundliche Restaurant ist zu Recht für seine exzellen-

ten Fisch-Tacos und *chiles rellenos* bekannt. Einheimische und Gringos kommen hierher, um Gerichte wie Fish & Chips zu genießen.

Nacho SEAFOOD $$
(Av Legazpi; Hauptgerichte 70–125 Mex$, gegrillter Fisch 250 Mex$/kg (f. 2–3 Pers.); ⌚10.30–21.30 Uhr) Auf den ersten Blick macht dieses Restaurant nicht viel her: ein paar Plastiktische unter einem *palapa*-Dach auf Stelzen, dahinter eine geflieste Küche. Was aber zählt, ist das Essen. Die Shrimps-Empanadas und mit *ceviche* gefüllten Avocados sind lecker, aber der Hit ist der gegrillte Fisch.

Absolut frischer Fisch, meist *dorado*, wird so perfekt gewürzt und gegrillt, dass er saftig ist und die Haut abblättert. Er wird bedeckt mit rohen Gurken, roten Zwiebeln und gegrillten Bananen serviert. Man sollte auch nach der hervorragenden hausgemachten Salsa fragen und dazu eine gute *michelada* bestellen.

El Manglito SEAFOOD $$
(Av Veracruz; Hauptgerichte 80–220 Mex$; ⌚13–21 Uhr) Das luftige, elegante Restaurant mit viel Grün an der Lagune unweit der Bootskooperative hat eine nette Atmosphäre und gutes Essen. An den Tischen mit karierten Decken kann man unter bunten Sonnenschirmen den Geräuschen der wogenden Farnpalmen und Bananenbäume lauschen und frische Meeresfrüchte bestellen (der perfekte Ort, um in Hummer zu schwelgen).

Außerdem gibt es kreativ zubereitete Shrimps-Burger, gefülltes Fischfilet und köstliches *ceviche*. Der Service könnte nicht besser sein.

Sea Master – Mexico Lindo MEXIKANISCH $$
(☎315-107-08-89; Legazpi 146; Hauptgerichte 110–195 Mex$; ⌚12–24 Uhr) Hippes Dekor, Livemusik und ein toller Blick aufs Meer zeichnen dieses Lokal aus. Hier gehen mexikanische Klassiker eine Verbindung mit *nuovo*-mexikanischen Seafood-Gerichten ein – das Ergebnis ist köstlich. Die Happy Hour eignet sich perfekt für einen Sundowner, und wer will, bekommt hier auch spätabends noch einen Absacker. Die Küche schließt erst spät.

Ambar d'Mare EUROPÄISCH $$$
(☎315-355-81-69; Legazpi 158; Hauptgerichte 130–350 Mex$; ⌚17 Uhr–Mitternacht) Romantisches Restaurant mit hübscher Strandterrasse. Es gibt eine gute Wein- und Aperitifkarte, und auf der langen Speisekarte stehen Pizza aus dem Holzkohlenofen, Seafood sowie französische und italienische Gerichte.

Ausgehen & Nachtleben

Auf dem Weg zum Pier befinden sich am Anfang der Legazpi mehrere Bars, in denen bis zum frühen Morgen gefeiert wird. In Jarro Beach Sports Bar & Disco treten regelmäßig Livebands auf.

Praktische Informationen

Alle Hotels haben WLAN, wenn nicht in den Zimmern, dann zumindest in der Lobby. Auch alle Restaurants in der Gegend bieten WLAN an.

Banamex (Veracruz s/n) Einer von zwei Geldautomaten südlich der Hauptplaza von Barra.

Cyber Spiaggia (Veracruz s/n; 15 Mex$/Std.; ⌚9–22 Uhr) Eines von mehreren Internetcafés an Barras Hauptstraße.

Post (Ecke Veracruz & Guanajuato)

Anreise & Unterwegs vor Ort

BUS

Einige, aber nicht alle Fernbusse nach San Patricio-Melaque halten auch in Barra de Navidad (je 15 Min. früher od. später) am **Busbahnhof Transportes Cihuatlán** (Veracruz 228). **Primera Plus** (Veracruz 269) und **ETN** (Veracruz 273) fahren die kleineren Busbahnhöfe in der Nähe an (auf der anderen Seite der Veracruz). Obwohl die Busse von Primera Plus nicht mehr direkt nach Barra fahren, kann man hier Fahrkarten für Busse nach Melaque kaufen. Es tuckern Direktbusse von Barra nach Manzanillo (65 Mex$), Puerto Vallarta (207–259 Mex$) und Guadalajara (369 Mex$).

Zusätzlich zu den Fernbussen verkehren bunte Regionalbusse zwischen Barra und Melaque (11 Mex$, 6–21 Uhr alle 15 Min.). Sie halten in Barra an den Fernbusbahnhöfen (Busse, die an der nach Süden führenden Seite der Straße halten, fahren eine Schleife um die Legazpi und zurück nach Melaque).

FLUGZEUG

Barra de Navidad wird vom nahen **Playa de Oro International Airport** (☎315-333-11-19; Carretera Manzanillo–Barra de Navidad Km 42), 26 km südöstlich von Barra am Hwy 200, bedient. Um vom Flughafen in die Stadt zu kommen, nimmt man sich am besten ein Taxi (350 Mex$, 30 Min.).

SCHIFF/FÄHRE

Auf Abruf fahren rund um die Uhr Wassertaxis vom Anleger am Südende von Veracruz zum Grand Bay Hotel Resort, zum Jachthafen, zum Golfplatz und nach Colimilla. Die Hin- und Rückfahrt kostet jeweils 30 Mex$.

TAXI

Die Taxis an den offiziellen Ständen (Ecke Legazpi und Sinaloa sowie Ecke Veracruz und

Michoacán) sind am günstigsten. Ein Taxi nach San Patricio-Melaque kostet zwischen 50 und 60 Mex$.

MANZANILLO

☎314 / 161000 EW.

Manzanillo steckt in einer leichten Identitätskrise. Einerseits ist es Mexikos geschäftigster Handelshafen, in dem Frachter, Kreuzfahrt- und Marineschiffe aus der ganzen Welt abgefertigt werden. Andererseits ist es ein Touristenziel, das Strandfreaks an die goldenen Sandstrände lockt (die berühmte Zeitlupenszene, als Bo Derek in Blake Edwards' Film *10 – Die Traumfrau* am Strand langrennt, wurde hier gedreht) und Angler in die selbst ernannte „Welthauptstadt des Fächerfischs" zieht.

So verschiedene Charakterzüge passen nicht immer zusammen. Die Strände sind oft mit Öl aus dem stark frequentierten Hafen verunreinigt. Und für jede ehrgeizige Neueröffnung eines Nachtclubs oder Restaurants macht etwas anderes zu. Die Regierung hat Millionen Pesos in Renovierungsprojekte wie den schönen *malecón* in der Innenstadt, die Hauptplaza am Ufer und die Skulpturengärten gesteckt, um mehr Besucher anzulocken. Aber Manzanillos Tourismusindustrie hinkt bis heute hinterher. Was soll's, die Aussicht auf Berge und Bucht ist und bleibt genial.

Manzanillo erstreckt sich 16 km von Nordwest nach Südost. Die Resorts und die schönsten Strände konzentrieren sich ca. 10 km von der Innenstadt entfernt auf der Península de Santiago, einer Felsnase am nordwestlichen Rand der Bahía de Manzanillo. Direkt westlich der Halbinsel säumen Strände die Bahía de Santiago.

Sehenswertes & Aktivitäten

Strände

Die **Playa San Pedrito**, 1 km nordöstlich der Hauptplaza, liegt am dichtesten bei der Stadt und ist am schmutzigsten. Der nächste Strand ist die breite **Playa Las Brisas** mit ein paar Hotels. Die **Playa Azul** erstreckt sich nordwestlich ab der Playa Las Brisas, macht einen Bogen zum Las-Hadas-Resort und zu den besten Stränden der Gegend: **La Audiencia**, **Santiago**, **Olas Altas** und **Miramar**. Am Miramar und Olas Altas eignet sich die Brandung zum Surfen und Bodysurfen. Die Playa La Audiencia befindet sich an einer ruhigen Bucht an der Westseite der Península de Santiago. Das Wasser ist hier um einiges ruhiger und bei motorisierten Wassersportlern recht beliebt. Weiter westlich ist die **Playa La Boquita**,

Großraum Manzanillo

ZENTRALE PAZIFIKKÜSTE MANZANILLO

ein weiterer Strand an der Mündung einer Lagune mit ruhigem Wasser. Hier legen Fischer tagsüber ihre Netze zum Trocknen aus und fahren nachts raus. Der Strand, an dem man gut einen Tag verbringen kann, ist von Seafood-Restaurants gesäumt. Ein Schiffswrack gleich vor der Küste zieht zahlreiche Schnorchler an.

Tauchen

Gerätetauchen in der Gegend um Manzanillo ist recht interessant, denn in den tiefen Gewässern bei **Los Frailes** gibt es Kuppelriffe, die viele Fische anlocken, und am **Roca Elefante** verführerische Bogen, die man durchschwimmen kann. Bei **Underworld Scuba** (☎314-333-36-78; www.divemanzanillo.com; Hwy 200 Km 15; ⊙Mo–Sa 8–17, So 9–15 Uhr) kosten Tauchgänge mit zwei Flaschen 95 US$ inkl. Ausrüstung.

Feste & Events

Fiestas de Mayo BRAUCHTUM

Diese Fiestas feiern die Gründung Manzanillos im Jahr 1873. Während der Festivitäten während der ersten zehn Maitage finden Sportwettkämpfe und jede Menge andere Events statt.

Fächerfisch-Turniere ANGELN

(www.torneopescamanzanillo.com) Manzanillos berühmtes internationales Fächerfisch-Turnier findet Anfang November statt; ein kleineres, nationales Turnier wird im Februar abgehalten.

Schlafen

Die preiswertesten Hotels Manzanillos liegen im Stadtzentrum, in den Blocks rund um die Hauptplaza. An der Playa Santiago gibt es mehrere vom Glück verlassene Drei-Sterne-Unterkünfte, die sich als einwandfreie Strandhotels verkleidet haben. Luxushotels stehen an der Playa La Audencia und weiter nördlich. Die genannten Preise gelten für die Hauptsaison (Dez.–April); in der Nebensaison sind sie bis zu 20 % niedriger.

Hotel Colonial HOTEL $$

(☎314-332-10-80; hotelcolonialmanzanillo.com; Bocanegra 28; DZ 660 Mex$; P❄📶) Einen Block von Manzanillos Uferplaza entfernt steht dieses stimmungsvolle alte Hotel, das sich seinen Charakter einer Hazienda aus der Kolonialzeit bewahrt hat. Es verfügt über gepflasterte Wege und einen zentralen Innenhof. Die großen Zimmer sind über vier Stockwerke verteilt und rund um den Hof angeordnet. Sie haben elegante Vorhänge, sind mit Holzmöbeln und einem riesigen Flachbildfernseher ausgestattet. Die Zimmer leiden aber unter dem Lärm aus dem Restaurant und der Bar.

Hotel La Posada HOTEL $$

(☎314-333-18-99; www.hotel-la-posada.info; Cárdenas 201; EZ/DZ 58/78 US$; P❄📶🏊) Das B&B nahe dem Strand verwöhnt seine Gäste mit kunstvoll dekorierten Zimmern, persönlichem Service und Annehmlichkeiten wie einer Bibliothek, einem Speisesaal im Freien und einer tollen Bar. Am kleinen Pool mit Strandblick kann man Schiffe – und manchmal auch Wale – beobachten. Für Besucher ohne Auto ist das Hotel nur schwer zu erreichen.

Hotel Real Posada HOTEL $$

(☎314-334-12-12; www.realposada.com.mx; Madrid 13801; DZ ab 750 Mex$; P❄📶🏊) Die Lage in der Hauptgeschäftsstraße von Santiago ist nicht umwerfend, aber das Hotel ist nur einen Block von der Playa Santiago entfernt, und auch die Playa Las Olas ist zu Fuß zu erreichen. Die Zimmer sind relativ neu und modern eingerichtet, sie haben geflieste Fußböden, Holzbetten, picobello Bettwäsche und Kabel-TV.

Hotel Playa de Santiago HOTEL $$

(☎314-333-00-55; www.playadesantiago.com; Playa de Santiago; DZ mit Ventilator/Klimaanlage 624/807 Mex$; P❄📶🏊) Dem allerersten Hotel an der Playa de Santiago ist sein Alter anzusehen. Die Wände sind zwar etwas schmuddelig, aber die Fußböden, Bäder und Bettlaken sind sauber. Es gibt einen Pool, und das Hotel steht direkt am Strand. Von allen Zimmern hat man Meerblick.

★**Dolphin Cove Inn** HOTEL $$$

(☎314-334-15-15; www.dolphincoveinn.com; Av Vista Hermosa s/n; DZ inkl. Frühstück ab 1400 Mex$; P⊖❄@📶🏊) Das Hotel steht auf einer Klippe unweit von Las Hadas und bietet einen umwerfenden Ausblick sowie riesige, helle Zimmer, die sich stufenförmig hinunter zu einem schönen Pool an der Bucht verteilen. Die Auswahl reicht von einfachen Doppelzimmern bis hin zu Zwei-Zimmer-Suiten für bis zu vier Personen mit Marmorfußboden, Küche oder Kochecke, Gewölbedecke und Balkon mit Meerblick.

Essen

In der Nähe der Hauptplaza gibt es mehrere gute, preiswerte Lokale. Der Hwy 200, der rund um die Bucht führt, ist von Kettenrestaurants und Konsorten gesäumt.

Manzanillo Zentrum

Mercado Francisco Madero MARKT $
(Ecke Madero & Cuauhtémoc; Hauptgerichte 30–60 Mex$; ⏲7–18 Uhr) Auf Manzanillos Markt im Stadtzentrum gibt's mehrere preiswerte Imbissstände.

Comida Casera Yahualica MEXIKANISCH $
(México 310; Gerichte 35–40 Mex$; ⏲8–21 Uhr) In dem Diner wird von *tacos al pastor* bis hin zu schmackhaften Tellergerichten so ziemlich alles serviert. Auf der Speisekarte stehen u.a. eine Auswahl von gegrillten Proteinen, Bohnen und ein superpreiswerter Salat. Es werden nur frische Zutaten verwendet. Vorwiegend einheimische Gäste.

Los Candiles MEXIKANISCH $$
(☎314-332-10-80; http://hotelcolonialmanzanillo.com/en/restaurant.html; Ecke Bocanegra & Av México; Hauptgerichte 60–145 Mex$; ⏲Mo–Sa 8–22.30 Uhr) Dieses Restaurant im Erdgeschoß des Hotel Colonial hat einen hübschen Innenhof und eine Speisekarte, die auf Fisch- und Fleischgerichten basiert. Im Satelliten-TV in der Bar mit Alkohollizenz läuft hauptsächlich Sport.

Außerhalb des Zentrums

★ **Mariscos El Aliviane** CEVICHERIA $$
(Playa de Santiago; Gerichte 20–120 Mex$; ⏲Mo–Sa 11–16.30 Uhr) Ein genialer kleiner Straßenimbiss gegenüber vom Hotel Playa Santiago, in dem einheimische Gäste die Holztische besetzen und *tostadas, cocteles* und Platten mit Shrimps, Tintenfisch, Jakobsmuscheln und *ceviche* genießen. Das Bier ist eiskalt, und die hausgemachte Habanero-Salsa ist so scharf, dass sie nicht nur die Lippen, sondern auch die Seele in Aufruhr bringt. Die Einheimischen sagen, dies sei die beste *cevichería* in Manzanillo.

Paco Pazzo ITALIENISCH $$
(☎314-336-85-33; www.pocopazzomanzanillo.com; Madrid 923; Pasta 99–163 Mex$, Pizza 175–230 Mex$; ⏲17–24 Uhr) Dieser authentische Italiener im Jachthafen bei Las Hadas serviert dünne, knusprige Pizza, Pasta, traditionelle italienische Steaks und Meeresfrüchte. Den gebratenen Fisch in Weißweinsauce mit bergeweise Mies- und Venusmuscheln, Oliven und Kapern obendrauf sollte man unbedingt probieren. Es werden nur frische Zutaten verwendet. Nebenan gibt's eine *gelatería*.

ℹ Praktische Informationen

WLAN ist in den Hotels, Cafés und Restaurants des Ortes weit verbreitet.

HSBC (Av México s/n) Einen Block vor der Plaza. Dies ist eine von mehreren Banken im Zentrum und am Hwy 200 mit einem Geldautomaten.

Post (Galindo 30)

Staatliche Touristeninformation (☎314-333-22-77; nicteloim@hotmail.com; Blvd Miguel de la Madrid 875A; ⏲Mo–Fr 8.30–19, Sa 9–14 Uhr) Am großen Strandboulevard zwischen dem Stadtzentrum und der Península de Santiago. Hier sind Infos über Manzanillo und den Bundesstaat Colima erhältlich.

Touristenpolizei (☎314-332-10-04)

ℹ An- & Weiterreise

AUTO & MOTORRAD

Ein Mietwagen ist nicht nur praktisch, wenn man die Costalegre-Strände nordwestlich des Flughafens von Manzanillo erkunden will, sondern auch empfehlenswert, wenn man das Hinterland von Manzanillo in Augenschein nehmen möchte. In der Ankunftshalle des Flughafens befinden sich vier Autovermietungen nebeneinander:

Alamo (☎314-334-01-24; www.alamo.com.mx)

Budget (☎314-334-22-70; www.budget.com.mx)

Sixt (☎314-333-31-91; www.sixt.com)

Thrifty (☎314-334-32-92; www.thrifty.com)

BUS

Manzanillos flughafenähnlicher Central Camionera befindet sich nordöstlich des Stadtzentrums in der Nähe der Playa Las Brisas beim Blvd Miguel de la Madrid (Hwy 200). Der Busbahnhof ist gut organisiert und verfügt über eine Touristeninformation, Telefone, Lokale und Gepäckaufbewahrung (3 Mex$/Std.).

FLUGZEUG

Der **Playa de Oro International Airport** (☎314-333-11-19; Hwy 200) liegt zwischen einem langen, einsamen, weißen Sandstrand und tropischen Bananen- und Kokoshainen, 35 km nordwestlich von Manzanillos Zona Hotelera.

Aeromar (☎314-334-49-48, 314-334-05-32; www.aeromar.com.mx; Airport) bietet Direktflüge nach Mexico City an.

ℹ Unterwegs vor Ort

Es fahren keine Busse zum Flughafen, die meisten Resorts haben aber kleine Shuttle-Busse. Ein Festpreistaxi vom Flughafen zur Península de Santiago kostet 400 Mex$, ins Zentrum

BUSSE AB MANZANILLO

ZIEL	PREIS (MEX$)	DAUER (STD.)	HÄUFIGKEIT (TGL.)
Barra de Navidad	38–55	1–1½	halbstündl.
Colima	102	1½–2	halbstündl.
Guadalajara	258–354	4½–7	stündl.
Lázaro Cárdenas	250–283	7	stündl.
Mexico City (Terminal Norte)	950	12	7-mal
Puerto Vallarta	231–333	5–6½	regelm.
San Patricio-Melaque	55	1–1½	halbstündl.

von Manzanillo 450 Mex$. Ein Taxi von Manzanillo zum Flughafen kostet zwischen 250 und 350 Mex$.

Regionalbusse mit der Aufschrift „Santiago", „Las Brisas" und „Miramar" fahren rund um die Bucht nach San Pedrito, Salahua, Santiago und Miramar und halten an den an der Strecke liegenden Stränden. „Las Hadas"-Busse fahren eine umständlichere, aber malerischere Strecke über die Península de Santiago. Diese Busse halten an der Ecke Madero und Domínguez, an der Ecke Juárez und Calle 21 de Marzo in der Nähe der Hauptplaza, an der Avenida Morelos und der Avenida Niños Héroes. Abfahrt ist zwischen 6 und 23 Uhr alle zehn Minuten. Die Preise sind abhängig vom Ziel (7 Mex$).

An Taxis mangelt es in Manzanillo nicht. Vom Hauptbusbahnhof kostet die Fahrt zur Hauptplaza oder zur Playa Azul ca. 45 Mex$, zur Península de Santiago oder zur Playa Miramar 100 Mex$. Man kann aber an der Santiago-Haltestelle auch in einen Bus Richtung Norden steigen. Das kostet dann von der Gegend um die Playa Santiago ca. 35 Mex$. Bevor man in ein Taxi klettert, sollte man unbedingt den Preis aushandeln.

BOCA DE PASCUALES

Boca de Pascuales ist ein legendärer Surfspot, der die besten Surfer aus aller Welt anlockt. Hier sollten wirklich nur erfahrene Surfer aufs Brett steigen. Die aggressiven Wellen sind im Sommer 2 bis 5 m hoch, bei Sturm sogar bis zu 10 m. Wer auch nur den geringsten Zweifel hat, sollte an Land bleiben.

Schlafen & Essen

Paco's Hotel HOTEL $$
(Handy 313-1232027; www.pacoshotel.com; Zi. 600–800 Mex$;) Die Wände in diesem Hotel in Familienbesitz sind mit Autogrammfotos berühmter Surfer zugepflastert. Jedes der einfachen, aber gemütlichen Zimmer ist gemäß eines anderen Blumenthemas gestaltet. Die Räume wurden liebevoll von Pacos Tochter Lulu bemalt. Es gibt auch ein recht ordentliches Restaurant (Hauptgerichte ab 80 Mex$).

Las Hamacas del Mayor SEAFOOD $$
(313-329-19-50; www.lashamacasdelmayor.com.mx; Hauptgerichte 80–200 Mex$; 10.30–18 Uhr;) Das Las Hamacas ist seit 1953 eine lokale Institution. Trotz seiner Lage abseits vom Trubel ist es eines der berühmtesten Restaurants im Bundesstaat Colima. In das zweistöckige Gebäude passen 1000 Gäste; es hat das ganze Jahr über täglich geöffnet. Die Gäste werden von Mariachis unterhalten, man genießt einen großartigen Blick auf die Surfer, die vor der Küste auf den Wellen reiten, und für die Unterhaltung der Kinder sorgt ein Pool. Zu den herausragenden Meeresfrüchtespezialitäten gehört auch ein Fischfilet, das in Knoblauchsauce mariniert wird und mit einer Mischung aus Tintenfisch und Shrimps gefüllt ist – einfach herrlich!

An- & Weiterreise

Um Pascuales zu erreichen, nimmt man zunächst einen Bus von Manzanillo nach Tecomán (47–60 Mex$, 1 Std., alle 15 Min.). Von dort starten stündlich Combis nach Pascuales (11 Mex$, 20 Min.). Ein Taxi von Tecomán aus kostet 80 Mex$. Wer mit dem Auto unterwegs ist, folgt der Beschilderung vom Zentrum Tecománs etwa 10 km bis zum Strand.

MICHOACÁNS KÜSTE

Entlang der malerischen 250 Küstenkilometer von Michoacán verläuft der Hwy 200 größtenteils parallel zum Ufer. Michoacán ist einer der schönsten Bundesstaaten Mexikos. Unterwegs winken etliche unberührte Strände; manche davon bestehen aus breiten, goldfarbenen Sandstreifen, andere verstecken sich in winzigen, felsigen Buchten. Ein paar schmiegen sich auch an Flussmündungen, an denen unzählige Vogelarten zu Hause sind. An mehreren Stellen lädt eine sanfte Dünung zum Baden ein. Woanders brechen sich dagegen Wellenungetüme, die sich prima zum Surfen eignen. Bis auf ein paar kleine Gemeinden sind die meisten Strände unbewohnt. Mango-, Kokos-, Papaya- und Bananenplantagen säumen den Highway. Weiter landeinwärts bilden die grünen Gipfel der Sierra Madre del Sur eine üppige Hintergrundkulisse. Blaue Schilder am Hwy 200 markieren die Abzweigungen zu den Stränden. Die Kilometerangaben zählen rückwärts, los geht's bei Km 231 an der nördlichen Staatsgrenze.

Weitere schöne Strände, die hier nicht beschrieben werden, sind Ixtapilla (Km 180), La Manzanillera (Km 174), Motín de Oro (Km 167), Zapote de Tizupán (Km 103), Pichilinguillo (Km 95) und Huahua (Km 84). Es ist viel einfacher, diese Küstenlinie zu erkunden – besonders die entlegenen Strände –, wenn man ein eigenes Fahrzeug hat. Die Busse der 2. Klasse, die etwa sechsmal täglich auf der Route Manzanillo–Lázaro Cárdenas verkehren, lassen Passagiere jedoch in jeder Stadt entlang des Hwy 200 aus- und einsteigen.

San Juan de Alima

20 km südlich von Boca de Apiza, unweit der Stelle, wo der Highway auf die Küste trifft, befindet sich der Ort San Juan de Alima (Km 211), der voller Kopfsteinpflasterstraßen ist. Er ist saisonbedingt beliebt bei Surfern, denn direkt vor der Küste brechen sich geschmeidige, mittelgroße Wellen. Zudem gibt's mehrere Strandrestaurants und moderne Hotels.

Das **Hotel Parador** (☎313-327-90-21; Zi. 500–600 Mex$; P ❄ ≋) hat eine gute Auswahl von Zimmern, einige haben Balkone und tolle Ausblicke. Das beliebte Hotelrestaurant erstreckt sich direkt über dem Ozean auf palmenbeschatteten Terrassen.

Las Brisas

Die Klippenstraße südlich von San Juan de Alima schlängelt sich die Küste hinauf und gewährt einen spektakulären Blick hinunter auf die einsamen Sandstrände. Am winzigen weißen Strand Las Brisas (Km 205) finden

ABSTECHER

CUYUTLÁN

In Cuyutlán mit seinen schwarzen Sandstränden, sanften Wellen und der lockeren Atmosphäre fühlt man sich in eine andere Welt versetzt. Der Ort befindet sich am Südostende der Laguna de Cuyutlán, 40 km südöstlich von Manzanillo. Es ist ein leicht sanierungsbedürftiger Strandort, der an den Wochenenden bei mexikanischen Familien beliebt ist.

Die Hauptattraktion der Gegend ist **El Tortugario** (☎313-120-40-80, 313-120-35-12, 313-107-40-69; www.tortugariocuyutlan.com; Erw./Kind 25/20 Mex$; ⏲ Do & Fr, Mo & Di 9–17, Sa & So 9–15 Uhr, Mi geschl.), ein Schutzgebiet für Schildkröten 4 km östlich von Cuyutlán. Seit seiner Eröffnung im Jahr 1993 haben die Tierschützer 2 Mio. junge grüne Meeresschildkröten, Suppen- und Lederschildkröten ausgewildert. Das Zentrum beherbergt auch kleine Schutzgebiete für Leguane und Krokodile, ein Ausbildungszentrum, Swimmingpools und einen Picknickbereich. Auf keinen Fall auslassen darf man die Lagunentouren im Palo Verde Estuary. In diesem Naturreservat leben mehr als 100 Vogelarten, darunter 257 Zugvögel. Die *lanchas* (Ruderboote) fahren durch Mangroventunnel und kommen an sonnenbadenden Krokodilen vorbei. Die 45-minütige Fahrt kostet 40 Mex$.

Nuevo Horizonte betreibt täglich zwei Busse, die zwischen Manzanillos Busbahnhof und Cuyutlán verkehren (37 Mex$, 1 Std.). Alternativ nimmt man einen Bus von Manzanillo nach Armería (42 Mex$, 45 Min., alle 15 Min.), läuft dann zwei Blöcke nach Norden und einen Block nach Osten zu Armerías Markt und steigt in einen Regionalbus nach Cuyutlán (11 Mex$, 20 Min., halbstündl.). In entgegengesetzter Richtung starten die Busse an der Hauptplaza Cuyutláns, die nur wenige Blöcke vom Strand entfernt liegt.

Alle 20 Minuten fahren Busse zwischen Cuyutlán und Tecomán (10 Mex$, 15 Min.). In Tecomán starten Busse in Richtung Südosten, die auf dem Hwy 200 nach Lázaro Cárdenas und zu anderen Zielen fahren.

sich nur ein paar *palapa*-Restaurants und das komfortable **Hotel Brisas de Verano** (☎313-327-90-55; hotelbrisasdeverano.com; EZ ab 600 Mex$, DZ 800–900 Mex$; P ❄ ≋). Die Zimmer sind ein bisschen kitschig. Sie haben Keramikfußböden, fest eingebaute Betten und Sitzbänke, grob verputzte Wände und viele Orange- und Gelbtöne. Vogelliebhaber wird die schöne Mangrovenlagune ca. 1 km südlich der Stadt interessieren. Man könnte diesen Ort als südlichsten Grenzpunkt unter Regierungseinfluss bezeichnen. Daher ist das Hotel, das einen Touch Basiscamp-Flair verströmt, auch fast immer von Polizei- und Militärangehörigen belegt. Von hier aus wird im Kartellgebiet, das sich direkt südlich bis nach Caleta erstreckt, Streife gegangen, d.h. die nächsten 150 km gehören den Kartellen.

Playa La Ticla

Der renommierte Surfspot Playa La Ticla (Km 183) ist für seine langen Left Point Breaks bekannt und wird hauptsächlich von ausländischen Surfern besucht, die ein eigenes Fahrzeug haben. Der lange Strand wird von einem Süßwasserfluss geteilt, der sich auch zum Schwimmen eignet.

Am Strand servieren ein paar *enramadas* (Open-Air-Restaurants mit Strohdach) frisches Seafood. Der **Parador Turístico La Ticla** (☎313-327-80-86, 424-488-00-25; www.paradoresecoturisticos.blogspot.com/p/parador-turistico-la-ticla_27; DZ/3BZ 440/660 Mex$, Cabaña f. 10 Pers. 1650–2200 Mex$) hat spartanische Zimmer mit minimaler Privatsphäre in ansehnlichen, mehrstöckigen *cabañas* mit Strohdach, Hängematten auf der Terrasse und einem runden, strohgedeckten Gemeinschaftsbereich.

Die **Cabaña de Vicky** (☎313-328-58-23; Hauptgerichte 50–100 Mex$; ⏲Mo–Sa 8–23 Uhr) ein paar Blocks landeinwärts serviert leckere Hausmannkost. Die Tagesgerichte (50–60 Mex$) kommen mit guter Salsa und frischen Tortillas daher, die aus Mais aus Vickys Garten hergestellt werden.

Faro de Bucerías

Der Faro de Bucerías (Km 173) ist ein geschützter, sichelförmiger Strand mit klarem, hellblauem Wasser und gelbem Sand. Hier kann man perfekt sonnenbaden, schnorcheln und schwimmen. Die hiesige Nahua-Gemeinde betreibt zahlreiche *palapa*-Restaurants, in denen jede Menge fette Hummer angeboten werden. Am besten ist das Restaurant **El Faro de Bucerías** (☎313-327-80-96; Hauptgerichte 100–200 Mex$; ⏲8–20 Uhr; 📶) mit unschlagbaren Hummerplatten. *Cabañas* stehen in dem von der Regierung subventionierten **Centro Ecoturístico** (☎313-322-43-04; cenecoturfaro@hotmail.com; Cabaña f. 2/4 Pers. 400/600 Mex$; P 📶) zur Verfügung. Das Zentrum organisiert auch Ausflüge zu den Schildkröten an der Playa Colola.

Playa Colola

Am langen, flachen Sandstrand der Playa Colola (Km 160) legen schätzungsweise 70 % aller Suppenschildkröten, Olive-Bastardschildkröten und Lederschildkröten weltweit ihre Eier ab. Und man weiß auch, warum. Der breite cremefarbene Sandstreifen erstreckt sich vor Hügeln voller Unterholz und wird von zwei malerischen Landzungen begrenzt. Es handelt sich dennoch nicht um eine Bucht. Es ist der offene Ozean, der hier unschuldig erscheinen mag, in Wirklichkeit aber eine starke Brandung mit Rücksog aufweist. Beim Schwimmen sollte man Vorsicht walten lassen.

Hierher kommt man aber ohnehin hauptsächlich wegen der Schildkröten. **Sitio Ramsar Playa de Colola** (angel-colola@hotmail.es) wurde 2008 gegründet, überwacht den Strand, schützt die Eier und setzt die Jungen aus. Für 35 Mex$ können Besucher die einheimischen und ausländischen freiwilligen Helfer auf ihren nächtlichen Runden (20–4 Uhr) begleiten. Die beste Zeit zum Beobachten von Schildkröten ist zwischen September und Dezember, wenn Hunderte Schildkröten hier ihre Eier ablegen. Die Geschäftszeiten variieren; am besten nimmt man vorher per E-Mail Kontakt auf und organisiert den Besuch. Wer Probleme mit der Anreise hat, kann den Besuch auch über das Centro Ecoturístico in Faro de Bucerías arrangieren.

Playa Maruata

Kristallklares, türkisfarbenes Wasser und goldene Sandstrände machen die **Playa Maruata** (Km 150) zum schönsten Strand von Michoacán. Das Nahua-Fischerdorf hat einen gewissen Ruf als Hippie-Hochburg und begeistert Strandfans aus der ganzen Welt. An diesem freundlichen, friedlichen

DIE STRAND-PARADORES VON MICHOACÁN

Auf dem Hwy 200 sieht man zwischen Km 183 und Km 103 häufig Schilder, die auf Touristenunterkünfte mit der Bezeichnung *paradores turísticos* (staatlich betriebene Touristenunterkünfte) hinweisen. Obwohl sie meist wie triste Regierungsprojekte wirken, die von Einheimischen ohne große Begeisterung geführt werden, sind sie preiswerte Unterkünfte direkt am Strand mit Blick auf die hohe Brandung. Fotos der verschiedenen *paradores* findet man auf der spanischsprachigen Webseite www.paradoresecoturisticos.blogspot.com.

Ort kann man wunderbar abhängen – mit seinem Liebsten oder einem Stapel Bücher. Hier ist die wichtigste Eiablagestelle für Schwarze Suppenschildkröten (jede Nacht von Juni–Dez.)

Maruatas drei Strände haben alle ihren eigenen Charakter. Mit 3 km ist der linke (östliche) Strand am längsten. Die unberührte, halbmondförmige Bucht hat weichen, gelben Sand und eine sanfte Brandung – ideal zum Baden und Schnorcheln. Erfahrene Schwimmer können sich an den kleinen Bogen in der Mitte wagen, der von erkletterbaren Felsen voller Höhlen, Tunnel und Spritzlöcher geschützt wird. Außerdem ragt hier eine außergewöhnliche Felsformation namens **Dedo de Dios** (Finger Gottes) aus dem Meer. Der (westliche) Strand ganz rechts trägt seinen Namen nicht ohne Grund: An der **Playa de los Muertos** (Strand der Toten) treten gefährliche Strömungen und wilde Wogen auf. Bei Ebbe werden ganz rechts ein paar Felsen sichtbar. Wer über diese klettert, kann an einer abgeschotteten Bucht ungestört hüllenlos in der Sonne brutzeln. Doch Vorsicht: Wenn die Flut kommt, sitzt man hier fest. Mit einem schlichten Kruzifix an den Felsen wird derer gedacht, die das Meer verschlungen hat.

Es handelt sich um ein ziemlich armes *pueblo*, aber es gibt einen kleinen Lebensmittelladen und ein Restaurant. Die *enramadas* an der linken Seite des Strandes servieren frische Meeresfrüchte. Hier kann man oft auch campen. Wer sein Zelt aufbauen oder eine Hängematte aufhängen will, zahlt ab 30 Mex$ pro Person. Traveller, die ihre eigenen vier Wände brauchen, können für 300 bis 400 Mex$ eine rustikale *cabaña* mieten. Alternativ kann man sich auch ans **Centro Ecoturístico Maruata** (☎Handy 315-555-150511; Cabaña f. 2/4 Pers. 500/1000 Mex$) wenden. Das Zentrum vermietet 14 geflieste Wohneinheiten mit *palapa*-Dächern. Die *cabañas* stehen auf einem Hügel, von dem man einen guten Blick auf die rechte Seite des Strandes hat.

Barra de Nexpa

☎753 / 100 EW.

Bei Km 55,6 befindet sich gleich nördlich der Puente-Nexpa-Brücke die kleine, nette Gemeinde Nexpa; vom Highway führt eine 1 km lange, holprige Kopfsteinpflasterstraße hierher. Nexpa ist seit vielen Jahren ein Paradies für Surfer. Sie kommen wegen der schwarzweißen Sandbank und der langen Right-Hand-Breaks an der Flussmündung, die zuweilen zweimal mannshoch werden können. Mit etwas Glück ist der Ritt auf der Welle einen ganzen Kilometer lang. Zum Zeitpunkt der Recherchen hat die Sandbank durch den Hurrikan Manuel und die darauffolgenden Fluten eine neue Gestalt angenommen, wodurch sich die Bedingungen leicht geändert haben.

Wenn man in den Ort einfährt, befindet sich auf der linken Seite der Lebensmittelladen **Jorge & Helen's Tienda** (www.surfingrionexpa.com; ⌚9.30–21.30 Uhr). Hier kommt man über WLAN ins Internet (was zum Zeitpunkt der Recherchen aufgrund eines Sturmschadens allerdings nicht möglich war) und kann sich Surfbretter leihen (Std./Tag/Woche 70/150/690 Mex$).

Busse nach Nexpa (59 Mex$) starten alle zwei Stunden in Lázaro Cárdenas.

Schlafen & Essen

Mehrere Strandunterkünfte bieten Campingmöglichkeiten für 30 Mex$ pro Person an. Ein halbes Dutzend *palapas* serviert köstliche Meeresfrüchte.

Chicho's PENSION $
(☎Handy 753-1309236; Zi. 200–300 Mex$) Chicho's ist eine vor mehreren Strand-*enramadas* und eine gute Wahl für ein Frühstück. Mit einem riesigen Smoothie (35 Mex$) in der Hand kann man sich von wellenreitenden Surfern inspirieren lassen. Vermietet auch sehr einfache, preiswerte Strand-*cabañas* mit Hängematten über Betonböden im Obergeschoss. Gerichte kosten ab 50 Mex$.

Río Nexpa Rooms PENSION $

(☎ Handy 753-1216501; www.rionexparooms.com; EZ/DZ/3BZ/4BZ 350/400/450/500 Mex$) Die wunderschöne *palapa* im südostasiatischen Stil liegt etwa 200 m landeinwärts am Fluss. Sie hat fünf komfortable Zimmer und vier Lofts. Es gibt eine Gemeinschaftsküche, einen Garten an der Lagune und einen ruhigen Gemeinschaftsraum.

Jorge and Helen's Place PENSION $

(☎ Handy 753-1160570; www.surfingrionexpa.com; Zi. ab 400 Mex$; P ❄ ☎) Hier gibt es einen praktischen Gemischtwarenladen, einen Surfshop, WLAN und ein paar niedliche, einfache Zimmer mit total sauberen, gefliesten Fußböden, pastellfarben gestrichenen Wänden, Regenduschen und Klimaanlage. Schlicht und einfach die beliebteste Unterkunft in Nexpa!

Mar de Noche CABAÑAS, HOTEL $$

(☎ Handy 753-1183931; www.nexpasurf.jimdo.com; Zi. od. Cabaña 800 Mex$; ❄) Die *cabañas* haben bequeme Betten, Hängematten, Küchen und eigene Bäder. In dem Hotel nebenan gibt's sechs Zimmer mit modernen Annehmlichkeiten wie einer Klimaanlage (die aber manchmal nicht funktioniert). Das dazugehörige Strandrestaurant ist mit handgeschnitzten Holzsäulen geschmückt und serviert täglich drei Gerichte (Hauptgerichte ab 60 Mex$). In der Nebensaison fallen die Preise auf 300 Mex$.

Mary Jane INTERNATIONAL $$

(Hauptgerichte 75–180 Mex$; ⏲ 9–23 Uhr) Das auf Stelzen stehende Strandrestaurant ist der Treffpunkt für Surfer. Martin, der in Mexiko geborene Betreiber, ist in den USA aufgewachsen. Er dreht jeden Morgen ein Video von den Brechern, das er dann abends im Restaurant zeigt. Aus der Küche kommen schmackhafte Fisch-Tacos, Burger, Pasta und andere Leckerbissen aus der Gegend. Zum Frühstück gibt's Bagels. Nur – was hat der Name zu bedeuten?

Kartellküste

Aufgrund der entsetzlichen Drogenmorde – u. a. der in der Presse bekannt gemachten Enthauptungen in Morelia und Acapulco – und der systematischen Angriffe auf Journalisten in Ciudad Juárez kann man sich kaum eine Fahrkarte zu einem in diesem großen Land gelegenen Ziel kaufen, ohne von unwissenden, wohlmeinenden Freunden vor den Gefahren gewarnt zu werden, die eine Reise in ein Land mit sich bringt, das in den letzten zehn Jahren beneidenswert schnell und mit fast allen nur erdenklichen Maßnahmen erfolgreich modernisiert wurde. Tatsache ist aber, dass man selbst beim Durchfahren von kartellbeherrschten Gebieten nur sehr selten etwas Ungewöhnliches bemerken wird – mit Ausnahme dieses 150 km langen Abschnitts an der Küste Michoacáns, wo die berühmt-berüchtigte La Familia die Straßen beherrscht.

Man trifft auf junge Männer in Jeans und T-Shirts mit Walkie-Talkies am Gürtel. Es sind Fußsoldaten, die oft schon als Teenager rekrutiert werden. Sie verdienen ca. 1000 US$ pro Monat und sind sieben Tage pro Woche rund um die Uhr in Rufbereitschaft. Es wird ihnen gesagt, dass sie – wenn sie aufhören oder abhauen wollen – gejagt und hingerichtet werden. Sie nehmen auf großen Ranches in den Bergen an Gefechtsausbildungen teil. Ihr Hauptjob besteht darin, die Kontrolle über die Straßen zu behalten und Ausschau zu halten nach der Bundespolizei oder Militärpatrouillen. Das wird dann über Funk nach oben weitergeleitet. *Wanted*-Aushänge an diesem Highway-Abschnitt bleiben nicht lange hängen. Diebstahl oder Gewalt an Touristen wird nicht toleriert. Zwei kanadischen Surferinnen wurden in ihrem Zimmer in Nexpa mal ein iPhone und ein iPad von zwei einheimischen Jungen gestohlen. Das sickerte zu den Wachhabenden durch, die dann Fußsoldaten losschickten, um die Geräte zurückzuholen. Alles wurde unversehrt zurückgegeben, man entschuldigte sich, und niemand kam zu Schaden. Im Kartellgebiet herrscht (verdrehte) Gerechtigkeit.

Caleta de Campos

☎ 753 / 2600 EW.

Caleta (Km 50) ist ein regionales Servicezentrum mit allen wichtigen Einrichtungen wie einer Tankstelle, einer *caseta de teléfono,* bis spät in die Nacht geöffneten *taquerías,* einer Apotheke und mehreren Lebensmittelläden. Der Ort liegt auf einer Klippe, die sich wie eine Muschel zu beiden Seiten öffnet und in einer azurblauen Bucht endet. Hier gibt's eine gute Auswahl von Seafood-*enramadas.* Wenn Wellen da sind, dann eignet sich die geschützte Bucht perfekt für Surfanfänger. An der Südseite der Bucht treffen karge Klippen aufeinander. Im Norden befinden sich ein altersschwacher Pier und ein Felsriff, an dem sich die Wellen brechen. Oben auf den Klippen stehen mehrere große Häuser, viele aber unbewohnt. Caleta erweckt in der Nebensaison den Eindruck einer Geisterstadt.

Der beste Surfshop der Gegend ist **Surf y Espuma** (753-531-5255; surfyespuma@hotmail.com; Surfbrett pro Tag/Woche 10/60 US$; 9–19 Uhr). Er hat zwei Filialen, eine im Ort und eine (nur in der Saison geöffnet) am Strand. In der Filiale im Ort kann man auch Wäsche waschen (18 Mex$/kg). Die Besitzer betreiben außerdem das hübscheste Hotel im Ort, die **Villa Tropical** (www.caletadecampos.com; Zi. 450–900 Mex$;). Den Gästen stehen Grillplätze, Hängematten, Pools und Wassersport-Equipment zur Verfügung.

Das **Parador Turístico** (753-531-5101; www.partourcaleta.com; Carretera 200 Km 51,25; DZ/3BZ 900/1200 Mex$; P) liegt 1 km nördlich des Ortes oberhalb vom Strand. Es hat zwölf gemütliche Wohneinheiten mit Meerblick, Terrakottaböden und Kabel-TV. Sie sind um eine runde Bar mit *palapa*-Dach und einen Lounge-Bereich angeordnet. Die beste Suite hat eine kleine Küche, ein Esszimmer und eine private Terrasse mit Whirlpool.

Von Caletas Hauptplaza fahren zwischen 5 und 19 Uhr stündlich Busse nach Lázaro Cárdenas (56 Mex$, 1¼ Std.). Ein Taxi von Caleta de Campos nach Barra de Nexpa kostet zwischen 50 und 60 Mex$.

LÁZARO CÁRDENAS

753 / 163 000 EW.

Die Industriehafenstadt Lázaro Cárdenas ist für Touristen nicht besonders interessant. Da sie aber ein Verkehrsknotenpunkt für Busse ist, die die Küste hoch und runter fahren, sind hier regelmäßig Traveller anzutreffen. Lázaro dient auch als Servicezentrum der Region. Hier gibt's Banken, eine Post, Apotheken und Pemex-Tankstellen. Abgesehen von den tollen Stränden und Wellen in unmittelbarer Nähe gibt es aber wahrhaft keinen Grund, hier zu übernachten.

An- & Weiterreise

Es gibt drei Busbahnhöfe in Lázaro, die alle nur ein paar Blocks auseinander liegen. Vom **Hauptbusbahnhof** (753-532-30-06; Lázaro Cárdenas 1810) fahren mehrere Anbieter nach Manzanillo, Uruapan, Morelia, Colima, Guadalajara und Mexico City.

Vom **Estrella-Blanca-Busbahnhof** (753-532-11-71; www.estrellablanca.com.mx; Francisco Villa 65), zwei Blocks westlich hinter dem Hauptbusbahnhof, fahren Busse entlang der Küste nach Manzanillo, wo man in einen Bus nach Puerto Vallarta umsteigen kann, und landeinwärts nach Uruapan, Morelia und Mexico City fahren kann.

Der **Estrella-de-Oro-Busbahnhof** (753-532-02-75; www.estrelladeoro.com.mx; Corregidora 318) befindet sich einen Block nördlich und zwei Blocks westlich vom Estrella-Blanca-Busbahnhof. Von hier starten Busse nach Zihuatanejo, Acapulco und Mexico City.

TRONCONES

755 / 700 EW.

Vor nicht allzu langer Zeit war Troncones ein armes, verschlafenes Fischer- und Bauerndorf. Das hat sich Mitte der 1990er-Jahre radikal geändert, als wohlhabende Amerikaner kamen und begannen, luxuriöse Feri-

BUSSE AB LÁZARO CÁRDENAS

ZIEL	PREIS (MEX$)	DAUER (STD.)	HÄUFIGKEIT (TGL.)
Acapulco	260	6–7	6-mal
Barra de Nexpa	56	1	alle 2 Std.
Caleta de Campos	59	1	alle 2 Std.
Guadalajara	524	8	4-mal
Manzanillo	283	7	stündl.
Mexico City (Terminal Norte)	650	8–11	7-mal
Morelia	310–550	4–5	sehr oft
Caleta & Nexpa	56 & 59	1	alle 2 Std.
Uruapan	210–360	3–4	regelm.
Zihuatanejo	156	1½–2	stündl.

enhäuser und B&Bs zu bauen. Bald kamen zahlreiche Reisende nach Troncones, um die Strände und die relaxte Atmosphäre des Ortes zu genießen. Und in Troncones kann man auch erstklassig surfen.

Die Invasion der Einwanderer hat unauslöschliche Spuren hinterlassen: Der lange Streifen zwischen Troncones und dem benachbarten Majahua gleicht einer kalifornischen Trabantenstadt und steht im krassen Gegensatz zu den traditionellen mexikanischen Dörfern, in denen noch immer Hühner und Esel auf den Straßen herumlaufen. Man kann hier wunderbar surfen, in der Hängematte entspannen und sonnenbaden.

Troncones liegt etwa 25 km nordwestlich von Ixtapa am Ende einer 3 km langen Asphaltstraße, die vom Hwy 200 abzweigt. Die Straße endet an einer T-Kreuzung, von der eine staubige Küstenstraße weiter nach Nordwesten zu den weiteren Gemeinden Troncones Point, Manzanillo Bay und Majahua führt. Die Mehrzahl der für Besucher interessanten Attraktionen liegt an dieser Strandstraße.

Troncones ist die fortschrittlichste der vier Gemeinden. An der T-Kreuzung befinden sich einige kleine Lebensmittelläden, eine Wäscherei und mehrere billige Lokale. Troncones und Troncones Point sind tolle Surf-Spots mit rauen Wellen; beide Orte sind für erfahrene Surfer gerüstet. Manzanillo Bay ist eine geschützte Bucht, in der man eher schwimmen kann. Majahua ist ein traditionelles Fischerdorf mit ein paar *enramadas* und einem samtigen Strand mit schönen Muscheln für Strandgutsammler. Von Majahua führt eine unbefestigte Straße (die in der Regenzeit ziemlich uneben ist) zurück zum Hwy 200.

Aktivitäten

In der geschützten Bucht vor der Playa Manzanillo kann man traumhaft **schwimmen** und an ruhigen Tagen **schnorcheln**. Auch **Reitausflüge** sind recht beliebt; die Einheimischen laufen mit ihren Pferden am Strand entlang und halten Ausschau nach Kunden. In den Unterkünften kann man weitere Aktivitäten buchen, u. a. **Mountainbikeausflüge**, **Angeltrips** und **Höhlentouren** durch die Kalksteinhöhlen in der Nähe von Majahua.

An erster Stelle steht aber das Surfen. Troncones bietet mehrere Surfspots von Weltrang. Die Brandung kann im Sommer hervorragend sein, die besten Wellen sind aber die linksbrechenden am **Troncones Point**. Wenn sie klein sind, liegt der Startpunkt direkt über den Felsen (mit Seeigeln), sind sie aber groß, dann sind sie wunderbar kraftvoll und rollen die halbe Bucht entlang.

Galería Nuñez SURFEN
(☎755-114-35-04, Handy 755-1030005; www.primesurfboards.net) Gleich nördlich der T-Kreuzung bietet der Surfer Bruce Grimes zweistündige Surfkurse (60 US$) an. Hier kann man sich auch sein Brett reparieren lassen (300–500 Mex$ für ein paar Kratzer bis hin zu 1500 Mex$ für zerbrochene Bretter). Er designt zudem maßgeschneiderte Bretter (Short-/Longboard 500/900 US$) und vermietet Boards (pro Tag/Woche 300/1200 Mex$) und Fahrräder (200 Mex$/Tag).

Inn at Manzanillo Bay SURFEN
(☎755-553-28-84; www.manzanillobay.com; Playa Manzanillo) Der Inn at Manzanillo Bay in der Nähe des Points hat eine hervorragende Auswahl von Short- und Longboards (halber/ganzer Tag 200/320 Mex$), Bodyboards (halber/ganzer Tag 60/120 Mex$) und Kajaks (halber/ganzer Tag 350/650 Mex$). Surfunterricht wird ebenfalls angeboten (750 Mex$).

Geführte Touren

Costa Nativa Ecotours ÖKOTOUREN
(☎755-100-74-99; www.tronconesecotours.com) Dieser Anbieter organisiert Kajaktouren, Wanderungen, Höhlenausflüge sowie Exkursionen zum Beobachten von Vögeln und Schildkröten. Die Touren kosten zwischen 300 und 550 Mex$ pro Person.

Schlafen

Alle im Folgenden aufgeführten Unterkünfte befinden sich an der Uferstraße von Troncones. In der Hauptsaison (Nov.–April), wenn einige Hotels Mindestaufenthalte verlangen, ist es ratsam, rechtzeitig zu reservieren. In der Nebensaison können die Preise um 25 bis 50 % sinken. Aber Achtung: Im Sommer sind viele Unterkünfte geschlossen! Wer eine Woche oder länger bleiben will, kann auch eine der vielen Casas oder Villen mieten. Zum Zeitpunkt der Recherchen gab es 49 solcher Unterkünfte. Details stehen unter www.vrbo.com.

Tronco Bay Inn GASTHAUS $$
(☎755-103-01-10; www.tronco-bay-inn.com; DZ mit Garten/Meerblick 800/1000 Mex$) Die neue,

reizende Unterkunft am Nordrand der Stadt an der Manzanillo Bay hat traumhafte Zimmer für bis zu drei Personen. Die Zimmer weisen geflieste Fußböden mit Einlegearbeiten, Ventilatoren an den Decken und Holzmöbel auf. Sie verteilen sich auf sechs zweistöckige Doppelhäuser. Es gibt einen Pool und einen schönen Strandabschnitt, der an den Wochenenden besser gestellte Mexikaner anlockt.

Casa Delfín Sonriente B&B $$

(☎755-553-28-03; www.casadelfinsonriente.com; Bungalow/Zi./Suite inkl. Frühstück 70/85/119 US$; ❄📶🏊) Die Gäste sind von der ruhigen, einladenden Atmosphäre in diesem B&B begeistert. Hier gibt's gutes Frühstück, Massagetische am Strand, einen Pool, Hängematten, Spiele und Strandspielzeug. Wenn möglich, sollte man eine der umwerfenden Suiten im Obergeschoss nehmen. Sie haben Hochbetten, volleingerichtete Küchen und einen Gemeinschaftsbereich mit Lounge auf dem Dach. Der Blick auf den wilden Pazifik ist einfach grandios.

Drei Zimmer sind mit Klimaanlagen, die restlichen mit Ventilatoren ausgestattet.

Inn at Manzanillo Bay BUNGALOW $$$

(☎755-553-28-84; www.manzanillobay.com; Playa Manzanillo; Bungalows 98–138 US$; P❄📶🏊) Das Miniresort liegt großartig am schönsten Strand von Troncones. Es besteht aus acht strohgedeckten Bungalows, die sich um einen schönen Pool reihen. Sie verfügen über Kingsize-Betten, Moskitonetze im Himmelbettstil, Deckenventilatoren und Terrassen mit Hängematten. Wer noch mehr Komfort will, kann eine der neuen Terrassensuiten buchen, die klimatisiert und mit HDTV ausgestattet sind. Es gibt auch eine beliebte Restaurantbar, einen Surfshop und einen sehr guten Zugang zu den spitzenmäßigen Wellen am Troncones Point.

Present Moment Retreat BUNGALOW $$$

(☎828-318-39-50; www.presentmomentretreat.com; EZ/DZ/3BZ inkl. Frühstück & 1 Kurs pro Tag 215/250/345 US$; P🏊✍) Dieses „achtsam agierende" Spa-Resort ist ein Paradies für Körper und Geist. Die Mitarbeiter sind auf Yoga, Meditation und Massagen spezialisiert. Die zehn minimalistisch eingerichteten Bungalows mit Strohdach wurden um einen schönen Pool im Garten angeordnet. Das Restaurant auf einer hübschen Terrasse mit Meerblick gehört zu den besten und teuersten (Hauptgerichte 170–400 Mex$) Restaurants der Stadt. Viele der hier servierten gesunden Speisen sind auch für Vegetarier ein Genuss.

Es gibt außerdem eine gute Tequila-Karte – wer macht da nicht gerne „Ommm"?

Essen & Ausgehen

Cafe del Mar CAFÉ

(☎755-103-01-32; Hauptgerichte 9–15 US$; ⏲Di–Sa 8–17, So 8–15 Uhr) Das Café an der Hauptstraße bietet Frühstück, Smoothies, guten Kaffee und eine nette Atmosphäre. Es gehört zu den neueren Cafés im Ort.

Jardín del Edén FUSION $$

(☎755-103-01-04; www.jardindeleden.com.mx; Hauptgerichte 120–200 Mex$; ⏲Nov.–Mai 8–22 Uhr) In diesem Restaurant direkt nördlich von Troncones Point kreiert der französische Küchenchef Fusion-Küche. Auf der Speisekarte stehen Gerichte aus dem mediterranen und pazifischen Raum, aber auch traditionelle mexikanische Speisen. Die Abendangebote wie Pizza, Lasagne und *cochinita pibil* (langsam gebratenes Schweinefleisch à la Yucatán) werden auf dem Grill oder im Holzofen zubereitet.

Roberto's Bistro ARGENTINISCH $$$

(www.robertosbistro.com; Hauptgerichte 115–250 Mex$; ⏲8–22 Uhr) Das argentinische Grillhaus liegt 1 km südlich der T-Kreuzung direkt am Strand. Brutzelnde Steaks und brandende Wellen erzeugen hier ein stereophones Hintergrundgeräusch. Von Vorspeisen mit *chorizo* bis hin zu Festessen wie *parrillada argentina* (T-Bone-, Rib-Eye- und zig weitere Steaks, die mit Shrimps zusammen gegrillt werden) ist alles dabei. Ein Paradies für Fleischliebhaber!

An- & Weiterreise

Wer von Ixtapa oder Zihuatanejo aus anreist, fährt auf dem Hwy 200 in nordwestliche Richtung bis nach Lázaro Cárdenas. Nördlich von Km 30 sieht man schon die ausgeschilderte Abfahrt nach Troncones; dieser gewundenen Straße folgt man dann 3 km nach Westen bis zum Strand.

Von den Fernbusbahnhöfen in Zihuatanejo fahren Busse der 2. Klasse in nordwestliche Richtung nach Lázaro Cárdenas. Sie lassen einen auf Wunsch an der Abzweigung nach Troncones (35 Mex$, 45 Min.) aussteigen.

Zwischen dem Hwy 200 und Troncones sind etwa halbstündlich weiße *colectivo*-Vans (11 Mex$) unterwegs; manche fahren weiter nach Manzanillo Bay (16 Mex$) und Majahua (20 Mex$). Taxis fahren dieselbe Strecke für 50 bis 60 Mex$.

Taxis de Troncones (☎755-553-29-11) betreibt einen Taxiservice von Troncones zum internationalen Flughafen von Ixtapa-Zihuatanejo (500 Mex$) sowie nach Zihuatanejo (350 Mex$) und Ixtapa (300 Mex$). Ein Taxi vom Flughafen Zihuatanejos in entgegengesetzte Richtung schlägt mit ca. 750 Mex$ zu Buche.

IXTAPA

☎755 / 6400 EW.

Bis Ende der 1970er-Jahre war Ixtapa nicht mehr als eine riesige Kokosplantage. Dann war Fonatur (die staatliche Behörde für Tourismusentwicklung in Mexiko) der Meinung, dass der Pazifikküste ein Cancún-ähnlicher Ferienort gut zu Gesicht stehen würde. Also kamen die Hotel- und Golfplatzdesigner und mit ihnen die Hochhäuser. Das Ergebnis war eine auf dem Reißbrett geplante Stadt mit makellosen Stränden, Luxushotels und Kettenrestaurants. Selbst die Position der Palmen und Rasenflächen wurde bis ins Letzte durchdacht.

Vier Jahrzehnte später ist Ixtapa noch immer ein luxuriöser Ferienort. Die blitzsaubere Version mexikanischer Strandkultur steht in krassem Kontrast zu dem bodenständigen Charme seiner Schwesterstadt Zihuatanejo. Ixtapa wird vor allem von Familien besucht, die einen ruhigen All-Inclusive-Urlaub verbringen wollen. Außerdem zieht Ixtapa Menschen an, denen der Komfort eines modernen Kettenhotels und ein wildes Nachtleben wichtiger sind, als kulturelle Erfahrungen. Als wegen der Gewalttätigkeiten des Kartells – die, um fair zu sein, Ixtapa nie betrafen – Reisewarnungen für Mexiko ausgesprochen wurden, musste dieses Tourismusexperiment die größte Niederlage einstecken. Heute steht vieles leer, und in der Nebensaison erscheint Ixtapa so verlassen wie ein gescheitertes Tourismusprojekt.

Sehenswertes

Die Hauptattraktion sind ganz offensichtlich die Strände. Die **Playa del Palmar** ist der längste und breiteste weiße Sandstreifen mit zahllosen Parasailing- und Jetskianbietern. In der Trockenzeit schimmert das Meer aquamarinblau und lädt dann mehr denn je zum Sprung ins kühle Nass ein. Aber Achtung: Die Brandung kann brutal sein und der Rückstrom recht gefährlich werden! Die Megaresorts reihen sich dicht an dicht am Meer aneinander, sodass es kaum öffentliche Zugänge zum Strand gibt. Wer kein Hotelgast ist, muss sich also durch eine Hotellobby durchmogeln.

Die **Playa Escolleras** am Westende der Playa del Palmar unweit der Einfahrt zum Jachthafen zieht mit ihrer Brandung viele Surfer an. Noch weiter westlich jenseits der Punta Ixtapa befinden sich die **Playa Quieta** und die **Playa Linda**, die beide bei den Einheimischen hoch im Kurs stehen. Das Wasser ist hier wegen der in der Nähe liegenden Flüsse und Mangroven allerdings trüb.

Cocodrilario — NATURSCHUTZGEBIET

GRATIS Der kleine *cocodrilario* (Krokodilreservat) an der Playa Linda ist zugleich auch der Lebensraum von wohlgenährten Leguanen und mehreren Vogelarten. Von der gut eingezäunten hölzernen Aussichtsplattform, die sich in der Nähe der Bushaltestelle in Richtung Hafen erstreckt, kann man die riesigen Krokos aus sicherer Entfernung beobachten.

Isla Ixtapa — INSEL

Die tolle Isla Ixtapa bietet Erholung vom touristischen Betondschungel. Ihr ruhiges, türkisblaues Wasser ist kristallklar und hervorragend zum Schnorcheln (Leihausrüstung 120 Mex$/Tag) geeignet. **Playa Corales** auf der Rückseite der Insel ist am schönsten und ruhigsten. Hier findet sich neben weichem Sand auch ein Korallenriff vor der Küste.

Auf der Isla Ixtapa gibt es mehrere Meeresfrüchterestaurants *(enramadas)* und Massagestudios. Zwischen 9 und 17 Uhr legen Boote zur Isla Ixtapa vom Pier an der Playa Linda ab (hin & zurück 40 Mex$, 5 Min.). In der Hauptsaison treten sich die Touris auf dieser Insel gegenseitig die Füße platt, und die vielen Straßenhändler machen den Weg zum Pier zu einem Spießrutenlauf.

Aktivitäten

Radfahren

Auf der 15 km langen *ciclopista* (Radweg), die von der Playa Linda, nördlich von Ixtapa, praktisch bis nach Zihuatanejo führt, kann man wunderbar radeln.

Ola Rental — RADFAHREN

(☎755-553-02-59; Centro Comercial Ixpamar; ⏲8–19 Uhr) Hier kann man Mountainbikes für 50/250 Mex$ pro Stunde/Tag mieten.

Surfen

Gut surfen lässt es sich an der Playa Linda und an der Playa Escolleras.

Catcha L'Ola Surf & Stuff SURFEN
(☎755-553-13-84; www.ixtapasurf.com; Centro Comercial Los Patios; Surfbrett Tag/Woche 200/1000 Mex$, 3-stündige Kurse 600 Mex$; ⊙9–19 Uhr) Bei Catcha L'Ola Surf & Stuff gibt's alles, was man zum Surfen braucht: Bretter, Reparaturservice, Unterricht und Surftouren.

Wassersport

Das warme, klare Wasser eignet sich gut zum Gerätetauchen.

Mero Adventure TAUCHEN
(☎755-101-95-39, Handy 755-1019672; www.meroaventuras.com/_mero_map___location.7.html; Hotel Pacífica; Tauchgang mit 1/2 Flaschen 65/90 US$) Mero Adventure organisiert Tauch-, Schnorchel-, Kajak- und Angeltouren sowie Ausflüge zum Schwimmen mit Delfinen.

Geführte Touren

Adventours ABENTEUERTOUREN
(☎755-553-35-84; www.ixtapa-adventours.com; Centro Comercial Plaza Ambiente, Blvd Ixtapa s/n; Touren 700–950 Mex$) Adventours bietet diverse geführte Radtouren, Kajakausflüge, Schnorcheltouren und Exkursionen zum Beobachten von Vögeln rund um Ixtapa und Zihuatanejo an.

Schlafen

Mit Ausnahme des Campingplatzes sind Ixtapas Strandresorts allesamt Luxushotels. Die hier genannten Preise gelten für die Hauptsaison von Mitte Dezember bis Ostern. Das restliche Jahr über können die Preise um 25% sinken. Günstigere Preise zahlt, wer Pauschalpakete bucht oder direkt auf der Hotelwebsite reserviert.

Park Royal HOTEL $$$
(☎755-555-05-50, 755-553-04-38; www.parkroyal.mx/en/park-royal/ixtapa; Blvd Ixtapa s/n; Zi. ab 1550 Mex$; P ❄ ☜ ≋) Das in die Jahre gekommene Vier-Sterne-Resort mit toller Pool-Anlage direkt am Strand hat zahlreiche mexikanische Stammgäste. Die abgefahren gefliesten Böden lassen die 1970er-Jahre wieder aufleben. Die gepflegten, supersauberen, hellen Zimmer haben kleine Terrassen mit Meerblick.

Las Brisas Ixtapa Resort RESORT $$$
(☎755-553-21-21; www.brisashotelonline.com/ixtapa; DZ inkl. Frühstück ab 160 US$; P ⊖ ❄ @ ☜ ≋) Das riesige, orangefarbene Resort liegt in einem abgeschiedenen Bereich der Playa Vista Hermosa südlich des Hotelstreifens von Ixtapa. Es wurde vor Kurzem renoviert – das Resultat ist eine modern-mexikanische Innenausstattung mit vielen Farben und Holzdekor. Alle 416 Zimmer haben extragroße Terrassen mit erstklassigem Meerblick und Hängematten. Die Bar in der Lobby gehört zu den besten der Stadt.

Hotel Presidente Inter-Continental HOTEL $$$
(☎755-553-00-18, in the US 888-424-6835; www.ihg.com; Blvd Ixtapa s/n; DZ All Inclusive 199–279 US$, Suite ab 349 US$; P ⊖ ❄ @ ☜ ≋) Das beliebte Strandhotel ist durch und durch erste Sahne. Es hat einen Fitnessraum, eine Sauna, Tennisplätze, sieben Restaurants und einen Kinderclub mit Spanischunterricht für die Kleinen. Ohne jede Ausnahme die eleganteste Unterkunft am Strand!

Sunscape RESORT $$$
(☎755-553-20-25; www.sunscaperesorts.com; Paseo de Ixtapa s/n; DZ ab 450 US$, all inclusive, Mindestaufenthalt 3 Nächte; P ❄ @ ☜ ≋) Eine der neueren Anlagen in Ixtapa. Helle, geflieste Zimmer mit farbenfrohen Details, Flachbildfernsehern, weißen Rattanmöbeln, edlem Bettzeug und schönem Blick aufs Meer. Es ist alles inklusive. Es gibt mehrere Restaurants, ein Spa mit vollem Service, ein Riesenangebot von Aktivitäten und für Kids den Explorer's Club.

Essen

Alle großen Hotels haben eigene Restaurants. Zahlreiche Lokale gibt's auch in Ixtapas Einkaufszentren sowie nordwestlich des großen Hotelstreifens in dem vom Glück verlassenen Jachthafen mit den glänzenden Booten und Schiffen, aber größtenteils leeren Ladenzeilen.

Captain Meuro MEXIKANISCH $$
(☎755-555-09-39; Hauptgerichte 70–170 Mex$; ⊙8–23 Uhr) Eines der lockersten und zuverlässigsten Restaurants Ixtapas gegenüber vom Barcelo-Resort. Im Angebot sind *arrachera* (gegrilltes Kronfleisch), Burger, *chiles rellenos,* Tacos, Fajitas, leckere Tintenfisch- und Shrimps-Gerichte. Es gibt sogar eine recht ordentliche Smoothie-Karte.

Deli O SEAFOOD $$
(Playa del Palmar; Hauptgerichte 80–220 Mex$) Eine von zwei Restaurant-Bars an einem für die Öffentlichkeit zugänglichen Strandabschnitt zwischen zwei Hotelzonen. Das Deli O ist die nettere Location der beiden, und die Musik ist hier mittags nicht ganz so laut. Es gibt gute *micheladas*, Cocktails, *ceviche*

und Fischgerichte, u.a. mit Shrimps gefülltes Fischfilet (220 Mex$), das in großen Portionen daherkommt.

Villa de la Selva FUSION $$$

(☎755-553-03-62; www.villadelaselva.com.mx; Paseo de la Roca; Hauptgerichte 250–470 Mex$; ⊙18–23.30 Uhr, Sep. geschl.) Dieses elegante, moderne Restaurant ist im früheren Wohnhaus des ehemaligen mexikanischen Präsidenten Luis Echeverría untergebracht. Die Villa liegt unweit der Klippen und bietet einen großartigen Meerblick. Hier kann man wunderbar den Sonnenuntergang beobachten. Serviert werden Gerichte wie Enten-Tacos, mit *chipotle* glasierter Lachs mit Couscous, Shrimps in Tamarindensauce und Hummer. Es gibt eine ausführliche Weinkarte. Unbedingt im Voraus reservieren!

Ausgehen & Nachtleben

In allen großen Hotels gibt es Bars und Nachtclubs. Viele haben auch Diskos. In der Nebensaison verlangen die meisten geringere Eintrittspreise und haben seltener geöffnet.

Christine CLUB

(☎755-553-04-56; www.krystal-hotels.com/ixtapa/english/restaurants-entertainment; Hotel Krystal, Blvd Ixtapa s/n; Eintritt unterschiedlich; ⊙Fr & Sa 23–4 Uhr) Das Christine hat den Sound und die Lichtsysteme, die man in einer der beliebtesten Diskos der Stadt erwartet.

ℹ Praktische Informationen

Einrichtungen wie Banken, Geldautomaten, Touristeninformation, Kino und eine rund um die Uhr geöffnete Apotheke befinden sich im *centro commercial* (Shoppingcenter) am Blvd Ixtapa. Die nächste Post ist in Zihuatanejo. Alle Hotels in Ixtapa haben WLAN.

Touristeninformation (☎755-554-20-01; turismozihixt@hotmail.com; Blvd Ixtapa s/n; ⊙10–17 Uhr) In dem gedrungenen, orangefarbenen Gebäude vor Señor Frog's (direkt gegenüber vom Hotel Presidente Inter-Continental) bekommen Touristen alle gewünschten Infos.

ℹ Anreise & Unterwegs vor Ort

Vom internationalen Flughafen Ixtapa/Zihuatanejo fahren regelmäßig private Taxis (365 Mex$) nach Ixtapa. Ein Taxi von Ixtapa zum Flughafen kostet rund 170 Mex$.

Die Ticketbüros der Busunternehmen befinden sich im Einkaufszentrum neben dem Hotelstreifen im Zentrum. In Ixtapa halten jedoch nur sehr wenige Fernbusse – die meisten Busse stoppen am Central de Autobuses in Zihuatanejo, der für beide Städte zuständig ist.

Zwischen Ixtapa und Zihuatanejo fahren von 5.30 bis 23 Uhr regelmäßig Stadtbusse (15 Min., 10 Mex$). In Ixtapa halten die Busse vor allen Hotels in der Hauptstraße. In Zihuatanejo starten die Busse an der Ecke Juárez und Morelos. Die Busse mit der Bezeichnung „Zihua-Ixtapa-Playa Linda" verkehren von Zihuatanejo durch Ixtapa nach Playa Linda. Der Fahrpreis nach Playa Linda beträgt 10/20 Mex$ (von Ixtapa/Zihuatanejo).

Ein Taxi zwischen Zihuatanejo und Ixtapa sollte etwa 80 Mex$ kosten; den Preis immer vor dem Einsteigen aushandeln!

ZIHUATANEJO

☎755 / 120 000 EW.

Die Schwesterstädte Zihuatanejo (sprich: sie-wah-tah-*nech*-ho) und Ixtapa könnten unterschiedlicher nicht sein: Ixtapa präsentiert seinen Besuchern ungeniert eine saubere Version von Mexiko. Zihuatanejo, das zärtlich Zihua genannt wird, steht dagegen für das echte Mexiko: Es ist ein pazifisches Paradies mit wunderschönen Stränden, freundlichen Menschen und lockerer Lebensart. Bis in die 1970er-Jahre war Zihua bestenfalls als Hippie- und Piratenschlupfwinkel bekannt – im Film *Die Verurteilten* begeben sich Tim Robbins und Morgan Freeman in das verschlafene Fischerdorf, um dort als Ex-Häftlinge ein einfaches Leben in Freiheit zu genießen. Mit dem Bau des benachbarten Ixtapa explodierten Zihuas Bevölkerungszahl und die Tourismusindustrie praktisch über Nacht.

Besonders wenn Kreuzfahrtschiffe eintreffen, werden manche Stadtteile mittlerweile geradezu von Touristen überschwemmt, und allmählich treten Luxushotels an die Stelle alter Gästehäuser in Familienbesitz. Doch zum Glück hat sich Zihua seinen reizvollen historischen Charme größtenteils bis heute bewahrt. An den schmalen Kopfsteinpflasterstraßen im Zentrum liegen wunderbare Restaurants, Bars, Boutiquen und Kunsthandwerkstätten. Einheimische Fischer verkaufen ihren Tagesfang immer noch jeden Morgen auf dem Paseo de Pescador (der Fischerpromenade) am Strand, und bei Dunkelheit spazieren junge Liebespaare und Familien weiterhin unbekümmert über die romantische Uferpromenade. Zihua vereint folglich gewissermaßen zwei unterschiedliche Welten.

Zihuatanejo

Während Zihuas Vororte stetig wachsen und sich langsam über die Bucht hinaus bis in die Hügel ausbreiten, blieb im Zentrum aber alles Wesentliche auf ein paar Blocks konzentriert. In den wenigen und gut beschilderten Straßen findet man sich leicht zurecht.

Sehenswertes

Strände

STRAND

An allen Stränden an der Bahía de Zihuatanejo ist die Dünung sanft. Wer auf große Brecher steht, macht sich besser in Richtung Westen nach Ixtapa auf.

Zihuatanejo

Sehenswertes
1 Museo Arqueológico de la Costa Grande C4

Aktivitäten, Kurse & Touren
2 Dive Zihua B4
3 Picante B5
4 Sociedad Cooperativa José Azueta A5
5 Sociedad de Servicios Turísticos B5
Zihuatanejo Cooking School .... (siehe 30)

Schlafen
6 Arena Suites E4
7 Aura del Mar E4
8 Hotel Avila C4
9 Hotel Irma F5
10 Hotel Zihuatanejo Central B4
11 La Casa Que Canta F6
12 La Quinta de Don Andres F4
13 Mi Casita F5
14 Posada Citlali C4
15 Villas Naomi F3

Essen
16 Bistro del Mar F4
17 Cenaduría Antelia C3
18 Doña Licha E2
19 El Arbolito B5
20 El Gabo A2
21 El Murmullo B4
22 Il Mare F6
23 ITA E3
24 La Gula D4
25 La Sirena Gorda A5
26 Las Adelitas D3
27 Los Braseros C3
28 Mercado C2
29 Panadería Buen Gusto C4
30 Patio Mexica E3
31 Restaurant Kau-Kan F5
32 Restaurante Mexicano Any C3
Rufo's Grill .... (siehe 30)
33 Yolanda A2

Ausgehen & Nachtleben
34 Andy's C4

Unterhaltung
35 Bandido's B4
36 Cine Paraíso B4
37 Temptation C4

Shoppen
38 Alberto's B4
El Embarcadero .... (siehe 39)
39 El Jumil B5
40 La Zapoteca B5
41 Mercado Turístico La Marina A4
Pancho's .... (siehe 36)

Die **Playa Municipal** vor der Stadt ist der am wenigsten schöne Strand an der Bucht. Die **Playa Madera** (Holzstrand) liegt nur einen fünfminütigen Spaziergang östlich der Playa Municipal; hierher führt eine Betonpromenade, die rund um eine felsige Landzunge verläuft (abends turteln hier Paare).

Einen steilen Hügel die Playa Madera (weniger als 1 km) hinunter liegt der wunderschöne breite Strand **Playa La Ropa** (Stoffstrand). Er wurde nach einer spanischen Galeone benannt, die hier auf Grund lief. Dabei wurde ihre Ladung aus Seidenstoffen ans Ufer gespült. La Ropa ist von Palmen und Meeresfrüchte-Restaurants gesäumt und ein großartiger Ort zum Schwimmen, Parasailing, Wasserskifahren und um Sand-*fútbol* (Fußball) zu spielen. Hier kann man auch Bretter zum Windsurfen sowie Segelboote mieten. Der Strand liegt einen gemütlichen, 20-minütigen Spaziergang von der Playa Madera entfernt. Unterwegs läuft man die Carretera Escénica entlang, die den Klippen folgt und einen tollen Meerblick bietet.

Die isolierte **Playa Las Gatas** (Katzenstrand) wurde nach den „schnurrbärtigen" Ammenhaien benannt, die hier früher herumgeschwommen sind. Liegestühle und Restaurants nehmen den geschützten Strand ein. Er bietet super Möglichkeiten zum Schnorcheln (hier gibt's sogar ein paar Korallen) und Planschen für die Kleinen – man muss jedoch auf die Seeigel achten! Neben ein paar Buden am Strand verleihen auch die Restaurants Schnorchelausrüstung (etwa 100 Mex$/Tag). Zwischen 8 und 18 Uhr laufen regelmäßig Boote vom Zihuatanejo's Muelle Municipal (Pier) zur Playa Las Gatas aus. Tickets (Hin- & Rückfahrt 40 Mex$) erhält man am Stand der **Cooperativa Zihuatan** (☎755-554-85-81) am Ende des Piers; Tickets für die einfache Strecke kann man auch an Bord kaufen.

Die **Playa Larga** liegt rund 12 km südlich von Zihuatanejo direkt vor dem Flughafen. Hier gibt's mächtige Wellen zum Surfen, Strandrestaurants und Reitmöglichkeiten. An dieser Stelle treffen sich Andy Dufrene und Red nach den verlorenen Jahren im Shawshank-Gefängnis wieder. Der abgelegene weiße Sandstrand **Playa Manzanillo** gleich nebenan ist von Zihuatanejo aus per Boot erreichbar; dieser Küstenabschnitt bietet die besten Schnorchelspots der Gegend. Um die Playa Larga zu erreichen, muss man zunächst ein „Coacoyul"-Combi nehmen (von der Juárez unweit der Ecke González) und dann an der Abzweigung zur Playa Larga aussteigen. Von dort aus geht's mit einem weiteren Combi zum Strand.

Museo Arqueológico de la Costa Grande MUSEUM
(☎755-554-75-53; Ecke Plaza Olof Palme & Paseo del Pescador; Eintritt 10 Mex$; ⏲Di–So 10–18 Uhr) Das kleine Museum beherbergt Exponate zur Geschichte, Archäologie und Kultur der Guerrero-Küste. Die meisten Beschilderungen sind auf Spanisch, aber für Gringos gibt's eine kostenlose englischsprachige Broschüre.

Aktivitäten

Wassersport

Schnorcheln kann man wunderbar an der Playa Las Gatas – und noch besser an der Playa Manzanillo. Da hier mehrere Strömungen zusammentreffen, ist die Unterwasserwelt besonders vielfältig. Die Sicht ist vor allem in der Trockenzeit hervorragend – bis zu 35 m. Von Dezember bis Februar kommen viele Buckelwale auf Wanderschaft hier vorbei.

Carlo Scuba TAUCHEN
(☎755-554-60-03; www.carloscuba.com; Playa Las Gatas; Tauchgang mit 1/2 Flaschen 65/90 US$) Carlo Scuba ist ein in der dritten Generation familiengeführtes Unternehmen. Es liegt an der Playa Las Gatas und bietet Tauchgänge, Schnorchelausflüge, Kurse und PADI-Zertifikate an. Man wird kostenlos an der Muelle Municipal abgeholt und auch wieder abgesetzt.

Dive Zihua TAUCHEN
(☎755-544-66-66; www.divezihuatanejo.com; Álvarez 30; Tauchgang mit 1/2 Flaschen 65/90 US$) Angeboten werden diverse Tauchtouren sowie PADI- und DAN-Kurse mit den entsprechenden Zertifikaten.

Sportangeln

Sportangeln ist in Zihuatanejo sehr beliebt. Das ganze Jahr über beißen Fächerfische an, je nach Saison auch Blaue oder Schwarze Marline (März–Mai), *Nematistius pectoralis* (Sept.–Okt.), Wahoos (Okt.), Goldmakrelen (Nov. & Dez.) und Spanische Makrelen (Dez.). Tiefseeangeltouren kosten ab ca. 180 US$ für ein Boot mit bis zu vier Personen. Die Trips dauern etwa sieben Stunden. Die Ausrüstung ist im Preis enthalten.

In der Nähe der Muelle Municipal gibt es zwei Angelanbieter: **Sociedad Cooperativa José Azueta** (☎755-554-20-56; Muelle Municipal) und **Sociedad de Servicios Turísticos** (☎755-554-37-58; Paseo del Pescador 38B).

Yoga & Massage

Zihua Yoga Studio YOGA, MASSAGE
(☎755-554-22-13; www.zihuatanejoyoga.com; Playa La Ropa; ⏲Mo–Fr 8–10.45, Sa & So 9–10.15 Uhr) Nur wenige andere Yogastudios können

NICHT VERSÄUMEN

OUTDOOR-AKTIVITÄTEN IN ZIHUATANEJO

Sicher, man kann hier locker seinen ganzen Urlaub damit verbringen, sich am Pool zu sonnen, aber die Region um Zihuatanejo hat auch zahlreiche Outdoor-Aktivitäten zu bieten. Hier ein paar von vielen Möglichkeiten:

- Auf einer Ökotour zu den **Mesas de Bravo** kann man unter Wasserfällen in der Sierra Madre schwimmen, erfahren, warum die Vogelspinne die Straße überquerte, und herausfinden, wie viele blaue Morpho-Schmetterlinge man auf der Tour zählen kann.
- Auf einer **Segeltour mit dem Katamaran** bei Sonnenuntergang durch die Bucht fahren.
- Barfuss die ganze wunderschöne **Playa La Ropa** hinunterlaufen.
- In **Barra de Potosí** mit dem Kajak durch die Lagune fahren oder die spektakulären Morros-de-Potosí-Felsen erkunden.

Erleuchtung garantieren, die dadurch entsteht, dass man durch Kokospalmen auf den im Sonnenlicht funkelnden Pazifik blickt – und das alles von der Terrasse im Obergeschoss aus. Das wunderschöne Studio liegt oberhalb des Restaurants Paty's Marimar an der Playa La Ropa. In der Hauptsaison finden täglich Kurse für alle Stufen statt (10 US$); in der Nebensaison nur dienstags und donnerstags.

Paty bietet auch 50-minütige Massagen (300 Mex$), Maniküre- (150 Mex$) und Pedikürebehandlungen (300 Mex$).

Geführte Touren

Picante SEGELN
(☎755-554-82-70, 755-554-26-94; www.picantecruises.com; Muelle Municipal) Auf dem 23 m langen Katamaran kann man drei wundervolle Törns machen. Mit der „Sail-and-Snorkel"-Tour (79 US$ zzgl. 7 US$ für Leihausrüstung; 10–14.30 Uhr) geht's südlich von Zihua zu erstklassigen Schnorchelspots vor der Playa Manzanillo. Der „Magical Sunset Cruise" (Erw./Kind 55/41 US$; 17–19.30 Uhr) führt rund um die Bucht und dann hinaus zur Küste von Ixtapa. In den Preisen enthalten sind Verpflegung und Getränke aus der offenen Bar. Reservierung erforderlich.

Schlafen

Zihuatanejo verfügt über Hotels für jedes Budget. Die bei den folgenden Hotelbeschreibungen genannten Preise gelten für die Hauptsaison von Dezember bis März. Außerhalb der Hauptsaison sinken die Preise um ca. 20 %. Man kann auch verhandeln: Außerhalb der Spitzenzeiten und bei längeren Aufenthalten gibt's Rabatt.

Hostel Rincón del Viajero HOSTEL $
(☎Handy 755-1034566; www.hostelzihuatanejo.com; Paseo las Salinas 50, La Noria; B 140–160 Mex$, DZ/3BZ 320/540 Mex$) Das künstlerisch angehauchte Hostel befindet sich in einer umgebauten, einst baufälligen *bodega* (Lagerraum) auf der anderen Seite der Brücke unweit des Piers von Zihua. Es ist das geistige Kind der hiesigen Künstlerin und Surferin Malinalli. Die bunten Zimmer und Gemeinschaftsbereiche sind mit Malis Originalkunstwerken und mexikanischem Kunsthandwerk geschmückt.

Es gibt eine Gemeinschaftsküche, eine Dachterrasse, Hängematten, eine Waschküche, einen Fahrradverleih und ein Café, in dem man Obst aus der eigenen Plantage im Hof bekommt. Mali spricht mehrere Sprachen und holt ihre Gäste mit ihrem Van vom Flughafen ab. Außerdem veranstaltet sie Surftrips zu Stränden in der Gegend.

Posada Citlali PENSION $$
(☎755-554-20-43; Guerrero 4; EZ/DZ 400/550 Mex$; ❄📶) Die hübsche, ältere Posada in Familienhand gehört zu den besten Unterkünften im Stadtzentrum. Die sauberen, einfachen, gemütlichen, gefliesten Zimmer haben französische Betten und Kabel-TV. Auf der Gemeinschaftsterrasse stehen Schaukelstühle und im Innenhof gibt es einen üppig grünen Garten. Die Pension ist nur ein paar Schritte vom Meer entfernt. Auf der gegenüberliegenden Straßenseite ist das Andy's (S. 598), es kann an den Wochenenden also etwas lauter werden.

Mi Casita PENSION $$
(☎755-554-45-10; Carretera Escénica s/n; EZ/DZ/3BZ/4BZ 500/600/700/800 Mex$; ❄) Auf einem Hügel zwischen der Playa Madera und der Playa La Ropa kauert diese familiengeführte Pension mit blitzsauberen Zimmern, die alle Terrassen mit Hängematten und Blick auf den Ozean haben.

Hotel Avila HOTEL $$
(☎800-832-92-72; www.hotelavila.com.mx; Álvarez 8; DZ 500 Mex$; ❄📶🏊) Diese Unterkunft

unweit der Plaza und jenseits des Hauptstrands bietet ältere, ziemlich große Zimmer mit pastellfarbenen Stuckwänden, Klimaanlage und einem Pool. Der Preis ist o.k. und die Lage ideal, aber dennoch könnte diese Bleibe etwas mehr Liebe vertragen.

Villa Casa Luna CABAÑA $$
(☎ aus den USA 310-272-9022; www.villa-casa-luna.com; Playa La Ropa s/n; DZ 70 US$, Cottage 120 US$, Villa ab 350 US$;) In diesem üppig grünen, von Mauern umschlossenen Anwesen am Südende der Playa La Ropa gibt es drei einzigartige Wohnbereiche, die vom einfachen Doppelzimmer namens „Cabaña Room" bis hin zu einer großen Villa mit mehreren Schlafzimmern und einer grandios gefliesten Designerküche reichen.

In der mittleren Preisklasse liegt die wahrscheinlich hübscheste Wohneinheit von allen: ein gemütliches Studio-Cottage mit eigener kleiner Küche, einem Wohn- und einem Schlafzimmer. Der schöne Pool und der friedliche Garten sind für alle da.

Arena Suites BUNGALOWS $$$
(☎ 755-554-40-87; www.zihuatanejoarenasuites.com; López Mateos s/n; Bungalow ab 750 Mex$; P) Die gepflegten, geräumigen Bungalows mit unschlagbarem Blick und Strandzugang sind zwar nicht besonders schick, haben aber Terrassen mit Strohdach, Hängematten, Zimmersafes und Küchen oder Kochecken. Die neueste Suite hat einen Whirlpool und eine Terrasse mit Blick auf die Playa Madera.

Hotel Zihuatanejo Centro HOTEL $$
(☎ 755-554-53-30; www.zihuacentro.com; Ramirez 2; DZ ab 920 Mex$; P) Diese Unterkunft bietet mehrere Zimmer in der Nähe der Hauptplaza. Es gibt hier nichts Besonderes, und die Zimmer mit Drei-Sterne-Qualität sind etwas überteuert. Obwohl der Fußboden manchmal leicht staubig ist, sind die Zimmer doch an den wichtigen Stellen (will heißen: im Bad und im Bett) sauber.

Villas Naomi HOTEL, APARTMENT $$
(☎ 755-544-73-03; www.villasnaomi.com; Adelita 114; Zi./Suite mit Kochecke 1000/1300 Mex$;) Das Villas Naomi wurde rund um einen schönen, alten Baum gebaut. Es liegt auf halber Strecke zwischen dem Stadtzentrum und der Playa Madera. Die kleinen, weiß getünchten Zimmer haben geflieste Fußböden mit Feldsteinintarsien, Einbauregale, edles Bettzeug, Handtuchablagen aus Bambus und kleine Flachbildfernseher.

Bei einigen Quartieren sind die Kochecken auf der Terrasse. Den hübschen Pool-Bereich schmückt ein (unechter) Wasserfall.

Hotel Irma HOTEL $$$
(☎ 755-554-84-72; www.hotelirma.com.mx; Adelita s/n; Zi. ab 1160 Mex$; P) Irma hat etwas von einem zuverlässigen Verwandten. Wegen der familiären Atmosphäre und des freundlichen Services kommen viele Gäste immer wieder hierher. Das Hotel mit seinen renovierten Zimmern liegt direkt oberhalb der Playa Madera. Von einigen Zimmern hat man einen fantastischen Blick über die Bucht und den riesigen Pool mit Terrasse. In der Nebensaison sind die Preise deutlich niedriger. WLAN gibt's nur in den Gemeinschaftsbereichen, nicht aber in den Zimmern.

La Quinta de Don Andrés GASTHAUS $$$
(☎ 755-554-37-94; www.laquintadedonandres.com; Adelita 11; Zi. ab 1200 Mex$;) Der dunkelorangefarbene Komplex, der einem Lehmziegelbau ähnelt, bietet moderne Zimmer mit Terrakottafußböden, Klimaanlage, Kochecken und kleinen Balkonen mit Blick auf den Pool und das Meer weiter unten. Das Ganze ist nichts Ausgefallenes, das Preis-Leistungs-Verhältnis ist aber recht gut.

★ **Aura del Mar** HOTEL $$$
(☎ 755-554-21-42; www.hotelauradelmar.com; López Mateos s/n; DZ inkl. Frühstück ab 147 US$; @) Die auf eine Klippe gebaute Anlage aus rotem Lehm steht oberhalb der Playa Madera und eignet sich perfekt für ein paar romantische Tage. Die geräumigen Zimmer sind mit traditionellen mexikanischen Möbeln eingerichtet und mit Fliesen und Kunsthandwerksgegenständen geschmückt. Jedes Zimmer verfügt über einen eigenen Balkon mit tollem Meerblick und Hängematte. Eine steile Treppe führt hinunter zum Strand und dem dazugehörigen Bistro del Mar (S. 598), einem der besten Restaurants von Zihua.

Villa Mexicana HOTEL $$$
(☎ 755-554-78-88; www.hotelvillamexicana.com.mx; Playa La Ropa s/n; Zi. inkl. Frühstück ab 1636 Mex$; P@) Die für Kettenhotels typische Sterilität sorgt zwar nicht für Begeisterung, aber die Lage an der Playa La Ropa ist unschlagbar. Außerdem kosten die Zimmer nur einen Bruchteil dessen, was in dem Luxusresort nebenan verlangt wird. Alle 64 gefliesten und mit Stuck verzierten Zimmer haben Kabel-TV, Telefon und einen Safe. Am besten

sind die 18 Zimmer an der Vorderseite mit direktem Blick aufs Meer.

Es gibt außerdem einen beliebten Pool, eine Strandbar und ein Restaurant. WLAN steht nur in der Lobby zur Verfügung.

La Casa Que Canta BOUTIQUEHOTEL **$$$**
(☎800-710-93-45, 755-555-70-00, aus den USA 888-523-5050; www.lacasaquecanta.com; Carretera Escénica s/n; Zi. 395 US$, Suite 475–695 US$; P ❄ 📶 🏊) Das Haus, das singt, ist der Inbegriff von Luxus und Service in Zihuatanejo. Das strohgedeckte Hotel liegt auf den Klippen zwischen der Playa Madera und der Playa La Ropa und bietet exquisit eingerichtete Zimmer, ein Restaurant, ein Spa, ein Fitnesszentrum und Pools.

Aber das Wertvollste am ganzen Hotel ist wahrscheinlich die Ruhe: es gibt weder Fernseher noch Kinder unter 16 Jahren.

Amuleto BOUTIQUEHOTEL **$$$**
(☎755-544-62-22, in den USA 213-280-1037; www.amuleto.net; CarreteraEscénica 9; Zi. ab 400 US$; P ❄ @ 📶 🏊) Das Amuleto ist ein Boutiquehotel hoch in den Hügeln über der Playa La Ropa und verwöhnt seine Gäste mit opulenten, urigen Zimmern, die mit Steinwerk, Keramik und Holz dekoriert sind. Die Privatsuiten haben eigene Swimmingpools und bieten wunderbare Ausblicke. Auch das zugehörige Restaurant ist hervorragend. Mindestaufenthalt drei Nächte.

Essen

Der Bundesstaat Guerrero ist bekannt für seine *pozole,* eine herzhafte Suppe aus Fleisch und Gemüse, die auf den meisten Speisekarten der Stadt steht – besonders am Donnerstag. *Tiritas* (rohe Fischscheibchen, die in roten Zwiebeln, Zitronen oder Limetten und Chilischoten mariniert und mit Crackern und scharfer Sauce serviert werden) sind die Spezialität Zihuas, werden aber nicht überall angeboten – man findet sie an den Imbissständen unweit der Bushaltestellen oder erkundigt sich in den Strand-*enramadas*.

Zihuatanejo Zentrum

Die Meeresfrüchte hier sind frisch und köstlich. Der Paseo del Pescador, der parallel zur Playa Municipal verläuft, ist von vielen beliebten (wenn auch touristischen) Fischrestaurants gesäumt; das Preis-Leistungs-Verhältnis ist jedoch weiter landeinwärts besser. Ein herzhaftes und billiges Frühstück gibt's auf dem **Markt** (Gerichte 30–40Mex$; ⏲7–18 Uhr), der sich an der Ecke Juárez und González befindet. Abends öffnen in der ganzen Stadt Taco-Stände.

Panadería Buen Gusto BÄCKEREI **$**
(Guerrero 11; Gebäck ab 5 Mex$; ⏲8.30–21 Uhr) Eine gute, traditionelle mexikanische Bäckerei im Herzen von Zihua.

Doña Licha MEXIKANISCH **$**
(☎755-554-39-33; Cocos 8; Hauptgerichte 38–85 Mex$; ⏲8–18 Uhr) Dieses Lokal in der Nähe des *mercado* ist für seine mexikanische Hausmannskost, die lockere Atmosphäre und die ausgezeichneten Preise bekannt. Man hat immer die Auswahl zwischen mehreren *comidas corridas* (Festpreismenüs), u.a. gibt es eine leckere Brathähnchenplatte (38 Mex$). Alle Menüs werden mit Reis, Bohnen und hausgemachten Tortillas serviert. Zum Frühstück werden Riesenportionen aufgetischt.

Cenaduría Antelia MEXIKANISCH **$**
(%755-554-30-91;Bravo 14; Hauptgerichte 35–60 Mex$; ⏲8–14 & 17–24 Uhr) Antelias beliebtes und freundliches Lokal serviert seit 1975 leckere *antojitos mexicanos* (mexikanische Snacks) und Desserts. Hier genießt man *tamal de pollo en salsa verde* (Hühnchen-*tamal* in grüner Sauce) oder eine riesige Schale *pozole*; zum Nachtisch gibt's *calabaza con leche* (Kürbis in Milch).

El Arbolito MEXIKANISCH **$$**
(☎755-553-37-00; www.facebook.com/restaurante.elarbolito; Álvarez; Hauptgerichte 59–169 Mex$; ⏲tgl. 14–22 Uhr) Die frischen, stets unterschiedlichen Gerichte werden auf der Backsteinpromenade serviert. Besonders empfehlenswert ist der *pescado al pastor* (119 Mex$). Egal, ob als Taco oder als Tellergericht, der Fisch kommt immer gegrillt mit *pastor*-Sauce, Gemüse, Senf-Vinaigrette, Reis und gegrillten Ananasstücken daher. Auf der Speisekarte stehen u.a. Quesadillas mit frischen, gedünsteten Knoblauchshrimps oder Pasta mit in Butter, Knoblauch und Wein geschwenkten Shrimps.

La Sirena Gorda SEAFOOD **$$**
(Die dicke Meerjungfrau; ☎755-554-26-87; Paseo del Pescador 90; Hauptgerichte 65–220 Mex$; ⏲Do–Di 8.30–22 Uhr) In dem lässigen, beliebten Freiluftrestaurant in der Nähe des Piers gibt's leckere Knoblauch-Shrimps, Currythunfisch und Fisch-Tacos sowie Burger und traditionelle mexikanische Gerichte.

NICHT VERSÄUMEN

ZIHUATANEJO COOKING SCHOOL

Bereit für einen Morgen der kulturellen Begegnung, der guten Speisen und des schlichten Vergnügens? Dann auf zur **Zihuatanejo Cooking School** (☎755-554-39-49; www.patiomexica.com; Ecke Adelita & NS de los Remedios; 2½-stündiger Kurs inkl. einkaufen, kochen & essen). Für die in dieser Kochschule angebotenen Kurse öffnet die schon seit Langem in Zihua lebende Monica Durán Pérez ihre eigene Küche und bringt den Teilnehmern ihre Liebe für die mexikanische Gourmetkultur nahe. Los geht's mit einem Ausflug auf den Markt, um Zutaten zu kaufen, frischen Käse zu kosten, Kräuter kennenzulernen und lokale Delikatessen zu probieren, die man sonst nirgendwo sieht. Zurück in Monicas Hinterhof mahlt man Mais, formt Tortillas, zerhackt Zutaten in einem *molcajete* (traditioneller Mörser mit Stößel) und kocht – abhängig vom Wunsch der Gruppe – eine von sieben verschiedenen Spezialitäten.

Je nach Kurs werden unterschiedliche Gerichte gekocht: *tamales* (*masa* – Maisteig – wird mit Schmalz gemischt, mit gekochtem Fleisch, Fisch oder Gemüse gefüllt, umgeschlagen und gedämpft), *pozole* (eine Suppe oder ein dünner Eintopf aus Maismehl, Fleisch, Gemüse und Chilis), *ceviche* und *tiritas* (rohe Fischscheiben, die in roten Zwiebeln, Zitronen oder Limetten und Chilischoten mariniert und mit Crackern und scharfer Sauce serviert werden), *mole* (eine Art Chilisoße), *chiles rellenos* (mit Fleisch oder Käse gefüllte Chilis) und mexikanische Desserts.

Restaurante Mexicano Any MEXIKANISCH **$$**
(☎755-554-73-73; Ejido 18; Hauptgerichte 55–140 Mex$; ⏲8–1 Uhr) In dem freundlichen, wenn auch überteuerten Restaurant werden traditionelle mexikanische Gerichte unter einem großen *palapa*-Dach serviert. Zu den Highlights gehören köstliche *tamales* und *atoles* (süße, heiße Getränke auf Maisbasis).

Los Braseros MEXIKANISCH **$$**
(☎755-554-87-36; Ejido 14; Hauptgerichte 62–197 Mex$; ⏲8–1 Uhr) Mit 140 Gerichten auf der Speisekarte ist dieses Restaurant ein wundervoller Ort, um Spezialitäten aus ganz Mexiko zu probieren. Für einen schnellen Imbiss auf die Hand holt man sich am Straßentresen ein paar *tacos al pastor* (mit am Spieß gegrilltem Schweinefleisch; je 6 Mex$) oder setzt sich hin und genießt in Ruhe die Spezialität des Hauses: *alambres* – eine leckere Mischung aus gegrilltem Fisch, Fleisch, Gemüse und Käse.

Yolanda SEAFOOD **$$**
(Ecke Morelos & Cuauhtémoc; Hauptgerichte 70–120 Mex$; ⏲10–20 Uhr) Hier werden Austern mit dem Hammer geöffnet, am Straßenrand wird *ceviche* gewürfelt und mariniert, und angetrunkene Boleros und ihre Jungen belagern die Bar auf dem Gehweg und singen ihre zügellosen, nicht erwiderten Lobeshymnen auf eines der zu viel genossenen Biere. Wenn dem Chor dann die Luft ausgegangen ist, springt die Jukebox ein. Dieses Lokal wird nicht ohne Grund Catedral de Mariscos genannt!

El Gabo SEAFOOD **$$**
(Morelos; Hauptgerichte 70–275 Mex$; ⏲11.30–20 Uhr) Das schattige Lokal unweit einer Hauptstraße entspricht nicht unbedingt der gängigen Vorstellung von einem erstklassigen Meeresfrüchterestaurant. Hier treffen sich junge Pärchen, Happy-Hour-Freaks und Leute, die sich nach einem Feierabend-Drink sehnen. Unter einem gefliesten Gewölbedach stehen Tische und Barhocker mit Ledersattel. Auf der Speisekarte finden sich Hummerspieße, Kokos-Shrimps, auf sechs verschiedene Arten zubereiteter Fisch, Austern, Sashimi, Seafood-Cocktails und *ceviche*.

El Murmullo FUSION **$$**
(Ascencio; Gerichte 80–170 Mex$; ⏲Mo–Sa 15–22 Uhr) Tolles, kleines Bistro: Die hübsch gedeckten, mit Kerzen beleuchteten Holztische stehen bis hinaus auf die kopfsteingepflasterte Fußgängerstraße. Aus der Küche kommt alles von Sashimi über Thai-Curry bis hin zu frisch zubereiteter Pasta. Außerdem gibt es in Tequila geschwenkte Shrimps und alle traditionellen mexikanischen Rindfleisch-, Seafood- und Hähnchengerichte.

Das Essen ist gut, aber nicht hervorragend. Aber es ist eine nette Abwechslung vom Alltäglichen, und Service und Atmosphäre sind hier wirklich ganz wunderbar.

Rund um die Bucht

Die Hügelkuppen werden von teuren Restaurants mit tollem Panoramablick dominiert, während es an der Playa La Ropa viele lässige, kerzenbeleuchtete Strandlokale gibt. Günstigere Speisen findet man im aufblühenden „Gastronomie-Ghetto" entlang der Adelita, etwas landeinwärts von der Playa Madera aus.

Las Adelitas MEXIKANISCH **$**
(☎755-112-18-45; Adelita 6; Hauptgerichte 35–85 Mex$; ⏲8–16.30 Uhr) Dieses Café an einer eingesunkenen Plaza (keine Angst, das ist nicht spürbar!) am Fluss serviert Frühstück und Mittagessen. Es gibt mit *sarape*-Decken eingedeckte Tische und viele Stammkunden, die hier morgens *chilaquiles* und Omelett und mittags *tortas*, *chiles rellenos* sowie gebratenen und gegrillten Fisch futtern.

ITA CAFÉ **$**
(Adelita 4; Hauptgerichte 40–110 Mex$; ⏲7.30–22.30 Uhr) In dem stimmungsvollen, von Einheimischen geführten Nachbarschaftscafé gibt's dampfenden Espresso, frisch gepresste Säfte und mexikanisches Frühstück. Auf der Speisekarte stehen auch *chiles rellenos* mit Shrimps, Shrimps in *mole*-Sauce, Burritos mit Wurst und Kartoffeln, Fisch-Quesadillas und noch ein Dutzend weiterer interessanter Leckerbissen.

Patio Mexica FRÜHSTÜCK **$**
(www.patiomexica.com; Ecke Adelita & NS de los Remedios; Hauptgerichte 50–150 Mex$) In diesem lässigen Frühstückslokal kann man den sonnigen Tag mit einem Kürbisblütenomelett und anderen mexikanischen Leckereien beginnen. Das Restaurant wird von Monica Durán Pérez von der Zihuatanejo Cooking School geführt.

★ Paty's Marimar MEXIKANISCH **$$**
(☎755-544-22-13; www.patys-marymar.com; Playa La Ropa; Hauptgerichte 60–220 Mex$; 📶) Das beste Restaurant an der Playa La Ropa serviert so ziemlich alles von gegrilltem Tintenfisch und Schnapper über in Tequila geschwenkte Shrimps bis hin zu Fisch-Fajitas und mehreren schmackhaften Suppen, Salaten und Omeletts. Besonders empfehlenswert sind die *tiritas*.

Man sitzt unter Stroh-Leinen-Sonnenschirmen im Sand, in den Palmen baumeln Rattanlampen. Bedient wird man etwas langsam – aber bei Paty's verbringt man gern viel Zeit.

Rufo's Grill PARRILLA **$$**
(www.rufosgrill.com; Adelita 1; Hauptgerichte 90–140 Mex$; ⏲Sept.–Mai Mo–Sa 18–22 Uhr) Das unprätentiöse Ecklokal mit seiner betonierten Terrasse und dem mit Weihnachtsbeleuchtung geschmückten Bambusdach ist seit eh und je bei Langzeit-Gringos beliebt. Auf der Speisekarte stehen extrem leckeres Grillfleisch und in Kräutern und Olivenöl marinierte Shrimps.

Köstlich gegrilltes Gemüse – rote Paprika, Karotten, Zucchini, Auberginen und Pilze –, das zu jedem Hauptgericht serviert wird, ist eine willkommene Abwechslung zur üblichen Reis- und Bohnenbeilage. Einheimische sind hier jedoch nicht in Massen anzutreffen.

La Perla MEXIKANISCH **$$$**
(☎755-554-27-00; www.laperlarestaurant.net; Playa La Ropa; Hauptgerichte 70–420 Mex$; ⏲11–22 Uhr) In dieser exquisiten Location an der Playa La Ropa wird einem jeder Wunsch von den Augen abgelesen. Zu den besten Gerichten gehören gegrillter Tintenfisch mit Knoblauchbutter, Thunfischsteaks so roh wie gewünscht, mit Shrimps gefüllte oder in Folie gedämpfte Fischfilets und Tacos mit bergeweise Shrimps, Hummer und Hühnchen.

Nachdem man hier gegessen hat, kann man sich in einer der (wenigen) Strand-Lounges noch einen Digestif gönnen.

Il Mare ITALIENISCH, SEAFOOD **$$$**
(☎755-554-90-67; Carretera Escénica 105; Hauptgerichte 145–385 Mex$; ⏲Mo–Sa 12–22, So 17–22 Uhr) Ein romantisches italienisches Restaurant mit grandiosem Blick aus der Vogelperspektive auf die Bucht. Das Il Mare ist bekannt für seine mediterrane Pasta und Seafood-Spezialitäten, u.a. für seinen frischen *insalata di mare* (marinierter Meeresfrüchtesalat) mit Kalmar, Tintenfisch und in Olivenöl und Limettensaft marinierte Shrimps. Und wie wär's dazu mit einem leckeren Tropfen aus Spanien, Italien, Frankreich oder Argentinien?

La Gula FUSION **$$$**
(☎755-554-83-96; www.restaurantelagula.com; Adelita 8; Hauptgerichte 160–230 Mex$; ⏲Mo–Sa 17–23 Uhr) Dieses Restaurant punktet mit seinen wunderschön präsentierten kreativen Speisen. Die Gerichte heißen z.B. *mosaico mexicano* (in Tequila, Pfefferkörnern und Dill mariniertes Fisch-Carpaccio mit Avocado-Mousse) oder *eclipse de sol* (Shrimps-Medallions mit Schinkenspeck und *pasilla*-Chili-Sauce). Die Atmosphäre auf der luftigen Terrasse im Obergeschoss wäre schöner, wenn nicht die ganze Zeit so furchtbare Musik laufen würde.

Restaurant Kau-Kan INTERNATIONAL **$$$**
(755-554-84-46; www.casakaukan.com; Carretera Escénica 7; Hauptgerichte 180–380 Mex$; 17–24 Uhr) Hoch auf den Klippen liegt dieses berühmte Gourmetrestaurant mit einer Terrasse im Kerzenschein, die einen faszinierenden Ausblick bietet. Auf der Speisekarte stehen Gerichte wie Stachelrochen in schwarzer Buttersauce oder gegrillte Lammkoteletts mit Dauphinkartoffeln und Minzsauce.

Bistro del Mar FUSION **$$$**
(755-554-21-42; www.hotelauradelmar.com/en/bistro.html; Playa Madera s/n; Hauptgerichte 175–280 Mex$; 7–23 Uhr) Mit seinem auffälligen Segeldach über kerzenbeleuchteten Tischen und seiner Fusion-Küche aus lateinamerikanischen, europäischen und asiatischen Kochstilen ist dieses Strandbistro ein romantisches Paradies. Einigen mag das Drumherum missfallen, aber die *nuovo* mexikanische Küche macht das wieder wett.

Empfehlenswert ist das frische Schnapper-Filet mit *huitlacoche* (Maisbrand, der in Mexiko als eine Art Delikatesse angesehen wird) und gebratener Banane. Das alles wird auf einem Bett aus Linsen und in einem Bad aus *mole*-Sauce serviert. Köstlich!

Ausgehen & Unterhaltung

Im Zentrum von Zihua gibt's die üblichen Bars, die zwei Biere oder Margaritas zum Preis von einem anbieten. An den Wochenenden werden Livemusik und Bässe zum Abtanzen geboten. Im Großen und Ganzen geht es in Zihuatanejo aber bodenständig, ruhig und gelassen zu.

Andy's CANTINA
(Guerrero; Di–So 18.30–3 Uhr) Coole, neue *cantina* mit zwei Räumen und Steinfußböden. In dem vorderen Raum befindet sich eine Bar, im hinteren eine Plattform für den DJ, eine Tanzfläche und noch eine Bar. Überall gibt's dicke, lehmartige Wände, Bambussparren und Lounges. An den Wochenenden ist hier Hochbetrieb.

Temptation LIVEMUSIK
(755-554-11-29; Ecke Bravo & Guerrero; Fr & Sa 21.30–4 Uhr) Der neue Club (früher war hier das Black Bull Rodeo) ist der Disko auf einem Kreuzfahrtschiff nachempfunden. Die Tanzfläche wird von unten angeleuchtet, in der Mitte befindet sich eine Bar, es gibt die obligatorische Diskokugel und rote Vinylséparées sowie Sitzmöglichkeiten im Erdgeschoss und dem Zwischengeschoss darüber. Die DJs legen Cumbia, Merengue, Salsa, Electronica und Reggae auf.

Bandido's LIVEMUSIK
(755-553-80-72; www.bandidosdezihua.com; 5 de Mayo No 8; Fr & Sa 22.30 Uhr–open end) Donnerstags, freitags und samstags öffnet dieses mexikanische Restaurant mit seinen blutroten Lederstühlen, in denen man wunderbar relaxen und Leute beobachten kann, seine Türen für Nächte mit Live-Salsa und -Cumbia sowie DJs, die an den Wochenenden einen Sound-Mix präsentieren.

Cine Paraíso KINO
(755-554-23-18; Ecke Cuauhtémoc & Bravo; Eintritt 40 Mex$; Filmvorführungen 16.40, 19, 20, 21 & 21.10 Uhr) Es werden jeden Abend drei Filme gezeigt, meist auf Englisch mit spanischen Untertiteln.

Shoppen

In Zihua kann man überall mexikanisches Kunsthandwerk kaufen, u.a Keramik, Kleidung, Lederarbeiten, Taxco-Silber, Holzschnitzereien und Masken aus Guerrero.

Ein paar Läden in der Cuauhtémoc verkaufen Taxco-Silber. **Alberto's** (755-554-21-61; Cuauhtémoc 12 & 15) und **Pancho's** (75-5554-5230; Cuauhtémoc 11) haben die beste Auswahl von Qualitätsschmuck.

La Zapoteca KUNSTHANDWERK
(Paseo del Pescador; 10–18 Uhr) Wer sich für Handgewebtes – *sarapes,* Teppiche oder Hängematten – interessiert, wird in diesem hervorragenden Laden inmitten all der anderen Kunsthandwerksgeschäfte in der Nähe des Fischereihafens seine wahre Freude haben.

El Jumil KUNSTHANDWERK
(755-554-61-91; Paseo del Pescador 9; Mo–Sa 9–22 Uhr) Dieses Geschäft ist auf Masken spezialisiert – ein bekanntes traditionelles Kunsthandwerk aus Guerrero.

El Embarcadero BEKLEIDUNG
(Paseo del Pescador 9; Mo–Sa 9–22 Uhr) Stickarbeiten, Textilien und Kleidung aus handgewebten Stoffen aus den Bundesstaaten Guerrero, Oaxaca, Michoacán und anderen Nachbarstaaten.

Mercado Turístico La Marina MARKT
(5 de Mayo s/n; 8–21 Uhr) Hier gibt's zahlreiche Stände, die Kleidung, Taschen und Schnickschnack verkaufen.

Praktische Informationen

GELD

In Zihuatanejo gibt es viele Banken und *casas de cambio*, in denen man US Dollar wechseln kann. Die folgenden Banken haben Geldautomaten.

Banamex (Ecke Ejido & Guerrero)

Bancomer (Ecke Juárez & Bravo)

Banorte (Ecke Juárez & Ejido)

INTERNETZUGANG

Zihuatanejo hat unzählige Internetcafés, auch die meisten Restaurants und Hotels bieten kostenloses WLAN an.

NOTFALL

Notfall (☎ 060)

Krankenhaus (☎ 755-554-36-50; Morelos) Auf halber Strecke zwischen Post und Busbahnhof.

Touristenpolizei (☎ 755-554-20-40; Álvarez) Neben dem Basketballplatz.

POST

Post (⊙ Mo–Fr 8–18, Sa 8–12 Uhr) Hinter dem gelben Coppel-Kaufhaus unweit der Morelos.

TOURISTENINFORMATION

Touristeninformation (☎ 755-554-20-01; turismozihixt@hotmail.com; Pier; ⊙ Mo–Fr 10–18 Uhr) In dieser Touristeninformation am Ende des Piers von Zihuatanejo sind selbst dann Broschüren und Karten erhältlich, wenn das Büro in der Nebensaison nicht besetzt ist.

An- & Weiterreise

AUTO & MOTORRAD

Am Flughafen gibt's mehrere Autovermieter, von denen die meisten auch Filialen in Ixtapa haben.

Alamo (☎ 755-553-02-06; www.alamomexico.com.mx) Flughafen (☎ 755-554-84-29; Airport); Ixtapa (☎ 755-553-02-06; Centro Comercial Los Patios)

Europcar (☎ 755-553-71-58; www.europcar.com.mx) Flughafen (☎ 755-553-71-58; Airport); Ixtapa (☎ 755-544-82-56; Paseo Ixtapa, Local 2)

Green Motion (☎ 755-553-03-97; www.greenmotion.com) Flughafen (☎ 755-554-48-37; Airport); Ixtapa (☎ 755-553-03-97; Blvd Ixtapa s/n, Plaza Ambientes)

Hertz (☎ 755-554-29-52; www.hertz.com; Flughafen)

Thrifty (☎ 755-553-30-19; www.thrifty.com) Flughafen (☎ 755-553-70-20; Airport); Ixtapa (☎ 755-553-30-19; Hotel Barceló, Blvd Ixtapa)

BUS

Die beiden Fernbusbahnhöfe befinden sich am Hwy 200, ca. 2 km nordöstlich des Stadtzentrums (in Richtung Flughafen). Der **Estrella-Blanca-Busbahnhof** (EB), der auch als Central de Autobuses bekannt ist, liegt einen Block östlich des kleineren **Estrella-de-Oro-Busbahnhofs** (EDO). Ersterer wird auch von einigen kleineren Busunternehmen wie u. a. Autovías und Costa Line angefahren.

FLUGZEUG

Der **Ixtapa-Zihuatanejo International Airport** (☎ 755-554-20-70; www.oma.aero/es/aeropuertos/zihuatanejo; Carretera Nacional) liegt 13 km südöstlich von Zihuatanejo, ein paar Kilometer neben dem Hwy 200 in Richtung Acapulco.

Die folgenden Fluggesellschaften bedienen diesen Flughafen:

Aeroméxico (www.aeromexico.com) Flughafen (☎ 755-554-26-34, 755-554-22-37; www.aeromexico.com; Flughafen); Zihuatanejo (☎ Durchwahl 1, 755-554-20-18; www.aeromexico.com; Álvarez 42) Flüge nach Mexico City mit vielen Anschlussflügen in andere Städte.

Aeromar (☎ 755-553-70-12; www.aeromar.com.mx; Flughafen) Direktflüge nach Mexico City.

BUSSE AB ZIHUATANEJO

ZIEL	PREIS (MEX$)	DAUER (STD.)	HÄUFIGKEIT (TGL.)
Acapulco	182	4–5	EB & EDO sehr oft
Lázaro Cárdenas	105	1½–2	EB & EDO stündl.
Manzanillo	561	8–9	EB 20.50 Uhr
Mexico City (Terminal Sur)	661–675	8–10	EDO 7.20 Uhr, EB 12 Uhr, EB & EDO regelm. Nachtbusse
Mexico City (Terminal Norte)	661–675	9–10	18.45 & 23.36 uhr
Mexico City (Poniente)	661	8–9	EB 4-mal
Morelia	390–445	5	EB 4–8-mal
Puerto Vallarta	861	13–14	EB 20.40 Uhr

Interjet (☎755-553-70-02; www.interjet.com.mx; Flughafen) Direktflüge nach Mexico City und Toluca.

Unterwegs vor Ort

BUS & COLECTIVO

Um das Zentrum von Zihua oder Ixtapa von Zihuas Fernbusbahnhöfen aus zu erreichen, überquert man den Hwy 200 auf der Fußgängerüberführung, die gegenüber des Estrella-Blanca-Terminals beginnt, und achtet auf die Ausschilderungen. Die Busse ins Zentrum halten am Ende der Überführung. Die Haltestelle für die Busse nach Ixtapa ist weiter westlich am Hwy 200.

Um vom Zentrum Zihuas zu den Busbahnhöfen zu gelangen, nimmt man einen der Busse mit der Route „La Correa" (6 Mex$, 10 Min.), die von 5.30 bis 21.30 Uhr regelmäßig von der Ecke Juárez und Nava abfahren.

Die Busse mit dem Ziel „Playa La Ropa" starten von 7 bis 20 Uhr jede halbe Stunde. Sie fahren die Juárez entlang nach Süden bis zur Playa La Ropa (7 Mex$).

„Coacoyul"-*colectivos* zur Playa Larga starten von 5 bis 22 Uhr alle fünf Minuten an der Juárez, unweit der Ecke González (8 Mex$, 15 Min.).

VOM/ZUM FLUGHAFEN

Die preiswerteste Möglichkeit, vom Flughafen in die Stadt und zurück zu gelangen, ist mit einem der öffentlichen *colectivo*-Vans mit der Beschriftung „Aeropuerto" (10 Mex$). Sie fahren zwischen 6 und 22 Uhr von der Juárez, unweit der González, ab, halten unterwegs häufig und setzen einen vor dem Tor zum Flughafen ab. *Colectivo*-Taxis sind eine direktere und bequemere Option für ankommende Passagiere: Sie fahren einen für 120 Mex$ pro Person nach Ixtapa oder Zihua. Private Taxis vom Flughafen nach Ixtapa oder Zihua kosten 365 Mex$. Zurück zum Flughafen berechnen sie allerdings nur etwa 120 Mex$.

TAXI

Es gibt viele Taxis in Zihuatanejo. Den Preis immer vor dem Einsteigen aushandeln! Vom Zentrum zahlt man 80 Mex$ nach Ixtapa, 45 Mex$ zur Playa La Ropa, 140 bis 160 Mex$ zur Playa Larga und 25 Mex$ zum Estrella-Blanca-Busbahnhof.

SÜDLICH VON IXTAPA & ZIHUATANEJO

Barra de Potosí

☎755 / 400 EW.

Etwa 26 km südöstlich von Zihuatanejo befindet sich am Ende des endlos erscheinenden, palmengesäumten, weißen Sandstrands Playa Larga das kleine Fischerdorf Barra de Potosí. Es liegt am Rand der brackigen **Laguna de Potosí**. In dieser ca. 6,5 km langen Salzwasserlagune leben Hunderte Vogelarten, z.B. Reiher, Eisvögel, Kormorane und Pelikane.

So ziemlich jede Fischerfamilie, die im Dorf eine *enramada* besitzt, bietet zum Standardpreis von 200 Mex$ 90-minütige Bootstouren durch die Lagune an. Unterwegs trifft man bestimmt das eine oder andere Krokodil. **Antonio Orregon** (☎755-557-22-01) vom Restaurante Rosita ist ein guter Führer, der auch vierstündige Schnorchel- und Angelausflüge (1500 Mex$) veranstaltet. Die Trips führen u.a. zu den beeindruckenden **Morros de Potosí**. Diese massive, von Guano bedeckte Felsformation liegt etwa 20 Minuten vor der Küste. Die Boote umrunden die Morros, unterwegs kann man die vielen hier nistenden Seevögel beobachten. Am Ende geht's dann noch zum Schnorcheln an die ganz in der Nähe gelegene **Playa Manzanillo**. Im Preis enthalten sind kalte Getränke wie Kokosmilch, Mineralwasser und Bier.

El Refugio de Potosí (☎755-100-07-43; www.elrefugiodepotosi.org; Erw./Kind 60/30 Mex$; ⌚Mo, Do & So 10–17.30 Uhr) ist ein erst kürzlich eröffnetes Naturzentrum, das nördlich der Stadt direkt landeinwärts vom Strand liegt. Hier werden verletzte Wildtiere gesund gepflegt, Schmetterlinge und Papageien gezüchtet und umweltrelevante Bildungsprogramme in den örtlichen Schulen durchgeführt. Bei einem 30-minütigen Rundgang mit hervorragenden zweisprachigen Führern kann man Stachelschweine streicheln, Schlangen und Vogelspinnen in die Hand nehmen, Wal- und Krokodilskelette untersuchen und zahlreiche Tiere beobachten, u.a. Papageien, Kolibris, Gürteltiere und einen Jaguarundi (lokale Wildkatze). Außerdem gibt es einen 15 m hohen Aussichtsturm mit fantastischem Blick auf die Lagunen, die palmengesäumten Strände, die Morros de Potosí und den offenen Ozean. Zum Zeitpunkt der Recherchen war das Zentrum wegen Umbauarbeiten geschlossen, sollte aber in der Zwischenzeit wieder seine Pforten geöffnet haben.

Schlafen & Essen

Im Ort gibt's eine Handvoll Gästehäuser; der Strand ist von Meeresfrüchte-*enramadas* gesäumt.

Casa del Encanto B&B $$
(Handy 755-1246122; www.lacasadelencanto.com; DZ inkl. Frühstück 70–100 US$;) Nichts kann den unkonventionellen Charme dieses magischen Ortes schlagen, wo man einen authentischen Einblick in das Leben einer hiesigen Gemeinde erhält. Das B&B an einer von Einheimischen bewohnten Straße, etwa 300 m landeinwärts vom Strand gelegen, bietet wunderbar bunte Open-Air-Räume, Hängematten, Springbrunnen und kerzenbeleuchtete Treppenaufgänge. Morgens wird man von krähenden Hähnen geweckt, und im zentralen Hof wird ein leckeres Frühstück serviert. Die Besitzerin, eine US-amerikanische Immigrantin namens Laura, hat viele Jahre lang Volontäre aus aller Welt hierher gebracht, die mit den Schulkindern der Umgebung gearbeitet haben. Sie ist eine großartige Informationsquelle für alle möglichen Belange: Egal ob man die Stadt kennenlernen, lokale Guides finden oder Abendlokale in versteckten Seitenstraßen aufspüren will, man muss sie nur ansprechen. Sie informiert ihre Gäste auch über lokale Feste und Events.

La Condesa SEAFOOD $$
(Hauptgerichte 80–130 Mex$; 11 Uhr–Sonnenuntergang) Die nördlichste der Strand-*enramadas* ist eines der besten Restaurants der Region. Wir empfehlen *pescado a la talla* (gegrillte Fischfilets) oder *tiritas* – beides sind lokale Spezialitäten –, und auch die würzigen hausgemachten Tortillas sollte man nicht verpassen.

An- & Weiterreise

Wer mit dem Auto von Zihuatanejo aus anreist, folgt dem Hwy 200 nach Südosten gen Acapulco. Die gut ausgeschilderte Abfahrt befindet sich in der Nähe von Km 225 gleich südlich der Brücke über den Los Achotes; dann fährt man noch weitere 9 km bis nach Barra de Potosí.

Wer mit öffentlichen Verkehrsmitteln reist, nimmt zunächst einen Bus nach Petatlán. Die Busse starten von beiden Hauptterminals Zihuas oder von der Haltestelle ein paar Blocks östlich von Zihuas Markt. Man bittet den Fahrer, einen an der Kreuzung nach Barra de Potosí abzusetzen. Für die restliche Strecke nimmt man eine *camioneta* (Pick-up). Die komplette Fahrt dauert 90 Minuten und kostet rund 35 Mex$.

Soledad de Maciel

755 / 380 EW.

Das winzige Dorf Soledad de Maciel wird von den Einheimischen auch „La Chole" genannt. Es liegt auf den Ruinen der größten und bedeutendsten archäologischen Stätte des Bundesstaats. Seit Beginn der Ausgrabungsarbeiten im Jahr 2007 haben die Archäologen eine Plaza, einen Ballspielplatz und drei Pyramiden entdeckt. Eine der Pyramiden war einst von fünf Tempeln gekrönt. Die alten Gebäude sind das Erbe vorspanischer Kulturen wie der Tepoztecos, Cuitlatecos und Tomiles.

Ein Stück landeinwärts von den Ruinen befindet sich ein **Museum** (www.soledaddemaciel.com; Di–So 8–17 Uhr) mit drei Räumen voller Ausstellungsstücke, die auf Spanisch beschriftet sind und die die archäologischen Funde in einen größeren historischen Kontext setzen. Das bedeutendste regionale Artefakt ist der Chole-König, eine 1,5 m große Statue, die die Götter des Lebens und des Todes zeigt. Sie steht im Hof der Dorfkirche.

Soledad de Maciel liegt 33 km südöstlich von Zihuatanejo abseits des Hwy 200. Von der gut ausgeschilderten Abzweigung bei Km 214 führt eine sehr holprige Straße 5 km in Richtung Küste zum Museum; von hier aus läuft sie noch 1 km weiter bis zur Ausgrabungsstätte und zum Dorf. Man gelangt mit jedem Bus nach Süden in Richtung Petatlán oder Acapulco hierher; einfach den Fahrer darum bitten, einen an der Kreuzung nach „La Chole" abzusetzen; dort kann man in ein *camioneta* springen, das ins Dorf fährt.

PIE DE LA CUESTA

744 / 820 EW.

Pie de la Cuesta liegt nur 10 km, aber gefühlte 100 Jahre von Acapulco entfernt. Der ruhige, urige Küstenort wartet mit ein paar großartigen Pensionen und Seafood-Restaurants auf. Berühmt geworden ist Pie de la Cuesta aber wegen der Kombination aus spektakulären Sonnenuntergängen, die man vom breiten Strand aus bewundern kann, und roten Sonnenaufgängen über der Lagune. Der Ort liegt auf einem schmalen, 2 km langen Landstreifen zwischen dem Pazifik und der Laguna de Coyuca (wo *Rambo II – Der Auftrag* mit Sylvester Stallone gedreht wurde). In der großen Süßwasserlagune gibt's mehrere Inseln, u.a. die Isla Pájaros, ein Vogelschutzgebiet. Im Vergleich zu Acapulco ist Pie de la Cuesta wesentlich ruhiger, preiswerter und naturnaher, und die Sehenswürdigkeiten und Nachtclubs der Großstadt liegen trotzdem in angenehmer Reichweite.

In der Zeit nach dem Hurrikan (s. Kasten S. 616) war die hiesige Luftwaffenbasis die einzige noch benutzbare Start- und Landebahn. So konnten eine Luftbrücke zwischen Acapulco und Mexico City hergestellt und Rettungsmaßnahmen durchgeführt werden. Als der Sturm seinen Höhepunkt erreichte, flog das Militär den ganzen Tag lang Touristen aus Acapulcos Hexenkessel Diamente in andere Regionen.

Aktivitäten

Die Brandung an der schroffen, steilen Küste eignet sich gut zum Bodysurfen. Im Dezember aber, wenn die Wellen höher als 3 m sind, wird dieser Ort zum Surfertreff. Wegen der starken Strömung und hohen Wellen ist es nicht ungefährlich, hier zu schwimmen. **Xentral** (☎774-131-30-87; SUPs/Bodyboards & Kajaks 150/200 Mex$ pro Tag) verleiht Bodyboards, Stehpaddelbretter (SUPs) und Kajaks.

Beliebte Freizeitaktivitäten in der Lagune sind Wasserskifahren und Wakeboarden. An der Hauptstraße gibt es mehrere Wasserskiclubs, die alle zwischen 700 und 800 Mex$ pro Stunde berechnen. Dazu gehören der **Club de Ski Tres Marías** (☎744-460-00-13, 744-460-00-11; www.tresmariasacapulco.com; Fuerza Aérea 375) und der **Club de Ski Chuy** (☎744-460-11-04).

Mehrere Anbieter organisieren **Bootstouren** durch die Lagune (ab 100 Mex$/Pers.). An der Hauptstraße und unten an der Bootsrampe am Südostende der Lagune warten ungeduldige Kapitäne auf Kunden.

Reitausflüge am Strand kosten um die 200 Mex$ pro Stunde. Man kann sie im Hotel oder direkt bei den Gauchos am Strand buchen.

Schlafen

Villa Nirvana HOTEL $$
(☎744-460-16-31; www.lavillanirvana.com; Av de la Fuerza Aérea 302; Zi. 475–1050 Mex$; P) Die freundlichen amerikanischen Besitzer der Villa Nirvana haben das schöne Anwesen liebevoll gestaltet. Es gibt eine gute Auswahl einfacher, komfortabler Unterkünfte, die sich um einen zentralen Garten mit Pool herum aneinanderreihen. Die teuersten Zimmer sind im Obergeschoss. Sie sind größer, haben Terrassen mit Meerblick und extrabreite Hängematten.

Quinta Erika B&B $$
(☎744-444-41-31; www.quintaerika.com; Carretera Barra de Coyuca Km 8,5; EZ/DZ inkl. Frühstück 50/55 US$, 4-Pers.-Bungalow 120 US$; P @) Das versteckt gelegene, einer Dschungel-Lodge ähnelnde Quinta Erika befindet sich 8 km nordöstlich des Ortes und ist zehn Gehminuten von der letzten Bushaltestelle in Playa Luces entfernt. Die sechs farbenfrohen Zimmer und ein Bungalow sind mit geschmackvollen Möbeln eingerichtet und mit traditionellen mexikanischen Kunsthandwerksartikeln dekoriert.

Auf dem 2 ha großen Anwesen an einer Lagune stehen mehr als 200 Palmen und tropische Obstbäume. Die Unterkunft punktet außerdem mit fantastischem Frühstück, einem Kajakverleih, einem hübsch dekorierten Pool, einer Dusche unter freiem Himmel, einem spektakulären Blick über die Lagune und im Obergeschoss mit einem Lounge-Bereich samt Hängematten.

Hacienda Vayma Beach Club HOTEL $$
(☎744-460-28-82; www.vayma.com.mx; Calz Pie de la Cuesta 378; Zi. 1050 Mex$, Suite 2000 Mex$; P) Das lockere Hotel hat einen wundervollen Strand mit privaten *cabañas* und Lounge-Sesseln für zwei sowie einen großen Pool mit Bar. Es gibt eine gute Zimmerauswahl: Man kann günstig in kleineren Budgetwohneinheiten mit Kaltwasseranschluss wohnen oder aber teuer in einer Suite mit Warmwasser, Klimaanlage und Whirlpool residieren.

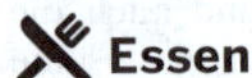
Essen

Quinta Rosita MEXIKANISCH, SEAFOOD $$
(Playa Pie de la Cuesta; Hauptgerichte 50–120 Mex$; 9–22 Uhr) In diesem Strandlokal kann man seine Geschmacksknospen mit Shrimps auf sechserlei Art verwöhnen und sich gleichzeitig die frische Ozeanbrise um die Nase wehen lassen. Sonntags gibt's u.a. Paella, Fisch à la Veracruz und hausgemachten Schweineschmortopf.

Restaurant Tres Marías SEAFOOD, MEXIKANISCH $$
(Fuerza Aérea s/n; Hauptgerichte 80–120 Mex$; 8–19 Uhr) Die beiden separaten Restaurants mit identischen Namen und Öffnungszeiten liegen einander gegenüber an der Hauptstraße und werden von zwei Schwestern geführt. Das dem Meer zugewandte Lokal serviert köstliche *huachinango al mojo de ajo* (Roter Schnapper mit Knoblauch). Wer einen Tisch am Strand wählt, darf seine eigenen Getränke mitbringen.

Das andere Restaurant an der Lagune unter einem riesigen Strohdach ist für sei-

WIE KOMMT DER KETCHUP IN MEIN CEVICHE?

Streng genommen ist *ceviche* ein kalter Salat aus Fisch, der in Streifen und Stücke geschnitten in Limettensaft zusammen mit roten Zwiebeln, Koriander, Chili, Salz und anderen Zutaten – je nach Geschmack – „gegart" wird. An der ganzen Pazifikküste findet man Restaurants, die mit Shrimps-*ceviche* oder einem *ceviche*-Mix aus Jakobsmuscheln, Tintenfisch, Shrimps und Fisch werben. Puristen wird es schütteln, aber die Zubereitung ist im Großen und Ganzen immer die gleiche – die Meeresfrüchte werden mit Sicherheit keine Flamme sehen. Egal – *ceviche* wird je nach Wunsch als *tostada* (Snack), in einem Glas mit Löffel (leichte Mahlzeit) oder als Tellergericht mit *tostadas*-Beilagen (richtige Mahlzeit) serviert. Aber Achtung: In Guererro wird *ceviche* mit einer speziellen Zutat, die als Industrieketchup bekannt ist, zubereitet. Ob es als Affront gegen den Fisch, der für die menschlichen Gaumenfreunden sein Leben lassen musste, anzusehen ist, muss jeder mit sich selbst ausmachen. Fakt ist aber, dass man in Guerrero kein *ceviche* bestellen sollte, sondern stattdessen *tiritas* (aromatisch gewürzte, dünne, in Zitronensaft, Chili und Zwiebeln marinierte Fischstückchen).

ne nordamerikanischen Frühstücksgerichte bekannt. Der Service ist in beiden Lokalen manchmal etwas nachlässig.

Baxar BISTRO **$$**
(☎744-460-25-02; www.baxar.com.mx; Playa Pie de la Cuesta; Hauptgerichte 65–159 Mex$; ⏲8–20 Uhr) Dieses knallig pinkfarbene Gasthaus und Bistro am Strand serviert Standardgerichte wie *ceviche* und *cocteles,* Bratfisch in Kokosmilch und schmackhafte Shrimps-Tacos mit gedämpftem Gemüse in gegrillten *taquitos.* Alle Gerichte werden mit Fantasie und Liebe zubereitet.

Im Angebot sind auch 21 tolle, kleine Suiten (*966–1799 Mex$*) mit qualitativ hochwertigen Keramikfliesen, tiefen Sitzecken, französischen Betten und geschmackvollen Rattanlampen.

ℹ Praktische Informationen

Pie de la Cuestas lange Hauptstraße (auch als Avenida de la Fuerza Aérea Mexicana und Calzada Pie de la Cuesta bekannt) führt durch den ganzen Ort, vorbei an einer Luftwaffenbasis und bis zur Playa Luces. Alle Pensionen bieten WLAN an. Im Ort sind eine Apotheke, Telefonzellen und ein paar *minisúper*-Lebensmittelgeschäfte vorhanden. Alles andere gibt's in Acapulco.

ℹ An- & Weiterreise

Wer aus Acapulco anreist, nimmt den „Pie de la Cuesta"-Bus, der an der La Costera gegenüber von der Post abfährt. Die Busse starten von 6 bis ca. 20 Uhr alle 15 Minuten; eine Fahrt kostet 7 Mex$ und dauert je nach Verkehrsaufkommen 30 bis 90 Minuten – an schlechten Tagen bricht der Verkehr in Acapulco vollständig zusammen.

Busse aus Acapulco mit der Beschriftung „Pie de la Cuesta–San Isidro" oder „Pie de la Cuesta–Pedregoso" halten an der Gabelung des Hwy 200, sodass man noch einen weiten Fußweg in die Stadt hat. Die praktischeren „Pie de la Cuesta–Playa Luces"-Busse biegen vom Highway ab und folgen der Hauptstraße von Pie de la Cuesta 6 km durch den Ort bis zur Playa Luces. Die Endhaltestelle ist direkt vor der Quinta Erika.

Colectivo-Taxis nach Pie de la Cuesta verkehren rund um die Uhr auf der La Costera und in Acapulcos Altstadt (13 Mex$). Ein normales Taxi von Acapulco aus kostet je nach Verhandlungsgeschick, Tageszeit und Startpunkt zwischen 100 und 150 Mex$ pro Strecke. Für die Taxifahrt zum Flughafen muss man zwischen 450 und 500 Mex$ hinblättern.

ACAPULCO

☎744 / 780 000 EW.

Vor Cancún und Ixtapa war Acapulco die Partystadt Mexikos. Mit ihrer überwältigenden Landschaft, ihren Klippen an großen, breiten und kleinen, traulichen Buchten mit perlmuttfarbenen Stränden vor üppig grünen Hügeln und dem niemals endenden Nachtleben wurde die Stadt schnell zur „Perle des Pazifiks". In Blütezeiten war Acapulco ein Tummelplatz der Reichen und Berühmten wie Frank Sinatra, Elvis Presley, Elizabeth Taylor und Judy Garland. John F. Kennedy und seine Frau Jacqueline verbrachten hier ihre Flitterwochen. Unsterblich wurde die Stadt dann durch Filme wie Elvis Presleys *Acapulco* und die Fernsehserie *Love Boat.*

Die Landschaft hat sich nicht geändert, und Acapulco ist so prachtvoll wie eh und je, wenn auch übermäßig erschlossen. Und der Ruf der Stadt hat durch die jahrelangen ge-

Großraum Acapulco

walttätigen Zwischenfälle und anhaltenden Drogenkriege in den Straßen stark gelitten. Es sollen sogar Köpfe gerollt sein (Details erfährt man von jedem Taxifahrer). Es kamen immer weniger Touristen, und viele Menschen verloren ihre Jobs. Fakt ist aber, dass es in der Stadt keine Gewalt mehr gibt. Acapulco ist nicht nur sicher, sondern hat auch wunderbar ruhige Fleckchen: romantische Restaurants, die sich an Klippen schmiegen, ein beeindruckendes Fort aus dem 17. Jh., einen botanischen Garten von Weltklasse und einen reizenden, schattigen *zócalo* (Plaza) in der Altstadt. Und wer genug von den Menschenmassen hat, kann einen Ausflug zu abgelegenen Stränden und Dörfern wie Pie de la Cuesta unternehmen. Aber leider ist Acapulco noch immer vom Pech verfolgt. Die letzte Herausforderung waren der Hurrikan Manuel und die Überschwemmungen im September 2013 (s. Kasten S. 616).

Acapulco liegt am Rand der 11 km langen Bahía de Acapulco (Bucht von Acapulco). Die Altstadt, die sich um die Kathedrale und den angrenzenden *zócalo* herum ausbreitet, nimmt den Westteil der Stadt ein; Acapulco Dorado erstreckt sich ab der Playa Hornos entlang der Bucht gen Osten bis zur Playa Icacos; Acapulco Diamante ist ein Luxusresort neueren Datums südöstlich vom eigentlichen Acapulco zwischen der Bahía de Acapulco und dem Flughafen.

Acapulcos Hauptuferpromenade ist die Avenida Costera Miguel Alemán. Sie wird oft auch nur „La Costera" genannt und verläuft entlang der ganzen Bucht. Hinter dem Marinestützpunkt wird aus der La Costera die Carretera Escénica, die nach 9 km (an der Abzweigung nach Puerto Marqués) in den Hwy 200 mündet. Der Hwy 200 führt dann weiter nach Südosten, vorbei an der schillernden Playa Revolcadero bis zum Flughafen.

Sehenswertes

Die meisten Hotels, Restaurants, Diskos und Sehenswürdigkeiten von Acapulco befinden

sich auf oder unweit der La Costera, vor allem im mittleren Bereich beim Kreisverkehr **La Diana** (Diana Circle, Karte S. 608). Hinter dem Militärstützpunkt wird aus der La Costera die Carretera Escénica; nach 9 km mündet sie an der Abzweigung nach Puerto Marqués in die Hauptader des Hwy 200. Der verläuft dann weiter in Richtung Südosten, vorbei an der schillernden Playa Revolcadero, bis zum Flughafen.

Strände STRAND

Acapulcos Strände stehen auf der To-Do-Liste der meisten Besucher ganz oben. Die Strände, die vom *zócalo* in Richtung Osten um die Bucht verlaufen – **Playa Hornos**, **Playa Hornitos**, **Playa Condesa** und **Playa Icacos** – sind am beliebtesten. Am Westende der Playa Hornos liegt aber manchmal der Geruch von Fisch in der Luft, der von den morgendlichen Fängen der Fischer herüberweht. Das hoch aufsteigende Hotelviertel beginnt an der Playa Hornitos, an der Ostseite des Parque Papagayo, und erstreckt sich Richtung Osten. Auf der La Costera fahren regelmäßig Stadtbusse, mit denen man den langen Strandbogen problemlos erkunden kann.

Die **Playas Caleta** und **Caletilla** sind zwei kleine, geschützte Strände, die an der Südseite der Península de las Playas in einer kleinen Bucht zusammentreffen. Beide sind von zahlreichen Meeresfrüchte-*palapas* gesäumt. Da das Wasser hier sehr ruhig ist, sind die Strände besonders bei Familien mit kleinen Kindern beliebt, obwohl sie nicht besonders sauber sind, da es sich um einen *panga*-Hafen handelt. Hier halten alle Busse mit der Beschriftung „Caleta", die die La Costera herunterfahren. Das Aquarium **Mágico Mundo Marino** (☎744-483-12-15; Erw./Kind 30/60 Mex$; ⌚9–18 Uhr) liegt auf einer kleinen Insel gleich vor der Küste, die eine imaginäre Trennlinie zwischen den beiden Stränden bildet; von der Insel fahren regelmäßig Boote zur Isla de la Roqueta.

Die **Playa La Angosta** liegt in einer winzigen, geschützten Bucht auf der Westseite der Halbinsel. Vom *zócalo* sind es 20 Gehminuten bis hierher. Alternativ kann man einen der „Caleta"-Busse nehmen und in der Nähe des Hotel Avenida aussteigen. Es befindet sich an der Ecke Las Palmas und La Costera und ist nur einen kurzen Block vom Strand entfernt.

Die Strände an der **Bahía Puerto Marqués**, die etwa 18 km südöstlich des *zócalo* liegt, sind sehr beliebt. Im ruhigen Wasser lässt es sich gut Wasserski fahren und segeln. An der Stelle, an der sich die Carretera Escénica den Berg hinaufschlängelt und südwärts aus der Stadt herausführt, hat man einen fantastischen Blick auf die Bahía de Acapulco. Von 5 bis 21 Uhr fahren alle zehn Minuten „Puerto Marqués"-Busse die La Costera entlang.

Hinter der Abzweigung nach Puerto Marqués und vor dem Flughafen liegt die **Playa Revolcadero**. Dabei handelt es sich um einen langen, schnurgeraden Strand, der vor Kurzem vom Massentourismus entdeckt wurde. Überall am Strand werden Luxushotels und Wohnhäuser gebaut. Die Wellen sind groß, und Surfen ist hier sehr beliebt, besonders im Sommer. Aufgrund der starken Unterströmung ist Schwimmen sehr gefährlich; unbedingt die Anweisungen der Rettungsschwimmer beachten! Auch Ausritte am Strand sind beliebt.

In unmittelbarer Nähe zur Altstadt Acapulcos befinden sich zwei Strände: Die

Alt-Acapulco

Playa Tlacopanocha – sie liegt direkt gegenüber dem *zócalo* – eignet sich nicht so gut zum Schwimmen; meist wird sie als Abfahrtsort für Bootsrundfahrten durch die Bucht genutzt. Die **Playa Manzanillo** ist ein kleiner Strandbogen, der bei Einheimischen beliebt, aber nicht so unberührt ist wie die Strände weiter östlich.

Isla de la Roqueta INSEL

Die Insel hat einen beliebten (und deshalb oft ziemlich überfüllten) Strand und bietet Möglichkeiten zum Schnorcheln und Tauchen. Die nötige Schnorchelausrüstung, Kajaks und anderes Wassersportzubehör können problemlos direkt am Strand ausgeliehen werden.

Von der Playa Caleta und der Playa Caletilla tuckern Boote ca. alle 20 Minuten hierher (einfache Strecke 8 Min., hin & zurück 60 Mex$). Alternativ machen Glasbodenboote eine Rundfahrt zur Insel (90 Mex$); sie legen an denselben Stränden ab, machen aber einen Abstecher über **La Virgen de los Mares** (Die Jungfrau der Meere). Unter Wasser steht hier eine Bronzestatue der Virgen de Guadelupe – ob man sie sieht, hängt von der jeweils vorherrschenden Wasserqualität ab. Abhängig davon, wie viele schwimmende Händler unterwegs sind (sie

Alt-Acapulco

Highlights
1 La Quebrada Clavadistas ... A3
2 Zócalo ... C2

Sehenswertes
3 Nuestra Señora de la Soledad Cathedral ... C2

Aktivitäten, Kurse & Touren
4 Acapulco Scuba Center ... C4
5 Acarey ... C3
6 Fiesta/Bonanza ... C4
7 Fish-R-Us ... C4

Schlafen
8 Hotel Etel Suites ... B3

Essen
9 El Nopalito ... C3
10 Restaurant-Bar La Perla ... A3
11 Taquería Los Pioneros ... D1

Shoppen
12 Mercado de Artesanías ... D1

paddeln an die Bordwand heran), dauert die Tour ca. 45 Minuten.

★ La Quebrada Clavadistas KLIPPENSPRINGER

(Karte S. 606; Info 744-483-14-00; Plazoleta La Quebrada; Erw./Kind 50/10 Mex$; Shows 12.45, 19.30, 20.30, 21.30 & 22.30 Uhr) Acapulco beliebteste Touristenattraktion sind die berühmten Klippenspringer von La Quebrada. Seit 1934 ziehen sie das Publikum in ihren Bann. Todesmutig stürzen sie sich aus 25 bis 35 m Höhe in die schmale Meeresbucht. Den letzten Sprung des Tages absolvieren die Männer meist mit Fackeln in den Händen. Wenn die Springer durch die Menge marschieren, sollte auf jeden Fall ein Trinkgeld drin sein! In der Restaurant-Bar La Perla hat man eine großartige, aber auch teure Aussicht von oben auf die Springer.

Südlich von La Quebrada befindet sich die zauberhafte **Sinfonía del Mar** (Meeressinfonie), eine stufenförmige Plaza, auf der gelegentlich Konzerte stattfinden. Hauptsächlich kommen die Leute aber hierher, um den Sonnenuntergang zu beobachten.

★ Fuerte de San Diego FESTUNG

(Karte S. 608; Info 744-482-38-28; Hornitos s/n) Die wunderbare restaurierte, fünfeckige Festung wurde 1616 auf einem Hügel gleich westlich des *zócalo* errichtet. Sie schützte die spanischen *naos* (Schiffe) auf der Handelsroute zwischen den Philippinen und Mexiko vor holländischen und englischen Piraten. Die Festung wurde bei einem Erdbeben im Jahr 1776 zerstört und 1783 wieder aufgebaut. Seit damals hat sie sich nicht mehr großartig verändert. Im Fort befindet sich das **Museo Histórico de Acapulco** (Karte S. 608; 744-482-38-28; www.inah.gob.mx; Hornitos s/n; Eintritt 46 Mex$, So Eintritt frei; Di–So 9–18 Uhr) – seine faszinierenden Ausstellungsstücke dokumentieren die Geschichte der Stadt (Spanisch & Englisch). Während der Hauptsaison wird im Fort abends auch noch eine Sound-&-Light-Show veranstaltet (Spanisch & Englisch). Bezüglich der Termine und Zeiten beim Fort anrufen!

★ Zócalo PLATZ

(Karte S. 606) Abends erwacht der *zócalo* in der Altstadt Acapulcos zum Leben, wenn hier Straßenkünstler und *mariachis* auftreten. Auf den Gehwegen gibt's zahlreiche Cafés, und gelegentlich finden auch Feste statt. Besonders sonntags geht's rund, wenn mexikanische Familien hierher kommen. Der Platz wird von der 1939 erbauten Kathedrale **Nuestra Señora de la Soledad** (Karte S. 606) dominiert, die eine außergewöhnliche byzantinische Architektur aufweist und eine blaue Kuppel hat.

Jardín Botánico de Acapulco GÄRTEN

(744-435-04-38; www.acapulcobotanico.org; Av Heróico Colegio Militar s/n; Erw./Kind 30 Mex$/frei, geführter Rundgang 50 Mex$/Pers.; 8–18 Uhr) Der botanische Garten liegt auf dem Campus der Loyola-del-Pacífico-Universität und beherbergt eine beeindruckende Pflanzen- und Tierwelt. Der gut ausgeschilderte Fußweg schlängelt sich von 204 bis auf 411 m Höhe über dem Meeresspiegel durch einen schattigen tropischen Wald; unterwegs finden sich zahlreiche Bänke zum Entspannen. Beim Laufen weht den Besuchern der Duft von Blumen um die Nase.

La Capilla de la Paz KAPELLE

(Kapelle des Friedens; Vientos Galernos s/n; 10–13 & 16–18 Uhr) Diese Kapelle schwebt oberhalb von Acapulco auf einem Hügel und ist ein wunderschönes, ruhiges Fleckchen zum Nachdenken und Meditieren. Die minimalistische Freiluftkapelle ist mit ihren Springbrunnen, Gärten und Bänken ein wunderbarer Ort, um den tollen Blick auf Acapulco zu genießen. Das riesige weiße Kreuz der Kapelle ist von der Bucht aus kilometerweit zu sehen. Am besten kommt man bei Sonnenuntergang hierher, um die

Acapulco Dorado

anderen Besucher dabei zu beobachten, wie sie die Sonne mit den Händen „umfassen" und Bilder davon machen.

Aktivitäten

In Acapulco spielen sich die Aktivitäten hauptsächlich am Strand ab.

Wassersport

Acapulco hat alle nur denkbaren Wassersportarten zu bieten. Besonders beliebt sind Wasserskifahren, Bootsausflüge, Bananenbootfahrten und Parasailing. Anbieter finden sich an den Kiosken der Strände der Zona Dorada. Sie berechnen etwa 350 Mex$ für einen fünfminütigen Parasailing-Flug, 500 Mex$ für eine Jetski-Fahrt und 800 Mex$ für eine Stunde Wasserskifahren oder Wakeboarden. An den kleineren Stränden Playa Caleta und Playa Caletilla kann man sich Segel-, Angel-, Motor-, und Tretboote, Kanus, Schnorchelausrüstung, Gummiringe und Wasserfahrräder ausleihen.

Obwohl Acapulco nicht das beliebteste Ziel für Sporttaucher ist, gibt es doch einige gute Tauchspots in der Nähe. Das **Acapulco Scuba Center** (Karte S. 606; ☎744-482-94-74; www.acapulcoscuba.com; Paseo del Pescador 13 & 14; ⏲Mi–Mo 8–16 Uhr) und die **Swiss Divers Association** (☎744-482-13-57; www.swissdivers.com; Hotel Caleta, Cerro San Martín 325; ⏲9–17 Uhr) nehmen je 75 US$ für einen Tauchgang mit zwei Flaschen.

Am besten **schnorcheln** kann man vor der kleinen Playa Las Palmitas auf der Isla de la Roqueta. Wer nicht an einer organisierten Schnorcheltour teilnehmen will, muss über zahlreiche Felsen klettern, um dorthin zu kommen. Die erforderliche Ausrüstung kann man sich auf der Insel oder an der Playa Caleta und der Playa Caletilla leihen, wo es auch ein paar gute Schnorchelspots gibt. Das Acapulco Scuba Center und die Swiss Divers Association organisieren halbtägige Schnorchelausflüge für 38 US$ pro Person; in dem Preis enthalten sind dann das Boot,

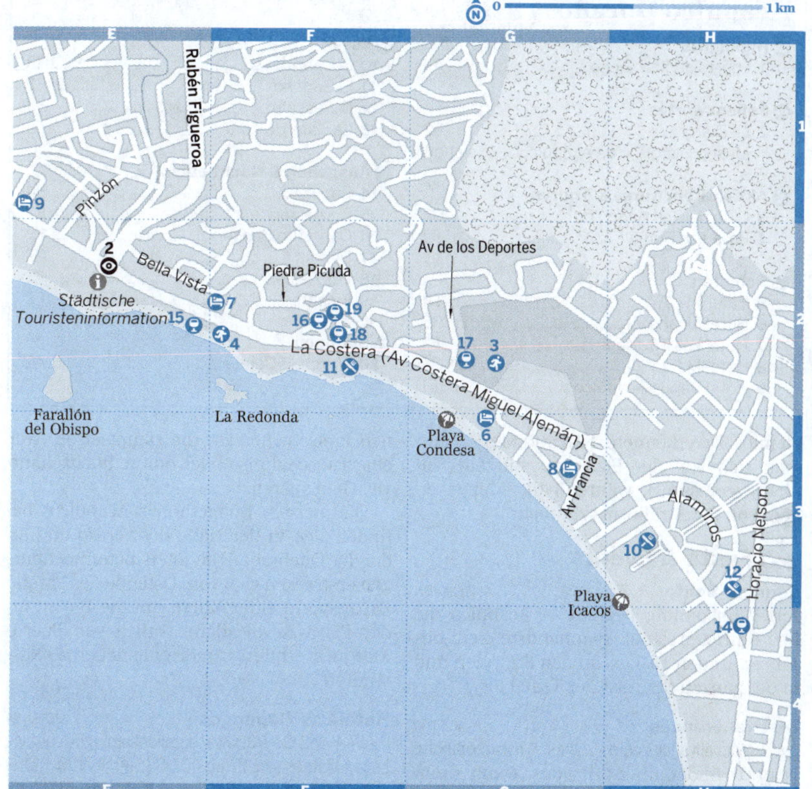

der Guide, die Ausrüstung, Essen, Getränke und der Transport.

Sportangeln

Fish-R-Us ANGELN

(Karte S. 606; ☎800-347-47-87, 744-482-82-82; www.fish-r-us.com; La Costera 100; ⏲9–18 Uhr) Fish-R-Us bietet halbtägige Angelausflüge auf 12-m-Booten an. Der Trip kostet für bis zu acht Personen inklusive Equipment und Ködern ab 450 US$. Der Kapitän schließt Einzelpersonen oft zu großen Gruppen zusammen, um die Kosten für das Boot zu decken. Dann muss man mit etwa 1000 bis 1500 Mex$ pro Person rechnen.

Golf

Club de Golf Acapulco GOLF

(Karte S. 608; ☎744-484-65-83, 744-484-07-81; La Costera s/n; Greenfee 8–15 Uhr 750 Mex$, nach 15 Uhr 500 Mex$; ⏲7–18.30 Uhr) Der Club de Golf Acapulco betreibt einen Neun-Loch-Platz im Stadtzentrum.

Bootsfahrten

Auf diversen Booten und Jachten kann man Tages- und Nachttörns mitmachen. Die meisten legen in der Nähe der Playa Tlacopanocha oder der Playa Manzanillo unweit des *zócalo* ab. Es gibt Boote mit Glasboden, mehrstöckige Schiffe (mit plärrender Salsa-Musik und offener Bar) und Jachten, die Sonnenuntergangsausflüge um die Bucht anbieten. **Acarey** (Karte S. 606; ☎744-482-37-63; La Costera s/n; ⏲Fahrkartenschalter 10.30–13 & 16.30–22 Uhr) und **Fiesta/Bonanza** (Karte S. 606; ☎744-483-15-50) sind zwei der beliebtesten Anbieter; Reservierungen nehmen die geschäftstüchtigen Kapitäne direkt im Jachthafen, die Reisebüros und die meisten Hotels entgegen.

Noch mehr Aktivitäten

Paradise Bungy BUNGEEJUMPING

(Karte S. 608; ☎744-484-75-29; La Costera 107; ⏲So–Do 17–1, Fr & Sa 15–3 Uhr) Der 50 m hohe Bungee-Turm ist von der La Costera aus pro-

Acapulco Dorado

Highlights
1 Fuerte de San Diego A3

Sehenswertes
2 La Diana E2
Museo Histórico de Acapulco ...... (siehe 1)

Aktivitäten, Kurse & Touren
3 Club de Golf Acapulco G2
4 Paradise Bungy F2

Schlafen
5 Bali-Hai D1
6 Hotel Elcano G3
7 Hotel Las Tortugas F2
8 Hotel Marzol G3
9 Hotel Sands Acapulco E1

Essen
10 El Cabrito H3
11 El Gaucho F2
12 El Pesca'o H3
13 La Casa de Tere D1

Ausgehen & Nachtleben
14 Baby'O H4
15 Barbarroja E2
16 Cabretito Beach F2
17 Demas G2
18 Las Reinas F2
19 Picante F2

Shoppen
20 Mercado Central A2

blemlos zu erkennen. Für 800 Mex$ kann man sich von der Plattform stürzen (Seil nicht vergessen!), während die Menge einem von der Straße aus zujubelt.

Feste & Events

Semana Santa RELIGION
Am Palmsonntag beginnt in Acapulco die für Touristen wohl spannendste Zeit des Jahres. In den Diskos, an den Stränden und in der ganzen Stadt ist der Teufel los.

Festival Francés KULTUR
(www.festivalfrances.com) Das Französische Festival findet im April statt. Dann dreht sich alles um Frankreich: Essen, Filme, Musik und Literatur.

Acafest MUSIK
Einwöchiges Fest im Mai, bei dem mexikanische und internationale Musikstars an verschiedenen Veranstaltungsorten in der ganzen Stadt auftreten.

Schlafen

In Acapulco gibt's über 30000 Hotelzimmer. Die Preise sind stark saisonabhängig: Die Hauptsaison kann grob zwischen Mitte Dezember und Ende Ostern angesetzt werden. Auch während der Schulferien im Juli und August ist hier sehr viel los. Aufgrund des dramatischen Einbruchs der Tourismusindustrie in den letzten Jahren lassen sich oft Rabatte aushandeln, vor allem bei längeren Aufenthalten in der Nebensaison. In der Semana Santa oder zwischen Weihnachten und Neujahr geht ohne Reservierung gar nichts (und die Zimmerpreise machen dann, was sie wollen). Die im Folgenden angegebenen Preise gelten für die Hauptsaison. Wer eine Pauschalreise oder online bucht, kann viel Geld sparen.

Die meisten Budgethotels Acapulcos befinden sich in der Nähe des *zócalo* und an der La Quebrada. Die alten Betonhochburgen erstrecken sich vom Ostende des Parque Papagayo in einer Kurve um die Bucht; an der Playa Revolcadero, östlich von Puerto Marqués, erblüht gerade eine neuer „Luxusstreifen".

Hotel Los Flamingos HOTEL **$$**
(☎744-482-06-90; www.hotellosflamingos.com; Av López Mateos s/n; Zi. ab 40 US$; P ❄ 📶 🏊) Das 40-US$-Hotel mit dem Millionen-Dollar-Blick gehörte einst Johnny „Tarzan" Weissmüller, John Wayne und deren Kumpels. Es ist eine lebendige, knallig pinkfarbene Reminiszenz an Acapulcos Blütezeit. Das Hotel steht 135 m über dem Ozean auf einer Klippe und gewährt den schönsten Sonnenuntergangsblick der ganzen Stadt, den man in einer Hängematte in voller Pracht genießen kann. Eine kitschige Bar und ein Restaurant fehlen natürlich auch nicht.

An den Wänden hängen Bilder aus Hollywoods goldenem Zeitalter. Die einfachen Zimmer sind zwar in die Jahre gekommen, aber dennoch recht komfortabel.

Hotel Sands Acapulco HOTEL, BUNGALOW **$$**
(Karte S. 608; ☎744-435-08-90; www.sands.com.mx; La Costera 178; Bungalow/Zi. 575/750 Mex$; P ❄ 📶 🏊) Das Sands ist eine ausgezeichnete Wahl für Familien. Es ist nur durch den Highway vom Strand getrennt und hat einen großen Kinderspielplatz, eine Minigolfanlage, Pools und eine Wasserrutsche. Die Bungalows sind klein, aber gemütlich;

in den größeren Zimmern können bis zu vier Personen übernachten. Alle Zimmer sind mit Kabel-TV, Klimaanlage und Kühlschrank ausgestattet. In den Gemeinschaftsbereichen gibt's WLAN. In der Nebensaison fallen die Preise stark.

Bali-Hai MOTEL **$$**
(Karte S. 608; ☎744-485-66-22; www.balihai.com.mx; La Costera 186; Zi. ab 580 Mex$; P ❄ 📶 🏊) Dieses Motel im polynesischen Stil liegt im Herzen der Bahía de Acapulco und ist nur durch eine Straße vom Strand getrennt. Es ist eine gute, preisgünstige Option mit langen Zimmerreihen im Vintage-Stil der 1960er-Jahre. Die geräumigen, hellen Quartiere mit breiten Holzpaneelen sind an zwei palmengesäumten Pools angeordnet. An langen Ferienwochenenden schnellen die Preise in die Höhe.

Hotel Marzol HOTEL **$$**
(Karte S. 608; ☎744-484-33-96; hotel.marzol@gmail.com; Av Francia 1A; Zi. ab 650 Mex$) Das aufgemöbelte, aber dennoch unauffällige Drei-Sterne-Boutiquehotel versteckt sich in einem Hochhaus in einer schmalen Straße, die zum Strand führt. Die Zimmer haben hochwertig geflieste Böden, hohe Decken und Betten mit harten Matratzen sowie Kabel-TV – kurz gesagt: ein gutes Preis-Leistungs-Verhältnis.

Hotel Las Tortugas HOTEL **$$**
(Karte S. 608; ☎744-484-88-89; www.hoteltortugaacapulco.com; La Costera 132; Zi. 833–2521 Mex$; P ❄ 📶 🏊) Älteres Atrium-Hotel, das vor Charme nur so strotzt. In der Lobby mit dem wunderschönen Klavier gibt's sogar einen Schildkrötenteich. Die hellen, recht geräumigen Zimmer verteilen sich über sieben Stockwerke. Sie haben Schreibtische und Regale, einen Raumteiler aus witzigem Tropfenglas zwischen Zimmer und Bad, Kabel-TV und Safes. Die Handtücher sind etwas abgenutzt, dennoch hat diese Unterkunft ein ordentliches Preis-Leistungs-Verhältnis.

Hotel Etel Suites SUITE **$$**
(Karte S. 606; ☎744-482-22-40/1; etelste@yahoo.com.mx; Av Pinzona 92; Suite mit/ohne Terrasse 1000/800 Mex$, Apartment 1200 Mex$; P ❄ 📶 🏊) Das Etel liegt hoch über Alt-Acapulco und bietet einen schönen Blick auf die Bucht und den Pazifik. Die Zimmer könnten einen neuen Farbanstrich gebrauchen, und auch die Fliesen in den Bädern machen einen recht alten Eindruck. Aber wer den Stil der 1950er-Jahre liebt, wird sich in diesen Apartments dank der neuen Möbel und der Terrassen mit dem tollen Blick über die Stadt sicher wohlfühlen.

Hotel Elcano HOTEL **$$$**
(Karte S. 608; ☎744-435-15-00; www.hotelelcano.com.mx; La Costera 75; DZ 3570 Mex$; P ❄ @ 📶 🏊) Das Elcano unweit des sichelförmigen Strandes konnte sich seinen klassischen Charme bewahren. Die luftige Lobby ist mit schönen Art-déco-Fliesen geschmückt, und es gibt einen herrlichen Poolbereich direkt am Strand. Die Zimmer sind zwar nicht riesig, dafür aber hell. Sie verfügen über Marmorwaschbecken, Flachbildfernseher und Terrassen mit einem umwerfenden Blick. In der Nebensaison sind die Zimmer ein wahres Schnäppchen.

Las Brisas LUXUSHOTEL **$$$**
(☎744-469-69-00, aus den USA 866-221-2961; www.brisashotelonline.com/acapulco; Carretera Escénica 5255; Casitas inkl. Frühstück 303–517 US$; P ⊖ ❄ @ 📶 🏊) Das Ende der 1950er-Jahre erbaute Hotel bietet von seinem Aussichtspunkt hoch oben über der Bucht eine grandiose Aussicht. Jede der etwa 300 *casitas* hat eine eigene Terrasse oder einen Balkon und einen privaten oder halbprivaten Pool. Der hoteleigene Beachclub, der mit einem regelmäßigen Shuttle-Service zu erreichen ist, liegt weit unten in einer felsigen Bucht.

Banyan Tree Cabo Marqués LUXUSHOTEL **$$$**
(☎744-434-01-00; www.banyantree.com/en/cabo_marques; Blvd Cabo Marqués; Zi. ab 330 US$; P ⊖ ❄ @ 📶 🏊) Das exquisite Resort am äußersten Zipfel der Punta-Diamante-Halbinsel befindet sich etwa 32 km südlich des Stadtzentrums. Es ist Acapulcos luxuriösestes Hotel, das seine Gäste mit Villen mit Privat-Pool, Massagebetten im Freien und asiatischen Wellness-Behandlungen verwöhnt. In den vier Hotelrestaurants genießt man ausgezeichnete thailändische, mexikanische, italienische oder spanische Küche. Man kann aber auch direkt in seiner Villa dinieren – ein ultimatives Erlebnis mit bestem Zimmerservice!

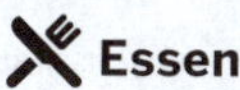

Essen

Alt-Acapulco

El Nopalito CAFÉ **$**
(Karte S. 606; La Paz; Hauptgerichte 35-48 Mex$; ⏲8–20 Uhr) Eines der vielen Cafés und Diner in den Straßen rund um den *zócalo.*

Das El Nopalito ist bekannt für seine Tagesmenüs, u.a. *mole* und sonntags Paella. Das Mittags-Special besteht aus Brathähnchen, Rindfleisch-Enchilada, *carne asada* (mariniertes, gegrilltes Rindfleisch) oder frischem Fisch mit Bohnen und Tortillas – dazu gibt's Obst, Saft oder Kaffee.

Taquería Los Pioneros TAQUERÍA $

(Karte S. 606; ☎744-482-23-45; Ecke Mendoza & Mina; 5 Tacos 25 Mex$, Hauptgerichte 35–60 Mex$; ⏲9–1 Uhr; ✎) In diesem Lokal gibt es noch immer authentische *tacos al pastor*. Die Tacos sind winzig, aber die Füllung ist lecker. Außerdem ist dies eine der wenigen *taquerías* in Mexico, die auch für Vegetarier einiges zu bieten hat, z.B. eine Veggie-Platte (45 Mex$) mit Zwiebeln, Tomaten, Ananas, Mais, Pilzen und Käse. Dazu gibt's Tortillas, die man sich dann nach eigenem Geschmack belegt.

La Cabaña de Caleta SEAFOOD $$

(www.lacabanadecaleta.com; Playa La Caleta; Gerichte 60–192 Mex$; ⏲8–23 Uhr) In diesem altehrwürdigen, lässigen Meeresfrüchte-Schuppen an der Playa La Caleta fühlt man sich in die Vergangenheit zurückversetzt und erlebt ein Stück traditionelles mexikanisches Strandleben der 1950er-Jahre. Unter den blauen Schirmen mit Blick auf die Bucht genießt man Spezialitäten wie *zarzuela de mariscos* (Meeresfrüchte-Eintopf) oder *chiles rellenos* gefüllt mit Shrimps, Tintenfisch und Fisch.

Restaurant-Bar La Perla INTERNATIONAL $$$

(Karte S. 606; %744-483-11-55; www.miradoracapulco.com/la-perla.asp; Hotel El Mirador, Plazoleta La Quebrada 74; Gerichte 115–325 Mex$; ⏲8–23 Uhr) Die kerzenbeleuchteten Terrassen, die frische Meeresluft und erstklassige Ausblicke auf die todesmutigen *clavadistas* rechtfertigen beinahe die hohen Preise der Gerichte; während der Vorstellungen muss man mindestens für 250 Mex$ (100 Mex$ an der Bar) für Speisen und Getränke ausgeben.

Acapulco Dorado

★ La Casa de Tere MEXIKANISCH $$

(Karte S. 608; Martín 1721; Hauptgerichte 75–135 Mex$; ⏲Di–So 8–18 Uhr) Das schlichte Juwel in der Nähe des Estrella-de-Oro-Busbahnhofs ist *der* Ort, um donnerstags *pozole* (50 Mex$) zu essen. Es wurde 1990 im Innenhof von Doña Tere gegründet; seitdem kocht sie nach traditionellen Rezepten ihrer Mutter Clarita und serviert eine große Vielfalt von Speisen. Besonders beliebt ist das Sonntags-Special: *barbacoa de carnero* (Lamm vom Grill). Alle Speisen kommen mit hausgemachten Tortillas auf die Tische.

El Cabrito MEXIKANISCH $$

(Karte S. 608; ☎744-484-77-11; www.elcabrito-acapulco.com; La Costera 1480; Hauptgerichte 70–220 Mex$; ⏲14–22 Uhr) Das beliebte, hübsch dekorierte Restaurant feiert bald sein 50. Jubiläum. Hier gibt's das beste traditionelle mexikanische Essen Acapulcos, u.a. schwarze *mole* à la Oaxaca aus 32 Zutaten und *cabrito al pastor* (gebratene Jungziege; 220 Mex$). Außerdem kommen leckere Shrimps-Gerichte und hausgemachte Tortillas aus der Küche. Von den Tischen draußen kann man wunderbar Leute beobachten.

El Pesca'o SEAFOOD $$

(Karte S. 608; ☎744-481-32-07; www.facebook.com/ElPescaoAcapulco; Maury 1A; Hauptgerichte 90–250 Mex$; ⏲13–19.30 Uhr) Geschäftiges Seafood-Restaurant in einer Nebenstraße unweit der La Costera. Der gemütliche, mit Palmenblättern geschmückte Innenraum erstreckt sich bis auf den Kopfsteinpflastergehweg. Serviert werden Shrimp-*cocteles*, Austern, Tintenfisch, Jakobsmuscheln und Kombinationen aus allem sowie Lachs-Carpaccio, Seafood-Enchiladas, auf ein Dutzend unterschiedliche Arten gegrillter und gebratener Fisch und natürlich *ceviche*.

El Gaucho ARGENTINISCH $$$

(Karte S. 608; ☎744-484-17-00; www.elpresidenteacapulco.com.mx/restaurantes.html; Hotel Presidente, La Costera 8; Pasta 88–115 Mex$, Hauptgerichte 205–384 Mex$; ⏲14.30–22.30 Uhr) Das gehobene, aber keineswegs spießige Restaurant in einer Glasbox bietet die besten Steaks der Stadt. Das Fleisch wird nach echt argentinischer Art gegrillt. Wer nicht gerne Fleisch isst oder es nicht so extravagant mag, kann sich eines der zahlreichen Pastagerichte bestellen. Auf der kurzen, aber guten Weinkarte stehen edle Tropfen aus Mexiko, Chile, Spanien und Argentinien.

Ausgehen & Nachtleben

In den meisten Clubs ist vor Mitternacht nicht viel los. Der Eintritt variiert je nach Saison, Tag und Laune des Türstehers. Man sollte sich aufbrezeln, Shorts und Sneakers sind tabu.

Acapulco hat eine lebendige Schwulenszene mit mehreren Schwulenbars und

-clubs, die normalerweise von 22 bis 4 Uhr geöffnet sind.

Im **Demas** (Karte S. 608; ☎744-484-18-00; Av de los Deportes 10A; ⏲Mi–So 22–7 Uhr) haben nur Männer Zutritt; freitags und samstags werden Shows geboten. Das **Picante** (Karte S. 608; ☎744-484-22-09; Piedra Picuda 16) hat eine winzige Tanzfläche, bietet gelegentlich Travestie- oder Stripshows und zieht hauptsächlich Männer an. Das **Cabaretito Beach** (Karte S. 608; Piedra Picuda 17; Eintritt frei; ⏲Mi–Sa 21–12 Uhr) war zum Zeitpunkt der Recherchen die beliebteste Schwulen-Location, wurde aber auch von Hetero-Partykids gern besucht. Geboten werden Themenparties und Travestieshows. Wer ein Faible für Karaoke hat, geht ins **Las Reinas** (Karte S. 608; ☎744-101-02-27; La Costera 74). Es ist die beliebteste der drei rauen Bars in der La Costera, die von einer vorwiegend schwulen Gemeinde besucht werden. Acapulcos inoffizieller Schwulenstrand ist der felsige Abschnitt der Playa Condesa in der Nähe des Hotels Fiesta Americana.

★ Bar Los Flamingos BAR

(Av López Mateos s/n; ⏲10–22 Uhr) Die Bar des Hotels Los Flamingos liegt auf den Klippen, einen besseren Ort für einen Sundowner gibt es wohl in ganz Acapulco nicht. Auf der Cocktailkarte steht u. a. der Hausdrink *cocos locos* (aus Rum, Tequila, Ananassaft und Kokosmilch). Im dazugehörigen Restaurant gibt's schmackhafte traditionelle Speisen und einen einwandfreien Service.

Barbarroja BAR

(Karte S. 608; ☎744-484-59-32; La Costera 107; ⏲17–6 Uhr) Ahoi! Angefangen von der bootsförmigen Bar bis hin zu den Girls, die in Piratenkostümen auf den Tischen tanzen, ist hier alles etwas übertrieben. Der Pub im Piratenstil ist eine von mehreren Strandbars in der Nähe des Bungee-Turms. Es ist die einzige Kneipe, in die man auch als 35-Jähriger noch gehen kann, ohne sich wie der älteste Mensch der Welt zu fühlen.

Palladium CLUB

(☎744-446-54-90; www.palladium.com.mx; Carretera Escénica s/n; Eintritt unterschiedlich; ⏲Do–Sa 22.30 Uhr–open end) Das Palladium wird von vielen als beste Disko der Stadt angepriesen und zieht vor allem junge Leute an. Durch die riesigen Fenster hat man einen tollen Blick auf die Bucht. Die internationalen DJs arbeiten mit einem ultramodernen Soundsystem und legen Hip-Hop, House, Trance und Techno auf. Man sollte sich schick machen und auch damit rechnen, Schlange zu stehen.

Baby'O CLUB

(Karte S. 608; ☎744-484-74-74; www.babyo.com.mx; La Costera 22; Eintritt 100–380 Mex$; ⏲Do–Sa 23–5 Uhr) Wenn Barney und Pebbles – natürlich nur, wenn sie alt genug ist – in Acapulco einen drauf machen wollen, dann hier! In dieser Höhle der Familie Feuerstein werden zügellose Träumereien wahr und falsche Entscheidungen (lustiger Art) getroffen. Will heißen: bei Luxuskids beliebter Nachtclub mit Themenabenden. DJs legen Rock, Pop und House auf.

✩ Unterhaltung

Von Januar bis März finden jeden Sonntag um 17.30 Uhr auf der **Plaza de Toros** Stierkämpfe statt. Die Plaza liegt südöstlich der La Quebrada und nordwestlich der Playa Caleta und der Playa Caletilla. Der „Caleta"-Bus fährt an der Stierkampfarena vorbei.

Shoppen

Mercado Central MARKT

(Karte S. 608; Diego H. de Mendoza s/n) In dem großen Indoor-Outdoor-Basar wird so ziemlich alles verkauft – von *atoles* bis hin zu *zapatos* (Schuhe). Außerdem gibt's Obst und Gemüse, warmes Essen und Souvenirs. Jeder „Pie de la Cuesta"- oder „Pedregoso"-Bus in Richtung Osten setzt einen hier ab.

Mercado de Artesanías MARKT

(Karte S. 606; Ecke Parana & Velásquez de León) Feilschen ist ein Muss auf diesem zwanglosen Kunsthandwerksmarkt im Grünen. Alle auch in den Hotelshops angebotenen Waren sind hier billiger zu haben, z. B. Hängematten, Schmuck, Kleidung und T-Shirts.

Weitere Kunsthandwerksmärkte sind die Mercados de Artesanías **Papagayo**, **Noa Noa**, **Dalia** und **La Diana** (alle auf der La Costera) und der **Mercado de Artesanías La Caletilla** am westlichen Ende der Playa Caletilla.

ℹ Praktische Informationen

GEFAHREN & ÄRGERNISSE

Jetzt, da sich die Gewalttätigkeiten der Drogenszene in Luft aufgelöst haben, sind die größten Ärgernisse, die Traveller erleben könnten, relativ alltäglich: hupende Taxis, Verkehrschaos, Menschenmassen und aggressive Schlepper. In der Hauptsaison sind die Strände von einer scheinbar endlosen Parade von Straßenhändlern überflutet, die Muscheln, *tamales*, Haarbänder und Klebetattoos verkaufen. Ein einfaches *No, gracias* und ein Lächeln wirken Wunder. Man sollte sich aber vor Kleinkriminellen und Halunken in Acht nehmen und seine Wertsachen immer sicher aufbewahren.

GELD

Der *zócalo* und die La Costera sind von Banken und *casas de cambio* gesäumt. Auch die Hotels wechseln Geld, meistens aber zu schlechten Konditionen.

INTERNETZUGANG

In Acapulco gibt's Hunderte Cybercafés, die meist 8 bis 10 Mex$ pro Stunde berechnen. Die meisten Hotels und Restaurants bieten kostenloses WLAN an.

MEDIZINISCHE VERSORGUNG

Hospital Magallanes (744-485-65-44; Massieu 2) Etablierte Privatklinik mit englischsprachigen Ärzten und Angestellten.

NOTFALL

Ambulanz/Feuerwehr/Polizei (066)
Locatel (744-481-11-00) 24-Stunden-Hotline für alle Arten von Notfällen.
Touristenpolizei (744-440-70-24)

POST

Hauptpost (Karte S. 606; 744-483-53-63; Palacio Federal, La Costera 125; Mo–Fr 8–17, Sa 9–13 Uhr)

TELEFON & FAX

Ferngespräche kann man von einem der vielen Telmex-Kartentelefone oder Münzfernsprecher führen, die es überall in der Stadt gibt. Alternativ kann man auch von den privaten *casetas* (mit Schildern, auf denen *larga distancia* steht) telefonieren.

TOURISTENINFORMATION

Städtische Touristeninformationen (8.30–20.30 Uhr) Kreisverkehr La Diana (Karte S. 608; nur in der Hauptsaison), Jachthafen (Karte S. 606; ganzjährig), Parque Papagayo (Karte S. 608; ganzjährig), Playa Caleta (nur in der Hauptsaison) Die Stadtverwaltung betreibt vier Informationskioske, die als *Secretaría de Turismo Municipal* ausgewiesen sind. Sie befinden sich am Jachthafen gegenüber vom *zócalo*, beim Flaggenmast gegenüber vom Parque Papagayo, am Kreisverkehr La Diana und an der Playa Caleta.

An- & Weiterreise

Acapulco ist von Osten und Westen über den Hwy 200 und von Norden über den Hwy 95 und den Hwy 95D zu erreichen. Die Stadt liegt 400 km südlich von Mexico City und 235 km südöstlich von Zihuatanejo.

AUTO & MOTORRAD

Mehrere Autovermietungen haben sowohl am Flughafen als auch in der Stadt Büros. Manche liefern ihren Kunden die Fahrzeuge kostenlos vor die Tür. Man sollte unbedingt die Preise vergleichen.
Alamo (www.alamomexico.com.mx) Flughafen (744-466-94-44; Flughafen); La Costera (744-484-33-05; La Costera 34)
Budget (www.budget.com.mx) Flughafen (744-466-90-03; Flughafen); La Costera (744-481-24-33; La Costera 134)
Europcar (744-466-93-14; www.europcar.com.mx; Flughafen)
Hertz (744-466-91-72; www.hertz.com; Flughafen)

BUS

Acapulco hat zwei große Fernbusunternehmen mit 1.-Klasse-Bussen: Estrella de Oro und Estrella Blanca. Der moderne, klimatisierte **Estrella-de-Oro-Busbahnhof** (EDO; Karte S. 608; 800-900-01-05; www.estrelladeoro.com.mx; Av Cuauhtémoc 1490) direkt westlich von Massieu hat kostenlose Toiletten, mehrere Geldautomaten und einen Automaten, der Bankkarten akzeptiert. Gepäckaufbewahrung kostet je nach Größe des Gepäckstücks zwischen 5 und 12 Mex$ pro Stunde.

Estrella Blanca (EB; Karte S. 608; www.estrellablanca.com.mx) hat zwei 1.-Klasse-Busbahnhöfe: **Central Papagayo** (Av Cuauhtémoc 1605), direkt nördlich vom Parque Papagayo, und **Central Ejido** (744-469-20-30, 744-469-20-28; Av Ejido 47). Im **2.-Klasse-Busbahnhof von Estrella Blanca** (Karte S. 608; 744-482-21-84; Av Cuauhtémoc 97) sind Tickets für alle Busse erhältlich; hier starten aber nur Busse zu relativ nahe gelegenen Orten. Fahrkarten für Estrella-Blanca-Busse werden auch in einigen Reisebüros in der Stadt verkauft, u. a. in der **Agencia de Viajes Zócalo** (Karte S. 606; 744-483-58-88; La Costera 207, Local 18). Hier werden viele Verbindungen nach Mexico City angeboten (diverse Busklassen).

FLUGZEUG

Von Acapulcos **Juan Álvarez International Airport** (744-435-20-60; www.oma.aero/es/aeropuertos/acapulco; Blvd de las Naciones s/n) gibt es inzwischen weit weniger internationale Nonstop-Flüge, aber man kommt noch immer problemlos nach Mexico City (das ist nur ein kurzer Flug). Alle im Folgenden genannten Fluggesellschaften bieten Direktverbindungen, einige davon aber nur saisonal.
Aeroméxico (www.aeromexico.com) Flughafen (744-466-91-09; Flughafen); La Costera

BUSSE AB ACAPULCO

ZIEL	PREIS (MEX$)	DAUER (STD.)	HÄUFIGKEIT (TGL.)
Chilpancingo	90–110	1¾–3	EDO regelm.; EB ab Central Ejido & 2.-Klasse-Busbahnhof regelm.
Cuernavaca	380	4–5	EDO 9-mal; EB ab Central Papagayo 5-mal
Mexico City (Terminal Norte)	445–600	6	EB ab Central Papagayo & Central Ejido regelm.
Mexico City (Terminal Sur)	445–560	5	EDO regelm.; EB ab Central Papagayo & Central Ejido regelm.
Puerto Escondido	500	7–8	EB ab Central Ejido 7-mal
Puerto Vallarta	1456	17	EB ab Central Ejido 2-mal, ab Central Papagayo 12 Uhr
Taxco	230–250	4	EDO 6-mal
Zihuatanejo	148–190	4–5	EDO sehr oft; EB abCentral Ejido regelm.

(☎744-485-16-00; La Costera 1632) Nach Mexico City.

Interjet (☎744-466-93-65; www.interjet.com.mx; Flughafen) Nach Mexico City.

Volaris (☎800-122-80-00; www.volaris.mx; Flughafen) Nach Tijuana.

Unterwegs vor Ort

AUTO & MOTORRAD

Besucher sollten besser gar nicht in Acapulco herumfahren – die Straßen sind in schlechtem Zustand, und im von Anarchie geprägten Verkehr geht's oft nur zentimeterweise voran.

BUS

Acapulco hat ein gutes Stadtbusnetz (besonders toll, wenn man eine der neonbeleuchteten „Schönheiten" mit dröhnendem Soundsystem erwischt). Betriebszeit ist von 5 bis 23 Uhr (mit/ohne Klimaanlage 7/6 Mex$). In der La Costera gibt's zahlreiche Haltestellen, darunter auch eine direkt gegenüber des *zócalo.* An der Bushaltestelle gegenüber der Post – drei Blocks östlich des *zócalo* – beginnen mehrere Busrouten (auch der Bus nach Pie de la Cuesta startet hier); hier bekommt man immer einen Sitzplatz.

Praktische Stadtbuslinien:

Base–Caleta Von der Icacos-Marinebasis am Südostende von Acapulco geht's zunächst die La Costera entlang, dann vorbei am *zócalo* hinaus zur Playa Caleta.

Base–Cine Río–Caleta Startet am Marinestützpunkt Icacos und führt dann von der La Costera landeinwärts über die Avenida Wilfrido Massieu zur Avenida Cuauhtémoc und durch das Geschäftsviertel hinunter zur Avenida Cuauhtémoc. Direkt vor dem *zócalo* biegt der Bus dann wieder in die La Costera ein und fährt weiter nach Westen zur Playa Caleta.

Centro–Puerto Marqués Startet gegenüber der Post und fährt die La Costera entlang nach Puerto Marqués.

Zócalo–Playa Pie de la Cuesta Gegenüber der Post geht's los in Richtung Pie de la Cuesta.

ZUM/VOM FLUGHAFEN

Acapulcos Flughafen liegt 23 km südöstlich des *zócalo* hinter der Abzweigung nach Puerto Marqués. Neuankömmlinge können sich beim Schalter am Ende des Inlandsterminals Tickets für den Transport in die Stadt kaufen. Die Preise sind festgelegt: *Colectivo*-Taxis fahren immer dann, wenn ein Flieger eintrifft, und berechnen für eine Fahrt in die Stadt unabhängig vom Ziel 100 Mex$ pro Person; private Taxis verkehren ganztags und verlangen 150 bis 425 Mex$; der Preis hängt davon ab, welche der fünf Zonen passiert werden – eine Karte der verschiedenen Zonen hängt am Taxi-Kartenschalter.

Bei der Abreise aus Acapulco sollte man ein reguläres Taxi zum Flughafen für ca. 200 bis 300 Mex$ wählen.

TAXI

Hunderte kecker, blauweißer VW-Taxis sausen wie Küchenschaben durch ganz Acapulco. Die Dreistigkeit der Fahrer im Verkehr grenzt fast schon an Komik; sie verlangen manchmal Preise, die über den offiziellen liegen – daher sollten sich Besucher am besten bei den Einheimischen nach dem üblichen Streckenpreis erkundigen. Vor dem Einsteigen immer den Fahrpreis aushandeln!

HURRIKAN MANUEL

Was als Tropensturm vor Mexikos Pazifikküste begann, wurde am 19. September 2013 der Hurrikan namens Manuel, der auf die Gegend südlich von Acapulco zuraste. Der Sturm bewegte sich relativ langsam mit Windböen von 125 km/h voran und brachte starke Regenfälle mit sich. Die Flüsse stiegen schnell an und rissen Brücken weg. Abhänge rutschten ab und begruben ganze Stadtviertel unter sich. Am schlimmsten betroffen waren der Ort La Pintada und seine 600 Einwohner. Erdrutsche, die sich in Wellen aus Schlamm, Wasser und Bäumen verwandelten, schwappten durch den Ort und zerstörten ihn zur Hälfte. Die Massen vergruben ca. 40 Häuser unter sich. 58 Menschen verloren ihr Leben. Acapulco, diese geographische Perle, war von der Welt abgeschnitten. Es gab keine Straßenverbindung mehr nach Mexico City, die Brücken im Norden nach Zihuatanejo und im Süden nach Oaxaca waren unterspült. Die Bucht war voller Geröll, der Flughafen stand unter Wasser. Tagelang kämpften die Bewohner ums Nötigste, es gab kaum Essen und nur wenig Trinkwasser.

Das Stadtzentrum von Acapulco stand nur ein paar Tage hier und da leicht unter Wasser, aber die exklusive Gegend Diamante, wo sich der Flughafen, große Firmen und Geschäfte wie WalMart und Costco und die meisten Luxushotels und Feriendomizile befinden, war schwer betroffen. Wenn man über das Gebiet fliegt, sieht man auch, warum – es ist eine Flussniederung. Anders ausgedrückt: Das Wasser suchte sich den Weg des geringsten Widerstands. Es standen nur Luxus- und Geschäftsgebäude im Weg. Straßen wurden zu schmutzigen Flüssen. Einwohner und Traveller waren völlig auf sich allein gestellt, bald darauf begannen Plünderungen, und die ganze Sache geriet außer Kontrolle.

Insgesamt kamen 139 Menschen in dem Sturm ums Leben, 20 000 Verletzte lebten wochenlang in Notunterkünften und 58 000 Traveller wurden evakuiert, einige von ihnen in Militärhubschraubern. Aufgrund des Sturms war Costa Chica zum Zeitpunkt der Recherchen für uns nicht zugänglich. Wir haben aber unser Bestes gegeben, um den Abschnitt durch Sekundärrecherchen und Quellen vor Ort so gut wie möglich zu aktualisieren.

COSTA CHICA

Von Acapulco aus erstreckt sich die „Kleine Küste" von Guerrero südostwärts bis zur Grenze zu Oaxaca. Sie bekommt wesentlich weniger Besucher ab als ihr großes Pendant im Nordwesten. Hier findet man zumindest einen großartigen Strand vor. Sogenannte Afro-Mestizen mit afrikanischen, indigenen und europäischen Wurzeln machen den Großteil der hiesigen Bevölkerung aus. Einst war die Region ein sicherer Zufluchtsort für Sklaven; manche kamen aus dem Landesinneren, andere sollen lokalem Geschichten zufolge aber auch von einem Schiff geflohen sein, das direkt vor der Küste gesunken ist.

Ab Acapulco führt der Hwy 200 landeinwärts an kleinen Dörfern und Feldern vorbei. **San Marcos** und **Cruz Grande** liegen 60 bzw. 100 km östlich der Stadt. Bis **Cuajinicuilapa** in der Nähe der Grenze zu Oaxaca existieren ansonsten keine größeren Siedlungen. Sowohl San Marcos als auch Cruz Grande haben einfache Service-Einrichtungen wie Banken, Tankstellen und schlichte Hotels.

Playa Ventura & Umgebung

☎741 / 550 EW.

Die Playa Ventura (auf den meisten Karten mit „Juan Álvarez" bezeichnet) liegt 131 km südöstlich von Acapulco und ist ein unberührter Strand mit weichem, weiß-goldenem Sand und klarem, ruhigem Wasser. Über etwa drei Blocks erstreckt sich eine Kleinstadt landeinwärts. Hier gibt's ein kleines **Dorfmuseum**, einfache Meeresfrüchte-Restaurants und ein paar Strandhotels.

La Caracola (☎Handy 741-1013047; www.playaventura.com; Ventura 68; EZ 385 Mex$, DZ 500–700 Mex$; P) ist ein strohgedecktes Baumhaus auf Stelzen, 1,5 km nördlich der Kirche. Es bietet mehrere Zimmer mit einfachen Betten, Moskitonetzen, Hängematten und Ventilatoren sowie eine Gemeinschaftsküche. Die preiswertesten Zimmer sind in winzigen Lehmpyramiden am Strand untergebracht. Wegen der Open-Air-Architektur gibt's nur wenig Privatsphäre, aber der nette Besitzer Aura – ein Venezuelaner – sorgt dafür, dass man sich wie zu Hause fühlt. Haustiere sind erlaubt, Kinder unter 16 Jahren hingegen nicht.

An derselben Straße wie das La Caracola liegt das italienisch geführte Hotel **Posada Quintomondo** (Handy 741-1013018; www.posadaquintomondo.info; DZ 800 Mex$; P) und bietet Campingbereiche am Strand sowie Zimmer, in denen jeweils bis zu vier Personen schlafen können. Im zugehörigen **Restaurant** (Hauptgerichte 90–130 Mex$) werden hausgemachte Pizzas, Pasta und mediterrane Meeresfrüchte-Gerichte serviert.

Um mit dem Auto hierher zu kommen, folgt man dem Hwy 200 bis zur ausgeschilderten Abzweigung zur Playa Ventura (Km 124), die gleich östlich des Dorfes Copala liegt; dann sind es noch 7 km südwärts bis zur Küste. Alternativ in Acapulco einen Bus Richtung Südosten nach Copala (79 Mex$, 2¾ Std., 120 km) nehmen! Von hier aus starten etwa halbstündlich *camionetas* und Minibusse zur Playa Ventura (15 Mex$, 30 Min., 13 km); sie fahren gleich östlich der Bushaltestelle ab.

Etwa 13 km südöstlich der Abzweigung zur Playa Ventura (Hwy 200, bei Km 137 abfahren!) liegt die Marktstadt **Marquelia**. Hier hat man Zugang zu einem gewaltigen Strandstück, das von Kokospalmen gesäumt ist; in beiden Richtungen folgt es der Küstenlinie über viele Kilometer. Vom Zentrum Marquelias aus transportieren *camionetas* Besucher zu einem Strandabschnitt namens **Playa La Bocana**. Hier mündet der Río Marquelia ins Meer und bildet eine Lagune. Aber an der La Bocana gibt's neben ein paar *cabañas* und einem kleinen Hotel auch *comedores* (Imbissstände) mit Hängematten, in denen man übernachten kann.

Cuajinicuilapa

741 / 26 000 EW.

Cuajinicuilapa oder Cuaji (sprich: kwah-hi) liegt ca. 200 km südöstlich von Acapulco und ist das kulturelle Zentrum der Afro-Mestizen an der Costa Chica. Das **Museo de las Culturas Afromestizas** (Museum für Kultur der Afro-Mestizen; 741-414-12-31; www.coax.net/people/lwf/MEX_MAMC.HTM; Ecke Manuel Zárate & Av Cuauhtémoc; Eintritt 10 Mex$; Mo–Fr 10–14 & 16–19 Uhr) ist der Geschichte afrikanischer Sklaven in Mexiko gewidmet. Der Schwerpunkt liegt vor allem auf der einheimischen Kultur der Afro-Mestizen. Hinter dem Museum befinden sich drei *casas redondas*; die für Westafrika typischen Rundhäuser wurden erst in den 1960er-Jahren in der Gegend von Cuaji errichtet. Das Museum liegt einen Block landeinwärts von der Banamex-Filiale, die gleich westlich der Hauptplaza zu finden ist.

Ab 5 Uhr morgens verlassen Busse das Central-Ejido-Busterminal von Estrella Blanca in Acapulco stündlich in Richtung Cuajinicuilapa (210 Mex$, 4½ Std.). Außerdem fahren mehrmals täglich Estrella-Blanca-Busse von der Stadt Pinotepa Nacional (42 Mex$, 1 Std.) im Bundesstaat Oaxaca aus hierher.

Westliches Zentralhochland

Inhalt ➡

Gut essen

➡ Restaurante Lu (S. 664)
➡ La Fonda de la Noche (S. 634)
➡ Number 4 (S. 649)
➡ Lula Bistro (S. 636)
➡ Parrilla Libertad (S. 636)

Schön übernachten

➡ Hotel de la Soledad (S. 663)
➡ Hotel Morales (S. 633)
➡ Casa de las Flores (S. 634)
➡ Rancho San Cayetano (S. 670)

Auf ins westliche Zentralhochland!

Reizvolle Kolonialarchitektur, leckeres Essen, Schmetterlinge, belebte Städte, einsame indigene *pueblos* und Vulkankrater: Das westliche Zentralhochland ist ein paradiesischer Mix aus Urbanem und Natürlichem. Das Klima ist nahezu perfekt, die Landschaft so vielfältig wie atemberaubend. Es gibt hier Berge, große Seen, rauschende Flüsse und donnernde Wasserfälle – und einen Gobelin aus Maisfeldern, Avocadohainen, Agavenplantagen und Rinderfarmen.

Doch trotz zahlloser Attraktionen und zwangloser Atmosphäre verzeichnen große Teile der Region nur wenige ausländische Traveller. Wer sich hierher begibt, wird darum garantiert mit echter Sympathie und Freundlichkeit empfangen – in diesem Teil Mexikos ist die Wahrscheinlichkeit hoch, dass einem Einheimische auf der Straße für den Besuch danken. Und das, obwohl sich eher die Besucher bei den hiesigen Mexikanern für deren Warmherzigkeit und die wunderschöne Umgebung bedanken sollten!

Reisezeit

Guadalajara

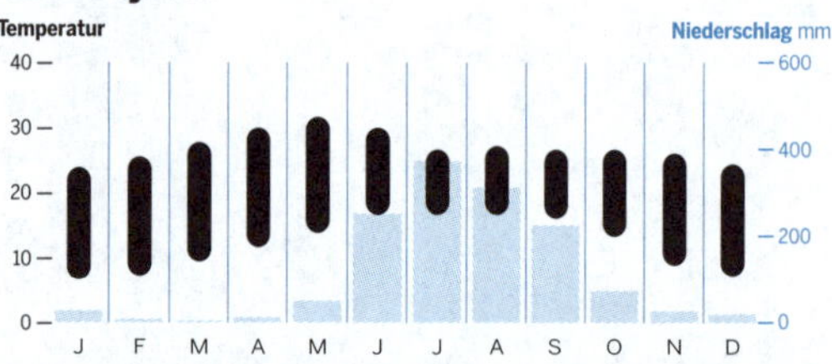

Feb. Flatternde Monarchfalter in der Reserva Mariposa Monarca bewundern.

Nov. Am Día de los Muertos die Dörfer rund um den Pátzcuaro-See – und die Toten – besuchen.

März Sich beim Festival Internacional del Cine in Guadalajara unter die Stars mischen.

Geschichte

Das westliche Zentralhochland lag außerhalb des Einflussbereichs der Maya und der Azteken, doch zwischen dem 14. und 16. Jh. entwickelten die Tarasken eine vorkoloniale Zivilisation im Norden Michoacáns. Der Volksstamm hatte Klingen aus Kupfer und behauptete sich so gegenüber den Azteken, als diese ihn angriffen. Teile der heutigen Bundesstaaten Jalisco, Colima und Nayarit gehörten einst zu den Rivalen der Tarasken, der Chimalhuacán-Konföderation. Sie erstreckte sich westlich des Tarasken-Gebiets und bestand aus vier indigenen Königreichen. Im Norden lebten die Chichimeken.

Das wichtigste Chimalhuacán-Königreich Colima wurde 1523 von den Spaniern erobert, der Rest der Region wurde jedoch erst im Rahmen der berüchtigten Feldzüge unter der Führung von Nuño de Guzmán unterworfen. Zwischen 1529 und 1536 folterte, tötete und versklavte der spanische Konquistador die indigene Bevölkerung von Michoacán bis Sinaloa. Seine blutigen Siege verhalfen ihm zu Reichtum und Ruhm; er wurde zum Gouverneur der von ihm eroberten Ländereien ernannt. Doch als die Öffentlichkeit von seinen Taten erfuhr, wurde er nach Spanien zurückgeschickt und saß ab 1538 hinter Gittern.

Das westliche zentrale Hochland ist eine fruchtbare Region, die sich schrittweise entwickelt hat und sowohl für die Viehzucht als auch für die Landwirtschaft geeignet ist. Guadalajara (seit der Gründung 1542 stets eine der größten Städte Mexikos) wurde zur „Hauptstadt des Westens". Mit Unterstützung des aufgeklärten Bischofs Vasco de Quiroga förderte die Kirche kleine Betriebe und das traditionelle Kunsthandwerk rund um die Dörfer am Lago Pátzcuaro, um die Armut der indigenen Bevölkerung zu mildern.

In den 1920er-Jahren kam es zur Guerra Cristera; die Katholiken begehrten gegen die antiklerikale Politik der Regierung auf. Der Widerstand ging von den beiden wichtigsten Staaten der Region, Michoacán und Jalisco, aus. Lázaro Cárdenas aus Michoacán war erst Gouverneur (1928–1932) und wurde dann zum mexikanischen Präsidenten gewählt (1934–1940). Die von ihm eingeführten Reformen trugen dazu bei, die regierungsfeindliche Stimmung zu mildern.

Heute sind in Jalisco und Michoacán viele natürliche Ressourcen Mexikos zu finden – besonders Holz, Mineralien, Vieh und Landwirtschaftserzeugnisse –, und Jaliscos Hightechindustrie boomt. In der Vergangenheit haben viele Bewohner dieser Gegend ihre Heimat verlassen, um in den USA zu arbeiten, in Michoacán soll es sogar die Hälfte der gesamten Bevölkerung gewesen sein. Die Summe, die von diesen Menschen regelmäßig nach Hause geschickt wird, beträgt 2 Mrd. US$. Doch mit der Konjunkturflaute in den USA ist auch der Strom gen Norden kleiner geworden, und mittlerweile haben sich viele dafür entschieden, nach Mexiko zurückzukommen und in ihrem Heimatland ein eigenes Geschäft aufzuziehen.

ℹ Anreise & Unterwegs vor Ort

Alle größeren Städte im westlichen Zentralhochland (Guadalajara, Colima, Morelia und Uruapan) sind durch regionale und nationale Buslinien gut miteinander vernetzt. Regelmäßig gehen Flüge von anderen Flughäfen in Mexiko und in den USA nach Guadalajara, Colima und Morelia.

GUADALAJARA

☎33 / 1,5 MIO. EW. / 1550 M

Das charmante und ungezwungene Guadalajara, ein *pueblo* (Stadt) mit weit über 1 Mio. Einwohnern, ist irgendwie und ohne große Anstrengungen zu Mexikos zweiter Hauptstadt geworden. Auf die unterschiedlichen Viertel ist das Flair der Stadt, die oftmals von Reisenden verschmäht wird, auf ausgewogene Weise verteilt. Das historische Zentrum Guadalajaras, das Centro Histórico, wird von stolzen, kolonialen Relikten bestimmt, die Museen, Regierungsbüros, Bars und Hotels beherbergen. Die entspannten Vororte Tlaquepaque (vornehm) und Tonalá (bodenständig) sind ein Mekka für Kunsthandwerksfanatiker. In Zapopan, das auch das Beverly Hills von Guadalajara genannt wird, gibt es einige interessante koloniale Gebäude zu bestaunen. Die Einwohner Guadalajaras – *tapatíos* genannt, was auch für alle Menschen aus Jalisco gilt – sind gastfreundlich und begierig darauf, das Wesen ihrer Stadt mit anderen zu teilen.

Zu Guadalajaras vielen Beiträgen zum mexikanischen Lifestyle gehören u.a. der Tequila, die Mariachi-Musik, breite Sombreros, *charreadas* (Rodeos) und der mexikanische Huttanz. Heute ist es außerdem für sein vorzügliches Essen bekannt: angefangen bei Tacos, die man an der Straße kaufen kann, und *torta ahogada* (ein Sandwich mit in Chili eingelegtem Schweinefleisch) bis hin zu kleinen Cafés und ausgezeichneten

Highlights

1. An den belebten Straßen des spektakulären **Morelia** (S. 657) tolle Architektur und eine leuchtende Kathedrale bewundern
2. Das zauberhafte **Guadalajara** (S. 619) mit seinen hervorragenden Kunstmuseen, uralten Kirchen und großartigen Restaurants erkunden
3. Die Schönheit der **Reserva Mariposa Monarca** (S. 667) bestaunen, die ein unglaubliches Naturschauspiel aufweist und im Winter Millionen Schmetterlinge beheimatet
4. Im beschaulichen **Pátzcuaro** (S. 670) in die geheimnisvolle Seele der indigenen Purépecha hineinblicken
5. Mit dem verschneiten erloschenen **Volcán Nevado de Colima** (S. 655) und dem jungen, ungestümen **Volcán Paricutín** (S. 682) zwei Vulkangipfel auf einen Streich erklimmen
6. Durch die Hochlandwälder und -weiden rund um die dunstige, weiß verputzte Kleinstadt **Tapalpa** (S. 649) wandern
7. Dem Tequila-Trail (S. 646) folgen, um in den Brennereien der Stadt **Tequila** und deren Nachbarorten die Herstellung des berühmtesten mexikanischen Getränks zu beobachten

0
100 km
San Luis Potosí
Aguascalientes
Guanajuato
Querétaro
Michoacán
México
Guerrero
San Luis Potosí
Río Verde
Aguascalientes
Ojuelos de Jalisco
San Felipe
Lagos de Moreno
San Juan de los Lagos
Río Verde
León
Guanajuato
San Luis de la Paz
Reserva de la Biosfera Sierra Gorda
San Miguel de Allende
Irapuato
Salamanca
Querétaro
Atotonilco el Alto
La Barca
La Piedad
Angamacutiro
Zamora
Cuitzeo
Acámbaro
Maravatio
Mexico City (68 km)
Zinapécuaro
Zacapu
Cherán
Paracho
Capula
Quiroga
1 Morelia
Ciudad Hidalgo
Sierra Chincua
3 Reserva Mariposa Monarca
Angangueo
El Rosario
Los Reyes
Angahuan
Lago de Pátzcuaro
Tzintzuntzan
4 Pátzcuaro
Uruapan
Tingambato
5 Volcán Paricutín
Cascada de Tzaráracua
Zitácuaro
Toluca (10 km); Mexico City (52 km)
Cerro Pelón
Tacámbaro
Puruarán
Nueva Italia
La Huacana
Tiquicheo
Presa Infiernillo
Huetamo
San Lucas
Taxco (10 km)
Ciudad Altamirano
Arteaga
Tlapehuala
Zihuatanejo (30 km)
MEX 49
MEX 80
MEX 70
MEX 51
MEX 71
MEX 45D
MEX 45
MEX 80D
MEX 37
MEX 90
MEX 35
MEX 110
MEX 43
MEX 120
MEX 15D
MEX 15
MEX 41
MEX 134

Restaurants in restaurierten Herrenhäusern aus der Kolonialzeit. Im heiteren Guadalajara ist eine leckere Mahlzeit niemals weit.

Geschichte

Guadalajara musste zunächst einige Startschwierigkeiten überwinden. 1532 gründeten Nuño de Guzmán und ein paar Dutzend spanische Familien eine neue Siedlung in der Nähe von Nochixtlán und benannten sie nach Guzmáns Heimatstadt in Spanien. Das Wasser war knapp und das Land trocken und schwer zu bestellen. Darüber hinaus legte die indigene Bevölkerung verständlicherweise ein feindseliges Verhalten an den Tag. Deshalb zogen die Siedler 1533 nach Tonalá um (heute ein Stadtteil von Guadalajara), doch Guzmán gefiel dieses vorkoloniale Dorf nicht. So kam es, dass die Siedlung zwei Jahre später in Tlacotán neu aufgebaut wurde. Dieser Standort wurde jedoch 1541 von indigenen Stämmen unter der Führung von Tenamaxtli angegriffen, und die Zahl der Siedler wurde dezimiert. Die Überlebenden ließen sich dann im Atemajac-Tal neben dem Bach San Juan de Dios nieder, der dort verlief, wo heute die Calzada Independencia ist. Nahe dem heutigen Teatro Degollado wurde am 14. Februar 1542 Guadalajara gegründet.

Endlich erblühte und wuchs Guadalajara und wurde 1560 zur Hauptstadt der Provinz Nueva Galicia ernannt. Schnell entwickelte sich die Stadt im Herzen einer fruchtbaren Agrarregion zu einem der wichtigsten Bevölkerungszentren des kolonialen Mexiko. Darüber hinaus war sie Ausgangspunkt für Expeditionen und Missionierungsprojekte im Westen und Norden Nueva Españas, aber auch in weiterer Entfernung wie auf den Philippinen. Miguel Hidalgo, einer der führenden mexikanischen Unabhängigkeitskämpfer, bildete 1810 eine revolutionäre Regierung in Guadalajara. Hidalgos Truppen wurden jedoch 1811 unweit der Stadt von den Spaniern geschlagen. Hidalgo wurde kurz darauf gefangen genommen und in Chihuahua hingerichtet.

Guadalajara war auch während des Reformkriegs (1858–1861) und während der mexikanischen Revolution (1910–1929) Schauplatz schwerer Gefechte.

Im späten 19. Jh. hatte Guadalajara Puebla den Rang als zweitgrößte Stadt Mexikos abgelaufen, und seit dem Zweiten Weltkrieg ist die Einwohnerzahl stark gestiegen. Heute ist Guadalajara ein wichtiges Handels-, Industrie- und Kulturzentrum und zudem der wichtigste Technologie- und Kommunikationsstandort im nördlichen Mexiko.

Sehenswertes

Plaza de Armas & Umgebung

★ Kathedrale KATHEDRALE
(Karte S. 624; Av 16 de Septiembre zw. Morelos & Av Hidalgo; ⏲8–20 Uhr, während der Messen kein Zutritt) GRATIS Die Kathedrale mit den zwei

GUADALAJARA IN ZWEI TAGEN

Seinen Aufenthalt in Guadalajara sollte man mit einer Besichtigung der expressionistischen Wandgemälde von Orozco im **Instituto Cultural de Cabañas** (S. 627) beginnen, dann über die **Plaza de los Mariachis** (S. 628) wandern, den labyrinthähnlichen **Mercado San Juan de Dios** (S. 641) erkunden und über die **Plaza Tapatía** (S. 628) zur **Kathedrale** (S. 622) und der **Plaza de Armas** spazieren. Mittagessen gibt es in der wunderbaren **Birriería las Nueve Esquinas** (S. 635), bevor man sich ins **Museo Regional de Guadalajara** (S. 624) begibt, um einen Blick in die Vergangenheit der Stadt zu werfen. Abends sollte man die Barszene von Chapultepec und ein Abendessen im außergewöhnlichen **Lula Bistro** (S. 636) auf dem Plan stehen haben.

Den zweiten Tag verbringt man am besten in **Tlaquepaque** (S. 629), wo man die Kopfsteinpflasterstraßen des Vororts entlangschlendern und seine herrlichen Läden und Galerien besuchen kann. Das **Muséo Pantaléon Panduro** (S. 629) sollte auf keinen Fall ausgelassen werden. Am Abend lohnt sich ein Besuch in der legendären **Arena Coliseo** (S. 640) für ein paar adrenalingeschwängerte, aber nicht zu ernst zu nehmende Runden *lucha libre* (mexikanisches Wrestling). Ein spätes Abendessen im **La Fonda de la Noche** (S. 634), z. B. mit *chiles en nogada* (milde grüne Chilis gefüllt mit Fleisch und Früchten, frittiert in Teig und serviert mit einer Sahnesauce, gehackten Walnüssen und Käse), lohnt sich immer, bevor es zum Tanzen ins Zentrum geht, wo man die ganze Nacht live Salsamusik im **La Mutualista** (S. 638) hören kann.

Großraum Guadalajara

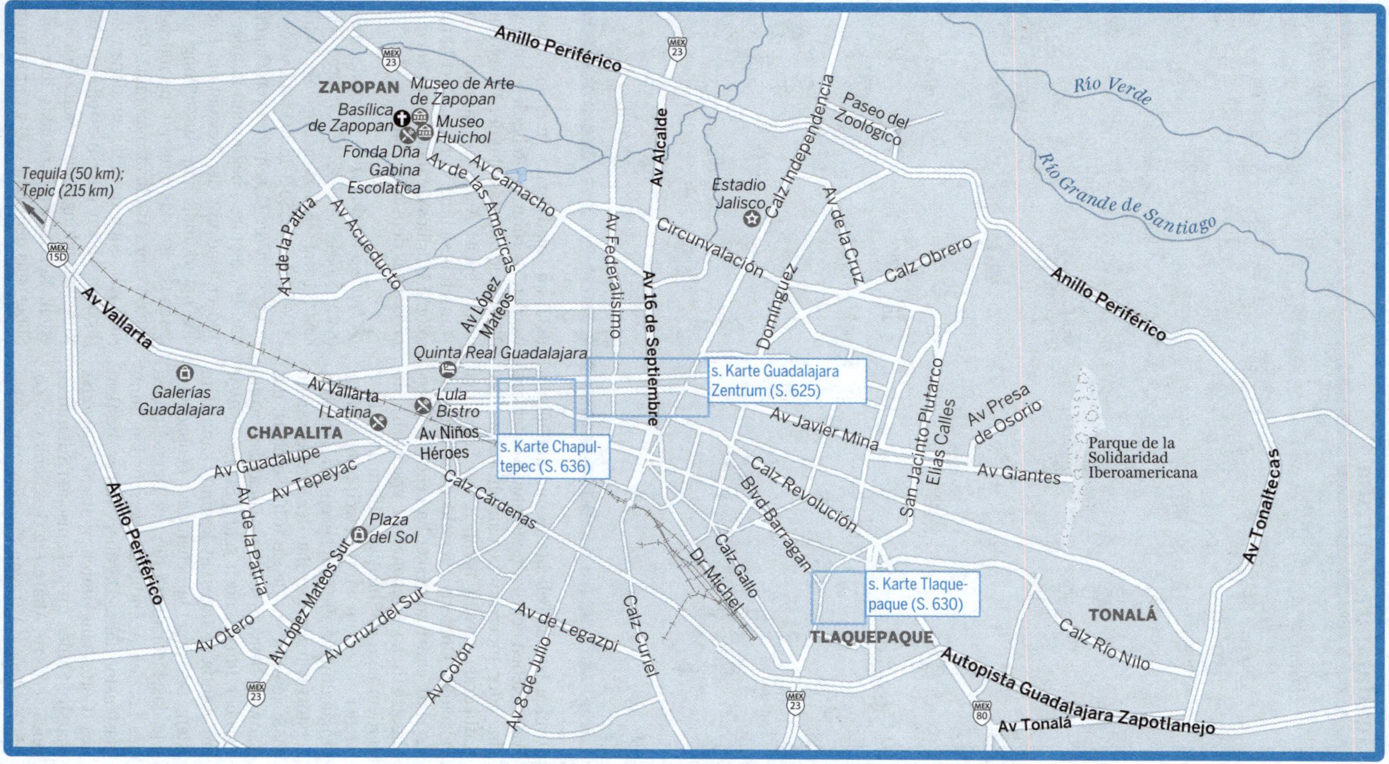

Guadalajara Zentrum

Türmen ist das beliebteste und auffälligste Wahrzeichen der Stadt. Puristen werden das eine oder andere zu bemängeln haben. Die Kathedrale vereint nämlich, wie auch der Palacio de Gobierno, verschiedene Baustile: Es sind churrigueresque, barocke und neoklassizistische Elemente zu erkennen. Außerdem sind die heutigen Türme, die 1848 wieder aufgebaut wurden, weit höher als die Originaltürme, die 1818 bei einem Erdbeben zerstört wurden. Der Bau der Kirche begann 1558, geweiht wurde sie 1618. Somit ist das Bauwerk beinahe so alt wie Guadalajara und darüber hinaus noch sehr prachtvoll: Wer zur richtigen Tageszeit kommt, kann dem Klang der Orgel lauschen oder beobachten, wie das Licht durch die mit Darstellungen des Letzten Abendmahls versehenen Buntglasfenster fällt. Darüber hinaus besticht das Gotteshaus durch gotische Gewölbe, massive Säulen im toskanischen Stil und elf reich verzierte Altäre, ein Geschenk von König Ferdinand VII. von Spanien (reg. 1814–1833) an Guadalajara. In einem Glaskasten werden berühmte Reliquien aufbewahrt: die Hände und das Blut der Märtyrerin Santa Inocencia. Auch die Sakristei kann auf Wunsch besichtigt werden. Dort hängt Bartolomé Murillos Gemälde *La asunción de la virgen* aus dem Jahr 1650.

★ **Museo Regional de Guadalajara** MUSEUM
(Karte S. 624; ☎ 33-3614-9957; Liceo 60; Erw./Kind/Student 46 Mex$/frei/frei, So Eintritt frei; ⌚ Di–Sa 9–17.30, So 9–16.30 Uhr) Dieses Museum erzählt die Geschichte von Guadalajara und Umgebung – beginnend mit der Urzeit und endend mit der Revolution. Highlight der naturkundlichen Ausstellung im Erdgeschoss ist das äußerst beeindruckende Skelett eines Wollhaarmammuts. Großartig sind z. B. auch die Präsentationen zum indigenen Leben oder die tolle vorkoloniale Kunstsammlung, deren Stücke (u. a. Statuetten, Keramiken, Artefakte aus Gold und Silber) aus dem Jahr 600 v. Chr. stammen.

In den oberen Stockwerken bilden kolonialzeitliche Gemälde die Eroberung des Landes durch die Spanier ab. Hinzu kommen eher gewöhnliche Bilder der allegorisch-religiösen Art und ein „revolutionärer" Flügel, der die Waffen, Uniformen und Schreibtische von Mexikos großen Rebellen zeigt. Mit seinem wunderbaren Innenhof voller Bäume ist auch das eigentliche Gebäude sehr sehenswert. Viele Erläuterungstafeln sind lediglich spanischsprachig; allerdings gibt's Infokarten auf Englisch.

Palacio de Gobierno GEBÄUDE

(Karte S. 624; Av Corona zw. Morelos & Moreno; ⌚9–20 Uhr) GRATIS Der Palacio de Gobierno von 1774 beherbergt Büros der Regierung. Er ist öffentlich zugänglich (einfach hineinlaufen!) und sehr sehenswert – vor allem wegen zweier eindrucksvoller Wandbilder im Stil des sozialistischen Realismus, die von dem einheimischen Künstler José Clemente Orozco (1883–1949) stammen. Am beeindruckendsten ist das 1937 entstandene Wandgemälde oberhalb eines Treppenhauses im Gebäudeinneren: Es zeigt Miguel Hidalgo, der eine Fackel in der Faust hält, während die Massen zu seinen Füßen gegen die zwei Übel Kommunismus und Faschismus kämpfen.

Ein weiteres Orozco-Wandbild im oben befindlichen Ex-Congreso (früherer Kongresssaal) stellt Hidalgo, Benito Juárez und andere historische Berühmtheiten dar. Im Erdgeschoss informiert ein gut kuratiertes **Museum** mit spanischsprachigen Erläuterungstafeln über die Geschichte Jaliscos und die Herstellung des Tequila.

Museo de Arte Sacro de Guadalajara MUSEUM

(Karte S. 624; Av 16 de Septiembre zw. Morelos & Av Hidalgo; Erw./Kind 10/5 Mex$; ⌚Di–Sa 10–17, So 10–14 Uhr) Dieses Museum für religiöse Kunst ist ein absolutes Muss und befindet sich passenderweise innerhalb der Kathe-

Guadalajara Zentrum

Highlights
1 Kathedrale E2
2 Instituto Cultural de Cabañas H2
3 Museo Regional de Guadalajara E2

Sehenswertes
4 Galería Jorge Martínez F1
5 Museo de Arte Sacro de Guadalajara E2
Museo de las Artes (siehe 24)
6 Palacio de Gobierno E2
7 Palacio de Justicia F2
8 Palacio Legislativo F2
9 Palacio Municipal E2
Paraninfo (siehe 24)
10 Plaza de la Liberación E2
11 Plaza de los Mariachis G3
12 Plaza Guadalajara E2
13 Plaza Tapatía G2
14 Rotonda de los Jaliscenses Ilustres E2
15 Santuario de Nuestra Señora del Carmen C3
16 Teatro Degollado F2
17 Templo de Aranzazú E4
18 Templo de San Agustín F2
19 Templo de San Francisco E4
20 Templo de Santa María de Gracia F2
21 Templo Expiatorio A3
22 Templo Nuestra Señora de las Mercedes D2
23 Templo Santa Eduviges H3
24 Universidad de Guadalajara A3

Aktivitäten, Kurse & Touren
25 Instituto Mexicano-Americano de Cultura D3
Recorridos Turísticos (siehe 9)
26 Tapatío Tour E2

Schlafen
27 Casa Vilasanta A3
28 Home and Hostel B3
29 Hospedarte Downtown F3
30 Hostel Plaza Liberación E2
31 Hotel Morales E3
32 Posada San Pablo D3

Essen
33 Birriería las Nueve Esquinas D4
34 Café Madrid E3
35 La Chata E3
36 La Fonda de la Noche B1
37 La Fonda de San Miguel Arcángel D2

Ausgehen & Nachtleben
38 7 Sins D2
39 Café Galería André Breton F1
40 California's C2
41 Escarabajo Scratch C2
42 Hotel Francés E2
43 La Fuente E2
44 La Mutualista C3
45 La Prisciliana D3
46 Los Caudillos D4

Unterhaltung
47 Arena Coliseo F4
48 Ex-Convento del Carmen C3
Instituto Cultural de Cabañas (siehe 2)
Teatro Degollado (siehe 16)

Shoppen
49 Mercado Corona D2
50 Mercado San Juan de Dios H2

drale (Eingang auf der Ostseite). Neben unschätzbar wertvollen Kirchenpreziosen zeigt es auch viele düster-grüblerische Sakralbilder aus dem 17. und 18. Jh.

Teatro Degollado
KULTURZENTRUM

(Karte S. 624; Degollado; Besichtigung Entritt frei; Besichtigung Mo–Fr 12–14 Uhr) GRATIS Die Bauarbeiten am neoklassizistischen Teatro Degollado, der Spielstätte der Philharmonie Guadalajaras, begannen 1856 und wurden 30 Jahre später beendet. Das fünfstöckige Theater ist innen mit rotem Samt und Gold ausgestattet. Es wird von einem Wandgemälde von Gerardo Suárez geschmückt, das auf dem vierten Canto von Dantes *Göttlicher Komödie* basiert. Auf dem Dreiecksgiebel über den Säulen des Portikus ist der Gott Apollo zusammen mit den neun Musen dargestellt.

Plaza Guadalajara
PLATZ

(Karte S. 624) Die Plaza Guadalajara gleich westlich der Kathedrale, auf der mehrere Dutzend Lorbeerbäume wachsen, bietet einen großartigen Blick auf das Gotteshaus. Es gibt mehrere schöne Cafés, die sich bestens zum Leutegucken eignen. An seiner nördlichen Seite befindet sich der **Palacio Municipal** (Rathaus; Karte S. 624; Mo–Fr 10–19 Uhr) GRATIS, der zwischen 1949 und 1952 gebaut wurde, jedoch viel älter aussieht. Über dem Eingang kann man ein dunkles Wandgemälde von Gabriel Flores bestaunen, das die Gründung von Guadalajara zeigt.

Rotonda de los Jaliscenses Ilustres
DENKMAL

(Karte S. 624) Willkommen in Jaliscos Ruhmeshalle. Die Plaza nördlich der Kathedrale wird von 20 Bronzestatuen umringt, die be-

KIRCHEN AUS DER KOLONIALZEIT

Im Zentrum Guadalajaras gibt es Dutzende große und kleine Kirchen und Kathedralen. Unter den folgenden befinden sich einige der schönsten und interessantesten der Stadt.

Die **Santuario de Nuestra Señora del Carmen** (Karte S. 624) an der kleinen Plaza an der Ecke der Av Juárez und der Calle 8 de Julio ist mit ihrem Blattgold, ihren alten Gemälden und Wandmalereien in der Kuppel besonders reizend. Etwas zentraler gelegen ist der verschnörkelte **Templo Nuestra Señora de las Mercedes** (Karte S. 624; Ecke Loza & Av Hidalgo), der 1650 gebaut wurde. Im Inneren sind zahlreiche große Gemälde, Kristallkronleuchter und noch mehr Blattgold zu bewundern. Sechs Häuserblocks weiter östlich liegt der ziemlich unscheinbare **Templo de Santa María de Gracia** (Karte S. 624; Ecke Carranza & República), der die allererste Kathedrale der Stadt war (1549–1618). Südlich des Teatro Degollado befindet sich der barocke **Templo de San Agustín** (Karte S. 624; Morelos), eine der ältesten und schönsten Kirchen. Der Altarraum des **Templo Santa Eduviges** (Karte S. 624; Av Javier Mina) wurde 1726 gebaut und wird normalerweise während der Messe, die von Wolken aus Sandelholzrauch begleitet wird, von Gläubigen überrannt. Er liegt gleich südlich des Mercado San Juan de Dios.

Der massive **Templo de Aranzazú** (Karte S. 624; Ecke Av 16 de Septiembre & Blanco) gehört wohl zu den schönsten Kirchen der Stadt. Erbaut wurde er zwischen 1749 und 1752. Er besticht durch drei bizarr verzierte, churrigueresk goldene Altare und reizende Deckendetails. Auf der anderen Straßenseite liegt der größere, aber weniger beeindruckende **Templo de San Francisco**, der zwei Jahrzehnte früher erbaut wurde. In der Abenddämmerung kann man die Buntglasfenster leuchten sehen.

rühmte Schriftsteller, Architekten, Revolutionäre und Komponisten Mexikos darstellen. Einige von ihnen sind sogar unter der Rotunde begraben, dem runden Säulenmonument in der Mitte des Platzes.

Plaza de la Liberación PLATZ

(Karte S. 624) Die Plaza liegt östlich der Kathedrale und war in den 1980er-Jahren ein Traumprojekt für Stadtplaner. Zwei ganze Häuserblocks mit Kolonialbauten wurden dem Erdboden gleich gemacht, um für diese große Betonplatte Platz zu schaffen.

Auf der Nordseite der Plaza liegt neben dem Museo Regional de Guadalajara der **Palacio Legislativo** (Karte S. 624). Die massiven Steinsäulen im Inneren des Palastes machen den Ort, an dem der Kongress tagt, zu etwas Besonderem. Auf der anderen Straßenseite befindet sich der **Palacio de Justicia** (Gerichtsgebäude, Karte S. 624). Es wurde im Jahr 1588 erbaut und war zunächst Guadalajaras erstes Nonnenkloster. Das Wandgemälde im Treppenhaus von Guillermo Chávez aus dem Jahr 1965 zeigt legendäre mexikanische Gesetzgeber, u. a. Benito Juárez.

Galería Jorge Martínez KUNSTGALERIE

(Karte S. 624; ☎33-3613-2362; Belén 120; ⌚10–19 Uhr) GRATIS Diese Galerie für moderne Konzeptkunst hat keine ständige Sammlung, zeigt aber immer wieder interessante Wechselausstellungen. Direkt daneben befindet sich Guadalajaras beste Kunsthochschule (Artes Plásticas), die von der Universidad de Guadalajara betrieben und von der Galerie gefördert wird.

Östlich der Plaza de Armas

★ Instituto Cultural de Cabañas MUSEUM

(Karte S. 624; Cabañas 8; Erw./Student/Kind 70/35/20 Mex$, Di Eintritt frei; ⌚Di–So 10–18 Uhr) Diese weitere architektonische Perle der Stadt erhebt sich stolz am Ostrand der prächtigen Plaza Tapatía. Hinter der hinreißenden Fassade im neoklassizistischen Stil verbirgt sich völlig unerwartet eine Reihe modernistischer Wandgemälde, die von José Clemente Orozco stammt und zu Guadalajaras absoluten Highlights zählt. Der Komplex beherbergt zudem zahllose weitere Werke Orozcos und moderne Stücke von Mexikos aktuellen Starkünstlern.

José Clemente Orozco gehört zu Mexikos berühmtesten Wandmalern. Von 1938 bis 1939 fasste er den archetypischen Kampf um die Freiheit in 57 herrlichen Wandgemälden zusammen, die nun die Capilla Mayor im Zentrum des Komplexes zieren. Die Bilder gelten weithin als Orozcos beste Arbeiten und zeigen neben dem vorkolonialen Jalisco auch die spanische Eroberung. Die düsteren, aufwühlenden und eindeutig modernen

Motive strotzen vor Feuer, Blut, Gebeten, Harnischen und gesprengten Ketten. Angesichts der Probleme in Orozcos Zeit verstehen sie sich sicherlich als Warnung vor dem Faschismus und vor allen Institutionen, die die Menschheit zwecks Machtgewinns unterwandern wollen.

Das wunderschöne Gebäude besitzt viele versteckte Innenhöfe mit Bogengängen. Im Auftrag des Bischofs Don Juan Cruz Ruiz de Cabañas wurde es von dem spanischen Architekten Manuel Tolsá entworfen. Nach Beendigung der Bauphase (1805–10) diente es rund 150 Jahre lang als Waisenhaus und Invalidenheim – zeitweilig lebten hier bis zu 500 Kinder auf einmal. Im Institut finden Gratisführungen auf Englisch und Spanisch statt.

Plaza Tapatía PLATZ

(Karte S. 624) Die wunderbar große Plaza Tapatía für Fußgänger erstreckt sich über mehr als 500 m östlich des Teatro Degollado. Wer sich an einem Sonntag auf den Platz wagt, kann sich in einem Meer von Einheimischen über billige Handwerkermärkte treiben lassen, Kleinigkeiten von Straßenverkäufern und in Cafés verzehren, Straßenkünstler bewundern und es sich auf den Mauern um die plätschernden Springbrunnen gemütlich machen. Der Platz endet in einer sehr hübschen Sackgasse am Instituto Cultural de Cabañas.

Plaza de los Mariachis STRASSE

(Karte S. 624) Südlich der Av Javier Mina befindet sich der „Geburtsort" der Mariachi-Musik. Tagsüber ist das hier nur eine enge Gasse mit charmanten, alten Gebäuden und einigen Plastiktischen und -stühlen sowie einem eigenartigen Mariachi-Mann in Uniform, der ständig telefoniert. Abends erwacht die Straße zum Leben, dann kippen Stammgäste ein Bier nach dem anderen hinunter und hören Bands zu, die Wunschtitel für etwa 100 Mex$ spielen.

Westlich der Plaza de Armas

Westlich der Innenstadt liegt der schattige **Parque Revolución** (Kreuzung Av Juárez & Federalismo), der heute ein Paradies für Skater ist.

Universidad de Guadalajara UNIVERSITY

(UDG; Karte S. 624) Drei Blocks westlich vom Parque Revolución steht mit dem **Paraninfo** (Theater; Karte S.625; Av Juárez 975) eines der Hauptgebäude der Universidad de Guadalajara. Im Inneren zieren große, kraftvolle Orozco-Wandbilder die Bühnenkulisse und die Kuppel. Das hervorragende **Museo de las Artes** (Karte S.625; 33-3134-1664; Di–Fr 10–18, Sa & So 10–16 Uhr) GRATIS im hinteren Bereich desselben Baus zeigt gut kuratierte Wechselausstellungen mit Schwerpunkt auf moderner mexikanischer Kunst.

Zum Recherchezeitpunkt war der gesamte Komplex gerade wegen einer Generalrenovierung geschlossen. Während der Geltungsdauer dieses Lonely Planet Bands müsste er aber irgendwann wieder eröffnet werden.

Templo Expiatorio KIRCHE

(Karte S. 624; Madero; 7–23 Uhr) Diese gotische Kirche von 1897 dominiert das ganze umliegende Viertel mit mächtigen Steinsäulen, 15 m hohen Buntglas-Mosaikfenstern und einer riesigen Fensterrose im Mittelturm. Um 9, 12 und 18 Uhr öffnet sich am Uhrenturm eine Tür, aus der die zwölf Apostel herausmarschieren.

Zapopan

Rund 8 km vom Zentrum entfernt liegt der schicke Mittelklassevorort Zapopan am nordwestlichen Stadtrand. Rund um den Hauptplatz warten ein paar interessante Sehenswürdigkeiten. Doch auch Abhängen auf der eigentlichen Plaza macht Spaß: Pilger kommen und gehen, während religiöser Kitsch aller Art zum Verkauf angeboten wird. Abends haben die Einheimischen das Ganze wieder für sich. Parallel öffnen dann viele Restaurants und Bars, in denen das Bier zu lauter Musik in Strömen fließt.

Ab der Innenstadt fahren alle Busse hierher, die mit „Zapopan" gekennzeichnet sind und der Av 16 de Septiembre oder Alcalde nordwärts folgen (20 Min.; an der Basilika aussteigen!). Ein Taxi ab dem Zentrum kostet ca. 110 Mex$.

★ **Basílica de Zapopan** KATHEDRALE

(Eva Briseño 152) Zapopans ganzer Stolz ist die Basílica de Zapopan, die 1730 erbaut wurde und die *Nuestra señora de Zapopan* beherbergt, eine kleine Jungfrauenstatue, die das ganze Jahr über von Pilgern besucht wird. Während der Fiestas de Octubre versammeln sich Tausende Gläubige, um hinter der Statue her zu kriechen, während sie von Guadalajaras zentraler Kathedrale nach Zapopan getragen wird. Die knienden Pilger begeben sich dann auf einen letzten Weg durch das Kirchenschiff der Basilika, um vor dem Altar um Gnade zu bitten. Die Jungfrau erhält jedes Jahr ein neues Auto für diese Prozession, doch der Motor wird niemals angeworfen (er soll „jungfräulich" bleiben). Stattdessen wird das Auto von Männern mit Seilen gezogen.

Der frühe Abend, wenn einheimische Familien sich auf der Plaza vor der Kathedrale drängen und Pilgerströme, Nonnen und Mönche die Bankreihen besetzen, ist ein magischer Moment.

Museo de Arte de Zapopan MUSEUM

(MAZ; ☎ 33-3818-2575; www.mazmuseo.com; Andador 20 de Noviembre 166; Erw./Student/Kind 13/6,50/frei Mex$, Di frei; ⌚ Di–So 10–18 Uhr) Einen Häuserblock in Richtung Osten von der südöstlichen Ecke der Plaza de las Américas liegt das MAZ, das beste moderne Kunstmuseum Guadalajaras. Vier gepflegte minimalistische Galerien zeigen Wechselausstellungen, in denen u.a. schon Werke von Diego Rivera und Frida Kahlo neben anderen führenden zeitgenössischen Künstlern Mexikos gezeigt wurden.

Am Sonntag bezahlt man nur die Hälfte.

Museo Huichol MUSEUM

(Eva Briseño 152; Erw./Kind 10/5 Mex$; ⌚ Mo–Sa 10–14 & 15–18, So 10–15 Uhr) Auf dem Gelände der Basílica de Zapopan steht dieses besuchenswerte Museum direkt rechts neben der Kirche. Es zeigt Artefakte der indigenen Huicholen, die für Peyote-Rituale und bunte Garnkunst bekannt sind. Es befindet sich rechts von der Basílica de Zapopan (aber auf dem Gelände der Basílica).

Tlaquepaque

Nur 7 km südlich vom Stadtzentrum Guadalajaras befindet sich Tlaquepaque, ein typisches *pueblo mágico* (magisches Dorf), das einen mit einem Augenzwinkern zu empfangen scheint und auch ein kleiner Kolonialort im Nirgendwo sein könnte. Doch Besucher werden nicht nur von seiner Schönheit angezogen, sondern lassen sich auch von den zahlreichen Künstlern hierher locken, die hinter den pastellfarbenen Mauern verlassener Herrenhäuser leben, die entlang der engen Kopfsteinpflasterstraßen Tlaquepaques zu finden sind. Ihr Kunsthandwerk, beispielsweise Holzschnitzereien, Skulpturen, Möbel, Keramiken, Schmuck, Lederartikel und Kerzen, die in sehr schicken und edlen (und ja, okay: teuren) Boutiquen verkauft werden, ziehen den ganzen Tag über Besucher an.

Die grüne und mit Blumen bewachsene Plaza (Jardín Hidalgo) und die Bänke rund um den Brunnen sind immer gut besucht. Das Essen ist hier vorzüglich – aber ein Spaziergang ist beinahe noch empfehlenswerter, insbesondere bei Sonnenuntergang, wenn der Himmel hinter der eindrucksvollen Basilika mit ihrer weißen Kuppel in rötlichen Farben zu brennen scheint und Familien auf den Straßen das letzte Licht des Tages genießen.

Die Touristeninformation des Bundesstaats in Tlaquepaque bietet zwei- bis dreistündige **Rundgänge** (gegen Spende) durch das Viertel an, die Besuche in den einheimischen Werkstätten und Museen beinhalten und auf Englisch oder Spanisch stattfinden. Sie sollten jedoch im Voraus gebucht werden.

Um nach Tlaquepaque zu kommen, nimmt man aus Guadalajaras Zentrum den Bus 275 Diagonal, 275B oder 647 (6 Mex$). Der türkisfarbene TUR-Bus mit der Aufschrift „Tonalá" hat eine Klimaanlage und ist etwas komfortabler (11 Mex$). Alle Busse fahren aus Guadalajara von der Avenida 16 de Septiembre zwischen López Cotilla und Madero ab, die Fahrt dauert etwa 20 Minuten. Wenn man sich Tlaquepaque nähert, sollte man nach dem Backsteinbogen und dem darauf folgenden Kreisverkehr Ausschau halten, denn am nächsten Stop steigt man am besten aus. Auf der linken Seite der Straße befindet sich die Straße Independencia, die einen ins Zentrum Tlaquepaques führt.

Museo Pantaleón Panduro MUSEUM

(Museo Nacional de la Cerámica; Karte S. 630; ☎ 33-3639-5646; Sánchez 191; ⌚ Mo–Sa 10–18, So 10–16 Uhr) Diese fantastische Sammlung einheimischer Volkskunst ist in einem umgebauten Missionsgebäude untergebracht und beherbergt neben Miniaturfiguren auch getöpferte Urnen und andere Keramikartikel aus dem ganzen Land. Eintritt gegen Spende.

Museo Regional de la Cerámica MUSEUM

(Karte S. 630; ☎ 33-3635-5404; Independencia 237; ⌚ Di–Sa 10–18, So 10–16 Uhr) GRATIS Das Museo Regional de la Cerámica befindet sich in einem großen, alten Lehmziegelgebäude mit Steingewölben und alten Bäumen im Hof. Es bietet eine beeindruckende Ausstellung, die die verschiedenen Stilrichtungen und

Tlaquepaque

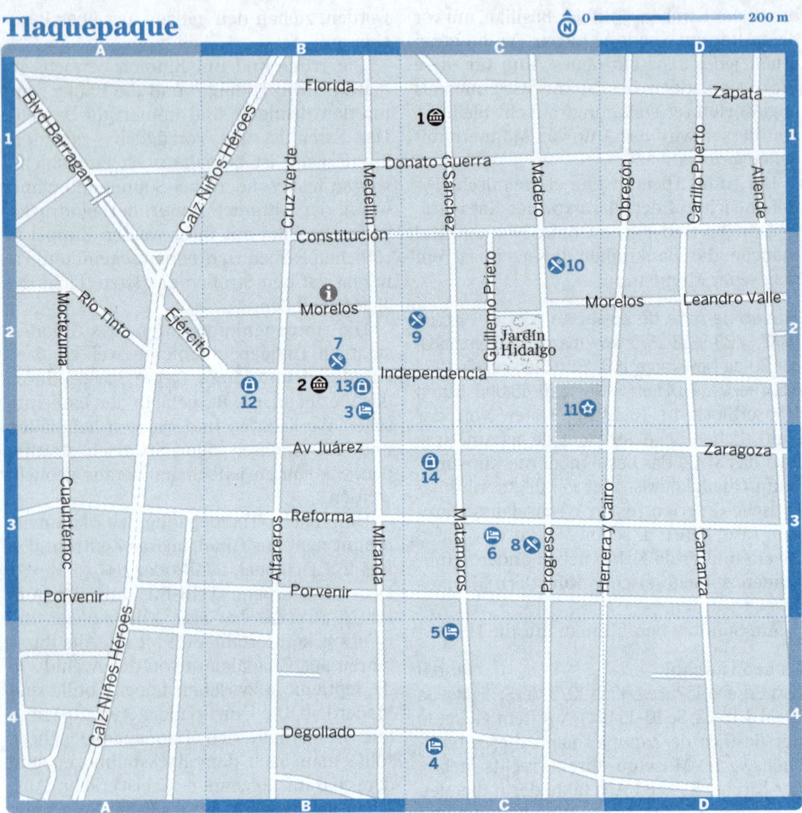

Tlaquepaque

Sehenswertes
1 Museo Pantaleón Panduro C1
2 Museo Regional de la Cerámica B2

Schlafen
3 Casa Campos B2
4 Casa de las Flores C4
5 Casa del Retoño C4
6 Quinta Don José..............................C3

Essen
7 Casa Fuerte B2
8 Mariscos Progreso C3
9 The Good Restaurant C2
10 Tortas Ahogadas Chimbombo............C2

Unterhaltung
11 El Parián C2

Shoppen
12 Antigua de México B2
13 Orígenes..B2
14 Teté, Arte y Diseño C3

Lehmarten zeigt, die in Jalisco und Michoacán benutzt werden. Beschreibungen gibt es auf Englisch und Spanisch.

Tonalá

In diesem staubigen, betriebsamen Vorort ca. 13 km südöstlich des Stadtkerns von Guadalajara leben sogar noch mehr Kunsthandwerker. An ein paar lässigen, einladenden Verkaufsräumen und an den Cafés, die überall in der Stadt neu eröffnen, sieht man, wie Tonalá beginnt, Tlaquepaque den Rang abzulaufen. Trotzdem hat sich der Ort bisher angenehme Ecken und Kanten bewahrt. Es macht Spaß, durch die dunklen, staubigen Läden und Werkstätten zu tingeln und nach Glas- und Keramikwaren, Möbeln, Masken, Spielzeug, Schmuck, handgemachter Seife etc. Ausschau zu halten. Alles, was es in Tlaquepaque zu kaufen gibt, wird hier um einiges günstiger angeboten, was vor allem Großhändler aus der ganzen Welt anzieht.

Die Mitarbeiter der Touristeninformation in Tonalá informieren über zwei- bis dreistündige **Stadtspaziergänge** (gegen Spende), bei denen man auch Tonalás Werkstätten für Kunsthandwerk besucht. Die Touren sind auf Englisch und Spanisch, müssen aber einige Tage im Voraus gebucht werden.

Nach Tonalá fahren die Busse 275 Diagonal und 275D (beide 6 Mex$). Der türkisfarbene TUR-Bus mit der Aufschrift „Tonalá" hat eine Klimaanlage und ist komfortabler (11 Mex$). Alle diese Busse fahren aus Guadalajara an der Ecke Av 16 de Septiembre und Madero ab; die Fahrt dauert etwa 45 Minuten. In Tonalá steigt man an der Haltestelle an der Ecke Av Tonalá und Av Tonaltecas aus. Zur Plaza Principal, die drei Blocks östlich der Av Tonaltecas liegt, kommt man über die Juárez.

Straßenmarkt MARKT

Donnerstags und sonntags verwandelt sich Tonalá in einen riesigen Straßenbasar, der sich von der Avenida Tonaltecas durch Dutzende Straßen und Gassen erstreckt und stundenlanger Erkundung bedarf. Die zahlreichen *torta-* (Sandwich-) und *michelada-* (Bier-und-Tomatensaft-)Verkaufsstände verleihen dem Ganzen die reinste Volksfestatmosphäre. Wer ein Schnäppchen machen möchte, sollte danach jedoch eher in den Werkstätten und Lagergebäuden suchen und nicht auf der Straße.

Kurse

Guadalajara ist für Schüler und Studenten jedes Alters ein beliebter Ort, um in einer Klasse Spanisch zu lernen. Die Preise und Lehrpläne unterscheiden sich allerdings enorm.

Centro de Estudios para Extranjeros SPRACHKURS

(CEPE; ☎ 33-3616-4399; www.udg.mx; Gómez 125) Das CEPE gehört zur Universität von Guadalajara und bietet zwei- bis fünfwöchige Spanisch-Intensivkurse auf verschiedenen Leveln an. Tagesausflüge, Unterkünfte bei Gastfamilien und längere Exkursionen in andere Teile des Landes sind möglich.

Instituto Mexicano-Americano de Cultura SPRACHKURS

(IMAC; Karte S. 624; ☎ 33-3613-1080; www.spanish-school.com.mx; Guerra 180) Die Sprachkurse (min. 1 Woche) werden durch Unterricht in Musik und Tanz ergänzt. Die Website informiert über Teilnahmegebühren und Übernachtungsmöglichkeiten bei einheimischen Familien.

Geführte Touren

GDL Tours GEFÜHRTE TOUR

(☎ 33-1578-0421; www.gdltours.com) Das Unternehmen bietet eine ganze Palette von Führungen in englischer Sprache an. Dazu gehören ein Rundgang durch Guadalajaras wichtigste Sehenswürdigkeiten (ab 390 Mex$/4 Std.), Ausflüge zu den Orten am Lago de Chapala (ab 390 Mex$/6 Std.) und Tequila-Trail-Touren, die den Besuch in einer Destillerie sowie eine Verkostung beinhalten (ab 390 Mex$/9 Std.). Wenn mehr Teilnehmer dabei sind, werden die Touren billiger.

Mexico Cooks! ESSEN

(www.mexicocooks.typepad.com) Die US-Amerikanerin Cristina Potters ist eine echte Expertin für mexikanische Küche. Sie lebt zwar mittlerweile in Mexico City, leitet aber dennoch wunderbar persönliche Feinschmeckertouren durch Guadalajara und Morelia (es ist eine telefonische Voranmeldung erforderlich).

Tapatío Tour BUS

(Karte S. 624; ☎ 33-3613-0887; www.tapatiotour.com; Touren Erw. 110–120 Mex$; Kind 65–70 Mex$) Die omnipräsenten Doppeldeckerbusse von Tapatío Tour klappern die beliebtesten Ziele der Innenstadt im Rahmen einer Rundfahrt ab. Die zuvor aufgenommenen Erläuterungen (auf Englisch, Deutsch, Spanisch, Französisch, Italienisch und Japanisch) sind weniger einfallsreich, aber die Möglichkeit aus- und wieder zuzusteigen macht einem das Sightseeing wirklich leicht. Die Busse fahren an der Rotonda de los Jaliscenses Ilustres von 10 bis 20 Uhr ab. Werktags sind die Tickets günstiger.

Recorridos Turísticos STADTSPAZIERGANG

(Karte S. 624; Plaza Guadalajara) GRATIS Die Stadtverwaltung bietet geführte spanischsprachige Spaziergänge durch Guadalajaras Zentrum an (9.30 & 19 Uhr, ca. 1 Std.). Los geht's am Palacio Municipal; Teilnehmer müssen sich spätestens 15 Minuten vorher anmelden. Die Touristeninformation liefert weitere Details.

Feste & Events

Zu den wichtigsten Festen, die in Guadalajara und den Vororten gefeiert werden, gehören folgende:

Festival Internacional del Cine FILM
(www.ficg.mx) Das wichtigste mexikanische Filmfestival lockt seit 25 Jahren im März immer wieder Topschauspieler und -regisseure nach Guadalajara. Während des Festivals kann man Stars wie Gael García Bernal und John Malkovich bei Filmvorführungen und auf Partys in der ganzen Stadt begegnen.

Feria de Tonalá KUNSTHANDWERKSMARKT
Der jährliche Kunsthandwerkermarkt in Tonalá findet in den Wochen vor, während und nach der Semana Santa (Osterwoche) statt und hat sich auf Keramikkunst spezialisiert.

Fiestas de Tlaquepaque KUNSTHANDWERKSMARKT
Von Mitte Juni bis in die erste Juliwoche hinein findet in Tlaquepaque ein jährliches Fest mit einem Kunsthandwerkermarkt statt.

Fiesta Internacional del Mariachi MUSIK
(www.mariachi-jalisco.com.mx) Ende August und Anfang September reisen Mariachis von überall her an, um zu jammen, gegeneinander anzutreten und gemeinsam Spaß zu haben. Mehr Informationen gibt auf der Website.

Fiestas de Octubre TRADITIONELL
(www.fiestasdeoctubre.com.mx) Dieses Fest beginnt mit einer Parade am ersten Sonntag im Oktober und dauert den ganzen Monat über an. Es ist das wichtigste jährlich stattfindende Volksfest in Guadalajara. Kostenlose Unterhaltung, Viehmärkte, Kunstausstellungen und Sportveranstaltungen.

Feria Internacional del Libro BUCHMESSE
(www.fil.com.mx) Die Buchmesse ist eine der größten in ganz Lateinamerika und findet in der letzten Novemberwoche und in der ersten Dezemberwoche statt; es sind die wichtigsten spanischsprachigen Autoren vertreten.

Schlafen

Während der Feiertage (Weihnachten & Ostern) und für Festivalzeiten *unbedingt* im Voraus reservieren! In der Nebensaison oder wenn man länger als ein paar Tage bleibt, ist es möglich, Rabatte zu bekommen.

Guadalajara Zentrum

Südöstlich des Mercado San Juan de Dios gibt es eine ganze Reihe von Billighotels. In diesem Teil der Stadt geht es etwas rauer zu, aber man findet stets ein günstiges Zimmer, wenn es woanders keine mehr gibt. Um die Antigua Central Camionera (den alten Busbahnhof) gibt es ebenfalls einige preiswerte Unterkünfte. Im Centro Histórico stehen Travellern viele Optionen in der mittleren Preisklasse zur Verfügung. Viele sind in charmanten Kolonialgebäuden untergebracht. Teure Hotels findet man hauptsächlich in Chapultepec und Umgebung. Sie richten sich an Gäste mit eigenen Transportmöglichkeiten.

Home and Hostel HOSTEL $
(Karte S. 624; ☎33-1522-0834; www.homenhostel.com; Madero 720; B 180 Mex$;) Rund 15 Gehminuten vom Stadtzentrum entfernt liegt dieses tolle und rundum blitzblanke Hostel in einem ruhigen Wohngebiet. Die Zimmer (1–4 Betten) werden durch Bäder in ausreichender Anzahl ergänzt. Hinzu kommen ein sonniger Innenhof, eine Gästeküche und viele Reiseinfos. In nächster Nähe finden sich außerdem ein paar günstige Restaurants.

Hospedarte Downtown HOSTEL $
(Karte S. 624; ☎33-3562-7520; www.hostelguadalajara.com; Maestranza 147; B/EZ/DZ inkl. Frühstück 180/350/400 Mex$; @) Dies ist eines von zwei Hospedarte Hostels, die es jetzt in der Stadt gibt. Die hellgelbe Unterkunft liegt zentral und ist besonders bei jungen Reisenden, die Spaß haben wollen, beliebt. Es gibt große Schlafsäle mit vier Betten, Schließfächern und Ventilatoren, Gemeinschaftstoiletten und -duschen sind um den großen Gemeinschaftsraum herum angeordnet, zu dem auch eine riesige Küche gehört und in dem zahlreiche Aktivitäten möglich sind.

Hospedarte Hostel HOSTEL $
(Karte S. 636; ☎33-3615-4957; www.hospedartehostel.com; Luna 2075; B/EZ/DZ 180/400/450 Mex$; @) In einem Wohngebiet Chapultepecs steht dieses schlichte Hostel an einer Seitenstraße. Es bietet so ziemlich alles, was Backpacker brauchen: saubere Schlafsäle, einen Garten mit vielen Hängematten, eine Gästeküche, Gratis-Leihfahrräder, Internet mit WLAN und zahlreiche Dienstleistungen für Traveller. In fußläufiger Entfernung findet man Bars und günstige Restaurants.

Inhaber eines IYHA-Ausweises bekommen Rabatt.

Hostel Plaza Liberación HOTEL $
(Karte S. 624; ☎33-3614-4504; Morelos 247; B/DZ 150/450 Mex$;) Das freundliche, helle

und nett eingerichtete Hotel hat ein super Preis-Leistungs-Verhältnis: Die 17 Zimmer mit Ventilatoren und TV erfreuen sich einer unschlagbaren Lage im Herzen des Centro Histórico; zumeist punkten sie auch noch mit Aussicht auf die Plaza Liberación.

Posada San Pablo HOTEL $

(Karte S. 624; ☎ 33-3614-2811; www.posadasanpablo.com; Madero 429; EZ/DZ ab 380/450 Mex$, EZ/DZ ohne Bad ab 300/380 Mex$;) Dieses äußerst sympathische Hotel wartet mit einem Rasengarten, einer sonnigen Terrasse und einer Gemeinschaftsküche auf. Die Obergeschosszimmer mit Balkonen sind am besten. Wer will, kann sogar seine Klamotten (von Hand) in der altmodischen *lavandería* (Waschküche) hinter dem Haus waschen.

Zum Recherchezeitpunkt wurde das San Pablo gerade renoviert. Nach der Wiedereröffnung müsste es also theoretisch noch besser sein.

★ **Hotel Morales** HOTEL $$

(Karte S. 624; ☎ 33-3658-5232; www.hotelmorales.com.mx; Av Corona 243; Zi. ab 965 Mex$; P) Die hohe, kolonialzeitliche Lobby mit vier Ebenen bereitet Neuankömmlingen einen angemessen eindrucksvollen Empfang. Ansonsten hat das fesche, zentral gelegene Hotel mit super Preis-Leistungs-Verhältnis insgesamt 94 geräumige Zimmer, von denen man größtenteils auf einen eleganten zentralen Innenhof schaut. Die übrigen Quartiere verteilen sich rund um versteckte, blau-weiß geflieste Innenhöfe im andalusischen Stil. Personal und Service sind sehr professionell. Aufgrund der Architektur des Gebäudes bekommen manche Räume aber zu wenig Tageslicht ab.

Casa Vilasanta HOTEL $$

(Karte S. 624; ☎ 33-3124-1277; www.vilasanta.com; Rayón 170; B/Zi. 200/500 Mex$;) Die gerade mal 17 hellen Zimmer des fröhlichen Hotels sind in Pastelltönen gestrichen. Rund um einen kühlen Innenhof warten sie mit Blumen, Keramiken und TV auf. Die Einzelquartiere wirken z.T. beengt, die Doppelvarianten sind hingegen geräumig.

Vorhanden sind auch eine Gemeinschaftsküche, eine sonnenbeschienene Terrasse im Obergeschoss und jede Menge Platz zum Abhängen (auf beiden Stockwerken). Das Management spricht Englisch. Im umliegenden Viertel warten ein paar einfache Restaurants. Aus all diesen guten Gründen ist das Vilasanta normalerweise schnell ausgebucht – unbedingt rechtzeitig reservieren!

Villa Ganz BOUTIQUEHOTEL $$$

(Karte S. 636; ☎ 33-3120-1416; www.villaganz.com; López Cotilla 1739; Zi. inkl. Frühstück 2500–3480 Mex$; P @) Das umgebaute Herrenhaus in Chapultepec gilt ganz zu Recht als bestes Boutiquehotel der Stadt. Die zehn einzigartigen Zimmer überzeugen mit großartigen Einrichtungselementen wie durchgängigen Fliesenböden, rustikalen Holzmöbeln, Löwenfuß-Badewannen und Gewölbedecken aus Backstein. Die wunderschöne Gartenterrasse mit offenem Riesenkamin und zahllosen Kerzen hat einen sehr hohen Romantikfaktor.

Kinder unter zwölf Jahren sind hier nicht willkommen.

Casa Pedro Loza BOUTIQUEHOTEL $$$

(☎ 33-1202-2423; www.casapedroloza.com.mx; Loza 360; Zi. inkl. Frühstück 1200–2300 Mex$;) Das imposante, zauberhaft gestaltete Herrenhaus im Kolonialstil steht in einem reizenden Teil des Centro Histórico. Die elf Zimmer sind höchst verschieden: Manche strotzen vor schmucken Antiquitäten; andere sind dagegen kitschige Liebesnester mit Rundbetten, fröhlichem Mobiliar und besserem Preis-Leistungs-Verhältnis (aufgrund der moderneren Einrichtung).

Für das Hotel sprechen außerdem die super Dachterrasse und der Innenhof mit einfahrbarer Überdachung.

Quinta Real Guadalajara LUXUSHOTEL $$$

(☎ 33-1105-1000; www.quintareal.com; Av México2727; Zi. ab 2500 Mex$; P @) Die Schönheit dieser Fünf-Sterne-Unterkunft mit ihrer exquisiten, mit Efeu bewachsenen Steinfassade ist unbestritten. Die Lobby und die Bar sind einladend und elegant, das Grundstück ist tadellos gepflegt und der Service hervorragend. Doch die Zimmer sind ein wenig beengt und werden den hohen Preisen nicht gerecht.

Tlaquepaque

Tlaquepaque ist nur 15 Minuten mit dem Bus oder Taxi von Guadalajaras Zentrum entfernt und für all diejenigen ein ideales Ziel, die auf den Kleinstadtcharme nicht verzichten wollen und trotzdem die Sehenswürdigkeiten der großen Stadt besichtigen möchten. Einkaufen kann man hier hervorragend, und das Erstandene muss man so wenigstens nicht weit schleppen.

Casa del Retoño PENSION $$

(Karte S. 630; ☎33-3639-6510; www.lacasadelretono.com.mx; Matamoros 182; EZ/DZ/3BZ inkl. Frühstück 700/850/1100 Mex$; P) Dieses äußerst attraktive Wohnhaus im traditionellen Stil hat neben einem riesigen Gemeinschaftsgarten auch acht farbenfrohe Zimmer mit TV und guten Bädern. Es wird von einer freundlichen einheimischen Familie geführt und liegt nicht weit vom Hauptplatz entfernt. Am besten vorher anrufen, da die Rezeption nicht immer besetzt ist!

★Casa de las Flores B&B $$$

(Karte S. 630; ☎33-3659-3186; www.casadelasflores.com; Degollado 175; Zi. inkl. Frühstück ab 119 US$; @) Wer das eindrucksvolle B&B mit Innenhof betritt, ertrinkt möglicherweise mit offenem Mund im hiesigen Farbenmeer: Eine unglaubliche Sammlung von mexikanischer Volkskunst (darunter ein paar sehr seltene Stücke aus vorkolonialer Zeit) bedeckt jeden freien Quadratzentimeter. Die geräumigen, komfortablen Zimmer sind im selben fröhlichen Folklorestil wie das Hauptgebäude gestaltet.

Kolibris besuchen die vielen Blumen im subtropischen Terrassengarten hinter dem Haus. Im Wohnzimmer warten ein offener Kamin und eine gut bestückte Bar. Das Frühstück ist ungemein lecker – vor allem wenn Stan (früher Chefkoch im Chez Panisse in Berkeley) gerade Morgendienst hat.

Casa Campos PENSION $$$

(Karte S. 630; ☎33-3838-5297; www.casacampos.mx; Miranda 30; EZ/DZ inkl. Frühstück 1012/1190 Mex$; @) Dieses Herrenhaus, das in Pink- und Orangetönen gehalten ist, besticht durch seinen herrlichen, mit Blumen bewachsenen Hinterhof, Steinsäulen und gepflegte Holzmöbel. Die elf Zimmer sind groß, geschmackvoll und gut ausgestattet (obwohl die Badezimmer nichts Besonderes sind). Die Pension ist nur wenige Meter von den besten Einkaufsmöglichkeiten auf der Independencia entfernt.

Quinta Don José BOUTIQUEHOTEL $$$

(Karte S. 630; ☎33-3635-7522; www.quintadonjose.com; Reforma 139; EZ/DZ inkl. Frühstück ab 1159/1350 Mex$; @) Dieses zauberhafte Hotel ist ein tolles Refugium im Herzen von Tlaquepaque. Hierfür sorgen beispielsweise die behagliche Lobby mit dem abgesenkten Boden oder eine sonnige, mit Blumen geschmückte Pool-Terrasse mit gluckernden Springbrunnen. Leider sind die Zimmer nicht ganz so prachtvoll wie die Gärten – aber das fällt nicht großartig ins Gewicht.

Im guten italienischen Hausrestaurant (akzeptiert auch Nicht-Hotelgäste) kann man abends unter funkelnden Sternen und Lichterketten dinieren.

Essen

Guadalajara ist ein kulinarischer Gaumenschmaus; Manche Besucher zählen die kulinarischen Erlebnisse hier sogar zu den Highlights ihres Aufenthalts. Einige einheimische Spezialitäten, die man probieren sollte, sind: *birria* (ein scharfer Ziegen- oder Lammeintopf), *carne en su jugo* („Fleisch im eigenen Saft", eine Art Rinderbrühe), *tejuino* (ein gegorenes Maisgetränk, das oft von Straßenverkäufern angeboten wird) und vor allem die stets präsente *torta ahogada* (wortwörtlich „ertrunkenes Sandwich"), eine Schweineroulade in Chilisauce, von der es heißt, sie könne alles kurieren, vom Kater bis zur Grippe.

Centro Histórico & Umgebung

Abenteuerlustige gehen zum **Mercado San Juan de Dios** (S. 641), wo es unendlich viele Imbissstände gibt, die die günstigsten und einige der besten Speisen der Stadt servieren. Auf der Plaza vor dem Templo Expiatorio bekommt man auch nachts noch Tacos, *tortas* und *elote* (gegrillte Maiskolben).

Café Madrid CAFÉ $

(Karte S. 624; ☎33-3614-9504; Av Juárez 264; Hauptgerichte 50–100 Mex$) Die Kellner tragen weiße Smokings, und die Kasse, die Espressomaschinen und die Zapfanlagen sind Antiquitäten in perfektem Zustand. Besonders gut ist das Frühstück: Die *huevos rancheros* (Spiegeleier auf Maistortillas mit Tomaten, Chilis und Zwiebelsauce, serviert mit Bohnenmus) und *chilaquiles* (gebratene Tortillastreifen in Chilisauce) genießen schon seit 50 Jahren einen fantastischen Ruf.

★La Fonda de la Noche MEXIKANISCH $$

(Karte S. 624; ☎33-3827-0917; Jesús 251; Hauptgerichte 90–120 Mex$; ⏲Di–So 19.30–24 Uhr) Dieses Restaurant in einem weitläufigen Jugenstilhaus ist rundum großartig: Die Gerichte stammen größtenteils aus der Region Durango und sind allesamt als köstlich zu bezeichnen. Besonders empfehlenswert ist jedoch der *plato combinado* (Kombiteller;

111 Mex$) mit einer Auswahl von vier preisgekrönten Kreationen des Küchenchefs.

Da die einfache Auswahl nur mündlich angeboten wird, bedingt der Genuss gewisse Spanischkenntnisse (Eigentümer Carlos spricht jedoch etwas Englisch). Das nur abends geöffnete Lokal hat kein Türschild und ist etwas schwierig zu finden: An der nordwestlichen Ecke von Jesús und Reforma versteckt es sich in einem ruhigen Wohngebiet.

Birriería las Nueve Esquinas MEXIKANISCH **$$**
(Karte S. 624; ☎33-3613-6260; Av Colón 384; Hauptgerichte 80–98 Mex$; ⏲Mo–Sa 8–23, So 8–21 Uhr) Das tolle dorfartige Viertel Nueve Esquinas (Neun Ecken) ist auf *birria* spezialisiert – zartes Fleisch, das so lange im eigenen Saft gegart wird, bis es quasi im Mund zergeht. Diesbezüglich weithin als Königin bekannt ist die attraktive, halboffene Birriería las Nueve Esquinas mit ihren blauweißen Fliesen.

Auf den Tisch kommen hauptsächlich *birria de chivo* (gedünstete Ziege) und *barbacoa de borrego* (gebackenes Lamm). Auf Anfrage empfiehlt das Personal jedoch praktisch sofort *chivo*. Beide Varianten werden mit eingelegten Zwiebeln, Koriander, zwei Salsa-Saucen und einem Berg frischer Tortillas serviert: Einfach das Fleisch in eine Tortilla wickeln, dann das Ganze mit den Beilagen verfeinern und in den Fleischsaft tunken. Himmlisch!

La Chata MEXIKANISCH **$$**
(Karte S. 624; ☎33-3613-1315; Av Corona 126; Hauptgerichte 79–128 Mex$; ⊖) Gute *comida típica* (Hausmannskost), bezahlbare Preise und üppige Portionen bescheren dem familiengeführten Lokal stets viele Gäste. Die Tische sind sogar so sehr gefragt, dass die Warteschlange regelmäßig bis hinaus auf die Straße reicht. Spezialität des Hauses ist hervorragendes *platillo jaliscense* (Brathuhn mit fünf Beilagen). Sehr gern bestellt wird aber auch die *pozole* (Maismehlsuppe).

La Fonda de San Miguel Arcángel MEXIKANISCH **$$**
(Karte S. 624; ☎33-3613-0809; Guerra 25; Hauptgerichte 130–200 Mex$; ⏲Di–Sa 8.30–24, So & Mo 8.30–21 Uhr) Vor der Sonne kann man prima in diesen reizenden Innenhof flüchten: Zwischen vielen Vogelkäfigen, antiken Skulpturen und gluckernden Springbrunnen sind hier die Klänge eines alten Klaviers zu vernehmen. Als Spezialitäten des Hauses gibt's *filete de res oro negro* (Rindfleisch mit *huitlacoche-* bzw. Maispilz-Sauce) und umwerfendes *molcajete* (pikantes Gericht aus Oaxaca, das zusammen mit Fajitas auf einer glühend heißen Steinplatte serviert wird).

Chapultepec & Umgebung

In Chapultepec warten ein paar von Guadalajaras besten Restaurants und kulinarischen Highlights. Hierher geht's mit den Par-Vial-Bussen 400 oder 500, die ab der Av Independencia und Alcalde gen Westen fahren. Ein Taxi ab dem Stadtzentrum kostet ca. 50 Mex$.

El Cargol SPANISCH **$**
(Karte S. 636; ☎33-3616-6035; López Cotilla 1513; Menú del día 69 Mex$) Dieses tolle familiengeführte Lokal im katalanischen Stil serviert richtig gute Hausmannskost zum Schnäppchenpreis. In der Tat hat das dreigängige *menú del día* zu Mittag wohl eines der besten Preis-Leistungs-Verhältnisse der Stadt. Trotz des Namens (katalanisch für „Schnecke") bestellt man am besten eines der Fischgerichte.

Karne Garibaldi MEXIKANISCH **$**
(☎33-3826-1286; Garibaldi 1306; Hauptgerichte 60–100 Mex$; ⏲12–24 Uhr) Die geräumige, helle Cantina ist bei mexikanischen Großfamilien beliebt und hat zwei Spezialitäten: *carne en su jugo* und einen schnellen Service (so fix, dass es 1996 für einen Eintrag ins *Guinness-Buch der Rekorde* reichte). Wahrscheinlich sind keine anderen Touristen unter den Gästen. Das umliegende Viertel ist freundlich und abends stark belebt.

Das Lokal liegt 15 Gehminuten nördlich der Av Vallarta. Wer durch die ruhigen Seitenstraßen hierher läuft, kann sich unterwegs bunte Häuser und Minibars mit Ausschankfenstern anschauen.

Tacos Don Luis MEXIKANISCH **$**
(Karte S. 636; Ecke Av Chapultepec & Mexicaltzingo; Tacos 9–12 Mex$; ⏲14 Uhr–open end) Das garagenartige Don Luis ist der älteste und beste unter den diversen Imbissschuppen des Viertels. Abends tummeln sich davor zahllose hungrige Nachtschwärmer. Die hocken dann mit Plastiktellern auf dem Bordstein und sind bemüht, ihre Partyklamotten und schicken Schuhe von Taco-Füllung freizuhalten.

Tortas Ahogadas César MEXIKANISCH **$**
(Karte S. 636; López Cotilla 1449; Tortas 25 Mex$; ⏲mittags–open end) Das spartanische Café

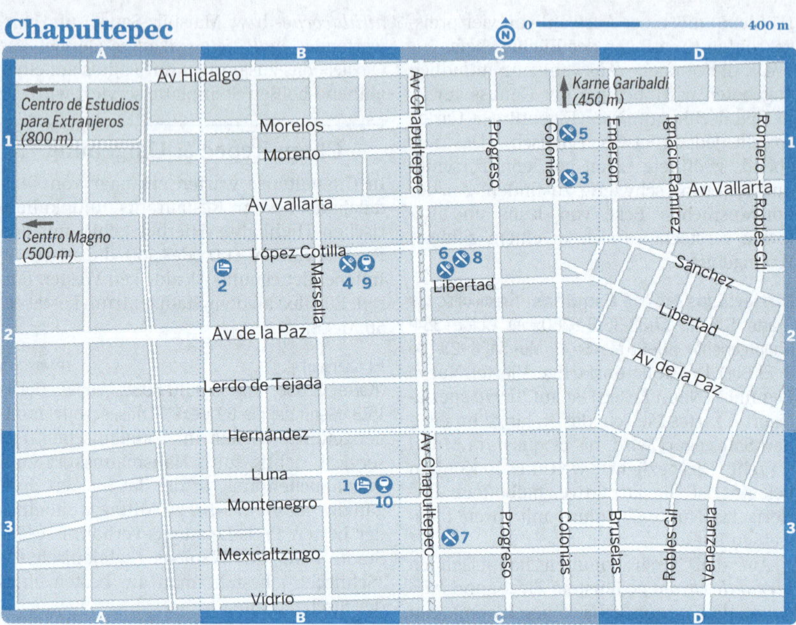

Chapultepec

Schlafen

1 Hospedarte Hostel B3
2 Villa Ganz B2

Essen

3 Cocina 88 .... C1
4 El Cargol B2
5 El Sacromonte C1
6 Parrilla Libertad C2
7 Tacos Don Luis C3
8 Tortas Ahogadas César C2

Ausgehen & Nachtleben

9 Angels Club B2
10 Santa B3

kredenzt ausschließlich eines: *tortas ahogadas*. Bei der Zubereitung von Guadalajaras geliebten Kater-Killern werden baguetteartige Brötchen namens *birotes* mit langsam gegartem Schweinefleisch belegt und mit scharfer *salsa picante* getränkt. Am besten bestellt man die weniger heftige Variante *media ahogada* (halb getränkt); *bien ahogada* ist wirklich nur etwas für absolute Hardcore-Chili-Fans.

★ Parrilla Libertad — MEXIKANISCH $$

(Karte S. 636; Libertad 1972; Hauptgerichte 100–120 Mex$; ⏲ Di–So) Dieses Minilokal mit ein paar verstreuten Tischen am Straßenrand hatte zum Recherchezeitpunkt gerade eröffnet. Sein hervorragend zubereitetes Essen war jedoch so gut, dass es wohl in kurzer Zeit viele Stammgäste gewinnen dürfte.

Neben *costilla* (Rippchen) ist auch *molcajete* mit Rindfleisch und Chorizo eine Spezialität des Hauses. Die meisten Zutaten werden auf einem großen Holzkohlegrill gegart, der stolz mitten vor dem Restaurant thront.

★ Lula Bistro — INTERNATIONAL $$$

(☎ 33-3647-6432; www.lulabistro.com; San Gabriel 3030; Hauptgerichte ab 250 Mex$; ⏲ Di–Do 14–17 20–23.30, Fr & Sa 14–17.30 & 20–24 Uhr) Das superschicke Lula liegt ein paar Kilometer westlich von Chapultepec und ist das am meisten gepriesene Restaurant der Stadt. Sein elegantes Ambiente hat einen industriellen Touch. Dennoch kommen die meisten Gäste wegen des Essens. Die lange, moderne Karte mit Schwerpunkt auf Fisch und Seafood lässt sich wohl am besten als französisch-mexikanischer Fusion-Mix beschreiben. Reservierung ist ratsam.

I Latina — INTERNATIONAL $$$

(☎ 33-3647-7774; www.ilatinarest.com; Av Inglaterra 3128; Hauptgerichte ab 250 Mex$; ⏲ Di–Sa 19.30–1, So 13.30–18 Uhr) Eine Wand voller Keramikschweine, ein riesiger Schwertfisch und viel witziger Kitsch zieren dieses abgefahren eingerichtete Lokal. Der Hauptgrund für einen Besuch ist jedoch die hervorragende internationale Karte mit asiatischem Touch. Der Laden ist bei gut aussehenden Modefreaks schwer angesagt und kann ziemlich lärmig sein – für ein ruhiges Abendessen eignet er sich somit weniger.

Zu finden ist das Ganze ein paar Kilometer westlich von Chapultepec. Vor allem abends empfiehlt sich Reservierung.

Cocina 88 MEXIKANISCH **$$$**
(Karte S. 636; ☎33-3827-5996; www.cocina88.com; Av Vallarta 1342; Hauptgerichte 150–300 Mex$; ⌚Mo–Sa 13.30–1, So 14–22 Uhr) Wer in Guadalajara Geld hat, geht in dieses Restaurant, das in einem renovierten Herrenhaus aus der Zeit zu Beginn des 20. Jhs. beherbergt ist. Hier schneiden die Gäste gern ihr Rindfleisch oder ihren frischen Fisch selbst vom Haken ab und suchen den Wein lieber direkt im Keller aus als von der Karte. Das Ganze verläuft reibungslos! Dies ist der perfekte Ort für ein unvergessliches, stilvolles Essen. Für abends sollte zumindest freitags und samstags vorab reserviert werden.

El Sacromonte MEXIKANISCH **$$$**
(Karte S. 636; ☎33-3825-5447; www.sacromonte.com.mx; Moreno 1398; Hauptgerichte 180–300 Mex$; ⌚12–18 & 19–24 Uhr) Guadalajaras beliebtestes Restaurant mit *alta cocina* (Gourmetküche) serviert neckisch angehauchte Klassiker – z. B. Avocado-Wassermelonen-Suppe, Bratspinat zu Riesengarnelen in Hummersauce oder Quesadillas mit Rosenblattgarnierung und Erdbeersauce. Alte Stierkampfplakate und folkloristische Kruzifixe prägen das geschmackvoll-künstlerische Dekor. Reservierung ist ratsam.

Tlaquepaque

Die zentrale Plaza von Tlaquepaque wird von Straßenverkäufern, die Essen anbieten, geradezu überrannt. Zu empfehlen sind hier *jericalla* (eine puddingähnliche Vanillesauce), Kokosnuss-*empanadas* und Becher mit in Limettensaft eingelegten Granatapfelkernen. Südöstlich der Plaza liegt El Parián (S. 639), ein Häuserblock mit Dutzenden Restaurant-Bars, die ihre Gartenmöbel in einen Innenhof quetschen. Hier kann man sitzen, trinken und besonders samstags und sonntags Mariachi-Musik live hören. Essen sollte man allerdings anderswo.

The Good Restaurant MEXIKANISCH **$**
(Karte S. 630; Morelos 225; Hauptgerichte 26–75 Mex$; ⌚13–21 Uhr) Abseits der Hauptstraße (Independencia) mit ihren Schickimicki-Boutiquen und teuren Restaurants findet man deutlich bodenständigere Lokale – beispielsweise dieses hier, das so gut ist, wie sein Name verspricht: Unter dem strohgedeckten Dach kommt schlichte Hausmannskost in üppigen Portionen auf den Tisch.

Casa Fuerte MEXIKANISCH **$$**
(Karte S. 630; ☎33-3639-6481; Independencia 224; Hauptgerichte 100–200 Mex$; ⌚8–23 Uhr) Mit einer echten Cocktailbar, einer luftigen Gartenterrasse und einem recht mondänen Ambiente geht das elegante, weitläufige Casa Fuerte in Richtung Nobelrestaurant. Obwohl es bei Tlaquepaques Oberschicht schwer angesagt ist, bekommt man normaleerweise problemlos einen Tisch.

Tortas Ahogadas Chimbombo MEXIKANISCH **$$**
(Karte S. 630; Madero 80; Tortas 26 Mex$, Steaks 75–110 Mex$; ⌚8–23 Uhr) An diesem Grillimbiss bereitet Señor Lopez T-Bone und andere Steaks ebenso zu wie köstliche, scharfe *tortas ahogadas*. Die Steaks werden mit Olivenöl eingerieben, mit Sojasauce beträufelt und mit griechischem Salat und Knoblauchbrot serviert. Man kann vor Ort essen oder sich sein Essen einpacken lassen und es auf der nahe gelegenen Plaza in der Sonne genießen.

Mariscos Progreso SEAFOOD **$$**
(Karte S. 630; ☎33-3636-6149; Progreso 80; Hauptgerichte 100–125 Mex$; ⌚11–20 Uhr) Am Samstag- und Sonntagnachmittag scheint ganz Guadalajara auf der Terrasse dieses Seafood-Restaurants zu sitzen. Mexikanische Familien in schicker Kluft futtern hier *ceviche* und reichen Teller herum, auf denen sich z. B. Ananas-Shrimps oder *huachinango al estilo Veracruz* (Schnapper mit Limette und Tomaten) befinden. Währenddessen ziehen Mariachis von Tisch zu Tisch.

Austern sind eine Spezialität des Hauses: Der Laden ist an seiner „Knackbude" vor der Tür zu erkennen.

Zapopan

Zapopan oben im äußersten Norden der Stadt hat seine eigene brummende Restaurantszene. Die meisten Lokale an der Hauptstraße in Richtung Basilika kann man jedoch glatt vergessen.

SCHWULEN- & LESBENSZENE IN GUADALAJARA

Guadalajara ist eine der schwulsten Städte des Landes, man nennt es auch das San Francisco Mexikos. Die Stadt ist zwar nicht ganz so offen wie Frisco, aber deutlich januskköpfiger, denn trotz konservativer Präsidenten, Bürgermeister und einheimischer Bürger zeigt Guadalajara nach Sonnenuntergang ein sehr offenes schwules Gesicht. Im Juni, wenn die Stadt eine der größten lateinamerikanischen Schwulenparaden veranstaltet, geht jeder auf die Straße.

Das sogenannte „Schwulenghetto" der Stadt breitet sich über einige Blocks von der Ecke Ocampo und Sánchez im Stadtzentrum aus, aber auf der Avenida Chapultepec westlich vom Zentrum beginnen sich langsam gehobenere Lokalitäten an die homosexuelle Kundschaft zu richten. Unter den Folgenden sind einige der beliebtesten Bars und Clubs der Stadt. Auf www.gaymexicomap.com gibt es noch mehr Tipps.

California's (Karte S. 624; ☎ 33-3614-3221; Moreno 652; ⏲ Mo–Sa 20–3 Uhr) Zieht ein buntes, attraktives Publikum an, von Cowboys bis zu Börsenmaklern. Um 22 Uhr wird es richtig voll, und besonders freitags und samstags wird die Bar zum Tollhaus. Getanzt wird aber nicht, das California's gilt mehr als Sprungbrett in die restlichen Clubs.

La Prisciliana (Karte S. 624; ☎ 33-3562-0725; Sánchez 394; ⏲ So–Di 17–1.30, Mi–Sa 17–3 Uhr) Dieser ruhige, stilvolle Laden mit Bogenfenstern, burgunderroten Wänden und abgenutzten Fliesenböden befindet sich in einem alten Gebäude aus der Kolonialzeit. Zu später Stunde geht's hier mitunter wild zu; gelegentlich gibt's auch Travestieshows. Meistens ist das Ambiente aber ziemlich entspannt.

Los Caudillos (Karte S. 624; ☎ 33-3613-5445; Sánchez 407; Eintritt 50 Mex$; ⏲ tgl. 17–4, After Hour So 6–10 Uhr) Beliebte Disko mit mehreren Stockwerken, drei Tanzflächen und zahllosen Lounges bzw. Bars, in denen viele junge Schöne schwofen.

7 Sins (Karte S. 624; Moreno 532; Eintritt nach 24 Uhr 50 Mex$; ⏲ Fr & Sa 22–4 Uhr) Im bevorzugten Treff von Guadalajaras jüngerer Schwulenszene fühlen sich Leute ab 30 Jahren wohl ziemlich deplatziert. Ansonsten wartet das kolonialzeitliche Herrenhaus mit einem coolen Treppenaufgang und dröhnend lauter Musik auf.

Fonda Dña Gabina Escolatica MEXIKANISCH $
(☎ 33-3833-0883; Mina 237; Hauptgerichte 16–62 Mex$; ⏲ Di–Sa 19–23, So 14–22 Uhr) Dieses Restaurant an einer Seitenstraße ähnelt einem schmalen Schuppen und ist mit Textilien in fröhlichen Farben dekoriert. Spezialitäten des Hauses sind *pozole* (eine bestimmte Art von Suppe) und ein gigantisches *tostada de pollo*. Letzteres ist ein Riesenberg aus Hühnerfleisch und Salat – so hoch auf einer gegrillten Tortilla gestapelt, dass einem das Ganze beim Essen fast zwangsläufig vom Teller fällt.

Ausgehen & Nachtleben

Im Centro Histórico geht es abends eher ruhig zu, es gibt aber einige Orte, an denen etwas los ist (wenn man weiß, wo man suchen muss) und eine blühende Schwulenszene. Chapultepec ist dagegen voller Bars und Clubs mit internationalem Style.

★ **La Mutualista** TANZ
(Karte S. 624; ☎ 33-3614-2176; Madero 553; ⏲ Mo–Sa 12–ca. 2 Uhr) Die Wände dieses Tanzlokals im Vintage-Stil sind ganz gelb vom Rauch. Von den hohen Decken hängen alte Kronleuchter, und die Stimmung erinnert an den verfallenen Glanz des alten Havannas. Donnerstags und samstags ist Salsa-Nacht – der wahre Grund, herzukommen. Um Mitternacht herum beginnt dann eine kubanische Band zu spielen und Gäste jedes Alters legen einige heiße Tänzchen aufs Parkett. Schweißflecken gibt es dann gratis dazu.

★ **Café Galería André Breton** BAR
(Karte S. 624; ☎ 33-3345-2194; Manuel 175; ⏲ Di–Sa 10–3, So 14–20 Uhr) Diese charmante Mischung aus Bar, Café und Livemusik-Club versteckt sich an einer Seitenstraße im Osten des Centro Histórico. Wie sein Name vermuten lässt, zählt der künstlerisch-unkonventionelle Laden zu den coolsten Abhäng-Adressen der Stadt. Zu genießen gibt's französische Küche (Hauptgerichte 69 Mex$), Livemusik (Grundpreis 40 Mex$; tgl. ab 21 Uhr) und diverse handgebraute Biere aus aller Welt.

La Fuente BAR
(Karte S. 624; Suárez 78; ⌚Mo–Do 8.30–23, Fr & Sa 8.30–24 Uhr) Diese Institution im alten Edison-Kesselraum ist seit 1921 im Geschäft und ein Paradebeispiel für eine anständige mexikanische Cantina. Das Publikum besteht größtenteils aus Stammgästen, die Erstbesucher wie Familienmitglieder und Frauen wie Königinnen behandeln.

Von Sonnenuntergang bis zur letzten Bestellung gibt ein Musikertrio (Bass, Klavier, Geige) eine Jam-Session zum Besten.

Angels Club NACHTCLUB
(Karte S. 636; López Cotilla 1495B; ⌚Mi–Sa 21.30–5, So 18–23 Uhr) Willkommen in Guadalajaras Megadisko! Die ist zwar ein Schwulenclub, lockt aber Heteros beiderlei Geschlechts ebenfalls an. Die Party geht über drei Tanzflächen, auf denen vor allem House, Pop und Techno laufen. Am Samstagabend wird's richtig wild. Viele Besucher gehen um ca. 5 Uhr woanders frühstücken und kehren dann später zur witzigen After Hour in der Sonne zurück.

Santa BAR
(Karte S. 636; ☎33-3616-5251; Luna 2061; ⌚Di–Do & So 20–3, Fr & Sa 20–4 Uhr) Atemberaubend grüne Wände und blinkende Bilder der Señora de Guadalupe prägen das abgefahrene Innere dieses glamourösen Szenetreffs in Chapultepec. An den DJ-Abenden (Fr & Sa) ist der Laden rappelvoll. Werktags schlürfen schick angezogene Szenetypen hier Mezcal (Agavenschnaps; donnerstags Doubletime) zu Lounge-Musik.

Escarabajo Scratch BAR
(Karte S. 624; ☎33-1200-6983; Andador Coronilla 28; ⌚Mo–Do 18–2.30, Fr & Sa 13–2.30 Uhr) Die coole Hipster-Bar im Centro Histórico hat die *michelada* (Mix aus Bier und Bloody Mary) zur hohen Kunst erhoben. Zudem schenkt sie elf gute Tequilasorten aus und feiert die Blütezeit des Grungerock.

Hotel Francés BAR
(Karte S. 624; ☎33-3613-1190; Maestranza 35; ⌚12–24 Uhr) Die Innenhofbar aus dunklem Mamor animiert zum Relaxen wie in einer anderen Zeit: Die Kellner tragen Fliege und behandeln Gäste wie alte Freunde. Happy Hour ist bis 20 Uhr. Bänkelsänger geben per Akustikgitarre tolle Balladen zum Besten.

☆ Unterhaltung

Das musikalisch veranlagte Guadalajara hat viele Locations (darunter Restaurants), in denen allabendlich Liveklänge zu vernehmen sind. Zudem herrscht hier kein Mangel an Diskos und Bars. Am besten direkt vor Ort nach den neuesten Hotspots fragen – die Einheimischen prahlen liebend gern mit ihrer Stadt!

An mehreren beliebten Veranstaltungsorten sind Theater, Tanz und Konzerte zu sehen. Aktuell am angesagtesten ist das **Teatro Diana** (☎33 3614-7072; www.teatrodiana.com; Av 16 de Septiembre 710): Es zeigt Broadway-Musicals, Kunstinstallationen und Konzerte mit regionalen oder internationalen Künstlern. Das **Teatro Degollado** (Karte S. 624; ☎33-3613-1115; Degollado) in der Innenstadt ist ein Kulturzentrum mit Konzerten, Theater- und Tanzvorstellungen. Auch im **Instituto Cultural de Cabañas** (Karte S. 624; ☎33-3668-1640; Cabañas 8) können gelegentlich Tanz, Theater und Musik genossen werden. Ebenfalls im Stadtzentrum präsentiert der **Ex-Convento del Carmen** (Karte S. 624; ☎33-3030-1385; Av Juárez 638) Theater und Kunst.

Livemusik

Der traditionellen Mariachi-Musik kann man hier in ihrer Heimatstadt frönen. An der Plaza de los Mariachis östlich vom Centro Histórico kann man bei einem Bier sitzen und in den Serenaden der leidenschaftlichen Mariachi-Gruppen schwelgen. Am El Parián (Karte S. 630), einem Gartenkomplex in Tlaquepaque aus mehreren Dutzend kleiner Cantinas an einer Plaza voller Mariachis, ist es jedoch schöner. Samstags und sonntags treten die Gruppen in den Kampf um das Wohlwollen der Gäste, Applaus und Geld.

An den meisten Dienstagen, Donnerstagen und Sonntagen um 18.30 Uhr, und manchmal auch an anderen Tagen in den Ferien (besonders während der Fiestas de Octubre), spielen Bands aus der Region und ganz Mexiko kostenlos Konzerte mit *música tapatía* (Guadalajara-Musik) auf der Plaza de Armas.

Sport

An den meisten Sonntagen finden mittags *charreadas* (Rodeos) im Lienzo-Charros-de-Jalisco-Ring statt, der südlich vom Stadtzentrum hinter dem Parque Agua Azul liegt. Die teilnehmenden *charros* (Cowboys) kommen aus ganz Jalisco und dem übrigen Mexiko. Teams von *escaramuzas* (weiblichen Stunt-Reitern) treten ebenfalls auf.

Fútbol (Fußball) lieben die Einheimischen. Drei örtliche Clubs spielen in Mexikos erster Liga *(primera division)*: **Atlas** (www.atlas.com.mx; Los Zorros), **Universidad Autónoma de Guadalajara** (www.tecos.com.mx; Los Estudiantes Tecos) und **Guadalajara** (www.chivasdecorazon.com.mx; Las Chivas), die zweitbeliebteste Mannschaft des Landes. Während der Saison (Juli–Dez. & Jan.–Juni; Übersicht unter www.femexfut.org.mx) kann man sich Spiele in Stadien im ganzen Stadtgebiet ansehen.

Estadio Jalisco STADION
(www.estadiojalisco.net; Siete Colinas 1772; Eintritt 35–100 Mex$) Dies ist das wichtigste *fútbol*-Stadion in Guadalajara (um die 60 000 Sitzplätze) und liegt gleich außerhalb der Calzada Independencia auf dem Weg aus dem Zentrum der Stadt in Richtung Nordosten. Im Jahr 1970 und 1986 fanden hier zahlreiche Spiele der Weltmeisterschaft statt. Informationen zu den Spielplänen gibt es auf der Website. Große Spiele sind teurer als „normale" Begegnungen. Der Trolleybus R600 und die Busse 60 und 62A Richtung Norden halten ganz in der Nähe an der Calzada Independencia.

★ **Arena Coliseo** MEXIKANISCHES WRESTLING
(Karte S. 624; ☎ 33-3617-3401; Medrano 67; Tickets 50–140 Mex$; ⏲ Di 20.30 & Tue & So 18.30 Uhr; 👪) Wer einen unvergesslichen Abend erleben will, schaut maskierten *luchadores* (Wrestlern) mit Namen wie El Terrible oder Blue Panther dabei zu, wie sie sich gegenseitig die Seele aus dem Leib prügeln. Zu rechnen ist mit spärlich bekleideten Damen, zeternden Zuschauern und schreienden Donut-Verkäufern – all dies gehört bei dieser klassischen mexikanischen Unterhaltungsform einfach mit dazu. Vorsicht: Das Viertel rund um die beliebte Arena ist etwas zwielichtig! Daher immer gut auf Wertsachen achtgeben!

Shoppen

Die Reichen von Guadalajara bevorzugen Shoppingcenter wie das **Centro Magno** (☎ 33-3630-1113; www.centro-magno.com/magno; Av Vallarta 2425) 2 km westlich des Stadtzentrums und die **Plaza del Sol** (☎ 33-3121-5750; www.plazadelsol.com; Av López Mateos Sur) 7 km südwestlich des Stadtkerns. Man erreicht sie mit dem Bus 258 Richtung Westen an der Ecke San Felipe und Avenida Alcalde oder mit dem TUR 707 Richtung Westen auf der Avenida Juárez. Das größte und protzigste Einkaufszentrum, die **Galerías Guadalajara** (☎ 33-3777-7880; www.galeriasguadalajara.com; Sanzio 150), liegt 8 km westlich der Innenstadt. Sie ist mit dem Bus 25 zu erreichen. Alle Zentren sind etwa von 10 bis 21 Uhr geöffnet.

Für shoppinglustige Traveller ist das wunderbare Kunsthandwerk aus Jalisco, Michoacán und anderen mexikanischen Regionen interessanter. Dieses Kunsthandwerk ist auf zahlreichen Märkten Guadalajaras erhältlich. Tlaquepaque und Tonalá, zwei Vororte, die weniger als 15 km vom Zentrum entfernt sind, gelten als Zentren der Produktion von Kunsthandwerk und Möbeln. Wer verrückt nach Inneneinrichtung ist, sollte für beide

SHOPPEN IN TLAQUEPAQUE

Zu Tlaquepaques legendären Einkaufsmöglichkeiten zählen z. B. große Einrichtungsboutiquen, in denen Keramiken, handgezimmerte Holzmöbel und exquisite Lampen verkauft werden. Guadalajaras beste Innenarchitekten sind ebenfalls hier ansässig. Wer sich genügend Zeit nimmt, kann einige seltene und kreativ gestaltete Stücke entdecken.

Antigua de México (Karte S. 630; ☎ 33-3635-2402; www.antiguademexico.com; Independencia 255; ⏲ Mo–Fr 10–14 & 15–19, Sa 10–18 Uhr) Großartige Ausstellungsmöbel (z. B. Bänke aus einem einzigen Baumstamm) in riesigen, altmodischen Hinterhöfen.

Orígenes (Karte S. 630; ☎ 33-3563-1041; Independencia 211; ⏲ Mo–Fr 10–19, Sa 11–19, So 11–18 Uhr) Neben einer tollen Lampenabteilung und eleganten Hängematten gibt's hier auch ein Hausrestaurant mit „mexikanischer Gourmetküche": das Casa Luna (Hauptgerichte 150–250 Mex$), dessen Tische drinnen sowie draußen unter einem schattigen Baum stehen.

Teté, Arte y Diseño (Karte S. 630; ☎ 33-3635-7965; www.tetearteydiseno.com; Av Juárez 173; ⏲ Mo–Sa 10–19.30 Uhr) Gewaltige Kronleuchter, einzigartige Holzschnitzereien und Repliken antiker Eisenwaren.

Sebastián Exportaciones (☎ 33-3124-6560; sebastianexp@prodigy.net.mx; Ejército 45; ⏲ Mo–Fr 9–14 & 16–18 Uhr) Verschickt Pakete (Mindestvolumen 1 m^3) in alle Welt.

Viertel viel Zeit einplanen. Die besten Angebote (soll heißen: Großhandelspreise) findet man in Tonalá.

Mercado San Juan de Dios MARKT
(Karte S. 624; Ecke Av Javier Mina & Calz Independencia, Mercado Libertad; ⌚10–21 Uhr) Ob schicke Cowboystiefel, DVDs oder Küchengeräte: Die emsigen Standhändler auf den drei Etagen des riesigen Marktes verkaufen so ziemlich alles. Der Gastrobereich ist hervorragend!

Mercado Corona MARKT
(Karte S. 624; Ecke Av Hidalgo & Santa Mónica; ⌚9–20 Uhr) Entlang eines ganzen geschäftigen Blocks in Innenstadtnähe gibt's hier Bekleidung, Haushaltswaren, Nippes und etwas zu beißen.

Praktische Informationen

GELD

Guadalajaras zahlreiche Banken verfügen größtenteils über Geldautomaten *(cajeros)*. Bei den geschäftstüchtigen *casas de cambio* (Wechselstuben) an der López Cotilla (zw. Avenida 16 de Septiembre & Corona) lässt sich Bares rund um die Uhr zu günstigen Konditionen umtauschen. Zumeist kann man dort auch Reiseschecks einlösen.

INFOS IM INTERNET

Gobierno de Jalisco (www.visita.jalisco.gob.mx) Offizielle Website von Jalisco.

Gobierno Municipal de Tonalá (www.tonala.gob.mx) Offizielle Website von Tonalá.

Gobierno Municipal de Zapopan (www.zapopan.gob.mx) Offizielle Website von Zapopan.

Tlaquepaque Gobierno Municipal (www.tlaquepaque.gob.mx) Offizielle Website von Tlaquepaque.

Vive Guadalajara (vive.guadalajara.gob.mx) Offizielle Website von Guadalajara.

INTERNETZUGANG

Internetcafés (10–15 Mex$/Std.) verteilen sich über die ganze Stadt, ziehen aber häufig um. Fast alle Hotels sowie viele Restaurants, Cafés und Bars offerieren Gratis-WLAN.

MEDIZINISCHE VERSORGUNG

Farmacia Guadalajara (☎33-3613-7509; Moreno 170; ⌚8–22 Uhr) Verkauft u. a. Erste-Hilfe-Artikel und verschreibungspflichtige Medikamente.

Hospital México Americano (☎33-3648-3333, free calls 01-800-462-2238; www.hma.com.mx; Colomos 2110) Hat englischsprachige Ärzte und liegt ca. 3 km nordwestlich vom Stadtzentrum.

US-Konsulat (☎33-3268-2200; http://guadalajara.usconsulate.gov/medical2.html) Führt ein regelmäßig aktualisiertes Verzeichnis der englischsprachigen Ärzte (u. a. Spezialisten, Zahnärzte) vor Ort.

NOTFALL

Opfer von Kriminaldelikten sollten zuerst die staatliche Touristeninformation und/oder eine diplomatische Vertretung ihres Heimatlands kontaktieren.

Feuerwehr (☎33-1201-7700)

Notruf (☎066, 080)

Polizei (☎33-3668-0800, 33-3632-0330)

Rettungsdienst (☎33-3616-9616, 33-3601-3019, 33-3614-5252)

POST

Hauptpost (Karte S. 624; Ecke Carranza & Av Independencia; ⌚Mo–Fr 8–19, Sa 9–13 Uhr)

TOURISTENINFORMATION

Staatliche Touristeninformation (Karte S. 624; ☎33-3668-1600; Morelos 102; ⌚Mo–Fr 9–19 Uhr) Das Personal (spricht Englisch) informiert über Guadalajara, Jalisco und Veranstaltungen in der nächsten Woche. Hinein ins Büro geht's an der Morelos oder an der Paseo Degollado.

Staatliche Touristeninformation Tlaquepaque (Karte S. 630; ☎33-3562-7050, Durchwahl 2319; www.tlaquepaque.gob.mx; Morelos 88; ⌚Mo–Fr 9–15 Uhr) Befindet sich im Obergeschoss der Casa del Artesano und betreibt auch einen nützlichen Infostand, der sich am Anfang von Tlaquepaques Haupteinkaufsmeile (Ejército) befindet.

Toursiteninformation Tonalá (☎33-1200-3912; Zapata 244A; ⌚Mo–Fr 9–15 Uhr) Drei Blocks westlich der Av Tonaltecas an der Zapata.

Touristeninformationsstand (Karte S. 624; ⌚Mo–Fr 9.30–14.30 & 17–19.30, Sa & So 10–12.30 Uhr) Befindet sich im Palacio de Gobierno gleich hinter dem Eingang an der Plaza de Armas. Während kultureller Veranstaltungen und Festivals werden noch mehr Infostände in der ganzen Stadt eröffnet.

An- & Weiterreise

AUTO & MOTORRAD

Guadalajara liegt 535 km nordwestlich von Mexico City und 344 km östlich von Puerto Vallarta. Die Autobahnen 15, 15D, 23, 54, 54D, 80, 80D und 90 kreuzen alle die Stadt und werden dabei zur Perforce, einer Ringstraße, die um die Stadt herumführt.

In Guadalajara gibt es zahlreiche Möglichkeiten, sich bei einem der großen internationalen Unternehmen ein Auto zu mieten. Günstigere

Preise kann man jedoch von einheimischen Autovermietungen erwarten, deshalb lohnt sich ein Preis- und Verfügbarkeitsvergleich im Internet vor Antritt der Reise. Die Preise variieren ab etwa 350 Mex$ pro Tag für einen Viertürer. Wenn man das Auto nicht in der Stadt abgeben will, in der man es gemietet hat, kostet das mehr (ab 3000 Mex$).

BUS

Guadalajara hat zwei Busbahnhöfe. Für Fernverbindungen zuständig ist der große, moderne **Nueva Central Camionera** (Neuer Busbahnhof; ☎ 33-3600-0135), der in sieben *módulos* (Mini-Terminals) untergliedert ist. Neben Ticketschaltern für diverse Busgesellschaften gibt's dort jeweils auch Warteräume, Internetcafés und Cafeterias. Hinter Tlaquepaque liegt der Nueva Central Camionera rund 9 km südöstlich vom Stadtzentrum gleich abseits der Schnellstraße nach Mexico City.

Busse verbinden Guadalajara praktisch mit dem ganzen West-, Zentral- und Nordmexiko. Von den verschiedenen *módulos* aus bedienen vielerlei Busfirmen die jeweiligen Ziele. Dies macht einen Preisvergleich schwierig und zeitaufwendig. Nun die gute Nachricht: Wer flexibel ist, muss nicht lange warten – bekannte Ziele werden mindestens einmal pro Stunde angesteuert (beste Verbindungen s. Tabelle). Tipp: Etwas einfacher ausgestattete Busse sind oft günstiger.

ETN (www.etn.com.mx; Módulo 2) schickt Deluxe-Direktbusse zu vielen Zielen. Die Fahrzeuge sind zwar 20 % teurer, aber auch komfortabler, schneller und z. T. mit WLAN ausgestattet.

Rund 1,5 km südlich der Kathedrale liegt Guadalajaras zweiter Busbahnhof in der Nähe des Parque Agua Azul: Vom **Antigua Central Camionera** (Alter Busbahnhof; ☎ 33-3650-0479; Dr. Michel & Los Angeles), fahren 2.-Klasse-Busse zu Zielen in maximal 75 km Umkreis. Das Terminal besteht aus zwei Bereichen: Ab der Sala A geht's gen Osten und Nordosten, ab der Sala B in Richtung Nordwesten, Südwesten und Süden. Beim Betreten des Terminals wird eine Gebühr (0,50 Mex$) fällig. In der Sala B gibt's eine **Gepäckaufbewahrung** (⏲ 7.30–20 Uhr). Während der Betriebszeit (ca. 6–22 Uhr) rollen Busse

BUSSE AB GUADALAJARA

Ab dem Nueva Central Camionera

ZIEL	PREIS (MEX$)	DAUER (STD.)	HÄUFIGKEIT (TGL.)
Barra de Navidad	420	5½	stündl.
Colima	236	3	stündl.
Guanajuato	420	4	alle 50 Min.
Manzanillo	425	4	stündl.
Mexico City (Terminal Norte)	820	7–8	alle 30 Min.
Morelia	400	4	stündl.
Pátzcuaro	305	4½	stündl.
Puerto Vallarta	505	5	alle 30 Min.
Querétaro	405	5½	stündl.
San Miguel de Allende	550	5	alle 2 Std.
Tepic	295	3	stündl.
Uruapan	400	4½	stündl.
Zacatecas	390	5	stündl.
Zamora	245	2¼	5-mal

Ab dem Antigua Central Camionera

ZIEL	PREIS (MEX$)	DAUER	FREQUENCY (DAILY)
Ajijic	50	1 Std.	alle 15 Min.
Chapala	50	45 Min.	alle 15 Min.
Ciudad Guzmán	152	2 Std.	stündl.
Mazamitla	120	3 Std.	stündl.
Tapalpa	106	3 Std.	10-mal
Tequila	64	1 Std.	alle 30 Min.

mehrmals stündlich zu nahe gelegenen Zielen. Längere Trips beginnen jeweils etwa einmal pro Stunde.

FLUGZEUG

Rund 17 km südlich der Innenstadt liegt Guadalajaras **Aeropuerto Internacional Miguel Hidalgo** (☎33-3688-5248; www.aeropuertosgap.com.mx) gleich abseits des Highways nach Chapala. Im Inneren gibt's Geldautomaten, Wechselstuben, Cafés, Autovermieter und eine **Touristeninformation** (⏲8–18 Uhr).

Diese und viele weitere Fluglinien bieten Direktverbindungen zu mexikanischen Großstädten an:

Aeroméxico (☎800-021-40-00; www.aeromexico.com; Ramón Corona 4386-2, Fraccionamiento Jardín Real, Zapopan) Auch am Flughafen vertreten.

Interjet (☎800-011-23-45; www.interjet.com.mx; Flughafen)

Viva Aerobus (☎33-4000-0180; www.vivaaerobus.com)

Volaris (www.volaris.mx; Flughafen)

ZUG

Die einzigen Bahnverbindungen nach/ab Guadalajara sind die beiden touristischen „Tequila-Verkostungszüge" zu den nahe gelegenen Ortschaften Amatitán und Tequila.

Unterwegs vor Ort

BUS

Guadalajaras Busnetz funktioniert meist reibungslos, aber leider sind die Busse oft voll und die Fahrten holprig. Auf den Hauptstrecken verkehren die Busse zwischen 6 und 22 Uhr etwa alle fünf Minuten, der Fahrpreis beträgt 6 Mex$. Viele Routen führen durch den Stadtkern, hier hat man also oft die Auswahl zwischen den Haltestellen. Stadtauswärts verzweigen sich die Buslinien, hier sollte man die Busnummer, die zum Zielort führt, kennen. Dabei sollte man aufpassen, denn einige Busnummern haben zusätzlich einen Buchstaben. Er zeigt an, auf welcher Route die Busse durch die Vororte fahren.

Die TUR-Busse in hübschem Türkis sind um einiges komfortabler (11 Mex$). Sie sind mit Klimaanlagen und mit kuschelig-gemütlichen Sitzen ausgestattet und brausen, wenn sie voll sind, einfach vorbei. Während des Berufsverkehrs kann das schon mal öfter hintereinander vorkommen – oft genug jedenfalls, um einen wahnsinnig zu machen.

Die Touristeninformation hat Fahrpläne der längeren Busrouten in Guadalajara vorrätig und hilft bei Fragen gern weiter. Im Folgenden sind einige Standardrouten samt den entsprechenden Bussen und einer Haltestelle im Zentrum aufgeführt.

Antigua Central Camionera Bus 174 in Richtung Süden auf der Calzada Independencia.

Av López Mateos Sur Bus 258 an der Ecke San Felipe und Av Alcalde oder TUR 707 in Richtung Westen an der Av Juárez.

Chapultepec Par-Vial-Busse 400 oder 500 an Av (nicht Calz!) Independencia und Av Alcalde.

Nueva Central Camionera Bus 275B, 275 Diagonal, TUR mit Aufschrift „Tonalá" oder jeder andere Bus mit der Aufschrift „Nueva Central"; alle fahren an der Ecke Av 16 de Septiembre und Madero ab.

Parque Agua Azul Jeder Bus mit der Aufschrift „Agua Azul" in Richtung Süden auf der Calzada Independencia.

Tlaquepaque Bus 275B, 275 Diagonal 647 oder TUR mit der Aufschrift „Tlaquepaque" auf der Av 16 de Septiembre zwischen López Cotilla und Madero.

Tonalá Bus 275D, 275 Diagonal oder TUR mit der Aufschrift „Tonalá" auf der Av 16 de Septiembre und Madero.

Zapopan Bus 275 oder TUR mit der Aufschrift „Zapopan" nach Norden auf der Av 16 de Septiembre oder Av Alcalde.

VON/ZU DEN BUSTERMINALS

Von der Nueva Central Camionera fahren Busse mit der Aufschrift „Centro" (6 Mex$) ins Zentrum. Die bequemeren türkisfarbenen TUR-Busse (11 Mex$) fahren auch zum Stadtzentrum. Sie sollten die Bezeichnung „Zapopan" tragen – nicht in die mit der Aufschrift „Tonalá" einsteigen, die fahren vom Zentrum weg! Taxis in die Innenstadt kosten 121 Mex$, vorausgesetzt, der Fahrer benutzt das Taxameter (nicht alle machen das). Ein Taxi direkt vom Flughafen zur Nueva Central Camionera kostet 380 Mex$.

Um vom Stadtzentrum zur Nueva Central Camionera zu kommen, in einen Bus mit der Bezeichnung „Nueva Central" steigen – sie fahren häufig von der Kreuzung Av 16 Septiembre und von der Av Madero ab.

Wer von der Antigua Central Camionera zum Zentrum will, kann jeden Bus nehmen, der auf der Calz Independencia nach Norden fährt. Zurück zur Antigua Central Camionera fährt Bus 174 südlich auf der Calz Independencia. Taxifahrten kosten 40 Mex$.

Bus 616 (6 Mex$) pendelt zwischen den beiden Busterminals hin und her.

VOM/ZUM FLUGHAFEN

Der Flughafen befindet sich ca. 17 km südlich von Guadalajaras Zentrum, unweit der Autobahn nach Chapala. Wer mit öffentlichen Verkehrsmitteln ins Zentrum fahren möchte, hält sich nach Verlassen des Flughafengebäudes rechts. Nach etwa 50 m kommt man zu einer Bushaltestelle vor dem Hotel Casa Grande. Die Busse mit der Aufschrift „Zapote" (6 Mex$) bzw. „Atasa"

(12 Mex$) fahren ungefähr von 5 bis 22 Uhr alle 15 Minuten zum Busterminal **Antigua Central Camionera** und brauchen 40 Minuten. Dort kann man in einen der Busse umsteigen, die ins Zentrum fahren.

Eine Taxifahrt in die City kostet 300 Mex$, zum Busterminal Nueva Central Camionera 260 Mex$ und nach Tlaquepaque 220 Mex$; Taxitickets zum Festpreis sind im Flughafengebäude erhältlich.

Wer vom Stadtzentrum zum Flughafen fahren will, kann z. B. vor dem Gran Hotel Canada in den Bus 174 einsteigen, bis zur Antigua Central Camionera fahren und dort in einen „Aeropuerto"-Bus umsteigen (alle 20 Min.; 6–21 Uhr). Eine Taxifahrt (reguläres Taxi mit Taxameter) kostet 250 Mex$.

METRO

Das U-Bahn-Netz besteht aus zwei Linien, die sich unter der ganzen Stadt durchziehen. Haltestellen sind an einem „T" zu erkennen. Die U-Bahn ist für Traveller aber nicht wirklich interessant: Die meisten Stopps befinden sich weit weg von den Sehenswürdigkeiten. Línea 1 fährt auf einer Länge von 15 km zwischen dem Periférico Norte bis zum Periférico Sur in Nord-Süd-Richtung. Sie verläuft dabei unter der Federalismo (sieben Häuserblocks westlich vom Zentrum) und der Av Colón. Am besten erwischt man sie am Parque Revolución, wo der Park an die Av Juárez stößt. Línea 2 bedient die 10 km lange Ost-West-Verbindung unter der Av Juárez und der Av Mina.

PFERDEKUTSCHE

Wer gerne in einer Pferdekutsche durch die Stadt gefahren werden möchte, muss einplanen, für eine halbe Stunde 150 Mex$ und für eine Stunde 200 Mex$ auszugeben. Abfahrt ist am Kutschenstand am Jardín San Francisco und vor dem Museo Regional de Guadalajara.

TAXI

Taxis gibt's überall im Zentrum. Alle sind mit einem Taxameter ausgestattet, aber nicht alle Fahrer benutzen es, sondern handeln lieber einen Festpreis aus – vor allem nachts. Mit dem Taxameter ist man allerdings oft besser bedient. Wer den Eindruck hat, der Preis sei zu hoch, kann auch versuchen zu feilschen. Zwischen 22 und 6 Uhr ist Taxi-Nachtschicht, dann sind die Preise 25 % höher.

RUND UM GUADALAJARA

Vor den sich endlos dahinziehenden Vororten der Stadt findet man einsame Bergdörfer und gemütliche Städte am Seeufer, die einen in das verführerische alte Mexiko entführen. Der Lago de Chapala 45 km südlich von Guadalajara ist der größte natürliche See Mexikos und bietet seinen Besuchern eine spektakuläre Landschaft, traditionelle Dörfer und malerische Pueblos voller Gringos im Ruhestand. Weiter im Süden und Westen liegt Jaliscos Zona de Montaña mit einer Reihe Bergdörfer, in denen Pferde frei durch die staubigen Straßen laufen dürfen und es nichts anderes zu tun gibt, als zwischen Pinien zu spazieren und am Lagerfeuer *rompope* (ein regionales eierlikörähnliches Getränk) zu schlürfen.

Diese Region ist außerdem ein wichtiger Tequilaproduzent. Einer der beliebtesten Tagesausflüge von Guadalajara aus führt in den Ort Tequila, wo man dabei zusehen kann, wie Mexikos bekanntester Export hergestellt wird.

Lago de Chapala

Der Lago de Chapala ist Mexikos größter Natursee und liegt 45 km südlich von Guadalajara. Seine große und unbestreitbare Schönheit verdankt er den umliegenden Bergen, die z. T. spektakulär bis hinunter ans Ufer abfallen. Zusammen mit dem tollen Klima (tagsüber stets warm, nachts angenehm kühl) lockt er bis heute viele amerikanische Pensionäre in die Region – ebenso zahllose Wochenendausflügler aus der Stadt, die frische Luft und ein üppiges Mittagsmahl mit Fisch im Sinn haben. Für ausländische Traveller ist die Gegend zwar weniger reizvoll, aber dennoch ein cooles Ausflugsziel ab Guadalajara.

Leider ist der See selbst nicht so intakt wie schön: Der Pegel steigt und fällt abhängig vom Wasserbedarf in Guadalajara und Mexico City, was immer wieder Dürren mit sich bringt. Zudem sorgt eingespülter Kunstdünger für ein Massenwachstum der neophytischen Wasserhyazinthe, die die Seeoberfläche häufig überwuchert und alles Leben darunter erstickt. Aus all diesen Gründen sieht man hier nur wenige Schwimmer.

Chapala

☎376 / 21000 EW. / 1550 M

Nachdem Präsident Porfirio Diáz zwischen 1904 und 1909 jedes Jahr hergekommen war, um seinen Urlaub hier zu verbringen, wurde Chapala, das am Ufer des gleichnamigen Sees liegt, zu einem beliebten Ferienziel. D. H. Lawrence und Tennessee Williams gehörten später zu den Besuchern und ver-

Rund um Guadalajara

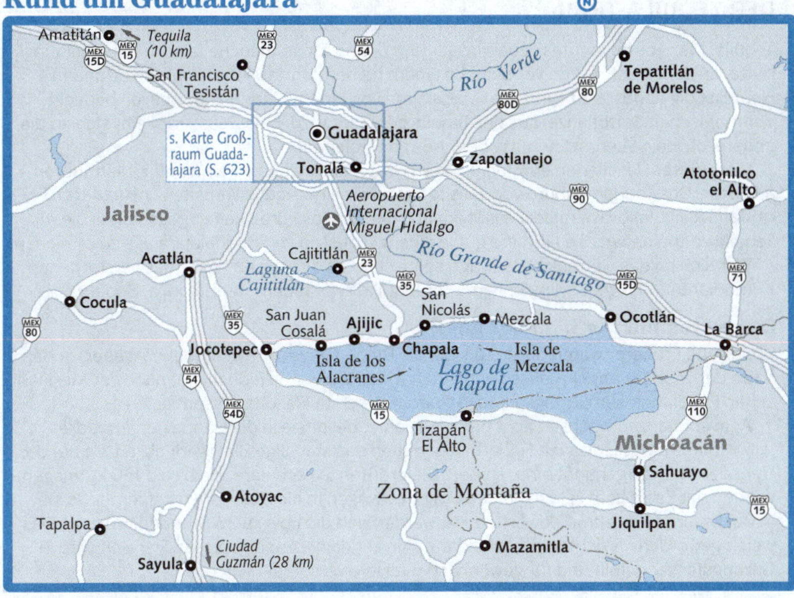

liehen der Stadt damit einen literarischen Touch. Heute ist Chapala ein einfaches und doch charmantes mexikanisches Arbeiterstädtchen. Hier kann man nette Spaziergänge am Seeufer machen, und es gibt eine lebhafte Wochenendszene.

Sehenswertes

Isla de Mezcala INSEL

Die Isla de Mezcala ist für Besucher die interessanteste Insel auf dem Lago de Chapala. Hier findet man die Ruinen einer Festung vor, in der mexikanische Unabhängigkeitskämpfer von 1812 bis 1816 den spanischen Attacken standhielten, bis sie sich den Respekt und die Gnade ihrer Feinde verdienten. Ein dreieinhalbstündiger Ausflug mit dem Schiff für bis zu acht Personen kostet 1600 Mex$.

Isla de los Alacranes INSEL

An einem Schalter am Anfang des Piers kann man Tickets für die Fahrt zur Isla de los Alacranes (Skorpionsinsel) kaufen. Die Insel liegt 6 km von Chapala entfernt und weist ein paar Restaurants und Souvenirstände auf, ist ansonsten aber nicht allzu fesselnd. Eine Rundfahrt mit einem halbstündigen Aufenthalt auf der Insel kostet pro Boot 350 Mex$, bei einer einstündigen Fahrt sind es 420 Mex$.

Schlafen

Quinta Quetzalcóatl PENSION $$

(☎376-765-36-53; www.accommodationslakechapala.com; Zaragoza 307; EZ/DZ inkl. Frühstück ab 600/800 Mex$; P ⊖ @ ☜ ≋) Hinter den Steinmauern verbergen sich ein Pool, üppige Gärten, viele private Freiflächen und Zimmer wie das Carriage House mit seinem Reiterthema oder Lady Chatterley's Lover mit seinem rosafarbenen Badturm (der ist so unglaublich, dass man ihn selbst sehen muss). Doch trotz des z.T. höchst abgefahrenen Einrichtungsstils kommen viele Gäste immer wieder.

D.H. Lawrence schrieb hier 1923 *Die gefiederte Schlange* – Fans des Literaten können sogar in dessen früherem Quartier übernachten. Die australischen Eigentümer leben vor Ort und liefern gute Lokalinfos.

Lake Chapala Inn PENSION $$$

(☎376-765-47-86; www.chapalainn.com; Paseo Ramón Corona 23; EZ/DZ inkl. Frühstück 1000/1400 Mex$; P ⊖ ☜ ≋) Dieses imposante weiße Gebäude steht direkt am Seeufer. In nächster Nähe zum Stadtzentrum punktet es dort mit herrlicher Aussicht auf das Wasser und die fernen Hügel. Unschlagbar ist vor allem der Blick von der Gemeinschaftsterrasse und von zweien der Zimmer. Auch das tolle Frühstück im englischen Stil

DER TEQUILA-TRAIL

Tequila, Mexikos bekanntes Feuerwasser und Grund für so manche falsche Entscheidung mitten in der Nacht, wurde vor beinahe einem halben Jahrtausend in Jalisco erfunden. Heute ist die Landschaft rund um Guadalajara von einem Meer blauer Agaven bedeckt, der magischen Saftpflanze, aus der Tequila gemacht wird. Eine Destillerie reiht sich an die andere, ob kleine Lehmsteinhütte oder riesige Hacienda.

Viele dieser Destillerien empfangen gern Gäste, auch wenn sie keine offiziellen Touren anbieten. Das Tourismusbüro von Jalisco hat sogar eine eigene Website zur **Ruta del Tequila** (Tequila-Trail; www.rutadeltequila.org.mx) mit Sehenswürdigkeiten geschaffen, die mit Tequila zu tun haben. Sie alle sind gut in einem Tagestrip von Guadalajara aus zu erreichen.

Wer sich an das Getränk heranwagt, sollte stets an die weisen Worte des verstorbenen Komödianten George Carlin denken: „Ein Tequila, zwei Tequila, drei Tequila, Boden."

Es begann mit der blauen Agave

Spanische Eroberer waren die ersten, die die Blaue Agave *(Agave tequilana weber)* schon Mitte der 1550er-Jahre in Jalisco anpflanzten. Tequila wurde jedoch erst nach der Mexikanischen Revolution zum Erfolg, als José Cuervo die erste Flasche präsentierte.

Agavenpflanzen wachsen acht bis zwölf Jahre, bevor sie in die Hände der *jimadores* fallen. Diese hartgesottenen Feldarbeiter ziehen das stachlige Blattwerk ab, bis sie auf das Herz der Pflanze, genannt *piña*, stoßen. Die größten Expemplare, die bis zu 150 kg wiegen, werden mit Eseln vom Feld geholt und mit Lastwagen in die Destillerien gefahren, wo sie in Backstein- und Lehmöfen verfrachtet werden und dort bis zu 36 Stunden brutzeln. Das weich gewordene Fruchtfleisch wird daraufhin zerkleinert und gepresst. Der Saft wird in Gärungsfässer gefüllt und für gewöhnlich mit Hefe versetzt.

Fünf Tequilasorten

Der durchschnittliche Cantina-Tequila ist ein Tequila *mixto* (gemischt), bei dem nur 49 % an Zucker, der nicht von der Agave stammt, zugegeben werden darf. Das bessere Zeug mit der Aufschrift „100 % Agave" hat keine Zusatzstoffe. Innerhalb dieser zwei Kategorien gibt es fünf Hauptvarianten des Tequila.

➡ *Blanco* oder *plata* (weißer oder silberner) Tequila ist noch relativ jung, hat keine Farbe und ist an seinem einzigartigen Agavengeschmack zu erkennen. Am besten eignet er sich zum Mixen von Margaritas und anderen Cocktails.

➡ *Oro* (goldener) Tequila ist ebenfalls jung. Er wird künstlich gefärbt und ist zu meiden.

➡ Tequila *reposado* (abgelagerter) wurde bereits für zwei bis neun Monate in einem Eichenfass gelagert und schmeckt sehr scharf und pfeffrig.

➡ Tequila *añejo* (alter) hat mindestens ein Jahr in einem Eichenfass verbracht. Er ist süß und weich und eignet sich am besten als Digestif.

➡ Tequila *extra añejo* (klassischer) ist älter als drei Jahre. Er wurde zum ersten Mal im Jahr 2006 verkauft und ist der Inbegriff des erfolgreich wachsenden Tequilamarkts. Beim Trinken sollte man sich Zeit nehmen.

Eine gute Flasche Tequila kriegt man in Mexiko schon für 150 Mex$, wenn es was Besonderes sein soll, darf es allerdings gerne schon einmal mehr als 300 Mex$ kosten. Das gute Zeug sollte man wie einen alten Whiskey behandeln, daran riechen, bevor man es trinkt und den Gaumen auf den Geschmack vorbereiten, damit der Tequila weniger scharf schmeckt.

Die Suche nach einem speziellen *gusano* (Raupe) in jeder Flasche kann man sich sparen. Den gibt es nämlich nur in Flaschen aus Mezcal (ein Agavenschnaps, der dem Tequila ähnlich ist, aber nur außerhalb von Jalisco gebrannt wird) als Verkaufstrick. Selbst wenn man das Geglibber runterschluckt, wird man dadurch nicht betrunkener.

Eine Tour durch die Destillerien

Tequila, die Stadt, nach dem das Getränk benannt wurde, hat die meisten Touristenattraktionen zu bieten, es gibt aber noch einige andere nennenswerte Pueblos im Umkreis von Guadalajara, wo Tequila produziert wird.

TEQUILA

Die sonnenverbrannte Industriestadt ist zwar der „Geburtsort" des Tequila, aber allgemein nicht sonderlich attraktiv. Minibusse im Tequilafassdesign suchen entlang der Hauptstraße nach Besuchern, um diese zu einer der örtlichen Destillerien zu bringen.

Mundo Cuervo (☎800-006-86-30; www.mundocuervo.com; Ecke Corona & José Cuervo; geführte Touren 200–400 Mex$; ⏲So–Fr 10–17, Sa 10–18) gleich gegenüber der Plaza ist die örtliche Hauptattraktion. Der Tequila-Themenpark gehört zur weltältesten Destillerie namens José Cuervo. Die stündlich beginnenden Touren beinhalten Verkostungen und eine Gratis-Margarita im Plastikbecher. Bei der einstündigen Variante geht es etwas hektisch zu. Insofern lohnt sich der kleine Aufpreis für eine der längeren und umfassenderen Führungen.

Fünf Blocks südlich von Mundo Cuervo bietet die industriell anmutende La-Perseverancia-Destillerie **Sauza** (☎374-742-41-40; www.sauzatequila.com; Sauza 80; Führungen 100 Mex$; ⏲Mo–Fr 11–16 Uhr, Führungen Sa 11 & 14 Uhr) regelmäßig Werksführungen an.

Das gut gelungene **Museo Nacional del Tequila** (Corona 34; Erw./Kind 15/7 Mex$; ⏲9–16 Uhr) erzählt die Geschichte der Tequila-Produktion mit Fotos und Destilleriegeräten.

AMATITÁN

Rund 39 km nordwestlich von Guadalajara liegt diese Tieflandstadt, die nach Tequila der größte Pueblo mit einer Tequilaproduktion ist. Die romantische Oldtimer-Hacienda **Herradura** (☎33-3942-3920; www.herradura.com; Comercio 172; Führungen 100 Mex$; ⏲Mo–Sa 9–15 Uhr, Führungen So 10, 11 & 15 Uhr) gilt als Mexikos schönste Destillerie und ist auch ein Ziel des berühmten Tequila-Express. Die meisten Besucher halten die regelmäßigen Führungen auf Englisch für die besten unter den verschiedenen Destillerietouren. Die Nobelbrennerei **Tres Mujeres** (☎374-745-08-40, 33-3167-9857; Carretera Guadalajara-Nogales bei Km 39) verwendet ausschließlich Agavenherzen und veranstaltet ebenfalls Führungen (vorher anrufen!).

ATOTONILCO EL ALTO

Dieses Hochlandstädtchen 80 km östlich von Guadalajara ist zwar nicht auf dem Tequila-Trail verzeichnet, aber viele sind der Meinung, dass hier, dank einer hohen Konzentration von Eisen und anderen Stoffen im roten Boden, der süßeste und weichste Tequila hergestellt wird.

Unbedingt vorher anrufen, wenn man an Führungen in der **Siete Leguas** (☎391-917-09-96; Independencia 360; ⏲Mo–Fr 9–14 & 16–19, Sa 9–14 Uhr) teilnehmen will, einer feinen Tequiladestillerie in einem großen lilafarbenen Gebäude an der Hauptstraße, die in die Stadt führt. Nach der Tour sollte man die Independencia entlang wandern und gute Tequilaangebote in einem der vielen Geschäfte suchen, die zu den Destillerien gehören.

Organisierte geführte Touren

Experience Tequila (☎33-3455-1739; www.experiencetequila.com; 4-tägige Pauschalangebote mit Übernachtung DZ 1115 US$) Der US-amerikanische Tequilaliebhaber Clayton Szczech veranstaltet diverse mehrtägige Privattouren, die individuell zugeschnitten sind und in Guadalajara beginnen. Unbedingt rechtzeitig buchen!

GDL Tours (S. 631) Tagestrips ab Guadalajara, die Destillerieführungen und Verkostungen beinhalten.

Tequila Express (☎33-3880-9090; www.tequilaexpress.com.mx; Erw./Kind 1200/800 Mex$; ⏲Sa, So & Feiertag) Dieser beliebte Mix aus Zugfahrt und Fiesta startet in Guadalajara. Er umfasst neben einer Führung durch die Herradura-Destillerie auch eine Mariachi-Show, ein Mittagessen samt offener Bar mit *mucho* Tequila.

José Cuervo Express (☎800-523-977-377; www.josecuervoexpress.com; Erw. 1350–1550 Mex$, Kind 13–17 Jahre 1152 Mex$, Kind 6–12 Jahre 912 Mex$; ⏲Fr abends, Sa & So) Diese Nobel-Zugtour in eleganten Waggons rollt zur Mundo-Cuervo-Destillerie in Tequila. Der Preis beinhaltet Hin- und Rückfahrt, Destillerieführungen, mehrere Mahlzeiten und eine ordentliche Ladung Tequila. Laut dem Personal von Touristeninformationen ist das Ganze „für ältere Besucher besser geeignet als der Tequila-Express und darum zu bevorzugen." Nun ja, vielen Dank für diese Info.

entschädigt für die etwas altmodische Einrichtung. Ab zwei Übernachtungen gibt's Rabatt.

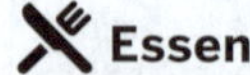

Essen

Der ganze Paseo Corona (alias *malecón*) wird von touristischen Seafood-Restaurants gesäumt. Die punkten zwar allesamt mit nettem Seeblick, variieren aber in puncto Essensqualität.

La Leña MEXIKANISCH **$**
(064-22-7813, Handy 376-7652654; Madero 236; Hauptgerichte 40–80 Mex$; 12–24 Uhr) Idealerweise lässt man die recht langweiligen Läden am *malecón* links liegen und genießt etwas Lokalkolorit in diesem halboffenen Restaurant an Chapalas Hauptstraße. Die Spezialität unter den super Fleischgerichten ist sensationelles Rind à la *molcajete*.

Chapala's Fonda MEXIKANISCH **$**
(Paseo de los Ausentes 621; Hauptgerichte 45–50 Mex$; 8–17 Uhr) Die einfachen Lokale unter den *portales* (Arkaden) am Hauptplatz sind bodenständiger als die glamouröse Konkurrenz rund um den See. Als ihr bei Weitem bester Vertreter gilt das Chapala's Fonda: Bei direktem Blick auf das vorbeiziehende Straßenleben bekommt man hier für etwas Kleingeld ein Mittagessen mit Fisch und Bier.

An- & Weiterreise

Vom Antigua Central Camionera in Guadalajara fahren Busse mehrmals stündlich nach Chapala (50 Mex$, 1 Std.). Dort besteht Anschluss nach Ajijic (9 Mex$, 15 Min., alle 20 Min.).

Ajijic

376 / 10 000 EW. / 1550 M

Dieses Refugium nordamerikanischer Pensionäre ist die bei Weitem mondänste und lebendigste Stadt am Nordufer des Lago de Chapala: Die Gringos haben das wunderbar benannte Ajijic (sprich: Ah-tschi-hiek) durch das Eröffnen vieler Boutiquen, Galerien und Lokale bekannt gemacht. Mit kunterbunten Häusern an Kopfsteinpflastergassen und ruhigen Straßen hat sich der Ort seine zauberhafte kolonialzeitliche Atmosphäre aber größtenteils bewahrt. Hier kann man prima eine Weile abhängen und relaxen, wähnt sich aber weit entfernt vom typischen Mexiko: Auf den Straßen sind Englisch und Spanisch gleich oft zu hören. Außerdem kostet alles relativ viel.

Schlafen

Viele von Ajijics zahlreichen B&Bs gehören ausländischen Pensionären. Das Personal des Großteils dieser Bleiben besteht auf einen gewissen Mindestaufenthalt und hat keine durchgängig besetzten Rezeptionen. Dies macht Übernachten dort schwierig, wenn man kurzfristig einchecken bzw. abreisen will. Die folgenden Optionen werden jedoch eher wie normale Hotels geführt.

Casa Mis Amores PENSION **$$**
(376-766-46-40; www.misamores.com; Hidalgo 22B; DZ inkl. Frühstück So–Do 650 Mex$, Fr & Sa 1050 Mex$; P) Die netteste Pension der Stadt hat einen Innenhof voller Pflanzen und wirkt künstlerisch angehaucht, aber nicht übertrieben elegant. Die zwölf Zimmer werden von Adobeziegeln, Fliesen, einheimischer Kunst und Lampen im marokkanischen Stil geziert. Mosaikmuster schmücken die Bäder.

Casa del Sol B&B **$$$**
(376-766-00-50; www.casadelsolinn.com; Mina 7; DZ 95–110 US$;) Dieses B&B in fröhlichen Farben gehört Catherine, die aus Texas stammt und mittlerweile viele Fans hat. Letzteres liegt beispielsweise am herzlichen Empfang, dem lässig-künstlerischen Stil und den tadellosen Zimmern mit vielfarbiger Dekoration. Auch der üppig grüne Garten mit Pool ist mehr als einladend. Der Preis beinhaltet ein anständiges amerikanisches Frühstück.

La Nueva Posada PENSION **$$$**
(376-766-14-44; www.hotelnuevaposada.com; Guerra 9; EZ 940–1150 Mex$, DZ 1040–1250 Mex$, jeweils inkl. Frühstück; P) Direkt am Seeufer verbreitet die recht prachtvolle Pension einen eleganten Hauch von altmodischem Mexiko. Die 19 geräumigen Zimmer punkten mit geschmackvoller Einrichtung und z. T. auch mit super Seeblick. Der Garten erstreckt sich bis hinunter ans Ufer und bietet genügend Platz für vollen Lebensgenuss.

Essen & Ausgehen

El Chile Verde MEXIKANISCH **$**
(376-766-00-72; Hidalgo 8A; Hauptgerichte 25–50 Mex$; 8–16.30 Uhr) Im Vergleich zu all den künstlerisch angehauchten Restaurants und Cafés im Auswandererstil wirkt dieses hellgrüne Minilokal wie eine ganz andere Welt. Mit seiner authentischen, leckeren Hausmannskost à la Mexiko (u. a. spottbillige Mittagsgerichte für 45 Mex$) lockt es

gleichermaßen Einheimische und Ausländer an.

Ajijic Tango ARGENTINISCH $$
(☎376-766-24-58; Morelos 5; Hauptgerichte 75–185 Mex$; ⊙Mo & Mi–Sa 12.30–22, So 12.30–18.30 Uhr) In Ajijics beliebtestem Restaurant tummeln sich stets viele Einheimische, Traveller und Auswanderer. Alle kommen wegen der hervorragenden Steaks – schließlich ist dies ein argentinisches Lokal. Das übrige Essen variiert jedoch leicht in puncto Qualität. Am Freitag- und Samstagabend ist Reservierung ratsam.

★ **Number 4** MEDITERRAN $$$
(☎376-766-13-60; Guerra 4; Hauptgerichte 190–250 Mex$; ⊙Mo & Fr abends, Sa 14–23, So 14–20 Uhr) Das höchst eindrucksvolle Nobellokal macht bis hinüber nach Guadalajara von sich reden. Küchenchef Greg Couillard kocht mit modern-französischem Touch. Unter seinen Köstlichkeiten sind z. B. Wildlachs oder ein preisgekröntes Enten-Confit mit Brombeeren.

Der Freiluft-Essbereich mit hohem Strohdach verbreitet eine theatralische Eleganz; die dazugehörige Bar ist die angesagteste der ganzen Gegend. Obendrein gibt's regelmäßig Livemusik und Themenabende. Reservierung wird empfohlen.

An- & Weiterreise

Vom Antigua Central Camionera in Guadalajara fahren Busse mehrmals pro Stunde nach Ajijic (50 Mex$, 1¼ Std.) und setzen Passagiere bei Colón am Highway ab. Zudem besteht Busverbindung zwischen Chapala und Ajijic (9 Mex$, 15 Min.).

ZONA DE MONTAÑA

Südlich des Lago de Chapala liegt Jaliscos Zona de Montaña, eine endlos scheinende Bergkette, die besonders für die Einwohner Guadalajaras zu einem beliebten Wochenendziel geworden ist. Hier kann man das offene Weideland, Pinien, zeitlose koloniale Pueblos, das einheimische Essen und ein kühleres Klima genießen.

Tapalpa

☎343 / 18 000 EW. / 2100 M

Tapalpa ist eine der schönsten regionalen Bergstädte: Mitten in einem Gewirr aus weiß verputzten Wänden, roten Ziegeldächern und Kopfsteinpflasterstraßen stehen hier zwei eindrucksvolle Kirchen aus dem 16. Jh. Und weil diese Attraktivität nicht unbemerkt bleibt, zieht es zahlreiche Wochenendausflügler aus Guadalajara hierher. Die schätzen außerdem das zumeist kühle, diesige Klima und die Möglichkeiten zum Reiten oder Wandern. Werktags sind die Besucherzahlen jedoch deutlich niedriger – dann verbreitet Tapalpa wieder die Atmosphäre eines ruhigen Landstädtchens, in dem Pferde durch die Gassen trotten und alte Männer mit Cowboyhüten gemütlich auf den Bänken an der Plaza sitzen.

Sehenswertes & Aktivitäten

Die Stadt an den Hängen der Sierra Tapalpa wird von einem Gobelin aus Weideland und Kiefernwäldern voller Bäche umgeben. Gute Wanderrouten erstrecken sich in alle Himmelsrichtungen.

Las Piedrotas FELSFORMATION
Rund 5 km nördlich der Stadt erheben sich diese mächtigen, imposanten Felsformationen inmitten von Kuhweiden. Die meisten Besucher fahren hierher. Alternativ bietet sich jedoch eine leichte und lohnende Wanderung entlang einer ruhigen Landstraße an (hin & zurück 2½–3 Std.). Dabei durchquert man dunkle Kiefernwälder, passiert eine alte verlassene Papiermühle und läuft hinauf zu einem Plateau voller Blumen, auf dem Rinder mit riesigen Hörnern friedlich grasen.

Um ab der Stadt hierherzukommen, einfach die Calle Hidalgo gen Westen bzw. Chiquilistlán nehmen und dabei die Wegweiser zu den Las Piedrotas beachten! Direkt hinter dem Stadtrand heißt's dann einfach der geradeaus führenden Straße folgen. Eine Taxifahrt kostet ca. 60 Mex$.

El Salto WASSERFALL
Dieser atemberaubende, 105 m hohe Wasserfall liegt ca. 18 km südlich der Stadt (Taxi ca. 130 Mex$).

Schlafen

Vor Ort gibt's zahlreiche Hotels und Pensionen. Wegen der Ausflüglerscharen aus Guadalajara ist an Wochenenden und Feiertagen jedoch eine Reservierung ratsam.

Casa de Maty HOTEL $$
(☎343-432-01-89; www.lacasadematy.com.mx; Matamoros 69; Zi. ab 850 Mex$; 📶) In diesen Hügeln kann es abends ganz schön

kalt und feucht werden. Somit empfiehlt sich ein warmer und gemütlicher Ort zum Übernachten – z. B. die Casa de Maty am Hauptplatz: Die geräumigen Zimmer mit Balkendecken, hölzernen Fensterläden, super Betten und offenen Kaminen bieten das volle Programm in Sachen Wärme bzw. Behaglichkeit.

Hotel Antigua HOTEL $$
(☎343-432-12-28; laantiguahosteria_@hotmail.com; Hidalgo 283; EZ Werktag/Wochenende 500/600 Mex$, DZ Werktag/Wochenende 800/1000 Mex$) Am östlichen Altstadtrand wartet dieser weitläufige alte Fachwerkbau mit warmer, gemütlicher Atmosphäre im Bauernhausstil auf. Die freundlichen Eigentümer sorgen für das bei Weitem beste Preis-Leistungs-Verhältnis unter den günstigeren Bleiben der Stadt.

Las Margaritas Posada PENSION $$
(☎343-432-07-99; www.tapalpahotelmargaritas.com; 16 de Septiembre 81; DZ Mo–Do 500 Mex$, Fr & Sa 600 Mex$;) Im Las Margaritas Posada oberhalb der Plaza sind Komfort und ein gutes Preis-Leistungs-Verhältnis geboten: Fröhliche Farben und Schränke mit Schnitzdrachen im chinesischen Stil zieren die hübschen Zimmer.

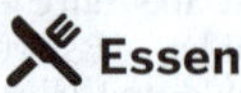

Essen

Die günstigen Imbissstände nahe der Kirche servieren einheimische Köstlichkeiten wie *tamales de acelga* (Tamales mit Mangold-Füllung), *rompope* und *ponche* (Granatapfelwein).

Los Girasoles MEXIKANISCH $$
(☎343-432-04-58; Obregón 110; Hauptgerichte 90–110 Mex$) Tapalpas vornehmstes Lokal serviert hochwertiges Essen wie mit Käse und Kochbananen gefüllte Chilis in Koriandersauce. Gleich abseits vom Hauptplatz gibt's hier auch eine Freiluftterrasse für die seltenen warmen Abende (bzw. für entsprechend warm eingepackte Gäste). Wer nicht unterm Sternenzelt sitzen will, kann es sich z. B. vor dem offenen Kamin im Hauptspeiseraum gemütlich machen.

Praktische Informationen

An der Plaza gibt es einen Geldautomaten.

Touristeninformation (☎343-432-06-50; www.tapalpaturistico.com; Plaza; Mo–Fr 9–17, Sa 10–19, So 10–15 Uhr) Betreibt eine ausgesprochen nützliche Website und wartet mit Karten plus Infos auf. Aber bitte nicht nach der Dauer irgendeiner Wanderung fragen: Das Personal kennt sich nur mit Fahrzeiten aus!

An- & Weiterreise

In Guadalajara besteht Busverbindung nach Tapalpa (106 Mex$, 3 Std., ab Antigua/Nueva Central Camionera 10-mal/3-mal tgl.). Weitere Busse pendeln zwischen Tapalpa und Ciudad Guzmán (77 Mex$, 2 Std., 4-mal tgl.). Vor Ort halten die Fahrzeuge einen Block hinter der Plaza am Firmenbüro von **Sur de Jalisco** (Ignacio López 10).

Mazamitla

☎382 / 8000 EW. / 2200 M

Mazamitla liegt südlich des Lago de Chapala und 132 km über die Straße von Guadalajara entfernt. Werktags ist das schlichte, reizvoll weiß verputzte Bergstädtchen selten ganz wach: Die Läden schließen um 17 Uhr, während die Restaurants um 18 Uhr öffnen. Schwarz gekleidete *abuelas* (Großmütter) wandeln ziellos über die steilen Kopfsteinpflasterstraßen und halten dabei den Verkehr auf. Doch wenn am Wochenende Mann und Maus aus Guadalajara einfallen, wirkt der Ort überhaupt nicht mehr verschlafen: Musik und Tanz füllen die Plaza, die Hotels und Restaurants sind ausgebucht. Parallel verkaufen die Geschäfte ein eindrucksvolles Sortiment von Touristenkitsch. Doch all dies hat einen ganz guten Unterhaltungsfaktor.

Sehenswertes & Aktivitäten

An der Juárez gibt's einen kleinen, aber belebten **Markt** (8–21 Uhr).

Los Cazos PARK
(Erw./Kind 15/10 Mex$; 9–17 Uhr;) Der grüne Park mit dem 30 m hohen Wasserfall **El Salto** liegt rund 2 km südlich der Stadt und ist leicht per pedes oder Taxi (50 Mex$) erreichbar. Besucher können z. B. picknicken und ihre John-Wayne-Fantasien auf einem **Mietpferd** (100 Mex$/Std.) ausleben.

Schlafen & Essen

Mazamitlas Atmosphäre ist interessant, sie ähnelt der eines Schweizer Bergdorfs. Vor Ort findet man zahllose Unterkünfte und Restaurants. Kleine Läden rund um die Plaza verkaufen z. B. Obstkonserven, Käse, *rompope* oder *cajeta* (gekochte Paste aus Ziegenmilch und Zucker).

Hostal El Leñador PENSION $
(☎382-538-01-85; www.hostalelenador.com.mx; Netzahualcóyotl 4; Zi. 450–500 Mex$;) Beim

Betreten der familiengeführten Pension werden Gäste höchstwahrscheinlich mit den Worten *M'i casa es tu casa* („Mein Haus ist dein Haus") begrüßt. Die modernen Zimmer sind groß und sehr komfortabel. Auch aufgrund des herzlichen Personals wird man sich hier wohl gern für eine Weile einquartieren.

Hotel Cabañas Colina de los Ruiseñores HÜTTEN **$**
(☎382-538-03-80; www.mazamitlahotelcabana.com.mx; Allende 50; EZ/DZ 250/400 Mex$; 📶) Am Hang unterhalb der Plaza liegt diese angenehm rustikale Option auf einem weitläufigen Grundstück. Die behaglichen Zimmer haben offene Kamine.

Posada Alpina HOTEL **$$**
(☎382-538-01-04; Reforma 8; EZ/DZ ab 310/500 Mex$; 📶) Direkt an der Plaza warten hier ein grüner Innenhof, eine herrliche Aussicht und reizende Zimmer mit Holzeinrichtung auf die Gäste. Das schicke Hausrestaurant serviert das beste *molcajete* (105 Mex$) der Stadt.

ℹ Praktische Informationen

An der Plaza gibt's eine Bank und eine **Touristeninformation** (☎382-538-02-30; Portal Degollado 16; ⏲Mo–Fr 9–15 Uhr).

ℹ An- & Weiterreise

Von der Ecke Galeana und Guerro (Pemex-Tankstelle) verkehren Busse nach Colima (142 Mex$, 2¾ Std., 4-mal tgl.), Zamora (109 Mex$, 2½ Std., 3- bis 4-mal tgl.), Querétaro (345 Mex$, 8 Std., 1-mal tgl.) und Morelia (269 Mex$, 5 Std., 1-mal tgl.).

Am Nueva Central Camionera in Guadalajara besteht Verbindung zur kleinen Bushaltestelle an der Ecke 16 de Septiembre und Guerro (120 Mex$, 3 Std.). Drei Blocks nördlich von Mazamitlas Plaza halten dort auch die vielen Busse ab/nach Ciudad Guzmán (107 Mex$, 2½ Std.).

Ciudad Guzmán

☎341 / 97 000 EW. / 1500 M

Das geschäftige Ciudad Guzmán (Zapotlán El Grande) ist keine Touristenattraktion. Allerdings liegt es am nächstem zum majestätischen Volcán Nevado de Colima, der sich rund 25 km weiter südwestlich erhebt.

Die Marktstände und Einkaufspassagen an der belebten Plaza umgeben auch zwei Kirchen: eine neoklassizistische **Kathedrale** und die **Sagrado Corazón** aus dem 17. Jh. Die Decke des Steinpavillons in der Platzmitte ziert der Feuermann – eine Hommage an den berühmten einheimischen Wandmaler José Clemente Orozco. Das Originalbild befindet sich im Instituto Cultural de Cabañas in Guadalajara.

Im kleinen **Museo Regional de las Culturas de Occidente** (Dr. Ángel González 21; Eintritt 35 Mex$; ⏲Di–Sa 9–18 Uhr) kann man sein Wissen über das westliche Jalisco auffrischen.

Rund um die belebte Plaza liegen außerdem zahlreiche Hotels. Das **Gran Hotel Zapotlán** (☎341-412-00-40; Federico del Toro 61; Zi. ab 360 Mex$; 📶) am unmittelbaren Platzrand hat ein hübsch gefliestes Atrium mit vielen Hängepflanzen. Die nicht gerade luxuriösen Zimmer sind im Hinterbereich vergleichsweise ruhiger.

Die **Touristeninformation** (☎341-575-25-27; Colón 63; ⏲Mo–Fr 8.30–15 Uhr) im Regierungsgebäude am Hauptplatz hilft beim Planen und Buchen von Aufstiegen am Volcán Nevado de Colima.

Rund 3 km westlich der Plaza liegt der moderne Busbahnhof nahe dem Zubringer, der vom Highway Guadalajara–Colima in die Stadt hineinführt. Hin und zurück geht's mit Bus 6 (5 Mex$). Bedient werden z. B. Guadalajara (152 Mex$, 2 Std.), Colima (93 Mex$, 1–2 Std.), Tapalpa (77 Mex$, 2 Std.), Mazamitla (107 Mex$, 2 Std.) und Zapotitlán. Letzteres befindet sich 2 km vor dem Dorf El Fresnito (12 Mex$, 15 Min.), das am nächsten zum Volcán Nevado de Colima liegt. Alternativ erreicht man El Fresnito mit dem 1C *urbano* ab der Los-Mones-Kreuzung in Ciudad Guzmán (6 Mex$, 20 Min.).

COLIMAS BINNENLAND

Der winzige, aber vielfältige Bundesstaat Colima (5191 km²) besticht durch seinen ökologischen Reichtum: Während im trockenen Hochland im Norden hohe Vulkane aufragen, gibt es in der Nähe der heißen, feuchten Pazifikküste malerische türkisfarbene Lagunen. In diesem Kapitel wird das Binnenland von Colima behandelt. Infos zur Küste von Colima sind im Kapitel Zentrale Pazifikküste zu finden.

Colimas Binnenland sollte eine Topadresse für Abenteuertouren werden. Die beiden berühmten Vulkane im Norden – der schwelende, aber leider unzugängliche Volcán de Fuego (3820 m) und der erloschene, schneebedeckte Volcán Nevado de Colima (4240 m) – sind nach wie vor die Hauptattraktionen in der Region, aber auch die Reserva de la Biosfera Sierra de Manantlán wird beliebter. Dieses Urwald- und Kalksteinparadies bietet hervorragende Bedingungen für Mountainbiker und Wanderer. Man kann die Schluchten auf einer Abseiltour erkunden, in kristallklare Bäche springen oder im Wasser der atemberaubenden El-Salto-Wasserfälle planschen. Die Infrastruktur kann mit dem Potenzial der Region noch nicht mithalten – wer unberührte Gebiete liebt, sollte Colima jetzt bereisen.

Geschichte

Vor der Kolonialzeit lag Colima außerhalb des Einflussbereichs der Hochkulturen Mexikos. Deshalb spielte vermutlich der Seehandel mit weit entfernten Ländern eine bedeutende Rolle – einer Legende zufolge empfing König Ix, ein Herrscher Colimas, regelmäßig Besucher aus China mit wertvollen Waren. Schließlich ließen sich Stämme aus dem Norden in Colima nieder, zuerst die Otomí (ca. 250–750 n. Chr.), dann die Tolteken (ihre Blütezeit war zwischen 900 und 1154 n. Chr.) und schließlich die Chichimeken (1154–1428 n. Chr.).

Die Völker hinterließen Spuren in Form von wundervollen Tonwaren. Es gibt mehr als 250 Fundstätten, insbesondere Gräber, die aus der Zeit zwischen 200 v. und 800 n. Chr. stammen. Man stieß u. a. auf Figuren mit ausdrucksstarken und komischen Gesichtszügen. Am bekanntesten sind die plumpen Nackthunde, die sogenannten *xoloitzcuintli*.

Die Chichimecs konnten den Spaniern zweimal Einhalt gebieten, mussten sich jedoch 1523 Gonzalo de Sandoval, einem Leutnant von Cortés, und seinen Mannen geschlagen geben. De Sandoval gründete noch im selben Jahr die Stadt Colima, nach Veracruz und Mexico City die dritte spanische Siedlung in Nueva España. Ursprünglich lag Colima in der Ebene in der Nähe von Tecomán. 1527 wurde die Stadt an ihren heutigen Standort verlegt.

Colima (Stadt)

☎ 312 / 137 000 EW. / 550 M

Colima ist eine entspannte Stadt mit blühenden subtropischen Gärten, schönen öffentlichen Plätzen, einem angenehmen Hauch Feuchtigkeit in der Luft und dem wärmsten Wetter im westlichen Zentralhochland. Die Universität der Stadt zieht Studenten aus der ganzen Welt an, und es kommen immer mehr Touristen in die Stadt, die von den nahen Schluchten, Wäldern und Bergen angelockt werden.

An klaren Tagen kann man den großen Vulkan, Volcán de Fuego, sehen, der 30 km nördlich der Stadt liegt. Er ist weiterhin aktiv und bringt die Stadt immer mal wieder zum Beben. Colima wurde in den vergangenen Jahrhunderten von einigen schweren Erdbeben heimgesucht, das letzte war im Januar 2003. So erstaunt es auch nicht, dass es in Colima nur noch wenige Gebäude aus der Kolonialzeit gibt, obwohl sie die erste spanische Stadt im westlichen Mexiko war.

Sehenswertes

★ Kathedrale — KATHEDRALE

Durch die Fenster in der Kuppel der Kathedrale am östlichen Ende der Plaza Prinzipal scheint Sonnenlicht in diese „Reliquie". Seit die Spanier die Kathedrale 1527 erbauten, musste sie schon mehrfach wieder aufgebaut werden, zuletzt nach dem Erdbeben von 1941. Sie ist also viel zu neu, um religiösen Zauber zu besitzen – und dennoch ist sie das Herz der Gemeinde.

Palacio de Gobierno — GEBÄUDE

(Museum Eintritt frei; ⌚ Gebäude & Museum Di–So 10–18 Uhr) GRATIS Die Wandgemälde im Treppenhaus des Palacio de Gobierno stammen von dem einheimischen Künstler Jorge Chávez Carrillo. Grund für ihre Entstehung war der 200. Geburtstag des Unabhängigkeitshelden Miguel Hidalgo (einst Gemeindepriester in Colima). Die Bilder ehren Mexikos Freiheitskämpfer, Landschaften und indigene Wurzeln. Das Museum im 1. Stock zeigt eine tolle Sammlung von Keramiken, die z. T. aus dem Jahr 1500 v. Chr. stammen.

★ La Artería — KUNSTZENTRUM

(☎ 312-312-27-06; www.laarteria.org; Constitución 39) Es lohnt sich, dieses neue Kunst- und Kulturzentrum spontan zu besuchen, um nach dem aktuellen Programm zu schauen. Das Ganze wird von einer Gruppe junger Künstler geleitet und sticht sehr viele staatliche Einrichtungen dieser Art in puncto Spontanität bzw. Unkonventionalität locker aus. Das vielfältige Veranstaltungsangebot beinhaltet Kunstausstellungen, alternative Theaterstücke, Independent-Konzerte, gelegentliche Partyabende und sogar Events im Kontext indigener Rechte.

Colima

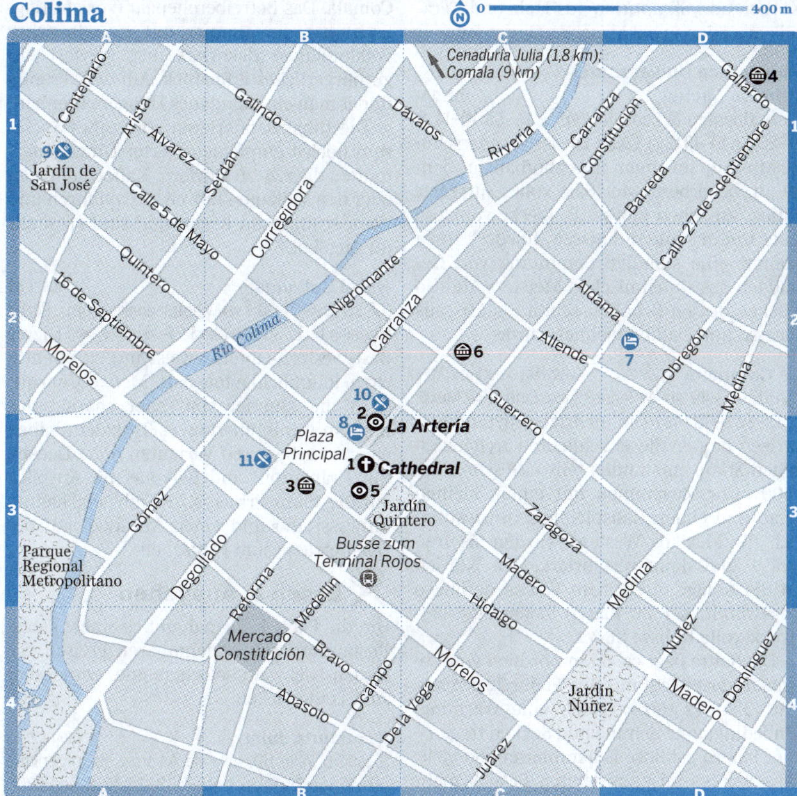

Museo Regional de Historia de Colima
MUSEUM

(☎312-312-92-28; Portal Morelos 1; Eintritt 46 Mex$; ⌚Di–Sa 9–18, So 17–20 Uhr) Das hervorragende Museo Regional de Historia de Colima besitzt eine große Sammlung gut beschrifteter Artefakte, die die Geschichte der Region widerspiegeln: von den Anfängen der Töpferei über eine Rüstung aus der Zeit der Eroberungen bis hin zu einem Pferdewagen aus dem 19. Jh. Sehenswert sind die *xoloitzcuintles* aus Keramik und die Nachbildung einer Grabstättenausgrabung.

Museo Universitario de Artes Populares
MUSEUM

(University Museum of Popular Arts; Ecke Barreda & Gallardo; Erw./Kind & Student 20/10 Mex$, So frei; ⌚Di–Sa 10–14 & 17–20, So 10–13 Uhr) Liebhaber volkstümlicher Kunst werden dieses Museum vergöttern. Es besitzt eine herausragende Sammlung von Masken, *mojigangas* (riesige Marionetten), Musikinstrumenten,

Colima

Highlights

1 Kathedrale ... B3
2 La Artería ... B3

Sehenswertes

3 Museo Regional de Historia de Colima ... B3
4 Museo Universitario de Artes Populares ... D1
5 Palacio de Gobierno ... B3
6 Pinacoteca Universitaria Alfonso Michel ... C2

Schlafen

7 Hotel Aldama ... D2
8 Hotel Ceballos ... B3

Essen

9 ¡Ah Qué Nanishe! ... A1
10 1800 ... B2
11 El Trebol ... B3

Körben und Skulpturen aus Holz und Keramik aus allen mexikanischen Gegenden.

Pinacoteca Universitaria Alfonso Michel MUSEUM

(Ecke Guerrero & Constitución; Di–Sa 10–14 & 17–20, So 10–13 Uhr) GRATIS Dieses wunderschöne Museum im einem Innenhofbau aus dem 19. Jh. beherbergt vier Säle voller surrealer Kunst. Zu sehen gibt's z.B. Werke von José Luis Cuevas und Francisco Toledo. Hinzu kommt eine ständige Sammlung von Gemälden des einheimischen Meisters Alfonso Michel, dessen Schaffen schon als Mix aus Picasso und Dalí bezeichnet wurde.

La Campana ARCHÄOLOGISCHE STÄTTE

(312-313-49-46; Av Tecnológico; Eintritt 42 Mex$; Di–So 9–18 Uhr) Die niedrigen, pyramidenartigen Bauten dieser schlichten archäologischen Stätte entstanden teilweise schon um 1500 v.Chr. Zusammen mit einem kleinen Grab und einem Ballspielplatz (ungewöhnlich für Mexikos Westen) wurden sie freigelegt und dann restauriert. Gen Norden ist die Anlage direkt dem Volcán de Fuego zugewandt, der an klaren Tagen eine eindrucksvolle Kulisse bildet.

Die Stätte liegt ca. 5 km nördlich von Colima und ist leicht mit Bus 7 oder 22 erreichbar (Taxi 42 Mex$). Noch eine Warnung: Unbedingt gute Schuhe und Socken tragen – hier lauern zahllose Feuerameisen! So viele, dass wir bei unserem letzten Besuch mehr auf den Boden als auf die Ruinen geschaut haben …

Schlafen

Hotel Aldama HOTEL $

(312-330-73-07; Aldama 134; EZ/DZ 350/463 Mex$;) Rund fünf Gehminuten vom Hauptplatz entfernt bietet dieses Hotel viel mehr, als in dieser Preisklasse ansonsten üblich ist. Die Zimmer sind zwar klein, zeugen aber von viel Sorgfalt bei Einrichtung und Pflege: Die schweren Holzmöbel werden durch schmiedeeiserne Elemente, Blumen auf den Bettlaken und Schreibtische zum Arbeiten ergänzt. Allerdings sind die Wände zwischen den Quartieren kaum schallgedämmt.

★ **Casa Alvarada** B&B $$

(312-315-52-29; www.casaalvarada.com; Obregón 105; Zi. ab 650 Mex§; P) Dieses gemütliche B&B steht nicht im eigentlichen Colima, sondern 9 km weiter nordwestlich im wunderhübsch weiß verputzten Dorf Comala. Das Betreiberehepaar (spricht Englisch) hat die Zimmer mit einheimischer Folklorekunst dekoriert und serviert ein gutbürgerliches Frühstück. Auf der Veranda findet man ein mondänes Hängemattenbett.

Die Inhaber offerieren ein großes Spektrum höchst empfehlenswerter Umgebungstouren, die z.B. zu Dörfern, Kaffeeplantagen oder den Vulkanen führen. Kajakfahren und Wanderungen im Regenwald sind ebenfalls im Angebot.

Hotel Ceballos HOTEL $$

(312-316-01-00; www.hotelceballos.com; Portal Medellín 12; Zi. ab 946 Mex$; P@) Dieses Best-Western-Hotel beweist in den öffentlichen Räumlichkeiten eine Menge Charme, doch die Zimmer sind eher charakterlos und ein wenig überteuert. Trotzdem haben einige der besseren Varianten hohe Decken mit Kranzprofil und Balkone mit Ausblick auf die Plaza Principal. Es gibt ein kleines Fitnessstudio und einen Minipool auf der Dachterrasse zum Planschen.

Essen & Ausgehen

Um die Plaza Principal gibt es einige kleine Restaurants mit annehmbaren Preisen. Sie eignen sich am Wochenende wunderbar zum Leutegucken.

Cenaduría Julia MEXIKANISCH $

(Leandro Valle 80, Villa de Álvarez; Hauptgerichte 30–45 Mex$; Mo & Mi–Fr 18–24, Sa & So 13.30–24 Uhr;) Diese Institution ist Colimas beliebtestes Restaurant. Sehr empfehlenswert sind die süßen Enchiladas (30 Mex$) und die *sopitos* (35 Mex$/8 Stck.; runde Mini-Tortillas, garniert mit Fleisch, Gewürzen und Tomatensauce). Obwohl das Lokal eigentlich nach nichts Besonderem aussieht, machen seine Preise für die authentische *cocina colimense* (Küche à la Colima) die kurze Taxifahrt ab dem Stadtzentrum (30 Mex$) allemal zu einer guten Investition.

1800 INTERNATIONAL $

(Calle 5 de Mayo 15; Hauptgerichte ab 40 Mex$; Do–So 19–2 Uhr) Diese hippe Restaurantlounge zieht besonders Nachtschwärmer und Studenten an, die hier eine Kleinigkeit essen, etwas trinken und donnerstagabends die internationale Livemusik genießen. Auf der Speisekarte stehen Pizza, Sushi, Burritos und vieles mehr, die meisten Leute kommen aber bloß zum Trinken her oder um Freunde zu treffen.

El Trebol MEXIKANISCH $

(☎ 312-312-29-00; Degollado 59; Hauptgerichte 25–65 Mex$; ⏲ So–Fr 8–23 Uhr) Der Familienbetrieb eignet sich besonders gut zum Frühstücken. Der Geruch von frisch gepresstem Orangensaft zieht durch die Räume und zum Abendessen gibt es *huevos a la mexicana* (Rührei mit grüner Paprika, Zwiebeln und Tomaten – eine Kombination, die die drei Farben der mexikanischen Flagge darstellen soll) und Rührei mit Schinken, Speck und Chorizo.

¡Ah Qué Nanishe! MEXIKANISCH $$

(☎ 312-314-21-97; Calle 5 de Mayo 267; Hauptgerichte 95–115 Mex$; ⏲ Di–So 12–23 Uhr) Der Name dieses Restaurants bedeutet „Wie lecker!". Und tatsächlich schmeckt die reichhaltige, (nicht übertrieben) schokoladige *mole* (Sauce) ganz hervorragend. Unter den anderen probierenswerten Köstlichkeiten aus Oaxaca sind z.B. *chiles rellenos* (gefüllte Chilis) oder – mit etwas Glück – auch *chapulines* (knusprig frittierte Heuschrecken).

Viele Hauptgerichte sind auch als halbe Portionen (30 % günstiger) bestellbar.

ℹ Praktische Informationen

Staatliche Touristeninformation (☎ 312-312-43-60; www.visitacolima.com.mx; Palacio de Gobierno; ⏲ Mo–Fr 8–20, Sa 8–14 Uhr) Diese Touristeninformation hat auch an gesetzlichen Feiertagen geöffnet.

ℹ Anreise & Unterwegs vor Ort

Rund 12 km nordöstlich vom Stadtzentrum liegt Colimas **Flughafen** (☎ 312-314-41-60; Av Lic Carlos de la Madrid Bejar) am Highway nach Guadalajara (Taxi 140 Mex$). Nahe Cuauhtémoc startet hier **Aeromar** (☎ 312-313-13-40; www.aeromar.com.mx; Airport) dreimal täglich gen Mexico City.

Colima hat zwei Busbahnhöfe. Für Fernverbindungen zuständig ist das Terminal Foránea, das 2 km östlich vom Zentrum liegt (Kreuzung Av Niños Héroes & östliche Stadtumgehung). Vor Ort gibt's eine **Gepäckaufbewahrung** (⏲ 6–22 Uhr) und einen Stand für Prepaid-Taxis, die für 28 Mex$ in die Innenstadt fahren. Alternativ kann man dafür die Busse der Rutas 4 oder 5 nehmen, die in Gegenrichtung an der Calle 5 de Mayo oder Zaragoza starten.

Colimas zweiter Busbahnhof, das Terminal Rojos für Regionalverbindungen, liegt etwa 7 km westlich der Plaza Principal. Die Busse der Rutas 4 und 6 rollen von hier aus ins Zentrum. In Gegenrichtung eignen sich alle mit „Rojos" gekennzeichneten Busse, die der Morelos gen Norden folgen.

Stadtfahrten per Taxi kosten normalerweise 10 bis 25 Mex$.

Rund um Colima

Colimas herrliche Umgebung und deren Dörfer warten geradezu auf Erkundungswillige. Unbedingt besuchen sollte man vor allem das bildschöne Nest **Comala**, das zehn Fahrtminuten nordwestlich der Stadt gelegen ist. Die meisten besuchenswerten Ziele lassen sich im Rahmen eines Tagesausflugs oder per Nahverkehr erreichen. Mit einem Mietwagen hat man jedoch viel mehr Freiheiten.

Parque Nacional Volcán Nevado de Colima

Dieser Nationalpark an der Grenze zwischen Colima und Jalisco beherbergt zwei gigantische Vulkane: den noch immer aktiven Volcán de Fuego und den erloschenen Volcán Nevado de Colima. Die Stadt Ciudad Guzmán liegt den Vulkanen am nächsten, wenn man ein Auto hat und sehr früh aufbricht, aber Colima ist die schönere Basis für Ausflüge. In der staatlichen Touristeninformation von Colima erhält man Informationen über Veranstalter, die Klettertouren auf den Volcán Nevado anbieten. Wenn man nur kurz da ist, könnte es schwierig werden, schnell genug einen Veranstalter zu finden, deshalb sollte man im Voraus planen.

BUSSE AB COLIMA

ZIEL	PREIS (MEX$)	DAUER (STD.)	HÄUFIGKEIT (TGL.)
Ciudad Guzmán	93	1–2	alle 30 Min.
Guadalajara	203–236	3	alle 30 Min.
Manzanillo	75–102	2	alle 15 Min.
Mexico City (Terminal Norte)	791–850	10	stündl.
Morelia	363–456	2	6-mal tgl.
Uruapan	389	6	stündl.

VOLCÁN DE FUEGO

30 km nördlich von Colima ragt der Volcán de Fuego (3820 m) empor, Mexikos aktivster Vulkan, der in den letzten vier Jahrhunderten mehrere Dutzend Mal ausgebrochen ist. Die letzte größere Eruption ist erst 70 Jahre her. Im Juni 2005 sorgte eine größere Explosion dafür, dass die Asche bis zu 4,8 km hoch in den Himmel bis nach Colima flog. Aktuelle Informationen über den Vulkan findet man auf der Website der **Universidad de Colima** (www.ucol.mx/volcan).

VOLCÁN NEVADO DE COLIMA

Der Nevado de Colima (4240 m) ist höher als der Volcán de Fuego und erhebt sich weiter nördlich. Er ist den Großteil des Jahres über zu Fuß erreichbar und wird an den Flanken von Kiefernwäldern bedeckt. Diese weichen ganz oben schließlich einer Bergwüste. In der Gegend leben u.a. Hirsche, Wildschweine, Kojoten und sogar ein paar Pumas.

Die Trockenzeit (Dez.–Mai) ist am besten zum Klettern geeignet. Von Dezember bis Februar fallen die Temperaturen oft unter 0 °C, während es auf den oberen Hängen regelmäßig schneit (*nevado* bedeutet „schneebedeckt"). Achtung: Das Wetter wechselt hier sehr schnell. Bei Unwettern schlagen zudem häufig Blitze in den Gipfel ein – darum unbedingt immer ein Auge auf die Wolken haben! In der sommerlichen Regenzeit (Juli–Sept.) hat der Park länger geöffnet als in der Periode zwischen Oktober und März (6–18 Uhr).

Anreise auf eigene Faust ab Ciudad Guzmán: Zunächst einen Bus nach El Fresnito (12 Mex$) nehmen, wo sich möglicherweise ein Fahrer für den Trip nach La Joya/Puerto Las Cruces (3500 m) finden lässt. Dort kann man sich dann anmelden und den Parkeintritt (25 Mex$) berappen. Die Entscheidung für den alternativen Fußmarsch wird teilweise durch den Bus erleichtert, der hinter dem Ort noch ein gutes Stück weiter bergauf fährt. Wer ab El Fresnito oder der Hauptstraße wirklich komplett hinaufmarschieren will, braucht unbedingt geeignete Campingausrüstung plus Essen und sehr warme Klamotten: Hin- und Rückweg am selben Tag sind nicht möglich. Bis zum Parkplatz bei La Joya/Puerto Las Cruces läuft man mindestens sechs Stunden, dann noch einmal zwei Stunden bis zum Gipfel. Der Rückweg ganz hinunter dauert anschließend etwa fünf Stunden. Ein paar Kilometer hinter dem Parkeingang kann bei La Joya/Puerto Las Cruces gezeltet werden. Aufgrund des dann steten Besucherstroms werden Tramper samstags und sonntags am wahrscheinlichsten mitgenommen; werktags ist es manchmal sehr ruhig hier.

Die anstrengende Wanderung namens *micro-ondas* („Funkantennen"; 90 Min.) führt ab dem Straßenende bei La Joya/Puerto Las Cruces bergauf. Zum Gipfel selbst sind es dann weitere eineinhalb Stunden. Obwohl der Gipfel gut zu erkennen ist und viele Pfade hinauf- bzw. hinunterführen, sollte man den Marsch nicht allein absolvieren: Das Risiko ist hoch, sich zu verirren und dann eventuell auf gefährliches Terrain zu geraten. Ein Führer wird daher wärmstens empfohlen! Guides für bis zu fünfköpfige Gruppen kosten ca. 1200 Mex$ (inkl. Parkeintritt & Shuttle ab Ciudad Guzmán).

ABSTECHER

RESERVA DE LA BIOSFERA SIERRA DE MANANTLÁN

Der 1396 km^2 breite Kalksteinbergstreifen nordwestlich von Colima, der von Urwald umgeben ist, wird als gefährdeter Lebensraum von der UNESCO geschützt. Das Gebiet ist äußerst abwechslungsreich: Dazu gehören Regionen in zwischen 400 und 2960 m Höhe, und es gibt acht verschiedene Waldökosysteme, darunter tropischer Wald, Regenwald, Eichenwald und alpiner Wald. Das Land ist artenreich, hier gedeihen beinahe 2000 verschiedene Pflanzenarten und 160 Orchideenspezies, dazu kommen 366 Vogelarten (ein Drittel aller Vogelarten in Mexiko kann man hier vorfinden), 60 verschiedene Reptilienarten und die zwei größten Wildkatzen Puma und Jaguar. Abgesehen davon ist es hier einfach atemberaubend schön mit all den spektakulären Kalksteinformationen, engen Schluchten und gewaltigen Wasserfällen.

Wer das Abenteuer sucht, wird nicht enttäuscht. Die Schluchten warten darauf, erkundet zu werden, es gibt insgesamt 50 km an Downhill-Radwegen für Mountainbiker mit Lust auf einen gehörigen Adrenalinkick und Wanderwege im Überfluss. **Fuego Bike** (☎312-119-95-82; www.fuegobike.com) veranstaltet Abenteuertrips in das Schutzgebiet.

Diesbezüglich empfehlenswert:

Admire Mexico (☎312-314-54-54; www.admiremexicotours.com; Guillermo Prieto 113, Comala) Sehr renommierte Firma mit Sitz in der Casa Alvarada (Comala).

Nevado de Colima Tours (☎Handy 045-3411140004; http://nevadodecolimatours.blogspot.mx) Verlässliche und erfahrene Agentur mit Sitz in Ciudad Guzmán.

Achtung: Wer die unbefestigte, aber relative gute Straße am Vulkan hinauffährt, dringt sehr schnell in große Höhe vor – Benommenheit und/oder Schwindelgefühl könnten somit Anzeichen für die möglicherweise tödliche Höhenkrankheit sein. Bei solchen Symptomen daher so schnell wie möglich Richtung Tal begeben!

MICHOACÁNS BINNENLAND

In Michoacán verschmelzen vorkoloniale Tradition und Prachtbauten aus der Kolonialzeit zu einer beeindruckenden Mischung. In diesem Bundesstaat sind drei der schönsten und bislang weitgehend unbeachteten Städte Mexikos zu finden: das aus Lehmziegeln und mit viel Kopfsteinpflaster erbaute Städtchen Pátzcuaro, wo Purépecha-Frauen im Schatten von Kirchen aus dem 16. Jh. Feigen und *tamales* verkaufen, die grüne, von Landwirtschaft geprägte Stadt Uruapan, das Tor zum sagenumwobenen Vulkan Paricutín, und die lebhafte und kultivierte Kolonialstadt Morelia mit ihren alten Kathedralen und Aquädukten aus rosa Gestein. Michoacán wird als Kunsthandwerkshochburg auch immer bekannter – die Purépecha-Kunsthandwerker des Cordillera-Neovolcánica-Hochlands, das noch innerhalb von Michoacáns Grenzen liegt, stellen wundervolle Masken, Töpferarbeiten, Kunstwerke aus Stroh und Saiteninstrumente her. Die Feierlichkeiten rund um den Día de Muertos (Tag der Toten) gehören zu den schönsten Mexikos. Aber auch die Natur hier hat einiges zu bieten. In Michoacán kann man einen echten Höhepunkt auf seiner „Lebens-*to-do*-Liste" abarbeiten: Hier sieht man die jährliche Wanderung der Schmetterlingsschwärme zur Reserva Mariposa Monarca (Monarchfalterschutzgebiet), wo Millionen Schmetterlinge die Wiesen und Bäume mit einem schimmernden fliegenden Teppich überziehen und sich paaren.

Morelia

☎443 / 597 000 EW. / 1920 M

Die Hauptstadt der Michoacán-Region ist gleichzeitig deren lebhafteste und schönste Stadt und wird zu einem immer beliebteren Reiseziel. Und das zu Recht, denn das koloniale Herz der Stadt hat sich so gut erhalten, dass es 1991 zum UNESCO-Weltkulturerbe ernannt wurde. Und Morelias Kathedrale ist nicht nur großartig, sondern geradezu fantastisch.

Morelia wurde 1541 gegründet und war damit eine der ersten spanischen Siedlungen in Nueva España. Der erste Vizekönig, Antonio de Mendoza, benannte sie nach der spanischen Stadt Valladolid und forderte spanische Adelsfamilien auf, sich hier niederzulassen. 1828 – damals hatte sich Nueva España bereits zur Republik Mexiko gemausert – erhielt die Stadt den Namen Morelia zu Ehren des Unabhängigkeitskämpfers José María Morelos y Pavón, einen Sohn der Stadt.

In den schmalen Straßen im Zentrum kann man Steingebäude aus dem vornehmen 16. und 17. Jh., Barockfassaden und Arkaden bestaunen. Heute beherbergen die historischen Bauwerke Museen, Hotels, Restaurants, *chocolaterías* (Schokoladenladen), Straßencafés, eine berühmte Universität sowie günstige und gute *taquerías* (Taco-Buden). Toll sind auch die kostenlosen Konzerte und regelmäßigen Kunstveranstaltungen. Trotz all dem verirren sich bislang nur wenige ausländische Traveller hierher. Diejenigen, die es doch nach Morelia verschlägt, bleiben oft länger als geplant und nehmen Sprach- oder Kochunterricht. Nach und nach wird durchsickern, wie toll diese Stadt ist, und immer mehr Menschen werden Mexikos bestgehütetstes Geheimnis entdecken.

Sehenswertes

★ **Kathedrale** KATHEDRALE

(Plaza de Armas; 8-22 Uhr) Morelias wunderschöne Kathedrale (nachts erleuchtet bietet sie einen unvergesslichen Anblick) bestimmt das Bild der Plaza. Ihr Bau dauerte über 100 Jahre (1640–1744), was auch den Stilmix (Spanischer Barock, Barock und Neoklassizismus) erklärt: Die beiden 70 m hohen Zwillingstürme haben z.B. einen typischen Sockel nach Art des Spanischen Barocks und einen barocken Mittelteil, die oberen Teile sind neoklassizistisch und weisen Säulen auf. Der Großteil der barocken

Reliefs im Innern der Kathedrale wurde im 19. Jh. durch neoklassizistische Arbeiten ersetzt. Glücklicherweise blieb eines der Highlights der Kathedrale erhalten: eine Skulptur des Señor de la Sacristía. Diese wurde aus getrockneter Maispaste gefertigt und ist mit einer Goldkrone des spanischen Königs Philipp II. aus dem 16. Jh. geschmückt. Die Orgel ist noch heute voll funktionstüchtig und besitzt 4600 Pfeifen. Gelegentlich finden Orgelkonzerte statt – ein wunderbarer Zeitpunkt um die Kathedrale zu besuchen!

★Museo del Estado MUSEUM

(☎443-313-06-29; Prieto 176; ⌚Mo–Fr 9–20, Sa & So 10–18 Uhr) GRATIS Dieses Museum repräsentiert sachlich die Geschichte der Region. Das Ganze beginnt in prähistorischen Zeiten und geht dann bis zum ersten Kontakt mit den Eroberern. Prähistorische Pfeilspitzen, Keramikfiguren, Schmuck aus Knochen und ein schimmernder Quarz-Totenkopf befinden sich im unteren Bereich des Museums. Im oberen Teil wird an persönlichen Beispielen deutlich, wie aufgezwungene Religion, gekoppelt mit systematischer landwirtschaftlicher und wirtschaftlicher Entwicklung, die ursprüngliche Seele der Region in die Knie zwingen konnte. Die Beschriftungen sind nur auf Spanisch.

Museo Regional Michoacano MUSEUM

(☎443-312-04-07; Allende 305, Ecke Abasolo; Eintritt 42 Mex$, So frei; ⌚Di–Sa 9–19, So 9–14 Uhr) Das eindrucksvolle Museum in einem Barockpalast aus dem späten 18. Jh. zeigt u.a. kolonialzeitliche Kunst und prähispanische Artefakte (z.B. einen der gemeißelten Steinkojoten aus Ihuatzio). Hinzu kommt Alfredo Zalces sinnträchtiges Wandbild *Cuauhtémoc y la historia* im Treppenhaus. Achtung: Alles ist nur auf Spanisch beschriftet!

Palacio Clavijero MUSEUM

(Galeana) GRATIS Dieser Bau mit eindrucksvoller Hauptveranda, imposanten Säulengängen und rosafarbenem Mauerwerk beherbergte einst die Jesuitenschule St. Francis Xavier (1660–1767). Heute befinden sich darin exquisite Ausstellungen mit moderner Kunst, Fotografie und anderen kreativen Medienformen.

Museo Casa de Morelos MUSEUM

(Morelos-Museumshaus; ☎443-313-26-51; Av Morelos Sur 323; Eintritt 35 Mex$, So frei; ⌚Di–So 9–17 Uhr) Der Unabhängigkeitsheld José María Morelos kaufte 1801 dieses Haus im spanischen Stil, das an der Ecke Av Morelos und Soto y Saldaña steht. Heute findet man hier das ultimative Museum zu Morelos und der Unabhängigkeitsbewegung. Das Ganze ist sehr gut gestaltet; die prima Infotafeln sind zweisprachig (englisch & spanisch).

Fuente Las Tarascas BRUNNEN

Auf der Plaza Villalongín entspringt diese kultige Fontäne aus einem Obstteller, der von drei schönen taraskanischen Frauen oben ohne getragen wird. Das Original verschwand auf mysteriöse Art und Weise im Jahr 1940, seine Kopie wurde in den 1960er-Jahren errichtet.

El Acueducto AQUÄDUKT

Morelias beeindruckendes Aquädukt zieht sich über mehrere Kilometer an der Avenida Acueducto entlang und um die Plaza Villalongín herum. Es wurde zwischen 1785 und 1788 errichtet, um den wachsenden Wasserbedarf der Stadt zu decken. Die 253 Bogen sehen bei Nacht, wenn sie angestrahlt werden, fantastisch aus.

Palacio de Justicia GEBÄUDE

(Plaza de Armas; Museum Eintritt frei; ⌚Mo–Sa 7–19 Uhr, Museum 10–14 & 17–19.30 Uhr) Gegenüber vom Museo Regional Michoacano liegt der Palacio de Justicia, der zwischen 1682 und 1695 erbaut wurde und als Rathaus dienen sollte. In der Fassade spiegeln sich barocke französische Stilrichtungen wider, und im Innenhof findet man künstlerisch gestaltete Treppenaufgänge. Ein Wandgemälde von Augustín Cárdenas zeigt den Unabhängigkeitskämpfer Morelos in Aktion. Ein kleines dreiräumiges **Museum** veranschaulicht die Geschichte des Justizsystems Michoacáns mithilfe alter Fotos und Papiere (wer nicht zu zart besaitet ist, kann sich die grausigen Leichenfotos angucken).

Palacio de Gobierno GEBÄUDE

(Av Madero Oriente) Dieser Palast aus dem 17. Jh. war einst ein Priesterseminar und dient heute als Unterkunft für Büros der Regierung der Region. Er besticht durch eine einfache barocke Fassade und beeindruckende historische Wandgemälde im Inneren. Die Wandgemälde wurden 1961 in Auftrag gegeben und von Alfredo Zalce gemalt. Ein kurzer Blick lohnt sich in jedem Fall.

Museo Casa Natal de Morelos MUSEUM

(Museum in Morelos Geburtshaus; ☎443-312-27-93; Corregidora 113; ⌚Mo–Fr 9–20, Sa & So 9–19 Uhr) GRATIS José María Morelos y Pavón ist einer der wichtigsten mexikanischen Helden im Kampf um die Unabhängigkeit, und in Morelia trägt man ihn auf Händen – immerhin wurde die Stadt nach ihm benannt. In diesem Haus an der Ecke Calles Corregidora und García Obeso wurde er am 30. September 1765 geboren. Heute befindet sich hier ein Museum mit einer Sammlung von Fotos und Dokumenten. Eine ewig brennende Fackel leuchtet neben der Stelle, an der er geboren wurde.

Colegio de San Nicolás GEBÄUDE
(Ecke Av Madero Poniente & Nigromante; Mo–Sa 8–20 Uhr) Hier studierte Morelos, nur ein paar Häuser von der Plaza entfernt. Heute ist der Bau nicht noch ein weiteres Museum, sondern eine Stiftung für die Universidad Michoacana. Im oberen Stockwerk befindet sich die **Sala de Melchor Ocampo**, eine Erinnerungsstätte an einen weiteren mexikanischen Helden, einen Reformer Michoacáns. Hier werden Ocampos private Bibliothek und eine Kopie des Dokuments aufbewahrt, das er unterschrieb und der Universität vermachte, kurz bevor er von einem Exekutionskommando der Konservativen am 22. Dezember 1815 hingerichtet wurde.

Plaza Morelos PLATZ
Diese auffallend leere Plaza umgibt die **Estatua Ecuestre al Patriota Morelos** (Plaza Morelos), eine majestätische Statue Morelos hoch zu Ross, die von dem italienischen Künstler Giuseppe Ingillieri zwischen 1910 und 1913 gefertigt wurde. Von hier bis zur Fuente Las Tarascas verläuft die schattige **Calzada Fray Antonio de San Miguel**, eine breite, romantische Fußgängerpromenade mit Kopfsteinpflaster, die von hübschen alten Häusern eingerahmt wird. An ihrem westlichen Ende zweigt das schmale **Callejón del Romance** (Romanzengässchen) ab, das mit seinen rosafarbenen Steinen und wuchernden Weinpflanzen wie aus einer alten Postkarte entsprungen wirkt.

Santuario de Guadalupe KIRCHE
Die rosaroten Mauern dieser Barockkirche (erb. 1708–1716) am Nordostrand der Plaza Morelos werden von vielen weißen Blumen und jeder Menge schimmerndem Blattgold geziert. Der kunterbunte Innenraum (gestaltet 1915) erinnert beinahe an einen Hindu-Tempel.

Aus dem Farbenmeer sticht eine Reihe riesiger Gemälde heraus, deren Szenen die Bekehrung der indigenen Völker zum Christentum darstellen – beispielsweise, wie die ehrlichen, gottesfürchtigen Spanier einige Menschen vor der anstehenden Enthauptung retten. Nett.

Der weitaus schlichtere **Ex-Convento de San Diego** (Plaza Morelos) neben der Kirche entstand 1761 als Kloster und beherbergt heute die juristische Fakultät der Universidad Michoacana.

> NICHT VERSÄUMEN
>
> **BIBLIOTECA PÚBLICA DE LA UNIVERSIDAD MICHOACANA**
>
> Stadtverwaltungen in aller Welt, aufgepasst: Wenn der Bau einer öffentlichen Bücherei geplant ist (sehr löblich), sollte unbedingt so etwas wie die **Biblioteca Pública de la Universidad Michoacana** (443-3125-725; Jardin Igangio Altamirano, Ecke Av Madero Poniente & Nigromante; Mo–Fr 8–20 Uhr) herauskommen! Die atemberaubende Universitätsbibliothek der Stadt befindet sich im herrlichen **Ex-Templo de la Compañía de Jesús** aus dem 16. Jh. Hinauf bis zum Kuppeldach sind ihre Regale mit insgesamt 22 901 staubigen, alten Wälzern gefüllt. Darin geht es u. a. um Könige, Königinnen, Spanien, Europa und die Kolonien.

Bosque Cuauhtémoc PARK
Familien schätzen Morelias größten Park hauptsächlich wegen seiner Schatten spendenden Bäume und seines Vergnügungsparks. Außerdem gibt's auf dem Gelände zwei besuchenswerte Museen: Das **Museo de Arte Contemporáneo Alfredo Zalce** (443-312-54-04; Av Acueducto 18; Mo–Fr 10–19.45, Sa & So 10–18 Uhr) GRATIS zeigt Wechselausstellungen mit moderner Kunst in einem Gebäude aus dem 19. Jh. Zum Recherchezeitpunkt war es gerade wegen Renovierung geschlossen. Im schrägen **Museo de Historia Natural** (443-312-00-44; Ventura Puente 23; Eintritt frei; 10–18 Uhr) auf der östlichen Parkseite gibt's neben Tierpräparaten (ausgestopft, seziert oder skelettiert) auch menschliche Föten zu sehen.

Kurse

Die wenigen Ausländer und eine Menge Kultur machen Morelia zu einem wunderbaren Ort, um kochen, tanzen oder Spanisch zu lernen. Wer Kurse belegt, die länger als zwei Wochen dauern, sollte nach einem Preisnachlass fragen.

Morelia

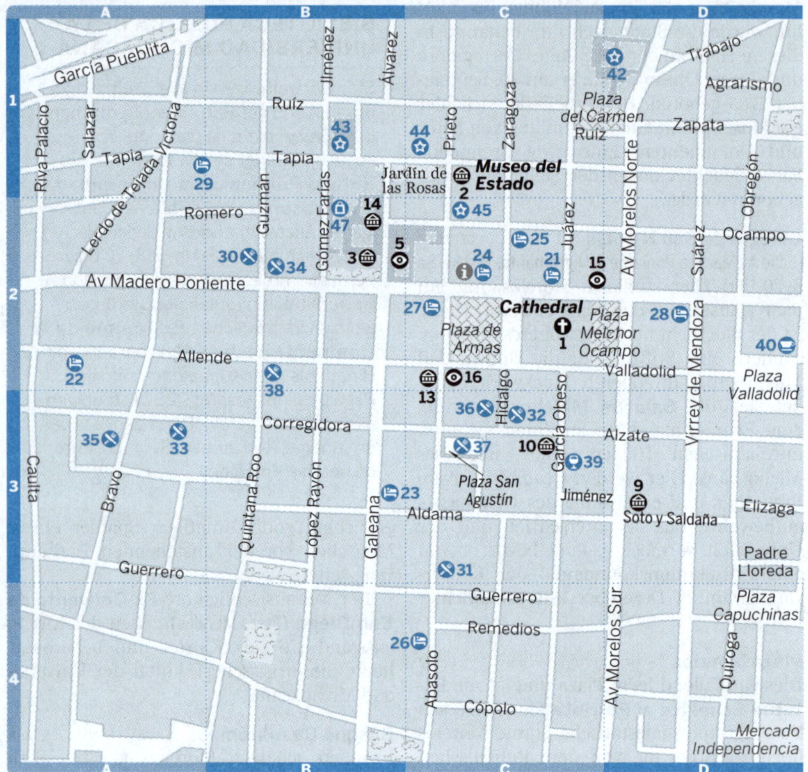

Baden-Powell Institute SPRACHKURS
(✆443-312-20-02; www.baden-powell.com; Antonio Alzate 569; Privatunterricht ab 18 US$/Std., Gruppenunterrichtab 180 US$/Woche) Das kleine, gut geführte Institut mit bezahlbaren Preisen bietet neben Spanischunterricht auch Kurse in mexikanischer Politik, Küche und Kultur an. Hinzu kommen Gitarren- und Salsastunden sowie ein Buchungsservice für Aufenthalte bei einheimischen Familien (27 US$/Tag).

Centro Cultural de Lenguas SPRACHKURS
(✆443-312-05-89; www.ccl.com.mx; Av Madero Oriente 560; Gruppen-/Privatunterricht pro Woche 180/340 US$) Offeriert Spanischunterricht (1 Std.–4 Wochen), Aufenthalte bei einheimischen Familien (ab 25 US$/Nacht inkl. Essen) und Musik-, Tanz- oder Kochkurse.

Geführte Touren

Die Touristeninformation namens CAT Centro de Atención al Turista (S. 666) bietet täglich Stadtführungen an (10 & 16 Uhr). Zudem empfiehlt sie geführte Touren außerhalb von Morelia.

Mexico Cooks! KULINARISCHE TOUREN
(www.mexicocooks.typepad.com) Cristina Potters aus den USA ist eine wahre Kennerin der mexikanischen Küche und bietet wunderbar persönliche, kulinarische Touren durch Morelia (und Guadalajara) an, obwohl sie inzwischen in Mexico City lebt. Wer an einer Tour teilnehmen möchte, sollte sie im Voraus kontaktieren.

Feste & Events

Außer für die üblichen mexikanischen Feste ist die Stadt Morelia Gastgeber zahlreicher anderer Festivitäten.

Feria de Morelia TRADITIONELL
Das größte Fest in Morelia zieht sich über drei Wochen von Ende April bis Anfang Mai hin und bietet Kunsthandwerks-, Land-

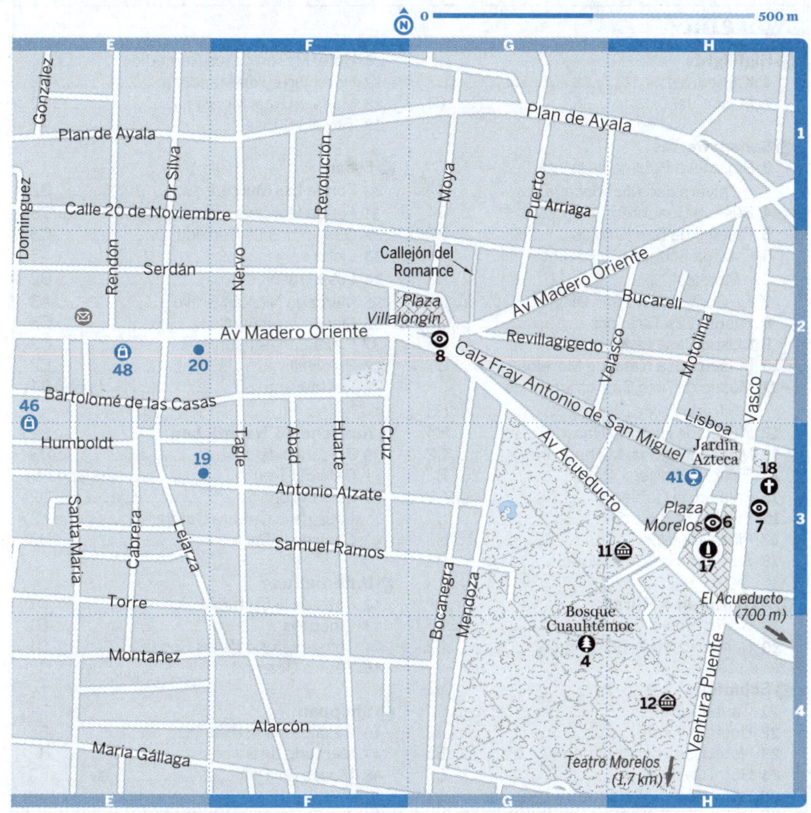

wirtschafts- und Tierausstellungen neben einheimischen Tanzfesten, Stierkämpfen und Fiestas. Am 18. Mai feiert die Stadt ihre Gründung von 1541 mit einem großen Feuerwerk.

Cumpleaños de Morelos FEUERWERK
Der Geburtstag des Unabhängigkeitskämpfers Morelos am 30. September wird mit einer Parade und einem Feuerwerk gefeiert.

Festival Internacional de Cine de Morelia FILM
(www.moreliafilmfest.com) Diese große internationale Messe Mexikos lebhafter Filmindustrie bringt jedes Jahr im Oktober eine Woche lang Partys und Stars und Sternchen in die Stadt.

Día de Muertos TRADITIONELL
Die Dörfer und kleinen Städte um Morelia herum gelten in der Woche um den 1. November als Top-Attraktion, aber auch in Morelia gibt es einiges zu sehen, z. B. kostenlose Flamencokonzerte und beeindruckende Kunstinstallationen auf der Plaza de Armas und drumherum.

Festival Internacional de Música MUSIK
(www.festivalmorelia.com) Das internationale Festival für klassische Musik findet jedes Jahr für zwei Wochen Mitte November statt. Orchester, Chöre und Quartette geben in Kirchen, auf Plazas und in Theatern in der ganzen Stadt Konzerte.

Día de la Virgen de Guadalupe RELIGION
Der Tag der Jungfrau von Guadelupe wird am 12. Dezember im Ex-Convento de San Diego gefeiert. In den Wochen davor findet auf der Calzada Fray Antonio de San Miguel eine Art Rummel statt.

Feria Navideña TRADITIONELL
Der Weihnachtsmarkt mit traditionellen Weihnachtsartikeln, Essen und Kunsthandwerk aus Michoacán findet manchmal zwischen November und Dezember statt.

Morelia

Highlights
1 Kathedrale ... C2
2 Museo del Estado ... C1

Sehenswertes
3 Biblioteca Pública de la Universidad Michoacana ... B2
4 Bosque Cuauhtémoc ... G4
5 Colegio de San Nicolás ... B2
6 Estatua Ecuestre al Patriota Morelos ... H3
7 Ex-Convento de San Diego ... H3
8 Fuente Las Tarascas ... G2
9 Museo Casa de Morelos ... D3
10 Museo Casa Natal de Morelos ... C3
11 Museo de Arte Contemporáneo Alfredo Zalce ... H3
12 Museo de Historia Natural ... H4
13 Museo Regional Michoacano ... C2
14 Palacio Clavijero ... B2
15 Palacio de Gobierno ... C2
16 Palacio de Justicia ... C2
17 Plaza Morelos ... H3
18 Santuario de Guadalupe ... H3

Aktivitäten & Kurse
19 Baden-Powell Institute ... E3
20 Centro Cultural de Lenguas ... E2

Schlafen
21 Cantera Diez ... C2
22 Hostel Allende ... A2
23 Hotel Casa del Anticuario ... B3
24 Hotel Casino ... C2
25 Hotel de la Soledad ... C2
26 Hotel Mesón de los Remedios ... C4
27 Hotel Virrey de Mendoza ... C2
28 Mansión Real Morelia ... D2
29 Tequila Sunset ... A1

Essen
30 Fonda Las Mercedes ... B2
31 Fonda Marceva ... C3
32 Gaspachos La Cerrada ... C3
33 Licha's ... A3
34 Los Mirasoles ... B2
35 Mercado Nicolás Bravo ... A3
36 Mesón Agustinos ... C3
37 Plaza San Agustín ... C3
38 Pulcinella ... B2
Restaurante Lu ... (siehe 24)

Ausgehen & Nachtleben
39 Balcones del Ángel ... C3
Café del Teatro ... (siehe 45)
40 Cafe Europa ... D2
Casa de la Cultura Cafeteria ... (siehe 42)
41 Casa de la Salsa ... H3

Unterhaltung
42 Casa de la Cultura ... D1
43 Cinépolis ... B1
44 Conservatorio de las Rosas ... C1
45 Teatro Ocampo ... C2

Shoppen
46 Casa de las Artesanías ... E3
47 Mercado de Dulces ... B2
48 Museo del Dulce ... E2

Schlafen

In Morelia gibt es viele Hotels und relativ wenige Touristen – somit ist die Konkurrenz ziemlich groß. Außer während der seltenen Spitzenzeiten gewähren fast alle Unterkünfte (bis auf die allerbilligsten Hostels) kräftige Rabatte auf die hier genannten Listenpreise.

Tequila Sunset HOSTEL $

(☎ 443-313-84-97; www.tequilasunsethostal.com.mx; Tapia 679; B/Zi. inkl. Frühstück 180/480 Mex$; @ 📶) Dieses freundliche und gut geführte Hostel zielt auf junge Vergnügungssuchende ab. Die blitzsauberen Schlafsäle punkten mit Oberlichtern und coolen Wandgrafiken. Im Gemeinschaftsraum warten die neuesten DVDs. Die Zahl der funkelnden, sonnigen Bäder ist im Verhältnis zur Menge der vorhandenen Betten jedoch recht klein.

Für das Hostel sprechen auch das hilfsbereite Personal, die gute Gemeinschaftsküche, die netten Freiluftbereiche und die Möglichkeiten zum Wäschewaschen.

Hostel Allende HOSTEL $

(☎ 443-312-22-46; www.hostelallende.com.mx; Allende 843; B/Zi. 215/550 Mex$; @ 📶) Das Hostel Allende mit seinem entspannten Vibe steht bei Travellern verschiedener Altersgruppen aus aller Welt hoch im Kurs. Die zwei Schlafsäle und 33 Privatzimmer umgeben einen grünen Innenhof mit Zitrusbäumen. Eine Gemeinschaftsküche ist ebenfalls vorhanden.

★ **Hotel Casa del Anticuario** HOTEL $$

(☎ 443-333-25-21; www.hotelcasadelanticuario.com; Galeana 319; EZ/DZ 650/750 Mex$; 📶) Die Quartiere in dem tollen gelben Hotel warten mit freiliegenden Steinmauern und hölzernen Dachbalken auf. Weitere Pluspunkte sind das äußerst hilfsbereite Personal, die Duschen mit kochend heißem Wasser, der nette zentrale Innenhof und der super

WLAN-Empfang. Auf diese Weise macht das Ganze doppelt so teuren Hotels ernsthaft Konkurrenz.

Allerdings empfiehlt es sich, ein Hinterzimmer abseits der lärmigen Straße zu nehmen.

Hotel Casino HOTEL **$$**

(☎ 443-313-13-28; www.hotelcasino.com.mx; Portal Hidalgo 229; Zi. ab 1067 Mex$; P @ WLAN) Direkt an der Plaza wartet hier ein sehr schicker und einladender Lobby-Bereich mit dem eventuell besten Restaurant der Stadt. Für ein so prachtvolles Gebäude enttäuschen die Zimmer jedoch ein bisschen. Die tolle Lage, der professionelle Service und die oft kräftigen Rabatte machen das Casino dennoch zu einer interessanten Option.

Hotel Mesón de los Remedios HOTEL **$$**

(☎ 443-313-88-10; www.hotelmesonremedios.com; Abasolo 556; Zi. ab 990 Mex$; WLAN) Dieses fesche, familiengeführte kleine Hotel mit gutem Preis-Leistungs-Verhältnis steht ein paar Gehminuten vom Hauptplatz entfernt an einer Seitenstraße. Die Zimmer wirken recht gewöhnlich, sind aber perfekt in Schuss. Der nette Innenhof lädt zum Relaxen ein.

★ **Hotel de la Soledad** HISTORISCHES HOTEL **$$$**

(☎ 443-312-18-88; www.hsoledad.com; Zaragoza 90; Zi./Suite inkl. Frühstück ab 1770/2800 Mex$; P Nichtraucher WLAN) Wow! Bougainvilleen hängen von Steinbögen herunter, während Springbrunnen gluckern, klassische Musik im Wind wabert und Palmen gen Himmel streben – und das ist nur der zentrale Innenhof. Die eigentlichen Zimmer sind jeweils verschieden. Alle überzeugen jedoch mit Duschen aus alten Steinbogen, lichtdurchlässigen Steinwaschbecken, schnitzereiverzierten Bettkopfteilen aus Holz und allgemein sehr hoher Exklusivität.

Cantera Diez BOUTIQUEHOTEL **$$$**

(☎ 443-312-54-19; www.canteradiezhotel.com; Juárez 63; Zi. ab 2860 Mex$; P Klimaanlage WLAN) Morelias schickstes Boutiquehotel steht gegenüber der Kathedrale. Die elf Zimmer (eigentlich Suiten) sind geräumig bis palastartig groß. Alle verfügen über dunkle Holzfußböden, stilvoll-modernes Mobiliar und Luxusbäder, in denen man Partys schmeißen könnte.

Hotel Virrey de Mendoza HISTORISCHES HOTEL **$$$**

(☎ 443-312-00-45; www.hotelvirrey.com; Av Madero Poniente 310; Zi. ab 1600 Mex$; P Klimaanlage @ WLAN) In der atemberaubend schönen Lobby gibt es einen spektakulären Innenhof mit Buntglasdach, das den Buntglasfenstern in der Kathedrale in nichts nachsteht. Die Zimmer mit alten Holzböden und hohen Decken bestechen durch ihren nostalgischen Charme. Ein Zimmer mit vielen Fenstern ist empfehlenswert, denn die anderen sind ein wenig düster. Im Restaurant wird Morelias protzigster Sonntags-Brunch serviert (Hauptgerichte um die 100 Mex$): Es gibt herrliche Omeletts, tellerweise frische tropische Früchte und ein Dessertbuffet mit Schokobrunnen.

Mansión Real Morelia BOUTIQUEHOTEL **$$$**

(☎ 443-232-02-46; www.mansionrealmorelia.com; Av Madero Oriente 94; Zi. ab 1400 Mex$; WLAN) Die hiesigen Zimmer sind zwar recht klein, wirken aber sehr pompös und in gewisser Hinsicht sogar königlich. Hierfür sorgen z. B. die hochwertig ausgestatteten Bäder oder die Betten mit prachtvollen Kopfenden (reichen bis zur Decke hinauf), erstklassigen Matratzen und mehr als mächtigen Kissenstapeln. Auf der Vorderseite leiden die Gäste jedoch trotz Schalldämmung unter Straßenlärm. Im Innenhof des Hotels befindet sich eine nette Restaurant-Bar.

Essen

In Morelia gibt es in jeder Preisklasse einige sehr gute Möglichkeiten zum Einkehren. Essen, das auf der Straße verkauft wird, findet man selten, aber wer welches erspäht, wird gehörig dafür belohnt.

Licha's MEXIKANISCH **$**

(Corregidora 669; Menüs 40 Mex$; ⌚ 13–17 Uhr) Dieses mehr als freundliche Fleckchen ist Morelias bester Deal. Hier wird einem einheimischen Publikum das serviert, was unter Wert als *cocina económica* (sparsame Küche) verkauft wird. Das täglich wechselnde Menü beinhaltet eine Auswahl köstlicher Vorspeisen und Hauptgerichte, dazu gehört noch ein Getränk.

Es gibt keine Beschilderung, und wenn man außerhalb der Mittagszeit vorbeikommt, erahnte man nicht, dass es diesen Laden gibt.

Fonda Marceva MEXIKANISCH **$**

(☎ 443-312-16-66; Abasolo 455; Hauptgerichte 50–100 Mex$; ⌚ Di–So 9–18 Uhr) Die Küche in diesem netten Hinterhofrestaurant hat sich auf die Region *tierra caliente* (heiße Erde) in Michoacáns Südosten spezialisiert. Sie bereitet einen atemberaubend gute *aporrea-*

NICHT VERSÄUMEN

CAFÉS IN MORELIA

Ob mondän und kolonialzeitlich oder jung und modern: Morelia hat ein paar wunderbare Cafés. Es folgen ein paar unserer Favoriten.

Café del Teatro (Café Galería; Ecke Ocampo & Prieto; Kaffee ab 10 Mex$; Mo–Sa 9–22, So 16–22 Uhr) Das elegante Café im 1. Stock des Teatro Ocampo empfängt Gäste mit jazziger Musik und Bildern von Theater- oder Kinostars an den Wänden.

Casa de la Cultura Cafeteria (Av Morelos Norte 485; Kaffee 10 Mex$) Dieses Café in der Casa de la Cultura hat diverse Nischen, in denen man seinen koffeinhaltigen Muntermacher zu sanften Klassik-Liveklängen schlürft.

Cafe Europa (www.cafeeuropa.com.mx; Bartolomé de las Casas 97; Kaffee 8 Mex$; Mo–Sa 9–20.30 Uhr) Dieser winzige Teil einer örtlichen Cafékette wäre leicht zu verfehlen – würde da nicht der Duft gerade röstender Kaffeebohnen aus dem Eingang herausdringen.

dillo (Frühstückseintopf aus Eiern, trockenem Rindfleisch und Chili) und einige der besten *frijolles de olla* (Bohnen, die langsam im Topf gekocht werden) der Welt zu.

Mesón Agustinos CHURROS $
(Hidalgo 54; Churros f. 3 Pers. 12–13 Mex$, Hauptgerichte 50–90 Mex$) Dieses Lokal zählt zu den wenigen Billigoptionen im Stadtzentrum, in denen man ein anständiges Abendessen im Sitzen einnehmen kann. Allerdings ist es eher für seine *churros* und seine heiße Trinkschokolade bekannt.

Gaspachos La Cerrada SALATBAR $
(Hidalgo 67; Gaspachos 25 Mex$;) Die regionale Spezialität *gaspacho* – ein Salat aus Mango-, Ananas- und Jicama- (Yambohnen-)Würfeln in Orangen- und Limettensaft, abgeschmeckt mit Salz, Chilisauce und Käse (wahlweise) - wird überall in der Stadt verkauft. Wenn man den Einheimischen glaubt, dann schmeckt sie hier am besten.

Mercado Nicolás Bravo MARKT $
(Mercado Santo Niño, Bravo; Snacks 20–50 Mex$; 7–17 Uhr) Im Obergeschoss gibt es einige großartige Imbissstände. Zu empfehlen ist Stand 127 mit Doña Felis beliebter *birria*.

Plaza San Agustín MEXIKANISCH $
(Ecke Abasolo & Corregidora; 13–23 Uhr) Hier, unter dem Gewölbe, findet man ein paar billige Imbissstände mit vielen Tischen.

★ **Restaurante Lu** MEXIKANISCH $$
(443-313-13-28; www.lucocinamichoacana.mx; Portal Hidalgo 229; Hauptgerichte 120–180 Mex$; Mo–Do & So 7.30–22, Fr & Sa 7.30–23 Uhr) Das schlichte Restaurant im Hotel Casino ist in Wirklichkeit das einfallsreichste Lokal der Stadt und zudem eine der besten Adressen in der ganzen Region: Die junge Chefköchin Lucero Soto Arriaga verwandelt Zutaten, die es auch schon in präkolumbischer zeit gab, talentiert in exquisite und allesamt toll angerichtete Juwelen der *alta cocina*. Ihr viergängiges Probiermenü (mit/ohne Wein 380/285 Mex$) ist eine lange Mittagspause vollauf wert.

Pulcinella ITALIENISCH $$
(Allende 555; Hauptgerichte 100–200 Mex$; Mi–Fr 14–22, Sa 14–23, So 14–19 Uhr) Frisches, leckeres Essen verleiht dem angesehenen italienischen Lokal seinen guten Ruf. Der Laden befindet sich in einem umgebauten Haus aus der Kolonialzeit und wird von einer sehr sympathischen Familie betrieben. Pizzas sind die Spezialität des Hauses. Auf die Tische kommt aber auch das gesamte Sortiment von Salaten, Nudel- und Fleischgerichten.

Los Mirasoles MEXIKANISCH $$$
(443-317-57-75; www.losmirasoles.com; Av Madero Poniente 549; Hauptgerichte 120–300 Mex$, Probiermenü 400 Mex$; Mo–Sa 13–23, So 13–18 Uhr) In opulentem Ambiente kann man hier in Küche à la Michoacán schwelgen - ergänzt durch eine ellenlange Weinkarte. Das viergängige Probiermenü (225 Mex$) ist eine kulinarische Meisterleistung. Unter den Spezialitäten des Hauses sind beispielsweise taraskische Suppe, Schweinshaxe in Pulque-Sauce oder *jahuácatas* (dreieckige *tamales* ohne Füllung) mit Schweinefleisch und Chili.

Fonda Las Mercedes MEXIKANISCH $$$
(443-312-61-13; Guzmán 47; Hauptgerichte 150–200 Mex$; Mo–Sa 13.30–24, So 12–20 Uhr) Dieses angesagte Nobellokal besitzt eine Bar, in deren Decke 200 Tontöpfe eingelassen wurden. Alte Steinsäulen und -kugeln zieren den gemütlichen Speisebereich in einem Innenhof. Die Küche bereitet vier verschiedene Steaksorten auf zehn verschiedene Arten zu.

Ausgehen & Nachtleben

Das hiesige Nachtleben ist eher elegant zu nennen als wild. Dennoch pulsiert die Musik in einigen der Clubs doch bis zum Morgengrauen. Im Bereich des Jardin de las Rosas gibt es zahllose Bars, deren Terrassen am frühen Abend stark belebt sind. Ein weiterer Hotspot ist die Umgebung des Fuente Las Tarascas am östlichen Innenstadtende. Die Namen der Bars und Clubs wechseln ständig.

★Casa de la Salsa SALSACLUB
(☎443-313-93-62; Plaza Morelos 121; Eintritt frei; ⌚Mo–Fr 14–21 Uhr, Salsalivemusik & Tanzen Mi–Sa 21.30–14.30 Uhr) In dem riesigen, düsteren Club schwingen Einheimische das Tanzbein gemeinsam zu den mitreißenden Klängen einer vierköpfigen Salsaband, die auf einer erhöhten Bühne spielt. Doch keine Angst: Das ist keiner dieser versnobten Angeber-Salsaschuppen – hier kann man richtig aus sich herausgehen. Tequila und Bier zu spottbilligen Preisen heizen die Atmosphäre stark an.

Der Tanzbetrieb ist jedoch nicht nur auf den späten Abend beschränkt: Beispielsweise dienstags ab 16 Uhr kann ebenfalls problemlos geschwoft werden. Alle, die nicht tanzen mögen, freuen sich über zahlreiche Pool-Tische.

Balcones del Ángel BAR
(☎443-333-32-33; Garcia Obeso 159; ⌚Di–Do 18–24, Fr & Sa 18–1 Uhr) Im obersten Stockwerk eines Gebäudes aus dem 17. Jh. tummeln sich attraktive Trendsetter in dieser offenen Hinterhof-Lounge mit makellosem Design. Die Musik variiert zwischen Elektro und Pop aus aller Welt. Durch das offene Dach fällt der Blick auf die leuchtende Kuppel der unmittelbar nördlich emporragenden Kathedrale.

☆ Unterhaltung

Als Universitätsstadt und Hauptstadt eines der interessantesten Bundesstaaten Mexikos hat Morelia eine blühende Kulturszene. Bei der Touristeninformation oder der Casa de la Cultura bekommt man das kostenlose Wochenverzeichnis *Cartelera Cultural* mit Kinoprogramm und Kulturveranstaltungen.

Wer sich für Filme, Tanz, Musik und Kunstausstellungen aus aller Welt interessiert, schaut am besten bei der **Casa de la Cultura** (☎443-313-12-68; Av Morelos Norte 485) in einem alten Palast aus der Kolonialzeit vorbei. Dieses geschäftige Zentrum der kreativen Energie kombiniert Musik, Tanzkurse und ein cooles Café.

Für Theaterfans empfehlen sich das **Teatro Ocampo** (☎443-313-16-79; Ecke Ocampo & Prieto) und das **Teatro Morelos** (☎443-314-

MORELIAS SÜSSE SEITE

Dulces morelianos – leckere Süßigkeiten, gefüllt mit Früchten, Nüssen, Milch und Zucker, sind in der ganzen Region bekannt. Sie werden in Morelias Mercado de Dulces ebenso dargeboten wie im **Museo del Dulce** (Av Madero Oriente 440; Süßes ab 5 Mex$). Diese altmodische *chocolatería* ist vollgestopft mit Trüffeln, Konfitüren, gezuckerten Nüssen und klebrigen Zuckerpfirsich- und Kürbisstücken, die von Frauen in adretten grünen Uniformen bewacht werden.

Folgende leckeren Naschereien sind es ganz besonders wert, probiert zu werden:

- *Ate de fruta* – Würfel oder Streifen aus juwelenfarbigem getrocknetem Fruchtpüree, gewöhnlich aus Guaven, Mango und Quitte hergestellt.
- *Cocadas* – zäh-knusprige, karamellisierte Kokosnusspyramiden.
- *Frutas cubiertas* – gezuckerte Fruchtstücke aus Speisekürbis, Feige, Ananas und vielen anderen Früchten.
- *Glorias* – in Zellophan verpackte Rollen Karamell gespickt mit Pekannüssen.
- *Jamoncillo* – toffeeähnliche Milchbonbons, die in Rechtecken oder Walnussform verkauft werden.
- *Limón con coco* – kandierte Limettenhälften, die mit gesüßten Kokosnussraspeln gefüllt werden.
- *Obleas con cajeta* – zähflüssiges Karamell zwischen zwei dünnen, runden Waffeln.
- *Ollitas de tamarindo* – kleine Lehmtöpfe, die mit einer süß-salzig-würzigen Tamarindenpaste gefüllt werden.

62-02; www.ceconexpo.com; Ecke Camelinas & Ventura Puente). Letzteres gehört zum Komplex des Centro de Convenciones, der 1,5 km südlich vom Stadtzentrum liegt. Das Kino **Cinépolis** (☎443-312-12-88; www.cinepolis.com; Ecke Gómez Farías & Tapia) zeigt englischsprachige Blockbuster mit Untertiteln oder Synchronisierung auf Spanisch.

Das **Conservatorio de las Rosas** (☎443-312-14-69; www.conservatoriodelasrosas.edu.mx; Tapia 334) ist die älteste Musikhochschule des Kontinents und veranstaltet donnerstags Gratiskonzerte (20 Uhr). Die hübschen Kreuzgänge sind ohnehin immer einen Blick wert. In der Kathedrale (S. 657) finden gelegentlich Orgelkonzerte statt.

Shoppen

Casa de las Artesanías MARKT
(☎443-317-25-81; Ex-Convento de San Francisco, Plaza Valladolid; ⌚10–14 & 17–19.30 Uhr) Wer keine Zeit hat, in den Pueblos der Purépecha nach dem perfekten Stück Folklorekunst zu suchen, begibt sich am besten zum „Haus des Kunsthandwerks" im Ex-Convento de San Francisco. Diese Marktkooperative wurde eigens eingerichtet, um indigene Künstler und Kunsthandwerker zu unterstützen. Die ausgestellten und zum Verkauf angebotenen Stücke stammen aus ganz Michoacán.

Mercado de Dulces MARKT
(Süßigkeitenmarkt; Gómez Farías; ⌚9–22 Uhr) Dieser verführerische Markt an der westlichen Seite des Palacio Clavijero handelt mit den Süßigkeiten, für die die Region bekannt ist, u.a. mit einer bunten Mischung von *ate de fruta* (Fruchtleder; Streifen oder Quadrate aus getrocknetem Fruchtpüree) in einer Vielzahl exotischer Geschmackrichtungen.

Information

GEFAHREN & ÄRGERNISSE

Michoacán wird schon seit Jahren von gewalttätigen Gangkriegen heimgesucht. Der jüngste folgte auf das Ende des Drogenkartells der La Familia, das schnell von den Caballeros Templarios (Tempelritter) ersetzt wurde, eine Gruppe mit Drogen dealender, christlicher Fanatiker, die schon einen Haufen Leute der Region auf dem Gewissen haben. Zum Glück sind Außenstehende relativ selten von den Drogenkriegen in Michoacán betroffen. Für Reisende ist es eher unwahrscheinlich, damit in Kontakt zu kommen. Auffallend sind nur das Armeeaufgebot und die Polizeipräsenz an einigen Orten in der Region.

GELD

Rund um die Plaza gibt's viele Banken und Geldautomaten (vor allem im Bereich der Av Madero).

MEDIZINISCHE VERSORGUNG

Hospital Star Médica (☎443-322-77-00; www.starmedica.com; Virrey de Mendoza 2000)

POST

Hauptpost (Av Madero Oriente 369)

TOURISTENINFORMATION

CAT Centro de Atención al Turista (☎443-312-04-14; Portal Hidalgo 245; Stadtführungen 150 Mex$/Pers.; ⌚9–21 Uhr) Das halbwegs nützliche Büro veranstaltet täglich Stadtführungen und verteilt ein paar Broschüren.

An- & Weiterreise

BUS & COMBI

Morelias Busbahnhof liegt etwa 4 km nordwestlich der Innenstadt. Er ist in drei *módulos* unterteilt, die jeweils Bussen der 1., 2. und 3. Klasse entsprechen. Von hier aus kommt man mit einem Roja-1-Combi (rot) in die Stadt. Dieser fährt unter der Fußgängerbrücke ab. Oder man nimmt ein Taxi (40 Mex$). Busse 1. Klasse fahren stündlich oder sogar noch öfter in die meisten Städte.

In der ganzen Stadt sind kleine Combis und Busse unterwegs (7 Mex$, tgl. 6–22 Uhr; Fahrplandetails bei der Touristeninformation erfragen!). Die Combi-Linien lassen sich anhand ihrer jeweiligen Farbstreifen unterscheiden: Ruta Roja (rot), Ruta Amarilla (gelb), Ruta Rosa (pink), Ruta Azul (blau), Ruta Verde (grün), Ruta Cafe (braun) usw.

BUSSE AB MORELIA

ZIEL	PREIS (MEX$)	DAUER (STD.)	HÄUFIGKEIT (TGL.)
Colima	363	2	6-mal tgl.
Guadalajara	334	4	stündl.
Mexico City (Terminal Norte)	360	4¾	alle 30 Min.
Pátzcuaro	38–53	1	alle 30 Min.
Uruapan	100–130	2	stündl.
Zitácuaro	120	3	stündl.

FLUGZEUG

Der **Flughafen Francisco J. Mújica** (☎ 443-317-67-80; www.aeropuertosgap.com.mx) liegt 27 km nördlich von Morelia am Highway von Morelia nach Zinapécuaro. Hier verkehren keine öffentlichen Busse, aber dafür fahren Taxis für 200 Mex$. Es werden zahlreiche Flüge in andere mexikanische Städte angeboten, einige wenige auch zu anderen nordamerikanischen Zielen.

Zu den Airlines, die Morelia anfliegen, gehören u. a.:

Aeromar (☎ 443-324-67-78; www.aeromar.com.mx; Hotel Fiesta Inn, Pirindas 435)

Volaris (☎ 800-122-80-00; www.volaris.mx)

Reserva Mariposa Monarca

Am östlichen Rand von Michoacán erstreckt sich entlang der Grenze zum Bundesstaat México die phänomenale, 563 km² große **Reserva Mariposa Monarca** (Erw./Kind 45/35 Mex$; ⏲ Mitte Nov.–März 6–18 Uhr). Jedes Jahr im Herbst, von Ende Oktober bis Anfang November, kommen Millionen Monarchfalter zum Überwintern in dieses bewaldete Gebiet des mexikanischen Hochlands. Sie kommen von den Großen Seen an der Grenze zwischen den USA und Kanada und haben dann eine Strecke von 4500 km hinter sich. Wenn sie sich ihrem Ziel nähern, bilden sie kleine Schwärme, fliegen über Straßen und hohe Berge hinweg und lassen sich in großen Trauben auf Bäumen nieder. Dabei sind diese Schwärme so schwer, dass sogar die dicken Äste der *oyenal*-Bäume (Tannen) unter ihrem Gewicht nachgeben. Morgens, wenn die aufgehende Sonne den Wald erwärmt, erhebt sich ein orange- und goldfarbenes Durcheinander, um die heißeste Zeit des Tages unten auf dem feuchten Waldboden zu verbringen. So hat sich am Nachmittag oft ein leuchtender Teppich über den Waldboden gelegt. An warmen, sonnigen Februarnachmittagen bekommt man die Monarchfalter am ehesten zu Gesicht – bei niedrigen Temperaturen sind sie weniger aktiv.

Wenn im März angenehm warme Frühlingstemperaturen herrschen, werden die Schmetterlinge geschlechtsreif, und dann beginnt der Spaß: die Paarung. Pünktlich zur Tagundnachtgleiche (20. od. 21. März) im Frühling fliegen befruchtete Weibchen Richtung Norden in den Südosten der USA, wo sie ihre Eier in Seidenpflanzen ablegen und nach Erfüllung ihrer Pflicht zufrieden sterben. Die Eier entwickeln sich zu Raupen, die sich von den Seidenpflanzen ernähren und sich verpuppen. Ende Mai schlüpfen dann die fertigen Schmetterlinge. Die jungen Monarchfalter flattern zurück zu den Großen Seen, wo sie heranwachsen, sodass die neue Generation Mitte August bereit ist, die lange Reise in Richtung Süden anzutreten. Dies ist eine der komplexesten Tiermigrationen der Welt, und Wissenschaftler können sich bis heute nicht erklären, wie und warum die Schmetterlinge dies tun.

Die Monarchfalter an sich zählen eigentlich nicht zu den bedrohten Tierarten, das Migrationsverhalten der hier beschriebenen Population ist allerdings durch den Einsatz von Insektiziden und die Zerstörung ihres Lebensraums in Mexiko und den USA in Gefahr. Einige Organisationen versuchen, dem entgegenzuwirken, indem sie Gemeinden in der Region einen Anreiz geben, den noch bestehenden Wald nicht nur zu schützen, sondern auch den Lebensraum der Schmetterlinge durch das Pflanzen neuer Bäume wiederherzustellen. Mehr Infos hierzu gibt es auf der Website www.monarchwatch.org.

Der öffentlich zugängliche Teil des Reservats ist in drei Bereiche gegliedert, die etwa zwischen Mitte November und März für Besucher geöffnet sind. Die genauen Zeiten hängen aber von Wetter, Temperaturen und der Ankunft der Schmetterlinge ab. El Rosario und Sierra Chincua sind die beliebtesten Areale. Beide sind von Angangueo aus erreichbar, dem der Sierra Chincua am nächsten gelegenen Ort (nur 8 km entfernt) und dem besten Ausgangspunkt für Ausflüge in diesen Teil des Reservats. El Rosario liegt ganz in der Nähe des Dorfes, das denselben Namen trägt, und kann von Angangueo aus über Ocampo erreicht werden. Cerro Pelón ist der neueste Reservatsbereich mit dem ursprünglichsten Lebensraum. Der beste Zugang hierher ist Zitácuaro.

Zu Saisonbeginn bzw. -ende ist es vor dem Besuch des Reservats ratsam, sich bei Touristeninformationen in Morelia oder Mexico City nach der aktuellen Schmetterlingsaktivität zu erkundigen. Allerdings kann man sich auch in den paar Wochen vor offizieller Öffnung bzw. nach offizieller Schließung zum Schutzgebiet begeben: Manchmal finden sich viele Schmetterlinge schon früher ein bzw. fliegen erst relativ spät wieder ab. Dann gelten dieselben Standardgebühren für den Eintritt und die Guides, obwohl die Reservate zu diesen Zeiten offiziell ge-

MONARCHEN IN DÜNNER LUFT

Monarchfalter lieben die Höhe, deshalb sollte man eine Wanderung (oder einen Ausritt) in eine Höhe von bis zu 3000 m in Kauf nehmen. Beim Aufstieg sollte man jedoch langsam vorgehen und viele Pausen einlegen (Wasser nicht vergessen!) und auf Symptome der Höhenkrankheit achten.

schlossen sind. Konkret kann man sie sogar ganzjährig erkunden. Und selbst wenn gerade gar keine Schmetterlinge anwesend sein sollten, gibt's hier immer noch sehr viele Vögel und andere Tiere zu sehen. Manche Schmetterlingsfans unternehmen Tagestrips bzw. -touren ab Morelia oder Mexico City; dies bedeutet jedoch acht Stunden Fahrzeit an einem einzigen Tag. Wer sich mehr Zeit lässt, kann die Schönheit der einzigartigen Region besser genießen.

Da die verschiedenen Bereiche des Schutzgebiets weit auseinander liegen, erkunden die meisten Besucher nur einen davon. Doch obwohl das Verhalten der überall gleich aussehenden Schmetterlinge in allen Revieren identisch zu sein scheint, wirkt sich das wechselnde Wetter durchaus darauf aus. So werden richtige Schmetterlingsfreaks wohl sehr viel Freude daran haben, alle drei Reservatsbereiche an verschiedenen Tagen zu besuchen.

Der Tageseintritt und die obligatorischen einheimischen Guides (stehen jeweils an den Eingängen bereit) kosten bei allen Arealen dasselbe. Hinweis: Die zu Fuß bzw. Pferd zurückgelegte Strecke wird gegen Saisonende kürzer, da die Schmetterlinge mit zunehmender Hitze immer weiter nach unten kommen.

El Rosario

Die Gegend um El Rosario zählt zu der beliebtesten. Während der Hauptsaison des Schmetterlingstourismus (Feb. & März) kommen täglich bis zu 8000 Besucher her. Folglich geht es hier auch äußerst kommerziell zu – Souvenirstände säumen die Hänge, und das Gebiet hat mit illegaler Abholzung zu kämpfen. Das Dorf El Rosario und der Eingang zum Gebiet des El-Rosario-Reservats liegen etwa 12 km auf einer gut erhaltenen Schotterstraße von dem kleinen Dörfchen Ocampo entfernt. Wer die Schmetterlinge sehen will, muss je nach Jahreszeit eine steile Wanderung (oder einen Ausritt) von 2 bis 4 km vom Parkplatz des Reservats einplanen. In Ocampo gibt es ein paar Hotels, aber es ist viel netter, in dem niedlichen Dorf Angangueo (nur 45 Min. zu Fuß von Ocampo entfernt) zu übernachten. Guides kosten 50 Mex$ und Pferde 90 Mex$.

Sierra Chincua

Sierra Chincua liegt 8 km hinter Angangueo, weit oben in den Bergen. Auch dieser Bereich ist von Abholzungen betroffen, aber lange nicht so schlimm wie El Rosario. Der Weg hier ist weit weniger anstrengend, was das Schutzgebiet für diejenigen attraktiver macht, die eine einfachere Wanderung bevorzugen. Das Anheuern eines Guides kostet 50 Mex$; für Pferde zahlt man 90 Mex$. Von Angangueo aus bringt einen der „Tlalpujahua"-Bus (5 Mex$) oder ein Taxi (hin & zurück 150 Mex$) hierher.

Cerro Pelón

Cerro Pelón liegt eigentlich im Bundesstaat México und ist der neueste Reservatsbereich und bei Weitem der beste. Die Berge hier ragen hoch auf (über 3000 m), der Wald ist noch vollkommen gesund, und der Massentourismus hat diesen Teil noch nicht für sich entdeckt (wenn mal viel los ist, trifft man hier am Tag auf 80 Besucher; normalerweise ist man allein). Die Abholzungen wurden unterbunden, und die Guides vor Ort haben jahrelang Bäume gepflanzt, um den Schmetterlingen ein besseres Biotop zu bieten. Es gibt riesige Tannen, mit Moos bewachsene Baumstämme, Wildblumen und unbeschreiblich tolle Ausblicke auf Schluchten.

Achtung: Der Aufstieg ist extrem steil und anstrengend – bei normalem Tempo und ohne Zwischenstopps brauchen erfahrene Bergwanderer dafür eineinhalb bis zwei Stunden. Untrainierte bekommen aber höchstwahrscheinlich große Probleme. Die meisten Besucher bezwingen die Hänge daher hoch zu Ross (200 Mex$). Kurz unterhalb des Cerro-Pelón-Gipfels können Selbstversorger wunderbar auf einer natürlichen Wiese zelten (ebenfalls nur mit Guide erlaubt). Nur eine Wanderstunde von dieser Stelle entfernt versammeln sich die Schmetterlinge zu Saisonbeginn. Die Führer (200 Mex$) können *burros* (Esel) organisieren, um schweres Gepäck bergauf zu transportieren.

Dieser Reservatsbereich liegt 40 Fahrtminuten südöstlich von Zitácuaro, Michoacáns drittgrößter Stadt. Dort bekommt man alle nötigen Vorräte (u.a. Essen, Trinkwasser). Die zwei möglichen Zugangspunkte (Macheros und El Capulín) liegen 1,5 km voneinander entfernt. Beide sind mit öffentlichen Verkehrsmitteln erreichbar. Dazu vor Zitácuaros Busbahnhof in einen Bus mit Kennzeichnung „Aputzio" (13 Mex$) steigen, mit diesem bis zur Grenze des Bundesstaats México fahren und dort ein Taxi (20–30 Mex$) nehmen! Ab Zitácuaro erreicht man beide Reservatsbereiche auch direkt per Taxi (200–250 Mex$).

Schlafen

JM's B&B B&B **$$**

(☎726-596-31-17, Handy 715-1125499; www.jmbutterflybnb.com; Macheros; EZ/DZ inkl. Frühstück 550/600 Mex$) Das neue B&B im Herzen des hübschen Dorfes Macheros ist eine super Übernachtungsmöglichkeit für alle, die das Reservat Cerro Pelón besuchen wollen. Die geräumigen Zimmer punkten mit herrlichem Tal- und Bergblick. Der Inhaber spricht sehr gutes Englisch und bietet auch Mahlzeiten an. Am besten vorher anrufen!

Angangueo

☎715 / 4600 EW. / 2980 M

Diese verschlafene alte Bergarbeiterstadt ist die beliebteste Basis für Schmetterlingsfans, da sie nahe an den Schutzgebieten Sierra Chincua und El Rosario liegt. Das Meiste spielt sich an der einzigen Hauptstraße mit den zwei Namen Nacional und Morelos ab. An der Plaza de la Constitución, dem Zentrum der Stadt, stehen zwei schöne Kirchen. Von hier führt die Nacional den Hügel hinunter.

Geführte Touren

Mario Bernal Martínez GEFÜHRTE TOUR

(☎715-156-03-22; www.marioecotours.com) Mario Bernal Martínez (spricht Englisch) organisiert sachkundige, unterhaltsame Trips durch die Schmetterlingsreservate und die umliegende Region. Seine Standardschmetterlingstour kostet ca. 600 Mex$ pro Teilnehmergruppe.

Schlafen & Essen

Die örtlichen Unterkünfte sind ziemlich schlicht und allesamt unbeheizt (bis auf die Albergue Don Bruno mit ihren offenen Kaminen). Somit sehr wichtig zu wissen: Nachts wird es hier oben extrem kalt! Wer nicht gerade frisch aus der arktischen Tundra eingeflogen ist, wird daher mehrere dicke Kleidungsschichten tragen und wohl auch darin schlafen wollen. Die meisten Bleiben bieten auch Mahlzeiten an. Alternativ findet man oben an der Plaza ein paar wenige Restaurants und Taco-Stände.

Hotel Plaza Don Gabino PENSION **$**

(☎715-153-19-26; hotelplazagabino@hotmail.com; Morelos 147; Zi. 350 Mex$; P 📶) Die bei Weitem beste Pension vor Ort wird von einer Familie geführt und ist außergewöhnlich einladend: Hier warten blitzblanke Zimmer, funktionierende (!) Warmwasserduschen und ein Restaurant, das ein hervorragendes Abendmenü mit vier Gängen serviert. Das Ganze liegt ca. 1 km unterhalb der zentralen Plaza – einfach den Busfahrer bitten, einen direkt vor der Tür abzusetzen!

Albergue Don Bruno HOTEL **$$**

(☎715-156-00-26; Morelos 92; EZ/DZ ab 550/650 Mex$; P 📶) Das bekannteste örtliche Hotel bereitet Gästen einen ziemlich kühlen Empfang. Die Zimmer sind sehr kalt und haben Teppichböden. Allerdings verfügen manche der Quartiere über offene Kamine – wer diese Zimmer kriegen kann, sollte zuschlagen! Die Warmwasserversorgung setzt immer wieder aus.

Praktische Informationen

Touristeninformation (☎715-156-00-44; ⊙Nov.–April 8–20 Uhr) Klein; liegt gleich unterhalb der Plaza.

An- & Weiterreise

Von Morelia aus fahren Busse zuerst nach Zitácuaro (120 Mex$/3 Std.), wo man in einen anderen Bus nach Angangueo (18 Mex$/1¼ Std.) umsteigen kann. Vom Terminal Poniente in Mexico City fährt der Autobus MTZ (140 Mex$/4 Std., alle 2 Std.) direkt nach Angangueo; die meisten anderen Buslinien fahren über Zitácuaro.

Wer von Angangueo ins El-Rosario-Schutzgebiet möchte, muss erst mit dem Combi nach Ocambo fahren (10 Mex$, 15 Min., stündl.) und dann an der Ecke Independencia und Ocampo in einen anderen nach El Rosario umsteigen (18 Mex$, 30 Min., stündl.). In der Saison verkehren auch *camionetas* (Kleinlaster), die vom *auditorio* (Auditorium) in Angangueo oder vor den Hotels abfahren. Die Fahrt zum Schutzgebiet kostet etwa 600 Mex$ für rund zehn Personen und dauert 45 Minuten auf den Nebenwegen (auf denen es etwas holprig werden kann).

Zitácuaro

715 / 84 000 EW. / 1940 M

Michoacáns drittgrößte Stadt hat die Atmosphäre eines provinziellen Arbeiterstädtchens. Sie ist vor allem für ihre Bäckereien und Forellenfarmen bekannt, aber nicht sonderlich attraktiv. Allerdings eignet sich Zitácuaro gut als Ausgangsbasis für Schmetterlingstrips zum Cerro Pelón.

Rund 1 km vom Stadtzentrum entfernt liegt der Busbahnhof, an dem u. a. regelmäßig Verbindung nach/ab Morelia (120 Mex$, 3 Std.), Angangueo (18 Mex$, 1¼ Std.) und Mexico City (Poniente; 153–179 Mex$, 2 Std.) besteht.

Sehenswertes

Iglesia de San Pancho KIRCHE

(9–14 & 16–19 Uhr) Gleich südlich von Zitácuaro steht diese restaurierte Kirche aus dem 16. Jh. im Dorf San Pancho. Sie hatte einen Auftritt im Filmklassiker *Der Schatz der Sierra Madre* (Regie: John Huston, Hauptrolle: Humphrey Bogart) und wurde 2002 von Prinz Charles besucht. Wenn das Licht des Sonnenuntergangs durch die Buntglasfenster fällt, ist es hier am schönsten. Ein Taxi ab der Stadt kostet 40 Mex$.

Schlafen

★ **Rancho San Cayetano** HOTEL $$$

(715-153-19-26; www.ranchosancayetano.com; Carretera a Huetamo Km 2,3; Zi. ab 1530 Mex$; P @) Das beste Hotel der ganzen Schmetterlingsregion gehört dem Gastgeberpaar Pablo und Lisette, das Englisch und Französisch spricht. Auf dem riesigen Gelände gibt es kleine Obstbaum- und Kiefernhaine. Freiliegende Steinmauern und Deckenbalken verleihen den Zimmern ihren rustikalen Schick. Die mehrgängigen Gourmetmenüs (Reservierung erforderlich) schmecken hervorragend.

Als leidenschaftlicher Schmetterlingsfan versorgt Pablo interessierte Gäste mit Anfahrtsbeschreibungen, detaillierten Karten und Hintergrundinfos auf Video. Bei Bedarf organisiert er auch Shuttles zu bzw. ab den Reservaten.

Pátzcuaro

434 / 55 000 EW. / 2175 M

Diese kleine, gut erhaltene Kolonialstadt in Michoacáns Hochebene ist das pulsierende kommerzielle Zentrum des Lands der Purépecha. Angehörige dieses indigenen Volkes pilgern aus den umliegenden Dörfern hierher, um ihre selbst gemachten Kunsthandwerkserzeugnisse zu verkaufen. Ihre Präsenz, die dramatische Geschichte und die prachtvolle Architektur Pátzcuaros geben der Stadt eine fast greifbare mystische Atmosphäre.

Das Zentrum ist geprägt von beeindruckenden alten Kirchen, zu denen auch die am Hang gelegene Basilika zählt. Staubige Kopfsteinpflasterstraßen führen an weißen und rotbraunen, mit Kacheln verzierten Lehmhäusern vorbei, und es gibt zwei belebte Plazas: die Plaza Vasco de Quiroga (auch Plaza Grande) und die kleinere Plaza Gertrudis Bocanegra (allgemein Plaza Chica genannt).

Nur 3 km nördlich befindet sich der malerische Lago de Pátzcuaro. An seinen Ufern liegen traditionelle Dörfer der Purépecha, und aus dem Wasser ragen einzelne Inseln hervor. Die Isla Janitzio ist Anfang November, wenn der Tag der Toten gefeiert wird, Mexikos größter Partymagnet. Dann zieht es viele mexikanische Touristen nach Pátzcuaro, obwohl hier auch an Weihnachten, Neujahr und in der Karwoche viel los ist. Wer in den Ferien hierher kommen will, sollte im Voraus reservieren und von November bis Februar warme Kleidung mitbringen, denn in dieser Höhe kann es richtig eisig werden.

Geschichte

Pátzcuaro war von 1325 bis 1400 die Hauptstadt der Tarasken (heute bekannt als Purépecha). Nach dem Tod von König Tariácuri zerfiel das Reich der Tarasken in drei Teile. Die Städte Pátzcuaro, Tzintzuntzan und Ihuatzio schlossen sich zusammen und konnten so mehrfach Angriffe der Azteken abwehren. Das erklärt vielleicht, warum das Bündnis die erste Ankunft der Spanier 1522 so begrüßte – eine ganz schlechte Idee, wie sich herausstellte. Diese kehrten nämlich 1529 unter der Führung des grausamen Eroberers Nuño de Guzmán zurück.

Selbst für die damalige Zeit war Guzmáns (er regierte sechs Jahre) Verhalten gegenüber der indigenen Bevölkerung außerordentlich brutal. Deshalb zitierte die Kolonialregierung ihn nach Spanien zurück, wo er gefangen genommen und für den Rest seines Lebens eingesperrt wurde. Daraufhin wurde Bischof Vasco de Quiroga, ein angesehener Richter und Geistlicher aus Mexico City, entsandt, um das angerichtete

Übel wiedergutzumachen. Quiroga war ein angesehener und aufgeklärter Mann. Als er 1536 hier ankam, gründete er Dorfgemeinschaften, die die humanitären Ideale aus Sir Thomas Mores Werk *Utopia* zum Vorbild hatten.

Um von den spanischen Minen- und Landbesitzern unabhängig zu werden, trieb Quiroga in den Purépecha-Dörfern rund um den Lago de Pátzcuaro erfolgreich Bildung und wirtschaftliche Selbstständigkeit voran, wobei alle Dorfbewohner zu gleichen Teilen ihren Beitrag leisteten. Er half jedem Dorf, sich auf ein Gebiet des Kunsthandwerks zu spezialisieren, auf Masken, Töpferwaren, Gitarren oder Violinen. Nach seinem Tod 1565 ging es auch mit diesen fortschrittlichen Gemeinschaften eher bergab; die Tradition des Kunsthandwerks hat sich aber bis zum heutigen Tag erhalten. Da überrascht es nicht, dass auch Tata Vascu, wie die Tarasken Quiroga nannten, bis heute unvergessen bleibt. In ganz Michoacán sind Straßen, Plätze, Restaurants und Hotels nach ihm benannt.

Sehenswertes

★ Plaza Vasco de Quiroga (Plaza Grande) PLATZ

Pátzcuaros grüne Hauptplaza ist einer der schönsten Orte in Mexiko, um die Seele baumeln zu lassen. Sie wird von Fassaden alter Herrenhäuser aus dem 17. Jh. umgeben, die in Hotels, Geschäfte und Restaurants umgewandelt wurden und von der gelassenen **Statue Vasco de Quirogas** betrachtet werden, die aus dem zentralen Brunnen in die Höhe ragt. Unter den Arkadengängen der Plaza stehen Imbissstände, Schmuck- und Kunsthandwerkverkäufer; die Atmosphäre ist hier besonders am Wochenende einmalig, wenn Bands spielen und Straßenkünstler auftreten.

Museo de Artes Populares MUSEUM

(☎ 434-342-10-29; Ecke Enseñanza & Alcantarillas; Eintritt 42 Mex$; ⌚ Di–So 9–17 Uhr) Zu den Highlights dieses eindrucksvollen Museums für Folklorekunst zählen u.a. Vitrinen mit großartigem Schmuck und ein Raum, der wie eine traditionelle Küche aus Michoacán gestaltet ist. Ein weiterer ganzer Raum ist mit Retablos gefüllt, recht grob ausgeführten Andachtsbildern, mit denen sich der jeweilige Eigentümer bei Gott für den Schutz vor Krankheit oder Unfällen bedankt.

Das Museum befindet sich im früheren Colegio de San Nicolás, das Quiroga im Jahr 1540 wohl als erste Universität des amerikanischen Kontinents gründete. Der Bau steht auf präkolonialen Steinfundamenten, von denen einige hinter den Museumshöfen zu bewundern sind.

Plaza Gertrudis Bocanegra (Plaza Chica) PLATZ

Pátzcuaros zweite Plaza wurde nach einer regionalen Heldin benannt, die durch ein Exekutionskommando im Jahr 1818 erschossen wurde, weil sie die Unabhängigkeitsbewegung unterstützte. Ihre Statue dominiert die Plaza.

Der lokale **Markt** auf der westlichen Seite der Plaza ist bekannt für seine Früchte, Gemüsesorten und frischen Forellen bis hin zu Kräutermedikamenten, Kunst und Kleidung – darunter auch die für die Region typischen gestreiften Tücher und *sarapes*. Fantastisches, günstiges Essen gibt es außerdem auch. Ein Stück weiter liegt der **Mercado de Artesanías** in einer Seitenstraße bei der Bibliothek. Holzmasken, Kruzifixe und anderes Kunsthandwerk wird hier verkauft. Die Qualität variiert, aber die Preise sind günstig.

Biblioteca Gertrudis Bocanegra BIBLIOTHEK

(☎ 434-342-54-41; Ecke Padre Lloreda & Títere; ⌚ Mo–Fr 9–19, Sa 10–13 Uhr) An der nördlichen Seite der Plaza Chica liegt Stadtbibliothek. Sie ist in den höhlenartigen Innenräumen der San-Augustín-Kirche aus dem 16. Jh. untergebracht. Von solch einer Bibliothek kann man nur träumen. Die verzierten Oberlichter und ein riesiges, buntes Wandgemälde von Juan O'Gorman an der hinteren Wand, das die Geschichte Michoacáns von präkolonialer Zeit bis zur Revolution von 1910 zeigt, schmücken das Gebäude. Auf der Westseite der Bibliothek liegt das **Teatro Emperador Caltzontzin**, das einst ein Konvent war und 1936 zu einem Theater umgebaut wurde. Heute werden dort immer mal wieder Filme und Vorstellungen gezeigt.

★ Basílica de Nuestra Señora de la Salud KIRCHE

(Plaza de la Basílica) Diese schöne Kirche auf dem Hügel wurde auf einer vorkolonialen Zeremonienstätte errichtet und sollte als Zentrum der utopischen Gemeinde dienen, die Vasco de Quiroga vorgeschwebt hatte. Der Bau wurde erst im 19. Jh. fertig, allerdings entspricht nur das Hauptschiff der Kirche der ursprünglichen Vision. Sein Grab, das Mausoleo de don Vasco, liegt links neben dem Hauptportal.

Pátzcuaro

Hinter dem Altar am östlichen Ende des Gebäudes steht eine Statue der Jungfrau **Nuestra Señora de la Salud** (Unserer Lieben Frau der Gesundheit), die ganz besonders verehrt wird. Tarasken stellten sie im 16. Jh. aus *tatzingue*, einer Paste aus Mais und Honig, her. Kurz darauf wurden mehrere Kranke wie durch ein Wunder gesund, woraufhin Quiroga die Statue mit der Inschrift „Salus Infirmorum" (Heiler der Kranken) versehen ließ. Seither strömen Pilger aus ganz Mexiko herbei, um Wunder zu erbitten. Auf den Knien rutschen sie über die Plaza und durchs Hauptschiff. Hinter der Statue kann man Zinnabdrücke von Händen, Füßen und Beinen sehen, die die Pilger der Jungfrau gebracht haben.

Casa de los Once Patios — MARKT

(Haus der 11 Höfe; Madrigal de las Altas Torres) Dieser luftige, weitläufige Kolonialbau wurde in den 1740er-Jahren als Dominikanerkloster erbaut (zuvor stand hier eines der ersten Krankenhäuser Mexikos, das von Vasco de Quiroga gegründet wurde). Heute sind hier kleine Läden mit *artesanías* (Kunsthandwerk) untergebracht, die jeweils auf ein regionales Handwerk spezialisiert sind.

Es werden Kupferwaren aus Santa Clara del Cobre und Musikinstrumente aus Paracho zum Kauf angeboten, außerdem gibt's hier Lackarbeiten, handbemalte Keramik und leuchtend bunte Textilien. Man sollte unbedingt das **Baño Barroco** besichtigen, ein Badezimmer aus dem 16. Jh.

Kirchen — KIRCHE

Der **Templo de la Compañía** (Ecke Lerín & Portugal) wurde im 16. Jh. erbaut und war ab dem 17. Jh. eine Jesuitenschule. In der Kirche finden immer noch Messen statt; sie beherbergt Reliquien von Vasco de Quiroga. Nachdem die Jesuiten vertrieben worden waren, verfiel das Schulgebäude. Heute wird es von der Gemeinde genutzt, und es werden oft kostenlose Wanderausstellungen gezeigt.

Pátzcuaro

Highlights
1 Basílica de Nuestra Señora de la Salud ... D2
2 Plaza Vasco de Quiroga (Plaza Grande) ... B3

Sehenswertes
3 Biblioteca Gertrudis Bocanegra ... C1
4 Casa de los Once Patios ... C4
5 Markt ... B1
6 Mercado de Artesanías ... C1
7 Museo de Artes Populares ... C3
8 Plaza Gertrudis Bocanegra (Plaza Chica) ... B2
9 Templo de la Compañía ... C3
10 Templo del Sagrario ... C3
11 Templo El Santuario ... A1
12 Templo San Francisco ... A3
13 Templo San Juan de Dios ... B3
14 Vasco de Quiroga Statue ... B3

Aktivitäten, Kurse & Touren
15 Centro de Lenguas y Ecoturismo de Pátzcuaro ... A4

Schlafen
16 Hotel Casa del Refugio ... B2
17 Hotel Casa Encantada ... B4
18 Hotel Casa Shanarani ... D2
19 Hotel Misión San Manuel ... B3
20 La Mansión de los Sueños ... B2
21 Mansión Iturbe ... B2
22 Mesón de San Antonio ... D2
23 Posada de la Basílica ... C2
24 Posada Mandala ... C3
25 Posada San Rafael ... B3

Essen
26 El Patio ... B3
27 La Surtidora ... B3
Priscilla's ... (siehe 20)
28 Restaurant Lupita ... C3

Pátzcuaro hat noch weitere interessante alte Kirchen zu bieten, z. B. den knarrenden **Templo del Sagrario** (Ecke Lerín & Portugal), den **Templo San Juan de Dios** (Ecke Romero & San Juan de Dios), den **Templo San Francisco** (Tena) mit rosafarbenem Mauerwerk und den **Templo El Santuario** (Ecke Ramos & Codallos).

El Estribo HÜGEL
Dieser Aussichtspunkt liegt auf einem Hügel 3,5 km westlich des Stadtzentrums und ist bei Joggern, Spaziergängern und Pärchen sehr beliebt. Der Blick auf den Lago de Pátzcuaro ist großartig. Der Weg nach oben dauert etwa eine Stunde und führt über eine von Zypressen gesäumte Kopfsteinpflasterstraße hinauf zum Aussichtspunkt. Um dorthin zu gelangen, vom Südwestende der Plaza Grande einfach der Ponce de León folgen und auf die Ausschilderungen achten!

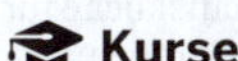

Kurse

Centro de Lenguas y Ecoturismo de Pátzcuaro SPRACHKURS
(CELEP; ☎434-342-47-64; www.celep.com.mx; Navarrete 50; 2-wöchige Spanischkurse 350 US$, Sprachen- & Kulturprogramm 540 US$) Die Kurse hier umfassen vier bis sechs Stunden von Montag bis Freitag. Die Kulturprogramme bieten Seminare in mexikanischer Literatur an und Ausflüge in umliegende Dörfer. Eine Unterbringung in Gastfamilien ist ebenfalls möglich, dabei sind gemeinsame Mahlzeiten mit der Familie inklusive.

Geführte Touren

Im Bereich von Pátzcuaro sind diverse Tourveranstalter aktiv.

Bird Guides of Pátzcuaro GEFÜHRTE TOUR
(☎434-112-28-61; http://patzcuarobirder.blogspot.com) Georgia Conti ist aus den USA nach Pátzcuaro ausgewandert und hat hier diese tolle Tourfirma gegründet. Die Trips werden von ihr selbst oder von ihrem Purépecha-Kollegen Victor Hugo Valencia geleitet. Per Online-Chat wird das Programm vorab auf die jeweiligen Beobachtungswünsche der Vogelfreunde abgestimmt. Zum Tagespreis (ab 60 US$/2 Pers. inkl. Shuttles) kommen noch die Kosten für Verpflegung usw. hinzu. Interessenten können Georgia direkt über ihren Blog kontaktieren, um sich Vorschläge unterbreiten zu lassen.

Feste & Events

Die Dörfer um Pátzcuaro, besonders Tzintzuntzan und Isla Janitzio, feiern den beliebten (und gut besuchten!) **Día de los Muertos** (Tag der Toten; ⌚1. & 2. November). Vor und nach diesem Tag werden tagelang Paraden, Kunsthandwerkermärkte, Tanzveranstaltungen, Zeremonien, Ausstellungen und Konzerte in und um Pátzcuaro veranstaltet. Die Friedhöfe sind während dieses mexikanischen Festes voller Schaulustiger.

Semana Santa RELIGION
Die Osterwoche wird in Pátzcuaro und den Dörfern am See aufwendig begangen, u. a.

mit Prozessionen am Palmsonntag, Kreuzweg-Prozessionen am Morgen des Karfreitags, die den Weg Christi zum Kalvarienberg und der Kreuzigung nachstellen, mit Kerzen beleuchtete, stille Prozessionen am Abend des Karfreitags und am Abend des Ostersonntags die zeremonielle Verbrennung von Judas im Plaza Grande.

Nuestra Señora de la Salud RELIGION
Am 8. Dezember zieht eine bunte Prozession zur Basilika, um Unsere Liebe Frau der Gesundheit zu ehren. Traditionelle Tänze werden aufgeführt, z. B. Los Reboceros, Los Moros, Los Viejitos und Los Panaderos.

Pastorelas RELIGION
Die Inszenierung der Reise der Hirten zum Jesukind findet um Weihnachten herum auf der Plaza Grande statt. Bei den *pastorlas indigenas* geht es um das gleiche Thema, nur mit Maskentänzen. Dargestellt wird der Kampf der Engel gegen die Teufel, die versuchen, die Hirten an ihrer Reise zu hindern. Diese *pastorelas* werden in acht Dörfern um den Lago de Pátzcuaro an verschiedenen Tagen zwischen dem 26. Dezember und dem 2. Februar veranstaltet.

Schlafen

Pátzcuaro hat ein hervorragendes Angebot von attraktiven Unterkünften für jeden Geldbeutel. Allerdings ist es sinnvoll, für Übernachtungen am Freitag- oder Samstagabend rechtzeitig zu reservieren. Für den Día de los Muertos sollte dies bereits Monate im Voraus erfolgen, da dann die ganze Stadt komplett ausgebucht ist. Zu allen anderen Zeiten lassen sich jedoch bei den meisten teureren Bleiben problemlos bis zu 50 % Rabatt aushandeln – Urlauber sollten schließlich eine Runde Luxus genießen!

Posada Mandala PENSION $
(☎ 434-342-41-76; Lerín 14; Zi. 300–500 Mex$, Zi. ohne Bad 200 Mex$; 📶) Künstlerisch veranlagte Traveller aus aller Welt lieben diese schlichte Pension, deren kleiner Innenhof voller Pflanzen von sechs einfachen, weiß verputzten Quartieren umgeben ist. Am besten sind die Zimmer im Obergeschoss mit eigenen Bädern und super Blick auf Pátzcuaros Dächer. Unbedingt am wöchentlichen Pizza-Abend teilnehmen!

Posada San Rafael HOTEL $
(☎ 434-342-07-70; Portal Aldama 13; EZ/DZ 300/420 Mex$; P 📶) Die Zimmer dieser Mischung aus US-Motel und kolonialzeitlicher Missionsstation grenzen an breite Veranden, von denen man auf eine Zufahrt und einen grün bewachsenen Parkplatz schaut. Warmwasser gibt's hier nur morgens und abends. Dennoch haben die Zimmer oben mit den vielen schönen Details (u. a. Säulen, Balkendecken) ein super Preis-Leistungs-Verhältnis.

Hotel Misión San Manuel HOTEL $
(☎ 434-342-10-50; misionsanmanuel5@hotmail.com; Portal Aldama 12; Zi. ab 413 Mex$; 📶) Dieses Billighotel beeindruckt mit einer grellweißen Fassade, gemeißelten Fensterstürzen und spektakulären Säulen bzw. Bogen. Jungfrauen in Nöten werden sich darüber freuen, dass hier obendrein ein Ritter in Rüstung wartet. Die eigentlichen Zimmer sind modern, die Bäder enttäuschend.

Hotel Casa del Refugio BOUTIQUEHOTEL $$
(☎ 434-342-55-05; www.casadelrefugio.com.mx; Portal Régules 9; DZ ab 800 Mex$; 📶) Das einladende Hotel hat das vielleicht beste Preis-Leistungs-Verhältnis der Stadt und wird garantiert ein Lächeln in die Gesichter vieler Traveller zaubern. Hierfür sorgen z. B. die kleinen, aber blitzblanken Zimmer oder das Atrium mit vielen Palmen und riesigem offenem Kamin. Zwischen den religiösen Bildern an den Lehmziegelwänden hängen diverse Porträts (von Heiligen wie wohl auch von ein paar Sündern).

Mesón de San Antonio PENSION $$
(☎ 434-342-25-01; www.mesondesanantonio.com; Serrato 33; EZ/DZ 600/750 Mex$; @ 📶) Diese Pension im Stil einer altmodischen Hacienda ist ein prima Deal. Die extrem gemütlichen Zimmer mit Kabel-TV und offenen Kaminen werden von tollen Purépecha-Keramiken geziert. Sie grenzen an einen eindrucksvollen Innenhof aus der Kolonialzeit, dessen Kragbogen von uralten Baumstämmen gestützt werden. Eine Gemeinschaftsküche für Selbstversorger ist ebenfalls vorhanden.

Hotel Casa Encantada B&B $$
(☎ 434-342-34-92; www.hotelcasaencantada.com; Dr. Coss 15; Zi. inkl. Frühstück 895–1320 Mex$; P @ 📶) Lust auf erschwinglichen Luxus? Dieses trauliche B&B in Besitz von Amerikanern befindet sich in einem umgebauten Herrenhaus von 1784. Die zwölf eleganten, meist riesigen Zimmer mit Teppichen und wunderschön gefliesten Bädern verfügen z. T. auch über Kochecken. Am besten ein hinten gelegenes Quartier nehmen, da der Vorderbereich Straßenlärm abbekommt.

Hotel Casa Shanarani BOUTIQUEHOTEL $$$

(☎434-342-05-12; Padre Lloreda 27; EZ/DZ/3BZ 1000/1200/1400 Mex$; P 📶) Ein richtig tolles Gesamtpaket: Das äußerst charaktervolle Hotel (früher Hostal Santa Fe) kombiniert strahlende Engel fröhlich mit alten Grammophonen, marokkanischen Lampen, Wänden voller Kerzen und einem hübschen Minigarten. Die kleinen Zimmer sind in kräftigen Farben gestrichen; Strandkiesel zieren die Bäder.

Mansión Iturbe BOUTIQUEHOTEL $$$

(☎434-342-03-68; www.mansioniturbe.com; Morelos 59; Zi. inkl. Frühstück 2800 Mex$; 📶) Direkt am Hauptplatz warten hier geräumige, altmodisch gestaltete Zimmer mit schweren dunklen Holzmöbeln, vielen Antiquitäten und opulenten Bädern. Das Hotel hat zudem eine wunderbare Hinterterrasse und verbreitet das Gefühl von luxuriöser Raffinesse.

Außerdem empfiehlt es sich als Anlaufstelle Nummer eins: Außerhalb der Festivalsaison gibt's oft kräftige Rabatte (bis zu 70 %) auf die gepfefferten Listenpreise.

Posada de la Basílica BOUTIQUEHOTEL $$$

(☎434-342-11-08; Arciga 6; EZ/DZ 1000/1500 Mex$; P @ 📶) Fans des rustikalen Luxus suchen am besten dieses Boutiquehotel mit Terrakottadach und Seeblick auf: Das überraschend helle Gebäude aus der Kolonialzeit beherbergt zwölf riesige Zimmer mit Holzfußböden und offenen Kaminen; die Master-Suiten sind wahre Highlights. Eleganz, Charme und Understatement prägen das ganze Haus.

La Mansión de los Sueños BOUTIQUEHOTEL $$$

(☎434-342-11-03; http://lamansiondelossuenos.com/index-e.html; Ibarra 15; DZ inkl. Frühstück ab 2712 Mex$; 📶) Das restaurierte Herrenhaus rund um drei benachbarte Innenhöfe zählt zu den luxuriösesten Bleiben der Stadt. Hier hängen Kunstwerke an allen Wänden. Die Zimmer mit Kaffeemaschinen und Minibars verfügen z. T. auch über offene Kamine oder Lofts. Allerdings bewegt sich das Dekor mitunter an der Grenze zum Kitsch – daher vor dem Buchen am besten ein paar Quartiere besichtigen!

Essen

Das Essen an Straßenimbissen in Pátzcuaro ist einfach fantastisch. Einen Versuch wert sind *corundas* (dreieckige *tamales*, entweder mit oder ohne Füllung), leuchtend grüne *atole de grano* (eine regionale Variante des beliebten Maisgetränks mit Anisgeschmack), *nieve de pasta* (Mandel- und Zimteis) und Zuckerkürbisstücke. Das beste Essen findet man u. a. an den Imbissständen an der nordwestlichen Ecke der Plaza Chica auf dem Markt, der unter freiem Himmel abgehalten wird. Wer gerne *corundas* essen möchte, sollte morgens zur Basilika gehen und nach den älteren Damen mit den gefüllten Körben Ausschau halten.

Die meisten örtlichen Restaurants gehören zu Hotels. So findet man hier größtenteils überlaufene und mittelmäßige Lokale, die in erster Linie auf Kurzzeittouristen abzielen. Dennoch gibt's auch ein paar lohnende Ausnahmen. Man sollte nach *sopa tarasca* (reichhaltige Tomatencremesuppe mit getrockneten Chilis und knusprigen Tortillastückchen) Ausschau halten.

★ **Doña Toya** MEXIKANISCH $

(Dr. Coss 68; Sopes 8 Mex$; ⏲Di–So 19–22.30 Uhr) Auf der Spitze eines Kopfsteinpflasterhügels und hinter einer unmarkierten roten Tür (nach dem Coca-Cola Schild Ausschau halten!) serviert Doña Toya die besten *sopes* der Stadt an kleinen Plastiktischen im Vorgarten ihres Hauses. *Sopes* sind Scheiben frittierter *masa* (Teig) mit geschnittenem Fleisch, Salsa, ausgepressten Limetten und frischem Koriander. Ein besseres Lokal-Erlebnis der kulinarischen Art kann man nicht finden, ganz zu schweigen davon, dass es sich hier um die besten und günstigsten Gerichte der ganzen Stadt handelt.

La Surtidora MEXIKANISCH $

(☎434-342-28-35; Hidalgo 71; Hauptgerichte 30–140 Mex$; ⏲8–22 Uhr; 📶) Dieser Mix aus altmodischem Café und Feinkostladen ist seit 1916 im Geschäft. Direkt an der Plaza Grande kümmern sich hier Kellner in Chefkoch-Weiß sorgsam um ihre Gäste. Das ganze Innere riecht nach frischem Kaffee. Auf den Tisch kommen klassische mexikanische Hauptgerichte und das beste Frühstück der Stadt. Man muss oft auf einen Tisch warten.

Restaurant Lupita INTERNATIONAL $$

(☎434-345-06-59; Quiroga 5; Hauptgerichte 95–140 Mex$; ⏲8–22 Uhr) Zugegeben: Dieses Lokal zielt sehr stark auf Touristen ab. Nichtsdestotrotz schaffen der hübsche Innenhof und die Wände voller Kunsthandwerk das passende Ambiente für ein entspanntes Mittagessen. Wer eine Pause von Mexikos Küche braucht, kann sich hier z. B. mit recht anständigen Nudelgerichten stärken.

El Patio MEXIKANISCH $$
(Aldama 19; Hauptgerichte 80–125 Mex$; ⌚8–22 Uhr) Im zweifellos angenehmen Ambiente kann man hier anständige Mexiko-Klassiker und ein paar gut zubereitete lokale Spezialitäten vertilgen. So sind die Tische an der Plaza Grande bei Einheimischen und Touristen gleichermaßen heiß begehrt.

Priscilla's MEXIKANISCH $$
(☎ Tel./Info 434-342-57-08; Ibarra 15; Hauptgerichte 90–140 Mex$; ⌚12–22.30 Uhr) Dieses pfiffige Restaurant in der edlen La Mansión de los Sueños bietet in einem charmanten Hinterhof fabelhaftes Essen an. Zu den Spezialitäten gehören Fisch- und Pastagerichte sowie mexikanische *cocina típica*.

Praktische Informationen

Im Stadtzentrum gibt's diverse Banken, die allesamt Geldautomaten haben und z. T. auch ausländische Währungen umtauschen.

La Casa del Té (Portal Morelos 66; 12 Mex$/Std.; ⌚9–22 Uhr) Die Teestube mit ein paar Computern im hinteren Bereich ist ein Internetcafé, das diese Bezeichnung zur Abwechslung mal wirklich verdient hat.

Städtische Touristeninformation (☎ 434-344-34-86; Portal Hidalgo 1; ⌚9–20 Uhr)

Post (Obregón 13; ⌚Mo–Fr 9–16, Sa 9–13 Uhr)

Anreise & Unterwegs vor Ort

Der Busbahnhof mit Cafeteria und Gepäckaufbewahrung liegt 1,5 km südwestlich von Pátzcuaros Zentrum.

Um Letzteres zu erreichen, läuft man einfach außerhalb des Busbahnhofs nach rechts und steigt an der Ecke in einen beliebigen „Centro"-Bus (7 Mex$). Die Taxi-Alternative kostet 25 Mex$ (ab 23 Uhr etwas mehr).

Busse in Gegenrichtung (Kennzeichnung „Central") starten am nordöstlichen Rand der Plaza Chica. Dasselbe gilt für Busse zum Bootsanleger (Kennzeichnung „Lago"; 7 Mex$, 5 Min.; tgl. ca. 6–22 Uhr).

Einige beliebte Ziele werden täglich sehr häufig bedient (s. auch Tabelle unten).

Rund um Pátzcuaro

Lago de Pátzcuaro

Rund 3 km nördlich von Pátzcuaro erhebt sich ein Hügel, hinter dem ein Natursee liegt – von Bächen gespeist und so blau, dass er mit dem Horizont zu verschmelzen scheint. Mittendrin befinden sich ein paar bewohnte Inseln. Obwohl Umweltverschmutzung hier ein ernstes Thema ist, wirkt die Wasserfläche immer noch verdammt schön.

Von der Plaza Chica in Pátzcuaro fahren „Lago"-Busse zur Muelle General (7 Mex$, 5 Min.). Mit Souvenirshops und günstigen Fischrestaurants wirkt dieser Pier ungemein kitschig und zielt auf Touristen ab. Das Ticketbüro liegt ca. 50 m weiter rechts.

Als beliebtes Wochenend- und Urlaubsziel hat sich die **Isla Janitzio** ebenfalls ganz und gar dem Tourismus verschrieben: Hier sieht man viele billige Souvenirstände, Fischrestaurants und in den Ferien auch betrunkene Studenten. Allzu attraktiv ist die Insel daher nicht – dafür aber autofrei und von Fußwegen überzogen, die hinauf zum höchsten Punkt führen. Dort steht eine 40 m hohe **Statue** (Eintritt 10 Mex$) des Unabhängigkeitshelden José María Morelos y Pavón. Dessen Leben wird im Inneren auf Wandbildern dargestellt. Wer den Panoramablick genießen will, steigt hinauf zu den Aussichtsfenstern in Morelos' Handgelenk.

Die Bootstrips zur Isla Janitzio (hin & zurück 50 Mex$, Kinder unter sieben Jahren frei, einfache Strecke 25 Min.) starten, wenn

BUSSE AB PÁTZCUARO

ZIEL	PREIS (MEX$)	DAUER	HÄUFIGKEIT(TGL.)
Erongarícuaro	14	35 Min.	alle 15 Min.
Guadalajara	341	4½ Std.	stündl.
Mexico City (Terminal Norte)	437	5½ Std.	stündl.
Mexico City (Terminal Poniente)	437	5½ Std.	stündl.
Morelia	30–53	1 Std.	alle 30 Min.
Quiroga	18	35 Min.	alle 15 Min.
Tzintzuntzan	13	20 Min.	alle 15 Min.
Uruapan	58	1 Std.	stündl.

Lago de Pátzcuaro

alle Plätze besetzt sind (ca. alle 30 Min., Sa & So häufiger). Der letzte Kahn zurück verlässt die Insel um etwa 20 Uhr.

Dörfer am See

Die Dörfer am Lago de Pátzcuaro eignen sich hervorragend als Tagesausflugsziele von Pátzcuaro aus. Fast alle sind vom Busbahnhof in Pátzcuaro aus mit öffentlichen Verkehrsmitteln zu erreichen. Wer nicht zurück zum Busbahnhof möchte, kann an der Plaza Chica in einen Bus nach Ihuatzio steigen (Direktverbindung) bzw. einen Bus mit der Aufschrift „Lago" nehmen und irgendwo zwischen der Posada de don Vasco und dem Highway 14 aussteigen. Dann einfach am Straßenrand auf einen Bus warten, der das gewünschte Dorf ansteuert!

Regelmäßig pendeln Combis zwischen den Dörfern hin und her, sodass man mehrere an einem Tag besichtigen kann. Die Verbindung zwischen Quiroga und Erongarícuaro ist weniger gut ausgebaut; wer über Pátzcuaro fährt, kommt wahrscheinlich schneller ans Ziel.

IHUATZIO

Nach dem 14 km entfernten Pátzcuaro (aber vor Tzintzuntzan) war Ihuatzio einst die Hauptstadt des taraskischen Königreichs. Heute ist es nur noch ein staubiges und verschlafenes Dorf, in dem jeder jeden kennt – so lange, bis Traveller vorbeischauen.

Die teilrestaurierten Ruinen der großen **archäologischen Stätte Ihuatzio** (Erw./Kind 35 Mex$/frei; 9–17 Uhr) stammen z.T. aus dem Jahr 900 n. Chr. Die vortaraskische Anlage liegt am Ende einer Kopfsteinpflasterstraße (etwas mehr als 1 km), die am kleinen Dorfplatz beginnt. Ihre Hauptattraktion ist ein offener Zeremonienplatz – 200 m lang und am westlichen Ende von zwei pyramidenartigen Bauten geziert. Vor Ort wurden außerdem zwei Steinkojoten entdeckt. Einer davon befindet sich im Nationalen

Anthropologiemuseum in Mexico City, der andere im Museo Regional Michoacano in Morelia.

Rund 1,5 km westlich von Ihuatzio steht die **Casa Santiago** (☎434-344-08-80; www.casasantiagomex.com; Zi. inkl. Frühstück 720–1080 Mex$; 📶) an der Straße nach Cucuchucho. Ihre schick-rustikalen Zimmer eignen sich super als Basislager für ein- bis zweitägige Trips zu indigenen Pueblos. Das freundliche Inhaberpaar (US-amerikanisch/Purépecha) veranstaltet Einkaufstouren und kocht auf Wunsch leckeres Essen nach einheimischen Rezepten. Den Besuch am besten rechtzeitig ankündigen!

TZINTZUNTZAN

Das Nest Tzintzuntzan (sprich: Tsin-*tsun*-tsan) liegt etwa 15 km nördlich von Pátzcuaro. Einst war es die Hauptstadt des taraskischen Reiches und später Vasco de Quirogas erste Basisstation in der Region. Während der wilden Feierlichkeiten zum Día de los Muertos zieren Blumen und Krepppapier den wunderschönen, weitläufigen Friedhof. Außerdem warten hier bröckelnde taraskische Ruinen und ein paar Überreste aus der frühen spanischen Missionszeit. Zwei alte Kirchen, ein geschäftiger **Kunsthandwerksmarkt** (Sa & So) und der heiß geliebte Olivenhain des heiligen Quiroga bringen Leben in den Ort.

Sehenswertes

Ex-Convento de San Francisco KLOSTER

Das frühere Franziskanerkloster auf der Seeseite der Av Cárdenas besteht teilweise aus den Steinen der taraskischen Stätte, die die Spanier einst weiter oben am Berg zerstörten. Im 16. Jh. nahmen die spanischen Missionsbemühungen in Michoacán von hier aus ihren Anfang. Die knorrigen, schattigen Olivenbäume des Kirchhofs wurden als Setzlinge von Vasco de Quiroga gepflanzt und sollen auf dem amerikanischen Kontinent die ältesten ihrer Art sein.

Wer das Gelände des Ex-Convento de San Francisco betritt, läuft geradewegs auf den baufälligen, aber bis heute genutzten Templo de San Francisco zu. In dessen Innerem befindet sich das faszinierende **Museo Antiguo Convento Franciscano de Santa Ana** (Eintritt 15 Mex$; ⏲10–17 Uhr). Dieses Museum beleuchtet die Kultur und Geschichte der Purépecha. Zudem erzählt es vom Eintreffen der Spanier und von der Bekehrung der indigenen Völker zum Christentum. Die Gebäudearchitektur umfasst auch Wandelgänge mit verblassten Wandgemälden und hölzerne Deckenornamente im Mudéjar-Stil.

In der rechten hinteren Ecke des Gebäudekomplexes steht die Kirche für die restlichen Purépecha, der **Templo de Nuestra Señora de la Salud**. Er beherbergt eine bedeutende Darstellung Jesu Christi namens El Santo Entierro de Tzintzuntzan. Den größten Teil des Jahres wird sie in einer *caja de cristal* (gläsernem Sarg) aufbewahrt. Anlässlich des Día de los Muertos schmückt man sie mit Früchten und Ringelblumen. Am Karfreitag wird die Figur nach einem aufwendigen Passionsspiel an ein großes Kreuz geschlagen (da es sich um einen Cristo de Goznes – einen Christus mit Scharnieren – handelt, können die Arme ausgestreckt und die Beine übereinandergelegt werden) und bis zum Einbruch der Dunkelheit durch die Stadt getragen. Von überallher strömen Pilger herbei, um diesem Schauspiel beizuwohnen. Manche liegen in Ketten oder tragen Kreuze, andere rutschen auf den Knien vorwärts.

Archäologische Stätte Tzintzuntzan RUINEN

(Las Yácatas; Erw./Kind 46 Mex$/frei; ⏲9–17.30 Uhr) Diese archäologische Stätte an einer Hügelflanke besteht aus den einzigen Überresten des einst so mächtigen Tarasken-Reichs: einer eindrucksvollen Gruppe von fünf rekonstruierten *yácatas* (Rundtempeln). Von hier oben hat man einen super Blick auf das Dorf, den See und die umliegenden Berge. Die Anlage ist auch aufgrund der weiterlaufenden Ausgrabungen interessant. Ein **Museum** für vor Ort entdeckte Fundstücke stand zum Recherchezeitpunkt kurz vor seiner Vollendung.

TÓCUARO

Einige von Mexikos besten Maskenherstellern leben in der von Maisfeldern umgebenen Stadt mit Kopfsteinpflasterstraßen. Sie liegt 10 km von Pátzcuaro entfernt. Es gibt keine traditionelle Einkaufsstraße, sondern nur ein Schild hier und da, das den Zugang zu einem privaten Innenhof mit Werkstätten und Ausstellungsräumen kennzeichnet.

Die handgefertigten Masken haben ihren Preis. Denn es dauert einen Monat oder länger, eine gute Maske herzustellen, die aus einem einzigen Stück Holz geschnitzt wird. Die besten Masken sind unglaublich ausdrucksstark und surreal. Sie können wegen einer wachsenden Legion von Sammlern weltweit mehrere Hundert Dollar kosten.

Uruapan

☎452 / 264 000 EW. / 1620 M

Ein Hoch auf den donnernden Río Cupatitzio! Ihm verdankt die Stadt nämlich ihre Existenz. Der beeindruckende Strom verläuft zunächst unterirdisch, bricht dann aber umso mächtiger im Parque Nacional Barranca del Cupatitzio mitten in der Stadt an die Oberfläche. Dort versorgt er einen subtropischen Garten mit Palmen, Orchideen und riesigen Schatten spendenden Bäumen mit Wasser. Als der spanische Mönch Fray Juan de San Miguel 1533 erstmals einen Fuß auf dieses Fleckchen Erde setzte, war er hellauf begeistert und gab der Gegend den Namen Uruapan (sprich: U-ru-*ah*-pan), was in der Sprache der Purépecha so viel heißt wie „Ewige Quelle". Fray Juan ließ hier ein Krankenhaus, eine Kapelle und einen großen Marktplatz bauen; Letzterer zieht an den Wochenenden auch heute noch Familien aus der Umgebung an. Außerdem wurden auf sein Geheiß hin die Straßen in einem ordentlichen Schachbrettmuster ausgerichtet und angelegt, das bis zum heutigen Tag überdauert hat.

Uruapan entwickelte sich schnell zu einem bedeutenden Landwirtschaftszentrum. Besonders bekannt ist es für seine Macadamiakerne und die hochwertigen *aguacates* (Avocados). Nicht umsonst trägt es bis heute den Titel „Capital Mundial del Aguacate" (Welthauptstadt der Avocado), und die Feria del Aguacate unterstreicht jedes Jahr aufs Neue, wie gerechtfertigt dieser Titel ist.

Mit den Einnahmen aus dem Avocadoanbau werden hier vielleicht die Rechnungen bezahlt, die wahre Lebensader der Stadt aber ist der Fluss. Die schönsten Viertel Uruapans befinden sich direkt an seinem Ufer. Der Nationalpark ist nur einen 15-minütigen Fußmarsch vom Stadtzentrum entfernt und besticht durch rauschende Wasserfälle und plätschernde Flüsschen, die sich ihren Weg durch die dichte Vegetation gebahnt haben.

Uruapan liegt 500 m tiefer als Pátzcuaro und hat ein wärmeres Klima. Nicht entgehen lassen sollte man sich den Volcán Paricutín 35 km westlich von Uruapan.

Sehenswertes

★Parque Nacional Barranca del Cupatitzio — PARK

(☎452-524-01-97; Independencia; Erw./Kind 25/10 Mex$; ⏲8–18 Uhr; 👪) Dieser unvergleichliche Stadtpark liegt nur 1 km westlich vom Hauptplatz, wirkt aber wie eine ganz andere Welt: In seinem tropischen bzw. subtropischen Dickicht tummeln sich viele Vögel und Schmetterlinge. Der Fluss rauscht zwischen Felsbrocken hindurch, stürzt Wasserfälle hinunter und bildet große, kristallklare Naturbecken aus. Gepflasterte Pfade folgen seinen Ufern bis zur Quelle: dem eiskalten, sauberen Teich **Rodilla del Diablo** nahe dem nördlichen Parkende. Parallel rinnen versteckt entspringende Bäche die Hänge hinunter und münden ebenfalls in den großen Fluss.

Neben ein paar Obstständen und *taquerías* gibt's auf dem Parkgelände sogar eine Forellenfarm, deren Besucher ihr Essen eigenhändig fangen können.

Museo de los Cuatro Pueblos Indios — MUSEUM

(☎Tel./Info 452-524-34-34; Portal Mercado; ⏲Di–So 9.30–13.30 & 15.30–18 Uhr) GRATIS In der Huatápera, einem alten Kolonialgebäude mit Innenhof an der nordöstlichen Ecke der Hauptplaza, liegt dieses Museum mit seinen drei Räumen. Es wurde in den 1530er-Jahren von dem Mönch Fray Juan de San Miguel gebaut und beherbergte einst das erste Krankenhaus Amerikas. Die Ornamente um die Türen und Fenster wurden von Purépecha-Künstlern im Mudejarstil geschnitzt. Das Museum stellt regionale *artesanías* ebenso aus wie Keramiken aus Capula und Lackware aus Quiroga.

Fábrica San Pedro — TEXTILFABRIK

(☎452-524-14-63; www.turisticasanpedro.com.mx/quienes.html; Treviño s/n; ⏲Führungen Mo–Sa 9–18 Uhr) GRATIS Die tolle alte Textilfabrik aus dem 19. Jh. ist im Prinzip ein lebendiges Museum: Hier entstehen handgewebte und -gefärbte Tagesdecken, Tischtücher oder Vorhänge aus Wolle bzw. Baumwolle. Die Originalmaschinen sind über 100 Jahre alt und immer noch in Gebrauch. Die Produkte können direkt im Werksladen gekauft werden. Unbedingt einen Blick in die verlassene Produktionshalle unter dem Shop werfen – aber dabei bitte nicht an Geister denken und gleich wieder panisch die Treppe raufrennen!

Besucher können die Fabrik auf eigene Faust erkunden. Idealerweise bucht man aber telefonisch eine Führung, die den ganzen Webprozess vom Baumwollballen bis hin zur fertigen Tischdecke zeigt.

Feste & Events

Semana Santa — RELIGION

Am Palmsonntag gibt es eine Prozession durch die Straßen der Stadt. An diesem Tag findet außerdem ein wichtiger Kunstwettbewerb statt, und zwei Wochen nach Palmsonntag gibt es auf der Plaza eine einwöchige Ausstellung mit Kunsthandwerk aus Michoacán.

Día de San Francisco RELIGION
San Franciso, der Schutzheilige von Uruapan, wird am 4. Oktober mit bunten Festivitäten gefeiert.

Festival del Cristo Rey RELIGION
Am letzten Sonntag im Oktober trägt eine Abendprozession ein Bild Christi durch die gewundenen Straßen der Stadt, die mit Bildern aus Blütenblättern oder farbigem Sägemehl verziert sind.

Día de los Muertos TRADITIONELL
Am 1. und 2. November findet in ganz Mexiko der berühmte Tag der Toten statt. Die bunten, regionalen Feiern in Uruapan ziehen viele Besucher an.

Feria del Aguacate ESSEN
Die Avocadomesse findet drei Wochen lang im November und Dezember statt und wird mit landwirtschaftlichen, industriellen und künstlerischen Ausstellungen begangen. In den letzten Jahren wurden rekordverdächtige Versuche unternommen, die größte Guacamole der Welt herzustellen.

Festival de Coros y Danzas TANZ
Die Purépecha-Tanz- und Choralwettbewerbe finden am 22. Dezember statt.

Schlafen

Für den Día de los Muertos (1. & 2. Nov.) und die Semana Santa (März/April) sollte man weit im Voraus reservieren.

Hotel Regis HOTEL $
(452-523-58-44; www.hotelregis.com.mx; Portal Carrillo 12; EZ/DZ/3BZ 350/450/550 Mex$; P) Von den Budgethotels an der Plaza bietet das Regis den größten Gegenwert fürs Geld. Es liegt sehr zentral und hat charmante Gemeinschaftsbereiche, die sich an der Grenze zur Verschrobenheit bewegen. Die Zimmer mit schäbigen Bädern sind komplett durchschnittlich, auf gewisse Weise aber auch kitschig-cool.

Hotel del Parque HOTEL $
(452-524-38-45; Independencia 124; Zi. 230 Mex$;) Das saubere Hotel liegt nur 70 m vom Haupteingang des Nationalparks entfernt und ist die beste Option unter den vielen örtlichen Billig-Bleiben.

★ **Casa Chikita** PENSION $$
(452-524-41-74; www.casachikita.com; Carranza 32; EZ/DZ inkl. Frühstück 450/650 Mex$; P) Dieses Gebäude aus dem 19. Jh. verfügt über vier Zimmer, die sich um einen Garten mit Töpfereien gruppieren. Die Zimmer sind recht verschieden, aber die schönsten sind extrem gemütlich und bieten einige tolle Extras wie Granit- oder Holztresen in den Badezimmern, geflieste Böden und regionale Kunst an den Wänden.

Das hausgemachte Frühstück ist lecker, und die freundlichen, künstlerisch begabten Besitzer geben einem das Gefühl, zu Hause zu sein. Man darf sogar die Küche benutzen, um sich selbst etwas zu kochen. Allerdings sind die Besitzer nicht immer zu Hause – man sollte sie also wissen lassen, wann man anzukommen plant.

Mi Solar Bed & Breakfast BOUTIQUEHOTEL $$
(452-524-09-12; www.hotelmisolar.com; Delgado 10; Zi. ab 913 Mex$; P@) Uruapans ältestes Hotel wurde in den 1940er-Jahren eröffnet, um den Touristenansturm zu beherbergen, der den gerade erst ausgebrochenen Volcán Paricutín bestaunen wollte. Inzwischen hat es sich in ein frisch renoviertes Luxushotel mit 17 geräumigen Zimmern auf drei Etagen verwandelt, dessen Zimmer um einen Lichthof angelegt sind. In den Zimmern gibt es üppige Kingsize-Betten, hohe Decken und handgeschnitzte Holzmöbel.

Hotel Mansión del Cupatitzio HOTEL $$$
(452-523-20-60; www.mansiondelcupatitzio.com; Calz Rodilla del Diablo 20; EZ/DZ ab 1475/1795 Mex$; P@) Dieses wunderschöne Anwesen im Hacienda-Stil liegt droben beim Nordeingang des Nationalparks. Hier gibt es üppige Blumenrabatten, funkelnde Rosenkugeln, melancholische Sakralkunst und eine ruhige Atmosphäre. Letztere ist sofort spürbar und wird durch den sorgsam gepflegten Garten mit attraktivem Pool noch weiter verstärkt. Im Vergleich dazu wirken die rundum komfortablen und behaglichen Zimmer allerdings etwas unelegant.

Essen & Ausgehen

La Lucha CAFÉ $
(452-524-03-75; Ortiz 20; Kaffee 30 Mex$; 9–21 Uhr) Das charmante Café ist ein nettes Plätzchen für ein Frühstück oder Kaffee und Kuchen. An den Wänden hängen Schwarzweißfotos; hinter dem Haus ist ein kleiner Hof. Am späten Nachmittag scheint sich hier die halbe Stadt einzufinden.

Cox-Hanal MEXIKANISCH $
(Carranza 31A; Hauptgerichte 30–80 Mex$; ⌚11–21 Uhr) Dieses einfache, regionaltypische Lokal serviert wunderbare *antojitos yucatecos* (Gerichte aus Yucatán). Von außen macht es nicht viel her, aber es ist immer etwas los, und die Preise sind recht vernünftig.

Café Tradicional de Uruapan CAFÉ $
(☎452-523-56-80; Carranza 5B; Snacks & Frühstück 35–100 Mex$; ⌚8–23 Uhr) Hier gibt es Burger, Salate, riesige Platten mit *huevosa la mexicana* und alle möglichen Shakes und Kuchen. Außerdem herrscht eine herzliche Café-Atmosphäre, und man ist umgeben von Einheimischen.

Mole Orapondiro MEXIKANISCH $
(Independencia 112; Hauptgerichte 35–60 Mex$; ⌚9–17 Uhr) Dieses sonnige Café hat sich auf genau eine Sache spezialisiert: auf die reichhaltige, dicke und schokoladige *mole*-Sauce. Die einheimischen Damen schmuggeln ganze Flaschen davon nach Hause und behaupten, sie sei selbst gemacht. Die Sauce passt gut zu Hühnchen, Reis und Bohnen und zu *tortas*. Wer das Hühnchen essen will, sollte jedoch früh da sein, da es immer als Erstes ausverkauft ist.

★ Restaurant Plaza Urani FISCH $$
(La Terraza de la Trucha; ☎452-524-86-98; Calz Rodilla del Diablo 13; Hauptgerichte 65–120 Mex$; ⌚9–18 Uhr) Prima für einen faulen Nachmittag: Dieses Lokal am Nordeingang des Nationalparks punktet mit unwiderstehlicher Lage und Blick auf einen Wasserfall. Natürlich sollte man hier die Forelle bestellen – entweder gegrillt, in Macadamia-Kruste oder *a la tampiqueña* (mit Guacamole und Bohnen). Dazu gibt's jeweils Reis und eine feurige Salsa-Sauce.

Hinweis: Zum Recherchezeitpunkt wurde das Restaurant unter zwei Namen betrieben. In der Beschreibung oben ist jedoch nur die neue Bezeichnung „Restaurant Plaza Urani" genannt.

La Casa PIZZERIA $$
(☎452-524-36-11; Revolución 3; Hauptgerichte 65–200 Mex$; ⌚14–23 Uhr;) Leise Musik, Schummerlicht, Folklorekunst und Steinmauern machen La Casa ganz lässig zum reizvollsten Restaurant der Stadt. Spezialität des Hauses ist Pizza – sie ist zwar nicht sonderlich überragend, aber eine willkommene Alternative zur mexikanischen Küche. Achtung: Einige der „Gourmetpizzas" sind extrem teuer!

Shoppen

Mercado de Antojitos MARKT
(⌚8–23 Uhr) Liegt am nördlichen Platzrand und ist ideal für alle, die auf der Suche nach Süßigkeiten, DVDs, Erdbeeren, Büstenhaltern, Cowboystiefeln oder Tacos sind.

Fábrica San Pedro BEKLEIDUNG, HAUSHALTSWAREN
(www.turisticasanpedro.com.mx/quienes.html; Treviño s/n; ⌚9–18 Uhr) Fabrikverkauf von handgemachten Edeltextilien.

Mercado de Artesanías SOUVENIRS
(⌚9–18 Uhr) Gegenüber vom Nationalparkeingang gibt's hier regionales Kunsthandwerk von meist mieser Qualität.

La Macadamia LEBENSMITTEL
(☎452-523-82-17; Carranza 21; ⌚Mo–Sa 9–14 & 16–19 Uhr) Der Name ist Programm: Die Palette der Produkte aus einheimischen Macadamianüssen reicht vom leckeren Marzipan bis hin zur Feuchtigkeitscreme.

Praktische Informationen

Nahe der zentralen Plaza gibt's ein paar *cambios* (Wechselstuben) und mehrere Banken mit Geldautomaten.

Ciber Marvel (Delgado; 8 Mex$/Std.; ⌚9–20 Uhr) Internetcafé.

BUSSE AB URUAPAN

ZIEL	PREIS (MEX$)	DAUER (STD.)	HÄUFIGKEIT (TGL.)
Angahuan	20	1	alle 30 Min.
Colima	340	6	6-mal
Guadalajara	333–400	4½	stündl.
Mexico City (Terminal Norte)	508–610	7	stündl.
Morelia	100–165	2	stündl.
Paracho	20	1	alle 15 Min.
Pátzcuaro	55	1	alle 15 Min.

Hauptpost (Jalisco 81; ⏲Mo–Fr 9–15, Sa 9–13 Uhr)

ℹ Anreise & Unterwegs vor Ort

Rund 2 km nordöstlich von Uruapans Zentrum liegt der Busbahnhof am Highway in Richtung Pátzcuaro und Morelia. Vor Ort findet man ein Internetcafé und eine **Gepäckaufbewahrung** (⏲7–23 Uhr). Busse gen Pátzcuaro oder Morelia halten unterwegs in Tingambato (15 Mex$, 30 Min.). Die Tabelle (S. 681) liefert Infos zu einigen häufig bedienten Zielen. Dabei werden jeweils der höchste und niedrigste Fahrpreis genannt, falls für eine Route verschiedene Bustypen zur Verfügung stehen.

„Centro"-Stadtbusse zur Plaza (7 Mex$) starten direkt vor dem Terminal. Alternativ bekommt man drinnen Tickets für Prepaid-Taxis (30 Mex$). In Gegenrichtung fahren Busse mit Kennzeichnung „Central Camionera" am Südrand der Plaza ab.

Rund um Uruapan

Cascada de Tzaráracua

Rund 10 km südlich von Ururapans Zentrum liefert der wilde Río Cupatitzio am **Tzaráracua-Wasserfall** (☎452-106-04-41; Erw./Kind 15/5 Mex$, Auto zzgl. 5 Mex$; ⏲10–18 Uhr) eine eindrucksvoll heftige Schlussvorstellung: Über rote Felsen voller Kletterpflanzen donnert er 30 m tief in ein dunstiges Becken mit türkisfarbenem Wasser. Hinunter zum Wasserfall führt ein gewundener Pfad mit 557 rutschigen Stufen. Unterwegs fällt der Blick auf den Damm, der den tobenden Fluss ein paar Kilometer weiter stromabwärts zähmt. Dadurch entsteht ein friedlicher Stausee vor einer Kulisse aus sanften grünen Hügeln – zwar ein recht hübscher Anblick, aber angesichts der wilden Schönheit des Flusses auch ein trauriges Schicksal.

Vom Tzaráracua-Wasserfall aus führt eine Wanderung (20 Min.) flussaufwärts zum kleineren, aber gleichermaßen schönen **Tzararacuita-Wasserfall**. Der steile Schlammpfad beginnt hinter der Tzaráracua-Brücke und biegt nach etwa zehn Minuten an einem Felsvorsprung rechts ab. Wichtig: Aufgrund des recht schlechten Wegzustands sollte man zumindest wasserresistente Sandalen tragen!

Die Lokalbusse zum Tzaráracua-Wasserfall (7 Mex$) starten stündlich vor dem Hotel Regis am Südrand von Uruapans Hauptplatz. Eine Taxifahrt kostet 60 Mex$.

Tingambato

Durch üppige Avocadohaine führt der Weg zu den wunderschönen **Ruinen** (Eintritt 42 Mex$; ⏲9–18 Uhr) dieser Zeremonienstätte, die noch aus einer Zeit vor dem Tarasken-Reich stammt. Ihre Blüte erlebte sie etwa zwischen 450 und 900 n. Chr. Die Ruinen liegen gleich außerhalb des Dorfes Tingambato, etwa 30 km hinter Uruapan an der Straße nach Pátzcuaro. Zu den Überresten gehören zwei Plazas, drei Altäre und ein Ballspielplatz (eher untypisch für das westliche Mexiko), an denen man den Einfluss Teotihuacáns erkennen kann. Außerdem gibt es hier eine 8 m hohe Stufenpyramide und eine unterirdische Grabkammer, in der ein Skelett und 32 verstreute Schädel gefunden wurden – ein Hinweis auf Enthauptungen oder Rituale, in denen Totenköpfe als Trophäen dienten.

Alle 20 Minuten fahren von Urupans Terminal Busse nach Morelia ab. Sie halten unterwegs in Tingambato (15 Mex$/½ Std.). Um zu den Ruinen zu gelangen, geht man die Juárez (nach dem Ortseingang die erste Straße auf der rechten Seite) 1,4 km bergab.

Angahuan

☎452 / 5700 EW. / 2693 M

Rund 35 km von Uruapan entfernt liegt Angahuan am nächsten zum unglaublichen Volcán Paricutín. Dies ist ein typisches Purépecha-Städtchen mit Holzhäusern, staubigen Straßen und mehr Pferden als Autos. Die Frauen tragen hier knöchellange Röcke und farbenfrohe Schultertücher. Aus den Lautsprechern dröhnen Ankündigungen auf Purépecha.

Wer den Aufstieg am Vulkan frühmorgens in Angriff nehmen will, findet vor Ort ein paar einfache Billigunterkünfte und -restaurants.

Sehenswertes

★ **Volcán Paricutín** VULKAN

(Zugang 10 Mex$) Der Volcán Paricutín (2800 m) ist nicht einmal 80 Jahre alt und damit sozusagen ein junger Emporkömmling. Dennoch stellt er ein absolutes Topziel in diesem Teil Mexikos dar: Wer über die vulkanischen Geröllhänge ganz hinaufsteigt, schaut dabei auf schwarze Lavafelder, die einst zwei ganze Dörfer verschlangen.

Der Gipfel ist zu Fuß oder Pferd erreichbar, wobei das letzte Stück stets per pedes zurückgelegt wird. Unabhängig von der gewählten Option sollte man sich auf einen lohnenden, aber langen Tag einrichten.

Die Geschichte dieses Vulkans ist so außergewöhnlich wie die Aussicht von seinem Gipfel: Rund 35 km westlich von Uruapan pflügte der Purépecha-Bauer Dionisio Pulido am 20. Februar 1943 gerade sein Maisfeld um, als der Boden plötzlich zu zittern begann. Parallel öffneten sich einige Erdspalten, aus denen Dampf, Funken und heiße Asche austraten. Zunächst versuchte der Landwirt noch verzweifelt, die Ritzen wieder zuzuschütten. Doch er begriff schnell die Sinnlosigkeit dieses Unterfangens und rannte davon. Zum Glück – denn wie in einen zweitklassigen Hollywoodstreifen wuchs hier nun langsam ein grollender Vulkan aus dem sanft gewellten Ackerland. Ein Jahr später war der Feuerberg bereits auf 410 m Höhe angewachsen. Außerdem hatte er die Purépecha-Dörfer San Salvador Paricutín und San Juan Parangaricutiro unter sich begraben. Doch glücklicherweise flossen die Lavaströme so langsam, dass die Dorfbewohner genügend Zeit hatten, sich in Sicherheit zu bringen.

Bis 1952 wuchs der Paricutín stetig weiter. Heute wirkt er allerdings friedlich – nur an ein paar wenigen Stellen steigt heißer Dampf leise aus dem großen schwarzen Kegel auf. Nahe dem Rand des 20 km² großen Lavafelds ragt der obere Teil des zerstörten **Templo San Juan Parangaricutiro** gespenstisch aus einem Meer aus schwarzem Vulkangestein heraus. Der Turm und der Altar von San Juans früherer Steinkirche sind die einzigen sichtbaren Überreste der beiden verschütteten Dörfer. Der Fußmarsch von Angahuan zum Templo dauert eine Stunde.

Wer den Paricutín erklimmen will, sollte Angahuan allerspätestens um 9 Uhr verlassen. Vor Ort warten zahlreiche Pferdeführer darauf, Besucher zum Vulkan und/oder Templo zu bringen (Guide & Pferd pro Tag ca. 650 Mex$/Pers.). Hierbei passen sie die Busse aus Richtung Uruapan ab. Je nach gewählter Route sind Vulkantrips entweder 14 oder 24 km lang (jeweils inkl. Hin- & Rückweg). Die kürzere Strecke führt im Schneckentempo über scharfkantiges Lavagestein; die meisten Guides bevorzugen daher die längere, aber vergleichsweise einfachere Alternative. Insgesamt kann so eine Tour bis zu sechs Stunden dauern. Mindestens vier davon sitzt man in einem gnadenlos unbequemen Holzsattel – ungeübten Reitern beschert dies garantiert ein sehr wundes Hinterteil! Die letzten paar Hundert Meter bis zum Gipfel sind so steil, dass sie nur mittels anstrengenden Kraxelns bewältigt werden können. Dafür lässt sich der Abstieg durch den tiefen Vulkansand rennend, springend und rutschend zurücklegen. Zudem besucht man auf dem Rückweg die Kirche von San Juan, deren Altar fast immer mit farbenfrohen Opfergaben in Form von Blumen und Kerzen geschmückt ist. In der Nähe bereiten die Besitzer einiger Imbissstände herrlich leckere Quesadillas aus blauem Mais zu, die über dem offenen Holzfeuer in Bratpfannen aus alten Ölkannen gebraten werden.

Wer überschüssige Energie oder Vorbehalte gegenüber Holzsätteln hat, kann auch zum Vulkan laufen. Dies bedingt ebenfalls einen Guide (400 Mex$), da der Pfad durch den Kiefernwald z.T. nur schwer auszumachen ist. Die lange, reizvolle Route passiert Avocadohaine, Agavenfelder und Wildblumenwiesen. Auch dabei summieren sich Hin- und Rückweg entweder auf 14 oder auf 24 km. Somit entscheiden sich die meisten Wanderführer ebenfalls für die längere, aber einfachere Strecke. Dies bedeutet jedoch mindestens acht Wanderstunden bei sehr gleichmäßigem Tempo – ein früher Aufbruch ist daher unbedingt erforderlich.

Iglesia de Santiago Apóstol KIRCHE

Auf der Hauptplaza steht die sensationelle Iglesia de Santiago Apóstol, die aus dem 16. Jh. stammt. Im Inneren brennen Kerzen und Räucherstäbchen, frische Blumen schmücken den Altar, und der Eingangsbereich mit seinen vielen Details wurde von einem maurischen Steinmetz graviert, der die ersten spanischen Missionare hierher begleitet hatte.

ℹ An- & Weiterreise

An Uruapans Busbahnhof besteht alle 30 Minuten Verbindung nach Angahuan (20 Mex$, 1 Std. bzw. 35 km, 5–19 Uhr).

Bis etwa 20 Uhr geht's in Gegenrichtung ebenfalls alle halbe Stunde los. Auf keinen Fall den letzten Bus verpassen – in Angahuan gibt's nur sehr wenige Taxis!

Nördliches Zentralhochland

Inhalt ➡

Gut essen

- ➡ Cafe Rama (S. 721)
- ➡ Las Mercedes (S. 706)
- ➡ Los Dorados de Villa (S. 750)
- ➡ El México de Frida (S. 736)
- ➡ San Marcos Merendero (S. 730)

Schön übernachten

- ➡ Posada Corazón (S. 719)
- ➡ Casa Estrella de la Valenciana (S. 704)
- ➡ Hotel Emporio Zacatecas (S. 749)
- ➡ Gemeinde-Lodges (S. 695)

Auf ins nördliche Zentralhochland!

Kopfsteingepflasterte Gassen und hübsche Plazas, Wüsten und Nebelwälder – das nördliche Zentralhochland ist so vielfältig wie seine Geschichte, seine Küche und seine Kulturen. Die einst reichen Bodenschätze ließen koloniale Städte entstehen, und die Revolution hinterließ Geisterstädte. Als Cuna de la Independencia („Wiege der Unabhängigkeit") ist die Region berühmt für ihren Anteil am Kampf des Landes um seine Autonomie.

Zu den besonderen Juwelen gehören die reichen Silberstädte Guanajuato und Zacatecas, San Luis Potosí mit seinen vielen Plätzen, das kunstsinnige San Miguel de Allende sowie die naturbelassene Sierra Gorda. Kulturbeflissene freuen sich über präkolumbische Stätten und Kunstmuseen, Konzerte, Feste, ein munteres Nachtleben und *callejoneadas* – im nördlichen Zentralhochland stehen Glanz und Gloria immer noch hoch im Kurs. Und wie man eine gute Party schmeißt, das weiß man hier ganz genau.

Reisezeit

Guanajuato

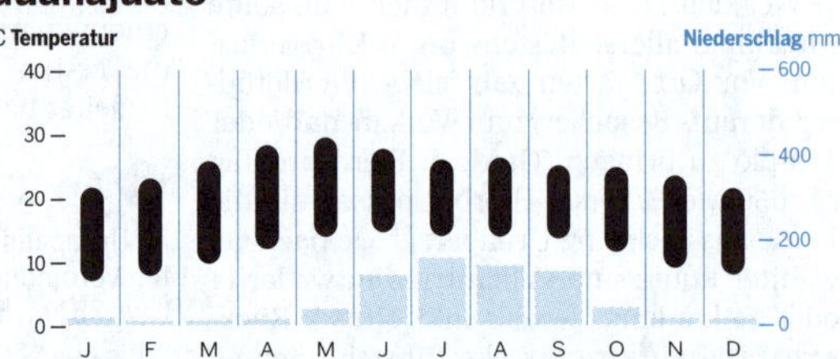

Juli & Aug. Die Tage sind mild, und die Wildblumen blühen – ideal für Touren auf eigene Faust.

Ende Okt. In den Dörfern bereitet man sich auf die Feiern des Día de los Muertos (1.–2. Nov.) vor.

Ende März oder April Traditionelle religiöse Feste prägen die Semana Santa (Heilige Woche).

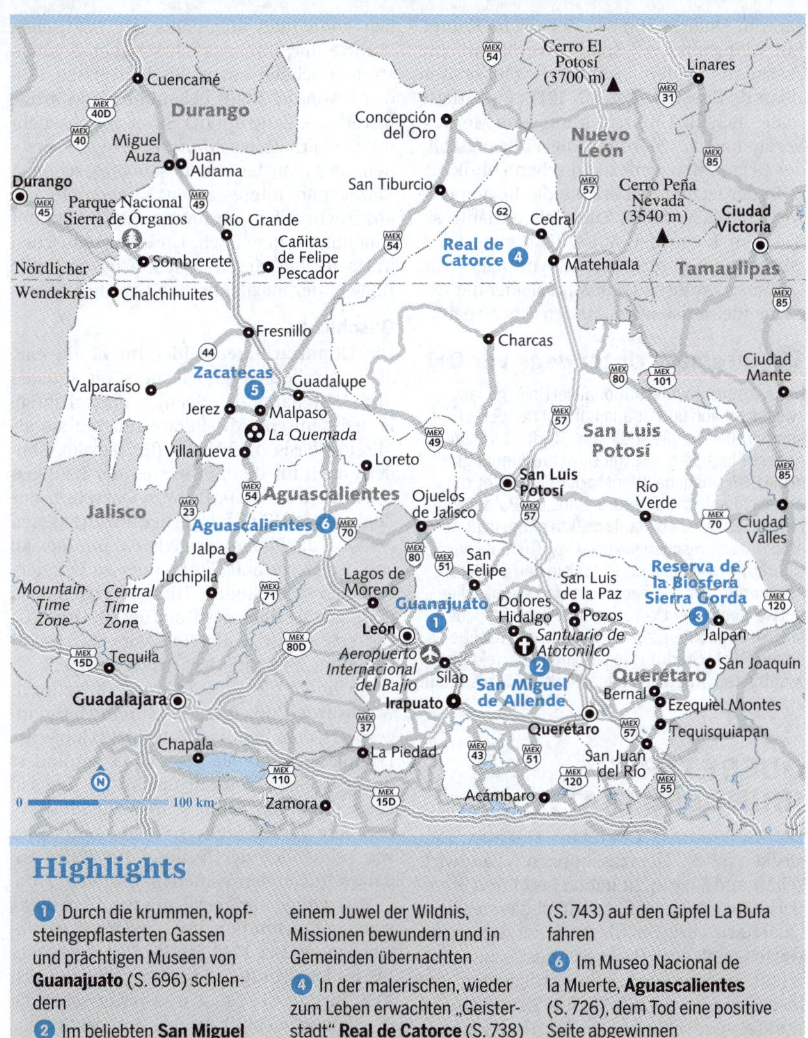

Highlights

1. Durch die krummen, kopfsteingepflasterten Gassen und prächtigen Museen von **Guanajuato** (S. 696) schlendern
2. Im beliebten **San Miguel de Allende** (S. 712) Kunst, Küche und Fiestas erleben
3. In der **Reserva de la Biosfera Sierra Gorda** (S. 695), einem Juwel der Wildnis, Missionen bewundern und in Gemeinden übernachten
4. In der malerischen, wieder zum Leben erwachten „Geisterstadt" **Real de Catorce** (S. 738) deralten Bergbauvergangenheit nachspüren
5. Mit dem *teleférico* (Seilbahn) hoch über **Zacatecas** (S. 743) auf den Gipfel La Bufa fahren
6. Im Museo Nacional de la Muerte, **Aguascalientes** (S. 726), dem Tod eine positive Seite abgewinnen

Geschichte

Bis zur Eroberung durch die Spanier war das nördliche Zentralhochland von wilden, halbnomadischen Stämmen bewohnt, die den Azteken als Chichimeken bekannt waren. Sie leisteten der Expansion der Spanier länger Widerstand als andere mexikanische Völker, wurden aber Ende des 16. Jhs. schließlich „befriedet". Der Reichtum, den die Spanier in der Folgezeit anhäuften, ging auf Kosten vieler Chichimeken, die in den Minen Sklavenarbeit leisten mussten.

In der im Lauf der Geschichte so unruhigen Region wurde auch der Funke zum Kampf der Criollos für die Unabhängigkeit Mexikos gezündet. Die ersten umstürzlerischen Pläne wurden in Querétaro und San Miguel de Allende geschmiedet, 1810 begann in Dolores Hidalgo der offene Kampf. Ein Jahrhundert später veröffentlichte Francisco Madero seinen revolutionären „Plan de San Luis Potosí". 1917 zementierte schließlich die Unterzeichnung von Mexikos Verfassung in Querétaro die Führungsrolle der Region in der mexikanischen Politik.

In der letzten Zeit erlebte die Region eine wirtschaftliche Blüte. Zum Teil verdankt sie das dem Boom der Auto-, Flugzeug-, Fertigungs- und Agrarindustrie, vor allem um Querétaro, während San Miguel eher die Wochenendetouristen aus Mexico City anzieht.

Anreise & Unterwegs vor Ort

Der Aeropuerto International del Bajío genau zwischen León und Guanajuato ist der Verkehrsknotenpunkt für die südlichen Städte der Region. Andere Flughäfen, alle mit Direktverbindungen in die USA (manche über Mexico City), gibt's in Aguascalientes, Querétaro, San Luis Potosí und Zacatecas. Auf den Mautstraßen pendeln nonstop Busse zwischen Mexico City, Guadalajara, Querétaro und San Luis Potosí. In den größeren Knotenpunkten wie Zacatecas und Aguascalientes werden zudem Verbindungen ins nördliche Mexiko angeboten, zur US-Grenze und darüber hinaus. Viele Stadtbusse verbinden perfekt die wichtigsten Städte mit allen Punkten dazwischen.

QUERÉTARO (BUNDESSTAAT)

Der Bundesstaat Querétaro (1,9 Mio. Ew.) steckt voller Überraschungen. Landwirtschaft und Viehzucht haben ihm ihren Stempel aufgedrückt, Hauptstadt ist das stattliche Querétaro. Doch auf die Besucher der Region warten auch eine abwechslungsreiche Landschaft, malerische Sehenswürdigkeiten und historische Schätze. In dem 11770 m² großen Bundesstaat schlummern Naturwunder wie Peña de Bernal, der drittgrößte Monolith der Welt, präkoloniale Ruinen und das atemberaubende Biosphärenreservat der Sierra Gorda. Dieses umfasst mehrere Missionsstädte, in denen Einheimische von der Gemeinde organisierte Tourismusprojekte betreuen – für kühne Traveller ein absolutes Muss.

Querétaro

☎442 / 805000 EW. / 1800 M

Unter den Silberstädten fristet Santiago de Querétaro, kurz Querétaro, ein wenig das Dasein eines hässlichen Entleins. Tatsächlich kann man angesichts der hektischen Vororte und ihrer verkehrsreichen Schnellstraßen schnell einen falschen ersten Eindruck von der Stadt bekommen. Das große historische Zentrum der Stadt aber besticht mit zauberhaften *andadores* (Fußgängerzonen, und zwar besonders saubere), schönen Plazas und interessanten Kirchen. In der anspruchsvollen Restaurantszene kommt Qualität auf den Tisch. Und die städtischen Museen illustrieren Querétaros tragende Rolle in der mexikanischen Geschichte.

Geschichte

Die Otomí gründeten hier im 15. Jh. eine Siedlung, die sich schnell zuerst die Azteken und 1531 dann die Spanier einverleibten. Franziskanische Missionare nutzten sie als Missionsbasis, nicht nur für Mexiko, sondern auch für den Südwesten der heutigen USA. Im frühen 19. Jh. war Querétaro das Zentrum der Ränkespiele der unzufriedenen *criollos*, die Pläne schmiedeten, um Mexiko von der Herrschaft der Spanier zu befreien. Rebellen wie Miguel Hidalgo trafen sich heimlich im Haus der Doña Josefa Ortiz (La Corregidora), der Ehefrau von Querétaros früherem *corregidor* (Distriktverwalter).

Nachdem die Verschwörung aufgeflogen war, wurde Doña Josefa in ihrem Haus eingesperrt, dem heutigen Palacio de Gobierno. Doch sie schaffte es – so will es zumindest die Legende –, dem Mitverschwörer Ignacio Pérez durch das Schlüsselloch zuzuflüstern, dass ihre Verbündeten in Gefahr seien. Dies war schließlich der Auslöser für Padre Hidalgos Ruf zu den Waffen (s. Kasten S. 710).

1917 wurde die mexikanische Verfassung von den Konstitutionalisten in Querétaro unterzeichnet. Der PNR (später PRI, Partei der Institutionellen Revolution) organisierte sich 1929 hier in der Stadt und beherrschte die mexikanische Politik für den Rest des 20. Jhs.

Sehenswertes

Templo de San Francisco KIRCHE

(Ecke Av Corregidora & Andador 5 de Mayo; ⌚8–21 Uhr) Die eindrucksvolle Kirche steht direkt am Jardín Zenea. Die schönen farbigen Fliesen der Kuppel wurden 1540 aus Spanien importiert, etwa zur gleichen Zeit, als der Bau der Kirche begann. Drinnen sind einige schöne religiöse Gemälde aus dem 17., 18. und 19. Jh. zu bewundern.

Museo Regional MUSEUM

(☎442-212-20-31; Ecke Av Corregidora 3 & Jardín Zenea; Eintritt 41 Mex$; ⌚Di–So 10–19 Uhr) Das

ABSTECHER

BERNAL

Mit nur 4000 Einwohnern ist Bernal ein winziges, idyllisches, wenn auch touristisches Städtchen, das man in etwa einer Stunde erkunden kann. (Achtung: Der Ort erwacht nur an den Wochenenden zum Leben; von Mo–Do ist vieles geschlossen). Die Hauptattraktion ist die 350 m hohe Felsspitze **Peña de Bernal** – viele Mexikaner schreiben dem drittgrößten Monolithen der Welt magische Kräfte zu. Während der Tagundnachtgleiche im Frühling pilgern Tausende zu dem Felsen, um von seiner positiven Energie zu profitieren. Ohne Klettererfahrung kann man bis zur Hälfte hochmarschieren (hin & zurück 2 Std.); den Gipfel können nur professionelle Bergsteiger erklimmen. Im Ort gibt's mehrere **Kirchen** und das **Castillo**, ein Verwaltungsgebäude aus dem 16. Jh. Zur genaueren Erkundung der Gegend bietet der freundliche Veranstalter **La Peña Tours** (☎441-296-73-98, Handy 441-101-48-21; www.lapenatours.com; Ecke Independencia & Colon) eine Reihe von Touren (150–700 Mex$) und Kletterausflüge zum Peña an. Zum Shoppen lohnt sich ein Besuch bei **La Aurora** (Jardín Principal 1; ⏰10–20 Uhr), einem interessanten *artesanías*-Laden – einfach fragen, ob man den Webern bei ihrer Arbeit in der Werkstatt hinter dem Laden zuschauen darf.

Bernal ist auch für seine köstlichen *gorditas* bekannt, vor allem jene mit *nopales en penca* (Nopal-Kaktus und Käsesauce). Einfach zum Lebensmittelmarkt durchfragen! Das **Casa Museo del Dulce** (Bernal; 40 Mex$; ⏰Sa & So 10–18 Uhr) stellt die Fabrik in den Mittelpunkt, die die karamellisierte Süßigkeit einst herstellte. Im Eintrittspreis von 40 Mex$ sind ein paar Kostproben und eine kurze Fahrt mit einer *tranvía* enthalten.

Regelmäßig fahren Busse von/nach Querétaro (38 Mex$, 45 Min.). Der letzte Bus nach Querétaro startet gegen 17 Uhr an der Hauptstraße. Um nach Tequisquiapan zu kommen, den Bus nach Ezequiel Montes (11 Mex$, 30 Min.) nehmen und dort umsteigen.

Museum befindet sich neben dem Templo de San Francisco. Im Erdgeschoss sind interessante Stücke aus der präkolonialen Zeit Mexikos ausgestellt, Funde aus archäologischen Ausgrabungsstätten, Zeugnisse aus der Phase der spanischen Eroberung und Hinterlassenschaften der verschiedenen indigenen Gruppen.

Im oberen Stock sind einige religiöse Gemälde zu sehen. Vor allem aber illustrieren Ausstellungsstücke die Bedeutung Querétaros für den Unabhängigkeitskampf und in der Zeit danach. So ist z. B. der Tisch zu sehen, auf dem 1848 der Vertrag von Guadalupe Hidalgo unterzeichnet wurde; dieser beendete den Krieg zwischen Mexiko und den USA. An einem anderen Tisch saß das Tribunal, das Kaiser Maximilian zum Tode verurteilte.

Das Museum ist in einem Teil eines Gebäudes untergebracht, das früher ein riesiges Kloster und Seminar war. Die Bauarbeiten dazu begannen im Jahr 1540. 1567 wurde das Seminar zum Regierungssitz der Franziskanerprovinz San Pedro y San Pablo de Michoacán. Noch für das Jahr 1727 sind Arbeiten an dem Komplex belegt. Der hohe Turm des Klosters hatte zur Folge, dass es sowohl 1860 von den Imperialisten, die Maximilian unterstützen, als Festung genutzt wurde wie auch später von den Truppen, die ihn 1867 schließlich besiegten.

Templo y Convento de la Santa Cruz

GEBÄUDE

(☎442-212-02-35; Independencia 148 Ecke Felipe Luna; Eintritt gegen Spende; ⏰Di–Sa 9–14 & 16–18, So 9–17.15 Uhr) Zehn Gehminuten östlich des Zentrums befindet sich eine der interessantesten Sehenswürdigkeiten der Stadt. Der Konvent wurde zwischen 1654 und etwa 1815 dort errichtet, wo in einer Schlacht auf wundersamer Weise der hl. Jakob (Santiago) erschienen war, woraufhin die Otomí sich den Konquistadoren und dem Christentum ergaben. Kaiser Maximilian hatte hier sein Hauptquartier, als er von März bis Mai 1867 in Querétaro belagert wurde. Nach seiner Kapitulation und der darauffolgenden Verurteilung wurde er bis zu seiner Hinrichtung in dem Gebäude inhaftiert.

Heute befindet sich eine Religionsschule darin. Man kann das Gebäude mit einem Führer besichtigen – am Eingang fragen –, Touren auf Englisch muss aber im Voraus arrangiert werden (Spende erbeten). Die wichtigste Legende der Stätte rankt sich um den Árbol de la Cruz: Der alte Baum im Klostergarten hat Dornen in Form von Kreuzen. Dieses Wunder soll das Ergebnis

Querétaro

eines Spazierstocks sein, den ein frommer Mönch 1697 hier in die Erde gesteckt hatte.

Museo de Arte de Querétaro

MUSEUM

(📞 442-212-23-57; www.museodeartequeretaro.com; Allende Sur 14; Eintritt 30 Mex$, Di frei; ⏲ Di–So 10–18 Uhr) Gleich neben dem Templo de San Agustín residiert Querétaros Kunstmuseum in einem prächtigen barocken Kloster, das zwischen 1731 und 1748 errichtet wurde. Ein Besuch lohnt schon allein wegen des Gebäudes, das vor allem rund um den Innenhof mit Engeln, grotesken Wasserspeiern, Statuen und anderen ornamentalen Bauelementen reich verziert ist.

Die im Erdgeschoss ausgestellten europäischen Gemälde des 16. und 17. Jhs. zeichnen den Einfluss der flämischen auf die spanische und über diese auf die mexikanische Malerei nach. Im gleichen Stockwerk sind auch mexikanische Gemälde des 19. und 20. Jhs. ausgestellt. Im Obergeschoss werden Werke vom Manierismus des 16. bis zum Barock des 18. Jhs gezeigt.

Das Museum hat einen guten Buch- und Geschenkeladen.

Museo de la Ciudad

MUSEUM

(📞 442-212-47-02; www.museodelaciudadqro.org; Guerrero Norte 27; Eintritt 5 Mex$; ⏲ Di–Sa 11–19, So bis 17 Uhr) Im ehemaligen Kloster, in dem Maximilian gefangen gehalten wurde, zeigt das Museo de la Ciudad in elf Sälen gute Wechselausstellungen zeitgenössischer Kunst.

Museo de la Restauración de la República

MUSEUM

(📞 442-224-30-04; www.queretaro.gob.mx/mrr; Guerrero Norte 23; ⏲ Di–Fr 9–17, Sa & So ab 10 Uhr) GRATIS Wer Spanisch versteht oder ein echter Geschichtsfan ist, sollte dieses Museum besuchen. Es behandelt die Rolle Querétaros in der mexikanischen Geschichte, insbesondere während der französischen Okkupation und der nachfolgenden Vertreibung von Kaiser Maximilian.

Teatro de la República THEATER
(☎ 442-212-03-39; Ecke Juárez & Peralta; ⏰ 10–15 & 17–20 Uhr) GRATIS In dem schönen alten, immer noch genutzten Theater mit seinen beeindruckenden Kronleuchtern trat 1867 das Tribunal zusammen, das das Todesurteil über Kaiser Maximilian verhängte. Am 31. Januar 1917 wurde hier die Verfassung der Vereinigten Mexikanischen Staaten unterzeichnet. Am Bühnenprospekt sind die Namen der Unterzeichner und der von ihnen vertretenen Bundesstaaten verewigt. 1929 gründeten Politiker in dem Theater die PNR (heute PRI), die Mexiko lange beherrschte.

Mirador AUSSICHTSPUNKT
Läuft man auf der Independencia nach Osten am Convento de la Santa Cruz vorbei und biegt dann rechts in die Ejército Republicano ein, kommt man zum **Mirador**. Von dort hat man einen schönen Blick auf Querétaros Wahrzeichen „Los Arcos“, den 1726 bis 1738 errichteten, 1,28 km langen **Aquädukt** mit seinen 74 hohen Sandsteinbögen. Er verläuft in der Mitte der Avenida Zaragoza.

Mausoleo de la Corregidora MUSEUM
(Ejército Republicano s/n; ⏰ 9–18 Uhr) Das Mausoleo de la Corregidora gegenüber dem Mirador ist die letzte Ruhestätte von Doña Josefa Ortiz und ihrem Ehemann Miguel Domínguez de Alemán.

Casa de la Zacatecana GEBÄUDE
(☎ 442-224-07-58; www.museolazacatecana.com; Independencia 59; Eintritt 35 Mex$; ⏰ Di–So 10–17.30 Uhr) Das schön restaurierte Wohnhaus aus dem 17. Jh. hat hübsche Möbel und Dekorationen aus dem 18. und 19. Jh. sowie sein eigenes Krimi-Rätsel zu bieten: im Keller wurden Skelette entdeckt.

Monumento a la Corregidora DENKMAL
(Ecke Corregidora & Andador 16 de Septiembre) Die Plaza de la Corregidora wird vom Monumento a la Corregidora beherrscht. Die Statue der Doña Josefa Ortiz stammt von 1910 – die Figur trägt die Fackel der Freiheit.

Templo de Santa Clara KIRCHE
(Ecke Madero & Allende) Der im 17. Jh. erbaute Templo de Santa Clara hat eine prunkvolle barocke Innenausstattung.

Fuente de Neptuno BRUNNEN
(Neptunsbrunnen; Ecke Madero & Allende) Einen Block westlich des Jardín Zenea steht der Fuente de Neptuno. Der Brunnen wurde 1797 von dem berühmten mexikanischen neoklassizistischen Architekten Eduardo Tresguerras entworfen.

Templo de Santa Rosa de Viterbos KIRCHE
(Ecke Arteaga & Montes) Der aus dem 18. Jh. stammende Templo de Santa Rosa de Viterbos ist Querétaros prunkvollste Barockkirche. Sie hat einen Glockenturm, der einer Pagode ähnelt, einen ungewöhnlichen Fassadenanstrich, verzierte Strebpfeiler und ist innen aufwendig mit Gold und Marmor dekoriert. Manche behaupten, die Kirche sei die erste der Neuen Welt gewesen, die an allen vier Seiten des Turms eine Uhr besessen habe.

Kathedrale KATHEDRALE
(Ecke Madero & Ocampo) Die Kathedrale aus dem 18. Jh. präsentiert sich in einer Mischung aus Barock und Klassizismus mit einer Betonung gerader Linien und nur wenig Krümmungen. Die erste Messe in der Kathedrale (dem damaligen Oratorio de San Felipe Neri) las Padre Hidalgo, der spätere

Querétaro

Sehenswertes
1 Casa de la Zacatecana C2
2 Kathedrale A3
3 Fuente de Neptuno B2
4 Mausoleo de la Corregidora F2
5 Mirador F2
6 Monumento a la Corregidora B2
7 Museo de Arte de Querétaro B3
8 Museo de la Ciudad A2
Museo de la Restauración de la República .... (siehe 8)
9 Museo Regional C2
10 Teatro de la República B2
11 Templo de San Francisco C2
12 Templo de Santa Clara B2
13 Templo de Santa Rosa de Viterbos A4
14 Templo y Convento de la Santa Cruz E2

Schlafen
15 Doña Urraca Hotel & Spa D1
16 Home B&B D1
17 Hotel Quinta Lucca B1
18 Kuku Rukú C3
19 La Casa del Atrio B3
20 La Casa del Naranjo A2
21 MO17 .... A3

Essen
22 Biznarga E2
23 Breton C2
24 Café del Fondo B3
25 Di Vino C2
26 Erlum A4
La Antojería .... (siehe 31)
27 La Dolche Vita D1
28 La Mariposa B1
29 La Vieja Varsovia E2
30 Restaurante Bar 1810 .... C2
31 San Miguelito C2
32 Sucré Salé B1
33 Tikua B3

Unterhaltung
34 Casa de la Cultura C2
Teatro de la República .... (siehe 10)

Shoppen
35 Quinto Real D3

Held des mexikanischen Unabhängigkeitskriegs (s. S. 710).

Kurse

Olé Spanish Language School SPANISCH
(☎ 442-214-40-23; www.ole.edu.mx; Escobedo 32) Diese Schule bietet eine Reihe von Kursen mit optionaler Unterbringung bei Gastfamilien und zusätzlichem außerschulischen Programm. Die Preise beginnen bei rund 15 US$ pro Stunde. Wochenkurse gibt's mit 15 Unterrichtseinheiten in kleineren Gruppen ab 164 US$ oder auch als Privat-Intensivunterricht mit 35 einstündigen Unterrichtseinheiten für 577 US$.

Geführte Touren

Stadtrundfahrt TRAM
(1-/2-stündige Tour 80/120 Mex$) Die Stadtrundfahrten durchs Zentrum (Kommentar auf Spanisch) mit der Tranvía (einem als Straßenbahn aufgemachten Bus) starten an der Plaza de la Constitución. Einzelheiten erfährt man bei der Touristeninformation oder in einem der beiden Informationsstände auf der Plaza de la Constitución bzw. am Jardín Zenea.

Nachtspaziergang STADTSPAZIERGANG
(rund 120 Mex$/Pers.) Mehrere Veranstalter bieten lustige (spanischsprachige) nächtliche Führungen unter Mottos wie Leyendas & Mitos (Mythen & Legenden) an, bei denen Darsteller in Kostümen der Zeit die Legenden und Geheimnisse dunkler Gassen und bestimmter Gebäude dramatisch in Szene setzen. Einzelheiten erfährt man in der Touristeninformation (S. 693).

Feste & Events

Feria Internacional MESSE
Querétaros Feria Internacional gehört zu den größten Landwirtschaftsausstellungen eines mexikanischen Bundesstaats und findet in den ersten beiden Dezemberwochen statt. Dabei gibt's auch viele Kulturevents.

Schlafen

Kuku Rukú HOTEL, HOSTEL $
(☎ 442-245-87-77; www.kukuruku.mx; Vergara 12; B ab 160 Mex$; DZ 790–1050 Mex$;) Bei einer Kombination aus Hotel und Hostel kommt in der Regel die eine oder die andere Kundengruppe besser weg. In dieser schrillen Unterkunft ziehen dank der sauberen, modernen Schlafsäle die Hostelgäste die bessere Karte. Die Hotelzimmer sind zwar ziemlich schick eingerichtet, aber man bezahlt für sie auch beträchtlich mehr.

Viel Weiß, Malereien und kecke Designelemente machen die Anlage attraktiv. Es gibt auch eine Terrassenbar (Mi–Sa 18–23 Uhr).

Home B & B B&B $$
(☎ 442-183-91-39; www.queretarobandb.com; Calle 16 de Septiembre 104; s/d mit Frühstück US$45/65; 📶) Die seltsamen Markierungen in dieser freundlichen Unterkunft sind verzeihlich, denn der kanadische Betreiber ist sehr hilfsbereit und aufmerksam. Die Zimmer unterscheiden sich in Schnitt und Größe, sind aber alle hell und, wie der Name verspricht, anheimelnd. Das Frühstück ist wirklich sehr gut. Reservierung erforderlich.

Hotel Quinta Lucca HOTEL $$
(☎ 442-340-44-44; www.hotelquintalucca.com; Juárez Norte 119A; Zi. 960 Mex$, Suite 1150–1300 Mex$; 📶) Die ordentlichen und sauberen Zimmer haben eine modern-mexikanische Einrichtung. Die Zimmer nach hinten sind die schöneren. Sie liegen um den üppig begrünten Hof, in dem morgens ein kontinentales Frühstück serviert wird.

Doña Urraca Hotel & Spa LUXUSHOTEL $$$
(☎ 442-238-54-00, in Mexiko 800-021-71-16; www.donaurraca.com.mx; Calle 5 de Mayo 117; Suite mit Frühstück ab 2965 Mex$; P ⊖ ❄ 📶 ≋) Ideal für Leute, die sich verwöhnen lassen wollen: Die 24 geräumigen Suiten bieten genau die richtigen Annehmlichkeiten wie Bademäntel, handgemachte Kräuterseifen, Stereoanlage und Kabel-TV. Selbst an einem Weinkeller fehlt es nicht. Einige Gäste berichten allerdings, dass ihr Sonntagsbrunch vom Wochenendbetrieb in Form von Kinderpartys und anderen Events „gestört“ wurde.

La Casa del Naranjo BOUTIQUEHOTEL $$$
(☎ 442-212-76-09; www.lacasadelnaranjo.com; Hidalgo 21; Zi. mit Frühstück 1155–1830 Mex$; P 📶) Die sieben Zimmer in diesem Boutiquehotel sind uneinheitlich, aber durchaus stilvoll dekoriert. Jedes Zimmer ist nach einer Frucht benannt; das Holz der entsprechenden Obstbäume wurde bei der Einrichtung verwendet. Die Zimmer im Erdgeschoss sind beengter als die luftigeren oben, es gibt aber mehrere hübsche Aufenthaltsbereiche im Freien.

La Casa del Atrio B&B $$$
(☎ 442-212-63-14; www.lacasadelatrio.com; Allende Sur 15; Zi. mit Frühstück 1635 Mex$; 📶) In diesem einmalig konzipierten Hotel bezahlt man für die Neuartigkeit. Die Unterkunft ist in eine Galerie mit Antiquitätenladen integriert. Die sechs Zimmer bieten Luxus der anderen Art: Die Badezimmer sind klein, manche Zimmer haben kaum Sonnenlicht, aber neben dem Bett stehen Originalskulpturen. Es gibt hinten hinaus einen hübschen Garten, und auch Haustiere sind willkommen.

MO17 BOUTIQUEHOTEL $$$
(☎ 442-212-9295; www.mo17hotel.mx; Madero 46; Zi. ab 1800 Mex$; 📶) Diese Unterkunft schreit geradezu nach Beachtung. Sie ist eines der ersten Design-Hotels der Stadt, gehört einem Norweger und ist tatsächlich erfrischend anders: Topaktuelles Design (skandinavischer Minimalismus), gewagte Grenzüberschreitungen (offene Bäder mit nur wenig Privatsphäre) und schicke Details (bearbeitete Fotonegative) bestimmen das Bild.

Essen

★ **La Mariposa** CAFÉ $
(Peralta 7; Snacks 20–100 Mex$; ⏲ 8–21.30 Uhr) Das Café hat sich seit 1940 nicht verändert (wie die Fotos und die Kaffeemaschine beweisen) und ist eine Institution in Querétaro, allerdings mehr wegen der malerischen Atmosphäre als wegen des Essens. Unbedingt probieren sollte man das köstliche *mantecado* (Eiscreme nach Spezialrezept; 34 Mex$).

Biznarga CAFÉ $
(Gutiérrez Najera 17; Hauptgerichte 38–50 Mex$; ⏲ Mo–Sa 9–14 & 18.30–23.30 Uhr) Ihre Freunde mochten ihre Kochkunst so sehr, dass die Betreiber ihre Küche der Öffentlichkeit zugänglich gemacht haben. Gut so. Herausgekommen ist ein leicht rasta-mäßig angehauchtes Café, dekoriert mit Graffiti, Kunst und Erinnerungsstücken. Es gibt gute Salate, hausgemachte Pizzas, Säfte und mehr.

La Antojería MEXIKANISCH $
(Hauptgerichte 30–80 Mex$; ⏲ 10–22 Uhr; 👪) Das familienfreundliche, fröhliche, mexika-

BÄCKEREIEN

In letzter Zeit hat Querétaro einen Aufschwung in Sachen ausgezeichneter, moderner Bäckereien erlebt. Liebhaber von Brot und Gebäck sollten unbedingt folgende aufsuchen – einige sind gleichzeitig auch noch Cafés: **La Vieja Varsovia** (www.laviejavarsovia.com.mx; Plaza Fundadores; 40–100 Mex$; ⏲ Di–So 8.30–23 Uhr), **La Dolche Vita** (Calle 5 de Mayo), **Sucré Salé** (Universidade Ote 42; 25–33 Mex$; ⏲ Mo–Sa 9–21.30 Uhr) und **Breton** (Andador Libertad 82B; ⏲ Di–Sa 8–22 Uhr; 📶).

nisch aufgemachte Lokal serviert alle Arten *antojitos,* die man in Mexiko kennt.

Café del Fondo CAFÉ $

(Pino Suárez 9; alle Gerichte unter 60 Mex$; ⏲8–22 Uhr) Der entspannte, weitläufige und alternativ angehauchte Treff ist bei Zeitung lesenden Beobachtern der politischen Großwetterlage, Schachbegeisterten und Plaudertaschen beliebt. Das ordentliche Komplettfrühstück kostet nur 35 Mex$. Snacks und eine viergängige *comida corrida* (Festpreismenü) sind ebenfalls erhältlich (ca. 35 Mex$).

Erlum INTERNATIONAL $$

(www.erlum.com.mx; Arteaga 55; 60–150 Mex$; ⏲Di–Do 13–22, Fr 13–23, Sa 10–23, So 10–18 Uhr) Dieser Laden setzt ganz auf Nachhaltigkeit und Slow Food. Es gibt ausgezeichnete, vielseitige Fusion-Gerichte, hausgemachte Würzmischungen, saisonale Bio-Produkte, Brot und Pizza aus dem Holzofen, hausgemachte Pasta und Bier aus Kleinbrauereien. Interessant sind auch die abgefahrenen Tischtücher aus Recyclingpapier. Dienstags bis freitags werden Mittagsmenüs angeboten.

San Miguelito MEXIKANISCH $$

(Hauptgerichte 130–185 Mex$; ⏲Di–Sa 13–24, So bis 18 Uhr) Das Restaurant ist beliebt wegen seiner Lage nahe der Plaza, seinem Ambiente und dem farbenfrohen Dekor. Als Protein-Kick ist das Prime-Rib-Steak zu empfehlen: das wiegt hier satte 250 g – und zwar nach der Zubereitung (185 Mex$).

Tikua MEXIKANISCH $$

(Allende Sur 13; 75–120 Mex$; ⏲Mo–Sa 9–24, So 8.30–21 Uhr) Das große Lokal ist auf südostmexikanische Küche spezialisiert, und die Gerichte – von *xi'i,* einem Pilzsalat, bis zu Chorizo auf Oaxaca-Art – sind wirklich originalgetreu. Die *paella del sur-este,* Reis mit *chapulines* (Heuschrecken), *tasajo* (eingesalzenem Rindfleisch) und Schokoladen-*mole* ist besonders gut.

Di Vino ITALIENISCH $$$

(Andador 5 de Mayo 12; Hauptgerichte 145–350 Mex$; ⏲Mo–Sa 13–24 Uhr) Ein stilvoll-nobles italienisches Restaurant mit einem eleganten Ambiente, erstklassiger Küche und eindrucksvollem Weinkeller. Ein besonderes Erlebnis und eine Abwechslung von den mexikanischen Lokalen.

Restaurante Bar 1810 MEXIKANISCH $$$

(Libertad 62; Hauptgerichte 140–320 Mex$; ⏲Mo–Sa 8–23, So bis 22 Uhr) Das Restaurant mit Lichterketten an der hübschen Plaza ist die erste Adresse für ausgezeichnete Steaks und eine Vielzahl von Pasta- und Meeresfrüchtegerichten. Sänger schmalzen live zum Mahl.

Ausgehen & Nachtleben

Querétaro hat eine muntere Kneipenszene. Im historischen Zentrum und darüber hinaus kommen und gehen die Bars und Clubs. Die Calle 5 de Mayo ist die modische Ausgehmeile im Zentrum; das Publikum schwebt hier so gegen 22 Uhr ein.

Gracias a Dios BAR

(Calle 5 de Mayo; Snacks 55–100 Mex$; ⏲Di–Sa 14–1.30 Uhr) Diese neue Bar – eine von vielen nahe der Calle 5 de Mayo – belebt *Gracias a Dios* (Gott sei Dank) altbewährte Traditionen: Es handelt sich um eine *cantina-botanero* (Bar mit Snacks) mit Fässern, Hockern und einem Hauch Kneipenschmuddeligkeit, gemildert durch leicht feminine Züge. Junge Leute treffen sich hier bei Whisky und Tequila in feuchtfröhlicher Atmosphäre.

Unterhaltung

Querétaro hat jede Menge Kulturevents zu bieten. Plakate und Anschlagtafeln weisen

BUSSE AB QUERÉTARO

ZIEL	PREIS (MEX$)	DAUER (STD.)	HÄUFIGKEIT (TGL.)
Guadalajara	367–530	4½–5½	regelm.
Guanajuato	186	2½–3	7-mal
Mexico City (Terminal Norte)	187–280	3–4½	4–23.30 Uhr alle 20 Min.
Mexico City Flughafen	312	3½	stündl.
Morelia	166–255	3–4	regelm.
San Luis Potosí	199–260	2½–2¾	regelm.
San Miguel de Allende	59–90	1–1½	6–23 Uhr alle 40 Min.
Tequisquiapan	45	1	6.30–21 Uhr alle 30 Min.

ABSTECHER

HWY 120

Nördlich von Tequisquiapan ist der Hwy 120 die malerischste Strecke durch die Sierra Gorda. 38 km hinter Tequisquiapan weisen in Cadereyta Schilder den Weg zur **Quinta Fernando Schmoll** (☎441-276-10-71; Colegio Militar 1; 20 Mex$; ⏲Di–Sa 8–17, So 9–17 Uhr), einem schönen botanischen Garten mit mehr als 4000 Pflanzenarten.

In dem schönen Biosphärenreservat Sierra Gorda windet sich der Hwy 120 bis auf eine Höhe von 2300 m bei der hübschen Ortschaft **Pinal de Amoles** hinauf, bis man schließlich nach einer dramatischen Berg- und Talfahrt (mit vielen Haarnadelkurven!) das auf 760 m Höhe liegende Jalpan erreicht hat.

auf anstehende Ereignisse hin, man kann sich aber auch in der Touristeninformation erkundigen. Sonntags gibt's um 13 Uhr kostenlose Konzerte auf der Plaza de Armas und abends im Jardín Zenea.

Casa de la Cultura KONZERTSAAL, DARSTELLENDE KÜNSTE
(☎442 212-56-14; Calle 5 de Mayo 40; ⏲Mo–Fr 9–14 & 16–17 Uhr) Veranstaltet Konzerte sowie Tanz-, Theater- und Kunstevents; die aktuellen Veranstaltungen stehen auf der Anschlagtafel.

Teatro de la República THEATER
(Ecke Juárez & Peralta; Karten 60–180 Mex$) An den meisten Freitagen finden hier Sinfoniekonzerte statt.

Shoppen

Quinto Real KUNSTHANDWERK
(www.quintoreal.com.mx/english/; Reforma 80; ⏲Mo–Fr 10–19, Sa 11–19 Uhr) Der Laden hat eine große Auswahl hochwertiger Dinge aus Mexiko, von Kunsthandwerk bis zu Möbeln.

Praktische Informationen

Kartentelefone gibt's im Jardín Zenea, auf der Plaza de Armas und anderswo rund ums Zentrum. Mehrere Bankfilialen mit Geldautomaten liegen um den Jardín Zenea.

Hospital Angeles (☎442-192-3000; www.hospitalangelesqueretaro.com; Bernardo Del Razo 21, El Ensueño) Das sehr gute, recht preiswerte Hospital südwestlich von Querétaros Zentrum hat Ärzte, die auch Englisch sprechen.

Post (Arteaga 5)

Touristeninformation (☎442-238-50-67, 800-715-17-42; www.queretaro.travel; Pasteur Norte 4; ⏲9–19 Uhr) Hat Stadtpläne und (spanische) Broschüren, man muss aber oft extra deswegen nachfragen. Hilfsbereitere Stände finden sich an den Plazas (tgl. 10–18 Uhr).

Turismo Beverly (☎442-216-15-00; www.turismobeverly.mx; Tecnológico 118) Das Reisebüro verkauft Flugtickets.

An- & Weiterreise

AUTO & MOTORRAD

Wenn man ein Auto mieten will, um die Sierra Gorda zu erkunden, kann man sich an **Express Rent-a-Car** (☎442-242-90-28; www.autotodoqueretaro.com; Hotel Real de Minas, Av Constituyentes Poniente 124) wenden. Der Anbieter hat konkurrenzfähige Preise und Angestellte, die auch Englisch verstehen.

BUS

Querétaro ist ein Knotenpunkt, von dem Busse in alle Richtungen fahren; der moderne Central Camionera liegt 5 km südöstlich vom Zentrum. Es gibt ein Gebäude für Deluxe-Busse und Busse der 1. Klasse (Gebäude A), eines für Busse der 2. Klasse (B) und eines für Nahverkehrsbusse (C). Vor Ort gibt es eine Gepäckaufbewahrung.

Primera Plus (www.primeraplus.com.mx) fährt regelmäßig zum Flughafen von Mexico City und täglich um 12 Uhr nach Xilitla (340 Mex$).

FLUGZEUG

Die Fahrt mit dem Taxi zum **Aeropuerto Internacional** (☎442-192-55-00; www.aiq.com.mx), 8 km nordöstlich vom Zentrum, kostet rund 300 Mex$. Primera Plus fährt vom Busbahnhof zum Flughafen von Mexico City (315 Mex$, 3 Std.). **United Airlines** (www.united.com) fliegt von Querétaro aus diverse Städte in den USA an.

Unterwegs vor Ort

Im Zentrum erreicht man die meisten Sehenswürdigkeiten bequem zu Fuß. Die städtischen Busse (7 Mex$) fahren von 6 bis gegen 21 oder 22 Uhr. Die Linien treffen sich in einem Gebiet am Ende des Busbahnhofs; aus dem Terminal der 2. Klasse wendet man sich nach rechts, aus dem der 1. Klasse nach links. Mehrere Linien fahren ins Zentrum (vor Ort prüfen, weil sich die Nummern oft ändern). Um ein Taxi zu nehmen, holt man sich zuerst ein Ticket am Schalter im Busbahnhof (50 Mex$ für bis zu 4 Pers.).

Um vom Zentrum zum Busbahnhof zu kommen, nimmt man an der Zaragoza einen Stadtbus mit der Aufschrift „Central" (d.h. Central de Autobuses) oder an der Ostseite der Alameda

Hidalgo jeden Bus Richtung Süden mit der Aufschrift „TAQ" (d.h. Terminal de Autobuses de Querétaro) oder „Central".

Tequisquiapan

☎414 / 30 000 EW. / 1870 M

Die kleine Stadt 70 km südöstlich von Querétaro ist ein idyllisches Wochenendziel, wenn man in Mexico City oder Querétaro ist. Tequisquiapan war einst für seine Thermalquellen berühmt – selbst mexikanische Präsidenten kamen hierher, um Schmerzen und Verspannungen auszukurieren. Die natürlichen Teiche sind zwar längst ausgetrocknet, aber die hübschen, von Bougainvilleen gesäumten Straßen, die farbenfrohen Gebäude aus der Kolonialzeit und die ausgezeichneten Märkte locken zum Herumschlendern.

Sehenswertes & Aktivitäten

Plaza Miguel Hidalgo PLAZA

Portales (Arkaden) fassen die große, schöne Plaza Miguel Hidalgo ein, deren Blickfang die aus dem 19. Jh. stammende, klassizistische **Parroquia de Santa María de la Asunción** (⏲7.30–20.30 Uhr) mit ihrer rosa Fassade und dem reich verzierten Turm ist.

Ausritte REITEN

(Fray Junípero) An den Wochenenden kommt man bei geführten Ausritten ins Umland (80 Mex$/Std.). Die Führer und ihre Pferde sammeln sich an der Fray Junípero gleich nördlich vom Parque La Pila.

Feste & Events

Feria Nacional del Queso y del Vino ESSEN

Beim Nationalen Wein- und Käsefestival gibt's Ende Mai bis Anfang Juni Kostproben und Musik.

Fiesta de la Asunción RELIGION

Zu Mariä Himmelfahrt wird am 15. August die Schutzpatronin der Stadt geehrt.

Schlafen & Essen

Die besten Budgetunterkünfte sind die Posadas an der Moctezuma. Von Montag bis Donnerstag herrscht geringe Nachfrage, so dass man durchaus einen Rabatt heraushandeln kann. In vielen Restaurants rund um die Plaza bekommt man *comidas corridas* (Festpreismenüs). Auf dem Mercado Guadalupana einen Block nordöstlich der Plaza finden sich *fondas* (Imbissstände).

Posada Tequisquiapan PENSION $$

(☎414-273-00-10; Moctezuma 6; EZ/DZ 250/500 Mex$; P) Die Pension mit gutem Preis-Leistungs-Verhältnis wirkt wie eine Reminiszenz an die 1950er Jahre. Die Zimmer sind schlicht, aber geräumig und sauber.

La Granja BOUTIQUEHOTEL $$$

(☎414-273-20-04; www.hotelboutiquelagranja.com; Morelos 12; Zi. ab 1750 Mex$; P 📶 🏊) Das in einem hübschen Teil der Stadt gelegene kolonialzeitliche Gebäude wurde renoviert und in ein nettes Hotel mit geräumigen, schicken Zimmern verwandelt. Hinter dem Haus gibt es einen großen Garten mit einem Pool. Das Restaurant im Haus serviert Frühstück.

Hotel Hacienda Las Delicias HOTEL $$$

(☎414-273-00-17; www.hotelhaciendalasdelicias.com; Calle 5 de Mayo 1; EZ/DZ 1300/2000 Mex$; P 🏊) Das etwas ältliche Hotel liegt einen Block südlich der Plaza Principal inmitten eines gepflegten Gartens mit Pool. Die besten (zuletzt renovierten) Zimmer sind die Nummern 1 bis 7 und 26 bis 31.

K'puchinos MEXIKANISCH $$

(Independencia 7; Hauptgerichte 65–180 Mex$; ⏲So–Do 8–22, Sa 8–12 Uhr) Das verlässliche Restaurant in praktischer Lage an der Plaza versorgt morgens, mittags und abends seine hungrigen Gäste.

Shoppen

Mercado de Artesanías MARKT

(Carrizal; ⏲8–19 Uhr) Dieser Kunsthandwerksmarkt ist einer von drei Märkten an der Carrizal, einen Block nördlich von Tequisquiapans Hauptplaza, die beiden anderen sind **Vara y Mimbre** (Haushaltswaren) und **Guadalupana** (für Lebensmittel). Der **Mercado Artesania** gegenüber dem Busbahnhof ist hauptsächlich auf Großhandel eingestellt.

Praktische Informationen

Die **Touristeninformation** (☎414-273-08-41; www.tequisquiapanqueretaro.gob.mx; Plaza Miguel Hidalgo; ⏲9–19 Uhr) hat Stadtpläne und Infos zum ganzen Bundesstaat Querétaro. An der südöstlichen Seite der Plaza gibt's einen Geldautomaten von Bancomer.

Anreise & Unterwegs vor Ort

Tequisquiapan liegt 20 km nordöstlich der größeren Stadt San Juan del Río am Hwy 120. Der Busbahnhof befindet sich rund 2 km nördlich vom Zentrum in der Neustadt. Vor dem Busbahnhof starten Nahverkehrsbusse (6 Mex$) zu den Märkten an der Carrizal, einen Block nordöstlich der Plaza Principal.

Busse von Flecha Azul fahren von/nach Querétaro (45 Mex$, 1 Std., 6.30–20 Uhr alle 30 Min.). Busse fahren auch nach Ezequiel Montes (dort nach Bernal umsteigen; 11 Mex$, 20 Min.). Deluxe-Busse von ETN fahren vom/zum Terminal Norte von Mexico City (225 Mex$, 3 Std., 8-mal tgl.). Die gleiche Route bedienen auch Busse der 2. Klasse von Coordinados (Flecha Amarilla) und Flecha Roja (182 Mex$, 3 Std., regelm.).

Nordöstliches Querétaro

Wer die Natur liebt und gern ausgetretene Pfade verlässt, sollte die malerische Sierra Gorda auf keinen Fall auslassen. Hier befindet sich die unglaublich schöne Reserva de la Biosfera Sierra Gorda, die dank neuer Ökotourismusprojekte immer besser für Besucher erschlossen wird. Das einzige Problem ist die Anreise: Einige der genannten Ziele sind auch mit dem Bus erreichbar, mit einem eigenen Auto geht's aber viel bequemer und schneller.

Jalpan

Den Mittelpunkt der hübschen Kleinstadt bildet die **Missionskirche**, die in den 1750er-Jahren von den Franziskanern und ihren indigenen Zöglingen errichtet wurde. Vom Ort aus erreicht man die fünf Missionen.

Angesichts des tropischen Klimas verwundert es nicht, dass hausgemachtes, leckeres Eis eine Spezialität von Jalpan ist – man bekommt es in vielen *heladerías* in der Stadt.

Schlafen & Essen

Cabañas Centro Tierra BUNGALOWS $

(☎ 441-296-07-00; www.sierragordaecotours.com; Centro Tierra Sierra Gorda, Av La Presa s/n, Barrio El Panteon; 300 Mex$/Pers.) Die sieben umweltfreundlichen, sehr komfortablen Hütten werden vom Centro Tierra Sierra Gorda verwaltet (das praktischerweise auch die Verwaltung der Sierra Gorda Eco Tours ist, S. 695) und liegen in dessen Nähe. Die Bungalows befinden sich 15 Gehminuten vom Zentrum Jalpans entfernt in der Nähe der *presa* (Wasserreservoir).

RESERVA DE LA BIOSFERA SIERRA GORDA

Die 1997 gegründete **Reserva de la Biosfera Sierra Gorda** in der zerklüfteten Gebirgskette der Sierra Madre Oriental umfasst das nordöstliche Drittel des Bundesstaats Querétaro (rund 3836 km²).

Das als „grünes Juwel" in der Mitte Mexikos bekannte Reservat hat 15 Vegetationstypen zu bieten und ist damit das ökologisch vielfältigste Schutzgebiet des ganzen Landes. In den hinreißenden Naturregionen findet man uralte Nebelwälder, Halbwüsten und tropische Wälder; zu den Tieren und Pflanzen, die man hier mit etwas Glück entdecken kann, gehören Jaguare, seltene Orchideen und endemische Kakteenarten.

In den letzten Jahren haben zahlreiche Gemeinden in der ländlichen Sierra Gorda nachhaltige Ökotourismusprojekte auf die Beine gestellt. Traveller können in schlichten Hütten und auf Campingplätzen übernachten, mit örtlichen Führern die Dörfer besuchen und sich an einer Reihe von Aktivitäten beteiligen. Angeboten werden u. a. Wanderungen zum Sótano del Barro, der mit 410 m zweittiefsten Einsturzdoline der Welt, wo man wild lebende Aras bewundern kann, Ausflüge zu Wasserfällen wie El Chuveje und Puente de Dios sowie Besuche von Cuatro Palos, wo man die herrliche Aussicht genießen kann. In vielen Gemeinden gibt es Werkstätten, die Töpferwaren, Naturheilmittel, Trockennahrung, Honig oder Stickereien produzieren.

Besuche mit Übernachtung in den Gemeinden lassen sich am leichtesten über **Sierra Gorda Eco Tours** (☎ 441-296-02-42/29; www.sierragordaecotours.com) organisieren, eine gemeinnützige Organisation mit Sitz in Jalpan. Auf der Webseite findet man die aktuelle (und immer länger werdende) Liste der beteiligten Gemeinden in den Verwaltungsbezirken Jalpan de Serra, Pinal de Amoles, Arroyo Seco, Landa de Matamoros und Peña Miller. Die Preise richten sich nach der Gruppengröße und den Aktivitäten und beginnen bei rund 1000 bis 2200 Mex$ pro Person (Gruppe von 4 Pers.). Im Preis enthalten sind der Transport (wenn erforderlich), die Unterkunft, Mahlzeiten und Aktivitäten, ein Führer von Sierra Gorda Eco Tours und (wo nötig) einer der Gemeinde sowie der Eintritt zu den jeweiligen Attraktionen. Die Touren starten in Jalpan; man muss sich mindestens vier Tage im Voraus anmelden.

Hotel Misión Jalpan HOTEL $$
(441-296-04-45; www.hotelesmision.com; Fray Junípero Serra s/n; Zi. ab 860 Mex$;) Das Hotel Misión Jalpan an der Westseite der Plaza hat zwar eine hübsche Gartenanlage und ein Restaurant, aber die Zimmer sind für diese Toplage im Ort nicht wirklich gut genug. Unter der Woche sind oft Rabatte drin.

Restaurante Carretas MEXIKANISCH $$
(Hauptgerichte 70–160 Mex$; Mo–Sa 8–22, So bis 17.30 Uhr) An der Hauptstraße serviert das Restaurante Carretas ordentliches Essen.

Praktische Informationen

Touristeninformation (441-296-0243; Plazuel Hidalgo 441; 8–15.30 Uhr) Die Touristeninformation in der Casa del Artesanía hat die grundlegenden Infos und Listen und kann englisch sprechende Führer zu den Missionen beschaffen (generell eigenes Transportmittel erforderlich; ca. 1200 Mex$ für den Besuch aller fünf Missionen).

Sierra-Gorda-Missionen

Mitte des 18. Jhs. gründeten die Franziskaner fünf schöne Missionen in der abgelegenen Region, darunter eine in Jalpan. Diese wurden 2003 zu einer UNESCO-Welterbestätte erklärt. Ihr Gründer Fray Junípero Serra zog weiter und legte anschließend noch die Kette der kalifornischen Missionen an. Die restaurierten Kirchen der Missionen in der Sierra Gorda zeichnen sich durch ihre schönen, farbenfrohen, mit symbolischen Reliefs aufwendig verzierten Fassaden aus. Östlich von Jalpan trifft man am Hwy 120 auf die Missionen von **Landa de Matamoros** (1760–1768), **Tilaco** (1754–1762), 10 km südlich des Highways, und **Tancoyol** (1753–1760), 20 km nördlich vom Highway. Die Mission von **Concá** (1754–1758) liegt 35 km nördlich von Jalpan am Hwy 69. Grundsätzlich braucht man zum Besuch dieser Stätten ein eigenes Transportmittel, kann sich aber bei der Touristeninformation in Jalpan oder bei Sierra Gorda Eco Tours nach anderen Möglichkeiten erkundigen.

GUANAJUATO (BUNDESSTAAT)

Der im felsigen Hochland gelegene Bundesstaat Guanajuato (5,5 Mio. Ew.) kann mit allen erdenklichen Reichtümern aufwarten. In der Kolonialzeit haben die Bodenschätze spanische Glücksritter angezogen, die auf der Suche nach Silber, Gold, Eisen, Blei, Zink und Zinn waren. Zwei Jahrhunderte lang verhalfen Metalle und Erze der Region zu einem enormen Wohlstand: 40 % des gesamten Silbers der Welt wurden hier gewonnen. Die Silberbarone der Stadt Guanajuato pflegten einen opulenten Lebensstil – auf Kosten der *indígenas*, versteht sich. Diese arbeiteten in den Minen zunächst als Sklaven und dann als geknechtete Tagelöhner. Irgendwann beteiligten sich schließlich auch die wohlhabenden *criollos* in den Bundesstaaten Guanajuato und Querétaro, die der Herrschaft der in Spanien geborenen Kolonisten überdrüssig waren, an den Rebellionsplänen.

Heute sind die malerischen Städte aus der Kolonialzeit wie Guanajuato und San Miguel de Allende die eigentlichen Reichtümer des Staates. Als Zentrum der Lederproduktion ist die Industriestadt León von wirtschaftlicher Bedeutung. Die Besucher der Region erfreuen sich eines kostbaren Erbes: atemberaubende Kolonialarchitektur, eine gut etablierte Kulturszene und ein Strom nie enden wollender Feste. Und dann wären da auch noch die freundlichen, stolzen Einheimischen und eine lebhafte Studentenszene.

Guanajuato

473 / 725 000 EW. / 2045 M

Das außergewöhnliche Guanajuato gehört zum Weltkulturerbe der UNESCO. Die Stadt wurde 1559 in der Nähe der reichen Silber- und Goldvorkommen der Region angelegt. An den steilen Hängen eines Bergkammes warten prächtige Gebäude aus der Kolonialzeit, atemberaubende baumbestandene Plazas und farbenfrohe Häuser darauf, entdeckt zu werden. Über die Kopfsteinpflasterstraßen schlendert man zu tollen Museen, stattlichen Theater und einem hübschen Marktplatz. Und die „Hauptstraßen" der Stadt winden sich um Hügel und verschwinden in Tunneln, die früher Flüsse waren.

Das weltweit bekannte Aushängeschild der Stadt ist ihr umjubeltes, jährlich stattfindendes internationales Kunstfestival, das Festival Cervantino. Doch auch sonst wird in dem bunten, lebhaften Ort viel und oft gefeiert. Der Großteil der jugendlichen Ausstrahlung und der üppigen Kulturangebote – *callejoneadas*, Filme, Theater, Orchester – ist den 20 000 Studenten der städtischen Universität von Guanajuato zu verdanken.

Tagsüber dürften sich die Besucher der Stadt normalerweise auf sonniges und angenehmes Wetter freuen, im Winter aber können die Nächte kalt und windig sein.

Geschichte

1558 wurde eine der reichsten Silberadern der nördlichen Hemisphäre entdeckt: die La-Valenciana-Mine. 250 Jahre lang produzierte sie 20 % des weltweiten Silbers. Von dem Schatz profitierten vor allem die Kolonialbarone. So verwundert es nicht, dass sie wenig erfreut waren, als ihnen König Karl III. von Spanien ihren Anteil am großen Kuchen 1765 streitig machte. Ein Dekret des Königs vertrieb 1767 die Jesuiten aus den spanischen Herrschaftsgebieten und entfremdete die reichen Barone und die armen Minenarbeiter von den Spaniern, die beide treu zu den Jesuiten gestanden hatten.

Der Konflikt entlud sich im Unabhängigkeitskrieg. 1810 initiierte der Rebellenführer Miguel Hidalgo mit seinem *Grito de Independencia* (Schrei nach Unabhängigkeit) die Unabhängigkeitsbewegung im nahen Dolores (S. 709). Die Bürger von Guanajuato schlossen sich den Unabhängigkeitskämpfern an und schlugen die Spanier und deren Getreue. Im ersten militärischen Erfolg des mexikanischen Unabhängigkeitskriegs eroberten sie die Stadt. Als die Spanier sie wieder zurückeroberten, rächten sie sich mit der berüchtigten „Todeslotterie": Wahllos wurden Namen von Bürgern Guanajuatos gezogen und die „Gewinner" gefoltert und gehängt.

Doch die Unabhängigkeit Mexikos konnten die Spanier letztlich doch nicht verhindern. Nun hatten die Silberbarone die Freiheit, weiteren Reichtum anzuhäufen – einen Reichtum, mit dem viele Villen, Kirchen und Theater finanziert wurden.

In den späten 1990er-Jahren erlebte der Bundesstaat unter Vicente Fox Quesada, dem Gouverneur aus den Reihen der PAN (Nationale Aktionspartei), einen Aufschwung. Die Arbeitslosenquote sank auf den niedrigsten Wert Mexikos, die Exportrate übertraf den nationalen Durchschnitt um das Dreifache. Fox wurde zum PAN-Kandidat für die Präsidentschaftswahlen 2000 ernannt. Und seine Popularität besiegelte den Sieg (seine Amtszeit endete 2006).

Sehenswertes

Basílica de Nuestra Señora de Guanajuato — KIRCHE

(Plaza de la Paz s/n) In der Basílica de Nuestra Señora de Guanajuato, einen Block westlich des Jardín de la Unión, befindet sich ein mit Juwelen bedecktes Bild Unser Lieben Frau von Guanajuato, der Schutzpatronin der Stadt. Angeblich wurde diese Holzstatue in Spanien 800 Jahre lang in einer Höhle vor den Mauren versteckt. Philipp II. von Spanien sandte sie nach Guanajuato zum Dank für den Reichtum, den die Stadt seinem Reich bescherte. Nebenan präsentiert die kleine Galería Mariana Marienbilder und andere katholische Kunstwerke.

Teatro Juárez — THEATER

(☎ 473-732-01-83; Sopeña s/n; Erw. 35 Mex$; ⏲ Di–So 9–13.45 & 17–19.45 Uhr) Man sollte nicht abreisen, ohne sich das prächtige Teatro Juárez angesehen zu haben. Das Gebäude wurde zwischen 1873 und 1903 erbaut und von Porfirio Díaz persönlich eingeweiht. Mit seinem verschwenderisch in Rot und Gold verzierten Innenraum verkörpert es die Prunkliebe des Diktators. Die Fassade ist mit Säulen, Laternen und Statuen geschmückt. Holzschnitzereien, Buntglas und Edelmetallverzierungen geben der Bar und dem Foyer einen maurischen Charakter. Das Theater kann nur in der vorstellungsfreien Zeit besichtigt werden (Video/Foto 60/30 Mex$).

Teatro Principal — THEATER

(☎ 473-732-15-23; Hidalgo s/n) Das Teatro Principal wird während des Festivals Cervantino voll bespielt und ist Sitz von Guanajuatos hörenswertem Sinfonieorchester. Konzerte gibt es an den meisten Freitagen (außer Okt. & Jan.) um 20.30 Uhr (Karten 80 Mex$).

Teatro Cervantes — THEATER

(☎ 473-732-11-69; Plaza Allende s/n) Das Teatro Cervantes wird während des Festivals Cervantino voll bespielt, ansonsten finden hier nur unregelmäßig Veranstaltungen statt. Statuen von Don Quixote und Sancho Panza schmücken die kleine Plaza Allende vor dem Theater.

Museo y Casa de Diego Rivera — MUSEUM

(☎ 473-732-11-97; Positos 47; Erw. 20 Mex$; ⏲ Di–Sa 10–18.30, So 10–14.30 Uhr) Das Geburtshaus von Diego Rivera ist heute ein ausgezeichnetes Museum. Es ehrt den berühmten Maler, der als Marxist hier jahrelang eine *persona non grata* war. Es lohnt sich, in dem Museum eine Stunde zu verbringen – oder länger, wenn man ein Fan von Rivera ist.

1886 wurden Diego und sein Zwillingsbruder in diesem Haus geboren (Carlos starb im Alter von 2 Jahren). Sechs Jahre

Guanajuato

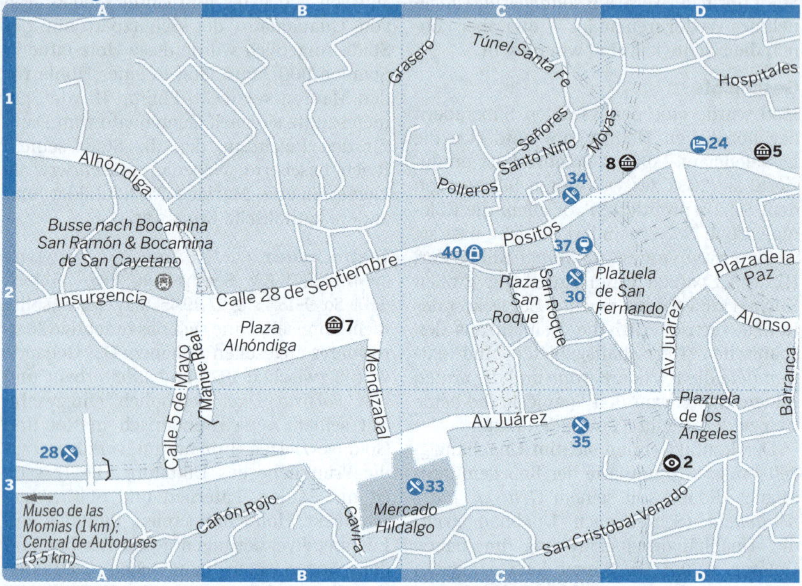

später zog die Familie nach Mexico City. Das Erdgeschoss bildet mit Antiquitäten des 19. Jhs. das Heim der Riveras nach.

Im Labyrinth der oberen Stockwerke wartet eine Dauerausstellung mit Originalwerken und Skizzen, die als Grundlage für einige seiner berühmten Wandgemälde in Mexico City dienten. Außerdem ist ein Akt Frida Kahlos zu sehen. Weitere Säle beherbergen Wechselausstellungen mit Arbeiten mexikanischer und internationaler Künstler. In einem Kammertheater im oberen Stock werden mittwochs um 17 Uhr kostenlos Filme gezeigt; ferner hängen hier Schwarzweißfotos von Kahlo und Rivera.

Monumento a El Pípila — DENKMAL

(Panoramica) Das El-Pípila-Monument ehrt den Helden, der am 28. September 1810 die Tore der Alhóndiga anzündete und so den ersten Sieg der Unabhängigkeitskämpfer um Hidalgo ermöglichte. Die Statue zeigt El Pípila, der die Fackel hoch über die Stadt hält. Auf dem Sockel steht die Inschrift *Aún hay otras Alhóndigas por incendiar* – „Es gibt immer noch weitere Alhóndigas zum Anzünden".

Vom Zentrum aus führen zwei steile, malerische Routen zum Denkmal hinauf. Eine verläuft vom Jardín de la Unión östlich auf der Sopeña und biegt dann nach rechts auf die Callejón del Calvario ab (aus ihr wird die Pochote; an der Subida San Miguel rechts abbiegen). Ein anderer, nicht ausgeschilderter Weg beginnt an der kleinen Plaza an der Alonso. Man kann sich alternativ auch vom Bus mit der Zielangabe „Pípila-ISSSTE", der auf der Juárez Richtung Westen fährt, direkt bei der Statue absetzen lassen. Oder man nimmt die Funicular (Standseilbahn).

Museo Regional de Guanajuato Alhóndiga de Granaditas — MUSEUM

(☎ 473-732-11-12; Calle 28 de Septiembre; Eintritt 49 Mex$, Foto/Video 30/60 Mex$; ⌚ Di–Sa 10–17.30, So 10–14.30 Uhr) Der Schauplatz des ersten großen Sieges der mexikanischen Unabhängigkeitskämpfer ist heute ein Museum für Kunst und Geschichte. Die Alhóndiga war ein massives Lagerhaus für Getreide, das zwischen 1798 und 1808 errichtet wurde. 1810 wurde sie zur Festung: 300 spanische Soldaten und spanientreue Persönlichkeiten verschanzten sich hier, als 20 000 Rebellen unter der Führung Miguel Hidalgos versuchten, Guanajuato zu erobern. Am 28. September 1810 ließ sich ein junger Bergarbeiter mit dem Spitznamen El Pípila eine Steinplatte auf den Rücken binden und kroch, so geschützt vor den Kugeln der Spanier, zum Tor und setzte es in Brand. Die Rebellen rückten vor und metzelten die gesamte Besatzung nieder.

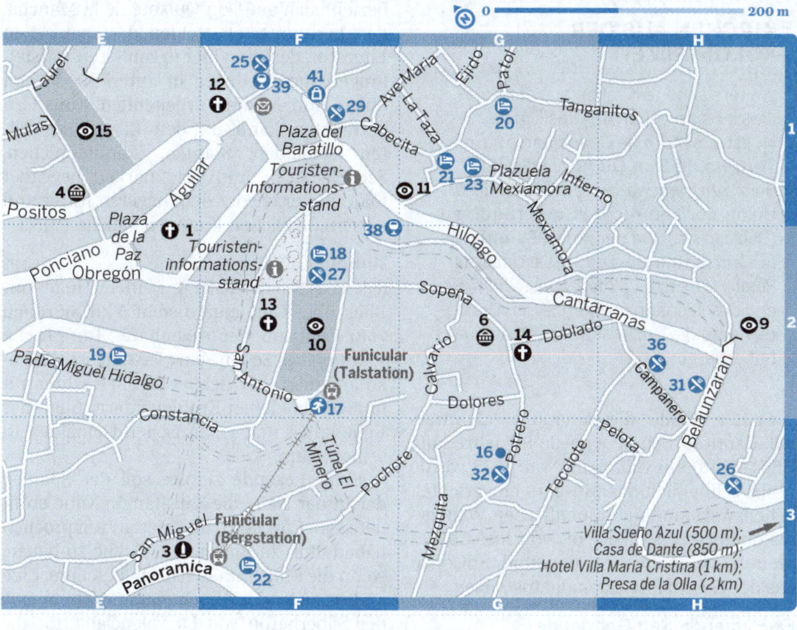

Guanajuato

Sehenswertes

1 Basílica de Nuestra Señora de Guanajuato ... E2
2 Callejón del Beso ... D3
3 Monumento a El Pípila ... E3
4 Museo del Pueblo de Guanajuato ... E1
5 Museo del Siglo XIX ... D1
6 Museo Iconográfico del Quijote ... G2
7 Museo Regional de Guanajuato Alhóndiga de Granaditas ... B2
8 Museo y Casa de Diego Rivera ... D1
9 Teatro Cervantes ... H2
10 Teatro Juárez ... F2
11 Teatro Principal ... G1
12 Templo de la Compañía de Jesús ... F1
13 Templo de San Diego ... F2
14 Templo de San Francisco ... G2
15 Universidad de Guanajuato ... E1

Aktivitäten, Kurse & Touren

16 Escuela Mexicana ... G3
17 Funicular ... F2
Plateros Spanish School ... (siehe 19)

Schlafen

18 1850 Hotel ... F2
19 Alonso10 Hotel Boutique & Arte ... E2
20 Casa Bertha ... G1
21 Casa de Pita ... G1
22 Casa Zuniga ... F3
23 El Zopilote Mojado ... G1
24 Mesón de los Poetas ... D1

Essen

25 A Punto ... F1
26 Café Tal ... H3
27 Casa Valadez ... F2
28 Central Comercio ... A3
29 Centro Bharati ... F1
30 Delica Mitsu ... C2
31 Habibti ... H2
32 La Taula ... G3
33 Mercado Hidalgo ... C3
34 Meztizo ... C1
35 Restaurant La Carreta ... C3
36 Santo Café ... H2

Ausgehen & Nachtleben

37 Clave Azul ... C2
38 El Incendio ... F2
39 El Midi Bistró ... F1
One Bar & Lounge ... (siehe 18)

Shoppen

40 El Viejo Zaguán ... C2
41 Xocola-T ... F1

KIRCHEN AUS DER KOLONIALZEIT

Weitere schöne Kirchen aus der Kolonialzeit sind neben der Basílica de Nuestra Señora de Guanajuato u. a. der **Templo de San Diego** (Jardín de la Union s/n) gegenüber dem Jardín de la Unión, der **Templo de San Francisco** (Doblado s/n) und der große **Templo de la Compañía de Jesús** (Lascuraín de Retana s/n), die 1747 fertiggestellte Kirche des Jesuitenkollegs, dessen Gebäude heute die Universität von Guanajuato beherbergen.

Später diente die Alhóndiga als Arsenal, dann als Schule, ehe sie 80 Jahre lang (1864–1948) ein Gefängnis war. 1958 wurde in ihr schließlich das Museum eingerichtet. Sehenswert sind die dramatischen Wandgemälde im Treppenhaus, die von José Chávez Morado geschaffen wurden und Episoden aus der Geschichte Guanajuatos zeigen.

Ex-Hacienda San Gabriel de Barrera MUSEUM, GARDEN

(Camino Antiguo a Marfil, km 2,5; Erw. 22 Mex$; ⏲9–18 Uhr) Will man einmal dem Gewühl in den Straßen Guanajuatos entkommen, bietet sich ein Abstecher zu dem 2,5 km westlich gelegenen prächtigen kolonialen Wohnhaus an, das heute ein Museum ist, und mitten in einem hinreißenden und ruhigen Park steht.

Das Ende des 17. Jhs. erbaute Haus war die prächtige Hazienda des Hauptmanns Gabriel de Barrera, dessen Familie von dem ersten Conde de Rul der berühmten Mine La Valenciana abstammte. 1979 als Museum eröffnet, ermöglicht die Hazienda mit ihren prachtvollen europäischen Möbeln aus jener Zeit einen Einblick in das damalige Leben der Wohlhabenden.

Man nimmt einen der häufigen mit „Marfil" beschrifteten Busse, die im Tunnel unter der Avenida Juárez nach Westen fahren und sagt dem Fahrer, dass man am Hotel Misión Guanajuato aussteigen möchte.

Museo Iconográfico del Quijote MUSEUM

(☎473-732-33-76; Doblado 1; Erw./Student 30/10 Mex$; ⏲Di–So 9.30–18.45 Uhr) Das überraschend interessante Museum lohnt durchaus einen halbstündigen Besuch. Es befindet sich an der kleinen Plaza vor dem Templo de San Francisco. Jedes Ausstellungsstück bezieht sich auf Don Quixote de la Mancha, den berühmtesten Helden der spanischen Literatur, den man hier in zahllosen Darstellungen verschiedener, in unterschiedlichen Stilen und Medien arbeitenden Künstlern betrachten kann. In den hier ausgestellten Gemälden, Statuen, Wandteppichen, Schachspielen und Briefmarken begegnet man immer wieder dem hageren Ritter und seinem dicklichen Knappen Sancho Panza.

Templo La Valenciana KIRCHE

(Iglesia de San Cayetano) Auf einem Hügel mit Blick über Guanajuato steht 5 km nördlich vom Zentrum der sagenhafte **Templo La Valenciana**. Schon seine Fassade ist spektakulär, innen aber zieht er den Betrachter mit üppigen goldenen Kronleuchtern, filigraner Reliefkunst und gigantischen Gemälden in seinen Bann.

Einer Legende zufolge soll der Spanier, der in der Nähe die San-Ramón-Mine eröffnete, San Cayetano (hl. Kajetan) versprochen haben, ihm zu Ehren eine Kirche zu bauen, wenn die Mine ihm Reichtum bescheren. Eine andere Sage will wissen, dass Conde de Rul, der Silberbaron von La Valenciana, für die Ausbeutung der Bergarbeiter Sühne leistete, indem er die prächtigste aller Kirchen im Stil des Churriguerismus erbauen ließ. Was auch immer das Motiv war – 1765 wurde der Grundstein gelegt, 1788 war die Kirche fertig.

Bocamina San Ramón & Bocamina de San Cayetano MINEN

(www.bocaminasanramon.com; Eintritt 35 Mex$; ⏲10–18 Uhr) Diese benachbarten Minen sind Teil des berühmten Bergbaudistrikts Valenciana. 1548 wurde hier Silber entdeckt. In **San Ramón** kann man über Stufen 60 m tief in einen Minenschacht klettern (Achtung: nicht geeignet für Leute, die unter Klaustrophobie leiden). **San Cayetano** besitzt ein interessantes Museum. Ehemalige Bergarbeiter veranstalten kurze Führungen, zu denen ebenfalls der Abstieg in einen Schacht gehört. Um die Minen zu erreichen, nimmt man an der Ecke Alhóndiga und Calle 28 de Septiembre einen der regelmäßig fahrenden Busse mit der Zielangabe „Cristo Rey" oder „Valenciana", steigt am Templo La Valenciana aus und folgt der Ausschilderung hinter der Kirche.

Museo de las Momias MUSEUM

(Mumienmuseum; ☎473-732-06-39; Explanada del Pantéon Municipal s/n; Erw. 52 Mex$; ⏲9–18 Uhr) Das berühmte Museum ist die wohl skurrilste (manche meinen geschmackloseste) Sehenswürdigkeit im *panteón* (Friedhof) und ein Musterbeispiel für den mexikanischen Hang zum Morbiden. Besucher aus allen Ecken des Landes kommen nach Guanajuato, um die mehr als 100 exhumierten Körper zu sehen.

Es handelt sich tatsächlich um mumifizierte Überreste – entstanden, weil es in den Gräbern sehr trocken war –, aber die Körper sind nicht Tausende von Jahren alt. Die ersten Überreste wurden 1865 ausgegraben, um auf den Friedhöfen Platz für neue Leichname zu schaffen. Was die Behörden dabei entdeckten, waren keine Skelette, sondern eben Mumien (einige haben groteske Formen und fratzenhafte Gesichtsausdrücke).

Die Anlage befindet sich am Westrand der Stadt; ein „Momias"-Bus von der Avenida Juárez bringt einen in zehn Minuten hin (5 Mex$).

Museo del Pueblo de Guanajuato MUSEUM

(☎473-732-29-90; Positos 7; Erw. 20 Mex$; ⏲Di–Sa 10–18.30, So 10–14.30 Uhr) Das hinter der Universität gelegene Kunstmuseum zeigt eine exquisite Sammlung mexikanischer Miniaturen, Werke aus dem 18. und 19. Jh., u. a. Gemälde der einheimischen Künstler Hermenegildo Bustos und José Chávez Morado, sowie Wechselausstellungen. Das Museum befindet sich im früheren Herrenhaus der Marqueses de San Juan de Rayas, denen die Mine San Juan de Rayas gehörte. Die (1696 errichtete) barocke Privatkapelle im Obergeschoss am Innenhof enthält ein dreiteiliges Wandgemälde von José Chávez Morado, das die spanische Kolonisierung zum Thema hat.

Callejón del Beso STRASSE

(Die Gasse des Kusses) Die schmalste der vielen Gassen zwischen Guanajuatos Hauptstraßen ist die „Gasse des Kusses", über der sich die Balkone der an ihr stehenden Häuser fast berühren. Nach einer örtlichen Legende lebte einst eine vornehme Familie in der Gasse, deren Tochter sich in einen gewöhnlichen Bergarbeiter verliebte. Sie durften sich nicht sehen, aber der Bergarbeiter mietete sich im Haus gegenüber ein Zimmer, und so tauschten sie auf den Balkonen verstohlene Küsse. Selbstverständlich wurde die Liebschaft entdeckt und fand ein tragisches Ende.

Von der Plazuela de los Ángeles an der Avenida Juárez geht man rund 40 m die Callejón del Patrocinio hinauf, dann sieht man links die winzige Gasse.

Casa de Arte Olga Costa-José Chávez Morado MUSEUM

(Pastita 158, Torre del Arco; Erw./Student 20/5 Mex$; ⏲Do–Sa 9.30–16, So 10–15 Uhr) 1966

GUANAJUATOS SCHÖNE PLÄTZE

Ein Spaziergang über die schönen Plätze, die wimmelnden Mittelpunkte des geselligen Lebens, ist ein guter Anfang, um Guanajuatos historisches Zentrum kennenzulernen. Der von Lorbeerfeigen beschattete, hübsche **Jardín de la Unión**, das gesellige Herz der Stadt, ist von Restaurants umgeben. Hier versammeln sich am späten Nachmittag Besucher und Einheimische unter Straßenmusikanten, Schuhputzern und Mariachi-Kapellen.

Das elegante **Teatro Juárez** steht an der Südostecke des Platzes. Folgt man der Obregón nach Westen, kommt man zur **Plaza de la Paz**, dem kleinen Dreieck neben der Basilika, das von den ehemaligen Häusern reicher Silberbarone eingefasst ist.

Auf der krummen Avenida Juárez geht's Richtung Südwesten zur **Plazuela de los Ángeles**, auf deren Stufen sich gern Studenten treffen. Die Callejón del Beso liegt von hier aus nur wenige Meter den Hügel hinauf.

Weiter geht's über die Avenida Juárez zu drei malerischen Plätzen: dem schönen **Jardín de la Reforma** hinter der Reihe klassischer Säulen, der **Plaza San Roque**, wo beim Festival Cervantino *entremeses* (Zwischenspiele) aufgeführt werden, und zur hübschen, mit Blumen bepflanzten **Plazuela de San Fernando** ganz in der Nähe.

Folgt man der Avenida Juárez weiter in Richtung Westen, kommt man schließlich in das lebhafte Gebiet vor dem Mercado Hidalgo. Einen Block weiter nördlich führt von der **Plaza Alhóndiga** eine große Freitreppe hinauf zur Alhóndiga. Von hier aus schlendert man auf der Calle 28 de Septiembre (die mehrfach den Namen wechselt) nach Osten zurück, vorbei an Museen und der Universität. Nach einigen Kurven und Kehren erblickt man vor sich die **Plaza del Baratillo** mit ihrem florentinischen Brunnen. Von hier aus kann man noch einen Abstecher zur winzigen **Plazuela Mexiamora** machen. Wieder zurück an der Baratillo wendet man sich nach rechts und läuft einen kurzen Block nach Süden zurück zum Jardín de la Unión.

verwandelten die Künstler José Chávez Morado und Olga Costa ein großes altes Brunnenhaus in ihr Wohnhaus und Atelier; vor ihrem Tod stifteten sie das Haus und seinen Inhalt der Öffentlichkeit. Zu sehen ist eine kleine, aber faszinierende Sammlung von Objekten aus dem 16. bis 18. Jh., darunter präkolumbische und moderne Keramiken, Stickereien, Masken und Werke des Künstlerpaars. Es lohnt sich, die „Vorstadt" Pastita aufzusuchen, weil man hier Guanajuato von einer anderen Seite kennenlernt. Die hübsche Zufahrt folgt dem ehemaligen Aquädukt, der an dem Haus endet. Vom östlichen Ende der Stadt kann man jeden Bus mit der Zielangabe „Pastita" nehmen.

Universidad de Guanajuato GEBÄUDE
(UGTO; ☎473-732-00-06; www.ugto.mx; Lascuraín de Retana 5) Das Hauptgebäude der Universität, dessen Zinnen von vielen Teilen der Stadt aus sichtbar sind, befindet sich von der Basilika aus einen Block den Hügel hinauf. Das auffällige, vielstöckige Gebäude in Weiß und Blau mit dem zinnenbewehrten Giebel stammt aus den 1950er-Jahren. Der Entwurf war (und ist) umstritten, weil das hohe Gebäude das historische Stadtbild empfindlich stört.

Museo del Siglo XIX MUSEUM
(☎473-734-61-93; www.museodelsiglo19.com.mx; Positos 25; Eintritt 20 Mex$; ⌚Mo–So 10–18 Uhr) Das 2010 in einem renovierten kolonialen Herrenhaus eröffnete Museum zeigt in sieben Räumen eine private Sammlung zur Geschichte Guanajuatos: Fotos, Bücher, Gemälde und Dokumente aus dem 19. Jh.

Cristo Rey DENKMAL
Cristo Rey (Christus, der König) ist eine 20 m hohe Jesusstatue aus Bronze. Sie wurde 1950 auf der Spitze des Cerro de Cubilete, 15 km westlich von Guanajuato, aufgestellt. Die Stelle soll das exakte geografische Zentrum Mexikos markieren. Bei mexikanischen Touristen ist die Statue eine beliebte Attraktion – der eindrucksvolle Ausblick spielt dabei auch mit. Tourenveranstalter bieten dreieinhalbstündige Trips zur Statue an. Man kommt vom Zentrum aber auch auf eigene Faust hin: Busse mit der Zielangabe „Cubilete" oder „Cristo Rey" starten etwa jede Stunde in der Nähe der Alhóndiga (hin & zurück 38 Mex$).

Funicular STANDSEILBAHN
(Plaza Constancia s/n; einfache Strecke/hin & zurück 15/30 Mex$; ⌚Mo–Fr 8–21.45, Sa 9–21.45, So 10–20.45 Uhr) Die Standseilbahn müht sich den Hang hinter dem Teatro Juárez hinauf bis zur Endstation nahe dem El-Pípila-Monument (und wieder zurück). Die Fahrt hinauf macht Spaß, hinunter kann man sich das Geld sparen – es gibt zwei gut erkennbare befestigte Wege

Kurse

Guanajuato ist eine Universitätsstadt und eignet sich daher hervorragend, um Spanisch zu lernen. Gruppenunterricht kostet durchschnittlich zwischen 150 und 210 US$ für 20 Stunden (1 Woche), und Privatstunden gibt's für durchschnittlich 17 US$ pro Stunde. Die Schulen vermitteln Unterkunft mit Mahlzeiten bei Gastfamilien für rund 190 US$ pro Woche. Weitere Kosten können durch Einschreibe- und/oder Gebühren für Einstufungstests, durch Exkursionen oder außerschulische Aktivitäten anfallen. Zu den empfehlenswerten Sprachschulen gehören **Plateros Spanish School** (☎473-732-99-42; www.paterosspanishschool.com; Alonso 14A), **Adelita** (☎473-100-49-47; www.la-adelita.org; Agua Fuerte 56), **Don Quijote** (☎923-277-200; www.donquijote.org; Calle Pastita 76, Barrio Pastita), und **Escuela Mexicana** (☎473-732-50-05; www.escuelamexicana.com; Potrero 12).

Mika Matsuishi & Felipe Olmos Workshops KURS
(☎473-120-4299; www.felipeymika.wix.com/mojigangas) Regelmäßig stattfindende Puppen- und Puppentheater-Workshops für kreative Zeitgenossen, veranstaltet von talentierten Künstlern und *mojiganga-* Spezialisten. Das Material wird gestellt; die Preise variieren je nach Aktivität.

Feste & Events

Baile de las Flores RELIGION
Der Blumentanz findet immer am Donnerstag vor der Semana Santa statt. Am nächsten Tag sind die Minen der Öffentlichkeit für Besichtigungen und Feiern zugänglich. Die Bergarbeiter schmücken Altäre für ihre Schutzpatronin, die Virgen de los Dolores, eine Erscheinungsform der Jungfrau Maria.

Fiestas de San Juan y Presa de la Olla RELIGION
Die Fiesta de San Juan wird Ende Juni im Presa-de-la-Olla-Park gefeiert. Am meisten los ist am Tag des Heiligen selbst: am 24. – dann gibt's Tänze, Musik, Feuerwerk und Picknicks. Am ersten Montag im Juli kommen alle noch einmal in den Park zurück, um

in einer weiteren großen Party die Öffnung der Fluttore in den Dämmen zu feiern.

Día de la Cueva RELIGION

Der „Höhlentag" ist ein Fest, das am 31. Juli stattfindet. Die Einheimischen begeben sich dann zu einer Höhle in den nahe gelegenen Hügeln, ehren San Ignacio de Loyola und genießen ein festliches Picknick.

Fiesta de la Virgen de Guanajuato RELIGION

Das Fest am 9. August erinnert an das Datum, an dem Philipp II. den Einwohnern von Guanajuato die mit Juwelen verzierte hölzerne Jungfrau geschenkt hat, die heute die Basilika schmückt.

Festival Internacional Cervantino KUNST

(www.festivalcervantino.gob.mx) In den 1950er-Jahren bestand das Theaterfestival nur aus *entremeses* aus dem Werk von Miguel Cervantes, die von Studenten aufgeführt wurden. Mittlerweile hat es sich zu einem der wichtigsten Kunstevents Lateinamerikas gemausert. Musik-, Tanz- und Theatergruppen aus aller Welt führen zwei bis drei Wochen im Oktober verschiedene Werke auf (die meist nichts mit Cervantes zu tun haben).

Tickets für die einzelnen Veranstaltungen kosten zwischen 130 und 650 Mex$. Tickets (www.ticketmaster.com.mx) und Hotels sollte man im Voraus buchen. In Guanajuato bekommt man zwei Monate vor dem Festival Tickets in einer Bude am Teatro Juárez.

Schlafen

Während des Festival Internacional Cervantino im Oktober, zu Weihnachten, in der Semana Santa und (nur in einigen Fällen) auch während der Sommerferien können die Preise rund 20 % höher liegen als hier angegeben.

Casa Bertha HOSTEL, PENSION $

(☎473-732-13-16; Tamboras 9; Zi. mit/ohne Bad ab 190/160 Mex$/Pers., Apt. 210–260 Mex$/Pers.;) Die abgewohnte, aber immer noch emsige, von einer Familie geführte *casa de huéspedes* (Pension) ist eine zeitgenössische Version von *Matrix:* Das Labyrinth der Eisentreppen im Innern führt zu Zimmern verschiedener Größe (einige haben nur Fenster nach innen) und zu drei Apartments für Familien. Die Küche/Terrasse auf dem Dach ist ein Pluspunkt. Neben dem Teatro Principal geht man zur Plazuela Mexiamora hinauf, wo ein blaues Schild den Weg zur Pension weist.

Casa de Dante HOSTEL $$

(☎473-731-09-09; www.casadedante.com; Callejón de Zaragoza 25; B ab 250 Mex$, EZ/DZ mit Frühstück ab 400/800 Mex$;) Der Betreiber dieses superfreundlichen Hostel begrüßt seine Gäste aufs Herzlichste. Es gibt Betten im Schlafsaal und gepflegte Zimmer (Klaustrophobiker Vorsicht – eines hat kein Fenster!), einige Zimmer auch mit eigenem Bad. Darüber hinaus gibt es für die Gäste zwei Küchen und einen Grill draußen auf der Terrasse.

Das Hostel liegt ein wenig außerhalb auf dem Weg nach La Presa, und auf der Strecke muss man mehr als 156 Stufen steigen. Außerhalb der Hauptsaison sind die Preise erheblich niedriger, und bei längerem Aufenthalt sind Preisnachlässe verhandelbar.

Casa Zuniga B&B $$

(☎473-732-85-46; www.casazunigagto.com; Callejón del Pachote 38; Zi. mit Frühstück ab 1100 Mex$; P) Das große B&B bietet diverse moderne Zimmer und wird für Carmens und Ricks Gastlichkeit und das große, protein- und kohlehydratreiche Frühstück begeistert gelobt. Es residiert in luftigen Höhen auf dem Hügel nahe El Pípila. Man findet das Zuniga links der Standseilbahn (wenn man hinauffährt), es ist aber über die Panoramica auch per Auto oder Bus gut erreichbar.

Im Preis enthalten ist die Fahrkarte für die Standseilbahn, gültig für die Zeit des Aufenthalts. Das B&B ist eine der wenigen Unterkünfte vor Ort mit einem Sportschwimmbecken.

Villa Sueño Azul B&B $$

(☎473-731-0157; www.villasuenoazul.com; San Sebastian 88; EZ 740–890 Mex$, DZ 940–1290 Mex$;) Hinter einer blauen Fassade verbirgt sich eine ansprechende, blauweiß gestaltete Oase: ein sicheres und ordentliches B&B mit der hilfsbereiten, Englisch sprechenden Managerin Malí, leicht betagten Zimmern, einer hübschen verglasten Veranda und einer Terrasse voller Topfpflanzen. Das Haus liegt südöstlich der hektischen Innenstadt, die aber in 10 Gehminuten bequem zu erreichen ist.

Das Haus liegt allerdings auch an einer Buslinie: In den beiden vorderen Zimmern kann der Lärm etwas stören, drum kosten sie auch etwas weniger. Die Busse fahren aber sowieso nicht die ganze Nacht.

El Zopilote Mojado PENSION $$

(☎473-732-53-11; www.elzopilotemojado.com; Plazuela Mexiamora 51 & 53; Zi. & Apt. 70 US$, Apt. für 6 Pers. 220 US$;) Die sechs angenehmen, rustikalen Zimmer finden sich über dem Café Zopilote Mojado und in einem Haus im 1970er-Jahre-Stil in der Nähe, wo sie sich eine geräumige Gemeinschaftsküche, einen Aufenthalts-/Speiseraum und Außenterrassen teilen. Zwei schicke, wenn auch dunkle Apartments und ein Familienapartment befinden sich nahe der Plaza. Gäste unter 14 Jahren sind nicht willkommen.

Casa de Pita PENSION **$$**
(473-732-15-32; www.casadepita.com; Cabecita 26; EZ 300 Mex$, DZ 450–900 Mex$, Apt. 500 Mex$;) Ein Labyrinth stimmungsvoller und schrulliger Zimmer erwartet einen in diesem sicheren, zentral gelegenen umgebauten Haus. Die Zimmer unterscheiden sich in Größe und Ausstattung – einige sind Apartments, andere fast beklemmend klein. Am besten reserviert man online.

Casa Estrella de la Valenciana B&B **$$$**
(473-732-17-84; www.mexicaninns.com; Callejon Jalisco 10; Zi. 2000–2700 Mex$;) Diese nette, US-Amerikanern gehörende Bleibe bietet viele Pluspunkte: acht einmalige Zimmer, *boveda* (gewölbte) Decken, private Terrassen und hinreißende, sonnige Gemeinschaftsbereiche. Hinzu kommen freundliches englischsprechendes Personal, reichhaltiges Frühstück und ein Pool. Dass die Unterkunft hoch über Guanajuato in La Valenciana (Taxifahrt ca. 50 Mex$, Bus 5 Mex$) liegt, wird denen gefallen, die lieber nicht mitten im Gewühl der Stadt wohnen; man ist aber auf Transportmittel angewiesen.

Hotel Villa María Cristina BOUTIQUEHOTEL **$$$**
(473-731-21-82; www.villamariacristina.net; Paseo de la Presa de la Olla 76; Suite 3770–5850 Mex$;) Die atemberaubend umgebaute Villa duftet nach teurem Parfüm. Die Einrichtung in den geräumigen Zimmern besteht aus neoklassizistischen Designermöbeln und Originalgemälden des örtlichen Künstlers Jesús Gallardo. Die Betten und Bäder sind luxuriös und duften wohlig. Draußen findet man auf mehreren Höfen (die mit wunderbaren, originalen Fliesen gepflastert sind) Springbrunnen und Korbstühle, Whirlpools und einen Blick auf La Bufa. Das Restaurant vor Ort ist ganztägig geöffnet (Hauptgerichte abends 195–320 Mex$). Das Hotel ist in La Presa, 15 Gehminuten vom Zentrum.

Alonso10 Hotel Boutique & Arte BOUTIQUEHOTEL **$$$**
(473-732-76-57; www.hotelalonso10.com.mx; Alonso 10; Suite 2800–3100 Mex$;) Einer der letzten Neuzugänge in Guanajuato ist dieses schicke Boutiquehotel, das eine Straße vom Chaos des Zentrums entfernt ist. Weiß und Graubraun bestimmen das Farbschema. Die Zimmer bieten alles Drum und Dran. Die beiden vorderen Suiten haben zudem fabelhafte Balkone, von denen man einen schönen Blick auf die Basilika und die Rückseite des Teatro Juárez hat. Im Erdgeschoss befindet sich ein elegantes Restaurant (Hauptgerichte 100–210 Mex$).

Mesón de los Poetas HOTEL **$$$**
(473-732-07-05; www.mesondelospoetas.com; Positos 35; Zi. mit Frühstück 1570–2300 Mex$;) Das am Hang stehende Hotel mit seinem Zimmerlabyrinth – jedes ist nach einem Dichter benannt – bietet insgesamt eine komfortable und saubere Unterkunft. Das Licht wird einen nicht heiter stimmen – einige Zimmer sind düster. Aber insgesamt ist das Haus eine annehmbare Wahl. Uns gefielen die Zimmer 401, 402 und 403, die sich eine sonnige Terrasse teilen. Die Suite 200D ist teurer, wurde aber auch kürzlich renoviert.

1850 Hotel BOUTIQUEHOTEL **$$$**
(473-732-2795; http://hotel1850.com/index.php/en/; Jardín de la Unión 7; Zi. 2000–5000 Mex$;) Das Hotel ist elegant und ansprechend für jene, die auf mexikanischen Schick stehen (d.h. eine umgebaute Villa mit viel Silber, Designer-Ausstattung und, na ja, Hundeskulpturen). Jedes Zimmer ist einmalig und sehr, sehr niedlich. Die Lage ist prächtig – direkt am El Jardin – und die Doppelverglasung stellt sicher, dass man die Mariachis von der angrenzenden Plaza nicht hört. Die Dachbar ist unschlagbar.

Essen

Das Essen in Guanajuato kann insgesamt nicht gerade als kulinarische Offenbarung bezeichnet werden, aber ein paar erfreuliche Ausnahmen gibt es durchaus. Frische Waren, billige Snacks und Mittagsgerichte gibt's im **Mercado Hidalgo** (Av Juárez) fünf Gehminuten westlich vom Jardín de la Unión an der Avenida Juárez. Zwei Blocks weiter liegt rechts das **Central Comercio** (Av Juárez) mit einem großen Supermarkt.

Jardín de la Unión & Umgebung

Habibti NAHÖSTLICH **$**
(Sostenes Rocha 18B; 25–110 Mex$; Mo–Sa 9–23, So bis 22 Uhr) Das winzige Lokal mit nur

ein paar Tischen ist eine der günstigsten Optionen für Traveller mit schmaler Kasse. Serviert werden ausgezeichnete, ganz frische Falafel, aber auch Teller mit diversen schmackhaften Sachen – Hummus, Taboulé, Dal und *hojas de parra*.

Santo Café CAFÉ $
(Puente de Campanero; Hauptgerichte 45–95 Mex$; Mo–Sa 10–24, So 12–20 Uhr;) In dem gemütlichen kleinen Café auf der idyllischen, venezianisch anmutenden Brücke kann man die letzten Unitrends auskundschaften. Serviert werden gute Salate und Snacks (der Sojaburger ist toll für Vegetarier). Von einigen Tischen blickt man hinunter in die Gasse.

Café Tal CAFÉ $
(Temezcuitate 4; Snacks 23–34 Mex$; Mo–Fr 7–24, Sa & So 8–24 Uhr;) Das Café hat sich in den sechs Jahren, seit wir es kennen, nicht verändert: Je schmuddeliger es wird, desto beliebter scheint es zu werden. Der Grund: Hier wird guter Kaffee geröstet, gemahlen und ausgeschenkt, und außerdem treffen sich hier Studenten, die WLAN-Zugang suchen, sowie gesellige Ausländer. Probieren sollte man *beso negro* (schwarzer Kuss), eine hochkonzentrierte Schokolade (12 Mex$).

Tal, die Katze, setzt sich Gästen schon mal auf den Schoß.

La Taula INTERNATIONAL $$
(www.lataula.mx; Callejon del Potrero 2X; 50–160 Mex$; Mo–Sa 12–24 Uhr) Das Konzept dieses lustigen Lokals, das von einem charismatischen jungen Koch geführt wird, besteht in Tellern mit großen Portionen *botanas* (Snacks), die man sich teilen kann. Donnerstags (der Liefertag) isst man am besten Fisch, z. B. das ausgezeichnete Lachs-Carpaccio (150 Mex$), aber auch die *costillas* (Rippchen) sind ein Hit (65 Mex$).

Casa Valadez MEXIKANISCH $$$
(473-732-11-57; www.casavaladez.com; Jardín de la Unión 3; Hauptgerichte 100–580 Mex$; 9–23 Uhr) Das klassische Restaurant ist in jeder Hinsicht eine sehr gute Wahl und lockt eine treue Stammkundschaft gut betuchter Einheimischer. Angesichts der tollen Lage mit Blick auf den Jardín und das Teatro Juaréz ist das Preis-Leistungs-Verhältnis annehmbar – am besten macht man den Besuch zu einem Erlebnis. Die Portionen sind typisch mexikanisch (soll heißen groß); auf der Karte stehen internationale und ein paar mexikanische Gerichte (unter „Capriciosos“) wie *pollo con enchiladas mineros* (Enchiladas mit Hühnchen und allem Drum und Dran).

Plazuela de San Fernando & Umgebung

★Delica Mitsu JAPANISCH $
(Cantaritos 37; Hauptgerichte 40–85 Mex$; Mo–Sa 12–17 & 19–21 Uhr) Das winzige japanische Ladenlokal liegt nicht gerade in schöner Umgebung, serviert aber mit die größten, frischesten und besten japanischen Gerichte vor Ort.

Restaurant La Carreta GRILL $
(473-732-43-58; Av Juárez 96; Hauptgerichte 60–150 Mex$; 10.30–20.30 Uhr) Zu diesem schlichten, mit Wagenrädern dekorierten Lokal geht's der Nase nach, denn der Grill an der Straße produziert laufend leckeres *pollo asado con leña* (Grillhähnchen) und *carne asada* (Rindfleisch vom Grill). Dazu gibt's große Portionen Reis und Salat.

Meztizo INTERNATIONAL $$
(Positos 69; Hauptgerichte 80–135 Mex$; Di–Sa 13–22, So 13–18 Uhr) *Meztizo* bedeutet Mischung, und dieser Laden heißt so, weil er ein Restaurant und eine Galerie beherbergt. Geführt wird das Unternehmen von der Familie Cabelo: Der Vater ist ein vor Ort bekannter Künstler, der Sohn ein Koch. Das etwas schäbige Ambiente macht die Küche wett. Die Speisekarte ist zwar klein, aber die Qualität, insbesondere der Fleischgerichte, ist prima.

Plaza del Baratillo

★Centro Bharati INDISCH, MEXIKANISCH $
(Plaza del Baratillo 11; 50–90 Mex$; Di–Fr 8–19.30, Sa 9–19.30, So 13–19.30 Uhr) Mit Aromen anderer Art kann man hier seine Vielseitigkeit beweisen. Das freundliche Café in einem kolonialzeitlichen Gebäude ist zwanglos und hat mit die besten und günstigsten Gerichte in der Gegend. Die Karte wechselt täglich.

Morgens gibt es vorn ab 8 Uhr frische Säfte, Snacks und Brot; alles wird vor Ort zubereitet. Oben befinden sich ein kleiner Laden und ein Massageraum.

A Punto INTERNATIONAL $$
(Casa Cuatro, San Jose 4; 150–185 Mex$; Di & Mi 14–22, Do–So 14–23 Uhr) Das neue Restaurant im angenehmen Casa Cuatro (einem restaurierten Villenkomplex) gehört zu den kosmopolitischsten Orten in der Stadt und

CALLEJONEADAS – DAS TRADITIONELLE PARTYERLEBNIS

Die Tradition der *callejoneada* soll aus Spanien stammen. Eine Gruppe professioneller Sänger und Musiker in traditionellen Kostümen sammelt sich an einem zentralen Ort wie einer Plaza, eine Menge bleibt stehen und schließlich windet sich die ganze Party unter Schauspieleinlagen, Gesang und Tanz durch die Gassen, Plätze und Straßen. In Guanajuato heißen diese Veranstaltungen auch *estudiantinas*. Zwischen den Liedern werden auch Witze und Geschichten erzählt, die oft einen Bezug zur jeweiligen Gasse haben. In Zacatecas gibt's keine Geschichten, dort führen angemietete Kapellen, sogenannte *tamboras* (in Uniformen, nicht in traditionellen Kostümen) die Feiernden beim Tanz durch die Straßen an. Bei besonderen Gelegenheiten kommt ein mit Weinschläuchen beladener Esel vorbei. Oft können sich auch Fremde einfach der Party anschließen – wodurch die Menge immer mehr anschwillt. Gelegentlich zahlen die Veranstalter die ganze Zeche, manchmal muss man ein wenig für den Wein bezahlen, den man trinkt (wenn man nicht seinen eigenen mitbringt). In Guanajuato verkaufen die Gruppen selber oder Tourveranstalter Tickets (1¼ Std. rund 100 Mex$; Di–So) für die *callejoneadas*; Saft (aber kein Alkohol) wird gestellt. Das Ganze macht Spaß und ist eine wunderbare traditionelle Party.

serviert internationale Gerichte bester Qualität. Eine schöne Möglichkeit für ein ausgedehntes Mittag- oder Abendessen.

El Midi Bistró MEDITERRAN **$$**
(www.elmidibistro.com; Casa Cuatro, San Jose 4; Salate 17 Mex$/100 g; ⌚Mi–Sa & Mo 12–23, So 12–17 Uhr; 📶) Das geschmackvoll eingerichtete Bistro mit einer Bar im oberen Stock bietet mittags ausgezeichnete Salate (17 Mex$/100 g), akzeptables Abendessen und oben Cocktailspaß (s. rechte Spalte). Dank Livemusik am Donnerstagabend und ausgedehnten Sonntagsbrunchs ist der Laden einer der besten vor Ort, wenn man Entspannung sucht, und lockt viele ortsansässige Ausländer, aber nicht nur, an.

La Presa & Umgebung

México Lindo y Sabroso MEXIKANISCH **$$**
(☎473-731-05-29; Paseo de la Presa 154; Hauptgerichte 70–150 Mex$; ⌚9–22 Uhr) Das Restaurant serviert schmackhafte mexikanische Gerichte in einem farbenfrohen, geschmackvollen Ambiente. Es gibt auch eine hübsche Außenterrasse. Den Paseo de la Presa rund 1,4 km hinauf gehen, dann liegt das Lokal auf der linken Seite. Das Brunch-Büffet am Sonntag lockt Einheimische an, die einen Riesenappetit mitbringen.

San Javier

Las Mercedes MEXIKANISCH **$$$**
(☎473-732-73-75; www.guanajuatoesparati.com/lasmercedes; Arriba 6, San Javier; Hauptgerichte 183–300 Mex$; ⌚Di–Sa 14–22, So 14–18 Uhr) In einem Wohnviertel hoch über der Stadt befindet sich Guanajuatos bestes Restaurant, das bei Beamten und Geschäftsleuten, aber auch bei Paaren für ein romantisches Abendessen beliebt ist. Serviert wird modern abgewandelte mexikanische Cuisine *á la abuela* – Hausmannskost, deren Zubereitung Stunden erfordert, z. B. *moles,* die von Hand in *molcajetes* zermahlen werden. Die Gerichte werden aber modern und stilvoll angerichtet. Reservierung empfohlen.

Um hinzukommen, ein Taxi nehmen. Die Fahrt geht zunächst hinunter ins Tal (in nordwestlicher Richtung wie nach La Valenciana), dann aber schnell westlich den Hügel hinauf.

Ausgehen & Nachtleben

Jeden Abend sammeln sich am Jardín de la Unión die Menschen, schlendern herum, setzen sich an die draußen stehenden Tische und lauschen den Straßenmusikanten und Mariachi-Bands.

Angesichts der vielen Studenten (die in der Regel donnerstags auf die Pauke hauen) gibt's keinen Mangel an Bars und Nachtclubs. Generell geht die Party in Guanajuato erst spät am Abend los.

El Midi Bistró BAR
(Casa Cuatro, San Jose 4; Cocktails 50–70 Mex$; ⌚Mi–Sa & Mo 12–23, So 12–17 Uhr) Sam ist der Mann für die Cocktails in diesem beliebten Treff. Der Chef-Mixer und sein Team wandeln Cocktails alter Schule mexikanisch ab. Sie fabrizieren ganz spezielle Daiquiris, *ponches* (Punschs) und alle möglichen Getränke mit Zutaten von Basilikum bis Lavendel. Wer lieber das Übliche will, hält sich an die verlässlichen, sehr guten Margaritas.

El Incendio BAR
(Cantarranas 39; ⏲11–23 Uhr) Die ehemalige Cantina alter Schule – deren Hinterlassenschaft Schwingtüren, ein (wie bei anderen alten Cantinas nicht mehr genutztes) offenes Urinal und mit Wandmalereien bedeckte Wände sind – hat ein munteres aber raues studentisches Publikum.

Clave Azul CANTINA
(☎473-732-15-61; Segunda de Cantaritos 31; ⏲Mo–Do 13.30–22, Fr & Sa 13.30–24 Uhr) Den Laden gibt's schon jahrelang, aber wir kommen immer gern wieder. Die Cantina voller Artefakte garantiert ein authentisch mexikanisches Kneipenerlebnis mit begleitenden *botanas* (Tapas, die es von 14–17.30 Uhr kostenlos zu den Getränken gibt). Die Cantina liegt in einer engen Gasse links vom Bossanova Café.

One Bar & Lounge BAR
(1850 Hotel, Jardín de la Unión 7; Cocktails ab 70 Mex$; ⏲So–Do 17–24, Fr & Sa 17–3 Uhr) Mit einem Blick über das Teatro Juarez und den Jardín de la Unión ist die ultramoderne Bar auf dem 1850 Hotel ein prima Ort für einen abendlichen Cocktail.

☆ Unterhaltung

Von März bis Dezember gibt's Theater (in einem der drei schönen, zentral gelegenen Theater), Oper, Tanzdarbietungen und Konzerte. Eine Liste mit dem Monatsprogramm bekommt man in den Touristenkiosken auf dem Jardín de la Unión.

Shoppen

El Viejo Zaguán BÜCHER
(☎Handy 7323971; Positos 64; ⏲Di–Sa 10.30–15 & 17–20, So 11–15 Uhr) Wunderbare zweisprachige Publikationen, Kunstbände, Geschenkartikel und ein entspanntes Café.

Xocola-T ESSEN
(Plazuela del Baratillo 15; Schokolade 8–12 Mex$; ⏲Mo–Sa 9–21, So 12–17 Uhr) Dieses Paradies für Schokosüchtige verkauft leckere hausgemachte Schokoladen aus reinem Kakao mit natürlichen Aromen und ohne Transfette. Zu den sonderbareren Füllungen gehören *chapulines* (Grashüpfer), *gusanos* (Raupen) und *nopal* (Kaktus).

ℹ Praktische Informationen

GELD

Die Banken an der Avenida Juárez haben Geldautomaten, tauschen Bargeld und lösen Reiseschecks ein (manche nur bis 14 Uhr).

Divisas Dimas (Av Juárez 33A; ⏲Mo–Sa 10–20 Uhr) Die Wechselstube löst auch Reiseschecks von American Express ein.

INTERNETZUGANG

Viele Internetcafés finden sich in den Straßen um die Universität (meist 10 Mex$/Std). WLAN gibt es in einigen Cafés, öffentliches WLAN an einigen Plätzen (wo man seine Geräte aber nicht stolz zur Schau stellen sollte).

MEDIZINISCHE VERSORGUNG

Centro Médico la Presa (☎473-102-31-00; Paseo de la Presa 85)

Hospital General (☎473-733-15-73, 473-733-15-76; Carretera a Silao, Km 6,5)

POST

Post (Ayuntamiento 25; ⏲Mo–Fr 8–16.30, Sa 8–12 Uhr)

TOURISTENINFORMATION

Unglaublicherweise gibt es in Guanajuato als offizielle Informationsstellen gerade einmal zwei Touristenstände am **Jardín de la Unión** und in der angrenzenden **Calle Allende**. Achtung: Diese beiden nicht mit den offiziell wirkenden, als „Information Turística" firmierenden Buden verwechseln, die es überall in der Stadt gibt. Das sind Privatanbieter, die spezifische Hotels und/oder andere Dienstleistungen anpreisen.

ℹ An- & Weiterreise

BUS

Guanajuatos Central de Autobuses liegt rund 5 km südwestlich der Stadt (um hinzukommen,

BUSSE VON GUANAJUATO

ZIEL	ZIEL (MEX$)	DAUER (STD.)	HÄUFIGKEIT (TGL.)
Dolores Hidalgo	60	1½	5.30–22.30 Uhr alle 30 Min.
Guadalajara	269–420	4	regelm.
León	49–175	1–1¼	sehr oft
Mexico City (Terminal Norte)	449–540	4½	sehr oft
Querétaro	178–186	2½	8-mal
San Miguel de Allende	87–135	1½–2	17-mal

muss man die Stadt aber verwirrenderweise Richtung Nordwesten über die Tepetapa verlassen). Im Busbahnhof gibt's Kartentelefone und (im Café) eine Gepäckaufbewahrung. Fahrkarten für Deluxe-Busse und Busse der 1. Klasse (ETN und Primera Plus) kann man in der Stadt bei **Viajes Frausto** (☎ 473-732-35-80; Obregón 10; ⊙ Mo–Fr 9–14 & 16.30–19.30, Sa 9–13.30 Uhr) kaufen. Ein praktischer Venta de Boletos (Ticketkiosk) für Primera-Plus-Busse befindet sich in einer Arkade gegenüber der Plaza Baratillo.

Ominbus de Mexico betreibt einen direkten Bus nach San Luis Potosí (225 Mex$, 18.45 Uhr; weitere Verbindungen mit Umsteigen in León). Primera Plus und ETN sind die wichtigsten Anbieter von Bussen der 1. Klasse, Flecha Amarilla hat billigere Busverbindungen nach Dolores Hidalgo, León und San Miguel.

Die Busverbindungen ab Guanajuato stehen in der Tabelle auf S. 707.

ℹ Unterwegs vor Ort

Ein Taxi zum Aeropuerto Internacional del Bajío kostet etwa 400 Mex$, vom Flughafen in die Stadt gilt ein Festpreis von 450 Mex$ (Ticket am Taxischalter im Flughafen kaufen). Bei der Fahrt von Guanajuato aus kommt man besser weg, wenn man zunächst einen der häufigen Busse nach Silao (40 Mex$; alle 20 Min.) nimmt und erst von dort ein Taxi (rund 120 Mex$). Achtung: umgekehrt – also vom Flughafen nach Silao – gilt für die Taxis ein Festpreis, der rund 50 % höher ist.

Zwischen dem Busbahnhof und dem Zentrum fahren rund um die Uhr ständig „Central de Autobuses"-Busse (5 Mex$). Vom Zentrum aus kann man in der Av Juárez Richtung Westen zusteigen. Vom Busbahnhof fährt man den Tunnel Richtung Osten unter dem *centro histórico* hindurch. Man kann an einer der vielen Haltestellen aus- oder einsteigen: Mercado Hidalgo, Plaza de los Ángeles, Jardín de la Unión, Plaza Baratillo/Teatro Principal, Teatro Cervantes oder Embajadoras (Achtung: beim Fahrer nach der Richtung fragen, in die er fährt). Ein Taxi vom/zum Busbahnhof kostet ca. 40 Mex$.

Um in der Stadt voranzukommen, aufpassen: An den Stadtbussen steht das jeweilige Ziel angeschrieben. Im *centro histórico* gilt diese Faustregel: Alle Busse nach Osten fahren durch die Tunnel *unter* der Av Juárez (z. B. wenn man vom Markt zum Teatro Principal möchte), die Busse Richtung Westen fahren auf der Av Juárez.

Die Stadtbusse (6 Mex$) sind von 7 bis 22 Uhr unterwegs. Taxis gibt's im Zentrum jede Menge; sie verlangen für einen kurzen Trip durch die Stadt etwa 35 Mex$ (etwas mehr, wenn es den Berg hinauf geht, z. B. zum El Pípila).

León

Ob es einem gefällt oder nicht, wahrscheinlich wird man irgendwann in der Industriestadt León, 56 km westlich von Guanajuato, landen, weil die Stadt ein wichtiger Busknotenpunkt im Bundesstaat Guanajuato ist. Außerdem ist sie nur 20 km vom Aeropuerto Internacional del Bajío entfernt.

Immerhin wird man sich hier wahrscheinlich nicht lange aufhalten müssen, denn es gibt viele Busverbindungen. Wenn man ein oder zwei Stunden in Leon ist, ehe die Fahrt weitergeht, lohnt sich ein Spaziergang durch die Straßen rund um den Busbahnhof, die als Zona Piel, das Lederviertel, bekannt sind. León ist seit langem ein Versorgungszentrum: Schon im 16. Jh. war die Stadt ein Zentrum der mexikanischen Viehzucht, das Fleisch in die Bergwerksstädte lieferte und in dem die Häute zu Lederwaren verarbeitet wurden.

ℹ An- & Weiterreise

Der Aeropuerto Internacional del Bajío liegt 20 km südöstlich von León an der Straße nach Mexico City. Viele US-Fluglinien fliegen von dort zu US-amerikanischen Städten (oft über Mexico City). Leider gibt es keine Busverbindung vom Flughafen ins Zentrum von León oder nach Guanajuato. Die Taxifahrt zwischen León und dem Flughafen kostet 400 Mex$.

Im **Central de Autobuses** (Blvd Hilario Medina s/n), der sich gleich nördlich des Blvd López Mateos und 2,5 km östlich vom Stadtzentrum befindet, gibt es eine Cafeteria, eine Gepäckaufbewahrung, Wechselstuben und Kartentelefone. Regelmäßig fahren von hier aus Busse der 1. und 2. Klasse zu vielen Zielen im nördlichen und westlichen Mexiko.

BUSSE AB LEÓN

ZIEL	PREIS (MEX$)	DAUER (STD.)	HÄUFIGKEIT (TGL.)
Aguascalientes	154–185		regelm.
Guanajuato	49–175	¾	regelm.
Mexico City (Terminal Norte)	449–540	5	17-mal (24 Std.)
San Miguel de Allende	173–205	2¼	5-mal
Zacatecas	280–334		stündl.

Dolores Hidalgo

☎418 / 59 000 / 1920 M

Dolores Hidalgo ist eine kompakte Stadt mit hübscher Plaza, lockerer Atmosphäre und bedeutender Geschichte. Unter Mexikanern genießt sie den Status einer Pilgerstätte: In dem kleinen Ort nahm die mexikanische Unabhängigkeitsbewegung erstmals konkrete Konturen an. Am 16. September 1810 läutete der Pfarrer Miguel Hidalgo um 5 Uhr morgens früher als gewöhnlich die Glocken, um die Menschen in die Kirche zu rufen, und stieß den *Grito de Dolores* (auch *Grito de Independencia*, Schrei nach Unabhängigkeit) aus. Seine genauen Worte sind im Lauf der Zeit verloren gegangen, die Botschaft aber ist bis heute unmissverständlich: „Tod der schlechten Regierung und den *gachupines!*" (*gachupines* bezeichnete verächtlich die in Spanien geborenen Oberherren, die Mexiko regierten.)

Heute ist Hidalgo einer der am meisten verehrten Helden Mexikos. Dolores wurde 1824 zu seinen Ehren umbenannt. Am Unabhängigkeitstag (16. Sept.) strömen die Mexikaner hierher; in dieser Zeit können sich die Unterkunftspreise mehr als verdoppeln.

Es lohnt sich, dem *centro histórico* der Stadt von San Miguel de Allende, Guanajuato oder Querétaro aus einen Tagesbesuch abzustatten – nicht nur wegen seiner interessanten Museen rund um das Thema Unabhängigkeit (die alle im Umkreis von ein paar Blocks um die Plaza Principal liegen), sondern auch wegen der Werkstätten mit bunter Talavera-Keramik (mehrere Blocks entfernt von der Plaza) und wegen der Eiscreme (die man an Wagen auf der Plaza kaufen kann).

Sehenswertes

Parroquia de Nuestra Señora de Dolores — KIRCHE

(Plaza Principal) Die Parroquia de Nuestra Señora de Dolores ist der Ort, wo Hidalgo den berühmten *Grito* verkündete Die Kirche hat eine herrliche Fassade des 18. Jhs. im Stil des Churriguerismus. Hidalgos „Klagerede" umranken Legenden: Manche behaupten, Hidalgo habe seine berühmten Worte von der Kanzel aus an die Gemeinde gerichtet. Andere meinen, er habe von der Kirchentür aus zur draußen versammelten Menge gesprochen.

Hidalgo-Statue — DENKMAL

(Plaza Principal) Auf der Plaza thront eine Statue Hidalgos in römischem Gewand auf einer hohen Säule. Zudem steht hier ein Baum, der laut der Inschrift auf der Tafel unter ihm ein Ableger des Baumes der *Noche Triste* (Traurigen Nacht) ist: Unter jenem soll Cortés geweint haben, als seine Männer 1520 aus Tenochtitlán vertrieben wurden.

Museo Bicentenario 1810–2010 — MUSEUM

(Casa del Capitán Mariano Abasolo; Erw./Student 20/10 Mex$; ⏲Di–So 10–16.45 Uhr) Das Museum neben der Kirche in der ehemaligen Presidencia Municipal wurde 2010 anlässlich der Feierlichkeiten zum 200. Jahrestag des mexikanischen Unabhängigkeitskampfes eingeweiht. Anders als der Name vermuten lässt, vermitteln die meisten der sieben Säle den kulturellen und historischen Kontext für das erste Jahrhundert der mexikanischen Unabhängigkeit. So findet man hier Dokumente zum 100. Jahrestag, der 1910 gefeiert wurde. Zu den seltsameren Ausstellungsstücken gehört ein mit Haar besetzter Seidenschal (der das Porträt Alejandro Zavala Mangas' zeigt, eines aus Guanajuato stammenden Architekten) und das gemalte Originalplakat zum 100. Jahrestag der Unabhängigkeit. Alle Erläuterungen gibt's nur auf Spanisch.

Museo de la Independencia Nacional — MUSEUM

(Museum der nationalen Unabhängigkeit; ☎418-182-77-50; Zacatecas 6; Erw./Student 15/7,50 Mex$, So frei; ⏲10–17 Uhr) Das Museum bietet nur wenige Ausstellungsstücke, aber viele Informationen zur mexikanischen Unabhängigkeitsbewegung. Die Ausstellung umfasst sieben Säle. Sie dokumentiert den drastischen Rückgang der indigenen Bevölkerung Neuspaniens von ca. 25 Mio. Menschen im Jahr 1519 auf 1 Mio. im Jahr 1605. Sie verzeichnet 23 Aufstände indigener Gruppen vor 1800 und mehrere kreolische Verschwörungen im Vorfeld des Aufstands von 1810. Dramatische Gemälde, Zitate und Dokumente erläutern die heroischen letzten zehn Monate aus Hidalgos Leben.

Museo Casa de Hidalgo — MUSEUM

(☎418-182-01-71; Ecke Hidalgo & Morelos; Eintritt 31 Mex$; ⏲Di–So 10–16.30 Uhr) Miguel Hidalgo lebte in diesem Haus, als er Gemeindepriester von Dolores war. Von hier aus brachen Hidalgo, Ignacio Allende und Juan de Aldama in den Morgenstunden des 16. September 1810 zu ihrem Umsturzversuch gegen die spanische Kolonialherrschaft auf. Heute ist das Haus so etwas wie ein Nationalheilig-

MIGUEL HIDALGO: ¡VIVA MEXICO!

Den fast kahlen Kopf des visionären Priesters Miguel Hidalgo y Costilla kennt jeder, der schon einmal einen Blick auf mexikanische Statuen oder Wandmalereien geworfen hat. Als echter Rebell und Idealist opferte Hidalgo seine berufliche Stellung und riskierte sein Leben, als er am 16. September 1810 die Unabhängigkeitsbewegung ins Rollen brachte.

Hidalgo wurde am 8. Mai 1753 als Sohn eines kreolischen (Kreolen sind in Mexiko geborene Menschen spanischer Abstammung) Gutsverwalters in Guanajuato geboren. Er erwarb einen Universitätsabschluss und wurde 1778 zum Priester ordiniert. Anschließend lehrte er an seiner Alma Mater in Valladolid (heute Morelia) Theologie und wurde schließlich Rektor der Universität. Doch Hidalgo war alles andere als ein orthodoxer Kleriker: er stellte viele katholische Traditionen in Frage, las verbotene Bücher, gab sich dem Glücksspiel hin, tanzte und hatte eine Mätresse.

1800 wurde er von der Inquisition angeklagt. Es konnte ihm zwar nichts nachgewiesen werden, aber ein paar Jahre später, 1804, wurde er als Priester in das Provinznest Dolores verbannt.

Während der Jahre in Dolores interessierte sich Hidalgo zunehmend für das wirtschaftliche und kulturelle Wohlergehen des Volkes. Er begründete mehrere neue Produktionszweige: die Seidenraupenzucht und die Anlage von Olivenplantagen und Weinbergen – alles unter Missachtung der Anordnungen der spanischen Kolonialverwaltung. Die Herstellung von Töpferwaren begründete eine Keramikproduktion, die heute fein glasierte Töpfe und Fliesen hervorbringt.

Hidalgo lernte Ignacio Allende aus San Miguel kennen; beide teilten die kreolische Unzufriedenheit über den Würgegriff, in dem Mexiko durch die spanische Kolonialmacht gehalten wurde. Hidalgos Ansehen unter den *mestizos* und *indígenas* seiner Gemeinde war entscheidend dafür, den geplanten Aufstand auf eine breitere Basis zu stellen.

Kurz nach seinem Grito de Independencia wurde Hidalgo offiziell wegen „Häresie, Apostasie und Aufwiegelung" exkommuniziert. Er aber verteidigte seine Forderung nach der Unabhängigkeit Mexikos und warf den Spaniern vor, keine wahren religiösen Katholiken zu sein, sondern dies lediglich aus politischen Gründen zu behaupten, vor allem, um Mexiko so vergewaltigen, ausplündern und ausbeuten zu können. Einige Tage später, am 19. Oktober, diktierte Hidalgo sein erstes Edikt, das die Abschaffung der Sklaverei in Mexiko forderte.

Hidalgo führte seine wachsende Streitmacht von Dolores nach San Miguel, Celaya und Guanajuato, nordwärts nach Zacatecas, südwärts bis fast nach Mexico City und westwärts nach Guadalajara. Dann aber wurden seine Truppen nach Norden vertrieben und dezimiert. Am 30. Juli 1811 wurde Hidalgo von den Spaniern gefangengenommen und in Chihuahua von einem Erschießungskommando erschossen. Sein Kopf wurde in die Stadt Guanajuato gebracht und zehn Jahre lang in einem Käfig an einer Ecke der Alhóndiga de Granaditas zusammen mit den Köpfen der Unabhängigkeitskämpfer Allende, Aldama und Jiménez öffentlich ausgestellt. Das scheußliche Schauspiel verfehlte aber seinen Zweck: Statt das Volk einzuschüchtern, hielt es die Erinnerung an das Wirken, die Ziele und das Beispiel dieser heldenhaften Märtyrer wach. Nach dem Erreichen der Unabhängigkeit wurden die Käfige abgenommen. Die Schädel (und Körper) der Revolutionshelden ruhen heute im Monumento a la Independencia in Mexico City.

tum – angefüllt mit Gedenktafeln, Repliken von Hidalgos Möbeln und Dokumenten zur Unabhängigkeitsbewegung, beispielsweise dem Erlass zur Exkommunikation Hidalgos.

Museo José Alfredo Jiménez MUSEUM (www.museojosealfredojimenez.com; Guanajuato 13, Ecke Nuevo León; Eintritt 35 Mex$; ⌚Di–So 10–17 Uhr) Wer vor dem Aufenthalt in Dolores noch nichts von José Alfredo Jiménez gehört hat, wird hier alles über ihn erfahren, denn der König der *música ranchera* wird von allen Mexikanern geliebt. Das neue, moderne Museum ist in seinem hinreißenden Geburtshaus untergebracht und beschreibt sein Leben anhand von Gemälden, Fotos, Erinnerungsstücken und Aufnahmen (High-Tech-Kopfhörer sind vorhanden). Im ersten Raum befindet sich ein außerordentliches Gemälde von Octavio Ocampo, auf dem sich viele Figuren und Symbole verbergen.

Feste & Events

Día de la Independencia
HISTORISCHES FEST

Dolores ist der Schauplatz einer großen Feier zum Día de la Independencia (16. Sept.), bei der der Präsident der Vereinigten Mexikanischen Staaten traditionell im fünften Jahr seiner Amtszeit anwesend ist.

Fiestas Patrias
KULTUR

Die Termine der Fiestas Patrias ändern sich jährlich, erstrecken sich über bis zu zwei Wochen und schließen immer den 16. September mit ein.

Schlafen

Während der Unabhängigkeitsfeiern (Sept.) und zu Ostern können sich die Preise verdoppeln und manchmal sogar verdreifachen.

Hotel Hidalgo
HOTEL $

(☎418-182-04-77; www.hotelposadahidalgo.com; Hidalgo 15; EZ/DZ/3BZ 400/475/550 Mex$; P ⊜ ☎) Die Rezeption wirkt ein wenig wie in einer Arztpraxis, aber das supersaubere, gut geführte Hotel bietet komfortable Zimmer, „modern im Stil der 1980er-Jahre". Das Haus liegt praktisch zwischen den Busbahnhöfen und der Plaza Principal.

Posada Cocomacán
HOTEL $$

(☎418-182-60-86; Plaza Principal 4; EZ/DZ 350/470 Mex$; ☎) Das zentral gelegene, ganz aprikosenfarbene Cocomacán ist eine betagte, aber verlässliche Unterkunft. Von den 37 Zimmern sind jene in den oberen Stockwerken mit Fenstern zur Straße die besten. Es gibt auch ein Restaurant (8–22.30 Uhr).

Essen

Man sollte unbedingt bei einem Straßenhändler auf der Plaza oder sonst irgendwo in der Stadt ein hausgemachtes Eis (rund 20 Mex$) probieren. Dabei kann man seine Geschmacksnerven beispielsweise den Geschmacksrichtungen *mole* (Chilisauce), *chicharrón* (gebratene Schweinekruste), Avocado, Mais, Käse, Honig, Shrimps, Bier, Tequila und tropische Früchte aussetzen. Auf dem geschäftigen Markt an der Ecke Chihuahua und Michoacán gibt's ordentliche Snacks auf Maisbasis.

El Fruty
CAFÉ $

(Hildalgo s/n; 25–50 Mex$; ⊙9–22 Uhr) Ein preiswerter und bequemer Stopp für sättigende Sandwiches, Naturjoghurt und einen (gerade so) passablen Kaffee.

Restaurant Plaza
MEXIKANISCH $$

(☎418-182-02-59;Plaza Principal 17B; Hauptgerichte 65–205 Mex$; ⊙8–22 Uhr; ☎) In dem zentral gelegenen, ganz passablen Lokal gibt's Frühstücks- (ab 77 Mex$) und Mittagsmenüs (80 Mex$) sowie Fleischgerichte, Pasta und *antojitos*.

Shoppen

Talavera-Keramik ist das Markenzeichen von Dolores, seit Padre Hidalgo im frühen 19. Jh. hier die erste Keramikwerkstätte ins Leben rief. Umschauen kann man sich in der Zona Artesanal, den Werkstätten an der Avenida Jiménez fünf Blocks westlich der Plaza, oder (wenn man ein Auto hat) in der Calzada de los Héroes, der Ausfallstraße nach San Miguel de Allende. Einige Werkstätten produzieren auch kolonialzeitliche Stilmöbel.

Praktische Informationen

Die **Touristeninformation** (☎418-182-11-64; Plaza Principal; ⊙Mo–Fr 9–17, Sa 10–14 Uhr) befindet sich an der Südostseite der Plaza Principal. Die hilfreichen Mitarbeiter verteilen Stadtpläne und geben Informationen.

Mehrere Bankfilialen mit Geldautomaten liegen rund um die Plaza. Die **Post** (☎182-08-07; ⊙Mo–Sa 9–14 Uhr) befindet sich an der Kreuzung Puebla und Veracruz.

An- & Weiterreise

Der **Busbahnhof Primera Plus/Coordinados (Flecha Amarilla)** (Hidalgo) liegt 2½ Blocks südlich der Plaza nahe dem **Busbahnhof Herradura de Plata/Autovías** (Ecke Chiapas & Yucatán).

Regelmäßig fahren Busse der 2. Klasse nach Querétaro (101 Mex$), León (108 Mex$) und San Luis Potosí (159 Mex$).

BUSSE AB DOLORES HIDALGO

ZIEL	PREIS (MEX$)	DAUER(STD)	HÄUFIGKEIT (TGL.)
Guanajuato	60	1¼	regelm.
Mexico City (Terminal Norte) via Querétaro	308–330	5–6	regelm.
San Miguel de Allende	42	¾	regelm.

San Miguel de Allende

☎415 / 70 000 EW. / 1900 M

Viele Leute unken, San Miguel sei eine Art mexikanisches Disneyland für ausländische – meist US-amerikanische – Rentner und besuchende *chilangos* (die aus Mexico City). Tatsächlich aber erwartet Besucher eine verblüffende, saubere Stadt mit kolonialzeitlicher Architektur, zauberhaften Kopfsteinpflaster-Straßen und einem nicht weniger zauberhaften Licht. Feste, Feuerwerk und Umzüge prägen regelmäßig das gesellschaftliche Leben.

Der weltoffene Stil der Stadt spiegelt sich in ausgezeichneten Restaurants und erstklassigen Unterkünften im Kolonialstil wider. Zahlreiche Galerien präsentieren feinstes mexikanisches *artesanía* (Kunsthandwerk). Und auch sonst gibt es einige berühmte Sehenswürdigkeiten im *centro histórico*: San Miguel selbst *ist* die Sehenswürdigkeit – mit El Jardín, dem Hauptplatz und der Parroquia, der größten Kirche mitten in der Stadt. 2008 wurde die Stadt zum UNESCO-Weltkulturerbe erklärt.

Angesichts der hohen Auszeichnung überrascht es nicht, dass San Miguel die Reisekasse ziemlich stark beansprucht. Die Stadt hat sich weit von den 1940er-Jahren entfernt, als Beatniks und arme Künstler hier in wilder Ehe von ein paar Groschen lebten und ihre kreativen Pläne verwirklichten. Der Einfluss der Fremden ist beachtlich – über 12 000 Ausländer sollen in San Miguel leben oder Häuser besitzen –, doch man lebt hier recht harmonisch zusammen.

Abseits schicker B&Bs und toller Läden existiert ein authentisches Stück Mexiko. Wer den unverfälschten mexikanischen Way of Life in all seinen bunten Farben erleben will, muss nur auf der Hauptplaza etwas faulenzen, über den Lebensmittelmarkt schlendern oder mit Einheimischen ins Gespräch kommen.

Das Klima ist angenehm. Im Winter kühl, im Sommer warm und fast immer sonnig – nur gelegentlich gibt's Gewitter und Platzregen.

Geschichte

Es heißt, die Stadt verdanke ihre Gründung ein paar erschöpften Hunden, den Lieblingen des Franziskanermönchs Juan de San Miguel. 1542 hatte dieser 5 km von der heutigen Stadt entfernt an einem häufig ausgetrockneten Fluss eine Mission aufgebaut. Eines Tages liefen die Hunde von der Mission fort; man fand sie bei einer Rast an der Quelle El Chorro, woraufhin die Mission an diesen günstigeren Ort verlegt wurde.

San Miguel war damals die nördlichste spanische Siedlung Zentralmexikos. Die Purépecha und die Tlaxcalteken waren Verbündete der Spanier und wurden in der Region angesiedelt, um die einheimischen Otomí und Chichimeken zu „befrieden". Beinahe hätte San Miguel den heftigen Widerstand der Chichimeken nicht überstanden. 1555 jedoch richtete man zum Schutz der neuen Straße von Mexico City ins Silberzentrum Zacatecas eine spanische Garnison ein. Spanische Viehzüchter kamen in die Gegend, die sich zu einem boomenden Wirtschaftszentrum und zur Heimat einiger wohlhabender Silberbarone aus Guanajuato entwickelte.

Der Lieblingssohn von San Miguel, Ignacio Allende, kam 1779 zur Welt. Er wurde zu einem glühenden Befürworter der mexikanischen Unabhängigkeit und Kopf einer Verschwörung, die am 8. Dezember 1810 in Querétaro einen bewaffneten Aufstand begann. Als die Obrigkeit in Querétaro am 13. September dem Plan auf die Schliche kam, eilte ein Bote nach San Miguel und informierte Juan de Aldama, einen weiteren Rebellen. Aldama machte sich gen Norden nach Dolores auf, wo er in den frühen Morgenstunden des 16. Septembers Allende im Haus des Priesters Miguel Hidalgo traf, der ebenfalls dem Zirkel der Aufständischen angehörte. Ein paar Stunden später rief Hidalgo von seiner Kirche aus zur Rebellion auf. Nach anfänglichen Erfolgen wurden Allende und Hidalgo zusammen mit anderen Rebellen 1811 in Chihuahua gefangengenommen und hingerichtet. Nachdem sich Mexiko 1821 aber endgültig von Spanien losgesagt hatte, erklärte man ihn zum Märtyrer. 1826 benannte man die Stadt in San Miguel de Allende um.

1938 wurde die Escuela de Bellas Artes gegründet. Die Stadt entwickelte sich allmählich zu dem, was sie heute ist, als David Alfaro Siqueiros begann, Wandmalerei-Kurse zu geben, und damit Künstler aller Stilrichtungen anlockte. Auch das 1951 eröffnete Instituto Allende zieht ausländische Studenten an. Viele waren US-Veteranen (denen die G. I. Bill of Rights dies ermöglichte); der Zustrom an Künstlern ist seitdem nicht abgerissen.

Sehenswertes

Parroquia de San Miguel Arcángel KIRCHE

Die rosafarbenen Kirchtürme der Pfarrkirche dominieren den Jardín. Die merkwürdigen Spitztürme wurden von dem einheimischen Steinmetz Zerferino Gutiérrez im späten 19. Jh. entworfen. Angeblich ließ er sich von einer Postkarte mit einer belgischen Kirche inspirieren und teilte den Bauarbeitern seine Pläne mit, indem er sie mit einem Stock in den Sand zeichnete. Der Rest der Kirche stammt aus dem späten 17. Jh. In der Kapelle links vom Hauptaltar befindet sich die hochverehrte Figur des *Cristo de la conquista* (Christus der Eroberung). Sie wurde wahrscheinlich im 16. Jh. in Pátzcuaro aus Getreidehalmen und Orchideenknollen hergestellt. Der Grundstein für die angrenzende **Iglesia de San Rafael** (Garten) wurde 1742 gelegt.

La Esquina: Museo del Juguete Popular Mexicano MUSEUM

(www.museolaesquina.org.mx; Núñez 40; Eintritt 30 Mex$; ⌚ Di–Sa 10–18, So 10–15 Uhr) Das helle und moderne Spielzeugmuseum ist ein Muss für alle großen und kleinen Kinder. Man täte ihm unrecht, wenn man nur sagt, hier werde mexikanisches Spielzeug ausgestellt, nämlich die Sammlung, die die Besitzerin Angélica Tijerina in 50 Jahren zusammengetragen hat. Denn dieses Museum ist viel mehr. Es möchte die Tradition des mexikanischen Spielzeugs bewahren und fortschreiben, indem es unterschiedliche Stücke aus vielen Regionen Mexikos präsentiert. Die Exponate sind nach drei Hauptthemen sortiert und bestehen aus unterschiedlichen Materialien, von Grashalmen bis Plastik, von Holz bis Stoff. Kinder werden auch ihren Spaß an den interaktiven Computerspielen haben. Ein hübscher Geschenkeladen ist angeschlossen.

Jardín Botánico El Charco del Ingenio GARTEN

(☎ 415-154-47-15; www.elcharco.org.mx; abseits des Antiguo Camino Real a Querétaro; Eintritt 40 Mex$; ⌚ 7–20 Uhr) Der 88 ha große botanische Garten, 1,5 km nordöstlich der Stadt, ist auch ein Schutzgebiet für Wildtiere und Vögel sowie eine Erholungs- und Zeremonialstätte. Wege führen durch Feuchtgebiete und prächtige Areale mit Kakteen und einheimischen Pflanzen. In einer Schlucht befindet sich der **Charco del Ingenio**, die Süßwasserquelle, nach der die Anlage benannt ist. Anschauen sollte man sich das **Gewächshaus mit mexikanischen Pflanzen**, das eine wunderbare Kollektion von Kakteen und Sukkulenten beherbergt. Zweistündige Führungen (auf Englisch) starten jeden Dienstag und Donnerstag um 10 Uhr (80 Mex$). Jeden Monat werden hier Vollmondzeremonien abgehalten.

Der Weg zum Garten ist nicht ganz einfach zu finden, da am Stadtrand neue Wohnviertel den alten Weg versperren. Aber das Suchen lohnt sich: Vom Mercado El Nigromante geht's über die Homobono und Cuesta de San José den Hügel hinauf. An der Gabelung biegt man links in die Montitlana ab und kommt dann an einem Wohngebiet (Los Balcones) vorbei. Dem Weg folgt man 15 Minuten bis zum Haupteingang. Man sollte darauf achten, dass der Zaun des Gartens möglichst immer zur Linken liegt. (Gelegentlich muss man einen Bogen um die neuen Häuser machen, bevor man wieder zum Zaun gelangt.)

Alternativ führt vom Einkaufszentrum Soriana, 2,5 km südöstlich vom Zentrum an der Straße nach Querétaro, eine 2 km lange Autopiste nach Norden. Das Einkaufszentrum erreicht man mit Bussen mit der Zielangabe „Soriana" von der Bushaltestelle an der Mesones nahe der Plaza Cívica. Eine Taxifahrt vom Zentrum zum botanischen Garten kostet rund 45 Mex$. Die Fahrt mit dem „Soriana"- oder „Placita"-Bus dauert 10 Minuten und kostet 5 Mex$.

Museo Histórico de San Miguel de Allende MUSEUM

(Museo Casa de Allende; Cuna de Allende 1; Eintritt 42 Mex$; ⌚ Di–So 9.30–16.30 Uhr) Nahe der Parroquia de San Miguel Arcángel befindet sich das Geburtshaus von Ignacio Allende. Heute ist hier das Museo Histórico de San Miguel de Allende untergebracht, das über die interessante Geschichte der Region berichtet. Eines der Stockwerke enthält eine Nachbildung der Wohnung Allendes. Die Fassade trägt die lateinische Inschrift: *Hic natus ubique notus* – „Hier geboren, überall bekannt".

Mirador & Parque Benito Juárez PARK

Einen der schönsten Blicke auf die Stadt und die umliegende Landschaft hat man vom **Mirador** (Aussichtspunkt) südöstlich der Stadt. Geht man von hier aus über die Callejón del Chorro direkt den Hügel hinunter und wendet sich unten nach links, kommt man zu **El Chorro**, der Quelle, an

San Miguel de Allende

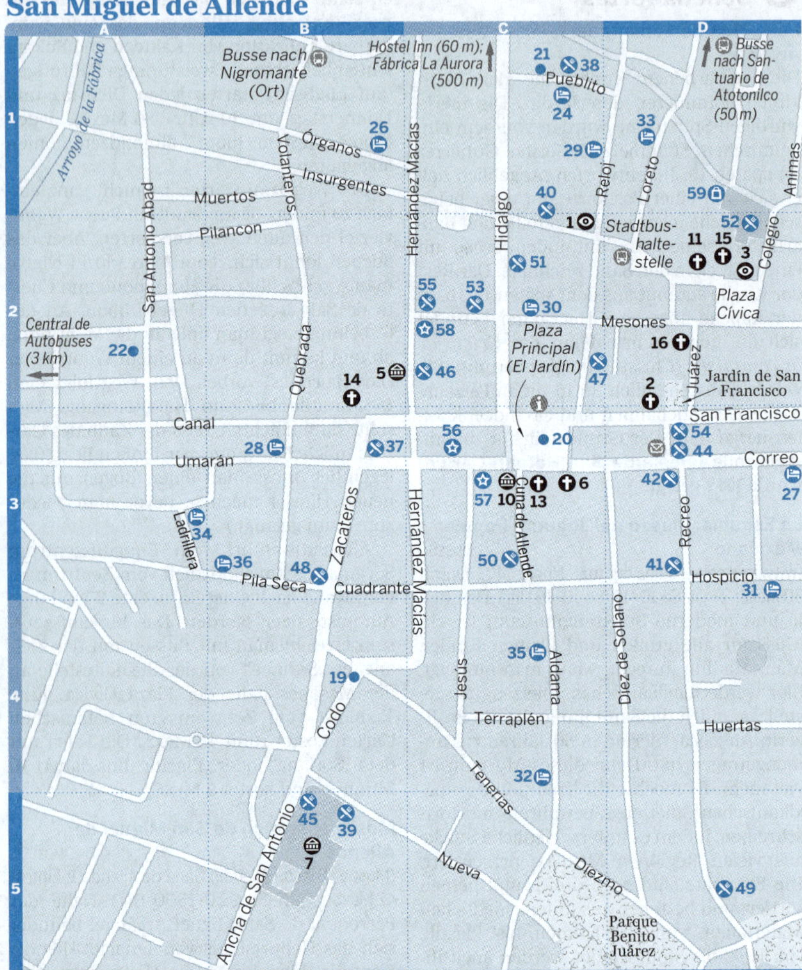

der San Miguel gegründet wurde. Heute gibt's hier einen Brunnen und öffentliche Waschbecken. Ein Weg, der Paseo del Chorro, führt im Zickzack den Hügel hinunter zum schattigen **Parque Benito Juárez**, einem hübschen Ort zum Entspannen und Herumschlendern.

Other Face of Mexico Gallery MUSEUM
(www.casadelacuesta.com; Casa de la Cuesta, Cuesta de San José 32; Eintritt 50 Mex$) Diese faszinierende Privatsammlung von mehr als 500 Masken gibt einen ausgezeichneten Einblick in die mexikanische Maskentradition. Die Galerie ist nur nach Vereinbarung zu besichtigen (☎154-43-24). Das Eintrittsgeld dient wohltätigen Zwecken.

Escuela de Bellas Artes GALERIE
(Centro Cultural Nigromante; ☎415-152-02-89; Hernández Macías 75; ⏲Mo–Sa 10–18, So 10–14 Uhr) Das schöne frühere Kloster der Kirche La Concepción beherbergt seit 1938 eine Kunstschule, die immer noch Kurse veranstaltet. Sehenswert sind die Wandmalereien von Pedro Martínez sowie der Siqueiros-Saal mit einem außerordentlichen, unvollendeten Wandgemälde von David Alfaro Siqueiros (das Bild spielt mit dem Betrachter – wie wird hier nicht verraten). In den übrigen

Räumen sind Wechselausstellungen zu sehen. Zum Zeitpunkt der Recherche sollte das wundervolle Auditorium gerade wiedereröffnet werden – nach Vorstellungen fragen!

Oratorio de San Felipe Neri KIRCHE
(Plaza Cívica) Die aus dem 18. Jh. stammende Kirche mit ihren vielen Türmen und Kuppeln steht nah dem östlichen Ende der Insurgentes. Die barocke Hauptfassade ist blassrosa und verrät indigene Einflüsse. Ein Durchgang rechts von dieser Fassade führt zur Ostwand, wo sich in einer Türöffnung das Bild der *Nuestra señora de la soledad* (Unserer Lieben Frau von der Einsamkeit) befindet. Von dieser Seite der Kirche kann man auch einen Blick in den Kreuzgang werfen.

In der Kirche schildern 33 Ölgemälde Episoden aus dem Leben des hl. Filippo Neri, des Florentiners, der im 16. Jh. die Kongregation der Oratorianer begründete. Im östlichen Querschiff hängt ein Gemälde *Unser Lieben Frau von Guadalupe* des führenden kolonialzeitlichen Malers Miguel Cabrera. Im westlichen Querschiff befindet sich die üppig dekorierte **Santa Casa de Loreto**. Die 1735 errichtete Kapelle ist eine Nachbildung der Kapelle im italienischen Loreto, die der Legende nach das Wohnhaus der Jungfrau Maria war. Hinter dem Altar (der nur selten geöffnet ist) stehen in der *camarín* (der Kapelle hinter der Hauptkirche) sechs aufwendig vergoldete Barockaltäre. In dem einen ist die liegende Wachsfigur des hl. Columban zu sehen, in der sich Reliquien des Heiligen befinden sollen.

Templo de San Francisco KIRCHE
(Ecke San Francisco & Juárez) Diese Kirche hat eine prächtige, aus dem späten 18. Jh. stammende Fassade im Stil des Churriguerismus. Auf der Spitze steht eine Statue des hl. Franz von Assisi. Die Öffnungszeiten variieren.

Capilla de la Tercera Orden KAPELLE
(Kapelle der Tertiarier; Ecke San Francisco & Juárez) Die im frühen 18. Jh. erbaute Kapelle war wie der Templo de San Francisco früher Teil des Franziskanerklosters. Die Hauptfassade zeigt den hl. Franz und Symbole der Franziskanischen Gemeinschaft.

Templo de la Salud KIRCHE
(Plaza Cívica) Diese Kirche mit blau-gelb gefliester Kuppel und dem großen Relief einer Muschel über dem Eingang steht gleich östlich des Oratorio de San Felipe Neri. Die Fassade zeigt den Stil des frühen Churriguerismus. Zu den Gemälden in der Kirche gehört eines, das den hl. Francisco de Xavier (1506–1552), einen Mitbegründer der Gesellschaft Jesu, darstellt. Das Gemälde wurde von Miguel Cabrera geschaffen. Die Kirche gehörte früher zum Colegio de Sales.

Templo de la Concepción KIRCHE
(Kirche der Empfängnis; Ecke Zacateros & Canal) Die prächtige Kirche besitzt einen schönen Altar und mehrere wunderbare alte Ölgemälde. Im Eingang sind weise Sprüche aufgemalt – wer eintritt, soll kurz innehalten und in sich gehen. Mit dem Bau der Kirche wurde Mitte des 18. Jhs. begonnen; ihre Kuppel wurde im späten 19. Jh. von

San Miguel de Allende

Sehenswertes
1 Biblioteca Pública C2
2 Capilla de la Tercera Orden D2
3 Colegio de Sales D2
4 El Chorro E5
5 Escuela de Bellas Artes B2
6 Iglesia de San Rafael C3
7 Instituto Allende B5
8 La Esquina: Museo del Juguete Popular Mexicano E2
9 Mirador & Parque Benito Juárez E5
10 Museo Histórico de San Miguel de Allende C3
11 Oratorio de San Felipe Neri D2
12 Other Face of Mexico Gallery F1
13 Parroquia de San Miguel Arcángel C3
14 Templo de la Concepción B2
15 Templo de la Salud D2
16 Templo de San Francisco D2

Aktivitäten, Kurse & Touren
17 Academia Hispano Americana E2
18 Bici-Burro E3
19 Bookatour B4
Instituto Allende .... (siehe 7)
20 San Miguel de Allende Tour C3
21 The Spanish School C1
22 Warren Hardy Spanish A2

Schlafen
23 Antigua Capilla F2
24 Casa Calderoni B&B C1
25 Casa de la Cuesta F1
26 Casa de la Noche B1
27 Casa Mia D3
28 Dos Casas B3
29 Hostal Alcatraz C1
30 Hostal Punto 79 .... C2
31 Hotel Hacienda de las Flores D3
32 Hotel Matilda C4
33 Hotel Quinta Loreto D1
34 Hotel San Borja B&B A3
35 Posada Corazón C4
36 Villa Mirasol B3

Essen
37 Berlin B3
38 Buen Día Café C1
39 Café Rama B5
40 Café Santa Ana C1
41 Casa de Café D3
42 Cumpanio D3
43 El Manantial E4
44 El Pegaso D3
45 Hecho en México B5
46 La Buena Vida C2
47 La Colmena Bakery C2
48 La Mesa Grande B3
49 La Parada D5
50 La Posadita C3
51 Los Burritos C2
52 Mercado El Nigromante D2
53 Petit Four C2
54 San Agustín D3
55 Tío Lucas C2

Ausgehen & Nachtleben
La Azotea .... (siehe 57)

Unterhaltung
56 El Grito C3
57 Mama Mía C3
58 Teatro Ángela Peralta C2
Teatro Santa Ana .... (siehe 40)

Shoppen
59 Mercado de Artesanías D1

dem umtriebigen Zeferino Gutiérrez hinzugefügt, der sich dabei möglicherweise von Abbildungen des Pariser Invalidendoms inspirieren ließ.

Instituto Allende HISTORISCHES GEBÄUDE
(Ancha de San Antonio 20 & 22) Der große Komplex von 1736 war ursprünglich das Domizil von Conde Manuel de la Canal und diente dann als Karmeliterkloster. Seit 1951 residiert hier eine Kunst- und Sprachschule. Heute ist das Gelände in zwei Bereiche aufgeteilt: Der eine Teil, bestehend aus mehreren Höfen, Gärten und einer alten Kapelle, wird administrativ, der andere für den Unterrichtsbetrieb genutzt. Das Relief über dem Haupteingang zeigt Unsere Liebe Frau von Loreto, die Schutzpatronin der Familie Canal.

Colegio de Sales HISTORISCHES GEBÄUDE
(Plaza Cívica; ⏲8–14 & 17–20 Uhr) Das ehemalige Kolleg der Kongregation vom Oratorium des hl. Filippo Neri wurde Mitte des 18. Jhs. erbaut. Inzwischen dient das Colegio de Sales wieder Bildungszwecken, denn gegenwärtig ist hier ein Teil der Universität von León untergebracht. Viele der Revolutionäre von 1810 haben das Kolleg besucht. Als die Aufständischen San Miguel eingenommen hatten, wurden die gefangengenommenen Spanier hier eingesperrt.

Biblioteca Pública KULTURZENTRUM
(☎415-152-02-93; Insurgentes 25; ⏲Mo–Fr 10–19, Sa 10–14 Uhr) Die ausgezeichnete öffentliche Bibliothek besitzt nicht nur eine der größten englischsprachigen Sammlungen an Bü-

chern und Zeitschriften in Lateinamerika, sondern fungiert auch als Kulturzentrum. Mit den kommerziellen Aktivitäten (die Zeitung *Atención San Miguel*, geführte Touren und das Café vor Ort) werden Stipendien für Kinder finanziert. Vom Café aus kann man gut zuschauen, was sich kulturell hier so alles tut. Im kleinen Teatro Santa Ana finden auch Vorträge und Performances statt.

Kurse

Mehrere Institutionen bieten Spanischunterricht in Gruppen- oder Einzelstunden, wozu optional noch Kurse in mexikanischer Kultur und Geschichte kommen. Privatunterricht kostet meist zwischen 15 und 18 US$ pro Stunde; Gruppenunterricht und eine Verpflichtung über einen längeren Zeitraum sind deutlich preiswerter. Die Unterkunft bei mexikanischen Gastfamilien – ein Privatzimmer und drei Mahlzeiten pro Tag – kostet rund 28 US$ pro Tag.

Es gibt auch Kurse in Malerei, Bildhauerei, Töpfern, Musik und Tanz. Die Escuela de Bellas Artes bietet Kunst-, Tanz-, Kunsthandwerks- und Musikkurse auf Spanisch und Englisch für rund 300 US$ pro Monat inklusive Materialien.

Academia Hispano Americana SPANISCH
(☎ 415-152-03-49; www.ahaspeakspanish.com; Mesones 4) Die Schule ist in einem schönen kolonialen Gebäude untergebracht und bietet gute Spanischkurse und Kurse zur lateinamerikanischen Kultur.

Instituto Allende SPANISCH
(☎ 415-152-01-90; www.instituto-allende.edu.mx; Ancha de San Antonio 22) Das Institut veranstaltet Kunst-, Kunsthandwerks- und Spanischkurse. Die Spanischkurse für Gruppen beginnen alle vier Wochen und reichen von Konversationsübungen bis zu Intensivunterricht.

The Spanish School SPANISCH
(☎ 415-121-25-35; www.liceodelalengua.com; Callejón del Pueblito 5) Kleine, zentral gelegene Spanischschule.

Warren Hardy Spanish SPANISCH
(☎ 415-154-40-17; www.warrenhardy.com; San Rafael 6) Bietet Spanischunterricht, bei ortsansässigen Ausländern besonders beliebt.

Geführte Touren

In der Touristeninformation liegen Werbebroschüren von offiziellen, englischsprachigen Fremdenführern aus, die Touren zu Fuß oder mit einem Fahrzeug anbieten. Eine wöchentliche Liste von Stadtführungen durch San Miguel findet sich in *Atención San Miguel*; die Einnahmen der meisten dieser Veranstaltungen gehen an wohltätige Zwecke.

Bici-Burro RADFAHREN
(☎ 152-15-26; www.bici-burro.com; Hospicio 1; Tour 850–1500 Mex$) Der freundliche, professionelle, Englisch sprechende Veranstalter Alberto bietet ausgezeichnete geführte Mountainbiketouren für Gruppen ab zwei Personen an. Zu den beliebten Touren gehören die sechs- bis siebenstündigen Ausflüge nach Atotonilco oder Pozos und eine wunderbare *mezcal* Tour, bei der man einige *haciendas* besucht, die *mezcal* herstellen (eher etwas für trainierte Menschen). Man kann hier auch Fahrräder mieten (ca. 500 Mex$/Tag).

Bookatour WANDERN, KUNSTHANDWERK
(☎ 415-152-0198; www.bookatour.mx; Codo 1) Das neue Unternehmen bietet eine Reihe von Touren mit zweisprachigen Führern an. Die Preise gelten gleichermaßen für ein, zwei oder drei Personen und beinhalten den Transport. Angeboten werden Wanderungen rund um San Miguel (325 Mex$/Std.), Kunsthandwerkstouren (mit Besuch von Webereien, Glasmanufakturen und Zinn- und Pappmaché-Werkstätten; 325 Mex$/Std.) sowie die „Independence Route": Besuche in Dolores und Atotonilco (1625 Mex$, 5 Std.) sowie Guanajuato (2080 Mex$, 8 Std.).

San Miguel de Allende Tour SPAZIERGANG
Der ausgezeichnete Stadtspaziergang startet jeden Montag, Mittwoch und Freitag um 10 Uhr am Jardín (die Karten werden vor Ort um 9.45 Uhr verkauft; 150 Mex$). Die ehrenamtlichen englischsprachigen Führer geben faszinierende historische, architektonische und kulturelle Hintergrundinformationen zu den Sehenswürdigkeiten der Stadt.

Coyote Canyon Adventures REITEN
(☎ 415-154-41-93; www.coyotecanyonadventures.com; Ausritt pro Pers. halber/ganzer Tag ab 1200/1500 Mex$ (min. 4 Pers.)) Das Unternehmen veranstaltet halb- und ganztägige Reitausflüge zu einem spektakulären Canyon.

Xotolar Ranch Adventures (☎ 415-154-62-75; www.xotolarranch.com; Ausritt ab 85 US$), mit Sitz auf einer bewirtschafteten Ranch in der Gegend, ist ebenfalls auf Ausritte in den Canyon spezialisiert.

Feste & Events

San Miguel ist reich mit Kirchen und Schutzheiligen (es gibt deren sechs) ausgestattet. Entsprechend groß ist die Zahl der Feste, von denen viele einen stark religiösen Charakter haben. Dass ein Fest im Gange ist, erkennt man spätestens dann, wenn das Feuerwerk losgeht. Eine Übersicht über die anstehenden Events gibt's in der Touristeninformation sowie auf der Website www.visitsanmiguel.travel.

Señor de la Conquista RELIGION
Viele Tänzer mit aufwendigen präkolumbischen Kostümen und Federschmuck feiern am ersten Freitag im März das Christusbild in der Parroquia de San Miguel Arcángel.

Semana Santa RELIGION
Eine Woche voller religiöser Aktivitäten. Zwei Sonntage vor Ostern tragen Pilger in einer Prozession das Bild des Señor de la Columna aus Atotonilco, 11 km weiter nördlich zur Kirche San Juan de Dios in San Miguel. Aufgebrochen wird am Sonnabend um Mitternacht. Zu den Hauptereignissen während der Semana Santa gehören die feierliche Procesión del Santo Entierro am Karfreitag und das Verbrennen oder Sprengen von Judasfiguren am Ostersonntag.

Fiesta de la Santa Cruz HISTORISCHES FEST
Das tiefreligiöse Frühlingsfest hat seine Wurzeln im 16. Jh. Es findet gegen Ende Mai 2 km außerhalb des Zentrums im Valle del Maíz statt. Ochsen werden mit Halsbändern aus Zitronen und gemalten Tortillas und ihr Joch mit Blumen und Früchten geschmückt. Ein Scheingefecht zwischen „Indios" und „Federales" findet statt. Man sieht *mojigangas,* Tänzer und Musiker und außerdem gibt's 96 Stunden Feuerwerk.

Fiesta de los Locos RELIGION
Als Teil der Festividad de San Antonio de Padua Mitte Juni ist das Fest der Narren ein bunter, karnevalesker Umzug mit Festwagen, plärrender Musik und kostümierten Tänzern, die die Zuschauer mit Zuckerwerk bewerfen.

Expresión en Corto FILM
Das international beachtete Kurzfilmfestival im Juli wird gemeinsam mit der Stadt Guanajuato veranstaltet.

Kammermusikfestival MUSIK
Das jährliche Kammermusikfestival in den ersten beiden Augustwochen wird von der Escuela de Bellas Artes ausgerichtet.

Fiestas Patrias KULTUR
Das zweimonatige Kulturprogramm startet Ende August und schließt den Unabhängigkeitstag mit ein. Eine Liste aller Events gibt's in der Touristeninformation.

San Miguel Arcángel RELIGION
Die Feiern zu Ehren des wichtigsten Schutzheiligen der Stadt finden rund um das Wochenende nach dem 29. September statt. Dazu gibt's eine *alborada,* ein großes Feuerwerk, das die Gegend um die Kathedrale in eine künstliche Morgendämmerung taucht, und anschließend die ganze Nacht hindurch ein ausgelassenes Fest mit außergewöhnlichen, präkolumbischen Tänzen.

Festival of Jazz & Blues MUSIK
Im Februar kommen mexikanische Jazz- und Bluesgrößen in die Stadt, das internationale Jazz- und Bluesfestival findet im November statt.

Schlafen

Während der Feste und in der Hochsaison sind die Unterkünfte oft ausgebucht, man sollte also vorab reservieren. Dank ein paar neuer Hostels bietet die Stadt nun Optionen in allen Preisklassen. Die Mittelklasseoptionen sind teilweise so gut, dass es sich lohnt, hier etwas mehr auszugeben. Darüber hinaus ist San Miguel ein Mekka für gute Luxus-B&Bs, Boutiquehotels und Pensionen.

Hostal Alcatraz HOSTEL $
(☎415-152-85-43; Reloj 54; B ab 150 Mex$, EZ ohne Bad 250 Mex$, DZ 400–500 Mex$; @) Das Hostel ist eines der wenigen vor Ort. Es liegt zentral und hat einfache Schlafsäle und eine Gemeinschaftsküche. Das angeschlossene **Hostel Inn** (www.hostelinnmx.com; Calzada de La Luz 31A) hat die gleichen Preise und ist in besserem Zustand. In beiden Hostels gibt's ein paar Bäder zu wenig. Der Inhaber Luís ist hilfsbereit.

Hostal Punto 79 HOSTEL $
(☎415-121-1034; www.punto79.com; Mesones 79; B 190 Mex$, Zi. mit Gemeinschaftsbad 250 Mex$, Zi. 800 Mex$; 📶) Die zentral gelegene große Herberge preist sich als Hotel-Hostel an, aber die Hostelzimmer sind weit ansprechender. Die Schlafsäle sind hell und nett und prima zum Übernachten, wenn man knapp bei Kasse ist. Es gibt eine Küche; ein Frühstück ist im Preis nicht enthalten.

Hotel San Borja B&B B&B $$
(☎415-152-5308; www.hotelsanborja.com; Ladrillera 8; Zi. 950–1250 Mex$; 📶) Das Haus nennt

sich zwar ein B&B, aber das Frühstück gibt's in einem benachbarten Café. Trotz dieses kleinen Makels ist es aber eine liebenswerte Mittelklasseoption rund um einen lauschigen Garten. Die vier Zimmer sind schlicht eingerichtet (ohne das übliche bunte mexikanische Dekor), bieten aber Hotelqualität und anheimelndes Flair. Eine gute Bleibe für alle, die es ruhiger lieben.

Villa Mirasol HOTEL **$$**

(www.villamirasolhotel.com; Pila Seca 35; Zi. ab 1150 Mex$) Das Hotel hat etwas von einer alten Tante: etwas betagt, aber charmant und gastfreundlich. Die farbenfrohen, luftigen Zimmer blicken auf Patios voller Pflanzen. Eine verlässliche Wahl.

Casa de la Noche PENSION **$$**

(☎ 415-152-07-32; www.casadelanoche.com; Organos 19; EZ 950 Mex$, DZ 1075–2200 Mex$;) Wie das Bordell, das es einst war, verspricht diese Pension viel, vor allem zu Anfang. Das aufgemöbelte Foyer und die Wohnbereiche sind wundervoll – geräumig, stilvoll und luftig –, einige der Zimmer aber etwas klein und abgewohnt. Anderseits können auch zahlreiche Ecken und Nischen mit Beschlag belegt werden, sodass ein für den Preis durchaus befriedigendes Erlebnis garantiert ist. Die freundliche Eigentümerin „Madame" ist Künstlerin und fördert örtliche Talente, sodass hier überall Kunstwerke zu finden sind.

Hotel Quinta Loreto HOTEL **$$**

(☎ 415-152-00-42; www.quintaloreto.com.mx; Loreto 15; EZ/DZ/3BZ ohne Frühstück 480/600/700 Mex$;) Die ältliche, motelartige Anlage hinter dem Kunsthandwerksmarkt verteilt sich über ein großes, grünes Grundstück. Sie ist eine der besseren Mittelklasseoptionen vor Ort mit etwas Charme der 1960er-Jahre. Einige der 28 einfachen Zimmer sind angenehm hell. Es gibt auch ein zum Frühstück und Mittagessen geöffnetes Restaurant (8–17.30 Uhr).

Tagsüber dient der Garten als öffentlicher Parkplatz, aber abends ist es ruhig. Die aufgelisteten Preise gelten für Zimmer mit Fernseher, Zimmer ohne TV kosten 70 Mex$ weniger.

★ **Posada Corazón** B&B **$$$**

(☎ 415-152-01-82; www.posadacorazon.com.mx; Aldama 9; DZ 2400–2929 Mex$;) Das prächtige Haus mit Herz versteckt sich hinter einer unscheinbaren Mauer in einem wunderschönen Park voller Pflanzen und Skulpturen. Die Gäste können den offenen, geräumigen Wohnbereich samt Bibliothek nutzen. Die Zimmer liegen an einer Terrasse und sind hell, schlicht und stilvoll. Nichtgäste sind täglich zum Frühstück (165 Mex$) und Nachmittagstee (Mo–Sa, 65 Mex$) willkommen.

Antigua Capilla BOUTIQUEHOTEL **$$$**

(☎ 415-152-40-48; www.antiguacapilla.com; Callejon Chepitos 16; Zi. 149–200 US$;) Das stilvolle, blitzblanke Hotel wurde rund um eine winzige Kapelle aus dem 17. Jh. gebaut. Hier findet man alle erdenklichen modernen Annehmlichkeiten, tollen Service und einen wunderschönen, von Pflanzen gesäumten Hof. Die netten Eigentümer sprechen neben Spanisch auch Englisch. Um hinzukommen, muss man einen Hügel hinauf, dafür hat man von der Dachterrasse mit die beste Aussicht auf San Miguel. Ein hervorragendes Preis-Leistungs-Verhältnis.

Casa Mia APARTMENTS **$$$**

(☎ 415-152-27-57; www.casamia-sanmiguel.com; Correo 61; Apt. 1500/5050 Mex$ pro Nacht/Woche;) Die zehn individuell gestalteten Zimmer liegen an einem geschmackvoll bepflanzten Hof. Alle haben komfortable Schlafzimmer wie in einem Hotel, Kabel-TV, Wohnbereich und Küche. Günstiger wird es, wenn man sich länger als ein, zwei Nächte einmietet.

Casa Calderoni B&B B&B **$$$**

(☎ 415-154-60-05; www.casacalderoni.com; Callejón del Pueblito 4A; Zi. 120–160 US$) Die sehr elegante, gut geführte Unterkunft bietet stilvolle, luxuriöse und künstlerisch aufgemachte Zimmer. Jedes ist nach einem berühmten Künstler benannt (der Eigentümer ist Maler). Uns gefiel besonders das Dalí-Zimmer, das etwas größer und heller ist. Es gibt mehrere Terrassen für die Gäste. Das Haus steht in einer malerischen *callejón* (Gasse).

Dos Casas BOUTIQUEHOTEL **$$$**

(☎ 415-154-40-73; www.doscasas.com.mx; Quebrada 101; DZ 3500–4900 Mex$;) Die schicke Unterkunft setzt mit Cremetönen und Schwarz, Kaminen und privaten Terrassen auf zeitgemäßen Stil. Das Restaurant ist öffentlich. Frühstücksgäste können vom Platz auf der Küchenbank aus zuschauen, wie die Köche die leckeren Sachen zubereiten.

Das Dos Casas erweitert sich: Zu den vorhandenen sieben Zimmern werden fünf weitere auf dem Nachbargrundstück dazukommen.

Hotel Matilda BOUTIQUEHOTEL **$$$**
(☎ 415-152-10-15; www.hotelmatilda.com; Aldama 53; Zi. ab 476 US$;) Das „Kunst-Boutiquehotel" trieft geradezu vor Avantgarde-Eleganz und ist zweifellos die raffinierteste Unterkunft der Stadt. Die modernen Zimmer und Suiten sind mit ägyptischer Bettwäsche, iPod-Anschlüssen und großen Badewannen der pure Luxus. Das Anwesen ist mit Kunst geschmückt: von Werken von Spencer Tunick bis hin zu einer Kopie von Diego Riveras Porträt der Matilda Stream (der Mutter des US-amerikanischen Hotelbesitzers) aus den 1940er-Jahren.

Ein Spa (Di geschl.) sorgt für Wohlbefinden; auch Nichtgäste können die schicke Bar (15–23 Uhr, Mo geschl.) und das Restaurant (7–23 Uhr) besuchen.

Casa de la Cuesta B&B **$$$**
(☎ 415-154-43-24; www.casadelacuesta.com; Cuesta de San José 32; Zi. 165 US$;) Auf einem Hügel hinter dem Mercado El Nigromante bietet diese ausgeschmückte, mexikanisch aufgemachte Unterkunft geräumige Zimmer in einer schmucken kolonialen Villa, üppiges Frühstück und freundliche, kenntnisreiche Gastgeber.

Hotel Hacienda de las Flores MOTEL **$$$**
(☎ 415-152-18-59; www.haciendadelasflores.com; Hospicio 16; Zi. 2370–2640 Mex$, Apt. 2840 Mex$;) Diese angenehme Anlage ist nicht so prätentiös wie andere Spitzenklasseunterkünfte und liegt in einer Oase – einem grünen Park mit Swimmingpool –, sodass man sich hier vom Straßengewimmel bestens entspannen kann. Die Zimmer sind hell und überwiegend mit Talavera-Kacheln gefliest, wenn auch ein wenig betagt. Sie bieten Kaffeemaschine und Mikrowelle.

Essen

Zahlreiche Lokale in San Miguel bringen eine erstaunliche Vielfalt guter mexikanischer und internationaler Gerichte auf den Tisch. Wer auf das Budget achten muss, kann sich an die traditionelleren Lokale halten, in denen einheimische Familien Stammgäste sind. Daneben gibt's viele muntere Cafés, die gute regionale Gerichte zu vernünftigen Preisen (50–150 Mex$) servieren.

Selbstversorger machen sich am besten zu den Supermärkten im Einkaufscenter Soriana auf; das 2,5 km südöstlich des Zentrums an der Straße nach Querétaro liegt.

An mehreren verlässlichen Imbissständen an der Kreuzung der Ancha de San Antonio mit der von Bäumen beschatteten Nueva (nahe dem Instituto Allende) kann man einen preiswerten Happen essen. Die Stände wechseln sich morgens und abends ab und bieten leckere Säfte, *gorditas* (kleine, frittierte Kringel aus Tortillateig, belegt mit Fleisch und/oder Käse), Burritos und Tacos. Verlässliche Saftstände finden sich an der kleinen Plaza abseits der Insurgentes.

Zu den ausgezeichneten traditionellen Bäckereien gehören **La Buena Vida** (Hernández Macías 72-14; 20–60 Mex$; ⏲ Mo–Sa 8–16 Uhr) und **La Colmena Bakery** (Reloj 21; ab 8 Mex$). Ein moderneres Angebot mit exzellenten französischen Backwaren hat die trendige Panaderia **Cumpanio** (Correo 29;20–150 Mex$; ⏲ 8–21 Uhr).

Auf dem **Mercado El Nigromante** (Colegio s/n) findet man gute Lebensmittelstände und Imbisse. Der Markt ist zwar zentral gelegen, aber Lichtjahre entfernt von der Gringo-Szene.

★ **San Agustín** CAFÉ **$**
(☎ 415-154-91-02; San Francisco 21; Snacks 40–80 Mex$, Hauptgerichte 70–165 Mex$; ⏲ Mo–Do 8–23, Fr & Sa 9–24 Uhr) Man sollte San Miguel nicht verlassen, ohne in diesem Paradies für Naschkatzen vorbeigeschaut zu haben. Hier gibt's die beste Schokolade und *churros* (Krapfen; 40–50 Mex$) in Mexiko.

Buen Día Café CAFÉ **$**
(Pueblito 3; Hauptgerichte 55–85 Mex$; ⏲ Di 8–16, Mi–Mo 8.30–16 Uhr) Das einfache Ladenlokal in der idyllischen Callejon Pueblito gegenüber dem Calderoni B&B serviert großartigen Kaffee (begleitet von passender Kunst), ausgezeichnetes Frühstück und andere kleine Speisen.

Petit Four CAFÉ **$**
(☎ 415-154-40-10; Mesones 99-1; Snacks 10–45 Mex$; ⏲ Di–Sa 8–18, So 8–15 Uhr;) Ein wunderbarer Ort, um sich mit Süßem zu verwöhnen – in gemütlicher Umgebung genießt man französisches Gebäck zum Tee oder Kaffee.

Café de la Aurora CAFÉ **$**
(☎ 415-154-98-28; Calzada de la Aurora; Snacks 15–60 Mex$; ⏲ Mo–Sa 8.30–18, So 11–16 Uhr) In entspanntem Ambiente in einem Hof auf dem Gelände der Fábrica La Aurora gibt's kreative Salate, Suppen und Panini.

Café Santa Ana CAFÉ **$**
(☎ 415-152-02-93; Reloj 50A; Frühstück 60–70 Mex$; ⏲ Mo–Fr 9–19, Sa 9.30–14 Uhr;) Das entspann-

te Café im Anbau der Bibliothek ist ein beliebter Treffpunkt der Kulturbeflissenen.

Casa de Café CAFÉ $

(☎ 415-152-01-21; Hospicio 31; Snacks 30–40 Mex$; ⊙ Mo–Sa 8–19, So bis 16 Uhr; 📶) Ein niedliches, gemütliches Café mit köstlichen Sandwiches, gutem Kaffee und frisch gebackenen Kuchen.

Los Burritos MEXIKANISCH $

(☎ 415-152-32-22; Hildalgo 23; Snacks 6–35 Mex$; ⊙ Mo–Mi 10.30–18, Do–Sa bis 22.30, So 12–17.30 Uhr) Der richtige Ort für preiswerte *antojitos* und leckere Burritos mit *guisados* (Füllungen) nach Kundenwunsch, von *mole* über *chipotle* (eine Art Chili) bis zu Kartoffeln.

★ **Café Rama** BAR, INTERNATIONAL RESTAURANT $$

(www.cafe-rama.com; Calle Nueva 7; Hauptgerichte 110–200 Mex$; ⊙ Di–So 8–24 Uhr) Das coole Café mit Bar nahe dem Instituto Allende hat sich zu einem richtigen Restaurant gemausert. Die beiden separaten Bereiche sind liebevoll mit Antiquitäten und buntem Schnickschnack dekoriert, gemütliche Sofas stehen am offenen Kamin. Auf der wechselnden Karte stehen ausgezeichnete internationale Gerichte. Das Lokal ist bei Besuchern aus anderen Teilen Mexikos genauso beliebt wie bei ortsansässigen Ausländern.

El Manantial BAR, CANTINA $$

(Barranca 78; Hauptgerichte 70–150 Mex$; ⊙ Di–Sa 12–23 Uhr) Hinter den Schwungtüren eines früheren Saloons serviert das „Frühling“ (dessen Alter Ego das La Sirena Gorda, „die fette Meerjungfrau“, ist) sagenhafte frische Ceviche-Happen. Die Bar hat wirklich Pep, nicht zuletzt wegen der *jabanero*-Salsa, der schärfsten Chilisauce, bei der sich einem alles zusammenzieht. Wir empfehlen, sich davon keinesfalls so viel aufzuladen, wie es die hartgesottenen Einheimischen machen – ein wenig reicht auch. Empfehlenswert sind die Ingwer-Margaritas (60 Mex$).

La Parada PERUANISCH $$

(www.laparadasma.com; Recreo 94; Ceviche 90–110 Mex$; Hauptgerichte 95–175 Mex$; ⊙ Mi–Sa 12–22, So bis 16 Uhr) Der angesagte Laden serviert peruanische Küche vom Feinsten. Die Gerichte sind so erlesen wie ihre Namen („El Quiquiriquí“ für Hähnchenbrust und „Chino Cochino“ für Schweinefleisch), aber noch viel einfallsreicher. Selbstverständlich gibt es auch die unvermeidlichen, aber köstlichen Ceviche. Die Inhaber sind jung und hip, und – viel wichtiger – ausgebildete Köche.

Hecho en México MEXIKANISCH $$

(Ancha de San Antonio 8; Hauptgerichte 75–140 Mex$; ⊙ mittags & abends) Spanisch lernen wird man hier eher nicht – das Restaurant ist ein beliebter Treff ortsansässiger Ausländer. Das allerdings aus gutem Grund. Die Speisekarte ist groß und abwechslungsreich, und die Portionen sind großzügig. Man bekommt hier alles von vegetarischen Burgern bis zu mexikanischer Kost (und günstige Mittagsmenüs). Man sitzt in einem gemütlichen Hof. Jeden Freitag gibt’s Livemusik.

Vía Orgánica CAFÉ $$

(☎ 415-152-80-42; www.viaorganica.org; Margarito Ledesma 2; Snacks 15–30 Mex$, Hauptgerichte 95–150 Mex$; ⊙ 8–21.30 Uhr; 🖉) Das entspannte Lokal – ein Café mit einem Biogemüseladen – serviert Minestrone-Suppen, Salate und wunderbare Kuchen. Die Bedienung kann etwas lahm sein, aber schließlich geht es hier auch um Slow-Food. Einfach die Hidalgo nach Norden gehen, rechts in die Calzada de la Aurora abbiegen, dann die Talavera, die erste Querstraße links, nehmen und gleich wieder links abbiegen.

La Posadita MEXIKANISCH $$

(☎ 415-154-88-62; Cuna de Allende 13; Hauptgerichte 110–185 Mex$; ⊙ Do–Di 12–22 Uhr) Das angenehme Lokal verdient fünf Sterne für den ausgezeichneten Service, die mexikanischen Gerichte und die Lage nahe der Parroquia de San Miguel Arcángel. Über eine steile Treppe gelangt man auf die wunderbare Dachterrasse mit großartiger Aussicht. Geboten werden köstliche Margaritas, Enchiladas und Fleischgerichte.

La Mesa Grande BÄCKEREI $$

(www.lamesagrande.com; Zacateros 149; 40–100 Mex$; ⊙ Mo–Sa 8–17 Uhr) Das moderne *pandería*-Café liefert ausgezeichnetes Gebäck, tolle hausgemachte Sauerteigbrote und ordentliche Snacks. An dem großen Gemeinschaftstisch hält man gern mal ein Schwätzchen. Donnerstags ist bis 22 Uhr geöffnet, dann gibt es Pizza aus dem Ofen.

Berlin INTERNATIONAL $$

(☎ 415-152-94-32; Umarán 19; Hauptgerichte 85–190 Mex$; ⊙ 16.30–24 Uhr) In dem coolen, kunstbeflissenen Lokal gibt’s gute internationale Gerichte, und in der Bar kann man gut etwas trinken.

El Pegaso MEXIKANISCH $$

(☎ 415-154-76-11; Corregidora 6; Hauptgerichte 70–170 Mex$; ⊙ Mo–Sa 8.30–22 Uhr) Ein freundliches, farbenfrohes und gemütliches Restaurant. Eine verlässliche Option für eine Mahlzeit.

Tío Lucas INTERNATIONAL $$$
(☎ 415-152-49-96; Mesones 103; Hauptgerichte 160–300 Mex$; ⌚ 12–24 Uhr) Das stilvolle Restaurant mit dem mit Silbersternen dekorierten Hof gilt als verlässlich und ist für sein Rindfleisch, insbesondere Filetsteaks, bekannt. Die Happy Hour gilt montags bis freitags von 18 bis 20 Uhr. Regelmäßig gibt's Livemusik, mal kubanisch, mal Gitarrenmusik und mal Jazz.

Ausgehen & Nachtleben

In San Miguel fallen Ausgehen und Unterhaltung oft zusammen. Viele Bars (und Restaurants) bieten Livemusik, einige jeden Abend, die meisten an den Abenden von Donnerstag bis Samstag.

La Azotea BAR
(☎ 415-152-82-75; Umarán 6) Die Terrasse über dem Restaurant Pueblo Viejo ist eher eine lässige Lounge mit Tapasbar, wo sich ein schickes, schwulenfreundliches Publikum einfindet.

Mama Mía CLUB
(☎ 415-152-20-63; Umarán 8; ⌚ So–Do 8–24, Fr & Sa open end) Der immer beliebte Treff hat separate Bereiche für die verschiedenen Unterhaltungsangebote. Liverock und -funk gibt's in der Mama's Bar (Fr & Sa, werktags Karaoke). Im Hof des Restaurants trifft sich ein etwas anspruchsvolleres Publikum zu (vor allem lateinamerikanischer) Volksmusik (den Veranstaltungskalender checken). Vorn flimmern in der Bar Leonardo Sportveranstaltungen über Großbildschirme, und das La Terrazza, eine Bar mit Terrasse, lockt mit einem schönen Blick über die Stadt.

Das echte Nachtleben startet hier gegen 23 Uhr.

El Grito CLUB
(Umarán 15; ⌚ Fr & Sa 22–4 Uhr) Ein überdimensionales Gesicht über dem Eingang der noblen Disco signalisiert den jungen, modisch aufgestylten Mexikanern in der Schlange: „hohe Preise".

☆ Unterhaltung

Theater & Kulturveranstaltungen

San Miguel ist eine einzige große Kulturmeile. Was gerade ansteht, erfährt man in *Atención San Miguel*. In der Escuela de Bellas Artes und in der Sala Quetzal der Biblioteca gibt's eine Vielzahl unterschiedlicher Kulturveranstaltungen, oft auch in englischer Sprache; das Programm steht auf den Anschlagtafeln.

Teatro Ángela Peralta THEATER
(☎ 415-152-22-00; www.teatroangelaperalta.webpin.com; Ecke Calle Mesones & Calle Hernández Macías) Die elegante Spielstätte von 1910 zeigt oft Inszenierungen örtlicher Gruppen. Die **Theaterkasse** (Hernández Macías 62; ⌚ Mo–Fr 8.30–16 Uhr) liegt um die Ecke. Die Karten kosten je nach Veranstaltung zwischen 40 und 350 Mex$.

Teatro Santa Ana THEATER
(☎ 415-152-02-93; Reloj 50A; Karten 40–200 Mex$) Das kleine Theater innerhalb der Biblioteca Pública zeigt eine gute Mischung aus internationalen Filmen und unabhängigen Produktionen. Außerdem gibt's auch Theaterveranstaltungen mit regionalen Stücken und Vorträge.

Shoppen

Unbedingt besuchen sollte man den Tianguis (Dienstagsmarkt), das größte wöchentliche Freiluftspektakel neben dem Einkaufscenter Soriana, 2,5 km südöstlich des Zentrums an der Straße nach Querétaro. Hin kommt man mit einem Bus mit der Zielangabe „Soriana" oder „Placita" (5 Mex$, 10 Min.) von der Mesones nahe der Plaza Cívica.

Auf dem **Mercado El Nigromante** (S. 720) erhält man Obst, Gemüse und Gemischtwaren.

Ein Stadtbummel durch San Miguel macht auch Spaß, weil man dabei die vielen Galerien entdeckt, die sich in Gassen der Stadt verstecken. In San Miguel gibt's mehr kommerziell betriebene Galerien als Cafés (und vielleicht sogar Immobilienmakler). Die meisten zeitgenössischen Kunstgalerien und Designstudios – sie werden von hier lebenden Künstlern geführt – haben sich in der trendigen **Fábrica La Aurora** (☎ 415-152-13-12; Aurora s/n; ⌚ 10–18 Uhr) angesiedelt, einer ehemaligen Fabrik für Rohbaumwolle am Nordrand der Stadt. Viele Galerien schalten in den Lokalzeitungen Werbeanzeigen, am besten lässt man sich aber einfach treiben.

In San Miguel verkaufen unglaublich viele Kunsthandwerksläden Volkskunst und Kunsthandwerk aus dem ganzen Land. Man findet Artikel aus Zinn, Schmiedeeisen, Silber und Messing, Leder-, Glas- und Töpferwaren sowie Textilien. Viele der Läden liegen an der Canal, der San Francisco, der Zacateros und der Pila Seca. Die Preise und die Qualität sind sehr unterschiedlich.

Mercado de Artesanías KUNSTHANDWERK
(Colegio s/n) Eine Reihe von Ständen bieten in der Gasse zwischen der Colegio und der Loreto Kunsthandwerk unterschiedlicher Art und Qualität an.

Praktische Informationen

GELD

Die meisten Bankfilialen haben Geldautomaten und liegen am oder bis zu zwei Blocks östlich vom Jardín. An der Correo gibt's *casas de cambio* (Wechselstuben).

INFOS IM INTERNET

Atención San Miguel (www.atencionsanmiguel.org) Zweisprachige Wochenzeitung mit ausgezeichneter Website.
Visit San Miguel (www.visitsanmiguel.travel) Die offizielle staatliche Tourismus-Website.

INTERNETZUGANG

Solutions (☎ 415-152-24-97; www.solutionssanmiguel.com; Mesones 57A; Internetzugang 15 Mex$/Std.; ⏲ Mo–Fr 9–18.30, Sa bis 14 Uhr) Internetzugang, Mailweiterleitung, Fax- und Paketversendung.

MEDIEN

Wenn man sich in der Stadt aufhält, unbedingt die wöchentlich erscheinende, zweisprachige (Englisch/Spanisch) Zeitung *Atención San Miguel* (10 Mex$) kaufen. Sie erscheint jeden Freitag und ist voll von Veranstaltungstipps für die kommende Woche, u. a. zu geführten Touren, Konzerten und Ausstellungseröffnungen. Aufgelistet sind auch die Termine von Yoga-, Spanisch-, Kunst- und Tanzkursen. Man bekommt das Blatt in der öffentlichen Bibliothek, in vielen Cafés und bei Straßenverkäufern.

MEDIZINISCHE VERSORGUNG

Hospital Tec100 (☎ 415-152-22-33; www.medicatec100.com.mx; Libramiento a Dolores Hidalgo 43) Das private Hospital liegt rund 3 km westlich des Stadtzentrums von San Miguel.

REISEBÜROS

Viajes Vertiz (☎ 415-152-18-56; www.viajesvertiz.com; Hidalgo 1A; ⏲ Mo–Fr 9–18.30, Sa 10–14 Uhr) American-Express-Filiale (löst jedoch keine Reiseschecks ein); verkauft Flugtickets für Inlands- und Auslandsflüge.

TOURISTENINFORMATION

Touristeninformation (☎ 415-152-09-00; www.visitsanmiguel.travel; Plaza Principal 8; ⏲ Mo–Fr 9–20, Sa 10–20, So 10–18 Uhr) An der Nordseite des Jardín. Bietet Stadtpläne, Reklameflyer und Eventinfos.

An- & Weiterreise

AUTO & MOTORRAD

Der einzige Autovermieter in San Miguel ist **San Miguel Rent-a-Car** (☎ 415-152-01-98; www.sanmiguelrentacar.com; Codo 1). Die Preise starten bei rund 720 Mex$ pro Tag inklusive Versicherung.

BUS

Der Central de Autobuses liegt an der Canal (Calzada de la Estación), 3 km westlich vom Stadtzentrum. Die Fahrkarten kann man am Busbahnhof kaufen. Tickets für Busse 1. Klasse von Primera Plus, ETN und Omnibus de México verkauft auch **Peradora** (☎ 415-152-80-11; Cuna de Allende 17).

Die Linien 2. Klasse (Coordinados/Flecha Amarilla und Herradura de Plata) starten ebenfalls von diesem Busbahnhof aus. Busse der 1. Klasse fahren außerdem nach Aguascalientes, Monterrey und San Luis Potosí.

FLUGZEUG

Der San Miguel de Allende nächstgelegene Flughafen ist der Aeropuerto Internacional del Bajío zwischen León und Silao, der mit dem Auto ungefähr 1½ Stunden entfernt ist. Als Alternative bietet sich der Internationale Flughafen von Mexico City an.

BUSSE AB SAN MIGUEL DE ALLENDE

ZIEL	PREIS (MEX$)	DAUER (STD.)	HÄUFIGKEIT (TGL.)
Celaya	47	1¾	alle 15 Min.
Dolores Hidalgo	42	1	7–20 Uhr alle 40 Min.
Guadalajara	367–430	5¼–5½	9-mal
Guanajuato	68–196	1–1½	19-mal
León	34–160	2¼–2½	11-mal
Mexico City (Terminal Norte)	173–285	3½–4¼	8-mal
Querétaro	45–80	1–1¼	7–20.30 Uhr alle 40 Min.

Unterwegs vor Ort

VOM/ZUM BUSBAHNHOF

Die städtischen Busse (6 Mex$) verkehren täglich zwischen 7 und 21 Uhr. Busse mit der Aufschrift „Central" fahren regelmäßig zwischen dem Busbahnhof und dem Zentrum. Stadteinwärts enden sie am östlichen Ende der Insurgentes, nachdem sie sich durch die Straßen gequält haben. Bei der Fahrt aus dem Zentrum kann man sie an der Canal nehmen. Die Taxifahrt aus dem Zentrum zum Busbahnhof und umgekehrt kostet rund 35 Mex$; Fahrten innerhalb der Stat kosten um die 30 Mex$.

VOM/ZUM FLUGHAFEN

Viele Reiseveranstalter bieten Shuttles vom/zum Flughafen Bajío, u. a. **Viajes Vertiz** (415-152-18-56; www.viajesvertiz.com; Hidalgo 1A; Mo–Fr 9–18.30, Sa 10–14 Uhr), **Viajes San Miguel** (415-152-25-37; www.viajessanmiguel.com; Diez de Sollano 4-Interior 3; Mo–Fr 9–19, Sa 10–14 Uhr), **Bajío Go** (415-152-19-99; www.bajiobo.com; Jésus 11; Mo–Sa 8–20, So 10–15 Uhr) und Peradora. Alternativ nimmt man einen Bus nach Silao und fährt von dort mit einem Taxi weiter zum Flughafen. Zum Flughafen von Mexico City nimmt man einen Bus nach Querétaro und steigt dort in einen Direktbus zum Flughafen um.

Wenn man mit dem Bus vom Flughafen nach San Miguel kommen will, fährt man am besten mit dem Taxi nach León und nimmt dort einen Bus. Zwischen dem Flughafen Bajío und dem Zentrum von León verkehren keine Busse. Ein Taxi kostet nach León 300 bis 415 Mex$, nach San Miguel 1200 Mex$ (für bis zu 4 Pers.).

Rund um San Miguel de Allende

Cañada de la Virgen

Nach vielen Jahren archäologischer Ausgrabungen und Verhandlungen mit dem Eigentümer (der die Ruinen und das umliegende Gelände dem Staat mit der Auflage schenkte, es öffentlich zugänglich zu machen) kann die **Cañada de la Virgen** (Di–So 10–16 Uhr) seit 2011 nun besucht werden. Der interessante präkolumbische Pyramidenkomplex, eine ehemalige Ritual- und Zeremonialstätte aus der Zeit zwischen ca. 300 und 1050, liegt rund 25 km südöstlich von San Miguel. Vor Ort wurden Artefakte und Knochen entdeckt, die von Menschenopfern stammen sollen. Zu den interessantesten Aspekten gehören die Ausrichtung des Haupttempels auf die Planeten und die Gestaltung der Stätte, die die umliegende Landschaft berücksichtigt.

Besuchen kann man die Stätte nur mit dem Shuttlebus, der zwischen dem Verwaltungsbüro und der (mehrere Kilometer entfernten) Stätte zwischen 10 und 16 Uhr jeweils zur vollen Stunde fährt (30 Mex$). Die Führungen, auf denen man Kopfsteinpflaster und steile Stufen überwinden muss, sind auf Spanisch und bieten kaum mehr als auswendig gelerntes Orientierungswissen.

Geführte Touren

Coyote Canyon Adventures FÜHRUNG
(415-154-41-93; www.coyotecanyonadventures.com; für 4 Pers. oder mehr 650 Mex$/Pers., für 1/2 Pers. 1300/1950 Mex$) Wer kein Spanisch, aber Englisch spricht, für den ist die Führung von Coyote Canyon Adventures mit dem englisch sprechenden Albert Coffee, einen Archäologen, der früher an der Freilegung der Stätte arbeitete, die bequemste Art, etwas über die Anlage zu erfahren. Coffee erläutert den faszinierenden kulturellen und historischen Kontext der Ruinen; im Preis ist der Transport ab San Miguel inbegriffen. Das Mittagessen auf einer Ranch kostet 100 Mex$ extra.

Santuario de Atotonilco

Das Dörfchen Atotonilco liegt 11 km nördlich von San Miguel und 3 km westlich des Highways nach Dolores Hidalgo. Dominiert wird es von einem in den Augen der Mexikaner äußerst bedeutenden Heiligtum, das 1740 als spiritueller Rückzugsort gegründet wurde. Ignacio Allende, der hier 1802 heiratete, kehrte 1810 gemeinsam mit Miguel Hidalgo und einer Gruppe Unabhängigkeitskämpfer auf dem Weg von Dolores nach San Miguel zurück, um das Banner der Jungfrau von Guadalupe als Flagge zu verwenden.

Eine Reise nach Atotonilco ist für Pilger und Bußetuende aus ganz Mexiko ein beliebtes Ziel. Am zweiten Wochenende vor Ostern startet hier außerdem eine wichtige und feierliche Prozession, bei der die Teilnehmer ein Bildnis des Señor de la Columna zur Kirche San Juan de Dios in San Miguel tragen. Das Heiligtum besteht im Innern aus sechs Kapellen und ist mit zahlreichen Statuen, folkloristischen Wandmalereien und Gemälden geschmückt. Am dritten Sonntag im Juli finden hier traditionelle Tänze statt.

Von San Miguel aus verlangen Taxifahrer für die einfache Strecke 150 Mex$. An der Calzada de La Luz fahren stündlich (jeweils

ABSTECHER

THERMALQUELLEN

Die Umgebung von San Miguel ist mit mehreren heißen Mineralquellen gesegnet. Einige wurden zu kommerziellen *balnearios* (Schwimmbädern) in hübschen, landschaftlich gestalteten Gartenanlagen mit zugehörigem Picknickgelände umgewandelt. Das Wasser ist bis zu 38 °C warm. An den Wochenenden sind die meisten Bäder fest in der Hand örtlicher Familien, aber unter der Woche sind sie *muy tranquilo* (sehr beschaulich).

Man erreicht die *balnearios*, indem man von San Miguel den Highway nach Norden nimmt; alle sind gut ausgeschildert. Die bequemste Transportverbindung ist das Taxi (ca. 150 Mex$ einfache Strecke; man kann mit dem Fahrer vereinbaren, einen zu einer bestimmten Zeit wieder abzuholen). Alternativ nimmt man am Busbahnhof in San Miguel einen Bus Richtung Dolores Hidalgo oder an der Calzada de la Luz einen Nahverkehrsbus mit der Aufschrift „Santuario" (stündl.). Diese Busse halten direkt vor oder an den Abzweigungen zu einigen *balnearios*, von wo aus man dann laufen muss (wegen Wegebeschreibungen und Busverbindungen bei der Touristeninformation nachfragen). Für die Rückfahrt in die Stadt vereinbart man am besten vorab die Abholung per Taxi oder winkt am Highway einen vorbeifahrenden Bus heran.

Taboada (☎ 415-152-9250; Eintritt 100 Mex$; ⌚ Mi–So 9–17 Uhr) Hier gibt's ein Schwimmbecken mit olympischen Maßen, einen kleinen Pool für Kinder, ein Thermalbad und einen Snack-Imbiss. Mit den stündlich fahrenden „Nigromante"-Kleinbussen, die an der Calzada de la Luz starten, kommt man bis auf 1,5 km an die Anlage heran.

Balneario Xote (☎ 415-155-81-87; www.xoteparqueacuatico.com.mx; Erw./Kind 110/55 Mex$; ⌚ 9–18 Uhr) Der familienorientierte Wasserpark liegt 3,5 km vom Highway an der gleichen Kopfsteinstraße wie das Taboada (zu Fuß ein langer, anstrengender Weg ohne Schatten).

Escondido Place (☎ 415-185-20-22; www.escondidoplace.com; Eintritt 100 Mex$; ⌚ 8–17.30 Uhr) Hier gibt's sieben kleine Becken im Freien und drei miteinander verbundene in der Halle, von denen eines wärmer ist als das andere. Die Anlage befindet sich in einem malerischen Gelände und bietet eine Snackbar.

La Gruta (www.lagrutaspa.com; Eintritt 90 Mex$; ⌚ 7–17 Uhr) Diese Anlage ist besonders leicht zu erreichen: Sie liegt am Highway nach Dolores gleich hinter Parador del Cortijo bei Km 9,5. Sie ist zu Recht bei den Besuchern beliebt und verfügt über drei kleine Becken, einen Tunnel und eine Höhle.

zur halben Stunde) Stadtbusse mit der Aufschrift Atotonilco oder Cruz del Palmar ab (10 Mex$, 45 Min.).

Pozos

3500 EW. / 2200 M

Noch vor weniger als 100 Jahren war Mineral de Pozos ein blühendes Zentrum des Silberbergbaus mit 70 000 Einwohnern, aber im Zuge der Revolution von 1910 und der Überflutung der Minen schwand die Bevölkerung. Leerstehende Häuser, eine große, unvollendete Kirche (mit bemerkenswerter Kuppel) und aufgelassene Bergwerke und Minenschächte sind das Erbe dieser Entwicklung. Heute bemüht sich der winzige Ort tapfer, wieder Bedeutung zu erlangen. Besucher können die verfallenen Gebäude erkunden und mit dem Mountainbike oder zu Pferd die faszinierende Gegend einschließlich der Ruinen mehrerer Minen erkunden. Aber Achtung: Viele Minenschächte sind nicht eingezäunt und bei einer Tiefe von 150 m äußerst gefährlich. Mehrere Künstler aus dem Ausland betreiben Galerien im Ort, und ein paar Boutiqueunterkünfte sind entstanden, die hauptsächlich auf Wochenendgäste aus Mexico City eingestellt sind.

Auf jeden Fall sollte man über den Platz Jardin Juarez hinaus den Hügel hinauf bis zur Plaza Zaragoza und hinunter bis zur Plaza Mineros vordringen. Neben den Galerien gibt es auch viele Kunsthandwerksläden im Ort.

Weitere Infos, auch über örtliche Führer, findet man unter www.mineraldepozos.com.

Schlafen & Essen

Casa del Venado Azul HOSTEL $
(☎ 468-688-62-30, Handy 468-1170387; azulvenado@hotmail.com; Calle Centenario 34; 350 Mex$/

Pers.) Die einzige Budgetunterkunft ist einfach, aber sauber und wird von einem englisch sprechenden Trommler (auf präkolumbischen Trommeln) geführt, der auch Temazcal-Sitzungen arrangiert.

El Secreto B&B $$
(☎442-293-02-00; www.elsecretomexico.com; Jardín Principal 6; Zi. mit Frühstück 950–1250 Mex$; 📶) Die geschmackvolle Galerie mit B&B liegt an der Plaza und hat einen hübschen Garten (voller Kakteen, Blumen und Vögel) und elegante Zimmer. Die englisch sprechenden Eigentümer wissen viel über die Gegend.

Posada de las Minas BOUTIQUEHOTEL $$$
(☎442-293-02-13; www.posadadelasminas.com; Doblado 1; Zi. ab 1500 Mex$; 📶) In der restaurierten Hazienda aus dem 19. Jh. gibt's prunkvolle Zimmer und Apartments in einem kolonialen Ambiente. Von den Eckfenstern des Zimmers „Santa Brigida" hat man einen Ausblick über den Ort. Zum Hotel gehören eine Bar, das beste Restaurant des Ortes (tgl. ab 8.30 Uhr, Hauptgerichte 85–165 Mex$) und ein beeindruckender Kakteengarten.

La Pila Seca MEXIKANISCH $
(Aldama 8; Hauptgerichte 45–100 Mex$; ⏲ Mo–Do 11–20, Fr bis 21, Sa & So 9–21 Uhr) Das freundliche, unprätentiöse Lokal serviert ordentliche regionale Gerichte. Das gleiche Angebot gibt's nur ein paar Türen weiter auch im aufdringlich mexikanisch ausstaffierten **Porfirio Díaz**.

Shoppen

Im Ort findet man auch ein paar Galerien und Kunsthandwerksläden, in der Einheimische ihre Arbeiten verkaufen. Mehrere Werkstätten haben sich auf die Anfertigung präkolumbischer Musikinstrumente spezialisiert.

Manos Creativos KUNSTHANDWERK
(Mariscala 2) Die Frauengenossenschaft Manos Creativos schneidert regionale Trachten für Puppen.

Casa del Venado Azul MUSIK
(☎468-688-62-30; Calle Centenario 34) Aus den Produzenten volkstümlicher mexikanischer Musikinstrumente ragt Ladeninhaber Luis Cruz heraus. Der begabte Musiker leitet sein eigenes Ensemble, das weltweit auftritt. Das Haus ist gleichzeitig auch noch ein Hotel.

AN- & WEITERREISE

Pozos liegt 14 km südlich von San Luis de la Paz und ist über einen Abstecher ostwärts vom Hwy 57 aus zu erreichen. Bei der Anreise mit dem Bus aus San Miguel (oder Querétaro) fährt man zunächst nach Dolores Hidalgo, von dort aus geht's weiter nach San Luis de la Paz und dort steigt man schließlich in einen dritten Bus nach Pozos um. Mit dem Auto braucht man von San Miguel rund eine Stunde. Bici-Burro (S. 717) veranstaltet fabelhafte Radtouren zum Ort und seinen Minen. Dabei geht es auf rauer Piste durch das offene, mit Kakteen bewachsene Gelände, vorbei an faszinierenden Dörfern.

AGUASCALIENTES (BUNDESSTAAT)

Der Bundesstaat Aguascalientes (1,2 Mio. Ew.) ist einer der kleinsten Mexikos – alles fokussiert sich auf die gleichnamige Stadt. Der Legende nach hat ein Kuss, den die Frau eines prominenten Lokalpolitikers auf die Lippen des Diktators Santa Anna platzierte, Aguascalientes die Loslösung von Zacatecas beschert.

Abseits der Hauptstadt mit ihrer feinen Museumslandschaft sind echte Touristenziele Mangelware. Aber schon die Fahrt ab/nach Zacatecas ist reizvoll: es geht durch fruchtbares Land, auf dem Mais, Bohnen, Chili, Früchte und Getreide angebaut werden.

Auf den Ranches des Bundesstaates werden Rinder und Bullen gezüchtet, die auf der Schlachtbank enden oder im ganzen Land bei Stierkämpfen geopfert werden.

Aguascalientes

☎449 / 720 000 EW. / 1800 M

In der blühenden Industriestadt lebt mehr als die Hälfte der Bevölkerung des Bundesstaats. Man sollte sich von den etwas schäbigen Außenbezirken (umgrenzt von Umgehungsstraßen) nicht abschrecken lassen – im Herzen der Stadt warten eine schöne Plaza und stattliche Gebäude aus der Kolonialzeit. Größter Trumpf sind jedoch die Museen: Das Museo Nacional de la Muerte sollte man sich nicht entgehen lassen, aber auch die Museen, die sich mit José Guadalupe Posada und Saturnino Herrán beschäftigen, sind nicht von schlechten Eltern.

Geschichte

Vor der Ankunft der Spanier hat man hier ein Labyrinth aus Katakomben ins Erd-

Aguascalientes

Aguascalientes

Highlights
1 Museo Nacional de la Muerte C1

Sehenswertes
2 Casino de la Feria B3
3 Catedral C2
4 Ex-Plaza de Toros San Marcos B2
5 Expoplaza A4
6 Museo de Aguascalientes D1
7 Museo de Arte Contemporáneo D2
8 Museo del Juguete Tradicional Mexicana B2
9 Museo José Guadalupe Posada D4
10 Museo Regional de Historia C2
11 Palacio de Gobierno C2
Teatro Morelos .... (siehe 3)
12 Templo de San Antonio D1
13 Templo de San Marcos A3
14 Templo del Encino D4

Schlafen
15 Fiesta Americana A4
16 Hostal Posada B3

Essen
17 Mercado Jesús Terán C1
18 Mercado Juárez C2
19 Mercado Morelos C1
20 Restaurant Mitla D2
21 Rincón Maya D4
22 San Marcos Merendero A3
23 Sanborns C2

Ausgehen & Nachtleben
24 Pulquería Posada B3

Unterhaltung
25 Casa de la Cultura C2

reich gegraben. Die ersten Spanier nannten Aguascalientes deshalb La Ciudad Perforada (die durchlöcherte Stadt). Den Archäologen sind die Tunnel, die nicht öffentlich zugänglich sind, noch immer ein Rätsel.

1522 stieß der Konquistador Pedro de Alvardo in die Region vor, wurde aber von den Chichimeken zurückgeschlagen. 1575 legten die Spanier eine kleine Garnison an, um die Silberkonvois von Zacatecas nach Mexico City zu schützen. Nachdem die Chichimeken schließlich bezwungen worden waren, förderten die Thermalquellen das Wachstum der Stadt. Ein großer Tank neben der Ojo-Caliente-Quelle half bei der Bewässerung der Farmen in der Region, die den Hunger der nahen Bergbaugebiete stillten.

Heute produziert die Industrie der Stadt u.a. Textilien, Wein, Brandy, Lederwaren, Obstkonserven und Autos.

Sehenswertes & Aktivitäten

Museo Nacional de la Muerte MUSEUM
(☎449-139-32-58; www.museonacionaldelamuerte.uaa.mx; Jardín del Estudiante s/n; Erw./Student 20/10 Mex$, So frei; ⊙Di–So 10–18 Uhr) Diese „Nahtoderfahrung" sollte man sich nicht entgehen lassen. Das Museo Nacional de la Muerte widmet sich allem, was mit dem Lieblingsthema der Mexikaner – dem Tod – zu tun hat: vom La-Catrina-Skelett bis hin zu historischen Artefakten. Die Sammlung – mehr als 2500 Gegenstände, Zeichnungen, Bücher, Textilien, Spielsachen und Miniaturen – wurden der Universidad Autónoma de Aguascalientes von dem Sammler und Grafiker Octavio Bajonero Gil gestiftet. Mehr als 1200 der Stücke sind ausgestellt. In sieben Sälen präsentieren sie das Thema über die Jahrhunderte, von mesoamerikanischen Zeugnissen bis hin zu künstlerischen Auseinandersetzungen aus der Gegenwart. Im ersten Saal sollte man sich den Miniatur-Kristallschädel anschauen. Angeblich stammt er aus der Zeit der Azteken, und es soll nur noch ein zweites Exemplar geben. Das Museum ist überhaupt nicht makaber, sondern bunt, humorvoll und lehrreich.

Museo de Aguascalientes MUSEUM
(☎449-915-90-43; Zaragoza 507; Erw./Student 25 Mex$/frei, So frei; ⊙Di–So 11–18 Uhr) Das Museum zeigt in einem hübschen klassizistischen Gebäude neben Wechselausstellungen eine Dauerausstellung von Werken des brillanten, aus Aguascalientes stammenden Malers Saturnino Herrán (1887–1918). Herráns Werke gehörten zu den ersten, die das mexikanische Volk realistisch darstellten. Die sinnliche Skulptur *Malgré tout* im Hof ist eine Fiberglaskopie des Marmororiginals von Jesús Contreras.

Teatro Morelos HISTORISCHES GEBÄUDE
(Plaza de la Patria) Gegenüber der Südseite der Kathedrale steht das Teatro Morelos, der Schauplatz der Konvention von Aguascalientes, mit der Pancho Villa, Venustiano Carranza und Emiliano Zapata, die Führer der verschiedenen revolutionären Parteien erfolglos versuchten, ihre Differenzen beizulegen. Büsten von diesen drei und eine von Álvaro Obregón stehen im Foyer. Oben gibt's noch ein paar Ausstellungsstücke.

Catedral KATHEDRALE
(Plaza de la Patria) Die schön restaurierte Barockkathedrale an der Westseite der Plaza stammt aus dem 18. Jh. Innen ist sie prächtiger, als das Äußere vermuten lässt. Über dem Altar am Ostende des südlichen Schiffs befindet sich ein Gemälde Unser Lieben Frau von Guadalupe von Miguel Cabrera. In der *pinacoteca* (Bildergalerie) der Kathedrale gibt's noch mehr Arbeiten von Cabrera zu sehen, dem größten mexikanischen Künstler der Kolonialzeit. Sie ist nur zu Ostern geöffnet, aber wenn man Glück hat, lässt einen vielleicht ein Priester hinein, den man höflich darum bittet.

Palacio de Gobierno HISTORISCHES GEBÄUDE
(Plaza de la Patria; ⊙Mo–Fr 8–20.30, Sa & So 8–14 Uhr) Der 1665 aus rotem und rosa Stein als Villa für den Marqués de Guadalupe errichtete Palacio de Gobierno an der Südseite der Plaza de la Patria ist das bedeutendste Gebäude aus der Kolonialzeit in Aguascalientes. Die Wände des herrlichen Innenhofs sind zwei Stockwerke hoch von Wandmalereien bedeckt. Eines der Bilder stellt die Konvention von 1914 dar. Sein Schöpfer, der chilenische Künstler Osvaldo Barra, ein Schüler von Diego Rivera, malte auch das Wandbild an der Südwand, das die wirtschaftlichen und geschichtlichen Kräfte zeigt, die Aguascalientes geformt haben.

Museo José Guadalupe Posada MUSEUM
(☎449-915-45-56; Jardín El Encino s/n; Erw./Student 10/5 Mex$, So frei; ⊙Di–So 11–18 Uhr) Der aus Aguascalientes stammende Posada (1852–1913) war in vielerlei Hinsicht der Begründer der modernen mexikanischen Kunst. Seine Stiche und satirischen Karikaturen stellten die sozialen Probleme des Landes in den Mittelpunkt und sorgten da-

für, dass sich mehr Menschen in Mexiko für Kunst interessierten. Später schuf er Wandgemälde, die Künstler wie Diego Rivera, José Clemente Orozco und Alfaro David Siqueiros beeinflussten. Sein Markenzeichen ist die *calavera* (Totenkopf oder Skelett). Viele seiner *calavera*-Stiche wurden reproduziert und fanden weite Verbreitung. Im Haus gibt es auch eine Dauerausstellung zu Posadas Vorgänger Manuel Manilla (1830–1890).

Templo del Encino KIRCHE
(Jardín El Encino; ⌚7–13 & 17–19 Uhr) Im Templo del Encino neben dem Posada-Museum steht eine schwarze Jesusstatue, von der manche glauben, sie wachse langsam. Wenn sie die nebenstehende Säule erreicht, soll ein Inferno über die Welt hereinbrechen. Die riesigen, den *Kreuzweg* darstellenden Wandgemälde sind ebenfalls bemerkenswert.

Templo de San Antonio KIRCHE
(⌚7–13, 17–19 Uhr) Der Templo de San Antonio ist eine verrückte Stilcollage, die um 1900 von dem autodidaktischen Architekten Refugio Reyes Rivas errichtet wurde. Das Innere der Kirche ist aufwendig mit großen runden Bildern und feinen Goldverzierungen geschmückt.

Museo de Arte Contemporáneo MUSEUM
(☎449-915-79-53; Ecke Morelos & Primo Verdad; Erw./Student 10/5 Mex$, So frei; ⌚Di–So 11–18 Uhr) Das kleine, moderne Museum zeigt Werke von Enrique Guzmán (1952–1986) sowie Wechselausstellungen und lohnt einen Besuch.

Museo Regional de Historia MUSEUM
(☎449-916-52-28; Av Carranza 118; Erw. 42 Mex$; ⌚Di–So 9–18 Uhr) Das Gebäude des Geschichtsmuseums wurde von Refugio Reyes als Villa für eine Familie errichtet und besitzt auch eine schöne Kapelle voller Votivgemälde und Werke, die Correa zugeschrieben werden. In mehreren Räumen wird anhand von Exponaten die Geschichte vom Urknall bis zur Kolonialzeit abgehandelt. Für Fans der mexikanischen Geschichte ist das sicher interessant, zumal das Haus unter seiner neuen Leitung mehr Schwung bekommen hat. Die Wechselausstellungen können hingegen für alle faszinierend sein: einfach vorbeischauen und sehen, was gerade geboten wird!

Expoplaza PLAZA
500 m südwestlich der Plaza de la Patria liegt die Expoplaza, zu erreichen über die Avenida Carranza, ein modernes Einkaufszentrum mit Restaurants und Bars. Die breite, gesichtslose Fußgängerzone an der Südseite der Mall erwacht abends und während der alljährlichen Feria de San Marcos zum Leben. Die riesige **Plaza de Toros Monumental** am westlichen Ende ist bemerkenswert als modern-koloniale Umsetzung des traditionellen Bautyps einer Stierkampfarena.

An der Ostseite der Expoplaza verläuft die Fußgängerstraße Pani zwei Blocks weit nach Norden zu dem aus dem 18. Jh. stammenden **Templo de San Marcos** (Pani) und dem hübschen, schattigen **Jardín de San Marcos**. Die **Palenque de Gallos** im Gebäude des **Casino de la Feria** an der Pani ist (nur während der *feria*) die Hahnenkampfarena der Stadt. Nahe der nordöstlichen Ecke des Jardín de San Marcos steht die **Ex-Plaza de Toros San Marcos**, die alte Stierkampfarena, in der nun eine Stierkämpferschule untergebracht ist.

Baños Termales de Ojocaliente THERMALBÄDER
(☎449-970-07-21; Tecnológico 102; privates Bad ab 120 Mex$/Std.; ⌚Winter 7–19 Uhr, Sommer 8–20 Uhr) Trotz des Namens der Stadt ist dieses charmante, wenn auch etwas schäbige Thermalbad das einzige in der Nähe des Zentrums. In dem restaurierten Gebäude von 1808 fühlt man sich wirklich in die Vergangenheit zurückversetzt; das Wasser soll alle möglichen Leiden kurieren. Von der Mateos aus den Bus 23 oder 25 nehmen.

Museo del Juguete Tradicional Mexicana MUSEUM
(museodeljuguetetradicional@yahoo.com; Eduardo Correa 246; 15 Mex$; ⌚Di–So 9–14 & 16–18 Uhr) Das kleine, schlichte Museum zeigt aus Holz und Lehm, Papier und Kaugummi gefertigte traditionelle Spielsachen aus ganz Mexiko; der spanische Eigentümer erzählt von der Geschichte seiner Sammlung (nur auf Spanisch). Eine Fundgrube für Sammler und Ethnologen.

Feste & Events

Feria de San Marcos VOLKSFEST
Mitte April steigt rund um die Expoplaza Mexikos größtes, drei Wochen dauerndes Volksfest, die Feria de San Marcos. Die Ausstellungen, Stierkämpfe, Hahnenkämpfe, Rodeos, Konzerte und Kulturevents locken Tausende von Besuchern an. Der große Umzug findet am 25. April statt, dem Tag des hl. Markus.

Festival de las Calaveras BRAUCHTUM

Mit dem zehntägigen Festival de las Calaveras (die Termine variieren, liegen aber immer um den 1. und 2. Nov.) feiert Aguascalientes den **Día de Muertos** (Tag der Toten) mit viel *calavera-* (Totenkopf-)Symbolik.

Schlafen

Während der Feria de San Marcos (April) schießen die Preise in die Höhe; am letzten Wochenende des Festes sind die Unterkünfte total ausgebucht. Die Einheimischen verdienen sich dann mit der Vermietung von Privatzimmern ein schönes Zubrot.

Hostal Posada HOSTEL $

(449-918-64-36; Eduardo Correa 139; B/Zi. 120/300 Mex$;) In dem umgebauten Haus gibt's nach Geschlechtern getrennte Schlafsäle und Privatzimmer. Die Zahl der Toiletten und Badezimmer ist überschaubar, aber die Unterkunft ist sicher und freundlich und wird von den Besitzern selbst geführt. Es gibt eine Küche und täglich auch einfache Gerichte (25 Mex$).

Hacienda del Roble HOTEL $

(449-915-39-94; Calle 5 de Mayo 540; EZ/DZ 400/450 Mex$) Das Haus ist die beste der wenigen Budgetoptionen. Die Zimmer sind klein, haben aber moderne Teppiche, nach außen blickende Fenster und ordentliche Bäder. Das Manko ist die schäbige und laute Lage direkt an der Calle 5 de Mayo, doch bis zur Plaza sind's zu Fuß nur zehn Minuten.

Fiesta Americana LUXUSHOTEL $$$

(449-910-05-00; www.fiestaamericana.com; Laureles s/n, Colonia Las Flores; Zi. ab 1769 Mex$;) Das zu einer Kette gehörende, angenehme, wenngleich etwas überteuerte Luxushotel mit 192 Zimmern wartet mit allen Fünf-Sterne-Annehmlichkeiten auf, darunter einem Fitnesscenter und einem einladenden Pool. Wochenend-Pauschalangebote für zwei Personen mit Büffetfrühstück gibt's für rund 1500 Mex$. Nach Sonderangeboten auf der Website schauen!

Essen

Vier Blocks nördlich der Plaza de la Patria bieten drei Märkte frische Lebensmittel und billige Imbisse: der **Mercado Juárez**, der **Mercado Jesús Terán** sowie der **Mercado Morelos**. In der Avenida Carranza westlich der Plaza gibt's ein wunderbares Angebot an modischen Cafés, in denen abends Snacks und Getränke zu haben sind.

★ **San Marcos Merendero** MEXIKANISCH $

(Andador Pani 144; Hauptgerichte 75–150 Mex$; 12–3 Uhr) Das muntere, scheunenartige Lokal ist der Ort, wo Jung und Alt gleichermaßen gern auf den Putz hauen. Und hier geht es wirklich sehr lustig zu. Die Barkeeper produzieren mit die besten Margaritas vor Ort, die Angestellten (einige sind schon länger dabei als die aktuelle Einrichtung) sind freundlich, und die Deko bietet traditionelle mexikanische Folklore von ausgestopften Stierköpfen bis hin zu Wimpeln. Hier geht's darum, zu plaudern und zu trinken – je mehr Getränke man bestellt, desto mehr *botanas* (herzhafte Snacks) werden serviert.

Restaurant Mitla MEXIKANISCH $$

(449-916-61-57; Madero 220; Hauptgerichte 62–190 Mex$; 7–22, So bis 21 Uhr) In dem großen, netten und beliebten Restaurant scheint sich seit 1938, dem Jahr seiner Eröffnung, wenig verändert zu haben. Die Kellner tragen weiße Jacketts, der Service ist ausgezeichnet, und auf der Karte stehen wundervolle mexikanische Spezialitäten, komplettes Frühstück (ab 85 Mex$) und mittags Büffetspeisen (98 Mex$).

Sanborns MEXIKANISCH $$

(449-915-20-24; Plaza de la Patria; Hauptgerichte 65–165 Mex$; 7–1 Uhr) Das Restaurant gehört zwar zu einer Kette, aber in dem prächtigen, altmodischen Salon gibt's gute Mahlzeiten (vor allem das Frühstück und der Nachmittagstee sind zu empfehlen) und einen Blick auf die Plaza. Das Lokal befindet sich im zweiten Stock.

Rincón Maya YUKATEKISCH $$

(449-916-75-74; Abasolo 113; Hauptgerichte 90–140 Mex$; Mo–Sa 14–24, So 14–22.30 Uhr) Bis zum Mittag wird im La Mestiza Yucateca (geöffnet 8–14 Uhr) aufgetischt, dem Alter Ego des Restaurants gleich nebenan. In den beiden Lokalen auf dem Gelände einer ehemaligen Hazienda bekommt man leckere yukatekische Spezialitäten.

Ausgehen

Pulquería Posada BAR

(Nieto 445; Di–So 12–2 Uhr) In dem leicht schmuddeligen Studententreff gibt's Halbliter-*jarras* (Krüge) mit *pulque* (einem traditionellen alkoholischen Getränk der Azteken aus vergorenem Agavensaft) für 18 Mex$ und eine gute Auswahl an Mezcals, die mit allem möglichen, von Zitronensaft bis Guave, aromatisiert sind.

✪ Unterhaltung

Die Fußgängerzone Pani zwischen dem Expoplaza und dem Jardín de San Marcos ist abends meist sehr belebt. Es gibt eine gute Auswahl an Bars und Restaurants.

Casa de la Cultura KULTURZENTRUM
(☎449-910-20-10; Av Carranza 101) In einem schönen Gebäude aus dem 17. Jh. veranstaltet die Casa de la Cultura Kunstausstellungen, Konzerte, Theater und Tanz. Aguascalientes besitzt zwei Theater, das **Teatro de AguasCalientes** (☎449-978-54-14; Ecke Calle Chávez & Calle Aguascalientes) und Teatro Morelos (S. 728), die diverse Kulturevents auf die Bühne bringen.

ℹ Praktische Informationen

GELD

Rund um die Plaza de la Patria und die Expoplaza gibt's viele Bankfilialen mit Geldautomaten. *Casas de cambio* finden sich dicht an dicht in der Hospitalidad gegenüber der Post.

INTERNETZUGANG

Die meisten Internetcafés nehmen rund 12 Mex$ pro Stunde.

Café Internet 3W (Centro Parián, Calle Morelos; ⌚Mo–Sa 9–21, So 11–18 Uhr)

MEDIZINISCHE VERSORGUNG

Im Zentrum gibt's mehrere rund um die Uhr geöffnete Apotheken.

Star Médica (☎449-910-99-00; www.starmedica.com; Universidad 103) Privates Hospital.

NOTFALL

Polizei (☎080, 066)

TOURISTENINFORMATION

Staatliche Touristeninformation (☎449-915-95-04; www.aguascalientes.gob.mx; Palacio de Gobierno, Plaza de la Patria; ⌚Mo–Sa 9–20, So 10–18 Uhr) Verteilt kostenlose Stadtpläne. Nach der *Agenda cultural* fragen, der monatlichen Auflistung anstehender Events.

ℹ An- & Weiterreise

BUS

Der **Busbahnhof** (Central Camionera; Av Convención) befindet sich 2 km südlich vom Zentrum. Dort gibt's Kartentelefone, eine Cafeteria und eine Gepäckaufbewahrung.

Nach/von Aguascalientes fahren Busse der Deluxe-, der 1. und der 2. Klasse. Deluxe- und Busse 1. Klasse bieten u. a. ETN, Primera Plus, Futura und Ómnibus de México. Das wichtigste Unternehmen mit Bussen 2. Klasse ist Coordinados (Flecha Amarilla).

Neben Bussen zu den in der Tabelle unten aufgeführten Zielen gibt es auch häufige Verbindungen nach Ciudad Juárez, Monterrey, Morelia und Torreón sowie einmal täglich einen Bus nach San Miguel de Allende. Wer nach Guanajuato fahren will steigt am besten in León um.

FLUGZEUG

Der **Aéropuerto Jesús Terán** (☎449-918-28-06) liegt 26 km südlich von Aguascalientes abseits der Straße nach Mexico City. **Aeroméxico Connect** (☎449-918-21-27; Madero 474) bietet Flüge nach Mexico City und Monterrey sowie über Mexico City nach Los Angeles und New York. **Volaris** (www.volaris.mx) fliegt nach Los Angeles. American Airlines hat Linienflüge nach Houston, Dallas und Los Angeles.

ℹ Unterwegs vor Ort

Die meisten interessanten Sehenswürdigkeiten liegen in bequemer Gehentfernung voneinander. Die Stadtbusse (6 Mex$) fahren zwischen 6 und 22 Uhr. Die Busse sind mit Liniennummern gekennzeichnet; nachprüfen, welche Linien zum Zentrum fahren, denn das ändert sich häufig! Im Zentrum steigt man an der ersten Haltestelle nach dem einzigen Tunnel der Stadt an der Calle 5 de Mayo aus – diese ist einen Block von der Plaza entfernt. Aus dem Zentrum fahren von der Ecke Galeana (nahe der Insurgentes) mehrere Busse zum Busbahnhof.

Taxis bestimmen die Preise anhand ihres Taxameters. Die Fahrt vom Busbahnhof zum Zentrum oder umgekehrt kostet zwischen 25 und 30 Mex$.

BUSSE AB AGUASCALIENTES

ZIEL	PREIS (MEX$)	DAUER (STD.)	HÄUFIGKEIT (TGL.)
Guadalajara	25–268	2¾–3	regelm.
Guanajuato	161–214	3	7.10 & 19.30 Uhr
León	136–185	2–3½	regelm.
Mexico City (Terminal Norte)	447–580	6	regelm.
San Luis Potosí	156–209	3–3½	stündl.
Zacatecas	136–175	2	stündl.

SAN LUIS POTOSÍ (BUNDESSTAAT)

Die historische Hauptstadt von San Luis Potosí und die faszinierende „Geisterstadt" Real de Catorce liegen in den verlassenen Ausläufern im Norden und Westen des Bundesstaates. Sie sind die eigentlichen Gründe für einen Abstecher hierher. Die schöne, tropische, grüne Region Huasteca voller grüner Täler und Wasserfälle im Osten ist bei den einheimischen Urlaubern beliebt.

Der Bundesstaat blickt auf eine bewegte Geschichte zurück. Vor der spanischen Eroberung bewohnten kriegerische Jäger, die Guachichilen, den Westen von San Luis Potosí. Im 18. Jh. hatte die Region einen miesen Ruf: *Indígenas* wurden misshandelt, nachdem der Klerus, der keinen Klöstern angehörte, an die Stelle der barmherzigeren Franziskaner getreten war.

Die Wirtschaft des heute recht wohlhabenden Staates mit 2,6 Mio. Einwohnern stützt sich auf den Bergbau, die Landwirtschaft, die Viehzucht und die Industrie.

San Luis Potosí

☎444 / 736 000 EW. / 1860 M

Die Grande Dame unter den Städten aus der Kolonialzeit, San Luis Potosí, war einst Brutstätte der Revolution, wichtige Bergbaustadt und Sitz der Regierung. Als blühende Hauptstadt des Bundesstaates, ordentliches Industriezentrum und Sitz einer Universität hat sie bis heute Haltung bewahrt.

Ein herrlicher Platz für einen Spaziergang ist das koloniale Herz der Stadt. Es besteht aus einigen schönen Plazas und gepflegten Parks, die alle durch hübsche Fußgängerzonen verbunden sind. Auch wenn die lebhafte Stadt nicht so überwältigend ist wie Zacatecas oder Guanajuato, so spiegelt sich doch in den herrlichen Gebäuden aus der Kolonialzeit, dem beeindruckenden Theater und den zahlreichen ausgezeichneten Museen kulturelle Eleganz.

Geschichte

San Luis Potosí wurde 1592 gegründet, 20 km westlich der Silbervorkommen des Cerro de San Pedro. Benannt wurde die Stadt nach der unglaublich reichen bolivianischen Silberstadt Potosí – die Spanier hofften, dass ihr das neue Potosí einmal Konkurrenz machen könnte. Doch schon in den 1620er-Jahren gingen die Erträge zurück. Allerdings hatte sich San Luis zu dieser Zeit als Zentrum der Viehzucht schon so gut etabliert, dass es die wichtigste Stadt im Nordosten Mexikos blieb, bis Monterrey ihm zu Beginn des 20. Jhs. den Rang ablief.

Im 19. Jh. war San Luis für seine prächtigen Häuser und seine importierten Luxusgüter bekannt. Während der französischen Besetzung in den 1860er-Jahren war die Stadt zweimal Sitz des Präsidenten Benito Juárez und seiner Regierung. Während der Wahlkampagne 1910 hielt der diktatorisch herrschende Präsident Porfirio Díaz seinen liberalen Konkurrenten Francisco Madero in San Luis fest. Nach der Wahl wieder in Freiheit, brütete Madero seinen *Plan de San Luis Potosí* aus, der die Absetzung Díaz' zum Ziel hatte. Im Oktober 1910 präsentierte er ihn in San Antonio in Texas der Öffentlichkeit. Der Plan erklärte die Wahl für illegal, Madero ernannte sich selbst zum provisorischen Präsidenten und terminierte den Beginn des Aufstands in Mexiko auf den 20. November – damit nahm die Mexikanische Revolution ihren Lauf.

Sehenswertes

Museo Federico Silva MUSEUM

(☎444-812-38-48; www.museofedericosilva.org; Obregón 80; Erw./Student 30/15 Mex$; ⊙Mi–Mo 10–18, So 10–14 Uhr) Dieses Museum sollte man sich nicht entgehen lassen. Das im 17. Jh. errichtete Gebäude an der Nordseite des Jardín de San Juan del Dios war einst ein Hospital und dann unter dem *porfiriato* (der Herrschaftszeit von Porfirio Díaz) eine Schule. Es wurde elegant unter Einbezug der früheren neoklassizistischen Verkleidung zu einem Kunstmuseum umgestaltet, in dem die monolithischen Skulpturen von Silva zu sehen sind. Darüber hinaus finden heute hier Wechselausstellungen mit Werken international bekannter zeitgenössischer Bildhauer statt.

Museo de Arte Contemporáneo MUSEUM

(MAC; ☎444-814-43-63; Morelos 235; Erw./Student 20/10 Mex$; ⊙Di–Sa 10–18, So 10–14 Uhr) Das Museum ist im früheren Postamt der Stadt untergebracht. In den brillant umgestalteten Sälen finden heute Kunstausstellungen statt, die alle drei Monate wechseln.

Museo del Centro de las Artes Centenario MUSEUM

(Antigua Penitenciaria; ☎444-137-41-00; Calz de Guadalupe; Erw. 15 Mex$; ⊙Mo–Fr 10–14 & 17–20, Sa & So 11–17 Uhr) Das Museo war bis 1999 ein Gefängnis, in dem kurzzeitig auch Francisco Madero inhaftiert gewesen sein soll. Zehn Jahre später wurde das Haus – ohne grundlegende architektonische Umgestaltung – als ein Kunst- und Kulturzentrum zugänglich gemacht. Einige der ehemaligen Zellen sind erhalten; andere wurden zu Büros umgebaut. Das Zentrum befindet sich 12 Blocks südlich der Alameda.

Palacio de Gobierno PALAST

(5 de Mayo) GRATIS Der klassizistische Palacio de Gobierno wurde zwischen 1770 und 1816 errichtet. Sein berühmtester Bewohner war Benito Juárez, der sich hier 1863 auf der Flucht vor der französischen Invasionsarmee aufhielt und dann wieder 1867, als er das Todesurteil gegen den Marionettenkaiser Maximilian bestätigte.

Plaza de Armas

Die verkehrsberuhigte Plaza, auch als Jardín Hidalgo bekannt, ist der zentrale Platz der Stadt.

Catedral KATHEDRALE

GRATIS Die barocke, dreischiffige Kathedrale steht an der Ostseite der Plaza de Armas. Sie wurde zwischen 1660 und 1730 erbaut. Ursprünglich hatte sie nur einen Turm, der Nordturm wurde erst im 20. Jh. hinzugefügt. Die Marmorapostel an der Fassade sind Nachbildungen von Statuen im Petersdom in Rom. Zur vollen Stunde ertönt als neuere Ergänzung ein elektronisches Glockenspiel.

Palacio Municipal HISTORISCHES GEBÄUDE

(8–20 Uhr) Neben der Kathedrale steht der von mächtigen Steinarkaden eingefasste, 1838 fertiggestellte Palacio Municipal, in dem von 1892 bis 1915 Bischof Ignacio Montes de Oca residierte. Das aus Buntglas angefertigte Wappen der Stadt prunkt über einer Flügeltreppe.

Museo Othóniano MUSEUM

(444-812-74-12; Av Othón 225; Eintritt 5 Mex$; Mo–Fr 10–18 Uhr) Dieses Museum hinter der Kathedrale ist die Geburtsstätte des gefeierten mexikanischen Dichters Manuel José Othón (1858–1906). Das Wohnhaus aus dem 19. Jh. ist im Stil der Zeit eingerichtet und zeigt seine Manuskripte und persönliche Gegenstände.

Jardín de San Francisco (Jardín Guerrero) PLAZA

Diese schöne Plaza wird von der Masse des Templo de San Francisco und des zugehörigen Klosters bestimmt: Mit dem hübschen Springbrunnen in der Mitte ist sie einer der schönsten Plätze der Stadt.

Templo de San Francisco KIRCHE

(Jardín de San Francisco) Der Altar des im 17. und 18. Jh. errichteten Templo de San Francisco wurde im 20. Jh. umgestaltet, aber die Sakristei, zu erreichen über eine Tür rechts vom Altar, ist original erhalten und besitzt eine schöne Kuppel und Figuren aus rosa Stein. Die Sala de Profundis, hinter dem Bogen am südlichen Ende der Sakristei, birgt weitere Gemälde und einen verzierten Brunnen aus Stein. In der Hauptkuppel hängt ein schöner Kristalllüster in Gestalt eines Schiffes.

Templo de la Tercera Orden & Templo del Sagrado Corazón KIRCHE

(Jardín de San Francisco) Am südlichen Ende des Jardín de San Francisco stehen der kleine, 1694 erbaute und 1960 restaurierte Templo de la Tercera Orden sowie der Templo del Sagrado Corazón, Bauzeit 1728 bis 1731. Beide Kirchen waren früher Teil des Franziskanerklosters.

Museo Regional Potosino MUSEUM

(444-814-35-72; Plaza de Aranzazú s\n; Eintritt 42 Mex$, So frei; Di–So 9–18 Uhr) Das spannende Museum gehörte ursprünglich ebenfalls zu dem 1590 gegründeten Franziskanerkloster. Im Erdgeschoss – in das auch die kleine Capilla de San Antonio de Padua einbezogen ist – sind Exponate aus dem präkolumbischen Mexiko, insbesondere vom indigenen Volk der Huaxteken ausgestellt. Im Obergeschoss befindet sich die üppig in Gold und Blaugrün dekorierte **Capilla de Aranzazú**, eine aufwendige Privatkapelle, die Mitte des 18. Jhs. im Stil des Churriguerismus erbaut wurde. In der Kapelle wurden Mönchsnovizen ordiniert.

Plaza del Carmen

Templo del Carmen KIRCHE

(8–13 & 17–20 Uhr) An der Plaza del Carmen steht das spektakulärste Bauwerk der Stadt, der im Stil des Churriguerismus errichtete Templo del Carmen (1749–1764). Die schwebenden Engel an der wild bewegten Steinfassade verraten die Hand indigener Künstler. Die Camarín de la Virgen mit ihrem prächtigen goldenen Altar befindet sich drinnen links vom Hauptaltar. Der Eingang und die Decke dieser Kapelle sind mit kleinen Stuckfiguren übersät.

San Luis Potosí

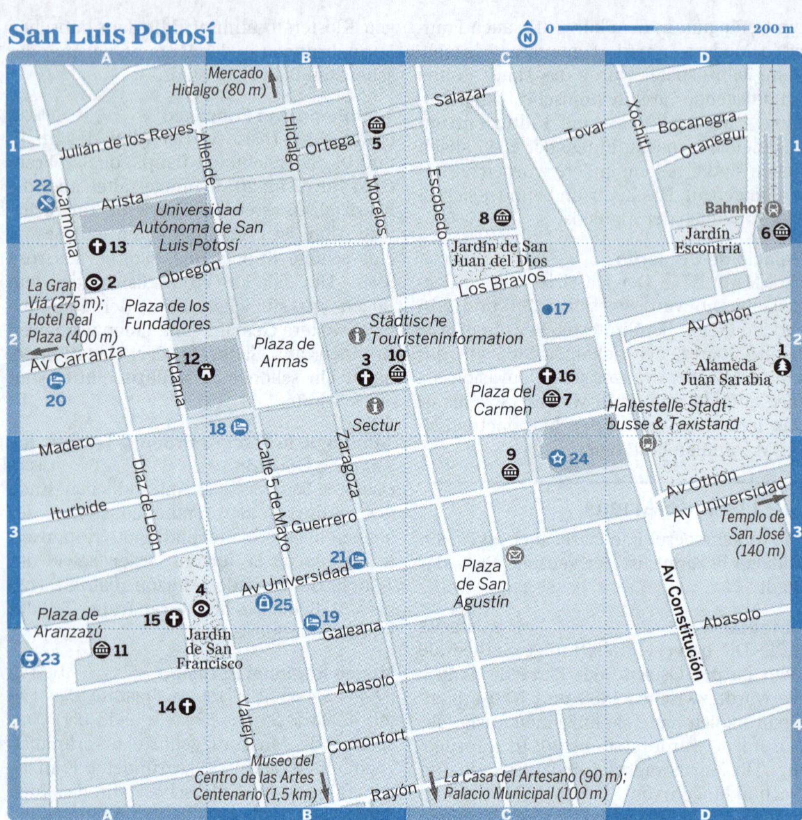

Museo del Virreinato MUSEUM
(☎444-816-09-94; www.museodelvirreinato.mx; Villerías 155; Eintritt 15 Mex$; ⏲Di–So 10–19 Uhr) Neben dem Templo de Carmen zeigt dieses Museum eine große Sammlung von Gemälden und Gegenstände aus der Zeit des Vizekönigreichs Neuspanien. Interessanter sind vielleicht die Wechselausstellungen – einfach einmal schauen, was gerade geboten wird.

Museo Nacional de la Máscara MUSEUM
(Nationales Maskenmuseum; ☎444-812-30-25; Villerías 2; Eintritt 15 Mex$, Foto 20 Mex$; ⏲Di–Fr 10–18, Sa bis 17, So 11–15 Uhr) Das Museum zeigt eine interessante Sammlung von Zeremonialmasken aus Mexiko und aller Welt. Es gibt gute Erläuterungen auf Englisch und interessante Videos von Tänzen, die während Festen bei verschiedenen Völkern aufgenommen wurden.

Plaza de los Fundadores PLAZA
Am wenigsten ansprechend unter allen Plazas ist die Plaza de los Fundadores, die ihren Namen „Platz der Gründer" der Tatsache verdankt, dass hier die Stadt ihren Anfang nahm. An der Nordseite des Platzes steht ein großes Gebäude, das 1653 als ein Jesuitenkolleg errichtet wurde. Heute sind in ihm Büros der Universidad Autónoma de San Luis Potosí untergebracht. Wahrscheinlich gründete um 1585 an dieser Stelle der Franziskanermönch Diego de la Magdalena die kleine Siedlung Guachichiles.

Westlich der Büros erblickt man die barocke Fassade des 1675 von den Jesuiten erbauten **Templo de la Compañía** (Plaza de los Fundadores). Ein wenig weiter westlich steht die **Capilla de Loreto** (Plaza de los Fundadores), eine Jesuitenkapelle von 1700 mit auffälligen Spiralsäulen.

Alameda PARK
Die Grünanlage **Alameda Juan Sarabia** markiert das östliche Ende der Innenstadt. Sie war einst der Gemüsegarten des Klosters, das zum Templo del Carmen gehörte.

San Luis Potosí

Sehenswertes

1 Alameda D2
2 Capilla de Loreto A2
3 Catedral B2
4 Jardín de San Francisco (Jardín Guerrero) A3
5 Museo de Arte Contemporáneo B1
6 Museo del Ferrocarril D1
7 Museo del Virreinato C2
8 Museo Federico Silva C1
9 Museo Nacional de la Máscara C3
10 Museo Othóniano B2
11 Museo Regional Potosino A4
12 Palacio de Gobierno A2
13 Templo de la Compañía A2
14 Templo de la Tercera Orden & Templo del Sagrado Corazón A4
15 Templo de San Francisco A3
16 Templo del Carmen C2

Aktivitäten, Kurse & Touren

17 Operatour Potosina C2

Schlafen

18 Hotel de Gante B2
19 Hotel Museo Palacio de San Agustín B3
20 Hotel Panorama A2
21 Hotel San Francisco B3

Essen

22 Antojitos El Pozole A1

Ausgehen & Nachtleben

23 La Piqueria Mezcaleria A4

Unterhaltung

24 Teatro de la Paz C3

Shoppen

25 Casa Grande Esencia Artesanal B3

Heute ist er ein großer, hübscher Park mit schattigen Wegen.

Templo de San José KIRCHE

(Alameda Park) Im Innern des Templo de San José an der Südfront der Alameda befindet sich das Bildnis von El Señor de los Trabajos. Die Christusfigur zieht Pilger von nah und fern an. Zahlreiche *retablos* (Altarbilder) rund um die Statue belegen die Erhörung von Hilfesuchenden, die für einen neuen Job und andere Wunder gebetet hatten.

Museo del Ferrocarril MUSEUM

(☎444-814-35-89; Av Othón; Eintritt 15 Mex$; ⏲Di–So 10–18 Uhr) Das Museum im früheren Bahnhof der Stadt an der Norseite der Alameda erweckt raffiniert die Vergangenheit zum Leben. Das 1936 errichtete Gebäude wurde von Manuel Ortiz Monasterio entworfen. Zu den Ausstellungsstücken gehören alte Lokomotivteile und moderne Installationen zur Geschichte der Eisenbahn.

Geführte Touren

Tranvía STADTRUNDFAHRT

(☎444-814-22-26; www.tranviasanluis.com; Rundfahrt 50 Mex$/1 Std.) Zwei Tranvías, als alte Straßenbahnen aufgemachte Busse, drehen eine Runde um das historische Zentrum. Der Startpunkt befindet sich vor der Kathedrale an der Plaza de Armas. Die kleinere, die blaue „San Luis Rey", fährt durch schmalere Straßen und verspricht daher ein interessanteres Erlebnis. Die Abfahrtzeiten variieren – in der Touristeninformation nachfragen.

Operatour Potosina TOUR

(☎444-151-22-01; www.operatourpotosina.com.mx; Sarabia 120) Wenn man eine Tour mitmachen möchte, ist Operatour Potosina, der im Hotel Napoles zu finden ist, der beste Anbieter. Der freundliche und kenntnisreiche Guide Lori spricht Englisch und führt Touren durch die Stadt, zu Haziendas, nach Real de Catorce, Zacatecas und in die Region Huasteca Potosina (mind. 2 Pers.). Auch maßgeschneiderte Touren sind möglich.

Feste & Events

Semana Santa RELIGION

Die Karwoche wird mit Konzerten, Ausstellungen u.a. gefeiert; am Karfreitag wird um 15 Uhr im Barrio San Juan de Guadalupe der Leidensweg Christi nachgestellt. Um 20 Uhr folgt eine stille Prozession durch das Stadtzentrum – sie ist eine der wichtigsten Ereignisse im Stadtkalender.

Feria Nacional Potosina VOLKSFEST

San Luis' Festival findet normalerweise in den letzten drei Augustwochen statt. Es werden Konzerte, Stierkämpfe, Rodeos, Hahnenkämpfe und Landwirtschaftsausstellungen veranstaltet.

Día de San Luis Rey de Francia RELIGION

Am 25. August wird als Höhepunkt der Feria Nacional der Schutzpatron der Stadt, Ludwig IX. von Frankreich, mit Prozessionen, Konzerten und Aufführungen geehrt.

Festival Internacional de Danza TANZ

Das Festival für zeitgenössischen Tanz findet im September und Oktober statt.

Schlafen

Hotel de Gante PENSION $

(☎444-812-14-92; hotel_degante@hotmail.com; Calle 5 de Mayo 140; EZ/DZ/3BZ 380/430/490 Mex$;) Die Pension in unschlagbarer Lage nahe der Ecke der Plaza de Armas wird Backpacker und Budgettraveller voll zufrieden stellen, denn die Zimmer sind luftig und haben Kabel-TV.

Hotel Panorama BUSINESSHOTEL $$

(☎800-480-01-00, 444-812-17-77; www.hotelpanorama.com.mx; Av Carranza 315; Zi./Suite 875/1280 Mex$;) Das bei Geschäftsreisenden beliebte Haus ist das beste unter den recht durchschnittlichen Mittelklasseunterkünften der Stadt und hat mit der Lage gegenüber der Plaza de los Fundadores auch einen Standortvorteil. Außerdem ist es recht schick, und alle 126 Zimmer haben Fenster vom Fußboden bis zur Decke. Von den Zimmern an der Südseite blickt man auf den Pool.

Hotel San Francisco HOTEL $$

(www.sanfranciscohotel.mx; Universidad 375; Zi. 695 Mex$;) Endlich eine weitere ordentliche Mittelklasseoption im Stadtzentrum: Das von der gleichen Belegschaft wie das Panorama geführte, kürzlich eröffnete, umgebaute historische Gebäude bietet moderne Zimmer nach Art eines Businesshotels. Die Zimmer nach vorn haben nach außen gerichtete Fenster und bekommen den Straßenlärm ab, in den inneren fehlt es hingegen an frischer Luft. Trotzdem ist das Hotel in jeder Hinsicht ein gute Wahl.

Hotel Real Plaza HOTEL $$

(☎444-814-69-69; www.realplaza.com.mx; Carranza 890; EZ/DZ 650/690 Mex$;) Das Foyer des bei Geschäftsreisenden beliebten Hotels ist zwar düster und langweilig, aber die Zimmer sind hell, sauber und nett.

Hotel Museo Palacio de San Agustín HISTORISCHES HOTEL $$$

(☎444-144-19-00; www.palaciodesanagustin.com; Galeana 240; Zi. 4800–5300 Mex$;) Das luxuriöse „Museumshotel" ist wirklich etwas für Snobs. Früher gehörte das Haus zum Augustinerkloster und es wurde aufwendig in den ursprünglichen Zustand zurückversetzt. Man sieht handbemalte Blattgoldverzierungen, Kristall-Kronleuchter und 700 europäische Antiquitäten mit Echtheitszertifikat.

Essen & Ausgehen

Eine Spezialität der Stadt sind *tacos potosinos* – rote, mit reichlich Chili gewürzte, mit Käse oder Hähnchen gefüllte und mit gehackten Kartoffeln, Möhren, Salat und viel *queso blanco* (Weißkäse) belegte Tacos.

Antojitos El Pozole MEXIKANISCH $

(Ecke Calles Carmona & Arista; Hauptgerichte 40–70 Mex$; ⏲Di–So 12–23.30 Uhr) Der richtige Ort, um *enchiladas potosinas* zu probieren, bei denen der Tortillateig von mildem Chili rot gefärbt ist. Das Lokal wurde in den 1980er-Jahren von einer Frau begründet, die von ihrem Wohnhaus aus *antojitos* (mexikanische Snacks) anbot. Die Nachfrage nach ihren leckeren Gerichten war so groß, dass sie seither mehrere Restaurants eröffnet hat, die sich auf das spezialisieren, was sie am besten kann: *tacos rojos*, *pozole* und *quesadillas de papa* (Kartoffel-Quesadillas). Und die Speisen sind wirklich gut.

★**El México de Frida** MEXIKANISCH $$

(☎444-811-46-03; www.elmexicodefrida.com; Valentín Gama 646; Menü 176–284 Mex$; ⏲Mo–Sa 13–24, So 13–18 Uhr) Das Restaurant ist zwar in Kahlo-esken Farben gestrichen, hält sich aber abgesehen davon vom Frida-Kitsch fern. Stattdessen gibt's ein geschmackssicheres Angebot an leckeren mexikanischen Gerichten. Empfehlenswert sind die *chiles ventilla*, Chili mit Käse und hinreißend sahnigen Saucen. Das Restaurant liegt 3 km vom Anfang der Avenida Carranza entfernt in einer Nebenstraße gleich südlich.

★**La Gran Vía** SPANISCH $$$

(☎444-812-2899; Carranza 560; Hauptgerichte 173–350 Mex$; ⏲Mo–Sa mittags & abends, So mittags) Der Duft von teuren Parfüms mischt sich mit dem Geruch von Paella, *lechón asado* (Spanferkel) und Dorsch – und das sind nur ein paar der Gerichte, die auf der umfangreichen Karte dieser kulinarischen Institution stehen. Ein wunderbarer Ort für einen besonderen Abend.

La Piqueria Mezcaleria BAR

(Independencia 1190; Snacks 45–70 Mex$; ⏲Mi–Sa 17–1 Uhr) Noch eine jener mexikanischen Bars, die *mezcal* und *pulque* wieder beliebt gemacht haben. In diesem Fall handelt es sich um Mezcal, der in munterer Atmosphäre mit präkolumbischen *botanos* (Snacks, z.B. *chapulines* und *quesadillas*) serviert wird.

☆ Unterhaltung

San Luis hat eine lebendige Kulturszene. Was gerade los ist, erfährt man in der Touristeninformation und von Plakaten. Einzelheiten über kulturelle Attraktionen kann man der monatlich erscheinenden, kostenlosen Broschüre *Guiarte* und Postern entnehmen.

Teatro de la Paz KONZERTSTÄTTE
(☎ 444-812-52-09; Villerias 2) In dem neoklassizistischen, 1889 bis 1894 errichteten Gebäude befinden sich ein Konzertsaal mit 1500 Plätzen, eine Ausstellungsgalerie und ein Theater. Plakate informieren über anstehende Tanz-, Theater- und Konzertereignisse.

Orquesta Sinfónica MUSIK
(☎ 444-814-36-01; Karten ab 30 Mex$) Das städtische Symphonieorchester tritt im Teatro de la Paz und in anderen Spielstätten auf; bei der Touristeninformation nachfragen.

Shoppen

La Casa del Artesano KUNSTHANDWERK
(Jardín Colón 23; ⏲ Mo–Fr 8–15 & 17–20, Sa 10–17 Uhr) Will man Produkte aus der Region kaufen, kann man sich hier unter den *potosino*-Töpferwaren, Masken, Holzschnitzereien und Flechtarbeiten umschauen.

Casa Grande Esencia Artesanal KUNSTHANDWERK
(www.esenciaartesanal.com; Universidad 220; 9–21 Uhr) Bietet Geschenkartikel, die ausschließlich aus der Region um San Luis Potosí stammen.

Praktische Informationen

GELD

Bankfilialen mit Geldautomaten gibt's überall in der Stadt, darunter an der Plaza de Armas und der Plaza de los Fundadores. Mehrere *casas de cambio* finden sich an der Morelos.

INTERNETZUGANG

Fox Ciberkafe (Escobedo 315; ⏲ 9–21 Uhr) Internetzugang (15 Mex$/Std.).

MEDIZINISCHE VERSORGUNG

Star Médica (☎ 444-100-95-00; Arista 735) Privates Hospital.

POST

Post (☎ 444-812-72-86; Av Universidad 526; ⏲ Mo–Fr 8–15 Uhr)

TOURISTENINFORMATION

Sectur (Staatliche Touristeninformation; ☎ 800-343-38-87, 444-812-99-39; www.visitasanluispotosi.com; Av Othón; ⏲ Mo–Fr 8–21, Sa 9–15 Uhr) Das Büro hat Karten zu den entlegeneren Attraktionen im Bundesstaat San Luis Potosí.

Städtische Touristeninformation (☎ 444-812-27-70; Palacio Municipal; ⏲ Mo–Sa 8–20, So 10–17 Uhr) Das Büro befindet sich an der Ostseite der Plaza de Armas.

An- & Weiterreise

AUTO & MOTORRAD

Die Preise für einen Mietwagen liegen zwischen 1100 und 1300 Mex$ pro Tag. Es gibt auch günstigere Angebote, wenn man das Auto für eine Woche mietet.

Sixt (☎ 444-812-32-29; Obregón 670)

BUS

Das **Terminal Terrestre Potosina** (TTP; ☎ 444-816-46-02; Carretera 57), 2,5 km östlich vom Zentrum, ist ein geschäftiger Transportknoten

BUSSE AB SAN LUIS POTOSÍ

ZIEL	PREIS (MEX$)	DAUER (STD.)	HÄUFIGKEIT (TGL.)
Aguascalientes	155–193	2½–3	regelm.
Guadalajara	220–515	5–6	stündl.
Guanajuato	235	3	1-mal direkt (7 Uhr)
Matehuala	191	2½	stündl.
Mexico City (Terminal Norte)	398–540	5–6½	stündl.
Monterrey	675	6	5-mal
Querétaro	191–260	2½–4	regelm.
Xilxitla	340	6	4-mal
Zacatecas	170	3	regelm.

mit Deluxe-Bussen, Bussen der 1. und einigen der 2. Klasse. Im Busbahnhof gibt es Kartentelefone, eine rund um die Uhr geöffnete Gepäckaufbewahrung und Imbisse.

Zu den Unternehmen mit Bussen der 1. Klasse gehören ETN, Primera Plus, Transportes del Norte und Futura. Die wichtigsten Unternehmen mit Bussen der 2. Klasse sind Coordinados (Flecha Amarilla) und Estrella Blanca.

Busse fahren täglich nach Juárez, Chihuahua, Dolores Hidalgo, León, Morelia, Nuevo Laredo, Saltillo, Torreón und zu vielen weiteren Zielen.

FLUGZEUG

Der **Aeropuerto Ponciano Arriaga** (☎ 444-822-00-95; www.oma.aero/en/) liegt 10 km nördlich der Stadt abseits des Hwy 57. Aeroméxico Connect bietet Direktflüge von/nach Mexico City und Monterrey mit Anschlussflügen in diverse US-amerikanische Städte.

ℹ Unterwegs vor Ort

Taxis verlangen für die halbstündige Tour vom/zum Flughafen 200–220 Mex$.

Vom Busbahnhof aus bringen einen der „Centro"- oder der Bus Nr.46 ins Zentrum. Eine günstig gelegene Haltestelle befindet sich an der Alameda vor dem früheren Bahnhof. Tickets (40–60 Mex$) für Taxis ins Zentrum kann man an einem Schalter im Busbahnhof kaufen. Von der Westseite der Alameda im Zentrum fährt jeder Bus mit der Kennzeichnung „Central TTP" und jeder, der Richtung Süden auf der Avenida Constitución unterwegs ist, zum Busbahnhof. Stadtbusse verkehren zwischen 6.30 und 22.30 Uhr (7 Mex$); in Richtung Av Carranza kann man vor dem Bahnhof jeden „Morales"- oder „Carranza"-Bus nehmen.

Matehuala

Matehuala (80 000 Ew.) ist eine hübsche, aber nicht weiter bemerkenswerte Stadt am Hwy 57 zwischen Saltillo und San Luis Potosí. Jeder, der mit dem Bus nordwärts nach Real de Catorce fahren will, muss hier umsteigen.

Der Busbahnhof liegt gleich westlich vom Highway und 2 km südlich vom Zentrum. Von Matehuala fahren täglich Busse nach Mexico City (Terminal Norte; 600–775 Mex$, 8 Std., 9 Direktbusse der 1. Klasse), Monterrey (300–336 Mex$, 4½ Std., stündl. Busse der 1. Klasse), Saltillo (246 Mex$, 3¼ Std., 7 Busse der 1. Klasse), San Luis Potosí (191–250 Mex$, 2½ Std., stündl. Busse der 1. Klasse), Aguascalientes (372 Mex$, 5 Std., tgl.) und Querétaro (336–406 Mex$, 4½ Std., 7 Busse der 1. Klasse).

Real de Catorce

☎ 488 / 1300 EW. / 2730 M

Energie – im spirituellen Sinne – ist das Wort, welches häufig benutzt wird, um die bezaubernde Siedlung Real de Catorce zu beschreiben. Die kahle, kompakte und lebendige „Geisterstadt" liegt hoch in den Ausläufern der magischen Sierra Madre Oriental. Bis zum Beginn des vorigen Jahrhundertes war Real de Catorce eine reiche Silberminenstadt mit 40 000 Einwohnern. Vor noch gar nicht so langer Zeit war der Ort praktisch vollständig verlassen, verfallene Gebäude säumten die Straßen, die Münze war eine Ruine, und lediglich ein paar hundert Menschen fristeten eine kümmerliche Existenz aus dem jährlichen Pilgerstrom und aus dem Abraum der Mine.

Real hat eine kleine Renaissance erlebt: Investoren (darunter Europäer) kamen und betreiben jetzt einige der Geschäfte und besseren Hotels in der Stadt. Der Ort ist zwar keine Geisterstadt mehr, aber noch immer quietschen die Türen verlassener Gebäude im Wind, enden staubige Kopfsteinpflasterstraßen abrupt im Nirgendwo, und sind viele Gebäude weiterhin Ruinen.

Zum Zeitpunkt der Recherche wurden Bergbaukonzessionen für Minen rund um die Stadt vergeben. Viele sehen darin einen ökologischen Alptraum; sie fürchten eine Schädigung der Quellen in den Bergen und eine Beeinträchtigung der uralten traditionellen Kultur der Wirrá'itari (Huicholen). Andere sehen in den Konzessionen Beschäftigungschancen für viele Einheimische auch in den umliegenden ärmeren Gemeinden.

Um den Zauber und die einmalige Atmosphäre des Ortes zu erleben, muss man hier mindestens eine Nacht verbringen. Wer länger bleibt, kann die umliegenden Hügel zu Fuß oder zu Pferd erkunden.

Geschichte

Real de Catorce – „König der 14" – bezieht sich vermutlich auf die 14 spanischen Soldaten, die hier um 1700 von indigenen Widerstandskämpfern getötet wurden. Die Stadt wurde Mitte des 18. Jhs. gegründet, die Kirche zwischen 1790 und 1817 erbaut.

Seine Blütezeit erreichte Real Ende des 19. Jhs., als es drauf und dran war, die berühmte Valenciana-Mine in Guanajuato zu übertrumpfen. Es entstanden prächtige Häuser, eine Stierkampfarena und Läden, die europäische Luxusgüter verkauften.

Real de Catorce

Real de Catorce

Sehenswertes
1 Centro Cultural de Real de Catorce B2
2 Galería Vega m57 .... A1
3 Palenque de Gallos A1
4 Templo de la Purísima Concepción C2

Schlafen
5 Hotel El Real B2
6 Hotel Real de Álamos B1
7 Hotel Shantiniketan A1
8 Mesón de Abundancia B2
9 Refugio Romano D1

Essen
10 Café Azul B2
Cafe El Real .... (siehe 5)
Mesón de Abundancia .... (siehe 8)

Ausgehen & Nachtleben
11 Amor Y Paz C1

Warum ausgerechnet Real innerhalb von drei Jahrzehnten zu einer Geisterstadt verfiel, bleibt aber ein Rätsel. Einige Einheimische behaupten (was auch von vielen anderen Geisterstädten behauptet wird), dass sich während der Revolution (1910–1920) hier draußen *bandidos* versteckt und die Einwohner vertrieben hätten. Wahrscheinlicher hängt es aber damit zusammen, dass der Silberpreis nach 1900 eingebrochen ist.

Sehenswertes

Templo de la Purísima Concepción KIRCHE

(7–19 Uhr) GRATIS Die zauberhafte Parroquia (Pfarrkirche) ist ein beeindruckendes, klassizistisches Gebäude. Für Tausende mexikanischer Pilger ist das angeblich wundertätige Abbild des hl. Franz von Assisi die Hauptattraktion, es wurde vor kurzem von einem Seitenaltar nach vorn in der Kirche versetzt. Die Statue ist Gegenstand kultischer Anbetung: Sie wird um konkrete Hilfeleistungen und Erlass der Sünden ersucht.

Wenn man links vom Altar durch die Tür geht, kommt man in einen Raum mit unzähligen *retablos*. Die kleinen Bilder illustrieren – meist mit einer kurzen Beschreibung des Vorfalls und ein paar Worten des Dankes – bedrohliche Situationen wie Autounfälle und Operationen, bei denen der hl. Franz den Gläubigen beigestanden hat. *Retablos* werden bei Sammlern immer beliebter. Mitunter werden sie in Antiquitätenläden zum Kauf angeboten – leider sind diese Exemplare fast immer aus den Kirchen gestohlen worden.

Centro Cultural de Real de Catorce GEBÄUDE

(Casa de la Moneda; Eintritt 10 Mex$; Mi–So 10–19 Uhr) Gegenüber der Kirche steht das Centro Cultural de Real de Catorce, die alte Münze der Stadt, in der Mitte der 1860er-Jahre nur 14 Monate lang Geldstücke geprägt wurden (und zwar in einem Gesamtnennwert von 1489 405 Pesos). Das klassische Denkmal wurde in den letzten Jahren hervorragend restauriert. Heute befindet sich drinnen ein Kulturzentrum mit Galerie, in der auf mehreren Stockwerken Wechselausstellungen zu sehen sind, oft mit

Leihgaben von Museen aus Mexico City. Im Erdgeschoss zeigt eine Dauerausstellung Fotos und Maschinen der alten Prägestätte.

Galería Vega m57 GALERIE

(Zaragoza 3; Sa 11–16, So bis 15 Uhr) GRATIS Reals einzige Kunstgalerie zeigt in einem restaurierten kolonialen Gebäude zeitgenössische Kunst in verschiedenen Medien im Rahmen von Ausstellungen und Installationen.

Palenque de Gallos DENKMAL

(Xicotencatl s/n; Eintritt frei; 9–17 Uhr) GRATIS Einen Block nordwestlich der Plaza steht ein Denkmal aus der Blütezeit der Stadt: der Palenque de Gallos, eine als römisches Amphitheater gestaltete Hahnenkampfarena. Das Gebäude wurde in den 1970er-Jahren restauriert; heute finden hier gelegentlich Theater- oder Tanzdarbietungen statt.

Capilla de Guadalupe KIRCHE, FRIEDHOF

(8–17 Uhr) Folgt man der Zaragoza-Libertad von Real de Catorce aus nach Norden, kommt man zur Capilla de Guadalupe und dem *panteón* (Friedhof). Zum Zeitpunkt der Recherche war das Friedhofstor verschlossen. Es lohnt, sich hier umzuschauen, wenn man hineinkommen kann. Geht man die Straße weiter, gelangt man zu den Überresten der ehemaligen Stierkampfarena, der **Plaza de Toros** (Zaragoza) GRATIS.

Aktivitäten

Wandern

Die Wüstenlandschaft entschädigt für das Fehlen größerer Sehenswürdigkeiten rund um den Ort. Wer gern wandert oder reitet, kann deshalb hier gut mehrere Tage verbringen.

Wer sich gern seine eigenen Wege sucht, kann von Real aus praktisch in jede Richtung loslaufen. Zu den Routen in der näheren Umgebung gehört die Wanderung zum **Pueblo Fantasmo** (Geisterstadt) auf dem Hügel hinter dem Stadtzentrum (der von dort aus gut zu sehen ist). Man folgt der Lanzagorta und hält sich links (nicht die Straße nehmen, die rechts Richtung Parkplatz abzweigt). Der Pfad, auf dem es nun entlanggeht, war früher der Weg in die Stadt, bevor der Tunnel gebaut wurde. Der Marsch bis zum Gipfel dauert mindestens eine Stunde – ein Teilstück des Weges hinter den Ruinen, die man von der Stadt aus sehen kann, führt noch einmal 100 m weiter. Vorsicht: Innerhalb der Ruinen gibt's zwei große, geschätzt weit über 100 m tiefe Schächte.

Man kann die Wanderung verlängern, indem man auf dem Grat nach Nordwesten zu den Antennen und dem Kreuz über der Stadt geht (man sollte vor dem Losgehen genau hinschauen, denn auf dem Grat kann man das Kreuz nicht mehr sehen). Dort angekommen, folgt man dem Pfad hinter dem Kreuz, bevor man sich auf den Weg hinunter zum Friedhof macht (diese längere Wanderung dauert 3–4 Std.).

Eine weitere, kürzere Wanderung führt zum **Socavón de Purísima**, dem großen Schornstein einer ehemaligen Mine. Man geht die Allende hinunter und hält sich an ihrem Ende rechts. Dann ist man auf der Straße zur Estación de Catorce, der man folgt, bis man den Schornstein erreicht hat (einfache Strecke ca. 45 Min.); die Straße führt durch einen Felseinschnitt, den Cerro Trocado. Falls geöffnet ist, kann man in den Mineneingang hineingehen (10 Mex$). Der Rückweg ist eine etwas längere und härtere Schinderei den Berg hinauf (einfache Strecke 1 Std.; am Wochenende hat man vielleicht Glück und ein Willys MB nimmt einen mit). Es ist äußerst wichtig, dass man gut vorbereitet aufbricht und anderen sagt, wohin es geht. Zudem braucht man Wasser, einen Sonnenhut und festes Schuhwerk – das Land ist trocken und gnadenlos.

Reiten

In den Sattel, Cowboy! Viele Wege führen hinaus in die trockene, kahle und faszinierende, mal hügelige und mal flache Wüstenlandschaft rund um Real. Die beliebteste geführte Reittour ist der dreistündige Trip zum **El Quemado**, dem heiligen Berg der Huicholen. Hier genießt man einen weiten Blick über das Hochplateau der Wüste und entdeckt einen kleinen Tempel für den Sonnengott.

Die Guides gehören inzwischen einem der beiden von der Stadt anerkannten Verbänden an; der bessere davon ist **Caballerangos del Real**. Man bezahlt rund 100 Mex$ pro Stunde. Helme werden nicht gestellt, und man trabt auf eigenes Risiko los.

Die Führer sammeln sich mit ihren Pferden jeden Morgen an der Plaza Hidalgo.

Jeepfahrten

Trips in Willys MBs zu vielen der genannten Ziele lassen sich ebenfalls vereinbaren, vor allem an den Wochenenden. Man kann sich in der Touristeninformation oder direkt bei den Fahrern in der Lanzagorta oder Allende erkundigen. Die Preise variieren je nach Ziel und Teilnehmerzahl.

DIE VISIONEN DER HUICHOLEN

Die abgelegene Sierra Madre Occidental im fernen Norden des Bundesstaats Jalisco sowie dessen Umgebung ist die Heimat der Wirrá'itari (Huicholen), einer der eigenwilligsten indigenen Gruppen Mexikos. Das entschlossen auf seine Unabhängigkeit bedachte Volk gehörte zu den wenigen, die die Azteken nicht zu unterwerfen vermochten.

Die Ankunft der Spanier hatte zunächst wenig direkte Auswirkungen auf die Huicholen; erst im 17. Jh. erreichten die ersten katholischen Missionare ihr Gebiet. Den Missionaren gelang es nicht, die Huicholen zum Christentum zu bekehren, aber sie integrierten verschiedene Elemente der christlichen Lehre in ihr traditionell animistische Glaubenssystem. Für die Huicholen verkörpern sich die Götter in Pflanzen, Totemtieren und natürlichen Objekten; ihre übernatürliche Form wird dabei in religiösen Ritualen erfahrbar.

Jedes Jahr verlassen die Huicholen ihre abgelegene Heimat und pilgern zur Sierra de Catorce im Norden des Bundesstaats San Luis Potosí. In dieser rauen Wüstenregion suchen sich nach dem Peyotl- oder Mescal-Kaktus *(Lophophora williamsii)*. Dessen kugelförmige Triebe enthalten eine starke halluzinogene Droge, deren Hauptbestandteil Mescalin ist. Diese Droge hat für die Rituale und das komplexe spirituelle Leben der Huicholen eine zentrale Bedeutung.

Nicht vergessen: Peyote ist in Mexiko eine illegale Droge. Nach mexikanischem Recht ist es den Huicholen aber gestattet, diese für ihre spirituellen Zwecke zu konsumieren. Für die Huicholen hat Peyote eine große kulturelle und spirituelle Bedeutung; der willkürliche Konsum gilt als anstößig, ja als Sakrileg.

Traditionell waren das Erzählen von Geschichten, die Maskenherstellung und das Anfertigen von detaillierten geometrischen Mustern in Form von „Fadenbildern" die wichtigsten Kunstformen bei den Huicholen. In den letzten Jahrzehnten stellen die Huicholen ihre Mythen und Visionen aber auch grafisch mithilfe von leuchtend bunten Perlen dar, die auf einen mit Bienenwachs beschichteten Untergrund gepresst werden. Diese hervorragend gefertigten Kunstgegenstände werden auf Kunsthandwerksmärkten, in Läden und Galerien verkauft. Die Preise sind in der Regel fest, denn die Huicholen feilschen nicht gern. Ihre Kunstwerke sind zwar teurer als manch andere (oft kitschige) Souvenirs, aber die Herstellung ist auch sehr zeitaufwendig. Die besten Arbeiten kann man in auf sie spezialisierten Museen sowie in Läden in Zapopan (Guadalajara), Tepic, Puerto Vallarta oder Zacatecas bewundern.

Radfahren

Lalo Bike RADFAHREN
(☎ Handy 488-105-1981; cruz.lalo.bike@gmail.com; 1½-std. Fahrt 100 Mex$/Pers.; ⊙ Nov.–Sept. Fr–So) Radfahrer jedes Niveaus können mit Lalo (der nur Spanisch spricht, aber einen englisch sprechenden Führer besorgen kann) tolle Touren rund um Real de Catorce unternehmen. Die Preise beinhalten das Mountainbike, den Schutzhelm und den Führer. Wer spanisch spricht, kann eine E-Mail schicken, anrufen oder persönlich im Mesón de la Abundancia vorbeischauen.

Feste & Events

Fiesta de San Francisco RELIGION
Zwischen Ende September und Ende Oktober erweisen 150 000 Pilger der Statue des hl. Franz von Assisi in der Stadtkirche ihre Reverenz. Viele kommen nur für einen Tag, aber Tausende bleiben in der Stadt, belegen jedes anmietbare Zimmer oder campieren sogar draußen auf den Plätzen. Die Straßen sind von Ständen gesäumt, an denen Devotionalien und Essen verkauft werden, während gleichzeitig viele der besseren Restaurants der Stadt den ganzen Monat geschlossen bleiben.

Traveller, die Real de Catorce als ruhige „Geisterstadt" erleben wollen, bleiben in der Festzeit besser weg, sonst erleben sie eine herbe Enttäuschung.

Festival del Desierto KULTUR
Das Kulturevent Festival del Desierto bringt Volksmusik und Tanzvorführungen in die Ortschaften überall in der Region. Die Termine variieren von Jahr zu Jahr, daher sollte man sich vor der Anreise informieren.

Schlafen

In den preiswertesten Unterkünften kann es hier im Winter ziemlich kalt werden. Man sollte daher einen Schlafsack mitbringen oder um zusätzliche Decken bitten.

Hotel Real de Álamos PENSION $

(Hospedaje Familiar; ☎488-887-50-09; Constitución 21; s/d 200/350 Mex$) Die Zimmer in diesem Hotel sind sehr schlicht, aber sauber und haben ein Bad.

★ **Mesón de Abundancia** HOTEL $$

(☎488-887-50-44; www.mesonabundancia.com; Lanzagorta 11; DZ 850–1250 Mex$, Suite 1250–1550 Mex$, FZ 1550–1950 Mex$;) In dieser schönen Steinzitadelle auf dem Wüstenplateau lebt die Blütezeit der Stadt wieder auf. Die ehemalige *tesorería* (Schatzhaus) aus dem 19. Jh. wurde zu einem Hotel mit Restaurant umgebaut. Mit einem großen, alten Schlüssel kommt man in eines der 11 Zimmer, die mit regionalem Kunsthandwerk schlicht und geschmackvoll eingerichtet (kein Fernseher) und in kalten Nächten ein gemütliches Refugium sind. In der Nebensaison gibt's beträchtliche Rabatte.

Refugio Romano PENSION $$

(☎488-111-9353; www.refugioromano.com; Iturbide 38; DZ 800–900 Mex$) Ja, einfach weitergehen. Die Unterkunft befindet sich wirklich in dieser verfallenen Gasse, und am Ziel wird man mit einer wahren Oase belohnt: einem hübschen grünen Garten voller Kakteen und Obstbäume und drei schlichten, aber sehr eigenwilligen Zimmern mit einem Hauch von Schick. Eines gibt sich als Höhle, ein anderes als Terrasse. Die Eigentümer, darunter ein Italiener (und toller Koch), zaubern für ihre Gäste Bio-Gerichte (Hauptgerichte 90–139 Mex$). Die Pension wird nachhaltig betrieben, wo immer das möglich ist.

Hotel El Real HOTEL $$

(☎488-887-50-58; www.hotelreal.com.mx; Morelos 20; Zi. 770–1100 Mex$;) Die hübschen Zimmer in dem historischen Gebäude verteilen sich auf drei Etagen um einen offenen Hof; aus einigen Zimmern hat man einen Blick über die Stadt und die Hügel. Zudem gibt's ein gemütliches Caférestaurant und eine große Terrasse. Die Preise sind verhandelbar und hängen davon ab, wie viele Personen es sind und wie viele Tage man bleiben will.

Hotel Shantiniketan PENSION $$

(Morada de Paz; ☎488-887-50-98; www.shantiniketan.com.mx; Ecke Zaragoza & Lerdo; Zi. 865–1265 Mex$) Hier herrscht ein eigentümliches Karma, denn die acht Zimmer sind nach indischen Gurus benannt. Die Gestaltung ist schlicht und minimalistisch, aber einige Zimmer sind etwas dunkel, und man kann die Fenster nicht öffnen. Der englisch sprechende Besitzer öffnet das Hotel, wenn man reserviert. Ansonsten sind die Unterkunft und das kleine Café nur am Wochenende geöffnet

Essen & Ausgehen

Café Azul CAFÉ $

(☎488-887-5131; Lanzagorta 27; Snacks 25–70 Mex$; Do & So–Di 8–17, Fr & Sa bis 23 Uhr) Das von Schweizern geführte luftige Café hat den ganzen Tag geöffnet und ist ideal zum Frühstücken. Es gibt frisch gebackenen Kuchen und kleine Gerichte, darunter ausgezeichnete Crêpes. Die netten Eigentümer helfen einem gern mit Infos zum Ort weiter.

Cafe El Real INTERNATIONAL $$

(Morelos 20; Hauptgerichte 145–150 Mex$; 9–18 Uhr) Das einladende Restaurant – mit Sofas und Kaminfeuer – tischt internationale Küche von Pasta bis zu Fleischgerichten (u. a. auch Ziegen- und Kaninchenbraten) auf. Das Essen ist zwar nicht überwältigend, aber unter den wenigen Restaurants ist dieses Lokal eine verlässliche Wahl.

Mesón de Abundancia MEXIKANISCH, ITALIENISCH $$

(☎488-887-50-44; www.mesonabundancia.com; Lanzagorta 11; Hauptgerichte 90–165 Mex$;) Es gibt mehrere gemütliche Essbereiche im Restaurant dieses Hotels, und einer davon hat auch eine Bar und einen Kamin. Die in mächtigen Portionen servierten italienischen und mexikanischen Gerichte sind *muy rico* (köstlich). Das Restaurant ist täglich den ganzen Tag geöffnet, auch zum Frühstück.

Amor Y Paz BAR

(Ecke Juaréz & Iturbide; Fr & Sa 18 Uhr–Open End) Reals Ruf als Geisterstadt mag auch damit zusammenhängen, dass sich alle Einwohner und Besucher oft in dieser schrillen Bar hinter den Mauern des Hotel El Real verstecken. Die Bar ist mit Antiquitäten (sehenswert ist die Holztheke), altmodischen Barhockern und schrulligen Kronleuchtern eingerichtet und serviert eine große Auswahl an Mezcals und alkoholgesättigten Tees.

Praktische Informationen

Unter www.realdecatorce.net findet man einen guten Überblick über die Stadt. Kartentelefone gibt's rund um die Plaza Hidalgo.

Touristeninformation (Palacio Municipal, Constitución s/n; 9–16 Uhr) Die Öffnungszeiten werden ein wenig flexibel gehandhabt. Man bekommt hier einen einfachen Stadtplan.

An- & Weiterreise

AUTO

Mit dem Auto nimmt man von Matehuala aus den Hwy 57 Richtung Norden und biegt dann nach Cedral ab, das 20 km weiter westlich liegt. Hinter Cedral wendet man sich nach Süden und erreicht Catorce über eine der wohl längsten Kopfsteinpflasterstraßen der Welt. Langsam, aber spektakulär geht es in kurvenreicher Fahrt einen steilen Berghang hinauf. Der 2,3 km lange Ogarrio-Tunnel (20 Mex$/Fahrzeug) ist nur breit genug für ein Auto; zwischen 7 und 23 Uhr sind an beiden Ausgängen Posten mit Telefonen postiert, die den Verkehr regeln. Wenn richtig viel Betrieb herrscht, muss man sein Auto am östlichen Tunneleingang zurücklassen und in einen Kleinbus oder Karren einsteigen. Hat man den Tunnel passiert, muss man das Auto auf dem Parkplatz links vom Markt abstellen.

Alte Willys-Jeeps starten gegen 12 Uhr (und auf Anfrage) an der Plaza in Real und fahren die Allende bergab in das kleine Dorf Estación de Catorce (rund 50 Mex$/Pers., 1 Std.) – eine raue, aber spektakuläre Fahrt. Von dort aus bringen einen Busse nach San Tiburcio, wo Anschluss nach Saltillo und Zacatecas besteht.

BUS

Senda fährt mit Bussen der 1. Klasse vom Busbahnhof in Matehuala nach Real de Catorce (ca. 77 Mex$, 1½–2 Std., 7.45, 11.45, 13.45 & 17.45 Uhr, So auch 9.45 Uhr); man kann die Busse auch 15 Minuten später am Senda-Büro in Matehuala nehmen, das sich an der Méndez etwas östlich gegenüber vom Hotel Álamo befindet. Wichtig: Auf der Fahrkarte steht der Zeitpunkt, wann der Bus das Zentrum, nicht den Busbahnhof, verlässt (d. h. 8, 12, 14 bzw. 18 Uhr). Unbedingt daran denken, dass der Bus 15 Minuten früher am Busbahnhof abfährt!

Wer aus San Luis Potosí kommt, kann dort einen Fahrschein kaufen (einfache Strecke oder hin & zurück, 6 Monate gültig) und in Matehuala umsteigen. (Der Gesamtpreis für zwei One-Way-Tickets beträgt rund 268 Mex$).

Bei der Ankunft in Real parken die Busse am östlichen Eingang des Ogarrio-Tunnels. Für die Fahrt durch den Tunnel müssen die Passagiere in kleinere Busse umsteigen. In Real steigt man dann am Westeingang des Tunnels aus (bzw. ein, wenn es nach Matehuala zurückgehen soll). Bei der Ankunft sollte man die Abfahrtzeiten für die Rückfahrt nachprüfen. Zum Zeitpunkt der Recherche fuhren die Busse von Real nach Matehuala (mit Anschluss nach San Luis Potosí) um 7.45, 11.45, 15.45 und 17.45 Uhr (77 Mex$, 1½–2 Std.) ab. Die Fahrkarten kauft man am Senda-Schalter am Rand des Parkplatzes am Westeingang des Tunnels in Real; wenn das Büro nicht besetzt ist, kauft man das Ticket im Bus.

> **BARGELD MITBRINGEN**
>
> In der Touristeninformation von Real de Catorce gibt's zwar einen Geldautomaten, aber dem geht an Wochenenden mit viel Besuchern gelegentlich das Bargeld aus – und außerdem ist er wegen Stromsperren und dergleichen oft außer Betrieb. Also, wenn irgend möglich, Bargeld mitbringen!

ZACATECAS (BUNDESSTAAT)

Der Bundesstaat Zacatecas (sa-ka-*te*-kas) erstreckt sich am Rand der Halbwüsten Nordmexikos über eine trockene, zerklüftete und mit Kakteen übersäte Fläche. Markenzeichen des Bundesstaats ist die wohlhabende Silberstadt gleichen Namens. Besucher erfreuen sich an Monumenten aus Geschichte und Natur: Dazu gehören die geheimnisvollen Ruinen von La Quemada, die Zeugnis ablegen von Jahrhunderten kultureller Blüte. Der Bundesstaat ist flächenmäßig einer der größten Mexikos (73 252 km^2), hat aber die geringste Einwohnerzahl (1,5 Mio.). Schätzungen zufolge leben derzeit noch einmal genauso viele Menschen aus Zacatecas (1,5 Mio.) in den USA.

Zacatecas

☎492 / 138 000 EW. / 2430 M

Die nördlichste der legendenumrankten Silberstädte Mexikos ist das faszinierende Zacatecas, eine UNESCO-Weltkulturerbestätte, die in einem schmalen Tal inmitten einer trockenen Landschaft liegt. Das große historische Zentrum ist voller prachtvoller Gebäude aus der Kolonialzeit. Zu sehen sind u.a. eine überwältigende Kathedrale (ein zentrales Denkmal), ausgezeichnete Museen sowie steile, sich windende Straßen und Gassen. Überdies versüßen exzellente Restaurants und schöne Hotels den Aufenthalt.

Die Stadt hat viele historische Höhe- und Tiefpunkte erlebt: Pancho Villa hat hier ein Bastion voller Soldaten besiegt – noch heute feiern ihn die Einheimischen euphorisch –, doch wurden auch Tausende indigener Sklaven von den Spaniern hier unter schreck-

Zacatecas

NÖRDLICHES ZENTRALHOCHLAND ZACATECAS (BUNDESSTAAT)

Zacatecas

Sehenswertes
1 Catedral ... C3
2 Ex-Templo de San Agustín ... B4
3 Jardín Juárez ... B5
4 Mina El Edén ... B2
5 Museo del Arte Abstracto Manuel Felguérez ... C1
6 Museo Francisco Goitia ... A6
7 Museo Pedro Coronel ... C3
8 Museo Zacatecano ... C4
9 Palacio de Gobierno ... D3
10 Palacio de la Mala Noche ... C3
11 Plaza de Armas ... D3
12 Plazuela de Santo Domingo ... C3
13 Plazuela Francisco Goitia ... C3
14 Teatro Calderón ... C3
15 Templo de Santo Domingo ... C3

Schlafen
16 Hotel Condesa ... C5
17 Hotel Emporio Zacatecas ... C3
18 Hotel Mesón de Jobito ... B5
19 Hotel Reyna Soledad ... C4
20 La Terrasse ... B4
21 Quinta Real Zacatecas ... B7
22 Santa Rita Hotel ... C3

Essen
23 Acrópolis Café ... C3
24 El Pueblito ... D2
25 El Recoveco ... A5
26 Mercado Arroyo de la Plata ... C5
27 Mercado El Laberinto ... C5
28 Panificadora Santa Cruz ... D3
Restaurant La Plaza ... (siehe 21)
29 San Patrizio Caffé ... C4
30 Trattoria Il Goloso ... C4

Ausgehen & Nachtleben
31 Cantina 15 Letras ... B4
32 Dalí Café & Bar ... B4
33 La Chopería ... C4

Unterhaltung
34 Teatro Calderón ... C3

Shoppen
35 Centro Platero Gallery ... C3
36 Mercado González Ortega ... C4

lichen Bedingungen zur Arbeit in den Minen gezwungen. Heute können Besucher in einem *teleférico* (Seilbahn) auf dem Weg zu der beeindruckenden Felsnase des Cerro de la Bufa eine erhebende Erfahrung machen und die herrliche Aussicht über eine Collage aus Kirchenkuppeln und Häuserdächern genießen. Das krasse Gegenteil erlebt man, wenn man in den Untergrund abtaucht, sich einer Tour durch die berüchtigte Edén-Mine anschließt oder in der dortigen Disco feiert.

Geschichte

Die indigenen Zacatecos gehörten zum Volk der Chichimeken. Sie bauten die vorhandenen Erze ab, und zwar schon Jahrhunderte vor den Spaniern. Der Silberrausch in dieser Gegend soll ausgebrochen sein, nachdem ein Chichimeke einem Konquistador ein Stück des sagenumwobenen Metalls gegeben hatte. 1548 gründeten die Spanier eine Siedlung und begannen mit dem Bergbau in der Region. Wagenzug um Wagenzug voller Silber sandten sie von nun an Richtung Mexico City und machten so aus ein paar Menschen in Zacatecas fabelhaft reiche Silberbarone.

Im frühen 18. Jh. stammten aus den Minen von Zacatecas 20% des gesamten Silbers, das in Nueva España gefördert wurde. In dieser Zeit wurde die Stadt auch eine wichtige Basis für katholische Missionare.

Im 19. Jh. beeinträchtigte die politische Instabilität die Silberproduktion. Hatte sich diese unter Porfirio Díaz wieder etwas erholt, so kam sie während der Revolution völlig zum Erliegen. In Zacatecas siegte 1914 der legendäre Pancho Villa über eine Armee von 12000 Soldaten, die treu zu Präsident Victoriano Huerta standen. Nach der Revolution brachte das Silber Zacatecas einen erneuten Aufschwung.

★ Museo Rafael Coronel MUSEUM
(☎492-922-81-16; Ecke Abasolo & Matamoros; Erw./Student 30/15 Mex$; ⏲Do–Di 10–17 Uhr) Das erstaunliche Museo Rafael Coronel sollte man sich nicht entgehen lassen. Es residiert fantastisch in den schönen Ruinen des aus dem 16. Jh. stammenden Ex-Convento de San Francisco und zeigt mexikanische Volkskunst, die der zakatekische Künstler Rafael Coronel, der Bruder von Pedro Coronel und Schwiegersohn von Diego Rivera, gesammelt hat. Man sollte sich Zeit nehmen, die verschiedenen Räume zu besichtigen (dabei den Pfeilen folgen – man kann hier sonst leicht ganze Abteilungen verfehlen).

Das Skelett aus der Capilla San Antonio ist interessant, aber das Highlight ist die hinreißende Ausstellung von mehr als 3000 Masken (weitere 8000 schlummern im Depot), die bei traditionellen Tänzen und Ritualen getragen wurden. Außerdem findet man hier Töpferwaren, Puppen, Musikinstrumente, präkolumbische Objekte und Zeichnungen von Rivera. Das Gelände und der Garten sind wunderbar entspannend.

Museo Pedro Coronel MUSEUM

(☎492-922-80-21; Plaza de Santo Domingo s/n; Eintritt 30 Mex$; ⌚Di–So 10–17 Uhr) Das außergewöhnliche Museo Pedro Coronel ist in einem aus dem 17. Jh. stammenden ehemaligen Jesuitenkolleg untergebracht und eines der besten mexikanischen Kunstmuseen außerhalb der Hauptstadt. Pedro Coronel (1923–1985) war ein wohlhabender Künstler aus Zacatecas, der der Stadt neben seinen eigenen Werken auch seine Sammlung von Kunstwerken und Objekten aus aller Welt hinterließ. Die Sammlung umfasst Werke von Malern des vorigen Jahrhunderts wie Picasso, Rouault, Chagall, Kandinsky und Miró, außerdem präkolumbische mexikanische Artefakte, Masken und weitere antike Stücke.

Cerro de la Bufa WAHRZEICHEN

Die überzeugendste Erklärung für den Namen des Hügels, der Zacatecas überragt, lautet, dass *bufa* ein altes baskisches Wort für Weinschlauch ist, denn so sieht diese Felsformation auch aus. Der Blick vom Gipfel ist sagenhaft, und außerdem gibt's oben interessante Denkmäler, eine Kapelle, ein Museum und **Tirolesa 840** (☎Handy 492-946-31-57; www.vivazacatecasadventure.com; Fahrt 200–250 Mex$; ⌚10–18 Uhr), eine 1 km lange (davon 840 m frei schwebende) Seilrutsche über einem stillgelegten Tagebau.

Das kleine **Museo de la Toma de Zacatecas** (☎492-922-80-66; Erw./Student 20/10 Mex$; ⌚10–16.30 Uhr) auf der Spitze des Hügels gedenkt der Schlacht, bei der 1914 an den Hängen die revolutionäre División del Norte unter Führung von Pancho Villa und Felipe Ángeles die Truppen des Präsidenten Victoriano Huerta besiegte. Durch den Sieg erlangten die Revolutionäre die Herrschaft über Zacatecas, das Tor nach Mexico City.

Die **Capilla de la Virgen del Patrocinio** neben dem Museum ist nach der Schutzpatronin der Bergarbeiter benannt. Über dem Altar der aus dem 18. Jh. stammenden Kapelle befindet sich ein Bild der hl. Jungfrau, dem Heilkräfte nachgesagt werden. Am 8. September strömen jedes Jahr Tausende Pilger hierher, wenn das Bild in einer Prozession zur Kathedrale getragen wird.

Vor der Kapelle stehen drei imposante **Reiterstatuen** von Villa, Ángeles und Pánfilo Natera, den Siegern der Schlacht von Zacatecas.

Rechts von den Statuen führt ein asphaltierter Weg am Fuß der felsigen Hügelspitze entlang zum **Mausoleo de los Hombres Ilustres de Zacatecas**. Hier findet man die Gräber der Helden von Zacatecas von 1841 bis heute.

Eine bequeme Art, nach La Bufa (mit der Kirche und dem Museum) hinaufzukommen, ist die Fahrt mit dem *teleférico*. Ansonsten kann man von der Calle del Ángel am Ostende der Kathedrale aus auch hinauflaufen. Mit dem Auto nimmt man die Carretera a la Bufa, die an der Avenida López Velarde, ein paar Kilometer östlich vom Zentrum, beginnt. Die Taxifahrt kostet rund 55 Mex$. Zurück in die Stadt kann man den *teleférico* nehmen oder zu Fuß den Weg gehen, der von den Statuen aus den Hügel hinunterführt.

Mina El Edén MINE

(☎492-922-30-02; www.minaeleden.com.mx; Führung Erw./Kind 80/40 Mex$; ⌚Führungen 10–18 Uhr stündl.) Die Mine, die einst zu den reichsten Mexikos zählte und von 1586 bis in die 1960er-Jahre ausgebeutet wurde, sollte man sich unbedingt anschauen, weil sie einen dramatischen Einblick in die Umstände vermittelt, wie und unter welch furchtbaren Bedingungen der Reichtum in dieser Region entstand. Versklavte *indígenas*, darunter viele Kinder, mussten unter entsetzlichen Qualen nach den sagenhaften Schätzen (Gold, Silber, Eisen, Kupfer und Zink) graben – bis zu fünf Menschen starben täglich an Unfällen oder Krankheiten wie Tuberkulose oder Silikose.

Heute geht es hier sicherer und hygienischer zu. Mit einem Fahrstuhl oder einer Miniaturbahn wird man tief ins Innere des Cerro del Grillo transportiert. Dann geleiten einen die Führer (von denen einige Englisch sprechen) durch erleuchtete Gänge vorbei an Schächten und über unterirdische Wasserbecken.

Die Mine hat zwei Eingänge: Um den höher gelegenen (östlichen) zu erreichen, geht man von der *teleférico*-Station am Cerro del Grillo 100 m nach Südwesten. An diesem Eingang beginnen die Führungen mit einer Fahrstuhlfahrt in den Schacht. Um vom Zentrum aus den Westeingang zu erreichen, geht man auf der Avenida Juárez nach Westen, die bei der Alameda zur Avenida Torreón wird. Unmittelbar hinter dem IMSS-Hospital nach rechts abbiegen, dann ist es nur noch ein kurzes Stück zum Mineneingang (der Bus 7 fährt von der Kreuzung mit der Avenida Hidalgo die Avenida Juárez entlang und am Hospital vorbei). Am Westeingang beginnen die Führungen mit einer Fahrt mit der Schmalspurbahn (540 m), anschließend muss man rund 350 m laufen.

Museo del Arte Abstracto Manuel Felguérez MUSEUM

(☎492-924-37-05; Ex-Seminario de la Purísima Concepción; Erw. 30 Mex$; ⏲Mi–Mo 10–17 Uhr) Ein Besuch dieses Kunstmuseums lohnt sich schon allein wegen des Gebäudes. Das ehemalige Seminar wurde später als Gefängnis benutzt; aus den düsteren, niederdrückenden Zellen und Stahlstegen sind durch die Renovierung bemerkenswert schöne Ausstellungsflächen geworden. Im Mittelpunkt der beeindruckenden und vielfältigen Sammlung abstrakter Kunst stehen die Werke des aus Zacatecas stammenden Künstlers Manuel Felguérez. Es gibt auch einen guten Buchladen/Museumsshop.

Catedral KATHEDRALE

(Plaza de Armas) Die zwischen 1729 und 1752 aus rosafarbenem Stein erbaute Kathedrale ist ein Höhepunkt des mexikanischen Barocks: Die überwältigende Hauptfassade prunkt mit einer Wand voll detailreichen plastischen Schmucks; sie wird als ein riesige symbolischer Hostienschrein gedeutet. In der Mitte, beim Schlussstein über dem zentralen Rundfenster, hält ein winziger Engel einen Hostienschrein. Darüber steht eine Christusfigur im Mittelpunkt der dritten Etage des Fassadenaufbaus, und über dem Ganzen thront Gottvater. Dargestellt sind weiterhin die 12 Apostel und über dem Portal eine kleinere Figur der Jungfrau Maria.

Die zentrale Figur der Südfassade stellt La Virgen de los Zacatecanos dar, die Schutzpatronin der Stadt. Die Nordfassade zeigt den gekreuzigten Christus zwischen der Jungfrau Maria und dem Evangelisten Johannes.

Der 2010 enthüllte große Altar ist ein Werk des berühmten mexikanischen Künstlers Javier Marín. Vor einem Hintergrund aus goldenen Blöcken zeigt er zehn große Bronzefiguren und eine Christusskulptur.

Museo Zacatecano MUSEUM

(☎492-922-65-80; Dr Hierro 301; Erw./Student 30/15 Mex$; ⏲Mi–Mo 10–17 Uhr) Zacatecas' ehemalige Münze (die im 19. Jh. die zweitgrößte Mexikos war) beherbergt heute das wunderbare Museo Zacatecano. Das über eine Reihe von Sälen verteilte Museum stellt eine bunte Mischung von allem aus, was mit Zacatecas zu tun hat – von präkolumbischen Objekten bis hin zu den nachgestalteten Wohnräumen eines populären Komponisten. Leider kommen die ersten Säle mit vielen Informationstafeln (auf Spanisch) sehr textlastig daher. Das Highlight ist die in den letzten Sälen untergebrachte wunderbare Sammlung von Kunstwerken der Huicholen. Videos (alle auf Spanisch) vermitteln den Kontext zu den Exponaten des jeweiligen Saals.

Plaza de Armas PLAZA

An der Ostseite der offenen Plaza de Armas nördlich der Kathedrale steht der **Palacio de Gobierno**, der im 18. Jh. für eine Kolonistenfamilie erbaut wurde. Im Turm mit der Haupttreppe befindet sich ein Wandgemälde mit der Geschichte des Bundesstaates Zacatecas, das 1970 von Antonio Rodríguez gemalt wurde.

Auf der anderen Straßenseite steht – dem Palacio de Gobierno direkt gegenüber – der **Palacio de la Mala Noche**, der Ende des 18. Jhs. für einen Minenbesitzer errichtet wurde und der heute Büros der Regierung des Bundesstaates beherbergt.

Plazuela Francisco Goitia PLATZ

Einen Block südlich der Kathedrale bildet eine breite Treppe, die von der Avenida Hidalgo hinunter zur Tacuba führt, einen zauberhaften kleinen Platz. Die Terrassen der *plazuela* (kleiner Platz) werden oft von Straßenkünstlern als „Freilufttheater" genutzt.

Teatro Calderón HISTORISCHES GEBÄUDE

Gegenüber der *plazuela* steht an der Avenida Hidalgo das hübsche, in den 1890er-Jahren unter dem Porfiriato errichtete, renovierte Teatro Calderón, in dem Theaterstücke, Konzerte, Filme und Kunstausstellungen gezeigt werden. Hineinschnuppern lohnt sich, auch wenn man keine Veranstaltung besuchen will.

Plazuela de Santo Domingo PLAZA

Einen Block westlich der Kathedrale wird diese *plazuela* vom **Templo de Santo Domingo** beherrscht. Die Kirche ist in einem nüchterneren Barockstil gehalten als die Kathedrale, besitzt aber ein paar schöne vergoldete Altäre und einen eleganten Treppenaufgang in Hufeisenform. Das Gotteshaus wurde in den 1740er-Jahren von den Jesuiten errichtet. Nach deren Vertreibung im Jahr 1767 ging es in die Hände der Dominikaner über.

Jardín Juárez PARK

Die Juárez endet an dem gleichnamigen, kleinen charmanten Park. In der neoklassizistischen **Rectoría**, dem Gebäude an der Westseite, befindet sich die Hauptverwaltung der Universidad Autónoma de Zacatecas.

Museo Francisco Goitia MUSEUM

(☎ 492-922-02-11; Estrada 101; Erw. 30 Mex$; ⏲ Di–So 10–16.45 Uhr) Das Museo Francisco Goitia stellt Arbeiten von mehreren Künstlern des 20. Jhs. aus Zacatecas aus, darunter einige aufrüttelnde Porträts von *indígenas,* die Giota (1882–1960) selbst angefertigt hat. Außerdem sind Künstler wie Pedro Coronel, Rafael Coronel und Manuel Felguérez vertreten. Das Museum in der früheren Gouverneursvilla oberhalb des Parque Enrique Estrada lohnt einen Besuch auch wegen dem Gebäude und der gepflegten Gartenanlage mit Blick auf den Aquädukt.

Ex-Templo de San Agustín BAUWERK

(⏲ Di–So 10–16.30 Uhr) Der Ex-Templo de San Agustín wurde im 17. Jh. für den Augustinerorden errichtet. Während der kirchenfeindlichen Übergriffe im 19. Jh. wurde das Gebäude zeitweilig als Kasino und als Freimaurerloge genutzt. 1882 wurde es von presbyterianischen Missionaren aus den USA gekauft. Die zerstörten die „zu katholische" Hauptfassade und ersetzten sie durch eine glatte weiße Wand. Erhalten geblieben ist lediglich das platereske Relief der Bekehrung des hl. Augustinus über dem Nordportal.

Im 20. Jh. wurde das Gebäude wieder in Staatsbesitz überführt. Heute gibt es hier Kunstausstellungen und eine multimediale Lightshow (im Sommer Sa 21 Uhr). Dabei wird die ursprüngliche, sehr schöne Fassade mittels 3D-Projektionen zu neuem Leben erweckt.

Teleférico SEILBAHN

(☎ 492-922-01-70; einfache Strecke 40 Mex$; ⏲ 10–18 Uhr) Die aufregendste Fahrt in Zacatecas und der einfachste Weg auf den Gipfel des Cerro de la Bufa ist die von Schweizern errichtete Seilbahn, die vom Cerro del Grillo aus in luftiger Höhe die Stadt überquert. Die Talstation auf dem Cerro del Grillo liegt ein kurzes Stück östlich vom Osteingang der Mina El Edén. Alternativ kann man die steilen Stufen der Callejón de García Rojas hinaufschnaufen, die von der Genaro Codina direkt zum *teleférico* führen. Die Gondeln starten alle 15 Minuten (außer bei Regen oder Windgeschwindigkeiten über 60 km/h); die Fahrt dauert sieben Minuten.

Feste & Events

La Morisma RELIGION

Normalerweise am letzten Wochenende im August wird spektakulär eine Schlacht nachgestellt, die an den Triumph der Christen über die Muslime in Spanien erinnert. Morgens paradieren zwei rivalisierende „Armeen" mit rund 10 000 Teilnehmern aus dem *barrio* Bracho durch die Straßen, die dann unter der Begleitung von Musikantengruppen zwischen Lomas de Bracho und Cerro de la Bufa zwei Kampfsequenzen aufführen.

Feria de Zacatecas BRAUCHTUM

Dieser Jahrmarkt findet jedes Jahr während der ersten drei Wochen im September statt. Bekannte Matadore kämpfen gegen berühmte Stiere aus der Region. Außerdem gibt's *charreadas* (Rodeos), Konzerte, Theateraufführungen und Vorführungen aus Landwirtschaft und Handwerk. Am 8. September wird das Bild der Virgen del Patrocinio von ihrer Kapelle auf dem Cerro de la Bufa in die Kathedrale getragen.

Festival Internacional de Teatro de Calle THEATER

Mitte Oktober wird während des lebhaften einwöchigen Festivals jede Menge Straßentheater geboten.

Schlafen

Leider gibt's nur wenig Budgetunterkünfte in Zacatecas. Die Mittel- und Spitzenklassehotels steigern ihre Preise in Zacatecas' Hochsaison bis auf das Doppelte – während der Festivals im September, zu Weihnachten und in der Semana Santa (März/April).

La Terrasse BOUTIQUEHOTEL **$$**

(☎ 492-925-53-15; www.terrassehotel.com.mx; Villalpando 209; EZ/DZ/3BZ mit Frühstück 670/780/980 Mex$;) Das kleine, freundliche und zentral gelegene Boutiquehotel hat einen stolzen Besitzer und 14 moderne, etwas minimalistisch anmutende Zimmer. Es ist die bei weitem beste Mittelklasseoption vor Ort. Die hinten gelegenen Zimmer haben Fenster nach innen, was bei manchen Gästen Beklemmungen auslöst, während andere sich über die herrliche Ruhe freuen.

Hotel Reyna Soledad HOTEL **$$**

(☎ 492-922-07-90; www.hostalreynasoledad.com.mx; Tacuba 170; Zi. 590–690 Mex$; P) Das perfekt gelegene Hotel residiert in einem umgebauten Kloster aus dem 17. Jh. mit ruhigen, zauberhaften Innenhöfen aus der Kolonialzeit. Die Zimmer haben rustikale Möbel aus Kiefernholz, sind aber durchaus in Ordnung, wenn man sich mehr für die Stadt als für sein Hotel interessiert.

Hotel Condesa HOTEL $$
(☎492-922-11-60; www.hotelcondesa.com.mx; Av Juárez 102; EZ/DZ/3BZ 450/550/580 Mex$; ⊖) Die 52 modernen Zimmer im Stil der 1980er-Jahre sind eine gute Budgetoption. Die schönsten haben Fenster, die nach draußen blicken. Im angeschlossenen Restaurant gibt's Frühstück (50–70 Mex$) und andere Mahlzeiten.

★ **Hotel Emporio Zacatecas** LUXUSHOTEL $$$
(☎492-925-65-00, 800-800-61-61; www.hoteles-emporio.com; Av Hidalgo 703; Zi. ab 1239 Mex$; P ⊖ ❄ ☎) Zacatecas' zentral gelegenes Luxushotel punktet mit einer erstklassigen Lage, luxuriösen Zimmern und wunderbaren Terrassen. Der Service ist professionell, die Zimmer sind von Weltklasse und bieten eine ruhige Oase gegen den Lärm von draußen. Auf der Website gibt's manchmal Sonderangebote.

Quinta Real Zacatecas LUXUSHOTEL $$$
(☎800-500-40-00, 492-922-91-04; www.quintareal.com; Rayón 434; Suite ab 2890 Mex$; P ⊖ ❄ @ ☎) Für dieses Luxusvergnügen lohnt es sich schon, einmal rote Zahlen zu schreiben. Das 49 Zimmer umfassende Hotel in spektakulärer Lage rund um die älteste – inzwischen außer Dienst gestellte – Stierkampfarena des Landes und in Nähe des El-Cubo-Aquädukts ist eines der modernsten und ansprechendsten in Mexiko. Die preiswertesten Zimmer sind geräumige, komfortable Mastersuiten.

Das elegante Restaurant La Plaza blickt auf die Stierkampfarena, die Bar Botarell ist in den früheren Stallungen untergebracht.

Santa Rita Hotel BOUTIQUEHOTEL $$$
(☎492-925-41-41, 800-560-81-15; www.hotelsantarita.com; Av Hidalgo 507A; Suite 2184–3404 Mex$; P ❄ @ ☎) Eine stilvolle, moderne und kosmopolitische Unterkunft. Leider aber haben einige der 41 Suiten Fenster nach innen. In der Nebensaison sinken die Preise deutlich.

Hotel Mesón de Jobito HOTEL $$$
(☎492-922-7095; www.mesondejobito.com; Jardín Juárez 143; Zi. 1000–1670 Mex$, Suite 1100–1770 Mex$; P ⊖ ❄ @ ☎) Hierher kommen die Gäste wegen des altmodischen Charmes und des historischen Flairs. Das große Haus hat 53 schöne, wenn auch etwas betagte Zimmer, ein Restaurant und eine Bar (und einen 200 Jahre alten, windschiefen Balkon). Das sonntägliche Frühstücksbüffet (130 Mex$) ist allgemein beliebt. Es gibt häufig Sonderangebote.

Essen

Einige ausgezeichnete mexikanische und internationale Restaurants servieren eine große Auswahl an Gerichten. Für regionale Spezialitäten werden Zutaten wie *nopal* und Kürbissamen verwendet.

Am Morgen sieht man in der Avenida Tacuba *burros* (Esel), die Tonkrüge mit *aguamiel* (Honigwasser) tragen, einem nahrhaften Getränk aus Agaven. Die beiden Lebensmittelmärkte im Zentrum sind der **Mercado El Laberinto** (Plazuela Genaro Codina) und der **Mercado Arroyo de la Plata** (Arroyo de la Plata).

San Patrizio Caffé CAFÉ $
(☎492-922-43-99; Av Hidalgo 403C; Getränke & Snacks 50–80 Mex$; ⏲Mo–Sa 9–22, So 15–21 Uhr; ☎) Hier sitzt man entspannt in einem Hof und genießt den besten Cappuccino der Stadt, kleine Snacks und italienische Limos.

Panificadora Santa Cruz BÄCKEREI $
(☎492-925-48-00; Tacuba 216A; Snacks 8–40 Mex$; ⏲7–22.30 Uhr) Fast direkt an der Kathedrale liefert diese verlässliche Bäckerei mit Café leckere Kleinigkeiten: *pan dulces* (Gebäck), *tortas* (Sandwiches), *tamales* und Frappés. Frühstücksgedecke kosten 58 bis 78 Mex$.

Acrópolis Café MEXIKANISCH $
(☎492-922-12-84; Ecke Av Hidalgo & Plazuela Candelario Huizar; Hauptgerichte 70–145 Mex$) Das Café unter griechischer Leitung befindet sich in der Nähe der Kathedrale und wirkt wie ein schrulliger Diner im Stil der 1950er-Jahre. Hier treffen sich Einheimische und Besucher – wohl weniger wegen des Essens, sondern vor allem wegen der Lage. Es gibt hier auch kleine Snacks und Kaffee.

El Pueblito MEXIKANISCH $
(Hidalgo 802; Hauptgerichte 74–135 Mex$; ⏲Mi–Mo 13–22 Uhr) Das in den Farben Mexikos – Helllila, Gelb, Rosa und Orange – dekorierte Restaurant ist der Ort für mexikanische Küche. Am besten kommt man nachmittags, wenn die Einheimischen essen. Wenn niemand da ist, fühlt man sich hier verlassen wie in einer Scheune, doch wenn sich die

ABSTECHER

JEREZ

Die reizende Provinzstadt Jerez de García Salinas (43 000 Ew.), 30 km südwestlich von Zacatecas, ist so mexikanisch wie eine Tortilla. Besucher können hier wunderbar den Alltag der Einheimischen erleben – besonders sonntags, wenn Markttag ist und die *rancheros* aus dem Sattel springen, um vor den Kneipen ihre Drinks zu kippen. Auf der hübschen Hauptplaza, dem Jardín Páez, stehen ein altmodischer Pavillon, Bäume und Bänke. Hier gibt es auch einen Stand der **Touristeninformation** (⌚9–19 Uhr). Banken (mit Geldautomaten) und Telefone findet man rund um die Plaza.

Jerez ist berühmt für seinen munteren, eine Woche dauernden Osterjahrmarkt, bei dem u. a. auch *charreadas* (Rodeos) und Hahnenkämpfe veranstaltet werden.

In der Stadt gibt's auch einige außergewöhnlich schöne Gebäude. Hübsche Steinverzierungen schmücken die **Parroquia de la Inmaculada Concepción** aus dem 18. und das **Santuario de la Soledad** aus dem 19. Jh. Zum Schrein geht man von der südöstlichen Ecke des Jardín Páez einen Block nach Süden und dann einen nach Westen, zur Kirche von dieser Stelle einen nach Osten. Gleich hinter dem Schrein steht an der Nordseite des Jardín Hidalgo das unbedingt sehenswerte **Teatro Hinojosa** (Reloj Esq Salvador Varela; ⌚Mo–Fr 8–19, Sa & So 11–17 Uhr). Drinnen verweist die prunkvolle Gestaltung und Ausschmückung auf den Reichtum der 1870er-Jahre. Die **Casa Museo Ramón Lopez Velarde** (De la Parroquia 33; 20 Mex$; ⌚Di–So 10–17 Uhr) ehrt einen weniger bekannten mexikanischen Dichter, der 1888 in diesem Haus geboren wurde, und gewährt einen Einblick in die Lebensumstände einer Mittelschichtfamilie in jener Epoche.

Die beste Option, um etwas zu essen, ist das farbenfrohe **Hotel Jardín** (☎494-945-20-26; Hauptgerichte 40–100 Mex$; ⌚8.30–22 Uhr) an der Plaza.

Die Abzweigung nach Jerez von der Straße Zacatecas–Guadalajara liegt 29 km südlich von Zacatecas nahe bei Malpaso. Busse von Ómnibus de México und Estrella Blanca fahren regelmäßig vom Busbahnhof in Zacatecas nach Jerez (50 Mex$, 1 Std.) wie auch die langsameren und billigeren von Linea Zacatecas Jerez (44 Mex$). Jerez' Busbahnhof liegt im Osten der Stadt, 1 km von Zentrum entfernt an der Calzada La Suave Patria. „Centro"-Busse (6 Mex$) fahren zwischen Busbahnhof und Zentrum.

Menge mit Enchiladas und anderem vollstopft, wirkt das Lokal wie ein Partypalast.

El Recoveco MEXIKANISCH **$**
(Torreón 513; Büffet morgens 75 Mex$, mittags 85 Mex$; ⌚Mo–Sa 8.30–19, So 9–19 Uhr) „Preiswert und gut", so beschreiben Einheimische das alteingesessene Lokal. Das steht für mexikanisches Essen vom Büffet (mit beliebigem Nachschlag von allen Gerichten), das recht schmackhaft ist, aber weiter keine Überraschungen bietet.

★ **Los Dorados de Villa** MEXIKANISCH **$$**
(☎492-922-57-22; Plazuela de García 1314; Hauptgerichte 70–130 Mex$; ⌚Mo–Sa 15–1, So 15–23 Uhr) Seinen Weg in dieses beliebte Restaurant mit dem Thema Revolution muss man sich erkämpfen – ohne Anklopfen geht gar nichts, denn die Tür ist immer verriegelt. Drinnen erwarten einen knallbunte Farben, viel Atmosphäre und revolutionäre Devotionalien. Das Speisenangebot ist vielfältig, sehr zu empfehlen sind die *enchiladas valentinas* (80 Mex$). Fehlt nur noch Pancho Villa.

Trattoria Il Goloso ITALIENISCH **$$**
(☎492-123-53-99; Dr Hierro 400; Hauptgerichte 120–220 Mex$; ⌚Di–Do 14–21.30, Fr & Sa 14–23, So 14–20 Uhr) In dem gemütlichen, sizilianisch aufgemachten Lokal hinter dem San Patrizio Caffé stehen statt Tacos sagenhafte italienische Pasta und andere Gerichte auf der Karte. Die Köche Aldo und Stefano (ein Italiener) sind gesellig und begeistert bei der Sache. Aldos vegetarische Lasagne ist prima.

Restaurant La Plaza MEXIKANISCH, INTERNATIONAL **$$$**
(☎492-922-91-04; Quinta Real Zacatecas, Rayón 434; Hauptgerichte 100–375 Mex$) Der elegante Speisesaal im Quinta Real Zacatecas ist besonders denkwürdig wegen des Blicks auf den Aquädukt und die Stierkampfarena – und auch wegen des edlen Ambientes und der erstklassigen Gerichte aus den verschiedenen Regionen Mexikos und aus aller Welt. Man kann zum Sonntagsbrunch (225 Mex$) kommen oder abends auf einen Cocktail in der Bar vorbeischauen, die sich gegenüber dem Restaurant auf der anderen Seite der

Arena befindet. Die Tische im Barbereich stehen in den Nischen, in denen früher die Stiere eingepfercht wurden (18–1 Uhr). Reservierung empfohlen.

Ausgehen

Zacatecas hat ein tolles Nachtleben, das nach 21 Uhr so richtig in Schwung kommt.

Cantina 15 Letras BAR
(☎ 492-922-01-78; Mártires de Chicago 309; ⏲ Mo–Sa 13–3 Uhr) Bohemiens, Trinker und Poeten bevölkern die oft überfüllte klassische Bar. Fotos des alten Zacatecas und Kunstwerke bekannter örtlicher Künstler zieren die Wände.

La Chopería BAR
(☎ 492-922-61-64; Ecke Av Hidalgo & Plazuela Goitia; ⏲ 14–1 Uhr) Die smarte Bar in der Südwestecke des Mercado González Ortega lockt ein freundliches, vielfältiges Publikum meist in den Dreißigern an. Der Laden brummt besonders donnerstags bis samstags.

Dalí Café & Bar BAR
(Plaza Miguel Auza 322; Snacks 45–65 Mex$; ⏲ Mo–Sa 12–1, So 17–1 Uhr; 📶) Die weitläufige Cafébar vor dem Ex-Templo de San Agustín bietet eine surreale Mischung an Möbeln, Cocktails, heißer Schokolade und Knabbereien. Im Juli und August sollte man samstags einen Tisch reservieren, um aus bester Position die multimediale Lightshow (s. S. 748) zu sehen.

Mina Club BAR
(☎ 492-922-30-02; Dovali s/n; Grundpreis ab 50 Mex$; ⏲ Do–Sa 15–22 Uhr) Diese einmalige Bar ist eine echte Goldader – im Tunnel der Mina El Edén. Vor dem Besuch die Öffnungszeiten checken, weil die sich gern mal ändern (im Sommer länger geöffnet).

☆ Unterhaltung

Teatro Calderón THEATER
(☎ 492-922-81-20; Av Hidalgo s/n; ⏲ 10–21 Uhr) In dieser ausgezeichneten Spielstätte gibt's Theatervorstellungen, Tanzdarbietungen, Konzerte und weitere Kultur-Events. Was gerade ansteht, erfährt man in der Touristeninformation oder von den Plakaten.

Shoppen

Zacatecas ist für Silberschmuck, Lederwaren und farbenfrohe *sarapes* bekannt. Umschauen kann man sich an der Arroyo de la Plata (und in der dortigen Markthalle) sowie auf dem **Mercado González Ortega** (Plazuela Francisco Goitia).

Centro Platero SCHMUCK
(☎ 492-899-09-94; www.centroplaterodezacatecas.com; ⏲ Mo–Fr 10–17, Sa 10–14 Uhr) Die Silberschmiedekunst von Zacatecas lebt weiter in den Werkstätten des Centro Platero auf der umgebauten, aus dem 18. Jh. stammenden Ex-Hacienda de Bernardez, ein paar Kilometer östlich der Stadt an der Straße nach Guadalupe. Junge Künstler produzieren hier traditionellen, aber auch schrill-modernen Schmuck. Hin kommt man am besten mit dem Taxi (rund 60 Mex$). Alternativ schaut man sich in der zugehörigen **Galerie** (☎ 492-925-35-50; Villalpando 406; ⏲ Mo–Sa 10–20, So 10–19 Uhr) in der Stadt um.

ℹ Praktische Informationen

Die Banken im Zentrum haben Geldautomaten, tauschen Devisen und lösen Reiseschecks ein. Öffentliche Telefone gibt's an der Callejón de las Cuevas, abseits der Avenida Hidalgo. Die meisten Internetcafés nehmen rund 15 Mex$ pro Stunde fürs Surfen.

Hospital Santa Elena (☎ 492-924-29-28; Av Guerrero 143)

Post (☎ 492-922-01-96; Allende 111; ⏲ Mo–Fr 8–16, Sa 8–14 Uhr)

Touristeninformation (☎ 492-922-17-57; www.zacatecastravel.com; Av González Ortega s/n; ⏲ Mo–Fr 8.30–19 Uhr) Die offizielle Zentrale von Secturz, der Tourismusbehörde der Stadtverwaltung, bietet Stadtpläne und Informationen.

Touristeninformationsstand (www.zacatecastravel.com; Av Hidalgo 403; ⏲ 9–21 Uhr) Der Informationsstand wird ebenfalls von der städtischen Tourismusbehörde Secturz geführt und bietet einfache Stadtpläne und Informationen.

ℹ An- & Weiterreise

BUS

Zacatecas' Hauptbusbahnhof liegt am südwestlichen Stadtrand, rund 3 km vom Zentrum entfernt. Von ihm fahren Deluxe-Busse sowie Busse der 1. und 2. Klasse. Zu den Unternehmen, die Busse der Deluxe- und der 1. Klasse anbieten, gehören ETN, Ómnibus de México und Futura/Chihuahuenses. Die wichtigsten Unternehmen mit Bussen der 2. Klasse sind Transportes de Norte und Zacatecas Jerez (beide fahren nach Jerez).

Einige Busse zu nahegelegenen Zielen, z. B. nach Villanueva (zum Besuch von La Quemada) starten an der **Plaza del Bicentenario** (Blvd López Mateos).

BUSSE AB ZACATECAS

ZIEL	PREIS (MEX$)	DAUER (STD.)	HÄUFIGKEIT (TGL.)
Aguascalientes	131–175	2–3	stündl.
Durango	300–390	4½–7	stündl.
Guadalajara	390–500	4–7	stündl.
León	260–335	3–4	12-mal
Mexico City (Terminal Norte)	450–835	6–8	stündl.
Monterrey	455–590	7–8	19-mal
Querétaro	411–525	6–6¼	14-mal
San Luis Potosí	196–200	3–3½	stündl.

Die wichtigsten täglichen Verbindungen vom Hauptbusbahnhof sind in der Tabelle oben aufgeführt. Außerdem fahren häufig Busse nach Jerez und Torreón sowie mehrmals täglich nach Orten im Norden. Um nach Guanajuato zu kommen, einen Bus nach León nehmen und dort umsteigen.

FLUGZEUG

Zacatecas' Flughafen liegt 20 km nördlich der Stadt. **Volaris** (www.volaris.com.mx) bietet Billigflüge zwischen Zacatecas und Los Angeles sowie Chicago.

Unterwegs vor Ort

Vom/zum Flughafen kommt man am bequemsten mit dem Taxi (300–350 Mex$).

Taxis vom Busbahnhof ins Zentrum kosten rund 40 Mex$. Der Bus 8 fährt vom Busbahnhof (5 Mex$) direkt zur Kathedrale. Aus dem Zentrum heraus fährt die Buslinie 8 auf der Villalpando Richtung Süden.

Rund um Zacatecas

Guadalupe

492 / 100 000 EW. / 2272 M

Rund 10 km östlich von Zacatecas hat Guadalupe ein faszinierendes, historisches ehemaliges Kloster zu bieten, den **Convento de Guadalupe**. Er wurde im frühen 18. Jh. von den Franziskanern als Missionsseminar gegründet, entwickelte eine rege akademische Tätigkeit und war bis in die 1850er-Jahre Ausgangspunkt für die Missionierung der nördlichen Teile des Vizekönigreichs Neuspanien. Um das ganze Kloster in Augenschein zu nehmen, braucht man einige Stunden. Die idyllische Plaza, der Jardín Juárez, bildet die malerische Kulisse der Klosteranlage.

Besucher können zwei Bestandteile des Konvents besichtigen: die eindrucksvolle **Kirche**, die Pilger anzieht, die der Schutzpatronin des Landes, Unserer Lieben Frau von Guadalupe, ihre Reverenz erweisen, und das **Museo Virreinal de Guadalupe** (492-923-23-86; Jardín Juárez Oriente; Eintritt 46 Mex$, So frei; Di–So 9–18 Uhr) im Konvent, das eine der besten Sammlungen kolonialzeitlicher Kunst aus Mexiko besitzt. Hier können die religiösen Gemälde bewundert werden, die Miguel Cabrera, Juan Correa, Antonio Torres und Cristóbal Villalpando für das Gebäude schufen. Es ist schön, in dem Gebäude umherzuschlendern und die je nach Standort unterschiedliche Perspektive der Malereien im Franziskus-Kreuzgang auf sich wirken zu lassen. Besucher können auch einen Teil der Bibliothek und ihrer 9000 Originalbände bestaunen (das älteste Buch stammt von 1529, und Tausende schlummern noch im Magazin) und die fein geschnitzten und bemalten Stühle im hinreißenden Chor im Obergeschoss der Kirche bewundern.

Von hier aus hat man durch ein Schutzgitter einen Blick in die vergoldete und wunderschön verzierte Capilla de Nápoles aus dem 19. Jh., die nur zu besonderen Anlässen geöffnet wird.

In dem Raum rechts vom Museum (dem früheren Museo Regional de Historia) sind heute Oldtimer ausgestellt.

Ende September findet im Museum das **Festival Barroco**, ein Kulturfestival, statt. In den ersten beiden Dezemberwochen veranstaltet die Stadt einen Jahrmarkt, dessen Höhepunkt die Feiern am **Día de la Virgen de Guadalupe** (12. Dez.) sind.

Regelmäßig fahren Busse von Transportes de Guadalupe zwischen Zacatecas und Guadalupe (6 Mex$, 20 Min.); am besten nimmt man sie an der Bushaltestelle am

Blvd López Mateos gegenüber der Plaza del Bicentenario. Ein Taxi von Zacatecas nach Guadalupe kostet rund 60 bis 70 Mex$.

La Quemada

Die beeindruckenden **Ruinen** (Eintritt 46 Mex$; ⏲9–17 Uhr) von La Quemada erheben sich auf einem Hügel mit Blick über das weite Tal. Sie liegen 45 km südlich von Zacatecas und 2,5 km östlich der Straße zwischen Zacatecas und Guadalajara. Die abgeschiedene und malerische Lage ist der Lohn für alle, die die Tagestour vom hektischen Zacatecas aus auf sich nehmen. In der Gegend gibt es Klapperschlangen: also Augen – und Ohren! – offen halten.

Die genaue Geschichte der Stätte ist immer noch ein Rätsel, ebenso der Grund für ihre Errichtung. Es wird viel spekuliert über die Gegend – eine Theorie besagt, die Azteken hätten auf ihrer legendären Wanderung Richtung Valle de México hier gestoppt. Sicher ist aber nur, dass ein Feuer die Gebäude zerstört hat – daher auch der Name La Quemada (die „verbrannte Stadt").

Das moderne **Ausgrabungsmuseum** (Eintritt 19 Mex$; ⏲9–17 Uhr) zeigt interessante archäologische Stücke und ein ausgezeichnetes Video (mit englischen Untertiteln). Bevor man auf Erkundung geht, ist es ratsam, das Museum zu besuchen, um die Region einordnen zu können und sich das Modell anzuschauen. So weiß man, wo man hin muss.

La Quemada war zwischen 300 und 1200 n. Chr. bewohnt. Den Höhepunkt der Siedlung vermutet man zwischen 500 und 900 mit bis zu 3000 (geschätzten) Einwohner. Ab etwa 400 war sie Teil des Handelsnetzwerkes in der Region, das mit Teotihuacán verbunden war. Die Festungsanlagen lassen aber vermuten, dass La Quemada später den Handel in der Gegend zu beherrschen versuchte.

Zu den wichtigsten Gebäuden gehört der **Salón de las Columnas** (Halle der Säulen), der dem Eingang am nächsten liegt. Möglicherweise war er eine Halle, in der Zeremonien abgehalten wurden. Etwas weiter den Hügel hinauf befinden sich ein **Ballspielplatz**, eine steile **Pyramide** für Opfer und eine ebenso steile Treppe, die zu den höheren Ebenen der Stätte führt. Von den oberen Ebenen des Haupthügels führt ein Pfad etwa 800 m nach Westen zu einem Felsvorsprung (dem höchsten Punkt). Die Überreste der Gebäudeansammlung hier heißen **La Ciudadela** (die Zitadelle). Zurück zum Museum folgt man dem Verteidigungswall und dem Weg. Man braucht Wasser und einen Hut – es gibt in der Anlage kaum Schatten.

ℹ An- & Weiterreise

An der Plaza del Bicentenario in Zacatecas steigt man in einen Kleinbus nach Villanueva (ca. 35 Mex$) und sagt beim Einsteigen Bescheid, dass man an den *ruinas* aussteigen möchte; man wird dann an der Abzweigung abgesetzt, von der aus man 2,5 km bis zum Eingang der Stätte laufen muss. Beim Rückweg nach Zacatecas wird man einige Zeit auf einen Bus warten müssen – man sollte also nicht zu spät von den Ruinen aufbrechen.

Baja California

Inhalt ➡

Beste Tourveranstalter

- Whale Shark Mexico (S. 783)
- Ecocat (S. 794)
- Sergio's Sportfishing Center (S. 765)
- Malarrimo Eco Tours (S. 771)
- Ecoturismo Kuyimá (S. 774)

Schön übernachten

- Bungalows Breakfast Inn (S. 795)
- Posada La Poza (S. 798)
- Casa Natalia (S. 790)
- El Ángel Azul (S. 785)
- Palapas Ventana (S. 788)

Auf nach Baja California!

Baja California (Niederkalifornien) ist die zweitlängste Halbinsel der Welt – über 1200 km geheimnisvolles, majestätisches und ungezähmtes Land. Wer die ganze Reise von Tijuana nach Los Cabos macht, kann sich glücklich schätzen: Die Carretera Transpeninsular (Hwy 1) offenbart überall eine herrliche Aussicht. Zudem ist es mitten im Nirgendwo schöner, als man je erwartet hätte. Selbst in den Grenzstädten sind die Menschen freundlich, entspannt und hilfsbereit. Nebenstraßen führen durch winzige Dörfer und schlängeln sich an Berghängen entlang, während Kondore am wolkenlosen Himmel kreisen. Manche Besucher schlürfen einfach nur Drinks und genießen dabei den Sonnenuntergang über dem Pazifik. Andere erleben einen Adrenalinrausch beim Surfen auf der perfekten Welle, wandern durch Schluchten oder starren hinauf in den Nachthimmel, an dem die Sterne wie Diamanten funkeln. Wie auch immer die Wahl ausfallen mag: Man wird einige von Bajas vielen Schönheiten entdecken.

Reisezeit

Cabo San Lucas

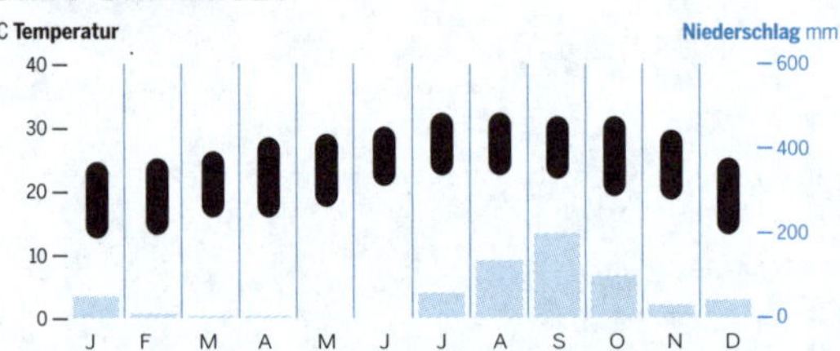

Jan.–März Blütenpracht, Wale, Walhaie und große Wellen für Surfer.

Aug.–Sept. Fast leere Strände, aber mörderische Hitze (sogar im Schatten).

Okt.–Nov. Sammy Hagars Geburtstag und der Día de Muertos geben Anlass zum Feiern.

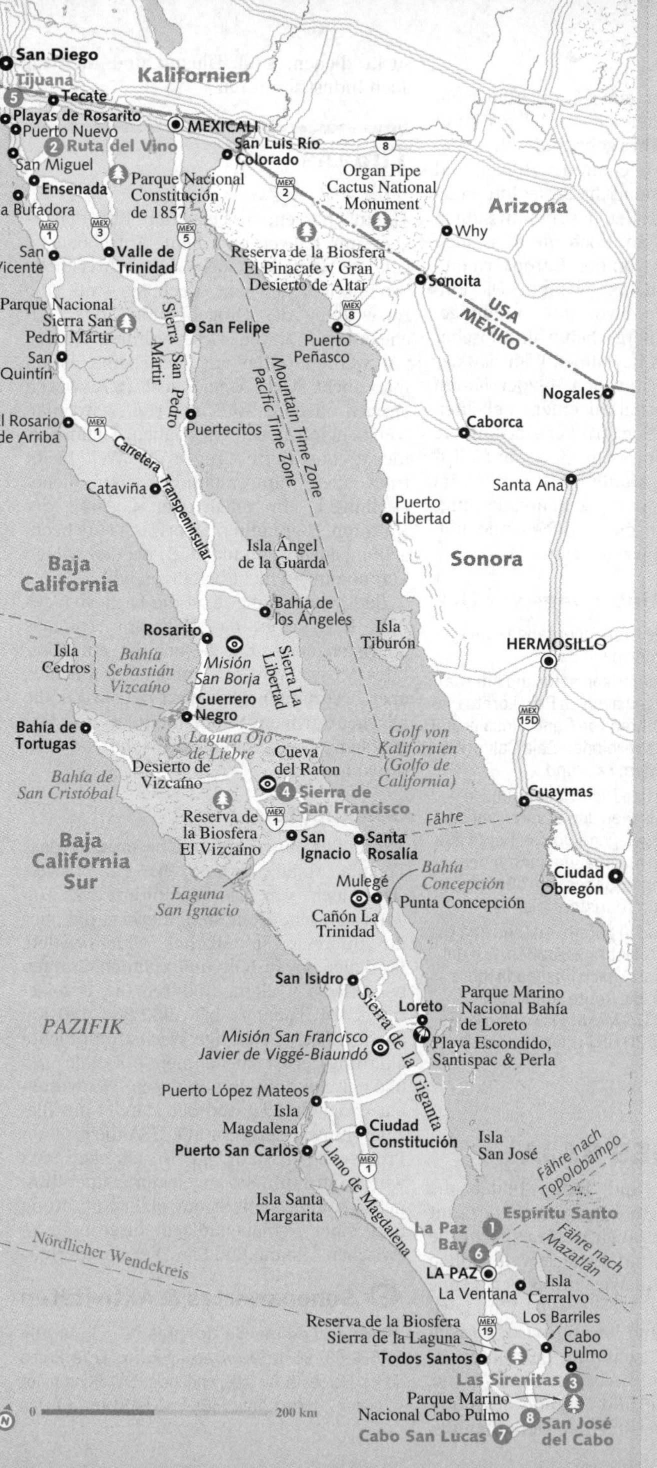

Highlights

1. Bei **Espíritu Santo** (S. 783) mit dem Kajak fahren, während die große Baja-Sonne in der Bucht versinkt
2. Die ländlichen Gaumenfreuden des nördlichen Baja entlang der **Ruta del Vino** (S. 761) im unberührten Valle de Guadalupe genießen
3. Bei den geheimnisvollen **Las Sirenitas** (S. 789) im Cabo Pulmo National Marine Park am einzigen lebenden Korallenriff des Golfs von Kalifornien tauchen oder schnorcheln
4. Die vielen uralten Felsbilder in der **Sierra de San Francisco** (S. 773) bestaunen
5. In **Tijuana** (S. 756) die betriebsamste Grenze der Welt überqueren, um nach Herzenslust zu essen, zu bechern oder zu shoppen
6. In der ruhigen **La Paz Bay** (S. 782) auf Tuchfühlung mit Walhaien gehen
7. Während des Sonnenuntergangs über dem Pazifik eine Bootsfahrt in **Cabo San Lucas** (S. 792) unternehmen
8. Im Herzen von **San José del Cabo** (S. 790) die Galerien am künstlerisch angehauchten Boulevard Mijares abklappern

Geschichte

Bevor die Europäer eintrafen, lebten wohl etwa 48 000 umherziehende Jäger und Sammler auf Baja. Ihre geheimnisvollen Malereien schmücken noch immer Höhlen und Felswände. Die europäische Besiedlung setzte auf Baja erst mit den Jesuitenmissionen im 17. und 18. Jh. ein, doch die Missionen wurden bald durch von den Europäern eingeschleppte Krankheiten gestoppt: Die Einheimischen wurden davon nur so dahingerafft. Viehzüchter, Bergarbeiter und Fischer waren die nächsten Bewohner. Während der US-Prohibitionszeit in den 1920er-Jahren wurde Baja California zu einem beliebten Ziel für Glücksspieler, Trinker und andere „Sünder". Die Region ist in Bezug auf Wirtschaft, Bevölkerungszahl und Beliebtheit im Wachsen begriffen, einhergehend allerdings mit weitreichenden ökologischen und umwelttechnischen Konsequenzen.

Anreise & Unterwegs vor Ort

Es gibt sechs offizielle Grenzübergänge vom US-Bundesstaat Kalifornien nach Baja.

Mexikanische, US-amerikanische und internationale Fluglinien fliegen nach La Paz, Loreto und San José del Cabo. Fähren von Santa Rosalía und Pichilingue bei La Paz verbinden Baja California auf dem Seeweg mit dem Festland.

Klimatisierte, günstige Nichtraucherbusse verkehren täglich zwischen den Städten auf der ganzen Halbinsel. Abgelegene Dörfer, Berge und Strände erreicht man aber häufig nur mit dem Auto. Autovermietungen gibt es in größeren Städten und wichtigen Touristenzielen.

Die Autobahnen sind in gutem Zustand und es gibt nur wenige mautpflichtige Straßen. Auf der Panoramastraße (*cuota*) nach Ensenada muss man 90 Mex$ zahlen; die Route von Tijuana nach Mexicali kostet 170 Mex$. Es werden keine größeren Scheine als 20 US$ oder 200 Mex$ angenommen.

NÖRDLICHES BAJA

Tijuana, Mexicali und Tecate bilden die nördliche Grenze einer Region, die bekannt ist als La Frontera (auch wenn es nicht die Landesgrenze ist) und die sich weit südlich von San Quintín im Westen bis San Felipe im Osten erstreckt. Die Ruta del Vino (zwischen Ensenada und Tecate) wird, ähnlich wie das Napa Valley, immer bekannter für ihre erstklassigen, preisgekrönten Weine. Obwohl die Städte und Strände des nördlichen Baja zweifelsfrei der Vergnügungssucht dienen, sind Tijuana und Mexicali auch Industriezentren.

Tijuana

664 / 1,6 MIO. EW.

Tijuana hat einen schlechten Ruf, den es aber nur teilweise verdient. Aufsehenerregende Mordfälle haben viele schreckliche Schlagzeilen gemacht, doch sie sind eine Auswirkung des Drogenhandels oder Racheaktionen gegen Gesetzeshüter. Touristen werden selten zur Zielscheibe. Wenn man nicht nach Ärger sucht (z. B. wegen Drogen oder im Rotlichtviertel), wird man wahrscheinlich viel Spaß haben. Tijuana als meistfrequentierte Grenze der Welt bleibt trotz allem ein erstaunlich freundlicher Dschungel, ein gehaltvoller Cocktail der Kulturen. Hier kann man prima Leute beobachten, auch wenn man sich bei den wilden Vergnügungen nicht beteiligen will.

Südlich der Calle 1a ist die La Revo (Avenida Revolución) das Herz von Tijuanas Touristengebiet. Ein Besuch ist ein absolutes Muss – und mit einem freundlichen, aber bestimmten „no" wird man sogar die allgegenwärtigen Straßenhändler los. Das gehobene Einkaufszentrum Zona Río liegt direkt am Fluss.

Geschichte

Ältere Bewohner können bestätigen, dass Tijuana Anfang des 20. Jhs. ein einziges „Dreckloch" war. Die Prohibition trieb US-amerikanische Touristen hierher, die hier ihr Interesse an Alkohol, Glücksspielen, Bordellen sowie Box- und Hahnenkämpfen befriedigen wollten, wodurch die Bevölkerungszahl Tijuanas bis 1960 auf 180 000 anstieg. Dieses ständige Wachstum brachte allerdings ernst zu nehmende soziale und ökologische Probleme mit sich. Heute stellen Drogenhandel und der Handel mit illegalen Einwanderern in die USA die größten Probleme der Stadt dar. Im Oktober 2013 wurde ein raffiniert angelegter „Super Tunnel" – komplett mit Strom, einer Entlüftung und einer Schienenanlage ausgestattet – zwischen Tijuana und San Diego entdeckt.

Sehenswertes & Aktivitäten

★**Museo de las Californias** MUSEUM

(664-687-96-41; www.cecut.gob.mx; Ecke Paseo de los Héroes & Av Independencia; Erw./Kind unter 12 Jahren 20 Mex$/frei; Di–So 10–18 Uhr;) Das

Museum erlaubt einen guten Einstieg in die Geschichte der Halbinsel: Es beleuchtet die Region von der Vorzeit bis heute und sollte daher unbedingt besucht werden. Den Anfang machen Repliken von Höhlenbildern. Danach werden bedeutende geschichtliche Ereignisse (u.a. die ersten spanischen Expeditionen unter Hernán Cortés) portraitiert.

Vinícola L. A. Cetto WEINGUT
(Weingut L. A. Cetto; ☎664-685-30-31; www.cettowines.com; Cañón Johnson 2108; Führung & Weinprobe 2 US$; ⏰Mo–Sa 10–17 Uhr) Südwestlich der Avenida Constitución finden hier Führungen und Weinproben statt. Neben einer Reihe köstlicher Lesen produziert L.A. Cetto auch Schaumweine und anständigen Cognac.

Feste & Events

Jedes Jahr füllen viele Feierlichkeiten und Events den bunten Veranstaltungskalender der Stadt.

International Craft Beer Festival BIER
(www.facebook.com/TjBeerFest; ⏰1. Woche im Juli) Empfängt Besucher mit ein paar der besten Biersorten (alt und neu) – idealerweise gemixt mit Clamato für ein Stück echtes Mexiko.

Feria del Platillo Mexicano ESSEN
(Mexikanisches Gastro-Festival; ⏰Sept.) Bietet die Möglichkeit, Berge von Köstlichkeiten zu vertilgen.

Expo Tequila TEQUILA
(Tequila-Festival; www.expo-tequila.com; ⏰Mitte Okt.) Tequila in Tijuana? Passt perfekt.

Festival Hispano-Americano de Guitarra MUSIK
(Hispano-amerikanisches Gitarrenfestival; www.festivalhispanoamericano.com; ⏰Nov.) Mit Auftritten von Gitarrenprofis aus aller Welt und Musikstudenten aus ganz Mexiko.

Schlafen

Vorsicht: Tijuanas billigste Bleiben teilt man sich möglicherweise mit – nun ja – stündlich wechselnden Gästen. Die La Revo ist stellenweise ziemlich lärmig. Wer nicht mit einem Kissen auf dem Kopf schlafen will, sollte daher auf Nebenstraßen ausweichen.

Hotel Lafayette HOTEL $
(☎664-685-39-40; Av Revolución 926; Zi. 295 Mex$; ❄📶) Das beliebteste Billighotel im Zentrum wird von einem netten älteren Paar geführt. Die spartanischen Zimmer haben Linoleumböden und kleine Bäder. Für ruhigen Schlaf empfiehlt sich ein Quartier im hinteren Teil der Unterkunft.

SICHERHEIT

Auf Baja California minimieren grundlegende Vorsichtsmaßnahmen sowie Wachsamkeit, indem man z.B. seine Wertsachen (inkl. Surfbrettern) nicht unbewacht lässt und Türen abschließt, das Risiko, beraubt zu werden. Die meisten ernsthaften Verbrechen zielen nicht auf Touristen ab, und wenn doch, sind es eher Gelegenheitsdiebstähle. Grenzstädte wie Tijuana wurden mit schrecklichen Schlagzeilen wegen Morden in der Drogenszene bekannt, aber Touristen sind davon kaum betroffen. Baja California Sur ist zudem einer der sichersten Bundesstaaten Mexikos.

Die Hygienestandards sind auf Baja höher als in anderen Staaten, und das Wasser – sogar das Leitungswasser – kann man normalerweise trinken.

Hotel Nelson HISTORISCHES HOTEL $$
(☎664-685-43-02; www.hotelnelson.com.mx; Av Revolución 721; EZ/DZ/3BZ 450/530/645 Mex$; P🚭❄📶) Dieser freundliche Langzeit-Favorit punktet mit hohen Decken und Elementen aus den 1950er-Jahren (darunter ein alter, noch in Betrieb befindlicher Friseursalon). In den leicht abgenutzten Zimmern gibt's Teppichböden und Farbfernsehen. Teilweise schaut man auch auf die alles andere als idyllische (!) Avenida Revolución.

Hotel La Villa de Zaragoza HOTEL $$
(☎664-685-18-32; www.hotellavilla.biz; Av Madero 1120; EZ/DZ 580/670 Mex$; P🚭❄@📶) Erinnert eher an ein Motel: Die tadellos sauberen Zimmer mit Service verteilen sich rund um einen zentralen Innenhof mit Parkplätzen. Der business-mäßige Einrichtungsstil in Sahne- und Brauntönen wirkt jedoch langweilig. Ein Restaurant ist ebenfalls vorhanden.

Grand Hotel Tijuana LUXUSHOTEL $$$
(☎664-681-70-00; www.grandhoteltij.com.mx; Blvd Agua Caliente 4500; Zi. ab 1200 Mex$; P🚭❄@📶🏊) Klassische Musik wabert durch die Lobby und bereitet Gästen einen entspannenden Empfang. Die modernen, eleganten Zimmer in den beiden 32-stöckigen Gebäuden warten mit Panoramablick auf. Zum Hotel gehören auch mehrere Restaurants und Konferenzräume.

Tijuana

0 — 400 m

A B C D
1 2 3 4 5 6

Busbahnhof San Ysidro
Kalifornien (USA)
Baja California (Mexiko)
Cotuco-Besucherzentrum am Grenzübergang für Fußgänger
Río Tijuana
ZONA NORTE
Staatliche Touristen-information
Busbahnhof Plaza Viva Tijuana
Av Padre Kino
Baja California
Av Revolución
Zweite Fußgänger-brücke
10
Calle Coahuila
Calle Comercio
Paseo de Tijuana
Antigua Central Camionera
Av Ocampo
Calle 1a (Artículo 123)
Mercado Municipal
5
Calle 2a (Juárez)
Catedral de Guadalupe
Staatliches Touristen-Info-Center
4
Calle 3a (Carrillo Puerto)
Busse nach Playas de Tijuana
Cotuco-Besucherzentrum
Vía Poniente
Fußgänger-brücke
ZONA RIO
Calle 4a (Díaz Mirón)
11
6
8
Calle 5a (Zapata)
Av Pío Pico
Av Márquez de León
Vía Poniente
Av Martínez
Av Niños Héroes
Calle 6a (Flores Magón)
Paseo de los Héroes
Mina
Terminal Turístico
7
Mutualismo
Museo de las Californias 1
Mutualismo
Frontón Palacio Jai Alai
3
Cotuco Head Office
Av Negrete
Calle 8a (Hidalgo)
Guadalupe
Av Constitución
Av Revolución
Callejón Quintana Roo
Av Quintana Roo
Av Independencia
12
Av Madero
Calle 9a (Zaragoza)
9
Av Ocampo
Blvd Taboada
Calle 10a (Sarabia)
Calle 11a (Calles)
Los Remedios (1,1 km); Cien Años (1,3 km)
2
Cañón Johnson
Av Huitzilác
Blvd Agua Caliente
Grand Hotel Tijuana (1,5 km); Tecate (50 km)
Brasil
Av Colima
Av Durango
Av Ensenada
Av Fresnillo
Av Guanajuato
Av Jalisco

Essen

Am besten meidet man die Lokale, die potenzielle Gäste mit „Gratisgetränken" locken wollen und besucht stattdessen lieber eine der folgenden Adressen mit toller, authentischer Küche.

Tacos Puebla TACOS $

(Coahuila; Tacos 14 Mex$; ⏲ Mo–Sa 8–15 Uhr) An diesem Stand gibt's leckere Tacos (z. B. gefüllt mit Guacamole, Rinderhack und Käse) auf schlichten Stühlen. Als Beilage empfehlen sich knackiger Rettich und ein paar Jalapeños. Inhaber Pedro ist so erfolgreich,

Tijuana

dass er seine Kinder in den USA studieren lassen konnte.

Tacos El Gordo TACOS $
(Av Constitución 1342; Tacos 15 Mex$; ⌚Mo–Sa 10–17 Uhr) Einheimische mit Durchblick zieht es zu diesem Laden, der außerdem noch zufällig gegenüber Tijuanas bester Bäckerei (Panadería La Mejor) liegt. Die Tacos sorgen für einen steten Strom gieriger Gäste. Zur Auswahl steht z.B. eine leckere Variante, bei der gegrilltes Rind- oder Ziegenfleisch mit Röstzwiebeln und Koriander garniert wird.

Praga CAFÉ $
(Av Revolución zw. Calle 4a & 5a; Salate 55 Mex$, Crêpes 58 Mex$; ⌚Mo–Sa 8–23, So 9–21 Uhr; 📶) Endlich gibt's auch in Tijuana richtig guten Kaffee (inkl. Cappucino, Latte und Espresso)! Gäste mit Burrito-Burnout werden sich auch über die Crêpes, Croissants, Sandwiches oder leichten Salate (z.B. mit Spinat, Mozzarella, Birne und Apfel) freuen.

★ **Caesar's** ITALIENISCH $$
(www.caesarstijuana.com; Av Revolución 1927; Hauptgerichte 110–120 Mex$; ⌚Mo–Mi 12–22.30, Do–Sa 12–24, So 12–21 Uhr; Ⓟ) Hier betritt man die 1950er-Jahre: An den Wänden hängen Fotos mit Sepia-Effekt, dunkles Holz verbreitet Eleganz. Der Caesar-Salat (90 Mex$) wird mit Elan direkt am Tisch zubereitet. Sein angeblicher Erfinder ist Restaurantgründer Caesar Cardini, der in den 1920er-Jahren von Italien nach Mexiko auswanderte. Gleich nebenan befindet sich eine Tapas-Bar im spanischen Stil.

Chiki Jai SPANISCH $$
(☎664-685-49-55; Av Revolución 1388; Hauptgerichte 100–150 Mex$; ⌚Mo–Sa 11–22 Uhr) Das stimmungsvolle, historische Lokal aus den 1940er-Jahren zeichnet sich durch geflieste Wände, bemalte Decken und einen *traje de luces* (traditioneller Torero-Anzug) auf einem Präsentationsständer aus. Auf der spanischen Karte stehen Paella, gefüllter Tintenfisch und eine „alternative" Tortilla (Omelett auf Kartoffelbasis). Von den illustren Gästen in der Vergangenheit sind insbesondere Ernest Hemingway und Anthony Quinn zu nennen.

Cien Años MEXIKANISCH $$$
(☎664-634-30-39; www.cien.info; Av Velasco 2331; Hauptgerichte 235–250 Mex$; ⌚Mo–Sa 7.30–23, So 7.30–17 Uhr; Ⓟ📶) Neben leckerer, einfallsreicher *alta cocina Mexicana* (modern-mexikanischer Küche) gibt's hier auch Traditionelles wie *sopa Azteca* mit Avocado und Tortilla-Streifen, *crepes de huitlacoche* mit cremiger Pistaziensauce oder *chile relleno* mit Garnelen und Hummercremesuppe. Wer die klassische *salsa de molcajete* (geröstete Salsa) bestellt, sollte den Kellner um Zubereitung direkt am Tisch bitten: Dabei kommt ein traditioneller mexikanischer Mörser nebst Stößel zum Einsatz.

Ausgehen

In TJ fühlen sich Feierwütige wie Hunde in einer Hydrantenfabrik. Die Bars und Clubs abseits der Calle 6a sind am Wochenende rappelvoll.

Los Remedios CANTINA
(www.losremedios.mx; Av Rivera 2479; ⌚13.30–1.30 Uhr) Das herrlich festliche Dekor der riesigen Cantina besteht aus Stierkampfplakaten, Filmpostern aus den 1950er-Jahren, bunten Papierwimpeln und Lotterielosen an der Decke. Die kanariengelbe Fassade direkt am Kreisverkehr in der Zona Río ist nicht zu übersehen. Livemusik am Wochenende.

Unterhaltung

In Tijuana kann man sich ruhig mal ein bisschen vergnügen, und sei es auch nur, indem man sein Geld gut anlegt – z.B. für ein Foto von sich auf einem der Esel im Zebra-Look. Die Touristeninfo versorgt einen mit Infos zu aktuellen Events und Veranstaltungen.

Centro Cultural Tijuana KULTURZENTRUM
(Cecut; ☎ 664-687-96-00; www.cecut.gob.mx; Ecke Paseo de los Héroes & Av Independencia; ⌚ Mo–Fr 9–19, Sa & So 10–19 Uhr) Tijuanas raffiniertes Kunst- und Kulturzentrum würde jede gleichgroße Stadt nördlich der Grenze stolz machen. Neben einer Kunstgalerie, einem Theater und dem Museo de las Californias (S. 756) beherbergt es auch das kugelförmige **Domo Imax** (www.cecut.gob.mex; Tickets ab 50 Mex$; ⌚ Di–So 13–23 Uhr), in dem vor allem Arthaus-Filme laufen.

Shoppen

Tijuana ist prima für Souvenirjäger. Doch Vorsicht beim Kauf von Gold und Silber: Ein Großteil davon ist gefälscht (bei diesen Preisen ja auch kein Wunder, oder?). Die vielen örtlichen Apotheken bzw. Drogerien sind darauf spezialisiert, vergünstigte Generika an US-Bürger zu verkaufen.

Emporium SCHMUCK
(☎ 664-685-13-24; emporium_tj@yahoo.com; Av Revolución 1025; ⌚ 9–19 Uhr) Gehört zu den wenigen Läden mit fairen und bereits ausgeschriebenen Silberpreisen. Der Eigentümer spricht Englisch, kennt sich aus und ist nicht übertrieben aufdringlich.

Sanborns KAUFHAUS
(☎ 664-688-14-62; Av Revolución 1102; ⌚ So–Do 7.30–23, Fr & Sa 7.30–1 Uhr) Kaufhaus mit guter Auswahl an US-amerikanischen und mexikanischen Zeitungen bzw. Zeitschriften.

Praktische Informationen

GEFAHREN & ÄRGERNISSE

Wer wachsam ist, seinen gesunden Menschenverstand einsetzt und keinen Ärger sucht, wird wahrscheinlich keine Probleme bekommen. Die Straßenhändler sind zwar mitunter lästig, haben aber dennoch ein respektvolles „No, thanks" verdient: Sie versuchen nur, ihren Lebensunterhalt zu verdienen in einer Stadt, die einen rasanten Rückgang des Tourismus erleidet.

Bitte nie auf der Straße betrinken (ohnehin verboten): Ein Vollrausch zu später Stunde kann Ärger anziehen.

Coyotes und *polleros* (jeweils „Schlepper" bzw. „Menschenschmuggler") treffen sich westlich des Grenzübergangs San Ysidro am Flussufer. Diesen Bereich sollte man bei Dunkelheit meiden – ebenso die Colonia Libertad östlich des Übergangs.

GELD

Vorsicht beim Geldumtausch (vor allem nachts)! Vor Ort werden US-Dollar überall akzeptiert. Die meisten Banken haben Geldautomaten.

INFOS IM INTERNET

See Tijuana (www.seetijuana.com) Tourismus-Website zu Tijuana.

Tijuana Online (www.tijuanaonline.org) Wird von Cotuco betrieben.

MEDIZINISCHE VERSORGUNG

Hospital General (☎ 664-684-00-78; Av Padre Kino, Zona Río) Nordwestlich der Kreuzung mit der Av Rodríguez.

NOTFALL

Touristen-Hotline (☎ 078)

TOURISTENINFORMATION

Cotuco Visitor Center (☎ 664-685-31-17; Av Revolución zw. Calle 3a & 4a; ⌚ 9–18 Uhr) Wird durch einen Hauptsitz (☎ 664-684-05-37; Suite 201, Paseo de los Héroes 9365; ⌚ Mo–Fr 9–18 Uhr) und ein Besucherzentrum an der Grenze (☎ 664-607-30-97; Besucherzentrum am Grenzübergang für Fußgänger; ⌚ Mo–Sa 9–18, So 9–15 Uhr) ergänzt.

Staatliche Touristeninformation (Secretaría de Turismo del Estado; ☎ 664-682-33-67; Alarcón 1572, Zona Río; ⌚ Mo–Fr 8–20, Sa 9–13 Uhr) Betreibt auch ein Infozentrum (☎ 664-973-04-24; Av Revolución 842; ⌚ Mo–Fr 8–20, Sa 9–13 Uhr) an der Av Revolución.

An- & Weiterreise

Touristengenehmigungen für Mexiko gibt's rund um die Uhr beim mexikanischen **Einwanderungsbüro** (☎ 664-683-53-49; 720 East San Ysidro

BUSSE AB TIJUANA

ZIEL	PREIS (MEX$)	DAUER (STD.)	HÄUFIGKEIT
Ensenada	155	1½	regelm.
Guerrero Negro	1005	12	3-mal tgl.
La Paz	1940	24	3-mal tgl.
Loreto	1600	18	3-mal tgl.
Mexicali	280	2¾	regelm.
Tecate	98	1	regelm.

ABSTECHER

RUTA DEL VINO & VALLE DE GUADALUPE

Wer die langen Warteschlangen in Tijuana umgehen und zudem eine tolle Landschaft genießen will, reist über Tecate nach Mexiko ein. Dieser Grenzübergang (geöffnet 6–22 Uhr) ist weitaus weniger frequentiert und liegt gleich nördlich des äußerst reizvollen Valle de Guadalupe mit der Ruta del Vino (Hwy 3). Deren Weingüter findet man mithilfe spezieller Karten, die bei örtlichen Hotels, Winzern und Touristeninformationen erhältlich sind.

Trinkfreudige sollten sich einen Chauffeur organisieren: Hier warten über 90 Weingüter und eine Brauerei. Ansonsten helfen Veranstalter wie **Baja Wine Tours** (664-625-12-40; www.bajawinetours.net; Touren ab 295 Mex$) mit ganztägigen Weinguttrips (inkl. Mittagessen) ab Ensenada oder Tijuana. Am besten beginnt man mit der **Cuauhtémoc Moctezuma Heineken Mexico Brewery** (665-654-94-90; www.cuamoc.com; Ecke Calles Hidalgo & Obregón, Tecate; Mo–Fr 10–17, Sa 10–14 Uhr), die u.a. Tecate, Dos Equis, Carta Blanca, Bohemia oder Sol produziert und nun zum Heineken-Konzern gehört. Die Brauereiführungen (Mo–Fr 12 & 15, Sa 11 & 14 Uhr) erfordern Voranmeldung – alternativ einfach ein Bier an der Bar bestellen. Beste Unterkunft in Tecate ist das **Estancia Inn Hotel** (665-521-30-66; www.estanciainn.com.mx; Encanto Norte s/n; DZ 880 Mex$; P), das neben einem guten Restaurant auch hübsche Zimmer mit Teppichböden und großen Duschen hat.

Von Tecate aus geht's dann gen Süden, wobei man unterwegs geführte Touren, ein Mittagessen und den einen oder anderen guten Schluck (z.B. bei Weinproben) mitnimmt. Die Reben wurden vor Jahrzehnten gepflanzt und sind inzwischen eine ernstzunehmende Klasse für sich. So ist das tolle Tal auf einem guten Weg, zum „Napa Sur" zu werden.

Nach ca. 70 km kommt **L.A. Cetto** (646-175-23-63; www.lacetto.com; Carretera Tecate-El Sauzal bei Km 73,5; Führungen & Weinproben 25 Mex$; 9–17 Uhr) als erstes Weingut hinter Tecate in Sicht. Mexikos größter Winzereibetrieb veranstaltet halbstündlich Führungen, bei denen insgesamt vier Lesen (u. a. das Haus-Highlight in Form von Cabernet Sauvignon) verkostet werden. Olivenöl, Brot und vor Ort gereifter Käse sind ebenfalls probierbar. Weiter südlich liegt mit **El Cielo** (646-151-65-15; www.vinoselcielo.com; Carretera Guadalupe-El Tigre bei Km 118; Weinproben ab 5–16.50 US$; 12–20 Uhr) eines der prestigeträchtigsten neuen Weingüter des Tals. Das Betriebsgelände (eröffnet 2013) umfasst auch eine Probierstube, ein mondänes Restaurant und ein Boutiquehotel mit Spa (letzteres befand sich zum Zeitpunkt der Recherche noch im Bau). Zwei bis sechs Lesen stehen zum Verkosten bereit. Unbedingt den Merlot probieren, der zu den Spitzensorten des Hauses gehört!

In der Nähe ist die Boutique-Winzerei **Bibayoff** (646-176-10-08; bibayoff@telnor.net; Carretera Francisco Zarco-El Tigre bei Km 9.5; Weinproben 5 US$; Di–So 10–16 Uhr) abseits vom bekannten Touristenpfad. Ihr Museum erzählt die faszinierende Geschichte der Russen, die in den frühen 1900er-Jahren hierher auswanderten (der heutige Inhaber ist ein Nachkomme). Besucher sollten nicht vergessen, den fruchtigen Muskateller zu probieren.

Direkt am Highway punktet das **Liceaga** (646-155-32-81; www.vinosliceaga.com; Carretera Tecate-San Antonio de las Minas bei Km 93,5; Weinproben 100 Mex$; 11–17 Uhr) mit diversen Lesen und dem einzigen echten Grappa des Tals. Der starke Schnaps wird aus Traubenschalen bzw. -stielen gebrannt. Der Preis beinhaltet einen Teller mit Brot und Käse.

Noch weiter südlich empfiehlt sich ein Stopp am **Santo Tomás** (646-155-31-37; www.santo-tomas.com; Carretera Tecate-El Sauzal bei Km 73; Führung & Weinprobe 20 US$; 10–17 Uhr). Die funkelnde Probierstube zieren eine 15 m hohe Flaschenwand und eine Bar, die aus einer nicht benutzten Weinpresse gefertigt wurde. Interessant für Führungsteilnehmer: Auf den Gärungstanks sind jeweils Traubensorte, Blattstruktur, Herstellungsprozess usw. vermerkt. Hinzu kommen eine Videopräsentation und eine Lasershow.

Wer im Tal übernachten will, begibt sich zum **La Villa del Valle** (646-156-80-07; www.lavilladelvalle.com; Carretera Tecate-San Antonio de las Minas bei Km 88; DZ ab 215 US$; P): Pool, Sauna und Yoga-Studio warten jeweils mit Traumblick auf das Tal auf. Zudem betreibt das Boutique-B&B mit dem **Corazón de Tierra** (646-156-80-30; www.corazondetierra.com; Carretera Tecate-San Antonio de las Minas bei Km 88; Festpreismenü 65 US$; 9.30–11.30 & 13–20.30 Uhr) das eventuell beste Restaurant der Region Ensenada. Speisegäste schauen auf Rebenreihen an sanft gewellten Hügeln. Der Mix aus grob behauenem Holz und gestärkten Tischtüchern passt perfekt zum rustikalen Ambiente.

Blvd) am Grenzübergang San Ysidro–Tijuana. Zudem sind sie (aber weniger verlässlich) bei einem Büro im Hauptbusbahnhof (Central Camionera) erhältlich. **Banjército** (☎664-683-62-44; www.banjercito.com.mx; Calle José María Larroque; ⏰8–12 Uhr) ist die einzige örtliche Bank, die Zahlungen für Fahrzeuggenehmigungen bearbeitet.

AUTO & MOTORRAD

Der Grenzübergang San Ysidro, der zehn Minuten zu Fuß vom Zentrum von Tijuana entfernt liegt, hat 24 Stunden geöffnet, aber für Kraftfahrer ist der Übergang Mesa de Otay (ebenfalls rund um die Uhr geöffnet) interessanter, da er nicht so überfüllt ist; er liegt 15 km östlich von San Ysidro.

Autovermietungen in San Diego sind die preiswerteste Option, aber die meisten erlauben nur Touren bis nach Ensenada. Wenn man Richtung Süden will, mietet man am besten in Tijuana ein Auto oder nimmt den Bus.

BUS

Rund 5 km südöstlich des Zentrums liegt der **Central Camionera** (Hauptbusbahnhof; ☎664-621-29-82), wo **Elite** (www.autobuseselite.com.mx) und **Estrella Blanca** (www.estrellablanca.com.mx) klimatisierte 1.-Klasse-Busse mit Bordtoiletten anbieten. In Mexikos werden z. B. Guadalajara (1617 Mex$, 36 Std.) oder Mexico City (1575 Mex$, 44 Std., 12-mal tgl., stündl.) angesteuert. Autotransportes del Pacífico und **ABC** (www.abc.com.mx; Verbindungen s. Tabelle S. 760) betreiben Zweite-Klasse-Busse, die größtenteils Mexikos pazifische Festlandsküste und ganz Baja California bedienen.

Am **Antigua Central Camionera** (Ecke Av Madero & Calle 1a) im Zentrum starten Regionalbusse von **Suburbaja** (664-688-00-45) nach Tecate (42–55 Mex$, 1½ Std., alle 15 Min.).

Vom firmeneigenen Terminal in **San Ysidro** (☎619-428-62-00; 4570 Camino de la Plaza) fährt **Mexicoach** (www.mexicoach.com) über die Grenze zum **Terminal Turístico** (☎664-685-14-70; Av Revolución 1025) in Tijuana (einfache Strecke/hin & zurück 4/6 US$, 8–18 Uhr häufig). Das Unternehmen bietet zudem Shuttles zwischen San Ysidro und Playas de Rosarito an (Reservierung unter ☎619-428-95-17 erforderl.). In Gegenrichtung geht's vor dem Rosarito Beach Hotel los (8–16 Uhr).

Zwischen 5 und 22.55 Uhr fahren Busse vom **Greyhound-Terminal in San Diego** (☎800-231-2222, in den USA 619-515-1100; www.greyhound.com; 120 West Broadway, San Diego) über **San Ysidro** (☎in den USA 619-428-1194; 799 East San Ysidro Blvd) zu Tijuanas Hauptbusbahnhof oder Flughafen (einfache Strecke/hin & zurück jeweils 14/27 US$).

FLUGZEUG

Aeroméxico (☎664-683-84-44, 664-684-92-68; www.aeromexico.com; Local A 12-1, Plaza Río Tijuana) Bedient neben vielen Zielen auf dem mexikanischen Festland auch La Paz (nonstop) oder Tucson und Phoenix in den USA.

Aeropuerto Internacional General Abelardo L Rodríguez (☎664-607-82-00; www.tijuana-aiport.com; Carretera Aeropuerto-Otay Mesa) Der Flughafen liegt östlich vom Zentrum in Mesa de Otay.

STRASSENBAHN

San Diegos beliebte **Straßenbahn** (www.sdmts.com) fährt ab 5 Uhr bis Mitternacht alle 15 Minuten vom Zentrum San Diegos nach San Ysidro (2,50 US$). Von San Diegos Flughafen Lindbergh Field fährt der Stadtbus 992 (2,25 US$) zur Straßenbahnhaltestelle Plaza America im Zentrum von San Diego, gegenüber dem Amtrak-Bahnhof.

ℹ Unterwegs vor Ort

Für etwa 10 Mex$ kommt man mit den Regionalbussen überall hin, aber die nur geringfügig teureren Sammeltaxen bringen einen sehr viel schneller ans Ziel. Alle Busse mit der Aufschrift „Buena Vista", „Centro" oder „Central Camionera" fahren von der Calle 2a, östlich der Avenida Constitución, zum Central Camionera. Oder man nimmt ein gold-weißes „Mesa-de-Otay"-Sammeltaxi ab der Avenida Madero zwischen der Calle 2a und der Calle 3a (12 Mex$). Normale Taxen auf der und um die Avenida Revolucíon herum oder in der Zona Río kosten etwa 75 Mex$. Für eine Fahrt zum Flughafen zahlt man ca. 150 Mex$, aber man sollte sich vor Fahrtbeginn immer genau über den Preis informieren.

Playas de Rosarito

☎661 / 91 000 EW.

Einst ein verlassener Sandstrand, dann eine Hollywood-Kulisse – doch erst jetzt kommt Playas de Rosarito langsam zur Geltung. Überall entstehen Bauvorhaben und Eigentumswohnungen, aber trotz der Aufregung um die immer neuen Gebäude ist Rosarito relativ ruhig geblieben und ein bequemes Ziel für einen Tagestrip (auch mit Übernachtung) von Tijuana oder San Diego aus. Das **Hotel Rosarito** (heute das Aushängeschild mit dem Namen „Rosarito Beach Hotel") und sein langer Sandstrand haben in den späten 1920er-Jahren den Weg geebnet für den örtlichen Tourismus. 1996 wurden die **Fox Studios Baja** für die Dreharbeiten von *Titanic* eingerichtet und dienten seitdem als Set für *Pearl Harbor, James Bond 007: Der Morgen stirbt nie* und *Master and Commander*.

Trotz des Einflusses des Studios ist Playas de Rosarito in vielerlei Hinsicht provinziell geblieben, nicht aber während Spring Break.

Am Boulevard Juárez, Rosaritos einziger Hauptstraße (und Teil der Transpeninsular), gibt's viele Restaurants, Nachtclubs und Hotels, deren Preise während Spring Break explodieren.

Schlafen

Hotel del Sol Inn HOTEL **$$**
(661-612-25-52; www.del-sol-inn.com; Blvd. Juárez 32; EZ/DZ 455/585 Mex$; P) Das Sol bietet saubere Zimmer mit Teppichboden und TVs, Wasserflaschen und einfachen Möbeln. Einige Zimmer sind für Nichtraucher reserviert. In den kurzen Frühlingsferien (Spring Break) verdreifachen sich die Preise aber.

Casa Farolito B&B **$$$**
(619-786-80-00; www.casafarolito.com; San Antonio del Mar; EZ/DZ inkl. Frühstück ab 90/135 US$; P) Dieses ungemein charmante B&B liegt ca. 5 km nördlich von Playas de Rosarito am Strand. Das Dekor der individuell gestalteten Zimmer stoppt in puncto mexikanische Farbenpracht noch rechtzeitig vor der Kopfwehgrenze. Zu den Extras gehören eine Margarita zum Empfang, kostenlose Boogie-Board-Benutzung, Gratis-Strandkörbe bzw. -Sonnenschirme und ein üppiges Frühstück mit *huevos rancheros* als Spezialität.

Essen

Tacos El Yaqui TAQUERÍA **$**
(Ecke Palma & Mar del Norte; Tacos 25 Mex$; Mo, Di & Do 8–17, Fr–So 8–21.30 Uhr) Dieser tolle Tacostand ist so beliebt, dass er oft früher schließen muss, weil die Zutaten ausgegangen sind. Man muss sich vor 16 Uhr anstellen, wenn man sicher etwas bekommen will. Es kann aber auch sein, dass inzwischen Sitzmöglichkeiten hinzu kamen.

Los Arcos MEXIKANISCH **$**
(661-612-04-91; Blvd. Juárez 29; Hauptgerichte 65–90 Mex$; Mo, Di, Do & Fr 8–19, Sa & So 8–22 Uhr) Wer Shrimps oder Fischtacos will, muss dieses familienbetriebene Lokal besuchen. Es gibt aber auch verschiedene *antojitos* (typische mexikanische Snacks), hervorragende Saucen und freundliche Bedienungen.

El Nido STEAK **$$$**
(www.elnidorosarito.net; Blvd Juárez 67; Hauptgerichte 170–220 Mex$; 8–21.30 Uhr; P) Die rustikale Riesenfassade des zentral gelegenen Steakhauses ist nicht zu übersehen. Zum Ambiente tragen auch freiliegender Backstein, Holzbalken, Knoblauchstränge und eine begrünte Terrasse hinten (inkl. Vogelvoliere) bei. Die Tortillas werden frisch auf Bestellung zubereitet. Zudem kann man u.a. Wild, Kaninchen, Huhn und natürlich das hiesige Highlight (Steak) bestellen.

ABSEITS DER ÜBLICHEN PFADE

PUERTO NUEVO

Wer frischen Hummer mag, findet ein Traumziel nur 5 km südlich von Playas de Rosarito: Die über 70 schlichten Restaurants des Fischerdorfs Puerto Nuevo locken mit Niedrigpreisen – einen mittelgroßen Hummer (gebraten und in zerlassener Butter serviert) gibt's hier manchmal schon für 15 US$ pro Stück. Dazu bekommt man auch noch Tortillas, Frijoles, Guacamole, mexikanischen Reis und obendrein eine Margarita. Vor dem Bestellen sollte das Schalentier jedoch unbedingt in lebendigem Zustand besichtigt werden. Andernfalls wird einem eventuell Tiefkühlkost untergeschoben – der Geschmacksunterschied ist deutlich!

Anreise & Unterwegs vor Ort

Vom Zentrum Tijuanas aus fahren die *colectivos* (Sammeltaxis) nach Playas de Rosarito (15 Mex$) an der Avenida Madero zwischen Calle 3a und Calle 4a ab. Um sie zu finden, sollte man einfach nach gelben Kombis mit weißem Dreieck auf der Tür Ausschau halten. Der Mexicoach-Shuttle (150 Mex$) nach Tijuana fährt zweimal täglich vom Parkplatz des Rosarito Beach Hotel ab.

Ensenada

646 / 280 000 EW.

Ensenada liegt 108 km südlich der Grenze und ist die kosmopolitische Schwesterstadt des vergnügungssüchtigen Tijuana. Vor Ort trifft man auf einen schrägen Mix: Kreuzfahrtpassagiere, Durchreisende aus Kalifornien, Besucher vom mexikanischen Festland und abgebrühte Einheimische. All die US-Dollars und englischsprachigen Speisekarten könnten einen glatt vergessen lassen, dass dies hier Mexiko ist. Doch dann einfach mal nach oben schauen: Über der Touristenzone weht eine riesige mexikanische Flagge, die wohl noch vom Weltraum aus zu erkennen ist. Beim Bummeln entlang der Av López Mateos (Calle 1a) lässt sich von geschmackvollen Tonwaren bis hin zu geschmacklosen T-Shirts fast alles finden. Achtung: Die unbeleuchtete und zwielichtige Calle 2a nebenan sollte bei Dunkelheit besser gemieden werden!

Ensenada

Von 1882 bis 1915 war Ensenada die Hauptstadt der Region Baja, wurde aber während der Revolution von Mexicali abgelöst. Später florierten hier „sündige" Branchen, bis die Bundesregierung das Glücksspiel in den 1930er-Jahren verbot. Angesichts der Stripclubs, Peepshows und Bars scheint das Laster in Ensenada aber weiterhin so zu blühen wie in der guten alten Zeit.

Sehenswertes

★ Riviera del Pacífico HISTORISCHES GEBÄUDE
(☎ Tel/Info 646-177-05-94; Blvd. Costero) Das Riviera del Pacífico wurde Anfang der 1930er-Jahre als Hotel Playa Ensenada eröffnet. In dem ehemaligen Kasino im spanischen Stil soll Al Capone oft abgestiegen sein. Heute ist dort das kleine **Museo de Historia de Ensenada** (☎ 646-177-05-94; Blvd Costero; Eintritt 10 Mex$; ⏲ Mo–Sa 10–17, So 12–17 Uhr) und die Bar Andaluz (S. 767) untergebracht. Die **Casa de Cultura** bietet Kurse, Retro-Filme und Kunstausstellungen an.

Museo del Instituto Nacional de Antropología e Historia MUSEUM
(Museo del INAH; ☎ 646-178-25-31; Av Ryerson 99; ⏲ Mo–Fr 9–16 Uhr) GRATIS Die frühere Aduana Marítima de Ensenada (erb. 1886) ist das

Ensenada

Highlights
1 Riviera del Pacífico C4

Sehenswertes
2 El Mirador A2
Museo de Historia de Ensenada .... (siehe 1)
3 Museo del Instituto Nacional de Antropología e Historia A3

Aktivitäten, Kurse & Touren
4 Sergio's Sportfishing Center B4
5 Spanish School Baja B1

Schlafen
6 Best Western Hotel El Cid C3
7 Hotel Bahía B4
8 Hotel Cortez C4
9 Hotel Santo Tomás B3

Essen
10 El Parián C3
11 El Rey Sol C4
12 Hogaza Hogaza C4
13 La Guerrense B4
14 Mariscos El Norteño A4

Ausgehen & Nachtleben
Bar Andaluz .... (siehe 1)
15 Hussong's Cantina A3
16 Ojos Negros B3

Unterhaltung
17 Centro Estatal de las Artes C4

Shoppen
18 Galería Pérez Meillon C4

älteste öffentliche Gebäude der Stadt. Heute beleuchtet hier ein kleines, aber umfassendes Museum die Regionalgeschichte ab der Urzeit (meist auf Spanisch).

El Mirador AUSSICHTSPUNKT
Auf den Colinas de Chapultepec gelegen bietet der El Mirador Panoramablicke auf die Stadt und die Bahía de Todos Santos. Zu Fuß oder mit dem Auto (keine Parkplätze abseits der Straße!) erreicht man den höchsten Punkt der Stadt auf der Avenida Alemán vom westlichen Ende der Calle 2a im Zentrum von Ensenada.

Aktivitäten

Surfen

Isla de Todos Santos SURFEN
Bei der Insel vor Ensenadas Küste (nicht zu verwechseln mit der Stadt in der Nähe von Los Cabos) wird jedes Jahr einer der wichtigsten Big-Wave-Surfwettkämpfe der Welt ausgetragen. Der Surfspot **El Martillo** (Der Hammer) ist mit seinen 4 bis 5 m hohen (bei guten Bedingungen sogar noch höheren) Wellenkämmen legendär. Boote kann man am Hafen mieten. Die Preise beginnen bei 800 Mex$ pro Person (mind. 4 Pers.). Manchmal kann man verhandeln oder man fragt einen Fischer, ob er einen mitnimmt.

San Miguel SURFEN
(Parken 55 Mex$) In San Miguel gibt's nicht viel mehr als ein paar Wohnmobile, einen Parkplatz und einen tollen Point Break gleich vor der Küste. Auch Doors-Legende Jim Morrison hing einst gern hier ab. Bei entsprechender Wellengröße sind die Surfbedingungen erstklassig.

Angeln & Walbeobachtungen

Ensenada ist weltweit für seine hervorragenden Angelmöglichkeiten bekannt. Wer selbst einen Fisch an den Haken bekommen will, braucht dazu jedoch einen gültigen mexikanischen Fischereischein (online erhältlich unter www.bestbajafishing.org). Die meisten Charterfirmen bieten auch Walbeobachtungen an (Mitte Dez.–Mitte April).

Sergio's Sportfishing Center ANGELN
(☎ 646-178-21-85; www.sergiosfishing.com) Dieser renommierte Anbieter ist am Angelboot-Anleger abseits des Malecón zu finden. Der Tourpreis beinhaltet jeweils die notwendige Leihausrüstung. Tagesausflüge können ab ca. 300 Mex$ pro Person unternommen werden. Private Chartertrips kosten je nach Bootsgröße bis zu 5000 Mex$ oder mehr.

Kurse

Die genannten Sprachschulen bieten ähnliche Intensivkurse an (u. a. mit Aufenthalten bei einheimischen Familien).

Universidad Autónoma de Baja California SPRACHKURS
(☎ 646-175-07-40; http://idiomas.ens.uabc.mx/cursos; Ecke Blvd Zertuche & Blvd de los Lagos) Semesterkurse für ausländische Studenten.

Spanish School Baja SPRACHE
(☎ 646-190-60-49; www.spanishschoolbaja.com; Calle 10 zw. Avs Ruiz & Obregón) Einwöchige Kurse gibt es ab 300 US$.

Feste & Events

Die hier genannten Events stellen nur einen Bruchteil der über 70 Sport-, Touristen- und

Kulturveranstaltungen dar, die hier jedes Jahr stattfinden. Die Termine ändern sich ständig, deshalb sollte man sich vorab bei den Touristeninformationen erkundigen.

Carnaval KARNEVAL

Eine große Party am Faschingsdienstag, der Termin richtet sich nach Ostern. 2015 fällt das Fest auf den 18. Februar und 2016 auf den 10. Februar. In den Straßen wimmelt es dann vor Umzugswagen und Tänzern.

Fiesta de la Vendimia WEINFEST

(Grape Harvest Festival) Weinlesefest, das in den ersten zwei Augustwochen stattfindet. Zum Wohle!

International Seafood Fair ESSEN

Im September muss man hier unbedingt die köstlichen Meeresfrüchte probieren.

Baja 1000 RENNEN

Bajas größtes Offroad-Autorennen findet Mitte November statt. Angefeuert von den Zuschauern bringen „Truggies" (Truck-Buggies) die Wüste zum Beben. Die Baja 500 findet im Juni statt.

Schlafen

Im Sommer und am Wochenende übersteigt die Nachfrage mitunter das Angebot.

Hotel Cortez HOTEL $$

(646-178-23-07; www.bajainn.com; Av López Mateos 1089; Zi. ab 973 Mex$;) Das Cortez ist ein anständiges Hotel in prima Lage. Zu den Einrichtungen gehören ein kleiner Fitnessraum und ein (beheizter) Pool inmitten von hohen Bäumen. Ein paar der Zimmer wirken jedoch etwas düster. Idealerweise nimmt man eines der schicken, modernen Premium-Quartiere in Erdtönen und mit feschen Textilien.

Hotel Santo Tomás HOTEL $$

(646-178-33-11; hst@bajainn.com; Blvd Costero 609; Zi. 450–590 Mex$;) Dieses schick-elegante Hotel empfängt Gäste mit Satelliten-TV in allen Zimmern. Ein Aquarium, eine breite Prachttreppe und ein vergoldeter Aufzug mit Disco-Spiegeln geben der schrägen Lobby einen unkonventionellen Charakter, den man anderswo vergeblich sucht. Freitags und samstags steigen die Preise (parallel zum Lärmpegel in der Umgebung).

Motel Joya Mar MOTEL $$

(646-176-74-30; Av Veracruz 360; EZ/DZ 500/600 Mex$;) Rund 3 km nördlich des Zentrums steht dieses Mittelklasse-Motel gegenüber der reizenden Playa Hermosa. Hinter einem Gewirr aus Bougainvilleen verbergen sich hier recht geräumige Zimmer mit Fliesenböden und Paisley-Tagesdecken. Vom Gemeinschaftsraum schaut man aufs Meer, während die Bar mit Karaoke und Billard aufwartet. Gegenüber lassen sich Pferde für Strandritte ausleihen (10 US$/Std.).

Hotel Bahía HOTEL $$

(646-178-21-01; www.hotelbahia.com.mx; Av López Mateos 850; Zi. 975 Mex$;) Trotz des stalinistisch anmutenden Düster-Äußeren gibt's hier nette, geräumige Zimmer mit Teppichböden. Ein weiteres Plus ist der hübsche Poolbereich mit angrenzender Restaurantbar (bringt Drinks direkt zum Liegestuhl).

Best Western Hotel El Cid HOTEL $$$

(646-178-24-01; www.hotelelcid.com.mx; Av López Mateos 993; EZ/DZ inkl. Frühstück 960/1327 Mex$;) Dieses Viersternehotel bietet komfortable Zimmer, feste Matratzen, ein renommiertes Restaurant und eine belebte Bar. Der Preis beinhaltet ein europäisches Frühstück mit frisch gepresstem Furchtsaft. Das ausgesprochen freundliche Personal spricht mehrere Sprachen.

Essen

Ensenadas Gastro-Spektrum reicht von Taceständen an Straßenecken bis zu Restaurants mit mexikanischer und internationaler Spitzenküche.

★ La Guerrense TACOS $

(www.laguerrense.com; Ecke Av Alvarado & Av López Mateos; Tacos 4,50 US$; Mi–Mo 10.30–17 Uhr) Sabina Banderas Seafood-Stand stammt aus den 1960er-Jahren und wurde 2013 beim World Streetfood Congress in Singapur auf den dritten Platz gewählt. Bis heute sorgen die großartigen Seafood-Tacos, die *tostadas*, die saftige Ceviche und die selbstgemachte Salsa (5 US$) für lange Warteschlangen. Normalerweise trägt etwas Gitarren-Straßenmusik zum Ambiente bei.

Mariscos El Norteño SEAFOOD $

(Local 4, Fischmarkt; Tacos 30 Mex$; Mo–Sa 8–21 Uhr) Die Seafood-Stände gegenüber vom Fischmarkt sind allesamt empfehlenswert. Dieser hier hat jedoch viele Sitzplätze und eine hervorragende Auswahl an Salsas (u.a. mit gerösteten Jalapeños oder roten Chilis). Am besten genehmigt man sich einen Taco im originalen Baja-Stil (Fisch oder Shrimps aus der Fritteuse, serviert mit Krautstreifen und weißer Cremesauce).

El Parián MEXIKANISCH $

(☎646-128-82-32; Ecke Calle 4a & Av Castillo; Hauptgerichte abends 50–95 Mex$; ⏲7.30–23.30 Uhr) Papierwimpel, Wandbilder, bemalte Tische und limonadenfarbenes Mobiliar sorgen hier für festliche Atmosphäre. Die freundlichen Kellner servieren tolle Enchiladas, Quesadillas, Burritos und *agua de jamaica* (Hibiskuswasser). Flachbild-TVs in jeder Ecke garantieren, dass weder Gäste noch Personal etwas von den kitschigen mexikanischen Seifenopern im TV verpassen.

Hogaza Hogaza CAFÉ $$

(Plaza Santo Tomas; Bagels ab 4,50 US$; ⏲Mo–Sa 8–18 Uhr; 📶) Das künstlerisch angehauchte Café mit Bäckerei steht am schöneren Ende der Stadt. Die pfefferminzgrüne Fassade schafft ein angemessenes Ambiente für die tolle Auswahl an Kuchen und Backwaren (u.a. Mini-Makronen). Das Ganze ist auch eine prima Frühstücksadresse (Tipp: die Bagels mit Füllungen wie Frischkäse, Kapern und Zwiebeln). Für den großen Hunger empfiehlt sich das Roastbeef mit Käse und Pesto.

El Rey Sol FRANZÖSISCH $$$

(www.ensenadaexperience.com; Av López Mateos 1000; Hauptgerichte 175–250 Mex$; ⏲7–22.30 Uhr; 📶) Dieses berühmte Restaurant von 1947 befindet sich in einem eleganten Gebäude, das prachtvoll mit Kronleuchtern, Buntglas und Velourstapeten eingerichtet ist. Trotz vor allem französischer Küche kommen auch Nudeln und mexikanische Klassiker auf den Tisch. Achtung: Von (Abend-)Gästen wird schicke Kluft erwartet – Flipflops gehen gar nicht!

Ausgehen

Am Wochenende sind die meisten Bars und Cantinas an der Av Ruiz vom Mittag bis zum frühen Morgen rappelvoll. Wer das nicht mag, sucht am besten eines der vielen guten Hotels oder Nobelrestaurants auf: Dort findet sich bestimmt ein ruhiges Plätzchen, um eine Margarita (wurde angeblich hier erfunden) oder einen erlesenen Tequila zu schlürfen.

★Hussong's Cantina CANTINA

(Av Ruiz 113; ⏲Di–So 11–2 Uhr) Die älteste und vielleicht belebteste Cantina der kalifornischen Großregion schenkt Tequila seit 1892 aus. Freitag- bzw. samstagabends tummeln sich hier viele Einheimische, aufdringliche Mariachis und sehr wenige Touristen bei wärmstens zu empfehlenden Margaritas. Die Geschichte des Hauses ist faszinierend – unbedingt die entsprechende Broschüre (englisch- und spanischsprachig) verlangen!

Bar Andaluz BAR

(☎646-176-43-10; Ecke Blvd Costera & Riviera; ⏲Mo–Fr 10–24, Sa 9–1 Uhr; 📶) Getränkegenuss in der kultivierten, ruhigen Hausbar vom Riviera del Pacífico ist eine Übung in Nostalgie – perfekt für einen Absacker mit jemand ganz Besonderem.

Ojos Negros WEINBAR

(Av Ruiz 105; ⏲Di–Sa 11–24, So 14–22 Uhr; 📶) Genug von Margaritas? Dann auf zu dieser Weinbar, um ein Glas fruchtigen Passion Meritage zu genießen: Der preisgekrönte Rote stammt vom Weingut (Bodegas San Rafael) des Inhabers. Lounge-mäßige Sitzgelegenheiten, Chillout-Musik und burgunderfarbene Wände tragen zur Atmosphäre bei. Zu essen gibt's u.a. leckere Fladenbrot-Pizzen.

☆ Unterhaltung

Centro Estatal de las Artes KULTURZENTRUM

(☎646-173-43-07; http://cearte.info; Ecke Clubrotario & Blvd Costero; ⏲Mo–Sa 8–20, So 12–19 Uhr, Abendveranstaltungen extra) Veranstaltet ganzjährig Shows und Ausstellungen.

Shoppen

Galería Pérez Meillon KUNSTHANDWERK

(☎646-175-78-48; Blvd Costero 1094; ⏲9–17 Uhr) Die Galerie im Centro Artesanal de Ensenada verkauft u.a. echtheitszertifizierte Keramiken der Paipai (eine von Baja Californias indigenen Volksgruppen, die für ihr tolles Kunsthandwerk bekannt sind – vor allem Töpfer- und Korbwaren). Angeboten werden auch Webarbeiten der Kumiai und authentische Produkte aus dem großen Töpfereizentrum Mata Ortiz im zentralen Nordmexiko.

ℹ Praktische Informationen

INFOS IM INTERNET

Discover Baja California (www.discoverbajacalifornia.com) Tourismus-Website des Bundesstaats.

Enjoy Ensenada (www.enjoyensenada.com) Ensenadas Tourismus-Website.

MEDIZINISCHE VERSORGUNG

Sanatorio del Carmen (☎646-178-34-77; Ecke Av Obregón & Calle 11a)

NOTFALL

Örtliche Polizei (☎066, 646-176-43-43)
Staatspolizei (☎066, 646-172-35-30)
Touristennotruf (☎078)

BUSSE AB ENSENADA

ZIEL	PREIS (MEX$)	DAUER (STD.)	HÄUFIGKEIT
Guerrero Negro	920	10	6-mal tgl.
La Paz	1815	22	4-mal tgl.
Mexicali	315	4	4-mal tgl.
Playas de Rosarito	125	1	regelm.
Tecate	164	2	regelm.
Tijuana	155	1½	regelm.
Tijuana Flughafen	280	1¾	regelm.

TOURISTENINFORMATION

Proturismo-Touristeninformation (☎646-178-24-11; www.proturismoensenada.org.mx; Blvd Costero 540; ⊙Mo–Fr 8–20, Sa & So 9–17 Uhr) Für Karten, Broschüren und aktuelle Unterkunftsinfos; betreibt auch einen Infostand (☎646-178-30-70; Plaza Cívica; ⊙Di–So) an der Plaza Cívica.

Staatliche Touristeninformation (☎646-172-54-44; Blvd Costero 1477; ⊙Mo–Fr 8–18, Sa & So 9–13 Uhr) Ähnliche Infos wie bei Proturismo.

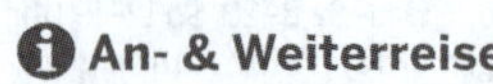

An- & Weiterreise

Einwanderungsbüro (☎646-174-01-64; Blvd Azueta 101; ⊙Dokumentenabgabe Mo–Fr 8–18 Uhr, Abholung Mo–Fr 13–15 Uhr) Erteilt Genehmigungen für Touristen, die per Boot bzw. Schiff anreisen.

AUTO & MOTORRAD

Auf der Panoramastraße (*cuota*) von Tijuana nach Ensenada passieren Selbstfahrer insgesamt drei Mautstationen (Gesamtgebühr 90 Mex$) sowie einen Kontrollposten der Armee.

BUS

Central de Autobuses (Hauptbusbahnhof; Av Riveroll 1075) Zehn Blocks nördlich der Av López Mateos startet hier Elite (☎646-178-67-70) zu Zielen auf dem mexikanischen Festland und fährt dabei bis Guadalajara (1400 Mex$, 36 Std.) oder Mexico City (1800 Mex$, 48 Std.). Zusammen mit seiner Tochtergesellschaft Aguíla bedient ABC (☎646-174-11-77; www.abc.com.mx) den Großteil der Halbinsel.

Unterwegs vor Ort

Der Haupttaxistand befindet sich an der Ecke Av. López Mateos und Av. Miramar. Taxis stehen auch entlang der Av. Juárez. Innerhalb des Stadtgebiets verlangen die Fahrer meist 50 bis 100 Mex$.

Surfer können sich für etwa 100 Mex$ (einfache Strecke) nach San Miguel bringen und dann wieder abholen lassen.

La Bufadora

La Bufadora ist ein beliebtes Ausflugsziel 40 km südlich von Ensenada (es handelt sich um eine Spalte im Fels, aus der Wasser spritzt). Wenn die Voraussetzungen stimmen, schickt es einen Wasserstrahl von bis zu 30 m Höhe Richtung Himmel und durchnässt die jubelnden Schaulustigen. Die Bedingungen sind zwar nicht immer optimal, aber wer es darauf ankommen lassen will, nimmt ein Taxi (hin & zurück 150 Mex$/Pers., mind. 4 Pers.) oder fährt mit einer Shuttletour (175 Mex$). Mit dem eigenen Auto fährt man auf der Transpeninsular in südlicher Richtung bis zum „Bufadora"-Schild und folgt dann der Straße bis zum Ufer. Parken kostet dort 20 Mex$.

Parque Nacional Constitución de 1857

Am Ende einer 43 km langen, unbefestigten Straße hinter Ojos Negros (östlich von Ensenada bei Km 39, Hwy 3) erwartet einen der Parque Nacional Constitución de 1857 mit seinen wunderschönen Nadelbäumen, Wiesen voller Wildblumen und der manchmal ausgetrockneten **Laguna Hanson** (auch Laguna Juárez genannt) auf einer Höhe von 1200 m. Es gibt *cabañas* (Hütten; 550 Mex$) oder Campingplätze (130 Mex$) (☎686-554-44-04; 8–15 Uhr), aber das Wasser kann durch Viehdung verunreinigt sein, also besser eigenes mitbringen.

Der Park ist ein hervorragender Ort zum Mountainbiken, Wandern oder einfach zum Ausspannen – solange nicht alle anderen zur gleichen Zeit ausspannen wollen. In der Hauptsaison kann es sehr voll werden, dabei ist es hier zu jeder Jahreszeit schön. Erreichbar ist der Park auch über eine steilere Straße östlich von Kilometer 55,2 (16 km südöstlich der Kreuzung bei Ojos Negros).

Mexicali

☎686 / 690 000 EW.

So muss Tijuana vor dem Touristenboom ausgesehen haben – düster, irgendwie unheimlich – und die meisten Touristen fahren angesichts dessen einfach nach Süden weiter. Doch Mexicali bietet einige ordentliche Restaurants und ein reges Nachtleben; nach Einbruch der Dunkelheit ist aber besonders in den Grenzgebieten Vorsicht geboten.

Die Zona Hotelera, in der es nachts sehr viel sicherer ist als an der Grenze, erstreckt sich an der Ostseite entlang der Calzada Juárez von der Plaza Azteca bis zur Independencia und noch ein Stück weiter. Im Sommer ist Mexicali einer der heißesten Orte der Welt – nach Möglichkeiten im Sommer besser fernbleiben.

Sehenswertes

An der **Plaza Constitución** kann man spätnachmittags *banda*-Gruppen (Bigband-Musik) beim Proben zuhören – daher der Spitzname „Plaza del Mariachi“ (Bezeichnung für mexikanische Musikformationen). Die meisten historischen Gebäude Mexicalis stehen nordöstlich der Calzada López Mateos.

Catedral de la Virgen de Guadalupe KATHEDRALE
(Ecke Av Reforma & Morelos) Bekanntestes religiöses Wahrzeichen der Stadt.

Schlafen

Wer nicht in einem Stundenhotel übernachten will, sucht sich am besten eine Bleibe in der teureren Zona Hotelera.

Araiza LUXUSHOTEL $$$
(☎686-564-11-00; www.araizahoteles.com; Calz Juárez 2220, Zona Hotelera; DZ/Suite inkl. Frühstück 125/150 US$;) Zu dem familienfreundlichen Hotel gehören zwei hervorragende Restaurants (eins davon japanisch), eine Bar, ein Fitnessraum, Tennisplätze und ein Tagungszentrum. Die Zimmer sind geräumig und gut in Schuss. Für größere Ruhe empfiehlt sich aber ein Quartier im neueren Executive-Flügel, der abseits von Straße und Poolbereich liegt.

Essen

Atico Cafe CAFÉ $
(Zaragoza 1690; Snacks ab 45 Mex$; 10–23 Uhr;) Für Fluchten vor dem Großstadttrubel empfiehlt sich dieses Café mit weichen Sofas, Brettspielen und stimmungsvoller Beleuchtung. Das Dekor mixt Vintage mit Popkultur. Auf den Tisch kommen leichte Snacks (u.a. Salate, Crêpes) und selbstgemachte Kuchen bzw. Desserts. Exotische Cocktails sind eine weitere Spezialität des Hauses.

Petunia 2 SAFTBAR $
(Madero 436; Frühstück 50 Mex$, Mittagessen 55 Mex$; Mo–Sa 7–20, So 8–16 Uhr) Das günstige Lokal in Grenznähe lässt einen mit mächtigen *jugos naturales* (frischgepressten Säften) und leckeren Quesadillas hervorragend in den Tag starten.

Los Arcos SEAFOOD $$
(☎686-556-09-03; Calafia 454; Hauptgerichte abends 126–290 Mex$; 11–22 Uhr) Mexicalis beliebtestes Seafood-Lokal (Reservierung ratsam) steht sogar bei Promis hoch im Kurs – man beachte z.B. das Bild von Michael Douglas am Eingang. Das *shrimp culichi* (Garnelen in cremiger grüner Chili-Sauce) ist spektakulär. Am Donnerstag- und Freitagabend sorgt Livemusik für Stimmung.

Praktische Informationen

Bancomer (Ecke Azueta & Madero; Mo–Fr 8.30–16 Uhr)
Hospital Hispano-Americano (☎686-552-23-00; Reforma 1000)
Staatliche Touristeninformation (☎686-566-12-77; Blvd Juárez 1; Mo–Fr 8–18, Sa 9–13 Uhr) Das geduldige Personal spricht Englisch und liefert viele Regionalinfos (z. B. zu Sehenswürdigkeiten oder Veranstaltungen).
Touristennotruf (☎078)

An- & Weiterreise

Am Hauptgrenzübergang Calexico–Mexicali sind rund um die Uhr Touristengenehmigungen für Mexiko erhältlich. Der zweite Grenzkomplex östlich des Zentrums hat von 6 bis 22 Uhr geöffnet.

AUTO & MOTORRAD

Fahrzeuggenehmigungen gibt's direkt an der Grenze. Der Hauptübergang Calexico–Mexicali ist rund um die Uhr offen. Die neue Grenzstation östlich der Innenstadt (zwecks Staureduzierung gebaut) kann man von 6 bis 22 Uhr aufsuchen.

BUS

Fern- bzw. Festlandsverbindungen starten am **Central de Autobuses** (Hauptbusbahnhof; ☎686-557-24-15; Calz Independencia; 24 Std.) nahe der Calzada López Mateos. Regionalbusse benutzen das **Terminal Turistica** (☎686-552-51-00; Av Mexico 343; 24 Std.) in größerer Grenznähe. Autotransportes del

BUSSE AB MEXICALI

ZIEL	PREIS (MEX$)	DAUER (STD.)
Ensenada	315	4
Guadalajara	1594	36
Guerrero Negro	1275	15
La Paz	1859	26
Loreto	1805	20
Mazatlán	1175	24
Mexico City	1800	42
Tijuana	280	2¾

Pacífico, Norte de Sonora und Elite fahren aufs mexikanische Festland, während ABC die Baja-Halbinsel bedient.

Greyhound (S. 927) ist in Mexicali und direkt jenseits der Grenze in Calexico vertreten. Ab Mexicali geht's zu US-Zielen wie Los Angeles (einfache Strecke/hin & zurück 42,50/78 US$, mehrmals tgl.) oder San Diego (einfache Strecke/hin & zurück 29,50/55 US$, 4-mal tgl.).

FLUGZEUG

Aeroméxico (☎ 686-555-70-47; www.aeromexico.com; Calle México 343) Bedient La Paz, Mexico City, Mazatlán und andere Ziele.

Aeropuerto Internacional General Rodolfo Sánchez Taboada (☎ 686-552-23-17; www.aeropuertosgap.com.mx/es/mexicali.htm; Carretera Mesa de Andrade bei Km 23,5) Der Flughafen liegt 18 km östlich der Stadt.

Unterwegs vor Ort

Ein Taxi zum Flughafen (175–200 Mex$) kann man sich mit anderen teilen. Preis vorab aushandeln!

Die meisten Stadtbusse (Einzelfahrt ca. 10 Mex$, für Ziele s. Aushang vor Ort) starten an der Av Reforma gleich westlich der Calzada López Mateos.

Taxitrips von der Grenze zum Centro Cívico-Comercial oder zur Zona Hotelera kosten im Durchschnitt ca. 70 Mex$.

SÜDLICHES BAJA

Manche Teile von Baja California Sur (südliche Baja-Halbinsel) scheinen eher den Comics von Dr. Seuss entsprungen zu sein, denn der Realität. Bestes Beispiel ist der skurrile Cirio-Baum; er sieht aus wie eine riesige umgedrehte Pastinake mit gelbem Flaum an der Spitze – da kann man sich ein Grinsen kaum verkneifen. In dieser Gegend fällt manchmal jahrelang kein Tropfen Wasser. Dennoch wachsen hier Cardón-Kakteen, Ocotillos, Cholla-Kakteen und sonstige Wüstenwunder. Der Weg gen Süden führt vorbei an zerfallenen Missionen, Dattel- und Kokosnusspalmen sowie Mangrovensümpfen.

Die 25 000 km² große **Reserva de la Biosfera El Vizcaíno** ist eines der größten zusammenhängenden Naturschutzgebiete Lateinamerikas. Sie reicht von der Península Vizcaíno bis zum Golf von Kalifornien hinüber und umfasst die Laguna San Ignacio und die Laguna Ojo de Liebre, die größten Kalbgebiete der Grauwale. Außerdem erstreckt sich hier die Sierra de San Francisco mit ihren großartigen prähispanischen Felsmalereien; allerdings sind viele der mehr als 60 Stätten nur Archäologen zugänglich.

An der Südspitze der Baja-Halbinsel liegen neben dem kosmopolitischen La Paz mehrere kleine Küstenstädte und Dörfer sowie die beliebten Ferienorte San José del Cabo und Cabo San Lucas; zusammen werden sie als „Los Cabos" bezeichnet. Nach der Ruhe und Einsamkeit des Nordens könnten sie für eine Art Schock sorgen – oder für eine willkommene Abwechslung!

Nicht vergessen: Die Mountain Time, die in Baja California Sur gilt, ist der Pacific Time im nördlichen Baja California (Baja California State) eine Stunde voraus.

Guerrero Negro

☎ 615 / 13 000 EW.

Nach den Menschenmassen und dem Trubel in den touristischen Grenzstädten ist Guerrero Negro eine willkommene Erholung. Das bescheidene Städtchen verdankt seine Existenz der hiesigen Salzfabrik. Die Einwohner sprechen tatsächlich Spanisch; zudem will einen hier niemand lautstark in Stripclubs lotsen. Hauptattraktion für Besucher ist die Nähe zu den saisonalen Zugrouten der Grauwale. Zudem lassen sich im flachen Sumpfland sehr gut Vögel beobachten. Auch die merkwürdigen weißen Kristallflächen der Salzfabrik bieten einen hübschen Anblick.

Aktivitäten

Guerrero Negro ist für Überraschungen gut: Wenn gerade keine Wale da sind, kann man Höhlenmalereien in der Sierra de San Francisco bewundern, Vögel beobachten oder an Führungen durch die **Salzfabrik** teilnehmen. Auf der Ostseite des Meeresarms liegt eine „Mini-Sahara" mit 3 bis 6 m hohen Dünen aus weißem Pulversand.

Vogelbeobachtungen

Vogelbeobachter sind am **Old Pier** richtig: Dort beginnt eine nette Fahrt (11 km) durch ein Gebiet mit vielen Vogelarten (z. B. Enten, Blässhühner, Adler, Brachvögel, Seeschwalben, Reiher).

Walbeobachtungen

Während der Walsaison organisieren diverse Agenturen Beobachtungstouren auf der flachen **Laguna Ojo de Liebre**. Sichtungen von Walen in deren natürlichem Lebensraum sind dort praktisch garantiert.

Malarrimo Eco Tours WALBEOBACHTUNGEN
(☎615-157-01-00; www.malarrimo.com; Blvd Zapata s/n; Erw./Kind 50/40 Mex$) Ist am Anfang der Hauptstraße zu finden und veranstaltet vierstündige Touren.

Noch mehr Aktivitäten

Salzfabrik WERKSFÜHRUNG
(1- bis 2-stündige Führung 200 Mex$/Pers.) Alle örtlichen Hotels und Touragenturen bieten Führungen durch die Salzfabrik an.

Schlafen

Da in der Walsaison die Unterkünfte ziemlich knapp werden können, sollte man für die Zeit von Januar bis März besser schon im Voraus buchen.

Hotel Malarrimo MOTEL $
(☎615-157-01-00; www.malarrimo.com; Blvd Zapata 42; DZ/Stellplatz für Zelt 450/150 Mex$, Stellplatz für Wohnmobil 130–200 Mex$;) Das Malarrimo hat kräftige Warmwasserduschen und deutlich mehr Atmosphäre als die örtliche Konkurrenz. Waldekor (z. B. auf den Kopfbrettern der Betten) erinnert einen überall daran, warum man hergekommen ist – das Motel organisiert auch entsprechende Beobachtungstouren. Zum Haus gehören ein kleiner Geschenkshop und ein sehr gutes Restaurant. Zeltstellplätze und Anschlüsse für Wohnmobile sind ebenfalls vorhanden.

Los Caracoles HOTEL $$
(☎615-157-10-88; www.hotelloscaracoles.com.mx; Calz de la República s/n; Zi. 590 Mex$;) Das hübsche Hotel in Sandfarben passt perfekt in die umliegende Wüstenlandschaft. Dasselbe gilt für die modernen Zimmer, deren Bäder ganz mit Gelb- und Gold-

ABSTECHER

PARQUE NACIONAL SIERRA SAN PEDRO MÁRTIR

Im Parque Nacional San Pedro Mártir leben Rotluchse, Rotwild und Dickhornschafe. Richtig berühmt ist er jedoch nicht für seine Bodenbewohner, sondern für seine Herrscher der Lüfte: Der Park gehört zu den nur sechs Orten weltweit, an denen der fast ausgestorbene Kalifornische Kondor ausgewildert wird. Zum Zeitpunkt der Recherche lebten hier etwa 30 der majestätischen Vögel. In den letzten paar Jahren wurden mehrere Küken ausgebrütet, was Hoffnung auf eine weitere Bestandserholung macht.

Doch selbst wenn gerade keiner der zweitgrößten Neuweltgeier seine Kreise zieht, lohnt sich ein Abstecher: Nadelbäume ragen hoch in den Himmel, während die saubere Luft nach Kiefern duftet. Die anstrengende Anfahrt führt durch Traumlandschaften, die mit ihren vielen Felsbrocken eher an den Mars als an die Erde erinnern.

Um den Park zu erreichen, biegt man etwa bei Kilometer 140 nach links von der Transpeninsular ab: Südlich von Colonet (Hinweisschild beachten) führt dort eine befestigte Straße bergauf nach Osten. Dabei durchquert sie eine abwechslungsreiche Wüstenlandschaft, die überall tolle Ausblicke bietet. Camping ist in ausgewiesenen Bereichen möglich. Es gibt aber weder Toiletten noch sonstige Einrichtungen (Trinkwasser mitbringen).

Das **Observatorio Astronómico Nacional** (☎646-174-45-80; www.astrossp.unam.mx; ⊙10–13 Uhr) ist Mexikos nationale Sternwarte. Von hier aus fällt der Blick gleichzeitig auf den Pazifik und den Golf von Kalifornien. An klaren Tagen reicht die Sicht sogar bis hinüber zum mexikanischen Festland.

BUSSE AB GUERRERO NEGRO

ZIEL	PREIS (MEX$)	DAUER (STD.)
Ensenada	920	10
La Paz	1275	11
Loreto	685	5-6
Mulegé	418	4
Tijuana	1005	12
Mexicali	1275	15

tönen gestaltet sind. Zudem gibt's hier einen Souvenirladen und mehrere Gästecomputer.

Cowboy Hotel HOTEL $$
(☎615-157-27-65; hotelcowboy@hotmail.com; Blvd Zapata; EZ/DZ/3BZ 400/500/600 Mex$; P ❄ 📶) Das Cowboy auf der Südseite des Blvd Zapata gehört zu den neuesten Bleiben der Stadt. Die Zimmer und Bäder sind größer als in den meisten anderen örtlichen Hotels. Vorhanden sind auch TVs, ein anständiges Restaurant und Parkplätze abseits der Straße.

Essen

Caprichos Coffee House CAFÉ $
(☎615-157-14-00; Blvd Zapata; Kaffee 28–45 Mex$; ⏰7–23 Uhr; 📶) Lattes, Kuchen, Backwaren und gelegentliche Salsa-Spontanauftritte machen das kleine Café sehr besuchenswert.

Santo Remedio MEXIKANISCH $$
(☎615-157-29-09; www.elsantoremedio.com.mx; Carballo Félix; Hauptgerichte 120–160 Mex$; ⏰8–22 Uhr) Mit Schummerlicht, Folklorekunst und ockerfarbenen Wänden ist dies eines der schickeren Restaurants in Guerrero Negro. Das Angebot der Fleisch- und Fischgerichte reicht vom T-Bone-Steak bis hin zum Tintenfisch à la Galizien.

Praktische Informationen

Am Blvd Zapata befinden sich fast alle Hotels, Restaurants und weiteren Einrichtungen (u. a. eine Banamex-Filiale mit Geldautomat).

Clínica Hospital IMSS (☎615-157-03-33; Blvd Zapata) Größte medizinische Einrichtung vor Ort.

An- & Weiterreise

Westlich der Transpeninsular liegt Guerrero Negros winziger Flughafen rund 2 km nördlich der Grenze des Bundesstaats.

Aéreo Calafia (☎615-157-29-99; www.aereocalafia.com.mx; Blvd Zapata; ⏰Mo–Fr 8–19, Sa 8–16 Uhr) Bedient Hermosillo und die Isla Cedros (u. a. mit Charterflügen).

Aereoservicio Guerrero (☎624-144-44-43; www.aereoservicioguerrero.com.mx; Blvd Zapata; ⏰Mo–Sa 7–19 Uhr) Schickt (Charter-) Maschinen nach Hermosillo, Guaymas, Ensenada und zur Isla Cedros.

Busbahnhof (Blvd Marcello Rubio; ⏰24 Std.) Wird von ABC (www.abc.com.mx) und dessen Tochtergesellschaft Autotransportes Águila genutzt.

San Ignacio

☎615 / 720 EW.

Üppig grüne Dattelpalmen und eine hübsche, ruhige Lagune machen das verschlafene San Ignacio nach der endlosen Desierto de Vizcaíno zur willkommenen Oase. Jesuiten errichteten hier einst die **Misión San Ignacio de Kadakaamán**. Den Bau der großartigen Kirche (vollendet 1786), die bis heute den malerischen Platz im Schatten von Lorbeerbäumen dominiert, leiteten aber Dominikaner. Bougainvilleen an fast 1,2 m dicken Mauern aus Lavablöcken machen sie zu einem von Bajas schönsten Gotteshäusern. Ein kleines **Museum** (⏰Mo–Fr 8–17 Uhr) GRATIS vermittelt einen Eindruck von der regionalen Naturgeschichte. Es ist auf eigene Faust erkundbar und zeigt auch Repliken der berühmten Höhlenmalereien aus der Sierra de San Francisco.

Die meisten Einrichtungen (z. B. Telefonzellen) findet man an der Plaza. Der Ort hat jedoch keine Bankfiliale.

Schlafen & Essen

San Ignacios sehr gute Unterkünfte verstecken sich unter den wehenden Palmen.

Die schlichten Caférestaurants und Kioske am Rand des Platzes sind die besten Quellen für schnelle Snacks. Wer einen Energiespender für die Weiterfahrt braucht, holt sich eine Tüte Palmdatteln (10–30 Mex$).

★**Ignacio Springs** B&B $$
(☎615-154-03-33; www.ignaciosprings.com; San Ignacio; DZ ab 87 US$; P ❄) Dieses B&B in

kanadischem Besitz vermietet neben acht Jurtenzelten und drei *cabañas* auch Kajaks. In idyllischer Lagunenlage reicht das Dekor hier von konventionell-amerikanisch bis hin zum aztekischen Ethno-Stil mit strahlend bunten Läufern und Keramiken. Zum Frühstück gibt's selbstgebackenes Brot, Eingemachtes und (sogar) Würstchen.

Casa Lereé B&B **$$**
(☎615-154-01-58; www.casaleree.com; Morelos 20; Zi. 520–600 Mex$; ❄📶) Das wunderschöne alte Gebäude ist ein Mix aus B&B, Museum und Buchladen. Unter den herrlichen Gewächsen im grünen Garten ist auch ein himmelhoher, schattiger *ficus indica* (Feigenkaktus). Die kleinen Zimmer sind schlicht eingerichtet. Der US-amerikanische Inhaber liefert zahlreiche Lokalinfos.

★ **Tootsie's Bar & Grill** INTERNATIONAL **$$**
(Francisco y Madera 11; Hauptgerichte 8–13 US$; ⏲Di–So 13–21, Mo 15–21 Uhr; ✍) 🍃 Eine echte Überraschung, die sich hier an einer Seitenstraße in Platznähe versteckt: Die kanadische Küchenchefin und Inhaberin ist so einfallsreich wie kultiviert. Am besten lässt man sich von ihr etwas empfehlen (z. B. Pasta mit selbstgemachtem Pesto oder indisches Dhal mit dampfend heißem Chapati-Fladenbrot). Kräuter (und bald auch Gemüse) aus dem Bio-Hausgarten ergänzen die anderen Zutaten, die frisch vom Bauernhof kommen.

ℹ An- & Weiterreise

Busbahnhof (☎615-154-04-68) Nahe der San-Lino-Kreuzung außerhalb des Orts besteht hier Verbindung nach Norden oder Süden (5–23 Uhr ca. alle 4 Std.). Bedient werden z. B. Tijuana (1125 Mex$), Mexicali (1410 Mex$), La Paz (950 Mex$) und Cabo San Lucas (1130 Mex$).

Rund um San Ignacio

Sierra de San Francisco

Die wunderschönen Felsmalereien in dieser Gegend sind beeindruckend: Die in Ocker, Rot, Schwarz und Weiß gehaltenen Bilder sind bis heute geheimnisumwittert. Angesichts ihrer kulturellen Bedeutung wurde die Sierra de San Francisco zum UNESCO-Weltkulturerbe erklärt. Außerdem ist sie Teil der Reserva de la Biosfera El Vizcaíno.

Die **Cueva del Ratón** erhielt ihren Namen von den Einheimischen, die auf einer Felszeichnung in der Höhle eine Ratte oder eine Maus zu erkennen glaubten, tatsächlich ähnelt dieses Tier aber mehr einem Hirsch. Diese Höhle ist die am einfachsten zugängliche hier. Wer mit dem Auto hinfahren möchte, muss sich beim **Instituto Nacional de Antropología e Historia** (INAH; ☎615-154-02-22; ⏲April–Okt. Mo–Sa 8–17 Uhr, Nov.–März tägl.) registrieren lassen und dort auch den Eintritt (42 Mex$) sowie die Gebühr für den Führer (80 Mex$ für 2 Pers.) bezahlen. Das Büro befindet sich neben der Misión San Ignacio auf der Plaza in San Ignacio. Den Führer kann man dann in dem Dorf abholen, das den Malereien am nächsten liegt. Wer Fotos machen möchte, muss zusätzlich 45 Mex$ pro Tag bezahlen. Die INAH-Gebühren für andere Führungen beginnen bei 200 Mex$ pro Tag, und pro Lasttier kommen weitere 150 Mex$. hinzu.

BEI DEN GRAUWALEN

Die Wanderung der Grauwale von den Gewässern vor Sibirien und Alaska zu den Lagunen von Baja ist ein wirklich beeindruckendes Naturschauspiel. In Kalbgebieten wie der Laguna Ojo de Liebre und Laguna San Ignacio, machen die 700 kg schweren Walbabys unter den Augen ihrer Mütter ihre ersten Atemzüge und Flossenschläge im offenen Meer. Die Saison ist lang, da manche Wale früh in den Pazifiklagunen eintreffen, während andere Wochen oder gar Monate brauchen, um Land's End zu umrunden und ihre Lieblingsbucht im Golf von Kalifornien zu finden. Wer Walmütter mit ihrem Nachwuchs in den Lagunen beobachten möchte, kommt am besten zwischen Februar und Anfang April hierher. Die offizielle Walbeobachtungssaison dauert aber vom 15. Dezember bis zum 15. April.

Wer dem Wal-(*ballena-*)Fieber verfallen ist, dem wird an folgenden Zielen geholfen:

- Laguna Ojo de Liebre (Scammon's Lagoon; S. 771)
- Laguna San Ignacio
- Puerto López Mateos (S. 780)
- Puerto San Carlos (S. 781)

ABSEITS DER ÜBLICHEN PFADE

MISIÓN SAN BORJA

Diese gut restaurierte Missionsstation liegt zwischen Rosarito und Bahía de los Ángeles. Der (wenn auch holperige) Hinweg lohnt sich schon alleine wegen der unberührten, spektakulären Wüstenlandschaft mit Cirio-Bäumen und Cardón-Kakteen. Ein Nachkomme der vorkolonialen Bewohner restauriert die Anlage und führt Besucher stolz herum. Neben den alten jesuitischen Ruinen gibt's auch eine Süßwasserquelle und einen (inzwischen leider zugemauerten) Geheimgang zu sehen. Um hierherzukommen, ostwärts vom Hwy 1 abfahren und nach ca. 45 km rechts abbiegen.

Das sind nur die Gebühren der INAH, jeder Führer verlangt noch mal zusätzlich (variierende) Gebühren.

Wer mehr Zeit hat, sollte den spektakulären und gut erhaltenen **Cañón San Pablo** besuchen. In der **Cueva Pintada** haben Cochimí-Maler 150 m hohe Felsüberhänge mit lebhaften rot-schwarzen Darstellungen von Menschen, Dickhornschafen, Pumas und Hirschen sowie mit einigen abstrakten Bildern verziert. In der **Cueva de las Flechas** auf der anderen Seite des Cañón San Pablo sind ähnliche Zeichnungen zu sehen.

Der schöne Abstieg auf dem Rücken eines Maultiers hinunter in den Cañón San Pablo dauert mindestens zwei, aber besser drei Tage. Solche Ausflüge bucht man am besten über eine Agentur. **Ecoturismo Kuyimá** (☎615-154-00-70; www.kuyima.com; Morelos 23; ⏲Mo–Sa 9–15 Uhr), eine Genossenschaft mit Sitz am östlichen Ende der Plaza in San Ignacio, organisiert dreitägige geführte Touren für 493 US$ pro Person (mind. 4 Pers.). Längere Touren sind ebenfalls möglich.

Laguna San Ignacio

Zusammen mit der Laguna Ojo de Liebre und der Bahía Magdalena gehört die Laguna San Ignacio zu den bekanntesten Orten für winterliche Walbeobachtungen am Pazifik. Pläne von Mitsubishi, das Lagunenufer in ein Industriegebiet zu verwandeln, wurden durch Umweltaktivisten gestoppt. 2012 stellte die mexikanische Regierung insgesamt 805 km² Umland in bislang beispiellosem Umfang unter Naturschutz. Dreistündige Walbeobachtungen kosten etwa 495 Mex$ pro Person – Details gibt's bei Ecoturismo Kuyimá.

Santa Rosalía

☎615 / 12 000 EW.

Wer die Desierto de Vizcaíno auf dem Weg nach Süden durchquert hat, wird sich hier über den ersten Blick auf den Golf von Kalifornien freuen. 2009 wurde die Stadt durch den Hurrikan Jimena überflutet und zerstört; inzwischen hat sie sich davon aber wieder erholt. Hiesige Highlights sind die Iglesia Santa Bárbara, der Hafen, der *malecón* (Uferpromenade), das Bergbaumuseum und bunte Holzschindelhäuser. Schwarze Sandstrände, träge Pelikane und die tolle Aussicht von den umliegenden Hügeln machen diesem Mix jedoch kräftig Konkurrenz.

Santa Rosalía wird eventuell erneut zu einem florierenden Bergbauzentrum werden: Die Wiederaufnahme des Kupfer- und Kobalt-Tagebaus in der der historischen El-Boleo-Mine hat der örtlichen Wirtschaft 2013 rund 3800 neue Arbeitsplätze beschert.

Sehenswertes

Santa Rosalía ist eine Ansammlung von dicht gedrängt stehenden Häusern, Restaurants, Unterkünften und Geschäften. Die Plaza Benito Juárez, vier Blocks westlich vom Highway, bildet das Zentrum.

Museo el Boleo MUSEUM
(☎615-152-29-99; Cousteau 1; Eintritt 20 Mex$; ⏲Mo–Fr 8–15, Sa 9–13 Uhr) 1885 von den Franzosen als Verwaltungsgebäude der Boleo Company errichtet, beherbergt das Haus nun ein Bergwerksmuseum, das von seinem Hügel in der Nähe des Hotel Francés, umgeben von interessanten, stillgelegten Loks und anderen Gerätschaften, über die Stadt und ihre Kupferdächer wacht.

Iglesia Santa Bárbara KIRCHE
Die von Gustave Eiffel (ja, der Erbauer des Eiffelturms) geplante Iglesia Santa Bárbara wurde ursprünglich für die Pariser Weltausstellung gebaut, dann aber zerlegt und in Brüssel zwischengelagert; als Bestimmungsort war eigentlich Westafrika vorgesehen. Schließlich unterschrieb aber ein Direktor der Boleo Company 1895 die Bestellung und die Kirche wurde nach Santa Rosalía verschifft.

Schlafen

Santa Rosalía hat eine Handvoll preisgünstiger Unterkünfte.

Hotel Francés HISTORISCHES HOTEL **$$**
(☎615-152-20-52; Av Cousteau 15; Zi. 830 Mex$; P ⊜ ᯤ ≋) Vom bezaubernden historischen Hotel Francés aus kann man den Blick über den Golf von Kalifornien und die langsam vor sich hin rostende Bergbaumaschinerie schweifen lassen. Das 1886 erbaute Gebäude diente ursprünglich als Wohnheim für die Ladys eines Bordells in der Nähe des Bergwerks. Das Hotel begeistert durch wunderschöne Zimmer mit hohen Decken, Stofftapeten und entzückenden Holzintarsien.

Hotel El Morro HOTEL **$$**
(☎615-152-04-14; www.santarosaliaelmorro.com; Zi. ab 480 Mex$; P ⊜ ᯤ ≋) Im freundlichen El Morro, das 1,5 km südlich der Stadt auf einer Klippe thront, wähnt man sich eigentlich eher in Griechenland als auf Baja. Der Blick auf den Golf von Kalifornien ist Grund genug hierzubleiben, aber auch die Zimmer sind makellos und die Parkplätze erleichtern einem den Aufenthalt zusätzlich.

Essen

Für ein günstiges Essen empfehlen sich die Tacostände an der Av Obregón, die für einen leckeren Fischtaco meist 10 Mex$ verlangen.

Panadería El Boleo BÄCKEREI **$**
(☎615-152-03-10; Av Obregón 30; Brot 5–20 Mex$; ⏲Mo–Sa 8–21, So 9–14 Uhr) Seit 1901 eine Pflichtadresse für alle, die auf der Suche nach gutem Baguette (in Baja eine Seltenheit) sind.

El Muelle MEXIKANISCH **$$**
(☎615-152-09-31; Ecke Av Constitución & Calle Plaza; Hauptgerichte 70–135 Mex$; ⏲8–23 Uhr) Das leicht zu findende Lokal im Zentrum ist, nun ja, sportlich: An den Wänden hängen u.a. Schlittschuhe, Ski, Kricket-, Golf- und Baseballschläger. Auf der konventionelleren Karte steht vor allem solide mexikanische Kost. Am besten genehmigt man sich ein eiskaltes Corona plus Fisch à la Veracruz (135 Mex$).

Playas Negras MEXIKANISCH, SEAFOOD **$$**
(☎615-152-06-85; Carretera Sur bei Km 1; Hauptgerichte 85–135 Mex$; ⏲8–23 Uhr; ᯤ) Dieses Uferrestaurant südlich der Innenstadt punktet mit toller Aussicht und einer abgefahrenen Baja-Landkarte aus Seeohrenschalen. Neben köstlichem Seafood serviert es auch Steak, Huhn und Pizza.

ℹ Praktische Informationen

Cafe Internet PC Vision (☎615-152-28-75; Ecke Calle 6 & Obregón; 20 Mex$/Std.; ⏲10–22 Uhr) Internetzugang.

ℹ An- & Weiterreise

BUS

Busbahnhof (☎615-152-14-08; ⏲24 Std.) Liegt am südlichen Stadtrand und teilt sich ein Gebäude mit dem Fährterminal.

SCHIFF/FÄHRE

Die Passagier- und Autofähre *Santa Rosalía* schippert hinüber nach Guaymas (Di, Mi, Fr & Sa 9, So 20 Uhr, 10 Std.). Ihre Abfahrtszeiten können sich aber jederzeit ändern – daher unbedingt vorher prüfen!

Das Ticketbüro ist im **Fährterminal** (☎615-152-12-46; www.ferrysantarosalia.com; ⏲Mo–Sa 9–13 & 15–18, So 9–13& 15–20 Uhr) am Highway. Passagiere bezahlen für die einfache Strecke ca. 840 Mex$ (Kinder die Hälfte). Die Transportpreise für Autos variieren je nach Fahrzeuglänge.

Mulegé

☎615 / 3300 EW.

Palmen und Mangroven säumen den Río Mulegé, der mit einem Delta voller Vögel und anderer Tiere aufwartet. Auch die Tauch- und Schnorchelmöglichkeiten ma-

BUSSE AB SANTA ROSALÍA

ZIEL	PREIS (MEX$)	DAUER (STD.)
Ensenada	1125	13
Guerrero Negro	320	3
La Paz	815	8
Loreto	325	3
Mexicali	1560	16
Mulegé	120	1
San Ignacio	135	1
San José del Cabo	1055	12
Tijuana	1225	14

NICHT VERSÄUMEN

BAJAS BESTE MUSCHELN

Das Nest San Quintín ist die Hauptstadt der leckeren Pismo-Muscheln, die immer einen Stopp wert sind. Einfach auf der Fahrt nach Süden auf Schilder mit der Aufschrift „Almeja Ahumada" achten – und an einem Stand anhalten, um sich einen Teller voller Schalentiere (über offenem Feuer geröstet) zu genehmigen. Zu den besten Alternativ-Adressen zählt das Restaurant **La Ballena**, das ein dekoratives Walskelett an der Fassade kennzeichnet. Wer gern selbst Hand anlegt, wetzt seinen Muschelrechen, holt sich eine Fischereigenehmigung (online erhältlich unter www.bestbajafishing.org) und bleibt eine Weile.

chen Mulegé zu einem tollen Ziel für Outdoorfans oder Familien. Wegen seiner tiefen Lage in einem schmalen *arroyo* ist der Ort anfällig für Überflutungen durch schwere Unwetter - 2006, 2009 und 2012 wurde er durch Hurrikane verwüstet. Seine Plaza und die Mission aus dem 18. Jh. verleihen ihm einen ruhigen Charme, der anderswo in Baja mittlerweile schnell verschwindet.

Sehenswertes

Misión Santa Rosalía de Mulegé MISSION
Die Misión Santa Rosalía de Mulegé (1705 gegründet, 1766 fertiggestellt und 1828 aufgegeben) oben auf dem Hügel eignet sich hervorragend, um Fotos von der Anlage und dem Flusstal zu schießen.

Museo Mulegé MUSEUM
(Barrio Canenea; Erw./Kind unter 12 Jahren 10 Mex$/frei; Mo–Sa 9–14 Uhr;) Das frühere Bezirksgefängnis war einst dafür berühmt, dass seine Häftlinge tagsüber frei im Ort herumlaufen durften. Heute beherbergt es eine kunterbunte Museumssammlung, die von Knastbanalitäten bis hin zu einem Raketenteil (2000 vom Himmel gefallen) reicht. Bemerkenswert ist die rauchgeschwärzte Zelle, in der sich ein Häftling offenbar selbst anzündete, nachdem er von einer angeblichen Affäre seiner Ehefrau gehört hatte.

Aktivitäten

Kajakfahren

Der wunderschöne Fluss, dessen Mündungsdelta und die südlichen Strände machen Mulegé zu einem tollen Kajakrevier.

NOLS Mexico KAJAKFAHREN
(in den USA 307-332-5300, gebührenfrei in den USA 800-710-6657; www.nols.edu/courses/locations/mexico/) Bietet neben geführten Kajaktouren auch Kurse im Seekajakfahren, Segeln und Rucksackwandern an. Der umweltbewusste Firmensitz liegt südlich von Mulegé an der Coyote Bay.

Tauchen

Die besten Tauchspots von Mulegé befinden sich rund um die Santa Inés Islands (nördlich der Stadt) und direkt nördlich von Punta Concepción (südlich der Stadt).

Dive Mulege TAUCHEN
(615-153-05-00; www.divemulege.com; Moctezuma 75; Flaschentauchen ab 100 US$, Schnorcheln 55 US$; 8.30–18 Uhr, Tauchen 24 Std.;) Die Kurse im Tauchen und in anderen Outdoor-Sportarten decken alle Leistungsstufen ab. Beim Flaschentauchen sind ein Bootskapitän, ein ausgebildeter Tauchmeister, Leihausrüstung, Snacks und Getränke im Preis enthalten.

Schlafen

★ **Hotel Las Casitas** HOTEL $
(615-153-00-19; javieraguiarz51@hotmail.com; Madero 50; EZ/DZ/3BZ 375/425/525 Mex$;) Vielleicht bewogen der wunderschöne Innenhof mit Springbrunnen und Statuen oder der schattige Garten mit Tropenpflanzen den gefeierten mexikanischen Dichter Alán Gorosave einst dazu, in diesem Hotel zu wohnen. Im hervorragenden Hausrestaurant wird über offenem Feuer gegrillt. Die schlichten Zimmer sind geschmackvoll mit traditionellen Textilien und Kunstwerken eingerichtet. Zudem ist der Eigentümer Javier sehr gastfreundlich.

Hotel Hacienda HISTORISCHES HOTEL $
(615-153-00-21; www.hotelhaciendamulege.com; Madero 3; Zi. 400 Mex$;) Das älteste örtliche Hotel hat eine gelb-blaue Fassade im Kolonialstil. Die schlichten, aber recht geräumigen Zimmer sind leicht renovierungsbedürftig. Sie liegen rund um großen Innenhof mit alten Obstbäumen und einem Pool.

Hotel Serenidad HOTEL $$
(615-153-05-30; www.serenidad.com; Mulegé; DZ/Hütte 780/1560 Mex$;) Das äußerst charaktervolle Hotel aus den 1960er-Jahren ist eine örtliche Institution. Über die befestigte Landebahn (1200 m) des weitläufigen Anwesens sind bereits Promis wie John Wayne direkt eingeflogen. Die rustikalen Doppel-

zimmer und kleinen *cabañas* werden durch ein riesiges Restaurant ergänzt. Jeden Samstag gibt's Schweinebraten plus Livemusik.

Essen & Ausgehen

Da Mulegé die Bürgersteige recht bald hochklappt, muss man hier früher als üblich zu Abend essen.

Scott's El Candil BAR $
(Zaragoza s/n; Snacks 50–100 Mex$; Mo–Sa 12–22 Uhr;) Das Scott's befindet sich in einem schmucken Backsteinbau mit Bogenfenstern. Nach vorne blicken Gäste auf die Zaragoza, hinten hinaus auf einen offenen Hof mit großer Vogelvoliere. Auf den Tisch kommen Snacks wie Tortilla-Chips mit Bohnen und Guacamole. Der Laden ist eine echte Sportsbar und hat darum während der US-Footballsaison auch sonntags geöffnet.

Doney Mely's MEXIKANISCH $$
(615-153-00-95; Moctezuma s/n; Hauptgerichte 90–125 Mex$, Festpreismenü 285 Mex$; Mi–Mo 7.30–22 Uhr;) Das farbenfroh dekorierte Restaurant serviert ein spezielles Wochenendmenü für zwei Personen, das eine üppige Auswahl an örtlichen Favoriten (z.B. *chile rellenos* und *enchiladas verdes*) umfasst. Das ebenso empfehlenswerte Frühstück ist gleichermaßen großzügig.

Los Equipales INTERNATIONAL $$$
(615-153-03-30; Moctezuma s/n; Hauptgerichte 195–285 Mex$; 8–22 Uhr) Die Restaurantbar gleich westlich der Zaragoza bietet Riesenportionen und einen luftigen Balkon, der sich ideal für eine abendliche Margarita mit Freunden eignet. Auf der Karte stehen Hummersalat, T-Bone-Steak, Schweinerippchen und andere Gerichte im Surf-and-Turf-Stil.

Shoppen

La Tienda SPORTARTIKEL
(Martínez s/n; Mo–Sa 9–13 & 16–18 Uhr) Verkauft neben Angel- oder Tauchausrüstung auch tolle T-Shirts, Mützen, Sandalen, Schmuck und englischsprachige Bücher zur Region.

An- & Weiterreise

Der **Busbahnhof** (Transpeninsular bei Km 132; 8–23 Uhr) ist unpraktisch nördlich der Stadt nahe des Bogens am Ortseingang. Unterwegs nach Santa Rosalía (120 Mex$, 1 Std.) und Tijuana (1330 Mex$, 14 Std.) im Norden hält ABC/Águila hier sechsmal täglich. Fünfmal pro Tag geht's südwärts zu Zielen wie Loreto (225 Mex$, 2 Std.) oder La Paz (815 Mex$, 6 Std.).

Rund um Mulegé

Cañón La Trinidad

Im Cañón La Trinidad werden sich Vogelfans wohlfühlen. Mit etwas Glück sehen sie hier sogar Rubintyrannen, Gilaspechte und viele Greifvögel und Bussarde. Die engen, blassroten Canyonwände, die schimmernden Wasserbecken und die Höhlenmalereien sind atemberaubend: Die Höhlenwände sind geschmückt mit Schamanen, Mantarochen und Walen in verblassten Ocker- und Rosttönen sowie dem berühmten „Trinity Deer", das ganz unbeeindruckt über die Wände springt, während die Speere über seinen Kopf fliegen. Der Zutritt ist leider nur mit Führer möglich, aber der in Mulegé geborene Salvador Castro Drew von **Mulegé Tours** (615-161-49-85; mulegetours@hotmail.com; Tagestour 450 Mex$/Pers.) weiß einfach alles über diesen Ort, sogar wie man die beiden angriffslustigen Bienenvölker austrickst, die die Malereien „bewachen". Er macht auch Taxi-Touren zu anderen Stätten.

Strände

Auf der kurvigen Fahrt nach Süden passiert man ein paar von Bajas unberührtesten *playas*. Dort kann man eine Hängematte aufspannen, etwas Eisgekühltes genießen und dabei den Pelikanen bei der Fischjagd per Sturzflug zusehen. An manchen Stränden gibt's auch Bars, Restaurants oder *cabañas*. Pelikankolonien, seltsame Felsformationen, milchig-blaugrünes Wasser und das günstige Hotel **Posada Concepción** (646-151-4838; www.posadaconcepcion.net; Carretera Loreto-Mulegé bei Km 112; EZ/DZ 24/35 US$) mit Restaurant machen die **Bahía Concepción** bis heute zu einem Topziel für Kajakfahrer. Entlang der Transpeninsular sind jedoch noch viele weitere Zwischenstopps möglich – z.B. an der **Playa Escondido** (Km 112), der **Playa Santispac** (Km 113,5) oder der **Playa Perla** (Km 91). Achtung: Unbedingt eventuelle Unwetterwarnungen beachten! Wie in Loreto kann das glasklare Wasser auch hier bei Sturm sehr schnell gefährlich werden.

Loreto

613 / 17 000 EW.

Loreto liegt ca. 135 km südlich von Mulegé. Für das bescheidene, aber äußerst hübsche

IM NAMEN GOTTES…

Die Missionsstationen in Baja haben eine fragwürdige Geschichte. Sie wurden von Jesuiten und Dominikanern errichtet, und sollten eigentlich das Seelenheil bringen. Stattdessen aber brachten sie den Tod, weil die Europäer Krankheiten einschleppten. Viele Missionen wurden aufgegeben, als ihre Bevölkerungszahlen unter ein vertretbares Niveau sanken. Heute sind diese wunderschönen Gebäude, ob sie nun genutzt werden oder irgendwo im Niemandsland stehen, faszinierende und vor allem fotogene Ausflugsziele. Sie gehören einfach zur bewegten Geschichte von Baja. Für den Besuch der folgenden Missionen ist kein Allradwagen nötig, dennoch können die Straßen streckenweise äußerst schlecht und gelegentlich sogar unpassierbar sein.

➡ **Misión Nuestra Señora de Loreto** Die älteste und beeindruckendste Mission wird heute noch genutzt.

➡ **Misión San Borja** (S. 774) Völlig ab vom Schuss – aber der Abstecher lohnt sich. Zu den Eigenheiten dieser Mission gehören eine heiße Quelle und ein geheimer Tunnel (er ist inzwischen aber leider zugemauert). José Gerardo, der von den Einwohnern aus der Zeit vor der Eroberung abstammt, führt die Besucher herum.

➡ **Misión San Francisco Javier de Viggé-Biaundó** (S. 780) In dieser abgelegenen, wunderbar erhaltenen Mission fühlt man sich in alte Zeiten zurückversetzt. Auf der Fahrt kommt man in den Genuss großartiger Aussichten und kann hier und da sogar ein paar Felsmalereien entdecken.

➡ **Misión Santa Rosalía de Mulegé** (S. 776) Ein äußerst fotogenes Gebäude. Hinter der Mission hat man einen wunderschönen Blick auf den von Palmen gesäumten Fluss.

Weitere Infos und fantastische Fotos findet man in dem Buch *Las Misiones Antiguas* von Edward W. Vernon und im Internet unter www.vivabaja.com/bajamissions.

Hafenstädtchen spricht sehr viel: Es ist ein Wassersportparadies mit einer tollen Auswahl an Hotels und Restaurants. Obendrein findet man hier den Parque Nacional Bahía de Loreto, dessen Gewässer, Festlandsküsten und vorgelagerte Inseln vor Umweltverschmutzung und unkontrollierter Fischerei geschützt sind.

Zudem halten Anthropologen die Region Loreto für das älteste menschliche Siedlungsgebiet in Baja: Dank jeder Menge Wasser und Nahrung florierten hier einst die indigenen Kulturen. 1697 gründete der Jesuit Juan María Salvatierra vor Ort die erste dauerhafte Missionsstation der Halbinsel.

Die meisten Hotels und Einrichtungen liegen nahe der markanten Missionskirche an der Salvatierra. Der hübsche *malecón* eignet sich ideal für Abendspaziergänge.

Sehenswertes & Aktivitäten

Parque Nacional Bahía de Loreto PARK

Dieser Park macht Loreto in Sachen Outdooraktivitäten zum erstklassigen Reiseziel. Die vielen Veranstalter bieten fast alles an – von Kajak- und Tauchausflügen zu den Riffen rund um die Islas del Carmen und Coronado bis hin zu Reit-, Wander- und Mountainbike-Touren in der Sierra de la Giganta.

★ **Misión Nuestra Señora de Loreto** MISSION

Die erste dauerhafte Missionsstation der kalifornischen Großregion wurde 1697 gegründet. Von hier aus spannten die Jesuiten ihr Missionsnetz über die ganze Halbinsel. Das **Museo de las Misiones** (☎613-135-04-41; Salvatierra 16; Eintritt 37 Mex$; ⏲Di–So 9–13 & 13.45–18 Uhr) neben der Kirche beleuchtet die Besiedlungsgeschichte von Baja California.

Eco Tours WASSERSPORT

(☎613-135-06-80; www.toursloreto.com; Madero s/n; Tauchen/Schnorcheln ab 100/65 US$) In Loreto gibt es viele Outdoor-Veranstalter. Diese empfehlenswerte und umweltbewusste Firma bietet alle möglichen Aktivitäten (z. B. Tauchen oder Schnorcheln).

Schlafen

Die meisten örtlichen Unterkünfte findet man am oder nahe dem *malecón*.

Hotel Posada San Martín HOTEL $

(☎613-135-11-07; Juárez 4; Zi. mit/ohne Kochgelegenheit 450/350 Mex$; 🚭❄📶) Dieses Hotel mit einem schmalen zentralen Innenhof für Gäste liegt ideal: Bis zur Plaza sind's nur ein paar Schritte. Die großen Zimmer (teilweise mit Kabel-TV und Kochgelegenheit) wirken leicht abgenutzt, haben aber ansonsten ein gutes Preis-Leistungs-Verhältnis.

★ Posada del Cortes BOUTIQUEHOTEL **$$**
(☎ 613-135-02-58; www.posadadelcortes.com; Callejon Pipila 4; Zi. 60–80 US$;) Waldgrüne Fliesen, Ocker- bzw. Beigetöne, dunkles Holzmobiliar und viel weißes Leinen geben dem eleganten, kleinen Hotel eine noble Atmosphäre. Schmiedeeiserne Möbel und ein Springbrunnen zieren die kleine Terrasse. In den Zimmern gibt's Kaffeemaschinen.

La Damiana Inn B&B **$$**
(☎ 613-135-03-56; www.ladamianainn.com; Madero 8; DZ inkl. Frühstück 60–77 US$;) Die historische Posada bietet geräumige und individuell gestaltete Zimmer. Deren Dekor reicht von sanften Erdtönen und indigenen Ellementen bis zu farbenfrohen Textilien, Keramiken und Kunstwerken im Baja-Stil. Es gibt auch eine Gemeinschaftsküche und einen hübschen Garten mit Obstbäumen.

Posada de las Flores LUXUSHOTEL **$$$**
(☎ 613-135-11-62; www.posadadelasflores.com; Plaza Cívica; Zi. inkl. Frühstück 150 Mex$;) Steinsäulen und -bögen, plätschernde Brunnen und erdige Farbtöne bescheren dem majestätischen Hotel am Hauptplatz ein palastartiges Ambiente. Die Zimmer mit ausgefallenem Strukturanstrich sind überraschend klein und düster. Hierfür entschädigen jedoch die großartigen Gemeinschaftsbereiche – darunter eine Dachterrasse mit Pool, Bar und Blick auf die Missionsstation.

Essen & Ausgehen

Hier genießt man idealerweise regionale Klassiker: Starke Margaritas, fruchtige *aguas frescas* (Eisdrinks) und leckeres Seafood mit viel Limette bzw. Koriander.

Café Olé CAFÉ, MEXIKANISCH **$**
(☎ 613-135-04-96; Madero 14; Hauptgerichte 35–70 Mex$; Mo–Sa 7–21.45, So 7–13 Uhr) Günstiges Café mit guten, einfachen Gerichten (u. a. tolles mexikanisches Frühstück).

Pan Que Pan MEXIKANISCH, ITALIENISCH **$$**
(Hidalgo s/n; Hauptgerichte 50–120 Mex$; Di–Sa 8–18, So 8–15 Uhr) Das freundliche Restaurant im Bistro-Stil fungiert gleichzeitig als Kleinbäckerei. Auf die Tischen im Freien kommt eine gesunde Auswahl an Salaten, Pizzas und selbstgemachten Nudeln. Für den kleineren Hunger gibt's halbe Portionen.

1697 Restaurant Pub MEXIKANISCH, ITALIENISCH **$$**
(Davies 18; Hauptgerichte 99–160 Mex$; Di–So 18–22 Uhr) Diese Kneipe mit handgebrautem Bier wird von einem irisch-mexikanischen Paar geleitet (am besten nach der interessanten Kennenlern-Geschichte fragen!). Die angemessen vielfältige Essensauswahl reicht von sahniger Pasta und Filetsteak bis zu Fajitas mit Huhn. Dekor und Freiluftterrasse machen den Laden zu einer guten Wahl für ein romantisches Abendessen unterm Sternenhimmel.

Shoppen

Die Fußgängerzone zwischen Madero und Independencia ist toll zum Shoppen.

El Caballo Blanco BÜCHER
(Hidalgo 19; Mo–Sa 10–17 Uhr) Regionalweit wartet hier das wohl größte Angebot an Büchern über Baja. Hinzu kommen Karten, Keramiken, Künstlerbedarf und riesige Kaffeebecher für Besucher.

Silver Desert SILBER
(☎ 613-135-06-84; Salvatierra 36; Mo–Sa 9–14 & 15–20, So 9–14 Uhr) Verkauft hochwertigen Sterling-Silberschmuck aus Taxco und unterhält eine Filiale an der Magdalena de Kino 4.

Praktische Informationen

Städtische Tourismusbehörde (☎ 613-135-04-11; Plaza Cívica; Mo–Fr 8–15 Uhr) Gute Auswahl an Broschüren.

BUSSE AB LORETO

ZIEL	PREIS (MEX$)	DAUER (STD.)
Guerrero Negro	685	6
La Paz	590	5
Mexicali	1805	20
San José del Cabo	840	8
Santa Rosalía	325	3
Tijuana	1600	18

An- & Weiterreise

Aeropuerto Internacional de Loreto (613-135-04-99; Carretera Transpeninsular bei Km 7) Wird von diversen Fluglinien bedient (u. a. Aéreo Calafia und Aereoservicio Guerrero).

Busbahnhof (24 Std.) Liegt 15 Gehminuten vom Zentrum nahe der Kreuzung von Salvatierra, Paseo de Ugarte und Paseo Tamaral.

Unterwegs vor Ort

Ein Taxi vom Flughafen (4 km südlich von Loreto gelegen) kostet 160 Mex$. Reisegruppen bezahlen mindestens 70 Mex$ pro Person.

Rund um Loreto

Zwischen Loreto und La Paz sind zwar Walbeobachtungstouren die Hauptattraktion, aber auch die schöne **Misión San Francisco Javier de Viggé-Biaundó** und die Fahrt dorthin sind einen Tagesausflug wert. Die kurvenreiche Straße führt an kleineren Felsmalereien und verträumten *arroyos* (Wasserläufen) vorbei. Hinter der Mission darf man keinesfalls den 300 Jahre alten Olivenbaum verpassen, der mit seiner knorrigen Rinde einem Tolkien-Roman entsprungen sein könnte. Die Missionsstation selbst sieht noch aus wie vor drei Jahrhunderten. Kurz hinter Loreto geht es auf der Transpeninsular erst Richtung Süden – nach dem Schild auf der rechten Seite Ausschau halten.

Ciudad Constitución

613 / 43 000 EW.

Die vorwiegend landwirtschaftlich und industriell geprägte Ciudad Constitución hat Besuchern kaum mehr zu bieten als Hotels und Walbeobachtungstouren. Es gibt nur wenige Verbindungen zu den Hafenstädten López Mateos und San Carlos – daher ist ein eigener fahrbarer Untersatz ziemlich hilfreich.

Schlafen & Essen

Die Übernachtungsmöglichkeiten in Ciudad Constitución sind recht beschränkt.

Hotel Conchita HOTEL $
(613-132-02-66; Olachea 180; EZ/DZ 300/340 Mex$; P) Senffarbener Klotz mit großen und sauberen, aber leicht langweiligen Zimmern. Die Sichtschutzverglasung versperrt jegliche Aussicht.

Posadas del Ryal MOTEL $$
(613-132-48-00; Victoria s/n; EZ/DZ/Suite 410/470/650 Mex$; P) Die Zimmer des zweistöckigen Motels sind mit passenden Wüstenfarbtönen gestaltet. Sie liegen rund um einen Innenhof voller Palmen und haben kleine Bäder – sofern man nicht gerade die geräumige „La Mexicana Suite“ nimmt, die obendrein eine Miniterrasse besitzt.

Asadero ‚Tribi‘ MEXIKANISCH $$
(613-132-73-53; Olachea zw. Madero & Pino Suárez; Hauptgerichte 95–150 Mex$; Mo–Sa 8–24 Uhr) Das beste Restaurant der Stadt: Im rustikalen Ambiente aus Holz und Backstein gibt's hier Spezialitäten wie gegrillte Rippchen, T-Bone-Steaks oder Tacos mit Fleisch bzw. Fisch.

An- & Weiterreise

Busbahnhof (613-132-03-76; Ecke Juárez & Pino Suárez; 24 Std.) Zweimal täglich besteht Verbindung nach Puerto López Mateos (97 Mex$, 13 & 20.15 Uhr) und Puerto San Carlos (85 Mex$, 11 & 18 Uhr). Zu beiden Zielen fahren auch Taxis (jeweils hin & zurück 800 Mex$), die draußen vor dem Terminal starten.

Puerto López Mateos

613 / 2200 EW.

Rund 58 km nordwestlich von Ciudad Constitución liegt Puerto López Mateos im Schutz der vorgelagerten Isla Magdalena. Die schmale Wasserstraße vor dem Ort gehört zu Bajas besten Revieren für Walbeobachtungen: Während der Saison wird sie zu einer wahren Parademeile für *ballenas*. Die Curva del Diablo (Teufelskurve) rund 27 km südlich der Siedlung gilt als beste Beobachtungsstelle. Touren mit *pangas* (offenen Kleinbooten; 700 Mex$/Std., 6–8 Pers., 3 Std.; in der Saison 7–18 Uhr) ab Puerto López Mateos lassen sich leicht arrangieren.

Nahe der Playa El Faro liegt die **Playa Boca de la Soledad** etwa 1,6 km östlich des Orts (am Wasserturm links abbiegen). An diesem sauberen Strand mit Plumpsklos kann gratis gecampt werden; Trinkwasser muss man aber selbst mitzubringen. Die Übernachtungsmöglichkeiten in Puerto López Mateos beschränken sich im Grunde auf diverse Privathäuser, deren Eigentümer während der Walsaison mit Schildern für freie Gästezimmer werben. Das **Baja Mar** (613-131-51-96; Frühstück 55 Mex$, Hauptgerichte 100 Mex$; 8–20 Uhr) serviert mexikanisches Essen im familiären Ambiente.

Vom kleinen Ticketbüro gegenüber der Schule fahren Busse nach Ciudad Constitución (97 Mex$, 6 & 16 Uhr).

Puerto San Carlos

☎613 / 7000 EW.

Der Tiefwasser- und Fischereihafen Puerto San Carlos liegt 57 km westlich von Ciudad Constitución an der Bahía Magdalena. Wenn die *ballenas* ab Januar in der warmen Lagune kalben, dreht sich hier alles um Meeressäuger und Touristen. Bis März fahren dann *pangueros* (Kleinboot-Kapitäne) zu Walbeobachtungen hinaus (ca. 750 Mex$/Std., max. 6 Pers.).

Aktivitäten

Eco Tours ABENTEUERTOUR

(☎613-136-00-76; www.villasmaryarena.com; Carretera Federal bei Km 57; Walbeobachtungen 850 Mex$/Pers., Angelausflüge 3500 Mex$/Pers.; ⏲Okt.–Juni) Ausgangspunkt der Walbeobachtungs- und Angeltouren ist das ökobewusste Hotel Mar y Arena am Ortseingang.

Schlafen & Essen

Während der Walsaison sind freie Zimmer hier oft nur schwer zu finden.

★ **Hotel Mar y Arena** HÜTTEN $$

(☎613-136-00-76; www.villasmaryarena.com; Carretera Federal bei Km 57; DZ 80–90 US$; P) Diese Hütten im *palapa*-Stil punkten mit luxuriösen Bädern und Einrichtungselementen in schicken Erdtönen. Die Öko-Vision des einheimischen Eigentümers kommt u.a. durch Solarstrom, Wasserentsalzung und ein Faible für Feng-Shui-Prinzipien zum Ausdruck.

Hotel Alcatraz HOTEL $$

(☎613-136-00-17; www.hotelalcatraz.net; Calle San Jose del Cabo s/n; EZ/DZ 450/550 Mex$; P) Die Zimmer des weitläufigen Hotels umgeben einen alten Innenhof mit Liegestühlen unter üppig grünen Bäumen. Hübsche hellblaue Fliesen geben dem Dekor ein Strandfeeling. Eine Restaurantbar (Hauptgerichte 100–250 Mex$) ist ebenfalls vorhanden.

Mariscos Los Arcos SEAFOOD $$

(Puerto La Paz 170; Hauptgerichte 80–145 Mex$; ⏲10–21 Uhr) An schlichten Tischen unter Palmen gibt's hier die besten Meeresfrüchte der Stadt. Am besten wählt man eines der neun verschiedenen Garnelen-Gerichte.

An- & Weiterreise

Autotransportes Águila (☎613-136-04-53; Calle Puerto Morelos; ⏲7–7.30, 11.30–13.45 & 18.30–19.30 Uhr) Fährt jeden Tag um 7.30 bzw. 13.45 Uhr nach Ciudad Constitución (85 Mex$), La Paz (425 Mex$), Cabo San Lucas (620 Mex$) und San José del Cabo (650 Mex$). Hinweis: Diese Busse sind die einzigen öffentlichen Verkehrsmittel ab Puerto San Carlos.

BAJAS BESTE BISSE

(Und gemeint sind hier nicht die Restaurantkritiken ...) Einige von Bajas interessantesten Tiere lohnen wirklich einen Blick, aber man sollte nicht zu nah herangehen – denn diese Zeitgenossen sind eine wirkliche Gefahr und eine Begegnung mit ihnen kann schon mal einen Krankenhausaufenthalt zur Folge haben.

- **Schwarze Witwe** Diese erbsengroße schwarze Spinne kann ganz schön zuschlagen (aber selten tödlich). Man erkennt sie an der dunkelroten Sanduhr an der Unterseite des Hinterleibs.
- **Portugiesische Galeeren** sind auch unter dem Namen *agua mala* (schlechtes Wasser) bekannt. Diese Quallen sind erstaunlich hübsch anzusehen, aber ihre hellblauen Tentakel können noch zustechen, lange nachdem das Tier tot ist. Man darf sie auf keinen Fall anfassen, wenn sie am Strand liegen. Um das Risiko so gering wie möglich zu halten, sollte man beim Wassersport Schutzkleidung oder Neoprenanzüge tragen.
- **Skorpione** glühen unter UV-Licht. Und Bajas Skorpione stechen – vor allem, wenn man auf sie tritt. Morgens die Schuhe gründlich ausschütteln, nachts unter einem Moskitonetz schlafen und alles überprüfen, bevor man sich ins Bett legt!
- **Stachelrochen** sind im flachen Wasser vieler beliebter Strände anzutreffen. Der Stachelrochen schlägt mit dem Schwanz zu und spritzt sein Gift in Ferse oder Knöchel. Um das Risiko auf ein Minimum zu verringern, sollte man Surfschuhe tragen.

Ob man diese Tierchen nun cool oder unheimlich findet, sie tun einem Menschen selten etwas, wenn sie in Ruhe gelassen werden. Mehr zu dem Thema findet man in Roger Tory Petersons Buch *A Field Guide to Venomous Animals and Poisonous Plants*.

La Paz

612 / 250 000 EW.

Das kosmopolitische La Paz ist eine Mischung aus gediegener Schönheit der alten Welt und trendig-teurer Extravaganz. Es ist unglaublich international – auf den Straßen hört man Französisch, Portugiesisch und Italienisch ebenso wie Englisch und Spanisch. Aber paradoxerweise ist es gleichzeitig die „mexikanischste" Stadt von ganz Baja. Zur turbulenten Geschichte der Stadt, die sich sogar einmal zur Republik erklärt hatte, gehört auch die Besetzung durch die

La Paz

BAJA CALIFORNIA SÜDLICHES BAJA

Amerikaner. Hernán Cortés gründete zwar in der Nähe von La Paz den ersten europäischen Außenposten von Baja, die erste dauerhafte Siedlung entstand aber erst 1811.

Die Uferpromenade *malecón,* erstklassige Restaurants und coole Läden laden zum Flanieren ein, und es stören keine aufdringlichen Straßenhändler beim Shoppen. Die Stadt ist ein idealer Startpunkt für Tagestouren nach Cabo Pulmo und nach Todos Santos. Am Hafen tummelt sich eine lebendige und ziemlich alte Auswanderergesellschaft.

Im Hafen Pichilingue laufen Fähren von den Festlandhäfen Topolobampo und Mazatlán ein. Auf dem Flughafen landen mehrere US-amerikanische Fluggesellschaften.

La Paz

Sehenswertes

1 Museo Comunitario de la Ballena ... D6
2 Museo Regional de Antropología e Historia ... D2
3 Santuario de la Virgen de Guadalupe ... C6
4 Unidad Cultural Profesor Jesús Castro Agúndez ... D5

Aktivitäten, Kurse & Touren

5 Baja Paradise ... B4
6 Buceo Carey ... A5
7 Mar y Aventuras ... A6

Schlafen

8 Baja Backpackers ... B3
9 Casa Tuscany ... C1
10 El Ángel Azul ... C2
11 Hotel Mediterrane ... B4
12 Hotel Perla ... B3
13 Posada de las Flores ... B1

Essen

14 Bagel Shop ... B2
15 Bismarkcito ... B2
16 Buffalo BBQ ... B1
17 Las Tres Virgenes ... B1
18 Los Tamarindos ... C3
19 Maria California ... B4
20 Biomarkt ... B2
21 Tacos El Estadio ... C2

Ausgehen & Nachtleben

22 Harker Board ... B2

Unterhaltung

Teatro de la Ciudad ... (siehe 4)

Shoppen

23 Allende Books ... C2
24 Antigua California ... B3

Dank des Straßenrasters von La Paz kann man sich gut orientieren.

Sehenswertes

★ Espíritu Santo INSEL

Mit azurblauen Buchten und rosafarbenen Klippen gehört Espíritu Santo zu den Schmuckstücken von La Paz. Die 244 Inseln und Küsten im Golf von Kalifornien sind UNESCO-Weltkulturerbe und ein toller Tagestrip (sie gehören zum Parque Nacional Archipiélago Espíritu Santo und zur Reserva de la Biosfera Islas del Golfo de California). Viele Anbieter organisieren hier Aktivitäten, wie Kajakfahren und Schnorcheln.

Museo Regional de Antropología e Historia MUSEUM

(Ecke 5 de Mayo & Altamirano; Erw./Kind unter 12 Jahren 30 Mex$/frei; 9–18 Uhr;) Das große, gut organisierte Museum dokumentiert die Geschichte Bajas (auf Spanisch) von der Steinzeit bis zur Revolution von 1910 und deren Nachwehen.

Unidad Cultural Profesor Jesús Castro Agúndez KULTURZENTRUM

(612-125-02-07; Ecke Gómez Farías & Legaspi; Kulturzentrum Mo–Fr 8–14 & 16–18 Uhr) Mit dem **Teatro de la Ciudad** (Infos unter 612-125-00-04; Altamirano; wechselnde Öffnungszeiten) umfasst dieses große Kulturzentrum auch den Hauptveranstaltungsort der Stadt.

Das **Museo Comunitario de la Ballena** (Kommunales Walmuseum; Ecke Calle Navarro & Altamirano; Di–Sa 9–13 Uhr;) GRATIS am Rand des Geländes ist zwar klein, beherbergt aber ein eindrucksvolles, 25 m langes Blauwalskelett.

Santuario de la Virgen de Guadalupe HEILIGTUM

(Ecke 5 de Febrero & Aquiles Serdán; 7–18 Uhr) Ein herrlicher Altar (12 m hoch) ziert das größte religiöse Bauwerk der Stadt.

Aktivitäten

Whale Shark Mexico WILDTIERBEOBACHTUNG

(612-154-98-59; www.whalesharkmexico.com) Von Oktober bis März kann man Forschern zur Hand gehen, die junge Walhaie beobachten. Diese tummeln sich in den ruhigen Gewässern der Bucht von La Paz. Die Aufgaben sind bei jeder Tour andere: Man kann z.B. beim Kennzeichnen helfen und vielleicht sogar einen Namen aussuchen. Bei diesen Forschungstouren wird keine Ausrüstung zur Verfügung gestellt oder vermietet und sie müssen im Voraus organisiert werden. Sie finden nur statt, wenn die Wetterbedingungen stimmen. Der Preis beträgt derzeit 975 Mex$ pro Person und die Einnahmen werden für RFID-Transponder und andere Forschungsausgaben verwendet.

Baja Paradise ABENTEUERSPORT
(612-128-60-97; www.bajaparadiselapaz.com; Madero 23;) Bietet neben Campingtouren auf Espíritu Santo auch viele andere Aktivitäten (z. B. Schnorcheln mit Walhaien) und Unterkünfte im Hostel-Stil an. Inhaber ist ein Professor, der beim Ökotourismus-Programm der örtlichen Universität mitarbeitet und die Touren gezielt so „grün" wie möglich gestaltet.

Buceo Carey TAUCHEN, SCHNORCHELN
(612-128-40-48; www.buceocarey.com; Ecke Topete & Legaspi; Schnorcheln/Tauchen 85/125 US$;) Familiengeführte Firma, die u. a. Tauchen, Schnorcheln, Walbeobachtungen und Touren zu einer Seelöwenkolonie anbietet.

Mar y Aventuras KAJAKFAHREN
(612-122-70-39; www.kayakbaja.com; Topete 564; 8-/9-tägige Touren 897/1350 US$) Geführte Kajaktouren (8 oder 9 Tage) plus Leihausrüstung für Touren auf eigene Faust.

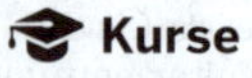

Kurse

Buen Provecho KOCHKURS
(612-122-64-09; www.buenprovecholapaz.com; Revolución 555; 4½- bis 6-stündige Kurse 65–85 US$; Di, Do & Sa) Die Kurse in traditioneller mexikanischer Küche werden von einer Frankokanadierin und deren mexikanischem Partner geleitet. Der Unterricht findet auf Englisch, Französisch und Spanisch statt.

Se Habla...La Paz SPRACHKURS
(612-122-77-63; http://sehablalapaz.com; Madero 540; 250 US$/Woche zzgl. Anmeldegebühr 75 US$) Die Spanischkurse (max. 5 Pers./Gruppe) decken alle Leistungsstufen ab. Sie werden durch eine Einführung in Mexikos Küche bzw. Kultur und bei Bedarf auch durch Aufenthalte bei einheimischen Familien ergänzt. Falls freie Plätze verfügbar, sind Interessenten ohne Voranmeldung willkommen.

Feste & Events

Festivals und sonstige saisonale Veranstaltungen finden häufig auf der Plaza Constitución zwischen Revolución und Madero in der Calle 5 de Mayo statt.

Der vor der Fastenzeit in La Paz stattfindende **Carnaval** gehört zu den schönsten des Landes. Anfang Mai feiern die *paceños* (Einwohner von La Paz) ausgelassen die **Fundación de la Ciudad** (die Ankunft von Hernán Cortés 1535).

Schlafen

Das örtliche Unterkunftsangebot reicht von Billig-Bleiben und vielen Mittelklasse-Optionen bis zu Nobelhotels.

Baja Backpackers HOSTEL $
(info@bajabackpackers.com.mx; Ecke Mutualismo & Bravo; B in Schlafsaal für 4 Pers. 250 Mex$, DZ ohne Bad 500 Mex$;) Eine gute Wahl für Sparfüchse: Neben Schlafsälen (nach Geschlechtern getrennt) gibt's hier auch Doppelzimmer, eine Gemeinschaftsküche, einen Wohnbereich, Gratiskaffee und eine Terrasse mit Meerblick. Betrieben wird das Hostel von einem freundlichen Ehepaar (amerikanisch-mexikanisch), das umfassende Infos zu Bajas Süden liefert und zudem Schnorchelausrüstung verleiht.

Hacienda Paraiso de La Paz B&B $$
(612-122-27-29; www.haciendaparaiso.com; de las Rosas 300; DZ inkl. Frühstück mit/ohne Kochgelegenheit 125/95 US$;) Die Zimmer des tollen Anwesens (ca. 2500 m²) sind von üppigen Gärten und hohen Kokospalmen umgeben. Obwohl der Miteigentümer Richard ein waschechter New Yorker ist, hegt er eine große Leidenschaft für Mexiko. Diese zeigt sich in indigener Kunst, traditionellen geschnitzten Möbeln, *equipales*-Stühlen und landestypischem Frühstück. An Einrichtungen sind z. B. ein kleiner Fitnessraum, eine Sportsbar und ein Infinity Pool vorhanden.

Hotel Mediterrane HOTEL $$
(612-125-11-95; Allende 36; Zi. 889–1299 Mex$;) Das schwulenfreundliche, griechisch angehauchte Hotel überzeugt mit coolen Quartieren und einer appetitlichen Cafékarte. Von der Dachterrasse blickt man auf die Bucht. Falls möglich, das Mykonos-Zimmer mit Privatterrasse und Kuppeldach nehmen!

Hotel Perla HOTEL $$
(612-122-07-77; www.hotelperlabaja.com; Paseo Obregón 1570; Zi. inkl. Frühstück 1094 Mex$;) Pazifikblaue Textilien, Kiefernmöbel, zwei Whirlpools, Bäder mit Mosaikfliesen und ein malerischer Meerblick von der Terrasse machen das familienfreundliche, zentral gelegene Perla zu einer guten Wahl.

★ El Ángel Azul B&B **$$$**
(☎ 612-125-51-30; Independencia 518; Zi. inkl. Frühstück 100–120 Mex$; P) Die wohl reizendste Bleibe der Stadt vermietet einfach ausgestattete Zimmer in hellen Pastellfarben. Diese umgeben einen hübschen Hof voller Palmen, Kakteen, Bougainvilleen und zwitschernder Vögel. Der Mix aus Bar und Wohnzimmer ist kunterbunt mit allem Möglichen eingerichtet. Der Schweizer Eigentümer spricht mehrere Sprachen und kennt die Stadt bis ins Detail.

Casa Tuscany B&B **$$$**
(☎ 612-128-81-03; www.tuscanybaja.com; Bravo 110; DZ inkl. Frühstück ab 87 US$;) Einen Katzensprung vom *malecón* entfernt steht dieses malerische B&B, dessen gemütliche Zimmer mit fröhlichen Farbtönen, einheimischen Läufern und traditionellen Tonwaren dekoriert sind. Die Quartiere umgeben einen ruhigen zentralen Innenhof und sind verschieden groß. Am geräumigsten ist die Variante „Romeo & Juliet" mit drei Meerblick-Terrassen auf verschiedenen Ebenen. Zum Frühstück gibt's *aebleskiver* (dänische Pfannkuchen).

Posada de las Flores BOUTIQUEHOTEL **$$$**
(☎ 612-125-58-71; www.posadadelasflores.com; Paseo Obregón 440; Zi./Suite inkl. Frühstück 180/290 US$; P @) Das Kleinhotel unter italienischer Leitung hat acht exquisit eingerichtete Zimmer und Suiten mit kleinen Terrassen vorne. Beim Frühstück auf der oberen *terazza* ist der Blick auf La Paz genauso toll wie von der zweiten Terrasse. Leider gibt's hier keine Bar und daher auch keine Sundowner.

Essen

Die örtliche Restaurantszene ist inzwischen immer raffinierter geworden. Die besten Adressen sind vor allem rund um die Calles Domínguez und Madero (nördlich der Calle 5 de Mayo) zu finden. Es gibt auch einen **Biomarkt** (Madero s/n; Sa 9–14.30 Uhr).

Tacos El Estadio TACOS **$**
(Ecke Prieto & 5 de Mayo; Seafood-Tacos 15 Mex$; 8–14 Uhr) Hier holen sich die Einheimischen ihre Fischtacos – da heißt's anstehen. Es gibt jedoch ein paar Stühle und Tische.

Bagel Shop BAGELS **$**
(Domínguez 291; Bagels ab 30 Mex$; 7.30–15 Uhr) Inhaber Fabrizio hat die Kunst des Bagel-Backens in den USA gelernt und stellt täglich einen dampfenden Berg der runden Köstlichkeiten her. Die Füllungen reichen von Klassikern (Räucherlachs, Frischkäse) bis hin zum geräucherten Marlin mit deutscher Wurst. Von den Straßentischen schaut man auf ein trendiges Trio aus einem Teegeschäft, einer Saftbar und einem Bioladen, der auch Kunsthandwerk verkauft.

★ Maria California MEXIKANISCH **$$**
(www.mariacaliforniarestaurant.com; Juárez 105; Hauptgerichte morgens 90–100 Mex$; Mo–Sa 7.30–14 Uhr) Die gemütlich-chaotischen Speiseräume und Terrassen warten mit toller Atmosphäre auf. Fotos und einheimische Kunst zieren die fröhlich gestrichenen Wän-

TIPPS FÜR FANTASTISCHE FISCHTACOS

Einfache Fischtacos auf vielerlei Art sind Bajas Klassiker – und bei richtiger Zubereitung sind sie geradezu märchenhaft. Die folgenden Adressen empfehlen sich allesamt, um diesen köstlichen Snack zu probieren.

La Guerrense (Ensenada; S. 766) Gut genug, um einen internationalen Straßenimbiss-Wettbewerb gewonnen zu haben. Mehr muss man gar nicht sagen.

El Caballero (Cabo Pulmo; S. 789) Die selbstgemachte Salsa zu den hiesigen Tacos ist *picante* (pikant), ohne mörderisch scharf zu sein. Perfekt nach einem langen, anstrengenden Schnorcheltrip.

Los Arcos (Playas de Rosarito; S. 763) Zwangloses, familiengeführtes Lokal mit Guacamole, Sauerrahm und frisch zubereiteter *pico de gallo* (traditionelle Salsa aus ausschließlich rohen Zutaten).

Venado (Cabo San Lucas; S. 795) Serviert zarte, saftige Fischhäppchen auf Tacos aus Mais- oder Weizenmehl. Die Variante mit Garnelen ist genauso gut.

Tacos El Estadio (La Paz; S. 785) Hervorragende Seafood-Tacos plus *sopa de mariscos* (Suppe mit Meeresfrüchten).

de. Ebenfalls super: Sogar Livemusik beim Frühstück ist geboten.

Buffalo BBQ STEAK $$
(www.buffalolapaz.com; Madero 1145; Gerichte 140–160 Mex$; ⌚14–23 Uhr) Unter einem mächtigen Büffelkopf an der Wand kommt hier ein wahres Fleischfest (u.a. Burger, Gegrilltes, Ribeye-Steak) auf den Tisch. Wer's leichter mag, bestellt den Fisch des Tages. Nach Sonnenuntergang empfiehlt sich der schlichte Innenhof mit funkelnden Lichtern.

Los Tamarindos MEXIKANISCH $$
(Ecke Ocampo & Serdan; Hauptgerichte 69–99 Mex$; ⌚8–23 Uhr; 🅿) Ein romantisches Fleckchen für ein Zweipersonen-Dinner: Mitten im belebten Zentrum liegt dieses Hofrestaurant, das nach den hohen Tamarindenbäumen vor Ort benannt ist und am Wochenende Folkloretänzer auftreten lässt. Serviert werden traditionelle Klassiker wie Hummer-Enchiladas oder Kaninchen mit *mole*.

Bismarkcito MEXIKANISCH, SEAFOOD $$
(Ecke Obregón & Constitución; Hauptgerichte ab 150 Mex$; ⌚9–22 Uhr) In dem Seafood-Lokal mit eigenem Tacostand vor der Tür genießen immer viele Einheimische die leckeren Meeresfrüchte (Tipp: die Hummercremesuppe). Den riesigen Speiseraum mit mehreren Fernsehern zieren freiliegende Backsteinwände und flotte, blau-weiße Tischtücher. Allerdings ist der Service mitunter lahm.

Las Tres Virgenes INTERNATIONAL $$$
(☎612-165-62-65; Madero 1130; Gerichte 140–185 Mex$; ⌚13–23 Uhr) Umgeben von Statuen und grünen Bäumen speisen Gäste dieser eleganten Oase in einem stimmungsvollen Innenhof. Auf der Karte steht sowohl Traditionelles als auch Innovatives – darunter Seafood-Risotto, geröstete Markknochen, pikante Meeresschnecken und ein klassischer Caesar Salad, der mit passendem Tamtam direkt am Tisch zubereitet wird. Reservierung ist ratsam.

Ausgehen & Nachtleben

Die meisten Bars findet man gegenüber vom *malecón* zwischen den Calles 16 de Septiembre und Agustín Arreola.

Harker Board BAR
(Ecke Constitución & Paseo Obregón; ⌚7–2 Uhr; 📶) Auf der oberen Terrasse des tollen Ladens kann man seine *cerveza* mit Blick auf die Bucht schlürfen. Fassbier der einheimischen Baja Brewery wird hier durch 17 weitere Sorten in Flaschen ergänzt. Hinzu kommen Pizzas und ausleihbare Stehpaddelbretter (100 Mex$/Std.).

Club Marlin BAR
(El Centenario; ⌚Di–Sa 12–22, So 10–20 Uhr; 📶) Dieser sonnenverwöhnte Mix aus Hotel, Bar und Restaurant (eröffnet in den 1980er-Jahren) liegt ca. 5 km nördlich vom Zentrum in El Centenario. Er befindet sich in US-Besitz und ist seit Langem ein Tummelplatz hier lebender Auswanderer. Bei herrlichem Buchtblick sind hier jede Menge Charakter und Freundlichkeit geboten (gilt auch für die Gäste). Obendrein gibt's regelmäßig Livemusik.

Shoppen

In den örtlichen Touristenshops finden sich zwischen viel Plunder auch ein paar gute Sachen.

Ibarra's Pottery TÖPFERWAREN
(www.ibarraspottery.com; Prieto 625; ⌚Mo–Fr 9–15, Sa 9–14 Uhr) Diese Töpferwerkstatt mit Laden (eröffnet 1958) ist in ganz Baja be-

BUSSE AB LA PAZ

ZIEL	PREIS (MEX$)	DAUER (STD.)
Cabo San Lucas	216	3
Ciudad Constitución	340	3
Ensenada	1815	22
Guerrero Negro	1275	11
Loreto	590	5
Mulegé	815	6
San Ignacio	950	9
San José del Cabo	250	3½
Tijuana	1940	24
Todos Santos	90	1½

FÄHREN AB LA PAZ

ZIEL	FAHRZEUGTYP	PREIS (MEX$)
Mazatlán	Auto bis 5 m/Motorrad/Wohnmobil	2215/1875/15,000
Topolobampo	Auto bis 5 m/Motorrad/Wohnmobil	1082/812/7,700

rühmt. Besucher können den Handwerkern bei der Arbeit zuschauen.

Antigua California KUNSTHANDWERK
(Paseo Obregón 220; ⌚9.30–20.30 Uhr) Großes Angebot an mexikanischem Kunsthandwerk.

Allende Books BÜCHER
(☎612-125-91-14; www.allendebooks.com; Av Independencia 518; ⌚Mo–Sa 10–18 Uhr) Gute Auswahl an englischsprachigen Büchern zu Baja California und zu Mexiko allgemein.

ℹ Praktische Informationen

Bankfilialen (zumeist mit Geldautomaten) und *casas de cambio* (Wechselstuben) konzentrieren sich auf den Bereich der Calle 16 de Septiembre.

Hospital Salvatierra (☎612-178-05-01; Av Paseo de los Deportistas 5115; ⌚24 Std.) Das größte Krankenhaus in Bajas Süden liegt 4,6 km südwestlich vom Zentrum. Hin geht's über die Calles 5 de Febrero und Forjadores de Sudcalifornia.

Stand der staatlichen Touristeninformation (☎612-122-59-39; Ecke Paseo Obregón & Bravo; ⌚8–22 Uhr) Englischsprachige Broschüren und Prospekte.

Touristenpolizei (☎612-122-59-39, 078; ⌚8–22 Uhr; teilweise wechselnde Öffnungszeiten) Kleiner Kiosk an der Paseo Obregón.

Viva La Paz (www.vivalapaz.com) Offizielle Tourismus-Website der Stadt.

ℹ An- & Weiterreise

BUS

Terminal Turística (☎612-122-78-98; Ecke Malecón & Av Independencia) Liegt am *malecón und wird von* **Autotransportes Águila** (☎612-122-78-98; www.autotransportesaguila.net) sowie **ABC** (☎612-122-78-98; www.abc.com.mx) benutzt. Autotransportes Águila fährt u. a. von 10 bis 17 Uhr zur Playa Tecolote (24 Mex$, 30 Min., 5-mal tgl.) und zur Playa Pichilingue (20 Mex$, 20 Min., 6-mal tgl.).

FLUGZEUG

Aeroméxico (☎612-122-00-91; www.aeromexico.com; Paseo Obregón) Pendelt täglich (außer So) zwischen La Paz und Los Angeles. Hinzu kommen jeden Tag Flüge nach Tijuana und zu Großstädten auf dem mexikanischen Festland.

Aeropuerto General Manuel Márquez de León (☎612-124-63-36; www.aeropuertosgap.com.mx; Transpeninsular Km 9) Der Flughafen liegt ca. 9 km südwestlich der Stadt und wird u. a. von Aeroméxico oder Aéreo Calafia bedient. Vor Ort gibt's ein **Einwanderungsbüro** (☎612-124-63-49; ⌚7–23 Uhr).

SCHIFF/FÄHRE

Fähren nach Mazatlán und Topolobampo starten 23 km nördlich der Stadt am Terminal von Pichilingue. Baja Ferries unterhält ein **kleines Büro** (☎612-125-63-24) am Hafen und eine **größere Vertretung** (☎612-123-66-00; www.bajaferries.com; Allende 1025; ⌚Mo–Fr 8–17, Sa 8–14 Uhr) direkt in La Paz.

Die Fähren nach Mazatlán (Abfahrt Di & Do 18, So 17 Uhr; Rückfahrt Mo, Mi & Fr 16 Uhr) brauchen für die einfache Strecke etwa 16 bis 18 Stunden. An Bord stehen nummerierte Sitzplätze (*salón*-Klasse; Erw./Kind 1078/539 Mex$) und Zweibettkabinen mit eigenem Bad (zzgl. 770 Mex$) zur Verfügung.

Von La Paz bzw. Pichilingue nach Topolobampo (Mo–Fr 14.30, Sa 23 Uhr; Rückfahrt So–Fr 23 Uhr) geht's innerhalb von sechs bis sieben Stunden. Dabei werden die *salón*-Sitze (Erw./Kind 878/439 Mex$) durch Kabinen für maximal vier Personen (zzgl. 770 Mex$) ergänzt.

Passagiere sollten sich unbedingt spätestens zwei Stunden vor Abfahrt am Pier einfinden. Die Kfz-Transporttarife variieren je nach Fahrzeuglänge und Ziel.

Das Verschiffen jeglicher Fahrzeuge auf das Festland ist offiziell genehmigungspflichtig. Entsprechende Dokumente gibt's bei **Banjército** (www.banjercito.com.mx; ⌚Mo, Mi & Fr–So 7–15, Di & Do 7–19 Uhr) am Fährterminal sowie bei den zuständigen Stellen in Mexicali oder Tijuana.

In der Nähe des Stadtzentrums befindet sich ein **Einwanderungsbüro** (☎612-122-04-29; Paseo Obregón; ⌚Mo–Fr 8–20, Sa 9–15 Uhr).

ℹ Unterwegs vor Ort

Leihwagen gibt's ab ca. 600 Mex$ pro Tag.

Budget (☎612-122-60-40; www.budget.com; Ecke Paseo Obregón & Manuel Pineda) Einer von mehreren Autovermietern mit Vertretungen an *malecón* und Flughafen.

Rund um La Paz

Auf der Península Pichilingue liegen folgende Strände La Paz am nächsten: **Playa Palmira** (mit dem Hotel Palmira und einem

Jachthafen), **Playa Coromuel** und **Playa Caimancito** (beide mit Restaurant/Bar, Toiletten und *palapas*). Auch an der **Playa Tesoro**, dem nächsten Strand Richtung Norden, gibt es ein Restaurant. Etwa 100 m nördlich des Fährterminals liegt die schattige **Playa Pichilingue** mit Campingplatz, Restaurants, Bar und Toiletten. Die **Playa Balandra** liegt in einer schönen, abgeschlossenen Bucht mit flachem, azurblauem Wasser, in dem kleine Kinder hervorragend herumpaddeln können. An der **Playa Tecolote** gibt es zahlreiche Campingmöglichkeiten für Leute mit Auto. Hier legen außerdem Boote zur Espíritu Santo ab.

La Ventana

☎612 / 180 EW.

An diesem unberührten Küstenstreifen kann man abseits der Massen Walhaie, Seelöwen, Wale, Meeresschildkröten und unzählige Fische beobachten. Der Sommer ist die beste Zeit zum Tauchen – dann kann man unter Wasser 25 bis 30 m weit sehen. Hier bläst dieselbe Brise, die Los Barriles zum Wind- und Kitesurfer-Mekka macht.

Schlafen & Essen

Baja Joe's HOSTEL $$

(☎612-114-00-01; www.bajajoe.com; La Ventana; DZ 40 US$; P 📶) Die sauberen kleinen Hostelzimmer an einer Gemeinschaftsterrasse haben ein sehr gutes Preis-Leistungs-Verhältnis. Alternativ kann man *cabañas* (100–120 US$) mieten. Zum Gelände gehören außerdem eine Kitesurfing-Schule, eine Gemeinschaftsküche und die beliebte Bar Joe's Garage mit zehn kühlen Fassbiersorten.

Palapas Ventana HÜTTEN $$$

(☎612-114-01-98; www.palapasventana.com; La Ventana; Hütte inkl. Frühstück & Mittagessen 1430–2015 Mex$; P ❄ @ 📶) Auf dem Ufergelände in US-Besitz stehen reizende *cabañas* im *palapa*-Stil, deren Preis ein herzhaftes, gutbürgerliches Frühstück sowie ein Mittagessen beinhaltet. Die teureren Zimmer sind geräumig und haben eigene Bäder. Vor Ort gibt's u.a. Leihausrüstung zum Tauchen, Schnorcheln, Angeln, Felsbildwandern, Wind- und Kitesurfen. Abenteuertouren zur Reserva de la Biosfera Sierra de la Laguna und zu anderen Zielen werden ebenfalls organisiert.

Las Palmas MEXIKANISCH $

(El Sargento; Hauptgerichte ab 70 Mex$; ⌚8–22 Uhr) Dieses zauberhafte Lokal mit Meerblick auf die Isla Cerralvo findet man ein paar Kilometer nördlich von La Ventana in El Sargento. Die Qualität der mexikanischen Gerichte (Tipp: das *chille relleno* oder die gefüllten Muscheln) liegt definitiv über dem Durchschnitt.

Los Barriles

☎624 / 1200 EW.

In dieser hübschen Kleinstadt südlich von La Paz streift die Transpeninsular den Golf. Starke Winter-Westwinde mit 20 bis 25 Knoten machen Los Barriles zu einem spektakulären Revier für Wind- und Kitesurfer.

Aktivitäten

Vela Windsurf KITESURFEN

(www.velawindsurf.com; Hotel Playa del Sol; Kitesurfen ab 75 US$; ⌚9–17 Uhr) Dieser Kitesurfing-Spezialist gehört zu den örtlichen Wassersportanbietern, die bereits länger im Geschäft sind. Zwischen April und August stellt man sich aber besser nicht aufs Brett, da die Windstärke dann deutlich geringer ist.

Schlafen & Essen

Hotel Los Barriles HOTEL $$

(☎624-141-00-24; www.losbarrileshotel.com; 20 de Noviembre s/n; EZ/DZ 60/73 US$; P ❄ 📶 ≋) Die Zimmer des angenehm entspannten Hotels liegen um einen hübschen Lagunenpool mit Freiluftbar. Sie verfügen über Kühlschränke und werden regelmäßig renoviert. Der Inhaber ist zudem stolz auf seine überragenden Matratzen aus deutscher Produktion.

Caleb's Cafe CAFÉ $$

(☎624-141-03-30; Barriles s/n; Hauptgerichte 60–120 Mex$; ⌚Di–Sa 7.30–15 Uhr; P 📶) Vom Zentrum aus weisen Schilder den Weg zu diesem tollen Café unter US-amerikanischer Leitung, das nebenbei einen kleinen Kunsthandwerksladen betreibt und für seine klebrigen Plunderteilchen mit viel Butter bekannt ist. Ebenfalls sehr beliebt sind das Zucchinibrot und die Rüblitorte. Als herzhaft-gesundes Frühstück gibt's u.a. Rührreier mit Broccoli oder Fetakäse-Omeletts.

Smokey's Bar & Cantina SEAFOOD $$

(20 de Noviembre s/n; Hauptgerichte 80–120 Mex$; ⌚11–22 Uhr; P) Das rustikale Lokal mit Sägemehl auf dem Boden liegt neben dem Hotel El Barrelito und ist für seinen Räucherfisch bekannt. Der Thun ist eine gute Wahl; alternativ empfiehlt sich ein Probierteller mit

verschiedenen Fischsorten nebst Frischkäse, Kapern und roten Zwiebeln. Besucher können sogar Selbstgefangenes räuchern lassen.

Unterwegs vor Ort

Recht gute, aber unbefestigte Straßen führen entlang der Küste südwärts nach San José del Cabo. Hinter Cabo Pulmo und Bahía Los Frailes wird's zwar etwas sandig, aber für die meisten Fahrzeuge mit Allradantrieb sind die Straßen passierbar. Für Wohnmobile sind sie allerdings nicht geeignet, und nach Regenfällen wird es auch für die anderen Fahrzeuge schwierig. Während der Fahrt hat man großartige Ausblicke auf die Küste, den Shipwreck Point und die „grüne" Wüstenlandschaft. Siebenmal täglich fahren Busse von San José del Cabo auf dem Weg nach La Paz durch Los Barriles (90 Mex$, 1½ Std.)

Cabo Pulmo

624 / 50 EW.

Um abseits der Massen zu schnorcheln und zu tauchen, fäht man am besten zum Meerespark Cabo Pulmo. Hier liegt das einzige pazifische Korallenriff im Golf von Kalifornien. Für die tolle Fahrt entlang der spektakulären Eastern-Cape-Küstenstraße (aus Richtung Süden) oder durch die Sierra de la Laguna (nach Westen) ist kein Geländewagen nötig.

Cabo Pulmo ist sowohl der Name des Parks als auch des winzigen Dörfchens, in dem sich die folgenden Plätze befinden.

Aktivitäten

Der Strand bei **Los Arbolitos** bietet ein paar der besten örtlichen Schnorchelmöglichkeiten. Ansonsten heißt's dem Küstenwanderpfad zu den Felsen von **Las Sirenitas** folgen, die durch Wind- und Wellenerosion das Aussehen geschmolzener Wachsfiguren bekamen. Diesen so gespenstischen wie wunderschönen Ort erreicht man auch per Boot.

Tauchen, Schnorcheln im offenen Meer und Touren zu Seelöwenkolonien lassen sich bei mehreren Firmen buchen, die Kioske unten am Wasser betreiben.

Schlafen & Essen

Eco Bungalows HÜTTEN **$$**

(624-158-97-31; www.tourscabopulmo.com; Cabo Pulmo; Hütte mit/ohne Bad 600/500 Mex$; P) Diese beiden ufernahen Solarstromhütten im *palapa*-Stil sind schlicht, aber nett eingerichtet. Von ihrem Eco-Adventures-Kiosk am Wasser aus organisieren die Eigentümer diverse Wassersportaktivitäten und Walbeobachtungen.

El Caballero MEXIKANISCH **$**

(Cabo Pulmo; Hauptgerichte 80 Mex$; Fr–Mi 7–22 Uhr) Serviert mexikanische Traditionsküche (u.a. hervorragende Fischtacos) in mächtigen Portionen.

Nancy's MEXIKANISCH **$$**

(in den USA 617-524-4440; Cabo Pulmo; Hauptgerichte 10–15 US$; P) Die nunmehr 80-jährige Nancy stammt ursprünglich aus Illinois und hat ihr B&B aufgegeben, um sich ganz auf ihr Restaurant mit Büchertauschbörse zu konzentrieren (sie hatte die Nase voll vom Bettenmachen). Auf der Terrasse unter den Bäumen kann man u.a. ihre Krabbenkuchen-Tacos oder vegetarischen Enchiladas probieren. Auf ihrem B&B-Grundstück soll ein Boutiquehotel entstehen.

Tito's MEXIKANISCH **$$**

(Cabo Pulmo; Buffet 14 US$; 8–20 Uhr; P) Das Restaurantschild am Ortseingang ist nicht zu übersehen. Das preisgünstige Samstagsbuffet umfasst eine Vorspeise, ein Hauptgericht (Fleisch, Seafood oder vegetarisch) und ein Dessert. Vor dem Essen empfiehlt sich ein Cocktail in der Hütte mit Seefahrtsdekor aus Walknochen und Angelfotos.

Reserva de la Biosfera Sierra de la Laguna

Hartgesottene Backpacker sollten ihre Wanderschuhe schnüren, die Wasserflaschen füllen und sich in die unberührte Wildnis der grünen, zerklüfteten Sierra de la Laguna aufmachen, einem Naturschutzgebiet südlich der Kreuzung von Transpeninsular und Hwy 19. Diese Gegend ist aber nichts für unerfahrene Wanderer oder diejenigen, die mit den besonderen Herausforderungen von Wüstenwanderungen nicht vertraut sind. Aber die Mühe lohnt sich: Es erwarten einen atemberaubende Ausblicke, hautnahe Begegnungen mit wilden Tieren, sowie eine einzigartige Wiesenlandschaft, die einst ein Seebett darstellte (davon leitet sich auch der Name der Gegend ab). Auf den Touren sollte man allerdings vorsichtig und wachsam sein, denn manchmal werden Wanderer von Pumas angegriffen – und bis zum nächsten Krankenhaus oder Arzt ist es ein weiter Weg. **Baja Sierra Adventures** (624-166-87-06; www.bajasierradventures.com) gehört zur winzigen Farm El Chorro und bietet ein- und mehrtägige Rad- und Trekkingtouren durch die einzigartige Landschaft an. Palapas Ventana (S. 788) veranstaltet ebenfalls Ausflüge in die Region.

San José del Cabo

624 / 70 000 EW.

San José del Cabo ist eine Art „sanfte" Schwester des „wilden" Cabo San Lucas. Hier kann man in aller Ruhe shoppen, es gibt eine hübsche Plaza, eine wunderschöne Kirche und ausgezeichnete Restaurants.

Mit der **Fiesta de San José** am 19. März feiert die Stadt ihren Schutzpatron.

Sehenswertes & Aktivitäten

San José del Cabo besteht aus dem eigentlichen San José (ca. 1,5 km landeinwärts gelegen) und einer Zona Hotelera. Letztere prägen große Strandhotels und hässliche Blocks mit Apartments bzw. Timesharing-Ferienwohnungen. Der Blvd Mijares zwischen beiden Bereichen ist eine Touristenmeile mit Restaurants und Kunstgalerien.

Die besten Badestrände – darunter die **Playa Santa María** bei Km 13 – liegen an der Straße nach Cabo San Lucas.

★ Iglesia San José KIRCHE
(variiert) An der weitläufigen Plaza Mijares erhebt sich die im Kolonialstil erbaute Iglesia San José, die an der Stelle der Misión San José del Cabo von 1730 errichtet wurde.

Arroyo San José FLUSS
Dieses Naturschutzgebiet wird von einer unterirdischen Quelle mit Wasser versorgt. Im 18. Jh. sollen sich hier Piraten zwischen ihren Angriffen auf spanische Galeonen versteckt haben. Parallel zu Fluss und Blvd Mijares verläuft der **Paseo del Estero** (Marschenpfad) bis hinüber zur Zona Hotelera.

Schlafen

Während der Hauptsaison im Winter muss man rechtzeitig reservieren.

Hotel Colli HOTEL $$
(624-142-07-25; www.hotelcolli.com; Hidalgo s/n; DZ/3BZ 650/850 Mex$;) Das familienfreundliche Colli mit seinen sonnengelb gestrichenen Zimmern ist seit drei Generationen in Familienbesitz. Zudem liegt es hervorragend: Bis zur Plaza sind's nur ein paar Schritte, während sich nebenan die beste Bäckerei der Stadt befindet.

Posada Terranova HOTEL $$
(624-142-05-34; www.hterranova.com.mx; Degollado s/n; Zi. inkl. Frühstück 700 Mex$;) Von einigen Zimmern dieser beliebten Institution blickt man auf das Pueblo. Zudem warten hier Kunst an den Wänden, hilfsbereites Personal (spricht Englisch) und ein gutes Restaurant.

★ Casa Natalia BOUTIQUEHOTEL $$$
(624-146-71-00; www.casanatalia.com; Blvd Mijares 4; DZ/Suite mit Whirlpool ab 165/295 US$;) Modernes Mobiliar und ebenerdige Bäder geben dem großartigen Natalia eine großstädtische Raffinesse. Die Zimmer am örtlichen Hauptplatz punkten mit Aussicht auf einen luxuriösen Pool mit gewundenem Wasserspiel. Das Restaurant ist gleichsam hervorragend.

Tropicana Inn HOTEL $$$
(624-142-15-80; www.tropicanainn.com.mx; Blvd Mijares 30; EZ/DZ inkl. Frühstück 1584/2376 Mex$;) Terracotta-Fliesen zieren die hübschen, geräumigen Zimmer mit todschicken Fliesenbädern in Grün und Orange. Unter den Extras sind jeweils Satelliten-TV, ein Kühlschrank und eine Kaffeemaschine. Im idyllischen Innenhof warten ein Riesenpool und der krächzende Papagei „Paco".

Essen

French Riviera BÄCKEREI, CAFÉ $$
(www.frenchrivieraloscabos.com; Ecke Hidalgo & Doblado; Gebäck 35 Mex$, Hauptgerichte 380 Mex$; 7–23 Uhr) Im französisch angehauchten French Riviera gibt es leckere Baguettes und Gebäck, *gelati* – perfekt an einem heißen Tag – sowie ausgezeichnetes Abendessen. Das thematisch passende Dekor sorgt für eine geschmackvoll romantische Atmosphäre.

Salsitas MEXIKANISCH, BAR $$
(624-142-67-87; Obregón 1732; Hauptgerichte 65–130 Mex$; 8–23 Uhr;) Ein idealer Ort, um der Hitze bei Margaritas und *antojitos* zu entgehen: Das typisch mexikanische Dekor besteht aus strahlenden Rosa- bzw. Rottönen, übergroßen Bildern und traditionellen Stühlen mit lederbezogenen Rückenteilen.

La Ostería MEDITERRAN $$
(Obregón 1907; Tapas 90–110 Mex$, Hauptgerichte ab 140 Mex$; 11–21 Uhr) Livemusik in einem grünen Innenhof macht La Ostería zu einem stimmungsvollen Plätzchen zum Essen, Trinken und Fröhlichsein. Zu empfehlen

San José del Cabo

sind Steak, Huhn und Fisch vom Grill oder die teilbaren Tapas-Teller mit 14 verschiedenen Häppchen (nur 200 Mex$).

★ Mi Cocina MEXIKANISCH, FUSION $$$

(☎ 624-146-71-00; Blvd Mijares 4; Hauptgerichte abends 190–260 Mex$; ⏲ Mi–Mo 15.30–22.30 Uhr; 📶) Das Mi Cocina im Hotel Casa Natalia ist San Josés nobelstes Lokal. Hierfür sorgen ein künstlerisches Dekor, himmlische Vorspeisen sowie einfallsreiche, meisterhafte Desserts (z.B. Vanillekuchen oder Basilikumeis).

Ausgehen

Auf der Plaza finden oft Festivals und andere Veranstaltungen statt – für Infos einfach beim eigenen Hotel nachfragen. Freunde durchfeierter Nächte begeben sich besser nach Cabo San Lucas.

Bar La Plaza BAR

(Plaza Mijares 19–20; Margaritas 80 Mex$; ⏲ 11–21 Uhr) Der kleine Mix aus Bar und Schmuckladen veranstaltet informative Tequila-Verkostungen unter der Leitung von Inhaber Jesus Icaza. Der schwört, dass ein Schlückchen Tequila am frühen Morgen das Leben verlängert (bestätigt von der 112-jährigen Großmutter seiner Ehefrau!). Die Margaritas sind ebenfalls ziemlich gut.

San José del Cabo

Highlights
1 Iglesia San José C1

Schlafen
2 Casa Natalia C1
3 Hotel Colli C1
4 Posada Terranova B1
5 Tropicana Inn C2

Essen
6 French Riviera C1
7 La Ostería C1
Mi Cocina .... (siehe 2)
8 Salsitas C1

Ausgehen & Nachtleben
9 Baja Brewing Co C1
10 Bar La Plaza C1

Shoppen
11 Cochi Art Gallery C1
12 Necri C1

Baja Brewing Co BRAUEREI

(www.bajabrewingcompany.com; Morelos 1227; ⏲ 12–1 Uhr) Hier gibt's regionale Biere in kneipenmäßiger Atmosphäre – u.a. können acht verschiedene Sorten (Glasgröße jeweils 4 oz bzw. 0,1 l) für nur 85 Mex$ probiert werden. Sehr beliebt sind das Raspberry Lager und das sehr starke Peyote Pale Ale.

BUSSE AB SAN JOSÉ DEL CABO

ZIEL	PREIS (MEX$)	DAUER (STD.)
Cabo San Lucas	27	1
Ensenada	1705	24
La Paz	250	3½
Los Barilles	90	1½
Tijuana	1850	28

Shoppen

Als selbsternannte Künstlermeile wird der Blvd Mijares von vielen Galerien, Ateliers und Läden gesäumt. Der hiesige Art Walk (Do 17–21 Uhr) wartet u.a. mit Atelierbesichtigungen und Weinproben auf.

Necri TÖPFERWAREN
(www.necri.com.mx; Obregón 17; ⌚10.30–20 Uhr) Necri zählt zu den ältesten Keramikläden in San José del Cabo. Das Angebot wird durch Zinnarbeiten, echten Talavera-Schmuck und Kunsthandwerk vom Festland ergänzt.

Cochi Art Gallery GALERIE
(☎624-127-47-02; Ecke Obregón & Morelos; ⌚Mo–Sa 9–18 Uhr) Präsentiert auffallende Malereien und Skulpturen eines Künstlers aus Oaxaca.

Praktische Informationen

Mehrere örtliche *casas de cambio* (Wechselstuben) haben ziemlich lange geöffnet.

IMSS Hospital (☎bei Notfällen 624-142-01-80, Terminvergabe 624-142-00-76; Ecke Calle Hidalgo & Calle Coronado)

Secretaria Municipal de Turismo (☎624-142-29-60, Durchwahl 150; Transpeninsular; ⌚Mo–Sa 8–17 Uhr) Verteilt Broschüren und Stadtpläne.

An- & Weiterreise

AUTO & MOTORRAD

Am Flughafen sind die üblichen Autovermietungen ansässig. Die Preise beginnen bei etwa 600 Mex$ pro Tag.

BUS

Hauptbusbahnhof (☎624-130-73-39; González Conseco s/n) Östlich der Transpeninsular.

FLUGZEUG

Aéreo Calafia (☎624-143-43-02; www.aereocalafia.com.mx) Fliegt nach Los Mochis, Loreto und Mazatlán.

Aeroméxico (☎624-146-50-98; www.aeromexico.com) Bedient täglich Los Angeles, viele Flughäfen auf dem mexikanischen Festland und internationale Ziele mit Stopp in Mexico City.

Aeropuerto Internacional de Los Cabos (☎624-146-51-11; www.aeropuertosgap.com.mx; Carretera Transpeninsular bei Km 43,5) Der Flughafen liegt nördlich von San José del Cabo und ist auch für Cabo San Lucas zuständig. Alle Fluglinien sind vor Ort vertreten.

Unterwegs vor Ort

Taxifahrer müssen die gesetzlich vorgeschriebenen Preise aushängen. Der offizielle staatliche Anbieter bringt einen mit hellgelben Taxis und Kleinbussen für etwa 250 Mex$ zum Flughafen. Regionalbusse vom zentralen Busbahnhof zur Flughafenkreuzung kosten etwa 25 Mex$, dafür muss man aber eine halbe Stunde zu Fuß bis zum Terminal laufen. Die Mautgebühr auf der Straße von der Transpeninsular bis zum Flughafen beträgt 30 Mex$.

Los Cabos Corridor

Nirgendwo sonst auf Baja verschwindet die Wüste schneller als im Los Cabos Corridor, der einst spektakuläre Küste zwischen San José del Cabo und Cabo San Lucas. Die Küste säumen nun Nullachtfünfzehn-Ferienresorts, amerikanische Fastfoodketten, wasserverschwendende Golfplätze und All-Inclusive-Hotels.

Erfahrenen Surfern zufolge brauchen die Riffe und die Brandung an der **Costa Azul** (auch Zippers genannt) im Sommer den Vergleich mit Hawaii nicht zu scheuen. Die Riffe bei der **Playa Chileno** bieten sich zum Tauchen an. Die **Playa Santa María** bei Km 13 gehört zu den besten Badestränden der Gegend.

Cabo San Lucas

☎624 / 68 500 EW.

Wer einmal alle Hemmungen über Bord werfen möchte, ist in Cabo in bester Gesellschaft. Wo sonst organisieren Nachtclubs Polonaisen, damit Kellner die Tänzer besser mit Tequila abfüllen können? Dessen ungeachtet verströmt Cabo San Lucas seinen ganz eigenen Charme. Die Strände sind durch das schöne Land's End geschützt, und an Möglichkeiten für Aktivitäten mangelt es hier auch nicht: Jetski, Bananenbootfahrten, Parasailing, Schnorcheln, Kitesurfen, Tauchen und Reiten werden direkt am Strand angeboten. Lässt man mit einem Mietwagen die Stadt hinter sich, ist man nach kurzer Zeit von majestätischen Cardón-Kakteen, Geierfalken und geheimnisvollen *arroyos* umgeben, die mindestens so eindrucksvoll sind wie der verrückte Club, in dem man die Nacht durchgefeiert hat.

Sehenswertes

★ Land's End WAHRZEICHEN
(150 Mex$) Land's End ist bei Weitem die beeindruckendste Sehenswürdigkeit, die Cabo zu bieten hat. Mit einer *panga* (150 Mex$) geht's hinaus zum **El Arco** (der Bogen). Der zerklüftete Felsbogen verschwindet bei Flut teilweise im Wasser. Die Pelikane, die Seelöwen, das Meer und der Himmel waren es, die die Menschen schon immer nach Cabo gelockt haben, und trotz gigantischer Kreuzfahrtschiffe, die vor der Kulisse ankern, hat sich die Gegend ihren Zauber bewahrt.

Strände

Mit ihrem ruhigen Wasser lädt die **Playa Médano**, die sich vor dem ehemaligen Hacienda Beach Resort an der Bahía de Cabo San Lucas erstreckt, zum Sonnenbaden ein. Die hübsche **Playa Solmar** am Pazifik ist dagegen berühmt-berüchtigt für ihre Brecher und starken Strömungen. Auch die beinahe unberührte **Playa del Amor** („Strand der Liebe"; Wassertaxi von Playa Médano oder Plaza Las Glorias Docks) sollte man nicht versäumen. Sie liegt in der Nähe von Land's End und ist mit dem Boot zu erreichen (hin & zurück 150 Mex$). Da ist natürlich auch die **Playa del Divorcio** („Scheidungsstrand") auf der anderen Pazifikseite nicht fern…

Aktivitäten

Die besten Tauchspots sind der **Roca Pelícano**, die Seelöwenkolonie vor dem Land's End und das Riff vor der **Playa Chileno**, die östlich der Stadt an der Bahía Chileno liegt.Angeboten werden u.a. Tauchgänge mit zwei Flaschen (ca. 1100 Mex$) und vollumfängliche PADI-Zertifikatskurse (ab 4000 Mex$). **Tio Sports** (☎624-143-33-99; www.tiosports.com; Playa Médano; Sporttauchen ab 50 US$/Std.) an der Playa Médano gehört zu den größten örtlichen Wassersportanbietern. Es gibt aber zahlreiche Alternativen.

Überraschend gute Schnorcheltouren sind direkt ab der Playa del Amor möglich: Dort einfach in Richtung Jachthafen schwimmen. Leihausrüstung (Maske, Schnorchel, Flossen) kostet ca. 150 Mex$ pro Tag. *Panga*-Skipper verlangen etwa

CABO IN…

…zwei Tagen

Zunächst fährt man mit einer *panga* zur **Playa del Amor** (S. 793) und schaut sich gleich noch **El Arco** (den Bogen; S. 793) an. Nach einer kurzen Auszeit oder einer Runde Schnorcheln geht's wieder zurück, um einen Happen zu essen oder eine Margarita zu genießen. Bei einem Cocktail nimmt man dann an einer traumhaften **Sonnenuntergangstour** teil und lässt den Abend im **Cabo Wabo** (S. 796) ausklingen. Am nächsten Tag steht entweder eine geruhsame Shoppingtour in **San José del Cabo** auf dem Programm oder man wird aktiv und surft in **Los Cerritos** oder taucht in **Cabo Pulmo**.

…vier Tagen

In vier Tagen kann man das alles ganz in Ruhe genießen. Oder man leiht sich einen fahrbaren Untersatz und fährt zum Southern Cape. Los geht's in Richtung Osten durch **San José del Cabo** und weiter über die traumhafte Strecke zum Eastern Cape, eine der besten Routen Bajas abseits der Touristenpfade. Schnorcheln, tauchen und übernachten kann man in **Cabo Pulmo**, bevor es am zweiten Tag in Richtung Norden weiter geht nach **La Paz**. Wer gern wandert, sollte sich auf den Weg zur **Sierra de la Laguna** machen. Tag drei verbringt man dann in den schicken Galerien und exzellenten Restaurants von **Todos Santos** oder auf dem **Surfbrett**. Am vierten Tag geht's zurück nach Cabo San Lucas. Krönender Abschluss ist ein originelles Essen im **La Fonda** oder eine entspannte **Sonnenuntergangstour**.

Cabo San Lucas

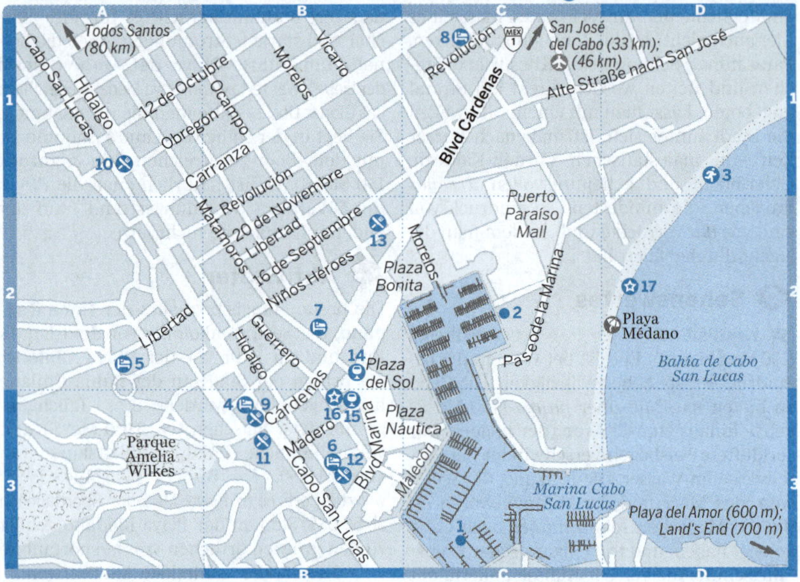

120 Mex$ (hin & zurück) plus Trinkgeld (obligatorisch), wenn man direkt mit ihnen verhandelt.

Geführte Touren

Ecocat BOOTSFAHRT

(☎ 624-157-46-85; www.caboecotours.com; Kai N-12; Touren ab 40 US$/Pers.) Viele verschiedene Touren (z.B. Schnorcheln, Walbeobachtungen, zweistündige Segeltörns zu Sonnenuntergang) mit einem riesigen Katamaran.

La Princesa BOOTSFAHRT

(☎ 624-143-76-76; www.laprincesacharters.com; Kai M-O; Touren ab 49 US$/Pers.) Hinter dem Hotel Costa Real warten hier diverse Tages-Pauschalangebote (z.B. Sonnenuntergangsfahrten mit Essen und Wein).

Feste & Events

Angelwettbewerbe ANGELN

Im Oktober und November finden in Cabo San Lucas die beliebten Angelwettbewerbe statt. Die bekanntesten sind der **Gold Cup**, **Bisbee's Black & Blue Marlin Jackpot** und der **Cabo Tuna Jackpot**.

Sammy Hagar's Birthday Party TANZ

(Cabo Wabo) Anfang Oktober findet dieses Event mit viel Alkohol und Tanz statt. Um dabei zu sein, ist eine (kostenlose) Einladung erforderlich – einfach an der Rezeption größerer Hotels nachfragen oder auf Flyer achten.

Día de San Lucas RELIGION

Ein lokales Fest am 18. Oktober, an dem der Schutzheilige der Stadt gefeiert wird, mit Feuerwerk, Imbissständen und Partystimmung.

Schlafen

Die Auswahl an Unterkünften in Cabo ist groß.

Baja's Cactus Hotel & Hostel HOTEL, HOSTEL $

(☎ 624-105-07-11; www.bajacactushostel.com; Ecke Cabo San Lucas & 5 de Mayo; B/DZ inkl. Frühstück 250/600 Mex$; P ❄ 📶) Dieser Hotel-Hostel-Mix mit Gemeinschaftsküche ist die preiswerteste örtliche Bleibe. In den geräumigen, klimatisierten Schlafsälen mit Fliesenböden und eigenen Bädern stehen jeweils drei normale Betten. Die große Terrasse mit Hängematten und Grillgelegenheit bietet viel Platz zum Relaxen. Die Doppelzimmer wirken für ihren Preis jedoch etwas abgenutzt.

Hotel Olas HOTEL $

(☎ 624-143-17-80; Ecke Revolución & Farias s/n; Zi. 400 Mex$; P ❄ 📶) Die einfachen, sauberen Zimmer des sicheren Hotels haben ein gu-

Cabo San Lucas

Aktivitäten, Kurse & Touren

- 1 Ecocat C3
- 2 La Princesa C2
- 3 Tio Sports D1

Schlafen

- 4 Baja's Cactus Hotel & Hostel B3
- 5 Bungalows Breakfast Inn A2
- 6 Casa Bella B3
- 7 Hotel Los Milagros B2
- 8 Hotel Olas C1

Essen

- 9 Jo's Garden B3
- 10 La Fonda A1
- 11 Mi Casa B3
- 12 Pancho's B3
- 13 Venado B2

Ausgehen & Nachtleben

- 14 Canela B2
- 15 Slim's Elbow Room B3

Unterhaltung

- 16 Cabo Wabo B3
- 17 Mango Deck D2

Shoppen

- Mercado Mexicano ..... (siehe 12)

tes Preis-Leistungs-Verhältnis für Cabo. Der großväterliche Eigentümer weiß sehr viel über Baja und spricht etwas Englisch. Mit maritimen Elementen (u. a. Mördermuschelschalen) sorgt das Dekor für Strandurlaubsstimmung.

★ Bungalows Breakfast Inn B&B $$$

(☎624-143-05-85; www.thebungalowshotel.com; Ecke Libertad & Herrera; Bungalows inkl. Frühstück 95–195 US$, Suite inkl. Frühstück 145–210 US$;) Äußerst aufmerksamer Service, gutes Frühstück, geschmackvoll eingerichtete Zimmer, duftende, palmgedeckte *palapas,* Hängematten und ein Swimmingpool mit mildem, salzfreiem Wasser heben dieses B&B von der Konkurrenz ab. Frische Smoothies, Fruchtsäfte, ausgezeichneter Kaffee und das zuvorkommende zweisprachige Personal tragen dazu bei, dass man sich in den Bungalows wie zu Hause fühlt. Die wunderbare selbstgemachte Seife ist nur eines von vielen kleinen Details, die einen großartigen Aufenthalt versprechen.

Casa Bella HOTEL $$$

(☎624-143-64-00; www.casabellahotel.com; Hidalgo 10; DZ ab 160 US$;) Das Hotel im Hacienda-Stil ist von stark besuchten Terrassenrestaurants und Souvenirshops umgeben. Die sonnenverbrannte, ockerfarbene Fassade und der Tropengarten mit alten Bäumen versetzen Gäste jedoch wirklich in eine ganz andere Welt. Die Zimmer sind individuell mit Antiquitäten eingerichtet und haben großartige XXL-Bäder.

Hotel Los Milagros HOTEL $$$

(☎624-143-45-66, in den USA 718-928-6647; www.losmilagros.com.mx; Matamoros 116; DZ/Suite ab 85/125 Mex$;) Der ruhige Innenhof und zwölf individuell eingerichtete Zimmer sind perfekt für alle, die keine Lust mehr auf Cabos Partyleben haben. Ein Wüstengarten mit Leguanen, ein traumhafter, tiefblauer Pool sowie freundlicher, zuvorkommender Service sorgen für einen unvergesslichen Aufenthalt.

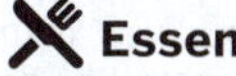

Essen

Cabos Gastrospektrum reicht von schlichten Tacoständen bis zu Gourmetrestaurants.

Venado TACOS $

(☎624-147-69-21; Niños Héroes zw. Zaragoza & Morelos; Hauptgerichte abends 50–90 Mex$; ⏲11–7 Uhr) Das Venado hat die ganze Nacht lang geöffnet; von 3 Uhr bis Sonnenaufgang herrscht hier Hochbetrieb. Auf den Tisch kommen leckere Fischtacos, frische Salsas und andere *antojitos.* Wenn wenig los ist, werfen die freundlichen Kellnerinnen eventuell eine Münze in die Jukebox und fordern einen zum Tanzen auf.

Jo's Garden ITALIENISCH $$

(☎624-157-51-18; Ecke Cárdenas & Cabo San Lucas; Pizzas 80–150 Mex$; ⏲Di–So 17–22 Uhr) In dieser Ecke eine Seltenheit: dünnkrustige, authentisch italienische Pizza aus dem traditionellen Holzofen. Die kann man entweder mitnehmen oder an den paar Tischen auf der Freiluftterrasse vertilgen. Das schlichte Lokal verkauft zudem wunderbar rustikale Töpfe und Einrichtungsgegenstände.

Mi Casa MEXIKANISCH $$$

(www.micasarestaurant.com.mx; Ecke Cárdenas & Cabo San Lucas; Hauptgerichte 230–250 Mex$; ⏲10–23 Uhr) Wirklich umwerfend: Das Innere erinnert an einen Innenhof mit Räumen auf mehreren Ebenen. Zudem scheint das Ambiente aus einem mexikanischen Musical der 1950er-Jahre zu stammen – inklusive Pflanzen, Statuen, Korblampen, volkstümlichen Wandbildern, umherziehenden Mariachis und Figürchen für den Día de Muertos. Am besten eines der Traditionsgerichte wie das *e mole poblano* (Huhn mit *mole*-Sauce) bestellen.

La Fonda MEXIKANISCH $$$
(☎624-143-69-26; Ecke Hidalgo & Obregón; Gerichte 140–250 Mex$; ⏲14–22.30 Uhr) Fantastische mexikanische Küche, die nichts mit *antojitos* zu tun hat. Man sollte unbedingt die cremige *poblano*-Suppe mit Kürbisblüten oder das mit *huitlacoche* (Maispilzen) gefüllte Hähnchen probieren. Die „Don Julio"-Margarita gehört zu den besten Bajas.

Pancho's MEXIKANISCH, BAR $$$
(☎624-143-28-91; www.panchos.com; Ecke Hidalgo & Zapata; Hauptgerichte abends 220–300 Mex$, Hummer 420 Mex$, Tequila-Verkostung 700 Mex$) Das Pancho's bietet nicht nur jede Menge Partyatmosphäre, Mariachi-Musik, gutes Essen und appetitliche Düfte vom offenen Grill: Es bringt einem auch alles bei, was man schon immer über Tequila wissen wollte. Die Verkostung entspricht quasi einem Intensivkurs, dessen Teilnehmer am Ende einen Rausch statt eines Zertifikats bekommen.

Ausgehen & Nachtleben

Achtung, Vorwarnung: In dieser stolzen Partystadt wird rund um die Uhr kräftig gebechert und gefeiert.

Canela BAR
(Plaza del Sol; ⏲8–23 Uhr) Nobler als die meisten anderen Bars der Stadt: Schummerlicht, rustikale Möbel und ein Día-de-Muertos-Thema (so seltsam wie unterhaltsam) schaffen hier das Ambiente für Corona-Bier oder Cocktails.

Cabo Wabo NACHTCLUB, LIVEMUSIK
(☎624-143-11-88; www.cabowabo.com; Ecke Calle Guerrero & Madero) Rocklegende Sammy Hagar (Ex-Sänger von Van Halen) ist der Gründer von Cabos bekanntestem Bar-Club mit Livemusik.

Slim's Elbow Room BAR
(Blvd. Marina s/n; ⏲10–24 Uhr) Im Schatten des Cabo Wabo ist diese Bar, deren Wände mit Dollarnoten und Kritzeleien der Gäste tapeziert sind, leicht zu übersehen. Laut eigener Aussage ist sie die kleinste Bar der Welt. Und bei nur vier Sitz- und zwei Stehplätzen klingt das plausibel. Ein Schuss vom Vanillelikör ist seinen Preis allemal wert.

Mango Deck NACHTCLUB
(☎624-144-49-19; Playa Médano) Hier kann man hervorragend Leute beobachten und direkt am Strand eine Margarita bei Sonnenuntergang genießen. Für diejenigen, die gerne mal einen Bissen Strandsand probieren wollen, gibt es sogar einen mechanischen Bullen.

Shoppen

Mercado Mexicano MARKT
(Ecke Hidalgo & Zapata) Der weitläufige Markt ist Cabos vielfältigstes Shoppingpflaster. Zahlreiche Stände verkaufen hier Kunsthandwerk aus ganz Mexiko.

ℹ Praktische Informationen

Dass es in Cabo keine staatlichen Touristeninformationen gibt und die Infostände von Immobilienagenturen und Hotels betrieben werden, zeigt ziemlich eindeutig, wer hier das Sagen hat. Die Mitarbeiter sind freundlich und helfen mit Karten und Infos weiter, allerdings sind sie auf Provisionen für die Vermietung von Timesharing-Wohnungen angewiesen. Man sollte sich also auf bestimmte, manchmal flehentliche Versuche einstellen, einen vom Besuch einer solchen Wohnung zu überzeugen. Aber Achtung: Diese scheinbar kostenlosen Angebote sollte man ausschlagen, weil man dabei nur kostbare Urlaubszeit verschwendet.

Es gibt zahlreiche Internetcafés. Viele Hotels haben zudem in der Lobby einen oder mehrere Computer, die jeder benutzen kann. Wie immer gilt: Je weiter man vom Meer entfernt ist, desto billiger wird's.

All About Cabo (www.allaboutcabo.com) Nützliche Touristen-Website.

Amerimed American Hospital (☎624-143-96-70; Blvd. Cárdenas) Beim Paseo de la Marina.

Touristennotruf (☎078)

BUSSE AB CABO SAN LUCAS

ZIEL	PREIS (MEX$)	DAUER (STD.)
La Paz	216	3
Loreto	810	8¾
San José del Cabo	27	1
Tijuana	1800	27
Todos Santos	110	1

An- & Weiterreise

Einwanderungsbüro (☎624-143-01-35; Ecke Blvd Cárdenas & Farías; ⌚Mo–Sa 9–13 Uhr) Nahe dem Zentrum von Cabo San Lucas.

Auto & Motorrad

Zahlreiche Autovermietungen betreiben Stände entlang des Paseo de la Marina und an anderen Standorten der Stadt. Die Preise starten bei 70 Mex$ pro Tag.

BUS

Das firmeneigene Terminal von **Águila** (www.autotransportesaguila.net; Hwy 19; ⌚24 Std.) liegt nördlich des Zentrums an der Todos-Santos-Kreuzung. Weitere Fahrzeuge starten am **Busbahnhof**, den man 40 Gehminuten nordwestlich der Touristen- und Uferzone findet.

FLUGZEUG

Der nächstgelegene Flughafen befindet sich in San José del Cabo (S. 790).

Unterwegs vor Ort

Der **Flughafenshuttlebus** (☎624-146-53-93; 150 Mex$/Pers.) startet zwischen 10 und 16 Uhr alle zwei Stunden an der Plaza Bonita oder der Plaza Náutica. Taxivanfahrten innerhalb des Stadtgebiets kosten zwischen 70 und 100 Mex$, zum Flughafen muss man etwa 800 Mex$ berappen. Die Flughafenshuttlevans (150 Mex$) bringen einen zum Hotel. Die Agenten für Timesharing-Angebote sollte man einfach ignorieren.

Todos Santos

☎612 / 5200 EW.

Todos Santos ist eine der zeizvollsten Städte von Baja, vielleicht sogar von ganz Mexiko. Als verrückter Mix aus Einheimischen, Fischern, Surfern und New Age-Spiritualisten ist die Stadt „aller Heiligen" bis jetzt dem wuchernden Tourismus anderer Küstenstädte entkommen, obwohl sie genug zu bieten hat. Man stelle sich also Taos Pueblo in New Mexico vor, bevor Ansel Adams und Georgia O'Keefe es überall bekannt machten. Man muss sich aber dennoch auf hohe Preise einstellen.

Der neue Wohlstand spiegelt allerdings nicht die Geschichte von Todos Santos wider. Die Misión Santa Rosa de Todos los Santos wurde 1723 gegründet und während des Pericú-Aufstands 1734 nahezu zerstört. Bis zur endgültigen Aufgabe 1840 fristete sie ein kärgliches Dasein. Ende des 19. Jhs. hatte sich Todos Santos dann zu einer reichen Zuckerstadt mit mehreren *trapiches* (Mühlen) gemausert. Weil aber der Grundwasserspiegel sank, ist dieser „durstige" Industriezweig heute fast ganz verschwunden. In manchen Stadtteilen sind die bröckelnden, fotowürdigen Überreste noch zu bewundern.

Wie viele andere Teile Bajas verändert sich auch Todos Santos. Auf dem neuen vierspurigen Highway kann man eben mal nach Cabo flitzen, und die regionale Entwicklung ist rasant. Man sollte schnell herkommen, bevor nichts mehr ist, wie es mal war.

ABSTECHER

PUNTA LOBOS

An diesem schlichten, leicht abgelegenen Sandstrand bei Todos Santos (nach der örtlichen Seelöwenkolonie benannt) lassen Fischer ihre *pangas* zu Wasser. Von etwa 13 bis 15 Uhr kann man hier fangfrischen Fisch für die heimische Zubereitung direkt vom Boot kaufen. Pelikane kämpfen um die Reste, während sich ein Wanderpfad hinauf zu einem unvergleichlich schönen Aussichtspunkt schlängelt.

Sehenswertes & Aktivitäten

Centro Cultural MUSEUM
(☎612-145-00-41; Juárez; ⌚Mo–Fr 8–20, Sa & So 9–16 Uhr) GRATIS Diese frühere Schule beherbergt u. a. ein paar interessante Wandbilder (entstanden 1933) mit nationalistischer bzw. revolutionärer Aussage. Die kunterbunte Museumssammlung umfasst auch faszinierende alte Fotos, regionale Artefakte und den Nachbau eines Bauernhauses. Man beachte den von der Decke herabhängenden „Wiegenkäfig"!

Trapiches

Viele der früheren *trapiches* (Mühlen) im Umkreis der Stadt dienen inzwischen neuen Zwecken. Dazu gehört auch das **Teatro Cine General Manuel Márquez de León**, das mit Blick auf die Plaza an der Legaspi liegt. Weitere Beispiele sind die **Molino El Progreso** (Ruine des ehemaligen Restaurants El Molino) oder die **Molino de los Santana** an der Juárez gegenüber vom Krankenhaus.

Surfen

Hier bekommen Surfer einige der tollsten Wellen auf Baja geboten. **San Pedrito** braucht einen Vergleich mit Hawaii nicht zu scheuen (selbst Seeigel gibt's hier). Und die perfekte Welle wird mit einem Adlerrochen,

DIE PERFEKTE WELLE

Die Baja-Halbinsel ist mit ihren Pazifikwellen ein Surferparadies, in dem man auch an schlechten Tagen Spaß haben kann. Bretter können für rund 250 Mex$ in den Surfshops ausgeliehen werden. Aber Vorsicht: Die Brandung, die Soge und die gigantischen Wellen können selbst erfahrenen Surfern gefährlich werden. Tolle Surfbedingungen findet man an folgenden Standorten:

➡ **Costa Azul** (S. 792) Man könnte hier zwar auch ein paar Wellen mehr vertragen, trotzdem kann der Durchschnittssurfer viel Spaß haben und die Cabos sind auch nicht weit.

➡ **Los Cerritos** (S. 798) Wunderbarer Sand, gute Pazifikwellen, heitere Stimmung und Adlerrochen – genau der richtige Strand für Anfänger.

➡ **San Miguel** (S. 765) Felsiger Strand mit toller Brandung, die bei hohem Wellengang für fantastische Surfbedingungen sorgt. Könner kommen auch auf der Isla de Todos Santos auf ihre Kosten.

Weitere Infos zum Thema gibt's in Mike Parises nüchternem *Surfer's Guide to Baja*. Surfkurse kann man bei der Mario Surf School buchen (S. 798).

der unter dem Brett über den Sand gleitet, noch interessanter. Man kann aber auch mit anderen freundlichen Zeitgenossen einfach nur am **Los Cerritos** relaxen und zuschauen, wie die knallrote Sonne im Pazifik verschwindet. Surfbretter verleiht das Pescadero Surf Camp in der Nähe des Strandes für 150 Mex$ am Tag. Mario Becerils **Mario Surf School** (☎612-142-61-56; www.mariosurfschool.com; Surfunterricht 1 Std. ab 50 US$; 👪) bietet sehr gute Kurse für alle Niveaus in der Gegend von Todos Santos und Pescadero an.

Feste & Events

Anfang Feburar steigt in Todos Santos das zweitägige **Festival de Artes**. Während des übrigen Jahres kann man einheimische Künstler in ihren Ateliers besuchen. Zudem gibt's hier zahlreiche Galerien.

Schlafen

Pescadero Surf Camp HÜTTEN $

(☎612-130-30-32; www.pescaderosurf.com; Hwy 19 bei Km 64; Hütte 400–550 Mex$, Penthouse 750 Mex$, Stellplatz 120 Mex$/Pers.; P @) Die einzige örtliche Budgetoption ist freundlich und hilfsbereit. Sie bietet alles Nötige für Surfer – Leihausrüstung, Kurse, Tipps, eine Gemeinschaftsküche und sogar eine direkt anschwimmbare Bar (Alkohol selbst mitbringen).

★ **Posada La Poza** SUITEN $$$

(☎612-145-04-00; www.lapoza.com; Camino a la Poza 282; Suite inkl. Frühstück 210–520 US$; P) Das hübsche Nobelhotel direkt am Pazifik kombiniert mexikanische Gastfreundschaft mit Schweizer Qualitätsansprüchen. Mit dem Salzwasserpool, der Süßwasserlagune, dem üppig bewachsenen Garten und dem ausgezeichneten Restaurant mit einer erstklassigen mexikanischen Weinkarte hebt es sich deutlich von der Konkurrenz ab. Allen Stress vergisst man in der mexikanischen Schwitzhütte und im Salzwasser-Whirlpool. Keine TVs

Hotel California HOTEL $$$

(☎612-145-05-25; Juárez s/n; Zi. 1585 Mex$;) Dieses Hotel California hat von dem legendären Eagles-Song am meisten profitiert. Dennoch steht es mehr für kultivierte Raffinesse als für wilden Rock'n'Roll. Vor allem die Gemeinschaftsbereiche wirken großartig – insbesondere am Pool, der von dichtem Grün, hohen Palmen und blutroten Hibiskusstauden umgeben ist. Geschmackvolle Kunst ziert das ganze Haus, dessen hübsche Zimmer traditionell eingerichtet sind.

Hotel Casa Tota BOUTIQUEHOTEL $$$

(☎612-145-05-90; www.hotelcasatota.com; Obregon s/n; Zi. 1539 Mex$;) Minimalistisches Dekor, Erdtöne und todschicke abstrakte Kunst geben den Zimmern das Aussehen eines New Yorker Penthouses. Hierzu tragen auch die steife weiße Bettwäsche, die Bäder mit wunderschönen Mosaikfliesen und die industrielle Eleganz von hochglanzpolierten Betonelementen bei. Rund um den zentralen Pool findet man hohe Palmen, zwei Sonnenterrassen und ein Spitzenrestaurant mit den wohl besten Eggs Benedict der Stadt.

Todos Santos Inn MOTEL **$$$**
(612-145-00-40; www.todossantosinn.com; Legaspi 33; DZ 125–225 US$;) Dieses Motel in US-Besitz befindet sich in einem restaurierten Backsteinbau aus dem 19. Jh. Die lediglich acht netten Zimmer punkten mit Himmelbetten und luxuriösem Ambiente. Im grünen Innenhof mit Tropenpflanzen versteckt sich ein Minipool.

Essen

Günstige Tacostände säumen die Heróico Colegio Militar.

★ **Fonda El Zaguán** MEXIKANISCH **$$**
(Juaréz s/n; Hauptgerichte 125–165 Mex$; Mo–Sa 12–21 Uhr;) Kreative mexikanische Küche mit gutem Preis-Leistungs-Verhältnis macht dies zu einem der beliebtesten Lokale an der Hauptstraße. Idealerweise ordert man ein Tagesgericht (z. B. Bio-Salat mit Grilltofu oder in Mango-*beurre-blanc* sautiertes Fischfilet) und legt dann mit einer Bitter-Orange-Margarita (70 Mex$) noch einen oben drauf. Lecker!

Ristorante Tre Galline ITALIENISCH **$$**
(612-145-02-74; Ecke Topete & Juaréz; Hauptgerichte abends 140–320 Mex$; Mo–Sa 12–22 Uhr) Die Tische des hübschen Restaurants in italienischem Besitz stehen auf absteigend angeordneten Terrassen. So genießen Gäste jeweils etwas mehr Privatsphäre, während Kerzenlicht zum Ambiente beiträgt. Besonders lecker sind die Seafood-Platten; die Nudeln werden täglich frisch hergestellt.

★ **Café Santa Fe** ITALIENISCH **$$$**
(612-145-03-40; Centenario 4; Hauptgerichte abends 180–440 Mex$; Mi–Mo 12–21 Uhr) Die *insalata Mediterranea* (gedämpfte Meeresfrüchte mit Zitronensaft und Öl) wird auch den ärgsten Meeresfrüchtehasser bekehren. Durch die offene Küche, die der Besitzer selbst entworfen hat, kann man zusehen, wie das Essen zubereitet wird. Die Speisekarte ist ein einziger kulinarischer Höhenflug.

Wer sich nicht entscheiden kann, der sollte die Muscheln in Wein probieren, oder eines der Gerichte mit selbstgemachten Ravioli, die mit Hummer, Fleisch oder Spinat und Ricotta gefüllt sind.

El Gusto! FUSION, MEXIKANISCH **$$$**
(612-145-04-00; www.lapoza.com; Posada La Poza, Camino a la Poza 282; Hauptgerichte 180–240 Mex$, Specials 350 Mex$; Fr–Mi 12–15 & 19–22 Uhr;) Das wunderschöne Lokal wurde kürzlich unter die besten Adressen zum Genießen des Sonnenuntergangs über dem Pazifik gewählt. Margaritas lassen sich entweder auf der Terrasse oder im hübsch eingerichteten Speiseraum schlürfen. Während der Saison fällt der Blick der Gäste zudem auf vorbeiziehende Wale. Auf der langen Weinkarte stehen Mexikos beste Lesen. Reservierung ist ratsam.

Shoppen

Vor allem rund um die Plaza kann man zahlreiche Galerien durchstöbern.

Alas y Olas SOUVENIRS
(Juarez 205; Mo–Sa 10.30–17 Uhr) Der US-amerikanische Inhaber unterstützt Frauenkooperativen in Chiapas and Guatemala. Dort entstehen viele der schön bestickten Kleidungsstücke bzw. Textilien.

Agua y Sol Joyeria SCHMUCK
(Ecke Centenario & Analia Gutiérrez; 10–17 Uhr) Der erschwingliche Silberschmuck mit ein paar großartigen, ungewöhnlichen Designs stammt von einheimischen Kunsthandwerkern.

Praktische Informationen

Cafélix (612-145-05-68; Juárez 4; Gratis-WLAN für Gäste; 8–21 Uhr;) Super Frühstück, hervorragender Kaffee und Gratis-WLAN.

El Tecolote (612-145-02-95; Ecke Juárez & Av Hidalgo) Vor Ort gibt's keine offizielle Touristeninformation. Bei diesem Buchladen sind neben englischsprachigen Titeln jedoch auch Zeitschriften mit Stadtplänen und Lageskizzen der umliegenden Strände erhältlich.

An- & Weiterreise

Von der **Bushaltestelle** (612-148-02-89; Heróico Colegio Militar; 7–22 Uhr) zwischen der Zaragoza und der Morelos fahren zwischen 6.30 und 22.30 Uhr stündlich Busse nach La Paz (90 Mex$, 1½ Std.) und Cabo San Lucas (110 Mex$, 1 Std.).

Barranca del Cobre & Nördliches Mexiko

Inhalt ➡

Gut essen

- Bonifacio's (S. 813)
- Teresitas (S. 816)
- La Casa de los Milagros (S. 840)
- La Galería Café (S. 862)

Schön übernachten

- Yeccan (S. 861)
- Hotel San Felipe El Real (S. 839)
- Hotel Luz del Sol (S. 815)
- Riverside Lodge (S. 834)

Auf zur Barranca del Cobre & ins nördliche Mexiko!

Willkommen im ultimativen Grenzland: Mexikos wilder Norden lockte jahrhundertelang Revolutionäre, Banditen, Gesetzeshüter und Gesetzesbrecher an. Die Landschaft kam ihnen zupass, weil sich Nordamerikas zweitgrößte Wüste und einige der weltweit tiefsten und spektakulärsten Schluchten perfekt als Versteck eignen. In der dramatischen Kulisse wurden zudem viele Hollywood-Western gedreht.

Im Norden treten Mexikos größte Gegensätze zutage. In der Barranca del Cobre, dem Highlight der Region, das man am besten mit dem Zug durchquert, reicht die Klimabandbreite von alpin bis subtropisch. Hier trifft man sowohl auf die modernste, an Kultur reichste Stadt Monterreys als auch auf die ursprünglichsten indigenen Stämme. Da würde man am liebsten gar nicht mehr abreisen!

Reisezeit

Chihuahua

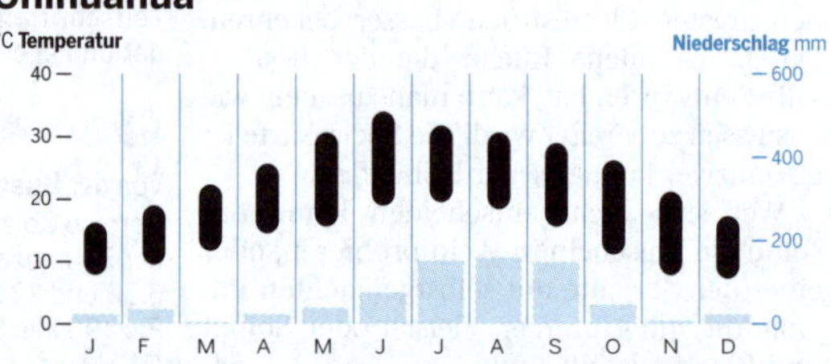

Juni & Juli Starke Regenfälle; bedeutende Feste wie Las Jornadas Villistas in Hidalgo del Parral.

Ende Sept.–Okt. Tagsüber angenehm warm; gut, um die blühende Barranca del Cobre zu sehen.

Dez. & Jan. Das milde Wetter an der Pazifikküste macht die Region zum beliebten Ziel für den Winter.

Geschichte

Vor der Ankunft der Spanier hatte die Bevölkerung Nordmexikos deutlich mehr mit den Pueblo-Indianern (früher „Anasazi" genannt) und anderen Kulturen aus dem Südwesten der USA gemein als mit denen Zentralmexikos. Paquimé war die wichtigste Stadt der Region, und bis zu ihrer Zerstörung um 1340 n. Chr. ein bedeutendes Handelszentrum zwischen Zentralmexiko und dem trockenen Norden. In Siedlungen außerhalb der Stadt wurden Wohnstätten zum Schutz vor Angreifern in die Felsen gebaut.

Im 16. Jh. kamen spanische Sklavenhändler und Entdecker auf der Suche nach Gold in den Norden. Ihre Bilanz war jedoch durchwachsen: Im Nordwesten trafen sie auf indigene Völker, darunter die Opata, die Seri, die Yaqui und die Mayo. Anstelle der sagenumwobenen Provinz Cíbola mit ihren sieben Städten aus Gold fanden die Spanier Silber und ließen die indigene Bevölkerung als Sklaven in den Minen arbeiten. So entstanden wohlhabende Minenstädte wie Álamos. Bald ließen die Spanier den Camino Real de Tierra Adentro (Königliche Straße des Landesinneren) bauen, eine 2560 km lange Handelsroute von Mexico City nach Santa Fe in New Mexico, die Städten entlang der Straße wie Durango zu großem Reichtum verhalf. Im Nordosten standen raue Bedingungen und Angriffe indigener Stämme wie der Chichimeken und Apachen einer schnellen Besiedlung und Erschließung im Weg.

Die Spanier erlangten in der Region nicht genug Macht, um Aufstände zu unterdrücken. Im Kampf um die mexikanische Unabhängigkeit (1810), im Mexikanisch-Amerikanischen Krieg in den 1840er-Jahren und bei der Mexikanischen Revolution (1910) spielten die nördlichen Staaten eine entscheidende Rolle. Die Grenzen verschoben sich mit Mexikos Verlust von Texas und New Mexico (1830er- bis 1850er-Jahre) dramatisch: Der Vertrag von Guadalupe Hidalgo (1848) beendete den Mexikanisch-Amerikanischen Krieg und legte den Río Bravo del Norte (Rio Grande) als Grenze zwischen beiden Ländern fest.

Eklatante Unterschiede in den Besitzverhältnissen zwischen der durch die Minen reich gewordenen Elite und der verarmten Mehrheit trugen zu der Unzufriedenheit bei, die den Norden zu einem Brennpunkt der Mexikanischen Revolution machte. Die revolutionäre División del Norte, angeführt vom legendären, in Durango geborenen Pancho Villa, kämpfte in mehreren wichtigen Schlachten an vorderster Front. Venustiano Carranza und Álvaro Obregón, weitere wichtige Revolutionsführer, stammten aus den nördlichen Staaten Coahuila und Sonora. Die drei waren bei der Revolution zunächst Verbündete, doch später zerbrach die Allianz im Norden, und sie wurden zu Feinden.

Mitte des 20. Jhs. verwandelten Bewässerungsanlagen Sonora in den Kornspeicher Mexikos und zusammen mit dem benachbarten Chihuahua in ein Zentrum der Rinderzucht. Auch die Entdeckung von Erdöl, Kohle und Erdgas sowie der Bau der Eisenbahn beschleunigten ab dem späten 19. Jh. den Ausbau der Region und sicherten ihr eine industrielle Vormachtstellung.

Seit 2006 hat die von den Drogenkartellen ausgehende Gewalt den Norden Mexikos erfasst, da die Banden Revierkämpfe austragen. Ursprünglich waren die Grenzstädte am stärksten davon betroffen, aber die Gewalt nahm zu und bedroht mittlerweile alle wichtigen Städte. Trotz aller negativen Schlagzeilen erlebt die Wirtschaft dieser Region weiterhin einen relativen Aufschwung mit hohen Wachstumsraten (ausgenommen der Tourismus, der gelitten hat).

ℹ Praktische Informationen

GEFAHREN & ÄRGERNISEE

Die große Mehrheit der Besucher Nordmexikos erlebt einen sicheren, sorgenfreien Urlaub. Dennoch ist das ganze Gebiet eine Transitregion für illegale Drogen, und Drogenkriminalität bleibt hier ein Thema.

Die meisten Städte sind zu einem gewissen Maß davon betroffen und es wird gefährlich, wenn neue Drogenrouten geschaffen werden und Revierkämpfe aufflammen. Unter den Grenzstädten ist Ciudad Juárez besonders berüchtigt und sollte auf jeden Fall gemieden werden. Auch Ciudad Acuña, Nuevo Laredo, Reynosa und Matamoros waren 2012 und 2013 Schauplätze blutiger Konflikte und Schießereien. Die Sicherheitslage im zentralen Teil von Monterrey war sogar bis 2011 recht kritisch, obwohl sich die Lage seit 2013 beruhigt hat. Auch Tampico, Durango und Torreón erlebten gewaltsame Zwischenfälle.

Die meisten Fälle von Gewalt gibt es zwischen rivalisierenden Banden oder zwischen Drogenkartellen und Sicherheitskräften. Ausländische Traveller ohne Verbindungen zu diesen sind davon nicht betroffen. Es besteht zwar das Risiko, dass man sich zur falschen Zeit am falschen Ort aufhält, aber die Wahrscheinlichkeit, in einen

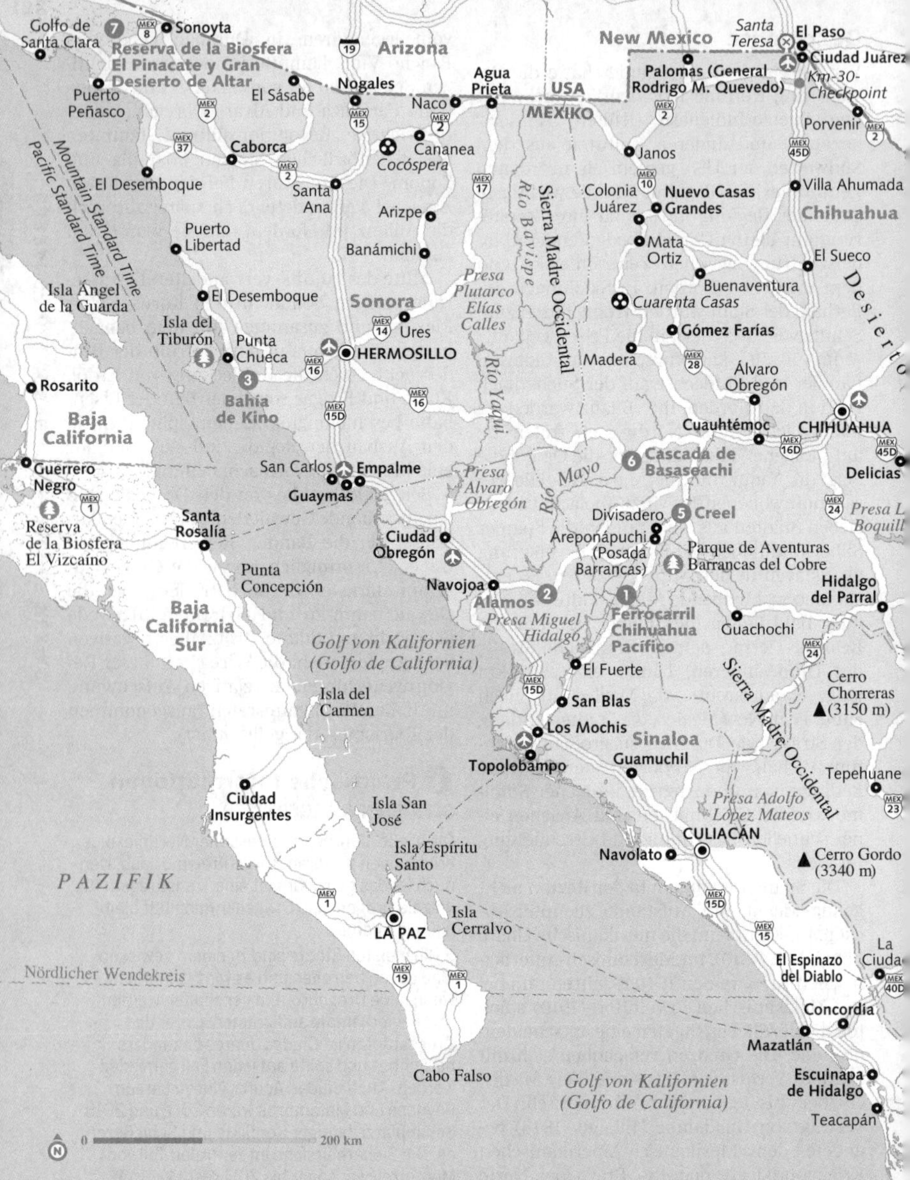

Highlights

1. Eine Fahrt mit Mexikos letztem Personenzug, dem **Ferrocarril Chihuahua Pacífico** (S. 821), durch die faszinierende Schluchtenlandschaft unternehmen
2. In einem Hotel der Kolonialzeit einchecken und dann in der außergewöhnlichen alten Silberstadt **Álamos** die Vergangenheit Revue passieren lassen (S. 813)
3. Sich sonnen im milden Strandparadies von **Bahía de Kino** (S. 810)
4. Voller Bewunderung und Ehrfurcht durch das Museum **Horno3** in Monterrey (S. 860)

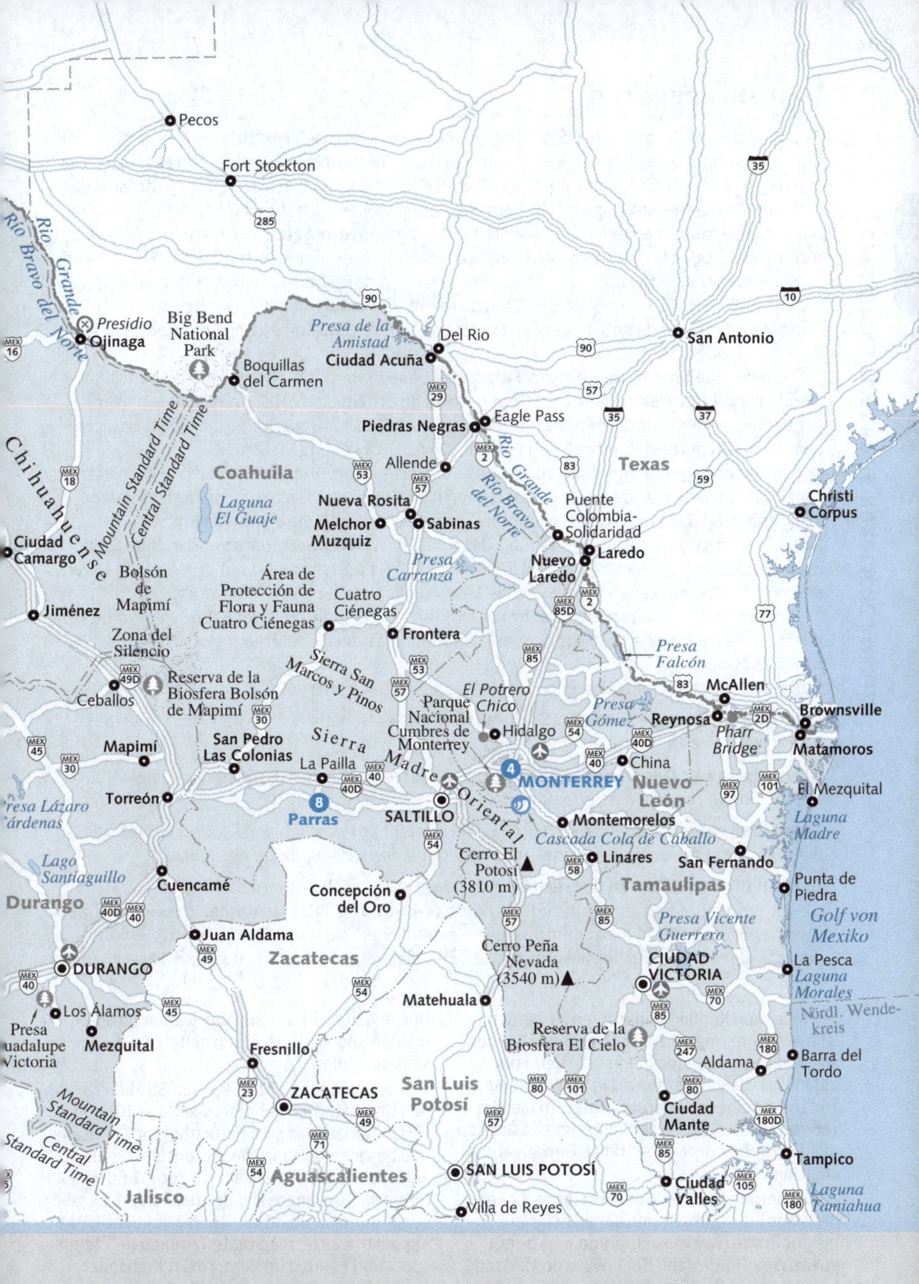

schlendern, das ein einzigartiges Zeugnis für die Vergangenheit der Stadt als Zentrum der Stahlindustrie ist

5 Das Schluchtengebiet im Paradies der Mountain Biker rund um **Creel** auf zwei Rädern erkunden (S. 828)

6 Entspannen im Becken von Mexikos höchstem permanenten Wasserfall, der **Cascada de Basaseachi** (S. 833)

7 Die Landschaft und Stille des entlegenen **Gran Desierto de Altar** erleben (S. 808)

8 Das ruhige Ambiente und erlesene Weine im hübschen **Parras** genießen (S. 854)

GRENZÜBERGANG

Es gibt mehr als 40 offizielle US-amerikanisch-mexikanische **Grenzübergänge**; viele sind täglich durchgehend geöffnet. Die Website der **US Customs & Border Protection** (www.cbp.gov) informiert über Öffnungszeiten und die geschätzten Wartezeiten für Autofahrer.

Traveller, die Mexiko von den USA aus besuchen wollen, benötigen einen Reisepass. Bei der Einreise muss sich jeder eine mexikanische **Touristenkarte** (*forma migratoria para turista*, FMT, oder *forma migratoria múltiple*, FMM) besorgen, sofern er nicht in der Grenzzone bleiben und sich länger als 72 Stunden im Land aufhalten will. Die Grenzzone erstreckt sich etwa 20 bis 30 km südlich der Grenze, reicht aber auch bis nach Puerto Peñasco in Sonora und Ensenada sowie San Felipe in Baja California. Weitere Informationen zur FMT finden sich auf S. 924.

Traveller, die Mexiko **mit einem Fahrzeug** besuchen möchten, müssen eine mexikanische Fahrzeugversicherung (am Grenzübergang erhältlich; S. 928) abschließen. Wer die Grenzzone verlässt und weiter ins Landesdesinnere (außer Baja California) reist, braucht eine Genehmigung zur zeitweiligen Einfuhr, die 51 US$ kostet (S. 928).

Die Genehmigung kann man sich schon vor Reiseantritt über **Banjército** (www.banjercito.com.mx) oder an einer der 38 mexikanischen IITV- *(Importación e Internación de Vehículos-)*Stellen an der Nordgrenze besorgen, u. a. in Sonora in Agua Zarca (21 km südl. von Nogales), im Bundesstaat Chihuahua 30 km südlich von Ciudad Juárez und in Baja California in Pichilingue (nahe La Paz) und Ensenada. Alle IITV-Stellen sind auf der Website www.banjercito.com.mx genannt (auf *Red de Módulos IITV* klicken!).

Wer ein Fahrzeug nach Baja California einführt und es dann mit der Fähre von Pichilingue aus aufs mexikanische Festland mitnehmen will, muss die Genehmigung vor der Einschiffung des Fahrzeugs einholen.

Die wichtigsten Grenzübergänge (von Westen nach Osten) sind:

Lukeville (Arizona)–Sonoyta (Sonora) (6–24 Uhr) Günstig, wenn man nach Puerto Peñasco will.

Grenzübergang Deconcini (24 Std.) Nogales (Arizona)–Nogales (Sonora); der Hwy 15/15D ist die Hauptfernstraße nach Süden.

Grenzübergang Santa Teresa (6–22 Uhr) Rund 20 km westlich von Ciudad Juárez im Bundesstaat Chihuahua; geeignet zur Umgehung des Risikogebiets bei Juárez.

El Paso (Texas)–Ciudad Juárez (Chihuahua) Bridge of the Americas (24 Std.); El Paso St–Av Juárez (24 Std.); Stanton St–Av Lerdo (24 Std.). Fußgänger können die Grenze über die zwei Brücken zwischen Stanton St und Avenida Lerdo bzw. El Paso St und Avenida Juárez überqueren. Zurück kommt man zu Fuß nur über die Avenida Juárez. Mit dem Auto

gewaltsamen Konflikt einbezogen zu werden, ist nur sehr gering. Statistisch gesehen werden ausländische Reisende häufiger in Verkehrsunfälle verwickelt werden als in Schießereien. Trotzdem sollte man darauf achten, in diesem Teil von Mexiko Bars, Nachtclubs und Kasinos zu meiden, weil es dort verstärkt zu Gewaltverbrechen kommt.

Internetquellen, die über die örtliche Sicherheitslage informieren, sind selten hilfreich. Insight Crime (www.insightcrime.org) bringt ebenso wie Borderland Beat (www.borderland beat.com) regelmäßige Berichte über die Drogenkriminalität in Mexiko. Details s. S. 915.

Als Autofahrer sollte man während der Fahrt die Türen verriegeln und beim Parken das Auto unbedingt abschließen, um gewaltsamem Autoraub (Carjacking) vorzubeugen. Deshalb sollte man möglichst auch nach Einbruch der Dunkelheit nicht fahren, abgelegene Straßen meiden und Mautsstrecken benutzen, die als sicherer gelten.

Besondere Vorsicht ist auf den Straßen zu/von den Grenzstädten geboten. Die Hwys 101 und 180 in Tamaulipas sind berüchtigt für Carjacking und bewaffnete Überfälle. Als unsicher gelten auch der Hwy 49 (Fresnillo–Torreón) und Hwy 45 (Fresnillo–Durango–Hidalgo del Parral). Es gibt sogar Berichte über Banden, die auf der Brücke Moralillo, welche die Städte Tampico (in Tamaulipas) und Panuco (in Veracruz) miteinander verbindet, eine „Drogenmaut" erheben.

Diese Region ist auch bekannt als Anbaugebiet von Marijuana und (in der Sierra Madre Occidental, welche Teile von Nordwestmexiko, die Barranca del Cobre und Teile des zentralen nördlichen Mexikos umfasst) für seine Opiumplantagen. Auf keinen Fall sollte man ohne einen

geht's über die Bridge of the Americas (Puente Córdova). Touristenkarten bekommt man an den Enden der Brücken Stanton St–Avenida Lerdo bzw. der Bridge of the Americas. Der Hwy 45D von Juárez ist die wichtigste nach Süden führende Route.

Presidio (Texas)–Ojinaga (Chihuahua) (24 Std.) Von Ojinaga sind es 225 km direkt nach Chihuahua auf dem Hwy 16.

Del Rio (Texas)–Ciudad Acuña (Coahuila) (24 Std.)

Eagle Pass (Texas)–Piedras Negras (Coahuila) (24 Std.)

Laredo (Texas)–Nuevo Laredo (Tamaulipas) (24 Std.) Es gibt zwei Hauptgrenzübergänge: den Puente Internacional No. 1 und den Puente Internacional No. 2. Wer Letzteren nimmt, umgeht die Stadt; das ist die sicherere Variante. Der Grenzübergang stellt die Verbindung zum Hwy 85D von Nuevo Laredo nach Monterrey her, von wo aus es gute Straßen zu weiteren Zielen in Mexiko gibt.

McAllen (Texas)–Reynosa (Tamaulipas) (24 Std.)

Brownsville (Texas)–Matamoros (Tamaulipas) Puente Nuevo (24 Std.); Puente Zaragoza (6–24 Uhr)

Es gibt etliche grenzüberschreitende Busverbindungen zwischen US-amerikanischen Städten und dieser Region; bei den meisten muss man jedoch in einer amerikanischen bzw. mexikanischen Stadt jenseits der Grenze umsteigen. Da es oft lange dauert, bis die Grenzformalitäten erledigt sind, geht es schneller, wenn man kurz vor der Grenze aussteigt, zu Fuß den Grenzübergang passiert und jenseits der Grenze wieder in einen Bus klettert.

Wer sich nicht lange in einer der mexikanischen Grenzstädte aufhalten will, kann mit Direktbussen ins Inland von Mexiko fahren, etwa von Phoenix nach Puerto Peñasco über Sonoyta mit Transportes Supremo (S. 808), von El Paso nach Chihuahua über Juárez mit **Autobuses Americanos** (in den USA 915-532-1748; www.autobusesamericanos.us; 1007 S Santa Fe St, El Paso) mit vielen Büros jenseits der texanischen Grenze und mit Tufesa (www.tufesa.com.mx), das viele Direktbusse nach Kalifornien und Arizona fahren lässt.

Viele Grenzstädte zählen zu den gefährlichsten Orten Mexikos überhaupt. Die Sicherheitslage kann sich schnell ändern. Ciudad Juárez und Nuevo Laredo sind berühmt-berüchtigt, aber 2013 kam es auch in Matamoros und Reynosa zu Gewalttätigkeiten. Zum Zeitpunkt der Recherchen am vorliegenden Band galten die Grenzübergänge Sonoras noch als recht friedlich. Alle in diesem Kapitel erwähnten Grenzstädte verfügen über gute Übernachtungs- und Verpflegungsmöglichkeiten für alle, die hier übernachten möchten.

vertrauenswürdigen einheimischen Führer abseits ausgetretener Pfade unterwegs sein.

Anreise & Unterwegs vor Ort

Internationale Flughäfen gibt's in Monterrey, Chihuahua, Hermosillo und Torreón. Monterrey hat die meisten internationalen Flugverbindungen, darunter auch in die US-Städte Chicago, Dallas, Detroit und Los Angeles. Die Flughäfen von Los Mochis und Durango verfügen über gute Inlandsflugverbindungen. Ein neuer Flughafen für die Barranca del Cobre soll 2014 in Creel in Betrieb gehen.

Zwei Fährrouten verbinden Baja California mit Nordwest-Mexiko.

Die Grenze zwischen den USA und Mexiko auf dem Landweg zu passieren, ist recht einfach, aber es müssen diverse Sicherheitsrisiken bedacht werden.

Sobald man in Mexiko ist, sind die Verbindungen ausgezeichnet; es gibt gute, häufig verkehrende Busse und Autobahnen, die nach Süden führen. Bessere Straßen sind im Allgemeinen mautpflichtig (Mautstellen zwischen Nogales und Los Mochis), was heißt, dass man z. B. insgesamt etwa 400 Mex$ zahlen muss. Da die Gegend vielerorts dünn besiedelt ist, sollte man abseits der wichtigsten Autobahnen immer mit vollgetanktem Auto fahren.

NORDWESTLICHES MEXIKO

Die Besuchermagnete im nordwestlichen Mexiko sind die einladenden Strände am Golf von Kalifornien und die vielfältige Meereswelt, die rund 40 Seelöwenkolonien und 27 Wal- und Delfinarten umfasst. Die meisten Traveller gelangen über Arizona hierher; manche Städte sind von dort so leicht zu erreichen, dass sie sich zu mexikanisch-amerikanischen Gemeinden entwickelt haben. Dennoch hat sich die Region – die Sonora (die mit Abstand sicherste Grenzstadt Mexikos) und das nördliche Sinaloa umfasst – ihren bodenständigen Charakter bewahrt. Auf den Straßen ziehen Klänge von traditioneller *norteña*-Musik und der verführerische Duft des typischen regionalen Gerichts *carne asada* (mariniertes gegrilltes Rindfleisch) an den Ohren und Nasen der Viehzüchter mit Cowboyhüten vorbei.

Die nichtssagenden Siedlungen und Städte laden nicht zum längeren Verweilen ein: Los Mochis ist uninteressant, außer als Ausgangspunkt für die spektakuläre Zugfahrt zur Barranca del Cobre oder für ein Boot nach Baja. Hermosillo, die Hauptstadt Sonoras, hat ausgezeichnete Verkehrsanbindungen, bietet aber in kultureller Hinsicht kaum etwas. Eine großartige Ausnahme ist das reizende Álamos, ein Kolonialstädtchen, umgeben von den Gipfeln der Sierra Madre Occidental, mit einer Vielzahl gemütlicher Restaurants und Cafés, das einen Abstecher vom Hwy 15 allemal lohnt.

Puerto Peñasco

☎638 / 57 300 EW.

Bis in die 1920er-Jahre war „Rocky Point" (wie die US-Amerikaner diesen Küstenbadeort am Golf von Kalifornien liebevoll nennen) nicht mehr als ein Orientierungspunkt auf See- oder Militärkarten. Seine Lage an einem der trockensten Abschnitte des Desierto Sonorense (Sonora-Wüste) hielt alle Möchtegernsiedler und kühnen Fischer davon ab, sich hier niederzulassen, bis die Zeit der Prohibition in den USA der noch jungen Gemeinschaft zu einem unverhofften Aufschwung verhalf. Als in den 1930er-Jahren die Weltwirtschaft einbrach, fiel Puerto Peñasco in einen (sehr) langen Dornröschenschlaf, bis staatliche Investitionen und eine Meerwasserentsalzungsanlage der lokalen Wirtschaft in den frühen 1990ern einen Schub gaben. Es setzte ein wirtschaftlicher Boom mit starkem Bevölkerungswachstum ein, und mittlerweile ist das Küstenstädtchen die Heimat so vieler Ausländer, dass es zu einem beliebten Seebad wurde, wie es in Arizona nie eines gegeben hat.

Das historische Zentrum gibt es zwar noch, doch am größten Küstenstreifen, dem Sandy Beach, ragen immer neue riesige Apartment-Hotelanlagen auf, werden der Wüste Golfplätze abgetrotzt und öffnen teure Restaurants. Mexikanische Kultur ist kaum noch zu finden.

Traveller ohne Auto, aufgepasst: Es gibt kein verlässliches öffentliches Verkehrsnetz! Zu beachten ist, dass Spring Break in Peñasco ein bedeutendes Event ist. Im März ist das Seebad dann fest in der Hand von Margarita schlürfenden College-Studenten aus den USA.

Sehenswertes & Aktivitäten

Angeln, schnorcheln, tauchen, Kajak fahren, Parasailing und Bootsfahrten bei Sonnenuntergang sind beliebte Aktivitäten. Bei Ebbe kann man weitläufige Gezeitenbecken erkunden und von CEDO organisierte Ausflüge auf dem Meeresarm sowie weiter zur bemerkenswerten Reserva El Pinacate y Gran Desierto del Altar unternehmen.

Isla San Jorge INSEL

Die Isla San Jorge, bekannt auch als Bird Island, ist eines der besten Ziele für Bootsausflüge in Nordmexiko. Auf der felsigen, 40 km südöstlich von Peñasco gelegenen Insel nisten Seevögel; hier lebt auch eine große Kolonie von Seelöwen (die von Natur aus sehr neugierig sind und die Boote begleiten). Um ihnen wirklich nahe zu kommen, sollte man einen Tauchgang buchen. Häufig sichtet man auch Delfine, und mit etwas Glück können zwischen Oktober und April gelegentlich sogar Wale (Finnwale, Grauwale, Orcas und Grindwale) erspäht werden.

Mehrere Bootsbetreiber im Hafen unternehmen ganztägige Rundfahrten (rund 80 US$), darunter **Del Mar Charters** (☎638-383-28-02; www.delmarcharters.com; Erw. 80 US$). **Sun n' Fun** (☎638-383-54-50; www.sunandfundivers.com; Blvd Benito Juárez zw. Calle 13 & Blvd Fremont; tauchen/schnorcheln 1500/1000 Mex$; ⏲Mo–Sa 9–17, So bis 15 Uhr) bietet Ausflüge zur Isla San Jorge für 1500 Mex$ (mit 2 Tauchgängen) oder 1100 Mex$ (nur schnorcheln & Sightseeing) an.

★CEDO NATURBEOBACHTUNG

(Interkulturelles Zentrum zum Studium der Wüsten & Ozeane; ☎638-382-01-13, in den USA 520-320-5473; www.cedointercultural.org; Blvd Las Conchas; ⏲Mo–Sa 9–17, So 10–14 Uhr) GRATIS Das CEDO ist ein wunderbares Fleckchen, um mehr über das faszinierende Ökosystem von

Puerto Peñasco zu erfahren, wo die Wüste auf das Meer trifft. Das CEDO widmet sich dem Schutz des oberen Golfs von Kalifornien und der umgebenden Sonora-Wüste. Sein Besucherzentrum „Earthship" betreibt einen guten Laden. Dienstags um 14 Uhr und samstags um 16 Uhr gibt es kostenlose englischsprachige Vorträge zur Naturgeschichte. Das CEDO veranstaltet auch faszinierende Touren durch die Natur, einige davon in Zusammenarbeit mit lokalen Kooperativen.

Dazu zählen u.a. Erkundungen der Gezeitenbecken (15 US$/Pers.), Kajakfahrten auf dem Meeresarm Morúa (50 US$) sowie Bootsausflüge zur Isla San Jorge (100 US$) und zum Biosphärenreservat El Pinacate mit einem englischsprachigen Naturkundler (60 US$).

Tequila Factory DESTILLERIE

(www.tequilafactory.mx; Ecke Blvd Benito Juárez & Calle 12; Mi–Mo 10–18 Uhr) GRATIS Das Familienunternehmen produziert seinen eigenen Tequila und bietet Vorführungen zur Herstellung, Verkostungen sowie einen Laden, in dem Kunden vor dem Kauf probieren dürfen. Empfehlenswert sind der im Eichenfass gereifte Añejo und der dreifach destillierte Tequila. Die Brennerei befindet sich unter der Touristeninformation.

Schlafen

Am alten Hafen gibt's akzeptable einfache Unterkünfte. Für Urlauber mit schmalem Budget ist die Auswahl, abgesehen von Wohnwagenparks, allerdings bescheiden. Die großen Hotelanlagen befinden sich allesamt am Sandy Beach im Nordwesten.

★ **Posada La Roca** HISTORISCHES HOTEL $

(638-383-31-99; www.hotelposadalaroca.blogspot.com; Av Primero de Junio 2; Zi. 410 Mex$, ohne Bad 330 Mex$;) Ein stimmungsvolles (1927 erbautes) Steingebäude im alten Hafen, das während der Prohibition amerikanischen Gangstern – Berichten zufolge auch Al Capone – als Kasino, Hotel und Bordell diente. Die 20 einfachen, gemütlichen Zimmer wirken einladend, es gibt eine Terrasse und einen Gemeinschaftsraum. Und die Lage ist günstig!

Dream Weaver Inn APARTMENTS $$

(638-383-48-05; www.dreamweaverinn.com; Pescadores 3; Apt. 45–75 US$;) Óscar und Lupita, ein freundliches Paar, das hier ein strenges Regiment führt, betreiben diese legere Unterkunft mit ansprechenden Wohneinheiten im Apartmentstil, die alle eine Küchenzeile besitzen; einige davon bieten auch Meerblick. Ganz in der Nähe des alten Hafens, der Läden und Restaurants.

Hotel Viña del Mar HOTEL $$

(638-383-01-00; www.vinadelmarhotel.com; Ecke Av Primero de Junio & Malecón Kino s/n; Zi. 720–1680 Mex$;) Diese Unterkunft im Motelstil im alten Hafen hat geräumige Zimmer mit hübschen Decken mit Holzbalken. Die besten Zimmer (mit Küche und/oder Badewanne mit Warmwasseranschluss) liegen rund um den farbenfrohen, mit einem Mosaik geschmückten Pool direkt oberhalb der felsigen Küste.

Bella Sirena Resort HOTEL $$$

(662-219-67-55; www.bellasirenaresort.com; Paseo Costa Diamante; Apt. 120–180 US$;) Diese große Apartment-Hotelanlage an einem schönen Strandabschnitt verfügt über eine Auswahl attraktiver Apartments, die alle Meerblick, gut ausgestattete Küchen und moderne Bäder bieten. Einer der Pools wird während des Winters beheizt; zudem gibt's zwei Whirlpools und Tennisplätze.

Essen & Ausgehen

Es ist nicht ganz einfach, zwischen all den Sportbars und Grillimbissen Lokale mit traditioneller mexikanischer Küche zu finden, dennoch gibt es einige lohnende Adressen.

Kaffee Haus CAFÉ, EUROPÄISCH $$

(www.coffeeshaus.com; Blvd Benito Juárez 216B; morgens 85 Mex$, mittags 80–135 Mex$; Mo–Sa 7.30–16, So 7.30–14 Uhr;) Das belebte Café-Restaurant ist berühmt für seine großzügigen Frühstücksmenüs nach europäischer Art (unbedingt das Bauernfrühstück probieren!), den vorzüglichen Kaffee und das frische Gebäck (der Apfelstrudel ist die Spezialität des Hauses). Es gibt außerdem Sandwiches (mit selbst gebackenem Brot), großartige Salate und täglich ein bis zwei Tagesangebote. Die Portionen sind riesig, sodass es sich empfiehlt, sich zu zweit einen Teller zu teilen.

Aqui es Con Flavio MEXIKANISCH $$

(http://en.aquiesconflavio.com; Malecón Kino; Hauptgerichte 80–165 Mex$; 7.30–23 Uhr) Serviert wird gute mexikanische Küche mit reichlich Meeresfrüchten (die Kammmuscheln mit Knoblauch und Butter oder ein gedünstetes Fischfilet probieren!), begleitet von manchmal etwas zu laut spielenden einheimischen Musikern. Die Kellner sind

ABSEITS DER ÜBLICHEN PFADE

GRAN DESIERTO DE ALTAR

Nordöstlich von Puerto Peñasco und an die US-Grenze heranreichend erstreckt sich die Mondlandschaft des Gran Desierto de Altar, eine der trockensten Regionen der Welt. Die Astronauten Neil Armstrong und Buzz Aldrin trainierten in den 1960er-Jahren in dieser Gegend, um sich auf die Mondlandung mit der Apollo 11 vorzubereiten.

Die **Reserva de la Biosfera El Pinacate y Gran Desierto de Altar** (Biosphärenreservat El Pinacate; ☎ 638-105-80-16; http://elpinacate.webbystudio.com; Eintritt 40 Mex$; ⏲ 9–17 Uhr), ein abgelegenes, spektakuläres, 7145 km² großes Schutzgebiet, zählt zu den UNESCO-Welterbestätten. Es umfasst uralte, verwitterte Vulkane, zehn riesige Krater, über 400 Aschekegel und erstarrte Lavaströme. Hier leben u. a. Gabelböcke (die schnellsten Landsäugetiere des amerikanischen Kontinents), Dickhornschafe, Pumas, Amphibien und Reptilien sowie zahlreiche Vogelarten. Es gibt ein vorzügliches, hoch informatives und mit Solarenergie betriebenes Besucherzentrum, Wanderpfade und zwei Campingplätze.

Durch das Schutzgebiet führen über 70 km unbefestigte Straßen (Allradantrieb nur teilweise erforderlich). Besucher, die den 1190 m hohen Vulkan Cerro del Pinacate besteigen möchten, müssen sich vorab registrieren lassen.

Das Besucherzentrum liegt etwa 8 km westlich von Km 72 am Hwy 8 (rund 27 km von Puerto Peñasco entfernt). Die Zufahrt zu den Kratern erfolgt über eine andere Abzweigung weiter nördlich bei Km 52 des Hwy 8. Das CEDO (S. 806) in Puerto Peñasco veranstaltet ausgezeichnete Touren ins Schutzgebiet. Gute Wanderschuhe sind zu empfehlen; es muss beachtet werden, dass es im ganzen Reservat mit Ausnahme des Besucherzentrums keinen Strom und kein Wasser gibt.

freundlich. Das Lokal liegt am alten Hafen, direkt am Meeresufer.

Manny's Beach Club BAR, CLUB

(www.mannysbeachclub.com; Ecke Matamoros & Arispe; ⏲ So–Do 7–23, Fr & Sa 7–15 Uhr; 📶) An der Promenade östlich des *mirador* (Aussichtspunkts) Cerro de la Ballena gelegen. In diesem schon lange populären Club bekommt man Bier am Strand, Speisen (inkl. großzügige Portionen Steak und Seafood) und Livemusik auf die Ohren. Am Wochenende spielen DJs auf.

JJ's Cantina BAR

(www.jjscantina.com; Cholla Bay; ⏲ 10–2 Uhr; 📶) Von dieser beliebten Bar aus – sie wird besonders von hier lebenden Ausländern geschätzt – bieten sich vor allem in der Abenddämmerung spektakuläre Aussichten über die Cholla Bay. Außerdem gibt's Livemusik und Billardtische.

ℹ Praktische Informationen

In der Gegend gibt es mehrere Bankautomaten, darunter auch einen von **Banamex** (Ecke Blvd Benito Juárez & Campeche) unweit des alten Hafens. Fast alle Hotels verfügen über WLAN.

Rocky Point Tourism & Visitor Assistance (☎ 638-388-66-24, Handy 638-386-90-81; www.tourismrockypoint.com; Suite 202, Ecke Blvd Benito Juárez & Calle 12; ⏲ Mo–Fr 9–17 Uhr) Verspricht Infos, Tipps und kostenlose zweisprachige Nothilfe rund um die Uhr. Befindet sich im hohen, blauen Gebäude an der Ostseite von Juárez.

ℹ Anreise & Unterwegs vor Ort

Der **Puerto Peñasco International Airport** (Aeropuerto Mar de Cortés; ☎ 638-383-60-97; www.aeropuertomardecortes.com; Libramiento Caborca-Sonoyta 71) liegt 3 km nördlich der Stadt. Es gibt nur zwei regelmäßige Verbindungen – beide zweimal wöchentlich – mit **Aeroméxico** (www.aeromexico.com) nach Las Vegas und Hermosillo.

Wenn man von Arizona auf dem Hwy 8 gen Süden fährt, sind es vom unkomplizierten Grenzübergang Lukeville–Sonoyta bis Puerto Peñasco etwa 100 km. Aus Kalifornien kommend, kann man den Grenzübergang San Luis Río Colorado, südlich von Yuma in West-Arizona, benutzen. Von hier sind es dann im Schnitt drei Stunden Fahrzeit bis Puerto Peñasco.

Zwischen Puerto Peñasco und Arizona verkehren mehrere Shuttle-Busse, darunter welche von **Transportes Supremo** (☎ 638-383-36-40; www.transportesupremo.com; Calle Lázaro Cárdenas), die viermal täglich nach bzw. von Phoenix fahren (47 US$, 4 Std.).

Albatros (☎ 638-388-08-88; Blvd Benito Juárez zw. Calles 29 & 30) fährt elfmal täglich nach Hermosillo (262 Mex$, 5½ Std.) und fünfmal nach Nogales (265 Mex$, 6 Std.). **ABC** (☎ 800-025-02-22; www.abc.com.mx; Ecke Calles Constitución & Bravo), einen Block nördlich des Blvd Benito Juárez, tuckert fünfmal täglich nach Tijuana (529 Mex$, 9 Std.).

Taxifahrten kosten etwa 30 Mex$ für kurze Strecken, aber rund 60 Mex$ vom alten Hafen nach Las Conchas oder zu den Resorts am Sandy Beach – und bei der Rückfahrt vielleicht das Doppelte oder sogar noch mehr.

Hermosillo

☎ 662 / 784 000 EW. / 238 M

Das blühende Hermosillo, die Hauptstadt Sonoras, ist keine Schönheit, aber ein wichtiger Verkehrsknotenpunkt und kann mit einer ganz passablen Zahl von Museen aufwarten. Es breitet sich auf einer sehr großen Fläche aus. Die Nachmittage sind hier oft unerträglich heiß, weshalb die Stadt den Spitznamen „Sun City" trägt. Das Zentrum von Hermosillo erstreckt sich rund um den felsigen Cerro de la Campana (Glockenhügel), den mit Funkmasten geschmückten höchsten Aussichtspunkt der Stadt.

Sehenswertes

MUSAS MUSEUM

(Museo de Arte de Sonora; www.musas.gob.mx; Ecke Blvd Vildósola & Av Cultura; 30 Mex$; ⏲ Mo–Sa 10–19, So 10–17 Uhr) Dieses 1,5 km südlich vom Zentrum gelegene Museum organisiert tolle Ausstellungen (als wir hier vorbeikamen, gab es gerade hervorragende Exponate zur Posterkunst, zur Sonora-Wüste und zur zeitgenössischen mexikanischen Kunst), kulturelle Veranstaltungen und Filmvorführungen.

Centro Ecológico de Sonora ZOO

(☎ 662-250-67-68; www.centroecologicodesonora.com; Templo de Tláloc; Erw./Kind 30/15 Mex$; ⏲ 8–17 Uhr) Der üppig grüne Botanische Garten und der Zoo bergen eine riesige Bandbreite von Pflanzen und Tieren, die in den Bergen, Wüsten und Prärien Sonoras leben. Zu sehen sind u.a. die vom Aussterben bedrohten Gabelböcke *(berrendo)*, Nordamerikas schnellstes Landsäugetier.

Schlafen & Essen

Hermosillo hat einige ordentliche Budgetunterkünfte. Die meisten Mittel- und Oberklassehotels liegen in der Zona Hotelera nördlich vom Zentrum – und sind nur dann praktisch, wenn man mit einem Fahrzeug unterwegs ist.

Hotel Washington HOTEL $

(☎ 662-213-11-83; Noriega 68; Zi 260–300 Mex$; ❄ @ 📶) Dem Hotel sieht man das Alter an, und die Zimmer sind vielleicht auch etwas modrig, aber durch das freundliche Personal und die zentrale Lage hat das Haus noch ein gutes Preis-Leistungs-Verhältnis.

★ **Colonial Hotel** MOTEL $$

(☎ 662-259-00-00; www.hotelescolonial.com; Vado del Río 9; Zi./Suite 582/747 Mex$; P ⊖ ❄ @ 📶 ≈) Dies ist das stilvollste Motel, das man je gesehen hat: Es ist voller moderner Kunstwerke, schicker Designelemente und künstlerischem Dekor (als wir vorbeikamen, lief in der Lobby gerade Miles Davis im Hintergrund). Über die Website kann man Sonderangebote ergattern.

Mercado Municipal MARKT $

(Matamoros; Tacos 10 Mex$; ⏲ 7–17.30 Uhr) Im überdachten historischen Markt von Hermosillo, der sich über einen ganzen Block erstreckt, finden sich eine Reihe ausgezeichneter Taco-Stände sowie einige Cafés und Läden, in denen *chiltepin* („Vogelauge", Mini-Chilis aus der Sonora-Wüste) verkauft werden, für die die Region bekannt ist.

Restaurante Mochomos FUSION $$$

(www.mochomos.mx; Morelos 701; Hauptgerichte 110–210 Mex$; ⏲ Mo–Do 13–open end, Fr & Sa bis 1, So bis 17 Uhr; P 📶) In der Zona Hotelera gelegen. Im gemütlichen Mochomos wird Fusion-Küche aus Sonora serviert. Zu empfehlen ist *brocheta abierta* (Rindflisch-Kebab mit Gemüse vom Holzkohlegrill) oder Seafood.

Praktische Informationen

Hospital San José (Blvd Morelos 340; ⏲ 24 Std.) Modernes Krankenhaus mit einer rund um die Uhr geöffneten Notaufnahme.

Touristeninformationskiosk (☎ 662-213-55-37; www.gotosonora.com; Plaza Zaragoza; ⏲ Mo–Sa 9–19 Uhr) Nützliches Büro an der Plaza Zaragoza mit englischsprachigem Personal und Infos zu den regionalen Sehenswürdigkeiten.

An- & Weiterreise

BUS

Hermosillos Hauptbusbahnhof **Central de Autobuses de Hermosillo** (☎ 662-217-15-22; CAH; Blvd Encinas 400) liegt 2 km östlich des Stadtzentrums und wird regelmäßig angesteuert. **Albatros** (Blvd Encinas 354) verfügt mit seinen 2.-Klasse-Bussen über einen weiteren Busbahnhof 150 m weiter westlich, der vom teureren 1.-Klasse-Anbieter **Tufesa** (☎ 662-213-04-42;

BUSSE AB HERMOSILLO

ZIEL	PREIS (MEX$)	DAUER (STD.)	HÄUFIGKEIT (TGL.)
Guaymas	104–126	2	Tufesa alle 30–60 Min., CAH stündl.
Los Mochis	342–430	7–9	CAH alle 30 Min., Tufesa alle 45 Min.
Mexico City (Terminal Norte)	1465	29–33	CAH stündl.
Nogales	242–267	3½–4½	Tufesa stündl.
Phoenix	700–903	8	Tufesa 11-mal
Puerto Peñasco	242	5–6	Albatros 12-mal

Blvd Encinas zw. Velázquez & Universidad) liegt wiederum 400 m weiter westlich.

Die 2.-Klasse-Busse, die nach Bahía de Kino (81–92 Mex$, 2 Std., stündl. 5.30–18.30 Uhr) fahren, starten am **Busbahnhof AMH & TCH** (Sonora zw. González & García) nahe dem Jardín Juárez.

FLUGZEUG

Vom **Flughafen Hermosillo** (☎ 662-261-00-00; www.aeropuertosgap.com.mx; Carretera Bahía de Kino Km 9,5) starten Direktflüge u. a. nach Chihuahua, Guadalajara, Los Mochis, Mexico City, Monterrey und San José del Cabo. Internationale Flüge gibt es beispielsweise in die USA.

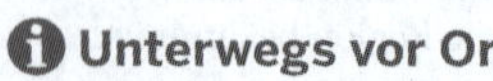

Unterwegs vor Ort

Stadtbus 1 (7 Mex$) fährt von der Ostseite des Jardín Juárez die 2 km lange Strecke zu den Busbahnhöfen am Blvd Encinas. Im Stadtgebiet kostet eine Taxifahrt 50 bis 70 Mex$, zum bzw. vom Flughafen werden 180 Mex$ fällig.

Bahía de Kino

☎ 662 / 6050 EW.

Das entspannte Bahía de Kino ist ein Strandparadies, das nach Padre Eusebio Kino benannt wurde, der hier im 17. Jh. eine kleine Mission für das indigene Volk der Seri gründete. Der alte Stadtteil Kino Viejo ist die ursprüngliche Siedlung. Dieses typische mexikanische Fischerdorf erstreckt sich entlang des weitläufigen Hauptstrands, der sich gut zum Schwimmen eignet. Hier verbringen Urlauber die meiste Zeit, zudem trifft man hier auf „Snowbirds" (pensionierte Amerikaner, die den Winter in ihren klobigen Wohnmobilen im Süden verbringen). Die Hauptsaison dauert von November bis März, ansonsten hat man die Hotels fast für sich allein.

Sehenswertes & Aktivitäten

Punta Chueca — INDIGENE KULTUR

Dieses Dorf ist die Heimat der Seri, einer der kleinsten indigenen Bevölkerungsgruppen Mexikos (mit weniger als 1000 Personen). Sie sind für ihre kunsthandwerklichen Erzeugnisse bekannt, u. a. für die berühmten Flechtkörbe und die Schnitzarbeiten aus Eisenholz. Um auf der unbefestigten Straße zu ihrer Siedlung zu gelangen, braucht man einen Geländewagen mit großem Bodenabstand. Punta Chueca liegt 34 km nördlich des Badeorts Bahía de Kino.

Isla del Tiburón — INSEL

(3 km von der Küste von Punta Chueca) Die gebirgige Isla del Tiburón war früher von den Seri bewohnt, die Bevölkerung ist aber weggezogen, nachdem die Insel 1963 zum Naturschutzgebiet erklärt worden war. Heute wird sie von den Stammesanführern der Seri verwaltet. Auf Tiburón, das ein intaktes Ökosystem aufweist, leben Dickhornschafe und große Kolonien von Seevögeln. An der Küste der Insel gibt es ein paar gute Stellen zum Schnorcheln.

Um die Insel zu besuchen, benötigt man eine Genehmigung; man sollte sich an die Führer Alfredo López oder Ernesto Molina in Punta Chueca wenden, die Touren arrangieren können. Hilfe bei den Vorbereitungen erhält man auch beim **Centro de Estudios Culturales y Ecológicos** (☎ 662-242-00-24; www.prescott.edu/kino-bay-center; 151 Calle Cádiz, Kino Nuevo).

Museo de los Seris — MUSEUM

(☎ 662-212-64-19; Ecke Av Mar de Cortez & Calle Progreso; Eintritt 10 Mex$; ⏲ Mi–So 9–17 Uhr) Zu sehen sind eine interessante Sammlung von Artefakten und Kunsthandwerk sowie Schautafeln zur Geschichte der Seri.

Schlafen & Essen

An der Promenade von Kino Nuevo gibt es zahlreiche Wohnwagenparks. Außer der etwas seltsamen lässigen Bar gibt es keinerlei Nachtleben. Selbst die 21-Uhr-Kinovorstellung nennen die Einheimischen „Mitternachtskino".

Apartments Alcatraz Kino Bay APARTMENTS $$
(☎662-242-06-93; www.kinoalcatraz.com; Calle Miramar; Apt. 500–750 Mex$; P❄📶≋) Die Apartments mit gutem Preis-Leistungs-Verhältnis stellen die beste preiswerte Übernachtungsmöglichkeit dar. Jedes Apartment ist mit Kochmöglichkeiten, Kühlschrank und TV- bzw. DVD-Equipment ausgestattet. Der winzige Pool eignet sich gerade mal zum Abkühlen, nicht aber, um Bahnen zu schwimmen. Die Preise sinken, je länger man hier übernachtet. Die Anlage liegt einen Block entfernt vom Ufer in Kino Viejo.

Casa Tortuga APARTMENTS $$$
(☎662-242-01-22; rentcasatortuga@aol.com; Av Mar de Cortez 2645; Apt. 1114–1508 Mex$; P⊖❄📶) Die zum Strand ausgerichtete Casa Tortuga birgt zwei stimmungsvolle, sehr gemütliche Apartments; besonders empfehlenswert ist das Pelican mit Blick auf den Ozean, mit einer mit *palapa* überdachten Terrasse (ausgestattet mit Sonnenliegen, Grill und Tisch zum Essen im Freien). Es gibt auch kostenlose Kajaks, und manchmal nehmen die Besitzer auch Gäste in einem Boot mit zur Isla Pelícano zur Vogelbeobachtung. Im Winter sind die Preise etwas niedriger.

La Playa Hotel HOTEL $$$
(☎662-242-02-73; www.laplayarvhotel.com; Av Mar de Cortez 101; Zi./Suite 1200/2100 Mex$; P❄📶≋) Dieses Hotel mit seiner tollen Lage am Strand besitzt gut ausgestattete Zimmer mit zwei (oder drei) Doppelbetten, Kochnischen und eigenen Terrassen mit Meerblick sowie Suiten für bis zu sechs Personen. Die Architektur des La Playa erinnert an die der griechischen Inseln, und zusätzlich zum Pool gibt's einen warmen Whirlpool.

Los Náufragos SEAFOOD, MEXIKANISCH $$
(Calle del Muelle; Hauptgerichte 60–100 Mex$; ⏲8–22 Uhr; P) Dieses lockere Lokal am Strand hat sich spezialisiert auf preisgünstiges Seafood, darunter die köstlichen *cocteles* (nach *ceviche*-Art zubereiteter Fisch, Shrimps, Tintenfisch und Seepolyp), diverse Shrimps-Gerichte und Snacks wie Tacos und *tostadas* (je 20 Mex$).

Casablanca NORDAMERIKANISCH $$
(☎662-242-07-77; www.casablancakinobay.com; Ecke Cádiz & Av Mar de Cortez; morgens 60–90 Mex$, Hauptgerichte 50–150 Mex$; ⏲8–22 Uhr, Fr & Sa open end; P📶) Dieses auffallende Restaurant serviert schmackhafte mexikanisch-nordamerikanische Speisen, u.a. üppiges Frühstück, Salate und Burger. Am Abend geht's dafür hoch her in der im 1. Stock gelegenen Bar im *palapa*-Stil, wo es auch einen Billardtisch gibt. Es bestehen auch Übernachtungsmöglichkeiten.

ℹ Praktische Informationen

Über E-Mail an **KBnet News** (kbnetnews@aol.com) erfährt man News zu Kino in englischer Sprache sowie alles Wissenswerte von Wohnwagenstellplätzen bis zu Reisewarnungen.

Cruz Roja (Red Cross; ☎662-242-04-86; Ecke Blvrd Kino & Av Manzanillo, Kino Viejo) Geldautomaten findet man bei Pemex und dem Cruz Roja, das auch Krankenwagen und medizinische Notdienste hat.

Casa del Mar (☎662-242-02-21; Ecke Calles Bilbao & Esqueda; ⏲Mi–So 9–16 Uhr) GRATIS Dieses Besucherzentrum wurde für die aus 900 Inseln bestehende **Área de Protección de Flora y Fauna Islas del Golfo de California** eingerichtet. Es hat sehr informative Ausstellungen auf Spanisch und Englisch und erteilt Genehmigungen für den Besuch der Inseln (pro Insel & Tag 40 Mex$/Pers.).

ℹ Anreise & Unterwegs vor Ort

Busse nach Hermosillo (81–92 Mex$, 2 Std.) fahren fast stündlich vom Busbahnhof ab, der etwa in der Mitte der Strandpromnade liegt. Mit diesen Bussen kommt man auch gut vor Ort voran (Fahrten innerorts kosten 7 Mex$), da es keine anderen öffentlichen Verkehrsmittel gibt. Eine Fahrt mit dem Taxi bis 5 km Strecke kostet 50 Mex$, nach Einbruch der Dunkelheit mehr.

San Carlos

☎622 / 2300 EW.

Wegen der atemberaubenden Landschaft zwischen Wüste und Meeresbucht fühlt man sich im legeren Seebad San Carlos wie in einer anderen Welt im Vergleich zu den von Sand geprägten Nachbarhäfen. Über dem Ort ragen ein paar dramatische Berge auf, vor allem die majestätische Doppelspitze des Cerro Tetakawi, die in der Abendsonne eindrucksvoll in roten Erdtönen leuchtet.

Die Strände von San Carlos sind ein Mix von dunklem Sand und Kies. Weißen Sand und türkisblaues Meer findet man an der Playa Algodones (bekannt auch durch ihre Rolle im Film *Catch-22 – Der böse Trick*).

ℹ Orientierung

San Carlos ist nicht fußgängerfreundlich, denn es zieht sich über eine Länge von gut 8 km hin.

ABSEITS DER ÜBLICHEN PFADE

VALLE DEL RÍO DE SONORA

Nördlich und östlich von Hermosillo erstreckt sich typisches Grenzland. Die Berge und Prärien vermitteln auf eindrucksvolle Weise, wie das Leben der spanischen Siedler vor Jahrhunderten aussah. Die Region ist in erster Linie für die gut erhaltenen Jesuitenmissionen bekannt, von denen viele vom berühmten Missionar Padre Eusebio Kino gegründet wurden. Zudem gibt es verschlafene Kolonialstädte aus vergangenen Zeiten mit wunderschöner Architektur, Thermalbädern und interessanten Unterkünften. Öffentliche Verkehrsmittel sind Mangelware, daher ist man auf ein eigenes Fahrzeug angewiesen.

Folgt man dem Hwy 14 ab Hermosillo in Richtung Nordosten, gelangt man nach 80 km ins idyllische **Ures** mit seiner schattigen Plaza Zaragoza und Geschäften, die *bacanora*, Sonoras Tequila, verkaufen. Nach weiteren 30 km zweigt der Hwy 118 nordwärts ab und erreicht **Baviácora** mit einer der hübschesten Kathedralen Sonoras. 15 km weiter lockt **Aconchi** mit wunderbaren Thermalquellen, und noch 22 km weiter nordwärts folgt der entspannte Kolonialort **Banámichi**, der ganz in der Nähe von Thermalquellen und Stellen liegt, die bestens zur Vogelbeobachtung geeignet sind.

Je näher man **Arizpe**, im 18. und 19. Jh. Hauptstadt der Nueva Españas Provincias Internas (die Kalifornien, New Mexico und Texas umfassten), kommt, umso mehr ist die Landschaft von zerklüfteten Felsformationen geprägt. Zurück nach Hermosillo führt die Straße über **Magdalena de Kino**. In der dortigen Mission liegt Padre Kino begraben, zudem ist der Ort ein guter Ausgangspunkt für Ausflüge in umliegende Missionen, z. B. **Pitiquito** (an der Straße nach Caborca und mit bemerkenswerter indigener Kunst an den Wänden), **Tubutama** und die spektakulären Ruinen von **Cocóspera**.

La Posada de Río Sonora (☎623-231-02-59; www.laposadadelriosonora.com; Hauptplaza; Zi. 983–1573 Mex$; ❄ 📶) Dies ist eines der besten Hotels in Banámichi und bietet selbst zubereitete Speisen (65–130 Mex$) sowie Reitmöglichkeiten (400 Mex$). Es eignet sich als Ausgangspunkt zur Erkundung des Valle del Río de Sonora.

Die meisten nützlichen Einrichtungen finden sich auf dem 2,5 km langen Streifen des Blvd Beltrones. Wenn man sich an der Kreuzung beim Oxxo-Laden rechts auf dem Blvd Beltrones hält, kommt man nach Playa Algodones (6 km nordwestl.) oder geht geradeaus und gelangt zur Marina San Carlos (500 m westl.).

Aktivitäten

Für viele steht Angeln ganz oben auf der To-do-Liste: Zwischen April und September hat man die besten Chancen auf einen großen Fang. Außerdem gibt's sieben große Wettbewerbe jährlich. Schnorcheln und tauchen kann man in einigen Buchten, und außerdem liegen vor der Küste auch einige Schiffswracks. Bei der **Isla San Pedro Nolasco**, 35 km vor der Küste, kann man inmitten einer Seelöwenkolonie schnorcheln oder tauchen.

★ **Gary's Dive Shop** TAUCHEN
(☎622-226-00-49; www.garysdiveshop.com; Blvd Beltrones Km 10; ⌚7–17 Uhr) Dieser seriöse, alteingesessene Laden für Tauchzubehör und andere Abenteueraktivitäten bietet Angeltouren und Panoramafahrten an. Tauchgänge vor der Isla San Pedro Nolasco (Seal Island) kosten 95 US$ (ohne Leihausrüstung). Hier kann man auch für 6 US$ pro Tag gute Schnorchelausrüstung ausleihen.

Hattie Sunset Cruises BOOTSFAHRT
(☎622-197-1351; Marina San Carlos; 30 US$) Dieser Veranstalter mit Sitz in Marina San Carlos organisiert zweistündige Bootsfahrten bei Sonnenunterang, in deren Verlauf man Delfinen und Walen begegnen, mit Sicherheit aber spektakuläre Aussichten (und Margaritas vom Fass) genießen kann.

Schlafen

San Carlos wird vor allem von Besuchern aus den USA angesteuert, sodass es nur wenige preiswerte Übernachtungsmöglichkeiten gibt.

Hotel Creston MOTEL **$$**
(☎622-226-00-20; Blvd Beltrones Km 10; Zi. 585–670 Mex$; P ❄ 📶 🏊) Es stimmt zwar, dass dieses Hotel unweit vom geschäftigen Blvd Beltrones liegt, aber die großen, sauberen Zimmer (mit Satelliten-TV und guter Klimaanlage), die um einen kleinen Pool angeordnet sind, bieten für San Carlos ein gutes Preis-Leistungs-Verhältnis.

Posada Condominiums & Resort Hotel APARTMENTS $$$
(☎622-226-10-31; www.posadacondominiums.com; Blvd Beltrones Km 11,5; Apt. 156 US$;) Diese Anlage liegt direkt am Strand (nachts hört man das Plätschern der Wellen am Ufer). Von den attraktiven Apartments mit großen Balkonen genießt man einen herrlichen Meerblick. Alle verfügen über voll ausgestattete Küchen, attraktive Wohnzimmer und Fernseher mit DVD-Player. Die Anlage liegt nur wenige Schritte entfernt von der Marina San Carlos und ihren Restaurants. Während der ruhigen Monate können die Preise auf unter 100 US$ sinken.

Essen & Ausgehen

La Palapa Griega MEXIKANISCH, GRIECHISCH $$
(Blvd Beltrones Km 11,5; Hauptgerichte 60–170 Mex$; 8–22 Uhr) Das am Strand gelegene Restaurant mit griechischem Besitzer bildet eine unvergessliche Kulisse für ein Essen. Probieren sollte man eine gemischte Platte (Humus, Tarama-Salat, Baba Ghanoush), griechischen Salat (65 Mex$) oder etwas Seafood.

★**Bonifacio's** FUSION $$$
(☎622-227-05-15; www.bonifacios.com; Playa Algodones; Hauptgerichte 115–350 Mex$; Mo–Do 11–23, Fr & Sa bis 15, So bis 22.30 Uhr;) Das wundervoll am Sandstrand der beliebten Playa Algodones gelegene Bonifacio's gehört zu den feinsten Restaurants im nordwestlichen Mexiko. Es verströmt Raffinesse, angefangen beim großen Kronleuchter, über das alte Mobiliar im Inneren bis hin zur einfallsreichen mexikanischen Fusion-Küche. Empfehlenswert ist *mariscada* – dünne Scheiben roher Fisch, eingelegt in Limonen – mit *governador*- (Shrimps)-Tacos und *chicharrón* (frittierte Schweineschwarten). Am Abend wandelt sich das Lokal zu einer stylischen Lounge-Bar um.

Praktische Informationen

Banamex (Blvd Beltrones) hat zwei Bankautomaten.

Gary's Dive Shop (☎622-226-00-49; www.garysdiveshop.com; Blvd Beltrones Km 10; 7–17 Uhr) Hat Karten und Informationen; Internet (Mo–Sa, dieselben Öffnungszeiten) gibt's im 1. Stock.

Anreise & Unterwegs vor Ort

Die Busse aus Guaymas fahren bis zur Marina San Carlos, eine Fahrt innerhalb von San Carlos kostet 6 Mex$. Für eine Fahrt mit dem Taxi innerhalb von San Carlos muss man mit 50 bis 100 Mex$ rechnen.

Die Fernbusse halten sehr wahrscheinlich entweder beim **Grupo Estrella Blanca** (Calle 14 No 96) oder bei den Terminals von **Tufesa** (Blvd García López 927) in Guaymas. Vom Grupo Estrella Blanca geht man zu Fuß nordwärts auf der Calle 14 bis zum Blvd García López und nimmt dort den weißen Bus nach San Carlos (12 Mex$, alle 30 Min.). Von den Tufesa-Terminals aus muss man die Straße überqueren und denselben Bus nehmen. Ein Taxi vom Terminal nach San Carlos kostet 180 Mex$.

Der **Flughafen** (☎622-221-05-11; www.asa.gob.mx/wb/webasa/guaymas_aeropuertos) liegt 10 km nördlich von Guaymas. **Aéreo Calafia** (www.aereocalafia.com.mx) unterhält Flüge zu mehreren Zielen in Baja California, darunter La Paz und Los Cabos.

Álamos & Umgebung

☎647 / ÁLAMOS 9300 EW. / 432 M

Álamos ist die zivilisierteste, architektonisch vielfältigste Stadt im ganzen Nordwesten Mexikos. Sie ist eine kulturelle Oase und die kulinarische Hauptstadt der Region. Geschützt in den bewaldeten Ausläufern der Sierra Madre Occidental, blickt sie mit ihren Kopfsteinpflasterstraßen und beeindruckenden Kolonialbauten auf eine faszinierende Geschichte zurück, die vor allem ihrer Rolle als Mexikos nördlichster Silberminenstadt geschuldet ist. Die Stadt ist sowohl ein nationalhistorisches Denkmal als auch eines von Mexikos *pueblos mágicos* (magischen Dörfern).

Álamos' Charme scheint viele US-amerikanische Rentner und kreative Typen magisch anzuziehen, die seit den 1950er-Jahren viele der verfallenden Kolonialgebäude erworben und in Zweitwohnungen oder Hotels umgewandelt haben. Die wohlhabende Ausländergemeinde macht heute einen kleinen, aber einflussreichen Teil der Bevölkerung von Álamos aus.

Das üppig grüne Umland besteht aus tropischem Laubwald und von Kiefern und Eichen bedeckten Bergen. Das 929 km² große Naturschutzgebiet Sierra de Álamos–Río Cuchujaqui, das Álamos fast komplett umschließt, bietet großartige Möglichkeiten zum Beobachten von Vögeln und wunderbare Wanderwege.

Bizarrerweise gedeiht in Álamos und Umgebung der Großteil des weltweiten Ertrags von Springbohnen; das Besondere an diesen Bohnen ist die Tatsache, dass sie oft von einer Larve in ihrem Inneren bewohnt sind und daher „hüpfen".

Die beste Zeit für einen Besuch ist zwischen Mitte Oktober und Mitte April, wenn das Klima kühler ist. Die meisten mexikanischen Besucher kommen dagegen in den Regenmonaten (Juli–Sept.); in der restlichen Zeit ist es sehr viel ruhiger.

Geschichte

Die ersten Silberminen wurden im 16. Jh. in der Gegend von La Aduana (4 km westl. von Álamos) entdeckt. Álamos selbst wurde in den 1680er-Jahren gegründet, wohl als eine Art zusätzliche Vorstadt von La Aduana für die wohlhabenderen Kolonisten. Trotz des Widerstands der indigenen Yaqui und Mayo entwickelte sich Álamos im 18. Jh. zu einem der wichtigsten Bergbauzentren Mexikos.

Während der Unruhen im 19. Jh. wurde Álamos mehrfach angegriffen – von französischen Eindringlingen, von Banden, die es auf seinen Silberreichtum abgesehen hatten, und von den hartnäckig um ihre Unabhängigkeit kämpfenden Yaqui. Dann forderte die mexikanische Revolution ihren Tribut, und in den 1920er-Jahren waren die meisten Minen aufgegeben; Álamos glich einer Geisterstadt.

Im Jahr 1948 erwachte die Stadt dann wieder zum Leben, als William Levant Alcorn, ein Milchbauer aus Pennsylvania, die Almada-Villa an der Plaza de Armas kaufte und in das Hotel Los Portale umbaute. Andere *norteamericanos* folgten, erwarben verfallende Villen und ließen sie wieder in altem Glanz erstrahlen. Heute kommen vor allem reiche Mexikaner, angezogen durch die entspannte Atmosphäre und das milde Klima im Winter, was einen richtigen Immobilien-Boom auslöst.

Sehenswertes

Álamos eignet sich bestens für einen Bummel durch eines der idyllischsten mexikanischen Stadtzentren aus der Kolonialzeit, unterbrochen durch eine kurze Rast in einem der stimmungsvollen Restaurants.

An der reizenden Plaza de Armas mit ihren vielen Bäumen erhebt sich die **Parroquia de la Purísima Concepción**, eine zwischen 1786 und 1804 erbaute Pfarrkirche. Der Großteil ihrer Inneneinrichtung war ursprünglich aus Silber gefertigt.

Der Aussichtspunkt **El Mirador** beherrscht den Hügel am südöstlichen Stadtrand von Álamos und bietet atemberaubende Ausblicke auf die Stadt und die umliegenden Berge. Man kommt über Stufen vom Arroyo Agua Escondida aus hinauf, der von der Victoria aus zwei Blocks weiter Richtung Obregón liegt.

Museo Costumbrista de Sonora MUSEUM

(☎647-428-00-53; Victoria s/n; Eintritt 10 Mex$; ⌚Mi–So 9–16 Uhr) Dieses gut gemachte Museum der Bräuche Sonoras hat umfassende Ausstellungen (alle auf Spanisch beschriftet) über die Geschichte und die Traditionen dieses Bundesstaats. Besonderes Augenmerk liegt auf dem Einfluss des Bergbaus auf Álamos und dem darauf basierenden vorübergehenden Wohlstand der Stadt. Zu den Exponaten zählen auch Antiquitäten, Mobiliar jener Zeit und sogar einige nachgebaute Kutschen.

Museo de María Félix MUSEUM

(Linda Vista 6; 10 Mex$; ⌚Do–So 9–16 Uhr; P) Der Filmstar María Félix (am bekanntesten als „La Doña" und oft auch als Mexikos Marilyn Monroe angesehen) ist die berühmteste Tochter der Stadt, und ihr ist dieses Museum gewidmet. Gezeigt werden Gemälde, Fotos, persönliche Erinnerungsstücke sowie ein vom Maler Diego Rivera geschaffenes Porträt. Das Museum liegt auf einer Anhöhe mit herrlichem Ausblick, etwa 15 Minuten zu Fuß südwestlich der Plaza.

Geführte Touren

Emiliano Graseda, der Englisch spricht (und an den meisten Wochenenden in der Touristeninformation von Álamos zu finden ist), bietet sehr informative Stadtspaziergänge für 220 Mex$ pro Person an. Die Führungen haben die Sehenswürdigkeiten von Álamos sowie Privathäuser zum Ziel und werden in La Aduana mit dem Besuch einer Ziegelfabrik und einer Mission fortgesetzt; Kunsthandwerker-Ateliers werden ebenfalls besichtigt.

Pronatura VOGELBEOBACHTUNG

(☎647-428-00-04; Juárez 8; 2-stündige Tour ins Umland 200 Mex$/Pers.; ⌚Mo–Fr 7.30–19.30 Uhr) Diese Gruppe von Umweltschützern ist die wichtigste Kontaktadresse, wenn man einen einheimischen Führer aus der Vogelbeobachter-Gruppe **Alas de Álamos** (Flügel von Álamos) engagieren möchte. Sie bietet auch Tagesausflüge in die Umgebung an.

Solipaso ABENTEUERTOUR

(☎647-428-15-09; www.solipaso.com; El Pedregal, Privada s/n, Barrio el Chalatón) Das Unternehmen organisiert Vogelbeobachtungstouren (halber Tag 1050 Mex$) und einzigartige Bootsausflüge (1440 Mex$/Pers., 4–12 Pers.; Nov.–März) auf dem Río Mayo nordwestlich von Álamos. Man besichtigt uralte Petroglyphen, ein Steinaquädukt, ein Mayo-Dorf und kann mit Sicherheit die spektakuläre Vogelwelt der Tropen und des Küstenbereichs beobachten; selbst Flussotter und Nasenbären leben hier. Die Veranstalter beschäftigen sehr kundige Führer. Es gibt keine festen Öffnungszeiten; Buchungen daher am besten telefonisch tätigen!

Feste & Events

Festival Alfonso Ortíz Tirado MUSIK
(www.festivalortiztirado.gob.mx) Das Ende Januar in Álamos stattfindende zehntägige Festival mit erstklassiger klassischer und Kammermusik, Blues, *Bossa nova* und *Trova*, an dem Künstler aus aller Welt mitwirken, zählt zu den bedeutendsten Veranstaltungen Nordmexikos. Es werden auch Programme für Kinder organisiert.

Schlafen

Álamos hat einige der stimmungsvollsten und attraktivsten Unterkünfte in ganz Mexiko zu bieten. Viele davon befinden sich in ehemaligen Villen aus der Kolonialzeit mit großartiger Inneneinrichtung. Wer knapp bei Kasse ist, sollte bedenken, dass preisgünstige Angebote begrenzt sind.

Die Sommer sind so heiß, dass die kühleren Monate (Okt.–April) in Álamos die Hauptreisezeit darstellen. Wegen der Tourismuskrise in Nordmexiko gibt es das ganze Jahr über oft Preisnachlässe.

Posada de Don Andrés HOTEL $
(☎647-428-11-10; Rosales; Zi. 400–600 Mex$; P ❄ 📶) Dieses passable Hotel mit Blick auf die Plaza Alameda bietet auf zwei Stockwerken geräumige, komfortable Zimmer, die jedoch etwas düster sind. Jorge, der Besitzer, ist eine freundliche, offene Person und bereitet morgens den Kaffee für seine Gäste.

★ **Hotel Luz del Sol** BOUTIQUEHOTEL $$
(☎647-428-04-66; www.luzdelsolalamos.com; Obregon 3; Zi. inkl. Frühstück 885 Mex$; 🚭 ❄ 📶 🏊) Ein ausgezeichnetes Preis-Leistungs-Verhältnis hat dieses schöne Hotel, das dank seines freundlichen Personals und eines der besten Cafés der Stadt überaus einladend ist. Es gibt nur drei Zimmer; alle sind sehr geräumig und mit eines Sultans würdigen Betten, üppiger Möblierung, hohen Decken und angrenzenden Badezimmern mit historisch wirkenden Fliesen und Badewannen sehr schön.

Casa de las Siete Columnas B&B $$
(☎647-428-01-64; www.lassietecolumnas.com; Juárez 36; Zi. inkl. Frühstück 650–750 Mex$; 🚭 ❄ 📶 🏊) Ein neues, einladendes Hotel mit kanadischem Besitzer in einem jahrhundertealten Gebäude mit einem sehenswerten, von sieben Säulen getragenen Portikus. Die Zimmer liegen im rückwärtigen Teil (um einen Hof mit einem kleinen Pool angeordnet) und haben Balkendecken, Kamine und eine geschmackvolle Inneneinrichtung. Es gibt eine Gäste-Lounge mit TV und DVD sowie einen Billardtisch. Geöffnet ist das Haus nur zwischen Oktober und April.

Hotel Colonial HOTEL $$$
(☎647-428-13-71; www.alamoshotelcolonial.com; Obregón 4; Zi. inkl. Frühstück 1680–2650 Mex$; P 🚭 ❄ 📶) Eindrucksvoll zeigt sich die Liebe zum Detail in diesem erstklassigen historischen Landsitz. Man fühlt sich eher versetzt in eine längst vergangene Zeit als in ein mexikanisches Hotel. Es gibt zehn gemütliche Zimmer, allesamt mit Wandteppichen, Ölgemälden, Antiquitäten und stattlichen Kaminen ausgestattet, sowie eine großzügige Dachterrasse zum Entspannen.

El Pedregal HÜTTE $$$
(☎647-428-15-09; www.elpedregalmexico.com; Privada s/n, Barrio el Chalatón; Zi. inkl. Frühstück 1300 Mex$; P 🚭 ❄ @ 📶) 🍃 Reizende strohbedeckte Lehmziegelhütten mit schickem, kunstvollem Mobiliar und luxuriösen Schlaflagern verteilen sich auf einem 8 ha großen Gelände mit tropischem Laubwald am Rand von Álamos, etwa 2 km von der Plaza entfernt. Die freundlichen Eigentümer sind ausgewiesene Vogelkenner und leiten Touren. Preisnachlässe gibt's zwischen Juni und August.

Hacienda de los Santos LUXUSHOTEL $$$
(☎647-428-02-22; www.haciendadelossantos.com; Molina 8; Zi./Suite inkl. Frühstück ab 3920/4520 Mex$; P 🚭 ❄ @ 📶 🏊) Wie der Name bereits andeutet, ist dies eher eine Hacienda als ein Hotel; die Anlage umfasst fünf restaurierte Kolonialhäuser, drei Pools, drei Restaurants, ein Kino, ein Spa, einen Fitnessraum, gepflegte Gärten und eine Bar (samt einer Tequilasammlung mit 520 Sorten!). Die Zimmer sind großartig, luxuriös und sehr stimmungsvoll. In den heißen Monaten sind die Preise niedriger.

FÄHREN NACH BAJA

Zwei Fährlinien verbinden das Festland Nordwestmexikos mit Baja California. Von Topolobampo bei Los Mochis legt Baja Ferries (S. 819) von montags bis freitags um 23.59 Uhr bzw. sonntags um 23 Uhr in Richtung La Paz in Baja ab; die Überfahrt dauert etwa 7 Stunden. Für Reisen während der Semana Santa, zwischen Weihnachten und Neujahr sowie im Juni und Juli empfiehlt es sich, einen Monat im Voraus zu buchen. Tickets kann man in Los Mochis oder am Abfahrtstag am Fährhafen in Topolobampo kaufen.

Die Fähre **Santa Rosalía** (www.ferrysantarosalia.com; Sitzsalon 840 Mex$, Motorrad/Auto 1420/3200 Mex$) fährt montags, dienstags, donnerstags, freitags und samstags um 8 Uhr von Guaymas nach Santa Rosalía, Baja California, und kommt dort am nächsten Morgen um etwa 7 Uhr an. Von Mitte November bis Mitte März kann es wegen starker Winde zu Verspätungen kommen, und in der Nebensaison werden die Fahrten am Montag oder Dienstag manchmal gestrichen. Das **Fahrkartenbüro** (☎ 622-222-02-04; Recinto Portuario Zona Franca s/n, Terminal de Transbordadores, Colonia Punta Arena; ⊙ Mo–Sa 8–16 & 15.30–20 Uhr) befindet sich 2 km östlich des Stadtzentrums von Guaymas. Reservierungen sind nur nötig, wenn man eine Kabine möchte oder ein Fahrzeug mitnehmen will (drei Tage im Voraus buchen!). Alle Passagiere und Fahrzeuge sollten gegen 18.30 Uhr am Anleger sein.

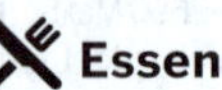

Essen

Cenaduría Dõna Lola MEXIKANISCH $
(☎ 647-428-11-09; Volantín s/n; Hauptgerichte 40–85 Mex$; ⊙ Mo–Sa 7–22, So 14–22 Uhr) Am Ende einer kleinen Straße südlich der Plaza de Armas bietet dieses einfache, familienbetriebene Lokal köstliche hausgemachte mexikanische Speisen. Auf der Rückseite gibt es eine überdachte Terrasse. Das Lokal ist auch als Koky's bekannt.

Los Zarapes MEXIKANISCH $
(Plaza de Armas; Mahlzeiten 40–70 Mex$; ⊙ 7.30–21.30 Uhr) Der perfekte Ort, um traditionelle mexikanische Gerichte (üppige Frühstücke, *carne asada, gorditas* und *enchiladas*) und eine herrliche Aussicht auf die Plaza mit der barocken Kirche zu genießen.

★ **Teresitas** INTERNATIONAL, BÄCKEREI $$
(www.teresitasalamos.com; Allende 41; Hauptgerichte 50–135 Mex$; ⊙ Mo–Sa 8–21, So 9–18 Uhr; 📶) Die einfache Bäckerei mit angeschlossenem Bistro hat eine offene Küche und eine verlockende Speisenauswahl: vorzügliche Salate, Pasta-Gerichte, Crêpes und Panini sowie Gebäck und Kuchen (die Pekannuss-Pie probieren!). Man kann im Garten mit dem Springbrunnen essen oder den Komfort der königsblauen Bankett-Stühle im Speisesaal genießen.

Café Luz del Sol CAFÉ $$
(☎ 647-428-04-66; Obregón 3; Hauptgerichte 60–115 Mex$; ⊙ Mo–Sa 7.30–17 Uhr; 📶) In einer Region mit akutem Mangel an ordentlichen Cafés ist dieses in einem Kolonialgebäude untergebrachte Lokal für alle koffeinsüchtigen Reisenden ein kostbarerer Fund als jede Silbermine. Hier bekommt man liebevoll zubereitetes Frühstück, mexikanisch-nordamerikanische Mittagsgerichte, hausgemachte Backwaren und richtig tollen Kaffee. Vornehm; mit kleiner Terrasse.

La Casa Aduana MEXIKANISCH $$$
(☎ 647-404-34-73; www.casaladuana.com; Plaza, La Aduana; Mahlzeiten 170–280 Mex$; ⊙ Mi–So ab 13 Uhr; 📶) Das überaus stimmungsvolle Restaurant befindet sich in einem Haus, das in den 1620er-Jahren als Sitz der Zollbehörde erbaut wurde, und bietet Speisen der neuen Sonora-Küche, wie etwa Hühnchen mit *cordon verde* und Shrimps sowie *chile poblano*. Reservierung erforderlich. Eine Taxifahrt von Álamos hierher kostet rund 170 Mex$.

ℹ Praktische Informationen

Banorte (Madero 37; ⊙ Mo–Fr 9–16 Uhr) Geldautomat und Geldwechsel.

Ciber Utopia (Rosales 36; ⊙ 8–21 Uhr) Das winzige Cybarcafé gleich östlich der Plaza Alameda bietet mittelschnellen Internetzugang. Kein WLAN.

Hospital General de Álamos (☎ 647-428-02-25; Madero s/n; ⊙ 8–20 Uhr) Einfaches Krankenhaus ohne Notaufnahme. Ein Teil des Personals spricht etwas Englisch.

Touristeninformation (☎ 647-428-04-50; cparra@sonaraturismo.gob.mx; Victoria 5; ⊙ Mo–Fr 8–18 Uhr) Das hilfreiche Informationsbüro ist an den Wochenenden meist vom lokalen selbstständigen Reiseführer Emiliano Graseda besetzt.

An- & Weiterreise

Álamos liegt 53 km östlich von Navojoa, das sich seinerseits 323 km südöstlich von Hermosillo und 156 km nördlich von Los Mochis befindet. 2.-Klasse-Busse von **Albatros** (Ecke Guerrero & No Reelección, Navojoa) fahren zwischen 7 und 16.30 Uhr alle 30 Min.von Navojoa nach Álamos (30 Mex$, 1 Std.); es gibt auch einen Bus um 21 Uhr. Über 20 1.-Klasse-Busse von Albatros und **Tufesa** (☎ 642-421-32-10; www.tufesa.com.mx; Ecke Hidalgo & No Reelección, Navojoa) verbinden Navojoa täglich mit Guaymas und Hermosillo.

Der **Busbahnhof Transportes Baldomero Corral** (☎ 647-428-00-96; Morelos 7) von Álamos liegt an der Plaza Alameda. Von hier starten bis 18.30 Uhr alle 30 Minuten Busse nach Navojoa (30 Mex$, 1 Std.).

Los Mochis

☎ 668 / 256 000 EW.

Die meisten Reisenden verweilen nicht in Los Mochis. Die Stadt mag ein Verkehrsknotenpunkt sein, aber hier herrscht ein ständig feuchtes Klima, und es gibt auch keine echten sehenswerten Attraktionen (abgesehen von den sehr zahlreichen heruntergekommenen Bars). Wer aber per Boot nach Baja weiterreisen möchte oder eine Zugreise mit dem Ferrocarril Chihuahua Pacífico plant, findet hier passende Unterkünfte und Restaurants.

Schlafen

Hotel Fénix HOTEL $$
(☎ 668-812-26-23; Flores 365 Sur; EZ/DZ/3BZ 455/545/575 Mex$; P ❄ ☎) Das ist das beste preisgünstige Hotel der Stadt. Es hat ein freundliches Personal, eine schicke Lobby, ein vorzügliches Restaurant und renovierte Zimmer, die ein gutes Preis-Leistungs-Verhältnis bieten und über schnelles WLAN sowie modernes Mobiliar verfügen.

Hotel América HOTEL $$
(☎ 668-812-35-55; www.losmochishotel.com; Allende 655 Sur; Zi. 550–680 Mex$; P ❄ @ ☎) Dieses unspektakuläre, aber gut geführte Hotel hat recht kleine, aber funktionale Zimmer mit Flachbildbild-TVs, Kaffeemaschinen (und

Los Mochis

Schlafen
1 Best Western Los Mochis B1
2 Hotel América D3
3 Hotel Fénix C1

Essen
4 El Farallón C1
5 La Cabaña de Doña Chayo D2
6 Whimis C2

Los Mochis

teilweise PCs). Das ganze Hotel ist in unspektakulären beige-braun-Tönen gehalten.

Best Western Los Mochis HOTEL $$$
(668-816-30-00; www.bestwestern.com; Obregón 691 Poniente; Zi. 1674 Mex$;) Dieses Business-Hotel mit tollem Ausblick auf die zentrale Plaza und mit qualifiziertem Personal hat professionelles Servicepersonal sowie sehr komfortable, mit Teppichen ausgelegte Zimmer mit modernem Bad. Der Pool ist winzig; die Nutzung des Fitnessraums ist kostenlos.

Essen

La Cabaña de Doña Chayo TAQUERÍA $
(668-818-54-98; Obregón 99 Poniente; Tacos & Quesadillas 23–33 Mex$; 8–1 Uhr) Ein schlichtes, aber angenehmes Plätzchen, wo man köstliche Quesadillas und Tacos mit *carne asada* oder *machaca* (würziges getrocknetes Rindfleisch in kleinen Stücken) kriegt.

Whimis CAFÉ, EIS $
(Leyva 523 Sur; Eis 18 Mex$, Kaffee 25 Mex$; 8–20 Uhr;) Fast so modisch wie in Los Mochis üblich präsentiert sich dieses helle, fröhliche, kleine Lokal. Es bietet ein endloses Sortiment von Eissorten und Obstgebäck, und die Espressomaschine erfüllt alle Kaffeewünsche.

El Farallón SEAFOOD $$
(668-812-12-73; www.farallon.com.mx; Obregón 499 Poniente; Hauptgerichte 80–190 Mex$; 9-23 Uhr;) Ein aufgehübschtes Seafood-Restaurant mit einer unglaublich großen Auswahl von Gerichten: Wer bei den bewährten mexikanischen und Sinaloa-Gerichten bleibt (und nicht die nach Fusion-Art zubereiteten Sushis oder Ähnliches wählt), macht sicher nichts falsch. Das *ceviche* und der *pescado a la plancha* (gegrillter Fisch) sind besonders köstlich.

Praktische Informationen

Yinto's Cyberclub (Ecke Obregón & Guerrero; 8-21 Uhr) Zusätzlich zu Internet-Diensten kann man hier günstig telefonieren und CDs brennen.

An- & Weiterreise

BUS

In Los Mochis gibt es eine Handvoll privater Busbahnhöfe. Von den wichtigsten Fernbusbahnhöfen fahren rund um die Uhr Busse ab.

Azules del Noroeste (668-812-34-91; Tenochtitlán 399 Poniente) Hat 2.-Klasse-Busse nach El Fuerte (72 Mex$, 2 Std. , 16-mal tgl.).

Grupo Estrella Blanca/Transportes y Autobuses Pacífico (GEB/TAP; Blvd Castro zw. Constitución & Domínguez) Unterhält Luxus- und 1.-Klasse-Busse nach Mexico City, Nogales und Tijuana.

Tufesa (668-818-22-22; www.tufesa.com.mx; Blvd Rosales 2300) Hat 1.-Klasse-Busse nach Navojoa (für Richtung Álamos), Nogales, Phoenix, Mazatlán und Guadalajara. Der Busbahnhof befindet sich 3 km nordöstlich vom Zentrum von Los Mochis (mit dem Taxi 60 Mex$).

FLUGZEUG

Vom **Flughafen Los Mochis** (668-818-68-70; www.aeropuertosgap.com.mx; Carretera Los Mochis–Topolobampo Km 12,5) gehen täglich Flüge nach Mexico City, Hermosillo, Tijuana, Mazatlán und Guadalajara, u. a. mit Aeroméxico Connect (668-812-02-16; www.aeromexico.com.mx; Obregón 1104 Poniente), **Aéreo Calafia** (www.aereocalafia.com.mx)

BUSSE AB LOS MOCHIS

ZIEL	PREIS (MEX$)	DAUER (STD.)	HÄUFIGKEIT (TGL.)
Guadalajara	741–886	13–15	TAP halbstündl., Tufesa 13-mal
Guaymas	286	5–6	Tufesa 25-mal
Hermosillo	352–430	6–7	1. Klasse GEB halbstündl., Tufesa halbstündl.
Mazatlán	372–428	6–7	GEB/TAP regelm., Tufesa 11-mal
Navojoa	118–146	2	1. Klasse GEB regelm., Tufesa 32-mal
Nogales	610–731	10–12	Tufesa 17-mal
Phoenix	1137–1493	14–16	Tufesa 10-mal
Tuscon	879–1174	12–13	Tufesa 10-mal

und **Volaris** (www.volaris.com). Mehrere kleine Fluggesellschaften fliegen Ziele in Baja California an.

SCHIFF/FÄHRE

Baja Ferries (☎ 668-817-37-52; www.bajaferries.com; Local 5, Ecke Blvds Rosales & Centenario; ⌚ Mo–Fr 8–16, Sa 9–15 Uhr) Diese Reederei verkauft Fahrkarten nach Pichilingue in der Nähe von La Paz in Baja California Sur; Abfahrt ist ab Topolobampo, 24 km südwestlich von Los Mochis. Fahrkarten kann man bis zu zwei Monate im Voraus kaufen.

ZUG

Am **Bahnhof Los Mochis** (☎ 668-824-11-51; ⌚ Mo–Fr 5–17.30, Sa & So 5–9 & 10.30–13 Uhr) bekommt man Fahrkarten für bis zu einem Monat im Voraus. Achtung: Auf die Öffnungszeiten ist absolut kein Verlass. In der Stadt kann man auch bei Viajes Flamingo (☎ 668-812-16-13; www.mexicoscoppercanyon.com; Hotel Santa Anita Ecke Leyva & Hidalgo; ⌚ Mo–Fr 8.30–18, Sa 8.30–14.30 Uhr) Fahrkarten buchen.

Der Bahnhof befindet sich 4 km südöstlich vom Stadtzentrum am Ende der Bienestar.

ℹ Unterwegs vor Ort

Mit den Buslinien 72 „Castro-Chamizal" und 118 „DIF Castro Estación" (6 Mex$) dauert die Fahrt vom Blvd Castro (zw. Zaragoza & Prieto) zum Bahnhof ca. 15 Minuten (5.30–21 Uhr). Die Haltestelle befindet sich einen Block vor dem Bahnhof. Da der Morgenzug bereits um 6 Uhr abfährt, kann man mit dem Bus höchstens den Fahrkartenschalter erreichen; wer diesen Zug rechtzeitig erreichen will, braucht ein Taxi.

Die Busse nach Topolobampo (18 Mex$, bis 19.30 Uhr alle 20 Min.) fahren von der Ecke Cuauhtémoc und Prieto ab. Man kann dann die Fähre Richtung Baja nehmen.

Eine Taxifahrt in der Stadt kostet 50 Mex$, zum Flughafen bzw. nach Topolobampo muss man mit etwa 160 bis 200 Mex$ rechnen. Taxis stehen an der Obregón vor dem Best Western.

BARRANCA DEL COBRE & FERROCARRIL CHIHUAHUA PACÍFICO

Die atemberaubende bergige Landschaft im Umkreis der Barranca del Cobre (Kupferschlucht) ist Natur pur in einem überwältigenden Maßstab. Keine andere Attraktion Nordmexikos kann es mit der Barranca del Cobre und mit den spektakulären Ausblicken aufnehmen, die sich bei jeder Kehre bieten, mit den hoch aufragenden kieferbedeckten Gipfeln und der faszinierenden Kultur der indigenen Tarahumara, die es zu entdecken gilt. Es ist im wahrsten Sinn einzigartige, unvergleichliche Natur.

Ein Labyrinth aus sieben Hauptschluchten bedeckt ein Gebiet, das viermal so groß ist wie der Grand Canyon in Arizona, und die Schluchten sind stellenweise sogar erheblich tiefer (bis zu 1800 m) als dieser. Die Canyons wurden durch tektonische Bewegungen und Flüsse aus dem 25 Mio. Jahre alten Vulkangestein der Sierra geformt. Am Boden der Canyons wachsen tropische Früchte, während der obere Bereich von alpiner Vegetation bedeckt ist und es hier im Winter oft schneit.

Einsame Straßen winden sich durch dieses Gebiet, man sollte aber lieber auf den Zug umsteigen: Der weitaus beste Weg, um dieses Schluchtengebiet zu entdecken, ist eine Fahrt mit der „Chepe" genannten Bahn (Ferrocarril Chihuahua-Pacífico bzw. Chihuahua-Pacific Railway), Mexikos wohl bedeutendster Ingenieursleistung. Sie verkehrt auf einer einmalig malerischen Strecke von über 656 km Länge zwischen Los Mochis (unweit von Mexikos Pazifikküste) und Chihuahua (im zentralen Hochland gelegen).

Man kann die ganze Strecke mit dem Zug abfahren oder eine Übernachtung einlegen, bevor man am nächsten Morgen zurückfährt. Die spektakuläre Schluchtenlandschaft verdient es aber, ausgiebiger erkundet zu werden. Das Bergdorf Creel liegt ideal neben einigen landschaftlich einzigartigen Stellen. Für ähnliche Erkundungen der Canyon-Landschaft kann man auch in den kleineren Dörfern Cerocahui, Areponápuchi oder Divisadero übernachten, die alle in der Nähe der Eisenbahnstrecke liegen. Um die Schluchten wirklich zu erleben, sollte man sich direkt in sie hineinwagen und in Urique oder Batopilas übernachten. Alle Arten von Naturwundern – Klippen, hoch aufragende Felsmassive, Flüsse, Wasserfälle, Seen, Wälder –, aber auch faszinierende Zeugnisse einheimischer Kultur lassen sich von hier aus zu Fuß, auf dem Rücken eines Pferdes und häufig auch per Mountainbike oder Auto erreichen.

Wer den ultimativen Adrenalinkick sucht, sollte zum Parque de Aventuras Barrancas del Cobre fahren, wo man an Mexikos kühnster Seilrutsche über schwindelerregende Tiefen gleiten kann – oder aber man nimmt die Seilbahn.

Die besten Besuchszeiten sind Frühjahr oder Herbst; dann ist es weder zu heiß unten in den Schluchten, noch oben zu kalt. Besonders angenehm ist es zwischen Mitte September und November, wenn nach den sommerlichen Regenfällen (etwa ab Ende Juni–Ende August) alles grünt. Wandern oder reiten kann man unten in den Canyons eigentlich nur von Oktober bis März. Im Mai und Juni ist es unten unerträglich heiß, doch oben kann man es sehr gut aushalten.

In den entlegenen Winkeln dieser Region gibt's Marihuana- und Opiumplantagen, die wiederholt Anlass zu blutigen Zwischenfäl-

Barranca del Cobre

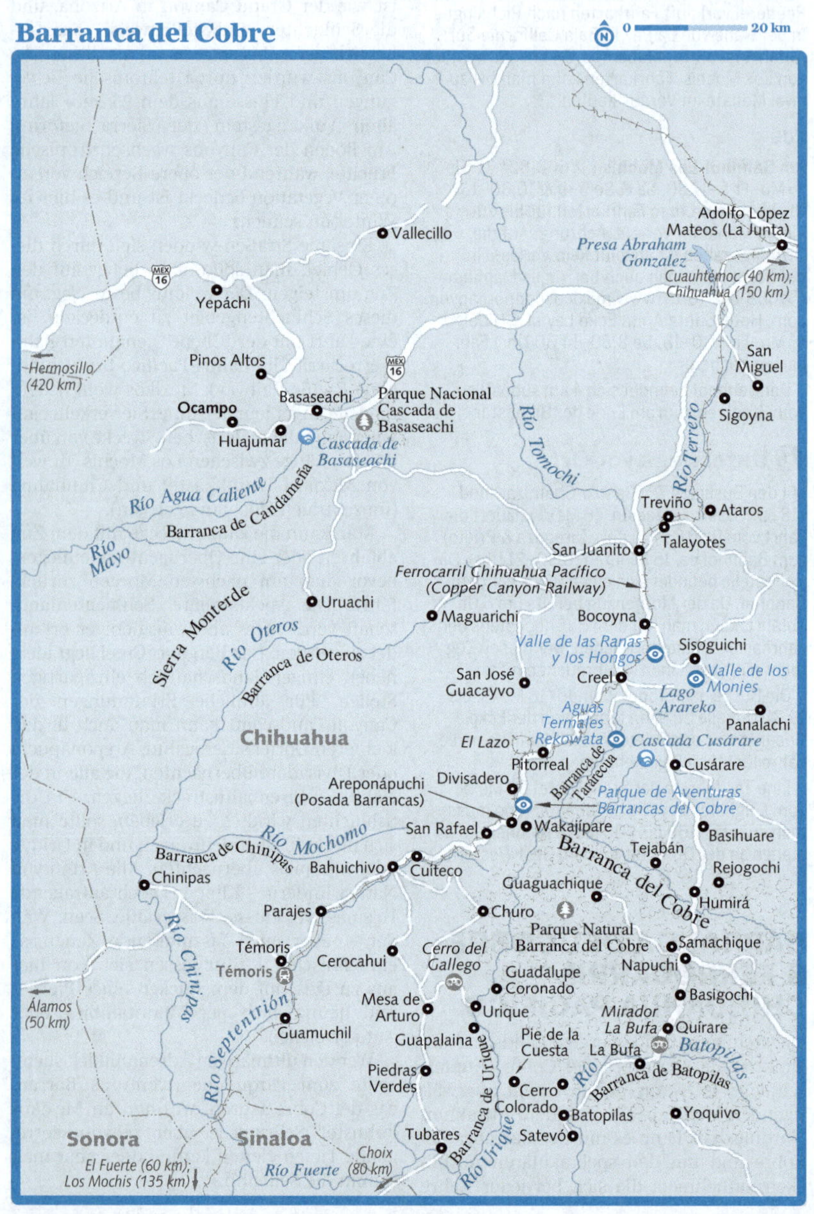

len zwischen rivalisierenden Gangs oder zwischen Gangs und der mexikanischen Armee geben. Im Normalfall haben es die *narcos* nicht auf Traveller abgesehen, dennoch empfiehlt es sich, die Lage zu sondieren, bevor man sich in abgelegene Gebiete wagt, und einen vertrauenswürdigen einheimischen Führer dabeizuhaben, wenn man die ausgetretenen Touristenpfade verlässt.

Der Name Barranca del Cobre geht auf die Spanier zurück, die das grünliche Schimmern von Flechten irrtümlich für Kupfer hielten, und bezieht sich eigentlich auf die tiefe Schlucht, die der Oberlauf des Río Urique gegraben hat. Die Schluchtenregion ist Teil der Sierra Madre Occidental. Außer der Barranca del Cobre umfasst sie noch die Barrancas de Urique, Sinforosa, Batopilas, Oteros, Chinipas und Candameña. Alle diese sieben Canyons erreichen eine Tiefe von mindestens 1300 m oder sogar noch mehr.

Ferrocarril Chihuahua Pacífico

Die Zahlen sprechen für sich: 656 km lang, 37 Brücken, 86 Tunnel und eine Bauzeit von über 60 Jahren. Die 1961 fertig gestellte **Ferrocarril Chihuahua Pacífico** (Copper Canyon Railway; ☎800-122-43-73, 614-439-72-12; www.chepe.com.mx), eine der malerischsten Eisenbahnstrecken der Welt, beeindruckt ebenso so sehr mit der Ingenieursleistung wie mit den Ausblicken auf die Schluchten. Die Strecke verbindet eine gerade mal 24 km von der Pazifikküste entfernt liegende Stadt über steile Schluchten in über 2400 m Höhe mit dem bergigen, trockenen Inneren Nordmexikos. Die Bahnlinie ist die Hauptverbindungsroute zwischen Chihuahua und der Küste und wird intensiv für den Personen- und Güterverkehr genutzt. Die Schönheit der Landschaft an der Strecke hat die Zugfahrt zu einem der beliebtesten Touristenausflüge in ganz Mexiko gemacht.

Die kurz „El Chepe" (die spanisch ausgesprochenen Anfangsbuchstaben von „Chihuahua" und „Pacífico") genannte Bahn fährt täglich zweimal in beide Richtungen. Auf der Fahrt nach Osten (in Richtung Chihuahua) bieten beide Züge traumhafte Ausblicke. In die andere Richtung ist der *primera express* vorzuziehen, da die *clase económica* den Großteil der schönsten Stellen (zw. Creel & El Fuerte) erst nach Einbruch der Dunkelheit passiert; das gilt besonders für den Winter.

Zwischen Los Mochis und El Fuerte führt die Strecke durch flaches Ackerland, bevor es in die Hügel geht, auf denen Kakteen wie dunkle Pfeiler aufragen. Der Zug überquert die lange Brücke über den Río Fuerte und fährt etwa vier Stunden nach der Abfahrt in Los Mochis in den ersten von 87 Tunnels ein. Nun schmiegen sich die Gleise an die Hänge der immer tiefer werdenden Canyons und führen dann in einer spektakulären Zickzackkurve in einen Tunnel oberhalb von Témoris. Danach kommen an den Hängen die ersten Kiefern in Sicht. Am nächsten Halt, in Bahuichivo, befindet man sich im Hochland der Sierra Madre mit von Blumenwiesen durchzogener Gebirgslandschaft. Das Highlight der Fahrt ist der Halt in Divisadero, der einzigen Stelle, an der man einen Blick in die eigentliche Kupferschlucht (Barranca del Cobre) erhascht. Bei El Lazo schraubt sich der Zug in einer kompletten Spirale nach oben, ehe er dann weiter nach Creel und Chihuahua tuckert.

Der Unterschied zwischen den beiden Zügen *primera express* und *económica* ist gar nicht so groß – Ersterer hat ein Restaurant, Letzterer eine Kantine; Snacks kosten 20 Mex$, Mahlzeiten etwa 80 Mex$. Es gibt nur Instantkaffee. Eigentlich sind die Wagen recht betagt (sie stammen aus den 1980ern) und die „Chepe"-Fahrkarten sind angesichts des nur mäßigen angebotenen Komforts überteuert. Die Waggons beider Züge haben Klimaanlagen, Heizung und Sitze mit verstellbarer Rückenlehne, die viel Beinfreiheit bieten. Die Waggons sind recht sauber, wenn auch nicht makellos. Die *clase económica* ist für die meisten Traveller sicherlich ganz in Ordnung.

Man muss darauf achten, dass in allen „Chepe"-Zügen der Konsum von Alkohol verboten ist. Rauchen ist gestattet in dem offenen Bereich zwischen den Waggons. In allen Zügen fahren Polizisten mit Maschinengewehren mit.

ℹ Praktische Informationen

FAHRKARTEN

Außerhalb der Hauptsaison (Semana Santa, Juli–Aug., Weihnachten–Neujahr) und sofern es freie Plätze gibt, kann man an jedem Bahnhof einsteigen und beim Schaffner eine Karte lösen. Dennoch ist es ratsam, in der Spitzenzeit die Fahrkarten mindestens einen Monat im Voraus und das übrige Jahr mindestens einen Tag vor Fahrtantritt zu reservieren oder zu kaufen.

Fahrkarten werden im Bahnhof von Los Mochis und von Chihuahua für jeden Bahnhof

FAHRPLAN – FERROCARRIL CHIHUAHUA PACÍFICO

Richtung Osten – von Los Mochis nach Chihuahua

BAHNHOF	PRIMERA EXPRESS ANKUNFT (TGL.)	PRIMERA EXPRESS PREIS AB LOS MOCHIS (MEX$)	CLASE ECONÓMICA ANKUNFT (DI, FR, SO)	CLASE ECONÓMICA PREIS AB LOS MOCHIS (MEX$)
Los Mochis	6 Uhr (Abfahrt Los Mochis)	–	7 Uhr (Abfahrt Los Mochis)	
El Fuerte	8.16 Uhr	456	9.19 Uhr	287
Témoris	11.20 Uhr	813	12.24 Uhr	513
Bahuichivo	12.20 Uhr	962	13.24 Uhr	606
San Rafael	13.25 Uhr	1083	14.28 Uhr	683
Posada Barrancas (Areponápuchi)	13.43 Uhr	1121	14.46 Uhr	707
Divisadero	14.22 Uhr	1213	15.14 Uhr	716
Creel	15.44 Uhr	1357	16.39 Uhr	855
Cuauhtémoc	18.37 Uhr	1977	20.07 Uhr	1246
Chihuahua	20.54 Uhr	2482	22.34 Uhr	1564

Richtung Westen – von Chihuahua nach Los Mochis

BAHNHOF	PRIMERA EXPRESS ANKUNFT (TGL.)	PRIMERA EXPRESS PREIS AB CHIHUAHUA (MEX$)	CLASE ECONÓMICA ANKUNFT (MO, DO, SA)	CLASE ECONÓMICA PREIS AB CHIHUAHUA (MEX$)
Chihuahua	6 Uhr (Abfahrt Chihuahua)	–	7 Uhr (Abfahrt Chihuahua)	
Cuauhtémoc	8.25 Uhr	506	9 Uhr	319
Creel	11.20 Uhr	1129	12.47 Uhr	711
Divisadero	13.04 Uhr	1349	14.41 Uhr	850
Posada Barrancas (Areponápuchi)	13.11 Uhr	1365	14.52 Uhr	860
San Rafael	13.37 Uhr	1403	15.16 Uhr	884
Bahuichivo	14.28 Uhr	1524	16.12 Uhr	960
Témoris	15.25 Uhr	1673	17.12 Uhr	1054
El Fuerte	18.23 Uhr	2174	20.19 Uhr	1370
Los Mochis	20.22 Uhr	2482	22.30 Uhr	1564

Der *primera express* (nur 1.-Klasse-Waggons; weniger Halte) verkehrt täglich. Die *clase económica* (hält öfter; langsamer) fährt dienstags, freitags und sonntags von Los Mochis nach Chihuahua bzw. montags, donnerstags und samstags von Chihuahua nach Los Mochis. Die Fahrpläne ändern sich ab und an; bei beiden Zügen kann es zu Verspätungen (1–2 Std.) kommen, sodass die Angaben nur eine grobe Orientierung darstellen. Auf der Website www.chepe.com.mx kann man sich über Aktuelles informieren. Wer sich nach Los Mochis aufmacht und hofft, noch am selben Tag von Topolobampo die Fähre nach Baja zu erwischen, soll sich nicht darauf verlassen. Los Mochis und Chihuahua liegen in derselben Zeitzone.

entlang der Strecke verkauft, an dem man die Reise antreten möchte. Tickets für den *primera express* kann man hier bis zu einem Monat im Voraus und für die *clase económica* einen Tag im Voraus kaufen. Reservierungen sind telefonisch (bei Englisch sprechenden Angestellten) oder per E-Mail bis zu einem Jahr im Voraus möglich. Beim *primera express* sind (meist bis zu drei) Zwischenstopps ohne zusätzliche Kosten möglich, wenn man bei der Buchung die Orte und die Termine angibt. Will man aber noch Karten für die Fahrt am selben Tag haben, sollte man jeweils eine Stunde vor Abfahrt des Zuges an den Bahnhöfen von Los Mochis oder Chihuahua sein. Fahrkartenschalter gibt's nur an den Bahnhöfen von Los Mochis, Creel, Cuauhtémoc und Chihuahua. Reisebüros wie Viajes Flamingo (S. 819) und Rojo y Casavantes (S. 841) in Chihuahua verkaufen Fahrkarten für den *primera express* mindestens einen Tag vorab, und alle **Balderrama Hotels** (www.mexicoscoppercanyon.com) in der Gegend helfen Gästen bei den Buchungen.

El Fuerte

698 / 13 000 EW. / 180 M

Mit einer der schönsten Plazas des Landes versprüht El Fuerte jede Menge Kolonialflair. Die Stadt war über Jahrhunderte aufgrund der Nähe zu den Silberminen in den Schluchten das wichtigste Handelszentrum im nordwestlichen Mexiko. Heute präsentiert sich El Fuerte als malerische kleine Stadt, die inmitten einer der letzten tropischen Trockenwälder Lateinamerikas liegt. Als praktischer Start- oder Zielpunkt für eine Fahrt mit der Ferrocarril Chihuahua Pacífico lohnt sie mehr als nur eine Übernachtung – man kann z. B. einen Ausflug auf dem Río Fuerte unternehmen und das subtropische Umland erkunden.

El Fuerte wurde 1564 gegründet und ist nach einer Festung benannt, die im 17. Jh. hoch auf dem Cerro de las Pilas zum Schutz der Siedler vor Angriffen indigener Stämme errichtet worden war.

Sehenswertes & Aktivitäten

Bosque Secreto WALD

(Geheimer Wald) Vor 500 Jahren breiteten sich über 500 000 km² tropischer Trockenwald entlang der Küste von Nordmexiko bis nach Panama aus. Davon sind heute noch etwa 10 % übrig geblieben; der Großteil davon erstreckt sich rund um El Fuerte und ist als Bosque Secreto („Geheimer Wald") bekannt.

Der malerische Río Fuerte mit seiner unglaublich großen Vogelvielfalt (darunter Reiher, Fischadler, Eisvögel und Fliegenschnäpper) windet sich durch den größten Teil des Waldes. **Chucho's** (Handy 698-1069590; alfagu7@hotmail.com; Reforma 100) und das Hotel Río Vista organisieren Kajak- oder Bootsfahrten (250 Mex$/Pers.) auf dem Fluss, darunter auch zu 2000 Jahre alten Petroglyphen.

Eine lokale Initiative kämpft für den Schutz dieser Gegend vor rücksichtsloser Rodung, welche die 1800 Tier- und Pflanzenarten sowie die indigenen Völker der Mayo und Yaqui gefährdet, deren Existenz vom Wald abhängt.

Museo Mirador El Fuerte MUSEUM

(698 893-15-01; Montes Claros; Eintritt 10 Mex$; Di–So 9–16 Uhr; P) Das Museum, das dem ursprünglichen Fort der Stadt nachempfunden ist, hat eine mittelmäßige Sammlung, darunter Keramik und Kunsthandwerk der Mayo, und informiert auch über den Bosque Secreto.

Schlafen

Hotel Guerrero HOTEL $

(698-893-05-24; Juárez 206; Zi. inkl. Frühstück 280–380 Mex$;) Tolles Budgethotel, dessen Personal keine Mühen scheut, um seine Gäste zufriedenzustellen. Die farbenfrohen Zimmer sind um einen von Pfeilern gesäumten, schattigen Patio angeordnet. Das Frühstück schmeckt köstlich und ist sehr großzügig bemessen.

Hotel La Choza HOTEL $$

(698-893-12-74; www.hotellachoza.com; 5 de Mayo 101; Zi. 740 Mex$; P) Dieses gut geführte Hotel im Kolonialstil besitzt sehr einladende, um einen erstaunlich grünen Innenhof angeordnete Zimmer, alle mit netten Akzenten wie handbemalten Waschbecken und hohen, gewölbten Backsteindecken. Es bietet ein ausgezeichnetes Preis-Leistungs-Verhältnis; ein Pluspunkt ist das im Haus untergebrachte Restaurant Diligencias.

Hotel Río Vista HOTEL $$

(698-893-04-13; Zi. 440–650 Mex$; P) Dieses gleich neben dem Museo Mirador El Fuerte gelegene eigenartige Hotel wird schon seit Jahren von Travellern frequentiert. Es schockiert alle Sinne mit seinen Wandmalereien in grellen Farben und der Fülle kurioser Artefakte (und auch die Pflege lässt zu wünschen übrig). Entschädigt wird man aber durch die herrlichen Ausblicke auf den Fluss. Chal Gámez, der Inhaber und Vogelbeobachter, organisiert geführte Bootsfahrten.

Torres del Fuerte BOUTIQUEHOTEL $$$

(698-893-19-74; www.hotelestorres.com; Robles 102; Zi. 1270–1760 Mex$; P) Dies ist eine 400 Jahre alte Hacienda, in der Zeugnisse der Kolonialzeit, rustikale Eleganz und zeitgenössische Kunst miteinander verschmelzen. Die Anlage liegt inmitten herrlicher Gärten. Alle Zimmer sind nach bestimmten Themen eingerichtet, viele haben Badezimmer mit Schieferböden und unverputzte Lehmziegel- oder Backsteinwände. In der Anlage befindet sich auch das Gourmet-Restaurant **Bonifacio's** (Hauptgerichte 70–300 Mex$; 7–22 Uhr).

Posada del Hidalgo RESORT **$$$**
(698-893-11-94; www.hotelposadadelhidalgo.com; Hidalgo 101; Zi./Suite 1122/1690 Mex$;) Ein überaus stimmungsvolles Hotel, das neben kolonialzeitlichem Charme geräumige, elegante Zimmer bietet, die um schattige Innenhöfe angeordnet sind. Es gibt einen Spa-Bereich, ein schönes Restaurant im Freien und eine beliebte Bar als Treffpunkt.

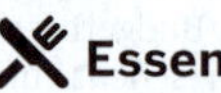

Essen

Dank der ausreichenden Süßwasservorkommen rund um El Fuerte gibt es hier ein paar lokale Spezialitäten, die man unbedingt probieren sollte, wie *cauques* oder *langostinos* (Süßwasserkrebse) und *lobina* (Forellenbarsch). Abgesehen von diesen Besonderheiten ist die Auswahl an Restaurants sehr klein.

Restaurante Chayita MEXIKANISCH **$**
(Ecke Juárez & Independencia; Mahlzeiten 40–60 Mex$; 7.30–19 Uhr) Wer ein billiges Frühstück, *carne asada* (gegrilltes Rindfleisch), *tostadas* (knusprige, belegte Getreidesnacks) und *chiles rellenos* (gefüllte Pfefferschoten) probieren möchte, ist in diesem einfachen Lokal mit Plastikstühlen genau richtig.

El Mesón del General FISCH **$$**
(698 893-02-60; Juárez 202; Hauptgerichte 95–230 Mex$; 11–21.30 Uhr) Ein traditionelles, recht förmliches Restaurant, das seinen Schwerpunkt auf Fisch und Meeresfrüchte legt; serviert werden beispielsweise auf unterschiedliche Arten zubereiteter *pulpo* (Tintenfisch; ab 110 Mex$) und gemischte Platten mit verschiedenen Köstlichkeiten aus dem Fluss.

Restaurante Diligencias MEXIKANISCH **$$**
(698-893-12-74; 5 de Mayo 101; Hauptgerichte 68–200 Mex$; 7–23 Uhr;) Dieses Hotelrestaurant ist der ideale Ort, um zu frühstücken (rund 50 Mex$), es bietet aber auch eine Fülle internationaler Spezialitäten (die Eggs Benedict probieren!) und mexikanischer Gerichte sowie jeweils eine kostenlose zweite Tasse Kaffee. Später im Lauf des Tages gibt's hier gute Steaks und Seafood, etwa Tacos mit Shrimps.

Praktische Informationen

Banamex (Juárez 212; Mo–Fr 9–16 Uhr) Geldautomat.

Cafe Internet (Montesclaros; 10 Mex$/Std.; 8–23 Uhr) Internetcafé, das auch als Touristeninformation fungiert.

Anreise & Unterwegs vor Ort

Die Busse nach Los Mochis (72 Mex$, 2 Std.) fahren etwa alle 30 Minuten zwischen 5 und 19.30 Uhr in der Juarez unweit der Calle 16 de Septiembre ab.

Der Bahnhof liegt 6 km südlich der Stadt (Taxifahrt 90 Mex$). Viele Hotels bieten den Gästen einen Abhol- und Bringservice, der mitunter kostenlos ist oder für den Kosten (bis zum Preis einer Taxifahrt) berechnet werden. Wer abends mit dem Zug ankommt, muss für ein Sammeltaxi 50 Mex$ pro Nase zahlen.

Von hier braucht man auf der unbefestigten Straße nach Álamos einen Geländewagen und muss mit fünf Stunden Fahrzeit rechnen.

Cerocahui

635 / 1600 EW. / 1600 M

Das reizende winzige Dorf Cerocahui, das vor allem von der Forstwirtschaft geprägt ist, liegt inmitten eines grünen malerischen Tals und ist vom 16 km entfernten Bahnhof Bahuichivo leicht zu erreichen. Die Canyon-Landschaft in der Umgebung wird von weit weniger Touristen besucht als das näher bei Creel liegende Gebiet, und das wunderhübsche Dorf Uruqui, das am Canyon-Grund angesiedelt ist, liegt inmitten dieser einzigartigen Landschaft.

An der zentralen Plaza liegt Cerocahuis schöne, mit einer gelben Kuppel bekrönte Kirche **San Francisco Javier de Cerocahui**, die 1680 gegründet wurde.

Es gibt gute Wandermöglichkeiten rund um Cerocahui; lohnend sind auch die (von allen Unterkünften angebotenen) Ausflüge zum **Cerro del Gallego**, einem spektakulären Aussichtspunkt über die Barranca de Urique (25 km entfernt an der Straße nach Urique gelegen).

Schlafen & Essen

Hotel & Restaurante Jade HOTEL, MEXIKANISCH **$$**
(635-456-52-75; Parque Central; EZ/DZ mit Bahuichivo-Transfer 400/600 Mex$, Mahlzeiten 60–70 Mex$; 7–21.30 Uhr;) Diese einfache Unterkunft hat sechs saubere, funktionale Zimmer (jedes mit zwei Einzelbetten)

und ist die beste Budgetoption in der Stadt. Bemerkenswert sind die Gastfreundschaft der beiden Betreiber Alberto und María sowie die vorzügliche Küche (darunter selbst gebackenes Brot, Fischgerichte und vegetarische Mahlzeiten) im angrenzenden Restaurant. Es werden außerdem Trekkingtouren und Exkursionen nach Urique angeboten.

Hotel Paraíso del Oso HOTEL **$$$**
(☎ in Chihuahua 614-421-33-72, aus den USA 800-884-3107; www.mexicohorse.com; Stellplatz/B/Zi. 50/150/500 Mex$, EZ/DZ inkl. 3 Gerichte & Bahuichivo-Transfer 1575/2429 Mex$; P ⊖ @ ≋) Das ausgezeichnete familiengeführte, ländliche Hotel eignet sich wunderbar als Ausgangspunkt für Vogelbeobachtungstouren, Wanderungen, Ausritte und Gemeinde-Tourismus (die Besitzer haben gute Kontakte zum Stamm der Tarahumara). Die Anlage bietet geräumige, im Ranch-Stil eingerichtete Zimmer mit Blick auf einen Gartenhof. Außerdem gibt es eine faszinierende Buchsammlung zum Schmökern. Das Paraíso del Oso liegt 2 km nördlich von Cerocahui, an der Straße nach Bahuichivo; die meisten Leute kommen mit dem Zug an.

Cabañas San Isidro HÜTTEN **$$$**
(☎ 635-456-52-57; www.coppercanyonamigos.com; Carretera a Urique Km 24; EZ/DZ/3B mit 3 Mahlzeiten & Bahuichivo-Transfer 950/1550/1850 Mex$; P) In den Hügeln oberhalb von Cerocahui und 8 km außerhalb der Ortschaft an der Straße nach Urique gelegen, bildet diese Ranch den idealen (wenn auch ziemlich abgelegenen) ländlichen Ausgangspunkt für eine Vielzahl von Wanderungen, Ausritte und Ausflüge in die Canyon-Landschaft. Die Besitzer Mario und Tito haben beste Kontakte zu den Langstreckenläufer-Guides der Tarahumara-Siedlung. Die gemütlichen Lehmziegel- und Holzhütten haben holzbefeuerte Kamine; das Essen ist lecker und kommt in ordentlichen Portionen auf den Tisch.

Hotel Misión HOTEL **$$$**
(☎ 635-456-52-94; www.hotelmision.com; EZ/DZ mit 3 Mahlzeiten & Bahuichivo-Transfer 1550/2600 Mex$; P ⊖ @ ≋) Diese reizende ehemalige Hacienda verfügt über Unterkünfte mit rustikalem Schick mit *chimeneas* (Kaminen), eine an vergangene Zeiten erinnernde Bar mit Restaurant, ein Spielezimmer mit Billardtisch und einen schmucken Weingarten. Es werden Gruppenaktivitäten veranstaltet; oft gibt's auch Preisnachlässe.

ℹ An- & Weiterreise

Mitarbeiter der Hotels in Cerocahui holen Gäste, die reserviert haben, vom Bahnhof Bahuichivo ab. Wer ohne Reservierung ankommt, kann dennoch oft mit einem dieser Shuttles mitfahren. Nach Ankunft des letzten Zuges fährt täglich ein Nahverkehrsbus vom Bahnhof Bahuichivo nach Cerocahui (40 Mex$, 40 Min.) und Urique (150 Mex$, 3½ Std. od. länger). In umgekehrter Richtung fährt er in Urique um 7.30 Uhr ab, passiert Cerocahui etwa zwischen 10 und 10.30 Uhr und strebt an, gegen 11 Uhr in Bahuichivo anzukommen, damit man den Anschlussbus nach San Rafael (80 Mex$, etwa 1 Std.) erreicht. Von San Rafael fahren täglich fünf Busse nach Areponápuchi (15 Mex$, 15 Min.), Divisadero (15 Mex$, 20 Min.), Creel (60 Mex$, 1½ Std.) und Chihuahua (295 Mex$, 6–7 Std.). Um 13 Uhr fährt ein Bus zurück von San Rafael nach Bahuichivo.

Von Cerocahui aus wurden einige interessante unbefestigte Straßen angelegt, die auf der Karte ganz verlockend erscheinen, aber nicht ohne Begleitung eines kundigen lokalen Führers befahren werden sollten. Diese Straßen weisen schwierige Abschnitte auf, die man nur mit Geländewagen passieren kann; außerdem fährt man durch einsames Hinterland mit Drogenanbaugebieten, und gelegentlich sind Straßenabschnitte nach heftigen Regenfällen unterspült. Ein unbefestigter Weg verbindet Cerocahui mit Choix (von wo es eine befestigte Straße nach El Fuerte gibt); eine weitere Strecke führt von Bahuichivo über Témoris nach Álamos. Am besten infomiert man sich bei den Besitzern der Unterkünfte Paraíso del Oso oder Cabañas San Isidro über die Sicherheitslage und den Straßenzustand.

Urique

☎ 635 / 1100 EW. / 550 M

Diese unter einem weiten Sternenhimmel gelegene einstige Bergarbeitersiedlung befindet sich am Grund der tiefsten aller Schluchten, der spektakulären Barranca de Urique (vom Rand des Canyons bis hinunter zum Fluss sind es 1870 m) und ist trotzdem das am leichtesten zugängliche Dorf am Grund eines Canyons überhaupt. Uriques Lage ist überaus malerisch – es zieht sich am Westufer des türkisfarbenen Río Urique entlang –, und es stellt einen guten Ausgangspunkt für Wanderungen dar. Schon die Anreise ist Teil des Erlebnisses: Die unbefestigte Straße (von Cerocahui sind es bis hierher 40 km) führt auf spektakuläre Weise hinunter ins Dorf. Urique ist ländlich – hier gibt's Tecate-Bier statt Bildung –, und der Anbau von Marihuana lässt die örtliche

ULTRAMARATHONS IN URIQUE

Alljährlich findet im Dezember oder Januar in Urique der **Ultra Caballo Blanco** (www.ultracb.com) statt, ein 82 km langer Ultramarathon auf schwierigen Canyon-Pfaden. Ins Leben gerufen wurde er von Micah True, einem legendären amerikanischen Läufer, der viele Jahre in der Region der Barranca del Cobre lebte und internationale Berühmtheit erlangte, als Christopher McDougall ihn in seinem Buch *Born to Run* verewigte.

Der Ultramarathon würdigt das Volk der Tarahumara, die eine jahrhundertealte Langlauftradition haben und deren eigentlicher Name „laufendes Volk" bedeutet: Ihre *huaraches* (Sandalen mit einer dünnen, meist aus recycelten Autoreifen gefertigten Sohle) sollen angeblich zur Methode des Barfußlaufens angeregt haben (die nachweislich den Energieverbrauch senkt), die heute weltweit verbreitet ist.

2013 nahmen am Ultra Caballo Blanco fast 600 Läufer teil, darunter 400 Tarahumara und über 100 internationale Athleten. Am Vortag des Haupttrennens findet jetzt ein *caballitos* (Kinderrennen) statt, an dem 2013 rund 450 Kinder aus dem Gebiet der Sierra teilnahmen.

Ein zweites Ereignis, das alljährlich im Dezember stattfindet, ist die Carrera de los Pies Ligeros („Rennen der Leichtfüße"), eine *rarajipari* (im Wesentlichen ein Langlaufrennen im Stil der Tarahumara, bei dem zwei Mannschaften die ganze Zeit über einen Ball vor sich hertreiben). *Rarajipari* stehen den uralten Traditionen der Tarahumara viel näher als pure Wettrennen. Es gibt zwei Rennen, je eines für Männer und Frauen, wobei die Teams (die nachts beim Fackelschein laufen) eine Entfernung von über 100 km zurücklegen. Dieses Rennen erstreckt sich über zwölf bis 14 Stunden und ist nur den Tarahumara vorbehalten.

Wirtschaft boomen. Also ist in der Stadt etwas Vorsicht angebracht!

Tageswanderungen können am Río Urique bergauf zum Dorf Guadalupe Coronado (7 km) oder flussabwärts nach Guapalaina (4 km) unternommen werden. Eine größere Herausforderung ist die zwei- bis dreitägige Wanderung nach Batopilas. Da es auf der Route über Cerro Colorado zu Raubüberfällen gekommen ist, bietet sich als Alternative eine südlichere Route über Pie de la Cuesta an. Für diesen Trip mit einheimischem Führer muss man etwa 4000 Mex$ zahlen.

Im Rathaus an der Hauptstraße gibt's eine kleine, nützliche **Touristeninformation** (☎635-456-60-42; turismo.urique@gmail.com; ⏲8-15 Uhr).

Schlafen & Essen

★ Entre Amigos HÜTTEN, CAMPING $
(www.amongamigos.com; Stellplatz 130 Mex$/Pers., B/Zi. 200/525 Mex$; P ⊖ @ ≋) Diese schön konzipierte Anlage empfängt Gäste seit 1975. Auf dem herrlichen, weitläufigen Gelände verteilen sich hübsche Steinhütten, Schlafsäle und wunderbare Stellplätze. Es werden keine Mahlzeiten serviert, aber es gibt eine gute Gästeküche. Das Personal des Entre Amigos kann verlässliche lokale Führer für Wanderungen, Camping oder Angeltouren vermitteln. Außerdem gibt's eine eindrucksvolle Bibliothek. Die Anlage befindet sich in Ufernähe, 1 km nördlich vom Ortszentrum von Urique.

Hotel Estrella del Río HOTEL $
(☎635-456-60-03; Principal; EZ/DZ 250/300 Mex$; P ⊖ ❄) Das zweistöckige Hotel an der Hauptverkehrsstraße besitzt zwölf sehr gut gepflegte Zimmer mit Einzel- oder Doppelbetten. Alle Zimmer sind mit Kabel-TV ausgestattet.

Las Delicias BUNGALOWS $
(☎614-251-00-16; mescaleeramm@gmail.com; Stellplatz 50 Mex$/Pers., Zi. 400 Mex$; ⊖) Der Besitzer des Las Delicias ist Mike, ein freundlicher Gringo, der müden Travellern drei geräumige Bungalows mit Küchenzeile und jeweils zwei Betten zur Verfügung stellt. Die Einrichtung eines Schlafsaals ist geplant.

Restaurant Plaza MEXIKANISCH $
(☎635 456-60-03; Principal; Mahlzeiten 40–100 Mex$; ⏲6–21 Uhr) Das hervorragende familiengeführte Restaurant Plaza bietet gute Küche nach Hausmacherart. Die Spezialität *aguachile* (80 Mex$), ein suppenartiger, würziger Shrimps-Cocktail mit vielen Zwiebeln und Tomaten, wird in einer *molcajete* (Stößel und Mörser) serviert.

An- & Weiterreise

Nach Ankunft des letzten Zuges des Tages fährt ein Bus täglich vom Bahnhof Bahuichivo nach Urique (150 Mex$, 3½ Std. od. länger). Ansonsten kann die eigene Unterkunft für ca. 1000 Mex$ den Transport von Bahuichivo organisieren. Auch die Hotels in Cerocahui können Fahrten arrangieren: Ein Tagesausflug zu den Cabañas San Isidro und zurück kostet etwa 1500 Mex$.

Areponápuchi (Posada Barrancas)

635 / 240 EW. / 2220 M

Direkt am Rand des Canyons liegt die winzige Siedlung Areponápuchi oder „Arepo" – sie besteht lediglich aus einem Dutzend Häusern, einer Kirche und einigen Hotels. Hier kommen zum ersten Mal alle Highlights zusammen; noch dazu hat man von einigen Hotels aus einen spektakulären, ergreifenden Ausblick auf die Schlucht. Wer nicht schwindelfrei ist, für den ist ein solcher Ort aber weniger geeignet.

Ein einfach begehbarer Pfad mit mehreren guten Aussichtspunkten führt links (nördlich) vom Hotel Posada Barrancas Mirador am Schluchtrand entlang; mehrere Aussichtspunkte (und auch der Abenteuerpark) befinden sich nahe der Straße, die von hier nach Divisadero führt. Die Mitarbeiter der örtlichen Unterkünfte können Schluchttrips organisieren, von Wanderungen an der Kante des Canyons bis zu Ausritten und Treks zum Fluss mit Übernachtungen im Freien.

Schlafen & Essen

Cabañas Díaz HÜTTEN $
(635-578-30-08; barrancasdelcobre_mexico@yahoo.com.mx; EZ/DZ 280/500 Mex$, ohne Bad 200/400 Mex$; P) Die familiengeführte Lodge ist bekannt wegen ihrer rustikalen Hütten (mit Kamin), für das leckere Essen (70–80 Mex$) und die großartigen geführten Wanderungen und Ausritte (4-stünd. Wanderung/Ausritt f. 2 Pers. 300/600 Mex$). Die Lodge liegt an der ins Dorf hineinführenden Hauptstraße; ein Schild rechts weist auf die Unterkunft hin.

Cabañas La Esmeralda PENSION $$
(Handy 636-5894088; Zi. 500 Mex$; P) Eine preisgünstige Unterkunft mit fünf sehr attraktiven und modernen Zwei- bis Dreibettzimmern mit einer gemeinsamen Terrasse. Es fehlt der Ausblick, aber die Inhaberfamilie ist freundlich und bietet Hausmannskost (50 Mex$) an. Die Pension liegt an der Hauptstraße, etwa 600 m vom Bahnhof Posada Barrancas entfernt.

Hotel Mansión Tarahumara HOTEL $$$
(635-578-30-30, 800-777-46-68; www.hotelmansiontarahumara.com.mx; EZ inkl. 3 Mahlzeiten 1220–1500 Mex$, DZ inkl. 3 Mahlzeiten 1720–2240 Mex$; P) Dieses schlossähnliche Hotel (mit Türmchen und Zinnen) verfügt über verschiedene Unterkünfte und liegt wenige Gehminuten vom Bahnhof entfernt. Die zum Schluchtrand hin gelegenen Zimmer (zugleich auch die teuersten) mit den schicken Betten und eigenen Balkonen sind das Highlight. Das Hotel besitzt ein zur Schluchtkante ausgerichtetes Restaurant (Mahlzeiten 200 Mex$), einen herrlichen Pool und einen Whirlpool.

Hotel Posada Barrancas Mirador HOTEL $$$
(635-578-30-20, 800-816-81-96; www.mexicoscoppercanyon.com; EZ/DZ inkl. 3 Mahlzeiten 1975/2985 Mex$; P) Unmittelbar am Rand des Canyons liegt dieses Hotel mit 75 Zimmern (alle mit eigenem Balkon, Decken mit Holzbalken und attraktiver Innenaustattung), von denen aus man dieselbe unvergessliche Aussicht genießt wie vom Restaurant. Das Hotel ist bei Reisegruppen sehr beliebt.

An- & Weiterreise

Fünfmal täglich verkehren die Busse von Autotransportes Turísticos Noroeste, die Areponápuchi mit Creel (52 Mex$, 1 Std.) und San Rafael (15 Mex$, 15 Min.) im Süden verbinden. Die Busse halten an der Einfahrt zum Highway unmittelbar vor dem Dorf. Arepo liegt unweit vom Bahnhof Posada Barrancas.

Parque de Aventuras Barrancas del Cobre

Im atemberaubenden Copper Canyon Adventure Park am Schluchtrand zwischen Areponápuchi und Divisadero finden sich Mexikos längste *tirolesas* (Seilrutschen) über einer der weltweit tiefsten Schluchten. Die **Tirolesas** (600 Mex$/Pers.; 9.30–16.30 Uhr) transportieren Mutige an sieben Seillängen entlang von einer Höhe von 2400 m fast bis halb zum Grund (die haarsträubendste ist gegenwärtig die Nr. 4 mit einem fast 1 km langen Kabel; im Bau befindet sich aber eine neue Seilrutsche, die Ende 2014 in

Betrieb gehen soll und mit 2,5 km die weltweit längste Seilrutsche wird).

Einige beängstigend wackelige Hängebrücken runden das Canyon-Abenteuer ab. Man sollte sich jedoch mindestens eine Stunde gönnen, um zum spektakulären Aussichtspunkt Mesón de Bacajípare hinabzusteigen. Erleichtert wird dies durch die Talstation des **Teleférico** (Drahtseilbahn; Hin- & Rückfahrt Erw./Kind unter 12 Jahren 250/125 Mex$; 9–14.30 Uhr), von wo es per Drahtseilbahn wieder bergauf zurückgeht. Man kann auch auf den Seilrutschen bergab gleiten bis zur Talstation der Seilbahn (20 Min./Strecke zzgl. 20 Min. Aufenthalt).

Im **Park Center** (689-589-68-05; Piedra Volada; 9–17.30 Uhr), erbaut in der Canyon-Wand über einer Spalte, gibt es ein Restaurant (Mahlzeiten 70–90 Mex$) und einen Souvenirladen. Hier können auch Abseil- und Klettertouren (je 450 Mex$/Pers.) gebucht werden. Organisiert werden auch **Wanderungen** (30–160 Mex$) sowie eine spektakuläre Tour bergab mit dem **Mountainbike** (350 Mex$) mit Tarahumara-Führern.

Die nächsten öffentlichen Verkehrsmittel gibt's in Areponápuchi oder Divisadero, die beide 1,5 km auf einem leichten, direkt am Canyon-Rand entlangführenden Weg entfernt sind. (Ein schicker Bahnhof, der Mitte 2014 in Betrieb genommen werden soll, macht sie noch besser zugänglich.)

Autotransportes Turísticos Noroeste (www.turisticosnoroeste.com) hat fünf Busse, die täglich direkt von Chihuahua nach Areponápuchi fahren und freundlicherweise vor dem Eingang zum Park halten. Für die Rückfahrt ist es nicht immer leicht, einen Bus durch Herbeiwinken zum Anhalten zu bewegen, der Weg zu Fuß bis Divisadero/Areponápuchi ist aber recht angenehm. Die Alternative: Man findet ein Fahrzeug, das zufällig nach Divisadero fährt und einen mitnimmt.

Divisadero

2240 M

Divisadero, ein Bahnhof ohne Ortschaft, ist die einzige Möglichkeit, in die wunderbare Schlucht zu blicken, wenn man mit dem Zug unterwegs ist. Alle Züge halten hier 20 Minuten lang, sodass genug Zeit ist, um auszusteigen, hinunterzugucken, am Aussichtspunkt oberhalb der Straße einige Fotos zu schießen und wieder einzusteigen. Dabei kann man nur ein winziges Stück des Río Urique am Grund der Barranca del Cobre erkennen. Man muss sich die knappe Zeit gut einteilen, denn der Bahnhof ist gleichzeitig ein Souvenirladen und hat großartige Imbissstände. Allein schon die *gorditas* (Maiskuchen, einige davon aus blauem Hopi-Mais gebacken), Burritos und *chiles rellenos*, zubereitet auf behelfsmäßig in Herde umfunktionierten Ölfässern! Man muss aber schnell essen, denn die Schaffner erlauben es nicht, die Speisen mit in den Zug zu nehmen.

Dies und der nur 1,5 km südlich von hier gelegene Abenteuerpark rechtfertigen allemal einen Aufenthalt von mehr als 20 Minuten. Im nahen Dorf Areponápuchi gibt's eine Reihe von Unterkünften, oder man checkt im **Hotel Divisadero Barrancas** (in Chihuahua 614-415-11-99, in den USA 888-232-4219; www.hoteldivisadero.com; Standard EZ/DZ inkl. 3 Mahlzeiten 800/1500 Mex$, mit Ausblick 2110/2495 Mex$; Mahlzeiten 80–210 Mex$; P) ein, das direkt am Aussichtspunkt des Canyons liegt. Einige Zimmer bieten keine Aussicht, aber aus den neueren Zimmern (Nr. 35–52) hat man traumhaften Ausblick.

Die Busse nach Areponápuchi, San Rafael und Bahuichivo passieren Divisadero und halten unterhalb vom Bahnhof – sie zu nehmen, ist billiger (und schneller), als die Fahrt mit dem Zug fortzusetzen.

Creel

635 / 5000 EW. / 2330 M

Creel, das Zentrum des Barranca-del-Cobre-Tourismus, ist eigentlich nicht viel mehr als eine schlichte Stadt im Hochland, die sich an den Bahngleisen entlang erstreckt. Creel ist ein sympathischer Ort, umgeben von Kiefernwäldern und interessanten Felsformationen, mit guten Hotels und einigen Restaurants. Überall in der Stadt sieht man bunt gekleidete Tarahumara. Und sollte man in Nordmexiko anderen Reisenden begegnen, so ist das höchstwahrscheinlich hier.

In Creel kann es im Winter sehr kalt werden und sogar schneien; selbst die Herbstnächte sind alles andere als mild. Im Sommer bringt die Bergluft eine willkommene Abkühlung von der Hitze des mexikanischen Küstentieflands und der Wüste.

Sehenswertes

Museo Casa de las Artesanías del Estado de Chihuahua MUSEUM
(635 456-00-80; Av Vías del Ferrocarril 178; Eintritt 10 Mex$; Mo–Sa 9–17.30, So bis 13 Uhr; P)

Creel

Sehenswertes

1 Museo Casa de las Artesanías del Estado de Chihuahua ... A2

Aktivitäten, Kurse & Touren

2 3 Amigos ... A4
3 El Aventurero ... A5
4 Tarahumara Tours ... B2
5 Umarike Expediciones ... A3

Schlafen

6 Best Western The Lodge at Creel ... A4
7 Casa Margarita ... B2
8 Hotel Plaza Mexicana ... B3
9 Quinta Mision ... A5
10 Real de Chapultepec Hotel ... B3

Essen

11 La Cabaña ... B3
Restaurant Sierra Madre ... (siehe 6)
12 Restaurant Verónica ... B3
Rico's ... (siehe 6)

Shoppen

13 Artesanías Misión ... B2

Gezeigt werden ausgezeichnete, auch auf Englisch beschriftete Exponate zur lokalen Geschichte und zur Kultur und zum Kunstgewerbe der Tarahumara, darunter großartige Flechtkörbe, traditionelle Kostüme, Fotos und mehr.

Geführte Touren

Sobald man in einem Hotel eingecheckt hat (oder sogar noch davor), wird man bedrängt, eine Tour zu buchen. Die Standardtouren in Kleintransportern sind oft oberflächlich, man hakt in einer kurzen Zeitspanne – meist sind es halbtägige Trips – die Sehenswürdigkeiten der Umgebung ab, etwa Canyons, Wasserfälle, Tarahumara-Siedlungen, Thermalquellen und weitere Orte. Thementouren sind oft lohnender. Ein beliebter, rund fünfstündiger Trip führt zum Dorf Cusárare und dem Wasserfall, zum Lago Arareko und zum Valle de las Ranas y los Hongos. Halbtagestouren kosten üblicherweise 250 Mex$ pro Nase, und für Ganztagestouren sind bis zu 500 Mex$ fällig. Zu weiteren Zielen von Halb- oder Ganztagestouren zählen u. a. Divisadero, die Cascada de Basaseachi und die Rekowata-Thermalquellen.

Man sollte wirklich erwägen, die Region auf eigene Faust zu erkunden. Die Gegend ist bestens für Reiter geeignet, und viele Attraktionen rund um Creel können zu Pferd, mit dem Fahrrad oder dem Motorroller abgeklappert werden. Das ist umso lohnender, weil man Orte erreicht, an die kein Kleintransporter je kommt, und außerdem kann man die Natur mit mehr Ruhe genießen. Die gesamte Region ist eine Spielwiese für Mountainbiker: Man kann sich ein Rad mieten und die Attraktionen auf eigene Faust entdecken.

★ 3 Amigos GEFÜHRTE TOUR

(☎ 635-456-00-36; www.amigos3.com; Av López Mateos 46; ⌚ 9–19 Uhr) Der sehr kundige Reiseveranstalter genießt einen sehr guten Ruf, der darauf fußt, dass er Travellern hilft, in der Barranca del Cobre ihr eigener Guide zu sein. Er versorgt Reisende mit Karten, mit denen Erstere die Wanderpfade der Region ablaufen können. Die Agentur vermietet Mountainbikes guter Qualität (4 Std./Tag 130/200 Mex$), Motorroller (inkl. Benzin 600 Mex$/Tag) sowie Trucks (zweisitzige Nissan-Pick-ups; 1300 Mex$/24 Std.). Sie ist auch die beste Informationsquelle in der Stadt und hat kostenlose Karten.

Eine Ganztagestour auf eigene Faust mit dem Mountainbike zu den Rekowata-Thermalquellen und ein Ganztagestrip mit dem Motorroller zum Grund der Schlucht über die Humira-Brücke führen durch eine atemberaubende Landschaft und sind sehr zu empfehlen. Das angeschlossene Unternehmen Amigo Trails bietet Trucktouren sowie geführte Canyon-Trips an.

El Aventurero REITEN
(635-456-05-57, Handy 635-2944585; www.ridemexico.com; Av López Mateos 68; ab 100 Mex$/Std.; Mo–Fr 9–16, Sa 9–15 Uhr) Tolle Ausritte, organisiert von Norberto und Susan, einem mexikanisch-US-amerikanischen Paar und Besitzer der Ranch. Sparsame Backpacker können nach Sonderangeboten fragen. Ausritte kosten sonst 100 Mex$ pro Stunde (min. 2 Std. & 2 Reiter). Angeboten werden auch Unterkünfte und Spanischkurse.

Umarike Expediciones ABENTEUERTOUR
(635-456-06-32, Handy 614-4065464; www.umarike.com.mx) Der Mountainbiking-Spezialist bietet geführte Rad- und Wandertouren von einem Tag bis zu acht Tagen Länge. Außerdem gibt es einen Fahrradverleih (250 Mex$/Tag), Karten und Infos.

Tarahumara Tours GEFÜHRTE TOUREN
(635-456-01-21; Plaza; 9–17 Uhr) Örtliche Fahrer-Guides bieten begleitete Trips von zwei Stunden bis zu zwei Tagen zu günstigen Preisen an.

Schlafen

Casa Margarita HOSTEL $
(635-456-00-45; www.casamargaritacreel.com.mx; Av López Mateos 11; D/EZ/DZ inkl. Frühstück & Dinner 150/400/550 Mex$; P) Dieses Hostel ist eine alteingesessene Backpacker-Hochburg und hält einfache, saubere Zimmer in hellen Farben bereit. In den Bädern gibt's die heißesten Duschen mit dem höchsten Wasserdruck in ganz Creel. Allerdings lässt das Ambiente zu wünschen übrig: Gemeinschaftsräume sind nur begrenzt vorhanden, sodass man ins angeschlossene Hotel Plaza Mexicana die Straße hinunter gehen muss, um zu essen.

Real de Chapultepec Hotel HOTEL $
(635-456-08-94; realdechapultepec@hotmail.com; Flores 260; Zi. 250 Mex$; P) Ein gutes Budgethotel, auch wenn es von der Straße aus etwas schmuddelig wirkt. Die Wohneinheiten (mit handbeschnitzten Betten und Wandmalereien) sind um einen Parkplatz angeordnet. Es gibt einen Speisesaal mit kostenlosem WLAN. Im Angebot sind auch gute Touren.

Hotel Plaza Mexicana HOTEL $$
(635-456-02-45; www.casamargaritacreel.com.mx; Batista s/n; EZ/DZ/3BZ/4BZ inkl. Frühstück & Abendessen 500/600/700/800 Mex$; P) Das freundliche Personal und die attraktive Einrichtung (gemütliche Zimmer, die rund um einen hübschen Innenhof angeordnet sind) sprechen für dieses beliebte Hotel. Im Preis ist das Frühstück (mit nach Wunsch gekochten Eiern) enthalten, etwas enttäuschend kann dafür das Abendessen sein. Das Hotel wird von derselben Familie geführt wie die Casa Margarita.

Best Western The Lodge at Creel LODGE $$$
(635-456-00-71, in den USA 800-528-1234; www.thelodgeatcreel.com; Av López Mateos 61; EZ/DZ 1370/1490 Mex$; P @) Diese sehr einladende Anlage im rustikalen Stil hat wie Blockhütten gestaltete *cabañas* mit Holzofen und Badewanne sowie hohe Zimmer mit Natursteinwänden und allem Komfort. Es gibt ein (kleines) Fitnesscenter und ein Spa. Niemand bleibt hier hungrig oder verdurstet, denn es gibt eine Pizzeria mit Holzofen, eine Restaurant-Bar sowie ein Café mit Espressomaschine im Haus. Spezialangebote ermöglichen Preise von unter 1000 Mex$.

Quinta Mision HOTEL $$$
(635-456-00-21; http://quintamision.com; Av López Mateos; Zi. 1200 Mex$; P) In diesem neuen, interessanten Hotel, wahrscheinlich Mexikos erstem wirklichem Ökohotel, wird Wasser recycelt, außerdem werden Wind- und Solarenergie genutzt. Mit dem Material einer alten Möbelfabrik wurden 20 Zimmer in Suitengröße ausgestattet, die alle über Kühlschränke verfügen und Raum für eine kleine Familie bieten.

Essen

Creel hat nur eine begrenzte Restaurantauswahl. Als Mittagessen zum Mitnehmen gibt's in den Lebensmittelläden an der Hauptstraße leckeren *queso menonita* (Mennonitenkäse) und Brot.

Restaurant Verónica RESTAURANT $$
(☎635-456-06-31; Av López Mateos 33; Hauptgerichte 50–120 Mex$; ⏲7.30–22.30; 📶) Die Spezialität dieses für seine riesigen Portionen berühmten Restaurants ist *el norteño*, ein Auflauf mit Rindfleisch und Käse, der in einer gusseisernen Kasserolle und mit Tortillas serviert wird.

La Cabaña MEXIKANISCH, INTERNATIONAL $$
(Av López Mateos 36; Hauptgerichte 75–140 Mex$; 📶) Dieses etwas teure, aber für einen Schlemmerabend durchaus geeignete ruhige Restaurant in katalanischem Besitz serviert Salate und Fleisch und hat stets spezielle Tagesmenüs (etwa Forelle mit Shrimps).

DIE TARAHUMARA

Einen Teil der Faszination der Schluchtenlandschaft machen die Tarahumara aus, eine von Mexikos charakteristischsten indigenen Kulturen. Sie leben hier in Höhlen und kleinen Häusern auf dem Land. Am leichtesten zu erkennen sind die Frauen mit ihren farbenfrohen Blusen und Röcken, die oft Kinder auf dem Rücken tragen. In Touristenorten in der Sierra verkaufen sie schöne handgeflochtene Körbe und aus Holz geschnitzte Puppen und Tiere zu sehr niedrigen Preisen. Die Männer tragen mittlerweile größtenteils moderne Kleidung wie Jeans anstelle des traditionellen Lendenschurzes, doch *huaraches* – Sandalen mit Kautschuksohlen und Lederbändern – haben für beide Geschlechter noch nicht ausgedient.

Die Tarahumara umgeben viele Geheimnisse. Sogar ihr Name ist umstritten, Tarahumara oder Rarámuri? Es wird angenommen, dass sie ursprünglich „Ralamuli" hießen. Die Spanier machten daraus „Rarámuri", was sich schließlich zu „Tarahumara" entwickelte. Mit diesem Begriff bezeichnen sich die Menschen meist auch selbst. Entgegen der landläufigen Meinung trieben nicht die Spanier die Tarahumara in die Canyons; sie lebten bereits hier, als die ersten Jesuiten 1608 eintrafen. Es gibt zwei Hauptgruppen, die Alta (Hochland) und die Baja (Tiefland), mit denen jeweils Jesuitenpriester aus dem höher gelegenen Hidalgo del Parral bzw. dem tiefer gelegenen El Fuerte Kontakt aufnahmen. Zwischen den Gruppen gibt es signifikante Unterschiede in Kultur und Sprache, die aufgrund der langen Isolation von Gemeinde zu Gemeinde variieren. Es ist nicht einmal klar, wie viele Tarahumara es tatsächlich gibt; ihre Zahl wird auf 50 000 bis 120 000 geschätzt.

Rarámuri bedeutet „jene, die schnell laufen" – ein angemessener Name für ein Volk, das für seine Ausdauer im schnellen Überwinden großer Distanzen (oft laufen sie bis zu 20 Stunden am Stück) bekannt ist. Bis in die letzte Generation nutzten sie ihre Gabe für die Jagd auf Hirsche mit Pfeil und Bogen. Mittlerweile wird in der Region Barranca del Cobre (in Urique) einmal im Jahr ein eigener Ultramarathon (S. 826) ausgetragen.

Noch prägender für die Kultur der Tarahumara ist ihr Gerechtigkeitssinn. „Korima" bezeichnet den Brauch, dass jemand, der eine gute Ernte einfährt und damit „gesegnet" ist, sein Glück mit anderen teilen muss. Eine weitere Tradition ist die *tesgüinada*, eine ausgelassene Zusammenkunft, bei der die Tarahumara ihre sonstige Zurückhaltung ablegen und gemeinschaftlich vollbrachte Arbeiten oder Feste mit jeder Menge *tesgüino*, einem starken Maisbier, feiern.

Sogar diese traditionell isoliert lebende Kultur wurde von Neuankömmlingen beeinflusst: Viele Tarahumara praktizieren eine Art Katholizismus. Dabei haben das Christentum und christliche Feste ganz eigene Ausprägungen – Letztere werden mit Trommeln und viel *tesgüino* begangen.

Trotz des Eindringens von Eroberern, Missionaren, Eisenbahnen, Drogenbanden und Touristen haben sich die Tarahumara ihren Lebensstil bewahrt. Alle, die nicht ihrer Gemeinschaft angehören, nennen sie *chabochi*, was „mit Spinnweben im Gesicht" bedeutet und sich auf die bärtigen spanischen Siedler bezieht. Die Mehrheit lebt noch immer von Subsistenzwirtschaft in ländlichen Gebieten der Sierra Madre Occidental.

Materiell gesehen sind die Tarahumara im Allgemeinen arm, und in ihren Gemeinden herrschen massive Gesundheitsprobleme. Die Kindersterblichkeit ist hoch, Mangelernährung und Teenager-Schwangerschaften sind weit verbreitet. Einen Teil der geringen Unterstützung erhalten sie von katholischen Missionen.

Rico's CAFÉ, PIZZA **$$**
(Av López Mateos 61; Snacks/Mahlzeiten 50/90 Mex$; 9–22 Uhr;) Das nette Café im Hotel Best Western ist das einzige Plätzchen in Creel, an dem man einen ordentlichen Espresso bekommt (der Hauskaffee ist eine Mischung aus Bohnen von drei Chiapas-Hochlandsorten). Tipp: Die Panini, die selbst gebackenen Kuchen und die Pizza aus dem Holzofen sind gut (die Pizza *menonita* mit drei Käsesorten probieren!).

Restaurant Sierra Madre MEXIKANISCH, INTERNATIONAL **$$**
(635-456-00-71; Av López Mateos 61; Hauptgerichte 65–190 Mex$; mittags–21 Uhr;) Das Restaurant im Hotel Best Western ist im Stil einer Ranch komplett mit Steinwänden, Holzbalken und jeder Menge ausgestopfter Tiere eingerichtet. Auf den Tisch kommen Steaks, Seafood, Pasta und Pizza sowie günstigere *antojitos* (Snacks).

Shoppen

Die Läden in Creel verkaufen Tarahumara-Kunsthandwerk sowie Töpferwaren aus Mata Ortiz.

Artesanías Misión KUNSTHANDWERK
(635-456-00-97; Parroquia 64, Plaza s/n; Mo–Sa 9–13 & 15–18 Uhr) Der gesamte Gewinn des Ladens für traditionelles Kunsthandwerk fließt an das katholische Missionskrankenhaus von Creel. Dieses Krankenhaus gewährt den Tarahumara kostenlose medizinische Versorgung.

Praktische Informationen

Clínica Santa Teresita (635-456-01-05; Parroquia; 24 Std.) Hinter der Casa Margarita. Bietet einfache medizinische Dienste.

La Escuelita (Av López Mateos s/n; 15 Mex$/Std.; 8–21 Uhr) Winziges Internetcafé mit sehr wenigen Computern.

Polizei (635-456-04-50) Gleich abseits der Plaza.

Post (Mo–Fr 8–14.30, Sa 8–12 Uhr) An der Plaza.

Santander (Av López Mateos 17; Mo–Fr 9–16 Uhr) Hat zwei Geldautomaten.

Anreise & Unterwegs vor Ort

AUTO & MOTORRAD

Die Straßen von Chihuahua nach Creel und weiter nach Divisadero und Bahuichivo sind alle durchgehend asphaltiert. Eine weitere asphaltierte Straße führt gen Südosten nach Guachochi, dann weiter nach Hidalgo del Parral im Süden von Chihuahua. Motorräder und Geländewagen kann man bei 3 Amigos leihen (S. 829).

BUS

Fahrten zwischen Creel und Chihuahua sowie zwischen Creel, Divisadero und Areponápuchi sind bequemer mit dem Bus als mit dem Zug: Die Aufenthalte sind kürzer, und die Busse fahren öfter. **Autotransportes Noroeste** (www.turisticosnoroeste.com; Villa) hat Busse nach Cuauhtémoc (160 Mex$, 3 Std.) und Chihuahua (286 Mex$, 4½ Std.); sie verkehren fünfmal täglich, um 10.30, 12.30, 14.30, 16.30 und 18.30 Uhr. Busse von Noroeste fahren alle zwei Stunden zwischen 10.30 und 18.30 Uhr auch nach Divisadero (52 Mex$, 1 Std.), Areponápuchi (52 Mex$, 1 Std.) und San Rafael (64 Mex$, 1¼ Std.). Der erste Bus nach San Rafael sichert den Anschluss zum Bus, der dort um 13 Uhr nach Bahuichivo abfährt.

Busse von **Estrella Blanca/Rápidos Cuauhtémoc** (635-456-00-73) steuern ebenfalls fünfmal täglich Chihuahua an (298 Mex$, 4½ Std.).

Alle Busse fahren vom Hauptplatz in Creel ab.

ZUG

Zugfahrkarten werden im **Bahnhof Creel** (635-456-00-15; Av Tarahumara) frühestens eine Stunde vor Abfahrt der Züge verkauft.

Rund um Creel

Die Gegend um Creel ist voller Naturwunder, von Wasserfällen und Thermalquellen bis zu surrealen Felsformationen und weitläufigen Parklandschaften, die alle innerhalb eines Tages zu Fuß, mit dem Pferd oder dem Auto erreichbar sind. Örtliche Guides bieten zahlreiche geführte Touren an, man kann die Gegend aber auch auf eigene Faust mit einem gemieteten Fahrrad, Motorroller oder Truck erkunden. Wer übernachten möchte, findet ein paar Unterkünfte vor.

Knapp 1 km südöstlich der Stadt betritt man das Tarahumara-*ejido* (Gemeindeland) San Ignacio (Eintritt 20 Mex$), das sich über etwa 200 km² erstreckt. Es ist die Heimat von rund 4000 Menschen, die in Höhlen und kleinen Häusern zwischen Ackerland, kleinen Canyons und Kiefernwäldern leben. Die Straße führt in das 2 km vom Ortsrand entfernte **Valle de las Ranas y los Hongos** (Tal der Frösche und der Pilze), das seinen Namen der Form der Felsen verdankt, die mal breit und gequetscht, mal schmal sind und einen dicken Aufsatz haben. Hier befinden sich die malerische, aus dem 18. Jh. stammende **Missionskirche San Ignacio** und die **Cueva de Sebastián**, eine von 14 Tarahumara bewohnte Höhle, die regelmäßig von Travellern besucht wird (Spenden oder der Kauf von Kunsthandwerk erbeten).

Etwa 7 km weiter östlich befindet sich das **Valle de los Monjes** (Tal der Mönche), eine spektakuläre Ansammlung senkrecht aufragender Felsen, der das Tal seinen Tarahumara-Namen Bisabírachi verdankt, was „Tal der erigierten Penisse" bedeutet. Wer eine Stunde oder etwas mehr übrig hat, kann die Umgebung von Valle de los Monjes erkunden; es lohnt sich allemal, und die Gegend ist weniger besucht als das Umland der „Frösche" und „Pilze".

Der **Lago Arareko**, ein gewundener, blaugrün schimmernder See, in dessen Wasser sich die ihn begrenzenden Kiefern und Felsen spiegeln, befindet sich neben der Straße nach Cusárare, 8 km von Creel entfernt. Man kann den Besuch des Sees mit dem im Tal der Frösche und Pilze und dem im Tal der Mönche gut zu einer halb- oder ganztägigen Rundtour verbinden. Am Ufer kann man für 50 Mex$ Ruderboote mieten.

Etwa 14 km hinter Ararako zweigt links die Straße zum Tarahumara-Dorf **Cusárare** (2 km) ab. Hier wurde in den 1970ern die im 18. Jh. erbaute Missionskirche restauriert und mit auffälligen Wandmalereien mit Tarahumara-Motiven ausgeschmückt. Sonntags ist im Dorf viel los. Das lokale **Museo Loyola** (Eintritt 15 Mex$) besitzt eine vorzügliche Sammlung religiöser Gemälde aus der Kolonialzeit, hat aber nur unregelmäßige Öffnungszeiten. Etwa 400 m nach der Abzweigung nach Cusárare, bei Km 111 auf dem Highway, führt eine Straße nach rechts, die mit „Cascada de Cusárare" ausgeschildert ist. Sie bildet den Anfang eines Pfades, der sich entlang eines plätschernden Baches dahinzieht, dann durch ein ausgedehntes Hochlandtal zum 30 m hohen Wasserfall **Cascada Cusárare** (Eintritt 20 Mex$; ⌚8–17 Uhr) führt, der 3 km von der Straße entfernt ist. Wer gern ein wenig wandern möchte, für den ist der Abschnitt von der Straße bis zum Wasserfall bestens geeignet, da er durch schattiges Gelände führt, reizend ist und unterwegs Gelegenheit für ein kurzes Bad bietet.

Die reizenden **Aguas Termales Rekowata** (Rekowata Thermalquellen; Eintritt 20 Mex$) erreicht man über die Straße ab Divisadero, 7 km südlich von Creel. Um zu den Thermalquellen zu gelangen, geht es vom Highway 11 km auf einer beschilderten, staubigen und unbefestigten Straße bis zum Parkplatz. Von hier sind es noch 3 km auf einer kopfsteingepflasterten Straße bis zu den wohlig warmen Badebecken, in die das Wasser der Quellen geleitet wird. Lokale Tarahumara übernehmen den Transport (hin & zurück 60 Mex$) in Geländewagen ab dem Parkplatz. Es gibt auch einen herrlichen Pfad für Mountainbiker von Creel nach Rekowata. Diese Route folgt zunächst der Straße nach Cusárare, zweigt danach aber rechts (nach Süden) direkt hinter dem Ortsrand von Creel ab. Dann geht es durch ein reizendes Flusstal vorbei an einem atembraubenden Canyon-Aussichtspunkt, bevor der steile Abstieg nach Rekowata beginnt. Das ist eine ganztägige Tour; 3 Amigos (S. 829) kann Landkarten zur Verfügung stellen.

Mit einem Motorroller oder Auto hat man die Möglichkeit, den Grund der Barranca del Cobre auf eigenen Rädern zu erreichen. Zunächst gilt es, sich in Creel ein Lunch-Paket zu sichern. Die Route ist recht einfach: Man folgt dem ausgezeichnet asphaltierten südöstlich von der Stadt verlaufenden Highway in Richtung Guachochi. Die Landschaft ist überwältigend; im schönsten Abschnitt zwi-

ABSTECHER

CASCADA DE BASASEACHI

Nur wenige Natur-Highlights Mexikos können mit der unberührten Schönheit des höchsten ganzjährig Wasser führenden Wasserfalls Mexikos, der **Cascada de Basaseachi** (Eintritt frei), mithalten. Hier stürzt das Wasser 246 m in die Tiefe und in Becken, in denen man baden kann. Basaseachi liegt 140 km nordwestlich von Creel, deshalb nimmt ein Ausflug von dort aus einen ganzen Tag in Anspruch – inklusive des insgesamt dreistündigen Ab- und Aufstiegs ab/zu dem Wasserfall. Die Cascada ist Teil des gleichnamigen Nationalparks, in dessen Süden die alte Minenstadt Maguarachi mit ihren wunderbaren **Thermalquellen** liegt. Beide Stätten sind über San Juanito, 35 km nördlich von Creel, zugänglich. Ein Besuch ist nur mit einem eigenen Fahrzeug oder im Rahmen einer Tour ab Creel möglich.

schen Km 133 und Km 50 windet sich der Weg zwischen den ockerfarbenen Wänden der Schlucht hindurch, dann geht's bergab zur Humira-Brücke und am schäumenden Wasser des Río Urique entlang. Zurück geht es denselben Weg über Cusárare und den Lago Arareko. Das ist eine weitere Ganztagestour.

Batopilas

☎649 / 1500 EW. / 460 M

Wer braucht einen Abenteuerpark? Die Bewohner von Batopilas könnten sich das zu Recht fragen, denn der einzige Weg in ihr wunderbar erhaltenes Dorf aus der Kolonialzeit (ehemalige Silberbergbausiedlung), das tief im Herzen der Schluchtenlandschaft liegt, hat mehr Haarnadelkurven und schwindelerregende Abgründe als jede Achterbahn.

Batopilas, eine schmucke Siedlung, in der die Zeit stillzustehen scheint, wurde 1708 gegründet und erlebte seine Blüte im späten 19. Jh., als der Silberabbau boomte. Der Ort liegt am Grund der Barranca de Batopilas, wo ganzjährig subtropisches Klima herrscht.

Auch in Batopilas geht es mitunter rau zu. Der Marihuana-Anbau füllt die Taschen der lokalen Wirtschaft (man beobachte nur die modernen Trucks und die jungen Männer mit teurem Klunker). Es kam sogar zu Raubüberfällen und Entführungen; ausländische Traveller sind dabei im Normalfall nicht das Ziel solcher Übergriffe, dennoch sollte man bei Exkusionen außerhalb der Stadt lokale Infos über die Sicherheitslage einholen.

Hier machen die Läden schon früh dicht, deshalb sollte man sich auf behelfsmäßige Bars, die in den Hinterzimmern Bier verkaufen, einstellen. Aber man kann tolle Ausflüge unternehmen!

Achtung: In der Stadt gibt es keine Banken oder Geldautomaten!

Sehenswertes & Aktivitäten

Hacienda San Miguel RUINE

(Eintritt 10 Mex$; ⏲8–17 Uhr; Ⓟ) Die monumentalen, schlossähnlichen Ruinen der Hacienda San Miguel beeindrucken durch ihre Ausmaße. Sie sind überaus stimmungsvoll, Bougainvilleen überwuchern die Türme, und Wurzeln und Triebe erobern die Steinmauern zurück.

Museo de Batopilas MUSEUM

(Eintritt frei; ⏲Mo–Sa 10.30–16 & 15–17 Uhr) GRATIS Das Museum bietet einen guten Überblick über die Geschichte des Ortes, und der Besitzer Rafael wird die Erläuterungen sicher mit eigenen Anekdoten schmücken. Hier gibt's auch Reiseinfos.

Satevó Mission Church Hike WANDERN

Eine der beliebtesten Wanderungen führt zur Missionskirche Satevó aus dem 18. Jh., die an einer abgelegenen Stelle 8 km weiter in der Barranca del Cobre steht. Man kann den Fluss entlang bis zur Kirche wandern (die urplötzlich vor der Kulisse einer bewaldeten Schlucht auftaucht) oder mit dem Auto bis hierher fahren.

Ruta de Plata WANDERN

(Silberpfad) Die Ruta de Plata, einer der besten Wander- und Reitwege Nordmexikos, folgt dem uralten Maultierpfad zwischen Batopilas und Chihuahua.

Es gibt auch eine herausfordernde, spektakuläre zwei- bis dreitägige **Urique-Wanderung** (2–4 Pers., 3-tägige Wanderung mit/ohne Maulesel 4000/2500 Mex$), die zu den besten dieser Region zählt.

Schlafen & Essen

Casa Monse GASTFAMILIE $

(Plaza Principal; EZ/DZ 160/220 Mex$; Ⓟ) Diese tolle Budgetunterkunft hat saubere, karg eingerichtete Zimmer um einen üppig begrünten Innenhof. Monse Alcaraz, der Besitzer, ist sehr redselig, spricht ganz passabel Englisch, erzählt einem etwas über die Küche der Tarahumara und hilft bei der Planung von Touren mit lokalen Führern.

Hotel Juanita's HOTEL $

(☎649-456-90-43; Plaza Principal; EZ/DZ 220/350 Mex$) Hier gibt's charmante, gepflegte Zimmer (jedes mit eigenem Kruzifix) und einen Hof mit Blick auf den Fluss. Juanita meint, wer etwas gegen Jesus habe, könne ja woanders übernachten.

Casa Real de Minas HOTEL $$

(☎649-456-90-45; www.coppercanyonlodges.com; Guerra 1; Zi. 1017 Mex$; Ⓟ) Ein schmuckes, umfunktioniertes Stadthaus mit zehn bunt dekorierten Zimmern, einem Hof und zwei Leseecken mit Antiquitäten und historischen Fotos.

★**Riverside Lodge** HOTEL $$$

(☎649-488-00-45; www.coppercanyonlodges.com; EZ/DZ inkl. Frühstück 1453/1890 Mex$; Ⓟ) Wer die ultimative Hacienda-Erfahrung machen will, muss auf diesem sachkundig und liebevoll restaurierten Landsitz aus der Kolonialzeit einchecken. Die Wände schmücken üppige Wandmalereien und Ölgemälde, im Inneren gibt's kleine Teppiche und Eichenholzmöbel. Alle Zimmer sind individuell gestaltet und können mit Bädern mit Löwenfußbadewannen aufwarten. Das Personal ist überaus gut informiert über die Region und die Geschichte des Ortes. Nach den blauen Kuppeln Ausschau halten! Das Hotel liegt gleich neben der Plaza Principal.

Doña Mica MEXIKANISCH $
(Plaza de la Constitución; Mahlzeiten 60–80 Mex$; ⌚7–21 Uhr; 📝) Velia und ihr Mann betreiben dieses Lokal, dessen herzhafte, selbst zubereitete Gerichte einfach klasse sind. Meist gibt es keine Speisekarte (nur ein paar Gerichte täglich).

ℹ An- & Weiterreise

Von Creel geht's auf dem spektakulären asphaltierten Highway nach Süden in Richtung Guachochi. Die Abzweigung liegt bei Km 164. Auf dem an Ausblicken reichen 65 km langen Abschnitt von hier bis hinunter nach Batopilas kommt man langsamer voran, die Straße wird aber gegenwärtig geteert. Aufgrund der laufenden Straßenarbeiten werden jeden Tag bestimmte Abschnitte (für einige Stunden) gesperrt. Infos über die aktuellste Verkehrslage kann man bei 3 Amigos (S. 829) in Creel einholen, bevor man aufbricht. So spart man Zeit und muss nicht unnötig am Straßenrand warten. Die Arbeiten enden voraussichtlich 2015.

Öffentliche Busse (260 Mex$, 5 Std.) fahren täglich vor dem **Artesanías el Towi** (Av López Mateos) in Creel ab. Die Abfahrtszeiten hängen ganz davon ab, wann die Straße für den Verkehr freigegeben ist, einen Fahrplan gibt es nicht. Dennoch fahren morgens an den meisten Tagen Busse los. Nicht vergessen, dass der am Artesanías el Towi aushängende Fahrplan in der Regel überholt ist! Die Busse für die Rückfahrt, die vor der Kirche von Batopilas losfahren, unterliegen denselben Einschränkungen; daher auch hier sich vor Ort nach den Abfahrtszeiten erkundigen!

Eine zweitägige Tour ab Creel (im Normalfall min. 4–5 Pers.) kostet 4000 bis 5000 Mex$. Oder man mietet bei 3 Amigos einen Truck und fährt selbst, allerdings ist die Straße steil, eng und hat ein starkes Gefälle.

Für den Rückweg gibt es eine Straße (Geländewagen mit hohem Bodenabstand erforderlich) mit herrlichen Ausblicken direkt vom Schluchtrand, die von Batopilas nach Urique führt, aber nur zwischen November und April befahrbar ist. Bevor man losfährt, sollte man sich nach dem Zustand der Straße erkundigen, die sich auch bestens zum Mountainbiken eignet.

VERÄNDERTE CANYONLANDSCHAFT

Der Parque de Aventuras Barrancas del Cobre stellt den Anfang des Entwicklungsprojekts dar, das als Megaproyecto Barrancas del Cobre bekannt ist und je nach Sicht dem lokalen Tourismus zum Aufschwung verhelfen wird oder eines der größten Naturwunder für immer verschandelt. Die überwiegende Mehrheit neigt dazu, das Projekt zu befürworten, und die geplanten Attraktionen im Canyon sind weit entfernt von den Befürchtungen, wie die majestätische Landschaft verschandelt werden könnte. Die Einheimischen begrüßen die Aussicht auf mehr Geld und Jobs, obwohl zwei Tarahumara-Dörfer dagegen ankämpfen mussten, durch Hotelneubauten verdrängt zu werden. Es gibt Pläne für neue Luxushotels, einen Vergnügungspark mit Achterbahn am Schluchtrand und sogar für einen Golfplatz auf dem Canyon-Grat. Doch angesichts des Rückgangs des Tourismus in der Region Barranca del Cobre ist es völlig offen, wie viele dieser Projekte auch realisiert werden. Ein Projekt, das sich seiner Fertigstellung nähert (und Ende 2015 oder 2015 den Betrieb aufnahmen soll) ist der neue internationale Flughafen von Creel.

CHIHUAHUA & ZENTRALES NORDMEXIKO

Das zentrale Nordmexiko liegt abseits jedes Touristenradars und versprüht attraktives Grenzlandflair. Die Region ist eigentlich nur als Ausgangs- und Endpunkt für Ausflüge in die Barranca del Cobre bekannt – Chihuahua ist die östliche Endstation der durch Schluchten führenden Eisenbahnstrecke Ferrocarril Chihuahua Pacífico. Dabei beherbergt sie einige von Mexikos bedeutendsten historischen Sehenswürdigkeiten, die Kolonialstädte Chihuahua, Hidalgo del Parral und Durango sowie eine fantastische Landschaft. Diese ist von klassischem Cowboyland und der eindrucksvollen Desierto Chihuahuense (Chihuahua-Wüste) geprägt, die sich über weite Teile von Mexikos größtem Staat, Chihuahua, erstreckt. Im Westen steigt sie in die fruchtbaren Ausläufer der Sierra Madre Occidental auf und vermittelt

Besuchern das Gefühl, in einen Westernstreifen gelangt zu sein. In Durango wurden tatsächlich viele bekannte Western gedreht, und so bestimmen weite Rinderfarmen und riesige Sombreros das Bild.

Wie es schon das Nummernschild Chihuahuas verkündet, ist der Staat die „Tierra del Encuentro", das Land der Begegnung. Geschichtlich Interessierte werden die tollen Museen zur Erinnerung an berühmte Revolutionäre wie Pancho Villa begeistern. Zudem gibt es hier auch einige faszinierende archäologische Stätten.

In den letzten Jahren haben Gewaltverbrechen im Zusammenhang mit Drogen dem Tourismus stark zugesetzt. Besucher sollten abgeschiedenes Terrain in jedem Fall nur in Begleitung eines Guides erkunden. Das „Goldene Dreieck", in dem das südliche Chihuahua, das nordwestliche Durango und das nordöstliche Sinaloa aufeinandertreffen, ist für den Opiumanbau und besonders viele Gewaltverbrechen bekannt. Hier besteht natürlich immer die Gefahr, zur falschen Zeit am falschen Ort zu sein, doch Reisende waren bisher keine Zielscheibe der Kartelle und nur in wenige Vorfälle verwickelt.

Chihuahua

☎614 / 819 000 EW. / 1440 M

Chihuahua, die Hauptstadt des größten mexikanischen Bundesstaates, hat mehr Charakter als jede andere Stadt im Norden des Landes. Viele Traveller verbringen hier nur eine Nacht vor oder nach einer Fahrt mit dem Ferrocarril Chihuahua Pacífico, aber Chihuahua lohnt allemal einen längeren Aufenthalt. Das Stadtzentrum besteht aus großartigen Kolonialgebäuden, einigen schönen Plazas, Fußgängerzonen und einer stattlichen Anzahl von Restaurants, Cafés und Bars. Die Museen dokumentieren Schlüsselereignisse der mexikanischen Geschichte, die hier stattfinden. Kurzum: Man besucht hier eine interessante Stadt mit stark ausgeprägter Identität.

Geschichte

Chihuahua wurde 1709 gegründet und entwickelte sich bald zur Hauptstadt der Provincias Internas von Nueva España, die sich von Kalifornien nach Texas und von Sinaloa nach Coahuila erstreckten. 1811 brachten die Spanier Unabhängigkeitskämpfer wie Miguel Hidalgo in die Stadt und ließen sie hier verurteilen und hinrichten. Unter dem Regime von Porfirio Díaz entstand eine Eisenbahnstrecke, die dazu beitrug, den Wohlstand der mächtigen Viehzüchter in der Gegend zu mehren. Der Grundbesitz des ehemaligen Gouverneurs Luis Terrazas war fast so groß wie Belgien. „Ich komme nicht *aus* Chihuahua, Chihuahua *gehört* mir", sagte er einmal.

Nachdem die Armee Pancho Villas Chihuahua 1913 während der Mexikanischen Revolution eingenommen hatte, errichtete Villa hier sein Hauptquartier. Er ließ verschiedene Einrichtungen für die Gemeinde bauen und wurde bald als Volksheld gefeiert. Heute hat die Stadt einen der höchsten Lebensstandards in Mexiko, was vor allem den Arbeitsplätzen in den *maquiladora* (Montagebetrieb) zu verdanken ist.

Sehenswertes

★ Museo Casa de Villa MUSEUM

(Calle 10 No 3010; Eintritt 10 Mex$; ⌚Di–Sa 9–19, So 10–16 Uhr) Das Museum in Quinta Luz, Pancho Villas ehemaligem 48-Zimmer-Landsitz, gehört zum Pflichtprogramm für alle, die eine hollywoodreife Geschichte über Verbrechen, Spitzel und Reichtum schätzen.

Das Innere ist voller persönlicher Habseligkeiten und Fotos Villas, und im Hof hinter dem Haus steht der von Kugeln durchsiebte schwarze Dodge, in dem Villa unterwegs war, als er ermordet wurde. Die Informationen sind auf Spanisch und Englisch.

Nach seiner Ermordung 1923 erhoben 25 „Ehefrauen" von Villa Anspruch auf sein Anwesen. Nach den Ermittlungen der Regierung wurde Luz Corral de Villa zur rechtmäßigen Ehefrau des *generalísimo* erklärt, und man sprach ihr das Haus zu, das seither als Quinta Luz bekannt ist. Sie richtete das Museum ein, das nach ihrem Tod 1981 von der Armee übernommen wurde.

Der hintere Bereich des Museums ist der Mexikanischen Revolution gewidmet.

Casa Chihuahua MUSEUM

(☎614-429-33-00; www.casachihuahua.org.mx; Libertad 901; Museo de Sitio Eintritt 20/40 Mex$, So frei; ⌚Mi–Mo 10–16 Uhr) Chihuahuas einstiger Palacio Federal (erb. 1908–1910) beherbergt heute ein Kulturzentrum mit zahlreichen guten Exponaten, die meisten davon mit Erläuterungen auf Spanisch und Englisch. Moderne Ausstellungen widmen sich der Geschichte und der Kultur des Bundesstaates Chihuahua und vor allem den Mormonen, Mennoniten und Tarahumara. Die berühmteste Galerie ist **Calabozo de Hidalgo**,

ABSTECHER

CUAUHTÉMOC

Die kleine Stadt Cuauhtémoc, die 103 km westlich von Chihuahua liegt, ist das Zentrum von Mexikos **Mennoniten**. Diese sind oft blond und blauäugig und sprechen einen niederdeutschen Dialekt; die Männer tragen ausgebeulte Overalls und die Frauen lange dunkle Kleider und Kopftücher. Gegründet wurde die Glaubensgemeinschaft im 16. Jh. von dem Niederländer Menno Simons. Ihre Glaubensvorstellungen sorgen für Konflikte mit vielen Regierungen, so sind sie z. B. extreme Pazifisten und einzig und allein Gott treu. Daher sind Mennonitengemeinden immer wieder in großer Zahl von einem Land in ein anderes weitergezogen. In den 1920er-Jahren kamen rund 6000 Glaubensmitglieder von Kanada nach Nordmexiko; heute leben die meisten mexikanischen Mennoniten rund um Cuauhtémoc.

Die gepflegte Stadt liegt mitten in einem grünen Tal, in dem der Großteil der mexikanischen Äpfel angebaut wird. Die meisten Besucher kommen aber hierher, um die *campos* (Dörfer) der Mennoniten zu sehen. Der von Kritikern bejubelte Film *Stilles Licht* des mexikanischen Regisseurs Carlos Reygadas über eine außereheliche Liebe wurde 2007 hier gedreht und bescherte dem Ort ungeahnte Publicity.

Die *campos* der Mennoniten besucht man am besten im Rahmen einer geführten Tour (ca. 400 Mex$), die ab Creel gebucht werden kann. Das ist sehr viel informativer, und zudem sind manche *campos* für Individualreisende nicht zugänglich. Wer im Vorfeld keine Tour organisiert hat, fragt einfach im Museo y Centro Cultural Menonita nach. Man sollte den Besuch für einen Werktag planen, denn samstags und sonntags sind die Geschäfte der Mennoniten in der Regel geschlossen.

Das große **Museo y Centro Cultural Menonita** (☎625-583-18-95; Carretera Cuauhtémoc-Álvaro Obregón Km 10,5; Erw./Kind 25/15 Mex$; ⌚Mo–Sa 9–18 Uhr) liegt draußen im Gebiet der Mennoniten unmittelbar nördlich der Stadt. Das Museum zeigt landwirtschaftliche Geräte und andere Objekte aus der Anfangszeit der hiesigen Mennonitensiedlungen, zudem werden Kunsthandwerk, Käse und eingelegtes Obst verkauft. Die beste *quesería* (Käsefabrik/-laden) gibt's wohl im an der Straße gelegenen **Campo 2B** (Carretera Cuauhtémoc-Álvaro Obregón Km 7,5). Eine Taxifahrt vom Zentrum zum Museum und zur Käserei kostet rund 250 Mex$ inklusive Wartezeit.

Der Bahnhof befindet sich nordöstlich der zentralen Plaza und ist die erste/letzte Station entlang des Ferrocarril Chihuahua Pacífico. Hier halten täglich Züge in Richtung Chihuahua und Los Mochis via Creel.

Estrella Blanca (☎625-582-10-18; Ecke Allende & Calle 13) am östlichen Stadtende unterhält Busse nach Chihuahua (102 Mex$, 1½ Std.), die alle 45 Minuten fahren, und fünf Busse täglich nach Creel (196 Mex$, 3 Std.).

die Zelle, in der Miguel Hidalgo bis zu seiner Hinrichtung saß.

Der historische Kerker und der darüber gebaute Kirchturm wurden in die später an dieser Stelle errichteten Bauwerke integriert. Eine kurze Bild-Ton-Präsentation unterstreicht die bedrückende Atmosphäre im Verlies, in dem sich noch die Bibel und das Kruzifix Hidalgos befinden. Auf einer außen angebrachten Tafel sind die Verse verewigt, die der Priester mit Holzkohle in seinen letzten Stunden vor der Hinrichtung schrieb, um seinen Häschern für ihre Freundlichkeit zu danken.

Quinta Gameros GALERIE

(☎614-416-66-84; Paseo Bolívar 401; Erw./Kind & Student 20/10 Mex$; ⌚Di–So 11–14 & 16–19 Uhr) Ein wohlhabender Minenbesitzer ließ diese unglaublich kunstvolle Jugendstilvilla errichten, die heute als Museum genutzt wird und eine Mischung aus Antiquitäten und Kunstwerken beherbergt. Jeder Raum ist einzigartig, und das gesamte Gebäude ist ein Traum aus Buntglas, Holzschnitzereien sowie Blumen- und Vogelmotiven.

Manuel Gameros begann den Bau der Quinta Gameros 1907 als Hochzeitsgeschenk für seine bedeutend jüngere Verlobte Elisa Müller. Als das Bauwerk drei Jahre später beendet war, war sie jedoch bereits verstorben; kurz danach brach die Revolution los, und die Familie Gameros floh aus Mexiko. Als wäre diese Geschichte nicht schon spannend genug, behaupten manche Führer, Elisa habe sich in den kolumbianischen Ar-

Chihuahua

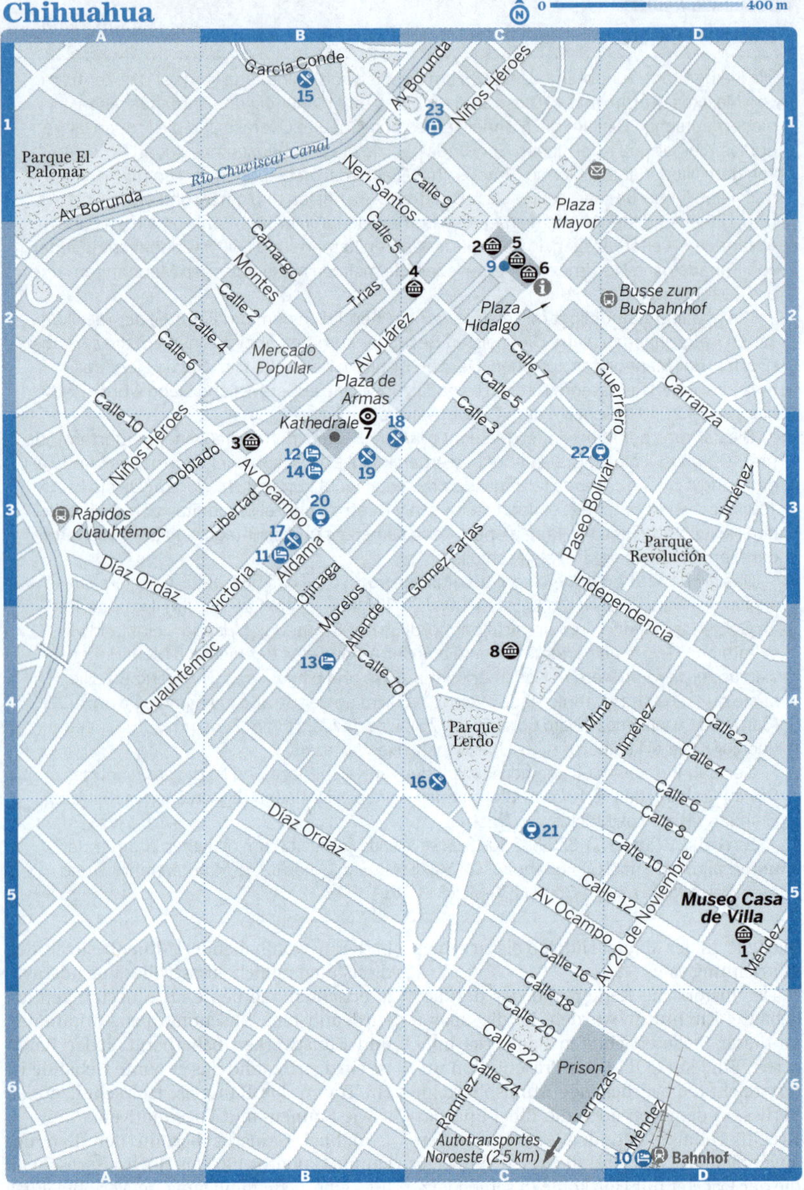

chitekten Julio Corredor verliebt und sei mit ihm durchgebrannt.

Plaza de Armas PLAZA

(⌚Kathedrale Di–So 6–21 Uhr) Chihuahuas historisches Stadtzentrum mit seinen unzähligen Tauben, den Schuhputzern und all den Männern mit Cowboyhüten ist ein schlichtes, aber hübsches Fleckchen Erde. Die majestätische barocke **Kathedrale**, erbaut zwischen 1725 und 1826, scheint über das geschäftige Treiben zu wachen; in ihrem Inneren befindet sich die 1796 eingebaute Originalorgel.

Chihuahua

Highlights
1 Museo Casa de Villa D5

Sehenswertes
2 Casa Chihuahua C2
3 Casa Sebastián B3
Galería de Armas .... (siehe 5)
4 Museo Casa de Juárez C2
5 Museo de Hidalgo C2
6 Palacio de Gobierno C2
7 Plaza de Armas B3
8 Quinta Gameros C4

Aktivitäten, Kurse & Touren
9 Chihuahua Bárbaro C2

Schlafen
10 Hostal El Chepe D6
11 Hotel Jardín del Centro B3
12 Hotel Plaza B3
13 Hotel San Felipe El Real B4
14 Quality Inn B3

Essen
15 El Papalote B1
16 Encantado C4
17 La Casa de los Milagros B3
18 La Fábrica de Pan y Cafe B3
19 Mesón de Catedral B3

Ausgehen & Nachtleben
20 Café Calicanto B3
21 La Antigua Paz C5
22 Momposina C3

Shoppen
23 Casa de las Artesanías del Estado de Chihuahua C1

Palacio de Gobierno HISTORISCHES GEBÄUDE
(614-429-35-96; Aldama 901; 8–20 Uhr) GRATIS Im Hof des hübschen Regierungssitzes aus dem 19. Jh. sind eindrucksvolle Wandmalereien aus den 1950er-Jahren von Aarón Piña Mora zu sehen, die der ereignisreichen Geschichte Chihuahuas gewidmet sind. Beim Tourismusbüro gibt es eine kostenlose Broschüre über die Wandmalereien.

Hidalgo und die Unabhängigkeit Mexikos bilden auch den Schwerpunkt zweier kleiner Museen im Palacio: **Museo de Hidalgo** (Di–So 9–17 Uhr) GRATIS und **Galería de Armas** (Di–So 9–17 Uhr) GRATIS.

Museo Casa de Juárez MUSEUM
(Juárez-Haus-Museum; 614-410-42-58; Av Juárez 321; Erw./Kind & Student 10/5 Mex$; Di–So 9–19 Uhr) Präsident Benito Juárez residierte während der französischen Besatzung in diesem Haus, was Chihuahua von 1864 bis 1866 zur Hauptstadt Mexikos machte. Heute beherbergt das Gebäude ein Museum, in dem das Flair der 1860er-Jahre noch zu spüren ist. Ausgestellt sind Dokumente, die von dem großen Reformer unterzeichnet wurden, sowie historische Exponate, darunter Repliken seiner Möbel. Es wird auch Museo de la Lealtad Republicana (Museum der Republikanischen Loyalität) genannt.

Casa Sebastián GALERIE
(614-410-75-06; Av Juárez 601; Mo–Fr 10–13 & 14–18 Uhr) GRATIS Diese restaurierte Galerie aus den 1880er-Jahren beherbergt Miniaturmodelle der massiven Metallskulpturen des renommierten, aus Chihuahua stammenden Künstlers Sebastián, dessen Werke in der ganzen Welt aufgestellt sind. In der Stadt selbst gibt es eine Reihe echter Arbeiten von Sebastián, u. a. oberhalb vom Parque El Palomar.

Geführte Touren

Chihuahua Bárbaro STADTRUNDFAHRT
(www.chihuahuabarbaro.com; 3-stündige Stadtrundfahrt Erw./Kind 100/80 Mex$) Bei dieser Trolley-Tour fährt man zu den wichtigsten historischen Sehenswürdigkeiten von Chihuahua (Erläuterungen auf Spanisch) und weiter. Die dreistündige Stadtrundfahrt beginnt viermal täglich an der Plaza de Armas (wo es einen Ticketstand gibt) und umfasst auch das Museum Pancho Villa Museum und Quinta Gameros.

Schlafen

Hotel Jardín del Centro HOTEL $
(614-415-18-32; Victoria 818; Zi. 350–450 Mex$;) Dieses einladende, kleine Hotel mit seinen gemütlichen Zimmern, die um einen Hof voller Pflanzen angeordnet sind, bietet ein hervorragendes Preis-Leistungs-Verhältnis und hat dazu noch ein kleines, feines Restaurant. Das Personal ist überaus zuvorkommend, und das Hotel liegt günstig unweit vom Zentrum.

Hostal El Chepe HOTEL $
(614-258-23-40; Méndez 2205;) Diese einfache Unterkunft liegt praktischerweise in der Nähe des Bahnhofs. Die Zimmer sind schlicht, aber sauber, und das Hostel wird von einer freundlichen Dame geführt.

★ **Hotel San Felipe El Real** BOUTIQUEHOTEL $$
(614-437-20-37; www.sanfelipeelreal.com; Allende 1005; Zi./Suite inkl. Frühstück 950/1150 Mex$; P) Dieses unglaublich tolle Hotel

befindet sich in einem großartigen Gebäude aus den 1880er-Jahren mit Innenhof und sprudelnder Fontäne. Die sechs einzigartig eingerichteten Zimmer sind voller Antiquitäten und Möbel aus alten Zeiten. Die Inhaber verwöhnen die Gäste und servieren das Frühstück an einem langen Tisch in der eigenen Küche. Angeboten wird auch ein Abholservice vom Flughafen und Bahnhof.

Hotel Plaza HOTEL **$$**
(614-415-12-12; www.hotelplazachihuahua.com; Cuarta 204; Zi. inkl. Frühstück 895–1125 Mex$;) Was das Design betrifft, so ist das Hotel so hip, wie es in Nordmexiko nur möglich ist. Die schicken, minimalistisch eingerichteten Zimmer sind alle mit attraktiven Holzböden, modernen Möbeln und hochwertiger Bettwäsche ausgestattet. Von der Dachterrasse, wo das Frühstück serviert wird, hat man eine tolle Sicht auf die Stadt, und das Hotel könnte zentraler nicht liegen.

Quality Inn HOTEL **$$$**
(614-439-90-00; www.qualityinnchihuahua.com; Victoria 409; Zi./Suite inkl. Frühstück 1224/1955 Mex$;) Geschäftsleute schätzen das große, vielleicht etwas langweilige Hotel, dessen Service aber in Ordnung ist. Die Toplage gleich hinter der Kathedrale ist bestens dazu geeignet, das historische Zentrum zu entdecken. Die Zimmer mit Teppichböden sind geräumig und bieten jede Menge TV-Kanäle.

Essen

El Papalote FRÜHSTÜCK **$**
(Ecke García Conde & Calle 9; Frühstück 35–45 Mex$; Hauptgerichte 60–90 Mex$; 8–21 Uhr) Frühstücken kann man in diesem amerikanischem Diner unter Chihuahuas mennonitischen Einwohnern. Hier gibt's die größte Auswahl von Eierspeisen in der Stadt und auch eine Vielzahl *antojitos* (Snacks).

★ **La Casa de los Milagros** MEXIKANISCH **$$**
(614-437-06-93; Victoria 812; Gerichte 55–160 Mex$; 16–1 Uhr;) Der Legende nach liebten es Pancho Villa und seine Kumpels, in diesem stimmungsvollen, 110 Jahre alten Haus mit Fliesenböden, vielen behaglichen kleinen Zimmern und einem luftigen Hof zu entspannen. Auf der Speisekarte stehen bewährte mexikanische Gerichte, *antojitos* (Snacks) sowie Fleisch vom Grill. Von mittwochs bis sonntags gibt's ab 21 Uhr Livemusik, darunter oft *trova* (lateinamerikanische Volksmusik).

La Fábrica de Pan y Cafe CAFÉ **$$**
(Independencia 408; 8–20 Uhr; Mahlzeiten 50–90 Mex$;) Es mag sein, dass sich dieses Café von ähnlichen Lokalen wie Starbucks inspirieren ließ, aber in Anbetracht köstlicher Muffins, Baguettes, heißen Gebäcks und des Frühstücks (die *huevos franciscanos* mit pochierten Eiern und Schinken probieren!) sollte man darüber hinwegsehen. Serviert werden auch verschiedene Kaffees und Wein.

Encantado STEAK **$$**
(Av Ocampo 1810; Gerichte 35–125 Mex$; 8–20 Uhr) Das stylische Restaurant befindet sich in einem historischen Gebäude, und die Räume mit den Tischen sind um einen überdachten Patio angeordnet. Das Menü ist recht einfach und umfasst bewährte mexikanische Gerichte, Salate, belegte Sandwiches, Steaks, Burger und Frühstück.

Mesón de Catedral INTERNATIONAL **$$$**
(Plaza de Armas; Hauptgerichte 90–195 Mex$; Mo–Fr 7.30–24, Fr & Sa bis 1 Uhr;) Dieses gehobene Restaurant mit der besten Aussicht in Chihuahua – von der Terrasse blickt man direkt auf die Kathedrale – ist einen Schlemmerabend wert: Probieren sollte man das Fischfilet, gefüllt mit Pfeffer und Meeresfrüchten. Dienstags, freitags und samstags abends gibt's immer Livemusik.

Ausgehen & Nachtleben

★ **Momposina** BAR, CAFÉ
(Coronado 508; 8–1 Uhr;) Tolle, unkonventionelle Bar, in der sich tagsüber kreative Typen treffen und, auf völlig unpassenden Stühlen sitzend, an Paninis knabbern oder einen Espresso schlürfen. Später verwandelt sich der Laden in eine Bar, in der es oft Livemusik gibt, u.a. mit der Band Mulata des kolumbianisch-mexikanischen Inhabers. Bier ist günstig und es herrscht eine coole Atmosphäre.

La Antigua Paz KANTINE
(Calle 12 No 2203; 12–1 Uhr) In dieser typischen mexikanischen Cantina, wo an den Wänden Erinnerungsstücke an die Revolution hängen, treffen sich Studenten, Mittdreißiger und Cowboys. An den meisten Abenden gibt's Livemusik.

Viele Cantinas können als von Männern dominiert betrachtet werden; es geht eher ruppig zu. La Antigua Paz hingegen ist eine der wenigen Cantinas, in denen Frauen vorbehaltlos akzeptiert werden.

Café Calicanto BAR
(☎ 614-410-44-52; Aldama 411; ⌚ 16–1 Uhr) Hierher kommt man, um (Di–So ab 20 Uhr) Livejazz und *trova*, köstliche Cocktails, Snacks und Gerichte zu genießen. Im von Bäumen gesäumten Patio dieses gemütlichen Cafés trifft man auf ein bunt gemischtes Publikum.

Shoppen

Chihuahua ist zwar eine Großstadt, dennoch gibt es hier kaum etwas, was man Käufern empfehlen kann. Wegen der ausgeprägten Cowboy-Kultur gibt es viele Cowboy-Artikel. Wer Cowboystiefel kaufen will, sollte schnurstracks die Libertad zwischen Independencia und Avenida Ocampo aufsuchen; hier säumt eine ganze Reihe Stiefelläden die Straße.

Casa de las Artesanías del Estado de Chihuahua KUNSTHANDWERK
(☎ 614-410-60-73; Niños Héroes 1101; ⌚ Mo–Fr 9–17, Sa 10–17 Uhr) Hier findet man eine gute Auswahl von Kunsthandwerk aus Chihuahua (u.a. auch Keramik aus Mata Ortiz) sowie typisch mexikanische Nahrungsmittel wie Pekannüsse, Oregano-Öl und *sotol*, eine lokale Spirituose aus einem Spargelgewächs.

Praktische Informationen

An der Plaza de Armas gibt es zahlreiche Geldautomaten.

Clínica del Centro (☎ 614-439-81-00; www.clinicadelcentro.com.mx; Ojinaga 816; ⌚ 24 Std.) Hat eine rund um die Uhr besetzte Notaufnahme.

Copy & Print Club (Ecke Guerrero & Ojinaga; Internet 12 Mex$/Std.; ⌚ Mo–Sa 8–20.30, So 10–17.30 Uhr) Internetzugang.

Post (Libertad 1700; ⌚ Mo–Fr 8–16.30, Sa 8–12 Uhr).

Rojo y Casavantes (☎ 614-439-58-58; www.rojoycasavantes.com; Guerrero 1207; ⌚ Mo–Fr 9–19, Sa 9–15 Uhr) Hier kann man Bus-, Zug- und Flugtickets kaufen.

Staatliche Touristeninformation (☎ 800-508-01-11, 614-429-35-96; www.ah-chihuahua.com; Palacio de Gobierno, Aldama; ⌚ Mo–Sa 9–17 Uhr) Hilfreiche Angestellte, die die Reisenden mit Infomaterial für Stadtrundfahrten und mehr versorgen.

An- & Weiterreise

AUTO & MOTORRAD

Am einfachsten verlässt man das Zentrum von Chihuahua in Richtung Hwy 45, indem man nordöstlich am Kanal (Av Borunda) entlangfährt. In westlicher Richtung verlässt man die Stadt in Richtung Cuauhtémoc.

BUS

Von Chihuahuas größtem **Busbahnhof** (☎ 614-420-53-98; Blvd Juan Pablo II No 4107) 7 km östlich vom Zentrum fahren zahllose Busse ab, darunter auch die 1.-Klasse-Busse aus der unten angeführten Tabelle.

Busse in die USA fahren ebenfalls vom Hauptbusbahnhof ab. Die Busse von **Autobuses Americanos** (☎ 614-429-02-29) bedienen u. a. die Routen nach Dallas (1320 Mex$, 17–19 Std., 1-mal tgl.) und Los Angeles (1275 Mex$, 22 Std., 3-mal tgl.).

Nach Cuauhtémoc (102 Mex$, 1½ Std.) und Creel (294 Mex$, 4½ Std.) geht's mit Bussen von **Rápidos Cuauhtémoc** (☎ 614 416-48-40; Av Borunda) zwischen 6 und 22 Uhr alle 45 Minuten und nach Creel um 5.50 und 13.35 Uhr. Busse von **Autotransportes Noroeste** (☎ 614 411-57-83; www.turisticosnoroeste.com; Av Terrazas 7027) fahren auch nach Cuauhtémoc, außerdem fünfmal täglich (zw. 6 & 16 Uhr) zu den Thermalquel-

BUSSE AB CHIHUAHUA

ZIEL	PREIS (MEX$)	DAUER (STD.)	HÄUFIGKEIT (TGL.)
Ciudad Juárez	352–376	5–6	alle 20 Min.
Durango	615–640	10–13	10-mal
Hidalgo del Parral	192	3–5	stündl.
Madera	296	4½	7-mal
Mexico City (Terminal Norte)	1288–1580	19–22	16-mal
Monterrey	826–1029	11–12	8-mal
Nuevo Casas Grandes	295	4½	stündl.
Torreón (nach Saltillo & Parras)	430	7–8	53-mal
Zacatecas	764–822	12–14	45-mal

len der Barranca del Cobre in Creel sowie nach Divisadero (5½ Std.) und San Rafael (6 Std.) über den Parque de Aventuras Barrancas del Cobre.

FLUGZEUG

Von Chihuahuas **Flughafen** (☎ 614-420-51-04; www.oma.aero; Blvd Juan Pablo II Km 14) gibt's täglich Flüge nach Houston (United Express Airlines) und Dallas (American Eagle). **Aeroméxico** (☎ 614-201-96-96, 800-262-40-12; www.aeromexico.com; Ortiz Mena 2807, Quintas del Sol, Chihuahua), **Interjet** (☎ 614-430-25-46; www.interjet.com; Centro Comercial Plaza del Sol, Locales 155/156, Periférico de la Juventud) und **Viva Aerobus** (www.vivaaerobus.com) sind nur einige der Inlandsfluggesellschaften.

ZUG

Chihuahua ist die nordöstliche Endstation des Ferrocarril Chihuahua Pacífico, der täglich um 6 Uhr von hier abfährt. Alle Züge haben Waggons 1. Klasse; montags, donnerstags und samstags werden Waggons der *clase económica* hinten angehängt. Der **Bahnhof** (☎ 614-439-72-12; Méndez s/n; ⌚ Mo–Fr 5–17.30, Sa 9–12.30 Uhr) liegt 1,5 km südlich der Plaza de Armas. Er öffnet täglich um 5 Uhr für die Zugabfahrten.

Unterwegs vor Ort

Zum Busbahnhof nimmt man fast gegenüber der Plaza Hidalgo einen Bus mit der Aufschrift „Circunvalación Sur" (7 Mex$, 30–50 Min.), der auf der Carranza in nordwestlicher Richtung fährt.

Chihuahua erprobt ein neues öffentliches Verkehrsnetz mit dem Namen **Vivebús;** dessen Busse haben Klimaanlage, sind rollstuhlgerecht und verkehren auf besonderen Spuren (zw. 5.30 & 22 Uhr). Barzahlung ist nicht möglich, man braucht eine Karte (20 Mex$); eine Fahrt kostet 6 Mex$. Es gibt eine unterirdische Haltestelle unter der Plaza de Armas; die nächste Haltestelle, um zum Bahnhof und dem Museo Casa de Villa zu gelangen, ist Sagrado Corazón (Av Ocampo). Von hier sind es nur wenige Gehminuten am mittelalterlich wirkenden Gefängnis vorbei.

Busse fahren nicht zum Flughafen, man kann aber mit einem Vivebús zum Terminal Sur fahren und von hier ein Taxi (rund 75 Mex$) nehmen.

Vom Zentrum fahren Taxis zum Bahnhof (50 Mex$), Busbahnhof (100 Mex$) und Flughafen (180 Mex$). Taxis vom Flughafen in die Stadt sind teurer (rund 285 Mex$).

Nuevo Casas Grandes & Casas Grandes

☎ 636 / NUEVO CASAS GRANDES 59 300 EW., CASAS GRANDES 5200 EW. / 1463 M

Nuevo Casas Grandes, 320 km nordwestlich von Chihuahua, ist ein wohlhabendes, aber unauffälliges Städtchen auf dem Land mit kleinen Mormonen- und Mennoniten-Gemeinden. Für Traveller ist der Ort interessant, wenn sie zum hübscheren Dorf Casas Grandes mit den präkolumbischen Ruinen Paquimé (7 km südl.) und dem Keramikzentrum Mata Ortiz (27 km südl.) wollen.

Sehenswertes

Paquimé ARCHÄOLOGISCHE STÄTTE

(☎ 636-692-41-40; http://centroculturalpaquime.mex.tl; Erw. 46 Mex$, So & Kinder unter 13 Jahren frei; ⌚ Di–So 10–17 Uhr) Die Ruinen von Paquimé liegen in einem weiten Tal mit Panoramablick auf ferne Berge und umfassen die labyrinthartigen Überreste der Lehmsiedlungen von Nordmexikos bedeutendstem Handelszentrum. Paquimé war der Mittelpunkt der Mogollón- oder Casas-Grandes-Kultur, die sich nach Norden bis New Mexico und Arizona und über weite Teile von Chihuahua erstreckte. Das zugehörige eindrucksvolle und detailreich konzipierte Museo de las Culturas del Norte (Besuch inkl.) zeigt Exponate über Paquimé und die verwandten indigenen Kulturen Nordmexikos und des Südwestens der USA.

Die Siedlung wurde vermutlich von Apachen um 1340 geplündert. Ende der 1950er-Jahre begannen die Ausgrabungen und die Restauration, und 1998 erklärte die UNESCO den Ort zur Welterbestätte. Große Schautafeln auf Spanisch und Englisch erläutern Interessantes zur Paquimé-Kultur: unbedingt die Papageienkäfige aus Lehm und die charakteristischen T-förmigen Türöffnungen anschauen! Das Volk der Paquimé verehrte den Hellroten Ara und an manchen Bauten ist dieser schöne Vogel dargestellt, der in Nordmexiko nie heimisch war und vom weit reichenden Fernhandelsnetz der Paquimé zeugt.

Die Paquimé waren meisterhafte Töpfer und stellten beigefarbene Tonwaren her, die sie mit roten, braunen oder schwarzen geometrischen Muster verzierten. Einige erstaunliche Exemplare sind im Museum ausgestellt; hier kann man aber auch moderne Reproduktionen davon kaufen.

Schlafen & Essen

Las Guacamayas B&B B&B **$$**

(☎ 636-692-41-44; www.mataortizollas.com; Av 20 de Noviembre, Casas Grandes; EZ/DZ inkl. Frühstück 50/70 US$; P ⊖ ❄ 🛜) Das aus Lehm erbaute Gebäude verfügt über charmante Zimmer mit Holzbalkdendecken, die alle aus recycelten Materialien gebaut wurden, sowie einen reizenden Gartenbereich. Inhaberin Mayte Luján besitzt eine erlesene Sammlung von Mata-Ortiz-Tonwaren und ist eine Kennerein dieser Region. Die Lodge liegt nur einen Steinwurf entfernt vom Eingang zu den Ruinen von Paquimé (S. 842).

Casa de Nopal PENSION **$$**
(☎ 636-692-44-02; sm@look.net; Av Independencia 81, Casas Grandes; Zi. 50 US$; P ❄ 📶) Die Pension hat riesige, kunstvoll eingerichtete Zimmer in Erdtönen mit Terrakotta-Bodenfliesen und herrlichen handgewebten Textilien und Sarapes als Dekoration. Einige Zimmer sind sogar mit eigenen Küchen ausgestattet. Gegenwärtig werden die Zimmer nur selten für einzelne Tage vermietet, denn die Inhaberin zieht es vor, Traveller für eine längere Zeitspanne zu binden; dennoch kann man sein Glück versuchen.

Restaurant Constantino MEXIKANISCH **$$**
(☎ 636-694-10-05; Ecke Juárez & Minerva; Hauptgerichte 55–140 Mex$; ⏲7–22 Uhr) Das überaus beliebte Constantino bietet sättigende, schmackhafte regionale Speisen an. Unbedingt die *enchiladas verdes* (Enchiladas in Tomatillo-Sauce) probieren!

ℹ Praktische Informationen

Im Ort gibt es mehrere Banken mit Geldautomaten. Für umfassende Infos zum Gebiet rund um Casas Grandes die Website **Mata Ortiz Calendar** (www.mataortizcalendar.com) besuchen!

ℹ Anreise & Unterwegs vor Ort

In Nuevo Casas Grandes betreiben **Ómnibus de México** (☎ 636-694-05-02; www.odm.com.mx; Obregón 312) und **Estrella Blanca/Chihuahuenses** (☎ 636-694-07-80; Obregón 308) 1.-Klasse-Busse nach Chihuahua (335 Mex$, 4½ Std., stündl.), Madera (278 Mex$, 4½ Std., tgl. um 2 & 12 Uhr), zur Grenze in Nogales (470 Mex$, 7 Std., 7-mal tgl.) und nach Ciudad Juárez (4 Std., 282–313 Mex$, 15-mal tgl.).

Um von Nuevo Casas Grandes nach Paquimé zu gelangen (S. 842), nimmt man einen der Casas-Grandes-Busse (8 Mex$, 20 Min.), die alle 40 Minuten von der Constitución, direkt nördlich der Calle 16 de Septiembre, gen Norden fahren. Man steigt an der Plaza von Casas Grandes aus und läuft 800 m entlang der Constitución nach Süden zu den Ruinen. Ein Taxi von Nuevo Casas Grandes nach Paquimé kostet etwa 90 Mex$.

Mata Ortiz

Mata Ortiz, ein winziges Dorf mit staubigen, ungepflasterten Straßen, freilaufenden Hühnern und halbfertigen Lehmziegelhäusern, das 27 km südlich von Casas Grandes liegt, hat sich zu einem wichtigen Keramikzentrum entwickelt. Die hiesigen Künstler verwenden Materialien, Techniken und Dekorstile, die von der alten Paquimé-Kultur inspiriert sind. Ihre gelungensten Erzeugnisse werden heute in aller Welt für sehr viel Geld verkauft (man kann aber auch schon für rund 250 Mex$ kleine Arbeiten kaufen).

ABSTECHER

MADERA

Das Holzfällerstädtchen Madera zu Füßen kiefernbewachsener Hügel bildet mit seinem erfrischend kühlen Klima einen Gegensatz zu den Wüstensiedlungen von Nuevo Casas Grandes (286 Mex$, 4½ Std., 2-mal tgl., 12 & 22 Uhr) und Chihuahua (305 Mex$, 5 Std., regelm.), wie er größer nicht sein könnte. Die nahen hoch interessanten archäologischen Stätten, von denen etliche Felsenwohnungen sind, stellen eine faszinierende Abwechslung dar.

Die eindrucksvollsten Felsenwohnungen gibt's in **Cuarenta Casas** (⏲9–17 Uhr) GRATIS, wo zwei Dutzend Lehmhäuser, die vermutlich aus dem 13. Jh. stammen, sich an den Westhang der dramatischen Schlucht Arroyo Garabato schmiegen. Eine Rundwanderung dauert mindestens eine Stunde ab dem kleinen Besucherzentrum. Der Bus (48 Mex$, 45 Min.), der um 11.30 Uhr von Maderas Busbahnhof nach El Lago abfährt, passiert die Abfahrt Cuarenta Casas, von wo es noch 1,5 km bis zum Besucherzentrum sind. Auf der Rückfahrt kommt der Bus gegen 16 Uhr an der Abfahrt vorbei. Wer Touren (500 Mex$, min. 2 Pers.) durch die Gegend machen will, kann mit dem erfahrenen lokalen Führer **José Domínguez** (☎ 652-572-22-11) Kontakt aufnehmen, der Englisch spricht.

In Madera bietet das **Hotel Parador de la Sierra** (☎ 652-572-02-77; Ecke Calle 3 & Independencia; EZ 270–330 Mex$, DZ 280–350 Mex$; ❄), das neben dem Busbahnhof liegt und ein gutes Preis-Leistungs-Verhältnis hat, geräumige und gepflegte Zimmer.

Die gut ausgeschilderte Werkstatt mit einem Ausstellungsraum von Juan Quezada, der in den 1970er-Jahren diese Tradition wiederbelebte, befindet sich am Dorfeingang gegenüber dem alten Bahnhof. Wenn man durchs Dorf schlendert, stößt man auf viele weitere Töpfereien und kann den Menschen bei der Arbeit zugucken.

Es gibt keinen Busverkehr nach Mata Ortiz. Ein Taxi von Nuevo Casas Grandes inklusive einer Stunde Aufenthalt kostet etwa 450 Mex$.

Hidalgo del Parral

☎ 627 / 107 000 EW. / 1652 M

Das entspannte Parral nimmt einen bedeutenden Platz in der mexikanischen Geschichte ein und wartet mit einigen guten Museen auf. Besondere Berühmtheit erlangte die Stadt, weil Pancho Villa hier am 20. Juli 1923 ermordet und von 30 000 Trauergästen auf dem städtischen Friedhof, dem Panteón de Dolores, zu Grabe getragen wurde. Drei Jahre nach der Beerdigung wurde sein Leichnam von Unbekannten ausgegraben und enthauptet. 1976 brachte man seine sterblichen Überreste in die Hauptstadt.

In der 1631 gegründeten Bergbaustadt förderten indigene Sklaven die reichen Silbervorkommen und andere Mineralien aus dem Bergwerk La Prieta, das die Stadt zu einem faszinierenden Ausflugsziel macht.

Wenn man Mitte Juli in der Nähe von Parral ist, sollte man die spektakulären Feierlichkeiten zu Villas Todestag nicht verpassen.

Sehenswertes

Museo Francisco Villa MUSEUM

(☎ 627-525-32-92; Ecke Juárez & Barreda; Eintritt 10 Mex$; ⏲ Di–So 10–17 Uhr) Das Gebäude, von dem aus Pancho Villa 1923 erschossen wurde, beherbergt heute das zweistöckige Mu-

PANCHO VILLA: VOM BANDITEN ZUM REVOLUTIONÄR

Machohafter Frauenheld, Revolutionär, Viehdieb, Bildungsverfechter und ein impulsiv-gewalttätiger Mann, der Alkohol verabscheute – kein Held der mexikanischen Geschichte ist so facettenreich und widersprüchlich wie Francisco „Pancho" Villa.

Der vor allem als Anführer der Mexikanischen Revolution bekannt gewordene Villa widmete sich im Erwachsenenalter ebenso sehr der Räuberei und den Frauen wie der noblen Sache. Der 1878 als Sohn von Hacienda-Arbeitern im nördlichen Durango geborene Doroteo Arango begann im Alter von 16 Jahren seine Laufbahn als Bandit und nahm (vielleicht zu Ehren seines Großvaters) den Namen Francisco Villa an. Der Legende nach wurde Villa ein Gesetzloser, nachdem er ein Familienmitglied der Hacienda-Besitzer erschossen hatte, das versucht hatte, seine Schwester zu vergewaltigen. Zwischen 1894 und 1910 drehte sich in Villas Leben alles um den schmalen Grat zwischen einem Dasein als Bandit und dem Versuch, ein rechtschaffenes Leben zu führen.

1910 spitzte sich der Widerstand gegen das diktatorische, elitäre Regime von Präsident Porfirio Díaz zu. Abraham González, Gouverneur im Staat Chihuahua, heuerte Villa an, um die von Francisco Madero angeführte Revolution zu unterstützen. González wusste, dass er geborene Anführer brauchte, und ermunterte Villa, sich seiner Vergangenheit als Bandit zu besinnen. Innerhalb kurzer Zeit stellte Villa eine Streitmacht zusammen, die für die Revolution kämpfen sollte, welche am 20. November 1910 begann.

Als die Rebellen unter Villa im Mai 1911 Ciudad Juárez einnahmen, trat Díaz von seiner Präsidentschaft zurück. Madero wurde zum Präsidenten gewählt, 1913 jedoch durch Victoriano Huerta, einen seiner eigenen Befehlshaber, gestürzt und später hingerichtet. Villa floh über die Grenze ins US-amerikanische El Paso, kehrte jedoch wenige Monate später als einer von vier Revolutionsführern zurück, die sich gegen Huerta auflehnten. In kürzester Zeit stellte er eine mehrere Tausend Mann starke Armee zusammen, die berühmte División del Norte, und konnte mithilfe von Waffen aus den USA bereits Ende 1913 Ciudad Juárez (zum zweiten Mal) sowie Chihuahua einnehmen, wobei er sich selbst für die kommenden zwei Jahre zum Gouverneur des Staates Chihuahua erklärte. Er enteignete reiche *hacendados* (Landbesitzer) und erleichterte ihre Geldbeutel, senkte die Preise lebensnotwendiger Güter und richtete Schulen ein, zog aber seine Truppen Nichtkämpfern vor und duldete keine Verweigerung. Sein Sieg über die Armee von Huerta in Zacatecas im Juni 1914 läutete das Ende der Präsidentschaft von Huerta ein. Doch die vier revolutionären Parteien spalte-

seo Francisco Villa. Gezeigt werden interessante Fotos von Villa, dem Menschen (beim Durchqueren eines Flusses in seinem geliebten Dodge, posierend mit Pistole inmitten eines Konflikts usw.), sowie Pistolen und Erinnerungsstücke. Geführte Touren (gegen Spende) gibt es auf Spanisch und manchmal auch auf Englisch.

Die Geschichte, die die Führer erzählen, wonach Panco Villas Leichnam nach seiner Enthauptung vertauscht und somit überhaupt nicht nach Mexico City überführt wurde, klingt recht glaubhaft.

Mina La Prieta BERGWERK

(Cerro de la Cruz; Erw./Kind 25/15 Mex$; ⌚Di–So 10–17 Uhr; P) Dieses Bergwerk war von seiner Eröffnung 1629 bis 1974, dem Jahr seiner Schließung, die Haupteinnahmequelle der Wirtschaft von Parral. Hier wurden vor allem Silber, aber auch Gold, Kupfer, Zink und Blei gefördert. Heute zählt es zu den weltweit ältesten Bergwerken, die noch in Betrieb sind. Besucher können in einem Originalgrubenaufzug 87 m tief bis zur zweiten von 25 Ebenen hinununterfahren (die übrigen 23 darunter wurden geflutet) und 250 m durch einen Tunnel laufen, der 1820 von Hand gegraben wurde. Hier gibt's auch historische Exponate, welche dokumentieren, welche Abbaumethoden im Lauf der Geschichte von La Prieta verwendet wurden.

Das Bergwerk ist auch heute noch in Betrieb; es wird Malachit abgebaut, sodass es gelegentlich für Besucher geschlossen ist. Über der Erde gibt es ein Museum und einen *mirador* (Aussichtspunkt) mit einer großen Statue von San José. Führungen auf Spanisch (gegen Spende) finden fast stündlich statt.

Palacio Alvarado PALAST

(☎627-522-02-90; Riva Palacio 2; Erw./Kind 25/15 Mex$; ⌚10–17 Uhr) Der wunderschön

ten sich schnell in zwei Lager: Auf der einen Seite standen die liberalen Anführer Venustiano Carranza und Álvaro Obregón, auf der anderen die radikaleren Villa und Emiliano Zapata. Villa wurde von Obregón in der Schlacht von Celaya (1915) geschlagen und verlor seinen großen Einfluss für immer.

Nachdem die USA Carranza im Oktober 1915 als Führer der Regierung anerkannt hatten, entschied sich Villa, gleichzeitig Carranza in Misskredit zu bringen und sich an US-Präsident Wilson zu rächen. Am 9. März 1916 plünderten Villas Männer das US-Städtchen Columbus in New Mexico, Stützpunkt einer US-Kavalleriegarnison und Heimatstadt von Sam Ravel, der Villa einst bei einem Waffenhandel übers Ohr gehauen hatte. Obwohl rund die Hälfte von Villas 500 Milizsoldaten an diesem Tag umkam (auf Seiten der USA wurden 18 Tote verzeichnet) und Ravel nicht aufzufinden war (er war beim Zahnarzt in El Paso), war der Angriff doch ein Erfolg für Villa: Eine Einheit der US-Armee wurde nach Mexiko entsandt, um ihn zu verfolgen und zu bestrafen, was ihn zu einer noch größeren Legende machte. Villa kämpfte weiterhin gegen das Carranza-Regime und überfiel Städte und Haziendas, musste aber mittlerweile seine Streitmacht mit Söldnern aufstocken; auch gab er seinen Männern gelegentlich die Erlaubnis, zu plündern und zu morden.

1920 beendete sein ehemaliger Verbündeter Obregón Carranzas Herrschaft, und Villa unterzeichnete einen Friedensvertrag mit Adolfo de la Huerta als vorläufigem Präsidenten. Villa versprach, seine Waffen niederzulegen und sich auf eine Hacienda in Canutillo zurückzuziehen, was Adolfo de la Huerta 636 000 Mex$ wert war. Man gab Villa Geld, um Schulden bei seinen Truppen zu begleichen und die Witwen und Waisen der División del Norte zu unterstützen. Er siedelte 759 seiner ehemaligen Truppenmitglieder in Canutillo an und gründete eine Schule für sie und ihre Kinder.

Die nächsten drei Jahre über führte Villa ein recht ruhiges Leben. Er kaufte ein Hotel in Parral und besuchte regelmäßig Hahnenkämpfe. Er richtete einer seiner vielen „Ehefrauen", Soledad Seañez, eine Wohnung in Parral ein, eine andere unterhielt er in Canutillo. Als er aber eines Tages Parral in seinem großen Dodge verließ, ging ein Kugelhagel auf ihn nieder, und der legendäre Revolutionär starb. Aus den moderaten Gefängnisstrafen für die achtköpfige Killerbande schlossen viele, dass der Exekutionsbefehl von Präsident Obregón höchstpersönlich kam. Villa hat sich über die Jahre jedoch so viele Feinde gemacht, dass es eine Menge weitere Verdächtige gibt.

restaurierte Palacio Alvarado im europäischen Stil wurde vor 100 Jahren für den Silbermagnaten Pedro Alvarado erbaut. Er hat Decken aus Druckgussaluminium sowie viele Originalmöbel und Artefakte wie Lady Alvarados Begräbniswagen, der später für Pancho Villa benutzt wurde. Alvarado war übrigens so reich, dass er einst anbot, Mexikos gesamte Staatsverschuldung zu tilgen.

Feste & Events

Las Jornadas Villistas HISTORISCH

In der Woche vor dem Todestag Pancho Villas am 20. Juli geht in Parral die Post ab. Tausende Motorradfahrer und Reiter starten dann von Norden aus auf eine sechstägige Tour und erinnern damit an Villas lange und abenteuerliche Reise in Nordmexiko. Höhepunkt der Veranstaltung ist die Nachstellung des Attentats.

Schlafen & Essen

In Parral herrscht Mangel an guten Übernachtungsmöglichkeiten, es gibt aber ein oder zwei Hotels, in denen man ordentlich unterkommen kann. Nicht vergessen, dass die Hotels weit im Voraus ausgebucht sind, wenn Mitte Juli der Festival Las Jornadas Villistas stattfindet!

Hotel Acosta HOTEL $

(627-522-02-21; Barbachano 3; EZ/DZ/3BZ 290/360/400 Mex$; @) Eine etwas schrullig wirkende Unterkunft, in der sich seit den 1950er-Jahren kaum etwas verändert zu haben scheint, mit einer herrlichen, alten Eingangshalle, Originalmöbeln und freundlichem Personal. Die Zimmer sind alt, aber ausgesprochen gemütlich und mit Sicherheit günstig. Einige Zimmer bieten eine schöne Aussicht auf die Stadt.

Nueva Vizcaya Suites SUITEN $$

(627-525-56-36; Flores Magón 17; EZ/DZ 423/541 Mex$; P@) Dieses effizient geführte Suitenhotel ist sein Geld wert, denn alle Zimmer haben moderne Bäder plus Kabel-TV und die Suiten eigene Küchen. Von einigen Quartieren aus hat man einen reizenden Ausblick auf den Cerro de la Cruz. Im Hotel gibt's eine attraktive Bar mit Restaurant (Mahlzeiten 50–110 Mex$); das Personal ist sehr hilfsbereit.

Disfruta GESUNDE ERNÄHRUNG $

(Domingo Sarmiento 311; Snacks & Mahlzeiten 25–55 Mex$; 8–18.30 Uhr) Es stimmt: Nordmexiko ist für Fleischesser ein Paradies. Wer aber Lust auf Obsthaltiges für zwischendurch hat, muss ins hippe, gesunde „Disfruta" gehen, das berühmt ist für seine herrlichen Obstcocktails, Säfte und *licuados* (Smoothies), aber auch für die Baguettes, Salate und die Crêpes.

Al Gusto Restaurante MEXIKANISCH $$

(627-103-19-24; Calle 20 de Noviembre No 5; Gerichte 50–120 Mex$; 8–22 Uhr) Das Al Gusto hat eine Klimaanlage und bietet großartige Burger, Salate und sättigende Fajitas an.

Micro Cafe BAR

(Independencia 198; Mo–Sa 18.30–open end;) In einer Cowboy-Stadt wie Parral ist dieses gemütliche Café eine tolle Entdeckung: entschieden unkonventionell, mit einer künstlerischen Atmosphäre mit DJs (Underground-E- und Technomusik) und Livemusik (Indie und Acoustic) freitags und samstags. Es gibt Bier vom Fass, tolle Beleuchtung und coole Leute.

Praktische Informationen

Die nützliche **Touristeninformation** (627-525-44-00; 10–15 Uhr) liegt bei der Mina la Prieta (S. 845). Banken mit Geldautomaten findet man rund um die Plaza Principal. Viele Cafés und Restaurants haben WLAN.

Anreise & Unterwegs vor Ort

Der **Central de Autobuses** (627-523-02-43; Calle de Lille 5) liegt 2 km östlich vom Zentrum an der Independencia. Am bequemsten erreicht man ihn mit dem Taxi (30 Mex$). Es gibt Busverbindungen nach Chihuahua (205–260 Mex$, 3–4 Std., stündl.), Torreón (285-345 Mex$, 3–4 Std., 7-mal tgl.) und Durango (345–395 Mex$, 5–6 Std., 10-mal tgl.).

Der Hwy 45 nach Durango ist lang und einsam. Deshalb sollte man nur mit vollem Tank und nie nachts fahren. Es gibt auch eine tolle Nebenstrecke zur Barranca del Cobre über Guachochi, die durch ein noch abgelegeneres Gebiet führt.

Durango

618 / 582 000 EW. / 1912 M

Im Bundesstaat Durango wurde Mexikos berühmtester Gesetzesloser (Francisco Villa) geboren, in der Stadt Durango hingegen Mexikos erster Präsident (General Guadalupe Victoria). Der entspannten Hauptstadt gelingt die Balance zwischen Wildem Westen und kultivierter Metropole.

Sie gehört zu den abgeschiedensten Städten Mexikos: Man muss einige Stunden durch die Wüste fahren, bevor man die nächste erwähnenswerte Ortschaft der Sierra Madre erreicht. Durch die isolierte Lage hat sich eine starke regionale Identität entwickelt, die sich sowohl in der Küche als auch in Durangos bedeutender Filmindustrie widerspiegelt.

Durango wurde 1563 gegründet und verdankt seine große Bedeutung den Eisenerzvorkommen in der Nähe sowie dem Gold- und Silberabbau aus der Sierra Madre. Heute dominieren Hunderte *maquiladoras* (Montagebetriebe) die Wirtschaft. Für Besucher ist die erstaunliche Kolonialarchitektur im Stadtzentrum sehenswert, und es gibt eine ganze Menge guter Unterkünfte und Restaurants.

Hinweis: Der Bundesstaat Durango ist Chihuahua und Sinaloa zeitlich um eine Stunde voraus.

Sehenswertes

Constitución, die zur Fußgängerzone erklärte Verbindung vom Jardín Hidalgo über die Plaza de Armas bis zum Plazuela Baca Ortiz, zählt zu Mexikos reizvollsten autofreien Straßen. Hier reihen sich Restaurants und Cafés aneinander, und an den Wochenendabenden ist hier richtig was los.

Plaza de Armas — PLAZA

Die mit Blumen und Springbrunnen geschmückte Plaza de Armas wird von der anmutigen barocken **Catedral del Basílica Menor** (8–21 Uhr) beherrscht. Im Zentrum der Plaza geht's unter die Erde zum **Túnel de Minera** (Tunnel des Bergbaus; Eintritt 20 Mex$, Mo Student frei; 10–22 Uhr), einem unterirdischen Raum mit Exponaten und audiovisuellen Präsentationen zur Geschichte des Bergbaus in Durango.

★ Museo de la Ciudad 450 — MUSEUM

(www.museo450.municipiodurango.gob.mx; Ecke Av 20 de Noviembre & Calle Victoria; Eintritt 20 Mex$; Di–So 9–17 Uhr) Das eindrucksvolle Museum zur Geschichte der Stadt Durango ist in einem 1901 errichteten Gebäude untergebracht. Die 14 Museumsräume bergen eine umfassende Sammlung interaktiver Exponate, beginnend mit der vorkolumbischen Epoche über die Kolonialzeit bis in die Gegenwart, und dokumentieren Durangos Wirtschaft, Bergbau, Traditionen und Kultur.

Die Zahl „450" bezieht sich auf die Anzahl der Jahre von der Stadtgründung 1563 bis zur Wiedereröffnung des Museums 2013 nach einer langen Umbauphase.

Cerro de los Remedios — AUSSICHTSPUNKT

Durangos bester *mirador* ist mittels einer spektakulären, wenn auch kurzen Fahrt mit dem **Teleférico** (Seilbahn; Hin- und Rückfahrt 20 Mex$; So & Di–Do 10–21, Fr & Sa 10–23 Uhr) erreichbar, der vom Cerro del Calvario abfährt. Der Hügel, von dem man einen herrlichen Panoramablick über die Stadt genießt, wird bekrönt von der Kirche **Nuestra Señora de los Remedios**. Freitags und samstags abends gibt's Open-Air-Filme, die an die Außenwände der Kirche projiziert werden.

Museo Nacional Francisco Villa en Durango — MUSEUM

(Av 5 de Febrero 97; 20 Mex$; Di–So 10–18 Uhr) Das zweite Museum, das an das 450. Jubiläum der Stadtgründung erinnert, ist Mexikos einmaligem Helden und Schurken Pancho Villa gewidmet und zeigt auf moderne Art und Weise sowie in Filmen Ausschnitte und Phasen aus dem Leben dieser Persönlichkeit. Das Museum ist im stattlichen Palacio de Zambrano neben der Plaza IV Cenetario untergebracht.

Museo Regional de Durango — MUSEUM

(☎618-813-10-94; http://museo.ujed.mx; Victoria 100 Sur; Erw./Kind 10/2 Mex$, So frei; Mo–Fr 9–16, So 10–15 Uhr) Das Museum in einem palastähnlichen, im 19. Jh. in französischem Stil erbauten Herrenhaus präsentiert ausführlich Geschichte und Kultur des Staates Durango. Besondere Aufmerksamkeit wird Pancho Villa und der außergewöhnlichen Vielfalt der hier vorkommenden Mineralien geschenkt. Außerdem werden Werke des Malers Miguel Cabrera gezeigt. Die meisten Erläuterungen sind in Englisch und Spanisch gehalten.

Museo de las Culturas Populares — MUSEUM

(☎618-825-88-27; Av 5 de Febrero 1107 Poniente; Eintritt 5 Mex$; Di–Fr 9–16, Sa 10–17, So 12– 17 Uhr) Gezeigt wird Kunsthandwerk der aus dem Staat Durango stammenden indigenen Völker Tepehuán und Huicholes sowie von anderen Künstlern, darunter einmalig schöne Masken.

Teatro Ricardo Castro — HISTORISCHES GEBÄUDE

(☎618 811-46-94; Ecke Av 20 de Noviembre & Martínez; Mo–Fr 9–14.30 Uhr) Im neoklassizistischen Theater, das nach dem in Durango geborenen mexikanischen Konzertpianisten und Komponisten Ricardo Castro benannt wurde, schmückt ein großes, holzgeschnitztes Flachrelief mit Szenen aus der Geschichte von Durango die Eingangshalle.

Geführte Touren

★ Aventura Pantera ABENTEUERTOUR
(☎618-813-98-75; www.aventurapantera.com.mx; Cerro del Sacrificio 118, Lomas del Parque; ⏲9–21 Uhr) Die Firma wird geführt vom englisch sprechenden Walter Bishop Velarde, einem Vorreiter des mexikanischen Ökotourismus. Er organisiert tolle Trekking- und Vogelbeobachtungstouren, Mountainbiking und Campingausflüge in die Sierra Madre Occidental, zum Piaxtla Canyon und zum artenreichen Naturschutzgebiet Reserva de la Biosfera Bolsón de Mapimí (nördl. von Durango).

Die Ausflüge kosten pro Person und Tag ab 1300 Mex$ (min. 8 Pers.). Garantierte Ausflüge (auf der Website genannt) haben keine Mindestteilnehmerzahl.

Feste & Events

Feria Nacional MESSE
(www.ferianacionaldurango.gob.mx) Drei Wochen lang, von Ende Juni bis Mitte Juli, findet Durangos großes Fest statt, das mit *charreada* (mexikanischem Rodeo) und einem *duranguense*-Musik- und Kulturfest an die landwirtschaftlichen Wurzeln erinnert.

Schlafen

Hotel Plaza Catedral HOTEL $
(☎618-813-24-80; Constitución 216 Sur; Zi. 280–350 Mex$; P❄📶) Das Hotel ist überaus geschichtsträchtig, aber leider sind auch die Zimmer mit den abgenutzten Teppichen und Möbeln in die Jahre gekommen. Man hat jedoch einen unvergleichlichen Ausblick auf die Stadt und sollte daher versuchen, ein Zimmer mit Balkon zur Kathedrale hin zu bekommen.

Hotel Posada San Jorge HOTEL $$
(☎618-813-32-57; www.hotelposadasanjorge.com.mx; Constitución 102 Sur; EZ/DZ inkl. Frühstück 675/755 Mex$; P🚭❄@📶) Das Hotel liegt in einem imposanten ehemaligen Konvent. Die oberen Zimmer sind um einen Hof angeord-

Durango

net und geräumig, jedes hat zwei Zimmer und einige auch Sofas und kleine Balkone. Im Innenhof gibt es ein brasilianisches Restaurant und ein dem Hotel angeschlossenes gutes Café.

★ Hostal de la Monja HOTEL $$$
(☎618-837-17-19; www.hostaldelamonja.com.mx; Constitución 214 Sur; Zi. inkl. Frühstück 1326 Mex$; P ⊖ ❄ @ ≈) Das Herrenhaus aus dem 19. Jh. gegenüber der Kathedrale wurde geschmackvoll in ein Hotel mit 20 Zimmern umgebaut und ist die beste Adresse im Zentrum Durangos. Die luxuriösen Zimmer vereinen auf gelungene Weise Tradition mit modernen Annehmlichkeiten. Zum Hotel gehört auch ein gutes Restaurant.

Essen

Zu den typischen Spezialitäten von Durango zählen *caldillo duranguense* (Durango-Eintopf), zubereitet mit *machaca* (getrocknetem, klein geschnittenem Fleisch), und *ate* (sprich: *a*-tay) – eine Quittenpaste, die zum Käse gegessen wird.

Cremería Wallander FEINKOST $
(☎618-811-77-05; Independencia 128 Norte; Tortas 35–85 US$; ⊙Mo–Sa 8.30–21, So 9–15 Uhr) In dem wunderbaren Café und Feinkostladen mit einem Innenhof genießt man ein gesundes Frühstück und außergewöhnliche *tortas* (Sandwiches); sie bestehen aus frisch gebackenen Brötchen mit Aufschnitt und Käse vom Bauernhof der Familie Wallander.

Los Equipales TAQUERIA $
(Florida 1204; Tacos ab 8 Mex$, Hauptgerichte 50–105 Mex$; ⊙So–Do 13–0.30, Fr & Sa 13–1.30 Uhr) Im alten, schicken Stadtviertel El Calvario in Durango serviert dieses Lokal sättigende Fleischgerichte wie Tacos, *gringa* (große Tortilla mit Käse und Rindfleisch aus Durango) oder Steaks. Die Stimmung ist sehr gesellig.

Fonda de la Tía Chona MEXIKANISCH $$
(☎618-812-77-48; Nogal 110; Hauptgerichte 70–150 US$; ⊙Mo–Sa 5–23.30, So 13–18 Uhr) Dieses atmosphärische, ehrwürdige Restaurant ist in Durango eine Institution und hat sich der *durangueño*-Küche mit Gerichten wie *caldillos* (Rindereintopf) und *chiles en nogadas* (Chilischoten in Walnusssauce) verschrieben.

La Fogata MEXIKANISCH $$
(☎618-817-03-47; Cuauhtémoc 200; Hauptgerichte 60–210 US$; ⊙13–24 Uhr; P ≈) Das beste Steaklokal in Durango, in dem Fleisch auf heißen Platten serviert wird, dazu eine herrliche *parrillada* (gemischte Grillplatte). Es gibt auch Salate und Wein. Das Restaurant liegt 2 km nordwestlich vom Zentrum; die Taxifahrt kostet 50 Mex$.

Ausgehen & Unterhaltung

In den Bars entlang der Constitución ist an den Wochenendabenden mächtig was los. Es wäre schade, einen Aufenthalt in Durango nicht mit einem Glas *licor de membrilo*, einem speziellen Quittenlikör, zu krönen.

Da Vinci Café CAFÉ
(Constitución 310 Sur; Kaffee 15–25 Mex$; ⊙Mo–Sa 10–23, So 6–23 Uhr; ≈) Dieses Café rühmt sich eines tollen Blicks auf Durangos Plaza de Armas und bietet häufig *trova* oder Acoustic-Musik. Serviert werden vor allem starke Kaffee-Drinks, z. B. ein Frappé.

The Italian Coffee Company CAFÉ
(Constitución 102 Sur; ⊙8-20 Uhr; ≈) Der ideale Ort für alle Kaffeegelüste – es gibt America-

no, Latte, Espresso, Cappuccino und Mokka. Serviert werden auch Panini und Croissants.

Cineteca Silvestre Revueltas KINO
(☎618-811-02-22; Juárez 217 Norte; Eintritt 15 Mex$) Ein Kino, in dem meist dreimal täglich Arthouse-Filme gezeigt werden.

Praktische Informationen

Hospital General (☎618-813-00-11; Ecke Av 5 de Febrero & Calle Fuentes; ⊙24 Std.) Für Notfälle oder ambulate medizinische Versorgung.

HSBC (Constitución s/n; ⊙Mo–Fr 9–17 Uhr) Mit Geldautomaten.

La Chabela (Ecke Av 20 de Noviembre & Calle Hidalgo; Internet 12 Mex$/Std.; ⊙Mo–Sa 8.30–23, So 9–22 Uhr) Café mit schnellem Netz.

Post (Av 20 de Noviembre 1016 Oriente; ⊙Mo–Fr 8–16, Sa 9–13 Uhr)

Staatliche Touristeninformation Durango (☎618-811-11-07; www.durango.gob.mx; Florida 1106; ⊙Mo–Fr 9–19.30, Sa & So 10–17.30 Uhr) Freundliches englischsprachiges Personal.

An- & Weiterreise

Der **Aeropuerto Guadalupe Victoria** (☎618-817-88-98; www.oma.aero; Autopista Gómez Palacios Km 15,5) 15 km nordöstlich der Stadt am Hwy 40D ist ein relativ ruhiger Regionalflughafen. Es gibt nur wenige Flüge in die USA, so etwa mit **United Express** (www.united.com) nach Houston und Los Angeles. Inlandsflüge, z. B. mit **Aeroméxico** (www.aeromexico.com) und **Aeromar** (www.aeromar.com.mx) gehen nach Mexico City und Tijuana. Ein Taxi von hier ins Zentrum von Durango kostet etwa 170 Mex$.

Vom **Central de Autobuses** (☎618-818-36-63; Blvd Villa 101) 4 km östlich vom Zentrum fahren zahlreiche Busse ab, darunter auch etliche 1.-Klasse-Busse.

Unterwegs vor Ort

„ISSSTE"- oder „Centro"-Busse (6 Mex$) fahren vom Parkplatz des Busbahnhofs zur Plaza de Armas. Ein Taxifahrt (mit Taxameter) ins Zentrum kostet etwa 40 Mex$.

Vom Zentrum zum Central de Autobuses fahren die „Camionera"-Busse entlang der Av 20 de Noviembre nahe der Plaza. Vor der großen Kreuzung mit der Reiterstatue von Pancho Villa und einer McDonald's-Filiale steigt man aus und legt das letzte Stück Richtung Nordosten zu Fuß zurück.

Rund um Durango

La Ferrería PYRAMIDEN
(⊙9–17 Uhr) GRATIS Dies sind die nördlichsten alten Pyramiden des amerikanischen Kontinents. Vor Ort gibt es ein gut geführtes Museum, in dem die Kultur ihrer Erbauer, der Chalchihuite, erläutert wird. Mit dem Taxi kostet die Hinfahrt von Durango etwa 160 Mex$.

NORDÖSTLICHES MEXIKO

Fast alle Traveller meiden heute den Nordosten, was allerdings schade ist. Aufgrund der Nähe zu den USA sind die meisten ausländischen Traveller Nordamerikaner, die unterwegs nach Süden sind. Dabei stellen die reizvollen Siedlungen und Städte eine willkommene Unterbrechung der Reise dar. Wer hier einen Zwischenstopp einlegt, wird es nicht bereuen. Kolonialzeitliche Orte wie Saltillo, moderne, kulturell geprägte Großstädte wie Monterrey und das idyllische Weinparadies von Parras sind echte Highlights. Der Nordosten hat auch eine einmalige Natur, wie es sie sonstwo nirgends gibt. Man hat die Chance, in Cuatro Ciénegas ein einzigartiges Wüstenökosystem zu erkunden und in den Wüsten und Nebelwäldern der Reserva de la Biosfera El Cielo, einer der biologisch vielfäl-

1.-KLASSE-BUSSE AB DURANGO

ZIEL	PREIS (MEX$)	DAUER (STD.)	HÄUFIGKEIT (TGL.)
Chihuahua	615–640	8½–11	11-mal
Hidalgo del Parral	355–395	6	9-mal
Mazatlán	410–442	3	11-mal
Mexico City (Terminal Norte)	866–1025	11–13	13-mal
Monterrey	648–842	8	5-mal
Saltillo	395	6½	5-mal
Torreón (nach Saltillo)	250–270	3–4	halbstündl.
Zacatecas	260–300	4–5	stündl.

FILMSETS

Von den 1950er-Jahren bis in die 1990er drehten Hollywood und die mexikanische Filmindustrie Hunderte Filme in der unberührten Wüsten- und Berglandschaft von Durango. John Wayne, Clark Gable und Steve McQueen verbrachten hier viele Stunden vor der Kamera. Auch *Bandidas* (2006) mit Salma Hayek und Penélope Cruz wurde im Bundesstaat Durango gedreht.

Villa del Oeste (☎618-112-28-82; Hwy 45; Erw./Kind 25/15 Mex$; ⏲11–19 Uhr) Viele Westernhelden stolzierten durch diesen Drehort. Heute ist der Wildwest-Schauplatz ein mit Souvenirläden vollgestopfter Themenpark, in dem die Revolverhelden nur an den Wochenenden (Sa 14.30 & 16.30, So 13.30, 15.30 & 17.30 Uhr) herumballern; werktags ist der Park wie ausgestorben. Wie auch immer, man hat seinen Spaß.

Am Wochenende fährt ein Bus (Erw./Kind 30/20 Mex$ inkl. Eintritt) von der Plaza de Armas in Durango eine halbe Stunde vor Beginn der jeweiligen Show ab. Wer an Werktagen hin möchte, nimmt einen Bus Richtung Norden (10 Mex$, etwa alle 30 Min.) und bittet den Fahrer, einen dort aussteigen zu lassen. Auf der Rückfahrt muss man versuchen, einen Bus anzuhalten, also ist mit längerer Wartezeit in der Sonne zu rechnen.

Chupaderos (www.setchupaderos.com.mx; ⏲10–18 Uhr) Die unbeeindruckten Bewohner von Chupaderos sind wieder an diesen einstigen Filmdrehort zurückgekehrt. Filmreife Cowboys reiten zwar immer noch am Dorf-Saloon vorbei, aber es sind keine Schauspieler mehr. Das große Geballere wird samstags und sonntags (14.30 & 16.30 Uhr; Erw./Kind 30/15 Mex$ Eintritt für die Show) vorgeführt.

tigsten Landschaften Mexikos, zu wandern und die Natur zu beobachten.

Diese Region ist nicht ungefährlich, und in den letzten Jahren wurde hier ein starker Zuwachs der Drogenkriminalität verzeichnet. In den wichtigsten Grenzstädten (vor allem in Nuevo „Narco“ Laredo, aber auch in Matamoros, Reynosa und Piedras Negras) ebenso wie in Monterrey und Torreón bleibt die Sicherheitslage angespannt. Jenseits von Torreón ist der Bundesstaat Coahuila ungleich sicherer, und Parras und Cuatro Ciénegas gelten als *tranquilo* (ruhig und entspannt).

Es muss betont werden, dass Traveller selten von der Drogenkriminalität betroffen sind und dass die große Mehrheit der Besucher keine unangenehmen Erfahrungen macht und den Urlaub hier genießt.

Saltillo

☎844 / 725 000 EW. / 1600 M

Das hoch in der trockenen Sierra Madre Oriental gelegene Saltillo ist eine große und schnell wachsende Stadt, dennoch bewahrt sich das Zentrum den entspannten Charme einer Kleinstadt. Die Stadt wurde 1577 gegründet, ist damit die älteste im Nordosten und bietet hübsche Kolonialgebäude und großartige kulturelle Überraschungen wie erstklassige Galerien und Museen. Die meisten Sehenswürdigkeiten liegen praktischerweise im Zentrum, dem eine wachsende Studentenschaft eine energiegeladene Ausstrahlung verleiht. Die Stadt liegt an den Hauptrouten zwischen der nordöstlichen Grenze und Zentralmexiko und bietet sich somit als idealer Zwischenstopp an.

Sehenswertes

Saltillos kulturelles Zentrum rund um die reizvolle Plaza de Armas ist übersät mit historischen Gebäuden und eignet sich bestens für eine Erkundung zu Fuß. Alameda Zaragoza, Saltillos grüne Lunge liegt sechs Blocks nordwestlich von der Plaza.

★ **Museo del Desierto** MUSEUM
(☎844-986-90-00; www.museodeldesierto.org; Pérez Treviño 3745; Erw./Kind & Student 75/40 Mex$; ⏲Di–So 10–17 Uhr) Dieses Museum, Saltillos Topattraktion, für das keine Kosten gescheut wurden, ist besonders aufschlussreich und informativ (selbst wenn man kein Spanisch spricht). Die Exponate erklären, wieso Meeresströmungen Wüsten bilden können und wie Sanddünen entstehen. Kinder haben ihren Spaß an den Dinosauriern, vor allem am Tyrannosaurus Rex. Außerdem gibt's ein Reptilienhaus, Präriehunde und einen botanischen Garten mit mehr als 400 Kakteen.

Museo de Sarape MUSEUM
(Hidalgo 305 Sur; ⏲Mo–Sa 9–13 & 15–17 Uhr) GRATIS Das ausgezeichnete Museum ist den

mexikanischen *sarapes* (Decken) gewidmet, für die Coahuila berühmt ist. Man kann eine überaus wertvolle Sammlung bewundern und erhält eine Fülle von Hintergrundinformationen über Webtechniken, Webstühle, natürliche Farbstoffe und regionale Eigenheiten. In jedem Raum gibt es sehr ausführliche Erläuterungen auf Englisch und gleich daneben einen Museumsshop.

Catedral de Saltillo KIRCHE
(Plaza de Armas; ⌚9–13 & 16–19.30 Uhr) Die zwischen 1745 und 1800 erbaute Kathedrale Saltillos beeindruckt durch eine der schönsten churrigueresken Fassaden mit Säulen aus blassgrauem, kunstvoll behauenem Sandstein. In der zentralen Kuppel entdeckt man geschnitzte Darstellungen des aztekischen Regengottes.

Museo de las Aves de México MUSEUM
(Museum der Vögel Mexikos; ☎844-414-01-67; www.museodelasaves.org; Ecke Hidalgo & Bolívar; Erw./Kind & Student 10/5 Mex$; ⌚Di–Sa 10–18, So 11–19 Uhr) Mexikos Vogelwelt nimmt in Sachen Artenvielfalt weltweit den zehnten Platz ein, und dieses Museum zeigt ausgestopfte und präparierte Exemplare von über 800 Arten, teilweise in realistisch gestalteten Dioramen ihres natürlichen Lebensraums. Spezielle Abteilungen sind den Federn, Schnäbeln, dem Vogelzug und ähnlichen Themen gewidmet. Informationen gibt's nur auf Spanisch.

Instituto Coahuilense de Cultura GALERIE
(☎844-410-20-33; Juárez 109; ⌚Di–So 10–18.30 Uhr) In Saltillos wichtigstem Kulturzentrum, dem schönen Instituto Coahuilense de Cultura, werden häufig gute Wechselausstellungen mit Werken von Künstlern aus Coahuila und anderen Regionen gezeigt. Gelegentlich finden hier auch Konzerte statt; das Museum hat einen Buchladen und ein Café.

Casa Purcell GALERIE
(☎844-414-50-80; Hidalgo 231; ⌚Di–So 10–19 Uhr) Diese Galerie befindet sich in einem herrlichen Landhaus, erbaut im 19. Jh. in englisch-neugotischem Stil. Neben Wechselausstellungen werden in der Casa Purcell ziemlich regelmäßig Rockkonzerte und Arthouse-Filmvorführungen veranstaltet.

Schlafen

★Hotel Rancho el Morillo HISTORISCHES HOTEL $$
(☎844-414-40-78; www.ranchoelmorillo.com; Colonia Landín; Zi. 782 Mex$; P ⊖ 🛜 ≋) Die 1934 gegründete, sehr stimmungsvolle Hacienda am Rand von Saltillo liegt auf einem sehr weitläufigen Anwesen mit Wegen, die in einen Kiefernwald, einen Obstgarten und einen wüstenähnlichen Bereich führen. Die Inhaberfamilie ist sehr freundlich. Es werden tolle Mahlzeiten zubereitet, zu denen als Abschluss ein selbst gemachter *licor de membrillo* (Quittenlikör) als Digestif perfekt passt.

Hotel Urdiñola HOTEL $$
(☎844-414-09-40; urdinola@ahg.com.mx; Victoria 251; EZ/DZ 552/604 Mex$; P ⊖ @ 🛜) Der erste Eindruck ist dank der stattlichen Lobby, der Freitreppe aus Marmor und den Buntglasfenstern ausgezeichnet. Weniger eindrucksvoll präsentieren sich die Zimmer mit den etwas in die Jahre gekommenen beweglichen und unbeweglichen Einrichtungsgegenständen. Die Quartiere sind dennoch recht gemütlich.

Hotel San Jorge HOTEL $$
(☎844-412-22-22; Acuña 240; EZ/DZ 630/661 Mex$; P ⊖ ❄ 🛜 ≋) Das etwas eintönig wirkende Businesshotel hat neutrale, aber großzügig zugeschnittene Zimmer, einen (winzigen) Pool auf dem Dach und im 6. Stock ein Restaurant mit großartigem Panorama. Den Blick kann man dann beim herzhaften Frühstück genießen.

Essen & Ausgehen

Sehr gute *fondas* (familienbeführte Imbissstände) gibt es im 2. Stock des Mercado Juárez an der Plaza Acuña.

★Flor y Canela CAFÉ $
(☎844-414-31-43; Juárez 257; Mahlzeiten 60–80 Mex$; ⌚Mo–Fr 8.30–21.30, Sa & So 9.30–16.40 Uhr; 🛜 ✎) Das einladende Café mit künstlerischem Ambiente ist ideal, um zu frühstücken (50–68 Mex$), für ein preiswertes Mittagessen (67 Mex$), Panini oder einen Salat. Es gibt eine Espressomaschine (und Bio-Chiapas-Kaffee zu kaufen) sowie eine Reihe von *postre* (Nachspeisen) auf der Karte. Auch Wein und Daiquiris sind erhältlich.

El Tapanco INTERNATIONAL, MEXIKANISCH $$$
(Allende 225; Hauptgerichte 165–485 Mex$; ⌚Di–So 12–23 Uhr) Das eleganteste Restaurant in der Stadt beeindruckt durch sein atmosphärisches Interieur und die Sitze im Innenhof. Auf der Speisekarte stehen u.a. Seafood- und Fischgerichte, aber die höchste Aufmerksamkeit verdienen (vermutlich unweigerlich in Nordmexiko) die Fleischgerichte.

Unbedingt die *cabrería azteca* (Rindfleisch mit schwarzen Pilzen) kosten!

Monster Café BAR
(Mario Escobedo 457; Gerichte 100 Mex$; ⏲ Mo–Sa 16–2.30 Uhr; 📶) Zur Hälfte Bar, zur Hälfte Monstermuseum – aber irgendwie läuft dieser exzentrische Laden doch. Man kann im Erdgeschoss zwischen Spinnweben und Mini-Frankensteins sitzen oder sich auf der Dachterrasse entspannen. Serviert werden leckere Gerichte (darunter auch hausgemachte Burger) und Salate.

El Confesionario BAR
(Ecke Padre Flores & Abbot; ⏲ Di–Sa 18– open end) In Saltillos selbst ernannter „Rock-Kathedrale" treten an den Wochenen abends lokale Metal-, Heavy-Metal-Bands auf. Und selbst Indie- und Punkbands schaffen es auf die Bühne. Der Grundpreis beträgt 30 Mex$.

Shoppen

El Sarape de Saltillo BEKLEIDUNG
(☎ 844-414-96-34; Hidalgo 305; ⏲ Mo–Sa 9–13 & 15–19 Uhr) Verkauft hochwertige farbenfrohe *sarapes* und andere mexikanische *artesanía*. Die Wolle wird im Laden selbst gefärbt und verwebt.

Praktische Informationen

Cyberbase (Padre Flores 159; 8 Mex$/Std.; ⏲ Mo–Sa 9.30–22 Uhr) Internet.

Hospital Universitario de Saltillo (☎ 844-411-30-00; www.hus.uadec.mx; Madero 1291; ⏲ 24 Std.)

HSBC (Allende 203; ⏲ Mo–Sa 8–19 Uhr) Mit Geldautomat.

Post (Victoria 203; ⏲ Mo–Fr 9–16, Sa 9–13 Uhr)

An- & Weiterreise

AUTO & MOTORRAD

Saltillo ist ein Kreuzungspunkt wichtiger Straßen. Der Hwy 40, der in nordöstlicher Richtung nach Monterrey führt, ist eine gute vierspurige Mautstraße. Der in westliche Richtung nach Torreón (262 km) führende Hwy 40D zweigt nach 30 km vom Highway ab und wird zu einer (überteuerten) gebührenpflichtigen Straße.

Der abgelegene Hwy 57 führt nordwärts nach Monclova (192 km), der Hwy 54 durch trockene Hochebenen südwärts nach Zacatecas (380 km).

BUS

Der **Busbahnhof** (Calle Periférico Echeverría) liegt im Süden der Stadt rund 2,5 km vom Zentrum entfernt (10 Min. mit dem Bus).

Direktverbindungen zu den Zielen in der Tabelle gibt es mindestens stündlich, ausgenommen nach Durango (oft geht es schneller mit Umsteigen in Torreón) und Cuatro Ciénegas.

Busse verkehren außerdem nach Guadalajara (655 Mex$, 9 Std.) und Matamoros (375 Mex$, 7 Std.). **Autobuses Americanos** (☎ 844-417-04-96; www.autobusesamericanos.com.mx) hat Fernbusse nach Chicago, Dallas (63 US$, 14 Std.) und Houston (55 US$, 13 Std.).

FLUGZEUG

Der Flughafen **Plan de Guadalupe** (☎ 844-488-17-70, 844-488-07-70; Carretera Saltillo–Monterrey Km 13,5) liegt 15 km nordöstlich der Stadt. **Aeromar** (☎ 844-415-01-93, 844-415-02-67; www.aeromar.com.mx; Europlaza Mall, Carranza 4120) und Aeroméxico Connect fliegen nach Mexico City. Es gibt Direktbusse zwischen Saltillo und dem Flughafen von Monterrey.

Unterwegs vor Ort

Der Flughafen von Saltillo liegt 15 km nordöstlich der Stadt am Hwy 40 und ist am besten mit

BUSSE AB SALTILLO

ZIEL	PREIS (MEX$)	DAUER (STD.)	HÄUFIGKEIT (TGL.)
Chihuahua	674–774	10	6-mal
Cuatro Ciénegas	223	5	1-mal
Durango	395	6½	5-mal
Mexico City (Terminal Norte)	840–905	10	12-mal
Monterrey	93–101	1¾	alle 45 Min.
Nuevo Laredo	341–367	4–5	alle 45 Min.
Parras	110	2½	7-mal
San Luis Potosí	436–471	5	stündl.
Torreón	290–315	3	stündl.
Zacatecas	320	4½–5½	18-mal

dem Taxi (130 Mex$) ab der Xicoténcatl zu erreichen. Vom Busbahnhof aus fährt der Minibus 9 (6 Mex$) ins Zentrum, in die Gegenrichtung nimmt man den Bus 9 an der Aldama zwischen Zaragoza und Hidalgo. Eine Taxirundfahrt in der Stadt kostet 40 Mex$.

Parras

842 / 45400 EW. / 1520 M

Parras, eine hübsche Oase im Herzen der Wüste von Coahuila, liegt rund 160 km westlich von Saltillo. Die Stadt hat ein historisches Zentrum mit viel kolonialem Charme und ein angenehm gemäßigtes Klima. Sie ist aber vor allem für ihren Wein bekannt, der hier seit dem späten 16. Jh. aus den hiesigen *parras* (Weinreben) gekeltert wird. Attraktive Unterkünfte, mehrere hübsche Badebecken und jede Menge Vino laden zu ein paar erholsamen Tagen ein.

Sehenswertes & Aktivitäten

Zu den Attraktionen rund um die Stadt gehören etliche Weingüter.

Iglesia del Santo Madero KIRCHE
(Do–Di 10–18 Uhr) Die Kirche thront gefährlich hoch auf einem Felsvorsprung am südlichen Stadtrand. Wer den steilen, aber lohnenden Aufstieg auf sich nimmt, wird mit Panoramablick belohnt. Sie ist einen 30-minütigen Spaziergang vom Zentrum ostwärts entlang der Madero und dann die Benavides hinauf entfernt.

Museo de los Monos MUSEUM
(842-422-09-38; Madero 37; Spenden erwünscht; 8-21 Uhr) Äußerst kitschiges, günstiges Wachsfigurenkabinett mit nicht entfernt lebensähnlichen Figuren von Freddy Krueger, Bill Clinton und dergleichen. Viel zu viele von ihnen ähneln einfach Michael Jackson.

Estanque La Luz SCHWIMMEN
(Erw./Kind 15/5 Mex$; 7–19 Uhr) Dies ist das sauberste und attraktivste der drei *estanques* (Quellwasserteiche) in der Stadt. Ein idealer Ort, um sich abzukühlen!

Schlafen & Essen

In Parras gibt es jede Menge *dulcerías* (Süßwarenläden), in denen der berühmte *queso de higo* (saftige Süßigkeit mit Feigen) verkauft wird.

Hotel Posada Santa Isabel HOTEL $$
(842-422-04-00; Madero 514; EZ/DZ 650/840 Mex$;) Dieses einladende Hotel in günstiger Lage hat ordentliche Zimmer, die um einen Hof voller Obstbäume angeordnet sind. Im Hotel befindet sich ein gutes Restaurant, und zur Wochenmitte hin gibt's Nachlässe.

Hostal El Farol HOTEL $$
(842-422-11-13; www.hostalelfarol.com; Arizpe 301; Zi. 865–990 Mex$;) Ein stimmungsvolles Hotel im Kolonialstil mit einem reizenden Hof und einem Restaurant. Die 25 geräumigen Zimmer haben viel altmodischen Charme, Terrakotta-Bodenfliesen und attraktive Holzmöbel. Von Sonntag bis Donnertag gibt es Rabatte.

Antigua Hacienda de Perote HISTORISCHES HOTEL $$
(842-422-16-98; www.antiguahaciendadeperote.com; Ramos Arizpe 131; 900–1500 Mex$;) Hier wohnt man in einer umfunktionierten Hacienda (heute eine Pekannussplantage) am Stadtrand von Parras in geräumigen Unterkünften. Sie liegen in schattigen, gepflegten Gärten, in denen es zwei Pools gibt (einer mit Quellwasser, der andere mit gechlortem Wasser). Auf Wunsch werden Mahlzeiten serviert, und man kann auch eine Degustationstour durch die *bodegas* (Weinkeller) unternehmen.

Restaurante Chávez MEXIKANISCH $
(Reforma 19; Gerichte 30–70 Mex$; 8–24 Uhr) Das beliebte schlichte Chaávez ist bekannt für seine riesigen Portionen regionaler Gerichte. *Caldo de res* (Rinderbrühe mit Mais) oder *pollo a la plancha* (gegrilltes Hähnchen) sind einen Versuch wert. Serviert werden auch Pizzas und Burger.

Praktische Informationen

Die **Touristeninformation Parras** (842-422-02-59; www.parrascoahuila.com.mx; Mo–Fr 10–14 & 16–18 Uhr, Sa 10–14 Uhr) hält eine Fülle von Broschüren bereit und informiert über geführte Touren. Das Personal spricht auch etwas Englisch.

An- & Weiterreise

Nach Parras fahren nur 2.-Klasse-Busse, von denen die meisten jedoch Klimaanlagen haben und komfortabel sind. Es gibt täglich sieben Busse nach/von Saltillo (110 Mex$, 2½ Std.) und täglich fünf Busse nach/von Torreón (135 Mex$, 3 Std.). Wer nach Cuatro Ciénegas will, ohne nach Saltillo zurückzufahren, nimmt einen Bus nach San Pedro Las Colonias (80 Mex$, 1½ Std. 4-mal tgl.) und steigt dort in den Bus nach Cuatro Ciénegas um (132 Mex$, 2 Std., 9-mal tgl.).

ZEIT FÜR ERLESENE WEINE

Parras beansprucht einen wichtigen Platz in der Geschichte des mexikanischen Weinbaus. Das warme Klima und die natürliche Bewässerung dieser Region (durch unterirdische Wasserläufe aus der Sierra, die hier ans Tageslicht treten) begünstigten die Entwicklung dieses Teils von Coahuila zu einem der bedeutendsten Weinbaugebiete in Nueva España (Neuspanien).

Die Weine aus dem Parras-Tal sind überwiegend kräftige, körperreiche Rotweine; das Weingut Casa Madero produziert auch einen großartigen Cabernet-Sauvignon-Rosé und Weißweine aus den Traubensorten Blanc, Chardonnay und Semillon. Diese Weine sowie lokale Sorten wie der (Weißwein) San Lorenzo kann man in den Weinläden und Restaurants von Parras kaufen oder verkosten. Alljährlich im August gibt es sogar eine **Feria de la Uva** (Weinfest), bei der das Weingut Casa Madero im Mittelpunkt steht.

Die Antigua Hacienda de Perote erzeugt außerdem Portwein, Sherry, Wermut und Melonenlikör.

Casa Madero (☎842 422-00-55; www.madero.com.mx; Carretera 102 La Paila–Parras Km 18,5; ⏲8–17.30 Uhr) GRATIS Dieses erste Weingut in ganz Amerika wurde 1597, ein Jahr vor der Gründung der Stadt Parras, angelegt. Heute ist es ein Großbetrieb, der seine Weine in die ganze Welt exportiert. Im Rahmen einer kostenlosen halbstündigen Tour werden den Besuchern alte und neue Weinbaugerätschaften gezeigt.

Vor Ort kann man Qualitätsweine und Brandy kaufen. In der Nähe der Hauptplaza von Parras fahren regelmäßig Busse (20 Mex$) ab, die am Weingut vorbeikommen. Man muss nur dem Fahrer sagen, wo man aussteigen will. Alternativ kann man ein Taxi nehmen (90 Mex$); das Weingut liegt 7 km nördlich von Parras.

El Vesubio (Madero 36; ⏲Mo–Fr 9–13 & 14–19, Sa & So 9–19 Uhr) Der 1891 gegründete schlichte Betrieb verfügt über ein paar Dutzend hölzerne Weinfässer und einen kleinen Laden vor dem Haus der Winzerfamilie.

Parras ist mit dem Auto leicht zu errichen: Bei La Pailla verlässt man den Highway und fährt dann 27 km nach Süden.

Cuatro Ciénegas

☎869 / 13 000 EW. / 747 M

Das ruhige Städtchen Cuatro Ciénegas ist von Lehmziegel- und Kolonialbauten sowie einer Handvoll Hotels und Restaurants geprägt. Außerdem ist es die perfekte Basis für die Erkundung der Área de Protección de Flora y Fauna Cuatro Ciénegas.

Sehenswertes & Aktivitäten

Área de Protección de Flora y Fauna Cuatro Ciénegas NATURSCHUTZGEBIET

(Eintritt 30 Mex$) Mit Hunderten himmelblau schimmernder *pozas* (Teiche) und Bächen inmitten des Desierto Chihuahuense (Chihuahua-Wüste) ist dieses 843 km² große Naturschutzgebiet eine surreale Attraktion. Ein Netz aus über 500 unterirdischen Quellen speist dieses Wüstenhabitat von ungewöhnlicher biologischer Vielfalt. Cuatro Ciénegas ist der Lebensraum von über 75 endemischen Arten, darunter drei Schildkröten- und elf Fischarten, sowie primitiven Lebewesen, *estromatolitos* (Stromatolithen) genannt.

Einige Teiche und der nahe gelegene Fluss wurden als Erholungsgebiete freigegeben; man kann hier sogar baden.

Die Erkundung dieses Gebiets ohne eigenes Fahrzeug ist nicht einfach, denn nicht alle Wüstenpfade sind ausgeschildert. Es lohnt sich, die Dienste eines lokalen Führers in Anspruch zu nehmen. Die Busse nach Torreón halten zwar am Eingang zu den Stätten im Park an, sie stoppen aber nicht, wenn jemand hier zusteigen will.

➡ **Poza-Azul-Besucherzentrum**

(⏲Di–So 10–18 Uhr; Ⓟ) Hier gibt es illustrierte Erklärungen zur Ökologie des Reservats auf Spanisch und Englisch. Die kleine **Poza Las Tortugas** ist ein gutes Plätzchen, um Schildkröten zu beobachten, und liegt gleich hinter dem Zentrum. 1,5 km weiter befindet sich die treffend benannte **Poza Azul** (Blauer Teich), eine der am häufigsten fotografierten Stellen des Reservats.

➡ **Dunas de Yeso**

(Las Arenales; Eintritt 25 Mex$; ⏲10.30–18 Uhr) Diese blendend weißen Dünen aus Gips bilden einen herrlichen Kontrast zu den sechs Gebirgszügen, die das Tal umschließen. Um sie zu besuchen, muss man beim Besucherzentrum anhalten und den Eintritt bezahlen; danach erhält man den Schlüssel, mit dem man das Tor am Anfang des Weges öffnet.

➡ **Río Los Mezquites**
(☎869-696-04-08; Eintritt 45 Mex$; ⊙9–19 Uhr) Inmitten der Wüstenlandschaft in diesem herrlichen Streifen langsam fließenden blauen Wassers mit den Fischen und Schildkröten zu schwimmen, ist ein erfrischendes und surreales Erlebnis. Es gibt Schatten spendende *palapas* (überdachte Schutzstände).

Casa de Cultura MUSEUM
(☎869-696-05-56; Hidalgo 401 Poniente; Erw./Kind & Student 10/5 Mex$; ⊙Mo–Fr 9–13 & 15–19, Sa & So 10–17.30 Uhr) Das Museum im ehemaligen Wohnhaus des Revolutionsführers Venustiano Carranza, der am Sturz von Porfirio Díaz beteiligt war, beherbergt eine kleine, aber interessante Ausstellung altertümlicher Objekte, die in dieser Region ausgegraben wurden.

Museo Casa Carranza MUSEUM
(Carranza zw. Juárez & Escobedo; Spende erbeten 10 Mex$; ⊙10–18 Uhr) Dieses Museum zeigt audiovisuelle Exponate und interessante Memorabilien von Venustiano Carranza, u.a. den Anzug des Revolutionärs und seine persönliche Korrespondenz, in der seine Ideale zum Ausdruck kommen..

Geführte Touren

Zwei- oder dreitägige Touren mit lokalen Führern können zum Preis von rund 1500 Mex$ pro Nase organisiert werden. Über das Reisebüro an der Plaza (Ecke Juárez & Carranza) oder die Touristeninformation kann man Kontakt mit ihnen aufnehmen. Im Preis enthalten sind Ausflüge zum Valle del Hundido, einem herrlichen Fleckchen, an dem man das vielfältige Ökosystem der Wüste erleben kann, sowie der Transport mit dem Auto.

Empfehlenswert sind die vom Hotel Misión Marielena organisierten Touren; es gibt vier Ziele, darunter der Teich der Schildkröten und der Blaue Teich sowie eine Stadtrundfahrt mit Besuch eines Weingutes. Auch das Hotel Plaza veranstaltet gute Touren, die ebenfalls den Besuch der Teiche, des Museums und der sonstigen Attraktionen der Stadt beinhalten. Ein zweitägiger Trip inklusive Übernachtung kostet 950 Mex$ (min. 5 Pers.).

Schlafen & Essen

Hotel Plaza HOTEL $$
(☎869-696-00-66; www.plazahotel.com.mx; Hidalgo 202 Oriente; EZ/DZ inkl. Kontinentalfrühstück 510/695 Mex$; P ⊖ ❄ @ ≋) Das Hotel im Kolonialstil bietet ein gutes Preis-Leistungs-Verhältnis und hat große, gemütliche, ansprechende Zimmer. Sie haben Fenster zu einem grasbewachsenen Patio und, sehr wichtig, zu einem Pool, der die Hitze erträglicher macht.

Hotel Misión Marielena HOTEL $$
(☎869-696-11-51; Hidalgo 200 Oriente; EZ/DZ inkl. Frühstück 562/710 Mex$; P ⊖ ❄ ≋) Dieses historische Hotel hat große, sehr gepflegte Zimmer, die alle mit zwei Doppelbetten ausgestattet sind. Die Zimmer sind um zwei Hinterhöfe mit einem Pool und Blick auf die Berge ausgerichtet. Auch das hoteleigene Restaurant ist ordentlich; es gibt gutes Frühstück, Fleisch vom Grill und lokale Weine.

La Esquina del Marisco SEAFOOD, MEXIKANISCH $$
(Hidalgo 242; Mahlzeiten 60–130 Mex$; ⊙9–19 Uhr) Ein günstiges, lockeres Restaurant mit Schwerpunkt auf Seafood wie den köstlichen *cocteles de camarón* (gewürzte Shrimp-Cocktails, serviert mit salzigen Crackern) sowie gegrilltem Fisch und Kalmar. Nach dem knallgrünen Gebäude Ausschau halten!

Praktische Informationen

Einen Block nördlich der Plaza gibt es eine **Bank** (Ecke Zaragoza & Escobedo) mit Geldautomat. Die **Touristeninformation** (☎869-696-09-02; Carranza 100; ⊙Mo–Fr 9.30–17 Uhr) befindet sich an der Presidencia Municipal.

An- & Weiterreise

Der Busbahnhof nimmt die südwestliche Ecke der Plaza ein. Busse der 1. Klasse fahren nach Torreón (251 Mex$, 3½ Std., 8-mal tgl.), Saltillo (253 Mex$, 5 Std., 1-mal morgens) und zur Grenze bei Piedras Negras (327 Mex$, 6 Std., 4-mal tgl.). Im zwei Stunden entfernten Monclova (96 Mex$), das mit regelmäßig verkehrenden Bussen zu erreichen ist, gibt es mehr Verbindungen in den Norden und Süden.

Monterrey

☎81 / 4,1 MIO EW. / 530 M

Das kosmopolitische Monterrey ist Mexikos drittgrößte Stadt, das zweitgrößte Industriezentrum des Landes und die *número uno* im Pro-Kopf-Einkommen. Dieses wirtschaftliche Schwergewicht besitzt einen starken Unternehmergeist, eine lebhafte Kulturszene, beliebte Universitäten und eine vielfältige Küche.

Seine ausufernden Vorstädte mit riesigen klimatisierten Malls und die penibel gepflegten Wohnanlagen machen Monterrey zu einer der am stärksten amerikanisierten Städte Mexikos. Dazu kommen Museen von Weltrang und die zerklüftete Bergkette im Umland, die hervorragende Bedingungen für Outdoor-Aktivitäten bietet – die Stadt hat unzählige und völlig verschiedene Attraktionen.

Das alles sichert Monterreys Unabhängigkeit und lässt es so ganz anders erscheinen als andere mexikanische Metropolen. Leider wurde das Image der Stadt durch eine der schlimmsten Wellen von Drogengewalt erschüttert, die zum Großteil 2011 über das Zentrum der Stadt hereinbrach. Doch Anfang 2014 schien sich die Lage entspannt zu haben, und allmählich beginnt das kulturelle Leben im Herzen der Stadt wieder zu erwachen, und Boutiquen und Bars im Barrio Antiguo öffnen wieder.

Wenn man im Zentrum übernachtet, ist das historische Herz der Stadt sehr leicht zugänglich. Die meisten kulturellen Attraktionen Monterreys finden sich in nächster Umgebung (mit Ausnahme des außergewöhnlichen Parque Fundidora), und man hat den Barrio Antiguo quasi vor der Tür. Die weiter vom Zentrum entfernten wohlhabenden Stadtviertel wie etwa San Pedro Garza García sind geprägt von gewaltigen Highways, sodass es wenig Spaß macht, sie zu Fuß zu erkunden.

Geschichte

Die 1596 gegründete Stadt begann erst mit der mexikanischen Unabhängigkeit aufzublühen. Grund dafür war die Nähe zu den USA, die den Handel und den Schmuggel erleichterte.

1900 entstand hier die erste Schwerindustrie in Lateinamerika. Damals beherrschte dort, wo sich heute der Parque Fundidora befindet, ein riesiges Eisen- und Stahlwerk die Stadtlandschaft. Bald wurde Monterrey der Spitzname „Pittsburgh Mexikos" verpasst, und noch heute produziert es rund 25 % des mexikanischen Rohstahls. In der Stadt werden zudem etwa 60 % des Zements und die Hälfte des Biers von Mexiko hergestellt.

Sehenswertes & Aktivitäten

Die meisten bedeutenden Attraktionen ballen sich im Zentrum rund um die Gran Plaza. Östlich davon erstreckt sich das malerische Viertel Barrio Antiguo mit seinen

SIND DIE STRASSEN WIEDER SICHER?

Aus historischer Sicht betrachtet, gelang es Monterrey, Mexikos wohlhabendster und fortschrittlichster Stadt, sich in den ersten Jahres des Drogenkriegs aus den Konflikten weitgehend rauszuhalten. 2011 und 2012 jedoch schwappte eine Welle der Gewalt über die Straßen, nachdem es zu schrecklichen Zwischenfällen gekommen war, ausgelöst durch Revierkämpfe der rivalisierenden Mitglieder des Golf-Kartells und der des Zetas-Kartells. So forderte allein ein Angriff auf eine Bar südlich des Hauptbusbahnfos 27 Tote, und acht Personen wurden entführt. Bei einem Angriff mit Brandstiftung auf ein Kasino wurden 52 Personen getötet (nach anderen Berichten gab es 61 Tote).

Um die Straßen wieder sicherer zu machen, nahm sich Rodrigo Medina, der Gouverneur von Nuevo León, zunächst die lokalen Polizeikräfte vor und sortierte jene aus, die im Auftrag der Drogenmafia die Polizeiarbeit unterwandert hatten. Die Aktion endete mit der Entlassung oder Verhaftung von 4200 Polizisten. Danach wurde eine neue Bundespolizei, die Fuerza Civil (Zivile Eingreiftruppe), gegründet, deren Mitglieder relativ hohe Gehälter erhielten und denen ein sicherer Wohnraum zur Verfügung gestellt wurde.

Dabei geht es sicherlich um viel Geld, denn *Insight Crime* (Stand 2012) zufolge belaufen sich die Erlöse aus Drogentransport, Erpressung und Entführung auf bis zu 150 Mio. US$ jährlich allein im Großraum Monterrey. Anfang 2014 schien Grund zu Hoffnung zu bestehen, denn die örtliche Kriminalitätsrate ging zurück, und die meisten Anführer des hiesigen Drogen-Kartells Los Zetas sind auf der Flucht, im Gefängnis oder tot. Die Faktoren, die zu dieser Welle von Gewalt geführt hatten, bestehen zweifelsohne dennoch weiter.

Monterrey

niedrigen Gebäuden aus der Kolonialzeit und den kopfsteingepflasterten Straßen.

Von der Gran Plaza kann man die Metro nehmen oder in einem Boot auf dem reizvollen Kanal Paseo Santa Lucía zum anderen kulturellen Mittelpunkt der Stadt gelangen, dem Parque Fundidora.

Gran Plaza & Umgebung

★ Gran Plaza PLAZA

(Macroplaza; Ⓜ Zaragoza) Dieses Monument für Monterreys Ehrgeiz, das mehrere Blocks groß ist und aus einer Reihe von miteinander verbundenen Plätzen besteht, ist auch unter dem Namen **Macroplaza** bekannt und entstand in den 1980er-Jahren durch den Abriss der Bebauung auf diesem wertvollen innerstädtischen Gebiet. Diese Umgestaltung war zunächst umstritten, erwies sich aber schließlich als erfolgreich. Der Charme des Stadtteils wuchs mit den Jahren, als der zunächst noch kahle urbane Raum mit Parks, Bäumen, Springbrunnen und Teichen verschönert wurde.

Der angeblich weltgrößte öffentliche Platz bildet einen verblüffenden Mix aus Beton und Neoklassizismus.

Zwischen den berühmten Bauwerken, die die Gran Plaza säumen – klassizistische Ge-

Monterrey

Highlights
1 Gran Plaza ... C3
2 Paseo Santa Lucía ... D3

Sehenswertes
3 Explanada de los Héroes ... C3
4 Faro del Comercio ... C5
5 Museo de Arte Contemporáneo ... C5
6 Museo de Historia Mexicana ... D3
7 Museo del Noreste ... D3
8 Museo Metropolitano de Monterrey ... C4
9 Pinacoteca de Nuevo León ... B2
10 Plaza 400 Años ... D3
11 Plaza Zaragoza ... C4

Schlafen
12 Hotel Misión ... A3
13 iStay ... A4
14 La Casa del Barrio ... D5
15 Radisson Plaza Gran Hotel Ancira ... C4
16 Yeccan ... D4

Essen
17 El Infinito ... D5
18 El Rey del Cabrito ... C5
19 La Galería Cafe ... D4
20 Madre Oaxaca ... C5
21 Mercado Juárez ... B1

Unterhaltung
22 Café Iguana ... D4

Shoppen
23 Corredor del Arte ... D5

bäude der städtischen Behörden ebenso wie hypermoderne Bauten, in denen heute einige der namhaftesten Museen Mexikos untergebracht sind –, öffnet sich immer wieder der Blick auf die Berge im Hintergrund. Für Traveller ist es ein Genuss, die Gran Plaza zu Fuß zu erkunden, denn der gesamte Verkehr in dieser Gegend ist in den Untergrund verbannt worden.

Am Südende der Gran Plaza ragt der 70 m hohe Betonbau des **Faro del Comercio** (Leuchtturm des Handels) in die Höhe, von dem aus grüne Laserstrahlen den nächtlichen Himmel durchkreuzen. Der Faro grenzt an die barocke **Catedral Metropolitano de Monterrey**, deren Turmspitze von einem Neonkreuz bekrönt wird. Nördlich von hier erstreckt sich ein schattiger Park, die **Plaza Zaragoza** (Gran Plaza). Sie ist besonders beliebt bei picknickenden Familien und schmusenden Liebespärchen und dient sonntags auch als Bühne für Open-Air-Konzerte und klassische lateinamerikanischen Tänze.

Weiter nordwärts reihen sich an der Gran Plaza etliche Betonbauten aneinander, in denen städtische Behörden untergebracht sind. Freunde des als Brutalismus bekannen Architekturstils werden das **Teatro de la Ciudad** und seinen baulichen Verwandten, den hoch aufragenden **Congreso del Estado**, besonders schätzen. Von hier geht es einige Treppen hinunter zu der von Statuen gesäumten **Explanada de los Héroes** (Esplanade der Helden; Gran Plaza) und schließlich zum neoklassizistischen, 1908 erbauten **Palacio de Gobierno**.

Museo de Arte Contemporáneo — MUSEUM

(Marco; ☎81-8262-4500, 81-8262-4577; www.marco.org.mx; Ecke Zuazua & Jardón; Erw./Kind & Student 70/50 Mex$, Mi Eintritt frei; ⏲Di & Do–So 10–18, Mi 10–20 Uhr; Ⓜ Zaragoza) Unbedingt besuchenswert ist das Museo de Arte Contemporáneo, dessen Eingang von der übergroßen Skulptur einer schwarzen Taube von Juan Soriano beherrscht wird. Die eigenwilligen Innenräume sind voller Wasser und Licht und der Schauplatz bedeutender Wechselausstellungen (es gibt keine Dauerausstellung mit eigenen Sammlungen) von Werken zeitgenössischer mexikanischer und lateinamerikanischer Künstler. Man muss vorher anrufen, wenn man eine Führung auf Englisch wünscht. Im Marco gibt es außerdem einen guten Buchladen und ein Restaurant.

Plaza 400 Años — PLAZA

(Bootsfahrt Erw./Kind Rundreise 40/20 Mex$; Ⓜ Zaragoza) Springbrunnen und kleine Teiche schmücken diese Plaza, die einen eindrucksvollen „Vorraum" zum eleganten, modernistischen Museo de Historia Mexicana und zum Museo del Noreste darstellt. Sie bildet das Ende der reizvollen Promenade Paseo Santa Lucía.

Museo de Historia Mexicana — MUSEUM

(☎81-8345-9898; www.museohistoriamexicana.org.mx; Erw./Kind 40 Mex$/frei, Di & So frei; ⏲Di & So 10–18, Mi–Sa 10–18 Uhr) Das elegante, modernistische Museum gewährt ein umfassenden, aber leicht überschaubaren chronologischen Einblick in die Geschichte Mexikos. Im Museum gibt es auch eine Abteilung zur Erde mit vielen ausgestopften Tieren und lebensecht wirkenden Pflanzen. Alle Erklärungen sind nur auf Spanisch, Führungen in englischer Sprache kann man aber telefonisch im Voraus vereinbaren.

Museo del Noreste MUSEUM
(Plaza 400 Años) Formell ist dies eine eigenständige, vom Museo de Historia Mexicana (S. 859) getrennte Institution, aber praktisch stellen seine mit Exponaten und Bildschirmen vollgepackten Galerien zur Kultur und Geschichte von Nuevo León, Tamaulipas, Coahuila und Texas einen neuen Flügel des Geschichtsmuseums dar. Auch die Eintrittskarte gilt für beide Museen. Wenn man die Museumsbesichtigung im untersten Stockwerk beginnt, kann man den Exponaten chronologisch folgen.

★ **Paseo Santa Lucía** FLUSS, GÄRTEN
(⏲24 Std.) Die beeindruckende Promenade des Paseo Santa Lucía erstreckt sich über 2,4 km und ist ein Weltklassebeispiel für eine städtische Umgestaltung. Der (künstliche) Kanal windet sich als türkisfarbenes Band durch das Herz der Industriestadt Monterrey und bildet einen natürlichen Korridor zwischen der Gran Plaza und dem Parque Fundidora. Ein Bummel an der Seite schlendernder Familien auf dieser malerischen, von tropischen Pflanzen gesäumten Allee ist nur zu empfehlen.

Die Szenerie ist einfach toll: Lichter bescheinen nachts das Wasser, hypermoderne Brücken überspannen den Kanal, und von den zahlreichen Sitzmöglichkeiten aus kann man das Panorama genießen. Auch Boote (hin & zurück 60 Mex$) befahren den Kanal. Security-Dienste sorgen rund um die Uhr für Ordnung, es gibt ein paar Bars und Restaurants am westlichen Ende des Paseo und kostenloses WLAN auf der gesamten Promenade. Jede Stadt sollte so etwas haben!

Pinacoteca de Nuevo León GALERIE
(☎81-1340-4358; www.conarte.org.mx; Ecke Washington & Colegio Civil; ⏲Di–So 10–18 Uhr; Ⓜ Alameda) GRATIS Dieses Kunstmuseum befindet sich im prächtigen Gebäude des Colegio Civil und zeigt Gemälde und Skulpturen führender lokaler Künstler, darunter Julio Galán (1958–2006), der einst zum Kreis um Andy Warhol gehörte.

Museo Metropolitano de Monterrey MUSEUM
(☎81-8344-1971; Zaragoza s/n Sur; ⏲Di–So 10–18 Uhr; Ⓜ Zaragoza) GRATIS Das im 19. Jh. errichtete Bauwerk des früheren Palacio Municipal beherbergt heute das Museo Metropolitano de Monterrey. Im Erdgeschoss wird ein knapper Überblick über die Stadtgeschichte (nur auf Spanisch) geboten, während die schönen Galerien im Obergeschoss Werke zeitgenössischer Maler und Bildhauer ausstellen.

Außerhalb des Zentrums

★ **Parque Fundidora** PARK
(☎81 8126-8500; www.parquefundidora.org; ⏲6–23 Uhr; P 🚸; Ⓜ Parque Fundidora) Das ehemals verkommene Industriegebiet eines großen Stahlwerkkomplexes wurde in einen riesigen städtischen Park umgewandelt. Die Parkgestalter haben klugerweise die symbolträchtigen Schlote und anderen industriellen Relikte stehen lassen, sodass der Park surreal und teilweise sogar apokalyptisch wirkt, aber zugleich Monterreys Erbe stimmungsvoll zum Ausdruck bringt. Man kann Fahrräder leihen, die Alleen entlangjoggen, Filme ansehen oder Fotos schießen. Auch für Kinder ist es hier toll! Vor allem aber sollte man den Hochofen Horno 3 besichtigen – er ist das unbestrittene Highlight.

Der Hochofen Nr. 3 wurde in das **Horno3** (☎81 8126-1100; www.horno3.org; Erw./Kind & Student 90/55 Mex$, abendliche Schlotbesteigung 40 Mex$; ⏲Di–Do 10–18, Fr–So 11–19 Uhr, abendliche Schlotbesteigung Di–Do & So 18–22, Fr & Sa 19–22 Uhr) umgewandelt, ein außergewöhnlich eindrucksvolles interaktives Hightech-Museum über die Geschichte der mexikanischen Stahlindustrie, das im Kernbereich dieser Industriestätte angesiedelt ist. Hier wurde an nichts gespart; alles zeugt von Qualität: angefangen von den dampfenden Felsen am Eingang bis zur Metalltreppe, die nach oben auf die Spitze führt. Anschaulich wird der ganze Prozess der Stahlerzeugung erläutert (teilweise auch auf Englisch), und seine lebenswichtige Rolle für Monterrey und Mexiko wird hervorgehoben. Auf keinen Fall die theatralische Hochofen-Show verpassen, die vom mächtigen Horno 3 aus projiziert wird, und nach den abendlichen Schlotbesteigungen fragen! Tickets werden bis eine Stunde vor Schließung verkauft. Es gibt auch ein gutes Café-Restaurant, das El Lingote (S. 862).

Drei weitere entkernte Backsteinfabriken bilden das **Centro de las Artes** (☎81-8479-0015; www.conarte.org.mx; Filmvorführungen 45 Mex$; ⏲Di–So 10–19.30 Uhr) GRATIS, ein Kunstzentrum mit erstklassigen Wechselausstellungen, in dem auch anspruchsvolle und ausländische Filme gezeigt werden.

Zum Fundidora-Komplex gehört zudem die Arena Monterrey, in der Konzertveranstaltungen und Basketballspiele stattfinden.

Weiterhin ist für die nächsten Jahre die Eröffnung eines Museums für Kinder geplant.

Die Metro hält ganz in der Nähe; bis zum Park sind es nur knapp zehn Gehminuten. Am besten kommt man aber zu Fuß auf dem Paseo Santa Lucía von der Plaza 400 Años dorthin.

Cervecería Cuauhtémoc BRAUEREI
(☎ Brauerei-Touren 81-8328-5355; www.cuamoc.com; Reyes 2202 Norte; ⌚ Brauerei-Touen Mo–Fr 9–16, Biergarten 10–18 Uhr; Ⓜ General Anaya) GRATIS Mexikos älteste Brauerei (gegründet 1890) füllt täglich 6 Mio. Flaschen Bier u.a. der Marken Bohemia, Dos Equis und Tecate ab. Kostenlose **Brauereiführungen** finden fast stündlich statt. Reservierungen sind empfehlenswert (besonders wenn man Führungen auf Englisch wünscht). Die Führungen beginnen vor dem schönen **Biergarten**, in dem man einen freien Humpen Bier der Marke Carta Blanca bekommt.

Feste & Events

Festival Internacional de Cine en Monterrey FILM
Zweiwöchiges Festival im August mit künstlerisch anspruchsvollen mexikanischen und ausländischen Filmen.

Aniversario de Independencia BRAUCHTUM
Monterreys größte Party steigt am mexikanischen Unabhängigkeitstag am 16. September. Zum Programm gehören Feuerwerk, *música norteña* (Country-Musik) und ein Umzug.

Schlafen

Der Barrio Antiguo und die Zona Rosa haben die meisten Übernachtungsoptionen und sind die besten Viertel. Rund um den Busbahnhof gibt es billige Hotels.

★ **Yeccan** HOSTEL $
(☎ 81-8344-52-65, 81-8340-616-57; yeccan.mty@gmail.com; Abasolo 916A; B/Zi. 180/360 Mex$; ⊜ ᯤ; Ⓜ Zaragoza) Ein einzigartiges, bemerkenswertes Hostel im Barrio Antiguo, das sich im Besitz einer Gruppe von Künstlern befindet. Die Künstler verpassten dem Hostel einen hippen, zeitgemäßen Look mit kahlen, weißen Wänden und schicken Möbeln. Es gibt schlichte, saubere und einladende Schlafsäle (mit verschließbaren Schränken und mit Ventilatoren) sowie ordentliche Privatzimmer, einen netten Gemeinschaftsraum mit TV und Sofas, ein Billardzimmer, eine Gästeküche und einen Hof.

La Casa del Barrio HOSTEL $
(☎ 81-8344-1800; lacasadelbarrio@gmail.com; Montemayor 1221 Sur; B 200 Mex$, Zi. mit/ohne Bad 480/400 Mex$; ⊜ @ ᯤ; Ⓜ Zaragoza) Dieses Hotel bewirbt sich als Sprachschule und als Waffelzentrum (sic!). Es gibt saubere Schlafsäle (wenn auch ohne Klimaanlage) und hinten einen netten Garten; die Privatzimmer sind überteuert.

Hotel Misión HOTEL $$
(☎ 81-8150-65-00; www.hotelesmision.com; Padre Mier 201 Pte; Zi./Suite ab 580/1000 Mex$; P ⊜ ❄ ᯤ; Ⓜ Padre Mier) Das Hotel befindet sich in einem nichtssagenden (recht hässlichen) Hochhaus der 1960er-Jahre, aber die Zimmer bieten ein gutes Preis-Leistungs-Verhältnis. Sie sind alle gut gepflegt und haben Schreibtische und moderne Badezimmer. Im Restaurant im unteren Stockwerk gibt's ein gutes Frühstücksbuffet. Das Hotel liegt nur wenige Gehminuten von der Metro und der Macroplaza entfernt.

iStay HOTEL $$
(☎ 81-8228-51-00; www.mtyhistorico.istay.com.mx; Morelos 191; Zi. 720 Mex$; P ⊜ ❄ ᯤ ≋; Ⓜ Padre Mier) Ein Hotel in einem riesigen Betonklotz in bester Lage, dessen Rückseite an die Fußgängezone Morelos grenzt und das in der Nähe von Monterreys Gran Plaza liegt. Der Name suggeriert ein „hippes Hotel“, aber die mit Teppichboden ausgelegten Zimmer des iStay sind nur Durchschnitt, wenn auch recht komfortabel und mit einem guten Preis-Leistungs-Verhältnis.

Radisson Plaza Gran Hotel Ancira HOTEL $$$
(☎ 81-8150-7000; www.hotel-ancira.com; Ecke Hidalgo & Escobedo; Zi./Suite inkl. Frühstück 1288/2352 Mex$; P ⊜ ❄ @ ᯤ ≋; Ⓜ Zaragoza) Dieses ehrwürdige, unvergessliche Hotel wurde 1912 im Jugendstil erbaut. Die Spiegeldecke und der in Gingham-Muster geflieste Rezeptions- und Restaurantbereich macht schon was her – und wie viele Hotels können sich schon einen ausgebildeten Pianisten leisten, der zum Frühstück spielt? Die Zimmer jedoch sind eher Business-Standard. Auf der Website des Hotels kann man sich über Sonderangebote informieren.

Essen & Ausgehen

Monterreys Spezialität ist *cabrito al pastor* (gebratenes Zicklein). Im Barrio Antiguo findet man eine gute Auswahl von Lokalen, in denen man essen (und trinken) kann, allerdings ist die Vielfalt viel geringer als in den Jahren vor der Gewaltwelle, die Monterreys Nachtleben zum Erliegen gebracht hat.

Im **Mercado Juárez** (Av Juárez; Mo–Sa 8–19, So bis 15 Uhr; M Alameda) gibt es *fondas* (kleine Gasthäuser), die leckere, günstige Speisen anbieten.

★ **La Galería Café** ITALIENISCH, LOUNGE **$$**
(Morelos 902; Hauptgerichte 75–110 Mex$; 17–1 Uhr; ; M Zaragoza) Dieses elegante, moderne Restaurant-Café, das neues Leben in den Barrio brachte, serviert herrliche Pastagerichte (zur Wahl stehen dabei elf klassische Saucen) und Snacks zu elektronischer Hintergrundmusik. An den Wochenendabenden kommt die Terrasse im Obergeschoss so richtig zur Geltung: Dann kann man, das nächtliche Neonlichtermeer betrachtend, an einem Cocktail nippen.

El Infinito CAFÉ **$$**
(81-8989-5252; Jardón 904; Hauptgerichte 70–140 Mex$; 17/18–0.30 Uhr; ; M Zaragoza) In dem sehr netten Kulturcafé mitten in einem kolonialzeitlichen Anwesen können Gäste Bücher lesen, sich gelegentlich anspruchsvolle Filme ansehen und Livemusik hören. Es gibt sättigende Suppen, Sandwiches, Käseplatten, Pizzas, Fruchtfrappés, Mango-Martinis und guten Espresso.

El Rey del Cabrito MEXIKANISCH **$$**
(81-8345-3292, 81-8345-3352; www.elreydelcabrito.com.mx; Ecke Dr Coss & Av Constitución; Hauptgerichte 100–250 Mex$; 11–24 Uhr; M Zaragoza) Das auffällige, für seine Ziegengerichte bekannte Restaurant hat einen kitschigen Speisesaal im Stil einer Jagdlodge. Im Fenster ist die Hausspezialität ausgestellt: langsam gebratene *cabritos* (Zicklein) am Spieß über Holzkohle. Der noch brutzelnde Ziegenbraten kommt auf einem Zwiebelbett auf den Tisch und wird mit einem großen Salat und Tortillas serviert.

Madre Oaxaca MEXIKANISCH **$$$**
(Jardón 814; Hauptgerichte 135–220 Mex$; Mo–Sa 13–23 Uhr; M Zaragoza) Dieses nette Restaurant in einem historischen Gebäude verströmt mit seinen originalen Bodenfliesen, den ausgefallenen Kuriosiäten und den gemütlichen Speisesälen wirkliche Atmosphäre. Highlights der Speisekarte sind authentische, mit reichlich *moles* zubereitete Oaxaca-Gerichte – toll ist die gemischte *tlayuda oaxaqueña* (riesiges Fladenbrot mit Beilagen). Außerdem gibt's eine große Weinauswahl.

El Lingote MEXIKANISCH, INTERNATIONAL **$$$**
(www.ellingoterestaurante.com; Horno 3, Parque Fundidora; Hauptgerichte 140–280 Mex$; Di–So 13–24 Uhr; P) Dieses schicke, teure, ausgefallene Restaurant ist spitze, wenn man sich mal was gönnen möchte. Die Küche verleiht klassischen mexikanischen Gerichten wie Tacos oder Empanadas einen modernen Touch, man kann sich aber auch ein Rib-Eye-Steak oder ein Pastagericht schmecken lassen. Die Portionen sind nicht übermäßig groß, aber die Lage des Lokals ist einmalig (und sogar die Speisekarte ist aus Stahl).

☆ Unterhaltung

Monterrey hat zahlreiche Kinos und ein reges Kulturleben. Die besten Infoquellen zum aktuellen Unterhaltungsangebot sind die täglich erscheinenden Abschnitte „Gente" und „Vida" der Zeitung *El Norte* sowie die Broschüre *Agenda Cultura*, die in der Touristeninformation und einigen Museen kostenlos erhältlich ist.

Zu den Bars und Clubs des Barrio Antiguo, die von gut situierten jüngeren Menschen besucht werden, zählen angesagte Locations mit Livemusik wie etwa das **Café Iguana** (81-8343-0822; Montemayor 927 Sur; Di–Sa 21–3.30 Uhr; M Zaragoza) in Montemayor. Allerdings haben viele Lokale wegen der Drogenkriminalität in der Umgebung geschlossen. Die Lage hat sich seit Anfang 2014 zwar leicht entspannt, dennoch ist besondere Vorsicht geboten, wenn man ausgeht oder nachts unterwegs ist.

Shoppen

Der Mercado Juárez (s. linke Spalte), der größte Markt im Zentrum, ist der richtige Fundort für Alltagsgegenstände.

Corredor del Arte KUNSTHANDWERKSMARKT
(Art Corridor; So 10–18 Uhr; M Zaragoza) Sonntags verwandelt sich die Calle Mina im Barrio Antiguo in den Corredor del Arte, eine Kombination aus Kunsthandwerks- und Flohmarkt. Dann spielen hier auch Bands.

ℹ Praktische Informationen

GEFAHREN & ÄRGERNISSE

Monterrey erwarb sich den Ruf als eine der gefährlichsten Städte Mexikos, als die Bandenkriminalität von der Stadt Besitz ergriff und 2011 ihren tristen Höhepunkt erreichte. Heute hat sich die Lage beruhigt, und die Anzahl bewaffneter Raubüberfälle, von Schießereien zwischen den Gangs und von „Carjackings" ist erheblich zurückgegangen. Dennoch sollte man vorsichtig sein, vor allem wenn man nach Einbruch der Dunkelheit draußen unterwegs ist.

Das aufgewertete Viertel San Pedro Garza García im Südwesten der Stadt gilt als sicher, ebenso wie die Zona Rosa westlich der Gran Plaza. Die Zwischenfälle im Barrio Antiguo (wo es 2011 besonders schlimm war) gingen signifikant zurück, und allmählich kehren die Menschen und das Nachtleben ins historische Viertel zurück.

Südlich von hier, jenseits des Río Santa Catarina, ist das verrufene Colonia Independencia nach wie vor von den Drogenkämpfen betroffen und sollte bei Tag und Nacht gemieden werden.

GELD

Es finden sich zahlreiche Banken und/oder Geldautomaten an fast jedem Block in der Zona Rosa.

INTERNETZUGANG

El Rincón Zapatista (www.rznuevoleon.ideosferas.org; Tapia 1538; 8 Mex$/Std.; ⌚ Di–So 14–20 Uhr; Ⓜ Alameda) Cooles Café mit Internetzugang und Filmvorführungen.

MEDIZINISCHE VERSORGUNG

Hospital Muguerza (☎ 81-8399-3400; www.christusmuguerza.com.mx; Hidalgo 2525 Poniente; ⌚ 24 Std.; Ⓜ Hospital)

POST

Post (Washington 648 Oriente; ⌚ Mo–Fr 8–16.30, Sa 8–12.30 Uhr; Ⓜ Zaragoza)

REISEBÜROS

BCD Travel (☎ 81-8133-5160; www.bcdtravel.com.mx; Vasconcelos 158 Ote, San Pedro Garza García) Führt gegen eine geringe Vermittlungsgebühr Buchungen durch.

TOURISTENINFORMATION

Infotur (☎ 81-2020-6789, in die USA 866-238-3866; Antiguo Palacio Federal, Washington 648; ⌚ Mo–Fr 9–18.30, Sa & So bis 17 Uhr) Freundliche, Englisch sprechende Angestellte bieten in diesem Informationsbüro eine Fülle von Infomaterial (vieles auf Englisch, teilweise auch auf Französisch) zu den Attraktionen und Events in Nuevo León an. Außerdem gibt's am Busbahnhof einen Kiosk.

ℹ An- & Weiterreise

BUS

An Monterreys riesigem **Central de Autobuses** (Av Colón; Ⓜ Cuauhtémoc) ist rund um die Uhr Betrieb; Busse aus ganz Mexiko kommen hier an und fahren von hier ab. Man sollte das offizielle Taxibüro im Inneren des Bahnhofs benutzen: Die Fahrt zu den meisten Hotels im Zentrum kostet 50 Mex$.

FLUGZEUG

Es gibt von hier aus Direktflüge in alle größeren Städte Mexikos und zusätzlich diverse internationale Flüge.

Viva Aerobus (☎ 81-8215-0150; www.vivaaerobus.com; Av Eugenio Garza Sada 2132) Fliegt diverse Städte an, darunter Chihuahua.

Aeroméxico (☎ 800-021-40-00; www.aeromexico.com; Av Eugenio Garza Sada 3551) Zu den Zielen zählen u.a. Las Vegas, Chicago und viele Provinzstädte Mexikos.

BUSSE AB MONTERREY

Die Preise gelten für 1.-Klasse-Busse, sofern nicht anders angegeben.

ZIEL	PREIS (MEX$)	DAUER (STD.)	HÄUFIGKEIT (TGL.)
Chihuahua	826–1029	9–11	11-mal
Dallas, US	1022–1107	12	Direktbus 3-mal (oder umsteigen in Nuevo Laredo)
Durango	648–842	8–9	14-mal
Houston, US	940	11	Direktbus 4-mal (plus 7-mal mit Umsteigen in Nuevo Laredo)
Mexico City (Terminal Norte)	930–1005	11	31-mal
Nuevo Laredo	271–301	3	alle 20 Min.
Piedras Negras	580–755	5–7	9-mal
Reynosa	256	3	alle 30 Min.
Saltillo	93–101	1¾	alle 45 Min.
San Luis Potosí	521–561	6½	alle 45 Min.
Zacatecas	461–473	6½–7	alle 45 Min.

Unterwegs vor Ort

AUTO & MOTORRAD

Budget (☎81-8340-4100; www.budget.com; Hotel Misión Monterrey, Padre Mier 201; Ⓜ Padre Mier) Hat ebenfalls ein Büro am Flughafen.

BUS

Häufig verkehrende Busse (7–9 Mex$) bringen Traveller zu allen Zielen, die man mit der Metro nicht erreichen kann. Eine wichtige Linie ist die Ruta 130, die an der Ecke Juárez und Hidalgo in der Zona Rosa startet und durch San Pedro und weiter westwärts auf der Av Vasconcelos fährt.

ZUM/VOM FLUGHAFEN

Noreste (www.noreste.com.mx) lässt täglich elf Busse (65 Mex$, 45 Min.) vom Flughafen zum Hauptbusbahnhof fahren. Ein Taxi ab dem Zentrum kostet etwa 275 Mex$.

METRO

Die **Metrorrey** (Einzelfahrt 4,50 Mex$; ⏲5–24 Uhr), Monterreys modernes, effizientes Metrosystem, besteht aus zwei Linien. Die Hochbahnstrecke Línea 1 führt aus dem Nordwesten der Stadt vorbei am Parque Fundidora zu den östlichen Vororten. Die Línea 2 beginnt unterirdisch an der Gran Plaza und führt nordwärts vorbei am Parque Niños Héroes bis in die nördlichen Vororte. Die beiden Linien kreuzen sich an der Stadtion Cuauhtémoc, direkt am Busbahnhof.

Einige Metrostationen sind durch Metrobusse (Sonderbusse mit speziellen Haltestellen) mit entfernteren Außenbezirken verbunden. Außerdem wurde mit dem Bau der Línea 3 begonnen, die die Station Zaragoza über die Gran Plaza mit den nordöstlichen Vorstädten verbinden wird. Die Arbeiten sollen voraussichtlich 2015 beendet sein.

TAXI

Taxis (alle mit Taxameter) sind allgegenwärtig und preisgünstig. Eine Fahrt von der Zona Rosa zum Busbahnhof oder zum Parque Fundidora kostet meist rund 35 Mex$. Funktaxis kann man unter ☎8372-8800 oder 8130-0600 bestellen.

Rund um Monterrey

Einen Teil von Monterreys Reiz macht das atemberaubende Umland aus. Die im Folgenden genannten Ausflugsziele sind allerdings wegen der Gewalt im Zusammenhang mit Drogen weniger sicher geworden, deswegen sollte man sich immer über die aktuelle Lage informieren, bevor man aufbricht.

Direkt vor der Stadt erstreckt sich eine atemberaubende Gebirgslandschaft, der **Parque Ecológico Chipinque** (☎81-8303-5575; www.chipinque.org.mx; Fußgänger/Radfahrer/Auto 20/35/35 Mex$; ⏲6–20 Uhr), der zum Parque Nacional Cumbres de Monterrey gehört. Es ist kaum zu glauben, dass sich eine derartig wilde Landschaft in der Nähe einer Großstadt über so lange Zeit behaupten konnte. Durch den dichten Wald führen tolle Wander- und Mountainbikewege, zudem gibt es felsige Gipfel, wobei der **Copete de Águilas** (2200 m) am höchsten ist. Im Besucherzentrum nahe beim Eingang gibt es Karten, Snacks, Infos zu den Wegen und Genehmigungen für Parkbesucher. Der Eingang liegt eine 15-minütige Fahrt in südwestlicher Richtung von der Innenstadt von Monterrey über die Av Gómez Morín im Viertel San Pedro entfernt.

Am Wochenende und in den Ferien fahren kostenlose Busse von der südwestlichen Ecke des Parque Alameda um 8, 10 und 12 Uhr nach Chipinque; unbedingt nachfragen, wann der letzte Bus zurückfährt! Alternativ kann man den Bus 130 von San Pedro Garza García (von der Kreuzung in Vasconcelos Gómez) nehmen.

Das Umland hält noch weitere Natur-Highlights bereit. 6 km bergauf von El Cercado, einem Dorf 35 km südlich von Monterrey am Hwy 85, gibt es an der hübschen **Cascada Cola de Caballo** (Pferdeschweif-Wasserfall; ☎8347-1533; Erw./Kind 35/20 Mex$; ⏲Mai–Okt. 9–19 Uhr, Nov.–April bis 18 Uhr) Mexikos höchste (70 m) **Bungee-Jumping-Anlage** (☎81-8369-6640; www.coladecaballo.com; Sprung 360 Mex$; ⏲Fr 15–20, Sa & So 11–20 Uhr). Außerdem findet man hier einen 60 m langen **Baumwipfelpfad**.

Die hohen Kalksteinwände des **El Potrero Chico** (http://potrerochico.org), rund 45 Minuten nordwestlich von Monterrey nahe der Stadt Hidalgo, gehören mit über 600 Routen zu den besten Kletterrevieren der Welt. Die **El Potrero Chico Climbing School** (www.elpotrerochico.com.mx) verlangt für eine eintägige Klettertour für zwei Personen happige 2150 Mex$ (Leihschuhe und Verpflegung sind nicht inklusive). Zudem verleiht sie Kletterausrüstung und Mountainbikes.

Ab Monterrey steuert Autobuses Mina (28 Mex$, 1½ Std.) Hidalgo an. Von der zentralen Plaza in Hidalgo bis zum Canyon kostet eine Taxifahrt 60 Mex$. Wer mit dem Auto unterwegs ist, fährt bis zur Zementfabrik im Zentrum Hidalgos und folgt der Beschilderung.

Sowohl bei der Cascada Cola de Caballo als auch beim El Potrero Chico gibt es anständige Unterkünfte.

Mexiko verstehen

Mexiko aktuell

Als Enrique Peña Nieto von der PRI (Partei der Institutionellen Revolution) seine sechsjährige Amtszeit im Dezember 2012 antrat, hat er sofort mit den beiden stärksten Oppositionsparteien einen 'Pakt für Mexiko' geschlossen, damit wichtige Reformen durch den Kongress kommen. Dies wurde häufig als 'Mexikos Moment' bezeichnet – eine Möglichkeit, die politischen Grabenkämpfe einen Augenblick ruhen zu lassen, um das wirtschaftliche Potential des Landes wieder ausschöpfen und einige der eklatanten sozialen Probleme mildern zu können.

Top-Filme

Amores Perros (2000) Düsterer Film, der Regisseur Alejandro González Iñárritu und Darsteller Gael García Bernal zu Stars machte.

Y Tu Mamá También (... mit deiner Mutter auch!; 2001) Klassisches Jugend-Road-Movie über zwei privilegierte Teenager aus Mexico City (Gael García Bernal und Diego Luna).

Heli (2013) Amat Escalante erhielt in Cannes den Preis für die beste Regie. Thema des Films ist ein junges Paar, das vom Drogenkrieg eingeholt wird.

Rudo y Cursi (Kick it – Zwei wie Feuer und Wasser; 2008) Die Geschichte zweier Brüder auf ihrem Weg zur professionellen Fußballerkarriere.

Top-Bücher

Bandit Roads: In das gesetzlose Herz Mexikos Richard Grant unterwegs im Drogensumpf der Sierra Madre Occidental.

Pedro Páramo Der mexikanische Roman schlechthin, von Juan Rulfo.

El Narco Autor Ioan Grillo beobachtete über mehr als ein Jahrzehnt den Drogenkrieg in den gefährlichsten Regionen Mexikos.

Unter dem Vulkan In Malcom Lowrys Klassiker aus dem Jahr 1938 säuft sich ein britischer Konsul in Cuernavaca zu Tode.

Schwächung von Pemex

Die Wirtschaft entwickelt sich seit 2010 positiv, könnte aber weitaus mehr leisten. Ganz oben auf Peña Nietos Liste stand die Beendigung des geschwächten Monopols der staatlichen Öl- und Gasgesellschaft Pemex. Mexico ist der zehntgrößte Rohölproduzent der Welt – Pemex erwirtschaftet ein Drittel der Staatseinnahmen. Allerdings ist die Ölfördermenge seit 2004 um ein Viertel zurückgegangen, deshalb muss das Land rund die Hälfte des benötigten Benzins importieren. Im Dezember 2013 wurde die Verfassung so geändert, dass nun auch private Unternehmen nach neuen Ölfeldern suchen und in Raffinerien investieren dürfen – wozu Pemex das Geld fehlte. Die Partei der demokratischen Revolution (PRD) war gegen die Reform und hat den 'Pakt für Mexiko' gebrochen. Jedoch wird erwartet, dass Mexiko in ein paar Jahren mehr Öl produzieren, günstigere Energie haben und für ausländische Investoren wieder attraktiver sein wird.

Leistungsbewertungen für Lehrer

Das größte gesellschaftliche Problem ist die Verbesserung der Unterrichtsstandards, die längst nicht denen anderer Entwicklungsländer entsprechen. Peña Nieto hat Leistungsbewertungen für Lehrer eingeführt und das Verkaufen oder Weiterreichen dieser Positionen an Familienmitglieder untersagt (was bisher üblich war). Die Regierung hat versucht, die 1,5 Mio. Mitglieder starke Nationale Lehrergewerkschaft zu zermürben. Monatelang haben die Proteste der mexikanischen Lehrer das öffentliche Leben beeinträchtigt (Besetzung des Nationalkongresses und des Internationalen Flughafens von Mexico City). Nachdem die Regierung im Dezember 2012 erklärte, Lehrer nicht mehr zu bezahlen, die sich den

Erhebungen im Schulsystem entziehen, weiteten sich die Proteste aus, besonders in den Südstaaten Oaxaca, Chiapas und Michoacán.

Verbrechensbekämpfung

Dann ist da noch der Drogenkrieg. Peña Nietos Vorgänger, Felipe Calderón, hatte den Drogenkartellen, die jedes Jahr Kokain, Marihuana und Metamphetamine im Wert von 13 Mrd. US-Dollar in die USA schmuggeln, den Krieg erklärt. Zwischen 2006 und 2012 fielen schätzungsweise 60 000 Menschen dem Drogenkrieg zum Opfer, die meisten bei Revierkämpfen rivalisierender Banden oder bei Auseinandersetzungen mit Sicherheitskräften. Ein Jahr nach seinem Amtsantritt erklärte Peña Nieto, dass die Zahl der Todesopfer um 20 % gesunken sei. Einige Beobachter bezweifelten seine Zahlen, dennoch gibt es Hoffnung, dass sich sein neuer Ansatz auszahlen wird. Unter anderem hat die Regierung ihre Bemühungen verstärkt, der eigentlichen Ursache zu begegnen, indem sie in den 220 gewaltbereitesten Vierteln viel Geld in neue Arbeitsplätze, Schulen, Grünanlagen und kulturelle Aktivitäten investierte. Trotzdem bleibt die Sicherheit das größte Problem des Landes. Zwar sinken die Zahlen der Mordopfer im Drogenmilieu, doch gibt es einen erschreckenden Anstieg von Entführungen (laut dem Nationalen Institut für Statistik und Geographie INEGI 106 000 Fälle im Jahr 2012) und Erpressungen.

Trotz der erschreckenden Schlagzeilen hat der Drogenkrieg wenig Einfluss auf den Tourismus. Jedes Jahr kommen rund 23 Mio. Besucher nach Mexiko – auch wegen der hohen Rabatte auf Ferienangebote. Fakt ist: Die drogenbedingte Gewalt findet überwiegend in bestimmten Gegenden statt und betrifft kaum Touristen.

Die leichtere Seite Mexikos …

Die Mexikaner werden vielleicht etwas abspecken: 2013 hat die Regierung auf kohlensäurehaltige Getränke eine Steuer von einem Peso pro Liter und 8 % auf Junk Food (stark salzhaltige Lebensmittel, Zucker und gesättigte Fette) erhoben. Die Vorliebe der Mexikaner für *refrescos* (Limonaden) und salzige, fettige Zwischenmahlzeiten hat bei den Erwachsenen dazu geführt, dass bemitleidenswerte 33 % der Bevölkerung übergewichtig sind (ähnlich wie in den USA). Die Gesundheitsämter rechnen bis 2017 mit Behandlungskosten wegen Fettleibigkeit von 130 Mrd. Mex$ (7,4 Mrd. Euro). Einer von zehn Erwachsenen leidet an Typ-II-Diabetes, einer Kankheit, die mit Übergewicht im Zusammenhang steht und die die zweithäufigste Todesursache darstellt (nach Herzkrankheiten). Nachdem die neue Steuer gesetzlich verankert war, drängte Präsident Peña Nieto die Mexikaner dazu, sich einen gesünderen Lebensstil anzugewöhnen und täglich eine Stunde Sport zu treiben.

BEVÖLKERUNG: **116 MIO.**

FLÄCHE: **1,9 MIO. KM²**

BIP PRO KOPF: **11830 US$**

INFLATION: **3,4 %**

ANZAHL ANERKANNTER LANDESSPRACHEN: **69**

Gäbe es nur 100 Mexikaner, hätten …

30 vorwiegend indigene Vorfahren
9 vorwiegend europäische Vorfahren
61 Vorfahren gemischter Abstammung

Achtung: Dies sind Schätzungen; offizielle Statistiken ermitteln diese Zahlen nicht.

Religionen

(% der Bevölkerung)

Römisch-katholisch

Protestanten & Evangelikale

5 Konfessionslose

2 Andere Bibelreligionen

Einwohner pro km²

MEXIKO | USA | DEUTSCHL.

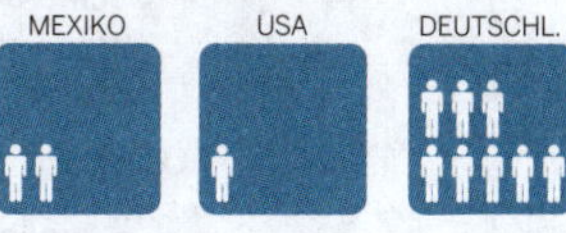

≈ 30 Einwohner

Geschichte

Mexikos Geschichte ist außergewöhnlich, stellenweise fast unglaublich. Wie konnte es sein, dass eine 2700 Jahre alte Kultur mit all ihren Traditionen wegen einer Handvoll spanischer Abenteurer in nur zwei Jahren sang- und klanglos unterging? Wie kam es, dass Mexikos elf Jahre andauernder Unabhängigkeitskrieg gegen Spanien zu drei Jahrzehnten Diktatur unter Porfirio Díaz führte? Warum bescherte die Auflehnung gegen diese Diktatur den Mexikanern eine achtzigjährige Einparteienherrschaft? Die Vergangenheit des Landes ist überall präsent – und der Schlüssel, um Mexiko zu verstehen.

Antike Kulturen

Mexiko: From the Olmecs to the Aztecs von Michael D. Coe

The Aztecs von Richard F. Townsend

Foundation for Advancement of Mesoamerican Studies (www.famsi.org)

Die alten Zivilisationen

Die politische Karte des vorkolonialen Mexiko veränderte sich ständig, da Orte, Städte oder Reiche einander unterwarfen, eine Reihe mächtiger Staaten entstanden und nach Invasionen, internen Konflikten oder Katastrophen wieder zerfielen. Die verschiedenen Kulturen hatten vieles gemeinsam: Etliche Gesellschaften praktizierten Menschenopfer, um die zornigen Götter zu befriedigen. Die Beobachtung des Himmels wurde betrieben, um die Zukunft vorherzusehen oder den besten Zeitpunkt für die Ernte zu bestimmen. Die hierarchisch gegliederten Gesellschaften wurden von mächtigen Priesterkasten beherrscht. Fast überall gab es Varianten eines rituellen Ballspiels, bei dem zwei Mannschaften versuchten, einen Kautschukball vom Boden fernzuhalten. Das Spiel diente manchmal als Orakel. Bisweilen wurden sogar einige der Spieler geopfert.

Die vorspanische Ära wird in drei Epochen gegliedert: die Präklassik bis 250 n. Chr., die Klassik (250–900 n. Chr.) und die Postklassik (900–1521 n. Chr.). Die fortschrittlichsten Kulturen entwickelten sich im Zentrum sowie im Süden und Osten des Landes. Zusammen mit den Maya-Territorien im heutigen Guatemala, in Belize und einem Teil von Honduras bezeichnen Historiker und Archäologen dieses Gebiet als Mesoamerika.

Frühgeschichte

Die präkolumbischen Einwohner Amerikas wanderten einst aus Sibirien ein. Während der letzten Eiszeit (ca. 60 000–8000 v. Chr.) überquerten

ZEITLEISTE

8000–3000 v. Chr.

Beginn des Ackerbaus an Orten wie Tehuacán und Yagul, zunächst mit Chillisamen und Kürbispflanzen. Spätere Mais- und Bohnenkulturen ermöglichen es den Menschen, in Dörfern sesshaft zu werden.

1200–400 v. Chr.

Mexikos „Mutterkultur", die Olmeken, floriert an der Golfküste in San Lorenzo und La Venta. In einem Grab in La Venta wird Jade gefunden – in vorkolonialer Zeit ein beliebtes Material für Ornamente.

0–150 n. Chr.

Mit Teotihuacán entsteht in Zentralmexiko eine Großstadt mit planmäßig angelegtem Straßenraster und der 70 m hohen Sonnenpyramide.

sie in mehreren Migrationswellen eine Landbrücke, die heute vom Wasser der Beringstraße bedeckt wird. Die „ersten Mexikaner" jagten große Tierherden in den Hochlandtälern. Die steigenden Temperaturen am Eiszeitende trockneten die Täler aus und zerstörten die Lebensgrundlage der Fauna; die Menschen mussten sich von Pflanzen ernähren. Im Tal von Tehuacán und Yagul in der Nähe von Oaxaca entdeckten Archäologen die bisher ältesten Spuren landwirtschaftlicher Tätigkeit, die aus der Zeit zwischen 8000 und 3000 v. Chr. stammen.

Olmeken

Die geheimnisvolle Zivilisation der Olmeken war die „Mutter" der mesoamerikanischen Kulturen. Sie entstand nahe der Golfküste im Tiefland, das heute zum Süden des Bundesstaates Veracruz und zu Tabasco gehört. Die meisterhaften Steinmetzarbeiten der Olmeken deuten auf einen hohen gesellschaftlichen Organisationsgrad hin. Die Olmeken förderten talentierte Kunsthandwerker und verehrten furchterregende Götter. Am berühmtesten sind die „Olmekenköpfe" – bis zu 3 m hohe Steinskulpturen mit grimmigen Gesichtern, Boxernasen und seltsamen Helmen.

Manche entlegenen Olmekenstätten im zentralen und westlichen Mexiko dienten als Handels- oder Garnisonsposten. Sie könnten die olmekische Elite mit Jade, Obsidian und anderen Luxusgütern versorgt haben.

Kunst, Religion und Gesellschaftsform der Olmeken beeinflussten spätere Zivilisationen. Neben der gefiederten Schlange existierten z. B. olmekische Feuer- und Maisgottheiten in der ganzen präkolumbischen Periode.

Teotihuacán

Die erste große Zivilisation Zentralmexikos entstand in einem Tal ca. 50 km nordöstlich vom heutigen Mexico City. Das Pflaster der prächtigen Stadt Teotihuacán wurde im 1. Jh. n. Chr. angelegt. Es diente als Basis für die Sonnen- und Mondpyramide sowie für Prachtstraßen, Paläste und Tempel, die während der folgenden 600 Jahre errichtet wurden. Zur Blütezeit Teotihuacáns lebten rund 125 000 Menschen in der Stadt, die zum Zentrum des größten vorspanischen Reiches wurde und in südlicher Richtung bis ins heutige El Salvador reichte. Sie beherrschte wohl auch teilweise die Zapoteken in Oaxaca, deren Hauptstadt Monte Albán sich zwischen 300 und 600 n. Chr. zu einer eigenständigen Stadt mauserte. Die hochentwickelte Ziviliation Teotihuacán mit ihrem Schriftwesen und einem Kalender, dessen „heiliges Jahr" aus 260 Tagen zu 13 Abschnitten von je 20 Tagen bestand, dehnte sich weit über ihr Kerngebiet aus.

Im 8. Jh. wurde Teotihuacán geplündert, niedergebrannt und verlassen. Viele Götter Teotihuacáns – wie die gefiederte Schlange Quetzalcóatl (zentrales Fruchtbarkeits- und Lebenssymbol) und Tláloc (Regen- und Wassergott) – wurden aber noch 1000 Jahre später von den Azteken verehrt.

Virtuelle Besuche

Colecciones Especiales Street View (Google Street View für 30 archäologische Stätten; www.inah.gob.mx/especial-street-view)

Museo Nacional de Antropología (Mexico City; www.inah.gob.mx/paseos/mna)

Teotihuacán (www.inah.gob.mx/paseos/sitioteotihuacan)

Templo Mayor (Mexico City; www.templomayor.inah.gob.mx)

250–600 n. Chr.

Teotihuacáns Bevölkerung wächst auf ca. 125 000 Menschen an. Die Mondpyramide wird errichtet; die Stadt kontrolliert nunmehr Mexikos größtes präkolumbisches Reich.

250–900 n. Chr.

In der klassischen Periode blüht die Hochkultur der Maya in Mexiko (Südosten), Guatemala, Belize und Teilen von Honduras und El Salvador.

695

Die fantastische Maya-Stadt Tikal (im heutigen Guatemala) besetzt den Rivalen Calakmul (in Mexiko). Es gelingt aber nicht, die Bevölkerung Calakmuls zu beherrschen.

750–900

Die Zivilisation des Maya-Kernlands – Chiapas (Südostmexiko), El Petén (Nordguatemala) und Belize – bricht vermutlich infolge überlanger Dürren zusammen.

Die klassische Maya-Zeit

Die klassische Maya-Kultur, die wohl glanzvollste vorspanische Zivilisation, erblühte zwischen Yucatán, Guatemala und Honduras, in Belize und den Niederungen von Chiapas (Mexiko). Die Maya erlangten höchste künstlerische und architektonische Fertigkeiten und beherrschten Astronomie, Mathematik und Astrologie besser als alle Zivilisationen zuvor.

Politisch waren die Maya in Stadtstaaten aufgeteilt, die sich oft bekriegten. Zu Beginn der klassischen Periode gab es zwei lose Militärbündnisse, deren Zentren in Tikal und Calakmul lagen.

Calakmul liegt in einer abgeschiedenen Gegend, die einst zu den vier Zentren der Maya-Kultur zählten. In der Río-Bec-Zone finden sich lange, niedrige Bauten, die mit Schlangen oder Monstermasken geschmückt sind und Ecktürme haben. Ein zweiter Schwerpunkt war die Chenes-Zone im Nordosten Campeches mit ähnlicher Architektur, aber ohne die Türme. Drittes Zentrum war die Puuc-Zone im Süden von Mérida. Hier zeigen die Gebäude komplizierte Steinmosaike, die häufig das Gesicht des hakennasigen Regengottes Chac darstellen. Die wichtigste Stadt in Puuc war Uxmal. Die vierte Zone lag im Tiefland von Chiapas, mit den Städten Palenque (für viele die schönste aller Maya-Stätten), Yaxchilán und Tonin.

Der Film *Apocalypto* (2006) von Mel Gibson erzählt vom gewaltsamen Schicksal eines jungen Mannes, der versucht, sich seiner Opferung durch Flucht zu entziehen. Der Film vermittelt eine Ahnung davon, wie das Leben der alten Maya wohl zuweilen gewesen sein mag.

Eine typische Maya-Stadt war religiöses, politisches und wirtschaftliches Zentrum für die umliegenden Dörfer. Ihr zeremonieller Mittelpunkt war die Plaza, die von Tempelpyramiden (meist Gräber von Regenten, die man für Abkömmlinge der Götter hielt) umgeben waren. Erhöhte steinerne Laufstege, so genannte *sacbeob,* die wahrscheinlich zeremoniellen Zwecken dienten, führten oft kilometerweit von den Plazas weg.

Untergang der klassischen Maya-Zivilisation

In der zweiten Hälfte des 8. Jhs. nahmen die Konflikte zwischen den Stadtstaaten zu. Im frühen 10. Jh. war die riesige Bevölkerung des Maya-Kernlands in Chiapas, in Petén in Nordguatemala und in Belize praktisch verschwunden. Die klassische Epoche war zu Ende. Dürreperioden und die Bevölkerungswachstum mögen zu dieser Katastrophe geführt haben. Viele Maya wanderten wohl auf nach Yucatán oder Chiapas aus, wo ihre Nachfahren heute leben. Der Dschungel eroberte die Tieflandstädte zurück.

Die Maya im Internet

- *Mesoweb (www.mesoweb.com)*
- *Maya Exploration Center (www.mayaexploration.org)*
- *Mundo Maya Online (www.mayadiscovery.com)*

Die Tolteken

Nach dem Fall Teotihuacáns teilten sich mehrere bedeutende Städte jahrhundertelang die Macht in Zentralmexiko. Dazu zählten z.B. Xochicalco südlich von Mexico City, Cacaxtla und Cantona im Osten sowie Tula im Norden. Während der Kult um die gefiederte Schlange Quetzalcóatl weiterhin bestand, nahm die militärische Gesinnung mancherorts sogar zu. In dieser Periode kam es in Zentralmexiko wohl erstmals zu Menschenopferungen im größeren Rahmen. Nach dem Untergang der klassischen

Um 1000
Die verlassene Maya-Stadt Chichén Itzá in Yucatán wird neu besiedelt. Ein Mix aus den Stilen der Maya und denen Zentralmexikos macht sie zu einer der prächtigsten vorkolonialen Metropolen.

1325
Die Azteken gründen Tenochtitlán. Nach 100 Jahren sind sie die mächtigste Kultur im Valle de México. Sie dehnen ihre Macht später auf fast ganz Zentralmexiko aus.

1487
20 000 Gefangene werden im Zuge der viertägigen Weihung des gerade restaurierten Großen Tempels von Tenochtitlán geopfert.

1519–20
Eine spanische Expedition aus Kuba unter der Leitung von Hernán Cortés erreicht Tenochtitlán. Nach dem freundlichen Empfang werden die Spanier in der Noche Triste (Traurige Nacht) am 30. Juni 1520 vertrieben.

GÖTTER, OPFER & GESTIRNE

Die Maya entwickelten ein komplexes Schriftsystem mit 300 bis 500 Symbolen – halb piktografisch, halb phonetisch. Zudem perfektionierten sie einen Kalender, den bereits andere präkolumbische Zivilisationen benutzt hatten. So konnten die Maya irdische und himmlische Ereignisse exakt aufzeichnen und vorhersagen. Die Ausrichtung ihrer Tempel erleichterte das Beobachten von Sonne, Mond sowie Sternen und Planeten. So ließen sich Sonnenfinsternisse sowie die Zyklen des Mondes und vor allem der Venus berechnen. Die Zeitmessung der Maya basierte auf überlappenden Abschnitten. Diese reichten von 13-tägigen „Wochen" bis hin zu den 1872 000 Tagen des „Großen Zyklus". Die Maya hielten ihre Welt nur für einen Teil einer Weltenfolge. Die zyklische Natur der Dinge ermöglichte ihnen ihrer Meinung nach also die Voraussage der Zukunft durch den Blick in die Vergangenheit.

Um die Götter gnädig zu stimmen, entwickelten sie komplizierte Rituale: Sie tranken das Getränk *balche*, opferten Blut aus Ohren, Zungen und Penissen, veranstalteten Tänze, Feste und Opfergaben. Die klassische Maya-Zivilisation scheint hin und wieder Menschen geopfert zu haben, die der postklassischen Ära betrieb dies wohl in größerem Stil.

Das Universum der Maya hatte ein Zentrum und vier Himmelsrichtungen, denen jeweils eine eigene Farbe zugeordnet war: Grün stand für das Zentrum; Rot repräsentierte den Osten, Weiß den Norden, Schwarz den Westen und Gelb den Süden. Der Maya-Himmel hatte 13 Sphären, während die Toten zu den neun Schichten der Unterwelt Xibalbá hinabstiegen. Die Erde galt als Rücken eines riesigen Reptils, das in einem Teich trieb.

Wie die Maya beobachteten die Azteken den Himmel für astrologische Zwecke und nahmen an, die Welt habe vier Richtungen, 13 Himmel und neun Höllen. Wer durch Ertrinken, Blitzschlag, an Lepra, Gicht, Wassersucht oder Lungenkrankheit starb, kam in die paradiesischen Gärten des Tláloc, des Regengottes, der sie getötet hatte. Krieger, die geopfert wurden oder fielen, Kaufleute, die in der Fremde getötet wurden, und Frauen, die bei der Geburt ihres ersten Kindes starben, kamen in den Himmel. Alle anderen mussten vier Jahre durch das Reich des Totengottes Mictlantecuhtli unter den nördlichen Wüsten reisen, ehe sie die neunte Hölle erreichten und dort – Pech gehabt – entschwanden.

Die Azteken glaubten, dass sie in der „fünften Welt" lebten. Die vier Vorgängerwelten waren ihrer Ansicht nach jeweils durch den Tod der Sonne zerstört worden. Mit ihren Menschenopfern wollten sie deshalb die Sonne am Leben erhalten.

Kultur erreichten der Quetzalcóatl-Kult und die Praxis der Menschenopfer Yucatán – Zeugnisse davon sind vor allem in Chichén Itzá präsent.

Die zentralmexikanische Kultur der frühen postklassischen Zeit ist mit dem Namen der Tolteken (Erbauer) verbunden, den die Azteken prägten, die die Tolteken-Herrscher ehrfürchtig als königliche Vorfahren ansahen.

Die Azteken

Ihren Legenden zufolge sind die Azteken das auserwählte Volk von Huitzilopochtli, ihrem Stammesgott in Gestalt eines Kolibris. Das Nomaden-

1521

Die Spanier und 100 000 indigene Verbündete erobern Tenochtitlán. Die Stadt wird zerstört und unter dem Namen „México" als Hauptstadt Nueva Españas wieder aufgebaut.

1524

Das Aztekenreich steht fast vollständig unter spanischer Kontrolle – ebenso andere mexikanische Regionen wie Colima, Huasteca und der Istmo de Tehuantepec.

1534–1592

Nördlich von Mexico City entdecken die Spanier riesige Silbervorkommen bei Pachuca, Zacatecas, Guanajuato und San Luis Potosí.

1540er-Jahre

Drei miteinander verwandte Konquistadoren – sie heißen alle Francisco de Montejo – erobern Yucatán. Neuspaniens Nordgrenze verläuft nun grob zwischen Tampico und Guadalajara.

Alles über die Maya-Zeitrechnung, worauf das Geburtsdatum hindeutet und was man an jedem Tag der Woche tun soll erklärt die iPhone App Maya Calendar (www.mayan-calendar.com).

volk aus dem Westen oder Norden Mexikos wurde von Priestern ins Valle de México geführt. Dort ließen sie sich auf den Inseln der Seen im Tal nieder. Bis zum 15. Jh. hatten sich die Azteken (Mexica) die Stellung als mächtigste Volksgruppe im Tal erkämpft. Ihre Hauptstadt Tenochtitlán gründeten sie am Ort des heutigen Mexico City.

Die Azteken gingen ein Dreierbündnis mit zwei anderen Stadtstaaten ein: Gemeinsam mit Texcoco und Tlacopan bekriegten sie Tlaxcala und Huejotzingo östlich des Tals. Ihre Gefangenen wurden dem gefräßigen Huitzilopochtli (nicht gerade ein harmloser Kolibri) geopfert – auf dass er auch weiterhin Tag für Tag die Sonne aufgehen lassen möge.

Die Dreierallianz kontrollierte den Großteil Zentralmexikos von der Golfküste bis zum Pazifik. In 38 Provinzen lebten 5 Mio. Menschen. Sie mussten Tribute in Form von Rohstoffen zahlen, die es im Kernland nicht gab. Dinge wie Jade, Türkise, Baumwolle, Papier, Tabak, Kautschuk, Obst und Gemüse, Kakao und Federn schmückten aztekische Würdenträger.

Azteken-Gesellschaft

In Tenochtitlán und der Azteken-Stadt Tlatelolco lebten über 200 000 Menschen. Im Valle de México ernährten die Landwirtschaft mehr als 1 Mio. Menschen. Man arbeitete mit Stein- und Holzwerkzeug, Felder wurden bewässert und als Terrassen angelegt, Sümpfe urbar gemacht.

Der Azteken-Herrscher hatte uneingeschränkte Macht. Zölibatär lebende Priester vollführten große Zeremonien, zu denen Opferrituale, Maskentänze und mythische Prozessionen gehörten. Militärische Führer kamen aus den Reihen der professionellen Elitesoldaten, auch bekannt als *tecuhtli*, während bewaffnete Kaufleute, die *pochtecas*, bei der Ausdehnung des Reiches mitwirkten. Sie brachten Waren in die Hauptstadt und organisierten die Märkte der Großstädte. Auf der untersten Sprosse der gesellschaftlichen Leiter standen Tagelöhner, Leibeigene und Sklaven.

Laut der Legende haben die Azteken ihre Hauptstadt Tenochtitlán an dieser Stelle errichtet, weil dort ein Adler auf einem Kaktus eine Schlange verspeist hat. Laut ihren Prophezeihungen war das ein Zeichen, ihre Wanderung zu beenden. Der an dieser Stelle errichtete Templo Mayor galt als Zentrum des Universums.

Weitere postklassische Zivilisationen

Am Vorabend der spanischen Eroberung verbanden die meisten mexikanischen Zivilisationen etliche Gemeinsamkeiten: Sie besaßen alle Zentralregierungen und differenzierte Klassengesellschaften mit diversen Berufsfeldern, u.a. eine professionelle Priesterkaste. Obwohl das Rad noch unbekannt war und es an Zugtieren und Metallwerkzeugen mangelte, erwies sich die Landwirtschaft als höchst produktiv. Bohnen, Maistortillas und -grütze (*pozol*) dienten als Grundnahrungsmittel. Es gediehen zudem weitere Feldfrüchte wie Kürbisse, Tomaten, Chilis, Avocados, Erdnüsse, Papayas und Ananas. Zum Luxus der Elite zählten Truthahn und Getränke auf Kakaobasis, zudem domestizierte haarlose Hunde und Spiele. Die vielen Kriege zwischen Städten und Reichen entsprangen oft der Notwendigkeit, diversen Göttern Gefangene zu opfern.

1605

Seit der Ankunft der Spanier ist Mexikos indigene Bevölkerung von ca. 25 Mio. auf knapp über eine Million geschrumpft, hauptsächlich aufgrund eingeschleppter Krankheiten.

1767

Die Jesuiten, Missionare und Lehrer in Nueva España, darunter viele *criollos* (Nachkommen spanischer Vorfahren), werden aus den spanischen Gebieten vertrieben, was die *criollos* in der Kolonie aufbringt.

1795

José Guadalupe Cuervo, Besitzer von agavenreichem Land in Jalisco, erhält vom spanischen König Carlos IV. die erste offizielle Konzession für den Handel mit *vino mezcal* (Tequila).

1810

Rebellen erobern im Herbst Zacatecas, San Luis Potosí und Morelia. Sie besiegen Royalisten bei Las Cruces, greifen Mexico City aber nicht an und werden nordwärts abgedrängt.

Neben den Zivilisationen von Tolteken und Azteken existierten in der postklassischen Ära einige weitere regional bedeutsame Kulturen:

- **Michoacán** Als gewiefte Kunst- und Schmuckhandwerker herrschten die Tarasco über Michoacán. Sie zählten zu den Volksgruppen, die nicht unter das aztekische Joch gerieten.
- **Oaxaca** Ab 1200 standen die Zapoteken verstärkt unter dem Einfluss der Mixteken. Diese geschickten Metallschmiede und Töpfer stammten ursprünglich aus dem Hochland an der Grenze zwischen Oaxaca und Puebla. Im 15. und 16. Jh. fiel der Großteil Oaxacas an die Azteken.
- **Halbinsel Yucatán** Nach dem Ende der Tolteken-Ära von Chichén Itzá um ca. 1200 dominierte die Stadt Mayapán den Großteil Yucatáns. Als Mayapáns Macht ab ca. 1440 allmählich schwand, stritten zahlreiche Stadtstaaten um die Halbinsel.

Heute ziert das aztekische Wappen mit Adler, Kaktus und Schlange die mexikanische Nationalflagge.

Die spanische Eroberung

In zwei Jahren zerschlug eine winzige Gruppe von Eindringlingen die fast 3000 Jahre alte Zivilisation Mexikos. Die Spanier zerstörten das Azteken-Reich, brachten eine neue Religion mit und degradierten die indigenen Einwohner zu Sklaven oder Menschen zweiter Klasse. Kaum eine andere Zivilisation hat je einen derart rasanten Transformationsprozess erleben müssen. Neuankömmlinge und Indigene waren sich so fremd, dass sie jeweils die Menschlichkeit der Gegenseite bezweifelten (1537 erklärte Papst Paul III., dass es sich bei Mexikanern um Menschen handele). Daraus erwuchs das moderne Mexiko, dessen Einwohner größtenteils Mestizen mit indigenen und europäischen Wurzeln sind – Nachfahren beider Kulturen.

Allgemeines zur Geschichte

A History of Mexico von Lynn V. Foster

Mexico Online (www.mexonline.com)

Mexconnect (www.mexconnect.com)

Hintergründe der spanischen Politik

Unmittelbar nach Beendigung der Reconquista (Rückeroberung) verfolgte Spanien ab 1492 – dem Jahr, in dem Christoph Kolumbus die Karibik erreichte – eine aggressive Expansionspolitik. Während der vorherigen 700 Jahre hatten christliche Truppen die spanischen Festlandgebiete allmählich von den Arabern zurückerobert. Eine Mischung aus Brutalität, Tapferkeit, Goldgier und Frömmigkeit machte die spanischen *conquistadores* in Amerika zu Nachfolgern der Reconquista-Kreuzritter.

Auf der Suche nach neuen Westpassagen zum Orient erreichten Entdecker, Soldaten und Kolonisten im Auftrag der spanischen Krone als erste Europäer die Karibik, wo sie Posten auf Hispaniola und Kuba bezogen. Dann suchten sie Wege durch das Land im Westen, ließen sich aber von Geschichten über Gold, Silber und ein Königreich davon abbringen.

Daraufhin ernannte der spanische Inselgouverneur Diego Velázquez einen Kolonisten, Hernán Cortés, zum Anführer einer Westexpedition. Doch als dieser alles Nötige organisierte, veranlassten hohe Kosten und Zweifel an Cortés' Loyalität Velázquez, die Expedition abzublasen. Cortés, der die

1811 Zunächst siegreich, lichten sich die Reihen der Rebellen und ihre Anführer, darunter Hidalgo, werden festgenommen und hingerichtet. Seine Stellung übernimmt ein anderer Priester, José María Morelos y Pavón.

1813 Morelos Streitkräfte belagern monatelang Mexico City. Ein Kongress in Chilpancingo übernimmt die Prinzipien der Unabhängigkeitsbewegung, doch wird Morelos zwei Jahre später hingerichtet.

1821 Die Rebellenführer Vicente Guerrero und Agustín de Iturbide entwickeln den Plan de Iguala für ein unabhängiges Mexiko mit konstitutioneller Monarchie und Vorherrschaft der katholischen Kirche.

1821–22 Der Plan de Iguala überzeugt alle einflussreichen Gesellschaftsschichten. Der spanische Vizekönig stimmt der mexikanischen Unabhängigkeit zu. Iturbide besteigt den mexikanischen Thron als Kaiser Augustin I.

Chance witterte, Geschichte zu schreiben, widersetzte sich: Am 15. Februar 1519 stach er mit elf Schiffen, 550 Mann und 16 Pferden in See.

Die Eroberung

Cortés landete auf der Isla Cozumel und segelte gen Tabasco. In der Schlacht von Centla besiegte er nahe Frontera Einheimische. Sie flohen in Panik vor der spanischen Kavallerie, da sie Ross und Reiter für ein einziges furchterregendes Wesen hielten. Dann übergaben ihm die *indígenas* 20 Dienerinnen, darunter Doña Marina (La Malinche), die seine Übersetzerin, Beraterin und Geliebte wurde.

Die Bewohner der Golfküstenstädte wie Zempoala hassten ihre aztekischen Unterdrücker und hießen die Spanier willkommen. Als Cortés später landeinwärts gen Tenochtitlán vorrückte, verbündete er sich mit den Tlaxcalan, die ebenfalls zu den Feinden der Azteken zählten.

Auch Legenden, Aberglaube und die Unschlüssigkeit Moctezumas II. wirkten sich zum Vorteil der Spanier aus. Nach dem Azteken-Kalender sollte 1519 der legendäre Gottkönig Quetzalcóatl aus dem Osten zurückkehren. Doch war Cortés wirklich Quetzalcóatl? Genügend Vorzeichen dafür gab es: So schlug in einen Tempel der Blitz ein und ein Komet zog über den Nachthimmel. Zudem brachte man Moctezuma einen Vogel „mit einem Spiegel im Kopf", in dem er heranrückende Krieger erblickte.

Am 8. November 1519 lud Moctezuma die Spanier und 6000 ihrer indigenen Verbündeten nach Tenochtitlán ein, das größer war als alle Städte Spaniens. Der Kaiser empfing Cortés in einer Sänfte mit goldenem Federbaldachin, die von Adligen getragen wurde. Wie es sich für Götter gehört, logierten die Spanier im Palast von Moctezumas Vater Axayácatl.

Doch trotz der luxuriösen Freuden saßen die Spanier angesichts der deutlichen Überzahl der Azteken in der Falle. Über Moctezumas Absichten im Unklaren, nahmen sie ihn als Geisel. Im Glauben, Cortés sei ein Gott, erzählte er dem Volk, dass er freiwillig mitginge. Dennoch heizte sich die Atmosphäre auf. Nach sechs oder sieben Monaten töteten einige Spanier aus Furcht vor einem Angriff rund 200 aztekische Adlige. Cortés überredete Moctezuma daraufhin, den Volkszorn zu beschwichtigen. Einer Schilderung der folgenden Ereignisse zufolge starb der Kaiser durch Steinwürfe, als er auf dem Dach des Palastes von Axayácatl zur Menge sprechen wollte. Andere Versionen berichten, die Spanier hätten ihn ermordet.

In der Noche Triste (Traurige Nacht) flohen die Spanier und verloren hunderte ihrer eigenen Leute und tausende ihrer indigenen Verbündeten. Die Überlebenden zogen sich nach Tlaxcala zurück, wo sie zerlegbare Boote bauten und diese über die Berge trugen, um vom Wasser aus einen Angriff auf Tenochtitlán zu starten. Als die 900 Spanier im Mai 1521 ins Valle de México zurückkehrten, wurden sie von rund 100 000 indigenen Verbündeten begleitet. Die Stadt wurde erbittert verteidigt, doch

Spanische Eroberung: Infos aus erster Hand

The Broken Spears: The Aztec Account of the Conquest of Mexico von Miguel Leon-Portilla

Geschichte der Eroberung von Mexiko von Bernal Díaz del Castillo

The New World of Martín Cortés von Anna Lanyon erzählt die faszinierende und ergreifende Geschichte des ersten Mestizo, des Sohnes von Hernán Cortés und La Malinche.

1824

Eine neue Verfassung macht Mexiko zu einer Republik mit 19 Bundesstaaten und vier Territorien. Erster Präsident wird Guadelupe Victoria, ein ehemaliger Unabhängigkeitskämpfer.

1836

Siedler proklamieren die Unabhängigkeit des Texas-Territoriums. Die mexikanischen Streitkräfte unter Präsident Santa Anna zerschlagen die Verteidiger der Missionsstation Alamo, werden aber am Fluss San Jacinto besiegt.

1845–1848

Der US-Kongress beschließt die Annexion von Texas, was zum Mexikanisch-Amerikanischen Krieg führt. Texas, Kalifornien, Utah, Colorado sowie Teile von New Mexico und Arizona fallen an die USA.

1847–1848

Im Kastenkrieg erheben sich die Maya-Völker Yucatáns gegen die Oberherrschaft der *criollos* und scheitern letztlich nur knapp bei dem Versuch, die Unterdrücker von der Halbinsel zu vertreiben.

DIE TRAGIKOMÖDIE VON SANTA ANNA

Die Einmischung ehrgeiziger Militärs ins politische Geschehen hat Mexiko im 19. Jh. schwer zugesetzt. Zunächst trat Antonio López de Santa Anna ins Rampenlicht, als er 1823 Kaiser Agustín I. absetzte. 1831 stürzte er auch Präsident Anastasio Bustamante. 1833 wurde er selbst zum Präsidenten gewählt und bekleidete dieses Amt in den folgenden 22 chaotischen Jahren elf Mal. Vor allem erinnert man sich aber an Santa Anna, weil er große Teile mexikanischen Gebietes an die USA verlor. Nach Alamo erlitt er im Jahr 1836 in Texas eine Niederlage. Im Mexikanisch-Amerikanischen Krieg (1846–48) folgten weitere katastrophale Landverluste. 1853 verkaufte die Santa-Anna-Regierung Mexikos letzte verbliebene Teile von New Mexico und Arizona für 10 Mio. US$ an die USA.

nach drei Monaten wurde sie zerstört und Kaiser Cuauhtémoc geriet in Gefangenschaft. Cuauhtémoc bat Cortés, ihn zu töten, blieb aber bis 1525 in Geiselhaft. Gelegentlich verbrannten ihm die Spanier die Füße, um ihn dazu zu bringen, das Versteck des Aztekenschatzes zu verraten.

Mexiko als Kolonie

Spaniens Politik gegenüber den Eroberten in Amerika kann mit einem Wort zusammengefasst werden: Ausbeutung. Die spanische Krone sah die Neue Welt als Goldesel an, der die endlosen Kriege in Europa, das Luxusleben des spanischen Adels und den Bau zahlreicher neuer Kirchen, Paläste und Klöster in ganz Spanien finanzieren sollte. Die Krone beanspruchte ein Fünftel des Edelmetalls, das aus der Neuen Welt ins Mutterland gelangte, für sich: den *quinto real* (königliches Fünftel). Konquistadoren und Kolonisten sahen im amerikanischen Reich eine Chance auf unermesslichen Reichtum. Zu Beginn des 18. Jhs. hatten einige von ihnen mittels Bergbau, Handel oder Landwirtschaft ein gewaltiges Vermögen angehäuft und besaßen riesige Landgüter (*haciendas*).

Cortés bewilligte seinen Soldaten *encomiendas* – das Recht, indigene Gruppen für sich arbeiten zu lassen oder Abgaben zu erheben. Spanien sicherte die Autorität durch Vizekönige, die die Krone vor Ort vertraten.

Die indigene Bevölkerung der Kolonie Nueva España (Neuspanien) wurde auf katastrophale Art dezimiert. Vor allem verheerende Epidemien, die durch eingeschleppte Krankheiten ausgelöst wurden, waren dafür verantwortlich. Einzige Verbündete der indigenen Völker waren einige Mönche, die ab 1523 eintrafen. Einerseits trug die Missionsarbeit dazu bei, Spaniens Kontrolle über das Land auszubauen – 1560 waren Millionen Menschen bekehrt und über 100 Klöster errichtet. Andererseits bewahrten viele Mönche Einheimische vor Grausamkeiten der Kolonialherren.

Der Norden Mexikos gehörte zunächst nicht zum Territorium der Spanier, bis die Entdeckung gewaltiger Silbervorkommen u.a. bei Zacatecas

Santa Anna musste nach einer Verletzung durch französische Soldaten im Jahr 1838 ein Bein amputiert werden. Später ließ er das Bein mit militärischen Ehren in Mexico City beisetzen. Der Verbleib seines Unterschenkels ist heute nicht mehr bekannt. Doch wurde die Prothese 1847 von den Amerikanern erbeutet und ist nun im Illinois State Military Museum zu sehen.

1858–1861

Liberale Gesetze zwingen die Kirche, den Großteil ihres Besitzes zu verkaufen. Im Reformkrieg kämpfen die Liberalen von Veracruz aus siegreich gegen die in Mexico City ansässigen Konservativen.

1861–1863

Benito Juárez wird Mexikos erster Präsident mit indigenen Wurzeln. Die französische Intervention beginnt: Frankreich maschiert ein und erobert trotz einer Niederlage bei Puebla am 5. Mai 1862 Mexico City (1863).

1864–1867

Napoleon III. lässt den Habsburger Maximilian zum Kaiser von Mexiko ausrufen, zieht seine Truppen aber ab 1866 zurück. Maximilian wird 1867 von Juárez' Truppen hingerichtet.

1876–1911

Porfiriato: Der Konservative Porfirio Díaz sorgt für politische Stabilität und Wirtschaftsaufschwung. Bürgerrechte werden jedoch stark beschnitten, der Wohlstand konzentriert sich auf eine Minderheit.

und Guanajuato auch dessen Eroberung beschleunigte. Missionare und Siedler verschoben die Grenze immer weiter gen Norden. Im frühen 19. Jh. umfasste Nueva España einen Großteil der heutigen US-Bundesstaaten Texas, New Mexico, Arizona, Kalifornien, Utah und Colorado.

Koloniale Gesellschaftsordnung

Im Mexiko der Kolonialzeit hing die soziale Stellung von Hautfarbe, Herkunft und Geburtsort ab. Ganz oben rangierten in Spanien geborene Kolonisten. Obwohl sie nur einen winzigen Bevölkerungsanteil stellten, wurden diese *peninsulares* in Nueva España als neuer Adel betrachtet.

Es folgten die *criollos* (Kreolen) – Nachkommen von Einwanderern, die in Nueva España geboren waren und von denen einige im Lauf der Zeit Vermögen angehäuft hatten. Kein Wunder, dass sie nach politischem Einfluss strebten und Groll gegen die spanischen Machthaber hegten!

Unter den *criollos* standen die *mestizos* (mit spanisch-indigenen Wurzeln), ganz unten *indígenas* und afrikanische Sklaven. Die Armen bekamen für ihre Arbeit kaum Lohn. Viele mussten sich als *peones* verdingen – als Arbeiter, die wegen Schulden an einen Hazienda-Besitzer gebunden waren. Auch die *indígenas* mussten Abgaben an die Krone zahlen.

Das damalige Sozialgefüge ähnelte also dem im modernen Mexiko: Dort stehen „reinblütige" Nachfahren spanischer Kolonisten an der Spitze der Gesellschaft, gefolgt von *mestizos* und indigenen Mexikanern.

Wichtige Stätten der Unabhängigkeit

Alhóndiga de Granaditas (Guanajuato)

Dolores Hidalgo (Guanajuato)

Calabozo de Hidalgo, Casa Chihuahua (Chihuahua)

Ex-Hotel Zevallos (Córdoba)

Museo Casa de Morelos (Morelia)

Mexiko als Republik

Die Vertreibung der Jesuiten aus den Kolonien 1767 förderte den Widerstand der *criollos* – zu denen viele Jesuiten gehörten. Den Auslöser zur Rebellion brachte 1808 die Besetzung Spaniens durch Napoléon, womit Spaniens Kontrolle über Neuspanien schwand. Querétaro, nördlich von Mexico City, wurde zur Brutstätte des Aufstands: Desillusionierte *criollos* planten die Revolte gegen die Herrschaft. Dann rief der Priester Miguel Hidalgo in seiner Gemeinde Dolores (heute Dolores Hidalgo) am 16. September 1810 zur Rebellion auf. Der Weg zur Unabhängigkeit war jedoch steinig – Aufständische und Königstreue bekriegten sich fast elf Jahre lang. Dabei kamen Hidalgo und andere Rebellenführer ums Leben. 1821 traf sich Deneral Agustín de Iturbide in Veracruz mit dem spanischen Vizekönig Juan O'Donojú, der der mexikanischen Unabhängigkeit zustimmte.

Das erste Jahrhundert der freien Nation stand im Zeichen politischer Instabilität. Es gipfelte in einem Regime, dessen Unterdrückungspolitik schließlich eine Revolution auslöste. Ein Dauerthema war der Konflikt zwischen Liberalen, die Sozialreformen einforderten, und Konservativen, die sie ablehnten. Zwischen 1821 und Mitte der 1860er-Jahre musste sich die Nation dreier Invasionen erwehren und verlor große Teile des Territoriums an die USA. Gleichzeitig wurde die Führung fast 50-mal ausgetauscht.

1910–11

Am 20. November 1910 beginnt die mexikanische Revolution gegen das Díaz-Regime. Díaz tritt im Mai 1911 zurück. Im November wird der Reformer Francisco Madero zum Präsidenten gewählt.

1913–14

Der konservative Rebell Victoriano Huerta lässt Madero absetzen und hinrichten. Die Führer der nördlichen Bürgerkriegsparteien verbünden sich gegen Huerta, der im Juli 1914 abdankt.

1917

Die Reformer gewinnen den Bürgerkrieg gegen die Radikalen. In Querétaro verabschieden sie eine neue Verfassung, die bis heute größtenteils unverändert in Kraft ist.

1920–1924

Nach dem Bürgerkrieg baut Präsident Álvaro Obregón das zerstörte Land wieder auf: Auf dem Land entstehen über 1000 Schulen. Ein Teil des Großgrundbesitzes geht an die Kleinbauern zurück.

VERGÖTTERT UND GEHASST

Die Mexikaner haben klare Meinungen zu ihren historischen Persönlichkeiten. Manche werden mit Statuen und Straßennamen im ganzen Land unsterblich gemacht. Andere, genauso einflussreiche Gestalten, werden zu Objekten der Schande und Lächerlichkeit.

Mexikos Helden

Cuauhtémoc Aztekenführer, der Widerstand gegen die spanischen Invasoren leistete.

Benito Juárez Liberaler indigener Präsident, der die französischen Besatzer vertrieb.

Miguel Hidalgo Priester, der den Unabhängigkeitskrieg initiierte.

Pancho Villa Größter Revolutionär aller Zeiten.

Mexikos Schurken

Hernán Cortés Übler spanischer Eroberer.

Carlos Salinas de Gortari Präsident von 1988 bis 1994, der für Drogenhandel, Korruption, Peso-Krise, Nafta und überhaupt für alles verantwortlich gemacht wird.

General Santa Anna Eroberte Alamo, verlor aber Texas, Kalifornien, Arizona, Utah, Colorado und New Mexico.

La Malinche Doña Marina, Hernán Cortés' indigene Dolmetscherin und Geliebte.

In der folgenden Zeit bestimmte mit dem Rechtsanwalt Benito Juárez erstaunlicherweise ein indigener Zapoteke aus Oaxaca zwei Jahrzehnte lang die politischen Geschicke Mexikos. 1855 läutete die neue liberale Regierung, deren Mitglied Juárez war, eine Reformära ein. 1861 wurde Juárez zum Präsidenten gewählt. Das fast unmittelbar darauffolgende Eingreifen der Franzosen zwang seine Regierung ins Exil. 1866 eroberte Juárez jedoch die Macht zurück und führte eine Wirtschafts- und Bildungsreform durch. Die Schulpflicht wurde eingeführt, zwischen Mexico City und Veracruz eine Eisenbahnstrecke gebaut und eine Landpolizei eingesetzt, die *rurales*. Der 1872 verstorbene Juárez zählt zu den wenigen historischen Persönlichkeiten Mexikos, die einen tadellosen Ruf genießen.

Nach Juárez' Tod wurde mit Porfirio Díaz 1876 ein weiterer Mann aus Oaxaca zum Präsidenten gewählt. Er regierte 31 der folgenden 39 Jahre, die als Porfiriato in die Geschichtsbücher Eingang fanden. Díaz führte Mexiko ins Industriezeitalter, ließ u.a. Telefon- und Telegrafenleitungen verlegen. Gleichzeitig erweiterte er das Eisenbahnnetz und führte öffentliche Bauprojekte durch. Díaz befreite das Land von den Bürgerkriegen – allerdings zu einem hohen Preis: Die politische Opposition wurde verboten, Wahl- und Pressefreiheit abgeschafft. Neue Gesetze betrogen Bauern um ihr Land und die Arbeiter schufteten unter fürchterlichen Bedingun-

1926

Präsident Plutarco Elías Calles lässt Klöster schließen sowie religiöse Gesetze und Prozessionen verbieten – und führt so die Cristero-Rebellion der Katholiken herbei (bis 1929).

1929

Elías Calles gründet die Partido Nacional Revolucionario. Die PNR und ihre Varianten, die Partido de la Revolución Mexicana und die Partido Revolucionario Institucional (PRI), werden Mexiko bis 2000 regieren.

1934–40

Präsident Lázaro Cárdenas lässt 200 000 km^2 Land neu verteilen. Er enteignet ausländische Ölfirmen und gründet das staatliche Ölunternehmen Petróleos Mexicanos (Pemex). Investoren meiden Mexiko.

1940er- & 50er-Jahre

Industrie- und Exportzuwächse im Zweiten Weltkrieg bescheren Mexiko einen Wirtschafts-Boom. Der Tourismus kommt in Schwung. Die Bevölkerungszahl verdoppelt sich beinahe; Millionen ziehen in die Städte.

Bester Film über die mexikanische Revolution ist Elia Kazans *Viva Zapata!* (1952; mit Marlon Brando). Bis zum Treffen von Pancho Villa und Emiliano Zapata in Mexico City basiert John Steinbecks Drehbuch auf historischen Fakten der ersten Revolutionsphase. Dann aber regiert die Fiktion, bis Zapata schlussendlich ermordet wird.

Revolutionsstätten

- *Museo Casa de Villa (Chihuahua)*
- *Museo Francisco Villa (Hidalgo del Parral)*
- *Cuartel General de Zapata (Tlaltizapán, Morelos)*
- *Museo de la Revolución (Puebla)*
- *Museo Casa Carranza (Cuatro Ciénegas)*

gen. Grundbesitz und Reichtum konzentrierten sich bei einer kleinen Minderheit. All dies führte 1910 zum Mexikanischen Bürgerkrieg.

Die mexikanische Revolution

Die Revolution war eine quälende Periode von zehn Jahren. Lange gingen Streitmächte und Führungspersönlichkeiten jedweder Couleur wechselnde Bündnisse miteinander ein. Die Konservativen mussten relativ früh die Segel streichen. Doch ihre einstigen Gegner – Reformer und Revolutionäre – konnten sich nicht auf eine gemeinsame Linie einigen. Infolgedessen scheiterten Versuche zur Bildung einer stabilen Regierung immer wieder an verheerenden Gewaltexzessen. Es heißt, jeder achte Mexikaner habe während der Revolution sein Leben verloren.

Francisco Madero, wohlhabender Liberaler aus Coahuila, hätte die Präsidentschaftswahl von 1910 wohl gewonnen – hätte Díaz ihn nicht vorher ins Gefängnis werfen lassen. Am Tag seiner Entlassung rief Madero zur Revolution auf, die schnell das Land erfasste. Díaz trat im Mai 1911 zurück, Madero wurde Präsident. Er konnte die Machtkämpfe zwischen den Fraktionen jedoch nicht eindämmen. Die größte Kluft bestand zwischen liberalen Reformern wie Madero und radikaleren Führern wie Emiliano Zapata. Letzterer kämpfte unter dem Solgan „¡Tierra y libertad!“ (Land und Freiheit!) für die Rückgabe von Großgrundbesitz an die Bauern.

Für das Ende der Regierung Madero im Jahr 1913 war einer ihrer ranghöchsten Generäle verantwortlich: Victoriano Huerta lief zu den konservativen Rebellen über, ließ Madero hinrichten und übernahm selbst das Präsidentenamt. Doch die revolutionären Kräfte schlossen sich (vorübergehend) gegen ihn zusammen: Venustiano Carranza, ein Anhänger Maderos, in Coahuila, Francisco „Pancho“ Villa in Chihuahua und Álvaro Obregón in Sonora. Und auch Zapata kämpfte gegen Huerta.

Aber auch zwischen den Siegerparteien kam es zu Kämpfen. Von ihrer Hauptstadt Veracruz aus zogen die „Konstitutionalisten“ Carranza und Obregón gegen den Radikalreformer Zapata und den Populisten Villa zu Felde. Zapata und Villa schlossen jedoch trotz ihres berühmten Treffens in Mexico City 1915 niemals ein tragfähiges Bündnis. Schließlich trug Carranza den Sieg davon. Im Bundesstaat Morelos, südlich von Mexico City, forderten die Zapatisten weiterhin Reformen. Carranza ließ Zapata 1919 ermorden, wurde im Folgejahr aber selbst auf Befehl seines früheren Mitstreiters Obregón getötet. Pancho Villa fiel 1923 einem Attentat zum Opfer.

Die Einparteien-Demokratie der PRI

Von 1920 bis 2000 regierten in Mexiko die reformorientierten Revolutionssieger und deren Nachfolger. Die von ihnen gegründete Partei trägt seit den 1940er-Jahren den Namen Partido Revolucionario Institucional (Institutionelle Partei der Revolution), kurz PRI. Obwohl sie die allge-

1964–1970

Präsident Gustavo Díaz Ordaz verweigert die Demokratisierung der PRI. Vor den Sommerspielen 1968 wird stark protestiert. In Tlatelolco (Mexico City) sterben ca. 400 Demonstranten.

Jan. 1970

Baubeginn des ersten Hotels auf der Isla Cancún – einer Kokosnussplantage ohne ständige Bevölkerung an der Karibikküste der Halbinsel Yucatán.

1970er-Jahre

Der schlagartig gestiegene Ölpreis lässt Mexikos Wirtschaft blühen. Dank riesiger Ölreserven erhält das Land Milliardenkredite von ausländischen Investoren.

1980er-Jahre

Der Fall des Ölpreises löst in Mexiko eine tiefe Rezession aus. Die Ohnmacht gegenüber Wirtschaftskrise und Korruption sorgt für Proteste und Meinungsverschiedenheiten – sogar innerhalb der PRI.

meine soziale Situation zunächst recht radikal veränderten, wurden die PRI-Regierungen im Lauf des 20. Jhs. allmählich konservativer, korrupter, dominanter und egoistischer. Nach vielen wirtschaftlichen Auf- und Abschwüngen hatte sich Ende des Jahrhunderts zwar eine breitere mexikanische Mittelschicht etabliert, doch bestand weiterhin ein starkes Wohlstandsgefälle zwischen wenigen Reichen und vielen Armen.

Die ungerechte Verteilung von Ländereien sorgt in Mexiko seit jeher für Sprengstoff. Um dem zu begegnen, gingen zwischen den 1920er- und 1960er-Jahren über 400 000 km² Großgrundbesitz an Kleinbauern zurück. Fast die Hälfte der Bevölkerung erhielt dabei eigenes Land – meist in Form von *ejidos* (kommunalen Landwirtschaftskooperativen).

Am anderen Ende des Wirtschaftsspektrums entwickelte das Land eine beunruhigende Abhängigkeit von Ölreserven im Golf von Mexiko. Als der Ölpreis während der 1970er- und 1980er-Jahre innerhalb kürzester Zeit zunächst stark anstieg und dann wieder fiel, driftete Mexiko vom Boom in die Krise. Die regierungseigene Ölgesellschaft Pemex war Teil des staatlichen Wirtschaftsimperiums, mit dessen Einrichtung die PRI nach größtmöglicher Kontrolle in allen Bereichen des öffentlichen Lebens strebte.

Die Einschränkung bürgerlicher Freiheiten durch die PRI stieß erstmals in den 1960er-Jahren auf Widerstand – vor allem bei den Studentenprotesten von 1968 in Mexico City. Diese gipfelten im Massaker von Tlatelolco, bei dem ca. 400 Demonstranten erschossen wurden. Das Massaker diskreditierte die PRI für immer. In den folgenden Jahrzehnten konnte sich die Partei nur durch autoritäre Politik und Wahlbetrug an der Macht halten.

Mit der Amtszeit Carlos Salinas de Gortaris (1988–1994) erreichte der politische Betrug einen neuen Höhepunkt: Salinas gewann die Präsidentschaftswahl nur aufgrund eines mysteriösen Computerfehlers, der die Stimmauszählung im entscheidenden Moment blockierte.

Unter Salinas nahmen der illegale Drogenhandel und die Zahl ungeklärter Morde sprunghaft zu. Zugleich unternahm Salinas Schritte zur Privatisierung des staatlichen Wirtschaftsapparats: Der Kernpunkt seines Programms, die Unterzeichnung des Nafta (North American Free Trade Agreement, Nordamerikanisches Freihandelsabkommen), bescherte der Großindustrie und der Exportwirtschaft einen Aufschwung. Bei Bauern und Kleinunternehmern stieß das nordamerikanische Freihandelsabkommen jedoch auf wenig Gegenliebe, da Billigimporte ihre Existenzen bedrohten. 1994, Salinas' letztes Jahr als Präsident, begann mit dem Aufstand der marxistisch-maostischen Zapatisten in Mexikos südlichstem Bundesstaat Chiapas. Kurz vor Ende seiner Amtszeit musste Salinas fast alle Auslandsdevisen verbrauchen, um den Peso zu stützen. Seinem Nachfolger Ernesto Zedillo hinterließ er einen finanziellen Scherbenhaufen.

Zedillo blieb es auch vorbehalten, auf die mittlerweile unüberhörbaren Rufe nach einem demokratischen Wandel in Mexiko zu reagieren. Das

In den 1920er-Jahren wurden herausragende mexikanische Künstler wie Diego Rivera damit beauftragt, wichtige öffentliche Gebäude mit großen, lebhaften Gemälden zu geschichtlichen und sozialen Themen zu verzieren. Viele dieser Werke sind in Mexiko City zu sehen.

Zwischen 1940 und 1980 wuchs die Bevölkerung Mexikos um mehr das Dreifache – von 20 Mio. auf 67 Mio. Einwohner. Die Bevölkerung von Mexico City verzehnfachte sich sogar.

1985

Ein gewaltiges Erdbeben der Stärke 8,1 erschüttert am 19. September Mexico City. Mindestens 10 000 Menschen kommen ums Leben.

1988–1994

Bei der umstrittenen Präsidentschaftswahl 1988 siegt Carlos Salinas de Gortari von der PRI. Er privatisiert staatliche Unternehmen zugunsten der Privatwirtschaft und fördert den Freihandel.

1994

Nach Inkrafttreten des Nordamerikanischen Freihandelsabkommens Nafta rebellieren die Zapatisten in Chiapas. Der von Salina gewählte PRI-Präsidentschaftskandidat Luis Donaldo Colosio wird ermordet.

1994–2000

Unter Präsident Ernesto Zedillo erholt sich Mexiko von einer Rezession, die von einem Währungsverfall wenige Tage nach seinem Amtsantritt ausgelöst wurde. Verbrechen und Auswanderung in die USA nehmen zu.

durch ihn initiierte Wahlsystem unter neutraler Kontrolle brachte verstärkt Politiker ins Amt, die nicht zur PRI gehörten. Am Ende seiner Amtszeit im Jahr 2000 ermöglichte Zedillo den ersten friedlichen Regierungswechsel in der Geschichte des Landes. Neuer Präsident wurde Vicente Fox vom wirtschaftsorientierten Partido Acción Nacional (PAN).

Die Abwanderung von Mexikanern in die USA ist von alljährlich 3 Mio. Menschen in den späten 1990er-Jahren (mit 700 000 Heimkehrern pro Jahr) bis 2010 auf 1,4 Mio. gesunken, bei gleich hohen Heimkehrerzahlen. Etwa 12 Mio. Mexikaner leben (legal oder illegal) in den USA.

PAN-Regierung & Drogenkrieg

Die Wahl von Vicente Fox selbst war die wichtigste Schlagzeile seiner sechsjährigen Amtszeit. Die PRI und ihre Vorgänger hatten das Land 80 Jahre lang regiert, und Fox gehörte ihr nicht an. Er hatte große Vorhaben, doch war seine Präsidentschaft für die meisten eine Enttäuschung. Ohne Mehrheit im Kongress gelang es ihm nicht, Reformen durchzudrücken, die der trägen Wirtschaft Mexikos neuen Schwung geben sollten.

2006 wurde Felipe Calderón, ebenfalls von der PAN, neuer Präsident. Während seiner Amtszeit kam die Wirtschaft nach der Rezession von 2009 überraschend schnell wieder in Schwung und Mexiko wurde sozusagen Umwelt-Champion, als es die Ziele zur CO^2-Emmission 2012 gesetzlich verankerte. Calderóns Präsidentschaft wird allerdings vor allem wegen seines Kampf gegen Drogen in Erinnerung bleiben. Die Präsidenten Zedillo und Fox hatten bereits bewaffnete Kräfte gegen die brutale Mafia eingesetzt, die das Multi-Millionen-Dollar-Geschäft mit der Einfuhr illegaler Drogen in die USA unterhielt. Es gelang aber nicht, ihrer Gewalttätigkeit Herr zu werden oder der von ihnen initiierten Korruption wirksam zu begegnen. Bis 2006 starben jährlich 2000 Menschen durch Gewalttaten, die ihren Ursprung in den Revierkämpfen konkurrierender Banden hatten.

Calderón erklärte den Drogenkartellen den Krieg und setzte entlang der US-Grenze 50 000 Soldaten sowie Polizei und Marine ein. Einige Bandenchefs wurden getötet oder verhaftet und die Beschlagnahmung von Drogen brach Rekorde – doch das galt auch für die Anzahl der Morde. In den sechs Jahren von Calderóns Präsidentschaft wurden etwa 60 000 Menschen getötet. Die Drogenbanden wandten immer schockierende Methoden an – darunter Feuergefechte auf der Straße, Enthauptungen, Folter und sogar Menschenopfer. Die Stadt Ciudad Juárez im Norden wurde 2010 mit 3100 Todesopfern die Welt-Hauptstadt des Mordens. Städte wie Monterrey, Nuevo Laredo, Acapulco und Veracruz erlebten Gewaltausbrüche, als Revierkämpfe eskalierten. Als die Anzahl der Morde zum Ende von Calderóns Präsidentschaft schließlich sank, glaubten viele, dass die beiden mächtigsten Kartelle – das Sinaloa-Kartell in Nordwestmexiko und Los Zetas im Nordosten – nur ihre Rivalen erfolgreich ausgeschaltet hatten.

Mesoamerican Ballgame (www.ballgame.org) heißt eine interessante Website über das indigene Ballspiel früher und heute mit Videos von einem modernen Wettbewerb.

Trotz allem gelang es der PRI, genügend Mexikaner davon zu überzeugen, dass sie sich gebessert habe. In Gestalt von Enrique Peña Nieto ließ kam sie bei den Präsidentschaftswahlen 2012 wieder an die Macht.

2000

Mexikos erster friedlicher Regierungswechsel: Vicente Fox von der Partido Acción Nacional (PAN) gewinnt die Wahl, bei der ein neues, transparentes Wahlsystem eingesetzt wird, das von Zedillo eingeführt wurde.

2006

Bei der Präsidentschaftswahl siegt Felipe Calderón von der PAN knapp vor Andrés Manuel López Obrador von der linken Partei der Demokratischen Revolution (PRD) und erklärt den Drogenkartellen den Krieg.

2006–12

In Calderóns sechs Jahre währendem Kampf gegen die Drogenkartelle werden landesweit 50 000 Soldaten eingesetzt und etwa 60 000 Menschen getötet, die meisten davon in Banden- und Revierkämpfen.

2012

Mit dem Sieg von Enrique Peña Nieto bei den Präsidentschaftswahlen ist die PRI zurück an der Macht und verspricht Reformen, um die Wirtschaft zu stärken. López Obrador erringt wieder den zweiten Platz.

Die mexikanische Lebensart

Auf jeder Reise durch Mexiko wird schnell klar: Die Mexikaner sind ein sehr vielfältiges Volk – von den Industriearbeitern in Monterrey, über reiche Intellektuelle und Künstler in Mexico City zu bis zu den indigenen Dörfern in den Bergen im Süden, deren Bewohner sich als Selbstversorger durchschlagen. Gewisse Dinge aber haben fast alle gemein: darunter eine tiefe Neigung hin zur Spiritualität, den Respekt vor der Familie und gleichzeitig Stolz und Frust über Mexiko selbst.

Das Leben, der Tod & die Familie

Mexikaner kann man nicht mit einfachen Formeln beschreiben. Sie lieben Spaß, Musik und Fiesta über alles, nehmen viele Dinge jedoch auch sehr ernst. Sie arbeiten hart und genießen das Leben trotzdem in vollen Zügen. Sie sind gastfreundlich, warmherzig und Gästen gegenüber großzügig, doch wirklich sie selbst sind sie nur in ihrem Familienverband. Sie lachen über den Tod und haben doch eine tief reichende spirituelle Ader. Sie lieben das Neue und Moderne und bleiben zugleich ihren Traditionen treu.

Die meisten Mexikaner scheinen zwar global und zeitgemäß zu denken, leben aber immer noch in einer Welt, in der Weissagungen, Fügungen und merkwürdige Ähnlichkeiten eine große Rolle spielen. Wer krank ist, sucht lieber einen traditionellen *curandero* auf – eine Mischung aus Naturheilkundler und Medizinmann –, als sich an einen modernen *médico* zu wenden. Auch der uralte Glaube an den zyklischen, sich ständig wiederholenden Kreislauf der Natur ist nach wie vor fest im mexikanischen Unterbewusstsein verankert.

Im alltäglichen Leben sind die meisten Mexikaner vor allem damit beschäftigt, für sich und ihren engsten Familienkreis die Brötchen zu verdienen – aber ebenso damit, die angenehmen Seiten des Lebens zu genießen, sei es in Clubs oder auf Fiestas zu feiern oder im erweiterten Familienkreis bei einem sonntäglichen Mittagessen im Restaurant zu entspannen. An religiösen oder Nationalfeiertagen frei zu haben, ist die Grundvoraussetzung für den mexikanischen Lebensrhythmus und stellt sicher, dass die Menschen alle paar Wochen eine Pause einlegen können, um Jahr für Jahr die gleichen Prozessionen und Rituale und Feste zusammen zu feiern.

Mexikaner können zwar daran zweifeln, ob ihr Land jemals gut regiert wurde, sind gleichzeitig aber auch mächtig stolz auf ihre Heimat. Die Mexikaner haben natürlich auch einiges an US-amerikanischer Kultur angenommen. Umso mehr schätzen sie dann das, was die mexikanische Lebensweise ausmacht – das humanere Tempo, das starke Gefühl für Zusammengehörigkeit und Familie, die einzigartigen Nahrungsmittel und Getränke und die blühende, vielfältige nationale Kultur.

Der mit dem Nobelpreis ausgezeichnete mexikanische Schriftsteller Octavio Paz behauptet in *Das Labyrinth der Einsamkeit*, dass die Liebe der Mexikaner zu Lärm, Musik und Festen nur eine Flucht vor persönlicher Isolation und Schwermut sei. Dazu kann sich jeder Mexikobesucher seine eigene Meinung bilden.

Was die Gesellschaft spaltet

Wer über Mexico City hinwegfliegt, bekommt aus der Vogelperspektive einen Eindruck davon, wie wenig Raum hier frei von Bebauung oder Straßen ist. An den Rändern der Stadt winden sich neue Straßen die

Etwa 10 % der mexikanischen Bevölkerung fühlen sich nicht-katholischen Glaubensrichtungen des Christentums zugehörig. Einige sind Mitglieder protestantischer Kirchen, die im 19. Jh. von US-Missionaren aufgebaut wurden. Millionen andere, besonders aus der armen indigenen Landbevölkerung im Südosten Mexikos, sind seit den 1970er-Jahren im Zuge einer Welle von Missionaren der amerikanischen Pfingstkirchler, Evangelikalen, Mormonen, Siebentage-Adventisten und Zeugen Jehovas konvertiert.

steilen Hänge erloschener Vulkane hinauf, und in den Hütten in den Randgebieten, die aus ein paar Betonbrocken und Blechplatten bestehen, hausen die Ärmsten der Armen. Wohlhabendere Stadtteile bestehen aus recht geräumigen Apartmentblocks. In den Vierteln der Reichen stehen beeindruckende Einfamilienhäuser mit gut gepflegten Gärten hinter hohen Mauern mit stark gesicherten Toren.

Einer von zwei Mexikanern lebt heute in einer Stadt oder einem Ballungsraum mit mehr als 1 Mio. Einwohner. Ein Viertel lebt in kleineren Städten und ein weiteres Viertel in Dörfern. Die Zahl der Stadtbewohner steigt infolge der Landflucht weiter an.

Außerhalb, in den Dörfern und Kleinstädten, bestellen die Menschen immer noch ihre Felder, und die Mitglieder der Großfamilien leben häufig auf Höfen mit einzelnen kleinen Gebäuden aus Lehmziegeln, Holz oder Beton, oft mit Böden aus festgestampfter Erde. Das Mobiliar in diesen Häuschen ist spärlich: Betten, eine Kochnische, ein Tisch mit ein paar Stühlen und einige vergilbte Fotos verstorbener Verwandter. Nur wenige Dorfbewohner besitzen ein Auto.

An Mexikos steilem Wohlstandsgefälle hat sich seit jeher kaum etwas geändert. Der reichste Mann der Welt, der Unternehmer Carlos Slim Helú, ist Mexikaner. Im Jahr 2013 wurde sein Vermögen vom *Forbes* Magazin auf 73 Mrd. US$ geschätzt. Im extremen Gegensatz dazu können die ärmsten Stadtbewohner kaum ihre Existenz sichern und verdienen als Straßenhändler, Straßenmusiker oder Heimarbeiter in der Schattenwirtschaft kaum mehr als 50 mexikanische Pesos am Tag (das sind ca. 3 €).

Während die Kinder der Reichen in protzigen Autos vor den Clubs vorfahren und Privatschulen besuchen (häufig in den USA) und die unkonventionelle städtische Gegenkultur das Leben in den Meskal-Bars, den staatlich geförderten Universitäten und den Underground-Clubs genießt, tanzt die arme Landjugend höchstens auf örtlichen Fiestas und verlässt die Schule häufig noch vor dem 15. Lebensjahr.

Land der vielen Völker

Zu den faszinierendsten Aspekten des Landes gehört die ethnische Vielfalt der Bevölkerung. Den größten Unterschied gibt es zwischen den *mestizos* – Nachkommen unterschiedlicher Abstammung (überwiegend Spanier und Indigene) – und den *indígenas*, den indigenen Nachkommen der prähispanischen Bevölkerung Mexikos. Die *mestizos* stellen die große Mehrheit und besetzen die meisten Positionen mit Macht und Einfluss. Dafür verfügen die *indígenas,* die meist arm sind, oft über kulturellen Reichtum. Etwa 60 indigene Völker gibt es in Mexiko noch, jedes hat seine eigene Sprache und oft auch seine eigene Tracht. Ihre Art zu Leben ist häufig erfüllt von gemeinschaftlichen Bräuchen, Ansichten und naturverbundenen Ritualen. Laut offiziellen Zahlen sind schätzungsweise 15 Mio. Menschen in Mexiko (13 % der Bevölkerung) indigener Abstammung. Die größte Gruppe bilden die Nahua, die Nachfahren der alten Azteken. Rund 3 Mio. von ihnen leben über ganz Mexiko verstreut. Die etwa 2 Mio. Yucatec-Maya auf der Halbinsel Yucatán sind direkte Nachfahren der alten Maya-Zivilisation, so wie (wahrscheinlich) die Tzotzil und die Tzeltal in Chiapas (zusammen etwa 1 Mio.). Direkt von den bekannten vorspanischen Völkern stammen auch die rund 1 Mio. Zapoteken und die 800 000 Mixteken ab, die überwiegend in Oaxaca leben, die 400 000 Totonaken in Veracruz und die 200 000 Purépecha (Tarasken) in Michoacán.

Die spirituelle Dimension

Yoga, das Temazcal (traditionelles reinigendes Dampfbad) und die kosmischen Energien des New Age bedeuten so manchem Mexikaner

MIT DEN SEELEN DER VERSTORBENEN REDEN

Vielleicht enthüllt kein anderes Fest mehr über die mexikanische Spiritualität als der Día de Muertos (Tag der Toten), die bittersüße Erinnerung an die geliebten Verstorbenen Anfang November. Der Día de Muertos stammt aus Kolonialzeiten, als die katholische Kirche Riten der Urbevölkerung zur Ehrung der und Kommunikation mit den Toten mit ihren eigenen Feiern von Allerheiligen (1. Nov.) und Allerseelen (2. Nov.) verschmolz.

Heute ist Muertos ein nationales Phänomen. Überall reinigen die Menschen Gräber und schmücken sie mit Blumen, halten Nachtwache auf den Friedhöfen und bauen aufwendige Altäre, um ihre toten Angehörigen willkommen zu heißen. Für die Mehrheit der Mestizen ist es eher ein beliebtes Volksfest und Familientreffen. Nach katholischem Glauben leben die Seelen der Verstorbenen im Himmel oder im Fegefeuer und kommen eher nicht zu einem Besuch auf die Erde zurück. Dennoch finden viele Trost in dem Gefühl, dass verstorbene Angehörige in diesen Tagen irgendwie gegenwärtiger sind. In vielen Gemeinschaften der Urbevölkerung ist Muertos immer noch ein bedeutender religiöser und spiritueller Anlass. Für sie sollte die Feier passender Noche de Muertos (Nacht der Toten) genannt werden, weil die Familien tatsächlich ganze Nächte auf dem Friedhof verbringen und mit ihren Toten reden.

Totenschädel aus Zucker, Schokoladensärge und Spielzeugskelette werden in allen Geschäften verkauft, sowohl als Muertos-Geschenke für Kinder als auch als Friedhofsdekoration; diese Tradition entspringt zum Großteil der Arbeit des Künstlers José Guadalupe Posada (1852–1913), der berühmt war für seine satirischen Figuren vom Tod als Skelett, das sich freudig ins alltägliche Leben stürzt, arbeitet, tanzt, Frauen den Hof macht, trinkt und auf Pferden ins Gefecht reitet.

heute wohl mehr als der traditionelle Katholizismus, aber eine gewisse Spiritualität spielt im Leben der meisten Mexikaner durchaus eine wichtige Rolle.

Der römisch-katholische Glaube

Etwa 85% der Mexikaner bekennen sich zum römisch-katholischen Glauben, was Mexiko nach Brasilien zum zweitgrößten katholischen Land der Welt macht. Fast die Hälfte der mexikanischen Katholiken geht jede Woche zur Kirche. Obwohl Kirche und Staat eine schwierige gemeinsame Geschichte haben, bleibt der Katholizismus ein wesentlicher Teil dessen, was die nationale Gemeinschaft ausmacht. Die meisten mexikanischen Fiestas finden um die Gedenktage einheimischer Heiliger herum statt. Pilgerreisen zu bedeutenden christlichen Heiligtümern sind wichtige Bestandteile des Kalenders.

Das wichtigste Symbol der Bindung an die Kirche ist Nuestra Señora de Guadalupe, die dunkelhäutige Manifestation der Jungfrau Maria, die im Jahr 1531 dem aztekischen Töpfer Juan Diego auf dem Hügel bei Tepeyac nordwestlich von Mexico City erschien. Die Jungfrau von Guadalupe ist ein wichtiges Bindeglied zwischen katholischer und indigener Spiritualität und die Schutzheilige des Landes, eine archetypische Mutter, die als blau gekleidetes Bildnis allgegenwärtig ist und deren Name in politischen Reden, in der Literatur und in religiösen Zeremonien gleichermaßen auftaucht. An ihrem Festtag, dem 12. Dezember, gibt es im ganzen Land groß angelegte Feiern und Wallfahrten, die größte davon in Mexico City.

Obwohl einige Kirchenführer sich für Themen wie die Rechte der Urbevölkerung eingesetzt haben, ist die mexikanische katholische Kirche eine sozialkonservative Organisation. Sie hat einige Bevölkerungsgruppen verprellt, weil sie sich strikt gegen die Legalisierung von Abtreibungen in Mexico City und gegen die Homo-Ehe oder eingetragene Partnerschaften ausgesprochen hat, die inzwischen in Mexico City sowie den Staaten Colima, Quintana Roo und Coahuila legal sind.

Die Geheimnisse körperlicher und geistiger Gesundheit eines *curandera* (wörtlich „Heiler") der Nahua werden in dem Buch *Woman Who Glows in the Dark* von Elena Ávila aufgedeckt.

SANTA MUERTE

Eine bizarre und wachsende Entwicklung hin zu einer Mainstream-Religion zeigt der Kult Santa Muerte (Heiliger Tod), der vom Vatikan 2013 als blasphemisch verurteit wurde. Schätzungen gehen von inzwischen rund 8 Mio. Anhängern in Mexiko aus. Viele Mexikaner, die das Gefühl haben, von der traditionellen katholischen Dreieinigkeit und ihren Heiligen nicht erhört zu werden, beten nun in privaten und öffentlichen Kulträumen ein mit einem Mantel bekleidetes Skelett mit Sense an. Zu den am treuesten ergebenen Anhängern des Kults gehören Mitglieder von Drogenbanden. Es gibt auch Berichte, nach denen Santa Muerte angeblich Menschenopfer dargebracht wurden. Der bekannteste **Santa-Muerte-Altar** (Alfarería, nördlich von Mineros; Ⓜ Tepito) befindet sich in Mexico City, in dem für seine hohe Kriminalitäsrate berüchtigten Viertel Tepito.

Die Religion der Urbevölkerung

Die spanischen Missionare des 16. und 17. Jh. bekehrten die einheimischen Mexikaner zum Katholizismus, indem sie ihn in die prähispanischen Religionen einfließen ließen. Alte Götter wurden in christliche Heilige umbenannt, alte Feiern mit christlichen Festtagen verschmolzen. Das ursprügliche Christentum wird heute immer noch mit dem alten Glauben vermischt. Beim Volk der Huicholen in Jalisco gibt es Christus sogar zweimal, doch Nakawé, die Fruchtbarkeitsgöttin, ist eine noch wichtigere Gottheit. In der katholischen Kirche in der Tzotzil-Maya-Stadt San Juan Chamula, kann man singende *curanderos* (Heiler) erleben, die schamanische Riten durchführen. In der traditionellen Welt der Urbevölkerung hat nahezu alles eine spirituelle Dimension – Bäume, Flüsse, Hügel, Wind, Regen und Sonne haben ihre eigenen Götter oder Geister. Krankheit wird als „Verlust der Seele" betrachtet, ausgelöst durch Fehlverhalten oder den schlechten Einfluss von jemandem, der magische Kräfte besitzt.

Dampf ablassen

Die Mexikaner habe viele Möglichkeiten, ihrer emotionalen und physischen Energie freien Lauf zu lassen. Religion (S. 882), künstlerischer Ausdruck (S. 886) und zahllose Fiestas (S. 30) gehören dazu – und natürlich der Sport.

Fußball

Keine Sportart entfacht die Leidenschaft der Mexikaner so sehr wie *fútbol* (Fußball). Die Spiele der 18 Mannschaften der Liga MX, der nationalen ersten Liga, finden fast an allen Wochenenden des Jahres statt und jedes davon wird im Schnitt von 25 000 Besuchern vor Ort gesehen und von Millionen vor dem Fernseher verfolgt. Es macht Spaß, bei einem Spiel dabei zu sein, und die Rivalität der gegnerischen Fans ist meist freundschaftlich. Die Tickets werden für 50 bis 650 Mex$ (je nach Stadion, Spiel und Sitzplatz) am Eingang verkauft. Spielpaarungen und Ergebnisse findet man unter espnfc.com.

Die zwei beliebtesten Teams mit vielen Fans im ganzen Land sind América aus Mexico City, bekannt als Águilas (Adler) und Guadalajara, bekannt auch als Chivas (Ziegen). Die Spiele zwischen den beiden, „Los Clásicos" genannt, sind die wichtigsten Begegnungen des Jahres. Zu den führenden Clubs gehören auch Cruz Azul und UNAM (Pumas) aus Mexico City, Monterrey and UANL (Los Tigres) aus Monterrey, Santos Laguna aus Torreón und Toluca.

Der Film *Rudo y Cursi* von 2008 erzählt die (fiktive) Geschichte zweier Brüder aus einem armen mexikanischen Dorf, die zu erfolgreichen Spielern in einer korrupten mexikanischen Fußballwelt aufsteigen. Ein witziger und liebenswerter Film mit zwei der Top-Schauspieler Mexikos: Gael García Bernal und Diego Luna.

Stierkämpfe

Auch Stierkämpfe wecken in vielen Mexikanern starke Emotionen. Einerseits hat diese Form der Unterhaltung viele Anhänger, andererseits gibt es eine starke Anti-Stierkampf-Bewegung, angeführt von Gruppen wie dem Mexikanischen Verband für Tierrechte (AMEDEA) und AnimaNaturalis. Stierkämpfe sind inzwischen im Staat Sonora und in acht Städten verboten.

Stierkämpfe finden normalerweise am Sonntagnachmittag oder während örtlicher Festivals statt, überwiegend in größeren Städten. Im Norden des Landes dauert die Stierkampf-Saison von März oder April bis August oder September. In Zentral- und Südmexiko, auch in der riesigen Plaza México in Mexico City, einer der größten Stierkampfarenen der Welt, dauert die Hauptsaison etwa von Oktober bis Februar.

Andere Sportarten

Das sehr beliebte *lucha libre* (Mexikanisches Wrestling) ist mehr Show als Sport. Die Teilnehmer an dieser an Pantomime erinnernden Aktivität nennen sich selbst Último Guerrero (Letzter Krieger), Rey Escorpión (König der Skorpione) und Blauer Panther und albern dann in neonfarbenen Strumpfhosen und schrecklichen Masken herum. Für die Zuschauer bietet das eine willkommene Abwechslung vom echten Leben, weil normalerweise die Guten gewinnen. Die **Arena México** (☎55-5588-0266; www.arenamexico.com.mx; Dr Lavista 197, Colonia Doctores; ⏲Di 19.30 Uhr & Fr 20.30 Uhr; Ⓜ Cuauhtémoc) in Mexico City mit ihren 17000 Sitzplätzen ist das „Heiligtum" dieser Sportart.

Charreadas (Rodeos) sind beliebte Veranstaltungen, besonders in der Nordhälfte Mexikos. Sie finden während Fiestas statt und oft an Schauplätzen, die *lienzos charros* genannt werden. **Decharros** (www.decharros.com) bietet jede Menge Informationen.

Mexiko hat viele Boxweltmeister hervorgebracht. Der legendäre Julio César Chávez gewann fünf Weltmeistertitel in drei verschiedenen Gewichtsklassen und errang nacheinander beeindruckede 90 Siege, nachdem er 1980 Profi geworden war.

Kunst

Die mexikanische Bevölkerung sprüht vor Kreativität. Ganz gleich, welche Region man bereist, man wird auf herausragende künstlerische Werke stoßen, die es zu entdecken gilt. Bunte Gemälde, überwältigende Architektur und wunderschöne Handwerksarbeiten gibt es überall. Azteken-Tänzer bringen Mexico City zum Beben, Musiker spielen auf den Straßen, in Bars und in Bussen. Dieses Land hat der Welt einige der schönsten Gemälde, Musikstücke, Filme und literarische Werke geschenkt.

Der Dokumentarfilm *Hecho en México* (2012) wirft einen faszinierenden und farbenprächtigen Blick auf Leben und Kunst im Mexiko von heute. Der Film entstand unter der Regie von Duncan Bridgeman mit Unterstützung einiger der besten Musiker, Schauspieler und Schriftsteller des Landes.

Architektur

Mexikos unvergleichliches architektonisches Erbe aus der Ära vor der Entdeckung Amerikas und aus den Kolonialzeiten ist eines der größten Schätze des Landes.

Vorkoloniale Ära

An Orten wie Teotihuacán, Monte Albán, Chichén Itzá, Uxmal und Palenque kann man noch weitgehend erhaltene vorkoloniale Stätten besichtigen. Die spektakulären zeremoniellen Zentren mit ihren riesigen Steinpyramiden (mit Tempeln auf der Spitze), Palästen und rituellen Ballspielplätzen sind Ehrfurcht gebietend – und entstanden allesamt ohne Metallwerkzeug, Lasttiere oder das Rad. Die Architektur von Teotihuacán, Monte Albán und später der Aztekenkultur sollte mit ihrer schieren Größe beeindrucken. Die Maya-Baumeister von Chichén Itzá, Uxmal, Palenque und zahllosen anderen Stätten richteten ihr Augenmerk eher auf die Ästhetik: Mit kompliziert strukturierten Fassaden, kunstvollen steinernen „Kämmen“ auf Tempeldächern und gewundenen Schnitzereien haben die Maya einige der schönsten Schöpfungen von Menschenhand auf dem amerikanischen Kontinent hinterlassen. Besonders charakteristisch für Maya-Gebäude ist allerdings das Kraggewölbe, eine spezielle Form des Bogens: Zwei Steinmauern neigen sich einander zu und treffen an der Spitze nahezu aufeinander, überwölbt von einem Schlussstein. Das Kennzeichen der Architektur von Teotihuacán ist der *talud-tablero*-Stil der stufigen Gebäude, deren Höhe durch abwechselnd senkrechte (*tablero*) und waagrechte (*talud*) Abschnitte erreicht wird.

Mexikos größte Pyramiden

Pirámide Tepanapa (Cholula)

Pirámide del Sol (Sonnenpyramide; Teotihuacán)

Pirámide de la Luna (Mondpyramide; Teotihuacán)

Kolonialzeit

Die Spanier zerstörten die Tempel der Ureinwohner und bauten an deren Stelle Kirchen und Klöster. Neue Städte mit hübschen Plazas und Straßennetzen entstanden, gesäumt von prächtigen Bauwerken aus Stein – sie trugen einen großen Teil zu Mexikos heutiger Schönheit bei. Gebaut wurde im spanischen Stil mit einigen außergewöhnlichen Abweichungen. Der Renaissance-Stil, der auf alten griechischen und römischen Idealen von Harmonie und Proportion beruhte und quadratische sowie runde Formen bevorzugte, herrschte im 16. und im frühen 17. Jh. vor. Die Kathedrale von Mérida und die Casa de Montejo sind herausragende Renaissance-Gebäude, in den Kathedralen von Mexico City und Puebla vermischen sich dagegen Renaissance- und Barockstile.

Der Barockstil erreichte Mexiko im frühen 17. Jh. und legte neue dramatische Effekte – Rundungen, Farben, immer aufwendigere Dekorationen – über die Renaissance-Basis. Malerei und Skulptur wurden in die Architektur integriert, meist in Form von riesigen kunstvollen *retablos* (Altarbildern). Zu Mexikos schönsten Barockgebäuden gehören die Kathedrale von Zacatecas und die Kirchen des Santo Domingo in Mexico City und Oaxaca. Zwischen 1730 und 1780 erreichte der mexikanische Barock mit dem scheinbar spektakulär außer Kontrolle geratenen Churriguerismus und seinen ausschweifenden Verzierungen seinen Höhepunkt.

Die einheimischen Künstler fügten vielen barocken Gebäuden üppige Steinskulpturen und farbigen Stuck hinzu, etwa den Rosenkranzkapellen in den Tempeln des Santo Domingo in Puebla und Oaxaca. Der spanisch-islamische Einfluss zeigte sich auch in der Beliebtheit der *azulejos* (bunte Kacheln) an Gebäudefassaden, insbesondere an der Casa de Azulejos in Mexico City und an vielen Gebäuden in Puebla.

Mit dem Neoklassizismus, der zwischen 1780 und 1830 vorherrschte, kehrte erneut der nüchterne Stil griechisch-römischer Ideale zurück. Herausragende Gebäude dieser Epoche sind etwa der Palacio de Minería in Mexico City, entworfen von Manuel Tolsá, Mexikos führendem Architekten dieser Zeit.

Churriguerismus

Sagrario Metropolitano (Mexico City)

Santuario de la Virgen de Ocotlán (Tlaxcala)

Capilla Doméstica (Tepotzotlán)

Templo de Santa Prisca (Taxco)

19.–21. Jh.

Das unabhängige Mexiko des 19. und frühen 20. Jhs. erlebte ein Wiederaufkommen des Kolonialstils sowie Nachahmungen der zeitgenössischen französischen und italienischen Stilrichtungen. Eines der spektakulärsten Gebäude dieser Zeit ist der Palacio de Bellas Artes in Mexico City in Jugendstilmanier.

Nach der Revolution der 1910er- und 1920er-Jahre war der „Toltekismus" ein Versuch, auf der Suche nach einer nationalen Identität zu den vorkolonialen Wurzeln zurückzukehren. In den 1950er-Jahren gipfelte diese Bewegung auf dem Campus der Ciudad Universitaria in Mexico City, wo viele Gebäude mit bunten Wandgemälden bedeckt sind.

Auf www.skyscrapercity.com kann man die schönsten und die hässlichsten architektonischen Neuigkeiten in Mexikos Städten (und auch überall sonst auf der Welt) bestaunen

Die größte Ikone der moderneren Architektur ist Luis Barragán (1902–88), ein Modernist, der starke, mexikanisch anmutende Formen mit lebhaften Farben, Räumen und Licht kombinierte. Zu seinen Werken gehören einige ziemlich verrückt angemalte Wolkenkratzerskulpturen in Ciudad Satélite, einem Vorort von Mexico City. Ein weiterer Modernist, Pedro Ramírez Vázquez (1919-2013), plante drei riesige öffentliche Gebäude in Mexico City: das Estadio Azteca und das Museo Nacional de Antropología aus den 1960ern und die Basílica de Guadalupe aus den 1970er-Jahren. Neuester Schrei und Stadtgespräch in der Hauptstadt ist jedoch das Museo Soumaya Plaza Carso, das Fernando Romero für die Kunstsammlung seines Schwiegervaters Carlos Slim, den wohl reichsten Menschen der Welt, entworfen hat. An der sechsstöckigen Konstruktion scheiden sich die Geister: Sie erinnert am ehesten an einen gigantischen umgedrehten Amboss, der von 16 000 Aluminiumplatten in Honigwabenform bedeckt ist.

Malerei & Bildhauerkunst

Seit jeher sind die Einwohner für ihre Vorliebe für Farben und Formen sowie für ihr überragendes Talent im Bereich der Malerei und Bildhauerei bekannt. Der Kunstreichtum – von Wandgemälden bis hin zu zahlreichen Galerien – ist ein Highlight dieses Landes.

Die schönsten Wandgemälde

Palacio de Tepantitla (Teotihuacán)

Cacaxtla

Bonampak

Vorkoloniale Ära

Mexikos erste bekannte Zivilisation, die Olmeken, die an der Golfküste siedelten, schufen großartige Steinskulpturen in Götter- und Tiergestalt sowie nahezu lebensechte Menschenfiguren. Am schönsten sind die großen Olmekenköpfe, die aussehen wie eine Mischung aus Menschenbaby und Jaguar.

Die klassische Periode der Maya-Kultur im Südosten Mexikos – zwischen 250 und 800 n. Chr. – brachte die wohl begabtesten Künstler der vorkolonialen Zeit hervor. Sie hinterließen unzählige beeindruckende Steinskulpturen mit aufwendigen Mustern.

Die besten Kunstmuseen

- *Museo Frida Kahlo (Mexico City)*
- *Museo Jumex (Mexico City)*
- *Museo Nacional de Arte (Mexico City)*
- *Museo Dolores Olmedo Patiño (Mexico City)*
- *Museo de Arte de Tlaxcala (Tlaxcala)*
- *Museo Pedro Coronel (Zacatecas)*

Kolonialzeit & Unabhängigkeit

Die Themen der mexikanischen Kunst unter spanischer Herrschaft wurden stark von Spanien und seiner Religion beeinflusst. Das Portraitzeichnen wurde unter reichen Mäzenen immer beliebter. Miguel Cabrera (1695–1768) aus Oaxaca war wohl der talentierteste Maler seiner Zeit.

In den prärevolutionären Jahren vor 1910 brachen die Künstler schließlich mit europäischen Traditionen. Mexikanische Elendsviertel, Bordelle und die Armut der Ureinwohner wurden immer häufiger auf Leinwänden festgehalten. Mit seinem charakteristischen *calavera-*(Totenschädel-)Motiv prangerte José Guadalupe Posada (1852–1913) auf satirische Weise die Missstände des Porfiriato an und führte damit die politische und soziale Provokation in die mexikanische Kunst ein.

Die Muralisten

In den 1920er-Jahren, kurz nach der mexikanischen Revolution, ließ der Bildungsminister José Vasconcelos junge Künstler eine Reihe öffentlich zugänglicher Wandgemälde zeichnen, um die mexikanische Geschichte und Kultur zu verbreiten und das Bedürfnis nach einem sozialen und technischen Umschwung zu wecken. Die drei großartigen Muralisten – die auch in deutlich kleineren Maßstäben fantastische Maler waren – hießen Diego Rivera (1886–1957), José Clemento Orozco (1883–1949) und David Alfaro Siqueiros (1896–1947).

Auf der jährlichen Messe für zeitgenössische Kunst, der Zona Maco (www.zonamaco.com) in Mexico City, tummeln sich im Februar fünf Tage lang Künstler, Galeristen, Verkäufer und Kunstkenner aus aller Welt.

Riveras Werke trugen eine linksgerichtete Botschaft und thematisieren die frühere Unterdrückung der Ureinwohner und der Landbevölkerung. Seine Kunst, die an vielen Orten in und um Mexico City zu sehen ist, verbindet die Wurzeln der indigenen Bevölkerung mit den spanischen auf bunten, gedrängten Bildern, welche geschichtlich bedeutsame Menschen und Ereignisse mit einer einfachen moralischen Botschaft zeigen.

Siqueiros kämpfte während des Bürgerkriegs auf der Seite der Konstitutionalisten und blieb auch anschließend politisch aktiv. Seine Wandgemälde verbreiten eine stark marxistisch geprägte Botschaft – vor allem über dramatisch-symbolische Darstellungen der Geknechteten und groteske Karikaturen der Unterdrücker. Einige der besten Werke Siqueiros zieren den Palacio de Bellas Artes, den Castillo de Chapultepec und die Ciudad Universitaria in Mexico City.

Der Schwerpunkt Orozcos aus Jalisco liegt mehr auf den Bedingungen des Menschseins als auf historischen Details. Er vermittelt Gefühl, Charakter und Atmosphäre. Zwischen 1936 und 1939 erreichte seine Schaffensperiode in Guadalajara ihren Höhepunkt. Davon zeugen vor allem die rund 50 Fresken im Instituto Cultural de Cabañas.

2501 MIGRANTEN

Alejandro Santiago (1964–2013) sorgte 2007 mit seiner Installation *2501 Migrantes* für Aufregung. Sie besteht aus 2501 großen, unterschiedlichen menschlichen Figuren aus Ton, die für alle Menschen stehen, die aus wirtschaftlichen Gründen Santiagos Heimatdorf Teococuilco in Oaxaca verlassen mussten. Das Werk wurde erstmals 2007 auf dem Universal Forum of Cultures in Monterrey ausgestellt und fand später einen Platz vor der Kirche Santo Domingo in Oaxaca. Es steht auch im Mittelpunkt eines faszinierenden Dokumentarfilms von Yolanda Cruz: *2501 Migrants: A Journey.*

Andere Künstler des 20. Jhs.

Frida Kahlo (1907–54), die nach einem Verkehrsunfall körperlich behindert war und in einer aufreibenden Ehe mit Diego Rivera lebte, malte beklemmende Selbstportraits und groteske, surreale Bilder, die ihre linksgerichtete Haltung und ihre innere Zerrissenheit zum Ausdruck brachten. In den 1980er- und 1990er-Jahren begannen Kahlos Werke plötzlich international den Nerv der Kunstliebhaber zu treffen. Heute ist sie weltweit bekannter als jeder andere mexikanische Künstler, und ihr Haus in Mexico City, das Museo Frida Kahlo, darf man als Kunstliebhaber auf keinen Fall verpassen.

Rufino Tamayo (1899–1991) aus Oaxaca wird manchmal als vierter der großen Muralisten betrachtet, war jedoch auch nach anderen Maßstäben ein großer Künstler. Er beschäftigte sich intensiv mit abstrakten und mythologischen Szenen und mit dem Effekt von Farben. Nach dem Zweiten Weltkrieg begannen junge mexikanische Künstler der La Ruptura (der Bruch), angeführt von José Luis Cuevas (geb. 1934), sich gegen die Bewegung der Wandmaler zu wehren, die sie als besessen von ihrem *mexicanidad* (Mexikanismus) ansahen. Sie brachten weltweite Trends wie den abstrakten Expressionismus und die Pop Art nach Mexiko. Weitere bekannte Künstler des 20. Jhs. sind Francisco Toledo (geb. 1940) und Rodolfo Morales (1925–2001) aus Oaxaca, deren Visionen auf vorkoloniale Wurzeln zurückgehen. Bildhauer Sebastián (geb. 1947) aus Chihuahua ist für seine riesigen, von der Mathematik inspirierten Skulpturen bekannt, die Städte auf der ganzen Welt schmücken.

Kunstbücher

The Art of Mesoamerica von Mary Ellen Miller

Mexican Muralists von Desmond Rochfort

Websites zu moderner Kunst

Arte Mexico (www.artemexico.org)

Galería Nina Menocal (www.ninamenocal.com)

Kurimanzutto (www.kurimanzutto.com)

LatinAmerican Art.com (www.latinamericanart.com)

Museo Colección Andrés Blaisten (www.museoblaisten.com)

Zeitgenössische Kunst

Dank engagierten Künstlern, Galerien und Mäzenen und der Globalisierung der Kunstszene wird mexikanische Kunst heute weltweit ausgestellt. Mexico City wurde zu einer der wichtigsten Kunststädte der Welt, und auch Monterrey, Oaxaca, Mazatlán und Guadalajara erfreuen sich einer blühenden Kunstszene. Mexikanische Künstler interpretieren die Unsicherheiten des 21. Jhs. auf unterschiedliche Weise. Das Pendel schwingt wieder weg vom Abstrakten hin zu Fotorealismus, Installationen und Video. Rocío Maldonado (geb. 1951), Rafael Cauduro (geb. 1950) und Roberto Cortázar (geb. 1962) malen ihre klassisch gestalteten Figuren vor trostlosen Hintergründen. Cauduros Wandgemälde über staatlich unterstütztes Verbrechen im Suprema Corte de Justicia (Oberstes Gericht) in Mexico City darf man nicht verpassen. Wichtige Größen wie Miguel Calderón (geb. 1971) und Gabriel Orozco (geb. 1962) verbreiten ihr Talent über die Medien und fordern damit stets die Vorurteile ihres Publikums heraus.

Frida- & Diego-Bücher

Frida Kahlo und Diego Rivera von Isabel Alcántara und Sandra Egnolff

Kahlo von Andrea Kettenmann

Frida Kahlo: Ein leidenschaftliches Leben von Hayden Herrera

Rivera von Andrea Kettenmann

Musik

Musik ist in Mexiko allgegenwärtig. Sie dröhnt aus Lautsprechern in Geschäften und vorbeifahrenden Autos. Rund um die Uhr trifft man auf Musiker, die auf Plätzen, in Bussen oder in der Metro ihren Lebensunterhalt verdienen. Das Spektrum reicht von Marimba-Gruppen mit hölzernen Xylophonen bis hin zu Mariachi-Bands – Trompeter, Geiger, Gitarristen und ein Sänger in feschen Wild-West-Kostümen. Aber auch einsame, zerlumpte Straßenmusikanten klimpern auf ihren verstimmten Gitarren. Keine anderen Klänge sind wohl so „typisch" mexikanisch wie die der Mariachis. Dieser Musikstil stammt ursprünglich aus der Region Guadalajara, hat sich aber längst über das ganze Land hinweg ausgebreitet. Marimbas sind besonders im Südosten und an der Golfküste populär.

Rock & Hip-Hop

Die Nähe zum großen spanischsprachigen Musikmarkt der USA macht Mexiko zum wichtigsten Standort für *rock en español*. Talentierte Bands aus Mexico City – wie Café Tacuba und Maldita Vecindad – tauchten in

LILA DOWNS

Die Sängerin Lila Downs hat einen amerikanischen Vater und ihre Mutter stammt aus Oaxaca. Sie hat sich mit ihren leidenschaftlichen und ursprünglichen Variationen heutiger mexikanischer Volksmusik, die vom Jazz beeinflusst sind, auch international einen Namen gemacht. Auch zum Kinofilm *Frida* von 2002 steuerte Lila Songs bei. Zu ihren besten Alben gehören *La sandunga* (1997), *Border* (*La línea*; 2001) und *Pecados y milagros* (2011).

den 1990er-Jahren auf, fanden neue Hörer und hoben das Genre in neue Sphären (auch außerhalb des Landes), indem sie Einflüsse aus Rock, Hip-Hop und Ska mit *son* (traditionelle mexikanische Volksmusik) oder Mariachi mischten. Café Tacubas Alben *Re* (1994), *Avalancha de éxitos* (1996), *Tiempo transcurrido* (2001) und *Sino* (2007) sind voller großartiger Songs. Immer noch beliebt ist auch die Rap-Metal-Band Molotov aus Monterrey, die schon so ziemlich jeden mit ihren Texten voller unanständiger Wörter gegen sich aufgebracht hat. Mexikos Indie-Welle des 21. Jhs. brachte so erfolgreiche Bands wie Zoé aus Mexico City hervor, die in der ganzen spanischsprachigen Welt beliebt sind, oder auch Kinky aus Monterrey, die sich stark an Elektro bzw. House anlehnen.

Die stimmgewaltige Alejandra Guzmán, bekannt als La Reina del Rock (Königin des Rock), hat in ihrer 20-jährigen Karriere schon 15 Mio. CDs verkauft.

Die außerhalb Mexikos bekannteste Band ist Maná aus Guadalajara, ein ungeniert kommerzieller Abklatsch von The Police. Und El Tri, die Großväter des mexikanischen Rock, lassen auch nach mehr als vier Jahrzehnten noch mitreißenden Rock 'n' Roll aus den Lautsprechern dröhnen.

Nortec Collective aus Tijuana verschmilzt traditionelle mexikanische Musik mit elektronischen Klängen zu einem spaßigen Genre namens Nortec. Hörenswert sind ihre Alben *Tijuana Sessions* und *Tijuana Sound Machine*. In den großen Städten und ihrem Umkreis gibt es häufig Elektromusik-Events mit den besten mexikanischen oder internationalen DJs. Einzelheiten findet man auf www.kinetik.tv.

Pop

Paulina Rubio ist die mexikanische Antwort auf Shakira. Sie hat auch schon in einigen mexikanischen Filmen und TV-Serien mitgespielt und sitzt in der Jury diverser Fernseh-Talentshows. Natalia Lafourcade, eine begabte Sängerin und Songschreiberin, mixt Pop- und Bossa-Nova-Rhythmen und gewann 2013 mit ihrem Album *Mujer Divina – Homenaje a Agustín Lara* einen Latin Grammy.

Der Balladensänger Luis Miguel ist der Julio Iglesias Mexikos und unglaublich beliebt, ebenso wie Juan Gabriel, der Millionen eigener Alben verkauft und außerdem Dutzende Hits für andere Sänger geschrieben hat.

Ranchera & Norteño – Mexikos „Volksmusik"

Ranchera heißt Mexikos städtische „Countrymusik" – dies sind meist sehr melodramatische Klänge mit einem Hauch von Sehnsucht nach den ländlichen Wurzeln, manchmal mit Mariachi im Hintergrund. Vicente Fernández Juan Gabriel und Alejandro Fernandéz (Vicentes Sohn) gehören zu den beliebtesten *ranchera*-Künstlern.

Norteño oder *norteña* ist eine Art Countryballaden- und Tanzmusik aus dem Norden Mexikos, die im ganzen Land gehört wird. Ihre Wurzeln sind *corridos*, heroische Balladen mit dem Rhythmus europäischer Tänze wie Walzer oder Polka. Ursprünglich erzählten die Lieder vom Latino-Anglo-Konflikt oder der mexikanischen Revolution. Die modernen *narcocorridos* handeln von Drogenschmugglern und anderen Gaunern, die zwischen Korruption und Kriminalität zu überleben versuchen. In den vergangenen Jahren drehten sich viele Stücke auch um die Ausbeutung durch große mexikanische Drogenbanden. Einige Banden geben sogar *narcocorridos* über sich selbst in Auftrag.

Norteño-Gruppen (*conjuntos*) mit ausladenden Hüten spielen das Akkordeon und den *bajo sexto* (eine zwölfsaitige Gitarre) sowie Bass und Schlagzeug. Die *norteño*-Superstars heißen Los Tigres del Norte und stammen aus Sinaloa, wohnen inzwischen allerdings in Kaliformien. Sie spielen auf beiden Seiten der Grenze vor riesigem Publikum und haben auch ein paar *narcocorridos* in ihrem Repertoire. Weitere Topstars sind Los Huracanes del Norte, Los Tucanes de Tijuana und der Akkordeonspieler und Sänger Ramón Ayala.

Son – Die Wurzel mexikanischer Volksmusik

Son (wörtlich „Klang") ist ein breitgefächerter Begriff für mexikanische Countrymusik, die einer Mischung aus spanischer, indigener und afrikanischer Musik entsprungen ist. Gitarren oder ähnliche Instrumente (wie die kleine *jarana*) geben einen starken Rhythmus vor, Mundharmonika oder Geige fügen die Melodie hinzu. *Son* wird häufig für ein stampfendes Tanzpublikum gespielt und die Texte sind ziemlich witzig und oft improvisiert. Es gibt verschiedene regionale Varianten. *Son huasteco* (oder *huapango*) aus dem Huasteca-Binnengebiet von Tampico ist für seine Falsettstimmen und schwirrenden Geigenpassagen bekannt. Zu empfehlen ist die Topgruppe Los Camperos de Valles. Der aufregende *son jarocho* aus der Veracruz-Region ist besonders von afrikanischen Tönen beeinflusst: Die Grupo Mono Blanco hat das Genre mit zeitgenössischen Texten wiederbelebt und die Musik hat inzwischen sogar in den USA ihre Anhänger. Das berühmte „La Bamba" ist ebenfalls ein *son jarocho*!

Trova

Diese beliebte Folkloremusik im Minnesängerstil wird normalerweise von einzelnen Sängern (*cantautores*) mit Gitarrenbegleitung vorgetragen. Die Wurzeln dieser Musik reichen in die 1960er- und 70er-Jahre und bis zu den Protestliedern zurück. Viele *trova*-Sänger wurden stark von dem kubanischen, sehr politischen Musiker Silvio Rodríguez inspiriert.

Kino

Seit der Jahrtausendwende hat das mexikanische Kino nach jahrzehntelanger Flaute ein fulminantes Comeback hingelegt. Ein paar gute,

MÚSICA TROPICAL

Die Wurzeln dieses Musikstils liegen in der Karibik und in Südamerika, doch verschiedene Varianten der *música tropical* mit zahlreichen Percussion-Instrumenten und einem ansteckenden Rhythmus sind auch in Mexiko unglaublich populär. Besonders in Mexico City gibt es zahlreiche Clubs und riesige Tanzsäle, die sich dieser Szene verschrieben haben und oft internationale Bands zu Gast haben.

Zwei verschiedene Arten der Tanzmusik – der *danzón* aus Kuba und die *cumbia* aus Kolumbien – sind in Mexiko inzwischen weitaus verbreiteter als in ihrer Heimat. Der elegante und altmodische *danzón* wird vor allem mit der Hafenstadt Veracruz assoziiert, erlebt derzeit jedoch auch in Mexico City und anderswo ein Comeback. Die lebhaftere, mehr zum Flirten geeignete *cumbia* hat in Mexico City ihre Wahlheimat gefunden. Man tanzt sie zu pochendem Bassrhythmus mit Blechblasinstrumenten, Gitarren und Mandolinen und manchmal Marimbas. Die *Cumbia* hat inzwischen ihre eigenen zeitgenössischen Variationen entwickelt: *cumbia sonidera* ist eine im Grundsatz elektronische, von DJs gespielte *cumbia*, während die „psychedelische *cumbia*" eher auf die peruanische *cumbia* der 1970er-Jahre zurückgreift. Hörenswert ist das psychedelische Album *Cumbia Salvaje* von Sonido Gallo Negro aus Mexico City.

In so gut wie jeder Stadt in Mexiko kann man Salsa tanzen (und manchmal auch lernen). Dieser Tanz hat seinen Ursprung eigentlich in New York, als Jazz auf *son*, Cha Cha und Rumba aus Kuba und Puerto Rico traf. Musikalisch spielen vor allem die Blechbläser (mit Trompetensoli), Klaviere, Percussion-Instrumente, Sänger und Chöre eine Rolle bei diesem heißen Tanz mit vielen Drehungen. *Merengue*, eigentlich aus der Dominikanischen Republik, ist eine Mischung aus *cumbia* und Salsa.

draufgängerische Filme von jungen mexikanischen Regisseuren konnten nicht nur kommerzielle Erfolge verzeichnen, sondern wurden auch von den Kritikern beachtet. Staatliche Unterstützung gibt es immer häufiger, und die Zahl der mexikanischen Produktionen ist auf etwa 70 im Jahr gestiegen. In vielen Städten, darunter Morelia, Guadalajara, Oaxaca, Monterrey und Los Cabos sowie an der Riviera Maya finden inzwischen einmal im Jahr erfolgreiche Filmfestivals statt.

In den neuen mexikanischen Filmen geht es um das Hässliche, Tragische und Absurde im mexikanischen Alltag ebenso wie um das Schöne und Komische. Der erste Film, der weltweit Aufsehen erregte, war *Amores perros* (2000), bei dem Alejandro González Iñárritu Regie führte und Gael García Bernal mitspielte, die inzwischen beide internationale Berühmtheiten geworden sind. Der Film spielt im Mexico City der Gegenwart und hat drei Erzählstränge, die durch einen Verkehrsunfall verbunden sind. Es ist ein rauer, ehrlicher Streifen, der mit Blut, Gewalt und Sex aufwartet, aber auch mit Ironie.

Y tu mamá también, Alfonso Cuaróns Roadmovie übers Erwachsenwerden aus dem Jahr 2001, handelt von zwei privilegierten Teenagern aus Mexico City (gespielt von Gael García Bernal und Diego Luna) und war zu jener Zeit der erfolgreichste mexikanische Film überhaupt, mit dem mehr als 25 Mio. US-Dollar eingenommen wurden. Carlos Carreras *Die Versuchung des Padre Amaro* (2003), wieder mit Gael García Bernal, zeichnete das hässliche Bild kirchlicher Korruption in einer Kleinstadt.

Der Erfolg ließ einige dieser Talente aus Mexiko verschwinden. González Iñárritu zog nach Hollywood und führte dort bei zwei weiteren großartigen Filmen mit verschiedenen miteinander verbundenen Handlungen zum Thema Tod Regie – *21 Gramm* (2003) und *Babel* (2006). 2010 kehrte er mit dem atemberaubenden *Biutiful* zurück, einer mexikanisch-spanischen Produktion mit Javier Bardem in der Hauptrolle, einer „Völlig-erledigt-in-Barcelona"-Geschichte. Alfonso Cuarón wurde sogar Regisseur von *Harry Potter und der Gefangene von Askaban* (2004). Das Science-Fiction-Epos *Gravity* (2013) schließlich gewann mehrere Oscars (darunter den für die beste Regie).

Daheim in Mexiko drehten derweil einige weniger dem Mainstream verhaftete Regisseure Filme, die beim Filmfestival in Cannes allerhand Preise einheimsten. Der klaustrophobische, stark sexuell ausgerichtete Film *Año bisiesto*, bei dem der in Mexiko lebende Australier Michael Rowe Regie führte, überzeugte auch mit einer hervorragenden Darbietung von Mónica del Carmen. Rowe gewann 2010 in Cannes den Preis für den besten neuen Regisseur. Carlos Reygadas erhielt den Preis als bester Regisseur für *Post tenebras lux*, eine verwirrende Mischung aus Fantasy und Realität, Traum und Dokumentation über eine Mittelschichtfamilie auf dem Land, die Zuschauer wie Kritiker spaltete. Amat Escalante wurde 2013 in Cannes als bester Regisseur ausgezeichnet. Er beeindruckte mit *Heli*, einem Film über ein junges Pärchen, das in Mexikos gewalttätigen Drogenkrieg verwickelt wird. Weitere Top-Filme 2013 zu recht schwierigen Themen waren Diego Quemada-Diez' *La jaula de oro* über junge Migranten in Mittelamerika, die versuchen über Mexiko in die USA zu gelangen, und *Workers* von José Luis Valle, ein bewegender, auch humorvoller Film über zwei ältere Arbeiter, die für ihre Rechte kämpfen. Unterdessen wurde ein anderer Film, der Klassenunterschiede auf humorvolle Weise abhandelt, der umsatzstärkste Film aller Zeiten in mexikanischen Kinos: Gary Alazrakis *Nosotros los nobles* sahen 3,3 Mio. Zuschauer.

Das goldene Zeitalter des mexikanischen Filmemachens waren die 1940er-Jahre. Zu jener Zeit entstanden in Mexiko pro Jahr um die 200 Filme – stets epische, melodramatische Produktionen. Die vier größten Filmemacher waren Dolores del Río, María Félix, Mario Moreno („Cantinflas") und Pedro Infante. Dann machte Hollywood seine Autorität wieder geltend, und Mexikaner mussten jahrzehntelang um finanzielle Mittel kämpfen. Heutzutage hat Mexiko das fünftgrößte Kinopublikum der Welt, aber mehr als 90 % der Einnahmen an den Kinokassen gehen an Filme aus den USA.

Literatur

Mexikanische Schriftsteller wie Carlos Fuentes, Juan Rulfo und Octavio Paz haben einen bedeutenden Beitrag zur großartigen spanischsprachigen Literatur geleistet.

Fuentes (1928–2012), ein erfolgreicher Romanautor und Kommentator, ist der wohl international bekannteste mexikanische Autor. Sein vielleicht berühmtester Roman, *Der Tod des Artemio Cruz* (1962), wirft einen kritischen Blick auf die Zeit nach der Revolution und schaut dabei durch die Augen eines sterbenden, bestechlichen Pressebarons und Landbesitzers.

In Mexiko wird Juan Rulfo (1918–86) als einer der besten Autoren angesehen. Sein *Pedro Páramo* (1955) handelt von einem jungen Mann, der in gespenstischen Dörfern im westlichen Mexiko nach seinem verlorenen Vater sucht. Es ist ein erschreckendes, trostloses Werk mit verwirrenden Zeitwechseln – eine Art mexikanisches *Sturmhöhe* mit magischrealistischen Wendungen.

Octavio Paz (1914–98), Dichter, Essayschreiber und Gewinner des Literaturnobelpreises 1990, hat in *Das Labyrinth der Einsamkeit* (1950) eine bohrende, intellektuell akrobatische Analyse mexikanischer Mythen und des nationalen Charakters niedergeschrieben.

Der Klassiker unter den Romanen, die von der mexikanischen Revolution beeinflusst wurden, ist das Werk *Die Rechtlosen* von Mariano Azuela (1873–1952), ein Buch, das die Geschichte eines Bauern erzählt, der zum General wird. In jüngerer Zeit machte sich Laura Esquivel (geb. 1950) einen Namen mit *Bittersüße Schokolade* (1989), einer ländlichen Liebesgeschichte zu Zeiten der Revolution, die mit Fantasie und Rezepten verwoben wird.

Octavio Paz und der zurückhaltende Jaime Sabines (1925–99) aus Chiapas, sind als die großen Namen unter den Poeten zu nennen. Beide beschäftigen sich mit den Themen Liebe und Tod in schonungslosen, lebhaften Bildern.

Mexiko in anderen Worten

Die Kraft und die Herrlichkeit (1940) von Graham Greene

Unter dem Vulkan (1938) von Malcolm Lowry

Der Schatz der Sierra Madre (1935) und Die Rebellion der Gehenkten von B. Traven

Queer von William Burroughs

Unterwegs (1968) von Jack Kerouac

All die schönen Pferde (1952) von Cormac McCarthy

Kunsthandwerk

Die Geschicklichkeit der Mexikaner sowie ihre Liebe zu Farbe, Ästhetik, Spaß und Tradition kommen in ihren wunderschönen *artesanías* (Handwerkskünsten) zum Ausdruck. Handwerke wie Weben, Töpfern, Gerben und Kupferschmieden, Hut- oder Korbmachen sind noch immer wichtige Teile des täglichen Lebens, ebenso die Herstellung von Souvenirs und Sammlerstücken. Viele Handwerkstechniken und Designs, die heute benutzt werden, stammen aus vorkolonialen Zeiten, und es sind vor allem die Ureinwohner Mexikos mit ihrem unmittelbaren Bezug zur vorkolonialen Kultur, welche die *artesanía*-Produktion anführen.

Traditionelle Textilien

In einigen mexikanischen Dörfern der Ureinwohner kann man nur über die Vielfalt an bunten, kompliziert geschmückten Kleidungsstücken staunen, die sich je nach Region unterscheiden, manchmal sogar von Dorf zu Dorf. Traditionelle Kostüme, die eher von Frauen als von Männern getragen werden, dienen als Zeichen der Gemeinschaft, zu der die jeweilige Person gehört. In manche Kleidungsstücke sind Muster eingewebt oder eingestickt, deren Fertigstellung Monate dauern kann.

Es gibt drei Hauptarten von Kleidung für Frauen, die schon lange vor der Eroberung durch die Spanier getragen wurden:

Die Garngemälde der einheimischen Huichol werden durch das Pressen von Garn auf ein mit Wachs bedecktes Brett hergestellt. Sie stellen Szenen dar, die wie Visionen unter dem Einfluss der *peyote*-Droge aussehen. Diese Droge spielt im Leben der Huichol-Kultur eine bedeutende Rolle.

➡ *huipil* – eine lange, ärmellose Tunika, die besonders in der südlichen Landeshälfte üblich ist

➡ *quechquémitl* – ein Schulterumhang mit einer Öffnung für den Kopf, der hauptsächlich in Zentral- und Nordmexiko verbreitet ist

➡ *enredo* – ein Wickelrock

Spanische Missionare brachten Blusen mit nach Mexiko, die heute oft sorgfältig und aufwendig bestickt werden.

Die traditionellen Stoffe für die Webkunst der Ureinwohner sind Baumwolle und Wolle, doch inzwischen werden auch synthetische Materialien benutzt. Das Färben mit Naturprodukten erlebt ein Comeback – das tiefe Blau kommt von der Indigopflanze, Rot- und Brauntöne von verschiedenen Holzarten und Rot- und Violetttöne von der Cochenille-Schildlaus.

Ausschließlich Frauen verwenden das wichtigste indigene Webwerkzeug: Auf dem *telar de cintura* (Gurtwebstuhl) werden lange Kettfäden zwischen zwei horizontalen Balken eingespannt. Einer der Balken ist an einem Pfahl oder Baum befestigt, den anderen schnürt die Weberin mit einem Gurt an ihren Körper und webt dann die Schussfäden in komplizierten Mustern hinein. Die derart gearbeiteten *huipiles* der Südstaaten Oaxaca und Chiapas gehören zu Mexikos auffallendsten Kleidungsstücken.

Auf Trittwebstühlen, die (normalerweise von Männern) über Fußpedale bedient werden, können breitere Stoffbahnen erzeugt werden. Sie werden deshalb gerne für die Herstellung von Teppichen, *rebozos* (Umhänge), *sarapes* (Decken mit einer Öffnung für den Kopf) und Röcken verwendet. Mexikos berühmteste Teppichweber wohnen in Teotitlán del Valle in Oaxaca.

Kunsthandwerksbücher

The Crafts of Mexico von Margarita de Orellana und Alberto Ruy Sánchez

Faszinierende Handarbeiten aus Mexiko von Chloë Sayer

Mexican Textiles von Masako Takahashi

Mexconnect (www.mexconnect.com) bietet unzählige Artikel und Links über mexikanische Kunst.

Keramik

Viele kleine Töpfereien stellen von schlichten Kochgefäßen bis hin zu aufwendig gestalteten Kunstwerken eigentlich alles her. Die überaus attraktive Talavera-Keramik kommt vor allem aus Puebla und Dolores Hidalgo. Sie ist an ihren leuchtenden Farben (besonders Blau und Gelb) und den Blumenmustern zu erkennen. Die Guadalajara-Vororte Tonalá und Tlaquepaque stellen eine große Bandbreite an Keramiken her. Die Einwohner des nordmexikanischen Dorfes Mata Ortiz produzieren wunderschöne Stücke aus Steingut. Herstellungstechnik und Design gehen auf das vorkoloniale Paquimé zurück und erinnern an die indigenen Töpferwaren aus dem Südwesten der USA. Auch der *árbol de la vida* (Lebensbaum) ist eine typisch mexikanische Keramikform. Die an Tafelleuchter erinnernden Objekte werden von Hand geformt und aufwendig mit zahllosen winzigen Menschen-, Tier- und Pflanzenfiguren verziert. Einige der besten Lebensbäume werden in Metepec (México) produziert, von hier kommen auch die überaus farbenfrohen Sonnen aus Ton.

Die rautenförmigen Muster auf einigen *huipiles* von San Andrés Larráinzar in Chiapas stellen das Universum der Maya-Ahnen der Dorfbewohner dar, die daran glaubten, dass die Erde ein Würfel sei und der Himmel vier Ecken hätte.

Masken

Seit Jahrtausenden tragen die Mexikaner bei Tänzen, Zeremonien und schamanischen Ritualen verschiedenen Masken. Dadurch verwandelt sich der Maskenträger vorübergehend in die symbolisierte Kreatur, Person oder Gottheit. Man kann die kunstvollen Masken entweder im Museum bewundern, etwa in San Luis Potosí, Zacatecas und Colima, oder sie in Geschäften und auf Märkten erwerben. Der südliche Bundesstaat Guerrero hat die wahrscheinlich beste Auswahl an wirklich schönen Masken.

Die meisten Masken sind aus Holz gefertigt, aber auch Pappmaché, Ton, Wachs oder Leder werden verwendet. Viele Maskenmacher schmücken ihre Produkte mit echten Zähne, Haaren oder Federn. Weit verbreitet sind Tier- und Vogelmasken oder Christus- und Teufelsdarstellungen. Masken, die Europäer darstellen sollen, sind komisch bleich und haben weit aufgerissene Augen.

Lack- & Holzarbeiten

Die harten Schalen des Flaschenkürbisses werden in Mexiko seit dem Altertum als Schüsseln, Tassen und kleine Vorratsgefäße benutzt. Die aufwendigste Verzierungstechnik ist das Lackieren, wobei die Schale mit Lagen von Paste oder Farbe bedeckt und dann versiegelt wird. Dadurch wird das Gefäß wasserundurchlässig und bis zu einem gewissen Grad hitzeresistent. Die Lacktechnik wird auch verwendet, um Holzkästchen, Tabletts und Möbel zu dekorieren. Die ansprechendste Lackware kommt aus dem entlegenen Olinalá in Guerrero: die Künstler schaffen nach der *rayado*-Methode Muster, indem sie die oberste Farbschicht abkratzen, so dass eine andersfarbige Schicht darunter zum Vorschein kommt.

Das Volk der Seri in Sonora schnitzt aus hartem Eisenholz spektakuläre Menschen, Tiere und Meerestiere. Die Dorfbewohner rund um Oaxaca stellen leuchtend angemalte, aus Kopalholz geschnitzte Fantasiemonster her, die *alebrijes* genannt werden.

Mexikos Küche

von Mauricio Velázquez de León

Die Mexikaner lieben Essen, vor allem ihr eigenes. Wenn man eine Gruppe Einheimischer z.B. fragt, wo es die besten *carnitas* (geschmortes Schweinefleisch) von Mexico City gibt, beginnt sofort eine lange, leidenschaftliche, aber fundierte Debatte. Warum das so ist, findet man bei der Reise durch das Land schnell heraus. Das Essen ist frisch, die Zutaten dazu stammen oftmals aus der Region und sorgen in ihrer Vielfalt für eine sehr variantenreiche Küche. Dagegen sind die „mexikanischen" Gerichte, die in Restaurants außerhalb des Landes serviert werden, nur ein müder Abklatsch. Wer also das Land und die Menschen verstehen möchte, muss unbedingt das heimische Essen probieren.

Dieses Kapitel wurde, ergänzt durch Zusatzinformationen von John Noble, von Mauricio Velázquez de León geschrieben, der in Mexico City geboren wurde. Seine Veröffentlichungen zum Thema Essen und heimische Küche sind in Mexiko und den USA fast überall erhältlich. Unter dem Namen *Puck* ist von ihm auch *My Foodie ABC: A Little Gourmet's Guide* (duopress, 2010) erschienen.

Was auf der Speisekarte steht

Die mexikanische Speisekarte verändert sich ja nach Region, die man besucht, doch in den meisten Fällen stehen Gerichte darauf, die aus wenigen Zutaten bestehen: Mais, ein Bund getrockneter bzw. frischer Chilis sowie Bohnen. Aber anders als das Klischee es besagt, schmecken nicht alle Speisen in Mexiko würzig. Chilis werden oft verwendet, um den Geschmack von Saucen, *moles* und *pipiáns* zu intensivieren. Viele schätzen jedoch eher ihre Vollmundigkeit als ihre Schärfe. Aber Vorsicht: Einige Gerichte haben es durchaus in sich, manche erfordern sogar Mut. Die *habanero*-Chilischote aus Yucatán ist der schärfste Pfeffer der Welt und die *chile de árbol* kann ebenfalls ziemlich heftig sein. Eine gute Faustregel besagt, dass gegarte und in Gerichten verwendete Chilis eher zur milden Sorte gehören, werden sie dagegen als Gewürzzutat für Salsa genutzt, können sie richtig scharf sein.

Weitere Zutaten, die mexikanischen Gerichten ihr klassisches Aroma verleihen, sind Gewürze wie Zimt, Nelke und Kreuzkümmel oder Kräuter wie Thymian, Oregano und, ganz wichtig, Koriander und *epazote*. *Epazote* (mexikanischer Drüsengänsefuß) ist der unbesungene Held der mexikanischen Küche. Die frischen oder getrockneten Blätter mit dem beißenden Geruch würzen Bohnen, Suppen, Eintöpfe und so manche *mole*.

Essen nach Lust und Laune

Antojitos sind das Herz der mexikanischen Küche. Das Wort *antojo* bedeutet „Laune" oder „plötzliches Verlangen". Ein *antojito* ist also eine kleine Laune, aber wie jeder Mexikaner sofort einwenden wird, ist es eben nicht nur ein Snack: Es gibt *antojitos* nämlich sowohl als komplette Mahlzeit als auch als Appetithäppchen, und ja, man kann auch eines als *tentempié* (schnellen Bissen) verspeisen, bevor man zur U-Bahn flitzt.

Märkte sind die perfekten Orte, um einige leckere *antojitos* zu verputzen. Auf dem gigantischen Mercado de la Merced in Mexico City ist der beste *antojito* wahrscheinlich der *huarache*, eine 30 cm lange, gebratene und mit Salsa, Zwiebeln und Käse bedeckte Tortilla, die wie ein Schuh geformt ist, nach dem sie übrigens auch benannt ist. Dazu gibt es eine *chorizo* (Wurst), Steak, Kürbisblüten und mehr. Die Konkurrenz zum *huarache* ist auf den Märkten der Stadt Oaxaca zu Hause. Dort werden große flache Tortillas, *tlayudas* genannt, mit Bohnenmus bestrichen und mit heimischem Käse, Salsa und Schweinefleischstreifen belegt.

Der preisgekrönte amerikanische Spitzenkoch und Kenner der mexikanischen Küche, Rick Bayless, hat eine tolle Möglichkeit gefunden, *antojitos* zu definieren, indem er sie anhand der einen Zutat einteilt, die in allen Formen vorkommt: dem Teig aus Maismehl. Danach gibt es acht Arten von *antojitos*:

➡ **Tacos** Dieses Grundnahrungsmittel Mexikos besteht aus verschiedensten Arten von gegartem Fleisch, Fisch oder Gemüse, eingewickelt in einen Tortillamantel und verfeinert mit einem Schuss Salsa, Zwiebeln und Koriander. Weiche Maistortillas werden für *tacos al carbón* mit gebratenem Fleisch, für *tacos de guisado* mit einer Auswahl an Eintopffüllungen und für *tacos a la plancha* mit gebackenem Fleisch und Gemüse gefüllt. Kurz frittierte Tacos heißen *tacos dorados.* Im Norden Mexikos werden die Tacos oft aus Weizenmehl *(tortillas de harina)* hergestellt und die Füllungen sind eher fleischhaltig als vegetarisch.

➡ **Quesadillas** Eine Tortilla wird mit Käse gefüllt, zusammengeklappt und auf einem Blech gebacken. Aber richtige Quesadillas (*queso* bedeutet Käse) sind viel mehr als das. In Restaurants und an Straßenständen werden die gefüllten Taschen aus masa, rohem Maismehl, so lange gebacken oder frittiert, bis sie knusprig sind. Sie können mit *chorizo* und Käse, Kürbisblüten, Pilzen mit Knoblauch, *chicharrón* (gebratenem Schweineschmalz), Bohnen, geschmortem Hähnchen oder Fleisch gefüllt sein.

➡ **Enchiladas** Auf spanisch bedeutet *enchilar*, dass man ein Gericht mit Chili garniert. Daher sind Enchiladas eine Portion von drei oder vier leicht gebratenen Tortillas, die mit Hähnchen, Käse oder Eiern gefüllt und mit gekochter Salsa bedeckt werden. Enchiladas sind normalerweise ein Hauptgericht und können auch gebacken sein wie die berühmten *enchiladas suizas* (Enchiladas auf Schweizer Art).

➡ **Tostadas** Tortillas, die knusprig gebraten oder gebacken und dann gekühlt werden. Sie sind meist reich belegt. *Tostadas de pollo* haben mehrere Lagen Bohnen, Hähnchen, Sahne, Salat, Zwiebeln, Avocado und *queso fresco* (Frischkäse).

➡ **Sopes** Kleine Maismehlschalen mit 5–7,5 cm Durchmesser, die von Hand geformt und in einer Grillpfanne gebraten und mit einer dünnen Lage Bohnen, Salsa und Käse bedeckt werden. Auch *chorizo* ist ein üblicher Belag für *sopes*.

➡ **Gorditas** Runde *masa*-Fladen werden gebacken, bis sie aufgehen. Manchmal sind *gorditas* mit einer dünnen Schicht gebratener schwarzer Bohnen oder Pintobohnen oder sogar Favabohnen gefüllt.

➡ **Chilaquiles** Werden normalerweise zum Frühstück serviert. Die Maistortillas werden dafür in Dreiecke geschnitten und knusprig gebraten. Jetzt sind sie eigentlich Tortilla Chips (*totopos).* Sie werden in einer *Tomatillosauce (chilaquiles*

Josefina Velázquez de León gilt als Mutter der mexikanischen Küche. Sie betrieb eine erfolgreiche Kochschule und schrieb mehr als 140 Kochbücher, das anspruchsvollste ist *Platillos Regionales de la República Mexicana* – wohl das erste Buch, das Mexikos Regionalküchen in einem Band versammelt.

MOLE (MULLI)

Die mexikanische Küchenchefin und Autorin Zarela Martínez vertritt die Meinung, dass bei einer *mole* die Sauce das eigentliche Gericht sei. Damit ist gemeint, dass man die *Speisen* wegen der Sauce isst. Das Fleisch – sei es Hähnchen, Truthahn oder Schwein – kommt erst an zweiter Stelle. Die Sauce aus Nüssen, Chilis und Gewürzen ist der Inbegriff der mexikanischen Küche. *Mole* wird zwar oft als Schokoladensauce bezeichnet, doch nur ein kleiner Prozentsatz der *moles* enthält diese Zutat. Diese Verwirrung kommt aber nicht von ungefähr, denn das Rezept für *mole poblano* (*mole* aus dem Bundesstaat Puebla), der landesweit bekanntesten *mole,* enthält eine kleine Menge Schokolade. Doch die meisten Mexikaner sind sich darüber einig, dass in Oaxaca die beste *mole* hergestellt wird – denn es ist nicht umsonst als „Ort der sieben *moles*" bekannt (s. S. 467 für mehr Infos zu *moles* aus Oaxaca).

Die besten mexikanischen Kochbücher

Authentic Mexican, 20th Anniversary Edition: Regional Cooking from the Heart of Mexico von Rick Bayless

The Essential Cuisines of Mexico von Diana Kennedy

The Food and Life of Oaxaca: Traditional Recipes from Mexico's Heart von Zarela Martínez

Die Geschichte *Unter der Jaguar-Sonne* (im gleichnamigen Erzählband von 1987) des italienischen Autors Italo Calvino ist die fesselnde Beschreibung eines Ehepaars, das Mexiko und seine Küche entdeckt. Die beiden verlieben sich so sehr in diese Küche, dass sie ihre Leidenschaft vom Schlafzimmer an den Esstisch verlagern.

verdes, grüne Tomaten) oder *Tomatensauce (chilaquiles rojos)* weich gekocht, danach belegt man sie mit geriebenem Käse, Zwiebelscheiben und Sauerrahm.

➡ **Tamales** Das Gemisch aus Maismehl und Schmalz wird mit geschmortem Fleisch, Fisch oder Gemüse gefüllt. Danach wird der gefüllte Teig in Pflanzenblätter gewickelt und gedämpft. Die *tamales* variieren je nach Region, die berühmtesten stammen aus Oaxaca; sie werden mit *mole* von Bananenblättern umwickelt. In Mexico City stecken die mit Hähnchen und grüner Tomatillosauce gefüllten *tamales* in Maishülsen und in Yucatán werden die in *achiote* (Annattopaste) marinierten Hähnchen im *masa*-Teig in Bananenblätter gewickelt.

Essen von Sonnenauf- bis Sonnenuntergang & darüber hinaus!

In Mexiko etwas zu essen zu finden, ist einfach. Von einem morgendlichen *antojito* an einem kleinen *puesto* (Straßen- oder Marktstand) bis hin zu einem entspannten späten Abendessen in einem guten Restaurant scheint Essen immer verfügbar zu sein. Man sollte jedoch wissen, dass sich die Essenszeiten in Mexiko von denen in Europa unterscheiden.

➡ **Desayuno** (Frühstück) Wird in Restaurants und *cafeterías* normalerweise von 8.30 bis 11 Uhr serviert und ist eher schwergewichtig. Eiergerichte sind eine beliebte Morgenspeise. Weit verbreitet sind *Huevos rancheros*, zwei Spiegeleier auf leicht gebratenen Tortillas mit einer Lage schwarzer Bohnen, darüber eine Salsa aus Tomatenstücken, Zwiebeln und Chili. In der Region Yucatán gibt es *huevos motuleños*, wo noch gewürfelter Schinken, Erbsen und Kochbananen hinzukommen. Viele *cafeterías* bieten zum Frühstück auch einen Brotkorb mit einer Auswahl *pan de dulce* (süßem Brot) an. Diese Backwaren, die auch hervorragend zu einer Tasse Kaffee oder Tee passen, zaubern allein durch ihre Namen wie *bigotes* (Schnurrbärte), *conchas* (Muscheln), *besos* (Küsse) und *orejas* (Ohren) ein Lächeln aufs Gesicht.

➡ **Almuerzo** Wer nur ein leichtes Frühstück oder gar keines hatte, gönnt sich einen *almuerzo* (einen Vormittagssnack), einen *antojito* oder andere schnelle Happen. *Taquerías* (haben sich auf Tacos spezialisiert), *torterías* (kleine Läden, die *tortas*, Kuchen und Torten, verkaufen) und *loncherías* (servieren leichte Mahlzeiten) sind gute Einkehrmöglichkeiten für einen *almuerzo*.

➡ **Comida** Das ist die Hauptmahlzeit in Mexiko, die zu Hause, in Restaurants und Cafés gewöhnlich zwischen 14 und 16.30 Uhr serviert wird. *Fondas* sind kleine, familiengeführte Gaststätten, die *comida corrida* servieren, ein günstiges Menü zum Festpreis, bestehend aus Suppe, Reis, einem Hauptgericht, Getränk und Dessert. In vielen großen Städten ist es völlig normal, dass die Menschen lange, entspannte Geschäftsessen oder Treffen mit Freunden genießen, wobei Essen, Gespräche und Getränke für einige Stunden im Mittelpunkt stehen. Beliebte

DIE NEUE GENERATION DER CHEFKÖCHE

Die typische mexikanische Küche ist fest in Frauenhand. Sie halten die kulinarischen Traditionen aufrecht und kochen jahrein, jahraus. Und doch sind es überwiegend Männer, die mit der neuen Welle von kreativen zeitgenössischen Restaurants zu Starköchen aufstiegen, indem sie traditionelle und innovative Zutaten und Rezepte mit einer gekonnten Präsentation vermischten. Mexico City ist das Epizentrum dieser Bewegung, und Enrique Olvera vom berühmten Pujol gilt als Vater der neuen mexikanischen Küche. Er fungierte als Mentor für andere Berühmtheiten der Hauptstadt – etwa für Eduardo García vom Maximo Bistrot Local. Ricardo Muñoz ist berühmt für seine Neuerfindungen traditioneller Rezepte im Azul y Oro, und Mónica Patiño hält die Fahne der Frauen hoch und serviert im Taberna del León Meeresfrüchte-Kreationen. Chefköche wie José Manuel Baños vom Pitiona in Oaxaca und Diego Hernández Baquedano vom Corazón de Tierra in der Weinregion Valle de Guadalupe in Baja California verbreiten die neue Küche in den Regionen des Landes.

VEGETARIER & VEGANER

Auf Guadalajaras Markt gibt's ein vegetarisches Lokal namens *Restaurant Vegetariano* mit einem großen Schild, auf dem ein paar Gerichte aufgelistet sind: Salate, Reis- und Bohnengerichte, aber auch Grillhähnchen und Fisch in Knoblauchsauce. Das dürfte verdeutlichen, dass es Vegetarier und Veganer in Mexiko relativ schwer haben: Das Konzept der vegetarischen bzw. veganen Ernährung wird nicht immer ganz verstanden. Viele Mexikaner denken, dass Vegetarier lediglich kein rotes Fleisch essen. Der Begriff *veganista* (spanisch für „vegan") ist den meisten Einheimischen noch weniger geläufig. Die gute Nachricht: In beinahe allen Groß- und Kleinstädten findet man mittlerweile rein vegetarische Lokale, die auch immer beliebter werden. Außerdem kommen viele traditionelle mexikanische Gerichte ohne tote Tiere aus. Dazu zählen u. a. *ensalada de nopales* (Salat aus Kaktusblatt) und Quesadillas mit Pilzen, verschiedenen Käsesorten oder sogar Blüten (z. B. von der Zucchini), *chiles rellenos de queso* (Poblano-Chilis mit Käsefüllung) und *arroz a la mexicana* (mexikanischer Reis). Allerdings ist auch hier Vorsicht geboten: Hühner- bzw. Rinderbrühe oder tierische Fette wie *manteca* (Schweineschmalz) werden auch für viele fleischlose Gerichte verwendet.

comida-Gerichte sind Suppen wie *sopa de fideo* (Vermicelli in Tomatenbrühe) oder *sopa de frijol* (Bohnensuppe). Gern gegessene Hauptgerichte sind *guisados* (Eintöpfe) wie langsam geschmortes Fleisch und Gemüse in gekochten Salsas aus Chipotle (geräucherten Jalapeños), Tomatillo oder Tomaten.

➡ **Cena** Häufig wird das Abendessen nicht vor 21 Uhr serviert und ist zu Hause eher leicht. In Restaurants jedoch ist das Abendessen ein geselliges Treffen, bei dem die Gäste eine komplette Mahlzeit einnehmen, was bis Mitternacht dauern kann.

➡ **Und ...** wenn die Menschen eine Bar, einen Club oder eine Spätvorstellung im Kino besucht haben, genießen sie gern noch einen schnellen Taco, bevor sie nach Hause gehen. Viele berühmte *taquerías* bewirten hungrige Nachtschwärmer und schließen erst in den frühen Morgenstunden. An Freitagen und Samstagen ist es hier so voll, dass man manchmal um 3 Uhr in der Früh auf einen Tisch warten muss!

In Tenochtitlán (dem heutigen Mexico City) wurde Schokolade als „Getränk der Götter" betrachtet; in der Náhuatl-Sprache wurde sie *tlaquetzalli* (kostbare Sache) genannt. Schokolade wurde von den Azteken so geschätzt, dass die Kakaobohne, aus der die Schokolade gewonnen wird, auch als eine Art Währung verwendet wurde.

Fiesta und kein Ende

Essen und Fiestas gehen in Mexiko Hand in Hand. Egal ob nationale Feiertage, religiöse Feste, örtliche Fiestas oder persönliche Jubiläen, die Chance ist groß, während eines Besuchs in wenigstens eines davon hineinzugeraten. Bei den nationalen Feiertagen ist das Essen allgegenwärtig, aber mit Tequila anzustoßen ist eine Grundvoraussetzung, vor allem während des Día de la Independencia (16. Sept.), an dem die Unabhängigkeit von Spanien gefeiert wird. Die größte religiöse Feier ist der Día de Nuestra Señora de Guadalupe (12. Dez.), an dem traditionelle Speisen wie *tamales*, *mole* und eine ganze Reihe *antojitos* serviert werden. In der Fastenzeit tauchen fleischlose Gerichte wie *romeritos* (eine wilde Pflanze, die an Rosmarin erinnert und mit getrockneten Shrimps, Kartoffeln und *mole* serviert wird) auf den meisten Speiseplänen auf. Am Día de los Santos Reyes (Heilige Drei Könige; 6. Jan.), wird mit *rosca de reyes* gefeiert, einem großen ovalen Hefebrot, das mit kandierten Früchten verziert ist. Das *rosca* wird mit Mais-*tamales* und heißer Schokolade serviert. Zu einem traditionellen mexikanischen Weihnachtsessen gehören Truthahn, *bacalao* (trockener Kabeljau mit Oliven, Kapern, Zwiebeln und Tomaten) und *romeritos*.

Keine Feier in Mexiko ist mystischer verbrämt als der Día de Muertos („Tag der Toten", Allerseelen) am 2. November. Seine Ursprünge reichen in vorkoloniale Zeiten zurück. An diesem Tag wird der verstorbenen Verwandten und geliebten Menschen gedacht. Indem der Tod gefeiert wird, wird das Leben geehrt und zwar auf die gleiche Art und Weise wie auch alle anderen Feste begangen werden: mit Essen, Trinken und Musik. Für den Tod wird im Haus oder, was manche Familien bevorzugen, auf dem Friedhof ein Altar aufgebaut. Er wird mit leuchtenden *cempasúchil* (Ringelblumen), Tellern mit *tamales,* aus Zucker geformten Totenschädeln, und dem *pan de muerto* (Totenbrot; ein Laib aus Eigelb, Mezcal und Trockenfrüchten) geschmückt, und man stellt die Lieblingsspeisen der Toten dazu, damit sie sich bei ihrer Rückkehr willkommen fühlen.

¡Salud!

Tequila

Die Mexikaner lieben Tequila. Er wird landesweit getrunken, an großen und weniger großen Feiertagen genauso wie bei Beerdigungen, Geburtstagsfeiern, lockeren Mittagsmahlzeiten oder einem Abendessen und in Bars mit Freunden. In markenrechtlicher Hinsicht ähnelt Tequila dem Champagner: Er muss grundsätzlich aus dem Bundesstaat Jalisco kommen und wird vom *Consejo Regulador del Tequila* (Aufsichtsbehörde für Tequila) per Gütesiegel geschützt. Der Tequila in den Läden der Welt stammt also garantiert aus diesem Bundesstaat im Westen Mexikos, dessen trockener Hochlandboden perfekte Wachstumsbedingungen für die Blaue Agave bietet, aus deren Herzen der Schnaps gewonnen wird. Also keinen Tequila aus China oder anderen Ländern kaufen, *por favor*! Die Mexikaner trinken ihn, weil sie stolz auf seine mexikanische Herkunft sind und seinen unverwechselbaren Geschmack schätzen.

Apropos Aroma: Tequila gilt jetzt als edler Tropfen, der importierten Single-Malt-Whiskeys und Qualitätscognac ernsthaft Konkurrenz macht – nicht nur beim Preis, sondern auch wegen seines warmen, runden Geschmacks. Die besten Tequilasorten sollten langsam und genussvoll aus kleinen Gläsern geschlürft werden.

Englische Seeleute prägten den Begriff „Cocktail", nachdem sie entdeckt hatten, dass ihre Getränke im Hafen von Campeche in Yucatán mit den dünnen getrockneten Wurzeln einer Pflanze umgerührt wurden, die *cola de gallo* genannt wurden, was auf Englisch „cock's tail", Hahnenschwanz bedeutet.

Die *piña* (Herz) der Blauen Agave steht am Anfang des Herstellungsprozesses. Sie wird entnommen und bis zu 36 Stunden lang gekocht. Das weicht die Pflanzenfasern auf und setzt den *aguamiel* (Zuckersaft) frei, der anschließend in großen Tanks gärt. Je nach Gärungsgrad ist das Endergebnis *mixto* (gemischt) oder ein reines Agavenprodukt. Nach dem Gären wird der hochwertige Tequila ausschließlich aus *aguamiel* und Wasser destilliert. Der *aguamiel* von *mixto*-Sorten wird dagegen mit Wasser und anderen Zuckersorten (normalerweise Rohrzucker) versetzt. Bei Tequilas aus 100% Agave steht das auch auf dem Etikett – sonst ist es ein *mixto*.

Anschließend wird der *aguamiel* destilliert und in Reifefässer abgefüllt. Vor allem bei edleren Tequilas ist der Reifeprozess wichtig, da er über Farbe, Aroma, Qualität und Preis bestimmt. Tequila *blanco* (weiß) ist klar und reift maximal 60 Tage. Er wird hauptsächlich für Mixgetränke benutzt und eignet sich besonders für Drinks auf Fruchtsaftbasis. Eine zwei- bis neunmonatige Lagerung verleiht Tequila *reposado* (mittelalt) die milde Note und die hellgoldene Farbe. Tequila *añejo* (alt)

CANTINAS

Cantinas sind die traditionellen mexikanischen Kneipen. Es ist noch nicht lange her, da hatten Frauen, Militärs und Kinder in Cantinas keinen Zugang, und an manchen Cantinas hängt immer noch ein rostiges Schild mit diesem Verbot. Heute hat jeder Zutritt, auch wenn die traditionelleren Etablissements eine Macho-Domäne bleiben. Bier, Tequila und *cubas* (Rum und Cola) werden an quadratischen Tischen serviert, an denen die Stammkunden Domino spielen und *fútbol* (Fußballspiele) auf großen Bildschirmen anschauen. Cantinas sind berühmt für ihre *botanas* (Appetithäppchen) wie *quesadillas de papa con guacamole* (Kartoffel-Quesadillas mit Guacamole) oder Schnecken in Chipotle-Sauce (geräucherte Jalapenos).

verbringt mindestens zwölf Monate im Holzfass – die erlesensten *añejos* ruhen bis zu vier Jahre lang. Der Tequila *añejo* ist samtig im Abgang und hat eine intensive, dunkle Farbe. Alle drei Sorten sind in Mexiko gleichermaßen angesagt; welche man selbst bevorzugt, hängt ganz vom eigenen Gusto ab.

Micheladas sind gekühlte Bierzubereitungen – von einfachen Drinks bis hin zu komplexen Cocktails. Der einfache *michelada* ist eine Mischung aus dem Saft von einer oder zwei Limetten in einem vorher gekühlten Krug, ein paar Eiswürfeln, einer Prise Salz und einem kalten mexikanischen Bier. Sie werden oft mit ein paar Tropfen scharfer Sauce, Worcestersauce und Maggigewürz serviert.

Mezcal

Mezcal ist der Bruder des Tequilas und erfährt gegenwärtig einen Boom bei Leuten, die Tequila inzwischen für das Getränk der Masse (und für zu teuer!) halten. Wie Tequila wird Mezcal aus der Agavenpflanze destilliert, allerdings muss es nicht die blaue Agave sein. Der Mezcal muss auch nicht aus den Tequila produzierenden Gegenden in Jalisco kommen. Mit anderen Worten: Jeder Tequila ist ein Mezcal, aber nicht jeder Mezcal ein Tequila. Da Mezcal aus jeder Agavenart gewonnen werden kann, kann er auch im ganzen Land produziert werden, wo er mancherorts unter anderen Namen bekannt ist; so heißt er im Bundesstaat Sonora *bacanora* und in Chihuahua *sotol*. Mehr Infos zu Mezcal auf S. 471.

Pulque

Wenn Tequila und Mezcal Brüder sind, dann ist Pulque der Vater aller mexikanischen Spirituosen. Vor 2000 Jahren stellten die Ureinwohner Mexikos erstmals ein leicht alkoholisches Getränk aus Agavensaft her, das die Azteken *octli poliqhui* nannten. Als die Spanier in Mexiko eintrafen, gaben sie diesem Getränk seinen heutigen Namen Pulque. Im Vergleich zu Tequila und Mezcal enthält purer Pulque weniger Alkohol, brennt aber wesentlich stärker im Gaumen. Da das Getränk nicht destilliert wird, hat es außerdem ein herbes Pflanzenaroma. Auch seine dickflüssig schaumige Konsistenz ist nicht jedermanns Sache. Manche Bars und Restaurants servieren daher *curados*, bei denen Fruchtzusätze wie Mango- oder Erdbeersaft für mehr Genießbarkeit sorgen.

Bier

Während ihres Aufenthalts in Mexiko beschränken sich manche Besucher fast ausschließlich auf einen spanischen Satz: „*Una cerveza, por favor*". Das ergibt Sinn – *cerveza* ist toll und es passt hervorragend zu, ja genau, mexikanischem Essen! Die meisten mexikanischen Biersorten sind hell – das optimale Pendant zu scharfen Enchiladas. Bier ist auch der perfekte Durstlöscher bei Tausenden von *fútbol*-(Fußball-)Spielen, die in diesem Land mit religiöser Inbrunst verfolgt werden.

Zwei Großbrauereien dominieren den mexikanischen Markt. Die Grupo Modelo ist in Mexico City und Guadalajara ansässig und inzwischen ein Teil des belgischen Großkonzerns AB InBev. Zu ihren zwölf Marken gehören Corona, Victoria, Modelo Especial, Pacífico, Montejo und Negra Modelo. Obwohl sich das Corona weltweit mit am besten verkauft, betrachten Bierliebhaber das dunklere Negra Modelo als das beste Gebräu des Hauses. In der Industriestadt Monterrey braut die Cervecería Cuauhtémoc Moctezuma (inzwischen als Tochter von Heineken International) unter anderen Sol, Carta Blanca, Dos Equis, Superior, Tecate und Bohemia. Die Originalversion des Dos Equis aus dem frühen 20. Jh., das dunklere und vollmundigere Dos Equis Ámbar, ist gerade wieder im Kommen. Eine weitere Entwicklung der letzten Jahre sind Mikrobrauereien (*cervezas artesanales*). Die meisten brauen ein Ale, das in immer mehr besseren Restaurants und Bars auf der Karte steht. Dank ihrer Vielfalt deckt die mexikanische Bierpalette praktisch jede Situation ab. Ein Tag am Strand schreit nach Corona, Superior oder Pacífico. Victoria und Montejo passen prima zu Meeresfrüchten, Modelo Especial und Carta Blanca dagegen besonders gut zu Fleisch. Bohemia oder Negra Modelo verleihen edlen Speisen den letzten Schliff.

Wein

Jetzt ist vielleicht langsam der Zeitpunkt gekommen, das Spanisch-Vokabular um *„Una copa de vino, por favor"* zu erweitern. Auch wenn die Weinindustrie noch viel kleiner ist als die für Tequila oder Bier, machen mexikanische Weine große Fortschritte. Seit den 1990er-Jahren begannen mexikanische Winzer, zum Teil herausgefordert durch den Erfolg kalifornischer, chilenischer und argentinischer Weine, in neun Regionen von Querétaro bis Sonora gute Weine hervorzubringen. Der beste kommt aus dem Norden Baja Californias. Die zwei größeren Weingüter in Mexiko, Pedro Domecq und La Cetto, bieten solide Tafelweine und einige Premiumlabels wie Chateau Domecq und Private Reserve Nebbiolo. Kleine, aber feine Weingüter, die Monte Xanic, Casa de Piedra oder Casa Valmar heißen, keltern auch großartige Weine mit kleinerem Ausstoß.

Alkoholfreie Getränke

Mexikos unzählige Obst- und Kräutersorten sowie Pflanzenarten sind die ideale Basis für die alkoholfreien Getränke, die seine Einwohner bevorzugt trinken. Landesweit verkaufen klassische *juguerías* (Straßenstände oder kleine Lokale) frisch gepressten Orangen-, Mandarinen-, Erdbeer-, Papaya- oder Karottensaft in unzähligen Varianten. Dazu kommen *licuados* (mexikanische Milchshakes), die normalerweise Milch, Honig, Bananen und weitere Früchte enthalten. Häufig werden ungemein kreative Kombinationen angeboten, z. B. aus *nopales* (Kaktusblätter), Ananas, Zitrone und Orange oder Vanille, Banane und Avocado.

Taquerías und *fondas* servieren *aguas frescas*, mit Wasser und Zucker verdünnte Säfte, die teilweise an Eistees erinnern. Für *agua de tamarindo* wird das Fleisch von Tamarindenfrüchten gekocht, mit Zucker vermengt und anschließend kühl gestellt. *Agua de jamaica* hingegen basiert auf getrockneten Hibiskusblättern. Weitere Varianten wie *horchata* enthalten Melonenkerne und/oder Reis.

Natur & Umwelt

Mexikos unendlich facettenreiche Natur macht Touren durch dieses Land zu einem spannenden Vergnügen. Ständig offenbaren sich dem Auge neue Reize – von weiten Kakteenwüsten und schneebedeckten Vulkanen bis hin zu üppigen Tropenwäldern und Küstenlagunen mit vielfältiger Unterwasserwelt. Naturfans werden Mexiko lieben, das dank seiner Lage zwischen gemäßigter und tropischer Zone eines der vielfältigsten Länder der Erde ist.

Geografie

Mexikos eindrucksvolle Topografie ist sehr ursprünglich und vielfältig. Die Hälfte der beinahe 2 Mio. km² großen Landesfläche liegt über 1000 m hoch; die Küstenlinie hat eine Gesamtlänge von 10 000 km. Fast überall (außer auf der Halbinsel Yucatán) hat man einen wunderbaren Blick auf die Berge.

Zentraler Vulkangürtel

Die Cordillera Neovolcánica, der spektakuläre Vulkangürtel, der in ost-westlicher Richtung mitten durch Mexiko verläuft, umfasst auch den bekannten aktiven Vulkan Popocatépetl (5452 m), 70 km südöstlich von Mexico City sowie den Volcán de Fuego de Colima (3820 m), etwa 30 km nördlich von Colima. In dieser Region, die wirklich ernsthaft gefährdet ist, sollte der rauchende Popocatépetl einmal richtig ausbrechen, leben etwa 30 Mio. Menschen. Im transmexikanischen Vulkangürtel erheben sich auch der schlafende Vulkan Pico de Orizaba (5611 m), Mexikos höchster Gipfel, und der „Schwesterberg" von „El Popo", der Iztaccíhuatl (5220 m), Mexikos dritthöchster Berg. Der jüngste und am leichtesten zugängliche Vulkan Mexikos, der Paricutín (2800 m), ist erst 1943 unweit des Michoacán-Dorfes Angahuan entstanden.

Die Hochlandtäler zwischen den Vulkanen sind die fruchtbarsten Gebiete des Landes. In diesem – dem Valle de México, einem 60 km breiten Becken auf einer Höhe von 2200 m – erstreckt sich die Hauptstadt Mexico City mit ihren 20 Mio. Einwohnern, umringt von Vulkankratern.

Auf ihrer gesamten Länge von 1400 km wird die Sierra Madre Occidental nur von einer Eisenbahnlinie und zwei asphaltierten Straßen gekreuzt: Der Ferrocarril Chihuahua Pacífico (Copper Canyon Railway) von Los Mochis nach Chihuahua, dem Hwy 16 von Hermosillo nach Chihuahua und der spektakulären Route Espinazo del Diablo (Teufelsgrat) auf dem Hwy 40 von Mazatlán nach Durango.

Hochland & Sierras

In der Landesmitte erhebt sich mit dem Altiplano Central eine Reihe breiter Plateaus, die von zwei langen Bergketten gesäumt sind – von der Sierra Madre Occidental im Westen und der Sierra Madre Oriental im Osten. Der Altiplano und die beiden *sierras madre* treffen an der Cordillera Neovolcánica aufeinander.

Der Altiplano ist von kleinen Bergketten durchzogen und erstreckt sich auf einer Durchschnittshöhe von 1000 m im Norden bis auf 2000 m im Zentrum des Landes. Der größte Teil des nördlichen Altiplano ist von dem spärlich bewachsenen Desierto Chihuahuense (Chihuahuan-Wüste) bedeckt, der sich bis nach Texas und New Mexico erstreckt. Hier blickt man über staubige, braune Ebenen auf entfernte Berge, während am Himmel Geier und Adler kreisen. Der südliche Altiplano besteht hauptsächlich aus Hügellandschaften und breiten Tälern; in der Region El Bajío zwischen den Städten Querétaro, Guanajuato und Morelia liegen die besten Ackerbau- und Viehzuchtgebiete.

Die extrem zerklüftete Sierra Madre Occidental ist von vielen spektakulären Schluchten durchzogen, darunter auch die berühmte Barranca del Cobre (Kupferschlucht) und deren 1870 m tiefe Verlängerung, die Barranca de Urique.

In der Sierra Madre Oriental erheben sich Gipfel mit bis zu 3700 m Höhe, an ihren niedrigeren Hängen im Osten gibt's aber auch subtropische Zonen.

Baja California

Die Baja California ist eine der längsten Halbinseln der Welt: Sie verläuft die Nordwestküste entlang und ist durch den Golf von Kalifornien (Sea of Cortez) vom mexikanischen Festland getrennt. Baja – das sind 1300 km voller wunderschöner Wüsten, Ebenen und Strände, und in Picacho del Diablo in der Sierra San Pedro Mártir gibt's sogar Berggipfel von bis zu 3100 m Höhe.

Vulkanische Aktivitäten

Popocatépetl (www.cenapred.gob.mx, spanisch, mit Webcam-Bildern)

Volcán de Fuego de Colima (www.ucol.mx/volcan)

Küstenebenen

Entlang der Pazifikküste Mexikos bis zum Tabasco-Tiefland an der Golfküste erstrecken sich zahlreiche Küstenebenen. Die Küsten sind mit Lagunen, Meeresarmen und Sümpfen gesegnet, die sie zu bedeutenden Lebensräumen für Tiere und Pflanzen machen. Auf der pazifischen Seite erstreckt sich eine trockene Ebene von der Grenze der USA bis fast nach Tepic im Bundesstaat Nayarit. Weiter südlich zieht sich die pazifische Tiefebene bis zur Grenze Guatemalas, wo sie immer schmaler und zunehmend tropischer wird.

Das Tiefland der Golfküste ist die Erweiterung einer ähnlichen Tiefebene in Texas und wird von vielen Flüssen durchquert, die in der Sierra Madre Oriental entspringen. Im Nordosten ist das Tiefland sehr breit, mit guten Viehzuchtgebieten, aber nahe der Küste ist es eher sumpfig. In Richtung Veracruz verschmälert es sich zunehmend.

Der Süden

Eine weitere zerklüftete Bergkette, die Sierra Madre del Sur, erstreckt sich durch die Bundesstaaten Guerrero und Oaxaca, fast parallel zur Cordillera Neovolcánica, von der sie durch das glühend heiße Río-Balsas-Becken getrennt ist. Die Sierra Madre del Sur endet am niedrig gelegenen

HEILIGE GEWÄSSER

Auf der Halbinsel Yucatán gibt es mehr als 6000 Cenotes (natürliche Kalksteinlöcher). Warum es in diesem Gebiet so viele davon gibt, ist noch nicht geklärt; Einigkeit herrscht aber darüber, dass Cenotes entstehen, wenn eine Kalksteinschicht, die eine unterirdische Höhle überdeckt, einstürzt und so das Grundwasser freilegt.

Cenotes sind normalerweise mit dem Netz unterirdischer Flussläufe verbunden, die die gesamte Halbinsel durchziehen. Rund um das Cenotes-Tauchen hat sich ein ganzer Wirtschaftszweig entwickelt. Neben Dinosauerierfossilien und menschlichen Überresten haben Taucher in den Löchern viele wertvolle Gegenstände aus der Maya-Zeit gefunden. Man glaubt, dass diese Dinge bei Ritualen in die Cenotes geworfen wurden, um die Götter gnädig zu stimmen (vor allem wohl den Regengott Chac). Es gibt Hinweise darauf, dass die Cenotes auch für Menschenopfer genutzt wurden. Höhlen hatten eine besondere Bedeutung, da sie als Übergang in die Unterwelt Xibalbá galten.

Abgesehen von ihrer historischen und geologischen Bedeutung sind Cenotes auch großartige Badestellen. Mitten im Dschungel an einem schwülen Tag auf Yucatán in das kühle, kristallklare Wasser zu gleiten – es gibt nichts Vergleichbares. Allerdings sind die Cenotes in der Nähe großer Städte oft verschmutzt.

Isthmus von Tehuantepec, Mexikos schmaler „Taille", die nur 220 km breit ist. Die Nordseite der Landenge besteht aus einer breiten, heißen und feuchten Ebene, die von Sümpfen und Flüssen durchzogen ist.

In Chiapas, dem südlichsten Bundesstaat Mexikos, grenzt das pazifische Tiefland an die Sierra Madre de Chiapas an. Der schlafende Volcán Tacaná, dessen 4110 m hoher Kegel sich auf der Grenze von Mexiko zu Guatemala erhebt, ist der westlichste einer Kette von Vulkanen, die sich weiter durch Guatemala zieht. Hinter der Sierra Madre de Chiapas liegt das Río-Grijalva-Becken; anschließend geht's hinauf in das Chiapas-Hochland, und hinter diesem Hochland sinkt das Land wieder ab zur Tiefebene des Lacandón-Dschungels und zu den weiten Ebenen der großen Halbinsel Yucatán.

Tiere & Pflanzen

Mexikos Tier- und Pflanzenwelt ist exotisch und äußerst faszinierend: Sie reicht von den Walen, Seelöwen und Riesenkakteen der Halbinsel Baja California bis zu den Großkatzen, Brüllaffen und den interessanten Lebewesen in den Nebelwäldern des Südostens. Die wunderschönen Naturparadiese werden auch für Reisende immer weiter zugänglich gemacht, denn inzwischen bietet eine wachsende Zahl örtlicher Veranstalter Trips zum Beobachten von Vögeln, Schmetterlingen, Walen, Delfinen, Meeresschildkröten und vielen weiteren Tieren an.

Landtiere

In Mexikos Tropenwäldern, besonders im Südosten, leben fünf verschiedene Großkatzenarten – Jaguar, Puma, Ozelot, Jaguarundi (Wieselkatze) und Margay (Langschwanzkatze) – in ihren jeweiligen Lebensräumen. Hinzu kommen Klammer- und Brüllaffen, Tapire, Ameisenbären und einige Raubreptilien wie die Boa Constrictor. In der nördlichen Sierra Madre Occidental, nur 200 km von der Grenze zu den USA und der Sierra Gorda in der Sierra Madre Oriental, leben kleine Jaguarpopulationen. Bei den Maya-Ruinen in Palenque und Yaxchilán sieht man häufig Brüllaffen – oder hört zumindest ihr Geschrei.

Im Norden Mexikos haben das Wachstum der Städte, Viehzucht und Ackerbau größere Wildtiere wie Pumas (Berglöwen), Wölfe, Rotluchse und Dickhornschafe in entlegene, oft gebirgige Gegenden verdrängt. Dasselbe gilt für Gabelböcke, Kojoten und Hirsche. Waschbären, Gürteltiere und Skunks (Stinktiere) sind hingegen weit verbreitet – die zwei letzteren findet man in weiten Teilen Mexikos.

In den warmen Regionen des Landes stößt man auf zwei harmlose, wenn auch manchmal ziemlich erstaunliche Reptilienarten: Den Leguan, eine Eidechse, die bis zu 1 m lang werden kann und verschiedene Farbtöne aufweist, sowie den Gecko, eine winzige, meist grüne Eidechse, die überraschend hinter Vorhängen oder Schränken hervorschießt, wenn sie gestört wird. Die Geckos können einen zwar ganz schön erschrecken, sind aber sehr hilfreich, denn sie fressen Moskitos.

Vogelbücher

Mexican Birds von Roger Tory Peterson und Edward L Chalif

Birds of Mexico and Central America von Ber van Perlo

A Guide to the Birds of Mexico and Northern Central America von Steve NG Howell und Sophie Webb

Wassertiere

Die Halbinsel Baja California ist besonders für Walbeobachtungen in den ersten Monaten des Jahres bekannt. Dann nämlich schwimmen Grauwale 10 000 km von der Arktis hierher, um in den Küstengewässern ihren Nachwuchs aufzuziehen. Im Golf von Kalifornien zwischen Baja und dem Festland lebt über ein Drittel aller Meeressäugerarten der Welt – darunter vier verschiedene Walarten, Pelzrobben, Seelöwen und -elefanten. Zwischen Dezember und März folgen die Buckelwale den planktonhaltigen Strömungen an der Pazifikküste entlang und können – ebenso wie Delfine und Meeresschildkröten – auf Bootstouren beobachtet werden, die in den Küstenstädten starten.

GROSSE ARTENVIELFALT

Mexiko gehört zu den fünf artenreichsten Ländern der Welt. Mehr als 1000 Vogelarten, mehr als 500 Säugetier- sowie mehr als 1100 verschiedene Amphibien- und Reptilienarten leben hier, außerdem rund 2000 Schmetterlingsarten und rund 26 000 Pflanzenarten. Das sind jeweils rund 10 % aller Arten der Welt, und das auf nur 1,4 % der Landmasse der Erde. Allein im südlichen Bundesstaat Chiapas gibt es – größtenteils dank des Lacandón-Dschungels – etwa 10 000 Pflanzenarten, mehr als 600 Vogel- (doppelt so viele wie in den USA) und 1200 Schmetterlingsarten.

An den Küsten zwischen Baja und Chiapas bzw. dem Nordosten und der Halbinsel Yucatán liegen einige der wichtigsten Brutgebiete für Meeresschildkröten. In mexikanischen Gewässern sind sieben der acht weltweit existierenden Spezies beheimatet. Manche Schildkrötenweibchen legen unglaubliche Distanzen zurück. So schwimmen beispielsweise unechte Karettschildkröten quer durch den Pazifik, um ihre Eier dort abzulegen, wo sie selbst geschlüpft sind. Mexiko besitzt über 100 geschützte Brutstrände. Es ist strengstens verboten, die Tiere zu jagen oder ihre Eier zu sammeln.

An der Pazifik- und der Golfküste tummeln sich Delfine, während Krokodile vor allem im Süden des Landes viele Feuchtgebiete an der Küste unsicher machen. Die vielfältigste Unterwasserwelt haben die karibischen Korallenriffe vor der Halbinsel Yucatán zu bieten – sie sind in ihrer Art wirklich absolut einmalig und deshalb ein Eldorado zum Tauchen und Schnorcheln! In der Nähe der Insel Contoy, unweit des nordöstlichsten Zipfels Yucatáns, kann man mit Walhaien, den größten Fischen der Welt, schnorcheln.

Vögel

Fantastische Vögel

Hellroter Ara (Las Guacamayas, Chiapas)

Quetzal (Reserva de la Biosfera El Triunfo, Chiapas)

Kalifornischer Kondor (Parque Nacional Sierra San Pedro Mártir, Baja California)

Mexikos Küsten sind Vogelparadiese. Dies gilt vor allem für Flussmündungen, Lagunen und Inseln. Alljährlich fliegen schätzungsweise 3 Mrd. Zugvögel zur oder über die Halbinsel Yucatán. Im Inland Mexikos leben unzählige Adler, Falken und Bussarde, in der nördlichen Sierra Madre Occidental überwintern Unmengen von Enten und Gänsen. Südlich von Tampico im Osten bzw. rund um Mazatlán im Westen des Landes leben tropische Spezies wie Trogone, Kolibris, Papageien und Prachtmeisen. Die südöstlichen Ur- und Nebelwälder sind die Heimat von bunten Aras, Tukanen, Hokkohühnern und Quetzals. Bei Celestún und Río Lagartos liegen Yucatáns eindrucksvolle Flamingokolonien. Dutzende der lokalen Anbieter im ganzen Land, besonders entlang der Küste, organisieren Ausflüge zur Vogelbeobachtung.

Ein unvergleichlich schönes Insektenschauspiel offenbart die Reserva Mariposa Monarca in Michoacán. Abermillionen von Monarchfaltern tauchen dort jeden Winter Bäume und Boden in ein wunderbar strahlendes Orange.

Bedrohte Arten

Laut der Nationalen Kommission für die Erforschung und Nutzung der Biodiversität (CONABIO) sind in Mexiko mehr als 270 Tierarten vom Aussterben bedroht. Viele von ihnen gibt es nirgendwo sonst auf der Welt, darunter Jaguar, Ozelot, Nördlicher Tamandua (Kleiner Ameisenbär), Gabelbär, Mittelamerikanischer (Baird-)Tapir, der prächtige Quetzal, der Hellrote Ara, das Cozumel-Hokkohuhn, der Seeotter, der Guadalupe-Seebär, vier Papageienarten sowie Klammer- und Brüllaffen. Die Känguruiratte auf Margarita Island oder die Hubbs-Süßwasserschnecke mögen zwar nicht besonders auffällig sein, doch ihr Verschwinden wird sich auf alle anderen Tiere und Pflanzen vor Ort auswirken. Da sie in Mexiko endemisch sind, würden sie – wenn sie in Mexiko aussterben – komplett von der Erde verschwinden. Eine ganze Reihe von Faktoren trägt dazu ein, dass die Arten als bedroht gelten, darunter die Abholzung und andere Verluste ihres Lebensraumes, der Handel mit Tieren und die illegale Jagd.

Das Land versucht die bedrohten Arten in erster Linie mithilfe eines Netzwerkes aus Nationalparks und Biosphärenreservaten zu retten, das 13 % des Landes bedeckt. Zudem gibt es ein Dringlichkeitsprogramm für 52 symbolträchtige und wichtige Arten, darunter Jaguar, Goldadler, Mexikanischer Wolf, Schweinswal und Lederrückenschildkröte. Die Arbeit der Regierung wird durch örtliche und internationale Umweltschutzgruppen ergänzt, allerdings wird das Vorankommen durch große Lücken im Netzwerk der geschützten Gebiete sowie die unbeständige Durchführung und eingeschränkte finanzielle Mittel erschwert.

Noch mehr Bücher

Animals & Plants of the Ancient Maya von Victoria Schlesinger

Southern Mexico (Travellers' Wildlife Guides) von Les Beletsky

Pflanzen

Im Norden Mexikos liegen trotz spärlicher Vegetation die artenreichsten Wüsten der Erde. Dort wachsen Kakteen, Agaven, Yuccapalmen, Büsche und Gräser. Die meisten der ca. 1000 bekannten Kakteenarten sind in Mexiko zu finden, davon allein 400 im Desierto Chihuahuense. Die isolierte Halbinsel Baja California hat eine sehr spezielle und vielfältige Flora. Sie reicht vom 20 m hohen Cardón-Kaktus (dem größten der Welt) bis zum bizarren Boojum, der manchmal einer umgedrehten Karotte ähnelt.

Mexikos große Bergketten sind von weiten Pinienwäldern überzogen (hier wächst die Hälfte aller Pinienarten der Welt). In den tiefergelegenen Regionen findet man über 135 Eichenarten. In der Südhälfte des Landes sind die höher gelegenen Pinienwälder oft von Wolken durchzogen. Diese Nebelwälder haben eine feuchte, üppige Vegetation mit vielen bunten Wildblumen und Epiphyten (an Bäumen wachsende Aufsitzerpflanzen).

Die natürliche Vegetation der Tiefebenen von Südostmexiko besteht vorrangig aus immergrünen tropischen Wäldern (teilweise auch Regenwäldern). Diese sind dicht bewachsen und sehr vielfältig – hier gedeihen Farne, Epiphyten, Palmen, tropische Harthölzer wie Mahagoni und Obstbäume wie der Mammiapfel und der Chicozapote (Sapotillbaum), der natürlichen Kaugummi produziert. Trotz fortschreitender Zerstörung ist der Selva Lacandona (Lacandonischer Urwald) in Chiapas immer noch Mexikos größter Tropenwald – hier gedeiht ein Großteil der 10 000 Pflanzenarten, die in dieser Region zu Hause sind.

Der Süden der Halbinsel Yucatán ist von Regenwäldern geprägt, der Norden von Trockenwäldern und Savannen mit Dornenbüschen und kleinen Bäumen (darunter auch viele Akazien), welche an die trockenen Gebiete der pazifischen Küstenebene erinnern.

Der Wildfinder des WWF (worldwildlife.org/science/wildfinder) ist eine Datenbank mit mehr als 26 000 Tierarten, die man nach Art oder Ort suchen kann. Für jede der 23 Ökoregionen in Mexiko liefert die Datenbank eine Liste mit Hunderten Tierarten unter ihren englischen und lateinischen Bezeichnungen, inklusive dem Grad ihrer Bedrohung und oft auch mit Bildern.

Nationalparks & Naturschutzgebiete

Mexiko hat großartige Nationalparks und andere geschützte Lebensräume – beinahe 13 % des Landes (254 000 km²) stehen unter einer Art von staatlichem Umweltschutz. Zwar fehlen der Regierung die Mittel für einen ausreichenden Schutz dieser Gebiete, doch werden dank der Hilfe von Umweltschutzorganisationen immer mehr Parks verwirklicht, die bisher nur auf dem Papier standen.

Nationalparks

Die 67 *parques nacionales* (Nationalparks) in Mexiko nehmen eine Gesamtfläche von 14 453 km² ein. Viele sind winzig (kleiner als 10 km²). Etwa die Hälfte der Parks wurde in den 1930er-Jahre wegen ihrer Archäologie, ihrer Geschichte oder ihres Freizeitwertes eingerichtet und nicht so sehr aus Umweltschutzgründen. Etliche in jüngerer Zeit ent-

DIE BESTEN NATIONALPARKS & NATURSCHUTZGEBIETE

PARK/SCHUTZGEBIET	MERKMALE	AKTIVITÄTEN	BESTE BESUCHSZEIT
Parque Marino Nacional Bahía de Loreto (S. 778)	Inseln, Küsten & Gewässer des Golfs von Kalifornien	Schnorcheln, Kajakfahren, Tauchen	ganzjährig
Parque Nacional Archipiélago Espíritu Santo (S. 783)	Gewässer rund um Espíritu Santo & Nachbarinseln im Golf von Kalifornien	Kajakfahren mit Walhaien, Schnorcheln mit Seelöwen, Segeln	ganzjährig
Parque Nacional Iztaccíhuatl-Popocatépetl (S. 176)	Aktive & inaktive Vulkanriesen am Rande des Valle de México	Wandern, Klettern	Nov.–Feb.
Parque Nacional Lagunas de Chacahua (S. 501)	Oaxa-Küstenlagunen, Strände	Bootstrips, Vogelbeobachtung, Surfen	ganzjährig
Parque Nacional Volcán Nevado de Colima (S. 655)	Aktive & inaktive Vulkane, Pumas, Kojoten, Pinienwälder	Vulkanwanderungen	Dez.-Mai
Reserva de la Biosfera Banco Chinchorro (S. 317)	Größtes Korallenatoll der nördlichen Hemisphere	Tauchen, Schnorcheln	Dez.-Mai
Reserva de la Biosfera Calakmul (S. 366)	Regenwald mit bedeutenden Maya-Ruinen	Ruinen besichtigen, Tiere beobachten	ganzjährig
Reserva de la Biosfera El Vizcaíno (S. 770)	Küstenlagunen, an denen Grauwale kalben, Wüsten	Walbeobachtung, Wanderungen zu den antiken Felskunstwerken	Dez.–April
Reserva de la Biosfera Montes Azules (S. 427)	Tropischer Dschungel, Seen, Flüsse	Dschungelwanderungen, Kanufahren, Raften, Bootstrips, Vogel- & Tierbeobachtung	ganzjährig
Reserva de la Biosfera Ría Celestún (S. 341)	Flussmündung & Mangroven mit vielfältiger Vogelwelt, auch Flamingos	Vogelbeobachtung, Bootstrips	März–Sept.
Reserva de la Biosfera Ría Lagartos (S. 356)	Von Mangroven gesäumte Flussmündung voller Vögel, auch Flamingos	Vogel-, Krokodil- und Schildkrötenbeobachtung	April–Juli
Reserva de la Biosfera Sian Ka'an (S. 316)	Karibischer Küstendschungel, Sümpfe & Inseln mit sehr vielfältiger Tierwelt	Vogelbeobachtung, Schnorchel- & Naturtrips, meist per Boot	ganzjährig
Reserva de la Biosfera Sierra Gorda (S. 695)	Übergang von Halbwüste zum Nebelwald	Wandern, Vogelbeobachtung, Missionen aus der Kolonialzeit	ganzjährig
Reserva Mariposa Monarca (S. 667)	Wälder mit Millionen Monarchfaltern	Schmetterlingsbeobachtung, Wandern	Nov.–März

standene Nationalparks beinhalten Küstengebiete, Inseln oder Korallenriffe. Obwohl dort auch illegal abgeholzt, gejagt und geweidet wird, dienen die Nationalparks vermehrt dem Schutz großer Waldgebiete, besonders des Koniferenbestands Zentralmexikos.

Biosphärenreservate

Reservas de la biosfera (Biosphärenreservate) basieren auf der Erkenntnis, dass es nicht machbar ist, die Ausbeutung vieler ökologisch wichtiger

Gebiete durch den Menschen völlig zu unterbinden. Stattdessen fördern diese Reservate nachhaltige Umweltschutzaktivitäten vor Ort. Heute gibt es in Mexiko 56 UNESCO-geschützte und/oder nationale Biospärenreservate, die eine Fläche von insgesamt rund 142 000 km² abdecken. Hier bleiben einige der schönsten und biologisch faszinierendsten Gebiete erhalten. Der Schwerpunkt liegt auf gesunden Ökosystemen mit Artenvielfalt. In einigen Reservaten ist umweltbewusster, gemeinschaftsbasierter Tourismus zu einer wichtigen Einnahmequelle geworden. Erfolgreiche Besucherprogramme gibt es in Reservaten wie Calakmul, Sierra Gorda, Montes Azules, Mariposa Monarca, La Encrucijada und Sian Ka'an.

Ramsar-Gebiete

Mehr als 89 000 km² des mexikanischen Landes und der Küstengewässer gehören zu den geschützten 138 Feuchtgebieten von Internationaler Bedeutung. Die Ramsar-Konvention wurde nach der iranischen Stadt benannt, in der das Übereinkommen über Feuchtgebiete von Internationaler Bedeutung 1971 unterzeichnet wurde. Fast alle mexikanischen Ramsar-Gebiete wurden im vergangenen Jahrzehnt festgelegt, darunter befinden sich Gebiete, in denen Wale kalben, Strände, an denen Schildkröten ihre Eier ablegen, Korallenriffe, Küstenlagunen und Mangrovenwälder, die für viele Vogelarten und Meereslebewesen von existenzieller Bedeutung sind.

Umweltprobleme

2012 hat Mexiko sich den Status eines Bannerträgers verdient. Es war das erst zweite Land (nach Großbritannien), das sich gesetzlich zur Verankerung von CO_2-Emmissionsraten verpflichtet hat. Das Klimaschutz-Gesetz, das mit Unterstützung aller Parteien den Kongress passierte, verpflichtet das Land, das derzeit weltweit an elfter Stelle liegt, was die Treibhausgasemissionen angeht, bis 2014 35% seines Stroms über erneuerbare Energien zu gewinnen und die CO_2-Emissionen bis 2050 gegenüber den ursprünglich erwarteten Werten um 50% zu reduzieren. Fördermittel für fossile Brennstoffe für Strom und Transportwesen – derzeit laut verschiedener Schätzungen gute 22 Mrd. US$ pro Jahr – werden schrittweise abgebaut. Zweifellos war auch Eigeninteresse im Spiel, was diese umweltfreundliche Initiative angeht, die unter Präsident Felipe Calderón (2006–2012) ins Leben gerufen wurde. Mexiko ist weltweit der sechstgrößte Exporteur von Rohöl, trotzdem muss das Land fast die Hälfte seines benötigten Benzins importieren, weil es nicht genügend Raffinerien gibt. Die teuren Importe durch erneuerbare Energien zu ersetzen, die im eigenen Land produziert werden, ist wirtschaftlich sehr sinnvoll. Dank des vielen Sonnenscheins hat Mexiko genügend Potential für die Nutzung von Sonnenenergie. Bereits 13% des Stroms kommen aus der Wasserkraft und 3% aus Windenergie und Geothermie. Leider gibt es noch Hürden zu überwinden, damit das Gesetz erfolgreich umgesetzt werden kann. Denn viele Gelder sollen vom Klimafonds der UN kommen, der 2010 auf der UN-Klimakonferenz im mexikanischen Cancún eingerichtet wurde. Der Klimafond der UN soll Initiativen zur Gewinnung erneuerbarer Energie in Entwicklungsländern bereitstellen, ist sich aber noch uneins, wem die Unterstützung zuteil werden soll.

Nature Conservancy (www.nature.org), Conservation International (www.conservation.org) und WWF (wwf.panda.org; www.wwf.org.mx) bieten umfangreiche Informationen zur Umwelt Mexikos sowie zu den eigenen Programmen im Land.

Gewässer & Wälder

Als Enrique Peña Nieto Ende 2012 Präsident wurde, wollte er in erster Linie das wirtschaftliche Wachstum ankurbeln und die mexikanischen Rohölexporte wiederbeleben – zu Lasten von Umweltschutzprogrammen. Auf seinem 2013 verkündeten Sechsjahresplan stand immerhin die Trinkwasserversorgung ganz oben – eines der Hauptprobleme des Landes, das dessen Trinkwasserreserven zu 70% im Süden zu finden sind, wohingegen 75 % der Bevölkerung im Norden und in Zentralmexiko leben. Rund 10 % der Bevölkerung sind noch immer nicht ausreichend mit frischem Trinkwasser sowie Abwassersystemen ausgestattet. Ein neues Gesetz sollte die Wasserversorgung der Großstadtgebiete (besonders Mexico City) und wirtschaftlicher Produktionstätten aber auch die Modernisierung von Bewässerungsanlagen und vermehrter Entsalzungsmöglichkeiten an der Pazifikküste sicherstellen.

Ein Gebiet, auf dem Mexiko bereits Erfolge zu verzeichnet hat, ist der Erhalt der Wälder. Mexiko hat in prähispanischer Zeit etwa drei Viertel seiner Wälder eingebüßt. Betroffen waren alle Arten von Wäldern – vom kühlen pinienbewachsenen Hochland bis zum tropischen Dschungel – überall wurde gerodet, geweidet und Landwirtschaft betrieben. Heute gibt es auf nur noch rund 17 % des Landes ursprünglichen Waldbestand, auf weiteren 16 % konnte sich der Baumbestand regenerieren oder wurde neu angepflanzt. Die gute Nachricht: Seit den 1990er-Jahren hat sich die Abholzungsrate von 3500 km² pro Jahr auf unter 1600 km² mehr als halbiert.

Auf der Webseite von Mexico Sustainable (www.mexico-sustainable.com) gibt es nützliche Informationen zu nachhaltigen Tourismusprojekten und Programmen im ganzen Land.

Das Umweltbewusstsein in Mexiko hat große Fortschritte gemacht, nicht nur bei Regierungsvertretern, sondern auch auf regionaler Ebene. Es gibt zwar keine große Umweltschutzbewegung, dafür aber viele kleinere Organisationen, die sich um lokale Belange kümmern. Die wohl einflussreichste Gruppe ist **Pronatura** (www.pronatura.org.mx), die sich hauptsächlich für Klimaschutzprojekte, Arten- und Wasserschutz sowie den Erhalt von Ökosystemen einsetzt.

Probleme in den Städten

Mexico City ist eine Metropole inmitten eines Rings aus Bergen, der die verschmutzte Luft in der Stadt hält. Im Rahmen eines Versuchs, die Luftverschmutzung einzudämmen, gibt es ein rotierendes Fahrverbot: An einem Tag der Woche müssen die Besitzer von Fahrzeugen mit jeweils einer bestimmten letzten Ziffer des Nummernschildes ihre Autos stehenlassen. Die Hauptstadt verbraucht mehr als die Hälfte der Elektrizität des Landes und pumpt ein Viertel seines Wasserbedarfs von außerhalb des Valle de México herbei. Die Probleme mit Wasserversorgung, Abwasseraufbereitung, Überbevölkerung und Luftverschmutzung aufgrund des Verkehrsaufkommens sind, wenn auch in geringerem Ausmaß, auch in den meisten anderen schnell wachsenden Städten zu finden.

Der Tourismus, ein Schlüsselfaktor der mexikanischen Wirtschaft, kann eigene Umweltprobleme mit sich bringen, vor allem, wenn er sich rasch entwickelt. Nach etlichen Jahren der ökologischen Opposition zur geplanten Tourismusentwicklung im großen Stil in Cabo Cortés in Baja California hat Präsident Calderón 2012 die Pläne für dieses Projekt gestrichen, nachdem die Entwickler nicht nachweisen konnten, dass es es ökologisch nachhaltig sein wird – sehr zur Freude der Aktivisten, die vehement die Meinung vertreten hatten, dass das Projekt dem Parque Marino Nacional Cabo Pulmo – einem Teil des UNESCO-Welterbes – ernsthaften Schaden zufügen würde.

An der Riviera Maya, die an der Karibikküste liegt, organisieren Vereinigungen wie **Centro Ecológico Akumal** (www.ceakumal.org) und **Salvamento Akumal de Vida Ecológica** (SAVE; saverivieramaya.org) Kampagnen, um die Schäden zu begrenzen, die der ausufernde Tourismus an Korallenriffen, Nistplätzen von Schildkröten, Mangrovensystemen und sogar im Wasser der in der Gegend berühmten Cenotes (Kalksteinlöcher) anrichtet. Langsam ergreifen immer mehr Hotels und Resorts der Umgebung ökologische Maßnahmen.

Praktische Informationen

Allgemeine Informationen

Aktivitäten

Details zu bestimmten Aktivitäten finden sich im Kapitel „Wie wär's mit ..." (S. 25).

Wer sein eigenes Surfbrett mit in den Urlaub in Mexiko nehmen möchte, sollte sich rechtzeitig nach den Beförderungsbedingungen erkundigen: Die meisten Flugunternehmen verlangen mindestens 40 € für die einfache Transportstrecke. Für Flüge zu manchen Zielen oder Jahreszeiten können Boards eventuell sogar überhaupt nicht aufgegeben werden!

Infos im Internet

AMTAVE (www.amtave.org) Der mexikanische Verband für den Abenteuer- und Ökotourismus hat über 90 Mitgliedsorganisationen.

WannaSurf (www.wannasurf.com) Der Teil zu Mexiko informiert über mehr als 90 Spots.

Planeta.com (www.planeta.com) Gute Infoquelle zum aktiven und sanften Tourismus.

Mexonline.com (www.mexonline.com) Anbieterverzeichnisse.

Botschaften & Konsulate

Diplomatische Vertretungen Mexikos in aller Welt lassen sich z. B. über die Website der **Secretaría de Relaciones Exteriores** (www.sre.gob.mx; mexikanisches Außenministerium) ermitteln: Dort finden sich Links zu allen Auslandsvertretungen des Landes (u. a. den 50 in den USA), die z. T. auch nützliche Online-Infos liefern (u. a. zu Visa).

Botschafts-Websites sind (wo vorhanden) mit Konsula-

SICHER TAUCHEN

Damit beim Schnorcheln, Geräte- oder Apnoetauchen nichts schiefgeht, sollte man unbedingt folgende Sicherheitstipps beherzigen:

- Gerätetaucher benötigen ein gültiges Zertifikat von einer anerkannten Tauchschule.
- Grundsätzlich nur tauchen, wenn Körper und Psyche dies zulassen!
- Leihausrüstung vor dem Bezahlen stets sorgfältig überprüfen und vor allem die Vertrauenswürdigkeit des Tauchlehrers abchecken – andernfalls besteht Lebensgefahr!
- Verlässliche Infos zu Umwelt-, Wetter- und Wasserbedingungen am jeweiligen Tauchspot einholen – am besten bei seriösen Tauchanbietern vor Ort! Außerdem ist es ratsam, lokal ausgebildete Taucher nach ihren Erfahrungen zu befragen.
- Grundsätzlich alle Gesetze, Bestimmungen und Verhaltensregeln bezüglich der örtlichen Unterwasser- bzw. Umwelt einhalten!
- Nur an Spots tauchen, die dem eigenen Erfahrungs- und Leistungslevel entsprechen, und möglichst immer mit einem kompetenten, professionellen Tauchführer oder -lehrer!
- Sicherstellen, dass der gewählte Anbieter ein aktuelles Zertifikat von **PADI** (www.padi.com), **NAUI** (www.naui.org) oder vom mexikanischen, international anerkannten Tauchverband **FMAS** (www.fmas.com.mx) besitzt!
- Vorab die Standorte und Notrufnummern der nächsten Einrichtungen mit Dekompressionskammern ermitteln!
- In den letzten 18 Stunden vor Flügen grundsätzlich nicht mehr tauchen!

ten verlinkt und offerieren oft noch viele weitere Informationen zum Reiseland Mexiko. Außerdem ist es sinnvoll, auch einmal beim eigenen Außenministerium vorbeizusurfen.

Belize (☎55-5520-1274; www.mfa.gov.bz; Bernardo de Gálvez 215, Lomas de Chapultepec, Mexico City); Konsulat (☎983-285-35-11; Génova 369, Colonia Benito Juárez, Chetumal)

Deutschland (☎55-5283-2200; www.mexiko.diplo.de; Horacio 1506, Los Morales, Mexico City); Honorarkonsulat (☎998-884-15-98; Punta Conoco 36, SM24, Cancún); Honorarkonsulat (☎33-3810-2146; Calle 7, No 319, Colonia Ferrocarril, Guadalajara); Honorarkonsulat (☎999-944-32-52; Calle 49 No 212, Mérida)

Guatemala (☎55-5520-6680; embajadaguatemalamx.mex.tl; Av Explanada 1025, Lomas de Chapultepec, Mexico City); Konsulat (☎963-110-68-16; 1a Calle Sur Pte 35, Comitán); Konsulat (☎962-626-12-52; Ecke Calle Central Pte & 14a Av Sur, Tapachula)

Österreich (☎55-5251-0806; www.bmeia.gv.at/botschaft/mexiko.html; Sierra Tarahumara Pte 420, Col. Lomas de Chapultepec, Mexico City)

Schweiz (☎55-9178-43 70; www.eda.admin.ch/mexico; Torre Optima, Piso 11, Paseo de las Palmas No 405, Lomas de Chapultepec, Mexico City)

USA (☎55-5080-2000; mexico.usembassy.gov; Paseo de la Reforma 305, Mexico City); Konsulat (☎998-883-02-72; Despacho 301, Torre La Europea, Blvd Kukulcán bei Km 13, Zona Hotelera, Cancún); Konsulat (☎656-227-30-00; Paseo de la Victoria 3650, Fraccionamiento Partido Senecú, Ciudad Juárez); Konsulat (☎33-3268-2100; Progreso 175, Colonia Americana, Guadalajara); Konsulat (☎669-916-58-89; Hotel Playa Mazatlán, Playa Gaviotas 202, Zona Dorada, Mazatlán); Konsulat (☎999-942-5700; Calle 60 No 338K, zw. Calle 29 & 31, Mérida); Konsulat (☎81-8047-3100; Av Constitución 411 Pte, Monterrey); Konsulat (☎951-514-30-54; Office 20, Plaza Santo Domingo, Alcalá 407, Oaxaca); Konsulat (☎322-222-00-69; Paradise Plaza, Paseo de los Cocoteros 85 Sur, Nuevo Vallarta); Konsulat (☎624-143-35-66; Local B221, Tiendas de Palmilla, Carretera Transpeninsular bei Km 27,5, San José del Cabo); Konsulat (☎415-152-23-57; Locales 4 & 5, Plaza La Luciérnaga, Libramiento Zavala 165, Colonia La Luciérnaga, San Miguel de Allende); Konsulat (☎664-977-20-00; Paseo de las Culturas s/n, Mesa de Otay, Tijuana)

PREISKATEGORIEN: ESSEN

Die folgenden Preiskategorien (Mehrwertsteuer bzw. IVA immer bereits mit eingerechnet) beziehen sich jeweils auf ein normales Hauptgericht.

**$** unter 80 Mex$

**$$** 80–160 Mex$

**$$$** über 160 Mex$

Ermäßigungen

Viele Studenten- und Jugendreisebüros verkaufen vergünstigte Flugtickets nach Vorlage der folgenden Ausweise:

- Internationaler Studentenausweis (International Student Identity Card; ISIC)
- Internationaler Jugendreiseausweis für unter 26-Jährige (International Youth Travel Card; IYTC)
- Internationaler Lehrerausweis (International Teacher Identity Card; ITIC)

Busunternehmen, Museen oder archäologische Stätten gewähren üblicherweise nur dann Rabatt, wenn man offiziell in Mexiko lebt oder zur Schule geht bzw. studiert. Trotzdem lassen sich mit ISIC, IYTC oder ITIC manchmal Ermäßigungen ergattern. Der Internationale Studentenausweis wird landesweit noch am häufigsten akzeptiert.

Essen

Für Infos zur mexikanischen Küche s. S. 42 und S. 896.

Auf Restaurantrechnungen wird eine Mehrwertsteuer (*Impuesto sobre Valor Añadido*; IVA) von 16 % aufgeschlagen, die fast immer bereits im Gesamtbetrag enthalten ist.

Feiertage & Ferien

An den folgenden offiziellen Nationalfeiertagen haben Banken, Postämter, Behörden und viele andere Verwaltungseinrichtungen oder Geschäfte geschlossen.

Año Nuevo (Neujahr) 1. Januar

Día de la Constitución (Verfassungstag) 5. Februar; gefeiert am ersten Montag im Februar

Día de Nacimiento de Benito Juárez (Geburtstag von Benito Juárez) 21. März; gefeiert am dritten Montag im März

Día del Trabajo (Tag der Arbeit) 1. Mai

Día de la Independencia (Unabhängigkeitstag) 16. September

Día de la Revolución (Revolutionstag) 20. November; gefeiert am dritten Montag im November

Día de Navidad (1. Weihnachtsfeiertag) 25. Dezember

Wenn ein nationaler Feiertag auf einen Samstag oder Sonntag fällt, wird er oft am Freitag davor bzw. am Montag darauf begangen.

Viele Behörden und Geschäfte sind auch an folgenden optionalen Feiertagen geschlossen:

Día de los Santos Reyes (Dreikönigstag) 6. Januar

Día de la Bandera (Tag der Nationalflagge) 24. Februar

Viernes Santo (Karfreitag) Zwei Tage vor Ostersonntag im März oder April

Cinco de Mayo (Jahrestag des mexikanischen Sieges über Frankreich bei Puebla) 5. Mai

Día de la Madre (Muttertag) 10. Mai

Día de la Raza (Jahrestag der Entdeckung Amerikas durch Kolumbus) 12. Oktober

Día de los Muertos (Tag der Toten) 2. November

Día de Nuestra Señora de Guadalupe 12. Dezember

Fotos & Video

Bei Foto- und Videoaufnahmen gelten die üblichen Höflichkeitsgebote: Bitte vorher angemessen um Erlaubnis bitten! Vor allem indigene Mexikaner möchten sich eventuell weder fotografieren noch filmen lassen.

Travel Photography von Lonely Planet erleichtert die Reisefotografie mit umfassenden Tipps ohne Fachchinesisch.

Das INAH (Nationales Institut für Archäologie und Geschichte) verwaltet insgesamt 129 Museen und 187 archäologische Stätten. Wer dort fotografieren bzw. „mit spezieller oder professioneller Ausrüstung" (inkl. alle Dreibeine außer Amateur-Videokameras) filmen möchte, braucht dafür jeweils eine Genehmigung (Foto/Video pro Tag 4464/8927 Mex$). Die Website www.tramites.inah.gob.mx liefert entsprechende Details auf Spanisch und ermöglicht Antragsstellungen per E-Mail (min. zwei Wochen im Voraus!).

Frauen unterwegs

Ob allein oder in Begleitung: Frauen werden in Mexiko in den meisten Fällen eine tolle Zeit haben. Der Wissen um die Gleichheit der Geschlechter hat auch hier gewisse Fortschritte verursacht; zudem sind Mexikaner allgemein sehr höflich. Dennoch müssen alleinreisende Frauen mit Pfiffen, lautstarken Kommentaren und Anmachversuchen rechnen.

Frau sollte sich nicht durch Aktionen in Gefahr bringen, die Mexikanerinnen prinzipell vermeiden – das wären z. B. allein etwas in *cantinas* trinken, trampen, bei Dunkelheit durch leere Straßen laufen oder einsame Orte aufsuchen.

Auf der Straße und in öffentlichen Verkehrsmitteln tragen Mexikanerinnen oft Bekleidung, welche die Taille, die Beine oder sogar die Arme verhüllt. Am besten macht frau es ihnen nach und erleichtert sich so auch gleich die unsichtbare Wertsachenverwahrung.

Freiwilligenarbeit

Freiwilligenarbeit ist toll, wenn man am Alltag mexikanischer Gemeinden teilnehmen und dem Land nicht nur Touristendollars bringen will. Bei vielen Organisationen können Ehrenamtliche stundenweise oder gleich ein Jahr und länger mit anpacken. Dabei reicht das Spektrum vom Schutz der Meeresschildkröten bis hin zur Betreuung benachteiligter Kinder. Mal sind Freiwillige mit Spanischkenntnissen oder spezieller Berufserfahrung gefragt, mal werden einfach engagierte Helfer gesucht.

In vielen Sprachschulen kann man seinen Kurs durch freiwillige Teilzeittätigkeiten ergänzen.

Internationale Organisationen

Global Vision International (www.gviusa.com)

Internationale Begegnung in Gemeinschaftsdiensten e. V. (www.ibg-workcamps.org)

Los Médicos Voladores (www.flyingdocs.org)

Projects Abroad (www.projects-abroad.org)

Mexikanische Programme

SOZIALE PROJEKTE

Casa de los Amigos (www.casadelosamigos.org) Programm in Mexico City, das Flüchtlinge und Einwanderer mithilfe von Freiwilligen unterstützt (s. S. 107).

Centro de Esperanza Infantil (www.oaxacastreetchildrengrassroots.org) Straßenkinderzentrum in Oaxaca (s. S. 459).

Fundación En Vía (www.envia.org) Gemeinnützige Organisation mit Sitz in Oaxaca, die Dorffrauen per Kleinkredit das Eröffnen eigener Betriebe ermöglicht (s. S. 462).

Junax (www.junax.org.mx) Arbeitet in indigenen Gemeinden in Chiapas; Freiwillige (Spanischkenntnisse erforderlich) erhalten dabei Infos und Unterkunft in San Cristóbal de las Casas.

Misión México (www.lovelifehope.com) Mix aus Kinderheim und Surfschule in Tapachula (s. S. 439).

Piña Palmera (www.pinapalmera.org) Kümmert sich in Zipolite in Oaxaca um Menschen mit körperlichen und geistigen Behinderungen (S. 506).

UMWELT- & NATURSCHUTZ

Centro Ecológico Akumal (www.ceakumal.org) Schildkrötenschutz und andere Naturschutzmaßnahmen (s. S. 307).

Grupo Ecologista Vida Milenaria (www.vidamilenaria.org.mx) Hervorragendes Schildkröten-Schutzprojekt in Tecolutla (s. S. 260).

Natatė (www.natate.org) Schützt die Schildkröten und die Natur, beispielsweise in Chiapas (s. S. 435).

Verzeichnisse

Go Abroad (www.goabroad.com)

Go Overseas (www.gooverseas.com)

Go Voluntouring (www.govoluntouring.com)

Idealist.org (www.idealist.org)

The Mexico Report (themexicoreport.com/non-profits-in-mexico)

Transitions Abroad (www.transitionsabroad.com)

Gefahren & Ärgernisse

Mexikos Drogenkrieg ist zweifellos furchtbar und erschreckend. Die Gewalt spielt sich jedoch fast ausschließlich zwischen den Drogenbanden selbst oder zwischen diesen und staatlichen Sicherheitskräften ab. Traveller und andere Menschen, die nichts mit dem Drogenhandel zu tun haben, sind bislang nur sehr selten zu Opfern geworden.

Die Touristenhochburgen des Landes sind im Großen und Ganzen sehr sicher. Somit sollte generell die Vorsicht genügen, die man an unbekannten Orten ohnehin walten lässt. Die Küsten versprechen jede Menge Spaß – doch Vorsicht: An allen Ständen können gefährliche Unter- und Gezeitenströmungen auftreten! Zudem sollten Wertsachen während des Schwimmens nie unbeaufsichtigt bleiben.

Sicherheitstipps für Auto- und Busreisen stehen auf S. 929 bzw. S. 930.

Diebstahl & Raub

Taschendiebe, Taschen- und Geldbörsenräuber sind vor allem in mexikanischen Großstädten aktiv. Zu ihren bevorzugten Jagdrevieren zählen überfüllte Busse und U-Bahnen, Bushaltestellen bzw. -bahnhöfe, Flughäfen, Märkte und belebte Straßen oder Plätze. Taschendiebe arbeiten oft in Gruppen, die ihre Opfer zur Ablenkung in die Enge treiben: Einer greift z. B. nach der Tasche oder Kamera, während sich sein Komplize die Geldbörse schnappt.

Raubüberfälle sind seltener als Taschendiebstähle oder Brieftaschenklau, aber wesentlich gefährlicher: Täter dieser Kategorie zwingen ihre Opfer, Geldbörse, Schmuck, Uhr etc. herauszugeben. Da sie möglicherweise bewaffnet sind und bei Gegenwehr gewalttätig werden könnten, sollte keinesfalls Widerstand geleistet werden.

Folgende Vorsichtsmaßnahmen minimieren die Gefahr von Übergriffen:

- Orte meiden, an denen sich nur wenige bzw. keine Menschen aufhalten (z. B. leere Straßen oder U-Bahn-

DER DROGENKRIEG

Drogenbanden versorgen US-Konsumenten jährlich mit illegalen Betäubungsmitteln im Gesamtwert von ca. 13 Mrd. US$. Der damit verbundenen Gewalt sind seit 2007 schätzungsweise rund 10 000 Mexikaner pro Jahr zum Opfer gefallen. Allerdings beschränkt sich dies größtenteils auf relativ wenige Regionen.

- Die Bandenkriege flammen immer wieder an anderen Brennpunkten auf. Städte entlang der US-Grenze (von Tijuana bis Matamoros) und Gebiete südlich davon (bis Culiacán, Durango, Torreón, Monterrey und Tampico) waren schon immer stark betroffen.
- Die noch weiter im Süden gelegenen Bundesstaaten Michoacán und Guerrero haben ebenfalls schon einige der höchsten Mordraten in Verbindung mit organisierter Kriminalität verzeichnet.
- Innerhalb dieser Regionen konzentriert sich die Gewalt auf bestimmte Gebiete.
- Zwei von Mexikos beliebtesten Touristenzielen – die Halbinsel Yucatán und Baja California Sur – leiden bislang nur ganz wenig unter Gewaltverbrechen in Verbindung mit Drogen. Dasselbe gilt für andere attraktive Regionen wie Oaxaca, Chiapas, Guanajuato, Querétaro und Puebla.
- Auch Touristenhochburgen an der Küste sind bis heute recht selten betroffen. Nichtsdestotrotz erlebte Acapulco von 2011 bis 2012 eine vorübergehende Gewaltwelle.

Über besonders gefährliche Gebiete informieren die Websites von ausländischen Außenministerien und von Botschaften bzw. Konsulaten in Mexiko. Da der Drogenkrieg aber ständig im Wandel ist, sollten Traveller stets die Medien verfolgen und unterwegs bei Einheimischen nachfragen. Zu den Websites mit guten Infos gehören **InSight Crime** (www.insightcrime.org) und **Justice in Mexico Project** (justiceinmexico.org). Auf S. 801 wird die Lage im Norden des Landes übersichtlich zusammengefasst.

Entführung und Erpressung zählen ebenfalls zu den häufigen Methoden von Drogenbanden oder anderen Kriminellen. Dies beinhaltet auch „virtuelles Kidnapping", bei dem die Opfer per Telefon eingeschüchtert und zum Bezahlen von Lösegeld gebracht werden. Doch auch davon sind Traveller kaum betroffen.

STAATLICHE REISEINFORMATIONEN

Diese staatlichen Websites enthalten allgemeine Sicherheitstipps und informieren über gefährliche Gebiete:

- **Deutschland** (www.auswaertiges-amt.de)
- **Österreich** (www.bmeia.gv.at)
- **Schweiz** (www.eda.admin.ch)
- **USA** (travel.state.gov)

Abteile bei Dunkelheit, abgeschiedene Strände, wenig benutzte Unterführungen)!

- In potenziell zwielichtigen Gegenden nicht herumlaufen, sondern ein Taxi nehmen – in Mexico City aber bitte unbedingt das richtige (s. S. 147)!
- Immer die Umgebung (inkl. Passanten) im Blick behalten!
- Alle Wertsachen, die nicht unmittelbar benötigt werden, im Hoteltresor zurücklassen – falls keiner vorhanden ist, die Wertsachen am besten auf verschiedene Verstecke im Zimmer oder Hostelspind verteilen!
- Nur Bargeld für den unmittelbaren Bedarf einstecken; falls man Wertsachen unbedingt mitnehmen muss oder möchte, sollten sie keinesfalls von außen sichtbar sein (z. B. durch ausgebeulte Taschen). Somit empfehlen sich ein Geldgürtel, Schulter- oder Brustbeutel *unter* der Kleidung.
- Bargeld, Kreditkarten, Geldbörsen, Kameras und andere Elektronikgeräte nie länger offen herzeigen als nötig! An Ticketschaltern von Busbahnhöfen und Flughäfen das Gepäck stets sicher zwischen die Beine klemmen!
- Alkohol kontrolliert genießen – Betrunkene werden leichter zu Opfern!
- Geldautomaten nur tagsüber und im Inneren von sicheren Gebäuden benutzen!

Wer doch Opfer geworden ist, meldet den Vorfall am besten sofort einer Touristeninformation, der Polizei oder dem nächstgelegenen eigenen Konsulat, dessen Personal in der Lage sein sollte, nützliche Ratschläge zu geben.

Geld

Landeswährung ist der Mexikanische Peso (Abkürzung meist „Mex$" oder „M$"). Um Missverständnisse zu vermeiden, werden bei Preisen in US-Dollar normalerweise die Abkürzungen „US$" oder „USD" benutzt.

In Mexiko führt man Geld am praktischsten in Form einer bekannten internationalen Kredit- oder Lastschriftkarte mit – idealerweise mindestens zwei davon einpacken! Per Plastikgeld lässt sich Bares leicht und landesweit an Automaten abheben. Visa, Mastercard und American Express (Amex) werden von den meisten Fluglinien und Autovermietern akzeptiert – ebenso von vielen Hotels der oberen Mittel- bzw. Spitzenklasse und manchen Restaurants oder Geschäften. Gelegentlich muss man bei Kartenzahlung mit einem Zuschlag rechnen, während Bares Rabatt bringt. Bei Käufen auf Kreditkarte und Abhebungen am Automaten entsprechen sich meist die Wechselkurse. In beiden Fällen erhebt der Kartenaussteller üblicherweise eine Auslandstransaktionsgebühr von ca. 2,5 %.

Als Backup fürs Plastikgeld ist es immer ratsam, einen kleinen Betrag in bar mitzuführen – am besten in US-Dollar, die sich vor Ort bei Weitem am besten umtauschen lassen. In Touristenzentren und vielen Städten entlang der US-Grenze kann man Einkäufe oft mit US-Dollar bezahlen; allerdings sind die Wechselkurse dann nicht immer vorteilhaft. Manche Banken und *casas de cambio* (Wechselstuben) tauschen auch Euro oder Schweizer Franken um. Achtung: Reiseschecks lassen sich heutzutage eventuell nur noch mit teils hohem Zeitaufwand bei bestimmten Banken und *casas de cambio* einlösen!

Banken & Casas de Cambio

Bargeld lässt sich bei *casas de cambio* (Wechselstuben) und manchen Banken umtauschen. Erstere gibt's in so gut wie allen großen und vielen kleineren Städten. Wechselstuben haben einen schnellen Service und oft auch abends oder am Wochenende geöffnet. Sie bieten normalerweise ähnliche Wechselkurse wie Banken, bei denen zu vergleichsweise kürzeren Umtauschzeiten (Mo–Fr 9–16, Sa 9–13 Uhr) mit einem längerem Prozedere zu rechnen ist.

Geldautomaten

Geldautomaten *(caja permanente* od. *cajero automático)* sind in Mexiko zahlreich vorhanden. Sie geben nach Eingabe bekannter Kreditkarten oder bestimmter Bankkarten (z. B. Maestro, Cirrus, Plus) Pesos aus. Der Wechselkurs am Automaten ist normalerweise besser als der „Touristentarif" bei Direktumtausch in Banken oder *casas de cambio* (Wechselstuben). Dieser Vorteil wird jedoch eventuell durch Bearbeitungsgebühren des Automatenbetreibers (25–70 Mex$) und Auslandstransaktionssätze des Kartenausstellers aufgehoben.

Um auf Nummer sicher zu gehen, sollte man Bargeld ausschließlich tagsüber an Automaten im Inneren von sicheren Gebäuden abheben. Auf keinen Fall freistehende

Kabinen oder Geräte direkt an der Straße benutzen!

Steuern

Mexikos *impuesto al valor agregado* (IVA; Mehrwertsteuer) von 16 % muss gemäß Gesetz in praktisch allen Preisangaben enthalten sein und darf nicht extra aufgeschlagen werden. In Läden und Restaurants gehen ausgeschriebene Preise oft mit dem Hinweis *IVA incluido* (inkl. Mehrwertsteuer) einher.

Je nach Bundesstaat liegt die zusätzliche *impuesto sobre hospedaje* (ISH; Übernachtungssteuer) auf Hotelzimmer bei 2 oder 3 %.

Trinkgelder & Feilschen

Angestellte im Tourismus- und Gastrosektor sind oft darauf angewiesen, ihre mageren Grundgehälter über Trinkgelder aufzubessern. Übliche Trinkgelder:

Restaurants Etwa 10 bis 15 % (sofern keine Servicegebühr im Rechnungsbetrag enthalten ist).

Hotels Zwischen 5 und 10 % des Gesamtrechnungsbetrags für das Zimmerpersonal (vor allem bei mehrtägigen Aufenthalten).

Taxis Trinkgeld wird nur bei Sonderleistungen erwartet.

Flughafen- & Hotelgepäckträger 50–100 Mex$.

Tankwarte & Parkplatzwächter 5–10 Mex$.

Obwohl mexikanische Zimmerpreise recht schwer verhandelbar sind, kann sich die Frage nach Ermäßigung lohnen (vor allem in der Nachsaison oder bei mehrtägigen Aufenthalten). Etwas zu feilschen, ist auch auf Märkten üblich und zudem vor (!) Taxitrips ohne Gebührenzähler angebracht.

Gesundheit

Mexikoreisende sollten sich vor allem gut gegen durch Nahrung und Mücken verursachte Krankheiten wappnen. Zusätzlich zu den empfohlenen Impfungen sollte man ein gutes Insektenschutzmittel haben und genaues beim Essen und Trinken genau hinschauen.

Private Gesundheitseinrichtungen sind allgemein besser, aber auch teurer als die öffentlichen Krankenhäuser des Landes. Die besten Adressen befinden sich in Mexico City. Die nationale Tourismusbehörde **Sectur** (☎078, 800-903-92-00, 55-5250-0151, in den USA 800-482-9832; www.visitmexico.com) und die eigene Botschaft bzw. deren Konsulate liefern normalerweise Infos über lokale Krankenhäuser (z. T. online). Unbedingt erforderlich ist eine gute Reisekrankenversicherung, die auch medizinische Notfallflüge ins Ausland abdeckt.

Empfohlene Impfungen

Vor der Abreise sollte der Standardimpfschutz bei Bedarf aufgefrischt werden. Gegebenenfalls ist zu prüfen, ob sich bestimmte Immunisierungen für Schwangere und Kinder eignen.

Hepatitis A Für alle Reisenden (außer Kinder unter einem Jahr).

Hepatitis B Für Reisende, die lange unterwegs sind und engen Kontakt zu Einheimischen haben (Immunisierung: drei Impfungen innerhalb von sechs Monaten).

Tollwut Für alle Reisenden, die in Kontakt mit Tieren kommen könnten (vor allem weitab medizinischer Einrichtungen)

Typhus Für alle Reisenden.

Gesundheitsrisiken

Denguefieber Diese Virusinfektion mit grippeartigen Symptomen wird meist tagsüber durch Aedes-Mücken übertragen. Gegen das Denguefieber gibt es keine Schutzimpfung; es kann nur mit Schmerzmitteln behandelt werden.

Höhenkrankheit Die potenziell tödliche Höhenkrankheit kann bei Menschen auftreten, die in kurzer Zeit Anstiege auf über 2500 m absolvieren. Zu den Symptomen zählen Kopfschmerzen, Übelkeit, Erbrechen, Schwindel, Unwohlsein, Schlaf- und Appetitlosigkeit. Um das Höhenkrankheitsrisiko zu mindern, sollte man langsam aufsteigen, Überanstrengung vermeiden, nur leichte Mahlzeiten zu sich nehmen und keinen Alkohol trinken. Bei jeglichen Symptomen ist der Aufstieg sofort zu unterbrechen, bis Besserung eintritt. Werden die Symptome schlimmer oder gar Anzeichen eines Zerebralödems (Verwirrung durch Gehirnschwellung) oder Lungenödems (Atemnot durch Flüssigkeit in der Lunge) erkennbar, muss unverzüglich auf geringere Höhe abgestiegen werden – 500 bis 1000 m dürften genügen, solange kein Zerebralödem vorliegt.

Malaria Malaria übertragende Moskitos stechen normalerweise bei Dunkelheit. Hauptsymptom der Krankheit ist hohes Fieber mit starken Schüben. Eine Prophylaxe (z. B. Tabletten; am besten Chloroquin) ist ratsam, wenn ländliche Gebiete der Bundesstaaten Oaxaca, Chiapas, Sinaloa, Nayarit, Tabasco und Quintana Roo besucht werden sollen. Dasselbe gilt für Teile Sonoras, Chihuahuas und Durangos. Guter Schutz gegen Stiche ist genauso wichtig wie die medikamentöse Vorbeugung!

Schlangen & Skorpione Im Falle eines Schlangenbisses oder Skorpionstiches ist die betroffene Körperstelle sofort ruhigzustellen. Auf Skorpionstiche gehört zudem augenblicklich eine Eispackung. Dann unverzüglich medizinische Hilfe suchen!

Infos im Internet

Centers for Disease Control & Prevention (wwwnc.cdc.gov/travel) Gesundheitswebsite der US-Regierung.

Fit for Travel (www.fit-for-travel.de) Umfassende, aktuelle Gesundheitstipps für alle Reiseländer.

MD Travel Health (www.mdtravelhealth.com) Umfassende, aktuelle Gesundheitstipps für alle Reiseländer.

mediScon (www.mediscon.com/de/index.php) Umfassende, aktuelle Gesundheitstipps für alle Reiseländer.

Vorbeugung

Moskitostiche Langärmelige Oberbekleidung, lange Hosen, eine Kopfbedeckung und geschlossene Schuhe beugen Moskitostichen vor. Zudem sollte man nicht bei offenem Fenster schlafen, wenn keine Fliegengitter vorhanden sind. Außerdem empfiehlt sich ein gutes Insektenschutzmittel, das vorzugsweise DEET enthält (Achtung: Nicht geeignet für Kinder unter zwei Jahren!). Wer im Freien oder in Unterkünften ohne Moskitoschutzvorrichtungen übernachtet, sollte eine Mückenspirale oder ein mit Permethrin präpariertes Mückennetz über dem Bett haben.

Sonne Zum Schutz vor starker Sonneneinstrahlung sollte man die Mittagssonne meiden, einen breitkrempigen Hut plus Sonnenbrille tragen und Sonnencreme mit einem Lichtschutzfaktor von mindestens 15 verwenden. Bei hohen Temperaturen unbedingt genügend alkoholfreie Flüssigkeit trinken und anstrengende Tätigkeiten vermeiden!

Trinkwasser Mexikanisches Leitungswasser kann vielerorts nicht bedenkenlos getrunken werden. Aufbereitetes Wasser in Plastikflaschen ist jedoch überall erhältlich. Einige Unterkünfte haben auch große Wasserspender, an denen man seine Vorräte auffüllen kann. Die wirksamste Reinigungsmethode besteht darin, das Wasser eine Minute lang kräftig aufkochen zu lassen (3 Min. in Höhen ab 2000 m). Alternativen sind desinfizierende Jodtabletten oder ein **Steri-Pen** (www.steripen.com), der Bakterien und Viren mit UV-Licht abtötet. Schwangere, Jodallergiker und Menschen mit Schilddrüsenerkrankungen sollten kein jodiertes Wasser trinken!

Internetzugang

WLAN (WIFI, *internet inalámbrico*) gibt's in vielen mexikanischen Unterkünften und einigen Cafés, Bars, Flughäfen und an öffentlichen Plätzen. Das entsprechende Symbol (📶) in diesem Buch zeigt an, wenn Gäste zumindest in manchen Gebäudeteilen auf WLAN zurückgreifen können. Das Internetsymbol (@) weist auf Gästecomputer mit kostenlosem oder kostenpflichtigem Internetzugang hin.

Mexikos zahllose Internetcafés (10–20 Mex$/Std.) bieten oft Extras wie Webcams, Kopfhörer oder Skype.

Karten & Stadtpläne

Nelles, ITM und Michelin erleichtern die Reiseplanung mit guten Mexikokarten. ITM gibt außerdem viele brauchbare Regionalkarten in größeren Maßstäben heraus.

Mexikanische Touristeninformationen verteilen kostenlos Orts-, Stadt- und Regionalpläne von unterschiedlicher Qualität. Buch- und Zeitschriftenhändler verkaufen entsprechende Verlagsprodukte wie den empfehlenswerten Straßenatlas *Por Las Carreteras de México*, der von Guía Roji herausgegeben wird und das ganze Land abdeckt.

Inegi (Instituto Nacional de Estadística, Geografía e Informática; www.inegi.org.mx) Unterhält Centros de Información in den Hauptstädten aller Bundesstaaten (für Details s. Website); je nach aktueller Verfügbarkeit sind dort topografische Karten in den Maßstäben 1:50 000 und 1:250 000 erhältlich.

Öffnungszeiten

Allgemeine Öffnungs- und Geschäftszeiten (können lokal bzw. regional variieren):

Banken Mo–Fr 9–16, Sa 9–13 Uhr; Kleinstadtfilialen schließen z.T. früher und haben samstags eventuell nicht geöffnet.

Bars 13–24 Uhr

Cafés 8–22 Uhr

Geschäfte Mo–Sa 9–20 Uhr (im Süden z.T. 14–16 Uhr geschl.)

Restaurants 9–23 Uhr

Supermärkte/Kaufhäuser meist tgl. 9 od. 10–22 Uhr

Post

Internationale Paketsendungen ab Mexiko werden im Postamt zur Zollinspektion geöffnet. Daher lässt man sie am besten offen, nimmt Verpackungsmaterial mit und verschließt das Ganze dann erst direkt vor Ort. Für versicherte und schnelle Zustellung empfehlen sich teurere internationale Kurierdienste wie **UPS** (www.ups.com), **FedEx** (www.fedex.com) oder die mexikanische **Estafeta** (☎800-903-3500;

PRAKTISCH & KONKRET

- In Mexiko gilt bei Maßen und Gewichten das metrische System wie in Deutschland, Österreich oder der Schweiz.
- Mexikos Gesetzgeber beschränken das Qualmen in geschlossenen öffentlichen Räumen auf extra ausgewiesene Raucherbereiche. In Hotels müssen theoretisch 75% aller Zimmer frei von blauem Dunst sein; praktisch wird dies aber kaum durchgesetzt.
- The *News* (www.thenews.com.mx) heißt Mexikos einzige englischsprachige Tageszeitung, die aber nur montags bis freitags erscheint und außerhalb Mexico Citys kaum erhältlich ist. Zu den besten unabhängigsten Zeitungen auf Spanisch zählen *Reforma* und die linksgerichtete *La Jornada*; beide bekommt man landesweit.

www.estafeta.com). Diese verlangen für 1-kg-Pakete nach Europa in der Regel ca. 750 Mex$.

Rechtsfragen

Mexikanisches Recht

Das mexikanische Recht fußt auf dem römischen Recht und dem Code Napoléon. Danach gilt ein Angeklagter als schuldig, bis seine Unschuld bewiesen wurde.

2009 hat Mexiko den Besitz von Kleinmengen bestimmter Drogen zum persönlichen Gebrauch entkriminalisiert. Dies gilt für Marihuana (max. 5 g), Kokain (max. 500 mg), Heroin (max. 50 mg) und Amphetamin (max. 40 mg) – allerdings nur, wenn der Konsument zum ersten Mal erwischt wird. Doch auch in diesem Fall legt theoretisch ein Staatsanwalt fest, ob der Betreffende noch als Konsument oder schon als Dealer einzustufen ist. Solcherlei Probleme sind am leichtesten vermeidbar, indem man komplett die Finger von allen illegalen Drogen lässt!

Die Einfuhr von Feuerwaffen und Munition ist strikt verboten; auch bei unabsichtlichem Import macht Mexiko diesbezüglich keine Ausnahme.

Nützliche (Warn-)Hinweise zum mexikanischen Recht liefert die Website des **US-Außenministeriums** (US State Department; travel.state.gov). Außerdem empfiehlt es sich, beim eigenen Außenministerium vorbeizusurfen.

Für Infos zu Rechtsaspekten bei Verkehrsunfällen s. S. 929

Rechtsbeistand

Gemäß internationalem Recht sind Mexikos Behörden verpflichtet, nach der Verhaftung von Touristen sofort deren Heimatbotschaft bzw. -konsulat zu kontaktieren, falls dies gewünscht wird. Doch Vorsicht: Die Realität sieht zuweilen anders aus! Sofern sie verständigt werden, können Konsularbeamte die jeweilige Rechtslage erklären, Anwaltsverzeichnisse übermitteln, die Abwicklung des Falls beobachten, eine menschenwürdige Behandlung anmahnen und Freunde oder Bekannte benachrichtigen – aber keinesfalls eine Haftentlassung erwirken. Nach mexikanischem Gesetz dürfen Verhaftete ohne Anklage höchstens 48 Stunden in Polizeigewahrsam bleiben. Eine offizielle Verhaftung findet aber eventuell erst nach mehreren Befragungen statt.

Mexikanische Touristeninformationen (vor allem bundesstaatliche) helfen oft bei rechtlichen Problemen wie Beschwerden, Straf- oder Verlustanzeigen. Die Gratis-Hotline der nationalen Tourismusbehörde **Sectur** (☎078, 55-5250-0151, in den USA 800-482-9832; www.sectur.gob.mx) steht rund um die Uhr zur Verfügung.

Kriminalitätsopfer finden Hilfe bei der Botschaft, dem Konsulat, bei Sectur oder staatlichen Touristeninformationen. In manchen Fällen bringt ein Gang zur Polizei kaum mehr als eine offizielle Bestätigung für die eigene Versicherung. Wer sich an die Polizei wendet, sollte unbedingt Reisepass und Touristenkarte (falls nicht gestohlen bzw. verloren) mitnehmen. Bei mangelnden Spanischkenntnissen empfiehlt sich zudem eine sprachkundige Begleitperson. Reine Diebstahlsanzeigen für Versicherungsberichte nimmt man an besten mit den Worten *poner un acta de un robo* („einen Diebstahl anzeigen") vor. Dies sollte ausreichend verdeutlichen, dass nur eine entsprechende Bescheinigung benötigt wird, die dann relativ stressfrei ausgestellt werden dürfte.

Reisen mit Behinderung

Bislang besitzt Mexiko nur wenige behindertengerechte Einrichtungen, doch erhöht sich langsam die Zahl von Hotels, Restaurants, öffentlichen Gebäuden und archäologischen Stätten mit Rollstuhlrampen. Abgesenkte Bordsteine sind kaum vorhanden. Touristenhochburgen und teurere Hotels bieten die größte Barrierefreiheit. Im Vergleich zu Flugzeug und Taxi gestalten sich Busreisen schwieriger. Die hilfsbereiten Mexikaner gleichen den Mangel an Behinderteneinrichtungen aber bis zu einem gewissen Grad durch ihr Improvisationstalent aus. Folgende Websites liefern Wissenswertes für Traveller mit Handicap:

Accessable Travel Source (www.access-able.com)

Mobility International Schweiz (☎062-212-6740; www.mis-ch.ch; Amthausquai 21, 4600 Olten)

Mobility International USA (www.miusa.org)

MossRehab ResourceNet (www.mossresourcenet.org)

MyHandicap Deutschland (☎089-7677-6970; www.myhandicap.de; Steinheilstr. 6, 85737 München-Ismaning)

MyHandicap Schweiz (☎043-211-4949; www.myhandicap.ch; Weinbergstr. 29, 8006 Zürich)

Nationale Koordinierungsstelle Tourismus für Alle e. V. (Natko; ☎0211-3368-001; www.natko.de; Fleher Str. 317a, 40223 Düsseldorf)

Schwule & Lesben

Mexiko steht dem Thema Sex zunehmend offener gegenüber. Der konservative Einfluss der katholischen Kirche ist aber nach wie vor deutlich. Schwule und Lesben treten hier zwar nicht allzu stark in Erscheinung, begegnen aber kaum offener Diskriminierung oder Gewalt. Die Legalisierung gleichgeschlechtlicher Ehen in Mexico City hat die hauptstädtische Szene aufblühen lassen: Dort gibt's hippe, internationale Bars und Clubs. Puerto Vallarta ist die „homosexuelle Strandhauptstadt" des Landes. Guadalajara, Veracruz, Cancún, Mazatlán, Mérida und Acapulco haben ebenfalls lebendige GLBT-Gemeinden. Gleichgeschlechtliche Ehen bzw. eingetragene Partnerschaften sind nun auch in den Bundesstaaten Colima, Quintana Roo und Coahuila offiziell erlaubt.

Die Website von **Gay Mexico** (www.gaymexico.com.mx) umfasst eine Karte mit Direktlinks zu regionalen Szene-Guides. Die **Gay Mexico Map** (www.gaymexicomap.com) weist Unterkunfts-, Bar- und Clubverzeichnisse für viele Großstädte auf. **GayCities** (www.gaycities.com) liefert prima Infos zu Mexico City, Guadalajara, Puerto Vallarta und Cancún. Ebenfalls empfehlenswert sind **Out Traveler** (www.outtraveler.com) und die **International Gay & Lesbian Travel Association** (www.iglta.org) mit Details zu GLBT-freundlichen Reiseveranstaltern in aller Welt.

Sprachkurse

In Mexiko gibt es viele professionelle Spanischschulen mit erfahrenem Personal. Das große Angebot reicht von kurzen Anfängerkursen mit Schwerpunkt auf dem eigentlichen Sprechen bis hin zu längeren Varianten mit umfassendem Intensivprogramm. Viele Schulen befinden sich in den attraktivsten und interessantesten Städten des Landes (z. B. Oaxaca, Guanajuato, San Cristóbal de las Casas, Mérida, Cuernavaca, Morelia oder Guadalajara). Kursteilnehmer haben die tolle Möglichkeit, in den mexikanischen Alltag einzutauchen. Dies wird normalerweise durch zusätzliche Aktivitäten wie Tanzen, Kochen, Musizieren, Exkursionen und Freiwilligenarbeit unterstützt.

Einige Sprachkurse zielen vor allem auf Universitätsstudenten ab, die Qualifikationspunkte für Seminare in der Heimat sammeln wollen. Andere Angebote richten sich dagegen eher an Traveller oder Interessenten mit individueller Motivation. Mexikanische Universitäten haben teilweise spezielle Abteilungen, die maßgeschneiderte Kurse für Ausländer (durchschnittliche Dauer: ein Monat bis ein Semester) anbieten. Die zumeist kürzeren Kurse von privaten Sprachschulen (durchschnittliche Dauer: ein paar Tage bis drei Monate) haben oft flexiblere Stundenpläne und kleinere Klassengrößen.

123 Teach Me
(www.123teachme.com) führt ein Verzeichnis mit über 70 Sprachschulen im ganzen Land.

Zu den amerikanischen Organisationen mit diversen Studienprogrammen in Mexiko zählen **CIEE** (www.ciee.org), **AmeriSpan** (www.amerispan.com), **Spanish Abroad** (spanishabroad.com) und das **National Registration Center for Study Abroad** (www.nrcsa.com).

Preise

- Gruppenunterricht an Privatschulen kostet durchschnittlich 10 US$ pro Stunde.
- Die meisten Sprachschulen bringen Schüler in Gastfamilien, Apartments oder eigenen Unterkünften unter. Aufenthalte in den privaten Wohnhäusern von einheimischen Familien sind dabei oft am günstigsten (Zi. inkl. 2 Mahlzeiten pro Tag ca. 150 US$/Woche).
- Mit Unterkunft in einer Gastfamilie und Essen beläuft sich eine Unterrichtswoche (25 Std.) insgesamt auf ca. 400 US$.
- Manche Schulen verlangen extra Gebühren für die Anmeldung und/oder das Unterrichtsmaterial.

Strom

Telefon

Festnetzgespräche

Für mexikanische Festnetznummern *(teléfonos fijos)* gelten zwei- oder dreistellige Ortsvorwahlen, die in den Abschnitten zu den Städten bzw. Ortschaften stets direkt unter der Überschrift aufgeführt sind.

- Für Festnetzgespräche innerhalb desselben Vorwahlbereichs reicht die reine Anschlussnummer (7- od. 8-stellig).
- Bei Festnetztelefonaten in andere Vorwahlbereiche sind Ferngesprächscode (01), Ortsvorwahl und Anschlussnummer einzugeben.
- Auslandsgespräche beginnen mit dem internationalen Zugangscode 00. Dann folgen der jeweilige Ländercode (z. B. Deutschland 49, Österreich 43, Schweiz 41), die Ortsvorwahl (ohne anfängliche „0") und die Anschlussnummer.
- Um aus dem Ausland ins mexikanische Festnetz zu telefonieren, müssen nacheinander der internationale Zugangscode 00, Mexikos Ländercode 52, Ortsvorwahl und Anschlussnummer gewählt werden.

Gebührenfreie Servicenummern & Telefonvermittlung

Gebührenfreie Servicenummern ☎800 plus sieben weitere Ziffern; immer den Ferngesprächscode ☎01 vorwählen!

Notruf ☎066; ☎088

Telefonauskunft für Mexiko ☎040

Telefonvermittlung für In-/Auslandsgespräche ☎020/☎090

Handys & Smartphones

Telcel (www.telcel.com), **Movistar** (www.movistar.com.mx) und **IUSACell** (www.iusacell.com.mx) zählen zu Mexikos größten Mobilfunkanbietern. Als Marktführer mit der größten Netz- und Filialabdeckung ist Telcel quasi überall dort vertreten, wo in Mexiko Menschen leben. Movistar ist z. T. günstiger, bietet aber außerhalb von Großstädten mitunter nur einen schlechten Empfang. Aktuell strebt die mexikanische Regierung mehr Wettbewerb im Telekommunikationssektor an. Dies öffnet den Markt potenziell für Newcomer wie Virgin Mobile und wird hoffentlich in niedrigeren Tarifen für die Benutzer von *teléfonos celulares* (Handys) resultieren.

- Mitgebrachte GSM- oder 3G-Handys ermöglichen Roaming in Mexiko. Ohne entsprechende Reisevereinbarung mit dem jeweiligen Mobilfunkanbieter kann dies aber extrem teuer werden. **Roaming Zone** (www.roamingzone.com) liefert nützliche Tipps zu Roaming-Optionen.
- Für die alternative und deutlich günstigere Verwendung einer mexikanischen SIM-Karte *(chip)* muss das Gerät entsprechend entsperrt sein. Bei Bedarf erledigen dies viele örtliche Handyläden (u. a. an Namen wie Hospital del Celular zu erkennen) für 200 bis 300 Mex$.
- Alle möglichen Telefongeschäfte verkaufen SIM-Karten oft schon für 50 Mex$ pro Stück. Smartphone-Benutzer sehen sich einem verwirrend großen Angebot von Prepaid-Optionen gegenüber (nützliche Tipps unter www.mexicoguru.com/articles/phones-in-mexico.php). Beispiel: Während der Arbeit an diesem Buch bezahlte einer unserer Autoren insgesamt 300 Mex$ pro Monat (inkl. Flatrate für Gespräche, SMS und Internet sowie 250 MB Download-Volumen).
- Neue mexikanische 0815-Handys ohne Spielereien gibt's inklusive SIM-Karte und etwas Gesprächsguthaben ab etwa 300 Mex$. Neue Smartphones sind ab ca. 1500 Mex$ zu haben (zzgl. 300–500 Mex$/Monat für Gesprächs- und Datenvolumen). Handyverkäufer helfen einem wahrscheinlich mehr bei der Einrichtung, wenn man ein ganzes Gerät und nicht nur eine SIM-Karte erwirbt. Unbedingt den Reisepass mitnehmen, da Ausweisen beim Karten- oder Handykauf obligatorisch ist! Eventuell muss zusätzlich eine örtliche Adresse inklusive Postleitzahl angegeben werden.
- Neues Gesprächsguthaben gibt's z. B. bei vielen Gemischtwarenläden, Zeitungsständen, Apotheken, Lebensmittelgeschäften oder Kaufhäusern.

VORWAHLEN & PREISE

Wie bei mexikanischen Festnetznummern gilt auch für einheimische Handys bzw. SIM-Karten immer eine Orts-

SMARTPHONE-TIPPS

- Am besten die mobile Dauer-Datenverbindung über die Telefoneinstellungen ausschalten: So wird verhindert, dass im Hintergrund agierende Apps das Guthaben bzw. Datenvolumen in wenigen Minuten verbrauchen. Die WLAN-Benutzung wird dadurch nicht beeinträchtigt.
- Vor dem Erwerb eines Datenpakets unbedingt sicherstellen, dass auch das eigentliche Smartphone kompatibel mit mexikanischen Netzen ist: Beispielsweise bekamen bereits einige Traveller mit nicht-amerikanischen iPhones keine Datenverbindung, obwohl sie eine mexikanische SIM-Karte eingelegt hatten.
- Instant-Messenger-Apps wie Whatsapp oder Viber sind in Mexiko weit verbreitet. Beim Hinzufügen eines neuen Kontakts ist es wichtig, ☎+521 vor der jeweiligen mexikanischen Handynummer zu speichern. Andernfalls wird der Kontakt eventuell nicht in den Apps angezeigt.

vorwahl (normalerweise die des Erwerbsorts). Ortsvorwahl und eigentliche Handynummer haben zusammen zehn Stellen.

➡ Von Handy zu Handy reicht besagte zehnstellige Zahlenfolge.

➡ Bei Handytelefonaten ins Festnetz sind Ortsvorwahl und Anschlussnummer der Festnetznummer zu wählen (dann auch insgesamt zehn Stellen).

➡ Bei Festnetzgesprächen auf Handys mit gleicher Ortsvorwahl muss zusätzlich ☎044 vorgewählt werden (☎045 bei anderer Ortsvorwahl).

➡ Bei Auslandstelefonaten auf mexikanische Handys folgen auf den internationalen Zugangscode (☎00) der Ländercode Mexikos (☎52), die ☎1 und dann die zehnstellige Mobilfunknummer.

Bei normalen mexikanischen Handys bzw. SIM-Karten reicht ein Guthaben von 100 Mex$ normalerweise für ca. 20 Gesprächsminuten innerhalb desselben Vorwahlbereichs. Außerhalb des jeweiligen Vorwahlbereichs sind Gespräche jedoch teurer. Beim Kauf der SIM-Karte kann die Ortsvorwahl selbst ausgewählt werden. Wer sich bei einem Kurzaufenthalt in Mexiko City eine SIM-Karte holt, danach aber zwei Monate in Palenque verbringen will, lässt sich also besser gleich die dortige Vorwahl geben. Alternativ gibt's Angebote, bei denen man zum (umgerechnet etwas teureren) Flatrate-Tarif landesweit dasselbe für die Gesprächsminute bezahlt.

Öffentliche Kartentelefone

Öffentliche Kartentelefone gibt's in Groß- und Kleinstädten überall (normalerweise auch an Flughäfen und Busbahnhöfen). Am zahlreichsten sind Geräte des größten mexikanischen Betreibers **Telmex** (www.telmex.com).

Für Telmex-Kartentelefone benötigt man eine *tarjeta Ladatel*, die im Gegensatz zu Rabattkarten direkt in den Fernsprecher gesteckt wird. Diese speziellen Guthabenkarten (Wert: 30, 50 od. 100 Mex$) sind überall an Kiosken und in Läden erhältlich. Sie gestatten innermexikanische Ortsgespräche (3 Mex$ ohne Zeitlimit, auf lokale Handys 1,50 Mex$/Min.) und Ferntelefonate (auf Festnetz/Handy pro Min. 2,50/3 Mex$) sowie Anrufe ins Ausland (Europa/Mittelamerika & kontinentale USA pro Min. 10/5 Mex$).

R-Gespräche

Eine *llamada por cobrar* (R-Gespräch) kann den Angerufenen deutlich mehr kosten, als wenn er oder sie selbst durchklingelt. Somit lässt man sich besser gezielt an- oder zurückrufen. R-Gespräche lassen sich kartenfrei an öffentlichen Kartentelefonen führen. Der Vermittlungsservice ist unter ☎020 (Inlandsgespräche) bzw. ☎090 (Auslandsgespräche) erreichbar.

Einige Telefonstuben und Hotels stellen ebenfalls R-Verbindungen her, verlangen dafür aber meist eine Gebühr.

Touristeninformation

Wenn eine Stadt bzw. Ortschaft für Besucher interessant ist, gibt es dort fast immer eine bundesstaatliche oder kommunale Touristeninformation. In diesen allgemein recht nützlichen Einrichtungen werden Karten und Broschüren ausgegeben und Fragen beantwortet. Üblicherweise beherrschen ein paar Angestellte Englisch.

Das nationale Tourismusministerium **Sectur** (☎078, 800-903-92-00, 55-5250-0151, aus den USA 800-482-9832; www.visitmexico.com) unterhält ein Büro in Mexico City, das täglich rund um die Uhr kontaktiert werden kann. Die Informations- und Servicekräfte am Telefon kommunizieren auf Englisch oder Spanisch. Unter www.sectur.gob.mx stehen Links zu den Tourismuswebsites der einzelnen mexikanischen Bundesstaaten.

Unterkunft

Die Übernachtungsmöglichkeiten in Mexiko reichen von Hängematten über Hütten und Hotels jeder Kategorie bis hin zu Luxusresorts der Spitzenklasse. Zu Spitzenzeiten sollte man in beliebten Ferienorten rechtzeitig reservieren oder sich früh am Tag ein Zimmer sichern.

Preiskategorien

Viele Mittel- und Spitzenklassehotels in Touristenhochburgen erhöhen ihre Preise während kurzer „Extra-Spitzenzeiten" (u.a. Semana Santa, lokale Feste, Ferienzeit von Weihnachten bis Neujahr). In der Nachsaison gibt's dagegen oft Rabatt. Budgetunterkünfte verlangen meist ganzjährig dieselben Tarife.

Budgetunterkünfte ($) Die meisten Städte, die bei Budgetreisenden aus aller Welt beliebt sind, haben heute zumindest ein Backpacker-Hostel oder oft auch mehrere davon (B 150–200 Mex$). In allen mexikanischen Städten gibt's außerdem günstige Hotels. Dazu zählen freundliche, saubere und sichere Bleiben genauso wie düstere und schäbige Absteigen, in denen man um seine Wertsachen fürchtet. In den meisten Landesteilen kosten anständige Zimmer mit eigenem Bad maximal 400 Mex$. In den Budgetbereich fallen auch Campingplätze, Hängematten, *cabañas* (Hütten) und Pensionen. Die empfohlenen Budgetoptionen in diesem Buch sind allgemein schlicht und schnörkellos, aber sauber.

Mittelklassehotels ($$) Mexiko ist auf gute Mittelklasseoptionen spezialisiert. Dabei gilt: Je teurer, desto mehr Extras, Komfort und Stil sind zu erwarten. Attraktive

Zimmer in freundlichen, kleinen Hotels bekommt man aber mancherorts schon für 500 Mex$. Mittelklassehotels haben oft ein Restaurant, eine Bar und einen Pool; fast immer kommt noch WLAN hinzu. Ein paar der schönsten und erinnerungswürdigsten Adressen des Landes fallen in den Mittelklassebereich, der auch B&Bs, Apartments, Bungalows und komfortablere Hütten umfasst. Besonders toll sind u. a. die vielen alten Herrenhäuser und Gasthöfe, die zu Hotels umgebaut wurden: Dort sorgen teilweise gluckernde Springbrunnen in grünen Gärten oder Innenhöfen mit Steinsäulen und vielen Blumen für wunderbare Atmosphäre.

Spitzenklassehotels ($$$) Optionen mit den zu erwartenden Extras (Pools, Fitnessräume, Bars, Restaurants, Designelemente, Profi-Service) sind mitunter annehmbar erschwinglich – oder auch nicht. Das Spitzenklassespektrum reicht von umgebauten Haziendas und modernen Resorts bis hin zu kleinen, schicken Boutiquehotels und Spas. Wer Luxus genießen und trotzdem Bares sparen möchte, sollte auf Hotelwebsites nach Sonderangeboten schauen oder sich direkt per Telefon danach erkundigen. Prima für Familien und andere Kleingruppen: Viele Hotels haben Drei-, Vier- oder Fünfpersonenzimmer, die jeweils nicht viel teurer sind als Doppelzimmer.

Symbole & Abkürzungen

In diesem Reiseführer steht „Einzelzimmer" (EZ) stets für ein Einpersonenquartier; „Doppelzimmer" (DZ) bieten Platz für zwei Personen. Manche Mexikaner benutzen den Ausdruck *cuarto sencillo* (wörtl. Einzelzimmer) für einen Raum mit einem Bett, das sich z. T. als *cama matrimonial* (Doppelbett) entpuppt. Ein *cuarto doble* ist oft ein Zweibettzimmer, in dem eventuell gleich zwei *camas matrimoniales* stehen.

Die Symbole für Klimaanlage (❄) und Rauchverbot (🚭) bedeuten, dass zumindest ein paar Zimmer klimatisiert und frei von blauem Dunst sind.

Steuern

Für mexikanische Unterkünfte gelten zwei verschiedene Steuertypen:

IVA (Impuesto al Valor Agregado) Mehrwertsteuer von 16 %

ISH (Impuesto Sobre Hospedaje) Übernachtungssteuer; je nach Bundesstaat 2 bis 3 %

Viele günstigere Unterkünfte berechnen die Steuern nur, wenn die Gäste eine Quittung möchten. Entsprechend geben sie ihre Preise oft ohne IVA und ISH an (nichtsdestotrotz in den meisten aufgeführten Tarifen enthalten). Wenn z. B. Spitzenklassehotels „1500 Mex$ *más impuestos*" (zzgl. Steuern) verlangen, müssen 18 bis 19 % Zuschlag hinzukalkuliert werden. Dieses Buch nennt Unterkunftspreise möglichst realistisch.

Unterkunftsarten

Apartments In vielen Ferienorten gibt's Apartments mit komplett ausgestatteten Küchen – vor allem bei längeren Aufenthalten oft eine preiswerte Option für drei bis vier Personen! Entsprechende Infos liefern das Internet und örtliche Kleinanzeigen, Veranstaltungen oder Touristeninformationen.

B&Bs Mexikanischer B&Bs sind meist kleine, komfortable Gästehäuser und fallen in den Mittel- oder Spitzenklassebereich. Häufig sind sie wunderschön gestaltet und eigentlich Boutiquehotels, deren freundliche Eigentümer ihre Gäste persönlich betreuen.

Cabañas Hierbei handelt es sich normalerweise um palmblattgedeckte Holz-, Backstein-, Lehmziegel- oder Steinhütten, die am häufigsten in Strandorten zu finden sind. In den einfachsten Varianten steht ein Bett auf dem nackten Erdboden, während die Tür mit einem eigenen Vorhängeschloss gesichert werden muss. Am anderen Ende der Preisskala stehen ziemlich luxuriöse *cabañas* mit elektrischem Licht, Moskitonetzen, riesigen bequemen Betten, eigenen Bädern, Hängemattenterrassen und z. T. sogar Klimaanlage oder Küche. Gleichzeitig ist das Ambiente meist immer noch angenehm rustikal und naturnah. Die *cabañas* der Karibikküste sind am teuersten und kosten in der Luxusversion teils weit über 2000 Mex$.

Camping- & Wohnwagenplätze Die meisten Campingplätze mit Verwaltung sind eigentlich Wohnmobil bzw. -wagenparks, die ihre Stellplätze auch günstiger an Zelturlauber vermieten. Das Einrichtungsspektrum reicht von einfach bis recht luxuriös. Manche Restaurants und Pensionen in Strandorten oder ländlichen Gebieten lassen einen ebenfalls auf ihren Grundstücken zelten (ca. 50 Mex$/Pers.).

Hängematten In vielen bescheidenen Strandorten kann man Hängematten ausleihen (40–100 Mex$) oder gegen vergleichsweise geringere Gebühr eine eigene aufspannen. In heißen Regionen stellen Hängematten oft eine sehr bequeme und vor allem günstige Übernachtungsmöglichkeit dar – Insektenspray vorausgesetzt. Vor allem in Oaxaca, Chiapas und auf der Halbinsel Yucatán sind sie überall leicht erhältlich.

Hostels Die meisten Travellerhochburgen haben Budgethostels mit Schlafsälen (B ca.

PREISKATEGORIEN: SCHLAFEN

Die folgenden Preiskategorien gelten jeweils für Doppelzimmer in der Hauptsaison (inkl. aller Steuern).

**$** unter 460 Mex$

**$$** 460–1150 Mex$

**$$$** über 1150 Mex$

UNTERKÜNFTE ONLINE BUCHEN

Unter http://hotels.lonelyplanet.com/mexico gibt's weitere Unterkunftsbewertungen und unabhängig recherchierte Infos von Lonely Planet Autoren – inklusive Empfehlungen zu den besten Adressen. Außerdem kann online gebucht werden.

150–200 Mex$/Pers.), Aufenthaltsbereichen, Gemeinschaftsküchen und -bädern. Fast immer gibt's zudem WLAN und oft auch private Doppelzimmer, die nur wenig mehr als zwei Schlafsaalbetten kosten. Einige der besten Hostels punkten mit Pool, Bar, Garten, Sonnenterrasse und sogar Design bzw. Charakter. Obwohl Sicherheit und Sauberkeit stark variieren, eignen sich beliebte Hostels prima zum Kennenlernen anderer Traveller. Internationale Hostel-Websites wie **Hostelworld** (www.hostelworld.com) führen umfangreiche Online-Verzeichnisse mit Reservierungsmöglichkeiten.

Posadas & Casas de Huéspedes Bei Posadas (Gästehäusern) reicht die Palette von einfachen Budgethotels bis hin zu kleinen, geschmackvoll gestalteten Mittelklasseoptionen. *Casas de huéspedes* sind günstige, schlichte Bleiben in umgebauten Wohnhäusern – meist familiengeführt und mit freundlicher, entspannter Atmosphäre.

Versicherung

Eine gute Reiseversicherung ist unabdingbar; neben Diebstahl und Verlust von Waren sollte sie auch alle medizinischem Behandlungkosten (inkl. Notfallflüge in die Heimat) abdecken. Manche Policen schließen gefährliche Aktivitäten wie Sporttauchen, Motorradfahren oder gar Wandern aus!

Empfehlenswert sind Versicherungen, die direkt mit medizinischen Behandlungseinrichtungen abrechnen. Andernfalls muss man bei späterer Rückerstattung in Vorleistung gehen. In diesem Fall sind alle Unterlagen sorgfältig aufzubewahren.

Die weltweit gültige Reiseversicherung unter www.lonelyplanet.com/travel_services kann jederzeit online abgeschlossen, erweitert und in Anspruch genommen werden – selbst wenn der Trip bereits begonnen hat.

Visa & Touristenkarten

EU-Bürger und Schweizer können momentan visumfrei nach Mexiko einreisen. Sie brauchen jeweils nur eine Touristenkarte, die direkt nach Ankunft problemlos erhältlich ist. Wer bereits ein gültiges Visum für die USA besitzt oder von dort aus nach Mexiko einreist, braucht ebenfalls kein Visum.

Achtung: Die genannte Visumfreiheit gilt nur für touristische Aufenthalte und daher nicht, wenn man in Mexiko arbeiten (auch freiwillig!), studieren, journalistisch recherchieren, humanitär helfen oder die Einhaltung von Menschenrechten überwachen möchte! Visa für solche Tätigkeiten sind meist im eigenen Heimatland zu beantragen und oft mit mehrwöchigen Bearbeitungszeiten verbunden.

Abgesehen davon können sich auch die übrigen Einreise- und Aufenthaltsbestimmungen jederzeit ändern. Somit ist es sehr wichtig, rechtzeitig vor dem Start entsprechende bzw. individuell zutreffende Infos bei diplomatischen Vertretungen Mexikos und dem eigenen Außenministerium einzuholen. Parallel fasst die Website des mexikanischen **Instituto Nacional de Migración** (INM; Nationale Einwanderungsbehörde; www.inm.gob.mx) den aktuellen Stand auf Englisch und Spanisch zusammen.

Wer über die USA ein- bzw. ausreisen oder Mexiko von dort aus besuchen möchte, sollte sich ebenso rechtzeitig nach Amerikas komplexen Pass- und Visumsbestimmungen erkundigen. Hierbei helfen z. B. das **US-Außenministerium** (US State Department; travel.state.gov), die amerikanische **Zoll- & Grenzschutzbehörde** (US Customs & Border Protection; www.cbp.gov), diplomatische Vertretungen der USA oder die Website des eigenen Außenministeriums.

Touristenkarte & -gebühr

Die mexikanische Touristenkarte (offiziell *Forma migratoria multiple;* FMM) ist ein übersichtliches Dokument, das man direkt bei der Einreise ausfüllt, von den Beamten abstempeln lässt und bis zur Ausreise aufbewahren muss. Die Karte ist z. B. an offiziellen Grenzübergängen und internationalen See- bzw. Flughäfen erhältlich – ebenso bei vielen Fluglinien, Reisebüros und mexikanischen Konsulaten. Bei Einreise auf dem Landweg erfolgt die Ausgabe jedoch meist nicht automatisch bzw. nur auf Anfrage.

Die Grenzbeamten tragen die maximal genehmigte Aufenthaltsdauer (Deutsche & Schweizer/Österreicher 180/90 Tage) direkt in die Karte ein. Doch Vorsicht: Eventuell schreiben sie einen deutlich kürzeren Zeitraum hinein (z. T. nur 15 oder 30 Tage), wenn man die gewünschte Aufenthaltsdauer nicht explizit angibt!

Die mit der Karte verbundene Touristengebühr (*Derecho para no remunerado,* DNR; Gebühr für Besucher, die keine Genehmigung für bezahlte Aktivitäten haben) beträgt 295 Mex$. Flugpassagiere bezahlen den Betrag automatisch mit dem Ticketpreis. Bei Einreise auf dem Landweg und einer Aufenthaltsdauer von mehr als sieben Tagen (max. sieben Tage gibt's gratis) ist er bei einer mexikanischen Bank zu entrichten – egal wann, aber auf jeden Fall vor dem Erreichen der Grenzzone bei Wiederausreise bzw. vor dem Einchecken beim Rückflug. Die ca. 20 bis 30 km breite Grenzzone ist das Gebiet zwischen der eigentlichen Grenze und den INM-Kontrollposten an den Highways ins Landesinnere.

Die meisten mexikanischen Grenzstationen haben eigene Bankschalter, die die DNR direkt bei Einreise entgegennehmen und die Touristenkarte mit einem entsprechenden Quittungsstempel versehen.

Die Karte sollte unbedingt gut aufbewahrt werden, da sie bei der Abreise wieder abgegeben werden muss. Bei Nichtvorlage droht ein Bußgeld!

Touristenkarte und -gebühr entfallen bei maximal 72-stündigen Besuchen, die sich auf die nord- bzw. südmexikanische Grenzzone beschränken.

VERLÄNGERUNGEN & VERLUST DER TOURISTENKARTE

Wenn die eingetragene Aufenthaltsdauer überschritten werden soll bzw. muss, lässt sie sich theoretisch ein- oder mehrfach auf den Maximalzeitraum (Deutsche & Schweizer/Österreicher 180/90 Tage) ausdehnen. Für Verlängerungen ist das **INM** (www.inm.gob.mx; spanisch & englisch) zuständig, das seine zahlreichen örtlichen Vertretungen online aufführt (auf Contact Us, Contacto und dann Oficinas y Horarios klicken). Das Prozedere (ca. 300 Mex$) dauert je nach INM-Büro eventuell nur eine gute halbe Stunde. Mitzubringen sind Reisepass, Touristenkarte (jeweils inkl. Fotokopien) und mancherorts auch ein Nachweis „ausreichender Geldmittel", der normalerweise durch Vorlage einer bekannten Kreditkarte erbracht werden kann. Die meisten INM-Büros verlängern Touristenkarten erst wenige Tage vor Ablauf.

Bei Kartenverlust ist zeitnah die nächstgelegene Touristeninformation zu kontaktieren. Dort bekommt man eine offizielle Verlustbescheinigung zur Vorlage beim örtlichen INM-Büro, das dann für ca. 300 Mex$ eine Ersatzkarte ausstellt.

Zeit

Sommerzeit

In fast ganz Mexiko geht die Sommerzeit *(horario de verano)* vom ersten Aprilsonntag (+1 Std.) bis zum letzten Oktobersonntag (–1 Std.). Ausnahmen:

- Der nordwestliche Bundesstaat Sonora bleibt ganzjährig bei der MST und hat wie sein US-Nachbar Arizona keine Sommerzeit. Letzteres gilt landesweit auch für ein paar entlegene ländliche Gebiete.
- Zehn Städte im Bereich der Nordgrenze (Ciudad Acuña, Ciudad Anahuac, Ciudad Juárez, Matamoros, Mexicali, Nuevo Laredo, Ojinaga, Piedras Negras, Reynosa, Tijuana) stellen ihre Uhren am zweiten Märzsonntag und ersten Novembersonntag gezielt gleichzeitig mit den USA um.

Zeitzonen

Hora del Centro Gilt im Großteil Mexikos und entspricht der CST (Central Standard Time; Sommer/Winter MEZ –7/–8 Std.)

Hora de las Montañas Entspricht der MST (Mountain Standard Time; Sommer/Winter MEZ –8/–9 Std.) und gilt für fünf Bundesstaaten im Norden bzw. Westen (Chihuahua, Nayarit, Sinaloa, Sonora, Baja California Sur)

Hora del Pacífico Entspricht der PST (Pacific Standard Time; Sommer/Winter MEZ –9/–10 Std.) und gilt für Baja California Norte.

Zoll

Zollfreimengen bei der Einreise nach Mexiko:

- zwei Kameras
- drei Handys oder andere Mobilgeräte mit Drahtlos-Netzzugang
- ein tragbarer Computer
- drei Surfbretter
- zwei Musikinstrumente
- Medikamente für den persönlichen Gebrauch (Rezeptvorlage bei Psychopharmaka obligatorisch)

Weitere Details finden sich im Internet unter www.aduanas.gob.mx.

Bei der Einreise sind alle Freimengen in eine Zollerklärung einzutragen, die in eine Lesemaschine wandert. Zeigt diese grünes Licht, entfällt die Inspektion; bei Rot wird das Gepäck durchsucht.

Verkehrsmittel & -wege

AN- & WEITERREISE

Mexiko ist mit dem Flugzeug, aber auch per Auto bzw. Bus ab Belize, Guatemala oder den USA erreichbar. Geführte Touren, Flug- und Zugtickets sind online unter www.lonelyplanet.com/bookings buchbar.

Einreise

Die Einreise erfordert in jedem Fall einen gültigen Reisepass, jedoch nicht unbedingt zwingend ein Visum – für rein touristische Aufenthalte reicht die mexikanische Touristenkarte (s. S. 924) aus.

Auf dem Landweg

Belize

Über die belizischen Städte Corozal (30 Mex$, 1 Std.) und Orange Walk (35–50 Mex$, 2¼ Std.) fahren Busse regelmäßig zwischen Chetumal (Mexiko) und Belize City (180 Mex$, 3–4 Std.). Für weitere Infos s. S. 323.

Guatemala

Viele Busse und/oder Kombis verbinden die Grenzübergänge Ciudad Cuauhtémoc/La Mesilla, Ciudad Hidalgo/Ciudad Tecún Umán und Talismán/El Carmen mit Guatemala City oder nahegelegenen Städten in Guatemala bzw. Mexiko.

Die folgenden Busfirmen bedienen mehrmals am Tag die Fernstrecke zwischen Tapachula (Chiapas) und Guatemala City (5–6 Std.):

Línea Dorada (www.lineadorada.com.gt; einfache Strecke 220 Mex$)

Tica Bus (www.ticabus.com; einfache Strecke 247 Mex$)

Trans Galgos Inter (www.transgalgosinter.com.gt; einfache Strecke 305 Mex$)

REISEN & KLIMAWANDEL

Der Klimawandel stellt eine ernste Bedrohung für unsere Ökosysteme dar. Zu diesem Problem tragen Flugreisen immer stärker bei. Lonely Planet sieht im Reisen grundsätzlich einen Gewinn, ist sich aber der Tatsache bewusst, dass jeder seinen Teil dazu beitragen muss, die globale Erwärmung zu verringern.

Fast jede Art der motorisierten Fortbewegung erzeugt CO_2, doch Flugzeuge sind mit Abstand die schlimmsten Klimakiller – wegen der großen Entfernungen und der entsprechend großen CO_2-Mengen, aber auch, weil sie diese Treibhausgase direkt in hohen Schichten der Atmosphäre freisetzen. Die Zahlen sind erschreckend: Zwei Personen, die von Europa in die USA und wieder zurück fliegen, erhöhen den Treibhauseffekt in demselben Maße wie ein durchschnittlicher Haushalt in einem ganzen Jahr.

Die englische Website www.climatecare.org und die deutsche Internetseite www.atmosfair.de bieten CO_2-Rechner. Damit kann jeder ermitteln, wie viele Treibhausgase seine Reise produziert. Das Programm errechnet den zum Ausgleich erforderlichen Betrag, mit dem der Reisende nachhaltige Projekte zur Reduzierung der globalen Erwärmung unterstützen kann, z. B. Projekte in Indien, Honduras, Kasachstan und Uganda.

Lonely Planet unterstützt gemeinsam mit Rough Guides und anderen Partnern aus der Reisebranche das CO_2-Ausgleichs-Programm von climatecare.org. Alle Reisen von Mitarbeitern und Autoren von Lonely Planet werden ausgeglichen. Weitere Informationen gibt's auf www.lonelyplanet.com.

GRENZÜBERSCHREITENDE BUSSE

ROUTE	PREIS (US$)	DAUER (STD.)
Dallas–Monterrey	77	12
Houston–Mexico City	140	25
LA–Guadalajara	240	36
Phoenix–Guaymas	64	10

In beiden Fahrtrichtungen pendelt Línea Dorada zudem einmal täglich zwischen Chetumal und Flores (über Belize City; 430 Mex$ od. 250 Q, 8 Std.).

Auf der Río-Usumacinta-Route von Palenque (Mexiko) nach Flores halten Vans in Frontera Corozal (100 Mex$, 2½–3 Std.), wo Boote nach Bethel in Guatemala starten (je nach Passagierzahl 75–400 Mex$/Pers., 40 Min.). Von dort aus fahren dann 2.-Klasse-Busse nach Flores (4½ Std., stündl. bis 16 Uhr).

Reisebüros in Palenque und Flores bieten Pauschaltrips zwischen beiden Städten (Bus/Boot/Bus; 350–450 Mex$). Wer diese Route wählt, besichtigt idealerweise gleich noch die großartigen Maya-Ruinen von Yaxchilán bei Frontera Corozal.

Eine Alternativroute nach Flores führt über den Grenzübergang El Ceibo nahe Tenosique (Tabasco). Vans, Busse und Taxis verbinden Tenosique mit El Ceibo. Dort starten weitere Vans nach Flores.

USA

Zwischen den USA und Mexiko existieren mehr als 40 offizielle Grenzübergänge. Achtung: Einige mexikanische Städte in Grenznähe sowie im übrigen Norden des Landes leiden unter gewaltsamen Aktivitäten von Drogenbanden. Vor dem Überqueren der Grenze ist es daher höchst ratsam, entsprechende Reisewarnungen (S. 916) zu beachten und die Medien sorgsam zu verfolgen. Zum Zeitpunkt der Recherche war u. a. die Straße von Matamoros nach Tampico absolut tabu. Weitere Infos zu diesem Thema liefern der Kasten auf S. 804 und S. 801.

AUTO & MOTORRAD

Die Bestimmungen für die Fahrzeugeinfuhr nach Mexiko ändern sich von Zeit zu Zeit. Über den aktuellen Stand informieren z. B. diplomatische Vertretungen Mexikos, **Sanborn's** (www.sanbornsinsurance.com), oder Mexikos **kostenlose Touristen-Hotline** (☎800-482-9832).

Autotouren durch Mexiko sind vor allem etwas für Traveller mit viel Zeit, die Wert auf Unabhängigkeit legen, sperriges Gepäck (z. B. Surfbretter, Tauchausrüstung) transportieren müssen und mindestens einen weiteren Reisegefährten dabei haben (wollen). Selbstfahrer sollten zumindest über Grundkenntnisse in Spanisch und Fahrzeugreparatur verfügen. In einer Limousine mit separatem Kofferraum ist das Gepäck sicherer untergebracht als in einem Kombi oder Fließheckmodell.

Obwohl mexikanische Werkstätten gut ausgestattet sind, ist es ratsam, so viele Ersatzteile wie möglich mitzuführen (insbesondere Benzinfilter). Federung, Radaufhängung und Bereifung (inkl. Ersatzreifen) sollten in gutem Zustand sein. Aus Sicherheitsgründen empfehlen sich zudem eine Lenkradkralle und eine Wegfahrsperre.

Motorradfahren in Mexiko ist nichts für Angsthasen: Die Straßen- und Verkehrsverhältnisse können übel sein, während sich Ersatzteile und Mechaniker mitunter nur schwer auftreiben lassen. Vor Ort sind Teile für Maschinen von Kawasaki, Honda und Suzuki allgemein am leichtesten erhältlich.

BUS

Grenzüberschreitende Buslinien verbinden viele mexikanische und US-amerikanische Großstädte miteinander. Meist muss dabei an der Grenze jeweils in einen mexikanischen bzw. amerikanischen Bus umgestiegen werden. Dank der Kooperation diverser Busunternehmen gelten die Tickets jedoch normalerweise bis zum Endziel.

Autobuses Americanos (www.autobusesamericanos.com.mx) Verbindet Chicago und Großstädte im ganzen US-Süden mit Zielen in Mexikos Mitte, Nordosten oder zentralem Norden.

Greyhound (☎558-79-95, 760-357-18-95; www.greyhound.com; Calexico 123 East 1st St; Mexicali 1244 Centro Cívico-Comercial; ⏲5.30–23.30 Uhr) Fährt ab Kalifornien, Arizona oder Texas zu diversen Grenzstädten und von dort aus weiter ins nordwestliche Mexiko.

Ómnibus Mexicanos (www.omnibusmexicanos.com.mx) Verbindet Texas und den US-Südosten mit Mexikos Mitte, Nordosten oder zentralem Norden.

Transporte Supremo (www.transportesupremo.com) Shuttlevans zwischen Phoenix und Puerto Peñasco.

Tufesa (www.tufesa.com.mx) Verbindet viele Großstädte im US-Südwesten (z. B. in Kalifornien) mit Mazatlán, Guadalajara und dem nordwestlichen Mexiko.

Turimex Internacional (www.gruposenda.com) Verbindet Chicago, Texas und den US-Südosten mit Mexikos

Mitte, Nordosten oder zentralem Norden.

Die meisten Busrouten werden mehrmals täglich bedient.

Oft (in etwa derselben Zeit) kann man auch mit einem Bus oder Zug (Details unter www.amtrak.com) zur Grenze fahren, diese zu Fuß oder mit einem örtlichen Bus überqueren und dann in einen Anschlussbus umsteigen. Greyhound steuert viele US-Grenzstädte an.

EINFUHRGENEHMIGUNG FÜR FAHRZEUGE

Wer aus der Grenzzone ins übrige Mexiko hineinfahren will, benötigt dafür eine *permiso de importación temporal de vehículo* (Genehmigung für die zeitweilige Fahrzeugeinfuhr; 51 US$ inkl. MwSt bzw. IVA). Südlich der US-Grenze ist die Zone 20 bis 30 km breit (max. 70 km entlang der Grenzen zu Guatemala und Belize). Für den Bundesstaat Sonora reicht ein günstigeres und obendrein leichter zu erlangendes Dokument (s. S. 745), sofern man sich nicht über Guaymas im Süden hinausbewegt. Für Fahrten auf der Halbinsel Baja California braucht man gar keine Genehmigung; eine solche wird dort nur benötigt, wenn Vehikel von Pichilingue (La Paz) per Autofähre zum mexikanischen „Festland" transportiert werden sollen.

Fahrzeuggenehmigungen gibt's bei Grenzbüros und teilweise auch bei Kontrollposten, die ein paar Kilometer weiter im Landesinneren liegen. Zudem sind sie am Hafen von Ensenada und am Fährhafen Pichilingue (La Paz) in Baja California erhältlich. Details zu allen Ausgabestellen liefert die Website der **Banjército** (www.banjercito.com.mx). Diese Bank ist für alle Einfuhrformalitäten zuständig (auf Red de Módulos IITV klicken); das Prozedere umfasst auch gleich die elektronische Vorab-Freigabe der Touristenkarte für Mexiko. Achtung: Eventuell haben die Ausgabestellen kürzer als die eigentlichen Grenzübergänge geöffnet (vgl. Angaben auf der Banjército-Website)!

Wer ein Fahrzeug einführen will, benötigt alle im Folgenden genannten Dokumente (jeweils inkl. 1–2 Fotokopien). Diese müssen auf den Namen des Antragsstellers lauten – es sei denn, man importiert das Vehikel eines Ehepartners, Elternteils oder Kindes. Entsprechende Verwandtschaftsverhältnisse sind per Heirats- bzw. Geburtsurkunde nachzuweisen.

- Touristenkarte (FMM): Erst zur *migración* an der Grenze gehen, dann die Einfuhrgenehmigung beantragen.
- Offizielle Besitzurkunde oder Fahrzeugregistrierung (Achtung: Die Weiterfahrt nach Guatemala oder Belize erfordert beides!)
- Eine im Ausland ausgestellte Kredit- bzw. Lastschriftkarte (Visa, MasterCard) oder eine Barkaution (je nach Fahrzeugalter 200–400 Mex$; wird bei der Ausreise zurückerstattet). Diese Sicherheiten sollen gewährleisten, dass das Fahrzeug vor Ablauf der FMM aus Mexiko ausgeführt wird.
- Gültiger Reisepass
- Bei noch nicht ganz abbezahlten Fahrzeugen: Kreditbescheinigung oder Rechnung des Finanziers (max. 3 Monate alt)
- Bei Leih- oder Leasingfahrzeugen: Mietvertrag (muss auf den Namen der einführenden Person lauten).
- Bei Firmenwagen: Offizieller Beschäftigungsnachweis und eine Bescheinigung, dass das Fahrzeug dem jeweiligen Unternehmen gehört.

Zur erteilten Genehmigung gibt's einen holografischen Aufkleber, der innen an der Frontscheibe angebracht werden muss.

Bei der Ausreise wird das Dokument dann von den mexikanischen Behörden eingezogen. Dies geschieht eventuell schon beim Einfahren in die Grenzzone. Falls nicht, muss der zuständige Beamte an der eigentlichen Grenze gesucht werden. Achtung: Wenn man Mexiko ohne den offiziellen Widerruf der Einfuhrgenehmigung verlässt, vermuten die Behörden potenziell, dass das Fahrzeug illegal im Land zurückgelassen worden ist. Dann können sie die Kaution einbehalten, die Kreditkarte mit einem Bußgeld belasten oder beim nächsten Mal die Einfuhr eines Fahrzeugs verweigern.

VERSICHERUNG

Eine in Mexiko gültige Kfz-Haftpflichtversicherung ist unbedingt erforderlich: Wer in einen Unfall verwickelt wird, kann bis zur Klärung der Schuldfrage eingesperrt werden (inkl. Fahrzeugbeschlagnahmung). Verursacher eines Unfalls mit Personenschaden oder Todesfolge bleiben eventuell so lange in Haft, bis sie nachweislich eine Garantie für das Begleichen aller Entschädigungszahlungen, Bußgelder und Strafen erbringen. Eine angemessene mexikanische Versicherung ist der einzige wirkliche Schutz: Sie gilt als Garantie für Entschädigungszahlungen.

Das mexikanische Recht erkennt nur eine einheimische Kfz-Versicherung *(seguro)* an. Selbst wenn sie vollen Schutz garantieren, werden kanadische oder US-amerikanische Policen von den mexikanischen Behörden nicht akzeptiert. Mexikanische Kfz-Versicherungen lassen sich online über den renommierten Spezialisten **Sanborn's** (www.sanbornsinsurance.com) und andere Branchenvertreter abschließen. Zudem werden sie in einigen US-Grenzstädten und an manchen Grenzübergängen zu unterschiedlichen Tarifen verkauft (möglichst vergleichen!). Die Versicherungsbüros der betriebsamsten Grenzübergänge haben rund um die Uhr geöffnet.

Vollkasko-Kurzzeitversicherungen für Autos unter 10 000 US$ Wert kosten ca. 15 US$ pro Tag. Bei Zeiträumen ab zwei Wochen ist der Abschluss einer Halbjahres- oder Jahresversicherung oft günstiger. Reine Haftpflicht ist etwa halb so teuer wie Vollkasko.

Übers Meer

Boote pendeln täglich zwischen Chetumal in Mexiko und San Pedro (einfache Strecke 42,50 US$) oder Caye Caulker (einfache Strecke 45 US$) in Belize.

UNTERWEGS VOR ORT

Auto & Motorrad

Ein eigenes Fahrzeug gibt Mexikotouristen jede Menge Flexibilität und Unabhängigkeit. Wer sich erst einmal an die örtlichen Straßen- und Verkehrsbedingungen gewöhnt hat, kommt hier genauso gut zurecht wie in den meisten anderen Ländern. Für Infos zur Fahrzeugeinfuhr nach Mexiko s. S. 927.

Benzin

Benzin *(gasolina)* und Diesel werden in Mexiko nur von der staatlichen Monopolgesellschaft Pemex (Petróleos Mexicanos) verkauft. Pemex-Tankstellen gibt's an vielen Hauptstraßen und selbst in den meisten kleineren Ortschaften. In entlegenen Gegenden heißt's dennoch jede Möglichkeit zum Tanken nutzen! Mexikanischer Sprit ist immer *sin plomo* (bleifrei) und in zwei Varianten erhältlich:

Magna (87 Oktan) Entspricht etwa bleifreiem US-Normalbenzin und kostet ca. 11,80 Mex$ pro Liter.

Premium (91 Oktan bei geringerem Schwefelgehalt) Entspricht etwa bleifreiem US-Super und kostet ca. 12,40 Mex$ pro Liter.

DIE GRÜNEN ENGEL

Die mexikanische Tourismusbehörde Sectur unterhält ein Netzwerk von Ángeles Verdes (Grünen Engeln). Entlang der 60 000 wichtigsten Highwaykilometer kümmern sich diese Mechaniker in grünen Arbeitsuniformen und Lastwagen landesweit um liegengebliebene Touristen (tgl. 8–18 Uhr). Streckenauskünfte, Kleinreparaturen, Reifenwechsel, das eventuell nötige Organisieren eines Abschleppwagens und andere Hilfeleistungen gibt's gratis. Ersatzteile, Öl und Benzin müssen bezahlt werden. Die Männer sprechen Spanisch und Englisch; ihre **Hotline** ist unter ☎078 erreichbar.

Diesel (ca. 12 Mex$/l) bekommt man überall; die reguläre mexikanische Variante ist schwefelhaltiger als das US-Pendant. In Mexico City und Umgebung gibt's aber allmählich auch Diesel mit niedrigerem Schwefelgehalt *(bajo azufre)*. Einheimische Tankwarte freuen sich über ein Trinkgeld von ca. 5 Mex$.

Führerschein

Das Steuern eines Kraftfahrzeugs in Mexiko erfordert einen gültigen Führerschein aus der eigenen Heimat.

Mieten

Mietwagen können in Mexiko teurer als in Europa oder den USA sein, sie sind aber ziemlich leicht aufzutreiben. Viele internationale Großverleiher sind im ganzen Land vertreten.

Mietwagenkunden müssen einen gültigen Führerschein (der eigene nationale reicht), einen Reisepass und eine bekannte Kreditkarte vorlegen. Das Mindestalter liegt in der Regel bei 21, teils bei 25 Jahren; manchmal müssen Personen zwischen 21 und 24 Jahren einen Aufpreis bezahlen. Der eigentliche Mietpreis erhöht sich noch um Steuern und Versicherungskosten. Achtung: Vollkaskoversicherungen können die auf manchen Online-Buchungsseiten angegebenen Grundtarife mehr als verdoppeln! Normalerweise lässt sich optional eine reine Haftpflichtversicherung für weniger Geld abschließen. Unbedingt alles Kleingedruckte im Vertrag sorgfältig durchlesen! Es ist grundsätzlich ratsam, den ganzen Deckungsbereich genauestens zu erfragen und dann abzuwägen: Eine Teilkaskoversicherung deckt eventuell nur einen Bruchteil potentieller Kosten; manche Policen greifen nicht bei Touren auf schlechten Landstraßen. Das Allerwichtigste ist jedoch ein möglichst großer Haftpflichtschutz.

Die meisten Verleihfirmen verlangen für ihre günstigsten Autos ca. 500 Mex$ pro Tag (inkl. Steuer, Haftpflichtversicherung, unbegrenzte Fahrtkilometer). In manchen Strandorten ist man jedoch schon mit 350 Mex$ pro Tag dabei. Bei Wochen- oder Monatsmiete sinkt der Tagestarif. Eventuell mögliche Fahrzeugrückgabe in einer anderen Stadt kostet extra (ca. 4 Mex$/km).

In einigen Touristenzentren kann man auch Motorräder oder -roller ausleihen. Hierzu sind normalerweise ein Führerschein und eine Kreditkarte notwendig. Viele Zweiradvermieter bieten allerdings keinerlei Versicherungsschutz an.

Straßenzustand & Gefahren

- Mexikos brauchbare Highways lassen sich bei nicht allzu starkem Verkehr recht zügig befahren. Die mautpflichtigen Strecken namens *autopistas* (insgesamt über 6000 km; Mautgebühr 0,50–1,50 Mex$/km) sind meist vierspurig und gut in Schuss.

➡ Nachtfahrten am besten vermeiden: Bei Dunkelheit sind unbeleuchtete Fahrzeuge, Fußgänger und Tiere auf der Fahrbahn nichts Ungewöhnliches. Zudem erkennt man Felsbrocken und Schwellen zur Geschwindigkeitsreduzierung dann deutlich schlechter. Auch die geringere Zahl betrunkener Verkehrsteilnehmer macht die Highways bei Tag allgemein sicherer.

➡ Achtung: Vor allem in Nordmexiko kommt es immer wieder zu Entführungen, Raubüberfällen und illegalen Straßensperren, die in Verbindung mit den Aktivitäten von Drogenbanden stehen. Die nordöstlichen Bundesstaaten Tamaulipas und Nuevo León sind diesbezüglich besonders berüchtigt (vor allem die Straße von Tampico nach Matamoros). Daher sollte man sich insbesondere in diesen Landesteilen möglichst an Mautstrecken halten, nur tagsüber reisen und bei Stadtfahrten die Türen bzw. Fenster verschlossen halten. Zudem heißt's entsprechende Reisewarnungen beachten (s. S. 915) und Erkundigungen bei Einheimischen einholen. Sehr wichtig: Im Fall eines eventuellen Überfalls keinerlei Widerstand leisten!

➡ An echten Straßensperren suchen Polizei und Militär meist nach illegalen Waffen, Drogen, Einwanderern oder Schmuggelwaren. Touristen haben hierbei höchstwahrscheinlich nichts zu befürchten und sollten daher nicht in Panik geraten.

➡ Über Nacht stehen Fahrzeuge am besten auf bewachten, abgesperrten Parkplätzen (in Großstädten sind diese recht zahlreich vorhanden). Hotels weisen auf entsprechende Möglichkeiten hin, wenn sie selbst keine sicheren Parkplätze besitzen.

➡ Jedes Jahr sterben etwa 14 von 100 000 Einheimischen bei Verkehrsunfällen. Damit ist die Zahl der Verkehrstoten in Mexiko mehr als doppelt so hoch wie in den meisten westlichen Ländern – teilweise deshalb, weil Alkohol am Steuer und nicht angelegte Sicherheitsgurte hier vergleichsweise häufiger vorkommen. Ansonsten fahren Mexikaner aber allgemein so vorsichtig und vernünftig wie die Bürger anderer Nationen. Hohe Verkehrsdichte, schlechte Straßen, Bodenschwellen, Tiere, Radfahrer und Fußgänger halten das Durchschnittstempo landesweit recht niedrig.

➡ Vorsicht vor Schlaglöchern, Stoppschildern *(alto)* und Fahrbahnschwellen zur Geschwindigkeitsreduzierung *(topes)*: Diese tauchen oft unerwartet auf und können, wenn sie übersehen werden, Fahrzeugschäden bzw. Bußgelder nach sich ziehen. Vor Fahrbahnschwellen stehen oft Schilder mit der Aufschrift *tope* oder *vibradores*; tödlich sind nur die Stellen ohne Warnhinweis!

➡ Wer von der Verkehrspolizei angehalten wird (jederzeit möglich), sollte ruhig und höflich bleiben. Wenn man sich keines Vergehens bewusst ist, besteht kein Grund zur Schmiergeldzahlung. Dumm stellen und so zu tun, als ob man kein Spanisch spricht, bringen den Beamten wahrscheinlich bald zum Aufgeben. Man kann sich auch dessen Dienstmarke zeigen lassen, den Vorgesetzten verlangen und nach einem offiziellen Dokument fragen, das das jeweilige Vergehen genau erklärt – dann am besten gleich noch Namen, Dienstnummer, Fahrzeugnummer und Amtsabteilung (Bundes-, Staats- oder Gemeindepolizei) des Beamten notieren. Zudem sollte man Bußgelder nur direkt auf Polizeirevieren bezahlen, stets eine Quittung verlangen und sich gegebenenfalls bei einer Touristeninformation beschweren.

Verkehrsregeln

➡ In Mexiko herrscht Rechtsverkehr.

➡ Die Tempolimits liegen bei 80 bis 120 km/h auf Highways (weniger in Wohngebieten) und bei 30 bis 50 km/h innerhalb geschlossener Ortschaften.

➡ In Großstädten sind Einbahnstraßen die Regel.

PRAKTISCHE INFORMATIONEN

➡ Mitunter werden Busse angehalten und ausgeraubt. Dieses Risiko lässt sich jedoch minimieren, indem man Deluxe- oder 1.-Klasse-Busse benutzt, die bei Tag und wo immer möglich auf mautpflichtigen Straßen unterwegs sind.

➡ Im Stauraum des Busses ist Gepäck sicher aufgehoben. Bei der Ab- bzw. Aufgabe ist es sinnvoll, sich eine Quittung geben zu lassen. Die allerwichtigsten Wertsachen und Dokumente (z. B. Reisepass, Bargeld) sollten jedoch grundsätzlich mit an den Sitzplatz genommen werden.

➡ Gegen kräftige Bordklimaanlagen helfen lange Hosen oder Röcke, Pullover, Jacken und bei Bedarf auch eine Decke. Eine Augenbinde und Ohrenstöpsel sind praktisch, wenn man nicht die ganze Fahrt über Videos sehen bzw. hören möchte.

- Der maximal erlaubte Blutalkoholwert am Steuer liegt je nach Region zwischen 0,5 und 0,8 g/l (etwa 2–3 Biere oder Tequilas).
- Aufgrund von Umweltschutzbestimmungen sind Mexico Citys Straßen einmal pro Woche für die meisten Fahrzeuge tabu (Tag wechselt jeweils; s. S. 144).

Bus

Mexiko hat ein gutes Straßennetz. Komfortable Busse verbinden sämtliche Großstädte regelmäßig und recht preiswert miteinander. In den meisten Groß- und Kleinstädten gibt's einen Hauptbusbahnhof für die Fernlinien; ausgeschildert ist dieser z. B. als Terminal de Autobuses, Central de Autobuses, Central Camionera oder einfach La Central (nicht zu verwechseln mit *el centro*, dem Stadtzentrum).

Klassen

Bordklassen in mexikanischen Bussen:

DELUXE & EXECUTIVE

De-lujo-Busse und noch komfortablere Fahrzeuge der *ejecutivo*- bzw. Executive-Klasse verkehren vor allem auf viel genutzten Fernrouten; dabei halten sie sich möglichst an Mautstrecken. Diese schnellen, bequemen Busse bieten verstellbare Liegesitze, viel Beinfreiheit, Klimaanlagen, Bordvideos und -toiletten und manchmal auch Getränke, Snacks und sogar WLAN. Zudem gibt's nur wenige oder gar keine Zwischenstopps.

1. KLASSE

Busse der *primera (1a) clase* halten für jeden Passagier einen bequemen, nummerierten Sitz bereit und steuern alle größeren Städte an; auch sie benutzen nach Möglichkeit Mautstrecken. Der Komfortstandard ist in der Regel gut, Stopps gibt es nur selten, und die Busse haben Klimaanlagen, Bordtoiletten und -videos.

2. KLASSE

Segunda- (2a-) clase-Busse (alias *económicos*) fahren kleinere Städte bzw. Dörfer an und sind in entlegeneren Ecken oft die einzige Transportmöglichkeit. Auf einigen Fernstrecken stellen sie eine günstigere, aber langsamere Alternative zu den luxuriöseren Klassen dar. Einige wenige *económicos* halten so selten wie 1.-Klasse-Busse und sind dabei fast genauso schnell und komfortabel; andere sind dagegen alt, langsam und schäbig. 2.-Klasse-Busse nehmen meist mautfreie Straßen und stoppen sehr häufig, um Passagiere einzusammeln. Wer zwischendurch zusteigt, muss möglicherweise für einen Teil der Fahrt stehen.

WIE VIELE ZWISCHENSTOPPS?

Es ist hilfreich, die verschiedenen Bustypen zu kennen:

Sin escalas Nonstop.

Directo Wenige Zwischenstopps.

Ordinario Hält immer, wenn Passagiere ein- oder aussteigen wollen (Deluxe- und 1.-Klasse-Busse sind niemals *ordinario*).

Express Nonstop auf kurzen und mittleren Routen; hält auf Fernstrecken nur sehr selten.

Local Startet normalerweise pünktlich am Busbahnhof und ist *de-paso*-Bussen vorzuziehen.

De paso Fährt nicht am Busbahnhof, sondern anderswo ab; Tickets können erst bei Ankunft des Busses gekauft werden. Wenn der Bus voll ist, heißt's auf den nächsten warten.

Vía corta Kurzstrecke.

Vía cuota Über Mautstraßen.

Viaje redondo Rundfahrt; kehrt zum Startpunkt zurück.

Busunternehmen

Die größten von Mexikos zahllosen Busunternehmen gehören oft zu riesigen Muttergesellschaften, die den jeweiligen Regionalverkehr dominieren und eigene Websites mit Fahrplänen betreiben.

ETN Turistar (www.etn.com.mx) Umfasst zwei gute Executive-Linien (ETN und Turistar), die Mexikos Mitte, Norden und Westen abdecken – ebenso die Pazifikküste bis hinunter nach Puerto Escondido.

Grupo ADO (boletotal.mx) Verbindet Mexico City mit dem Osten, Süden und Südosten des Landes; Hierzug gehören: ADO Platino (Deluxe), ADO GL (Deluxe/1. Klasse), ADO und OCC (jeweils 1. Klasse).

Grupo Estrella Blanca (www.estrellablanca.com.mx) Bedient vor allem Mexico City, Zentral-, Nord- und Westmexiko; Hierzu gehören: Futura Select (Deluxe), Futura, Elite, Oriente und Transportes Chihuahuenses (jeweils 1. Klasse).

Primera Plus (www.primeraplus.com.mx) 1.-Klasse-Gesellschaft mit regelmäßigen Verbindungen in ganz Zentralmexiko.

Preise

Die meisten 1.-Klasse-Busse kosten ca. 1 Mex$ pro Reisekilometer und legen in einer Stunde 70 bis 80 km zurück. Vergleichsweise teurer sind Deluxe- (rund 20 % mehr) und Executive-Trips (bis zu

50 % mehr). Die 2. Klasse ist etwa 20 % günstiger als die 1. Klasse.

Reservierungen

1.-Klasse-, Deluxe- und Executive-Tickets werden vor der Abfahrt am Busbahnhof gekauft. Bei vier- bis fünfstündigen Reisen auf viel genutzten Strecken reicht es in den meisten Fällen aus, einfach zum Terminal zu gehen, eine Fahrkarte zu kaufen und ohne größere Verzögerung zu starten. Tickets für längere Strecken, selten bediente Routen und alle Touren zu betriebsamen Spitzenzeiten sollten jedoch spätestens am Vortag gekauft werden. Normalerweise ist der Sitzplatz beim Buchen auswählbar. Tipp: Im vorderen Busbereich ist man weg von den Toiletten und bekommt zudem die Schlaglöcher weniger stark zu spüren.

2.-Klasse-Busfirmen haben oft keine Buchungsbüros bzw. -schalter; bezahlt wird dann direkt beim Fahrer.

In manchen Großstädten kann man Fahrkarten bei zentral gelegenen Agenturen kaufen und muss sich dafür nicht extra hinaus zum Busbahnhof begeben. **Boletotal** (boletotal.mx) betreibt zahllose Ticketbüros für Gesellschaften der Grupo ADO. Diese Filialen verteilen sich landesweit auf ca. 20 Großstädte.

Colectivo, Combi & andere Fahrzeuge

In einigen Regionen ergänzen diverse kleinere Fahrzeuge das Busnetz. *Taxis colectivos* (Sammeltaxis) bieten normalerweise Platz für vier Passagiere, die sich den Gesamtpreis teilen. Auch Minibusse von Volkswagen (*combis*) und komfortablere Passagiervans sind mancherorts unterwegs. Die Tarife liegen meist etwas unter denen von 1.-Klasse-Bussen. Bei *microbuses* bzw. *micros* handelt es sich um oft relativ neue 2.-Klasse-Kleinbusse mit ca. 25 Bordplätzen, die normalerweise Kurzstrecken zwischen benachbarten Ortschaften abfahren. Einfacher sind *camionetas* (Pickup-Trucks) und *camiones* (Lastwagen), die Passagiere etwa zum 2.-Klasse-Bustarif transportieren. Es ist in jedem Fall ein originelles Erlebnis, mit machetentragenden *campesinos* (Landarbeitern) und deren Tieren auf einer schwankenden Lkw-Ladefläche zu stehen!

Fahrrad

Die Größe des Landes, schlechte Straßen, rücksichtslose Kraftfahrer und andere Gefahren im Straßenverkehr machen Radtouren durch Mexiko nicht sehr beliebt. Wer sich trotzdem der Herausforderung stellen will, sollte bei der Routenplanung unbedingt an die bergige Landschaft und das heiße Klima denken. Fahrradläden gibt's in allen Großstädten; gute Mountainbikes, die sich für mehrwöchige Touren eignen, kosten ca. 5000 Mex$.

Die freundliche Firma **¡El Tour** (www.bikemexico.com) bietet tolle Touren durch Südmexiko und die zentral gelegenen Vulkangebiete an, bei denen man seinen eigenen Drahtesel benutzt.

Flugzeug

Über 60 mexikanische Städte haben Flughäfen mit Inlands-Linienverbindungen. Je nach Preis können sich Flüge bei längeren Strecken lohnen – vor allem dann, wenn eine lange Busreise die wohl einzige Alternative ist.

Aeroméxico und deren Tochtergesellschaft Aeroméxico Connect haben zusammen das größte Liniennetz. Interjet, Volaris und VivaAerobus bedienen ebenfalls viele Städte, teilweise zu niedrigeren Preisen. VivaAerobus ist dabei besonders günstig. Allerdings akzeptiert die Website nicht alle ausländischen Kredit- bzw. Lastschriftkarten. Somit müssen die Tickets eventuell über Reisebüros gekauft werden.

MEXIKANISCHE INLANDSFLUGLINIEN

FLUGLINIE	WEBSITE	ZIELE
Aéreo Calafia	www.aereocalafia.com.mx	Baja California, Nordwesten, Puerto Vallarta
Aeromar	www.aeromar.com.mx	Zentrales Mexiko, Westen, Nordosten, Golfküste, Pazifikküste
Aeroméxico	www.aeromexico.com	über 40 Städte landesweit
Interjet	www.interjet.com.mx	32 Städte landesweit
Magnicharters	www.magnicharters.com	Mexico City, Guadalajara, León, Mérida, Ferienorte an der Küste
Mayair	www.mayair.com.mx	Halbinsel Yucatán, Veracruz
VivaAerobus	www.vivaaerobus.com	27 Städte landesweit
Volaris	www.volaris.com	33 Städte landesweit

AUSREISESTEUER

Die Ausreisesteuer für Flugpassagiere (Tarifa de Uso de Aeropuerto; TUA) ist fast immer im Ticketpreis enthalten. Falls nicht, muss sie beim Einchecken bar bezahlt werden (je nach Flughafen 20–35 US$ bei Auslandsflügen, etwas weniger bei Inlandsverbindungen). Die separat anfallende Touristengebühr wird jedoch stets automatisch mit dem Ticket bezahlt.

Nahverkehr

Bus

Mit Nahverkehrsbussen sind Fahrten innerhalb von Großstädten und zu umliegenden Dörfern oder Ortschaften meist am günstigsten. Diese sogenannten *camiones* fahren in regelmäßigen Abständen und kosten in Metropolen nur ein paar Pesos. Vielerorts sind ältere, laute Busse durch kleine, moderne *microbuses* ersetzt worden.

Nahverkehrsbusse stoppen in der Regel nur an festen *paradas* (Haltestellen). In manchen Gegenden lassen sie sich aber auch an jeder Straßenecke durch Handheben anhalten.

Colectivo, Combi, Minibus & Pesero

All dies sind Bezeichnungen für Verkehrsmittel, die als eine Art Zwischending zwischen Taxi und Bus auf festgelegten Routen durch die Stadt fahren – günstiger als Taxis und schneller, aber dafür etwas teurer als Busse. Die jeweiligen Routen sind in der Regel an der Frontscheibe angeschrieben. Passagiere können unterwegs an jeder beliebigen Kreuzung zu- oder aussteigen. Wer mitfahren möchte, winkt den Chauffeur vom Straßenrand aus heran und nennt ihm das jeweilige Ziel. Der streckenabhängige Preis wird üblicherweise am Ende der Fahrt bezahlt.

Fahrrad

In mexikanischen Metropolen ist die Fahrradkultur stark auf dem Vormarsch: Das zumeist ausreichend flache Großstadtterrain eignet sich gut zum Radeln. Auch immer mehr Stadtverwaltungen nehmen auf Radfahrer Rücksicht. Mexico City hat einen kostenlosen Bike-Verleih und mindestens drei ausgewiesene Radrouten eingerichtet. Mietbare Drahtesel gibt's auch in einigen anderen Städten (150–250 Mex$/Tag). Auf verkehrsarmen Strecken strampelt es sich am schönsten. Ein stetig wachsendes Phänomen sind Massenradtouren an Sonntagen.

Taxi

Taxis sind in mexikanischen Städten üblich und überraschend günstig. Urbane Trips kosten ca. 10 bis 15 Mex$ pro Kilometer. Bei vorhandenem Taxameter sollte man den Fahrer fragen, ob dieses auch tatsächlich funktioniert (*¿Funciona el taxímetro?).* Falls es kaputt ist oder das Taxi gar keines hat, ist es ratsam, den Preis vor dem Einsteigen auszuhandeln; dabei muss eventuell etwas gefeilscht werden.

Viele Flughäfen und einige große Busbahnhöfe haben offizielle Prepaid-Taxisysteme. Deren Nutzer kaufen beim zuständigen *taquilla* (Ticketschalter) eine Festpreisfahrkarte zum gewünschten Ziel und geben dem Chauffeur diese statt Bargeld. Das erspart einem Abzocke und Gefeilsche, ist aber auch meist teurer als Taxis draußen auf der Straße.

Miettaxis für Ausflüge zu Zielen in der näheren Umgebung kosten durchschnittlich etwa so viel wie günstige Leihwagen (ca. 500–600 Mex$/Tag).

U-Bahn

Mexico City, Guadalajara und Monterrey haben U-Bahn-Netze. Die Hauptstadt-Metro ist schnell, günstig und praktisch. Mit 195 Stationen und über 4 Mio. Fahrgästen am Tag liegt sie in puncto Betriebsamkeit weltweit auf dem dritten Platz.

Schiff/Fähre

Auto- bzw. Passagierfähren zwischen Baja California und dem mexikanischen Festland fahren auf den Routen Santa Rosalía–Guaymas, La Paz–Mazatlán und La Paz–Topolobampo (einfache Strecke 840–1078 Mex$/Pers., Fahrzeug bis max. 5,40 m Länge 1900–3200 Mex$; jeweils routenabhängig).

Zug

Der Ferrocarril Chihuahua Pacífico (Kupferschluchtzug; S. 819), der durch die Sierra Madre Occidental zwischen Los Mochis und Chihuahua fährt, gehört zu den Highlights einer Mexikoreise. Alle anderen regulären Personenverkehrsstrecken wurden nach der Privatisierung der mexikanischen Eisenbahn in den 1990er-Jahren stillgelegt.

Sprache

Die spanische Aussprache ist einfach, da die meisten Laute Äquivalente im Deutschen haben. Die spanische Orthografie richtet sich nach der Phonetik, so entspricht die Schriftsprache quasi der Aussprache. Das ch ist ein kehliger Laut (wie „ch" in „Loch"), v und b klingen wie ein sanftes „b" und das r wird gerollt. In Lateinamerika gibt es einige Variationen in der Aussprache, wobei die von *ll* und *y* am auffälligsten sind. In manchen Regionen Mexikos werden sie wie das „ll" in „Million" gesprochen, in den meisten jedoch wie das „j" in „Juli" (s. Aussprachehinweise). In anderen lateinamerikanischen Ländern hört man die Varianten stimmhaftes „sch", stimmloses „sch" (wie in „Schuh") oder „dsch". Die betonten Silben sind in den Aussprachehinweisen kursiv gesetzt. Wer diese Regeln beachtet und die Aussprachehilfen gemäß dem Deutschen umsetzt, sollte verstanden werden.

In diesem Kapitel wird die Sie-Form verwendet; teilweise ist sie durch die Du-Form ergänzt. Wenn nötig, sind sowohl männliche als auch weibliche Form angegeben – durch einen Schrägstrich getrennt, die männliche Form zuerst, z. B. *perdido/a* (m./f.).

KONVERSATION & NÜTZLICHES

Hallo.	*Hola.*	o·la
Wiedersehen.	*Adiós.*	a·*djos*
Wie geht's?	*¿Qué tal?*	ke tal
Gut, danke.	*Bien, gracias.*	bjen *gra*·sjas
Entschuldigung!	*Perdón.*	per·*don*
Es tut mir leid.	*Lo siento.*	lo *sjen*·to
Bitte.	*Por favor.*	por fa·*vor*
Danke.	*Gracias.*	*gra*·sjas
Gern!	*De nada.*	de *na*·da
Ja.	*Sí.*	si
Nein.	*No.*	no

MEHR INFOS?

Noch besser kommt man mit dem Reise-Sprachführer *Spanisch* von Lonely Planet durchs Land. Man bekommt ihn im Buchhandel und unter **http://shop.lonelyplanet.de** oder man besorgt sich Lonely Planets iPhone Phrasebooks im Apple App Store.

Ich heiße ...
Me llamo ... — me *ja*·mo ...

Wie ist Ihr/dein Name?
¿Cómo se llama Usted? — *ko*·mo se *ja*·ma u·*ste*
¿Cómo te llamas? — *ko*·mo te *ja*·mas

Sprechen Sie/sprichst du deutsch (englisch)?
¿Habla alemán (inglés)? — a·bla ale·*man* (ing·*les*)
¿Hablas alemán (inglés)? — a·blas ale·*man* (ing·*les*)

Ich verstehe nicht.
Yo no entiendo. — jo no en·*tjen*·do

ESSEN & TRINKEN

Kann ich die Speisekarte sehen, bitte?
¿Puedo ver el menú, por favor? — *pue*·do ver el me·*nu* por fa·*vor*

Was können Sie empfehlen?
¿Qué recomienda? — ke re·ko·*mjen*·da

Haben Sie vegetarische Gerichte?
¿Tienen comida vegetariana? — *tje*·nen ko·*mi*·da ve·che·ta·*rja*·na

Ich esse kein (Fleisch)
No como (carne) — no *ko*·mo (*kar*·ne)

Das war lecker!
¡Estaba buenísimo! — es·*ta*·ba bue·*ni*·si·mo

Prost!
¡Salud! — sa·*lu*

Die Rechnung, bitte.
La cuenta, por favor. — la *kuen*·ta por fa·*vor*

MUSTERSÄTZE

Folgende Satzstrukturen kann man mit Wörtern eigener Wahl kombinieren:

Wann geht (der nächste Flug)?
¿Cuándo sale (el próximo vuelo)? kwan·do sa·le (el prok·si·mo vue·lo)

Wo ist (die Haltestelle)?
¿Dónde está (la estación)? don·de es·ta (la es·ta·sjon)

Wo kann ich (ein Ticket kaufen)?
¿Dónde puedo (comprar un billete)? don·de pue·do (kom·prar un bi·je·te)

Haben Sie (eine Karte)?
¿Tiene (un mapa)? tje·ne (un ma·pa)

Gibt es (eine Toilette)?
¿Hay (servicios)? ai (ser·vi·sjos)

Ich hätte gerne (einen Kaffee).
Quisiera (un café). ki·sje·ra (un ka·fe)

Ich würde gerne (ein Auto mieten).
Quisiera (alquilar un coche). ki·sje·ra (al·ki·lar un ko·tsche)

Kann ich (eintreten)?
¿Se puede (entrar)? se pue·de (en·trar)

Können Sie (mir) bitte (helfen)?
¿Puede (ayudarme), por favor? pue·de (a·ju·dar·me) por fa·vor

Benötige ich (ein Visum)?
¿Necesito (obtener un visado)? ne·se·si·to (ob·te·ner un vi·sa·do)

Ich hätte gern einen Tisch für …	*Quisiera una mesa para …*	ki·sje·ra u·na me·sa pa·ra …
(acht) Uhr	*las (ocho)*	las (o·tscho)
(zwei) Personen	*(dos) personas*	(dos) per·so·nas

Wichtige Begriffe

Abendessen	*cena*	se·na
Dessert	*postre*	pos·tre
Flasche	*botella*	bo·te·ja
Frühstück	*desayuno*	de·sa·ju·no
Gabel	*tenedor*	te·ne·dor
Glas	*vaso*	va·so
heiß (warm)	*caliente*	kal·jen·te
kalt	*frío*	fri·o
Löffel	*cuchara*	ku·tscha·ra
Messer	*cuchillo*	ku·tschi·jo
Mittagessen	*comida*	ko·mi·da
Restaurant	*restaurante*	res·tau·ran·te
Teller	*plato*	pla·to

Fleisch & Fisch

Austern	*ostras*	os·tras
Ente	*pato*	pa·to
Garnelen	*camarones*	ka·ma·ro·nes
Hammel	*carnero*	kar·ne·ro
Hühnchen	*pollo*	po·jo
Hummer	*langosta*	lan·gos·ta
Krebs	*cangrejo*	kan·gre·cho
Kalmar	*calamar*	ka·la·mar
Kalb	*ternera*	ter·ne·ra
Lamm	*cordero*	kor·de·ro
Rindfleisch	*carne de vaca*	kar·ne de va·ka
Schinken	*jamón*	cha·mon
Schwein	*cerdo*	ser·do
Speck	*tocino*	to·si·no
Tintenfisch	*pulpo*	pul·po
Truthahn	*pavo*	pa·vo
Wild	*venado*	ve·na·do
Ziege	*cabra*	ka·bra

Obst & Gemüse

Ananas	*piña*	pi·nja
Apfel	*manzana*	man·sa·na
Aprikose	*albaricoque*	al·ba·ri·ko·ke
Banane	*plátano*	pla·ta·no
Bohnen	*frijoles*	fri·cho·les
Erbsen	*guisantes*	gi·san·tes
Erdbeere	*fresa*	fre·sa
Grapefruit	*toronja*	to·ron·cha
Gurke	*pepino*	pe·pi·no
Karotte	*zanahoria*	sa·na·o·ria
Kartoffel	*patata*	pa·ta·ta
Kirsche	*cereza*	se·re·sa
Kochbanane	*plátano macho*	pla·ta·no ma·tscho
Kohl	*col*	kol
Kürbis	*calabaza*	ka·la·ba·sa
Linsen	*lentejas*	len·te·chas
Mais	*maíz*	ma·is
Mais (frisch)	*elote*	e·lo·te
Nüsse	*nueces*	nue·ses
Opuntia	*tuna*	tu·na
Orange	*naranja*	na·ran·cha
Paprika	*pimiento*	pi·mjen·to

Fragewörter

Wann?	*¿Cuándo?*	*kuan*·do
Warum?	*¿Por qué?*	por ke
Was?	*¿Qué?*	ke
Wer?	*¿Quién?*	kjen
Wie?	*¿Cómo?*	*ko*·mo
Wo?	*¿Dónde?*	*don*·de

Weitere Lebensmittel

Brot	*pan*	pan
Butter	*mantequilla*	man·te·*ki*·ja
(Spiegel-)Eier	*huevos (fritos)*	*ue*·vos (*fri*·tos)
Eiscreme	*helado*	e·*la*·do
Honig	*miel*	mjel
Käse	*queso*	*ke*·so
Keks	*galleta*	ga·*je*·ta
Kuchen	*pastel*	pas·*tel*
Marmelade	*mermelada*	mer·me·*la*·da
Pfeffer	*pimienta*	pi·*mjen*·ta
Pommes Frites	*papas fritas*	*pa*·pas *fri*·tas
Reis	*arroz*	a·*ros*
Salat	*ensalada*	en·sa·*la*·da
Salz	*sal*	sal
Suppe	*caldo/sopa*	*kal*·do/*so*·pa
Zucker	*azúcar*	a·*su*·kar

Getränke

Bier	*cerveza*	ser·*ve*·sa
Kaffee	*café*	ka·*fe*
Milch	*leche*	*le*·tsche
Saft	*zumo*	*su*·mo
Smoothie	*licuado*	li·*kua*·do
Sorbet	*nieve*	*nje*·ve
(Schwarz-) Tee	*té (negro)*	te (*ne*·gro)
(Mineral-) Wasser	*agua (mineral)*	*a*·gua (mi·ne·*ral*)
(Rot-/Weiß-) Wein	*vino (tinto/ blanco)*	*vi*·no (*tin*·to/ *blan*·ko)

NOTFALL

Hilfe!	*¡Socorro!*	so·*ko*·ro
Geh weg!	*¡Vete!*	*ve*·te
Rufen Sie ...!	*¡Llame a ...!*	*ja*·me a ...
einen Arzt	*un médico*	un *me*·di·ko
die Polizei	*la policía*	la po·li·*si*·a

Ich habe mich verlaufen.
Estoy perdido/a. — es·*toi* per·*di*·do/a (m./f.)

Ich bin krank.
Estoy enfermo/a. — es·*toi* en·*fer*·mo/a (m./f.)

Hier tut es weh.
Me duele aquí. — me *due*·le a·*ki*

Ich bin allergisch gegen (Antibiotika).
Soy alérgico/a a (los antibióticos). — soi a·*ler*·chi·ko/a a (los an·ti·*bjo*·ti·kos) (m./f.)

Wo ist die Toilette?
¿Dónde están los baños? — *don*·de es·*tan* los *ba*·njos

SHOPPEN & SERVICE

Ich würde gerne ... kaufen.
Quisiera comprar ... — ki·*sie*·ra kom·*prar* ...

Ich schaue nur.
Sólo estoy mirando. — *so*·lo es·*toi* mi·*ran*·do

Kann ich es mal sehen?
¿Puedo verlo? — *pue*·do *ver*·lo

Das gefällt mir nicht.
No me gusta. — no me *gus*·ta

Wieviel kostet das?
¿Cuánto cuesta? — *kuan*·to *kues*·ta

Das ist sehr teuer.
Es muy caro. — es mui *ka*·ro

Können Sie im Preis heruntergehen?
¿Podría bajar un poco el precio? — po·*dri*·a ba·*char* un *po*·ko el *pre*·sjo

Auf der Rechnung ist ein Fehler.
Hay un error en la cuenta. — ai un e·*ror* en la *kuen*·ta

Geldautomat	*cajero automático*	ka·*che*·ro au·to·*ma*·ti·ko
Kreditkarte	*tarjeta de crédito*	tar·*che*·ta de *kre*·di·to
Internet-café	*cibercafé*	si·ber·ka·*fe*
Markt	*mercado*	mer·*ka*·do
Postamt	*correos*	ko·*re*·os
Touristen-information	*oficina de turismo*	o·fi·*si*·na de tu·*ris*·mo

Schilder

Abierto	Offen
Cerrado	Geschlossen
Entrada	Eingang
Hombres/Varones	Männer
Mujeres/Damas	Frauen
Prohibido	Verboten
Salida	Ausgang
Servicios/Baños	Toiletten

UHRZEIT & DATUM

Wie spät ist es?	¿Qué hora es?	ke o·ra es
Es ist (10) Uhr.	Son (las diez).	son (las djes)
Es ist halb zwei.	*Es la una y media*	es (la *u*·na) i *me*·dja
Morgen	*mañana*	ma·*nja*·na
Nachmittag	*tarde*	*tar*·de
Abend	*noche*	*no*·tsche
gestern	*ayer*	a·*jer*
heute	*hoy*	oi
morgen	*mañana*	ma·*nja*·na
Montag	*lunes*	*lu*·nes
Dienstag	*martes*	*mar*·tes
Mittwoch	*miércoles*	*mjer*·ko·les
Donnerstag	*jueves*	*chue*·ves
Freitag	*viernes*	*vjer*·nes
Samstag	*sábado*	*sa*·ba·do
Sonntag	*domingo*	do·*min*·go
Januar	*enero*	e·*ne*·ro
Februar	*febrero*	fe·*bre*·ro
März	*marzo*	*mar*·so
April	*abril*	a·*bril*
Mai	*mayo*	*ma*·jo
Juni	*junio*	*chun*·jo
Juli	*julio*	*chul*·jo
August	*agosto*	a·*gos*·to
September	*septiembre*	sep·*tjem*·bre
Oktober	*octubre*	ok·*tu*·bre
November	*noviembre*	no·*vjem*·bre
Dezember	*diciembre*	di·*sjem*·bre

UNTERKUNFT

Ich hätte gern ein ... Zimmer.	*Quisiera una habitación ...*	ki·*sje*·ra *u*·na a·bi·ta·*sjon* ...
Doppel-	*doble*	*do*·ble
Einzel-	*individual*	in·di·vi·*dual*

Wie viel kostet es pro Nacht/Person?
¿Cuánto cuesta por noche/persona? — *kuan*·to *kues*·ta por *no*·tsche/per·*so*·na

Ist Frühstück inbegriffen?
¿Incluye el desayuno? — in·*klu*·je el de·sa·*ju*·no

Campingplatz	*terreno de cámping*	te·*re*·no de *kam*·ping
Hotel	*hotel*	o·*tel*
Jugendherberge	albergue juvenil	al·*ber*·ge chu·ve·*nil*
Pension	pensión	pen·*sjon*
Bad	*baño*	*ba*·njo
Bett	*cama*	*ka*·ma
Fenster	*ventana*	ven·*ta*·na
Klimaanlage	*aire acondicionado*	*ai*·re a·kon·di·sjo·*na*·do

VERKEHRSMITTEL & -WEGE

Boot	*barco*	*bar*·ko
Bus	*autobús*	au·to·*bus*
Flugzeug	*avión*	a·*vjon*
Zug	*tren*	tren
erster/s	*primero*	pri·*me*·ro
letzter/s	*último*	*ul*·ti·mo
nächster/s	*próximo*	*prok*·si·mo
Ein ... Ticket, bitte.	*Un billete de ..., por favor.*	un bi·*je*·te de ... por fa·*vor*
1. Klasse	*primera clase*	pri·*me*·ra *kla*·se
2. Klasse	*segunda clase*	se·*gun*·da *kla*·se
einfaches	*ida*	*i*·da
hin & zurück	*ida y vuelta*	*i*·da i *vuel*·ta

Ich möchte nach ...
Quisiera ir a ... — ki·*sje*·ra ir a ...

Hält er in ...?
¿Para en ...? — *pa*·ra en ...

Welche Haltestelle ist das?
¿Cuál es esta parada? — kual es *es*·ta pa·*ra*·da

Wann fährt ... ab/kommt ... an?
¿A qué hora llega/ sale? — a ke o·ra *je*·ga/*sa*·le

Sagen Sie mir, wenn wir in ... ankommen?
¿Puede avisarme cuando lleguemos a ...? — *pue*·de a·vi·*sar*·me *kuan*·do je·*ge*·mos a ...

Ich möchte hier aussteigen.
Quiero bajarme aquí. — *kje*·ro ba·*char*·me a·*ki*

annulliert	*cancelado*	kan·se·*la*·do
Bahnhof	*estación de trenes*	es·ta·*sjon* de *tre*·nes
Bahnsteig	*plataforma*	pla·ta·*for*·ma
Bushaltestelle	*parada de autobuses*	pa·*ra*·da de au·to·*bu*·ses
Fahrplan	*horario*	o·*ra*·rio
Fensterplatz	asiento junto a la ventana	a·*sjen*·to *chun*·to a la ven·*ta*·na

Zahlen

1	*uno*	u·no
2	*dos*	dos
3	*tres*	tres
4	*cuatro*	*kua*·tro
5	*cinco*	*sin*·ko
6	*seis*	seis
7	*siete*	*sje*·te
8	*ocho*	o·tscho
9	*nueve*	*nue*·ve
10	*diez*	djes
20	*veinte*	*vein*·te
30	*treinta*	*trein*·ta
40	*cuarenta*	kua·*ren*·ta
50	*cincuenta*	in·*kuen*·ta
60	*sesenta*	se·*sen*·ta
70	*setenta*	se·*ten*·ta
80	*ochenta*	o·*tschen*·ta
90	*noventa*	no·*ven*·ta
100	*cien*	sjen
1000	*mil*	mil
1000000	*millón*	mil·*jon*

Flughafen	*aeropuerto*	a·e·ro·*puer*·to
Gangplatz	*asiento de pasillo*	a·*sjen*·to de pa·*si*·jo
Ticketschalter	*taquilla*	ta·*ki*·ja
verspätet	*retrasado*	re·tra·*sa*·do

Ich würde gern ein(en) ... mieten.
Quisiera alquilar ... ki·*sje*·ra al·ki·*lar* ...

Auto	*un coche*	un *ko*·tsche
Fahrrad	*una bicicleta*	u·na bi·si·*kle*·ta
Geländewagen	*un todo-terreno*	un to·do·te·*re*·no
Motorrad	*una moto*	u·na *mo*·to

Benzin	*gasolina*	ga·so·*li*·na
Diesel	*petróleo*	pet·*ro*·le·o
Helm	*casco*	*kas*·ko
Kindersitz	*asiento de seguridad para niños*	a·*sjen*·to de se·gu·ri·*da* pa·ra *ni*·njos
Lastwagen	*camion*	ka·*mjon*
Mechaniker	*mecánico*	me·*ka*·ni·ko
Tankstelle	*gasolinera*	ga·so·li·*ne*·ra
trampen	*hacer botella*	a·*ser* bo·*te*·ja

Ist das die Straße nach ...?
¿Se va a ... por esta carretera? — se va a ... por es·ta ka·re·*te*·ra

(Wie lange) Kann ich hier parken?
¿(Cuánto tiempo) Puedo aparcar aquí? — (*kuan*·to *tjem*·po) *pue*·do a·par·*kar* a·*ki*

Das Auto ist liegen geblieben (in ...).
El coche se ha averiado (en ...). — el *ko*·tsche se a a·ve·*rja*·do (en ...)

Ich hatte einen Unfall.
He tenido un accidente. — e te·*ni*·do un ak·si·*den*·te

Ich habe keinen Sprit mehr.
Me he quedado sin gasolina. — me e ke·*da*·do sin ga·so·*li*·na

Ich habe einen Platten.
Tengo un pinchazo. — *ten*·go un pin·*tscha*·so

MEXIKANISCHER SLANG

Mit ein paar Slangausdrücken lässt sich jede Unterhaltung aufpeppen. Viele dieser Ausdrücke hört man im ganzen Land, manche Wendungen sind hingegen für Mexico City typisch.

¿Qué onda?
Was ist los?/Was geht ab?

¿Qué pasión? (Mexico City)
Was ist los?/Was geht ab?

¡Qué padre!
Wie cool!

fregón
großartig, fantastisch, genial

Este club está fregón.
Dieser Club ist genial.

El cantante es un fregón.
Der Sänger ist großartig.

ser muy buena onda
wirklich cool/nett sein

Mi novio es muy buena onda.
Mein Freund ist echt cool.

Eres muy buena onda.
Du bist wirklich cool.

pisto (im Norden)
Alkohol

alipús
Alkohol

echarse un alipús/trago
einen trinken gehen

Echamos un alipús/trago.
Lass uns etwas trinken gehen.

tirar la onda
flirten, jemanden anbaggern

ligar
flirten

irse de reventón
feiern, Party machen

¡Vámonos de reventón!
Lass uns feiern gehen!

reven
große Party mit lauter Musik und wilder Stimmung

un desmadre
Chaos

Simón.
Ja.

Nel.
Nein.

No hay tos.
Kein Problem. (wörtlich „Es gibt keinen Husten.")

¡Órale! (positiv)
Hört sich gut an! (Antwort auf eine Einladung)

¡Órale! (negativ)
Ist ja super ... (ironisch gemeint)

¡Caray!
Scheiße!

¿Te cae?
Ernsthaft, ehrlich?

Me late.
Hört sich wirklich gut an.

Me vale.
Ist mir egal.

Sale y vale.
Einverstanden./Klingt gut.

¡Paso sin ver!
Das ertrage ich nicht!/Nein, danke!

¡Guácatelas!/¡Guácala!
Wie krass!/Ist ja widerlich!

¡Bájale!
Übertreib mal nicht!/Auf geht's!

¡¿Chale?! (Mexico City)
Nie im Leben!

¡Te pasas!
Du gehst zu weit!

¡No manches!
Raus hier!/Du machst wohl Witze!

un resto
eine Menge

lana
Geld, Kohle

carnal
Bruder

cuate/cuaderno
Kumpel

chavo
Typ

chava
Mädchen, Mädel

jefe
Vater

jefa
Mutter

la tira/julia
die Polizei

la chota (Mexico City)
die Polizei

GLOSSAR

(Pl.) steht für Plural

adobe – an der Sonne getrocknete Lehmziegel zum Häuserbau

Agave – Familie von Pflanzen mit dicken, fleischigen, meist gepunkteten Blättern, aus denen Tequila, Mezcal und *pulque* hergestellt werden (s. auch *maguey*)

Alameda – Name künstlich angelegter Landschaftsparks in einigen mexikanischen Städten

alebrije – bunte Tierfigur aus Holz

Ángeles Verdes – Grüne Engel; staatlicher Pannendienst, der auf den wichtigsten mexikanischen Highways, zu erkennen an den grünen Fahrzeugen. Die Mitarbeiter versorgen liegen gebliebene Autofahrer mit Benzin und Ersatzteilen.

arroyo – Bach, Strom

artesanías – Kunsthandwerk, Volkskunst

atlas, atlantes (Pl.) – männliche Skulptur, Trägerfigur(en), tragen ein Dach oder einen Fries; ein Telamon

autopista – Autobahn

azulejo – bemalte Keramikfliese

bahía – Bucht

balneario – Badestelle, häufig eine natürliche Thermalquelle

baluarte – Bollwerk, Bastei

barrio – Viertel einer Stadt oder Ortschaft, oft ärmlich

boleto – Ticket

brujo/a – Zauberdoktor/in, Schamane/Schamanin; ähnlich wie *curandero/a*

burro – Esel

cabaña – Hütte, einfache Unterkunft

cabina – Ausdruck in Baja California für eine öffentliche Telefonstation

cacique – regionaler Kriegsherr; mächtiger Politiker

calle – Straße

callejón – Gasse

calzada – großer Boulevard, Chaussee

camioneta – Lieferwagen, Pick-up

campesino/a – Landarbeiter/in, Bauer/Bäuerin

capilla abierta – offene Kapelle; in frühen mexikanischen Klöstern benutzt, um zu großen Massen indigener Menschen zu predigen

casa de cambio – Wechselstube; arbeitet oft schneller als eine Bank

casa de huéspedes – billige, gemütliche Unterkunft; oft in einem Wohnhaus, das zu einfachen Unterkünften umgebaut wurde

caseta de teléfono, caseta telefónica – öffentliche Telefonstation

cenote – eine mit Regenwasser gefüllte Kalksteingrube; dient in Yucatán oft als Wasserspeicher

central camionera – Busbahnhof

cerro – Hügel

Chac – Regengott der Maya

chac-mool – vorkoloniale Steinskulptur einer gekrümmten Gestalt; der Bauch könnte als Opferaltar gedient haben

charreada – mexikanisches Rodeo

charro – mexikanischer Cowboy

chilango/a – Bewohner/in von Mexico City

chinampa – aztekischer Garten auf Seeschlamm mit Vegetation; gibt es noch in Xochimilco, Mexico City

chultún – Zisterne in der Chenes-Region in den Puuc-Hügeln südlich von Mérida

Churrigueresque – spanischer spätbarocker Architekturstil, in dem viele mexikanische Kirchen errichtet sind

clavadistas – die Klippentaucher von Acapulco und Mazatlán

colectivo – Kleinbus oder Auto, nimmt Fahrgäste entlang einer festgelegten Strecke auf; wird auch für andere Verkehrsmittel wie Boote verwendet, bei denen sich die Fahrgäste den Preis teilen

colonia – Stadtviertel, meist ist ein Wohnbezirk für Wohlhabende gemeint

combi – Kleinbus

comedor – Imbissstand

comida corrida – Tagesgericht

completo – komplett belegt (wörtlich „voll"); findet man als Schild an Hotelrezeptionen

conde – Graf (Adliger)

conquistador – früherer spanischer Entdecker und Eroberer

cordillera – Gebirgskette

criollo – in Mexiko geborener Nachfahre von Spaniern; galt in der Kolonialzeit als minderwertiger als *peninsulares*

cuota – Maut; eine *vía cuota* ist eine Mautstraße

curandero/a – wörtlich „Heiler"; Medizinmann oder -frau, der/die Kräuter und/oder Magie zum Heilen einsetzt und oft den spirituellen Aspekt von Krankheiten in den Vordergrund stellt

de paso – Bus, der seine Fahrt anderswo begonnen hat, aber unterwegs hält, um Passagiere aufzunehmen oder aussteigen zu lassen

DF – Distrito Federal (Bundesdistrikt); etwa die Hälfte von Mexico City liegt im DF

edificio – Gebäude

ejido – Gemeindeland, Landkooperative

embarcadero – Pier, Anlegestelle für Boote

entremeses – Vorspeise; auch kurze Theaterszenen,

wie sie z. B. während des Cervantino Festival in Guanajuato aufgeführt werden

escuela – Schule

esq – Abkürzung für *esquina* (Ecke) in Anschriften

ex-convento – ehemaliges Kloster

feria – Jahrmarkt, typischerweise während eines religiösen Feiertags

ferrocarril – Eisenbahn

fonda – Gasthaus; kleines, familiengeführtes Lokal

fraccionamiento – Wohnsiedlung; ähnlich einer *colonia*, häufig modern

gringo/a – Bezeichnung für US-amerikanische, kanadische oder andere westliche Besucher Lateinamerikas; manchmal verächtlich gemeint

grito – wörtlich „Schrei"; als Grito de Dolores wird die Ansprache des Gemeindepfarrers Miguel Hidalgo bezeichnet, in der er im Jahr 1810 zu der Rebellion aufrief, die letztlich die Unabhängigkeit Mexikos von Spanien nach sich zog

gruta – Grotte, Höhle

guayabera – Männerhemd mit Taschen und aufgesticktem Muster vorne, auf den Schultern und hinten; wird in heißen Regionen anstelle von Jackett und Krawatte getragen

hacha – Axt; in der Archäologie flacher, aus Stein geschnitzter Gegenstand, der beim rituellen Ballspiel zum Einsatz kam

hacienda – Landgut; mit „Hacienda" (großgeschrieben) ist das Finanzministerium gemeint

henequén – Agave-Faser, aus der Sisal-Seile hergestellt werden können; wird vor allem rund um Mérida angebaut

hostal – kleines Hotel oder Budgethostel

huarache – geknüpfte Ledersandalen, häufig mit gerippter Sohle

huevos – Eier; auch vulgär für Hoden

huipil, huipiles (Pl.) – ärmelloser, meist stark geschmückter Umhang indigener Frauen; kann bis über die Hüften oder bis zu den Knöcheln reichen

Huizilopochtli – aztekischer Stammesgott

iglesia – Kirche

INAH – Instituto Nacional de Antropología e Historia; die Behörde verwaltet die meisten archäologischen Stätten und einige Museen in Mexiko

indígena – indigen, bezeichnet die Urbevölkerung Lateinamerikas

isla – Insel

IVA – *impuesto de valor agregado* oder „i-bah"; Umsatzsteuer, die auf viele Güter erhoben wird (16 % auf Hotelzimmer)

jai alai – das baskische, von den Spaniern nach Mexiko gebrachte Spiel *pelota*; ähnelt dem Squash und wird auf einem langen Feld mit Fangschlägern gespielt

jardín – Garten

Kastenkrieg – Aufstand der Maya im 19. Jh. auf der Halbinsel Yucatán

Kukulcán – Name der Maya für den gefiederten Schlangengott *Quetzalcóatl*

lancha – schnelles, offenes Boot mit Außenbordmotor

larga distancia – weite Entfernung; bezeichnet oft ein Ferngespräch

local – Geschäftslokal wie ein Laden mit Hausnummer oder ein Büro; ein *local*-Bus beginnt seine Fahrt an dem Busbahnhof, an dem man sich befindet

maguey – Agave, bezeichnet manchmal auch die besondere Art *agave americana*, aus der *pulque* gewonnen wird

malecón – Strandboulevard oder Promenade

maquiladora – Montagefabrik, die Ausrüstung, Rohstoffe und Teile zur Montage oder Verarbeitung nach Mexiko importiert und danach die Produkte exportiert

Mariachi – kleines Ensemble von Straßenmusikanten, die traditionelle Balladen auf Gitarren und Trompeten spielen

marimba – xylophonartiges Instrument aus Holz, beliebt im südöstlichen Mexiko

mercado – Markt; oft ein Gebäude nahe dem Zentrum einer Stadt mit Läden und offenen Ständen in den umliegenden Straßen

Mesoamerica – historischer und archäologischer Name für Zentral-, Süd-, Ost- und Südost-Mexiko, Guatemala, Belize und das kleine uralte Maya-Gebiet in Honduras

mestizo – Person gemischter (meist indigener und spanischer) Herkunft

Mexikanische Revolution – Revolution im Jahr 1910, die die *Porfiriato* beendete

milpa – kleines Getreidefeld eines Bauern, häufig durch Brandrodung urbar gemacht

mirador, miradores (Pl.) – Aussichtspunkt(e)

Mudejar – maurischer Architekturstil, von den Spaniern nach Mexiko gebracht

municipio – kleiner Verwaltungsbezirk; Mexiko besteht aus 2394 davon

Nafta – North American Free Trade Agreement, Nordamerikanisches Freihandelsabkommen

Náhuatl – Sprache der Nahua, den Nachkommen der Azteken

nao – spanische Handelsgaleone

norteamericano – Nordamerikaner, eine Person aus dem Gebiet nördlich der Grenze zwischen den USA und Mexiko

Nte – Abkürzung für *norte* (Nord) bei Straßennamen

Ote – Abkürzung für *oriente* (Ost) bei Straßennamen

palacio de gobierno – Regierungspalast, Regierungssitz

palacio municipal – Rathaus, Sitz der Stadt- oder Ortsverwaltung

palapa – Unterkunft mit Schilfdach, üblicherweise an einem Strand

PAN – Partido Acción Nacional (Partei Nationale Aktion), die politische Partei des Ex-Präsidenten Felipe Calderón und seines Vorgängers Vicente Fox

panga – Fiberglasboot zum Angeln oder zur Walbeobachtung in Baja California

parada – Bushaltestelle, üblicherweise des städtischen Nahverkehrs

parque nacional – Nationalpark; Naturschutzgebiet, das nur unter Auflagen oder gar nicht betreten werden darf

parroquia – Pfarrkirche

paseo – Boulevard, Bürgersteig oder Fußgängerzone; die Tradition, abends die Plaza zu umrunden, wobei sich Männer und Frauen jeweils in entgegengesetzter Richtung bewegen

Pemex – staatliche Monopolgesellschaft für die Förderung, Verarbeitung und den Vertrieb von Erdöl

peninsulares – gebürtige Spanier, die von der spanischen Regierung als Verwaltungsbeamte in die Kolonie Mexiko entsandt wurden

periférico – Ringstraße

pesero – Ausdruck für *colectivo* in Mexico City; im Nordosten kann auch ein Bus gemeint sein

peyote – Kaktus mit halluzinogener Wirkung

pinacoteca – Kunstgalerie

piñata – Tongefäß oder Figur aus Pappmaché in Form eines Tiers, einer Ananas, eines Sterns etc., gefüllt mit Süßigkeiten und Geschenken; wird bei Festen zerschlagen

pirata – Pirat; bezeichnet in manchen Teilen Mexikos Pick-ups zum Personentransport

playa – Strand

plaza de toros – Stierkampfarena

plazuela – kleine Plaza

poblano/a – Einwohner(in) von Puebla; etwas im Puebla-Stil

Porfiriato – Herrschaft des Präsidenten/Diktators Porfirio Díaz, der 30 Jahre lang bis zur Mexikanischen Revolution 1910 das Land regierte

portales – Arkaden

posada – Gästehaus

PRI – Partido Revolucionario Institucional (Partei der Institutionellen Revolution); die Partei, die den aktuellen mexikanischen Präsidenten Enrique Peña Nieto stellt und im 20. Jh. fast ununterbrochen regiert hat

Pte – Abkürzung für *poniente* (West) bei Straßennamen

puerto – Hafen

pulque – milchiges Getränk mit niedrigem Alkoholgehalt, hergestellt aus der *maguey*-Pflanze

quetzal – Kammvogel mit leuchtend grünen, roten und weißen Federn aus dem südlichen Mexiko, Mittelamerika und dem nördlichen Südamerika; Quetzalfedern waren im vorkolonialen Mexiko sehr wertvoll

Quetzalcóatl – gefiederter Schlangengott im vorkolonialen Mexiko

rebozo – langer Woll- oder Leinenschal, der Kopf und Schultern bedeckt

refugio – sehr einfache Schutzhütte in den Bergen

reserva de la biosfera – Biosphärenreservat; Naturschutzgebiet, in dem sich menschliche Eingriffe auf nachhaltige Aktivitäten beschränken sollen

retablo – Altaraufsatz oder kleines Gemälde, das in Kirchen zum Dank für Wunder, erhörte Gebete u. Ä. aufgestellt wird

río – Fluss

s/n – *sin número* (ohne Nummer); wird für Adressen verwendet

sacbé, sacbeob (Pl.) – Zeremonialweg(e) zwischen großen Mayastädten

sanatorio – Krankenhaus, insbesondere ein kleines privates

sarape – Decke mit Öffnung für den Kopf, die als Umhang getragen wird

Semana Santa – Karwoche (Woche von Palmsonntag bis Ostersonntag); Mexikos Hauptferienzeit, zu der Hotels und Verkehrsmittel stark ausgelastet sind

sierra – Gebirgskette

sitio – Taxiservice

stela/stele, stelae/steles (Pl.) – aufrecht stehendes Steinmonument, üblicherweise mit Reliefs bedeckt

sur – Süden; häufige Bezeichnung bei Straßennamen

taller – Laden oder Werkstatt; ein *taller mecánico* bezeichnet meist eine Autowerkstatt; ein *taller de llantas* repariert Reifen

talud-tablero – Baustil mit Treppenformen, typisch für Teotihuacán, mit abwechselnd vertikalen *(tablero)* und schrägen *(talud)* Abschnitten

taquilla – Ticketschalter

telamon – Statue eines Mannes, die anstelle eines Pfeilers das Dach eines Tempels trägt; ein *atlas*

teleférico – Seilbahn

teléfono (celular) – (Mobil-)Telefon

temascal – vorkoloniales Dampfbad, oft zu Heilungszwecken verwendet; auch *temazcal* geschrieben

templo – Kirche; von Kapelle bis Kathedrale

teocalli – heiliger Bezirk der Azteken

Tezcatlipoca – vielgestaltiger vorkolonialer Gott; Herr des Lebens und Todes und Schutzherr der Krieger; als rauchender Spiegel konnte er den Menschen ins Herz sehen, als Sonnengott dürstete ihn nach dem Blut geopferter Krieger, um wieder Macht zu erlangen

tezontle – hellrotes, poröses Vulkangestein, das von den Azteken und *conquistadores* als Baumaterial verwendet wurde

tianguis – Markt der indigenen Bevölkerung

tienda – Geschäft

típico/a – regionstypisch; bezieht sich vor allem auf Essen

Tláloc – vorkolonialer Regen- und Wassergott

tope – Bodenschwelle am Eingang vieler Kleinstädte und Dörfer; solche Schwellen sind nur selten mit Warnschildern markiert

trapiche – Fabrik; in Baja California üblicherweise eine Zuckerfabrik

Unabhängigkeitskrieg – Krieg für die Unabhängigkeit Mexikos von Spanien (1810–1821), der drei Jahrzehnte spanischer Herrschaft beendete

UNAM – Universidad Nacional Autónoma de México (Nationale Autonome Universität von Mexiko)

universidad – Universität

voladores – wörtlich „Flieger"; totonakisches Ritual, bei dem Männer, die an den Knöcheln mit einem Seil festgebunden sind, um einen hohen Pfahl herumwirbeln

zócalo – wörtlich übersetzt „Plinthe"; bezeichnet in zahlreichen mexikanischen Städten die zentrale Plaza, den belebtesten Platz

GLOSSAR ESSEN

Für kulinarische Grundbegriffe s. S. 935

Für Grundinfos zu Gerichten s. S. 47

adobada – in adobo (Chilisauce) mariniert

al albañil – „im Maurerstil"; z. B. serviert mit scharfer Chilisauce

al mojo de ajo – mit Knoblauchsauce

al pastor – „nach Hirtenart"; über einer Grube gegart

albóndigas – Fleischbällchen

antojitos – „kleine Launen"; Snacks auf Tortillabasis (z. B. Tacos, Enchiladas)

arroz mexicana – Pilaw-Reis auf Tomaten

atole – Maismehlbrei

avena – Haferbrei

barbacoa – im Erdofen geräuchertes Barbecue

bolillo – Brötchen im französischen Stil

brocheta – Schaschlikspieß

burrito – große, gefüllte Weizentortilla

cajeta – Ziegenmilch und Zucker, eingedickt zu einer Paste

calabacita – Kürbis

carnitas – in Schmalz gebratenes Schweinefleisch

cecina – dünnes, mit Chili gewürztes und gebratenes oder gegrilltes Fleisch

chicharrones – gebratene Schweineschwarten

chile relleno – mit Fleisch oder Käse gefüllte Chili, zumeist mit Ei paniert und frittiert

chiles en nogada – milde, grüne Chilis, mit Fleisch und Früchten gefüllt, im Teig gebraten; dazu eine Sahnesauce mit gemahlenen Walnüssen und Käse

chorizo – mexikanische Wurst, mit Chili und Essig gewürzt

chuleta de puerco – Schweinekotelett

churros – Krapfen im Donut-Stil

cochinita pibil – mit Chilis mariniertes Schweinefleisch im Bananenblatt; gebacken oder in einer Grube gegart

coctel de frutas – Fruchtcocktail

costillas de res – Rinderrippen

crepas – Crêpes oder dünne Pfannkuchen

empanada – mit Fleisch, Käse oder Früchten gefüllte Teigtaschen

filete a la tampiqueña – Steak à la Tampico; dünnes Lendenstück vom Grill, serviert mit Chilistreifen Zwiebeln, einer Quesadilla und einer Enchilada

flor de calabaza – Kürbisblüte

frijoles a la charra – gekochte Bohnen mit Tomaten, Chilis und Zwiebeln (auch *frijoles rancheros* genannt)

guacamole – pürierte Avocado, oft mit Limettensaft, Zwiebeln, Tomaten und Chili

horchata – alkoholfreies Getränk aus zerstampften Melonenkernen

huachinango veracruzana – Roter Schnapper à la Veracruz mit einer Sauce aus Tomaten, Oliven, Essig und Kapern

huevos motuleños – Spiegeleier in Maistortillas; garniert mit Erbsen, Tomaten, Schinken und Käse

huevos rancheros – Spiegeleier auf einer Maistortilla; garniert mit einer Sauce aus Tomaten, Chilis und Zwiebeln, serviert mit Bohnenmus

huevos revueltos – Rühreier

huitlacoche – ein hoch geschätzter Pilz, der auf Maiskolben wächst

lomo de cerdo – Schweinelende

machacado – pulverisiertes Dörrfleisch, oft mit Ei vermischt

menudo – Eintopf mit Innereien

milanesa – dünne Schweine- oder Rindfleischscheiben, paniert und gebraten

mixiote – mit Chili gewürztes Lamm, gedämpft in Agavenhaut oder Backpapier

mole negro – Hühner- oder Schweinefleisch in einer sehr dunklen Sauce aus Chilis, Früchten, Nüssen, Gewürzen und Schokolade

mole poblano – Huhn oder Truthahn in einer Sauce aus Chilis, Früchten, Nüssen, Gewürzen und Schokolade

nopalitos – geschnittene Kaktussprossen, gegrillt oder kurz angebraten

picadillo – Rinderhackfüllung, oft mit Früchten und Nüssen

pipián verde – Hühnereintopf mit Chilis, Tomatillos und gemahlenen Kürbiskernen

pozole – Suppe oder dünner Eintopf aus grobem Maismehl, Fleisch, Gemüse und Chilis

queso fundido – geschmolzener Käse, oft mit Chorizo oder Pilzen verfeinert; als Vorspeise mit Tortillas serviert

rajas – Streifen aus milden, grünen Chilis; oft mit Zwiebeln angebraten

tinga poblana – Eintopf aus Schweinefleisch, Gemüse und Chilis

Hinter den Kulissen

WIR FREUEN UNS ÜBER EIN FEEDBACK

Post von Travellern zu bekommen, ist für uns ungemein hilfreich – Kritik und Anregungen halten uns auf dem Laufenden und helfen, unsere Bücher zu verbessern. Unser reiseerfahrenes Team liest alle Zuschriften ganz genau durch, um zu erfahren, was an unseren Reiseführern gut und was schlecht ist. Wir können solche Post zwar nicht individuell beantworten, aber jedes Feedback wird garantiert schnurstracks an die jeweiligen Autoren weitergeleitet, rechtzeitig vor der nächsten Auflage.

Wer uns schreiben will, erreicht uns über **www.lonelyplanet.de/kontakt**.

Hinweis: Da wir Beiträge möglicherweise in Lonely Planet Produkten (z. B. Reiseführer, Websites, digitale Medien) veröffentlichen, gegebenfalls auch in gekürzter Form, bitten wir um Mitteilung, falls ein Kommentar nicht veröffentlicht oder ein Name nicht genannt werden soll. Wer Näheres über unsere Datenschutzpolitik wissen will, erfährt das unter www.lonelyplanet.com/privacy.

DANK VON LONELY PLANET

Vielen Dank den Reisenden, die uns nach der letzten Auflage des Reiseführers zahlreiche hilfreiche Hinweise, nützliche Ratschläge und interessante Anekdoten schickten: Anders Rehle, Annette Hill, Arthur Baars, Asim Sheikh, Bertrand Lavallee, Bob Broughton, Cailin Rogers, Caroline Edwards, Caryn Wolfe, Catherine Gordon, Clayton Szczech, Daniela Zuegel, David Tobias, Eugenio Cortes, Geraldine Aguilar Shields, Glenn Bernard, Guillermo Loam, Hank Raymond, Héctor Lara, Jack Benjamin, James Varney, Jeff Randall, John Malone, Jón Bergamann Maronsson, Klara Prinz-Prueller, Laura Gonzalez Arriaga, Lee Doan, Liz Montes, Manuel Rueda, Manuela Arigoni, Marianne Kerrebrouck, Mark Broadhead, Miguel Yapur, Mogens Ditlev, Nicole Samaha, Peter Mifsud, Peter van der Kroon, Phyllis Cooper, Rachel Van Ness, Ramona Scheurer, Ricarda Krumbiegel , Sabrina Bernhardt, Sharon Keld, Silvia Naylor, Suzanne Fee, Suzanne Millward, Theresa Michaelis, Tuuli Nummi, Yossi Margoninsky.

DANK DER AUTOREN

John Noble

Ich widme meinen Teil dieses Buches Catherine Craddock-Carrillo, die diese und die drei vorhergehenden Ausgaben von *Mexiko* als verantwortliche Redakteurin betreute und immer eine perfekte Kollegin war; u. a. unterstützend, inspirierend, verlässlich, fair, vernünftig ... Mexiko ist nicht dasselbe ohne dich, Cat! Ein besonderer Extradank geht auch an Fausto Jasso, Leyla Bastar, Julien Pardinilla, John und Maria Taylor, Gina Machorro, Maria Crespo, Ron Mader, Carlos Gross, Claudia Schurr und an das wunderbare, super-professionelle Autorenteam!

Kate Armstrong

Muchas gracias como siempre: Angel Pineda in Querétaro, Thomas Peter und Brigitte Sigrist in Real de Catorce, Cesar Arias und Roz Colley in San Miguel. Ein lautes Bravo für den immer verlässlichen John Noble und das Mexiko-Team, plus Cat Craddock, frühere (und schwer vermisste) verantwortliche Redakteurin *extraordinaire*. Endlich wird es geschrieben: riesiges *gracias* an die wunderbaren, professionellen früheren verantwortlichen Redakteure und alle anderen Redakteure. Ihr seid Gurus. Und schließlich Danke an Chris: immer geduldig mit meinem Lonely Planet Wanderleben ... .

Stuart Butler

Zuallererst muss ich, einmal mehr, meiner Frau Heather danken, die die langen Zeiträume toleriert hat, die ich für die Arbeit an diesem Projekt abwesend war und so bewundernswert allein mit zwei kleinen Kindern klarkam. Und danke auch euch Jake und Grace, dass ihr es hingenommen habt, wenn euer Daddy mal wieder verschwunden war. In Colima geht mein Dank an Jupiter Rivera, Lety Zepeda und Sofia de Alva, in Ciudad Guzmán an Gerardo R. Bernabe Aguayo und in Angangueo an Mario Bernal Martinez. Schließlich möchte ich mich auch noch bei dem Fahrer des Trucks bedanken, der beschlossen hat, das Heck meines Mietwagens neu zu gestalten, indem er hineingefahren ist. Es sah danach so viel schöner aus …

John Hecht

Vielen Dank allen meinen guten Freunden in Mexico City für ihre hilfreichen Empfehlungen und Dank auch an den Hauptautor John Noble und alle ehemaligen und gegenwärtigen Mitautoren. Ein ganz besonderer Dank geht an die verantwortliche Redakteurin Catherine Craddock-Carrillo – ich vermisse dich, Cat! Wie immer eine feste Umarmung für Lau.

Beth Kohn

Ich danke dir so sehr, Cat Craddock-Carrillo – ich vermisse dich schmerzlich (und werde dies auch in Zukunft tun)! Fernando Mérida (Palenque) und Ricardo López Vassallo (Tonalá) ließen mich an ihrem Wissen über diese Regionen teilhaben, und der Zap-Castillo-Clan ließ San Cristóbal wieder zu meiner angenehmen zweiten Heimat werden. Der unerschütterliche John Noble half wie immer aus und stellte sicher, dass seine Mitautoren nicht von steigenden Fluten erfasst wurden. Lieben Gruß an Claudio.

Tom Masters

Vielen Dank an alle, mir auf meinen Reisen durch Veracruz behilflich waren, die Mitarbeiter in den verschiedenen Touristeninformationen im ganzen Bundesstaat, die Jungs in Fortín, die mir geholfen haben, an einem Sonntag einen Kfz-Mechaniker zu finden als mein Auto den Geist aufgab, und all die netten Hoteliers, die ihr Wissen und ihre Tipps mit mir teilten. Ein besonderer Dank an Diego Cantu Llorens, Enrique Perosi, Alain Garcia, William Van Meter und Mario Gosha.

Josephine Quintero

Ich möchte dem Hauptautor John Noble für seine Vorschläge und seine Unterstützung danken. *Gracias* auch an Sally Harrison für ihre gute Laune, tollen Kartenlesefähigkeiten und Abenteuerlust unterwegs. Ich möchte mich auch bei der ganzen Quintero-Familie in San Diego und La Paz für ihre Unterstützung bedanken, ebenso bei zahllosen anderen alten und neuen Freunden, darunter Robin Chapman, Yvonne Chastang, José Guttierez, Luis Barrio Ruiz und all die hilfreichen Menschen bei Touristeninformationen und Reiseveranstaltern.

Adam Skolnick

Wie immer wenn ich in Mexiko bin, erhielt ich von viel zu vielen ein freundliches Lächeln und willkommene Einsichten, um allen angemessen danken zu können. Ich erlaube mir also eine ganz, ganz feste Umarmung für dieses wilde, würzige und wohltuende Land, für das man so leicht schwärmen kann. Ich möchte auch Audrey, Lee & Chawnalee und Christian Kohl in PV danken, Eugenia Michel Gomez in Melaque, John Hecht in Mexico City, Lia Barrett und Claudia Wilcher, Cat Craddock-Carrillo, John Noble, Bruce Evans und dem ganzen Lonely Planet Team.

Iain Stewart

Vielen Dank an Cat Craddock-Carrillo, die mich wieder eingeladen hat mitzumachen, und an die ganze Mannschaft in Melbourne und anderswo. Dank an John Noble für seine Ratschläge und meine Familie, die eine weitere längere Abwesenheit in Kauf nahm. Unterwegs bekam ich ganz viel Hilfe von Miguel in Durango, Ivan in Creel, Mario und Tito in Cerocahui, Perry in Kino und Chal in Fuerte.

Phillip Tang

Muchísimas gracias an Ernesto, der eine erstaunliche Reise auf den und jenseits der Straßen mit mir geteilt und geschaffen hat. Gracias an Sr. und Sra. Alanis für ihre Gastfreundschaft, Routenplanung und *panques*. Danke Vek, dass du mich wieder für Mexikos Käffer begeistert hast, und danke Abeyami für ein heimatliches Gefühl. Ein Hurra auf meine abenteuerlustige Schwester Lisa, Anna – das Gesicht :-O, und Slayer Jack für einen sicheren Hafen in London.

Lucas Vidgen

Zuallerest ein Dank an die Mexikaner im allgemeinen für ein Land, in dem man so toll reisen und arbeiten kann. Vanessa Hines, Bea und Mario waren eine riesige Hilfe in Playa del Carmen und Cancún, und Donard war eine fantastische Informationsquelle für Mérida und Umgebung. Wie immer danke an América, Sofía und Teresa, dass ihr da seid und auch noch da wart, als ich zurückkam.

QUELLENNACHWEIS

Die Klimakarten stammen von Peel MC, Finlayson BL & McMahon TA (2007) *Updated*

World Map of the Köppen-Geiger Climate Classification, erschienen in der Zeitschrift *Hydrology and Earth System Sciences*, Ausgabe 11, 1633-44.

Abbildung der Ruine Chichén Itzá S. 346 f. von Michael Weldon.

Titelfoto: Taxco, Guerrero, David Bank/AWL.

ÜBER DIESES BUCH

Dies ist die 5. deutschsprachige Auflage von *Mexiko*, basierend auf der mittlerweile 14. englischsprachigen Auflage von *Mexico*, recherchiert und geschrieben von John Noble (Hauptautor), Kate Armstrong, Stuart Butler, John Hecht, Beth Kohn, Tom Masters, Josephine Quintero, Adam Skolnick, Iain Stewart, Phillip Tang und Lucas Vidgen. Den Essay „Die mexikanische Küche" schrieb Mauricio Velázquez de León. Dieser Reiseführer wurde vom Lonely Planet Büro in Oakland in Auftrag gegeben und von dem folgenden Team betreut:

Verantwortliche Redakteurin Catherine Craddock-Carrillo

Leitender Redakteur Clifton Wilkinson

Projektredakteur Tracy Whitmey

Leitender Kartograf Mark Griffiths

Layoutdesign Lauren Egan

Redaktionsassistenz Michelle Bennett, Joe Bindloss, Nigel Chin, Megan Eaves, Gemma Graham, Jodie Matire, Kristin Odijk, Susan Paterson, Matt Phillips, Sarah Reid, James Smart, Anna Tyler

Kartografieassistenz Jeff Cameron, Corey Hutchison, Valentina Kremenchutskaya, Alison Lyall

Umschlagrecherche Naomi Parker

Language Content Branislava Vladisavljevic

Dank an Anita Banh, Imogen Bannister, Kate Chapman, Ryan Evans, Larissa Frost, Genesys India, Briohny Hooper, Kate James, Elizabeth Jones, Jouve India, Kate Mathews, Claire Naylor, Karyn Noble, Katie O'Connell, Martine Power, Ross Taylor, Angela Tinson

Register

Verweise auf Karten **000**
Verweise auf Fotos **000**

E

F

G

Verweise auf Karten **000**
Verweise auf Fotos **000**

H

I

J

K

Verweise auf Karten **000**
Verweise auf Fotos **000**

Verweise auf Karten **000**
Verweise auf Fotos **000**

N

Verweise auf Karten **000**
Verweise auf Fotos 000

T

Verweise auf Karten **000**
Verweise auf Fotos **000**

Verweise auf Karten **000**
Verweise auf Fotos 000

Kartenlegende

Sehenswertes

- Strand
- Vogelschutzgebiet
- buddhistisch
- Schloss/Palast
- christlich
- konfuzianisch
- hinduistisch
- islamisch
- jainistisch
- jüdisch
- Denkmal
- Museum/Galerie/historisches Gebäude
- Ruine
- Sento-Bad/Onsen
- schintoistisch
- sikhistisch
- taoistisch
- Weingut/Weinberg
- Zoo/Tierschutzgebiet
- andere Sehenswürdigkeit

Aktivitäten, Kurse & Touren

- bodysurfen
- tauchen
- Kanu/Kajak fahren
- Kurs/Tour
- Ski fahren
- schnorcheln
- surfen
- Schwimmbecken
- wandern
- windsurfen
- andere Aktivität

Schlafen

- Unterkunft
- Camping

Essen

- Lokal

Ausgehen & Nachtleben

- Bar/Kneipe
- Café

Unterhaltung

- Unterhaltung

Shoppen

- Shoppen

Praktisches

- Bank
- Botschaft/Konsulat
- Krankenhaus/Arzt
- Internetzugang
- Polizei
- Post
- Telefon
- Toilette
- Touristeninformation
- andere Einrichtung

Geografisches

- Strand
- Hütte/Unterstand
- Leuchtturm
- Aussichtspunkt
- Berg/Vulkan
- Oase
- Park
- Pass
- Picknickplatz
- Wasserfall

Städte

- Hauptstadt (Staat)
- Hauptstadt (Bundesland/Provinz)
- Großstadt
- Kleinstadt/Ort

Verkehrsmittel

- Flughafen
- BART-Station
- Grenzübergang
- T-Station (Boston)
- Bus
- Seilbahn/Gondelbahn
- Fahrrad
- Fähre
- Metro/Muni-Station
- Einschienenbahn
- Parkplatz
- Tankstelle
- U-Bahn/SkyTrain-Station
- Taxi
- Bahnhof/Zug
- Straßenbahn
- U-Bahnhof
- anderes Verkehrsmittel

Achtung: Nicht alle der abgebildeten Symbole werden auf den Karten im Buch verwendet

Verkehrswege

- Mautstraße
- Autobahn
- Hauptstraße
- Landstraße
- Verbindungsstraße
- sonstige Straße
- unbefestigte Straße
- Straße im Bau
- Platz/Promenade
- Treppe
- Tunnel
- Fußgänger-Überführung
- Stadtspaziergang
- Abstecher (Stadtspaziergang)
- Pfad/Wanderweg

Grenzen

- Internationale Grenze
- Bundesstaat/Provinz
- umstrittene Grenze
- Region/Vorort
- Meerespark
- Klippen
- Mauer

Gewässer

- Fluss/Bach
- periodischer Fluss
- Kanal
- Wasser
- Trocken-/Salz-/periodischer See
- Riff

Gebietsformen

- Flughafen/Startbahn
- Strand/Wüste
- Friedhof (christlich)
- Friedhof
- Gletscher
- Watt
- Park/Wald
- Sehenswürdigkeit (Gebäude)
- Sportgelände
- Sumpf/Mangrove

DIE AUTOREN

John Noble

Hauptautor, Oaxaca John hat über drei Jahrzehnte lang ausgedehnte Reisen nach Mexiko unternommen und war seit 1994 bei jeder Ausgabe dieses Reiseführers Hauptautor, unterwegs von Tijuana nach Chetumal und an ganz vielen Orten dazwischen. Er ist auf Vulkane gestiegen und Urwaldflüsse hinuntergefahren, er hat die *barrios* von Mexico City erkundet und verstanden, warum man in Oaxaca Mezcal verehrt. Mexikos Essen, Getränke, Landschaften, Künste, Geschichte und vor allem die Warmherzigkeit der Mexikaner selbst ließen ihn sich immer auf seine nächste Reise dorthin freuen. John kommt ursprünglich aus dem Ribble Valley in England, lebt aber seit 20 Jahren im Land der ehemaligen mexikanischen Kolonialherren, in Spanien.

Mehr über John gibt's hier:
lonelyplanet.com/members/ewoodrover

Kate Armstrong

Nördliches Zentralhochland Die gebürtige Australierin, die aber in einem früheren Leben Latina war (das glaubt sie jedenfalls), besucht Mexico regelmäßig. Für diesen Band hat sie zum vierten Mal die Silberstädte bereist. Sie genoss die patriotischen Feierlichkeiten zum Unabhängigkeitstag, feierte Dorffeste, futterte sich durch Berge von Snacks (*gorditas* mag sie am liebsten) und tanzte sich durch die Magie Mexikos. Von ihren Abenteuern als freie Autorin erzählt Kate unter www.katearmstrong.com.au und @nomaditis.

Mehr über Kate gibt's hier:
lonelyplanet.com/members/kate_armstrong

Stuart Butler

Westliches Zentralhochland Stuart war das erste Mal Ende der 1990er-Jahre in Mexiko, als er eine längere Reise durch Lateinamerika unternahm. Er fand Mexiko vor allem wegen der tollen Mischung aus Stränden, wilden Tieren, Surfspots, Bergen und bunter Kultur herausragend und kam seither immer wieder. Stuart stammt aus dem Südwesten Englands und lebt inzwischen mit seiner Frau und zwei kleinen Kindern, Sohn und Tochter, an den wunderschönen Stränden im Südwesten Frankreichs, nahe an der spanischen Grenze. Er schrieb auch an vielen Lonely Planet Bänden zu Spanien mit.

John Hecht

Mexico City John lebt jetzt seit zwei Jahrzehnten in Mexiko. Die ersten Jahre verbrachte er in Guadalajara, studierte Spanisch und übte seine neuen Sprachfertigkeiten in den Cantinas. Ein paar Jahre später zog er nach Mexico City und wurde freier Autor. Die Arbeit am Kapitel über Mexico City erinnerte John an alles, was er an seiner Wahlheimat liebt, besonders die Mezcal- und Taco-Touren. Er hat bislang an fünf Lonely Planet Bänden über Mexiko mitgearbeitet.

Mehr über John gibt's hier:
lonelyplanet.com/members/johnhecht

Beth Kohn

Chiapas & Tabasco Beth hält sich seit mehr als 30 Jahren immer mal wieder in Mexiko auf. Zum viertel Mal wirbelte sie für *Mexiko* durch Chiapas und Tabasco. Diesmal wartete sie geduldig vor Schlammlawinen, tanzte mit Glühwürmchen im Lacandón-Urwald und nahm viele Kilometer durch holprige *terracería* auf sich. Als dankbare Einwohnerin San Franciscos schrieb Beth auch an Lonely Planet Bänden zu Kalifornien, Südamerika und Yosemite, Sequoia und den Kings Canyon National Parks mit. Mehr über sie ist unter www.bethkohn.com zu finden.

Tom Masters

Veracruz Tom ist ein in Berlin lebender Reiseautor. Seine erste Mexiko-Erfahrung machte er bei Filmaufnahmen im Urwald von Chiapas in Palenque, was zu wiederholten Besuchen und längeren Aufenthalten in Mexico City führte. Nachdem er zuvor die Kapitel „Mexico City & Umgebung" und „Westliches Zentralhochland" geschrieben hatte, kümmerte Tom sich diesmal um den oft unterschätzten Bundesstaat Veracruz. Online findet man Tom unter www.tommasters.net

Josephine Quintero

Baja California Josephine war lange mit einem mexikanischen Amerikaner mit einer großen, weit verstreuten Familie verheiratet, wodurch sie eine ordentliche Dosis Mariachi-Musik und Margaritas tankte. Sie unternahm von ihrem Zuhause in San Diego aus häufig Spritztouren über die Grenze und ließ sich weiterhin von der aufregenden Mischung aus lebendiger Kultur, wundervollen Menschen, großartigem Essen und Geschichte begeistern. Josephine lebt jetzt in Andalusien in Spanien und freute sich riesig über die Gelegenheit, Baja California mal wieder zu besuchen, eine ihrer Lieblingsregionen in Mexiko.

Mehr über Josephine gibt's hier:
lonelyplanet.com/members/josephinequintero

Adam Skolnick

Zentrale Pazifikküste Adam hat für Lonely Planet, die *New York Times*, *Outside*, *Men's Health*, *Travel & Leisure*, Salon.com, BBC.com und ESPN.com über Reisen, Kultur, Gesundheit, Sport, Menschenrechte und Umwelt geschrieben. Er war an 25 Lonely Planet Bänden als Autor oder Koautor beteiligt. Sein erster Roman, *Middle of Somewhere*, soll noch 2014 veröffentlicht werden. Mehr über Adam: www.adamskolnick.com, auf Twitter und Instagram (@adamskolnick).

Iain Stewart

Barranca del Cobre & Nördliches Mexiko Iain reiste erstmals 1993 durch Mexiko und war mit dem Zug und zu Fuß zwischen Nogales und Chetumal unterwegs. Er kehrte regelmäßig zurück und schrieb über die Jahre an einigen Kapiteln für Lonely Planet Bände mit. Auf dieser Reise kam er sich angesichts der majestätischen Barranca del Cobre und der Stille der Wüste sehr klein vor und war von einigen Museen schwer beeindruckt. Iain hat auch Reiseführer über Ziele wie Ibiza und Indonesien geschrieben. Er lebt in Brighton, England, nahe am Strand.

Phillip Tang

Mexico City & Umgebung Phillip besuchte Mexiko erstmals 2002 und wird immer wieder davon angezogen. Mit jeder *comida corrida*, jeder bonbonfarbenen Wand, jeder *calavera* verliebt er sich erneut in das Land. Zufälligerweise lebt er gerade in Mexico City, auf halbem Weg zwischen seinen anderen beiden Wohnsitzen London und Sydney. Unterwegs schuf er animierte Bilder (tacotrauma.tumblr.com), war auf Instagram (@mrtangtangtang) und Twitter (@philliptang) zu finden. Mehr Reiseberichte von Phillip stehen auf philliptang.co.uk.

Lucas Vidgen

Halbinsel Yucatán Das erste Mal besuchte Lucas Yucatán im Jahr 2002 und bleib lange genug, um von den üppigen Landschaften, den Stränden und den unwiderstehlichen Köstlichkeiten verzaubert zu werden. Heute lebt er in Guatemala und legt großen Wert darauf, bei jeder Gelegenheit, die sich ihm bietet, über die Grenze zu marschieren, um Pibil zu schnabulieren und in Cenotes herumzuplanschen. Lucas hat vielen Lonely Planet Titeln über Lateinamerika mitgearbeitet. In seiner Heimat bringt er Quetzaltenangos führendes Nightlife- und Kultur-Magazin, XelaWho (www.xelawho.com), heraus. Gelegentlich schreibt er auch dafür.

DIE LONELY PLANET STORY

Ein ziemlich mitgenommenes, altes Auto, ein paar Dollar in der Tasche und eine Vorliebe für Abenteuer – 1972 war das alles, was Tony und Maureen Wheeler für die Reise ihres Lebens brauchten, die sie durch Europa und Asien bis nach Australien führte. Die Tour dauerte einige Monate, und am Ende saßen die beiden – pleite, aber voller Inspiration – an ihrem Küchentisch und schrieben ihren ersten Reiseführer *Across Asia on the Cheap*. Innerhalb einer Woche hatten sie 1500 Exemplare verkauft. Lonely Planet war geboren.

Heute hat der Verlag Büros in Melbourne, London und Oakland und mehr als 600 Mitarbeiter und Autoren. Und alle teilen Tonys Überzeugung: „Ein guter Reiseführer sollte drei Dinge tun: informieren, bilden und unterhalten."

Lonely Planet Publications,

Locked Bag 1, Footscray,
Melbourne, Victoria 3011,
Australia

Verlag der deutschen Ausgabe:
MAIRDUMONT, Marco-Polo-Str. 1, 73760 Ostfildern,
www.lonelyplanet.de, www.mairdumont.com
info@lonelyplanet.de

Chefredakteurin deutsche Ausgabe: Birgit Borowski
Übersetzung: Julie Bacher, Berna Ercan, Tobias Ewert, Derek Frey, Laura Leibold, Marion Matthäus, Ute Perchtold, Claudia Riefert, Dr. Christian Rochow, Erwin Tivig
An früheren Auflagen haben außerdem mitgewirkt: Dorothee Büttgen, Anne Cappel, Marion Gref-Timm, Gabriela Huber-Martins, Barbara Imgrund, Anna Kranz, Jürgen Kucklinski, Britt Maaß, Annika Plank, Boike Rehbein, Andrea Schleipen, Martin Schreck, Dr. Frauke Sonnabend, Katja Weber
Redaktion: Annegret Gellweiler, Olaf Rappold, Katrin Schmelzle, Julia Wilhelm (red.sign, Stuttgart)
Redaktionsassistenz: Adriana Popescu, Sylvia Scheider-Schopf, Dr. Dirk Mende
Satz: Stefan Dinter, Susanne Junker (red.sign, Stuttgart)

Mexiko

5. deutsche Auflage Januar 2015, übersetzt von *Mexico, 14th edition*, September 2014,
Lonely Planet Publications Pty

Printed in China